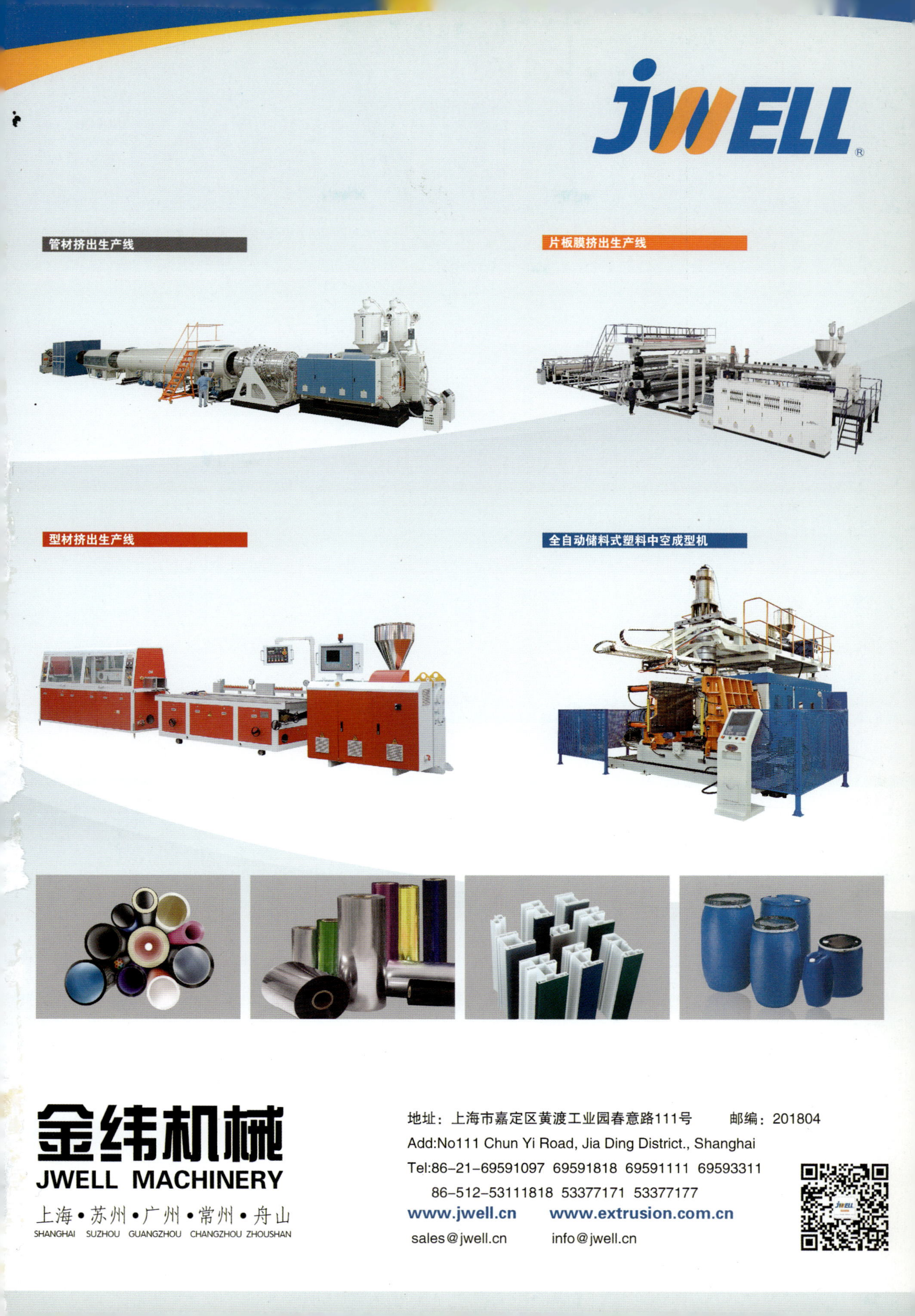
JWELL®
管材挤出生产线
片板膜挤出生产线
型材挤出生产线
全自动储料式塑料中空成型机
金纬机械
JWELL MACHINERY
上海 • 苏州 • 广州 • 常州 • 舟山
SHANGHAI SUZHOU GUANGZHOU CHANGZHOU ZHOUSHAN
地址：上海市嘉定区黄渡工业园春意路111号 邮编：201804
Add:No111 Chun Yi Road, Jia Ding District., Shanghai
Tel:86-21-69591097 69591818 69591111 69593311
86-512-53111818 53377171 53377177
www.jwell.cn www.extrusion.com.cn
sales@jwell.cn info@jwell.cn

台湾台塑集团
南亞塑膠公司
世界五百强企业集团 工程建设优选品牌
南亚塑胶管材、管件
PVC-U、PVC-M、PE、PP-R、PE-RT
●采用ISO/GB质量标准
●采用有机锡无毒环保配方
●通过ISO9001/ISO14001认证
● 福建著名商标及福建名牌产品
●采用国际先进水平生产设备
●五十年生产工艺经验
●完善的质量保证体系
FORMOSA
台塑集团麦寮六轻厂区鸟瞰图
南亚塑胶工业（鞍山）有限公司
地址：辽宁省鞍山市高新技术产业开发区西区协作路10号 电话：0412-7200200 分机300 0412-7200333 传真：0412-2504666
南亚塑胶工业（厦门）有限公司
地址：福建省厦门市海沧新阳工业区新美路2-4号 电话：0592-6517601~609 分机157 0592-6510371 传真：0592-6510974
南亚塑胶建材（广州）有限公司
地址：广东省广州市白云区石井镇窖心村南亚路1号 电话：020-36413900 分机5802~5803 传真：020-36416205

DEKUMA

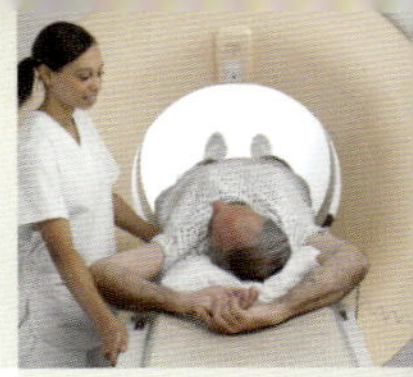

普立万颜色与添加剂

美观、性能、高效

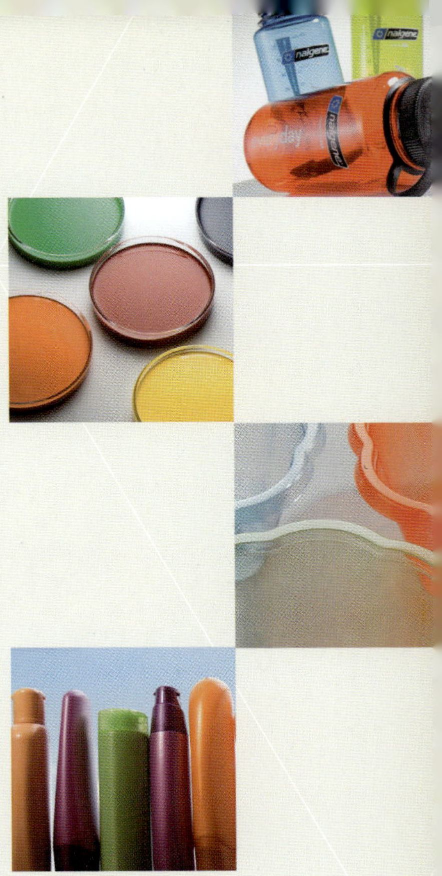

特种和定制着色剂

OnColor™ 着色剂
OnColor™ WPC 木塑复合着色剂
OnColor™ BIO 生物塑料着色剂
OnColor™ 线缆用着色剂
OnColor™ ComPETe™ PET 专用着色剂

特种和定制添加剂

OnCap™ 聚烯烃膜用添加剂
OnCap™ BIO 生物塑料添加剂
OnCap™ Multi-Purge™ 可重复使用的注塑净化剂
OnCap™ PlastOne™ 添加剂
OnCap™ Polyfoam™ 发泡剂
OnCap™ 防鼠咬防白蚁添加剂
OnCap™ 热塑性塑料添加母粒
OnCap™ Lightshield 避光添加剂
WithStand™ 抗菌技术
Percept™ 防伪技术

特殊效果着色剂

OnColor™ Edgeglo™ 边缘辉光着色剂
OnColor™ Fast Mark™ 激光标识着色剂
OnColor™ FX Camouflage 伪装着色剂
OnColor™ FX Chroma-Morph 幻彩着色剂
OnColor™ FX Frost 雾化着色剂
OnColor™ FX Granite 花岗岩效果着色剂
OnColor™ FX Marble 大理石效果着色剂
OnColor™ FX Metal 金属效果着色剂
OnColor™ FX Pearl 珠光着色剂
OnColor™ FX Soft Touch 柔感着色剂
OnColor™ FX Wood Grain 木纹着色剂
OnColor™ Holoflake™ 全息着色剂
OnColor™ NiteBrite™ 夜光着色剂
OnColor™ PicoTint™ 液体着色剂
OnColor™ PProtint™ 透明聚丙烯着色剂

ColorMatrix

嘉洛斯液体着色剂和添加剂

HyGuard™ 阻氧系统
Amosorb™ 阻氧剂
Lactra™ 高性能阻光剂
Excelite™ 液态发泡剂
Joule™ 专利高吸热技术

复合母粒

Smartbatch™ 颜色和功能母粒
Smartbatch™ WPC 木塑复合母粒
Smartbatch™ FX 金属效果母粒

PolyOne™
Collaboration. Innovation. Excellence.

www.polyone.com

凯乐科技
(600260)
KAILE SCIENCE & TECHNOLOGY
以人品铸产品
电缆
管材
型材
凯乐
科技
酒业
地产
教育

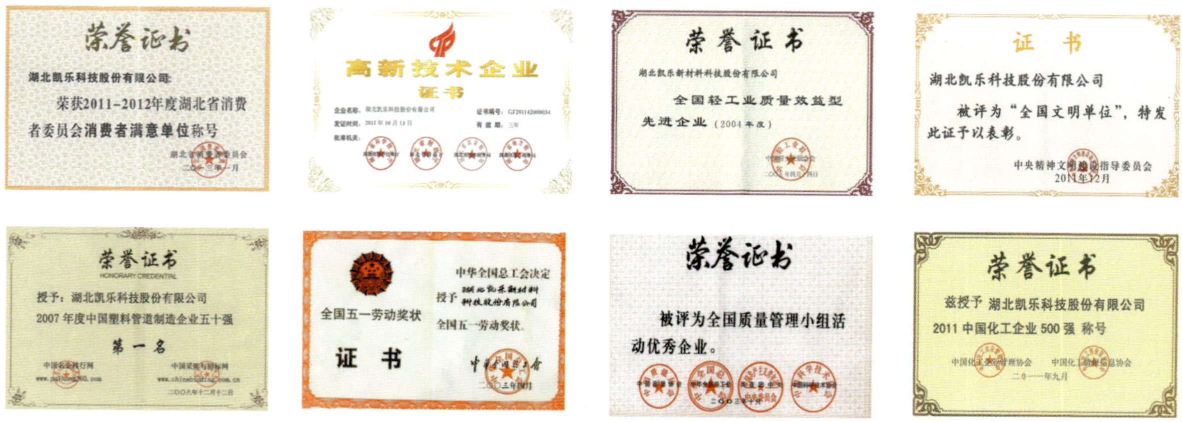
荣誉证书
湖北凯乐科技股份有限公司：
荣获2011-2012年度湖北省消费者委员会消费者满意单位称号
高新技术企业
证书
荣誉证书
全国轻工业质量效益型先进企业（2004年度）
证书
湖北凯乐科技股份有限公司
被评为“全国文明单位”，特发此证予以表彰。
中央精神文明建设指导委员会
2011年12月
荣誉证书
授予：湖北凯乐科技股份有限公司
2007年度中国塑料管道制造企业五十强
第一名
全国五一劳动奖状
证书
中华全国总工会决定
全国五一劳动奖状。
荣誉证书
被评为全国质量管理小组活动优秀企业。
荣誉证书
兹授予 湖北凯乐科技股份有限公司
2011中国化工企业500强 称号

公司简介 | COMPANY INTRODUCTION

湖北凯乐科技股份有限公司是中国领先的以高科技新材料为基础的多元化实业服务商。在中国本土的北京、上海、广州、深圳、武汉、重庆、成都、长沙、西安、昆明等地设有27个分支服务机构。服务领域主要涉及光电缆、塑料管材制造、房产置业、白酒酿造、教育服务。公司起步于1982年，1993年2月进行股份制改造，2000年7月在上海证券交易所上市，经过30年的艰苦创业，凯乐公司从一家仅2万元资产的乡镇企业发展成为总资产达56亿元，净资产达20亿元，占地面积70万平方米。公司已全面通过ISO9001：2000质量体系认证及ISO14001：2004环境管理体系认证和和欧盟绿色指令ROSH认证 。

凯乐科技是中国高科技新材料龙头企业，中国塑料加工工业协会副理事长单位、全国塑料制品技术标准化委员会核心成员、中国信息标准化协会全权会员、中国建筑装饰材料协会会员。凯乐科技已成为中国四大电信主流运营商光缆材料的主流供应商；凯乐塑料工业城已成为亚洲通讯硅芯管、土工合成材料生产基地。

在位于湖北省荆州市公安县占地面积45万平方米的凯乐塑料工业城和凯乐光电通信高科技荆州工业园内，凯乐科技已建成年产光缆1000万芯公里、光纤1000万芯公里、硅芯管30万公里的生产研发基地、年产4对到100对五类数据电缆100万箱、RF同轴电缆5万公里。土工合成材料、塑料管材、塑钢门窗用异型材等产品的生产规模也将逐步扩展。在公安县青吉工业园和藕池古镇，公司建有年产万吨优质白酒基地。

凯乐科技目前为中国以及亚太、非洲地区的客户提供完善的高科技材料服务，具有强大的海内外业务拓展和服务能力。在电信、能源、交通、建筑、基础设施建设和高科技等领域，具有独树一帜的行业服务优势。

湖北凯乐科技股份有限公司是“全国文明单位”、“全国重合同守信用企业”、“全国消费者满意产品”、“全国五一劳动奖状”、“全国质量效益型先进企业特别奖”、“全国化学建材先进集体”、“全国轻工行业优秀企业”、“全国质量效益型先进企业”、“全国先进QC质量管理小组”。

CNV

PVC STABILIZER

简介 Introduction

常州嘉仁禾化学有限公司是中国塑料加工工业协会理事单位、中国塑协助剂专委会理事单位、台塑关系企业合格分供方、江苏省清洁化生产示范单位、省级高新企业、常州市生态园林单位。公司位于美丽富饶的江南水乡天目湖畔，被誉为现代化园林式工厂。

公司秉承德国技术，凭借公司投资创办的有中科院院士、教授、博士等数十位国内外化工专家组建的鸿博（溧阳）新材料技术研究院的技术平台，研发并生产新型材料，包括环保建材、石化产品专业用的相关助剂，适用于PVC等新型塑材，公司研发的具有国际先进水平的环保钙锌、钡锌和高端无酚产品，在近百家台资、大陆工厂的宽幅压延线和大型挤出、浸塑、注塑和吹塑等设备上得到成功使用，被南亚塑胶等高知名度塑胶企业确定为长期供应商。产品广泛适用于环保汽车革、发泡板、地板胶（医院、机场、学校、科研院所、舰艇等用）、水晶透、透明膜、玩具膜、车身贴、PVC手套、PVC医用塑料、百叶窗、电线电缆料、油墨和涂料等。北京化工大学、东南大学、中国林化研究所和常州大学为公司产学研合作单位，是常州大学的实习基地。公司现有“江苏省塑料助剂工程技术研究中心”，承担高科技新产品的开发工作，公司开发的符合欧盟市场标准的无酚产品填补了国内空白，由公司和中国林化所合作研发的无金属生态型稳定剂已被列入“十二五”规划，研发工作已全面启动。

2012年常州嘉仁禾化学有限公司承担的国家“十二五”科技攻关项目：“生物基PVC热稳定剂制备技术”是目前全球新兴的前沿战略性研究课题，我公司通过与中国林化所产学研合作研发生物基PVC热稳定剂产品已达国际国内先进水平。

公司董事长沈卫锋先生现为中国青年企业家协会会员，首届长三角年度青商人物“杰出青商”和常州市“831高层次创新创业人才”，“东南大学聘为校外辅导导师”，“常州市十大大学生创业导师”，公司现为“常州市大学生创业实践基地”。

电话：0519-87911188　传真：0519-87911888　地址：江苏省溧阳市戴埠工业园区

网址：www.carinver.com　邮箱：scnv-carinver@163.com

亚ATON通®

亚通简介 | ATON INTRODUCTION

福建亚通新材料科技股份有限公司创建于1994年，是一家专业从事塑料管道产品研究和制造的国家重点高新技术企业。亚通产品主要用于市政建设（道路、通信、电力、燃气、供水、排水、排污等基础设施建设）、水务投资运营（城市供水、排污、输水管网建设改造）、建筑工程、农业节水排灌系统、现代园艺等各种领域，产品种类及配套之全，位居全国同行业领先地位。

亚通经人事部批准设立博士后科研工作站，现系建设部塑料管道产业化基地，全国化学建材骨干企业，中国塑料加工工业协会副理事长单位。亚通拥有福建、北京、内蒙古、黑龙江、河南、重庆、湖北、甘肃、新疆等10多个生产基地和覆盖全国的生产、销售和服务网络。从2004年起，亚通产品陆续销往俄罗斯、马耳他、新加坡、沙特阿拉伯、圭亚那、伊朗、蒙古等国家和地区。

亚通是中国塑料管材及管件市场的知名品牌、是国家相关部门认定的“中国驰名商标”。同时亚通系列产品还荣获了“中国名牌产品”“国家重点新产品”“福建名牌产品”等多项荣誉。

公司持续以一流的产品、一流的服务，为中国现代农业、水利、电力、交通、通信、石油、化工、城市建设、环境保护和其他工业事业做出应有贡献，引导中国塑料管道行业向更高、更新水平迈进！

集团下属生产基地

亚通福建福清生产基地（总部）

亚通湖北仙桃生产基地

亚通河南开封生产基地

亚通四川彭州生产基地

亚　通

亚通重庆万州生产基地

亚通甘肃张掖生产基地

亚通北京生产基地

亚通内蒙古呼和浩特生产基地

亚通福建厦门生产基地

亚通新疆昌吉生产基地

15大系列产品，满足供水、排水、电力、燃气等不同领域客户需求。

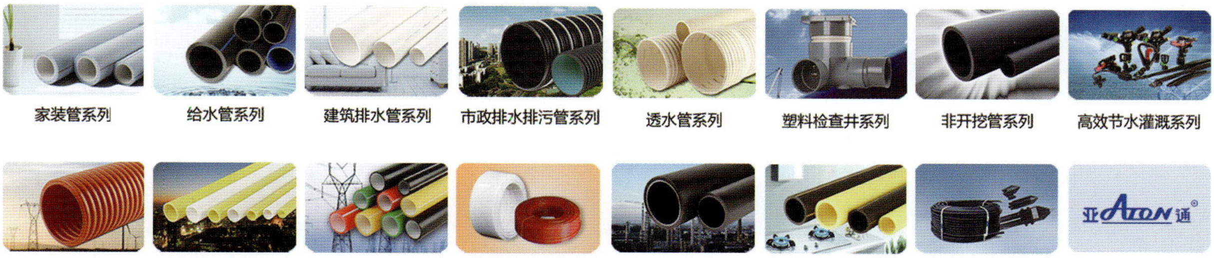

福建亚通新材料科技股份有限公司
FUJIAN ATON ADVANCED MATERIALS TECHNOLOGY CO., LTD.

国家重点高新技术企业 / 中国塑料管道新科技产业化示范基地 / 博士后科研工作站
公司率先通过了ISO 9001国际“质量体系”和“产品质量”双认证
ISO 9001质量体系认证、ISO 14001环境安全认证、OHSAS 18001职业健康安全认证

地址：福建省福清市镜洋工业开发区　全国服务热线：400-636-1218　网址：www.atontech.com.cn

中国联塑 — 中国领先的建材家居产业集团

覆盖全国的生产基地
逾30家控股子公司，超过25个生产基地（包含已建、在建及筹建），覆盖全国。

8大领域 打造中国领先的建材家居产业集团
8大主要产品领域：涵盖管道产品、卫浴产品、整体厨房、型材产品、门窗产品、消防器材、卫生材料、装饰板材。未来，联塑还将进军整体衣柜、防火门、保温材料、装饰辅料等泛家居领域。

服务全球 美誉典范
超过60个商务服务机构，拥有优秀经销商近2000家，覆盖全国；在全球40多个国家和地区建有商务服务机构，辐射全球；先后向超过300家水务公司以及近100家电力、通信、燃气公司提供产品和服务；恒大地产、保利地产、中信地产等众多大型房地产企业都选用联塑的产品，并形成了长期稳定的合作关系。

百亿名企 蓄力向上
2013年销售额突破人民币130亿。未来，联塑将再谱新章，蓄力向上。

中国管业领导者
28年管道生产和研发经验，18个管道生产基地；建有研究院，拥有精干的研发团队，技术业内领先；专业安装公司，驻扎全国，服务各区域。

品牌管理和知识产权保护
中国联塑建立了完善的品牌战略管理及全方位的知识产权保护体系；拥有"LESSO"、"联塑"、"领尚"等多个品牌，600多个商标，涵盖45个产品类别，18个国家和地区；拥有授权专利近千份，涉及管道、家居等多个产品类别。

SINOSD实德

节能窗发展历史与趋势

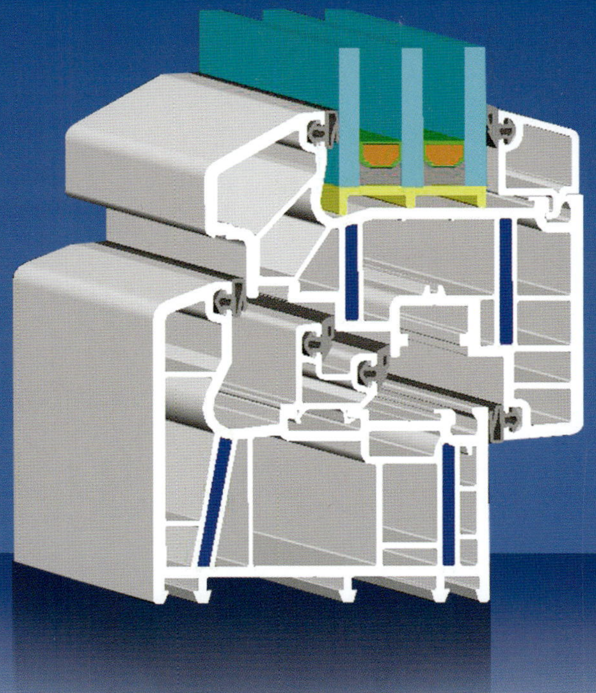

聚酯合金门窗系统产品核心优势

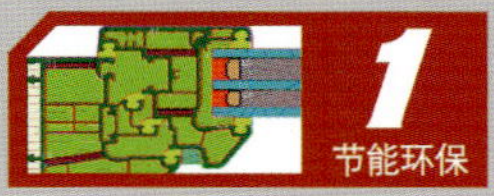

应用了巴斯夫Utradur聚酯替代增强钢，使整窗K值降低0.2～0.25W/m²K,节能率提高15～20%，大幅减少碳排放。

巴斯夫全球领先的Utradur增强聚酯应用于填补国际空白的一次成型工艺技术赋予了门窗系统充足的增强刚性，确保产品使用安全。

减少2道整窗加工工序，降低成本提高了效率；减少整窗重量，便利安装。

应用钙/锌配方体系，有害重金属含量满足美国AAMA标准及欧洲ROHS限制指令。

大连实德与巴斯夫联合推出的产品创造了绿色健康，节能安全，静谧舒适的生活空间。

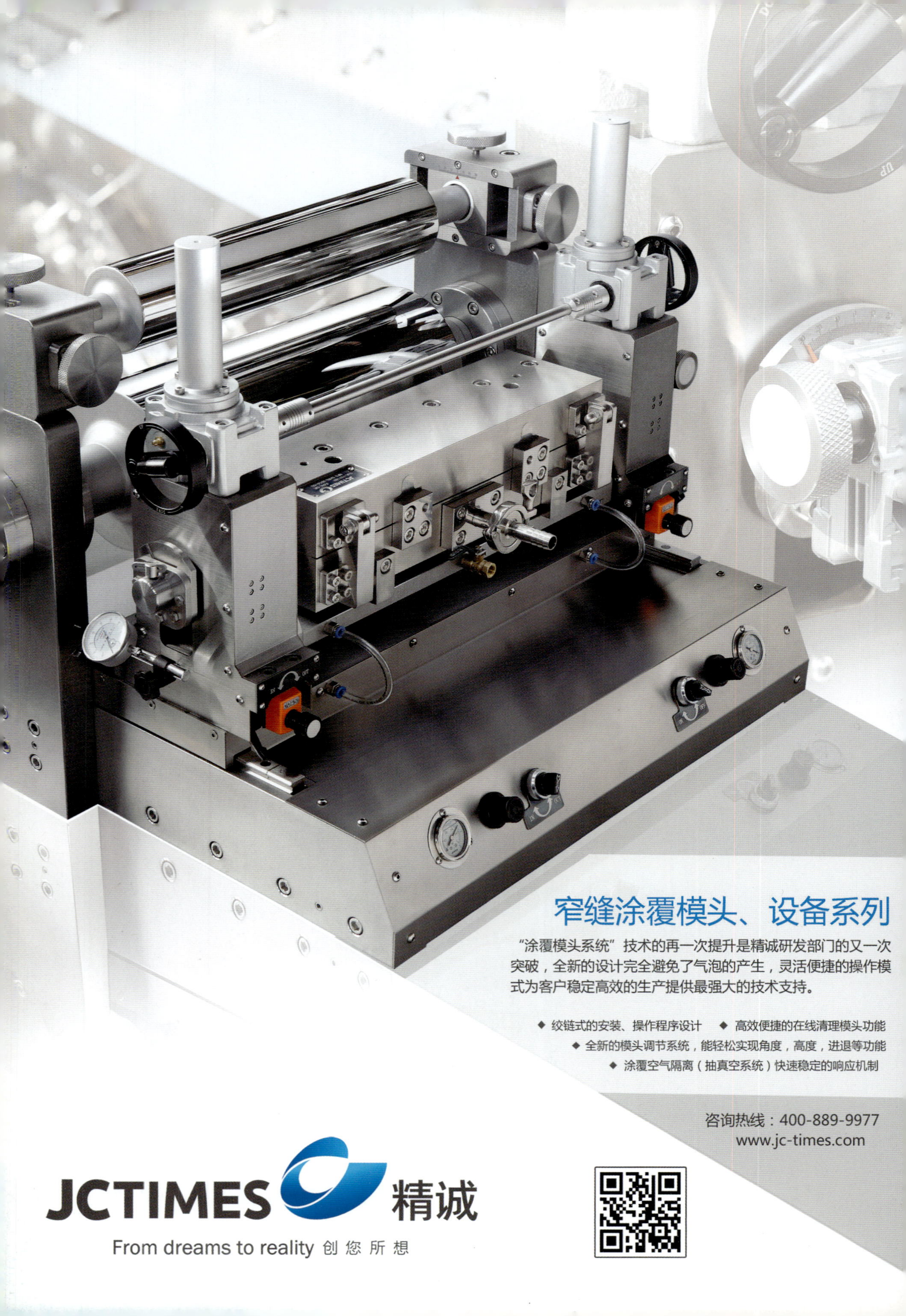
窄缝涂覆模头、设备系列
“涂覆模头系统”技术的再一次提升是精诚研发部门的又一次突破，全新的设计完全避免了气泡的产生，灵活便捷的操作模式为客户稳定高效的生产提供最强大的技术支持。
◆ 绞链式的安装、操作程序设计
◆ 高效便捷的在线清理模头功能
◆ 全新的模头调节系统，能轻松实现角度，高度，进退等功能
◆ 涂覆空气隔离（抽真空系统）快速稳定的响应机制
咨询热线：400-889-9977
www.jc-times.com
JCTIMES 精诚
From dreams to reality 创您所想

精诚时代集团 www.jc-times.com Hotline：400-889-9977
知您所需 创您所想
最美的微笑在于内心真诚
最好的服务在于先人一步
以一套产品的完美 创领梦想的彼岸
凭一次舒畅的定制 改写世界的品评
敬畏 感恩 将心与行表里如一
知您所需 创您所想
2014 精诚 为您而变
JCTIMES 精诚
From dreams to reality 创您所想

日科化学

RIKE CHEMICAL

助剂行业专家

公司简介

山东日科化学股份有限公司是由留日归国博士赵东日先生于2003年12月创建的集科研、生产、销售和技术服务于一体的高新技术企业，总部位于省开发区——山东省昌乐经济开发区内，南接胶济铁路，北临济青高速。公司下设山东日科新材料有限公司、山东日科塑胶有限公司、山东日科进出口贸易有限公司三个全资子公司及控股子公司山东日科橡塑科技有限公司。公司建有山东省塑料改性工程技术研究中心和潍坊市企业技术中心，先后承担国家、省、市科技计划14项，获得国家发明专利9项，获得美国发明专利1项。公司现已通过ISO9001、ISO14001和OHSAS18001管理体系认证。公司的主导产品有丙烯酸酯类抗冲改性剂、PVC加工助剂、PVC发泡调节剂、新型PVC抗冲改性剂ACM树脂、MBS抗冲改性剂、 AMB抗冲改性剂、 ASA/PMMA彩色共挤料以及ABS抗冲改性剂等系列产品，综合产能达到13万吨/年，是世界大型的丙烯酸酯类PVC改性剂制造供应商之一，也是国内塑料助剂行业上市企业。公司凭借着卓越的产品质量、完善的售后服务，以及为客户所提供的恰如其分的问题解决方案，赢得了越来越多中外客商的认可。

丙烯酸之类抗冲改性剂

PVC加工助剂

新型PVC抗冲改性剂ACM树脂

MBS抗冲改性剂

PVC发泡调节剂

ABM抗冲改性剂

ASA/PMMA彩色共挤料

ABS抗冲改性剂

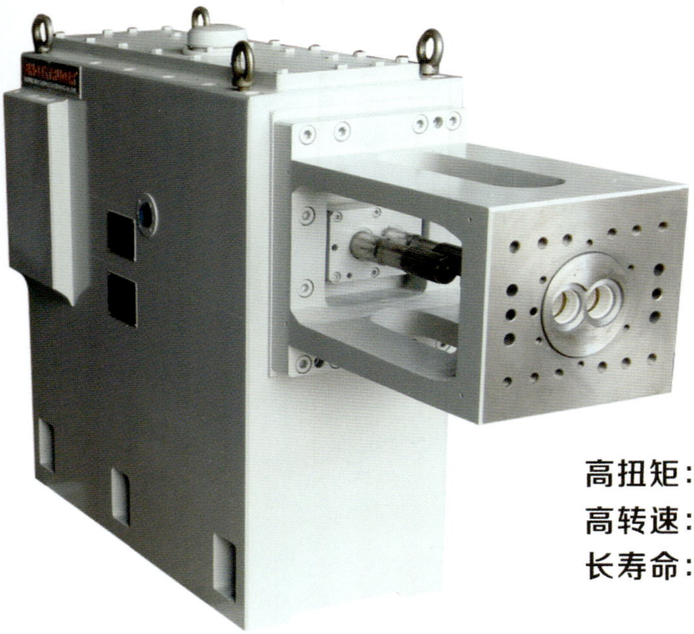

这些看不见的付出，
给一生最好的呵护。
We insist, when life birth,
Clean, warmth and brightness are necessary for his whole life.
We lay the environmental-friendly &
no- secondary- transmission-pollution pipe for city,
Make water be the safe nourish;
we install ground-heating pipe for thousands of families,
Make home warm;
We still lay electric conduit for buildings, community, street,
Make brightness accompany you.
The well-being of life, need incessant defense,
Even some pay, is invisible,
Chuanlu, guardianship for every family,
responsibility is never terminating.
有 责 任 · 更 信 任
川路塑胶集团 来自管材·型材的行业专家

常州晶雪冷冻设备有限公司

Changzhou Jingxue Freezing Equipment co.,ltd

晶雪节能、国际品质、绿色环保、追求完美

产品展示 PRODUCT DISPLAY

聚氨酯夹芯板

金属面岩棉复合板

冷库门系列产品

工程案例

公司简介 ABOUT US

晶雪公司是国内领先的冷藏库库体和节能厂房围护整体解决方案供应商，也是国内规模居前的节能保温板材生产厂家。经过20多年的发展，公司已经拥有两条国际先进的板材连续生产线，建成了两个生产基地和遍布全国的销售网络，形成了200万平方米各类节能板材、10000扇冷库门和工业门及5000个升降平台的年生产能力，能够为客户提供节能保温围护系统的设计、生产、安装和维护的全方位服务，从而可以优质高效的完成客户订单，一站式地满足不同客户的个性化围护系统建设需求。

晶雪公司参与了超过14项国家及行业标准的起草修订，获得17项专利。2009年参加GB/T21558-2008《建筑绝热用硬质聚氨酯泡沫塑料》项目获得中国轻工业联合会科学进行三等奖。2010年被评为国家高新技术企业。在技术研发上，公司不断加强研发基础建设，2012年申请并成立了江苏省冷链物流设备与材料工程技术研究中心。连续八年荣获“全国3. 15质量和服务诚信承诺企业”的称号。2013年公司的各类节能保温板材产品通过了美国FM认证，晶雪成为国内节能板材领域里通过该认证品种规格最多的企业。公司品牌“晶雪”为江苏省著名商标、常州市知名商标，公司产品为江苏省名牌产品、国家绿色建筑选用产品。

晶雪依托丰富的行业经验和强大的研发团队，在项目前期设计阶段采用了国际上先进的3D动态效果图，能够让客户非常直观的看到各类围护系统建成后的效果，功能区域的分布，以及晶雪是如何实现节能环保的。

工业门系列产品

物流设备

冷库板材、建筑板材、冷库门、工业门及物流设备

地址：江苏武进经济开发区丰泽路18号

电话：0519-88791029　传真：0519-88061275

http: //www.jingxue.cc

浙江明日控股集团股份有限公司

韩新伟

董事长

中石化、上海赛科、扬子巴斯夫、三圆石化核心客户

新疆天业浙江、安徽区域经销商

埃克森美孚化工浙江省战略合作伙伴

沙特阿美福建省战略合作伙伴

[浙江明日控股集团股份有限公司]为浙江省塑料行业协会会长、中国塑料加工工业协会副理事长单位，隶属于浙江省供销社，是浙江农资集团核心成员企业，前身浙江农资石化有限公司成立于1998年，公司注册地杭州滨江区，总股本11600万股，总资产逾15亿元，员工500余人，公司主营塑料原料、化工产品贸易和农用薄膜、包装材料、软包装制品生产业务，汇总经营收入近150亿元，进出口总额1.7亿美元，多年来年均增速达到30%水平，公司已发展成为中国最大的塑化分销服务商之一。

公司坚持以发展为主线，通过国内贸易与国际贸易相结合、现货业务与期货业务相结合、通用料与专用料相结合、商品经营与资本运作相结合，不断拓展业务领域和品种，成为了全国知名的塑化专业化公司。目前，公司塑化业务年销售量150万吨，其中，聚烯烃业务90万吨，聚氯乙烯业务超40万吨，ABS、PS、EVA、茂金属、弹性体等业务量近10万吨，甲醇、乙二醇、天胶等化工产品业务量近10万吨。目前，公司已成为中石化系统紧密合作伙伴，成为新疆天业浙江省、安徽省核心经销商，成为上海赛科、扬子－巴斯夫LDPE、绍兴三圆PP最大分销商和核心客户，与福建联合、宁波富德、海天石化、中海壳牌、陕西北元、山西榆社、中盐吉兰泰、陕西金泰等单位建立起了紧密合作关系；公司坚持国际化战略，连续多年与美国埃克森美孚化工建立起“浙江省战略合作伙伴”关系，与沙特阿美建立起福建省战略合作关系，并与博禄化工、美国道化学、住友化学、SABIC、美科联合、韩国SK、英利士、三井化学、三菱商事、卡塔尔石油、巴塞尔等单位建立起紧密合作关系，进口塑料原料超10万吨。

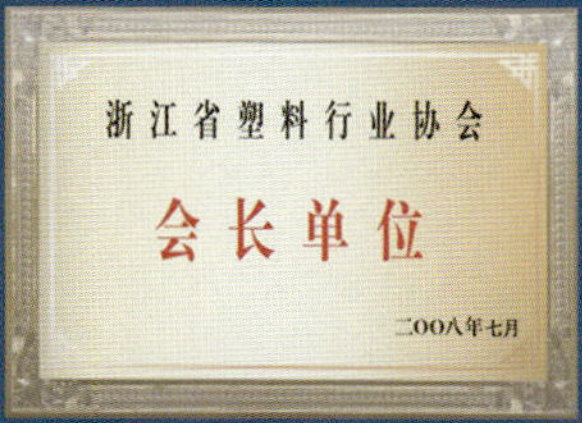

公司紧抓塑化分销网络建设，立足华东、面向全国，商品直销率在90%水平，已在浙江省各地市、上海、江苏、福建、安徽、江西、广东、湖北、山东、河北、天津、四川和宁波港、上海港、广州港、天津港等设立分销机构，形成了以华东为核心、面向全国的塑化分销网络体系。公司还在新加坡、中国香港成立境外离岸公司，开展转口贸易、美金业务。

公司塑化工业，主营农用薄膜、包装材料、软包装制品的生产，拥有加工产能6万吨、产值6亿元，是浙江包装工业50强企业，“星光”农（地）膜被授予国家免检产品，“新光”塑料薄膜被授予“浙江名牌产品”称号，被中塑协授予“促进农膜行业发展突出贡献奖”。

公司始终坚持“开拓、创新、诚信、共赢”的企业精神，树立起了良好的商业信誉和企业形象，公司被国家工商行政管理总局授予了全国“守合同重信用”单位，2008－2013年连续被全国工商业联合会授予“中国民营企业500强企业”，2005年以来连续被浙江省工商局授予“重合同守信用AAA级单位”称号，被浙江省人行、农行评为“信用等级AAA级企业”称号。

公司正以全球化、一体化和信息化的战略眼光，励精图治，艰苦创业，努力成为提供物流支持、技术支持、信息支持的工贸结合的大宗商品分销服务商、全国最具持续竞争力的塑化贸易商之一。

公司热诚希望与有志之士精诚合作，共创伟业！

总部大楼

联系方式：

地 址：中国杭州市滨江区泰安路199号浙江农资大厦

电 话：0571-87661222　邮 编：310052

传 真：0571-87661333　网 址：www.zjmr.cn

董事长 陈大魁

募投项目效果图

日丰®
日丰管——管用五十年
产品品质卓越
日丰所有产品均通过三重质量检测，并获得了六十多项国际权威认证，卓越品质赢得全球用户认可。
品牌全球领先
日丰是新型管道全球领先品牌，“日丰管 管用五十年”享誉大江南北，产品畅销100多个国家。
用户基础广泛
日丰已销售管材数十亿米，涵盖给水、排水、供暖、燃气等众多领域，成为全球亿万家庭的共同选择。
给水
排水
采暖
穿线
燃气
卫浴
佛山市日丰企业有限公司
客服热线：800-8303820 400-1110211
www.rifeng.com.cn

牢固树立以客户为中心的理念，　为客户创造更多的价值。

提供专业、快捷、贴心的服务。

苏州工业园区富事达塑业有限责任公司
（苏州塑料一厂）

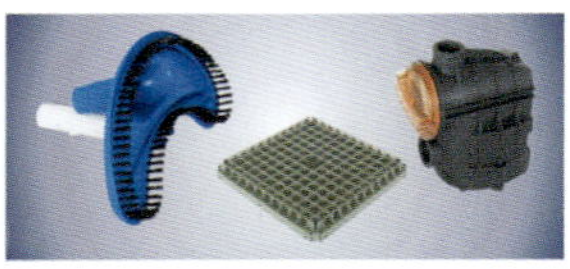

苏州工业园区富事达塑业有限责任公司（苏州塑料一厂），成立于1956年。是一家专业生产工程注塑制品、波纹管、片板材和改性材料，积累了近50年的塑料加工专业技术经验。富事达公司拥有自营进出口权，是江苏省高新技术企业。公司现有职工近220余人，工厂的占地面积约37000平方米，注册资金2817万元，固定资产3900万元。生产基地位于苏州工业园区。

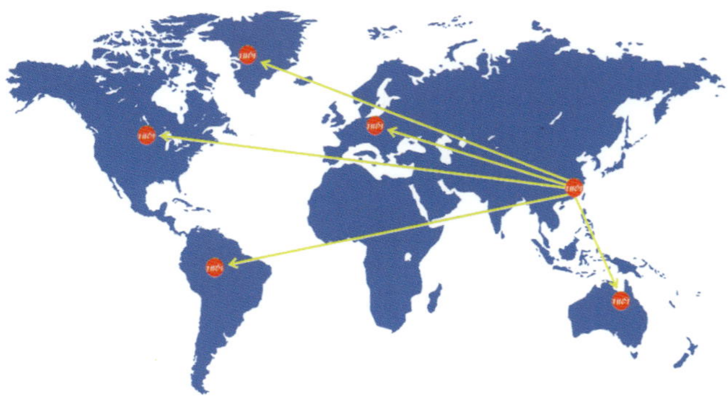

地址：江苏省苏州市工业园区通园路198号　邮编：215001
电话：0512-67609998 65223949　E-mail:fsd@first-plastic.com
传真：0512-62889532　网址：www.first-plastic.com

科亚装备
Solutions
全球5260套装备在运行
双螺杆挤出机的领航者
5000 machines in operation all over the world
The leader of twin screw extruder
南京科亚化工成套装备有限公司
NANJING KY CHEMICAL MACHINERY CO., LTD.
南京市江宁区科学园醴泉路9号 NO.9 Liquan road,Jiangning scientific park,Nanjing
销售热线(Sales Hotline)：86+25-52706155 电话(Operator): 86+25-52705088 (总机)
传真(FAX): 86+25-52706166
Http://www.kymach.com E-mail: sales@kymach.com
官方认证微博：南京科亚化工成套装备有限公司
扫描二维码，了解科亚更多资讯

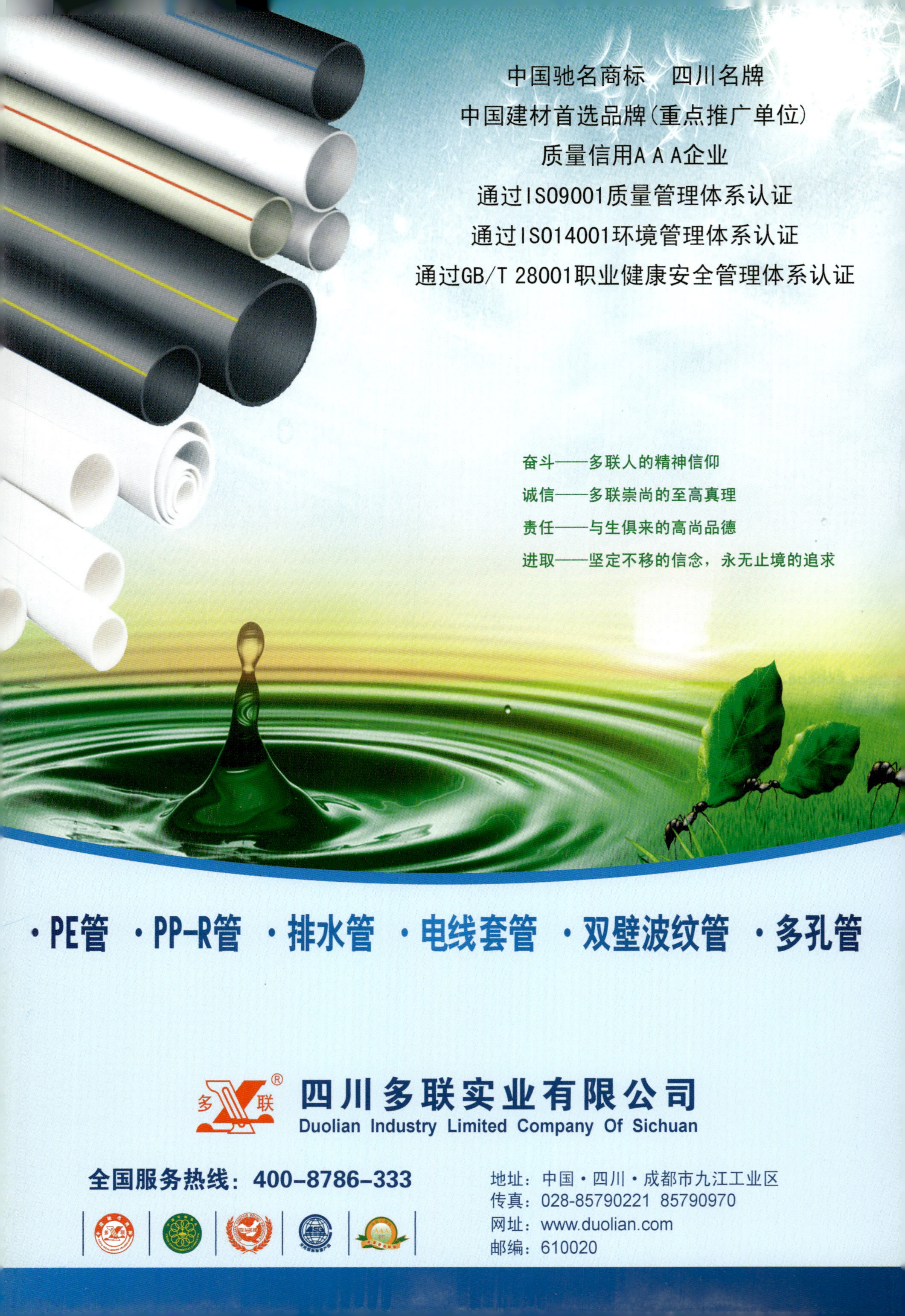
中国驰名商标　四川名牌
中国建材首选品牌(重点推广单位)
质量信用AAA企业
通过ISO9001质量管理体系认证
通过ISO14001环境管理体系认证
通过GB/T 28001职业健康安全管理体系认证
奋斗——多联人的精神信仰
诚信——多联崇尚的至高真理
责任——与生俱来的高尚品德
进取——坚定不移的信念，永无止境的追求
·PE管　·PP-R管　·排水管　·电线套管　·双壁波纹管　·多孔管
四川多联实业有限公司
Duolian Industry Limited Company Of Sichuan
全国服务热线：400-8786-333
地址：中国·四川·成都市九江工业区
传真：028-85790221 85790970
网址：www.duolian.com
邮编：610020

造世界一流设备，为中国争光
高产量 高塑化 省电节能
专业制造：锥形同向双螺杆造粒机系统(PVC、PP/PE、高填充母粒、电缆料、TPR)；锥形同向双螺杆超高分子量聚乙烯挤出机；锥形同向双螺杆挤出机(PVC、木塑、铝塑板、建筑模板、PP/PE等)；锥形同向双螺杆管材挤出机(PVC、PP/PE、双壁波纹管)。
锥形同向双螺杆造粒机
自主研发
专利产品
该技术列入国家重点节能技术推广目录(第五批)
该设备被认定为“国家重点新产品”，并已通过了省产品鉴定，鉴定结果为：该产品具有高混炼、高挤压力、低挤出温度、塑化性能好等特点。产量比国内同类规格的“锥形异向双螺杆挤出机”和“平行同向双螺杆挤出机”约高近一倍，比功率降低（30-50）%，节能效果显著。
舟山市通发机械有限公司
ZHOU SHAN TONGFA MACHINERYCO.,LTD.
地址：浙江省舟山市定海区盐仓街道临欣路3号
电话Tel.：0580-8891168 8805918 传真Fax：0580-8890678
网址Website: www.zjtongfa.cn E-mail:zjtongfa@163.com
联系人：吴信聪13957236628 邵汉君13868230751
证书
发明专利证书

東田 DONGTIAN

ZHONG TIAN 中田

东田转印
Dongtian Transfer Printing

热转印塑料制品
heat-transfer printing-plastic

热转印玻璃制品
heat-transfer printing-glass

热转印金属制品
heat-transfer printing-metal

热转印木板制品
heat-transfer printing-wood

模内注塑转印制品
in-mould labels

巨龙箱包
DRAGON KING CASE
el:400-826-6869 http://www.eastcase.com/
金宇轮胎
中国驰名商标

吉林中粮生化包装有限公司

拉丝生产线 Wire drawing production line

编织生产线 Knitting production line

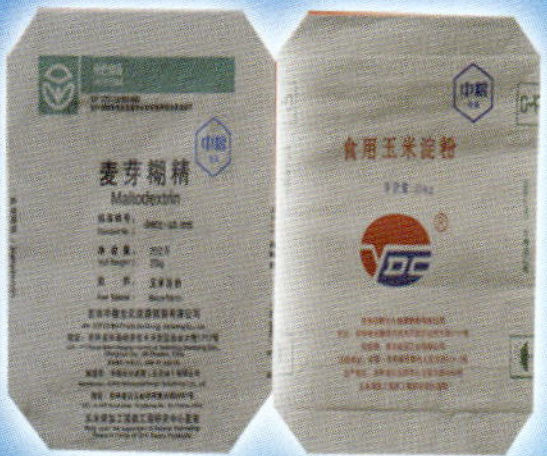

实验室

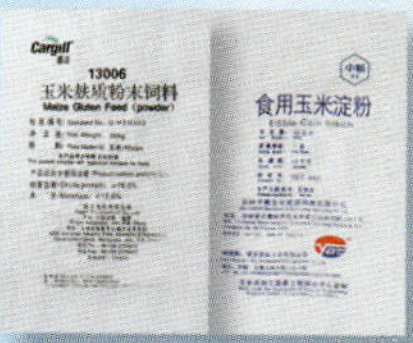

吹塑容器 kegs

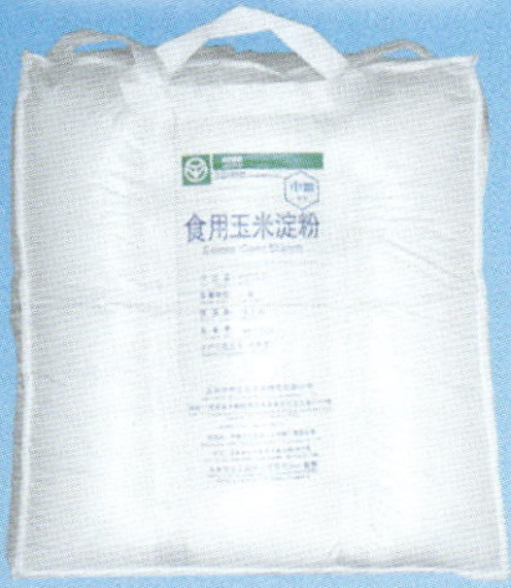

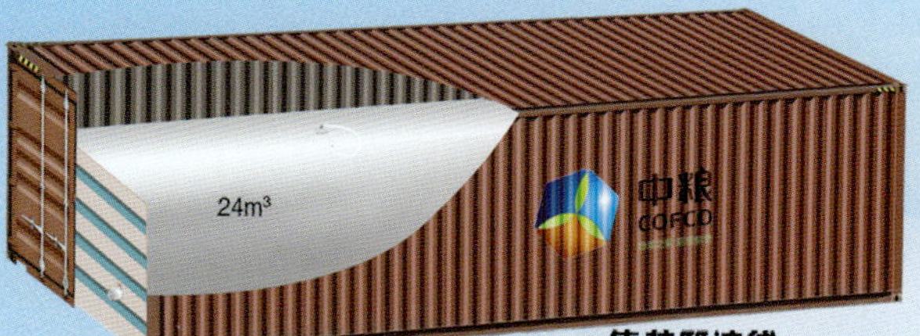
集装箱液袋 Flexitank

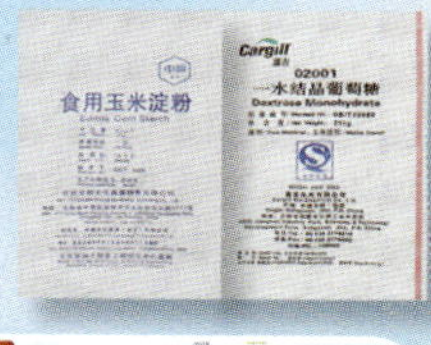

成品生产线 Finished production line

纸袋生产线一角 A corner of the production line for paper bag

吉林中粮生化包装有限公司创建于1995年末，隶属于中粮集团生化能源事业部。厂址位于吉林省东丰县经济开发区，占地面积10万平方米，建筑面积3.5万平方米，现有员工600人。

公司拥有雄厚的技术力量，生产设备先进，检测手段完备。主要产品有塑料编织袋、塑料中空容器、集装袋等塑料包装制品及阀口纸袋等纸包装制品。年产纸塑包装物1万吨。2004年通过ISO−9001质量管理体系认证；2007年8月，阀口纸袋产品获得两项国家专利权；2008年通过国家QS认证。2010年公司实现销售收入2亿元，实现利税2000万元，成为东北地区规模较大的食品级包装骨干企业。公司始终如一地贯彻“以人为本”的经营理念，秉承“诚信、团队、专业、创新”的中粮企业精神，坚持“奉献营养健康的食品，高品质的生活空间及生活服务，使客户、股东、员工价值最大化”的中粮使命，以实现双赢为目的，不断推陈出新，以上乘的品质、良好的信誉，为客户提供优质的服务。

电话：0437−6222639　网址：www.cofco-mc.com　邮编：136300　地址：吉林省东丰县经济开发区

中国塑料工业年鉴

CHINA PLASTICS INDUSTRY YEARBOOK

2014

中国塑料加工工业协会 主编

中国石化出版社

内 容 提 要

《中国塑料工业年鉴 2014》由中国塑料加工工业协会主编，全国塑料加工工业信息中心承担组稿、编辑工作。年鉴以年度内全国塑料行业的发展和各省、市、自治区塑料加工企业的生产、经营和产品开发为主要内容，也包括合成树脂、助剂、塑料机械和模具的生产和市场情况。年鉴全面反映中国塑料工业现状，是记录中国塑料工业发展的历史文献。

图书在版编目（CIP）数据

中国塑料工业年鉴．2014／中国塑料加工工业协会主编．—北京：中国石化出版社，2014.11
ISBN 978-7-5114-3052-6

Ⅰ．①中… Ⅱ．①中… Ⅲ．①塑料工业－中国－2014－年鉴 Ⅳ．①F426.7-54

中国版本图书馆 CIP 数据核字（2014）第 237872 号

责任编辑：韩勇
责任校对：李伟

中国石化出版社出版发行
地址：北京市东城区安定门外大街 58 号
邮编：100011 电话：(010)84271850
读者服务部电话：(010)84289974
http://www.sinopec-press.com
E-mail:press@sinopec.com
北京科信印刷有限公司印刷
全国各地新华书店经销
*
787×1092 毫米 16 开本 46.5 印张 124 彩页 1475 千字
2015 年 1 月第 1 版 2015 年 1 月第 1 次印刷
定价：460.00 元

《中国塑料工业年鉴》(2014)编委会名单

田　岩　中国塑料加工工业协会　副秘书长兼综合业务部主任
任玥璋　中国塑协聚氯乙烯板制品专业委员会　主任
朱　瑾　中国塑协工程塑料专业委员会　主任
朱义华　中国塑协中空制品专业委员会　主任
刘　姝　中国塑料加工工业协会　副秘书长兼会员部主任
刘英俊　中国塑协改性塑料专业委员会　秘书长
孙冬泉　中国塑料加工工业协会　副秘书长兼流延薄膜专委会秘书长
许　琳　中国塑料加工工业协会　副秘书长兼信息部主任
许自力　中国塑协异型材及门窗制品专业委员会　主任
庄　甦　中国塑协氟塑料加工专业委员会　主任
张建均　中国塑协塑料管道专业委员会　主任
李建军　中国塑协多功能母料专业委员会　主任
李振平　中国塑协塑料助剂专业委员会　主任
吴方群　中国塑料加工工业协会　信息部副主任兼《中国塑协通讯》主编
吴家福　中国塑协密胺塑料制品专业委员会　主任
吴耀根　中国塑协双向拉伸聚丙烯薄膜专业委员会　主任
陆慧琴　中国塑协注塑制品专业委员会　主任
陈　宇　北京华腾新材料股份有限公司　董事长
赵东日　中国塑协新材料研究开发工作委员会　负责人
赵安赤　中国塑协改性塑料专业委员会　主任
孟庆军　中国塑料加工工业协会　副秘书长
徐　斌　中国塑协 硬质聚氯乙烯发泡制品专业委员会　主任
徐志强　中国塑协双向拉伸聚酯薄膜专业委员会　主任
易佩瑾　中国塑料加工工业协会　办公室副主任
林东亮　中国塑协塑木制品专业委员会　主任
林永飞　中国塑协聚氨酯制品专业委员会　主任
罗宏宇　中国塑协滚塑专业委员会　主任
夏　青　中国塑协降解塑料专业委员会　主任
夏嘉良　中国塑协复合膜制品专业委员会　主任
郑元和　中国塑协塑料配线器材专业委员会　主任
侯树亭　中国塑协泡沫塑料 EPS 专业委员会　主任
洪晓冬　中国塑协镀铝膜专业委员会　主任
贾润礼　中北大学塑料研究所　所长
郭志宏　中国塑料加工工业协会　办公室副主任兼会员部副主任
曹志强　中国塑协农用薄膜专业委员会　主任
曹常在　中国塑协医用塑料专业委员会　主任

姜集康　中国塑协塑料编织制品专业委员会　主任
黄　锐　四川大学高分子材料系　教授
韩国林　扬州市酒店日用品协会　会长
潘公挺　中国塑协人造革合成革专业委员会　主任
蒯建政　湖南省塑料行业协会　理事长

主　　编　钱桂敬

副 主 编　许　琳　史立科

编　　者　（以姓氏笔画为序）

刁晓倩	王　浩	王占杰	王存吉
王庆圆	王春志	王德钧	韦　华
冯庶君	史春才	田　岩	龙　洁
刘　敏	刘卫东	刘丰田	刘汉龙
刘均科	刘英俊	刘秋晨	刘景芬
吕　方	孙冬泉	许　琳	许　榕
余继春	宋云鹤	庄　甦	张　儒
张文雷	张涌涛	张富强	李志君
李建军	杨　涛	杨惠娣	汪建萍
苏一凡	陈　岩	陈　凌	陈清清
陈喜东	周永泰	周迎鑫	周鸿勋
周肇枢	林永飞	林敏刚	罗崇远
罗维满	范德标	郑　静	郑天禄
侯芳放	宣华荣	施珣若	段同生
洪晓冬	赵　军	钟　雁	倪国庆
涂红梅	翁云宣	郭　齐	顾大全
高春雨	曹　俭	符　岸	黄　勇
温　原	焦洪文	程田青	童人本
韩简吉	赖汉文		

中国塑料加工工业协会
中国塑料机械工业协会
中国塑料加工工业协会塑料助剂专业委员会秘书处
新疆塑料协会

出版说明

2013年是贯彻落实党的十八大精神的开局之年，是实施“十二五”规划承前启后的关键一年。在国务院国有资产监督管理委员会、中国轻工业联合会的亲切关怀和直接领导下，在《塑料加工业“十二五”发展规划指导意见》和《塑料加工行业技术进步“十二五”发展指导意见》具体指导下，我国的塑料加工企业全面贯彻落实党的十八大会议精神，坚持稳中求进，强化创新驱动，优化产品结构，走出转型、跨越、发展新路，取得了显著成就。面对严峻复杂的外部坏境和困难挑战，我国的塑料加工工业形成绿色发展、循环发展、跨越发展的喜人势头，各项工作取得了新的进展。《中国塑料工业年鉴》详实记录了全国塑料同仁的成绩、心血和汗水，记录了在实现中国梦的道路上迈出新的步伐。

《中国塑料工业年鉴》自创刊至今已出版了12卷。2014版为《中国塑料工业年鉴》第13卷，与前12卷在时间和内容上保持连续性。设有“专论”、“大事记”、“政策法规”、“全国塑料工业生产经营情况统计”、“综述”、“各地区塑料工业”、“主要制品行业情况”、“专利技术”、“塑料标准化”、“重点企业介绍”等栏目。《中国塑料工业年鉴》具有工具性特点：集手册、年表、图录、书目、索引、文摘、表谱、统计资料、指南于一身；具有资料性特点：全面、系统、准确地记述了上年度塑料行业发展状况；具有可读性特点：资料翔实、功能齐全、反应及时、连续出版，同时又肩负着“资政”、“存史”和“宣传推广”的社会责任。《中国塑料工业年鉴》全面客观地记录了上年度中国塑料工业站在新起点、抓住新机遇、展现新精神、谋求新发展的重大事件和“十二五”以来取得的丰硕成果。

《中国塑料工业年鉴》(2014)由中国塑料加工工业协会主编，中国石化出版社出版发行。中国塑协各分支机构、中国轻工业信息中心、中国塑料机械工业协会、中国模具协会、中国氯碱协会、中国石油和化学工业联合会和各省、市、自治区塑料行业协会等单位领导与专家给予了大力支持。

《中国塑料工业年鉴》编委会向所有关心、支持和参与撰稿、组织、筹划及宣传工作的领导、专家、作者和朋友们一并表示衷心的感谢。诚请广大读者对2014版《中国塑料工业年鉴》编写、出版中的不足之处给予批评、指正。

《中国塑料工业年鉴》编辑委员会

2014年7月

目 录

专论

大事记

政策法规

全国塑料工业生产、经营业情况统计

综述

各地区塑料工业

主要制品行业情况

专利技术

塑料标准化

重点企业介绍

CONTENTS

Development Situation of Main Plastics Products

Patents

Progress of Standardization in Plastics Industry

Introduce of Key enterprises

专　　论

中国塑料工业 2013 年度发展报告

中国塑料加工工业协会

经过入世以来十多年的迅猛发展，中国塑料加工业实现了历史性跨越，实现了从以消费品为主进入生产资料领域的快速转型，成为集新材料、新工艺、新技术、新装备为一体的新型制造业，在追赶型高速发展，告别短缺，完成数量主导型发展阶段后，开始进入提升发展质量、提高发展效益的平稳发展的新阶段。把握好新发展阶段的新机遇，中国塑料加工业发展之路将更加广阔。

一、2013 年塑料加工业取得了平稳发展的好成绩

2013 年国内外经济形势复杂多变，全球市场需求不足，增长乏力。塑料加工行业认真贯彻中央决策，战胜了各种困难和挑战，着力推进结构调整和发展方式转变，取得了平稳发展的好成绩。

(一)生产保持平稳增长

据国家统计局统计，塑料制品规模以上企业制品产量为 61888. 6kt，同比增长 8. 02%。虽然比上年 8. 99% 的增速回落了 0. 97 个百分点，但相对上年 GDP 增长 7. 7%，其需求弹性仍保持在 1. 0 以上。

表 1　2013 年塑料制品累计产量及与上年同期比较表

塑料制品类别	累计产量/10kt	累计比同期/%	增幅比同期/%
塑料制品	6188. 66	8. 02	-0. 97
其中：塑料薄膜	1089. 35	7. 61	-1. 72
其中：农用薄膜	187. 36	13. 6	5. 86
泡沫塑料	146. 48	8. 96	-14. 17
人造革、合成革	347. 02	10. 69	-4. 86
日用塑料	471. 62	9. 46	-4. 97
其他塑料	4134. 18	7. 71	0. 45

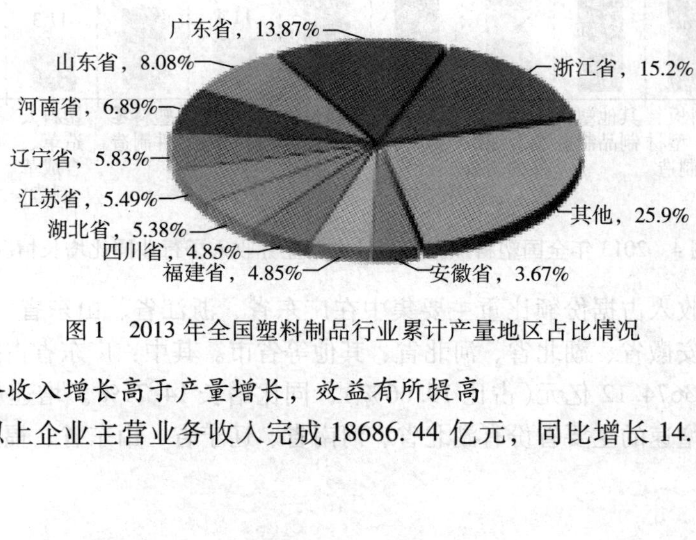

图 1　2013 年全国塑料制品行业累计产量地区占比情况

(二)主营业务收入增长高于产量增长，效益有所提高

2013 年规模以上企业主营业务收入完成 18686. 44 亿元，同比增长 14. 26%，比上年同期

增幅提高了 2.47 个百分点，高出产量增速 6.24 个百分点。实现利润总额 1123.18 亿元，同比增长 16.45%，比上年同期高出 0.51 个百分点。主营业务收入利润率为 6.01%，比上年同期增加了 0.11 个百分点。

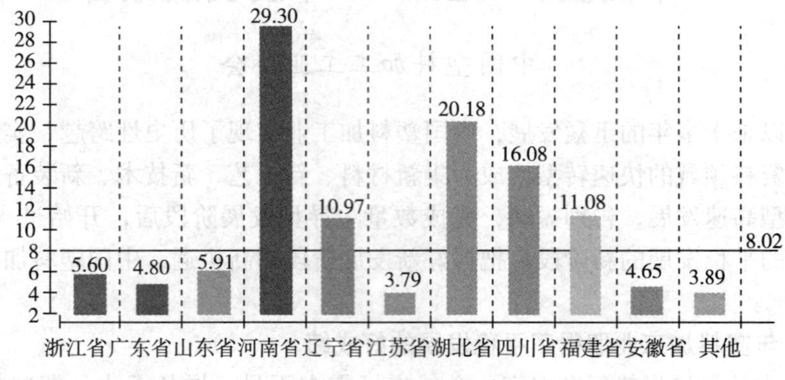

图 2　2013 年全国塑料制品行业累计产量主要地区同比增长情况

塑料制品主营收入中占据份额比重最大的子行业是塑料板、管、型材，占比 24.81%。而与上年同比增速最高的子行业是塑料丝、绳及编织品和塑料板、管、型材，其同比分别增长了 16.71% 和 16.60%。塑料丝、绳及编织品，塑料板、管、型材以及塑料薄膜制造等 3 个子行业的主营业务收入高于塑料行业主营收入平均值。

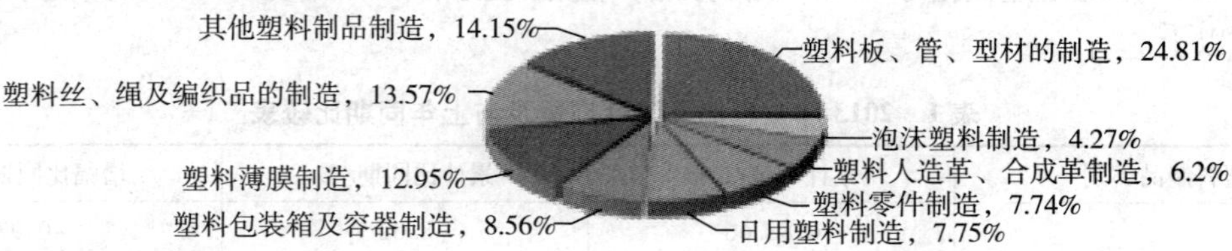

图 3　2013 年全国塑料加工业累计主营业务收入子行业占比情况

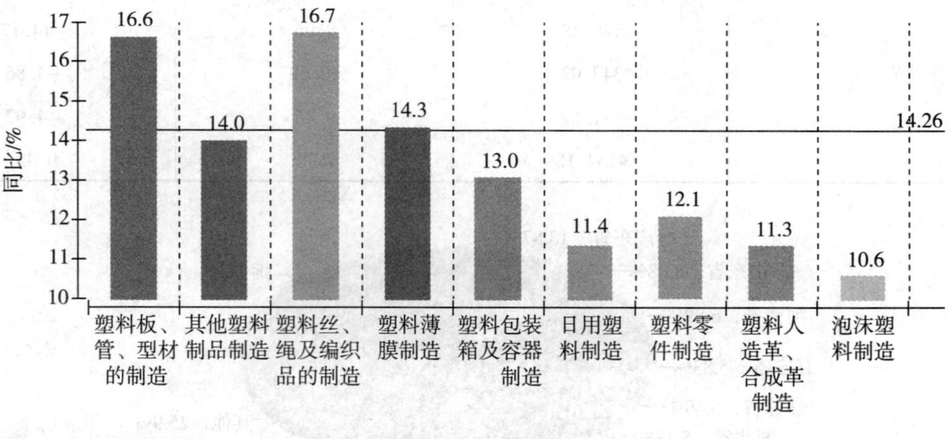

图 4　2013 年全国塑料加工业累计主营业务收入子行业同比增长情况

塑料制品主营收入占据份额比重主要集中在广东省、浙江省、山东省、江苏省、辽宁省、福建省、河南省、安徽省、湖北省、河北省、其他等省市。其中：广东省占据份额最大，累计完成主营业务收入 3674.12 亿元（占比 19.66%），同比增长 14.71%。增速超过全国塑料制品主营业务收入平均增速的主要省份有湖北省、河南省、辽宁省、山东省、福建省、广东省及其他等地区。河北省、安徽省、江苏省、浙江省主营业务收入低于全国塑料制品主营业务收入的平均增速。

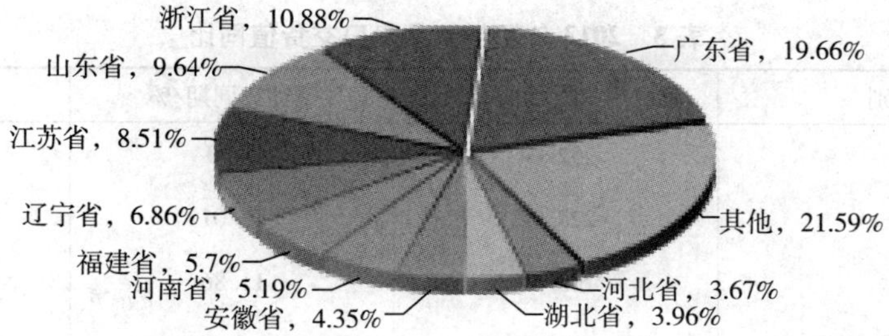

图 5　2013 年全国塑料加工业累计主营业务收入地区占比情况

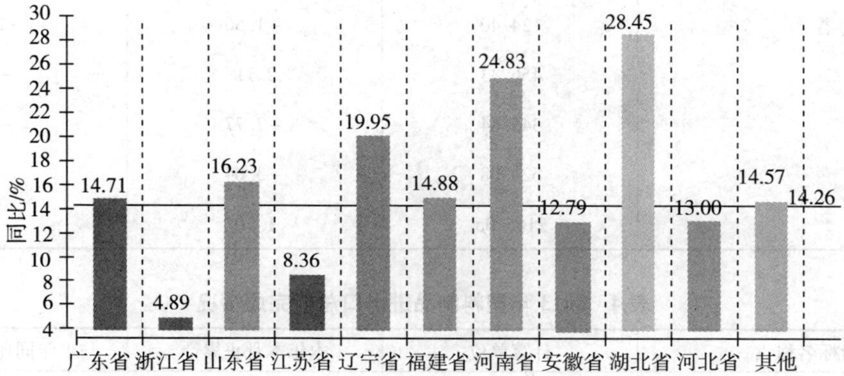

图 6　2013 年全国塑料加工业累计主营业务收入主要地区同比增长情况

主营业务收入利润率最高、增速最快的子行业是塑料包装箱及容器行业，其主营业务收入利润率为 7.04%，与上年同比增加了 0.50 个百分点。塑料包装箱及容器，塑料板、管、型材，泡沫塑料制造，塑料丝、绳及编织品以及塑料人造革、合成革制造等 5 个子行业累计主营业务收入利润率高于全国塑料行业累计主营业务收入利润率。

表 2　2013 年全国塑料加工业累计主营业务收入利润率子行业对比及同比情况

月份	塑料制品类别	本月累计/%	同月累计/%	同比/%
12 月	塑料包装箱及容器制造	7.04	6.54	0.50
12 月	塑料板、管、型材的制造	6.84	6.71	0.13
12 月	泡沫塑料制造	6.64	6.54	0.10
12 月	塑料丝、绳及编织品的制造	6.60	6.40	0.20
12 月	塑料人造革、合成革制造	6.26	6.48	−0.22
12 月	塑料	6.01	5.90	0.11
12 月	日用塑料制造	5.43	5.16	0.27
12 月	塑料薄膜制造	5.19	5.39	−0.20
12 月	其他塑料制品制造	4.93	4.96	−0.03
12 月	塑料零件制造	4.55	4.26	0.29

（三）塑料制品出口趋缓，国际市场需求基本稳定

据海关总署统计，2013 年全国塑料制品出口量为 15085.5kt，比上年同期增长 5.88%，出口额 568.35 亿美元，比上年同期增长 11.13%，但与 2012 年增幅 21.95% 相比，增幅大幅下滑。

此外，应收账款同比增加 9.8%，存货同比增长 7.85%，亏损企业数同比增加 13.22%，亏损企业亏损额增加 15.14%。

表 3 2013 年塑料制品出口交货值同比

塑料制品类别	累计出口交货值/亿元	累计比同期/%	增幅比同期/%
塑料薄膜	252.04	6.90	3.62
塑料板、管、型材	228.92	18.01	17.85
塑料丝、绳及编织品	105.51	11.86	6.50
泡沫塑料	40.70	-5.39	-11.11
塑料人造革、合成革	87.44	1.97	4.90
塑料包装箱及容器	124.40	-1.56	-20.26
日用塑料	456.33	2.11	-3.29
塑料零件	345.64	-7.77	-5.44
其他塑料制品	524.08	-3.04	-4.7
塑料制品	2165.05	1.10	-1.61

表 4 2013 年塑料制品进出口总值完成情况

指标名称	计算单位	本年本月止累计	与上年同比累计增长/%
塑料制品行业主要商品进出口总值	亿美元	756.37	8.64
其中：出口总值	亿美元	568.35	11.13
进口总值	亿美元	188.03	1.72
进出口差额(+出超，-入超)	亿美元	380.32	16.46
出口占进出口总值比重	%	75.14	2.3
进口占进出口总值比重	%	24.86	-6.36

表 5 2013 年塑料制品行业分类产品出口量值表

商品名称	出口量/10kt	与上年同比/%	出口额/亿美元	与上年同比/%
1. 塑料单丝．条．杆．型材及异型	17.08	15.58	3.78	16.59
2. 塑料管及其附件	52.75	7.83	21.45	14.91
3. 塑料板．片．膜．箔．带及扁条	262.78	9.16	85.12	12.57
4. 塑料人造革、合成革	57.14	-0.54	27.56	3.38
5. 塑料包装箱及容器及其附件	221.27	0.81	80.08	11.09
6. 塑料零件	4.00	-4.17	5.16	15.84
7. 建筑用塑料制品	221.64	13.1	40.94	16.26
8. 日用塑料制品	336.92	2.78	159.68	4.44
9. 其他塑料制品	334.97	6.21	144.57	17.95
塑料制品总计	1508.55	5.88	568.35	11.13

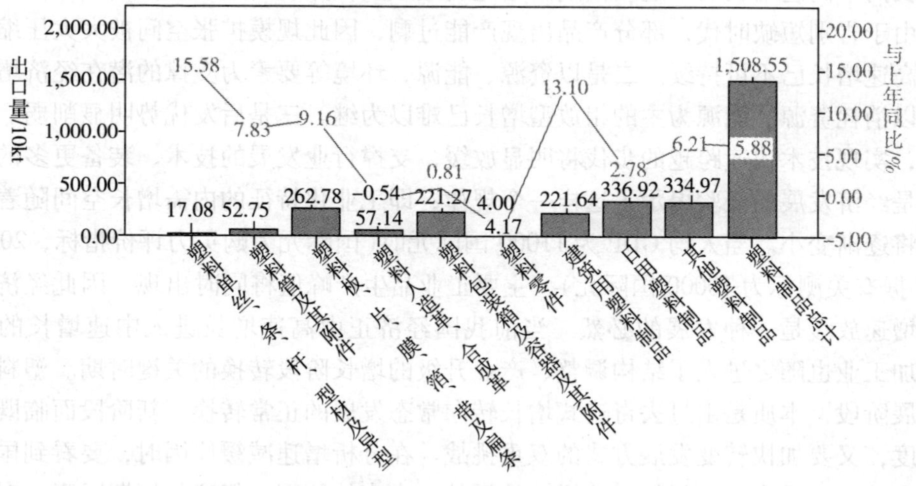

图 7　2013 年塑料分类产品出口量及与上年同比

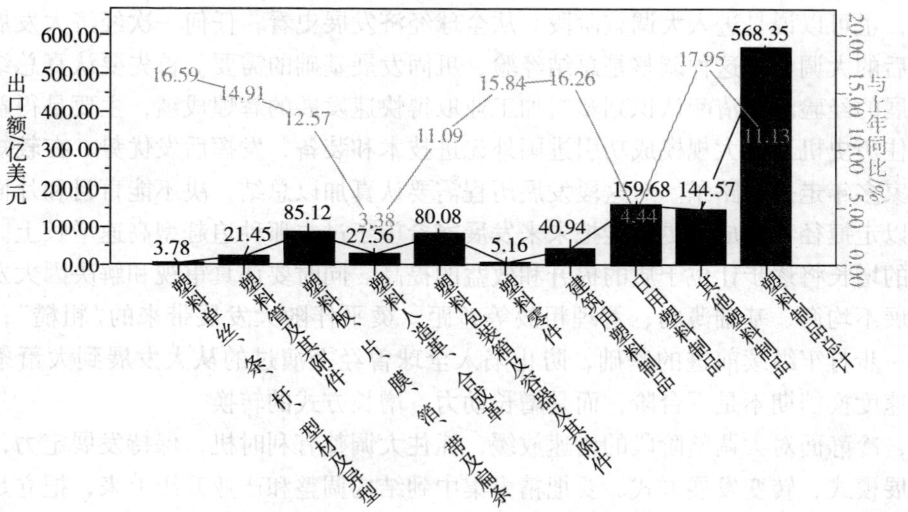

图 8　2013 年塑料分类产品出口额及与上年同比

以上数据表明，塑料加工业虽然保持了平稳发展，但增幅出现较大回落，增速明显放缓，特别是制品产量增速为多年来的最低值。增幅回落和增速放缓原因是多方面的，既是短期和中长期经济运行下行压力叠加作用的结果，也是塑料加工行业产品结构不合理、部分产品产能过剩、创新能力不足等自身问题影响的结果，对此必须高度重视，认真研究对策。

二、深入分析增速下滑的原因，适应增速放缓这一外部环境，把精力集中到转方式、调结构和产业升级上来

塑料加工业经过“十五”、“十一五”的迅猛发展，实现了历史性跨越，实现了从以消费品为主快速进入到生产资料和高技术领域的重要转型。成为集新材料、新技术、新工艺为一体的新型制造业。并初步建立了门类齐全的现代生产体系，成为世界塑料制品生产大国、消费大国和出口大国。2013 年合成树脂为 58370kt，进口 24617kt，加上废塑料等，合成树脂表观消费已超过 85000kt，为全球消费量三分之一以上。当前，塑料加工业通过追赶型高速发展，完成数量主导型发展阶段后后进入提升发展质量、提高发展效益和产业升级的新阶段。同时也进入了由高速增长向中高速增长的增速换挡期，增速明显放缓，分析增速放缓，其深层次的原因主要有：一是由于告别短缺时代，部分产品出现产能过剩，因此规模扩张空间被大大压缩，规模扩张带来的高速增长已不可持续。二是以资源、能源、环境等要素为支撑的潜在经济增长率已大大下降，以消耗资源、能源为主的粗放型增长已难以为继。三是后发优势明显削弱。利用国外现成技术，实现技术快速跨越的步伐将明显放缓，支撑行业发展的技术、装备更多的是靠自主创新。四是经济发展的经验揭示了这样一个规律，即工业化特征的内需增长空间随着追赶型任务的完成将逐渐变小。当人均GDP为11000国际元时(国际元为购买力评价指标，2013年我国人均GDP据有关测标为10000国际元)，主要工业品生产峰值将同时出现。因此经济发展阶段的转换，增速放缓是一种发展的必然。当前我国经济正由高速增长进入中速增长的增速换挡期，塑料加工业也随之进入了结构调整、产业升级的增长阶段转换的关键时期。塑料加工业进入新的发展阶段，本质是由过去奇迹式增长转向常态发展的正常转换。新阶段面临既要保持适宜增长速度，又要加快转变发展方式的双重挑战。在分析增速减缓原因时，要看到国际金融危机的持续影响，这是当前塑料加工业增速放缓的一个直接原因，但这是短期因素，对经济发展进入结构性减速阶段的这个必然来说，金融危机无疑是加快了这一进程。塑料加工业进入新的发展阶段，也可以说是进入大调整阶段。从全球经济发展史看，任何一次经济大发展，必然迎来大发展后的大调整，这种调整是总结经验、巩固发展基础的需要。首先要认真总结塑料加工业高速发展的经验。应清醒认识到塑料加工业取得快速发展的辉煌成绩，主要是得益于塑料加工行业抓住历史机遇，大规模成功引进国外先进技术和装备，发挥后发优势，在较短时间内走完发达国家多年走过的路子。对这段发展历程需要认真加以总结，决不能盲目和片面理解为经济发展可以走捷径和速成。更不能把未来发展寄希望于过去那种追赶型高速增长上。未来增长应该是量的增长将逐步让位于质的提升和效益的提高。同时要认真审视和解决因大发展而无暇顾及的发展不均衡、基础薄弱、管理粗放等差距，烫平伴随大发展带来的“粗糙”，铺平前进道路，进一步打牢继续前进的基础，防止陷入全球曾经上演过的从大发展到大萧条的历史泥潭。增长速度换挡期不是下台阶，而是增长动力、增长方式的转换。

因此，冷静面对大调整阶段的增速放缓，抓住大调整有利时机，保持发展定力，下决心加快调整发展模式、转变发展方式。要把精力集中到结构调整和产业升级上来，把立足点放在加快数量主导型向质量效益型转变上来。

三、技术创新和优化结构调整是化解产能过剩的根本途径

一般认为产能过剩是企业最低生产供给与长期均衡状态下实际供给间的差额。一般用产能利用率或设备利用率作评价标准。设备正常利用率一般为79% ~83%，超过90%可视为产能不足，小于79%则意味产能过剩。产能过剩是产需矛盾的体现，涉及产品竞争力和属性及市场销售范围。塑料加工业是快速成长的新兴制造业，并非产能过剩行业，但在部分产品中出现结构性和阶段性过剩现象。如在塑编行业、门窗异型材等低水平供给严重过剩，导致无序竞争，市场秩序混乱。管材产能过剩比较突出，2013年塑料管材产量为12100kt，据不完全统计，产能已超过20000kt。过剩产能主要集中在普通硬聚氯乙烯管材产能上，低水平盲目扩张，同质化严重是主要原因。除了结构性过剩外，双向拉伸BOPP、BOPET等包装薄膜行业，由于竞相追求最先进装备和误判市场需求，造成这部分先进产能闲置，形成阶段性过剩。产能过剩引发低价恶性竞争，造成市场秩序混乱，既影响企业效益又影响企业形象，对行业健康发展产生严重影响。

分析产能过剩的原因，可以看到创新能力不足，盲目跟风与模仿，低水平重复建设，同质化严重是其主要原因。同时也应看到产能过剩既是市场竞争的结果，也是产业由成长期进入成熟期的必然表现。其本质是供给能力不适应市场需求，迫切要求供给水平加快升级。在全球金融危机持续影响下，全球分工格局被打破，产能过剩在全球范围内难以在一个较短时间得到解决，经济增速放缓更加快了产能过剩矛盾和暴露。

化解产能过剩任务艰巨，要牢固树立大局，要把握行业发展趋势，认真践行科学发展观。化解产能过剩，源头是关键、存量调整是重点，创新是主要途径。中塑协和各专委会要加强信息服务，及时发布产能信息，协助各级政府提高资源、环境门槛，把好土地和信贷闸门，要研究和提出项目准入条件，逐步形成产业政策建议，为从源头扼制新增低水平产能提供决策依据。当前要把工作重点放在存量过剩产能的化解上，要按照中央确定的“四个一批”的决定，做好淘汰落后、转型、升级、转移工作。在这里淘汰是关键，淘汰落后的条件和标准是什么？这需要依靠协会的力量，从实际出发，研究和提出淘汰落后的依据和标准建议，供政府决策参考，这是行业义不容辞的责任。淘汰落后产能除规模要求外，还应有能耗、物耗、环保、质量、安全等限制性指标，各有关专委会要紧紧依靠企业，加快研究和提出建议，为政府决策提供依据。化解产能过剩的最根本途径是科技创新和结构调整。要大力依靠技术进步和结构调整，大力开发新产品，培育新的增长点，努力形成合理的高、中、低档产品结构比例，克服同质化严重的顽疾，实现差异化发展。

四、充分认识支撑塑料加工业的发展条件发生了重要变化，要着力转变发展方式

当前塑料加工业经济下行压力加大，生产要素成本不断加大，资源、环境、能源约束全面加强，产能过剩矛盾突出，创新能力不足，原有的成本优势和引进技术的条件优势逐渐减弱，支撑塑料加工业高速发展的条件发生了重要变化，可以说塑料加工业已进入结构调整的阵痛期。因此加快发展方式转变任务更加迫切地摆在我们面前。

首先要充分认识到过去长期依靠高投入、高能耗、低成本的增长模式已不可持续。要坚定不移实现由低成本驱动向创新驱动发展的转变。为此必须大力推进技术进步，努力缩小与国际先进水平的差距，全面提升产业素质，加快推进塑料加工业现代生产体系建设，努力实现高端制造业的战略目标。

第二要全面推进产品和产业链高端化战略，积极开发新产品，努力培育新的增长点。塑料加工业作为新兴制造业，发展迅速，应用越来越广，技术含量越来越高。与发达国家相比，我国起步晚，产品档次不高，有些产品还不能生产。在功能性薄膜方面，如各种光学、电池隔膜、海水淡化、化工、水处理、偏光膜、食品工业方面各种微滤、超滤膜，包括非热灭菌用过滤膜；在管材方面，用于耐磨、耐腐蚀、耐热、特种介质输送、矿山用阻燃、抗静电双抗管、中高压油气输送用管，特别是海上油气输送管；在工程塑料和特别功能塑料方面各种车、船、飞机、航天、电子用特种工程塑料；在极具发展潜力的滚塑加工业方面，差距更大一些。塑料作为二十一世纪的新材料，是未来新兴高技术产业、高端装备制造业、新能源、生物医药、信息、节能环保等产业不可缺少的高端配套材料，在新材料技术革命中占有极具重要的地位，发展前景极为广泛。《塑料加工业技术进步指导意见》明确了未来塑料加工业“功能化”、“轻量化”和“微成型”的发展方向，并初步提出和汇总了新产品发展方向及项目。因此紧跟国际塑料加工业发展动态，努力赶超国外先进技术，加快缩小差距，是转变发展方式和产业升级必须要抓好的重要工作。

第三，要以降低成本为重点，加快盈利模式的转换，确保进一步提高塑料加工业发展质量和效益。当前塑料加工业正面临增长速度放缓和生产要素成本不断增加，资源、环境、能源约束全面增强的双重压力。市场需求不旺、企业融资困难，合理利润空间被大大压缩。传统的以“提高产量，降低消耗”为主要内容的降低变动成本和以“扩大规模，提高劳动生产率”为主要内容的降低固定成本的盈利模式遇到极大挑战，迫使我们必须加快盈利模式的转变。十八届三中全会提出要让市场在资源配置上起决定性作用，充分肯定了市场作用，同时也提出了如何发挥市场作用，提高资源配置效率这一核心问题。提高资源配置效率本质就是提高全要素劳动生产率。全要素劳动生产率是指对劳动生产率、资源利用率、能源利用率、资金利用率、投入产出率、资本替代人工、人才红利等进行综合统筹、优化，实现综合成本最低和综合效益最大化。据有关部门测算，目前我国全要素劳动生产率对经济贡献率仅为30%左右，而发达国家已达70%以上。因此提高全要素生产率是转换盈利模式的主要努力方向。提高全要素劳动生产率是一项系统工程，需要精心设计和科学管理，统筹应用，涉及企业资源配置、科技创新能力、产品结构、生产和经营组织方式、信息化水平等方面，是对粗放式发展模式的革命，是提高产出水平，降低综合成本，提高效益的重要措施。

第四，要加强企业战略转型思考。要科学确定总体发展战略，要加强市场开拓和营销战略、竞争战略和商业模式的研究。要提高战略规划的科学性和执行的有效性，要适应和抓住全球经济大数据时代的到来和新型互联网、云计算带来的影响和机遇。

转变发展方式，是塑料加工业产业转型升级的必然选择，在塑料加工业进入发展新阶段后尤为迫切。转型不仅仅是增长速度的调整，更重要的增长动力和发展方式实质性转变。产业升级就是用更先进技术来改造提升塑料加工业，是塑料加工业迈上新台阶的基本要求。转变发展方式涉及面广，关系到塑料加工业健康、可持续发展。一定要全力做好这篇大文章。

五、坚定信心，迎接挑战，扎实工作，确保2014年塑料加工业实现平稳健康发展

2014年是贯彻中央十八届三种全会精神，全面深化改革迈出重要步伐的一年，也是实现“十二五”规划目标任务的攻坚之年。当前我国经济面临不少风险和挑战，经济下行压力仍较大。据国家统计局统计，一季度GDP同比增长7.4%，不仅低于政府制定的全年增长7.5%的目标，也是2012年三季度以来最低的季度增长。一季度全国规模以上企业工业增加值同比增长8.7%，比上年同期回落0.8个百分点；固定资产投资同比增长17.6%，比上年同期回落3.3个百分点；出口同比为负增长6.1%。塑料加工业规模以上企业完成制品8393.8kt，同比下降0.35%，出口交货值同比增长2.82%，从以上数据看，在全国经济大背景下，塑料加工业生产经营遇到较大困难，面临严峻挑战。对此必须引起高度重视，认真做好塑料加工业各方面工作，确保2014年塑料加工业实现平稳健康发展的任务相当繁重。

目前我国经济正进入增长速度换挡期，结构调整的阵痛期和前期刺激政策的消化期，面临严峻挑战。但宏观经济基本面仍然是好的，中国经济增长已初步稳定在7%~8%区间，投资增长率基本可稳定在18%左右，消费增长率实际增长率预计为11%左右，全球经济缓慢复苏，出口增速可稳定在7%以上。支撑经济增长条件与2013年基本相同。塑料加工业作为新兴制造业、作为快速成长极具潜力的未来支柱产业，正处于成长的成熟期过渡阶段，在成就我国未来高端制造业中将发挥决定性作用，发展潜力巨大、市场需求大、前景好。我们一定要坚定信心，抓住机遇、迎接挑战，扎实工作，坚持创新驱动发展，加快结构调整，加快高端化进程，推动产业转型升级，塑料加工业一定能克服困难，继续保持平稳、健康发展。

六、结束语

塑料作为21世纪新材料，是新材料技术革命的重要领域，是新兴战略产业的重要支撑和组成部分，中国已进入重化工业发展中后期阶段，塑料及其制品在国民经济中作用越来越重要，应用越来越广泛，技术含量越来越高。中国塑协将按“功能化、轻量化、微成型”的当代塑料加工业发展趋势，把握发展方向，加快以企业为主体的技术创新体系建设、大力组织行业协同创新和联合攻关。努力建设塑料加工业现代产业体系，推动中国塑料加工业由大向强战略目标的实现。

DevelopmentReport of China Plastics Industry in 2013

China Plastics Processing Industry Association

After more than ten years of rapid development since joining WTO accession, China plastics processing industry has realized the historical leap, realized rapid transformation from consumer goods based to fields of means of production, and become new manufacturing industries as one of new material, new craft, new technology, new equipment. After pursuant high - speed development, farewell to the shortage, completing quantity - dominated development stage, China plastics processing industry began to move into a new steady developing stage of improving development quality and efficiency. Grasping new opportunities in new developing stage, developing path of China plastics industry will be broader.

1. Plastics industry achieved good results of steady development in 2013

In 2013, economic situation complicated and diversified at home and abroad, the global market lacked of demands, and had sluggish global growth. The plastics industry carried out the central decision - making earnestly, focused on promoting structural adjustment and transformation in development mode, achieved good results.

(1) The production kept steady growth.

According to data from State Statistics Bureau, output of plastic products of companies whose sales value of plastics products was more than 20 million yuan was 61888. 6 kt, up 8. 02 percent. Although 0. 97 percent lower than 8. 99 percent of last year, compared to GDP growth rate of 7. 7 percent, demand elasticity stayed above 1.

Tab 1 Cumulative output of plastics products of 2013 and comparison with that of 2012

Product Categories	Cumulative output/kt	Growth Rate/%	Amplification/%
Plastics Products	61886. 6	8. 02	-0. 97
Plastics Films	10893. 5	7. 61	-1. 72
Agricultural Films	1873. 6	13. 6	5. 86
Plastics Foams	1464. 8	8. 96	-14. 17
Man - made and Synthetic Leather	3470. 2	10. 69	-4. 86
Daily Articles	4716. 2	9. 46	-4. 97
Others	41341. 8	7. 71	0. 45

(2) The growth rate of mainbusinessincome was higher than that of production, benefit increased a bit.

The main business income of plastic enterprises whose sales value of plastics products was more than 20 million yuan was 1868. 64 billion yuan, up 14. 26 percent, 2. 47 percent higher than amplification of last year, 6. 24 percent higher than that of growth rate of production. The total profits were 112. 32 billion yuan, up 16. 45 percent, 0. 51 percent higher than that of last year. The profit margin of major business was 6. 01 percent, 0. 11 percent higher than that of last year.

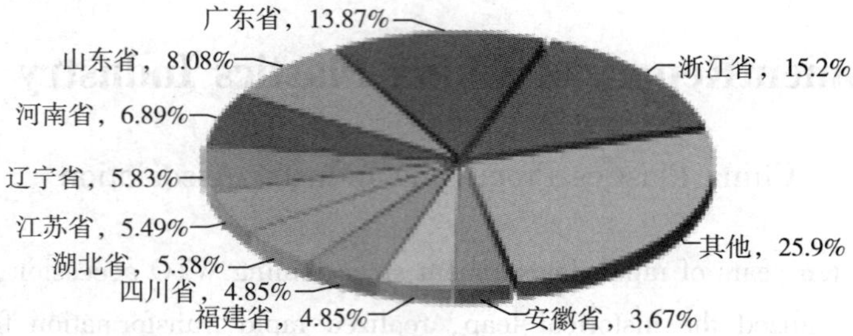

Fig. 1 The scale map of proportion of different provinces' output of plastics products in 2013

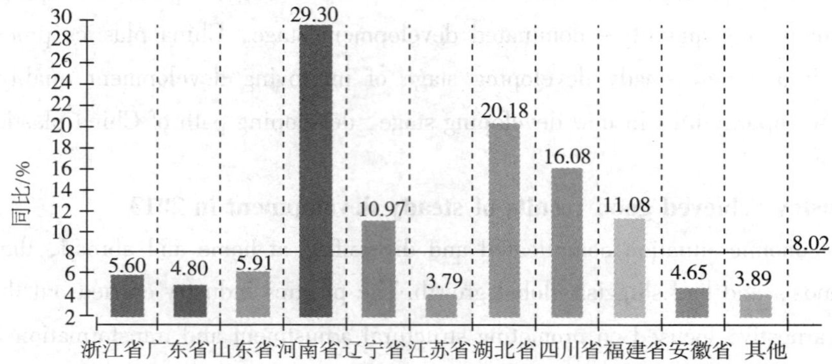

Fig. 2 The scale map of growth of main provinces' cumulative output of plastics products in 2013

During all the plastic products, plastic plates, pipes and profiles occupied the largest proportion on mainincome, accounting for 24. 81 percent. The plastic filament, rope and woven products, plastic plates, pipes and profiles had the highest growth rate, respectively increased by 16. 71 percent and 16. 60 percent. The main business income of three industries such as plastic filament, rope and woven products, plastic plates, pipes and profiles, plastic films was higher than average value of plastics industry.

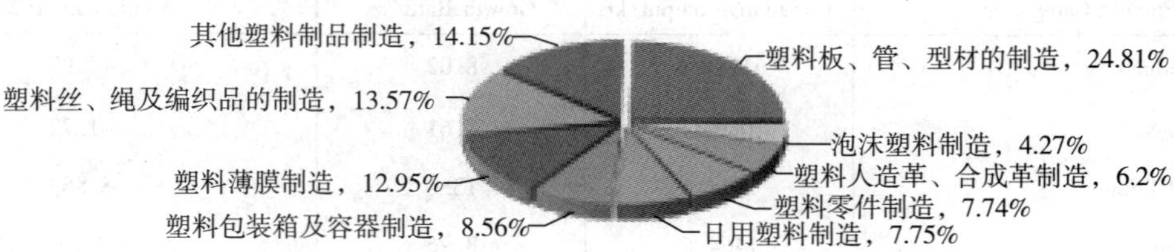

Fig. 3 The map of proportion of main business income of plastic processing child industries in 2013

The main business income of plastic products focused on Guangdong province, Zhejiang province, Shandong province, Jiangsu province, Liaoning province, Fujian province, Henan province, Anhui province, Hubei province, Hebei province, etc. Guangdong province took the largest proportion, with accumulative main income 367.41 billion yuan (19.66 percent), up 14.71 percent. Provinces whose growth surpassed average growth of main income were Hubei province, Henan province, Liaoning province, Shandong province, Fujian province, Guangdong province, etc. Provinces such as Hebei province, Anhui province, Jiangsu province, Zhejiang province had growth lower than average growth of main income.

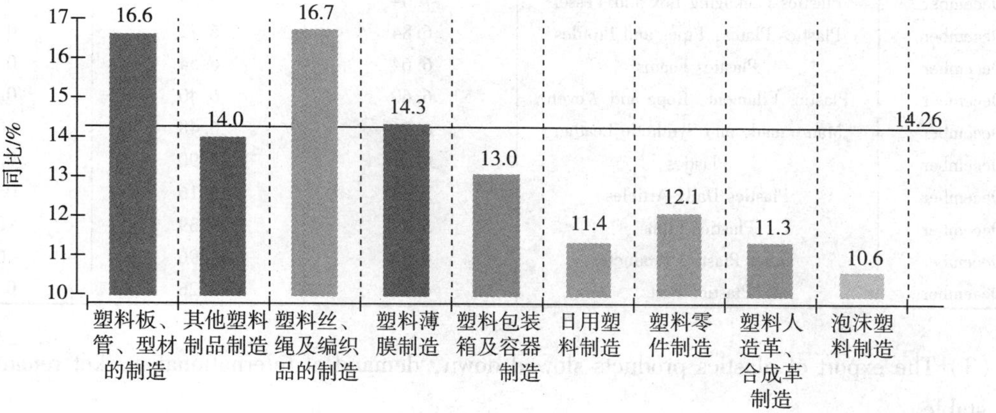

Fig. 4 The map of growth of cumulative main business income of plastic processing child industries in 2013

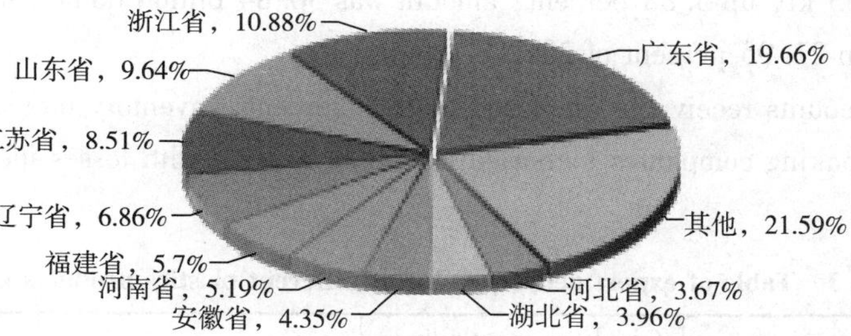

Fig. 5 The map of proportion of accumulative main income of plastic industry of different areas in 2013

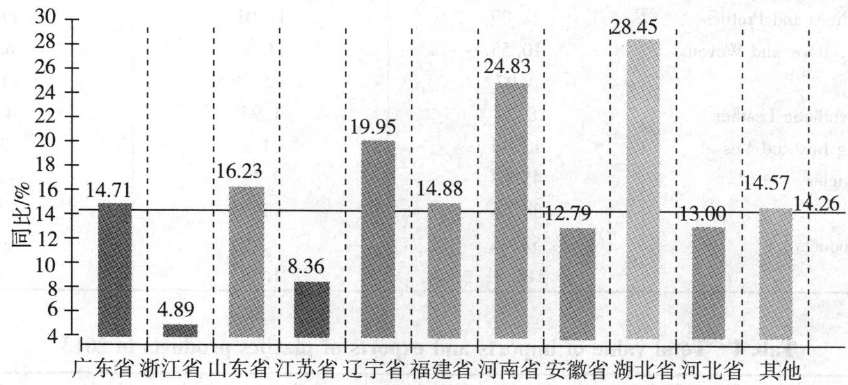

Fig. 6 The map of growth of cumulative main income of plastic industry of main areas in 2013

The plastics packaging box and vessel had the highest profit margin, the fastest growth, with the profit margin of main business income 7.04 percent, 0.50 percent higher than last year. The cumulative profit margin of main business income of five child industries such as plastics packaging box and vessel, plastics plates, pipes and profiles, plastics foams, plastics filament, rope and woven products, man - made and synthetic leather was higher than that of the whole plastic industry.

Tab. 2 Table of profit margin of main business income of plastic processing child industries

Data sorted in descending order of growth, the red part stood for average growth

Month	Plastics Product Categories	Cumulative growth this month (%)	Cumulative growth the same month(%)	Growth Rate (percentage points)
December	Plastics Packaging Box and Vessel	7.04	6.54	0.50
December	Plastics Plates, Pipes and Profiles	6.84	6.71	0.13
December	Plastics Foams	6.64	6.54	0.10
December	Plastics Filament, Rope and Woven	6.60	6.40	0.20
December	Man - made and Synthetic Leather	6.26	6.48	-0.22
December	Plastics	6.01	5.90	0.11
December	Plastics Daily Articles	5.43	5.16	0.27
December	Plastics Films	5.19	5.39	-0.20
December	Other Plastics Products	4.93	4.96	-0.03
December	Plastics Parts	4.55	4.26	0.29

(3) The export of plastics products slowed down, demand of international market remained basically stable.

Data from China's General Administration of Customs showed that, the export volume of plastics products was 15085.5 kt, up 5.88 percent, amount was 56.84 billion dollar, up 11.13 percent, still declined sharply than 21.95 percent of 2012.

In addition, accounts receivable increased by 9.8 percent, inventory increased by 7.85 percent, the number of loss-making companies increased by 13.22 percent with losses increasing by 15.14 percent.

Tab. 3 Table of export delivery value of different plastics products in 2013

Plastics Product Categories	Cumulative export delivery value/billion yuan	Growth Rate/%	Amplification /%
Plastics Films	25.20	6.90	3.62
Plastics Plates, Pipes and Profiles	22.89	18.01	17.85
Plastics Filament, Rope and Woven	10.55	11.86	6.50
Plastics Foams	4.07	-5.39	-11.11
Man-made and Synthetic Leather	8.74	1.97	4.90
Plastics Packaging Box and Vessel	12.44	-1.56	-20.26
Plastics Daily Articles	45.63	2.11	-3.29
Plastics Parts	34.56	-7.77	-5.44
Other Plastics Products	52.41	-3.04	-4.7
Plastics Products	216.51	1.10	-1.61

Tab. 4 Total value of imports and exports of plastics products in 2013

Metric Names	Unit	Total	Growth rate/%
Total value of imports and exports of main commodities of plastics products industry	Billion dollar	75.64	8.64
Total value of exports	Billion dollar	56.84	11.13
Total value of imports	Billion dollar	18.80	1.72
International trade deficit between imports and exports	Billion dollar	38.03	16.46
Scale of exports value accounting for total value	%	75.14	2.3
Scale of imports value accounting for total value	%	24.86	-6.36

Tab. 5 The exports output and value of different kinds of plastics products in 2013

Product name	Output of export /10 kt	Growth rate /%	Value /billion dollar	Growth rate /%
1. Plastics monofilaments, strips, rods and profiles	17.08	15.58	0.38	16.59
2. Plastics pipes and attachment	52.75	7.83	2.15	14.91
3. PlasticsPlates, Films, Foils, Belts and Flat bars	262.78	9.16	8.51	12.57
4. Man-made and Synthetic Leather	57.14	−0.54	2.76	3.38
5. Plastics Packaging Box and Vessel	221.27	0.81	8.01	11.09
6. Plastics Parts	4.00	−4.17	0.52	15.84
7. Plastics products used for building	221.64	13.1	4.09	16.26
8. Plastics Daily Articles	336.92	2.78	15.97	4.44
9. Other Plastics Products	334.97	6.21	14.46	17.95
Total	1508.55	5.88	56.84	11.13

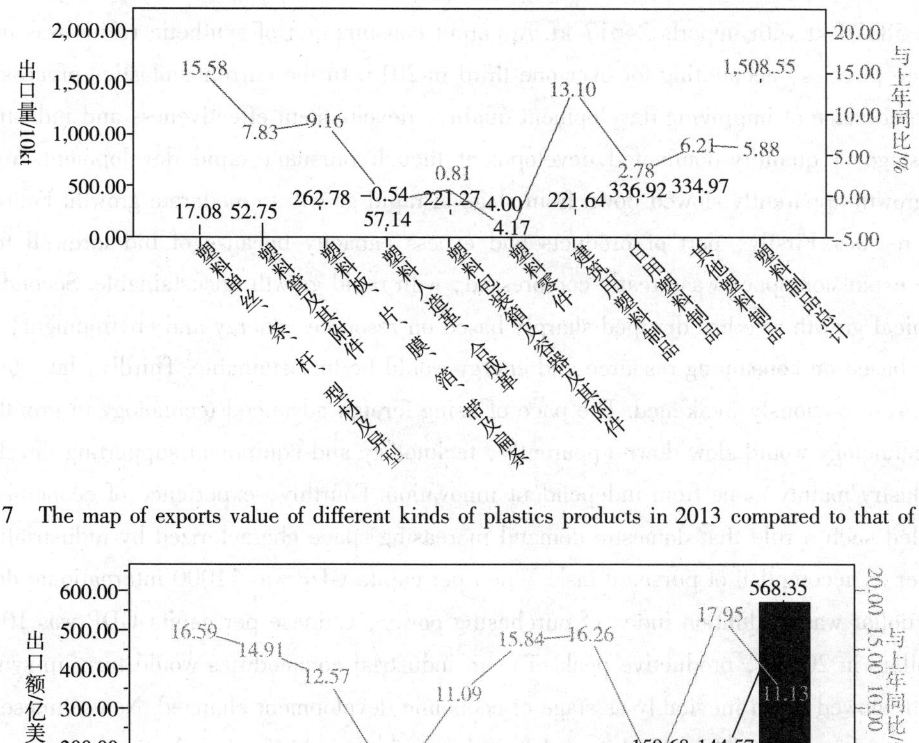

Fig. 7 The map of exports value of different kinds of plastics products in 2013 compared to that of 2012

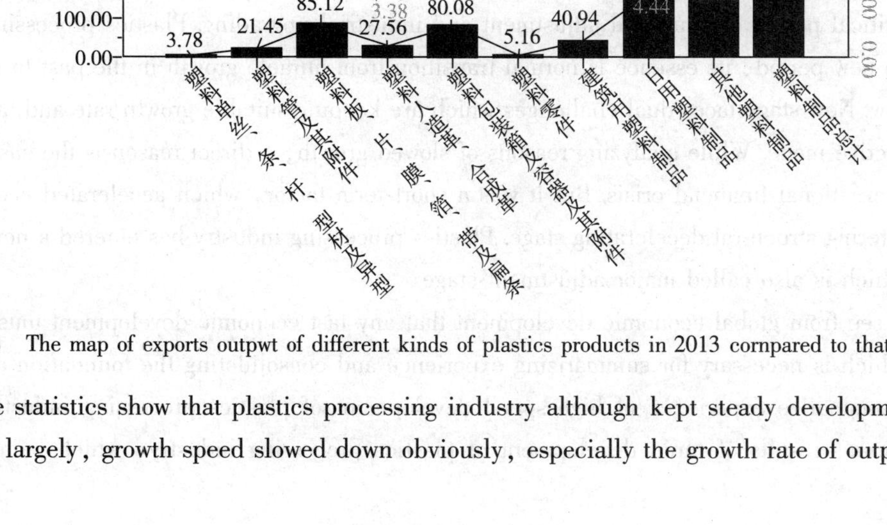

Fig. 8 The map of exports outpwt of different kinds of plastics products in 2013 cornpared to that of 2012

These statistics show that plastics processing industry although kept steady development, amplification fell largely, growth speed slowed down obviously, especially the growth rate of output of plastics products was the lowest during the past years. There were kinds of reasons, short- and medium-to-longer term economic downward pressure increased, product structure of plastics processing industry was not reasonable, parts of products had excess capacity, lack of innovation, etc. We must pay more attention, and start serious researches of strategies.

2. Deeply analyzethereason of drop in growth rate, adapt outer environment of lower growth, pay attention to changing mode, adjust structure and industry upgrading.

Plastics processing industry has achieved historical leap after explosive development during the tenth and eleventh five-year, achieved important transition from consumer goods based rapidly into production and advanced technology, has become a new manufacturing integrating new material, new technology and new process. China has become a big country in plastic products production, consumption and export with complete modern producing system preliminarily in the world. The output of synthetic resins were 58370 kt with imports 24617 kt. Apparent consumption of synthetic resins was over 85000 kt plus waste plastics, accounting for over one third in 2013. In the current, plastics processing industry has entered stage of improving development quality, development effectiveness and industrial upgrading from stage of quantity-dominated development though pursuant rapid development. In the same time, the growth apparently slowed down from stage of rapid growth to moderate growth. Following were main deep reasons. Firstly, part of products had excess capacity because of bid farewell to shortage time, scale expansion space was greatly compressed, with rapid growth unsustainable. Secondly, potential economical growth rate has dropped sharply based on resource, energy and environment, the extensive growth based on consuming resource and energy would be unsustainable. Thirdly, late-development advantages were obviously weakened. The pace of using foreign advanced technology to rapidly improve domestic technology would slow down apparently, technology and equipment supporting development of plastics industry mainly came from independent innovation. Fourthly, experience of economic development revealed such a rule that domestic demand increasing space characterized by industrialization became smaller as accomplish of pursuant task. When per capita GDP was 11000 international dollars (international dollar was evaluation index of purchasing power, Chinese per capita GDP was 10000 international dollars in 2013), productive peak of main industrial commodities would turn up synchronously. So growth slowed down inevitably as stage of economic development changed. Now Chinese economic is entering switching period from high-speed growth to mid-speed growth, plastics processing industry also enters critical period of structural adjustment and industrial upgrading. Plastics processing industry has entered a new period, its essence is normal transition from miracle growth in the past to normal development now. New stage faces dual challenges which are keeping suitable growth rate and rapidly converting productive mode. While analyzing reasons of slowed growth, a direct reason is the sustaining influence of international financial crisis. But it was a short-term factor, which accelerated economic development entering structural decelerating stage. Plastics processing industry has entered a new development stage which is also called major adjustment stage.

We can see from global economic development that any fast economic development must greet big adjustment which is necessary for summarizing experience and consolidating the foundation of development. First, summarize experience of high-speed development of plastics processing industry seriously. Clarify glorious results of rapid development of plastics processing industry, which benefited from grasping historical opportunities, mass introduction of foreign advanced technology and equipment, giving play to the newcomingadvantage, walking over road developed countries had travelled over many years in shorter time. We should seriously summarize the development history, should not blindly and unilaterally interpret it as shortcut and crash ways. We should not hope to purse high-speed growth to develop in thefuture. The future growth will depend on improving quality and profits instead of increasing quality. In the meantime, review and solve gaps caused by ignoring unbalanced development, weak foundation and extensive management, flush "roughness" with major development, smooth ways forward, firm further basis for going on progressing, avoid getting mired inslump from major development to great depression ever happed around the world. Transition stage of growth is the conversion of growth momentum and style other than walking down steps. So calmly face slowed growth in the major adjustment stage, grasp favorable chances, keep concentration of development, resolve to adjust development mode and change style. Pay more attention to structural adjustment and upgrading industry, put foothold on changes from quantity-led to qualityefficiency leading.

3. Technical innovation and structural optimization and adjustment are the basic solution to dissolve the overcapacity.

Overcapacity was generally believed as difference between the least operating supplies and long-term actual supplies in the equilibrium state. Capacity or equipmentutilization was generally as assessment standards. Equipment normal utilization was generally between 79 percent and 83 percent, which could be viewed as shortage of capacity while it exceeding 90 percent, meaning overcapacity while it below 79 percent. Overcapacity was performance of contradictions between production and demand, which involved competitiveness, property and sales areas of products. Plastics processing industry was rapidly growing new manufacturing industry, not overcapacity industry, while parts of products occurred phenomenon of structural and phased overcapacity. For example, plastic woven, windows and doors profiles industry and so on showed serious excess supply, leading disorderly competition and market disorder. Overcapacity of plastics pipes was outstanding, with output 12100 kt in 2013. According to incomplete statistics, capacity has surpassed 20000 kt. The overcapacity focused on normal PVC pipes, low-level overextension and serious homogeneity were the main reason. Expect for structural surplus, package film industry such as BOPP, BOPET and so on, because of seeking for advanced equipment and mistaking demand of market, had excess capacity which led to periodic surplus. Overcapacity caused low-price vicious competition, further led to market disorder. The results influenced profits and image of companies, and played negative effect on healthy development of plastics industry.

By analyzing the reason of overcapacity, we can see deficiency of innovation, blindly following imitation, low-level repeated construction and serious homogeneity were main reasons. In the meantime, we should also see overcapacity was result from market competition and unquenchable expression of industry from growth period to maturity period. The essence was that providing ability didn't adapt market demand, so upgrading providing level was necessary. Under continuous influence of economic crisis, global division patterns were broken, overcapacity could not be solved in short time worldwide, so slowed economic growth accelerated reveal of overcapacity contradiction. Solving overcapacity is an arduous task. We should firmly establish big concepts, seize tendency of industry development, seriously practice the scientific development perspective. Solving overcapacity, source is the key, stock adjustment is the emphasis, innovation is the main way. CPPIA and its subordinate committees should strengthen information service, publish capacity information in time, assist government to raise threshold of resource and environment, watch strobes of land and credit, research and propose entry conditions, gradually form industry policy suggestion which provides policy evidence for restraining new low-level overcapacity from the source. Now dissolving excess capacity is working focus, according to the central decision of "Four a batch", eliminating backward capacity, transformation, upgrading and transfer should be carried out well. Eliminating is the key. What is condition and standard of eliminating backward? It needs power of association. Association should practically research and proposed basis and suggestion of eliminating backward capacity for governmental reference, this is bounden responsibility. Eliminating backward capacity should have energy-consumption, material-consumption, environmental protection, quality and safety mandatory index besides scale demand. Related committees should deeply depend on enterprises, accelerate researches and make suggestions to provide basis for governmental decision. The fundamental way of dissolving excess capacity is technical innovation and structural adjustment. We must rely on technical progress and structural adjustment, develop new products, cultivate new growth points, form rational high, medium and low level products structural scale, conquer serious homogenization and realize diversity development.

4. Fully recognize that condition of supporting development of plastics processing industry has changed a lot, we should focus on transforming development mode.

In the current, pressure of economic downturn increased, cost of producing factors gradually raised, restrict of resource, environment and energy was strengthened overall, contradiction of capacity was obvious, innovation ability was weak, original cost advantage and condition of introducing advanced technique gradually weakened. Conditions of supporting high-speed development of plastics processing industry had great changes, we can say that plastics processing industry has entered throes period of structural adjustment. So accelerating changes of development mode is imperious.

First, fully recognize it is unsustainable to develop relying on long-term high investment, high consumption and low cost in the past. Transformation from low cost driven to innovation driven should be realized unswervingly. We must propel technical progress heavily, narrow the gap with international advanced level industriously, promote industry quality in all aspects, accelerate building of modern plastics processing industry producing system, realize strategic target of high-end manufacture.

Second, comprehensively promote high-end strategy products and industry chain, actively develop new products, diligently cultivate new increasing points. Plastics processing industry as new manufacture, developed quickly, applying areas were more and more wide, technical content was more higher. Compared with developed countries, our country started late, product quality was not high, some products still can't be produced.

In functional films, such as optical film, battery separator, seawater desalination, chemical, water treatment, polarizing film, microfiltration, ultrafiltration film, containing filtration film used in no-heat sterilized area; in plastics pipes, flame-retardant and antistatic pipes, medium-high voltage oil-gas conveying pipes, specially offshore oil-gas conveying pipes used in wear-resisting, heat-resisting, special medium conveying and mines areas; in engineering plastics and special functional plastics, used in cars, ships, planes, spaceflight and electron; in rotational moulding industry which had development potential, gap was huger. Plastic as new material in the 21th century is indispensable high-end related material in the field of advanced equipment manufacturing industry , new energy, biological medicine, information industry, energy conservation and environment protection, and so on, plays an important role in new material technical revolution, has broad prospects. *Technology progress guidance of plastics processing industry* explicated direction of plastics processing industry called "functional, lightweight, micro-molding", preliminarily proposed and summarized directions of new products and items. So surrounding tightly developing trend of international plastics processing industry, catching up with foreign advanced technique, accelerating to narrow gap, was key job to change developing mode and upgrade industry.

Third, decreasing cost should be the key. Accelerating transition of revenue model insures further to improve development quality and benefit. In the current, plastics processing industry is facing double pressure of slower growth, increasing cost, enhancing restrict of resource, environment and energy. Market demand isn't large, corporate finance becomes difficult and reasonable profit margins is compressed greatly. Traditional reducing variable cost viewed "boosting output, reducing energy consumption" as main content, reducing fixed cost viewed "enlarging scale, improving labor productivity" as main content, above profit models encountered great challenge, which forced us to accelerate transformation of profit models. Third Plenary Session of the 18th Central Committee of the CPC proposed that market should play the decisive role in configuring resources, which ensured the effect of market, also proposed the core problem how to play market's role to improve resources configuring efficiency. The essence of improve resources configuring efficiency was to improve total factor labor productivity. Total factor productivity is comprehensive coordination and optimization with labor productivity, resources utilization, energy utilization, fund utilization, ratio of output to investment, capital replacing labor, talent bonuses, and so on to realize lowest cost and most comprehensive benefits.

According to data estimated by relevant department, total factor labor productivity contributed only 30 percent to economic, while developed countries above 70 percent. So improving total factor productivity is the main direction of chance profit models. Improving total factor productivity is an system engineering which needs well-design, scientific management and overall application, referring to resource configuration, technical innovation, product structure, producing and operating mode and information level of enterprises, is revolution against extensive development mode, is a key measure to improve producing level, reduce comprehensive cost and improve benefits.

Forth, we should improve the quality of strategy change, certain overall development strategyscientifically, strengthen market-making, marketing strategy, competition strategy and research of commerce mode. Meanwhile, we must improve scientific strategic planning and validity of execution, adapt and grasp influence and chances of brought by economical big data time, new internet and cloud calculation

Changing development mode is an inevitable choice for transformation and upgrading of plastics processing industry, is urgent in new stage of plastics processing industry. Transformation is not only adjustment of growth speed, what is more important is substantial change of growth power and development mode. Industry upgrading is using more advanced technique to modify and promote plastics processing industry, is basic demand to higher stages. Changing the development mode referred to many areas, related to healthy and sustainable development of plastics processing industry. We must do our best to do well.

5. Strengthening confidence, meeting the challenge and doing solid work to make sure that plastics processing industry develop steadily and healthily.

2014 is an important year to implement the spirit of Third Plenary Session of the 18th Central Committee of the CPC and deepen the reform roundly, also is the crucial year of accomplish mission objectives of the twelfth five-year plan. Our economic is facing lots of risks and challenges, pressure of economic downturn is still big. According to data from National Bureau of Statistics, GDP increased by 7. 4 percent in the first quarter, not only lower than 7. 5 percent made by government, but also the lowest growth rate after the third quarter in 2012. Value-added of enterprises above the scale of production data increased by 8. 7 percent in the first quarter, 0. 8 percent lower than last year; fixed asset investment increased by 17. 6 percent, down 3. 3 percent; export dropped by 6. 1 percent. The output of plastics products of enterprises above the scale of production data was 8393. 8 kt, down 0. 35 percent, value of exports up 2. 82 percent. From the data above, We can see plastics processing industry is meeting major difficulty under thebackground of the national economy, facing serious challenges. We must arouse great attention, do good jobs in all aspects to make sure plastics processing industry realize steady and healthy development.

Now our country is entering transitional period of growth speed, pains period of structural adjustment and digestion phase of stimulus policies early, facing serious challenges. The fundamentals of macro economic is still good, our economical growth rate keep 7-8 percent steadily, with investment growth about 18 percent and expected consuming actual growth about 11 percent. The world economy is recovering slowly, export growth can be above 7 percent steadily. The condition of supporting economical growth is the same as that of 2013. Plastics processing industry as new manufacturing industry and rapid developing potential pillar industry in the future, is at a transitional stage from growth to maturity, will play an important role in sophisticated manufacturing industry, has great developing potential, big market demand and good prospects. We must firm confidences, grasp chances, meet challenges and take solid steps, insist that development is driven by innovation, accelerate structural adjust and high-end process, promote industry transformation and upgrading. Plastics processing industry can certainly overtake difficulty, continue to keep steady and healthy development.

6. Conclusion

Plastic as new material of the 21th century is an important field of new material technical revolution, is a crucial support and component of new strategic industry. China has entered the middle and later period of heavy chemical industry, plastic and its products played more and more important role in the national economy, more and more plastics products are widely used, technical content is higher and higher. CPPIA will follow tendency of modern plastics processing industry called “functional, light-weight, micro-molding”, grasp development direction, accelerate the construction of technical innovation system based on companies, vigorously organize the industry implement collaborative innovation and united researched. Strive to establish modern plastics processing industry system, make vision of plastics processing industry from large to strong into reality.

(翻译：中国塑料加工工业协会　钟雁)

(CPPIA　Yan Zhong)

在中国塑料加工工业协会 六届四次理事扩大会议上的工作报告(摘要)

曹 俭

一、2013 年工作回顾

2013 年，按照《塑料加工业“十二五”发展规划指导意见》，我们紧紧围绕塑料加工业结构调整和转型升级，履行行业组织职能，全行业共同努力，克服困难，各项工作取得进展。2013 年，塑料加工业经济运行基本平稳，虽然增速处于近年来较低水平，全行业克服了出口下降和国内需求不足的困难，通过技术进步调结构、转方式、求发展，积极开拓新领域新市场，仍保持稳定增长势头。据国家统计局数据，2013 年汇总统计 6398 个企业塑料制品产量 61886. 6kt，同比增长 8. 02%，增幅与上年同比下降了 0. 97 个百分点。规模以上企业 13699 个完成主营业务收入 18686. 44 亿元，同比增长 14. 26%，比上年同期增幅提高了 2. 47 个百分点；利润总额 1123. 18 亿元，同比增长 16. 45%；利税总额 1676. 75 亿元，同比增长 17. 10%；实现出口交货值 2165. 05 亿元，同比增加了 1. 1 %，增幅比同期仅回落了 1. 61 个百分点。

一年来，我们主要做了以下工作：

(一)按照六届三次理事扩大会议审议通过的《塑料加工业技术进步指导意见(2013 - 2015)》，积极推进行业科技发展和技术进步

——加强宣传和落实技术进步指导意见。《塑料加工业技术进步指导意见(2013 - 2015 年)》经六届三次理事扩大会议审议通过后，我们一方面在《中国工业报》和相关行业媒体加强宣传，一方面在各专委会年会上贯彻落实，为行业技术进步和转型升级提供指导意见。

——9 月 24 日我们在台州召开了全国塑料行业协会联席会议，凝聚行业共识，开拓思路和视野，研讨行业发展大计。与会人员就如何推动塑料行业发展，交流了当前的形势，表示今后要研究协会之间如何加强合作，取长补短，共享信息和经验，促进协会自身建设的经验交流和特色工作交流，共同探讨新形势下塑料行业通过技术进步推进结构调整转型升级，为行业、企业健康发展服好务。《塑料加工行业技术进步“十二五”发展指导意见》总结了塑料加工业“十二五”以来技术进步取得的巨大成绩和存在的不足，分析了塑料加工业面临的难得的历史发展机遇和严峻的挑战，分析了当代塑料加工业发展趋势和最新前沿技术，提出了“十二五”塑料加工业科技发展的总体思路。按照功能化、轻量化、微成型的要求，把握整个塑料行业的发展方向。总体思路突出坚持“自主创新，重点跨越，支撑发展，引领未来”的指导方针；突出紧紧围绕科学发展和结构调整这一主题和主线，加快转变发展方式，促进产业转型升级；突出加快建设和完善以企业为主体、以自主创新为主线的塑料加工业技术创新体系，充分发挥科技创新、技术进步对加快塑料工业转型升级的重要支撑作用；突出主攻关键、共性核心技术，努力缩小差距，全面提高产业素质；突出大力推进塑料制品安全工程建设，全面提高产品质量和品牌影响力；强化产业优势、大力推进节能减排、绿色生产和资源高效利用，提高可持续发展能力，不断增强行业竞争能力，实现又好又快发展，推动我国塑料加工业由大向强的战略升级。

——引导行业技术进步和转型升级。换届以来，我们通过各种渠道逐步摸清行业基本状况，分析行业经济运行情况，研判和探讨行业存在问题和发展趋势，提出行业结构调整转型升级建议，在行业年会上多次提出针对性的产品结构调整方向和技术进步方向。本次理事扩大会

议我们将就三年来涌现的塑料加工业科技创新型企业、优秀科技成果、先进科技工作者进行表彰，以引导行业技术进步和转型升级。

——做好标准化相关工作。2013年全国塑料制品技术标准化委员会(SAC/TC4)完成换届，曹俭常务副理事长担任该标委会主任，将积极推进行业标准化工作。综合业务部配合国家海关和中国轻工业联合会，组织开展相关产品加工贸易单耗标准制定工作。认真组织申报、承担海关塑料产品加工贸易单耗标准制定任务，形成良性循环滚动开展工作。2013年共提交送审单耗标准4项；开启调研、起草单耗标准3项；新组织申报制定单耗标准2项；组织并参与函审单耗标准2项；申报了2014单耗标准计划。

——研究行业科技发展现状，组织制定行业科技规划，撰写行业研究报告。编制完成4万字的中国塑料加工业低碳现状报告。参与工信部共性关键技术支撑体系课题并编写《塑料加工行业共性关键技术支撑体系》。统计、收集全行业通过国家级、省级企业技术中心认定的情况，形成《塑料行业企业技术中心汇总表》。完成“中国塑料加工行业走出去现状报告”。完成中国塑协2013年工业“四基”发展指导目录修改意见。

——根据行业需要，与相关专委会共同组织专题研讨会，开展专题、专项研究，推进行业技术进步。抓好并推进PVC塑料制品用增塑剂无铅化替代工作，组织PVC制品、管道、异型材、板材、人造革合成革行业参加，提出行业禁铅倡议和时间表。与全国农技推广中心合作，组织企业开展了“农用生物降解地膜农田应用试验”。与滚塑专委会推进滚塑制品在军队物资中的应用。与管道专委会推进管道行业树脂、制品与应用上下游的技术交流与沟通。

——组织搞好行业科技项目的申报、服务工作。及时发布征集文件、信息，通过多种渠道帮助企业申报。组织企业申报工信部《再生资源综合利用先进适用技术目录(第二批)》。面向行业征集并组织申报塑料行业重点低碳技术及低碳示范技术。组织相关专委会、产品申报工信部知识产权推进计划项目。组织并推荐行业有条件单位申报第三批国家中小企业公共服务平台。组织并推荐企业申报国家发展改革委征集的国家重点节能技术。组织并推荐企业申报2014年度国家级重点新产品计划项目。

——征集会员单位意见，向政府提出意见和建议，争取和维护行业权益。向工信部提出塑料行业“鼓励进口技术和产品目录建议”。征求行业2014年关税调整的意见并报国家工业和信息化部。对工信部《产业关键共性技术发展指南(2011年)》提出两条修订建议。向国家发改委《重要资源循环利用工程(技术推广及装备产业化)实施方案(征求意见稿)》提出四条合理化建议。向商务部提出涉及塑料制品的“反垄断法及集中者经营”问题意见维护行业利益。提出对2013东盟、南韩敏感产品、美欧日敏感产品税率问题的意见。

——组织、帮助、指导会员单位申报各种奖项。组织企业申报第十五届中国专利奖。推荐塑料行业企业参加2013年全国轻工业优秀质量管理小组和质量信得过班组活动。组织并推荐企业申报第三批国家中小企业公共服务平台。组织企业申报2013年全国轻工业优秀质量管理小组和质量信得过班组。组织并推荐企业申报2013中国轻工业联合会科学技术奖。组织塑料行业申报轻工企管协会年度轻工企业管理现代化创新成果申报。组织推荐塑料加工企业参加工信部中国工业企业品牌竞争力评价工作。组织申报“轻工企业品牌培育管理体系先进企业”和“轻工优势品牌产品”。组织会员企业申报2012~2013年度全国轻工业卓越绩效先进企业工作。

——可控全生物降解地膜农田应用试验总结交流会在北京召开。2014年2月18日，中国塑料加工工业协会、全国农业技术推广服务中心、中国农用塑料应用技术学会在北京联合召开了“可控全生物降解地膜农田应用试验总结交流会”。会议总结交流了2013年度可控全生物降解地膜农田应用试验结果，研究讨论了2014年开展可控全生物降解地膜农田应用试验的有关问题，并就国家鼓励发展生物基降解地膜、治理地膜残留、减少白色污染等问题进行了讨论。

（二）加强协会自身建设，完成民政部组织的评估

——完成民政部组织的评估验收工作。3月份为加强社会组织规范管理，民政部下发文件对符合参评条件的全国性行业协会商会、全国性公益类社团、基金会和民办非企业单位进行评估。我们按照协会工作计划和民政部要求，动员协会各部门、各分支机构克服时间紧任务重的困难，系统地整理、核实相关资料、文件，完善规章制度和档案，认真做好评估各项准备。8月20日圆满完成民政部组织的评估验收工作，为下一步协会自身建设和健康发展打下了良好的基础。

——加强会员管理和协调分支机构规范运行工作，组织做好专委会换届工作。根据民政部5A级评估要求，今年重点工作之一是做好会员的系统管理，包括会员的发展、登记，专委会成员转换工作。根据《中国塑协章程》和《中国塑协分支机构管理办法》的有关规定，2013年对滚塑专委会、助剂专委会、PVC板制品专委会、异型材及门窗制品专委会、专家委员会、BOPP专委会、流延薄膜专委会、塑料再生利用专委会、塑料管道专委会、塑料配线器材专委会、技术协作委员会等11个分支机构进行了换届；对多功能母料专委会等分支机构筹备换届改选工作，达到预期目的。

——提升服务，努力做好中国塑料行业企业信用等级评价工作。2013年我们继续加强“中国塑料行业企业信用等级评价工作”，积极有序推进。按照程序已对6家企业进行了初评、45家企业进行了复评，并且已上报商务部、国资委公示和备案。

——做好特色区域和产业集群初评、复审工作。产业集群是现代经济的一种重要组织方式，基于塑料行业中小企业多和集群式发展的特点，在中国轻工业联合会指导下，我协会与中轻联共同培育、共建和授予特色区域和产业集群有70多个，十年里集群内的塑料产业得到了快速发展，同时我们也适时对集群的发展进行监督和考核。根据中国轻工业联合会关于特色区域和产业集群管理办法的有关规定，对特色区域和产业集群进行梳理和到期复评。2013年，我们与中轻联一起分别对吴川市“中国塑料鞋之乡”、佛山市高明区“中国合成革产业基地”和温州市“中国合成革之都”进行了复评；对宁波市“中国工程塑料之都”在我协会三年培育条件成熟后，与中轻联一起与宁波市共建“中国工程塑料之都”。

——做好会费的催缴工作。会费是会员应履行的义务，也是协会为会员服务、秘书处正常开展工作的基本保障。由于近年来国家经济形势不好，行业不景气、企业效益滑坡等种种因素影响，会员主动交纳会费的积极性不高。催缴会费工作是会员部一件艰巨而重要的工作。截止12月底共206家缴纳，其中副理事长单位88家，常务理事单位3家，理事单位32家，会员单位83家，收缴会费102万元，有的按要求补缴了2012年会费，目前会费来源主要以副理事长单位为主，与上年基本持平。我们将在2014年加大力度，在征收当年的会费时还将催缴2013年的会费。

——完成2012年年检工作。年检是国资委、民政部检查协会工作的重要内容。年检是否通过是关系到我们能否参加评估的资格问题。会员部按照年检要求和相应规定，顺利的完成了2012年度年检，取得了合格的结果，顺利参加了评估工作。

——召开年度秘书长工作会议，研究部署2014年工作。中国塑协2013年度分支机构秘书长工作会议于2014年1月21日在北京市京瑞大厦召开。总结了中国塑协2013年工作，提出了2014年秘书处工作要点；通报我协会参加民政部社团评估工作有关情况，结合评估中提出

的有关问题提出改进建议，研究如何进一步加强协会内部管理的措施和要求；讨论研究塑料加工工业标准化工作的意见和建议。还研究讨论举办展览等相关事宜和中国塑协六届四次理事会会议主要内容等；各分支机构汇报了2013年的工作情况和2014年工作安排。

——做好中国塑协会员名录的编印工作。根据理事长办公会议决定，会员部整理编印"中国塑协会员名录(2013年版)"。目前已基本完成了所有会员信息的汇总，并通过网上查询、电话确认等方式对会员信息进行核实，正在紧张地进行审查、排版，计划于2014年年初出版发放。

(三)举办行业活动活跃行业气氛，指导行业健康发展

——2013年各分支机构举办了30多场技术交流会、年会、论坛等学术交流活动，活跃了行业气氛，在集聚行业智慧，达成行业共识，共谋行业发展方面发挥重要作用，今后我们应该继续加强这方面工作。其中比较突出的有，管道专委会在西安召开了2013国际塑料管道交流会；合成革专委会在丽水召开首届生态合成革产业大会和在上海举办了第三届生态合成革论坛；氟塑料专委会在厦门举办了《氟塑料加工业国际论坛》；专家委员会在山东胶州召开了学术报告会；BOPP专委会在江苏宿迁召开了《BOPP、BOPA、BOPE薄膜产业链市场与技术发展研讨会》；降解塑料专委会在山东淄博召开了年会等。

——一次性发泡塑料餐盒解禁以后的工作。在3月20日和7月6日分别召开了两次新闻发布会；并组织专家接受新闻媒体采访并进行交流；组织制定一次性PS发泡餐盒标准；筹备组建一次性发泡餐盒专委会等。

——出席第十三届中国塑料交易会开幕式并组织塑料行业企业参观展览，进行技术交流。

——亚洲塑料论坛在台州举办。9月24、25日我协会作为主办方与亚洲塑料论坛秘书处在台州举办亚洲塑料论坛，我协会钱桂敬理事长致开幕词，曹俭副理事长做大会总结。

(四)加强信息平台建设工作，为企业、行业做好服务

——做好行业经济运行分析季度报告和行业信息的月度数据更新等信息服务工作。整理和分析源于国家统计局数据和源于海关总署的塑料原料、制品、机械的进出口数据，编撰2013年月度行业信息。积极做好塑料加工行业经济运行季度分析以及塑料行业进出口情况分析等信息服务工作，刊载在《中国塑协通讯》内刊上，免费提供给会员单位。

——做好《中国塑协通讯》编辑发行工作。《中国塑协通讯》内刊主要内容有：政策法规，行业动态，专题报道，新材料、新技术、新设备以及有关塑料行业的统计数据、市场信息、质量标准、行业公告等。及时刊登协会领导讲话，及时向会员传递与塑料行业相关的政策法规；各专委会活动及动态信息。注重刊登国内外塑料行业及相关行业最新的科技信息、科研成果、行业发展趋势，以及新材料、新技术、新设备等有关信息，指导塑料加工行业的技术进步、科学管理和投资决策等。发布有关塑料原料及产品的市场信息；发布国内外质量与标准的有关信息；及时发布协会及各专委会活动的通知。

——反映行业诉求，做好信息报送工作。信息部每两个月向轻工联合会的《轻工热点参考》报送行业诉求信息，将塑料加工行业的运营状态、存在问题、热点、难点以及行业、企业诉求能够及时报送给中办、国办以及有关政府部门。

——编辑出版2013版《中国塑料工业年鉴》。2013版《中国塑料工业年鉴》于12月出版发行，16开本精装，定价420元。

——启动《中国塑料加工业发展史》编写工作。回顾并总结中国塑料工业发展史，一方面可以留下行业发展的印迹，另一方面可从中总结经验教训，并通过分析兴衰得失把握今后的发

展方向，以利于做强中国塑料工业。为此中国塑协把组织编写《中国塑料加工业发展史》作为协会的一项重要工作，启动了资料征集和组织编写的前期准备工作，初步计划于2016年出版。

——改进中国塑协信息网，力争办出特色。中国塑协信息网紧跟国家方针政策，抓住行业热点和发展动向，力争快速、准确、客观地反映行业情况。如为配合一次性发泡PS餐具重回市场，中国塑协信息网在首页醒目位置设立通栏横幅，包含数十篇相关文章，进行重点宣传报道。中国塑协信息网对版面进行了部分调整：为配合协会各部门的工作，为综合业务部开辟出专门的栏目，使综合业务部重要通知能更加便捷地查询。为提出新闻和热点，增加了独家新闻和行业热点栏目。

——2013年，发展集成网络会员13家，现有集成网络会员数为243家。与数十个国内外知名网站进行友情链接。在没有专门做推广的情况下，访问量达到2173万，成为国内最有影响力的塑料网站之一。

——在征集中国塑协图标(logo)过程中得到积极响应，到目前为止已经征集到182个。

(五)做好后勤保障工作

——做好协会各部门、各分支机构的后勤保障工作。办公室是沟通协调的综合部门，包含了财务、人事、档案、党群工作、外事服务等几个方面。参加了协会六届三次理事会的会务工作，积极配合各部门准备参展资料。

——做好外事工作。为协会及分支机构的工作人员提供对外事务的服务，缩短签证审批工作，使大家能够顺利地进行对外考察工作。并于2013年底顺利完成2014年的协会出访计划和召开国际会议的申报工作。

——为了加强协会内部管理，协会办公室制定了考勤制度，使协会人员能够认真履行各自岗位职责，有事请假，参加会议填写假条等。组织协会部分人员慰问生病住院的老同志。

——做好财务工作。完成2012年度财务审计；完成2012年度中央事业单位国有资产决算报表的上报；对财务会计档案进行每月的整理、分类、装订、归档工作；进行了日常凭证的审核、录入、记账、结账和财务往来账的清理、编制资产负债表、业务活动表；每月负责协会及分支机构工作人员个人所得税的计算、汇缴；以及往来银行间的业务和各种日常费用的缴纳。按时报送市统计局各类报表，按月完成税务申报工作及有关调查表；完成了民政部统一办理新的财政票据领用证的工作；配合瑞华会计师事务所完成了国资委对行业协会的审计工作；参加轻工业联合会组织的财务培训，北京市东城区人事局组织的会计人员继续教育，北京中证天通会计师事务所社会团体财务管理公益讲座；参加协会理事会的会务工作，配合各部门准备参展资料。

——根据民政部对评估工作的要求，办公室完善了财务、办公室的各项规章制度，并按照民政部和轻工业联合会资财部的要求，重新整理了2011~2013年的近200册财务凭证，进行了统一的装订并归档，对一些常年不动的往来账目进行了清理，重新创建了固定资产的电子账目，制作了账目卡片，使固定资产账目一目了然。

——做好党群工作。完成了2013年度党费收取工作；认真按照党中央、轻工联合会党委的关于开展群众路线的工作安排，从5月开始组织协会全体党员多次认真学习中央文件，每名党员还写出了自己的学习体会，领导干部们认真听取了党内外人员的建议与批评，并做出了深刻的自我剖析；积极争取年轻同志向党组织靠拢。

二、2014年工作要点

2014年是“十二五”的第四个年头，我们要在2013年工作基础上，增强自信，迎接挑战，努力提高服务能力和水平。贯彻落实十八届三中全会和中央经济工作会议精神，按照《塑料加工业"十二五"发展规划指导意见》和《塑料加工业技术进步指导意见》，逐步落实相关任务，主要落实在推进产业结构调整和行业科技发展，推进标准化工作，促进产品质量提升，打造品牌产品和品牌企业。继续做好行业结构调整、转型升级工作，狠抓技术进步和科技创新，做好技术服务和信息服务平台建设，进一步增强为行业、企业、政府服务的能力。加强分支机构规范运作，提高行业活动的质量和服务能力，进一步提升协会在行业中的影响力和在会员中的凝聚力。

1. 2014 年 4 月 22 日在上海召开六届四次理事扩大会议。按照 2013 年 12 月 31 日召开的理事长办公会议精神，2014 年协会的主要工作是集中力量推进行业科技发展和技术进步，推进产业结构调整和行业标准化工作。本次理事会主要内容是评选表彰一批科技创新型企业、优秀科技成果和先进科技工作者。同时对卓越绩效企业、竞争力优势品牌产品和品牌企业、信用等级评价企业进行表彰。继续举办塑料加工业技术应用论坛，通过技术交流和经贸合作推进产业转型升级的步伐。

2. 集中力量、精心组织办好"2014 中国国际塑料新材料、新技术、新装备、新产品展览会"。为广大企业提供展示产品、企业风采的平台；展示高新技术、装备、模具的平台；开展经贸合作、技术交流活动的平台。

3. 围绕塑料加工业结构调整和转型升级主线，推进行业技术进步和科技创新，加强科技服务平台建设，开展好质量标准年工作，努力做好以下几项工作：

(1)组织专委会对各自领域的关键共性技术问题进行梳理。组织研究行业关键共性技术，落实《塑料加工业"十二五"技术进步指导意见》。加强与政府、企业的沟通，做好行业科技、环保、节能、技改等项目的申报管理，建立项目库，提前组织、认真审核，为企业多争取国家的资金支持和优惠政策。

(2)加强行业标准化工作，推进国家标准、行业标准及产品标准体系的制定、健全与完善。组织各专委会梳理各自领域标准缺失、滞后问题，将其列入行业标委会工作计划。

(3)帮助、推动行业中企业技术中心、工程技术中心和国家认可实验室的建设、认定，培育、建立行业中小企业公共服务平台和科技公共服务平台，提高行业技术服务能力。组织开展塑料行业轻工优势品牌产品、管理体系评选、推荐。为行业、企业提供科技成果、专利、质量、标准等相关项目、奖项的申报推荐、查询等服务。

4. 加强信息服务平台建设，做好以下几项工作：

(1)编写和发布中国塑料加工业发展年度报告，各专委会力求编写本领域的行业发展年度报告。及时编写和发布季度、半年度、年度塑料加工业经济运行分析以及塑料行业进出口情况分析等行业信息、状况。

通过与行业内的专家学者多交流多沟通，多开辟一些稿源渠道。与各专委会秘书处保持密切联系，及时掌握行业动态信息。与各地塑料行业协会保持密切联系，及时掌握各地区的塑料行业动态、趋势。努力收集相关行业信息。浏览商务部、发改委、科技部、环保部、海关总署、工信部、财政部、质检总局等政府网站，以获得第一手的国家政策法规及动态。

(2)做好向联合会报送信息的工作，争取有更多的信息能够报送到中办、国办。

(3)办好《中国塑协信息网》、《中国塑协通讯》、《中国塑料工业年鉴》，协助办好《国外塑料》和《中国塑料》杂志。加强协会网站、通讯、年鉴等信息媒体的改进和管理工作，利用好已有媒体做好信息收集、整理、分析、报送工作。

（4）继续做好中国塑协网站的工作，力争通过信息化平台，更好地为行业服务、为会员服务。

（5）做好《中国塑料加工业发展史》编辑工作。在国务院国有资产监督管理委员会、中国轻工业联合会等上级领导部门的关怀、指导下，在海内外业界人士的关切、支持下，在各有关单位的通力合作下，力争2016年《中国塑料加工业发展史》问世。

5. 加强秘书处、分支机构的自身建设和规范运作，提高行业活动质量和服务水平。

（1）按照民政部评估规范要求，加强制度建设，做好会员登记管理工作；

（2）做好到届专委会换届工作；

（3）做好2014年中国塑料行业信用评估工作；

（4）做好特色区域和产业集群培育等相关工作；

（5）做好2013年度年检工作；

（6）做好会员发展、会员名录和会费催缴等工作。

6. 做好行业调研工作，倾听企业呼声，反映企业诉求，研究行业存在的问题、发展中遇到的困难，提出解决问题的措施和建议。

7. 加强国际合作交流，扩大中国塑协在国际上的影响和声誉。

8. 加强行业自律和诚信建设工作。提倡制定行规行约，引导企业诚信经营，按照国标、行标组织生产，杜绝假冒伪劣产品进入市场。

9. 强化自身建设，提升秘书处服务能力和水平；加强协会秘书处服务工作，认真学习，扎实工作，按照理事长办公会议精神完成领导交办的工作。

注：此报告于2014年4月22日在中国塑料加工工业协会六届四次理事扩大会议上审议通过

（作者为中国塑料加工工业协会常务副理事长、全国塑料制品标准化技术委员会主任）

大　事　记

2013年塑料行业大事记

【1月】

中国塑协双向拉伸聚丙烯薄膜专委会第一届五次理事会扩大会议召开

2013年1月6日晚，中国塑协双向拉伸聚丙烯薄膜专委会第一届五次理事会扩大会议在江苏省泗洪县召开。各企业对各自产能、产量、未来计划进行了介绍，重点讨论了行业面临的产能过剩给企业经济效益带来的负面影响，根据与会企业反映，大部分企业处于盈亏平衡线附近，少数企业亏损，与2011年相比2012年行业企业经济效益普遍下滑。与会企业对2013年行业发展环境进行了探讨，并提出加强内部管理、加强技术研发、加强产品出口等发展建议。会议对2013年理事会换届问题进行了讨论，为2013年下半年理事会换届奠定了基础。

2012年度BOPP、BOPA薄膜产业链市场与技术发展研讨会召开

2013年1月7日，由中国塑协主办、中国塑协双向拉伸聚丙烯薄膜专委会、江苏省泗洪县人民政府承办的“2012年度BOPP、BOPA薄膜产业链市场与技术发展研讨会”在江苏省泗洪县召开。中国轻工业联合会副会长、中国塑协理事长钱桂敬，中共江苏省泗洪县委书记徐德，中共江苏省泗洪县委副书记、县长徐勤忠，中国塑协常务副理事长曹俭，中国塑协BOPP薄膜专委会理事长、佛塑科技集团总工程师吴耀根以及来自全国BOPP、BOPA薄膜产业链的450多名企业负责人出席会议。

徐德书记致欢迎词，吴耀根理事长作“BOPP、BOPA薄膜行业技术创新模式探讨”的发言。钱桂敬理事长和徐德书记为中国塑料薄膜（泗洪）展示馆揭牌。徐勤忠县长做了泗洪薄膜产业发展及招商引资推介。

钱桂敬理事长发表重要讲话后，嘉宾分别作了“中国石化G树脂为BOPP薄膜产业带来的机会”、“整合产业链资源 突破BOPP发展困境——对薄膜行业当前发展现状的忧虑与思考”、“2012年BOPET薄膜行业市场分析与2013年发展预测”、“利用先进创新的技术达到拉伸极限”、“分切卷绕的未来”、“行业团结、共渡困局”等精彩发言。

全体代表参观了中国塑料薄膜（泗洪）展示馆、江苏首义薄膜有限公司、斯迪克新型材料（江苏）有限公司、泗洪经济开发区、青阳机械零部件产业园、南部新城等地。

8日下午神华销售集团有限公司、上海化工品交易市场与BOPP薄膜厂供需洽谈会和双向拉伸设备维修经验交流座谈会分别举行，与会代表在会上踊跃发言，共同讨论了BOPP薄膜市场和设备维修经验等问题。

中国塑协分支机构秘书长工作会议召开

2013年1月25日，中国塑协分支机构秘书长工作会议在北京召开。

中国轻工业联合会副会长、中国塑协理事长钱桂敬，常务副理事长曹俭、秘书长马占峰以及协会秘书处各部门负责人、各分支机构秘书长或代表等51人出席会议。会议分别由钱桂敬理事长和曹俭常务副理事长主持。

会议全面总结了中国塑协2012年工作，提出了2013年秘书处工作要点；讨论了“塑料加工业技术进步‘十二五’发展指导意见”的主要内容；通报了中国塑协今年参加民政部5A级评估预验收情况；对规范内部刊物管理、信息报送制度建立、网站管理、2013年财务管理和外事管理等提出了要求并出台了相关管理办法；介绍了中国塑协举办塑料展览会设想和安排。

曹俭常务副理事长对2012年行业经济发展情况做了分析并总结了2012年主要工作。马占峰秘书长及各部门负责人发言，提出2013年部门的重点工作。(1)进一步加强协会评估工作。(2)加强网站与信息管理工作。(3)继续做好展会的各项筹备工作，加强协会主承办以及支持、协办展会的管理，积极开展国内外展会业务，搭建不同形式的服务平台，促进行业经济技术交流活动。

塑料管道、改性塑料等18个分支机构秘书长，结合会议要求，分别汇报了2012年工作情况2013年工作计划。大家针对领导讲话进行了热烈讨论，畅所欲言、各抒己见，对协会的工作提出了许多切实可行、建设性意见。通过讨论大家明确了工作重点，也澄清了一些问题，进一步确认了协会会员、会费收缴与各分支机构的关系等。最后，钱理事长在会议上做了总结讲话。

【2月】

中国塑料之父徐僖院士逝世

2013年2月16日，我国高分子领域杰出的科学家和教育家，我国高分子材料事业的奠基人和开拓

者，被誉为“中国塑料之父”和“学科领路人”的 徐僖院士病故于成都，享年93岁。

徐僖同志是中国共产党党员，忠诚的爱国主义者，九三学社社员，杰出的科学家，中国科学院院士、英国皇家化学会会士，我国高分子材料学科的开拓者和奠基人之一，第三、五、六、七、八届全国人大代表，国务院特殊津贴专家，九三学社第六、七、八届中央委员会委员，原成都科技大学副校长、原高分子材料工程国家重点实验室主任及学术委员会主任，四川大学教授、高分子研究所所长，上海交通大学教授、高分子材料研究所所长，解放军总后军需部军需装备科技发展特邀顾问。

他在高分子降解、共聚、氢键复合、高分子共混材料的形态与性能等方面取得了突出的研究成果。他累计发表研究论文300余篇，出版著作、译著4本，获准国家发明专利26项，撰写了我国第一本高分子专业教科书《高分子化学原理》等，被誉为“中国塑料之父”。

徐僖的学术活动与创建和发展学科、培育科技人才的事业相辅相成。通过将近50年的辛勤耕耘，他主持的学科点累计已培养研究生、本科生、进修生7000余名，可谓桃李满天下。他生前最大心愿是“中国人能在世界上普遍受到尊重”。他的不幸逝世，使我们失去了一位伟大的科学家、杰出的领导、学者，是我国学术界、教育界的一大损失。

国家发改委局部调整产业结构指导目录，PS发泡餐具14年后获解禁

2013年2月26日，国家发改委发布第21号令，对《产业结构调整指导目录(2011年本)》有关条目进行了局部调整，在淘汰类产品目录中删除了一次性PS发泡塑料餐具。这意味着一次性PS发泡塑料餐具在被禁14年后重获新生。

在被禁14年之后，一次性PS发泡塑料餐具能够重新获得合法市场地位的主要原因有两方面：一是产品本身性价比高，具有特殊耐油、抗水和保温隔热性能，原料消耗少和垃圾产生量低，具有其他材料无法比拟的优势，是一种安全、绿色、环保的包装材料。二是近年来越来越多的人意识到，一次性PS发泡塑料餐具本身并不是造成白色污染的元凶，加强回收管理和再利用才是消除白色污染的根本，我国对一次性PS发泡塑料餐具的再利用技术也在不断提高。

在过去的十几年里，中国环境科学学会绿色包装分会和中国塑协为给一次性PS发泡餐具正名，做了大量市场调查，并多次向有关的国家管理部门汇报情况，还组织业内企业开展行业自律行动，签订了《产品质量安全承诺书》和《环保回收责任保证书》。市场调查结果显示，虽然早就被禁用，但一次性PS发泡塑料餐具在全国一次性快餐里具市场的占有率仍一直高达70%以上。

1999年2月原国家经贸委公布的《淘汰落后生产能力、工艺和产品的目录》(第一批)首次将一次性PS发泡餐具列入落后产品目录，要求禁产、禁用，限期淘汰。此后，在国家发改委发布的《产业结构调整指导目录》2005年本和2011年本中，一次性PS发泡餐具两度被列入淘汰类产品。

国家发展改革委关于2013年第21号令对“一次性发泡塑料餐具”条目调整的说明

90年代末期，由于一次性聚苯乙烯发泡塑料餐具(简称“一次性发泡塑料餐具”)大量使用造成了“白色污染”，我国开始在铁路车站和旅客列车、长江及太湖等内河水域航运的客船和旅游船上禁止使用。随后国家有关部门明确提出了2000年底前在全国范围内淘汰一次性发泡塑料餐具的目标。由于一次性发泡塑料餐具与其他替代产品相比价格低廉，有市场需求，上述政策颁布后国内仍有部分企业生产、销售一次性发泡塑料餐具。鉴于此，我委2005年12月发布的《产业结构调整指导目录(2005年本)》将“一次性发泡塑料餐具”列入了淘汰类产品。2011年，在我委会同有关部门对《产业结构调整指导目录(2005年本)》修订过程中，根据部分协会、学会和专家将一次性发泡塑料餐具从淘汰类中删除的建议，以及我们开展调查研究和征求意见的情况，暂将“一次性发泡塑料餐具”保留在《产业结构调整指导目录(2011年本)》淘汰类中，待适当时机从淘汰类中删除。

在此次对《产业结构调整指导目录(2011年本)》部分条目进行调整的过程中，我们本着科学、合理决策的原则，再次就一次性发泡塑料餐具的有关问题听取了有关协会和专家意见，进行了比较深入的调查研究，并就该条目的调整征求了环保部、工信部、质检总局、工商总局、卫生部、食药局等相关部门的意见，对该条目从淘汰类中删除达成一致意见。因此，在此次《国家发展改革委关于修改〈产业结构调整指导目录(2011年本)〉有关条款的决定》(国家发展改革委2013年第21号令)中将“一次性发泡塑料餐具”从淘汰类中删除。删除该条目主要基于以下几个方面的考虑：一是一次性发泡塑料餐具符合国家食品包装用具相关标准。针对群众最关心的餐具毒性问题，我们委托中国疾病预防控制中心食品安全所按国家相关标准进行了检验。实验结果表明，一次性发泡塑料餐具符合《食品包装用聚苯乙烯树脂卫生标准》(GB9692—1988)和《食品包装用聚苯乙烯成型品卫生标准》(GB9689—1988)。二是使用后可以回收再利用。使用后的一次性发泡塑料餐具通过回收、处理、再利用，可以生产建材、涂料、文具等多种产品，实现资源的再利用。三是国际上许多国家和地区一直在使用。除中国大陆之外的绝大多数国家和地区，如美国、欧盟、日本等，一直在生产和使用一次性发泡塑料餐具，并且还在不断开发一次性发泡塑料餐具的新产品。四是可以节约石油资源。一次性发泡塑料餐具质量轻，耗材少，可以降低原料消耗，符合资源节约的方向。五是社会环境已经发生变化。随着经济社会进步，人们环保意识的提高，环境保护和城市卫生法规体系的不断健全，随手丢弃垃圾的行为已大幅减少，废弃物回收体系逐步建立，资源综合利用水平进一步提升，最初出台禁止一次性发泡塑料餐具使用的环境已发生很大变化，对"一次性发泡塑料餐具"条目进行调整的时机基本成熟。

有关部门正在抓紧进行生产许可管理、行业准入、回收体系建设、环境保护和监督执法等相关方面的准备工作，确保实现"一次性发泡塑料餐具"条目调整的平稳过渡和顺利实施。

聚氯乙烯糊树脂生产企业沟通会召开

2月26日，聚氯乙烯糊树脂生产企业沟通会在北京召开。天津渤天、沈阳化工、中盐华湘、中盐红四方、湖北山水、滨州正海等6家糊树脂生产企业的负责人参加会议。中国氯碱协会秘书长助理张培超介绍了氯碱行业的运行情况和糊树脂行业的情况，并对下一步的运行趋势进行了分析，同时介绍了糊树脂反倾销工作的最新进展情况。与会代表交流了近期各企业的生产经营情况，交流了各地区的市场动态，对下一步市场走势进行了分析。与会代表表示，今后在协会的组织协调下，将更加积极地配合糊树脂反倾销工作，争取在当前的情况下取得较好的结果。同时，各生产企业应进一步加强企业间的沟通和协调，共同维护市场的健康稳定。

中国塑协塑料管道专业委员会第八届七次理事会会议召开

2013年2月27日，中国塑协塑料管道专委会第八届七次理事会议在江苏吴江召开。中国塑协常务副理事长曹俭、中国塑协塑料管道专委会理事长陈力辉及专委会理事单位的代表参加会议。

曹俭对塑料管道专委会的工作和塑料管道行业的发展给予了极大的肯定，并对行业发展提出了希望。陈力辉对2012年的行业工作做了总结汇报，并通过审议。王占杰做了专委会2013年工作计划汇报，并通过审议。对49个申请成为中国塑协塑料管道专委会会员、8个申请成为理事的单位进行了审议。审议通过了《中国塑协塑料管道专业委员会理事(单位)申请细则》和修订的《中国塑协塑料管道专业委员会工作条例》，将提交第九届一次会员大会进行表决。讨论通过了专委会第九届理事会换届安排、机构设置等工作计划，并就顾问、专家组和工作组的设置问题进行了讨论。会议还提出要加强行业调查工作。各理事单位代表就本单位概况和2012年的运营情况进行了交流，并提出了相应的发展建议。代表参观了苏州国嘉高分子科技有限公司。

【3月】

重点PVC生产企业市场研讨会召开

2014年3月7日，中国氯碱协会组织的重点PVC生产企业市场研讨会在昆明召开，来自行业内十八家重点生产企业的总经理、主管经营的副总经理及代表出席会议。与会代表充分交流了各企业的生产经营情况、各地区的市场情况，从政策导向、原料、市场、需求等各方面对当前PVC市场进行了分析，对下一步市场走势进行了预测，达成了共识。中国氯碱协会张文雷秘书长结合行业形势对当前影响市场的主要因素进行了分析，提出各企业面对困难和挑战要进一步加强沟通交流、协调，避免低价竞销，充分利用贸易救济措施维护市场的健康有序。

宏岳集团2013年品牌发展峰会召开

3月8日，宏岳集团2013年品牌发展峰会在秦皇岛召开。峰会以"辉煌绽放荣耀共享"为主题，来自全国各地的行业嘉宾、经销商、供应商、行业媒体等400多家单位500多名代表出席。

中国塑协常务副会长曹俭对宏岳集团近年来的飞速发展表示肯定，并鼓励宏岳集团继续发展更上一层楼。中国房地产业协会副会长朱中一、住建部科技发展促进中心处长高立新、中国塑料管道专委会秘书长王占杰、中国金属结构协会辐射供暖供冷委常务副主任刘浩、国家化学建筑材料测试中心主任魏若奇也分别就中国房地产行业的发展趋势、市政管道在国内的应用情况、国内塑料管道市场概况、地面辐射采暖系统在国内的发展趋势、塑料建材产品质量检测分析等做专题讲述，受到了与会听众的极大关注。

争取将 PVC 纳入国家战略物资储备问题研讨会召开

2014 年 3 月 12 日，中国氯碱协会专家委员会就争取将 PVC 纳入国家战略物资储备问题在北京进行了研讨。本次研讨是围绕第十二届全国人大代表、广东鸿达兴业集团董事长周奕丰在刚刚召开的全国人民代表大会上提出的建议——“关于将 PVC 等通用塑料纳入国家战略物资储备的建议”展开的。大家经过研讨，一致认为：关于争取将 PVC 纳入国家战略物资储备事宜是有利于行业发展的大事，如果获得国家支持通过，将对行业产生非常有益的影响。但也应该充分认识到此事的长期性与艰巨性，需要做好长期努力的心理准备，同时应该适时做好各阶段工作以逐步推进。会议也对下一步工作进行了探讨，确定将适时与相关政府部门展开接触、并充分调研有关战略储备的相关信息，逐步推进该项工作，争取能取得较好的成效。

中国塑协理事长工作会议召开

2013 年 3 月 15 日，中国塑协理事长工作会议和常务理事工作会议在北京召开。

会议由常务副理事长曹俭主持，中国轻工业联合会副会长、中国塑协理事长钱桂敬出席会议并做重要讲话。

会议主要议题：为了更好促进我国塑料工业科技创新、技术进步、清洁生产，使我国塑料工业更加有序健康地发展，研究讨论修订《中国塑料加工业技术进步指导意见》(征求意见稿)。

中国塑协理事长、常务理事及行业专家约五十人出席会议。

中国科协“一次性发泡塑料餐具”解禁通气会召开

3 月 20 日上午，中国科技新闻学会联合中国轻工业联合会等单位联合召开产业政策调整通气会，邀请业界专家学者对"一次性发泡塑料餐具"解禁的科学性以及经济上的合理性，进行了全面阐释和解读。

针对在禁止了 14 年后，才意识到一次性发泡塑料餐具是可以大力发展的绿色包装产品；这项产业重见天日，相关生产企业的准入标准和技术标准是不是要相应提高，要不要引进国际先进技术；不能让"白色污染"重演，目前的回收体系是否能靠得住、跟得上，能不能适应解禁的要求等问题，经济之声特约评论员、原轻工业部科技发展司司长徐蓓蕾、中国塑料餐具联席会议办公室主任李沛生、国务院参事、中国产学研合作促进会常务副会长石定寰等专家进行了全面解读，消除了人们的困惑。

国家发展改革委发布有关《国家发展改革委关于修改〈产业结构调整指导目录(2011 年本)〉有关条款的决定》(国家发展改革委 2013 年第 21 号令)的说明

2013 年 3 月 20 日，国家发改委公布《对“一次性发泡塑料餐具”条目调整的说明》。2011 年 3 月 27 日，国家发展改革委发布了《产业结构调整指导目录(2011 年本)》(国家发展改革委 2011 年第 9 号令，以下简称《目录(2011 年本)》)，并于 2011 年 6 月 1 日起正式实施。《目录(2011 年本)》作为政府引导投资方向，制定和实施财税、金融、土地、进出口等政策的重要依据，自发布实施以来，对加快推动产业结构调整和优化升级，引导投资方向，提升产业发展水平起到了重要的促进作用，进一步增强了国民经济发展的稳定性、协调性和可持续性。同时，在《目录(2011 年本)》的实施过程中，发现某些条目的文字表述不便于操作或不够细化，急需进一步予以规范；个别重要条目因产业发展的形势变化有必要进行增补等问题。为更好地适应转变经济发展方式的需要，进一步增强《目录(2011 年本)》的指导性和可操作性，我们认为有必要对《目录(2011 年本)》进行适当调整。

根据《国务院关于发布实施 <促进产业结构调整暂行规定> 的决定》(国发[2005]40 号)，国家发展改革委会同国务院有关部门对《目录(2011 年本)》有关条目进行了调整，对外发布了《国家发展改革委关于修改 <产业结构调整指导目录(2011 年本)> 有关条款的决定》(国家发展改革委 2013 年第 21 号令)和《产业结构调整调整指导目录(2011 年本)(修正)》(以下简称《目录(2011 年本)(修正)》)，自 2013 年 5 月 1 日起施行。此次调整只是对目录执行中出现的问题或部分遗漏的补充，不是目录的全面修订。

《目录(2011 年本)》修正过程中，只是对目录中电力、新能源、核能、钢铁、机械、轻工、纺织、商务服务业、公共安全与应急产品、消防等行业中部分条款进行了调整，共提出了 36 条修改意见。其中，鼓励类修改 7 条，新增 11 条；限制类删除 1 条，修改 10 条，新增 1 条；淘汰类删除 2 条，修改 4 条。调整后的《目录(2011 年本)(修正)》条目共 1408 条，其中鼓励类 761 条，限制类 223 条，淘汰类 424 条。

关于国家发展改革委 2013 年第 21 号令第二十条电线电缆制造项目的调整说明

《目录(2011 年本)》中，将“电线、电缆制造项目(用于新能源、信息产业、航天航空、轨道交通、海洋工程等领域的特种电线电缆除外)”列入限制类。实施过程中，行业有关方面反映，该条目将电线、电缆行业除新能源等5个特定领域特种电缆外全部列入限制范围，企业新上项目都投向上述几个除外的领域，与实际市场需求结构不符，不利于引导社会投资和产业结构升级。地方有关部门也提出，对新能源等5个领域的界定较为宽泛，在实际工作中难以进行符合性判断，可操作性不强，不利于规范投资管理和为相关部门提供决策参考。

为此，经与有关行业协会认真研究，并征求有关部门的意见，此次修订，将该限制类条目调整为“6千伏及以上(陆上用)干法交联电力电缆制造项目”。主要考虑是上述项目设备专用性强、投资强度大，且重复建设严重、产能过剩矛盾突出。此外，修订后的条目对产品类别和技术规格予以明确，增强了可操作性。对于上述项目产品以外的其他电线电缆产品，由于设备的通用性强，各产品之间的产能易于转换，企业可以根据市场需求，及时调整产品结构。(其他略)

“塑料多功能化科技创新与发展论坛暨2013年多功能母料专委会年会”会议召开

2013年3月21日，由中国塑协主办，中国塑协多功能母料专委会承办的“塑料多功能化科技创新与发展论坛暨2013年多功能母料专委会年会”在云南丽江召开。

会议首先宣读了中国塑协常务副理事长曹俭题为“依靠科技进步，促进母料行业健康、可持续发展”的致辞。随后，多功能母料专委会理事长李建军、副理事长赵茂华、罗崇远、王仲文分别致辞。

华南理工大学何慧教授、深圳市塑胶行业协会王文广秘书长、山西省化工研究院王克智教授等的“木塑功能母料的发展趋势及研究进展”、“超细生物填充母料的研制”、“聚烯烃结晶与成核剂应用”、“2013年我国塑料母料行业发展新趋势”、“碳酸钙增韧母料和石墨导电母料的进展”、“三螺杆挤出机在母料中应用”、“ABS抗氧剂颗粒化助剂包的研究”、“工程塑料色母粒应用与发展”等报告受到与会者的热烈响应。

会议认为，企业是自主创新的主体，在技术迅猛发展、市场千变万化、国际金融危机时隐时现的今天，母料、助剂、塑机等相关企业更需要自主创新，尤其是掌握核心、关键技术，拥有自主知识产权。此次会议更好的领会、交流了多功能母料及塑料新材料的发展，促进了产学研及上下游结合，推动了多功能母料及塑料新材料行业的技术创新，达到了提供学术、技术、市场、标准、检测、认证、政策等多方面交流的目的。

中国塑协多功能母料专委会二届五次理事会会议召开

2013年3月22日，中国塑协多功能母料专委会理事会在云南丽江召开。

理事会由理事长李建军主持。理事会总结了专委会近几年的工作，听取了理事的意见和建议，推选出换届领导小组成员。理事会决定，在今年适当时候进行换届。

中国塑协塑料管道专业委员会第八届八次理事会议召开

2013年3月27日，中国塑协塑料管道专业委员会第八届八次理事会议在浙江杭州召开。

中国塑协常务副理事长曹俭、中国塑协塑料管道专委会理事长陈力辉及专委会理事单位代表参加会议。

中国塑协常务副理事长曹俭在会上发表了重要讲话，表达了对塑料管道专委会换届工作的高度重视。理事会议对17个申请成为中国塑协塑料管道专委会会员的单位进行了审议。经过无记名投票，6个单位成为新的理事会成员。会议选举产生了专委会第九届理事会候选单位。理事长候选单位为永高股份有限公司；会议选举王占杰为专委会第九届理事会常务副理事长、秘书长候选人。选举结果报送中国塑协审批，获批后的理事会推选单位将在中国塑协塑料管道专委会第九届一次会员大会进行审议。

陈力辉对专委会第八届工作做了总结报告，并经会议审议通过。会议审议通过了《中国塑协塑料管道专业委员会专家组规则》、《中国塑协塑料管道专业委员会工作组规则》。经表决，增设“地板辐射采暖塑料管道工作组”，组长单位由天津军星管业集团有限公司担任。原各工作组暂不作调整。

会议组织参会代表参观了浙江双林塑料机械有限公司。

2013锂电池、隔膜产业链市场与技术发展研讨会召开

2013年3月28日，由中国塑协双向拉伸聚丙烯薄膜专委会和中国电池工业协会联合举办的“2013锂电池、隔膜产业链市场与技术发展研讨会”在北京召开。来自锂电池、隔膜产业链的180多名企业负责人出席会议。

中国塑协秘书长马占峰致欢迎辞，中国电池工业协会理事长韩作梁致开幕辞。中国塑协双向拉伸聚丙烯薄膜专委会理事长吴耀根，赛迪顾问股份有限公司投资部总经理吴辉，德国康甫机械有限公司销售经理迈克？顾卡等，分别做了“中国锂离子电池及材料产业发展现状及趋势分析”、“高难度和极优越的分切和收卷技术应用于锂电池隔膜”、“高容量固溶体材料研究进展”、“制辊技术与电池隔膜工艺的优化”、“横河在线测厚仪WEBFREX3在锂电隔膜的测试与控制应用”、“X光技术在锂电池安全检测方面的应用研究”、“锂离子电池隔膜新材料、新技术介绍”、“美国微觉视Wintriss的检测设备在锂电池行业的高端应用介绍”、“单向拉伸技术在隔膜生产中的应用”、“上海石化低灰份聚丙烯产品在锂电池上的应用展望”、“锂离子电池隔膜精密涂布机之应用”的精彩发言，受到与会代表的一致好评。

下午，锂电池、隔膜生产骨干企业关于共同研发动力电池用锂电池隔膜座谈会召开，代表们纷纷发言，就生产、研发过程中遇到的技术问题进行交流，同时探讨锂电池下游行业市场需求与各企业新增产能情况。

会议代表参观了比克国际(天津)有限公司，观看了锂电池正、负极生产、锂电池组装等工序，并且试驾了比克高容量动力电池汽车。

中国塑协聚氯乙烯板制品专委会2013年会召开

2013年会于3月30日，由中国塑协聚氯乙烯板制品专委会主办的中国塑协聚氯乙烯板制品专委会2013年会在苏州举行。

中国塑协曹俭常务副理事长，苏州国家高新区浒墅关开发区党工委副书记、管委会项兵副主任，江南大学化学与材料工程学院陈明清院长以及聚氯乙烯板制品生产、原料、设备、模具等相关企业，包括江南大学，湖北工业大学等科研院所代表70多人参加会议。

会议的重要工作是对中国塑协聚氯乙烯板制品专委会进行了换届。年会选举了中国塑协聚氯乙烯板制品专委会第二届常委会。选举了主任、副主任和常委等新一届领导班子。

会议代表参观了苏州奥凯材料技术有限公司，进行讲座及技术交流。

【4月】

中国塑协滚塑专委会2013年会暨换届大会召开

2013年4月7日，由中国塑协主办，中国塑协滚塑专委会承办的中国塑协滚塑专业委员会2013年会暨换届大会在无锡市举行。

会议对滚塑专委会进行了换届改选，并邀请国内外行业专家进行了滚塑技术讲座。中国塑协曹俭常务副理事长以及滚塑制品生产、原料、设备、模具等相关企业，包括国际滚塑联盟主席RAVI MEHRA先生，澳大利亚滚塑协会主席LEISA DONLANN女士等国内外滚塑行业专家100多人参加会议。

会议对中国塑协滚塑专委会进行了换届。审议并通过《中国塑协滚塑专业委员会工作条例》，调整并确定了新的会费标准。选举了中国塑协滚塑专委会第二届常委会。新当选的专委会主任，慈溪市德顺容器有限公司罗宏宇总经理提出了专委会2013年的工作计划和工作目标。

新一届滚塑专委会领导班子和国际滚塑联盟主席RAVI MEHRA先生就中国塑协滚塑专委会加入国际滚塑联盟的事宜进行了磋商。

农村水利工程用塑料管材的标准及检测技术培训班举办

2013年4月10~12日，由中国塑协主办、中国塑协培训委员会承办的农村水利工程用塑料管材的标准及检测技术培训班在北京举办。

会议期间，特邀国家卫生部门、水利部门等领导参加并作重要指示。会议聘请中国疾病预防控制中心环境与健康相关产品安全所、国家塑料制品质量监督检验中心、国家化学建筑材料测试中心、全国塑料制品标准化委员会等国家权威监督检测机构的标准化及检测专家集中授课。

会议内容及授课专家：中国疾病预防控制中心环境与健康相关产品安全所白雪涛所长讲述了输水管道的卫生评价，全国塑料制品标准化委员会项爱民教授讲述了农饮水及灌溉用塑料管道的产品标准，国家塑料制品质量监督检验中心刘山生高工讲述了农村水利工程用塑料管材管件的产品检测方法，国家化学建筑材料测试中心(材料测试部)武志军高工讲述了企业产品检测试验室规划、建设，国家化学建筑材料测试中心(建工测试部)黄家文主任讲述了主要检测设备的校验(自校)方法(规程)等课程。

相关单位和企业的质量管理人员、质检人员参加了培训。培训结束时合格者由中国塑协颁发了证书。

四川华西德顿公司为芦山灾区捐赠救灾物资

“4·20”四川雅安芦山发生7.0级地震的当天，四川华西德顿塑料管道有限公司领导高度重视，在总经理姜凌云、副总经理吕兴德的安排下，雅安片区经理迅速与芦山水务局、芦山供排水公司取得联系，组织价值31万余元的塑料管材、食品、衣物等物资，火速送往灾区，是第一家进入灾区抢险救援的管道生产企业。

4月21日，华西德顿公司还组织相关技术人员进入灾区，连夜将安装设备运送到位，赶接输水管道，抢修了芦山县医院、芦山中学、芦山第三小学、金花路、先锋路、平安路等供水系统，尽快恢复了供水，解决城区近3.8万人的饮水困难，受到了芦山县水务局的表扬。

四川仁智油服公司为芦山灾区捐款捐物

“4·20”四川雅安芦山地震后，四川仁智油田技术服务股份有限公司积极行动起来，成立了由董事长挂帅的抗震救灾应急领导小组，积极排查公司受损情况，统计家在灾区的职工家庭受损情况，建立了抗震救灾预案。并向灾区捐款37万元(公司捐款30万元、职工捐款7万元)，捐赠帐篷100顶。其中，公司捐款和捐赠的帐篷已于4月22日通过绵阳市红十字会转到灾区，职工捐款于4月26日汇至四川省总工会的指定银行账户。

仁智油服作为一家上市公司，用实际行动诠释了“仁者爱人，智者助人”的企业宗旨，积极承担了企业的社会责任，为抗震救灾作出了积极的贡献。

成都三环金属制品公司为芦山灾区捐赠管材

2013年4月20日雅安芦山发生7.0级地震，成都三环金属制品有限公司马上决定进行救援。

在快速备好救灾物资后，地震发生后仅一个半小时，该公司的救援车辆已经出现在成雅高速路上了。由于道路塌方，他们又绕道走小路向芦山进发。在克服了各种困难后，终于在下午一点到达了芦山县城，成为较早进入震中的社会车辆。到达后他们很快就投入救灾工作中，积极帮助县医院搭建帐篷、安置受伤人员、发放救灾物品。

根据对灾情的现场评估，他们在回到公司后，马上做出了向灾区捐款和捐赠HDPE塑料给水管材管件的决定。并于4月21日通过新津县民政局向灾区捐款5万元，还在4月23日组织价值30余万元管材运往灾区，分别捐赠给受灾严重的芦山、天全和宝兴三个县。公司还专门派出安装队伍，与当地水利施工部门和武警官兵一起参与了管道抢修，为灾区群众解决饮水困难做出了努力，受到了当地水务局与群众的赞扬。

三环公司董事长王梦晓经常提出的经营理念是为职工创造机会，为企业创造未来，为社会创造财富。企业除了要关注职工成长和企业发展外，还要承担社会责任。当灾难降临的时候，凭一己之力或一方之力，可能难以支撑，但如果全社会都行动起来，尽到一份自己的社会责任，汇集在一起，将成为大爱，再大的灾难也可以克服。三环公司用实际行动诠释了该公司一贯倡导的经营理念。

中国塑协塑料快餐具专业委员会筹备工作会议和举办一次性发泡塑料餐具生产许可证培训班举办

2013年4月24日上午，中国塑协根据行业发展要求和企业愿望，筹备组建中国塑协塑料快餐具专业委员会(筹)，在北京召开会议讨论筹备的相关事宜。

4月24日下午，举办一次性发泡塑料餐具生产许可证培训班。邀请塑料包装QS认证专家对企业进行指导，并为企业提供培训资料，提高质量安全意识，为企业顺利取得生产许可证做准备。

培训主要内容：介绍筹建塑料快餐具专委会工作条例等机关文件；介绍制定一次性聚苯乙烯发泡塑料餐具标准(草案稿)；食品用包装、容器、工具等制品生产许可通则；食品用塑料包装、容器、工具等制品生产许可审查细则；食品用塑料包装、容器、工具等制品生产许可企业实地核查办法等。

《中国塑料工业发展史》编写工作启动

2013年4月26日，中国塑料加工工业协会编写《中国塑料工业发展史》工作启动。

中国塑料工业已经成为中国经济的重要行业之一。作为新兴行业，从上世纪二三十年代诞生，经历摇篮期、成长期、直到现在进入了成熟期，回顾并总结中国塑料工业发展史，一方面可以留下行业发展的印迹，另一方面可从中总结经验教训，并通过分析兴衰得失把握今后的发展方向，以利于做强中国塑料工业。为此，中国塑料加工工业协会决定组织编写《中国塑料工业发展史》。

为了编写好《中国塑料工业发展史》，需依靠全行业力量，集思广益，深入发掘，真正撰写出一部中国塑料工业的“信史”。为此，希望各单位积极参与编撰。

《中国塑料工业发展史》领导小组：

组长：钱桂敬 中国轻工联合会副会长、中国塑协理事长，副组长：曹俭 中国塑协常务副理事长，廖正品 中国塑协名誉理事长。成员：杨惠娣 中国塑协塑料技术协作委员会秘书长，许琳 中国塑协副秘书长，吴方群 中国塑协信息部副主任。成立编辑委员会和编辑部。各省、市、自治区塑料协会、塑料商会、行业管理部门、中国塑协各专业委员会及有关企业和单位将参加编写。

2013 特种流延薄膜技术交流与现场演示会会议召开

2013 年 4 月 26 日，由中国塑协主办，中国塑协流延薄膜专委会、新乐华宝机械有限公司承办的“2013 特种流延薄膜技术交流与现场演示会”在河北石家庄召开。来自全国流延薄膜产业链的 270 多名企业负责人、专家学者出席会议。

中国塑协秘书长马占峰，新乐市人大常委会副主任于建敏，新乐市人民政府副市长冯磊等专家参加会议。

会议举行了“中国塑料流延膜机械装备技术研发制造基地”揭牌仪式，由马占峰和于建敏为“中国塑料流延膜机械装备技术研发制造基地”共同揭牌。

中国塑协秘书长马占峰代表钱桂敬理事长和曹俭常务副理事长参加会议并致开幕辞。东岳研究院院长助理蔡盛梅硕士，北京化工大学教授苑会林等分别作了“含氟功能膜材料在未来新能源中的应用前景”、“工程塑料薄膜的挤出流延加工技术与应用”、“新型环保合成纸的研制开发和应用”、“PVC 保鲜膜国内市场分析和生产技术”、“多功能拉伸缠绕膜的生产和发展方向以及 PE 保护膜市场前景”、“茂金属聚乙烯：用于高附加值流延手工缠绕膜和机用缠绕膜”、“特种百层流延薄膜的研制与应用”、“流延 PVC 膜的未来发展方向与前景”、“流延膜塑料机械行业新产品发展动态”的发言，受到与会代表的好评与欢迎。

26 日下午，与会代表参观了新乐华宝塑料机械有限公司最新研发 2 米宽高速缠绕膜设备和 1.8 米宽 PVC 保鲜膜设备的开机演示，华宝公司向与会代表展示了新的形象和产品，流延薄膜生产企业在设备更新时也有了新的选择。

“关于贯彻落实国家发展和改革委员会 21 号令的几点要求”发布

2013 年 4 月 28 日，中国轻工业联合会、中国塑协、中国环境科学学会绿色包装专业委员会、中国包装联合会塑料制品包装委员会、中国产学研合作促进会循环经济分会(筹)、塑料快餐具联合办公室联合发文，提出“关于贯彻落实国家发展和改革委员会 21 号令的几点要求”：

各有关企业：

国家发改委 21 号令将于 5 月 1 日起执行，为了贯彻落实国家发展和改革委关于修改《产业结构调整指导目录(2011 年本)》有关条款的决定，配合国家有关部门做好塑料快餐具行业相关工作，提出几点要求，望各相关企业领会实行。

1. 遵守国家的法律、法规，依法从事各项生产经营活动，同时恪守行业道德，抵制一切不正当竞争行为，共同维护市场秩序和规范市场行为。

2. 严格执行国家有关部门发布、实施的行业管理办法、生产许可证管理办法、相关产品卫生管理办法和质量监督管理办法；杜绝添加假料、废料等不法行为；决不允许一个不合格的产品流入市场。

3. 遵照国家有关部门关于废弃一次性塑料餐具回收、再利用、再资源化的机制与管理办法的精神，积极参与和组建各区域回收体系；按照“谁污染、谁负责”的环境管理法则，履行企业社会责任，善尽环保义务。

4. 严格遵守国家的价格法规，防止行业价格垄断；价格升降幅度必须合理、有“度”；反对低于企业正常经营成本的低价销售、损害行业和其他经营者利益的行为；自觉维护行业的整体利益。

5. 倡导诚信经营，尊重客户的知情权、选择权、公平交易权，不以不正当行为和手段欺骗客户，不做虚假宣传以误导客户，树立行业、企业在客户心中的良好形象。

6. 发扬行业团结、互助、维权和自律的精神，发挥行业的整体优势，共同承担行业责任，通过公开、公平、公正的市场竞争带动整个行业进步。

7. 企业之间要加强信息交流。发现资信不良的企业，应及时向行业协会及政府有关部门举报，保护各企业的正当利益。

8. 不断提高自主创新能力，加大科技投入，加强科研攻关协作，不断推出高科技、高质量的新型快餐具产品，为全行业的繁荣发展做出贡献。

9. 抵制不利于行业发展的人和事物，维护企业、行业权益。

二〇一三年四月二十八日

【5 月】

第十六届中国氯碱论坛召开

2014 年 5 月 9 日至 11 日，由中国氯碱协会主办、中国氯碱网承办的第十六届中国氯碱论坛在广州召开，来自国内外、上下游的 303 名代表参加了会议。国务院发展研究中心赵晋平，中国氯碱协会理事长李军，石化联合会副秘书长孙伟善，中国盐业协会副理事长朱国梁，石油和化学工业规划院副总工程师蔡杰，广东塑料交易所副总经理卢晓青，欧洲化学工程师联合会副主席 Wridzer Bakker 等作了精彩的演讲。访谈环节围绕中国氯碱行业热点问题及未来发展方向(包括发展格局、国际化战略、结构调整等)展开。上海氯碱总经理何刚、新疆圣雄能源总经理张立君、美国华美化工中国区总经理刁嘉翼、大连商品交易所总经理助理刘志强进行了精彩访谈，并与主持人进行了精彩互动。

上海地区第一次《中国塑料工业发展史》编辑工作会议召开

2013 年 5 月 13 日，“上海地区《中国塑料工业发展史》编辑工作会议”在上海国际印刷包装城召开。上海地区的代表出席了会议

会议就《中国塑料工业发展史》的提纲进行了讨论，对具体组织工作提出了建设性建议，包括如何筹集资金、一些技术和设备引进和开发过程、第一产品的开发单位和人物，并提出了合适的具体编写人员。会后将逐步落实。

2013 功能性薄膜行业市场与技术发展研讨会会议召开

2013 年 5 月 18 日，由中国塑协主办，中国塑协双向拉伸聚丙烯薄膜专委会、中国塑协流延薄膜专委会、中国塑协镀铝膜专委会共同承办的“2013 功能性薄膜行业市场与技术发展研讨会”在广州市召开，来自全国薄膜产业链的 300 多名企业负责人出席会议。

中国塑协常务副理事长曹俭，中国塑协名誉理事长廖正品，广东省塑料工业协会会长符岸等出席会议。

佛山佛塑科技集团股份有限公司副总裁王磊，上海永超真空镀铝有限公司总经理洪晓冬，广东德冠薄膜新材料股份有限公司副总裁王韶锋等分别作了“佛塑科技集团的功能化薄膜发展战略”、“国外镀膜行业市场探讨与新产品介绍”、“以专利战略带动科技创新”、“顺应宏观经济环境变化，积极开发 BOPET 功能性薄膜市场”、“全球功能性薄膜发展介绍与面向功能性薄膜的设备解决方案”、“德国莱宝光电的新设备和技术介绍”、“薄膜工业最新涂布技术应用”和“NDC 多功能测厚仪在功能性薄膜方面的多样化应用”等精彩发言，受到与会代表的一致好评。

期间，中国塑膜网组织的塑膜行情专题会议举办，受到薄膜经销商和下游用户的广泛欢迎。

中国塑协第六届三次理事会扩大会议暨塑料加工业技术应用论坛成功举办

2013 年 5 月 19 日，中国塑协六届三次理事会在广州召开。出席会议的有中国塑协常务副理事长曹俭、名誉理事长廖正品以及六届理事会的副理事长、常务理事、理事、特聘理事及其理事单位的代表等共 241 名。

会议审议通过了由曹俭常务副理事长做的《中国塑协六届三次理事会工作报告》；审议通过了《塑料加工业技术进步指导意见(2013 ~ 2015 年)》，《意见》是今后三年乃至更长时间的一份行业纲领性文件，指导行业技术进步与科技发展。《意见》明确了“十二五”塑料加工业重点技术研究、发展方向和重点研发内容，对重点技术研究和发展方向的确定主要考虑方向。审议通过了《2012 年财务工作报告》、《关于增补理事、变更特邀副理事长、新增会员等有关人事事项》、《有关分支机构调整、变更事项》、《拟申报分支机构成立、变更的事项》等。

六届三次理事会议结束后，举行了塑料加工业技术应用论坛。

中国塑协塑料加工业技术应用论坛召开

2013 年 5 月 19 日，中国塑协塑料加工业技术应用论坛在广州召开。

主要内容：当前经济形势与塑料行业发展分析；“十二五”期间国家科技及产业政策；新型树脂及改性料的开发及应用情况；国外塑料助剂行业现状及发展趋势；塑料先进制造技术、行业现状及发展趋势。

中国塑协常务副理事长曹俭、名誉理事长廖正品以及六届理事会的副理事长、常务理事、理事、特聘理事及其理事单位、分支机构主要负责人、各省、市、区及地方塑料协(商)会代表的代表以及塑料及相关企业代表等二百多人出席会议。

会议论文集内容：塑料加工行业发展概况及趋势；新技术、新设备、新工艺的开发及应用；塑料加工业的先进生产及管理经验；塑料原料、助剂、制品研发及相关标准；塑料制品的安全性能评价与检测技术等。

论坛邀请到国家政府部门有关领导、行业内知名专家出席并作精彩演讲，展示了我国塑料工业的实力和地位。

工信部消费品工业司高延敏副司长做《加快推动塑料制品行业的产业升级》的报告，发改委宏观经济研究院经济研究所宋立副所长的《当前宏观经济形势与趋势展望》报告，中国石油化工股份有限公司北京化工研究院副院长乔金樑教授做《我国高分子材料产

业概况》的报告，中科院宁波材料所党委书记、副所长严庆研究员《汽车用工程塑料现状及发展趋势》的报告，华南理工大学瞿金平院士做《积拉伸流变挤出机在塑料改性加工中的应用探讨》的报告，王德禧教授做《创新技术与塑料产业》报告，德国熊牌集团罗森塔尔博士做《使用钙基稳定剂替代铅盐稳定剂》报告。专家们的报告高屋建瓴，让与会代表受益匪浅，在引领行业技术进步和创新发展将起重要作用。

第 27 届国际橡塑展开幕

2013 年 5 月 20 日，规模亚洲第一、全球第二的橡塑展览——第二十七届中国国际塑料橡胶工业展览会(CHINA PLAS 2013)在广州开幕。展会传承"橡塑科技、成就未来"的信念，为全球制造业搭建一个前瞻性强、着重持续发展并融合橡塑应用及创新科技的商贸平台。中国轻工业联合会会长步正发、中国塑协常务副理事长曹俭等领导出席第二十七届中国国际塑料橡胶工业展览会开幕式。

本届展会面积再创新高，首次达到 22 万平方米，比 2011 年的广州展会大幅增加 22%。CHINA PLAS 2013 共吸引来自全球 38 个国家及地区的 2900 家展商，15 个国家及地区组团参展。展示超过 3200 台机械及最新橡塑化工及原材料，比去年展出的机械增加 28%。本届展会还吸引 11.4 万名观众前来参观，其中海外参观人数更是达到 3 万名，占 26.97%。

为期四天的展会同期还将举行超过 50 场技术交流会，主题涵盖橡塑新材料及机械设备介绍，塑料橡胶如何应用于汽车配件、包装、电线电缆、薄膜、医疗等领域。

中国塑机协与 VDMA 召开注塑机数据统计交流会召开

2013 年 5 月 21 日，中国塑料机械工业协会与 VDMA 德国塑料与橡胶机械协会在广州召开注塑机数据统计交流会，会议主要就全球注塑机销售统计事宜进行探讨，会议由 VDMA 德国塑料与橡胶机械协会会长 Thorsten Kuehmann 先生主持，粟东平秘书长以及中国塑料机械工业协会会长单位、副会长单位、常务理事单位等作为中方企业代表参加会议；欧洲方面则有注塑机企业阿博格、宝胜以及意大利塑料橡胶机械设备和模具制造厂商协会的代表参加会议。

注塑机销售联合统计工作起源于德国，在欧洲已有 30 多年的历史，参与企业涵盖德国、意大利和欧洲其他国家的主要注塑机厂商。2012 年，该项统计参与范围扩大到中国、日本和印度，未来还将进一步扩展到韩国和美洲国家，形成由各国行业协会组织牵头、以重点注塑机企业为主体、服务于分析全球注塑机市场发展现状与趋势的统计联盟。该统计工作的顺利进行既有赖于企业反馈的及时性、可靠性和稳定性，又有赖于严格的保密性，一方面是协会对参与企业的数据进行保密，另一方面是参与企业对所获得的汇总数据进行保密，仅供参与者内部进行市场与投资分析，禁止任何形式的对外商业用途。

在注塑机销售联合统计工作逐步完善的基础上，可考虑将此模式应用于塑机行业的其他分行业，从而为更多的参与企业了解和分析国际市场提供客观有效的平台。

中国塑协农膜专委会 25 周年庆典暨 2013 年年会召开

2013 年 5 月 25 日，中国塑协农用薄膜专业委员会 25 周年庆典暨 2013 年年会于在海南省三亚市召开。

国家工信部消费品司轻工一处谢立安处长，中国塑协曹俭常务副理事长、全国农业技术推广中心首席专家、中国农用塑料技术学会张真和会长和中国塑协农膜专委会第一、二届理事长崔守信，第三届理事长韩连贵，第三届秘书长金洪波以及中石化市场专家、中石油价格信息专家、外商驻中国代理机构和商社代表，全国各地的农膜企业及相关的原料、助剂、设备、科研院所、新闻媒体等各方面专家、单位代表共计 216 位出席会议。

谢立安处长介绍了国家促进农业发展及农膜产业的有关政策，国家对农膜行业、地膜回收降解、节能减排等相关政策制定情况。中国塑协曹俭常务副理事长讲话。中国塑协农膜专委会曹志强主任做"农膜专委会工作报告"。

中国塑协农膜专委会成立 25 周年之际，大会对为农膜行业做出突出贡献的 16 家企业进行了表彰，并颁发中国塑协农膜专委会兼职副秘书长聘任证书。

大会还向与会代表通报了落实、完善准入监管具体操作方案；农用地膜国家标准修订的相关事宜。

举行了农膜原料市场分析研讨、农膜生产及相关技术等方面的论文及讲座交流共 17 篇，对当前市场状况、产品研发和技术创新进行了精辟分析和阐述，使与会代表开拓了视野、丰富了知识，加强了会员单位之间的技术交流和彼此了解与友谊。

2013 年中国(丽水)国际生态合成革产业大会召开

2013 年 5 月，中国塑协和丽水市人民政府共同主办的"第一届国际水性生态合成革产业大会"在丽水召开。

中国轻工业联合会副会长、中国塑协理事长钱桂敬出席会议并做题为"加快生态文明建设进程，推进合成革产业向高端领域发展"的报告。

举办生态合成革产业大会其目的是组织交流水性人造革、合成革行业坚持绿色发展、低碳发展、循环发展和清洁生产的经验，探索人造革合成革产业与生态环境协调与和谐，推动人造革、合成革行业生态建设的进程，进一步提高人造革合成革产品的清洁性、环保性、舒适性和时尚性，加快产品和产业链高端化进程。

大会认为：以生态合成革为突破口，推动产业转型升级，实现绿色、可持续发展。加快转变发展方式和转型升级，充分发挥科技创新和技术进步的支撑和保证作用。加强产业集群和特色区域建设，发挥产业聚集效应，进一步完善产业链和配套能力，提升综合竞争力。

【6 月】

步正发会长会见台塑集团客人

2014 年 6 月 4 日上午，步正发会长会见了台塑集团南亚塑胶工业股份有限公司资深副总经理林丰钦一行。步会长首先对林丰钦先生一行再次到中轻联来访表示欢迎。

步会长愉快地回顾了他去年 10 月率团考察中国台湾地区塑料行业的情景，并对台塑集团在他率团赴台考察期间给予的热情友好接待表示感谢。他表示，去年赴台考察很顺利，很有收获，中国台湾地区塑料制品企业在技术创新、企业管理方面有着很好的经验值得学习借鉴。两岸一家人，要经常走动。大陆塑料生产行业近几年来发展速度很快，塑料加工行业产值占轻工行业产值的近 10%，已成为大陆轻工业的第一大行业。大陆的塑料加工行业正处在转型升级的关键时期，紧迫感很强。大陆的 GDP 增速从两位数降到一位数，政府就是致力于健康和可持续的发展，从而推动企业转型升级的工作。全球一体化，对外开放是今后发展的大趋势，我们不赞成贸易保护主义，贸易保护主义实际上保护不了自己，我们要在开放中提高自己，通过合作竞争，共同发展，最后是双赢和共赢。台塑较早和大陆合作，我们可以学习和借鉴台塑的一些先进的管理方法和生产技术。我们很重视海峡两岸的经贸交流与合作，这有利于促进我们共同发展，也符合两岸人民的利益。

步会长还表示，随着两岸经贸交往不断深入，台资企业在大陆业务也会随之发展，遇到的新问题也会增多，中轻联愿意为台资企业提供可能的帮助。

林丰钦先生对步会长的接待和介绍表示感谢。他简要介绍了台塑集团目前在大陆投资企业的基本情况。双方还就产品标准、在大陆投资发展等进行了交流。

贸促会轻工行业分会副会长王本和、塑料协会常务副理事长曹俭、中轻投总经理张蕴藏等参加了会见。

塑料产业大会举办

6 月 5 日，由大连商品交易所、中国石油和化学工业联合会与中国轻工业联合会共同主办的 2013 中国塑料产业大会在宁波开幕。来自政府相关部门、行业协会、产业链企业、金融投资、信息咨询以及中石油、中石化、中国海油、上海氯碱、瑞士嘉能可、嘉吉投资等国内外企业代表和来自美国、英国、瑞士等十几个国家和地区的专家代表共计 400 多人参加会议，共同分析宏观经济走势，研判市场价格走势，探讨产业发展的前景和机遇，寻求规避风险的有效途径。

中国轻工业联合会副会长王世成指出，受国内外宏观经济形势影响，塑料制品业在经历了上一轮高速增长之后，速度开始明显回落，但从投资、出口等角度看，推动塑料制品行业稳步发展的"正能量"依然强劲。

中国石化联合会副会长兼秘书长赵俊贵说，塑料期货已经成为推动产业结构调整和企业发展不可或缺的有效工具。2012 年，燃料油、精对苯二甲酸、线型低密度聚乙烯、聚氯乙烯 4 个石化期货品种成交量分别达到 1. 83 万手、2. 42 亿手、1. 44 亿手和 0. 14 亿手(双边)，在引导企业生产、降低交易成本、加快流通速度、提高经济运行质量和效益、促进行业平稳健康发展等方面发挥了重要作用。

中国塑协塑料管道专业委员会第九届一次会员大会暨 2013 年年会会议召开

2013 年 6 月 6 日，"中国塑协塑料管道专业委员会第九届一次会员大会暨 2013 年年会"在成都召开。大会主题为："调整产业结构，提升发展质量"。

来自国内外相关单位领导、专家、会员单位、塑料管道生产企业、上下游企业、行业协会、检测机构、认证单位、相关媒体等代表 550 余人共聚一堂，进行交流，探讨发展，为塑料管道行业的发展献计献策。中国塑协常务副理事长曹俭、中国农业节水和农村供水技术协会常务副会长李代鑫、住房与城乡建设部科技发展促进中心处长高立新、国务院发展研究中心宏观经济研究部主任研究员张立群、中国城市燃气协会副秘书长马长城、中国城镇供水排水协会排水专业委员会秘书长王岚、中国城镇供水排水协会科技委管道技术部主任郑小明、中国建筑金属结构协会给水排水设备分会会长华明九、中国建筑设计研究院机电院院长赵锂等相关政府、机构、协会的领导、专家出席本次会议。

曹俭常务副理事长、李代鑫常务副会长、王岚秘书长在开幕式上的讲话。

会议审议通过了《第八届专委会工作报告》、《第八届专委会财务报告》、《中国塑协塑料管道专委会工作条例》。

会上宣读了中国塑协《关于同意塑料管道专委会第九届理事会推荐单位的批复》。选举产生了中国塑协塑料管道专委会第九届理事会成员。宣布了第九届专委会专业工作组及组长单位，分别为 PVC－U 给排水管道工作组；PE 燃气和给水管道工作组；PP 冷热水管道工作组；铝塑复合管和 PE－X 冷热水管道工作组；通讯护套硅芯管和双壁波纹管工作组；埋地排水用结构壁管、PVC 和 PE 双壁波纹管、缠绕管工作组；塑料管件和检查井工作组；钢塑复合管道工作组，地板辐射采暖塑料管道工作组。作了专委会 2013 年工作计划汇报。

围绕大会的主题，2013 年年会安排了塑料管道原料、设备、新技术、标准化、检测、质量管理、认证、应用、行业发展等多方面，共 30 个专题交流报告和情况汇报。

“2013 中国国际食品安全和创新技术展览会”举办

2013 年 6 月 17 ~27 日，国务院食品安全委员会办公室等十四部委联合发文“开展 2013 年全国食品安全宣传周”活动。北京国际展览中心 8 号馆举行的“2013 中国国际食品安全和创新技术展览会(简称食品安全展)”为其中的一个重要组成部分，主要展示我国乃至全球食品安全技术创新和发展成果。一次性发泡塑料餐具挺身参展成为展会一大亮点，引起观众和媒体热议，好评如潮。

由中国轻工业联合会、中国塑协、中国环境科学学会绿色包装专业委员会、中国包装联合会塑料制品包装委员会和中国产学研合作促进会循环经济分会(筹)组织行业企业联合参展，宣传贯彻了国家发展和改革委第 21 号令精神，详细解读了一次性聚苯乙烯发泡塑料餐具的政策调整及其发展历程，展出世界各地一次性发泡塑料产品应用情况和利用废泡沫塑料制成的再生产品的实物和照片，对各类快餐具的价格、特性、能耗、垃圾产生量、回收利用等方面进行了对比，批驳了对一次性发泡塑料餐具的错误观点，科学展现了一次性发泡塑料餐具无毒、无害、绿色低碳、节能减排、卫生环保、保温性好、性价比高等特点，引导人们科学认识聚苯乙烯发泡塑料餐具，促进一次性发泡塑料餐具市场健康发展和规范管理。

中国轻工联合会步正发会长非常重视此次参展活动，亲临展会，认真听取了原轻工部科技司徐蓓蕾司长的讲解。步会长指出我们参加这次展览，就是要让老百姓科学认识一次性发泡塑料餐具，让这个产品在阳光下生产，按照食品包装产品的规范程序管理，更好地服务社会，让老百姓放心。陪同步会长的还有中国轻工联合会办公室陈建国主任、新闻处张永利处长、中国塑协马占峰秘书长等。

“首届中国国际塑胶与化工产品博览会”举办

2013 年 6 月 18 日，由中国化工试剂工业协会、四川省工商业联合会、中非商务协会主办，四川省塑料工业协会、四川省石油和化工商会、四川省橡胶工业协会、成都市化工塑料行业商会承办的，首届中国国际塑胶与化工产品博览会在成都开幕。

随着四川经济发展，四川塑料、橡胶、化工产业也得到了快速发展，新技术、新材料、新能源、新产品的开发和应用将是未来发展的重点。改性塑料、生物塑料及节能加工设备、环保产品的开发将是未来塑料、化工发展的方向。

【7 月】

PVC 制品禁铅之路研讨会召开

2013 年 7 月 3 日，中国塑协主办、塑料助剂专委会热稳定剂分会承办的小型研讨会在青岛召开。到会的 60 多位代表中，除了热稳定剂生产企业的代表外，一半的代表来自塑料管道、型材及门窗、板材、片材、薄膜、人造革及发泡制品等下游制品加工企业。在这次会议上，如何推进热稳定剂环保化进程，加快 PVC 制品行业禁铅的步伐，成为参会代表共同关注的话题。

中国塑协常务副会长曹俭表示，“推进热稳定剂环保化进程，加快 PVC 制品行业禁铅的步伐，是中国塑料行业发展的大势所趋。早在今年年初，中国塑协就曾经在广州组织召开过替代含铅热稳定剂生产应用专题研讨会，会上还成立了由中国塑协牵头，助剂专委会、塑料管道专委会、异型材及门窗专委会参加的 PVC 制品用热稳定剂去铅化工作领导小组。

随着社会各界环保意识的提高和政府有关部门环保力度的不断加大，塑料助剂的环保化、去铅化已经成为塑料行业可持续发展的必由之路，铅盐稳定剂的替代工作也将进入实质性阶段。

2013 年 6 月 18 日，最高人民法院和最高人民检察院联合公布《关于办理环境污染刑事案件适用法律若干问题的解释》，再次给生产涉及含铅、镉等重金属化合物的生产和使用企业敲响了警钟，PVC 制品用热稳定剂禁铅工作再次提到了议事日程上。

PVC 制品的禁铅工作是一项复杂的工程，涉及到上下游的每个环节，不可能一蹴而就。全行业应该团结起来，共同制定出符合中国特色的 PVC 稳定剂行业可持续发展的中长期战略，不仅要有愿景目标，还要有详细的组织纲领、具体的计划行动以及配套的总结评价，只有这样才能保证 PVC 制品禁铅工作的顺利进行。PVC 制品的禁铅对稳定剂行业来讲，既是挑战也是商机，关键是要有愿景、有目标、有明确的时间表。

环境保护部环境保护对外合作中心意向征询公告——聚氨酯泡沫行业消耗臭氧层物质替代技术研发和推广项目(二期)

2013 年 7 月，环境保护部环境保护对外合作中心公开征集了聚氨酯泡沫行业消耗臭氧层物质替代技术研发和推广项目。通过专家组评审，对外合作中心已选择了 7 家单位开展替代技术研发和推广项目。为进一步加强聚氨酯泡沫行业替代技术研究，拟继续选择相关咨询机构开展聚氨酯泡沫行业 ODS 淘汰替代技术研究和推广项目(二期)。

中国政府获得了多边基金执委会批准的泡沫行业用于消耗臭氧层物质(ODS)淘汰替代技术研究和推广的项目赠款，世界银行为项目国际执行机构。

重点 PVC 生产企业市场研讨会在无锡召开

2013 年 7 月 26 日，中国氯碱协会组织的重点 PVC 生产企业市场研讨会在无锡召开，来自行业内 21 家重点生产企业主管经营的副总经理及代表出席会议。

与会代表充分交流了各企业的生产经营情况、各地区的市场情况，从政策导向、原料、市场、需求等各方面对当前 PVC 市场进行了分析，对下一步市场走势进行了预测，达成了共识。协会分析了目前氯碱行业经济运行情况，并结合行业形势对当前影响市场的主要因素进行了分析，提出各企业面对困难和挑战要进一步加强沟通交流与协调，充分利用贸易救济措施维护市场的健康有序。

贯彻国家质检总局、工商总局、食药总局通知精神新闻媒体通气会召开

2013 年 7 月 30 日，“贯彻国家质检总局、工商总局、食药总局通知精神新闻媒体通气会”在北京召开。

2013 年 2 月 26 日，国家发改委在其官方网站发布了《关于修改〈产业结构调整指导目录〉有关条款的决定》(国家发展改革委令第 21 号)，把一次性发泡塑料餐具从淘汰类产品中删除，自 5 月 1 日起实施。7 月 6 日，国家质量监督检验检疫总局、国家工商行政管理总局、国家食品药品监督管理总局联合发出《关于切实加强一次性发泡塑料餐具监督管理工作的通知》，加强对一次性发泡塑料餐具生产、销售、使用等环节的监督管理，促进一次性发泡塑料餐具健康发展。

为此，中国轻工业联合会、中国塑协、中国环境科学学会绿色包装专业委员会、中国包装联合会塑料制品包装委员会、中国产学研合作促进会循环经济分会(筹)于 2013 年 7 月 30 日在中国轻工业联合会大楼一层会议室联合召开了“贯彻国家质检总局、工商总局、食药总局通知精神新闻媒体通气会”。

会议由中国轻工业联合会王世成副会长主持，中国轻工业联合会副会长、中国塑协理事长钱桂敬做了主旨讲话。国家质检总局执法督查司余政处长解读了三总局的通知精神；国家发改委产业协调司贺燕丽巡视员介绍了国家有关部门管理职责和关切，并对生产企业和行业协会今后的工作提出了要求；国家食安办李政处长介绍了国家食品安全管理方面运作程序，做好关于食品安全各个环节的工作，希望与食品安全有关各方重视并加强监督管理。佛山市张略包装材料有限公司董事长张略代表企业介绍一次性发泡塑料餐具生产情况，北京通豪塑料制品有限公司董事长谢文雄代表行业同仁宣读了行业倡议书。出席会议的领导原轻工部科技司徐蓓蕾司长、中国环境科学学会绿色包装专委会名誉会长、中国产学研合作促进会循环经济分会(筹)会长、国务院原全国包装改进办公室常务副主任李沛生等。新华社、腾讯网、中国化工报、经济日报、北京晚报、北京电视台、中国质量报等主流媒体及协会、企业代表共 30 多人出席了会议。

会议的主题是为了让广大老百姓科学认识和放心使用一次性发泡塑料餐具，宣传贯彻国家发展改革委第 21 号令和国家质检总局、工商总局、食药总局联合通知精神，配合国家相关部门做好一次性发泡塑料餐具生产、销售、使用环节的监督管理工作。

介绍一次性发泡塑料餐具生产状况与最新政策，重点强调要加强行业自律，加强质量安全管理，确保食品包装安全，促进一次性发泡塑料餐具市场健康发展和规范管理。

“高效节能型锥形同向双螺杆挤出技术”被列入国家重点节能技术推广目录(第五批)

由舟山市定海通发塑料有限公司研发的国家发明专利“高效节能型锥形同向双螺杆挤出技术”，最近被国家发改委列入了《国家重点节能技术推广目录(第五批)》。同时，该项技术也分别被浙江省经信委和中国塑协列入《浙江省节能技术(产品)推广导向目录》、《中国塑料加工业技术进步指导意见(2013－2015)》技术目录—重点节能技术。

据国家发改委公布的技术报告介绍：目前国内常用的塑料挤出设备主要包括锥形异向双螺杆挤出机、平行同向双螺杆挤出机和单螺杆挤出机，这三类设备的实际比功率基本都在0.14kW/(kgh)以上。2011年我国使用这三种挤出机的塑料制品产量约为70Mt，仅挤出主机耗电超过80×10^8kW·h。而该公司的技术结合了目前世界上两种双螺杆挤出机“锥形异向双螺杆挤出机”和“平行同向双螺杆挤出机”的功能结构优势，将“锥形螺杆”和“同向旋转”相结合，既保持了锥形异向双螺杆挤出机挤出力大的特点，又达到了平行同向双螺杆挤出机塑化性能好的特性，同时还可以满足螺杆低速旋转、低温等难度较大的加工要求，具有高产低能耗的特点。同比产量增加一倍以上，节电率约50%。目前该技术已形成产业化，产品已应用于各种塑料造粒、型材挤出等方面。

国家发改委公布的技术报告还分析，预计到2015年，我国全年塑料总量可达0.1Mt以上，若该技术可在业内推广至30%，则可形成的年节能力约90万吨标准煤。

中国塑协塑编专委会第三届四次理事会召开

7月31日，中国塑协塑编专委会第三届四次理事会在常州召开。中国塑协塑编专委会理事及以上单位的负责人参加会议。

会议通过了专委会工作总结报告；公布了2012年度塑编行业二十强企业名单；对2013塑编产业链技术交流与市场对接会议程进行了介绍；讨论了塑编专委会2013年工作计划；《再生塑料编织袋》和《农用塑料经编遮阳网》行标起草单位对标准制定情况进行介绍。对中国塑协塑编专委会第三届理事及理事以上成员进行了增补；宣布了塑料编织行业技术顾问小组第一批成员名单；探讨了申报制定人造草坪丝行业标准事宜；探讨了修订蓬布行业标准事宜；重点讨了论当前塑编行业面临形势与对策。会上还进行了行业有关工作的沟通。

【8月】

2013塑编产业链技术交流与市场对接会召开

2013年8月1日，由中国塑协主办，中国塑协塑编专委会和常州塑化商会承办的“2013塑编产业链技术交流与市场对接会”在常州市召开。中国轻工业联合会副会长、中国塑协理事长钱桂敬，常州市委常委、统战部长张跃等和来自国内外塑料编织制品产业链的730多名企业代表出席会议。

钱桂敬理事长介绍塑料行业2012年发展情况，对塑编行业工作提出要求。

会议进行了2012年度塑编行业二十强企业授牌仪式，向“2012年度塑编二十强企业”颁发了铜牌。

审议并通过了“2012年塑编专委会工作总结汇报”的报告。

大会加强了行业交流，探讨了塑编行业的未来发展趋势，研讨了下游企业需求情况，促进了我国塑编生产企业更多地采用新技术、新设备、新工艺和性能优良的原辅材料，加强了行业节能降耗工作，鼓励了塑编产业中各个细分产品生产企业间加强业务沟通，倡导了理性竞争的行业氛围，提高了我国塑编生产企业的核心竞争力，促进了我国塑编产业从产能扩张发展方式向质量提升、技术创新发展方式升级，推动了我国塑编企业可持续健康发展。

最后，塑编行业“专家答疑”座谈会召开，塑编技术顾问组成员宋云鹤等六位专家对企业提出的问题进行了解答，受到企业的欢迎和好评，会场气氛热烈。

会议期间，特设立了塑编机械设备和原辅料展区。进行了实物展示，展示了自己的设备、产品、技术及服务。多数企业现场开机进行实际操作，展示出了较高的设备和机械水平，获得了很好的收益。

江苏省塑料加工工业协会塑编产业委员会成立大会召开

2013年8月1日，江苏省塑料加工工业协会塑编产业委员会成立大会在常州市召开。江苏中乾塑业有限公司董事长王学保当选为江苏塑协塑编产业委员会会长，吴勇当选为秘书长。

中国轻工业联合会及相关协会召开会议宣传贯彻三部门《关于切实加强一次性发泡塑料餐具监督管理工

作的通知》

8月5日，中国轻工业联合会、中国塑协、中国环境科学学会绿色包装专业委员会、中国包装联合会塑料制品包装委员会、中国产学研合作促进会循环经济分会(筹)联合召开媒体通气会，宣传贯彻《质检总局、工商总局、食品药品监管总局关于切实加强一次性发泡塑料餐具监督管理工作的通知》(国质检监联〔2013〕347号，以下简称《通知》)，食品安全办、质检总局有关负责同志出席会议，经济日报、中国化工报、中国质量报、北京电视台、腾讯网等多家媒体到会。产业协调司贺燕丽巡视员参加了会议。

新闻通气会由中国轻工业联合会王世成副会长主持，质检总局有关负责同志在会上传达了《通知》精神，中国轻工业联合会副会长、中国塑协理事长钱桂敬做主旨讲话，中国环境科学学会绿色包装专业委员会名誉会长李沛生代表协会发言。企业代表介绍了一次性发泡塑料餐具生产工艺情况，并代表33家企业宣读了行业自律倡议书，有关部门、协会、专家解答了媒体的提问。

三部门《通知》要求，“生产企业要切实履行质量安全主体责任，严格按照《食品包装用聚苯乙烯成型品卫生标准》(GB 9689)和《食品容器、包装材料用添加剂使用卫生标准》(GB 9685)等食品安全标准和规定的要求进行生产和产品出厂检验，建立和保存检验记录。成品的标签标注应严格执行法律法规和食品安全标准规定”，“对违法违规行为，要严格依法查处”，“对涉嫌犯罪的要移送司法机关依法处理”；经营单位应建立进货查验制度；使用单位建立索证索票制度，严禁采购和使用来路不明的一次性发泡塑料餐具。《通知》同时要求各地质监部门要依法加强一次性发泡塑料餐具生产企业的日常监督管理；各地食品药品监管部门要对销售、使用一次性发泡塑料餐具的单位加强监督检查；各地工商部门要密切配合有关部门加强对一次性发泡塑料餐具的监督管理。

贺燕丽巡视员在会上谈了几点感想。她认为，《通知》的发出，体现了国家发展改革委21号令发布后，三总局高度重视食品安全及食品相关产品质量的监督，关注群众健康和社会关切的积极态度，以及打击食品及食品相关产品违法犯罪行为的决心。相关企业应认真执行《通知》要求，生产企业应负起质量安全主体责任，加快建立和完善相关管理制度，依法合规开展生产经营活动。她对轻工业联合会及相关协会所开展的约束一次性发泡塑料餐具企业严格遵守国家法规，倡导诚信经营，协助相关执法部门调研企业生产情况，共同抵制违法违规企业的工作予以肯定。同时表示，此次解禁不是对假冒伪劣产品的解禁，对使用回料、废料等不合格原料生产一次性餐盒的企业要坚决依法惩处，随着相关部门、协会和企业的努力，一次性发泡塑料餐具行业必将进行全面洗牌和汰劣选优，使行业发展更加健康和规范。她还介绍了目前相关部门职能，质检总局负责一次性发泡塑料餐具的生产环节监管，工商总局负责一次性发泡塑料餐具流通环节的监管，食品药品监管总局负责使用环节的监管，环保部、住建部负责环境保护和垃圾处理等工作，商务部负责回收机制的研究、试点和建设等，发展改革委、工业和信息化部负责资源的综合利用工作。

淮阳塑料制品行业协会成立暨揭牌仪式举行

8月5日，塑料制品行业协会成立大会暨揭牌仪式在淮阳举行。

中国塑协常务副理事长曹俭、县委书记杨永志为塑料制品行业协会揭牌。

县长马明超指出，行业协会作为一种集生产指导、市场调研、行业管理、中介服务为一体的行业性组织，是承接政府转移职能、做好行业服务的一支重要力量。行业协会将成为与政府积极合作的社会组织主体，我们一定要积极探索，使协会在为政府服务、为社会服务、为会员服务的实践中发挥更大的作用。

第八届中国塑料工业高新技术及产业化研讨会暨2013中国塑协塑料技术协作委员会年会。技术交流会召开

2013年8月13～14日，中国塑协塑料技术协作委员会主办的第八届中国塑料工业高新技术及产业化研讨会暨2013中国塑协塑料技术协作委员会年会(7届1次年会)。技术交流会，在吉林长春召开。中国轻工业联合会副会长/中国塑协理事长钱桂敬、吉林省工信厅副厅长白绪贵、中国塑协常务副理事长曹俭、吉林省科技厅火炬办主任王政国、中国塑协塑料技术协作委员会理事长包建成等出席会议。会上，专家们分析了行业经济市场趋势、技术发展水平，广泛深入开展技术交流和项目推介，建立了技术创新联盟，组织协作开发，以适应经济形势需求并积极推进中国塑料工业技术进步。

钱桂敬理事长重点就中国塑协编制的《塑料加工行业技术进步“十二五”发展指导意见》进行了全面介绍，白绪贵副厅长、陈维友副厅长、曹俭常务副理事长讲话，包建成理事长汇报了2012年工作要点，孟立新副院长介绍了吉林省塑料研究院概况。

大会表彰了积极支持塑料技术协作委员会各项工作的6家先进单位和热心于委员会工作的8名先进个人。对先进单位和先进个人由钱桂敬理事长、白绪贵副厅长、曹俭常务副理事长、包建成理事长等领导颁发了荣誉证书。

大会共收到交流论文59篇，其中在大会主会场上报告了7篇，两个分会场报告了42篇，共计报告49篇。

会议专门设立了的项目推介和交易会场，共推出了27项转让项目：稀土复合成核剂、聚丙烯发泡挤出片材、耐低温PPR管材改性料、超高分子量聚乙烯连续挤出成型技术、可完全生物降解聚合物/植物纤维绿色复合材料、超临界 CO_2 聚合物挤出片材技术与设备等。

参加推介会的包括吉林省塑料研究院、中科院长春应化所等10多家吉林省内外塑料行业企业代表，总计30多人。会议采取重点项目介绍和自由交流的方式进行。吉林省塑料研究院重点介绍了“多层共挤输液用包装膜”、“高压线路绝缘安全防护器”、“LLDPE功能性棚膜”、“汽车保险杠专用料”、“废旧塑料和粉煤灰制建筑模板”、“碳纤维高性能环保型复合材料刹车片”等项目，长春天成高新纳米复合材料有限公司、吉林省中研高性能工程塑料有限公司、吉林市屈势塑料科技有限公司、福建省南安市实达塑料色母有限公司等也介绍了各自公司的产品及技术成果。参会代表对各自感兴趣的项目进行了技术咨询、探讨和交流。

另外，提交书面报告共10篇，北京市化学工业研究院院长助理贾义军的“改性工程塑料在国内低压电器领域的应用”、北京崇高纳米科技有限公司总经理李毕忠的“抗菌塑料应用现状与进展”等。

会议发表的论文内容包括新材料、新产品、新工艺、新技术、新设备、检测仪器，以及塑料与环境等。其中，具有自主知识产权的创新产品有：材料方面的聚醚醚酮、复合导电塑料、导热塑料；塑料助剂方面突出绿色环保，介绍了抗氧剂、阻燃剂、稳定剂、增塑剂等；对于聚氯乙烯行业禁用铅稳定剂的热点，就国外的替代历程，以及对替代方案中的钙锌热稳定剂的技术问题进行了集中研讨，特别是与钙锌热稳定剂开发相关的润滑体系、β－二酮的作用机理和应用实际、水滑石应用中的问题和解决方案等，这将有利于促进热稳定剂的非铅化进程；工艺方面的微发泡技术；机械方面的串联式磨盘螺杆挤出机、超高分子量挤出机；检测仪器方面，配合导热塑料的开发，介绍了导热塑料测试原理、方法和仪器，还有流变仪的新应用技术；对于目前社会关注的环境PM2.5问题，从塑料加工行业介绍了其发生和治理措施。

会议还就主题“导热塑料的研发与产业化”以及就组建“塑料导热技术创新联盟”进行了专门讨论，北京工商大学、中科院宁波材料技术与工程研究所等10余家单位表示要加入导热塑料技术创新联盟，联盟秘书处设在北京工商大学，中国塑协塑料技术协作委员会秘书长杨惠娣兼任联盟组长，温变英教授任秘书。会议商定：会后将进一步落实联盟组成、制订并签署联盟协议，尽快积极展开工作。

会议期间代表参观了长春一汽－大众汽车有限公司、长春一汽轿车股份有限公司、长春一汽红旗轿车展览馆和长春博超汽车零部件股份有限公司，对中国汽车工业从无到有的发展历程有了真切深入的了解。

2013塑料中空制品行业市场与技术交流会会议召开

2013年8月29日，由中国塑协中空制品专委会主办的“2013塑料中空制品行业市场与技术交流会”在北京召开。中国轻工业联合会副长、中国塑协理事长钱桂敬，中国塑协名誉理事长廖正品，中国塑协中空制品专委会理事长朱义华和来自全国塑料中空制品产业链的100多名企业负责人出席会议。

在中国塑协钱桂敬理事长做重要指示后，朱义华理事长等发表了“中国塑协中空制品专委会2012年工作总结与2013年工作探讨”、“浅谈近期塑料中空制品行业生存与发展必须关注的九大关系”、“大型塑料中空容器生产技术及市场应用”、“茂名石化PE、PP中空系列专用树脂介绍”、“大型塑料中空成型机在设计中的几个关键问题”、“包装创新，我们与客户共赢”、“新能源汽车全塑车身先进制造技术”等精彩发言。

座谈会阶段，紧紧围绕着企业升级转型、节能、降本、高效的中心等话题，对于近期遇到的难题给与了解答，整个座谈会气氛非常热烈。

会后代表集体参观了北京凯力华维有限公司。

【9月】

2013年(西安)国际塑料管道交流会会议召开

2013年9月5日，由中国塑协塑料管道专业委员会(CPPA)和国际塑料管道会议协会(PPCA)主办的“2013年国际塑料管道交流会”在西安召开。

本次会议是2012年9月在西班牙巴塞罗那举办的第16届国际塑料管道会议的延续会议，也是在中国举办的第三届国际塑料管道交流会。会议吸引了来自中国、美国、德国、法国、荷兰、西班牙、奥地利、日本、印度、阿联酋、沙特阿拉伯、泰国、新加坡等多个国家的塑料管道加工业；上游原料、助剂、加工设备、检测设备等行业；下游供水、石油、设计等行业；研究机构、检测机构、认证机构、专业院校、行业管理部门等相关单位370多名代表出席会议。

中国轻工业联合会副会长、中国塑协理事长钱桂敬和常务副理事长曹俭出席了会议。钱会长在开幕式讲话。中国塑协塑料管道专委会理事长张建均介绍了中国塑料管道行业发展的现状。国际塑料管道会议协会(PPCA)第16届会议主席 Zoran Davidovski 致词。

来自世界各地的近30名发言者从PE、PVC及PP等塑料管道的原料、设备、加工、测试、标准、应用等方面做了精彩的报告，并和与会代表就相关问题进行了交流与探讨。

海湾塑料管道学会(GPPA) Robert J. Lawrence 常务董事介绍了GPPA的情况。美国塑料管道协会(PPI)主席 Tony Radoszewski 先生作了“美国经济和塑料管道概述”的报告。

通过交流，大家了解到了国际塑料管道行业先进的生产、应用技术和市场状况，加强了国际间塑料管道行业的交流，对提高塑料管道生产和应用水平，关注新产品、高附加值产品的研发，关注产品品质的提高，关注产品和工程基础技术的研究，关注配套技术，和促进塑料管道行业的健康发展有积极的推动作用。

上海地区第二次《中国塑料工业发展史》编辑工作会议召开

2013年9月9日，在上海召开了“上海地区第二次《中国塑料工业发展史》编辑工作会议”。

对三份相关大事记，提出了补充、修正意见。上海塑协刘景芬副会长汇报了工作进程。落实了部分章节的撰稿人。根据目前进度情况，分工的关于合成树脂、塑料加工、模具机械部分初稿可与2013年10月底提出初稿，初步确定于2013年12月底完稿。

鉴于“上海塑料工业发展史”的进度大大快于“中国塑料工业发展史”，加之材料较为丰富，上海也是中国塑料工业最重要的发源地和目前中国塑料工业的重点地区，在可能的情况下，可以出版单行本。

第二届中国氯碱国际会议召开

2013年9月10日，中国氯碱协会主办的第二届中国氯碱国际会议在上海召开。共有来自美国、德国、意大利、土耳其、印度、伊朗、阿联酋、澳大利亚、日本、韩国等18个国家和地区的160余名代表参会。整个会议议程分为六个环节，分别围绕宏观形势、原料与贸易、烧碱市场、政策与技术、耗氯产品、PVC市场等主题展开。第一节由张文雷秘书长主持，国家发改委外经所张建平主任、理事长李军、美国氯协会公共事务部主任 Mckenna 先生分别作了精彩演讲；第二节由副理事长、宜宾天原董事长罗云主持。台塑公司塑胶事业部营一处处长詹益能、伊朗联合贸易公司首席执行官 Hekmat 先生、印度L&S律师事务所首席执行官 Seetharaman 先生分别作了精彩演讲；第三节由理事长李军主持。中国氯碱网信息一部主任朱星宇、HIS化学咨询顾问罗家焕、力拓矿业有限公司全球采购部经理 Anton 先生分别作了精彩演讲；第四节由秘书长助理张鑫主持。欧洲化学工程师联合会执行副主席 Bakker 先生、美国氯协会公共事务部主任 Mckenna 先生分别作了精彩演讲；第五节由秘书长助理张培超主持。上海氯碱公司副总经理袁茂全、信息部主任郑结斌、印度DSCL公司氯碱业务总裁 Kumar 先生分别作了精彩演讲；第六节由信息部主任郑结斌主持。宜宾天原董事长罗云、印度信诚工业集团副总裁 Janardhan 先生、广东塑料交易所市场部发展部总监罗新运分别作了精彩演讲。每个环节演讲结束，各演讲嘉宾就代表提的各种疑问进行了详细解答，同时各主持人还给演讲嘉宾颁发了会议纪念牌并合影留念。

2013镀铝膜行业发展峰会会议召开

2013年9月13日，由中国塑协镀铝膜专委会主办的“2013镀铝膜行业发展峰会”在山东青州召开。中国塑协常务副理事长曹俭，青州市副市长王万信，青州市开发区管委会主任庄新江，青州经信局局长吴金国，中国塑协镀铝膜专委会理事长洪晓冬和来自全国镀铝膜产业链的130多名企业负责人出席会议。

理事长洪晓冬、潍坊弘润包装材料有限公司总经理王连军等的精彩发言，受到与会代表的一致好评。讨论阶段，与会代表积极踊跃的发言，介绍企业面临的巨大的压力和挑战，企业要调整生产结构，加快产品创新，以品牌球发展；提出企业发展要多元化，要把科技研究变成科技成果；提出企业面临困难，要不断的发现新的市场，寻找企业发展的信契机等。会议的内容非常丰富，既有镀铝膜各行业、代表的企业的发言，还有开机的现场演示；既有技术研讨，也有企业管理经验的交流；既有行业现状分析，又有标准制定的探讨，还有相关配套企业的新产品、新设备介绍。

与会代表参观了青州富翔塑业有限公司、潍坊弘润包装材料有限公司、青州市宝丰镀膜科技有限公司和青州金青云新材料有限公司。

中国塑料机械工业协会五届二次常务理事会召开

2013 年 9 月 15 日，中国塑料机械工业协会在北京召开了五届二次常务理事会。

会议听取了朱康建会长关于五届二次理事会议的议程和主要内容安排；讨论了提出申请希望成为常务理事和理事单位的企业名单；表决通过了申请加入协会的新会员单位名单；讨论通过了秘书处副秘书长人选。通过了“等额选举增补第五届理事会副会长”选举工作小组名单。审议了常务理事的申请和会员单位的申请。

根据五届一次常务理事(通讯)会议精神，本次会议主要内容是“中国塑机之光”——塑机行业重点企业新产品、新技术推介，并邀请了国资委、工信部、发改委和中机联等相关主管部门领导参加。会议根据理事单位参会情况，分为注塑机和挤出机、中空及配附件两组，分别围绕各公司近两年发展概况、公司主导新产品及市场前景和对行业关键共性技术的看法和认识进行重点介绍，同时讨论行业新产品、新技术发展现状、趋势以及产业政策诉求，并由中国塑料机械行业专家委员会秘书长、北京化工大学何亚东教授担任注塑机组长；中国塑料机械行业专家委员会副秘书长、华南理工大学何和智教授担任挤出机、中空及配附件组长，负责归纳总结及汇报。

会议指出，推动贯彻实施“十二五”行业发展规划及产业调整振兴规划，组织实施行业科技进步发展规划，引领行业技术进步，促进行业创新发展，围绕机构调整，产业转型升级，努力做好今年各项工作，实现全年经济发展预期目标，及早谋划明年工作开局，塑机行业又好又快发展，是协会 2013 年的主要工作。

长江下游地区设施西甜瓜异常破棚问题研讨会召开

2013 年 9 月 16 日，中国塑协和中国农用塑料应用技术学会联合在北京就长江下游地区设施西甜瓜异常破棚问题召开了专题研讨会。全国相关农业气象、园艺及塑料加工专家和相关企业代表计参加会议。

企业代表介绍了今年夏天以来长江下游地区的设施西甜瓜破棚出现的时间、地点、现象、薄膜厚度、防老化助剂体系及用量、同配方薄膜历年应用情况等，专家们就事发地区和时段的气候特征、设施西甜瓜的种植要求、农药的施用等进行详细的质询和交流，对破棚的原因进行了深入分析并达成共识。会议建议：在推广应用功能膜过程中，棚膜加工企业增加耐农药型品种，让农户有更多的选择。同时，强化功能膜使用的限定条件；农药科研机构和企业着力研发适用于塑料棚室的非酸性农药；农业部门进一步调研筛选设施瓜菜生产中酸性农药的替代品，宣传普及更科学的农药施用方法，避免酸性农药与膜面的直接接触。

本次会议对帮助农膜生产企业梳理、分析异常破棚原因，研究探讨持续高温热害对策，采取积极措施避免今后类似问题的发生，从而化解农膜企业与用户之间的矛盾纠纷，促进西甜瓜等设施园艺产业和功能膜加工业的健康发展起到了积极的作用，是中国塑协、中国农用塑料应用技术学会帮助企业、服务会员的有益之举。

全国塑料行业协会联席会议召开

9 月 24 日上午，由中国塑协主办，台州市塑料行业协会承办的“全国塑料行业协会联席会议”在浙江省台州市召开。中国轻工业联合会副会长、中国塑协理事长钱桂敬，中国塑协常务副理事长曹俭、秘书长马占峰出席会议，来自浙江、广东、上海、天津、重庆、江苏、安徽、甘肃、福建、四川、山东、山西、新疆、海南等省及深圳、温州、宁波、温岭、台州等市的三十余个塑料协会理事长或秘书长参加会议，中国塑协农用薄膜、改性塑料、人造革合成革、异型材及门窗制品、聚氯乙烯板制品、塑料编织制品、塑料管道、双向拉伸聚丙烯薄膜、滚塑、工程塑料、专家委员会、塑料助剂等专委会主任或秘书长参加会议。

会议通报了《塑料加工“十二五”技术进步指导意见》。来自各地的协会负责人交流发言，给予《意见》高度评价。

各地的协会负责人抓住这一难得的机会，介绍了当地塑料行业发展的现状、当地的特殊情况、面临的问题等。纷纷表示今后要研究协会之间如何加强合作，做到共同服务于行业、服务于企业。共同探讨新形势下塑料行业发展趋势，探讨协会自身建设的经验交流及特色工作介绍，共谋发展大计。与会人员就如何推动塑料行业发展，交流分析了当前的形势，探讨了应对措施。

中国轻工业联合会副会长、中国塑协理事长钱桂敬做总结报告。

会议的召开对于促进全国塑料行业未来的健康发展将起到积极的推动作用。

亚洲塑料论坛理事会召开

2013年9月24日下午，第23届亚洲塑料论坛理事会在浙江台州召开。亚洲塑料论坛秘书长曾国城先生主持了会议。中国轻工业联合会副会长、中国塑协理事长钱桂敬，中国塑协常务副理事长曹俭、秘书长马占峰，中国轻工业联合会国际合作部副主任顾东芳等作为中国塑协代表出席理事会。来自孟加拉国、印度、日本、马来西亚、菲律宾、泰国、新加坡等国塑料行业协会代表参加会议。

会议伊始，各国代表分别向大会做了自我介绍，并就在越南召开的第22届理事会确定的备忘录中部分信息进行更新。会议期间，代表围绕亚太国家食品包装法规的制定、通过网络电话召开会议并更新亚洲塑料论坛成员信息、修订“全球塑料协会就海洋垃圾解决方案的宣言”等议题进行了热烈的讨论。会议还更新了第23届亚洲塑料论坛可持续发展委员会相关事项，并就下届塑料论坛召开等事宜进行了交流和讨论。

钱桂敬理事长代表中国塑协向大会做了发言，就现阶段中国实行的食品包装标准做了说明，并表示在近期将提供整理后的标准供各成员国共享。就海洋垃圾议题，钱桂敬理事长表示，中国目前还没有签署海洋垃圾公约，但正在致力于加强回收体系建设，充分利用废弃塑料，中国每年进口将近800万吨废旧塑料以供国内消费。钱桂敬理事长指出，中国人口基数庞大，如果废旧塑料流入海洋，将会对世界海洋造成很大污染，中国塑协将积极发挥自身的作用，配合环境保护部门，尽快签署海洋垃圾公约，为保护全球海洋生态系统做出自己的贡献。

中国塑料交易会举行

2013年9月25日，第十三届中国塑料交易会在台州国际会展中心开幕。中国轻工业联合会副会长、中国塑协理事长钱桂敬，台州市委书记吴蔚荣，中国石化化工销售分公司副总经理房琳，亚洲塑料论坛秘书长曾国城共同启动开幕球。中国塑协常务副理事长曹俭，台州市人大常委会主任薛少仙，台州市政协主席元茂荣等领导出席开幕式。

中国塑料交易会被中国商务部列为塑料行业重点支持展会。至今已在台州连续举办12届，由中国石油化工股份有限公司、中国石油天然气集团公司、浙江省商务厅、中国塑协、中国塑料机械协会、中国中小企业国际合作协会和台州市人民政府共同主办。

作为一个全方位展示塑料制品、原料、模具、机械的行业年度盛会，展区分为机械馆、机床模具馆、制品馆和原料馆，共设展位1600个，展出面积达3.5万平方米。随着展会日趋成熟，品牌效应和影响力显著提高，共吸引了海内外600多家企业参展，其中包括来自欧洲、东南亚等11个国外代表团组团参加，专业观众3万多人次。

第23届亚洲塑料论坛举办

2013年9月25~26日，以“塑料行业的可持续发展、合作共赢”为主题的第23届亚洲塑料论坛在浙江台州召开，中国、孟加拉国、印度、日本、马来西亚、菲律宾、新加坡、泰国等成员国行业协会代表以及欧洲塑协负责人出席大会。各国参会代表就各自国家塑料产业情况及市场需求做精彩分析，同时就塑料行业实现可持续发展、海洋垃圾问题、塑料行业减少碳排放等议题进行热烈的讨论。

论坛由中国塑协常务副理事长曹俭主持，台州市人民政府副市长李跃程致开幕式欢迎辞。中国轻工业联合会副会长、中国塑协理事长钱桂敬向大会介绍了中国塑料制品生产及消费情况。亚洲塑料论坛秘书长曾国城致辞并介绍中国环境污染治理、海洋垃圾、食品包装及节能减排等问题。

论坛期间，各国代表分别介绍本国塑料产业情况。中国塑协秘书长马占峰做题为中国塑料加工行业现状及发展趋势的报告。孟加拉国塑料制品制造商及出口商协会主席 Jashim Uddin 做题为“塑料行业升级及发展趋势”的演讲。印度塑料基金会负责人做题为“印度塑料基金会积极加强固体垃圾管理”的报告，其目标就是告之人们塑料产品是无害的，且要在印度建立零废弃社会。日本塑料业基金会执行主任水野靖彦做题为“日本塑料材料及塑料产品”的演讲。马来西亚塑料加工业协会负责人做题为“马来西亚塑料行业升级及发展趋势”的主题报告。菲律宾塑料业协会主席 Peter T. Quintana 做题为“菲律宾塑料行业最新发展、问题以及事件”的主题演讲。泰国石化及塑料协会负责人从泰国经济亮点、行业协会、东盟经济共同体等三个方面，介绍了泰国国内生产总值、多聚物进出口、塑料包装、石化产业、东盟经济一体化、区域内贸易及投资、一体化挑战及机遇等内容。

在塑料行业可持续发展议题，欧洲塑协 Wilfried Haensel 博士做了精彩的演讲，从塑料本身是否产生污染、塑料对人体是否有害、塑料消耗量是否过多、塑料与石油等方面做了详细阐述，并表示欧洲塑协将大力推广海洋垃圾公约。

在塑料包装业可持续发展领域，陶氏化学公司Jeffrey Wooster先生做了题为“了解塑料包装可持续发展”的主题演讲，从塑料包装循环链、粮食危机及应对、塑料包装的优势等方面进行深入阐述。

在中国塑料行业节能减排方面，中国塑协ODS专委会秘书长孟庆君从淘汰高GWP发泡剂、开展废旧塑料回收利用及减少石油用量、推广节能技术等方面向大会做介绍。

会议结束前还特别安排了提问环节，中国塑协常务副理事长曹俭回答了与会代表的提问，他表示，大家都应该加强对海洋垃圾的关心，每个国家都应处理好自己国家的垃圾，关于生活垃圾、工业垃圾，本国应该自行处理，而不是出口到其他国家。只有这样，世界才能更加干净美好。

论坛在亚洲塑料论坛秘书长曾国城的发言中闭幕。

【10月】

“第44届世界标准日暨塑木产品标准及检测方法推进会”举行

2013年10月11日，由中国塑协塑木制品专业委员会和南京市质量技术监督局主办的“第44届世界标准日暨塑木产品标准及检测方法推进会”在江苏举行。会议的主题是庆祝第44届世界标准日，同时对国家质检总局、国家标准委发布的《塑木复合材料产品物理力学性能测试》(GB/T 29418—2012)、《塑木复合材料铺板性能等级和护栏体系性能》(GB/T 29419—2012)两项国家标准进行宣贯，对相关塑木产品检测方法进行研讨，以指导我国塑木相关行业的技术和管理人员了解国内外塑木标准的最新动向，正确理解和实施这两项国家标准，提高产品质量水平，规范行业市场行为，增强塑木企业的市场竞争力，推进塑木行业的健康发展。来自中国轻工业联合会、中国塑协、全国塑料制品标准化技术委员会及塑料制品分技术委员会、南京市质量技术监督局、南京市标准化学会的相关领导，南京林业大学的专家及塑木行业企业代表参加会议。

中国轻工业联合会质量标准部主任查长全、中国塑协副理事长兼全国塑料制品标准化技术委员会主任曹俭、南京市质量技术监督局副局长周黎丽、全国塑料制品标准化技术委员会(TC48)秘书长王向东分别致辞和讲话。标准起草组成员介绍了两项塑木国家标准制定的有关背景、过程，以及标准的主要特点；介绍了GB/T 29418—2012标准的范围、取样原则和方法、试验方法及标准的应用要点等；介绍了GB/T 29419标准的范围、修正系数的确定方法、铺板的基本性能要求、铺板性能的试验方法、护栏体系的基本性能要求、护栏的试验方法、标准的应用要点等；三位主要起草人解答了关于两项标准在使用和标准条文理解方面的具体问题。

我国参加国际标准化组织ISO TC61/SC11/WG11工作组的成员介绍了塑木复合材料国际标准的制定进展情况；介绍了塑木产品(国标、美标、欧标)技术标准，欧美建筑产品质量监控、法规和认证体系以及塑木产品欧美市场认证服务情况。

重点PVC生产企业市场研讨会召开

2013年10月15日，中国氯碱协会组织的重点PVC生产企业市场研讨会在宁波召开，来自行业内24家重点PVC生产企业的总经理、主管经营的副总经理及代表出席会议。与会代表充分交流了各企业的生产经营情况、各地区的市场情况，从电石乙烯等原料动态、下游需求、烧碱市场走势影响等各方面对当前PVC市场进行了分析，对下一步市场走势进行了预判，达成了共识。张文雷秘书长介绍了当前行业运行的主要特点，希望各企业面对困难和挑战要进一步加强沟通、交流与协调。同时，介绍了明年PVC反倾销复审裁决即将到期的相关情况，希望各企业引起足够重视，进行充分研究，协会将在充分听取行业意见后对下一步策略进行确定。

全国PVC糊树脂生产企业市场研讨会召开

2013年10月15日，中国氯碱协会组织的全国PVC糊树脂生产企业市场研讨会在宁波召开，来自天津渤天、沈阳化工、上海氯碱、中盐华湘、中盐红四方、宁夏英力特、济宁中银、湖北山水、滨州正海、青海海纳、江苏康宁、唐山三友等十二家生产企业的代表出席会议。与会企业充分交流了各自生产经营情况和各地区市场动态，对当前行业发展状况进行分析并对未来市场进行预测。此外，与会代表还针对产能扩张、上游原料供应以及产品进出口等相关问题进行了讨论。张文雷秘书长介绍了正在进行的PVC糊树脂准入方面的政策研究，同时对利用贸易救济措施维护国内市场的相关工作进展进行了说明，希望各企业进一步加强沟通和协调，共同维护行业的健康持续发展。

世界氯协会理事会召开

2013年10月21日至25日，世界氯协会理事会在阿联酋迪拜召开，来自美国氯协会、欧洲氯组织、加拿大氯化学理事会、南美洲氯协会、印度碱制造商协会、日本碱工业协会、俄罗斯氯协会和海湾石化及化学协会等组织的负责人出席会议。中国氯碱协会理事长李军、副理事长兼秘书长张文雷出席会议，并参加了全球宣传和科学小组、全球安全小组和管理委员会的专题会议，参加了全体成员会议和理事会会议。

会议交流了美国、欧洲、中南美洲、加拿大、日本、印度、中国、俄罗斯和中东地区等各区域的氯碱行业发展现状、存在问题和下一步行业工作重点，就氯碱行业长期可持续发展问题、斯德哥尔摩公约、鹿特丹公约和巴塞尔公约对氯碱行业的相关影响研究问题、水俣公约的最新进展以及各区域的工作方向问题等进行了热烈的讨论。会议总结了2013年世界氯协会的工作，并经过研究讨论，通过了管理委员会提出的世界氯协会愿景、任务、价值观和目标领域草案，通过了2014年的工作计划。

2013年中国无规共聚聚丙烯(PPR)管道技术交流会召开

2013年10月27日，由中国塑协主办，中国塑协管道专委会承办的“2013年中国无规共聚聚丙烯(PP－R)管道技术交流会”在徐州召开。中国塑协常务副理事长曹俭、邳州市副市长王志刚、住建部科技发展促进中心高立新处长、中国建筑金属结构协会给水排水设备分会会长华明九等领导专家及塑料管道生产企业，设计、应用单位，检测机构，媒体代表等共计130余人出席会议。

中国塑协常务副理事长曹俭致辞。报告部分主要围绕PP－R管展开，共有九人做了专题报告。中国塑协管道专委会秘书长王占杰的“PP管道现状与发展”，北京化工研究院副院长乔金樑的“PP－R管材用树脂高性能化技术进展”等。

会议期间还举行了向徐州海天石化(集团)有限公司的授牌仪式，会后代表参观了徐州海天石化(集团)有限公司。

会议的召开是对中国塑协《塑料加工业技术进步指导意见》一次很好的贯彻和落实，对推动我国PP－R管道技术进步将起到积极作用。通过本次会议，与会代表们对PP－R管道专用料、专用稳定剂及相关标准等方面有了更深入的认识和全面的了解。

2013塑料新材料、新技术、新成果交流会暨中国塑协专家委员会年会召开

2013年10月29～31日，由中国塑协主办，中国塑协专家委员会承办的2013塑料新材料、新技术、新成果交流会暨中国塑协专家委员会年会在山东青岛召开。

中国轻工业联合会副会长、中国塑协理事长钱桂敬、中国塑协常务副理事长曹俭、中国塑协名誉理事长廖正品、胶州市副市长赵发海、胶州市科协主席孟祥芹、青岛中科昊泰新材料科技有限公司赵西金副总经理等领导及二百余位专家和代表出席会议。

举行了中国塑协专家委员会换届议程。

审议并通过了中国塑协专家委员会第二届秘书长王德禧做工作报告。他汇报了从2009年10月在包头会议上完成第一届换届后的主要工作。审议并通过了“中国塑协专家委员会财务报告”、“中国塑协专家委员会工作条例修改稿报告”、“廖正品为中国塑协专家委员会名誉主任的报告”、“第三届常委会委员主任、副主任、秘书长候选人推荐名单”。

大会采取等额选举、举手表决的方式进行。王德禧当选为中国塑协第三届常委会委员主任，于建、杨为民、陈宇、吴大鸣、王琪、王向东、宁凯军、田亚梅、陈鹊当选为中国塑协第三届常委会委员副主任，王德禧当选为中国塑协第三届常委会委员秘书长，廖正品为第三届常委会委员名誉主任。

换届工作结束后，举办了2013塑料新材料、新技术、新成果交流会。

会议围绕开展塑料新材料、新技术、新成果的举办交流活动。包括：(1)当今塑料产业界广泛关注的热点问题，国内外塑料行业市场概况和发展趋势；(2)塑料节能减排加工生产设备、节能新技术的应用、节能新产品开发；(3)塑料加工新技术与应用：塑料先进制造技术、绿色高效助剂、先进装备技术、制品轻量化技术、功能化技术及微型化技术、纳米石墨烯复合材料制备技术；设备和模具、检测仪器和方法等新技术进展；(4)技术成果、行业信息，新产品、新工艺、新技术的发布和交易，疑难问题解答等。

中国轻工业联合会副会长、中国塑协理事长钱桂敬作了题为“中国塑料加工业未来挑战和发展”的报告。中科院宁波材料与工程研究所郑文革研究员和方省众研究员及瞿文涛副研究员、四川大学王琪教授和卢灿辉教授及吴世见教授、北京化工大学杨为民教授和吴大鸣教授、清华大学于建教授等分别做了题为“超薄石墨烯导热膜研究进展”、“聚乙烯醇热塑加工新技术及工业应用”、“高分子材料加工成型原理及设备创新研究进展”、“高分子无机粉体复合材料增韧的双逾渗条件”、“纳米纤维素及其复合材料的宏观制备技术和应用”等报告。

会议向与会者赠送了电子版论文集，内含五十余篇论文。

会议安排参观了中科昊泰新材料科技有限公司。

【11 月】

中国第七届塑木高峰论坛召开

2013 年 11 月 1 日，由中国塑协主办，中国塑协塑木制品专委会承办的“中国第七届塑木高峰论坛”在青岛召开。中国塑协常务副理事长曹俭、国家工信部节能与综合利用司李洪良副处长、青岛市经济和信息化委员会主任项阳青等领导，国内外知名院校专家学者，国内外知名木塑制品、塑木挤出设备及挤出模具、助剂等企业负责人及技术人员等近 400 人参加主题为“创新进步，迎接挑战”的论坛。

中国塑协塑木制品专委会林东亮主任、青岛市经信委主任项阳青、工信部节能与综合利用司李洪良副处长和中国塑协常务副理事长曹俭分别致辞。

大会报告精彩纷呈，来自国内外的知名专家学者做了主题报告，包括四川大学黄锐教授的“WPC 发展的一点浅见”，上海壮景化工有限公司技术总监景浩的 New Generation or Capped WPC Board 等，内容涵盖了塑木制品标准、材料改性、产品检测、加工应用及助剂等多个方面。

专题报告结束后，报告专家与到会企业代表进行了现场交流，解答塑木产品生产过程及安装应用等方面的诸多问题。

论坛还设有塑木制品加工成套设备展区，国产设备的优异性能也引起了塑木制品企业代表们的极大兴趣。

交流环节结束后，与会代表到青岛几处典型的塑木工程参观。

中国塑协异型材门窗专委会六届六次理事会召开

2013 年 11 月 5 日，中国塑协异型材门窗专委会六届六次理事会在江苏无锡召开，会议通过了六届理事会工作总结，并讨论了第七届理事会工作的重点。

首先，向与会代表汇报专委会财务状况，与会代表就会费收取情况、会费上调以及追缴会费的问题展开讨论。随后，宣读中国塑料加工工业协会对异型材门窗专委会换届工作的批复，并向与会代表讲解了关于会员登记的事宜。与会代表讨论并通过了《工作条例》修改稿及第七届常委会推荐名单。华之杰塑料建材有限公司再次当选为异型材门窗专委会第七届主任单位。与会代表全体通过第七届专委会秘书长仍然由王存吉担任。

就专委会第七届理事会工作侧重点，秘书长王存吉表示，现在异型材门窗市场产能过剩，恶意竞争严重，人力资源成本上升和贷款收缩都给行业带来了巨大的压力。应通过加强行业自律，减少无序竞争和恶意压价影响行业利益的行为。与会代表提出要加强创新，自彩色塑框之后很少有创新。除此之外，异型材门窗更应该在节能保温上进行研发。

中国塑协复合膜制品专业委员会专利分析宣讲会

2013 年 11 月 5 日，中国塑协复合膜制品专业委员会主办的包装产业专利分析宣讲会在天津召开。

主要内容是以包装企业为案例，介绍专利分析知识和技术，及如何通过专利分析的方法判断产业技术发展趋势。主讲单位为国家知识产权局专利局。

《创新、减排、绿色》技术研讨会暨中国塑协复合膜制品专业委员会年会召开

2013 年 11 月 6 日，中国塑协复合膜制品专业委员会在天津举办“《创新、减排、绿色》技术研讨会暨年会”。会议期间围绕创新、减排、绿色主题进行政策、技术、学术、管理、市场信息交流。

政府有关主管部门领导、专家、学者做专题报告，来自理事单位、会员单位、业内同仁、上下游企业、相关行业及国际知名企业的优秀论文在大会上进行交流。

会议宣读了中国轻工业联合会副会长、中国塑协理事长钱桂敬的讲话，国家环境保护部有关部门负责人进行了印刷包装产业国家最新环保政策解读，中国环保产业协会废气净化委员会副主任委员兼副秘书长栾志强、中节能天晨（北京）环保科技有限公司 总经理张建军 等分别做了关于“包装印刷行业废气污染状况及治理技术”、“复合膜行业有机废气回收治理技术介绍”、“绿色、环保、创新 - 实现软包装行业美好的明天”、“溯源应对‘谈‘塑’色变”、“国产无溶剂复合技术最新进展”、“包装用粘合剂最新发展及趋势”、“ 软包装印刷、复合与 VOC 尾气处理”、“食品接触材料安全及合规”等报告。

与会代表 参观天津市华恒包装材料有限公司。

第十五届中国塑料博览会开幕

2013 年 11 月 6 日，由中国石油和化学工业联合会、中国石油天然气集团公司、中国石油化工股份有限公司、中国中化集团公司、中国轻工业联合会和余姚市人民政府联合主办的第十五届中国塑料博览会在中塑国际会展中心开幕。

中国轻工业联合会常务副会长钱桂敬，中国石油和化学工业联合会常务副会长李寿生，中化集团公司副总裁潘正义，中国石油天然气集团公司办公厅主任王志刚，中国石化化工销售有限公司副总经理房琳，中国石油工业出版社有限公司总经理郑玉宝，中国石化出版社副社长孙毓敏，中国天然气集团公司炼油与化工分公司副总工程师丁立海，宁波市委常委、副市长周晓燕等出席开幕式。

塑博会以“创新驱动 携手圆梦”为主题，共设展位2000个，展出面积4.2万平方米，设塑料原料、塑料机械、塑料模具机械、塑料模具技术和塑模制品半成品四大展区，参展企业共有581家，比上届增加92家。其中，对外公开招展的1032个展位，吸引了314家企业参展，境外企业有73家，占公开招展企业数的23.2%；参展企业中有93家以特装形式出现，特装展位占公开招展展位数的71.2%。参展大企业多、参展产品科技含量高、塑料城参展企业踊跃，成为本届展会的三个特色。

塑博会共安排了三项主要活动和三项配套活动。三项主要活动包括开幕式、经贸及科技交流活动、第九届中国塑料产业发展国际论坛。三项配套活动是：改性塑料产业发展研讨与涉塑产业相关项目推介对接活动；浙江甬易电子支付有限公司揭牌仪式等涉塑产业大平台建设活动；专场采购对接会、参展大企业所属会员企业订货会、专场讲座等“会中会”活动以及人才招聘会等。

2013年全国塑料异型材及门窗行业年会召开

2013年11日6日，由中国塑协主办，由中国塑协异型材及门窗制品专委会承办的2013年全国塑料异型材及门窗行业年会在江苏省无锡市召开。

来自全国各地的异型材及门窗制品行业相关的型原料、助剂、设备、模具、型材、配件、门窗等企业的代表约500余家共计1300～1500人出席了会议。

大会同期在主会场附近布置了小型展览；举办了技术交流会等；与会代表参观了无锡光良塑料机械有限公司。

无锡市惠山区政府 曹文彬 副区长、无锡光良塑料机械有限公司 周耀良 董事长、住房和城乡建设部科技发展促进中心 高立新 处长、中国塑协 马占峰 秘书长讲话。

大会讨论并通过了《第六届专委会工作报告》、第六届财务报告、第七届常委会领导成员推荐名单。产生了第七届专委会常委会，完成了第七届主要换届工作。新当选的第七届专委会主任许自力先生做了简单的就职讲话，

专委会 王存吉秘书长做了《形势报告》。

中国塑协异型材及门窗专业委员会六届六次理事会上讨论第七届常委会领导成员建议名单，通过了第七届常委会领导成员推荐名单；讨论并通过了《专委会工作条例》、《专委会会员会费标准》。理事会上讨论了专委会今后工作的主要侧重内容，秘书长征询了对秘书处工作的建议；对明年年会选址征询了意见。

年会以绿色环保、节能、低碳、为中心，以科技进步和科技创新促进行业稳步发展为主题，举办先进技术交流会、技术讲座；进行了设备与模具，型材与门窗，原辅材料等产品洽谈活动。交流会期间进行了新产品、新技术、新专利介绍活动。

技术讲座与技术交流会上，四川大学郭少云教授、合肥工业大学朱元吉教授，行业专家助剂专委会施若昫副主任、联盟化学张红兵总经理等就新材料、新技术、新设计等方面内容进行了高水平讲座。

2013流延薄膜行业市场与技术发展研讨会暨流延薄膜专委会第二届会员大会会议召开

2013年11月6日，由中国塑协主办、中国塑协流延薄膜专委会承办的“2013流延薄膜行业市场与技术发展研讨会暨流延薄膜专委会第二届会员大会”在汕头市召开。中国塑协常务副理事长曹俭，广东省塑料工业协会符岸，中国塑协流延薄膜专委会第一届理事长、BOPET专委会理事长、上海紫东薄膜材料股份有限公司总经理徐志强和来自全国流延薄膜产业链的400多名企业负责人出席会议。

徐志强作了“流延薄膜专委会第一届工作报告”。会议通过了“流延薄膜专委会工作条例修改稿和第二届理事会成员推荐名单”，成立了以湖北慧狮塑业股份有限公司总经理王焕清为理事长的第二届理事会。中国塑协常务副理事长曹俭致辞。

主题交流阶段，广东金明精机股份有限公司技术经理王全、东莞市雄林新材料科技有限公司董事长何建雄等分别作了“当前经济形势分析与流延薄膜企业生存发展对策探讨”、“高品质多层共挤流延膜生产线”、“TPU薄膜行业面临的机遇与挑战”、“缠绕膜行业企业面临的问题与对策探讨”、“薄膜质量集成测控技术研究和应用”、“PVB中间膜行业现状分析及发展趋势”、“威达美™ PBE提升流延聚丙烯(CPP)膜的热封性能”、“CPP薄膜企业发展战略探讨”等发言。

与会代表参观了金明精机股份有限公司最新研发的5.5m CPP的开机演示。

中国塑协流延薄膜专委会召开了"第二届一次理事会"召开

2013年11月6日，中国塑协流延薄膜专委会"第二届一次理事会"在汕头市召开。中国塑协流延薄膜专委会21家理事会企业代表参加。会议主要总结了流延薄膜专委会第一届理事会的工作；宣读了流延薄膜专委会第一届财务报告；讨论修改了流延薄膜专委会工作条例；讨论通过了第二届理事会成员推荐名单。之后第二届理事长候选人发表了讲话；推荐了第二届名誉理事长；提名了第二届副秘书长人选；探讨了2014年流延薄膜专委会有关工作；交流了2014年流延薄膜薄膜市场需求发展趋势；征求了流延薄膜技术发展方向意见。每家单位的负责人就现在行业发展形势和自己公司的体会做了交流。

塑机行业荣获5项"中国机械工业科学技术奖"

2013年11月6日，"中国机械工业科学技术奖"颁奖大会在安徽合肥举行，全国人大常委会原副委员长、中国机械工程学会荣誉理事长路甬祥，中国工程院院长、中国机械工程学会理事长周济，中国科学技术学会常务副主席、书记处第一书记申维辰，中国机械工业联合会执行副会长薛一平等出席会议并为获奖代表颁奖。

2013年度中国机械工业科学技术奖共评审出特等奖1项，一等奖34项，二等奖125项，三等奖218项。来自全国机械行业相关部门的专家学者以及制造产业的企业家、技术负责人等800余人参加了此次盛会。

塑机行业在本次"中国机械工业科学技术奖"共有5个奖项获颁，分别是：

(1)北京化工大学和潍坊凯德塑料机械有限公司的"聚合物高速挤出成型技术及装备"荣获一等奖；(2)广东金明精机股份有限公司的"九层共挤智能高阻隔薄膜吹塑成套装备"荣获二等奖；(3)江苏科技大学和苏州同大机械有限公司的"TDB－2000L吹塑托盘专用制造设备生产线"荣获二等奖；(4)佛山市顺德区震德塑料机械有限公司的"曲轴式射出全电动注塑机"荣获三等奖；(5)博创机械股份有限公司的"四物料共塑精密成型装备研发及产业化"荣获三等奖。

第七届全国电缆料配方设计及生产工艺高级研修班举办

2013年11月6日，由中国塑协主办的第七届全国电缆料配方设计及生产工艺高级研修班在扬州举办。

为鼓励电线电缆生产企业，对电线电缆生产企业不收取会务费。考核合格者，由中国塑协颁发证书。

授课专家有大学教授、研究院科研人员、有实践经验的企业家等。研修内容：新型高压直流电缆材料；电线、电缆用PVC、PE、PP等材料的性能；用于电线、电缆料生产的稳定剂、润滑剂、增塑剂、抗氧剂、发泡剂和交联剂的作用原理及应用；煅烧陶土在橡塑配方中的关键技术；常见PVC电缆料质量问题分析及解决方案；PVC电缆料造粒设备和挤线设备差异对电缆性能影响分析；电线电缆用PVC环保70℃绝缘料配方的开发；耐扭耐寒CPE/EPDM/NBR共用护套配方研究；高流动性PVC环保90℃护套料配方的开发；超细重质碳酸钙在PVC电缆护套料上的应用；透明PVC环保护套料配方与工艺的开发；CPE绝缘护套辐照交联阻燃橡套软电缆的开发；10kV及以下电缆用过氧化物XLPE绝缘料配方与工艺的开发；二步法硅烷XLPE绝缘料配方与工艺的开发；UL认证TC/WTTC型风电用电缆CPE护套的配方研究；烯烃共聚物在矿用电缆乙丙绝缘橡皮配方中的应用；矿缆护套用CPE抗撕阻燃彩色橡皮配方的开发；PVC电缆料出油现象的检验对策探讨；SABS认证矿缆用RS6型CSM护套的配方研究；应用锥形量热仪(Cone)研制阻燃护套橡皮配方；船用电缆发展现状及对材料的要求；风电电缆发展现状及对材料的要求；核级电缆对电缆料的技术要求；POE与特种电缆料在线缆产品上的应用。

2013中国国际氟塑料加工发展论坛召开

2013年11月7日，由中国塑协氟塑料加工专业委员会主办的"2013中国国际氟塑料加工发展论坛"在福建厦门举行。吸引了全国各地从事氟塑料研发、生产、加工和应用企业的专家、学者及部分高校资深教授等诸多业内精英，来自意大利、韩国、日本等国外氟塑料行业龙头企业代表，与会人数多达300余人。

中国塑协常务副理事长曹俭和国家工业和信息化部规划司王建忠处长出席会议并讲话。此次论坛主题为"开拓创新，转型升级"，从氟塑料行业的发展现状与发展趋势，分析了如何通过提高基础能力，推动产业转型升级，促进行业可持续发展。各企业代表之间就行业内的相关技术和发展进行了相互交流和学习，此次论坛为行业的发展注入了新的思想和发展思路。

庄理事长总结了一年来的主要工作，并对今后行业的发展进行了美好的憧憬。中国塑协常务副理事长曹俭致辞。国家工业和信息化部规划司王建忠处长做了题为“加快技术进步，推动氟塑料产业转型升级”的报告。大金氟化工(中国)有限公司上海分公司总经理林成挺和常州中澳兴诚高分子材料有限公司总经理何正兴分别代表外资企业、原料供应商和加工企业发言。

论坛有17位专家做了精彩的演讲。陈生秘书长做了题为“中国氟塑料制品业基础能力提升重点研究”的报告。国外专家意大利ITAflon公司总经理Zanga Mirko和日本迪恩士电子(上海)有限公司副总经理藤本雅之分别做了“聚四氟造粒料应用技术及工艺”和“关于半导体制造设备所使用的氟塑料制品”的演讲，全国工业产品生产许可证办公室摩擦材料及非金属密封制品审查部主任雷建斌对非金属密封材料聚四氟乙烯产品生产许可证的办理程序进行了解读。另外，阿德邦氟塑科技(上海)有限公司、大金氟化工(中国)有限公司等来自国内外加工、设备、生产、原料等企业代表的主题报告，主要包括氟塑料在光伏发电、密封、电子、医疗、运输、环保、新能源等高端领域的应用，报告内容多样，覆盖领域广泛。

11月8日下午召开了“管理·创新·发展”专题研讨会，代表就氟塑料加工企业的现代化企业管理模式、氟塑料加工行业的人才培养与企业创新和如何提高企业的研发能力和检测水平等方面进行了讨论和交流。

会议期间，本溪市华日氟塑料制品厂、泰州市金驰电力设备有限公司等公司在会场外设立展位，更加宏观的展示了相关产品，面对面与同仁们进行交流与学习。

烧碱、PVC单位产品能耗限额通过评审

2013年11月7日，全国能源基础与管理标准化技术委员会在北京召开了《烧碱单位产品能源消耗限额》(修订版)(送审稿)及《聚氯乙烯单位产品能源消耗限额》(修订版)(送审稿)审查会，国家标准委工业一部、国家发改委环资司、工信部节能司、全国能标委有关专家共30人出席了会议。中国氯碱协会秘书长助理张鑫、咨询部主任李素改及能耗限额起草组有关人员及部分氯碱企业专家代表出席了会议。会议由全国能标委副主任委员房庆主持，全国能标委副主任委员白荣春担任审查组组长。审查组听取了协会代表起草组就制定标准起草背景、标准起草过程和标准研究主要内容等作的说明，并进行了质询。审查组对标准送审稿的各项内容进行了充分、细致的讨论和逐章逐节的审查并提出具体修改意见。审查组专家一致认为：该标准是在调研国内外烧碱生产技术及能耗水平的基础上制定的，该标准符合行业发展实际，内容科学合理，具有可操作性，达到国内先进水平；该标准送审材料齐全，起草程序完善，符合标准送审要求。审查组专家一致通过该标准的审查，建议起草组根据审查修改意见修改后形成报批稿，尽快上报国家标准化管理委员会，作为强制性国家标准发布。

改性塑料产业高端论坛暨余姚滨海新城涉塑产业园招商对接会召开

2013年11月7日，由中国塑协主办、余姚市人民政府支持、中国塑协改性塑料专业委员会承办的“改性塑料产业高端论坛暨余姚滨海新城涉塑产业园招商对接会”在余姚市举行。论坛吸引了大量关注改性塑料行业现状及发展的业内同仁，共有250多位来自全国二十多个省市的企业家、专家、科技工作者和经营管理人员出席论坛。

中国轻工业联合会副会长、中国塑协钱桂敬理事长首先就我国塑料加工产业现在和未来以及对改性塑料行业的期望向大家做了长达四十分钟的报告。

论坛结合创新、提质、高效、绿色的主题先后安排了六人重点发言。深圳新彩再生材料科技有限公司陈祖汉总经理介绍了在行业动荡中，突显了塑料改性在塑料再生利用中的不可或缺的重要性。德国在华独资公司科倍隆(南京)机械公司总裁沈君介绍了高能效、高性价比的STS advanced系列双螺杆挤出机的性能特点及在改性塑料生产中的应用效果。北京石油化工学院陆晓中教授发明的新型连续挤出/注压成型设备具有塑化效率高、材料适应性广、控制精度高、操作便捷、成本低廉等特点，在物流托盘等大型塑料制品的成型加工中具有广阔的应用前景。北京市第五建筑工程集团有限公司文安东都嘉诚再生资源有限公司朱道峰总工自主创新合成高效相容剂制成PET和PE的合金，为PET瓶片的高值化利用开辟了新的途径。辽宁阜新鑫克机械制有限公司推出基于清洁、环保理念的真空上料混料系统。刘英俊秘书长发表题为“创新驱动、提质增效、打造改性塑料升级版，再续行业辉煌”的论文。

会务组印了发论文资料集，共有近三十篇文章以及领导讲话、行业企业动态、标准信息、科技成果介绍等四百余页计六十余万字的丰富内容，展现了近年来整个行业的面貌和热点、焦点。

代表参观了正在建设之中的余姚滨海新城涉塑产业园，并和管委会的领导及工作人员展开对话和交流，为下一步双方招商引资，投资兴业的行动作了辅垫。

中国塑协改性塑料专业委员会2013年年会召开

11月8日,中国塑协改性塑料专业委员会2013年年会在慈溪市举行。中国塑协曹俭常务副理事长出席会议并做讲话。向来自二十多个省市的改性塑料行业的企业家、专家200余人出席会议。

刘英俊副理事长兼秘书长做了专委会年度工作总结报告。

大会通过增补青岛海尔新材料研发有限公司等六家单位为副理事长单位,广东中南再生环保科技有限公司等七家单位为常务理事单位,并颁发了证书和铭牌。通过赖喜平高级工程师任专委会副秘书长。

年会上多个企业交流企业发展的经验,介绍自己的产品和业务。

代表相继参观了舟山通发机械有限公司和浙江通力改性工程塑料有限公司。

2013年(第八届)塑料新材料、新工艺、新装备行业峰会召开

2013年11月8日,由中国塑协、广东省塑料工业协会、佛山市南海区人民政府共同主办,广东仕诚塑料机械有限公司承办的"2013(第八届)塑料新材料、新工艺、新装备行业峰会"在广东省佛山市召开。

中国轻工业联合会副会长、中国塑协理事长钱桂敬,中国塑协名誉理事长廖正品,广东省轻工业协会会长杨大行,广东省塑料工业协会会长符岸,佛山市南海区副区长刘铭恩,狮山镇党委副书记甘勇钊等相关领导及来自国内外的塑料原料供应、薄膜制造、塑料装备生产企业等相关单位在内的五百多位代表出席了会议。

中国塑协钱桂敬理事长做了"携手合作,共赢发展,开创塑料加工业新局面"的报告;中国工程院瞿金平院士的代表介绍了国内塑料机械再制造现状及发展趋势;中国石化北京化工研究院高级工程师邹浩介绍了中国石化树脂开发及加工技术研究情况;广东仕诚塑料机械有限公司的杨浩工程师介绍了多层共挤流延高阻隔薄膜技术及其在治理荒漠化中的应用技术。

8日下午,会议在三个分会场继续进行。与会代表分别就各自感兴趣的CPP/CPE/BOPP包装膜专题、PVB/EVA新能源应用专题、高端装备制造专题等相关内容进行了热烈而深入的研讨。

代表们参观了广东仕诚塑料机械有限公司的宽幅高速CPP流延设备的试机演示。

9日上午,大会邀请了著名经济学家、博士生导师、中国人力资源开发研究会会长刘福垣先生做了题为《中国宏观经济与市场环境分析》的专题讲座,给代表们了解我国当前的宏观经济形势和市场运行环境,进行正确的企业市场经营管理、决策以有益的启迪和指导。

"塑料新材料、新工艺、新装备行业峰会"在狮山连续举办八年了,每年都吸引了国内外众多相关行业代表参加,至今已发展成塑料行业具品牌效应的行业盛会。今年的会议主题鲜明、内容丰富,对推进我国塑料加工行业特别是双向拉伸薄膜、流延薄膜产品及装备的结构调整和科技进步起到了积极作用。

中国塑协工程塑料专业委员会2013年副理事长会议召开

2013年11月12日,为进一步总结、交流工程塑料专委会的工作,强化服务职能,提高服务针对性,壮大工程塑料专委会规模,推动行业规范化共同发展的目标,"中国塑料加工工业协会工程塑料专业委员会副理事长会议"在浙江宁波召开。中国塑协秘书长马占峰、第一届理事长王德禧以及四川大学教授王琪等副理事长出席会议。

第三届理事长薛立新做工程塑料专业委员会2013年工作总结;由于薛立新工作变动,辞去理事长职务,推选新的理事长人选朱瑾教授担任;新任理事长朱锦教授讲话并汇报工程塑料委员会2014年工作计划;各副理事单位对专委会工作意见及建议;新增常务理事及副理事长单位分别进行情况介绍。中国塑协马占峰秘书长做总结性发言。

首届国际生物基高分子材料论坛暨2013年中国塑协工程塑料专委会副理事长会议召开

2013年11月12～15日,由宁波市政府、中国塑协主办,中国塑协工程塑料专业委员会、中国科学院宁波材料技术与工程研究所承办的"首届国际生物基高分子材料论坛暨中塑协工程塑料专业委员副理事长会议"在浙江宁波召开。

会议主要内容:促进我国生物基高分子材料行业整体水平的提高,介绍国内外行业动向及最新技术进展,加强行业内的技术交流,会议期间进行了技术和市场信息交流。专题报告,论文、技术交流,信息发布,参观交流,商贸洽谈,专家和加工企业间座谈交流。国际著名专家和学者到会发表具有国际领先水平的报告。

《聚乙烯吹塑农用地面覆盖薄膜》国家标准修订工作

研讨会召开

2013 年 11 月 12 日上午，国家标准化管理委员会主持召开了《聚乙烯吹塑农用地面覆盖薄膜 》国家标准修订启动会。11 月 12 日下午，国内报名参加标准修订的农膜企业及有关单位和专家在北京召开了《聚乙烯吹塑农用地面覆盖薄膜》国家标准修订工作研讨会。

中国塑协、全国塑料制品标准化技术委员会、全国农业技术推广中心的领导以及云南省塑料协会、北京市塑料制品监督检验站、中塑协改性专委会及相关企业专家和农膜生产企业代表参加会议。

中国塑协常务副理事长、全国塑料制品标准化技术委员会主任委员曹俭介绍了上午国标委召开的《聚乙烯吹塑农用地面覆盖薄膜 》国家标准修订启动会的精神、标准修订工作的目的和意义；全国塑料制品标准化技术委员会秘书长王向东具体介绍了国标委标准修订启动会的主要内容；标准修订企业牵头单位白山市喜丰塑业有限公司董事长曹志强介绍了制标工作计划方案；白山市喜丰塑业有限公司李炳君处长介绍了标准修订思路和经费预算方案；全国农业技术推广中心研究员、首席专家张真和、云南省塑料协会詹家驹理事长、中国塑协改性专委会刘英俊秘书长，北京华盾雪花塑料集团有限责任公司秦立洁高工分别从农业应用、有代表性地区以及农膜企业生产、废旧塑料的回收和高值化利用角度出发，对地膜发展、生产、应用、环境保护等方面阐明了自己对地膜标准厚度、分类、技术指标修订的看法和观点，给与会代表以有益启迪，开阔了大家的制标思路。部分参会企业代表介绍了企业地膜生产、区域及应用情况，表达了愿意为地膜标准修订贡献力量的意愿及对地膜标准修订工作的意见和建议。

淮阳县被授予“中国塑料制品示范基地”称号

2013 年 11 月 18 日，中国塑料加工工业协会经过实地考察、研究，批准授予淮阳县“中国塑料制品示范基地”称号。

塑料制品加工产业是淮阳县的支柱和优势产业。近年来，通过政府的引导和扶持，淮阳县塑料制品加工业得到了迅速发展，大幅度提升了其产业规模、产品档次、技术装备、管理水平和市场竞争力，塑料管材和薄膜制品产销规模均在全省处于领先地位。

此次中国塑料加工工业协会根据中国轻工业联合会《关于中国轻工行业特色区域荣誉称号的行业规范》及中国塑料加工工业协会《关于授予中国塑料行业特色区域荣誉称号的管理办法》，并经过实地考察、研究，批准授予淮阳县“中国塑料制品示范基地”称号。

中国轻工业联合会钱桂敬副会长莅临安利股份调研考察

2013 年 11 月 21 日，中国轻工业联合会副会长、中国塑协理事长钱桂敬等一行莅临安徽安利合成革股份有限公司调研考察。

姚和平董事长在调研考察座谈会上汇报了安利股份的发展历程以及目前经营形势。

会后，钱副会长一行察看了安利合成革工业园，对安利股份现代化工业装备和技术、9S 管理模式的车间以及工序自动化检测系统、花园般优美的环境倍感高兴，特别是对安利股份干湿法自动化、智能化装备惊叹不已；询问了很多专业性的问题。期望安利股份继续发挥行业领军的带头作用，继续加强自主知识产权创新，提升工艺水平、主动探索，走出一条转型升级、创新发展的模范路子。

中国氯碱协会九届四次理事会召开

2013 年 11 月 21 日至 22 日，中国氯碱协会九届四次理事会在山东济南召开，来自 70 家单位的 88 名代表出席会议。

国务院发展研究中心研究员吴庆做了“当前宏观经济走势分析及下一步展望和三中全会对工业企业的发展启示”的专题报告；中国氯碱协会副理事长兼秘书长张文雷做了“当前行业基本情况、重点问题与协会的工作”的专题报告；天津大沽董事长杨恒华、宜宾天原董事长罗云、新疆中泰副总经理张岩峰和江苏省氯碱协会专家委员会主任吴永肃分别就各企业生产经营、发展战略及各区域结构调整的情况进行了交流。李军理事长进行了会议总结。会议期间，全体与会代表参观了信发集团循环经济产业园区。

环境保护部环境保护对外合作中心预混环戊烷组合聚醚项目 意向征询公告

2013 年 11 月 29 日，为顺利完成 ODS 淘汰工作，满足不同地区中小型泡沫企业替代品需求，环境保护部环境保护对外合作中心拟在我国西北、东北、北部地区选择 5 家组合聚醚生产企业开展预混环戊烷组合聚醚项目。项目完成后将向聚氨酯泡沫企业提供预混环戊烷组合聚醚。项目的实施周期为合同签署后 18 个月。

中国政府获得了多边基金执委会批准的用于消耗臭氧层物质（ODS）淘汰活动的项目赠款，世界银行为项目国际执行机构。

【12 月】

2013 版《中国塑料工业年鉴》出版发行

《中国塑料工业年鉴》(2013)为《年鉴》第 12 卷，与前 11 卷在时间和内容上保持连续性。《年鉴》全面、系统、准确地记述了上年度塑料行业发展状况，设有“专论”、“大事记”、“政策法规”、“全国塑料工业生产经营情况统计”、“综述”、“各地区塑料工业”、“主要制品行业情况”、“专利技术”、“塑料标准化”、“重点企业介绍”等栏目；集手册、年表、图录、书目、索引、文摘、表谱、统计资料、指南于一身；具有权威性、资料性、工具性、系统性的特点，同时又肩负着“资政”、“存史”和“宣传推广”的社会责任。为满足海外读者的需要，部分文章译成了英文，增加了英文目录。借助中国石化出版社的发行渠道，通过字里行间记载着中国塑料业的辉煌成绩。全书约 900 页，约 1800 千字，16 开本精装，定价 420 元。

电石法聚氯乙烯汞污染防治工作沟通会召开

2013 12 月 2 日，电石法聚氯乙烯汞污染防治工作沟通会在北京召开。中国石化联合会周竹叶副会长、周献慧副秘书长和庄相宁处长、中国氯碱协会秘书长张文雷等出席会议。共同交流了今年全年工作的完成情况，讨论了明年电石法聚氯乙烯汞污染防治工作的重点工作内容和工作目标。着重讨论了如何进一步加强低汞触媒的应用统计工作，如何强化质量检测工作，探索提出合格供应商公示制度等问题。同时，就进一步加快无汞触媒研发，积极争取重金属污染防治专项资金对低汞触媒应用和汞污染防治技术改造项目的支持等方面的工作方向进行了明确。

中国塑协硬质 PVC 发泡制品专委会 2013 年年会召开

2013 年 12 月 6 日，由中国塑协主办，中国塑协硬质 PVC 发泡制品专委会承办的中国塑协硬质 PVC 发泡制品专业委员会 2013 年年会暨技术交流会在湖北黄石举行。中国轻工业联合会常务副会长、中国塑协理事长钱桂敬，黄石市人民政府副市长刘圣华，中国塑协常务副理事长曹俭，中国塑协硬质 PVC 发泡制品专委会理事长徐斌，住房和城乡建设部科技发展促进中心评估推广处处长高立新，湖北省经信委副巡视员、湖北省轻工促进办主任俞赋广等政府及协会领导出席会议，有来自全国各地 PVC 发泡制品生产企业、与之相关的原料企业、模具及设备企业、科研院校等单位代表 500 多人参加会议。

会议分专委会 2013 年年会和技术交流会两部分进行。刘圣华副市长介绍了黄石市的整体资源优势、经济发展状况以及未来的发展目标。曹俭常务副理事长致词。高立新处长用详尽的数据分析了与 PVC 发泡建筑装饰材料相关行业发展形势及未来发展趋势。徐斌理事长作专委会总结报告，分析了行业的现状、总结了重要的行业活动、规划了行业的发展目标。年会最后，钱桂敬理事长做了总结讲话。

技术交流会上，国内 PVC 发泡行业的技术专家到会讲解行业发展新技术及应用。周家华秘书长分析了硬质 PVC 发泡制品的优良性能、广泛用途及远大的发展前景。广东炜林纳郑德教授讲解了《聚氯乙烯发泡中的环保助剂及其应用》。深圳华锦威的阳勇工程师介绍美国薛特颜料公司“超耐候”颜料在 PVC 制品中的应用。黄石鸿达模具设计专家介绍了 PVC 发泡板挤出模具的结构特点。青岛莱美特的秦增春总经理介绍了“家具用硬质 PVC 发泡板表面处理的关键技术”等。

参会代表到黄石鸿达模具有限公司和湖北格茵木业有限公司现场参观及座谈。

黄石市委副书记、市长杨晓波会见了中国塑协领导、行业龙头企业代表及有关专家，共商黄石市塑料制品及塑料模具发展大计。

2013 年全国聚氯乙烯行业技术年会召开

2013 年 12 月 6 日，由中国氯碱工业协会主办的 2013 年全国聚氯乙烯行业技术年会在西安召开，来自国内外聚氯乙烯行业及相关行业的 140 多名代表参加了会议。张文雷秘书长介绍了当前氯碱行业经济运行状况，以及行业发展中的重点问题和协会的主要工作；聚氯乙烯专家组组长专家分别作了题为《新形势下氯碱企业调结构转方式的探讨》、《PVC 中国专利现状及分析》、《我国 PVC 行业上下游发展趋势及影响分析》的专题报告；秘书长助理张鑫和浙江大学包永忠教授分别作了题为《对我国电石法聚氯乙烯行业汞污染防治工作的一点思考》和《氯乙烯合成和聚合最新技术研究进展》的专题报告等。

会议还进行了分组讨论，会议分为氯乙烯制备及低汞触媒应用与聚合工艺及 PVC 深加工发展两个交流小组，与会专家、代表进行了热烈的交流。会议还对征集的论文进行了评选，并对获奖论文进行了点评和颁奖。最后，张鑫秘书长助理对会议进行了总结。

此外，12 月 5 日晚上还组织召开了聚氯乙烯专家组会议，与会专家对会议的组织安排以及下一步行业技术重点工作进行了研讨。

中国塑协双向拉伸聚丙烯薄膜专委会第二届一次理事会会议召开

2013年12月11日，在江苏省宿迁市召开了中国塑协双向拉伸聚丙烯薄膜专委会第二届一次理事会会议，会议讨论通过第一届专委会工作报告、专委会工作条例修改意见和第二届理事会成员组成推荐名单。会议审查通过了专委会秘书处提交的第一届专委会财务报告。会议上，各企业对各自产能、产量、未来计划进行了介绍，重点讨论了行业面临的产能过剩给企业经济效益带来的负面影响，根据与会企业反映，大部分企业处于盈亏平衡线附近，少数企业亏损，与2012年相比2013年行业企业经济效益普遍下滑。与会企业对2014年行业发展环境进行了探讨，并提出加强内部管理、加强技术研发、加强产品出口等发展建议。

2013年全国塑料配色技术学习高级研修班举办

2013年12月11日，中国塑协教育与培训委员会全国塑料配色技术学习高级研修班在北京举办，邀请了国内著名专家和有丰富实践经验的高级配色师授课并现场示范，让学员参加实践，保证学员真正掌握塑料配色技术。

研修内容：着色的基本概念、L－a－b体系介绍、颜料的种类及国际色号；着色原理、颜色色料的混合、颜色色光的混合；着色用颜料的主要性能：着色力、遮盖力、耐热性、耐迁移性、耐光性和耐候性、耐酸、碱、溶剂和化学药品性；颜料的种类；无机颜料：氧化物类(钛白粉、氧化铁、氧化铬等)、硫化物、铬酸盐、群青、炭黑、特殊颜料(金粉、银粉和珠光)；有机颜(染)料：命名规则、种类介绍：偶氮颜料、酞菁颜料、杂环颜料、色淀颜料、荧光增白剂、荧光颜料；通用塑料的配色：PE 、PP、PVC、PS/HIPS、ABS等的色粉的选择、用量，配方和颜色调整的技巧；工程塑料的配色：PA6、PA66 、PC 、PC、PBT、PET 、PC/ABS合金等色粉的选择、用量，配方和颜色调整的技巧；增强、阻燃和填充时，配色需要考虑的因素。玻纤、滑石粉、碳酸钙、硅灰石、硫酸钡、玻璃微珠等对颜色的影响；色母粒配色配方及工艺介绍；色母粒和配色常用的分散剂和润滑剂等助剂性能介绍；配色常见问题分析和解决方案；温度对色粉的影响因素分析；常用颜色测量仪器的种类及色差仪等的使用；合格的优秀配色师应具备的素质和技能。

考核合格者由中国塑协教育与培训委员会颁发证书

中国塑协EPS专委会2013年年会召开

2013年12月11日，“2013年中国EPS行业年会”在沈阳召开，来自全国的500余名代表齐聚年会，共同探索未来EPS行业的发展之路。随着去年末消防局65号文件的解禁，2013年的中国EPS产业可谓是机遇与挑战并存。如何发展？怎样发展？是摆在众多企业面前的课题，在这一关键时刻召开此次会议，对于中国EPS行业有着重要的意义。

中国轻工业联合会副会长、中国塑协理事长钱桂敬出席会议并致辞，辽宁省工商联总会苯板行业商会周显杰致辞。

会议对15名新当选专委会常委进行了授牌仪式。为21家企业获评2013年度中国EPS产业最具影响力企业颁发奖牌。

作为今年EPS建筑应用的三大亮点之一，石墨EPS在西北、华北地区得到了更加广泛的应用。专委会特别邀请青海省建设厅节能科技推广中心领导到会介绍石墨EPS在青海的使用情况。鉴于近年来石墨EPS在外墙保温领域的优异的表现，特别是其相对于传统EPS更好的保温性能和防造假特点，明年青海省外保温工程将全面推广石墨板。

侯树亭主任做全年行业发展报告。年会共安排了六场学术报告，哈尔滨鸿盛房屋节能体系研发中心主任林国海就《EPS模块在节能建筑领域的研发与应用》作主题报告。徐州飞云泡沫制品有限责任公司李金良介绍了正确使用制作消失模专用板的技术。巴斯夫(中国)有限公司大中华区发泡聚合物部业务管理总监刘帅对NEOPOR的发展，产品特点，在外保温领域应用等方面进行了介绍。中国阻燃学会杜海鹰秘书长针对业界关心的六溴环十二烷禁用及其替代情况进行了细致讲解。广州风华正茂包装材料有限公司周润兰对EPS包装制品生产节能技术进行了细致讲解。青岛海诺中天节能科技有限公司刘庆杨介绍了今年来在行业引起轰动的真空板其产品性能、与不同材料对比等大家关心的问题。

2013年度BOPP、BOPA、BOPI薄膜产业链市场与技术发展研讨会暨双向拉伸聚丙烯薄膜专委会成员大会召开

2013年12月12日，由中国塑协主办，由宿迁经济技术开发区管委会、中国塑协双向拉伸聚炳烯薄膜专委会承办的“2013年度BOPP、BOPA、BOPI薄膜产业链市场与技术发展研讨会”在江苏省宿迁市召开。中共宿迁市委副书记、代市长王天琦，中国塑协常务副理事长曹俭，宿迁市人民政府副市长冯岩等和来自全国BOPP、BOPA、BOPI薄膜产业链的

400多名企业负责人出席会议。

会议首先进行的是中国塑协双向拉伸聚丙烯薄膜专委会换届仪式，会议审议通过了第一届理事长、佛塑科技集团总工程师吴耀根代表第一届双向拉伸聚丙烯薄膜专委会所做的工作报告，讨论通过了双向拉伸聚丙烯薄膜专委会工作条例修改稿和第二届理事会成员推荐名单，以吴耀根为理事长的第二届理事会正式成立。

王天琦副书记和曹俭常务副理事长分别致辞。

主题交流阶段，宿迁经济技术开发区管委会副主任李莹、广东德冠薄膜新材料股份有限公司总裁罗维满、德国布鲁克纳机械有限公司销售总监马克思·斯万达、德国格贝尔分切技术有限公司区域销售经理萨巴斯提安·兰格等分别作了“宿迁经济开发区薄膜产业发展及招商引资推介”、“BOPP薄膜行业发展的现状与建议”、“全球双向拉伸薄膜市场前景和未来中国双向拉伸薄膜工业的道路”、“金属纤维毡的孔隙结构与过滤器的国产化”、“格贝尔莫诺分切机－最优质的大型薄膜分切复卷机”、“2013年BOPET薄膜行业市场分析与2014年发展预测”、“BOPP基材的真空镀膜趋势”等报告。

主题发言结束后，代表参观了宿迁市城市建设展览馆、宿迁经济技术开发区、宿迁金田塑业有限公司等区域，对宿迁经济技术开发区的发展和塑料薄膜产业集群的建设有了深刻的认识。

第二届XPS产品生产工艺及应用技术推广交流会举办

2013年12月18日，由中国塑协主办，中国塑协教育与培训委员会承办第二届XPS产品生产工艺及应用技术推广交流会在烟台举办。

会议意在贯彻落实国务院关于节能减排综合性工作方案的精神，深入推进建筑节能并推动绿色建筑发展，配套做好墙体材料革新和墙体保温(隔热)系统的技术发展。

会议邀请国家有关建筑节能政策法规、标准制定主管部门以及行业内有影响的专家学者，解读国家有关建筑节能外墙保温的新政策和推广目录，分析行业发展中面临的新情况、新问题、新机遇，并请有关专家介绍一批先进适用的建筑节能外墙保温新材料、新产品、新技术、新系统，以及针对满足建筑节能和绿色建筑发展新的技术要求的XPS系统化解决方案。

为鼓励XPS制品生产企业积极参加会议，决定对XPS制品的生产企业不收取会务费。

住房与城乡建设部科技发展促进中心、中国建筑节能协会、北京化工大学材料科学与工程学院、北京化工大学机电工程学院、中国阻燃学会、北京工商大学、中国建筑材料检验认证中心、北京建筑材料检验中心的专家分别做了：GB 8624—2012《建筑材料及制品燃烧性能分级》和GB/T 29416—2012《建筑外墙外保温系统的防火性能试验方法》标准解读、XPS生产工艺及常见问题解决方案、XPS保温材料的国家标准及质量评价、XPS新型阻燃技术、超零界CO_2发泡XPS板材生产技术介绍、XPS最新技术进展和淘汰进展状况、XPS相关的技术问题分析、CO_2发泡XPS设备设计原理及改性CO_2配方解析、保温材料在外墙保温系统中的应用与要求的报告。

与会代表参观了工厂CO_2 XPS保温板的生产过程。

中国氯碱工业协会就环境保护综合目录有关问题向环境保护部提出建议

2013年12月23日，中国氯碱工业协会以(2013)协字第055号向环境保护部政策法规司发文，就《环境保护综合目录(2013年版)(征求意见稿)》的内容提出意见和建议。协会认为，此次目录调整将氯碱行业主要产品如电石法聚氯乙烯、氯乙酸、三氯乙烯、四氯乙烯、甲烷氯化物、环氧氯丙烷、ADC发泡剂和水合肼等都列入高环境风险产品目录，会对氯碱行业的生产经营产生很大的不利影响，特别是把电石法聚氯乙烯同时列入高污染和高环境风险目录，将对氯碱行业的健康稳定发展产生一系列负面影响。报告通过详细分析氯碱行业的当前现状、存在问题和下一步趋势，恳请有关部门充分考虑行业发展情况和合理诉求，慎重考虑制定符合行业科学发展的产业政策，报告建议：根据对所列产品按照污染防控程度和环境风险管理的紧迫性，分批列入目录管理，设置一定缓冲期，确保氯碱行业调结构和转方式平稳进行；建议电石法生产的聚氯乙烯(名录序号531)不列入目录管理。

薄型农用棚膜功能增效技术通过科技成果鉴定

2013年12月28日，山东省科技厅委托聊城市科技局组织了“薄型农用聚烯烃棚膜功能增效技术”科技成果鉴定。

该项目由聊城华塑工业有限公司和北京华腾新材料股份有限公司共同承担。主要技术创新是在传统的PE或EVA棚膜配方体系中加入0.5%以下的具有高分散性、高阻隔性的阻透增效树脂，或加入少量由阻透增效树脂制备的功能母料，通过极性增容、化学增容、延长有机小分子功能助剂迁移路径并平衡其迁移速度，避免功能助剂过多、过早、过快迁移，防止薄膜内表面功能助剂过浓，延长流滴持效期50%以上，满足一个完整越冬温室生产周期的要求。

项目单位针对我国华北和华东地区越冬温室普遍使用、覆盖期为1年、添加型、厚度0.05～0.07mm的薄型功能性棚膜分别开发了PE和EVA棚膜专用阻透增效树脂。2012～2014年，专用增效树脂经中国农用塑料应用技术学会制品分会连续两年组织的实地覆棚评价实验表明：增效树脂的加入不影响棚膜的基础力学性能和光学性能；专用树脂针对性强，各自显著改善了PE和EVA棚膜流滴消雾的持效状态和时间。

项目产品已投入规模性生产，连续两年在山东、江苏、河北、安徽等地区推广应用，反映良好，社会效益显著。鉴定专家委员会认为：该项目综合技术居国际先进水平。

钱桂敬理事长一行出席宁波塑协会议并参观考察企业

2013年12月28日，中国轻工业联合会副会长兼中国塑协理事长钱桂敬、中国塑协常务副理事长曹俭率中国塑协一行，在出席宁波市塑料行业协会二届一次会员代表大会后，参观考察了宁波市塑料行业协会新任理事长单位——宁波东升包装材料有限公司。

东升企业成立于2001年1月，最初是一家从事塑料包装的企业。经过十年的发展，逐步形成了塑料制品业、实业投资、工业涂料业、风险投资以及建筑装饰业的多元发展格局。宁波东升包装材料有限公司生产的双向拉伸聚苯乙烯（BOPS）片材是以聚苯乙烯为主要原料，经过挤出、流涎、纵向、横向拉伸等工艺制造而成的透明片材。该片材质轻挺括，透明度高，化学稳定性好，易成型加工，是目前世界上正在急速发展的新颖环保食品包装材料。

中国塑料行业信用等级初评（复评）结果

根据商务部信用工作办公室、国资委行业协会联系办公室《关于公布第三批行业信用评价参与单位名单的通知》（商信用函［2009］3号）和《关于行业信用评价工作有关事项的通知》（商秩字［2009］7号）的文件精神要求，本着“诚信、自愿、公平、公正、科学、严谨”的原则，上海华峰超纤材料股份有限公司等51家企业申请进行中国塑料行业信用等级评价的初评或复评。经我协会初审、专业评估机构评价和专家组论证后，现将上述企业评价结果予以公布。

一、初评企业信用等级评价结果

序号	企业名称	级别	企业编号
1	上海华峰超纤材料股份有限公司	AAA	394033030D00152
2	昆山协孚人造皮有限公司	AAA	394033030D00153
3	黄石华亿塑胶有限公司	AAA	394033030D00154
4	戈尔集团有限公司	AAA	394033030D00155
5	四川金易管业有限公司	AAA	394033030D00156
6	黄石畅达塑胶有限公司	AAA	394033030D00157

二、复评企业信用等级评价结果

序号	企业名称	级别	企业编号
1	安徽省忠宏管业科技有限公司	AAA	394033030D00253
2	百兴集团有限公司	AAA	394033030D00252
3	北京北方国建塑业有限公司	AAA	394033030D00240
4	长虹塑料集团英派瑞塑料有限公司	AAA	394033030D00233
5	东莞市健宝塑胶化工有限公司	AAA	394033030D00272
6	佛山市高明创研合成革有限公司	AAA	394033030D00260
7	福建恒杰塑业新材料有限公司	AAA	394033030D00245
8	福建融音塑业科技有限公司	AAA	394033030D00237
9	福建祥龙塑胶有限公司	AAA	394033030D00263
10	顾地科技股份有限公司	AAA	394033030D00242
11	广东宝丰塑胶工业有限公司	AAA	394033030D00134
12	广东东方管业有限公司	AAA	394033030D00269
13	广东亿龙新材科技有限公司	AAA	394033030D00254
14	贵阳兴塑管业有限公司	AAA	394033030D00264
15	河北长安塑胶有限公司	AAA	394033030D00239
16	河北金天塑胶新材料有限公司	AAA	394033030D00262
17	河南荣光管业有限公司	AAA	394033030D00236
18	湖北普辉塑料科技发展有限公司	AAA	394033030D00247
19	力尔铝业股份有限公司	AAA	394033030D00249
20	三友控股集团有限公司	AAA	394033030D00273
21	山东东宏管业有限公司	AAA	394033030D00274
22	山东陆宇塑胶工业有限公司	AAA	394033030D00256
23	山东清源集团有限公司	AAA	394033030D00232
24	山西中德塑钢型材有限公司	AAA	394033030D00251
25	上海心尔新材料科技股份有限公司	AAA	394033030D00248

续表

序号	企业名称	级别	企业编号
26	上海远洲管业有限公司	AAA	394033030D00258
27	石家庄德倍隆科技有限公司	AAA	394033030D00259
28	四川东泰新材料科技有限公司	AAA	394033030D00268
29	浙江众成包装材料股份有限公司	AAA	394033030D00243
30	浙江中财型材有限责任公司	AAA	394033030D00261
31	浙江中财管道科技股份有限公司	AAA	394033030D00229
32	浙江伟星新型建材股份有限公司	AAA	394033030D00235
33	浙江精诚模具机械有限公司	AAA	394033030D00257
34	浙江华庆集团有限公司	AAA	394033030D00241
35	山东新环塑业有限公司	AAA	394033030D00094
36	永高股份有限公司	AAA	394033030D00255
37	宜昌宜硕塑业有限公司	AAA	394033030D00231
38	新疆天业(集团)有限公司	AAA	394033030D00267
39	新疆蓝山屯河型材有限公司	AAA	394033030D00270
40	武汉金牛经济发展有限公司	AAA	394033030D00266
41	天津中财型材有限责任公司	AAA	394033030D00230
42	台州市希尔家庭用品有限公司	AAA	394033030D00271
43	四川阳光塑胶制品有限公司	AAA	394033030D00234
44	四川省犍为罗城忠烈塑料有限责任公司	AAA	394033030D00228
45	四川省海维塑胶有限公司	AAA	394033030D00250

中国塑协2013年度分支机构秘书长工作会议召开

中国塑协2013年度分支机构秘书长工作会议于2014年1月21日在北京召开。出席会议的有中国轻工业联合会副会长、中国塑协理事长钱桂敬，常务副理事长曹俭，秘书长马占峰以及协会秘书处各部门负责人和各分支机构秘书长或代表等共45人。会议由钱桂敬理事长主持。

会议全面总结了中国塑协2013年工作，提出了2014年秘书处工作要点；通报我协会参加民政部社团评估工作有关情况，结合评估中提出的有关问题提出改进建议，研究如何进一步加强协会内部管理的措施和要求；讨论研究塑料加工工业标准化工作的意见和建议，中国塑协拟举办展览等相关事宜和中国塑协六届四次理事会会议主要内容等；各分支机构汇报了2013年的工作情况和2014年工作安排。

曹俭常务副理事长总结了中国塑协秘书处2013年工作情况及2014年工作要点。马占峰秘书长及各部门负责同志作了发言。介绍了协会今年评选“塑料加工业2011~2013年度科技创新型企业、优秀科技成果、先进科技工作者”的目的、奖项设置、评选范围、条件和原则以及评选活动的组织和程序等，获奖单位及个人将在中国塑协六届四次理事会上进行表彰和授牌。

会议有塑料管道、改性塑料、双向拉伸聚丙烯、人造革合成革、滚塑、技术协作委员会等29个分支机构秘书长或副秘书长，结合会议要求，分别汇报了2013年工作情况2014年工作计划。大家针对领导讲话进行了热烈讨论，畅所欲言、各抒己见，对协会的工作提出了许多切实可行、建设性意见。大家特别对我协会拟首次独立举办的展览会提出了有效意见和建议，一致表示全力支持和配合。根据会议要求，许多分支机构计划将今年的活动紧紧围绕展览会来安排。

会议最后钱桂敬理事长从当前塑料加工业经济形势、协会今年的主要工作和如何牢记服务宗旨，提高服务能力和质量等三方面作了总结讲话。

（中国塑料加工工业协会　许琳）

2013年塑料化工行业反倾销大事记

一、哥伦比亚对中国聚乙烯塑料板发起反倾销调查

近日，哥伦比亚贸工部外贸司照会我驻哥伦比亚使馆，通报该司于2013年3月颁布了第031号决议，决定对原产于我国聚乙烯聚合物制塑料板(涉案税号3920430000和3920490000)发起反倾销调查，并请中方的生产商和出口商填写相关的调查问卷。

又讯：哥伦比亚对我氯乙烯聚合物制塑料板采取临时反倾销措施

近日，哥贸工部函告我驻哥使馆，称哥方已于2013年5月17日颁布了第0093号决议，决定继续对来自中国和韩国的进口氯乙烯聚合物制塑料板(税号为：3920490000和3920430000)进行反倾销调查，同时自5月17日起的4个月内对3920430000税号下的涉案产品征收临时反倾销税(设定基价为3.21美元/千克。当报关FOB价低于基价时，税额为两者差)，对3920490000税号下的涉案产品不征收临时反倾销税。此措施生效前已装船的进口产品不在临时反倾销税征收范围之列。

再讯：哥伦比亚对华塑料板征收最终反倾销税

2013 年 11 月 13 日，哥伦比亚贸工部颁布第 0305 号决议，决定对原产于中国的氯乙烯聚合物制塑料板（税号：3920430000 和 3920490000）征收为期 3 年的最终反倾销税。税额征收方法为：（1）针对税号 3920430000，设定基价为 3.21 美元/千克，当报关 FOB 价低于基价时，税额为两者差价；（2）针对税号 3920490000，设定基价为 3.29 美元/千克，当报关 FOB 价低于基价时，税额为两者差价。此外，税号为 3920490000 的热收缩塑料板不在反倾销税征收范围之列。

〔注：聚乙烯（PE）是五大合成树脂之一，是我国合成树脂中产能最大、进口量最多的品种，塑料板就是用塑料做成板材，塑料为合成的高分子化合物，可以自由改变形体样式。〕

二、美国对华复合编织袋作出反倾销行政复审终裁

2013 年 3 月 29 日，美国商务部发布公告，对原产于中国的复合编织袋作出反倾销行政复审终裁，裁定中国涉案企业（淄博艾福迪塑料包装有限公司（Zibo Aifudi Plastic Packaging Co.，Ltd.）的普遍税率为 91.73%。

2007 年 7 月 25 日，美国商务部对原产于中国的复合编织袋进行反补贴立案调查，涉案产品海关编码为 63053300.50 和 63053300.80。2008 年 6 月 16 日，美国商务部对该案作出终裁。2012 年 9 月 26 日，美国商务部对该案进行第 3 次反倾销行政复审。

又讯：美国对华复合编织袋作出反倾销快速日落复审终裁

2013 年 10 月 29 日，美国商务部发布公告，对原产于中国的复合编织袋作出反倾销快速日落复审终裁，若取消反倾销措施，在合理的、可预见的期间内，涉案产品对美国国内产业造成的实质性损害将会继续或再度发生，倾销幅度如下：

1. 淄博艾福迪塑料包有限公司（Zibo Aifudi Plastic Packaging Co. Ltd.）：20.19%；

2. 宝利威塑料制品厂（Polywell Plastic Product Factory）：20.19%；

3. 淄博市临淄沃润包装制品有限公司（Zibo Linzi Worun Packaging Product Co.，Ltd.）：20.19%；

4. 淄博齐凯塑料制品有限公司（Shandong Qikai Plastics Product Co.，Ltd.）：20.19%；

5. 昌乐宝都塑料有限公司（Changle Baodu Plastics Co. Ltd.）：20.19%；

6. 淄博市临淄帅强塑胶有限公司（Zibo Linzi Shuaiqiang Plastics Co.，Ltd.）：20.19%；

7. 淄博市临淄齐天利塑编有限公司（Zibo Linzi Qitianli Plastic Fabric Co.，Ltd.：20.19%；

8. 山东友联塑编股份有限公司（Shandong Youlian Co.，Ltd.）：20.19%；

9. 淄博市临淄瑞通塑编有限公司（Zibo Linzi Luitong Plastic Fabric Co.，Ltd.）：20.19%；

10. 温州豪盛塑料有限公司（Wenzhou Hotson Plastics Co.，Ltd.）：20.19%；

11. 江苏豪盛塑料有限公司｜（Jiangsu Hotson Plastics Co.，Ltd.）：20.19%；

12. 苍南县嘉乐制袋有限公司（Cangnan Color Make The Bag）：20.19%；

13. 淄博齐高塑胶有限公司（Zibo Qigao Plastic Cement Co.，Ltd.）：20.19%；

14. 中国普遍（包括山东寿光健元春有限公司（Shandong Shouguang Jianyuanchun Co.，Ltd）、青岛汉兴包装有限公司（Han Shing Chemical Co. Ltd.）、山东齐鲁塑编集团股份有限公司（Shangdong Qilu Plastic Fabric Group，Ltd.）、宁波永峰包装用品有限公司（Ningbo Yong Feng Packaging Co.，Ltd.）的倾销幅度为 47.64%。

2013 年 7 月 1 日，美国商务部对该案进行日落复审立案调查，涉案产品海关编码为：6305.33.0050、6305.33.0080、6305.33.0020、3923.21.0080、3923.21.0095、3923.29.0000、3917.39.0050、3921.90.1100、3921.90.1500、5903.90.2500、4601.99.0500、4601.99.9000、4602.90.0000。

再讯：美国对华复合编织袋作出反补贴快速日落复审终裁

2013 年 11 月 19 日，美国商务部对华复合编织袋作出反补贴快速日落复审终裁，裁定若取消反补贴措施，涉案产品对美国国内产业造成的损害将会继续或再度发生，因此将对以下企业征收反补贴税：淄博艾福迪塑料包装有限公司（Zibo Aifudi Plastic Packaging Co. Ltd.）：83.34%；青岛汉兴包装有限公司（Han Shing Chemical Co. Ltd.）：277.54%；宁波永峰包装用品有限公司（Ningbo Yong Feng Packaging Co.，Ltd.）：277.54%；山东寿光健元春有限公司（Shandong Shouguang Jianyuanchun Co.，Ltd）和山东龙兴塑料产品公司（Shandong Longxing Plastic Products Company Ltd.）：406.62%；山东齐鲁塑编集团股份有限公司（Shangdong Qilu Plastic Fabric Group，Ltd.）：358.20%；中国普遍：280.65%。

2013 年 7 月 1 日，美国商务部对从中国进口的复合编织袋进行反补贴快速日落复审立案调查，涉案产品海关编码为：63053300.50、63053300.80。

（注：编织袋，又称蛇皮袋。是塑料的一种，包装用，其原料一般是聚乙烯、聚丙烯等各种化学塑料原料。）

三、美国各州密集推出有害化学物质禁令

有毒化学物质一直是美国儿童用品、家具、纺织品、食品接触材料等产品监管的重中之重。据相关消息，美国今年至少有26个州计划推出法案，将禁止或更严格监管含有害化学物质的产品以保护民众安全。

(一)企业应关注“三大”有毒化学物质

从法规涉及的化学物质的封杀力度来看，出口企业应重点盯紧三大物质：氯化阻燃剂、溴化二苯醚及双酚A。氯化阻燃剂包括磷酸三(1，3-二氯-2-丙基)酯(TDCPP)、磷酸三(2，3-二氯丙基)酯(TDCP)、磷酸三(2-氯乙基)酯(TCEP)和磷酸三(2-氯丙基)酯(TCPP)。溴化二苯醚包括十溴联苯醚(decaBDE)、八溴联苯醚(octaBDE)以及五溴二苯醚(pentaBDE)。今年以来，包括加州、马里兰州等十余个州已就有毒阻燃剂订立法例，预期将会有更多州于今年内进行类似立法工作。如康涅狄格州禁止含TDCPP、TDCP、TCEP和TCPP的三岁或以下儿童产品在市场出售。缅因州将指示环保局把TDCPP列入化学物关注清单及高度关注清单内。马萨诸塞州考虑立法禁止销售含有decaBDE、octaBDE以及pentaBDE的任何产品，及含TDCPP、TCEP及TCPP的儿童产品及布艺家具。佛蒙特州的法案将针对若干类含有多溴联苯醚(PBDEs)、TDCPP、TCEP及TCPP的产品。

还有一类是双酚A。从2009年起，对于儿童产品，美国有超过20个州已发布了不同的禁令。田纳西州、肯塔基州、新泽西州及西弗吉尼亚州审议法案限制食物容器使用双酚A；康涅狄格州及南达科他州则推出措施，规定含双酚A的产品必须含有标签；纽约州正检讨纸张收据使用含双酚A的问题。

还有其他一些物质，如纽约州、马萨诸塞州、密歇根州及密西西比州已订立法例，禁止儿童用品使用镉，而明尼苏达州则推出处理甲醛问题的措施。

(二)禁用措施是大势所趋 企业出口风险加大

从法规内容条款可以看出，美国各州在生产、进口环节和相关销售场所全面推进有毒化学物质的监管实施均走在发达国家前列，收紧管控有毒阻燃剂等物质将是大势所趋，企业应注意各州制订的化学品管理法案的相似和区别；注重法规涵盖的新化学物质的延伸范围；要求生产商对含有的化学物质做出披露的规定；以及要求生产商制订程序转用较安全的替代品的相关规定等方面。

禁用氯化阻燃剂、溴化二苯醚、双酚A、镉等有毒化学物质对多类日常用品产生广泛影响，其中以儿童用品首当其冲，具体包括塑料玩具、以海绵填充的摇篮褥垫、婴儿床褥垫、手提婴儿床、儿童服装、婴儿奶嘴等，其他还有布艺家具，食用容器、日用家庭用品等。相关专家认为，对不少以低层次、低利润为主要经营模式的企业来说，寻找和开发环保低毒的替代原料难度较大，企业自身技术能力不足，从而造成相关检测成本费用的提升，收紧阻燃剂、双酚A、镉等物质的使用将对其造成一定程度的冲击。

(三)破壁重拳应双管齐下

儿童用品、童装、家具等是宁波近年来的出口亮点，已聚集形成了初具规模优势的大型生产基地，而美国则是该类产品的主要出口阵地。统计数据显示约有超过600家输美相关生产企业，年出口金额超过4亿美元。检验检疫部门提醒，应密切关注各州制订法规的新动向，特别是指令的生效节点，并做好防范措施。

一方面，要深入了解美国加州对于有毒化学物质的限制范围、含量要求和标签警示要求，针对自身产品进行检测，关注自身产品的匹配程度。加强有害化学检测管理，加强与检验检疫部门的联系或可寻求美国大型检测机构的技术支持。

另一方面，应加强原辅料供应渠道规范管理，对第三方企业实施备案登记管理制度，督促企业建立健全供方档案，选择合格供应商，严格控制生产源头，警惕由此带来的质量安全问题。

四、美国对华聚酯薄膜作出反倾销行政复审初裁

2013年12月26日，美国商务部对华聚酯薄膜作出反倾销行政复审初裁，倾销幅度为：

1. 绍兴翔宇绿色包装有限公司(Shaoxing Xiangyu Green Packing Co.，Ltd.)：34.69%；
2. 天津万华股份有限公司(Tianjin Wanhua Co.，Ltd)：22.07%；
3. 富维薄膜(山东)有限公司(Fuwei Films (Shandong) Co.，Ltd.)：31.77%；
4. 四川东方绝缘材料股份有限公司(Sichuan Dongfang Insulating Material Co.，Ltd)：31.77%；
5. 杜邦帝人薄膜中国有限公司(DuPont Teijin Films China Ltd.)，佛山杜邦鸿基薄膜有限公司(DuPont Hongji Films Foshan Co. Ltd)，宁波杜邦帝人鸿基薄膜有限公司(DuPont Teijin Hongji Films Ningbo Co.，Ltd.)：31.77%；

2012年12月31日，应天津万华股份有限公司(Tianjin Wanhua Co.，Ltd)；富维薄膜(山东)有限公司(Fuwei Films (Shandong) Co.，Ltd.)；四川东方绝缘材料股份有限公司(Sichuan Dongfang Insulating Material Co., Ltd)的申请，美国商务部对华聚酯薄膜进行反倾销行政复审立案调查，调查期为2011年11月1日～2012年10月31日。涉案产品海关编码为39206200.90。

又讯：美国商务部对从中国等国进口的聚酯薄膜进行反倾销日落复审立案调查

2013年10月1日，美国商务部发布公告，对从中国、巴西、阿联酋进口的聚酯薄膜进行反倾销日落复审立案调查，以确定若取消反倾销措施，在合理的、可预见的期间内，涉案产品对美国国内产业造成的实质性损害是否继续或再度发生。

2008年11月10日，美国商务部发布征税令：杜邦帝人薄膜中国有限公司/佛山杜邦鸿基薄膜有限公司/宁波杜邦帝人鸿基薄膜有限公司(DuPont Teijin Films China Ltd.、DuPont Hongji Films Foshan Co. Ltd.、DuPont Teijin Hongji Films Ningbo Co., Ltd.)：3.49%，江阴金中达新材料有限公司(Jiangyin Jinzhongda New Material Co., Ltd.：76.72%，单独税率3.49%，普遍76.72%。涉案产品海关编码为39206200.90。

再讯：美国对华聚酯薄膜作出反倾销行政复审终裁

2013年6月12日，美国商务部发布公告，对原产于中国的聚酯薄膜作出反倾销行政复审终裁(见下表)。

2007年10月31日，美国商务部对原产于中国的聚酯薄膜进行反倾销立案调查，涉案产品海关编码为39206200.90。2008年9月19日，美国商务部对本案作出终裁，中国涉案产品的倾销幅度为3.49%～76.62%。2011年12月30日，美国商务部对该案进行第3次反倾销行政复审调查。

美国对华聚酯薄膜作出的反倾销行政复审终裁结果

出口商	倾销幅度/%
杜邦帝人薄膜中国有限公司(DuPont Teijin China Limited.)	12.80
绍兴翔宇绿色包装有限公司(Shaoxing Xiangyu Green Packing Co., Ltd.)	0.00
富维薄膜(山东)有限公司(Fuwei Films (Shandong) Co., Ltd.)	12.80
天津万华股份有限公司(Tianjin Wanhua Co., Ltd.)	12.80
四川东方绝缘材料股份有限公司(Sichuan Dongfang Insulating Material Co., Ltd.)	12.80

(注：聚酯薄膜(PET)是以聚对苯二甲酸乙二醇酯为原料，采用挤出法制成厚片，再经双向拉伸制成的薄膜材料。)

五、美国对原产于中国等国的三氯异氰尿酸作出双反产业损害初裁

2013年10月29日，美国国际贸易委员会发布公告，对原产于中国和日本的三氯异氰尿酸作出反倾销和反补贴产业损害初裁，裁定中国涉案产品的补贴行为对美国国内产业造成实质性损害，日本涉案产品的倾销行为对美国国内产业造成实质性损害。在该裁决中，4位委员投肯定票，2名委员未参加此次投票。

根据该肯定性裁决，美国商务部将继续对案件进行反倾销和反补贴调查，并将于2013年12月9日前对中国涉案产品作出反补贴初裁，将于2014年2月21日前对日本涉案产品作出反倾销初裁。

2013年9月25日，美国商务部发布公告，对从中国进口的三氯异氰尿酸进行反补贴立案调查，对从日本进口的三氯异氰尿酸进行反倾销立案调查，申诉企业为Clearon Corp.(South Charleston, WV)和Occidental Chemical Corporation(Dallas, TX)，涉案产品海关编码为：2933.69.6015、2933.69.6021、2933.69.6050、3808.50.4000、3808.94.5000、3808.99.9500。

又讯：美国分别对中国和日本三氯异氰尿酸进行反补贴和反倾销损害调查

2013年9月4日，美国国际贸易委员会(USITC)发布立案通知，对自中国进口的三氯异氰尿酸进行反补贴产业损害调查，对日本进口的三氯异氰尿酸进行反倾销产业损害调查。

USITC将在45天内(截至2013年10月11日)对三氯异氰尿酸是否对美国国内产业造成了实质损害或实质损害威胁，或对建立国内相关产业是否造成实质阻碍进行反倾销和反补贴调查，其间将会对日本出口价格是否低于正常价值进行反倾销产业损害调查，并对中国进行反补贴产业损害调查。产业损害调查结果将于2013年10月22日公布。

(注：三氯异氰尿酸在聚胺酯合成革鞋的生产、橡胶氯化及有机合成方面也有大量的应用。)

六、USCIT就对华聚酯薄膜反倾销行政复审案作出判决

2013年8月21日，美国国际贸易法院(USCIT)就涉及美国商务部对华聚酯薄膜反倾销行政复审终裁的相关诉求作出判决。本案诉讼双方如下：

原告：杜邦－帝人薄膜(DuPont Teijin Films)、三菱树脂聚酯膜有限公司(MITSUBISHI POLYESTER FILM, INC.)、SKC公司(SKC, INC.)、东丽塑料(美国)公司(TORAY PLASTICS(AMERICA), INC.)

被告：美国政府

被告介入方：天津万华股份有限公司(TIANJIN

WANHUA CO., LTD.),富维薄膜(山东)有限公司(FUWEI FILMS (SHANDONG) CO., LTD.),四川东方绝缘材料股份有限公司(SICHUAN DONGFANG INSULATING MATERIAL CO., LTD.)

本案争议点:

本案原告就美国商务部对华聚酯薄膜反倾销案第二次行政复审终裁裁决提出质疑。原告认为,尽管2009年国民总收入(GNI)数据已经尽早提交,但仍然错过了提交日期,导致该数据未纳入考虑范围,这主要是由于商务部未能及时通知最新的截止时间。商务部的做法违反了《联邦行政程序法》(APA)中关于通知和评论的要求(5 U.S.C. § 553(b)、(c))。此外,即使规定的新的截止日期是有效的,也不适用于本案,因为商务部有充分的时间考虑2009年的GNI数据,并能够在必要时延长初裁的截止期限。被告则认为,法律的公平和有效操作原则要求商务部"在诉讼活动中应尽早列出经济上可比较的国家名单,且……对于案件中较晚出现的证据,商务部将不予考虑。"被告称,这并不是一项新的规则,仅仅是对2004年政策备忘录中相关规定的澄清。

司法管辖权和审查标准:

根据28 U.S.C. § 1581(c),美国国际贸易法院对该案具有司法管辖权。根据19 U.S.C. § 1516a(b)(1)(B)(i),如果商务部的反倾销复审终裁"不具备案卷记录中存放的实质性证据的支持,或在其他方面符合法律……",国际贸易法院将不予支持。

判决结果:

美国国际贸易法院发回商务部重新考虑其关于替代国的选择。商务部应在本判决意见发布之后60日内(即截至2013年10月21日)向国际贸易法院提交其重新裁决,相关当事方应在30日内(截至2013年11月20日)提交评论意见,美国政府应在随后15天内(截至2013年12月5日)予以答复。

案件背景:

2007年10月31日,美国商务部对华聚酯薄膜启动反倾销调查,涉案产品海关编码为39206200.90。2010年12月28日,美国商务部对该案启动第二次行政复审,倾销调查期为2009年11月1日~2010年10月31日。2012年3月12日,美国商务部作出终裁,中国涉案企业所获终裁税率为8.42%~76.72%不等。

又讯:美国CIT就对华聚酯薄膜反倾销案作出判决

2013年2月7日,美国国际贸易法院(CIT)就美国商务部对华聚酯薄膜反倾销行政复审案作出判决。本案诉讼双方具体如下:

原告:杜邦-帝人薄膜(DUPONT TEIJIN FILMS)、三菱树脂聚酯膜有限公司(MITSUBISHI POLYESTER FILM, INC.)、SKC公司、东丽塑料(美洲)公司(TORAY PLASTICS(AMERICA), INC.)

被告:美国政府

被告介入方:天津万华股份有限公司(TIANJIN WANHUA CO., LTD.)、富维薄膜(山东)有限公司(FUWEI FILMS(SHANDONG) CO., LTD.)、四川东方绝缘材料股份有限公司(SICHUAN DONGFANG INSULATING MATERIAL CO., LTD.)

本案争议点:

本案涉及美国商务部对华聚酯薄膜第二次反倾销行政复审终裁的部分认定。原告认为,美国商务部选择印度作为替代国,并运用JBF Industries Ltd.的财务报表来计算替代财务比率的做法有误。对此,被告和被告介入方表示反对。

司法审查标准:

根据28 U.S.C. § 1581(c),美国国际贸易法院对该案有管辖权。根据19 U.S.C. §1516a(b)(1)(B)(i),国际贸易法院在"没有具备案卷记录中存放的实质性证据的支持,或在其他方面符合法律"的情况下,将不予支持美国商务部的反倾销行政复审终裁。

判决结果:

美国国际贸易法院将该案发回商务部,要求商务部就无视世界银行2009年GNI数据,或利用2009年数据选择替代国的做法提供一个合理的解释。但是,国际贸易法院维持了商务部关于JBF公司的财务报表是最佳可获得信息,且基于接受的一项可诉DEPB(退税减税权利义务证书)补贴,JBF公司的财务报表不应排除在外的认定。美国商务部应在该判决发布后60日内向国际贸易法院提交其重审裁决。当事各方应在随后的30日内提交反对意见,美国政府在随后的15日内提交答复。

案件背景:

2007年10月31日,美国商务部对华聚酯薄膜启动反倾销调查,涉案产品海关编码为39206200.90。2008年9月19日,美国商务部作出终裁,终裁税率为3.49%~76.72%不等。2010年12月28日,美国商务部对该案启动第二次行政复审;2012年3月12日,美国商务部发布终裁,终裁税率为8.42%~76.72%不等。

再讯:美国CIT就聚酯薄膜反倾销行政复审案作出判决

2013年1月24日,美国国际贸易法院(CIT)就美国商务部对华聚酯薄膜反倾销行政复审案作出判决,本案诉讼双方具体如下:

原告:富维薄膜(山东)有限公司(以下简称富维

薄膜）

被告：美国政府

本案争议点：

本案是关于商务部对华聚酯（PET）薄膜反倾销税的行政复审终裁裁决及终裁备忘录的合并诉讼，涉及美国商务部根据国际贸易法院就富维薄膜诉美国政府案的发回重审判决（36 CIT ____，837 F. Supp. 2d 1347（2012））向国际贸易法院提交的重审后终裁。

审查标准：

根据《1930 年关税法》（经修订）第 516A（a）（2）（B）（iii）节、19 U. S. C. § 1516a（a）（2）（B）（iii）（2006）以及 28 U. S. C. §1581（c）（2006），美国国际贸易法院对该案具有司法审查权。关于反倾销税的行政复审问题，美国国际贸易法院将维持商务部的裁决、认定或结论，除非这些裁决、认定或结论“不具备实质性证据的支持或在其他方面违反了法律的规定”。（19 U. S. C. § 1516a（b）（1）（B）（i））

判决结果：

美国国际贸易法院维持了商务部的重审裁决。

案件背景：

2007 年 10 月 31 日，美国商务部对华聚酯薄膜启动反倾销调查，涉案产品海关编码为 39206200. 90。2009 年 12 月 23 日，美国商务部对该案启动行政复审调查。2011 年 2 月 22 日，商务部发布行政复审终裁，裁定富维薄膜（山东）有限公司的最终反倾销税率为 30. 91%。

〔注：聚酯薄膜（PET）是以聚对苯二甲酸乙二醇酯为原料，采用挤出法制成厚片，再经双向拉伸制成的薄膜材料。〕

七、巴西对进口自中国的己二酸启动反倾销调查

2013 年 12 月 13 日，巴西外贸委员会发布第 75 号令，决定对进口自中国的己二酸（ácido adípico）启动反倾销调查。涉案产品南共市税号为 29171210。

（注：己二酸主要用作尼龙 66 和工程塑料的原料，也用于生产各种酯类产品，还用作聚氨基甲酸酯弹性体的原料。）

八、巴西对华甲基丙烯酸甲酯制板启动反倾销调查

2013 年 11 月 14 日，巴西外贸委员会发布第 71 号令，决定对进口自中国以及中国香港的甲基丙烯酸甲酯制板启动反倾销调查，涉案产品南共市税号为 39205100。

〔注：甲基丙烯酸甲酯是聚甲基丙烯酸甲酯（有机玻璃）单体，也与其他乙烯基单体共聚得到不同性质的产品．用于制造有机玻璃、塑料、树脂、离子交换树脂和绝缘灌注材料等。〕

九、巴西对华塑料真空采血管启动反倾销调查

2013 年 11 月 1 日，巴西外贸委员会发布第 64 号令，决定对进口自中国的塑料真空采血管（tubo plastic para coleta desangue a vάuo）启动反倾销调查。涉案产品南共市税号：3822. 00. 90、3926. 90. 40 和 9018. 39. 99。

十、巴西发放树脂铅笔反倾销调查问卷

2013 年 9 月 19 日，巴西贸易保护局致函中国驻巴西经商参赞处，告知鉴于中国在树脂铅笔反倾销程序中未被视为市场经济国家，巴方拟以法国为替代国来计算正常价值。巴方选取出口量较大者发放调查问卷。相关涉案企业应在 40 天内填写并提交调查问卷。

又讯、巴西对进口自中国的树脂铅笔启动反倾销调查

2013 年 9 月 13 日，巴西发展工业外贸部外贸秘书处发布第 51 号通告，对进口自中国的树脂铅笔（南共体税号：9609. 10. 00）启动反倾销调查，案件号为 MDIC/SECEX 52272. 001177/2013 - 50。倾销调查期为 2012 年 1 ~ 12 月，损害调查期为 2008 年 1 月 ~ 2012 年 12 月。

十一、巴西决定对华塑料洗浴用品反倾销案重新抽样

近日，巴西贸易保护局致函我国驻巴西使馆经商处，称在巴西对进口自中国的塑料洗浴用品（artigos de uso doméstico，de higiene e de toucador，de plásticos）反倾销调查中，被抽样企业没有回答问卷和申请延期，因此巴方决定重新抽取以下企业回答问卷：

福州富臣家居用品有限公司（Fuzhou Fortune Homeware Co.，Ltd.）、上海爱里实业有限公司（Shanghai Aili Industrial Co.，Ltd.）、温州市启辉进出口有限公司 公司（Wenzhou Qihui Imp & Exp Co.，Ltd.）以及浙江嘉信投资发展有限公司（Zhejiang Jiaxin Development Company Ltd.）。

又讯：巴西对华塑料洗浴用品进行反倾销调查

近日，巴西发展、工业和外贸部发布公告，决定对进口自中国的塑料洗浴用品进行反倾销立案调查。涉案产品南共市税号为：3922. 10. 00 和 3924. 90. 00。

本案倾销调查期为 2011 年 4 月 ~ 2012 年 3 月，损害调查期为 2007 年 4 月 ~ 2012 年 3 月。鉴于中国在反倾销程序中未被视作市场经济国家，巴方拟以美国为替代国来计算正常价值。因涉案产品生产商和出口商数量众多，巴方将选取出口量较大者发放调查问卷。相关利害关系方可在公告日起 20 天内向

巴方申请参加调查。相关涉案企业应在40天内填写并提交调查问卷。

十二、巴西对华尼龙绳征收临时反倾销税

2013年9月12日，巴西发展工业外贸部外贸秘书处发布第72号令，从2013年9月16日起，对进口自中国的尼龙绳(南共市税号为5402.31.11、5402.31.19、5402.45.20)征收4个月的临时反倾销税，案件号为MDIC/SECEX52000.041561/2011-23。涉案中国企业及征税标准如下：

公司名称	临时反倾销税(美元/吨)
Yuan Huadung Nylon Co., Ltd.	0.00
福建省长乐市创造者锦纶实业有限公司(Fujian Changle Creator Nylon Industrial Co., Ltd.)	237.36
新会德华尼龙切片有限公司(Xinhui Dehua Nylon Chips Co., Ltd.)	1529.16
广东开平春晖股份有限公司(World Best Co., Ltd. e Guandong Kaiping Chunhui Co., Ltd)	2409.11
常熟市锦纶制品有限公司(Changshu Polyamide Fiber Slice Co., Ltd)	237.36
烟台华润锦纶有限公司(China Resources Yantai Nylon Co., Ltd.)、	
Fabrictex Industrial Co., Ltd. (China)	
远景实业控股有限公司(Grand Vision Industrial Limited)	
杭州富兴集团有限公司(Hangzhou Fuxing Group Co. Ltd.)	
杭州萧山钱潮锦纶有限公司(Hangzhou Xiaoshan Qianchao Nylon Co., Ltd)	
Hangzhou Shanshan Qc. Nylon Co. Ltd	
江苏文峰化纤集团(Jiangsu Wenfeng Chemical Fiber Group. Co., Ltd)	
济南骋至国际贸易有限公司(Jinan Trustar International Co., Ltd)	
美达锦纶股份有限公司(Meida Nylon Company Limited)	
屹立锦纶科技(苏州)有限公司(Nilit Nylon Technologies (Suzhou) Co. Ltd)	
青岛中达化纤有限公司(Qingdao Zhongda Chemical Fibre Co., Ltd)	
Wenda Co. Ltd	
浙江锦事达化纤有限公司(Zhejiang Jinshida Chemical Fibre Co., Ltd)	
浙江美丝邦化纤有限公司(Zhejiang Mesbon Chemical Fiber Limited)	
诸暨市明盛进出口有限公司(Zhuji Tms Import And Export Co., Ltd)	
其他	2409.11

十三、巴西拟就液态环氧树脂反倾销举行听证会

近日，巴西贸易保护局致函中国驻巴西使馆经商参赞处，告巴方拟于2013年9月16日下午15：00在巴西利亚就进口自中国的液态环氧树脂(Resinas Epóxi Líquidas)反倾销举行听证会，涉案产品南共市税号为39073011、39073019、39073021、39073022和39073029。听证会地址：EQN 102/103，Lote I，Brasilia-DF。

拟参加听证会的当事人需提前5日(即2013年9月11日以前)报名。听证会使用语言为葡萄牙语。

又讯：巴西对进口自中国的液态环氧树脂进行反倾销

2013年1月3日，巴西发展、工业和外贸部发布公告，决定对进口自中国的液态环氧树脂(Resinas Epóxi Líquidas)进行反倾销立案调查。涉案产品南共市税号为39073011、39073019.39073021、39073022和39073029。

巴方拟以中国台湾为替代市场来计算正常价值。因涉案产品生产商和出口商数量众多，巴方将选取出口量较大者发放调查问卷。相关利害关系方可在公告日起20天内向巴方申请参加调查。相关涉案企业应在40天内填写并提交调查问卷。

(注：环氧树脂是泛指分子中含有两个或两个以上环氧基团的有机化合物，优良的物理机械和电绝缘性能、与各种材料的粘接性能、以及其使用工艺的灵活性是其他热固性塑料所不具备的。因此它能制成涂料、复合材料、浇铸料、胶粘剂、模压材料和注射成型材料等多个领域中得到广泛的应用。)

十四、印度延期对华悬浮级聚氯乙烯反倾销日落复审终裁

2013年11月6日，印度商工部发布公告称，将完成对原产于中国、中国台湾、印尼、日本、韩国、

马来西亚、泰国和美国的悬浮级聚氯乙烯反倾销日落复审调查的最后期限延至2014年1月4日。

2012年10月，印度对原产于中国、中国台湾、印尼、日本、韩国、马来西亚、泰国和美国的悬浮级聚氯乙烯进行反倾销日落复审立案调查。

又讯：印将就涉华悬浮级聚氯乙烯反倾销日落复审召开听证会

日前，印商工部反倾销局发布公告称，将于4月30日下午4点在该局141室就对原产于中国、中国台湾、印尼、日本、韩国、马来西亚、泰国和美国悬浮级聚氯乙烯（Polyvinyl Chloride Suspension Grade Resin）反倾销日落复审召开听证会。利害关系方可于4月25日前报名参会。

十五、印度发布继续对华尼龙扎带征收反倾销税

2013年11月12日，印度消费税和海关中央委员会发布公告称，由于2013年10月17日印度对原产于中国和中国台湾的尼龙扎带进行反倾销日落复审立案调查，因此决定将上述反倾销措施延至2014年10月30日。涉案产品海关编码为3926.9010。

2008年1月，印度对原产于中国和中国台湾的尼龙扎带进行反倾销立案调查；2009年3月，印度对此案作出肯定性终裁。2013年10月，印度对原产于中国和中国台湾的尼龙扎带进行第一次反倾销日落复审立案调查。

又讯：印度对华尼龙扎带进行反倾销日落复审调查

2013年10月17日，应Surelock Plastics Pvt. Ltd.的申请，印度对原产于中国和中国台湾的尼龙扎带进行反倾销日落复审立案调查。涉案产品海关编码为3926.9010。

本案的倾销调查期为2012年4月1日~2013年3月31日，损害调查期包括2009年4月~2010年3月、2010年4月~2011年3月、2011年4月~2012年3月和倾销调查期(2012年4月1日~2013年3月31日)。

2008年1月1日，印度对原产于中国和中国台湾的尼龙扎带进行反倾销立案调查；2009年3月31日，印度对此案作出肯定性终裁。

十六、印度对华精对苯二甲酸进行反倾销调查

2013年10月8日，应MCC PTA India Corp. Pvt. Ltd. 和Reliance Industries Limited的申请，印度对原产于中国、欧盟、韩国和泰国的精对苯二甲酸进行反倾销立案调查。涉案产品海关编码为29173600。

本案的倾销调查期为2012年4月1日~2013年3月31日，损害调查期为2009年4月1日~2013年3月31日。

〔注：精对苯二甲酸，别称PTA，是重要的大宗有机原料之一，主要用于生产聚对苯二甲酸乙二醇酯(简称聚酯，PET)。聚酯包括纤维切片、聚酯纤维、瓶用切片和薄膜切片。〕

十七、印度不对进口乙酰乙酸甲酯征收保障措施税

2013年10月10日，印度财政部对进口乙酰乙酸甲酯作出保障措施终裁：(1)相比2011~2012年，印度进口的涉案产品在2012~2013年出现大幅增加，但未出现激增现象；(2)进口的涉案产品未对国内产业造成严重损害威胁；(3)国内产业未能证明，涉案产品的市场发展是不可预见的；(4)国内产业无法明确证明，对进口的涉案产品征收4年保障措施税是符合公共利益的。根据上述裁决，印度财政部不建议对进口涉案产品征收保障措施税。涉案产品海关编码为29183040。

在本案中，有4家中国企业参与应诉，分别是：(1)南通醋酸化工股份有限公司(Nantong Acetic Acid Chemical Co Ltd, China PR)；(2)新华制药(寿光)有限公司(Xinhua Pharmaceuticals (Shouguang) Co Ltd China PR)；(3)江苏天成生化制品有限公司(Jiangsu Tiancheng Biochemical Products Co Ltd, China PR)；(4)青岛双桃精细化工(集团)有限公司(Qingdao Double-Peach Speciality Chemical (Group) Co Ltd)。

2013年6月，印度对进口乙酰乙酸甲酯进行保障措施立案调查。目前，印度乙酰乙酸甲酯的主要进口来源国是中国、美国。

又讯：印度将就乙酰乙酸甲酯保障措施案举行听证会

2013年8月5日，印度保障措施局发布公告称，将于2013年8月26日11时在保障措施局一楼会议厅就对进口乙酰乙酸甲酯保障措施案举行听证会。

2013年6月，印度对进口乙酰乙酸甲酯进行保障措施立案调查。

再讯：印度对进口乙酰乙酸甲酯进行保障措施调查

2013年6月6日，应印度孟买拉克西米有机实业有限公司(Laxmi Organic Industries Limited)的申请，印度对进口乙酰乙酸甲酯进行保障措施立案调查。涉案产品海关编码为29183040。本案的调查期为2010/11财年~2012/13财年。

目前，印度乙酰乙酸甲酯的主要进口国包括中国、美国和瑞士。

（注：乙酰乙酸甲酯用作纤维素醚的溶剂和纤维素树脂混合溶剂的成分，也用高分子稳定剂等有机合成。）

十八、印度取消对进口邻苯二甲酸酐的保障措施

2013年6月7日，印度对进口邻苯二甲酸酐作出保障措施日落复审终裁：由于在本案中，国内产业并未依照保障措施法规第18(1)(i)条的要求提供与生产有关的具体证据，因此没有理由继续目前对进口邻苯二甲酸酐的保障措施。涉案产品海关编码29173500。

2011年8月，印度对进口邻苯二甲酸酐进行保障措施立案调查；2012年3月，印度决定对进口邻苯二甲酸酐征收为期1年的保障措施关税。2012年10月，印度对进口邻苯二甲酸酐进行保障措施日落复审立案调查。

〔注：邻苯二甲酸酐，简称苯酐，是邻苯二甲酸分子内脱水形成的环状酸酐。苯酐为白色固体，是化工中的重要原料，是重要的增塑剂。与多元醇(如甘油、季戊四醇)缩聚生成聚芳酯树脂；若与乙二醇和不饱和酸缩聚，则生成不饱和聚酯树脂，可制造绝缘漆和玻璃纤维增强塑料。〕

十九、韩贸易委建议对华定向聚丙烯薄膜征收为期5年反倾销税

据韩联社2013年10月30日消息，韩国贸易委员会(KTC)29日召开第321次会议，决定提请企划财政部针对原产于中国、印度尼西亚和泰国的定向聚丙烯(OPP)薄膜征收反倾销税，征收期限为五年。具体税率为中国3.89%～25.05%、印度尼西亚4.43%～5.98%、泰国3.48%～10.55%。

OPP薄膜用于食品、香烟等商品的包装盒以及各种胶带。2012年11月，韩国的三家OPP生产商——三荣化学工业、Filmax、HS工业公司针对中国、印尼、泰国OPP薄膜向贸易委员会提出反倾销调查申请，指控这些国家的OPP薄膜有倾销嫌疑，导致韩国内企业受到经济损失。

韩国企划财政部在受理贸易委员会提交的反倾销调查结果后，将在50天内作出是否征收反倾销税的最终决定。

贸易委员会还决定将针对原产于中国大陆、中国台湾地区、马来西亚的聚酯弹力丝反倾销税征收期限延长三年，税率为2.22%～8.69%。

2012年11月，TK化学和星安合纤指出，韩国政府向原产于中国大陆、中国台湾地区和马来西亚的聚酯弹力丝征收反倾销税后，倾销产品只增不减。由于中国等国家快速扩大生产设备，韩国内同行很可能再次受到打击，进而要求贸易委员会延长反倾销税征收期限。

又讯：韩国对华取向聚丙烯薄膜进行反倾销调查

2013年1月7日，韩国贸易委员会发布公告，称其根据申请，决定对来自中国、印度尼西亚和泰国的取向聚丙烯薄膜进行反倾销立案调查。涉案产品海关编码为3920.20.0000和3921.90.2000。

本案的倾销调查期为2011年7月1日～2012年6月30日。

二十、韩国对华聚酯拉伸变形丝进行反倾销日落复审调查

2013年1月9日，韩国决定对原产于中国、马来西亚和中国台湾的聚酯拉伸变形丝进行反倾销日落复审立案调查。涉案产品海关编码为5402339000。

根据韩国贸易委员会的要求，相关利害关系方需在2013年2月6日前向该委员会应诉并填写调查问卷。

二十一、阿根廷对华聚对苯二甲酸乙二酯采取最终反倾销措施

近日，阿根廷经济与公共财政部外贸国务秘书处照会中国驻阿根廷使馆经商参赞处称，中国、中国台湾、印度和泰国的特性粘度在0.7dl/g和0.86dl/g之间的颗粒状聚对苯二甲酸乙二酯(即PET，南共市税号为3907.60.00)的反倾销调查已结束，并决定采取征收8%的反倾销税(从价税)的最终措施。

又讯：阿根廷通报对华聚对苯二甲酸乙二酯反倾销调查取证阶段结束

2013年9月19日，阿根廷经济和公共财政部外贸国务秘书处照会中国驻阿根廷经商参赞处，通报阿方对原产于韩国、中国、中国台湾、印度和泰国的特性粘度在0.7dl/g和0.86dl/g之间的颗粒状聚对苯二甲酸乙二酯(即PET)反倾销调查取证阶段已结束，涉案企业可查阅调查文件，并自收到通告之日起10个工作日内提交最终证词。

再讯：阿根廷不对华聚对苯二甲酸乙二酯采取临时反倾销措施

2013年8月23日，阿根廷经济和公共财政部外贸国务秘书处照会中国驻阿根廷使馆经商参处，通报其根据该国务秘书处2013年第134号决议，决定继续对原产于韩国、中国、中国台湾、印度和泰国的特性粘度在0.7dl/g和0.86dl/g之间的颗粒状聚对苯二甲酸乙二酯(即PET)进行反倾销调查，但不采取临时反倾销措施。上述决议于2013年8月20日起生效。

(注：聚对苯二甲酸乙二醇酯，简称PET，俗称涤纶树脂，是生活中常见的一种树脂，它是对苯二甲酸与乙二醇的缩聚物，与PBT一起统称为热塑性聚酯或饱和聚酯。)

二十二、阿根廷继续延长对华聚氯乙烯产品反倾销调查期限

2013年10月11日，阿根廷经济和公共财政部外贸国务秘书处照会中国驻阿根廷使馆经商参赞处，通告阿方决定继续延长对原产于中国和德国的用于制造门窗及隔断的PVC型材的反倾销调查期限，延长时间为6个月。

又讯：阿根廷延长对华聚氯乙烯（PVC）产品反倾销调查期限

2013年7月11日，阿根廷经济和公共财政部外贸国务秘书处照会中国驻阿根廷经商参赞处，通告阿方决定延长对原产于中国和德国的用于制造门窗及隔断的PVC型材的反倾销调查期限。

再讯：阿根廷完成对中国和德国产聚氯乙烯产品反倾销调查取证

2013年6月3日，阿根廷经济和公共财政部外贸国务秘书处照会中国驻阿根廷经商参赞处，通告阿方对原产于中国和德国的用于制造门窗及隔断的聚氯乙烯（PVC）型材的反倾销调查已完成取证，涉案企业可查阅有关文件。

（注：聚氯乙烯，英文简称PVC，是由氯乙烯在引发剂作用下聚合而成的热塑性树脂，是氯乙烯的均聚物。）

二十三、埃及对华塑料或金属齿拉链进行反倾销日落复审调查

近日，埃及工贸部国际贸易政策中央司决定对自中国进口塑料或金属齿拉链产品（slide fastenersfitted with chain scoops of base metal or plastic）发起反倾销日落复审调查。涉案产品海关编码为96071100、96071900。各利害关系方应于10月1日前向调查机关登记并提交调查问卷答卷。

2007年8月，埃及对华服装拉链进行反倾销立案调查；2008年8月，埃及作出终裁：对自中国进口的涉案产品征收1.2美元/千克的反倾销税。

请已对埃及出口涉案产品的企业按埃及相关法律要求，积极应诉，以维护本企业权益。

二十四、南非对华聚氯乙烯板、片、膜、箔及扁条作出反倾销日落复审终裁

2013年5月10日，南非对原产于中国和中国台湾的聚氯乙烯板、片、膜、箔及扁条作出反倾销日落复审终裁：取消对自中国和中国台湾进口的涉案产品的反倾销措施会使倾销和对国内产业的损害继续发生，因此决定继续对自中国和中国台湾进口的涉案产品征收反倾销税，税率分别为32.7%和22.6%。涉案产品海关编码为3920.47。

2007年6月，南非对原产于中国和中国台湾的聚氯乙烯板、片、膜、箔及扁条进行反倾销立案调查；2008年4月，南非对此案作出肯定性终裁。2012年9月，南非对原产于中国和中国台湾的聚氯乙烯板、片、膜、箔及扁条进行反倾销日落复审立案调查。

二十五、马来西亚对华双向拉伸聚丙烯薄膜征收反倾销税

越南《年轻人报》4月27日报道，越南工贸部竞争管理局称，马来西亚国际工业和贸易部宣布终裁决定，将对原产于越南、中国台湾、泰国、中国和印尼的双向拉伸聚丙烯薄膜征收2.59%～12.37%的反倾销税，有效期为2013年4月23日～2018年4月23日。

二十六、巴基斯坦对华双向拉伸聚丙烯薄膜作出反倾销终裁

近日，巴基斯坦关税委员会对原产于中国、沙特、阿曼和阿联酋的双向拉伸聚丙烯薄膜作出反倾销终裁：对产自中国的聚丙烯薄膜征收为期3年的反倾销税，税率为56.8%。涉案产品海关编码为39202010.39202030。

二十七、祸起塑化剂 输欧玩具遇险

国际商报2013年3月18日讯 2012年，欧盟REPAX系统和美国CPSC通报的不合格玩具产品中，塑化剂超标成为首要诱因。业内人士提醒，欧美是我国玩具的传统出口地区，玩具出口企业应及时了解国外技术法规，不断树立环保意识，提升玩具出口企业的自主创新能力。

塑化剂超标正成为我国儿童玩具出口的拦路虎！“好不容易拿到的订单，就这样白白丢掉了，真是可惜啊！”江苏一玩具出口企业的谢老板近日很是郁闷，原本接手了一个欧洲客户的大单，但由于塑化剂检测项目不合格，企业只能遗憾地错过了订单。“邻苯二甲酸酯的含量检测已成为近年来我国玩具出口到欧美日等发达国家新增的必测项目，而邻苯二甲酸酯超标也是近年来国外对我国出口玩具通报召回的主要原因。”宁波检验检疫专家透露，2012年境外通报我国玩具及儿童用品邻苯二甲酸二酯（DEHP）超标146起，较2011年增加了两倍多。通报国家和地区主要是欧盟和加拿大，其中欧盟占98%。通报产品主要涉及玩具、玩具车、婴儿围嘴、儿童雨衣等，而令这些产品“中招”的罪魁，就是玩具和儿童护理用品塑料部件中的DEHP用量超标，不符合欧盟REACH法规。

玩具出口频中招

近日，宁海检验检疫局在对一批出口丹麦的文具套装进行抽样检测时发现，该产品外包装 PVC 泡壳和外薄膜邻苯二甲酸二己酯(DEHP)重量百分比分别为 0.64% 和 5.9%，远远超过欧盟邻苯二甲酸酯 DEHP、DBP 和 BBP 浓度 0.1% 的标准。而公司对此全然不知。

背景链接

2005 年，欧盟发布 2005/84/EC 指令，禁止在玩具材料中使用塑化剂，这是最早提出禁止在玩具中使用塑化剂的法规。2008 年，美国发布《消费品改进法》(HR4040)，明确规定玩具产品中的塑化剂含量不得超过 0.1%。2009 年，欧盟玩具新指令(2009/48/EC)再次明确塑化剂不得在玩具中使用，并将其列入 REACH 法规。之后，日本、韩国、加拿大等国家和地区纷纷制修订玩具法规，控制塑化剂含量。

近年来，塑化剂受限种类一直在增加，限制要求也越来越严，从最初受限的 3 岁以下放入口中的玩具扩展为 12 周岁以下所有玩具及儿童护理用品。限量从每个项目小于 0.1% 加严至项目加和小于 0.1%。2012 年，欧盟 REPAX 系统和美国 CPSC 通报的不合格玩具产品中，塑化剂超标成为首要诱因。

二十八、联合国在全球禁用阻燃剂六溴环十二烷

中国科学报 2013 年 5 月 13 日讯　联合国《关于持久性有机污染物的斯德哥尔摩公约》日前投票一致通过一项禁令：在全球范围内禁止使用六溴环十二烷(HBCD)——一种在绝缘、纺织和电子领域常用的阻燃剂。HBCD 如今与另外两种类似的有机污染物一道登上了《关于持久性有机污染物的斯德哥尔摩公约》禁用化学制品的黑名单。

溴系阻燃剂能够非常有效地防止塑料制品和纺织品着火。但它们同时也能够长时间地存在于环境中，并在生物组织中积聚。考虑到对人体健康可能的影响，《关于持久性有机污染物的斯德哥尔摩公约》于 2009 年禁止了四溴联苯醚和五溴联苯醚的使用。

根据《关于持久性有机污染物的斯德哥尔摩公约》对 HBCD 的描述，这种化合物主要由美国、欧洲和亚洲生产。2001 年，市场上 16500 吨的 HBCD 中有一半在欧洲地区使用。而到了 2003 年，全球的 HBCD 需求已攀升接近 22000 吨。

随着 HBCD 如今成为《关于持久性有机污染物的斯德哥尔摩公约》污染物清单中的一员，世界各国必须展开行动，禁止对这种有机污染物的使用。欧盟被称为 REACH 的有毒物质计划已经将 HBCD 认定为一种“被高度关注的物质”，同时呼吁到 2015 年分阶段淘汰这种有机污染物。瑞士日内瓦国际环境法中心(CIEL)的常务律师 David Azoulay 认为，全球禁令是很好的一步。他说：“这一禁令防止了其他国家从使用已有的化合物，到开发它的新用途。”

然而 CIEL 和其他环保组织对于欧盟为在建筑用发泡聚苯乙烯保温材料和挤塑聚苯乙烯保温材料中使用 HBCD 设置了一个 5 年的缓冲期感到失望。为了这一目的而生产 HBCD 的公司必须通知《关于持久性有机污染物的斯德哥尔摩公约》，并清楚地确定它们的产品，同时不能将其出口到欧盟以外的地区。

据悉，《关于持久性有机污染物的斯德哥尔摩公约》通过于 2001 年 5 月 22 日，2004 年 5 月 17 日生效，11 月 11 日对中国生效。内容主要是为了保护人类健康和环境采取包括旨在减少和/或消除持久性有机污染物排放和释放的措施在内的国际行动。

二十九、商务部公告 2013 年第 5 号 关于对原产于美国和欧盟进口乙二醇和二甘醇的单丁醚反倾销调查终裁的公告(2013 年 1 月 25 日)

根据《中华人民共和国反倾销条例》(以下称《反倾销条例》)的规定，商务部(以下称调查机关)于 2011 年 11 月 18 日正式发布立案公告，决定对原产于美国和欧盟的进口乙二醇和二甘醇的单丁醚(以下称被调查产品)进行反倾销立案调查。该被调查产品归在《中华人民共和国进出口税则》：29094300。

调查机关对被调查产品是否存在倾销及倾销幅度、国内乙二醇和二甘醇的单丁醚产业是否受到损害及损害程度、以及倾销与损害之间的因果关系进行了调查。根据调查结果和《反倾销条例》第二十四条的规定，2012 年 7 月 27 日，调查机关发布初裁公告，初步认定原产于美国和欧盟的进口乙二醇和二甘醇的单丁醚存在倾销，中国乙二醇和二甘醇的单丁醚产业受到了实质损害，并且倾销与实质损害之间存在因果关系。

初步裁定后，调查机关对倾销和倾销幅度、损害和损害程度及倾销和损害之间的因果关系进行了进一步调查。现本案调查结束，依据《反倾销条例》第二十五条的规定，调查机关作出最终裁定(见附件)。现将有关事项公告如下：

一、最终裁定

经调查，调查机关最终裁定，在本案调查期内，原产于美国和欧盟的进口乙二醇和二甘醇的单丁醚存在倾销，中国国内产业受到实质损害，而且倾销与实质损害之间存在因果关系。

二、征收反倾销税

根据《反倾销条例》第三十八条的规定，商务部

向国务院关税税则委员会提出征收反倾销税的建议，国务院关税税则委员会根据商务部的建议作出决定，自2013年1月28日起，对原产于美国和欧盟的进口乙二醇和二甘醇的单丁醚征收反倾销税。

本案征收反倾销税的产品归在《中华人民共和国进出口税则》：29094300，具体描述如下：

调查范围：原产于美国和欧盟的进口乙二醇和二甘醇的单丁醚。

被调查产品名称：乙二醇和二甘醇的单丁醚，英文名称：Ethylene Glycol Monobutyl Ether（乙二醇的单丁醚），Diethylene Glycol Monobutyl Ether（二甘醇的单丁醚）。

物理化学特征：

乙二醇的单丁醚：无色透明液体，微有香味，接触明火、高热和强氧化剂有燃烧的危险。能溶于水、乙醇、丙酮、苯等有机溶剂，低毒。能溶解油脂、天然树脂、硝基纤维素等。

二甘醇的单丁醚：无色透明液体，微有香味，接触明火、高热和强氧化剂有燃烧的危险。能溶于水、乙醇、丙酮、苯等有机溶剂，低毒。能溶解油脂、天然树脂、硝基纤维素等。

主要用途：乙二醇和二甘醇的单丁醚是广泛应用于水基涂料中的溶剂，也是硝化纤维素、醇酸树脂和用顺酐改性的酚醛树脂的溶剂。一般用作涂料特别是硝基喷漆，可以防雾、防皱，提高涂膜的光泽性和流动性；也用作金属清洗剂，脱漆剂，脱润滑油剂，汽车引擎洗涤剂，干洗溶剂，环氧树脂溶剂，药物萃取剂，农药分散剂，印刷油墨、切削油和纤维油剂的油分散互溶剂；也用作硝化纤维素、清漆、印刷油墨、图章用印台油墨、油脂和树脂等的溶剂，乳胶漆的稳定剂，飞机涂料的蒸发抑制剂，高温烘烤瓷漆的表面加工改进剂。

对各公司征收的反倾销税税率如下：

美国公司

1. 伊士曼化工公司 10.6%
（Eastman Chemical Company）

2. 陶氏化学公司 14.1%
（The Dow Chemical Company）

3. 益科斯达化工产品有限公司 10.6%
（Equistar Chemicals，LP）

4. 其他美国公司 14.1%
（All others）

欧盟公司

1. 沙索德国有限责任公司 10.8%
（Sasol Germany GmbH）

2. 沙索溶剂德国有限责任公司 10.8%
（Sasol Solvents Germany GmbH）

3. 英力士化学拉瓦拉有限公司 9.3%
（INEOS Chemicals Lavera SAS）

4. 巴斯夫欧洲公司 18.8%
（BASF SE）

5. 其他欧盟公司 10.8%
（All others）

三、征收反倾销税的方法

自2013年1月28日起，进口经营者在进口原产于美国和欧盟的进口乙二醇和二甘醇的单丁醚时，应向中华人民共和国海关缴纳相应的反倾销税。反倾销税以海关审定的完税价格从价计征，计算公式为：反倾销税额=海关完税价格×反倾销税税率。进口环节增值税以海关审定的完税价格加上关税和反倾销税作为计税价格从价计征。

四、反倾销税的追溯征收

对自2012年7月28日起至2013年1月27日止，有关进口经营者依初裁公告向中华人民共和国海关所提供的保证金，按终裁所确定的征收反倾销税的商品范围和反倾销税税率计征并转为反倾销税，并按相应的增值税税率计征进口环节增值税。在此期间有关进口经营者所提供的保证金超出反倾销税的部分，以及由此多征的进口环节增值税部分，海关予以退还，少征部分则不再征收。

对实施临时反倾销措施决定公告之日前进口的原产于美国和欧盟的进口乙二醇和二甘醇的单丁醚不再追溯征收反倾销税。

五、征收反倾销税的期限

对原产于美国和欧盟的进口乙二醇和二甘醇的单丁醚征收反倾销税，实施期限自2013年1月28日起5年。

六、新出口商复审

对于美国和欧盟在调查期内未向中华人民共和国出口被调查产品的新出口经营者，符合条件的，可依据《反倾销条例》第四十七条的规定，向调查机关书面申请新出口商复审。

七、期中复审

在征收反倾销税期间，有关利害关系方可以根据《反倾销条例》第四十九条的规定，向调查机关书面申请期中复审。

八、行政复议和行政诉讼

对本案终裁决定及征收反倾销税的决定不服的，根据《反倾销条例》第五十三条的规定，可以依法申请行政复议，也可以依法向人民法院提起诉讼。

九、本公告自2013年1月28日起执行

（注：乙二醇和二甘醇的单丁醚是醇酸树脂和用顺酐改性的酚醛树脂的溶剂，也用作环氧树脂溶剂等。）

三十、商务部公告2013年第11号对原产于欧盟的进口甲苯胺反倾销案初裁公告(2013年2月28日)

根据《中华人民共和国反倾销条例》(以下简称《反倾销条例》)的规定，2012年6月29日，商务部(以下称调查机关)正式发布立案公告，决定对原产于欧盟的进口甲苯胺(以下称被调查产品)进行反倾销立案调查。该被调查产品归在《中华人民共和国进出口税则》：29214300。

调查机关对被调查产品是否存在倾销及倾销幅度、国内甲苯胺产业是否受到损害及损害程度、以及倾销与损害之间的因果关系进行了调查。根据调查结果和《反倾销条例》第二十四条的规定，调查机关作出初步裁定(见附件)，并就有关事项公告如下：

一、初步裁定

调查机关初步裁定，在本案调查期内，原产于欧盟的进口甲苯胺存在倾销，中国甲苯胺产业受到了实质损害，而且倾销与实质损害之间存在因果关系。

二、征收保证金

根据《反倾销条例》第二十八条和二十九条的规定，调查机关决定采用保证金形式实施临时反倾销措施。自2013年3月1日起，进口经营者在进口原产于欧盟的甲苯胺时，应依据本初裁决定所确定的各公司的倾销幅度向中华人民共和国海关提供相应的保证金。

本案征收保证金的产品归在《中华人民共和国进出口税则》：29214300，具体描述如下：

调查范围：原产于欧盟的进口甲苯胺。

被调查产品名称：甲苯胺，英文名称：Toluidine。

物理化学特征：外观通常为无色或淡黄色油状液体或无色片状结晶，微溶于水，溶于乙醇、乙醚、稀酸。甲苯胺有邻甲苯胺(o－Toluidine)、间甲苯胺(m－Toluidine)、对甲苯胺(p－Toluidine)三种异构体。

主要用途：甲苯胺通常用作染料、医药、农药的中间体，还可用于彩色显影剂，在分析化学中除作溶剂外也用作矿物折射指数的浸渍液。

对各公司征收的保证金比率如下：

欧盟公司

1. 朗盛德国有限责任公司(LANXESSDeutschlandGmbH)	22.2%
2. 其他欧盟公司(ALLOthers)	36.9%

三、征收保证金的方法

自2013年3月1日起，进口经营者在进口原产于欧盟的甲苯胺时，应依据本初裁决定所确定的各公司的倾销幅度向中华人民共和国海关提供相应的保证金。保证金以海关审定的完税价格从价计征，计算公式为：保证金金额＝(海关审定的完税价格×保证金征收比率)×(1＋进口环节增值税税率)。

四、评论

各利害关系方在本公告发布之日起20天内，可向调查机关提出书面评论并附相关证据，调查机关将依法予以考虑。

(注：甲苯胺主要作为聚氨酯树脂的生产原料，用于生产聚氯酯泡抹塑料、涂料、橡胶、粘合剂、密封剂等；也可用作橡胶硫化剂、蛋白质交联剂等。)

三十一、商务部公告2013年第16号 关于甲苯二异氰酸酯反倾销措施终裁的公告(2013年3月12日)

根据《中华人民共和国反倾销条例》的规定，2012年3月23日，商务部(以下称调查机关)发布2012年第14号公告，决定对原产于欧盟的进口甲苯二异氰酸酯(型号为TDI80/20，以下称被调查产品)进行反倾销立案调查。该被调查产品归在《中华人民共和国进出口税则》税则号：29291010。

调查机关对被调查产品是否存在倾销和倾销幅度、被调查产品是否对中国国内甲苯二异氰酸酯产业造成损害、损害程度以及倾销与损害之间的因果关系进行了调查。根据调查结果和《中华人民共和国反倾销条例》第二十四条的规定，2012年11月13日，调查机关发布初裁公告，认定被调查产品存在倾销，中国国内产业受到了实质损害，而且倾销与实质损害之间存在因果关系。

初步裁定后，调查机关继续对倾销和倾销幅度、损害和损害程度、以及倾销和损害之间的因果关系进行调查。现本案调查结束，根据本案调查结果，并依据《中华人民共和国反倾销条例》第二十五条的规定，调查机关作出最终裁定(见附件)。现将有关事项公告如下：

一、最终裁定

经过调查，调查机关最终裁定，在本案调查期内，被调查产品存在倾销，中国国内甲苯二异氰酸酯产业受到实质损害，且倾销与实质损害之间存在因果关系。

二、征收反倾销税

根据《中华人民共和国反倾销条例》的有关规定，调查机关向国务院关税税则委员会提出征收反倾销税的建议，国务院关税税则委员会作出决定，自2013年3月13日起，对原产于欧盟的进口甲苯二异氰酸酯(型号为TDI80/20)征收反倾销税。

对被调查产品的具体描述如下：

调查范围：原产于欧盟的进口甲苯二异氰酸酯(型号为TDI80/20)。

被调查产品名称：甲苯二异氰酸酯，英文名称：

TolueneDiisocyanate(简称 TDI)

规格型号：TDI80/20

分子式：$C_9H_6N_2O$

物理及化学特征：属于有机化学中含氮基化合物项下的异氰酸酯类，常温下为白色或浅黄色的液体，有刺激性气味，能与丙酮、醚类混溶，易与包含有活泼氢原子的化合物胺、水、醇、酸、碱发生反应分解，遇热遇火易发生爆炸。

主要用途：甲苯二异氰酸酯是生产聚氨酯产品的主要原料，用于制造软泡、弹性体、涂料、粘合剂等聚氨酯产品，还可以用于乙烯基聚合物的薄膜、天然橡胶的表面加工、涂料的耐药品性添加剂、纺织加工等方面，在石油、化工、矿山、冶金及汽车工业和铁路运输方面都有着广泛的用途。

该产品归在《中华人民共和国进出口税则》税则号：29291010，仅限于该税则号下 TDI80/20。

对各公司征收的反倾销税税率如下：

德国拜耳材料科技公司(Bayer Material ScienceAG)19.2%

匈牙利博苏化学有限责任公司(Borsodchem Zrt.)6.6%

波兰扎克姆化工股份公司(ZakladyChemiczneZACHEMS. A.)37.7%

法国柏斯托公司(PerstorpFrance)37.7%

陶氏西班牙公司(DowChemicalTarragona)(注：初裁公告中写为“陶式西班牙公司”)37.7%

其他欧盟公司(All Others)37.7%

三、征收反倾销税的方法

自 2013 年 3 月 13 日起，进口经营者在进口原产于欧盟的甲苯二异氰酸酯(型号为 TDI80/20)时，应向中华人民共和国海关缴纳相应的反倾销税。反倾销税以海关审定的完税价格从价计征，计算公式为：反倾销税额 = 海关完税价格 × 反倾销税税率。进口环节增值税以海关审定的完税价格加上关税和反倾销税作为计税价格从价计征。

四、反倾销税的追溯征收

对自 2012 年 11 月 13 日起至本决定公告之日止，有关进口经营者依初裁公告向中华人民共和国海关所提供的保证金，按终裁所确定的征收反倾销税的商品范围和反倾销税税率计征并转为反倾销税，并按相应的增值税税率计征进口环节增值税。对在此期间有关进口经营者所提供的保证金超出反倾销税和与之相应的进口环节增值税的部分，海关予以退还，少征部分则不再征收。

对实施临时反倾销措施决定公告之日前进口的原产于欧盟的进口甲苯二异氰酸酯(型号为 TDI80/20)不再追溯征收反倾销税。

五、征收反倾销税的期限

对原产于欧盟的进口甲苯二异氰酸酯(型号为 TDI80/20)征收反倾销税的实施期限自 2013 年 3 月 13 日起 5 年。

六、新出口商复审

对于欧盟在调查期内未向中华人民共和国出口被调查产品的新出口经营者，符合条件的，可依据《中华人民共和国反倾销条例》第四十七条的规定，向调查机关书面申请新出口商复审。

七、期中复审

在征收反倾销税期间，有关利害关系方可根据《中华人民共和国反倾销条例》第四十九条的规定，向调查机关书面申请期中复审。

八、行政复议和行政诉讼

对本案终裁决定及征收反倾销税的决定不服的，根据《中华人民共和国反倾销条例》第五十三条的规定，可以依法申请行政复议，也可以依法向人民法院提起诉讼。

九、本公告自 2013 年 3 月 13 日起执行。

附件：中华人民共和国商务部关于原产于欧盟的进口甲苯二异氰酸酯(型号为 TDI80/20)反倾销调查的最终裁定

根据《中华人民共和国反倾销条例》(以下简称《反倾销条例》)的规定，2012 年 3 月 23 日，商务部(以下称调查机关)正式发布立案公告，决定对原产于欧盟的进口甲苯二异氰酸酯(型号为 TDI80/20)(以下称被调查产品)进行反倾销立案调查。该被调查产品归在《中华人民共和国进出口税则》税则号：29291010 。

调查机关对被调查产品是否存在倾销及倾销幅度、中国国内甲苯二异氰酸酯产业是否遭受了损害及损害程度，以及倾销与损害之间因果关系进行了调查。根据调查结果和《反倾销条例》第二十四条规定，2012 年 11 月 13 日，调查机关发布初裁公告，认定被调查产品存在倾销，中国产业受到了实质损害，而且倾销与实质损害之间存在因果关系。

初步裁定后，调查机关继续对倾销及倾销幅度、损害及损害程度、以及倾销和损害之间因果关系进行调查。现本案调查结束，根据本案调查结果，并依据《反倾销条例》第二十五条规定，调查机关作出最终裁定如下：

一、调查程序

(一)立案。

1. 立案。

2012 年 2 月 3 日，沧州大化 TDI 有限责任公司、甘肃银光聚银化工有限公司、甘肃银达化工有限公司、辽宁北方锦化聚氨酯有限公司和沧州大化股份有限公司聚海分公司代表国内甲苯二异氰酸酯产业向调查机关提起对原产于欧盟的进口甲苯二异氰酸酯(型号为TDI80/20)进行反倾销调查的申请。其中，甘肃银光聚银化工有限公司、甘肃银达化工有限公司于2012年12月合并为甘肃银光聚银化工有限公司。

调查机关审查了申请材料后，认为申请人符合《反倾销条例》第十一条及第十三条和第十七条有关中国国内产业提出反倾销调查申请的规定。同时，申请书中包含了《反倾销条例》第十四条、第十五条规定的反倾销调查立案所要求的内容及有关的证据。

根据上述审查结果及《反倾销条例》第十六条的规定，调查机关于2012年3月23日发布立案公告，决定对原产于欧盟的进口甲苯二异氰酸酯(型号为TDI80/20)进行反倾销立案调查。倾销调查期为2011年1月1日至2011年12月31日，产业损害调查期为2008年1月1日至2011年12月31日。

2. 立案通知。

在决定立案调查前，根据《反倾销条例》第十六条规定，调查机关就收到中国甲苯二异氰酸酯产业反倾销调查申请书一事通知了欧洲联盟欧洲委员会驻中国及蒙古国代表团。

2012年3月23日，调查机关发布立案公告，并向欧洲联盟欧洲委员会驻中国及蒙古国代表团(以下简称欧盟驻华代表团)正式提供了立案公告和申请书的公开部分。同日，调查机关将本案立案情况通知了本案申请人及申请书中列明的国外企业。

(二)倾销及倾销幅度的初步调查。

1. 倾销及倾销幅度初步调查。

(1)登记应诉。

根据公告要求，自公告发布之日起20天的登记应诉期内，博苏化学有限责任公司(Borsodchem Zrt.)、拜耳材料科技公司(Bayer MaterialScience AG)、柏斯托法国公司(Perstorp France)和波兰扎克姆化工股份公司(Zaklady Chemiczne ZACHEM S. A.)向调查机关登记倾销应诉。另外，波兰驻华使馆也向调查机关登记应诉。

(2)发放问卷和收取答卷。

2012年4月17日，调查机关向应诉的和已知的境外生产商发放了倾销调查问卷，并要求其在37天内按规定提交准确、完整的答卷。在该期间内，有关应诉公司向调查机关申请延期递交答卷并陈述了相关理由。经审查，调查机关同意给予申请企业适当延期。至答卷递交截止之日，调查机关收到了博苏化学有限责任公司、拜耳材料科技公司和波兰扎克姆化工股份公司的有关倾销部分问卷的答卷。

此后，调查机关就答卷中的有关问题向应诉公司发送补充问卷，应诉公司在规定时间内递交了补充问卷的答卷。

2012年4月17日，调查机关向登记应诉的柏斯托法国公司发放了调查问卷，该公司向调查机关表示拒绝提交答卷。

2012年4月17日，调查机关向申请书中已列明的陶氏西班牙公司发放调查问卷；同日，调查机关将调查问卷登载在商务部网站上，任何利害关系方可在商务部网站上查阅本案调查问卷。在规定的答卷递交截止之日，调查机关未收到该公司答卷。

(二)损害及损害程度的初裁前调查。

1. 产业损害调查期。

根据《反倾销产业损害调查规定》第十八条的规定，调查机关确定的本案产业损害调查期(以下称调查期)为2008年1月1日至2011年12月31日。

2. 参加产业损害调查活动登记。

根据《反倾销产业损害调查规定》第十九条、第二十一条的规定，2012年3月23日，调查机关发出了《关于参加甲苯二异氰酸酯反倾销案产业损害调查活动登记的通知》(商调查二处函[2012]81号)。2012年4月12日，参加产业损害调查活动登记截止，调查机关共收到有效登记材料4份，分别为国外生产者/出口商博苏化学有限责任公司、拜耳材料科技公司、柏斯托法国公司和波兰扎克姆化工股份公司。经审查，调查机关接受了上述利害关系方的登记。

3. 成立产业损害调查组。

2012年4月27日，调查机关成立了甲苯二异氰酸酯反倾销案产业损害调查组，负责本案的产业损害调查工作，并于当日发出《关于成立甲苯二异氰酸酯反倾销案产业损害调查组的通知》(商调查二处函[2012]143号)。

4. 发放和收回调查问卷。

根据《反倾销条例》第二十条和《反倾销产业损害调查规定》第二十四条、第二十五条的规定，2012年4月12日，调查机关向本案利害关系方发放了《甲苯二异氰酸酯反倾销案产业损害调查问卷(国内生产者调查问卷)》(商调查二处函[2012]117号)(以下称《国内生产者调查问卷》)、《甲苯二异氰酸酯反倾销案产业损害调查问卷(国外<地区>生产者/出口商调查问卷)》(商调查二处函[2012]118号)(以下称《国外<地区>生产者/出口商调查问卷》)和《甲苯二异氰酸酯反倾销案产业损害调查问卷(国内进口商调查问卷)》(商调查二处函[2012]119 号)。

2012 年 5 月 3 日,调查机关收到波兰扎克姆化工股份公司《关于对"甲苯二异氰酸酯反倾销案产业损害调查问卷国外(地区)生产者/出口商调查问卷"答卷延迟提交答卷的申请》。该申请提出延期 13 天提交调查问卷答卷,其延迟提交答卷的理由一是答卷期间包含"五一"劳动节假期,二是核对、整理和翻译答卷资料需要额外时间。

调查机关对波兰扎克姆化工股份公司的申请进行了考虑。调查机关认为,答卷期间包含的"五一"劳动节假期仅为一天,规定的答卷期间已包含合理的核对、整理和翻译有关资料时间,波兰扎克姆化工股份公司提出的延期 13 天的理由不充分。调查机关于 2012 年 5 月 9 日向其回复了《关于不同意延期提交甲苯二异氰酸酯反倾销案产业损害调查问卷答卷的函》(商调查二处函[2012]166 号),不同意其延期申请。

在调查问卷规定的回收期限内,调查机关共收回调查问卷答卷 8 份,分别为沧州大化 TDI 有限责任公司、沧州大化股份有限公司聚海分公司、甘肃银光聚银化工有限公司、甘肃银达化工有限公司和辽宁北方锦化聚氨酯有限公司提交的《国内生产者调查问卷》答卷 5 份;博苏化学有限责任公司、拜耳材料科技公司和波兰扎克姆化工股份公司提交的《国外<地区>生产者/出口商调查问卷》答卷 3 份。参加产业损害调查活动登记的柏斯托法国公司未提交调查问卷答卷。

5. 听取利害关系方意见陈述。

根据《反倾销条例》第二十条的规定,调查机关听取了利害关系方就本案产业损害调查有关事项的意见陈述。2012 年 4 月 12 日,调查机关收到本案申请人提交的《甲苯二异氰酸酯反倾销案关于召开申请人意见陈述会的申请》。调查机关于 2012 年 4 月 27 日发出《关于召开甲苯二异氰酸酯反倾销案申请人意见陈述会的通知》(商调查二处函[2012]148 号)。2012 年 5 月 18 日,调查机关召开了甲苯二异氰酸酯反倾销案申请人意见陈述会,听取申请人陈述提起申请的主要理由及与本案产业损害调查相关问题的陈述。陈述会后,申请人向调查机关提交了《甲苯二异氰酸酯(TDI)反倾销案申请人意见陈述会汇报材料》。

6. 接收利害关系方书面意见。

(1)调查机关未收到各利害关系方除产业损害调查问卷答卷之外的关于本案的书面评论意见。

(2)2012 年 9 月 12 日,调查机关收到本案申请人提交的《甲苯二异氰酸酯(TDI)反倾销案申请人关于国内产业损害数据保密性问题的进一步说明》。

7. 初裁前实地核查。

根据《反倾销条例》第二十条和《反倾销产业损害调查规定》第二十七条的规定,2012 年 5 月 25 日,调查机关发出了《关于甲苯二异氰酸酯反倾销案初裁前实地核查的通知》(商调查二处函[2012]189 号)。2012 年 7 月至 8 月,调查机关对国内生产者沧州大化 TDI 有限责任公司、沧州大化股份有限公司聚海分公司进行了初裁前实地核查。调查机关对本案的申请书、被核查企业提交的调查问卷答卷中提供的信息及有关证据进行了核查。2012 年 8 月 9 日,被核查企业向调查机关提交了《甲苯二异氰酸酯(TDI)反倾销案产业损害调查初裁前实地核查后补充材料》及相关实地核查证据材料。

8. 公开信息。

根据《产业损害调查信息查阅与信息披露规定》第八条、第十四条的规定,调查机关已将调查过程中收到和制作的本案所有公开材料及时送交商务部贸易救济措施公开信息查阅室。各利害关系方可以查找、阅览、摘抄、复印有关公开信息。

(三)初裁决定及公告。

2012 年 11 月 13 日,调查机关发布 2012 年第 79 号公告,公布了本案初裁决定,初裁认定被调查产品存在倾销,中国国内甲苯二异氰酸酯产业受到实质损害,且倾销与实质损害之间存在因果关系。自 2012 年 11 月 13 日起,中华人民共和国对被调查产品实施临时反倾销措施。自该日起,进口经营者在进口被调查产品时,应依据本初裁决定所确定的各公司倾销幅度向中华人民共和国海关提供相应保证金。

公告当日,调查机关向欧盟驻华代表团、国内申请企业和提交应诉答卷的公司提供初裁公告,并将公告登载在商务部网站上。

(四)初裁后的继续调查。

1. 初裁后对倾销及倾销幅度的继续调查

(1)初裁后信息披露和证据搜集。

根据初裁公告的要求,各利害关系方在初步裁定发布之日起 20 天之内可以就初步裁定向调查机关提出书面评论并附相关证据。同时,本案初裁后,调查机关依据商务部《反倾销调查信息披露暂行规则》的规定,向欧盟驻华代表团、提交应诉答卷的公司及申请书列名公司披露并说明了初步裁定中计算各公司倾销幅度时所依据的基本事实,并给予各利害关系方提出评论意见的机会。

初裁后,调查机关收到国内申请企业和拜耳材料科技公司对初步裁定和初裁信息披露的书面评论。

对于上述书面评论，调查机关在最终裁定中对其主张依法予以考虑。

(2)退出调查。

初裁后，应诉的波兰扎克姆化工股份公司向调查机关提交声明，宣布退出反倾销调查。

(3)实地核查。

为进一步核实应诉公司提交材料的真实性、完整性和准确性，调查机关组成反倾销调查实地核查小组，于2012年12月，先后对拜耳材料科技公司及其关联公司、博苏化学有限责任公司进行了实地核查。应诉的波兰扎克姆化工股份公司因宣布退出调查，而未进行实地核查。

核查期间，核查小组询问了被核查公司的财务人员、销售人员和管理人员。核查小组全面核查了公司的整体情况、被调查产品同类产品的国内销售情况、被调查产品出口到中国的销售情况、生产被调查产品及同类产品的成本及相关费用情况，对公司提交材料的完整性、真实性和准确性进行了调查，并进一步收集了相关证据。

经核对和整理实地核查中收集的材料和信息后，调查机关依据《反倾销调查信息披露暂行规则》和《反倾销调查实地核查暂行规则》的规定，向被核查公司披露并说明了实地核查中发现的事实结果。对实地核查中收集到的材料和信息，调查机关在最终裁定中依法予以了考虑。

(4)最终裁定前信息披露。

本案终裁前，调查机关依据《反倾销条例》第二十五条第二款和商务部《反倾销调查信息披露暂行规则》的规定，向欧盟驻华代表团、应诉答卷公司披露和说明了计算各公司倾销幅度时所依据的基本事实，并给予相关利害关系方提出评论意见的机会。在规定的时间内，调查机关没有收到了相关利害关系方对该信息披露提出的评论意见。

(5)关于信息公开。

根据商务部《反倾销调查公开信息查阅暂行规则》的规定，本案全部公开资料均已送交商务部贸易救济公开信息查阅室，供各利害关系方在公开信息查阅室查找、阅览、摘抄和复印。

2. 对损害和损害程度的进一步调查。

(1)接收利害关系方对初步裁定的评论意见。

根据初步裁定公告的要求，各利害关系方在初步裁定公告发布之日起20天内，可以就初步裁定向调查机关提出书面评论并附相关证据。

自初步裁定公告发布之日起20天内，调查机关收到国内产业申请人提交的《申请人对TDI反倾销案初步裁定的评论意见》，其他利害关系方未就本案初步裁定提交书面评论。

(2)接收利害关系方书面意见。

2012年11月22日，调查机关收到波兰扎克姆化工股份有限公司提交的关于退出本案产业损害调查活动的函。

2013年1月11日，调查机关收到本案申请人代理律师及甘肃银光聚银化工有限公司提交的《甲苯二异氰酸酯反倾销案关于申请企业甘肃聚银和甘肃银达公司合并事宜的情况说明》。

(3)终裁前实地核查。

2012年12月4日，调查机关发出《关于甲苯二异氰酸酯反倾销案终裁前实地核查的通知》(商调查二处函[2012]515号)。2013年1月14日至18日，调查机关对甘肃银光聚银化工有限公司和甘肃银达化工有限公司进行了终裁前实地核查。调查机关听取了企业对本案初步裁定的意见陈述，并对被核查企业提交的调查问卷答卷中提供的信息及有关证据进行了核查。2013年1月23日，被核查企业向调查机关提交了《甲苯二异氰酸酯(TDI)反倾销案产业损害调查终裁前实地核查后补充材料》及相关实地核查证据材料。

(4)上下游企业意见陈述会。

2013年1月5日，调查机关发出《关于召开甲苯二异氰酸酯反倾销案上下游企业意见陈述会的通知》(商调查二处函[2013]6号)，拟于2013年1月下旬召开本案上下游企业意见陈述会。在规定的时间内，无上下游企业报名参加本案上下游企业意见陈述会。2013年1月22日，调查机关发出《关于取消甲苯二异氰酸酯反倾销案上下游意见陈述会的通知》(商调查二处函[2013]39号)，决定取消本案上下游企业意见陈述会。

(5)公开信息及终裁前的信息披露。

根据商务部《产业损害调查信息查阅与信息披露规定》第八条、第十四条关于公开信息及送交公开信息查阅室的规定，调查机关已将在调查中收到和制作的本案所有公开材料及时送交商务部贸易救济措施公开信息查阅室。各利害关系方可以查找、阅览、摘抄、复印有关公开信息。

根据《反倾销条例》第二十五条和《产业损害调查信息查阅与信息披露规定》相关规定，2013年2月22日，调查机关发出《关于甲苯二异氰酸酯反倾销产业损害调查信息披露的通知》(商调查二处函[2013]83号)。调查机关向本案利害关系方披露了本案终裁决定所依据的基本事实，并给予其提出评论意见的机会。

调查机关对申请书、调查问卷答卷及所附证据材料、实地核查结果和各利害关系方评论意见进行了认真分析和全面评估，对各利害关系方的意见依法给予了充分考虑。

二、被调查产品及调查范围

（一）被调查产品。

被调查产品名称：甲苯二异氰酸酯，英文名称：Toluene Diisocyanate（简称TDI）

规格型号：TDI80/20

分子式：$C_9H_6N_2O_2$

物理及化学特征：属于有机化学中含氮基化合物项下的异氰酸酯类，常温下为白色或浅黄色的液体，有刺激性气味，能与丙酮、醚类混溶，易与包含有活泼氢原子的化合物胺、水、醇、酸、碱发生反应分解，遇热遇火易发生爆炸。

主要用途：甲苯二异氰酸酯是生产聚氨酯产品的主要原料，用于制造软泡、弹性体、涂料、粘合剂等聚氨酯产品，还可以用于乙烯基聚合物的薄膜、天然橡胶的表面加工、涂料的耐药品性添加剂、纺织加工等方面，在石油、化工、矿山、冶金及汽车工业和铁路运输方面都有着广泛的用途。

税则号：该产品归在《中华人民共和国进出口税则》税则号：29291010。

（二）调查范围。

原产于欧盟的进口甲苯二异氰酸酯（型号为TDI80/20）。

三、国内同类产品和国内产业

（一）国内同类产品的认定。

根据《反倾销条例》第十二条和《反倾销产业损害调查规定》第十条、十一条关于同类产品认定的规定，调查机关对国内生产的甲苯二异氰酸酯与被调查产品的物理特征和化学性能、生产设备和工艺、产品用途、产品的可替代性、消费者和生产者的评价、销售渠道、价格等因素进行了考察，现有证据显示：

1. 物理特征和化学性能。国内生产的甲苯二异氰酸酯与被调查产品的化学分子式完全相同。两者外观相同，常温下为白色或浅黄色的液体，能与丙酮、醚类混溶。基本物理特征和化学性能无明显区别，主要技术指标如纯度、异构比、可水解率、酸度等相同或类似。

2. 生产设备和工艺。调查机关经过实地核查，并与《国外<地区>生产者/出口商调查问卷》答卷提供的生产设备和工艺相关信息进行了对比，在此基础上认定，国内生产的甲苯二异氰酸酯与被调查产品的原材料基本相同，主要生产设备和工艺无明显差异。认定理由如下：

（1）国内生产的甲苯二异氰酸酯与被调查产品主要原材料均包括甲苯与硝酸（或二硝基甲苯（DNT））、液氯、焦炭、氢气等。

（2）国内生产的甲苯二异氰酸酯与被调查产品均采用胺光气化法进行生产。主要生产工艺流程可以概括为：二硝基甲苯（DNT）通过氢化工序加氢，再经过精制工序生成甲苯二胺（MTD），甲苯二胺与由氯气和一氧化碳通过光气合成反应生成的光气进行光气化反应，生成的甲苯二异氰酸酯经过脱焦、精制等工序产出成品甲苯二异氰酸酯。在前序工段，原料二硝基甲苯（DNT）可以由甲苯与硝酸进行硝化反应生成，也可以直接外购投入生产。调查机关注意到，虽然不同利害关系方在具体工序中所采用的反应方式、循环路线以及采用的反应溶剂等方面存在一定差别，但在上述主要工艺上无明显差异。

（3）实地核查收集的证据材料与《国外<地区>生产者/出口商调查问卷》答卷提供的相关信息显示，国内生产的甲苯二异氰酸酯与被调查产品生产设备相同或类似，均主要包括硝化、氢化、精馏、光气合成、光气化等相关设备。

3. 产品用途、产品的可替代性、消费者和生产者的评价、销售渠道及价格。

《国内生产者调查问卷》答卷和《国外<地区>生产者/出口商调查问卷》答卷显示，国内生产的甲苯二异氰酸酯与被调查产品用途基本相同，均用于制造软泡、弹性体、涂料、粘合剂等聚氨酯产品，还可以用于乙烯基聚合物的薄膜、天然橡胶的表面加工、涂料的耐药品性添加剂、纺织加工等方面，在石油、化工、矿山、冶金及汽车工业和铁路运输方面都有着广泛的用途。国内生产的甲苯二异氰酸酯与被调查产品销售渠道基本相同，均为直接销售和代理销售相结合。销售市场区域基本相同，均在全国范围内进行销售。国内生产的甲苯二异氰酸酯与被调查产品的客户群体基本相同，主要是面向下游聚氨酯产品生产企业。部分国内用户既使用国内生产的甲苯二异氰酸酯，又使用被调查产品，二者可以相互替代。调查期内，国内生产的甲苯二异氰酸酯销售价格与被调查产品进口价格总体变化趋势一致。

综合以上因素，调查机关认定，虽然国内生产的甲苯二异氰酸酯与被调查产品在不同的工艺阶段存在一定差别，但在主要工艺上无明显差异，二者之间的物理特征和化学性能、生产设备和工艺、产品用途、客户群体、消费者和生产者的评价、销售渠道、销售市场区域等方面基本相同，价格总体变化趋势一致，具有可替代性。因此，国内生产的甲苯二异氰酸酯与被调查产品属于同类产品。初步裁定公告后，各利害关系方未对此提交评论意见，调查机关维持初步裁定结论。

(二)国内产业的认定。

根据《反倾销条例》第十一条和《反倾销产业损害调查规定》第十三条的规定，调查机关对本案国内产业的范围进行了审查。

本案申请人在反倾销调查申请书中提出，国内甲苯二异氰酸酯生产企业上海巴斯夫聚氨酯有限公司、拜耳材料科技(中国)有限公司与本案欧盟出口经营者具有关联关系，应将上述两家企业排除在国内甲苯二异氰酸酯产业之外。

调查机关对上述申请予以了考虑。本案反倾销调查申请书所附证据及拜耳材料科技公司提交的《国外<地区>生产者/出口商调查问卷》答卷显示，上海巴斯夫聚氨酯有限公司与欧盟出口经营者德国BASF Schwarzheide GmbH和比利时出口经营者BASF Antwerpen N. V. 存在关联关系，拜耳材料科技(中国)有限公司与欧盟出口经营者德国拜耳材料科技公司(Bayer Material Science AG)存在关联关系。

调查机关认为，申请人的主张符合法律规定，决定将与欧盟出口经营者存在关联关系的上海巴斯夫聚氨酯有限公司、拜耳材料科技(中国)有限公司排除在本案国内产业之外。

现有证据显示，调查期内，国内生产者答卷企业生产的甲苯二异氰酸酯产量均占国内产业同类产品总产量的50%以上，符合《反倾销条例》第十一条和《反倾销产业损害调查规定》第十三条关于国内产业认定的规定，可以代表国内产业。本裁决所依据的国内产业数据，除特别说明外，均来自国内生产者答卷企业。

四、倾销和倾销幅度

调查机关审查了应诉公司的答卷，对公司的正常价值和出口价格作如下认定：

(一)正常价值、出口价格及价格调整项目的认定。

1. 拜耳材料科技公司(Bayer MaterialScience AG)。

(1)正常价值。

该公司在答卷中称其仅生产一种型号TDI产品，主张该产品在中国、欧盟和其它国家(地区)市场销售都没有差别。初裁时，调查机关暂接受该公司关于同类产品与被调查产品的相似性及型号划分的主张。初裁后，调查机关没有收到对此认定的评论意见，经实地核查和进一步审查，因此决定在终裁时维持初裁认定。

在初裁后的进一步审查中，调查机关重新审查了该公司调查期内被调查产品同类产品在欧盟内销售的情况。

调查期内，该公司欧盟内销售数量占同期向中国出口销售数量的比例超过5%，符合作为确定正常价值基础的数量要求。调查期内，该公司部分产品直接销售给非关联客户，部分产品销售其关联公司后再转售给非关联客户。经审查，调查机关发现该公司销售给关联客户的价格较销售给非关联公司的价格差异明显，故调查机关认定该公司与关联客户的交易不能反映正常贸易过程，在确定正常价值时排除关联客户交易。初裁后，调查机关没有收到对此认定的评论意见，经实地核查和进一步审查，决定在终裁时维持初裁认定。

调查机关对该公司报告的生产成本和销售、管理及财务费用进行了初步审查，初裁时，调查机关初步认定该公司报告的成本费用数据反映了被调查产品的生产销售情况，决定暂接受公司报告的成本费用数据。初裁后，调查机关没有收到对此认定的评论意见，经实地核查和进一步审查，决定在终裁时维持初裁认定。

初裁时，调查机关根据认定的成本数据对非关联内销交易是否存在低于成本销售情况进行了审查，发现调查期内该公司非关联内销交易价格低于成本的销售数量比例超过20%，且其中部分非关联内销交易不能在调查期内收回成本，根据《中华人民共和国反倾销条例》第四条的规定，调查机关认为，该部分交易不属于正常贸易过程中进行的销售，故决定在确定正常价值时排除这部分交易。初裁后，公司提出评论意见，认为调查期内该公司非关联内销交易价格低于成本的非关联内销数量比例不超过20%，不应排除。申请人对此评论认为，调查机关做法有充分法律依据，应当维持初裁认定。调查机关认为，调查期内该公司非关联内销交易价格低于成本的销售数量比例超过20%事实明确，公司的主张没有法律依据，故决定维持初裁认定。

(2)出口价格。

调查机关审查了该公司在调查期内向中国出口被调查产品情况。在调查期内，该公司称其通过多种方式向中国出口被调查产品：(1)通过设立在中国的关联进口商进口后，再转售给非关联客户，经审查，调查机关暂以中国关联进口商与非关联客户的交易价格为基础结构出口价格。(2)通过设立在第三国(地区)的关联客户向中国出口被调查产品。经审查，调查机关暂以该关联客户与非关联中国客户间的交易价格为基础确定出口价格。初裁后，调查机关没有收到对此认定的评论意见，经实地核查和进一步审查，决定在终裁时维持初裁认定。

(3)调整项目。

根据《中华人民共和国反倾销条例》第六条规定，为公平合理比较，调查机关对该公司影响价格可比性的调整项目逐一进行了审查。

①正常价值部分。

对于被调查产品销售过程发生的包装费用、信用费用、内陆运费、内陆保险费用、提前付款折扣、发票中折扣等调整项目，初裁时调查机关暂采信其提交的数据和材料，暂接受其调整主张。初裁后，调查机关没有收到对此认定的评论意见，经实地核查和进一步审查，决定在终裁时维持初裁认定。

②出口价格部分。

对于通过设立在中国的关联公司转售的交易，初裁时，关于进口关税，公司答卷报告的进口关税计算货币单位存在折算错误，调查机关进行了调整；关于设立在中国关联公司的转售利润，公司答卷中所报告转售利润为负，公司在补充答卷中报告了相似贸易商通常可实现盈利水平，初裁时调查机关暂采信该数据进行调整；关于设立在中国的关联贸易商发生的间接费用，公司答卷未填报，调查机关暂按在中国的关联贸易商发生间接费用比例补充调整。

对于设立在中国关联公司的转售利润，初裁后，公司提交评论，认为应当采用该关联公司负的实际利润，不应当采用正的估算利润。申请人评论认为，利润(profit)不应当是实际亏损额，整体处于亏损的情况下以其他生产商可实现的利润或者任何其他合理的方法结构出口价格是合适做法。

对此，经实地核查和进一步审查，调查机关认为，亏损不是一种可持续的正常经营状态，关联公司的转售利润应当为盈利(正值)，不能为亏损(负值)。公司主张采用负的利润率不符合有关规定，另外关于所采用利润率，该利润率为公司根据其合理推断所提供，不高于该设立在中国关联公司2010年的实际利润率，不高于申请人提供的其他TDI贸易商调查期内通常可实现的利润率，综上，调查机关认为该利润率是合理的，决定终裁时维持初裁认定。

对于设立在中国关联公司的间接费用，初裁后，公司提交评论，认为财务费用与被调查产品的经营活动无关，不应当包括应调整的间接费用在内。申请人提交评论认为，公司没有列举出此类与被调查产品销售经营没有关联的费用，不予扣除间接费用(包括财务费用)的要求没有事实依据。经实地核查和进一步审查，公司在核查中称该财务费用不应当作流动资金，但没有提交任何支持证据，而经审计的公司财务报告已明确将该财务费用计入当期损益，说明该费用是与经营活动相关。因此，调查机关决定终裁时维持初裁认定。

对于通过设立在第三国(地区)的关联贸易商转售的交易，初裁时，调查机关认为，该关联公司发生了多项直接或间接费用。公司答卷报告了各项直接费用，未报告间接费用，故初裁时调查机关暂根据该关联公司的6－5表计算了间接费用占销售收入的比例，并据此对出口价格进行了补充调整。初裁后，公司提出评论意见，认为不应扣除设立在第三国(地区)的关联贸易商的间接费用，否则会造成不在同一贸易水平比较的问题。就此，申请人提交评论认为，如果设立在第三国(地区)的关联贸易商的转售价格不调整间接费用，将无法保证与正常价值保持在同一出厂水平；设立在第三国(地区)的关联贸易商间接费用独立于直接费用，与拜耳材料科技公司发生的直接费用也不存在交叉的情况，间接费用的调整不会造成重复计算。调整后的正常价值和出口价格为拜耳材料科技公司的出厂水平，处于同一贸易环节，具有可比性。

对此，调查机关认为，TDI产品技术标准明确，客户相对稳定，欧盟内销售和对华出口的定价政策可比，公司设立在第三国(地区)的关联贸易商所发生间接费用会影响价格可比性，综上，调查机关认为，扣除设立在第三国(地区)的关联贸易商的间接费用等可保证调整后出口与内销交易在公司出厂水平，价格比较处于同一贸易环节，因此不接受公司主张，维持初裁裁定。

对于该公司销售给关联公司、设立在中国的关联进口贸易商转售发生以及设立在第三国(地区)的关联贸易商转售发生的回扣、内陆运费－工厂到分销仓库、售前仓储、内陆运费－分销仓库到客户、内陆保险费用、包装费用、信用费用、国际运输费用、国际运输保险费用、港口装卸费和报关代理费等调整项目，初裁时调查机关暂采信其提交的数据和材料，暂接受其调整主张。初裁后，调查机关没有收到关于上述调整项目的评论意见，经实地核查和进一步审查，决定在终裁时维持初裁认定。另外，公司在核查前对之前提交的答卷提出运费等微小更正，经核实，调查机关在终裁时接受了公司提出的微小更正，并据此做出终裁裁定。

(4)关于到岸价格(CIF价格)。

初裁时，对于通过设立在中国的关联客户转售的交易，调查机关暂采用该公司与设立在中国的关联客户间交易价格确定到岸价格以计算倾销幅度。对于通过设立在第三国(地区)的关联贸易商转售的交易，调查机关采用设立在第三国(地区)的关联贸易商转售交易价格确定到岸价格以计算倾销幅度。

对此，公司提出评论，对于通过设立在中国的关联客户转售的交易应当按进口后转售价格确定到岸价格以计算倾销幅度，调查机关认为，进口后转售价格与到岸价格是不同概念，调查机关计算倾销幅度时采用到岸价格，为简化报关和通关便利，公司评论没有法律依据，不予接受，调查机关决定终裁时维持初裁认定。

2. 博苏化学有限责任公司(Borsodchem Zrt.)。

(1)正常价值。

该公司在答卷中称其生产甲苯二异氰酸酯(型号为TDI 80/20)，该产品为单一型号，主张该产品在中国、欧盟和其他国家(地区)市场销售都没有差别。初裁时，调查机关暂接受该公司关于同类产品与被调查产品的相似性及型号划分的主张。另，初裁时调查机关暂决定在确定正常价值时排除将外购自其他生产商甲苯二异氰酸酯产品的销售情况。初裁后，调查机关没有收到对此认定的评论意见，经实地核查和进一步审查，因此决定在终裁时维持初裁认定。

在初裁后的进一步审查中，调查机关重新审查了该公司调查期内被调查产品同类产品在欧盟内销售的情况。

调查期内，该公司欧盟内销售数量占同期向中国出口销售数量的比例超过5%，符合作为确定正常价值基础的数量要求。调查期内，该公司部分产品直接销售给非关联客户，部分产品销售其关联公司后再转售给非关联客户。初裁时，调查机关发现该公司销售给关联客户价格较销售给非关联公司价格差异明显，故调查机关认定该公司与关联客户的交易不能反映正常贸易过程，在确定正常价值时排除关联客户交易。初裁后，调查机关没有收到对此认定的评论意见，经实地核查和进一步审查，决定在终裁时维持初裁认定。

调查机关对该公司报告的生产成本和销售、管理及财务费用进行了进一步审查，初裁时，调查机关初步认定该公司报告的成本费用数据反映了被调查产品的生产销售情况，决定暂接受公司报告的成本费用数据。调查机关根据认定的成本数据对非关联内销交易是否存在低于成本销售情况进行了审查，发现调查期内该公司内销交易价格低于成本的销售数量比例超过20%，且其中部分交易不能在调查期内收回成本，根据《反倾销条例》第四条的规定，调查机关认为，该部分交易不属于正常贸易过程中进行的销售，故决定在确定正常价值时排除这部分交易。初裁后，调查机关没有收到对此认定的评论意见，经实地核查和进一步审查，决定在终裁时维持初裁认定。

该公司在答卷中称，其在调查期内仅向中国出口了一批被调查产品，该批被调查产品于调查期内的某月份由其关联公司转售给非关联客户，主张仅应采用该月份其在欧盟内销售同类产品的交易情况确定正常价值。初裁时，调查机关在初裁时暂接受公司主张，采用该月份内销同类产品的加权平均数据确定正常价值。初裁后，调查机关没有收到对此认定的评论意见，经实地核查和进一步审查，决定在终裁时维持初裁认定。

(2)出口价格。

调查机关进一步审查了该公司在调查期内向中国出口被调查产品情况。在调查期内，该公司通过位于中国的关联进口商进口后，再转售给非关联客户，初裁时，调查机关暂以中国关联进口商与非关联客户的交易价格为基础确定出口价格。初裁后，调查机关没有收到对此认定的评论意见，经实地核查和进一步审查，决定在终裁时维持初裁认定。

(3)调整项目。

根据《反倾销条例》第六条规定，为公平合理比较，调查机关对该公司影响价格可比性的调整项目逐一进行了进一步审查。

①正常价值部分。

对于被调查产品销售过程发生的提前付款折扣、回扣、退款及赔偿、包装费用、利息收入、信用费用、内陆运费、内陆保险费用、发票中折扣、佣金等调整项目，初裁时，调查机关暂采信其提交的数据和材料，暂接受对其调整的主张。初裁后，调查机关没有收到对此认定的评论意见，经实地核查和进一步审查，决定在终裁时维持初裁认定。

②出口价格部分。

对于该公司销售给关联公司发生包装费用、信用费用、内陆运费、国际运输费用、国际运输保险费用、报关代理费、其他需要调整的项目－银行费用，初裁时，调查机关暂采信其提交的数据和材料，暂接受对其调整的主张。初裁后，调查机关没有收到对此认定的评论意见，经实地核查和进一步审查，决定在终裁时维持初裁认定。

对于通过设立在中国的关联贸易商转售的交易，关于在中国的关联贸易商发生的间接费用，公司答卷未填报，初裁时，调查机关对此做了补充调整；关于在中国关联进口贸易商转售发生的港口装卸费、进口关税、转售利润等其他调整项目，初裁时调查机关暂采信其提交的数据和材料，暂接受对其调整的主张。初裁后，调查机关没有收到对上述认定的评论意见，经实地核查和进一步审查，决定在终裁时维持初裁认定。

(4)关于到岸价格(CIF价格)。

初裁时，调查机关采用该公司与设立在中国的关联客户间交易价格为到岸价格(CIF价格)。初裁后，调查机关没有收到对此认定的评论意见，经实地核查和进一步审查，决定在终裁时维持初裁认定。

3. 波兰扎克姆化工股份公司(Zakłady Chemiczne ZACHEM S. A.)。

初裁后，公司声明不再参加本案调查，根据《反倾销条例》第二十一条的规定，终裁中，调查机关决定采用已经获得的事实和可获得的最佳信息作出裁决。本案申请书的数据来源于中国海关统计数据。为公平比较，申请人在计算倾销幅度时已做相应的调整。调查机关经审查认为申请人提供的信息是可获得的最佳信息，因此，调查机关终裁时根据申请人主张的倾销幅度确定该公司倾销幅度。

4. 柏斯托法国公司(Perstorp France)。

柏斯托法国公司登记应诉但拒绝提交答卷，根据《反倾销条例》第二十一条的规定，初裁时调查机关暂决定采用已经获得的事实和可获得的最佳信息作出裁决。本案申请书的数据来源于中国海关统计数据。为公平比较，申请人在计算倾销幅度时已做相应的调整。调查机关经审查认为申请人提供的信息是可获得的最佳信息，决定根据申请人主张的倾销幅度确定该公司倾销幅度。初裁后，调查机关没有收到对此认定的评论意见，经进一步审查，因此决定在终裁时维持初裁认定。

5. 陶氏西班牙公司(Dow Chemical Tarragona)。

2012年4月17日，调查机关向已知的陶氏西班牙公司发放调查问卷；同日，调查机关将调查问卷登载在商务部网站上，任何利害关系方可在商务部网站上查阅本案调查问卷。在问卷截止日，调查机关未收到该公司答卷。根据《反倾销条例》第二十一条的规定，初裁时调查机关暂决定采用已经获得的事实和可获得的最佳信息作出裁决。本案申请书的数据来源于中国海关统计数据。为公平比较，申请人在计算倾销幅度时已做相应的调整。调查机关经审查认为申请人提供的信息是可获得的最佳信息，决定根据申请人主张的倾销幅度确定该公司倾销幅度。初裁后，调查机关没有收到对此认定的评论意见，经进一步审查，因此决定在终裁时维持初裁认定。

6. 其他欧盟公司(All Others)。

调查机关在立案之日将立案公告登载在商务部网站上，任何利害关系方均可在商务部网站上查阅本案立案公告。立案后，调查机关给予各利害关系方20天的登记应诉期，给予所有利害关系方合理的时间获知立案有关情况。2012年4月17日，调查机关将调查问卷登载在商务部网站上，任何利害关系方可在商务部网站上查阅本案调查问卷。调查机关已尽最大努力通知所有利害关系方，也已尽最大努力向所有利害关系方提醒不提交答卷的结果。

调查机关注意到，申请书未列明的、调查期内可能存在的其他出口经营者，未登记应诉，也未提交答卷。初裁时，调查机关根据合理方法认定了这些公司的正常价值、出口价格，并对影响正常价值和出口价格可比因素进行了调整，并在同一贸易环节进行了比较。

(1)正常价值。

经调查，调查机关认定调查期内被调查产品同类产品欧盟内市场平均销售价格作为正常价值，为3333.25美元/吨。

(2)出口价格。

经调查，调查机关认定调查期内中国海关统计数据计算出的欧盟对中国出口加权平均价格作为计算其出口价格的基础，为2534.65美元/吨。

(3)调整项目。

根据《反倾销条例》第六条规定，为公平合理比较，调查机关对该公司影响价格可比性的调整项目逐一进行了审查。

第一，正常价值部分。调查机关经初步审查，确定上述欧盟市场内被调查产品同类产品的销售价格已是出厂价水平，调查机关不再做相应调整。

第二、出口价格部分。经初步审查，调整项目包括海运费、保险费、欧盟境内环节费用等，为158.77美元/吨。

(4)关于到岸价格(CIF价格)。

经初步审查，调查机关暂根据中国海关统计的欧盟对中国出口的加权平均价格作为到岸价格，为2534.65美元/吨。

初裁后，调查机关没有收到对上述认定的评论意见，经进一步审查，决定在终裁时维持初裁认定。

(二)价格比较。

根据《反倾销条例》第六条的规定，调查机关对被调查产品的出口价格和正常价值进行比较时，考虑了影响价格的各种可比性因素，按照公平、合理的方式进行了调整。

对于博苏化学有限责任公司，调查机关在其提交的证明材料基础上，将正常价值和出口价格调整至出厂水平。在计算倾销幅度时，调查机关将加权平均正常价值和出口价格进行比较，得出倾销幅度。

对于其他所有公司，调查机关根据认定的数据，将正常价值和出口价格调整至出厂水平。在计算倾销幅度时，调查机关将加权平均正常价值和加权出口价格进行比较，得出倾销幅度。

(三)倾销幅度。

经过计算，各公司的倾销幅度分别为：

1. 德国拜耳材料科技公司 19.2%
(Bayer MaterialScience AG)

2. 匈牙利博苏化学有限责任公司 6.6%
(Borsodchem Zrt.)

3. 波兰扎克姆化工股份公司 37.7%
(Zaklady Chemiczne ZACHEM S. A.)

4. 法国柏斯托公司 37.7%
(Perstorp France)

5. 陶氏西班牙公司 37.7%
(Dow Chemical Tarragona)

6. 其他欧盟公司 37.7%
(All Others)

五、产业损害及损害程度

(一)被调查产品进口量及所占国内市场份额。

1. 被调查产品进口数量。

根据中国海关统计数据，调查期内，被调查产品的进口数量2008年为21482.59吨；2009年为33804.42吨，比2008年增长57.36%；2010年为38463.13吨，比2009年增长13.78%；2011年为28515.26吨，比2010年减少25.86%，比调查期初的2008年增加32.74%。上述数据表明，调查期内，被调查产品进口数量总体呈上升趋势。

2. 被调查产品所占国内市场份额。

现有证据显示，调查期内，被调查产品所占国内市场份额2008年为6.48%；2009年为8.22%，比2008年上升1.74个百分点；2010年为8.36%，比2009年上升0.14个百分点；2011年为6.04%，比2010年下降2.32个百分点。上述数据表明，2008年至2010年，被调查产品占国内市场份额呈增长趋势；2011年，被调查产品占国内市场份额与上年相比有所下降，与调查期初的2008年基本持平。

(二)被调查产品进口对国内产业同类产品价格的影响。

1. 被调查产品进口价格。

在中国海关统计数据的基础上，调查机关计算得出被调查产品进口加权平均价格(CIF价格)，调查机关进一步考虑了年度平均汇率和关税税率等因素，对被调查产品进口加权平均价格进行了调整。年度平均汇率根据中国人民银行公布的当年各月度平均汇率算术平均得出。调查期内，调整后的被调查产品进口加权平均价格(以下称被调查产品进口价格)2008年为33852.99元/吨；2009年为16550.53元/吨，比2008年下降51.11%；2010年为20385.68元/吨，比2009年上升23.17%；2011年为17440.45元/吨，比2010年下降14.45%，比调查期初的2008年下降48.48%，处于调查期内较低水平。

2. 国内产业同类产品价格。

调查机关在对《国内生产者调查问卷》答卷汇总的基础上，计算出国内产业同类产品的加权平均价格(以下称国内产业同类产品价格)。本裁决中，国内产业同类产品价格使用了国内产业同类产品出厂价，不含增值税、内陆运输费用、保险费和次级销售渠道费用等其他税费。调查期内，国内产业同类产品价格2008年为27705.05元/吨；2009年为19602.43元/吨，比2008年下降29.25%；2010年为19004.71元/吨，比2009年下降3.05%；2011年为15856.08元/吨，比2010年下降16.57%。

3. 被调查产品进口对国内产业同类产品价格的影响。

如上所述，调查期内，被调查产品进口价格2009年比2008年下降51.11%，2010年比2009年上升23.17%，2011年比2010年下降14.45%，比调查期初的2008年下降48.48%，呈先下降、上升再下降走势。

国内产业同类产品价格2009年比2008年下降29.25%，2010年比2009年下降3.05%，2011年比2010年下降16.57%，呈持续下降趋势。

中国海关统计数据显示，调查期内，被调查产品的进口数量总体呈上升趋势。2009年比2008年增长57.36%，2010年比2009年增长13.78%，2011年比2010年减少25.86%，比调查期初的2008年增加32.74%。

证据显示，被调查产品占国内市场份额呈先上升再下降走势，2008年至2010年持续上升，累计增长1.88个百分点2011年比2010年下降2.32个百分点，与调查期初的2008年基本持平。

综合考虑上述因素，调查机关认为，调查期内，被调查产品进口数量总体上升，且占有一定的国内市场份额，其价格变化对国内产业同类产品的销售价格等指标具有一定影响。2009年，被调查产品进口价格大幅下降，比2008年下降51.11%，比同期国内产业同类产品价格低3051.90元/吨，与国内产业同类产品价格相差15.57%。调查机关在计算被调查产品进口价格时，已经考虑了年度平均汇率和关税税率等因素，并对被调查产品进口价格进行了调整。调查机关注意到，国内产业同类产品价格与被调查产品进口价格均不包含增值税、内陆运输费用、保险费和次级销售渠道费用。调查机关同时考虑到被调查产品进口港杂费、报关费、商检费等其他费用，上述费用远小于被调查产品与国内产业同类产品间的价差。据此，调查机关认定，2009 年被调查产品进口价格与国内产业同类产品相比，存在明显价格削减。

2009 年，被调查产品进口价格大幅下降，与国内产业同类产品价格相比，存在明显价格削减，同期被调查产品进口数量大幅增长，2009 年比 2008 年增长 57.36%，被调查产品对国内甲苯二异氰酸酯市场造成严重冲击，国内产业同类产品价格 2009 年比 2008 年下降 29.25%。被调查产品进口价格 2010 年为 20385.68 元/吨，比 2009 年提高 23.17%。调查机关注意到，被调查产品进口价格 2010 年与 2009 年相比虽然出现一定增长，但其是在 2009 年比 2008 年下降 51.11% 的基础上的恢复性增长。2010 年，被调查产品进口量在 2009 年比 2008 年增长 57.36% 的基础上继续增长 13.78%。在被调查产品进口价格和进口数量双重推动作用下，国内产业为维持生存和发展的空间，将销售价格降至 19004.71 元/吨，略低于被调查产品进口价格。2011 年，被调查产品进口价格再次下降，比 2010 年下降 14.45%。面临被调查产品再次降价的压力，国内产业为消化库存，实现一定规模的销售量，被迫继续降低价格，国内产业同类产品价格 2011 年比 2010 年下降 16.57%。综合考虑上述因素，调查机关认为，2010 年和 2011 年，被调查产品进口对国内产业同类产品价格产生了压低作用。

(三)国内产业相关经济因素和指标的评估。

根据《反倾销条例》第八条及《反倾销产业损害调查规定》第五条和第七条的规定，调查机关审查了被调查产品对国内产业的相关经济因素和指标的影响。

1. 关于国内产业相关数据保密问题。

本案申请人在其提交的《甲苯二异氰酸酯(TDI)反倾销案申请人关于国内产业损害数据保密性问题的进一步说明》中提出，沧州大化 TDI 有限责任公司与沧州大化股份有限公司聚海分公司为关联企业，同属于沧州大化集团有限责任公司，甘肃银光聚银化工有限公司、甘肃银达化工有限公司和辽宁北方锦化聚氨酯有限公司为关联企业，同属于中国北方化学工业(集团)有限责任公司。本案申请人虽然为 5 家企业，但分属沧州大化集团有限责任公司和中国北方化学工业(集团)有限责任公司两家集团公司。沧州大化集团有限责任公司和中国北方化学工业(集团)有限责任公司虽然在本案中共同代表了国内甲苯二异氰酸酯产业，但同时也是互相独立的市场竞争对手。在相关公开对外文件中(包括但不限于信息披露或裁决)对外披露 5 家申请企业同类产品的合计或加权平均数据，将导致两家集团公司互相知悉对方的经营状况，对任何一方的利益都会造成严重不利影响。

基于上述事实和理由，申请人申请调查机关对国内产业产能、产量、开工率、销售收入、销售数量、市场份额、期末库存、销售成本、毛利润、毛利润率、税前利润、税前利润率、投资总额、投资收益率、现金流、工资和就业人数、劳动生产率等经济指标数据进行保密。

根据《反倾销条例》第二十二条规定，调查机关认为，申请人为了避免资料泄露产生的不利影响，请求调查机关对有关信息进行保密处理的申请符合法律规定，决定对上述信息进行保密处理。

2. 关于国内产业关联交易数据问题。

调查机关在实地核查中发现，被核查企业原材料存在关联交易的情况，并对此进行了调查。调查机关对涉及关联交易的原材料及其关联交易价格、市场价格等进行了调查，并收集了涉及关联交易的发票等证据。上述证据显示，本案申请企业与其他企业之间相关原材料关联交易价格与市场价格无实质性差异，调查机关认为无需对此进行调整。本案申请企业之间的关联交易，由于交易双方相关数据均被计入本案国内产业数据，其对国内产业数据造成的影响大部分已相互抵消，其余部分主要是关联交易所涉企业利润等指标微调，对国内产业整体数据影响极小，不影响国内产业相关经济指标的客观性。综合考虑上述因素，调查机关决定，不对本案关联交易所涉相关数据进行调整。

3. 国内产业相关经济因素和指标的评估。

(1)表观消费量。

调查期内，国内甲苯二异氰酸酯表观消费量 2008 年为 331343.69 吨；2009 年为 411248.85 吨，比 2008 年增长 24.12%；2010 年为 460130.43 吨，比 2009 年增长 11.89%；2011 年为 471912.06 吨，比 2010 年增长 2.56%。

(2)产能。

调查期内，国内产业同类产品产能 2009 年比 2008 年增加 25.16%，2010 年比 2009 年增加 103.77%，2011 年比 2010 年增加 8.04%。

(3)产量。

调查期内，国内产业同类产品产量 2009 年比 2008 年增加 35.09%，2010 年比 2009 年增加 100.21%，2011 年比 2010 年增加 18.75%。

(4)销售量。

调查期内，国内产业同类产品销售量2009年比2008年增加36.33%，2010年比2009年增加98.61%，2011年比2010年增加16.90%。

(5)市场份额。

调查期内，国内产业同类产品所占国内市场份额2009年比2008年增加2.01个百分点，2010年比2009年增加17.4个百分点，2011年比2010年增加5.57个百分点。

(6)销售价格。

调查期内，国内产业同类产品销售价格2008年为27705.05元/吨，2009年为19602.43元/吨，比2008年下降29.25%；2010年为19004.71元/吨，比2009年下降3.05%；2011年为15856.08元/吨，比2010年下降16.57%，比调查期初的2008年下降了42.77%。

调查期内，国内产业同类产品单位销售成本2009年比2008年下降20.99%，2010年比2009年增加0.15%，2011年比2010年下降4.95%。

(7)销售收入。

调查期内，国内产业同类产品销售收入2009年比2008年下降3.54%，2010年比2009年上升92.55%，2011年比2010年下降2.47%。

(8)利润。

调查期内，国内产业同类产品毛利率2009年比2008年下降8.51个百分点，2010年比2009年下降2.69个百分点，2011年比2010年下降11.72个百分点。

调查期内，国内产业同类产品单位毛利润2009年比2008年下降51.52%，2010年比2009年下降17.13%，2011年比2010年下降78.25%。

调查期内，国内产业同类产品税前利润2009年比2008年下降65.99%，2010年比2009年下降7.05%，2011年国内产业同类产品税前利润为负值。

(9)投资收益率。

调查期内，国内产业同类产品投资收益率2009年比2008年下降11.20个百分点，2010年比2009年下降0.78个百分点，2011年国内产业同类产品投资收益率为负值。

(10)开工率。

调查期内，国内产业同类产品开工率2009年比2008年上升6.72个百分点，2010年比2009年下降1.47个百分点，2011年比2010年上升8.17个百分点。

(11)就业人数。

调查期内，国内产业同类产品就业人数2009年比2008年上升48.64%，2010年比2009年上升28.04%，2011年比2010年下降10.34%。

(12)劳动生产率。

调查期内，国内产业同类产品劳动生产率2009年比2008年下降9.12%，2010年比2009年提高56.38%，2011年比2010年提高32.44%。

(13)人均工资。

调查期内，国内产业同类产品人均工资2009年比2008年增加7.47%，2010年比2009年增加14.53%，2011年比2010年增加7.72%。

(14)期末库存。

调查期内，国内产业同类产品期末库存2009年比2008年下降13.97%，2010年比2009年增加40.85%，2011年比2010年增加52.56%。

(15)经营活动现金流量净额。

调查期内，国内产业同类产品经营活动现金流量净额2009年比2008年减少56.56%，2010年比2009年增加214.05%，2011年比2010年减少77.93%。

(16)投融资能力。

沧州大化TDI有限责任公司、沧州大化股份有限公司聚海分公司、甘肃银光聚银化工有限公司、甘肃银达化工有限公司提交的《国内生产者调查问卷》答卷显示，上述企业投融资能力未受到影响。

辽宁北方锦化聚氨酯有限公司提交的《国内生产者调查问卷》答卷显示，该企业投融资能力受到一定影响，产能扩展计划被搁置。

(四)国内产业受到实质损害。

上述证据显示，调查期内，甲苯二异氰酸酯市场需求持续增长，国内产业同类产品产能不断扩大，产量、销售量、市场份额、开工率、劳动生产率、就业人数、人均工资均呈总体增长或上升趋势，国内产业同类产品单位销售成本呈下降趋势。但由于调查期内国内产业同类产品的销售价格持续下降，调查期末比调查期初下降了42.77%，同期国内产业同类产品毛利率和单位毛利润也呈下降趋势，国内产业同类产品盈利能力不断萎缩。

受上述因素影响，国内产业同类产品在产量和销售量都持续大幅增长的情况下，销售收入和经营活动现金净流量并未呈现相应的增长趋势，反而呈不稳定状态，期末库存增加明显，国内产业同类产品税前利润和投资收益率急剧下降，部分企业投融资能力受到影响。2011年，国内产业同类产品毛利率、单位毛利润、税前利润和投资收益率降至调查期内的最低水平，国内产业同类产品税前利润、投资收益率均为负值状态，国内产业同类产品的财务状况和经营状况严重恶化，陷入亏损状态。

综合考虑上述事实，调查机关认定，国内产业受到实质损害。

六、因果关系

（一）被调查产品倾销进口造成了国内产业实质损害。

中国海关统计数据显示，调查期内，被调查产品的进口数量呈总体增长趋势，且增幅明显。2009年和2010年分别比上年增长57.36%和13.78%，2011年比2010年减少25.86%，但仍比2008年增加32.74%；被调查产品占中国甲苯二异氰酸酯总进口数量的比例呈持续上升趋势，2008年为22.21%，2009年为25.98%，2010年为33.51%，2011年为39.87%，调查期末的2011年比调查期初的2008年提高了17.66个百分点。

调查期内，被调查产品进口数量迅速增加，2008年至2010年，被调查产品国内市场份额持续上升，累计增长1.88个百分点。2011年比2010年下降2.32个百分点，降至与2008年接近水平。

调查期内，被调查产品在进口数量总体呈增长趋势并保持一定市场份额的同时，被调查产品进口价格总体呈下降趋势，对国内产业同类产品价格产生了削减和价格压低作用。受此影响，国内产业同类产品价格呈持续下降趋势，2009年至2011年，同比下降29.25%、3.05%、16.57%。国内产业同类产品在产能、产量和销售量大幅增长的情况下，销售收入并没有得到相应增长，反而呈不稳定趋势，经营活动现金流量状况恶化。

调查期内，甲苯二异氰酸酯产品市场需求持续增长，国内产业同类产品劳动生产率提高，单位销售成本下降。由于受被调查产品进口的影响，国内产业同类产品被迫大幅下调价格，盈利能力不仅没有增强反而不断萎缩，国内产业同类产品毛利率和单位毛利润持续下降，国内产业同类产品税前利润和投资收益率急剧下降，库存增加明显。2011年，国内产业同类产品毛利率、单位毛利润、税前利润和投资收益率等指标均降至调查期内最低水平，其中，税前利润和投资收益率为负值，国内产业严重亏损。

综合考虑上述事实和证据，调查机关认定，调查期内，被调查产品的倾销进口造成了国内产业实质损害。

（二）影响国内产业损害状况的其他因素分析。

调查机关对可能使国内产业受到损害的其他已知因素进行了调查。

1. 国内产业生产成本的影响问题。拜耳材料科技公司在其提交的产业损害问卷答卷中提出，国内生产企业的问题在于单厂产能低，导致产品成本高，缺乏竞争性，同时提供了一个亚太地区厂商成本图，并表明相关成本的估算基于拜耳材料科技公司内部推测。调查机关注意到，拜耳材料科技公司提供的国内产业同类产品成本数据估算仅为推测，在此基础上得出的结论缺少客观、充分、可核实的证据支持。

《国内生产者调查问卷》答卷和调查机关实地核查收集的证据显示，调查期内，国内产业单套装置产能不断扩大，国内产业同类产品劳动生产率提高，国内产业同类产品单位生产成本和单位销售成本均呈下降趋势，其中国内产业同类产品单位生产成本2009年比2008年下降21.94%，2010年比2009年增加1.37%，2011年比2010年下降5.53%，国内产业同类产品单位销售成本2009年比2008年下降20.99%，2010年比2009年增加0.15%，2011年比2010年下降4.95%。因此，调查机关认为，国内产业所遭受的实质损害不是由于国内产业同类产品生产成本因素造成的，拜耳材料科技公司的主张不能得到支持。

2. 国内产业产能扩大的影响。调查期内，国内产业同类产品产能有较大幅度增长。调查机关对国内产业产能扩大可能对国内产业同类产品销售价格及国内产业造成的影响进行了调查。调查显示，调查期内，国内甲苯二异氰酸酯市场需求持续增长，调查期初的国内产业产能较低，国内产业产能与国内表观消费量一直存在较大差距；国内产业产能的增长是一个循序渐进的过程，部分产能调查期末才投产；调查期内，来自日本、韩国和美国的进口甲苯二异氰酸酯在被采取反倾销措施的情况下，进口数量及市场份额均呈下降趋势；国内甲苯二异氰酸酯自主知识产权技术得到进一步发展和应用。调查机关认为，国内产业产能扩大是上述因素共同作用的结果。调查期内，不仅国内产业加快了扩大规模的步伐，国外企业也在中国投资兴建大规模甲苯二异氰酸酯装置。

现有证据表明，调查期内，国内产业同类产品单位生产成本和单位销售成本均呈总体下降趋势。国内产业产能的扩大未对国内产业同类产品的单位生产成本和单位销售成本产生负面影响。

调查机关同时对国内产业产能扩大对库存量增加的影响进行了考虑。调查机关注意到，调查期内，国内产业产能、产量、销量均呈增长趋势，同期国内产业库存量明显增加。现有证据无法排除产能扩大对库存量增加的影响。调查机关认为，库存量增加并非调查机关认定国内产业受到实质损害的唯一因素，调查机关是在综合考虑国内产业各项指标的基础上做出国内产业受到实质损害的结论。

综合考虑以上因素，调查机关认为，国内产业产能扩大的因素不能否定本案倾销进口与损害之间的因果关系。

3. 其他国家(地区)相关产品进口情况。中国海关统计数据表明，除自欧盟进口被调查产品之外，国内甲苯二异氰酸酯其他进口来源国主要是日本、韩国和美国，另外有少部分产品从伊朗、中国台湾地区、越南和马来西亚等进口。

根据中国海关统计数据，来自欧盟以外的其他国家(地区)进口数量2008年为75251.76吨，2009年为96324.84吨，2010年为76317.12吨，2011年为43007.67吨。调查期内，来自其他国家(地区)的进口甲苯二异氰酸酯数量及市场份额总体呈下降趋势。调查机关注意到，调查期内中国一直对来自日本、韩国和美国的进口甲苯二异氰酸酯征收反倾销税。为客观评价来自其他国家(地区)进口产品价格对国内产业的影响，调查机关考虑了关税和反倾销税的影响，并以中国对日本、韩国和美国进口产品征收的最低反倾销税税率和关税对其进行了相应调整。通过上述方法计算得出来自其他国家(地区)进口产品加权平均价格，2008年为23475.61元/吨，低于同期被调查产品进口价格；2009年为17282.72元/吨，高于同期被调查产品进口价格；2010年为20207.19元/吨，与同期被调查产品进口价格基本持平；2011年为17570.51元/吨，与同期被调查产品进口价格基本持平。

调查期内，来自其他国家(地区)进口产品虽然也占有一定市场份额，但无论绝对量或相对量均大幅下降，其退出的市场份额在一定程度上被国内产业获得。在被调查产品削价销售的2009年，其他国家(地区)进口产品价格明显高于被调查产品。2010年和2011年，其他国家(地区)进口产品价格与被调查产品基本持平。调查机关认为，不能排除其他国家(地区)进口产品在调查期最后两年一定程度上对国内产业同类产品价格造成影响，但这并不足以否定被调查产品进口与国内产业受到实质损害之间的因果关系。

4. 消费模式变化情况。调查期内，甲苯二异氰酸酯的消费模式未发生变化。调查机关未发现由于其他替代产品的出现导致国内甲苯二异氰酸酯市场萎缩的事实。

5. 商业流通渠道和贸易政策变化及国内外竞争状况。调查期内，国内甲苯二异氰酸酯产品完全实行市场化的价格体制，生产经营完全受市场调节。国内产业同类产品的销售渠道、销售区域与被调查产品基本相同，国内未颁布限制甲苯二异氰酸酯产业贸易行为和其他相关政策。在商业流通领域并不存在其他阻碍国内产业同类产品销售或造成国内产业损害的因素。调查机关未发现，国内外的正当竞争对国内产业造成负面影响。

6. 技术发展状况。国内甲苯二异氰酸酯产业应用先进技术，通过严格的质量管理，产品质量不断提高，其产品与进口被调查产品在性能、质量和技术水平上相似。国内甲苯二异氰酸酯产业的技术发展状况没有对国内产业的生产和经营造成严重不良影响。

7. 国内产业出口状况。调查期内，未发现国内产业对外出口同类产品情况，不存在因出口原因对国内产业发展造成负面影响。

8. 国内产业管理水平和生产率情况。调查期内，国内产业经营管理状况良好，相关企业各项管理制度严格，管理水平和技术水平有所提高。调查期内，国内产业同类产品劳动生产率提高，单位销售成本下降，未发现经营管理不善及生产力降低而导致国内产业遭受实质损害的情况。

9. 不可抗力因素。调查期内，国内甲苯二异氰酸酯产业未发生严重自然灾害或其他不可抗力事件，生产设备运行状况正常，生产经营平稳。

七、最终调查结论

根据以上调查结果，调查机关最终裁定，在本案调查期内，原产于欧盟的进口甲苯二异氰酸酯(型号为TDI80/20)产品存在倾销，中国甲苯二异氰酸酯(型号为TDI80/20)产业受到了实质损害，而且倾销与实质损害之间存在因果关系。

各公司的倾销幅度分别为：

1. 德国拜耳材料科技公司 19.2%
(Bayer MaterialScience AG)

2. 匈牙利博苏化学有限责任公司 6.6%
(Borsodchem Zrt.)

3. 波兰扎克姆化工股份公司 37.7%
(Zaklady Chemiczne ZACHEM S. A.)

4. 法国柏斯托公司 37.7%
(Perstorp France)

5. 陶氏西班牙公司 37.7%
(Dow Chemical Tarragona)

6. 其他欧盟公司 37.7%
(All Others)

(注：甲苯二异氰酸酯主要作为聚氨酯树脂的生产原料，用于生产聚氯酯泡抹塑料、涂料、橡胶、粘合剂、密封剂等。也可用作橡胶硫化剂、蛋白质交联剂等。)

三十二、商务部公告 2013 年第 13 号 关于间苯二酚反倾销调查最终裁定的公告(2013 年 3 月 22 日)

根据《中华人民共和国反倾销条例》(以下称《反倾销条例》)的规定，2012 年 3 月 23 日，商务部(以下称调查机关)正式发布立案公告，决定对原产于日本和美国的进口间苯二酚(以下称被调查产品)进行反倾销调查。该被调查产品归在《中华人民共和国进出口税则》税则号：29072100。该税则号项下的间苯二酚盐不在本次调查产品范围之内。

调查机关对被调查产品是否存在倾销及倾销幅度、国内间苯二酚产业是否受到损害及损害程度、以及倾销与损害之间的因果关系进行了调查，根据调查结果和《反倾销条例》第二十四条的规定，2012 年 11 月 23 日，调查机关发布初裁公告，初步认定原产于日本和美国的进口间苯二酚存在倾销，中国间苯二酚产业受到了实质损害，并且倾销与实质损害之间存在因果关系。

初步裁定后，调查机关对倾销和倾销幅度，损害和损害程度及倾销和损害之间的因果关系进行了进一步调查，现本案调查结束，依据《反倾销条例》第二十五条的规定，调查机关作出最终裁定(见附件)。现将有关事项公告如下：

一、最终裁定

经调查，调查机关最终裁定，在本案调查期内，原产于日本和美国的进口间苯二酚存在倾销，中国间苯二酚产业受到实质损害，而且倾销与损害之间存在因果关系。

二、征收反倾销税

根据《反倾销条例》第三十八条的规定，商务部向国务院关税税则委员会提出征收反倾销税的建议，国务院关税税则委员会根据商务部的建议作出决定，自 2013 年 3 月 23 日起，对原产于日本和美国的进口间苯二酚征收反倾销税。

本案征收反倾销税的产品归在《中华人民共和国进出口税则》税则号：29072100，该税则号项下的间苯二酚盐不在本次调查产品范围之内，具体描述如下：

调查范围：原产于日本和美国的进口间苯二酚

被调查产品名称：间苯二酚，又称 1，3 - 苯二酚、雷琐辛。英文名称：M - dihydroxybenzene 或 Resorcinol。

分子式：$C_6H_6O_2$

化学结构式：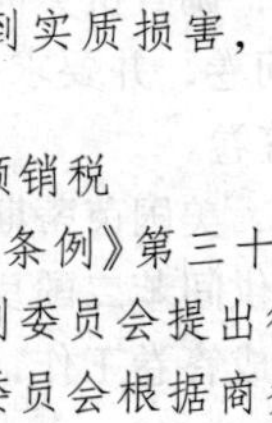

物理化学特征：外观通常呈白色针状结晶体，暴露于空气当中会逐渐变红，易溶于水、乙醇、乙醚，溶于氯仿、四氯化碳，不溶于苯。

主要用途：间苯二酚是一种重要的化学合成中间体和精细化工原料，主要用于橡胶黏合剂和紫外线吸收剂的生产。此外，间苯二酚还可用于生产木材黏合剂、阻燃剂和各种医药、农药的中间体等。

对各公司征收的反倾销税税率如下：

日本公司

1. 住友化学株式会社 40.5%
(Sumitomo Chemical Company, Limited)

2. 三井化学株式会社 40.5%
(Mitsui Chemicals, Inc.)

3. 其他日本公司 40.5%
(All Others)

美国公司

1. 茵蒂斯派克化学公司 30.1%
(INDSPEC Chemical Corporation)

2. 其他美国公司 30.1%
(All Others)

三、征收反倾销税的方法

自 2013 年 3 月 23 日起，进口经营者在进口原产于日本和美国的进口间苯二酚时，应向中华人民共和国海关缴纳相应的反倾销税。反倾销税以海关审定的完税价格从价计征，计算公式为：反倾销税税额 = 海关完税价格 × 反倾销税税率。进口环节增值税以海关审定的完税价格加上关税和反倾销税作为计税价格从价计征。

四、反倾销税的追溯征收

对自 2012 年 11 月 23 日起至 2013 年 3 月 23 日止，有关进口经营者依初裁公告向中华人民共和国海关所提供的保证金，按终裁所确定的征收反倾销税的商品范围和反倾销税税率计征并转为反倾销税，并按相应的增值税税率计征进口环节增值税。在此期间有关进口经营者所提供的保证金超出反倾销税的部分，以及由此多征的进口环节增值税部分，海关予以退还，少征部分则不再征收。

对实施临时反倾销措施决定公告之日前进口的原产于日本和美国的进口间苯二酚不追溯征收反倾销税。

五、征收反倾销税的期限

对原产于日本和美国的进口间苯二酚征收反倾销税，实施期限自 2013 年 3 月 23 日起 5 年。

六、新出口商复审

对日本和美国在调查期内未向中华人民共和国出口被调查产品的新出口经营者，符合条件的，可依据《反倾销条例》第四十七条的规定，向调查机关书面申请新出口商复审。

七、期中复审

在征收反倾销税期间，有关利害关系方可以根据《反倾销条例》第四十九条的规定，向调查机关书面申请期中复审。

八、行政复议和行政诉讼

对本案终裁决定及征收反倾销税的决定不服的，根据《反倾销条例》第五十三条的规定，可以依法申请行政复议，也可以依法向人民法院提起诉讼。

九、本公告自2013年3月23日起执行。

附件：中华人民共和国商务部对原产于日本和美国的进口间苯二酚反倾销调查的最终裁定

根据《中华人民共和国反倾销条例》（以下称《反倾销条例》）的规定，2012年3月23日，商务部（以下称调查机关）正式发布公告，决定对原产于日本和美国的进口间苯二酚（以下称被调查产品）进行反倾销立案调查。该被调查产品归在《中华人民共和国进出口税则》税则号：29072100，该税则号项下的间苯二酚盐不在本次调查产品范围之内。

调查机关对被调查产品是否存在倾销及倾销幅度、国内间苯二酚产业是否受到损害及损害程度、以及倾销与损害之间的因果关系进行了调查，根据调查结果和《反倾销条例》第二十四条的规定，2012年11月23日，调查机关发布初裁公告，初步裁定原产于日本和美国的进口间苯二酚存在倾销，中国间苯二酚产业受到了实质损害，并且倾销与实质损害之间存在因果关系。

初步裁定后，调查机关对倾销和倾销幅度，损害和损害程度及倾销和损害之间的因果关系进行了进一步调查，现本案调查结束，依据《反倾销条例》第二十五条的规定，调查机关作出最终裁定如下：

一、调查程序

（一）立案及立案通知。

1. 立案。

2012年2月3日，调查机关收到浙江鸿盛化工有限公司代表国内间苯二酚产业提交的反倾销调查申请，申请人请求对原产于日本和美国的进口间苯二酚进行反倾销调查。

经审查，调查机关认为申请人符合《反倾销条例》第十一条、第十三条和第十七条有关中国产业提出反倾销调查申请的规定。同时，申请书中包含了《反倾销条例》第十四条、第十五条规定的反倾销调查立案所要求的内容及有关证据。

根据上述审查结果及《反倾销条例》第十六条的规定，2012年3月23日，调查机关发布立案公告，决定对原产于日本和美国的进口间苯二酚进行反倾销立案调查。调查机关确定的倾销调查期为2010年10月1日至2011年9月30日，产业损害调查期为2009年1月1日至2011年9月30日。

2. 立案通知。

在决定立案调查前，根据《反倾销条例》第十六条规定，调查机关就收到中国国内间苯二酚产业反倾销调查申请书一事通知了日本驻中国大使馆和美国驻中国大使馆。

2012年3月23日，调查机关发布立案公告，并向日本驻中国大使馆和美国驻中国大使馆正式提供了立案公告和申请书的公开文本。同日，调查机关将本案立案情况通知了本案申请人及申请书中列明的日本和美国生产商、出口商。

（二）初步调查。

1. 倾销及倾销幅度的初步调查。

（1）登记应诉。

根据公告要求，自公告发布之日起20天的登记应诉期内，被调查产品生产商日本住友化学株式会社（Sumitomo Chemical Company，Limited）、日本三井化学株式会社（Mitsui Chemicals，Inc.）和美国茵蒂斯派克化学公司（INDSPEC Chemical Corporation）向调查机关登记倾销应诉。

（2）发放问卷和收取答卷。

2012年4月12日，调查机关向上述登记应诉公司发放了反倾销调查问卷，并要求其在37天内按规定提交准确、完整的答卷。

2012年4月28日，美国茵蒂斯派克化学公司向调查机关提交《无法提供间苯二酚反倾销调查答卷的函》，表示公司无法完成答卷工作，未在规定时限内提交答卷。

2012年5月18日，日本三井化学株式会社向调查机关提交《关于三井化学株式会社退出间苯二酚反倾销调查的函》，表示退出反倾销调查，未在规定时限内提交答卷。

日本住友化学株式会社未在规定时限内提交答卷。

至答卷递交截止之日，调查机关未收到3家登记应诉公司的答卷。

（3）有关利害关系方评论意见。

2012年5月18日，日本住友化学株式会社向调查机关提交《关于终止间苯二酚反倾销调查的请求》。称目前市场情况发生重大变迁，请求终止本次反倾销调查。

调查机关对上述利害关系方发表的意见依法予以了考虑。

2. 产业损害及损害程度的初步调查。

(1)产业损害调查期。

商务部在立案公告中明确，本案产业损害调查期(以下称调查期)为2009年1月1日至2011年9月30日。

(2)参加产业损害调查活动登记。

2012年3月23日，调查机关发出《关于参加间苯二酚反倾销案产业损害调查活动登记的通知》(商调查函[2012]82号)。在规定的时间内，调查机关共收到有效登记材料6份，其中包括国内生产者3家，分别为：湖北祥云(集团)化工股份有限公司、南通建民化工有限公司和河南新宏化工有限公司；国外生产者3家，分别为：三井化学株式会社(Mitsui Chemicals，Inc.)、住友化学株式会社(Sumitomo Chemical Company，Limited)和美国茵蒂斯派克化学公司(INDSPEC Chemical Corporation)。经审查，调查机关接受了上述利害关系方的登记。

(3)成立产业损害调查组。

2012年4月16日，调查机关成立了间苯二酚反倾销案产业损害调查组，负责本案的产业损害调查与裁决工作，并于当日发出《关于成立间苯二酚反倾销案产业损害调查组的通知》(商调查一处函[2012]114号)。

(4)发放和收回调查问卷。

根据《反倾销条例》第二十条和《反倾销产业损害调查规定》第二十四条、第二十五条的相关规定，调查机关于2012年4月12日发出《关于发放〈间苯二酚反倾销案产业损害调查问卷(国内生产者调查问卷)〉的通知》(商调查一处函[2012]102号)、《关于发放〈间苯二酚反倾销案产业损害调查问卷(国内进口商调查问卷)〉的通知》(商调查一处函[2012]103号)和《关于发放〈间苯二酚反倾销案产业损害调查问卷(国外<地区>生产者/出口商调查问卷)〉的通知》(商调查一处函[2012]104号)，向各利害关系方发放了调查问卷。调查机关同时将上述问卷送至商务部贸易救济公开信息查阅室，供利害关系方查阅。

2012年4月28日，美国茵蒂斯派克化学公司提交了《关于无法提交间苯二酚反倾销调查答卷的函》，表示决定不提交问卷答卷。

2012年5月18日，三井化学株式会社提交了《关于三井化学株式会社退出间苯二酚反倾销调查的函》，称其间苯二酚生产设备于2012年4月22日发生爆炸，已失去间苯二酚生产能力，决定不提交问卷答卷。

2012年5月2日，国内生产企业浙江鸿盛化工有限公司、湖北祥云(集团)化工股份有限公司、南通建民化工有限公司和河南新宏化工有限公司提交了《关于间苯二酚反倾销案国内相关生产企业延期提交国内生产者调查问卷答卷的请求》，申请将国内生产者问卷答卷截止期限延长至2012年5月22日。经审查，调查机关同意其延期申请。

在调查问卷规定的时间或经批准延期递交的时间内，调查机关共收回产业损害调查问卷答卷5份，包括浙江鸿盛化工有限公司、湖北祥云(集团)化工股份有限公司、南通建民化工有限公司和河南新宏化工有限公司提交的国内生产者调查问卷答卷4份；住友化学株式会社提交的国外(地区)生产者/出口商调查问卷答卷1份。调查机关未收到国内进口商调查问卷答卷。

(5)听取利害关系方意见陈述。

2012年5月2日，调查机关收到本案申请人委托代理人提交的《关于召开间苯二酚反倾销案国内产业意见陈述会的申请》。根据《反倾销条例》第二十条和《反倾销产业损害调查规定》第十七条的规定，调查机关于2012年5月7日发出《关于召开间苯二酚反倾销案国内产业意见陈述会的通知》(商调查一处函[2012]159号)。2012年5月18日，调查机关召开了间苯二酚反倾销案国内产业意见陈述会，听取了国内产业提起申请的主要理由和对产业损害调查相关问题的意见。同日，本案申请人向调查机关提交了《间苯二酚反倾销案国内产业意见陈述会汇报材料》。

2012年7月18日，日本经济产业省通商机构部及日本驻华大使馆拜会调查机关，其间就本案调查提出意见。2012年7月19日，日本驻华大使馆向调查机关提交了《宗像部长在与商务部产业损害调查局顾春芳局长会谈时的发言(关于间苯二酚反倾销调查)》。

2012年7月19日，住友化学株式会社向调查机关提交了《关于提请召开间苯二酚反倾销调查产业损害听证会的申请书》，申请就产业损害、因果关系及公共利益等问题举行听证会。2012年7月30日，本案申请人向调查机关提交《间苯二酚反倾销案申请人对住友化学请求召开产业损害听证会申请的评论意见》，提出本案没有举行产业损害听证会的必要性，公共利益问题超出产业损害听证范围，并表示申请人将不出席会议。2012年8月2日，住友化学株式会社提交了《住友化学株式会社关于召开间苯二酚反倾销案陈述会的请示函》，表示坚持申请在合适的时间召开产业损害调查听证会，同时考虑到申请人提出保留不参加本次产业损害调查听证会的权利，申请在2012年8月6日至8月10日期间召开间苯二酚反倾销案陈述会。

根据《反倾销条例》第二十条和《反倾销产业损害调查规定》第十七条的规定，调查机关于2012年8月6日发出《关于召开间苯二酚反倾销案住友化学株式会社陈述会的通知》(商调查一处函[2012]302号)。2012年8月9日，调查机关召开间苯二酚反倾销案住友化学株式会社陈述会，听取了住友化学株式会社关于本案产业损害调查相关问题的意见。2012年8月10日，住友化学株式会社向调查机关提交了《间苯二酚产业损害陈述会书面材料》(以下称住友陈述会材料)。

(6)接收利害关系方书面评论意见。

在立案公告规定的时间内，调查机关未收到各利害关系方对立案提交的书面评论意见。

2012年5月18日，住友化学株式会社提交了《关于终止间苯二酚反倾销调查的请求》。

2012年7月16日，住友化学株式会社提交了《间苯二酚反倾销案无损害抗辩意见书》(以下称住友无损害抗辩)。

2012年9月20日，本案申请人提交了《间苯二酚反倾销案申请人对住友化学株式会社相关主张和意见的评论意见》(以下称申请人评论意见)。

(7)初裁前实地核查。

根据《反倾销条例》第二十条和《反倾销产业损害调查规定》第二十七条的规定，2012年6月6日，调查机关发出《关于间苯二酚反倾销案初裁前实地核查的通知》(商调查一处函[2012]196号)。2012年6月18日至21日、7月24日至27日，调查机关分别赴本案申请人浙江鸿盛化工有限公司和国内生产企业南通建民化工有限公司进行了初裁前实地核查。实地核查期间，调查机关实地考查了被核查公司的间苯二酚生产现场，对被核查公司在调查问卷答卷中提供的数据和信息等进行了核实，并收集了相关证据材料。实地核查结束后，被核查公司向调查机关提交了调查问卷补充修正材料和有关证据。

(三)初裁决定及公告。

2012年11月23日，调查机关发布2012年第83号公告，公布了本案初裁决定，初裁认定原产于日本和美国的进口间苯二酚存在倾销，中国间苯二酚产业受到了实质损害，而且倾销与实质损害之间存在因果关系。

(四)初裁后的继续调查。

1. 对倾销及倾销幅度的继续调查。

(1)初裁后信息披露和证据搜集。

根据初裁公告的要求，各利害关系方在初裁决定发布之日起20天内可以就初步裁定向调查机关提出书面评论意见并附相关证据。同时，本案初裁后，调查机关依据商务部《反倾销调查信息披露暂行规则》的规定，向日本住友化学株式会社、日本三井化学株式会社和美国茵蒂斯派克化学公司披露了初步裁定中计算各公司倾销幅度时所依据的基本事实，并给予各公司提出评论意见的机会。

初裁后，调查机关收到了申请人对于初步裁定的书面评论意见。日本住友化学株式会社、日本三井化学株式会社和美国茵蒂斯派克化学公司未对初步裁定和初裁信息披露提交任何评论意见。

对于收到的评论意见，调查机关在终裁中对其主张依法予以考虑。

(2)最终裁定前信息披露。

2013年2月22日，调查机关依据《反倾销条例》第二十五条第二款和商务部《反倾销调查信息披露暂行规则》的规定，向日本住友化学株式会社、日本三井化学株式会社和美国茵蒂斯派克化学公司分别披露了计算各公司倾销幅度时所依据的基本事实，向日本驻华大使馆和美国驻华大使馆披露了本案最终裁决所依据的基本事实，并给予各利害关系方提出评论意见的机会。在规定的时间内，调查机关未收到相关利害关系方对终裁披露的评论意见。

(3)信息公开。

根据商务部《反倾销调查公开信息查阅暂行规则》的规定，本案全部公开材料均已及时送交商务部贸易救济公开信息查阅室，供各利害关系方在公开信息查阅室查找、阅览、摘抄和复印。

2. 对损害及损害程度的继续调查。

(1)接收利害关系方书面评论意见。

在公告规定的评论期内，调查机关共收到2份对初步裁定的书面评论意见，分别为本案申请人浙江鸿盛化工有限公司提交的《申请人对间苯二酚反倾销案初步裁定的评述意见》和住友化学株式会社提交的《对〈中华人民共和国商务部对原产于日本和美国的进口间苯二酚反倾销调查的初步裁定〉的评论意见》(以下称住友初裁评论意见)。

2013年1月6日，申请人向调查机关提交了《间苯二酚反倾销案申请人对住友化学〈初裁评论意见〉的评论意见》(以下称申请人初裁后评论意见)。

调查机关充分考虑了利害关系方在上述评论意见中提出的主张，并在最终裁定中予以了回应。

(2)召开上下游企业意见陈述会。

2012年12月3日，调查机关发出《关于召开间苯二酚反倾销案上下游企业意见陈述会的通知》(商调查一处函[2012]503号)。

2012年12月10日，调查机关召开了间苯二酚反倾销案上下游企业意见陈述会，听取了参会企业对本次反倾销调查的意见。

(3)终裁前实地核查。

根据《反倾销条例》第二十条和《反倾销产业损害调查规定》第二十七条的规定，2012 年 12 月 3 日，调查机关发出《关于间苯二酚反倾销案产业损害调查终裁前实地核查的通知》(商调查一处函[2012]507 号)。

2012 年 12 月，调查机关对本案申请人浙江鸿盛化工有限公司进行了终裁前实地核查。实地核查后，申请人向调查机关提交了补充材料。

(4)住友化学株式会社关于召开产业损害调查听证会/下游用户意见陈述会的申请。

2013 年 1 月 16 日，住友化学株式会社向调查机关提交了《关于再度申请召开间苯二酚反倾销案产业损害听证会/下游用户意见陈述会的申请书》，请求调查机关召开产业损害调查听证会和下游用户意见陈述会。

2013 年 1 月 21 日，申请人提交了《间苯二酚反倾销案申请人对住友化学再度请求召开产业损害听证会/下游用户意见陈述会申请的评论意见》，表示本案没有举行产业损害调查听证会或下游用户意见陈述会的必要，申请人将行使不出席此类会议的权利，并保留对利害关系方提交的材料进行评论的权利。

根据《反倾销条例》第二十条、《反倾销产业损害调查规定》第二十四条、第三十条和《产业损害调查听证规则》第五条的规定，调查机关于 2013 年 1 月 18 日发出《关于召开间苯二酚反倾销案产业损害调查听证会的通知》(商调查一处函[2013]35 号)。

调查机关认为，调查机关已于 2012 年 12 月 10 日召开了上下游企业意见陈述会，间苯二酚下游企业和贸易商等利害关系方明确表达了对本案的意见，调查机关在裁决时予以了充分考虑。调查机关决定不再召开下游企业意见陈述会。

(5)召开产业损害调查听证会。

2013 年 1 月 18 日和 2 月 4 日，调查机关分别发出了《关于召开间苯二酚反倾销案产业损害调查听证会的通知》(商调一处查函[2013]35 号)和《关于间苯二酚反倾销案产业损害调查听证会的补充通知》(商调查一处函[2013]58 号)。2013 年 1 月 25 日，住友化学株式会社提交《申请延期召开间苯二酚反倾销案产业损害调查听证会的函》。2013 年 1 月 29 日，调查机关发出《关于住友化学株式会社延期召开间苯二酚反倾销案产业损害调查听证会申请的回复》(商调查一处函[2013]43 号)，决定仍按原定时间召开听证会。经审查，调查机关在规定的时限内共收到报名参加听证会的有效申请 8 份。

2013 年 2 月 8 日，调查机关召开了间苯二酚反倾销案产业损害调查听证会。参加会议并发言的利害关系方包括：国外政府日本经济产业省及日本驻华大使馆、美国驻华大使馆；国外生产者住友化学株式会社；国内下游用户华奇(张家港)化工有限公司、辛集市大河化工有限公司；国内进口商中海油销售上海公司、住友化学(上海)有限公司、中国平煤神马集团国际贸易有限公司。

在会后规定的时限内，日本经济产业省及日本驻华大使馆、住友化学株式会社向调查机关提交了听证会书面发言材料(以下分别称日本政府听证会发言材料、住友听证会发言材料)。

2013 年 2 月 20 日，申请人向调查机关提交了《间苯二酚反倾销案申请人对相关利害关系方损害听证会相关抗辩的评论意见》(以下称申请人听证会后评论意见)，就利害关系方提交的听证会书面发言材料进行了评论。

(6)公开信息及信息披露。

根据《产业损害调查信息查阅与信息披露规定》第八条、第十四条的规定，本案所有公开材料均已及时送交商务部贸易救济公开信息查阅室。各利害关系方可以查找、阅览、摘抄、复印全部公开信息。

根据《反倾销条例》第二十六条和《产业损害调查信息查阅与信息披露规定》的规定，2013 年 2 月 26 日，调查机关发出《关于原产于日本和美国的进口间苯二酚反倾销案产业损害最终裁定前信息披露的通知》(商调查一处函[2013]75 号)，向本案利害关系方披露《原产于日本和美国的进口间苯二酚反倾销案产业损害最终裁定所依据的基本事实》，并给予各利害关系方提出评论意见的机会。2013 年 3 月 8 日，住友化学株式会社向调查机关提交了《对间苯二酚反倾销案产业损害终裁披露的评论意见》。

调查机关对申请书及所附证据材料、调查问卷答卷及所附证据材料、实地核查收集的证据材料、利害关系方提交的评论意见以及听证会发言材料等进行了认真分析，对各利害关系方的意见依法给予了充分考虑。

(五)住友化学株式会社关于终止调查的请求。

住友化学株式会社在《关于终止间苯二酚反倾销调查的请求》、住友无损害抗辩和住友陈述会材料中多次提出，2012 年 4 月 22 日，国外生产者三井化学株式会社的间苯二酚生产装置发生爆炸，截至 2012 年 6 月仍未恢复生产。爆炸事件导致亚洲乃至全球的间苯二酚市场供需状况发生了实质性的变化，住友化学株式会社专注供应日本市场，对中国出口下降，中国国内间苯二酚市场将出现供应短缺和价格大幅上涨。住友化学株式会社认为，鉴于出现以上重大情势变迁，调查机关应立即终止本次反倾销调查。

申请人评论意见认为住友化学株式会社的主张不能成立，原因是：第一，在反倾销调查中，调查机关通常不应考虑调查期之外的信息。第二，三井化学株式会社间苯二酚产能仅占三家应诉企业的12.7%，占2011年全球总产能的比例仅为7%，且产品主要供应日本国内市场，在全球间苯二酚市场严重供过于求的情况下，其装置停产不足以对中国间苯二酚市场状况带来实质性影响。第三，从2012年1－7月的进口数据看，被调查产品进口量仍然较大，进口价格未出现明显上涨。因此，三井化学株式会社间苯二酚装置爆炸事件并未导致住友化学株式会社所谓“重大情势变迁”的情况，其影响并非是“显而易见、无可置疑的、持续不断的”，调查机关应不予考虑。

调查机关注意到本案立案后三井化学株式会社间苯二酚生产装置发生爆炸的事实。调查机关认为：第一，本案立案公告已明确产业损害调查期为2009年1月1日至2011年9月30日，调查机关认定国内产业损害和因果关系的依据是调查期内的证据和事实，三井化学株式会社间苯二酚生产装置爆炸发生在调查期之外，并不影响调查机关对于本案的认定结论。第二，根据《反倾销条例》第二十七条的规定，住友化学株式会社所称“重大情势变迁”并非调查机关应当终止反倾销调查的法定情形。住友化学株式会社关于终止本次调查的请求缺乏法律依据。

初裁后，住友化学株式会社在住友初裁评论意见和住友听证会发言材料中提出：第一，《反倾销条例》第二十七条并未明确要求终止调查的依据必须是来自调查期内的证据。第二，上述条文中还规定了“商务部认为不适宜继续进行反倾销调查的”情形，说明对应当终止调查情形的列举是未尽的。第三，三井化学株式会社已正式公告放弃生产间苯二酚，将实质影响包括中国在内的亚洲市场，未来一段时期内间苯二酚产品将供不应求，价格上涨。第四，申请人2012年1－9月的经营状况有所改善，中国国内产业已不存在损害。调查机关应立即终止调查。

申请人初裁后评论意见重复了申请人评论意见中提出的观点，并表示2012年被调查产品进口量仍较大，被调查产品进口价格未出现不合理上涨，申请人间苯二酚销售价格总体下降，国内市场没有出现供应短缺。

调查机关认为，调查机关并未主张终止调查的情形必须是来自调查期内的证据。调查机关认定损害的依据是调查期内国内产业的整体状况。经调查查明，三井化学株式会社间苯二酚生产装置爆炸未对中国间苯二酚市场产生重大影响。住友化学株式会社终止调查的请求无事实依据，不符合法律规定。

二、被调查产品

调查机关在立案公告中确定的本案调查范围及被调查产品描述如下：

调查范围：原产于日本和美国的进口间苯二酚

被调查产品名称：间苯二酚，又称1，3－苯二酚、雷琐辛。英文名称：M－dihydroxybenzene 或 Resorcinol。

分子式：$C_6H_6O_2$

化学结构式：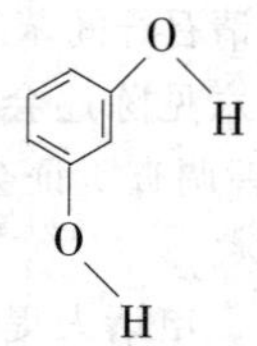

物理化学特征：外观通常呈白色针状结晶体，暴露于空气当中会逐渐变红，易溶于水、乙醇、乙醚，溶于氯仿、四氯化碳，不溶于苯。

主要用途：间苯二酚是一种重要的化学合成中间体和精细化工原料，主要用于橡胶黏合剂和紫外线吸收剂的生产。此外，间苯二酚还可用于生产木材黏合剂、阻燃剂和各种医药、农药的中间体等。

该产品归在《中华人民共和国进出口税则》税则号：29072100。该税则号项下的间苯二酚盐不在本次调查产品范围之内。

三、国内同类产品和国内产业

（一）国内同类产品的认定。

根据《反倾销条例》第十二条和《反倾销产业损害调查规定》第十条、第十一条关于同类产品认定的规定，调查机关对国内生产的间苯二酚与被调查产品的物理化学特性、产品用途、产品的可替代性、生产工艺流程、销售渠道、销售区域、消费者评价、价格等因素进行了考察，各方提交的产业损害调查问卷答卷、实地核查材料等证据显示：

1. 国内生产的间苯二酚与被调查产品外观相同，均为白色针状结晶体，暴露于空气当中会逐渐变红；二者的分子式、化学结构式、物理化学特征相同；调查期内，国内生产的间苯二酚均执行《中华人民共和国化工行业标准：间苯二酚(1，3－苯二酚)》(HG/T 3989—2007)，质量指标均达到干品结晶点/度≥108℃，间苯二酚含量≥98.50%，对苯二酚、邻苯二酚和苯酚的含量分别≤0.10%、0.50%和

0.20%，与被调查产品无实质区别；国内生产的间苯二酚与被调查产品一般均采用纸塑复合袋等包装，规格以25千克/袋为主。

2. 国内生产的间苯二酚与被调查产品的用途基本相同，均为重要的化学合成中间体和精细化工原料，主要用于生产橡胶黏合剂、紫外线吸收剂、木材黏合剂、阻燃剂和各种医药、农药的中间体等。

3. 国内生产的间苯二酚与被调查产品的生产工艺主要包括磺化碱熔法、间苯二胺水解法和间二异丙苯氧化法三种。其中，国内生产企业采用磺化碱熔法和间苯二胺水解法，被调查产品生产企业采用磺化碱熔法和间二异丙苯氧化法。各方调查问卷答卷、产品说明书和质量检测报告等证据表明，三种工艺均以纯苯为基本原材料，且对制成的间苯二酚质量无实质性影响。

4. 国内生产的间苯二酚与被调查产品的销售渠道基本相同，均包括直销和分销，销售区域也均集中在我国沿海地区和各大工业城市；二者的客户群体基本相同，部分客户互相重合，部分客户认为国内生产的间苯二酚和被调查产品质量相当，可以相互替代；调查期内，国内生产的间苯二酚价格与被调查产品进口价格总体变化趋势基本一致。

综上所述，国内生产的间苯二酚与被调查产品之间外观和基本物理化学特性相同，产品包装、产品用途、销售渠道和市场区域、客户群体等基本相同，生产工艺流程不存在实质区别，价格总体变化趋势基本一致，具有相似性和可比性，可以相互替代。因此，国内生产的间苯二酚与被调查产品属于同类产品。

住友化学株式会社在产业损害调查问卷答卷中提出，住友化学株式会社通过严格的质量管理提供高品质的被调查产品，取得了中国国内“高品质用户”的认定，而国内同类产品无法取得“高品质用户”认定，二者差异很大，不存在可替代性及竞争关系。

调查机关认为，住友化学株式会社仅主张其间苯二酚产品与国内同类产品不存在可替代性和竞争关系，并未提供可供核实的证据予以佐证。住友化学株式会社和国内生产企业提供的主要客户名单和下游用户使用意见反馈报告等证据显示，被调查产品与国内同类产品的客户群体基本相同，部分客户同时使用被调查产品和国内同类产品，且认为国内同类产品与被调查产品质量相当。因此，被调查产品与国内同类产品存在竞争关系，可以相互替代。

（二）国内产业的认定。

根据《反倾销条例》第十一条和《反倾销产业损害调查规定》第十三条关于国内产业认定的规定，调查机关对本案国内产业范围进行了审查。调查期内的2009年、2010年和2011年1-9月，4家提交国内生产者问卷答卷的国内生产企业的同类产品产量之和占国内总产量的比例均超过50%，占国内同类产品总产量的主要部分，符合《反倾销条例》第十一条和《反倾销产业损害调查规定》第十三条关于国内产业认定的规定，可以代表国内产业。本裁决依据的国内产业数据，除特别说明外，均来自上述4家国内生产企业。

四、倾销和倾销幅度

调查机关对涉案公司的正常价值和出口价格及调整项目作出最终认定，并在公平比较的基础上计算出倾销幅度，终裁决定如下：

（一）正常价值、出口价格及价格调整项目的认定。

日本

1. 日本三井化学株式会社和日本住友化学株式会社。

日本三井化学株式会社和日本住友化学株式会社为申请书列明的日本生产商，两公司登记应诉后，调查机关向其发放了问卷，但两公司均未提交答卷，没有配合调查机关的调查，调查机关无法获得其倾销调查期内被调查产品的正常价值、出口价格、调整因素等直接数据和证据。依据《反倾销条例》第二十一条，调查机关决定采用可获得的最佳信息对上述公司在调查期内的正常价值、出口价格、影响正常价值和出口价格可比性因素等进行认定。

2. 其他日本公司。

如前所述，2012年3月23日，本案立案后，调查机关通知了申请书上列明的出口商或生产商，也通知了涉案国驻华使馆，同日，调查机关将立案公告登载在商务部网站上，任何利害关系方均可在商务部网站上查阅本案立案公告。立案后，调查机关给予各利害关系方20天的登记应诉期，给予所有利害关系方合理的时间获知立案有关情况。

2012年4月12日，调查机关向申请书列明的公司发放了调查问卷，同日，调查机关将调查问卷登载在商务部网站上，任何利害关系方可在商务部网站上查阅本案调查问卷。

申请书未列明的、调查期内可能存在的其他出口经营者未登记应诉，也未提交答卷。调查机关通过查询海关数据、咨询相关行业协会、查阅相关网站、公开刊物，以及申请人提供的相关数据认定了其正常价值、出口价格，并对影响正常价值和出口价格可比因素进行了调整，并在同一贸易环节进行了比较，具体如下：

(1)正常价值。

经调查，调查机关认定相关咨询公司提供的调查期内被调查产品同类产品日本国内市场平均销售价格作为正常价值，为6885美元/吨。

(2)出口价格。

经调查，调查机关认定调查期内中国海关统计数据计算出的自日本进口被调查产品加权平均价格作为确定出口价格的基础，为4993.75美元/吨。

(3)调整项目。

根据《反倾销条例》第六条规定，为公平合理比较，调查机关对该公司影响价格可比性的调整项目逐一进行了审查。

第一，正常价值部分。调查机关经调查，确定上述日本市场内被调查产品同类产品的销售价格已是出厂价水平，调查机关不再做相应调整。

第二、出口价格部分。经调查，调整项目包括海运费、保险费、日本境内环节费用等，为131.70美元/吨。

(4)关于到岸价格(CIF价格)

经调查，调查机关根据调查期内中国海关统计数据计算出的自日本进口被调查产品加权平均价格作为CIF价格，为4993.75美元/吨。

美国

1. 美国茵蒂斯派克化学公司。

美国茵蒂斯派克化学公司为申请书列明的美国生产商，该公司登记应诉后，调查机关向其发放问卷，但该公司未提交答卷，没有配合调查机关的调查，调查机关无法获得其倾销调查期内被调查产品的正常价值、出口价格、调整因素等直接数据和证据。依据《反倾销条例》第二十一条，调查机关决定采用可获得的最佳信息对上述公司在调查期内的正常价值、出口价格、影响正常价值和出口价格可比性因素等进行认定。

2. 其他美国公司。

如前所述，2012年3月23日，本案立案后，调查机关通知了申请书上列明的出口商或生产商，也通知了涉案国驻华使馆，同日，调查机关将立案公告登载在商务部网站上，任何利害关系方均可在商务部网站上查阅本案立案公告。立案后，调查机关给予各利害关系方20天的登记应诉期，给予所有利害关系方合理的时间获知立案有关情况。

2012年4月12日，调查机关向申请书列明的公司发放了调查问卷，同日，调查机关将调查问卷登载在商务部网站上，任何利害关系方可在商务部网站上查阅本案调查问卷。

申请书未列明的、调查期内可能存在的其他出口经营者未登记应诉，也未提交答卷。调查机关通过查询海关数据、咨询相关行业协会、查阅相关网站、公开刊物，以及申请人提供的相关数据认定了其正常价值、出口价格，并对影响正常价值和出口价格可比因素进行了调整，并在同一贸易环节进行了比较，具体如下：

(1)正常价值。

经调查，调查机关认定相关咨询公司提供的调查期内美国间苯二酚国内市场平均销售价格作为正常价值，为7290美元/吨。

(2)出口价格。

经调查，调查机关认定调查期内中国海关统计数据计算出的自美国进口被调查产品加权平均价格作为确定出口价格的基础，为5766.84美元/吨。

(3)调整项目。

根据《反倾销条例》第六条规定，为公平合理比较，调查机关对该公司影响价格可比性的调整项目逐一进行了审查。

第一，正常价值部分。调查机关经调查，确定上述美国市场内被调查产品同类产品的销售价格已是出厂价水平，调查机关不再做相应调整。

第二、出口价格部分。经调查，调整项目包括海运费、保险费、美国境内环节费用等，为212.38美元/吨。

(4)关于到岸价格(CIF价格)

经调查，调查机关根据调查期内中国海关统计数据计算出的自美国进口被调查产品加权平均价格作为CIF价格，为5766.84美元/吨。

(二)价格比较。

根据《反倾销条例》第六条的规定，调查机关对被调查产品的出口价格和正常价值进行比较时，考虑了影响价格的各种可比性因素，按照公平、合理的方式进行了比较。

对于已知的未配合调查的公司，根据《反倾销条例》第二十一条的规定，调查机关决定采用已经获得的事实和可获得的最佳信息做出有关倾销和倾销幅度的裁定。

对于申请书未列明的、调查期内可能存在的其他出口经营者，调查机关通过查询海关数据、咨询相关行业协会、查阅相关网站、公开刊物，以及申请人提供的相关数据认定这些公司的正常价值、出口价格，并对影响正常价值和出口价格可比因素进行了调整，在计算倾销幅度时，调查机关将平均正常价值和平均出口价格进行比较，得出倾销幅度。

(三)倾销幅度。

经过调查，各公司的倾销幅度分别为：

1. 日本公司

(1)住友化学株式会社　40.5%

(Sumitomo Chemical Company, Limited)

(2)三井化学株式会社　40.5%

(Mitsui Chemicals, Inc.)

(3)其他日本公司　40.5%

(All Others)

2. 美国公司

(1)茵蒂斯派克化学公司　30.1%

(INDSPEC Chemical Corporation)

(2)其他美国公司　30.1%

(All Others)

五、产业损害及损害程度

(一)累积评估的适当性。

调查证据显示，来自日本和美国的被调查产品的倾销幅度均不小于2%，并且来自日本和美国的进口被调查产品数量占中国间苯二酚总进口量的比例均超过3%，不属于可忽略不计的范围。被调查产品之间以及被调查产品与国内同类产品之间在物理化学特性、技术指标、生产工艺、产品用途、销售渠道、销售市场区域、客户群体、消费者和生产者的评价等方面基本相同，具有相似性和可比性，可以相互替代，在中国国内市场上同时出现，存在相互竞争关系，竞争条件基本相同。根据《反倾销条例》第九条和《反倾销产业损害调查规定》第十五条、第十六条的规定，调查机关认定，对来自日本和美国的进口被调查产品适用累积评估是适当的。

(二)被调查产品进口量及所占中国国内市场份额。

1. 被调查产品进口数量。

根据中国海关统计数据，调查期内，被调查产品进口数量2009年为10131.36吨；2010年为11815.46吨，比2009年上升16.62%；2011年1-9月为7500.45吨，比2010年同期下降17.19%，但比2009年同期上升7.53%。

住友化学株式会社提出，一般贸易之外的其他贸易方式进口的目的在于再出口，并未进入中国商业，与国内同类产品不构成竞争，不应计入被调查产品的进口数量。

申请人评论意见认为：第一，根据中国法律法规规定，除一般贸易外的其他贸易方式的进口产品均属“进口货物”范畴。第二，世界贸易组织规则和中国相关法律法规规定的反倾销调查审查对象为“倾销进口产品”，并未明确要求排除一般贸易以外的其他进口。第三，通过加工贸易等方式进口的被调查产品与国内产业同类产品存在竞争关系，同样会对国内产业造成影响和冲击，不应从被调查产品进口数量中排除。

调查机关认为：

第一，根据《反倾销条例》第八条和《反倾销产业损害调查规定》第五条、第六条，调查机关在确定倾销对国内产业造成的损害时，应当对倾销进口产品的数量进行审查。无论以何种贸易方式进口的被调查产品，只要存在倾销，均属于倾销进口产品。

第二，中国海关统计数据显示，调查期内以非一般贸易方式进口的被调查产品绝大部分通过加工贸易方式进口，即被中国国内下游企业用作生产原料。以非一般贸易方式进口的被调查产品已经进入中国国内市场，与市场上存在的其他间苯二酚产品存在竞争，并非住友化学株式会社所主张的“未进入中国商业”。

第三，中国国内下游企业可以自行选择通过各种方式采购所需的间苯二酚。各方产业损害调查问卷答卷和下游用户使用意见反馈报告等证据显示，部分下游生产企业同时通过一般贸易方式、非一般贸易方式进口被调查产品或购买国内同类产品。因此，以非一般贸易方式进口的被调查产品与国内同类产品在中国国内间苯二酚市场上存在竞争。

调查机关认定，住友化学株式会社关于以非一般贸易方式进口的被调查产品不应计入进口数量的主张缺乏事实和法律依据。调查机关决定仍基于全部倾销进口产品的数量进行评估。

2. 被调查产品占中国国内市场份额。

调查期内，被调查产品占中国国内市场份额呈先升后降趋势，2009年为58.20%；2010年为60.78%，比2009年上升2.58个百分点；2011年1-9月为50.48%，比2010年同期下降13.18个百分点。

(三)被调查产品进口价格和中国国内产业同类产品价格。

1. 被调查产品进口价格。

根据中国海关统计数据，并考虑中国人民银行公布的同期平均汇率和进口关税，调查期内，被调查产品进口加权平均人民币价格2009年为33488.17元/吨；2010年为34845.38元/吨，比2009年上涨4.05%；2011年1-9月为34222.93元/吨，比2010年同期下降2.20%。调查期内总体呈上升趋势。

住友化学株式会社在住友听证会发言材料中提出，如果考虑被调查产品在中国市场销售价格，应在进口到岸价格(CIF)的基础上增加进口商的合理利润。

调查机关认为：第一，本案中无国内进口商提交调查问卷答卷；第二，调查机关对进口商利润进行了考虑，认为增加进口商利润后被调查产品价格将进一步上升，对调查结论不产生实质性影响。

2. 国内产业同类产品销售价格。

调查期内，国内产业同类产品的销售价格2009年为30300.05元/吨；2010年为32020.92元/吨，比2009年上涨5.68%；2011年1~9月为32862.62元/吨，比2010年同期上涨3.26%。调查期内呈上涨趋势。

住友化学株式会社质疑申请人浙江鸿盛化工有限公司仅生产间苯二酚，其销售通过关联公司进行，请求调查机关对本案申请人关联销售同类产品的情况予以调查，并以销售公司的非关联转售价格确定国内同类产品价格。

申请人评论意见回应称，申请人在2010年7月之前通过关联公司销售同类产品，但一方面申请人同类产品销售给关联公司的价格与关联公司销售给最终用户的价格基本相当；另一方面申请人同类产品销售给关联公司的价格与其他国内生产企业同类产品销售价格基本相当。此外，在调查期内，申请人的同类产品还销售给另外一家关联公司，但销售量占总销售量的比例较低，且销售价格与申请人销售给其他客户的价格基本相当。因此，申请人同类产品关联销售价格可以作为本案同类产品价格的基础。

住友化学株式会社还在陈述会上质疑申请人浙江鸿盛化工有限公司从关联公司处高价采购原材料间苯二胺，并提请调查机关关注申请人原材料采购价格是否为市场价格。

调查机关通过实地核查等方式对申请人同类产品销售和原材料采购情况进行了了解。调查证据显示：

(1)申请人在调查期内共向两家关联公司销售过同类产品。2010年7月以前，申请人仅通过上述两家关联公司销售同类产品；2010年7月以后，申请人向其中一家关联公司销售同类产品，并同时向其他非关联公司销售同类产品。

由于2010年7月以前申请人仅向关联公司销售同类产品，不存在对非关联方的销售，调查机关比较了申请人对关联公司的同类产品销售价格、关联公司将同类产品销售给非关联客户的价格以及同期其他3家国内生产企业的同类产品销售价格，认为申请人对关联公司的同类产品销售价格与同期其他国内生产企业的同类产品销售价格水平基本相当，未偏离市场价格；且申请人对关联公司的同类产品销售价格与同期关联公司转售给非关联客户的价格之间也并不存在不合理差异。据此，调查机关决定认可上述期间申请人的同类产品销售价格。

2010年8月至调查期末，申请人同时向关联公司和非关联客户销售同类产品。调查机关对比了申请人对关联公司和对非关联客户的同类产品销售价格，数据显示，该期间申请人对非关联客户的同类产品销售价格比对关联公司的同类产品销售价格平均高5.29%，关联销售对申请人的真实销售状况造成扭曲。为客观反映国内产业的实际经营状况，调查机关决定以申请人对非关联客户的同类产品销售价格为基准，对申请人上述期间的同类产品销售收入、销售价格和相关指标进行了调整，并以调整后的数据作为裁决的基础。

(2)调查期内申请人主要原材料确系向关联公司采购。调查机关收集的申请人原材料使用记录和关联公司销售记录显示，关联公司向申请人销售间苯二酚主要原材料的价格显著低于向其他非关联方销售相同产品的价格。主要原材料采购成本在申请人同类产品成本中占比较高，主要原材料关联采购已对申请人的真实成本状况造成扭曲。为客观反映国内产业的实际经营状况，调查机关按照关联公司对其他非关联方的平均销售价格对申请人的原材料采购价格、对应的同类产品成本和相关指标进行了相应调整，并以调整后的数据作为裁决的基础。

住友听证会发言材料提出，申请人作为关联公司主要的间苯二胺使用者，其获得的销售价格理应优于一般从市场采购间苯二胺的价格，调查机关在调整申请人采购成本时应予以考虑。

申请人听证会后评论意见认为：第一，关联公司不存在依销售数量进行折扣销售的政策。第二，关联公司间苯二胺销售区域集中在周边，运费成本占售价比重低。

调查机关已对调查期内关联公司向申请人和非关联方的销售情况进行了审查。证据显示，关联公司销售制造间苯二酚的主要原材料时，使用量、地理位置、用途等因素并未对销售价格造成明显影响。且以2010年为例，申请人主要原材料使用量占关联公司相同产品总销售量的约三分之一，关联公司对非关联方的销售价格水平具有较广泛的代表性。调查机关以关联公司对其他非关联方的平均销售价格为基准进行调整符合客观审查标准。

日本政府听证会发言材料要求调查机关披露上述调整方法；住友听证会发言材料要求调查机关披露调整后申请人原材料采购价格和销售成本上升比例等数据。

调查机关认为，调查机关对申请人原材料关联采购和同类产品关联销售的调整方法在认定部分已进行充分说明和披露。申请人明确提出，关联交易系申请人和关联公司的母公司浙江龙盛集团股份有限公司(以下称龙盛集团)内部经营性安排，属于企业核心商业敏感信息，披露相关数据可能对龙盛集团、申请人和关联公司造成严重实质性不利影响。调查机关经审查决定认可申请人的保密申请。

住友化学株式会社还在听证会发言材料称，根据申请人终裁前实地核查补充材料中提供的申请人2012年1-9月生产经营数据推算，调查机关对2011年1-9月国内产业同类产品销售成本的认定有误。

调查机关认为，住友化学株式会社的推算使用了口径不一致的数据，推算方法和比较方式不具有合理性，不能得出正确结论。

(四)被调查产品进口对国内产业同类产品价格的影响。

调查证据显示，2009年、2010年和2011年1-9月，被调查产品占中国国内市场的份额分别为58.20%、60.78%和50.48%，处于市场主导地位。被调查产品与国内产业同类产品的质量不存在实质差别，销售区域、销售渠道和客户群体基本相同，部分下游用户同时使用被调查产品和国内产业同类产品，下游用户对产品价格的敏感程度高。调查期内，国内产业同类产品和被调查产品价格变化趋势一致，均呈总体上升趋势。因此，被调查产品进口对国内产业同类产品销售价格具有明显的影响。

调查期内，国内产业生产同类产品耗用的主要原材料和燃料动力等采购价格总体呈上涨趋势，同类产品单位销售成本持续上升，2009年为29890.85元/吨，2010年为32673.04元/吨，比2009年上升9.31%；2011年1-9月为33983.66元/吨，比2010年同期上升5.81%。同期，国内间苯二酚表观消费量同比分别增长11.68%和4.43%，市场需求旺盛，国内产业同类产品销售量和市场份额均保持增长，在这种市场状况下，国内产业理应能够通过适当上调价格消化上升的成本压力，实现合理的利润水平。

被调查产品在调查期内以较高的幅度向中国市场倾销，进口价格仅微幅上涨。受其影响，国内产业无法通过提高同类产品销售价格消化上升的成本，国内产业同类产品平均销售价格和单位销售成本之间的差额下降，2009年为409.20元/吨，2010年降为-652.12元/吨，成本与价格出现倒挂，至2011年1-9月进一步降为-1121.04元/吨，为调查期内的最低水平。

调查机关认定，被调查产品进口对国内产业同类产品价格产生了明显的抑制作用。

住友化学株式会社在无损害抗辩意见、陈述会材料和听证会发言材料中称，2011年1-9月，被调查产品进口绝对数量和占中国国内市场份额均出现下降，不满足世界贸易组织《反倾销协定》第3.2条“大幅增长”的规定，不能据此认定实质损害。住友初裁评论意见还提出，调查机关在初裁中未对被调查产品进口数量是否“大幅增长”得出结论。

日本经济产业省及日本驻华大使馆称，自日本进口被调查产品的绝对数量和与中国国内消费量相比的相对量均无明显增加。

申请人在申请人评论意见中提出，世界贸易组织规则和中国法律法规未对如何考察进口数量的增长做出规定，也未要求调查期内每个期间进口数量必须总是持续性地呈现肯定状态或指向损害。申请人还在申请人初裁后评论意见提出，住友化学株式会社关于进口产品数量没有大幅增加的主张与事实不符。裁决对被调查产品的绝对数量、相对数量和价格进行了综合评估，并得出了价格影响和国内产业损害认定结论。

调查证据显示，2010年，被调查产品进口绝对数量和相对数量同比均上升；2011年1-9月，被调查产品进口数量在2010年上升16.62%的基础上有所下降，但较2009年同期上升了7.53%，仍占据中国市场50%以上的市场份额。根据《反倾销条例》第八条和《反倾销产业损害调查规定》第五条、第六条的规定，调查机关在对规则要求考虑的全部因素进行综合评估的基础上，得出被调查产品进口对国内同类产品价格产生抑制作用，进而对国内产业造成实质损害的结论，符合中国法律法规的有关规定。

住友化学株式会社在住友无损害抗辩和住友陈述会材料中提出，调查期内被调查产品价格未大幅削低国内同类产品价格。调查机关认为，本案申请人并未主张被调查产品对国内同类产品价格造成削减，调查机关也未认定调查期内存在价格削减。

申请人在申请书等材料中主张，被调查产品长期占据中国市场的主导和支配地位，其进口价格的变化对同类产品的销售价格产生直接且重大的影响。调查期内，被调查产品对华出口价格的涨幅明显低于其主要原材料纯苯的涨幅，相对价格实际上明显下降并处于较低水平。受此影响，调查期内，被调查产品的进口人民币价格与国内产业同类产品加权平均内销价格的差额呈持续大幅缩小趋势。被调查产品压低了国内产业同类产品的内销价格。

针对申请人上述主张，住友化学株式会社在住友无损害抗辩和住友陈述会材料中提出：第一，被调查产品的市场主导地位并不能够证明被调查产品大幅压低国内同类产品价格；第二，申请人的原材料价格波动理论与价格压低无关，且不能简单假设价格应当与成本一起上涨；第三，申请人未说明纯苯占被调查产品成本的比例；第四，将海关统计的被调查产品进口人民币价格与国内同类产品价格进行比较缺乏可比性；第五，2009 年纯苯价格因经济危机影响而非正常大幅下跌，以 2009 年纯苯价格为基准的比较夸大了变化幅度。

申请人在申请人评论意见中回应称：第一，调查期及之前，被调查产品占中国间苯二酚市场的主导和支配地位，国内生产企业规模小，起步晚，被调查产品价格的变动直接影响国内同类产品价格，且两者在调查期内整体保持同向变化。第二，在生产成本和市场供求两个因素中，生产成本对于加工制造业产品价格更具有决定作用；而主要原材料的价格上涨必然带动生产成本上涨，如果市场供求稳定，增加的生产成本最终会传导至生产价格。第三，从住友化学株式会社提交的答卷数据看，其原材料成本和生产成本大幅上升，而对华出口价格仅微幅上涨，证明其相对价格呈下降趋势。第四，价格比较应具备可比性的要求适用于价格削减而非价格压低分析，申请人是对被调查产品进口价格和国内同类产品价格之间的差额进行趋势变化分析，是否调整至同一贸易水平不会实质性影响变化趋势。第五，2009 年及其后被调查产品成本与价格的同向变化说明原材料及生产成本与被调查产品价格之间存在联动关系，以 2009 年纯苯价格为比较基准并未夸大变化幅度。

调查机关认为，调查机关未认定调查期内存在价格压低。

住友化学株式会社还主张：第一，2009 年和 2011 年 1 - 9 月，申请人分别因新投产设备导致的高成本及价格成本差相对较小或出现下降，不应被视为被调查产品进口所导致的。调查机关应确保国内产业成本的可比性；第二，国内产业无法将成本苯的价格上涨向下游进行快速、直接的转移，是化工品的特性及市场所决定的，与被调查产品无关，调查机关应对产品价格上涨与成本上涨之间的传导关系进行分析。

申请人评论意见认为：第一，2009 年后期申请人间苯二酚装置投产，设备尚处于磨合阶段。随着产量增加和需求增长，国内产业同类产品价格和销售成本间的差额理应逐步扩大。但事实上 2010 年和 2011 年 1 - 9 月出现价格成本倒挂且逐步加剧，说明是被调查产品倾销而非国内产业新装置投产等原因导致同类产品的价格抑制。第二，在市场供求稳定的情况下，生产成本的增加最终要传导到产品价格的上涨，这符合化工产品市场的逻辑规律。申请人评论意见还提供了申请人内部调价记录等材料，描述了客户在议价过程中使用被调查产品价格压制申请人同类产品价格的情况。

调查机关认为：

第一，调查机关评估价格影响的基础是代表国内产业的 4 家国内生产企业，而非仅申请人一家的同类产品加权平均销售价格和销售成本。数据显示，申请人 2009 年和 2011 年 1 - 9 月的单位销售成本并未出现异常波动，且与其他 3 家国内生产企业的单位销售成本水平基本相当，不存在“申请人因新投产设备所导致的高成本”，调查期各时间段内国内产业销售成本存在可比性。2011 年 1 - 9 月，申请人新增的 2 万吨/年的间苯二酚生产装置尚未投产，实地核查情况表明，上述新增产能未对 2011 年 1 - 9 月的申请人同类产品销售成本造成影响。

第二，关于成本传导问题，调查机关已经在价格影响分析部分进行了说明。调查期内，中国国内市场需求上升，国内产业同类产品销售量和市场份额增长，且国内产业同类产品销售成本上升的主要原因是原材料和燃料动力采购价格的上涨，国内产业理应能够将同类产品持续上升的成本向销售价格合理传导。被调查产品以较高幅度倾销进口抑制了同类产品价格本应发生的合理上涨。

初裁后，住友化学株式会社在住友初裁评论意见和听证会发言材料中提出：第一，调查期内，被调查产品进口价格和国内同类产品销售价格均呈上涨趋势，且前者始终高于后者，无法得出价格抑制的结论；第二，国内产业同类产品与被调查产品的市场份额呈截然相反的变化趋势，且国内产业于本案调查期开始后半年才成立，二者在国内市场处于相互影响的竞争状态，而非被调查产品处于主导地位；第三，调查机关有关价格抑制的结论属简单断言，未依据客观性审查与肯定性证据证明价格抑制的存在，未证明价格抑制仅仅由被调查产品进口造成。

申请人初裁后评论意见认为：第一，价格抑制指由于进口产品的倾销使国内同类产品本应发生的价格增长没有实现。被调查产品价格高于国内同类产品价格且二者均上涨的事实并不能否定价格抑制的结论；第二，调查期内被调查产品占据国内市场一半以上份额，国内产业单家企业规模小，起步晚，尽管与被调查产品竞争并取得一定市场份额，但被调查产品仍处于主导地位。第三，调查机关的价格抑制认定符合肯定性证据和客观审查的要求。

调查机关认为：

第一，调查期内，受被调查产品倾销进口影响，国内产业同类产品未能实现本应发生的价格增长。被调查产品对国内产业同类产品产生了价格抑制。

第二，调查机关已明确认定代表国内产业的是4家国内生产企业，国内产业在调查期开始时已存在，调查机关并未否定国内产业生产的同类产品与被调查产品存在竞争。但中国海关统计数据等调查证据显示，被调查产品长期占据中国国内市场一半以上份额，对国内同类产品价格造成了实质性影响，调查机关据此认定被调查产品处于市场主导地位。

第三，调查机关已在价格影响分析部分认定，由于主要原材料和燃料动力等采购价格总体呈上涨趋势，国内产业同类产品单位销售成本持续上升，在表观消费量增长、需求旺盛、国内产业同类产品销售量和市场份额均保持增长的市场状况下，国内产业理应能够通过适当上调同类产品价格保持合理的利润水平。由于被调查产品进口对国内产业同类产品销售价格具有明显影响，且在调查期内以30%－40%的幅度向中国市场倾销，进口价格仅微幅上涨，进口数量总体增加并持续占据主要市场份额，导致国内产业同类产品无法实现本应发生的价格增长，销售价格与单位销售成本的差额变为负值且持续下降。此外，调查机关还考虑了利害关系方提出的申请人新投产等可能造成国内同类产品价格抑制的其他因素，并认定该等因素并非国内产业同类产品价格未能实现合理上涨的原因。

调查机关对肯定性证据进行了客观审查，据此得出被调查产品进口对国内产业同类产品价格产生抑制作用的结论。

日本政府听证会发言材料认为，调查机关认定价格抑制的依据是国内产业同类产品价格上升率低于单位销售成本上升率，而二者之差仅为2%至4%。

调查机关认为，调查机关在综合考虑被调查产品进口数量、价格和国内产业同类产品销售价格与销售成本的差额等因素的基础上得出了价格抑制结论。调查机关未将国内产业同类产品销售价格和销售成本上升比例的直接比较作为价格影响认定的依据。

(五)国内产业相关经济因素和指标的评估。

根据《反倾销条例》第七条、第八条和《反倾销产业损害调查规定》第四条至第七条的规定，调查机关对国内产业的相关经济因素和指标进行了调查，证据显示：

1. 表观消费量。

调查期内，中国国内间苯二酚表观消费量2009年为17408吨；2010年为19441吨，比2009年增长11.68%；2011年1－9月为14859吨，比2010年同期增长4.43%。

住友化学株式会社在听证会发言材料中质疑表观消费量不正确。经核实，调查机关认定的表观消费量数据无误。

2. 产能。

调查期内，国内产业同类产品产能2009年为6783吨；2010年为12200吨，比2009年增长79.85%；2011年1－9月为12900吨，比2010年同期增长40.98%。

3. 产量。

调查期内，国内产业同类产品产量2009年为4002.02吨；2010年为7041.51吨，比2009年增长75.95%；2011年1－9月为6950.28吨，比2010年同期增长43.74%。

4. 销售量。

调查期内，国内产业同类产品销售量2009年为2806.58吨；2010年为8053.32吨，比2009年增长186.94%；2011年1－9月为7075.10吨，比2010年同期增长26.48%。

5. 市场份额。

调查期内，国内产业同类产品占中国国内市场的份额2009年为16.12%；2010年为41.43%，比2009年上升25.30个百分点；2011年1－9月为47.61%，比2010年同期上升8.30个百分点。

6. 销售价格。

调查期内，国内产业同类产品加权平均销售价格2009年为30300.05元/吨；2010年为32020.92元/吨，比2009年上涨5.68%；2011年1－9月为32862.62元/吨，比2010年同期上涨3.26%。

7. 销售收入。

调查期内，国内产业同类产品销售收入2009年为8503.96万元；2010年为2.58亿元，比2009年增长203.24%；2011年1－9月为2.33亿元，比2010年同期增长30.61%。

8. 税前利润。

调查期内，国内产业同类产品税前利润2009年为－719.76万元；2010年为－2433.19万元，亏损额比2009年增加238.05%；2011年1－9月为－3028.05万元，亏损额比2010年同期增加120.99%。

9. 投资收益率。

调查期内，国内产业同类产品投资收益率2009年为－5.97%；2010年为－9.50%，比2009年下降3.53个百分点；2011年1－9月为－6.50%，比2010年同期下降0.51个百分点。

10. 开工率。

调查期内，国内产业同类产品开工率2009年为

59.00%；2010年为57.72%，比2009年下降1.28个百分点；2011年1-9月为53.88%，比2010年同期上升1.03个百分点。

11. 就业人数。

调查期内，国内产业同类产品就业人数2009年为386人；2010年为452人，比2009年增加17.25%；2011年1-9月为475人，比2010年同期增加5.48%。

12. 劳动生产率。

调查期内，国内产业同类产品劳动生产率2009年为10.37吨/人；2010年为15.57吨/人，比2009年上升50.07%；2011年1~9月为14.63吨/人，比2010年同期上升36.27%。

13. 人均工资。

调查期内，国内产业同类产品就业人员人均工资2009年为19511元/人；2010年为22359元/人，比2009年上涨14.59%；2011年1~9月为14764元/人，比2010年同期下降12.22%。

14. 期末库存。

调查期内，国内产业同类产品期末库存2009年为1423.24吨；2010年为468.85吨，比2009年减少67.06%；2011年1~9月为374.03吨，比2010年同期减少50.20%。

15. 经营活动现金净流量。

调查期内，国内产业同类产品经营活动现金净流量2009年为-191.10万元，2010年为-326.70万元，净流出额比2009年增加70.96%；2011年1~9月为-331.64万元，净流出额比2010年同期增加1434.58%。

16. 投融资能力。

调查期内，虽然国内产业投入资金扩大同类产品产能，但同类产品税前利润始终处于亏损状态，且亏损额逐步扩大，对国内产业资金的回收及下一步投融资活动产生不利影响。

(六)国内产业受到实质损害。

调查期内，国内间苯二酚市场表观消费量保持上升，国内产业也处于发展阶段。为满足国内增长的需求，部分国内生产企业新增和改扩间苯二酚生产装置，国内产业同类产品产能提高，产量增加，销售量和销售收入相应出现增长，期末库存量减少，市场份额上升。在就业人数增加的同时，国内产业努力提高同类产品生产水平，劳动生产率也有所提升。随着主要原材料和燃料动力价格上涨，国内产业同类产品销售价格同比也出现一定上涨，但由于被调查产品倾销进口对同类产品价格产生了抑制作用，同类产品价格的上涨不能消化增加的成本，国内产业税前利润始终为负值，且2010年和2011年1-9月的亏损额同比分别扩大2.38倍和1.21倍。受亏损影响，国内产业同类产品产能未获得充分利用，开工率持续处于低位且整体呈下降趋势。投资无法获得预期回报，投资收益率同比分别下降3.53个百分点和0.51个百分点，投融资能力受到抑制。经营活动现金流持续呈净流出态势，净流出额同比分别扩大70.96%和14.35倍。国内产业生产经营状况呈恶化趋势。

调查机关根据上述证据认定，国内产业在调查期内受到了实质损害。

住友化学株式会社根据本案申请书提供的申请人损害指标数据，称调查期内申请人的各项经营指标均呈积极态势，不能得出损害结论。住友化学株式会社还以申请书提供的申请人数据为基础，质疑裁决披露的国内产业数据缺乏客观性。

调查机关认为，调查机关依据国内产业而非申请人一家企业的数据，在综合分析国内产业各项生产经营和财务指标的基础上得出了国内产业受到实质损害的结论，符合《反倾销条例》第八条和《反倾销产业损害调查规定》第七条的有关规定。

住友化学株式会社在住友听证会发言材料中认为，考虑到申请人同类产品生产装置于2009年9月投产，调查机关应就2009年和2010年后国内产业指标之间的可比性进行说明。

调查机关认为，调查机关基于整个调查期内国内产业的全部损害指标进行评估，同时考虑了申请人投产可能产生的影响，符合中国法律法规的规定。

住友化学株式会社还主张，申请人母公司龙盛集团的年度报告、《重大资产重组暨关联交易报告书》等公开材料证明，申请人的经营状况良好，利润水平较高，且未来能保持可观的回报。

申请人在申请人评论意见中回应称：第一，申请人母公司年度报告中披露的是申请人整个公司的净利润数据，不能代表同类产品的利润情况；第二，年度报告中申请人整个公司的利润虽有所上升，但净利润率代表的获利能力则出现下降；第三，国内产业相关经济指标中的一个或多个未必能够给予决定性的指导，仅凭单个指标无法否定国内产业存在损害。

调查机关认为：第一，住友化学株式会社对龙盛集团2012年6月《重大资产重组暨关联交易报告书》的引用有误，根据上下文，实际应为"公司在(间苯二胺)成本控制方面的优势……"，与国内同类产品无关。第二，龙盛集团2009年年度报告仅对未来收益情况进行了预测，而调查机关损害分析的基础是实际发生、可供核实的数据。第三，龙盛集团2008年至2011年年度报告中披露的是申请人整体净利润情况。根据《反倾销条例》第十条和《反倾销产业损害调查规定》第十二条，在认定倾销进口产品对国内产业的影响时，应当根据对国内同类产品生产的单独界定进行评估。调查机关已经按照要求对国内产业同类产品的利润情况进行了详细评估。

住友初裁评论意见提出，调查机关初裁披露的与其依据申请书估算数据不相同。住友初裁评论意见、住友听证会发言材料和日本政府听证会发言材料还要求调查机关进一步披露除申请人外其他3家国内生产企业的实际经营情况。

调查机关认为，调查机关裁决的依据是经实地核查核实修正的国内产业数据，全部有关数据及在调查期内的变化幅度已在裁决中充分披露。另有证据表明，除申请人外的其他3家国内生产企业在调查期各对比期间内均有生产。上述事实在3家企业提交的调查问卷答卷和实地核查后补充修正材料的公开版本中已充分披露。

六、因果关系

根据《反倾销条例》第二十四条，调查机关审查了原产于日本和美国的被调查产品倾销进口与中国国内产业受到实质性损害之间是否存在因果关系。同时审查了除倾销进口之外，可能对中国国内产业造成损害的其他因素。

（一）原产于日本和美国的被调查产品倾销进口造成了国内产业的实质损害。

中国海关统计数据等证据表明，调查期内，自日本和美国进口的被调查产品是中国间苯二酚市场的主要进口来源，在国内间苯二酚市场占据主要份额，对国内同类产品销售价格具有重大影响。调查期内，被调查产品以较高的幅度向中国国内市场倾销，进口数量总体上升，始终占据中国国内市场50%以上份额。受被调查产品倾销进口影响，国内产业同类产品销售价格受到明显抑制，在同类产品成本上升的情况下无法实现本应发生的合理价格增长，造成国内产业同类产品销售价格和单位销售成本之间的差额不断减小，税前利润始终为负值，且亏损额持续增加。由于同类产品利润水平明显下降，在国内需求持续增长的情况下，国内产业无法充分利用现有产能，投资无法获得预期回报，同类产品投资收益率下降，投融资能力受到抑制，经营活动现金流呈净流出态势，且流出额迅速增加，同类产品生产经营活动出现困难，国内产业受到了实质损害。

调查机关认为，调查期内，被调查产品倾销进口造成了国内产业的实质损害。

日本政府听证会发言材料称，调查机关仅依据住友化学株式会社进口占中国国内市场50%以上不能得出进口产品损害了国内产业的结论。

调查机关认为，调查机关在裁决中使用的是包含住友化学株式会社向中国出口量在内的被调查产品进口数量。调查机关认定，调查期内被调查产品存在倾销，进口数量总体上升并占据中国国内市场50%以上份额，进口价格仅微幅上涨，抑制了国内产业同类产品销售价格本应发生的合理增长，导致国内产业生产经营指标呈现损害。被调查产品倾销进口造成了国内产业的实质损害。

（二）其他因素分析。

调查机关对可能使国内产业受到损害的其他已知因素进行了调查。

1. 自其他国家（地区）进口产品情况。

中国海关统计数据显示，调查期内的2009年、2010年和2011年1－9月，被调查产品进口量占中国总进口量的比例分别为98.03%、97.97%和96.80%，自其他国家（地区）进口间苯二酚数量占同期中国总进口量的比例仅为1.97%、2.03%和3.20%，且自其他国家（地区）进口的间苯二酚平均价格较同期被调查产品进口价格高20%至45%。自其他国家（地区）进口不是造成国内产业损害的原因。

2. 国内需求和消费模式的变化。

中国国内间苯二酚表观消费量数据显示，调查期内国内间苯二酚市场需求持续增长。国内没有出现限制间苯二酚产业发展的政策变化，也没有出现其他替代产品等消费模式变化而导致中国国内间苯二酚需求的萎缩。国内需求和消费模式的变化不是造成国内产业损害的原因。

3. 商业流通渠道和贸易政策及国内外竞争状况。

调查显示，目前国内产业同类产品实行市场化的价格机制，生产经营受市场规律调节。国内产业同类产品的销售渠道、销售区域与被调查产品基本相同，在商业流通领域并不存在其他阻碍国内同类产品销售或造成国内产业损害的因素。调查期内国内没有颁布限制间苯二酚产业发展的贸易政策。国内外正当的竞争也没有对国内产业造成损害。商业流通渠道、贸易政策及国内外正当竞争不是造成国内产业损害的原因。

住友化学株式会社称，鉴于除申请人外的3家国内生产企业经营状况不乐观甚至已经停产，而申请人在2009年10月投产后占据了相当的国内产业份额且经营状况良好，提请调查机关审查申请人开业投产与国内产业经营状况之间的关系。住友化学株式会社在听证会发言材料中重复了上述请求。

申请人评论意见和申请人听证会后评论意见认为，调查期内被调查产品占中国国内间苯二酚市场的主导地位，国内产业同类产品供应量与市场需求始终存在较大缺口，国内生产企业之间不存在恶性竞争。申请人装置投产及产能的逐步释放是顺应国内市场需求发展的结果。国内产业遭受的损害不能归因于国内生产企业之间的正常竞争。

调查机关认为，数据显示，调查期内，中国国内间苯二酚表观消费量持续上升，虽然包括申请人在内的部分国内生产者增加了产能，但并未出现供过于求的情况。调查期内，申请人与其他3家国内生产企业同类产品销售价格水平基本相当，变化趋势一致，税前利润、利润率等指标变化趋势相同。同时调查显示，其他3家国内生产企业在调查期内均有生产。可见，并不存在住友化学株式会社主张的除申请人外的3家国内生产企业经营状况不乐观甚至已经停产，而申请人经营状况良好的情况。

4. 国内产业经营管理的变化和技术发展情况。

如同类产品认定部分所述，国内产业生产的同类产品与被调查产品在产品质量等方面基本相同，客户群体也基本相同，部分客户相互重合。实地核查收集的证据显示，国内产业在生产工艺、技术装备、产品质量、生产经营管理等方面上都具备良好的市场竞争能力。部分国内生产企业通过了ISO9001质量体系认证及GB/T 28000职业健康安全管理认证等。调查机关未发现因生产工艺及技术落后和管理不善而对国内产业造成负面影响的情况。

住友化学株式会社提出，日本企业采用的间二异丙苯氧化法生产工艺没有污染，成本低，适合大规模生产。还引用论文主张申请人采用的间苯二胺催化水解法生产工艺对设备腐蚀严重，工业化受到限制，且硝化过程对环境污染较大。住友化学株式会社提请调查机关考虑生产技术差异导致的生产成本问题及可能对申请人效益产生的消极影响。

对此，申请人认为：第一，住友化学株式会社引用的两篇文章内容陈旧滞后，与国内间苯二酚产业及技术发展的现状严重脱节。第二，申请人采用的间苯二胺水解法工艺清洁环保，具有技术优势，获得了多项奖励和证书，污染物排放均符合国家环保标准，并非住友化学株式会社所称的“生产成本高，污染大”。

住友化学株式会社还主张，绝大多数国内间苯二酚企业难以形成规模生产，工艺相对落后导致较大的污染和较高的生产成本，这种由国内产业自身特性导致的消极影响不能归因于被调查产品。

申请人评论意见则提出：第一，住友化学株式会社所谓“工艺相对落后导致较大的污染和较高的生产成本”仅为简单断言，未提供任何证据证明。第二，除申请人外其他国内企业采用的磺化碱熔法生产工艺与美国茵蒂斯派克化学公司采用的工艺相同，在成本控制方面并无劣势。第三，被调查产品倾销进口是国内产业在整个调查期内损害程度不断加深的原因，而与所谓“工艺相对落后”无关。

针对住友化学株式会社的上述两项主张，调查机关认为：第一，调查证据显示，国内同类产品与被调查产品的生产工艺主要包括磺化碱熔法、间苯二胺水解法和间二异丙苯氧化法三种。三种工艺均以纯苯为基本原材料，且对制成的间苯二酚质量无实质性影响。第二，部分被调查产品生产企业与国内同类产品生产企业均采取磺化碱熔法生产工艺。根据住友化学株式会社所引《间苯二酚的技术现状和发展趋势》一文，磺化碱熔法具有工艺简单、投资小、技术成熟的特点，且经多年改进，技术水平得到很大提高，生产成本大幅下降，污染问题得到有效控制。实地核查显示，除申请人外国内生产企业多采取磺化碱熔法改进工艺，不存在工艺落后的情况。第三，实地核查情况显示，申请人采用的间苯二胺水解法工艺具有转化率高、产品收率高、清洁环保等特点，获得了专业技术领域的认可。国内生产企业均建设有较完备的污染物处理设备，污染物排放指标符合国家标准。第四，在国内产业生产工艺保持不变的情况下，国内产业同类产品的利润水平却持续恶化，说明国内产业同类产品利润水平的恶化并非由生产工艺造成。调查机关认定，住友化学株式会社关于国内产业生产工艺落后导致生产成本高和污染大的主张缺乏事实基础，国内产业采用的生产工艺并非造成损害的原因。

5. 国内同类产品出口状况。

调查期内，国内产业无同类产品出口。国内同类产品的出口不是造成国内产业损害的原因。

6. 不可抗力因素。

调查机关未发现在调查期内国内产业受到自然灾害或其他严重不可抗力的事件。

7. 申请人自用被调查产品。

住友化学株式会社称，申请人生产的间苯二酚部分自用于生产间苯二胺，提请调查机关在评估损害时将申请人自用与对外销售的同类产品区别对待。

调查机关经实地核查查明，申请人不存在间苯二酚产品自用的情况。

8. 申请人新建项目。

住友化学株式会社引用龙盛集团2011年度报告

披露的申请人委托贷款情况，认为申请人为2万吨间苯二酚扩产而投入的资金以及发生的贷款必然会对申请人的经营状况产生影响，并直接影响申请人的投资收益率。

申请人在申请人评论意见中称其新建的2万吨/年装置在调查期之后投产，住友化学株式会社的相关质疑不能成立。

调查机关经实地核查了解，申请人新建2万吨/年间苯二酚生产装置在调查期内并未投产。此外，住友化学株式会社所引用的6笔申请人委托贷款并未明确与同类产品生产经营有关，且其中两笔贷款不在调查期内。此外4笔委托贷款绝大部分发生在2011年1-9月，但当期申请人的财务费用却同比明显下降且为负值。调查期内申请人新投产项目并未对国内产业造成负面影响。

调查机关认定，原产于日本和美国的被调查产品倾销进口与国内产业遭受的实质损害之间存在因果关系，其他已知因素不是造成国内产业损害的原因。

七、最终裁定

根据上述调查结果，调查机关最终裁定，在本案调查期内，原产于日本和美国的进口间苯二酚存在倾销，国内间苯二酚产业受到实质损害，而且倾销与实质损害之间存在因果关系。

各公司的倾销幅度如下：

1. 日本公司。

(1)住友化学株式会社 40.5%
(Sumitomo Chemical Company, Limited)

(2)三井化学株式会社 40.5%
(Mitsui Chemicals, Inc.)

(3)其他日本公司 40.5%
(All Others)

2. 美国公司。

(1)茵蒂斯派克化学公司 30.1%
(INDSPEC Chemical Corporation)

(2)其他美国公司 30.1%
(All Others)

(注：间苯二酚主要用于橡胶粘合剂、合成树脂、阻燃剂等。)

三十三、商务部公告2013年第15号 关于壬基酚反倾销期终复审调查最终裁定的公告(2013年3月28日)

2007年3月28日，中华人民共和国商务部发布年度第11号公告，决定对原产于印度和中国台湾地区的进口壬基酚征收反倾销税，实施期限为自2007年3月29日起5年。

2012年3月28日，商务部发布年度第7号公告，决定自2012年3月29日起对原产于印度和中国台湾地区的进口壬基酚所适用的反倾销措施进行期终复审调查。

本复审调查的被调查产品与原反倾销调查被调查产品相同，即壬基酚，该产品归在《中华人民共和国进出口税则》税则号：29071310。该产品英文名称为Nonyl Phenol。

商务部对终止自印度和中国台湾地区进口壬基酚所适用的反倾销措施，导致倾销和损害继续或再度发生的可能性进行了调查，并根据调查结果向国务院关税税则委员会提出维持反倾销措施的建议。

根据《中华人民共和国反倾销条例》第五十条及国务院关税税则委员会的决定，现将有关事项公告如下：

一、裁定

商务部裁定，如果终止原反倾销措施，原产于印度和中国台湾地区的进口壬基酚对中国大陆的倾销可能再度或继续发生，进口被调查产品对中国大陆壬基酚产业造成的损害有可能再度发生。

二、反倾销措施

自2013年3月29日起，继续按照商务部2007年第11号公告，对原产于印度和中国台湾地区的进口壬基酚实施反倾销措施，实施期限为5年。

三、征收反倾销税的方法

自2013年3月29日起，进口经营者在进口原产于印度和中国台湾地区的壬基酚时，应向中华人民共和国海关缴纳相应的反倾销税。反倾销税以海关审定的完税价格从价计征，计算公式为：反倾销税税额=海关完税价格×反倾销税税率。进口环节增值税以海关审定的完税价格加上关税和反倾销税作为计税价格从价计征。

四、行政复议和行政诉讼

根据《中华人民共和国反倾销条例》第五十三条，对本复审决定不服的，可以申请行政复议，也可以向人民法院提起诉讼。

五、本公告自2013年3月29日起执行。

附件　中华人民共和国商务部关于原产于印度和中国台湾地区的进口壬基酚所适用的反倾销措施的期终复审裁定

2012年3月28日，中华人民共和国商务部(以下称调查机关)发布公告，决定对原产于印度和中国台湾地区的进口壬基酚所适用的反倾销措施进行期终复审调查。

调查机关对终止原反倾销措施，原产于上述国家和地区的进口壬基酚对中国大陆的倾销和损害继续或再度发生的可能性进行了调查。根据调查结果，并依据《中华人民共和国反倾销条例》(以下简称《反倾销条例》)第四十八条，作出复审裁定如下：

一、原反倾销措施

2007年3月28日，调查机关发布年度第11号公告，决定对原产于印度和中国台湾地区的进口壬基酚征收反倾销税，实施期限为自2007年3月29日起5年。

二、期终复审调查程序

(一)到期公告。

2011年9月20日，调查机关发布年度第59号公告，告知利害关系方原反倾销措施将于2012年3月28日到期。根据《反倾销条例》规定，经复审确定终止征收反倾销税有可能导致倾销和损害继续或者再度发生的，反倾销税的征收期限可以适当延长。自该公告发布之日起，中国大陆产业可在原反倾销措施终止日60天前，向调查机关提出书面复审申请。

(二)复审申请。

2011年12月30日，商务部收到江苏凌飞科技股份有限公司、常州染料化工厂有限公司代表中国大陆壬基酚产业正式递交的反倾销措施期终复审申请书。申请人主张，如果终止反倾销措施，原产于印度和中国台湾地区的进口壬基酚对中国大陆的倾销行为可能继续发生，倾销对中国大陆壬基酚产业造成的损害将再度发生，请求调查机关继续维持该反倾销措施。江苏嘉丰化学股份有限公司和吉林吉化北方云雀工贸有限公司表示支持此次反倾销措施期终复审调查。

(三)立案前通知。

2010年3月20日，调查机关就有关期终复审申请事宜通知了印度驻华使馆，同日，通知了中国台湾、澎湖、金门和马祖单独关税区驻世界贸易组织代表团。

(四)立案。

根据《反倾销条例》第十一条、第十三条、第十七条和第四十八条规定，调查机关对申请人资格和申请书的主张及相关证明材料进行了审查，认为申请人资格和申请书符合立案要求。

根据审查结果及《反倾销条例》第十六条、第四十八条、第五十一条规定，2012年3月28日，调查机关发布年度第7号公告，决定自2012年3月29日起对原产于印度和中国台湾地区的进口壬基酚所适用的反倾销措施进行期终复审调查。

(五)复审内容。

本次复审调查的内容为，如果终止原反倾销措施，是否可能导致倾销和损害的继续或者再度发生。

(六)立案通知及利害关系方评论。

立案当日，调查机关就立案事宜通知了印度驻华使馆和中国台湾、澎湖、金门和马祖单独关税区驻世界贸易组织代表团，并将立案公告和申请书公开文本提供给上述机构，请其通知本国(地区)相关生产商和出口商。有关申请书公开文本，利害关系方可于商务部公开信息查阅室查阅。

在规定时间内，没有利害关系方对本次复审立案发表评论意见。

(七)登记应诉。

2012年3月28日，调查机关在2012年第7号公告中公布，任何利害关系方可于立案公告发布之日起20天内，向调查机关申请参加应诉。在规定时间内，印度十拿-赫蒂利亚有限公司(SI GROUP INDIA LIMITED)登记应诉本次复审调查。

(八)倾销调查和损害调查。

1. 倾销调查。

(1)调查问卷。

调查机关向应诉公司发放了调查问卷。在规定时限内，应诉公司提交了答卷。

调查机关向申请人发放了问卷，要求申请人进一步提供调查期内国际、中国大陆市场的壬基酚相关信息。在规定时间内，申请人按照要求提交了答卷。

(2)公开信息渠道。

调查机关通过查询海关数据、咨询相关行业协会、查阅相关网站、公开刊物等方式，收集了与被调查产品及其同类产品有关的数据、信息。

(3)听取各利害关系方陈述。

在调查过程中，没有利害关系方向调查机关提交关于倾销调查的书面意见陈述。

(4)听证会。

在调查过程中，没有利害关系方向调查机关申请召开关于倾销调查的听证会。

(5)信息公开

根据《反倾销条例》第二十三条规定，本案所有与倾销调查有关的公开信息均已按规定送交商务部贸易救济措施公开信息查阅室。本案所有利害关系方可以查找、阅览、摘抄、复印与倾销调查有关的公开信息。

(6)信息披露

根据《反倾销条例》第二十五条规定，2月21日，调查机关向本案有关利害关系方披露了最终倾销裁定所依据的基本事实。3月4日，印度十拿-赫蒂利亚有限公司提交了《对原产于印度和中国台湾地区的进口壬基酚所适用的反倾销措施期终复审倾销部分裁决所依据事实的评论》(以下简称终裁前评论意见)。3月13日，申请人提交了《壬基酚反倾销措施期终复审案申请人对印度十拿－赫蒂利亚公司关于倾销部分裁决所依据事实评论的评论意见》(以下简称反评论意见)。调查机关对上述评论意见依法予以了充分考虑。

2. 产业损害调查。

(1)参加产业损害调查活动登记。

2012年3月29日，调查机关发布《关于参加壬基酚反倾销措施期终复审产业损害调查活动登记的通知》(商调查行业函[2012]93号)。在规定的时间内，除印度十拿－赫蒂利亚有限公司作为国外(地区)生产者/出口商申请参加产业损害调查活动外，没有其他相关利害关系方参加产业损害调查活动登记。

(2)成立产业损害调查组。

2012年4月13日，调查机关发布《关于成立壬基酚反倾销措施期终复审案产业损害调查组的通知》(商调查行业函[2012]130号)，成立壬基酚反倾销措施期终复审案产业损害调查组。

(3)发放和收回调查问卷。

2012年4月17日，调查机关向已知的利害关系方发放了壬基酚反倾销措施期终复审案《中国大陆生产者调查问卷》、《中国大陆进口商调查问卷》和《国外(地区)生产者/出口商调查问卷》。2012年5月21日，印度十拿－赫蒂利亚有限公司通过代理律师事务所向调查机关递交了《关于对原产于印度和中国台湾地区进口壬基酚进行反倾销期终复审调查延期递交调查问卷答卷的申请》。经审查，调查机关批准了印度十拿－赫蒂利亚有限公司的延期申请。

在规定的时间或经批准延期递交的时间内，江苏凌飞科技股份有限公司和常州染料化工厂有限公司递交了《中国大陆生产者调查问卷答卷》。印度十拿－赫蒂利亚有限公司递交了《国外(地区)生产者/出口商调查问卷答卷》。

(4)听取利害关系方意见陈述。

2012年5月7日，调查机关收到本案申请企业和支持企业提交的《关于召开壬基酚反倾销措施期终复审案中国大陆产业意见陈述会的申请》。2012年5月21日，调查机关发布《关于召开壬基酚反倾销措施期终复审案中国大陆申请企业和支持企业意见陈述会的通知》(商调查行业函[2012]181号)。2012年5月24日，调查机关听取了申请企业和支持企业的意见陈述，申请企业和支持企业就本案的相关背景情况、提起申请的主要事实和理由、中国大陆壬基酚产业再度受到损害的可能性以及其他与产业损害调查相关的问题向调查机关进行了陈述。

(5)接收利害关系方书面评论意见。

2012年7月10日，调查机关收到申请人提交的《申请人关于壬基酚反倾销措施期终复审案倾销和损害继续或再度发生可能性的补充说明》。

2012年10月11日，调查机关收到印度十拿－赫蒂利亚有限公司提交的《关于对原产于印度和中国台湾地区的进口壬基酚所适用的反倾销措施进行期终复审调查损害意见书》(以下简称损害抗辩意见)。

2012年11月1日，调查机关收到印度十拿－赫蒂利亚有限公司提交的《关于对原产于印度和中国台湾地区的进口壬基酚所适用的反倾销措施期终复审调查补充材料》。

2012年11月20日，调查机关收到申请人提交的《关于印度壬基酚装置产能情况的说明》。

2012年11月26日，调查机关收到印度十拿－赫蒂利亚有限公司提交的《关于对原产于印度和中国台湾地区的进口壬基酚所适用的反倾销措施进行期终复审调查第二次补充材料》。

2012年11月27日，调查机关收到申请人提交的《壬基酚反倾销措施期终复审案申请人对印度十拿－赫蒂莉亚公司损害意见书的评论意见》。

2012年12月6日，调查机关收到印度十拿－赫蒂利亚有限公司提交的《关于对原产于印度和中国台湾地区的进口壬基酚所适用的反倾销措施进行期终复审调查第三次补充材料》。

2012年12月10日，调查机关收到印度十拿－赫蒂利亚有限公司提交的《关于对原产于印度和中国台湾地区的进口壬基酚所适用的反倾销措施进行期终复审调查第四次补充材料》。

(6)召开上下游企业意见陈述会。

2012年11月6日，调查机关召开本案上下游企业意见陈述会，听取了本案申请企业、支持企业以及部分下游企业的意见陈述。

壬基酚下游企业提出，调查期内，中国大陆生产的壬基酚与被调查产品的质量不存在差异，可相互替代，同时表示，支持商务部壬基酚反倾销措施期终复审调查，希望通过此次调查，进一步改善中国大陆壬基酚市场竞争环境，在中国大陆壬基酚产业稳定发展的基础上，促进与下游企业的共同和谐发展。

本案申请企业和支持企业再次表示，如果终止反倾销措施，原产于中国台湾地区的进口壬基酚对中国大陆的倾销行为可能继续发生，原产于印度的进口壬基酚对中国大陆的倾销行为可能再度发生，倾销行为给中国大陆壬基酚产业造成的损害可能再度发生，同时表示，中国大陆壬基酚产业的发展需要得到下游企业的大力支持，希望在公平的市场竞争环境中发展中国大陆壬基酚产业，并与下游企业形成共同发展的良好局面。

(7)实地核查。

2012年10月29日，调查机关发布《关于壬基酚反倾销措施期终复审案实地核查的通知》(商调查行业函[2012]434号)。2012年11月，调查机关对本案申请企业江苏凌飞科技股份有限公司和常州染料化工厂有限公司进行了实地核查。核查期间，调查机关对本案申请书及上述公司提交的《中国大陆生产者调查问卷答卷》中的数据和信息进行了核实，并收集了相关证据材料。核查结束后，江苏凌飞科技股份有限公司和常州染料化工厂有限公司向调查机关提交了《壬基酚反倾销期终复审案实地核查补充、修改材料》。

(8)信息公开。

根据《反倾销条例》第二十三条和《产业损害调查信息查阅与信息披露规定》第八条、第十四条的规定，本案所有与产业损害调查有关的公开信息均已按规定送交商务部贸易救济措施公开信息查阅室。本案所有利害关系方可以查找、阅览、摘抄、复印与产业损害调查有关的公开信息。

(9)信息披露。

根据《反倾销条例》第二十五条第二款和《产业损害调查信息查阅与信息披露规定》第十八条、第十九条、第二十条和第二十一条的规定，调查机关在最终裁定前向本案利害关系方披露了本案最终裁定所依据的基本事实，并给予其提出评论意见的机会。2013年2月16日，印度十拿-赫蒂利亚有限公司提交了《关于对原产于印度和中国台湾地区壬基酚反倾销措施期终复审案产业损害调查裁定所依据的基本事实披露的评论意见》。

调查机关对申请书及所附证据材料、收回的调查问卷答卷和实地核查结果进行了认真分析和全面评估，并收集和补充了相关证据材料。调查机关对利害关系方提出的评论和意见依法予以了充分考虑。

三、被调查产品和调查范围

(一)被调查产品。

产品名称：壬基酚，也称壬基苯酚

英文名称：Nonyl Phenol (简称NP)

化学分子式：$C_{15}H_{24}O$

物理特性：壬基酚是一种重要的精细化工原料和中间体，外观在常温下为无色或淡黄色液体，略带苯酚气味，不溶于水，溶于丙酮。

主要用途：主要用于生产表面活性剂、也用于抗氧剂、纺织印染助剂、润滑油添加剂、农药乳化剂、树脂改性剂、树脂及橡胶稳定剂等领域。

被调查产品在《中华人民共和国海关进出口税则》中税则号为：29071310。

此次期终复审产品与原反倾销措施所适用的产品范围一致，在复审立案公告后规定的时间内，没有应诉方提出异议。

(二)调查范围。

原产于印度和中国台湾地区的进口壬基酚。

四、同类产品及中国大陆产业

(一)同类产品的认定。

商务部2007年3月28日第11号公告发布的壬基酚反倾销原审案件最终裁定中认定，“调查机关在考察了产品的基本物理性能和化学性质、原材料、生产工艺和产品用途、销售渠道、客户群体等因素后认定，中国大陆生产的壬基酚与被调查产品属于同类产品”。

商务部2012年3月28日第7号公告发布的本次复审调查立案公告中认定，复审被调查产品范围与原反倾销被调查产品一致。

在壬基酚反倾销措施实施期间，中国大陆生产的壬基酚与原审案件调查期内生产的壬基酚在物理和化学性能、生产工艺、产品用途、销售渠道等方面未发生实质性变化。

因此，调查机关认定，本次复审的被调查产品与中国大陆生产的壬基酚属于同类产品。

(二)中国大陆产业的认定。

印度十拿-赫蒂利亚有限公司在其提交的损害抗辩意见书中提出，除本案两家申请企业之外，中国大陆还有两家企业生产壬基酚产品，分别为江苏嘉丰化学股份有限公司和吉林市吉化北方云雀工贸有限公司。江苏嘉丰化学股份有限公司和吉林市吉化北方云雀工贸有限公司虽然表示支持此次反倾销调查，但没有递交调查问卷答卷。因此，本案两家申请企业并不能代表中国大陆壬基酚产业。

调查机关对本案申请企业的产业代表资格进行了审查。证据显示，2007年、2008年、2009年、2010年和2011年本案两家申请企业壬基酚产量占同期中国大陆同类产品总产量的48.18%、57.75%、77.01%、71.47%和55.42%。虽然江苏嘉丰化学股份有限公司和吉林市吉化北方云雀工贸有限公司没有递交调查问卷答卷，但本案两家申请企业壬基酚的产量占中国大陆同类产品总产量的主要部分，可以代表中国大陆壬基酚产业。

根据《反倾销条例》第十一条和《反倾销产业损害

调查规定》第十三条的规定，调查机关认定，调查期内，中国大陆申请企业可以代表中国大陆壬基酚产业。本裁定所依据的中国大陆产业数据，除特别注明外，均来自上述两家申请企业。

五、复审调查期

本次复审的倾销调查期为2011年1月1日至2011年12月31日。本次期终复审产业损害调查期为2007年1月1日至2011年12月31日。

六、倾销继续或再度发生的可能性

(一)复审调查期内倾销情况。

印度

印度十拿－赫蒂利亚有限公司是印度唯一应诉并提交倾销部分答卷的生产商。根据公司提交的答卷以及申请人提交的评论意见，印度十拿－赫蒂利亚有限公司是印度唯一的壬基酚生产企业。根据公司提供的数据和申请人提交的中华人民共和国海关数据，没有印度公司在倾销调查期内向中国大陆出口被调查产品。因此，调查机关认定，倾销调查期内，印度十拿－赫蒂利亚有限公司对中国大陆没有出口，原产于印度的壬基酚对中国大陆没有出口。

中国台湾地区

由于没有中国台湾地区生产商、出口商应诉并提交答卷，调查机关不能直接获得其被调查产品的正常价值、出口价格、调整项目等数据和相关证据。根据《反倾销条例》第二十一条，调查机关决定采用可获得的最佳信息对中国台湾地区被调查产品的正常价值、出口价格、影响正常价值和出口价格可比性的因素等进行认定。调查机关认为，申请人提供的信息是可获得的最佳信息，并根据申请人提供的相关数据对中国台湾地区被调查产品的正常价值、出口价格进行了认定，对影响正常价值和出口价格可比性的因素进行了调整，并在同一贸易环节进行了比较。

经调查，调查机关认定，倾销调查期内，原产于中国台湾地区的壬基酚对中国大陆出口存在倾销。

(二)倾销继续或再度发生的可能性。

印度

印度十拿－赫蒂利亚有限公司是印度唯一的生产商及出口商，该公司登记应诉并提交了答卷和补充答卷。经审查，调查机关决定采信印度十拿－赫蒂利亚有限公司提交的关于印度出口国市场总体情况的数据。因此，调查机关将以该公司提交的数据作为确定原产于印度的进口壬基酚对中国大陆出口倾销继续或再度发生的可能性的基础。

1. 倾销调查期内的倾销情况。

根据公司提供的数据，调查机关认定，倾销调查期内，原产于印度的壬基酚对中国大陆没有出口，中国大陆现行的壬基酚反倾销措施遏制了原产于印度的壬基酚对中国大陆倾销出口。

2. 出口能力。

(1)产能、产量。

印度十拿－赫蒂利亚有限公司在其提交的答卷以及补充材料中指出，该公司生产壬基酚的装置也可以生产十二烷基苯酚，目前该装置既用来生产壬基酚也用来生产十二烷基苯酚，公司可以根据市场需求使该装置相互交替生产壬基酚或十二烷基苯酚。调查机关认为，既然公司该装置的产能可以在壬基酚和十二烷基苯酚两种产品之间相互转换，也即该装置可以只用于生产壬基酚。因此，该装置的产能即为壬基酚的产能。

公司在终裁前评论意见中称，公司生产壬基酚的装置还可用于生产十二烷基苯酚，壬基酚的产能可通过分析两种产品合计产能的方式进行评估或根据壬基酚和十二烷基苯酚的产量进行分配，并据此计算出相对国内消费量的剩余产能的比例，以此来分析潜在出口能力。申请人在反评论意见中指出，一方面，公司在其向调查机关提交的补充材料中主张，按照壬基酚和十二烷基苯酚的实际产量来分摊产能的做法无法获得相关会计准则或任何专业机构的意见支持；另一方面，公司在不对其装置作任何改变的情况下，就能在壬基酚和十二烷基苯酚两种产品之间相互转换，公司可以根据市场需求选择性生产壬基酚产品或十二烷基苯酚产品，因此，公司以两种产品实际产量来分摊产能的主张不能成立，公司该装置的全部产能应被视为壬基酚的产能。

调查机关认为：

第一，公司在终裁前评论意见中提出的通过扣除壬基酚和十二烷基苯酚国内消费量及壬基酚出口量的装置产能占该装置产能比例的方法来分析其产能对出口能力的影响，这种方法没有分析该公司产能代替进口量的可能性，不能反映公司装置剩余产能对其出口能力的影响。调查机关认为壬基酚装置剩余产能占该装置产能的比例可直接适当地反映公司未来壬基酚可能产量及出口能力。

第二，关于公司壬基酚装置产能及剩余产能是否应该考虑十二烷基苯酚的问题。公司在其补充答卷中明确表示按照壬基酚和十二烷基苯酚的实际产量来分摊产能的做法无法获得相关会计准则或任何专业机构的意见支持，但在终裁前评论意见中再次提出按两种产品产量分摊产能的做法，且未提供任何合理理由。调查机关对此主张不予采信。调查机关认为，公司以同一装置相互交替生产壬基酚和十二烷基苯酚，公司可以根据市场需求选择性生产壬基酚和十二烷基苯酚，也就是说公司可以选择用该装置只生产壬基酚，因此该装置的产能可视为壬基酚的产能。

根据公司提供的材料和数据，从2007年到2011年，印度壬基酚的产能分别为100、100、90、90和90(以2007年的数据为指数100)，在反倾销措施实施期间略有下降，基本稳定。壬基酚产量在2007年到2011年间分别为100、63、136、165和114(以2007年的数据为指数100)，波动较大。2007年到2011年，印度壬基酚产量占产能的比例分别为25.25%，15.98%，38.06%，46.28%和32.01%。在反倾销措施实施期间，十二烷基苯酚的产量分别为100，129，124，119，116(以2007年的数据为指数100)，自2009年起呈逐渐下降趋势。在反倾销措施实施期间，公司可用于生产壬基酚的潜在产能(即印度公司该装置生产壬基酚之外的、用于生产十二烷基苯酚的产能和闲置的部分产能)占产能的比例分别为74.75%、84.02%、61.94%、53.72%和67.99%，可用于生产壬基酚的潜在产能较大。

第三，调查机关认为，即使根据公司主张，通过分析两种产品合计产能的方式进行评估或根据壬基酚和十二烷基苯酚的产量进行分配的方式来确定壬基酚的产能，印度可用于生产壬基酚的闲置产能仍然比较大。其一，通过分析合计产能的方式，考虑了印度壬基酚和十二烷基苯酚的市场容量及公司的出口量后，从2007年到2011年，可用于生产壬基酚的闲置产能占比分别为43.17%、25.37%、12.6%、14.16%和17.06%，闲置产能仍然较大。其二，根据公司依据壬基酚和十二烷基苯酚的产量进行产能分配的主张，印度壬基酚在反倾销措施实施期间的闲置产能(根据产量分摊的壬基酚产能超出产量的部分)占根据产量分摊的壬基酚产能的比例分别为53.35%、56.38%、32.37%、25.37%和40.53%，印度壬基酚闲置产能仍然较大。其三，即使同时考虑壬基酚和十二烷基苯酚的产量，在反倾销措施实施期间，该装置产能扣除两种产品产量后的闲置产能占该装置产能的比例分别为53.35%、56.38%、32.37%、25.37%和40.53%，可用于生产壬基酚的闲置产能仍然较大。

综上，调查机关认为印度生产壬基酚的闲置产能较大，具有较大的对华出口能力。

(2)印度国内市场消费情况。

根据公司提供的材料和数据，反倾销措施实施期间，印度国内壬基酚市场消费量分别为100、136、155、165和143(以2007年的数据为指数100)。印度国内消费量先升后降，2011年的消费量比2010年下降13.33%。印度国内壬基酚消费市场已基本饱和。

(3)对国际市场的依赖程度。

根据公司提供的材料和数据，反倾销措施实施期间，印度公司的出口量分别为962吨、391吨、2487吨、3433吨和189吨，出口量呈大幅波动。出口量占产量的平均比例较大，对国际市场依赖程度较高。

以上分析说明，2007年-2011年，印度壬基酚产能基本稳定，国内消费市场已趋于饱和，可用于生产壬基酚的潜在产能较大，对国际市场依赖程度较高，具有较强的出口能力。

3. 对中国大陆出口。

根据公司和申请人提供的材料和数据，2007年至2011年，印度除了在2010年向中国大陆出口0.24吨壬基酚外，其他时间未向中国大陆出口壬基酚。但在反倾销措施实施前的2004年至2006年，印度对中国大陆出口量分别占其总出口量的20.89%，12.69%和7.19%，这说明反倾销措施实施前中国是印度出口壬基酚的重要市场，反倾销措施抑制了印度壬基酚产品对中国的低价出口。

4. 对第三国(地区)出口。

根据公司提供的数据，在不考虑贸易环节可比性因素的情况下，从2007年到2011年，印度壬基酚向第三国(地区)出口的平均单价比其国内销售的平均单价分别低10.24%、6.86%、10.6%、14.19%和6.92%，说明低价出口是印度消化其过剩产能的销售策略。

公司在终裁前评论中称，向第三国(地区)出口壬基酚价格低于其国内销售价格的主要原因是用于出口的壬基酚的原材料免进口关税，公司用于生产壬基酚的基本原材料苯酚和壬烯都是自国外进口，印度进口苯酚和壬烯所适用的关税分别是7.5%和5%，壬基酚出口成本低于国内销售成本。申请人在反驳意见中指出，首先，公司未提供任何证据支持其主张；其次，即使认为公司存在用于出口的壬基酚的原材料免关税而用于国内销售的壬基酚的原材料不免关税的情况，但从原材料领用的角度，公司没有提供任何证据证明其生产过程中严格区分内销产品和出口产品使用不同的原材料，因此不能排除其将免税的原材料用于内销产品生产的情况；其三，印度苯酚和壬烯的进口平均关税为6.25%，而2007年到2011年印度向第三国(地区)的出口价格低于其国内销售价格的平均比例达9.76%，即使公司壬基酚出口价格再提高6.25%，其对第三国(地区)的出口价格仍低于其国内销售价格，因此，公司壬基酚对第三国(地区)的出口价格普遍低于其国内销售价格，一旦终止对自印度进口壬基酚的反倾销措施，印度对第三国(地区)的低价出口产品将大量转移至中国大陆市场，对中国大陆的倾销行为很可能再次发生。

调查机关认为，公司在答卷和补充答卷中，均未提供其进口壬基酚的原材料苯酚和壬烯免关税的证明，也未提供生产过程中内销产品和出口产品使用不同原材料的证据，公司的主张没有充分的证据支持。即使考虑公司关于进口壬基酚原材料苯酚和壬烯免关税的主张，也不能否定印度壬基酚对第三国(地区)的出口价格低于其国内销售价格的结论。再者，即使公司关于原材料免关税的主张成立，在考虑了贸易环节可比性因素的2011年，印度壬基酚向第三国(地区)出口的平均单价比其国内销售的平均单价仍低3%。公司在终裁前评论意见中仅以其对第三国(地区)出口壬基酚的5个月份的出厂出口价格与对应月份的国内销售出厂价进行对比，不能客观反映2011年的整年平均国内销售价格高于出口价格的情况。另外，即使在这5个月份中，仍有个别月份出厂出口价格低于国内销售出厂价。这说明低价销售是公司对第三国(地区)出口的策略。综上，公司的主张无法改变低价出口是印度消化其过剩产能的销售策略的结论。

此外，公司在终裁前评论中主张，印度对第三国(地区)出口价格高于中国台湾地区对中国大陆的出口价格，因而印度壬基酚不可能再向中国倾销。调查机关认为，不同国家(地区)出口被调查产品价格的差异，与被调查国(地区)是否可能再度对中国大陆发生倾销行为没有必然联系。

印度对第三国(地区)的出口数量大幅波动，2011年出口量比2010年下降达94.5%，第三国(地区)壬基酚消费市场萎缩。

上述调查表明，在2007年中国大陆对原产于印度的进口壬基酚实施反倾销措施之前，中国大陆是印度壬基酚的重要出口国。由于中国大陆实施壬基酚反倾销措施，印度在反倾销调查期未对中国大陆出口。自中国大陆壬基酚反倾销措施实施以来，印度壬基酚产能基本稳定，可用于生产壬基酚的潜在产能较大，消费市场趋于饱合，对国际市场的依赖程度较高。此外，印度对第三国出口壬基酚的价格长期低于其国内市场价格，低价出口是印度壬基酚海外市场销售的销售策略。因此，如果终止对印度的反倾销措施，原产于印度的进口壬基酚对中国大陆的倾销可能再度发生。

中国台湾地区

由于没有中国台湾地区生产商、出口商提交答卷，调查机关决定采用可获得的最佳信息，通过对中国台湾地区壬基酚倾销调查期内的倾销情况、出口能力、对中国大陆出口、对第三国(地区)出口的分析，对中国台湾地区壬基酚倾销继续或再度发生的可能性进行审查。调查机关认为，申请人提供的信息是可获得的最佳信息。

1. 调查期内的倾销情况。

根据原反倾销措施，中国台湾地区的反倾销税率为4.08%－20.38%。反倾销措施实施期间，没有证据表明中国台湾地区壬基酚对中国大陆出口发生了变化。前述倾销调查表明，倾销调查期内，原产于中国台湾地区的壬基酚对中国大陆的出口存在倾销。

2. 出口能力。

(1)产能、产量和闲置产能。

根据申请人提供的材料和数据，从2007年到2011年，中国台湾地区壬基酚的产能分别为5万吨、5万吨、5万吨、6.2万吨和6.2万吨，2010年后中国台湾地区壬基酚产能增长了24%。产量分别为4.31万吨、4.24万吨、4.96万吨、5.73万吨和4.67万吨，平稳中保持增长，2011年产量比2007年增长8.35%。闲置产能分别为0.69万吨、0.76万吨、0.04万吨、0.47万吨和1.53万吨，2011年闲置产能比2007年增长121.74%，增幅巨大。

(2)中国台湾地区市场消费情况。

根据申请人提供的材料和数据，从2007年到2011年，中国台湾地区壬基酚消费量总体呈下降趋势，分别为0.99万吨、0.81万吨、0.84万吨、1.18万吨和0.87万吨。这说明中国台湾地区市场的壬基酚消费基本饱和。

(3)对国际市场的依赖程度。

根据申请人提供的材料和数据，反倾销措施实施期间，中国台湾地区壬基酚的出口数量基本保持稳定，分别为4.07万吨、3.68万吨、4.24万吨、4.35万吨和3.77万吨。从2007年到2011年，出口量占产量的比例分别为94.43%、86.79%、85.48%、75.92%和80.73%，出口量占产量的比例很高。这表明中国台湾地区壬基酚产业对国际市场的依赖程度非常高，对外出口是中国台湾地区消化壬基酚剩余产量的重要渠道。

上述调查表明，2007年反倾销措施实施以来，中国台湾地区壬基酚产能大幅增长，产量稳定中保持增长，中国台湾地区市场基本饱和，对国际市场依赖程度很高。倾销调查期内，中国台湾地区壬基酚产能利用率下降，闲置产能明显增加，中国台湾地区消费趋于饱合，出口能力进一步增强。

3. 对中国大陆出口。

根据申请人提供的中华人民共和国海关数据，反倾销措施实施期间，中国台湾地区壬基酚对中国大陆出口数量整体呈下降趋势，分别为1.64万吨、1.25万吨、1.60万吨、1.50万吨和0.82万吨；出口数量占中国大陆壬基酚总进口量的比例也整体呈下降趋势，分别为99.51%、99.43%、97.40%、95.38%和96.06%。从2007年到2011年，中国台湾地区壬基酚对中国大陆出口量占其总出口量的比例分别为40.29%、33.97%、37.74%、34.48%和21.75%。因此，中国大陆是中国台湾壬基酚出口的重要市场。

2011年，中国台湾地区壬基酚对中国大陆的出口价格为2424.42美元/吨，而中国台湾地区壬基酚的市场价格为2572.50美元/吨，中国台湾对中国大陆的出口价低于其本地市场的价格。

4. 对第三国(地区)出口。

根据申请人提供的中国台湾地区海关数据，中国台湾地区壬基酚2011年向第三国(地区)出口价格大幅低于中国台湾地区市场价格。向第三国(地区)低价出口占向第三国(地区)总出口的比例高达99.91%。说明低价出口是中国台湾地区壬基酚对海外市场销售的一种重要方式。

上述调查表明，自2007年中国大陆对进口壬基酚实施反倾销措施以来，中国台湾地区壬基酚产能大幅增长，产量稳定中保持增长，闲置产能增加，中国台湾地区消费市场基本饱和，对国际市场依赖度很高。低价出口是中国台湾地区壬基酚海外市场销售的重要方式。中国大陆是中国台湾地区出口其过剩壬基酚产品的重要市场。因此，如果终止对中国台湾地区的反倾销措施，原产于中国台湾地区的进口壬基酚对中国大陆的倾销可能继续发生。

(三)倾销调查结论。

上述调查表明，调查机关裁定，如果终止对原产于印度和中国台湾地区的进口壬基酚适用的反倾销措施，原产于印度的进口壬基酚对中国大陆的倾销有可能再度发生；原产于中国台湾地区的进口壬基酚对中国大陆的倾销有可能继续发生。

七、损害继续或再度发生的可能性

(一)调查期内中国大陆产业状况。

根据《中华人民共和国反倾销条例》第七、八条及《反倾销产业损害调查规定》第四、五、六、七条规定，调查机关对调查期内中国大陆壬基酚产业的相关经济因素和指标进行了调查。江苏凌飞科技股份有限公司和常州染料化工厂有限公司申请对其提供的资料按保密资料处理。调查机关接受了上述两家公司的保密申请，中国大陆壬基酚产业相关经济指标只披露相对数据，证据显示：

1. 表观消费量。

调查期内，中国大陆壬基酚产业的表观消费量总体呈上升趋势。2007年、2008年、2009年、2010年和2011年，中国大陆壬基酚产业的表观消费量分别为29293.00吨、23683.00吨、35694.00吨、36673.00吨和39946.00吨。2008年比2007年减少19.15%，2009年比2008年增长50.72%，2010年比2009年增长2.74%，2011年比2010年增长8.92%。

2. 产能。

调查期内，中国大陆壬基酚产业生产能力总体呈上升趋势。2008年与2007年持平，2009年比2008年增长69.44%，2010年比2009年增长8.20%，2011年与2010年持平。

3. 产量。

调查期内，中国大陆同类产品产量呈持续上升趋势。2008年比2007年增长4.66%，2009年比2008年增长129.85%，2010年比2009年增长1.53%，2011年比2010年增长14.3%。

4. 开工率。

调查期内，中国大陆壬基酚产业开工率总体呈上升趋势。2008年比2007年上升2.43个百分点，2009年比2008年上升19.40个百分点，2010年比2009年下降4.55个百分点，2011年比2010年上升9.91个百分点。

5. 销售量。

调查期内，中国大陆同类产品销售量总体呈上升趋势。2008年比2007年增长6.68%，2009年比2008年增长119.56%，2010年比2009年增长5.64%，2011年比2010年下降0.18%。

6. 市场份额。

调查期内，中国大陆同类产品市场份额总体呈上升趋势。2008年比2007年上升6.38个百分点，2009年比2008年上升12.09个百分点，2010年比2009年上升2.29个百分点，2011年比2010年下降0.67个百分点。

7. 销售价格。

调查期内，中国大陆同类产品销售价格呈先降后升趋势。2008年比2007年下降2.67%，2009年比2008年下降29.41%，2010年比2009年增长41.33%，2011年比2010年增长46.86%。

8. 销售收入。

调查期内，中国大陆壬基酚产业销售收入呈持续上升趋势。2008 年比2007 年增长3.84%，2009 年比2008 年增长54.99%，2010 年比2009 年增长49.31%，2011 年比2010 年增长46.6%。

9. 税前利润。

调查期内，中国大陆壬基酚产业税前利润总体呈上升趋势。2008 年比2007 年增长132.27%，2009 年比2008 年下降42.33%，2010 年比2009 年增长107.42%，2011 年比2010 年增长96.94%。

10. 投资收益率。

调查期内，中国大陆壬基酚产业投资收益率总体呈上升趋势。2008 年比2007 年上升9.87 个百分点，2009 年比2008 年下降13.67 个百分点，2010 年比2009 年上升1.76 个百分点，2011 年比2010 年上升4.26 个百分点。

11. 就业人数。

调查期内，中国大陆壬基酚产业就业人数总体呈上升趋势。2008 年比2007 年增长9.09%，2009 年比2008 年增长250%，2010 年比2009 年增长7.14%，2011 年比2010 年下降2.22%。

12. 劳动生产率。

调查期内，中国大陆壬基酚产业劳动生产率总体呈下降趋势。2008 年比2007 年下降4.06%，2009 年比2008 年下降34.33%，2010 年比2009 年下降5.24%，2011 年比2010 年上升16.90%。

13. 人均工资。

调查期内，中国大陆壬基酚产业人均工资呈持续上升趋势。2008 年比2007 年增长0.66%，2009 年比2008 年增长23.27%，2010 年比2009 年增长24.44%，2011 年比2010 年增长26.90%。

14. 期末库存。

调查期内，中国大陆同类产品期末库存总体呈上升趋势。2008 年比2007 年减少39.98%，2009 年比2008 年增长501.59%，2010 年比2009 年减少36.97%，2011 年比2010 年增长132.54%。

15. 经营活动现金净流量。

调查期内，中国大陆同类产品经营活动现金流量净额总体呈下降趋势。2008 年比2007 年增长112.33%，2009 年、2010 年和2011 年，经营活动现金流量净额均呈现净流出状态，2010 年净流出比2009 年增长290.58%，2011 年净流出比2010 年增长7.39%。

16. 投融资能力。

调查期内，中国大陆产业利用有利时机，投入大量资金进行产能扩大、生产工艺改造、产品开发和技术升级。但同类产品经营活动现金流量净额呈下降趋势，2009 年、2010 年和2011 年经营活动现金流量净额均呈现净流出状态，中国大陆产业投融资能力受到抑制。

上述证据表明，调查期内，中国大陆壬基酚市场需求旺盛，中国大陆壬基酚表观消费量2011 年比2007 年增长了36.37%，年均增长8.06%。随着中国大陆壬基酚市场需求的增长，中国大陆壬基酚产业陆续新建和扩建了一批生产装置，中国大陆壬基酚产业产能、产量都呈增长态势。同类产品的市场份额总体呈现上升趋势。中国大陆壬基酚产业销售收入、税前利润、投资收益率、就业人数、人均工资等经济指标出现了不同程度的好转，中国大陆壬基酚产业得到了初步恢复和发展。

另外，由于实施壬基酚反倾销措施，原产于印度和中国台湾地区的进口壬基酚对中国大陆的倾销行为受到不同程度的遏制，中国台湾地区对中国大陆出口壬基酚数量呈下降趋势，印度基本不再对中国大陆出口壬基酚产品，2008 年中国大陆壬基酚产业状况出现明显改善，销售收入呈上升趋势，税前利润大幅增长。2009 年，同类产品的销售价格和税前利润大幅下降，分别比2008 年下降29.41% 和42.33%。而2010 年和2011 年，同类产品销售价格和税前利润大幅增长，同类产品的销售价格和税前利润呈现大幅波动状态。此外，调查期内，同类产品市场份额在调查期内处于较低水平，2007 年和2008 年远低于被调查产品所占的市场份额，期末库存则大幅增加，2011 年比2007 年增加了429.26%，劳动生产率总体呈下降趋势，2011 年比2007 年下降了30.2%，中国大陆部分壬基酚生产企业甚至长期处于亏损状态。以上证据表明，中国大陆壬基酚产业生产经营状况不稳定，仍然较为脆弱。

因此，调查期内，由于实施壬基酚反倾销措施，使原产于印度和中国台湾地区的进口壬基酚对中国大陆的倾销行为受到不同程度的遏制，中国台湾地区对中国大陆出口壬基酚数量呈下降趋势，印度基本不再对中国大陆出口壬基酚产品。中国大陆壬基酚市场环境有所改善，中国大陆壬基酚产业得到初步恢复和发展，但仍然容易受到倾销进口产品冲击和影响。

(二) 损害再度发生的可能性。

1. 中国大陆壬基酚市场状况。

中国大陆壬基酚产业开始于二十世纪八十年代，随着中国大陆经济的快速发展，中国大陆壬基酚产品市场需求稳步增长。壬基酚原审调查期内，中国大陆壬基酚产业处于成长期，市场需求呈上升趋势。本案调查期内，壬基酚在表面活性剂、抗氧剂、纺织印染助剂、润滑油添加剂、农药乳化剂、树脂改性剂、树脂及橡胶稳定剂等领域的广泛应用，带动了中国大陆壬基酚市场需求继续增长。2007年至2011年，中国大陆壬基酚市场需求年均增长幅度达到8.06%，高于同期世界壬基酚需求年均增长幅度，中国大陆已成为全球壬基酚需求量较大的国家(地区)。

调查期内，随着中国大陆经济的快速发展，带动了中国大陆壬基酚下游等行业的进一步发展，中国大陆壬基酚产品市场需求呈增长趋势，2011年中国大陆壬基酚表观消费量比2007年增长了36.37%。预计2013年中国大陆壬基酚表观消费量将达到4.8万吨左右。同时，中国大陆对原产于印度和中国台湾地区的进口壬基酚实施反倾销措施，原产于中国台湾地区的进口壬基酚对中国大陆的倾销行为得到一定遏制，印度基本不再对中国大陆出口壬基酚产品，改善了中国大陆壬基酚产业的市场环境，中国大陆壬基酚产业生产经营状况与原审调查期相比有所改善，得到了初步恢复和发展，随着中国大陆壬基酚新建和改扩建装置陆续投产，中国大陆壬基酚总产能也将相应地稳步增长，预计2013年将达到5万吨。届时，中国大陆壬基酚的供应将完全能够满足中国大陆市场需求。

2. 被调查产品进口数量增加的可能性。

根据中华人民共和国海关统计，调查期内，除2010年印度向中国大陆出口0.24吨壬基酚外，其他年度印度不再向中国大陆出口壬基酚。

根据中华人民共和国海关统计，调查期内，原产于中国台湾地区的进口壬基酚数量总体呈下降趋势。2007年、2008年、2009年、2010年和2011年，原产于中国台湾地区的进口壬基酚数量分别为16359.01吨、12509.54吨、15958.52吨、14968.16吨和8193.91吨。2008年比2007年下降23.53%，2009年比2008年增长27.57%，2010年比2009年下降6.21%，2011年比2010年下降45.26%。

调查期内，原产于中国台湾地区的进口壬基酚占中国大陆市场份额呈现持续下降趋势。2007年、2008年、2009年、2010年和2011年分别为55.85%、52.82%、44.71%、40.82%和20.51%。2008年比2007年下降3.03个百分点，2009年比2008年下降8.11个百分点，2010年比2009年下降3.89个百分点，2011年比2010年下降20.3个百分点。

调查期内，中国台湾地区向中国大陆出口壬基酚数量占中国大陆壬基酚总进口量的比例较大。2007年、2008年、2009年、2010年和2011年，中国台湾地区向中国大陆出口壬基酚数量占中国大陆壬基酚总进口量的比例分别为99.51%、99.43%、97.4%、95.38%和96.06%，表明中国台湾地区是中国大陆壬基酚产品的主要进口来源地。

(1)中国台湾地区壬基酚市场状况。

中国台湾地区生产者/出口商没有参加产业损害调查活动登记，也没有递交调查问卷答卷，调查机关也未收到中国台湾地区利害关系方提交的评论意见。申请书提供了中国台湾地区壬基酚的产能、产量、消费量、出口能力、出口比例和出口市场状况等数据。根据《反倾销条例》第二十一条和《反倾销产业损害调查规定》第三十三条的规定，调查机关根据已经获得的事实和可获得的最佳信息作出裁定。因此，调查机关采纳申请人提供的中国台湾地区壬基酚的产能、产量、消费量、出口能力、出口比例和出口市场状况等数据。

证据显示，调查期内，中国台湾地区壬基酚生产能力保持平稳。2007年至2009年其生产能力均为5万吨，2010年和2011年其生产能力均为6.2万吨。2007年、2008年、2009年、2010年和2011年，中国台湾地区壬基酚产量分别为4.31万吨、4.24万吨、4.96万吨、5.73万吨和4.67万吨，其闲置产能占当年产能比例分别为13.8%、15.2%、0.8%、7.58%和24.68%。中国台湾地区壬基酚闲置产能较大。

调查期内，中国台湾地区壬基酚消费量总体呈下降趋势。2007年、2008年、2009年、2010年和2011年，中国台湾地区壬基酚消费量分别为0.99万吨、0.81万吨、0.84万吨、1.18万吨和0.87万吨。中国台湾地区壬基酚可供出口的生产能力呈增长趋势。2007年、2008年、2009年、2010年和2011年，中国台湾地区壬基酚可供出口的生产能力分别为4.01万吨、4.19万吨、4.160kt、5.02万吨和5.33万吨。2011年比2007年增长32.92%。调查期内，中国台湾地区壬基酚可供出口的生产能力占当年产能的比例均在80%以上。上述数据表明，在调查期内，中国台湾地区壬基酚产业具有较强的出口能力。

证据显示，调查期内，中国台湾地区壬基酚出口数量保持稳定，2007年、2008年、2009年、2010年和2011年，中国台湾地区壬基酚出口数量分别为4.07万吨、3.68万吨、4.24万吨、4.35万吨和3.77万吨，中国台湾地区壬基酚出口数量占其产量比例在调查期内均保持在较高水平，2007年、2008年、2009年、2010年和2011年，中国台湾地区壬基酚出口数量占其产量比例分别为94.43%、86.79%、85.48%、75.92%和80.73%。以上数据表明，中国台湾地区壬基酚对国际市场依赖程度很高，其大量闲置产能需要通过寻求国外市场来消化。

据中华人民共和国海关统计，2007年、2008年、2009年、2010年和2011年，原产于中国台湾地区的壬基酚向中国大陆出口数量分别为1.64万吨、1.25万吨、1.6万吨、1.5万吨和0.82万吨。2007年至2011年，中国台湾地区壬基酚对中国大陆出口数量占同期中国大陆壬基酚总进口量的比例分别为99.51%、99.43%、97.4%、95.38%和96.06%。证据显示，调查期内，中国台湾地区在各年度出口壬基酚的众多国家(地区)之中，对中国大陆出口的壬基酚数量均位居前列，2007年、2008年、2009年、2010年和2011年，中国台湾地区向中国大陆出口壬基酚数量占其总出口量的比例分别为40.29%、33.97%、37.74%、34.48%和21.75%，中国大陆是中国台湾地区壬基酚的主要出口目的地。

上述证据表明，调查期内，中国台湾地区壬基酚市场消费量总体呈下降趋势，中国台湾地区壬基酚产业有较大的闲置产能，出口能力较强，对中国台湾地区以外市场的依赖程度也较高，中国大陆是中国台湾地区壬基酚的主要出口地区。随着中国大陆市场需求的增加，中国大陆仍将成为中国台湾地区消化其过剩产能和产量的重要市场。如果终止对原产于中国台湾地区的壬基酚实施的反倾销措施，中国台湾地区对中国大陆出口壬基酚的数量将可能大量增加。

(2)印度壬基酚市场状况。

印度十拿－赫蒂利亚有限公司在调查问卷答卷以及补充材料中提供了完整的、可供核实的印度产量、消费量、出口能力、出口比例和出口市场状况等数据和相关证据材料，并且该公司提交的调查问卷答卷和补充材料以及申请人提交的评论意见都提出，印度十拿－赫蒂利亚有限公司是印度唯一壬基酚生产企业。因此，调查机关认定，该公司相关数据可以代表印度壬基酚产业情况，采纳印度十拿－赫蒂利亚有限公司提供的印度壬基酚产量、消费量、出口能力、出口比例和出口市场状况等相关数据。另外，除了该公司出口数量外，印度十拿－赫蒂利亚有限公司申请对其提供的其他资料按保密资料处理。调查机关接受了该公司的保密申请，除了该公司出口数量，在裁决中印度壬基酚产业相关经济指标只披露相对数据。

印度十拿－赫蒂利亚有限公司在其提交的损害抗辩意见书、调查问卷答卷以及补充材料中提出，该公司生产壬基酚的装置还可以生产十二烷基苯酚，十二烷基苯酚是单独的一种产品，并不是壬基酚的副产品或联产品，印度十拿－赫蒂利亚有限公司可以根据市场需求相互替代生产壬基酚和十二烷基苯酚。如果按照壬基酚和十二烷基苯酚产量的比例区分产能，该公司无法获得相关会计准则或任何专业机构意见的支持。因此，印度十拿－赫蒂利亚有限公司公司认为，无法单独划分壬基酚和十二烷基苯酚的具体产能，提供了该套生产装置的总产能。

据调查，印度十拿－赫蒂利亚有限公司生产壬基酚的装置也能生产十二烷基苯酚。十二烷基苯酚的化学反应原理(烷基化反应)和反应过程(脱酚、蒸馏、精馏)与壬基酚基本相同。印度十拿－赫蒂利亚有限公司不用对生产装置进行任何改变，该装置产能就能在壬基酚和十二烷基苯酚两种产品之间相互转换，该公司可以根据市场需求选择性的生产壬基酚产品与十二烷基苯酚产品。

因此，调查机关认定，印度十拿－赫蒂利亚有限公司产能能在壬基酚和十二烷基苯酚两种产品之间根据市场需求相互转换，并且该公司装置可以只用于壬基酚的生产。因此，该装置的产能即为壬基酚的产能。

调查期内，印度壬基酚生产能力基本保持平稳。2007年和2008年，印度壬基酚生产能力保持不变。2009年印度壬基酚生产能力比2008年下降9.94%，2009年至2011年其生产能力保持不变。印度壬基酚产量在调查期内总体呈增长趋势。2008年比2007年下降36.72%，2009年比2008年增长114.51%，2010年比2009年增长21.59%，2011年比2010年下降30.82%。印度可用于生产壬基酚的潜在产能在调查期内总体呈下降趋势，2008年比2007年增长12.4%，2009年比2008年下降33.61%，2010年比2009年下降13.27%，2011年比2010年增长26.55%。印度可用于生产壬基酚的潜在产能占当年产能比例分别为74.75%、84.02%、61.94%、53.72%和67.99%。印度可用于生产壬基酚的潜在产能较大。

调查期内，印度壬基酚消费量总体呈增长趋势。2008年比2007年增长36.02%，2009年比2008年增长14.09%，2010年比2009年增长6.41%，2011年比2010年下降13.58%。印度壬基酚可供出口的生产能力总体呈下降趋势。2008年比2007年下降20.46%，2009年比2008年下降33.29%，2010年比2009年下降10.65%，2011年比2010年增长26.87%。印度壬基酚可供出口的生产能力占当年产能的比例分别为63.77%、50.73%、37.57%、33.57%和42.59%。上述数据表明，在调查期内，印度壬基酚产业具有较强的出口能力。

调查期内，印度壬基酚出口数量大幅波动，

2007年、2008年、2009年、2010年和2011年，印度壬基酚出口数量分别为962吨、391吨、2487吨、3433吨和189吨。印度壬基酚出口数量占其国内产量比例在调查期内波动较大。2008年比2007年下降5.05个百分点，2009年比2008年增长17.81个百分点，2010年比2009年增长3.64个百分点，2011年比2010年下降28.08个百分点。以上数据表明，虽然2011年印度壬基酚出口数量及其所占国内产量比例较低，但2007年至2010年印度壬基酚出口数量仍然较大，其所占国内产量比例仍然较高。2009年和2010年，印度壬基酚出口数量高达2487吨和3433吨，其所占国内产量的比例也较高。因此，印度壬基酚对国际市场依赖程度仍然较高，需要通过寻求国外市场来消化其国内消费的剩余产品。

据中华人民共和国海关统计，反倾销措施实施之前的2004年和2005年，印度对中国大陆出口壬基酚数量分别为1975.2吨和1021.31吨，其占印度总出口量的比例分别为17.48%和19.96%，保持在较高水平，中国大陆是印度壬基酚主要出口国(地区)。由于2006年7月10日起，中国大陆对印度十拿-赫蒂利亚有限公司的进口壬基酚征收12.22%反倾销税，因此，调查期内，除2010年印度向中国大陆出口0.24吨壬基酚外，其他年度印度不再向中国大陆出口壬基酚。另外，中国大陆壬基酚市场需求旺盛，印度可用于生产壬基酚的潜在产能较大，具有较强的出口能力，并且印度十拿-赫蒂利亚有限公司在其提交的调查问卷答卷中明确提出，该公司计划2013年向中国大陆出口壬基酚。上述证据表明，如果终止对原产于印度的壬基酚实施的反倾销措施，中国大陆可能再度成为印度壬基酚的主要出口国(地区)。

上述证据表明，调查期内，印度可用于生产壬基酚的潜在产能较大，具有较强的出口能力，对印度以外市场的依赖程度也较高。中国大陆壬基酚市场需求旺盛，如果终止对原产于印度的壬基酚实施的反倾销措施，中国大陆仍将可能成为印度消化其过剩产能和产量的重要市场，可能是印度壬基酚的主要出口国(地区)，印度对中国大陆出口壬基酚的数量将可能大量增加。

上述证据表明，调查期内，印度和中国台湾地区的壬基酚生产能力较大，产量呈小幅增长趋势，装置开工率较低，可用于生产壬基酚的潜在产能或闲置产能较大，印度和中国台湾地区的壬基酚消费量始终维持在较低水平。表明上述两国(地区)壬基酚具有较强的出口能力，对国际市场依赖度较高，需要通过对外出口的方式来消化其国内(地区)消费的剩余产品。中国大陆实施壬基酚反倾销措施以后，中国台湾地区仍然向中国大陆大量出口壬基酚，占中国台湾地区出口量的比例较大。虽然印度在调查期内基本不向中国大陆出口壬基酚，但如果终止对原产于印度的壬基酚实施的反倾销措施，中国大陆可能是印度壬基酚的主要出口国(地区)。

因此，如果终止对原产于印度和中国台湾地区的壬基酚实施的反倾销措施，上述两国(地区)对中国大陆出口壬基酚的数量可能会大幅增加。

3. 被调查产品对中国大陆同类产品价格进一步影响的可能性。

(1)原产于印度的壬基酚对中国大陆同类产品价格影响的可能性。

调查期内，印度基本不向中国大陆出口壬基酚，但印度可用于生产壬基酚的潜在产能较大，具有较强的出口能力。另外，中国大陆壬基酚市场需求旺盛，如果终止对原产于印度的壬基酚实施的反倾销措施，原产于印度的壬基酚对中国大陆的倾销有可能再度发生，很可能通过压低销售价格来扩大对中国大陆的出口，以恢复其在中国大陆的市场份额，中国大陆壬基酚产品也将进一步受到原产于印度壬基酚产品的影响，同类产品价格存在进一步下降的可能性。

(2)原产于中国台湾地区的壬基酚对中国大陆同类产品价格影响的可能性。

调查期内，原产于中国台湾地区的壬基酚对中国大陆的倾销行为得到了一定的遏制，中国台湾地区向中国大陆出口壬基酚价格总体呈上升趋势。2007年、2008年、2009年、2010年和2011年，原产于中国台湾地区的进口壬基酚的关税完税价格分别为13151.45元/吨、13251.16元/吨、9798.62元/吨、12863.89元/吨和16526.77元/吨。2008年比2007年增长0.76%，2009年比2008年下降26.05%，2010年比2009年增长31.28%，2011年比2010年增长23.34%。

调查期内，同类产品销售价格总体呈上升趋势。2008年比2007年下降2.67%，2009年比2008年下降29.41%，2010年比2009年增长41.33%，2011年比2010年增长46.86%。

上述数据表明，调查期内，同类产品的价格与原产于中国台湾地区的进口壬基酚价格走势基本一致。2007年到2009年，原产于中国台湾地区的进口壬基酚关税完税价格下降了25.49%，而同期同类产品的价格下降了31.3%。原产于中国台湾地区的进口壬基酚关税完税价格2010年比2009年增长31.28%，2011年比2010年增长23.34%。同类产品的价格2010年比2009年增长41.33%，2011年比2010年增长46.86%。因此，同类产品价格对原产于中国台湾地区的进口壬基酚价格变动敏感，容易受到原产于中国台湾地区的进口壬基酚价格变化的影响。如果终止对原产于中国台湾地区的壬基酚实施的反倾销措施，原产于中国台湾地区的壬基酚很可能压低销售价格来扩大对中国大陆的出口，同类产品价格存在进一步下降的可能性。

因此，如果终止对原产于印度和中国台湾地区的壬基酚实施的反倾销措施，原产于印度和中国台湾地区的进口壬基酚将很可能通过压低销售价格来扩大对中国大陆出口，被调查产品价格存在进一步下降的可能性，中国大陆壬基酚产业将进一步受到被调查产品的影响，同类产品价格存在进一步下降的可能性。

4. 未来产业状况。

调查期内，在中国大陆表观消费量总体增长的情况下，中国大陆壬基酚产业产能、产量、销售量、销售收入、税前利润、投资收益率、开工率、就业人数等经济指标都保持了增长趋势。调查期内中国大陆壬基酚产业的生产经营状况同时也表明，中国大陆壬基酚产业处在成长期和发展的重要阶段，盈利状况不稳定，对市场环境反应敏感，容易受到进口产品的冲击和影响。

倾销调查表明，如果终止反倾销措施，原产于中国台湾地区的进口壬基酚对中国大陆的倾销行为可能继续发生，原产于印度的进口壬基酚对中国大陆的倾销行为可能再度发生，被调查产品进口数量可能大幅增长，市场竞争会日益加剧。届时，中国大陆壬基酚产业同类产品的销售价格将进一步受到打压，同类产品的开工率也将可能下降，产销状况恶化，市场份额下降，企业盈利空间可能出现缩减，再次出现严重亏损。

目前，中国大陆产业为新建和扩建而投入的巨额资金尚未得到有效回收，处于发展的重要阶段，企业抗风险能力相对较弱。如果终止反倾销措施，中国大陆产业生产经营状况的下滑可能会对产业投资的回收和下一步投融资活动形成阻碍，减弱企业的抗风险能力，严重时甚至可能导致中国大陆部分企业停产或倒闭。

5. 产业损害调查结论。

(1)中国大陆实施壬基酚反倾销措施之后，原产于印度和中国台湾地区的进口壬基酚对中国大陆的倾销行为受到不同程度遏制，印度基本不再对中国大陆出口壬基酚产品，中国台湾地区对中国大陆出口壬基酚数量呈下降趋势，中国大陆壬基酚产业生产经营状况有所改善，中国大陆壬基酚产业到初步恢复和发展。

(2)中国大陆壬基酚产业仍然很脆弱。同类产品对进口产品的数量和价格变化反应敏感，中国大陆壬基酚产业容易受到倾销进口产品的冲击和影响。

(3)印度和中国台湾地区的可用于生产壬基酚的潜在产能或壬基酚闲置产能较大，具有较强的出口能力，对国外市场的依赖程度较高。中国大陆壬基酚市场需求旺盛，对被调查国家(地区)具有较强的吸引力。如果终止反倾销措施，原产于印度和中国台湾地区的壬基酚产品对中国大陆的出口数量将可能大量增加。

(4)如果终止反倾销措施，原产于印度和中国台湾地区的壬基酚向中国大陆的出口价格可能大幅下降，同类产品的价格有可能进一步下降，对中国大陆壬基酚产业造成的损害可能再度发生。

八、复审裁定

根据上述调查结论，调查机关裁定，如果终止原反倾销措施，原产于印度的进口壬基酚对中国大陆的倾销有可能再度发生，原产于中国台湾地区的进口壬基酚对中国大陆的倾销有可能继续发生；如果终止原反倾销措施，印度和中国台湾地区对中国大陆出口壬基酚的数量可能会大幅增加，对中国大陆壬基酚产业造成的损害可能再度发生。

(注：壬基酚是一种重要的精细化工原料和中间体，主要用于生产表面活性剂，也用于抗氧剂、树脂改性剂、树脂及橡胶稳定剂等领域。)

三十四、商务部公告2013年第32号 关于对原产于欧盟和美国进口的四氯乙烯发起反倾销调查的公告(2013年5月31日)

商务部于2013年4月28日收到山东新龙科技股份有限公司和昊华鸿鹤化工有限责任公司(以下简称申请人)代表国内四氯乙烯产业提交的反倾销调查申请，申请人请求对原产于欧盟和美国的进口四氯乙烯进行反倾销调查。

商务部依据《中华人民共和国反倾销条例》有关规定，对申请人的资格、申请调查进口产品的有关情况、中国同类产品的有关情况、申请调查进口产品对国内产业的影响、申请调查国家(地区)的有关情况等进行了审查。同时，商务部就申请书中提供的涉及倾销、损害及倾销与损害之间的因果关系等方面的证据进行了审查。申请人提供的初步证据表明，申请人和支持此次反倾销申请的阿拉善达康三四氯乙烯有限公司、宁夏康美化工有限公司及山东聊城鲁西化工第六化肥有限公司的四氯乙烯产量之和符合《中华人民共和国反倾销条例》第十一条、第十三条和第十七条有关国内产业提出反倾销调查申请的规定。同时，申请书中包含了《中华人民共和国反倾销条例》第十四条、第十五条规定的反倾销调查立案所要求的内容及有关证据。

根据上述审查结果及《中华人民共和国反倾销条例》第十六条规定，商务部决定自2013年5月31日起对原产于欧盟和美国的进口四氯乙烯进行反倾销立案调查。现将有关事项公告如下：

一、立案调查及调查期

自本公告发布之日起，商务部对原产于欧盟和美国的进口四氯乙烯进行反倾销调查，本次调查确定的倾销调查期为2012年4月1日至2013年3月31日，产业损害调查期为2009年1月1日至2013年3月31日。

二、被调查产品及调查范围

调查范围：原产于欧盟和美国的进口四氯乙烯。

被调查产品名称：四氯乙烯，英文名称：Perchlorethylene 或 Tetrachloroethylene(简称PCE)

化学品类别：有机物——烃的衍生物

化学分子式：C_2Cl_4

化学结构式结构图：

物理化学特性：四氯乙烯为无色透明液体，具有类似乙醚的气味。分子量165.82，熔点-22.2℃，沸点121.2℃，相对密度(水=1)1.6226，蒸气密度5.83，蒸汽压2.11kPa/20℃。四氯乙烯不溶于水(溶于约10000份体积水)，可混溶于乙醇、乙醚、氯仿、苯等多数有机溶剂；能溶解多种物质(如橡胶、树脂、脂肪、三氯化铝、硫、碘、氯化汞)。遇水可缓慢分解成三氯乙酸和盐酸。有水存在对铁、铝、锌有腐蚀(但可加稳定剂加以抑制)。非可燃性液体。高温引起分解，分解条件不同分解产物不一样，主要为盐酸、光气、一氧化碳。如有活性炭存在，加热至700℃分解生成六氯化苯和六氯乙烷。被强氧化剂氧化。与钡粉、铍粉、锂屑、四氧化二氮、氢氧化钠发生剧烈化学反应。

主要用途：四氯乙烯是一种重要的有机氯产品，用途广泛，在工业上主要用作有机溶剂、干洗剂、脱硫剂、织物整理剂、金属去污剂、脂肪类萃取剂、有机合成和热传递介质，医疗上用作驱虫药，以及制冷剂 HCFC-123、HCFC-124 和 HFC-125 等的中间体等。

该产品归在《中华人民共和国进出口税则》：29032300。

三、登记应诉

就倾销调查，任何利害关系方可于本公告发布之日起20天内，向商务部进出口公平贸易局申请参加应诉，参加应诉的涉案出口商或生产商应同时提供2012年4月1日至2013年3月31日向中国出口本案被调查产品的数量及金额。《倾销调查应诉登记参考格式》可在商务部网站进出口公平贸易局子网站"案件动态"栏目下载。

就产业损害调查，利害关系方可自本公告发布之日起20天内向商务部产业损害调查局登记应诉，同时应提供产业损害调查期内的生产能力、产量、库存、在建和扩建计划以及向中国出口本案被调查产品的数量和金额等说明材料。《参加四氯乙烯反倾销案产业损害调查活动申请表》可在中国贸易救济信息网上应诉登记栏目下载。

四、利害关系方的权利

利害关系方可在商务部网站进出口公平贸易局子网站"案件动态"栏目下载本案申请人提交的申请书的非保密文本，或到商务部贸易救济公开信息查阅室进行查阅。

利害关系方对本次调查的产品范围、申请人资格、被调查国家及其他相关问题如有异议，可以于上述登记应诉期间内将书面意见提交商务部。

五、调查方式

调查机关可以采用问卷、抽样、听证会、现场核查等方式向有关利害关系方了解情况并进行调查。

关于本案产业损害调查的相关信息可在中国贸易救济信息网查询。

六、问卷调查

(一)四氯乙烯反倾销案倾销调查问卷

商务部在本公告规定的登记应诉截止之日起10个工作日内向登记应诉公司及申请书列明的其他公司发放调查问卷。调查问卷包括公司的机构和运作、被调查产品、对中国的出口销售、国内(地区内)销售、对中国以外其他国家(地区)的出口销售、生产成本和相关费用、估算的倾销幅度及核对单等内容。《四氯乙烯反倾销案倾销调查问卷》届时可在商务部网站进出口公平贸易局子网站"案件动态"栏目下载。未登记应诉的其他公司可直接下载或向商务部索取该调查问卷，并按要求填报。

上述所有公司应在规定时间内提交完整而准确的答卷。答卷应当包括调查问卷所要求的全部信息。所有答卷应当在问卷发放之日起37日内送至商务部。应诉公司有正当理由表明在答卷到期日前不能完成答卷的，应在答卷提交截止期限7日前向商务部提出延期提交答卷书面申请，陈述延期请求和延期理由。

应诉公司在规定的期限内不提交答卷的，或者不能按照要求提供完整而准确的答卷，或者对其所提供的资料不允许商务部进行核查，或者以其他方式严重妨碍调查，商务部可依据《中华人民共和国反倾销条例》第二十一条的规定，根据已经获得的事实和可获得的最佳信息作出裁定。

(二)四氯乙烯反倾销案产业损害调查问卷

关于产业损害调查问卷的相关通知，可在中国贸易救济信息网查询。

七、本次调查自2013年5月31日起开始，通常应在2014年5月31日前结束调查，特殊情况下可延长至2014年11月30日。

八、商务部联系地址(略)

附件：四氯乙烯产业反倾销调查申请书(略)

四氯乙烯产业反倾销调查申请书附件(略)

四氯乙烯反倾销调查应诉登记表(略)

又讯：商务部产业损害调查局　商调查二处函[2013]679号　关于召开四氯乙烯反倾销案国内下游用户意见陈述会的通知(2013年12月20日)

2013年5月31日，中华人民共和国商务部发布2013年第32号公告，决定对原产于美国和欧盟的进口四氯乙烯进行反倾销调查。2013年12月12日，调查机关收到国内四氯乙烯下游用户中化蓝天集团提交的《关于四氯乙烯反倾销案意见陈述会的申请》。

为充分听取本案各利害关系方意见，调查机关决定召开四氯乙烯反倾销案国内下游用户意见陈述会，现就相关事项通知如下：

一、会议时间地点

会议拟于2014年1月中旬在商务部召开，具体时间、地点及会议议程另行通知。

二、会议内容

就四氯乙烯反倾销案国内产业损害及因果关系问题听取国内四氯乙烯下游用户意见陈述。

三、参会要求

1. 国内四氯乙烯下游用户均可向调查机关申请参会，申请参加陈述会的各方应填写《参加四氯乙烯反倾销案国内下游用户意见陈述会登记表》(见附件一)。

2. 如申请在陈述会上发言，应提交书面发言概要。

3. 为使调查机关充分了解国内四氯乙烯市场情况，各参会方应按要求填写《四氯乙烯反倾销案国内下游用户问题单》(见附件二)。

上述1－3项书面材料如涉及企业商业秘密等需要保密内容，请同时制作公开版。上述材料纸质版一式3份及电子版光盘1份应于2014年1月3日前寄达或送达商务部产业损害调查局。如申请参会方未在规定时限内提交上述登记表和书面发言概要，调查机关有权拒绝其参会或发言。

4. 在会上发言的各参会方应在会议召开后10日内向调查机关提交书面陈述意见，书面陈述意见内容应与会上口头陈述内容相符并以该书面意见为准。

特此通知。

附件：

1. 参加四氯乙烯反倾销案国内下游用户意见陈述会登记表(略)

2. 四氯乙烯反倾销案国内下游用户问题单(略)

再讯：商务部产业损害调查局　商调查二处函[2013]512号　关于四氯乙烯反倾销产业损害调查实地核查的通知(2013年9月23日)

山东新龙科技股份有限公司、昊华鸿鹤化工有限责任公司、阿拉善达康三四氯乙烯有限公司：

2013年5月31日，中华人民共和国商务部发布2013年第32号公告，决定对原产于美国和欧盟的进口四氯乙烯进行反倾销立案调查。根据调查工作安排，本案产业损害调查组拟于近期对你公司进行实地核查。现将有关事项通知如下：

一、核查内容

调查核实你公司提交的本案国内生产者调查问卷答卷中的材料及相关证据，了解其他与本案产业损害调查有关的问题。

二、核查要求

请你公司有关负责人统一组织协调涉及反倾销工作的各部门，特别是负责财务和生产经营的有关人员配合调查。请你公司提前做好准备，根据核查内容准备相应书面材料，并提供有关证据。

核查具体时间及调查组行程安排将另行通知。

〔注：四氯乙烯为无色透明液体，具有类似乙醚的气味，能溶解多种物质(如橡胶、树脂、脂肪、三氯化铝、硫、碘、氯化汞)。四氯乙烯是一种重要的有机氯产品，用途广泛，主要用作有机溶剂、有机合成等。〕

三十五、商务部　公告2013年第35号　关于丙酮反倾销期终复审立案的公告(2013年6月7日)

商务部于2008年6月8日发布年度第40号公告，决定对原产于日本、新加坡、韩国和中国台湾地区的进口丙酮征收反倾销税，实施期限为自2008年6月9日起5年。

2010年9月9日，商务部发布年度第54号公告，决定自2010年9月10日起，韩国锦湖P&B化学株式会社所适用的进口丙酮反倾销税税率从8.9%调整为4.3%。

商务部于2012年12月7日发布年度第85号公

告，宣布对原产于日本、新加坡、韩国和中国台湾地区的进口丙酮实施的反倾销措施将于2013年6月9日到期。根据《中华人民共和国反倾销条例》规定，经复审确定终止征收反倾销税有可能导致倾销和损害继续或者再度发生的，反倾销税的征收期限可以适当延长；自该公告发布之日起，国内产业或代表国内产业的自然人、法人或有关组织可在反倾销措施到期日60天前，以书面形式向商务部提出期终复审申请。

2013年4月3日，商务部收到中国石油化工股份有限公司北京燕山分公司和中国石油化工股份有限公司上海高桥分公司代表中国大陆丙酮产业正式递交的反倾销措施期终复审申请书。申请人主张，如果终止反倾销措施，原产于日本、新加坡、韩国和中国台湾地区的进口丙酮对中国大陆的倾销行为可能继续发生，对中国大陆产业造成的损害可能再度发生，请求商务部裁定维持对原产于日本、新加坡、韩国和中国台湾地区的进口丙酮实施的反倾销措施。

依据《中华人民共和国反倾销条例》有关规定，商务部对申请人资格、被调查产品和中国大陆同类产品有关情况、反倾销措施实施期间被调查产品进口情况、倾销继续或再度发生的可能性、损害继续或再度发生的可能性及相关证据等进行了审查。申请书显示，中国蓝星哈尔滨石化有限公司和中沙(天津)石化有限公司表示支持本次复审申请。申请人提出的证据表明，申请人及支持企业2012年丙酮产量合计占同期中国大陆总产量的50%以上，符合《中华人民共和国反倾销条例》第十一条、第十三条和第十七条关于产业及产业代表性的规定，申请人有资格代表中国大陆产业提出申请。商务部认为，申请人的主张以及所提交的表面证据符合期终复审立案的要求。

根据《中华人民共和国反倾销条例》第四十八条规定，商务部决定自2013年6月8日起，对原产于日本、新加坡、韩国和中国台湾地区的进口丙酮所适用的反倾销措施进行期终复审调查。现将有关事项公告如下：

一、继续实施反倾销措施

根据商务部建议，国务院关税税则委员会决定，在反倾销期终复审调查期间，对原产于日本、新加坡、韩国和中国台湾地区的进口丙酮继续按照商务部2008年第40号公告和2010年第54号公告公布的征税范围和反倾销税税率征收反倾销税。对于已签订价格承诺协议的出口商，其价格承诺协议在复审调查期间继续有效。

二、复审调查期

本次复审的倾销调查期为2012年1月1日至2012年12月31日，产业损害调查期为2008年1月1日至2012年12月31日。

三、复审调查产品范围

复审产品范围是原反倾销措施所适用的产品，与商务部2008年第40号公告中的产品范围一致，该产品归在《中华人民共和国进出口税则》税则号：29141100。

四、复审内容

本次复审调查的内容为，如果终止对原产于日本、新加坡、韩国和中国台湾地区的进口丙酮实施的反倾销措施，是否可能导致倾销和损害的继续或再度发生。

五、复审程序

(一)登记应诉

就倾销调查，任何利害关系方可于本公告发布之日起20日内，向商务部进出口公平贸易局申请参加应诉，参加应诉的涉案出口商或生产商应提供倾销调查期内向中国大陆出口被调查产品的数量及金额。《倾销调查应诉登记参考格式》可在中华人民共和国商务部网站进出口公平贸易局子网站“案件动态”栏目下载。

就损害调查，任何利害关系方可自本公告发布之日起20日内向商务部产业损害调查局申请参加应诉，同时，应提供产业损害调查期内的生产能力、产量、库存以及在建和扩建的计划。《参加产业损害调查活动申请表》可在中国贸易救济信息网“公告”栏目下载。

(二)利害关系方的权利

利害关系方可在商务部网站进出口公平贸易局子网站“案件动态”栏目下载本案申请人提交的申请书的非保密文本，或到商务部贸易救济公开信息查阅室进行查阅。

利害关系方对本次调查的产品范围、申请人资格、被调查国家(地区)及其他相关问题如有异议，可于本公告发布之日起20日内将书面意见提交商务部。

(三)问卷调查

1. 倾销调查问卷。

商务部在本公告规定的登记应诉截止之日起10个工作日内向登记应诉公司及申请书列明的其他公司发放倾销调查问卷。调查问卷包括公司的结构和运作、被调查产品、对中国(大陆)的出口销售、国内(地区内)销售、对中国(大陆)以外其他国家(地区)的出口销售、生产成本和相关费用、估算的倾销幅度及核对单等内容。该调查问卷届时可在商务部网站进出口公平贸易局子网站“案件动态”栏目下载。未登记应诉的其他公司可直接下载或向商务部索取该调查问卷，并按要求填报。

上述所有公司应在规定时间内提交完整而准确的答卷。答卷应当包括调查问卷所要求的全部信息。所有答卷应当在问卷发放之日起37日内送至商务部。上述公司有正当理由表明在答卷到期日前不能完成答卷的，应在答卷提交截止期限7日前向商务部提出延期提交答卷书面申请，陈述延期请求和延期理由。

上述公司在规定的期限内不提交答卷的，或者不能按照要求提供完整而准确的答卷，或者对其所提供的资料不允许商务部进行核查，或者以其他方式严重妨碍调查，商务部可依据《中华人民共和国反倾销条例》第二十一条的规定，根据已经获得的事实和可获得的最佳信息作出裁定。

2. 产业损害调查问卷。

关于产业损害调查问卷的相关通知，可在中国贸易救济信息网查询。

(四)听证会

利害关系方可以按照商务部《反倾销调查听证会暂行规则》和《产业损害调查听证规则》规定提出举行听证会的书面请求，商务部认为必要时也可主动举行听证会。

(五)实地核查

商务部在必要时将派出工作人员赴境内外进行实地核查；利害关系方提交的任何材料均应包括同意接受核查的声明；核查前，商务部将提前通知有关国家(地区)及企业。

(六)调查时限

本次调查自2013年6月8日开始，通常应在2014年6月8日前结束。

六、联系方式(略)

附件：丙酮反倾销措施期终复审登记应诉表(略)

又讯：产业损害调查局　商调查行业函[2013]510号　关于丙酮反倾销措施期终复审案实地核查的通知(2013年9月23日)

2013年6月7日，中华人民共和国商务部(以下简称商务部)发布2013年第35号公告，决定对原产于日本、新加坡、韩国和中国台湾地区的进口丙酮所适用的反倾销措施进行期终复审调查。根据商务部《反倾销产业损害调查规定》第二十四条、第二十七条和第二十九条，按照商务部产业损害调查局丙酮反倾销措施期终复审案产业损害调查工作安排，调查组将于2012年10月至12月进行实地核查，请你企业按要求提前做好准备。现将有关事项通知如下：

一、核查人员

丙酮反倾销措施期终复审案产业损害调查组成员。

二、核查内容

核查申请书及调查问卷答卷中相关数据、结论及证据材料的真实性、完整性和可靠性；了解其它与本案产业损害调查工作有关的问题。

三、核查要求

请各有关单位提前做好准备，根据核查内容准备书面材料，并请各单位有关负责人统一组织协调配合调查组的核查工作。

四、联系方式(略)

再讯：商务部产业损害调查局　商调查行业函[2013]278号　关于参加丙酮反倾销期终复审案产业损害调查活动登记的通知(2013年6月7日)

2013年6月7日，中华人民共和国商务部发布2013年第35号公告，决定自即日起对原产于日本、新加坡、韩国和中国台湾地区的进口丙酮进行反倾销期终复审调查。根据商务部《反倾销产业损害调查规定》的相关规定，有关利害关系方应当在本案立案后20日内向产业损害调查机关提出参加调查活动申请并进行参加调查活动登记。现就有关事宜通知如下：

一、申请参加本次产业损害调查活动的利害关系方，应当填写《参加丙酮反倾销措施期终复审案产业损害调查活动申请表》，该申请表应当于2013年6月27日前送达或邮寄至商务部产业损害调查局。

二、反倾销案件的利害关系方包括：被调查产品的外国(地区)生产者、出口经营者、中国大陆进口经营者，或者该产品生产者、出口经营者的行业组织或者其他组织；被调查产品的原产国(地区)、出口国(地区)的政府及其代表；中国大陆同类产品的生产者、经营者，或者该产品生产者、经营者的行业组织或者其他组织；其他利害关系方。

三、利害关系方在提交申请表的同时，还应当提供以下材料：

1. 参加调查活动申请人为企业或者其他组织的，应当出具营业执照等登记证明。

2. 委托代理人参加调查活动的，应当出具代理人身份证明及授权委托书；委托律师做代理人的，应当委托中国大陆律师事务所及中国大陆执业律师，代理人应当同时出具律师事务所营业执照、律师执业证明和律师事务所委派函。

3. 参加调查活动申请的中国大陆和国外(地区)生产者应当提供产业损害调查期内生产涉案产品的产量；国外(地区)生产者/出口经营者还应当提供向中国大陆出口涉案产品的数量及金额；进口经营者还应当提供进口涉案产品的数量及金额等情况。

四、向产业损害调查机关提交的任何外文文件或含有外文的文件，均应当提供相应的中文译文。

五、联系方式：(略)

附件：《参加丙酮反倾销措施期终复审案产业损害调查活动申请表》(略)

(注：丙酮是重要的有机合成原料，用于生产环氧树脂、聚碳酸酯、双酚 A、、甲基丙烯酸甲酯、有机玻璃等。)

三十六、中华人民共和国海关总署公告 2013 年第 45 号(2013 年 8 月 6 日)

根据《中华人民共和国反倾销条例》的规定，国务院关税税则委员会决定自 2010 年 8 月 12 日起对原产于韩国和泰国的进口精对苯二甲酸征收反倾销税，期限为 5 年。海关总署为此发布了 2010 年第 51 号公告。最近，根据涉案企业申请，商务部审查后决定由韩国乐天化学株式会社(LOTTE CHEMICAL CORPORATION)继承原韩国 KP 化学公司(KP CHEMICAL CORPORATION)在该精对苯二甲酸反倾销措施中适用的反倾销税税率及其他权利义务。现将有关事项公告如下：

一、自 2013 年 8 月 8 日起，对以韩国乐天化学株式会社(LOTTE CHEMICAL CORPORATION)为原生产厂商名称申报进口的精对苯二甲酸，海关按照 2.0% 的反倾销税税率征收反倾销税；对以韩国 KP 化学公司(KP CHEMICAL CORPORATION)为原生产厂商名称申报进口的精对苯二甲酸，海关按照“其他韩国公司”11.2% 的反倾销税税率征收反倾销税。

二、对原产于韩国和泰国的进口精对苯二甲酸征收反倾销税的其他事项，仍按照海关总署公告 2010 年第 51 号的规定执行。

特此公告。

(注：精对苯二甲酸中文别名 PTA，是重要的大宗有机原料之一，主要用于生产聚对苯二甲酸乙二醇酯——简称聚酯，PET。)

三十七、商务部公告 2013 年第 55 号 关于对原产于日本、韩国、新加坡和中国台湾地区进口双酚 A 的反倾销期终复审裁定的公告(2013 年 8 月 29 日)

2007 年 8 月 29 日，中华人民共和国商务部发布年度第 68 号公告，决定对原产于日本、韩国、新加坡和中国台湾地区的进口双酚 A 征收反倾销税，实施期限为自 2007 年 8 月 30 日起 5 年。

2007 年 11 月 22 日，商务部发布年度第 96 号公告，决定自 2007 年 11 月 23 日起，由韩国(株)LG 化学继承 LG 石油化学株式会社所适用的 6.4% 的反倾销税税率。

2009 年 12 月 15 日，商务部发布年度第 108 号公告，决定自 2009 年 12 月 15 日起，韩国(株)LG 化学的反倾销税由 6.4% 调整为 4.7%。

2012 年 8 月 29 日，商务部发布年度第 43 号公告，决定自 2012 年 8 月 30 日起对原产于日本、韩国、新加坡和中国台湾地区的进口双酚 A 所适用的反倾销措施进行期终复审调查。

本复审调查的被调查产品与原反倾销调查被调查产品相同，即双酚 A，该产品归在《中华人民共和国进出口税则》税则号：29072300。该产品英文名称为：Bisphenol - A(简称 BPA)。该税则号项下的双酚 A 盐不在调查范围之内。

商务部对终止自日本、韩国、新加坡和中国台湾地区进口双酚 A 所适用的反倾销措施，导致倾销和损害继续或再度发生的可能性进行了调查，并根据调查结果向国务院关税税则委员会提出维持反倾销措施的建议。

根据《中华人民共和国反倾销条例》第五十条及国务院关税税则委员会的决定，现将有关事项公告如下：

一、裁定

商务部裁定，如果终止原反倾销措施，原产于日本、韩国、新加坡和中国台湾地区的进口双酚 A 对中国大陆的倾销可能继续发生，进口被调查产品对中国大陆双酚 A 产业造成的损害有可能继续或再度发生。

二、反倾销措施

自 2013 年 8 月 30 日起，继续按照商务部 2007 年第 68 号公告、2007 年第 96 号公告和 2009 年第 108 号公告，对原产于日本、韩国、新加坡和中国台湾地区的进口双酚 A 实施反倾销措施，实施期限为 5 年。

三、征收反倾销税的方法

自 2013 年 8 月 30 日起，进口经营者在进口原产于日本、韩国、新加坡和中国台湾地区的双酚 A 时，应向中华人民共和国海关缴纳相应的反倾销税。反倾销税以海关审定的完税价格从价计征，计算公式为：反倾销税税额 = 海关完税价格 × 反倾销税税率。进口环节增值税以海关审定的完税价格加上关税和反倾销税作为计税价格从价计征。

四、行政复议和行政诉讼

根据《中华人民共和国反倾销条例》第五十三条，

对本复审决定不服的，可以申请行政复议，也可以向人民法院提起诉讼。

五、本公告自2013年8月30日起执行。

附件：中华人民共和国商务部关于原产于日本、韩国、新加坡和中国台湾地区的进口双酚A所适用反倾销措施的期终复审裁定

2012年8月29日，中华人民共和国商务部（以下称调查机关）发布公告，决定对原产于日本、韩国、新加坡和中国台湾地区的进口双酚A所适用的反倾销措施进行期终复审调查。

调查机关对终止原反倾销措施，原产于上述国家和地区的进口双酚A对中国大陆的倾销和损害继续或再度发生的可能性进行了调查。根据调查结果，并依据《中华人民共和国反倾销条例》（以下简称《反倾销条例》）第四十八条，作出复审裁定如下：

一、原反倾销措施

2007年8月29日，调查机关发布年度第68号公告，决定对原产于日本、韩国、新加坡和中国台湾地区的进口双酚A征收反倾销税，实施期限为自2007年8月30日起5年。

2009年12月15日，调查机关发布年度第108号公告，对原产于韩国（株）LG化学的进口双酚A实施的反倾销措施作出期中复审裁定，依法对该措施进行了调整。

二、期终复审调查程序

（一）到期公告。

2012年3月19日，调查机关发布年度第12号公告，告知利害关系方原反倾销措施将于2012年8月29日到期。根据《反倾销条例》规定，经复审确定终止征收反倾销税有可能导致倾销和损害继续或者再度发生的，反倾销税的征收期限可以适当延长。自该公告发布之日起，中国大陆产业可在原反倾销措施终止日60天前，向调查机关提出书面复审申请。

（二）复审申请。

2012年6月13日，调查机关收到蓝星化工新材料股份有限公司代表中国大陆双酚A产业正式递交的反倾销措施期终复审申请书。申请人主张，如果终止反倾销措施，原产于日本、韩国、新加坡和中国台湾地区的进口双酚A对中国大陆的倾销行为可能继续发生，倾销对中国大陆双酚A产业造成的损害可能再度发生，请求调查机关继续维持该反倾销措施。上海中石化三井化工有限公司表示支持此次反倾销措施期终复审申请。

（三）立案前通知。

2012年8月22日，调查机关就有关期终复审申请事宜通知日本、韩国、新加坡驻华使馆，同日，通知中国台湾、澎湖、金门和马祖单独关税区驻世界贸易组织代表团。

（四）立案。

根据《反倾销条例》第十一条、第十三条、第十七条和第四十八条规定，调查机关对申请人资格和申请书的主张及相关证明材料进行审查后，认为申请人资格和申请书符合立案要求。

根据审查结果及《反倾销条例》第十六条、第四十八条、第五十一条规定，2012年8月29日，调查机关发布年度第43号公告，决定自2012年8月30日起对原产于日本、韩国、新加坡和中国台湾地区的进口双酚A所适用的反倾销措施进行期终复审调查。

（五）复审内容。

本次复审调查的内容为，如果终止原反倾销措施，是否可能导致倾销和损害的继续或者再度发生。

（六）立案通知及利害关系方评论。

立案当日，调查机关就立案事宜通知了日本、韩国、新加坡驻华使馆和中国台湾、澎湖、金门和马祖单独关税区驻世界贸易组织代表团，并将立案公告和申请书公开文本提供给上述机构，请其通知本国（地区）相关生产商和出口商。有关申请书公开文本，利害关系方可于商务部公开信息查阅室查阅。在规定时间内，没有利害关系方对本次复审立案发表评论意见。

（七）登记应诉。

2012年8月29日，调查机关在2012年第43号公告中公布，任何利害关系方可于立案公告发布之日起20天内，向调查机关申请参加应诉。在规定时间内，韩国（株）LG化学（LG Chem，Ltd.）和锦湖P&B化学株式会社（KUMHO P&B CHEMICALS，INC.）、三井酚新加坡私营有限公司（Mitsui Phenols Singapore Pre Ltd.）、中国台湾地区信昌化学工业股份有限公司登记应诉本次复审调查。

（八）倾销调查和损害调查。

1. 倾销调查。

（1）调查问卷。

调查机关向应诉公司发放了倾销调查问卷。在规定时限内，韩国（株）LG化学和锦湖P&B化学株式会社提交了倾销答卷。三井酚新加坡私营有限公司和中国台湾地区信昌化学工业股份有限公司未提交倾销答卷。

调查机关向申请人发放问卷，要求申请人进一步提供国际和中国大陆市场的双酚A相关信息。在规定时间内，申请人提交了答卷。

(2)公开信息渠道。

调查机关通过查询海关数据、咨询相关行业协会、查阅相关网站、公开刊物等方式，了解并收集与被调查产品及其同类产品有关的数据、信息。

(3)听取各利害关系方陈述。

在调查过程中，韩国(株)LG化学、锦湖P&B化学株式会社，以及本案申请人均向调查机关提交了关于倾销调查的书面意见陈述。

(4)听证会。

在调查过程中，没有利害关系方向调查机关申请召开关于倾销调查的听证会。

(5)信息公开。

根据《反倾销条例》第二十三条规定，本案所有与倾销调查有关的公开信息均已按规定送交商务部贸易救济措施公开信息查阅室。本案所有利害关系方可以查找、阅览、摘抄、复印与倾销调查有关的公开信息。

(6)信息披露。

根据《反倾销条例》第二十五条规定，2013年8月5日，调查机关向本案有关利害关系方披露了最终倾销裁定所依据的基本事实。在规定时间内，没有利害关系方提交评论意见。

2. 产业损害调查。

根据《反倾销条例》第五十一条和《反倾销产业损害调查规定》中关于反倾销调查程序的有关规定，本次期终复审产业损害调查程序如下：

(1)参加产业损害调查活动登记。

2012年8月29日，调查机关发出《关于参加双酚A反倾销措施期终复审调查产业损害调查活动登记的通知》(商调查二处函[2012]331号)。截至2012年9月18日参加调查活动登记期结束，日本三菱化学株式会社、韩国(株)LG化学、韩国锦湖P&B化学株式会社、三井酚新加坡私营有限公司和中国台湾信昌化学工业股份有限公司递交了参加调查活动登记申请。经审查，调查机关接受了上述登记。

2012年10月18日，信昌化学工业股份有限公司致函调查机关，表示决定退出本次期终复审调查。

2012年11月2日，三菱化学株式会社致函调查机关，表示决定退出本次期终复审产业损害调查。

(2)成立产业损害调查组。

2012年10月15日，调查机关发出《关于成立双酚A反倾销措施期终复审产业损害调查组的通知》(商调查二处函[2012]413号)，成立双酚A反倾销措施期终复审案产业损害调查组。

(3)发放和收回调查问卷。

2012年9月18日，调查机关向各利害关系方发放了《双酚A反倾销措施期终复审产业损害调查问卷(中国大陆生产者调查问卷)》(商调查二处函[2012]359号)、《双酚A反倾销措施期终复审产业损害调查问卷(中国大陆进口商调查问卷)》(商调查二处函[2012]360号)、《双酚A反倾销措施期终复审产业损害调查问卷(国外(地区)生产者/出口商调查问卷)》(商调查二处函[2012]361号)。

2012年9月26日，三菱化学株式会社向调查机关提交了延期递交调查问卷答卷的申请。经审查，调查机关同意其延期申请，将提交答卷截止日期延长至2012年11月1日(商调查二处函[2012]407号)。

2012年10月9日，中国大陆相关生产企业向调查机关提交了延期提交调查问卷答卷的申请。经审查，调查机关同意其延期申请，将提交答卷截止日期延长至2012年10月29日(商调查二处函[2012]408号)。

2012年10月25日，三井酚新加坡私营有限公司向调查机关提交了关于不提交问卷答卷的说明函，表示为避免利益冲突，该公司决定不提交调查问卷答卷，同时请求商务部终止对新加坡及该公司的反倾销措施。

在规定及批准延期的时间内，调查机关共收到产业损害调查问卷答卷4份，分别为：中国大陆申请企业蓝星化工新材料股份有限公司和支持企业上海中石化三井化工有限公司分别提交的《双酚A反倾销期终复审产业损害调查问卷(中国大陆生产者调查问卷)》答卷2份；韩国(株)LG化学和韩国锦湖P&B化学株式会社分别提交的《双酚A反倾销期终复审产业损害调查问卷(国外(地区)生产者/出口商调查问卷)》答卷2份。调查机关未收到《双酚A反倾销期终复审产业损害调查问卷(中国大陆进口商调查问卷)》答卷。

2012年11月9日，调查机关向(株)LG化学发出《关于补充调查问卷答卷缺失信息的通知》(商调查二处函[2012]471号)，要求其就提交的出口商调查问卷答卷中缺失的内容进行补充说明。2012年11月13日，该公司向调查机关提交了补充说明材料。

(4)听取利害关系方意见陈述。

2012年10月22日，调查机关收到本案申请人和支持企业提交的《关于召开双酚A反倾销措施期终复审案中国大陆产业意见陈述会的申请》。调查机关于10月23日发布《关于召开双酚A反倾销措施期终复审中国大陆产业意见陈述会的通知》(商调查二处函[2012]420号)。

2012年10月31日，调查机关召开了双酚A反倾销措施期终复审中国大陆产业意见陈述会，听取申请企业和支持企业陈述申请理由及对本案产业损害调查的相关意见。会后，中国大陆产业向调查机关提交了陈述会书面材料。

(5)实地核查。

2012年11月15日，调查机关向蓝星化工新材料股份有限公司发出《关于双酚A反倾销措施期终复审产业损害调查实地核查的通知》(商调查二处函[2012]484号)。2012年11月27－30日，调查机关对蓝星化工新材料股份有限公司进行了实地核查。核查期间，调查机关对本案申请书及中国大陆生产者调查问卷答卷中的数据和信息进行了核实，并收集了相关证据材料。核查结束后，该公司向调查机关提交了《双酚A反倾销措施期终复审案申请人对产业损害调查问卷答卷的补充和修正》。

2013年3月1日，调查机关向上海中石化三井化工有限公司发出了《关于双酚A反倾销措施期终复审产业损害调查实地核查的通知》(商调查二处函[2013]106号)。2013年3月12－14日，调查机关对上海中石化三井化工有限公司公司进行了实地核查。核查期间，调查机关对其提交的中国大陆生产者调查问卷答卷中的数据和信息进行了核实，并收集了相关证据材料。核查结束后，该公司向调查机关提交了《双酚A反倾销措施期终复审案产业损害调查实地核查补充、修改材料》。

(6)接收利害关系方书面评论意见。

2012年12月21日，调查机关收到锦湖P&B化学株式会社提交的《关于双酚A反倾销措施期终复审案产业损害继续或再度发生可能性的意见》。

2013年1月7日，调查机关收到蓝星化工新材料股份有限公司提交的《申请人关于双酚A反倾销措施期终复审案倾销和损害继续或再度发生可能性的补充说明》。

2013年5月23日，调查机关收到蓝星化工新材料股份有限公司提交的《双酚A反倾销措施期终复审案申请人对相关利害关系方观点和主张的进一步评论意见》。

(7)召开产业损害调查听证会。

2013年3月7日，调查机关收到锦湖P&B化学株式会社提交的《关于提请召开双酚A反倾销措施期终复审案产业损害听证会的申请书》。

2013年3月8日，调查机关收到蓝星化工新材料股份有限公司提交的《双酚A反倾销措施期终复审案申请人对锦湖P&B提请召开产业损害听证会申请的评论意见》。

2013年3月20日，调查机关向各利害关系方发出了《关于召开双酚A反倾销措施期终复审产业损害调查听证会的通知》(商调查二处函[2013]137号)。2013年4月8日，调查机关发出了《关于召开双酚A反倾销措施期终复审产业损害调查听证会的补充通知》(商调查二处函[2013]174号)。2013年4月12日，调查机关召开了双酚A反倾销措施期终复审产业损害调查听证会，共计7家利害关系方及其代理人参加了听证会。各利害关系方就产业损害继续或再度发生的可能性分别陈述了各自的意见。6家利害关系方提交了发言的书面材料，调查机关在调查过程中对上述意见予以了充分考虑。

中国大陆下游用户安徽恒远化工有限公司申请参加听证会但未申请发言。听证会上，调查机关批准了其临时发言的请求，并要求其在会后正式提交书面材料，但该公司未提交书面材料。由于安徽恒远化工有限公司在听证会后未提交正式书面材料，调查机关决定对其在听证会上的口头发言不予考虑。

(8)信息公开。

中国大陆产业提出，由于中国大陆产业中仅包含2家企业，且其互为竞争对手，披露相关指标的绝对数据将造成2家企业相互知悉对方的经营数据，对企业造成不利影响，因此申请对中国大陆产业相关数据进行保密处理。根据《反倾销条例》第二十二条规定，调查机关认为，中国大陆产业为了避免资料泄露产生不利影响，请求调查机关对有关信息进行保密处理的申请符合法律规定，决定对上述信息进行保密处理。

由于韩国仅有2家生产商提供数据且其互为竞争对手，为避免2家公司相互得悉对方的经营数据，调查机关决定对韩国的相关数据进行保密处理。

调查机关对部分需保密的数据采用区间方式进行处理，其真实数据可能位于调查机关所公布区间中的任一水平。

根据《反倾销条例》第二十三条和《产业损害调查信息查阅与信息披露规定》第八条、第十四条的规定，本案所有与产业损害调查有关的公开信息均已按规定送交商务部贸易救济措施公开信息查阅室。本案所有利害关系方可以查找、阅览、摘抄、复印与产业损害调查有关的公开信息。

(9)信息披露。

根据《反倾销条例》第二十五条第二款和《产业损害调查信息查阅与信息披露规定》第十八条、第十九条、第二十条和第二十一条的规定，调查机关于2013年7月26日向本案利害关系方披露了本案裁定所依据的基本事实(商调查二处函[2013]360号)，并给予其提出评论意见的机会。在规定的时间内，没有利害关系方提出评论意见。

调查机关对申请书及所附证据材料、收回的调查问卷答卷和实地核查结果进行了认真分析和全面评估，并收集和补充了相关证据材料。调查机关对听证会上各利害关系方的发言和提交的发言材料和证据材料进行了充分考虑，对利害关系方在调查各阶段提出的其他评论意见都依法予以了充分考虑。

三、被调查产品和调查范围

(一)被调查产品。

产品名称：双酚A。

英文名称：Bisphenol - A(简称BPA)。

化学分子式：$C_{15}H_{16}O_2$

化学结构式：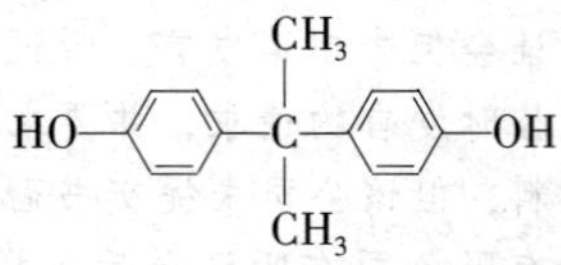

物理特性：被调查产品是采用苯酚和丙酮为原料，在催化剂作用下反应生成的一种有机化工产品。外观在常温下是白色固体，形状有粉状、粒状、结晶状和片状等。

主要用途：双酚A可用于制造高分子材料如环氧树脂、聚碳酸酯、聚砜树脂、酚醛不饱和树脂、聚醚酰亚胺等，也可用来制造聚氯乙烯热稳定剂、增塑剂、橡胶防老剂、农用杀菌剂、油漆、紫外线吸收剂等。

被调查产品在《中华人民共和国进出口税则》税则号为：29072300。该税则号项下的双酚A盐不在调查范围之内。

此次期终复审产品与原反倾销措施所适用的产品范围一致，在复审立案公告后规定的时间内，没有应诉方提出异议。

(二)调查范围。

原产于日本、韩国、新加坡和中国台湾地区的进口双酚A。

四、同类产品及中国大陆产业的认定

(一)同类产品的认定。

商务部2007年8月30日第68号公告发布的双酚A反倾销原审案件最终裁定中认定，“中国大陆生产的双酚A与被调查产品的物理和化学特性、生产工艺流程、产品用途、消费者和生产者的评价、销售渠道等方面相同或相似，具有可替代性。因此，中国大陆生产的双酚A与被调查产品属于同类产品。”

商务部2012年8月29日第12号公告发布的本次复审调查立案公告中认定，复审被调查产品范围与原反倾销被调查产品范围一致。

在双酚A反倾销措施实施期间，中国大陆生产的双酚A与原审案件调查期内生产的双酚A在物理和化学性能、生产工艺、产品用途、销售渠道等方面未发生实质变化。

因此，调查机关认定，中国大陆生产的双酚A产品与本次复审的被调查产品属于同类产品。

(二)中国大陆产业的认定。

根据《反倾销条例》第十一条和《反倾销产业损害调查规定》第十三条的规定，调查机关对本案中国大陆产业进行了审查和认定。

本案立案公告告知各利害关系方可向调查机关登记参加产业损害调查活动。本案调查过程中，除申请人蓝星化工新材料股份有限公司和支持企业上海中石化三井化工有限公司外，没有其他中国大陆生产者参加产业损害调查活动。

证据显示，本案调查期内，提交中国大陆生产者调查问卷答卷企业生产的中国大陆同类产品占中国大陆总产量比例除2008年在30% -40%之间外，其他期间占比均在45% -60%之间，并在2009年至2012年上半年占比超过50%，达到中国大陆同类产品总产量的主要部分，符合《反倾销条例》第十一条和《反倾销产业损害调查规定》第十三条关于国内产业认定的规定。因此，调查机关认定，提交中国大陆生产者调查问卷答卷的中国大陆生产者蓝星化工新材料股份有限公司和上海中石化三井化工有限公司构成本案调查的中国大陆产业。本裁决所依据的中国大陆产业数据，除特别说明外，均来自以上特定的中国大陆生产者。

(株)LG化学在其调查问卷答卷中提出，上海中石化三井化工有限公司由中国石油化工股份有限公司与日本三井化学株式会社合资组建，并不属于中国大陆产业，在计算中国大陆产业数据时应将其排除。排除后本案申请人蓝星化工新材料股份有限公司已无法代表中国大陆产业，本案的中国大陆产业代表性存在严重瑕疵。

调查机关对上述意见予以了充分考虑，并在调查过程中就此问题进行了调查。调查显示，上海中石化三井化工有限公司为中日合资企业，与被调查产品生产商日本三井化学株式会社存在关联关系。但该公司作为中国大陆双酚A产品生产企业，在中国大陆市场生产和销售双酚A产品，调查机关未发现其生产经营行为与其他无关联的中国大陆生产者有差别。该公司未进口被调查产品，也未从进口的被调查产品中获益。因此，调查机关认为(株)LG化学提出的排除理由不充分，调查机关决定不将上海中石化三井化工有限公司排除在中国大陆产业范围之外。

五、复审调查期

本次复审的倾销调查期为2011年7月1日至2012年6月30日。本次期终复审产业损害调查期为2007年1月1日至2012年6月30日。

六、倾销继续或再度发生的可能性

(一)复审调查期内倾销情况。

日本

由于没有日本生产商、出口商应诉并提交答卷，调查机关不能直接获得其被调查产品的正常价值、出口价格、调整项目等数据和相关证据。根据《反倾销条例》第二十一条，调查机关决定采用可获得的最佳信息对日本被调查产品的正常价值、出口价格、影响正常价值和出口价格可比性的因素等进行认定。调查机关认为，申请人提供的信息是可获得的最佳信息，并根据申请人提供的相关数据对日本被调查产品的正常价值、出口价格进行认定，对影响正常价值和出口价格可比性的因素进行调整，并在同一贸易环节进行比较。

经调查，调查机关认定，倾销调查期内，原产于日本的双酚A对中国大陆出口存在倾销。

韩国

在规定时限内，韩国(株)LG化学和锦湖P&B化学株式会社登记应诉本次复审调查并提交了倾销答卷。调查机关注意到，无论是申请人提交的资料还是上述两家韩国公司提交的答卷，均认为该两家韩国公司在2012年前是韩国仅有的双酚A生产商。在复审倾销调查期内，两韩国公司答卷填报的对中国大陆双酚A出口量和中国海关统计的自韩国进口双酚A数据也证明这两家韩国公司是韩国主要出口商。根据锦湖P&B化学株式会社提交材料及申请人提交的证据资料，韩国Samyang Innochem自2012年5月开始生产双酚A，韩国双酚A生产企业变为3家。由于韩国Samyang Innochem未应诉，也未提交答卷，调查机关无法确定其在倾销调查期是否对中国大陆出口或对中国大陆的出口存在倾销行为。经审查韩国应诉公司及申请人提交的出口量等事实材料，调查机关决定根据(株)LG化学和锦湖P&B化学株式会社情况作出韩国在调查期内是否存在倾销的裁决：

(株)LG化学

1. 正常价值。

根据《反倾销条例》第四条的规定，调查机关决定以公司报告的国内销售价格作为确实正常价值的基础，认定被调查产品的正常价值。

2. 出口价格。

根据《反倾销条例》第五条的规定，调查机关决定以公司报告的对中国大陆客户实际出口价格作为确定出口价格的基础。由于公司未按调查问卷要求提供充分证据支持其主张的出口退税调整项目，调查机关决定不接受该项目的调整。

3. 调整与比较。

根据《反倾销条例》第六条的规定，调查机关在审查公司答卷的基础上，对影响正常价值和出口价格可比性的因素进行调整，并在同一贸易环节进行比较。经审查，调查机关认定，倾销调查期内，原产于(株)LG化学的被调查产品对中国大陆出口存在倾销。

锦湖P&B化学株式会社

1. 正常价值。

根据《反倾销条例》第四条的规定，调查机关审查公司答卷时发现，被调查产品向关联客户销售的价格与向非关联客户销售的价格相比存在明显差异，调查机关认定公司与关联客户之间的交易不属于正常贸易过程中的交易，决定以公司销售给非关联客户的价格作为确定正常价值的基础，认定被调查产品的正常价值。

2. 出口价格。

根据《反倾销条例》第五条的规定，调查机关决定以公司报告的对中国大陆客户实际出口价格作为确定出口价格的基础，认定被调查产品的出口价格。由于公司未按调查问卷要求提供充分证据支持其主张的出口退税调整项目，调查机关决定不接受该项目的调整。

3. 调整与比较。

根据《反倾销条例》第六条的规定，调查机关在审查公司答卷的基础上，对影响正常价值和出口价格可比性的因素进行调整，并在同一贸易环节进行比较。经审查，调查机关认定，倾销调查期内，原产于锦湖P&B化学株式会社的被调查产品对中国大陆出口存在倾销。

综上，在本复审倾销调查期内，韩国(株)LG化学和锦湖P&B化学株式会社对中国出口被调查产品仍然存在倾销。因此，复审倾销调查期内韩国对中国出口双酚A存在倾销。

新加坡

由于没有新加坡生产商、出口商提交答卷，调查机关不能直接获得其被调查产品的正常价值、出口价格、调整项目等数据和相关证据。根据《反倾销条例》第二十一条，调查机关决定采用可获得的最佳信息对新加坡被调查产品的正常价值、出口价格、影响正常价值和出口价格可比性的因素等进行认定。调查机关认为，申请人提供的信息是可获得的最佳信息，并根据申请人提供的相关数据对新加坡被调查产品的正常价值、出口价格进行认定，对影响正常价值和出口价格可比性的因素进行调整，并在同一贸易环节进行比较。

经调查，调查机关认定，倾销调查期内，原产于新加坡的双酚A对中国大陆出口存在倾销。

中国台湾地区

由于没有中国台湾地区生产商、出口商提交答卷，调查机关不能直接获得其被调查产品的正常价值、出口价格、调整项目等数据和相关证据。根据《反倾销条例》第二十一条，调查机关决定采用可获得的最佳信息对中国台湾地区被调查产品的正常价值、出口价格、影响正常价值和出口价格可比性的因素等进行认定。调查机关认为，申请人提供的信息是可获得的最佳信息，并根据申请人提供的相关数据对中国台湾地区被调查产品的正常价值、出口价格进行认定，对影响正常价值和出口价格可比性的因素进行了调整，并在同一贸易环节进行比较。

经调查，调查机关认定，倾销调查期内，原产于中国台湾地区的双酚A对中国大陆出口存在倾销。

(二)倾销继续或再度发生的可能性。

日本

由于没有日本生产商、出口商提交答卷，调查机关决定采用可获得的最佳信息，通过对日本双酚A倾销调查期内的倾销情况、出口能力、对中国大陆出口、对第三国(地区)出口的分析，对日本双酚A倾销继续或再度发生的可能性进行审查。调查机关认为，申请人提供的信息是可获得的最佳信息。

1. 倾销调查期内的倾销情况。

根据原反倾销措施，日本公司适用的反倾销税率为6.1%－37.1%。前述倾销调查表明，倾销调查期内，原产于日本的双酚A对中国大陆的出口存在倾销。

2. 出口能力。

(1)产能、产量和闲置产能。

根据申请人提供的材料和数据，从2008年到2012年，日本双酚A的产能分别为61.6万吨、56.1万吨、56.1万吨、56.1万吨和56.1万吨，2009年日本双酚A产能比2008年下降8.9%，之后一直保持稳定；产量分别为45.30万吨、42.30万吨、45.44万吨、43.03万吨和42.60万吨，产量基本稳定，总体略有下降，2012年产量比2008年下降5.96%；产能利用率分别为73.54%、75.40%、81.00%、76.70%和75.94%，产能利用率整体处于高位，呈先升后降趋势。闲置产能分别为16.30万吨、13.80万吨、10.66万吨、13.07万吨和13.50万吨，闲置产能呈先降后升趋势，2012年闲置产能比2010年增长26.64%。

(2)日本市场消费情况。

根据申请人提供的材料和数据，从2008年到2012年，日本双酚A市场需求量总体呈下降趋势，分别为36.02万吨、26.81万吨、35.22万吨、29.28万吨和30.69万吨。这说明日本市场的双酚A消费基本饱和。

(3)对国际市场的依赖程度。

根据申请人提供的材料和数据，从2008年到2012年，日本双酚A的出口数量总体呈上升趋势，分别为14.06万吨、20.63万吨、16.77万吨、16.97万吨和16.88万吨。从2008年到2012年，出口量占产量的比例分别为31.03%、48.77%、36.90%、39.43%和39.62%，出口量占产量的比例较高。这表明日本双酚A产业对国际市场的依赖程度较高，对外出口是日本消化国内双酚A剩余产能的重要渠道。

上述调查表明，从2008年到2012年，日本双酚A产能基本保持稳定，产量稳定中略有下降，日本双酚A市场需求基本饱和，对国际市场依赖程度较高。从2008年到2012年，日本双酚A产能利用率整体处于高位，但呈先升后降趋势，闲置产能先降后升，日本双酚A市场消费趋于饱合，出口能力较强。

3. 对中国大陆出口。

根据申请人提供统计数据，从2008年到2012年，日本双酚A对中国大陆出口数量波动较大，整体呈上升趋势，分别为4.98万吨、9.77万吨、5.32万吨、6.36万吨和5.30万吨；对中国大陆出口量占其总出口量的比例分别为35.42%、47.36%、31.72%、37.48%和31.40%。因此，中国大陆是日本双酚A出口的重要市场。

4. 对第三国(地区)出口。

根据申请人提供的数据，日本双酚A从2011年2季度至2012年1季度向第三国(地区)出口价格大幅低于日本市场价格。向第三国(地区)低价出口占向第三国(地区)总出口的比例高达99.83%。说明低价出口是日本双酚A对海外市场销售的一种重要方式。

上述调查表明，从2008年到2012年，日本双酚A产能基本保持稳定，产量稳定中略有下降，闲置产能先降后升，日本双酚A消费市场基本饱和，对国际市场依赖度较高。低价出口是日本双酚A海外市场销售的重要方式。中国大陆是日本出口其过剩双酚A的重要市场。因此，如果终止对日本的反倾销措施，原产于日本的进口双酚A对中国大陆的倾销可能继续发生。

韩国

如前所述，韩国(株)LG 化学和锦湖 P&B 化学株式会社在 2007 年到 2012 年 4 月之间是韩国仅有的双酚 A 生产商和出口商。根据锦湖 P&B 化学株式会社提交材料及申请人提交的证据资料，韩国 Samyang Innochem 自 2012 年 5 月开始生产双酚 A，产能为 15 万吨。调查机关决定根据韩国(株)LG 化学和锦湖 P&B 化学株式会社情况(产能部分的分析包括韩国 Samyang Innochem)来作出韩国对中国大陆出口双酚 A 倾销是否会继续发生的可能性的裁决：

1. 倾销调查期内的倾销情况。

前述倾销调查表明，倾销调查期内，原产于韩国的双酚 A 对中国大陆的出口存在倾销。

2. 出口能力。

(1)产能、产量和闲置产能。

根据(株)LG 化学和锦湖 P&B 化学株式会社提供的材料和数据，2008 年、2009 年、2010 年、2011 年和倾销调查期，两家公司双酚 A 的合计产能分别为 100(40 万 -52 万吨)、109、109、109 和 108(以 2008 年数据为指数 100)，2009 年后合计产能基本保持稳定。2008 年、2009 年、2010 年、2011 年和倾销调查期，两家公司合计产量分别为 100(35 万 -42 万吨)、135、143.153 和 152(以 2008 年数据为指数 100)，整体呈上升趋势。两家公司合计闲置产能呈下降趋势，2010 年、2011 年和倾销调查期，两家公司合计的产能利用率达到 100% 以上。倾销调查期内，韩国 Samyang Innochem 年产能达 15 万吨的双酚 A 装置开始投产；锦湖 P&B 化学株式会社答卷中称正在筹建年产能达 10 万 -20 万吨的双酚 A 工厂。根据申请人提供的证据和资料，锦湖 P&B 化学株式会社年产 15 万吨双酚 A 的工厂于 2013 年 3 月投产，(株)LG 化学 15 万吨的双酚 A 生产装置也于 2013 年 2 月投产。综上，2012 年后韩国双酚 A 产能增长 40 万 - 50 万吨，比 2011 年产能增幅达 74.07% - 92.59%。因此，虽然在 2012 年前韩国双酚 A 产能利用率达到 100% 以上，产量增长受到限制，但在倾销调查期及之后，韩国双酚 A 产能增长巨大，韩国双酚 A 出口能力明显增强。

(2)韩国市场消费情况。

根据锦湖 P&B 化学株式会社提供的数据，2008 年、2009 年、2010 年、2011 年和倾销调查期，韩国双酚 A 消费量分别为 100(30 万 - 35 万吨)、128、144、144 和 144(以 2008 年数据为指数 100)，韩国双酚 A 的消费自 2010 年起保持不变，国内消费基本饱和。

(3)对国际市场的依赖程度。

根据韩国两家应诉公司提供的信息，2008 年、2009 年、2010 年、2011 年和倾销调查期，韩国双酚 A 的出口量分别为 100(8.2 万 -10.2 万吨)、211、177、180 和 176(以 2008 年数据为指数 100)，出口量占产量的比例分别为 22.66%、35.36%、28.02%、26.75% 和 26.26%，出口量占产量的比例较高。这表明韩国双酚 A 产业对国际市场的依赖程度较高，对外出口是韩国消化双酚 A 剩余产能的重要渠道。

上述调查表明，2008 年到 2012 年 6 月，韩国双酚 A 产量整体呈上升趋势，消费市场基本饱和，对国际市场依赖程度较高。2012 年 5 月之前，韩国双酚 A 产能基本保持稳定，2012 年 5 月之后，韩国双酚 A 的产能显著增长，而国内消费市场基本饱和，出口能力明显增强。

3. 对中国大陆出口。

根据韩国两家应诉公司和申请人提供的信息，2008 年、2009 年、2010 年、2011 年和倾销调查期，韩国双酚 A 对中国大陆出口数量分别为 100(4.6 万 - 5.6 万吨)、318、217、206 和 206(以 2008 年数据为指数 100)，出口数量占中国大陆双酚 A 总进口量的比例分别为 13.46%、29.71%、24.26%、17.43% 和 16.54%，占中国大陆总进口量的比例较高。2008 年、2009 年、2010 年、2011 年和倾销调查期，韩国双酚 A 对中国大陆出口量占其总出口量的比例分别为 54.88%、82.65%、67.45%、62.71% 和 64.25%，中国大陆是韩国双酚 A 的重要出口市场。

4. 对第三国(地区)出口。

根据韩国两家应诉公司提供的信息，2008 年、2009 年、2010 年、2011 年和倾销调查期，韩国双酚 A 对中国大陆以外的第三国(地区)出口量分别为 100(3.6 万 - 4.6 万吨)、81、128、149 和 140(以 2008 年数据为指数 100)，出口量占其总出口量的比例分别为 45.12%、17.35%、32.55%、37.29% 和 35.75%，自 2010 年起韩国对第三国(地区)出口量基本稳定，第三国(地区)对韩国双酚 A 的需求量趋于饱和。

上述调查表明，2008 年到 2012 年 6 月，韩国双酚 A 产量整体呈上升趋势，消费市场基本饱和，对国际市场依赖程度较高。2012 年 5 月之后，韩国双酚 A 的产能显著增长，出口能力明显增强。中国大陆是韩国出口其过剩双酚 A 的重要出口市场，第三国(地区)对韩国双酚 A 的需求量趋于饱和。因此，如果终止对韩国的反倾销措施，原产于韩国的进口双酚 A 对中国大陆的倾销可能继续发生。

新加坡

由于没有新加坡生产商、出口商提交答卷，调查机关决定采用可获得的最佳信息，通过对新加坡双酚A倾销调查期内的倾销情况、出口能力、对中国大陆出口、对第三国(地区)出口的分析，对新加坡双酚A倾销继续或再度发生的可能性进行审查。调查机关认为，申请人提供的信息是可获得的最佳信息。

1. 倾销调查期内的倾销情况。

根据原反倾销措施，新加坡公司适用的反倾销税率为5% -37.1%。前述倾销调查表明，倾销调查期内，原产于新加坡的双酚A对中国大陆的出口存在倾销。

2. 出口能力。

(1)产能、产量和闲置产能。

根据申请人提供的材料和数据，从2008年到2012年，新加坡双酚A的产能一直维持在每年21万吨；产量分别为19.95万吨、20.80万吨、20.58万吨、20.16万吨和19.11万吨，产量基本稳定，呈先升后降趋势，2012年产量比2009年下降8.13%；产能利用率分别为95.00%、99.05%、98.00%、96.00%和91.00%，产能利用率整体处于高位，呈先升后降趋势。闲置产能分别为1.05万吨、0.20万吨、0.42万吨、0.84万吨和1.89万吨，闲置产能呈先降后升趋势，2012年闲置产能比2008年增长80.00%。

(2)新加坡市场消费情况。

根据申请人提供的材料和数据，从2008年到2012年，新加坡双酚A市场需求量分别为16.60万吨、15.90万吨、15.10万吨、14.06万吨和14.40万吨，总体呈下降趋势，新加坡市场的双酚A消费基本饱和。

(3)对国际市场的依赖程度。

根据申请人提供的材料和数据，从2011年到2012年，新加坡双酚A的出口数量分别为6.27万吨和5.2万吨，出口量占产量的比例分别为31.10%和27.21%，出口量占产量的比例较高。这表明新加坡双酚A产业对国际市场的依赖程度较高，对外出口是新加坡消化国内双酚A剩余产能的重要渠道。

上述调查表明，从2008年到2012年，新加坡双酚A产能保持稳定，产量基本稳定，呈先升后降趋势，新加坡双酚A市场需求基本饱和。从2011年到2012年，新加坡双酚A对国际市场依赖程度较高。从2008年到2012年，新加坡双酚A产能利用率整体处于高位，但呈先升后降趋势，闲置产能先降后升，新加坡双酚A市场消费基本饱和，具有一定的出口能力。

3. 对中国大陆出口。

根据申请人提供的统计数据，从2008年到2012年，新加坡双酚A对中国大陆出口数量整体呈上升趋势，分别为2.77万吨、2.28万吨、1.65万吨、4.41万吨和3.30万吨；从2011年到2012年，对中国大陆出口量占其总出口量的比例分别为69.63%和63.46%。中国大陆是新加坡双酚A出口的重要市场。

4. 对第三国(地区)出口。

根据申请人提供的数据，新加坡双酚A从2011年2季度至2012年1季度向第三国(地区)出口价格大幅低于新加坡市场价格。向第三国(地区)低价出口占向第三国(地区)总出口的比例高达98.52%。说明低价出口是新加坡双酚A对海外市场销售的一种重要方式。

上述调查表明，从2008年到2012年，新加坡双酚A产能保持稳定，产量基本稳定，呈先升后降趋势，闲置产能先降后升，新加坡双酚A消费市场基本饱和，对国际市场依赖度较高。低价出口是新加坡双酚A海外市场销售的重要方式。中国大陆是新加坡出口其过剩双酚A的重要市场。因此，如果终止对新加坡的反倾销措施，原产于新加坡的进口双酚A对中国大陆的倾销可能继续发生。

中国台湾地区

由于没有中国台湾地区生产商、出口商提交答卷，调查机关决定采用可获得的最佳信息，通过对中国台湾地区双酚A倾销调查期内的倾销情况、出口能力、对中国大陆出口、对第三国(地区)出口的分析，对中国台湾地区双酚A倾销继续或再度发生的可能性进行审查。调查机关认为，申请人提供的信息是可获得的最佳信息。

1. 倾销调查期内的倾销情况。

根据原反倾销措施，中国台湾地区公司适用的反倾销税率为5.3% -37.1%。前述倾销调查表明，倾销调查期内，原产于中国台湾地区的双酚A对中国大陆的出口存在倾销。

2. 出口能力。

(1)产能、产量和闲置产能。

根据申请人提供的材料和数据，从2008年到2012年，中国台湾地区双酚A的产能分别为63.50万吨、68.00万吨、77.00万吨、77.00万吨和77.00万吨，从2008年到2010年中国台湾地区双酚A产能呈增长趋势，从2010到2012年间则保持稳定。从2008年到2012年，中国台湾地区双酚A产量分别为60.50万吨、61.00万吨、67.76万吨、67.68万吨和

67.76万吨，产量基本稳定，总体呈增长趋势，2012年产量比2008年增长12.00%；产能利用率分别为95.28%、89.71%、88.00%、87.90%和88.00%，产能利用率整体处于高位，总体呈下降趋势。闲置产能分别为3.00万吨、7.00万吨、9.24万吨、9.32万吨和9.24万吨，闲置产能整体呈增长趋势，2012年闲置产能比2008年增长208%。

(2)中国台湾地区市场消费情况。

根据申请人提供的材料和数据，从2008年到2012年，中国台湾地区双酚A市场需求量分别为34.57万吨、29.83万吨、28.85万吨、35.85万吨和36.80万吨。需求量呈先降后升趋势，但2012年需求量比2008年和2011年分别仅增长6.45%和2.65%，增幅很小，这说明中国台湾地区市场的双酚A消费趋于饱和。

(3)对国际市场的依赖程度。

根据申请人提供的材料和数据，从2008年到2012年，中国台湾地区双酚A的出口数量总体呈上升趋势，分别为27.44万吨、31.80万吨、39.24万吨、32.07万吨和36.50万吨。从2008年到2012年，出口量占产量的比例分别为45.36%、52.13%、57.91%、47.38%和53.87%，出口量占产量的比例较高。这表明中国台湾地区双酚A产业对国际市场的依赖程度较高，对外出口是中国台湾地区消化国内双酚A剩余产能的重要渠道。

上述调查表明，从2008年到2012年，中国台湾地区双酚A产能在小幅增长后保持稳定，产量基本稳定，总体呈增长趋势，市场需求趋于饱和，对国际市场依赖程度较高。从2008年到2012年，中国台湾地区双酚A产能利用率整体处于高位，但总体呈下降趋势，闲置产能总体呈增长趋势，而中国台湾地区双酚A市场消费趋于饱合，出口能力较强。

3. 对中国大陆出口。

根据申请人提供统计数据，从2008年到2012年，中国台湾地区双酚A对中国大陆出口数量整体呈上升趋势，分别为14.16万吨、14.39万吨、16.46万吨、17.57万吨和17.90万吨；对中国大陆出口量占其总出口量的比例较高，分别为51.61%、45.24%、41.95%、54.78%和49.04%。因此，中国大陆是中国台湾地区双酚A出口的重要市场。

4. 对第三国(地区)出口。

根据申请人提供的数据，中国台湾地区双酚A从2011年2季度至2012年1季度向第三国(地区)出口价格大幅低于中国台湾地区市场价格。向第三国(地区)低价出口占向第三国(地区)总出口的比例高达99.96%。说明低价出口是中国台湾地区双酚A对海外市场销售的一种重要方式。

上述调查表明，从2008年到2012年，中国台湾地区双酚A产能小幅增长后保持稳定，产量基本稳定，总体呈增长趋势，闲置产能总体呈增长趋势，中国台湾地区双酚A消费市场趋于饱和，对国际市场依赖度较高。低价出口是中国台湾地区双酚A海外市场销售的重要方式。中国大陆是中国台湾地区出口其过剩双酚A的重要市场。因此，如果终止对中国台湾地区的反倾销措施，原产于中国台湾地区的进口双酚A对中国大陆的倾销可能继续发生。

(三)倾销调查结论。

根据上述调查，调查机关裁定，如果终止对原产于日本、韩国、新加坡和中国台湾地区的进口双酚A适用的反倾销措施，原产于日本、韩国、新加坡和中国台湾地区的进口双酚A对中国大陆的倾销有可能继续发生。

七、损害继续或再度发生的可能性

依据《反倾销条例》第二十一条、第五十一条和《反倾销产业损害调查规定》第三十三条的规定，调查机关根据已经获得的事实和可获得的最佳信息，对如果终止原反倾销措施，中国大陆产业损害继续或再度发生的可能性进行了审查。

(一)调查期内中国大陆产业状况。

根据《反倾销条例》第七、八条及《反倾销产业损害调查规定》第七条规定，调查机关对调查期内中国大陆产业的相关经济因素和指标进行了调查。

1. 表观消费量。

调查期内，中国大陆双酚A的表观消费量呈总体增长趋势。2007年、2008年、2009年、2010年、2011年和2012年1-6月，中国大陆双酚A的表观消费量分53.28万吨、52万吨、66.97万吨、75.56万吨，95.61万吨和46.49万吨。2008年比2007年下降2%，2009年比2008年增长29%，2010年比2009年增长13%，2011年比2010年增长27%，2012年上半年比2011年上半年增长5%。

2. 产能。

调查期内，中国大陆产业同类产品的生产能力在调查期前一阶段增长较快，后期有所回落。2007年产能为35000-45000吨，2008年比2007年增长26%，2009年比2008年增长227%，2010年比2009年增长53%，2011年比2010年下降8%，2012年上半年比2011年上半年继续下降16%。

3. 产量。

调查期内，中国大陆产业同类产品的产量总体上升。2008年比2007年下降14%，2009年比2008年增长163%，2010年比2009年增长122%，2011

年比2010年增长12%，2012年上半年比2011年上半年下降4%。

4. 销售量。

调查期内，中国大陆产业同类产品的内销量呈波动状态。2008年比2007年下降9%，2009年比2008年增长390%，2010年比2009年增长118%，2011年比2010年下降4%，2012年上半年比2011年上半年下降16%。

5. 市场份额。

调查期内，中国大陆产业同类产品所占中国大陆市场份额2007年和2008年均不足10%，2008年比2007年下降近2个百分点，2009年其市场份额在10%－20%之间，2010年达到20%－30%之间，2011年和2012年上半年又降至10%~20%之间，2012年上半年比2011年上半年下降4个百分点以上。

6. 销售价格。

调查期内，中国大陆产业同类产品的内销价格2008年比2007年下降15%，2009年比2008年下降33%，2010年比2009年上升64%，2011年比2010年上升2%，2012年上半年比2011年上半年下降31%。

7. 销售收入。

调查期内，中国大陆产业同类产品的内销收入2008年比2007年下降23%，2009年比2008年增长227%，2010年比2009年增长258%，2011年比2010年下降2%，2012年上半年比2011年上半年下降42%。

8. 税前利润。

调查期内，中国大陆产业同类产品2007－2009年一直处于亏损状态，2008年比2007年亏损额增长306%，2009年比2008年增亏295%。2010年税前利润由负转正，中国大陆产业开始盈利，2011年中国大陆产业虽仍保持盈利状态，但税前利润比2010年下降73%，2012年上半年中国大陆产业再次出现亏损。

9. 投资收益率。

调查期内，2007－2009年，中国大陆产业同类产品的投资收益率均为负值，2008和2009年分别比上年下降2.72个百分点和5.12个百分点，2010年投资收益率由负转正，处于1%－10%之间，2011年投资收益率仍为正值，但比上年下降了4.57个百分点，2012年上半年投资收益率再次降至负值。

10. 开工率。

调查期内，中国大陆产业同类产品的开工率在调查期中间阶段出现显著下降后逐步回升。2007年开工率为80%－90%，2008年开工率为50%－60%，2009年开工率为40%－50%，2010年开工率为60%－70%，2011年开工率升至80%－90%，2012年上半年开工率升至90%以上。

11. 就业人数。

调查期内，中国大陆产业同类产品的就业人数2008年比2007年增长125%，2009年比2008年下降19%，2010年比2009年增长22%，2011年比2010年增长15%，2012年上半年比2011年上半年下降34%。

12. 劳动生产率。

调查期内，中国大陆产业同类产品的劳动生产率2008年比2007年下降62%，2009年比2008年上升224%，2010年比2009年上升82%，2011年比2010年下降3%，2012年上半年比2011年上半年上升46%。

13. 人均工资。

调查期内，中国大陆产业生产同类产品的人均工资2008年比2007年增长268%，2009年比2008年增长19%，2010年比2009年下降10%，2011年比2010年增长1%，2012年上半年比2011年上半年增长30%。

14. 期末库存。

调查期内，中国大陆产业同类产品的期末库存2008年比2007年增长206%，2009年比2008年下降31%，2010年比2009年增长27%，2011年比2010年增长71%，2012年上半年比2011年上半年增长209%。

15. 经营活动现金流量净额。

调查期内，2007－2009年，中国大陆产业同类产品经营活动现金流量净额均为负值，净流出额2008年比2007年减少24%，2009年比2008年增加148%。2010年与2011年，中国大陆产业同类产品经营活动现金流量净额为正值，2011年比2010增加8%，2012年上半年再次降为负值。

16. 投融资能力。

蓝星新材料化工有限公司在实地核查过程中向调查机关提交的该公司多份相关会议纪要显示，调查期内该公司部分生产装置由于市场低迷，持续停产，恢复生产的计划遭搁置。

上述证据表明，调查期初的2007－2008年，在实施反倾销措施的情况下，中国大陆双酚A产业产能扩大，但表观消费量出现微降，中国大陆产业同类产品产量、销量、市场份额、开工率等指标都出现不同程度的下降，库存增加。在价格下降的情况下，中国大陆产业的销售收入下降，亏损大幅增加，投资收益率为负且恶化。2009年，中国大陆双酚A表观消费量开始持续快速增加，中国大陆产业同类产品产能、产量、销量也随之增加，市场份额提高，库存减少，但产量的增长幅度低于产能增长幅度，开工率降至不足50%。同时，中国大陆产业同类产品销售价格进一步大幅下降，在销量、销售收入增加的同时亏损进一步加剧，经营活动现金流量净额为负值且净流出额与上年相比大幅增加。2010年，在表观消费量进一步增长的情况下，中国大陆产业同类产品经营状况明显好转，产能、产量、销量、市场份额均明显提升，劳动生产率大幅提高。销售价格大幅提高，销售收入快速增长，税前利润由亏转盈，投资收益率由负转正，经营活动现金流量净额转为净流入。2011年，中国大陆双酚A表观消费量在上年基础上继续增长，中国大陆产业同类产品产量继续增加，开工率继续上升，但销量和市场份额均有不同程度的下降，库存大幅增加。中国大陆产业销售价格虽稍有提高，但销售收入下降，税前利润大幅减少，投资收益率下降。中国大陆产业2010年良好的经营状况在2011年未能得到延续。2012年上半年，中国大陆产业同类产品各项指标与上年同期相比继续严重恶化，产能、产量、销量、市场份额均出现不同程度的下降，库存大幅增加。中国大陆产业销售价格下降幅度超过30%，税前利润再次出现亏损，投资收益率为负。

上述事实显示，调查期内，中国大陆双酚A产业的产能、产量一直远小于同期表观消费量。2007－2009年，由于价格低迷，中国大陆双酚A产业出现经营状况恶化。2010年，中国大陆产业在需求增长带动下，受益于明显提高的市场价格，呈现出良好的经营状态。但此种良好趋势未能得以持续，2011－2012年上半年，中国大陆产业状况再度出现恶化，这一恶化趋势在2012年上半年表现尤为明显。

（二）被调查产品进口状况

1. 被调查国家（地区）产品进口情况及进口进一步增加的可能性。

（1）日本。

日本仅有1家生产商/出口商三菱化学株式会社参加了本案产业损害调查活动登记，并于登记后退出调查活动，未向调查机关递交调查问卷答卷，调查机关未收到日本利害关系方提交的任何评论意见。申请书和《申请人关于双酚A反倾销措施期终复审案倾销和损害继续或再度发生可能性的补充说明》提供了调查期内日本双酚A的产能、产量、需求量、出口能力、出口比例和出口市场状况等数据。依据《反倾销条例》第二十一条、第五十一条和《反倾销产业损害调查规定》第三十三条的规定，调查机关根据已获得的事实和可获得的最佳信息对原产于日本的被调查产品在调查期内的进口情况及进口进一步增加的可能性进行了审查。

根据中华人民共和国海关统计，2007年到2012年上半年，原产于日本的被调查产品进口数量分别为58913.6吨、52376.8吨、94724.65吨、54458.7吨、64060.29吨和32692.74吨，2008年比2007年下降了11.1%，2009年比2008年增加了80.85%，2010年比2009年减少了42.51%，2011年比2010年增加了17.63%，2012年上半年比2011年上半年减少了4.16%。原产于日本的被调查产品在中国大陆总进口中的比例2007年到2012年上半年分别为12.79%、12.47%、18.40%、12.40%、11.03%和12.57%。

根据本案申请人提供的数据，调查期内，日本双酚A产能2007－2008年为61.60万吨，2009年之后其产能一直为56.10万吨。日本双酚A产量2007－2012年分别为57.30万吨、45.30万吨、42.30万吨、45.44万吨、43.03万吨和42.60万吨。其闲置产能2007－2012年分别为4.30万吨、16.30万吨、13.80万吨、10.66万吨、13.07万吨和13.50万吨。同时，日本国内双酚A需求量总体下降，2007年到2012年分别为44.87万吨、36.02万吨、26.81万吨、35.22万吨、29.28万吨和30.69万吨。上述数据说明，日本国内产能远超过其需求，超过需求产能占其总产能比例2007年到2012年上半年分别为27.15%、41.53%、52.20%、37.22%、47.80%和45.30%，日本双酚A对出口市场的依赖程度较高。

根据申请人提供的全球贸易跟踪系统（GTT）统计数据，2007年到2012年上半年，日本对中国大陆双酚A出口占其总出口的比例分别为35.99%、35.39%、47.37%、31.71%、37.48%和35.45%。

上述证据表明，调查期内，日本双酚A产业具有较大可供出口产能及较强出口能力，对出口市场依赖程度较高，中国大陆是其主要出口目标市场。在实施反倾销措施的情况下，日本对中国大陆出口在部分年份中明显减少，但也曾出现出口数量大幅增加的情况。综合上述因素，调查机关认为，如果终止原反倾销措施，日本对中国大陆出口数量将可能大量增加。

（2）韩国。

韩国有2家生产商/出口商，即（株）LG化学和锦湖P&B化学株式会社参加了本案产业损害调查活动登记，并向调查机关递交了调查问卷答卷。上述2

家公司提供的证据表明，调查期的绝大部分时间中，韩国只有此 2 家公司生产被调查产品，仅在调查期末期的 2012 年 5 月，三养创化公司(Samyang INNOCHEM)开始生产双酚 A，但该公司未参加产业损害调查活动登记也未提交调查问卷答卷。调查机关根据调查过程中各利害关系方提供的证据材料和评论意见，对原产于韩国的被调查产品在调查期内的进口情况和进口进一步增加的可能性进行了审查。

根据中华人民共和国海关统计，2007 年到 2012 年上半年，原产于韩国的被调查产品进口数量分别为 75092.41 吨、56510.79 吨、152947.47 吨、106578.23 吨、101218.27 吨和 43057.43 吨，2008 年比 2007 年减少了 24.75%，2009 年比 2008 年增加了 170.65%，2010 年比 2009 年减少了 30.32%，2011 年比 2010 年减少了 5.03%，2012 年上半年比 2011 年上半年增加了 3.12%。原产于韩国的被调查产品在中国大陆总进口中的比例 2007 年到 2012 年上半年分别为 16.31%、13.46%、29.71%、24.26%、17.43% 和 16.56%。

(株)LG 化学和锦湖 P&B 化学株式会社在其调查问卷答卷及评论意见中分别提供了其自身及韩国全国双酚 A 产能的数据，调查机关将上述公司在其答卷和评论意见中提供的数据作为确定韩国双酚 A 产能的依据。锦湖 P&B 化学株式会社在其答卷和评论意见中提供的产能数据不完全一致，调查机关以其较晚提交的评论意见中的数据作为本裁决所依据的该公司产能数据。调查期内，(株)LG 化学和锦湖 P&B 化学株式会社双酚 A 合计产能 2007 年为20 万 - 30 万吨，2008 年比 2007 年增长 79%，2009 年比 2008 年增长 8%，2010 年产能保持不变，2011 年比 2010 年增长近 4%，2012 年上半年产能与 2011 年上半年持平。根据锦湖 P&B 化学株式会社提供的数据，韩国三养创化公司(Samyang INNOCHEM)于 2012 年上半年投产，该公司增加的产能使韩国 2012 年产能比 2011 年提高 10% - 20%。通过对比 2 家答卷企业的产能和产量数据，调查机关注意到，调查期内，除 2008 年和 2009 年外，上述 2 家公司均无闲置产能。

在确定韩国双酚 A 表观消费量时，调查机关使用以下计算方法：

表观消费量 = 答卷企业产量总和 + 进口量 - 出口量

其中，产量数据由于(株)LG 化学公司 2007 年仅提供了最后 2 个月的产量，调查机关以其月度平均产量计算出其 2007 年全年产量；进口量采用锦湖 P&B 化学株式会社在其评论意见中提供的数据，其中 2012 年上半年进口量数据以 2012 年全年预计数的一半计算；出口量数据由于锦湖 P&B 化学株式会社提交的数据中未包括 2012 年上半年数据，且该公司提供的其他期间数据与申请人提供的完全一致，调查机关在计算中使用申请人提供的韩国出口量统计数据。由于三养创化公司(Samyang INNOCHEM)在调查期末的 2012 年 5 月刚刚投产，且调查机关不掌握其产量数据，调查机关在计算中暂不考虑其产量。

根据上述方法计算得出韩国国内双酚 A 表观消费量 2007 年为 20 万 - 30 万吨，2008 年和 2009 年均为 30 万 - 40 万吨，2010 年比 2009 年增长约 8%、2011 年和 2012 年上半年表观消费量同比基本保持不变。从上述数据可以看出，韩国双酚 A 需求量在 2007 年到 2010 年有所增长，自 2011 年后保持稳定。同时，韩国双酚 A 生产能力除 2007 年外始终大于其国内需求，且在调查期末期明显增加。

锦湖 P&B 化学株式会社和申请人分别提供了韩国对中国大陆出口占其总出口比例的数据，调查机关对两套数据进行了对比，二者差别极小。但由于锦湖 P&B 公司未提供 2012 年上半年的数据，调查机关根据申请人提交数据，认定 2007 年到 2012 年上半年，韩国对中国大陆双酚 A 出口占其总出口的比例分别为 61.11%、55.19%、83.29%、67.33%、62.70% 和 56.48%。

上述证据表明，调查期内，韩国双酚 A 生产能力增加，2011 年之后，在韩国国内需求保持稳定的情况下，其对出口市场的依赖程度加大。中国大陆是其主要的出口目标市场。在实施反倾销措施的情况下，韩国对中国大陆出口数量尽管在部分时期下降，但也曾出现出口数量激增的情况。综合上述因素，调查机关认为，如果终止原反倾销措施，韩国对中国大陆出口数量将可能大量增加。

(3)新加坡。

新加坡仅有 1 家生产商/出口商三井酚新加坡私营有限公司参加了产业损害调查活动登记，但其随后致函调查机关表示不提交本案调查问卷答卷，也未提交任何有证据支持的评论意见。申请书和《申请人关于双酚 A 反倾销措施期终复审案倾销和损害继续或再度发生可能性的补充说明》提供了调查期内新加坡双酚 A 的产能、产量、需求量、出口能力、出口比例和出口市场状况等数据。依据《反倾销条例》第二十一条、第五十一条和《反倾销产业损害调查规定》第三十三条的规定，调查机关根据已获得的事实和可获得的最佳信息对原产于新加坡的被调查产品在调查期内的进口情况及进口进一步增加的可能性进行了审查。

根据中华人民共和国海关统计，2007 年到 2012

年上半年，原产于新加坡的被调查产品进口数量分别为27889.65吨、27676.60吨、22764.60吨、16451.70吨、44104.00吨和12985.00吨，2008年比2007年下降了0.76%，2009年比2008年下降了17.75%，2010年比2009年下降了27.73%，2011年比2010年大幅增加了168.08%，2012年上半年比2011年上半年下降了29.98%。原产于新加坡的被调查产品在中国大陆总进口中的比例2007年到2012年上半年分别为6.06%、6.59%、4.42%、3.75%、7.59%和4.99%。

根据本案申请人提供的数据，2007－2012年，新加坡双酚A产能一直为21万吨。2007年到2012年新加坡双酚A产量分别为20.79万吨、19.95万吨、20.80万吨、20.58万吨、20.16万吨和19.11万吨。调查期内，新加坡国内双酚A需求量总体下降，2007年到2012年分别为17.3万吨、16.6万吨、15.9万吨、15.1万吨、14.06万吨和14.40万吨。上述数据说明，新加坡国内产能超过其需求，超过需求产能占其总产能比例2007－2012年上半年分别为17.62%、20.95%、24.29%、28.10%、33.05%和31.43%，新加坡双酚A对出口市场的依赖程度较高。

根据申请人提供的全球贸易跟踪系统(GTT)统计数据，2011年和2012年上半年，新加坡对中国大陆双酚A出口占其总出口的比例分别为69.63%和62%。

上述证据表明，调查期内，新加坡双酚A可供出口的产能不断增加，对出口市场的依赖程度也不断提高，调查机关不掌握2007－2010年新加坡对中国大陆出口比例的数据，但从2011年和2012年上半年数据可以明显看出，中国大陆是其主要的出口目标市场。在实施反倾销措施的情况下，新加坡对中国大陆出口双酚A总体减少，但2011年曾出现激增。综合上述因素，调查机关认为，如果终止原反倾销措施，新加坡对中国大陆出口数量将可能大量增加。

(4)中国台湾地区。

中国台湾地区仅有1家生产商/出口商信昌化学工业股份有限公司参加了产业损害调查活动登记，但其随后致函调查机关表示退出本案产业损害调查活动，未向调查机关递交调查问卷答卷，调查机关未收到中国台湾地区利害关系方提交的任何评论意见。申请书和《申请人关于双酚A反倾销措施期终复审案倾销和损害继续或再度发生可能性的补充说明》提供了调查期内中国台湾地区双酚A的产能、产量、需求量、出口能力、出口比例和出口市场状况等数据。依据《反倾销条例》第二十一条、第五十一条和《反倾销产业损害调查规定》第三十三条的规定，调查机关根据已获得的事实和可获得的最佳信息对原产于中国台湾地区的被调查产品在调查期内进口情况及进口进一步增加的可能性进行了审查。

根据中华人民共和国海关统计，2007年到2012年上半年，原产于中国台湾地区的被调查产品进口数量分别为165723.23吨、145183.41吨、137213.50吨、167744.43吨、173120.51吨和98936.24吨，2008年比2007年下降了12.39%，2009年比2008年下降了5.49%，2010年比2009年增长了22.25%，2011年比2010年增长了3.20%，2012年上半年比2011年上半年增长了23.28%。原产于中国台湾地区的被调查产品在中国大陆总进口中的比例2007年到2012年上半年分别为35.99%、34.57%、26.66%、38.19%、29.81%和38.05%。

根据本案申请人提供的数据，调查期内，中国台湾地区双酚A产能2007－2008年为63.5万吨，2009年升至68万吨，2010年之后保持在77万吨。同时，中国台湾地区双酚A需求量2007年到2012年分别为37万吨、34.57万吨、29.83万吨、28.95万吨、35.85万吨和36.8万吨。上述数据说明，中国台湾地区双酚A产能远超过其需求，超过需求产能占其总产能比例2007－2012年分别为41.72%、45.57%、56.31%、62.4%、53.44%和52.21%，中国台湾地区双酚A对出口市场的依赖程度较高。

根据申请人提供的全球贸易跟踪系统(GTT)统计数据，2007年到2012年上半年，中国台湾地区对中国大陆双酚A出口占其总出口的比例分别为58.36%、51.61%、45.24%、41.95%、54.78%和50.39%。

上述证据表明，调查期内，中国台湾地区双酚A产业产能较大且大幅增加，2009年之后有一半以上的生产能力需依赖出口。其在中国大陆总进口中的比例一直较高，对中国大陆的出口在其总出口中的比例调查期大部分期间都保持在50%以上，中国大陆是中国台湾地区双酚A产业重要的出口市场。在实施反倾销措施的情况下，中国台湾地区对中国大陆出口2007－2009年有所下降，但2010年之后迅速回升且超过调查期初的水平。综合上述因素，调查机关认为，如果终止原反倾销措施，中国台湾地区对中国大陆出口数量将可能大量增加。

2. 累积评估的适当性。

商务部2007年8月30日第68号公告发布的双酚A反倾销原审案件最终裁定中认定，被调查产品之间以及被调查产品与中国大陆同类产品之间在物理和化学特性、生产工艺流程、产品用途、销售渠道、客户群体、消费者和生产者评价等方面基本相同。因此被调查产品之间以及被调查产品与中国大陆同类产品之间在中国大陆市场上存在相互竞争关系，且竞争条件基本相同。对被调查产品对中国大陆双酚A产业造成的影响进行累积评估是适当的。

调查显示，在双酚A反倾销措施实施期间，日本、韩国、新加坡和中国台湾地区均继续向中国大陆出口的双酚A且保持一定的出口数量和份额。被调查产品之间以及被调查产品与中国大陆同类产品之间在物理和化学特性、生产工艺流程、产品用途、销售渠道、客户群体、消费者和生产者评价等方面未发生实质性变化。被调查产品之间以及被调查产品与中国大陆同类产品之间在中国大陆市场上的相互竞争关系及竞争条件未发生实质性变化。前述被调查产品进口增加可能性的分析表明，一旦取消反倾销措施，被调查国家和地区对中国大陆的出口均可能大量增加。倾销调查显示，上述国家和地区均可能继续向中国大陆倾销被调查产品。

综合考虑上述因素，调查机关认定，对来自被调查国家(地区)的进口双酚A对中国大陆双酚A产业造成的影响进行累积评估是适当的。

3. 被调查产品进口数量和价格。

本案国外出口商/生产者中仅有(株)LG化学和锦湖P&B化学株式会社向调查机关递交了产业损害调查问卷答卷并提供了向中国大陆出口的数量和价格数据。为保证数据的准确性和不同涉案国家(地区)进口数据之间的一致性，调查机关使用中华人民共和国海关统计数据作为确定被调查产品进口数量和价格的依据。

根据中华人民共和国海关统计，2007年到2012年上半年，被调查产品进口数量分别为327618.89吨、281747.50吨、407650.23吨、345233.06吨、382503.17吨和187671.41吨，2008年比2007年下降14%，2009年比2008年增长44.69%，2010年比2009年下降15.31%，2011年比2010年增长10.8%，2012年上半年比2011年上半年增长7.45%。被调查产品在中国大陆总进口中的比例2007年到2012年上半年分别为71.14%、67.09%、79.19%、78.59%、65.86%和72.17%。同期被调查产品占中国大陆市场的市场份额别为61.49%、54.18%、60.87%、45.69%、40.01%和40.37%。

根据中华人民共和国海关统计，2007年到2012年上半年，被调查产品进口缴纳一般关税(不含反倾销税)后人民币平均价格分别为14889.29元/吨、12880.29元/吨、7736.92元/吨、13197.50元/吨、13949.51元/吨和11052.07元/吨。2008年比2007年下降13.49%，2009年比2008年下降39.93%，2010年比2009年上升70.58%，2011年比2010年上升5.70%，2012年上半年比2011年上半年下降29.47%。

(三)被调查产品继续或再度对中国大陆产业造成损害的可能性。

1. 中国大陆市场状况。

调查期内，中国大陆双酚A市场需求总体大幅上升，中国大陆产业产能、产量虽总体大幅上升，但仍与表观消费量有较大差距，为进口产品提供了市场空间。

调查期初期，中国大陆双酚A表观消费量微降，进口被调查产品和中国大陆同类产品的数量、价格、市场份额都出现下降，中国大陆产业产能、产量与表观消费量之间的巨大差距使得被调查产品仍占据中国大陆的大部分市场份额，且其市场份额大大高于中国大陆产业同类产品。2009年后，中国大陆市场需求持续快速增加，中国大陆产业的产能、产量也明显提高。2009年，被调查产品进口数量大增的同时价格下降超过30%，市场份额提高。同期中国大陆产业价格大幅下挫30%以上，造成亏损大幅增加。2010年中国大陆双酚A市场呈现出良好的发展态势，被调查进口产品价格和中国大陆产业同类产品价格同时上涨60%以上，被调查产品进口数量在前一年激增的情况下有所减少，其市场份额也相应减少，中国大陆产业则获取了被调查产品损失的部分市场份额。2011年中国大陆双酚A市场需求继续增加，被调查产品进口数量上升，市场份额下降，价格上升，中国大陆产业同类产品销量下降，市场份额下降，虽然销售价格小幅上升，但在生产成本上升的情况下，税前利润大幅减少。2012年上半年，被调查产品进口数量继续增加，市场份额基本不变，但价格继续大幅下降。中国大陆产业同类产品产量、销量下跌，内销价格下挫，市场份额减少，并再度出现亏损。

从上述事实可以看出，调查期内，中国大陆产业状况与被调查产品进口情况存在很强的关联性。在被调查产品市场份额维持在较高水平并大大高于中国大陆产业同类产品市场份额的情况下，中国大陆产业同类产品价格始终跟随被调查产品价格变动，并直接影响中国大陆产业同类产品的生产经营状况。调查机关注意到，2011－2012年上半年，被调查产品进口数量持续上升，其市场份额虽比前期下降，但仍保持在40%以上，其数量和价格继续影响中国大陆产业的生产经营状况。

2. 对利害关系方其他评论意见的认定情况。

(1)关于泰国进口影响问题的认定。

2011年，被调查产品与中国大陆产业同类产品同时丧失市场份额，这一事实表明，中国大陆产业受到了其他因素的影响。2家韩国答卷企业(株)LG化学和锦湖P&B化学株式会社以及申请人提交的抗辩意见和证据材料均提出，原产于泰国的双酚A对中国大陆产业造成了负面影响。调查机关对调查期内泰国进口双酚A的情况进行了审查。

根据中华人民共和国海关统计数据，2007年，泰国未向中国大陆出口双酚A产品，2008-2010年，其出口量维持在2000吨左右，占中国大陆总进口比例不足1%，调查机关认为，该进口量不足以对中国大陆产业造成实质性影响。2011年，来自泰国的进口双酚A数量激增，当年进口量为105055.01吨，占中国大陆总进口比例超过18%，市场份额达到10.98%；2012年上半年，泰国进口数量为35890吨，占同期中国大陆总进口比例为13.8%，市场份额为7.7%。2011年，原产于泰国的双酚A进口CIF价格折算成人民币为14122.42元/吨，2012年上半年价格为11066.33元/吨，泰国进口双酚A需缴纳的关税税率为0。上述价格均略高于同期被调查产品缴纳一般关税后人民币价格。但考虑到被调查产品进口需承担的4.7%-37.1%的反倾销税，泰国进口双酚A在中国大陆市场的实际售价低于被调查产品价格。

调查机关认为，原产于泰国的进口双酚A产品2011年以来数量突然增加，占据了被调查产品和中国大陆产业同类产品损失的市场份额，且价格低于被调查产品，对中国大陆产业造成了一定的负面影响。

(2)对金融危机影响等其他问题的认定。

韩国(株)LG化学和锦湖P&B化学株式会社分别提出2008年全球金融危机、调查期内部分国家和地区对双酚A产品的限制措施以及2011年欧债危机对中国大陆双酚A产业产生了负面影响，调查机关对上述问题进行了审查。

关于2008年金融危机的影响，调查机关注意到，2007-2008年，中国大陆双酚A表观消费量下降，被调查产品和中国大陆产业同类产品的销售数量和市场份额同时下降。调查机关认为，需求下降可能是导致中国大陆产业生产经营状况恶化的原因之一，但现有证据无法说明全球金融危机对中国大陆双酚A产业产生了直接的负面影响。

关于部分国家和地区政府对双酚A产品用途的限制措施对中国大陆产业同类产品造成的影响，相关利害关系方仅提出了主张，但未能说明影响的具体方式，也未能提供相应证据。调查机关认为，现有证据无法说明上述措施对中国大陆双酚A产业产生了直接的负面影响。

关于欧债危机的影响，调查机关注意到，2011年，中国大陆双酚A表观消费量增长，中国大陆产业同类产品和被调查产品的市场份额再次同时下降。针对这一现象，调查机关已经认定泰国进口造成了一定的负面影响。调查机关认为，在需求增长的情况下，现有证据无法说明欧债危机对中国大陆双酚A产业产生了直接的负面影响。

(3)对韩国进口双酚A和中国大陆产业同类产品定价机制问题的认定。

中国大陆下游用户江苏扬农锦湖化工有限公司在其听证会发言材料中提出了关于双酚A定价机制的意见，并以保密方式提供了2份采购合同作为证据。调查机关注意到，该公司在评论意见中所说“当前双酚A国内定价方法”所指时间为其提交发言材料时间，即2013年4月份左右，不在本案产业损害调查期范围之内。同时，该公司向调查机关提供的采购合同之一签订时间在2013年，不在本案产业损害调查期范围之内。另一份采购合同虽然签订时间在本案调查期内，但其内容仅能说明签订合同双方之间的特定价格安排，无法用于证明韩国进口双酚A的整体定价机制。因此，调查机关决定不接受其关于中国大陆产业和韩国进口双酚A定价机制的主张。

(4)对韩国进口双酚A和中国大陆产业同类产品质量问题的认定。

中国大陆下游用户国都化工(昆山)有限公司在其听证会发言材料中提出韩国生产的双酚A相对中国大陆产品其质量占明显优势。但该公司提供的检测报告仅涉及中国大陆生产者南通星辰公司和中石化三菱公司的产品，且该检测报告结论仅提出“从上面分析数据看，中石化三菱的BPA相对较差，由研究所合成后再决定是否采用。”中石化三菱公司不属于本案中的中国大陆产业范围。调查机关认为，国都化工(昆山)有限公司提交的证据不能说明韩国生产的双酚A质量明显优于中国大陆产业同类产品，决定不接受其主张。

3. 被调查产品继续或再度对中国大陆产业造成实质损害的可能性。

本案对中国大陆产业各项指标的综合分析说明，采取反倾销措施之后，在需求增长的拉动下，中国大陆产业产能扩大，产量、销量提升，逐步占据了一定市场份额，并于2010年呈现良好的生产经营状况。但在2011年经营状况再度恶化，到2012年上半年恶化趋势尤其明显。上述事实说明中国大陆产业虽一度从受损害状态中恢复，但仍比较脆弱，抵御风险的能力仍然较弱。

在被调查产品可能的进口量方面，调查机关注意到，调查期内，中国大陆产业产能与中国大陆表观消费量之间还存在较大差距。利害关系方评论意见表明，未来全球双酚A消费增长最快的地区仍可能是中国大陆。随着中国大陆双酚A表观消费量的继续增加，中国大陆双酚A产能也将继续扩大，但短期内产能仍不能满足中国大陆双酚A需求，进口产品将继续占据一定的市场份额，并与中国大陆同类产品进行竞争。调查期内，在被采取反倾销措施的情况下，被调查产品在中国大陆总进口中一直占有较高比例，被调查产品不仅一直保持40%以上的市场份额，甚至曾出现进口量激增的情况。对被调查产品生产国(地区)产能、产量、消费量的分析表明，被调查产品调查期内产能总体增加，对出口市场依赖程度强。被调查产品生产国(地区)与中国大陆地理位置比较接近，且被调查产品已在中国大陆市场建立了成熟的销售渠道，中国大陆不断增长的需求对其有很强的吸引力。综合上述因素，调查机关认为，一旦取消反倾销措施，被调查产品可供出口的产能将可能转化为对中国大陆的实际出口，其新增加的产能所形成的产量也可能以中国大陆市场作为其销售目标。被调查产品对中国大陆的出口数量将可能大量增加，其市场份额也可能进一步增加。

在被调查产品进口价格方面，调查期内的事实表明，被调查产品市场份额始终大大高于中国大陆产业，价格是被调查产品与中国大陆产业同类产品竞争的重要手段，中国大陆产业同类产品的销售价格始终跟随被调查产品变化。一旦取消反倾销措施，被调查产品将获得进一步的降价空间，其价格存在进一步下降的可能性。在被调查产品仍占据较高市场份额的情况下，中国大陆产业为维持一定的销量和市场份额，很可能不得不随之降低价格。

调查期内中国大陆产业同类产品与被调查产品直接竞争，中国大陆产业的经营状况变化与被调查产品进口数量和价格变化之间有很强的关联性。一旦取消反倾销措施，被调查产品将可能出现量增价减的情况，中国大陆产业同类产品的销售价格将进一步受到打压，可能继续丧失市场份额，中国大陆产业在调查期末期已经出现的销售收入下降、经营活动现金净流出、亏损等状况将可能更加严重，中国大陆产业将可能遭受实质损害。

调查机关注意到，2011年之后，中国大陆产业出现的恶化趋势是包括被调查产品进口在内的多重因素作用的结果。调查机关认为，这并不能消除被调查产品继续或再度造成中国大陆产业实质损害的可能性。与之相反，在中国大陆市场出现其他负面因素的情况下，一旦取消反倾销措施，中国大陆产业将更可能受到被调查产品进口的损害。

(四)产业损害调查结论。

1. 调查期内，由于实施双酚A反倾销措施，原产于日本、韩国、新加坡和中国台湾地区的双酚A在部分时期中进口数量下降、价格上升，其对中国大陆的倾销行为得到一定遏制，中国大陆双酚A产业生产经营状况一度呈现出良好的发展态势。但中国大陆双酚A产业仍然比较脆弱，对进口产品的数量和价格变化反应敏感，在调查期内仍然受到被调查产品以及其他进口产品的冲击和影响。

2. 被调查产品可供出口的产能较大，对国外市场的依赖程度较高，而中国大陆是被调查产品对外出口的主要市场。中国大陆市场需求的增长对被调查国家和地区来说具有较大的吸引力。如果终止反倾销措施，被调查产品对中国大陆的出口数量将可能大量增加，价格有可能进一步下降，中国大陆产业同类产品的价格也可能跟随下降，被调查产品对中国大陆产业造成的损害可能继续或再度发生。

八、复审裁定

根据上述调查结论，调查机关裁定，如果终止原反倾销措施，原产于日本、韩国、新加坡和中国台湾地区的进口双酚A对中国大陆的倾销有可能继续发生，原产于日本、韩国、新加坡和中国台湾地区的进口双酚A对中国大陆产业造成的损害可能继续或再度发生。

又讯：商务部产业损害调查局　商调查二处函[2013]360号　关于双酚A反倾销措施期终复审产业损害裁定信息披露的通知(2013年7月26日)

根据《产业损害调查信息查阅与信息披露规定》第三章的规定，现对双酚A反倾销措施期终复审产业损害裁定所依据的基本事实进行信息披露(见附件)。利害关系方从即日起可以到商务部贸易救济公开信息查阅室查阅有关披露材料。利害关系方如有针对上述披露材料的评论意见，应当在2013年8月7日前以书面方式向调查机关提出。调查机关自8月8日起，不再接收利害关系方提出的新的证据材料。

附件：《原产于日本、韩国、新加坡和中国台湾地区的进口双酚A反倾销措施期终复审产业损害裁定所依据的基本事实》(略)

再讯、中华人民共和国海关总署公告2013年第48号(2013年8月29日)

2007年国务院关税税则委员会决定对原产于日

本、韩国、新加坡和中国台湾地区的进口双酚A征收反倾销税，征税时间自2007年8月30日起，期限为5年。国务院关税税则委员会根据商务部期终复审调查结果，决定自2013年8月30日起对原产于日本、韩国、新加坡和中国台湾地区的进口双酚A继续征收反倾销税，期限为5年。现将有关事项公告如下：

自2013年8月30日起，海关对申报进口原产于日本、韩国、新加坡和中国台湾地区的双酚A(税则号列为29072300)，继续按照海关总署公告2007年第47号、第65号和2009年第80号的相关规定征收反倾销税。

〔注：双酚A，也称BPA，在工业上双酚A被用来合成聚碳酸酯(PC)和环氧树脂等材料。主要用于生产聚碳酸酯、环氧树脂、聚砜树脂、聚苯醚树脂、不饱和聚酯树脂等多种高分子材料。也可用于生产增塑剂、阻燃剂、抗氧剂、热稳定剂、橡胶防老剂等精细化工产品。〕

三十八、商务部公告2013年第64号 关于对原产于马来西亚、新加坡和印度尼西亚的进口丙烯酸酯反倾销措施到期的公告(2013年10月08日)

2009年4月8日，中华人民共和国商务部发布2009年第18号公告，决定对原产于马来西亚、新加坡和印度尼西亚的进口丙烯酸酯继续征收反倾销税，即该反倾销措施自2009年4月9日起延长5年，于2014年4月9日到期。

根据《中华人民共和国反倾销条例》第四十八条规定，反倾销税的征收期限和价格承诺的履行期限不超过5年；但是，经复审确定终止征收反倾销税有可能导致倾销和损害的继续或者再度发生的，反倾销税的征收期限可以适当延长。

自本公告发布之日起，国内产业或代表国内产业的自然人、法人或有关组织可在该反倾销措施到期日60天前，以书面形式向商务部提出期终复审申请。申请书应包含要求进行期终复审的明确表示和终止反倾销措施将可能导致倾销和损害继续或再度发生的充分证据。

如国内产业或代表国内产业的自然人、法人或有关组织未按本公告规定提出复审申请，在该反倾销措施到期日前，商务部也未主动发起期终复审调查，则上述反倾销措施将于2014年4月9日起终止实施。

(注：丙烯酸酯是丙烯酸及其同系物的酯类的总称，能自聚或和其他单体共聚，是制造胶粘剂、合成树脂、特种橡胶和塑料的单体。)

三十九、中国台湾对进口高密度聚乙烯和线性低密度聚乙烯进行保障措施调查

2013年10月18日，应中国台湾合成树脂制造商协会(Taiwan Synthetic Resins Manufacturers Association)的申请，中国台湾对进口高密度聚乙烯和线性低密度聚乙烯进行保障措施调查。这是中国台湾发起的第一起保障措施调查。涉案产品海关编码为3901200000、3901100010。

目前，中国台湾进口的高密度聚乙烯主要来自沙特、新加坡、伊朗、泰国、科威特、卡塔尔；线性低密度聚乙烯则主要来自沙特、泰国、卡塔尔、日本、美国和伊朗。

四十、商务部公告2013年第65号 关于对原产于日本和中国台湾地区的进口甲乙酮所适用反倾销措施的期终复审裁定的公告(2013年11月20日)

2007年11月21日，中华人民共和国商务部发布年度第81号公告，决定对原产于日本、中国台湾地区和新加坡的进口甲乙酮征收反倾销税，实施期限为自2007年11月22日起5年。

2012年11月21日，商务部发布年度第69号公告，决定对原产于日本和中国台湾地区的进口甲乙酮所适用的反倾销措施进行期终复审调查，公布自2012年11月22日起，终止对原产于新加坡的进口甲乙酮征收反倾销税。

本次复审产品范围是原反倾销措施所适用的产品，与商务部2007年第81号公告中的产品范围一致，该产品归在《中华人民共和国进出口税则》税则号：29141200。

商务部对如果终止原产于日本和中国台湾地区进口甲乙酮所适用的反倾销措施，导致倾销和损害继续或再度发生的可能性进行了调查，并根据调查结果向国务院关税税则委员会提出维持反倾销措施的建议。

根据《中华人民共和国反倾销条例》第五十条及国务院关税税则委员会的决定，现将有关事项公告如下：

一、裁定

商务部裁定，如果终止反倾销措施，原产于日本和中国台湾地区的进口甲乙酮对中国大陆的倾销可能继续发生，进口被调查产品对中国大陆甲乙酮产业造成的损害有可能再度发生。

二、反倾销措施

自2013年11月21日起，继续按照商务部2007年第81号公告，对原产于日本和中国台湾地区的进口甲乙酮实施反倾销措施，实施期限为5年。

三、征收反倾销税的方法

自2013年11月21日起，进口经营者在进口原产于日本和中国台湾地区的甲乙酮时，应向中华人民共和国海关缴纳相应的反倾销税。反倾销税以海关审定的完税价格从价计征，计算公式为：反倾销税税额=海关完税价格×反倾销税税率。进口环节增值税以海关审定的完税价格加上关税和反倾销税作为计税价格从价计征。

四、行政复议和行政诉讼

根据《中华人民共和国反倾销条例》第五十三条，对本复审决定不服的，可以申请行政复议，也可以向人民法院提起诉讼。

五、本公告自2013年11月21日起执行

附件：中华人民共和国商务部关于原产于日本和中国台湾地区的进口甲乙酮所适用反倾销措施的期终复审裁定(略)

又讯：中华人民共和国海关总署公告2013年第64号　对原产于日本、中国台湾地区和新加坡的进口甲乙酮征收反倾销税　(2013年11月20日)

2007年国务院关税税则委员会决定对原产于日本、中国台湾地区和新加坡的进口甲乙酮征收反倾销税，实施期限为自2007年11月22日起5年。国务院关税税则委员会根据商务部期终复审调查结果，决定自2013年11月21日起对原产于日本和中国台湾地区的进口甲乙酮继续征收反倾销税，期限为5年。现将有关事项公告如下：

自2013年11月21日起，海关对申报进口原产于日本和中国台湾地区的甲乙酮(税则号列：29141200)，继续按照海关总署公告2007年第63号和2012年第57号的相关规定征收反倾销税。

特此公告。

（注：甲乙酮用作醋酸纤维素、丙烯酸树脂、醇酸树脂、涂料、油墨等的溶剂，染料的粘结剂，润滑油脱蜡剂，硫化促进剂等）

（中国塑料加工工业协会　郭齐）

政策法规

2013 年国家与塑料行业相关的政策法规

一、工业和信息化部　关于公示《节能机电设备(产品)推荐目录(第四批)》的通知(2013 年 1 月 7 日)

为贯彻落实国务院《"十二五"节能减排综合性工作方案》和《"十二五"节能环保产业发展规划》精神，进一步促进高效节能机电设备(产品)的推广应用，经各地工业和信息化主管部门推荐、相关行业协会和专家评审，现对《节能机电设备(产品)推荐目录(第四批)》(征求意见稿) 进行公示，目录包括变压器、电机、工业锅炉、塑料机械、压缩机、制冷、泵、风机、热处理等 9 大类 192 项设备(产品)。欢迎社会各界参与提出意见和建议。

附件：节能机电设备推荐目录(第四批) - 征求意见稿

工业和信息化部节能机电设备(产品)推荐目录(第四批)(征求意见稿)二〇一三年一月

目录

一、变压器(略)

二、电机(略)

三、工业锅炉(略)

四、塑料机械

五、压缩机(略)

六、制冷(略)

七、泵(略)

八、风机(略)

九、热处理(略)

四、塑料机械

序号	设备名称	型号	主要技术参数	适用范围	执行标准	推荐理由
4-1	二板式塑料注射成型机	JU 系列	锁模力：12000-40000 kN 能耗值：0.35~0.38kWh/kg	汽车、电子电器、轻工、航空航天、医药等领域。	《塑料注射成型机能耗检测和等级评定的规范》 标准指标： 注塑机能耗等级 1 级 ≤0.4 kWh/kg	效率达到标准 1 级指标，节能效果明显。
4-2	全电动注射成型机	55Ge 105Ge 155Ge 205Ge	锁模力：550-2050 kN 能耗值：0.19-0.25kWh/kg			
4-3	变量泵塑料注射成型机	F2V 系列	锁模力：900~3800 kN 能耗值：0.36-0.50kWh/kg	汽车、电子电器、轻工、航空航天、医药等领域。	《塑料注射成型机能耗检测和等级评定的规范》 标准指标： 注塑机能耗等级 1 级 ≤0.4 kWh/kg 注塑机能耗等级 2 级 ≤0.55 kWh/kg	效率达到标准 2 级指标，节能效果明显。
4-4	伺服节能塑料注射成型机	JM1000-SVP/2 ~ JM2200-SVP/2	能耗值：0.31~0.39kWh/kg 锁模力：10000-22000 kN			效率达到标准 1 级指标，节能效果明显。
4-4	伺服节能塑料注射成型机	Se 系列	锁模力：900~28000 kN 能耗值：0.21-0.36kWh/kg	汽车、电子电器、轻工、航空航天、医药等领域。	《塑料注射成型机能耗检测和等级评定的规范》 标准指标： 注塑机能耗等级 1 级 ≤0.4 kWh/kg	效率达到标准 1 级指标，节能效果明显。
		ST-Se 系列	锁模力：18000~31500 kN 能耗值：0.35kWh/kg			
		UN60SM- UN2200SM	锁模力：600-2200 kN 能耗值：0.20-0.37kWh/kg			
		UN60SM2- UN2200SM2	锁模力：600-2200 kN 能耗值：0.23-0.36kWh/kg			
		HN100SV~ HN850SV 系列	锁模力：100-850 kN 能耗值：0.27-0.33kWh/kg			

续表

序号	设备名称	型号	主要技术参数	适用范围	执行标准	推荐理由
4-4	伺服节能塑料注射成型机	PT 系列	锁模力：800 -1300kN 能耗值：0.24~0.34kWh/kg	汽车、电子电器、轻工、航空航天、医药等领域。	《塑料注射成型机能耗检测和等级评定的规范》 标准指标： 注塑机能耗等级1级 ≤0.4 kWh/kg	效率达到标准1级指标，节能效果明显。
		D 系列	锁模力：1170-18843 kN 能耗值：0.24-0.39kWh/kg			
		HDJS 系列	锁模力：500~25000kN 能耗值：0.26~0.37kWh/kg			
		GEK/S 系列	锁模力：600~22000 kN 能耗值：0.27-0.38kWh/kg			
		PLj 系列	锁模力：860~1000 kN 能耗值：0.19-0.32kWh/kg			
4-4	伺服节能塑料注射成型机	HXF88J5	锁模力：880 kN 能耗值：0.36kWh/kg	汽车、电子电器、轻工、航空航天、医药等领域。	《塑料注射成型机能耗检测和等级评定的规范》 标准指标： 注塑机能耗等级1级 ≤0.4 kWh/kg	效率达到标准1级指标，节能效果明显。
		HXM 系列	锁模力：650~8800 kN 能耗值：0.25~0.37kWh/kg			
		PD60-KX~PD2888-KX系列	锁模力：600-28880 kN 能耗值：0.25-0.38kWh/kg			
		BLEK 系列	锁模力：1005-8197 kN 能耗值：0.30-0.39kWh/kg			
4-4	伺服节能塑料注射成型机	M6-S 系列	能耗值：0.29-0.38kWh/kg 锁模力：880-10800 kN 理论注射容积：129~6132cm^3	汽车、电子电器、轻工、航空航天、医药等领域。	《塑料注射成型机能耗检测和等级评定的规范》 标准指标： 注塑机能耗等级1级 ≤0.4 kWh/kg 注塑机能耗等级2级 ≤0.55 kWh/kg	效率达到标准1级指标，节能效果明显。
		M8-S 系列	能耗值：0.27~0.38kWh/kg 锁模力：880-10800 kN 理论注射容积：129~6132cm^3			
		HJ 系列	能耗值：0.27-0.38kWh/kg 锁模力：1063-5793 kN 理论注射容积： $123\times10^3-2327\times10^3 mm^3$			
		TWX/JS 系列	能耗值：0.28-0.37 kWh/kg 锁模力：807-5081 kN 理论注射容积： $95\times10^3-2213\times10^3 mm^3$			

二、国务院关于印发“十二五”国家自主创新能力建设规划的通知　国发〔2013〕4号(2013年1月15日)

各省、自治区、直辖市人民政府，国务院各部委、各直属机构：

现将《“十二五”国家自主创新能力建设规划》印发给你们，请认真贯彻执行。

“十二五”国家自主创新能力建设规划

为贯彻落实《中华人民共和国国民经济和社会发展第十二个五年规划纲要》、《国家中长期科学和技术发展规划纲要(2006—2020年)》和《中共中央　国务院关于深化科技体制改革加快国家创新体系建设的意见》(中发〔2012〕6号),引导创新主体行为,指导全社会加强自主创新能力建设,加快推进创新型国家建设,制定本规划。本规划主要涉及创新基础设施、创新主体、创新人才队伍和制度文化环境等方面。

一、建设基础与面临形势

(一)建设基础。

"十一五"期间,我国坚持把增强自主创新能力作为科学技术发展的战略基点和提高综合国力的关键,大力推进科技进步和创新,强化了对经济社会发展和国家安全保障的支撑。

1. 激励自主创新的法律和政策效果初步显现。修订了科学技术进步法和专利法,公布实施反垄断法、企业所得税法等法律法规,为自主创新提供了有力的法律制度保障。国家中长期科技发展规划纲要配套政策及其实施细则逐步落实,财政科技投入和全社会研发投入年均增长超过20%,全社会研究开发投入占国内生产总值的比例由1.39%提高到1.76%。国家中长期人才规划纲要和教育规划纲要颁布实施,高层次、高技能人才队伍不断壮大,从事研发活动人员数量跃居世界首位。国家知识产权战略纲要颁布实施,发明专利授权量大幅增长,上升到世界第三位。

2. 自主创新基础条件不断完善。实施《国家自主创新基础能力建设"十一五"规划》和《2004—2010年国家科技基础条件平台建设纲要》,建设了一批达到或接近国际先进水平的重大科技基础设施,构建了科技资源开放共享的全国大型科学仪器设备协作共用网,国家重点实验室和野外观测台站(网)分别达到327家和105个,国家工程中心、国家工程实验室、国家认定企业技术中心分别达到391家、91家、729家,各类国家检测中心、产品检测实验室等加快发展,科技进步和创新的物质技术基础进一步夯实。

3. 创新主体发展能力明显提升。技术创新工程有效推进,以企业为主体的技术创新体系建设取得积极进展,企业研发经费、研发人员和发明专利授权量年均分别增长25%、15%和30%,涌现出一大批具有国际竞争力的创新型企业。知识创新工程、"211工程"和"985工程"加快实施,公益类科研机构改革进一步深化,高等院校和科研院所的原始创新能力显著增强。国家技术转移示范机构、国家大学科技园、生产力促进中心和科技孵化器等科技中介服务机构不断壮大,分别达到134家、86家、2200多家和1000多家,创新创业服务能力明显提升。

4. 创新驱动经济社会发展的作用不断增强。超级计算机、移动通信、高速列车、大型飞机和核能等领域取得一批标志性创新成果并实现产业化,形成了若干新的经济增长点。新一代可循环钢铁流程工艺、清洁煤电成套装备、特高压输变电、新能源汽车和半导体照明等一批核心关键技术取得突破,为提升产业竞争力和促进节能减排降耗作出了积极贡献。超级稻、矮败小麦、禽流感疫苗、肿瘤靶向治疗、抗肝炎新药以及生产安全、食品安全和污染控制等领域的重大技术研发与推广应用,为农业增产和民生改善提供了技术保障。

(二)面临形势。

"十二五"是我国建设创新型国家的关键时期,全面建成小康社会、加快转变经济发展方式对自主创新能力建设提出了更高、更紧迫的要求。

1. 加强创新能力建设是提升国家竞争力的迫切要求。国际金融危机影响深远,主要国家纷纷调整创新战略,不断优化创新政策环境,加大创新基础设施建设投入,世界进入依靠创新繁荣实体经济的深度调整期。创新全球化加速了人才、技术等创新要素的国际流动,为各国提升创新能力带来了重大机遇和严峻挑战。要在全球经济大调整、大变革中掌握主动权,必须加快提升创新能力,抢占科技发展制高点,构筑国际竞争新优势。

2. 加强创新能力建设是实现重大科技突破的重要举措。当前,能源资源、信息通信、人口健康、现代农业和先进材料等关系现代化建设进程的重要领域正孕育革命性突破,将催生一批战略性新兴产业,引发以绿色、健康和智能为特征的新产业革命,推动产业结构重大调整。要避免与新科技革命和产业革命带来的重大历史机遇失之交臂,必须实现创新能力质的飞跃。

3. 加强创新能力建设是加快转变经济发展方式的重要支撑。当前经济、产业的竞争已前移到科技进步和创新能力的竞争,特别是随着我国工业化迅速推进,劳动力、原材料和环境保护等成本持续上升,经济社会发展面临的资源能源和生态环境约束压力进一步加大,迫切需要依靠创新实现转型发展。我国经济总量已跃居世界第二位,主要产业面临由大转强的艰巨任务,迫切需要以提高经济增长质量和效益为中心,强化创新驱动,加快实现产业结构优化升级和经济发展方式转变。

4. 加强创新能力建设是破解社会发展难题的客观需要。解决好人民群众普遍关心的基本公共服务问题,构建和谐社会,迫切需要加快教育、医疗卫生、文化和公共安全等重要社会服务领域创新能力建设,构筑惠及全民的低成本、高质量、广覆盖的社会服务保障体系，缩小城乡、区域间基本公共服务保障水平的差距，满足国民基本公共服务需求。

当前，我国自主创新能力建设仍存在一些突出问题，主要表现在：创新能力建设缺乏系统前瞻布局，与世界先进水平相比还有较大差距；创新资源配置重复分散、使用效率不高、共享不足；企业创新动力和活力不足，技术创新的主体作用没有得到充分发挥；投入不足与结构不合理并存，持续投入机制尚未形成；知识产权保护等创新环境有待完善。面对新形势和新要求，必须把科技创新作为提高社会生产力和综合国力的战略支撑，摆在国家发展全局的核心位置，以战略眼光和全球视野，抓住机遇，应对挑战，充分利用现有基础，着力加强薄弱环节，以更大力度推进我国自主创新能力建设。

二、指导思想、建设目标和总体部署

(一)指导思想。

以邓小平理论、“三个代表”重要思想、科学发展观为指导，着眼国家全局性和长远性发展需求，实施创新驱动发展战略，以体制机制改革为保障，统筹创新能力建设布局，加强自主创新的物质技术基础和人才队伍建设，促进创新资源合理配置，增强创新主体动力和全社会创新活力，更加注重协同创新，全面提升原始创新、集成创新和引进消化吸收再创新的能力和水平，加快创新型国家建设，为经济社会发展提供有力保障。

(二)建设目标。

到“十二五”末，我国自主创新能力建设的目标是：

——创新基础条件建设布局更加合理。投入运行和在建的重大科技基础设施总量接近50个，形成一批世界一流的科学中心。重点建设和完善100家国家工程中心，新建若干家国家工程(重点)实验室，认定一批国家级企业技术中心，产业技术创新、重大技术装备研制和重点工程设计的支撑条件更加完善。

——重点领域创新能力明显提升。农业、制造业、战略性新兴产业、能源和综合交通运输等产业创新能力大幅提升，教育、医疗卫生、文化和公共安全等社会领域创新能力建设取得重要进展。

——创新主体实力明显增强。企业技术创新主体地位进一步强化，大中型工业企业研发投入占主营业务收入比例达到1.5%，一批创新型企业进入世界500强。建成若干一流科研机构，创新能力和研究成果进入世界同类科研机构前列；建设一批高水平研究型大学，一批优势学科达到世界一流水平，关键核心技术的有效供给能力明显提升。

——区域创新能力布局不断优化。初步形成东中西部分工协作、功能互补、多层次合作的区域创新体系。区域性创新服务平台建设得到加强。

——创新环境更加完善。创新人才队伍结构更加合理，涌现一批高端创新人才、工程技术人才和创新服务人才，每万名就业人员的研发人力投入达到43人年。知识产权保护得到切实加强。每万人发明专利拥有量提高到3.3件，专利质量和专利技术实施率明显提高。

(三)总体部署。

“十二五”时期，我国自主创新能力建设的总体部署是：加强政府统筹规划指导，更加发挥市场在资源配置中的基础性作用，引导社会创新主体积极参与，重点推进科学研究实验设施和各类创新基地建设，加强科技资源整合共享和高效利用，健全国家标准、计量、检测和认证技术体系，支撑科技跨越发展；加快推进重点产业关键核心技术研发和工程化能力建设，提升重点社会领域创新能力和公共服务水平，构建各具特色、协调发展的区域创新体系，支撑经济社会创新发展；加强创新主体能力、人才队伍和制度等创新环境建设，深化国际交流与合作，强化知识产权创造、运用、保护和管理能力，激发全社会创新活力，提高创新效率和效益。

三、加强科技创新基础条件建设

(一)科学研究实验设施。

1. 规划建设国家重大科技基础设施。瞄准科技前沿和国家重大战略需求，坚持有所为、有所不为，以能源科学、生命科学、地球系统与环境科学、粒子物理和核物理科学、空间和天文科学、材料科学、工程技术科学等7个领域为重点，统筹国家重大科技基础设施建设布局。“十二五”时期，综合考虑科学目标、技术基础、科研需求和工程队伍等因素，优先安排海底科学观测网、转化医学研究设施、中国南极天文台等16项重大科技基础设施建设。

2. 加强国家重点实验室建设。按照明确定位、完善布局、规范管理、共建共享的原则，进一步加强国家(重点)实验室建设。围绕重大科技任务、重大科学工程、重大科学方向探索开展国家实验室建设。加强高等学校和科研院所国家重点实验室建设，打造国际一流水平的基础研究骨干基地。在明确定位标准、系统规划设计的基础上建设企业国家重点实验室，引领和带动行业技术进步。积极推进港澳地区国家重点实验室伙伴实验室建设。围绕部门、地方优势和特色，培育国家重点实验室。

3. 提高科研装备水平。加强科学规划和系统设计，改善科研装备条件，进一步提高现有科研仪器设备的使用效率。继续推进重大科研装备自主研制，探索科研装备自主开发有效模式。强化重大科学仪器设备开发和应用，增强科研条件资源的自主装备能力。

4. 稳步推进国家野外科学观测研究站（网）建设。加强农业、气象、生态、环保、交通、水利等领域野外科学观测研究站（网）建设。加快推进野外科学观测研究站（网）的信息化，改善观测环境和科研条件，形成一批联网运行和资源共享的综合性、专业性野外科学观测研究基地。

（二）科技资源与信息平台。

1. 加强自然科技资源库建设。继续开展自然科技资源的搜集、保藏和安全保护，整合和完善科学植物园、动植物种质资源库、微生物菌（毒）种和人类遗传资源库、临床样本和疾病信息资源库、实验材料和标准物质资源库、岩矿化石和生物标本资源库。

2. 推动重点领域科技资源平台建设。在信息、生物、新材料、航空航天、能源、海洋、节能减排等重点领域以及新兴、前沿和交叉学科领域，推动多学科交叉集成、面向社会开放服务的科技资源平台建设。

3. 加快科学数据平台建设。实施科研信息化应用推进工程，强化国家重要科研信息化基础设施的综合应用和服务能力。加强中国科技资源共享网建设，构建科技资源从数据获取、存储、处理、挖掘到开放共享的完整信息服务链。建设集中与分散相结合的国家科学数据中心群，形成国家科学数据分级分类共享服务体系。抢救濒临丢失的重要科学数据。继续加强专利、工艺、标准、科技报告等科技文献资源的整合和开放。

（三）标准计量检测认证平台。

1. 加强标准和认证认可体系建设。完善国家和行业技术标准资源服务平台，加强标准化与科技创新、产业升级协同发展，加快关键技术标准研制，提高参与制定国际标准的能力。推进科技基础条件平台标准化工作，加强科技资源标准化整理工作，提高数字化表达水平。完善信息安全产品国家认证制度，突破食品安全、碳排放、新能源、节能环保、交通运输工具、再制造、农业和生物、医药、现代服务业等领域认证认可关键技术，提升标准和认证认可技术支撑能力。

2. 加强检验检测平台建设。整合资源，构建以国家级机构为龙头、区域性机构为基础、企业及社会检测资源为补充的检验检测体系。重点支持战略性新兴产业、现代服务业、现代农业等产业和领域检验检测能力建设，研制关键检测技术、方法和装备。在产业集聚地和主要进出口口岸规划建设一批综合性检验检测平台，增强适应产业创新和国际化发展的检验检测能力。

3. 积极推进计量测试平台建设。掌握基本物理常数、量子基准关键技术及精确测量先进方法、国际关键比对技术与方法，前瞻布局建设和完善计量基标准和重大精密测量基础设施，构建产业发展急需的计量测试平台；在新材料、新能源、智能电网、生物与食品安全、先进制造、应对气候变化、环境保护、城市矿产、医药安全和国防建设等领域形成满足需求的有效测量和溯源能力，健全高端分析仪器量值溯源体系，构建满足国内需求并与国际接轨的国家计量基标准和量值传递体系。

四、增强重点产业持续创新能力

（一）农业创新能力。

1. 加强农业技术创新平台建设。围绕我国粮食安全、种业发展、主要农产品供给、农产品质量安全、生物安全、农林生态保护等，加强农业重点实验室、农业应用研究示范基地、科学观测实验站、品种改良中心、种质库（圃）等创新基地和平台建设。依托公益性行业科研专项等国家科技计划，围绕动植物良种、生态林业、生态农业、海洋农业、农机装备、新型肥药、农产品精深加工、高效栽培、绿色种植、健康养殖、节本降耗、节水灌溉、植物病虫害统防统治、动物疫病防控、农业防灾减灾、农业农村信息化、水文水资源监测、水土流失防控、河口海岸滩涂开发治理和保护等方面重大技术需求，建设和完善一批关键共性技术创新平台。开展农业面源污染监测、防治科技攻关，提升农业可持续发展的能力。结合实施转基因生物新品种培育科技重大专项、粮食丰产科技工程和种业科技创新工程等，建设产学研结合、育繁推一体化的现代种业创新体系，增强良种良法开发和推广应用能力。

2. 推进农业创新资源集聚。推进现代农业产业技术体系建设，完善以产业需求为导向、以农产品为单元、以产业链为主线、以综合试验站为基点的新型农业科技资源组合模式。积极培育以企业为主导的农业产业技术创新战略联盟，推进国家农业高新技术产业示范区和国家农业科技园区建设，构建适应高产、优质、高效、生态、安全农业发展要求的技术体系。

3. 加快农业技术推广体系建设。健全乡镇或区域性农业技术推广、动植物疫病防控、农产品质量监管等公共服务机构，构建以国家农技推广机构为主导，农业科研单位、有关学校、农民专业合作社、涉农企业、群众性科技组织、农民技术人员广泛参与的多元化农技推广体系，促进农业科技信息传播和成果推广应用。加快重大关键农业技术推广应用和农机农艺融合。大力实施科技特派员农村科技创业行动，鼓励创办领办科技型企业和技术合作组织，继续完善农业科技专家大院、星火科技12396等科技服务模式。继续实施星火计划、科技富民强县专项行动计划、科普惠农兴村计划，全面提升现代农业专业化、社会化技术服务和推广应用能力。

(二)制造业创新能力。

1. 加强制造业共性技术创新平台建设。以制造业结构调整和优化升级必需的基础工艺、基础材料、基础元器件、关键零部件和软件系统为重点，集聚、整合产业链各环节的创新资源，创新组织模式，搭建一批关键共性技术研发和工程化平台，为提升制造业新技术和新产品开发能力提供有力支撑。

2. 提高重大成套技术装备开发能力。围绕重大成套技术装备设计验证以及节能减排、资源综合利用和循环经济等关键技术开发，完善和提升产业技术创新、检测检验和系统验证服务等平台，培育发展专业化的工业设计、研发机构。完善相应的研发和推广应用体系，提升重大成套技术装备的系统设计能力和集成创新能力、配套产业的新技术和新产品开发能力。

3. 推动工业化和信息化深度融合。加强生产过程智能化和生产装备数字化应用示范，提升集散控制、数字控制等自动化和信息化技术集成创新能力。推进国家新型工业化产业示范基地建设。实施制造业信息化科技工程。根据行业技术发展要求，培育和发展网络制造等现代制造模式，促进“生产型制造”向“服务型制造”转变。

专栏1	制造业创新能力建设重点(其他略)
1	装备制造 机械基础零部件、基础工艺、高端仪器仪表、先进实用农机装备、煤机装备、海洋技术装备等设计、实验及检测，制造信息化、快速制造和再制造。
6	石化 大型特大型石化技术装备。
8	轻工 新型电池、农用新型塑料、酶制剂、食品加工、节能环保电光源、绿色智能家电。

(三)战略性新兴产业创新能力。

1. 加强战略性新兴产业创新平台和标准化建设。前瞻部署一批前沿技术研发平台，完善一批产业关键核心技术创新平台，重点建设一批工程化验证平台，为培育战略性新兴产业提供有力支撑。强化战略性新兴产业知识产权与技术标准前瞻布局，支持以企业为核心的专利战略联盟和技术标准联盟建设，掌握一批主导产业发展的知识产权和有国际影响力的技术标准，抢占战略性新兴产业技术发展制高点。

2. 推进战略性新兴产业创新成果应用示范。实施战略性新兴产业创新成果应用示范工程。依托产业创新资源聚集区，布局建设一批重大成果应用示范基地，支持商业模式创新，探索政府采购支持新方式，发展产业链完善、创新能力强、特色鲜明的创新集群，提升战略性新兴产业关键技术的工程化和产业化能力。

专栏2	战略性新兴产业创新能力建设重点(其他略)
1	节能环保 高效节能、低耗零排、环境安全、资源循环利用。
6	新材料 新型功能材料、先进结构材料、高性能复合材料、分离膜材料、有机硅材料、纳米材料、共性基础材料。

(四)现代服务业创新能力。

1. 加强服务业公共技术创新平台和标准体系建设。在金融服务、现代物流、商贸服务、高技术服务等领域，加强公共技术创新平台建设，开发和推广应用新技术，发展服务新产品，推进服务业结构优化升级。围绕发展信息系统集成服务、互联网增值服务、信息安全服务和数字内容服务等，建立和完善新兴服务业标准体系，加快形成先进服务业标准创制能力，提升专业化服务水平。

2. 加快服务业创新基地建设。依托有比较优势区域，建设主体功能突出、创新基础较好的区域性服务业创新中心和产业化基地，利用信息化技术手段，大力发展新兴业态，促进服务业规模化、品牌化和网络化发展。引导推动国家高技术服务业发展试点省(市)和国家高技术服务产业基地加强技术创新平台建设，延伸和完善产业链，促进高技术服务业集群发展。推动有条件城市加快发展各类高技术服务组织和机构，支撑服务业创新发展。

(五)能源产业和综合交通运输创新能力。

1. 推进能源产业和综合交通运输绿色发展。加快形成和提升新型煤化工、油气勘探、农村水电开发等重大节能减排技术创新能力，研究推广动力煤配制新技术，加强电力需求侧管理技术、电网资源优化技术等开发与推广能力，提高资源综合开发利用水平。实施低碳技术创新及产业化示范工程，加强碳捕集、利用和封存等技术研发和应用能力。加快建设智能化数字交通管理、综合交通运输和绿色交通等领域中带动性强的关键技术研发平台；建设全国交通数据中心，构建综合交通信息服务平台。

2. 提高能源生产运行和交通运输安全的技术保障能力。在能源产业领域，重点围绕煤矿、电站、油气田生产安全和电网、油气管网运行安全等，完善一批研发和工程化设施，提升安全防控技术支撑能力；在综合交通运输领域，构建覆盖设计、建设、运行、管理等环节的安全技术创新体系，重点加强铁路、公路、水运和航空等重大基础设施耐久性评价与安全保障技术创新平台建设，提高安全事故主动防控能力。

3. 强化能源和交通重大工程建设的技术支撑。集聚整合行业优势创新资源，加强关键技术、装备和工艺创新能力建设，加速创新成果转化，保障国家煤炭基地、大型水（核）电站、智能电网、近海海域和深水油气田勘探开发、高速铁路、高速公路、大型公路桥梁、航道整治、沿海深水港口、干线机场、综合交通枢纽等重大工程顺利建设。

专栏 3　能源产业和综合交通运输创新能力建设重点（略）

五、提高重点社会领域创新能力

（一）教育领域。

1. 加强教育信息化应用体系建设。推动“宽带网络校校通”、“优质资源班班通”、“网络学习空间人人通”建设，构建和完善网络教学体系。全面推进教育信息化应用，鼓励有条件的学校推进数字化学习中心、数字化校园、数字化图书馆和虚拟实验室建设，促进课堂互动教学、网络互动学习，提升教育教学技术水平。加快发展开放灵活的教育资源公共服务平台，促进优质教育资源普及共享。加大教育信息化培训力度，推广教师信息化教育技术能力标准，加强教师、技术人员和管理人员专业化培训，提高教师应用信息技术的水平。

2. 提高教育信息化的技术支撑能力。开发适应多终端共享要求的内容资源、学习工具和资源生成系统，提高教育信息化技术装备水平。加强数字化教学设施、特殊教育技术手段等技术创新。建设教育信息技术集成推广、教育技术装备与系统、教育支撑软件开发等创新平台，提升教学标准评测认证和教育资源质量审定评测能力。

3. 加强教育管理信息化建设。制定国家教育管理信息标准与编码规范，制定学校信息化管理业务标准与规范等教育信息化标准。搭建安全高效的国家教育管理公共服务平台，建设教育管理信息系统，完善教育基础信息数据库，提高教育管理效率和服务能力。建立健全数字化校园网络信息安全监管机制。

（二）医疗卫生领域。

1. 加强医疗卫生公共服务技术能力建设。推进医疗卫生信息化，完善国家、省和地市三级卫生信息平台。推进公共卫生、医疗服务、医疗保障、基本药物和综合管理等业务应用系统建设。加快临床信息资源库与数据库建设，促进相互关联与整合。建立城乡居民电子健康档案和电子病历资源库，提高临床路径实用性和电子化水平。推进医疗卫生服务先进适用技术、装备和系统的研发、产业化，并加快推广应用。

2. 推进医疗卫生技术基础能力建设。加强基础性卫生信息标准研发，统一卫生领域术语信息标准和代码标准，研究制订公共卫生和医院信息化功能规范及业务流程规范。研究制订适应业务需求的数据标准、交换标准和技术标准及临床决策智能知识库。推进中医药标准建设和中药质量认证。建立和完善重大公共卫生、传染病和高等级生物安全实验室监测预警体系。

3. 强化疾病防治技术能力建设。加强心脑血管病、肿瘤、糖尿病、慢性呼吸系统疾病等慢性病、地方病和职业病早期预警、预防干预与诊断治疗共性关键技术研发能力建设，加强病因、致病机理等相关基础研究，健全“预防—诊断—治疗”技术体系。围绕常见病、多发病、传染病和地方病，加快新型诊疗技术、装备、诊断试剂、疫苗和药物的开发与工程化能力建设，建立和完善相关标准，提高“发生—甄别—处置”系统诊疗能力。加强中医药研究体系建设，提高中医药防病治病能力。建立精神疾病与心理健康等临床诊疗标准，完善基础与临床医学研究体系。加强妇幼保健技术能力建设，预防和减少出生缺陷。加强中国人群特有的营养健康、慢性疾病以及生殖健康、老年健康等的预测、预防和干预研究，健全综合防治体系。

（三）文化领域。

1. 推进文化科技创新能力建设。着眼现代文化产业体系建设需要，在出版、印刷、传媒、影视、演艺、网络游戏、网络音乐、动漫等领域推动建设技术创新平台和产学研战略联盟，支持数字文化创意、数字出版、数字影视制作、数字投送等创新技术应用，形成一批文化资源数据库，增强文化科技创新基础能力。实施文化科技创新工程，突破一批核心、关键、共性技术，推进相关技术标准研制，充分利用信息技术等先进技术支撑文化装备、材料、工艺、软件、系统的研制和发展，提高科技对传统文化业态的升级改造和对新兴文化业态的培育能力。依托国家高新技术园区、国家可持续发展实验区、国家级文化产业(试验)示范园区、国家文化产业示范基地、国家动漫游戏产业振兴基地等建立国家级文化和科技融合示范基地，促进文化与科技创新资源和要素互动衔接，加快培育和发展文化创意、数字出版、数字印刷、数字媒体、动漫游戏等新兴文化产业。跟踪新媒体发展趋势，充分发挥基于互联网和移动通信技术的新媒体在催生文化新业态、优化文化产业结构、完善文化产业链等方面的重要作用。

2. 创新公共文化服务手段和服务内容。充分利用信息技术，大力开发新型文化产品，增强公共文化产品供给能力，满足人民群众多样化文化需求，使城乡居民平等享受公共文化服务。加快现代科技在图书馆、文化馆(站)等公共文化场馆中的普及和应用，充分发挥信息技术和直播卫星技术在农家书屋、全民阅读、文化信息资源共享、数字图书馆推广、公共电子阅览室、国家公共文化服务体系示范区(项目)创建等重点文化惠民工程建设中的作用，完善公共文化服务网络，构建技术先进、传输快捷、覆盖广泛的现代传播体系。加强国际传播能力建设，构建网络化国际文化交流服务平台，创新中国文化“走出去”方法和手段，提升中国文化的表现力和传播力。

(四)公共安全领域。

1. 增强突发事件监测预警技术能力。健全地质地震灾害、气象灾害、水旱灾害、生态环境灾害、海洋灾害、生物灾害和森林草原火灾等自然灾害监测体系和预警预报信息发布平台，完善食品安全、突发急性传染病、群体性不明原因疾病、动物疫情和职业危害等公共卫生事件信息平台和监测预警网络，建立社会安全基础数据库，形成统一指挥、功能齐全、反应灵敏、运转高效的监测预警体系。完善国家重大工程和公共基础设施监测监控平台，建立和完善水利水电工程、区域及跨区域电网、油气管线、高速铁路、机场、道桥、隧道、港口、发电厂、核设施、城市大型复杂建筑和国家基础信息网络等监测监控及信息安全保障技术体系。

2. 提高应急管理技术水平。进一步加强国家应急平台建设，完善公共安全网络和信息技术标准与应用规范，强化跨部门、跨区域协同处置突发事件的技术支撑能力。加快应急管理基础数据库建设，推进重要技术资料、历史资料收集管理和共享，为妥善应对各类突发公共事件提供可靠基础数据。在重大事故灾难与应急救援、职业危害预防控制、自然灾害防治、公共卫生保障、社会安全防范等领域，加强安全保障关键共性技术开发与转化，加大公共安全关键技术和装备的攻关力度，增强防范和处置突发事件的能力。

专栏4　公共安全保障能力建设重点（略）

六、强化区域创新发展能力

(一)加快建设各具特色的区域创新体系。

结合区域经济社会发展的特色和优势，加快区域创新能力布局建设，构建运行高效的区域创新网络，鼓励创新资源密集的区域率先实现创新驱动发展，支持具有特色创新资源的区域加快提高创新能力。东部地区要发挥开放和科教资源密集优势，集聚国际创新资源，重点提升长江三角洲、珠江三角洲、京津冀等区域的自主创新能力，支撑产业高端化、国际化发展。中部地区要发挥承东启西区位和产业技术基础齐全的优势，强化与东西部地区的人才、技术和设备等创新要素对接，加强产业配套创新能力建设。西部地区要发挥特色资源和产业优势，加快产业技术研发与产业化能力建设，形成若干有较强创新能力的特色优势资源综合利用加工基地、新能源基地和先进装备制造基地。东北地区等老工业基地要发挥产业和科技基础较强的优势，强化现代产业科技支撑体系，推动高端装备制造业发展和传统制造业转型升级，加快新型工业化进程。以交通、水利、农业、气象、质检、环保等为重点，推进跨区域公共技术创新和服务平台建设，探索建立有效的跨区运行机制和模式，着力解决水污染控制、大气污染防治、污染土壤修复、农业面源污染防治、公共安全等综合性问题。

(二)推进重点创新集聚区建设与发展。

加强北京中关村、武汉东湖、上海张江等国家自主创新示范区建设，推进体制机制创新和政策先行先试，加快创新支撑条件建设，探索创新驱动发展的新思路、新模式。推动国家高新技术产业开发区和国家经济技术开发区以提升自主创新能力为核心的“二次创业”，加快建立服务于知识技术密集型产业发展的共性技术创新平台和公共服务平台，优化创新创业环境，增强园区自主创新和持续发展能力。推进国家创新型试点城市建设，带动形成一批各具特色、充满活力的省级创新型城市，构建特色鲜明、优势互补的创新型城市群，培育若干有国际影响力的区域经济增长极。

七、推进创新主体能力建设

（一）加强企业技术创新基础能力建设。

1. 深入实施国家技术创新工程。鼓励产业技术创新战略联盟按产业发展需求构建创新链，推进创新型企业建设，加大对企业创新基础能力建设支持力度，促进创新资源向企业集聚。鼓励符合条件的企业承担或参与企业国家重点实验室、工程实验室、工程中心以及中试和技术转移平台建设，鼓励企业承担国家和地方科技计划项目。深化转制院所改革，增强行业关键共性技术开发服务能力和技术辐射能力。

2. 加强企业研发机构建设。采取有效政策措施，引导企业加大产业发展前沿技术研发力度。实施企业技术创新百强工程，重点建设一批国家认定企业技术中心，大力发展省市、行业认定技术中心，完善重大新产品研发与技术升级支撑体系。鼓励有条件的企业在海外建立研发中心，提升企业新产品、新工艺和新技术开发能力。

3. 推进中小企业创新服务体系建设。在中小企业集聚区布局建设一批技术创新服务平台，增强产品创新、工艺创新和服务创新支撑能力。实施中小企业信息化推进工程，完善第三方信息化应用服务平台，搭建行业应用平台，加快中小企业信息化建设步伐。

专栏5　企业技术创新基础能力建设重点

1	国家技术创新工程 以提升企业自主创新能力和产业核心竞争力为主旨，促进政产学研用紧密结合，进一步创新管理，着力建立企业主导产业技术研发创新的体制机制，引导和支持创新要素向企业集聚。构建一批支撑经济结构战略性调整的产业技术创新战略联盟，建设完善一批面向企业的技术创新服务平台，培育形成一批具有较强国际竞争力的创新型企业，推动一批重大科技成果产业化应用，培育一批高端化、集约化、专业化的创新型园区。
2	企业技术创新百强工程 选择高技术产业、国民经济支柱产业和我国具有比较优势的重点产业的行业排头兵企业，培育百家在产业自主创新中具有领军作用的大企业集团和创新优势企业，培育一批组织健全、实力雄厚的企业研究开发机构。

（二）提升高等院校和科研院所创新能力。

深入实施“211 工程”、“985 工程”和“高等学校创新能力提升计划”，重点完善基础研究、应用基础研究平台，整合高等院校优势创新资源，建设一批高水平研究型大学，加强跨学科交叉研究机构、跨校研究中心建设，增强高等院校创新人才培养能力、基础研究和前沿技术创新能力。持续稳定支持基础研究类和社会公益类科研机构，实施中科院“创新2020”，在重点领域形成国际一流的优势学科和研究基地，大幅提升科研院所原始创新能力和重大技术系统集成能力。依托具有较强研究开发和技术辐射能力的科研院所，利用现有基础条件和综合优势，合理布局一批国家重大公益性科技基础设施。大力推动协同创新，建立与产业、区域经济紧密结合的技术研发和成果转化机制，提升高校和科研院所服务国家重大需求、支撑产业结构调整和促进区域协调发展的能力。

专栏6　高等院校和科研院所创新能力建设重点（略）

（三）增强科技中介机构创新服务能力。

1. 积极推进各类科技中介服务机构发展。引导科技中介服务机构向服务专业化、功能社会化、组织网络化、运行规范化方向发展。加强骨干中介机构技术服务能力建设，提升技术服务设备水平，培养高水平人才和从业人员。推动中介机构应用现代科学技术，创新服务方式与手段，推动业务向技术集成、产品设计、工艺配套以及管理咨询等领域拓展。发挥行业协会、学会和产业组织作用，加强对科技咨询、技术评估、信息服务和创业投资服务等中介服务机构的指导，增强中介机构专业化服务能力。

2. 提高科技中介机构服务创新的水平。以提高创业服务能力为重点，大力推进大学科技园、留学人员创业园、科技企业孵化器发展，为科技型初创企业提供优质、高效、全方位服务。以加速创新成果转移扩散为目标，增强国家技术转移中心、生产力促进中心和技术交易中心等组织专业化服务能力。大力发展创业投资服务机构，吸引社会资金支持创新活动。加强科技信息机构的信息采集与综合加工能力建设，提升政策咨询与评估机构的决策咨询与技术支撑能力，面向社会提供科技信息和决策咨询服务以及第三方技术评估服务。

（四）进一步深化企业主导的产学研合作。

加强协同创新，积极探索推进产学研相结合的有效模式。鼓励行业骨干企业与高等院校、科研院所、上下游企业、行业协会等共建研发组织，建设产业关键共性技术创新平台。支持企业牵头组织高等院校和科研院所共同承担国家科技计划项目，探索企业选题、共同研发的新模式。建立企业主导的产业技术创新战略联盟，强化其组织技术创新合作、创新平台建设、技术转移扩散、人才联合培养等功能。

八、加强创新人才队伍建设

(一)科技创新领军人才。

实施创新人才推进计划和青年人才开发计划，设立科学家工作室，依托高等院校、科研院所和大型骨干企业，加快建设一批创新人才培养示范基地和国家青年英才培养基地，培养造就一批世界水平的科学家、中青年科技创新领军人才、科技创新创业人才和青年拔尖人才等。统筹实施“千人计划”等引才引智计划，在前沿技术和新兴产业领域建设一批海外高层次人才创新创业基地，为引进的世界科技发展前沿战略科学家、学术带头人和优秀创新团队提供研发条件保障。推荐优秀科学家参与国际科技组织和重大国际科技合作计划并担任重要职务，增强我国科技创新领军人才运用国内外科技资源的能力。

(二)产业创新紧缺人才。

以国家科技计划和重大工程为平台，以产业技术创新战略联盟和产学研合作项目为纽带，建设一批工程创新实训基地，实施专业技术人才知识更新工程，加快培养经济社会发展重点领域紧缺专门人才。实施国家高技能人才振兴计划，依托大型骨干企业、职业院校和职业培训机构，加快国家级高技能人才培养和实训基地建设。深入实施“卓越工程师教育培养计划”，推行校企合作、工学结合和顶岗实习等高技能人才培养模式，造就一大批工程技术领军人才和具有创新意识的高技能人才。加快工程教育和工程师资格国际互认进程，培养专业化、国际化、复合型工程技术人才队伍。加强基层农业技术推广人才队伍建设。鼓励支持生产一线人员立足本职岗位开展技术创新，提升科学素质和劳动技能。

(三)创新创业服务人才。

加强服务于创新创业的各类人才培养。以服务科研开发为目标，培养一批具有较高专业技能的科研支撑人员。着眼产业技术发展需求，培养一批了解产业科技前沿和市场需求的信息分析专门人才。围绕提高创业服务水平，培养一批人事代理、人才测评、心理咨询、人才选拔、就业指导等方面专业人才。依托国家知识产权人才培训基地，加快国家(地方)知识产权人才库和专业人才信息网络建设，重点培养社会急需的企业知识产权管理和中介服务人才。实施科普人才队伍建设工程，加强科普人才培养与在职培训，壮大科普人才队伍。

(四)完善创新人才使用激励机制。

改进科技成果管理制度，鼓励探索知识、技术、管理、技能等要素参与分配的机制，探索有利于创新人才发挥作用的多种分配方式，支持企业创新人才以股权、期权等多种形式参与收益分配。鼓励非职务创新。逐步完善政府奖励、用人单位奖励和社会奖励互为补充的多层次创新奖励体系，按照国家有关规定规范和鼓励社会力量设立创新奖项，表彰在创新活动中作出突出贡献的公民或者组织。布局建设一批人才特区，探索创新人才培养、使用、流动、评价制度，为创新创业人才开发提供示范。建立创业基地，通过创业辅导、资助启动资金、税收减免等多种方式，支持创新创业人才开发。

九、完善创新能力建设环境

(一)整合共享创新资源。

积极推进体制机制改革，促进创新资源有效共享、高效利用，加强科技资源和科技产出调查，统筹创新资源配置，深化跨部门、跨区域和跨行业开放合作，完善公共科技资源共建共享机制。完善财政资金支持的科技基础设施运行管理和绩效评估机制，推进高等院校和科研院所构建多种模式的创新资源开放共享机制，鼓励和引导创新资源向社会开放。加强国家、行业、地方的重点实验室、工程中心、工程实验室和公共技术服务平台的统筹衔接，完善部省会商、院地合作、部门共建等协同机制，促进中央与地方创新资源优化配置及有效整合。

(二)加强知识产权创造、运用、保护和管理。

加快构建以国家知识产权数据中心为核心、区域(行业)知识产权信息服务中心为支撑、知识产权中介服务机构与维权援助机构为基础的知识产权信息服务体系，提升知识产权信息公共服务能力。强化国家科技重大专项、国家科技计划的知识产权前瞻布局，加强重大科技项目知识产权全过程管理。落实完善国家资助开发的科研成果授权和利益分享机制。建立重大经济活动知识产权审议机制，构建知识产权分析预警体系，提高知识产权创造和布局针对性。深入开展企事业单位知识产权试点示范工作，实施中小企业知识产权战略推进工程和知识产权优势企业培育工程，增强企事业单位的知识产权运用能力。加强知识产权专业服务机构、知识产权维权援助机构的技术支撑能力和知识产权价值评估能力建设，促进知识产权转移转化。大力推进使用正版软件。完善知识产权保护措施，依法惩治侵犯知识产权的违法犯罪行为，为科技创新营造良好环境。

(三)推进科学普及能力建设。

构建开放程度高、延伸范围广的信息化、网络化全国科普设施体系，合理规划科技馆、自然科学博物馆等科普设施建设。推进科研机构、高等院校向社会开放，开展科普活动。引导社会加大科普投入，繁荣科普创作。推进科技计划成果科普化，推动科普网站、虚拟博物馆和虚拟科技馆建设，利用手机、互联网和移动电视等新媒体技术和手段，创新科普传播方式方法，提升科学资源的普及效率和水平。完善全国科普信息资源共享和交流平台，完善国家科普统计制度，集成国内外科普信息资源，健全科普资源配送体系。

（四）大力培育创新文化。

营造“尊重知识、尊重人才、鼓励探索、宽容失败”的创新文化氛围，开展创新方法培训，强化科学精神、创造性思维和创新能力教育培训。拓宽创新文化传播渠道，支持产业组织、社会公益组织和有关国际组织联合搭建创新交流平台，打造若干具有国际影响的创新论坛，加强自主创新成果展示；引导和支持电视台、电台、网络、手机、报刊等传播创新理念，宣传创新案例，报道创新动态，普及创新知识。

（五）提升国际合作水平。

根据我国发展需要，制定科技发展国际化战略，积极开展全方位、多层次、高水平的科技国际合作。加大引进国际科技创新资源的力度。加强我国科研机构、高等院校、企业与国外科研机构的合作交流，合理规划、有序推进联合实验室、联合研究中心建设。在具备条件的地方和行业，建立与发展需求密切结合的国际技术转移中心，形成不同层次、不同形式的国际科技合作平台。积极参与气候变化、重大疾病、公共安全等全球性重大科技合作，大力推进政府间合作和科研项目合作，不断探索合作新模式。加强内地与港澳台地区科技交流，建立更加紧密的科技合作关系。

十、规划实施

（一）加强组织领导。

各相关部门要高度重视，充分发挥积极性和主动性，抓紧制定具体措施，分解任务，明确责任，创新机制，确保规划提出的各项任务落到实处。各地区要结合本地区特点和发展需求，制订相应专项规划，切实推进本地区自主创新能力建设。建立部门之间、中央与地方之间的工作会商制度和协调机制，加强相关规划的有机衔接，形成共同推进规划落实的良好局面。

（二）完善支持政策措施。

深入贯彻落实科学技术进步法等相关法律法规，进一步完善促进国家自主创新能力建设的法律法规和政策，加强产业政策、财税政策、金融政策等与创新能力建设的衔接协调。根据世界贸易组织的有关规定，进一步研究并完善支持企业创新和科研成果产业化的财税金融政策，全面落实企业研发费用加计扣除、企业研究开发仪器设备加速折旧、进口国内不能生产的研发设施税收减免等税收激励政策，加快建立和完善知识产权质押贷款、风险投资等投融资政策。鼓励采用和推广具有自主知识产权的技术标准。建立健全技术产权交易市场。

（三）保障资金投入。

进一步完善和落实促进全社会研发经费逐步增长的相关政策措施，探索建立多元化、多渠道、多层次的科技投入体系。发挥政府在科技投入中的引导作用，鼓励和吸引全社会加大对自主创新能力建设的投入力度。推进金融机构、社会团体、企业、个人以及国外投资者参与高水平的研发设施建设。

（四）强化监督评估。

强化规划实施的监测、评估和督促检查，采取有效措施解决规划实施中遇到的问题，根据实际情况及时调整和完善规划的具体任务部署。建立综合评价和第三方评价制度，完善考核指标体系和监督机制，鼓励社会各界积极参与规划实施的监督。

三、国务院　关于印发循环经济发展战略及近期行动计划的通知　国发〔2013〕5号（2013年1月23日）

各省、自治区、直辖市人民政府，国务院各部委、各直属机构：

现将《循环经济发展战略及近期行动计划》印发给你们，请认真贯彻执行。

循环经济发展战略及近期行动计划

前　言

发展循环经济是我国的一项重大战略决策，是落实党的十八大推进生态文明建设战略部署的重大举措，是加快转变经济发展方式，建设资源节约型、环境友好型社会，实现可持续发展的必然选择。

近年来，各地区、各部门大力推动循环经济发展，循环经济理念进一步确立，产业体系逐步完善，发展水平不断提高，经济、社会和环境效益进一步显现。当前，我国已进入全面建成小康社会的决定性阶段，随着工业化、城镇化和农业现代化持续推进，我国能源资源需求将呈刚性增长，废弃物产生量将不断增加，经济增长与资源环境之间的矛盾更加突出，发展循环经济的要求更为迫切。

为指导和推动循环经济加快发展，实现“十二五”规划纲要提出的资源产出率提高15%的目标，国家编制了《循环经济发展战略及近期行动计划》，对发展循环经济作出战略规划，对今后一个时期的工作进行具体部署。各地区、各部门要从战略和全局的高度，充分认识加快发展循环经济的重要意义，落实工作责任，完善工作机制，加强协调配合，进一步加大工作力度，采取切实有效的措施，确保完成各项目标任务，全面提高生态文明水平。

第一章　现状与形势

第一节　"十一五"循环经济发展取得的主要成效

循环经济理念逐步树立。国家把发展循环经济作为一项重大任务纳入国民经济和社会发展规划，要求按照减量化、再利用、资源化，减量化优先的原则，推进生产、流通、消费各环节循环经济发展。一些地方将发展循环经济作为实现转型发展的基本路径。

循环经济试点取得明显成效。经国务院批准，在重点行业、重点领域、产业园区和省市开展了两批国家循环经济试点，各地区结合实际开展了本地循环经济试点。通过试点，总结凝练出60个发展循环经济的模式案例，涌现出一大批循环经济先进典型，探索了符合我国国情的循环经济发展道路。

法规标准体系初步建立。循环经济促进法于2009年1月1日起施行，标志着我国循环经济进入法制化管理轨道。公布实施了《废弃电器电子产品回收处理管理条例》、《再生资源回收管理办法》等法规规章，发布了200多项循环经济相关国家标准。一些地区制定了地方循环经济促进条例。

政策机制逐渐完善。深化资源性产品价格改革，实行了差别电价、惩罚性电价、阶梯水价和燃煤发电脱硫加价政策。实施成品油价格和税费改革，提高了成品油消费税单位税额，逐步理顺成品油价格。中央财政设立了专项资金支持实施循环经济重点项目和开展示范试点。开展资源税改革试点，制定了鼓励生产和购买使用节能节水专用设备、小排量汽车、资源综合利用产品和劳务等的税收优惠政策。完善了环保收费政策。出台了支持循环经济发展的投融资政策。

技术支撑不断增强。将循环经济技术列入国家中长期科技发展规划，支持了一批关键共性技术研发。实施了一批循环经济技术产业化示范项目，推广应用了一大批先进适用的循环经济技术。汽车零部件再制造技术已达到国际领先水平，废旧家电和报废汽车回收拆解、废电池资源化利用、共伴生矿和尾矿资源回收利用等一大批技术和装备取得突破。

产业体系日趋完善。产业废物综合利用已形成较大规模，产业循环链接不断深化，再生资源回收体系逐步完善，垃圾分类回收制度逐步建立，"城市矿产"资源利用水平得到提升，再制造产业化稳步推进，餐厨废弃物资源化利用开始起步。

"十一五"以来，通过发展循环经济，我国单位国内生产总值能耗、物耗、水耗大幅度降低，资源循环利用产业规模不断扩大，资源产出率有所提高，初步扭转了工业化、城镇化加快发展阶段资源消耗强度大幅上升的势头，促进了结构优化升级和发展方式转变，为保持经济平稳较快发展提供了有力支撑，为改变"大量生产、大量消费、大量废弃"的传统增长方式和消费模式探索出了可行路径。

表1　"十一五"时期循环经济发展情况

指标名称	单位	2005年	2010年	2010年比2005年提高(%)
能源产出率	万元/吨标准煤	1	1.24	24
水资源产出率	元/立方米	41.9	66.7	59
矿产资源总回收率	%	30	35	[5]
共伴生矿综合利用率	%	35	40	[5]
工业固体废物综合利用量	亿吨	7.70	16.18	110.1
工业固体废物综合利用率	%	55.8	69	[13.2]
主要再生资源回收利用总量	亿吨	0.84	1.49	77.4
主要再生有色金属产量占有色金属总产量比重	%	19.3	26.7	[7.4]
农业灌溉用水有效利用系数	—	0.45	0.5	11.1
工业用水重复利用率	%	75.1	85.7	[10.6]
秸秆综合利用率	%		70.6	

注：1. 能源产出率、水资源产出率按2010年可比价计算。

2. 主要再生资源包括废金属、废纸、废塑料、报废汽车、废轮胎、废弃电器电子产品、废玻璃、废铅酸电池等。(下同)

3. 主要再生有色金属包括再生铜、再生铝、再生铅三种。(下同)

4. [ ]内为提高的百分点。(下同)

同时必须清醒地看到，我国循环经济发展规模还有待扩大、发展水平有待提高，主要表现在：循环经济理念尚未在全社会得到普及，一些地方和企业对发展循环经济的认识还不到位；循环经济促进法配套法规规章尚不健全，生产者责任延伸等制度尚未全面建立；部分资源性产品价格形成机制尚未理顺，有利于循环经济发展的产业、投资、财税、金融等政策有待完善；循环经济技术创新体系和先进适用技术推广机制不健全，技术创新能力亟需加强；统计基础工作比较薄弱，评价制度不健全，循环经济能力建设、服务体系、宣传教育等有待加强。这些矛盾和问题已严重制约循环经济的发展，必须尽快加以研究解决。

第二节　循环经济发展面临的形势

资源约束强化。我国主要资源人均占有量远低于世界平均水平，加上增长方式仍较粗放，国内资源供给难以保障经济社会发展需要，能源、重要矿产、水、土地等资源短缺矛盾将进一步加剧，重要资源对外依存度将进一步攀升，可持续发展面临能源资源瓶颈约束的严峻挑战。

环境污染严重。我国环境状况总体恶化的趋势尚未得到根本遏制，重点流域水污染严重，一些地区大气污染问题突出，“垃圾围城”现象较为普遍，农业面源污染、重金属和土壤污染问题严重，重大环境事件时有发生，给人民群众身体健康带来危害。

应对气候变化压力加大。我国是最易受气候变化影响的国家之一，气候变化导致农业生产不稳定性增加，局部地区干旱高温危害严重，生物多样性减少，生态系统脆弱性增加。近年来，我国温室气体排放快速增长，人均排放量不断攀升，减排压力不断加大。

绿色发展成为国际潮流。近年来，为应对国际金融危机和全球气候变化的挑战，发达国家纷纷加快发展绿色产业，将其作为推进经济增长和转型的重要途径，一些国家利用技术优势，在国际贸易中制造绿色壁垒。在新一轮经济科技的竞争中，走绿色低碳循环的发展道路是必然的选择。

无论是从国内能源资源供给和生态环境承载能力看，还是从全球发展趋势和温室气体排放空间看，我国都无法继续靠粗放型的增长方式推进现代化进程。当前我国已进入全面建成小康社会的关键时期，也是发展循环经济的重要机遇期，必须积极创造有利条件，着力解决突出矛盾和问题，加快推进循环经济发展，从源头减少能源资源消耗和废弃物排放，实现资源高效利用和循环利用，改变“先污染、后治理”的传统模式，推动产业升级提升和发展方式转变，促进经济社会持续健康发展。

第二章　指导思想、基本原则和主要目标

第一节　指导思想

以邓小平理论、“三个代表”重要思想、科学发展观为指导，落实节约资源和保护环境的基本国策，围绕提高资源产出率，遵循“减量化、再利用、资源化，减量化优先”的原则，坚持统筹规划、重点突破、全面推进相结合，因地制宜、示范引领、推广普及相结合，制度创新、技术创新、管理创新相结合，政府推动、企业实施、公众参与相结合，健全激励约束机制，积极构建循环型产业体系，推动资源再生利用产业化，推行绿色消费，形成覆盖全社会的资源循环利用体系，加快转变经济发展方式，推进资源节约型、环境友好型社会建设，提高生态文明水平。

第二节　基本原则

强化理念，减量优先。推动全社会树立减量化、再利用、资源化的循环经济理念，坚持减量化优先，从源头上减少生产、流通、消费各环节能源资源消耗和废弃物产生，大力推进再利用和资源化，促进资源永续利用。

完善机制，创新驱动。健全法规标准，完善经济政策，充分发挥市场配置资源的基础性作用，形成有效的激励和约束机制，增强发展循环经济的内生动力。加强制度创新、技术创新、管理创新，提升循环经济发展水平。

改造存量，优化增量。对现有各类产业园区、重点企业进行循环化改造，提高资源产出率。产业园区、企业和项目要从规划、设计、施工、运行、管理等各环节贯彻循环经济的要求。按照自然资源开发利用和产品生产制造产业即动脉产业的特点，统筹对废弃物资源化利用相关产业即静脉产业进行合理布局，推动动脉产业与静脉产业协同发展。

示范引领，全面推进。在农业、工业、服务业各产业，城市、园区、企业各层面，生产、流通、消费各环节培育一批循环经济示范典型，全面推广循环经济典型模式，推动循环经济形成较大规模。

因地制宜，突出特色。根据主体功能定位、区域经济特点、资源禀赋和环境承载力等状况，科学确定各地区循环经济发展重点，合理规划布局，发挥区域优势，突出地方特色，切实发挥循环经济促进经济转型升级的作用。

高效利用，安全循环。提高资源利用效率，推动资源由低值利用向高值利用转变，提高再生利用产品

附加值，避免资源低水平利用和“只循环不经济”。强化监管，防止资源循环利用过程中产生二次污染，确保再生产品质量安全，实现经济效益与环境效益、社会效益相统一。

第三节 主要目标

循环经济发展的中长期目标是：循环型生产方式广泛推行，绿色消费模式普及推广，覆盖全社会的资源循环利用体系初步建立，资源产出率大幅提高，可持续发展能力显著增强。到“十二五”末的目标(近期目标)是：主要资源产出率比“十一五”末提高15%，资源循环利用产业总产值达到1.8万亿元。

表2 “十二五”时期循环经济发展主要指标(略)

第三章 构建循环型工业体系

在工业领域全面推行循环型生产方式，实施清洁生产，促进源头减量；推进企业间、行业间、产业间共生耦合，形成循环链接的产业体系；鼓励产业集聚发展，实施园区循环化改造，实现能源梯级利用、水资源循环利用、废物交换利用、土地节约集约利用，促进企业循环式生产、园区循环式发展、产业循环式组合，构建循环型工业体系。到2015年，单位工业增加值能耗、用水量分别比2010年降低21%、30%，工业固体废物综合利用率达到72%，50%以上的国家级园区和30%以上的省级园区实施了循环化改造。

第一节 煤炭工业(略)

第二节 电力工业(略)

第三节 钢铁工业

推进铁矿石资源综合开发利用。加强低品位矿产及难分选矿产综合利用。推动高磷铁矿、高硫铁矿中磷、硫等伴生元素的提取利用。推进铁尾矿伴生金属的高效提取利用、富铁老尾矿低成本再选和低铁富硅尾矿高值整体利用。鼓励利用尾矿砂生产建材、进行井下充填和开展生态环境治理等。

强化节能降耗。加快淘汰落后高炉、转炉等。推广连铸坯热送热装和直接轧制技术。优化烧结、球团生产工艺，提高精料水平。优化高炉炉料结构。推广干熄焦、干法除尘、烧结余热回收、干式压差发电(TRT)、高效喷煤、蓄热式燃烧、全燃煤气发电等技术。推动建立企业能源管理中心。

推动余热余压、固体废物和废水资源化利用。大力推广焦炉、高炉、转炉副产煤气回收利用和各工序余热余压发电，鼓励燃气蒸汽联合循环发电。鼓励转炉渣、含铁尘泥、氧化铁皮回炉烧结，利用高炉渣、转炉渣生产水泥等建材产品。推动利用焦油、焦炉煤气、粗苯等焦化副产品生产化工产品。鼓励建立企业内部水循环系统，对废水进行分质串级循环利用。

鼓励钢铁生产系统与社会生活系统循环链接。在有条件的地区，鼓励钢铁企业利用余热资源为城市供暖供热，利用再生水、矿井水、海水淡化水等非常规水补充新水。大力推动钢铁企业消纳铬渣、废塑料等废弃物。建立废钢回收体系，支持钢铁企业建设废钢加工配送基地。

构建钢铁行业循环经济产业链。构建焦化、冶炼—副产煤气、余热余压—发电，冶炼—废渣—建材，冶炼—含铁尘泥—烧结，炼焦—焦油、煤气—化工产品，冶炼—钢铁产品—废钢铁—电炉炼钢等产业链。

到2015年，吨钢综合能耗降到580千克标准煤，吨钢耗新水量降到4立方米，废钢回收利用量达到1.3亿吨，冶炼废渣综合利用率达到97%，重点钢铁企业焦炉干熄焦普及率达到95%以上。

第四节 有色金属工业(略)

第五节 石油石化工业

加强油气资源综合开发利用。推广高效油气分离、原油稳定和伴生气处理、高效真空加热等技术，加强对非常规油气资源的开采回收，鼓励有条件的地区运用二氧化碳驱油技术，提高油气采收率。加强油田伴生气、酸性气体等回收利用，推动油砂、油页岩利用产业化发展，加强高含硫化氢天然气中硫磺的综合利用。大力推动天然气分布式能源和大型液化天然气(LNG)接收站的冷能利用，提高天然气利用效率。

加强节能降耗。原油开采环节全面实施抽油机、驱动电机节能改造，推广不加热集油技术和油田采出水余热回收利用技术。加快淘汰落后工艺设备。鼓励采用先进的节能环保技术和装备，重点推广优化换热流程、提高冷凝液回收率、优化中段回流取热比例、降低汽化率、增加塔顶循环回流换热等节能技术。

推动废渣、废气、废水资源化利用。鼓励从石油炼制废催化剂中提取钴、铑、钯等稀贵金属。加强炼制各环节余热余压的回收利用。鼓励采用自动点火系统，加强火炬气回收，探索利用火炬气发电。提高硫磺回收率。推动稠油产出污水等采油废水深度处理回用，以及石化废水分类处理利用。

构建石油石化行业循环经济产业链。构建油气开采—油砂、油页岩—炼油，炼化—废催化剂—稀贵金属，炼化—废气—硫磺—化工产品，炼化—废气—供热、发电，炼化—余热余压—发电等产业链。

到2015年，原油加工综合能耗降到86千克标准煤/吨，乙烯综合能耗降到857千克标准煤/吨，石油石化行业单位工业增加值用水量比2010年减少30%。

第六节 化学工业

推动磷、硫、钾等矿产资源综合开发利用。加强对中低品位磷矿、硫铁矿、硼铁矿、钾矿等资源的开发利用。推进磷矿中氟、碘，硫铁矿和硼铁矿中铁，盐湖中锂、钾、钠、硼、镁等伴生资源的综合利用。

推进节能降耗。合成氨行业实施"上大压小"淘汰落后产能，重点推广先进煤气化、节能高效脱硫脱碳、低位能余热吸收制冷等技术。烧碱行业要逐步淘汰隔膜法烧碱工艺，提高离子膜法烧碱工艺比重。纯碱行业重点推动蒸汽多级利用、变换气制碱技术，积极推广应用新型盐析结晶器和循环泵等。电石行业要加快采用大型密闭式电石炉，重点推广电石炉炉气利用、空心电极等节能技术。煤化工行业鼓励再生水、矿井水利用及余热回收发电。

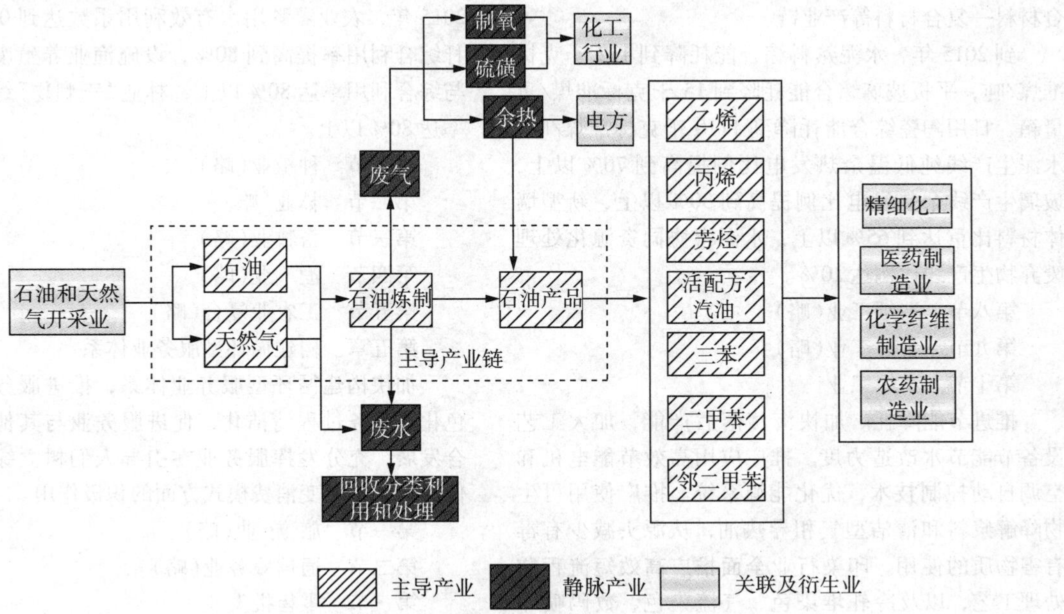

图1　石油石化工业发展循环经济基本模式图

推动"三废"资源化利用。纯碱行业重点推动氨碱废渣用于锅炉烟气湿法脱硫和蒸氨废液综合利用。氯碱化工行业重点推动利用电石渣生产水泥或用于脱硫，加强电石渣上清液回收利用以及电石炉尾气中一氧化碳、氢气综合利用。磷化工行业重点推动磷石膏制建材、分解制酸并联产水泥，黄磷炉尾气回收生产碳一化学品及热能回收利用。硫化工行业重点推动利用硫酸生产废渣炼钢和生产水泥，加强余热回收利用。煤化工行业重点推进废渣用于生产水泥等建材产品，推广煤制烯烃水循环利用、碎粉加压气化含酚废水治理、中水回用、高浓盐水处理、低温余热利用、高温气体热利用等技术。

构建化学工业循环经济产业链。构建磷矿—磷肥—磷石膏—建材，磷石膏—制酸—废渣—水泥，磷矿—磷肥—尾气—磷酸，电石—聚氯乙烯—电石渣—水泥，合成氨—造气炉渣—建材，焦化—废渣—水泥等产业链。

到2015年，合成氨综合能耗低于1350千克标准煤/吨，烧碱（离子膜）综合能耗降到330千克标准煤/吨，电石综合能耗降到1050千克标准煤/吨，行业平均中水回用率达到90%，固体废物综合利用率达到75%。

第七节　建材工业

加强节能降耗。重点推进窑炉等热工设备节能改造。继续推广大型新型干法水泥生产线，推进水泥粉磨、熟料生产等节能改造。推广纯低温余热发电等窑炉余热梯级利用技术，推进玻璃生产线低温余热发电。加强粉尘回收利用。进一步扩大禁止生产和使用实心黏土砖范围。

推动利废建材规模化发展。推进利用矿渣、煤矸石、粉煤灰、尾矿、工业副产石膏、建筑废弃物和废旧路面材料等大宗固体废物生产建材。在大宗固体废物产生量、堆存量大的地区，优先发展高档次、高掺量的利废新型建材产品。推动废玻璃、废玻纤、废陶瓷、废复合材料、废碎石及石粉等回收利用并生产建材产品。培育利废建材行业龙头企业。

发展绿色建材产品。鼓励发展绿色建材产品。重点加快发展节能玻璃、太阳能玻璃、复合多功能墙体材料、木塑复合材料等新材料。提高高标号水泥及高性能混凝土的应用比例，推进水泥及混凝土用量的减量化。

推进水泥窑协同资源化处理废弃物。鼓励水泥窑协同资源化处理城市生活垃圾、污水厂污泥、危险废物、废塑料等废弃物，替代部分原料、燃料，推进水泥行业与相关行业、社会系统的循环链接。

构建建材行业循环经济产业链。构建工业生产—废渣—建材，建筑废弃物、路面材料—建材，水泥、玻璃生产—余热—发电，水泥—粉尘—水泥，玻璃—废玻璃—玻璃，陶瓷—废陶瓷—陶瓷，石材—废碎石、石粉—人造石、砖，复合材料—废复合材料—复合材料等产业链。

到2015年，水泥熟料综合能耗降到112千克标准煤/吨，平板玻璃综合能耗降到15千克标准煤/重量箱，日用陶瓷综合能耗降到1110千克标准煤/吨，水泥生产线纯低温余热发电比例提高到70%以上，玻璃生产线余热发电比例提高到30%以上，新型墙体材料比重达到65%以上，水泥窑协同资源化处理废弃物生产线比例达10%。

第八节　造纸工业(略)

第九节　食品工业(略)

第十节　纺织工业

推进节能降耗。加快淘汰落后产能，加大工艺设备节能节水改造力度。推广应用高效节能电机和空调自动控制技术，优化能源系统。推广使用可生物降解浆料和清洁型气相导热油，从源头减少有毒有害物质的使用。印染行业全面推广高效短流程前处理工艺，以及冷轧堆染色、气流染色、数码喷印等印染加工技术。加快开发替代石油的生物质纺织纤维材料，鼓励利用废聚酯瓶、废旧丙纶等生产高附加值再生纤维，减少原生资源消耗。

加强废弃物资源化利用。鼓励进行废水循环利用和废水、废气热能回收利用。推动从印染废水中回收染化料、助剂，从印染废碱液中回收碱。鼓励利用化纤生产废气制酸。加强对生产废料、边角料的再利用。

推动废旧纺织品再生利用规范化发展。以废旧职业装再生利用为突破口，完善社会化废旧纺织品回收再利用体系。选择经济合理的废旧纺织品再生利用技术路线，推动废旧纺织品分类与安全环保加工处理，鼓励利用废旧纺织品生产建筑保温材料等产品。

构建纺织行业循环经济产业链。构建印染—废液—碱，化纤生产—废气—制酸，纺织—废水、废气—热能—纺织，纺织—边角料—纺织，纺织品—废旧纺织品—再利用产成品—纺织品，纺织品—废旧纺织品—保温材料，废弃聚酯—化纤—纺织品等产业链。

到2015年，纺织行业单位工业增加值能耗、取水量比2010年分别下降20%、30%，纺织纤维再利用总量达到800万吨。

第十一节　产业园区(略)

第四章　构建循环型农业体系

在农业领域加快推动资源利用节约化、生产过程清洁化、产业链接循环化、废物处理资源化，形成农林牧渔多业共生的循环型农业生产方式，加快农业机械化，推进农业现代化，改善农村生态环境，提高农业综合效益，促进农业发展方式转变。到2015年，农业灌溉用水有效利用系数达到0.53，秸秆综合利用率提高到80%，设施渔业养殖废水处理与综合利用率达80%以上，林业“三剩物”综合利用率达80%以上。

第一节　种植业(略)

第二节　林业(略)

第三节　畜牧业(略)

第四节　渔　业(略)

第五节　工农业复合(略)

第五章　构建循环型服务业体系

加快构建循环型服务业体系，推进服务主体绿色化、服务过程清洁化，促进服务业与其他产业融合发展，充分发挥服务业在引导人们树立绿色循环低碳理念，转变消费模式方面的积极作用。

第一节　旅 游 业(略)

第二节　通信服务业(略)

第三节　零售批发业

积极推行清洁生产。开展清洁生产审计、ISO14000环境管理体系认证。推动现有商用建筑进行保温、隔热改造并对采暖、制冷、通风、照明、冷藏等系统进行节能改造，采用自动控制扶梯等节能设备和技术。鼓励发展连锁经营、统一配送、电子商务等现代流通方式，运用物联网技术强化资源整合和供应链全程优化。

推进废弃物回收利用。鼓励零售批发企业对废弃包装物、废弃食品、垃圾等进行分类回收。鼓励批发零售企业采用以旧换新等方式回收废旧商品。严格执行“限塑令”，禁止销售、使用超薄塑料购物袋，落实塑料购物袋有偿使用政策。

推动绿色消费。充分发挥零售批发业连接生产和消费环节的桥梁作用，支持零售批发业采购节能环保产品，鼓励商贸流通企业开设绿色产品销售专区、专柜等，向消费者推介绿色产品，扩大绿色产品消费，带动绿色产品生产。积极培育租赁业、旧货业发展，促进产品再利用。

到2015年，营业面积在1万平方米以上的大型超市、百货店、专业店等零售业万元营业额能耗显著下降。

第四节　餐饮住宿业

推进餐饮住宿业绿色化。推动餐饮住宿业对照明、空调、锅炉系统进行节能改造，使用节能节水产品和无磷高效洗涤剂，分类排放生活垃圾，分类存放餐厨废弃物。鼓励大型住宿餐饮企业建设具有集中加工、采购、贮存和配送功能的厨房。

倡导绿色服务。倡导减少使用一次性木筷、快餐盒以及客房一次性牙刷、剃须刀等用品。鼓励企业开设绿色客房并给予消费者相应优惠。鼓励餐饮企业实行分餐制，按照营养均衡的要求，适量配餐，提供科学合理的菜单及不同规格的盛具。

到2015年，餐饮住宿业单位增加值能耗明显降低，一次性用品使用率大幅降低。

第五节 物 流 业(略)

第六章 推进社会层面循环经济发展

加快完善再生资源和垃圾分类回收体系，推动再生资源利用产业化，发展再制造，推进餐厨废弃物资源化利用，实施绿色建筑行动和绿色交通行动，推行绿色消费，实施大循环战略，加快建设循环型社会。

第一节 完善再生资源回收体系

完善再生资源回收网络。加快建设城市社区和乡村回收站点、分拣中心、集散市场三位一体的回收网络。鼓励各类投资主体积极参与建设、改造回收站点，建设符合环保要求的专业分拣中心，逐步建设一批分拣技术先进、环保处理设施完备、劳动保护措施健全的废旧商品回收分拣集聚区。

健全生活垃圾分类回收体系。完善生活垃圾分类回收、密闭运输、集中处理体系，在社区及家庭推行垃圾分类排放。鼓励居民分开盛放和投放厨余垃圾，建立高水分有机生活垃圾收运系统，实现厨余垃圾单独收集、循环利用。

加强重点再生资源回收。落实有关优惠政策，做好废金属、废塑料、废玻璃、废纸等传统再生资源的回收，提高回收率。创新回收方式，强化监督管理，推进废电器电子产品、报废汽车、废旧轮胎、包装物、废旧纺织品的回收，推动废铅酸电池、废镉镍电池、废弃含汞荧光灯、废温度计、废弃农药包装物等有害废物的回收。

到2015年，构建起先进完整的再生资源回收体系，垃圾分类工作取得明显进展，主要品种再生资源回收率达到70%。

第二节 推动再生资源利用产业化发展

推动废旧机电产品、电线电缆、通信设备、汽车、家电、手机、铅酸电池、塑料、橡胶、玻璃等再生资源利用的规模化、产业化发展。到2015年，主要再生资源利用总量达到2.66亿吨，产值达到1.2万亿元，就业人员1800万人。

推进再生资源规模化利用。鼓励再生资源加工利用企业集聚发展，进行园区化管理。加快培育再生资源龙头企业，鼓励通过兼并、重组、联营等方式，加快行业整合力度，提高产业集中度。

推进再生资源高值化利用。加快淘汰落后生产工艺和技术设备，推动再生资源分选、拆解、破碎、加工利用技术和装备升级。支持再生资源利用企业延长产业链，加快形成覆盖分拣、拆解、加工、资源化利用和无害化处理等环节的完整产业链，着力加强深度加工利用，提高产品附加值。提高废弃电器电子产品、报废机动车、报废船舶等的拆解及利用水平。做好执法部门罚没产品的回收利用工作。

推进再生资源清洁安全利用。严格执行环保、安全、卫生、质量标准，推动再生资源利用企业建设完善的环保设施，规范再生资源拆解、利用行为，避免二次污染，确保生产环节清洁安全和再生利用产品质量安全。

第三节 发展再制造

建立旧件逆向回收体系。支持建立以汽车4S店、特约维修站点为主渠道，回收拆解企业为补充的汽车零部件回收体系。规范建立专业化再制造旧件回收企业和区域性再制造旧件回收物流集散中心。积极利用现有再生资源回收网络，回收计算机服务器、硒鼓、墨盒等易回收产品。开展消费者交回旧件并以置换价购买再制造产品(以旧换再)的工作，扩大再制造旧件回收规模。

抓好重点产品再制造。重点推进机动车零部件、机床、工程机械、矿山机械、农用机械、冶金轧辊、复印机、计算机服务器以及墨盒、硒鼓等的再制造，探索航空发动机、汽轮机再制造，继续推进废旧轮胎翻新。

推动再制造产业化发展。支持建设再制造产业示范基地，促进产业集聚发展。支持再制造企业加快技术升级改造。建立再制造产品质量保障体系和销售体系，促进再制造产品生产与售后服务一体化。鼓励专业化再制造服务公司为企业提供整体解决方案和专项服务。建立再制造旧件回收、产品营销、溯源等信息化管理系统。

到2015年，实现年再制造发动机80万台，变速箱、起动机、发电机等800万件，工程机械、矿山机械、农用机械等20万台套，再制造产业年产值达500亿元左右。

第四节 实施绿色建筑行动(略)

第五节 构建绿色综合交通运输体系(略)

第六节 推进餐厨废弃物资源化利用(略)

第七节 推行绿色消费

树立绿色消费理念。推动全社会树立和践行文明、节约、绿色、低碳、循环的消费理念，引导节约消费、适度消费，反对铺张浪费。发扬勤俭节约的优良传统，摒弃讲排场、摆阔气、奢侈浪费的陋习，提高全社会节能、节水、节材、节粮意识。

倡导绿色生活方式。鼓励消费者购买和使用节能环保产品、节能省地住宅，减少使用一次性用品。鼓励自备购物袋，禁止使用超薄塑料购物袋。强化法规标准建设，限制企业对商品进行过度包装，引导消费者抵制过度包装商品。倡导绿色、环保、简约、实用的装修理念，抵制奢华、过度装修住宅。鼓励外出就餐适度点餐、餐后打包，婚丧嫁娶等红白喜事用餐从简操办。倡导生态旅游，杜绝随意丢弃垃圾，自觉进行垃圾分类。鼓励网上购物、视频会议、无纸化办公，珍爱野生动植物。

政府机构带头节约。政府机关要在节能、节水、节纸、节粮等方面率先垂范，切实建设节约型政府。强化政府绿色采购制度，严格执行强制或优先采购节能环保产品制度，提高政府采购中再生产品和再制造产品的比重。政府机关食堂完善用餐收费制度，健全公务接待用餐管理制度，避免政府机关食堂、公务接待用餐浪费。

第八节　实施大循环战略(略)

第七章　实施循环经济“十百千”示范行动

通过实施循环经济“十百千”示范行动，实现技术突破和管理创新，推动循环经济形成较大规模。

第一节　实施循环经济十大示范工程

资源综合利用示范工程。推动共伴生矿及尾矿、工业固体废物、道路和建筑废物综合利用以及非常规水源利用。建设60个矿产资源综合利用示范基地。建设8个煤系共伴生高岭土、铝矾土综合利用工程和30个煤层气、煤矸石、矿井水综合利用工程。建设30个黑色和有色金属共伴生矿及尾矿有价组分提取和综合利用工程。建设2－3个赤泥综合利用示范基地，3－5个高铝粉煤灰综合利用基地，实施一批冶炼废渣、化工废渣、脱硫石膏和磷石膏等工业副产石膏综合利用工程。建设6个建筑和道路废物资源化利用示范工程。建设20个海水淡化示范项目，20个雨水收集利用和再生水利用示范工程。

产业园区循环化改造示范工程。选择100家基础条件好、改造潜力大的国家级和省级开发区开展循环化改造示范。支持改造30个化工、纺织、制革等单一产业园区，推动延伸产业链；支持改造60个综合性园区和重化工集中的园区，推动产业间横向耦合、纵向延伸、循环链接；支持改造10个工农业复合型产业园区，推动农林产品及副产物深加工利用。通过示范，凝练和推广一批适合我国国情的园区循环化改造范式，提高园区主要资源产出率、土地产出率、资源循环利用率，基本实现“零排放”。

再生资源回收体系示范工程。建设80个左右网点布局合理、管理规范、回收方式多元化、重点品种回收率高的再生资源回收体系示范城市，规范建设100个废旧商品回收分拣集聚区，培育100个组织化规模化程度高、技术先进的龙头企业，推动一批商贸流通企业参与回收体系，促进再生资源交易和流通，提高再生资源回收率。

“城市矿产”基地建设示范工程。建设50个技术先进、环保达标、管理规范、利用规模化、辐射作用强的国家“城市矿产”示范基地，推动废钢铁、废有色金属、废塑料、废橡胶等再生资源集中拆解处理、集中治理污染、合理延伸产业链，促进“城市矿产”资源高值化利用和集聚化发展，切实解决再生资源利用中存在的经营分散、技术落后、利用水平低和二次污染等问题。

再制造产业化示范试点工程。建设5－10个国家级再制造产业示范基地，推动再制造业集聚发展。选择30家左右具有一定基础的汽车零部件再制造企业开展示范，重点支持建立发动机、变速箱等旧件回收、再制造加工、检测和质量控制体系。选择一批企业开展机床、工程机械、农业机械、矿山机械、办公用品等再制造试点。培育20家左右再制造专业化服务机构。

餐厨废弃物资源化利用和无害处理示范试点工程。选择100个城市开展餐厨废弃物资源化利用和无害化处理示范试点，支持回收利用体系和能力建设。通过示范试点，建立符合我国国情的覆盖餐厨废弃物产生、收集、运输、处理全过程的管理制度，健全标准和规范，完善工艺技术路线，实现餐厨废弃物安全、高效利用和无害化处理。

生产过程协同资源化处理废弃物示范工程。发挥建材、钢铁、电力等行业消纳废弃物的功能，培育60家左右协同资源化处理废弃物示范企业，消纳铬渣、污泥、生活垃圾、危险废物等。通过示范，推动建立相关技术标准和规范，探索建立企业与政府在协同资源化处理废弃物方面的合作机制。

农业循环经济示范工程。在13个粮食主产区、棉秆等单一品种秸秆集中度高的地区以及交通干道、机场、高速公路沿线等重点地区，实施秸秆综合利用试点示范工程。支持建设一批农产品加工副产物资源化利用、稻田综合种养植(殖)、畜禽粪便能源化利用、工厂化循环水养殖节水示范工程。结合富营养化江河湖泊综合治理，支持建设水上经济植物规模化种植示范工程。实施以农村生活、生产废弃物处理利用和村级环境服务设施建设为重点的农村清洁工程。

循环型服务业示范工程。选择100家左右管理水平较高的餐饮住宿企业开展绿色化改造示范工程。培育1000家零售业节能环保示范企业。选择一批物流企业开展绿色物流示范试点。选择一批旅游景区实施旅游业循环经济示范工程。通过实施示范工程，推动服务行业实行清洁生产，推行绿色服务模式，引导消费者建立绿色消费方式。

资源循环利用技术产业化示范推广工程。选择基础较好、技术力量较强的科研单位或大型企业，支持建设一批循环经济重点工程实验室、技术中心、工程研究中心和质量检测中心。加强源头减量、循环利用、再制造、零排放、产业链接等循环经济关键共性技术研发。构建产学研对接平台和科研成果产业化机制，建设一批资源循环利用技术产业化示范基地和示范项目，加大先进适用技术的推广应用力度。

第二节 创建百个循环经济示范城市(县)

选择100个左右城市(县)，创建国家循环经济示范城市(县)。示范城市(县)要全面推行循环型生产方式和绿色消费模式，率先构建起覆盖全社会的资源循环利用体系，资源产出率提高幅度超出全国平均水平，通过发展循环经济探索实现转型发展的道路。

第三节 培育千家循环经济示范企业(园区)

选择1000家骨干企业或园区，树立循环经济典型。示范企业(园区)的资源产出率、土地产出率、单位产值能耗、物耗、水耗、产业废弃物综合利用率、工业用水重复利用率等指标达到国内领先水平和国际先进水平。

实施循环经济“十百千”示范行动，以企业自主投资为主，国家和地方政府通过现有政策和资金渠道给予必要的资金支持。中央补助资金重点支持相关公益性基础设施、公共服务平台、重点项目、能力建设及关键共性技术产业化示范和推广应用。鼓励金融机构和社会主体将资金投向循环经济重大工程。鼓励企业通过自有资本、银行贷款、上市融资、发行债券等方式实施循环经济重大工程。

第八章 保障措施

第一节 完善经济政策

产业政策。落实《产业结构调整指导目录》、《外商投资产业指导目录》、《限制用地项目目录》和《禁止用地项目目录》。进一步提高高耗能、高耗水、高耗地、高排放行业准入门槛，严格节能、环保、土地、安全方面的约束。发布国家鼓励、限制和淘汰的技术、工艺、设备、材料和产品名录，再制造产品目录和限制生产、销售的一次性产品名录及管理办法。鼓励煤矸石、余热余压、垃圾和沼气等发电上网。研究制定在脱硫石膏产生量大的地区限制开采天然石膏的政策。保障符合国家产业政策和投资管理规定的循环经济项目用地。

投资政策。各级政府要将循环经济项目列为重点投资领域。加强固定资产投资项目资源循环利用管理，项目申请报告和可行性研究报告应包含循环经济相关内容。发挥政府投资的引导作用，吸引社会各类资金投向循环经济。

价格和收费政策。深化资源性产品价格改革，进一步发挥市场机制在资源性产品价格形成中的作用。推行城市居民生活用水阶梯式价格和非居民用水超定额累进加价制度。试行居民用电阶梯电价制度，完善电力峰谷分时电价政策，加大差别电价、惩罚性电价实施力度，完善鼓励煤矸石、余热余压、垃圾和沼气等发电的价格政策，试行脱硝价格政策。对污泥处理处置费用，研究实行纳入污水处理收费和财政补贴共同承担的政策。研究减征实现废水“零排放”企业和园区污水处理费的政策，严格执行对实现废水“零排放”的企业免征排污费的政策。研究鼓励生产过程协同资源化处理废弃物的价格政策。研究建立建筑垃圾排放收费制度，改革生活垃圾处理收费方式，提高征收率。研究建立餐厨废弃物处理收费制度。

财政政策。中央和省级人民政府依法设立循环经济发展专项资金，支持循环经济重大工程、重点项目及能力建设。创新循环经济发展专项资金支持方式，扩大财政资金的杠杆效应。落实并完善废弃电器电子产品处理基金征收补贴政策。研究鼓励再制造产品推广应用和强制回收产品、包装物的专项政策。加大新型墙体材料专项基金对发展新型墙体材料的支持力度。研究制定激励流通企业采购节能环保产品的政策。对已报废老旧农机并取得回收拆解证明的农民，优先给予农机购置补贴。对属排污费资金支持范围的循环经济类项目给予优先支持。

国有资本经营预算要支持企业发展循环经济项目。建立对国家认定再生产品的推广机制。加大政府采购支持力度，优先采购节能节水环保产品和再生利用产品。

税收政策。继续落实和完善资源综合利用税收优惠政策。研究制定并完善促进再生资源回收体系建设的税收政策。研究完善减少使用一次性消费品的税收政策。对国内不能生产、国家鼓励引进的循环经济技术装备，在规定范围内减免进口关税。研究完善鼓励资源性产品进口的关税政策。积极推进环境税费改革。

金融政策。鼓励银行业金融机构对循环经济重点项目和循环经济"十百千"示范工程给予包括信用贷款在内的多元化信贷支持，创新信贷产品，拓宽抵押担保范围，完善担保方式。支持循环经济示范试点企业发行企业(公司)债券、项目收益债券、可转换债券和短期融资券、中期票据等直接融资工具。探索循环经济示范试点园区内的中小企业发行集合债券、集合票据。支持符合条件的资源循环利用企业申请境内外上市和再融资。鼓励设立循环经济创业投资基金，研究设立循环经济产业投资基金。各地要根据国家有关政策制定支持循环经济发展的配套投融资政策和实施方案。

第二节　健全法规和标准

加快法规建设。完善循环经济促进法相关配套法规规章，研究制定限制商品过度包装条例、循环经济发展专项资金管理办法、汽车零部件再制造管理办法、再制造旧件和再制造产品进出口管理目录及管理办法、强制回收的产品和包装物名录及管理办法、餐厨废弃物管理及资源化利用条例、农业机械报废回收办法等法规规章。加快修订报废汽车回收管理办法、商品零售场所塑料袋有偿使用管理办法。

建立健全标准和计量体系。加快制定可降解产品、再生利用产品、餐厨废弃物资源化产品、利废建材等产品标准和农业机械禁用及报废标准，完善节能、节水、资源综合利用产品标准。健全过度包装商品标准。制定生产过程协同资源化处理废弃物，再生资源回收、拆解、利用和再制造质量控制等相关规范。深化循环经济标准化试点工作。建立完善循环经济计量检测体系。

第三节　加强管理监督

实行生产者责任延伸制度。完善相关法律法规，建立生产者责任延伸制度，推动生产者落实废弃产品回收、处理等责任。落实废弃电器电子产品处理基金管理办法。研究建立强制回收产品和包装物、汽车、轮胎、手机、充电器生产者责任制。

加强循环经济管理。继续开展资源综合利用企业(产品)和资源综合利用电厂认定。开展循环经济项目、企业、园区认定试点。强化再生资源回收企业备案管理。对报废汽车、废弃电器电子产品拆解企业依法实行严格的资质管理。对资源消耗量和废物排放量大的重点企业实施动态跟踪管理。继续巩固"限塑"成果，适时研究扩大"限塑"范围。深入推进禁止生产和使用实心黏土砖工作。建立低效用地评价机制，规范推进农村建设用地和工矿废弃土地复垦利用。研究制定管理措施，在有条件使用再生水的地区限制将城市自来水作为城市道路清扫、城市绿化和景观用水。鼓励建设静脉产业园，对生活垃圾、餐厨废弃物、建筑废弃物、"城市矿产"等资源化利用和无害化处理实行园区化管理。

探索市场化管理机制。研究建立强制回收产品和包装物、重点再生利用产品、汽车零部件等再制造产品的标识管理制度。研究建立循环经济认证认可体系。鼓励专业化服务公司采用市场化模式对企业和园区进行循环化改造。研究试行手机、充电器、饮料瓶等废旧产品押金回收制度。

加强监督检查。组织开展循环经济促进法、清洁生产促进法、节约能源法等法律法规的执法监督行动。加强对地方政府、各类产业园区、企业落实循环经济政策措施情况的监督检查。组织开展国家循环经济相关名录执行情况的监督检查。加大对生产、销售过度包装商品行为的查处力度。严厉查处资源综合利用、再生资源拆解处理造成二次污染的企业。加强对再制造产品标识使用的监督检查，强化产品质量监管。

第四节　强化技术和服务支撑

加快共性关键技术开发。制定循环经济科技发展规划，在国家、地方科技计划(专项)中，加大对循环经济共性关键技术研发的支持力度。支持建立各类循环经济技术支撑机构。推动组建重点领域循环经济产业联盟，加强产学研用结合，共同研究解决循环经济关键和共性技术问题。引进、消化、吸收和再创新循环经济关键技术和装备。

加强技术装备产业化示范。实施循环经济技术产业化示范工程，重点支持共伴生矿和尾矿综合开发和回收利用、废物资源化利用、可回收利用材料、有毒有害原材料替代、再制造、再生资源高值利用、延长产业链和相关产业链接、“零排放”等关键技术和装备产业化示范。

加快先进适用技术推广应用。加强循环经济技术推广体系建设。建立循环经济技术遴选、评定及推广机制。发布国家鼓励的循环经济技术、工艺、设备名录。探索通过政府买断的方式对先进适用技术进行推广应用。实施循环经济“走出去”战略，加快具有竞争力的循环经济关键技术装备的出口。

健全循环经济服务体系。培育和扶持一批为发展循环经济提供规划、设计、建设、改造、运营的专业化服务公司。鼓励发展循环经济信息服务业。鼓励科研院所、行业协会等为企业提供循环经济技术、管理等咨询服务。鼓励构建全国性、区域性、行业性的废弃物逆向物流交易平台、交易中心或交易市场。鼓励建立循环经济产品、技术、装备等的展示、展览、交易平台。

第五节　建立循环经济统计评价制度

完善循环经济统计制度。健全循环经济统计指标体系，完善统计核算方法，建立统计核算制度和数据发布制度。建立健全循环经济统计调查制度，做好数据采集和分析工作。开展区域层面资源产出率统计试点。发布国家层面资源产出率指标。

建立循环经济评价体系。制定循环经济评价指标体系，把资源产出率作为评价循环经济发展成效的综合性指标。研究制定循环经济示范城市(县)、园区、企业评价指标体系。研究建立区域循环经济发展成效评价机制，对发展循环经济成绩显著的单位和个人依法给予表彰和奖励。

加强统计能力建设。加强循环经济统计基础工作，各级统计部门要有人员负责循环经济统计，保障必要的工作经费。推动企业健全计量器具，完善统计台账，提高统计的准确性和及时性。

第六节　强化宣传教育和人才培养

加大宣传力度。组织开展形式多样的宣传培训活动，通过广播电视、报刊杂志、互联网、手机等多种途径普及循环经济知识，宣传典型案例，推广示范经验。新闻单位要加大循环经济公益宣传力度，在重要版面、重要频道、重要时段增加报道频次。鼓励开展各种形式的循环文化创意活动。在全国建设一批技术先进、管理规范、特征显著、教育示范作用强的循环经济教育示范基地。开展“反食品浪费行动”，推动餐饮企业、机关和企事业单位食堂、公务宴请、家庭等各方面节约粮食。

强化教育和人才培养。把循环经济理念和知识纳入基础教育、职业教育、高等教育相关课程，研究在高等学校、职业学校设置循环经济类专业。制定循环经济培训纲要，编制循环经济培训教材，实施循环经济培训计划。鼓励教材重复使用，降低循环利用成本。利用各级党校、行政学院和高等学校的培训力量，加强对各级领导干部、政府及企业管理人员的循环经济培训。

第七节　积极开展交流合作

积极开展国际交流与合作。加强与有关国际组织、政府在循环经济领域的交流与合作，研究和借鉴国际先进经验，鼓励从海外引进循环经济技术和管理等方面的高层次人才。将循环经济作为中国对外援助培训的重要内容，利用各种国际交流平台，宣传循环经济理念和模式。建设中日韩循环经济示范基地。

积极开展两岸三地交流与合作。加强与香港、澳门、中国台湾在循环经济领域的交流，开展人才、技术、项目的深度合作，不断拓展合作内容，创新合作方式，共同推动绿色发展。

第八节　加强组织领导

国务院建立健全发展循环经济组织协调机制，研究有关重大问题，部署重大任务，把握实施进度和效果，进行定期监督检查。各级人民政府和有关部门要切实履行职责，扎实开展工作，确保完成各项目标任务。

地方各级人民政府对本地区发展循环经济工作负总责，切实加强组织领导和统筹协调，建立相应的工作机制，抓紧编制实施本地区循环经济发展规划和年度推进计划，出台配套政策，明确任务分工，做到层层有责任，逐级抓落实。

国务院有关部门要按照职责分工做好相关工作，出台配套政策措施，加强协调配合，形成工作合力。充分发挥发展循环经济部际联席会议的作用，发展改革委要会同有关部门加强对计划实施的指导、支持以及监督和评估，制定实施全国循环经济年度推进计划，针对计划实施中出现的新情况新问题，适时提出解决办法，重大问题及时向国务院报告。

四、中华人民共和国工业和信息化部 公告 2013 年第 8 号(2013 年 1 月 31 日)

按照我部行业标准复审计划，现已完成了原材料、装备、消费品工业标龄 5 年以上 1106 项行业标准复审工作，其中《塑料黄色指数试验方法》等 723 项行业标准继续有效，《钢丝绳牵引阻燃输送带》等 316 项行业标准将予以修订，《塑料低温冲击压缩试验方法》等67项行业标准自本公告发布之日起废止。

特此公告。

附件：1. 2012年原材料工业行业标准复审结论表

2. 2012年装备工业行业标准复审结论表

3. 2012年消费品工业行业标准复审结论表

附件1 2012年原材料工业行业标准复审结论表

化工行业

序号	标准编号	标准名称	复审结论
1	HB/T 3862—2006(2012)	塑料黄色指数试验方法	继续有效
2	HG 2367—2005(2012)	氯乙烯聚合反应釜技术条件	继续有效
3	HG 3157—2005(2012)	液化气体罐车用弹簧安全阀	继续有效
4	HG 3158—2005(2012)	液化气体罐车用紧急切断阀	继续有效
5	HG/T 2006—2006(2012)	热固性粉末涂料	继续有效
6	HG/T 2075—2006(2012)	J酸(2-氨基-5-萘酚-7-磺酸)	继续有效
7	HG/T 2082—2006(2012)	直接深蓝L-3RB(C.I. 直接蓝71)	继续有效
8	HG/T 2083—2006(2012)	碱性艳紫3B	继续有效
9	HG/T 2084—2006(2012)	反应金黄K-3G	继续有效
10	HG/T 2085—2006(2012)	反应艳橙K-4G	继续有效
11	HG/T 2106—1991(2012)	耐酸酚醛塑料 耐酸度的测定	继续有效
12	HG/T 2155—2006(2012)	工业过硫酸钾	继续有效
13	HG/T 2194—2006(2012)	多层芯输送带 结构要求	继续有效
14	HG/T 2230—2006(2012)	水处理剂 十二烷基二甲基苄基氯化铵	继续有效
15	HG/T 2232—1991(2012)	改性聚苯醚工程塑料	继续有效
16	HG/T 2234—1991(2012)	聚碳酸酯稀溶液粘数测定方法	继续有效
17	HG/T 2235—1991(2012)	聚酰胺熔点测定方法	继续有效
18	HG/T 2261—2005(2012)	照相化学品 丁二酸二(2-乙基已酯)璜酸钠(SU-2)	继续有效
19	HG/T 2262—2006(2012)	单级悬臂双作用液环式氯气泵	继续有效
20	HG/T 2276—1996(2012)	涂料用催干剂	继续有效
21	HG/T 2298—2001(2012)	橡胶配合剂水分散体沉降量的测定	继续有效
22	HG/T 2299—2001(2012)	橡胶配合剂水分散体总固体含量的测定	继续有效
23	HG/T 2324—2005(2012)	工业重铬酸钾	继续有效
24	HG/T 2326—2005(2012)	工业硫酸锌	继续有效
25	HG/T 2328—2006(2012)	工业硫代硫酸钠	继续有效
26	HG/T 2349—1992(2012)	聚酰胺1010树脂	继续有效
27	HG/T 2361—1992(2012)	聚对苯二甲酸丁二醇酯(PBT)热塑性材料命名	继续有效
28	HG/T 2363—1992(2012)	硅油运动粘度试验方法	继续有效
29	HG/T 2364—1992(2012)	聚对苯二甲酸烷撑二酯稀溶液粘数的测定	继续有效
30	HG/T 2365—1992(2012)	聚对苯二甲酸烷撑二酯粒料含水量的测定	继续有效
31	HG/T 2405—2005(2012)	乙酸乙烯酯-乙烯共聚乳液	继续有效
32	HG/T 2409—1992(2012)	聚氨酯预聚体中异氰酸酯基含量的测定	继续有效

续表

化工行业

序号	标准编号	标准名称	复审结论
33	HG/T 2410—2006(2012)	输送带 取样	继续有效
34	HG/T 2411—2006(2012)	鞋底材料 90 度屈挠试验方法	继续有效
35	HG/T 2413.1—1992(2012)	胶辊表观硬度的测定　赵氏(P.J)硬度计法	继续有效
36	HG/T 2413.2—1992(2012)	胶辊表观硬度的测定　邵尔硬度计法	继续有效
37	HG/T 2437—2006 (2012)	塑料衬里复合钢管和管件	继续有效
38	HG/T 2445—2005(2012)	胶辊　第 6 部分：电子打字(印)机胶辊	继续有效
39	HG/T 2496—2006(2012)	漂白粉	继续有效
40	HG/T 2497—2006(2012)	漂白液	继续有效
41	HG/T 2502—1993(2012)	5201 硅脂	继续有效
42	HG/T 2503—1993(2012)	聚碳酸酯树脂	继续有效
43	HG/T 2520—2006(2012)	工业亚磷酸	继续有效
44	HG/T 2547—1993(2012)	工业氯乙醇水溶液	继续有效
45	HG/T 2548—2006(2012)	2-氨基-1 萘磺酸(吐氏酸)	继续有效
46	HG/T 2560—2006(2012)	工业溴乙烷	继续有效
47	HG/T 2567—2006(2012)	工业活性沉淀碳酸钙	继续有效
48	HG/T 2571—2006(2012)	抛光膏	继续有效
49	HG/T 2625—1994(2012)	环氧浇铸树脂线性收缩率的测定	继续有效
50	HG/T 2626—1994(2012)	浇铸型甲基丙烯酸甲酯聚合物和共聚物稀溶液粘数测定	继续有效
51	HG/T 2627—1994(2012)	甲基丙烯酸甲脂聚合物稀溶液粘数和特性粘数测定	继续有效
52	HG/T 2631—2005(2012)	化学试剂 七水合硫酸钴(硫酸钴)	继续有效
53	HG/T 2664—2006(2012)	反应艳红 X-4B	继续有效
54	HG/T 2665—2006(2012)	反应嫩黄 K-4G	继续有效
55	HG/T 2668—2006(2012)	色酚 AS-D	继续有效
56	HG/T 2679—2006(2012)	工业重质氧化镁	继续有效
57	HG/T 2688—2005(2012)	磷酸三苯酯	继续有效
58	HG/T 2689—2005(2012)	磷酸三甲苯酯	继续有效
59	HG/T 2705—1995(2012)	201 松香改性酚醛树脂	继续有效
60	HG/T 2706—1995(2012)	聚酯多元醇命名	继续有效
61	HG/T 2707—1995(2012)	聚酯多元醇规格	继续有效
62	HG/T 2708—1995(2012)	聚酯多元醇中酸值的测定	继续有效
63	HG/T 2709—1995(2012)	聚酯多元醇中羟值的测定	继续有效
64	HG/T 2711—1995(2012)	液体酚醛树脂非挥发物的常规测定	继续有效
65	HG/T 2712—1995(2012)	液态和溶液状酚醛树脂粘度的测定	继续有效
66	HG/T 2765.1—2005(2012)	A 型硅胶(细孔硅胶)	继续有效
67	HG/T 2765.2—2005(2012)	C 型硅胶(粗孔硅胶)	继续有效

续表

化工行业

序号	标准编号	标准名称	复审结论
68	HG/T 2765.3—2005(2012)	微球硅胶	继续有效
69	HG/T 2765.4—2005(2012)	蓝胶指示剂、变色硅胶和无钴变色硅胶	继续有效
70	HG/T 2765.5—2005(2012)	硅胶试验方法	继续有效
71	HG/T 2765.6—2005(2012)	B 型硅胶	继续有效
72	HG/T 2881—1997(2012)	脱漆剂脱漆效率测定法	继续有效
73	HG/T 2882—1997(2012)	催干剂催干性能测定法	继续有效
74	HG/T 2883—1997(2012)	大红粉	继续有效
75	HG/T 2884—1997(2012)	环氧沥青防腐涂料(分装)	继续有效
76	HG/T 2991—2005(2012)	直接翠蓝 L-G	继续有效
77	HG/T 3001—1999(2012)	铁蓝颜料	继续有效
78	HG/T 3002—1983(2012)	黄丹	继续有效
79	HG/T 3003—1983(2012)	甲苯胺红	继续有效
80	HG/T 3004—1999(2012)	耐晒黄 10G	继续有效
81	HG/T 3005—1986(2012)	联苯胺黄 G	继续有效
82	HG/T 3006—1986(2012)	云母氧化铁	继续有效
83	HG/T 3007—1999(2012)	涂料用偏硼酸钡	继续有效
84	HG/T 3025—1986(2012)	聚对苯二甲酸乙二醇酯粒料含水量的测定	继续有效
85	HG/T 3026—1987(2012)	未增塑乙酸纤维素灰分的测定	继续有效
86	HG/T 3027—1988(2012)	有机玻璃中增塑剂含量的测定方法紫外光谱法	继续有效
87	HG/T 3030—1989(2012)	乙酸纤维素不溶性颗粒测定方法	继续有效
88	HG/T 3031—1989(2012)	聚对苯二甲酸烃酯中灰分测定方法	继续有效
89	HG/T 3032—1999(2012)	三聚氰氨甲醛模塑制品中可提取甲醛测定方法	继续有效
90	HG/T 3056—2006(2012)	输送带贮存和搬运指南	继续有效
91	HG/T 3097—2006(2012)	橡胶密封件——110℃热水供应管道的管接口密封圈——材料规范	继续有效
92	HG/T 3133—2006(2012)	电子式水处理器技术条件	继续有效
93	HG/T 3235—2006(2012)	橡胶机械用气动二位四通滑阀	继续有效
94	HG/T 3236—2006(2012)	橡胶机械用自动二位切断阀	继续有效
95	HG/T 3237—2006(2012)	橡胶机械用自力式压力调节阀	继续有效

续表

化工行业

序号	标准编号	标准名称	复审结论
96	HG/T 3328—2006(2012)	铁路混凝土轨枕(板)橡胶垫板(片)	继续有效
97	HG/T 3452—2000(2012)	化学试剂　2，4－二硝基苯肼	继续有效
98	HG/T 3456—2000(2012)	化学试剂　苯骈戊三酮(茚三酮)	继续有效
99	HG/T 3458—2000(2012)	化学试剂　苯甲酸	继续有效
100	HG/T 3463—2000(2012)	化学试剂　偶氮胂Ⅲ[2，7－双(2－苯砷酸－1－偶氮)－1，8－二羟基萘－3，6－二磺酸]	继续有效
101	HG/T 3468—2000(2012)	化学试剂　氯化汞	继续有效
102	HG/T 3471—2000(2012)	化学试剂　汞	继续有效
103	HG/T 3472—2000(2012)	化学试剂　无水亚硫酸钠	继续有效
104	HG/T 3486—2000(2012)	化学试剂　乙二胺	继续有效
105	HG/T 3487—2000(2012)	化学试剂　磷酸氢二钾	继续有效
106	HG/T 3493—2000(2012)	化学试剂　磷酸钠	继续有效
107	HG/T 3496—2000(2012)	化学试剂　茜素黄R(对硝基苯偶氮水杨酸钠)	继续有效
108	HG/T 3497—2000(2012)	化学试剂　柠檬酸氢二铵	继续有效
109	HG/T 3605—1999(2012)	聚氯醚树脂稀溶液粘数和特性粘数测定	继续有效
110	HG/T 3655—1999(2012)	紫外光(UV)固化木器漆	继续有效
111	HG/T 3656—1999(2012)	钢结构桥梁漆	继续有效
112	HG/T 3768—2005(2012)	反应红M－6BE(C.I.反应红241)	继续有效
113	HG/T 3774—2005(2012)	饲料级磷酸氢二铵	继续有效
114	HG/T 3775—2005(2012)	饲料级硫酸钴	继续有效
115	HG/T 3776—2005(2012)	饲料级磷酸一二钙	继续有效
116	HG/T 3780—2005(2012)	鞋类静态防滑性能试验方法	继续有效
117	HG/T 3787—2005(2012)	工业硝酸钙	继续有效
118	HG/T 3790—2005(2012)	硝酸铵钙	继续有效
119	HG/T 3793—2005(2012)	热熔型氟树脂(PVDF)涂料	继续有效
120	HG/T 3794—2005(2012)	无机抗菌剂性能及评价	继续有效
121	HG/T 3795—2005(2012)	抗氧剂1076	继续有效
122	HG/T 3796.10—2005(2012)	螺杆式搅拌器	继续有效
123	HG/T 3796.11—2005(2012)	螺带式搅拌器	继续有效
124	HG/T 3796.1—2005(2012)	搅拌器型式及基本参数	继续有效
125	HG/T 3796.12—2005(2012)	锚框式搅拌器	继续有效
126	HG/T 3796.2—2005(2012)	搅拌轴轴径系列	继续有效
127	HG/T 3796.3—2005(2012)	桨式搅拌器	继续有效
128	HG/T 3796.4—2005(2012)	开启涡轮式搅拌器	继续有效
129	HG/T 3796.5—2005(2012)	圆盘涡轮式搅拌器	继续有效
130	HG/T 3796.6—2005(2012)	圆盘锯齿式搅拌器	继续有效
131	HG/T 3796.7—2005(2012)	三叶后弯式搅拌器	继续有效

续表

化工行业

序号	标准编号	标准名称	复审结论
132	HG/T 3796.8—2005(2012)	推进式搅拌器	继续有效
133	HG/T 3796.9—2005(2012)	板式螺旋桨搅拌器	继续有效
134	HG/T 3797—2005(2012)	玻璃鳞片衬里胶泥	继续有效
135	HG/T 3803—2005(2012)	照相化学品 4-(N-乙基-N-2-甲磺酰氨基乙基)-2-甲基苯二胺倍半硫酸盐单水合物)(CD-3)	继续有效
136	HG/T 3805—2005(2012)	背喷灯箱片	继续有效
137	HG/T 3808—2006(2012)	工业溴化钾	继续有效
138	HG/T 3809—2006(2012)	工业溴化钠	继续有效
139	HG/T 3810—2006(2012)	工业溴化铵	继续有效
140	HG/T 3811—2006(2012)	工业溴化物试验方法	继续有效
141	HG/T 3812—2006(2012)	工业硫氰酸钠	继续有效
142	HG/T 3813—2006(2012)	工业高氯酸铵	继续有效
143	HG/T 3814—2006(2012)	工业亚硫酸氢钠	继续有效
144	HG/T 3817—2006(2012)	工业硝酸锰	继续有效
145	HG/T 3819—2006(2012)	纳米合成水滑石	继续有效
146	HG/T 3821—2006(2012)	纳米氢氧化镁	继续有效
147	HG/T 3822—2006(2012)	聚天冬氨酸(盐)	继续有效
148	HG/T 3825—2006(2012)	天然碱苛化法氢氧化钠	继续有效
149	HG/T 3826—2006(2012)	肥料级商品磷酸	继续有效
150	HG/T 3829—2006(2012)	地坪涂料	继续有效
151	HG/T 3830—2006(2012)	卷材涂料	继续有效
152	HG/T 3831—2006(2012)	喷涂聚脲防护材料	继续有效
153	HG/T 3832—2006(2012)	自行车用面漆	继续有效
154	HG/T 3833—2006(2012)	自行车用底漆	继续有效
155	HG/T 3834—2006(2012)	颜料抗渗色性的比较	继续有效
156	HG/T 3835—2006(2012)	颜料密度的测定(用离心机排除夹带空气)	继续有效
157	HG/T 3839—2006(2012)	塑料剪切强度试验方法　穿孔法	继续有效
158	HG/T 3840—2006(2012)	塑料弯曲性能小试样试验方法	继续有效
159	HG/T 3841—2006(2012)	塑料冲击性能小试样试验方法	继续有效
160	HG/T 3850—2006(2012)	红丹	继续有效
161	HG/T 3851—2006(2012)	颜料遮盖力测定法	继续有效
162	HG/T 3852—2006(2012)	颜料筛余物测定法	继续有效
163	HG/T 3853—2006(2012)	颜料干粉耐热性测定法	继续有效
164	HG/T 3854—2006(2012)	颜料流动度测定法	继续有效
165	HG/T 3855—2006(2012)	绝缘漆漆膜制备法	继续有效
166	HG/T 3856—2006(2012)	绝缘漆漆膜吸水率测定法	继续有效
167	HG/T 3857—2006(2012)	绝缘漆漆膜耐油性测定法	继续有效

续表

化工行业

序号	标准编号	标准名称	复审结论
168	HG/T 3858—2006(2012)	稀释剂、防潮剂水分测定法	继续有效
169	HG/T 3859—2006(2012)	稀释剂、防潮剂白化性测定法	继续有效
170	HG/T 3860—2006(2012)	稀释剂、防潮剂挥发性测定法	继续有效
171	HG/T 3861—2006(2012)	稀释剂、防潮剂胶凝数测定法	继续有效
172	HG/T 3865—2006(2012)	热固性模塑料矩道流动固化性试验方法	继续有效
173	HG/T 3873—2006(2012)	己二酸二辛酯	继续有效
174	HG/T 3874—2006(2012)	偏苯三酸三辛酯	继续有效
175	HG/T 3875—2006(2012)	酚醛胺(PAA)环氧树脂固化剂	继续有效
176	HG/T 3879—2006(2012)	热稳定剂　硫醇甲基锡 TM - 19	继续有效
177	HG/T 3880—2006(2012)	耐正负压内包骨架旋转轴唇形密封圈	继续有效
178	HG/T 3883—2006(2012)	食品添加剂 甘氨酸(氨基乙酸)	继续有效
179	HG/T 3884—2006(2012)	代森锰锌·霜脲氰可湿性粉剂	继续有效
180	HG/T 3885—2006(2012)	异丙草胺·莠去津悬乳剂	继续有效
181	HG/T 3886—2006(2012)	苄嘧磺隆·二氯喹啉酸可湿性粉剂	继续有效
182	HG/T 3887—2006(2012)	阿维菌素·高效氯氰菊酯乳油	继续有效
183	HG/T 3891—2006(2012)	直接红 D - 7B(C. I. 直接红 227)	继续有效
184	HG/T 3905—2006(2012)	水溶性硫化蓝 2BN(C. I. 可溶性硫化蓝 7)	继续有效
185	HG/T 3906—2006(2012)	水溶性硫化宝蓝 CV(C. I. 可溶性硫化蓝 15)	继续有效
186	HG/T 3907—2006(2012)	水溶性硫化亮绿	继续有效
187	HG/T 3908—2006(2012)	水溶性硫化红棕 B3R(C. I. 可溶性硫化红 6)	继续有效
188	HG/T 3909—2006(2012)	水溶性硫化黄棕 5G(C. I. 可溶性硫化棕 10)	继续有效
189	HG/T 3910—2006(2012)	水溶性硫化淡黄 GC(C. I. 可溶性硫化黄 2)	继续有效
190	HG/T 3912—2006(2012)	内置式安全止流底阀技术条件	继续有效
191	HG/T 3913—2006(2012)	高速离心泵技术条件	继续有效
192	HG/T 3914—2006(2012)	蒸汽加热管式回转圆筒干燥机	继续有效
193	HG/T 3915—2006(2012)	氟塑料衬里反应釜	继续有效
194	HG/T 3916—2006(2012)	水系统频谱式微电脑杀菌器技术条件	继续有效
195	HG/T 3917—2006(2012)	污水处理膜　生物反应器装置	继续有效
196	HG 2014—2005	钢丝绳牵引阻燃输送带	修订
197	HG/T 2001—1991	301—G30 阻燃增强聚对苯二甲酸丁二醇酯(PBT)工程塑料	修订
198	HG/T 2036—2005	搪玻璃容器参数	修订
199	HG/T 2048. 1—2005	搪玻璃填料箱	修订
200	HG/T 2055. 1—2006	搪玻璃人孔	修订
201	HG/T 2049—2005	搪玻璃设备　高颈法兰	修订
202	HG/T 2050—2006	搪玻璃设备　垫片	修订
203	HG/T 2053—2005	搪玻璃设备　人孔法兰	修订

续表

化工行业

序号	标准编号	标准名称	复审结论
204	HG/T 2105—2006	搪玻璃设备　活套法兰	修订
205	HG/T 2143—2006	搪玻璃设备　管口	修订
206	HG/T 2144—2006	搪玻璃设备　视镜	修订
207	HG/T 2078—2005	2-氰基-4-硝基苯胺	修订
208	HG/T 2096—2006	硫化促进剂　CBS	修订
209	HG/T 2163—1991	201X4 强碱性苯乙烯系阴离子交换树脂	修订
210	HG/T 2164—1991	D113 大孔弱酸性丙烯酸系阳离子交换树脂	修订
211	HG/T 2165—1991	D301 大孔弱碱性苯乙烯系阴离子交换树脂	修订
212	HG/T 2166—1991	116 弱酸性丙烯酸系阳离子交换树脂	修订
213	HG/T 2167—1991	聚三氟氯乙烯树脂	修订
214	HG/T 2228—2006	水处理剂　多元醇磷酸酯	修订
215	HG/T 2273.4—2006	天然气一、二段转化催化剂试验方法	修订
216	HG/T 2281—2006	次硫酸氢钠甲醛(雕白块)	修订
217	HG/T 2283—2005	反应黑 KN-8BG(C.I. 反应黑 5)	修订
218	HG/T 2339—2005	二盐基亚磷酸铅	修订
219	HG/T 2340—2006	三盐基硫酸铅	修订
220	HG/T 2350—1992	模塑和挤塑用聚酰胺(PA)均聚物命名	修订
221	HG/T 2366—1992	二甲基硅油	修订
222	HG/T 2370—2005	石墨制化工设备技术条件	修订
223	HG/T 2429—2006	水处理剂　丙烯酸-丙烯酸酯类共聚物	修订
224	HG/T 2434—2005	搪玻璃设备阀门技术条件	修订
225	HG/T 2446—2005	胶辊　第 5 部分：造纸胶辊	修订
226	HG/T 2454—2006	溶剂型聚氨酯涂料(双组分)	修订
227	HG/T 2492—2005	α-氰基丙烯酸乙酯瞬间胶粘剂	修订
228	HG/T 2499—2006	分散剂 MF	修订
229	HG/T 2501—1993	酚醛树脂 pH 值的测定	修订
230	HG/T 2510—2006	甲烷化催化剂活性试验方法	修订
231	HG/T 2513—2006	氧化锌脱硫剂硫容试验方法	修订
232	HG/T 2514—2006	有机硫加氢催化剂活性试验方法	修订
233	HG/T 2541—1993	有机化工产品编写细则	修订
234	HG/T 2552—2005	反应艳蓝 KN-3RL(活性艳蓝 KN-R)	修订
235	HG/T 2561—1994	工业甲醇钠甲醇溶液	修订
236	HG/T 2562—2006	分散剂 N	修订
237	HG/T 2566—2006	工业氢氧化钡	修订
238	HG/T 2577—2006	橡胶或塑料提升带	修订
239	HG/T 2587—2006	反应翠蓝 KN-G	修订

续表

化工行业

序号	标准编号	标准名称	复审结论
240	HG/T 2621—1994	气相色谱法测定酚醛树脂中残留苯酚含量	修订
241	HG/T 2622—1994	酚醛树脂中游离甲醛含量的测定	修订
242	HG/T 2623—1994	三层混床专用离子交换树脂	修订
243	HG/T 2624—1994	D301 – FC 大孔弱碱性苯乙烯系阴离子交换树脂	修订
244	HG/T 2667—2005	分散红 FB 200%	修订
245	HG/T 2672—2005	匀染剂 O	修订
246	HG/T 2710—1995	液体酚醛树脂水混溶性的测定	修订
247	HG/T 2745—2006	2 – 羟基 – 3 – 萘甲酸	修订
248	HG/T 2748—2005	直接红 B	修订
249	HG/T 2750—2006	靛蓝	修订
250	HG/T 2895—2005	溴氨酸钠盐(1 – 氨基 – 4 – 溴蒽醌 – 2 – 磺酸钠)	修订
251	HG/T 3119—2006	轮胎定型硫化机检测方法	修订
252	HG/T 3242—2005	橡胶门尼粘度计技术条件	修订
253	HG/T 3243—2005	硫化橡胶拉伸应力松弛仪技术条件	修订
254	HG/T 3316—1988	CR2441、CR2442 型氯丁橡胶	修订
255	HG/T 3317—1988	CR L50LK 型阳离子氯丁胶乳	修订
256	HG/T 3401—2006	间苯二胺	修订
257	HG/T 3439—2000	化学试剂　重铬酸钠	修订
258	HG/T 3442—2000	化学试剂　硫酸铝	修订
259	HG/T 3455—2000	化学试剂　环已酮	修订
260	HG/T 3470—2000	化学试剂　硝酸铅	修订
261	HG/T 3474—2000	化学试剂　三氯化铁	修订
262	HG/T 3480—2000	化学试剂　氨基乙酸	修订
263	HG/T 3489—2000	化学试剂　氯化亚铜	修订
264	HG/T 3498—1999	化学试剂　乙酸丁酯	修订
265	HG/T 3499—2004	化学试剂　1，4 – 二氧六环	修订
266	HG/T 3543—2006	天然气转化催化剂化学成份分析方法	修订
267	HG/T 3544—2006	一氧化碳高温变换催化剂活性试验方法	修订
268	HG/T 3545—2006	氨合成催化剂活性试验方法	修订
269	HG/T 3555—2006	轻油转化催化剂化学成份分析方法	修订
270	HG/T 3601—2006	分散橙 SE – 5RL 200%(C. I. 分散橙 29)	修订
271	HG/T 3747. 3—2006	橡塑铺地材料 第 3 部分：阻燃聚氯乙烯地板	修订
272	HG/T 3769—2005	反应黄 M – 3RE	修订
273	HG/T 3770—2005	间 – (β – 羟乙基砜硫酸酯)苯胺	修订
274	HG/T 3771—2005	间 – (β – 羟乙基砜)苯胺	修订
275	HG/T 3772—2005	间羟基 – N，N – 二乙基苯胺	修订

续表

化工行业

序号	标准编号	标准名称	复审结论
276	HG/T 3773—2005	分散黑 EX - SF 300%	修订
277	HG/T 3781—2005	同步带用浸胶玻璃纤维绳	修订
278	HG/T 3782—2005	耐酸碱输送带	修订
279	HG/T 3783—2005	副产盐酸	修订
280	HG/T 3785—2005	工业碳酸锆	修订
281	HG/T 3786—2005	工业硫酸锆	修订
282	HG/T 3791—2005	氯乙烯—纳米碳酸钙 原位聚合悬浮法聚氯乙烯树脂	修订
283	HG/T 3792—2005	交联型氟树脂涂料	修订
284	HG/T 3798—2005	销钉机筒冷喂料挤出机	修订
285	HG/T 3799—2005	销钉机筒冷喂料挤出机检测方法	修订
286	HG/T 3800—2005	橡胶双螺杆挤出压片机	修订
287	HG/T 3801—2005	橡胶双螺杆挤出压片机检测方法	修订
288	HG/T 3802—2005	工业电导仪	修订
289	HG/T 3804—2005	阳图热敏 CTP 版	修订
290	HG/T 3806—2005	分散红 S - G 200%(分散大红 GS 200%)	修订
291	HG/T 3807—2005	分散深红 SE - 4RL 200%(分散红玉 SE - GFL 200%)	修订
292	HG/T 3823—2006	聚环氧琥珀酸(盐)	修订
293	HG/T 3824—2006	苯骈三氮唑	修订
294	HG/T 3842—2006	消防用不可折叠型橡胶和塑料软管 第 1 部分：定位应急设施用轴卷半硬性软管	修订
295	HG/T 3876—2006	抗氧剂 TPP	修订
296	HG/T 3877—2006	抗氧剂 TNPP	修订
297	HG/T 3878—2006	抗氧剂 618	修订
298	HG/T 3888—2006	酸性黑 NM - 3BRL 140%	修订
299	HG/T 3889—2006	酸性黄 P - 4RL 200%(C. I. 酸性黄 199)	修订
300	HG/T 3890—2006	酸性红 P - 5BL 200%(C. I. 酸性红 266)	修订
301	HG/T 3893—2006	分散艳黄 E - 4GL 200%(C. I. 分散黄 211)	修订
302	HG/T 3894—2006	分散艳橙 E - 3RL 200%(C. I. 分散橙 25)	修订
303	HG/T 3895—2006	分散红 E - 2GL 200%(C. I. 分散红 50)	修订
304	HG/T 3896—2006	分散红 SE - 6B 200%(C. I. 分散红 356)	修订
305	HG/T 3897—2006	分散红 S - 5B 200%(C. I. 分散红 343)	修订
306	HG/T 3898—2006	分散红 S - 3BL 200%(C. I. 分散红 177)	修订
307	HG/T 3899—2006	分散蓝 SE - 2R 200%(C. I. 分散蓝 183)	修订
308	HG/T 3900—2006	分散蓝 S - BL 200%(C. I. 分散蓝 165)	修订
309	HG/T 3901—2006	分散蓝 EX - SF 300%	修订
310	HG/T 3902—2006	分散黄 ACE	修订
311	HG/T 3903—2006	分散蓝 ACE	修订

续表

化工行业

序号	标准编号	标准名称	复审结论
312	HG/T 3904—2006	分散红 ACE	修订
313	HG/T 3911—2006	2，3－二氯－1，4－萘醌	修订
314	HG/T 2107—1991	耐酸酚醛塑料　丙酮可溶物的测定	废止
315	HG/T 2－162—1965	塑料低温冲击压缩试验方法	废止
316	HG/T 2－163—1965	塑料低温伸长试验方法	废止
317	HG/T 2231—1991	石油树脂	废止
318	HG/T 2233—1991	共聚甲醛树脂	废止
319	HG/T 2362—1992	聚甲醛模塑材料命名	废止
320	HG/T 2401—1992	工矿靴	废止
321	HG/T 2483—2006	棱镜透反射式双色液位计技术条件	废止
322	HG/T 2494—2005	布面童胶鞋	废止
323	HG/T 2628—1994	聚甲基丙烯酸甲酯(PMMA)模塑材料命名	废止
324	HG/T 2642—2006	不透性石墨材料抗拉强度试验方法	废止
325	HG/T 2713—1995	浇铸型珠光有机玻璃板材	废止
326	HG/T 2798—1996	氯化橡胶防腐涂料	废止
327	HG/T 3345—1999	各色酚醛防锈漆	废止
328	HG/T 3346—1999	红丹醇酸防锈漆	废止
329	HG/T 3872—2006	体积排斥色谱法测定聚苯乙烯标准样品的平均分子量及分子量分布	废止
330	HG/T 3918—2006	工业用γ射线料位计	废止
331	HG/T 3919—2006	工业用γ射线密度计	废止
332	HG/T 3920—2006	电容法液相微量水份仪	废止

2012 年原材料工业行业标准复审结论表

石化行业

序号	标准编号	标准名称	复审结论
1	SH/T 1149—2006(2012)	合成橡胶胶乳　取样	继续有效
2	SH/T 1753—2006(2012)	工业用仲丁醇	继续有效
3	SH/T 1754—2006(2012)	工业用仲丁醇纯度的测定　气相色谱法	继续有效
4	SH/T 1755—2006(2012)	工业用甲乙酮	继续有效
5	SH/T 1756—2006(2012)	工业用丁酮纯度与杂质的测定　气相色谱法	继续有效
6	SH/T 1757—2006(2012)	工业芳烃中有机氯的测定　微库仑法	继续有效
7	SH/T 1541—2006	热塑性塑料颗粒外观试验方法	修订
8	SH/T 1752—2006	合成生胶中防老剂含量的测定　高效液相色谱法	修订

钢铁行业(略)

有色金属行业(略)

建材行业(略)

稀土行业(略)

附件2　2012年装备工业行业标准复审结论表(其他略)

机械行业

序号	标准编号	标准名称	复审结论
37	JB/T 20065.1—2005	塑料瓶瓶装联动线	修订
38	JB/T 20065.2—2005	塑料瓶理瓶机	修订
42	JB/T 20066—2005	易折塑料瓶口服液剂灌装机	修订

附件3　2012年消费品工业行业标准复审结论表(其他略)

纺织行业

序号	标准编号	标准名称	复审结论
36	FZ/T 90003.1—1991(2012)	塑料经纱管和纬纱管试验方法　静弯曲	继续有效
37	FZ/T 90003.2—1991(2012)	塑料经纱管和纬纱管试验方法　冲击功	继续有效
38	FZ/T 90003.3—1991(2012)	塑料经纱管和纬纱管试验方法　振程	继续有效
83	FZ/T 90080.1—1995(2012)	织机用塑料投梭结试验方法　球压痕硬度	继续有效
84	FZ/T 90080.2—1995(2012)	织机用塑料投梭结试验方法　冲击强度	继续有效
134	FZ/T 94030—1995(2012)	棉织机用塑料投梭结	继续有效
135	FZ/T 94031—1995(2012)	毛织机用塑料投梭结	继续有效
136	FZ/T 94032—1995(2012)	麻织机用塑料投梭结	继续有效
137	FZ/T 94033—1995(2012)	多梭箱丝织机用塑料投梭结	继续有效

五、中华人民共和国国家发展和改革委员会公告2013年第16号(2013年2月22日)

为贯彻落实《国务院关于加快培育和发展战略性新兴产业的决定》，更好地指导各部门、各地区开展培育发展战略性新兴产业工作，我们会同相关部门，组织编制了《战略性新兴产业重点产品和服务指导目录》，现予公布。

本目录涉及战略新兴产业7个行业、24个重点发展方向下的125个子方向，共3100余项细分的产品和服务。

目录

1 节能环保产业

1.1 高效节能产业

1.1.1 高效节能锅炉窑炉

1.1.2 电机及拖动设备

1.1.3 余热余压余气利用

1.1.4 高效储能、节能监测和能源计量

1.1.5 高效节能电器

1.1.6 高效照明产品及系统

1.1.7 绿色建筑材料

1.1.8 节能交通工具

1.1.9 用能系统优化、节能管理与服务

1.1.10 采矿及电力行业高效节能技术和装备

1.1.11 其他节能技术

1.2 先进环保产业

1.2.1 水污染防治

1.2.2 大气污染防治

1.2.3 土壤污染治理与修复

1.2.4 垃圾和危险废物处理处置

1.2.5 减振降噪设备

1.2.6 环境监测仪器与应急处理设备

1.2.7 控制温室气体排放技术、新材料与药剂

1.2.8 环保产品

1.2.9 环保服务

1.2.10 智能水务

1.2.11 海洋水质与生态环境监测仪器设备

1.2.12 海洋环境保护与生态修复技术及装备

1.3 资源循环利用产业

1.3.1 矿产资源综合利用

1.3.2 固体废物综合利用

1.3.3 建筑废弃物和道路沥青资源化利用

1.3.4 餐厨废弃物资源化利用

1.3.5 汽车零部件及机电产品再制造

1.3.6 资源再生利用

1.3.7 非常规水源利用
1.3.8 农林废物资源化利用
1.3.9 资源循环利用服务
2 新一代信息技术产业
2.1 下一代信息网络产业
2.1.1 网络设备
2.1.2 信息网络设施
2.1.3 新一代信息终端设备
2.1.4 下一代信息网络安全防护产品
2.2 电子核心基础产业
2.2.1 集成电路
2.2.2 新型显示器件
2.2.3 新型元器件
2.2.4 数字视听与数字家庭产品
2.2.5 广播电视制播设备
2.2.6 关键电子材料
2.2.7 电子专用设备仪器
2.3 高端软件和新兴信息服务产业
2.3.1 软件及应用系统
2.3.2 信息技术服务
2.3.3 电子商务服务
2.3.4 公共事业信息服务
2.3.5 数字内容服务
2.3.6 网络与信息安全服务
3 生物产业
3.1 生物医药产业
3.1.1 新型疫苗
3.1.2 生物技术药物
3.1.3 化学药品与原料药制造
3.1.4 现代中药与民族药
3.1.5 生物分离介质与药用辅料
3.1.6 海洋生物医药
3.1.7 生物医药服务
3.2 生物医学工程产业
3.2.1 医学影像设备
3.2.2 先进治疗设备
3.2.3 医用检查检验仪器
3.2.4 植介入生物医用材料
3.3 生物农业产业
3.3.1 生物育种
3.3.2 生物农药
3.3.3 生物肥料
3.3.4 生物饲料
3.3.5 生物兽药及兽用生物制品疫苗
3.4 生物制造产业
3.4.1 生物基材料
3.4.2 生物化工产品
3.4.3 特殊发酵产品与生物过程装备
3.4.4 海洋生物活性物质及生物制品
4 高端装备制造产业
4.1 航空装备产业
4.1.1 民用飞机(含直升机)
4.1.2 航空发动机
4.1.3 航空设备及系统
4.1.4 航空材料
4.1.5 航空维修及服务业
4.2 卫星及应用产业
4.2.1 空间基础设施
4.2.2 卫星通信应用系统
4.2.3 卫星导航应用服务系统
4.2.4 卫星遥感应用系统
4.3 轨道交通装备产业
4.3.1 铁路机车车辆及动车组制造
4.3.2 铁路专用设备、配件制造
4.3.3 城市轨道车辆制造
4.3.4 内燃机及配件制造
4.3.5 电动机制造
4.4 海洋工程装备产业
4.4.1 海洋工程平台装备
4.4.2 海洋工程关键配套设备和系统
4.4.3 海洋工程装备服务
4.4.4 海洋环境监测与探测装备
4.4.5 海洋能相关系统与装备
4.5 智能制造装备产业
4.5.1 智能测控装置
4.5.2 关键智能基础零部件
4.5.3 重大智能制造成套装备
5 新能源产业
5.1 核电技术产业
5.1.1 先进核电工程技术
5.1.2 核燃料加工设备制造
5.1.3 核电站设备及零部件制造
5.2 风能产业
5.2.1 风力发电机组
5.2.2 风力发电机组零部件制造
5.2.3 风电场相关系统与装备
5.2.4 海上风电相关系统与装备
5.2.5 智能电网
5.3 太阳能产业
5.3.1 太阳能产品
5.3.2 太阳能生产装备
5.3.3 太阳能发电技术服务

5.4 生物质能产业

5.4.1 生物质能

5.4.2 生物液体燃料

5.4.3 其他新能源

6 新材料产业

6.1 新型功能材料产业

6.1.1 新型金属功能材料

6.1.2 新型功能陶瓷材料

6.1.3 稀土功能材料

6.1.4 高纯元素及化合物

6.1.5 表面功能材料

6.1.6 高品质新型有机活性材料

6.1.7 新型膜材料

6.1.8 功能玻璃和新型光学材料

6.1.9 电子功能材料

6.1.10 生态环境材料

6.1.11 新型能源材料

6.1.12 高品质合成橡胶

6.1.13 高性能密封材料

6.1.14 新型催化材料及助剂

6.2 先进结构材料产业

6.2.1 高品质特种钢铁材料

6.2.2 高性能有色金属及合金材料

6.2.3 新型结构陶瓷材料

6.2.4 工程塑料及合成树脂

6.3 高性能复合材料产业

6.3.1 高性能纤维及复合材料

6.3.2 金属基复合材料和陶瓷基复合材料

7 新能源汽车产业

7.1 纯电动汽车和插电式混合动力汽车

1 节能环保产业

1.1 高效节能产业

1.1.7 绿色建筑材料

高效节能新型墙体材料、保温隔热材料、高性能建筑玻璃，复合保温砌块和轻质复合保温板材、无机防火保温材料。低辐射玻璃、真空节能玻璃、光伏一体化建筑用外墙玻璃。节能建筑门窗、隔热和安全性能高的节能膜和屋面防水保温系统，集防火、保温、降噪等多功能于一体的新型建筑墙体和屋面系统等绿色建材。太阳能、风能、热泵技术在建筑上的应用。膨胀玻化微珠保温砂浆制备及应用技术、夹芯复合轻型建筑结构体系节能技术、Low－E 节能玻璃技术、节能型合成树脂幕墙装饰系统技术、烧结多孔砌块及填塞发泡聚苯乙烯烧结空心砌块节能技术、聚氨酯硬泡体用于墙体保温配套技术。提升绿色建筑环境质量的功能材料，抗震减灾高性能快速修复建材，具备抗菌、防污、自洁净等特殊功能的建材产品。

1.1.11 其他节能技术

合成纤维熔纺长丝环吹冷却技术、自密封旋转式管道补偿节能技术、热管/蒸汽压缩复合制冷技术、铅闪速熔炼技术、氧气侧吹熔池熔炼技术、换热设备超声波在线防垢技术、水溶液全循环尿素节能生产工艺技术、聚能燃烧技术、新型生物反应器和高效节能生物发酵技术、直燃式快速烘房技术、塑料注射成型伺服驱动与控制技术、工业冷却塔用混流式水轮机技术、沥青路面冷再生技术在路面大中修工程中的应用技术、温伴沥青在道路建设与养护工程中的应用技术、煤炭储运减损抑尘技术、电除尘器节能提效控制技术、铝电解槽新型阴极结构及焙烧启动与控制技术、精滤工艺全自动自清洁节能过滤技术、新型高效节能膜极距离子膜电解技术、全预混燃气燃烧技术、稳流行进式水泥熟料冷却技术、高效节能选粉技术、频谱谐波时效技术、动态谐波抑制及无功补偿综合节能技术、控制气氛渗氮工艺节能技术、大型高参数板壳式换热技术、基于吸收式换热的热电联产集中供热技术、供热系统智能控制节能改造技术、纳米陶瓷多空微粒绝热节能材料涂层技术、炼焦煤调湿风选技术、大型铝电解系列不停电(全电流)技术及成套装置、大型高效充气机械搅拌式浮选机、氧气底吹熔炼技术、辊压机粉磨系统、立式磨装备技术、油田机械用放空天然气回收液化工程、新型变换气制碱技术、氨合成回路分子筛节能技术、密闭环保节能型电石生产装置、合成氨节能改造综合技术、塑料动态成型加工节能技术、染整企业节能集热技术、高温高压气流染色技术、外动颚匀摆颚式破碎机、高效双盘磨浆机、高压电网动态无功补偿装置(SVC)、过程能耗管控系统设备、能源检测专用仪器仪表、油水井工况采集分析优化系统装置、制冷系统负荷节能仪，节能增压二次供水设备。

1.2 先进环保产业

1.2.8 环保产品

环保材料。包括膜材料和膜组件、高性能防渗材料、布袋除尘器高效滤料和配件等；离子交换树脂、生物滤料及填料、水处理用活性炭、纳滤膜及其组件、袋式除尘器专用聚四氟乙烯(PTFE)滤料、碳纤维复合过滤材料、高温气体净化用陶瓷过滤材料、玻氟斯/乳酸水刺复合毡、烟气过滤专用聚丙烯裂纹纤维滤料、玻璃纤维覆膜滤料(FILTEX)、玄武岩纤维材料、纳米微晶复合滤料、纳米级催化净化材料、聚苯硫醚除尘滤布等烟尘回收材料、聚酰胺复合反渗透膜等。电除尘器用高频电源、中频电源、三相电源，袋除尘用大口径脉冲阀、无膜片高压低能耗脉冲阀。

1.3 资源循环利用产业

1.3.6 资源再生利用

废橡胶、废塑料再生利用。包括废轮胎常温粉碎及常压连续再生橡胶技术和成套设备、废塑料复合材料回收处理成套设备、废轮胎胶粉改性沥青成套装备、废轮胎整胎切块破碎机、废旧轮胎分解制油和炭黑项目；纸塑铝分离技术、橡塑分离及合成技术、深层清洗、再生造粒、无机改性聚合物再生循环利用技术。

废旧机电产品再生利用。包括废旧机电产品分拣、拆解、高附加值利用的无害化处理技术与装备，含铜、重金属废弃电子产品及污泥(渣)的回收提纯成套装备、废旧家电和废印刷电路板高效率分离多种物料的技术，熔点不同、相容性差的多种塑料混杂物直接综合利用技术。

废弃生物质再生利用。包括秸秆、林产品加工剩余物、废塑料等废弃材料制成木塑、生物质聚氨酯泡沫材料等，发泡技术、纤维素和木质素的液化技术等。秸秆、生活垃圾、餐厨垃圾、林产品加工剩余物、园林绿化垃圾、城市粪便等废弃生物质材料制成纤维乙醇或成型燃料，节能节水型城市粪便收集输送装置。提高国产转化酶的性能并降低转化成本技术、制备成型燃料的原料配比技术、制备专用设备和使用成型燃料及木炭的小型锅炉专用燃烧设备、二氧化碳生物转化清洁能源技术装备、废油再生基础油成套装备、低能耗熔融气化裂解成套装备、生物质型煤锅炉。

2 新一代信息技术产业

2.1 下一代信息网络产业

2.1.1 网络设备

光通信设备。包括光纤，FTTx 用 G.657 光纤、宽带长途高速大容量光纤传输用 G.656 光纤、光子晶体光纤、掺稀土光纤(包括掺镱光纤、掺铒光纤、掺铥光纤等)、激光能量传输光纤，以及具有一些特殊性能的新型光纤，包括塑料光纤、聚合物光纤等。光纤接入设备，无源光网络(PON)、光线路终端(OLT)、光网络单元(ONU)、波分复用器等。光传输设备，线路速率达到 40Gbit/s、100Gbit/s 的超大容量(1.6Tbit/s 及以上)密集波分复用(DWDM)设备，可重构光分差复用设备(ROADM)及波分复用系统用光交叉互连(OXC)设备，大容量高速率 OTN 光传送网设备以及分组化增强型 OTN 设备、PTN 分组传送网设备、MSTP/MSAP 多业务传输和接入设备，高速光器件(有源和无源)。

3 生物产业

3.4 生物制造产业

3.4.1 生物基材料

基于生物质来源的生物塑料、生物纤维、生物橡胶等高分子材料。包括聚乳酸(PLA)，聚羟基烷酸(PHA)，1，3-丙二醇苯二甲酸聚酯(PTT)，丁二酸丁二醇聚酯(PBS)、聚氨基酸、聚四氢呋喃、聚有机酸复合材料和产品，多元醇纤维，淀粉基塑料、生物基聚酯、生物质纤维、新型炭质吸附材料、壳聚糖纤维、葡甘聚糖材料、蛋白质纤维，非主粮变性淀粉基生物降解材料等。

生物基材料聚合技术，高密度、高黏度微生物发酵工艺技术，生物聚合物的水相分离技术，生物乙醇、丁醇等高效分离提取技术(疏水膜、膜分离渗透汽化)，生物立体复合材料及其成型加工和改性技术，生物质纤维生物脱胶技术，生物基材料清洁生产技术。

3.4.2 生物化工产品

生物法制备或生物质原料制备的大宗与精细化学品及其衍生物。包括生物乙烯、异戊二烯、丙烯酸、乙醇、乙二醇，丙二醇、异丙醇、3-羟基丙酸、丙烯酸、丁醇、异丁醇、丁二醇、丁三醇、多元醇、乙酸、乳酸、丙酸、丁酸，丁二酸、乙醛酸、富马酸、长链二元酸、长链脂肪酸、苹果酸、衣康酸、柠檬酸、柠檬酸酯、异山梨醇，手性化合物，甾体化合物，秸秆糖，寡糖、稀少糖、非天然氨基酸等。

非粮原料转化技术，生物炼制技术，生物质气化技术，化工产品发酵技术，生物催化技术，全细胞催化转化技术，生物拆分技术，生物酶解技术，生物化学组合合成技术，生物合成过程控制技术等。

4 高端装备制造产业

4.5.3 重大智能制造成套装备

矿山、石化、化工、冶金、建筑智能专用设备制造。石油石化智能成套设备，包括具有在线检测、优化控制、功能安全等功能的百万吨级大型乙烯和千万吨级大型炼油装置、多联产煤化工装备、合成橡胶及塑料生产装置。冶金智能成套设备，包括具有特种参数在线检测、自适应控制、高精度运动控制等功能的金属冶炼、短流程连铸连轧、精整等成套装备。建材制造成套设备，包括具有物料自动配送、设备状态远程跟踪和能耗优化控制功能的水泥成套设备、高端特种玻璃成套设备。

智能化塑料成型装备，指具有在线识别检测、智能化温度调节、智能在线成品瓶检测及自动剔除、智能故障诊断的塑料成套装备。包括PET瓶高速吹瓶装备、注塑机和挤出机。

智能化包装成套装备，指具有视觉在线检测、一体化控制、高效低耗的包装成套装备。包括PET瓶吹灌旋一体化装备、PET瓶饮料灌装装备、无菌灌装装备以及黏流体高速灌装装备。

5 新能源产业

6 新材料产业

6.1.7 新型膜材料

生物功能和仿生分离膜材料，质子膜材料，离子交换膜，功能高分子膜材料，均相系列荷垫膜，聚烯烃类微滤膜，液体脱气膜，汽液相分离膜，膜内转印用膜，氯碱用膜材料，无机分离催化膜材料，反渗透膜材料，陶瓷分离膜材料，渗透气化和蒸汽渗透分离膜材料，其他功能膜材料。

6.1.12 高品质合成橡胶

耐热、耐蚀、耐磨损功能橡胶，特种橡胶材料，氟橡胶、硅橡胶，热塑性弹性体。

6.2.4 工程塑料及合成树脂

新型工程塑料与塑料合金，新型特种工程塑料，新型氟塑料，液晶聚合物，高性能热塑性树脂，阻燃改性塑料，ABS及其改性制品，HIPS及其改性材料，不饱和聚酯树脂专用料，汽车轻量化热塑性复合材料。新型聚氨酯材料。高性能环氧树脂，聚双马来酰亚胺树脂，聚酰亚胺树脂，聚异氰酸醋树脂，酚醛树脂。

6.3 高性能复合材料产业

6.3.1 高性能纤维及复合材料

高性能碳纤维及其复合材料，碳/碳复合材料，高强玻璃纤维、连续玄武岩纤维、陶瓷纤维、石墨纤维等无机非金属高性能纤维及其复合材料，芳纶、超高分子量聚乙烯纤维及其复合材料。芳砜纶纤维，聚苯硫醚纤维，聚四氟乙烯纤维，聚酰亚胺纤维、酚醛纤维、高吸水性纤维等具有耐腐蚀、耐高温、高强高模、抗燃、传导等功能的新型纤维。高性能树脂复合材料高效低成本成型技术，飞机结构复合材料整体化成型技术，高效自动化成型技术，低温固化及新型固化成型技术。

(其他略)

六、中国化工报　国家发改委局部调整产业结构指导目录PS发泡餐具14年后获解禁(2013年3月)

本报讯(记者李闻芝)2月26日国家发改委发布第21号令，对《产业结构调整指导目录(2011年本)》有关条目进行了局部调整，在淘汰类产品目录中删除了一次性PS发泡塑料餐具。这意味着一次性PS发泡塑料餐具在被禁14年后重获新生。

中国塑料加工工业协会常务副理事长曹俭向记者表示，在被禁14年之后，一次性PS发泡塑料餐具能够重新获得合法市场地位的主要原因有两方面：一是产品本身性价比高，具有特殊耐油、抗水和保温隔热性能，原料消耗少和垃圾产生量低，具有其他材料无法比拟的优势，是一种安全、绿色、环保的包装材料。二是近年来越来越多的人意识到，一次性PS发泡塑料餐具本身并不是造成白色污染的元凶，加强回收管理和再利用才是消除白色污染的根本，我国对一次性PS发泡塑料餐具的再利用技术也在不断提高。

中国塑料餐具联合办公室主任、中国环境科学学会绿色包装分会名誉会长李沛生强调，在确立了新的市场地位后，我国应尽快制定一次性PS发泡塑料餐具行业的准入条件，建立和制定回收再利用的机制及相关标准等。相关企业更要严格产品质量管理，不断提高产品品质。

据悉，在过去的十几年里，中国环境科学学会绿色包装分会和中国塑料加工工业协会为给一次性PS发泡餐具正名，做了大量市场调查，并多次向有关的国家管理部门汇报情况，还组织业内企业开展行业自律行动，签订了《产品质量安全承诺书》和《环保回收责任保证书》。市场调查结果显示，虽然早就被禁用，但一次性PS发泡塑料餐具在全国一次性快餐里具市场的占有率仍一直高达70%以上。

李沛生表示，此次国家发改委对一次性PS发泡塑料餐具定位的调整，不仅顺应了落实科学发展观的大趋势，而且对推动塑料包装行业实施循环经济和绿色发展战略也将起到积极的促进作用。

据记者了解，1999年2月原国家经贸委公布的《淘汰落后生产能力、工艺和产品的目录》(第一批)首次将一次性PS发泡餐具列入落后产品目录，要求禁产、禁用，限期淘汰。此后，在国家发改委发布的《产业结构调整指导目录》2005年本和2011年本中，一次性PS发泡餐具两度被列入淘汰类产品。

七、商务部办公厅　关于做好2013年再生资源回收体系建设工作的通知　(2013年3月15日)

各省、自治区、直辖市、计划单列市及新疆生产建设兵团商务主管部门：

为贯彻落实党的“十八大”会议关于“大力推进生态文明建设”的精神和《国务院办公厅关于建立完整的先进的废旧商品回收体系的意见》(国办发[2011]49号)等文件要求，做好2013年再生资源回收体系建设工作，现就有关事项通知如下：

一、健全工作机制，明确重点任务

(一)健全工作机制。各地要在当地人民政府的统一领导下，抓紧建立由商务主管部门牵头、有关部门参与的废旧商品回收工作机制(以下简称工作机制)，形成工作合力。已经建立工作机制的地区，要充分发挥工作机制作用，加强部门协调，建立完善政策保障和行业管理等各项制度，有重点地开展工作。

(二)明确重点任务。2013 年，我部将充分发挥废旧商品回收体系建设部际联席会议机制作用，从争取财税政策、开展重点品种回收模式试点、组织开展宣传等方面，深入推进再生资源回收体系建设。各地商务主管部门要结合本地实际，依托工作机制，制订本年度工作计划和实施措施，有重点地解决 1 至 2 个难点、焦点问题。

二、继续开展城市试点，积极培育回收龙头企业

(一)继续开展试点。根据国家“十二五”规划纲要要求，我部将完成 80 个废旧商品回收体系示范城市的创建工作。各地商务主管部门要继续按照有关文件精神和建设规范要求，积极开展省级再生资源回收体系建设试点，推动建设一批网点布局合理、管理规范，回收方式多元、重点品种回收率高的回收体系建设试点城市。对列入试点的城市，应及时总结经验，给予相关政策支持。我部将在省级试点工作基础上，适时开展试点城市评价工作。

(二)培育龙头企业。各地要继续加强回收行业龙头企业培育，以龙头企业为依托，通过政策支持，鼓励企业探索重点品种回收模式创新；同时在合理规划的基础上，建设一批分拣技术先进、环保处理设施完备、劳动保护措施健全的废旧商品回收分拣集聚区。各地应于 2013 年 4 月 1 日前，通过再生资源信息管理系统报送确定的重点联系企业基本情况。我部将对重点联系企业进行筛选，建立全国回收行业重点联系企业制度。

三、制订发展规划，强化统计标准工作

(一)加强规划实施。商务部起草的《再生资源回收体系建设中长期规划(2012 - 2020)》(以下简称《规划》)，将于 2013 年上半年发布实施。各地商务主管部门要按照《规划》确定的产业布局和工作要求，结合实际，制订当地再生资源回收体系建设的中长期规划，以解决回收品种结构不合理、“市场失灵”、区域发展不协调等问题，指引和带动当地回收体系建设。

(二)强化统计标准工作。各地商务主管部门要进一步完善统计制度，以重点联系企业为依托，形成分品种、分地区的统计报表，建立覆盖多品种、多环节、全口径的统计体系，定期发布行业信息，指导行业发展。同时，各地商务主管部门要制订和宣传贯彻一批废钢铁、废有色金属、废纸、废塑料、废玻璃等重点品种的关键行业标准，带动回收体系标准化建设。

四、加强项目管理，确保项目成效

各地商务主管部门要加强对 2009 年以来中央财政资金支持的再生资源回收体系建设试点项目管理，于 2013 年 4 月 1 日前通过再生资源信息管理系统报送项目情况，并建立项目管理档案。对已建成项目，要切实加强绩效评价，做好项目跟踪问效；对在建项目，要加大督导力度，督促项目建设进展，认真组织项目评审及验收，确保验收合格后拨付资金；对 2013 年项目，应按照财政部、商务部下发的《中央财政促进服务业发展专项资金管理办法》要求，做好项目管理工作，着力打造立足长远、布局合理、运行高效的再生资源回收网络，创新流通领域节能减排模式。

五、围绕“五进”工程，加大宣传力度

各地商务主管部门应继续以绿色回收进社区、进高校、进机关、进商场、进园区(“五进”)为主题，组织开展特色鲜明的宣传活动。要结合实际，积极推进“五进”示范工程，通过多种形式大力宣传再生资源回收，引导广大群众积极参与，推动社会各界进一步把绿色回收理念转化为全民实际行动。

请各地商务主管部门按照要求，积极落实，有关情况请及时报我部(流通发展司)。

联系人：(略)

八、工业和信息化部科技司　公开征集对《电子产品塑料件用水性涂料》等 1046 项行业标准和 5 项国家标准计划项目的意见(2013 年 4 月 16 日)

根据标准化工作的总体安排，现将申请立项的《电子产品塑料件用水性涂料》等 1046 项行业标准，《半导体照明用 LED 模块系列型谱》等 5 项国家标准计划项目予以公示(见附件 1、2)，截止日期为 5 月 2 日。如对拟立项标准项目有不同意见，请在公示期间填写《标准立项反馈意见表》(见附件 3)并反馈至我司，电子邮件发送至 KJBZ@ miit. gov. cn(邮件主题注明：工业标准立项公示反馈)。

附件：1.《电子产品塑料件用水性涂料》等 1046 项行业标准制修订计划(征求意见稿)

2.《半导体照明用 LED 模块系列型谱》等 5 项国家标准制修订计划(征求意见稿)(略)

3. 标准立项反馈意见表(略)

附件：1.《电子产品塑料件用水性涂料》等 1046 项行业标准制修订计划(征求意见稿)(其他略)

工业和信息化部 2013 年二季度工业行业标准制

修订计划(征求意见稿) 工业和信息化部科技司 二〇一三年四月

2013 年二季度工业行业标准制修订计划汇总表

申报司局(部门)		行业省市	合计	性质			制修订		标准类别					采用国际和国外先进标准数	重点项目
				强制	推荐	指导	制定	修订	节能与综合利用	工程建设	安全生产	产品类	标准样品		
	合计	合计	1046	1	1045	0	806	240	49	6	5	962	24	24	0
规划司	6	石化	4	0	4	0	1	3	0	4	0	0	0	0	0
		有色	2	1	1	0	2	0	0	2	0	0	0	0	0
节能与综合利用司	49	化工	1	0	1	0	1	0	1	0	0	0	0	0	0
		钢铁	3	0	3	0	3	0	3	0	0	0	0	0	0
		有色	4	0	4	0	4	0	4	0	0	0	0	0	0
		稀土	3	0	3	0	3	0	3	0	0	0	0	0	0
		机械	38	0	38	0	38	0	38	0	0	0	0	0	0
安全生产司	5	化工	5	0	5	0	5	0	0	0	5	0	0	0	0
原材料工业司	470	化工	137	0	137	0	94	43	0	0	0	137	0	4	0
		建材	38	0	38	0	37	1	0	0	0	38	0	3	0
		钢铁	66	0	66	0	63	3	0	0	0	45	21	1	0
		有色	121	0	121	0	98	23	0	0	0	118	3	1	0
		稀土	8	0	8	0	2	6	0	0	0	8	0	0	0
装备工业司	564	机械	427	0	427	0	334	93	0	0	0	427	0	8	0
		汽车	17	0	17	0	13	4	0	0	0	17	0	1	0
		船舶	120	0	120	0	56	64	0	0	0	120	0	4	0
电子信息司	5	电子	5	0	5	0	5	0	0	0	0	5	0	0	0
地方行业主管部门	47	安徽	47	0	47	0	47	0	0	0	0	47	0	2	0

2013 年化工行业标准项目计划表

涂料和颜料

序号	申报号	项目名称	性质	制修订	代替标准	采标情况	完成年限	部内主管司局	技术委员会或技术归口单位	主要起草单位	备注
1	HGCPZT 0238－2013	电子产品塑料件用水性涂料	推荐	制定			2014	原材料工业司	全国涂料和颜料标准化技术委员会	中海油常州涂料化工研究院、国家涂料质量监督检验中心	

塑料

序号	申报号	项目名称	性质	制修订	代替标准	采标情况	完成年限	部内主管司局	技术委员会或技术归口单位	主要起草单位	备注
2	HGCPZT 0235-2013	保温板用硬质聚氨酯泡沫组合聚醚	推荐	制定			2014	原材料工业司	全国塑料标准化技术委员会	黎明化工研究设计院有限责任公司等	
3	HGCPZT 0236-2013	冰箱、冰柜用硬质聚氨酯泡沫组合聚醚	推荐	制定			2014	原材料工业司	全国塑料标准化技术委员会	黎明化工研究设计院有限责任公司等	
4	HGCPXT 0237-2013	氯乙烯—纳米碳酸钙原位聚合悬浮法聚氯乙烯树脂	推荐	修订	HG/T 3791—2005		2014	原材料工业司	全国塑料标准化技术委员会	锦西化工研究院有限公司	

橡胶与橡胶制品－化学助剂

序号	申报号	项目名称	性质	制修订	代替标准	采标情况	完成年限	部内主管司局	技术委员会或技术归口单位	主要起草单位	备注
5	HGCPZT 0156-2013	*N*, *N*′-乙撑双硬脂酰胺(EBS)	推荐	制定			2014	原材料工业司	全国橡胶与橡胶制品标准化技术委员会化学助剂分会	常州可赛成功塑胶材料有限公司、中国石油天然气股份有限公司吉林石化分公司精细化学品厂	

橡胶与橡胶制品－浸胶骨架材料

序号	申报号	项目名称	性质	制修订	代替标准	采标情况	完成年限	部内主管司局	技术委员会或技术归口单位	主要起草单位	备注
6	HGCPZT 0157-2013	浸胶聚酯防撕裂网布	推荐	制定			2015	原材料工业司	全国橡胶与橡胶制品标准化技术委员会浸胶骨架材料分会	青岛新材料科技工业园发展有限公司、青岛科技大学、青岛天邦线业有限公司、中化新材料实验室等	
7	HGCPZT 0158-2013	浸胶涤棉广角帆布	推荐	制定			2015	原材料工业司	全国橡胶与橡胶制品标准化技术委员会浸胶骨架材料分会	青岛新材料科技工业园发展有限公司、青岛科技大学、中化新材料实验室、吴江豪顺工业用布厂等	

续表

序号	申报号	项目名称	性质	制修订	代替标准	采标情况	完成年限	部内主管司局	技术委员会或技术归口单位	主要起草单位	备注
8	HGCPZT 0159－2013	浸胶尼龙弹力布	推荐	制定			2015	原材料工业司	全国橡胶与橡胶制品标准化技术委员会浸胶骨架材料分会	青岛新材料科技工业园发展有限公司、青岛科技大学、青岛中化新材料实验室、芜湖华烨工业用布有限公司等	
9	HGCPZT 0160－2013	浸胶聚酯帆布	推荐	制定			2015	原材料工业司	全国橡胶与橡胶制品标准化技术委员会浸胶骨架材料分会	青岛新材料科技工业园发展有限公司、青岛科技大学、潍坊博文化纤制造有限公司、中化新材料实验室等	

化学－无机化工

序号	申报号	项目名称	性质	制修订	代替标准	采标情况	完成年限	部内主管司局	技术委员会或技术归口单位	主要起草单位	备注
10	HGCPXT 0194－2013	工业硫酸锌	推荐	修订	HG/T 2326—2005		2014	原材料工业司	全国化学标准化技术委员会无机化工分技术委员会	中海油天津化工研究设计院、天津市新欣化工厂、江苏省东泰精细化工有限责任公司、洛阳市蓝天化工厂	
11	HGCPXT 0195－2013	工业碱式硫酸铬	推荐	修订	HG/T 2678—2007		2014	原材料工业司	全国化学标准化技术委员会无机化工分技术委员会	中海油天津化工研究设计院、四川安县银河建化集团有限公司	
12	HGCPZT 0196－2013	工业氯化钴	推荐	制定			2014	原材料工业司	全国化学标准化技术委员会无机化工分技术委员会	中海油天津化工研究设计院、深圳市格林美高新技术股份有限公司、浙江华友钴业股份有限公司、江西核工业兴中科技有限公司	

续表

序号	申报号	项目名称	性质	制修订	代替标准	采标情况	完成年限	部内主管司局	技术委员会或技术归口单位	主要起草单位	备注
13	HGCPZT 0197－2013	工业硫酸钴	推荐	制定			2014	原材料工业司	全国化学标准化技术委员会无机化工分技术委员会	中海油天津化工研究设计院、深圳市格林美高新技术股份有限公司、浙江华友钴业股份有限公司、江西核工业兴中科技有限公司	
14	HGCPZT 0198－2013	电池用硫酸锰	推荐	制定			2014	原材料工业司	全国化学标准化技术委员会无机化工分技术委员会	中海油天津化工研究设计院、佛山市邦普循环科技有限公司	
15	HGCPZT 0199－2013	工业磷酸锌	推荐	制定			2014	原材料工业司	全国化学标准化技术委员会无机化工分技术委员会	中海油天津化工研究设计院、江苏省东泰精细化工有限责任公司、上海京华化工厂有限公司	
16	HGCPZT 0200－2013	碱式碳酸铜	推荐	制定			2014	原材料工业司	全国化学标准化技术委员会无机化工分技术委员会	中海油天津化工研究设计院、江西核工业兴中科技有限公司	
17	HGCPZT 0201－2013	造纸用重质浆状碳酸钙	推荐	制定			2014	原材料工业司	全国化学标准化技术委员会无机化工分技术委员会	中海油天津化工研究设计院、福建省三农碳酸钙有限公司、常州碳酸钙有限公司、东南新材料股份有限公司	
18	HGCPZT 0202－2013	工业碱式氯化铜	推荐	制定			2014	原材料工业司	全国化学标准化技术委员会无机化工分技术委员会	中海油天津化工研究设计院、深圳市危险废物处理站有限公司	

续表

序号	申报号	项目名称	性质	制修订	代替标准	采标情况	完成年限	部内主管司局	技术委员会或技术归口单位	主要起草单位	备注
19	HGCPZT 0203－2013	硼酸锌阻燃剂	推荐	制定			2014	原材料工业司	全国化学标准化技术委员会无机化工分技术委员会	中海油天津化工研究设计院、济南泰兴精细化工有限公司	

化学－有机化工

序号	申报号	项目名称	性质	制修订	代替标准	采标情况	完成年限	部内主管司局	技术委员会或技术归口单位	主要起草单位	备注
20	HGCPZT 0204－2013	工业用异丙醚	推荐	制定			2014	原材料工业司	全国化学标准化技术委员会有机化工分会	浙江新化化工股份有限公司、中国石油化工股份有限公司北京化工研究院	
21	HGCPZT 0205－2013	工业用γ－丁内酯	推荐	制定			2014	原材料工业司	全国化学标准化技术委员会有机化工分会	濮阳迈奇科技有限公司、中国石油化工股份有限公司北京化工研究院	
22	HGCPZT 0206－2013	工业用叔丁醇钾	推荐	制定			2014	原材料工业司	全国化学标准化技术委员会有机化工分会	常州吉恩化工有限公司、中国石油化工股份有限公司北京化工研究院	
23	HGCPZT 0207－2013	工业用叔丁醇钠	推荐	制定			2014	原材料工业司	全国化学标准化技术委员会有机化工分会	常州吉恩化工有限公司、中国石油化工股份有限公司北京化工研究院	
24	HGCPZT 0208－2013	工业用二碳酸二叔丁酯	推荐	制定			2014	原材料工业司	全国化学标准化技术委员会有机化工分会	常州吉恩化工有限公司、中国石油化工股份有限公司北京化工研究院	

化学－水处理剂

序号	申报号	项目名称	性质	制修订	代替标准	采标情况	完成年限	部内主管司局	技术委员会或技术归口单位	主要起草单位	备注
25	HGCPXT 0192－2013	石油化工循环冷却水系统用再生水水质标准	推荐	修订	HG/T 3923—2007		2014	原材料工业司	全国化学标准化技术委员会水处理剂分会	中海油天津化工研究设计院、天津正达科技有限责任公司等	
26	HGCPZT 0193－2013	氰尿酸	推荐	制定			2014	原材料工业司	全国化学标准化技术委员会水处理剂分会	中海油天津化工研究设计院、河北冀衡化学股份有限公司	

化学－界面活性剂

序号	申报号	项目名称	性质	制修订	代替标准	采标情况	完成年限	部内主管司局	技术委员会或技术归口单位	主要起草单位	备注
27	HGCPZT 0121－2013	甲基烯丙醇聚醚	推荐	制定			2014	原材料工业司	全国化学标准化技术委员会(特种)界面活性剂分技术委员会	浙江皇马科技股份有限公司、江苏天音化工有限公司、辽宁奥克化学股份有限公司	

化学－化工催化剂

序号	申报号	项目名称	性质	制修订	代替标准	采标情况	完成年限	部内主管司局	技术委员会或技术归口单位	主要起草单位	备注
28	HGCPZT 0180－2013	硫酸生产用铯催化剂	推荐	制定			2013	原材料工业司	全国化学标准化技术委员会化工催化剂分会	南化集团研究院、湖北襄阳精信催化剂有限责任公司等	
29	HGCPZT 0181－2013	甲醇制低碳烯烃催化剂	推荐	制定			2013	原材料工业司	全国化学标准化技术委员会化工催化剂分会	正大能源材料(大连)有限公司、南化集团研究院等	
30	HGFFZT 0182－2013	甲醇制低碳烯烃催化剂物理性能试验方法	推荐	制定			2013	原材料工业司	全国化学标准化技术委员会化工催化剂分会	正大能源材料(大连)有限公司、南化集团研究院等	

续表

序号	申报号	项目名称	性质	制修订	代替标准	采标情况	完成年限	部内主管司局	技术委员会或技术归口单位	主要起草单位	备注
31	HGFFZT 0183－2013	甲醇制低碳烯烃催化剂反应性能试验方法	推荐	制定			2013	原材料工业司	全国化学标准化技术委员会化工催化剂分会	正大能源材料(大连)有限公司、南化集团研究院等	
32	HGFFZT 0184－2013	常温氧化铁脱硫剂化学成分分析方法	推荐	制定			2014	原材料工业司	全国化学标准化技术委员会化工催化剂分会	南化集团研究院、华硕科技股份有限公司等	
33	HGFFZT 0185－2013	环己醇脱氢制环己酮催化剂活性试验方法	推荐	制定			2014	原材料工业司	全国化学标准化技术委员会化工催化剂分会	南化集团研究院、山东省产品质量监督检验研究院等	
34	HGFFZT 0186－2013	镍系气相苯加氢催化剂化学成分分析方法	推荐	制定			2014	原材料工业司	全国化学标准化技术委员会化工催化剂分会	南化集团研究院、泰州市产品质量监督检验所等	
35	HGFFZT 0187－2013	预还原型氨合成催化剂活性试验方法	推荐	制定			2014	原材料工业司	全国化学标准化技术委员会化工催化剂分会	南化集团研究院、南京国昌化工科技有限公司、湖北双雄催化剂有限公司等	
36	HGCPZT 0188－2013	氨氧化制硝酸用高钯催化剂	推荐	制定			2014	原材料工业司	全国化学标准化技术委员会化工催化剂分会	中海油太原贵金属有限公司、南化集团研究院等	
37	HGFFZT 0189－2013	精制对苯二甲酸用钯碳催化剂化学成分分析方法	推荐	制定			2014	原材料工业司	全国化学标准化技术委员会化工催化剂分会	南化集团研究院、中石化催化剂上海分公司等	
38	HGFFZT 0190－2013	尿素合成用 CO_2 脱氢催化剂活性试验方法	推荐	制定			2014	原材料工业司	全国化学标准化技术委员会化工催化剂分会	华硕科技股份有限公司、南化集团研究院等	

续表

序号	申报号	项目名称	性质	制修订	代替标准	采标情况	完成年限	部内主管司局	技术委员会或技术归口单位	主要起草单位	备注
39	HGFFZT 0191－2013	常温氧硫化碳水解催化剂化学成分分析方法	推荐	制定			2014	原材料工业司	全国化学标准化技术委员会化工催化剂分会	南化集团研究院、华硕科技股份有限公司等	

光学功能薄膜材料

序号	申报号	项目名称	性质	制修订	代替标准	采标情况	完成年限	部内主管司局	技术委员会或技术归口单位	主要起草单位	备注
40	HGCPZT 0170－2013	抗静电聚对苯二甲酸乙二醇酯（PET）薄膜	推荐	制定			2014	原材料工业司	全国光学功能薄膜材料标准化技术委员会	合肥乐凯科技产业有限公司、中国乐凯胶片集团公司、友达光电（苏州）有限公司	
41	HGCPZT 0171－2013	屏幕保护用透明光学聚对苯二甲酸乙二醇酯（PET）硬化薄膜	推荐	制定			2014	原材料工业司	全国光学功能薄膜材料标准化技术委员会	合肥乐凯科技产业有限公司、中国乐凯胶片集团公司、太湖金张科技有限公司	

化工机械与设备

序号	申报号	项目名称	性质	制修订	代替标准	采标情况	完成年限	部内主管司局	技术委员会或技术归口单位	主要起草单位	备注
42	HGJCXT 0174－2013	化工用泵名词术语	推荐	修订	HG/T 3182—1987		2014	原材料工业司	全国化工机械与设备标准化技术委员会	合肥华升泵阀有限责任公司、上海化工研究院	
43	HGCPZT 0175－2013	搅拌传动装置 轮毂	推荐	制定			2014	原材料工业司	全国化工机械与设备标准化技术委员会	合肥华升泵阀有限责任公司、上海化工研究院、合肥工业大学	
44	HGCPZT 0176－2013	化工过程气－液微旋流分离器 技术条件	推荐	制定			2014	原材料工业司	全国化工机械与设备标准化技术委员会	上海华畅环保设备发展有限公司、华东理工大学、上海化工研究院	

续表

序号	申报号	项目名称	性质	制修订	代替标准	采标情况	完成年限	部内主管司局	技术委员会或技术归口单位	主要起草单位	备注
45	HGCPZT 0177－2013	水系统自洁消毒器	推荐	制定			2014	原材料工业司	全国化工机械与设备标准化技术委员会	北京禹辉水处理技术有限公司、北京博雅源工程设备有限公司、北京长河兴水处理技术有限公司、北京施华特科技发展有限公司	
46	HGCPZT 0178－2013	重型敞口袋全自动包装机	推荐	制定			2014	原材料工业司	全国化工机械与设备标准化技术委员会	无锡力马化工机械有限公司、天华化工机械及自动化研究设计院、上海交通大学	
47	HGCPZT 0179－2013	热固性粉末涂料后混合设备	推荐	制定			2014	原材料工业司	全国化工机械与设备标准化技术委员会	中国化工学会、烟台东辉粉末设备有限公司、烟台三立工业有限公司、化学工业设备质量监督检验中心	

非金属化工设备

序号	申报号	项目名称	性质	制修订	代替标准	采标情况	完成年限	部内主管司局	技术委员会或技术归口单位	主要起草单位	备注
48	HGGLZT 0161－2013	塑料冷焊接工艺评定	推荐	制定			2014	原材料工业司	全国非金属化工设备标准化技术委员会	温州赵氟隆有限公司、国家塑料制品质量监督检验中心、广州市特种承压设备检测研究院	
49	HGGLZT 0162－2013	塑料冷焊接工艺规程	推荐	制定		ASTM D2855－96(R2010),NEQ	2014	原材料工业司	全国非金属化工设备标准化技术委员会	温州赵氟隆有限公司、国家塑料制品质量监督检验中心、广州市特种承压设备检测研究院	

续表

序号	申报号	项目名称	性质	制修订	代替标准	采标情况	完成年限	部内主管司局	技术委员会或技术归口单位	主要起草单位	备注
50	HGCPZT 0163－2013	塑料焊接机具 热熔焊机	推荐	制定		ISO 12176.1－2006,NEQ	2014	原材料工业司	全国非金属化工设备标准化技术委员会	西安塑龙熔接设备有限公司、温州赵氟隆有限公司、国家塑料制品质量监督检验中心	
51	HGCPZT 0164－2013	塑料焊接机具 电熔焊机	推荐	制定		ISO 12176.2－2008,NEQ	2014	原材料工业司	全国非金属化工设备标准化技术委员会	西安塑龙熔接设备有限公司、温州赵氟隆有限公司、国家塑料制品质量监督检验中心	
52	HGCPXT 0165－2013	塑料塔填料技术条件	推荐	修订	HG/T 3986—2007		2014	原材料工业司	全国非金属化工设备标准化技术委员会	萍乡市环球化工填料有限公司、萍乡市中天化工填料有限公司、中国石化工程建设有限公司	
53	HGCPZT 0166－2013	塑料规整塔填料	推荐	制定			2014	原材料工业司	全国非金属化工设备标准化技术委员会	江西省裕仁信化工填料设备有限责任公司、工业陶瓷国家测试中心	
54	HGCPZT 0167－2013	塑料焊条	推荐	制定			2014	原材料工业司	全国非金属化工设备标准化技术委员会	温州赵氟隆有限公司、国家塑料制品质量监督检验中心、广州市特种承压设备检测研究院、西安塑龙熔接设备有限公司	

化工专用密封

序号	申报号	项目名称	性质	制修订	代替标准	采标情况	完成年限	部内主管司局	技术委员会或技术归口单位	主要起草单位	备注
55	HGCPXT 0117－2013	砂磨机用机械密封技术条件	推荐	修订	HG/T 2477—2004		2013	原材料工业司	化学工业专用密封标准化技术委员会	昆山密友机械密封有限公司、北京环峰化工机械实验厂、南京隆达机械设备有限公司、北京化工大学	

安全生产－废弃化学品处置

序号	申报号	项目名称	性质	制修订	代替标准	采标情况	完成年限	部内主管司局	技术委员会或技术归口单位	主要起草单位	备注
56	HGAQZT 0249－2013	酯类物质泄漏的处理处置方法	推荐	制定			2014	安全生产司	全国废弃化学品处置标准化技术委员会	中海油天津化工研究设计院、肥城阿斯德化工有限公司	
57	HGAQZT 0250－2013	醚类物质泄漏的处理处置方法	推荐	制定			2014	安全生产司	全国废弃化学品处置标准化技术委员会	中海油天津化工研究设计院、肥城阿斯德化工有限公司	
58	HGAQZT 0251－2013	酮类物质泄漏的处理处置方法	推荐	制定			2014	安全生产司	全国废弃化学品处置标准化技术委员会	中海油天津化工研究设计院、肥城阿斯德化工有限公司	
59	HGAQZT 0252－2013	苯胺泄漏的处理处置方法	推荐	制定			2014	安全生产司	全国废弃化学品处置标准化技术委员会	中海油天津化工研究设计院、肥城阿斯德化工有限公司	
60	HGAQZT 0253－2013	实验室废弃化学品安全预处理指南	推荐	制定			2015	安全生产司	全国废弃化学品处置标准化技术委员会	中海油天津化工研究设计院、天津出入境检验检疫局	

墙体材料

序号	申报号	项目名称	性质	制修订	代替标准	采标情况	完成年限	部内主管司局	技术委员会或技术归口单位	主要起草单位	备注
61	JCCPZT 0260－2013	外墙外保温用模塑聚苯乙烯泡沫塑料	推荐	制定			2014	原材料工业司	中国建筑材料联合会	中国绝热节能材料协会	

2013年机械行业标准项目计划表

绝缘材料

序号	申报号	项目名称	性质	制修订	代替标准	采标情况	完成年限	部内主管司局	技术委员会或技术归口单位	主要起草单位	备注
62	JBCPZT 0507－2013	电气绝缘用围板技术条件	推荐	制定			2014	装备工业司	全国绝缘材料标准化技术委员会	机械工业电工材料质检中心、南通中菱绝缘材料有限公司等	
63	JBCPZT 0508－2013	电气绝缘用导磁板	推荐	制定			2014	装备工业司	全国绝缘材料标准化技术委员会	机械工业电工材料质检中心、西电电工材料有限责任公司、北京新福润达绝缘材料有限责任公司等	
64	JBCPZT 0509－2013	电气绝缘用水溶性半无机硅钢片漆	推荐	制定			2014	装备工业司	全国绝缘材料标准化技术委员会	机械工业电工材料质检中心、东材科技集团股份有限公司、杜邦集团(上海)有限公司、浙江荣泰科技企业有限公司等	
65	JBCPZT 0510－2013	氟弹性体热收缩管	推荐	制定		IEC 60684－3－233：2006，MOD	2014	装备工业司	全国绝缘材料标准化技术委员会	长园集团股份有限公司等	
66	JBCPZT 0511－2013	非阻燃双壁聚烯烃热收缩管	推荐	制定		IEC 60684－3－246：2007，MOD	2014	装备工业司	全国绝缘材料标准化技术委员会	长园集团股份有限公司等	

续表

序号	申报号	项目名称	性质	制修订	代替标准	采标情况	完成年限	部内主管司局	技术委员会或技术归口单位	主要起草单位	备注
67	JBCPZT 0512－2013	阻燃双壁聚烯烃热收缩管	推荐	制定		IEC 60684－3－248：2007，MOD	2014	装备工业司	全国绝缘材料标准化技术委员会	长园集团股份有限公司等	

橡塑密封

序号	申报号	项目名称	性质	制修订	代替标准	采标情况	完成年限	部内主管司局	技术委员会或技术归口单位	主要起草单位	备注
68	JBFFZT 0540－2013	旋转轴唇形密封圈摩擦扭矩试验方法	推荐	制定			2014	装备工业司	机械工业橡塑密封标准化技术委员会	青岛开世密封工业有限公司	

制药装备

序号	申报号	项目名称	性质	制修订	代替标准	采标情况	完成年限	部内主管司局	技术委员会或技术归口单位	主要起草单位	备注
69	JBCPXT 1077－2013	非PVC膜单室袋大输液制造机	推荐	修订	JB/T 20095—2007		2014	装备工业司	全国制药装备标准化技术委员会	湖南千山制药机械股份有限公司	
70	JBCPXT 1078－2013	塑料输液瓶洗灌封一体机	推荐	修订	JB/T 20094—2007		2014	装备工业司	全国制药装备标准化技术委员会	湖南千山制药机械股份有限公司	

九、商务部办公厅　关于确定2013年商务部引导支持展会的通知　(2013年4月27日)

为有效发挥重点展会示范效应，推动展览行业健康发展，2013年，商务部将继续对带动效应好、规模影响大、行业特点鲜明的展会进行引导支持。经各地方商务主管部门和有关行业组织推荐、专家委员会评审及网上公示，我部确定了115项展会作为2013年商务部引导支持展会。(见附件)

2013年商务部引导支持展会名单(其他略)

序号	展会名称	举办地
16	中国(余姚)国际塑料博览会	余姚
20	中国塑料交易会	台州

请各推荐单位加强对所推荐展会的指导和监督，及时掌握展会信息，了解办展效果，切实发挥好展会在拉动消费、调整结构和促进经济合作等方面的带动作用。

十、工业和信息化部科技司58项电子、民爆国家标准报批公示(2013年8月1日)

根据国家标准制修订计划，相关标准化技术组织等单位已完成《半导体集成电路塑料四面引线扁平封装引线框架规范》等58项电子、民爆国家标准的制修订工作。为进一步听取社会各界意见，现予以公示，截止日期2013年8月16日。

以上标准报批稿请登录中电标协网站“标准报批公示”栏目阅览，并反馈意见。

附件：58项电子、民爆国家标准名称及主要内容

标准编号	标准名称	标准主要内容	代替标准	采标情况
电子行业				
GB/T 15876－××××	半导体集成电路 塑料四面引线扁平封装引线框架规范	本标准规定了半导体集成电路塑料四面引线扁平封装引线框架的技术要求和检验规则	GB/T 15876—1995	

续表

标准编号	标准名称	标准主要内容	代替标准	采标情况
GB/T 16525—××××	半导体集成电路 塑料有引线片式载体封装引线框架规范	本标准规定了半导体集成电路塑料有引线片式载体封装引线框架的技术要求和检验规则	GB/T 16525—1996	
GB/T 14112—××××	半导体集成电路 塑料双列封装冲制型引线框架规范	本标准规定了半导体集成电路塑料双列封装冲制型引线框架的技术要求和检验规则。	GB/T 14112—1993	
GB/T 6346—××××	电子设备用固定电容器 第11部分：分规范 金属箔式聚乙烯对苯二甲酸乙二醇酯膜介质直流固定电容器（可供认证用）	规范的主要内容是对电子设备用金属箔式聚乙烯对苯二甲酸乙二醇酯膜介质直流固定电容器规定优先额定值和特性，并从 GB/T 2693—2001（IEC 60384－1）《电子设备用固定电容器 第1部分：总规范》中选择适当的质量评定程序、试验和测量方法，以及给出一般性能要求。	GB 6346—1986	IDT IEC 60384－11：2008
GB 6347—××××	电子设备用固定电容器 第11－1部分：空白详细规范 金属箔式聚乙烯对苯二甲酸乙二醇酯膜介质直流固定电容器 评定水平 EZ	规范的主要内容是对电子设备用金属箔式聚乙烯对苯二甲酸乙二醇酯膜介质直流固定电容器规定优先额定值和特性，并从 GB/T 2693—2001（IEC 60384－1）《电子设备用固定电容器 第1部分：总规范》中选择适当的质量评定程序、试验和测量方法，以及给出一般性能要求。	GB 6347—1986	IDT IEC 60384－11－1：2008

（其他略）

十一、国务院关于加快发展节能环保产业的意见 国发〔2013〕30号（2013年8月1日）

各省、自治区、直辖市人民政府，国务院各部委、各直属机构：

资源环境制约是当前我国经济社会发展面临的突出矛盾。解决节能环保问题，是扩内需、稳增长、调结构，打造中国经济升级版的一项重要而紧迫的任务。加快发展节能环保产业，对拉动投资和消费，形成新的经济增长点，推动产业升级和发展方式转变，促进节能减排和民生改善，实现经济可持续发展和确保2020年全面建成小康社会，具有十分重要的意义。为加快发展节能环保产业，现提出以下意见：

一、总体要求

（一）指导思想。牢固树立生态文明理念，立足当前、着眼长远，围绕提高产业技术水平和竞争力，以企业为主体、以市场为导向、以工程为依托，强化政府引导，完善政策机制，培育规范市场，着力加强技术创新，大力提高技术装备、产品、服务水平，促进节能环保产业快速发展，释放市场潜在需求，形成新的增长点，为扩内需、稳增长、调结构，增强创新能力，改善环境质量，保障改善民生和加快生态文明建设作出贡献。

（二）基本原则。

创新引领，服务提升。加快技术创新步伐，突破关键核心技术和共性技术，缩小与国际先进水平的差距，提升技术装备和产品的供给能力。推行合同能源管理、特许经营、综合环境服务等市场化新型节能环保服务业态。

需求牵引，工程带动。营造绿色消费政策环境，推广节能环保产品，加快实施节能、循环经济和环境保护重点工程，释放节能环保产品、设备、服务的消费和投资需求，形成对节能环保产业发展的有力拉动。

法规驱动，政策激励。健全节能环保法规和标准，强化监督管理，完善政策机制，加强行业自律，规范市场秩序，形成促进节能环保产业快速健康发展的激励和约束机制。

市场主导，政府引导。充分发挥市场配置资源的基础性作用，以市场需求为导向，用改革的办法激发各类市场主体的积极性。针对产业发展的薄弱环节和瓶颈制约，有效发挥政府规划引导、政策激励和调控作用。

(三)主要目标。

产业技术水平显著提升。企业技术创新和科技成果集成、转化能力大幅提高，能源高效和分质梯级利用、污染物防治和安全处置、资源回收和循环利用等关键核心技术研发取得重点突破，装备和产品的质量、性能显著改善，形成一大批拥有知识产权和国际竞争力的重大装备和产品，部分关键共性技术达到国际先进水平。

国产设备和产品基本满足市场需求。通过引进消化吸收和再创新，努力提高产品技术水平，促进我国节能环保关键材料以及重要设备和产品在工业、农业、服务业、居民生活各领域的广泛应用，为实现节能环保目标提供有力的技术保障。用能单位广泛采用“节能医生”诊断、合同能源管理、能源管理师制度等节能服务新机制改善能源管理，城镇污水、垃圾处理和脱硫、脱硝设施运营基本实现专业化、市场化、社会化，综合环境服务得到大力发展。建设一批技术先进、配套健全、发展规范的节能环保产业示范基地，形成以大型骨干企业为龙头、广大中小企业配套的产业良性发展格局。

辐射带动作用得到充分发挥。完善激励约束机制，建立统一开放、公平竞争、规范有序的市场秩序。节能环保产业产值年均增速在15%以上，到2015年，总产值达到4.5万亿元，成为国民经济新的支柱产业。通过推广节能环保产品，有效拉动消费需求；通过增强工程技术能力，拉动节能环保社会投资增长，有力支撑传统产业改造升级和经济发展方式加快转变。

二、围绕重点领域，促进节能环保产业发展水平全面提升

当前，要围绕市场应用广、节能减排潜力大、需求拉动效应明显的重点领域，加快相关技术装备的研发、推广和产业化，带动节能环保产业发展水平全面提升。

(一)加快节能技术装备升级换代，推动重点领域节能增效。

推广高效锅炉。发展一批高效锅炉制造基地，培育一批高效锅炉大型骨干生产企业。重点提高锅炉自动化控制、主辅机匹配优化、燃料品种适应、低温烟气余热深度回收、小型燃煤锅炉高效燃烧等技术水平，加大高效锅炉应用推广力度。

扩大高效电动机应用。推动高效电动机产业加快发展，建设15～20个高效电机及其控制系统产业化基地。大力发展三相异步电动机、稀土永磁无铁芯电机等高效电机产品，提高高效电机设计、匹配和关键材料、装备，以及高压变频、无功补偿等控制系统的技术水平。

发展蓄热式燃烧技术装备。建设一批以高效燃烧、换热及冷却技术为特色的制造基地，加快重大技术、装备的产业化示范和规模化应用。重点是综合采用优化炉膛结构、利用预热、强化辐射传热等节能技术集成，提高加热炉燃烧效率；在预混和蓄热结合、蓄热体材料研发、蓄热式燃烧器小型化方面力争取得突破。

加快新能源汽车技术攻关和示范推广。加快实施节能与新能源汽车技术创新工程，大力加强动力电池技术创新，重点解决动力电池系统安全性、可靠性和轻量化问题，加强驱动电机及核心材料、电控等关键零部件研发和产业化，加快完善配套产业和充电设施，示范推广纯电动汽车和插电式混合动力汽车、空气动力车辆等。

推动半导体照明产业化。整合现有资源，提高产业集中度，培育10～15家掌握核心技术、拥有知识产权和知名品牌的龙头企业，建设一批产业链完善的产业集聚区，关键生产设备、重要原材料实现本地化配套。加快核心材料、装备和关键技术的研发，着力解决散热、模块化、标准化等重大技术问题。

(二)提升环保技术装备水平，治理突出环境问题。

示范推广大气治理技术装备。加快大气治理重点技术装备的产业化发展和推广应用。大力发展脱硝催化剂制备和再生、资源化脱硫技术装备，推进耐高温、耐腐蚀纤维及滤料的开发应用，加快发展选择性催化还原技术和选择性非催化还原技术及其装备，以及高效率、高容量、低阻力微粒过滤器等汽车尾气净化技术装备，实施产业化示范工程。

开发新型水处理技术装备。推动形成一批水处理技术装备产业化基地。重点发展高通量、持久耐用的膜材料和组件，大型臭氧发生器，地下水高效除氟、砷、硫酸盐技术，高浓度难降解工业废水成套处理装备，污泥减量化、无害化、资源化技术

装备。

推动垃圾处理技术装备成套化。采取开展示范应用、发布推荐目录、完善工程标准等多种手段，大力推广垃圾处理先进技术和装备。重点发展大型垃圾焚烧设施炉排及其传动系统、循环流化床预处理工艺技术、焚烧烟气净化技术和垃圾渗滤液处理技术等，重点推广300吨/日以上生活垃圾焚烧炉及烟气净化成套装备。

攻克污染土壤修复技术。重点研发污染土壤原位稳定剂、异位固定剂，受污染土壤生物修复技术、安全处理处置和资源化利用技术，实施产业化示范工程，加快推广应用。

加强环境监测仪器设备的开发应用。提高细颗粒物（PM2.5）等监测仪器设备的稳定性，完善监测数据系统，提升设备生产质量控制水平。开发大气、水、重金属在线监测仪器设备，培育发展一批掌握核心技术、产品质量可靠、市场认可度高的骨干企业。加快大气、水等环境质量在线实时监测站点及网络建设，配备技术先进、可靠性高的环境监测仪器设备。

（三）发展资源循环利用技术装备，提高资源产出率。

提升再制造技术装备水平。提升再制造产业创新能力，推广纳米电刷镀、激光熔覆成形等产品再制造技术。研发无损拆解、表面预处理、零部件疲劳剩余寿命评估等再制造技术装备。重点支持建立10—15个国家级再制造产业聚集区和一批重大示范项目，大幅度提高基于表面工程技术的装备应用率。

建设“城市矿产”示范基地。推动再生资源清洁化回收、规模化利用和产业化发展。推广大型废钢破碎剪切、报废汽车和废旧电器破碎分选等技术。提高稀贵金属精细分离提纯、塑料改性和混合废塑料高效分拣、废电池全组分回收利用等装备水平。支持建设50个“城市矿产”示范基地，加快再生资源回收体系建设，形成再生资源加工利用能力8000万吨以上。

深化废弃物综合利用。推动资源综合利用示范基地建设，鼓励产业聚集，培育龙头企业。积极发展尾矿提取有价元素、煤矸石生产超细纤维等高值化利用关键共性技术及成套装备。开发利用产业废物生产新型建材等大型化、精细化、成套化技术装备。加大废旧电池、荧光灯回收利用技术研发。支持大宗固体废物综合利用，提高资源综合利用产品的技术含量和附加值。推动粮棉主产区秸秆综合利用。加快建设餐厨废弃物无害化处理和资源化利用设施。

推动海水淡化技术创新。培育一批集研发、孵化、生产、集成、检验检测和工程技术服务于一体的海水淡化产业基地。示范推广膜法、热法和耦合法海水淡化技术以及电水联产海水淡化模式，完善膜组件、高压泵、能量回收装置等关键部件及系统集成技术。

（四）创新发展模式，壮大节能环保服务业。

发展节能服务产业。落实财政奖励、税收优惠和会计制度，支持重点用能单位采用合同能源管理方式实施节能改造，开展能源审计和“节能医生”诊断，打造“一站式”合同能源管理综合服务平台，专业化节能服务公司的数量、规模和效益快速增长。积极探索节能量交易等市场化节能机制。

扩大环保服务产业。在城镇污水处理、生活垃圾处理、烟气脱硫脱硝、工业污染治理等重点领域，鼓励发展包括系统设计、设备成套、工程施工、调试运行、维护管理的环保服务总承包和环境治理特许经营模式，专业化、社会化服务占全行业的比例大幅提高。加快发展生态环境修复、环境风险与损害评价、排污权交易、绿色认证、环境污染责任保险等新兴环保服务业。

培育再制造服务产业。支持专业化公司利用表面修复、激光等技术为工矿企业设备的高值易损部件提供个性化再制造服务，建立再制造旧件回收、产品营销、溯源等信息化管理系统。推动构建废弃物逆向物流交易平台。

三、发挥政府带动作用，引领社会资金投入节能环保工程建设

（一）加强节能技术改造。发挥财政资金的引导带动作用，采取补助、奖励、贴息等方式，推动企业实施锅炉（窑炉）和换热设备等重点用能装备节能改造，全面推动电机系统节能、能量系统优化、余热余压利用、节约和替代石油、交通运输节能、绿色照明、流通零售领域节能等节能重点工程，提高传统行业的工程技术节能能力，加快节能技术装备的推广应用。开展数据中心节能改造，降低数据中心、超算中心服务器、大型计算机冷却耗能。

（二）实施污染治理重点工程。落实企业污染治理主体责任，加强大气污染治理，开展多污染物协同防治，督促推动重点行业企业加大投入，积极采用先进环保工艺、技术和装备，加快脱硫脱硝除尘改造，炼油行业加快工艺技术改造，提高油品标准，限期淘汰黄标车、老旧汽车。启动实施安全饮水、地表水保护、地下水保护、海洋保护等清洁水行动，加快重点流域、清水廊道、规模化畜禽养殖场等重点水污染防治工程建设，推动重点高耗水行业节水

改造。实施土壤环境保护工程，以重金属和有机污染物为重点，选择典型区域开展土壤污染治理与修复试点示范。加大重点行业清洁生产推行力度，支持企业采用源头减量、减毒、减排以及过程控制等先进成熟清洁生产技术，实施汞污染削减、铅污染削减、高毒农药替代工程。

（三）推进园区循环化改造。引导企业和地方政府加大资金投入，推进园区（开发区）循环化改造，推动各类园区建设废物交换利用、能量分质梯级利用、水分类利用和循环使用、公共服务平台等基础设施，实现园区内项目、企业、产业有效组合和循环链接，打造园区的“升级版”。推动一批国家级和省级开发区提高主要资源产出率、土地产出率、资源循环利用率，基本实现“零排放”。

（四）加快城镇环境基础设施建设。以地方政府和企业投入为主，中央财政适当支持，加快污水垃圾处理设施和配套管网地下工程建设，推进建筑中水利用和城镇污水再生利用。探索城市垃圾处理新出路，实施协同资源化处理城市废弃物示范工程。到2015年，所有设市城市和县城具备污水集中处理能力和生活垃圾无害化处理能力，城镇污水处理规模达到2亿立方米/日以上；城镇生活垃圾无害化处理能力达到87万吨/日以上，生活垃圾焚烧处理设施能力达到无害化处理总能力的35%以上。加强城镇园林绿化建设，提升城镇绿地功能，降减热岛效应。推动生态园林城市建设。

（五）开展绿色建筑行动。到2015年，新增绿色建筑面积10亿平方米以上，城镇新建建筑中二星级及以上绿色建筑比例超过20%；建设绿色生态城（区）。提高新建建筑节能标准，推动政府投资建筑、保障性住房及大型公共建筑率先执行绿色建筑标准，新建建筑全面实行供热按户计量；推进既有居住建筑供热计量和节能改造；实施供热管网改造2万公里；在各级机关和教科文卫系统创建节约型公共机构2000家，完成公共机构办公建筑节能改造6000万平方米，带动绿色建筑建设改造投资和相关产业发展。大力发展绿色建材，推广应用散装水泥、预拌混凝土、预拌砂浆，推动建筑工业化。积极推进太阳能发电等新能源和可再生能源建筑规模化应用，扩大新能源产业国内市场需求。

四、推广节能环保产品，扩大市场消费需求

（一）扩大节能产品市场消费。继续实施并研究调整节能产品惠民政策，实施能效“领跑者”计划，推动超高效节能产品市场消费。强化能效标识和节能产品认证制度实施力度，引导消费者购买高效节能产品。继续采取补贴方式，推广高效节能照明、高效电机等产品。研究完善峰谷电价、季节性电价政策，通过合理价差引导群众改变生活模式，推动节能产品的应用。在北京、上海、广州等城市扩大公共服务领域新能源汽车示范推广范围，每年新增或更新的公交车中新能源汽车的比例达到60%以上，开展私人购买新能源汽车和新能源出租车、物流车补贴试点。到2015年，终端用能产品能效水平提高15%以上，高效节能产品市场占有率提高到50%以上。

（二）拉动环保产品及再生产品消费。研究扩大环保产品消费的政策措施，完善环保产品和环境标志产品认证制度，推广油烟净化器、汽车尾气净化器、室内空气净化器、家庭厨余垃圾处理器、浓缩洗衣粉等产品，满足消费者需求。放开液化石油气（LPG）市场管控，扩大农村居民使用量。开展再制造“以旧换再”工作，对交回旧件并购买“以旧换再”再制造推广试点产品的消费者，给予一定比例补贴，近期重点推广再制造发动机、电动机等。落实相关支持政策，推动粉煤灰、煤矸石、建筑垃圾、秸秆等资源综合利用产品应用。

（三）推进政府采购节能环保产品。完善政府强制采购和优先采购制度，提高采购节能环保产品的能效水平和环保标准，扩大政府采购节能环保产品范围，不断提高节能环保产品采购比例，发挥示范带动作用。政府普通公务用车要优先采购1.8升（含）以下燃油经济性达到要求的小排量汽车和新能源汽车，择优选用纯电动汽车，研究对硒鼓、墨盒、再生纸等再生产品以及汽车零部件再制造产品的政府采购支持措施。鼓励政府机关、事业单位采取购买服务的方式，提高能源、水等资源利用效率，降低使用成本。抓紧研究制定政府机关及公共机构购买新能源汽车的实施方案。

五、加强技术创新，提高节能环保产业市场竞争力

（一）支持企业技术创新能力建设。强化企业技术创新主体地位，鼓励企业加大研发投入，支持企业牵头承担节能环保国家科技计划项目。国家重点建设的节能环保技术研究中心和实验室优先在骨干企业布局。发展一批由骨干企业主导、产学研用紧密结合的产业技术创新战略联盟等平台。支持区域节能环保科技服务平台建设。

（二）加快掌握重大关键核心技术。充分发挥国家科技重大专项、科技计划专项资金等的作用，加大节能环保关键共性技术攻关力度，加快突破能源高效和分质梯级利用、污染物防治和安全处置、资源回收和循环利用、二氧化碳热泵、低品位余热利

用、供热锅炉模块化等关键技术和装备。瞄准未来技术发展制高点，提前部署碳捕集、利用和封存技术装备。

（三）促进科技成果产业化转化。选择节能环保产业发展基础好的地区，建设一批产业集聚、优势突出、产学研用有机结合、引领示范作用显著的节能环保产业示范基地，支持成套装备及配套设备、关键共性技术和先进制造技术的生产制造和推广应用。加强知识产权保护，推进知识产权投融资机制建设，鼓励设立中小企业公共服务平台、出台扶持政策，支持中小型节能环保企业开展技术创新和产业化发展。筛选一批技术先进、经济适用的节能环保装备设备，扩大推广应用。

（四）推动国际合作和人才队伍建设。鼓励企业、科研机构开展国际科技交流与合作，支持企业节能环保创新人才队伍建设。依托"千人计划"和海外高层次创新创业人才基地建设，加快吸引海外高层次人才来华创新创业。依托重大人才工程，大力培养节能环保科技创新、工程技术等高端人才。

六、强化约束激励，营造有利的市场和政策环境

（一）健全法规标准。加快制（修）订节能环保标准，逐步提高终端用能产品能效标准和重点行业单位产品能耗限额标准，按照改善环境质量的需要，完善环境质量标准和污染物排放标准体系，提高污染物排放控制要求，扩大监控污染物范围，强化总量控制和有毒有害污染物排放控制，充分发挥标准对产业发展的催生促进作用，推动传统产业升级改造。完善节能环保法律法规，推动加快制定固定资产投资项目节能评估和审查法，制定节能技术推广管理办法。严格节能环保执法，严肃查处各类违法违规行为，做好行政执法与刑事司法的衔接，依法加大对环境污染犯罪的惩处力度。认真落实执法责任追究制。加强对节能环保标准、认证标识、政策措施等落实情况的监督检查。加快建立节能减排监测、评估体系和技术服务平台。

（二）强化目标责任。完善节能减排统计、监测、考核体系，健全节能减排预警机制，强化节能减排目标进度考核，建立健全行业节能减排工作评价制度。将考核结果作为领导班子和领导干部综合考核评价的重要内容，纳入政府绩效管理，落实奖惩措施，实行问责制。完善节能评估和审查制度，发挥能评对控制能耗总量和增量的重要作用。落实万家企业节能量目标，加大对重点耗能企业节能的评价考核力度。落实节能减排目标责任制，形成促进节能环保产业发展的倒逼机制。

（三）加大财政投入。加大中央预算内投资和中央财政节能减排专项资金对节能环保产业的投入，继续安排国有资本经营预算支出支持重点企业实施节能环保项目。地方各级人民政府要提高认识，加大对节能环保重大工程和技术装备研发推广的投入力度，解决突出问题。要进一步转变政府职能，完善财政支持方式和资金管理办法，简化审批程序，强化监管，充分调动各方面积极性，推动节能环保产业积极有序发展。

（四）拓展投融资渠道。大力发展绿色信贷，按照风险可控、商业可持续的原则，加大对节能环保项目的支持力度。积极创新金融产品和服务，按照现有政策规定，探索将特许经营权等纳入贷款抵（质）押担保物范围。支持绿色信贷和金融创新，建立绿色银行评级制度。支持融资性担保机构加大对符合产业政策、资质好、管理规范的节能环保企业的担保力度。支持符合条件的节能环保企业发行企业债券、中小企业集合债券、短期融资券、中期票据等债务融资工具。选择资质条件较好的节能环保企业，开展非公开发行企业债券试点。稳步发展碳汇交易。鼓励和引导民间投资和外资进入节能环保领域。

（五）完善价格、收费和土地政策。加快制定实施鼓励余热余压余能发电及背压热电、可再生能源发展的上网和价格政策。完善电力峰谷分时电价政策，扩大应用面并逐步扩大峰谷价差。对超过产品能耗（电耗）限额标准的企业和产品，实行惩罚性电价。严格落实燃煤电厂脱硫、脱硝电价政策和居民用电阶梯价格，推行居民用水用气阶梯价格。

深化市政公用事业市场化改革，完善供热计量价格和收费管理办法，完善污水处理费和垃圾处理费政策，将污泥处理费用纳入污水处理成本，完善对自备水源用户征收污水处理费的制度。改进垃圾处理费征收方式，合理确定收费载体和标准，提高收缴率和资金使用效率。对城镇污水垃圾处理设施、"城市矿产"示范基地、集中资源化处理中心等国家支持的节能环保重点工程用地，在土地利用年度计划安排中给予重点保障。严格落实并不断完善现有节能、节水、环境保护、资源综合利用的税收优惠政策。

（六）推行市场化机制。建立主要终端用能产品能效"领跑者"制度，明确实施时限。推进节能发电调度。强化电力需求侧管理，开展城市综合试点。研究制定强制回收产品和包装物目录，建立生产者责任延伸制度，推动生产者落实废弃产品回收、处理等责任。采取政府建网、企业建厂等方式，鼓励

城镇污水垃圾处理设施市场化建设和运营。深化排污权有偿使用和交易试点，建立完善排污权有偿使用和交易政策体系，研究制定排污权交易初始价格和交易价格政策。开展碳排放权交易试点。健全污染者付费制度，完善矿产资源补偿制度，加快建立生态补偿机制。

(七)支持节能环保产业“走出去”和“引进来”。鼓励有条件的企业承揽境外各类环保工程、服务项目。结合受援国需要和我国援助能力，加大环境保护、清洁能源、应对气候变化等领域的对外援助力度，支持开展相关技术、产品和服务合作。培育建设一批国家科技兴贸创新基地。鼓励节能环保企业参加各类双边或国际节能环保论坛、展览及贸易投资促进活动等，充分利用相关平台进行交流推介，开展国际合作，增强“走出去”的能力。引导外资投向节能环保产业，丰富外商投资方式，拓宽外商投资渠道，不断完善外商投资软环境。继续支持引进先进的节能环保核心关键技术和设备。国家支持节能环保产业发展的政策同等适用于符合条件的外商投资企业。

(八)开展生态文明先行先试。在做好生态文明建设顶层设计和总体部署的同时，总结有效做法和成功经验，开展生态文明先行示范区建设。根据不同区域特点，在全国选择有代表性的100个地区开展生态文明先行示范区建设，探索符合我国国情的生态文明建设模式。稳步扩大节能减排财政政策综合示范范围，结合新型城镇化建设，选择部分城市为平台，整合节能减排和新能源发展相关财政政策，围绕产业低碳化、交通清洁化、建筑绿色化、服务集约化、主要污染物减量化、可再生能源利用规模化等挖掘内需潜力，系统推进节能减排，带动经济转型升级，为跨区域、跨流域节能减排探索积累经验。通过先行先试，带动节能环保和循环经济工程投资和绿色消费，全面推动资源节约和环境保护，发挥典型带动和辐射效应，形成节能减排、生态文明的综合能力。

(九)加强节能环保宣传教育。加强生态文明理念和资源环境国情教育，把节能环保、生态文明纳入社会主义核心价值观宣传教育体系以及基础教育、高等教育、职业教育体系。加强舆论监督和引导，宣传先进事例，曝光反面典型，普及节能环保知识和方法，倡导绿色消费新风尚，形成文明、节约、绿色、低碳的生产方式、消费模式和生活习惯。

各地区、各部门要按照本意见的要求，进一步深化对加快发展节能环保产业重要意义的认识，切实加强组织领导和协调配合，明确任务分工，落实工作责任，扎实开展工作，确保各项任务措施落到实处，务求尽快取得实效。

十二、中华人民共和国国主席令第六号　公布《全国人民代表大会常务委员会关于修改中华人民共和国商标法的决定》(2013年8月30日)

《全国人民代表大会常务委员会关于修改中华人民共和国商标法的决定》已由中华人民共和国第十二届全国人民代表大会常务委员会第四次会议于2013年8月30日通过，现予公布，自2014年5月1日起施行。中华人民共和国主席：习近平

全国人民代表大会常务委员会关于修改《中华人民共和国商标法》的决定

(2013年8月30日第十二届全国人民代表大会常务委员会第四次会议通过)

中华人民共和国商标法

(1982年8月23日第五届全国人民代表大会常务委员会第二十四次会议通过根据1993年2月22日第七届全国人民代表大会常务委员会第三十次会议《关于修改〈中华人民共和国商标法〉的决定》第一次修正根据2001年10月27日第九届全国人民代表大会常务委员会第二十四次会议《关于修改〈中华人民共和国商标法〉的决定》第二次修正根据2013年8月30日第十二届全国人民代表大会常务委员会第四次会议《关于修改〈中华人民共和国商标法〉的决定》第三次修正)

目录

第一章总则

第一条为了加强商标管理，保护商标专用权，促使生产、经营者保证商品和服务质量，维护商标信誉，以保障消费者和生产、经营者的利益，促进社会主义市场经济的发展，特制定本法。

第二条国务院工商行政管理部门商标局主管全国商标注册和管理的工作。

国务院工商行政管理部门设立商标评审委员会，负责处理商标争议事宜。

第三条经商标局核准注册的商标为注册商标，

包括商品商标、服务商标和集体商标、证明商标；商标注册人享有商标专用权，受法律保护。

本法所称集体商标，是指以团体、协会或者其他组织名义注册，供该组织成员在商事活动中使用，以表明使用者在该组织中的成员资格的标志。

本法所称证明商标，是指由对某种商品或者服务具有监督能力的组织所控制，而由该组织以外的单位或者个人使用于其商品或者服务，用以证明该商品或者服务的原产地、原料、制造方法、质量或者其他特定品质的标志。

集体商标、证明商标注册和管理的特殊事项，由国务院工商行政管理部门规定。

第四条自然人、法人或者其他组织在生产经营活动中，对其商品或者服务需要取得商标专用权的，应当向商标局申请商标注册。

本法有关商品商标的规定，适用于服务商标。

第五条两个以上的自然人、法人或者其他组织可以共同向商标局申请注册同一商标，共同享有和行使该商标专用权。

第六条法律、行政法规规定必须使用注册商标的商品，必须申请商标注册，未经核准注册的，不得在市场销售。

第七条申请注册和使用商标，应当遵循诚实信用原则。

商标使用人应当对其使用商标的商品质量负责。各级工商行政管理部门应当通过商标管理，制止欺骗消费者的行为。

第八条任何能够将自然人、法人或者其他组织的商品与他人的商品区别开的标志，包括文字、图形、字母、数字、三维标志、颜色组合和声音等，以及上述要素的组合，均可以作为商标申请注册。

第九条申请注册的商标，应当有显著特征，便于识别，并不得与他人在先取得的合法权利相冲突。

商标注册人有权标明“注册商标”或者注册标记。

第十条下列标志不得作为商标使用：

（一）同中华人民共和国的国家名称、国旗、国徽、国歌、军旗、军徽、军歌、勋章等相同或者近似的，以及同中央国家机关的名称、标志、所在地特定地点的名称或者标志性建筑物的名称、图形相同的；

（二）同外国的国家名称、国旗、国徽、军旗等相同或者近似的，但经该国政府同意的除外；

（三）同政府间国际组织的名称、旗帜、徽记等相同或者近似的，但经该组织同意或者不易误导公众的除外；

（四）与表明实施控制、予以保证的官方标志、检验印记相同或者近似的，但经授权的除外；

（五）同“红十字”、“红新月”的名称、标志相同或者近似的；

（六）带有民族歧视性的；

（七）带有欺骗性，容易使公众对商品的质量等特点或者产地产生误认的；

（八）有害于社会主义道德风尚或者有其他不良影响的。

县级以上行政区划的地名或者公众知晓的外国地名，不得作为商标。但是，地名具有其他含义或者作为集体商标、证明商标组成部分的除外；已经注册的使用地名的商标继续有效。

第十一条下列标志不得作为商标注册：

（一）仅有本商品的通用名称、图形、型号的；

（二）仅直接表示商品的质量、主要原料、功能、用途、重量、数量及其他特点的；

（三）其他缺乏显著特征的。

前款所列标志经过使用取得显著特征，并便于识别的，可以作为商标注册。

第十二条以三维标志申请注册商标的，仅由商品自身的性质产生的形状、为获得技术效果而需有的商品形状或者使商品具有实质性价值的形状，不得注册。

第十三条为相关公众所熟知的商标，持有人认为其权利受到侵害时，可以依照本法规定请求驰名商标保护。

就相同或者类似商品申请注册的商标是复制、摹仿或者翻译他人未在中国注册的驰名商标，容易导致混淆的，不予注册并禁止使用。

就不相同或者不相类似商品申请注册的商标是复制、摹仿或者翻译他人已经在中国注册的驰名商标，误导公众，致使该驰名商标注册人的利益可能受到损害的，不予注册并禁止使用。

第十四条驰名商标应当根据当事人的请求，作为处理涉及商标案件需要认定的事实进行认定。认定驰名商标应当考虑下列因素：

（一）相关公众对该商标的知晓程度；

（二）该商标使用的持续时间；

（三）该商标的任何宣传工作的持续时间、程度和地理范围；

（四）该商标作为驰名商标受保护的记录；

（五）该商标驰名的其他因素。

在商标注册审查、工商行政管理部门查处商标违法案件过程中，当事人依照本法第十三条规定主张权利的，商标局根据审查、处理案件的需要，可以对商标驰名情况作出认定。

在商标争议处理过程中，当事人依照本法第十三条规定主张权利的，商标评审委员会根据处理案件的需要，可以对商标驰名情况作出认定。

在商标民事、行政案件审理过程中，当事人依照本法第十三条规定主张权利的，最高人民法院指定的人民法院根据审理案件的需要，可以对商标驰名情况作出认定。

生产、经营者不得将“驰名商标”字样用于商品、商品包装或者容器上，或者用于广告宣传、展览以及其他商业活动中。

第十五条未经授权，代理人或者代表人以自己的名义将被代理人或者被代表人的商标进行注册，被代理人或者被代表人提出异议的，不予注册并禁止使用。

就同一种商品或者类似商品申请注册的商标与他人在先使用的未注册商标相同或者近似，申请人与该他人具有前款规定以外的合同、业务往来关系或者其他关系而明知该他人商标存在，该他人提出异议的，不予注册。

第十六条商标中有商品的地理标志，而该商品并非来源于该标志所标示的地区，误导公众的，不予注册并禁止使用；但是，已经善意取得注册的继续有效。

前款所称地理标志，是指标示某商品来源于某地区，该商品的特定质量、信誉或者其他特征，主要由该地区的自然因素或者人文因素所决定的标志。

第十七条外国人或者外国企业在中国申请商标注册的，应当按其所属国和中华人民共和国签订的协议或者共同参加的国际条约办理，或者按对等原则办理。

第十八条申请商标注册或者办理其他商标事宜，可以自行办理，也可以委托依法设立的商标代理机构办理。

外国人或者外国企业在中国申请商标注册和办理其他商标事宜的，应当委托依法设立的商标代理机构办理。

第十九条商标代理机构应当遵循诚实信用原则，遵守法律、行政法规，按照被代理人的委托办理商标注册申请或者其他商标事宜；对在代理过程中知悉的被代理人的商业秘密，负有保密义务。

委托人申请注册的商标可能存在本法规定不得注册情形的，商标代理机构应当明确告知委托人。

商标代理机构知道或者应当知道委托人申请注册的商标属于本法第十五条和第三十二条规定情形的，不得接受其委托。

商标代理机构除对其代理服务申请商标注册外，不得申请注册其他商标。

第二十条商标代理行业组织应当按照章程规定，严格执行吸纳会员的条件，对违反行业自律规范的会员实行惩戒。商标代理行业组织对其吸纳的会员和对会员的惩戒情况，应当及时向社会公布。

第二十一条商标国际注册遵循中华人民共和国缔结或者参加的有关国际条约确立的制度，具体办法由国务院规定。

第二章　商标注册的申请

第二十二条商标注册申请人应当按规定的商品分类表填报使用商标的商品类别和商品名称，提出注册申请。

商标注册申请人可以通过一份申请就多个类别的商品申请注册同一商标。

商标注册申请等有关文件，可以以书面方式或者数据电文方式提出。

第二十三条注册商标需要在核定使用范围之外的商品上取得商标专用权的，应当另行提出注册申请。

第二十四条注册商标需要改变其标志的，应当重新提出注册申请。

第二十五条商标注册申请人自其商标在外国第一次提出商标注册申请之日起六个月内，又在中国就相同商品以同一商标提出商标注册申请的，依照该外国同中国签订的协议或者共同参加的国际条约，或者按照相互承认优先权的原则，可以享有优先权。

依照前款要求优先权的，应当在提出商标注册申请的时候提出书面声明，并且在三个月内提交第一次提出的商标注册申请文件的副本；未提出书面声明或者逾期未提交商标注册申请文件副本的，视为未要求优先权。

第二十六条商标在中国政府主办的或者承认的国际展览会展出的商品上首次使用的，自该商品展出之日起六个月内，该商标的注册申请人可以享有优先权。

依照前款要求优先权的，应当在提出商标注册申请的时候提出书面声明，并且在三个月内提交展出其商品的展览会名称、在展出商品上使用该商标的证据、展出日期等证明文件；未提出书面声明或者逾期未提交证明文件的，视为未要求优先权。

第二十七条为申请商标注册所申报的事项和所提供的材料应当真实、准确、完整。

第三章　商标注册的审查和核准

第二十八条对申请注册的商标，商标局应当自收到商标注册申请文件之日起九个月内审查完毕，符合本法有关规定的，予以初步审定公告。

第二十九条在审查过程中，商标局认为商标注册申请内容需要说明或者修正的，可以要求申请人做出说明或者修正。申请人未做出说明或者修正的，不影响商标局做出审查决定。

第三十条申请注册的商标，凡不符合本法有关规定或者同他人在同一种商品或者类似商品上已经注册的或者初步审定的商标相同或者近似的，由商标局驳回申请，不予公告。

第三十一条两个或者两个以上的商标注册申请人，在同一种商品或者类似商品上，以相同或者近似的商标申请注册的，初步审定并公告申请在先的商标；同一天申请的，初步审定并公告使用在先的商标，驳回其他人的申请，不予公告。

第三十二条申请商标注册不得损害他人现有的在先权利，也不得以不正当手段抢先注册他人已经使用并有一定影响的商标。

第三十三条对初步审定公告的商标，自公告之日起三个月内，在先权利人、利害关系人认为违反本法第十三条第二款和第三款、第十五条、第十六条第一款、第三十条、第三十一条、第三十二条规定的，或者任何人认为违反本法第十条、第十一条、第十二条规定的，可以向商标局提出异议。公告期满无异议的，予以核准注册，发给商标注册证，并予公告。

第三十四条对驳回申请、不予公告的商标，商标局应当书面通知商标注册申请人。商标注册申请人不服的，可以自收到通知之日起十五日内向商标评审委员会申请复审。商标评审委员会应当自收到申请之日起九个月内做出决定，并书面通知申请人。有特殊情况需要延长的，经国务院工商行政管理部门批准，可以延长三个月。当事人对商标评审委员会的决定不服的，可以自收到通知之日起三十日内向人民法院起诉。

第三十五条对初步审定公告的商标提出异议的，商标局应当听取异议人和被异议人陈述事实和理由，经调查核实后，自公告期满之日起十二个月内做出是否准予注册的决定，并书面通知异议人和被异议人。有特殊情况需要延长的，经国务院工商行政管理部门批准，可以延长六个月。

商标局做出准予注册决定的，发给商标注册证，并予公告。异议人不服的，可以依照本法第四十四条、第四十五条的规定向商标评审委员会请求宣告该注册商标无效。

商标局做出不予注册决定，被异议人不服的，可以自收到通知之日起十五日内向商标评审委员会申请复审。商标评审委员会应当自收到申请之日起十二个月内做出复审决定，并书面通知异议人和被异议人。有特殊情况需要延长的，经国务院工商行政管理部门批准，可以延长六个月。被异议人对商标评审委员会的决定不服的，可以自收到通知之日起三十日内向人民法院起诉。人民法院应当通知异议人作为第三人参加诉讼。

商标评审委员会在依照前款规定进行复审的过程中，所涉及的在先权利的确定必须以人民法院正在审理或者行政机关正在处理的另一案件的结果为依据的，可以中止审查。中止原因消除后，应当恢复审查程序。

第三十六条法定期限届满，当事人对商标局做出的驳回申请决定、不予注册决定不申请复审或者对商标评审委员会做出的复审决定不向人民法院起诉的，驳回申请决定、不予注册决定或者复审决定生效。

经审查异议不成立而准予注册的商标，商标注册申请人取得商标专用权的时间自初步审定公告三个月期满之日起计算。自该商标公告期满之日起至准予注册决定做出前，对他人在同一种或者类似商品上使用与该商标相同或者近似的标志的行为不具有追溯力；但是，因该使用人的恶意给商标注册人造成的损失，应当给予赔偿。

第三十七条对商标注册申请和商标复审申请应当及时进行审查。

第三十八条商标注册申请人或者注册人发现商标申请文件或者注册文件有明显错误的，可以申请更正。商标局依法在其职权范围内作出更正，并通知当事人。

前款所称更正错误不涉及商标申请文件或者注册文件的实质性内容。

第四章　注册商标的续展、变更、转让和使用许可

第三十九条注册商标的有效期为十年，自核准注册之日起计算。

第四十条注册商标有效期满，需要继续使用的，商标注册人应当在期满前十二个月内按照规定办理续展手续；在此期间未能办理的，可以给予六个月的宽展期。每次续展注册的有效期为十年，自该商标上一届有效期满次日起计算。期满未办理续展手续的，注销其注册商标。

商标局应当对续展注册的商标予以公告。

第四十一条注册商标需要变更注册人的名义、地址或者其他注册事项的，应当提出变更申请。

第四十二条转让注册商标的，转让人和受让人应当签订转让协议，并共同向商标局提出申请。受

让人应当保证使用该注册商标的商品质量。

转让注册商标的，商标注册人对其在同一种商品上注册的近似的商标，或者在类似商品上注册的相同或者近似的商标，应当一并转让

对容易导致混淆或者有其他不良影响的转让，商标局不予核准，书面通知申请人并说明理由。

转让注册商标经核准后，予以公告。受让人自公告之日起享有商标专用权。

第四十三条商标注册人可以通过签订商标使用许可合同，许可他人使用其注册商标。许可人应当监督被许可人使用其注册商标的商品质量。被许可人应当保证使用该注册商标的商品质量。

经许可使用他人注册商标的，必须在使用该注册商标的商品上标明被许可人的名称和商品产地。

许可他人使用其注册商标的，许可人应当将其商标使用许可报商标局备案，由商标局公告。商标使用许可未经备案不得对抗善意第三人。

第五章　注册商标的无效宣告

第四十四条已经注册的商标，违反本法第十条、第十一条、第十二条规定的，或者是以欺骗手段或者其他不正当手段取得注册的，由商标局宣告该注册商标无效；其他单位或者个人可以请求商标评审委员会宣告该注册商标无效。

商标局做出宣告注册商标无效的决定，应当书面通知当事人。当事人对商标局的决定不服的，可以自收到通知之日起十五日内向商标评审委员会申请复审。商标评审委员会应当自收到申请之日起九个月内做出决定，并书面通知当事人。有特殊情况需要延长的，经国务院工商行政管理部门批准，可以延长三个月。当事人对商标评审委员会的决定不服的，可以自收到通知之日起三十日内向人民法院起诉。

其他单位或者个人请求商标评审委员会宣告注册商标无效的，商标评审委员会收到申请后，应当书面通知有关当事人，并限期提出答辩。商标评审委员会应当自收到申请之日起九个月内做出维持注册商标或者宣告注册商标无效的裁定，并书面通知当事人。有特殊情况需要延长的，经国务院工商行政管理部门批准，可以延长三个月。当事人对商标评审委员会的裁定不服的，可以自收到通知之日起三十日内向人民法院起诉。人民法院应当通知商标裁定程序的对方当事人作为第三人参加诉讼。

第四十五条已经注册的商标，违反本法第十三条第二款和第三款、第十五条、第十六条第一款、第三十条、第三十一条、第三十二条规定的，自商标注册之日起五年内，在先权利人或者利害关系人可以请求商标评审委员会宣告该注册商标无效。对恶意注册的，驰名商标所有人不受五年的时间限制。

商标评审委员会收到宣告注册商标无效的申请后，应当书面通知有关当事人，并限期提出答辩。商标评审委员会应当自收到申请之日起十二个月内做出维持注册商标或者宣告注册商标无效的裁定，并书面通知当事人。有特殊情况需要延长的，经国务院工商行政管理部门批准，可以延长六个月。当事人对商标评审委员会的裁定不服的，可以自收到通知之日起三十日内向人民法院起诉。人民法院应当通知商标裁定程序的对方当事人作为第三人参加诉讼。

商标评审委员会在依照前款规定对无效宣告请求进行审查的过程中，所涉及的在先权利的确定必须以人民法院正在审理或者行政机关正在处理的另一案件的结果为依据的，可以中止审查。中止原因消除后，应当恢复审查程序。

第四十六条法定期限届满，当事人对商标局宣告注册商标无效的决定不申请复审或者对商标评审委员会的复审决定、维持注册商标或者宣告注册商标无效的裁定不向人民法院起诉的，商标局的决定或者商标评审委员会的复审决定、裁定生效。

第四十七条依照本法第四十四条、第四十五条的规定宣告无效的注册商标，由商标局予以公告，该注册商标专用权视为自始即不存在。

宣告注册商标无效的决定或者裁定，对宣告无效前人民法院做出并已执行的商标侵权案件的判决、裁定、调解书和工商行政管理部门做出并已执行的商标侵权案件的处理决定以及已经履行的商标转让或者使用许可合同不具有追溯力。但是，因商标注册人的恶意给他人造成的损失，应当给予赔偿。

依照前款规定不返还商标侵权赔偿金、商标转让费、商标使用费，明显违反公平原则的，应当全部或者部分返还。

第六章　商标使用的管理

第四十八条本法所称商标的使用，是指将商标用于商品、商品包装或者容器以及商品交易文书上，或者将商标用于广告宣传、展览以及其他商业活动中，用于识别商品来源的行为。

第四十九条商标注册人在使用注册商标的过程中，自行改变注册商标、注册人名义、地址或者其他注册事项的，由地方工商行政管理部门责令限期改正；期满不改正的，由商标局撤销其注册商标。

注册商标成为其核定使用的商品的通用名称或者没有正当理由连续三年不使用的，任何单位或者个人可以向商标局申请撤销该注册商标。商标局应

当自收到申请之日起九个月内做出决定。有特殊情况需要延长的，经国务院工商行政管理部门批准，可以延长三个月

第五十条注册商标被撤销、被宣告无效或者期满不再续展的，自撤销、宣告无效或者注销之日起一年内，商标局对与该商标相同或者近似的商标注册申请，不予核准。

第五十一条违反本法第六条规定的，由地方工商行政管理部门责令限期申请注册，违法经营额五万元以上的，可以处违法经营额百分之二十以下的罚款，没有违法经营额或者违法经营额不足五万元的，可以处一万元以下的罚款。

第五十二条将未注册商标冒充注册商标使用的，或者使用未注册商标违反本法第十条规定的，由地方工商行政管理部门予以制止，限期改正，并可以予以通报，违法经营额五万元以上的，可以处违法经营额百分之二十以下的罚款，没有违法经营额或者违法经营额不足五万元的，可以处一万元以下的罚款。

第五十三条违反本法第十四条第五款规定的，由地方工商行政管理部门责令改正，处十万元罚款。

第五十四条对商标局撤销或者不予撤销注册商标的决定，当事人不服的，可以自收到通知之日起十五日内向商标评审委员会申请复审。商标评审委员会应当自收到申请之日起九个月内做出决定，并书面通知当事人。有特殊情况需要延长的，经国务院工商行政管理部门批准，可以延长三个月。当事人对商标评审委员会的决定不服的，可以自收到通知之日起三十日内向人民法院起诉。

第五十五条法定期限届满，当事人对商标局做出的撤销注册商标的决定不申请复审或者对商标评审委员会做出的复审决定不向人民法院起诉的，撤销注册商标的决定、复审决定生效。

被撤销的注册商标，由商标局予以公告，该注册商标专用权自公告之日起终止。

第七章　注册商标专用权的保护

第五十六条注册商标的专用权，以核准注册的商标和核定使用的商品为限。

第五十七条有下列行为之一的，均属侵犯注册商标专用权：

（一）未经商标注册人的许可，在同一种商品上使用与其注册商标相同的商标的；

（二）未经商标注册人的许可，在同一种商品上使用与其注册商标近似的商标，或者在类似商品上使用与其注册商标相同或者近似的商标，容易导致混淆的；

（三）销售侵犯注册商标专用权的商品的；

（四）伪造、擅自制造他人注册商标标识或者销售伪造、擅自制造的注册商标标识的；

（五）未经商标注册人同意，更换其注册商标并将该更换商标的商品又投入市场的；

（六）故意为侵犯他人商标专用权行为提供便利条件，帮助他人实施侵犯商标专用权行为的；

（七）给他人的注册商标专用权造成其他损害的。

第五十八条将他人注册商标、未注册的驰名商标作为企业名称中的字号使用，误导公众，构成不正当竞争行为的，依照《中华人民共和国反不正当竞争法》处理。

第五十九条注册商标中含有的本商品的通用名称、图形、型号，或者直接表示商品的质量、主要原料、功能、用途、重量、数量及其他特点，或者含有的地名，注册商标专用权人无权禁止他人正当使用。

三维标志注册商标中含有的商品自身的性质产生的形状、为获得技术效果而需有的商品形状或者使商品具有实质性价值的形状，注册商标专用权人无权禁止他人正当使用。

商标注册人申请商标注册前，他人已经在同一种商品或者类似商品上先于商标注册人使用与注册商标相同或者近似并有一定影响的商标的，注册商标专用权人无权禁止该使用人在原使用范围内继续使用该商标，但可以要求其附加适当区别标识。

第六十条有本法第五十七条所列侵犯注册商标专用权行为之一，引起纠纷的，由当事人协商解决；不愿协商或者协商不成的，商标注册人或者利害关系人可以向人民法院起诉，也可以请求工商行政管理部门处理。

工商行政管理部门处理时，认定侵权行为成立的，责令立即停止侵权行为，没收、销毁侵权商品和主要用于制造侵权商品、伪造注册商标标识的工具，违法经营额五万元以上的，可以处违法经营额五倍以下的罚款，没有违法经营额或者违法经营额不足五万元的，可以处二十五万元以下的罚款。对五年内实施两次以上商标侵权行为或者有其他严重情节的，应当从重处罚。销售不知道是侵犯注册商标专用权的商品，能证明该商品是自己合法取得并说明提供者的，由工商行政管理部门责令停止销售。

对侵犯商标专用权的赔偿数额的争议，当事人可以请求进行处理的工商行政管理部门调解，也可以依照《中华人民共和国民事诉讼法》向人民法院起诉。经工商行政管理部门调解，当事人未达成协议或者调解书生效后不履行的，当事人可以依照《中华

人民共和国民事诉讼法》向人民法院起诉。

第六十一条对侵犯注册商标专用权的行为，工商行政管理部门有权依法查处；涉嫌犯罪的，应当及时移送司法机关依法处理。

第六十二条县级以上工商行政管理部门根据已经取得的违法嫌疑证据或者举报，对涉嫌侵犯他人注册商标专用权的行为进行查处时，可以行使下列职权：

（一）询问有关当事人，调查与侵犯他人注册商标专用权有关的情况；

（二）查阅、复制当事人与侵权活动有关的合同、发票、账簿以及其他有关资料；

（三）对当事人涉嫌从事侵犯他人注册商标专用权活动的场所实施现场检查；

（四）检查与侵权活动有关的物品；对有证据证明是侵犯他人注册商标专用权的物品，可以查封或者扣押。

工商行政管理部门依法行使前款规定的职权时，当事人应当予以协助、配合，不得拒绝、阻挠。

在查处商标侵权案件过程中，对商标权属存在争议或者权利人同时向人民法院提起商标侵权诉讼的，工商行政管理部门可以中止案件的查处。中止原因消除后，应当恢复或者终结案件查处程序。

第六十三条侵犯商标专用权的赔偿数额，按照权利人因被侵权所受到的实际损失确定；实际损失难以确定的，可以按照侵权人因侵权所获得的利益确定；权利人的损失或者侵权人获得的利益难以确定的，参照该商标许可使用费的倍数合理确定。对恶意侵犯商标专用权，情节严重的，可以在按照上述方法确定数额的一倍以上三倍以下确定赔偿数额。赔偿数额应当包括权利人为制止侵权行为所支付的合理开支。

人民法院为确定赔偿数额，在权利人已经尽力举证，而与侵权行为相关的账簿、资料主要由侵权人掌握的情况下，可以责令侵权人提供与侵权行为相关的账簿、资料；侵权人不提供或者提供虚假的账簿、资料的，人民法院可以参考权利人的主张和提供的证据判定赔偿数额。

权利人因被侵权所受到的实际损失、侵权人因侵权所获得的利益、注册商标许可使用费难以确定的，由人民法院根据侵权行为的情节判决给予三百万元以下的赔偿。

第六十四条注册商标专用权人请求赔偿，被控侵权人以注册商标专用权人未使用注册商标提出抗辩的，人民法院可以要求注册商标专用权人提供此前三年内实际使用该注册商标的证据。注册商标专用权人不能证明此前三年内实际使用过该注册商标，也不能证明因侵权行为受到其他损失的，被控侵权人不承担赔偿责任。

销售不知道是侵犯注册商标专用权的商品，能证明该商品是自己合法取得并说明提供者的，不承担赔偿责任。

第六十五条商标注册人或者利害关系人有证据证明他人正在实施或者即将实施侵犯其注册商标专用权的行为，如不及时制止将会使其合法权益受到难以弥补的损害的，可以依法在起诉前向人民法院申请采取责令停止有关行为和财产保全的措施。

第六十六条为制止侵权行为，在证据可能灭失或者以后难以取得的情况下，商标注册人或者利害关系人可以依法在起诉前向人民法院申请保全证据。

第六十七条未经商标注册人许可，在同一种商品上使用与其注册商标相同的商标，构成犯罪的，除赔偿被侵权人的损失外，依法追究刑事责任。

伪造、擅自制造他人注册商标标识或者销售伪造、擅自制造的注册商标标识，构成犯罪的，除赔偿被侵权人的损失外，依法追究刑事责任。

销售明知是假冒注册商标的商品，构成犯罪的，除赔偿被侵权人的损失外，依法追究刑事责任。

第六十八条商标代理机构有下列行为之一的，由工商行政管理部门责令限期改正，给予警告，处一万元以上十万元以下的罚款；对直接负责的主管人员和其他直接责任人员给予警告，处五千元以上五万元以下的罚款；构成犯罪的，依法追究刑事责任：

（一）办理商标事宜过程中，伪造、变造或者使用伪造、变造的法律文件、印章、签名的；

（二）以诋毁其他商标代理机构等手段招徕商标代理业务或者以其他不正当手段扰乱商标代理市场秩序的；

（三）违反本法第十九条第三款、第四款规定的。

商标代理机构有前款规定行为的，由工商行政管理部门记入信用档案；情节严重的，商标局、商标评审委员会并可以决定停止受理其办理商标代理业务，予以公告。

商标代理机构违反诚实信用原则，侵害委托人合法利益的，应当依法承担民事责任，并由商标代理行业组织按照章程规定予以惩戒。

第六十九条从事商标注册、管理和复审工作的国家机关工作人员必须秉公执法，廉洁自律，忠于职守，文明服务。

商标局、商标评审委员会以及从事商标注册、管理和复审工作的国家机关工作人员不得从事商标代理业务和商品生产经营活动。

第七十条工商行政管理部门应当建立健全内部监督制度，对负责商标注册、管理和复审工作的国家机关工作人员执行法律、行政法规和遵守纪律的情况，进行监督检查。

第七十一条从事商标注册、管理和复审工作的国家机关工作人员玩忽职守、滥用职权、徇私舞弊，违法办理商标注册、管理和复审事项，收受当事人财物，牟取不正当利益，构成犯罪的，依法追究刑事责任；尚不构成犯罪的，依法给予处分。

第八章　附则

第七十二条申请商标注册和办理其他商标事宜的，应当缴纳费用，具体收费标准另定。

第七十三条本法自 1983 年 3 月 1 日起施行。1963 年 4 月 10 日国务院公布的《商标管理条例》同时废止；其他有关商标管理的规定，凡与本法抵触的，同时失效。

本法施行前已经注册的商标继续有效。

十三、工业和信息化部对《再生资源综合利用先进适用技术目录(第二批)》(征求意见稿)公开征求意见(2013 年 11 月)

为发展循环经济，提高再生资源综合利用水平，推广先进适用技术及促进产业化进程，经各地工业主管部门和相关行业协会推荐、专家评审，现对《再生资源综合利用先进适用技术目录(第二批)》(征求意见稿) 进行公示，公开向社会和工业企业征求意见。该目录包括废弃电器电子产品、废金属、废塑料、废旧轮胎、建筑和农林废弃物等 7 大类 37 项综合利用技术。

公示时间：2013 年 12 月 26 日至 2014 年 1 月 4 日。

附件 1　再生资源综合利用先进适用技术目录(第二批)征求意见稿(其他略)

编号	技术名称	主要内容及技术经济指标	技术应用情况及推广前景
6	废旧垃圾塑料综合利用与新型化学建材产品生产工艺技术	该技术可将垃圾塑料粗加工成较小的碎片、在低温下熔融塑化成坯料、破碎成颗粒料团，再对塑料料团添加改性剂和填充剂(主要为农林剩余物)，通过压制成型工艺制成组合芯模、排水管内芯和塑料改性材料等产品。核心技术为免水洗、免分选处理工艺技术和设备及多功能复合改性剂。 主要指标：10 万吨废旧塑料无害化处理生产线，可年产 5 万吨产品；年耗电 1250 万千瓦时，年耗水 5 万吨。总投资 7400 万元，利润 1370 万元/年，投资回收年限 5.4 年。	2008 年应用于生产，已向 3 家企业进行了技术推广。年利用废塑料总量 3 万吨。目前国内每年产生废塑料 1500 万吨以上，其中工业与生活垃圾塑料 500 万吨以上，主要处理方式为填埋和水洗造粒回收利用。该技术可无害化利用大量废旧垃圾塑料，生产的塑料改性材料还可以作为多功能复合材料取代部分新材料，具有非常广泛的市场前景。
7	医疗废塑料废橡胶热解气化成套装备及技术	该技术分为热解、气化两个过程。热解过程是将医疗废物分类收集的废塑料废橡胶在无氧或缺氧条件下，加热到 400－600℃，使化学键断裂，转化成可燃气体、热解油和残炭。气化过程是对热解后的固体产物进行处理，将其转变成可燃气体，对于生成的不可燃气体，全部用于热解气化工艺供热系统，产生的废气经过净化后达标排放，废渣送填埋场填埋处置。核心技术为美国引进的医疗废物热解气化系统。 主要指标：年热解气化废塑料、废橡胶 7800 吨的生产线，回收热解油 3500 吨；耗电 10 万千瓦时，耗水 20 吨；总投资 2000 万元，年利润 550 万元，投资回收年限 4 年。	2011 年应用于生产，已向 1 家企业进行了技术推广。年利用废塑料 7800 吨。该技术采用热解气化工艺，将医疗垃圾焚烧去除有害物质，并在缺氧环境下热解，抑制了二噁英的产生，在保证医疗废物无害化处置的前提下，进一步分离回收热解油和不凝气体。兼具经济性与技术性，作为医疗垃圾专用焚烧场所不多的地区效益特别明显，具有推广应用价值。
8	废弃聚四氟乙烯资源回收利用设备及技术	该技术可将废弃聚四氟乙烯经过分选、清洗、破碎、研磨、烧结等工序制备成再生粉，再通过热压挤出和模压成型等工艺，制成聚四氟乙烯棒材、板材等制品。核心技术为聚四氟乙烯再生粉料制备工艺。 主要指标：年利用聚四氟乙烯 650 吨生产线，耗电量 232 千瓦时、耗水 6500 吨；产品拉伸强度(MPa)≥15，断裂伸长率(%)≥150，相对密度 2.1－2.3g/cm^3。总投资 600 万元，年利润 200 万元，投资回收年限 3 年。	2004 年应用于生产，已向 6 家企业进行了技术推广。年利用废塑料 2600 吨。目前我国在环保、密封、电子、建筑等领域中均大幅利用聚四氟乙烯制品(氟塑料资源紧缺)。该技术以废弃聚四氟乙烯为原料，制备聚四氟乙烯产品，既具有可行性，又具有经济效益，推广前景较好。

续表

编号	技术名称	主要内容及技术经济指标	技术应用情况及推广前景
9	模块式双向蓄排水立体绿化技术	该技术可将回收的聚酯瓶废料通过固相增粘技术，在真空状态下，熔融挤出造粒，过滤出原料中的杂质；再使用双峰改性技术对回用聚乙烯进行改性；产品通过挤压加工制备出绿化模块种植箱。再生绿化模块，具备良好的韧性和抗拉强度。核心技术为废弃聚酯料的增粘改性技术。 主要指标：年产200万立方米节能绿化模块生产线，利用废塑料3500吨；年耗电130万千瓦时，耗水5030吨。总投资1530万元，年利润615万元，投资回收年限5年。	2011年应用于生产，已推广应用至100多个厂家。年利用废塑料4360吨。该技术100%利用废弃聚酯料再生立体绿化产品，具有设置方便、见效快、适用面广、易于装卸。设置成本和维护保养成本均较低，是屋顶绿化、垂直绿化、斜屋面绿化系统设计、施工的材料。利用该技术可有效合理利用聚酯瓶等废旧塑料资源，具有推广价值。
10	利用废弃塑料再生新型棉花包装材料技术	该技术将回收的聚乙烯和聚酯瓶片经粉碎、清洗、脱水、造粒、增粘后加工成生产原料，再添加抗老化剂、紫外线吸收剂等，经挤出、吹塑、印刷制成棉花包装袋；或采用经过烘烤冷却，使分子链取向冻结，制成棉花捆扎带。核心技术为包装袋投资、防滑结构创新和阻燃技术及固相缩聚技术。 主要指标：棉包塑料套袋拉伸强度(MPa)≥23，断裂伸长率(%)≥700；棉花包装用聚酯捆扎：断裂强力(N)≥11000，断裂伸长率(%)：12～18，接头拉断力(N)≥9270，接头剥离力(N)≥200，年利用废塑料18000吨生产线，总投资4000万元，投资回收年限4.5年。	2010年应用于生产，每条生产线年利用废塑料3000吨，综合利用率达75%。该技术将废旧塑料资源合理应用在棉花包装领域，工艺路线合理，方案可行。我国年产皮棉约700万吨，在我国产棉集中区极具推广价值。
31	利用农林废弃物与废旧塑料生产高分子木塑复合型材资源综合利用技术	该技术将储存在原料仓库的原料通过自动输送系统进入储料斗暂储，根据生产要求及配方比例采用气力输送将物料送至混合罐，混合充分后先送到双螺杆挤出机进行双螺杆熔融、再进入单螺杆挤出机，最后通过口模挤出型材，型材在牵引机作用下通过冷却水槽冷却定型，切割机切割后组装成产品。 主要指标：年耗电量：97.2万千瓦时。产品检验指标：木纤维含量50%以上，最高可达到65%－75%；拉伸强度≥10MPa，最高达到13.1MPa；三点弯曲强度≥12MPa，最高达到20.9MPa；三点弯曲模量≥16MPa，最高可达1800MPa；硬度≥60D；冲击强度≥2kJ/M^2；密度0.8－1.4g/cm^3；吸湿率≤2%。总投资3000万元，年均收入7500万元，利润500万元。	2009年应用于生产，已向5家企业进行了技术推广。年利用废塑料2000吨。该技术可实现涤纶废丝的新用途新去向，对改善生态环境发挥了较大的作用，可在所有涤纶长丝生产企业推广应用，其污染物排放符合国家排放标准，推广前景好。

附件2　再生资源综合利用先进适用技术工艺路线(其他略)

六、废旧垃圾塑料综合利用与新型化学建材产品生产工艺技术本技术产品生产采用垃圾塑料粗加工与产品生产两个阶段进行。

a. 垃圾塑料粗加工：

即在垃圾塑料粗加工基地，经挤出塑化加工成塑料料团半成品。

垃圾塑料粗处理加工工艺路线如下：

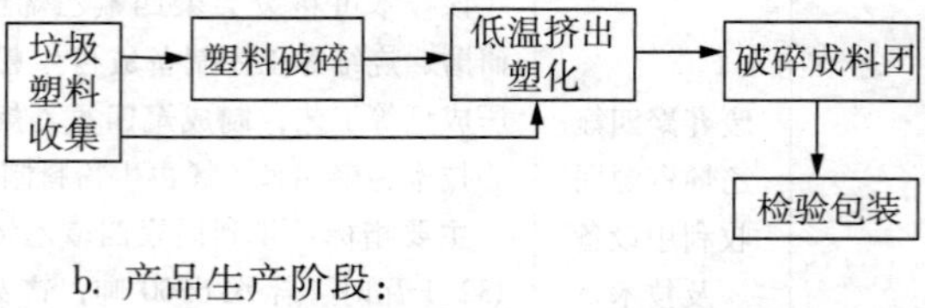

b. 产品生产阶段：

将垃圾塑料粗加工生产的塑料料团或塑料改性原料，根据产品生产季节与使用地区的差异进行改性，采用压制成型工艺，生产组合芯模、组合式埋地排水管内芯等产品，产品经检验、包装入库；或膜片经“垃圾塑料搅拌机”搅拌塑化后进行造粒，生产改性塑料原料。

产品生产阶段生产工艺路线如下：

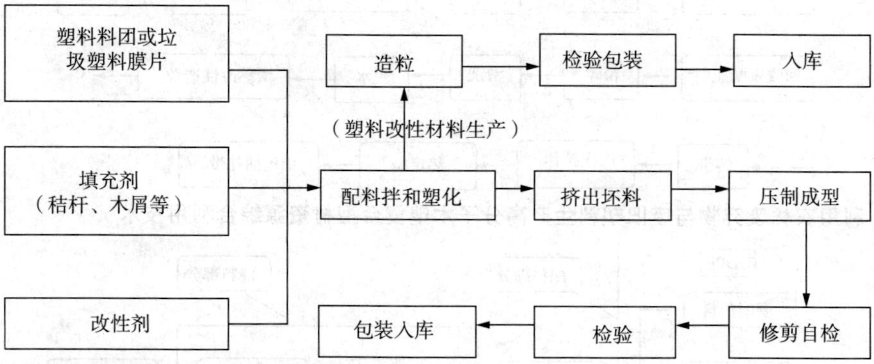

七、医疗废塑料废橡胶热解气化成套装备及技术

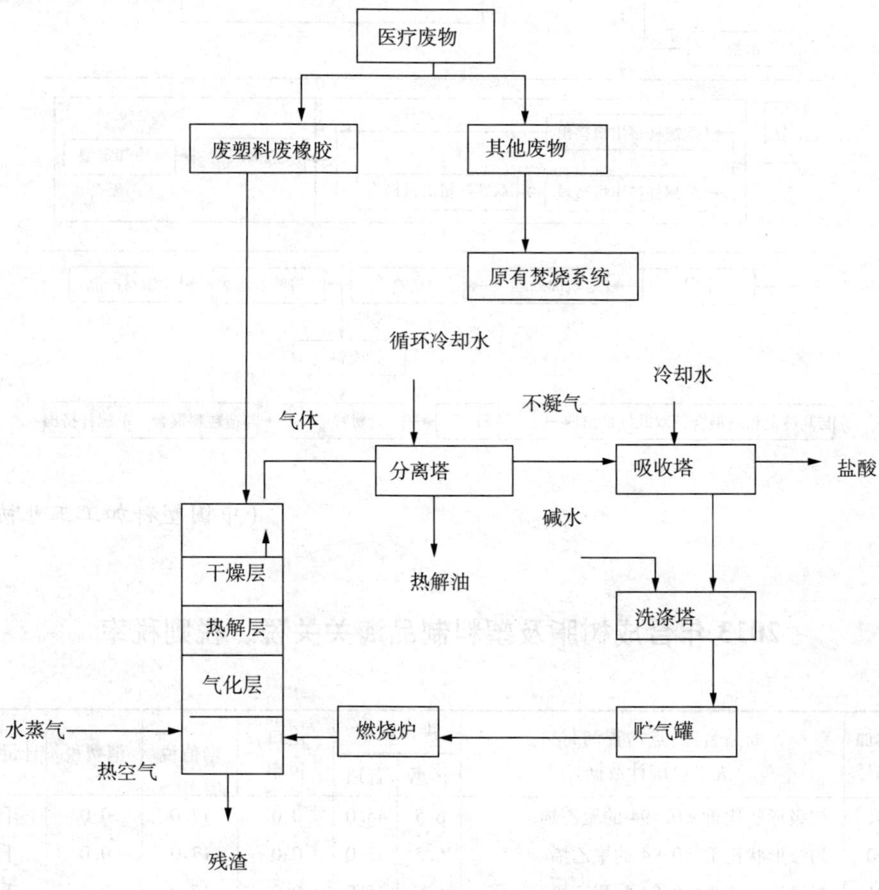

医疗废塑料废橡胶热解气化工艺

八、废弃聚四氟乙烯资源回收利用设备及技术

生产工艺流程图如下：

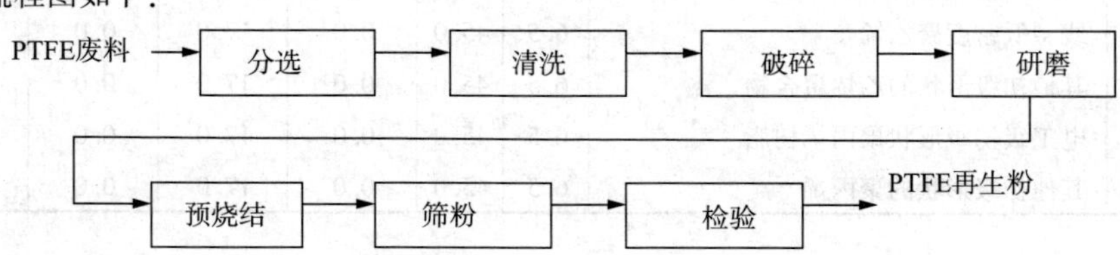

十、利用废弃塑料再生新型棉花包装材料技术

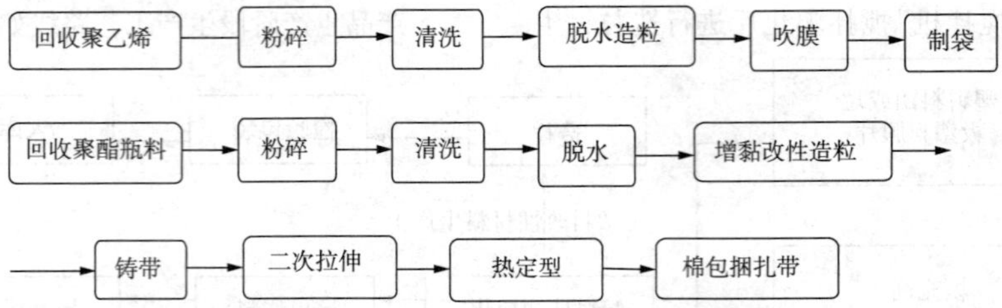

三十一、利用农林废弃物与废旧塑料生产高分子木塑复合型材资源综合利用技术

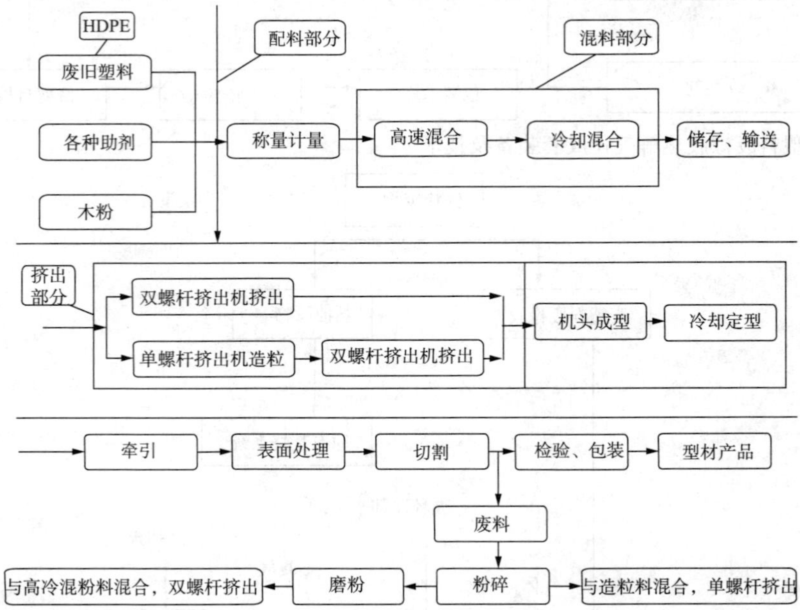

（中国塑料加工工业协会　郭齐）

2013 年合成树脂及塑料制品海关关税、税则税率

商品编码	附加编号	商品名称(点击查询商品进出口统计数据)	进口税率		出口税率	增值税	消费税	计量单位	监管条件
			优惠	普通					
39011000	01	初级形状比重 <0.　94 的聚乙烯	6.5	45.0	0.0	17.0	0.0	千克	A
39011000	90	初级形状比重 <0.94 的聚乙烯	6.5	45.0	0.0	17.0	0.0	千克	A
39012000	01	初级形状比重≥0.94 的聚乙烯	6.5	45.0	0.0	17.0	0.0	千克	A
39012000	90	初级形状比重≥0.94 的聚乙烯	6.5	45.0	0.0	17.0	0.0	千克	A
39013000		初级形状乙烯－乙酸乙烯酯共聚物	6.5	45.0	0.0	17.0	0.0	千克	A
39019010		乙烯－丙烯共聚物(乙丙橡胶)	6.5	45.0	0.0	17.0	0.0	千克	A
39019020		线型低密度聚乙烯	6.5	45.0	0.0	17.0	0.0	千克	A
39019090		其他初级形状的乙烯聚合物	6.5	45.0	0.0	17.0	0.0	千克	A
39021000	10	电工级初级形状聚丙烯树脂	6.5	45.0	0.0	17.0	0.0	千克	A
39021000	90	其他初级形状的聚丙烯	6.5	45.0	0.0	17.0	0.0	千克	A

续表

商品编码	附加编号	商品名称(点击查询商品进出口统计数据)	进口税率		出口税率	增值税	消费税	计量单位	监管条件
			优惠	普通					
39022000		初级形状的聚异丁烯	6.5	45.0	0.0	17.0	0.0	千克	AB
39023010		乙烯－丙烯共聚物(乙丙橡胶)	6.5	45.0	0.0	17.0	0.0	千克	
39023090		其他初级形状的丙烯共聚物	6.5	45.0	0.0	17.0	0.0	千克	
39029000	10	端羧基聚丁二烯，CTPB	6.5	45.0	0.0	17.0	0.0	千克	3
39029000	20	端羟基聚丁二烯，HTPB	6.5	45.0	0.0	17.0	0.0	千克	3
39029000	90	其他初级形状的烯烃聚合物	6.5	45.0	0.0	17.0	0.0	千克	
39031100		初级形状的可发性聚苯乙烯	6.5	45.0	0.0	17.0	0.0	千克	A
39031900		初级形状的其他聚苯乙烯	6.5	45.0	0.0	17.0	0.0	千克	A
39032000		初级形状苯乙烯－丙烯腈共聚物	12.0	45.0	0.0	17.0	0.0	千克	
39033000		丙烯腈－丁二烯－苯乙烯共聚物	6.5	45.0	0.0	17.0	0.0	千克	A
39039000		初级形状的其他苯乙烯聚合物	6.5	45.0	0.0	17.0	0.0	千克	
39041010		聚氯乙烯糊树脂	6.5	45.0	0.0	17.0	0.0	千克	A
39041090	01	聚氯乙烯纯粉	6.5	45.0	0.0	17.0	0.0	千克	A
39041090	90	其他初级形状的纯聚氯乙烯	6.5	45.0	0.0	17.0	0.0	千克	A
39042100		初级形状未塑化的聚氯乙烯	6.5	45.0	0.0	17.0	0.0	千克	
39042200		初级形状已塑化的聚氯乙烯	6.5	45.0	0.0	17.0	0.0	千克	
39043000		氯乙烯－乙酸乙烯酯共聚物	9.0	45.0	0.0	17.0	0.0	千克	
39044000		初级形状的其他氯乙烯共聚物	12.0	45.0	0.0	17.0	0.0	千克	
39045000		初级形状的偏二氯乙烯聚合物	6.5	45.0	0.0	17.0	0.0	千克	
39046100		初级形状的聚四氟乙烯量约50%	10.0	45.0	0.0	17.0	0.0	千克	
39046900		初级形状的其他氟聚合物	6.5	45.0	0.0	17.0	0.0	千克	
39049000		初级形状的其他卤化烯烃聚合物	10.0	45.0	0.0	17.0	0.0	千克	
39051200		聚乙酸乙烯酯的水分散体	10.0	45.0	0.0	17.0	0.0	千克	
39051900		其他初级形状聚乙酸乙烯酯	10.0	45.0	0.0	17.0	0.0	千克	
39052100		乙酸乙烯酯共聚物的水分散体	10.0	45.0	0.0	17.0	0.0	千克	
39052900		其他初级形状的乙酸乙烯酯共聚物	10.0	45.0	0.0	17.0	0.0	千克	
39053000		初级形状的聚乙烯醇	14.0	45.0	0.0	17.0	0.0	千克	AB
39059100		其他乙烯酯或乙烯基的共聚物	10.0	45.0	0.0	17.0	0.0	千克	
39059900		其他乙烯酯或乙烯基的聚合物	10.0	45.0	0.0	17.0	0.0	千克	
39061000		初级形状的聚甲基丙烯酸甲酯	6.5	45.0	0.0	17.0	0.0	千克	
39069010		聚丙烯酰胺	6.5	45.0	0.0	17.0	0.0	千克	AB
39069090	01	聚丙烯酸钠	6.5	45.0	0.0	17.0	0.0	千克	
39069090	90	其他初级形状的丙烯酸聚合物	6.5	45.0	0.0	17.0	0.0	千克	
39071010		初级形状的聚甲醛	6.5	45.0	0.0	17.0	0.0	千克	
39071090		其他初级形状的聚缩醛	6.5	45.0	0.0	17.0	0.0	千克	
39072010		聚四亚甲基醚二醇	6.5	45.0	0.0	17.0	0.0	千克	

续表

商品编码	附加编号	商品名称(点击查询商品进出口统计数据)	进口税率		出口税率	增值税	消费税	计量单位	监管条件
			优惠	普通					
39072090		初级形状的其他聚醚	6.5	45.0	0.0	17.0	0.0	千克	
39073000	01	初级形状溴质量≥18%或进口CIF价	6.5	45.0	0.0	17.0	0.0	千克	
39073000	90	初级形状的环氧树脂	6.5	45.0	0.0	17.0	0.0	千克	
39074000		初级形状的聚碳酸酯	6.5	45.0	0.0	17.0	0.0	千克	
39075000		初级形状的醇酸树脂	10.0	45.0	0.0	17.0	0.0	千克	
39076011		高粘度聚对苯二甲酸乙二酯切片	6.5	45.0	0.0	17.0	0.0	千克	A
39076019		其他聚对苯二甲酸乙二酯切片	6.5	45.0	0.0	17.0	0.0	千克	A
39076090		其他初级形状聚对苯二甲酸乙二酯	6.5	45.0	0.0	17.0	0.0	千克	A
39077000		初级形状的聚乳酸	6.5	45.0	0.0	17.0	0.0	千克	
39079100		初级形状的不饱和聚酯	6.5	45.0	0.0	17.0	0.0	千克	
39079910	01	未经增强或改性的初级形状PBT树	6.5	45.0	0.0	17.0	0.0	千克	
39079910	90	其他聚对苯二甲酸丁二酯	6.5	45.0	0.0	17.0	0.0	千克	
39079990		初级形状的其他聚酯	6.5	45.0	0.0	17.0	0.0	千克	AB
39081011		聚酰胺-6，6切片	6.5	45.0	0.0	17.0	0.0	千克	
39081019	10	尼龙11、尼龙12切片	6.5	45.0	0.0	17.0	0.0	千克	
39081019	90	聚酰胺-6切片等	6.5	45.0	0.0	17.0	0.0	千克	
39081090		其他初级形状的聚酰胺-6，6等	6.5	45.0	0.0	17.0	0.0	千克	
39089000		初级形状的其他聚酰胺	10.0	45.0	0.0	17.0	0.0	千克	
39091000		初级形状的尿素树脂及硫尿树脂	6.5	45.0	0.0	17.0	0.0	千克	
39092000		初级形状的蜜胺树脂	6.5	45.0	0.0	17.0	0.0	千克	
39093010		聚(亚甲基苯基异氰酸酯)(聚合MDI)	6.5	35.0	0.0	17.0	0.0	千克	
39093090		其他初级形状的氨基树脂	6.5	45.0	0.0	17.0	0.0	千克	
39094000		初级形状的酚醛树脂	6.5	45.0	0.0	17.0	0.0	千克	
39095000		初级形状的聚氨基甲酸酯	6.5	45.0	0.0	17.0	0.0	千克	
39100000		初级形状的聚硅氧烷	6.5	45.0	0.0	17.0	0.0	千克	
39111000		初级形状的石油树脂等	6.5	45.0	0.0	17.0	0.0	千克	
39119000	01	芳基酸与芳基胺预缩聚物	6.5	45.0	0.0	17.0	0.0	千克	
39119000	03	改性三羟乙基脲酸酯类预缩聚物	6.5	45.0	0.0	17.0	0.0	千克	
39119000	04	聚苯硫醚	6.5	45.0	0.0	17.0	0.0	千克	
39119000	05	偏苯三酸酐和异氰酸预缩聚物	6.5	45.0	0.0	17.0	0.0	千克	
39119000	90	其他初级形状的多硫化物、聚砜等	6.5	45.0	0.0	17.0	0.0	千克	
39121100	01	未塑化二醋酸纤维素等	6.5	40.0	0.0	17.0	0.0	千克	
39121100	90	初级形状的未塑化醋酸纤维素	6.5	40.0	0.0	17.0	0.0	千克	
39121200		初级形状的已塑化醋酸纤维素	6.5	40.0	0.0	17.0	0.0	千克	
39122000		初级形状的硝酸纤维素	6.5	45.0	0.0	17.0	0.0	千克	
39123100		初级形状的羧甲基纤维素及其盐	6.5	45.0	0.0	17.0	0.0	千克	

续表

商品编码	附加编号	商品名称(点击查询商品进出口统计数据)	进口税率		出口税率	增值税	消费税	计量单位	监管条件
			优惠	普通					
39123900		初级形状的其他纤维素醚	6.5	45.0	0.0	17.0	0.0	千克	
39129000		初级形状的其他未列名的纤维素	6.5	45.0	0.0	17.0	0.0	千克	
39131000		初级形状的藻酸及盐和酯	10.0	45.0	0.0	17.0	0.0	千克	AB
39139000		初级形状的其他未列名天然聚合物	6.5	50.0	0.0	17.0	0.0	千克	
39140000		初级形状的离子交换剂	6.5	45.0	0.0	17.0	0.0	千克	
39151000		乙烯聚合物的废碎料及下脚料	6.5	50.0	0.0	17.0	0.0	千克	AP
39152000		苯乙烯聚合物的废碎料及下脚料	6.5	50.0	0.0	17.0	0.0	千克	AP
39153000		氯乙烯聚合物的废碎料及下脚料	6.5	50.0	0.0	17.0	0.0	千克	AP
39159010		聚对苯二甲酸乙二酯废碎料及下脚	6.5	50.0	0.0	17.0	0.0	千克	AP
39159090		其他塑料的废碎料及下脚料	6.5	50.0	0.0	17.0	0.0	千克	AP
39161000		乙烯聚合物制单丝，条，杆及型材	10.0	45.0	0.0	17.0	0.0	千克	
39162000		氯乙烯聚合物制单丝，条，杆及型材	10.0	45.0	0.0	17.0	0.0	千克	
39169010		聚酰胺制的单丝，条，杆及型材	10.0	45.0	0.0	17.0	0.0	千克	
39169090		其他塑料制单丝，条，杆及型材	10.0	45.0	0.0	17.0	0.0	千克	
39171000		硬化蛋白或纤维素材料制人造肠衣	10.0	50.0	0.0	17.0	0.0	千克	A
39172100		乙烯聚合物制的硬管	10.0	45.0	0.0	17.0	0.0	千克	
39172200		丙烯聚合物制的硬管	10.0	45.0	0.0	17.0	0.0	千克	
39172300		氯乙烯聚合物制的硬管	10.0	45.0	0.0	17.0	0.0	千克	
39172900		其他塑料制的硬管	10.0	45.0	0.0	17.0	0.0	千克	
39173100		塑料制的软管	10.0	45.0	0.0	17.0	0.0	千克	
39173200		其他未装有附件的塑料制管子	6.5	45.0	0.0	17.0	0.0	千克	
39173300		其他装有附件的塑料管子	6.5	45.0	0.0	17.0	0.0	千克	
39173900		塑料制的其他管子	6.5	45.0	0.0	17.0	0.0	千克	
39174000		塑料制的管子附件	10.0	45.0	0.0	17.0	0.0	千克	
39181010		氯乙烯聚合物制糊墙品	10.0	45.0	0.0	17.0	0.0	千克	
39181090		氯乙烯聚合物制的铺地制品	10.0	45.0	0.0	17.0	0.0	千克	
39189010		其他塑料制的糊墙品	10.0	45.0	0.0	17.0	0.0	千克	
39189090		其他塑料制的铺地制品	10.0	45.0	0.0	17.0	0.0	千克	
39191010		丙烯酸树脂类为主的自粘塑料板等	6.5	45.0	0.0	17.0	0.0	千克	
39191091		宽度≤20cm 的胶囊型反光膜	6.5	45.0	0.0	17.0	0.0	千克	
39191099		其他宽度≤20cm 的自粘塑料板片等	6.5	45.0	0.0	17.0	0.0	千克	
39199010		其他胶囊型反光膜	6.5	45.0	0.0	17.0	0.0	千克	
39199090		其他自粘塑料板，片，膜等材料	6.5	45.0	0.0	17.0	0.0	千克	
39201010		乙烯聚合物制电池隔膜	6.5	45.0	0.0	13.0	0.0	千克	
39201090	01	乙烯－四氟乙烯膜(四氟乙烯单体含量约 50%)	6.5	45.0	0.0	13.0	0.0	千克	
39201090	10	农用非泡沫聚乙烯薄膜	6.5	45.0	0.0	13.0	0.0	千克	

续表

商品编码	附加编号	商品名称(点击查询商品进出口统计数据)	进口税率		出口税率	增值税	消费税	计量单位	监管条件
			优惠	普通					
39201090	90	其他非泡沫乙烯聚合物板，片，膜，箔及扁条	6.5	45.0	0.0	17.0	0.0	千克	
39202010		丙烯聚合物制电池隔膜	6.5	45.0	0.0	13.0	0.0	千克	
39202090	10	农用非泡沫聚丙烯薄膜	6.5	45.0	0.0	13.0	0.0	千克	
39202090	90	非泡沫丙烯聚合物板，片，膜，箔及扁条	6.5	45.0	0.0	17.0	0.0	千克	
39203000		非泡沫苯乙烯聚合物板，片，膜，箔及扁条	6.5	45.0	0.0	17.0	0.0	千克	
39204300	10	农用软质聚氯乙烯薄膜	6.5	45.0	0.0	17.0	0.0	千克	
39204300	90	氯乙烯聚合物板，片，膜，箔及扁条	6.5	45.0	0.0	17.0	0.0	千克	
39204900	10	其他农用软质聚氯乙烯薄膜	6.5	45.0	0.0	13.0	0.0	千克	
39204900	90	其他氯乙烯聚合物板，片，膜，箔及扁条	6.5	45.0	0.0	17.0	0.0	千克	
39205100		聚甲基丙烯酸甲酯板片膜箔及扁条	6.5	45.0	0.0	17.0	0.0	千克	
39205900		其他丙烯酸聚合物板片膜箔及扁条	6.5	45.0	0.0	17.0	0.0	千克	
39206100		聚碳酸酯制板，片，膜，箔，扁条	6.5	45.0	0.0	17.0	0.0	千克	
39206200	01	9≤厚≤15.9 微米聚酯薄膜	6.5	45.0	0.0	17.0	0.0	千克	
39206200	02	5≤厚≤8.9 微米聚酯薄膜	6.5	45.0	0.0	17.0	0.0	千克	
39206200	03	16≤厚≤29.9 微米聚酯薄膜	6.5	45.0	0.0	17.0	0.0	千克	
39206200	04	50≤厚≤99.9 微米聚酯薄膜	6.5	45.0	0.0	17.0	0.0	千克	
39206200	09	其他聚对苯二甲酸乙二酯板片膜等	6.5	45.0	0.0	17.0	0.0	千克	
39206300		不饱和聚酯板，片，膜，箔及扁条	10.0	45.0	0.0	17.0	0.0	千克	
39206900		其他聚酯板，片，膜，箔及扁条	10.0	45.0	0.0	17.0	0.0	千克	
39207100		再生纤维素制板，片，膜，箔及扁条	6.5	45.0	0.0	17.0	0.0	千克	
39207300		醋酸纤维素制板，片，膜，箔及扁条	6.5	45.0	0.0	17.0	0.0	千克	
39207900		其他纤维素衍生物制板，片，膜，箔及扁条	10.0	45.0	0.0	17.0	0.0	千克	
39209100	01	聚乙烯醇缩丁醛膜	6.5	45.0	0.0	17.0	0.0	千克	
39209100	90	聚乙烯醇缩丁醛板，片，箔，扁条	6.5	45.0	0.0	17.0	0.0	千克	
39209200		聚酰胺板，片，膜，箔，扁条	10.0	45.0	0.0	17.0	0.0	千克	
39209300		氨基树脂板，片，膜，箔，扁条	6.5	45.0	0.0	17.0	0.0	千克	
39209400		酚醛树脂板，片，膜，箔，扁条	10.0	45.0	0.0	17.0	0.0	千克	
39209910		聚四氟乙烯制非泡沫塑料板，片，箔	6.5	45.0	0.0	17.0	0.0	千克	
39209990		其他非泡沫塑料板，片，膜，箔，扁条	6.5	45.0	0.0	17.0	0.0	千克	
39211100		泡沫聚苯乙烯板，片，带，箔，扁条	10.0	45.0	0.0	17.0	0.0	千克	
39211210		泡沫聚氯乙烯人造革及合成革	9.0	70.0	0.0	17.0	0.0	千克	5
39211290		泡沫聚氯乙烯板，片，带，箔，扁条	6.5	45.0	0.0	17.0	0.0	千克	5
39211310		泡沫聚氨酯制人造革及合成革	9.0	70.0	0.0	17.0	0.0	千克	5
39211390		泡沫聚氨酯板，片，带，箔，扁条	6.5	45.0	0.0	17.0	0.0	千克	5
39211400		泡沫再生纤维素板，片，膜，箔，扁条	10.0	45.0	0.0	17.0	0.0	千克	
39211910		其他泡沫塑料制人造革及合成革	9.0	45.0	0.0	17.0	0.0	千克	

续表

商品编码	附加编号	商品名称(点击查询商品进出口统计数据)	进口税率		出口税率	增值税	消费税	计量单位	监管条件
			优惠	普通					
39211990		其他泡沫塑料板，片，膜，箔，扁条	6.5	45.0	0.0	17.0	0.0	千克	
39219020		以聚乙烯为基本成分的板片	6.5	45.0	0.0	17.0	0.0	千克	
39219030		聚异丁烯为基本成分的板片卷材	6.5	45.0	0.0	17.0	0.0	千克	
39219090	01	离子交换膜	6.5	45.0	0.0	17.0	0.0	千克	5
39219090	10	敏感物项管制结构复合材料的层压	6.5	45.0	0.0	17.0	0.0	千克	35
39219090	90	未列名塑料板，片，膜，箔，扁条	6.5	45.0	0.0	17.0	0.0	千克	5
39221000		塑料浴缸，淋浴盘，洗涤槽及盥洗盆	10.0	80.0	0.0	17.0	0.0	千克	
39222000	10	含濒危动物成分的塑料马桶座圈及盖	10.0	80.0	0.0	17.0	0.0	千克	EF
39222000	90	其他塑料马桶座圈及盖	10.0	80.0	0.0	17.0	0.0	千克	
39229000		塑料便盆，抽水箱等类似卫生洁具	10.0	80.0	0.0	17.0	0.0	千克	
39231000		塑料制盒，箱及类似品	10.0	80.0	0.0	17.0	0.0	千克	
39232100		乙烯聚合物制袋及包	10.0	80.0	0.0	17.0	0.0	千克	
39232900		其他塑料制的袋及包	10.0	80.0	0.0	17.0	0.0	千克	
39233000		塑料制坛，瓶及类似品	6.5	80.0	0.0	17.0	0.0	千克	
39234000		塑料制卷轴，纡子，筒管及类似品	10.0	35.0	0.0	17.0	0.0	千克	
39235000		塑料制塞子，盖子及类似品	10.0	80.0	0.0	17.0	0.0	千克	
39239000		供运输或包装货物用其他塑料制品	10.0	80.0	0.0	17.0	0.0	千克	
39241000		塑料制餐具及厨房用具	10.0	80.0	0.0	17.0	0.0	千克	AB
39249000		塑料制其他家庭用具及卫生或盥洗	10.0	80.0	0.0	17.0	0.0	千克	B
39251000		塑料制囤，柜，罐，桶及类似容器	10.0	80.0	0.0	17.0	0.0	千克	
39252000		塑料制门，窗及其框架，门槛	10.0	80.0	0.0	17.0	0.0	千克	
39253000		塑料制窗板，百叶窗及类似制品	10.0	80.0	0.0	17.0	0.0	千克	
39259000		其他未列名的建筑用塑料制品	10.0	80.0	0.0	17.0	0.0	千克	
39261000		办公室或学校用塑料制品	10.0	80.0	0.0	17.0	0.0	千克	
39262011		聚氯乙烯制手套(包括分指手套、连指手套及露指手套)	10.0	90.0	0.0	17.0	0.0	双	
39262019		其他塑料制手套(包括分指手套、连指手套及露指手套)	10.0	90.0	0.0	17.0	0.0	双	
39262090		其他塑料制衣服及衣着附件	10.0	90.0	0.0	17.0	0.0	千克	
39263000		塑料制家具，车厢及类似品的附件	10.0	80.0	0.0	17.0	0.0	千克	
39264000		塑料制小雕塑品及其他装饰品	10.0	100.0	0.0	17.0	0.0	千克	
39269010		塑料制机器及仪器用零件	10.0	35.0	0.0	17.0	0.0	千克	
39269090	10	敏感物项管制结构复合材料的预成	10.0	80.0	0.0	17.0	0.0	千克	3
39269090	90	其他塑料制品	10.0	80.0	0.0	17.0	0.0	千克	

一、本目录所称“塑料”，是指品目39.01至39.14的材料，这些材料能够在聚合时或聚合后在外力(一般是热力和压力，必要时加入溶剂或增塑剂)作用下通过模制、浇铸挤压、滚轧或其他工序制成一定的形状，成形后除去外力，其形状仍保持不变。本目录所称“塑料”，还应包括钢纸，但不包括第十一类的纺织材料。二、本章不包括：(一)品目

27.12或34.04的蜡；(二)单独的已有化学定义的有机化合物(第二十九章)；(三)肝素及其盐(品目30.01)；(四)品目39.01至39.13所列的任何产品溶于挥发性有机溶剂的溶液(胶棉除外)，但溶剂的重量必须超过溶液重量的50%(品目32.08)；品目32.12的压印箔；(五)有机表面活性剂或品目34.02的制剂；(六)再熔胶及酯胶(品目38.06)；(七)附于塑料衬背上的诊断或实验用试剂(品目38.22)；(八)第四十章规定的合成橡胶及其制品；(九)鞍具及挽具(品目42.01)；品目42.02的衣箱、提箱、手提包及其他容器；(十)第四十六章的缏条、编结品及其他制品；(十一)品目48.14的壁纸；(十二)第十一类的货品(纺织原料及纺织制品)；(十三)第十二类的物品(例如，鞋靴、帽类、雨伞、阳伞、手杖、鞭子、马鞭及其零件)；(十四)品目71.17的仿首饰；(十五)第十六类的物品(机器、机械器具或电气器具)；(十六)第十七类的航空器零件及车辆零件；(十七)第九十章的物品(例如，光学元件、眼镜架及绘图仪器)；(十八)第九十一章的物品(例如，钟壳及表壳)；(十九)第九十二章的物品(例如，乐器及其零件)；(二十)第九十四章的物品(例如，家具、灯具、照明装置、灯箱及活动房屋)；(二十一)第九十五章的物品(例如，玩具、游戏品及运动用品)；(二十二)第九十六章的物品(例如，刷子、钮扣、拉链、梳子、烟斗的嘴及柄、香烟嘴及类似品、保温瓶的零件及类似品、钢笔、活动铅笔)。三、品目39.01至39.11仅适用于化学合成的下列货品：(一)温度在300℃时，压力转为1013毫巴后减压蒸馏出的液体合成聚烯烃以体积计小于60%的货品(品目39.01及39.02)；(二)非高度聚合的苯并呋喃——茚式树脂(品目39.11)；(三)平均至少有五个单体单元的其他合成聚合物；(四)聚硅氧烷(品目39.10)；(五)甲阶酚醛树指(品目39.09)及其他预聚物。四、所称“共聚物”，包括在整个聚合物中按重量计没有一种单体单元的含量在95%及以上的各种聚合物。在本章中，除条文另有规定的以外，共聚物(包括共缩聚物、共加聚物、嵌段共聚物及接枝共聚物)及聚合物混合体应按聚合物中重量最大的那种共聚单体单元所构成的聚合物归入相应品目。在本注释中，归入同一品目的聚合物的共聚单体单元应作为一种单体单元对待。如果没有任何一种共聚单体单元重量为最大，共聚物或聚合物混合体应按号列顺序归入其可归入的最末一个品目。五、化学改性聚合物，即聚合物主链上的支链通过化学反应发生了变化的聚合物，应按未改性的聚合物的相应品目归类。本规定不适用于接枝共聚物。六、品目39.01至39.14所称“初级形状”，只限于下列各种形状：(一)液状及糊状，包括分散体(乳浊液及悬浮液)及溶液；(二)不规则形状的块，团、粉(包括压型粉)、颗粒、粉片及类似的散装形状。七、品目39.15不适用于已制成初级形状的单一热塑材料废碎料及下脚料(品目39.01至39.14)。八、品目39.17所称“管子”，是指通常用于输送或供给气体或液体的空心制品或半制品(例如，肋纹浇花软管、多孔管)，还包括香肠用肠衣及其他扁平管。除肠衣及扁平管外，内截面如果不呈圆形、椭圆形、矩形(其长度不超过宽度的1.5倍)或正几何形，则不能视为管子，而应作为异型材。九、品目39.18所称“塑料糊墙品”，适用于墙壁或天花板装饰用的宽度不小于45厘米的成卷产品，这类产品是将塑料牢固地附着在除纸张以外任何材料的衬背上，并且在塑料面起纹、压花、着色、印制图案或用其他方法装饰。十、品目39.20及39.21所称“板、片、膜、箔、扁条”，只适用于未切割或仅切割成矩形(包括正方形)(含切割后即可供使用的)，但未经进一步加工的板、片、膜、箔、扁条(第五十四章的物品除外)及正几何形块，不论是否经过印制或其他表面加工。十一、品目39.25只适用于第二分章以前各品目未包括的下列物品：(一)容积超过300升的囤、柜(包括化粪池)、罐、桶及类似容器；(二)用于地板、墙壁、隔墙、天花板或屋顶等方面的结构件；(三)槽管及其附件；(四)门、窗及其框架和门槛；(五)阳台、栏杆、栅栏、栅门及类似品；(六)窗板、百叶窗(包括威尼斯式百叶窗)或类似品及其零件、附件；(七)商店、工棚、仓库等用的拼装式固定大型货架；(八)建筑用的特色(例如，凹槽、圆顶及鸽棚式)装饰件；(九)固定装于门窗、楼梯、墙壁或建筑物其他部位的附件及架座，例如，球形把手、拉手、挂钩、托架、毛巾架、开关板及其他护板。子目注释：一、属于本章任一品目项下的聚合物(包括共聚物)及化学改性聚合物应按下列规则归类：(一)在同级子目中有一个“其他”子目的：1. 子目所列聚合物名称冠有“聚(多)”的(例如，聚乙烯及聚酰胺—6，6)，是指列名的该种聚合物单体单元含量在整个聚合物中按重量计必须占95%及以上。2. 子目号3901.30、3903.20、3903.30及3904.30所列的共聚物，如果该种共聚单体单元含量在整个聚合物中按重量计占95%及以上，即应归入上述子目。3. 化学改性聚合物如未在其他子目具体列名，应归入列明为“其他”的子目内。4. 不符合上述(一)、(二)、(三)款规定的聚合物，应按聚合物中重量最大的那种单体单元(与其他各种单一的共聚单体单元相比)所构成的聚合物归入该级其他相应子目。为此，归入同一子目的聚合物单体单元应作为一种单体单元对待。只有在同级子目中的聚合物共聚单体单元才可以进行比较。(二)在同级子目中没有“其他”子目的：1. 聚合物应按聚合物中重量最大的那种单体单元(与其他各种单一的共聚单体单元相比)所构成的聚合物归入该级相应子目。为此，归入同一子目的聚合物单体单元应作为一种单体单元对待。只有在同级子目中的聚合物共聚单体单元才可以进行比较。2. 化学改性聚合物应按相应的未改性聚合物的子目归类。聚合物混合体应按单体单元比例相等、种类相同的聚合物归入相应子目。二、子目3920.43所称增塑剂，包括次级增塑剂。

(刘均科)

全国塑料工业生产、经营情况统计

2013 年塑料制品行业经济运行分析

2013 年，塑料制品行业经济运行平稳，运行质量有所提高，对外贸易继续增长，投资规模稳步扩大，行业发展回归稳健，进入平稳发展阶段。

一、经济运行概况

2013 年，塑料制品行业规模以上企业 13699 个，完成主营业务收入 1.87 万亿元，同比增长 14.26%。实现利税 1676.7 亿元，同比增长 17.1%。其中：利润总额为 1123.2 亿元，同比增长 16.45%。行业资产总计为 1.17 万亿元，同比增长 11.46%。

塑料制品行业规模以上企业主营业务收入利润率为 6.01%，比 2012 年提高 0.1 个百分点。资产负债率 50.95%，比去年下降 0.56 个百分点。亏损面 11.88%，比去年同期提高 0.68 个百分点。

塑料制品产量 61886.6kt，同比增长 8.02%，比去年降低 0.97 个百分点。

据海关总署统计数据，2013 年，塑料制品行业进出口总额为 757.81 亿美元，同比增长 8.73%。其中：出口额 569.63 亿美元，同比增长 11.11%。进口额 188.19 亿美元，同比增长 2.13%。贸易顺差 381.44 亿美元。

2013 年橡胶和塑料制品业共完成固定资产投资 5238.15 亿元，投资总额居主要轻工行业中前列。同比增长 20.6%，投资增速比 2012 年提高 3.9 个百分点。

二、中轻塑料景气指数

据中国轻工业经济运行及预测预警系统 (www.qgysj.org) 数据显示：2013 年 12 月中轻塑料景气指数为 94.55，比 11 月小幅回升 0.21，各月度塑料景气指数均在绿色稳定区间内呈震荡走势。塑料指数运行总体平稳，走势符合行业运行规律，12 月指数小幅上行，塑料行业经济运行平稳收官。

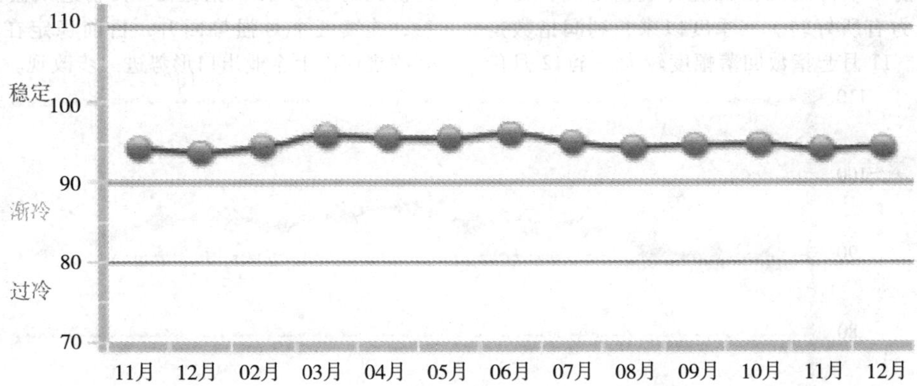

图 1 2012 年 11 月 ~2013 年 12 月中轻塑料景气指数变化态势

具体的分项指数为：主营业务收入指数 94.65、出口景气指数 96.98、资产景气指数 97.89、利润景气指数 91.52。12 月份除利润指数较上月下降 1.24 外，主营业务收入、资产、出口指数比 11 月均有所回升，其中：出口指数比 11 月份提高 1.3，出口形势进一步改观。

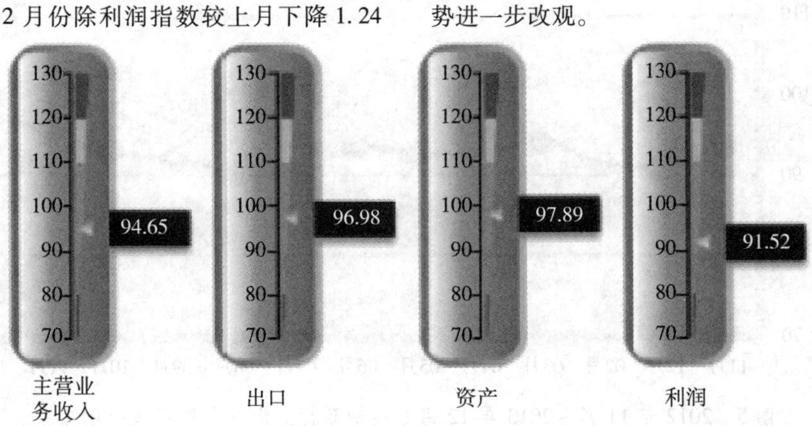

图 2 2013 年 12 月中轻塑料制品行业分项景气指数

(一)主营业务景气指数

2013年12月塑料主营业务景气指数为94.65，比11月份提高0.52，主营业务指数今年比去年整体有所提高，走势相对平稳。

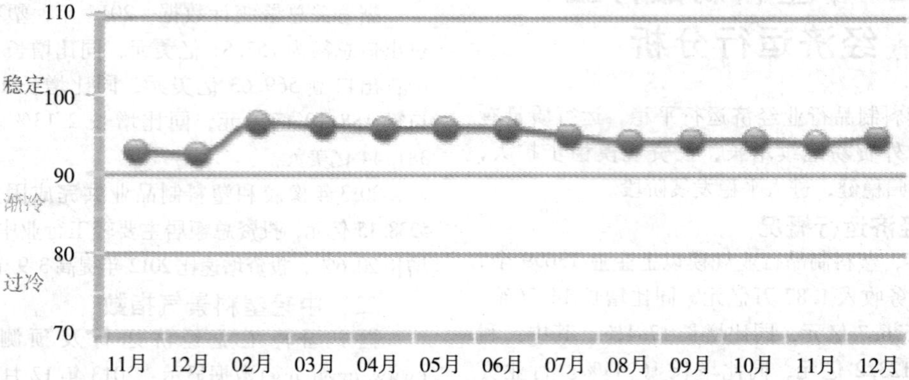

图3 2012年11月~2013年12月中轻塑料主营业务景气指数变化态势

(二)利润景气指数

2013年12月塑料利润景气指数为91.52，比11月份降低1.24。去年利润指数连续8个月处于趋冷区间，今年前6个月利润指数逐月震荡走高，显示行业盈利能力有所好转。三季度以来，利润指数走势相对平稳。11月起指数回落幅度较大，至12月份指数已接近蓝色趋冷区间。

(三)出口景气指数

2013年12月塑料出口景气指数为96.98，比11月份提高1.3，出口指数在7月份进入蓝色趋冷区间后，连续五个月强势回升，目前稳定在绿色区间，表明规模以上企业出口形势进一步改观。

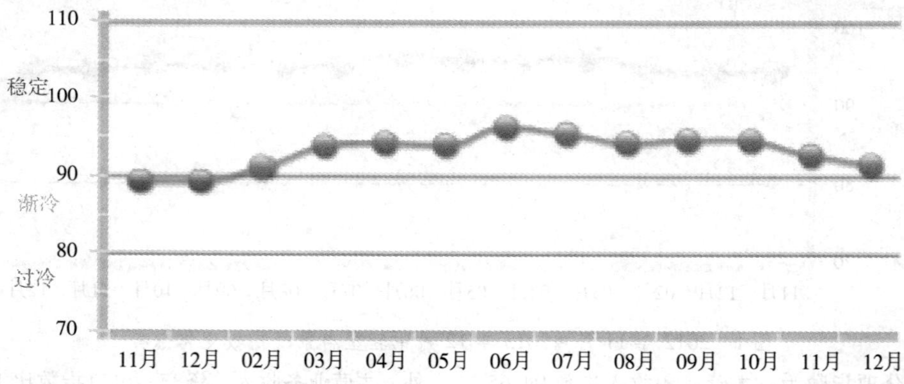

图4 2012年11月~2013年12月塑料制品行业利润景气指数变化态势

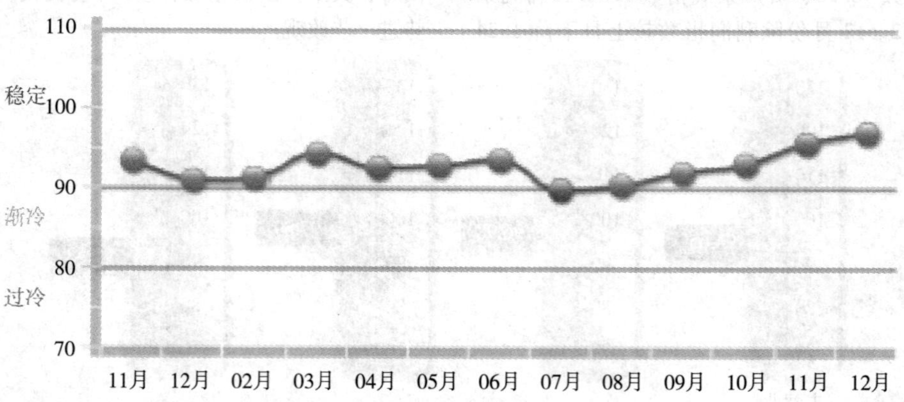

图5 2012年11月~2013年12月塑料制品行业出口景气指数变化态势

(四)地区景气指数

分地区看，12月份地区塑料指数冷热分布不均，指数过冷的地区5个，分别为：黑龙江、内蒙古、江西、四川、湖南省。指数趋冷的地区有7个，分别为吉林、北京、甘肃、陕西、河南、安徽、江苏。指数渐热的地区为贵州、海南。指数过热的地区为新疆、宁夏。沿海主产区：山东、浙江、广东、福建等省塑料指数处于绿色稳定区间。

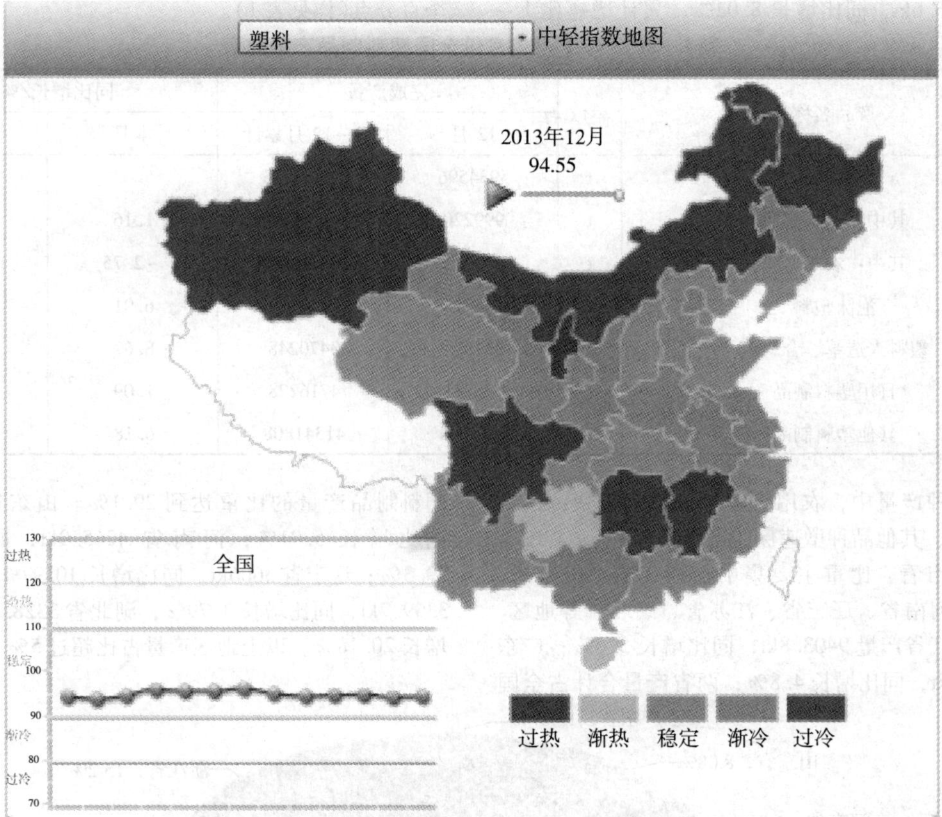

图 6　2013 年 12 月塑料制品行业景气指数地图

三、工业增加值增速

2013 年，塑料制品行业工业增加值累计增速 10.1%，高于全国工业 0.4 百分点。全年工业增加值月度增速呈震荡下行走势，12 月增加值增速为 7.9%。低于全国工业增加值增速 1.8 个百分点。

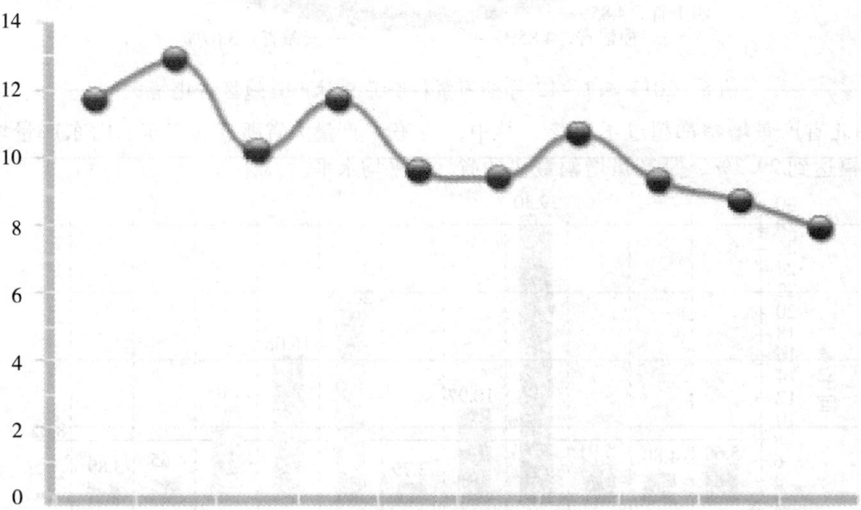

图 7　2013 年塑料制品行业工业增加值增速月度走势

四、产品产量分析

2013 年 1 ~ 12 月，全国塑料制品行业累计完成产量 61886.6kt，同比增长 8.02%，累计增速比 1 ~ 11 月下降 0.24 个百分点。其中：12 月份完成产量 5934.6kt，同比增长 5.03%，增速比 11 月回升 0.31 个百分点(详见表 1)。

表 1　2013 年 1 ~ 12 月份全国塑料制品产量总表

产品名称	单位	完成产量		同比增长/%	
		12 月	1 ~ 12 月累计	本月	累计
塑料制品	t	5934596	61886573	5.03	8.02
其中：塑料薄膜	t	999220	10893452	1.16	7.61
其中：农用薄膜	t	165511	1873606	-2.75	13.60
泡沫塑料	t	144918	1464837	6.91	8.96
塑料人造革、合成革	t	334823	3470248	8.67	10.69
日用塑料制品	t	473731	4716228	1.09	9.46
其他塑料制品	t	3981904	41341808	6.18	7.71

分品种产量中，农用薄膜产量增幅最快，达到了 13.6%，其他品种增速保持平稳。

分省市看，比重主要集中在浙江省、广东省、山东省、河南省、辽宁省、江苏省、湖北省等地区。其中：浙江省产量 9403.8kt，同比增长 5.6%；广东省 8580.6kt，同比增长 4.8%；两省产量合计占全国塑料制品产量的比重达到 29.1%。山东省 5000kt，同比增长 5.91%；河南省 4265.9kt，同比增长 29.3%；辽宁省 3606kt，同比增长 10.97%；江苏省 3399.7kt，同比增长 3.79%；湖北省 3328.1kt，同比增长 20.18%。以上地区产量占比超过 5%。

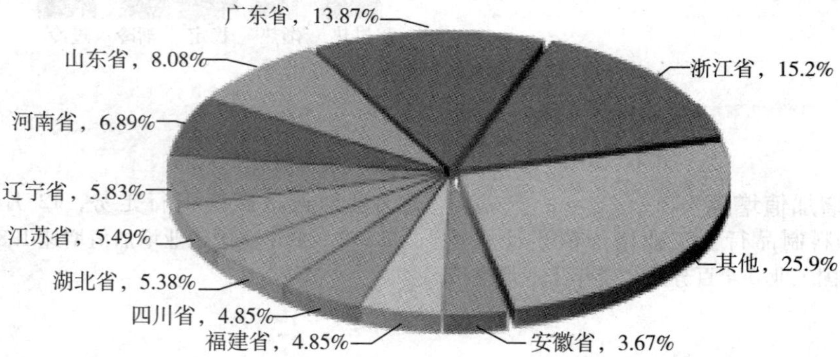

图 8　2013 年 1 ~ 12 月全国塑料制品累计产量地区占比情况

河南、湖北省产量增幅都超过了 20%，其中，河南省产量增幅达到 29.3%，是产量增幅最快的省份。产量大省浙江、广东、山东产量增幅低于全国平均水平。

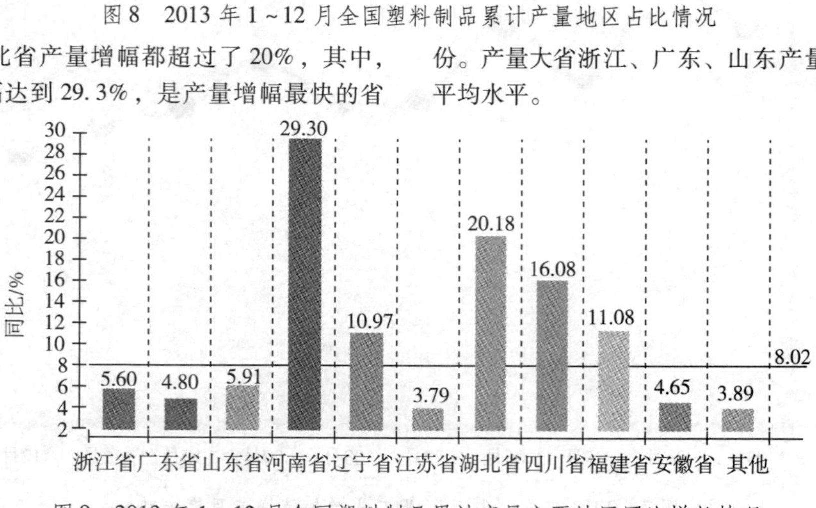

图 9　2013 年 1 ~ 12 月全国塑料制品累计产量主要地区同比增长情况

五、经济效益分析

(一)主营业务分析

2013 年 1～12 月，全国塑料制品行业累计完成主营业务收入 1.87 万亿元，同比增长 14.26%。今年主营业务累计增速较往年有所回落。各子行业主营业务收入完成情况详见表 2。

表 2　2013 年 1～12 月全国塑料制品行业主营业务收入情况表

行业	主营业务收入		
	1－12 月累计/亿元	累计同比/%	占比/%
塑料制品业	18686.4	14.26	100.00
塑料薄膜制造	2419.0	14.31	12.95
塑料板、管、型材	4635.9	16.60	24.81
塑料丝、绳及编织品	2535.3	16.71	13.57
泡沫塑料制造	797.8	10.56	4.27
塑料人造革、合成革	1158.9	11.31	6.20
塑料包装箱及容器	1600.3	13.04	8.56
日用塑料制造	1448.9	11.37	7.75
塑料零件制造	1447.1	12.07	7.74
其他塑料制品制造	2643.3	13.97	14.15

分地区看，比重主要集中在广东省、浙江省、山东省、江苏省、辽宁省等地区。其中：广东省主营业务收入 3674.12 亿元(占 19.66%)，同比增长 14.71%；浙江省主营业务收入 2032.22 亿元(占 10.88%)，同比增长 4.89%；山东省主营业务收入 1801.64 亿元(占 9.64%)，同比增长 16.23%；江苏省主营业务收入 1590.46 亿元(占 8.51%)，同比增长 8.36%；辽宁省主营业务收入 1281.62 亿元(占 6.86%)，同比增长 19.95%；福建省主营业务收入 1064.9 亿元(占 5.7%)，同比增长 14.88%；河南省主营业务收入 969.29 亿元(占 5.19%)，同比增长 24.83%。

广东、山东、辽宁、江苏主营业务收入增速高于全国平均水平。浙江、江苏省主营业务收入增速低于全国平均水平。湖北省增速达到 28.45%，居首位。

(二)利润分析

2013 年 1～12 月，全国塑料制品行业完成累计利润总额 1123.2 亿元，同比增长 16.45%，增速比 1～11 月份降低 1.57 个百分点。各子行业利润完成情况详见表 3。

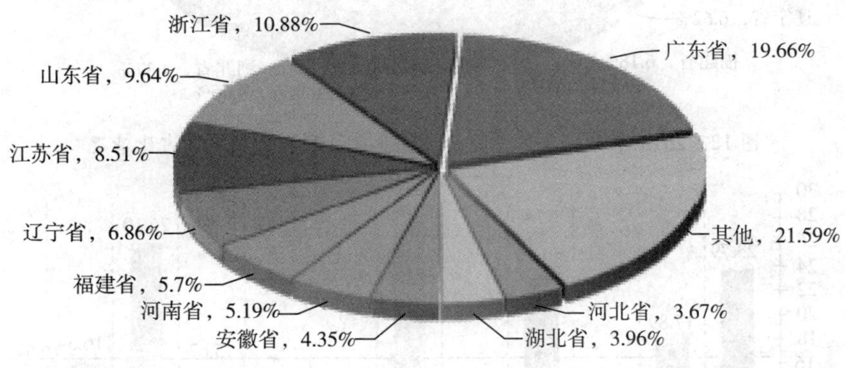

图 10　2013 年 1～12 月全国塑料行业累计主营业务收入地区占比情况

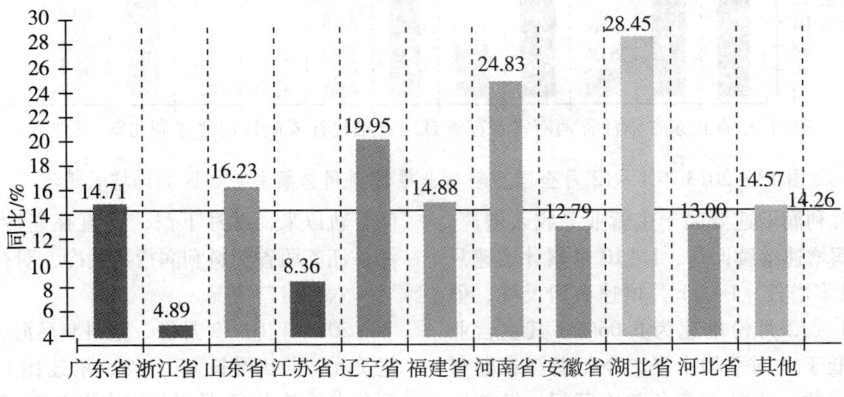

图 11　2013 年 1～12 月全国塑料行业累计主营业务收入主要地区同比增长情况

表3　2013年1～12月份全国塑料制品行业利润总额情况表

行业	利润总额		
	1～12月累计/亿元	累计同比/%	占比/%
塑料制品业	1123.2	16.45	100.00
塑料薄膜制造	125.6	10.04	11.18
塑料板、管、型材	317.3	18.84	28.25
塑料丝、绳及编织品	167.3	20.38	14.90
泡沫塑料制造	53.0	12.24	4.71
塑料人造革、合成革	72.5	7.53	6.46
塑料包装箱及容器	112.6	21.65	10.03
日用塑料制造	78.7	17.20	7.01
塑料零件制造	65.9	19.75	5.87
其他塑料制品制造	130.3	13.24	11.60

分地区看，比重主要集中在广东省、山东省、浙江省、河南省、江苏省、辽宁省等地区。其中：广东省利润总额170.57亿元(占15.19%)，同比增长23.79%；山东省利润总额127.66亿元(占11.37%)，同比增长17.89%；浙江省利润总额102.79亿元(占9.15%)，同比增长6.06%；河南省利润总额100.66亿元(占8.96%)，同比增长23.19%；江苏省利润总额87.54亿元(占7.79%)，同比增长8.13%；辽宁省利润总额74.3亿元(占6.62%)，同比增长29.28%；福建省利润总额69.46亿元(占6.18%)，同比增长8.68%；安徽省利润总额57亿元(占5.07%)，同比增长5.32%；河北省利润总额50.03亿元(占4.45%)，同比增长15.67%；湖北省利润总额49.1亿元(占4.37%)，同比增长26.1%。

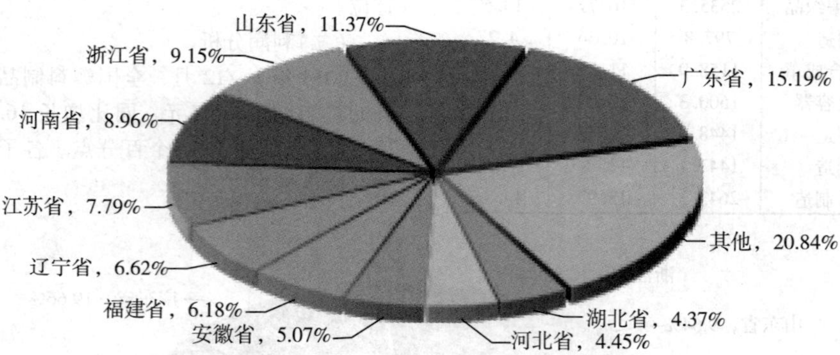

图12　2013年1～12月全国塑料行业累计利润总额地区占比情况

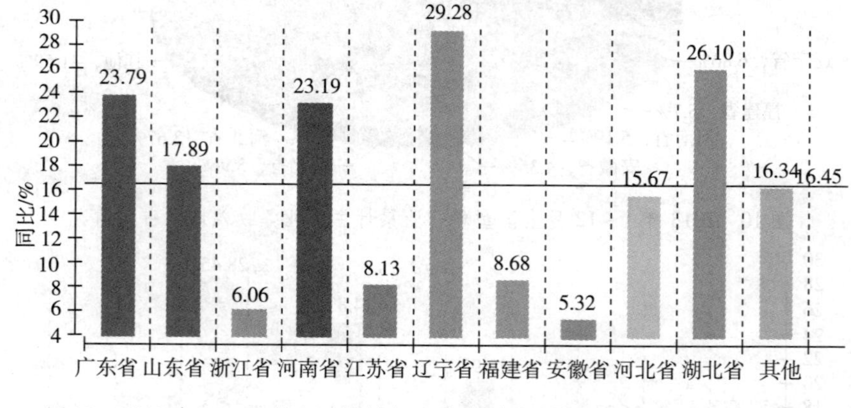

图13　2013年1～12月全国塑料行业累计利润总额主要地区同比增长情况

总体上看，利润增速要高于主营业务收入增速。今年浙江省利润增速继续回落，1～10月累计增速只有0.1%，接近零增长。1～11月增速有所反弹，但仅为2.43%，1～12月份增速为6.06%，其主营业务收入增速也低于全国平均水平。今年浙江省塑料行业利润景气指数一直处在蓝色趋冷区间，经济运行走势低迷。江苏省利润指数自3月份触及稳定区间下轨以来，逐月下滑，一直在趋冷区间运行。浙江、江苏两省塑料利润指数趋冷，对行业影响较大。

六、出口情况

2013年1～12月份，塑料制品海关出口额569.6亿美元，同比增长11.11%，增速比上月提高0.1个百分点。其中12月当月完成出口额55.8亿美元，同比增长12.04%。月度出口增速结束了连续两月的强势反弹，有较大幅度的回落，出口形势回升向好的基础仍不稳固。出口商品量、值情况详见表4。

表4 2013年1~12月份塑料制品海关出口统计

商品名称	出口量/t		出口额/万美元	
	1-当月量	同比增长/%	1-当月额	同比增长/%
塑料制品	—	—	5696254.7	11.11
1. 塑料单丝．条．杆．型材及异型材	170779	15.56	37794.3	16.61
2. 塑料管及其附件	527485	7.81	214526.6	14.91
3. 塑料板．片．膜．箔．带及扁条	2627813	9.16	851171.7	12.60
4. 塑料人造革、合成革	571372	-0.54	275639.2	3.38
5. 塑料包装箱及容器及其附件	2212728	0.81	800842.3	11.10
6. 塑料零件	40005	-3.99	51562.1	16.01
7. 建筑用塑料制品	2216388	13.10	409418.5	16.26
(1)塑料糊墙品和铺地制品	1334826	15.62	223280.5	19.79
(2)塑料门．窗．窗板(帘)及类似品	321433	1.90	84304.0	6.61
(3)其他建筑用塑料制品	560129	14.36	101834.0	17.48
8. 日用塑料制品	0	0.00	1596773.8	4.42
(1)塑料制餐具及厨房用具	821807	7.60	289419.2	16.05
(2)塑料卫生设备．洁具及其配件	736916	10.80	312151.7	19.64
(3)塑料制办公室或学校用品	349114	-2.83	124679	4.29
(4)其他日用塑料制品	—	—	870523.9	-3.20
9. 其他塑料制品	—	—	1458526.4	17.77

数据来源：根据海关总署数据加工整理。

七、进口情况

2013年1~12月份，塑料制品海关进口额188.19亿美元，同比增长2.13%，增速较上月提升0.56个百分点，仍在低位徘徊。进口商品量、值情况详见表5。

表6 2013年1~12月份塑料制品海关进口统计

商品名称	出口量/t		出口额/万美元	
	1-当月量	同比增长/%	1-当月额	同比增长/%
塑料制品	—	—	1881864.2	2.13
1. 塑料单丝．条．杆．型材及异型材	9718	9.36	9908.1	8.96
2. 塑料管及其附件	57702	20.69	81711.0	14.56
3. 塑料板．片．膜．箔．带及扁条	1144791	2.83	1149438.8	2.55
4. 塑料人造革、合成革	50804	-7.57	54401.6	-4.86
5. 塑料包装箱及容器及其附件	206676	-3.78	125193.5	-10.03
6. 塑料零件	32859	5.09	115354.4	3.46
7. 建筑用塑料制品	64132	-6.40	20481.2	-4.54
(1)塑料糊墙品和铺地制品	59158	-6.05	15515.6	-4.13
(2)塑料门．窗．窗板(帘)及类似品	2815	-2.58	1669.7	-0.78
(3)其他建筑用塑料制品	2159	-18.82	3295.9	-8.18
8. 日用塑料制品	—	—	22254.1	7.17
(1)塑料制餐具及厨房用具	6386	24.67	5592.9	21.70

续表

商品名称	出口量/t		出口额/万美元	
	1-当月量	同比增长/%	1-当月额	同比增长/%
(2)塑料卫生设备.洁具及其配件	32299	5.66	10661.8	4.21
(3)塑料制办公室或学校用品	1747	6.89	770.1	12.46
(4)其他日用塑料制品	-	-	5229.3	-0.47
9. 其他塑料制品	-	-	303121.4	4.02

注：数据来源：根据海关总署数据加工整理

八、行业固定资产投资规模继续扩大，增速趋缓

近年来，塑料制品行业投资规模持续扩大，年均增长速度超过30%，这也是促进塑料制品行业近年来持续快速发展的一个重要原因，2013年行业投资总额仍保持稳定增长，增速比2012年提高3.9个百分点。

2013年橡胶和塑料制品业共完成固定资产投资5238.15亿元，投资总额居主要轻工行业中前列。同比增长20.6%，投资增速比2012年提高3.9个百分点。

表7 2013年轻工主要行业固定资产投资完成情况

行业名称	2013年1~12月		2012年1~12月	
	投资额/亿元	增速/%	投资额/亿元	增速/%
全国总计	436527.7	19.6	364835.1	20.6
制造业	147369.7	18.5	124970.7	22.03
农副食品加工业	8673.6	26.5	6906.6	31.96
食品制造业	3695.5	20.7	3080.0	28.07
酒、饮料和精制茶制造业	3367.1	30.4	2601.9	36.22
皮革毛皮羽毛及其制品和制鞋业	1710.8	30.3	1337.6	14.27
木材加工及木竹藤棕草制品业	2943.0	22.3	2495.0	31.29
家具制造业	1948.8	27.2	1557.3	30.16
造纸及纸制品业	2632.9	18.8	2220.9	15.52
文教工美体育和娱乐用品制造业	1416.0	24.1	1148.2	20.77
橡胶和塑料制品业	5238.2	20.6	4334.7	16.69
金属制品业	7114.3	20.9	5955.0	9.9

近年来，塑料制品行业固定投资规模稳步扩大，为行业持续增长提供了有效保障。

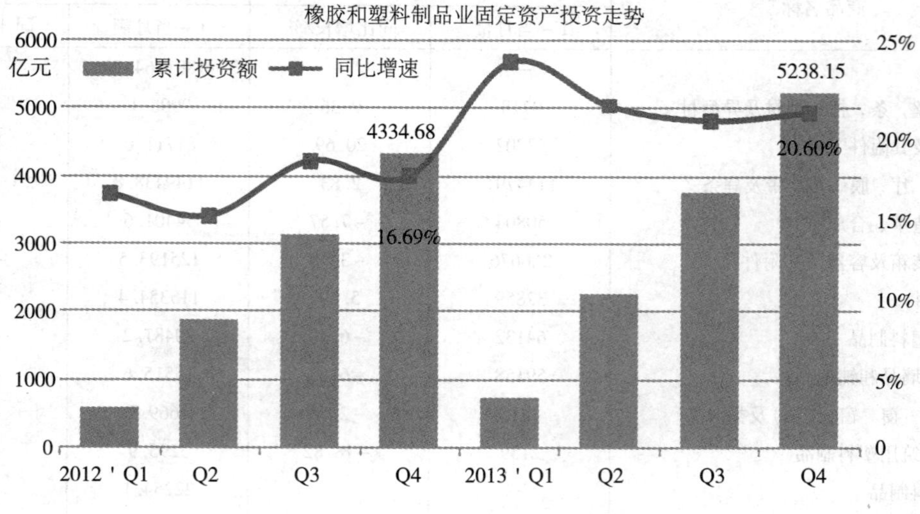

图14 2012~2013年年塑料和橡胶制品行业固定资产投资完成情况

结语

2013年中轻塑料指数走势符合行业运行规律，12月指数小幅上行，塑料行业经济运行平稳收官。受浙江、江苏两省利润指数趋冷影响，塑料行业利润指数年末下行，接近趋冷区间。出口指数在7月份进入蓝色趋冷区间后，连续五个月强势回升，目前稳定在绿色区间，表明规模以上企业出口形势进一步改观。

从海关出口统计数据看，全年塑料制品出口累计增速呈现高位回落、企稳回升走势。月度出口增速震荡幅度较大，12月份月度出口增速结束了连续两月的强势反弹，有较大幅度的回落，表明行业出口形势回升向好的基础仍不稳固。

分地区看，我国中西部地区增速快于东部地区，其中，西部地区产量增长最快，由于西部地区近年来塑料制品产量快速增长，占全国总产量的比重也逐步扩大，这也表明我国塑料制品产业布局开始趋向平衡，中西部地区将成为塑料制品行业新的增长极。

综合分析，2013年，塑料制品行业经济运行总体平稳，发展速度与经济效益同步增长、进出口贸易规模进一步扩大，行业固定资产投资保持较高增速，是塑料制品行业经济增长的基础和上行动力。近年来行业发展速度有所放缓，未来行业发展将由跨越式高速发展回归稳健，进入平稳发展阶段。

附表1 全国塑料制品行业规模以上工业企业主要经济效益指标2013年1~12月

月份	汇总企业个数/个	其中:亏损企业数		亏损企业亏损额		主营业务收入		主营业务成本		利税总额		其中:利润总额		资产总计		负债合计		流动资产合计		应收账款净额		产成品存货	
		本月止累计/个	累计同比/%	本月止累计/千元	累计同比/%	本月止累计/千元	累计同比/%	本月止累计/千元	累计同比/%	本月止累计/千元	累计同比/%	本月止累计/千元	累计同比/%	本月止累计/千元	累计同比/%	本月止累计/千元	累计同比/%	本月止累计/千元	累计同比/%	本月止累计/千元	累计同比/%	本月止累计/千元	累计同比/%
塑料制品业	13699	1627	13.22	7537586	15.14	1868643871	14.26	1610509377	14.80	167674580	17.10	112317617	16.45	1170167571	11.46	596190772	9.33	670982934	10.53	192032556	9.80	61349663	7.85
塑料薄膜制造	1489	205	5.13	1313891	0.55	241900348	14.31	213720795	15.24	18218193	9.81	12559564	10.04	174736750	10.44	94371099	11.16	96827637	9.05	21987500	8.55	7610901	7.65
塑料板、管、型材	2611	268	18.06	1538305	40.97	463594944	16.60	393009542	17.28	46696785	19.07	31725524	18.84	307090236	14.37	145566263	13.65	171780114	13.25	45773948	13.47	18925523	7.35
塑料丝、绳及编织品	1899	129	19.44	221650	55.72	253531659	16.71	219939777	17.29	25429714	23.06	16733133	20.38	105571626	20.97	46611205	14.79	54768738	21.03	13963610	21.12	5433699	9.13
泡沫塑料制造	770	65	10.17	168948	16.76	79775958	10.56	69050706	11.41	7545055	12.06	5295725	12.24	44060134	14.51	23247167	11.79	27290256	16.09	10049668	13.21	2395277	14.35
塑料人造革、合成革	532	62	21.57	213920	42.75	115889486	11.31	102388034	11.29	10400021	8.64	7250208	7.53	74401653	7.67	45241114	6.26	45096984	7.71	10118507	17.45	3174853	-1.92
塑料包装箱及容器	1384	172	15.44	547142	-13.66	160025109	13.04	135770137	14.36	16332129	18.42	11264460	21.65	111751480	8.31	54115690	2.58	57664831	3.91	16040572	-5.76	4243480	9.94
日用塑料制造	1407	176	17.33	426193	0.59	144893185	11.37	123463104	11.80	11973560	17.77	7870582	17.20	86887257	9.40	45889269	8.67	50304082	9.67	14204287	8.37	4483916	10.88
塑料零件制造	1288	237	11.79	1128188	-19.38	144705425	12.07	125033144	11.78	10782058	20.52	6590982	19.75	103424353	7.54	56003815	6.88	66851011	7.51	24497559	11.68	5706621	3.70
其他塑料制品制造	2319	313	9.44	1979349	57.74	264327757	13.97	228134138	14.20	20297065	15.90	13027439	13.24	162244082	8.51	85145150	5.15	100399281	8.64	35396905	6.60	9375393	10.70

注:1. 资料来源:国家统计局。

2. "规模以上"是指年主营业务收入2000万元及以上全部工业法人企业。

附表 2　2013 年 1 ~ 12 月全国塑料制品业主要产品产量总表

产品名称	单位	1 ~ 12 月累计	同比增长/%	比重/%
塑料制品总计	t	61886573	8．02	100．00
其中：塑料薄膜	t	10893452	7．61	17．60
其中：农用薄膜	t	1873606	13．60	3．03
泡沫塑料	t	1464837	8．96	2．37
塑料人造革、合成革	t	3470248	10．69	5．61
日用塑料制品	t	4716228	9．46	7．62
其他塑料制品	t	41341808	7．71	66．80

注：1．数据来源：国家统计局。

2．“规模以上”是指年主营业务收入 2000 万元及以上全部工业法人企业。

附表3 2013年1~12月份全国塑料制品业主要产品产量(分地区)

地区	塑料制品			1、塑料薄膜			其中:农用薄膜			2、泡沫塑料			3、塑料人造革、合成革			4、日用塑料制品			5、其他塑料制品			附:塑料加工专用设备(台)		
	本月止累计/t	同比增长/%	占全国比重/%	本月止累计/t	同比增长/%	占全国比重/%	本月止累计/t	同比增长/%	占全国比重/%	本月止累计/t	同比增长/%	占全国比重/%	本月止累计/t	同比增长/%	占全国比重/%	本月止累计/t	同比增长/%	占全国比重/%	本月止累计/t	同比增长/%	占全国比重/%	本月止累计	同比增长/%	占全国比重/%
全国	61886573	8.02	100.00	10893452	7.61	100.00	1873606	13.60	100.00	1464837	8.96	100.00	3470248	10.69	100.00	4716228	9.46	100.00	41341808	7.71	100.00	269545	-2.49	100.00
北京	340742	-13.42	0.55	38337	3.53	0.35	14478	1.04	0.77	1825	-39.30	0.12	8433	-2.59	0.24	37597	6.92	0.80	254550	-17.81	0.62			
天津	1341283	-5.39	2.17	256814	-12.40	2.36	58569	-12.63	3.13	19489	11.74	1.33	7667	-2.94	0.22	175650	-13.89	3.72	881663	-1.52	2.13			
河北	2252918	-2.87	3.64	143143	-15.32	1.31	16329	-48.14	0.87	37399	0.60	2.55	222535	19.46	6.41	277080	12.72	5.88	1572761	-6.45	3.80	246	-16.04	0.09
山西	261238	2.31	0.42	26932	37.88	0.25	23960	47.66	1.28										234306	-0.64	0.57			
内蒙古	323172	20.88	0.52	28224	13.39	0.26	28224	13.39	1.51	2387	1291.59	0.16							292561	20.75	0.71			
辽宁	3605972	10.97	5.83	304677	16.98	2.80	82707	-18.28	4.41	66829	19.47	4.56	64908	-28.54	1.87	20466	-15.80	0.43	3149092	11.75	7.62	589	-9.66	0.22
吉林	840366	4.46	1.36	134915	9.32	1.24	134915	9.32	7.20	9504	-51.16	0.65	3346	-10.68	0.10	60637	-3.86	1.29	631964	6.25	1.53			
黑龙江	471386	-25.78	0.76	34642	-19.60	0.32	17949	-27.31	0.96							12772	-1.48	0.27	423972	-26.78	1.03			
上海	1655020	-9.07	2.67	319040	-6.94	2.93	39541	-2.58	2.11	64333	-4.61	4.39	73929	-5.39	2.13	104818	-12.86	2.22	1092899	-9.78	2.64	28498	-16.71	10.57
江苏	3399660	3.79	5.49	1008840	9.90	9.26	41699	-2.57	2.23	47837	9.57	3.27	363617	-2.99	10.48	386198	4.41	8.19	1593169	1.53	3.85	1748	-3.43	0.65
浙江	9403753	5.60	15.20	3414291	8.85	31.34	155775	23.15	8.31	178421	4.20	12.18	1313803	5.35	37.86	870898	7.93	18.47	3626339	2.36	8.77	117583	-8.17	43.62
安徽	2273262	4.65	3.67	208880	-2.60	1.92	5994	-45.62	0.32	71512	87.46	4.88	49101	7.96	1.41	73332	-0.14	1.55	1870437	3.87	4.52	3332	11.29	1.24
福建	2999790	11.08	4.85	515596	5.14	4.73	6520	-16.31	0.35	29003	-39.24	1.98	832932	19.43	24.00	247940	14.33	5.26	1374319	10.11	3.32			
江西	814423	-31.49	1.32	12145	0.07	0.11				11124	9.78	0.76	1500		0.04	41770	22.40	0.89	747884	-33.96	1.81			
山东	4999979	5.91	8.08	888961	13.98	8.16	409200	12.27	21.84	70614	31.49	4.82	72631	5.98	2.09	205674	23.59	4.36	3762098	3.00	9.10	41747	23.03	15.49
河南	4265904	29.30	6.89	703775	31.96	6.46	383777	59.91	20.48	260247	42.40	17.77	128712	42.96	3.71	146935	24.74	3.12	3026234	27.41	7.32	681	16.81	0.25
湖北	3328074	20.18	5.38	208191	14.12	1.91	27593	72.90	1.47	58707	72.65	4.01	44345	20.15	1.28	326205	16.87	6.92	2690627	20.29	6.51	243	-18.73	0.09
湖南	1946403	27.30	3.15	264190	21.13	2.43	36238	-11.29	1.93	9897	9.63	0.68	24355	2327.34	0.70	94640	-3.46	2.01	1553321	29.14	3.76	5512	27.06	2.04
广东	8580589	4.80	13.87	1479320	4.86	13.58	67452	31.36	3.60	292258	-16.77	19.95	256573	30.31	7.39	1074880	7.28	22.79	5477559	4.79	13.25	67887	0.28	25.19
广西	1900114	15.37	3.07	33240	-74.10	0.31	12260	-12.32	0.65	121958	33.92	8.33				91088	17.01	1.93	1653829	22.54	4.00			
海南	32721	-2.22	0.05	16285	-20.87	0.15						0.00							16436	27.55	0.04			
重庆	992001	7.81	1.60	209271	6.71	1.92	10398	25.91	0.55	34393	-14.89	2.35	1861	31	0.05	59615	36.93	1.26	686862	7.55	1.66			
四川	3003769	16.08	4.85	345230	13.53	3.17	64127	-5.59	3.42	18106	-46.86	1.24				352749	27.51	7.48	2287685	15.96	5.53	198	-18.18	0.07
贵州	548191	53.08	0.89	6096	27.35	0.06	4068	58.31	0.22	20452	49.33	1.40				5192	-43.79	0.11	516451	56.32	1.25			
云南	382373	9.67	0.62	109500	12.62	1.01	71782	16.51	3.83	14109	1.94	0.96				1593	207.58	0.03	257171	8.48	0.62			
西藏																								
陕西	448598	5.92	0.72	34081	83.29	0.31	26537	42.72	1.42	8228	100.88	0.56				31540	114.01	0.67	374749	-2.94	0.91	1281	-4.19	0.48
甘肃	355932	43.48	0.58	52193	0.08	0.48	49988	2.80	2.67	976	12.13	0.07							302763	55.22	0.73			
青海	25531	6.14	0.04	4385	91.57	0.04	4385	91.57	0.23			0.00							21146	-2.84	0.05			
宁夏	115605	4.49	0.19	9942	-14.67	0.09	7801	-29.51	0.42	2172	14.50	0.15				9561	8.00	0.20	93930	6.45	0.23			
新疆	977807	43.68	1.58	82319	5.67	0.76	71342	2.19	3.81	13059	472.26	0.89				7398	3.30	0.16	875031	47.52	2.12			

注:1. 数据来源:国家统计局。

2. 统计口径:规模以上企业。

附表4　2013年1～12月份塑料制品海关出口统计

产品名称	出口量/t		出口额/万美元	
	1－当月量	同比增长/%	1－当月额	同比增长/%
塑料制品	—	—	5696254.7	11.11
1. 塑料单丝、条、杆、型材及异型材	170779	15.56	37794.3	16.61
2. 塑料管及其附件	527485	7.81	214526.6	14.91
3. 塑料板、片、膜、箔、带及扁条	2627813	9.16	851171.7	12.60
4. 塑料人造革、合成革	571372	-0.54	275639.2	3.38
5. 塑料包装箱及容器及其附件	2212728	0.81	800842.3	11.10
6. 塑料零件	40005	-3.99	51562.1	16.01
7. 建筑用塑料制品	2216388	13.10	409418.5	16.26
(1)塑料糊墙品和铺地制品	1334826	15.62	223280.5	19.79
(2)塑料门．窗．窗板(帘)及类似品	321433	1.90	84304.0	6.61
(3)其他建筑用塑料制品	560129	14.36	101834.0	17.48
8. 日用塑料制品	—	—	1596773.8	4.42
(1)塑料制餐具及厨房用具	821807	7.60	289419.2	16.05
(2)塑料卫生设备．洁具及其配件	736916	10.80	312151.7	19.64
(3)塑料制办公室或学校用品	349114	-2.83	124679.0	4.29
(4)其他日用塑料制品	—	—	870523.9	-3.20
9. 其他塑料制品	—	—	1458526.4	17.77

注：本表据海关总署统计数据汇总整理。

附表5　2013年1~12月份塑料制品海关进口统计

产品名称	出口量/t		出口额/万美元	
	1-当月量	同比增长/%	1-当月额	同比增长/%
塑料制品	—	—	1881864.2	2.13
1. 塑料单丝、条、杆、型材及异型材	9718	9.36	9908.1	8.96
2. 塑料管及其附件	57702	20.69	81711.0	14.56
3. 塑料板、片、膜、箔、带及扁条	1144791	2.83	1149438.8	2.55
4. 塑料人造革、合成革	50804	-7.57	54401.6	-4.86
5. 塑料包装箱及容器及其附件	206676	-3.78	125193.5	-10.03
6. 塑料零件	32859	5.09	115354.4	3.46
7. 建筑用塑料制品	64132	-6.40	20481.2	-4.54
(1)塑料糊墙品和铺地制品	59158	-6.05	15515.6	-4.13
(2)塑料门、窗、窗板(帘)及类似品	2815	-2.58	1669.7	-0.78
(3)其他建筑用塑料制品	2159	-18.82	3295.9	-8.18
8. 日用塑料制品	0	0.00	22254.1	7.17
(1)塑料制餐具及厨房用具	6386	24.67	5592.9	21.70
(2)塑料卫生设备、洁具及其配件	32299	5.66	10661.8	4.21
(3)塑料制办公室或学校用品	1747	6.89	770.1	12.46
(4)其他日用塑料制品	—	—	5229.3	-0.47
9. 其他塑料制品	—	—	303121.4	4.02

注：本表据海关总署统计数据汇总整理。

（中国轻工业信息中心　张涌涛）

综　　述

氯碱工业

2013 年中国聚氯乙烯行业现状分析及展望

2000 年以后，随着国民经济的持续增长，带动了化工建材行业的需求，为国内聚氯乙烯行业的发展提供了广阔的空间。此外，2003 年的聚氯乙烯反倾销终裁胜诉，有效遏制了国外低价货源对国内市场的冲击，为国内聚氯乙烯行业的发展创造了较为宽松的外部环境。在多方利好因素共同促进下，聚氯乙烯行业整体规模实力在近几年不断增长。

但当前，中国氯碱工业发展正处在一个关键转型阶段，单纯的产能增长和简单的运营模式复制使行业在高速发展后，面临着同质化竞争加剧、低端产品产能结构性过剩等一系列影响行业可持续发展的内生性根本问题。

一、中国聚氯乙烯工业规模不断扩大

根据中国氯碱网最新产能调查数据显示，截止到 2013 年底中国聚氯乙烯现有产能为 24760kt(其中包含糊树脂 1020kt)。

通过统计数据发现，2013 年内中国聚氯乙烯包括糊树脂在内的新增加产能为 2860kt，在此期间，宣布正式退出的规模为 1510kt，净增为 1350kt。同时，较上年实现的 5.8% 增速也说明了行业结构调整继续向纵深推进。

2008 ~ 2013 年中国 PVC 产能变化 10kt

	2008 年	2009 年	2010 年	2011 年	2012 年	2013 年
产能	1581	1781	2043	2163	2341	2476
净增	61	200	262	120	178	135

产能增速放缓：自 2003 年开始，国内聚氯乙烯市场进入了上升通道，其中 2005 年中国聚氯乙烯产能增长率达到了 46% 的历史性新高。2007 年之后，尤其是 2008 年的全球经济危机爆发，国内外聚氯乙烯需求市场萎缩，价格超跌，甚至出现成本倒挂，致使国内聚氯乙烯扩产热潮略有减退，产能增速减缓。

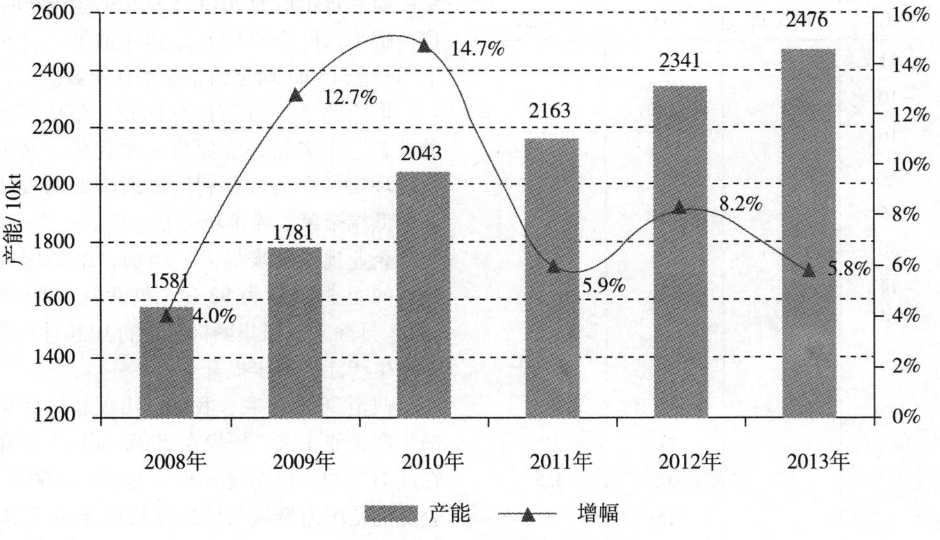

图 1　2008 ~ 2013 年中国 PVC 产能增长趋势图

地区分布呈差异化：在地区产能分布中，西北 6 省份的聚氯乙烯能力已经占到了总产能 42% 的份额，且全部为乙炔法工艺(电石法和天然气部分氧化法)。也说明了广大的西部地区依托本地资源优势，大力发展以电石法聚氯乙烯为核心的“煤 - 电 - PVC”一体化循环经济项目，成为近几年中国聚氯乙烯工业发展的显著特点。而华东地区随着小型电石法聚氯乙烯装置的退出，2013 年底的电石法聚氯乙烯能力为 960kt，乙烯法能力为 2180kt。

装置进退并存：自 2008 年开始，国内聚氯乙烯工业在发展过程中就出现了装置退出现象。近几年，在国民经济增长及投资的拉动效应影响下，作为基础原材的氯碱产业每年都有大量的新扩建项目建设并投产。但随着行业内市场竞争的加剧，氯碱行业产能增加的同时，落后、老旧生产装置逐渐被淘汰退出市场，成为当前氯碱产能增长的新特点。可以说，这种规模扩张“有进有退”的结构性调整，不仅是企业提升竞争能力的客观需求，同时，也是市场竞争优胜劣汰的必然结果。

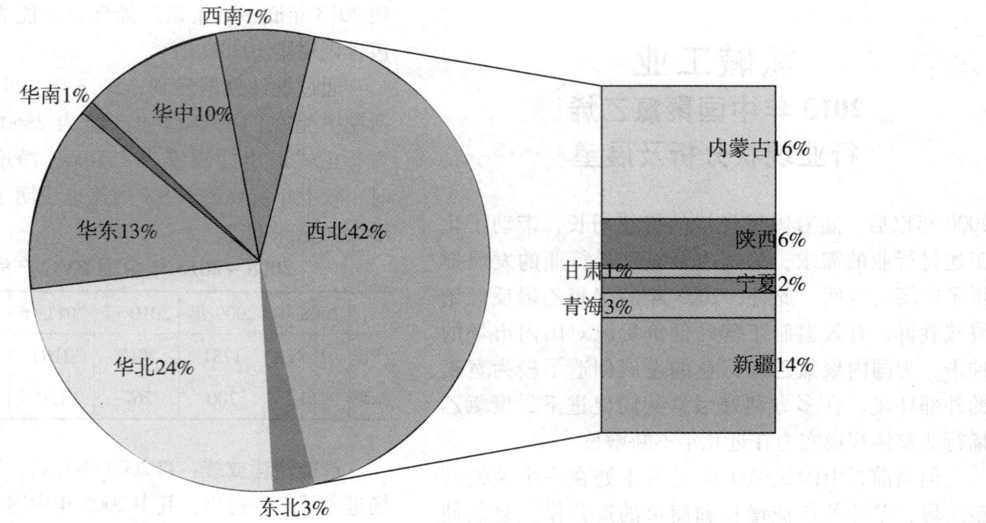

图 2　2013 年中国 PVC 七大区域产能对比图

表 1　2013 年中国 PVC－糊树脂产能增减明细

10kt

省份	减少		增加	
	PVC	糊树脂	PVC	糊树脂
辽宁	－11			
湖南	－10			
山东	－16			
河北	－15			
山西	－34			
广西	－30			
江苏	－14			
湖北	－4	－4		
天津	－13			1.7
山东			15	6
内蒙古			82	10
青海			32	3.5
江苏			15	5
河北				3
湖南			10	
陕西			15	
新疆			42	
安徽			46	
合计	－147	－4	257	29.2

在 2013 年总共退出的 1510kt 的聚氯乙烯(含糊树脂)产能中，华北地区的退出数量为 780kt，占到了一半以上的比例。另外值得提出的是，13 年内的退出产能中，搬迁、产能置换是造成聚氯乙烯装置退出市场的主要原因。例如，退出产能最大的山西省，则是由于山西太化、山西阳煤氯碱宣布的搬迁、合并所致。经过重新选址，两家企业将有望在阳煤集团对其重组后的 2014 年底开车运行新的氯碱项目。广西退出产能中的 100kt、山东退出产能 160kt、河北退出产能 150kt 均是因企业搬迁所致。

但除此之外也需注意的是，华中、华南、华东的装置退出多是缺乏原料成本优势，又不依托一体化循环项目，在行业利润逐渐降低的环境下，被饱和的低端聚氯乙烯市场强制退市。

企业规模逐步提升：当前，中国国内具有 PVC 产能的企业数量为 93 家(包含具有闲置能力的企业)，排除未按照集团标准进行加和计算外，单个企业的生产能力逐步提升。

截至 2013 年底，我国已出现超过百 kt 级聚氯乙烯生产企业 3 家，规模在 300kt/a 以上的企业数量正在逐渐增加。但与此同时，规模在 100～300kt/a 的企业仍是国内聚氯乙烯行业的重要组成部分。此外，产能规模低于 100kt/a 的企业较上年有所减少。

表 2　2013 年国内 PVC 行业产能规模归类

规模	企业数	产能合计/10kt	产能占比
≥1000kt	3	380	15%
1000kt＞企业 ≥400kt	21	996	40%
400kt＞企业 ≥300kt	11	337	14%
300kt＞企业 ≥100kt	39	661.2	27%
100kt＞企业	19	101.5	4%
合计	93	2475.7	100%

扩能模式更丰富：从扩能趋势看，2014 年计划内的全国新增聚氯乙烯产量为 3230kt。地域分布较为丰富，且扩能模式继续向多角度过渡。乙烯法聚氯乙烯在未来的扩能比重增加，并且聚氯乙烯糊树脂的扩能异常迅速。

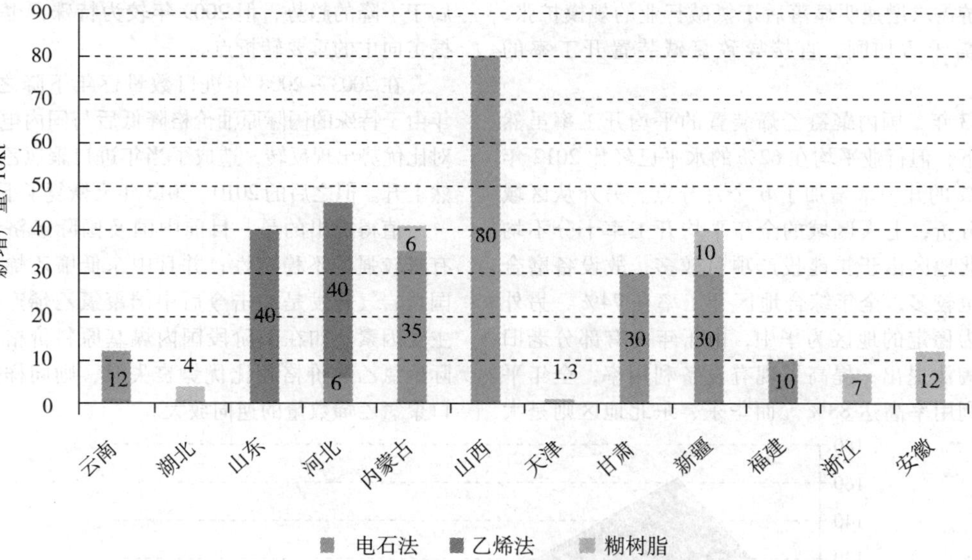

图 3　2014 年中国 PVC 扩能分布

二、中国聚氯乙烯行业产量稳步增长

产量恢复增长：2003 ~ 2005 年间国内聚氯乙烯盈利能力较强，年产量增长明显。随着国内市场供应量的急速增加，结构性供需矛盾开始显现，国内聚氯乙烯产量增速有所减缓。2008 年，国内生产企业装置开工受金融危机影响，产量首次出现负增长。之后的 2009 ~ 2012 年，我国聚氯乙烯产量虽然恢复了增长，但增幅差距巨大。2013 年，全国聚氯乙烯单月产量屡创新高，全年产量达到了 15300kt。

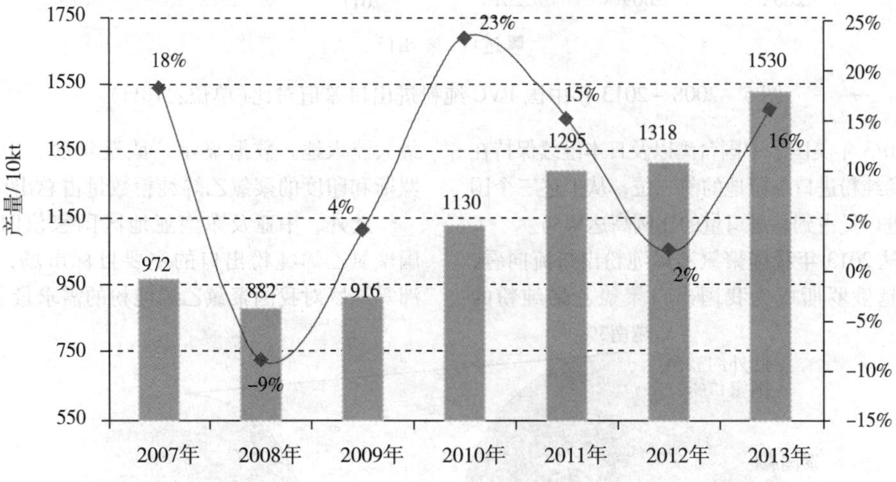

图 4　2007 ~ 2013 年中国 PVC 产量变化图

地域开工率参差不齐：开工率是企业对市场价格与供应量进行及时调控的重要杠杆，对市场供需变化较为敏感。从近十年聚氯乙烯每年的平均开工率走势分析，自 2003 年开始，在国民经济增长带动下，氯碱行业规模增长幅度持续扩大的同时，聚氯乙烯装置开工率保持在 75% 以上，此时的国内氯碱行业处于市场供应不足，行业规模急速扩张的上升时期。而随着产能大幅增长，产品的市场供应量不断增加，聚氯乙烯产能增幅在2005年达到近几年的峰值后，市场日益饱和。受此影响，虽然氯碱行业的扩能增速有所回落，但积累的巨大产能不断释放，加之下游需求增速明显落后于氯碱行业的规模扩张，市场供需矛盾加剧，直接导致氯碱装置开工率的下降。

2013年，国内聚氯乙烯装置的平均开工率虽然依旧低下，但行业平均在62%的水平已经比2012年平均56%的开工率增加了6个百分点。另外从区域开工率分析，七大区域的全年平均开工率十分不均衡。西北地区由于扩能投产项目较多，故设备磨合的情况也较多，全年综合地区开工率在74%，另外开工较为稳定的地区为华中，由于年内有部分老旧装置的淘汰退出，提高了现有设备利用率，全年平均装置利用率高达83%。而华东、东北地区则是大产能小开工的典型。

三、中国聚氯乙烯参与国际贸易

近年来，中国对进口聚氯乙烯的依存度整体是属于下降的趋势，但2009年较为特殊，也成为了数据走向中的重要转折点。

在2003~2008年进口数量逐年下降之后，2009年由于特殊的国际原油价格降低后与国内电石价格的对比优势出现反转，造成了当年进口聚氯乙烯数量骤然上升。但之后的2010~2013年又恢复了下降走势。

值得提出的是，目前中国及国际经济形势依然有着较强的不稳定性，并且中东低廉乙烯制造和美国页岩气开发是冲击今后中国聚氯乙烯产业的两大主要因素。如在某阶段国内煤基原料价格上涨和国际聚氯乙烯价格相比优势丧失时，则同样会引起进口聚氯乙烯数量的逆向放大。

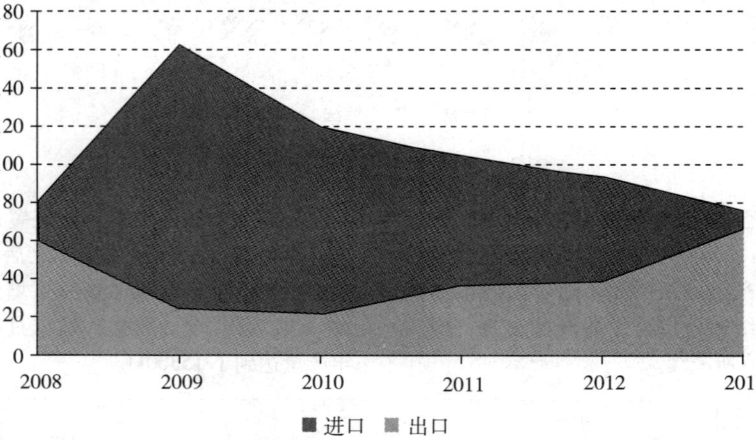

图5　2008－2013年中国PVC纯粉进出口差值对比(单位：10kt)

进口：2013年美国、中国台湾以及日本继续保持在我国聚氯乙烯纯粉进口来源地的前三位，从上述三个国家及地区的进口量占到总进口量的比例高达91%。

出口：从2013年我国聚氯乙烯纯粉出口流向看，印度已经超越俄罗斯成为我国出口聚氯乙烯纯粉的最大流入地。数据显示，截至年底，中国出口至俄罗斯和印度的聚氯乙烯纯粉数量占总出口量的47%。

此外，中亚及东南亚地区国家依旧是近两年中国聚氯乙烯纯粉出口的主要目标市场，而欧洲、美洲等地区对我国聚氯乙烯纯粉的需求量呈萎缩态势。

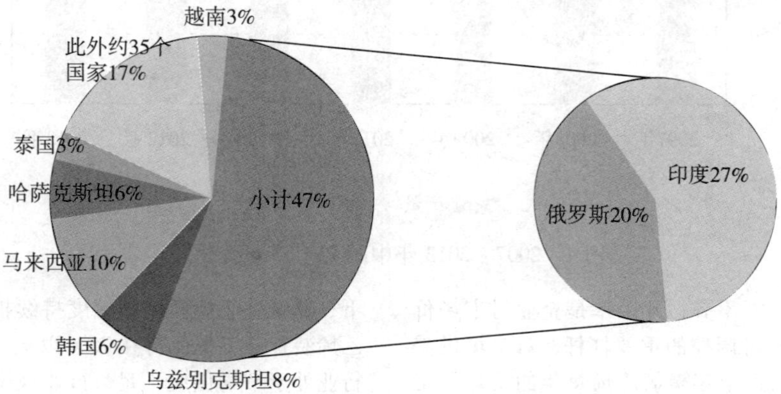

图6　2013年中国PVC纯粉出口国别占比图

四、中国聚氯乙烯市场进入价格低谷区

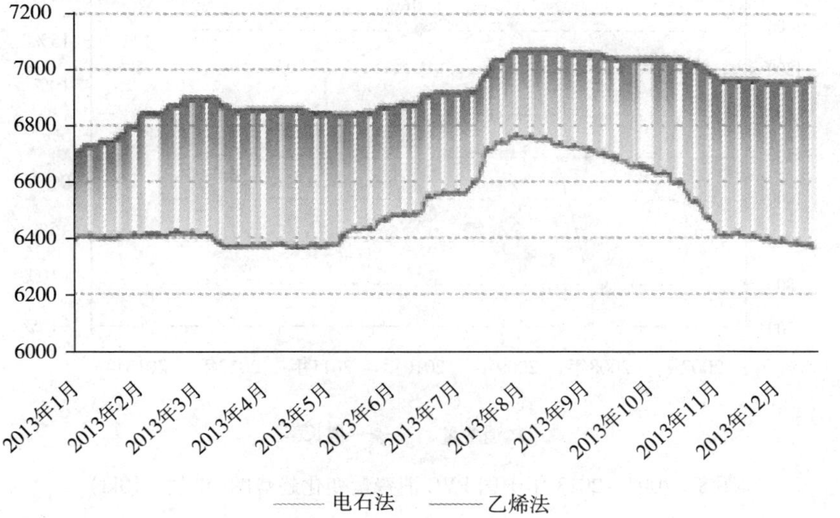

图 7　2013 年中国 PVC 市场价格震荡变化(单位：元/t)

2013 年国内 PVC 市场走势无明显的淡旺季，起伏波动较小。价格在一定阶段虽有上涨，但难称亮点，值得提出的是两次价格探底。以华东地区为例，年内价格的第一次低谷在 3 月 15 日前后，当时电石法五型料出库价格曾跌至 6300 元/t。之后到 11 月初，当地出库自提成交再次形成 6300 元/t 的谷底，并且之后在底部长期震荡调整，直至年末仍难取得回暖。

阴跌：2013 年的 PVC 市场价格阴跌尤为突出。以全国电石法普通料的平均价格为例，在 8 月初的平均值为 6760 元/吨，经过 3 个多月的阴跌，11 月中上旬的全国平均价格为 6410 元/吨，整体跌幅为 350 元/吨，但每次的下跌变动仅在 10 ~ 20 元/吨。可见，小碎步下跌的特征十分明显。

电石料 - 乙烯料价差大：从上图可以看出，2013 年内电石法和乙烯法 PVC 价格在相当长的时间内保持了很大差距。本年内，乙烯料和电石料的最大价差达到了约 590 元/吨，而最小的差距也较往年扩大，平均为 260 元/吨。乙烯料价格的相对坚挺和 13 年进口 VCM 单体紧张、EDC 价格上升有着密切关系。这样，不仅乙烯法 PVC 企业的原料成本上升，还导致了因无原料保障，设备开工降低产量减少。

五、中国聚氯乙烯与上下游产业链

上游——与电石行业配套程度进一步提高

据中国氯碱网不完全统计，2013 年全年，我国新增电石产能 230 多万吨，淘汰产能约 1130kt，截至年底的现有装置能力为 2800 多万吨。其中，国内氯碱企业配套的电石产能可达近 14000kt，占总产能的 50% 左右。

近两年，国内大型氯碱企业“电石—氯碱”配套一体化的循环经济已形成规模，随着循环经济在氯碱及相关行业中进一步深入推行，未来“电石—氯碱”一体化项目在电石行业中所占的比重还将进一步增大。

近两年，随着原油、石脑油价格走低，亚洲乙烯价格具有一定优势，中国进口乙烯数量明显增加。截至 2013 年底，中国进口乙烯达到了 1700kt。

2013 年中国进口 EDC 数量依然呈增长趋势。尽管 EDC 下游溶剂行业表现一般，但 EDC 价格偏低刺激了聚氯乙烯生产企业及部分贸易商囤货，截止到年底，进口数量达到了 660kt。2013 年国际 VCM 市场供应未改自去年以来的紧张局面，价格也一般坚挺在高位。

下游——中国聚氯乙烯消费市场变化

近两年，国家已出台一系列刺激经济计划及十大产业振兴规划，这些都将拉动塑料产口的需求和消费，推动塑料行业发展。政府相继出台的各项扩大内需的措施，包括加快建设保障性安居工程、加快农村基础设施建设、加快铁路公路和机场等重大基础设施建设、加快城市电网改造等重大工程都会应用到聚氯乙烯塑料制品。已经出台实施调整振兴规划的汽车、电子信息、轻工等多个行业，也是聚氯乙烯系列塑料制品的使用和消费大户，将对塑料行业的发展起到推动作用。

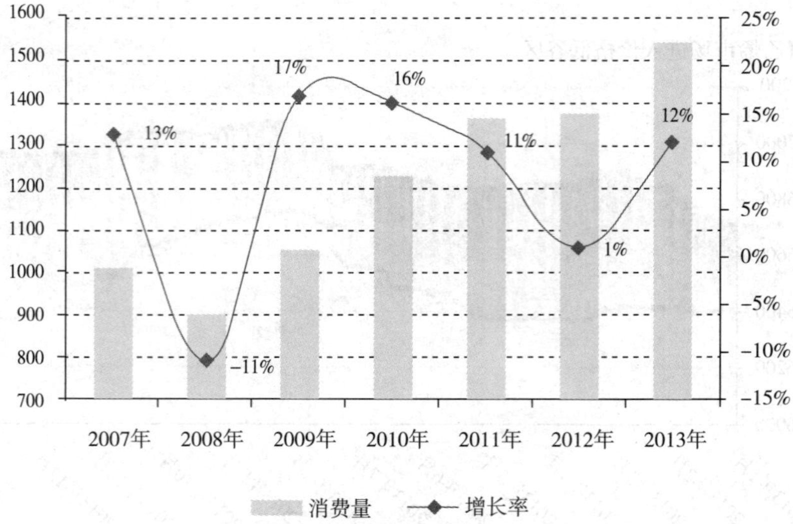

图 8　2007 ~ 2013 年中国 PVC 消费量变化趋势图(单位：10kt)

六、未来中国聚氯乙烯工业的思考

——区域竞争力分析

以西北地区为例，该地区具备丰富和廉价的能源和资源，被称为国内聚氯乙烯低成本的代表。但在 2013 年的上半年也大多未摆脱亏损困境，直至进入 6 月，聚氯乙烯市场全面回暖，才得以扭亏为盈。但随着售价的下跌，其盈利空间也进一步被压缩。

值得提出的是，中国聚氯乙烯装置的西移并不是绝对的方向，也不是电石法聚氯乙烯脱困的有效策略。首先，西部地区远离消费市场，物流运输能力较弱，高昂的物流成本将削减其资源优势；其次，随着西部整体经济的发展，区域性的能源价格也将攀升；再者，政府越来越严厉的环保、节能、安全等政策的要求与限制，对未来电石法聚氯乙烯的发展也提出了严峻挑战。西部地区氯碱产能与当地煤炭资源、水资源和环境承载能力密切相关，经过近几年的发展，以单纯扩大规模为主的无序粗放式扩张已经导致了西部地区也出现氯碱产品过剩的情况。

——"碱氯共生"效应长久、持续影响聚氯乙烯工业发展

自 2012 年 9 月份开始，国内烧碱市场步入下滑通道，直至 13 年底，烧碱市场也始终未见起色。这也就意味着，前两年出现的以碱补氯的情况也基本结束。对于氯碱企业而言，烧碱和孪生而出的氯气及氯气综合利用的协调发展才是企业能够获得长足竞争力的有力保障。

——化解行业过剩产能政策将对聚氯乙烯工业产生深远意义

预计未来一段时间，随着新的聚氯乙烯装置的建设投产，市场供给的进一步过剩将导致全行业开工率不高和恶性竞争更加激烈，产品价格的走低可能使氯碱行业盈利能力下降的局面持续。在此背景下，化解行业过剩产能政策的出台对引导未来聚氯乙烯工业的发展十分重要。

——行业准入修订等将引导聚氯乙烯行业更加健康发展

由工信部主导的《氯碱行业准入条件》有望 2014 年出具修订结果。此次修订将强化对规模、区域布局、能耗标准、安全评价标准、配套设施要求和环境评价等全方位的要求。新的标准出台将为引导氯碱行业更加健康发展发挥十分重要的作用。

(中国氯碱工业协会副理事长兼秘书长　张文雷)

塑 料 机 械

2013 中国塑料机械工业发展报告

2013 年，面对纷繁复杂的国内外经济环境，中国塑料机械工业企业牢牢把握稳中求进的主线，紧抓机遇，攻坚克难，谱写出了塑机行业发展的新篇章。超大、精密、绿色节能、智能化等高端塑料机械取得了重大突破，在航空航天、轨道交通、汽车产业、大型建筑、医疗、新能源和电子等领域发挥着越来越重要的作用。

一、2013 年中国塑料机械行业业绩

2013 年中国塑料机械制造规模以上企业 376 家，同比增长 3%；工业总产值首次突破 500 亿元，同比增长 14%；工业销售产值约 490 亿元，同比增长 10%；主营业务收入、利润总额和资产总计等主要

经济指标均实现同比12%以上的快速增长，平均主营业务收入利润率和总资产利润率分别为8.98%、8.55%，国产塑机占国内塑机市场份额继续稳步提高，2013年约占77%。

与全国机械行业20多个主要分行业横向对比，2013年我国塑料机械主营业务收入利润率已跃升为首位，具有较强的盈利能力，同时47.88%的资产负债率也是在所对比行业中处于相对较低的资产负债水平，能够比较合理控制经营风险。

2013年我国塑料机械规模以上企业主要经济指标情况及2008~2013年我国塑机市场份额占比走势、2013年全国机械行业主要经济指标情况塑机行业排序详见表1、表2、图1和图2。

在宏观经济运行稳中向好的大背景下，塑机行业延续2013年第三季度以来的恢复增长势头，2014年1~2月规模以上企业数达400家，比2013年末增长了6.38%；主要经济指标均保持较高增速。其中主营业务收入65.16亿元，同比增长14%；利润总额4.07亿元，同比增长28%；出口交货值10.03亿元，同比增长13%。

表1 2013年我国塑料机械规模以上企业主要经济指标

序号	指标	金额/亿元	同比增长/%
1	工业总产值	526	14
2	工业销售产值	490	10
3	出口交货值	73.61	-2.71
4	流动资产	347.84	12.01
5	流动资产中应收帐款	90.54	14.54
6	存货	101.69	8.8
7	存货中产成品	34.6	8.02
8	资产总计	524.04	13.2
9	负债总计	250.93	12.24
10	主营业务收入	498.93	12.39
11	主营业务成本	393.86	8.75
12	主营业务税金及附加	2.77	10.97
13	销售费用	23.44	6.33
14	管理费用	34.24	11.23
15	财务费用	4.17	14.49
16	财务费用中利息支出	4.12	5.34
17	利润总额	44.79	14.29
18	税金总额	18.59	17.58
19	应交增值税	15.82	18.82
20	亏损企业数	62	10.71

注：以上数据除第1和2项外均来源于国家统计局。

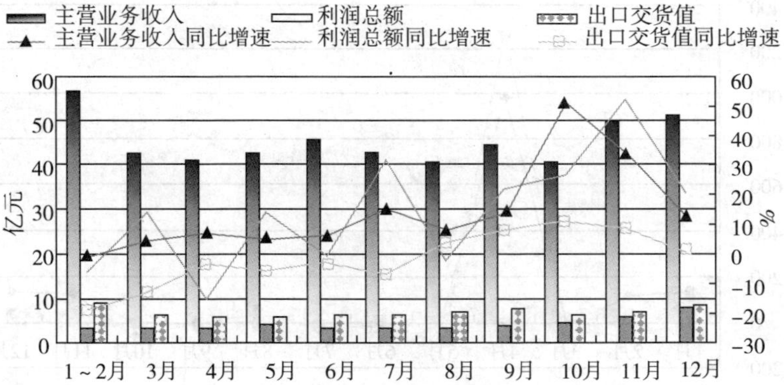

图1 2013年我国塑料机械规模以上企业主要经济指标走势

注：数据来源于国家统计局。

表2 2013年全国机械工业主要经济指标塑机行业排序

行业	资产总计平均值	负债总计平均值	资产负债率	主营业务收入平均值	主营业务成本平均值	利润总额平均值	主营业务收入利润率
塑机行业排序	第11位	第12位	第20位	第19位	第19位	第10位	第1位

从塑机贸易整体情况来看，2013年我国进口塑机数量10052台、进口金额约18.2亿美元，与上年同比分别下降4%、15%；出口数量135213台、出口金额约17.2亿美元，与上年同比分别增长94%、7%，贸易逆差由上年的5亿多美元减少至约1亿美元；从具体设备来看，注塑机、挤出机和吹塑机的进口均有不同程度的下降，而注塑机、吹塑机和塑料压延成型机的出口则呈现快速增长的趋势。

从进口分布来看，2013年从日本、德国、意大利、奥地利、法国和瑞士等世界主要塑机生产国的进口继2012年后延续了不同程度的下滑，从韩国进口则保持了稳定增长。从出口分布来看，2013年我国出口到印度尼西亚、俄罗斯和印度的塑机金额稳步增长，至越南、美国、马来西亚和韩国的出口额实现了快速增长，而至泰国、巴西和土耳其的出口额有所下滑。2013年我国塑机进出口情况详见表3～表6、图3～图7。

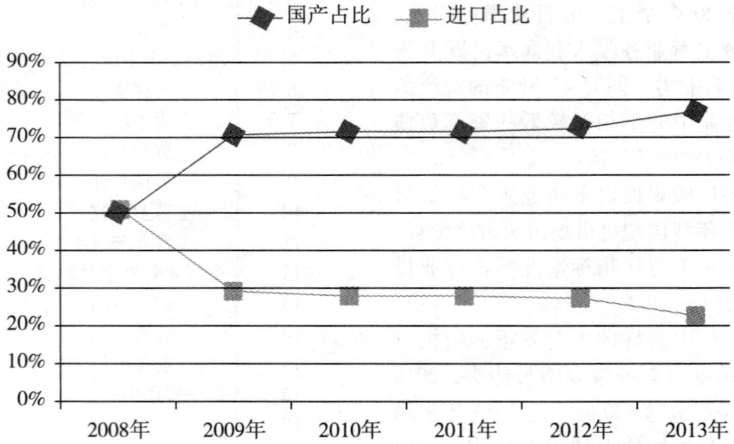

图2　2008～2013年我国塑机市场份额占比走势

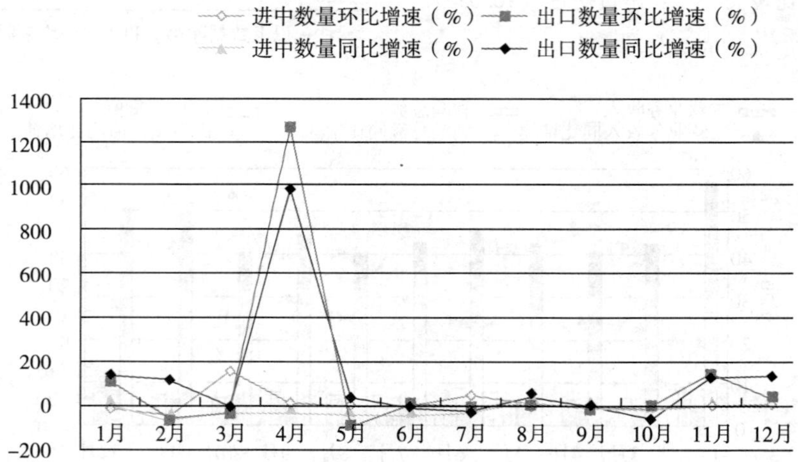

图3　2013年我国塑机进出口数量增速走势

注：数据来源于中国海关。

表3　2013年我国塑机产品进出口情况

月份	进口					出口				
	数量/台	金额/万美元	平均单价/（万美元/台）	数量同比增长/%	金额同比增长/%	数量/台	金额/万美元	平均单价/（万美元/台）	数量同比增长/%	金额同比增长/%
1	657	14645	22	21	-5	13853	15106	1.1	127	-5
2	333	8286	25	-45	-52	5248	11464	2.2	114	41
3	838	16128	19	-15	-19	3730	11884	3.2	-6	-7
4	859	16153	19	-14	-17	50971	12281	0.2	983	-1
5	822	14589	18	-19	-26	6032	14488	2.4	31	-7
6	750	12366	16	-24	-38	6605	15523	2.4	-15	13

续表

月份	进口					出口				
	数量/台	金额/万美元	平均单价/（万美元/台）	数量同比增长/%	金额同比增长/%	数量/台	金额/万美元	平均单价/（万美元/台）	数量同比增长/%	金额同比增长/%
7	1077	17409	16	−5	−4	5485	15556	2.8	−20	8
8	1103	19429	18	30	−1	5950	15656	2.6	37	12
9	1093	16649	15	7	−14	5392	14077	2.6	−8	3
10	805	16949	21	−3	7	4926	13770	2.8	−57	6
11	819	12059	15	13	−7	11553	15180	1.3	130	13
12	896	16924	19	13	15	15468	17505	1.1	136	18
合计	10052	181586	18	−4	−15	135213	172490	1.3	94	7

注：数据来源于中国海关。

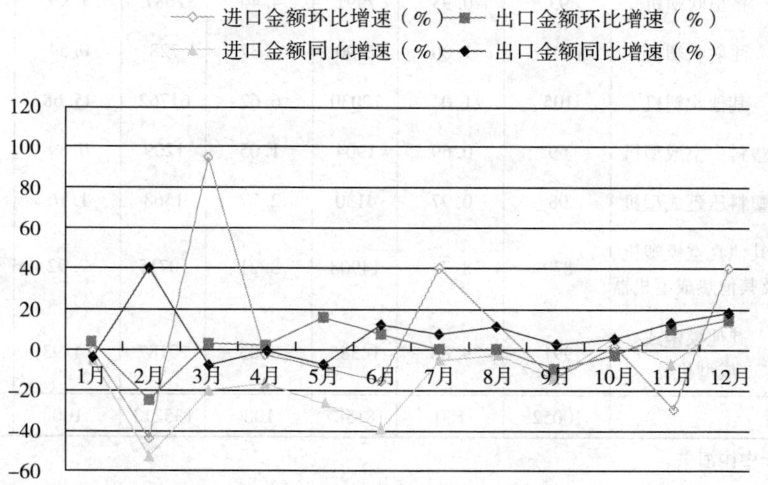

图4　2013 年我国塑机进出口金额增速走势

注：数据来源于中国海关。

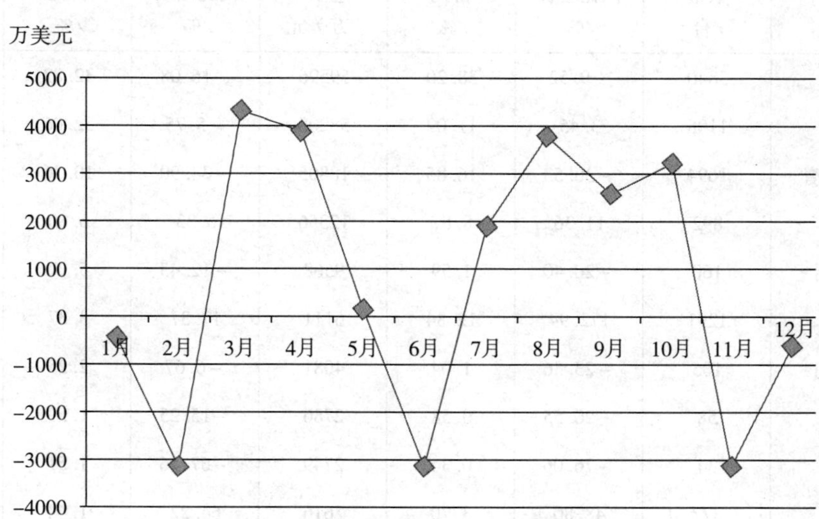

图5　2013 年我国塑机贸易逆差走势

注：数据来源于中国海关。

表 4　2013 年我国塑机产品进出口分税号统计

序号	税号	名称	进口				出口			
			数量/台	数量占比/%	金额/万美元	金额占比/%	数量/台	数量占比/%	金额/万美元	金额占比/%
1	84771010	注塑机	5714	56.84	68311	37.62	22976	16.99	92372	53.55
2	84771090	其他注射机	317	3.15	5169	2.85	846	0.63	2704	1.57
3	84772010	塑料造粒机	184	1.83	13224	7.28	3882	2.87	6724	3.90
4	84772090	其他挤出机	1501	14.93	36845	20.29	8653	6.40	25824	14.97
5	84773010	挤出吹塑机	93	0.93	7991	4.40	2687	1.99	6774	3.93
6	84773020	注射吹塑机	101	1.00	2490	1.37	728	0.54	915	0.53
7	84773090	其他吹塑机	105	1.04	12030	6.62	61762	45.68	10408	6.03
8	84774010	塑料中空成型机	69	0.69	1904	1.05	1209	0.89	4196	2.43
9	84774020	塑料压延成型机	98	0.97	4130	2.27	1568	1.16	2838	1.65
10	84774090	其他真空模塑机及其他热成型机器	879	8.74	14908	8.21	10715	7.92	5101	2.96
11	84775900	其他模塑或成型机器	991	9.86	14585	8.03	20187	14.93	14635	8.48
合计			10052	100	181587	100	135213	100	172491	100

注：数据来源于中国海关。

表 5　2013 年我国塑机进口地排名前 10 位

序号	名称	进口数量			进口金额			进口单价/(万美元/台)
		数量/台	同比增长/%	占比/%	金额/万美元	同比增长/%	占比/%	
1	日本	3840	-9.52	38.20	59596	-16.08	32.82	16
2	德国	1108	3.45	11.02	58208	-5.75	32.06	53
3	中国台湾	1694	-36.53	16.85	18805	-34.90	10.36	11
4	韩国	892	11.36	8.87	12356	6.33	6.80	14
5	意大利	160	-20.40	1.59	9568	-12.43	5.27	60
6	美国	1291	172.94	12.84	6111	17.37	3.37	5
7	奥地利	105	-23.36	1.04	4081	-6.67	2.25	39
8	法国	58	-20.55	0.58	2786	-15.25	1.53	48
9	瑞士	34	-76.06	0.34	2749	-67.36	1.51	81
10	中国	372	48.80	3.70	2616	64.22	1.44	7
合计		9554	-5.04	95.05	176875	-14.59	97.41	19

注：数据来源于中国海关。

表 6　2013 年我国塑机出口地排名前 10 位

序号	名称	出口数量			出口金额			出口单价 /（万美元/台）
		数量/台	同比增长/%	数量占比/%	金额/万美元	同比增长/%	金额占比/%	
1	印度尼西亚	3395	−13.30	2.51	13270	7.81	7.69	4
2	泰国	1888	−34.90	1.40	11869	−13.86	6.88	6
3	越南	2991	6.90	2.21	11378	47.41	6.60	4
4	巴西	2109	−8.30	1.56	8350	−3.46	4.84	4
5	土耳其	1711	12.34	1.27	8334	−2.19	4.83	5
6	美国	20418	1009.67	15.10	7971	18.08	4.62	0.4
7	俄罗斯	2960	−25.74	2.19	7852	1.93	4.55	3
8	印度	2452	15.82	1.81	7412	4.92	4.30	3
9	马来西亚	2682	34.17	1.98	6452	32.42	3.74	2
10	韩国	1605	28.40	1.19	5514	35.16	3.20	3
合计		42211	71.39	31.22	88403	8.54	51.25	2

注：数据来源于中国海关。

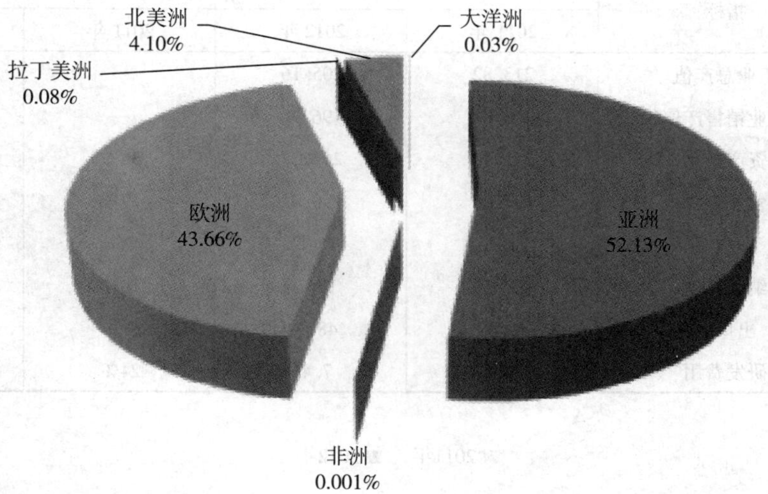

图 6　2013 年我国塑机产品进口金额洲际分布

注：数据来源于中国海关。

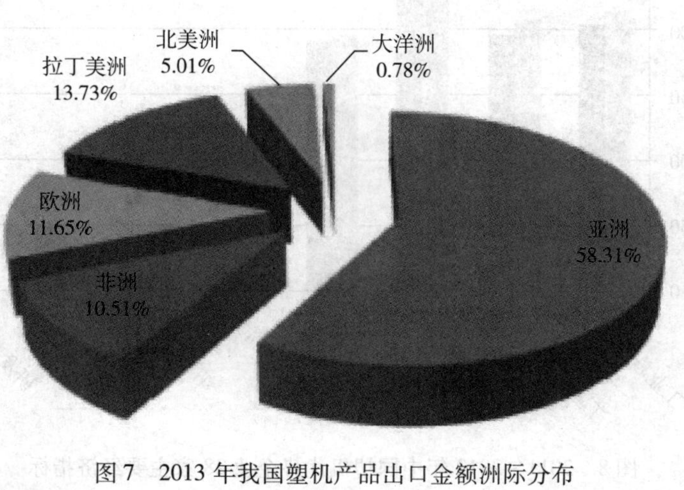

图 7　2013 年我国塑机产品出口金额洲际分布

注：数据来源于中国海关。

二、2011～2013年中国塑机优势企业发展情况

自2011年中国塑料机械工业协会在行业里首次开展优势企业排序及分析研究工作以来，向社会各界推出了“中国塑料机械制造业综合实力20强企业”、“中国塑料注射成型机行业10强企业”、“中国塑料挤出成型机行业5强企业”、“中国塑料中空成型机行业3强企业”。入榜名单成为国内外塑机相关产业及用户了解中国塑机企业发展的风向标。随着其影响力的日益扩大，此项工作得到业内越来越多企业的支持和参与。随着行业和企业的发展壮大，在2011年和2012年评选的基础上，2013年中国塑机制造业综合实力优势企业评选扩大到25强，中国塑料挤出成型机优势企业评选扩大到10强。

（一）中国塑机优势企业主要经济指标

根据统计数据，2013年度入榜优势企业的各项主要经济指标占行业同期总量分别为：工业总产值45%、工业销售产值45%、资产总额57%、主营业务收入43%、利润总额60%、纳税总额76%、出口额61%、员工总数43%。由此可见，优势企业是中国塑料机械行业发展进程中名符其实的支柱企业！

行业优势企业排序活动，不仅为全社会和政府部门提供了权威信息，也让社会各界对中国塑料机械行业优势企业的实力有了一个全面的了解。2011～2013年中国塑机优势企业主要指标统计详见表7～表10，图8～图11。

表7　2011～2012年中国塑机优势企业28家主要经济指标

序号	指标	金额/亿元		同比增速/%	
		2011年	2012年	2011年	2012年
1	工业总产值	213.82	205.16	—	-4%
2	工业销售产值	206.87	196.90	—	-5%
3	资产总额	251.99	264.27	36%	5%
4	主营业务收入	197.05	190.92	17%	-3%
5	净利润	21.23	18.68	3%	-12%
6	纳税总额	9.95	10.36	16%	4%
7	出口额	46.07	48.94	—	6%
8	研发费用	7.38	7.46	24%	1%

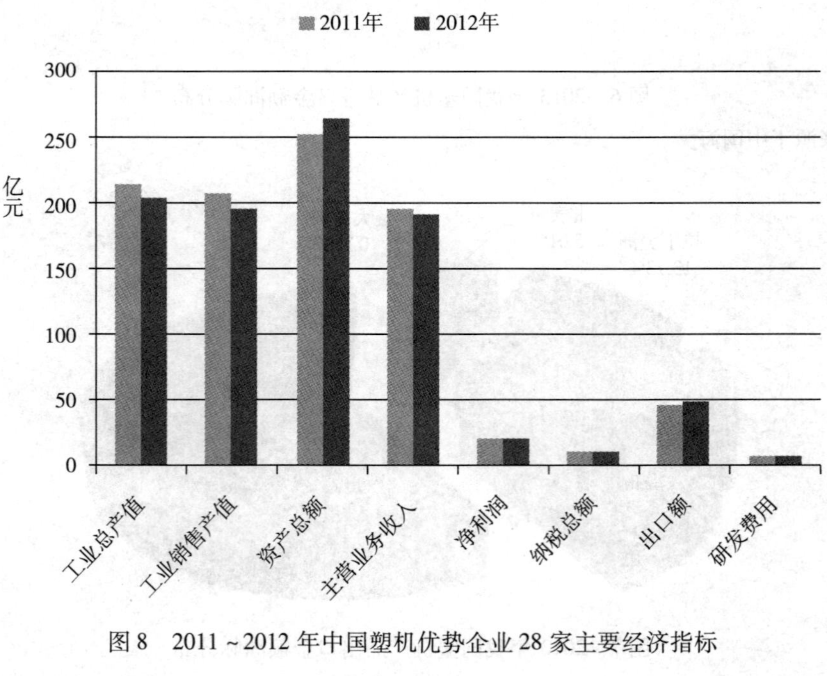

图8　2011～2012年中国塑机优势企业28家主要经济指标

表 8　2011～2012 年中国塑料注射成型机优势企业 10 家主要经济指标

序号	指标	金额/亿元		同比增速/%	
		2011 年	2012 年	2011 年	2012 年
1	工业总产值	134.16	123.52	—	-8%
2	工业销售产值	128.80	115.26	—	-11%
3	资产总额	152.37	160.17	16%	5%
4	主营业务收入	127.37	115.75	5%	-9%
5	净利润	15.16	13.01	-10%	-14%
6	纳税总额	6.23	6.12	2%	-2%
7	出口额	32.29	34.98	—	8%
8	研发费用	4.45	4.37	12%	-2%

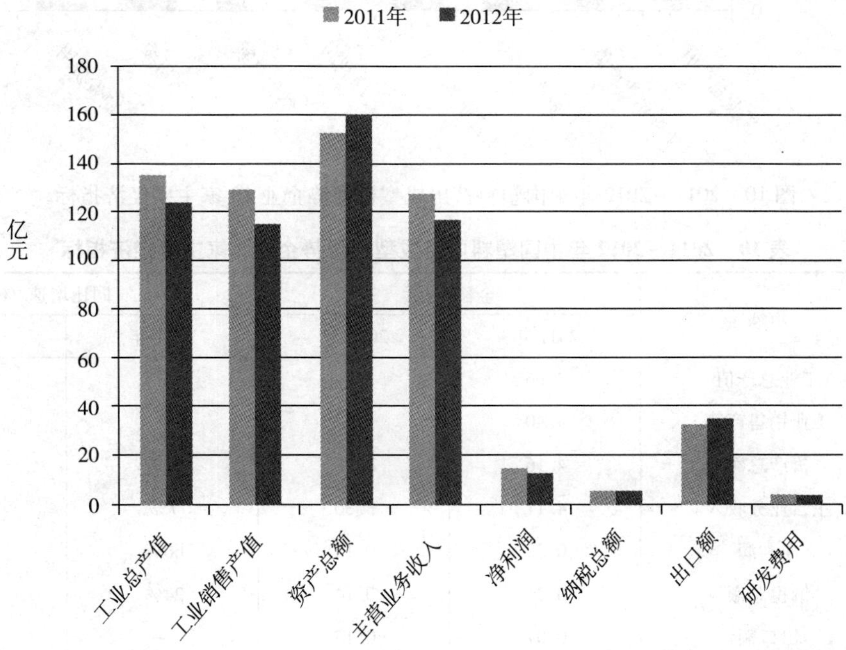

图 9　2011～2012 年中国塑料注射成型机优势企业 10 家主要经济指标

表 9　2011～2012 年中国塑料挤出成型机优势企业 10 家主要经济指标

序号	指标	金额/亿元		同比增速/%	
		2011 年	2012 年	2011 年	2012 年
1	工业总产值	58.50	63.24	—	8%
2	工业销售产值	57.56	63.94	—	11%
3	资产总额	77.15	81.37	87%	5%
4	主营业务收入	49.94	58.14	37%	16%
5	净利润	4.27	4.13	43%	-3%
6	纳税总额	2.70	3.20	42%	19%
7	出口额	10.18	11.37	—	12%
8	研发费用	2.23	2.49	36%	12%

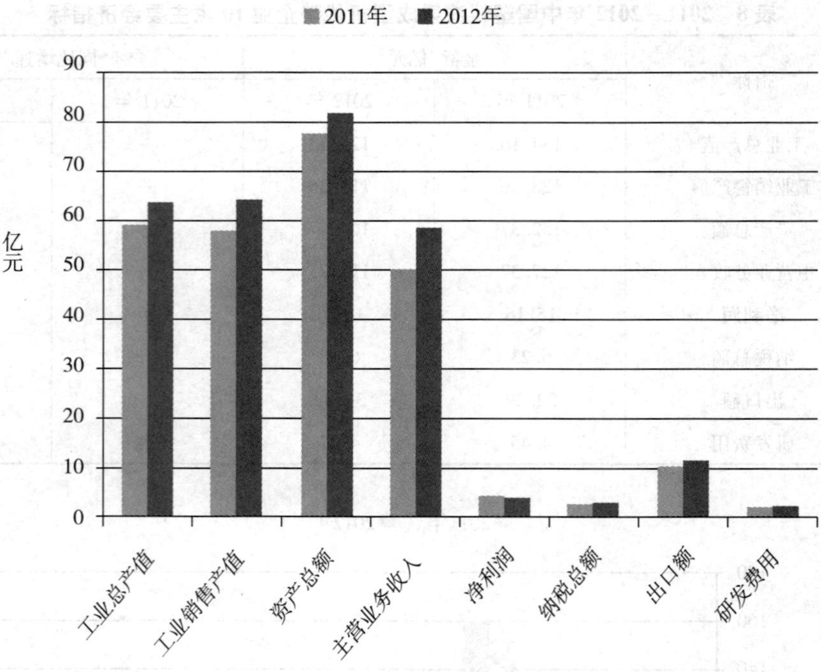

图10　2011～2012年中国塑料挤出成型机优势企业10家主要经济指标

表10　2011～2012年中国塑料中空成型机优势企业3家主要经济指标

序号	指标	金额/亿元		同比增速/%	
		2011年	2012年	2011年	2012年
1	工业总产值	4.66	3.54	—	-24%
2	工业销售产值	4.40	3.52	—	-20%
3	资产总额	4.16	4.68	41%	13%
4	主营业务收入	4.11	3.30	7%	-20%
5	净利润	0.32	0.15	60%	-53%
6	纳税总额	0.21	0.14	24%	-33%
7	出口额	0.07	0.15	—	114%
8	研发费用	0.19	0.17	90%	-11%

(二)中国塑机上市公司发展业绩

中国塑料机械工业协会根据上市公司公布的财务报告，对海天国际控股有限公司、震雄集团有限公司、大同机械企业有限公司、力劲科技集团有限公司、大连橡胶塑料机械股份有限公司、广东金明精机股份有限公司、大连三垒机器股份有限公司、陕西秦川机械发展股份有限公司和浙江金鹰股份有限公司等9家塑机行业上市公司的营业收入、利润总额和净利润等主要经济指标进行跟踪统计，并定期向业界发布。

本报告发布的为2012年全年、2013年1～6月和1～9月数据，鉴于港股每年仅公布中报和年报数据，因此1～9月的数据未包括海天国际控股有限公司、震雄集团有限公司、大同机械企业有限公司和力劲科技集团有限公司这4家在香港上市的公司，特此说明。

2012年，9家塑机行业上市公司的营业收入总和约156亿元，同比下降9.3%；利润总额约15亿元，同比下降26.4%；净利润总和约12.4亿元，同比下降25%。具体统计详见表11。

2013年，塑机行业呈现出“缓慢回升、温和增长、平稳发展”的态势。1～6月，9家塑机行业上市公司的营业收入总和约82.7亿元，同比增长6.3%；利润总额约8.2亿元，同比增长16.2%；净利润总和约6.5亿元，同比增长12%。1～9月，大连橡胶塑料机械股份有限公司、广东金明精机股份有限公司、大连三垒机器股份有限公司、陕西秦川机械发展股份有限公司和浙江金鹰股份有限公司这5家上市公司的营业收入总和约为29.3亿元，同比增长0.88%；利润总额约1.1亿元，同比增长52%；净利润总和约0.9亿元，同比增长54.2%。具体统计详见表12和表13。

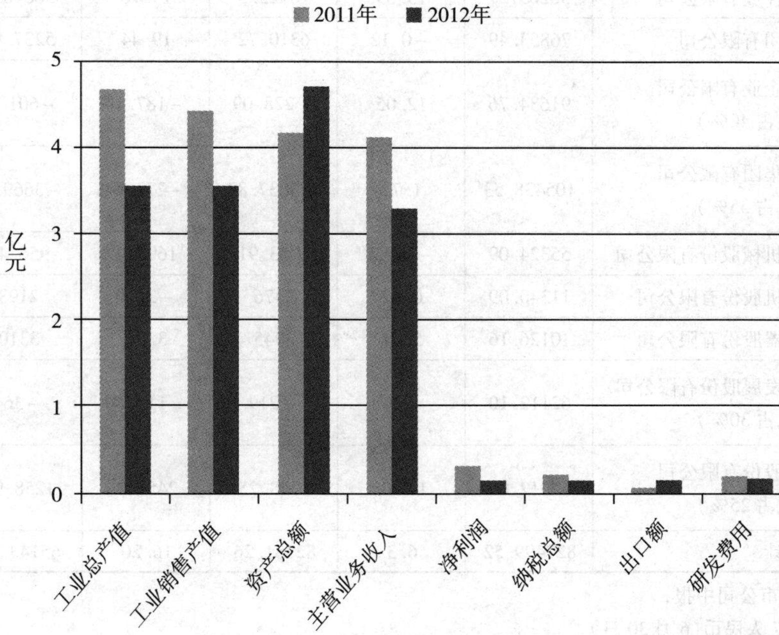

图11　2011～2012年中国塑料中空成型机优势企业3家主要经济指标

表11　2012年中国塑机行业上市公司主要经济指标统计

序号	公司名称	营业收入		利润总额		净利润	
		金额/万元	同比增长/%	金额/万元	同比增长/%	金额/万元	同比增长/%
1	海天国际控股有限公司	633564.2	-9.85	119409.4	-10.77	98602.6	-10.66
2	震雄集团有限公司	144291.26	-3.19	9745.31	-40.41	8431.96	-34.91
3	大同机械企业有限公司（塑机占40%）	170682.32	-12.88	-230.17	-105.72	-1056.95	-137.78
4	力劲科技集团有限公司（塑机占35%）	205949.51	-15.65	4133.68	-79.65	2681.48	-83.47
5	大连橡胶塑料机械股份有限公司	132696.50	41.79	1344.11	120.84	1921	125.97
6	广东金明精机股份有限公司	26308.28	0.04	6172	3.44	5283.75	3.37
7	大连三垒机器股份有限公司	18426.57	-23.06	6890	-35.00	5756.36	-34.63
8	陕西秦川机械发展股份有限公司（塑机占30%）	119114.01	-25.85	1659	-89.63	1186.46	-91.08
9	浙江金鹰股份有限公司（塑机占25%）	108788.66	-11.56	859.37	-72.81	841.41	-68.54
	合计	1559821.3	-9.28	149982.7	-26.41	123648.07	-24.99

注：1. 数据来源于上市公司年报；

2. 1港元=0.8045人民币(12月31日)。

表12　2013年1~6月中国塑机行业上市公司主要经济指标统计

序号	公司名称	营业收入		利润总额		净利润	
		金额/万元	同比增长/%	金额/万元	同比增长/%	金额/万元	同比增长/%
1	海天国际控股有限公司	362057.7	13.89	70322.3	19.70	56816.8	16.99
2	震雄集团有限公司	76853.49	-0.12	6310.72	19.44	5237.89	14.62
3	大同机械企业有限公司（塑机占40%）	91634.76	12.05	-228.09	-187.13	-601.53	-195.58
4	力劲科技集团有限公司（塑机占35%）	105438.53	1.72	-3037.83	-272.94	-3669.05	-407.65
5	大连橡胶塑料机械股份有限公司	55324.09	-14.27	1083.91	169.12	956.48	182.61
6	广东金明精机股份有限公司	11340.09	0.62	2476	-2.60	2198	1.09
7	大连三垒机器股份有限公司	10126.16	5.62	3945	3.08	3310	4.71
8	陕西秦川机械发展股份有限公司（塑机占30%）	62112.10	-7.18	-219	-117.80	-364	-143.74
9	浙江金鹰股份有限公司（塑机占25%）	52612.60	14.89	1728.25	245.48	1258.92	230.46
	合计	827499.52	6.3	82381.26	16.20	65143.51	11.99

注：1. 数据来源于上市公司中报；
　　2. 1港元=0.7917人民币(6月30日)。

表13　2013年1~9月中国塑机行业上市公司主要经济指标统计

序号	公司名称	营业收入		利润总额		净利润	
		金额/万元	同比增长/%	金额/万元	同比增长/%	金额/万元	同比增长/%
1	海天国际控股有限公司	（港股每年只公布中报和年报）					
2	震雄集团有限公司						
3	大同机械企业有限公司（塑机占40%）						
4	力劲科技集团有限公司（塑机占35%）						
5	大连橡胶塑料机械股份有限公司	87761.13	-7.41	775.03	135.95	696.44	139.06
6	广东金明精机股份有限公司	17699.26	0.66	4450	-4.26	4040.92	0.37
7	大连三垒机器股份有限公司	14209.81	1.81	5742	17.38	4816.28	11.98
8	陕西秦川机械发展股份有限公司（塑机占30%）	87867.42	-3.37	-1833	-251.49	-2049.53	-463.42
9	浙江金鹰股份有限公司（塑机占25%）	85311.40	16.82	2263.95	306.27	1671.51	304.08
	合计	292849.02	0.88	11397.98	52.04	9175.62	54.15

注：数据来源于上市公司三季度报。

三、我国塑料机械工业需突破的一些技术目标

当前，我国塑料机械工业经过“十一五”期间的迅猛发展，实现了历史性跨越，已跻身世界塑料机械制造大国行列。在“十二五”期间，我国的塑料机

械工业进入了创新驱动发展的历史新阶段，将继续深入贯彻落实科学发展观，以加快经济增长方式转变为主线，加快结构调整转型升级，全面推进自主创新，大力实施品牌战略，全面提升我国塑料机械工业整体素质，加快推进由世界塑机生产大国向塑机生产强国迈进的步伐。

（一）以塑料产品发展趋势促进塑料机械的发展

"功能化、轻量化、微成型"是世界塑料加工业发展趋势

（1）"功能化"是塑料产品结构调整的重要方向。

塑料作为21世纪新材料，是未来新材料革命中的重要领域，是节能环保、新能源、高端装备制造业、新能源汽车等领域不可缺少的配套材料。如各种高阻隔膜、电绝缘膜、电池隔离膜、各种光学膜、光伏太阳能电池封装膜等功能性薄膜，各种高强、高韧、耐高温、耐磨、耐腐蚀、导电、绝缘、导热、纳米合金等特种工程塑料等。随着技术进步的加快，将会赋予塑料材料和制品更多新的功能，需要更多的能满足各类功能化塑料制品的塑料机械设备。

（2）"轻量化"技术将为塑料工业发展带来重大变革。

通过物理、化学发泡技术，结合挤出、注塑、吸塑及旋塑等多种方式生产以PVC、PS、PC、PMMA、PET和PSF等材料为基材的各种板材、片材和异型材制品，不仅显著减轻制品重量，而且将改善和提高其性能，给塑料制品的应用带来革命性的变化。为低碳经济时代的到来、飞机、汽车和轨道交通等的轻量化提供了有效的途径。

（3）"微成型"代表着塑料加工业从设备到成型工艺最先进的技术集成。

当今塑料机械的发展方向是"高速化、精密化、低耗化、自动化、智能化和网络化"。微成型作为聚合物微纳尺度制造科学的前沿技术，应用前景广阔。以毫克或微米甚至纳米为单位的微注塑成型技术，可以满足光电通讯、影像传输、医疗机械、信息存储、电子产品、生物医药、精密机械等材料更昂贵、零件更细微、更节省空间的高端精微结构零件的应用需求。同时研究适合微型注塑模具和微型注塑机的成型理论和制造方法、适合微型塑料件生产的塑料原料，开发相应的检测元件、装置和技术，成为目前研究的热点；塑料3D打印技术可用于快速成型高精度、形状复杂、局部结构细微的塑料产品，例如航空航天特种部件、复杂汽车零件、精密人造器官等，具有无需组装、零时间交付、便携制造、废弃材料少等优点，目前已成为最受关注的新兴技术之一。

（二）加快重点塑料加工装备制造研发

以关键技术、设备和重点项目为突破口，发挥优势、集中力量开发行业高端装备，提高国产塑料机械在国际上的竞争力。

注塑成型设备：微型/全电动注塑成型机，大型二板精密注塑成型机，大型高效的混炼注塑一体化的塑木制品注塑成型装备，带有空气辅助、水辅助装置的新型注塑机，全电动、油电结合、全液压精密类注塑机，节能型大容量挤出注塑成型机，内循环两板式注塑机等。

挤出成型设备：双螺杆挤出五层、七层、多层共挤薄膜生产线，高精度可熔融氟塑料挤出机，专用流延设备，发泡、高频、交联等高性能氟塑料线缆专用设备，大直径挤出管材设备，聚合物动态反应加工技术及设备，微纳层叠共挤出成型装备，超临界CO_2微孔泡沫塑料挤出成型装备，小型及宽幅高速双向拉伸薄膜生产设备，高压增强热塑性塑料管成型设备。

中空成型设备：大型、超大型多层共挤中空塑料成型机，智能型高速节能PET瓶吹瓶机，大型挤吹塑料成型机，"一步法"注拉吹中空塑料成型机，多层共注塑瓶胚设备、三维挤吹中空塑料成型机。

滚塑成型设备：大型、多工位、自动化旋模滚塑成型装备，高效节能型烘箱式滚塑成型装备，高效多层滚塑成型设备，电加热滚塑装备。

四、加快我国塑料机械行业科技创新步伐

1. 我国塑料机械行业一定要尽早转型到依靠技术进步、创新驱动上来

在国际金融危机影响和冲击下，国际经济增长乏力、需求下降。受此影响，我国经济下行压力加大，出口下降，与此同时生产要素成本持续上升，环境、资源、能源约束日趋增强，产能过剩矛盾越发显现，企业生产经营困难增多、效益下降。面对当前严峻的经济环境，我们应该冷静看到，短缺追赶型经济发展模式下的高速增长已转向中速增长。在这经济增长战略转型阶段，我们必须清醒的认识到高投入、高消耗、低成本发展模式已不可持续，要加快从依靠扩大投资和规模转到依靠技术进步、创新和要素升级上来，以提高发展的质量和效益。

目前我国已成为最大的塑料制品生产和消费大国，同时也是塑料机械最大的生产国，已完成了数量主导型的发展阶段，正进入上水平、上质量和产品高端化的发展阶段。要实现新的转型必须紧紧依靠技术进步和科技创新，必须明确塑料机械工业科技发展方向和研发重点，明确塑料机械工业面临的关键共性攻关目标，实现重点跨越，支撑发展和引

领未来的战略目标的实现，全面推动塑料机械工业转型升级。

2. 依靠科技创新与“精专强特新”发展模式相结合

中国塑料机械行业企业在坚持依靠科技创新的发展中，还要注意我们的发展模式。由于我们行业企业大多属中小企业，“精转强特新”是我国“十二五”规划中要求中小企业坚持的发展道路。由于我们企业所拥有的资本都有限，不可能多方面投入技术研发、多方面冒失败风险，为此借鉴德国等欧美发达国家中小企业的发展模式，企业大多是“花小钱、办大事”，把有限的资金和技术集中投在“精”和“专”的项目上，通过努力将其做“强”，从而形成各个中小企业的优势产品。如果要想保持产品独秀存在，就要讲“特”，要么第一、要么唯一。通过独特来完成自己的市场空间占领，不管是长期还是短期均可。我们要在“特”上下功夫，这就需要产品和服务为特定人群服务，别人难以炮制，将产品差异化进行到底，越差异(越“特”)就越具竞争力。而目前我国塑机行业缺乏差异(缺乏“特”)，影响了做“强”。

还有“新”，有些经济学家把中小企业比喻为“羊”，当这些企业只要技术上有所创新，就能游入新的领域，那就是“羊 + 鱼”，可谓“鲜”。意味着踏上了新的发展平台。当前，中国和世界经济都进入转型期、新的发展期，在各领域当中大家都在想成“鲜”，我们塑料机械行业同样急需“鲜”，以避免行业产品长期处于低层次的同族化发展。行业缺乏有竞争力的新鲜产品，而热衷于价格战，削弱了企业利益，阻碍了中国塑料机械行业的发展，行业整体效益收到很大影响，国外中高端塑机产品纷纷抢占中国市场，加上每年还有近 20 亿美元塑机产品进口，这些都值得我们深思。

我国塑料机械行业一定要不失时机，加快转型升级的步伐，重点要依靠科技创新，同时各企业可借鉴欧美发达国家的中小企业成功经验，结合“精专强特新”发展模式，一定能实现中国塑料机械制造强国之梦！

(中国塑料机械工业协会)

塑料模具

2013 年模具行业发展报告

我国经济在“稳中求进”总基调下走完了 2013 年。在克服了复杂多变的形势所带来的种种困难以及环境和资源等的约束情况下，全年取得了 GDP 比上年增长 7.7% 的良好成绩，并从下半年开始出现了稳中向好的走势。2013 年模具工业市场和生产状况同样表现为前低后高的走势，尤其是出口走势表现得更为明显。全年发展基本符合“稳步发展”预期。

一、行业经济运行总体概况

2013 年对模具行业来说仍旧是较为困难的一年。虽然产销和出口量都达到历史新高，但增长速度继续呈现中低速，企业亏损面和亏损总额继续增加，运行情况并不理想。根据中国模具工业协会(以下简称：中国模协)统计，2013 年全国模具总销售额为 1513 亿元，比上年增长约 10.7%，在这 10.7% 的增长中，模具出口以及为汽车配套的模具和为塑料制品配套的模具贡献最大，他们的增幅都超过或接近 15%。由于结构调整和转型升级步伐加快，技术含量高的大型、精密、复杂、高效、高性能模具的增长率要高于总体水平，技术含量低的中低档产品的增长率要低于总体水平。因此，一些技术水平较低的中小企业运行情况要差于技术水平较高的企业。整个行业在技术进步、转型升级和结构调整方面继续取得可喜成绩。

根据国家统计局资料，模具制造业主营业务收入 2000 万元以上的企业经济运行情况平稳发展，主营业务收入和利润总额等主要指标增长率均超过 10%，与上年基本持平；亏损企业和亏损总额增长率低于上年，经济状况略有改善。一些主要指标发展情况见表 1。

表 1　2013 年主营业务收入 2000 万元以上模具企业主要指标

年份	企业数	主营业务收入/亿元	利润总额/亿元	亏损企业数	亏损企业亏损总额/亿元	资产总计
2013	1783	2130.95	130.04	266	13.29	1830.33
同比增长率/%	12.11	14.53	12.42	14.66	4.36	11.67

注：1. 表中主营业务收入等不完全是模具产品，包括了模具制成品等。

2. 表中为 1 ~ 12 月份的月报统计数据，今后与年报数据会有一些出入。

表中这1783个企业按所有制构成情况是民营：三资：国有：其他为61.75：34.03：1.18：3.03，与上年相比，三资和其他企业数量及主营业务收入都略有减少，民营企业数量及其主营业务收入占比略有增多。

2013年我国模具行业经济运营主要有如下特点：

1. 行业总体发展速度与上年基本持平，“出口带动”明显，呈前低后高运行态势。

2013年，我国模具工业克服了世界经济复苏缓慢，国内模具市场需求乏力，生产成本持续提高和人民币不断升值的种种困难，全年实现了模具销售总额同比增长10.7%（比上年提高了0.3个百分点）的较好成绩。模具进出口增速虽然比上年下降了3.59个百分点（从上年的24.16%下降到了20.57%），但全年出口额达到44.98亿美元，与外贸顺差一起都创历史新高，对行业发展做出了很大贡献。如果按不同时间段分析，行业运行和发展呈前低后高和稳中向好的趋势。例如全国模具总销售额，上半年的同比增长约为10%，而下半年超过了12%，致使全年实现了10.7%的水平。模具出口上半年同比增长15.89%，下半年同比增长28.38%，全年增长率达到20.57%。前低后高态势较为明显。

2. 转型升级和结构调整正在有力地促进行业由大转强的转变

2013年，整个制造业转型升级和结构调整步伐加快，为适应“水平更高、品质更优、价格更廉、交货更及时”的新要求，模具企业转型升级和结构调整的发展思路更加明确一致，中国模协制定了模具行业转型升级量化评价体系，从提升模具行业的自主创新能力和核心竞争力入手，正在进一步推动行业新一轮的转型升级，新的成果正在有力地促进行业由大转强的转变。主要表现有：

（1）模具行业骨干重点企业队伍不断扩大，竞争力不断提高。

2013年中国模协再次修订了《中国重点骨干模具企业评定细则》，进一步提高了评定标准；首次制定了评定“中国重点模具出口企业”办法和标准，已有许多企业申报，新的重点骨干企业不断涌现，竞争力正在不断提高，中国模具在海外市场上的占有率不断提高。

（2）科研和新产品成果不断涌现，质量和品牌继续提升。

模具行业2013年获得中国机械工业科学技术奖的项目有六个，其中有一个首次获得一等奖，表明成果水平高于往年。新列入国家重点新产品计划和火炬计划的模具水平也有进一步提高，大都达到或接近国际先进水平。九个塑料模具企业及其品牌在全国机械工业品牌战略推进会议上获表彰。浙江省余姚市获得中国模具协会授予“中国模具产业转型升级（余姚）示范园”称号。黄岩和余姚的模具产业集聚区地区性的模具集体商标成功注册。行业质量监督检测机构和精益研发创新服务平台等建设也促进了产品水平和质量的提高。

（3）模具行业“十二五”发展规划实施顺利，个别指标已提前完成。

在中国模协编制、工信部审定发布的《模具行业“十二五”发展规划》中，“为我国模具行业到2020年进入世界模具强国奠定坚实的基础”是我国模具行业十二五期间发展总目标，具体目标有13项。这一规划实施了三年，情况良好。根据进展情况看，预计至2015年末，这13项具体目标中除了有3项实现难度较大须格外努力之外，其余12项经过努力基本上都是可以完成的。其中“出口模具占总销售额15%左右，达到40亿美元”这一目标已提前2年完成（2013年，出口模具已达44.98亿元，占总销售额的18.3%）。虽然我国出口模具中达到世界先进水平的高档模具比例还较低，但由于出口模具总体水平要求较高，验收标准与国际接轨，因此对我国模具行业总体水平的提高以及向世界模具强国迈进具有十分重要的意义。

（4）标准化、信息化正在大力促进模具精益化设计制造。

国标、行标和企业标准正在赶上行业发展步伐。芯片、二维码、云计算及基于信息化的自动化生产技术已在行业中得到应用并取得效果。预示着未来发展方向的精益化设计制造及智能制造、绿色制造的重要性正被越来越多的人所认识并开始进入企业。行业数字化信息化水平不断提高，与世界先进水平的差距正在不断缩短。

（5）创新型人才、复合型人才和高技能人才的培养继续取得成绩。

至2013年底，中国模协模具人才培训基地已发展到93个，比上年增加7个。机械工业职能技能鉴定模具分中心全年鉴定了3800多人，比上年增加200个，教育系统的模具人才培养工作也有较好发展，一些地方开展海外人才科技周活动和组织现代模具职业教育联盟，全国和地方的模具制造技术技能竞赛以及“百名优秀企业家进校园”、“百名高端专家进课堂”等活动都促进了模具人才的培养。宁波等地出台了《鼓励企业引进“海外工程师”暂行办法》鼓励了企业聘用海外人才，效果明显。宁波等地许多企业已拥有2名以上的海外工程师。

3. 模具行业集聚生产基地建设和模具企业产业延伸势头继续发展。

由于近年来模具集聚生产基地(模具城、模具园区)的优越性以及对当地工业的带动作用的效果日渐显现，因此各地建设热情高涨。除了原有的继续投资外，2013 年新开工和正在筹建的模具集聚基地建设项目有 10 个左右。由于模具生产难度不断加大和利润率不断下降，为了生存与发展，越来越多的企业向模具上、下游延伸了产业链，并在延伸产业链方面增大了投入。这一趋势还在继续发展。模具行业集聚生产基地发展和模具制造产业链延伸，都有利于模具行业转型升级和健康发展。

在 2013 年模具行业经济运行过程中，也存在一些困难与问题，主要有以下几点：模具市场总体需求不旺，但对产品要求却越来越高；模具生产成本持续提高，模具价格不涨反落；中低档模具产能过剩，企业同质化现象以及不正当竞争现象仍旧严重；整个行业创新能力薄弱，人才缺乏，创新型、复合型高水平高技术人才尤为匮乏；行业大而不强的种种弱点正在不断暴露。

二、科技创新与新产品开发

2013 年模具行业转型升级步伐加快促进了科技创新与新产品开发。为广大中小企业服务的各种公共服务平台及产学研用相结合的技术创新联盟继续发挥作用。2013 年模具行业部分科技成果见表 2。2013 年模具行业部分重大新产品见表 3。2013 年模具行业进入国家火炬计划立项项目见表 4。

表 2　2013 年模具行业部分科技成果

序号	项目名称	主要完成单位	成果水平及获奖情况
1	大型复杂精密冲压模具优化设计制造关键技术及应用	华中科技大学 武汉益模软件科技有限公司	中国机械工业科学技术奖一等奖
2	大型复杂叠层注塑模具	青岛海尔模具有限公司	中国机械工业科学技术奖二等奖
3	大型、复杂、高寿命压铸模具开发	一汽铸造有限公司	中国机械工业科学技术奖二等奖
4	EA211 - MPI 发动机缸体、缸盖铸造模具	宁波合力模具科技股份有限公司	中国机械工业科学技术奖三等奖
5	FORD Fusion2013 前后门板注塑模具	台州市凯华塑业有限公司	中国机械工业科学技术奖三等奖
6	定转子级进模复合冲压技术	宁波震裕科技股份有限公司	中国机械工业科学技术奖三等奖
7	90°弯头注塑模具联动旋转抽芯叠层技术	湖北鄂丰模具有限公司	湖北省模具设计一等奖
8	生物芯片模具及芯片产业化	无锡国盛精密模具有限公司	国内首创
9	精锻模具	北京机电研究所、江苏森威、太平洋精锻等七单位	国家重大科技项目 04 专项

表 3　2013 年模具行业部分重大新产品

序号	项目名称	主要完成单位	水平
1	基于不锈钢板材的 HD - QS 型高速数控冲床用高精度长寿命多面冲载模具	扬州恒德模具有限公司	国家重点新产品
2	高光无熔痕蒸汽注塑模具	慈溪市盛艺模具有限公司	
3	UPVC 中温压花共挤出模具	洛阳市建园模具制造有限公司	
4	一模 144 腔(大型群腔)精密注塑模具 211E03144	广东星联精密机械有限公司	
5	汽车零部件制造大型精密级进模具装备	天津市津兆机电开发有限公司	
6	六速自动变速箱压铸模具	宁波北仑赛维达机械有限公司	填补国内空白
7	一模八腔 90 度弯头叠层模具	湖北鄂丰模具有限公司	国内领先
8	建筑模板模具	黄岩嘉仁模具有限公司	专利产品
9	耐磨自润滑氮气弹簧	湖南邵阳兴达精密机械制造有限公司	
10	单向可延时复位氮气弹簧		
11	模具平台	深圳市基石模具科技有限公司	
12	准冲压模具		

表 4　2013 年模具行业进入国家火炬计划立项项目

序号	项目名称	承担单位
1	模具先进制造技术共享与材料检测服务平台	黄骅市模具生产力促进中心
2	液压泵模具加工项目产业化报告	阜新佰斯特械制有限公司
3	基于嵌件注塑技术的手机天线	昆山鑫泰利精密模具有限公司
4	单箱无冒口树脂砂铸造高性能玻璃模具材料	苏州东方模具科技股份有限公司
5	以铁素体为基体的梯度石墨铸铁玻璃模具	常熟建华模具科技股份有限 公司
6	电机铁芯大回转加扭斜自动叠片硬合金级进模	昆山荣腾模具部品制造有限 公司
7	高平整度负压式自动扣合手机屏蔽罩产业化	昆山诚业德精密模具有限公 司
8	全自动合盖旋转脱瓶盖注塑模	台州市黄岩西诺模具有限公司
9	大型铝压铸发动机缸体模具模架	浙江科佳模架制造有限公司
10	汽车仪表板置物箱注塑模具	滨海模塑集团有限公司
11	U 型锁扣式阳光板精密挤出模头	浙江精诚模具机械有限公司
12	大型精密复杂汽车零部件多工位传递模具	浙江黄岩冲模厂
13	精密复杂薄壁深腔汽车挡泥板注塑模具	浙江凯华模具有限公司
14	精密汽车导光条模具	浙江赛豪实业有限公司
15	数字化设计模内装饰技术的汽车饰条注塑模具	宁波舜宇模具有限公司
16	S 型折弯、气动双折边模及加凸工作台产业化	安徽力源数控刃模具制造有限公司
17	数字家电创新型产业集群模具开发服务平台	青岛海信模具有限公司
18	高精度模具专用氮气弹簧总成产业化	湖北兴升科技发展有限公司
19	俄罗斯高铁减震垫系列硫化模具的研发及应用	湖北航天三江红林机电科技 有限公司
20	大型高精密多功能模具	衡阳华意机械有限公司
21	非球面及自由曲面光学镜片模具产业化	中山市众盈光学有限公司

2013 年 12 月，中国模协对全国各地拟上报申请国家级新产品和机械工业科学技术奖的模具项目进行了专家评审，对达到国内领先水平和达到或接近国际水平的模具项目写出了推荐意见。这些项目都体现了行业的最新成果。

表 2 和表 3 所列的科技新产品成果只是行业中的一部分，此外还有很多成果也值得重视。例如云设计、云制造和二维码信息技术已开始在模具企业的生产和管理中得到应用；东北特钢的热轧塑料模具扁钢 FT61、FT64 系列产品荣获冶金产品实物质量认定最高奖——“特优质量奖”；充分利用社会存量的模具设计与设备资源在线支撑大规模定制生产技术；基于标准化与信息化的自动生产和精益设计制造已开始进入模具行业而在企业中得到应用等等。

三、固定资产投资情况

在全球经济缓慢复苏和国内固定资产投资增速不断回落背景下，模具行业全年投入实现温和增长，总数接近 300 亿元，但其中真正投资于模具技术改造的只占其中少数，多数用在了模具集聚生产基地建设和模具产业链的延伸方面。

模具集聚生产基地建设继续呈现兴旺姿态。除了一些已有历史的老基地继续投资和完善之外，新建和较新的生产基地投资建设情况见表 5。模具企业部分投资亿元以上的项目情况见表 6。

表5 2013年新建和较新的模具集聚生产基地投资建设情况

序号	基地名称	投资规模	进展情况
1	宁波模具产业园区	32亿元	一期8.5亿元开工
2	宁波大碶高档模具及汽配产业基地		已完成12亿元
3	余姚高档模具产业集聚区		一期已开工
4	黄岩模具新城		二期已有企业入驻
5	昆山模具城		已完成3亿元
6	东莞横沥模具科技产业园		累计完成20亿元
7	深圳光明新区模具产业集聚基地		累计已完成30亿元
8	重庆国际五金机械模具园区	300亩	正续建
9	重庆西部模具城		开工
10	四川精森源国际汽车模具城	20亿元	开工
11	四川遂宁西部模具产业园	18亿元	开工
12	华中模具城	15亿元	已完成5亿元
13	湖北省黄石市中国挤出模具生产基地	30亿元	开工
14	湖南娄底市模具产业园		开工
15	福建模具创业示范园	一期92700平方米	开工
16	集美模具产业园		开工
17	山东国际科技模具产业园	12亿元	开工
18	大连中泽巨子模具城		招商
19	苏州南通模具产业园		续建
20	四川江油模具园	2000亩	开工

表6 2013年模具企业投资亿元以上项目(部分)情况

序号	企业名称	投资规模	进展情况
1	广东凯达兴塑胶模具有限公司	2亿元	已开工
2	江苏源丰金属模具有限公司	1.1亿元	已开工
3	昆山晟杨金属模具有限公司	2000万美元	已开工
4	富伟精机(江苏)股份有限公司		已开工
5	武汉康佳精密汽车模具有限公司	7亿元	工程进度已过半
6	亿和精密工业控制有限公司	10亿元	工程进度已过半
7	上海同捷科技股份有限公司无锡模具分公司	6亿元	工程进度已过半
8	上海赛科利汽车模具技术应用有限公司	8亿元	工程进度已过半
9	四川成飞集成科技股份有限公司		已乔迁新址
10	北汽兴东方模具(北京)有限公司	2.4亿元	已批准立项

技术改造方面，经工信部专家评审，模具行业有4个项目列入国家发改委“产业振兴和技术改造”项目，总投资2亿多元。宁波北仑区2013年投入技改项目18个，资金达2.5亿元。天津汽车模具有限公司、广东巨轮模具有限公司、宁波华翔模具机械有限公司、成都伟创力精密电子模具有限公司、东风模具冲压技术有限公司、湖北鄂丰模具有限公司等都有2000万元以上资金投入于企业技术改造。深

圳市精三维模具有限公司在泰国设立分厂项目已竣工投产。武汉重冶集团在葡萄牙成功的建立了模具厂。全国范围内一大批“腾笼换鸟”和“机器换人”技改项目在淘汰落后产能，减员增效、转型升级方面起到了很好的作用。

为了更好地支持技改项目，有些地方出现了新的融资形式，例如东莞横沥镇成立了“融易横沥创投基金”，2013 年已使用资金 3 亿多元等。2013 年国内模具企业收购国外模具企业的进程继续推进，例如山东豪迈科技股份有限公司成功收购了美国的 GMS 公司、天津汽车模具股份有限公司成功收购了法国 GIW 公司(部分有用资产、软件、知识产权等)等。

四、外贸及对外合作情况

2013 年我国模具进出口总额为 710076.93 万美元，比上年增长 14.24%。其中进口总额为 260227.38 万美元，比上年增长 4.74%。出口总额为 449849.55 万美元，比上年增长 20.57%。总体情况如下：

(1)按模具种类分，进出口最高的是塑料橡胶模具，分别占进出口总额的 51.65% 和 68.06%，其次是冲压模具，分别占进出口总额的 35.45% 和 16.71%。具体如表 7 所示。

表 7　2013 年模具进出口情况表

模具种类	进口		出口	
	金额/万美元	所占比例/%	金额/万美元	所占比例/%
塑料橡胶模具	134417.02	51.65	306154.70	68.06
冲压模具	92241.94	35.45	75187.38	16.71
其他模具	33568.42	12.9	68507.47	15.23

(2)按进口货源地分，进口模具主要来自日本、韩国、我国台澎金马关税区、德国和美国。进口额为 186621.47 万美元，占进口总额的 71.71%。

(3)按出口目的地分，我国出口模具市场主要是我国香港特别行政区、美国、日本、德国和印度。出口额为 20308.37 万美元，占出口总额的 45.14%。

(4)按进口目的地分，进口最多的是广东、江苏、上海、天津和山东。进口额为 170186.36 万美元，占进口总额的 65.4%。

(5)按出口货源地分，出口模具主要来自广东、江苏、浙江、上海和山东。出口额为 356547.03 万美元，占出口总额的 79.26%。

对外合作方面，由中国模协与上海国际展览有限公司共同主办的“2013 中国国际模具、模具装备及相关工业展览会”于 6 月 18 日至 21 日在上海举办，有 13 个国家和地区的 630 多家厂商参展，吸引了 48300 多名观众参观，其中包括来自 62 个国家和地区的专业人士。展览会总成交额 3.24 亿元，同期活动丰富多彩。中国模协和各地方模协全年共组织了 20 多个出国展团和国外考察、国际交流活动，共有 100 多个企业的 300 多人，分别出访欧、美、印度、巴西、日本、泰国、新加坡等国。中国模协还专门组团到泰国曼谷参加亚洲模具协会联合会(FADMA)年会。我国模具行业也接待了来自欧、美、韩国、日本、泰国和我国中国台湾等国家和地区的许多模具行业团组。我国与国外进行合作设计、制造的模具企业逐年增多，至 2013 年底已有一百多家。

五、2014 年发展形势预测与展望

根据各有关机构预测，2014 年全球经济仍将维持缓慢温和回升态势，其增长率达到 3% 至 3.6% 是大概率事件。其中新兴经济体经济发展虽然仍将领跑全球，对世界经济发展继续作出巨大贡献，但其增速将进一步放缓。经济发展的不稳定性和不确定因素将继续束缚发展，形势将更趋复杂。

我国经济已经进入新的拐点阶段，已从过去的高速增长转向中速增长和高效增长。在全球形势复杂多变，存在不少不稳定不确定因素，经济复苏困难；国内经济面临转型升级以及增长减速和结构不适应的发展背景下，加上房地产泡沫和债务风险挑战，预计我国经济 2014 年 GDP 增长仍将维持在国家已确定的 7.5% 的发展目标上下，保持经济稳中求进和改革创新将是 2014 年经济工作的重中之重，积极的财政政策和稳健的货币政策等一系列宏观调控政策等将继续保持其连续性和稳定性，改革创新和绿色发展将成为主基调。

2014 年的中国制造业将继续处于全球金融危机后的复苏通道中持续复苏，在需求趋缓、产能过剩、成本上升、价格下行、利润率进一步下降的压力下，为了保护环境，预计还会面临局部的限产限排等情况，因此虽然有稳中向好的趋势，但其发展增长不容过分乐观。整个制造业已由过去的高速增长转入到了中低速成长阶段，这已是事实。然而，中央已经成立全面深化改革领导小组，并由习近平总书记亲任组长，转型升级与改革驱动的大方向也已进一步明确，世界经济一体化和全球制造业加速向中国转移的大趋势仍在继续，这些重大利好必将为制造业的发展提供良好的机遇。PMI已连续16个月位于临界点之上，这表明了我国制造业还在继续保持增长态势。模具制造业是制造业的重要组成部分，它也将必然会在市场中经受考验，其发展也必然会同样受到国际国内种种因素的影响。

模具的第一大用户是汽车工业。2013年汽车产销双双跃上2100万辆台阶，增速达到14%左右，有关专家预测其2014年的增长速度可能会在8%至10%之间。政府对新能源汽车的补贴政策将使新能源汽车有望成为新的增长亮点。现在，获得国家机动车新产品公告和进入《推广目录》的节能与新能源汽车新款已分别达到600多个和700多个，产量将迅速增加。1.2亿辆汽车保有量将使汽配市场加速发展。在这些基础上，再加上新车型和改型车推出品种的增加和推出速度的加快，预计2014年的汽车模具市场将会有10%以上的增长。

轻工，尤其是家电，是模具又一大用户行业。家电业虽然在走过5年政策扶持期之后已进入“政策真空期”而回归市场本质，但2013年仍取得了增长15%以上的好成绩。由于市场透支，预计2014年增长将会放缓，但保持10%以上的增长还是可以达到的。轻工中塑料制品行业仍将以较高速度发展，尤其是各种工程塑料成形和改性塑料成形对模具的需求将会有15%左右的增长率。因此，2014年轻工方面的模具市场预计也可以达到10%以上的增长率。

机械与电子工业也是模具的大用户行业。使用模具较多的仪器仪表和电机电器等行业，其增长速度虽然会有所放缓，但2014年10%的增长幅度将可保持。电子与信息产业仍将有较快的发展速度，尤其是我国已成为世界最大的消费电子市场之后，预计2014年也会有10%以上的增长。例如汽车电子市场可能会达到15%左右的增长率等。

建筑业及军工等行业也广泛使用模具，从塑钢门窗、塑料管道、各种装饰材料，到航空航天的配套件，模具市场也很广阔。虽然房地产已存在泡沫，但建筑业与公共设施的投资仍将增加。现代化国防工业的发展也需要大量高水平模具给予支持。医疗器械行业所需模具仍将保持高速增长的态势。因此，2014年这些方面的模具市场也将有较好的前景。

模具出口虽然也面临一些变数，但随着全球经济的缓慢复苏，2014年的世界模具市场会略好于2013年而同样会保持温和复苏。我国模具水平的不断提高，模具产品性价比继续保持较高的竞争力以及工业发达国家的模具继续向中国转移和我国模具行业“十二五”发展规划中的出口带动战略的进一步发挥作用，将使我国模具在世界模具市场上的占有率继续提高。模具行业95%以上都是中小企业，模具出口也依赖于广大中小企业。目前年出口模具金额超过100万美元以上的企业已有700多个，模具出口已达一百多个国家和地区，这是一个很好的基础。但2014年人民币汇率波动将增大，劳动力成本也将继续上升，这将给出口增长带来负面影响。我们还应该看到由于近年来出口模具的迅速增长，要在越来越大底数上继续保持原来的增长率的难度也会越来越大。综合各种因素，2014年出口模具虽然仍将有较好的前景，但其增长速度将进一步放缓，预计达到15%左右的可能性最大。

综合上述分析，除了大量的自产自用模具之外，我国2014年(未计大量的自产自用模具)的模具市场大约会有1500亿元至1600亿元的规模。由于2010年我国模具出口超过进口以来，外贸顺差逐年增加，2014年也必将持续增加。考虑到这一因素，2014年我国模具的总销售额预计可达1600亿元至1700亿元。由于改革创新和转型升级步伐加快，除了数量上的发展之外，水平和质量上的提升将是2014年模具工业发展的重头戏。

2014年模具工业的发展将在全面深化改革的指引下，遵循市场需求为导向、质量与效益为核心、创新与升级为动力的原则，稳步发展。落实到具体，以下几方面将是其发展重点和发展趋势。

1. 国民经济结构调整将使新兴产业和服务业加速发展，高新技术产品将以比以往更快的速度和更大的广度上全面推进，模具行业的发展必须与之相适应。因此，模具企业转型升级的步伐必将加快，模具行业整体水平的提升速度也会加快。为此，模具行业内部就要加速结构调整，大型、精密、高效、高性能模具在模具总量中的占比应持续上升，并不断拓展其用途与功能，不断提高其附加值和可靠性。大力发展现代制造服务业是提高企业综合竞争力的重要措施和发展方向，单纯生产型企业要逐渐向生产服务型企业转变。为广大中小企业服务的各种公共服务平台也必将会得到快速发展。

2. 为了改善环境和可持续发展，多种节能减排技术和相应的新产品将不断出现，汽车轻量化将以更快的速度发展，模具在这些方面都大有用武之地。例如各种复合材料和高分子材料的成型模具、高强度和超过强度材料的成型模具、为各种新型材料和新产品配套的新的成型技术和新型模具等，都将会比以往更快的速度发展。

3. 两化融合已发展多年，制造业信息化的发展方向是智能化，智能制造已被提升到国家层面上加以发展。模具不但可以为制造业智能化服务，而且其本身也会逐渐朝着智能化方向发展。因此，智能模具和为智能制造服务的模具有良好的发展前景，这也是发展重点之一。

4. 数字化制造技术是智能制造的基础技术，模具行业采用数字化制造技术已有多年，并已取得了丰硕的成果。随着先进制造技术的不断发展，鉴于信息化的模具自动化制造技术已开始发展。在人工成本持续上升的倒逼之下，预计“机器换人”和模具柔性自动化加工及流水化装配将会得到进一步发展。与此同时，企业管理的信息化和智能化也会得到较快发展。鉴于信息化的模具虚拟制造和智慧工厂也将会得到发展。随着多样化和个性化需求越来越突出，大规模定制的生产方式也会得到不断发展。

5. 市场需求已越来越向突破模具产品本身的方向发展，模具企业根据市场导向发展以模具为核心的产品，向模具上下游延伸产业链已成为一种发展模式，尤其是在模具技术和一体化整体解决方案方面有优势的企业更是如此。预计这一趋势将进一步发展。为了更能发挥优势，产业联盟将会不断涌现。

6. 模具企业在向着生产服务型、创新型、成长型和专、精、特、新方向发展的同时，一些模具产业相对集中和有较好基础的地方发展模具集群，建设模具园区，集聚模具产业，以求更好更快地发展模具工业的做法，近年来一直持续向好。应该说大多数园区还是成功的，对我国模具工业的发展做出了较大贡献。因此，这一做法仍将延续，并将在不断改进中向高端发展。

（中国模具协会　周永泰）

合成树脂

2013 年五大合成树脂市场状况

近年来世界经济仍未摆脱 2008 年爆发的金融危机和 2011 年欧债危机的影响，虽然市场对石化产品的需求有所反弹，但增长仍处于相对较低的水平。据 IHS 估计 2013 年全球对五大合成树脂的需求在 200Mt 左右，较 2012 年增长了 3.4%。而中国经济虽然也面临着经济转型和产业结构调整等诸多不利因素，但在国内消费稳定增长和国家加大基础产业投资的推动下，2013 年国内 GDP 增速仍达到了 7.7%，保持了相对较高的增速。

未来几年在世界经济逐步恢复的带动下，石化产品的需求增速将所增加。同时受到产能增长减速的影响，未来世界石化产业可能迎来新一轮景气周期。与此同时，国内国内合成树脂产业产能过剩的矛盾则日益突出，随着以煤或甲醇为原料的石化装置大量投产，国内石化产品短缺将得到缓解。

一、世界五大合成树脂供需状况

2013 年尽管世界合成树脂产能未出现大幅增长，但世界经济的疲软仍使得全球合成树脂需求增速维持在较低的水平，全球合成树脂装置开工率相对平稳，在 77% 左右。其中聚乙烯的开工率为 83.2%，聚丙烯的开工率为 82.6%，均较 2012 年有所下降。从生产能力看，2013 年全球五大合成树脂产能达到了 259800 kt/a，同比增长了 5.1%。其中亚洲地区（不包括中东）是世界上最大的合成树脂生产地区，2013 年产能为 130410kt/a，同比增长了 8.3%，约占世界总能力的 50.2%；北美和西欧地区同样是世界上主要的合成树脂生产地，2013 年其生产能力分别达到 41310kt/a 和 35240kt/a，分别占世界总能力的 15.9% 和 13.5%。近年来中东随着其乙烯工业的快速发展，合成树脂工业，特别是聚乙烯和聚丙烯也增加迅速，2013 年其能力达到了 28590kt/a，2000 ~ 2013 年年均增幅达到了 11.6%，是世界上合成树脂增长最快的地区。

从产量上看，2013 年全球五大合成树脂产量为 199800kt，其中聚乙烯产量为 81300kt。聚丙烯为 56130kt，聚氯乙烯为 38530kt，聚苯乙烯为 16630kt，ABS 为 7220kt。亚洲仍是世界合成树脂产量最大的地区，2013 年其产量达到了 94710kt，约占世界总产量的 47.4%；北美地区是仅次于亚洲地区的第二大合成树脂生产地区，2013 年产量为 36290kt，西欧为 27580kt。从增长情况看，中东是近年来产量增长最快的地区，2000 ~ 2013 年年均增幅超过了 10%，达到 10.9%，其次是亚洲地区，年均增幅为 5.8%。

从消费情况看，2013 年全球五大合成树脂的消费量在 200070kt，其中聚乙烯消费量为 81580kt。聚丙烯为 56070kt，聚氯乙烯为 38550kt，聚苯乙烯为 16650kt，ABS 为 7220kt。亚洲、北美和西欧同样是世界上五大合成树脂主要的消费地。其中亚洲 2013 年消费五大合成树脂 102570kt，约占世界总消费量的 51.3%；北美地区消费 31160kt，约占 15.6%；西欧地区消费 25670kt，约占 12.8%。亚洲仍是世界上合成树脂消费增长最快的地区。

表 1 2013 年世界五大合成树脂供需状况

品种		世界	亚洲	北美	西欧	中东
PE	产能/(10kt/a)	9769.3	3493.5	1996.5	1466.7	1824.7
	产量/(10kt/a)	8129.7	2950.8	1812.5	1073.0	1527.4
	消费量/(10kt)	8157.8	3648.1	1557.9	1101.2	534.5
PP	产能/(10kt/a)	6792.4	3450.3	872.1	951.0	823.4
	产量/(10kt/a)	5612.6	2838.7	751.1	814.6	664.5
	消费量/(10kt)	5606.8	3070.9	720.1	737.4	375.2
PVC	产能/(10kt/a)	5848.7	3739.8	863.3	647.6	129.0
	产量/(10kt/a)	3852.7	2190.8	756.2	498.8	82.1
	消费量/(10kt)	3854.9	2192.4	514.4	402.0	215.9
PS	产能/(10kt/a)	2534.3	1508.3	325.3	370.4	68.0
	产量/(10kt/a)	1663.3	903.8	254.3	306.8	46.2
	消费量/(10kt)	1665.1	806.6	255.2	265.8	105.3
ABS	产能/(10kt/a)	1035.7	849.3	73.4	88.5	13.5
	产量/(10kt/a)	722.1	587.1	54.7	64.8	9.1
	消费量/(10kt)	722.2	539.3	68.6	60.3	20.7
总计	产能/(10kt/a)	25980.4	13041.2	4130.6	3524.2	2858.6
	产量/(10kt/a)	19980.4	9471.2	3628.8	2758.0	2329.3
	消费量/(10kt)	20006.8	10257.3	3116.2	2566.7	1251.6

二、中国合成树脂生产概况

2013 年中国经济仍保持了相对平稳的增长态势，在国内需求稳定增长和国家加大对基础设施投资的拉动下，国内 GDP 仍保持了较快增长，达到了 7.7%。其中工业增加值达到了 21.07 万亿元，同比增长了 7.6%。这说明我国宏观经济增长稳定性明显提高。

2013 年我国经济运行的基本特征为：

第一，2013 年新政府成立后，虽然面临着经济下行的巨大压力，新政府并没有出台刺激经济增长的政策，而是致力于深层次改革，着重解决在经济社会发展中存在的产业结构不合理、产能过剩等问题，大力发展基础设施，努力改善民生。在投资方面，将重点投入到基础设施建设、棚户区改造等项目。2013 年全社会固定资产投资达到了 44.71 万亿元，同比增长 19.3%，其中第三产业和第一产业投资增速均高于第二产业。

第二，农业生产继续取得好成绩，农业综合生产能力进一步加强，形势继续趋好。粮食产量连续 11 年增长，2013 年产量超过 6 亿吨，达到了 6.02 亿吨。农业增长对 GDP 增长的贡献率约为 15% 左右，继续保持在较高水平。同时，农村居民人均纯收入增长率为 12.7%。农业生产的增长和农民收入增幅的持续提高对稳定宏观经济全局起到了至关重要的作用。

第三，2013 年随着发达国家经济的不断复苏，我国的进出口增速有所恢复，全年货物进出口总额 4.16 万亿美元，比上年增长 7.6%。

第四，城乡居民收入继续保持较高增长，居民消费增长速度为 13.1%。2013 年全年社会消费品零售额为 23.8 万亿元，实际增长 11.5%。消费增长对宏观经济增长的作用越来越显著，消费增长正逐步成为宏观经济增长的一个重要方面。

1. 合成树脂总体概况

2013 年尽管受到世界金融危机的影响，但国内合成树脂供应继续保持良好的增长态势，我国合成树脂总产量达到了 58370kt，比去年同期增长 11.0%。其中五大合成树脂的产量为 462560kt，同比增长 10.4%，约占合成树脂总产量的 79.2%。目前中国已经成为世界上最大的合成树脂生产国。

2008 年以来，国内五大合成树脂产量大幅增加，从当年的 27870kt 增加到 2013 年的 46260kt，5 年间增长了 66%，年均增长达到了 10.6%。

表 2　国内合成树脂供需状况　　10kt

产品名称	年份/增长	产量	进口量	出口量	表观消费量	自给率/%
合成树脂	2013 年	5837.0	2461.7	633.4	7665.3	76.1
	2012 年	5216.0	2384.4	537.0	7063.3	73.8
	2011 年	4798.3	2304.2	488.4	6614.1	72.5
五大合成树脂	2013 年	4625.5	1729.7	146.3	6208.9	74.5
	2012 年	4191.0	1671.4	128.5	5733.9	73.1
	2011 年	4065.1	1630.5	135.8	5559.9	73.1
聚乙烯	2013 年	1132.0	881.6	20.3	1993.3	56.8
	2012 年	1049.1	788.7	28.8	1809.0	58.0
	2011 年	1058.2	744.3	32.2	1770.4	59.8
聚丙烯	2013 年	1266.4	481.9	16.9	1731.4	73.1
	2012 年	1132.0	497.2	16.6	1612.6	70.2
	2011 年	1074.6	465.4	19.5	1520.5	70.7
聚氯乙烯	2013 年	1529.5	104.4	73.4	1560.5	98.0
	2012 年	1341.6	121.0	45.4	1417.2	94.7
	2011 年	1311.2	131.6	44.2	1398.6	93.8
聚苯乙烯	2013 年	472.3	94.7	32.6	534.4	88.4
	2012 年	449.0	98.0	33.5	513.5	87.4
	2011 年	402.7	103.9	35.6	471.0	85.5
ABS	2013 年	225.3	167.1	3.1	389.3	57.9
	2012 年	219.3	166.5	4.2	381.6	57.5
	2011 年	218.4	185.3	4.3	399.4	54.7

2013 年世界经济仍相对低迷，国际原油价格小幅回落，同时需求相对平稳，使得合成树脂价格水平较 2012 年小幅回升。但从 2013 年价格走势看，受到国内海关新政及废旧塑料及重置库存等因素的影响，国内合成树脂价格在 6 月份后几乎呈现了单边上扬的走势，这一趋势一直持续到 12 月中旬。从 2013 年价格情况看，合成树脂的平均价格仍较 2008 年出现明显下降，其中 LDPE 平均价格为 12169 元/吨，同比上涨了 12.4%；HDPE 为 11400 元/吨，上涨了 5.3%；LLDPE 为 11305 元/吨，上涨了 8.8%；PP 为 11152 元/吨，上涨了 0.6%。

我国合成树脂生产主要集中在中国石化和中国石油两大集团内，中国石化主要合成树脂生产企业有：齐鲁石化股份有限公司、北京燕山石油化工股份有限公司、上海石油化工股份有限公司、镇海炼化公司、福建联合石化公司、中沙天津石化公司、扬子石油化工股份有限公司、茂名石油化工公司、广州石油化工分公司、中原石油化工有限责任公司、金陵石油化工公司、九江石油化工分公司、天津石油化工有限公司、巴陵石油化工公司、武汉石油化工总厂、济南炼油厂、高桥石油化工有限公司、荆门炼油厂、福建炼油化工有限公司、镇海炼油化工股份公司、上海赛科、扬巴石化等；中国石油集团下的公司有：大庆石油化工有限公司、抚顺石油化工分公司、兰州石化公司、独山子石油化工公司、大连石化公司、大庆炼化分公司、吉林石化公司等。

2. 聚乙烯

截至 2013 年底，全国共有聚乙烯装置 54 套，能力合计 11754kt/a。其中高压低密度聚乙烯装置 12 套，生产能力合计 1888kt/a；高密度聚乙烯装置 21 套，生产能力合计 4903kt/a；线性低密度和全密度聚乙烯装置 21 套，生产能力合计 4963kt/a。

2013 年国内聚乙烯产量为 11320kt，较 2012 年增加了 7.9%，约占国内合成树脂产量的 19.4%。其中 LDPE 产量为 2007kt，HDPE 产量为 4791kt，LLDPE 产量为 4521kt。2013 年由于市场价格低迷，部分乙烯装置实行了限产保价的措施，装置开工率较往年有所下降，但大部分装置产量仍超过了其设计能力。

2013年中国石化齐鲁分公司新建了250kt/aHDPE装置在1月份投产、武汉分公司建设的中外合资建设的300kt/aHDPE装置和300kt/a全密度装置在8月份投产，使得国内聚乙烯生产企业增加到26家。

3. 聚丙烯

截至到2013年底，国内聚丙烯生产厂家超过了90家，生产能力为15150kt/a，其中连续法聚丙烯装置75套，生产能力为13550kt/a，间歇法小本体装置100套左右，产能约1600kt/a左右。

国内的连续法聚丙烯生产工艺主要是采用日本三井油化的液相本体法－气相法工艺和HIMONT的液相本体法－气相法工艺，1998年和2002年燕山、扬子先后引进AMOCO公司气相法工艺，上海石化利用国内技术建设的200kt/a聚丙烯装置，成为了目前我国单套能力最大的聚丙烯装置。间歇法小本体装置是60年代原化学工业部北京化工研究院(现中国石化集团公司北京化工研究院)开发的，由于该装置对丙烯原料要求较低、工艺流程简单和装置工程建设期短等优势，短时期内受到许多炼厂的欢迎，但是这些装置与连续生产装置相比，该工艺还存在质量稳定性差，产品品种少，消耗高等问题。

2013年国内聚丙烯生产企业开工率普遍出现下降，一些企业开工率甚至下降到80%左右。2013年国内聚丙烯的总产量为12664kt，较2012年增加了11.9%，约占国内合成树脂产量的21.7%。

2013年国内聚丙烯新投产的装置较多，主要有：宁波禾园石化有限公司新建的300kt/a装置在2013年2月投产，中国石化武汉分公司建设的2套200kt/a聚丙烯装置在2013年8月份投产，徐州海天石化建设的200kt/a聚丙烯装置在上半年投产。

4. 聚氯乙烯

目前，国内聚氯乙烯树脂生产厂90余家，遍布全国，2013年我国聚氯乙烯能力为26060kt/a，其中产能在200kt/a以上的有41家，合计产能为19530kt/a，占全国总产能74.9%。2013年国内聚氯乙烯产量为15295kt，同比增长了16.1%。

2013年国内新增聚氯乙烯产能约860kt/a，主要集中在华北和西北地区。近几年来国内聚氯乙烯生产装置规模水平在不断提高，目前我国聚氯乙烯树脂生产装置平均规模约为140kt/a左右，国外聚氯乙烯平均装置规模为200kt/a、最大装置规模在1000kt/a以上，相比之下，我国仍存在一定的差距。例如，美国平均装置规模为300kt/a，日本平均装置规模为150kt/a。

5. 聚苯乙烯

20世纪90年代以后，受国内需求增长的推动，引进装置日趋大型化，聚苯乙烯工业得到了新发展，目前我国已成为亚洲最大的聚苯乙烯市场。截止2013年底，我国聚苯乙烯生产能力已达到8250kt/a，其中GPPS/HIPS生产能力为2580kt/a，EPS生产能力约为5670kt/a。

我国聚苯乙烯装置也是绝大多数采用国外或中国台湾地区技术。国内有近40家聚苯乙烯生产厂，一些产能偏小的企业不但产品质量差，而且生产成本高，在竞争中处于明显的劣势。除外资及合资企业产品外，国内聚苯乙烯厂商的产品多数不能满足电子电器行业用户对产品性能和质量的要求，难以进入这个最大的消费领域，使得在电子电器行业中进口聚苯乙烯占据了绝对优势，国产货只有少量应用，而且只用于低档产品。

2013年我国聚苯乙烯产量达到4723kt，是2000年的3倍。其中GPPS/HIPS产量为1991kt，EPS产量为2732kt。

2013年新投产的聚苯乙烯装置有两套，分写为江苏莱顿宝富塑化有限公司的扩建项目，新增120kt/aGPPS/HIPS生产装置，江阴倪家巷新材料有限公司建设的160kt/aEPS生产装置。

6. ABS

2013年我国共有12家ABS生产企业，生产能力为3193kt/a，实际生产量为2253kt。生产企业主要分布在江浙和东北地区。

从国内ABS生产企业看，大部分为台资和外资企业，其中浙江宁波LG甬兴化学有限公司的产能达到了580kt/a，目前是中国最大的ABS生产企业。

三、合成树脂进出口统计

1. 合成树脂进口概况

2013年国内进出口贸易稳定增长，合成树脂进口也保持了相对一定的增长。从国家海关总署的统计资料看，2013年国内进出口贸易额达到41600亿美元，较上年同期增长了7.3%，其中合成树脂贸易总额为551亿美元，约占国内贸易总额的1.3%，合成树脂产品的贸易逆差高达424亿美元。

2013年中国合成树脂进口总量达到了32500kt，2008～2013年均增长为6.4%。在合成树脂进口中，五大合成树脂一直占主导地位，2013年五大合成树脂进口量为1749.6kt(见表3)，约占合成树脂总进口量的53.8%。

表 3　2008－2013 年五大通用树脂进口量变化情况　10kt

品种	2008 年	2009 年	2010 年	2011 年	2012 年	2013 年
PE	449.7	740.9	735.8	744.3	790.4	881.8
LDPE	70.8	134.9	138.4	146	158.7	172.5
LLDPE	147.6	220.1	247.8	245.7	230.7	235.5
HDPE	231.3	385.9	349.6	352.6	401	473.8
PP	318.0	509.3	480.1	481.2	513.5	501.7
聚丙烯	278.9	416.2	386.8	377.8	390.9	359.3
丙烯共聚物	34.1	78.5	77.4	87.6	106.3	122.6
	5	14.6	15.9	15.8	16.3	19.8
PS	115.1	118.5	115.2	103.8	98	94.7
可发性 PS	8.5	7.7	7.6	7.6	6.1	6.2
其他 PS	106.6	110.7	107.6	96.2	91.9	88.5
改性		19.4	27.7	24.3	23.7	22.7
其他		91.3	79.9	71.9	68.2	65.8
PVC	112.7	195.5	151.1	131.6	120.9	104.4
纯 PVC	86.1	171.5	129.7	114.8	105.9	91.5
糊树脂类	6.3	8.6	9.8	9.7	11.9	15.5
其他	79.8	163	119.9	105.1	94	76
未塑化 PVC	17.6	16.7	12.5	8.8	7	5.1
已塑化 PVC	9	7.3	8.9	8	8	7.8
ABS	195.2	216.8	216.9	185.2	166.5	167
改性		18.3	21	19.4	16.9	15.9
其他		198.5	195.9	165.8	149.6	151.1
小计	1190.7	1781.0	1699.1	1646.1	1689.3	1749.6
树脂进口总量	2378.3	3113.8	3191.3	3142.7	3250.5	3249.9
占总量比例/%	50.1	57.2	53.2	52.4	52.0	53.8

2. 合成树脂进口主要来源

近年，我国五大通用树脂的进口基本来自亚太地区，如韩国、中国台湾、日本、新加坡、泰国、马来西亚及中国香港等，另外部分来自美国、沙特和伊朗等地。2013 年来自周边国家和地区的进口继续保持稳定增长，同时来自中东、北美等地区的产品在大幅增加。

在我国五大通用树脂的进口量中，来自亚太地区的约占 57.0%，比 2012 年增加了 1470kt，占比提高了 2.7 个百分点。其中韩国和中国台湾是最大的来源。来自中东的五大合成树脂共进口 5630kt，同比增长了 13.2%，主要来自沙特、伊朗、阿联酋、卡塔尔等国家。2013 年来自美国的五大合成树脂同比减少了 190kt，为 710kt，同比减少了 21.3%。

3. 工程树脂进口概况

工程塑料的进口也保持一定的增长，但近年来国内 POM 和 PC 能力增长迅速，国内产量明显增加，使得国内进口增长缓慢。2013 年以上 PMMA、POM、PC 和 PA 四类工程塑料国内的进口量在 2746kt。

四、合成树脂需求分析

近年来受到国内经济发展及环保政策的影响，国内合成树脂消费保持了较快增长，2008～2013 年国内合成树脂表观消费量年均增长为 10.4%。

塑料制品作为重要的基础材料之一已渗透到国民经济的各个领域，特别是在农业、包装、建筑装修、交通运输、邮电通讯、电子电器及生活日用品等领域，已成为不可缺少的重要材料。进入 80 年代以来，我国的塑料加工业发展迅速，从 1983 年到

1997 年塑料制品产量年均增长速度高达 16.7%，远高于同期国内生产总值 10.3% 的平均增长率，更高于世界塑料制品产量约 5% 的年均增长率。自 1996 年产量突破 15000kt 大关后，我国已成为世界第二塑料制品生产大国。1998 年以来，尽管世界经济陷入衰退，全球塑料制品产量增长缓慢，但我国塑料制品产量仍以年均 15% 左右的速度增长，2005 年后全国塑料制品产量增速仍保持了较高的水平，塑料加工业已成为拉动国民经济增长的重要因素之一。

表 4 2013 年国内五大合成树脂主要来源 10kt

国家或地区	PE	PP	PVC	PS	ABS	合计
韩国	111.4	121.4	11.2	16.8	58.8	319.6
中国台湾省	34.7	64.4	33.3	34.4	85.9	252.7
沙特	160.2	84.2	0	0.9	0	245.3
伊朗	143.7	0.5	0	0	0	144.2
新加坡	60.9	64.5	0.3	8.0	0	133.7
泰国	78.1	33.3	2.1	5.1	4.1	122.7
日本	25.3	16.1	22.1	3.5	6.4	73.4
美国	31.9	10.6	26.2	1.1	1.1	70.9
印度	3.9	29.6	0	0.4	0	33.9
其他	170.0	47.1	9.2	24.5	10.6	261.4
合计	881.5	501.4	104.4	94.7	167.0	1749.6

表 5 2008 ~2013 年主要工程树脂进口量变化情况 10kt

品种	2008 年	2009 年	2010 年	2011 年	2012 年	2013 年
PMMA	16.4	19	23.7	21.3	23.2	22.6
POM	17.9	16.6	22.3	21.1	21.3	24
PC	101.7	102.7	126.4	122.8	137.5	127.9
PA	85.4	92.2	89.6	88.4	93.4	100.1
小计	221.4	230.5	262	253.6	275.4	274.6

据国家统计局统计，2013 年我国全部国有及 2000 万元产值以上非国有企业塑料制品产量为 61890kt，比上年增长了 8.0%。

我国五大合成树脂的消费特点

2013 年，我国五大合成树脂的表观消费量达到 63490kt，同比增长了 10.7%。

“十二五”期间，中国经济增速虽然有所下降，仍保持在 7% 以上的增长，近年来在扩大内需政策的影响下，国内汽车、建筑、家电、农业等行业的大力发展对国内经济发展起到了不可替代的作用。

(1) 汽车工业“一枝独秀”，成为了拉动合成树脂需求的主要动力

进入 21 世纪后，中国汽车工业的快速发展，大量先进技术引进到中国，使得国内汽车塑料使用水平大幅提高，其中轿车单车塑料使用量从 1997 年的 75kg 提高到 2008 年的 130kg 左右，近年来国内轿车塑料使用量进一步提高，2012 年中国轿车单车塑料使用量已超过了 140kg，部分车型的单车用量甚至超过了 150kg。2009 到 2013 年国内汽车产量大幅增加。全年国内汽车产量达到 2387 万辆，同比增加了 18.4%，成为了拉动合成树脂消费的主要动力。估计 2013 年国内汽车行业消耗合成树脂超过了 2800kt，较上年增长约 20% 以上。

(2) 国家加大基础建设拉动了建筑产业的快速发展

中国经济的发展和人民生活水平的不断提高，使得国内建筑产业始终保持了较快增长，近年来虽然由于国内房价持续攀升，使得房地产业投资也持续增加，国内新开工建筑工程明显增加。2013 年国内房地产业完成投资 8.6 万亿元，同比增长了 19.8%。

随着对建筑节能要求的不断提高，建筑业对合

成树脂需求也显著提高，从建筑业对合成树脂要求看，PVC仍是建筑塑料制品的主要原料，而HDPE和PP也保持较快增长。EPS在墙体保温等领域发展潜力巨大。估计2013年国内建筑业对合成树脂的需求在850万吨，同比增长9.7%。

（3）家电工业仍是拉动合成树脂消费重要力量

近年来国内家电业也进入到一轮调整期，国内家电产量保持了相对平稳的增长。2012年后受到发达经济体经济复苏的提振，国内家电产量增速有所提高。2013年国内微型计算机的产量达到3.77亿台，同比增长7.9%；电视机产量14027万台，下降0.2%；电冰箱产量9341万台，增长10.6%；洗衣机产量为7202万套，增长8.2%。虽然目前家电产业仍在进行产品结构调整，如电视机平板化，电脑微型化等，但这并不影响家电工业对合成树脂需求的较快增长。估计2013年国内电子电器行业对合成树脂的需求将达到6600kt，同比增长5%左右。

五、合成树脂价格分析

2013年初国内合成树脂价格延续了上年的下跌趋势，继续呈现震荡下行的走势，并一直延续到4月份。进入5月份后，国际原油价格呈现震荡上行的走势，同时废旧塑料减少开始影响合成树脂市场，国内合成树脂价格开始出现缓慢回升。进入三季度后，由于欧债危机不断缓解，欧洲经济摆脱衰退，在油价上涨的拉动下，合成树脂出现了新一轮的上涨。

2013年国内聚烯烃价格走势呈现小幅震荡的走势，其中上半年价格以下跌为主，下半年价格出现明显回升。全年国内大部分聚烯烃价格同比均出现了不同程度的上涨。2013年LDPE平均价格为12169元/吨，同比上涨12.4%，LLDPE价格为11305元/吨，同比上涨8.8%，HDPE价格为11400元/吨，同比上涨5.3%，PP价格为11153元/吨，同比上涨0.6%。具体价格见表6。

表6　2012～2013年国内市场聚烯烃价格比较

元/吨

	LDPE	LLDPE	HDPE	PP均聚物	PP共聚物
2013年	12169	11305	11400	11153	11441
2012年	10827	10387	10830	11082	11301
增长率/%	12.4	8.8	5.3	0.6	1.2

六、未来合成树脂需求预测

1．“十三五”期间中国合成树脂能力仍将显著增加，其中煤制聚烯烃将成为亮点

“十二五”是中国石化工业发展的关键时期，中国石化和中国石油受到乙烯原料的限制，未来乙烯发展相对缓慢。但煤制烯烃将成为未来石化工业发展的重点。目前国内有许多地区在规划建设煤制聚烯烃的项目，其中贵州、陕西、宁夏、云南、内蒙古、河南等地规划建设的煤制烯烃项目就超过10个，预计总投资将超过1万亿元。

2005年后国际原油价格的大幅攀升使得煤制甲醇及MTO工艺生产乙烯和丙烯成为了可能。大连物化所、中国石化等单位先后开展了MTO技术的研究，神华集团在2010年利用大连物化所的DMTO技术率先建成了国内第一套用煤为原料，生产乙烯的生产装置。经过两年的运行，装置稳定性、技术成熟度都得到了显著提高。同时也取得了良好的经济效益。以2011年为例，当年神华集团共生产聚烯烃产品49.5万吨，利润超过了10亿元，吨产品利润达到了2000元/吨以上，远高于当年以石脑油为原料的产品水平。

未来几年中国MTO装置将进入到快速发展期，除中国石化外，中海油及国内大型煤企都将大力发展煤化工产业，特别是煤制烯烃产业，预计2015年前国内将有6～8套投产，2015年仍有多套煤制烯烃装置在规划。

表7　中国煤制烯烃项目情况

10kt/a

公司	规模	建设地点	下游配套	投产日期
神华包头	30+30	包头	PE、PP	2010年
神华宁煤集团	0+50	银川	PP	2011年
中原石化	10+10	河南濮阳	PE、PP	2011年
大唐国际	0+46	多伦	PP	2012年
宁波禾元化学	30+30	宁波	MEG、PP	2013年
中煤陕西榆林项目	30+30	靖边	PE、PP	2013年
陕西蒲城清洁能源	30+38	蒲城	PE、PP	2014年
联想控股滕州化工	20+20	山东滕州	EVA、EO、PP	2014年

续表

公司	规模	建设地点	下游配套	投产日期
中国石化鹤壁项目	30 +30	河南鹤壁	PE、PP	2015 年
神华宁煤集团	0 +50	宁夏银川	PP	2015 年
延长石油集团	30 +30	延安	PE、PP	2015 年
神华煤制油化工有限公司	30 +30	陕西榆林	PE、PP	2015 年
中国石化安徽中安项目	30 +30	淮南	PE、PP	2015 年
中国石化贵州织金项目	30 +30	织金	PE、PP	2015 年后
TOTAL 和中电投	30 +30	鄂尔多斯	PE、PP	2015 年后
浙江兴兴新能源科技公司	30 +30	浙江嘉兴	PE、PP	正在设计
江苏盛虹集团	60 +60	连云港		正在环评
中天合创内蒙古项目	65 +65	鄂尔多斯	PE、PP	前期工作
青海盐湖钾肥	30 +30	青海		前期工作
香港正大能源	30 +30	常州		前期工作
大连大化福佳	120 +120	大连		前期工作

注：规模中前为乙烯，后为丙烯。

综上所述，预计到 2020 年中国乙烯生产能力将达到 32600kt/a，五大合成树脂生产能力将达到 85500kt/a，其中聚乙烯生产能力为 21970kt/a，聚丙烯生产能力为 24250kt/a，发展均十分迅速。

2 “十三五”期间中国经济的快速发展仍将带动中国聚烯烃需求保持稳定的增长

合成树脂消费主要分布在农业、建筑、包装、电子电器和汽车等产业，因此下游行业的发展将直接关系到合成树脂的需求。

(1)农业

经过 30 年的发展，我国棚膜覆盖面积已突破 5200 万亩，地膜覆盖面积约 33000 万亩，分别占可覆盖面积的 60% 和 60%。2013 年我国农业用各类塑料制品共消耗聚乙烯和聚丙烯树脂 2600kt。

根据中国国情与世界部分国家农业结构状况，预测在 2013 ~2020 年期间中国农业内部结构有如下变动趋势：

2005 年畜牧业占农业总产值 31.3%，2013 年比例则上升到 42% 左右，预计 2020 年畜牧业比重将进一步提高，约为 48%。从未来发展情况看，农膜覆盖面积增长将极为有限，再加上农膜生产技术的改进使得棚膜厚度逐步变薄、寿命不断延长，使得大田农膜覆盖所需的合成树脂将基本维持在目前的水平。因此未来农膜需求增长主要集中在大棚养畜和氨化膜上。

预计未来随着对农田耕地的保护及对粮食种植的进一步重视，我国阳光温室、大中棚的面积将逐步扩大。按照农业部最近发布的“十二五”规划预计，到 2015 年国内地膜覆盖面积将达到 3.5 亿亩，大中棚膜可达 2600 万亩，小拱棚面积将达到 1500 万亩，阳光温室的面积将达 2000 万亩，其中连体阳光温室的面积将超过 10 万亩。预计到 2020 年中国地膜覆盖面积将达到 3.8 亿亩，大中棚膜可达 3000 万亩。这将提升国内对高性能棚膜的需求。

预计到 2015 年国内农用薄膜的需求将达到 290 万吨。2020 年农田薄膜对合成树脂的需求将达到 3300kt。

预计未来遮阳网的需求将稳步增加，到 2015 年需求将达到 30kt 左右，2020 年需求在 4 ~50kt。

预计未来防虫网的推广将有所加快，到 2015 年需求将达到 20kt 左右，2020 年进一步增加到 40kt。

未来节水灌溉器材的推广应用前景也十分乐观。预计到 2020 年，我国节水灌溉面积可望达到 5 亿亩，其中喷灌、微灌面积为 7000 万亩，低压管道输水灌溉面积 6000 万亩。届时合成树脂需求将达 500kt 左右。

预计到 2020 年我国塑料育苗和作物栽培所需的合成树脂产品在 14 ~180kt。

综上所述，预计到 2020 年农业对合成树脂的需求将增至 4100kt。

(2) 建筑业

建筑塑料制品主要包括：不同建筑类型管材、管件，型材(门窗)和各类其它制品，如大口径上下水管、新型室内上水管、热水管、燃气管、复合管与复合型材、各类保温材料、防水材料、墙体装饰材料等。2009年我国建筑行业共消耗合成树脂6400kt，其中以聚氯乙烯和聚乙烯为主。

长远来看，由于城镇化进程的不断推进，及人们生活水平提高后对改善住房条件的迫切需求，均将推动基础设施建设和房地产业的发展，未来中国建筑业仍将是一个朝阳产业。根据规划，中国在“十二五”末城镇化率将达到53.9%，较2010年增加4个百分点，中国城镇人口数将超过农村人口数，将极大地推动基础设施建设和房屋住宅建设。据住房城乡建设部“十二五”规划：未来保障性住房的建设，仍将是工作重点，今后五年建设城镇保障性住房和棚户区改造住房3600万套。

根据国家信息中心预计，到2020年中国城市化率将接近60%，期间将有超过1.5亿的中国人完成从农民到市民的转换，大量人口将往中心城市集聚，城市人口将快速膨胀。虽然各城市发展阶段参差不齐，但都处于郊区化、大都市化的关键阶段，因此城市房屋住宅建设及基础设施建设还将继续保持较快增长。根据建设部政策研究中心发布的《2020我们住什么样的房子——中国全面小康社会居住目标研究》报告分析，到2020年中国城镇人均居住面积达35平方米，较2010年增加8m^2。为全面建成小康社会，未来中国房屋建设仍将有较大增长空间，对主要合成树脂产品的需求仍将保持较快增长。

未来随着节约能源意识的不断加强，到2020年城镇住房基本消除“跑冒滴漏”现象，因此房屋建设中使用EPS保温层和PVC门窗的比例会逐步提升，预计2015年，建筑业将消耗EPS发泡材料约1150kt，PVC异型材约2700kt；2020年，EPS发泡材料进一步增至1450kt，PVC异型材增至近4000kt。

未来，PVC仍将大量用于房屋下水管，但由于PE上水管对PVC管的取代，未来PVC管材需求量增幅下滑。

(3)包装业

90年代以来，我国塑料包装取得了长足的进步，行业装备水平得到提高，涌现了一批新产品，市场需求迅猛增长。2013年国内塑料包装业对五大合成树脂需求在37000kt左右。

随着人民生活水平的提高，对食品如粮食、肉、蛋、菜、奶、饮料的需求将逐年增加，社会对食品包装材料的需求将加大。另外化肥、水泥、石化产品的包装也需要大量的合成树脂。

2013年中国出口产品达到了22096亿美元，据估算其包装就需要合成树脂5800kt左右。未来中国对外贸易将逐步扩大，出口产品仍以制成品为主，预计到2020年中国出口产品总额将超过3万亿美元，出口产品包装对合成树脂的需求还将保持较快增长。

综合以上因素考虑，估计2020年我国塑料包装材料将超过55000kt。

根据以上判断，预计2013~2020年间我国合成树脂需求年均增长速度为5.1%，到2020年国内五大合成树脂需求将达到87000kt，其中聚乙烯需求为28500kt，聚丙烯需求为24600kt。

（中国石化咨询公司　高春雨）

工程塑料

塑料是电子信息、交通运输、航空航天、机械制造业的上游产业，在国民经济中占据着重要的地位，塑料表观消费量的增长与GDP增长的弹性系数为(1.1~1.5)：1。其发展不仅对国家支柱产业和现代高新技术产业起着支撑的作用，同时也推动传统产业改造和产品结构的调整。近年来，随着我国制造业的快速发展，塑料的应用领域日趋广泛，用量不断增加，特别是加入WTO以后，为塑料行业带来了前所未有的发展机遇。近年来，中国工程塑料工业虽然一直在快速发展，生产能力不断提高，品种也在增加，但仍然满足不了市场需求，大部分中高档产品仍然采用进口原料。

工程塑料市场的特点，大致有如下几个方面：

1. 在汽车领域的应用目前社会正朝着注重环保、安全、健康的方向发展，节能与环保成为了汽车工业的两大课题。轻量化、舒适化、节能化是汽车发展的最新趋势，这一趋势加速了汽车塑料化的进程。塑料以其重量轻、设计空间大、制造成本低、性能优异、功能广泛，最终能使汽车在轻量化、安全性和制造成本几方面获得更多的突破，从而成为了21世纪汽车工业最好的选择。国家发改委已制定相关政策，加速汽车零部件的国产化进程，同时也限定了汽车的燃油消耗标准，加之由于去年的原材料涨价，许多整车厂为了降低成本已放开了指定材料的限制。这无疑给零配件生产厂商和塑料供应商提供了一个绝好的发展机遇。国内汽车零部件的加工水平正在迅速提高，新的加工设备、加工工艺被大量的采用，从而使工程塑料的应用水平和用量得以不断的提升。今后工程塑料行业不再只是单纯迎合汽车工业的发展，而是作为参与者要在汽车工业发展中发挥更重要的作用。

2. 在电子电气领域的应用电子电气例来是工程塑料的主要应用领域，其消耗量占到总用量的40%

以上，随着中国电器产品出口量的逐年增加，工程塑料的用量呈上涨趋势。中国是世界制造业大国，尽管中国产品的技术含量和附加值都还很低，但这并不影响中国制造业对工程塑料的巨大需求，特别是迫于成本压力，市场对材料本土化的要求越来越明显，这为工程塑料提供了广阔的应用前景。

3. 市场竞争更加白热化和国际化。到目前为止，几乎所有国际上的大牌公司都在国内建立了改性工厂和树脂厂，大量跨国公司登陆使市场竞争进一步加剧。由于看好中国国内巨大的市场需求，外国公司近来纷纷加强在中国进行本土化开发并不断扩大生产规模。这些举措都是跨国公司以强化市场地位、优化资源配置为目的的国际化运营。因此国内工程塑料行业面临的是日益激烈的国际化竞争，这就迫使国内生产厂要整合资源，不断提升产品技术含量，加强服务意识与市场开发力度，增加研发力量的投入，避免由于低水平的重复投入与低价无序竞争造成的有限资源的极大浪费。

4. 用量增加，但盈利水平有限近年来，中国工程塑料市场需求火爆而企业利润微薄，能源和原材料涨价幅度大大超过了工业品出厂价格指数，影响了大部分加工工业的盈利能力。加之部分下游行业回款形势不好，使企业产成品资金占用增长幅度过大。2012 年中国工程塑料消耗量同比增长低于前几年的增长幅度，主要原因在于原材料涨价。许多加工企业被迫减少了低利润的定单，同时也使用了部分再生料。尼龙和 PBT 使用再生料的情况较为普遍，而用于制作光盘的 PC 量也显著降低。

5. 废旧塑料的回收利用成了热门话题一是为了降低成本而采用再生原料，这块市场不容忽视，几乎占到了工程塑料总用量的五分之一，但产品质量良莠不齐，亟待规范，否则会造成工程塑料的非正规使用和声誉的败坏，也会对下游产品的内在质量产生严重影响，最终导致国内工程塑料行业不能健康发展。另一方面则是为落实循环经济理念，为了减少环境污染、节约能源与资源，这是国家鼓励支持的。总之，废旧塑料的回收利用将成为整个行业必须重视的问题。

6. 国内行业状况国内工程塑料市场前景广阔，有着巨大的发展潜力。劳动成本低于发达国家，人员素质高于其他发展。

专委会对工程塑料行业发展的观点

工程塑料是当今世界塑料工业中增速最快的领域，因其优异的性能，被广泛应用于汽车工业、电子电气、机械设备、建筑材料等行业。随着我国经济的发展，我国已然成为全球工程塑料需求增长最快的国家。

2011 年我国工程塑料的消费量约 272 万吨，同比 2010 年增长 10.93%，2012 年我国虽然由于金融危机的影响国内外市场需求不景气，但由于汽车工业等领域的快速发展，国内工程塑料增长速度仍然很快。预计接下来几年其增速均会保持在 10% 以上。但另一方面，从目前整个国内的工程塑料行业来看，我国的工程塑料仍落后于欧美等国家的先进水平。主要表现在：产业化程度低，研发和创新能力不强，品牌意识相对较低。目前国内工程塑料中低端产品多，且竞争激烈，而高端产品少，特别是高端工程塑料的研发和生产明显不足，对高端设备制造，国防工业及航空航天发展产生了一定影响。对此国内企业应当注重产品创新，完善产品结构和产业结构，同时加强公司的科学管理及品牌建设，以实现中高端产品市场的跨越式发展。

另外，工程塑料行业发展，必须注重行业人才的储备。产、学、研之间的密切合作，将是推动我国工程塑料转型升级的有效途径，通过培养行业的优秀人才以促进产业科学合理的发展。“十二五”规划中国家已明确将工程塑料归为新材料，是国家将重点发展的七大新兴战略产业之一，这也更迫切的要求工程塑料行业有更多优秀的人才去参与其中。国内企业应注重打造创新技术团队，合理的利用内部资源和社会资源，通过各类技术人员的交流合作，以提升企业乃至行业的水平。

在立足于国内市场的基础上，我国工程塑料企业应当准备好开拓国际市场的准备。多年来我国工程塑料出口份额相对较低，对国际市场的开拓仍具有非常大的空间。当然，这就需要国内企业提升自身的品牌影响力。

工程塑料作为当前国民经济建设中不可或缺的材料，不仅对国家支柱产业和现代高新技术产业起着重要作用，同时对传统行业的转型升级及产业改造起着深远影响。因此工程塑料行业在未来的发展中仍具备非常大的潜力。

专委会活动：

2013 年工程塑料专委会除了进行日常秘书处工作还开展了一系列活动：

1、专委会对网站重新建立备案，及时更新相关资讯，完善网站内容，发挥网站平台作用，做好专委会宣导工作；

2、加强专委会电子期刊改版工作，由双月刊改为月刊，提升期刊高度，及时发送会员企业及各位专家领导；

3、因工作职务变动，主任单位中国科学院宁波材料技术与工程研究所，高度重视并支持专委会的工作，特推荐高分子事业部主任、教授、博士生导师朱锦担任工程塑料专委会理事长，林敏刚担任专委会秘书长一职；

4、协助中塑协做好全国5A级协会评选及科研项目储备等相关工作；

5、汇同地方兄弟协会，开展会员企业联谊活动，组织会员企业参加宁波市政府主办塑料产业大会等，获与会企业一致好评；

6、加强与宁波市政府及塑协旗下其他专委会的合作与交流，在宁波市新材料研讨会期间成功举办“2013首届国际生物基高分子材料论坛”，邀请国内外相关专家、企事业单位共聚一堂，10多位生物基高分子应用开发及相关领域的专家做专题报告，内容包括全生物基可降解聚乳酸改性纤维及无纺布开发、聚乳酸血液透析膜研究进展、新型生物基弹性体和塑料的一些进展、生物基聚合物材料的研究现状及发展趋势、含天然产物的新型生物医用高分子材料等等，参会代表有来自全国各地产业界的企业家也有来自高校和研究院所的专家代表，共计120余人。此次论坛获得与会人员的一致好评；相关PPT专家报告整理后供会员专享下载；

7、召开专委会四届一次理事会会议，听取秘书处工作报告及下一步重点工作，着重听取了副理事长和塑协领导对专委会工作的建议和意见；

8、增强专委会与科研院所、地方政府的公共关系，拜访了宁波大学、宁波科协、宁波海关、上海金发、南京助剂协会等企业，走访了余姚塑料城、慈溪汽车摩配协会、重庆商会等。双方就如何进行合作展开了交流等等。

纵观全球工程塑料市值将由今年的670亿美元增至2020年的约1137亿美元，期间年复合增长率为7.9%。全球对工程塑料的需求将由2012年的1960万吨，增至2020年的2910万吨。新兴地区如亚洲、南美、中东以及欧洲的发展中地区将成为工程塑料行业快速增长的主要推动力。汽车、电气及电子产品、家电、建筑和基础设施等领域将成为工程塑料有增长潜力的市场。虽然工程塑料在汽车、电气电子、家电市场具有光明的增长前景，但原料问题和宏观经济放缓等因素将会短期内阻碍其需求增长。目前，工程塑料整体产能过剩，其价格挤压了行业利润。短期来看，需求很难恢复增长。但高油价和减少二氧化碳排放的压力，使得汽车制造商不断探索汽车轻量化技术措施，从而推动了其对工程塑料需求的不断增长，这也使得汽车产业成为工程塑料增长的主要行业之一。此外，电气及电子、家电、建筑等行业也是工程塑料需求增长的重要领域。分品种看，尼龙66在汽车制造中应用最广泛。到2017年，汽车制造商对尼龙66的需求也将维持4%的年均增速。现在许多金属发动机部件，正被如尼龙66等工程塑料替代。

不仅如此，尼龙66在其他应用方面的需求增速将更高，比如，电气和电子的应用需求年均增速将高于5%，家电应用需求增速6%。随着中产阶级人口的增长，白色家电——洗衣机、冰箱等大家电以及断路器等无人值守的电器需求将不断增长，这些应用都需要使用阻燃或绝缘材料，而尼龙66则可以满足要求。

聚碳酸酯(PC)增长潜力也很大。去年，在美国，汽车业约占PC树脂需求的四分之一，为最大应用市场，其次是建筑业。在西欧，建筑业约占PC树脂需求四分之一，其次是汽车业。中国情况则有所不同，虽然2012年中国的汽车产业消耗的PC树脂比美国和欧洲总量还多，但仅占中国总量消耗的10%，与家电/家居用品及光盘应用相当。中国PC树脂最大的消费领域是电子和电气行业，约占总需求的三分之一。

从目前看，解放以来一直推动中国经济增长的高投入、高消耗、低产出的老路已经走到尽头，它不可能使中国的经济实现可持续性发展。转变发展观念，创新发展模式，提高发展质量，切实把经济社会发展转入全面协调可持续发展的轨道，使增长方式由粗放型向集约型转变。

（中国塑料加工工业协会工程塑料专业委员会 林敏刚　郑静）

通用塑料

通用塑料通常指合成树脂及共聚物，简称合成树脂。通用合成树脂主要包括聚乙烯(PE)、聚丙烯(PP)、聚氯乙烯(PVC)、聚苯乙烯(PS)和ABS(丙烯腈-丁二烯-苯乙烯共聚物)等五大类。合成树脂在国民经济发展和人们社会生活中有着极其重要的作用。进入本世纪后，我国合成树脂产业呈加速发展态势。目前，我国已成为世界上最大的合成树脂生产国和消费国。2013年，我国合成树脂行业规模以上企业1565家，主营业务收入达到8402.2亿元，利润总额355.1亿元，资产总计6723.2亿元。

一、合成树脂生产

(一)产量保持较快增长

据统计局数据，2013年，我国合成树脂总产量达58370kt，同比增长11%。其中，聚乙烯11740kt，增幅14.0%；聚丙烯123850kt，增长10.4%；聚氯乙烯15295kt，增长14.0%；聚苯乙烯2291kt，增长5.9%；ABS产量1297kt，增幅22.7%。上述五大通用树脂总产量合计占比73.7%。近些年来，通用合成树脂产量占合成树脂比重总体上呈下降趋势。2009~2013年，我国合成树脂产量年均增长率约为12.6%。其中，聚乙烯年均增长率9.6%，聚丙烯年均增长率8.5%，聚氯乙烯年均增长率15.1%。

我国合成树脂生产主要集中在东部地区，近年来有向西部转移加快的趋势。据统计，2013年，东部11省市合成树脂产量占全国比重63.6%，比上年下降2个百分点、2008年下降6.4个百分点。西部12省市区产量占比达23.6%，比上年提高1.5个百分点、2008年提高近9个百分点。

表1　2009~2013年我国合成树脂产量　　10kt

产品＼年份	2009	2010	2011	2012	2013
合成树脂	3686.7	4360.9	4941.2	5257.0	5837.0
其中：PE产量	766.6	985.8	1015.2	1030.0	1174.0
PP产量	807.5	916.8	995.6	1121.5	1238.5
PVC产量	1015.5	1130.1	1311.2	1341.6	1529.5
PS产量	110.9	155.3	205.3	216.3	229.1
ABS产量	29.4	33.8	102.6	105.7	129.7

注：PS包括EPS、HIPS&GPPS；PE主要包括LDPE、HDPE、LLDPE等(下同)。

(二)投资增幅较高

2013年，我国合成树脂制造业投资总额994.0亿元，同比增幅达29.7%，高出化工行业平均投资增幅逾15个百分点，占化工行业投资总额的7.1%，占比较上年提高1个百分点。在化工行业投资增速大幅减缓的同时，合成树脂投资仍保持高速增长态势。预计2014年合成树脂行业投资增速仍将保持在20%左右。2009~2013年，我国合成树脂行业投资年均增幅高达35.5%。投资的快速增长，大大加快了我国合成树脂行业的发展进程，在这五年中，我国合成树脂产量一举超越美国，跃居世界第一。

表2　2009~2013年我国合成树脂行业投资增长情况

项目＼年份	2009	2010	2011	2012	2013
投资总额/万元	2546563	3794015	5868536	7662870	9939945
同比增长/%	16.9	49.0	42.9	30.6	29.7

(数据来源，统计局，下同)

(三)主要生产企业增加

2013年，全国合成树脂行业规模以上企业有1656家(主营收入2000万元以上)，比上年增加96家。其中，大型企业只有60家(主营收入4亿元以上)。总体看，我国合成树脂行业虽然整体规模很大，但大多为中小企业，产业集中度较低。2013年，前10家企业总产量占全国合成树脂总量的20.4%。

表3　2013年我国合成树脂前15家生产企业

企业名称	品名	单位	产量
中国石油独山子石化分公司	合成树脂	t	1816201
中国石化茂名分公司	合成树脂	t	1519587
上海赛科石油化工有限责任公司	合成树脂	t	1319080
福建联合石油化工有限公司	合成树脂	t	1181628
镇江奇美化工有限公司	合成树脂	t	1096437
中沙(天津)石化有限公司	合成树脂	t	1079943

续表

企业名称	品名	单位	产量
中国石化镇海炼化分公司	合成树脂	t	1054389
天津大沽化工股份有限公司	合成树脂	t	972605
中国石油大庆石化分公司	合成树脂	t	930408
中国石油兰州石化分公司	合成树脂	t	917358
中国石化上海石油化工股份有限公司	合成树脂	t	915082
中国石化北京燕山分公司	合成树脂	t	899689
中国石化扬子石油化工有限公司	合成树脂	t	873834
中国石化齐鲁分公司	合成树脂	t	857117
华锦通达化工股份有限公司	合成树脂	t	808236

1. 聚乙烯主要生产企业

目前，我国聚乙烯主要生产企业约有50余家，集中度相对较高。其中，高密度聚乙烯生产企业约19家；线性低密度聚乙烯生产企业约17家；低密度聚乙烯生产企业约20家。

表4　2013年线性低密度聚乙烯前10家生产企业

企业名称	品名	单位	产量
福建联合石油化工有限公司	线型低密度聚乙烯	t	517788
中国石化镇海炼化分公司	线型低密度聚乙烯	t	488034
上海赛科石油化工有限责任公司	线型低密度聚乙烯	t	369694
中国石油抚顺石化分公司	线型低密度聚乙烯	t	356574
中沙(天津)石化有限公司	线型低密度聚乙烯	t	344850
中国石油大庆石化分公司	线型低密度聚乙烯	t	293988
中国石油兰州石化分公司	线型低密度聚乙烯	t	279756
中国石化中原石油化工有限责任公司	线型低密度聚乙烯	t	260826
中国石油吉林石化分公司	线型低密度聚乙烯	t	247927
中国石化扬子石油化工有限公司	线型低密度聚乙烯	t	244273

表5　2013年产量10万吨以上低密度生产企业

企业名称	品名	单位	产量
中国石化茂名分公司	低密度聚乙烯	t	391352
中国石化北京燕山分公司	低密度聚乙烯	t	323699
扬子石化－巴斯夫有限责任公司	低密度聚乙烯	t	243045
中国石油大庆石化分公司	低密度聚乙烯	t	233661
中国石油兰州石化分公司	低密度聚乙烯	t	201383
中国石化上海石油化工股份有限公司	低密度聚乙烯	t	199151
中国石化齐鲁分公司	低密度聚乙烯	t	134717

表 6　2013 年高密度聚乙烯前 10 家生产企业

企业名称	品名	单位	产量
中国石化茂名分公司	高密度聚乙烯	t	371569
上海赛科石油化工有限责任公司	高密度聚乙烯	t	366506
中沙(天津)石化有限公司	高密度聚乙烯	t	272259
神华集团煤制油包头煤化工公司	高密度聚乙烯	t	269699
中国石化齐鲁分公司	高密度聚乙烯	t	245443
中国石化上海石油化工股份有限公司	高密度聚乙烯	t	243928
福建联合石油化工有限公司	高密度聚乙烯	t	237207
中国石化扬子石油化工有限公司	高密度聚乙烯	t	216056
中国石油吉林石化分公司	高密度聚乙烯	t	215532
中国石油大庆石化分公司	高密度聚乙烯	t	209136

2. 聚丙烯主要生产企业

2013 年，我国有聚丙烯生产企业近 100 家，多为中小企业。其中，产量在 200kt 以上的企业有 22 家，前 10 家企业产量占全国聚丙烯总量的 40.4%。

表 7　2013 年产量 20 万吨以上的聚丙烯生产企业

企业名称	品名	单位	产量
中国石油独山子石化分公司	聚丙烯	t	645688
浙江绍兴三圆石化有限公司	聚丙烯	t	629078
中国石化镇海炼化分公司	聚丙烯	t	566355
中国石化茂名分公司	聚丙烯	t	553654
中国石化上海石油化工股份有限公司	聚丙烯	t	471119
中沙(天津)石化有限公司	聚丙烯	t	462834
神华宁夏煤业集团有限责任公司	聚丙烯	t	450303
福建联合石油化工有限公司	聚丙烯	t	426632
中国石化扬子石油化工有限公司	聚丙烯	t	413505
中国石化北京燕山分公司	聚丙烯	t	381097
台塑聚丙烯(宁波)有限公司	聚丙烯	t	372460
宁波富德能源有限公司	聚丙烯	t	299800
中国石油大庆炼化分公司	聚丙烯	t	286283
中国石油兰州石化分公司	聚丙烯	t	281144
上海赛科石油化工有限责任公司	聚丙烯	t	277070
神华集团煤制油包头煤化工公司	聚丙烯	t	275301
山东东方宏业化工有限公司	聚丙烯	t	272543
中国石油大连石化分公司	聚丙烯	t	271715
陕西延长石油(集团)有限责任公司	聚丙烯	t	244096
中国石化广州分公司	聚丙烯	t	221782
大唐内蒙古多伦煤化工有限责任公司	聚丙烯	t	213023
中国石油抚顺石化分公司	聚丙烯	t	200387

3. 聚氯乙烯主要生产企业

聚氯乙烯是通用合成树脂中最大品种。2013 年，我国聚氯乙烯生产企业约 90 多家，前 10 家企业产量占全国聚氯乙烯总量的 37.1%。近年来，我国聚氯乙烯生产加快向西部地区转移，目前，西部地区产量占比接近 60%，其中新疆和内蒙占比达 40%。

表 8　2013 年聚氯乙烯前 20 家生产企业

企业名称	品名	单位	产量
新疆中泰化学阜康能源有限公司	聚氯乙烯	t	789461
天津大沽化工股份有限公司	聚氯乙烯	t	765455
陕西北元化工集团有限公司	聚氯乙烯	t	764699
新疆华泰重化工有限责任公司	聚氯乙烯	t	746583
昊华宇航化工有限责任公司	聚氯乙烯	t	495014
天能化工有限公司	聚氯乙烯	t	468295
天辰化工有限公司	聚氯乙烯	t	435642
湖北宜化集团有限责任公司	聚氯乙烯	t	407534
宜宾海丰和锐有限公司	聚氯乙烯	t	407116
天津乐金大沽化学有限公司	聚氯乙烯	t	394864
中盐吉兰泰氯碱化工有限公司	聚氯乙烯	t	371244
唐山三友集团有限公司	聚氯乙烯	t	367128
中国石化齐鲁分公司	聚氯乙烯	t	308272
四川金路集团股份有限公司	聚氯乙烯	t	303356
山西榆社化工股份有限公司	聚氯乙烯	t	291800
台塑工业宁波有限公司	聚氯乙烯	t	291130
内蒙古君正化工有限责任公司	聚氯乙烯	t	290927
内蒙古宜化化工有限公司	聚氯乙烯	t	289067
内蒙古乌海化工有限公司	聚氯乙烯	t	279099
青海宜化化工有限责任公司	聚氯乙烯	t	257247

4. 聚苯乙烯主要生产企业

2013 年，我国有聚苯乙烯生产企业约 30 家。规模均不太大，产量在 200kt 以上的共有 5 家，前 10 家企业产量占全国总产量的 90.5%（表 9）。

表 9　2013 年聚苯乙烯前 10 家生产企业

企业名称	品名	单位	产量
东莞新长桥塑料有限公司	聚苯乙烯	t	342472
上海赛科石油化工有限责任公司	聚苯乙烯	t	305810
江苏嘉盛新材料有限公司	聚苯乙烯	t	297611
宁波新桥化工有限公司	聚苯乙烯	t	282371
台化聚苯乙烯（宁波）有限公司	聚苯乙烯	t	225719
江苏诚达石化工业有限公司	聚苯乙烯	t	181348
广东星辉合成材料有限公司	聚苯乙烯	t	143436
江苏倪家巷集团有限公司	聚苯乙烯	t	99264
河南鑫正树脂有限公司	聚苯乙烯	t	86121
中国石化广州分公司	聚苯乙烯	t	63515

5. ABS 主要生产企业

2013 年，我国共有 ABS 生产企业约 25 家，产量相对集中，主要生产企业有台化塑胶(宁波)有限公司、中国石油吉林石化分公司、天津大沽化工股份有限公司等。前 5 家企业产量占全国 ABS 总产量的 90.4%。

表 10　2013 年 ABS 前 10 家生产企业

企业名称	品名	单位	产量
台化塑胶(宁波)有限公司	ABS 树脂	t	388794
中国石油吉林石化分公司	ABS 树脂	t	304564
天津大沽化工股份有限公司	ABS 树脂	t	207150
丹阳新华美塑料有限公司	ABS 树脂	t	151100
中国石化上海高桥分公司	ABS 树脂	t	120866
中国石油大庆石化分公司	ABS 树脂	t	85635
上海锦湖日丽塑料有限公司	ABS 树脂	t	49143
四川飞亚新材料有限公司	ABS 树脂	t	44199
东莞大日化工厂有限公司	ABS 树脂	t	20584
老河口风尚工贸有限公司	ABS 树脂	t	17175

(四)技术工艺

我国合成树脂生产装置大多为国外引进，技术主要依赖外国。虽然部分采用自有技术，但大多属于小型装置，整体技术水平、产品质量与国外先进水平相比，有很大差距。工程塑料生产技术(包括 ABS、PC 等)自主开发能力更为薄弱，尚未达到工业化生产水平。

1. 聚乙烯

目前，聚乙烯生产装置主要分为 LDPE、HDPE、LLDPE 和全密度聚乙烯生产装置。我国聚乙烯生产装置从多国引进，工艺技术齐全。

LDPE 生产技术主要为高压法，根据反应容器的不同可以分为两种工艺：釜式法和管式法工艺。管式法产能通常在 200～300kt/a，具有规模效益，且单体消耗较低。因此，近年来 LDPE 新建装置多为管式法。釜式法产能通常在 100kt/a 以内，吨产品消耗高于管式法。从产品看，管式法产品有较宽的分子量分布和较少的长支链，可抽出物比釜式法少，适宜做薄膜级树脂和电缆用树脂。釜式法产品有更多的长支链，且分子量较高，适合做涂覆专用料和乙烯－醋酸乙烯共聚物(EVA)，其 VA 含量可高达 40%。我国釜式法工艺是 20 世纪 60 年代末和 70 年代初从英国 ICI 和日本住友化学引进，仅兰州化学和燕山石化采用此工艺。我国 LDPE 生产装置基本为管式法工艺，主要从德国伊姆豪森、日本三菱油化、美国匡腾、荷兰 DSM 和美国埃克森等引进，上海石化、大庆石化、茂名石化、齐鲁石化、燕山石化等分别采用上述工艺。

HDPE 装置生产工艺主要分为淤浆法、气相法、溶液法。其中，淤浆法工艺较为普遍，目前采用此工艺的装置产能约占世界 HDPE 总能力的 79%；其次为气相法工艺，占比约 17%。淤浆法的典型工艺有日本三井油化和美国菲利浦斯工艺。我国 HDPE 生产装置主要采用日本三井油化工艺，大庆石化、扬子石化、燕山石化、兰州化学等均采用三井工艺；上海石化为美国菲利普斯淤浆法工艺；齐鲁石化装置工艺采用的是美国联碳气相法。

LLDPE 装置生产工艺以气相法为主。气相法的主要代表有美国联碳、BP、北欧化工等工艺。我国 LLDPE 装置除上海石化的北欧气相法工艺和抚顺石化的杜邦溶液法外，其余均采用美国联碳气相法和 BP 气相法工艺。

我国全密度聚乙烯生产装置也多采用美国联碳气相法工艺。如扬子石化、大庆石化、独山子石化等。BP 开发的 Innovene 工艺不仅可采用传统的 Z－N 催化剂，也可采用茂金属催化剂生产茂金属线性低密度聚乙烯。Basell 开发的 Spherilene 工艺采用聚合技术，实现了全密度切换(无需停车和清洗)，且聚合物呈球形，避免了因粉末产生的粘壁和静电。

2. 聚丙烯

目前，聚丙烯生产工艺主要有液相本体法、气相法和液相本体－气相法组合工艺 3 种，早期的溶剂法和淤浆法已基本被淘汰。

液相本体法工艺按聚合工艺流程可分为间歇式

聚合工艺和连续式聚合工艺2种。间歇本体工艺是我国自行研究开发的生产技术，目前仅在我国应用。连续本体法工艺，其典型代表为日本的Sumitimo工艺，该工艺使用SCC络合催化剂，液相丙烯在50～80℃、3.0MPa下聚合生成聚丙烯。连续本体法生产的聚丙烯等规指数高，刚性优良，热稳定性好，耐油及电气性能优越等。

气相法目前，世界上气相法聚丙烯生产工艺主要有BP公司的Innovene工艺、联碳公司Unipol工艺以及BASF公司的Novolen工艺等。

液相本体－气相法组合工艺该工艺主要包括巴塞尔公司的Spheripol工艺、日本三井化学公司的Hypol工艺、北欧化工公司的Borstr工艺等。Spheripol工艺是采用液相预聚合和液相均聚、气相共聚相结合的聚合流程。均聚反应采用液相法环管反应器，多相共聚采用气相法流化床反应器，使用的催化剂是巴塞尔公司自行开发的GF－2A或FT－4S，助催化剂为三乙基铝；Hypol工艺是一种多级工艺，采用HY－HS－Ⅱ催化剂（TK－Ⅱ）。该工艺将本体法丙烯聚合工艺的有点和气相法聚合工艺的有点融为一体，是一种不脱灰、不脱无规物、能生产多种牌号聚丙烯产品的工艺技术。Borstr工艺是1998年开发成功的聚丙烯新型生产工艺，2005年5月Borealis公司在奥地利的Schwechat建成世界上第一套生产能力为20万吨/年的双峰聚丙烯生产装置。

近年来，世界上气相法和本体法工艺的聚丙烯生产装置比列逐年增加，各地在建和新建的聚丙烯装置都基本上采用气相法工艺和本体法工艺。由于茂金属催化剂具有催化活性高、单活性位、聚合物结构可精确控制等优点，目前对其的研究与应用颇为活跃。随着对茂金属催化剂研究的不断深入，茂金属催化剂有望在聚丙烯工业中得到广泛应用，从而进一步推动聚丙烯工业的发展。

3. 聚苯乙烯

聚苯乙烯由苯乙烯单体聚合而成，简称PS。PS是一种热塑性非结晶性树脂，可由多种合成方法聚合而成。目前工业上主要采用本体聚合法和悬浮聚合法。产品主要分为通用级聚苯乙烯（GPPS，俗称透苯）、抗冲击聚苯乙烯（HIPS，俗称改苯）和发泡级聚苯乙烯（EPS）。目前世界上苯乙烯系列的树脂约有30～40种，牌号近100种，品级达400余种，产量23000kt，其中PS约占65％。

我国聚苯乙烯装置绝大多数采用国外或我国中国台湾技术。但与国外产品相比，品种、牌号少，质量相对较差，生产成本较高，在竞争中处于明显的劣势。

4. 聚氯乙烯

聚氯乙烯是由氯乙烯聚合而成，其聚合方法主要有4种：悬浮法占90％，乳液法占5％，本体法和溶液法占5％。悬浮法是在反应釜中加入氯乙烯单体、水、悬浮剂、油溶性引发剂及少量其他助剂（缓冲剂、链转移剂）等，在搅拌和一定温度条件下使氯乙烯聚合，待转化率达到一定程度时停止聚合反应，回收未聚合的氯乙烯，聚合物浆料经气提、脱水、干燥即得产品。乳液法是将氯乙烯、水、乳化剂、水溶性引发剂以及少量种子胶乳、pH值调节剂等加入反应釜中，在搅拌和一定温度条件下使氯乙烯进行聚合，达到预期转化率时停止聚合反应，回收未聚合单体，所得聚合物胶乳经干燥即得产品。

氯乙烯（VCM）是生产聚氯乙烯的单体，其生产方法有乙烯法和电石法。近年来，欧洲乙烯基公司（EVC）又成功开发出以乙烷为原料的VCM工艺路线。

乙烯法首先由乙烯经氧氯化或直接氯化法制得二氯乙烷（EDC），再热解制得VCM。20世纪90年代，国外各大公司纷纷对EDC、VCM生产工艺进行改进，此后，所有装置均采用直接氯化法制EDC和VCM工艺。

电石法第一步乙炔制备，以电石为原料，水解发生制乙炔；第二步氯乙烯合成，从乙炔站送来的精乙炔经过乙炔预冷器后再混合器内与来自氯化氢工段经过冷却的氯化氢按比例混合。通过冷冻、旋风分离、酸雾捕集等步骤后，再经过预热进入转化器。以乙炔和氯化氢为原料，在固定床反应器中以氯化汞做催化剂，在一定温度下反应制得氯乙烯。

乙烯法生产VCM是发达国家普遍采用的技术方法。我国VCM的生产仍以电石法为主。目前，我国PVC生产技术主要致力于对电石乙炔法工艺进行改进，重点放在解决汞催化剂污染，回收利用VCM尾气，废渣废水的处理利用，降低能耗及节省资源等方面。

世界上先进的PVC生产普遍采用大釜技术和防粘釜工艺，实现了密闭化加料、密闭防粘釜、密闭排料的密闭化工艺。生产工艺的密闭化有利于缩短聚合周期，提高设备利用率，增大PVC的生产强度，降低生产成本，减少环境污染，并可进一步提高生产操作的自动化和树脂的质量。

5. ABS

ABS树脂生产方法按技术路线可分为化学接枝法、化学接枝共混法和物理掺混法等3类。其中，化学接枝法又分3种，即乳液接枝法、连续本体接枝聚合法、乳液接枝－本体聚合法；化学接枝共混法也分3种，即乳液接枝－乳液SAN(丙烯腈－苯乙烯共聚树脂)掺混法、乳液接枝－悬浮SAN掺混法、乳液接枝－本体SAN掺混法；物理掺混法是以ABS粉料和SAN粒料为原料，利用挤出机掺混生产ABS树脂，它属于塑料加工范畴，不属于传统ABS生产方法。

目前乳液接枝法、乳液接枝－乳液SAN掺混法在发达国家已被淘汰。乳液接枝－本体聚合法因需改变本体聚合配方才能生产出不同品种牌号的产品，应用部普遍。乳液接枝－悬浮SAN掺混法只适合于中小型生产装置。因此，现阶段ABS树脂的生产方法主要为乳液接枝－本体SAN掺混法和连续本体聚合法。

乳液接枝－本体SAN掺混法是在乳液接枝法的基础上发展起来的，是目前生产ABS树脂最主要的生产工艺，主要由接枝用主干乳胶的合成、主干乳胶与苯乙烯和丙烯腈的接枝共聚、本体SAN共聚物的合成以及ABS接枝共聚物与SAN树脂的掺混等步骤组成。该法的有点在于可以通过调整掺混比例、添加剂的种类和数量，生产不同牌号的ABS树脂，技术先进可靠，产品范围广，性能好，污染小。

连续本体聚合法是由日本TEC－MTC公司在20世界80年代中期实现工业化生产的，是近年来发展较快的一种生产工艺。它与高抗冲聚苯乙烯(HIPS)的连续本体法很相似，主要区别在于反应增加了丙烯腈单体，在其分子链中尽量多增加丙烯腈。ABS连续本体聚合法具有工艺流程简单、操作容易、污染小、投资省等特点，国外新建装置有向该工艺发展的趋势，但由于本体法工艺本身的局限性，无法生产橡胶含量20%以上的ABS产品，其产品抗冲强度收到限制，另外，在橡胶粒径控制上也相对较难，亦无法达到乳液接枝本体SAN掺混法能达到的高光泽度，使得产品的范围和性能受到一定的局限性，还有待进一步改进。

当前，乳液接枝本体SAN掺混法的研究方向是提高胶乳质量，缩短反应停留时间和增大胶乳粒径，而连续本体法的研究方向是橡胶粒径的分布以及大小控制以获得更高的抗冲性能和光泽度，目前在通过不同引发剂、橡胶种类的使用，引入第四单体等方面取得了较大进展。

在我国，由于最早采用自主技术建成的两套ABS装置早已关闭，现在运行或在建的装置基本从国外引进，技术依赖进口。

二、合成树脂消费

(一)消费增长放缓

2013年，我国合成树脂表观消费量达到85410kt，同比增长6.5%，进口占表观消费量的36.6%。PE、PP、PS、PVC、ABS五大通用树脂表观消费量总计为57640kt，占合成树脂表观消费总量的67.5%。其中，聚乙烯表观消费量20353kt，同比增长13.7%；聚丙烯表观消费量15831kt，增幅5.7%；聚氯乙烯表观消费量15606kt，增长10.1%；聚苯乙烯表观消费量2911kt，增长3.7%；ABS表观消费量2935kt，增幅9.5%。

受宏观经济结构调整和增速减缓影响，合成树脂消费增幅明显回落。近三年来，我国合成树脂年消费量最高增幅不到7%，平均增幅只有6%，相较2010年以前10%以上的平均增速，大幅放缓。2009～2013年，我国合成树脂表观消费量年均增长率为10.1%。其中，聚乙烯年均增长11.1%，聚丙烯年均增长9.1%，聚氯乙烯年均增长率12.3%，聚苯乙烯年均增长率10.2%，ABS年均增幅为6.2%(表11)。预计未来3～5年，我国合成树脂需求增幅将维持在6%～8%。

表11　2009～2013年我国合成树脂表观消费量　10kt

产品 \ 年份	2009	2010	2011	2012	2013
合成树脂表观消费量	6457.9	7165.7	7605.0	8016.4	8540.8
其中：聚乙烯	1501.4	1707.6	1727.4	1790.0	2035.3
聚丙烯	1219.3	1279.2	1356.8	1498.3	1583.1
聚氯乙烯	1183.5	1275.7	1398.7	1417.2	1560.6
聚苯乙烯	201.9	273.2	273.6	280.7	291.1
ABS	241.2	245.9	283.6	268.0	293.5

(二)消费结构

五大通用树脂中，聚乙烯消费量最大，2013年占到通用合成树脂消费总量的35.3%，其次是聚丙烯，占比27.5%，第三位聚氯乙烯，占比27.1%；

聚苯乙烯和 ABS 树脂分别各占 5.1%。

1. 聚乙烯

近年来，在聚乙烯产品的消费中，高密度聚乙烯(HDPE)呈现下降趋势，低密度聚乙烯(LDPE)和线性低密度聚乙烯(LLDPE)则不断上升，超高分子量聚乙烯(UHMW)和中密度聚乙烯(MDPE)保持基本稳定。2013 年，HDPE 消费量约占聚乙烯总消费量的 33%；LDPE 占比约为 22%；LLDPE 占比最高，达 43.3%；UHMW/MDPE 占比约 1.7%。

LDPE/LLDPE 消费结构。薄膜制品(包装薄膜、农用薄膜等)是 LDPE/LLDPE 的最大消费领域，占其消费总量的 70% 以上；其次是注塑，约占 9%。近些年来，包装薄膜和农用薄膜的持续快速增长，极大地拉动了 LDPE/LLDPE 的消费。

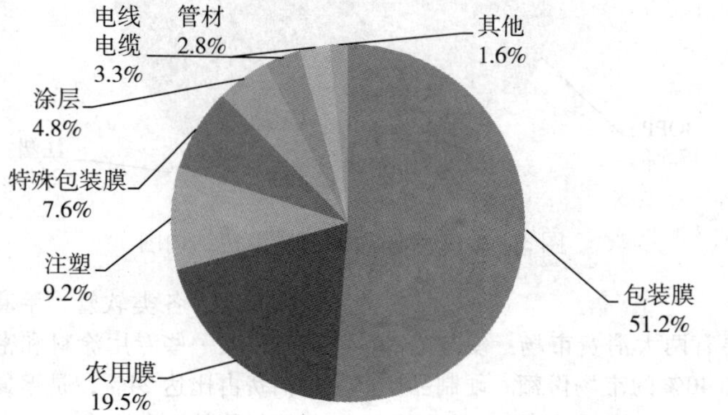

图 1　2013 年国内 LDPE/LLDPE 消费结构图

HDPE 消费结构。吹塑仍然是我国 HDPE 的最大应用领域，目前约占其总消费量 21%，其次分别为注塑、薄膜、管材，占比分别为 19%、17.9% 和 14.5%。

HDPE 适用于生产各类中空容器，如牛奶瓶、果汁瓶、化妆品瓶、药瓶、食品容器以及中空托盘、燃油箱、IBC 包装桶等大型中空产品。HDPE 薄膜制品中，以高强度薄膜为主，主要包括背心袋、购物袋、垃圾袋、杂货袋、耐候膜等。HDPE 注塑制品可大量替代钢材和木材，应用于各个领域，如铁路、港口、远洋运输、包装生产线等。HDPE 管材具有优良的机械性能、无毒和耐腐蚀等优点，被广泛应用于供水系统及电线电缆等的套管领域。

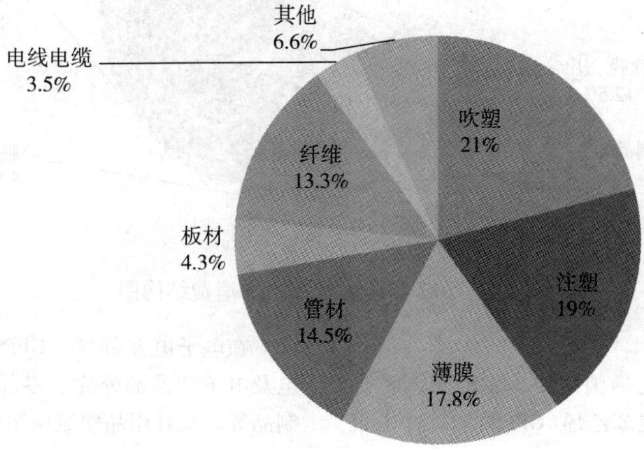

图 2　2013 年国内 HDPE 消费结构图

2. 聚丙烯

包装、汽车、家电等行业是聚丙烯最大的消费市场，编织制品、注塑制品、BOPP 薄膜等是聚丙烯最主要的应用领域。2013 年，编织制品消费占比约 31%，注塑占比约 29%，BOPP 占 17.5%。

编织制品主要用于粮食、化肥、水泥等的包装。近年来，编织制品企业有由东部沿海地区向中西部地区加快转移的趋势。注塑制品主要应用于汽车、家电、玩具、日用品、工业容器等领域。随着制造业的快速发展，近年对嵌段共聚聚丙烯的需求快速增加。BOPP 薄膜具有质轻、机械强度高、尺寸稳定性好等优点，广泛应用于包装特别是食品包装领域。

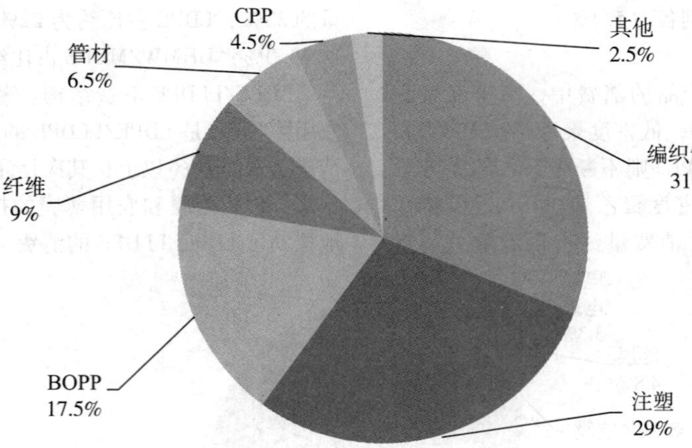

图3　2013 年国内聚丙烯消费结构图

3. 聚氯乙烯

我国聚氯乙烯主要有两大消费市场：硬制品和软制品，分别占60%和40%的市场份额。硬制品主要是各种型材、管材、板材、硬片和吹塑制品等；软制品主要为各种用途的膜、电线电缆、人造革、织物涂层、各类软管、手套、玩具、铺地材料、塑料鞋以及一些专用涂料和密封剂等。2013 年，异型材消费占比达 24%，是聚氯乙烯最消费领域；其次是管材管件，占比约 17%。

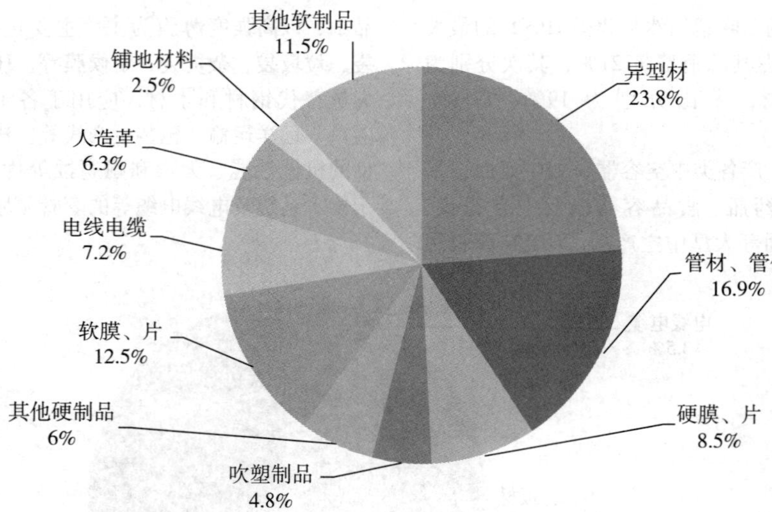

图4　2013 年国内聚氯乙烯消费结构图

4. 聚苯乙烯

目前，在我国聚苯乙烯消费中，发泡聚苯乙烯(EPS)约占46%，通用聚苯乙烯(GPPS)和抗冲击聚苯乙烯(HIPS)占比 54%。

EPS 消费结构。EPS 主要消费领域是包装材料(包括家用电器中缓冲材料)和建筑保温材料，分别约占其消费量的45%和48%，其余为一次性餐盒等消费。

GPPS/HIPS 消费结构。我国 GPPS/HIPS 主要消费领域是电子电器、日用品和办公用品，目前分别占其消费总量的38%、30%和12%。

在电子电器领域，GPPS/HIPS 主要用于制作家电及电子产品的外壳、零部件、冰箱板材以及音像制品等。在日用品领域应用也很广泛，如家用器皿、牙刷、化妆品盒、装饰品、圆珠笔等。在包装材料中，GPPS/HIPS 则主要应用于包装和电绝缘方面。

5. ABS

我国 ABS 树脂消费主要集中在电子/电器、办公设备和车用(汽车、摩托车)等领域，分别约占 ABS 总消费量的53%、21.5%和15%。

电子/电器的消费主要为家用电器，包括电冰箱、冰柜、空调、洗衣机、微波炉、音响等。办公设备主要包括计算机、传真机、电话、复印机等。车用领域主要为汽车、摩托车的仪表板、车轮罩、散热器隔栅、空调器、行李箱、手柄等部件。ABS树脂的日用品消费领域主要有箱包、玩具、管材等。

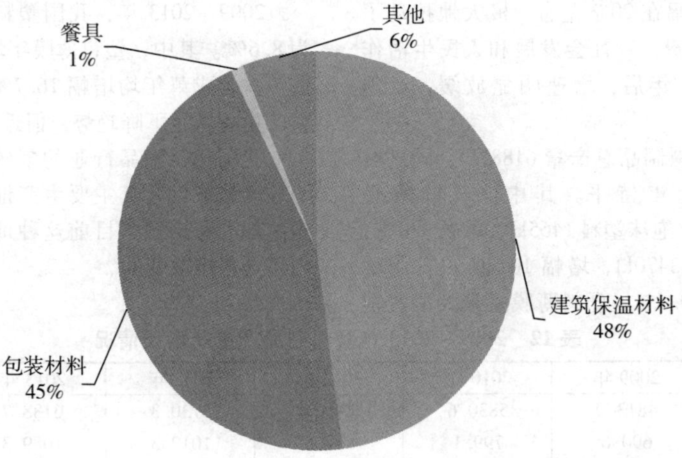

图5　2013年国内EPS消费结构图

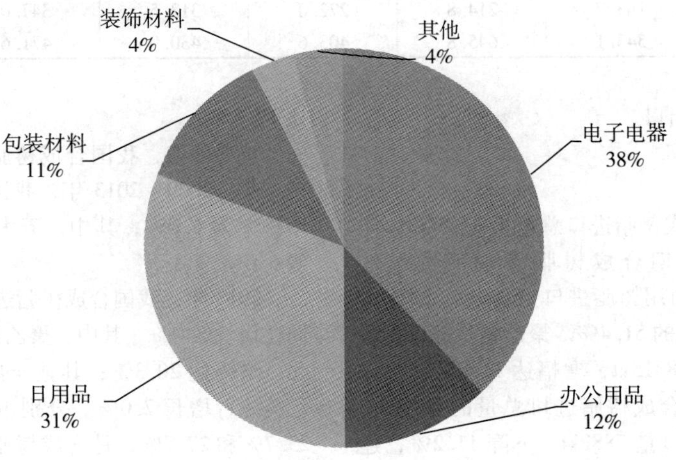

图6　2013年国内GPPS/HIPS消费结构图

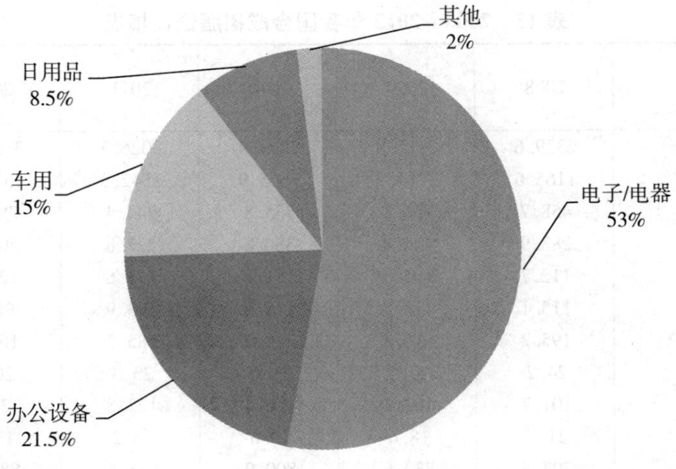

图7　2013年国内ABS树脂消费结构图

(三)下游加工业持续快速发展

本世纪前十年，我国塑料加工业持续高速发展，塑料制品产量年均增幅在20%左右，极大地拉动了合成树脂的生产和消费，对社会发展和人民生活作出了巨大贡献。2011 年后，增速明显放缓，竞争加剧。

2013 年，我国塑料制品总产量 61887kt，同比增长 8.0%，增幅与上年持平。其中，塑料薄膜 10893kt，增长7.6%；泡沫塑料 1465kt，增长 9.0%；塑料人造革、合成革 3470kt，增幅 10.7%；日用塑料制品 4716kt，增幅 9.5%。塑料薄膜是最大消费领域，占塑料制品总量的 17.6%；其次是日用塑料制品，占比 7.6%。

2009～2013 年，我国塑料制品产量年均增长率为 8.6%。其中，塑料薄膜年均增长 12.1%，塑料人造革盒合成革年均增幅 16.7%；泡沫塑料盒日用塑料产量总体呈下降趋势，但近年来产量有所回升。

我国塑料制品行业的集约程度较高，而且具有明显的地域性，其主要生产地区基本上都集中我国东南部沿海地区，目前这种地域分布状况在短时间内还是很难改变的。

表 12　2009～2013 年塑料制品产量及增长情况　10kt

产品名称	2009 年	2010 年	2011 年	2012 年	2013 年	年均增幅
塑料制品总量	4813.0	5830.6	5304.4	5730.3	6188.7	8.6%
塑料薄膜	690.6	799.1	887.5	1012.3	1089.3	12.1%
其中农用薄膜	123.0	157.1	151.1	164.9	187.4	13.2%
泡沫塑料	190.1	220.3	139.7	134.4	146.5	-1.8%
塑料人造革、合成革	183.7	214.8	272.0	313.5	347.0	16.7%
日用塑料制品	543.1	645.8	403.6	430.9	471.6	-1.2%

三、合成树脂进出口

(一)合成树脂进口

1. 进口波动上升

2013 年，我国合成树脂进口总量为 31234kt，同比微降 0.4%；占同期合成树脂表观消费量的 36.6%。其中，五大通用树脂进口 16069kt，同比增长 1.8%，占进口总量的 51.4%。聚乙烯是进口量最大的品种，全年进口 8815kt，增幅达 11.8%，进口所占比重也最大，占合成树脂进口总量的 28.2%；其次是废碎塑料，进口量 7882kt，下降 11.2%，连续多年进口较快增长后，首次下降，占比 25.2%；其他合成树脂进口 5565，排名第三，增幅 8.5%，占比 17.8%。

近些年来，我国合成树脂的进口呈现波动上升的态势。2009～2013 年，我国合成树脂进口量年均增长率为 6.0%，其中，五大通用树脂进口年均增幅 6.6%。

2013 年，我国合成树脂进口总额 511.5 亿美元，同比增长 5.0%。其中，聚乙烯进口总额 131.4 亿美元，增幅达 20.3%；其他合成树脂进口总额 141.8 亿美元，增长 7.0%。分别占合成树脂进口总额的 25.7% 和 27.7%，是合成树脂中进口额增长最快的两大品种。2009～2013 年，我国合成树脂进口额年均增幅为 8.0%。

表 13　2008～2013 年我国合成树脂进口情况　10kt

产品＼年份	2008	2009	2010	2011	2012	2013
合成树脂总计	2329.6	2911.8	3069.4	3026.3	3139.1	3123.4
五大通用树脂合计	1165.6	1717.7	1605.9	1542.9	1578.9	1606.9
聚乙烯	458.7	756.1	735.8	744.4	788.8	881.5
聚丙烯	283.9	430.8	386.8	377.8	404.7	359.3
聚氯乙烯	112.7	195.5	151.1	131.6	121.0	104.4
聚苯乙烯	115.1	118.5	115.2	103.9	98.0	94.7
ABS 树脂	195.2	216.8	216.9	185.3	166.5	167.0
环氧树脂	24.2	23.5	31.0	23.3	20.5	20.4
聚碳酸酯	101.7	102.7	126.4	122.8	137.4	137.9
聚硅氧烷	21.7	18.6	19.6	15.2	13.9	13.5
塑料废碎料	707.5	732.6	800.9	838.6	887.8	788.2
其他合成树脂	308.8	316.7	485.6	483.5	500.6	556.5

注：数据来源：中国海关，下同。

2. 主要进口地区

目前，我国合成树脂进口主要来自亚洲及我周边国家和地区。2013 年，进口排名前三位的国家和地区依次为韩国、中国台湾地区和日本，进口量分别为 4583kt、3839kt 和 2588kt，进口额为 84.4 亿美元、73.7 亿美元和 51.3 亿美元；分别占我国合成树脂进口总量的 14.7%、12.3% 和 8.3%，进口总额的 16.5%、14.4% 和 10.0%（见表 14）。

表 14　2013 年我国合成树脂主要进口国家和地区

国家和地区	进口量/10kt	进口额/万美元
韩国	458.3	843651
中国台湾地区	383.9	736608
日本	258.8	513028
沙特阿拉伯	257.9	374235
美国	220.9	404851
泰国	211.1	333325
新加坡	172.9	302249
伊朗	145.1	209160
中国香港	108.3	121469
德国	101.2	170544
马来西亚	98.6	129876
阿联酋	94.2	123572
卡塔尔	49.4	71743
比利时	49.2	65202
总计	3123.4	5114793

3. 进口贸易方式

在我国合成树脂进口贸易中，以一般贸易方式为主，加工贸易为辅。2013 年，在进口量中，一般贸易占 65.0%，加工贸易占 27.1%，其他贸易方式占 7.9%；在进口贸易额中，一般贸易占 60.2%，加工贸易占 30.7%，其他贸易方式占 9.1%。近年来，加工贸易呈下降趋势，一般贸易占比上升（表 15）。

表 15　2013 年我国合成树脂进口贸易方式

贸易方式	贸易量/10kt	贸易额/万美元
一般贸易	2028.8	3077230
加工贸易	848.4	1570006
其他	246.1	467557
合计	3123.4	5114793

（二）合成树脂出口

1. 出口保持较快增长

我国在大量进口合成树脂的同时，也有一定量的出口。2013 年，我国出口合成树脂 4196kt，同比增长 11.0%，占进出口贸易总量的 11.8%，相对于进口而言，出口量显得很小。不过，近些年来，我国合成树脂出口呈现持续较快增长势头。出口产品中，以其他合成树脂为主，2013 年出口量为 2400kt，占合成树脂出口总量的 55.7%。PVC 的出口近年增长较快，但量仍然不大。2013 年，出口金额为 91.6 亿美元，同比增长 9.0%。

2009～2013 年，我国合成树脂出口量的年均增长率为 9.4%。其中，其他合成树脂年均增幅达 18.5%。2009～2013 年，合成树脂出口总额年均增长率为 12.0%（表 16）。

表 16　2008～2013 年我国合成树脂出口增长情况　　10kt

产品＼年份	2008	2009	2010	2011	20112	2013
合成树脂总计	267.8	218.8	294.7	362.5	378.1	419.6
聚乙烯	17.6	17.8	15.8	32.2	28.8	20.3
聚丙烯	4.4	4.6	8.3	16.6	16.1	14.7
聚氯乙烯	64.6	27.5	26.6	44.2	45.4	73.4
聚苯乙烯	32.3	27.5	35.8	35.6	33.5	32.7
ABS 树脂	4.3	5.0	5.5	4.3	4.2	3.1
环氧树脂	10.9	7.6	8.0	8.4	7.1	7.1
聚碳酸酯	27.9	21.5	29.5	23.8	21.2	20.9
聚硅氧烷	3.4	3.4	5.1	8.4	9.6	9.4
塑料废碎料	2.4	3.3	2.6	2.6	3.3	4.2
其他合成树脂	100.1	100.7	157.4	186.6	209.0	233.9

2. 主要出口目的地

我国合成树脂出口遍布全球各地，达170多个国家和地区，但主要出口目的地仍是亚洲及我周边国家和地区。出口量在250kt以上的国家和地区有5个，依次为中国香港、印度、韩国、俄罗斯和美国，合计占我国合成树脂出口总量的39.2%，出口总额38.9%。

表17　2013年我国合成树脂主要出口国家和地区

单位：万吨，万美元

国家和地区	出口量	出口额
中国香港	52.8	131935
印度	33.5	55839
韩国	26.9	60309
俄罗斯联邦	26.4	41862
美国	25.0	66028
越南	18.5	38204
泰国	16.4	35801
马来西亚	16.1	28865
印度尼西亚	14.7	33336
伊朗	13.5	29847
土耳其	13.4	27119
日本	12.2	36855
中国台湾省	11.6	30064
巴西	10.6	25004
巴基斯坦	8.3	17697
阿联酋	6.9	13581
乌兹别克斯坦	6.8	7560
哈萨克斯坦	6.4	8647
澳大利亚	5.9	13530
沙特阿拉伯	5.8	13465
总计	419.6	915948

四、价格分析

近年来，我国合成树脂价格总体上呈高位震荡走低趋势，通用树脂市场竞争激烈，进口压力日益增大；价格大体随国际油价而波动，但各产品价格走势分化。总体上看，合成树脂行业盈利能力减弱，效益下滑。

(一)合成树脂价格总水平降幅收窄

根据统计局出厂价格指数，2013年，我国合成树脂生产者出厂价同比下降0.8%，较上年大幅收窄5.4个百分点，价格走势基本在零上下波动，出现企稳回升迹象。2011年以来，我国合成树脂价格总水平呈现高位回落走势。预计2014年合成树脂价格将继续调整，但整体上回升的态势进一步得到加强。

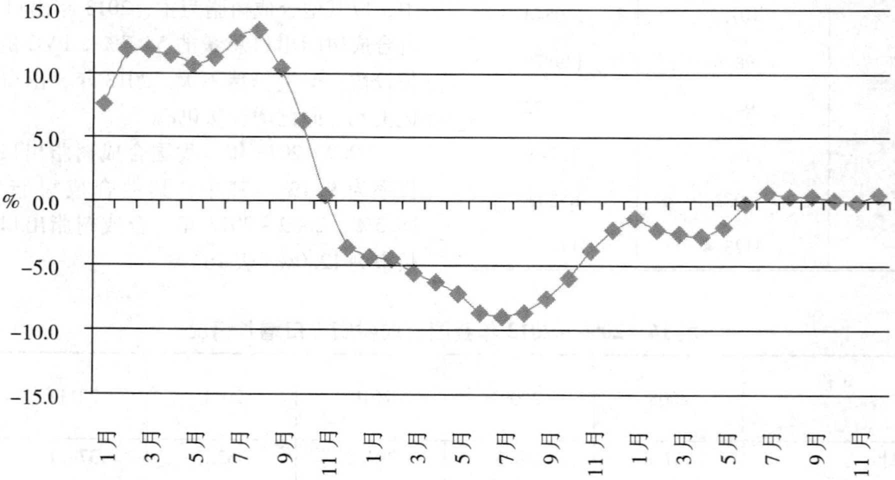

图8　2011～2013年合成树脂出厂价单月走势

(二)聚乙烯价格

市场价格回升。监测显示，2013年聚乙烯主要品种价格全面反弹，均有不同程度上涨，价格总体呈现振荡上升的走势，特别是第四季度，价格上涨的力度明显加大。其中，低密度聚乙(Q210)烯涨幅较大，达9.6%，年均价为12008元/吨；线性低密度聚乙烯(7042)涨幅6.7%，均价11238元/吨；高密度聚乙烯(5000S)涨幅相对较低，为3.3%，均价11573元/吨(见表18)。

进口价格上涨。2013年，进口聚乙烯价格普遍上涨。其中，线性低密度聚乙烯(初级形状)涨幅最大，达10.2%，进口均价为1513.7美元/吨，创历史新高；低密度聚乙烯涨幅8.0%，均价为1543.8美元/吨；高密度聚乙烯上涨6.2%，均价1460.7美元/吨，为历史次高价位。

表 18　2009～2013 年国内聚乙烯市场价格变动情况　　元/吨

产品名称	等级、规格	2009 年	2010 年	2011 年	2012 年	2013 年
HDPE	5000S	10672	10928	11462	11207	11573
同比	%	-18.0	2.4	4.9	-2.2	3.3
LDPE	Q210	10433	12296	13015	10955	12008
同比	%	-22.8	17.9	5.8	-15.8	9.6
LLDPE	7042	10139	10643	10536	10533	11238
同比	%	—	5.0	-1.0	0.0	6.7

表 19　2009～2013 年进口聚乙烯价格变动情况　　美元/吨

	2009 年	2010 年	2011 年	2012 年	2013 年
低密度聚乙烯	1169.1	1471.4	1654.0	1429.4	1543.8
同比/%	-28.2	25.9	12.4	-13.6	8.0
高密度聚乙烯	1100.8	1270.9	1397.4	1375.8	1460.7
同比/%	-27.5	15.5	10.0	-1.5	6.2
线型低密度聚乙烯	1113.5	1316.7	1435.2	1373.0	1513.7
同比/%	-25.5	18.2	9.0	-4.3	10.2

（三）聚丙烯价格

国内市场价格继续下跌，进口价格上涨。2013 年，国内市场聚丙烯（F401）平均价格 11147 元/吨，比上年微跌 0.3%，连续第二年下跌。从价格走势上看，全年可分两个阶段：上半年，价格振荡走低，从年初的 11000 元/吨，回落至年中的 10500 元/吨；下半年，价格稳步回升，从 7 月份的 10700 元/吨上升至 12 月份的 12160 元/吨，创年内新高。

2013 年，进口聚丙烯（初级状）均价为 1557.4 美元/吨，刷新历史纪录，同比上涨 5.1%。近年，聚丙烯进口价格持续高位运行。

表 20　2009～2013 年聚丙烯价格变动情况

产品名称	单位	2009 年	2010 年	2011 年	2012 年	2013 年
国内市场价格	元/吨	9451	11115	12075	11181	11147
同比	%	-23.5	17.6	8.6	-7.4	-0.3
进口价格	美元/吨	1095.5	1337.6	1555.3	1482.3	1557.4
同比	%	-23.9	22.1	16.3	-4.7	5.1

（四）聚氯乙烯价格

价格长期低位运行。近年，聚氯乙烯市场需求放缓，产能压力不断增大，价格竞争日趋激烈，是目前合成树脂中最为低迷的市场。2013 年，价格长期低位徘徊。市场监测显示，聚氯乙烯（SG3）全年均价为 6552 元/吨，同比下降 2.9%；聚氯乙烯（LS-100）年均价 6972 元/吨，跌幅 2.7%；均连续第二年下跌。预计 2014 年价格会略有回升，但市场颓势难以根本性扭转。

进口价格回落。2013 年，进口聚氯乙烯中，除个别品种上涨外，其余均下跌。其中，糊树脂跌幅 7.5%，未塑化聚氯乙烯下跌 6.4%，已塑化聚氯乙烯下跌 1.8%，初级状聚氯乙烯上涨 4.9%。

表 21　2009～2013 年聚氯乙烯国内市场价格变动情况　　元/吨

产品名称	规格	2009 年	2010 年	2011 年	2012 年	2013 年
聚氯乙烯	SG3	6502	7660	8089	6747	6552
同比	%	-14.1	17.8	5.6	-16.6	-2.9
聚氯乙烯	LS-100	6911	7833	8296	7163	6972
同比	%	-14.6	13.3	5.9	-13.7	-2.7

表 22　2009～2013 年聚氯乙烯进口价格变动情况　　美元/吨

产品名称	规格	2009 年	2010 年	2011 年	2012 年	2013 年
聚氯乙烯	糊树脂	1052.5	1381.1	1739.8	1496.2	1384.1
同比	%	-22.7	31.2	26.0	-14.0	-7.5
聚氯乙烯	初级状	742.4	967.3	1061.6	981.4	1029.2
同比	%	-26.2	30.3	9.8	-7.6	4.9
聚氯乙烯	未塑化	997.6	1253.4	1534.6	1362.8	1275.7
同比	%	-14.7	25.6	22.4	-11.2	-6.4
聚氯乙烯	已塑化	1802.7	1960.9	2166.8	2136.3	2098.4
同比	%	0.0	8.8	10.5	-1.4	-1.8

(五)聚苯乙烯价格

近年来，聚苯乙烯价格持续上涨，是合成树脂中涨幅最大的品种。2013 年，国内市场 GPPS(透明 666D)均价 13578 元/吨，同比涨幅 12.4%；GPPS(PG33)均价达 13683 元/吨，涨幅 13.0%。从全年走势看，价格呈现高位运行态势，月均价均保持在 13000 元/吨上方，波动幅度也相对较小。2014 年，由于需求大幅放缓，聚苯乙烯价格将高位回落，有可能终止 2010 年以来价格连续上涨的势头。

进口价格创新高。2013 年，我国进口 EPS(初级状)均价 2054.3 美元/吨，同比上涨达 20.2%，价格和涨幅均创历史之最；进口 HIPS(初级状)均价为 1979.1 美元/吨，也创历史新高，涨幅 7.0%。

表 22　2009～2013 年聚苯乙烯国内和进口价格变动情况

产品名称	规格	2009 年	2010 年	2011 年	2012 年	2013 年
GPPS/(元/吨)	666D	9152	10887	11927	12075	13578
同比	%	-22.1	19	9.6	1.2	12.4
GPPS/(元/吨)	PG33	9558	11164	12101	12108	13683
同比	%	-21.4	16.8	8.4	0.1	13.0
进口价格						
EPS/(美元/吨)	初级状	1260.3	1386	1596.3	1709.1	2054.3
同比	%	-10.5	10	15.2	7.1	20.2
HIPS/(美元/吨)	初级状	1327.1	1579.2	1798	1849.4	1979.1
同比	%	—	19.0	13.9	2.9	7.0

(六)ABS 价格

价格继续回落。2013 年，国内市场 ABS 树脂(757K)平均价格为 14922 元/吨，同比下跌 3.3%，连续第二年下挫，但跌幅较上年明显收窄。从价格走势上看，年初冲高，之后逐步振荡回落。2 月价位最高，均价达 15900 元/吨，年末收官 12 月均价为

14540元/吨，价格振荡回落，全年均价以跌幅结束。根据目前市场走势看，2014年价格仍将是低迷格局，均价可能与上年持平或略有下降。

2013年ABS树脂进口均价为2503.1美元/吨，同比下跌2.1%，也是连续第二年走低。由于国内市场相对低迷，预计今年ABS进口价格也将是低位徘徊的局面。

表23 2009~2013年ABS价格变动情况

产品名称	规格	2009年	2010年	2011年	2012年	2013年
ABS/(元/吨)	757K	12108	16238	17479	15423	14922
同比	%	-23.4	34.1	7.6	-11.8	-3.3
进口价格						
ABS/(美元/吨)	改性	1946.9	2312.7	2670.6	2556.2	2503.1
同比	%	4.8	18.8	15.5	-4.3	-2.1

五、世界合成树脂供需概况

目前，世界合成树脂仍维持供大于求格局。2012年，全球五大通用合成树脂(PE、PP、PVC、PS、ABS)产能达到247Mt/a，产量总计约为193Mt，消费量193Mt，开工率约为78%。

1. 聚乙烯

2012年，世界聚乙烯产能达到93890kt/a，同比增长1.6%；产量为78530kt，增长1.5%；消费量78560kt，增长2.7%；开工率为83.6%。

东北亚地区拥有世界最大的PE产能。2012年产能为21630kt/a，占全球总产能的23.0%；产量18570kt，占全球总产量的23.6%。北美位居第二，产能20080kt/a，占比21.4%，产量17900kt，占比22.8%。

美国仍为全球最大聚乙烯生产国，2012年产能15260kt/a，占全球总产能的16.3%；中国位居第二，能力11760kt/a，占比12.5%；沙特排名第三，为8450kt/a，占比9.0%。

东北亚是聚乙烯最大的消费地区。2012年，亚洲地区PE消费量为30380kt，其中东北亚地区消费量24140kt，占世界消费总量的30.7%；北美地区的消费量为15340kt，居第二位，占世界消费总量的19.5%；西欧的消费量为11110kt，占比14.1%。中国是世界上最大的聚乙烯消费国，2012年消费量约18000kt，约占全球消费总量的23.0%。

2012年，中东和北美地区是聚乙烯的主要出口地，亚洲为主要净进口地区。

预计2011~2015年，世界PE产能年均增长约3.5%，产量年均增长约3.8%，消费量年均增幅约4.1%。届时，全球聚乙烯产能将达到10680kt/a，产量和消费量均达89920kt(见表24)。其间，聚乙烯新增产能主要来自亚洲和中东地区。

表24 2008~2015年世界PE供需增长及预测

项目	实际值					预测值	
	2008年	2009年	2010年	2011年	2012年	2013年	2015年
产能/(10kt/a)	7885	8298	9002	9241	9389	9790	10680
产量/10kt	6711	6645	7472	7735	7853	8170	8990
消费/10kt	6557	6413	7373	7651	7856	8170	8990

2. 聚丙烯

2012年，世界聚丙烯产能64300kt/a，同比增长1.8%；产量为53670kt，增幅1.4%；消费量53940kt，增长3.8%；开工率为83.5%。

亚洲、西欧、北美和中东是聚丙烯的主要生产地。2012年，四地产能分别为31500kt/a、9540kt/a、8740kt/a、7390kt/a，合计约占全球总产能的89.0%；产量分别达26130kt、8110kt、7400kt和6720kt，合计占全球总产量的90.1%。

亚洲、西欧和北美是聚丙烯主要集中消费地。2012年，上述三地聚丙烯消费量分别为28830kt、7430kt和7150kt，合计占世界消费总量的80.5%。

2012年，中东为聚丙烯的主要输出地，亚洲为主要净进口地区。

预计2011~2015年，世界PP产能年均增长约5.0%，产量年均增长约5.1%，消费量年均增幅约5.0%。届时，全球聚乙烯产能将达到73610kt/a，产量和消费量分别达62420kt(见表25)。未来，聚乙烯新增产能亦主要来自亚洲和中东地区。

表 25　2008 ~ 2015 年世界 PP 供需增长及预测

项目	实际值					预测值	
	2008 年	2009 年	2010 年	2011 年	2012 年	2013 年	2015 年
产能/(10kt/a)	5168	5421	5930	6314	6430	6788	7631
产量/10kt	4530	4531	4861	5291	5367	5619	6242
消费/10kt	4488	4425	4865	5197	5394	5619	6242

3. 聚氯乙烯

2012 年，世界聚氯乙烯产能 54091kt/a，同比增长 6.1%；产量为 37262kt，增幅 2.4%；消费量 37262kt，增长 2.4%；装置平均开工率为 68.9%。

亚洲(含东北亚、东南亚和印度次大陆，下同)、北美和、西欧是聚氯乙烯的主要生产地和消费地。2012 年，三地产能分别占全球总产能的 60.9%、16.1% 和 12.1%；消费量分别占全球总消费量的 55.7%、13.1% 和 11.0%。

2012 年，亚洲地区聚氯乙烯产能为 32930kt/a，同比增长 8.5%；产量 20660kt，增幅 2.9%；消费量 20760kt，增长 3.7%；装置开工率 62.7%。

2012 年，北美地区聚氯乙烯产能 8683kt/a，同比增加 1.7%；产量 7372kt，增长 4.4%；消费量 4878kt，增幅 7.2%；装置开工率 84.9%。

预计 2011 ~ 2015 年，世界聚氯乙烯产能年均增长约 5.1%，产量和消费量年均增幅约 3.9%。届时，全球聚乙烯产能将达到 59000kt/a，产量和消费量分别达 42300kt(见表 26)。到 2020 年，全球产能将达到 63400kt/a，需求达到 50400kt。

表 26　2008 ~ 2015 年世界 PVC 供需增长及预测

项目	实际值					预测值	
	2008 年	2009 年	2010 年	2011 年	2012 年	2013 年	2015 年
产能/(10kt/a)	4174	4384	4605	5100	5409	5670	5900
产量/10kt	3492	3191	3495	3640	3726	3860	4230
消费/10kt	3466	3190	3499	3640	3726	3860	4230

4. 聚苯乙烯

2012 年，世界聚苯乙烯产能 24730kt/a，同比增长 6.1%；产量为 16620kt，增幅 5.9%；消费量 16620kt，增长 6.3%；开工率仅为 67.2%。

东北亚地区产能最大。2012 年，该地区产能达 12810kt/a，占全球产能的 51.8%；产量 7793kt，占全球产量的 46.9%。西欧地区产能位居第二，为 3827kt/a，占全球比重 15.5%；产量 3181kt，占比 16.1%。北美产能排名第三，为 3269kt/a，占全球比重 13.2%；产量 2572kt，占比 15.5%。

东北亚是聚苯乙烯最大消费地。2012 年，东北亚地区聚苯乙烯消费量分别为 6830kt，占世界消费总量的 41.1%；西欧消费量为 2732kt，居第二位，占比 16.4%。

2012 年，亚洲、西欧和北美是聚苯乙烯的主要输出地，非洲、南美和中东地区则是主要的进口地。

2011 ~ 2015 年，世界聚苯乙烯产能预计年均增长 3.2%，产量年均增长 1.7%，消费量年均增幅约 1.9%。届时，全球聚乙烯产能将达到 26350kt/a，产量和消费量分别达 17850kt(见下表)。到 2020 年，全球聚苯乙烯产能将达 28300kt/a，需求量达 20700kt。产能增长主要集中在亚洲。

表 27　2008 ~ 2015 年世界 PS 供需增长及预测

项目	实际值					预测值	
	2008 年	2009 年	2010 年	2011 年	2012 年	2013 年	2015 年
产能/(10kt/a)	2164	2153	2251	2331	2473	2550	2635
产量/10kt	1594	1437	1637	1570	1662	1680	1785
消费/10kt	1627	1487	1628	1563	1662	1680	1785

5. ABS 树脂

2012 年，全球 ABS 产能 9920kt/a，同比增长 7.8%；产量为 6880kt，下降 1.8%；消费量 6860kt，下降 1.9%；开工率为 69.4%。

亚洲是全球 ABS 树脂最大的生产和消费地区。2012 年，亚洲地区生产能力达 8090kt/a，占全球总产能的 81.5%；产量为 5610kt，占全球总产量的 84.0%；消费量为 5060kt，占世界消费总量的 73.8%。亚洲也是全球 ABS 生产和消费增长最快的地区。

2012 年，亚洲地区供大于求，西欧供略大于求，世界其他地区均为净进口地区。

2011 ~ 2015 年，世界 ABS 产能预计年均增长 6.3%，产量和消费量年均增幅约 1.4%。届时，全球 ABS 产能将达到 11900kt/a，产量和消费量分别达 7800kt(见表 28)。ABS 新增产能主要来自亚洲和中东地区。预计到 2020 年，全球 ABS 产能将达到 14400kt/a，需求量达到 9500kt。

表 28　2008 ~ 2015 年世界 ABS 供需增长及预测

项目	实际值					预测值	
	2008 年	2009 年	2010 年	2011 年	2012 年	2013 年	2015 年
产能/(10kt/a)	977	970	875	920	992	1060	1190
产量/10kt	758	685	729	701	688	700	780
消费/10kt	787	689	729	699	686	700	780

(中国石油和化学工业联合会　范德标)

塑料助剂

挑战和机遇

——热稳定剂行业的现状、发展和环保进程

作为低碳时代发展循环经济不可或缺的基础材料，塑料已成为 21 世纪先进生产力的代表之一，塑料工业已成为国民经济重要的基础工业。尤其在人均自然资源低于全球平均水平的我国，塑料工业的高速、健康发展有其深远战略意义，而 PVC 塑料在我国更有其独特优势。据不完全统计：2013 年为我国塑料制品产销量为 95000kt，PVC 占 30% 左右。目前 PVC 产业在全世界发展迅速，前景广阔，各国都看好 PVC 的潜力以及其对生态环境的友好，PVC 正以其优越、独特的性能向世人证明其作用和地位是目前任何其他产品都无法取代的，社会发展需要它，环境保护需要它，它是我们人类社会文明进步的必然趋势。

在塑料工业高速发展的同时，“低碳、环保、节能”亦成为历史进程的同名词。21 世纪是崇尚绿色的世纪，尤其是进入了 2010 年代之后，在当前全球各种环保法规所规定的诸多非环保物质禁用的时间节点纷纷迫近，新的法规不断出台，尤其 2013 年 6.18. 二高有关有毒有害物质、环境污染的司法解释的出台，提高了国人对环境问题的认识。

如何让我们的塑料工业持续、健康、高速地发展，我想这不仅仅是我们追求的目标，也是 PVC 产业永恒的主题。(氯碱工业协会资料介绍，2013 年我国聚氯乙烯产能达到 24760kt，产量为 15120kt。)而我们助剂行业如何：应对国际形势，增强环保意识，充分发挥塑料助剂功能，以提高 PVC 制品的性能，拓展制品应用领域，增强产品的市场竞争力。我认为：从充分发挥塑料助剂功能这个主题来展开，则当前我们还是要关注、要解决塑料助剂的“环保、安全”问题，否则持续、健康、高速地发展就是句空话，从塑料大国向塑料强国努力也无从谈起。当然也要看到由于热稳定剂企业的努力铅/镉的替代在技术上已得到很大的进展，但在推扩应用上还有在不少问题；同时种种不尽人意的事故的发生和某些媒体不正确的传播，使普通消费者在享受到塑料制品方便、低廉和无处不在的服务同时又排斥塑料制品这种局面我们如何看待？怎么应对？这也需要我们全行业为之重视、需要解决的大事。

PVC 工业的发展曾因其可能对环境和健康有严重危害而受到影响。但是，近年来的大量调查研究表明，PVC 对环境和健康的危害，如二噁英、酸雨、重金属及 DOP 环境荷尔蒙危害，并没有像曾经指出的那么严重，而更客观的情况可能是，PVC 实际上比其他替代物对环境和健康更无害。

苏格兰爱丁堡地球生态协会已指出，大气层中仅 3% 的氯化氢是由现代焚烧炉焚烧 PVC 废弃物形成的，由它所形成的酸雨占总酸雨量的不到 0.2%。实际上，大气层中 93% 的氯化氢是由煤炭燃烧产生的，而且，形成酸雨的主要物质其实是由传统的燃料燃烧(如汽车尾气、燃煤尾气等)产生二氧化硫和二氧化氮而不是氯化氢。美国纽约政府能源和发展局通过焚烧实验后发现，城市固体垃圾中 PVC 废弃物含量与二恶英的形成其实没有必然的联系。

左右，有利于降低“温室效应”。伦敦的学者约

翰·爱克尔顿说“由于有利于节约能源，PVC 有可能作为环境友好材料在 21 世纪再度兴起”。近年，对 PVC 从防止气候变暖、资源有效利欧洲乙烯制品委员会的实验研究证明，废弃 PVC 制品不容易分解，即便有一定数量的增塑剂和稳定剂释放到土壤中，但其释放量极有限，对环境不会造成危害。研究结果还证明，在土壤中发现的氯乙烯不是由 PVC 分解产生的。因此，难分解的废弃 PVC 制品完全可以和其他固体垃圾一起进行掩埋处理而无害于环境。

一些环境学家正在以新的眼光看待 PVC，即生产和加工 PVC 的能耗比其替代物要低 40% 用等视角进行了重新评价，结果表明 PVC 材料的科学、合理利用，是符合低碳经济原则的，也是对循环型社会建设有贡献而需发展的品种之一。首先，与 PE、PP、PS 等塑料相比，PVC 焚烧 CO_2 排放少，(CO_2 发生量是完成燃烧时经碳换算的发生量)。

但近年来频频曝光的“白色污染”、“塑化剂事件”、“白酒事件”和国内某知名媒体曝光的 2013 年 07 月 29 日多品牌保鲜膜含禁用塑化剂可致男性不育事件等，严重误导消费者，致使普通消费者陷入了一边是日常生活和国民经济发展中对塑料制品的依赖和消耗量的快速增长，另一边又是谈塑色变欲将塑料逐出日常生活和视线而后快。

客观地评价：造成 PVC 产业发生危机的不是 PVC 树脂本身，而是各类助剂；而国内助剂行业普遍落后于世界先进水平不仅是技术上、规模上(指单个企业)，还有成本上的压力，而法令法规的缺失和滞后可能是更主要的原因。

1. 法律法规和标准

我们查阅了国内外有关塑料制品中有毒有害物质限制使用的法律法规和标准，供大家参考，也可以看到国内相关工作上缺课和距离，当然也反映出国内塑料助剂的现状。

上海市食品药品监督所主持修订的 GB 9685—2008《食品容器、包装材料用添加剂使用卫生标准》将于明年底实方施。但该标准充许使用添加剂加上原卫生部等部委已颂布的五个国标或公告相加仅为 1800 多种，我们查阅到美国同类标准：目前已制定了 4000 多种允许与食品接触材料，包括原材料、间接添加剂和成型品，每年还有近百个新品种的补充。

1.1 国内

GB 6675—2003 国家玩具安全技术规范

电子信息产品污染控制管理办法(信息产业部等 7 部委第 39 号令，2006 年 2 月 28 日)

GB/T 10002.1—2006 给水用硬聚氯乙烯(PVC-U)管材

GB 21550—2008 聚氯乙烯人造革有害物质限量

GB 9685—2008 食品容器、包装材料用添加剂使用卫生标准

关于公布硼酸等 301 种食品包装材料用添加剂名单的公告(卫生部公告 2012 年第 5 号)

关于批准 3 种食品包装材料用添加剂新品种的公告(卫生部公告 2012 年第 11 号)

关于 *N*，*N*-二乙基乙醇胺等 258 种食品包装材料用添加剂名单的公告(2013 年第 5 号)

关于禁止双酚 A 用于婴幼儿奶瓶的公告(卫生部等 6 部委公告，2011 年第 15 号)

1.2 国外

欧盟法规——从上世纪七十年代开始就对铅/镉等金属和其它有毒有害物质有明确的法令法规作出禁用限用规定，(2002/95/EC(RoHS 指令，2003 年 1 月；2002/96/EC，WEEE 指令，2003 年 2 月；PVC 环境问题绿皮书—18 种物质的限量)以及若干修订指令—1976.7. 至 2009.5. 共有 30 多次修订和条款增加；而 2009/48/EC 在 88/378/EEC(1988 年 3 月，其中规定了 8 种有害物质(锑、砷、钡、镉、铬、铅、汞、硒)的有毒可溶性萃取物的限量)基础上规定了 19 种物质(铝、锑、砷、钡、硼、镉、铬(Ⅲ)、铬(Ⅵ)、钴、铜、铅、锰、汞、镍、硒、锶、锡、有机锡、锌)的最大迁移量。

(最近更新与热稳定剂关系比较大的为：①加强了对重金属元素迁移量的限制(从传统的八大重金属扩展至十六重金属)，此点为最近十年关注以及研究的热点。②在玩具或玩具部件中使用致癌的、诱导基因突变的或具有生殖毒性的物质(CMR)的限量。此点主要是因为目前商品化的 PVC 热稳定剂都含有苯酚、壬基酚以及双酚 A。而这三种物质已经被列入致癌的、诱导基因突变的或具有生殖毒性的物质。③对邻苯二甲酸盐以及多环芳烃的限制。(在儿童玩具标准上欧/美是同步的；规定 19 种物质的最大迁移量名单中把铝、锌、锡、有机锡也列在其中，对这些更新我们要高度重视，要关注这类问题)

1.3 其他类如汽车内饰材料挥发成雾性能检测标准

1992 年，德国汽车标委会及合成材料标委会发布标准，DIN 75201

1994 年，美国机动车工程师协会，SAE J1756

2000 年，国际标准化组织，ISO 6452

2005 年，中国标准，QB/T2728

皮革、塑料、纺织物以及用于材料粘结的胶粘剂等内饰材料，都含有一些挥发性物质，这些物质

会不断挥发，尤其是在温度较高的状态下，会加剧挥发性物质的挥发。这些挥发物质对人体有害，会影响驾乘者和居住者身体健康；挥发气体在汽车挡风玻璃或窗户上凝结，造成视线不良，影响驾驶员视线和行车安全。欧美汽车制造商早在20世纪90年代就制订了这方面标准，目前国内汽车用人造革和涉及室内用PVC塑料制品也开始关注气味问题。都需进行气味实验、可冷凝成分“雾度”、甲醛含量和总碳含量等指标检测。

目前欧美各国对室内装饰用、健身休闲用等材料，但凡有和人体接触的场所都已参照上述标准进行检测，这对塑料占比较高的应用领域来讲尤其对PVC来讲更是个考验，软制品中添加了增塑剂等大量液体材料其气味、可冷凝成分“雾度”指标相对较高。对热稳定剂的相容稳定提出了更高要求。

1.4　塑料制品中限制使用有毒有害物质的建议

经科学院化学部常委会批准，以北京化工大学段雪院士作为项目负责人、以相关领域的院士专家学者为咨询专家、承担中国科学院学部咨询评议项目，开展“塑料制品中限制使用有毒有害物质的建议”咨询研究。项目拟通过对塑料制品中主要有毒有害物质的来源、我国和欧美等发达国家已经或即将出台的限制或禁止有毒有害物质使用的法律法规和标准、以及现有替代技术进行调研、梳理和分析，探寻我国主要塑料制品中限制或禁止使用有毒有害物质的基本原则、找出存在的关键问题、并提出应对的策略和保障措施。通过项目研究，拟形成“塑料制品中限制使用有毒有害物质的建议”咨询报告，从基础研究、技术研发、产业布局三个层面对我国主要塑料制品中限制使用有毒有害物质进行战略分析，提出应对的基本原则、关键问题、应对策略和保障措施。本研究将为转变我国限制使用有毒有害物质的被动应对局面、主动构建自主技术防护体系提供科学技术发展建议和政策措施建议。项目所形成的研究报告，将上报有关部门，为我国塑料制品行业发展和国家有关决策提供依据。

是否可以认为此举释放出一个讯号/国内有可能和欧盟同步实施塑料制品中限制使用有毒有害物质的行动。

从上述罗列的资料我们可以清楚地看到，尽管我国的塑料制品产销量超过欧美的总和位居全球第一，但在有关塑料制品的安全性、环保化等方面，尤其是相关法令法规、标准的制订和实施、有效管理方面，我们缺课太多。这也是影响国内塑料产业健康发展的主要原因，在即将跨越人均消耗十公斤塑料制品的节点上，能否在安全环保方面和欧美同步，这不仅意味着技术进步、消费意识和水平的提高；更能体现出塑料工业对国民经济的贡献。

2. 国内热稳定剂现状

近年来，我国热稳定剂的消费量随着PVC工业的快速发展而大幅度增加。目前我国稳定剂的生产能力已超过1500kt，生产的厂家超过1000家，能够生产加工工业所需的所有热稳定剂品种。2013年，热稳定剂各品种．产量和2012年基本持平消耗量在500kt以上。在50多万吨的热稳定剂产量中，含铅/镉类热稳定剂所占比例在80%左右，20%左右的环保热稳定剂又有一部分是用在出口产品中的，国内消费的环保产品比率不高但已呈稳定快速增长态势。国内一、二线品牌的塑料制品企业基本都完成了技术储备，而且都有一定比率的制品已使用环保产品。

为顺应国内国际环保需要，推进我国聚氯乙烯塑料制品的无铅化进程，2013年1月15日中国塑协召集助剂专委会、管道专委会，型材专委会在广州质检院召开了由热稳定剂生产企业、管道生产企业、型材生产企业和研究检测机构参加的“替代含铅热稳定剂生产应用专题研讨会”。

2013年6月18日二高司法解释公布后，中塑协即于7月3日在青岛召开了由中塑协主办，塑料助剂专委会承办的“推进PVC制品用稳定剂环保化高层研讨会”。来自中国塑料加工工业协会的领导、中国塑协PVC制品相关的七个专业委员会的秘书长、国内有影响力的PVC热稳定剂生产企业及PVC制品生产企业的62位代表参加了此次会议。

中国塑料加工工业协会曹俭常务副理事长首先做重要讲话。他介绍了召开此次会议的背景，详细解读了2013年6月18日公布的《最高人民法院、最高人民检察院关于办理环境污染刑事案件适用法律若干问题的解释》关于污染环境入罪的条款，希望各厂家引起足够的重视。只有在保护环境的前提下，企业才能更好地生存。因此应该在全国的PVC塑料制品行业中发出倡议，在一定的时间范围内，逐渐减少含铅、镉稳定剂的使用量，直至完全不使用。塑料行业内的各企业应该从现在做起，从自身做起，使塑料行业尽快向绿色环保化方向发展。同时他对中国化工报记者表示：“目前我国的PVC树脂消耗量已经达到了1350多万吨，未来还有很大的发展空间，但前提是必须解决好PVC制品的安全环保问题，让消费者用的放心，无铅化就是其中重要的课题。无论是管材、型材及门窗还是玩具、人造革、医疗用品，都与百姓的生活息息相关，提高产品的安全环保性能，塑料行业必须承担的社会责任。”

稳定剂企业的代表们从行业的发展和企业的社

会责任感两个方面谈了自己的看法。大家普遍认为无铅化进程是热稳定剂行业发展的必由之路，但在如何实施方面，应该有一个详细的推进计划。虽然铅、镉类稳定剂退出我国市场是必然趋势，国内稳定剂及制品生产的骨干企业都认识到这点并在技术和研发方面做了多年、大量的准备工作，也已取得了一定进展。但还存在一些问题需要和制品企业协同解决：

(1)在现阶段，稳定剂生产企业首先应该在企业的环保化生产方面做足文章，无铅产品也要环保化生产、三废排放一定要达标，要把安全生产、环境保护视作企业管理的首要目标；

(2)铅、镉类稳定剂退出市场应该是一个循序渐进的过程。应该制定一个禁铅时间表，使铅、镉类产品有序地退出市场；

(3)我们很难通过行业的自律来达到行业的转型。只能用法律、法规和国家标准的手段来迫使企业走向自律，这就需要发挥协会的力量，与国家有关职能机构充分沟通，制定出相应的办法和措施，促使铅、镉类产品退出市场；

(4)团结行业内大多数骨干企业，科学地制定行动方案，分步骤解决好近期、中期和长期的各种问题，实现全行业的平稳过渡；

(5)需求是技术创新的原动力，而生存的压力也会迫使企业寻求转变。但是，有法不依、有令不禁，往往使得优秀的企业成为最早的牺牲品，稳定剂生产企业不希望再次看到这种现象在行业中重演。

各PVC相关制品专委会的秘书长及PVC管道、型材及门窗、板材、片材、薄膜、人造革及发泡制品生产企业的代表对这个问题的看法较为一致：落实国家的环保政策是企业义不容辞的责任，但是在具体实施过程中，有些问题也是不能回避的：

(1)现在的环保稳定剂，原材料的供应上是否可靠，是否依赖于进口以及原材料本身是否安全?

(2)铅、镉类产品退出市场后，环保稳定剂在产能上是否能够满足市场的需求?

(3)环保稳定剂在某些制品的加工上遇到的问题如何解决?

(4)从铅盐产品改成环保化产品后，在设备改造上的成本，加工企业难以承受；谁来消化从铅盐稳定剂转化为无铅化稳定剂的成本?

以我们对情况的了解和青岛会议后又针对上述问题进行了调查，现在可以负责任地讲：

(1)各类环保稳定剂的全部原料完全可以在国内采购到，许多品种如水滑石、沸石、高氯酸盐；β-二酮、杂环化合物、多元醇、各类抗氧剂、包括尿嘧啶等等，都在大量出口；性价比远高于进口产品，能满足需求；

(2)从目前国内产能分析，以年消耗50万吨热稳定剂计算，即使年增长20%左右，也能满足供应；

(3)环保稳定剂在某些制品的加工上遇到的问题如何解决?这个问题是道综合题，我想用倡议书中一段话来解答——最关键在于塑料制品生产企业的技术人员熟悉和习惯了铅系产品。——目前还处于磨合期，市场对之认识不全面，接受程度不够，并非全是非铅产品的纯自身技术问题，要求非铅产品达到铅系水平而不调整加工工艺和配方……解决这个问题不能单纯靠稳定剂企业而应是稳定剂和制品生产企业之间充分沟通和交流，在不断的交流中达到一致……

(4)成本?谁来负担去铅化后增加的成本?我想这是个认识问题：美国从上世界90年代用有机锡成功替代铅镉；欧盟将在2015年底彻底禁铅。有机锡、锌基(钙锌/稀土类)、有机基或其他替代产品价格肯定高于铅系产品，但他们并没有在成本上纠结，如同国内生产出口产品的企业一样；无毒无害对环境友好就是成本。消费品整体质量的提升，价格也水涨船高，这是天经地义消费者都会认可的。关键在于起跑线、在于标准一致，不能双重标准，中国经济发展到今天我们不应该容忍内销产品差于外销产品这种局面继续存在了，否则碧海蓝天离我们越走越远，山清水秀都要有付出的。同时只要有企业污染环境不受到惩处，那保护环境的企业生存肯定困难，禁铅的成本也无从消化。

当然热稳定剂企业也在为性价比而努力，从目前我们调研获得信息和实例来看：替代产品性价比完全可以满足加工企业要求；关键在于加强交流、沟通，让加工企业技术人员充分了解替代产品的性能、功能、特性。我们的宗旨和目标是：通过这次禁铅/环保行动大幅提升助剂企业技术水平、创新能力，推力应用队伍得到加强，从而规范市场行为。同时我们认为还应该修改现有的塑料制品标准，增加环保条款，只有和欧盟一样先由政府发布法令法规严禁在塑料制品中应用重金属和非环保物质，才真真从源头把了关。有了标准、加强监管，让消费者明白产品优劣，用市场的规则、让消费者去淘汰非标的产品。这应该是PVC产业能健康持续发展的必要手段和目标，当然我们没有能力也不可能在短期内做到完全在所有的生产环节和塑料制品上100%达到环保要求，所以一定需要有一个既能满足二高6.18司法解释要求又切合我们产业实际的时刻表开始倒计时。同时我们热稳定剂行业应该认识到替代对于我们的骨干企业应该是件好事，对促进行业健康发展、提升行业整体水平、规范国内市场都有积极的作用。

2013年由于禁铅压力的持续高涨，国内PVC塑料制品生产企业纷纷在铅/镉替代上加大投入加快步伐，促使热稳定剂行业朝着无毒、环保、高效方面转向并取得了长足的进步，产品结构日益优化，产品性能不断提升。2013年环保型热稳定剂的产能、品种、产量、应用范围有很大增长，铅盐的比例逐步减少。新材料、新技术、新工艺的应用大大促进了和提升了热稳定剂行业的整体水平。每次会议我们都把目光盯着铅关注硬制品，其实占PVC总消费量40%左右的软制品中还有使用含镉产品，尽管早有国标规定在人造革和儿童玩具中镉的限量低于铅处于禁用水平。从一定意义上来看软制品更接近于人们日常生活，欧美禁镉也早于禁铅，这是人们认识到镉对人体和环境的影响远比铅危害大。镉材料的正常供应也存在风险，这不能不引起我们高度关注；我们不能在断然措施面前措手不及而将市场拱手让出，尤其如农用大棚膜、灯箱广告膜这类大宗产品的含镉稳定剂的替代技术上我们要抓紧加快研发步伐。（确实对替代产品的关注国内略晚于欧、美，但从20世纪九十年代末开始国内众多高校、研究机构和不少企业还是投入了大量的人力和物力资源进行了替代产品的研发和应用方面的努力；政府有关部门也给予全方位的支持。我们有骨干企业从“十五”开始“十一五、十二五”已连续三次任担“863”高技术研究发展计划并顺利通过验收、并多次和有关高校合作主持国家科技支撑计划项目；有企业建立起“院士工作站”、“博士后工作站”、“高校实验基地”等，还有“国家级高新技术企业”，至于被批准认定为“省级研发中心”企业则更多；迄今为止据不完全统计已有300个左右专利获得授权，更有众多的“省部级新产品”项目通过验收；新材料、新技术的大量应用使替代产品的性价比大大提高。尽管在替代产品的研发、推扩应用和生产上企业间技术水平差距不小，但应该能达到国外水平同类产品的水平了。）如河北精信、九江天盛、南京金陵、江苏联盟、浙江传化等传统产品生产企业在替代产品的研发、推扩应用方面的投入力度空前；在提升企业整体方面的投入力度都非常大。从联盟、精信、天盛、金陵获得资料显示：在整体搬迁、移地重建过程中几家企业总投资达65亿人民币左右；稳定剂总产能近300kt。而以深圳志海、广东若天和森德利、佛山汉科、山东慧科和金昌树等环保产品生产企业近年来发展迅速市场占有率超过整体水平。当然这些新兴力量的加入冲击、破坏了传统格局和市场平衡，但也给我们带来新的理念、新的技术和新的活力。在无铅化的进程中，在“低碳、环保、节能”的潮流中对稳定剂行业而言是一次洗牌的机遇，以技术、市场、资本为要素相互合作，可以走整合的道路，发挥各自优势，创造出更具市场竞争力的企业，做到强强联合，把企业做大做强，提高竞争力。行业的发展离不开各企业之间的沟通和对话，各企业应该竭力创造一个既竞争又合作的机制，才能更有利于企业的发展。现在塑料加工行业的集中度已很高，他们一般都会选择2~3个供应商，这就为稳定剂企业的合作创造了可能。

由于一批具有自主知识产权的关键新材料、新技术的相继开发应用，客观地评估目前国内热稳定剂行业的技术水平，替代铅/镉已无困难。由于环保、安全压力的持续高涨，国内PVC制品生产企业尤其是一线品牌纷纷在铅/镉替代上加大投入加快步伐，促使热稳定剂行业朝着无毒、环保、高效方面转向并取得了长足的进步，产品结构日益优化，产品性能不断提升。2013年环保型热稳定剂的产量、品种比2012年有较大增长，推扩应用进程加快；从2014年过去的几个月的情况看，替代产品无论是品种、产量、应用范围又比去年有更大进展。衷心的希望：我国塑料制品的环保、低碳、节能、高效水平同步于世界进程，尽早实现从塑料大国走向塑料强国的理想。

附件：

欧盟

1.“关于在电子电器设备中限制使用某些有害物质的指令”（RoHS指令）

（1）2002/95/EC（RoHS指令，2003年1月）

（2）2005/618/EC（2005年8月，对2002/95/EC作了补充，明确规定了6种有害物质（铅、汞、镉、六价铬、多溴联苯、多溴联苯醚）的最大限量.

（3）2011/65/EU（新RoHS指令，2011年6月）

2.“关于报废电子电器设备的指令”（2002/96/EC，WEEE指令，2003年2月）

3.“玩具安全指令”

（1）88/378/EEC（1988年3月，其中规定了8种有害物质（锑、砷、钡、镉、铬、铅、汞、硒）的有毒可溶性萃取物的限量）

（2）2009/48/EC（2009年6月，其中规定了玩具中不得含有（不超过100mg/kg）的55种过敏性香料，另有11种过敏性香料如加入量超过100mg/kg需标识；还规定了19种物质（铝、锑、砷、钡、硼、镉、铬(Ⅲ)、铬(Ⅵ)、钴、铜、铅、锰、汞、镍、硒、锶、锡、有机锡、锌)的最大迁移量。

欧盟玩具安全指令88/378/EEC等环保指令对塑料相关产品的影响重大。然而，随着时代的变迁，指令的不足之处日渐暴露，如安全性要求需进一步提高、指令实施的效率不高、范围和概念不够清晰等。并且市场上的使用了越来越多的新材料。于是REACH法规每年都在不断的更新；2008年1月25日欧盟发布了玩具指令修改提案COM(2008)9。2008年12月18日欧洲议会通过了该提案，2009年6月18日正式文本通过，最终于2009年6月30日在欧盟《官方公报》上刊登，新指令的编号为2009/48/EC。2011年7月20日开始部分作废现行的指令88/378/EEC，而且新的化学要求于2013年7月开始生效。

4. PVC环境问题绿皮书—18种物质的限量

5."关于统一各成员国有关限制销售和使用某些有害物质和制品的法律法规和管理条例的理事会指令"(76/769/EEC)以及若干修订指令

(1)76/769/EEC(1976年7月)

(2)79/663/EEC(三(2，3-二溴丙基)磷酸盐)(1979年7月，是76/769/EEC的第1次修订)

(3)83/264/EEC(多溴联苯等)(1983年5月，是76/769/EEC的第4次修订)

(4)85/467/EEC(多氯联苯)(1985年10月，是76/769/EEC的第6次修订)

(5)89/677/EEC(有机锡化合物等)(1989年12月，是76/769/EEC的第8次修订)

(6)91/173/EEC(五氯苯酚)(1991年3月，是76/769/EEC的第9次修订)

(7)91/338/EEC(镉)(1991年6月，是76/769/EEC的第10次修订)

(8)94/27/EC(镍释放)(1994年6月，是76/769/EEC的第12次修订)

(9)1999/51/EC(锡、五氯苯酚、镉)(1994年5月，是76/769/EEC附录Ⅰ的第5次适应技术进步)

(10)2002/61/EC(禁用有害偶氮染料)(2002年7月，是76/769/EEC的第19次修订)

(11)2002/62/EC(有机锡化合物)(2002年7月，是76/769/EEC附录Ⅰ的第9次适应技术进步)

(12)2003/2/EC(砷)(2003年1月，是76/769/EEC的第10次适应技术进步)

(13)2003/3/EC(禁用蓝色偶氮染料)(2003年1月，是76/769/EEC的第12次适应技术进步)

(14)2003/11/EC(五溴二苯醚和八溴二苯醚)(2003年2月，是76/769/EEC的第24次修订)

(15)2005/69/EC(填充油和轮胎中的多环芳烃)(2005年11月，是76/769/EEC的第27次修订，明确了苯并(a)芘、苯并(e)芘、苯并(a)蒽、屈、苯并(b)荧蒽、苯并(j)荧蒽、苯并(k)荧蒽、二苯并(a,h)荧蒽等8种多环芳烃的最大限量)

(16)2005/84/EC(玩具和儿童用品中的邻苯二甲酸酯)(2005年12月，是76/769/EEC的第22次修订)

(17)2006/122/EC(全氟辛烷磺酸)(2006年12月，是76/769/EEC的第30次修订)

(18)2009/425/EC(有机锡化合物)(2009年5月，为了附录Ⅰ适应技术进步而修订76/769/EEC)

美国：

虽然美国通过发展有机锡热稳定剂成功地从技术上排挤了含铅热稳定剂，但为切实落实禁铅政策，美国消费者产品安全委员会已于1996年颁布了第96-150号和第4426号文件，规定从1996年9月起，美国只准许铅含量小于200mg/kg的PVC制品进入市场。加拿大、南美一些国家也已颁布法规严禁在PVC制品中使用铅系稳定剂，如加拿大卫生部的1994.-48号文件。

1."消费品安全改进法案"(H.R.4040，2008年8月)

2.《美国消费品安全法案》(第一版)中国标准出版社，北京，2009年8月

3. ASTM F 963-2011　玩具安全性的消费者安全标准

日本：

在日本，汽车工业协会已发起了一系列行动，在有关的PVC制品中以Ca-Zn热稳定剂代替铅系热稳定剂，在2005年已将铅系热稳定剂的使用量消减为1996年使用量的1/3。SONY公司已建立了绿色伙伴体系(greenpartnersystem)，并于2002年7月1日开始实施《SS-00259》产品工程技术标准，规定在塑料制品中铅含量不得高于100mg/kg、镉含量不得高于5mg/kg。《SS-00259》标准是在综合欧盟RoHS及其他环保指令、日本的化学元素限制规定、美国包装材料的重金属规定等一系列环保法规的基础上制定的，其对有害物质的限制标准比RoHS还高。

1. 日本食品卫生法
2. 日本玩具安全标准-ST2002
3. 日本玩具安全标准(ST2002)介绍
4. 日本玩具原安全标准ST2002更新为ST2012

(中国塑料加工工业协会塑料助剂专委会　施珣若)

塑料建材

我国建材产品评价方法的发展趋势探讨

我国当前正处在城镇化的快速发展时期，根据国家统计局发布数字，2013 年我国城镇化率为 53.73%，比 2012 年提高 1.16 个百分点，其增长幅度和数值已超过“十二五”期间预期 0.8% 的增长趋势，到“十二五”末期(即 2015 年)将达到 51.5%。城镇化的快速发展，一方面会涉及大规模能源消耗的问题，另一方面，也会涉及快速发展模式下如何有效保障建筑物质量的问题。

一、我国近几年建筑领域相关政策概述

2012 年 6 月 1 日，住房和城乡建设部发布了《“十二五”建筑节能专项规划》，规划提出，要紧紧抓住城镇化、工业化、社会主义新农村建设的战略机遇期，以转变城乡建设模式为根本，以提高资源利用效率、合理改善舒适性为核心、以实现国家节能减排目标为目的，坚持政府主导，充分发挥市场作用、建立严格的管理制度，实施有效的激励引导，调动各方面的积极性，从政策法规、体制机制、规划设计、标准规范、科技推广、建设运营和产业支撑等方面全面推进建设领域节能减排事业，促进资源节约型、环境友好型社会建设。

2013 年 1 月 1 日，国务院办公厅发布了《关于转发发展改革委和住房城乡建设部绿色建筑行动方案的通知》(国办发[2013]1 号)(以下简称 1 号文)。1 号文中明确指出我国要大力开展绿色建筑行动，以绿色、循环、低碳理念指导城乡建设。其中绿色建材部分更指出应大力发展安全耐久、节能环保、施工便利的绿色建材。强调发展改革、住房城乡建设、工业和信息化、质检部门要研究建立绿色建材认证制度，编制绿色建材产品目录，引导规范市场消费。

2013 年 8 月，国务院发布《关于加快发展节能环保产业的意见》(国发[2013]30 号)，意见指出，资源环境制约是当前我国经济社会发展面临的突出矛盾。解决节能环保问题，是扩内需、稳增长、调结构，打造中国经济升级版的一项重要而紧迫的任务。加快发展节能环保产业，对拉动投资和消费，形成新的经济增长点，推动产业升级和发展方式转变，促进节能减排和民生改善，实现经济可持续发展和确保 2020 年全面建成小康社会，具有十分重要的意义。其中提到将发挥政府带动作用，引领社会资金投入节能环保工程建设、开展绿色建筑行动、推广节能环保产品，扩大市场消费需求。

党的十八大和十八届三中全会前后，国务院先后出台了《关于加强城市基础设施建设的意见》(国发(2013)36 号)、《国务院办公厅关于做好城市排水防涝设施建设工作的通知》(国办发[2013]23 号)等立足长远意义的一系列政策，都对城市排水防涝信息系统建设提出了明确要求；为落实上述文件要求，住房城乡建设部还专门制定印发了《城市排水防涝设施普查数据采集与管理技术导则》、《城市排水(雨水)防涝规划编制大纲》，指导各地在全面普查摸清现状的基础上，科学编制城市排水防涝专项规划，明确规划目标和任务，落实各项保障措施。

这些政策无不明确传达了这样的信息：我国将进一步加快城市基础设施建设，促进城市基础设施转型升级，大力推进城镇节能减排，改善城镇人居生态环境，切实加强城市综合管理，推进城镇化健康发展。

那么，为落实上述国家及行业的导向性政策，各地都必然需结合当地实际情况制定切实可行的管理制度，也包括行之有效的对建筑及相关材料的安全耐久、节能、环保、绿色的评价办法。

二、国内外对建筑材料的评价办法及实施基本情况

(一)国外基本情况

尽管欧美、日本等发达国家的政策、体制和工业化水平存在差异，但经过几十年的摸索，为保证建设工程质量，使建筑产品获得消费者的充分信任，无一例外都采用了产品认证的方式，或采用强制性认证方式、或采用自愿性产品认证但与建筑保险相挂钩，相应各国对于产品认证的市场采信度及消费者对认证标志的认知度也都很高。可以说，在建工领域，如果没有产品认证，生产企业的销售、投标等任何行为都将阻力重重。

(二)国内基本情况

我国为加强对建筑活动的监督管理，维护建筑市场秩序，保证建筑工程的质量和安全，促进建筑业健康发展，依据《建筑法》，已形成了一套比较完善的建设工程管理制度，制定了大量的技术标准。但目前我国现阶段的建设工程质量管理为“政府监督、社会监理、参建各方主体对工程质量负责”的体系，对工程建设中直接涉及人民生命财产安全、人身健康、环境保护和其它公众利益等方面的要求，以工程建设标准强制性条文的形式加以控制。该管理体系比较适合我国从计划经济往市场经济过渡过程的状况，仍带有强化政府监督的作用。对于市场经济体制下建设工程的有效管理体制仍是大家探讨

的课题。

在现有管理体制下，建设工程质量总体形势稳定并不断提高，但依然存在很多问题，主要表现在以下几个方面：

1. 对工程建设中的产品缺少有效的第三方市场监控手段。

建设工程产品不同于一般的商品，其主要特点是相当一部分产品要永久性的设置在建设工程中并直接影响到工程的质量。因此，建设工程产品是最终形成建筑物的中间产品，根据我国的标准体系，建筑工程产品不仅要符合相应的产品标准，而且要符合工程建设的技术标准、规范和强制性要求。

目前，对于工程建设标准强制性条文的实施主要通过对建设、施工、设计、勘察、监理等与建设工程相关的主体单位进行，并由各级建设行政主管部门监督，但尚缺少有效的第三方的市场监控手段。

2. 目前建设工程产品的管理主要以末端管理为主，存在较大风险。(就行政主管部门的职责权限来说，建设主管部门主要对进入建设工地现场的材料、产品进行监管，如核查型检报告、提出复检要求等)。

众所周知，建设工程具有施工周期长、隐蔽工程多、工序复杂、专业性强等特点，是建筑材料及产品的主要使用方。建设工程中对主要材料和产品的管理以现场抽样复检进行控制，虽然也是客观评判其质量的有效手段，但是在产品使用阶段的管理和控制，容易受施工现场环境、施工周期等客观因素的影响，因此存在较大风险。

3. 建设工程产品市场亟待规范。

随着建筑技术的进步和市场经济的发展，建设工程新产品不断出现，但由于市场竞争加剧，建设工程产品质量参差不齐，假冒伪劣时有发生。部分产品生产企业只考虑了短期效益，对用于工程后的耐久性重视不够，而且建设行业内目前对工程产品生产企业还没有全面形成一种完善有效的质量信誉评价制度、优胜劣汰的竞争机制和良性循环的发展氛围。所有这些，在一定程度上造成一些质量优良的产品由于价格原因不能广泛应用于建设工程。

为此，各地建工行业主管部门也纷纷出台相应的管理制度或办法，希望对市场进行有序化管理。其中，较多采用的管理方式包括：

(1)生产许可证制度；

(2)建材产品的备案制度：通常仅要求申请备案企业提交符合要求资质材料、产品说明书及有效期内的检测报告等文件材料；

(3)各种形式的评定、认定、标识制度：除要求申请企业提交类似备案制度要求的文件材料外，通常评定或认定方还会依靠内部或外部的专家组成专家评定组对申请企业实施现场检查、年度抽检、复评等；

(4)全部或部分依靠采信第三方的产品认证结果：或作为入围必要条件，或作为加分项。

三、不同评价制度与市场风险控制

由于目前我国建设工程产品的质量控制主要以现场管理为主，存在较大风险，工程建设中的产品缺少有效的第三方市场监控手段。导致无论是产品认证制度、还是各种评价制度、标识制度、认定制度等都无非是行业主管部门为甄选合格或优质产品、把控市场风险的一种手段。但随之而来的是：由于不同评价制度本身科学性、合理性及严密程度不同，导致其使用方——行业主管部门自身由此而来的风险存在巨大差异。

所谓评价制度的科学性、合理性和严密程度实际是指制度本身的风险控制有效性。首先，生产许可证制度由于属行政审批范畴，其目录类别逐年减少，让位市场调控。其次，对评价企业资格文件的收集和检测报告的审查几乎是所有评价制度均会采用的方式，但鉴于目前我国诚信体系不十分完善的现状，如不能实地进入生产现场，则很难获得真实有效的企业规模、设备、人员条件，技术、质量控制和管理能力的第一手资料，评价可靠性难以保证。第三，在实际行业监管过程中，对于企业生产现场的实地考察和评价往往因人员数量、技术能力、时间等诸多因素的限制或不被选用或由于没有严密的制度支撑，检查深入程度、评价结果会因人而异、因组而异，评价的风险也就由此而来。

第三方的产品认证较之其他评价制度，由于其运行有国际标准的支撑、其实施机构有质检总局的法规和制度监督，因此，产品认证体系本身具有合法性、系统性、严密性等诸多优势。

1. 第三方产品认证是市场化、国际化的产品质量评价模式，与目前通行的生产许可证制度和备案制度并不矛盾，行业主管部门直接采信第三方认证结果，一方面可以实现地方行业监管的要求、不违反《行政许可法》；另一方面，由于产品认证机构对其认证产品承担连带责任，故产品认证机构可为各地建设工程监管部门在质量把控上增加了一道防线。此外，产品认证还可凸显行业监管部门的区域性要求(如地标的要求)或从多如牛毛的生产企业和产品中突显出优良产品(通过技术指标分级等方式)。

2. 产品认证是关注产品生产的全过程。

其控制要点是有效性、一致性和可追溯性。

有效性：是指产品性能指标必须要符合国家和

行业标准的要求；

一致性：是指产品性能应稳定，生产企业要从手段和制度从原材料、设计图纸、工艺规程、生产过程、产品检验等各个环节确保产品性能始终稳定在相同水平上；

可追溯性：是指产品从设计到实现的各个环节链条清晰，组织分工明确、各环节记录清晰、充分。产品可辨识、可追溯、一旦出现问题，可依链条迅速查明原因、提出准确的纠正措施，有效避免类似问题再次发生。

3. 产品认证与检验的区别：

(1)对象不同：产品认证针对申请认证的所有产品，产品检验仅针对送样产品或抽样产品；

(2)依据不同：产品认证依据标准和实施规则，产品检验依据标准和检测方法；

(3)结果不同：产品认证结果(通过时)产生认证证书和认证标志，产品检验结果产生检验数据或检验报告；

(4)有效性不同：认证证书通常具有时效性；

(5)关系：产品认证依据产品检验的结果和其他检查结果(工厂检查、工地检查、其他信息渠道，比如投诉等)做出相应的评价。

4. 产品认证与体系认证的区别：

(1)认证的对象不是企业的质量体系，而是企业生产的某一产品；

(2)认证依据的标准不是质量管理标准，而是相关的产品标准和认证机构制定的认证实施规则；

(3)认证的结论不是证明企业质量体系是否符合质量管理标准，而是证明产品是否符合认证实施规则和产品标准。

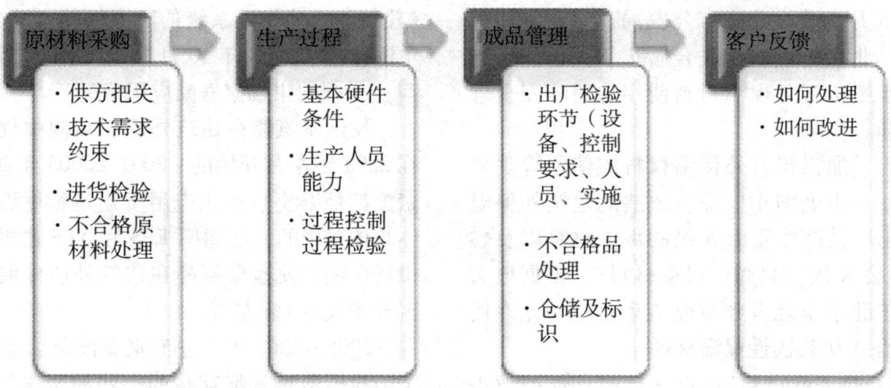

四．结论

由于建设工程具有建设周期长、投资大、隐蔽工程多、专业性强、涉及专业领域广等特点，我国优良建材产品的质量评价方法的选择最终也会与国际相一致，即采用强制性产品认证与自愿性产品认证相结合的方法，且随着建材国际贸易的不断发展，认证结果的国际互认也是必由之路。当然，这一切的实现还需要一段较长的时间，目前阶段，可通过采信合法专业机构出具的产品认证结果与现有管理模式互补的方式，有效降低入场抽检的风险，也可实现从源头抓起，有效控制工程质量。

采信认证作为地方实现监管诉求的方式可以多种多样，包括：行业主管部门根据地方行业特点、发展规划和管理需求，选定试点领域和重点产品，以试点方式摸索操作模式、积累管理经验；组织代表各方利益的专家制定统一规则(包括认证实施规则、技术文件、规定等)，也可在规则中分级、分星，既避免了要求一步到位可能导致的市场断档情况，也能体现优质优价的市场原则；也可指定一批信誉度好、技术过硬的认证机构、检测机构按约定的技术规则实施认证，行业监管部门可适度介入，实施方案及过程的监管。此外，几方还可确定统一标志，采用共同发证的模式，提升认证结果在行业的影响力和公信力。

（中国塑料加工工业协会塑料管道专业委员会
王占杰；中国建筑科学研究院认证中心
马　捷　黄家文）

聚氨酯保温板在建筑节能领域应用发展趋势

自公安部消防局2012年第350号公布，正式取消执行65号文以后，国内保温材料市场已出现明显变化：A级无机保温材料市场明显下降，有机保温材料明显上升，PU建筑保温材料产能、产量和市场均出现了空前增长势头。B1 级聚氨酯喷涂保温材料、PU 无机复合板材和结构型阻燃 PU 保温材料等材料将有巨大市场发展空间。

PU 建筑保温材料行业应不断进行技术提升，行业自律，保证品稳定，使其保持持续、稳定、健康发展势头。本文对我国 PU 保温材料在建筑节能领域中的应用现状及其发展趋势做一介绍，供同行参考。

1. 新政策的颁布为 PU 建筑保温材料推广应用铺平道路

2012 年 12 月 3 日，公安部消防局发布了《关于民用建筑外保温材料消防监督管理有关事项的通知》，即公安部消防局 2012 年第 350 公告，决定从即日起不再执行 2011 年 3 月 14 日颁布的 65 号文。350 号文的发布意味着从防火安全政策层面上，明确了 PU 外墙保温材料未来允许用于建筑外墙保温系统，从而给 PU 保温材料迎来了来之不易的发展契机。

2012 年 3 月 3 日，北京市公安局、北京市住房和城乡建委、北京市规划委联合颁布了关于加强老旧小区综合改造工程外保温材料使用与消防安全管理工作的通知。

该文件中对加强建筑外保温材料的使用管理要求规定，对北京市老旧小区综合改造的建筑外保温工程中，应采用燃烧性能为 A 级的保温材料以及燃烧性能为“复合 A 级的热固性保温材料”。根据该文件规定，对于北京市既有建筑改造项目，可允许使用 A 级和复合 A 级热固性保温材料。

“A 级复合热固性材料”的防火阻燃性能等效于 A 级无机阻燃材料。按此规定，复合热塑性材料即使达到了阻燃 A 级也不能使用。此规定是吸取了我国近年来发生的几次重大火灾的深刻教训。是有充分依据的，也是符合客观规律的。

2012 年 6 月 20 日，新疆维吾尔自治区公安厅与住房和城乡建设厅发布了有关《新疆维吾尔自治区建筑外保温材料防火暂行规定》的通知(新公通[2012]69 号文)。在该文件中规定，对非幕墙式住宅建筑和其它民用建筑以及幕墙式建筑：当采用 B1 级热塑性保温材料时，必须设置水平防火隔离带。在相同条件下，当采用热固性保温材料时，均无需要求设置防火隔离带。注明热塑性保温材料指模塑聚苯乙烯泡沫塑料(EPS)和挤塑聚苯乙烯泡沫塑料(XPS)。热固性保温材料指改性聚氨酯板和改性酚醛板。新公通[2012]69 号文明确了热塑性保温材料与热固性保温材料在防火性能上的差别。

2012 年 11 月 27 日，江苏省省公安厅、省住房和城乡建设厅联合下发《江苏省建筑外墙保温材料防火暂行规定》，规范新建、改建和扩建民用建筑外墙保温材料的防火设计及使用。

在该文件针对建筑外墙种类、高度以及使用性质等分别进行规范。当建筑外墙保温材料与基层墙体、装饰层之间无空腔时，住宅建筑高度大于 54m 时其保温材料的燃烧性能为 A 级，建筑高度不大于 54m 时其保温材料的燃烧性能不低于 B1 级。建筑外墙采用内保温系统时，人员密集场所及各类建筑的疏散楼梯间、避难走道、避难间、避难层，采用 A 级保温材料，其他建筑、场所或部位，采用低烟、低毒且燃烧性能不低于 B1 级的保温材料。其中还特别针对建筑外墙保温系统的施工要求作出明确。

2012 年 12 月，国家标准化管理委员会正式发布了一系列消防安全的国家标准，其中包括有公安部四川消防研究所负责修订的强制性国家标 GB 8624—2012《建筑材料及制品燃烧性能分级》，和由公安部四川消防所负责编制推荐行国标 GB/T 29416—2012《建筑外墙外保温系统的防火性能实验方法》，这两项国标也从 2013 年 10 月 1 日开始正式实施。

2. 保温市场聚氨酯应用情况

硬泡聚氨酯在建筑外围护结构中规模化使用是在 2003 年左右开始的。2003 ~ 2005 年期间，硬泡聚氨酯都是以喷涂形式应用于建筑物屋面防水保温一体化体系中的。这期间 EPS 和 XPS 占据着大部分的市场份额，硬泡聚氨酯在建筑外墙保温节能的市场占有率仅有 1% 左右。

2005 ~ 2007 年，硬泡聚氨酯复合板的出现弥补了喷涂硬泡聚氨酯存在的一些如飞沫、表面结皮不平整等小问题。不过，行业内能生产硬泡聚氨酯复合板的企业屈指可数。在行业内几家知名企业的推动下，硬泡聚氨酯行业的第一个国标 GB 50404—2007《硬泡聚氨酯保温防水工程技术规范》得以成功编制，标准的编制使得聚氨酯在市场推广方面有了长足的发展，许多地区建委开始接受该产品，并愿意在当地进行推广和使用。至此，硬泡聚氨酯在建筑保温节能领域的市场占有率也提高到了 3% 左右，且呈逐年递增的趋势。

2008 ~ 2010 年，在新建建筑外墙外保温及屋面保温中，由于聚氨酯硬质复合板价格等诸多因素，市场占有率并没能达到预期的份额，大部分的保温材料仍然是聚苯乙烯塑料制品。但在各地国家粮库、鸟巢等国家重大项目的屋面防水保温方面，聚氨酯硬泡喷涂的市场占有率则比较高。

2009 年 2 月央视大火发生，紧接着 2010 年 11 月上海静安区公寓楼发生大火。然而该公寓楼外保温施工使用的硬泡聚氨酯喷涂材料是使用的易燃聚氨酯的劣质产品。这凸显出行业内个别企业责任心丧失、唯利是图、低价以次充好的现象，影响十分恶劣，对整个聚氨酯行业的冲击非常大。

央视大火之后，公安部和住房和城乡建设部共同印发了《民用建筑外保温系统及外墙装饰防火暂行规定》(公通字[2009]46号)的通知，上海大火过后，国务院出台了《国务院关于加强和改进消防工作的意见》(国发[2011]46号)，两次大火的发生，公安消防部门也加大了对新建项目的审图和检验力度，无机材料的使用率越来越高，此刻，我们根据多年时间经验，联合相关专家共同提出了复合A级的概念，将硬泡聚氨酯优质的防火燃烧性能让更多的人知道，并扭转了硬泡聚氨酯在保温行业的局势，成功的拓展硬泡聚氨酯在2012年的保温市场占有情况，达到了10%左右，全国各地硬泡聚氨酯的使用率都呈现快速增长趋势。

2012年北京市率先开展了老旧小区综合改造重大惠民工程，北京市住房和城乡建设委员会专门联合北京市公安局和北京市规划委员会发布了《关于加强老旧小区综合改造工程外保温材料使用与消防安全管理工作的通知》(京公消字[2012]391号)，该文件的发布，使外保温市场竞争机制更加完善和合理化，也使硬泡聚氨酯的价格处于合理的竞争价格之内。该文件的出台进一步提高了硬泡聚氨酯的认知度，在2012年全年的北京市老旧小区综合改造重大项目中的硬泡聚氨酯的市场占有率达到了65%。

据不完全统计，就在2012年一年时间内，硬泡聚氨酯复合板生产企业爆发式增加到250多家，然而爆发式的增长，必定带来部分素质低、责任心差的企业，面对硬泡聚氨酯在2012年市场出现的发展机遇，这些企业却为了追逐眼前利益，以允好次，低价恶意进入市场，使用不合格产品谋取爆利，最终导到出现了板材收缩，外墙开裂和现场着火等严重低级事故，给整个聚氨酯保温行业带来了非常不好的负面影响。因此，呼吁在当前市场机遇面前，行业内所有企业加强企业的责任心，严格行业自律，每个企业都要共同维护这个来之不易的市场机遇，共同开发、维护和拓展市场。

3. 节能减排、绿色建筑为PU建筑保温材料迎来巨大商机

3.1 节能减排为PU外墙保温材料迎来新的发展机遇

在全球金融危机影响下，我国国民经济能否保持持续稳定的发展速度，能源问题已成为一个突出矛盾。我国目前是世界上最大的建筑市场，我国既有建筑面积400亿平方米，每年新增建筑量20亿平方米，而目前我国新建筑中95%以上仍是高能耗建筑，建筑能耗已经达到全社会能耗的27%。若不采取节能措施，到2020年将有50%全国能源消耗在建筑上。据有关部门统计，我国建筑围护结构保温性能普遍较低，外墙和窗口的热导率系数为同等发达国家的3~4倍，外墙单位建筑面积耗能要高出4~5倍，我国建筑单位面积总热量为气候条件接近的发达国家高出2~5倍，由此表明我国建筑节能的潜能很大。根据建设部建筑节能的总体目标：未来几年，全国城镇新建建筑实现节能50%，对既有建筑节能改造大城市完成25%，中等城市完成15%，小城市完成10%；到2020年北方和沿海经济发达地区新建筑实现节能65%。

我国建设部等部委已制订了建筑节能三年实施计划，规定从2010年7月1日开始，强制推行北京、天津、大连、青岛、上海、深圳等六大城市所有建筑要一步达到节能65%的标准。到2020年新建建筑东部地区实现节能75%，中西部地区实现节能65%，对大部分建筑完成节能改造。我国建筑节能任务巨大。我国地域广阔，冬寒夏热的情况十分突出，再加上我国建筑物的保温隔热和气密性能很差，采暖系统热效率低，单位住宅建筑面积采暖能耗为发达国家的3倍。

以北京市为例，2013年1月1日，北京市宣布执行75%的建筑节能标准，这是一个对行业利好的信息。经过计算，180mm厚混凝土墙体，达到75%节能要求，常用保温材料使用厚度如表1。

表1　75%节能要求下各类常用保温材料所需厚度

项目	PU	岩棉	EPS	XPS	发泡水泥
3层以下	90mm	150mm	140mm	120mm	≥300 mm
4~8层	75mm	120mm	110mm	95mm	290mm
9层以上	60mm	105mm	100mm	85mm	255mm

从表中可以看出，相比较其他材料，硬泡聚氨酯材料拥有绝对的优势。

此外，2013年3月份，北京市住房和城乡建设委员会给北京市老旧小区专项改造备案的所有企业开会，会议精神要求："今年复合A级硬泡聚氨酯复合板，到现场后必须是厚抹灰，现场的每张板必须都是能通过复合A级检测的，而且芯材必须是B1级"，这次会议带给了聚氨酯企业带了更大的挑战，企业必须改进生产工艺，提高生产效率，以应对这次的改变。同时，当前行业内各企业必须联合起来，共同维护硬泡聚氨酯难得的市场机遇，共同迎接新的挑战。

来自当前保障房和旧房改造重大项目、节能标

准的进一步提高等政策刺激，硬泡聚氨酯未来发展空间仍然巨大，同时未来的发展是机遇和挑战并存，企业自身要继续提高硬泡聚氨酯产品的各方面性能，勇于面对和克服新的挑战。

3.2　绿色建筑助力外墙保温材料发展

据有关资料报导，使用 $1m^3$PU 保温材料，一年能减少 CO_2 排放量 270kg。按 1 年消耗 1000ktPU 保温材料计算，则一年可减少 CO_2 排放量 7000kt。到 2030 年建筑节能采用保温处理后，将使温室气体减排达到 5600Mt。由此可知，PU 保温材料在建筑节能领域中的推广应用，无疑对改善全球空气环保质量，并为提高人民日常生活水平，创造优良的环保环境将起着十分重要作用。

住房和城乡建设部仇付部长指出，绿色建筑作为建筑领域一种发展趋势，在中国已不可逆转，而且发展会越来越快，要让绿色建筑理念和技术覆盖所有建筑。绿色建筑理念的提出和实施将改变人们对建筑标准的传统思维模式，也极大地纠正目前对建筑领域中出现提出某些性能标准的片面要求。这将是建筑领域的一场新的革命。

所谓绿色建筑在一定意义上可理解为以节能减排为重点，具有辐射带动作用的低能耗示范建筑，因此绿色建筑必须做到建筑节能标准要求。住建部要求到 2014 年，所有直辖市、计划单列市的保障房建设均应达到绿色建筑标准。据媒体报导，国家发改委、住建部正在加紧制定“绿色节能建筑行动方案”，计划力争在“十二五”期间对 57 亿平方米建筑进行节能改造，力争在“十二五”期间绿色建筑面积达到 10 亿平方米。无疑将给 PU 建筑保温材料带来巨大商机。

4. 防火质量安全和市场激烈竞争为 PU 外墙保温材料带来新挑战

我国近年来发生的几次重大火灾事故给我们带来深刻的教训。CCTV 和沈阳皇朝万鑫酒店大楼的外保温材料均为聚苯板，此种保温材料在真实火灾发生时，表现为极快的火焰蔓延速度。这是由于聚苯板在燃烧状态下，存在以下四方面缺陷：(1)燃点低(80～100℃)，极易被点燃；(2)在火灾燃烧状态下，极易产生熔滴。其熔滴物滴到未燃部位，极易产生二次火焰，快速扩展火灾蔓延速度；(3)体积快速收缩，形成空穴，引起爆燃；(4)在火灾发生时，由于熔滴物不断快速下落，消防人员难以在现场及时扑救火灾。2010 年 11 月 15 日，上海胶州路教师公寓发生特大火灾事故，人员伤亡惨重。这是建国以来上海最为惨痛的一次由火灾引起的伤亡事故，虽然事故的主要原因国务院已做出了明确定论，但其负面影响已波及全国甚至全球。

由这三次火灾事故中应深刻吸取教训：(1)对高层和超高层建筑，聚苯板(EPS 和 XPS)和其它热塑性保温材料必须慎重或禁止使用；(2)对高层和超高层建筑，铝塑板和轻金属板材，此类保温材料的火焰传播速度极快，必须慎重使用；(3)对高层和超高层建筑采用的保温材料，其燃烧产物烟密度和毒性气体成分必须给予高度重视。

此外，不同材料在防火阻燃标准上采用同一标准指标要求并不科学，以发泡聚苯板(EPS)、挤塑板(XPS)为例，这些材料达到 B1 级后，其氧指数可以轻松超过 32，但聚氨酯却很难达到氧指数 30 的成本较高，然而，对于 EPS、XPS 等材料，聚氨酯的氧指数低并不意味着防火性能低。硬泡聚氨酯属于热固性保温材料，遇火燃烧时，其表面形成碳化层，碳化层能够阻止火焰蔓延。而 EPS 和 XPS 属于热塑性材料，遇火时会熔化、滴落，而这些滴落物同样也能够燃烧。

关键问题在于，火灾并非仅仅是保温材料引起的，应该把建筑本身作为一个系统来考量，整个系统的防火性能如何，施工管理和日常维护等都非常关键，一味强调建筑材料本身的防火等级意义不大。工地现场管理混乱，不合格产品上墙监管不力，是造成火灾的主要因素。

5. 当前 PU 材料市场发生问题的解决方案

目前正被广泛应用的没有进过结构改性的聚氨酯材料，却存有严重的火灾隐患问题。现在的关键是要对聚氨酯有机保温材料进行脱胎换骨的改性，即通过对聚氨酯材料的化学分子结构的改性，使其既保留最佳高效节能保温功能，又能通过绝热隔热碳化层结构实现防火功能，我们必须从节能与防火两难矛盾的困境中走出来，实现建筑节能和防火安全同步协调发展的道路。

自从国家颁布外墙保温燃烧性能新的标准后，为 PU 硬泡沫保温材料应用带来了新的应用机遇。但未经阻燃处理的聚氨酯泡沫塑料是可燃物，且燃烧时产生大量的有毒烟雾，给灭火带来困难。国内外已经报道了多起硬质聚氨酯保温材料造成巨大经济损失和人员伤亡的火灾案例。提高泡沫的阻燃性能是消除 PU 泡沫发生火灾隐患的重要手段。PU 阻燃技术发展主要有添加型阻燃剂和结构型阻燃聚醚两种，在组合料配方中添加阻燃剂，可使得 PU 硬泡的阻燃性能得以明显提高，但这种添加型阻燃剂的引入在 PU 反应中不参与反应，仅以填充剂形式存在于泡沫壁中，会破坏泡沫基材结构，从而降低泡沫压缩强度，高低温尺寸稳定性等物理机械性能。而外墙外保温体系由于是直接暴露在自然环境下，无论是从防水、防风和防晒等耐候的角度，还是从视觉观瞻的角度，都不允许出现裂缝、泡鼓甚至脱落等现象，因此对保温板的尺寸稳定性要求很高，否则会由于板材变形而造成整个体系的质量隐患。

为达到PU硬泡沫材料在阻燃性能与尺寸稳定性方面的兼备，又不牺牲PU泡沫本身的节能效果，使聚氨酯成为优质的低烟、低毒且阻燃的建筑节能保温材料。近年来，国内外企业都开展了相关研究，各种类型的阻燃聚醚相继问世，这些产品的出现不仅大大提高了PU硬泡的阻燃性能，而且与添加型阻燃剂相比可明显改善泡沫的物理机械性能，从而有力的提高了整个聚氨酯硬泡行业技术发展水平。

江苏绿源新材料有限公司采用密胺和磷系化合物为主原料，研制开发了PB系列结构型阻燃聚醚，该产品具有很高的N和P含量，较高的官能度($f>4$)且分中含有大量的杂环结构，，以其为主要原料所制得的泡沫具有优良的物理机械性能、出色的绝热保温性能，同地依靠泡沫本身的分子结构和链段中所含的阻燃基团达到阻燃效果，而不需大量使用添加型的阻燃剂。这就从本质上避免了普通聚氨酯因为添加阻燃剂而带来的两项严重问题：(1)因为阻燃剂随着时间而游离造成泡沫的阻燃缺乏耐久性；(2)阻燃剂会严重影响聚氨酯泡沫的性能指标而带来普通聚氨酯复合板的尺寸变形。加之分子结构中没有引入卤素，也不需添加含卤素阻燃剂，泡沫燃烧时的烟气释放量极低，真正做到了阻燃，节能、抑烟、无毒和型稳于一体。

6. 硬泡聚氨酯在未来建筑外保温应用中的几种施工工艺

就目前来说，硬泡聚氨酯在绿色节能建筑中的应用主要表现为建筑物的外墙外保温。现将这些施工工艺应用情况归纳总结为5种，并将其特点简要分析如下，供大家参考。

(1)外墙喷涂聚氨酯硬泡

有的地区在外墙面上喷涂聚氨酯硬泡，其厚度在2~3cm为多。按照热工计算可以达到建筑物围护结构大约50%~65%以上的节能。其具体做法是，在干燥的建筑物外墙的水泥毛面上喷涂聚氨酯硬泡，然后再经过修整(由于聚氨酯喷涂厚度会出现凹凸不平)，在达到基本平整之后在泡沫上涂刷界面剂，再用聚合物水泥沙浆抹面加网格布或者铁丝网，然后进行外粉。即，外墙粉饰。在实际应用中主要采用聚合物真石漆。也有的设计是外墙瓷砖，由于瓷砖加大了外部负重，所以比较慎重。

(2)聚氨酯保温板抹灰系统

硬泡聚氨酯板是以硬泡聚氨酯高效保温材料为芯材，两面覆盖水泥基防护层的保温板材。由于采用工厂化生产连续成型，其保温性能和质量稳定可靠。采用复合聚氨酯板进行外墙保温，其厚度比保温浆料薄2/3，比聚苯板薄1/3，在满足高标准建筑节能要求的同时，增强了系统的安全性；该板材出厂时就带有双界面，可有效避免保温板在运输、施工现场堆放及上墙施工过程中由于烟头、电焊而引发火灾；硬泡聚氨酯是热固性材料，遇火不熔融，无燃烧滴落物，形成系统后不具有火焰传播性，大大提高了使用阶段的防火安全性。硬泡聚氨酯板的水泥基面层，可增强保温板与胶粘剂、抹面胶浆的粘结强度，进而确保系统的整体性和安全性。

(3)外墙内保温装饰板一体化

内墙保温材料造价低、施工简便。内墙保温材料产品特点：内墙保温材料是一种集保温与装饰合二为一的墙体保温材料。由于内部气孔独立，无浸透性，对水蒸汽和液体具有遮断性，降低了其导热效率，使泡沫陶瓷具有热传导率低、抗热震性能优良等特性，且重量仅约普通陶瓷砖的1/3~1/5，可长期漂浮于水面上，是一种理想的轻质、保温、隔热材料，且具有防火、防水、耐酸碱、抗风化等性能。它很好的弥补了现有外墙保温材料现场作业量大，施工复杂，造价高、防水防火差、不耐老化、抗紫外线照射和耐冻融性差、易降解、变形系数大、稳定性差、易燃烧等不足，显著提高了建筑保温节能的实质性效果和建筑物的寿命。

(4)聚氨酯裸板与结构一体化(大模内置)

大模内置是指在装模板时，把保温板直接安装在模板内，然后浇注混凝土。简称大模内置。本工艺适用于外饰面为涂料的现浇混凝土剪力墙结构体系。插接式大模内置现浇外墙保温板的安装是在墙体钢筋绑扎完毕，合模前，与其它预埋设施的安装同时进行。

施工工艺流程依次为：搭设保温板和大模板安放平台→在保温板上弹出插接栓位置线→按设计位置插入插接栓→固定保温板→保温板安装质量验收→固定模板→钻穿墙螺栓孔→合模→在模板上口或门窗洞口处将保温板固定到模板上→浇注混凝土→拆模→保温板面层初步清理→用尼龙胀栓补强→填塞穿墙螺栓孔及脚手架眼→安装轮型垫和长螺母→抻平钢丝网、插开口平垫、旋紧长螺母→喷或涂界面剂→挂线、贴饼→抹底层水泥砂浆→抹面层水泥砂浆→养护→膨胀缝和分格缝处理→粘贴面砖。

(5)干挂聚氨酯外墙保温装饰板

在工厂采用连续法工艺生产聚氨酯夹芯板，这种夹芯板的结构时，面层氟碳涂料的铝板，中间聚氨酯硬泡保温层，底面是铝箔。在施工时采用干法施工方式。即先再外墙上作龙骨，再将保温板钉上去。利用插接的方式，将板材挂上。这就是著名的罗宝板。

使用这一保温方式的主要优点是：a. 可以在工厂连续化生产，可以具备更大的建筑物的需求，以及跨区域供应。b. 由于工厂化连续生产，质量更容易得到控制和稳定。c. 施工受环境因素影响较小。施工环境好。d. 由于现场施工没有化学反应及粘合等工序，使得施工质量容易得到控制。e. 由于板材的面层已经有外保护和装饰，因此减少了施工环节，提高了效率。f. 由于是干法施工，这一保温方式更适合旧房屋的保温及装饰改造。

主要缺点是：a. 同样由于该板材的密度小，体积大。会造成运输成本较高。b. 由于对于面层材料要求高及需要墙体打龙骨，以致综合成本较高。

7. 未来发展趋势预测及几点建议

7.1　PU 建筑保温材料将迎来快速发展期，竞争更尖锐

据有关资料统计，目前 PU 硬泡保温材料在建筑外墙保温上应用率约 10%。据中国 PU 工业协会制定的未来发展规划，预测未来 5 年 PU 建筑保温材料应用率将达到保温材料 50% 左右。届时 PU 组合料市场年需求量将达到 2500kt/a 左右。

自公安部消防局颁布 65 号文以来，PU 保温材料在燃烧性能防火技术方面取得了显著成就。其中开发成了结构阻燃聚醚多元醇、高效阻燃剂和反应性阻燃剂以及热固性 PU 无机复合板材等新型材料。这些成就将为未来 PU 保温材料防火性能上进一步突破打下了基础。此外，新型 PU 复合板材、高阻燃 PU 裸板生产技术近年来也得到快速发展。PU 无机杂化复合材料将是高阻燃、高保温 PU 保温材料未来发展方向。

PU 保温材料未来主要竞争对象是 EPS 和 XPS。由于此种材料在成本上占有优势，因此未来热固性保温材料与热塑性保温材料之间竞争将会越来越尖锐。PU 保温材料在确保质量和性能前提下，需下力气降低其制造成本，以期达到扩大市场效果。

7.2　住宅产业化配套保温

单一的材料已不能很好地完成外墙保温，外墙保温系统成为理想的选择。优异的外墙保温系统就像是为房屋包裹了严实的保护层，完整的墙体施工防止不受各种大气环境和污染的侵害，同时也均衡了温度变化所产生的热胀冷缩，避免了立面产生裂缝。这种系统由粘接抹面砂浆、保温板、防火隔离带、锚栓、加固层、底涂漆和饰面层组成。其应用效果显示不仅可以节能 50%，而且可以降低建造成本，获得更多的居住空间。

如将高档陶瓷墙砖与无机不燃保温板复合在一起，可使产品既具有符合美观要求的装饰性，同时，也能达到 A 级防火、保温、隔热、隔音效果。由于具有容重轻、导热系数小、阻燃性能 A 级、不腐烂不发霉、无毒无公害、憎水性能好、板材轻、施工简洁等优点，正在被应用于工业建筑、民居的外墙体、内墙体保温工程、防火隔断材料。

绿色建筑的六要素是节能、环保、低碳、生态、舒适和安全。保温装饰一体化能集保温、隔热、装饰于一体，工厂化生产效率高、安装周期短、质量稳定，是我国建筑工业化和住宅产业化的发展方向。

7.3　大块泡连续化生产技术和设备的应用

目前国内生产聚氨酯保温板是由间歇方式生产的聚氨酯硬质块状泡沫切割而成的，这种方法生产量小，远远不能满足我国建筑节能市场的需求。更主要的问题是间歇式箱模发泡生产能力低，劳动强度大，自动化程度低，质量控制不稳定。

因此，随着聚氨酯保温材的市场需求的扩大以及对聚氨酯保温材料泡沫性能稳定的要求，连续化大块泡生产技术必将得到广泛的应用。目前，江苏绿源新材料有限公司正致力于连续化大块泡生产技术和设备制造的开发与研究，到目前为止，已经通过连续线发泡技术生产出符合 GB 8624—2012 的 B1 级大块泡，同时，通过对连续线发泡生产线的优化升级制造出第二代大块泡连续发泡生产线。

7.4　几点建议

为推动 PU 保温材料的快速发展和产业化，本人特提出以下建议：(1)建议政府加强建筑节能保温材料行业的监管工作，严格执行国家指定的相关政策和国家标准。(2)建议有关部门尽快完善有机保温材料的行业标准，建立和健全符合行业发展的政策和标准体制。(3)建立建筑节能的专项扶持政策，以促进聚氨酯行业的健康发展。(4)建立行业自律，PU 企业必须生产出符合国家标准要求的产品。

8. 结论

8.1　国家和地方近期颁布的政策为 PU 保温材料推广应用铺平了道路，指明了方向。

8.2　节能减排 - 绿色建筑为中国 PU 建筑保温材料迎来了巨大商机。

8.3　PU 建筑保温材料在国外已有 30 年成功应用经验，值得借鉴。

8.4 A级PU无机复合保温材料、结构型阻燃PU材料、绿色环保型植物结构PU保温材料等开发成功，为PU拓宽市场创造了条件。

8.5 PU热固性材料和EPS(XPS)热塑性材料模拟火灾实验结果表明，相同B1级，PU的防火能力比EPS(XPS)要好得多。

8.6 对于节能材料所需要的高尺寸稳定性、高阻燃性可以通过使用高官能度阻燃聚醚和结构型高效阻燃聚醚来保证泡沫的各项性能和阻燃效果两者兼得。

8.7 在我国节能减排、城镇化率加快推进等一系列政策引导下，我国PU建筑保温材料未来具有巨大发展空间。其应用率将由目前10%增加到50%，年需求量2500kt左右。

8.8 PU建筑保温材料未来发展趋势是市场应用将不断扩大，技术进步将不断提升，竞争将不断尖锐。

8.9 建议政府加强建筑节能保温材料行业的监管力度、有关部门尽快完善有机保温材料的行业标准、建立建筑节能的专项扶持政策。同时行业必须自律，确保行业保持持续、健康、快速发展势头。

（中国塑料加工工业协会聚氨酯制品专业委员会　林永飞）

科技进步

2013~2014年国内外塑料新材料、新技术发展概况

1. 阻透增效树脂延长农膜持效期

由聊城华塑工业有限公司和北京华腾新材料股份有限公司共同承担的薄型农用聚烯烃棚膜功能增效技术日前通过山东省科技厅组织的科技成果鉴定。项目单位分别开发出PE和EVA棚膜专用阻透增效树脂，这些树脂加入后不影响棚膜的基础力学性能和光学性能，显著改善了PE和EVA棚膜流滴消雾的持效状态和时间。在越冬温室普遍使用的传统PE或EVA薄型功能性棚膜的配方体系中加入0.5%以下的阻透增效树脂，或加入少量由阻透增效树脂制备的功能母料后，棚膜流滴持效期延长50%以上，可满足一个完整越冬温室生产周期的要求。

2. 独山子石化公司开发低熔垂管材混配料

2月20日，独山子石化公司利用高密度聚乙烯装置50kt/a混配线试产的大口径低熔垂管材混配料UHXP-4808B主要物性指标及应用性能，通过独山子石化公司研究院性能评价，标志着该公司给排水、燃气管材混配料生产实现系列化。

出于管道安全和质量责任归属判定的考虑，国内外PE管道标准多要求原料需使用混配料。为占据大口径管材原料市场，该公司在原有UHXP-4808的研发基础上，开发出具有低熔垂特性的混配料，实现了对不同管径需求原材料市场的全面供应。

3.“纤维用无卤阻燃共聚酯树脂”新型材料成功应用

由四川东材绝缘技术有限公司承担完成的“纤维用无卤阻燃共聚酯树脂”省级科技支撑项目顺利完成，并成功应用于阻燃材料等领域。该项目通过对无卤共聚型活性单体的选择、共聚合成工艺的研究，开发出线型无卤阻燃共聚型聚酯树脂(阻燃PET)。项目研究过程中申请了专利2项，制定了企业标准1项。

4. 广州石化实现大棚膜专用料的工业化生产

日前，广州石化聚乙烯装置顺利产出500t大棚膜专用料DFDA-1808，标志着该品种由小批量试产正式转为工业化生产。据悉，早在13年4月，广州石化在获悉临近省份云南的烟草、茶叶、鲜花产业对大棚膜需求旺盛后，就成功试生产出第一批DFDA-1808。此后，经云南省某公司使用后，证实产品各项指标达到甚至超过了大棚膜专用料的要求。为实现该产品的工业化生产，广州石化在生产中选用了高效催化剂，提高了催化剂的活性，有效降低了催化剂单耗，每吨可节约生产成本20元人民币左右。

5. 齐鲁石化产出滚塑油箱料新产品

齐鲁石化塑料厂聚乙烯低压装置成功产出滚塑油箱专用料新产品，是该厂首次批量化、规模化生产，已完成首批200t生产任务，填补了国内汽车油箱料生产空白。开发滚塑油箱料有着良好市场前景和经济效益，其优良的热封性、强度及耐穿刺性能可用于卡车油箱生产，而目前国内卡车油箱料全部依靠进口。为保证顺利生产，该车间细化操作方案，克服了氢气加料条件不足及调整过程温度回路波动大等困难，并要求技术人员全程跟踪，确保平稳生产。

6. 茂名石化研究院开发高光泽薄膜料试产

日前，茂名石化研究院开发的高光泽耐穿刺线型薄膜料MLPE-1810在茂名石化化工分部全密度装置成功实现工业化试生产，首批产品计划产量为300t。据介绍，该产品使用了北京化工研究院研发的透明成核剂，与线型聚乙烯通用料7042相比，该薄膜料具有透明度高、耐穿刺性能好等特点，主要用于生产棚膜。

7. 大庆石化推出高端聚乙烯产品

今年4月份以来，大庆石化塑料厂两套全密度装置连续推出4种面向高端市场的高密度产品。截至6月18日，全密度一装置生产铬系5个牌号新产品共计43.6kt。此前全密度二装置已成功完成了第二个新产品UHXP－4806的考核任务。全密度一装置生产的产品以铬系干粉催化剂产品为主，主要用于生产高密度膜和大、小中空容器。目前这一市场多为进口料，该厂铬系产品投放市场后，有望从中分得一杯羹。UHXP－4806俗称“双峰”产品，主要用于加工管材，强度极大，可媲美金属，韧性又极好，可用于生产燃气管等安全性能要求高的制品。

8. 北京化工研究院研发的聚乙烯BCE催化剂试用成功

日前，由北京化工研究院研发的聚乙烯BCE催化剂在泰国BPE公司12.5万吨/年三井聚乙烯装置上成功试用，BPE公司对试验结果表示满意。此次试用成功为BCE催化剂进入泰国市场奠定了基础。本次催化剂试用共生产聚乙烯7000F牌号1000多吨，产品质量全部符合标准。试验过程中，聚合物粒径分布非常窄，聚合物细粉明显减少，母液中固含量明显减少，离心分离机扭矩及电流有所减少，粉料分离效果有所好转，干燥机蒸汽压力降略有减少，粉料干燥效果有所好转。

9. 特种高品质PTFE实现系列化

4月17日，中昊晨光公司承担的5000t/a特种高品质聚四氟乙烯（PTFE）分散树脂项目通过竣工验收。该项目实现了聚四氟乙烯树脂产品品种系列化，拓展了聚四氟乙烯分散树脂加工应用领域，将有助于缓解国内对高端聚四氟乙烯分散树脂的供求矛盾。该项目的建成投运，也使中昊晨光公司主导产品聚四氟乙烯产能达到亚洲第二位。

10. 武汉研发高防火保温性能发泡聚苯乙烯

新兴高科技产业正在湖北武汉光谷悄然崛起。其拥有自主知识产权的新技术，具有高防火保温性能的发泡聚苯乙烯，只需一半的施工时间，就能造出比传统房子节能60%、重量轻3/4的新型节能环保建筑，而且隔音、防火、防潮、抗震指标遥遥领先。

经测算，这种拥有自主知识产权的新技术，像“夹心饼干”一样的墙体材料，是具有高防火保温性能的发泡聚苯乙烯，能使室内少付30%的空调及取暖费，通过了美国国家研究院3h防火测试，重量只有传统砖墙的1/4，施工周期仅为传统材料的50%，独特的钢丝网架结构，足以抵抗8.5级地震和时速226英里的飓风。

11. 东华大学研制出新型骨修复生物材料

从东华大学获悉，该校生物科学与技术研究所张彦中教授课题组利用电纺丝技术结合新型的形状记忆聚合物，研制出一种具有形状记忆效应的组织工程仿生支架。相关研究成果日前发表于《美国化学会—应用材料与界面》。美国化学会周刊《化学化工新闻》对此也进行了专门报道

12. 扬子石化首产热水管材专用料

日前，扬子石化塑料厂应用首次生产出热水管材专用料（PERT），生产出的YEM－4705T牌号产品各项指标达到了预期，可媲美国外进口产品。塑料热水管材不仅耐腐蚀，且具有方便经济、安全可靠、绿色环保等优点。随着国内市场对建筑物用地板采暖管、散热器采暖管以及建筑物内冷热水管的需求量不断增加，PERT以其良好的综合性能受到越来越多的欢迎。

13. 保定邦泰开发出用于密练压延制备薄膜的TPU新材料

TPU薄膜是塑胶加工业者经常使用的塑胶材料，其制成产品涵盖了工业应用和民用必需品的范围。保定邦泰高分子新材料有限公司新产品研发部经过近一年的努力，成功开发出可用于密练压延制备薄膜的TPU新材料，并已通过下游客户密练压延工艺的认可。采用压延工艺生产的薄膜物性损耗小，品质优异，外观漂亮，预计单套四辊压延密炼设备的年产量可达6000t以上。

14. 我国从天然油脂中开发出节能保温材料

中国林业科学研究院林产化学工业研究所近日透露，由该所利用废弃油脂、木本油脂和松脂等非食用天然油脂，成功开发出的生物质节能保温材料聚氨酯泡沫塑料，不仅质量指标达到石化产品水平、减少对石油化工原料的依赖，还解决了我国目前生物质聚氨酯节能保温材料生产过程中产品与技术单一、生产运行稳定性、产品质量和阻燃性较差等问题，并获得江苏省科技进步二等奖。

15. 天津石化自主研发超低密度聚乙烯专用料投产

日前，天津石化公司自主研发的超低密度聚乙烯专用料TJVL－1210投产。天津石化成为国内首家生产密度小于0.912kg/cm^{3}聚乙烯专用料的企业。该产品较普通线型低密度聚乙烯每吨售价至少高出2000元。批量投放市场后，既可丰富聚乙烯产品结构，又可为企业带来可观收益。

16. 纳米粒子层提高薄膜阻隔性能

新加坡Tera－Barrier FilmsPte. Ltd. 公司在其开发的新型塑料阻隔膜中使用了纳米技术。该公司介绍

说，通过封装的纳米粒子层来提供氧气和湿气阻隔，性能比透明氧化层的阻隔性能高出十倍。这种新型薄膜比多层塑料膜的性能更好。该公司称，不同于阻隔性能较高的铝箔，该公司的新薄膜是一种可拉伸产品，可简化包装作业。

17. 英国博尔顿大学研发出可将撞击力转化成电力的发电纤维材料

近日，英国博尔顿大学物料研究及革新研究所的科学家研发出可发电纤维物料，它能将撞击力转化成电力，而且不像太阳能或风力等再生能源那样会受天气影响。据介绍，发电纤维可以用来制造帆、窗帘或帐篷，甚至未来只要在地毯上踩几脚，就能给手机充电。科学家当前目标是要改进纤维质感，使它能尽量变得和传统物料一样。科学家把用太阳能发电的光伏物料，与受到压力可发电的压电纤维结合，透过动力发电。压电是在某些固体物料上产生的电荷，受到压力后可引致正负电荷分离，从而产生足以充电的电压。

18. 英国公司推出高性能共聚聚酯

近日，英国塑料制品生产商 Brett Martin 公司推出了一款高性能共聚聚酯。该产品不仅保留了共聚酯耐用、耐冲击的特性，还具有光透射性极高、耐腐蚀和防火性能优越等特点。

据悉，这一名为 Marpet - g FS 的新型共聚聚酯极易成型，是建筑、印刷等领域理想的塑料片材。Brett Martin 公司称，作为聚酯家族的新成员，Marpet - g FS 可在众多应用领域里替代聚碳酸酯、硬质丙烯酸以及 PVC 片材。

19. 伦敦大学开发出新型光活性抗菌材料

英国伦敦大学研究人员最近在《化学科学》杂志上发表论文称，他们研发出一种新型光活性抗菌材料，不仅可在光照条件下对细菌产生致命效果，在黑暗环境中亦具有很好的抗菌作用，现代医院如广泛使用这种抗菌材料，可有效降低院内感染。

20. 耐极端环境的碳纤维复合材料面世

美国复合材料生产商 RTP 日前推出一款新型碳纤维复合热塑性工程塑料。公司称，该塑料在增强材料性能的同时保留了纤维的完整性，可逐渐取代铝、锌、镁等金属。此款塑料由 20% ~40% 的碳纤维以及聚醚醚酮(PEEK)、高性能聚肽酰胺(PPA)、聚苯硫醚(PPS)以及聚醚酰亚胺(PEI)多种树脂复合而成。RTP 公司将其命名为“彻底高性能复合材料”。它不但具备工程塑料所需的高抗冲性，还结合了碳纤维低密度、耐腐蚀、易成型的优点。该公司称，这一复合材料能够经受高温、高压等极端环境的考验，其在航空、工业、医疗、汽车等领域的应用前景将十分可期。

21. 欧洲 8 国将利用纳米技术联合研制新型阻燃剂

为增强阻燃添加剂效用，同时减少其在聚合物中用量，欧洲多国近日共同发起一项名为 Phoenix 的合作计划。该计划旨采用纳米技术研制新型阻燃添加剂，从而取代传统无卤阻燃剂。Phoenix 合作计划将在西班牙塑料材料研究协会领导下，由欧洲 8 国 15 家企业及科研机构协作完成。

该合作项目的负责人表示，传统无卤阻燃剂虽受热分解时产生的气体低烟、低毒，然其阻燃效用却并不十分理想，聚合物要想拥有很好的阻燃效果，需加入大量无卤阻燃添加剂。而无卤阻燃添加剂成分过高势必会对聚合物物理特性产生消极影响。因此，Phoenix 项目的重大目标是以纳米技术为依托，在提高效用的基础上将聚合物阻燃添加剂用量降至 15%。

22. 美开发出纳米管阻燃材料可让泡沫易燃性降三成

据物理学家组织网近日报道，通过在纳米尺度上采用一种独特的三明治结构，美国国家标准与技术研究院(NIST)的科学家开发出一种多壁碳纳米管材料，可大幅降低泡沫制品的可燃性。研究人员称，新技术有望将因软装饰引发的火灾减少三分之一。相关论文发表在专业期刊《固体薄膜》上。

由美国国家标准与技术研究院发明的这项新技术，将多壁碳纳米管与两种高分子材料像三明治一样组合在一起，并将这种 3 层材料连续叠加了 4 层。这种听起来相当“厚实”的纳米材料，实际上即便用“薄如蝉翼”来形容也绝不为过——其整体厚度还不到人类头发直径的百分之一。

23. 伊利诺伊大学研制发光塑料让太阳能电池能效翻倍

据美国麻省理工学院《技术评论》杂志日前报道，传统的太阳能电池僵硬笨重且低效，成其普及的“拦路虎”。现在，美国科学家仅使用一层纤薄的塑料将太阳光聚集在一块由砷化镓制成的太阳能电池上，就让太阳能电池的能效增加了一倍。这一方法不仅降低了太阳能电池的使用成本，得到的柔性太阳能电池也能在多个领域大显身手。

24. 欧盟利用果汁饮料加工业废弃物生产可降解塑料

欧盟第七研发框架计划(FP7)提供 300 万欧元，总研发投入 420 万欧元，由欧盟 5 个成员国西班牙(总协调)、荷兰、保加利亚、比利时和葡萄牙，以及拉美 4 个国家墨西哥、洪都拉斯、巴西和阿根廷科技人员组成的欧洲 PHBOTTLE 研发团队。从 2012 年 3 月开始，致力于果汁饮料加工业废弃物与废水可用有机物萃取技术及生产工艺的研究开发。截止目前，已成功地的利用果汁饮料加工业排放的大量废水，研制开发出廉价的、符合欧盟绿色标准的可降解塑料技术及生产工艺。

25. 哈佛研发出以虾皮为原料的可降解生物塑料

哈佛生物工程研究所(Wyss)的研究员们声称他们利用虾皮生产的新型生物塑料制品万能的多，更易降解而且甚至可以提高植物的生长速度。这种塑料是使用壳聚糖的物质制造的，那是一种壳质的存在状态，是地球上分布第二广泛的物质，同时也是甲壳纲类生物的硬壳的主要组成成分，比如昆虫的角质层，蝴蝶的弹性翅膀。

这种用壳聚糖生产的叫做“shrilk”的生物塑料能使用一种创新的方式低成本而且简易地生产出来，并且保留了壳聚糖坚固的力学性质。这使得工程师们能够第一次用传统的压铸或是注塑技术将可再生的材料制作成复杂形状的 3D 成品。

26. 美国高校研发新型汽车降温材料导热性提升 20 倍

日前，一个由佐治亚理工学院(Georgia Tech)研究学者领导的研究小组研究宣布，其通过电解过程生产制造出了排列整齐的聚合物纳米纤维，该聚合物纳米纤维可以用作导热新材料，其导热效率比常规聚合物导热效率提高了 20 倍，该经过改善的聚合物纳米纤维导热材料在温度高达 200 摄氏度时仍具有非常高的可靠性。其中，聚合物材料的分子键通常是杂乱无章的，降低了聚合物材料中导热声子的平均自由程，因此聚合物材料一般具有绝热特性。

27. 拜耳推出闪光灯透镜用聚碳酸酯

拜耳材料科技新近推出一款应用于闪光灯透镜的 Apec 聚碳酸酯，能满足智能手机拍摄高品质照片的需求，并使闪光灯透镜持久耐用。传统闪光灯透镜材料质地柔软，较易损坏。Apec 聚碳酸酯具有轻质、抗冲击、高耐热性、高透明度等属性，能满足 LED 透镜对耐冲击性和耐热性的要求；其高透明特性使拍出的照片更清晰、颜色更真实。Apec 聚碳酸酯还具备良好的尺寸稳定性、耐候性，可采用多种方式进行加工，广泛应用于汽车、电子、医疗等领域，在智能手机摄像头的应用前景也十分看好。

28. 西班牙开发出首款自我修复塑料

英国《每日邮报》报道，西班牙科学家们声称已经开发出了世界上第一个自我修复的聚合物，可以自发重建，被称为真实版“终结者”。其目前最实际的一个应用，就是能显著延长汽车、房屋、生物材料以及电器元件的使用寿命并提高安全性。

新款“自愈热固性弹性体”由西班牙圣塞瓦斯蒂安电化学技术中心的科学家开发。此前科学家们研制的自愈有机硅弹性体，需使用银纳米粒子作为交联剂，十分昂贵，过程中也要施加外力。现在他们利用了十分普遍的聚合起始材料以及简单而廉价的方法进行开发，新产生的聚合物是首个无需催化剂、不进行干预诱导就能自发、独立愈合的材料。

29. SABIC 推出新款耐冲击 PP 共聚物

沙特基础工业公司(SABIC)近日推出新款耐冲击级聚丙烯(PP)共聚物 PP77MK40T，该产品在中国内地制造并推向当地市场。PP77MK40T 适合用来生产庭院家具、家居用品、电池壳、集装箱、玩具、板条箱和盒子等，充实了 SABIC 聚合物产品系列。

PP77MK40T 采用 Spherizone 多区循环反应器工艺生产，具有卓越的色牢度和出色的耐冲击性，即使在低温下也毫不逊色。该产品拥有更高的强度质量比，产品及半成品能够在不降低强度的情况下减小厚度和重量，减少生产所需的原材料。

30. 拜耳：利用二氧化碳生产聚氨酯泡沫塑料

经过两年测试，拜耳材料科技计划将以 CO_2 为原料生产聚氨酯泡沫塑料(PU 泡沫塑料)的技术应用于商业化生产。拜耳材料科技已在德国多尔马根(Dormagen)建立一家生产厂，该生产厂将利用二氧化碳制造 PU 泡沫塑料的前体物。拜耳的目标是：自 2015 年开始，增设加工设备，加大这种前体物的产量。初期，拜耳将在多尔马根工厂建立一套生产设备，预计产能为几千吨。

31. 日本研发出可耐 425℃高温生物塑料

利用大肠杆菌通过转基因操作和光反应等方法，日本研究人员日前制造出 400℃左右高温下也不会变形的生物塑料。而此前生物塑料的最高耐热温度是 305℃。日本研究人员注意到，某些放线菌分泌的一种氨基肉桂酸拥有非常坚固的结构。研究人员根据这一发现对大肠杆菌进行基因重组，再利用它使糖分发酵，制造出自然条件下几乎不存在的 4-氨基肉桂酸。

32. 日本开发出顶级抗冲击强度生物制聚酰胺材料

据日经 BP 社报道，丰田纺织公司与丰田集团的研究机构丰田中央研究所合作，日前共同开发出了具备全球顶级抗冲击强度的生物塑料。使 100% 植物树脂聚酰胺 11(PA11)和石油树脂聚丙烯(PP)实现高度合成(合金)，达到了相当于原先 10 倍以上的强度。丰田纺织力争尽早将之实际应用于汽车部件领域。

33. 东京大学开发高强度水凝胶有望用于再生医疗

东京大学的研究小组在最新一期的美国《科学》杂志上报告说，他们开发出了一种即使在水中也不会膨胀和变形的高强度水凝胶，今后有望用于制造人造软骨和人造眼球等。水凝胶是一种在高分子材料缝隙间存在大量水的果冻状物质，可用于制造软式隐形眼镜、纸尿布等，但由于长时间置于水中后会变形、变脆弱，所以应用受到限制。

研究小组向有规则网眼结构的高强度水凝胶中添加了一种特殊的高分子，制成一种在达到人体温度的水中也不会膨胀的透明度极高的水凝胶，其含水率高达90%。这种水凝胶制作简单，延展性强，即使在水中浸泡一个月后形状和强度也不会改变。此外，这种水凝胶的强度也很高，每平方厘米承受600kg的重量也不会被压坏，而人体软骨每平方厘米只能承受200kg的重量。

34. 日本宫崎大学利用眼虫藻合成塑料

日前，日本产业技术综合研究所和宫崎大学等机构组成的研究组宣布，利用一种可进行光合作用的眼虫藻为主要原料，成功合成了塑料。眼虫藻具有易于大量培养、光合作用效率高等优点。研究组发现，眼虫藻细胞具有合成大量高分子糖类的能力，这些糖类可成为生产塑料的原料。提取这些糖类，并使其与眼虫藻的油脂或漆树坚果壳的油脂反应，可合成塑料。新型塑料成分约70%来自植物，其可塑性能和耐热性与普通塑料相当。该研究组主任研究员芝上基成表示，要实现新型塑料的实用化还需要解决很多问题，下一步将改善其强度，形成耐久性较好的材料。

35. 三菱化学炭黑生产采用植物油为原料

日本三菱化学公司日前确立了以植物油为原料的炭黑(碳微粒)量产技术，并已开始供货。炭黑是通过不完全燃烧油和燃气，控制多种特性制作而成。除了作为橡胶的增强剂，主要大量用于轮胎用途之外，还用作印刷油墨、树脂着色、涂料及调色剂等领域的黑色颜料，以及防静电薄膜及纤维等用途的导电添加剂。

36. 日本东京大学研究出新型塑料以二氧化碳为原料

东京大学研究院10日发表公报称，其工学系的研究小组成功合成了一种以二氧化碳为原料的新型塑料。这种塑料中的二氧化碳含量比例较高，有望为提高二氧化碳利用率、减少温室气体排放做出一定的贡献。东京大学的野崎京子教授和同事在新一期英国《自然·化学》杂志网络版上报告说，他们将二氧化碳与作为合成橡胶原料而大量生产的丁二烯组合在一起，利用钯催化剂和自由基聚合反应，制造出一种新型塑料。

37. 德国成功开发新型超级双疏膜

德国马普高分子研究所近日成功开发出一种新型超级双疏(疏水疏油)膜，利用这种膜能够根据需要将二氧化碳等气体富集到溶液和气体中，或者将其从液体或气体中溶出。这些特性主要归因于膜表面的超双疏涂层。这一涂层不仅能改进气体交换，还能防止膜孔堵塞。

38. 发色团聚合物膜节能窗开发成功

欧洲SOLARGAIN研发团队根据聚合物材料吸收特定光波长的特性，成功研制出商业上可行的发色团聚合物薄膜材料；并采用先进的光伏感应技术，对玻璃薄膜涂层实施实时动态自主激活或失活控制，设计制作出全功能智能窗，相对普通玻璃窗至少可节能90%以上。

据了解，各种聚合物薄膜材料涂层的有机组合，须适于窗户玻璃的薄膜涂层生产加工工艺。目前，生产的薄膜涂层产品正在进行短、中、长期，各项性能指标、环保标准和安全可靠性的监测验证。研发团队也正努力降低技术生产成本，积极拓展智能窗技术在节能建筑领域的应用潜力。

39. 英国开发可穿戴聚酰胺纱天线

英国拉夫堡和诺丁汉特伦特大学的研究人员开发出一款可以绣在衣服上的聚酰胺纱天线。该天线灵活、轻便、防水，将用于军事和应急服务的即时应用，可作为笨重的单极天线的替代物。

据特伦特大学先进纺织物研究小组负责人迪亚斯教授介绍，天线由一种覆盖着纳米银涂层的聚酰胺纱制造，已通过了不同温度的洗涤测试，自旋周期和磨损试验也已进行。接下来，他们将对天线在兆赫频率下的工作情况等进行测试。

40. 欧洲研发出节能90%以上聚合物塑料薄膜

近日，欧洲SOLARGAIN研发团队研发出节能90%以上聚合物塑料薄膜，该团队根据聚合物材料吸收特定光波长的特性，成功研制出商业上可行的发色团聚合物薄膜材料，并采用先进的光伏感应技术，对玻璃薄膜涂层实施实时动态自主激活或失活控制，设计制作出全功能智能窗。

41. 英国央行塑料货币或将替代纸币

随着纸币的缺点越来越显现，塑料货币开始流行起来，2013年12月18日，在伦敦的英国中央银行，英国央行员工展示印有丘吉尔头像的5英镑塑料货币反面的设计图样。相比及纸质货币，塑料货币材质本身就具有防伪特征，而且更加清洁、耐磨损，也不易浸水损坏，不易因为折叠而产生褶皱，使用寿命大大延长，回收方便。央行计划在2016年首先发行5英镑塑料货币，之后发行10英镑塑料货币。塑料货币将比现在的纸币小一些，更方便使用者放在钱包中。

42. 巴斯夫推出新型阻尼器

巴斯夫与索密克石川株式会社联合研发的新型阻尼器近日被日本汽车制造商选用。该产品可显著提高汽车座椅安全性和舒适性。据了解，采用巴斯夫Ultramid制造的全新油压阻尼器玻璃纤维含量达到60%，具有优异的机械性能，且吸水性非常低，有助于保持良好的尺寸稳定性。座椅器采用Ultramid代替锌，不仅使质量减轻了50%，还有助于汽车制造商降低系统成本。

43. 美国推纯生物塑料制造矿泉水瓶

目前，美国瓶装水市场出现一种新包装瓶，它百分之百用生物塑料制造，而不是近年出现的混合材料瓶。美国市场新推出的经济矿泉水瓶由绿色星球矿泉水瓶公司等生产。美国绿色星球矿泉水瓶公司的100%植物基瓶低碳无毒，可循环利用，能在80天内变成堆肥。该公司人员表示，每生产72个植物基瓶可节约1加仑石油，生产过程所需的能源也能减少65%。该公司已陆续推出了16.9盎司、1升和12盎司规格的包装瓶。

44. 首柄3D打印手枪在美试射原料为ABS树脂

综合媒体报道，美国支持拥枪权组织“分散防御”声称，他们成功试射了据信是全球首柄利用3D打印技术制造的手枪。他们利用一台价值8000美元的3D打印机，按照电脑里面的设计图，逐层以ABS树脂喷印各部件的方法制成枪支。枪支历时一年才研制成功。

据英国广播公司报道，该组织成员威尔森向美国烟酒枪炮及爆裂物管理局(ATF)申领了制售执照，从而合法地制造这柄枪。并于5月4日在美国得州奥斯汀一处靶场成功试射。枪支以ABS树脂打印的部件组装而成。

45. 3M推出无PVC贴膜系列产品

3M公司7月3日宣布，Envision系列环保贴膜将于今年下半年正式登陆中国市场。作为全球首款不含PVC成分的贴膜系列，Envision已于去年10月率先在美国问世。该系列贴膜在安全性、操作性以及表现力方面都拥有卓越的性能。据了解，国内目前使用的广告类贴膜主要以PVC为原材料。但PVC材料无法进行焚烧处理，降解周期长达数百年，并且在降解过程中持续影响水体。

46. 美国采用耐热型塑料制造发动机零件

美国采用一种耐热型塑料通过玻纤及碳纤维增强，制造了大部分发动机零件，这种塑料发动机比金属发动机重量约减轻50%，试验中省油率达到12%～15%，而且噪声比金属发动机低30%。日本开始研究采用碳纤复合材料代替目前正在使用的铝合金，来制造汽车涡轮增压器压气机叶轮，具有强度高、耐久性和可靠性高的优点，并使叶轮质量减轻了48%，降低了转子惯量，提高了转子加速性能，缩短了涡轮增压器的响应滞后。

47. 东丽公司开发超低压耐久性聚酰胺反渗透膜

近日，日本东丽公司成功开发出超低压耐久性反渗透膜。新款膜可在1.0MPa低压运行，节能约30%，主要用于苦咸水淡化、污水再利用等领域。东丽计划在2014年年中将该膜推向市场，并将向中国、印度等亚洲国家以及欧美地区推广。

据了解，新产品通过控制交联聚酰胺分子间的相互作用，扩大了聚酰胺分子间的细微空隙，并增加了透水性的细孔数，以此实现了反渗透膜在低压运行时的高透水性。由于进一步缩小了用于保持耐久性和去除性能的细孔孔径，该膜不仅对酸碱、微量氯等化学药剂有高耐久性，且透水性能指标提高了1.5倍。

48. 茂名石化研发的聚丙烯蒸煮膜已实现工业化生产

3月15日，茂名石化公司成功生产第一批近1000t蒸煮膜用聚丙烯专用料，标志着由这家公司自主研发的新产品聚丙烯蒸煮膜专用料已经实现工业化生产。聚丙烯蒸煮膜专用料能承受120℃和15MPa压力的蒸煮杀菌，不发生变形，不释放有毒物质，常用于含汤汁类等熟食品的包装。由于此类产品既要求具有一定的刚性，又要求有较好的抗冲性能及高热封温度，生产难度比较大，国内市场长期以来依赖进口。去年，茂名石化公司组织开展专题攻关，成功开发出了这种产品的生产工艺，并于今年3月份开始批量生产。

49. 首创二氧化碳降解材料环保塑料袋

日前从中海油化学公司传来一个令人振奋的消息，该公司与中科院长春应化所合作开展的二氧化碳可降解塑料(PPC)下游产品应用开发项目取得重要进展，科研人员成功地将二氧化碳可降解材料吹膜并制作成环保塑料袋，这在国际上尚属首例。我国“限塑令”出台后，这种环保塑料袋的问世令人鼓舞。

50. 我国首艘航母舰塑料表盘填补国内空白

据悉，中国第一艘航空母舰采用了河南开封南郊表盘厂研制的塑料表盘。其为仪表行业在“材料实用新型”、“塑料表盘内照明、透光变色”、“精密丝网制版、印刷飞机表盘”等方面填补了国内空白。

南郊表盘厂专门给北海舰队船用仪表配套的公司生产多种特优压力表盘、温度表盘。为“辽宁舰”配套的压力表盘的压力计量单位可以换算精确到小数点后4位数。夜视荧光表盘的制作材料符合绿色环保要求，没有任何污染，而且吸光、储光、发光可达30年。此外，各种表盘底漆、油墨附着力牢固，经测试全部达标。

51. VI Systems 新技术塑料光纤传输速率达25Gbps

德国业者VI Systems开发出新一代的垂直共振腔面射型激光技术，旨在催生低成本的塑料光纤。最近美国乔治亚理工学院的研究人员成功采用该技术达到了25Gbps的传输速率。乔治亚理工学院的实验，是采用VI Systems的VCSEL，以850纳米波长在100公尺长的塑料光纤达到25Gbps的传输速度；而一般塑料光纤通常是应用于较短的传输距离，以650纳米波长，在家庭网络中达到约1Gbps的速度、在车内网络的速率则是50Mbps。VI Systems预测，以上这类对成本较敏感的应用，现在可将传输速率提升到40～100Gbps。

52. 德国研究院研发FRP原位注塑工艺

德国工业塑料加工研究院(IKV)日前选取一种足球护胫为展品，展示了采用注塑方法加工以热塑性塑料为基体的纤维增强塑料(FRP)。

该项目将熔体浸渍工艺(可以加工织物预成型件)的优势与热塑性塑料基体的优点结合在一起。研究团队正在采用原位聚合等技术，开发一种完全自动化的高度集成工艺。该工艺将系统转换为原位注塑后，可将复杂的纤维预成型件与一种单体相结合，直接在注塑机上进行大批量生产。

53. 俄科学家掌握利用化工废料生产新型塑料技术

近日，俄罗斯托姆斯克理工大学宣布，该校一课题组掌握了利用化工废弃物生产新型塑料技术。据介绍，与普通塑料构造中脆弱的线性结构相比，新型塑料的主要特点是具有三维交联结构键，并形成类似于橡胶的内部构造，具备很多独特特性。通过该技术，可循环利用化工废料，获取比普通塑料强度更大、韧性更强、弹性更大的新型塑料。该塑料用途广泛，可用于汽车保险杠，乃至防弹衣生产。

54. 新加坡：研发塑料基聚合物捕获能量技术

据新加坡当地媒体报道，经多年研究，该国一家研究所终于找到了一种通过轻型聚合物振动来捕获能量的方法。研究人员称，这一压电式开发成果可利用捕获到的能量为移动设备的电池充电。该研究小组负责人表示，他们研究了一种塑料基的压电材料聚偏氟乙烯(PVDF)，该材料成本低廉，易处理机械应变。

为了让PVDF产生有效的能量捕获，研究人员把聚合物做成了多层结构，增加输出电流，同时降低压电材料固有的电阻抗。该轻型聚合物振动得到比传统技术高百倍的能量输出。通过把压电材料制作成类似跳水板的悬臂，设备就能随着环境振动而摇摆，从而产生电力。

55. 日本成功研发细菌转化塑料新技术

日本研究人员日前宣布，他们利用大肠杆菌，通过转基因操作和光反应等方法，制作出400摄氏度左右高温下也不会变性的生物塑料，是当前同类塑料中最耐热的。据介绍，这种塑料是透明的，硬度特别高，用于在汽车上代替玻璃，能大幅度减轻汽车重量，从而节约能源、减少二氧化碳排放。生物塑料用来自植物等的生物质为原材料生产，有利于保护环境。但此前的生物塑料硬度和耐热性都较差，所以用途有限，一般都作为一次性材料使用。

56. 国产无毒高稳定剂技术领先国际

由山东省科技厅组织的山东万图“WT98无毒高稳定性增塑剂绿色制造技术及应用”技术鉴定会在山东省文登市举行。鉴定委员会认为，该系列无毒高稳定性增塑剂产品有效解决了原有塑化剂产品挥发性大、不耐迁移、味苦等缺陷，整体无毒高稳定性增塑剂技术居国际领先水平。专家表示，山东万图高分子材料有限公司生产的WT系列环保卫生安全型增塑剂实现了增塑剂原材料可从农业种植物中提取，有效缓解了不可再生能源的压力，可广泛应用于食品级软管、保鲜膜、医疗输液袋、输血袋、医用手套、儿童玩具、人造革、电线电缆、家装材料、精密仪器润滑等领域，填补了国际空白。

57. 美国环保新技术：温室气体变塑料

美国一家高科技公司开辟了一条减少温室气体的新思路—将温室气体废物利用。这家公司已成功运用温室气体制造出了塑料。美国一家科技公司不久前开发出了一种名为“空气碳”的新型塑料。普通塑料是由石油提炼的产品制成的，而“空气碳”的制作原料竟然是温室气体。生产“空气碳”塑料，首先要通过一个气体聚合反应装置，将空气中的二氧化碳和甲烷液化分离，并对它们的分子结构进行再造，以获得“空气碳”塑料。目前，这家公司已经用“空气碳”塑料制造了多种产品，包括椅子、塑料板、手机外壳等。

58. 美国开发塑料袋制成石油产品新技术

据报道，美国科学家日前研发了一种新技术，能把塑料购物袋转化成柴油、天然气及其他石油产品。转化塑料袋的技术所产生的石油产品，远大于该过程中消耗的能源，这些燃料产品包括柴油、天然气、溶剂、汽油、蜡或机油和润滑油等。

研究负责人美国伊利诺伊大学科学家沙玛说：“我们只能从原油蒸馏过程中得到50% ~55%的燃料，而塑料袋本来就是石油产品的一种，因此我们能把它作为原料，通过蒸馏得到近80%的燃料。”据介绍，研究人员还把30%塑料生产的柴油混入普通柴油并进行检测。结果发现，与生物柴油混合使用效果良好，未出现任何兼容问题。沙玛小组的研究成果刊登在最新一期的《燃料加工技术》期刊上。

59. 四川石化HDPE挤压造粒机组系统成功

近日，四川石化公司300kt/a高密度聚乙烯(HDPE)装置挤压造粒系统实物料试车一次造粒成功。此次试车历时4天，仅用约100t粉料，有效节约了试车成本。该挤压造粒系统采用德国Coperion公司专利技术，挤压造粒机组辅助系统多、自动化水平高、连锁控制复杂。系统实物料试车以来，装置操作人员分别完成挤压造粒机组的机电调试、仪表逻辑测试、单机以及辅助系统试运行等相关工作。

60. 大同机械推出新型薄壁注塑机

大同机械有限公司最近推出专门针对薄壁容器制品的注塑机，适合壁厚为0.45mm以内的薄壁制品生产。据悉，该牌号为EC的系列注塑机是餐饮具专用注塑机，是大同机械专门为薄壁、成型周期短、生产效率高的通用塑料(如PP、PE)制品开发的新机型。EC机型的主要特点包括：具有快速、稳定的开合模机构，空循环周期短；能够快速、精确地连续注射，可确保产品精度和质量稳定性；使用长径比为24: 1的塑化螺杆，配合镀钛金属止逆环，塑化部件高效耐用；拥有高精度液压阀及死循环控制，机器切换动作反应灵敏，位置准确；具有开模同步塑化功能，使产品生产周期更短。

61. 国内首条聚苯硫醚回收再利用生产线投产

日前，国内首条聚苯硫醚(PPS)回收再利用生产线，在河北省辛集市正式投入生产。为减少环境污染，北京国兴五佳高分子纤维再生科技有限公司经过潜心攻关，发明了废旧除尘袋中的PPS回收系统，使旧滤袋经加工后成为聚苯硫醚粉料，具备耐腐蚀、耐高温、绝缘等特点，在电子电气、机械、汽车等行业广泛应用。今年7月，该技术被国家知识产权局授予实用新型专利。依托该技术，北京国兴五佳高分子纤维再生科技有限公司在辛集投资建厂，设立辛集分公司，建成了年产400t PPS聚苯硫醚回收再利用生产线。

62. 5台塑机荣获“中国机械工业科学技术奖”

11月6日，在安徽合肥举行的“中国机械工业科学技术奖”颁奖大会上，塑机行业有五台设备荣获奖项。1. 北京化工大学和潍坊凯德塑料机械有限公司的“聚合物高速挤出成型技术及装备”荣获一等奖；2. 广东金明精机股份有限公司的“九层共挤智能高阻隔薄膜吹塑成套装备”荣获二等奖；3. 江苏科技大学和苏州同大机械有限公司的“TDB-2000L吹塑托盘专用制造设备生产线”荣获二等奖；4. 佛山市顺德区震德塑料机械有限公司的“曲轴式射出全电动注塑机”荣获三等奖；5. 博创机械股份有限公司的“四物料共塑精密成型装备研发及产业化”荣获三等奖。

63. 国内首台超大型二板塑料注射成型机通过专家鉴定

近日，海天塑机集团研制的国内首台超大型二板塑料注射成型机“海天6600t超大型二板式注塑机”通过专家鉴定。由中国工程院瞿金平院士领衔的专家鉴定委员会认为，该新产品具有节能、环保、精密、高效的特点，注射量和容模量等关键指标国际领先，整机性能达到国际先进水平，创造了我国超大型精密注塑机的记录。该新产品注射重量(PE)达328696克、锁模力6600t、容模量超过50m^3(最大模厚4.5m、最小模厚2m)，可注塑目前世界上最大的制品，特别能满足航空航天、军工国防、石化管道、交通设施、汽车工业等领域对超大型制品的需求。

64. 震雄6500t伺服驱动二板大型注塑机成功下线

震雄集团近日发布消息，其于2月成功研发了“超霸6500t伺服驱动二板大型注塑机”，并出口销往以色列。该注塑机再创二板大型注塑机的新纪录，多项技术获国内外创新专利。该机应用多项震雄创新技术，例如：采用机械式的定位结构，进一步保证了齿距定位的精度，提高机器稳定性，减少每个生产周期的时间，提高生产效率。另外采用机铰式的闸盘夹紧装置，利用机铰的放大原理，使得整个动作过程平稳、快速。上述两项创新技术已经在中国内地、中国台湾、日本、欧洲、美国申请注册专利。

65. 重庆石墨烯薄膜生产线填补国内空白

全球首条大规模石墨烯薄膜生产线25日在重庆市九龙坡区正式量产，重庆石墨烯产业园、重庆石墨烯研究院也于同日揭牌成立。

重庆石墨烯产业园是重庆高新区重点发展的高新技术产业基地和自主创新发展的重要载体。预计5年左右的时间，产业园将培育石墨烯应用研发企业20家以上，引进、发展下游应用生产企业100家，建成产值1000亿元的国家级石墨烯产业化示范基地。2013年1月，中科院重庆研究院成功研发出大面积单层石墨烯薄膜。重庆高新区此次率先实现拥有全球领先技术的石墨烯单层薄膜材料量产，成功填补了国内技术空白。

66. 共挤挤出机更换层结构的新设计简析

高性能片材挤出设备全球领先制造商PTi公司的独特换向阀被授予美国专利，利用这种阀，加工商可快速变换共挤结构中两个挤出机挤出物的位置，不需要繁琐的组装过程，也不需停产而浪费高昂的费用。PTi公司总裁表示，“我们开发了一种独特的改变层结构的方法，这在业界是独一无二的。实时改变的能力可使共挤产品制造商大幅提高效率和生产率。”由于柱塞缸采用液压驱动，并采用了独特的流动设计，能够在几秒钟内完成柱塞位置的变换，而传统方法需要拆卸部分设备，可能会需要几个小时。换向阀可用于新设备或现有设备上。

67. 北京化工大学橡塑机械研究所成功研制塑料熔体齿轮泵

北京化工大学橡塑机械研究所经过多年对熔体齿轮泵的系统研究，已成功完成塑料熔体齿轮泵的系列开发和研制，现已能够设计制造塑料熔体齿轮泵产品如28/28(中心距/齿宽)、56/56、70/70、90/90等，最大出入口压力差可达30MPa，能够满足不同产量的要求，并已在实际中得到应用，取得良好的效果。

68. 青岛顺德自研制环保型木塑板材生产线成功

由青岛顺德塑料机械有限公司引进国外先进技术，自行开发研制的环保型PVC木塑板生产线日前试车成功并发往用户，从而一举改变了我国生产木塑板依赖进口设备的历史。专家称，该木塑板生产线的研发符合国家产业政策，属国内首创，各项技术经济指标均达到国际先进水平，完全可以替代进口设备。

(中国塑料加工工业协会　钟　雁)

生物基与生物分解塑料的发展与商业化简述

随着废弃塑料垃圾污染和石油资源日益紧张，由可再生资源制备、且具有生物分解性能的生物基塑料如聚乳酸(PLA)和聚羟基烷酸酯(PHA)等聚合物的生产和使用得到了越来越多的关注。

生物基塑料按照其降解情况可以分为两大类：即可生物分解塑料和不可生物分解塑料。生物分解塑料按照其原料来源方式又可以分为三大类：即来源于化石资源的生物分解塑料、来源于可再生资源的生物分解塑料以及以上两类材料共混加工得到的塑料。在此，我们对生物分解塑料与生物基塑料在中国市场的发展及商业化情况进行一个简单的综述。

0. 引言

国家发改与改革委员会(NDRC)于2006年建立了生物基材料专项支持产业发展，从2008年6月1日开始实行限塑令。在2008年8月召开的奥运会期间成功生物分解塑料(包括生物分解塑料垃圾袋、办公用品、餐具等)被成功地应用。海关总署颁布了相关生物分解塑料的海关编号(初级形状的聚乳酸3907700000、初级形状的聚乙烯醇3905300000)。2012年，中国人民共和国科学技术部(MOST)发布了生物基材料的专项规划。国家发改委拟发布生物基材料重大工程，在2014～2016年对生物基材料进行支持，以推进产业的示范与快速发展。这些政策与举措促进了生物基和生物分解塑料的快速发展。

1. 生物基生物分解塑料

1.1　天然材料基生物分解塑料

生物分解塑料源于可再生材料，以天然高分子作为原材料进行加工生产。这些材料包括淀粉、纤维素、壳多糖、大豆蛋白以及它们的衍生物和混合物。热塑性淀粉和植物纤维的模塑成型过程已经被成功工业化。植物纤维的模塑成型是以植物纤维粉末作为原材料并经模塑过程成型。大量的其他天然材料还停留于研究阶段，例如四川大学以植物纤维为基础研究了一种天然聚合物复合薄膜，他们以溶解浇铸方法制备的纯天然或混合聚合物薄膜不需要添加剂，在室温下以作为溶剂的离子液体可以被回收。成型的薄膜具有良好的光学透明性、阻隔性能和可生物分解性。

1.2　聚乳酸(PLA)

PLA是一种众所周知的生物基材料，具有高透明性和弹性，与传统塑料相似，适合于热塑性加工过程。它被广泛应用于制造一次性产品，如餐具、杯子和薄膜。通常，PLA是以淀粉发酵法制得的L－乳酸为原料，再经化学合成得到的。市场上PLA的主要供应商是NatureWorks和浙江海正生物材料有限公司。我国四个主要的PLA生产商在表1中列出。

其中浙江海正生物材料有限公司是最大的PLA生产商，已经实现5 kt/a的生产能力。其熔体质量流率2～15 g/10min，拉伸强度≥50MPa。为提高PLA的热性能、韧性和加工性能，四川大学采用共聚的方法对PLA进行改性，改性后的PLA断裂伸长率可提高到300%，并显著改善了加工性能，特别是吹塑加工性能。其他公司，如浙江杭州曦茂新材料科技有限公司、浙江南益生物科技有限公司(永康)，以及合肥恒鑫环保科技有限公司(合肥)也都对PLA进行了改性研究。四川柯因达公司，对聚乳酸改性后，其熔体质量流率2～3 g/10min，熔融温度范围140～145℃，拉伸强度≥20MPa，断裂伸长率≥130%，直角撕裂强度≥110 N/mm，生产的产品有PLA收缩薄膜、日用塑料袋、垃圾袋等。

表1 国内聚乳酸主要生产企业情况

企业名称	生产能力/(kt/a)	拟建设能力/(kt/a)	主要应用
浙江海正	5.0	50	挤出片、膜、注塑、日用品
南通九鼎	5.0	20	纤维、膜
上海同杰良	0.1	10	纤维、膜、注塑3D打印材料、纤维、注塑
深圳光华伟业	1.0	10	

1.3 聚羟基烷酸酯(PHA)

PHA由农业原材料经细菌发酵而得，具有具有良好的生物相容性能、生物分解性和塑料的热加工性能，因此可将其同时作为生物医用材料和生物可降解包装材料，已经成为生物材料领域最为活跃的研究热点。我国在PHA研究方面介入较早，处于世界先进水平。PHA的化学结构见图1。

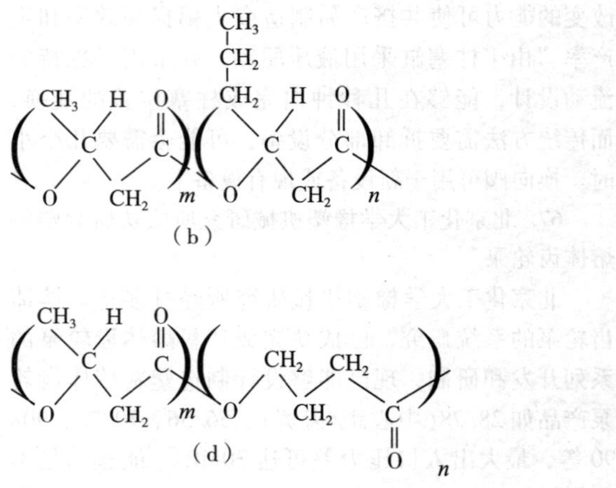

图1

宁波天安生物材料有限公司(宁波)是PHBV的生产商，已经达到3 kt/a的生产能力，目前正准备筹建年产万吨的生产线。PHBV是这类材料中一个很好的代表，它由农业原材料经细菌发酵而得。由于其生物分解性、生物相容性及热加工性能得到了学术界也生产业的共同关注。PHBV可以被加工为很多有用的产品，因为其生物分解性和来源都十分有益。天津国韵生物科技有限公司已将P(3HB，4HB)商业化，形成10t/a的规模。深圳意可曼生物科技有限公司(深圳)已形成P(3HB，4HB)5t/a的生产能力。

2. 化石基生物分解塑料

化石基生物分解塑料是指主要以石化产品为单体，通过化学合成的方法得到的一类聚合物，如聚丁二酸丁二酯(PBS)、聚丁二酸－己二酸丁二酯(PBSA)以及聚对苯二甲酸－己二酸丁二酯(PBAT)。它们通常被用于生产泡沫、薄膜、注射成型产品以及包装材料。

2.1 PBS和PBSA

PBS由丁二醇和琥珀酸缩合成，PBSA是丁二酸、已二酸和丁二醇的共聚物。一些具有大规模生产能力的生产商见表2。

PBS和PBSA主要用于生产泡沫、薄膜、注射成型产品以及包装材料。国内研究PBS合成的单位主要有中科院理化所、清华大学、四川大学等。PBS和PBSA的生产商有浙江杭州鑫富药业公司(浙江)，安庆和兴公司(安徽)，山东汇盈新材料(山东)，新疆蓝山屯河聚酯(新疆)，金晖兆隆科技公司(山西)。用于注塑成型和挤出的PBS树脂已被引入市场。

浙江杭州鑫富药业公司与中科院理化所合作，建立了年产100kt的生产线。该公司生产的PBS根据不同牌号，其熔点范围为110～120℃，维卡软化点101℃，拉伸强度≥35MPa，断裂伸长率≥600%。

安徽安庆和兴公司引用清华大学的技术，完成了中试规模生产线的建设，规模为100kt/a，所生产的PBS具有以下特性：数均分子量($\overline{M}_a$)＝100400，重均分子量($\overline{M}_W$)＝184500，拉伸强度≥20MPa，断裂伸长率280%。

表2　国内PBS和PBSA生产情况

企业名称	生产能力/(kt/a)	树脂	主要应用
杭州鑫富	10	PBS	薄膜、片材、注塑、吸塑
安庆和兴	10	PBS	薄膜片材
山东汇盈	25	PBS	薄膜片材
新疆蓝山屯河	5	PBS	薄膜片材
山西金晖兆隆	20	PBS	薄膜片材
金发科技	30	PBSA	薄膜片材

天津工业微生物研究所和南京工业大学已提高生产技术并利用微生物发酵过程得到的丁二酸，丁二酸为PBS和PBSA的合成原料。

2.2　对苯二甲酸/已二酸丁二醇共聚物(*PBAT*)

PBAT是已二酸、对苯二甲酸和1，4－丁二醇的共聚物，并且是众所周知的生物分解塑料。PBAT属柔性材料，具有高断裂伸长率、良好的亲水性和加工性。PBAT已被广泛应用在吹塑薄膜和其他相关膜产品的加工。

BASF公司的产品Ecoflex®与PE和PE－LD具有相似的加工性，因此可用于吹膜。Ecoflex® FBX7100密度1.25 g/cm^3，熔体流动指数(MFI) 2.7～4.9 g/10min，熔点温度110～120℃，热变形温度82℃，拉伸强度≥45 MPa，断裂伸长率≥560%。

四川大学研究开发的PET、PES、PBS三元脂肪－芳香族共聚体系的发明专利已获得授权。北京化工研究院正从事脂肪族芳香族共聚酯的改性研究，其主要用对苯二甲酸、丁二酸及丁二醇共聚物(PBST)，正准备开始试规模的生产。得到的PBST的平均分子量在6万以上，熔点温度约135℃，拉伸强度≥20 MPa，断裂伸长率≥700%。

2.3 二氧化碳共聚物

由二氧化碳废气作原料，并与环氧丙烷或环氧乙烷共聚得到的的一类聚合物。聚碳酸亚丙酯(PPC)是二氧化碳和环氧丙烷的交替共聚物，分子结构如图2所示。

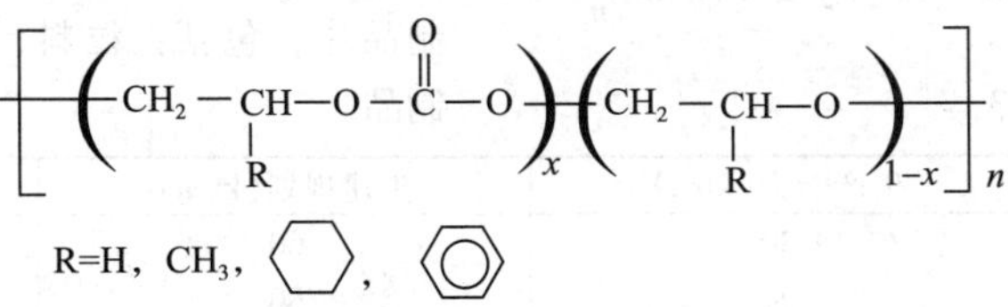

图2

井上祥平认为，二氧化碳可与环氧化合物进行共聚，形成脂肪族聚碳酸酯，其应用和发展前景较好。最近，PPC的主要应用集中在包装和医用材料。早期的PPC研究以国家自然科学基金委员会资助的自然基金开始。现在，一些研究机构集中在这个领域，例如长春应化所、中山大学(广州)、浙江大学(杭州)等。表3列出已实现规模化生产的公司。

表3　国内二氧化碳共聚物生产情况

企业名称	生产能力/(kt/a)	扩建规划/(kt/a)	主要应用
内蒙古蒙西高新集团	3	30	膜、泡沫
浙江邦丰	10		膜、泡沫
河南天冠中聚	5	50	膜、泡沫
江苏中科金龙	50	100	多元醇、泡沫、膜

内蒙古蒙西高新技术集团公司(乌海)与长春应用化学研究所合作，利用水泥生产过程中产生的二氧化碳，已建成生产能力为3kt/a的二氧化碳/环氧化合物共聚物生产装置，其产品主要用于包装和医

用材料。产业化的 PPC 的密度 1.25～1.30g/cm^3，拉伸强度 30MPa。

浙江邦丰科技有限公司(台州)与长春应用化学研究所合作在浙江省建立了生产能力为 10kt/a 的生产装置。

河南天冠集团与中山大学合作，以酒精发酵过程中产生的 CO_2 为原料，在高效纳米催化剂作用下与环氧丙烷高效合成聚碳酸亚丙酯树脂(PPC)可降解塑料母粒，已建成一条年产 5kt/a 的生产线。中科院广州化学所研究所的技术已在江苏泰兴中科金龙公司开始投产，生产相对分子质量较低的二氧化碳，相对分子质量较低的二氧化碳再与异氰酸酯反应生成聚合物，产品主要用于包装家用电器产品，生产能力为 50kt/a。

2.4 聚己内酯(PCL)

PCL 由七元环的 ε－己内酯在辛酸烯锡等催化剂作用下开环聚合而成。国内从事 PCL 研究的单位有国防科技大学和四川大学等，四川大学采用己二醇一步法合成己内酯单体。中试生产的单位主要为深圳光华伟业公司。

2.5 聚对二氧环己酮(PPDO)

PPDO 由单体对二氧环己酮(PDO)在催化剂的作用下开环聚合而成，其合成反应式如图 3 所示。

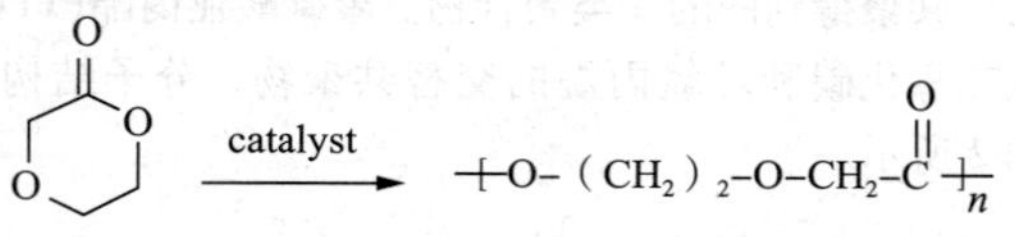

图 3

PPDO 的玻璃化温度为－17～－10 ℃，熔点为 110 ℃，热变形温度在 90 ℃左右，其最大特点是兼具高强度和优良的韧性，是一种极具应用前景的可生物分解塑料。该聚合物最早由美国 Ethicon 公司在 20 世纪 70 年代成功合成出来，并开发出商品名为 PDS 的手术缝合线。然而由于其成本较高，一直未能进入通用材料领域。近几年，我国四川大学在 PPDO 的合成方面取得突破性进展，使得 PPDO 实现低成本和高性能，并在合成生物分解塑料中具有很强的竞争力，并且其具有较高的相对分子质量，能进行吹塑成型加工。该产品另一个突出特点是，通过热化学回收，可回收其原料 PDO 单体，回收率高达 93％～96％。回收的单体可以直接用于合成 PPDO。四川大学开发的 PPDO 的拉伸强度≥29MPa，断裂伸长率≥200％。此外，PPDO 纳米复合材料具有更好的性能，拉伸强度和断裂伸长率分别高达 50MPa 和 500％以上，目前正与企业合作进行产业化。

3. 共混生物分解材料

对于生物分解聚酯降低成本和提高性能，共混是一种常见方法。例如：PBAT 可与 PLA 共混以提高聚合物的强度。四川大学与拜耳合作研发一种 PLA 与 PC 共混组成的新材料。

一些公司将淀粉与其产品共混。一些公司的产量可达 100kt/a，工业化规模或试点规模列于表 4。其中武汉华丽公司的生产能力已实现 30kt/a。可用于制品中，包括：粒料、薄膜、聚合物片材和注塑制品。

企业名称	生产能力(kt/a)	扩建规划(kt/a)	主要应用
武汉华丽	30	60	膜、片材、注塑、餐具、泡沫
深圳虹彩	20	60	膜、片材、注塑、餐具、泡沫
苏州汉丰	10	30	膜、片材、注塑、餐具
南京比澳格	10	50	膜
浙江华发	10		膜、片材、注塑、餐具
浙江天禾	10		膜、片材、注塑、餐具
广东上九	20	50	薄膜
河北昭和	10		薄膜、片材
山东烟台阳光澳洲	10	50	片材、餐具

4. 不可降解生物基塑料

不可生物分解的生物基塑料，包括 BioPA、生物对苯甲酸丙二醇酯(BioPTT)、生物聚氨酯(BioPU)、聚乙酸乙烯酯(BioPVA)、BioPET 和 BioPE 等。

BioPA 薄膜包括 PA410，PA610，PA1010，PA1012，PA10T，和 PA11。上海 Celluloid 生产 PA1010、苏州翰普高分子材料有限公司生产 PA1010 和 PA1012；金发科技(广州)生产 PA10T。

郑州大学正在研究 PA612 和 PA12T，并计划在山东省建立中试规模。

长春大成实业集团(绿源)酒精年产量 2000kt，并试图生产丙二醇和乙二醇，其中丙二醇和乙二醇可用于生产生物基 PTT，PET 等。

江苏盛虹科技(吴江)建立中试规模厂房设施生产 PTT1－3 丙二醇酯纤维。

广西广威化工(宜州)已用甘蔗的生物质生产生

物基聚乙烯醇聚合物材料，生产能力达500kt/a。

（[1] 北京工商大学材料与机械工程学院、[2] 中国塑协降解塑料专业委员会翁云宣[1,2]，刁晓倩[1,2]，周迎鑫[1]）

薄膜材料和光学用途的聚酯薄膜

薄膜材料的概念

薄膜材料，是指厚度介于单原子分子到几毫米间的薄金属或有机物层。当固体或液体的一维线性尺度远远小于它的其他二维尺度时，我们称这样的固体或液体为膜。

塑料薄膜的概念

塑料薄膜的定义：按 GB/T 2035—1996 中的定义，是指厚度在0.25mm以下的平整而柔软的塑料制品。按 GB/T 2035—1996 中塑料片材的定义，是指厚度在0.25～2mm之间的软质平面材料和厚度在约0.5mm以下的硬质平面材料。

塑料薄膜的通常分类：

(1)按薄膜的主要成分分类——如聚乙烯薄膜(PE膜)、聚丙烯薄膜(PP膜)、聚氯乙烯薄膜(PVC膜)、聚苯乙烯薄膜(PS膜)、多种聚酯薄膜(PET、PBT、PEN膜)聚酰胺薄膜(PA膜)聚碳酸酯薄膜(PC膜)等；

(2)按薄膜的加工成型方法分类——如吹塑薄膜、流延薄膜、压延薄膜、单向拉伸薄膜、双向拉伸薄膜、逐次拉伸薄膜、同步拉伸薄膜等；

(3)按薄膜的主要功能特性分类——如透气性薄膜、水溶性薄膜、抗静电薄膜、防锈薄膜、收缩薄膜、保鲜膜、隔热保温膜等；

(4)按薄膜的主要用途分类——如农业用膜(其中分地膜、大棚膜)、包装用膜(其中分食品包装膜、非食品包装膜)、工业用膜(其中分电工电子绝缘膜、热烫转印膜、挠性线路膜、锂电池隔膜)、护卡类膜、办公图形膜、建筑用膜、光学用膜等；

(5)按薄膜的层次结构分类——如单层膜、多层次复合膜、金属蒸镀膜和在线、离线涂布膜等。

聚酯薄膜(BOPET)的性能比较：

相比其它类塑料薄膜而言，BOPET薄膜的生产装置、工艺技术和工作环境，项目投资多，生产操作和管理的难度大。

BOPET薄膜的优良性能：①有很好的力学性能，刚性好、耐折；②有较好的气体(氧气、二氧化碳及水汽)阻隔性；③有良好的光学性能，透明度好、雾度低，光泽度高；④使用温度范围广（－60～120℃，短时可达150℃）；⑤电气绝缘性能良好；⑥无臭、无味，耐油脂、耐一般化学腐蚀。BOPET薄膜的综合性能优良，而且能被回收利用，可以称为绿色环保材料，在建设节约型社会的今天其应用前景更加广阔。

BOPET薄膜也存在一些不足之处：①普通的聚酯薄膜不能直接进行热封合；②阻隔性还不太理想；③耐热性也不够高；④透明度、光泽度对特殊用途的薄膜来讲尚需提高；⑤不耐紫外线辐射；⑥不耐水解；⑦不能满足某些特殊功能的要求如阻燃、抗静电等。

BOPET薄膜的适用范围广泛而且能够延续开发，它的主要成分通过共聚改性、共混改性，以及在线或离线的表面涂层等加工方法，对薄膜表面的界面进行调控和对薄膜内在的纤维结晶加以改善，以增加或提高原本薄膜的一般性功能，获得高阻隔性、高耐热性、高透光率、高光泽度、低雾度、抗紫外线辐射、阻燃、可热封等之类的特异性能。为此，按照市场的实际需要，协助终端用户提升产品功能和降低生产成本，就会进一步地拓展适用范围和应用空间。

聚酯薄膜产品用途的分类：

BOPET薄膜比较其他类塑料薄膜具有更广泛的市场用途(这是薄膜成分和加工工艺所决定的)。按照厚度区分，薄膜从1～350μm有许多不同的用途。作为多种工业产品的上游原材料，聚酯薄膜在产品应用上大体分为以下5大类产品，其中60%以上在包装业，近40%涉及装潢、音像(磁录)、涂覆、电子光伏业等。

(1)普通工业用聚酯薄膜(包括包装材料、装饰材料和一般的其他材料，可与其他类塑料薄膜交替使用)

(2)绝缘用聚酯薄膜(鉴于极性和非极性的关系，除BOPP膜仅可用作交流电绝缘外，其他类塑料薄膜不能使用)

(3)太阳能背板基材用聚酯薄膜(其他类塑料薄膜不能替代)

(4)光学级聚酯薄膜(其他类塑料薄膜不能替代)

(5)预涂层功能薄膜

按国外几家著名PET原膜制造商的产品进行分析，并按照应用领域进行划分，PET薄膜大致分为8个类别：具体产品用途和市场比重是：

①包装材料(印刷复合膜、真空镀铝膜、激光防伪膜、转移膜、证件护卡膜、亚光膜、高亮膜、可热封膜、热收缩膜)占市场比重63%，基膜范围12μm、16μm、25μm、36μm；真空镀铝膜12μm、16μm、

25μm、36μm；护卡膜(制卡用膜)45～150μm

②装饰材料(烫印箔膜、金银线膜、拆封拉线膜、多形态面罩膜、热压成型膜IMD、TOM)占市场比重6%，基膜范围9μm、12μm、25μm、36μm、50μm；烫印箔膜9μm、12μm、15μm、19μm、25μm、36μm；热压成型膜125μm

③电工(子)材料(电容膜、抗静电膜、电气绝缘膜、马达绝缘膜、触摸开关膜、柔性电路板膜、感光性复合膜、电子离型膜)占市场比重12%，电工膜基膜范围25μm、50μm、75μm、100μm、125μm；马达绝缘膜125～350μm、电线电缆绝缘膜25～75μm、触摸开关绝缘膜50～75μm。电容膜基膜范围3.5μm、4.3μm、5μm、8μm、9.8μm、12μm。

④感光材料(X光片、人像软片、幻灯片、微缩胶片)占市场比重1%，基膜范围65μm、100μm、175μm

⑤光伏材料(太阳能电池背材膜、高热反射隔热基膜、低热辐射电热基膜)占市场比重4%，基膜范围23μm、36μm、50μm、300μm；太阳能背材膜75～250μm

⑥磁性记录材料(录音和录象带膜、软磁卡膜、绘图膜、打印色带膜、)占市场比重2%，基膜范围4.5μm、9～12μm；黑膜35、36μm

⑦光学材料(反射膜、增透膜、滤光膜、硬化膜、偏振膜、分光膜、位相膜、建筑和汽车玻璃贴膜、)占市场比重9%，基膜范围38μm、50μm、75μm、100μm、125μm、175μm、188μm、250μm；玻璃贴膜23μm、36μm、50μm、100μm

⑧用作其他材料(标签膜、胶带膜、安全防爆膜)占市场比重3%，基膜范围20μm、28μm、30μm、36μm、50μm；安全防爆膜50～280μm。

我国聚酯薄膜快速发展中的问题

我国BOPET产业的发展经历了无知、迷茫和逐步清醒的几个阶段，存在着项目投资、政策引导、技术管理储备等方面的问题，具体反映在：①行业的发展幅度和产品结构严重脱离市场的实际需求。2013年国内的实际生产能力已经达到2250kt/a，有近1000kt/a的供应过剩量，已造成普通类产品积压和价格的下跌，同时，市场上亟需高端或特种用途的产品又要依赖进口。②行业产品普遍存在程度不同的质量瑕疵(共存的毛病)，即低聚合物污染、薄膜表面划伤和整幅轴膜不均匀的症状，这明显影响到成膜的透光率、纯晶度，影响到光源的反射和折射，满足不了新兴产业发展的特殊需要。③行业缺乏基础的通用标准和产品管理方法，管理标准缺失、滞后，而且标准解释缺少具体的数量化。

通常说，改善创新是企业管理水平不断提升的驱动力，标准化则是防止企业管理水平下滑的制动力。没有逐渐成熟的现代管理意识，企业不会去科学地选择产品项目，不会去改善创新，也不可能维持产品品质的稳定性和连贯性。

当今聚酯薄膜市场的稀有产品(聚酯薄膜中的功能性产品)

1. 饱含特种功能的薄膜材料

由于供需关系和技术掌握的原因，目前国内市场比较紧俏的产品基本上是包装材料中的可热封膜、热收缩膜；装饰材料中可耐热烫压成型膜IMD、TOM膜、多形态的钢板复合膜(麻面、布纹、皮纹、菱雕、大小方格等形状)；电工(子)材料中的单双面印刷膜、触摸开关膜、柔性电路板膜、感光性复合膜、导电膜和各种硅油系离型膜，另有的抗静电膜可抵制地球空间充满的各种频率、较长的电磁波，以及能够承受长期热变形温度的耐高温膜(雾状的、透明的、各种颜色的)可适用于热定型的高级防火板、驱动电机和内外饰成型膜的使用需要；磁性记录材料中的打印色带膜；低温幅射电热膜可用于防雾玻璃、冰箱除霜、农业大棚、管道保温和先进的建筑采暖系统。还有，比较适销的阻燃膜、抗菌膜、防锈膜、磨砂的或单、双光面的绘图膜等等饱含特殊功能的薄膜。

2. 高阻隔的陶瓷镀膜包装材料

迅速发展的微波加热技术，给微波食品及需经微波杀菌消毒的一类商品的包装提出了更高的要求，即新颖的包装材料不仅要有优良的阻隔性能，而且还要有耐高温、微波透过性好等性能，传统的包装薄膜很难全面具备这些特点。基于融合磁控溅射的特点，采用纯铝靶，通入氧气，在直流电源的作用下，PET溅涂了具有高阻隔性能的Al_2O_3无机膜层，可达到高阻隔的包装效果；在PET上涂覆SiO_2后能极大提高其阻隔性，使氧气透过系数下降100倍。高阻隔性薄膜可以广泛应用于食品、医药和化妆品包装上，提高产品的保质期。特别是远航航天食品、高档海鲜食品、医药化工等产业发展，更需要大量高阻隔性包装膜，这可以作为陶瓷镀膜包装材料开发的切入点。

3. 光学级的高端保护膜

PET的光学级保护膜主要有LCD专用保护膜(用于各种液晶显示屏的保护，易于剥离不留残胶)、静电保护膜(用于液晶显示屏幕，手机镜片/电脑外壳/MP3镜面等的保护)、三层防刮花保护膜(一层离型膜+一层PET保护膜+一层PE保护膜，该款产品主要特点是耐磨，防刮花且具有高透明度可终生随机使用，主要应用于PDA、DV、DC、笔记本电脑等显示屏幕保护）。

高端光学膜的表面硬化处理：其特点是使用光学级聚酯薄膜为基材，在其单面或双面涂布UV硬化层3～5μm后应用在手机触摸屏、显示器触摸屏上，硬化膜镀ITO后可作为精密电器中的线路板使用。

另外，根据不同的需求，在PET与离型膜之间使用不同的胶系，如硅胶（耐候性佳），压克力胶（粘性佳、单价低）等，可对PET基膜进行耐刮、抗眩、抗反射等的不同处理。

4. 太阳能电池组件的封装膜（太阳能背板膜）

光伏电池产能的急剧扩张，极大地推进了产业链上配套材料的发展和升级。聚酯薄膜作为太阳能电池背板的主要配套材料，需要满足延长电池寿命和光电转换效率的市场要求，它的电气绝缘、耐水解耐老化、水气透过率和耐温收缩率（纵向）的性能就需要提高：（1）电气绝缘性能：太阳能电池背板膜的电气绝缘性能主要包括击穿电压和局部放电电压，这两个指标的达到主要依赖特殊的聚酯薄膜。普通类聚酯薄膜的击穿电压可达到GB/T 13542—2009国家标准或ASTMD－149美国电工标准，但是要达到IEC60664－1/IEC61730国际电工标准规定的电池背板膜的局部放电电压指标（取得TUV南德意志集团的光伏认证证书），需要对双向拉伸聚酯薄膜的原材料和生产工艺作很大调整。（2）耐水解耐老化性能：普通聚酯薄膜主要测试耐热老化性能，一般均能通过UL94认证RTI105℃耐温标准。目前，验证聚酯薄膜能否达到太阳能光伏电池耐水解耐老化性能，一般采用120℃、100%RH耐水解的测试方法，聚酯薄膜龟裂、脆化的时间不得少于96h。（3）水蒸气透过率：太阳能光伏电池对背板膜的水蒸气透过率标准为小于$2g/m^2.d$（ISO－15106－3测试方法），目前，光伏组件的品牌厂家一般都要求电池背板膜的“水透”指标小于$1.5g/m^2.d$，甚至要求低于$1g/m^2.d$。电池背板膜的“水透”高低主要取决于特殊的聚酯薄膜，而普通250μm聚酯薄膜的“水透”一般为2.5～$3.5g/m^2\cdot d$，聚酯薄膜要想达到太阳能电池的“水透”要求，需从聚酯材料的改性上多下功夫。（4）尺寸稳定性能：聚酯薄膜纵向收缩率一般可以控制在1.5%（150℃，30min）以下，由于太阳能光伏电池都需要经过三次高温处理（太阳能背板复合两次、太阳能组件封装高温层压一次），这要求电池背板膜的基材要有极好的尺寸稳定性。目前，国际上双向拉伸聚酯薄膜的纵向收缩率已能控制到0.5%以下（150℃，30min）。（5）耐撕裂性能：由于太阳能电池组件封装时需要从电池背板上穿孔（长方形状）引出电极，这要求聚酯薄膜要具有很好的耐撕裂性能和韧性，避免在组件加工过程中和室外的湿、热、干、冷环境下易撕裂、易脆化。

折射率多样变化的光学膜（聚酯薄膜中的高端产品）

如今，高级的触控式萤幕显示器产品可选用任何金属（铝、银等）、硬质玻璃基片和柔性薄膜来制造。电子印刷业界所认可的材料需要同时具备几个关键特性：（1）高透明性（～96%），（2）低薄层电阻（～40hm/sq），（3）金属网相对人眼完全不可见（即使是最苛刻的照明条件下），（4）完全清除为任何显示图元结构寄生的莫尔条纹。

通常的光学薄膜，系指在光学元件或独立基板上，蒸镀上或涂布一层或多层介电质膜或金属膜或这两类膜的组合，以改变光波之传递特性，包括光的透射、反射、吸收、散射、偏振及相位改变。柔性聚酯薄膜的胜出一筹，就靠提高功效能在金属网格的次微米电子印刷线上取得，这是聚酯薄膜使用价值升华的体现。

聚酯基膜通过镀膜加工后使整合产品的表面光滑，膜层间的界面呈几何分割；膜层的折射率在界面上发生跃变，并在膜层内连续变动；可以是透明介质，也可以是吸收介质；可以是法向均匀的，也可以是法向不均匀的。光束应用时，在膜层之间相互渗透形成扩散界面；形成薄膜的各种向异性，使膜层具有复杂的时间效应。因此，按实际应用而成为反射膜（将从光板漏下的光源反射回去形成有效光在不同介中的多次折射）、增透膜（在光源功率不大的情况下提高正面亮度部分全反射后，在较小的角内折射出来，形成聚光效果）、扩散膜（提高光学均匀度；遮盖光板网点；遮盖LED灯影；提高正面亮度，使散膜表面的粒子新生折射光）、棱镜膜（在光源功率不的情况下提高正面亮度光部分全反射后，在较小的角内折射出来，形成聚光效果）、滤光膜、偏振膜、分光膜和位相膜等，常用的是前4种。光学薄膜的应用无处不在，从眼镜镀膜到手机、电脑、电视的液晶显示，再到LED照明、精密及光学设备等等，它充斥着我们生活的方方面面，并使我们的生活更加丰富多彩。

1. 液晶显示用光学薄膜

光学薄膜在TFT－LCD产业液晶显示器中特别重要。LCD面板主要系由彩色滤光片、背光模组、驱动IC、补偿膜及偏光板、玻璃基板、ITO膜、配向膜、控制电路等零组件所组成，由于液晶面板本身不具发光特性，必须借助背光模组来达到显示的功能。背光模组则由各种光学薄膜构成，TFT－LCD产业中一块液晶显示屏，最少需用7~8张具有不同功能的BOPET薄膜：2张光扩散膜，1~2张增亮膜，2张相位差膜，1张防眩光膜，1张屏蔽导电膜。TFT-LCD产业得益于电视机、笔记型电脑、平板电脑和公共显示器的强劲成长，2010年，全球大尺寸TFT-LCD液晶面板出货量创新高，已达到6.65亿片。据业内权威资料报道，目前全球拥有超过350亿美元光学薄膜市场，其中TFT-LCD产业光学薄膜，2012年市场需求量将超过20亿平方米，产值将超过150亿美元。目前国内光学级聚酯薄膜产能很低，光学薄膜市场所需的光学级聚酯薄膜主要依赖进口。按2010年我国液晶面板2亿片计，光学级聚酯薄膜用量约160kt，预计到2015年液晶面板将达到5亿片，光学级BOPET薄膜用量将超过400kt，加之在其他光学薄膜应用领域，总量可超过600kt。目前，国产光学级BOPET薄膜只能满足国内市场需求的5%，其余95%需从国外进口。2013年1月4日，韩国三星、LG、中国台湾地区奇美、友达等六家国际大型面板生产商，因垄断液晶面板价格遭到国家发改委经济制裁3.53亿元人民币，但是，国家对于液晶面板在终端市场的价格控制还是“无能无力”。因为液晶面板生产的核心技术把持在外企手里，罚款只不过是个“警告”，并不能真正的打破技术垄断！一台显示器80%的成本都来自液晶面板，也就是说液晶面板的价格高低，直接影响着显示器的价格，国内海信电器、TCL等平板显示生产企业只能靠进口液晶面板进行组装来赚取少量利润。由此可见，在数字成像和液晶平板显示技术已成为全球信息产业发展趋势的大背景下，加快开发光学薄膜核心材料——光学级BOPET薄膜，将是挽救我国BOPET薄膜产能过剩不容忽视的市场潜力，也是我国BOPET薄膜行业产品结构调整最佳选择。

2. 触摸屏用导电薄膜

触摸屏作为一种最新的电脑输入设备，它是目前最简单、方便、自然的一种人机交互方式。触摸屏的应用范围非常广阔：(1)公共信息的查询：如电信局、税务局、银行、电力等部门的业务查询，城市街头的信息查询。(2)领导办公、工业控制、军事指挥、电子游戏、点歌点菜、多媒体教学、房地产预售等。(3)消费电子：如手机、平板电脑、数码相机等。2007年6月，苹果推出iPhone电容式全屏多点触摸手机，其免触笔无按键的全屏触摸令世人惊羡，让触摸屏技术由单点触摸进入到多点触摸的时代。柔性触摸屏所用导电薄膜结构所用的ITO(Indium Tin Oxide)透明导电薄膜是在BOPET上镀氧化铟锡以及In203和其他氧化物混合而成的。就全球触控屏产业链的上游来看，日本厂家占据了比较高的市场份额，原因是日本厂家在真空蒸镀、溅镀、精密涂布以及精细化工领域拥有无可撼动的霸主地位，技术优势非常明显。触控屏上游厂家的利润率远高于下游(比如小尺寸领域)，按出货量算，中国台湾厂家占43%的份额，按金额算，中国台湾厂家只占32%。

2008年，全球触摸屏主要的应用领域是手机、GPS、PMP、数码相机、IT领域、大尺寸以及其他领域。其中未来最具成长性的是IT领域，原因是全球依靠WINDOWS7的推动，带触控功能的笔记本电脑将会大量出现。其次为手机领域，当触摸屏的成本足够低，即便是不具备实用价值，消费者也一样选择它，而不具备该功能的手机则会被淘汰。所以，未来触摸屏在手机领域上的发展是大有可为。微软即将推出WINDOWS 8的应用更将推动触摸屏的发展，预计未来导电膜的需求比较旺盛，5年内将增长71%。

3. 节能玻璃窗膜

玻璃窗膜(Glass Windows Film)是一种多层的功能化聚酯复合薄膜材料，它是在多层超薄高透明聚酯薄膜上经染色、磁控溅射、层压复合等工艺加工而成，主要用于汽车玻璃和建筑物门窗玻璃、隔断玻璃、顶棚玻璃等，将其贴在玻璃表面上用于改善玻璃的性能和强度，并使之具有保温、隔热、节能、防爆、美化外观、遮避私密及安全防护等功能。

按照应用领域的不同，目前玻璃窗膜主要分为3类：建筑玻璃窗膜、汽车玻璃窗膜和安全玻璃窗膜。其中，建筑玻璃窗膜主要用于建筑物的门窗玻璃、顶棚玻璃等，以节能隔热为主要目的，兼具防紫外线和安全功能；汽车玻璃窗膜贴在汽车玻璃内表面，具有节能隔热、隔紫外线、安全防盗等作用；安全玻璃窗膜的主要功能是安全防爆，一般用于银行等金融机构、珠宝商店橱窗、博物馆、酒店大厅或展示厅等。当前，我国玻璃窗膜市场正经历着从汽车贴膜向建筑窗膜的转变，每年以20%的速度在递增。估计国内建筑玻璃窗膜市场规模可达每年375亿元，而未开发的建筑玻璃市场正以每年4.8%的速度增长。商用、家用建筑玻璃窗膜市场在欧美发达国家和东南亚等热带国家已经相当成熟，在中国，玻璃窗膜厂家的市场占有率很低，原因是PET基膜的品质不完全过关，也稀缺自主品牌。伴随我国政府注重环保，推动“节能减排”的积极态度，相信会加大玻璃窗膜的消费趋势，窗膜市场肯定成为僧少粥多的“大蛋糕”，生产玻璃窗膜的企业也许成了节能减排政策的受益者。

目前，光学级玻璃窗膜用PET基材只有日本三菱、帝人/杜邦、Toray(日本东丽)等三家公司生产，国内还没有完全过关的产品，几乎完全要依靠进口(主要是美国、日本、韩国，还包括中国台湾)。市场上最顶级的玻璃窗膜，采用多层磁控溅射工艺的光谱选择性薄膜，这种磁控溅射玻璃贴膜通过溅射技术在同一层面的 PET 基材上实现多层不同的金属沉积，层层叠加，形成均匀的颜色和高水平的透光特性。虽然，市场上玻璃窗膜繁繁、良莠不齐，但是，美、日、韩等国凭借掌握的先进技术而占居了大部分的市场份额。

4. 太阳能电池基膜

太阳电池按发展历史可分为三代。第一代是晶体 Si 电池；第二代是非晶 Si、铜镓铟锡、锑化镉等薄膜电池；第三代太阳电池包括：叠结电池，热载流子电池，多带隙电池等。专家认为，第三代太阳电池应该有以下几个特点：薄膜化、高的转换效率，原料来源丰富、无毒无害。一般电池主要由以下部分组成：衬底、前透明导电薄膜(起透光和传导电流的作用)、p 型掺杂层、本征吸收层(大部分的入射光在这层被吸收，产生光生载流子)、n 型掺杂层(与 p 型掺杂层共同起建立内电场的作用、吸收层中产生的光生载流子在内建电场的作用下被引出，进入外电路中形成有效光电流)。电池的背面为透明导电薄膜和金属电极，其中金属电极还能反射部分太阳光，从而提高电池的电流密度。以上薄膜均采用磁控溅射工艺在柔性基膜上。由于柔性衬底具有高比功率，可弯曲，不易损坏等显著特点，在空间应用等特殊环境方面具有非常广泛的市场前景。柔性太阳能电池的早期发明主要应用于宇宙飞船上，选用杜邦的 TPT 三层复合薄膜作为其背膜，Tedlar(聚偏二氟乙烯薄膜，简称 PVDF) - PET - Tedlar，由于 F - C 键键能高，其耐老化性能极好且具有优异的阻隔性。近年来光伏电池转为民用时，背板仍然使用了 TPT。由于 TPT 关键材料 Tedlar 薄膜的市场供应量不足，且价格昂贵，人们就开始探索用价廉物美的改性耐老化 PET 来替代。日本东丽和东洋 2 家公司首先开始商业化使用，并一度出现供不应求。国内，乐凯集团刚开始研制光伏电池背板膜，采用制造成本较高的氟材料溶剂涂覆路线，目前尚未见商业化产品。随着我国高度重视太阳能电池技术的研发和产业化，逐步缩小与国际先进水平差距。2008 年底，我国已建成并投产的 14 家薄膜太阳能电池企业的产能约达 125.9MW，年产量约为46MW。截止 2009 年底，已开工建设和已开展前期工作宣布建设的薄膜太阳能电池项目将近 40 个，按即有规划，2014 年前全部建成后的产能将高达约 4000MW。按常规 170W 光伏组件，大概耗 1.35 m^2 的太阳能背板；1MW 光伏组件，约需要厚 150μm 的薄膜 1.7 t、需要合成的特种树脂约 2 t 左右。将聚酯薄膜应用于太阳能电池薄膜可极大降低成本，目前薄膜太阳能电池产量占全球太阳能电池总量的 18% 左右，预计 2030 年可达 30%，需求前景非常广阔。

光学薄膜对聚酯基膜的要求

作为基膜的聚酯薄膜要适销市场必须与其他商品一样，了解终端用户的具体需要，注意协助提升用品功能和降低它的生产成本，才会有我们基膜的生存空间。薄膜生产经验告诉我们：工艺、原料、设备三个生产要素相辅相成，其中生产工艺最为重要，统辖原料和设备两大系统。光学膜的生产要根据光学膜不同品种的特点和性能要求，集温度、速度、湿度、现场的洁净度的协同调控来完成薄膜加工的特殊工艺。

不同品种的光学膜对聚酯基膜的基本要求即是原料清晰透彻，要求制造全程包括后序加工的离线涂覆工艺都要在洁净无尘作业车间(尘落总数每平方厘米在百级)生产，力求精细掌控到每一层薄膜的厚度与折射率，能获得预期的光学性质和机械特性。大致技术参数有：透光率要求达到 88% ~ 90%，特殊要求 >92%；热收缩率要求 <1.0%，厚度为 25 ~ 38μm、25 ~ 300μm，并保障后序加工的低雾度(雾度 <3%)不粘连，抗表面划伤。这些技术参数关系到光学薄膜品质的优劣，也是当今薄膜市场能成为高端产品的价值。国内企业目前尚不完全掌握此类生产技能，国外企业不在中国设厂生产并封锁了相关的技术信息，主要原因是担心核心技术外流。

玻璃窗膜所用的基膜为光学级 BOPET。玻璃窗膜对基材强调抗拉强度和抗撕裂强度大，对光学性能要求也较高，可见光透过率必须达到 90% 以上，要求透光率高于 70% 的同时，紫外线的阻隔率要达到 55% 左右，红外线的阻隔率也达到 95% 左右、在室内的反光率非常低，只允许百分之几。

触摸屏用导电薄膜采用磁控溅射镀膜工艺，以掺 Sn 的 In203(ITO)膜的透过率最高和导电性能最好，而且容易在酸液中蚀刻出细微的图形，其透过率达到 90% 以上，电阻率降低到 $7\times10^{-5}\Omega\cdot cm$。

液晶显示用光学薄膜对基膜的光学要求：

产品	透光率	雾度	色度 X	色度 Y
扩散膜	> 88%	< 3%	< 2‰	< 2‰
增光膜	> 89%	< 1%	< 2‰	
微透膜	> 89%	< 1%	< 2‰	< 2‰
合膜	> 89%	< 1%	< 2‰	< 2‰
反射膜	< 2%	—	< 2‰	< 2‰

液晶显示用光学薄膜对基膜的耐老化性能要求：

产　品	收缩率 150°C/0.5h	60°C/90RH 200hr
扩散膜	< 0.8 %	曲 <1mm
增光膜	< 0.5 %	曲 <1mm
微透膜	< 0.5 %	曲 <1mm
合膜	< 0.5 %	曲 <1mm
反射膜	< 0.5 %	曲 <1mm

液晶显示用光学薄膜对基膜的外表性能要求：

产　品	晶点缺陷	表面划痕	要求	鼓包或波浪
扩散膜	<0.2 mm	微划	低	微
增光膜	<0.1 mm	无划	高	微
微透膜	<0.1 mm	无划	高	微
合膜	<0.1 mm	无划	高	微
反射膜	<0.2 mm	微划	低	微

液晶显示用光学薄膜对基膜的涂底处理：

产　品	化学处理（聚氨酯）	化学处理（丙烯酸酯）	电晕处理
扩散膜			
增光膜		硝化甘油	硝化甘油
微透膜		硝化甘油	硝化甘油
合膜		硝化甘油	硝化甘油
反射膜	—	—	—

光学用基膜急需突破的核心技术：

一、原材料制程

(1)高透明、低残留的新型催化剂体系切片合成技术；

(2)新型光学添加剂合成、分散技术；

(4)专用高性能切片连续合成装置关键技术。

二、薄膜制程

(1)原料配方、配比技术；

(2)薄膜制程的关键设备和工艺技术；

(3)生产现场的环境管理；

(4)人员操作培训和生产流程管理。

三、在线涂布制程

(1)涂布配方、配比技术；

(2)涂布制程工艺、设备关键技术。

我国政府推动发展的高性能膜材料

工业和信息化部的《新材料产业"十二五"发展规划》(2012.4)是推动国家材料工业转型升级，支撑战略性新兴产业发展，加快走中国特色的新型工业化道路的指导性文件，文中关于功能性膜材料类的23种重点发展产品，就包括光学聚酯膜、耐温动力电池隔膜、热溶胶(EVA)封装胶膜、单片型双极性膜、均质阴阳离子交换膜、扩散渗透析阴阳膜、光伏用PET膜、扩散膜、透明导电膜、电磁波屏蔽膜、窗膜、注射成型表面(IMD)装饰膜、热敏磁票、增亮膜、PVDF太阳能电池背板膜、反渗透膜、纳滤膜、柔性有机聚合物薄膜等产品。

科技部为贯彻落实《国家中长期科学和技术发展规划纲要(2006－2020年)》、《国务院关于加快培育和发展战略性新兴产业的决定》和《国家"十二五"科学和技术发展规划》，推动高性能膜材料技术和产业发展，组织编制的《高性能膜材料科技发展"十二五"专项规划》，将水处理膜、太阳能电池膜、平板显示薄膜、半导体及微电子用薄膜列入新材料"十二五"重点扶持专项工程。

聚酯薄膜专委会2014年度工作任务

面对行业发展困境，专委会将根据行业特征寻觅差距、专攻术业，倡导创新发展、反对同质化产品的无序化竞争，将投资和外贸推动的经济模式尽快向创新驱动和需求拉动的方向转变作为行业未来发展的着力点。为此准备：

①组织技术研讨会 寻求新的生产增长点。3月初年会，邀请部分专家介绍行业产品的发展方向和研究热点。7~8月，组织一次"聚酯薄膜行业的技术合作和纵深发展"的研讨会，主题凸显"规模、专业、层次＋政策"，包括宏观政经层面、薄膜加工技术层面和薄膜行业配套的层面。会议邀请各会员单位的领导、技术和市场负责人、国内聚酯薄膜行业产业链相关单位(生产装备、备品备件、辅助材料及下游用户等)、大专院校、科研院所等相关人员参加。②组办行业新加入企业专项交流会。4月初，组织新加入企业座谈会。会议除了介绍行业产品、行业配套、行业市场现状、进出口情况、行业发展的机遇与挑战等之外，特别强调企业规范经营，避免不顾质量信誉、不顾产品成本的低价倾销行为的发生，还将根据需要组织参观工厂、了解企业业务培训的需求问题。组织行业同仁一起尽可能去共同适应和推动整个产业的良性发展。③组织上下游企业的协作联谊会。组织部分企业去生产装备、备品备件、辅助材料生产企业参观，了解上游生产各环节特点和提出我们的需求；还将组织部分企业到涂覆、镀铝、彩印、模内装饰等下游用户企业参观，切身了解用户对薄膜生产的发展期待。④开展"产学研"对接，推动科技成果转化。先对业需求企进行摸底调查收

集，再对各科研院所的相关研究成果进行深入了解，并寻求中国塑协专家委员会、中国塑协改性塑料专委会的支持，在条件成熟时举办“产学研结合”洽谈会，加快科技成果转化。⑤着手加强行业标准化工作。首先形成热转印碳带基膜、热封膜，以及亚光膜、复合预涂膜、电容器用膜、激光防伪膜的产品标准的制订，后按需要制订本行业中长期的标准规划，形成聚酯薄膜的完善体系，提升产品标准化给行业推行的整体质量效应。

小结

聚酯薄膜是用途广泛并可以延续改性发展的好产品。当前，不顺应市场需要的盲目投资已造成了普通类产品的供应过剩，反映行业存在着产品结构不合理、技术管理储备不足和改善创新不够等诸多问题。

开发聚酯薄膜产品市场的应用深度与广度，对聚酯薄膜行业的发展具有积极的意义。聚酯薄膜既有的基础性能，能按照市场发展的需要作特殊改进，就会大跨步地化解富裕产能和提高社会经济效益。市场上，液晶显示用光学薄膜、触摸屏用导电薄膜、汽车和建筑用节能窗膜、太阳能电池基膜等高性能薄膜的应用无处不在，只是因为国内企业没能掌握核心技术，但是，面对机遇和挑战，我们必须努力驱动创新战略、改善困境，冲破美日韩企业垄断的光学薄膜技术，为近代光电、通讯和镭射产业的技术进展作配套，充分显示出光学薄膜等特殊功能薄膜在国民经济中的重要地位和作用，真正达到十八大报告提出的那样“要实施创新驱动发展战略”。

（中国塑料加工工业协会双向拉伸聚酯薄膜专委会 王德钧）

无机粉体填充塑料的轻量化技术进展

1.“增重”现象制约了无机粉体填充塑料的发展，成为塑料填充改性技术进步的瓶颈，“减重”技术的研究在改性塑料领域具有重大意义

碳酸钙(包括重钙、轻钙)、滑石粉、重晶石粉、高岭土等无机粉体材料在塑料中的应用已十分广泛，年用量多达1000余万吨。众所周知，这些粉体材料在国家经济建设和人们社会生活中发挥着重要作用，一是节省了大量以石油为基础原料的合成树脂，二是改善了塑料材料某些方面的性能，如韧性、刚性、耐热性等，三是赋予了纯基体塑料不可能有的功能，如阻燃、抗静电、耐候等，更为明显的是无机粉体材料与合成树脂之间的差价巨大，填充塑料材料的原材料成本将明显低于单纯的塑料材料，而性能价格比的大小是企业及产品市场竞争力高低的最重要因素。改革开放三十多年来，填充改性塑料行业的蓬勃兴起和发展，在塑料中尽可能多地使用无机粉体材料无疑已成为不可阻挡的潮流。

当无机粉体材料填充改性塑料发展到一定阶段时，使用无机粉体材料的一些负面影响也清晰地显现出来，其中最主要的影响就是“增重”现象，即填充塑料材料的密度显著增大。如纯聚丙烯塑料的密度为0.91g/cm^3，纯聚乙烯塑料的密度依低密度、线性低密度和高密度三种不同类型，其密度从0.92g/cm^{3}至0.96g/cm^{3}不等，而当聚乙烯或聚丙烯基体塑料中加入碳酸钙后，其填充体系的密度会显著增大，这种“增重”现象在注塑成型塑料制品或模压成型塑料制品中最为突出，例如含有15%重质碳酸钙的聚乙烯注塑制品其材料的密度达到1.1g/cm^{3}以上，含有30%重钙的聚乙烯注塑制品其材料的密度达到1.3g/cm^{3}左右，80%含量的重钙填充母料，注塑成型试片的密度约1.8g/cm^3，如果用模压法制成的试片，其密度甚至会达到2.0g/cm^3。

由于注塑成型塑料制品是按制件个数计价，挤出成型塑料制品(如管材、型材、膜片等)是按长度或面积计价，如果使用无机粉体材料带来的原材料成本降低而产生的效益，抵不过因密度增大使制品个数减少或长度、面积缩水产生的损失，塑料制品加工企业就会丧失使用无机粉体材料的积极性，更不用说填充塑料材料某些方面的性能因无机粉体材料的存在而有所降低了。

2. 发泡是填充塑料降低密度实现减重轻量化的重要途径

发泡——使塑料材料呈现多孔结构是降低塑料材料密度的重要途径。可发性聚苯乙烯经发泡工艺成型后，其材料密度可降低到0.03g/cm^3，聚氯乙烯发泡板的密度也可以达到0.7g/cm^{3}左右。但一方面这些发泡材料的力学性能已经大大降低，另一方面不可能适应一般塑料制品的成型加工工艺，而且最重要的问题，无论是物理发泡机理，还是化学发泡机理，由于聚乙烯或聚丙烯的熔体强度低，其熔体分子形成不了有效的泡孔壁，造成气体逃逸，泡孔塌陷，无法形成结构规整的发泡材料。加入无机粉体材料后，问题更为复杂。20世纪90年代中期，有的企业曾试图在PE箱包片材、帽舌芯层等产品中加入发泡剂，制成一定发泡倍率的材料，结果出现刚性不足、板面软化、无回弹性、针孔掉线、易变形等多种问题，如果使用填料以提高片材的刚性，仅仅加入5%的填料，就出现密度上升、产品厚薄不

均、爆板、流痕等问题。

无机粉体材料填充聚乙烯材料及制品的成功例子是上世纪八十年代曾经流行一时的钙塑天花板以及一直延续到现在的聚乙烯微发泡托鞋、凉鞋制品，但这些产品的制造工艺无一例外地使用了交联剂，即在发泡剂分解产生气体并形成致密的微孔结构时，是交联剂把聚乙烯熔体的分子凝结成有效的气孔壁，包裹住了气体。这种经过交联的聚乙烯材料其柔性十足，但强度和刚性不足，对绝大多数聚乙烯制品来说是不适合的，而且更为关键的是经过交联的塑料材料，已形成体型分子，很难再回收利用，其生产过程中产生的边角料也无法及时回收做为原料使用。从当前绿色生态的角度看，依靠交联形成有效的泡孔结构是走不通的。

聚丙烯塑料具有非常良好的物理机械性能，其耐热性能突出更是五大通用塑料中最优的，通常可以在100℃环境下长时间工作，在无负载的情况下其工作温度甚至可以达到130℃。但聚丙烯是半结晶性聚合物，在达到170℃左右后，其结晶区迅速解体，一旦熔融其熔体粘度迅速下降，无法包裹住发泡剂分解产生的气体形成有规则的泡孔结构。多年来针对这一关键难点进行研究，其解决途径是制造高熔体强度聚丙烯(HMSPP)。

HMSPP由于熔体强度高，有利于形成均匀致密的泡孔，但因在制备过程中面临聚丙烯降解和凝胶两大问题以及聚合物接枝反应与单体均聚反应的竞争、聚合物主链断链和交联与支化的竞争，不仅生产技术复杂、难以控制，而且加工成本增大使产品的售价较普通聚丙烯高出40%以上，成为不能大规模推广应用的主要原因。

多年来，不使交联工艺，也不使用高熔体强度聚丙烯的无交联发泡聚烯烃加工技术的研究一直在进行之中，特别是在有大量无机粉体材料存在的情况，能够实现普通聚乙烯或聚丙烯发泡是目前国内外最为关注的技术领域。我们利用无机粉体自身的特性，并对其进行必要的表面处理后，使其不仅扮演填料的角色，还可有助于发泡材料形成泡孔结构，其发泡材料的刚性、稳定性、硬度、弹性模量等力学性能也同时得到保障，满足塑料制品的使用要求，从而达到降低填充塑料密度，真正实现降低成本、提高性能价格比，增强产品市场竞争力的目的。

3. 非交联发泡减重技术在PP发泡片材上的应用

(1)含有20%重钙的PP发泡片材的物理力学性能见表1

表1　非交联发泡PP片材的性能

发泡剂 / 发泡片材性能	CF－HO1	EPI－755	RA
密度/(g/cm^3)	0.64	0.61	0.55
断裂拉伸强度/MPa	12.6	12.2	10
断裂伸长率/%	144	77	43
弯曲强度/MPa	27.6	25.3	20.0
弯曲模量/MPa	938	880	647
泡孔平均直径/μm	70	150	400

(2)技术关键

①重钙粉体的选择

重钙粉体不仅起到填充作用，而且要在成型过程中起到成核剂的作用，粒径过大或过小，都不利于良好分散的同时又具成核功能。通过研究和生产实践，6.5μm左右的重钙粉体最为适用。

②重钙粉体表面处理

首先要对粉体预热和除湿，严格控制水份，然后在一定温度下依次加入偶联剂、多元醇表面活性剂等助剂。

③用高速混合机混合时要使原辅材料得到充分混合，同时又要严控物料温度，当前还要采用负压真空式上料以减轻粉尘外扬现象。

④发泡填充母料中的造粒工艺既要保证物料良好塑化，又要保证不破坏物料中的发泡体系，使发泡剂在造粒过程中不损失。实际生产时采用双阶混炼挤出加工设备。

4. 轻质聚乙烯薄膜复合母料(发泡填充母料)

由上海润龙包装用品有限公司研究开发的，辽宁金科塑胶科技有限公司生产的，荣获发明专利授权(专利号：ZL200710173739.2)的轻质聚乙烯薄膜复合母料(发泡填充母料)可有效克服塑料制品在添加非矿粉体时产生的密度增大和力学性能下降过大的问题。

使用传统填充母料和该专利母料时，塑料薄膜的性能见表2。

5. 采用高孔隙率粉体做填料降低填充塑料的密度

(1)以往的做法及面临的问题

粉体颗粒如果呈现多孔状，堆积在一起体积就比较大，即堆积密度小。就像轻钙和重钙因晶形不同的堆积的紧密情况有所差别，从而二者的堆积密度有显著差别，沉降体积就有所不同。尽管在添加到塑料中后，多孔性的粉体一些孔隙被高分子树脂或助剂占据，但仍然保存着众多孔隙，就如同发泡塑料一样，材料中夹杂着一定量的空气，从而使填充塑料的密度较之加入同样份数实体粉体材料，其密度显著降低。

表 2　两种母料填充聚乙烯薄膜的技术性能

母料种类（添加量均为20%）	填充聚乙烯薄膜						
	规格		密度/(g/cm^3)	米重/(g/m)	力学性能		热合度
	宽/mm	厚/mm			拉伸强度纵/横/MPa	断裂伸长率纵/横/%	
传统母料	400	0.025	1.05	21	38/35	230/350	5
专利母料	400	0.025	0.85	17	45/42	300/450	6.5

注：表中数据取自辽宁金科塑胶科技有限公司产品说明书。

天然非金属矿物中，硅藻土和沸石是典型的高孔隙率的多孔隙粉体，在过去的生产实践中也确实证实了其高孔隙率可以降低填充塑料的密度。但下述问题妨碍了这两种粉体的普遍应用。

①硅藻土和沸石的硬度远远大于重钙、轻钙等各种常用填料，易对接触的加工设备及模具造成严重磨耗。

②硅藻土和沸石的表面处理困难，影响与基体塑料的亲合性，从而使填充塑料的力学性能严重劣化；

③天然矿物资源有限且不可再生。

(2) 人工合成硅酸钙的应用在实现填充塑料轻量化道路上展现光明前景

以硅(Si)元素为关注对象的人工合成硅酸钙粉体呈现多孔特征，具有高孔隙率，见图1，其他四种粉体的颗粒形状见图2。

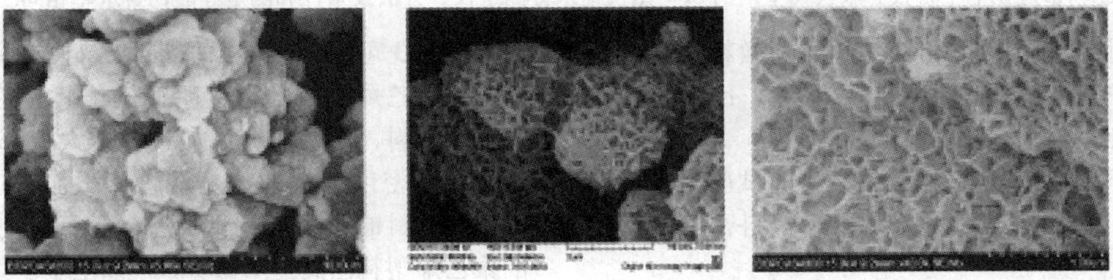

（a）10μm标尺　　（b）2μm标尺　　（c）1μm标尺

图 1　硅酸钙微粉(CS)的微观结构电镜照片

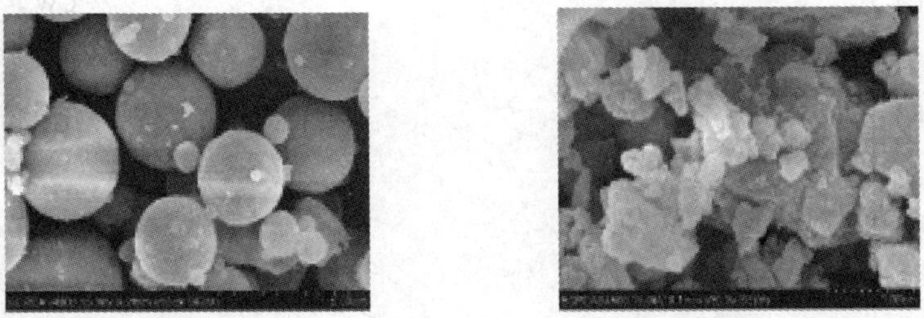

（a）玻璃微珠（GB）——球状结构　　（b）重质碳酸钙（CC）——不规则的颗粒状结构

（c）硫酸钙晶须（CW）——针状结构　　（d）滑石粉（TL）——片状结构

图 2　其他四种无机填料的结构形态

由图1可见，合成硅酸钙微粉颗粒是一次性颗粒聚集成的二次或三次颗粒团聚体，一次颗粒粒径1~3μm，二次或三次颗粒的粒径为10~30μm。硅酸钙微粉颗粒的内部具有丰富的微孔结构，呈蜂窝状，其微孔尺寸约100nm，微孔周边孔壁厚度5~10nm。

表3和表4分别展示了硅酸钙微粉和其他多种粉体的物理性能。

表3　硅酸钙微粉(CS)的物理性能

白度	pH值	堆积密度 /(g/cm³)	真密度 /(g/cm³)	吸油值 /(mL/100mg)	含水率 /%	平均粒径 /μm	比表面积 /(m²/g)
89~92	8~11	0.17~0.30	1.30~1.40	130~170	3.61	15~30	50~150

表4　其他几种常见填料的物理性能

填料类型	轻质碳酸钙	超细重质碳酸钙	超细滑石粉	炭黑	气相法白炭黑	沉淀法白炭黑
SiO_2含量/%			40~75		≥99.8	92~95
pH值	8~9	8~9	7~8	6~8	3.5~6	6~8
比表面积/(m²/g)	5~10	20~80		80~150	150~400	150~350
含水率①/%	0.85	0.16	0.27	1.82	4.28	9.45
吸油值/(L/100mg)	60~90	40~60	30~60	80~130	150~350	150~350

①采用深圳市冠亚电子科技有限公司生产的SFY型快速水分测定仪，方法及条件和测定硅酸钙含水率相同。

和其他常用的粉体相比，硅酸钙微粉具有堆积密度和真密度小、吸油值高、含水多、比表面积大等显著特点。

通过不同粉体填充聚乙烯塑料的试验。在不同添加量时，五种粉体对填充聚乙烯塑料密度的影响见图3。

由图3可见，同样添加量时，硅酸钙微粉(CS)填充的聚乙烯塑料的密度明显低于其它粉体填充的聚乙烯塑料，而且随着添加量的增大，CS填充的聚乙烯塑料密度增大的十分缓慢，添加量达40%时，其填充塑料的密度不到1.1g/cm³，而其它粉体填充的聚乙烯塑料已高达1.15g/cm³以上了。

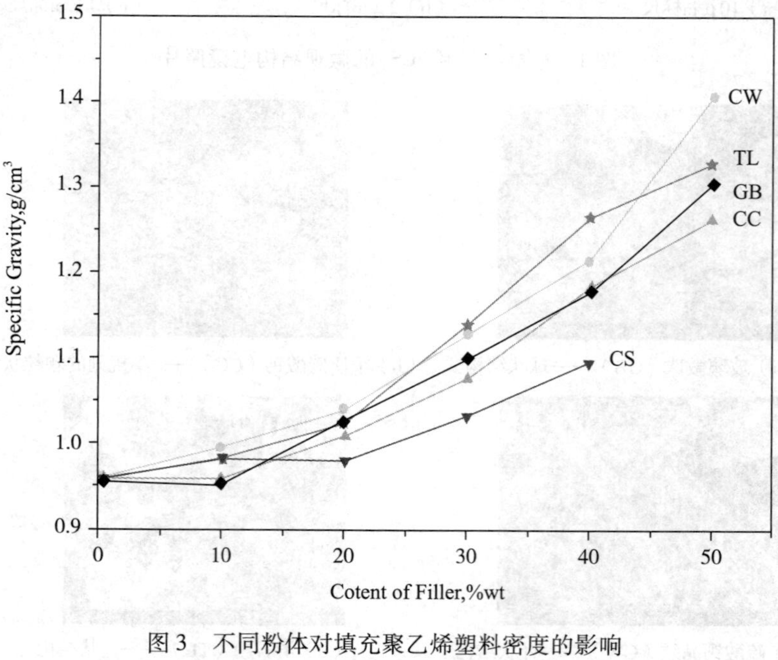

图3　不同粉体对填充聚乙烯塑料密度的影响

在同样添加量情况下，硅酸钙微粉填充的聚乙烯塑料的物理力学性能也有良好表现。

(3)硅酸钙微粉在塑料制品生产上的实际使用效果

先将硅酸钙微粉制成填充母料，再在聚乙烯片材生产中按母料：聚乙烯树脂=40:60比例进行挤出加工，片材产品宽度为1.8m。将该片材与添加40%碳酸钙母粒的片材进行性能比较，其结果见表5。

表5 两种粉体制成的母料填充聚乙烯片材(厚度2.0mm)的性能(母料：PE=40：60)

性能	硅酸钙母料填充聚乙烯片材	重质碳酸钙母料填充聚乙烯片材
密度/(g/cm^3)	1.12	1.28
拉伸强度(纵向/横向)/MPa	10.7 / 10.9	8.9 / 9.2
断裂伸长率(纵向/横向)/%	583 / 660	290 / 320
拉伸弹性模量(纵向/横向)/MPa	225 / 240	198 / 215
弯曲强度(纵向/横向)/MPa	10.6 / 11.2	9.8 / 10.9
弯曲弹性模量(纵向/横向)/MPa	288 / 355	265 / 311
撕裂强度(纵向/横向)/MPa	214 / 205	208 / 207
吸水率/%	0.15	0.02
简支梁冲击强度/(kJ/m^2)	无破裂	无破裂
光泽度(60°角)	88	80

从表5可知，同样条件下，硅酸钙微粉的填充效果优于重质碳酸钙，其密度降低了10%以上。

6. 对碳酸钙行业的希望

碳酸钙在塑料中广泛应用的重要意义不言而喻，但是增重问题是碳酸钙在塑料行业中继续扩大应用的瓶颈。实现填充塑料轻量化具有重要的现实意义和长远的战略意义，其经济效益和社会效益都十分显著。

硅酸钙微粉的出现为碳酸钙行业带来新的思路，因为硅酸钙微粉的生产过程大体和碳酸钙相似，其中钙元素的由来都是石灰(氧化钙)，在最后形成硅酸钙的时刻，是氧化钙与体系中的硅化合物反应而成的。碳酸钙行业的专家和企业家们能否在重新反应成碳酸钙时使其成为多孔性的颗粒呢?

(中国塑料加工工业协会改性塑料专业委员会刘英俊，
武汉凌辉高分子材料有限公司　陈凌)

中国氟塑料制品业基础能力提升研究

氟塑料制品是指用含氟树脂经成型加工的方式制成的各类材料，氟塑料制品具有优异的耐高低温、绝缘、防腐蚀、自润滑等优异的性能，主要用于化工、建筑、半导体、电子、环保、新能源、航空航天、生物医药，服装与家电、农业等领域。“十二五”期间，国家调整产业结构，重点发展战略新兴产业，在国家转型升级规划中，高性能氟硅材料被列入国家重点发展的新材料领域，给氟塑料制品业的发展带来了机遇与挑战。随着我国经济的持续发展，氟塑料制品的应用领域不断拓宽，用户对国产氟塑料制品的功能指标要求越来越高，因此，提升氟塑料加工产业基础制备能力和产业化水平是保障行业可持续发展的关键。

为深入贯彻落实《工业转型升级规划(2011～2015年)》，着力加强对工业基础能力提升的引导和支持，工信部于2013年初正式启动实施“工业强基专项行动”，以提升关键基础材料、核心基础零部件、先进基础工艺和产业技术基础(简称“四基”)发展水平。其中，高性能氟塑料材料(太阳能电池背板膜复合氟塑料，耐高温、环保过滤用氟塑料材料，水净化过滤用聚偏氟乙烯(PVDF)中空纤维膜材料)作为关键基础材料被列入2014年工业转型升级强基工程重点方向。

1. 氟塑料制品业的基础

原辅材料、制造工艺、加工及检测设备、研发和管理水平是氟塑料加工行业赖以生存和发展的基础，其水平直接决定着制品本身及所配套产品的性能、质量和可靠性。

1.1 基础材料

氟塑料的基础材料主要指其原辅材料，包括PTFE、FEP、PVDF、PFA、ETFE、PCTFE等原料，以及各类改性所需的填充复合材料。

聚四氟乙烯是我国发展最快也最为成熟的氟塑

料原料，其生产水平处于世界中等水平，其生产能力已达100kt/a，占世界总产量的50%左右。

可熔融加工的氟树脂近年来也在中国得到了迅猛发展，发展最快的当属聚偏氟乙烯树脂，其产能已经超过了10kt，其次是聚全氟乙丙烯。目前我国可熔融加工的氟树脂的生产水平和产品质量与国际先进水平相比还有一定的差距，还很难进入高端需求领域，其他氟树脂目前还主要依靠进口，国内规模化生产还需要一段时间。

1.2 基础件

氟塑料的基础件主要指氟塑料的半成品、制成品。如聚四氟乙烯的管、板、棒、膜、生料带、填充制品、各类零部件、化工衬里、浸渍产品、建筑、机械、环保产品等。

1.3 基础工艺

中国氟塑料成型加工行业始于20世纪60年代初，经过多年的努力，我们已经基本掌握了模压、等压、挤出(柱塞挤出、螺旋挤出和糊膏挤出)、传递模塑、旋转、膨体(拉伸)、流延、吹塑、注塑、浸渍、喷涂、化学镀以及二次加工等多种成型加工方法。

基础工艺主要包括基本工艺与加工设备。由于氟塑料加工是在近10年才得到高速的发展，因此，我国的氟塑料加工设备大多还处于低端水平，精度和自动化程度都有待于改进。

1.4 技术基础能力

一个行业的技术基础能力包括：技术服务平台建设，共性技术研究体系的建立，企业乃至行业的研发、工艺、检测、管理水平，生产环境与从业者的能力。氟塑料行业的技术基础能力较弱，企业的研发能力不足，目前，很少有国家级企业研发中心，检测设备和人员匮乏，从业人员文化水平不高，由于氟塑料制品却又多为工业配套产品，所以，需要多部门跨领域的联合开发与管理。

1.5 提高氟塑料制品性能对国民经济的影响

近年来，国家经济水平的提高，增进了对环境保护、节能减排、精密制作的需求，从而推进氟塑料应用领域的扩大和消费量的提高。氟塑料制品为功能性材料，合理的使用，可以提高工业防腐、密封、绝缘、防粘、过滤等能力。例如提高氟塑料密封产品的基础能力，就可以提高密封产品的质量和品种，减少跑冒滴漏的发生。提高产品的过滤精度，可以减少排放，优化环境质量。如果能实现高端产品国产化，有利于提高我国尖端领域的制造能力。

2. 国内与国际市场需求变化

2.1 国内市场需求不断增加

随着我国经济的快速发展，各领域对材料的综合性能不断提出更高要求，市场对氟塑料产品的需求领域不断增加，品种逐步趋向多样化。近年来，除传统的应用领域需求增加外，随着我国新能源、电子信息、环保行业等新兴产业的快速发展，氟塑料制品获得了新的发展空间，高端产品应用领域的不断拓展，对产品的要求也更加细化。例如，新能源领域与之配套的PVDF膜、ETFE膜、PVDF粘结剂等的需求迅速增加；高层建筑的通讯电缆、局域网电缆、智能手机用导线等对FEP需求强劲；膨体聚四氟乙烯覆膜滤料在燃煤电厂、垃圾焚烧、煤电粉尘过滤等环保方面的应用前景广阔；浸渍、涂层制品在民用领域需求增多。尽管市场对氟塑料制品的需求不断增加，但氟树脂的产能和产量的迅速扩大，使得产品同质化严重，导致市场竞争加剧，行业利润下降，另外还有部分氟树脂生产企业准备进入市场，预计未来竞争将更加激烈，开工不足很有可能成为常态。

2.2 国际市场需求增长迅速

中国作为快速发展的氟树脂生产与消耗大国，已经吸引了国外公司的目光。随着国际间交流与合作的增多，物美价廉的中国氟塑料制品引起了国际市场的青睐。中国产品不仅在国际低端市场的份额迅速扩大，而且越来越多地产品进入高端领域，同时出口产品趋于多元化。国际化的增长也吸引了众多国外知名企业在华参与氟树脂的生产，还有许多氟塑料制品以配套形式进入中国。随着国际市场需求的增加，中国氟塑料制品的出口量也呈增长态势。

3. 与国际先进水平的差距

中国虽然已成为世界上氟树脂生产与消耗大国，但生产水平和产品质量与国际先进水平相比还有一定的差距。

3.1 基础材料

目前，我国氟塑料原料存在底端产品过剩，高端产品不足的问题。国产PTFE树脂主要存在批次稳定性不足、电性能较差、分子量和粒径分布不够均匀等缺陷。可熔性氟塑料只能满足一般用品需求，电子、汽车等领域还基本依赖进口树脂，还有多种树脂有待开发。

3.2 加工技术水平

PTFE制品占我国氟塑料生产的70%，目前加工水平处于世界中等水平，就PTFE半成品而言，加工原理基本相同，生产工艺装备相对落后，优质、高效、节能、节材的先进基础制造工艺和自动化、数字化装备的普及程度不高，能源消耗、材料利用率与国际先进水平相比差距较大。产品的力学性能基本可以达到国际同类产品的水平，但由于原料选择、设备、工艺细节的不同，使国产产品的电气性能、稳定性、精度、光洁度、品级、品种等方面与国际先进水平还存在相当的差距。另外，国内初级产品偏多，二次加工能力水平与世界先进水平相比存在一定的差距。

3.3 研发能力

中国现有氟塑料加工企业1500家左右，以中小企业为主，企业自主创新能力薄弱。产业研发投入明显不足，专业化程度低，缺乏高水平、高技术的人才队伍，从业人员缺乏上下游领域的专业知识，对制品的使用性能了解不足，制约了新产品的开发、应用领域的扩大。产业技术基础薄弱，共性技术研究体系缺失，行业基础数据的传承、跟踪、积累和共享机制尚不健全。

3.4 检测水平

与国外先进企业相比，我国的检测水平相差甚远。国外先进企业具有完备的实验室、齐全的检测设备、高精度的检测仪器以及先进的检测手段，有效地保证了产品质量，而目前国内多数企业还停留在只能检测外观尺寸、拉伸强度及断裂伸长率等力学性能的水平上。

4. 提升基础能力的建议

4.1 提高基础材料水平

基础材料的好坏将直接影响最终产品的质量，企业建立完善的进出厂检验制度，可以有效地保证原料使用的质量稳定性。随着市场需求的变化，应加大对改性PTFE和专用料的研制，深入研究PTFE的性质，改善其加工性能，开发新型PTFE复合材料，开辟改性PTFE在新领域的应用。另外，对于再生树脂的使用还有待规范。

4.2 加强加工技术水平

提高工艺、技术和装备水平，改善加工环境，引导企业利用数字化控制技术和先进适用技术改造传统制造工艺和装备，提高自动化水平。加快开发和推广应用低碳技术、清洁生产技术、节能减排技术和循环经济技术，提高产品质量和生产效率[7]。

4.3 加强研究开发能力

加强基础与应用研究，加快新材料、新产品的开发和应用步伐。加大研发投入，引进上下游专业人才，着力提升企业自主创新能力。建立国家级、省级技术中心，建立共性技术研究体系。鼓励企业与高校、科研院所进行产学研合作，促进企业成为创新主体，提高企业的核心竞争力。

4.4 提高检测水平

提高检测意识，提升检测水平。加大检测设备的投入和检测人才的培养，增加必检科目，逐步建立规范的检测体系。建立产业示范基地和技术服务公共服务平台（建立氟塑料检测中心），形成专业化的检测和服务能力。

4.5 提高管理和服务水平

提高管理能力，建立与市场经济相适应的现代企业制度；加强管理基础，健全管理制度，广泛运用先进管理方法和手段，提高产品质量一致性。提高服务能力，加强产品的技术支持。

4.6 加强人才培养

技术进步的基础条件是人才。企业的发展、产业的进步离不开人才。行业协会和重点企业要积极探索新形势下实用型、复合型和技能型人才培养之路，推动氟塑料制品业持续健康发展。

4.7 加大相关标准的制修订工作

完善氟塑料标准体系，发挥标准化手段对规范市场的基础性作用，用标准化促进产业化发展。

5. 结论

中国氟塑料制品业经过50年的发展，在研制、加工和应用等方面已经取得了长足的进步，拥有了数量可观的专业加工厂，加工设备和工艺有了很大程度的改进，培养和造就了一大批优秀的技术专家，形成了较为良好的销售体系。目前，氟塑料制品业已进入产业结构调整期，加快提升行业基础能力，是促进行业转型升级、增强行业核心竞争力的关键。提升行业基础能力，要以工信部启动实施的“工业强基专项行动”提出的关键基础材料、核心基础零部件、先进基础工艺和产业技术基础为发展重点，着力解决基础领域的关键问题，加快推动创新成果产业化，不断拓展氟塑料制品业的发展空间，扩大应用领域，争取有更多的产品应用到高端产业，推动整个行业健康可持续发展。

（北京市塑料研究所　庄甦　吕方　刘秋晨）

尼龙薄膜产品应用与行业发展方向探讨

一、BOPA 简介

尼龙是聚酰胺的俗称，是分子链上具有酰胺基（—CONH—）重复结构单元的聚合物，在中国用作纤维时称为锦纶。

尼龙（Nylon）最初大量用于织造女性穿的长筒袜，由于不易滑落（因为弹性好），所以叫norun，后来逐步衍变为niron和Nylon。

聚酰胺的英文名称为polyamide，简称PA，经过双向拉伸的尼龙薄膜叫做 Biaxially oriented polyamide (nylon) film，简称 BOPA。

用于生产薄膜的尼龙一般为 PA6 和 PA66，由于 PA66 结晶速度太快，难以加工，一般使用 PA6。

尼龙 6 的结构：

$$\left[\text{—HN}(CH_2)_5\text{CO—} \right]_n$$

由于尼龙 6 分子中含有极性的酰胺基团，可以形成氢键，分子间的作用力大，分子链排列规整，因而其制品机械性能优良，抗冲击性能好，坚硬而有韧性。

由于酰胺基团的亲水作用，尼龙 6 产品容易吸水，吸水后制品的强度和模量下降，尺寸稳定性发生变化，但另一方面又使其制品稳定化，且获得韧性。

二、BOPA 生产工艺简析

双向拉伸尼龙薄膜简称 BOPA 薄膜，它的主要原材料是聚已内酰胺，简称尼龙 6 或 PA6，把这种原料在专用设备上经过熔融挤出流延，再进行纵向、横向(或同时)拉伸制成薄膜，即双向拉伸尼龙薄膜。

产品特性：

(1)杰出的抗拉伸强度和抗穿刺强度；

(2)优异的对气体和气味的高阻隔性；

(3)防油脂碳氧化物的防化学性；

(4)较宽的适用温度范围(-60~150℃)；

(5)良好的透明性和光泽性；

(6)良好的印刷性。

项目	异步法	同步法
拉伸方法	纵向、横向拉伸分步进行	纵、横向拉伸同步进行
工艺	简单(易控制)	复杂(难控制)
拉伸温度	低	高
薄膜质量	好	很好
品质均衡性	一般	优(尺寸稳定性好)
拉伸产生的弓形度	大	小
印刷性	好(印刷级)	更适合高速、多色印刷

三、BOPA 薄膜的应用

1. 应用领域

(1)BOPA 薄膜主要用于食品包装。对冷冻食品包装，主要利用 BOPA 薄膜强度高、耐穿刺性好、耐寒性优的特性。

(2)对汤面液体调料包装，主要利用其强度高、耐穿刺性好、特别耐油性好，主要是使用 PA6 材料，而要求温度较高时则使用尼龙 66 材料。

(3)对耐蒸煮食品包装，主要利用其耐油、耐热、气体阻隔性好，具有耐穿刺性等特点。

(4)此外，BOPA 薄膜还广泛应用于医疗、化妆品和机械、电子等一般工业包装领域。

应用范围	实例	复合结构举例
蒸煮食品包装	汉堡、米饭、液体汤料、豆浆、烧鸡等	BOPA/EVA、BOPA/CPP
冷冻食品包装	海鲜、火腿、香肠、肉丸、蔬菜等	BOPA/PE
普通食品包装	精米、鱼干、牛肉干、辣椒油、榨菜等	BOPA/PE
化工产品、医药用品包装	化妆品、洗涤剂、香波、吸气剂、注射管、尿袋等	PET/AL/BOPA/PEBOPA/AL/PE
机械、电子产品等包装	电器元件、集成电路板等	金属化膜、涂布 K-BOPA、金银线、耐热分离膜等

2. 应用注意事项

(1)由于 BOPA 材料属于易吸湿性材料且吸湿后阻隔性会大大下降，因此在高湿气候下，若不重视湿度的影响，必将产生严重的质量事故。

(2)BOPA 在印刷、复合生产过程中，由于薄膜的吸湿性，使表面形成一层细微水珠网膜，阻隔了油墨和胶黏剂的附着以及会产生小气泡或白点等质量问题。吸湿使 BOPA 材料变形，产生套印困难，吸湿使残留溶剂增多产生反黏现象，吸湿使高温蒸煮袋产品破袋增加，复合膜手感发硬发脆等现象产生，严重阻碍生产的进程和产品的质量，给厂家造成困难和损失。

(3)严格管好 BOPA 材料

对吸湿性强的 BOPA 材料，在这一段时间内更应加强管理，收藏时必须放于干燥环境中，最好是即用即开箱，若生产有剩余，应马上用阻隔性良好的铝塑复合膜密封包装，切不可直接堆放于地面，若有条件，最好放在熟化室中，生产时再拉出来使用。

(4)对生产环境进行严格控制

对生产环境进行严格控制，防止湿度过高，若湿度超过 75% 须进行除湿处理。并时常检查导辊，刮刀背面以及网辊上是否有小水珠附着，一经发现应立即用干毛巾擦拭，若印刷、复合机有放热装置，应充分利用，让 BOPA 经预热排除表面水分后再投入生产。

四、BOPA 行业现状

2013 年全球 BOPA 薄膜产能分析。目前全球 BOPA 薄膜产能约为 26. 8 万吨，其中亚洲约占 220kt(主要集中在中国、日本、韩国、泰国、印尼等国家或地区)、欧洲约占 30kt、北美约占 12kt、其他地区约为 6kt。其中分步拉伸尼龙薄膜约占全球总产能的 75%，作为高端印刷产品的同步拉伸尼龙薄膜目前主要由日本尤尼吉可或合资工厂及沧州东鸿的 3 条同步生产线供应全球客户。据统计预测，近些年全球的尼龙膜需求增长量主要集中在中国市场，每年约有 10% 以上的递增，但随着需求基数的增大，未来增长将趋缓。

1. 总体概括——市场平淡，“不温不火”

产能严重过剩，沉寂多年的生产线在近几年相继全部开车。同时新增三条分步拉伸宽线和一条沧州东鸿同步线，供应远大于需求，导致竞争环境恶化，各厂家长期在盈亏平衡点附近困苦维持经营。据悉目前国内又有 5 条双向拉伸 BOPA 生产宽线签约，预计 14 年部分生产线会形成产能，因此，未来几年的尼龙膜行业前景不容乐观。

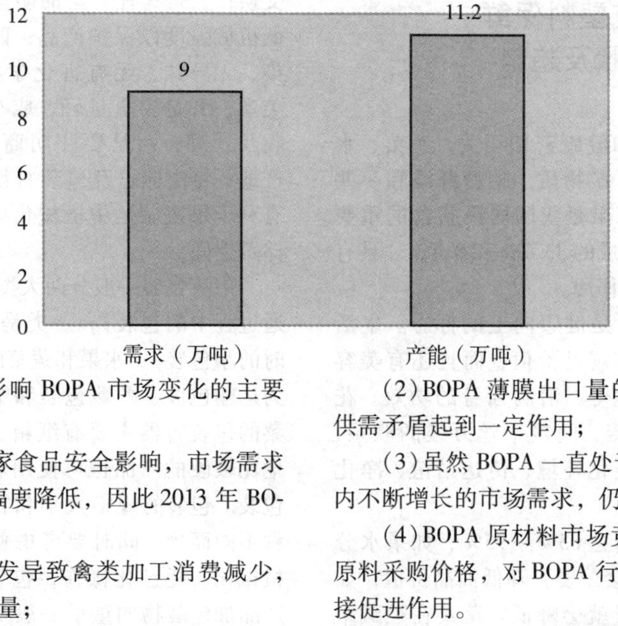

2. 2013 年除产能外影响 BOPA 市场变化的主要不利因素

(1)受经济环境及国家食品安全影响，市场需求增长较 2012 年有所较大幅度降低，因此 2013 年 BOPA 市场“旺季不旺”；

(2)春季禽流感的爆发导致禽类加工消费减少，影响了 BOPA 薄膜的使用量；

(3)BOPA 价格受原料价格变化影响较大；

(4)由于今年 BOPET 薄膜价格低廉，使得食品、彩印企业从成本考虑改变部分包装袋的产品结构，用 BOPET 薄膜代替了 BOPA 薄膜使用；

(5)由于 BOPA 薄膜生产工艺的复杂性，致使各厂家产品质量层次不齐，未能达到同质化，最终导致市场价格混乱；

(6)高阻隔产品被部分共挤膜替代。

3. 影响 BOPA 市场变化的主要有利因素：

(1)工业、日化、高阻隔类产品包装对 BOPA 薄膜的需求起到新的促进作用；

(2)BOPA 薄膜出口量的不断增大，对缓解国内供需矛盾起到一定作用；

(3)虽然 BOPA 一直处于供大于求的状态，但国内不断增长的市场需求，仍促进了行业的发展；

(4)BOPA 原材料市场竞争环境的改变，降低了原料采购价格，对 BOPA 行业需求量的增长起到了间接促进作用。

五、BOPA 行业发展方向

BOPA 未来发展趋势和设想

(1)产能的快速增加 & 市场需求的不对称的上升

(2)普通 BOPA 薄膜市场竞争进一步加剧

(3)成本控制仍然是各制造商的主旋律

(4)高速宽线的发展产生更大的产能

(5)海外市场的深层次开发

(6)BOPA 薄膜质量的进一步提高，如提高强度、降低雾度、提高阻隔性、厚度公差的缩小、提高浅网印刷性能等。

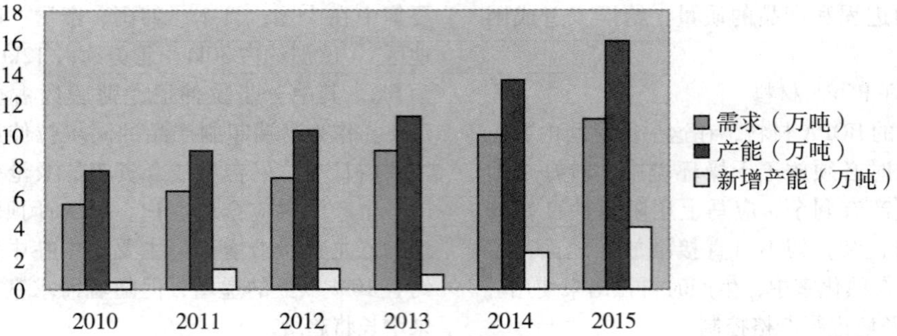

2010～2015年国内BOPA产能和需求走趋预测。

(7)新用途的不断挖掘和培育

(8)差异化产品的研发和市场推广如高阻隔产品、直线易撕裂产品、耐蒸煮产品、可降解产品等

(9)合理的规模扩张

（中国塑料加工工业协会　孙冬泉）

果蔬鲜花塑料保鲜包装现状及趋势

蔬菜、水果的消费和健康密切相关，蔬菜、水果中含有丰富的维生素、矿物质、膳食纤维和一些生物活性物质。蔬菜、水果是我国居民膳食的重要组成部分，分别占食物构成的33.7%和8.4%。具有其它类食品所不可替代的作用。

鲜花，是美的象征，是健康向上的标志。生活中有很多鲜花.不仅具有观赏价值，而且还有美容养颜、营养滋补及延年益寿、治病强身的功效。花卉和人们的生活有着直接、间接千丝万缕的联系，比如它可以净化空气、美化环境、传达情谊、净化心灵。

果蔬中水分的含量高达85%～95%，如果水分丧失量达到5%，外观就会蔫萎，降低商品价值；如果变黄，维生素C的含量就会降低。蔬菜在贮藏中仍然是有生命的机体，它需要抵抗不良环境和致病微生物的侵害，保持品质，减少损耗，延长贮藏期。鲜花具有易毁损性的特征，且一旦毁损，其价值不是存在着一定程度的贬值，而往往是完全的失去其应有的的价值。因此，果蔬和鲜花都面临一个同样问题，就是保鲜。果蔬和鲜花如果没有适当的包装和运输条件，在流通过程中很容易失水萎缩或腐烂变质，造成资源浪，费降低农副产品的附加值，保鲜包装就是在这种需求下成长和发展而来。

1. 果蔬包装

新鲜、优质的果蔬，经包装后仍保持新鲜、清洁、无机械伤、无病虫害、无腐烂、无冻害、无冷害、无水浸、无变形、无变色等。影响水果蔬菜新鲜度的主要因素是果蔬的呼吸作用和蒸腾作用，果蔬借助呼吸作用而维持生命。这对包装材料、包装技术、包装环境都提出了较高要求。总的来说，果蔬包装应符合以下要求：一是具有保护性。方便贮运；二是具有一定的通透性，利于产品散热及气体交换；三是具有一定的防潮性，防止吸水变形，降低机械强度以保护产品；四是包装物要整洁、无污染、无异味、无有害化学物质、内壁光滑、卫生、美观；五是要重量轻、成本低、便于取材、易于回收及处理；六是要注明商标、品名、等级、重量、产地、特定标志及包装日期。另外，包装的标准化有利于果蔬储运中机械化操作，还有利于充分利用储藏空间。

果蔬包装一般分两大类，一类是运输包装(即流通过程中的包装)，一类是商品包装(即蔬菜在销售时的小包装)。水果和蔬菜的包装容器按其用途可分为运输包装、贮藏包装和销售包装。适合水果和蔬菜的包装容器主要有纸箱、木箱和塑料箱，一些质地比较硬的产品也可使用麻袋、编织袋、网眼袋等包装。包装的规格大小和容量可因产品的种类和品种不同而异，同时要考虑便于携带、堆码、搬运及机械化、托盘化操作，包装箱的长宽比为1.5：1；产品加包装物的重量一般不超过20kg。除了上述外包装，为了防止产品失水和减轻机械损伤，包装箱中要加内包装，主要是各种塑料薄膜、纸或纸隔板等。

1.1 果蔬包装材料

传统的果蔬包装材料主要有竹、荆条筐以及以天然纤维或合成纤维生产的袋、网。主要适用于对运输贮藏要求不高的果蔬包装。现在普遍采用的包装材料主要有塑料、复合包装材料、纸与纸制品包装材料。

塑料包装材料与一般材质相比，具有重量轻、承压强、不易破碎、便于印刷等优点，在果蔬包装中应用较广。塑料包装材料种类多，目前广泛应用

的有：热固性塑料、热塑性塑料、复合包装材料。其中热固性包装的材料有三种：即酚醛、脲醛和密胺，用于大型包装容器；热塑性包装材料有聚乙烯(PE)、聚丙烯(PP)、聚偏二氯乙烯(PVDC)等。热塑性塑料提高了包装隔阻性和渗透性，目前聚偏二氯乙烯(PVDC)、乙烯和乙烯醇聚合物(EVOH)在阻气性、防水防潮性、保香性、遮光性等方面，应用前景看好；复合软包装材料有：铝箔、蜡、薄纸复合，铝箔、薄纸、蜡复合，铝箔、防油胶黏剂、羊皮纸复合等。作为一种更实用、更完备的包装材料，复合包装材料有取代硬包装之势。

近年来，随着塑料包装材料和技术的不断进步和发展，以及鲜切果蔬等预处理果蔬产品的出现和普遍采用，功能性保鲜膜(如透气膜)、可食性膜、新型包装纸、活性包装材料等包装材料在果蔬保鲜中运用也已进入产业化阶段。

主要产品有：

1.2 果蔬包装技术

果蔬包装材料与包装技术相伴而生，随着高新技术开发和应用，果蔬包装技术得到了飞速发展。根据不同产品的需要，包装技术有自发调节气体包装、充气包装、减压包装、活性包装、可食性膜及涂层包装等等。

1.2.1 气调包装技术

气调方法很多，有自然降氧、充氮、充二氧化碳、硅窗气调法。气调包装技术主要是通过改变包装内环境的气体成分，降低果蔬呼吸强度，从而延缓果蔬成熟老化以及生理学和生物化学变化。欧洲市场近年出现一种用于果蔬食品包装的气调包装袋。这种高氧自发性气调包装袋，袋内氧气、二氧化碳和氮气的组合比例，可根据不同果蔬食品的生理特性调节，如对易腐果蔬食品可用80% ~90%氧和10% ~20%二氧化碳。这种包装具有抑制酶活性，防止果蔬食品揭变；防止无氧呼吸所引起的发酵，保持果蔬食品的品质；有效地抑制好氧和厌氧微生物生长，防止腐烂等优点。

1.2.2 包装膜技术

膜技术是国际上前景看好的保鲜技术，也运用到果蔬包装领域。如澳大利亚的吸氧薄膜、美国的吸湿保鲜膜、日本开发的吸乙烯功能的薄膜和拉伸包装薄膜等相继问世。其中高密度带微孔的薄膜包装在果蔬领域应用较快，高密度带微孔的薄膜主要材料为聚乙烯。新型微孔保鲜膜是一种复合薄膜(分PP复合、PE和PKT复合、无纺布和PE复合)。这种技术广泛用于新鲜果蔬的保鲜，它可以根据果蔬生理特性，以及对氧气和二氧化碳浓度的忍耐力，在薄膜袋上加做一定数量的微孔(40μ)，以加强气体的交换，减少袋内湿度和发挥性代谢产物，保持袋内相对较高的氧气浓度(1%)，防止二氧化碳浓度过低导致无氧呼吸而产生大量的乙醇和乙醛等挥发性物质影响果蔬风味。按照微孔薄膜包装作用不同，可分为可呼吸薄膜(聚烯烃混合物叠膜)、抗菌膜、吸液保鲜膜、不结露的保鲜膜等。

此外，随着消费者对食品品质和保藏期要求的提高，以及环保意识的增强，功能化、环保化、简便化已渐成国际果蔬保鲜包装的主流趋势，以天然生物材料制成的可食性包装膜逐渐成为研究的热点。可食性包装膜是食品和果蔬保鲜的理想材料，它的许多优点使其取代普通的塑料是不可逆转的趋势，有很好的发展前景。

代表性的功能性果蔬包装膜产品主要有：

(1)透气/透湿性保鲜膜

在薄膜中添加多孔矿物可调节 O_2，CO_2，H_2O 和乙烯等气体的透过能力。当薄膜内水分过剩时，多孔矿物可吸收水蒸汽，并向袋外释放；当包装袋内水分太少时，多孔矿物又可将吸收的水分，向袋内释放，较好地达到贮藏湿度的要求。聚酰亚胺类材料由于具备良好的透气性和透湿性，是最有潜力的气体膜材料。LDPE 的透气性和透湿性也较好，但由于它的柔软性、弹性、低温韧性和粘接性等性能还不甚理想，通常是与其它材料共混来加以改善。日本农水省、农业生物资源研究所将多孔质材料添加到聚酰亚胺类材料里，开发了能够吸收和透过乙烯防止农产品后熟的 FH 薄膜。利用 FH 薄膜和聚乙烯薄膜对大白菜进行贮藏试验，结果表明：普通的聚乙烯薄膜贮藏只能保持品质到4 d，而 FH 薄膜可保持品质达2 个月。天津商学院郭玉花等以 LDPE/ LLDPE（ 80/ 20）为基材，分别以 $CaCO_3$ 和 SiO_2 作为无机填充剂，研制出 PE/ $CaCO_3$(Ca－40) 和 PE/ SiO_2 透湿性保鲜膜。加入 $CaCO_3$ 和 SiO_2 等无机填充剂后改善了薄膜的透气、透湿性能，比较适用于呼吸代谢旺盛、水分蒸发快的绿叶类蔬菜的保鲜。也有研究表明，添加硅胶、沸石、白炭黑的 LDPE/ EVA 复合膜，贮藏菜花、青椒、西红柿、桃，保鲜时间分别延长了3d，9d，7d 和 3d。

(2)抗菌/防霉保鲜膜

Kay Cooksey 提出抗菌膜主要有两大类：一类是将抗菌剂直接混合添加在包装膜里面；另一类是将抗菌剂涂渡在包装材料上。抗菌膜主要是通过抗菌剂的缓解和光催化作用达到抗菌、保鲜目的的一种功能薄膜。抗菌物质主要包括无机化合物和天然抗菌剂。无机抗菌剂包括银、铜、锌等金属离子，以 TiO_2 代表的光催化类抗菌剂等。天然抗菌剂主要有天然植物提取物(日柏醇)、香料提取物(百里酚、百里香素)和壳聚糖等。日本圣德大学利用日柏醇等物质加入或涂敷到薄膜里进行果蔬的贮藏保鲜实验，结果表明，对以往保鲜困难的青花菜、鲜蘑菇等具有显著的保鲜效果。浙江省宁波市农业科学研究院、天津科技大学、国家农产品保鲜工程技术研究中心在2006年做了系列实验研究PE/Ag和PVC/TiO_2保鲜膜的防霉效果。PE/Ag防霉保鲜膜对灰霉菌有很明显的抑制作用。通过在PVC树脂中添加含TiO_2母粒等功能材料，研制出高强度的阻氧纳米富士苹果保鲜膜。

(3)微孔保鲜膜

日本住友公司开发了一种新的纳米果蔬保鲜技术——微孔保鲜膜。所谓微孔薄膜就是在薄膜上制作一些规定大小和数量的纳米微孔，微孔孔径一般在0.01～10nm之间，以此来增强薄膜的渗透性能，避免形成厌氧环境，从而延长果蔬保鲜的货架寿命。在日本，用微细孔PP薄膜包装韭菜，在20e的条件下可以保鲜5d。法国的Renlaut等研究表明，采用微孔薄膜可以有效解决草莓气调包装的问题。加拿大的Emond等提出，穿孔的微孔硅胶薄膜能满足甘蓝的气调包装要求，延长其货架寿命。还有研究数据表明：氧透过率为8000～20000 $mL/m^2 \cdot d \cdot (101kPa)^{-1}$范围的薄膜对葱、豆芽菜等蔬菜保鲜具有较好效果。微孔保鲜膜的应用在国内还属于起步阶段，尤其在食品保鲜领域应用极少。目前国家农产品保鲜工程技术研究中心研发生产的微孔保鲜膜已成功地应用于冬枣的保鲜包装，明显地减少冬枣褐变、腐烂，保质期最长可达4个月以上。

(4)其他功能性保鲜膜

防凝(水珠)薄膜：在塑料聚合物中加入带有亲水基团(如—OH，—CO，—NH_2)的表面活性剂，例如聚乙二醇类、多元醇、蔗糖酯、硬脂酸酯等，可消除果蔬因蒸腾作用产生的发雾结露现象。研究表明选用山梨糖醇酐单月桂酸酯和聚环乙烷甘油单硬脂酸酯复合防雾剂制成的果蔬薄膜保鲜袋，对黄瓜和桃的防雾效果非常明显。

日本东南公司以聚烯和聚醋为原料并添加数种无机材料，生产出阻隔紫外和红外线的薄膜，用其包装水果蔬菜能有效防止腐烂和萎缩。

澳洲的研究人员在渗透性薄膜中掺入乙烯吸收剂、防雾物料和杀霉菌剂开发了一种称为SmartWrap的活性包装材料。

此外，可食性包装膜作为绿色包装材料的一种，主要由脂质、蛋白质和多糖等天然大分子物质构成，通过包裹、浸渍、涂布、喷洒等形式，覆盖于食品表面或内部的一层由可食性物质组成的薄层。由于其成本低廉、操作方便、保鲜效果好、易降解、对环境无污染等特点，越来越受到人们的重视。可食性膜大体上可分为多糖类可食性膜、蛋白质类可食性膜、类脂可食性膜和复合型可食性膜。代表性产品有：大豆蛋白膜、玉米醇溶蛋白膜、魔芋葡甘聚糖膜、壳聚糖膜、复合可食性保鲜膜等。

2. 鲜花包装

2.1 鲜花包装的方式

根据花卉品种的不同，以及贮藏、运输方法的差异，决定了鲜花包装方式的不同。而保持鲜花最佳的膨压状态，防止物理损伤是鲜花包装方式需要考虑的重要因素。鲜花包装的方式通常有湿藏式与干藏式2种。

湿藏式是将鲜花的茎部浸泡入充满水或保护液的容器中，可保持鲜花的水分以防止脱水，有些鲜切花种类(香石竹、百合、非洲菊、金鱼草)可在湿藏时保存几星期。但运输较困难，这种方法适于短期贮藏及运输，可保持花的形态，防止机械损伤，但运输需占用较多设备，费用较大。此方法一般运用于短期贮藏或者特殊需求时的运输需要，不适合大规模的生产及运输需求。

在实际生产中，应用较多的是干藏，各种种类的包装箱被用来作切花的干藏或运输，适当的干的包装可防止花的水分损失。干藏法常用于长期贮藏，例如康乃馨，菊花，在花苞期干藏比湿藏的效果好，保存期更长。贮藏后，花苞开放需适宜的促开花溶液。花在密封气体的聚乙烯袋中也能较好贮藏。在这些包装内，花呼吸制造一个气调环境(MA)。降低了O_2浓度，提高CO_2浓度，这使贮藏期延长。

干藏式包装是运用薄膜和通风纸箱来包装鲜花。薄膜材料是以柔质塑料为主，即聚乙烯塑料薄膜和聚丙烯塑料薄膜。包装的方式是运用薄膜包裹密封鲜花，薄膜袋内可以装入氧气吸收剂或蓄冷剂，增强保鲜的效果。包装的湿度由箱中包装的蜡层或提供各种类型的薄膜来保证。包装材料多以柔质塑料为宜，主要有低密聚乙烯塑料薄膜、高密聚乙烯塑料薄膜和聚丙烯塑料薄膜等。试验证明，高密聚乙烯塑料薄膜效果最好，保鲜时间最长。袋内若装入O_2吸收剂或蓄冷剂(冰块)，保鲜效果更好。

此外，外包装箱的尺寸应考虑既可节省贮运空间，又能保证足够的通风量防止花衰败。从经济角度考虑，包装还应思考运用辅助设备而产生的直接或间接的经济费用，并做到包装形式与方法适应产品尺寸，通风方法稳固，包装材料及其他保护设施的设计配搭合理，尽可能地实现包装流程的标准化和规范化，这样才可以很好的控制成本，加大竞争的力度。同时，在鲜花包装设计上还应考虑：鲜花包装尺寸与运输要求；鲜花包装摆放方式与销售展示方式；包装物的颜色及每束鲜花的标识标签等因素。

2.2 鲜(切)花的常用保鲜技术

除保鲜剂的应用、冷藏保鲜法、气调保鲜法、降压保鲜法、基因工程保鲜法外，包裹保鲜法是重要的保鲜方法。用聚乙烯薄膜包裹。试验证明在8℃低温下，结合厚膜(0.35 mm)包装和湿藏(透水的棉纱包扎茎基部)，可明显延长鲜花的瓶插寿命。

2.3 鲜花包装袋

按鲜花袋区分：①空白袋：多用于基地，保护植物。②彩色袋：有辅助美化作用。按形状区分：①标准形袋(倒梯型)，②异形袋(V型，漏斗型)。按袋体材料处理：①透明袋，②针孔袋：增加植被透气性，③镀铝袋：可供祭祀用。按用途区分：①盆花袋(可封底承担花的重量)，②切花袋(可封侧边加固袋子的侧封能力)，③异型袋，④标准袋。

几种典型的鲜花包装袋如下：

(1)微孔保鲜袋：高密度扎孔，使积聚在袋内表面的水蒸气散发到保鲜袋外，同时还可以调节袋内CO_2和O_2的含量。令花卉保鲜时间延长30%～40%。

(2)工艺袋：采用PP材料制作，帮助花卉塑型，外表整齐美观方便携带，防尘防水，避免花卉在运输过程中损坏，保护枝叶完整。

(3)无纺布包装袋：原料为PP，无毒无味，质地柔软，透气性好，保鲜效果强于普通塑料包装制品。防水性好，韧性强。

(4)异形塑料鲜花包装袋：荷兰生产线，采用的BOPP等材料可在自然环境下分解，存货期在6个月到5年之间，添加物中不含任何有毒物质，表面经过特殊处理，防尘效果好，同时有效增加了花卉产品的光亮度。

(5)迷你盆栽包装袋：适用于小尺寸迷你盆栽，可放置盆栽6～7盆。方便携带，防尘防水，可反复使用。

3 结论

果蔬和鲜花是人们日常生活中不可或缺的商品，其中蔬菜、水果是人类膳食中的重要食品，具有其它类食品所不可替代的作用。鲜花不仅美化了环境，还潜移默化地影响着人们的感情，陶冶着人们的情操，抒发和寄托着人们丰富的情感。但它们含水量都很高，易失水蔫萎、易损坏或变质腐烂，需要良好的保鲜包装。

功能化、智能化、环保无害化是果蔬和鲜花包装发展的主要方向和趋势，在先进技术催生下，一些新型包装材料和技术孕育而生。如：自适应包装技术：即模拟果蔬和鲜花所需环境参数，自动调节其贮藏与转移中的环境变化，从而达到保持目的。在包装中镶嵌智能元件或依靠材料特性，实现温度、湿度压力、气体组分有效控制。另外，随着环保要求的不断提升，近几年生物降解塑料在果蔬和鲜花包装中应用逐年提升，以替代不降解的传统塑料包装材料。

(宜兴市光辉包装材料有限公司　杨涛)

各地区塑料工业

北京市

2013 年党的“十八届三中全会”的召开，为中国的经济改革带来了新的动力、新的未来、新的希望。

北京塑料工业协会在市经信委、市社团办、工经联等部门的指导和支持下，换届选举产生了北京塑料工业协会第六届理事会，协会认真贯彻执行六届理事会精神，严格遵守协会章程，团结协作、求真务实。回顾这一年协会工作，北京塑料工业协会力求在推进会员单位的发展，为会员单位服务上开展了工作。

1. 发挥协会作用，做好上级部门下达的工作

2013 年北京塑协按照经信委的要求，针对“北京市禁止新建、扩建工业项目指导目录”中塑料塑料制品制造项目的 9 条禁止新建、扩建项目内容，提出了协会的建议。

北京塑料工业协会在接到任务后，征求了中国塑协、中国塑协管道专委会、中国塑协塑料人造革合成革专委会专家们的意见，并针对塑料薄膜、管道、发泡材料的发展前景做了一系列调研，提交了针对北京市塑料行业发展有利的建议。

(1)不同意 16.1、16.3、16.4“塑料薄膜制造项目”列为禁止新建扩建项目

在国家发改委 2011 年产业调整目录中鼓励类一、农林业中 12 条列出了农用薄膜无污染降解技术。鼓励类一(十九)轻工项目中 5、生物可降解塑料及其系列产品开发、生产与应用 6、农用塑料节水器材和长寿命(三年及以上)功能性农用薄膜的开发、生产，这些都是塑料薄膜制造项目。塑料薄膜在生产中不属于高耗能、高污染、高耗水工业。对发展农业有着极其重要的作用。

对于塑料薄膜国家发改委 2011 年产业调整目录限制类(十二)中只是限制了“4. 超薄型(厚度低于 0.025mm)塑料购物袋生产。5. 直接接触饮料和食品的聚氯乙烯(PVC)包装制品。”而非所有塑料薄膜，并且只是限制而非禁止。因此不同意列为禁止新建、扩建工业项目。

(2)不同意 16.6“塑料板、管、型材制造项目”列为禁止新建、扩建项目

这些塑料制品目前在北京地区都有生产，作为建筑材料在国家发改委 2011 年产业调整目录中鼓励类一，(十九)轻工项目中。6. 农用塑料节水器材和长寿命(三年及以上)功能性农用薄膜的开发、生产。7. 新型塑料建材(高气密性节能塑料窗、大口径排水排污管道、抗冲击改性聚氯乙烯管、地源热泵系统用聚乙烯管、非开挖用塑料管材、复合塑料管材、塑料检查井)；防渗土工膜；这些都属于塑料板、管、型材制造项目，目前国家是鼓励的，随着国家基本建设项目的发展和居民住宅的逐步改善，需求还是上升的趋势。

对于塑料管材，北京塑料工业协会征求了中国塑料加工工业协会塑料管道专委会的意见，提出塑料管材是国家提倡的绿色环保产品，具有节水、节电、节地、节材的特点，塑料管道在输水上其光滑的内壁使之相比其它材料输水能耗低，可以降低碳排放。因此不同意列为禁止新建、扩建工业项目。

(3)不同意 16.9“塑料人造革、合成革制造项目”列为禁止新建、扩建项目

北京有塑料人造革、合成革企业 4~5 家，中国塑料加工工业协会人造革、合成革专委会提出对于人造革、合成革相对于其它同类产品其综合能耗较低，在生产中全部原料都在回收利用，北京市虽然产量不大，但不应该在禁止项目中，这对国内人造革、合成革行业发展将产生不利影响。因此不同意列为禁止新建、扩建工业项目。

(4)建议在通用泡沫塑料 16.11 中具体为禁止新建以氯氟烃(CFCs)为发泡剂的聚氨酯、聚乙烯、聚苯乙烯泡沫塑料生产项目。

(5)不同意 16.7 通用塑料包装箱及容器、16.8 通用塑料丝、绳及编织品、16.10 通用塑料零部件制品列为禁止新建、扩建项目。

塑料加工行业目前各企业都在进行节能降耗及设备改造，这些设备不会造成污染，在原材料的选用方面也再进一步优化，在这些制品的生产过程中，只产生一些可回收的边角余料，且冷却用水也是回收利用，从发展的角度看，这些企业有利于配套北京市工业发展需求。因此不同意列为禁止新建、扩建工业项目。

这是北京塑料工业协会征求了相关部门和专家意见提出的建议，希望在制定国家相关发展政策时应该认真予以重视。如果北京市今后的发展的定位就是不发展工业，那么按照北京市的全局定位考虑，北京塑料工业协会没有意见。如果北京市工业还要发展，北京塑料工业协会认为将上述塑料制品制造项目列为禁止新建扩建项目，对北京塑料行业的存在和发展非常不利。

2. 圆满完成了第六届北京塑协的换届工作

北京塑料工业协会于 2013 年 7 月 6 日在北京万商花园酒店七楼多功能厅召开第六届会员大会暨六届一次理事会，大会应到会员人数 69 人，实际到会

人数60人，符合北京塑料工业协会章程规定的超过应出席会议2/3的到会人数，本次会议合法有效。会议由五届理事会常务副理事长刘济主持。

会议首先由第五届理事会常务副理事长兼秘书长赵丽梅做五届理事会工作报告，常务副理事长刘济做五届理事会财务报告，监事长北京依科赛尔化工助剂有限公司经理宗明做五届理事会监事会报告。副秘书长苏一凡做北京塑协第六届章程(草案)和新旧章程对比的说明。大会以举手表决的方式，全体会员通过了对工作报告、财务报告、监事会报告及塑协章程的审议。

会员大会选举产生理事69名、监事3名，参会代表60名全票通过。

北京塑料工业协会第六届理事会，选举产生理事长1名、常务副理事长2名、副理事长11名、秘书长1名、常务理事19名。经监票人统计，发放选票60份，收回选票60份。总监票人北京北化高科新技术有限公司经理程红原宣布选举结果，理事长、常务副理事长、副理事长、秘书长60票通过，常务理事17人60票，常务理事中有1人1票反对，1人1票弃权，2人59票通过。选举产生了以华炜为理事长的第六届理事会和新一届监事会。

会上中国塑料加工工业协会常务副会长曹俭致词，祝贺北京塑协第六届理事会大会圆满成功，并介绍了目前中国塑料工业面临的机遇与挑战。中国塑料今后工作的重点是科技进步和技术改造，尤其是对于生产污染问题要严格治理，也希望燕化作为理事长单位，为塑料工业生产更多更优的专用料产品。北京工业经济联合会常务副会长何兵代表工经联，感谢中国塑协对地方协会的支持。祝贺新一届理事会，希望在以前工作的基础上更加努力，表示今后将在多方面与北京塑协合作，发挥北京塑协在经济社会领域的作用。

新当选的第六届理事会理事长华炜，感谢各位理事的信任，表示新一届理事会诞生，标志着新一届理事会工作已经开始，北京塑协将面对国际金融危机带来的新困难和新的挑战。与各位理事携起手来，共同去完成协会各项工作。

在换届后由于有些副理事长单位领导发生变化，依据塑协章程第二十一条规定，由副理事长、常务理事、监事采用通讯形式履行选举程序，经选举一致通过，对第六届北京塑协副理事长中的二位领导进行调整。北京化工集团有限责任公司总工程师陈宇，为北京塑料工业协会副理事长；中国石油华北化工销售公司副总经理黄庆东，为北京塑料工业协会副理事长。

3. 为会员单位服务，发挥塑协的桥梁作用

今年为了加快都市工业发展，进一步提升北京都市旅游商品的原创能力、生产能力、品牌影响力，北京市旅游发展委员会、北京市经济和信息化委员会联合举办“2013第十届‘北京礼物’旅游商品大赛——都市工业旅游商品分赛”。

北京塑协作为都市工业中的相关行业协会，参加此项工作，我们积极推荐会员单位禧天龙塑料制品有限公司参加北京礼物’旅游商品大赛，并与组长协会“北京家具协会”联系参赛事宜，目前禧天龙公司参选样品已通过了第一次评审。

北京塑料工业协会在了解到会员单位顾地塑胶公司在武汉的总部产量扩大，希望协会联系中石化华北销售公司，希望与华北销售签定长期的供需合同，我们积极联系了中石化华北销售公司，在我们的沟通下双方协商了具体合作事宜。

4. 开展北京市塑料企业调研，重点调研了大兴、怀柔塑料企业情况

北京塑料制品企业以小型居多，且产量不大，很难进行统计，但为了把北京塑料协会的工作做细做好，得到第一手的资料，北京塑协在去年对房山和昌平地区塑料企业调研的基础上，今年完成了对大兴、怀柔、门头沟地区塑料企业的调研。调研数据显示大兴区规模以上塑料企业17家。

怀柔区规模以上塑料企业16家，其中北京东明兴业科技有限公司是以模具、治具、塑料制品的加工为主体，集设计、生产、科研于一体的高科技型的日本独资企业。

北京雁栖中央化学有限公司是由世界著名的跨国食品容器加工制造企业——日本中央化学株式会社与北京长城伟业投资开发总公司共同出资兴建的合资公司，主要生产以CT、PP为原材料的环保塑料食品包装容器。一次性容器、保鲜膜。

北京米道斯医疗器械有限公司是专业从事心脏外科产品和麻醉科医疗器械产品开发、生产以及销售为一体的中德合资企业。

科莱恩色母粒(北京)有限公司是全球领先的特种化学品公司。是一家以色母粒(含添加剂色母粒)、塑料着色与改性产品的生产、批发及进出口为主营业务的企业。

奥星医药耗材有限公司是奥星国际有限公司在中国大陆的独资公司，2012.4被德国公司收购，成为德国独资公司。主要生产、销售、进口代理中国制药工业用耗材及医用耗材。包括提供输液产品包装用零配件耗材。奥星医药耗材有限公司下属有奥星医药耗材(北京)有限公司和奥星医药耗材(上海)

有限公司，分别在北京和上海有生产制造工厂共5家分公司。

门头沟区我们调研了解到，该区的功能定位在生态含氧区，没有规模型塑料企业。从总体调研情况看远郊区县的塑料企业发展势头强劲，如怀柔地区的几家塑料企业都有很好的发展前景，较高的产值和利润。

5. 存在的问题及希望

北京地区的塑料工业发展减缓，主要原因是缺乏地区性的统一发展规划和行业的政府指导，列入政府都市产业规划指导性的产品安排也仅仅有农业薄膜和回收塑料；北京市在中长期规划中确定首都经济为科技型、服务型、文化型、开放型经济。目前北京市严格控制污染减少碳排放，将对北京市塑料企业的发展带来影响，另外在北京市的扩建土地成本非常高，是塑料企业难以承受的。如北京华盾雪花塑料集团有限责任公司是北京市最大的塑料企业之一，也是国内农膜生产领先有代表性的企业。近年来虽然国家政策支持发展农业现代化、环保产业，以及资源节约型的可持续发展产业，但是公司的主要产品均为传统塑料加工制品，处于激烈的市场竞争之中，存在产品盈利能力低、企业规模小、缺乏规模竞争优势等问题，盈利水平和盈利质量有待提高。因此拟将生产迁往塑料新材料产业基地河北(固安)。

北京市的其它塑料企业若要发展，同样存在着相同的问题，因此北京塑料企业的发展处于进退两难的境地。北京塑协为了北京市塑料企业的发展也向北京市相关部门提出了我们的意见和建议，希望北京的塑料企业的有更多的发展空间，能够为北京市的支柱产业做好配套服务，加入北京的产业链。

（北京市塑料工业协会　苏一凡）

天津市

【大事记】

1. 天津市塑料行业协会根据天津市塑料制品行业近几年来的迅速发展，组织了一次对天津市塑料产业的调研和摸底。通过工商和统计局等相关部门确定了天津市塑料产业的企业数量和塑料产业的年总产值。摸清了天津市塑料产业的产品分布、产品结构以及产品的分类，并对塑料产业的从业人员进行了统计。使协会掌握和了解了天津市塑料产业的基本情况和产业布局，为今后明确天津市塑料产业的发展方向和塑料产业的调整奠定了基础。

2. 协会组织多名专家对天津市国风塑料有限公司，改性聚碳酸酯发明专利产业化项目进行了论证。该项目产业化的同时得到了天津市科委的资金支持。

3. 为了提高天津市塑料产业在环渤海地区的知名度和扩大天津市塑料产业在全国的声誉。2013年8月天津市塑料行业协会第一次作为主办单位与振威展览公司合作，在天津市滨海新区国际会展中心成功的举办了，第一届天津国际塑料装备展览会。参加本次会展的有国内外著名的注塑机厂商、挤出机厂商、原料厂商、助剂厂商、机械手厂商、加工中心厂商等300余家。会展面积达5万平米，参观人员近3万人次。

4. 协会组织部分会员单位，举办了天津市塑料制品行业装备节能研讨会。聘请了中科院下属单位对塑料制品加工设备的节能改造进行了研讨。解决塑料行业降低能耗的技术问题。

5. 协会组织了注塑行业的部分会员单位，举办了注塑机应用技术研讨会。解决企业在注塑加工制品中选择专用设备达到降低工厂成本和提高产品质量数量的关键问题。

6. 协会积极推动和帮助企业建立和申请技术中心。5月份协会参加市经信委举办的企业技术中心专家评审会，有4家塑料行业被评为2013年天津市企业技术中心。

7. 产学研是天津塑料企业开发新产品和开发新技术的最好的途径。天津市塑料加工企业规模较小，技术人员和企业具备开发能力的相对薄弱。2013年协会开始加大产学研的工作力度，推动企业和天津市高校建立联系和开发新产品和新项目。经过协会的工作和努力2013年有4家企业和天大、科大等院校确定合作开发新产品。

8. 协会积极组织会员单位参加2013年5月国际橡塑展。开拓会员单位的眼界和了解国内外塑料行业的发展和新技术、工艺、装备、材料等。

9. 9月份会长、秘书长代表天津市塑料行业协会参加了在台州举办的亚洲塑料产业论坛会议。

10. 10月份我协会参加了，天津市社团局开展的天津市行业协会评估等级工作。通过评估协会加强和完善了内部管理制度建设，强化了工作绩效考核，丰富了服务方式，提升了为会员服务的水平，进一步拓展了天津市塑料行业协会的影响力和知名度。

【基本情况】

2013年天津市的塑料制品总产量2210kt。主营业务收入288.1亿元。塑料制品产量比去年同期增

加13.9%

1. 2013年塑料制品产品结构分别占全市塑料制品产量比重是：

塑料薄膜310kt占总产量的14.%；塑料板片材160kt占总产量的7.2%；塑料管及附件167kt占总产量的7.6%；塑料条棒型材314kt占总产量的14.2%；塑料丝绳编制品10.2kt占总产量的4.6%；泡沫塑料19kt占总产量的0.8%；人造革23kt占总产量的1.0%；包装容器190kt占总产量的8.5%；日用塑料33kt占总产量的1.4%；其他及注塑配件制品等910kt占总产量的41%。

2. 2013年天津市塑料制品加工主营企业和非主营企业共1602家。年销售在亿元以上的企业有51家，分别是：亚光耐普罗精密注塑(天津)有限公司、天津金鹏大沽塑料型材制造有限公司、天津和昇塑料制品有限公司、天津中财型材有限责任公司、凯赫威(天津)精密制造有限公司、天津彼恩特通信有限公司、天津塑力集团超高压电缆有限公司、LG化学(天津)工程塑料有限公司、瑞元天津电子有限公司、天津市天塑科技集团有限公司第二塑料制品厂、天津万华股份有限公司、奥普拉(天津)塑料制品有限公司、天津盛象塑料管业有限公司、浙江中财管道科技股份有限公司天津分公司、天津市浩松科技有限公司、天津市伟星新型建材有限公司、天津市双丰保温材料有限公司、天津市华欧塑业有限公司、天津军星管业集团有限公司、天津联盈塑料制品有限公司、希赛瓶盖系统(天津)有限公司、天津实发-紫江包装有限公司、天津始丰塑胶科技发展有限公司、天津滦波工贸有限公司、天津市天塑科技集团有限公司四维宝诺包装分公司、天津戴瑞米克日硝隔板有限公司、天津三星高新塑料有限公司、津泽塑料实业(天津)有限公司、天津市宁河县鑫盈保温材料有限公司、天津市中得保温材料有限公司、天津东五电子有限公司、天津市金荣保温材料有限公司、高利尔(天津)包装有限公司、天津市顺昌塑胶制品有限公司、天津市瑞一(中国)科技发展有限公司、天津运城塑业有限公司、天津市星达塑料包装有限公司、天津福助工业有限公司、天津华今塑业有限公司、天津森普管材有限公司、天津华维斯特实业有限公司、天津市宏茂塑胶有限公司、天津市大阳工贸有限公司、天津市金佰斯特塑料制品厂、天津市华意保温制品有限公司、天津市汉沽永兴塑料保温制品厂、天津阳光塑料有限公司、天津翔峰容器有限公司、天津慧能塑料工贸有限公司、天津利士包装有限公司、天津育新塑料包装有限公司。

年销售在5000万以上的企业有53家，分别是：天津长城电子塑料制品有限公司、柯梅令(天津)高分子型材有限公司、天津华信机械有限公司、天津嘉泰丰塑料编织有限公司、天津霖扬塑胶有限公司、赫比(天津)电子有限公司、雷盛塑料包装(天津)有限公司、天津市三跃塑料制品有限公司、天津市五环塑料有限公司、天津市三山塑料有限公司、天津市顺峰工贸有限公司、天津市津英达塑料制品有限责任公司、天津中富瓶胚有限公司、天津吉田有限公司、天津市大邱庄泡沫塑料有限公司、天津市金泰包装制品有限公司、天津市新海塑料包装有限公司、天津市华伦塑料制品有限公司、天津昌原日新塑料制品有限公司、天津市精美特表面技术有限公司、天津市海利德管业有限公司、上海长园电子材料有限公司天津分公司、天津博科林药品包装技术有限公司、天津海利装饰材料有限公司、天津市润生塑胶制品有限公司、天津华新盈聚酯材料科技有限公司、天津市宝力圣尼塑管制造有限公司、天津美亚化工有限公司、天津市中环精模注塑有限公司、天津中富联体容器有限公司、天津市江源塑胶制品有限公司、天津洁乐特防锈技术有限公司、达意通电子(天津)有限公司、天津市亿顺达保温制品有限公司、天津纽比特手机配件有限公司、欣阳创新科技(天津)有限公司、双太梁山电子(天津)有限公司、天津市天翔包装制品有限公司、天津富通电子塑料制品有限公司、天津市红三晶包装制品厂、波尔亚太(天津)塑料容器有限公司、天津市旭辉恒远塑料包装有限公司、天津韩美电子有限公司、天津市海神聚氨酯制品有限公司、天津市天塑新达塑业有限公司、天津市大港区顺发工贸有限公司、爱克林(天津)有限公司、天津市旭辉光远塑料包装有限公司、天津市环宇纸塑包装制品有限公司、都利电子(天津)有限公司、天津市正格包装制品有限公司、天津塑料研究所有限公司。

3. 停产半停产企业242家。

【企业经营】

2013年天津市塑料行业的总体规模有一定增长。主要表现在电子通讯配套的复苏、出口加工贸易的增长、国内外油脂企业在天津产量增加给包装行业带来了新的增长。一部分重点企业塑料制品规模进一步扩大，技术创新能力得到了进一步增强。2013年天津市规模以上塑料加工企业完成塑料制品产量1630kt，比去年增长14.6%。保持平稳的发展趋势。随着经济的复苏一些产品出现了市场需求增长的趋势，例如；耐热聚乙烯管、5~200L的包装桶、多功能聚氯乙烯型材、包装用塑料薄膜等产品。

2013年天津市塑料产品表观消费量约2550kt，

其中塑料包装建材、工业、食品包装，汽车、电子行业占天津市塑料产品消费量的73.1%。随着津京冀一体化的建设，可以带动天津市市政建材塑料市场、航天航空复合材料市场、电子汽车塑料市场、工业包装市场和功能性材料市场新一轮的发展，并吸引着国内较大的塑料生产企业进驻天津共同发展。

【存在问题】

(1)影响天津市塑料加工工业的技术升级和产业换代的因素是

研发能力和投入不足。政府对塑料加工产业的支持力度不够。

(2)一方面，随着企业人力成本的快速上涨和加工产品利润和下降，使部分企业面临着多方面的压力。另一方面，塑料制品加工从业人员素质和待遇的提高也是当存在的现实问题。这个矛盾的问题加剧了企业招工难，留人难，发展更难的境地。

(3)天津市的一些老的问题仍未得到解决，例如：产业业体系不尽完善；技术和生产装备水平一般。在加工设备、模具制造、改性塑料在、复合高分子材料等开发应用方面发展滞后，自主知识产权的产品和技术少，企业创新能力薄弱等抑制了企业可持续健康的发展。

(4)塑料加工市场得不到规范的管理和约束。协会的工作得不到有关部门的支持，使一些粗制滥造、假冒伪劣、以次充好的产品从容进入到天津市的市场。

【发展趋势】

(1)利用原料资源和产业优势，拓展市场需求

天津市初级树脂年产量已经达到3500kt。利用好天津市的初级树脂资源和产业基础优势，拓展在汽车、航空、海洋、电子通讯、医疗器具等高新技术领域的市场需求。发展节能、低碳、多功能、技术含量高、附加值高的产品。

(2)着力推进企业产业转型升级

2013年天津市政府提出万企转型工作。在企业向优势产业发展的同时政府提供转型投资2%风险保障金，鼓励塑料加工企业向生物高分子材料、功能性材料和制品、新能源领域、医用高分子材料及制品、航天和海洋领域发展塑料产业。

(3)工程塑料、改性材料、高分子复合材料前景广阔

随着高新技术的日趋完善，应用领域对材料的要求更加专业化。工程塑料、改性材料、高分子复合材料及制品正在逐步成为天津乃至全国塑料工业的重点和热点。开发研制耐高温性、耐候性、耐磨性、阻燃、超导电、高电磁性合金材料以及具有屏蔽功能的材料及产品将是新技术产业和先进制造业的需求。

(4)发展和扶持塑料行业的龙头企业

对天津市塑料行业中规模大、实力强有发展潜力的企业要重点培育和扶持。积极开展产学研和天津市技术中心工作，引导企业技术创新项目。通过产学研合作开发新的材料和产品。通过企业技术中心增强企业自主创新能力，开发出具有自主知识产权的新产品。

(5)提高包装材料的技术含量和技术创新能力

天津市近年来包装的产业的发展速度较快。提高包装材料和产品技术含量，提升企业的创新能力，开发有市场发展的包装材料和制品，例如；高阻隔、防渗透、全降解包装材料，无菌、保味、功能性包装等，是当前工作的重点之一。

(6)开发轻量化加工技术

利用高强度、高阻隔性材料及微纳层叠共挤出、多层复合、合金等生产工艺使包装膜、包装容器等向轻量化、薄壁化方向发展。

(7)加强专业人员和从业人员的培训

利用天津市科技大学的资源理，组织行业管理、产品检验、加工工艺、高分子材料、模具加工及设计、操作人员等培训。提高行业的整体水平。

(8)引导企业向塑料微成型技术集成

微纳米尺度、微结构成型代表了当代塑料加工成形和设备的技术集成。包括了3D打印成型、微注塑成型、堆积成型技术，在光电通讯、影响传输、医疗器械、信息储存、电子产品、生物医学等行业有着广阔的应用领域。

(9)坚持开发开放，加大力度招商引资

改变天津市塑料制品加工企业现状的捷径是大力引进外部企业和装备，协会将进一步加强与国内外上游树脂企业、下游用户企业的沟通与合作，促进相互协调同步健康发展。

(10)推动企业节能降耗，发展循环经济。

推动企业对节能改造和节能技术的投入，推广在耗能较大的企业和设备上节能改造。大力发展循环经济，减少环境污染。加强废料回收的处置和再生塑料的应用。

京津冀一体化发展的战略又是一个行业发展的机遇，天津市塑料行业应该抓住这一机遇，加快天津市塑料产业不断发展创新、强化自主创新能力和科技创新能力，开拓新的应用领域和需求市场，实现天津市塑料产业新的发展和壮大。

(天津市塑料行业协会　郑天禄)

山西省

【大事记】

1. 2013年3月，山西省人民政府办公厅印发《山西省轻工业发展“十二五”规划》，在规划中明确指出，要做强做大塑料制品集群。立足山西省塑料制品产业基础，依托山西中德塑钢型材、惠丰塑料型材、长治清华永腾等重点企业，发展以塑料型材、管材为主的长治塑料制品产业集群；依托迎太、芮城东盛、万士达、南洋制版彩印等企业，发展以农用地膜、矿用管材、塑料包装为主的运城产业集群；依托华龙、乾通等企业，发展矿用复合管材、矿用塑料拉网等为主的太原矿用管网产业集群。以本省工农业消费主流行业需求为重点，推进塑料制品向“高性能化、复合化、环保化、信息化”方向发展，扩大塑料制品的应用领域，为本省相关产业提供专业化配套产品，推进汽车用塑料、矿用塑料、工程塑料等高附加值产品的研发生产。

2.《山西塑协通讯》杂志是山西塑协会员交流和品牌宣传的主要平台，经过几年的发展刊物运作已十分成熟，2013年在原来的基础上进行了改版升级。为了满足现代企业发展的需要，在综合各会员单位和广大读者意见的基础上，对杂志的内容进行了丰富，例如，为满足大家对塑料行业专业知识的需要，我们增加了最新行业咨询模块，并邀请业内专家学者撰稿和指导；为满足现代企业对管理提升的需求，我们增加了经典管理案例、管理书籍推荐等模块……这些改进极大的丰富了刊物的内容，更好地为广大读者和会员单位提供了全面、专业、有针对性的信息服务。

3. 5月20日，第二十七届中国国际塑料橡胶工业展览会在广州举行。作为亚洲第一、世界第二大的国际塑料橡胶展览会，本届展会面积首次达到22万平方米，吸引了来自全球38个国家和地区的2900余家化工及化工机械设备生产商前来参展。山西塑协作为被邀请的单位，积极组织会员单位参加展览，并协助会员对产品分析比较，通过联合竞价共同采购。了解世界前沿技术，把握行业最新发展动态通过积极的对外交流与合作，取得了不错的效果。

4. 编写了2012年《中国塑料工业年鉴山西篇》，年鉴由中国塑料加工工业协会主办，山西塑协组织省内塑料行业企业共同进行了资料的收集整理。年鉴全面反映中国塑料工业发展状况，为从事和涉及塑料工业的生产、销售和科研单位全方位提供行业动态、市场和技术信息。年鉴的组稿、编辑和出版工作得到中国轻工业联合会，各省市塑料协会的关心和支持。全国31个省市自治区和直辖市，多年来参与编写的有：北京、天津、山西、上海、广东、浙江、江苏、福建、新疆等15个地区。为了反映山西塑料工业的现状和学习赶超先进，我们协会每年都认真总结和编写《中国塑料工业年鉴—山西篇》，受到了各级领导和业界同仁的赞扬。

5. 6月中旬，山西省质量技术监督局对全省生产经销企业的53个批次的农膜质量进行了监督抽查，合格53个批次，抽样合格率为100%。此次抽检涉及山西民生塑料制品有限公司、山西运城市通力塑料有限公司、长子县雨顺塑料公司、太原市飞宇塑胶有限公司等我省多个地市的生产经销企业，主要抽检产品为农业用聚乙烯吹塑棚膜、PE农业用地面覆盖薄膜。53个批次100%的合格率，充分反映我省塑料工业企业在质量方面的严把严控力度。

6. 2013年在国家一系列宏观经济政策扶持下，山西塑料加工行业努力克服了国内外市场需求不足、以及人民币升值、原材料和劳动力成本上升等一系列不利影响因素，加快行业转型升级的步伐，行业生产逐步企稳回升，实现了较平稳的增长。据国家统计局官网数据显示，山西省2013年全年塑料制品产量实现26.12万吨的突破，同比去年增长5.6%，主营业务收入和利润总额均实现两位数增长，净出口贸易显露出回暖迹象，塑料制品附加值增大，企业效益水平有所提升。

7. 12月8日，由山西中德集团承办的2013年山西省塑料行业年会在省城太原召开，来自我省塑料行业的40多名专家学者及企业代表参加了会议。近年来，山西塑料协会紧紧围绕发挥行业优势、服务企业发展的宗旨，在建筑建材领域积极转方式调结构，发挥企业主体作用提质量增效益，取得长足发展。中德型材、中德管材等一批企业成为国内知名企业，其产品不仅畅销全国，而且出口到俄罗斯、伊拉克、危地马拉等国家和地区。会上，山西万士达工程塑料有限公司等4家企业的7种产品被评为2013年度名优产品；山西佳佳美门窗有限公司、山西唯美门窗有限公司等10家企业被评为“山西省首届十佳塑料门窗企业”。

8. 在山西省实施全面转型综改试验的大背景下，省内大型煤炭企业普遍面临转型升级的压力，省内塑料行业发挥地域优势，着力研究煤炭企业相关需求产品，并进行了材质和结构上的创新，助力山西煤炭企业的转型，例如晋中塑力达塑胶公司、山西晋隆塑业有限公司就利用自身优势，在塑料产品开发合作等方面进行了有益尝试。

9. 2013 年 11 月 18 日山西中德集团公司投资建设的中德铝业项目顺利投产，从中德塑钢型材衍生出中德管材，再到中德铝材，围绕建材行业发展延伸产品，这是我省塑料行业企业逐步向其他领域扩张的一个趋势。

10. 长治清华永腾建材股份有限公司与山西证券公司正式签订新三板推荐挂牌并持续督导协议，这标志着该公司将在长治市众多企业中率先进入新三板市场，为企业发展注入新的活力。新三板市场是经国务院批准，依据证券法设立的全国性证券交易场所，主要为创新型、创业型、成长型中小企业发展服务。境内符合条件的股份公司均可通过主办券商申请在新三板市场挂牌上市，公开转让交易。在新三板市场挂牌的公司，达到股票上市条件的，可以直接向证券交易所申请上市交易。新三板市场已经成为了中小企业上市的绿色通道和“孵化器”。长治清华永腾进入新三板市场后，将提高企业的规范化经营管理水平，全面提升企业的整体形象，强化市场竞争能力，为全面建立现代企业制度奠定坚实的基础。

11. 山西中科天罡科技开发有限公司多年来专注于超高分子量聚乙烯（UHMW－PE）系列制品的研究、开发、生产和销售，2013 年凭借过硬的产品品质和良好的服务，产品销往国外市场，再次实现了出口创汇的新高。

12. 12 月 18 日，中德集团与北京汽车股份有限公司在北京签署战略合作框架协议，双方将在汽车轻量化、铝合金零部件开发以及汽车新型材料等相关技术领域方面加强战略合作，整合双方资源，建立形成全面的科技创新及产品开发战略合作伙伴关系，促进共同发展。长治市委副书记、市长席小军出席签约仪式。北汽股份是我国一家以自主品牌轿车和越野车为龙头，致力于发展成为企业结构和布局合理、乘用车产品线齐全、产业链完整、具有核心竞争能力的大型汽车公司，下辖 10 个成员单位，其中北汽股份汽车工程研究院主要从事汽车整车和关键零部件研发，是汽车轻量化国家重点实验室的依托单位，中德集团与世界 500 强北汽股份的强强联合，将为山西省在汽车轻量化方面的研究增光添彩，同时也可为我省塑料工业企业向汽车注塑零部件拓展提供良好的平台。

13. 产品质量安全关系到国家安全和民生；通过品牌建设可以促使企业更规范化经营，为了把山西省塑料行业的品牌做大做强；更好地实施品牌建设与企业发展相结合的方针，提高企业的科级创新能力和技术水平，使企业逐步向高端发展；协会努力为企业搭建平台，推进行业名优品牌评选工作与高薪技术产业化有机结合，共同促进、激励企业向高薪技术产业发展。2013 年 8 月 8 日，协会给会员单位下发《关于开展（2013）山西省塑料行业名优产品评审申报工作的通知》，并同时在网上公示通知，根据《山西省塑料行业名优产品评选办法》和《山西省塑料行业名优产品评选实施细则》的规定，成立了山西省塑料行业名优产品评选委员会及其评优办公室。评优办公室负责对申报的资料收集、整理及资格审查。评委会组成由行业管理部门、塑料行业协会、大专院校、科研单位、检验机构、塑料企业等单位代表组成的专家评审组，全权负责对申报（2013）山西塑料行业名优产品的企业及申报的产品进行了初评、复评、审核、认定，评出了山西省塑料行业（2013）名优产品，并决定授予奖牌和证书。获得名优产品的企业 5 个企业，4 种类型，9 个产品名单公布如下：

山西省塑料行业 2013 年度名优产品企业名单

序号	单位名称	注册商标	产品名称
1	山西万士达工程塑料有限公司	双鲸牌	给水、燃气用埋地聚乙烯（PE）管材、管件
2	山西中德塑钢型材有限公司	中德牌	门窗用未增塑聚氯乙烯（PVC－U）型材
3	山西华星塑料有限公司	华星牌	煤矿井下用聚乙烯（PE）管材
4	山西华星塑料有限公司	华傲牌	超高分子量聚乙烯（UHMW－PE）大口径特种耐磨管材
5	山西晋林塑料有限公司	晋林牌	PP 静音管材
6	山西青科恒安矿业新材料有限公司	青科恒安牌	煤矿井下用聚氯乙烯管材

14. 在山西塑料行业协会的组织和推动下，“山西省首届十佳塑料门窗企业”评选活动在 9 月份展开，省内七十余家塑料门窗加工企业参加了申报和评选，山西塑协成立了由门窗专家、大型房地产企业高管、断面设计工程师等组成的专业评委会。经过 2 个月多的紧张初评、复评、审核、认定，评出了“山西省首届十佳塑料门窗企业”，并决定授予奖牌和证书。“山西省首届十佳塑料门窗企业”的名单

公布如下：

山西省首届十佳塑料门窗企业

序号	塑料门窗企业名称
1	山西佳佳美门窗有限公司
2	山西唯美门窗有限公司
3	山西宏图铝塑门窗有限公司
4	山西潞安绿源建材有限公司
5	太原德圣业装饰工程有限公司
6	太原市海通达建筑安装工程有限公司
7	长治市申汇装潢有限公司
8	晋城市金耐门窗装饰有限公司
9	晋城市天合建筑装饰工程有限公司
10	泽州县鑫金和塑钢门窗厂

15. 在为期5天的第114届广交会上，来自中德产品受到外商热捧，这些产品包括塑胶共挤(双密封)、彩色ASA复合共挤、铝塑复合型材(断桥隔热)、浮雕拉丝共挤型材、平移密封王，PPR(冷)热水管、建筑内消音UPVC排水管、PE供水管、PE-RT地暖管、UPVC阻燃穿线管…… 据统计，5天里，中德集团公司出口成交额(含意向成交)达千万元。“持续提升，客户满意，追求卓越”、“立足国内，放眼全球，打造具有国际影响力的建材品牌”是中德集团的生产经营理念和发展理念。在这两种理念的支撑下，中德集团始终致力研究新情况，发展新技术，开辟新领域，占领新市场，产品品质精良、节能环保、个性时尚，备受客户青睐。高品质的“中德”牌产品不仅在国内处于领先地位，在国际市场上也深受好评。在立足国内市场的同时，中德集团积极主动参与国际市场竞争，在国内相继建立了四川成都、青海西宁生产基地，以及遍布全国各地的500余家营销分公司，完善的供应网络和便捷、高效的一站式服务体系，使中德产品覆盖全省、行销全国。从2003年通过代理首次走出国门到2008年拥有自主出口权，从在各类展会上只是“看看”到打出“中德”品牌、进而与全球各地著名企业、专业采购客户交流、洽谈、签单，“中德”牌产品逐渐叫响，陆续出口远销美洲、欧洲、非洲，为山西塑料工业企业走向国际市场开了一个好头。

16. 山西塑协带领省内塑料工业企业组团参加第13届中国塑料交易会。第13届中国塑料交易会于9月25~28日在台州举行。台州素有“塑料制品王国”的美誉，交易会是全面展示中国塑料制品、原料、机械模具及相关技术，强力吸引国际采购的重要平台。第十三届中国塑料交易会展览面积35000m^2，国际标准展位2000个，参展企业600余家，专业采购商约35000人次，境外采购商有来自欧盟、西班牙、马来西亚、新加坡、日本、印度、缅甸等30多个国家上千山西泰鑫塑胶有限公司、芮城金牛建材有限公司、太原塑信科贸公司、山西祁县旺中塑料制品厂、晋特塑料有限公司等15个单位23位代表，通过现场的展示和交流，取得了非常不错的效果。

2013年在山西省被划为“综改试验区”的大背景下，全面转型升级成为省内所有工业企业必须面对一个问题，面对国内外市场需求不足以及人民币升值、原材料和劳动力成本上升等一系列不利影响因素，山西塑料工业逆势增长取得了令人欣慰的发展，不仅塑料企业的数量和产量增加较快，而且发现了一批发展速度很快的企业和特色产品。据不完全统计：山西省的塑料企业约有500个左右，生产能力约800kt，产量约750kt。规模以上企业30个左右，产量500kt左右，占到总产量的85%左右。

【企业经营】

2013年以来，我省塑料行业紧紧围绕全省转型跨越发展大势，在建筑建材领域积极转方式调结构、发挥企业主体作用、提质量增效益，取得长足发展，中德型材、中德管材、山西万士达、等一批企业走出山西成为国内知名企业，其产品不仅畅销全国，而且出口到俄罗斯、伊拉克、危地马拉等国家和地区，为我省塑料工业打出了一张耀眼的名片。山西塑料工业企业在顺应全面深化改革大潮，推动企业交流合作，逐步深入了企业间对人才、资金、技术等方面的深入交流和探讨，抢抓新机遇，瞄准新技术，不断提升自身实力和品牌知名度，塑料行业企业为山西省综改试验、全面深化改革做出来新的贡献。

在全省大力实施转型升级的大背景下，按照“苯、油、烯、气、醇”5条特色发展主线，山西省将围绕高硫高灰熔点劣质煤的高效清洁利用，加快发展煤制油、煤制烯烃、煤制天然气、煤制乙二醇、煤制芳烃等现代煤化工产业。在产业链条方面，延伸拓展煤焦油加工、焦化粗苯精制、焦炉煤气、煤层气深加工等特色煤化工产业，形成现代煤化工为主导，传统煤化工为基础，精细化工、化工新材料为特色的产业格局，大型煤焦企业在煤炭精加工方面逐渐向塑料行业延伸，成为山西塑料加工业新的增长点，同时也可以形成围绕煤炭发展的特色塑料工业企业。

同时，生物基或生物降解塑料的发展在省内受到很多企业的的高度关注，对地膜应用的开发又成为一大热点，武汉华丽环保、金发科技等业内领先企业都纷纷入晋，降解农膜的技术的日趋成熟。在建材产业领域，PVC 行业面临升级的关键阶段，加大结构调整力度，实现集约化经营是 PVC 地板行业生产发展的大趋势。

山西省是煤炭重化工基地，煤矿的安全生产已提到重要议程，开发各种多功能阻燃抗静电的矿用管材、管件等以塑代钢、以塑代木的矿用产品是山西省塑料行业发展的重点。目前，山西煤焦集团年产原煤 41600kt。作为山西焦煤集团旗下子公司之一，仅太原西山煤电集团 2011 年就需各种钢管道 8185t，折合成长度约 100 万米，可见矿用塑料的市场巨大。山西省矿用塑料发展还属于起步阶段，原料生产发展滞后，产品技术受限制约着产业发展。因此，政府的政策倾斜和扶持，对企业发展壮大有重要意义。接下来，山西省将引进塑料行业高、精、特殊用途产品，加大自主研发力度，大力开发符合产业和环保政策的产品，发展与国民经济支柱产业密切相关的新型材料和制品，用高新技术改造传统塑料材料和产品。

【重点企业】

序号	企业名称	产值/万元	主要产品名称
1	山西中德塑钢型材集团公司	65000	PVC 型材、彩色仿木型材、双色共挤型材、PE 管材、PPR 管材、铝塑复合、断桥铝
2	长治清华永腾建材有限公司	20000	铝塑、PPR、PE－RT、PE－X、PE 矿用管、PE 给水管材、UPVC 排水管及管件、UPVC 型材
3	山西民生塑料制品厂	8000	各种煤矿用聚乙烯管材、管件；聚氨酯筛板、燃气用埋地管材、管件；给水用 PPR 管等
4	山西中德管业有限公司	8000	PP－R 冷热水管材管件系列，PE－RT 地暖管材管件系列，玻纤增强 FR－PPR 复合管材管件，PVC－U 排水管材管件，PVC－U 电工阻燃穿线管材，PVC 波纹排水管材，PE 给水、燃气管材等
5	山西惠丰塑料型材有限公司	23000	PVC 塑钢型材、管材等
6	晋中塑力达塑胶公司	1600	塑胶地板、机油桶、塑料板凳等
7	太原市杰森实业公司	14000	中密度纤板、贴面板、胶粘剂
8	山西天星管业有限公司	1000	生产销售 PP－R 管，大口径中空壁缠绕管．高密度聚己烯双壁波纹管．PE 供水管．地暖，高密度聚乙烯双壁波纹管，PE 供水管，地暖管
9	山西方圆塑业有限公司	5000	BOPP 包装薄膜
10	山西祁县旺中塑料制品厂	2500	聚乙烯塑料管，护套管，农用地膜，穿线管等
11	晋城市凤凰实业有限公司	14000	各种煤矿用聚乙烯管材、管件；聚氨酯筛板、燃气用埋地管材、管件；给水用 PPR 管等
12	山西晋林塑料有限公司	6000	螺旋管、管帽、弯头等
13	山西华星塑料有限公司	2000 万	超高分子量 PE 大口径特种耐磨管材
14	山西万士达工程塑料有限公司	4000	PE 燃气管、PE 管材、PE 矿用管材及管件
15	晋城市天合建筑装饰工程有限公司	1300	吊顶、门窗、幕墙等
16	山西佳佳美门窗有限公司	1500	门窗
17	太原德圣亚装饰工程有限公司	1000	吊顶、门窗、幕墙等
18	山西新超管业股份有限公司	27000	复合管、其他管材、其他管件、塑料建材、PE 管、PPR 管等

【塑料制品进出口】

2013 年，以中德集团为龙头，集结惠丰型材、清华永腾、山西万士达等企业的型材管件出口企业集群，企业申报的“长治市建材外贸转型升级专业型示范基地”成功获批，成为山西省第一批外贸转型升级专业型示范基地，同时标志着新型建材产业的转型升级迎来了新的机遇。经过多年的发展，中德集团公司迅速发展壮大。其中，年产量达 100kt，被山西省经信委列为全省八大产业重点发展规划的新型建材集群龙头重点企业。2013 年，中德集团型材出口量达 1400t，产品远销危地马拉、菲律宾、俄罗斯、孟加拉、韩国、印度尼西亚、埃及等国家和地区。据悉，被列入国家级省级基地内的外贸企业将享受一定的资金支持以及政策鼓励，从而进一步推动新型建材产业的转型升级步伐。同时，山西中科天罡生产的超高分子量聚乙烯（UHMW－PE）系列制品凭借过硬的产品质量实现了出口创汇，山西塑料行业企业逐步走向国际市场。

【新产品开发】

塑料在我省已成为国民经济发展的支柱产业。山西省是煤炭化工基地，煤炭企业的转型升级已提到重要议事日程，对煤炭进行深加工、发展矿用塑料是符合山西国情和国家产业政策的。为了加快我省塑料工业的发展，扶持矿用塑料的发展，是重中之重。另外还要扶持环保、节能及高科级产业及产品，促进塑料工业发展，为加快我省国民经济发展作出新贡献。

我国建筑行业高速发展，用于建筑的聚氨酯保温材料发展空间也逐步增大。预计未来3~5年，聚氨酯保温材料在建筑领域应用比例将达到30%~40%，甚至可能达到50%。根据有关数据统计，除部分原材料产品受到产能快速扩张的影响表现出价格增长乏力外，大部分产品增长率超过了10%以上。未来几年，得益于城市化进程的加速，从塑料管材、节能门窗到保温材料，我国绿色建材需求将保持不断增长。

硬质聚氯乙烯(PVC)发泡塑料作为“未来材料”被广泛用于建筑、装饰、家具、广告等领域，实现“以塑代木”的优势明显，在木材资源短缺的我国具有重要意义。从我省塑料加工业的发展趋势中，可以明显看出硬质PVC发泡塑料制品应用领域广泛、市场需求量大，这为硬质PVC发泡塑料提供了巨大的发展空间；而PVC原料供应充足、价格合理和已形成的完整产业链则为硬质PVC发泡制品发展提供了可靠的基础。因此硬质PVC发泡行业要抓住难得的发展机遇，大力实施产品高端化战略，加快产品升级换代，以市场为导向，深入研究市场需求，在加大建筑模板推广力度的基础上，大力开发新产品，拓宽应用领域，要在轻质高强发泡材料制品上下功夫，在汽车、高铁、航空及工业应用领域取得新的突破。

目前我国塑料管材市场年增长率达15%，未来也将会陆续淘汰落后的产能，“掺假管”的出现更让消费者坚定了对健康环保塑料管道产品的追求。门窗方面，目前各大城市纷纷出现“雾霾”天气，粗制滥造的门窗更助其肆虐。窗户占了所在墙面的80%，节能门窗可降低空气渗透热损失，提高气密、水密、等物理性能，或可解决造成此天气的部分问题。资料显示，未来十年内，中国对既有建筑门窗改造形成的市场额将超过万亿元。

【市场需求】

由于山西省是煤炭重化工基地，煤炭的安全生产已经提到重要议事日程，发展矿用塑料符合山西国情和国家产业政策，这几年山西省矿用塑料产品发展很快，市场及需求量都很大，另外主要塑料制品还有塑料型材(含板、片材)、管材、塑料农地膜、超高分子量聚乙烯的大口径特种耐磨管材、部分塑料丝及编织制品和塑料包装箱及容器、日用塑料制品等，塑料制品需求量600~700kt，对原材料主要需求是：通用塑料及部分工程塑料，PVC本省自给，其他从国内调购或国外进口。同时，市政供水、供气用大口径PE管需求逐步增大，给我省管道加工企业提供了新的机遇。

【存在问题】

全面转型升级势在必行，山西省塑料行业企业也面临转型升级的压力，这对省内塑料企业来说也是难得的机遇。山西塑料行业企业整体发展良好，但与国外及沿海发达地区相比差距还比较大，主要表现在工装设备、工艺技术较落后，产品花色品种少等诸多方面。影响本地企业发展的主要因素：

1. 塑料行业企业布局和区域分布、发展不平衡。我省塑料工业发达地区主要是以太原、晋城、运城、长治等城市为中心，形成了我省塑料工业的主要产区，规模以上的塑料企业大多集中在这些区域，而且目前发展势头仍比较强劲。一些县区、乡镇虽也办起了很多民营小型塑料厂。但从规模及产品技术含量上都较小较差，总之，发展不平衡。

2. 存在盲目发展的现象。由于缺乏宏观引导，产品生产中的中低档产品重复、盲目发展现象仍时有发生，高新技术产品的开发不够的情况仍在继续，技术装备相对落后。

3. 企业产品结构层次较低。产业转型滞后于消费结构升级，产品结构调整滞后于市场消费结构变化，特别是高档次、高附加值和有较强竞争力的产品少。

4. 原料生产发展滞后，产品技术进步受限

塑料产业是综合行业，其制品的研发、生产涉及轻工、化工、机械等多个行业，具体涉及到原料、助剂、设备、模具等多个产业。而塑料原料是最重要的环节。我省是原材料生产弱省，除PVC树脂外，其他均不产，所用原材料主要靠国内外进口。

5、品牌产品不多，创新能力较弱。企业的品牌带动力不够，产品同质化导致在全国市场覆盖率低，份额少，市场竞争力差，营销策划和品牌创新意识滞后。支撑产业升级的技术和人才储备不足，新产品开发力度不够，高技术、高附加值行业及产品比重低。

【发展趋势】

虽然我国塑料消费量和制品产量已居世界首位，但行业整体水平、产品质量、档次研发能力等与发

达国家还有较大的差距，山西塑料工业与沿海省市及发达地区差距也很大。在竞争日益激烈的市场环境中，内部管理和制度建设成为企业发展的重要支撑，加强人才培养和业务培训，进一步提升服务意识，加强内部组织建设、团队建设、文化建设。挖掘潜力借助内力完善管理的薄弱环节，借助外力请咨询管理专家指导，通过多种形式的内部改革，提升企业管理水平，完善体制建设。努力提高产业素质和核心竞争力是山西塑料行业的重要任务；要加强企业技术研发投入力度，推动条件好的企业建立各级技术中心。例如，山西中德集团公司发挥龙头企业技术创新示范作用，在结合产、学、研的基础上，与大学和社会院所合作共同研发新产品、延伸产品产业链等，取得了突破性成绩。晋城市凤凰实业公司成为山西省科技厅、国资委、总工会联合发布的第三批“创新型试点企业”之一。今后要结合省情，把握好深化经济体制改革的良好形式，在煤炭深加工，矿用塑料及其母料研发、纳米抗菌塑料、汽车用塑料等方面加强研发联合攻关；进一步完善技术创新服务平台和服务体系建设。乾通塑胶、万士达工程塑料、晋中塑力达等众多企业囊括了工程、日用品等多个塑料行业的多个领域。

品牌是企业不可忽视的资产，是企业产品和形象的象征，品牌建设近年来越来越被国内企业重视。加大结构调整力度，淘汰落后产能和低档产品，提高先进制造技术产品和中高档产品比重；鼓励企业争创省优产品和全国名牌产品。在提高产品质量的基础上，积极参与制修订标准工作，锐意改革创新，引入先进工业设计理念，提升产品科技含量，提升企业现代化管理水平和品牌意识，争创了名牌产品。明年协会将继续开展“全省十佳塑料门窗企业评选”和“塑料行业名优产品评选”活动，表彰他们为山西塑料行业发展做出的贡献。积极开展技术交流考察活动，将继续加大节能产品的推广力度，使塑料门窗更好的发挥在建筑节能中的作用。

其次，我们要同各大中院校建立人才合作培养机制，满足会员单位的用人需求。为会员单位引进高技能人才，来操作高智能化设备，熟练掌握数控化操作系统，实现企业软件管理的云计算，提高原材料采购与成品销售技术服务科学化管理水平，达到迅速反应高效运行的水准。引进管理人才，强化企业的现代化管理水平。

在十八届三中全会上，习近平总书记指出，“经济体制改革是全面深化改革的重点，核心问题是处理好政府和市场的关系，使市场在资源配置中起决定性作用和更好发挥政府作用。”山西省塑料行业协会作为地方企业和政府之间的桥梁和纽带，是市场资源合理配置发挥作用的重要一环。全面深化经济体制改革的基本发展方向已定，改革是大势所趋。塑料行业面对日益严峻的市场经济形势，必须有所醒悟，积极采取应对措施，抓住深化改革的机遇，来发展壮大自己。

把握全面深化改革机遇，促进山西塑料行业跨越发展，这是时代赋予山西塑料行业企业的使命和责任，任务艰巨，这就要求我们拿出卧薪尝胆、励精图治的精神去转型，把塑料制品进行再加工、深加工，提高产品的附加值，提高山西省塑料行业的整体水平。

（山西省塑料行业协会　程田青　赵军）

黑龙江省

【主要产品】

一、塑料门窗在节能建筑领域的优势

黑龙江省塑料门窗行业的发展较早，为我省的建设事业做出了巨大的贡献。目前已经形成了以塑料型材、组装门窗、配套五金件等完整产业链。在传热方面，塑料门窗材料属于热的不良导体，其导热系数仅是钢的1/360、铝的1/250，具有良好的保温隔热性能。同时，塑料门窗用异型材均为多腔室结构(一些地区已经发展到五腔室甚至六腔室结构)，它由多个独立空间组成密闭的空气隔热层，充分利用空气的隔热性能，使其材料整体热传导率进一步降低。实验证明，塑料门窗单玻窗的传热系数 K 值可达5以下，可满足夏热冬暖地区大部分节能建筑要求。塑料门窗双玻窗的传热系数 K 值可达3以下，可满足夏热冬冷地区、夏热冬暖地区以及严寒地区大部分节能建筑要求。而普通铝合金窗，即使是Low-E中空玻璃，其K值也只能达到3.0～3.5。由此可见，为满足同样的K值要求，塑料门窗可以选用更为经济的配套玻璃，从而降低门窗工程造价。在气密性能方面，塑料门窗框料或扇料之间是通过熔融焊接的，窗框、窗扇均是一个整体，横竖料之间不存在缝隙，杜绝了空气通过横料与竖料拼接角部的可能性。

塑料门窗加工尺寸及加工精度高，框扇搭接设计精巧，在组装时，所有的缝隙处均装配有密封胶条或密封毛条。玻璃镶嵌在压条与窗扇组合成的凹槽内，两侧均用弹性橡胶密封。推拉窗扇扣在推拉窗框轨道，扇与框通过毛条密封。推拉扇之间，亦通过两道毛条密封。平开窗窗框与窗扇之间则是通过胶条密封的，窗扇与窗框、窗扇与框中梃在室内、室外两侧均有胶条密封。门窗是建筑围护结构的重要组成部分，是建筑物外围开口部位，也是房屋室内与室外能量阻隔最薄弱的环节。有关资料表明，通过门窗传热损失能源消耗约占建筑能耗的28%，通过门窗空气渗透能源消耗约占建筑能耗的27%，两者总计占建筑能耗的50%以上。可见，建筑节能的关键是门窗节能。

门窗节能的本质，就是尽可能减少室内空气与室外空气通过门窗这个介质进行热量传递。我们知道，热传递的方式有传导、对流和辐射。要减少热量通过热传导传递，就要求门窗材料应选用低导热系数的材料；要减少对流热量传递，就要求门窗的密封性能良好；要减少热辐射传递，就要求成窗具有较好的遮阳功能。在建筑节能设计标准中，门窗的这些性能是分别通过传热系数、气密性能和遮阳系数来表示的。其中规模较大的企业有哈尔滨蓝根塑料门窗有限公司、黑龙江美城集团公司、齐齐哈尔鲁宏塑窗型材厂等。我省的塑窗产品在俄罗斯远东地区的市场占有率逐年稳步提升。

二、我省塑料管材的主要种类、现状及应用领域

我省塑料管材的主要种类及应用领域：

(一)硬质聚氯乙烯(PVC－U)管材：该种管材主要用于城市供水、城市排水、建筑排水和建筑给水等输送管道及电线电缆套管等，目前我省主要用于建筑物内给、排水管道及雨落水管道。

1. 给水用硬质聚氯乙烯管材

在我省硬质聚氯乙烯管材由于其自身的一些弱点，在给水管道上有被性能更优秀的聚乙烯给水管材等取代的趋势。

2. 排水用硬质聚氯乙烯管材

是用量较大的品种之一，包括：

(1)普通实壁硬质聚氯乙烯管材

该种管材是最早用于建筑物内排水的塑料管材，目前仍在使用。

(2)芯层发泡硬质聚氯乙烯管材

该管材是前几年开发并实用的一种硬质聚氯乙烯管材，由于它与普通实壁硬质聚氯乙烯管材相比，具有重量轻、有一定的减噪作用，被广泛用于建筑物内的排水管道，盛行一时。但现在的用量在逐渐减少，其原因在于，该管材的减噪的效果并不理想(除非特殊制造的管材)，而且市场混乱，劣质产品较多。我省生产企业有近十家，生产规模不大，现在有的处于停产或半停产状态。

(3)单、双壁内螺旋硬质聚氯乙烯管材及双壁硬质聚氯乙烯管材

由于它们的减噪效果比较好(尤其是双壁内螺旋硬质聚氯乙烯管材)，并与带有软内层的管件配合使用减噪效果更好、强度高等优点，尽管价格相对贵些，但已被追求高质量的用户所认知和接受，发展前景良好。一般双壁内螺旋硬质聚氯乙烯管材与双壁硬质聚氯乙烯管材配合使用，双壁内螺旋硬质聚氯乙烯管材作立管干管用。代表性的生产厂家有哈尔滨市建筑塑料厂。

3. 电线电缆套管用硬质聚氯乙烯管材

我省有几家生产厂且某些生产厂家使用门窗型材边角料等来生产该种管材，主要用于建筑工程中。

(二)聚乙烯(PE)管材

聚乙烯(PE)管材主要用于城市燃气、城市给水、城市排水、建筑给水等输送管道。

1. 普通聚乙烯管材

这是最传统的塑料管材之一，按所使用的原料树脂的不同分为高密度聚乙烯(HDPE)管材、低密度聚乙烯(LDPE)管材及线性低密度聚乙烯(LLDPE)管材等。HDPE管材主要用于给水管道、农村打井用管及电信电缆用外护套管等；LDPE管材主要用于给水管道，农田灌溉用管等。我省生产企业较多，遍布我省各市、县，生产能力较大，但产量并不大。

2. 交联聚乙烯管材

交联聚乙烯管材主要分为硅烷交联聚乙烯管材、过氧化物交联聚乙烯管材及辐照交联聚乙烯和，前两种管材在我省都有生产厂家。由于地面辐射采暖在北方等寒冷地区的普及，交联聚乙烯管材近1~2年来发展速度较快，生产厂家不断增加，尤其是过氧化物交联聚乙烯管材的生产设备投资小，产品价廉而迅速占领了市场。

3. 缠绕结构壁聚乙烯管材

按缠绕成型后的产品结构的不同分为几种，最常见的有产品类似双壁波纹管结构的管材，主要用于农村井用管材。这种管材主要生产企业有哈尔滨特种塑料制品有限公司等。

4. 聚乙烯双壁波纹管材

目前我省只有几家小口径(ϕ200mm以下)的聚乙烯双壁波纹管材生产企业，该管材主要用于通信电缆的套管。主要应用领域是市政排水。

5. 电线电缆套管用阻燃聚乙烯

该种和是以低密度聚乙烯(LDPE)为原料，添加阻燃剂等或阻燃母料经挤出而成，主要用于建筑物内的电线电缆套管。

6. 保温管道用的高密度聚乙烯外护管

该种管材作为聚氨酸泡沫塑料预制直埋保温管

的外护管，主要用于市政供暖管线上。我省生产聚氨酯泡沫塑料预制直埋保温管的企业近十家。

7. 燃气管道用聚乙烯管材

该种管材的开发及使用的时间较早，主要用于建筑物外的燃气管道上，该管材的生产要求较严格，所使用的原料中密度聚乙烯(MDPE)需要进口。

8. 硅芯管

硅芯管是由高密度聚乙烯(HDPE)与含硅物质材料经共挤而成的管材，主要用于光纤通信电缆的套管。

(三)聚丙烯管材

聚丙烯管材可分为三类：1. 均聚聚丙烯(PP－H)也称Ⅰ型聚丙烯；2. 嵌段共聚聚丙烯(PP－B)也称Ⅱ型聚丙烯；3. 无规共聚聚丙烯(PP－R)也称Ⅲ型聚丙烯。PP－B管材和PP－R管材是近年来发展起来并得到快速应用的品种，主要用于建筑物内的供水(冷、热水)管线。

(四)复合塑料管材

1. 铝塑复合管

铝塑复合管分为搭接焊铝塑复合管和对接焊铝塑复合管。

2. 钢丝增强复合管

该种管材是钢丝经缠绕或编织与塑料复合而成，包括：

(1)小口径钢丝增强复合管

该管材是钢丝经编织在塑料管后，再与塑料复合而成，它可分为聚乙烯钢丝增强复合管及交联聚乙烯钢丝增强复合管，目前能够生产管径在ϕ 75mm以下的管材，主要用于耐高压管道系统及耐高温的暖气管道系统。

(2)大口径给水用钢丝增强聚乙烯复合管

该管材是钢丝经缠绕在塑料管后，再与塑料复合而成，主要用于给水管道系统。

(3)钢骨架聚乙烯塑料复合管

该管材是钢丝经缠绕焊接后，与塑料复合而成，该产品主要用于石油管道、供水管道及燃气管道等。我省只有大庆油田长坦立众管业有限公司品公司生产该管材。

(五)ABS管材

该管材主要用于化学工业用管道及给水用管道等，我省有大庆油田奥维塑胶有限公司生产该管材，目前应用并不普遍。

(六)玻璃钢夹砂管(RPM)

玻璃钢夹砂管是采用短玻璃纤维离心或长玻璃纤维缠绕，中间夹砂工艺制作，可用于化工等工业管道，主要用于大口径城市给水排水管道。

我省塑料管材生产企业现状：

1. 企业生产规模不合理

2. 管材、管件生产能力配比不合理

3. 加工设备技术水平参差不齐，总体水平较低，多数企业技术力量薄弱，自主开发新产品的能力较弱，产品技术含量低，对于产品质量的考虑较少。

4. 企业试验设备不完善，检测技术和检测手段总体上比较落后，有些企业根本就没有检测设备。

5. 塑料管材多用于建筑业、通信及市政工程中，如果产品市场只在省内(多数企业如此)，在每年的11月中旬左右到来年的3月末左右，由于天气寒冷不能施工，多数塑料管材生产企业处于停产状态。

三、塑料包装材料

塑料包装方面具备注塑成型、挤出成型、中空成型、吹塑成型、压延成型、发泡成型、流延成型、复合型等十几种塑料城新房工艺。塑料包装市场前景广阔，已辐射到各个领域：蔬菜保鲜包装膜、塑料饮料瓶、啤酒塑料包装瓶、饮水包装瓶(桶)、药用包装材料等。但塑料包装业存在一定的问题：1、重复建设及产品雷同，导致恶性竞争；2、塑料包装废弃物的回收利用管理和再生技术与社会环境保护的矛盾。

四、汽车塑料配件制品

将塑料零部件应用在汽车中已经发展了很长一段时间了，而且汽车零部件的应用对于降低汽车重量，节约燃油，促进环保以及可回收利用的各个方面都有显著的优势。其中聚丙烯(PP)，在可以替代钢铁的工程塑料里是最有代表性的一种。从现代汽车使用的材料看，无论是外装饰件、内装饰件，还是功能与结构件，到处都可以看到塑料制件的身影。为有效降低能耗，塑料材料在汽车业的应用范围已不仅仅局限于汽车内饰、坐椅、车灯等零部件，而是已扩展到油箱、翼子板、风扇叶片等结构件。对于最终用户而言，塑料产品的质量优势会越来越显着，尤其是其较轻的重量有利于节约燃油，这是汽车工业对塑料部件有较大需求量的主要原因，同时，由于塑料具有隔热性能，这又是实现节能的关键所在。

东北是我国的汽车工业重地，有我国最大的汽车企业一汽集团，此外，还有哈飞、华晨等企业。而一批为其配套的零部件厂商紧紧分布在其周围，形成集群式布局，使与之配套的汽车零部件企业获得巨大的市场空间，带动了我省汽车零部件的飞速发展。

五、农用塑料薄膜

黑龙江省是农用薄膜生产及使用的大省，我省采暖期长达180天，为了保证百姓吃上新鲜蔬菜，暖棚、暖窖被大量建设用于种植及储存蔬菜。

六、建筑隔热保温材料

黑龙江省属高寒地区，采暖期长达180天，采暖能耗居全国前列。近几年，我省加大了保温节能住宅建设力度，对老楼外墙添加保温发泡板，增加室内温度，减少能耗。

七、存在问题：

1. 原料价格上涨，使企业产品成本增加，制约了企业发展。

2. 市场恶性竞争、以次充好，影响市场正常发展。近几年，我国塑料行业得到了迅速的发展，市场前景看好，企业纷纷上马，但不难看出在这快速发展的背后，却有着各种隐忧：蛋糕很大，企业无论大小都想从中分得一杯羹，圈地捞钱，并通过各种手段迅速占领各区域市场，为了进一步争夺市场空间，经销商也开始互相倾轧，并转而使厂商一步步丧失利润空间，竞争逐步转向以价格竞争为主的低层次竞争，最终引发了恶性竞争，部分跟进者由于自身规模小，无法从规模效应中获利，于是开始以次充好，在原材料上做文章，假冒伪劣产品应运而生，严重影响了塑料市场的正常发展，市场秩序陷入了混乱的局面。

3. 发展速度缓慢。近些年我省虽加大了对塑料行业的投资力度，引进了一些国内外先进技术和设备，但我省行业总体装备水平仍然偏低、工艺技术相对落后，产品结构不合理，科技投入不足、开发能力薄弱。

4. 节能减排工作进展缓慢。

八、发展趋势及建议

随着我国国民经济和基础设施建设的快速发展以及国家产业政策的调整，我省塑料行业也面临更多的发展机遇及挑战。随着城镇化进程的不断深入，拉动我省城镇基础化建设等领域投资增长，为我省塑料行业的发展提供了巨大的市场空间。随着原料价格、人工等成本的不断增长，塑料产品在产业调整中应以较好市场前景、技术含量高、技术附加值高的产品方面倾斜。建议如下：

1. 加强科普宣传。塑料管材发展速度较快，品种不断翻新，很多人对其性能、设计、施工等方面不也解，因此，应加强对塑料管材的宣传力度，使人们对他有一个正确了解和认识。

2. 规范市场竞争机制。市场不规范导致市场上出现优质产品卖不出合适价钱，不合格产品反倒有人问津现象，因此要加强市场秩序的规范和整顿。市场秩序的规范有赖于政府部门的相关政策法规，但同样也有赖于行业自身的协调和组织，通过加强行业自律，才能够形成良好的竞争关系，逐步实现行业内的优胜劣汰。

3. 加强质量意识，对产品进行监督抽查。

4. 加强质量监督管理。质量监督管理力度不够，使假冒伪劣产品充斥市场。

5. 生产企业应加强自律，不生产假冒伪劣产品。企业自身应尽快走上以技术创新、质量为先的实质性改进之路。

6. 希望政府着力智力白色污染，健全塑料回收体系，提高废塑料资源利用水平，促进我省塑料回收产业全面升级。

7. 大力扶持业内知名企业进行资源整合，向集约化、规模化、名牌化发展，增强抗风险能力，推动我省塑料行业健康快速发展。

(黑龙江省塑料制品行业协会　陈喜东　王春志)

上海市

【大事记】

1月30日上午，在本协会驻所会议室召开了“2013上海塑料行业协会重点企业座谈会”。会议重点讨论、交流了2012年企业经济运行情况分析；2013年行业经济形势的趋势分析及本企业的应对措施以及2013年对协会工作的建议。

3月15日下午，上海塑料行业协会/上海市工商联塑料行业商会五届二次会长办公会在华敏翰尊国际大厦中石化上海石化股份有限公司市内办事处会议厅召开。会上对协会2013年工作计划(审议稿)；2013年财务预算；协/商会副会长单位、理事单位人选的说明；调整会费收缴标准的提议(初审稿)等报告和提议进行了认真的审议，并一致同意《关于适当调整上海塑料行业协会/上海市工商联塑料行业商会会费收缴标准的提议》内容，提交在今年年底召开的本协会/商会的会员大会上审议表决；与会领导还对协/商会2013年的工作计划展开了热烈的讨论。

3月20日下午，市经团联(工经联)在上海市经济管理干部学院2号楼二楼大会场召开了上海市经济团体联合会(市工业经济联合会)四届四次会员大会。本协会会长陈铭参加会议。会上，本协会被授予2010~2011年度“先进行业协会”、“3A级社会组织”等荣誉。

4月25日，上海塑料行业协会工程塑料专委会2012年会在专委会主任单位—上海普利特复合材料股份有限公司的全资子公司—上海普利特化工新材料有限公司召开。陈铭会长、刘景芬副会长到会。

5月11日，协会秘书长秦建旺应邀出席在上海宝山区美兰湖国际会议中心隆重举行的主题为“材料改变未来、资本推动创新”的“2013中国（上海）国际新材料产业发展和资本创新高峰论坛”。

5月13日，在上海国际印刷包装城·包装城副楼3号楼504室，召开了上海地区《中国塑料工业发展史》编辑工作会议。本协会副会长刘景芬应邀出席，并明确负责上海塑料树脂、工程塑料内容编写。

5月19～22日，“第二十七届中国国际塑料橡胶工业展览会（「Chinaplas2013」）”在广州中国进出口商品交易会琶洲展馆隆重举行。本协会组织会员单位观展及参加同期活动。

5月19日，“中国塑料产业国际OEM合作与社会责任高峰论坛”在广州阳光酒店7楼阳光厅举行。本协会副会长刘景芬、秘书长秦建旺应邀出席，并作了“绿色环保塑料在电子产品应用现状与发展趋势”的发言。

5月28日上午，本协会和意大利对外贸易委员会（LCE）、意大利塑料橡胶机械设备和模具制造商协会（ASSOCOMAPLAST）在上海日航酒店联合举办“意大利技术研讨会·塑料加工优化标准—节约能源”。协会组织业内40余家企业，以及上海相关部门、塑料相关协会、媒体等80余名代表和嘉宾出席了会议。

6月18日，本协会协办的以“筑梦西部，塑化未来”为主题的首届“中国国际塑胶与化工产业博览会”在中塑·成都国际贸易中心开幕。本协会组织了上海普利特复合材料股份有限公司、浙江俊尔新材料有限公司、上海金昌工程塑料有限公司、上海海湾石化有限公司和上海国嘉塑化有限公司等会员单位参展。协会会长陈铭出席展会并代表各省市同业协会在开幕式上致辞。

6月26日上午，上海塑料行业专业技术职称申报工作专题会议在本协会驻所会议室召开。

6月27日，协会党支部为了纪念中国共产党建党92周年，组织协会全体党员、秘书处专兼职工作人员，前往江浙沪三省交界处的浙江嘉善县西塘古镇参观爱国主义教育基地及廉政文化教育基地“倪天增祖居”，倍受鼓舞、感触颇深。

6月29日，“‘升级、转型、发展、创新力’慧聪网2013年度塑料行业高峰论坛暨第七届中国塑料行业十佳评选颁奖典礼”在上海浦东陆家嘴金茂大厦举行。会议公布了2012年行业十佳的评选结果并进行了隆重的颁奖。刘景芬副会长、秦建旺秘书长应邀出席颁奖典礼。

8月30日，2013年上海塑料行业技术职称专家评审委员会会议在本协会会议室召开。经上海塑料行业专业技术人员职称评审专家委员会的严格评审，最终有36名业内专业技术人员通过技术职称资格认证评审，其中：高级工程师4名；工程师18名；助理工程师14名。

9月10日上午，雅式展览服务有限公司董事长朱裕伦先生、董事副总经理彭华女士、副总经理梁雅琪小姐等一行前来协会访问。本协会副会长刘景芬、秘书长秦建旺等热情接待了来宾。双方就今年广州举办的「2013国际橡塑展」的成功经验，明年将在上海举办的「2014国际橡塑展」如何再创佳绩进行了深入探讨。

9月24日，中国塑料加工工业协会在浙江台州鑫都国际大酒店召开“全国塑料行业协会联席会议”。上海塑料行业协会会长陈铭、秘书长秦建旺应邀出席会议。

9月25日，「第13届中国塑料交易会和第23届亚洲塑料论坛」在浙江省台州市路桥区开幕。上海塑料行业协会会长陈铭、秘书长秦建旺应邀出席。

9月27日上午，在上海塑料行业协会驻所会议室召开了2013年度上海塑料行业名优品牌认定专家评审会议。最终有4家企业商标产品（或系列）被新认定为“2013年度上海塑料行业名优品牌”；22家企业商品产品（或系列）被重新认定为“2013年度上海塑料行业名优品牌”；14家企业被认定为“2013年度上海塑料行业名优品牌企业”。

10月16～23日，本着学习国际先进塑料加工技术和装备，加强同国际同行技术沟通和交流之目的，上海塑料行业协会、山东省塑料协会联合组团，一行22人赴德观摩世界首届一指的“国际塑料及橡胶展览会（K展）”并参加部分同期活动。

10月17～19日，本协会作为主办单位之一的“第四届昆山（陆家）机械模具橡塑胶工业展暨第三届江苏省模具人才交流会”在昆山市陆家镇仕泰隆国际塑料城隆重举行。协会钮贤圭副秘书长代表上海塑料行业协会在开幕式上致辞。

10月30日下午，在上海科学会堂902会议室，由上海市科学技术委员会主持召开了上海纳尔数码喷印材料股份有限公司制定的“11DZ0501500单向透视膜技术标准研究”验收会议。本协会副会长刘景芬应邀出席。

11月6日下午，在巴斯夫聚氨酯特种产品（中国）有限公司会议室，由上海市节能减排中心主持召开了“巴斯夫研发服务平台一体化研发中心（二期）及附属设施节能评估报告”及“巴斯夫聚氨酯特种产品（中国）有限公司聚氨酯橡胶微孔弹性体研发、技术改造项目节能评估报告”评审会。上海塑料行业协会副秘书长钮贤圭应邀出席。

11 月 18 日，在浙江义乌市半岛星际酒店会议厅召开了上海塑料行业协会塑料包装专业委员会 2013 年度工作交流会。近 20 家专委会成员单位出席会议；上海塑料行业协会有关领导和秘书处人员出席会议；上海塑协工程塑料专委会、《上海塑料》杂志的代表列席会议。陈铭会长、刘景芬副会长到会。

11 月 19 ~ 22 日，「2013 中国(义乌)国际包装、印刷及塑料工业展览会」在义乌市国际博览中心隆重举行。上海塑料行业协会会长陈铭、副会长刘景芬、秘书长秦建旺及秘书处工作人员偕同近 20 家会员单位，一行 34 人组团赴义乌参观「2013 中国(义乌)国际包装、印刷及塑料工业展览会」，参加其同期活动。

11 月 26 日上午，“「2014CHINAPLAS 国际橡塑展」上海简介会”在上海豫园万丽酒店豫园宴会厅举行。雅式展览服务有限公司董事长朱裕伦先生携公司高管；上海塑料行业协会；32 家上海市塑料用家和相关行业协会；以及由上海塑协和有关协会推荐的业内 30 余家终端产品生产企业的老总或代表；华东六省一市及二级市的同业协会领导等 100 余人出席会议。

11 月 26 日下午，在上海豫园万丽酒店西园厅召开了华东六省一市(含台州市)塑料行业协会会长、秘书长工作会议。雅式展览服务有限公司董事长朱裕伦先生携雅式高管亲临会议。上海塑料行业协会会长陈铭、副会长刘景芬、秘书长秦建旺，华东六省一市塑协领导出席会议。

12 月 11 日下午，上海塑料行业协会/上海市工商联塑料行业商会五届三次理事会、会员大会在上海新梅华东大酒店十六楼明珠厅举行。会议分别听取和审议通过了“关于调整上海塑料行业协会/上海市工商联塑料行业商会第五届理事会理事、副会长单位及人员的议案、《上海塑料行业协会/上海市工商联上海塑料行业商会会费收取标准及管理制度》、上海塑料行业协会/上海市工商联塑料行业商会 2013 年工作总结及 2014 年工作思路的报告、《上海塑料行业协会/商会 2013 年 1 ~ 11 月财务收支情况》、关于调整上海塑料行业协会/上海市工商联塑料行业商会第五届理事会理事、副会长单位及人员的议案的报告、《上海塑料行业协会/上海市工商联上海塑料行业商会会费收取标准及管理制度》的报告；对荣获 2013 年度上海塑料行业名优品牌(或企业)的单位及 2013 年度上海市诚信企业颁发了铭牌和证书，并进行了行业名优品牌、职称资格评定、诚信创建企业代表交流发言。

12 月 16 ~ 18 日，上海塑料行业协会会长陈铭、副会长李元、副会长施洪伟携俞朝辉等一行四人拜访了中石化长城能源公司(贵州有限公司)，了解该公司 65 万吨煤化工项目建设情况。

12 月 19 日，以“变革、创新、用企业家精神引领未来”为主题的 2013 年中国塑料产业峰会在上海召开。本届峰会由本协会会员单位“中塑在线”与“仕泰隆”联合发起，全球塑料产业知名企业共同主办，得到各地行业协会、专家、企业、媒体的支持，近 400 名产业界代表出席了本届峰会。上海塑料行业协会副会长刘景芬、秘书长秦建旺应邀出席了峰会。

12 月 23 日下午，本协会党支部召开了全体党员会议，会上，协会党支部换届采用无记名投票方式进行改选，选举秘书长秦建旺同志为党支部书记。选举结果会后上报上海市工业经济联合会党委审批。

12 月 27 日，上海塑料行业协会秘书长秦建旺应邀出席在宁波南苑饭店国际会议中心举行的“宁波市塑料行业协会二届一次会员代表大会暨五周年庆典晚会。”加强与兄弟同业协会的交流沟通，取长补短，共同学习与进步。

【重点企业】

序号	单位名称	主要产品
1	上海晓宝增强塑料有限公司	电缆加强芯
2	上海天原集团胜德塑料有限公司	塑料制品
3	上海心尔新材料科技股份有限公司	新材料、助剂
4	上海尼邦高分子材料有限公司	塑料新材料
5	上海光塑机械制造有限公司	注塑机、挤出机
6	中石化上海石化股份有限公司塑料部	聚乙烯、聚丙烯
7	上海爱平塑胶有限公司	PVC 功能膜、血袋膜、尿袋
8	上海英科实业有限公司	塑料镜框、家装材料
9	上海欧亚合成材料有限公司	热固性塑料
10	上海安诺塑胶制品有限公司	PP－R 给水管、UPVC 排水管
11	上海金山星星塑料有限公司	塑料包装袋
12	上海仪表塑料件有限公司	精密塑料件

续表

序号	单位名称	主要产品
13	上海华谊聚合物有限公司	ABS
14	上海南翼包装有限公司	吨装包装袋
15	维卡塑料(上海)有限公司	PVC 门窗
16	上海派瑞特塑业有限公司	塑料托盘、周转箱
17	上海杰事杰新材料有限公司	工程塑料、改性塑料
18	华德塑料制品有限公司	车用塑料制品
19	延锋伟世通汽车饰件系统有限公司	轿车方向盘、仪表盘、座椅总成
20	上海上塑控股(集团)有限公司	塑料管道
21	中石化化工销售华东分公司树脂部	塑料树脂销售
22	上海爱思塑料制品有限公司	为箱包配套塑料件
23	上海日之升新技术发展有限公司	工程塑料、改性塑料
24	上海中山市场经营管理有限公司	塑料树脂销售
25	上海海外化工有限公司	塑料材料
26	上海氯威塑料有限公司	PVC 塑料制品
27	上海普利特复合材料股份有限公司	工程塑料、改性塑料
28	上海永超真空镀铝有限公司	镀铝塑料膜
29	上海国嘉塑化有限公司	黑色母料
30	上海白蝶管业科技股份有限公司	塑料管道
31	上海至正道化高分子材料有限公司	塑料新材料
32	上海金菲石油化工有限公司	中空级、管道级 HDPE、聚乙烯
33	上海申德精密注塑有限公司	精密塑料件
34	上海海湾石化有限公司	重包装膜、袋
35	上海金浦塑料包装材料有限公司	BOPP 双向拉伸膜
36	上海力卡塑料托盘制造有限公司	塑料托盘
37	上海塑料制品公司	塑料制品
38	上海海棠头盔厂	安全帽
39	上海紫日包装有限公司	塑料防盗瓶盖
40	上海长伟锦磁工程塑料有限公司	塑料新材料
41	上海蓝星聚甲醛有限公司	聚甲醛
42	上海欣禾包装有限公司	塑料包装制品
43	上海宝山迦南塑料厂	PVC 制品
44	上海新上化高分子材料有限公司	塑料新材料
45	上海俊尔新材料有限公司	改性塑料
46	雅式展览服务有限公司	承办展览、展示
47	上海三承高分子材料科技有限公司	高分子聚合物改性材料
48	上海达凯塑胶有限公司	复合塑料材料
49	上海人民塑料印刷厂	塑料印刷包装材料
50	美利肯商贸(上海)有限公司	塑料助剂
51	上海金昌工程塑料有限公司	工程塑料、改性塑料
52	上海天马精塑有限公司	精密塑料件(日用)

【基本情况】

2013 年上海塑料制品企业(规模以上)594 家，工业产值 667 亿元，同比增长 0.8%。上海塑料制品全年共计生产 1655020t，累计比同期 -9.07%，占全国同类产品比例 2.67%；塑料薄膜产量 319040t，累计比同期 -6.94%，占全国同类产品比例 2.93%；泡沫塑料 64333t，比同期 -4.61%，占全国同类产品比例 4.39%；塑料人造革、合成革全年生产 73929t，比同期 -5.39%，占全国同类产品比例 2.13%；日用塑料制品全年生产 104818t，比同期 -12.86%，占全国同类产品比例 2.22%；其他塑料制品全年生产 1092899t，比同期 -9.78%，占全国同类产品比例 2.64%；塑料加工专用设备 28498 台，比同期 -16.71%，占全国同类产品比例 10.57%。详见《2013 年上海塑料制品业主要经济指标(规模以上工业企业)》表。

2013 年上海塑料制品业主要经济指标(规模以上工业企业) 亿元

制造行业名称	塑料薄膜	塑料板/管/型材	塑料丝/绳及编织品	泡沫塑料	塑料人造革/合成革	塑料包装箱及容器	日用塑料制品	塑料零件	其他塑料制品	合计
单位数	84	68	25	46	9	78	54	88	142	594
工业总产值	82.48	73.13	15.66	35.37	20.47	88.48	39.51	110.49	201.54	667.13
同比增减%	1.3	1.4	1.1	7.4	2.2	0.1	-2.1	-8.5	5.8	0.8
应收账款净额	19.20	14.86	6.09	10.14	2.97	22.25	6.59	26.72	42.50	151.31
同比增减%	10.6	-2.5	98.4	14.1	6.1	-11.8	1.6	1.2	8.6	4.6
产成品存货	5.26	6.30	1.17	1.69	1.14	3.33	1.72	7.02	12.43	40.06
同比增减%	16.1	-3.9	82.5	3.1	-11.4	10.7	7.4	-7.7	16.1	6.6
主营业务收入	84.63	79.40	16.30	35.21	20.14	85.13	40.28	113.16	207.58	681.83
同比增减%	1.8	-0.7	-0.9	2.4	3.4	0.2	-1.9	-6.6	8.9	1.6
利润总额	2.488	3.995	0.733	2.666	1.641	5.934	1.388	6.873	6.398	32.115
增减额	-0.092	-0.213	-0.114	0.447	0.150	1.416	-0.202	2.711	-6.216	-2.112
出口交货值	15.32	5.03	2.77	1.07	7.33	13.06	21.38	45.71	28.83	140.51
同比增减%	1.5	-5.3	0.7	-17.6	-1.8	10.4	-6.7	-21.9	6.5	-7.7

【存在问题】

1. 产业、产品结构尚需调整

上海塑料行业涵盖石化、化工、轻工、机电、建材等系统的国有、民营、合资、独资企业，覆盖树脂、制品、助剂、模具和机械等整个塑料产业链。在会员中民营企业占大多数，塑料制品企业占大多数。产业结构尚存在劳动密集型、规模小、产品档次不高等不同程度的问题；产品方面技术含量低、经济附加值低，缺乏市场竞争力等问题在一些制品企业仍存在，产业、产品结构尚需调整。

2. 生产成本上升，企业压力加大

随着原材料价格上涨，上海市最低工资水平的不断提高，企业人工成本上升压力加大，有些制品企业利润较低，经济运行困难。

3. 缺乏有利于人才培养、使用和成长的激励机制

以人为本、科技创新，是企业的精髓。人才是科技进步和经济发展的重要资源，是企业立业之本；以人为本是企业发展的根本，要积极培养既懂生产经营又懂技术的复合型高素质人才，建立有利于人才培养、使用、成长的激励机制仍没有形成。

【发展趋势】

伴随着我国塑料产业实现了历史性跨越，实现了从以消费品为主快速进入生产资料的重要转型，成为集新材料、新工艺、新技术、新装备为一体的新的发展阶段。增速放缓是必然趋势，发展重点由注重量的增长转到质的提升和效益的提高上，加快转型升级，引导业内企业贸易出口走出困境，引导企业调整出口产品结构，提高产品质量、档次和科技含量，实现数量扩张型向效益增长模式转变。

塑料行业应紧紧跟踪当代科技发展趋势和前沿技术，努力缩小差距，按“功能化、轻量化、微成型”当代塑料加工技术发展大趋势，把握塑料加工技术发展方向；紧紧围绕塑料行业面临的关键性技术，实施重点突破并产业化，从根本上改变行业面貌；紧紧围绕提升塑料加工整体技术水平，突出新材料、新工艺、新装备的应用；紧紧围绕绿色发展、循环发展和清洁生产，大力推进节能减排，促进资源综合利用迈上新台阶。

(上海市塑料行业协会　刘景芬)

华东地区塑料行业发展分析

华东六省一市塑料行业在中国同业中起着举足轻重的作用。本文通过回顾近年来华东地区塑料行业发展概况，分析介绍华东地区塑料行业发展的重点市场以及影响因素，并提出值得关注的三个问题。

1. 华东塑料行业发展概况

华东地区塑料行业情况与全国塑料行业一样，在经历了本世纪前十年高速增长之后，2012 年遭受了严峻的考验。一方面欧美复苏乏力致使塑料制品出口放缓，加上人民币升值、原材料和劳动力等成本上升以及国际贸易摩擦频出，特别是发达国家纷纷出台与塑料有关的安全法律、法规及标准等技术壁垒，导致塑料制品出口受阻，全球经济环境限制了产品出口需

求，从而放缓塑料行业的发展步伐。另一方面，由于多数塑料制品产能过剩，低价竞争呈白热化趋势，而生产成本都在不断上升，国内市场内需不振等形势极大地限制了塑料行业的深层次发展，从而使华东地区塑料行业进入常态化中速增长的阶段。

根据国家统计局数据显示，2013 年华东六省一市塑料制品合计25545887t，占全国比例41.3%；塑料薄膜6367753t，占全国比例58.45%；泡沫塑料472844t，占全国比例32.3%；塑料人造革、合成革2707513t，占全国比例78%；日用塑料制品产量1930630t，占全国比例40.9%；其他塑料制品产量14067145t，占全国比例34%；塑料加工专用设备192908 台，占全国比例71.6%。从2013 年全国塑料制品行业累计产量地区占比情况看，全国前10 个省市中华东占了5 个：浙江省第一位，占15.20%；山东省第三位，占8.08%；江苏省第六位，占5.49%；福建省第八位，占4.85%；安徽省第十位，占3.67%。全年总产值实现两位数增长，效益水平持续提高。

2. 发展重点及应用市场分析

(1)华东地区塑料行业发展重点

紧紧跟踪当代科技发展趋势和前沿技术，努力缩小差距，按“功能化、轻量化、微成型”当代塑料加工技术发展大趋势，把握塑料加工技术发展方向；紧紧围绕塑料行业面临的关键性技术，实施重点突破并产业化，从根本上改变行业面貌；紧紧围绕提升塑料加工整体技术水平，突出新材料、新工艺、新技术、新装备的应用；紧紧围绕绿色发展、循环发展和清洁生产，大力推进节能减排，促进资源综合利用迈上新台阶。

(2)塑料应用市场分析

第一，塑料在汽车方面应用前景看好。

塑料在汽车上应用可实现“减量化、再利用、资源化”的重要材料，其加工成型是无污染排放、低消耗、高效率的过程，绝大部分塑料使用后能够被利用，是典型的资源节约型环境友好材料。现代汽车使用的塑料品种已经涵盖了 PP、PVC、PA、PC、PE、热固性复合材料等几乎所有领域，对塑料树脂需求旺盛。轻量化已成为汽车材料发展的主要方向。塑料正逐渐成为汽车轻量化的首选材料。汽车塑料件的发展重点已向结构件使用的增强复合材料和高性能树脂材料转移。

第二，塑料在包装领域的应用快速增长。

塑料包装广阔的市场前景，使塑料包装行业的规模随着市场需求的快速增长和品种、品质的不断涌现而不断扩大。塑料包装复合化、多功能化、环保化是塑料包装的发展趋势。

普通塑料包装膜、袋主要推进生物可降解薄膜材料及系列产品研发、生产与应用。普通塑料包装膜总体向减量化、功能化、易回收利用、可降解的方向发展。

双向拉伸等工业用膜向功能化、专用化、高性能化、高性价比、复合化方向发展。

重点发展具有高阻隔性、避光等功能性复合膜材料和新型功能药用包装薄膜。开发符合食品安全相关法规以及方便回收的食品用塑料包装材料。要注重无菌包装材料的发展、开发，用于食品包装的环保型助剂，推广使用绿色安全的增塑剂和溶剂等。

塑料编织制品主要推动行业向绿色环保、节能高效生产模式与规范化经营模式发展。

塑料中空制品重点发展高阻隔 PET 啤酒瓶、特殊用途的医药包装瓶、大容量工业用的 PE 桶等。中空容器塑料制品向多层共挤高阻隔方向发展。

第三，工程塑料、改性塑料在行业中的地位日益突出。

近年来，随着高新技术的不断发展，工程塑料、改性塑料正逐步成为华东地区高新材料发展的重点。随着国内汽车、电气、电子、通讯机械等工业的蓬勃发展，工程塑料、改性塑料的需求将大幅上升，各种高强度耐热型的工程塑料将得到广泛应用。高分子合金特别是尼龙合金、PC 合金将受到市场的青睐。改性塑料产品的发展，仍然是增强型工程塑料占有很大市场；共混合金成为改性工程塑料发展的主流；一些高性能工程塑料，如：耐高温、耐磨、导电、电磁屏蔽功能的产品将有很大发展。

第四，塑料建筑材料将成为塑料工业迅速增长的主要领域。

塑料建材将成为新的消费热点和经济增长点。随着塑料建材制品的品种逐步系列化、配套化和标准化，环保节能的要求和推广应用的力度增大，各种塑料管、门窗、高分子节水材料、装饰装修材料、保温材料及其他建筑用塑料制品，将有较大幅度增加。随着城镇化推进，城镇供水、排水设施建设、城市建筑、轨道交通建设等，塑料建筑材料将成为塑料工业迅速发展的主要领域之一。

3. 市场影响因素分析及值得关注的问题

第一，未来的产业发展靠的不是资金，也不是生产资料，而是具有知识产权的核心技术。塑料产业要想发展，要想做大、做强就必须重视知识产权。

华东地区塑料企业应继续坚持科学发展观，立足现有基础，加强自主创新，加强国内外同业间的交流与合作，不断提高行业技术水平和管理水平，重视新技术成果转化，提高产品技术含量、提升产品档次，谋求企业发展，由劳动密集型向科技密集型转变，积极开展品牌运作，大力实施质量、品牌战略，引导企业树立品牌意识。不断增强产品的竞争力，促进华东地区塑料行业持续健康发展。

第二，充分认识华东塑料工业面临的新形势，审时度势、把握未来。

伴随着中国塑料加工业实现了历史性跨越，实现了从以消费品为主快速进入生产资料的重要转型，成为集新材料、新工艺、新技术、新装备为一体的新兴制造业，正进入上质量、上水平、上档次的转型升级发展新阶段。在这样新的发展阶段，增速放缓是必然趋势，发展重点由注重质量的增加转到质的提升和效益的提高上，加快转型升级；积极引导企业贸易出口走出困境，引导企业调整出口产品结构，提高产品质量、档次和科技含量，实现数量扩张型向效益型增长模式的转变。

第三、塑料行业绿色环保值得关注，推进塑料产业实现循环可持续发展。

“十二五”以来，华东地区塑料工业依靠技术进步，加强自主创新，推进了塑料加工节约资源与绿色环保低碳发展，促进塑料行业实现循环发展、可持续发展。但在加快节约资源与绿色生态建设，在塑料加工业进一步推进节能减排及清洁生产技术应用，积极推进新能源利用，采用环保型新材料、降低能耗，同时要搞好废弃塑料回收再利用，实现塑料废弃物变废为宝，加快生态文明建设。

（上海市塑料行业协会　刘景芬）

重庆市

一、塑料行业企业抱团发展，建设中国西部塑料生态产业园

在过去的一年里协会配合市经信委领导和企业领导，在探讨和考察筹备建设建立西部塑料工业园区做了大量工作。

(一)塑料行业企业抱团发展建立生态产业园的专题研讨会

重庆市塑料行业企业抱团发展建立生态产业园的专题研讨会于2013年4月15日在重庆金质花苑酒店举行。付志敏会长、夏浩籍董事长、叶正茂总经理、谭光英董事长、黄冠文董事长等正副会长，部分企业生产厂家和原材料机械厂家以及相关企业等50余人出席会议。

会议进行了以下议程：

1. 重庆市塑料行业协会刘汉龙秘书长主持会议并向参加会议的各位领导、嘉宾朋友致以热烈的欢迎和衷心的感谢！他说：近年来塑料工业发展迅速，年总产值在轻工行业中排在首位，而且正在向集群式、集约型快速发展。传达了重庆市委市府和黄市长关于建立工业园区的指导意见，阐述了建立塑料工业园的重要性以及发展思路。

2. 重庆市中宝投资集团公司董事长夏浩籍先生拟在四川武胜打造新材料、新技术产业园的构想、合作模式的项目经过反复考察论证，选址于此，为最佳地域。四川政府重视，批准立项，县领导亲自挂帅，狠抓落实；有广泛的优厚政策，地理环境、交通运输、皆适合建立塑料工业园。夏董愿牵头，与大家共同努力，建好此项目。

3. 重庆市塑料行业协会副秘书长赖介绍新材料园区总体规划设计构想。

4. 在会上围绕在四川武胜打造新材料、新技术产业园为主题，展开了热烈的讨论。

重庆程顺汽车配件有限公司、重庆巨翁塑料制造有限公司、重庆坤成进出口贸易有限公司、重庆工友塑料有限公司、重庆市润晓新材料有限公司等单位在先后在会上进行了积极的讨论发言。在四川武胜打造新材料、新技术产业园产生了浓厚的兴趣，感谢夏总牵头，为行业做好事。同时也希望协会和中宝投资集团的夏总更进一步的弄清楚武胜县政府在这个项目上给予哪些具体的优厚政策，政府应有红头文件的形式承诺给我们企业。部分企业要求再次去该县考察项目。

最后，重庆市塑料行业协会会长付志敏先生做了小结发言：“今天的会议在大家的支持合作下，开得很好很成功，发言踊跃、积极，在建立工业园区之事各自阐述了意见和建议，我也是搞企业的，我支持大家的意见，现在有了雏形，更进一步的向前推进。”

(二)协会再次组织企业考察武胜县工业园区

4月26日，重庆市塑料行业协会组织重庆城顺汽车配件有限公司、重庆润晓新材料有限公司、重庆工友塑料有限公司、重庆协成塑料有限公司、重庆巴王矿产品有限公司、重庆方向塑料有限公司，重庆中宝集团有限公司、重庆敬业塑料有限公司等10家企业20余位领导前往武胜县，参观了现场动工平地情况。在会议室听取了县领导和工业园区领导的讲解，参会企业领导采取提问咨询相关信息，得到很好的答复。随后武胜县的领导多次带队，来我们行业参观企业，招商引资；我们也多次到武胜县考察，认为该县政策优厚、领导重视，地理环境、交通运输适合于企业落户，中宝集团夏董事长牵头，已在该县征地三千亩，部分地块已七通一平，厂房

正在建设中。

（三）在梁平县合作建设重庆市渝东地区千亿级重庆重点项目特色工业园即中国西部塑料生态产业园

重庆市经信委领导和相关部门高度重视、做了大量工作。

1. 向经信委专题汇报：5月8日，重庆市塑料行业协会刘汉龙秘书长、中宝集团夏浩籍董事长到重庆市经信委工业品消费处张玻处长的办公室，汇报了在武胜县建立塑料工业园区情况，张玻处长提出：能否在重庆辖区选址再建立塑料工业园区。我们提出铜梁县地理环境比较合适。5月13日，市经信委工业品消费处张玻处长带队、会长付志敏、陈杰董事长，夏浩籍董事长、黄冠文董事长，谭光英董事长、谭光明董事长、王军董事长、魏子斌董事长、刘汉龙秘书长、赖彪副秘书长、市经委陈强老师、协会罗娅等单位领导到铜梁县实地参观考察，提出在铜梁县建设塑料工业园的设想。随后我们与铜梁县领导多次洽谈协商，但结果不理想便放弃了在铜梁县建工业园。事后张处长提出，在梁平县建立塑料工业园区的意见。

2. 双方进行考察：5月23日，梁平县招商局鄢顶主任在重庆市塑料行业协会组织的技术交流会上做了《投资梁平，招商引资》推荐。6月20日前后，梁平县吴县长、谭副县长，县经委任主任、唐副主任等人多次来行业参观企业，考察咨询。7月9日，刘汉龙秘书长、夏浩籍董事长、谭光英董事长、黄冠文董事长到梁平县进行实地考察，县委县府非常重视，吴县长、蒋书记带领全县班子和部门主要领导，听取汇报座谈交流。双方在建立工业园上都表现出诚意和兴趣。

3. 市经信委艾主任率领工业品消费处张玻处长、耿汝年副处长、陈强老师，夏浩籍董事长，协会刘汉龙秘书长、赖彪副秘书长，9月6日，前往梁平县调研座谈考察。梁平县委书记蒋宜茂，县长吴盛海，县政协主席周仁胜，常务副县长胡华胜，县常务宣传部长张子玉，县常委、园区管委会主任李钟斌以及县级部门的主要领导都参加了打造千亿级塑料环保工业园重点项目筹备工作会议。市经信委领导和县委领导经过充分讨论达成以下共识：(1)吴县长说：完全同意、欢迎在本县建设工业园区；(2)在该县打造完整产业链，形成产业集群；(3)在本县(梁平)建设此重点项目；(4)建设园区模式，政府与企业“两条腿走路”的办法；(5)成立领导小组，市经信委艾主任、张玻处长、吴县长、蒋书记等人组织领导小组，市塑料行业协会作为项目团队的顾问，以政府为主，协会、企业参与的形式组成。

4. 三方战略合作会议在重庆召开，三方战略合作协议签约仪式在梁平举行。

全面启动“中国西部塑料生态产业园”建设工作。12月23～25日，应重庆市经信委领导的邀请，中国塑料加工工业协会常务副理事长曹俭，中科院化学研究员、中塑协专家委员会主任王德禧，中国清华大学教授、中塑协改性专委会秘书长刘英俊，北京工商大学副教授、中塑协降解专委会秘书长翁云宣，北京化工大学机电工程学院副院长、博士生导师吴大鸣，中塑协办公室主任郭志宏等专家来到重庆调研考察。

(1)24日上午，市经信委艾主任陪同专家组先后在长安集团公司、海尔冰箱集团公司、前卫宏华公司听取企业领导汇报、专家提问、实地参观进行了考察调研。

(2)24号下午，在世纪金源大酒店国际会议厅召开“中国西部塑料生态园推进座谈会”，艾主任主持会议，市经信委相关处室领导、梁平县吴县长等县领导参加会议，在会上市经信委工业品消费处聂艳处长介绍了重庆塑料产业工业园设想方案，梁平县吴县长介绍梁平社会经济发展概况及塑料产业推进情况，专家对重庆发展塑料产业集群建言献策。会后，市分管工业的副市长接见了专家组成员。

(3)25日上午9：08，在梁平县平野园林大酒店荷花厅举行三方协议签约仪式。梁平县常务副县长吴华超主持签约仪式。仪式进行了以下议程：主持人介绍领导和来宾并致欢迎辞；中共梁平县委书记蒋宜茂致辞；市经信委主任助理艾万忠致辞；中塑协常务副理事长曹俭致辞；由中国塑料加工工业协会常务副理事长曹俭、市经信委主任助理艾万忠、梁平县县长吴盛海三方领导签订三方战略合作协议。专家组成员、梁平县主要领导、市塑协刘秘书长出席了签约仪式。

(4)成立三方领导小组，重庆市经信委艾万忠主任任组长，中国清华大学教授、中塑协改性专委会秘书长刘英俊和梁平县吴盛海县长任副组长。下设三个工作小组分别为：重庆市工业品消费品处、六位专家、梁平县政府。

(5)座谈讨论了2014年重庆市塑料产业发展工作计划。坚定信心、抓住机遇、明确目标、细化任务确保各项工作取得质的突破，奋力开创塑料产业发展新局面。

会长付志敏同志出席24日的座谈会，刘汉龙秘书长至始至终全程陪同参加了本次会议的全部活动。我们协会完全拥护，全力支持，这是一件大好事。

5. 2014年4月24日，重庆市塑料行业协会在重庆国际博览中心M107会议室召开召开了打造西部千亿级塑料产业园重点项目研讨会暨技术交流会。会议吸引了塑料有生产厂家、原材料、塑料机械设备商家和相关单位70余家企业领导、代表参会，由重庆市塑料行业协会秘书长刘汉龙先生主持会议。会上，重庆市塑料行业协会副会长、重庆阮氏塑业有限公司总经理阮金良先生就《组织塑料行业企业抱团发展，打造中国西部塑料产业园重点项目工作汇报》发言；香港力劲科技集团总工程师冯志远先生主讲《大型两板机在汽车行业的应用》；亿赞普科技(集团)公司陈大伟先生在会上介绍亿赞普跨境电子商务公司平台，重庆将成为成为跨境电子商务中心。会上媒体代表和技术工程师代表等企业代表纷纷发言，各抒己见。

(四)中国西部(重庆)塑料生态产业园开园暨重点项目集中签约

4月25日，中国西部(重庆)塑料生态产业园开园暨重点项目集中签约在梁平工业园区隆重举行。市委常委、常务副市长翁杰明出席活动并做了重要讲话。市政府副秘书长张智奎主持开园及签约活动，县委书记蒋宜茂致辞，市经信委主任助理艾万忠宣读授牌文件并为基地授牌。梁平县长吴盛海接牌，并与中塑协工程塑料专委会及相关企业签订委托招商和项目投资协议，中财集团行政总裁李凌作为企业代表发言。

据悉，当天共签订协议23个，总引资158.35亿元，预计年产值217.2亿元，产业涉及塑料、机械电子、商贸流通、农业开发，能源产业等多个方面。

中塑协工程塑料专业委员会秘书长林敏刚、市发改委副主任杨昌学、市国土房管局副局长胡长明、市环保局副局长张勇、市规划局副总工程师邱书杰，守布·阿迪达公司董事长ZIA，梁平县领导郑云山、周仁胜，重庆市塑料行业协会常务副会长、重庆捷成塑胶(集团)公司董事长陈杰，重庆市塑料行业协会副会长、重庆市中宝投资集团公司董事长夏浩籍、副总裁费诗雅，重庆市塑料行业协会副会长、重庆阮氏塑业有限公司总经理阮金良，重庆市塑料行业协会副会长、重庆融达管道有限公司总经理卢贤权，重庆市塑料行业协会副秘书长、重庆鸿岱科技有限公司赖彪，重庆市塑料行业协会秘书长刘汉龙和办公室陈清清等参加活动并见证签约。梁平县委常委、常务副县长胡华超代表梁平县与部分企业签订项目投资协议。

二、加强塑料管材质量的管理，认真开展以产品质量为目标的自查整改活动

(一)提出整改自律的原因

1.2013年8月份，重庆市合川区公司管理局向市政府领导书面报告，关于市政塑料双壁波纹管严重的质量问题，黄市长有批示：塑料双壁波纹管出现的严重问题要求查处。

2.8月12日，市政府副秘书长董建国主持会议，参加的政府部门有市经信委、市发改委、市建委、市国土房管局、市工商管理局、市财政局、市城乡建委、市市政委、市环保局、市质监局、市政府办公厅等部门参加了此次会议。会议要求从体制上找原因，要全面的检查，严格制止不合格产品流入市场，(我们协会8月14日在重庆市经信委建材处听了传达这一会议精神)。

(二)协会高度重视、主动抓管道行业管道产品质量

1.8月16日，我们向市经信委呈送了书面报告，关于《关于加强重庆市塑料管道行业自律健康发展和建议的报告》。同时向企业发出《关于加强塑料管材质量的管理，认真开展以产品质量为目标的自查整改活动的通知》。

2.8月22日上午和27日下午，会长付志敏和秘书长刘汉龙专程到市经信委建材处汇报工作，加强行业自律发了通知，做的很好。

3.8月28日，在市经委艾主任主持召开的轻工行业座谈会，和29日在市经委刘主任主持召开的建材行业座谈会上，我协会秘书长刘汉龙对塑料管道行业做了比较全面的反映，企业有责任、政府有关部门有责任，他们赞同支持我的说法。

4.我们将重庆市管道行业的现状报告和多次反映给重庆市政府经信委，这引起了政府的重视，在多次征求多方意见后，最终形成重庆市质量技术监督局、重庆市经济和信息化委员会、重庆市城乡建设委员会等市政府相关部门联合发出文件《关于进一步加强冶金、建材产品质量监管工作的通知》。

(三)协会酝酿拟建管道专委会，做好围绕以产品质量为目标自律活动

1.多次召开座谈会，协会先后于5月18日、6月14日、7月5日的多次召开塑料管道专业座谈会。9月10日，第三届三次理事会暨塑料管道企业自律会议决定：建立重庆市塑料行业协会管道专业委员会，由重庆市塑料行业协会副会长重庆一龙管道有限公司总经理叶正茂同志担任专业委员会主任。

2.向市经信委呈《关于拟建重庆市塑料行业协会管道专业委员会的报告》。

3.11月27~29日，重庆市塑料行业协会秘书长刘汉龙应中国塑料管道专委会王秘书长邀请在上海参加全国塑料管道专业会议，刘秘书长在会上做了重庆塑料管道行业自律专题发言。大会反响强烈，反映很好。同时与北京、天津、上海塑料管道专委会秘书长做了学习交流。北京管道协会正在制定塑料管道行业新标准；天津市对企业进行考察审核后备案，相当于

进入市场的许可证；上海市对塑料管道企业进行星级评比。我们准备按照上海的模式结合行业实际拟出具体评比条件，广泛的征求意见，尽量完善，逐步达到天津模式，培养和支持优质企业发展壮大。我们将从多个方面加强重庆市塑料管道企业的自律发展，采取多种有效措施、建立多种监督体系，让重庆市塑料管道企业走上自律、健康发展之路。

（四）正式成立重庆市塑料行业协会管道专业委员会

2014 年 1 月 13 日，重庆市塑料行业协会召开了三届六次常务理事（扩大）会议。会议决定成立重庆市塑料行业协会管道专业委员会，由重庆顾地塑胶电器有限公司、重庆市一龙管道有限公司、重庆永高塑业发展有限公司、重庆伟星新型建材有限公司、重庆阮氏塑业有限公司、亚通塑胶（重庆）有限公司、重庆维斯顿实业有限公司、重庆瑞琦塑胶管道有限公司、重庆融达管道有限公司、重庆百联塑胶有限公司、重庆新川塔实业股份有限公司、重庆万丰塑胶管道有限公司、重庆洋生管道有限公司、重庆嘉世恒建设发展有限公司、重庆久通技术有限公司等单位组成重庆市塑料行业协会管道专业理事会。

重庆市塑料行业协会会长、顾地科技有限公司副总裁付志敏，重庆市塑料行业协会副会长、重庆永高塑业发展有限公司总经理罗建华，重庆市塑料行业协会副会长、重庆伟星新型建材有限公司总经理鲍哲松任专委会副主任，重庆市塑料行业协会副会长、重庆一龙管道有限公司叶正茂总经理担任专业委员会主任。

报经主管部门同意成立重庆市塑料行业协会管道专业委员会。希望管道专业委员会成员单位做好协调、抓好自律、保证质量，共同维护塑料管道行业健康发展！同时也欢迎新成员加入，为重庆市塑料行业协会管道专业委员会注入新鲜血液，促使重庆塑料管道行业发展壮大！

三、会员单位自我发展

（一）发展会员

重庆市塑料行业协会 2013 年共发展会员 19 家，其中副会长单位 7 家，常务理事单位 7 家 ，理事单位 4 家。

1. 副会长单位：重庆百联塑胶有限公司、重庆阮氏塑业有限公司、重庆维斯顿实业有限公司、重庆融达管道有限公司、重庆伟星新型建材有限公司、重庆永高塑业发展有限公司、重庆丰望管道有限公司。

2. 常务理事单位：重庆市立嘉会议展览公司、重庆方向塑料有限公司、重庆春光高分子材料有限公司、重庆坤成进出口贸易有限公司、重庆申朔化工有限公司、重庆洋生管道有限公司、重庆伟源塑料机械有限公司。

3. 理事单位：重庆新川塔实业有限公司、重庆市科跃化工建材有限公司、新湖期货有限公司重庆营业部、重庆市江津区宝星电加热器厂。

（二）卓越创新、超越自我

顾地科技股份有限公司新品推介会暨技术交流会（重庆站）

2014 年 2 月 20 日，顾地科技股份有限公司新品推介会暨技术交流会（重庆站）于君豪大饭店胜利召开。本次会议吸引了全国各地的开发商以及相关施工单位的积极响应与参与。会上，顾地科技股份有限公司专业人员讲解了新产品的功能，到会来宾参观顾地 2014 新产品，并交流产品功能与意见，共两百余人见证大会盛况。

重庆市塑料行业协会秘书长刘汉龙先生及助理陈清清参加了此次推荐会。

会上，重庆顾地塑胶电器有限公司（以下简称重庆顾地）执行总经理王可辉先生致会议开幕词。执行总经理王可辉对各开发商的到来表示欢迎，同时总结了重庆顾地的发展历程，强调要专注当下，并对顾地此次发布的新品做了简单的说明。随后，顾地新产品事业部总经理邵守福先生为参会人员讲解了此次顾地推出的新品，包括特殊单立管排水系统及同层排水系统等新产品的性能及优点。研发中心工程师冉超先生就此次顾地新推出的几款市政新品做了详细的解说。会上，大家就自己关心的问题进行了现场互动，并表示本次会议收获颇丰。

作为中国难燃 PVC 电工管和线槽的发明者和制造者，重庆顾地拥有强大的研发团队，秉承“勇于创新、追求更高”的信念，致力于中国塑胶管道技术革新。此次新品推介会上，重庆顾地发布了 2014 年面市的新产品，分别是 GD 型漩流静音特殊单立管（PHSP）排水系统，GD 漩流静音（PHSP）同层系统，以及用于市政建设的 PE 新型钢带螺旋波纹管、PP - HM 双壁波纹管和 PP 热态结构壁缠绕管等。其中几款广泛运用于市政建设的产品都在产品结构和性能上进行了最大程度优化。

特别值得关注的，是此次推出的 GD 型漩流静音特殊单立管（PHSP）排水系统。它是由重庆顾地自主研发的一种真正能够实现一根 PVC 立管同时具有排水、通气且隔音降噪三重功能的特殊排水系统。该系统采用旋流理念，利用通气系统既能通气又能通水的原理，有效解决了现有建筑管道占地空间大、耗费建材多、排水噪声大，排水能力小，安装工作量大等的重大问题，引领建筑排水行业进入崭新的领域。

为了让来宾们更直观的了解单立管排水系统的技术

及应用，顾地在会议现场特设了设备参观区。同时，顾地还特地安排了技术工程团队对来宾们的问题做现场最直观的讲解和解答，得到了来宾们的一致好评！

重庆捷成“连续式 EPE 物理发泡板生产线”被评定为重庆市高新技术产品

捷成公司多年来一直专注于 EPE 聚乙烯物理发泡生产线和 CO_2 - XPS、EPS 聚苯乙烯阻燃保温板设备的研发、技术创新和国内外市场销售工作。物理发泡设备已经涵盖 EPE 包装用聚乙烯发泡片、网、棒、管；二氧化碳发泡聚苯乙烯 CO_2 - XPS、EPS 外墙保温阻燃板和装饰线条(阴角和阳角)；物理发泡 EPP 汽车内装顶板生产线、EPE 彩花淋膜机生产线、PE、PP 土工网格生产线五个大类，并具有完整的制造技术和生产工艺，配备和培养有专业的售后团队和技术人才。近年来，公司在重庆市政府和璧山县经贸委的的大力支持下 通过品牌建设和不断进行自我完善，加强与客户的沟通协调，定期回访客户，在沿海江苏、杭州建立服务网络，不断开拓市场，捷成公司其产品市场已在亚洲、非洲、中东及全球均有客户群体。“捷成”品牌商标曾于2010年评为重庆市著名商标。

在开拓和创新中，公司始终坚持科学技术是第一生产力，坚信只有不断进行技术创新，才能实现公司持续发展。因此，2006 年至 2013 年间，公司先后与华南理工大学、国家聚合物材料研究贵州中心、四川科技大学等院校开展合作，并通过试验成功攻克了 EPE、CO_2 - XPS、EPS 发泡等关键技术难点。

目前，连续式 EPE 物理发泡板生产线设备制造技术和生产工艺在国内仍至全球均处理绝对领先地位，对公司今后五年实现技续发展具有重大意义。

（重庆市塑料行业协会 刘汉龙　陈清清）

浙江省

【基本情况】

2013 年，面对世界经济复苏乏力、国内经济下行压力加大的错综复杂形势，浙江省塑料制品行业认真贯彻“稳中求进”的基本方针，克服了重重困难，实现预期增长目标。行业运行总体平稳，经济效益有所增长，产业转型升级稳步推进，投资结构继续优化，出口保持增长，市场供需基本稳定。

1. 行业规模

据浙江省统计局统计，2013 年浙江省塑料制品行业规模以上企业 1913 家(其中亏损企业 268 家，同比增长 29.5%，亏损面 14.01%)，占全国塑料制品行业规模企业总数的 13.96%(其中亏损企业占全国塑料制品行业亏损企业总数的 16.47%)，从业人员 26.46 万，同比下降 1.4%。

2. 塑料制品产量

2013 年，全省规模以上企业完成塑料制品总产量 9403.8kt，同比增长 5.6%，占全国同期塑料制品总产量的 15.20%，居全国第一位，增幅较上年同期回落了 7.42 个百分点，其中：塑料薄膜产量 3414.3kt，同比增长 8.85%，占全国同期塑料薄膜总产量的 31.34%(居第一位)；塑料薄膜中农用薄膜产量 155.8kt，同比增长 23.15%，占全国同期农用薄膜总产量的 8.31%(居第三位)；泡沫塑料制品产量 178.4kt，同比增长 4.20%，占全国同期泡沫塑料制品总产量的 12.18/%(居第三位)；塑料人造革、合成革产量 1313.8kt，同比增长 5.35%，占全国同期塑料人造革、合成革产量的 37.86%(居第一位)；日用塑料制品产量 870.9kt，同比增长 7.93%，占全国同期日用塑料制品总产量的 18.47%(居第二位)；其他塑料制品 3626.3kt，同比增长 2.36%，占全国同期其他塑料制品总产量的 8.77%(居第三位)。在五大类塑料制品中，除泡沫塑料制品及日用塑料制品的产量增幅比上年同期分别提高 5.83 个百分点和 1.15 个百分点外，其余三大类产品的产量增幅均比上年同期有不同程度的回落，其中塑料薄膜的增幅较上年同期回落 11.78 个百分点，增幅大幅下滑。

3. 主要经济指标

2013 年浙江省塑料制品行业规模以上企业完成主营业务收入 2032.22 亿元，同比增长 4.9%，占全国塑料制品行业同期主营业务收入的 10.88%；实现利税 157.34 亿元，同比增长 7.5%，占全国塑料制品行业同期利税总额的 9.38%，其中利润 102.79 亿元，同比增长 6.1%，占全国塑料制品行业同期利润总额 9.15%；出口交货值 408.56 亿元，同比增长 5.5%。

4. 创新活力不断增强，名牌产品、著名商标产品平稳增长

创新投入持续加大，全行业不断依靠科技进步，加大科技开发力度，加快企业高新技术成果的产业化，推动产品结构调整和产业升级。2013 全行业规模企业科技活动经费投入继续增加，全年科技活动经费支出总额达 19.66 亿元，同比增长 20.60%，增幅较上年同期增长 2.7 个百分点，有 10 个项目被列入 2013 年省重点技术创新项目，总投资达 19966 万元。

2013 年，全省塑料行业共有 44 个产品获“浙江省名牌产品”称号，其中：新增 9 个，到期复评 35 个；5 个产品获 2013 年度“浙江出口名牌”称号；31 个产品获 2013 年度浙江省著名商标产品，其中新增 8 个，复评 23 个；33 家企业获 2013 年度浙江省高新

技术企业称号，其中新增13家，复评20家。

【企业荣誉】

1. 2013年中国民营企业五百强

排位	企业名称	所属行业
179	华峰集团有限公司	橡胶制品、塑料制品业
189	浙江大东南集团有限公司	橡胶制品、塑料制品业
230	海天塑机集团有限公司	通用设备和专用设备制造业
260	利时集团股份有限公司	综合
384	浙江明日控股集团股份有限公司	批发和零售业
443	公元塑业集团有限公司	橡胶制品、塑料制品业
467	伟星集团有限公司	综合

2. 2013年浙江省综合百强企业

排 位	企业名称	营业收入总额/万元
60	浙江大东南集团有限公司	1518052
80	华峰集团有限公司	1135002. 8
81	利时集团股份有限公司	1134527

3. 2013年浙江省制造业百强企业

排 位	企业名称	营业收入/万元
39	浙江大东南集团有限公司	1518052
51	华峰集团有限公司	1135002. 8
52	利时集团股份有限公司	1134527
65	海天塑机集团有限公司	942858
78	浙江富陵控股集团有限公司	795735

4. 2013年浙江省塑料行业高新技术企业名单

序号	企 业 名 称	序号	企 业 名 称
1	浙江众成包装材料股份有限公司	2	浙江港龙新材料有限公司
3	浙江尤尼克管业有限公司	4	浙江华夏杰高分子建材有限公司
5	浙江铭龙塑胶有限公司	6	浙江宇狮包装材料有限公司
7	浙江格尔泰斯环保特材科技有限公司	8	浙江新高包装有限公司
9	浙江世博新材料有限公司	10	浙江三星新材股有限公司
11	浙江盛丰塑胶有限公司	12	劲牛管业科技有限公司
13	杭州高新橡塑材料股份有限公司	14	杭州联通管业有限公司
15	浙江沪天胶带有限公司	16	浙江东方州强塑模实业有限公司
17	杭州余杭南湖塑料制品厂	18	杭州理想塑胶有限公司
19	浙江亨达塑料模具有限公司	20	浙江凯华模具有限公司
21	滨海模塑集团有限公司	22	浙江模具厂
23	浙江天禾生态科技有限公司	24	台州富岭塑胶有限公司
25	台州市黄岩星泰塑料模具有限公司	26	海宁长宇镀铝材料有限公司
27	海宁市粤海彩印有限公司	28	嘉善金泰工程塑业有限公司
29	义乌市晒康塑胶厂	30	金华中盛塑料硬片有限公司
31	温州市新丰复合材料有限公司	32	温州市长丰人造革有限公司
33	诸暨市枫华塑胶科技有限公司		

5. 2013年度“浙江出口名牌”名单

序号	企业名称(中文)	品牌名称
1	义乌市双童日用品有限公司	双童
2	浙江胜利塑胶有限公司	馮泰
3	温州人造革有限公司	东泰
4	浙江众成包装材料股份有限公司	“众”牌
5	长虹塑料集团有限公司	CHS

6. 2013年度浙江省塑料行业创新型示范和试点企业名单

创新型示范企业：

浙江伟星新型建材股份有限公司

浙江中材管道科技股份有限公司

创新型试点企业：

永高股份有限公司

7. “2012年度中国轻工业塑料行业(塑料人造革)十强企业”(浙江省)名单

浙江五洲实业有限公司、浙江禾欣实业集团股份有限公司、浙江梅盛实业股份有限公司、浙江强丰革业有限公司。

【重点企业选介】(名单排列不分先后)

序号	企业名称	企业简介	2013年主要指标	企业获得的主要荣誉
1	浙江明日控股集团股份有限公司	公司创建于1998年，经销PE、PP、PVC、PS、ABS、弹性体等合成树脂及甲醇、橡胶、乙二醇、片碱等化工产品，并生产CPP薄膜、农地膜、液体包装用PE吹塑薄膜、包装用PE吹塑薄膜、复合膜及袋。注册资本3亿元。	2013年经销合成树脂及化工产品1370kt，塑料薄膜产量30kt。经营收入1340000万元，利税总额9500万元，其中利润5000万元，总资产12.55亿元。	中国塑料加工工业协会副理事长单位、浙江省塑料行业协会会长单位、2013年中国民营企业500强企业(全国工商联)、重合同守信用AAA级单位(浙江省工商局)、信用等级AAA级企业(浙江省人行、农行)、浙江省高新技术企业(杭州新光)、浙江名牌产品(杭州新光)、浙江著名商标(杭州新光)。
2	浙江伟星新型建材股份有限公司	公司创建于1999年，企业注册资本25340万元，主要产品：PP－R、PERT、PB等塑料管材及管件，广泛应用于给水、排水、排污、燃气、采暖、电力、矿山等领域。2010年在深圳证券交易所上市，股票代码002372	营业收入215881.44万元。利润总额37950.92万元，净利润31567.30万元，总资产230131.33万元。	中国塑料加工工业协会理事会副理事长单位，中国塑料加工工业协会塑料管道专业委员会副理事长单位、全国塑料制品标准化委员会塑料管材管件及阀门分技术委员会委员单位、2013年中国民营企业五百强、浙江省高新技术企业、浙江省专利示范企业、浙江省创新型企业、重合同守信用AAA级单位(浙江省工商局)、浙江省首批先进质量管理孵化基地、浙江省创新型示范企业、浙江省诚信守法企业、浙江省专利示范企业，拥有180项专利，其中发明专利6项。2013年有4项新产品通过省级鉴定，其中一项产品技术处国际领先水平。浙江省名牌产品、浙江省著名商标。
3	永高股份有限公司	公司创建于1993年，主要生产PVC－U、PP－R、PE、PE－RT、CPVC等3500余不同规格、品种的管材及管件，年生产能力450kt。2011年在深圳证券交易所上市，股票代码002641	营业收入291841.57万元，利润总额29104.04万元，净利润24295.73万元，总资产298357.77万元。	中国塑料加工协会副理事长单位、中国塑料加工工业协会塑料管道专业委员会理事长单位，浙江省塑料行业协会副会长单位、全国塑料制品标准化委员会委员单位、2013年中国民营企业五百强，浙江省创新型试点企业、建立省级高新技术企业研发中心和博士后科研工作站、浙江省名牌产品、浙江省著名商标。
4	浙江禾欣实业集团股份有限公司	公司是一家集生产经营PU合成革、超细纤维合成革、合成革基布、浆料、色料为一体的国内产业链配套最完整的企业之一。专业生产干湿法PU革基布、PU树脂、PU色料、聚氨酯合成革、高档超纤皮面料、绒面超纤等产品，公司于2010年在深圳证券交易所上市，股票代码002343.	营业收入145886.51万元，利润总额8714.63万元，净利润5232.32万元，总资产181039.51万元。	国家认定企业技术中心、浙江省“五个一批”重点骨干企业、国家高新技术企业、银行信用“AAA”企业。

续表

序号	企业名称	企业简介	2013年主要指标	企业获得的主要荣誉
5	浙江众成包装材料股份有限公司	公司创建于2001年，是一家集科研、设计生产、销售及售后服务于一体的全过程制造企业，是全球知名的高品质POF热收缩膜制造商和国内优秀的POF热收缩膜整体包装解决方案提供商，POF热收缩膜生产能力32kt，目前是全球第二、中国第一的POF热收缩膜生产企业。2010年在深交所中小板上市，股票代码：002522。	产量23213吨，营业收入50634.80万元，利润总额8587.82万元，净利润7323.68万元，出口创汇4677万美元，总资产129979.92万元。	浙江省塑料行业协会副会长单位，公司已获授权专利20余项、浙江省高新技术产品、"浙江省著名商标"、"浙江名牌产品"、"浙江省知名商号"、"浙江出口名牌"、浙江省转型升级引领示范企业、浙江省绿色企业、中国轻工业塑料行业十强企业、国家高新技术企业、国家火炬计划重点高新技术企业。
6	杭州萧山华益塑料有限公司	公司创建于2000年，主要产品：各种用途的BOPP薄膜，产能14，总资产5亿元。	产量144492t，产值180379万元，销售收入172391万元，利税6982万元，其中利润5628万元。	浙江省名牌产品、浙江省著名商标。
7	浙江俊尔新材料有限公司	公司创建于1995年，改性尼龙、改性聚碳酸酯、改性聚酯、改性聚烯烃、特种工程塑料和热塑性弹性体六大系列产品，广泛应用于汽车、电子、机械、航空等领域，注册资本7500万元。	销售收入87000万元，利税6953万元，出口创汇28万美元。	浙江省塑料行业协会副会长单位、国家高新技术企业、国家火炬计划重点高新技术企、中国化工行业技术创新示范企业、国家认可实验室、浙江省创新型示范企业、浙江省产学研合作示范企业、浙江省名牌产品、浙江省著名商标。
8	浙江凯利新材料股份有限公司	公司创建于2006年，主要产品：BOPP薄膜，生产能力70000t。	产量66000t，销售额80000万元，利税5500万元，利润3000万元，总资产6.5亿元。	国家级重点高新技术企业、浙江省名牌产品、浙江省出口名牌产品、浙江省著名商标。
9	浙江南洋科技股份有限公司	公司创建于2001年，主要产品：电容薄膜、太阳能电池背材膜、锂离子电池隔膜、光学隔膜，生产能力150kt。2010年在深圳证券交易所上市，股票代码002389.	营业收入44194.76万元，利润4294.86万元，净利润3519.92万元，总资产178579.03万元。	国家火炬计划重点高新技术企业、浙江省高新技术企业，拥有2项发明专利、浙江省名牌产品、浙江省著名商标。
10	台州富岭塑胶有限公司	公司创建于1992年，主要产品：塑料餐具及厨房用具，产品90%出口，在美国设有二个分公司、澳洲设有一个分公司，市美国五大快餐连锁企业之一。总资产26803万元。年生产能力30000，浙江省最具规模的塑料餐具及厨房用具生产企业。	产量23000t，销售总额31716万元，利税5185.2万元。	中国塑料加工工业协会副理事长单位、中华人民共和国海关A类企业、国家高新技术企业、浙江省科技术型中小企业、浙江省绿色企业、浙江省守法诚信进出口企业、浙江省工商信誉AAA级单位、浙江省名牌产品、浙江省出口名牌、浙江省著名商标、浙江省知名商号、浙江省级研究开发中心

续表

序号	企业名称	企业简介	2013年主要指标	企业获得的主要荣誉
11	浙江杭宝集团有限公司	公司创建于1980年，主要产品：BOPP薄膜、BOPP胶带、塑料管材及管件、胶水，BOPP薄膜生产能力35000吨，BOPP胶带生产能力6亿平方米、、塑料管材及管件生产能力30000t，胶水生产能力50000t，总资产20亿元。	薄膜产量32098t，塑料管材及管15007t，4、5亿平方米，胶水19151t，产值114926万元，销售收入120624万元，利税4319万元，利润2878万元。	浙江省塑料行业协会副会长单位、浙江省著名商标、
12	浙江锦盛包装有限公司	公司创建于1989年，产品：化妆品用塑料瓶，年生产能力6000万套，70%产品外销。总资产36144万元。	实现销售20108万元，出口创汇1756万美元，技改投入629万元，利税4137万元，其中利润2531万元	浙江省知名商号、浙江省科技型中小企业、浙江省著名商标。
13	浙江三友塑业股份有限公司	公司创建于1971年，主要产品：纺织用各种类别的塑料纱管、摩托车配件、摩托车、毛纺等。中国最大的纺织用塑料纱管生产企业。纺织用塑料纱管年生产生产能力15000t，再生塑料年处理能力20000t，	塑料制品产量14000t，销售收入2.60亿元，利税2800万元。	中国塑料加工工业协会副理事长单位、中国纺织器材行业协会副理事长单位、浙江省塑料行业协会常务副会长单位、中国纺织器材行业50强、全国纺织行业先进集团、浙江省著名商标，拥有35项专利，
14	浙江伊美薄膜工业集团有限公司	公司创建于2001年，产品：双向拉伸聚丙烯薄膜，产能150kt。注册资本3700万美元．	产量100000吨，销售收入113907万元，产值113555万元，利税2707万元，其中利润905万元。	浙江省名牌产品、浙江省著名商标。
15	浙江大东南股份有限公司	公司创建于1975年，主要产品：BOPP、BOPET、CPP、PE薄膜及袋，生产能力150kt，2008年在深圳证券交易所上市，股票代码002263.	营业收入74410.18万元，利润总额997.51万元，总资产354456.13万元。	中国塑料加工工业协会副理事长单位、浙江省塑料行业协会常务副会长单位、浙江省工业行业重点骨干企业、国家高新技术企业、2013年中国民营企业500强、中国塑料包装行业龙头企业、2013年浙江省综合百强企业、2013年浙江省制造业百强企业、浙江省名牌产品、浙江省著名商标、
16	浙江鑫鼎塑业有限公司	公司创建于1995年，主要产品：环保用塑料制品、日用塑料制品、物流用塑料制品，总资产2.6亿元。	产值2.27亿元，销售收入2.1亿元，其中出口额占45%，利税2279万元，其中利润1099万元。	浙江省塑料行业协会副会长单位、浙江省工商企业信用AAA级‘守合同重信用’单位”、浙江省名牌产品、浙江省著名商标，拥有50多项专利
17	温州市金田塑业有限公司	公司创建于1989年，主要产品BOPP薄膜，年生产能力65kt。	产量48686t，产值55946万元，销售收入57628，出口交货值6453万元，利税1861万元，其中利润642万元，	浙江省塑料行业协会BOPP/CPP薄膜专委会理事长单位
18	瑞安市东威塑胶有限公司	公司创建于1997年，产品：双向拉伸聚丙烯(BOPP)薄膜、PVC压延膜，生产能力75000t。注册资金10080万元。	产量70201吨，产值72290万元，利税1481万元，其中利润530万元。	浙江省塑料行业协会副会长单位。

续表

序号	企业名称	企业简介	2013 年主要指标	企业获得的主要荣誉
19	南塑集团有限公司	公司创建于 1991 年，主要产品：塑料编织布及袋、PVC 压延薄膜，塑料制品生产能力 80kt。资产总额 5.26 亿元。	产量 24195t，产值 28276 万元，销售收入 27823 万元，出口交货值 1589 万元，利税 1463 万元，其中利润 218 万元。	浙江省塑料行业协会副会长单位、浙江名牌产品、浙江省著名商标、省清洁型生产企业，GB/T8946－2011 第一起草单位、2013 年度浙江省成长型中小企业。
20	浙江龙士达塑业有限公司	公司创建于 1996 年，主要产品：日用塑料制品。固定资产 1.5 亿元	产量 6000t，产值 1.57 亿元，利税 1000 万元，	浙江省科技中小型企业、浙江省著名商标。
21	华正塑料集团有限公司	公司创建于 1985 年，主要产品：塑料编织袋，生产能力 25000t。	产量 17882t，工业总产值 22025 万元，产品销售收入 20698 万元，出口交货值 4818 万元，利税 980 万元。	浙江省三优企业、浙江省诚信示范企业、省农行 AAA 资信单位、浙江省工商企业 AAA 级“守合同重信用”单位
22	宁波新远栋塑胶容器有限公司	公司创建于 2001 年，主要产品：滚塑制品，年生产能力 5000t。	产量 2600t，产值 5805 万元，销售收入 5785 万元，利税 750 万元，其中利润 572 万元。	先后获得专利 20 项，其中发明专利 2 项。
23	浙江步步乐箱包有限公司	公司创建于 1997 年，主要产品：PP、PC、PE 塑料拉杆、儿童箱包。能力 10000t。	产量 4000t，产值 7000 万元，利税 703 万元，利润 394 万元。	浙江省中小型企业技术中心、；浙江省重合同守信用企业。
24	升阳控股有限公司	公司创建于 2002 年，产品：塑料编织布及袋，注册资金 5000 万元。	产量 10336t，工业总产值 11270 万元，产品销售收入 11181 万元，利税 423 万元，	中国塑编制品行业 20 强（排名第十四位）。
25	台州市双马塑业有限公司	公司创建于 2002 年，主要产品：塑胶厨房家居用品，生产能力 10000.00t。	产量 7500t，产值 21000 万元，实现税收 1400.00 万元，年出口额 2200 万美元。	台州市著名商标、台州市名牌产品。
26	台州市高美塑业有限公司	公司创建于 2008 年，主要产品：日用塑料制品，年生产能力 10000t。	公司实现销售 5800 万元，利税总额 350 万元，其中利润 200 万元，	
27	浙江远大塑胶有限公司	公司创建于 2003 年，产品：CPP 薄膜，5 条 CPP 薄膜生产线，产能 20kt，资产 1 亿元。	产量 6650t，产值 8599 万元，产品销售收入 8414 万元，利税 298 万元，其中利润 23 万元。	CPP 食品包装行业贡献奖
28	浙江强盟实业股份有限公司	公司创建于 2003 年，主要产品：BOPET 薄膜，生产能力 60000t，注册资本 10700 万元	产量 48877t，工业总产值 53852 万元，销售收入 54587 万元，出口交货值 3983 万元，	浙江省高新技术企业，浙江省绿色企业、银行资信等级 AAA、浙江名牌产品。

【大事记】

1. 中国合成革国际交易中心揭牌仪式在温州隆重举行

3 月 8 日下午，“中国合成革国际交易中心”授牌仪式在温州信泰皮革鞋料市场举行。中国塑料加工工业协会常务副理事长曹俭、瓯海区委常委、副区长周一富、温州市委市政府、欧海区政府部委办领导、温州工撤商联、欧海区工商联、温州在外商会以及温州合成革商会会、义乌皮革行业协会、企业家等 60 多人参加。

“中国合成革国际交易中心”是国内以合成革产业命名的首家唯一大型合成革交易中心，是温州市各级政府为推动轻工行业经济发展，引导企业经济转型的重要举措，也是温州商协会的企业家们在工业消费资料市场的重大投资项目。为人造革合成革制造以及鞋基、鞋材、鞋化等相关产业提供现代化新型服务平台，对于合成革产业链的经济发展方式，具有重大现实意义。

2.“第一届国际水性生态合成革产业大会”在丽水召开

4月19日，由中国塑料加工工业协会与丽水市人民政府联合举办的“第一届国际水性生态合成革产业大会”在丽水召开，来自国家相关部委、浙江省相关部门、合成革相关上下游企业、有关地方协会、国内有关大专院校及有关合成革生产企业的代表出席了会议。浙江省塑料行业协会秘书长汪建萍应邀出席会议。

3. 浙江省塑料行业协会四届四次理事会在宁波召开

4月26日，“浙江省塑料行业协会四届四次理事会”在宁波饭店召开，有四十余位理事出席。会议审议通过了2012年度浙江省塑料行业协会工作总结和2013年度工作任务、2012年度浙江省塑料行业协会财务收支情况报告。

4.“2013中国塑料产业大会”大会在宁波举行

由大连商品交易所、中国石油和化学工业联合会、中国轻工业联合会联合

举办的“2013中国塑料产业大会”6月5~6日在宁波召开。会议围绕城镇化、新能源革命、中东市场等新形势下塑料产业发展、塑料期货市场创新及企业风险管理工具利用等展开。

在为期一天半的时间里，共有15位国内外专家就宏观形势、塑料产业发展和产业格局、市场供求与价格走势、期货市场发展及风险管理等多个主题作专题报告；大会还设有聚氯乙烯和聚烯烃两个分会场和风险管理专题论坛，有18位论坛嘉宾参与，浙江省塑料行业协会会长、浙江明日控股集团股份有限公司总经理韩新伟应邀出席大会，并被邀请为风险管理专题论坛的嘉宾。

5. 全省有11位专家当选“第六届全国塑料制品标准化技术委员会及三个分技术委员会”委员

5月14日，“全国塑料制品标准化委员会换届暨第六届委员会成立大会”在北京召开，国家标准化管理委员会、工业化信息化部、中国轻工业联合会、北京工商大学的领导及新一届委员共140余名代表出席会议。

第六届全国塑料制品标准化技术委员会(SAC/TC48)由国内有关高等院校、科研院所、检查机构、会议协会、有关企业、认证机构等单位的41位委员组成，其中浙江省有二位委员(浙江省塑料行业协会秘书长/高级工程师汪建萍、永高股份有限公司总工程师/工程师黄剑)，塑料制品分技术委员会(SAC/TC48/SC1)由45位委员组成，其中浙江省有3位委员(宁波色母料有限公司副总经理/高级工程师洪寅、华之杰塑料建材有限公司总工程师/高级工程师牛建华、宁波江南塑胶容器有限公司董事长/工程师房华江)；泡沫塑料分技术委员会(SAC/TC48/SC2)由23位委员组成，其中浙江省有1位委员(浙江圣诺盟顾家海棉有限公司总经理/总工程师钱洪祥)；塑料管材、管件及阀门分技术委员会(SAC/TC48/SC3)由45位委员组成，其中浙江省有6位委员(永高股份有限公司总工程师/工程师黄剑、浙江伟星新型建材有限公司高级工程师李大治、浙江中材管道科技股份有限公司总工程师/高级工程师丁良玉、枫叶控股集团有限公司杨科杰、浙江经纬集团环保工程有限公司工程师王寿永、宁波市华宇电器有限公司技术部主任/工程师李伟富)。

6.“2013年中国合成革峰会”在温州举行

2013年8月28日，“2013中国合成革峰会”在温州举行，会议通报了合成革景气指数与下游市场需求动态评估状况，并对“2012年度中国轻工业塑料行业(塑料人造革)十强企业”进行授牌，其中浙江省有四个企业入选十强。

7. 全国塑料行业协会联席会议在路召开

9月24日上午，借着第十三届中国塑料交易会在浙江台州召开的契机，中国塑料加工工业协会在台州路桥组织召开了“全国塑料行业协会联席会议”，来自浙江、广东、上海、江苏、安徽、甘肃、福建、深圳、台州等地的30个塑协负责人和企业代表参加会议。

中国塑料加工工业协会理事长钱桂敬就《塑料加工“十二五”技术进步指导意见》(简称《意见》)发表了重要讲话，他指出，《意见》在发展目标上，突出了完善技术创新体系；推进清洁生产和节能减排，加快重点产业产品结构的转型升级等指标。《意见》中技术方向及重点研发内容，是方向性、导向性的，也是阶段性的。随着技术进步和新技术突破，需要不断完善、补充和调整，因此塑料加工行业要密切关注当代最新科技动态和前沿技术研究进程，站在科技发展制高点来把握塑料加工业发展方向，同时要面向市场，把握行业发展规律，增加核心竞争力和发展后劲。

会议还就如何加强各地方行业协会间的交流与合作、促进塑料行业健康进行了广泛深入的交流。

8.“第十三届中国塑料交易会”在台州举办

9月22~25日，“第十三届中国塑料交易会”在浙江台州隆重举办，本届塑交会设机械馆、机床模具馆、制品馆和模具馆。展会面积达3.5万平方米，海内外参展企业600多家，展位1600个，专业观众达3万多人次。

10.“第23届亚洲塑料论坛”在台州隆重举行

9月25日，“第23届亚洲塑料论坛”在台州隆重举行，中国、日本、孟加拉国、印度、印度尼西亚、马来西亚、菲律宾、新加坡、斯里兰卡、泰国和越南12个论坛成员国及欧洲、非洲地区的部分塑料协会代表、业内知名专家学者等300余名代表参加。论

坛以“塑料行业可持续发展、合作共赢”为主题，探讨各国塑料产业情况、市场需求和当前行业热点。

10. 浙江塑协组团赴德国参观“第十九届德国杜塞尔多夫国际塑料与橡胶展”

2013德国杜塞尔多夫国际塑料及橡胶展（K2013展），是目前全球最大的塑料橡胶工业展览会，每三年举办一届，该展会至今已成功举办了十八届。为进一步提高浙江省塑料加工业的技术水平和创新能力，加强国际交流，促进塑料工业的健康发展，浙江省塑料行业协会2013年10月14～22日组织省内有关企业负责人及技术人员共23人赴德国参观展览会，并考察全球著名的塑料机械制造商—德国莱芬豪舍公司，通过参观考察使企业家对全球塑料行业的现状及发展趋势有了进一步的了解，受益匪浅。

11. “第十五届中国塑料博览会”在余姚举行

由中国石油和化学工业联合会、中国石油天然气集团公司、中国石油化工化工股份有限公司、中国中化集团公司、中国轻工业联合会和余姚市人民政府联合主办的“第十五届中国塑料博览会”于11月6日至9日在浙江余姚隆重举行。

本届博览会共设2000个展位，展出面积达4.2万平方米，设塑料原料、塑料机械、塑料模具机械、塑料模具技术、和塑模制品半成品四大展区，新增设中国塑料城主题馆，集中展示塑料城改性塑料企业及产品。参展企业581家，比上届增加92家，其中对外招展1032个展位，吸引了314家企业参展，境外企业有73家。占公开招展企业数的23.2%，参会客商人次与2012年基本持平，有效客商达2万余人，同比增长2%，展会总交易额达到39亿元。

12. “第九届中国塑料产业发展国际论坛”在余姚举行

11月7日，“第九届中国塑料产业发展国际论坛”在余姚举行，此次论坛由中国石油和化学联合会、中国轻工业联合会及余姚市人民政府联合举办，论坛的主题是：化工新材料发展—工程塑料市场与应用，出席论坛的有国内外专家，业内同仁及企业家代表200余人。浙江省塑料行业协会秘书长汪建萍应邀出席论坛。

（浙江省塑料行业协会　汪建萍）

温州市

一、2013年经济运行概况

2013年，温州塑料行业经济运行总体平稳。根据市统计局数据，规模以上企业294家，完成工业总产值259.24亿元，同比增长-0.34%，全社会完成工业总产值604亿元，相比上年基本持平。规模企业产值塑料行业占全市5.87%，在工业行业中位居前十位。2013年规上企业塑料制品产量129.78万吨，同比下降1.15%，基本保持上年水平。（塑料制品分品种产值、分区域产值及塑料制品分区域产量情况见附表1、2、3）。

附表1　温州市2013年塑料行业分品种产值

万元

品种名称	2013年累计	2012年累计	比去年增长/%	占比/%
制品产值总计	2592426	2601234	-0.34	100
塑料薄膜制品	693773	641258	8.19	26.76
塑料丝、绳及编织品制品	568649	570757	-0.37	21.94
塑料人造革、合成革制品	868349	933925	-7.02	33.49
塑料板、管、型材制品	123326	114021	8.16	4.76
泡沫塑料制品	61356	59769	2.65	2.37
日用塑料制品	35553	32722	8.65	1.37
塑料包装箱及容器制品	18973	21944	-13.54	0.73
其他塑料制品	222477	226838	-1.92	8.58

附表2　温州市2013年塑料行业分区域产值

万元

区域	企业数	2013年累计	2012年累计	比去年增长/%	占比/%
温州市	294	2592426	2601234	-0.34	100
龙湾区	78	718029	759521	-5.46	27.70
苍南县	57	614038	586539	4.69	23.69
瑞安市	53	443308	440201	0.71	17.10
平阳县	49	353298	340501	3.76	13.63
乐清市	27	203992	202684	0.65	7.87
开发区	14	145804	155236	-6.08	5.62
永嘉县	5	50663	52589	-3.66	1.95
瓯海区	8	41458	43736	-5.21	1.60
鹿城区	2	14261	13748	3.73	0.55
泰顺县	1	7576	6480	16.93	0.29

附表3　2013年温州市各区域规模企业塑料制品产量

t

区域	企业数	2013年累计	2012年累计	比去年增长/%	占比/%
温州市	193	1297792	1312937	-1.15	100
瑞安市	34	362478	361692	0.22	27.93
苍南县	39	325846	343397	-5.11	25.11
平阳县	50	318642	306409	3.99	24.55
龙湾区	53	225956	235521	-4.06	17.41
乐清市	8	32300	32172	0.40	2.49
开发区	5	19842	21038	-5.69	1.53
泰顺县	1	7504	6500	15.45	0.58
鹿城区	2	3782	3872	-2.32	0.29
瓯海区	1	1443	2336	-38.24	0.11

根据市国税局对全市16个重点特色行业收入情况的统计，2013年塑料行业1509家企业，累计销售收入为161.53亿元，位居第5位，如果按照国家统计局口径，将合成革纳入塑料制品范畴，则塑料行业销售收入为242.42亿元，列全市重点行业第3位。

从外需市场看，全市规上企业实现出口交货值22.51亿元，较上年缩小12.46个百分点，塑料制品出口占比低，“内稳外冷”的局面没有改善。(详见附表4)

附表4　2013年规上企业塑料制品出口交货值情况　亿元

行业名称	企业数	2013年累计	2012年累计	比去年增长/%	占比/%
塑料鞋制造	19	3.63	3.29	10.49	14.21
初级形态塑料及合成树脂制造	32	4.3	3.42	25.88	16.83
塑料薄膜制造	44	2.69	3.73	-27.89	10.53
塑料板、管、型材制造	16	0.32	0.48	-33.8	1.25
塑料丝、绳及编织品制造	87	3.2	3.84	-16.55	12.52
泡沫塑料制造	12	0	0	0	0.00
塑料包装箱及容器制造	3	0.72	1.12	-35.9	2.82
日用塑料制品制造	6	1.09	1.1	-0.83	4.27
塑料零件制造	12	0.2	0.22	-8.87	0.78
其他塑料制品制造	24	7.34	8.48	-13.48	28.73
塑料加工专用设备制造	15	2.01	3.45	-41.69	7.87
温州塑料行业	270	25.5	29.13	-12.46	100

二、经济运行特点

1. 根据国家统计局提供的数据，2013年全国规模以上企业塑料制品总产量61886.6kt，其中浙江省9403.8kt，列全国各省市第一位，温州市塑料制品产量1297.8kt，占全国2.10%，占全省13.80%，高出全国一半省份的产量，在全国地级市中，温州作为塑料制品生产大市的地位没有改变。(详见附表5)

附表5　2013年全国塑料制品产量表

地区	产量/t	同比增长/%	占全国比例/%
全国	61886573	8.02	100
北京	340742	-13.42	0.55
天津	1341283	-5.39	2.17
河北	2252918	-2.87	3.64
山西	261238	2.31	0.42
内蒙古	323172	20.88	0.52
辽宁	3605972	10.97	5.83
吉林	840366	4.46	1.36
黑龙江	471386	-25.78	0.76
上海	1655020	-9..07	2.67
江苏	3399660	3.79	5.49
浙江	9403753	5.60	15.20
安徽	2273262	4.65	3.67
福建	2999790	11.08	4.85
江西	814423	-31.49	1.32
山东	4999979	5.91	8.08
河南	4265904	29.30	6.89
湖北	3328074	20.18	5.38
湖南	1946403	27.30	3.15
广东	8580589	4.80	13.87

续表

地区	产量/t	同比增长/%	占全国比例/%
广西	1900114	15.37	3.07
海南	32721	-2.22	0.05
重庆	992001	7.81	1.60
四川	3003769	16.08	4.85
贵州	548191	53.08	0.89
云南	382373	9.67	0.62
西藏			0
陕西	448598	5.92	0.72
甘肃	355932	43.48	0.58
青海	25531	6.14	0.04
宁夏	115605	4.49	0.19
新疆	977807	43.68	1.58
温州市	1297792	-1.15	2.10

2. 温州塑料工业起步早，规模大，产值集中在传统产业，即塑料薄膜产业、塑料编织袋产业上，这二大块产值占塑料制品产值80%左右，也形成温州特色的区域品牌。二大产品中，塑料编织袋产值与去年基本相当，塑料薄膜比上年增长8.19%。

3. 分区域看，塑料产业发达地区集中在瑞安、龙湾、苍南、平阳等四个县市区，这四大区域集中全市塑料制品产值82%，产量95%。永嘉、瓯海、鹿城、泰顺等四个县市区产量产值占比均不到2%，文成、洞头仍为空白，产业分布不均的状况依然明显。

4. 我国是世界上塑料制品生产第一大国，2013

年全国塑料制品产量比2012年增长8.02%，浙江省产量比上年增长5.60%。而温州市塑料制品产量则比上年下降1.15%，温州塑料制品产量的增幅低于全国全省的平均水平。

5. 2013年我市规上工业成本费用利用率为5.62%，较去年同期提高0.57百分点。而塑料制品业，随着地方政府对节能降耗政策的逐步落实和对"低小散"加大了规划整治，关停了一批企业，自然影响了行业的赚钱能力，2013年塑料行业从"十大最赚钱行业"的榜单上出局。

6. 在总体平稳而出口低迷的情况下，塑料行业也不乏亮点，苍南县、平阳县的工业产值分别较去年提高4.69%和3.76%。2013年塑料行业缴纳国税前10强，浙江俊尔新材料股份有限公司异军突起，以1303万元入库数高居榜首。去年未列10强榜的华正塑料集团有限公司，以979万元入库数挤身前三强。位居第二位的温州晨光集团有限公司，国税入库数为1266万元，也比去年增长40.99%。（详见附表6）

附表6　2013年度塑料行业缴纳国税前10强

万元

排名	企业名称	2013年入库（含调库）	2012年入库（含调库）	同比增长/%
1	浙江俊尔新材料股份有限公司	1303	581	124.16
2	温州晨光集团有限公司	1266	898	40.99
3	华正塑料集团有限公司	979	66	1383.24
4	温州市金田塑业有限公司	801	1379	-41.89
5	南塑集团有限公司	760	724	5.06
6	浙江三和拉链有限公司	750	388	93.26
7	浙江强盟实业股份有限公司	665	2750	-75.83
8	浙江永兴塑料有限公司	656	582	12.75
9	瑞安市东威塑胶有限公司	594	616	-3.63
10	佑利控股集团有限公司	537	505	6.46

三、行业工作大事记

1. 在全国塑编大会唱主角。2013年8月，全国塑编产业链技术交流与市场对接会在常州召开，我会企业：温州晨光集团有限公司、南塑集团有限公司、浙江华庆集团有限公司、升阳控股有限公司、广天集团有限公司等五家企业，被评为全国塑编行业20强企业。温塑协常务副会长、浙江华庆集团有限公司董事长姜集康，代表三届理事会作塑编专委会工作报告；温塑协名誉会长、塑编专委会高级顾问宋云鹤作"浅谈功能编织袋的生产"的发言；温塑协常务理事单位、温州升华包装有限公司董事长王可旺作了"关于再生塑料编织袋行业标准制订工作"的情况汇报。

2. 塑料薄膜产业产品结构调整。在薄膜生产最为集中的瑞安市，2013年加大企业转型升级力度，不断推出具有先进技术水平的新产品。继东威塑胶、华泰塑胶、华建尼龙、盛丰塑胶、鹏威塑胶等企业几年来连续推出新产品获得成功后，去年以来，又有阳明光伏材料公司的玻璃膜、华泰塑胶的PTU产品、高分子研究院试制的三层共挤医用输液袋薄膜等等新产品相继投产，为薄膜产业发展增加了后劲，全年，规模企业塑料薄膜产值比去年同期增长8.19%，在区域特色产品中一枝独秀。

3. 标准化工作持续推进。经过多年努力，由长虹集团负责起草的《自锁式聚酰胺扎带》轻工行业标准，经国家工业和信息化部批准，于2013年12月1日正式实施。由南塑集团有限公司、华正塑料集团有限公司、浙江华庆集团有限公司、温州晨光集团有限公司、广天集团有限公司等十家企业起草的《塑料编织袋通用技术要求》国家标准，已经国家质检总局、国家标准委发布公告，批准实施日期为2014年6月1日。行标《再生塑料编织袋》标准工作情况，在全国塑编大会上再次通报，修改后的标准文书，进入征求意见阶段。由煌盛集团牵头制订的国家标准《给水用钢丝增强聚乙烯复合管道》项目，目前也在有序推进。瑞安市编制成功本行业首个联盟标准——塑料行业能源计量管理通则，已在部分企业实施，计划申报浙江省工业标准化重点项目。

4. 建设技术创新平台。协会着力建设和完善以企业为主体，以自主创新为主线的塑料加工技术创新体系，与大专院校和科研院所合作，主攻行业关键、共性核心技术，努力缩小与先进国家差距。目前，已与温州大学化学与材料学院达成技术研发和人才培训的合作框架协议；与中科院宁波材料所就产品开发前期工作研讨达成意向合作协议；并参与世博新材料公司建立博士后工作站工作，于9月17日顺利举行博士后开题报告会与建站工作会议。温州赵氟隆有限公司董事长，今年设立了"赵永镐创新成就奖"，这是温州企业家出资千万元以私人名义首次设立的国家科技贡献最高奖。

5. 人才培育常抓不懈。人才，培育主要从三方面入手：1、通过协会刊物、网站，开辟塑料专业知识讲座。2、走基层开展知识培训，如协会赴瑞安举办《薄膜产业的现状及今后发展趋势》讲座，赴苍南县升阳塑业控股公司，举办《塑料编织袋技术及产品提升建议》讲座。3、专业职称评审集中培训。

2013年塑料加工成型中、初级技术职称评审于6月份报名，今年共有39人报名，并于8月28日至30日，用了整整三天的时间，完成了培训、考核和答辩的各项工作。10月14日市人社局发文，公布了37位具有塑料加工成型中、初级专业技术职务任职资格的名单，其中有16人获工程师资格，19人获助理工程师资格，2人获技术员资格。至此，从2003年至今，协会共有566名员工获得塑料专业中、初级技术职称，为我市塑料行业建立一支庞大的技术骨干队伍，作出了的成绩。2008年协会人才工作站成立至今，年年被市人社局评为优秀工作站。

6. 协会活动活跃。四月份，由协会组团十几个会员单位，赴广州参观"第27届国际塑料橡胶展"，并参加系列学术讲座。八月份，温塑协与中信保联办，在国贸大酒店举办"国际贸易形势及信用风险管理"报告会，有30多家塑料加工外贸企业参加。十一月份，"温州塑料通讯"由简报形式改为杂志形式，信息量增加5~6信，新开辟"塑料知识讲座"，每期一讲，贴近实际，更好地为企业服务。温塑协名誉会长宋云鹤拟编纂"温州塑料发展史"，广泛征集资料，现完成初稿，定于2014年出版，以弥补温州塑料制品工业发展史料的空白。

7. 龙头企业继续领跑。浙江金石包装有限公司、浙江华泰塑胶有限公司两家企业商标，新认定为浙江省著名商标。2013年，浙江强盟实业股份有限公司被评为温州市精细化管理示范企业，俊尔公司获得"浙江省民营科技创新奖——企业奖"，长虹塑料集团有限公司、浙江强盟实业股份有限公司被市府表彰为"温州市综合评价百佳工业企业"，由温州企业联合会、温州企业家协会、温州工业经济联合会评选的"温州百强企业"，我会亚泰公司、晨光集团、东威公司、金田集团、浙江强盟、华泰塑胶等六家企业榜上有名。

8. 召开温塑协四届三次会员大会。温州市塑料行业协会于2013年12月19日在国贸大酒店隆重召开第四届第三次会员大会，出席代表130余人。邵泰清会长代表四届理事会向大会作《温州市塑料行业协会2013年工作总结和2014年工作思路》报告。常务副会长周肇枢同志在大会作《关于温州市塑料行业协会章程增补条文的说明》报告，常务副会长周育兴同志宣布协会监事会成员建议名单，并得到与会代表的一致通过。秘书长余正光同志宣读《审议通过关于增补温塑协常务副会长、副秘书长及吸收温塑协新会员的决定》，副秘书长许良然同志作《审议通过温州市塑料行业协会年度财务收支情况报告》，会上还宣读了《温州市人力资源和社会保障局[2013]400号文件》公布了2013年塑料加工成型任职资格的37位人员名单。温州市工商联副主席赵文冕同志、温州市社会组织管理局蔡建旺主任到会讲话。

（温州市塑料行业协会　周肇枢）

温州市合成革工业

【概况】

2013年，是温州合成革工业发展极其困难的一年，由于受各种因素的影响，我行业经济运行下行的压力相当大：一是市场需求不旺；二是货款回笼慢；三是融资困难；四是成本攀高；五是环境治理要求高。困难时见精神，攻坚中有真情。这一年，温州合成革人以科学发展观为指导，提振信心，负重前行，克难攻坚，开拓奋进，据86家企业统计实现工业总产值90.5亿元，同比增长1.59%。全市有44家合成革企业产值超亿元，9家企业产值超2亿元。许多企业在困难中取得好业绩，龙湾区有2家合成革企业评为功勋企业，2位企业家评为功勋企业家，15家企业评为优秀企业，15位企业家评为优秀企业家，优秀企业和优秀企业家各占全区的25.4%；

行业领军企业温州人造革有限公司，全年实现工业总产值6.06亿元，上缴国税2640万元。

【出口贸易】

2013年，温州合成革行业出口交货值4.656亿美元，约合人民币28.5亿元，同比增长3.7%，月出口均值为3880万美元。全年出口亚洲占52.5%，占出口交货值的半壁江山。从100多个产终国情况来看，排在前十位的国家和地区为印度、墨西哥、伊朗、埃及、韩国、土耳其、哥伦比亚、摩洛哥、中国香港、德国，其中印度排首位，全年出口交货值超8000万美元，同比增长22.76%。全年出口交货值同比增长的产终国有50个，其中成倍增长的国家和地区有澳大利亚、巴拿马、缅甸、捷克、新西兰、阿曼、肯尼亚、奥地利和吉布提等。

【中国国际合成革展会】

8月28～30日，2013中国国际合成革展会在温州会展中心举办。展会由中国塑协人造革合成革专委会、温州市合成革商会和德纳展览公司承办。此次展会汇聚了200多家来自浙江、江苏、福建、广东等地的合成革企业参展，龙湾一批合成革企业也精彩亮相。展会期间，还组织了40多家来自斯里兰卡、印度、印度尼西亚、土耳其等客商到企业进行实地考察，以亲身体会“中国合成革之都”的风采。

【2013中国合成革峰会】

8月28日，由中国塑协主办，温州市合成革商会参与承办的2013中国合成革峰会暨市场创新与鞋用合成革应用技术论坛在温州皮革鞋材市场　“中国合成革交易中心”举行。论坛围绕如何提高产品质量与鞋用合成革标准化等内容进行深入分析、交流，并印发了12种鞋用合成革的标准化汇编。会上，行业高层分析了合成革综合景气指数和市场动态，各位参会者为合成革行业的发展建言献策，共同探索合成革产业的创新发展之路。

【贸易壁垒预警应对机制服务点工作】

2013年，温州市合成革商会充分发挥预警点的作用，切实维护行业利益，做好“温州合成革报”和“中国合成革之都网”的信息更新工作，及时为企业提供服务。6月，商会组织多家企业外贸部经理参加省政策法律服务团召开的开展法律服务座谈会并进行互动对话，进一步了解反倾销的应对工作；11月，商会和中国出口信用保险公司温州分公司联合举办《风险管理培训班》，30多家企业外贸专业及有关人员参训，发挥了该公司国有政策性保险公司优势，以拓展外贸市场。商会还根据温州海关的要求，组织外贸企业填写《2013年小微型外贸企业调查问卷》，为制订加强小微型企业外贸出口的通关，税收优惠政策和信息服务提供依据。2013年，温州合成革出口实现“零通报”，说明了企业对产品质量的重视和外贸预警点工作也发挥了一定的作用。

【整治提升工作】

2013年，温州市、龙湾区分别出台了《合成革行业整治提升方案》，提出了26条验收标准。各企业对照该标准，进一步统一思想，加大投入力度、继续深化、完善三废治理工艺，查漏补缺，认真进行整治提升。商会一方面积极向各级政府反映实际情况，另一方面对治理中的难点连续进行攻关。如二甲胺和其他VOC治理的新工艺，新技术，商会和企业同北京环科院、南京环科院、浙江大学等分别合作，并取得新进展。目前固废减量化的处置新工艺已得到全面推广，仅半年时间　80%的企业安装了固废减量化设备。同时业内开始推广DMF回收塔多级喷淋的新装置，取得了良好的环境和经济效益。

【安全生产工作】

2013年初，三家合成革企业相继发生火灾，消防形势一度严峻。商会两次召开全体合成革企业负责人会议，举一反三，引以为鉴。在春节后的第二个工作日，商会就发出加强消防工作的通知，并连续两次发出关于加强消防安全工作的文件。3月份，商会统一制作了2000多幅消防安全的警示牌，送到50多家企业，方便了企业且价格便宜。商会还通过各种途径宣传安全生产的重要性，不定期给企业董事长、总经理发短讯，提醒关注安全生产，督促企业落实消防安全措施，商会几个主要领导专程去杭州参加《合成革企业安全生产标准化创建工作方案》的讨论，为生产安全规范化工作建言献策。自4月份以来消防安全形势趋向平稳。商会对行业安全生产工作进行认真总结回顾，得到各职能部门热情指导与帮助。

【中国合成革之都复评】

自2002年10月温州获得《中国合成革之都》国家级金名片后，已经过二次复评，近几年尽管经济发展环境复杂多变，温州合成革行业仍保持平稳发展。一是产业规模仍排在全国前列；二是有完整的产业链，形成以合成革为纽带的1300亿元产业集群；三是外贸出口连年增长，11年来增长23倍；四是产品创新品牌兴业，提高了市场核心竞争力；五是坚持深化环境治理，节能降耗成绩突出；六是龙头企业形成群体，在国内外声誉日益提高。为迎接第三次复评，商会召开常务副会长扩大会议进行专题研究，组织企业进行基本情况调查分析，并向市政府和经信委进行汇报，积极做好准备工作。12月20日，中国轻工联、中国塑协专家组一行6人到温州对“温州.中国合成革之都”进行复评考核。通过到企业实地考察，查阅资料、听取工作汇报后，专家组一行一致同意继续保留“温州.中国合成革之都”荣誉称号，并报中国塑协、中国轻工联审批。

【商会的服务工作】

2013年，商会继续发扬经常和有关部门进行沟通协调，为企业解难题。商会多次和环保部门沟通，向区政府及区经信局反映企业在银行贷款，环境整治碰到的有关问题，在政府各职能部门的关注下得到较好解决。配合质监部门做好特种设备使用安全标准和做好安全生产标准化前期工作；配合经信和环保、卫生等部门做好企业清洁生产审核，职业病危害控制效果评价，环境突发事件应急预案编制工作。9、10两个月，围绕以上项目，对中介机构进行大量讯息收集、询价、打包竞价，为企业节省400多万元。年底还帮助企业重新落实固废处置单位，并对处置费等有关事宜进行洽谈，解决了企业之急，得到企业和有关部门的好评。

【商会自身建设】

2013年四月商会召开五届一次会长办公会议，决定5位常务副会长名单并设立5个工作委员会，对5个工作委员会工作职责做了调整和完善。全年共召开理事会二次，会长办公会议和常务副会长会议六次，重大事项实行集体决策。监事会认真履行职责，支持、配合理事会开展工作，有效地监督商会章程的实施。商会党支部积极组织党员参加上级党组织举办的培训和有关会议，发挥党员作用。12月19日商会第五届第二次会员大会在香格里拉大酒店举行，听取并审议通过了王永康会长所作的《克难攻坚、奋力进取、转型发展，再创温州合成革行业新业绩的工作报告》和王美瑞常务副会长所作的《温州市合成革商会五届理事会财务收支情况报告》，龙湾区副区长张崇波，中国塑协副秘书长冯庶君，市人大常委会副主任卓高柱等领导到会祝贺并讲话。

（温州市合成革商会　童人本）

江苏省

塑料加工业是以制品加工为核心，涵盖塑料原料及助剂、塑料机械及模具、塑料科研为一体的新兴制造业。塑料加工业是为工业、农业、建筑业、交通运输业、航空航天以及高科技领域提供重要产品和配件、特种材料的基础性产业，同时是为广大消费者提供优质、安全、可靠消费品的民生产业，是人类必需的生产资料和生活资料，是国民经济新的支柱产业之一。塑料是20世纪全球经济发展中增长最快的行业之一，进入21世纪以来更是以强劲的发展势头迅猛推进。江苏是我国主要的塑料加工工业基地之一，改革开放给江苏的塑料加工工业发展带来了巨大的生机和活力，随着改革开放的不断深入而有了突飞猛进的发展。通过引进国外的先进设备与技术，兴办三资企业，改造了一大批中小企业，涌现了大批的具有新的形象和活力的高新企业和龙头企业；产品质量和档次显著提高，产品品种不断增多，应用领域不断扩大，出口创汇逐年增加，全行业整体水平上了历史新台阶。

【基本概况】

国家统计局统计数据显示，2013年中国塑料制品产量累计完成61886.6kt，同比增长8.02%。增长幅度与上年同比下降了0.97个百分点，虽然增速是近年来的低点，但下降幅度已趋缓。

江苏是我国最主要的塑料加工工业基地之一，曾经连续十一年位居全国同行业第一。其总量至今任然占全国总产量的十分之一左右。江苏塑料加工工业始于60年代初，是当时的新兴行业。初期的产量仅1200百多吨，1969年产量才超过10kt。1979年，江苏塑料制品总量在全国同行业中率先突破100kt，并连续十一年位据全国同行业第一，。其总量占全国总产量的十分之一，是中国为数不多的、主要的塑料加工业基地之一。

目前的江苏塑料的综合经济技术水平继广东、浙江之后，位居全国第三位，但在总产量上以位于第四。广东、浙江、江苏、山东四省占有全国总量的65%。

塑料制品产量占比主要集中在浙江省、广东省、山东省、河南省、辽宁省、江苏省、湖北省、四川省、福建省、安徽省、其他等地区。其中浙江省和广东省占比最大，分别为15.20%和13.87%，浙江省和广东省的同比增速分别仅增长了5.60%和4.80%。河南省、湖北省、四川省、福建省、辽宁省的同比增速高于全国塑料制品行业产量的平均增速。

塑料制品主营收入占据份额比重主要集中在广东省、浙江省、山东省、江苏省、辽宁省、福建省、河南省、安徽省、湖北省、河北省、其他等省市。其中：广东省占据份额最大，累计完成主营业务收入3674.12亿元(占比19.66%)，同比增长14.71%。增速超过全国塑料制品主营业务收入平均增速的主要省份有湖北省、河南省、辽宁省、山东省、福建省、广东省及其他等地区。

广东省、山东省、浙江省、河南省、江苏省及

品牌企业风采介绍

辽宁华塑实业集团有限公司

永高股份有限公司

青岛三益塑料机械有限公司

顾地科技股份有限公司

三斯达（福建）塑胶有限公司

佛山巴顿菲尔辛辛那提塑料设备有限公司

中山环宇实业有限公司

聚合你我，共塑美好生

辽宁华塑集团董事长 孙晓军

华塑集团坐落于经济发达、风景秀丽、素有“湿地之都”、“鹤乡”美誉的海滨城市——辽宁•盘锦，占地面积310亩，总投资10亿元，现有员工1500余人。旗下拥有近20家企业，年销售收入近百亿元，是一家专业从事石油化工产品销售、塑料原料贸易、塑料制品生产、仓储物流、电子商务、融投资为一体的大型民营企业集团。

2012年6月，投资60亿元建设的华塑（营口）高分子新材料产业园项目破土动工，成为集团发展的重要里程碑。

经过10多年发展，集团与盘锦石化、燕山石化、大庆石化、抚顺石化、天联石化、齐鲁石化、上海赛科、吉林石化等大型石化企业建立了密切的合作关系，同时与日本伊藤忠商社、美国埃克森、日本住友、美国陶氏、韩国三星等国外知名石化企业展开多方面合作，营销网络覆盖东北三省、华北、华东、华南地区。华塑集团致力于发展塑料产业，以全球化的视野和思维，以合作、共赢的胸怀，不断聚合各个利益相关者，凝聚所有人力量，共同努力，为人们塑造高品质的生活，同时保护环境、关注生态，积极承担社会责任。

打造全球最具影响力的塑料产业生态领导者

集团公司以“塑料产业生态的领导者”为战略定位，以全球化的视野和思维，以合作、共赢的胸怀，不断聚合各个利益相关者，凝聚所有人力量，共同努力，为人们塑造高品质的生活，同时保护环境、关注生态，积极承担社会责任。

辽宁华塑集团（盘锦）塑料产业园区实景

华塑集团（盘锦）塑料产业园

盘锦大晴精密塑料模具有限公司
盘锦瀚格管业有限公司
盘锦美佳塑料彩印有限公司
盘锦华恒水织布有限公司
盘锦天衣塑业有限公司
辽宁喜爱农塑料有限公司
辽宁华森塑料制品有限公司
盘锦华塑兴贸物流有限公司

2009年7月辽宁华塑实业集团投资10亿元建设了以发展塑料制品加工为主的华塑集团（盘锦）塑料产业园，是规划建设中的中国北方塑料城的核心组成部分。

目前，华塑集团（盘锦）塑料产业园已完成建筑面积12万平方米的标准化厂房，并投入使用，拥有员工近千人，设备总投资2亿元，年加工能力近20万吨，可以向市场提供塑料管材管件、农用棚膜地膜、塑料彩印包装膜袋、基材膜、收缩膜、水织布、注塑制品、塑料模具等系列产品。目前已有6家子公司产品投放市场，部分产品出口日本、俄罗斯、韩国、朝鲜等国家和地区。

辽宁华塑实业集团有限公司
地址：辽宁盘锦精细化工产业园区
电话：400 - 811 - 0333
传真：0427 - 3126906
邮箱：huasu@lnhuasu.cn

辽宁华塑集团（盘锦）塑料产业园区鸟瞰图

华塑集团（营口）高分子新材料科技园

营口海星新材料有限公司
营口海洋新型包装材料有限公司
海翔新材料有限公司
大晴模塑（营口）有限公司
营口金海彩印有限公司
营口蓝海高新农业装备有限公司
营口海斯特管业有限公司
营口海塑兴贸物流有限公司

华塑集团（营口）高分子新材料科技园项目总投资60亿元人民币，占地2050亩。其中包括商业服务中心、物流产业园、高分子新材料科技园三大主体部分。

三大主体建成后，每年可加工各种高端塑料制品50万吨、原料贸易超过100万吨，物流配送200万吨，预计工业产值将超100亿元。塑料原料及产品将覆盖国内各地市场及部分国外市场；运输网络辐射东北、华北、华东、华南等省市地区。

营口园区先进设备

辽宁华塑集团（营口）高分子新材料科技园

辽宁华塑实业集团有限公司
Liaoning Huasu Industrial Group Co., Ltd.

ERA®
公元
永高股份 股票代码：002641
品質管道 公元製造
输送责任 连通信任
永高股份——城镇管网建设的综合配套服务商，以引领中国塑料管道行业的健康发展为己任，全力打造充满生命活力、独具个性魅力的现代知名企业集团！

产品特点：

- PVC结皮发泡板材和木塑结皮发泡板材，具有隔音、吸音、隔热、保温等性能。
- 具有阻燃性，能自熄不虞火灾，可以安全使用。
- 无毒无味无甲醛，属于高档绿色环保家居板材。
- 都有防潮、防霉、不吸水的性能，而且防震效果好。
- 经耐候配方制成后，其色泽可长久不变，不易老化。
- 质地轻，储运、施工方便。
- 使用一般木材加工工具即可施工。
- 可像木材一样进行钻、锯、钉、刨、粘等加工。
- 可适用于热成型，加热弯曲及折叠加工。
- 可根据一般焊接程序焊接，亦可与其它PVC材料粘接。
- 其表面光滑，可覆膜、热转印及印刷等各种二次处理。

产品应用：

建筑家具：建筑模板、家具板、橱柜板、浴柜板、家装板、地板。

建筑装璜业：建筑物外墙板、内装饰用板、住宅、办公室、公共场所建筑物隔间、商用装饰架、无尘室用板、吊顶板。

广告业 ： 网板印刷、电脑刻字、广告标牌、展板、标志用板。

工业应用：化工业防腐工程、热成型件、冷库用板、特殊保冷工程、环保用板。

其它用途：模板、运动器材、养殖用材、海滨防潮设施、耐水用材、美工材料、各种轻便隔板。

销售热线：13708961177　13969714610
三益地址：山东省青岛胶州市泉州路北首
三益电话：0532-82298197　三益传真：0532-82295877
三益网站：www.sanyisj.com　三益邮箱：sales@sanyisj.com

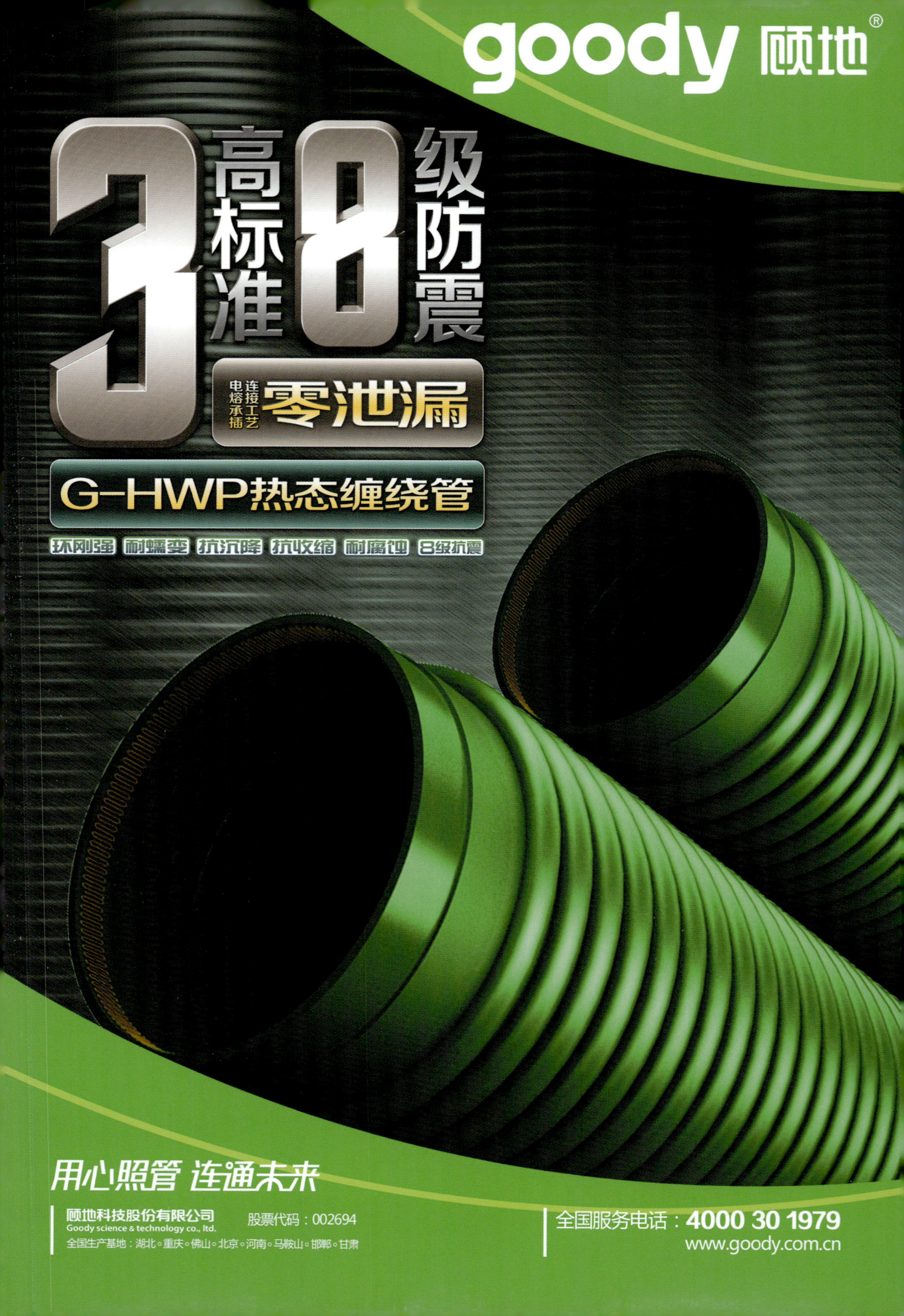

goody 顾地®
3高标准
8级防震
电熔承插连接工艺
零泄漏
G-HWP热态缠绕管
环刚强
耐蠕变
抗沉降
抗收缩
耐腐蚀
8级抗震
用心照管 连通未来
顾地科技股份有限公司
Goody science & technology co., ltd.
股票代码：002694
全国生产基地：湖北◦重庆◦佛山◦北京◦河南◦马鞍山◦邯郸◦甘肃
全国服务电话：4000 30 1979
www.goody.com.cn

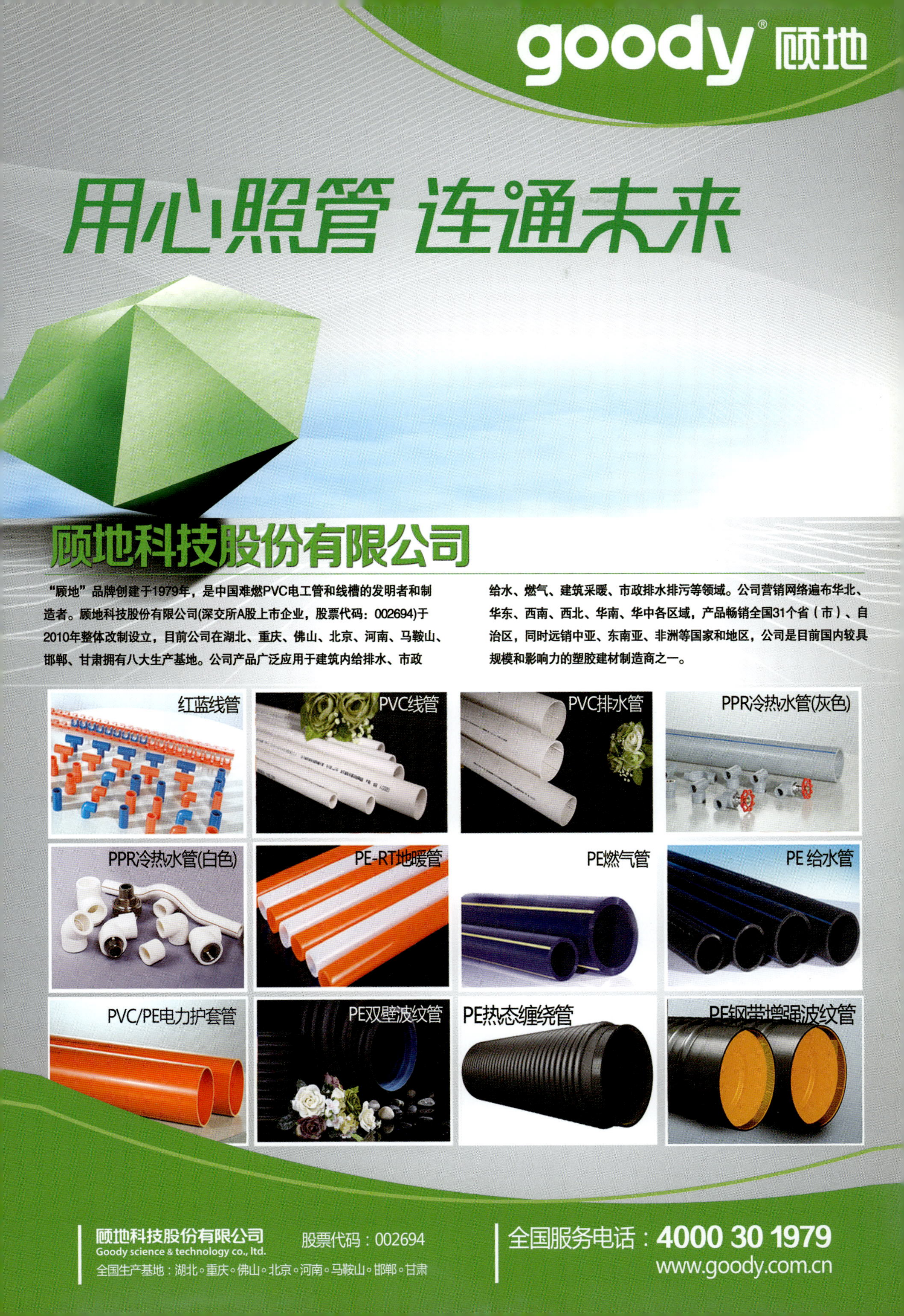
goody® 顾地
用心照管 连通未来
顾地科技股份有限公司
"顾地"品牌创建于1979年，是中国难燃PVC电工管和线槽的发明者和制造者。顾地科技股份有限公司(深交所A股上市企业，股票代码：002694)于2010年整体改制设立，目前公司在湖北、重庆、佛山、北京、河南、马鞍山、邯郸、甘肃拥有八大生产基地。公司产品广泛应用于建筑内给排水、市政给水、燃气、建筑采暖、市政排水排污等领域。公司营销网络遍布华北、华东、西南、西北、华南、华中各区域，产品畅销全国31个省（市）、自治区，同时远销中亚、东南亚、非洲等国家和地区，公司是目前国内较具规模和影响力的塑胶建材制造商之一。
红蓝线管
PVC线管
PVC排水管
PPR冷热水管(灰色)
PPR冷热水管(白色)
PE-RT地暖管
PE燃气管
PE 给水管
PVC/PE电力护套管
PE双壁波纹管
PE热态缠绕管
PE钢带增强波纹管
顾地科技股份有限公司
Goody science & technology co., ltd.
股票代码：002694
全国生产基地：湖北◦重庆◦佛山◦北京◦河南◦马鞍山◦邯郸◦甘肃
全国服务电话：4000 30 1979
www.goody.com.cn

其他省区塑料行业累计利润总额占比比重最多，分别为15.19%、11.37%、9.15%、8.96%、7.79%和20.84%。累计利润总额增速最快的是辽宁省和湖北省，其与上年同比分别增长了29.28%和26.10%。

江苏的塑料产品涉及领域广泛，从农业，工业和消费品包装，到建材、汽车、机械、军工、电子通讯等；几乎当前国内外塑料界所有的塑料产品都有生产，和国际先进国家相比的主要差别，在于优级品的比例和高档次产品的覆盖面。从品种上分析，农用薄膜的产量随着宽辐大蓬膜的推广应用和长寿无滴膜的新型多功能膜的兴起，无论在品质、档次上还是在总量上都有了显著的提高和增长。工业用膜(包括收缩膜、双向拉伸膜、缠绕膜、内衬膜、食品、服装、玩具日用品包装膜等)占薄膜总量的的80%以上。板材中的ABS、PS复合板、铝塑复合板、PC板、PET板以及为家电、汽车配套用板的产量逐年上升。塑料编织袋及其他编织产品进过多年的调整和发展，在品质上有了很大改善，品种上有了新的发展，应用领域有了进一步的拓展，其产量仍然保持着增长的趋势，编织吨装袋的直接和间接出口量都在逐年增长。管材和型材以惊人的速度在发展，已出现五万吨级的生产厂，凸现该类产品对规模经济的要求和品牌效应的威力，但该类产品的经济效益不很明显，企业之间的差异很大。而普通泡沫制品和普通桶类包装容器的产量增长速度较缓。

改革开放三十年尤其是后二十年来，各企业都投入了大量的资金进行技术改造，使整个塑料加工行业从质和量两个方面的取得了突飞猛进的发展。全省各类技改项目的成功实施，大大提高了企业新产品的开发能力和市场竞争力，先后开发出一批技术含量高、紧跟市场热点的新产品，如：汽车燃油箱、保险扛、仪表板、大口径管材管件、多功能复合膜和多功能农膜、双向拉伸聚酯、双向拉伸聚丙烯、双向拉伸聚苯乙烯、共挤复合膜、聚碳酸酯板、光导板、铝塑复合板、信用卡基材、装饰广告用材料、防水材料等。为包装、电子、汽车、机械、通讯行业的发展作出了极大贡献。

随着改革开放的深入发展，技术装备的引进和自身技术开发能力的提高，江苏塑料工业已形成成型工艺齐全、产品品种繁多、生产规模持续趋大、社会效益和经济效益较好的基本格局，成为全省经济发展的重要支柱行业之一，继续保持着在中国塑料界举足轻重的塑料工业基地的地位。

【共性问题】

在整体水平上升的大趋势下，江苏塑料仍然存在一些共性的问题，主要有：

(1) 在原材料来源结构上，仍处于大路货为主的现象，国产原料在品质和品种上不能满足塑料工业发展的需要。尤其是专用牌号原料例如汽车配套件专用料、高绝缘电缆专用料、高速BOPP、CPP、共挤复合吹塑等专用料、高品质聚甲醛、聚碳酸酯、聚偏氯乙烯等原料的供应仍然大量依赖进口，严重影响塑料行业结构的合理调整，制约着塑料工业的发展。

(2)产品结构的不合理性一直困扰着江苏的塑料工业，高精尖产品开发不够足，低水平产品重复交叉，没有一个权威机构能够协调和真正做到适应性调整。

(3)重量级塑料加工企业所占比例不高。尽管涌现出了宿迁双星彩塑、欧亚股份、首义股份、中达股份、江阴申龙高科、江南模塑集团、常州巨力集团、江苏琼花集团、常州创佳型材、盐城珠花集团、镇江金益集团、连云港中金医药包装、昆山彩华包装、江阴龙山集团、无锡环宇包装、无锡环亚包装、无锡国泰包装、常州海企塑业、无锡巨龙、苏州富事达、江苏华信塑业等重量级企业，尤其是双星彩塑、欧亚股份、首义股份、中达股份、申龙高科、江苏琼花的崛起，极大地改变了江苏的塑料包装面貌，极大地影响了江苏塑料包装的发展进程，某种意义上将改变江苏乃至全国的塑料包装历史进程。但除此而外，大多数塑料加工企业规模不大，原材料消耗和能源消耗偏高，大部分中小企业的经济效益偏低。

【塑料制品发展的重点】

新型塑料建材和多功能塑料复合包装材料将是塑料制品工业的重点发展和快速增长的主要领域；农用塑料不但继续占据重要位置，而且将会随着农业种植结构的优化调整出现新的发展机遇；科技含量高的高附价值的工程塑料、工业配套塑料件及其它改性复合材料的应用领域将不断扩大。重点大类塑料产品如工业配套件、管材、建材、软/硬压延制品、薄膜、片材、及高档包装材料的生产将朝着规模经济的方向发展，为减少对环境的污染，将加大塑料回收利用和降解塑料应用。功能性塑料的开发和研究将是今后的发展重点。

(1)塑料管材的主要发展领域是各种规格(尤其是大口径)、多材质和多种结构的管材管件；燃气管已进入发展的大机遇时期，已成为将持续一相当长发展期的热点产品。塑料建材的发展将要超出仅仅是以型材为主的格局，型材也应朝着优化结构的方向发展，增加品种，提高档次。结构发泡材料、轻型墙体、隔断材料将进入活跃期。懂塑料不懂建筑设计和懂建筑不懂塑料是塑料建材领域发展的制约因素。应加强设计和应用的研究，加强塑料人才和建筑艺术人才的多学科人才的培养，推进建材产品快速健康。在发展的过程中必须同步考虑标准化、系列化、适用化、配套化、美感化等新型建材发展的几大要素。

(2)塑料包装广阔的市场前景，使塑料包装行业的规模随着市场需求的快速增长和品种、品质的不断涌现而不断扩大。骨干塑料包装企业的崛起、新型高阻隔材料的成功开发，改变着塑料包装行业的面貌，改变着塑料包装的形象。骨干塑料包装企业主要依靠引进先进设备、以及和国外同行一流企业建立技术合作开发纽带，加速了与国际塑料包装行业技术水平的靠拢，加快了塑料包装进入国际市场的步伐。塑料包装材料的发展经历了简单塑料包装、复合塑料包装阶段，当今的市场需求正向着塑料包装的多功能化发展。塑料包装的复合化、多功能化、环保化是今后发展的重点方向。塑料包装应按食品药品等包装物的要求，努力开发多功能性包装材料，提供被包装物性能保护功能；开发延长货物保质保鲜寿命的高阻隔、防渗透包装材料，无菌包装材料，热灌装材料，保味包装材料，耐蒸煮包装材料；开发水果、蔬菜等的气调环境保鲜包装材料以及粮食等储存、运输的防霉防蛀包装材料。尽管就整体而言，高技术含量、高附加值的塑料包装产品目前所占的比例仍然不高，未能满足日益增长的市场要求。但是，随着社会进步和人们生活质量要求的持续提高，塑料包装作将随着食品、饮品、药品、生物制品等朝阳行业的发展而大发展。随着这些行业对塑料包装的要求不断提高，塑料包装始终存在很大的发展空间。塑料包装可持续发展的前景广阔，一个大发展的时机已经成熟。塑料包装工业现代化程度和塑料包装产品水平某种意义上反映了人民生活质量的高低及国家的文明程度。

——塑料包装薄膜向功能化发展已成该行业发展的基本态势．高性能、高阻隔性、多功能、高技术含量的塑料复合包装材料已成为许多企业的支柱产品和研发目标。

——工业用膜(包括收缩膜、双向拉伸膜、缠绕膜、内衬膜、食品、服装、玩具日用品包装膜等)占薄膜总量的的80%以上。

在地方政府的大力扶持下，经过近几年的快速发展，宿迁已经成为中国塑料包装，尤其是高性能复合塑料包装基材的最主要基地之一。

——江苏的双星、首义、欧亚、精良等大型企业在宿迁的崛起改变了江苏乃至中国的塑料产业格局。双星彩塑已经是中国同行业的排头兵。这是宿迁的骄傲，江苏的骄傲，也是中国塑料界的骄傲。

江苏的塑料包装产业仍然有着广阔的市场和发展前景。塑料包装行业的规模随着市场需求的快速增长和品种、品质的不断涌现而不断扩大。塑料包装材料的发展经历了简单塑料包装、复合塑料包装阶段，当今的市场需求正向着塑料包装的多功能化发展。塑料包装材料的复合化、多功能化、环保化是今后发展的重点方向。

塑料包装将按食品药品等其他工业被包装物的要求，努力开发多功能性包装材料，提供被包装物性能保护功能；开发延长货物保质保鲜寿命的高阻隔、防渗透包装材料，无菌包装材料，热灌装材料，保味包装材料，耐蒸煮包装材料；开发水果、蔬菜等的气调保鲜包装材料以及粮食等储存、运输的防霉防蛀包装材料。塑料包装作将随着食品、饮品、药品、生物制品等朝阳行业的发展而大发展。随着这些行业对塑料包装的要求不断提高，塑料包装始终存在很大的发展空间。

(3)农用塑料的发展重点是果蔬、花卉、经济作物、育苗等用途的长寿、无滴、防雾、高强度高透明、保温等多功能塑料棚膜及其相关配件制品，除草、防虫等多功能地膜。深入发展农田水利建设用的各类塑料管道、管槽、管件、节水型微灌、渗灌、滴灌以及水利建设中的水渠、大坝建设用土工材料。农用塑料应引入现代农业的概念，农用塑料的研究开发应着眼于现代农业的目标、着眼于农业科技的发展和新技术的应用。

(4)工业配套件的开发重点是工程塑料、汽车、家电、电子信息产品的配套件。邮电通讯用新型电缆、穿线管。信息、通讯、机械、国防工业配套的各种科技含量较高、附加值较高的配套产品。汽车工业中的塑料比重将大幅度增长，今后的汽车塑料件从体积计算，将有一半以上采用复合材料和回收利用材料。航空航天工业技术进步的着眼点之一是减轻自重，高分子复合材料将大有作为，塑料将担当非常重要的角色。电子电器工业的配套将围绕节能省料的方针，对高电磁性能塑料合金、超导电塑料、电磁屏蔽材料、光机能性材料、光学纤维复合材料、新型传感高分子材料、信息处理用各种计录、储存材料、CAD 静电记录膜、微缩用胶片等的需求将急剧上升。塑料工业要继续当好热点行业的配角，为朝阳行业服务，塑料行业将随着朝阳行业的发展而获得新的发展机遇，将随着朝阳行业的大发展而获得更大发展。

(5)日用塑料制品的发展仍然有着不可估量的前

景。关键是设计理念的突破，能否侧重以人为中心，追求现代美学设计观，朝便捷、舒适、适用、经济、美观的方向发展，提高质量和降低成本是这一领域极其重要的行业发展要素。

(6)轻量化、节材、安全可靠的塑料工程材料、塑料医疗领域一次性可靠材料、易弯曲材料以及胰岛素笔针以及吸入器用微量泵等配药辅助用具的发展和应用趋势值得我们关注。包装材料发展趋势值得业内有识之士的高度关注，建筑领域的绝缘绝热材料及新型铺地材料的发展也值得我们去研究和开拓市场。各种体育休闲用品、运动器材、运动系列产品、和运动有关的人造草皮等的需求量的不断增长也值得我们去关注。由于具有很高的发光效率很低的能耗效应，发光二级管(LED)的发展非常迅速，从手电到汽车等的车灯，无处不在的广泛推开应用趋势很猛，目前和此有关的塑料的开发速度也很迅猛。LED周围的反光镜可控制灯光的偏转并将光源集中起来，目前正在开发的耐温、传热、可任意成型的此类材料的开发对推动下一家用节能光源有着基础性铺垫的不可估量的发展前途，我们必须要高度关注。合成纤维塑料的应用近几年有了更大的发展。可制成抗压性强但结构非常轻量化的的元件的开发已市场化多年。将玻璃纤维嵌入热固性基体中、或将用环形纤维制成的模制件嵌入热固性基体中的产品市场化已是指日可待，这将是外科手术中的假肢、假臂以及涵盖到风涡轮转动叶片的一系列配套产品的工业化也是展望之中了。对纳米技术在塑料中的应用研究和关注已经很多年了，如今的现状是已有很大的迈进，纳米填料和基于纳米技术的添加剂使塑料的特性有了质的飞跃，使得塑料能提供更多更新的特性。甚至可以将原来不可实现的表面上看起来互相矛盾的特性要求互相结合起来。透明性和随机性、折射率和硬度、表面功能和材料的机械性能、材料的绝缘性能和传导性能等等都可以通过纳米技术友好的共存和同时提供。纳米技术在塑料领域的应用可以使塑料具有高级流变学特性和高的电传导性，前者可以使塑料变得更易于加工成型，后者可以更好的防止静电问题的干扰。塑料的表面自动清洁也将在纳米技术的应用中得以实现。

【关于“白色污染”】

关于闹得沸沸扬扬的塑料袋的废弃与使用话题，我始终认为应科学地对待。应体现实事求是，把贯彻科学发展观融入其中。人们使用塑料袋是因为塑料袋能满足他们需求，就使用量来说比其他购物袋、包装袋占压倒性优势，如果不使用塑料袋换用其他材质的袋如布袋、纸袋的话；如果人们不改变随意丢弃的坏习惯，类似的“白色污染”不会有效得到改变，非但不能减轻环境保护的压力，而且浪费的资源和造成的污染更大，造纸对水环境的污染是惊人的、直接的。使用布袋、纸袋同样浪费资源，而且浪费的是深林资源，因为造纸需要砍伐大量的森林木材，加工过程的对水资源和土质的污染迫在眉睫，远远甚于所谓的“白色污染”对我们日常生活的危害。塑料袋回收后还可再生利用，能够实现循环再利用用，是典型的资源节约型和环境友好型材料。实践证明，不管使用任何材质的购物袋、包装袋，回收再利用或者循环使用才是解决问题有效的途经。

滥用包装袋、购物袋是指人们滥用这种行为，滥用塑料袋会影响生态环境。关键要做的是解决滥用和随意丢弃，而不是禁用。塑料袋回收后再制造成垃圾袋和其他性能要求不高的包装袋，是很有现实意义的，实现了资源循环利用。塑料袋的过量使用、或者无节制使用会给生态环境造成危害，应当采取措施规范人们乱扔的恶习和加强回收利用加以解决。禁止”和“弃用”塑料袋的提法不符合我国国情。应当加强回收利用、减少和循环使用塑料袋。要为塑料包装袋和塑料包装盒正名，造成视觉污染的所谓“白色污染”的问题所在不是塑料本身，问题出在使用塑料袋和塑料盒的人身上，是人们的不良习惯让塑料背上了悲剧色彩的误解。

建议加强治理白色污染工作，加强相关立法，从优化人们的良好消费习惯，提高人的行为素质入手，变废为宝。在找到更经济有效、更有利于环保的新型替代材料成功研制之前，切忌因噎废食。

【对策措施】

(1)紧紧抓住机遇，敢于面对挑战，进一步转变观念，理顺体制，深化改革。

塑料制品工业经历了从计划经济向市场经济转变的历程，企业在从计划经济模式转向市场经济的过程中，遇到许多困难，面临许多问题，为数不少的企业步履艰难，原有的历史烙印仍然影响着企业的发展和管理模式。因此，解决塑料企业今后发展中的矛盾和问题的根本出路在于真正实现深化改革。不进一步转变思想，就谈不上深化改革，就难以实现经济体制的改造，就难以尽快建立起具有活力的现代企业制度。目前正在强烈推进的国企改制、改造、股份化进程，为我省塑料企业的发展提供了不可多得的极好机遇。充分利用机遇，输入新的活力，江苏的塑料企业必定重整雄风，大展宏图。

(2)正确判断市场，自觉调整产品结构。

塑料制品企业应根据市场需求调整产品结构，加速发展短线、三高产品，根据不同品种适度掌握产品规模。下决心停掉一批低档产品和长线产品。坚持市场决定生产的导向原则，坚决从数量主导型过渡到质量、品种、出口、效益主导型。地方政府应重点扶持一批大型企业、特大型企业、重点企业、明星企业。以名优产品为龙头，以经济效益为中心，以资本投入为纽带，以市场发展为导向，组建具有实力的、符合经济规律的、有利于企业发展的企业集团，实现适应市场需求产品的规模效应。尽快改变和结束老、小、散、差的落后状况。

(3)继续坚持大力利用外资、发展外向型经济企业的发展方针。

我省塑料制品的出口量占总量的比例相对较低，制品技术含量不高。应继续研究国际市场的需求情况，研究国际市场新产品，在提高原有出口产品质量、巩固和扩大原有产品的出口量的同时，重点开发热点产品，重点发展新市场。应鼓励和引导有条件的企业跨出国门，直接参与国际竞争。可将国内渐趋饱和的产品生产移到其它仍然有着较大需求的国家，境外办企业应从输出技术和设备为主。

(4)重视产品的技术含量，以新技术促进企业的持续、快速发展。

当今世界的经济发展显著特点之一，是技术已成为推动企业发展和经济增长的极其重要的因素，更是企业能得以持续发展的基本要素，技术含量低的产品和企业不可能有持续的生存空间。塑料加工业的技术发展非常迅速，出现了许多新技术新工艺，许多新产品的出现本身就伴随着新技术的开发和应用。计算机辅助注射成型、新型异型吹塑成型、超微孔塑料、受控低压注射成型、多相聚合物片状注射成型、可熔芯技术注射成型、挤出浸渍复合成型、熔体挤拉成型、多元材料复式加工技术、壳芯注射成型、双注射成型、模内背衬注射成型、液-气辅助成型等新技术的开发和应用推广，将为塑料产品的开发和设计提供更为广阔的空间。企业应格外重视技术，尤其是新技术工作。应根据自身的条件和发展需要，选择开发研究、综合吸收、引进消化、技术合作、购买软件等各种方式，积极采用高新技术。在引进先进装备的同时注重引进软件和技术。

(5)加大技改投入，增强企业后劲，提高企业活力。

塑料行业改革开放以来的实践证明，只有选择好的项目，加大合理投入才能迅速上规模和上水平。只有加大投入，才能做到竞争有实力，发展有后劲，才能做到稳步前进，立于不败之地。优秀企业的历史经验充分验证，企业的大步前进多数是通过技术改造和技术引进实现的。江苏塑料应通过新一轮技改投入的实施，使全行业的整体实力提高到一个更新的水平，更上一个新台阶。

(6)重视人才，吸引人才

实现现代化，人是决定因素。企业和产品的竞争，越来越表现为人才的竞争。为此，江苏塑料界应进一步提高职工队伍的素质，注重职工技术的培训，大力培养和吸引人才。在企业改制的过程中应特别注重保护管理人才、外向经济人才、中高级技术人才的利益，应通过股份制的改造，尽可能最大程度地留住人才。人才是任何企业发展宝贵财富，企业应从制度、分配机制上解放思想，引入激励机制、股份机制，高薪用人才、创造条件留住人才，用好人才，确保技术塑料的持续高速发展。

(7)重视行业管理，克服盲目发展。

塑料作为一门新兴的材料工业，与传统工业相比，其发展历史不长，但发展速度相当快。新项目的上马已从计划经济式的逐级审批制转向市场经济体制下的市场主导化。企业对项目的实施与否具有绝对的决定权。社会主义市场经济体制下的集体企业投资风险主要由投资单位而非经营者或单位领导，对投资项目的可行性研究存在诸多不踏实因素和投资项目的目的不明确性。这是上一轮投资热潮中为数不少的项目失败的主要原因，也是造成不少企业效应严重滑坡的不良因素。盲目投资、盲目发展不仅对单位本身造成重大损失，也对金融界构成严重风险威胁，最大的伤害是国家利益的受损。一哄而上，不仅使投资单位在一开始就步履艰难，也对原来生产销售较能维持的单位构成严重威胁。因此，呼吁政府重视行业的管理和协调，尤其是项目的管理方面，要尽可能找出一条可行的审批程序，亟需改变目前项目由政府综合部门中只了解个别行业的少数人审批项目的状况。

(8)应加大力度重视废旧塑料的回收利用工作

A 应加强宏观指导与管理，建立切实可行的回收激励机制，建立回收利用体系。

B. 建议尽快制定和完善有关塑料回收利用的法律法规，规范回收利用的工作，杜绝不良形象的发生。

C. 提供条件设立塑料回收利用基金，从税收政策等方面鼓励塑料回收利用工作。

D. 与治理白色污染工作相结合，加强立法工作，从优化人们的良好消费习惯，提高人的行为素质入手，变废为宝。在找到更经济有效、更有利于环保的新型替代材料成功研制之前，切忌因噎废食。

（江苏省塑料行业协会　韦华）

山东省

一、2013 年山东省塑料行业总体概况

2013 年在国家一系列宏观经济政策扶持下，山东塑料工业努力克服国内外市场需求不足，以及人民币升值、原材料和劳动力成本上升等一系列不利影响因素，加快行业转型升级的步伐，使行业生产稳步企稳回升，实现了平稳增长。主营业务收入、塑料制品总产量和利润总额均保持两位数增长，呈现出良好的发展趋势。

2013 年山东省塑料制品行业主营业务收入完成 2300 亿元，同比增长 14.5%；塑料制品总产量累计完成 15300kt，同比增长 14.2%，主营业务收入和制品总产量均居全国第三位；利润总额 192.24 亿元，同比增长 19.16%；职工总数 62 万人。

2013 年山东省塑料加工专用设备完成 41747 台，比上年增长 23.04%，占全国总量的 12.08%。这是山东省塑料加工专用设备继 2011 ~2012 年产量连续两年下降和全国占比连续两年缩小后的大幅回升。

截至 2013 年底，山东省塑料行业保持"中国驰名商标"5 个；保持"山东省著名商标"70 个；"山东名牌"产品 69 个。

据山东省统计局统计资料显示，2013 年全省规模以上塑料制品加工企业数量 1195 家，主营业务收入实现 1801.64 亿元，同比增长 16.23%；塑料制品总产量完成 5000kt，同比增长 5.91%；利润总额实现 127.66 亿元，同比增长 17.89%；从业人数 13.62 万人。

我省塑料行业总体规模位居全国前列。其中，农用薄膜、塑料编织制品、一次性 PVC 手套、塑料安全绳网、塑料土工材料、塑料管材、型材等大类产品在全国都占有重要位置。塑料新材料、新工艺、高附加值产品与世界先进水平差距较大。

二、科技创新持续发力，促进行业转型升级

1. 山东省工程塑料工程技术研究中心已获得批准成立。

根据我们实际需求及国内外技术、产业发展状况和趋势，积极策划了山东省工程塑料工程技术研究中心的申报内容，该工程技术研究中心以山东省塑料研究开发中心为依托单位，齐鲁工业大学为协办单位，申报和批复工作于 2013 年底前已完成，目前正在进行具体组建工作。

作为山东省工程塑料工程技术研究中心的项目之一，完成了 2013 年蓝黄"两区"重大课题研究项目《海洋工程装备及船舶塑料新材料产业化应用研究》的申请和部分材料收集、申请书编写工作。

作为深化与高校战略合作联盟关系的一部分，同时作为山东省工程塑料工程技术研究中心的项目之一，根据关于做好 2013 年国家科技型中小企业技术创新基金项目申报工作的有关要求，利用我们的专利技术与济南丰源塑料有限公司进行产学研合作，并以合作形式完成了科技型中小企业技术创新基金项目申报工作。

2. 山东省塑料研究开发中心获得多项国家专利授权。

山东省塑料研究开发中心为了进一步提高科技创新水平，加大自主知识产权建设力度，充分利用现有的科研及生产设备，在各类塑料新材料、新工艺、新技术方面进行了积极科研投入，获得了显著成果。2013 年，已有五项专利获国家知识产权局批准。

其中，自主研发的"聚乙烯醇/淀粉/高岭土纳米复合材料研究应用"，将高岭土作为淀粉/PVA 塑料的填充改性剂，通过分散预处理，提高了 PVA 的热稳定性及耐水性，改善了螺杆挤出的加工性能，并在 PVA 中产生新晶相，提高了制品的质量。采用专用设备加工，在特定的配方与工艺条件下，经化学反应及物理混炼一次性合成，产品可直接在通用塑料成型设备上生产各种不同用途的降解产品，各项性能指标均达到国家标准。该科研成果已获得国家发明专利(名称为"一种复合全降解材料的制备方法"，专利号：ZL201110344659.5)"；

自主研发的"采用天然秸秆加工全降解可回收塑料的方法"，将天然秸秆粉碎后利用热力、机械以及催化剂的作用通过闪爆技术使其变为絮状纤维，促使纤维素细胞撕裂，从而改变了秸秆中粗纤维的整体结构和分子链的构造，纤维素分子断裂，木质素熔化，有利于微生物降解并提高与其它物料的相溶性能。将干燥处理后的絮状秸秆纤维加入适量的改性剂、助剂进行搅拌、混合、耦合处理，采用复合合成技术工艺生产生物质降解树脂，该树脂含降解物为 100%，可制作多种降解塑料产品。该研究成果已获得国家发明专利(专利号：ZL201110344660.8)；

自主研发的"一种汽车用刮冰器(ZL201220638652.4)"和"一种鞋底防滑装置(ZL 201220638622.3)"等两项科研成果已获得国家实用新型专利；

自主研发的"聚乳酸、聚乙烯醇、多面体齐聚倍半硅氧烷、热塑性弹性体纳米复合材料可行性研究"，采用聚乳酸/聚乙烯醇/多面体齐聚硅倍半氧

烷/热塑性弹性体四元纳米复合材料，克服了普通生物降解产品在耐高温、耐湿的情况下，干、湿强度不高的缺点，使用热塑性弹性体起到复合材料的增韧作用。另外产品使用增容剂 TPE－g－MAH，能有效地增强纳米材料与 PLA/PVA 基体间的界面作用，提高复合材料的力学性能，增强了多面体齐聚硅倍半氧烷的成核性，提高复合材料的结晶温度。该科研成果已申请国家发明专利(名称为“一种共混纳米复合材料及其制备方法”，专利号：201310033209.3)。

这些科研成果的顺利完成和国家专利的成功获得，标志着山东省塑料研究开发中心的科研水平和科技实力又有了进一步提高。

3. 山东春潮集团有限公司“全降解聚羟基脂肪酸酯改性材料”项目获得省级技术鉴定。

该项目选用工业化生产的聚羟基脂肪酸酯(PHA)作为基体塑料，通过增韧剂、相容剂等进行共混改性，制备了一种新型的全生物降解材料。该材料用于地膜生产，可以获得较好的力学性能，同时应用于日用膜及工业膜也能获得理想的使用性能。

4. 聊城华塑工业有限公司“薄型农用聚烯烃棚膜功能增效技术”通过山东省科技成果鉴定。

该项目主要技术创新是在传统的 PE 或 EVA 棚膜配方体系中加入 0.5% 以下的具有高分散性、高阻隔性的阻透增效树脂，或加入少量由阻透增效树脂制备的功能母料，通过极性增容、化学增容、延长有机小分子功能助剂迁移路径并平衡其迁移速度，避免功能助剂过多、过早、过快迁移，防止薄膜内表面功能助剂过浓，延长流滴持效期 50% 以上，满足一个完整越冬温室生产周期的要求。

5. 青岛欧克斯新型建材有限公司采用二氧化碳代替氟利昂做发泡剂生产新型保温材料。

以氟利昂为发泡剂的两条老旧的生产线拆除，代之以二氧化碳为发泡剂的挤塑保温板生产线，项目运行后，可大大减少消耗臭氧层物质排放和二氧化碳排放。该项目的运行，将消减含氢氯氟烃产品，减少对臭氧层产生的破坏；新型材料的硬度更强，隔冷隔热效果更加明显，而且导热系数低，不易燃。这种新型的材料将大面积应用在建筑墙体、地面、屋顶的保温和土木工程防渗透等方面。

6. 重点技改项目将加快行业转型升级的步伐。

在 2013 年全省工业转方式调结构 1000 个重点技术改造上报汇总项目中，塑料制品工业占 43 项，总投资 72.9879 亿元(见表 1)；列入 2013 年全省工业转型升级导向计划重点项目的 4 项，总投资 43689 万元，其中固定资产投资 36356 万元(见表 2)。

表 1　2013 年全省重点企业技改导向计划项目汇总表(塑料)

万元

序号	企业名称	项目名称	总投资	建设地点
1	山东天壮环保科技有限公司	氧化－生物双降解塑料项目	12000	济南商河
2	冠茂集团有限公司	年产 60kt 多功能农膜生产线项目	50000	滕州市
3	滕州市浩然包装制品有限公司	聚乙烯包装制品建设项目	4800	滕州市
4	山东陆宇塑胶工业有限公司	20kt/a 聚烯烃管材全自动生产线技改项目	5800	东营开发
5	山东胜通集团股份有限公司	60000t/aBOPET 光学膜项目	122721	垦利县
6	烟台鸿庆包装材料有限公司	新型环保复合材料－预涂膜生产线扩能项目	4360	栖霞市
7	山东寿光龙兴农膜有限公司	年产 50ktTIF、VIF 防重茬膜项目	32000	寿光市
8	山东寿光龙兴农膜有限公司	年产 30kt 节水滴灌材料项目	15000	寿光市
9	临朐瑞星塑胶制品有限公司	塑胶项目－汽车胶条	6000	临朐县
10	山东春潮集团有限公司	汽车内饰专用纳米改性复合新材料	3000	新泰市
11	泰安欣鸣塑业有限公司	塑料包装制品项目－农药塑料包装瓶桶	12000	宁阳县
12	山东惠尔制革有限公司	复合塑料(高档汽车内饰)生产项目	8822	宁阳县
13	山东济海华元医疗科技有限公司	3000t/a 药品包装专用改性聚丙烯粒料	3500	泰安岱岳
14	山东群升伟业塑胶科技有限公司	硬聚氯乙烯合金管材研发	10000	日照东港
15	日照众兴包装有限公司	高端防伪瓶盖生产项目	7800	日照开发
16	山东亚新塑料包装有限公司	年产万吨塑料彩印包装袋项目	2000	莒南县
17	乐陵泰山人造草坪产业有限公司	增资建设 3600t/a 聚烯烃耐磨草丝纤维项目	7422	乐陵市
18	德州三惠木塑科技有限公司	年产 80kt 木塑复合材料项目二期工程	13556	平原县
19	诸城市三维管件有限公司	大口径管件生产线项目	5000	诸城市
20	潍坊中云机器有限公司	GDLG－2400 型钢带增强 PE 螺旋波纹管生产线	3000	昌邑市
21	山东霞光实业有限公司	50kt/a 新型绿色木塑材料(废木材和秸秆)	37370	微山县
22	山东圣泉化工股份有限公司	960 万平方米/年建筑用改性酚醛泡沫防火保温板	10300	章丘市

续表

序号	企业名称	项目名称	总投资	建设地点
23	山东联创节能新材料股份有限公司	1000万平方米/年硬质PU高效防火保温复合板项目	33600	张店区
24	淄博市博山晨光建材机械有限公司	FRP透明采光板项目	9000	博山区
25	山东博拓塑业股份有限公司	年产30kt低发泡板材技改项目	25000	沂源县
26	山东慧科助剂股份有限公司	年产50kt新型塑材项目	25000	沂源县
27	山东沂源博科工贸有限公司	1200万平方米/年外墙保温用硬泡PU板材项目	19000	沂源县
28	山东中加新型建材有限公司	年产50万立方米防火保温板项目	10000	沂源县
29	山东恒洲管业有限公司	3000t/a大口径超高分子量PE管材技改项目	12000	沂源县
30	山东先河高分子材料有限公司	超高分子量聚乙烯膜片及复合管材项目	14690	淄博高新
31	山东天畅环保工程有限公司	玻璃纤维增强塑料型材型材及门窗生产项目	11600	山亭区
32	万华节能建材股份有限公司	聚氨酯外墙保温板和装配式房屋制造项目	59081	福山区
33	蓬莱华安铸石管件有限公司	超高分子管材及制品技术改造	4500	蓬莱市
34	山东赛博华新型材料有限公司	新型材料项目－铝塑板	54000	临朐县
35	高密市万发橡塑有限公司	15000t/a阻燃型EVA环保保温材料项目	8065	高密市
36	山东沃尔华管业有限公司	36万米/年环氧树脂钢塑复合管项目	3600	任城区
37	曲阜市金祥泡塑有限公司	EPS聚苯节能保温板扩能改造项目	4160	曲阜市
38	山东辉煌通信科技有限公司	钢增强和钢塑复合管生产线技改扩建项目	13632	金乡县
39	泰安路德工程材料有限公司	多工位注编格栅生产项目	3800	泰山区
40	山东大庚玻纤有限公司	新型土工材料生产基地项目	12000	肥城市
41	山东东澳新科工程材料有限公司	A级聚苯复合保温板、木塑集成装饰生产线	5600	东平县
42	山东宏祥化纤集团有限公司	年产8000t糙面复合土工膜项目	14500	德州陵县
43	德州华宇新材料工程有限公司	年产800万平方米新型环保高强格栅项目	10600	德州陵县
	合　计	—	729879	—

表2　2013年产业振兴和技术改造专项项目表　　万元

企业名称	项目名称	技术水平及技术来源	总投资	固定资产投资	专项资金
东营泰然塑业有限公司	年产20kt铝塑共挤新型节能门窗建材技改项目	项目技术为企业在原有微发泡生产技术的基础上进行自主创新，核心技术为铝塑复合挤出和UPVC结皮低发泡。产品已申请国家发明专利。	10200	9694	969
山东国信环境系统股份有限公司	新型超滤和微滤膜产业化项目	产品技术拥有聚醚砜（PES）中空纤维膜等4项膜应用核心技术，取得专利11项，其中7项发明专利中5项为膜技术专利。核心技术与专利均为自主研发。	13189	10588	1059
山东中宇环保科技有限公司	海水淡化用膜接触器的开发与产业化项目	与中国石油大学合作研发，达到国际先进水平，替代进口，其中，聚酰亚胺纳滤膜的制备方法获国家发明专利。	12500	9574	957
潍坊中云机器有限公司	高速高效塑料双壁波纹管成型设备技改项目	企业自主研发，拥有6项发明专利、18项实用新型专利，达到国际先进水平。	7800	6500	650
合计			43689	36356	3635

三、积极组织行业活动，促进行业健康发展

1. 山东省塑料协会第四次会员大会成功召开。

根据协会章程及社团登记管理部门要求，2013年12月19～20日，山东省塑料协会第四次会员大会在淄博市临淄召开。会议审议并通过了第三届理事会工作报告和财务报告、山东省塑料协会章程（草案）、山东省塑料协会第四届理事会会费收取标准（草案）、山东省塑料行业专家委员会管理办法（草案）。选举产生了山东省塑料协会第四届理事会和第四届理事会理事、会长、副会长、秘书长。

在完成换届程序后，大会还邀请部分专家学者进行专业授课和企业专题技术交流。齐鲁工业大学材料与工程学院院长姚金水教授就《塑料与食品安全》，济南大学化工学院李良波教授就《绿色塑料技术的发展》等进行了专业授课；永安期货股份有限公司的《期现结合打造百年企业》、台塑集团的《台塑集

团“管理之道”经验分享》以及齐鲁国际塑化城项目推介等都对与会代表引起极大兴趣。

会议还开辟了“山东塑料产业高峰论坛”专题。山东省塑料协会会长刘丰田作了《合理利用期货工具，正确规避经营风险，促进企业健康发展》的主题发言。永安期货股份有限公司就《企业利用期货工具方法及案例》和《化工品投资思路及实战经验分享》，远大物产集团《2014 年塑料行情展望及企业利用期货工具经验分享》等进行了重点发言和介绍。论坛还进行了专题互动。

大会期间还为获得“山东省塑胶工业配套产品生产研发基地”荣誉称号的日照市中楼镇；为获得“山东省塑胶工业配套产品生产研发龙头企业”荣誉称号的日照市金源橡胶有限公司、日照市岚山区永盛橡塑制品厂等两家企业；为获得“山东省塑胶工业配套产品生产研发骨干企业”荣誉称号的日照市正大三元橡胶有限公司、莒县东鹏橡塑制品厂、日照铭泰橡塑有限公司、日照市弘奥橡塑制品有限公司、日照晨煜橡塑有限公司、日照晨辉橡塑制品有限公司等六家企业分别授牌。

2. 积极组织和参加相关展会和市场开拓工作。

由山东省塑料协会主办、济南信展展览有限公司承办的“第三届中国山东国际塑料展览会”于 2013 年 9 月 16 ~ 17 日在济南举办，本次展览展出面积 1000 多平米，展商 50 多家。

积极参加“第 27 届中国国际塑料橡胶展览会”和第 13 届中国塑料交易会的参观招展工作。

山东省塑料协会首次组团参观于 2013 年 10 月 16 ~ 23 日在德国杜塞尔多夫隆重举行的塑料展览“德国 K 展”，来自济南、潍坊、济宁、德州等地的企业代表随团参观，以充分了解当今世界塑料行业顶尖的新装备、新工艺、上下游产业链等，对我省塑料行业的发展将起到积极的推动作用。

积极参加“3. 15 消费者权益日”有关活动，通过网络向广大消费者积极介绍日用塑料制品和农用塑料制品的基础知识、如何识别原料掺假、日常生活中如何注意使用安全等有关知识。

3. 特色区域、产业集群和专业市场的培育与建设工作。

为使山东塑料产业继续保持更快、健康的发展势头，进一步加强和培养产业集群和制造业基地建设，促进区域经济的发展，开展了塑料产业集群和制造业基地建设的培育活动。今年重点加强对惠民县的“塑料安全绳网生产基地”、日照市中楼镇的“山东省塑胶工业配套产品生产研发基地”的培育。其中，日照市中楼镇的“山东省塑胶工业配套产品生产研发基地”已通过审核并授牌。惠民县的“中国塑料安全绳网生产基地”正在积极培育中。

4. 继续开展“山东省塑料行业十佳企业”评比活动。

山东省塑料研究开发中心与山东省塑料协会合作开展“山东省塑料行业十佳企业”评比活动。加大了对评比活动宣传工作的力度，并与地方质检部门及行业主管部门等单位进行合作，强调加强对申报企业资格审查与提高为行业和企业服务的有机结合。

5. 续修新方志(山东塑料部分)工作基本完成。

根据《山东省续修新方志工作纲要》和做好《山东省志．工业志．二轻工业篇》的要求，认真学习有关修志工作的文件，广泛开展调查研究，查阅各相关部门与塑料行业 1986 ~ 2005 年 20 年发展有关的相关文件，已完成资料收集、整理和初稿编写工作。

6. 完成山东省“塑料编织安全生产标准”终审稿的报批和专家评审工作。

积极配合山东省安监局做好“塑料编织安全生产标准”的验收和宣贯工作，通过走访调研，开展本行业国家、地方及行业标准的摸底工作，组织和鼓励重点企业开展标准的制修订工作。至年底，山东省“塑料编织安全生产标准”已完成终审稿的报批和专家评审工作。

四、2013 年经济运行特点分析

1. 我省塑料行业受政策及季节影响明显

我省塑料行业的优势板块农用塑料、塑料建材、塑料土工材料等受季节等多种因素影响，前三季度增速有所放缓，第四季度，随着农用薄膜使用旺季的到来，对塑料行业的整体拉动作用明显。受房地产行业增速放缓的影响，塑料异型材、管材、管件等企业发展低迷，塑料编织行业受出口趋暖的影响，预计全年增幅达到 12.1%；塑料小包装出口平稳增长，但行业整体利润偏低。

2. 塑料行业受产业链影响较大

我省几大优势板块农用塑料、塑料编织、管材、型材大多处于产业链低端，产品附加值偏低，企业创新乏力。塑料行业附加值相对较高的工程塑料等产业又受下游产业发展的制约情况依旧存在。家电、电子行业是注塑行业重要的用家行业，我省是家电大省，但对我省塑料注塑行业的拉动作用没有发挥出应有的水平，一个原因是受模具产业水平制约，另一个原因是配套产业不健全。近几年，受家电行业产业转移的影响，对我省青岛、济南、潍坊等地的塑料注塑价格、塑料模具、塑料改性材料企业影响较大。乘用车行业是塑料行业重要用家行业，但我省在这个领域严重落后于发达省份。

3. 新兴产业发展迅速，但产品附加值依然偏低

塑料包装行业是塑料行业的一大子行业，我省塑料包装行业制品主要是小包装袋、垃圾袋、编织袋等，目前已形成莒县刘官庄镇、昌乐县两大产业基地，产品大部分出口，但产业技术含量低，处于产业链最低端。而高附加值的包装制品是我省的短板，与浙江、广东、江苏等省份差距较大。

一次性 PVC 手套是近几年发展起来的新产业，我省已形成以淄博为中心的产业集群，随着新增能力的扩充，我省已成为世界最大的一次性 PVC 手套生产基地。

五、经济运行中亟待解决的突出问题及建议

1. 产业结构不合理，工艺装备落后，制约产业发展。

产业结构不合理已成为影响我省塑料行业发展的重要因素。我省塑料企业多数处于产业链的低端，盈利能力低，大多数产业只有 3% ~5% 的利润率，缺乏创新的动力和能力。应加大行业“转型升级”的工作力度，加快技术改造步伐，逐步淘汰落后产能，大力推广高附加值、高性能的产业，提升我省塑料行业的水平。

山东塑料行业制品总量位居全国第三，但销售收入却位居全国第四，说明我们产品的附加值低；我省规模以上企业农用薄膜生产量居全国第一位，但其他高附加值的包装类薄膜产量还不及农用薄膜。而浙江省的包装类薄膜却是我们的近 9 倍，广东省的包装类薄膜是我们的 3 倍，江苏省的包装类薄膜也是我们的 2.6 倍。以注塑产品为主的附加值比较高的日用塑料制品，我省不及江苏的 50%，仅分别为广东省、浙江省的 15.5%。这些都说明山东塑料行业产品结构存在问题，必须加以引导。

未来几年，农用塑料(包括农地膜、节水农业器械和土工合成材料)仍占着重要的地位，将得到更进一步发展；包装材料和塑料建材将是塑料工业快速增长的主要领域；高科技、高附加值的工程塑料制品及复合材料，其生产与应用领域将随着市场经济的发展，不断扩展；管材、异型材、压延制品、双向拉伸材料、薄膜等的生产将逐步向经济规模方向发展；为保护臭氧层泡沫塑料生产进行无氟技术改造、为减少环境污染废弃塑料回收利用及降解塑料的研制开发将逐步得到加强；为发展塑料制品的品种和提高档次，塑料机械和模具的开发和生产将得到重视。

2. 化解部分产品产能相对过剩是解决行业发展的当务之急。

我省塑料行业在全国起步较早，门类齐全，同时也存在部分产品老化、产能过剩的问题。塑料鞋、塑料棒材等产品由于产品老化，不适应社会的发展水平，属于淘汰的类型，现在我省只有极少数生产企业生产。我省塑料编织制品产量居全国首位，但其附加值低，属于限制发展的类别。

由于 2014 年全球经济将趋于好转，出口市场有望走出低谷，应鼓励出口企业努力开辟新兴市场，加大产品的出口力度。同时，应鼓励国内的过剩产能走出去，在其他有需求的国家生产、销售塑料制品，为国内企业境外投资塑料制品项目创造条件和机会。

3. 农膜下乡问题应成为行业涉农惠农的重点。

山东省既是农用薄膜生产大省，也是消费大省，现行的政策是对企业生产的农用薄膜税收不征也不退，采购生产所需原料时是否索要发票由企业决定，一般正规企业必须索要发票，多数非正规企业则不要发票，在整个农膜行业造成不正当竞争。同时，农膜生产企业对当地财政贡献不大，很难享受到当地政府的扶持政策。

为更好地落实国家“三农”政策，支援农业发展，切实保护农民的积极性，让农民得到实惠，建议国家实施“农膜下乡”政策，对塑料农用薄膜生产企业正常征税，对种粮农民实施补贴，支农的税收部分直接补贴给购买农用薄膜的农民。具体实施中可由农民持购货发票到财政部门领取补贴，使惠农政策真正起到惠农作用。

4. 塑料废弃物的回收利用急需解决政策瓶颈和引导问题。

目前在所有被遗弃的塑料废弃物中大部分可以回收利用，但从行业整体发展情况看，在塑料废弃物回收利用的政策上缺乏规范、指导和监督，个别地方甚至采取直接取缔的形式加以限制，这种方式虽然简单，但对资源是极大的浪费。山东省每年被遗弃的塑料废弃物约为 200 万吨，这对石油资源短缺的中国来说是一笔巨大的财富。国际上有些发达国家已经对其再回收利用(对原不可再利用的纯粹塑料废弃物采用废塑料裂解技术)，目前国内也有类似技术且相对成熟。现在的主要问题是如何突破政策瓶颈，尽快建立实验基地，积累经验，逐步推广。

建议对塑料回收企业进行规范化管理，纳入正常的市场流通；对所有通过传统工艺不可再回收利用的塑料废弃物进行规范化集中处理，每年可以产生200 亿元以上的社会效益，既节约资源、又有利于环保、节能。

5. 经济发展不平衡带来特色产业集群发展不平衡。

山东塑料行业现有特色产品专业生产基地13个(已经命名的)，以塑料编织、农膜、PVC增强软管、管材等产品为主，分布在淄博、昌乐、聊城、德州、日照等地，其他地区尚未得到足够重视。近几年实践表明，在产业集群和特色产业基地的培育过程中，如果特色产业集群所在县或乡镇不积极或尚未作为工作重点，则产业集群和特色区域的培育工作很难开展。

近年来，我省东部地区的塑料产业已开始向我国中西部地区和我省经济相对落后地区转移，这是市场经济条件下企业的自主选择。为推进塑料产业转移有序进行，应因势利导，有序推进塑料产业区域结构调整，目前迫切需要加强政府搭台、行业指导、规划和规范的力度。

6. 中小企业生存压力加大，融资难问题已成为关系其生死存亡的关键问题。

生产所需的劳动力供应状况为企业生产带来一定制约。虽然我省劳动力资源丰富，但从行业调查情况看，具有一定技术基础或经过专业培训的人员还是十分紧缺，特别是高技能人才更缺。规划和实施本行业职工技能提升工程，提高塑料行业从业人员的劳动技能及管理水平，将是行业协会下步工作的重点之一。

政府的产业政策在某种程度上给中小企业带来了压力。由于许多发达地区正处于产业转型过程中，政府产业政策的重点是发展先进制造业和现代服务业，对于不少从事加工制造业的中小企业，难以获得政策支持，甚至面临被清退的危险。但产业的梯度转移需要一个过程，操之过急可能会造成转型过程中的大量失业，进而引发其他的社会成本问题。

宏观调控政策同样也对中小企业产生了不利影响。《关于调低部分商品出口退税率的通知》以及《加工贸易限制类商品目录》的实行加剧了中国制造的危机，而加强环境标准以及新《劳动合同法》的出台都使得企业需要支付更高的运营成本；面对高涨的CPI，央行的调控政策受诸多掣肘，使得中小企业无法在银行紧缩银根的情况下获得贷款，而无法获得贷款就不能为企业注入新鲜血液，不少企业濒临倒闭。

人民币对美元的单边升值导致出口企业的生存环境日益恶化，其利润空间由于人民币升值已经被不断挤压，难以为继。

在当前的政策环境下中小企业面临重重困难。而历史经验表明，中小企业的灵活性往往能使它们在夹缝中生存下来，关键是给予其良好的市场环境。如果说两税并轨、环境和劳工成本上升是所有企业共同面对的问题，产业转型在长期来看不可避免，而人民币汇率又不是一个地方所能决定的，那么唯一可以改变的就是宏观调控的具体政策。尤其在投融资渠道方面，在当前的紧缩性宏观调控政策下，大型国企依旧可以获得贷款，并且因为央行没有加息，也就没有增加贷款成本，而且银行也倾向于贷款给大型国企。这让中小企业更加难以获得贷款，而它们对资金的需求又十分强烈，这导致地下金融活跃的同时，也增大了风险。

7. 充分发挥行业协会在宏观经济管理方面的辅助作用。

行业“十二五”规划和行业振兴规划是以各行业专业协会为主起草、后经省政府批准实施的，但重点技改项目、规划配套项目等均由各地市汇总上报，各行业协会对此掌握的情况和资料少之又少，根本谈不上筛选和选定。所批准的在建项目和拟建项目的跟踪过程中，除项目所需资金不能得到完全保障外，各专业协会缺乏必要的跟踪手段和条件，也缺乏必要的沟通和衔接，各专业协会在跟踪过程中遇到许多困难和问题。建议各地政府在核准新增产能项目时应征求各行业专业协会的意见，以免重复建设，也便于及时跟踪，为省政府提供更准确的第一手资料。

协会要加强自身建设，担负起历史赋予的责任和使命。目前国际间的各种贸易摩擦、反倾销、反补贴不断增加，技术壁垒有增无减。面向世界的塑料工业，市场竞争将会更加激烈，企业需要联合起来，整合力量，自我保护，需要充分发挥行业协会的作用，促进行业不断发展。协会要加强自身建设，加强与各有关部门的密切配合，重点研究解决行业中的共性问题，抓住重点地区、重点产品和企业运行中的突出问题，并注重生产和市场中的热点、难点问题，做好综合协调、分类指导工作，充分发挥协会技术支持平台(专家委员会)和信息平台(刊物、网站等)的作用，积极为企业开展信息、咨询和技术服务等活动，促进塑料行业的健康发展。

(山东省塑料协会　刘丰田)

湖南省

【大事记】

1. 2013年4月19日，湖南省塑料行业协会副会长(扩大)会议在湖南汨罗顺利召开。会议由湖南省塑料行业协会主办，湖南五祥新材料科技有限公司承办，得到了中国石油西南化工销售湖南分公司的支持。汨罗市人民政府副市长王敏求、汨罗市工业和信息化局局长郑智、湖南省塑料行业协会会长蒯建政、秘书长潘小梅、副秘书长李科平及协会副会长单位代表四十余人出席了大会。会议由蒯建政会长亲自主持。

会上，蒯建政会长对我省塑料行业协会从2003年6月组建10年以来，行业实现跨越式的发展给予了充分的肯定，并对10年来我省塑料行业规模以上企业塑料制品的产量、销售收入、利税作了详细分析。与会代表认真讨论了2013年开展行业内评优活动的方案，会议审议并通过了《湖南省塑料行业评先活动办法》。会议讨论了组团参加5月20日于广州召开的第二十七届中国国际塑料橡胶工业展览会相关事宜，参会企业积极响应；湖南五祥新材料科技有限公司董事长许平桂对会议的召开表示热烈的祝贺并介绍了企业发展概况和基本情况；中国石油西南化工销售湖南分公司相关代表就“中国石油聚烯烃专用料新产品”也做了详细介绍，分析了当前聚烯烃专用料新产品的优势与市场前景。在湖南省塑料行业协会秘书处的精心组织安排下，在湖南五祥新材料科技有限公司的大力支持下，在参会企业和与会代表的共同努力下，本次会议获得了圆满成功。

2. 4月20日，中国塑料加工工业协会常务副理事长曹俭先生在湖南省塑料行业协会蒯建政会长的陪同下专程来到位于湖南汨罗市工业园的湖南五祥新材料科技有限公司考察调研，五祥科技的许平桂董事长介绍了各类产品和生产流程，陪同参观了公司各专业生产车间和成品仓库。曹俭副理事长对五祥科技的投资规模与发展速度给予了充分的肯定。

3. 2013年5月，湖南省塑料行业首届评先活动正式启动，活动由湖南省塑料行业协会秘书处发起，并组成湖南省塑料行业首届评先活动组织委员会和组委会秘书处，具体的评选办法由湖南塑料网（www. hnpia. com）和湖南塑协通讯同步对外公布，拟经过近一年的时间，评选出湖南省塑料行业首届十大名牌企业、十大杰出人物和湖南省塑料行业优秀企业及优秀个人，并对评选出的企业和个人进行表彰。

4. 2013年5月起，蒯建政会长和潘小梅秘书长率协会秘书处工作人员专程前往长沙、株洲、常德、耒阳、新化、宁乡等地对湖南路路通塑业股份有限公司、株洲湘瑞塑料建材有限公司、湖南金悦降解塑料制品有限公司、湖南四联创业新材料科技有限公司、常德七星泰塑业有限公司、湖南映鸿科技有限公司、神塑科技有限公司等企业进行了实地考察与调研。

5. 5月19日，湖南省塑料行业协会蒯建政会长出席参加了在广州珠江宾馆召开的中国塑料加工工业协会第六届三次理事会扩大会议暨塑料加工业技术应用论坛，并率员参观了位于广州中国进出口商品交易会展馆举办的规模亚洲第一、全球第二的雅式国际橡塑展——第二十七届中国国际塑料橡胶工业展览会。

6. 5月28日，湖南省塑料行业协会会长蒯建政、副秘书长黄钧在常德七星泰塑业有限公司覃正东董事长、周道言副总经理等陪同下视察了该公司。常德七星泰塑业有限公司是一家生产PVC-U、PVC-M、PVC-C、PP-R等系列管材管件的专业厂家，是湖南省塑料行业协会副理事长单位。

7. 2013年8月，协助中国塑协完成《2013年中国塑料工业年鉴——湖南篇》的编辑工作。《中国塑料工业年鉴》是由中国塑料加工工业协会主办，全面反映我国塑料工业的发展情况。我协会作为中国塑协副理事长单位，从协会大事记、基本情况、重点企业介绍、存在问题及市场前景的各个方面认真总结全面介绍了湖南省塑料行业发展情况。

8. 8月13日，协会率员参加了中国塑料加工工业协会塑料技术协作委员会拟在吉林长春召开的第八届中国塑料工业高新技术及产业化研讨会论坛暨2013中国塑协塑料技术协作委员会年会·技术交流会。

9. 2013年底，协会参加了由湖南省轻工行业管理办公室主持的2013年行业运行情况及2014年行业发展趋势的汇报座谈会。我协会蒯建政会长出席会议，对我省2013年塑料行业发展情况做了总结报告，并对2014年我省塑料行业的发展提出了意见和建议。

【基本情况】

2013年是全面贯彻落实党的十八大精神的重要一年，恰逢2013年是行业协会成立十周年。湖南省塑料行业协会从2003年6月成立至今已有十年，在全省塑料行业同仁的共同努力下，十年来我省塑料行业取得了优异的成绩，整个行业处于蓬勃发展的时期。

据统计，湖南省塑料行业规模以上企业从2003年的122家，发展到2013年的320家（2003年规模以上企业标准为年销售收入500万元以上，2013年规模以上企业标准为年销售收入2000万元以上）；规模以上企业塑料制品产量从2003年的10.3万吨，发展到2013年的194.6万吨，增长了17.9倍，年均增长率达34.2%；规模以上企业塑料制品产值从2003年的22.54亿元，发展到2013年的470亿元，增长了19.8倍；规模以上企业塑料制品销售收入从2003年的19.16亿元，发展到2013年的466亿元，增长了23.3倍；规模以上企业塑料制品利税总额从2003年的1.02亿元，发展到2013年的47.91亿元，增长了45.8倍；我省规模以上企业塑料产品产量占全国总产量的比例从2003年的0.86%发展到2013年的3.15%；规模以上企业塑料制品产量从2003年的全国第20位跃居到2013年的全国第12位。2013年1~12月我省塑料行业塑料产品产量和塑料加工专用设备产量如下所示：

2013年1~12月我省塑料行业塑料产品及塑料加工专用设备产量

产品名称	产量/t	比同期/%
塑料制品合计	1946403	27.30
塑料薄膜	264190	21.13
其中：农用薄膜	36238	-11.29
泡沫塑料	9897	9.63
塑料人造革、合成革	24355	2327.34
日用塑料制品	94640	-3.46
其他塑料制品	1553321	29.14
塑料加工专用设备(台)	5512	27.06

注：以上统计为规模以上企业(年销售收入2000万元以上)。

三、重点企业

我省有3000余家塑料行业企业，但大多数企业规模过小，产业集中度低，规模以上塑料加工及配套企业有320家，下表是我省部分影响力大、实力雄厚的重点企业：

序号	企业名称	主要产品
1	湖南路路通塑业股份有限公司	C-PVC、U-PVC管材等
2	神塑科技有限公司	PVC、PPR、PE管材、管件
3	湖南五祥新材料科技有限公司	管道产品、型材门窗
4	株洲湘瑞塑料建材有限公司	PVC异型材、UPVC、PP-R管材等、塑料门窗
5	株洲时代工程塑料制品有限责任公司	注塑产品、工程塑料
6	湖南省塑料研究所	工程塑料、塑料改性专用料
7	湖南省坤源塑化有限公司	U-PVC管材、管件
8	长沙天卓塑胶有限公司	HDPE双壁波纹排水管
9	湖南万容包装有限公司	食品包装
10	湖南晶鑫科技股份有限公司	复合膜食品软包装袋
11	益阳市湘衡塑业有限公司	编织袋等
12	湖南长丰汽车塑料制品有限公司	汽车用塑料制品
13	湖南平桂制塑科技实业有限公司	PVC板材、PVC胶粒
14	长沙日松管业有限公司	PP-R、CPVC、HDPE
15	湖南省宏通实业有限公司	U-PVC管材、电力管材等
16	常德七星泰塑业有限公司	U-PVC系列管材、管件、电缆套管
17	株洲晶昱实业有限责任公司	橡胶、塑料改性胶粒
18	湖南光顺管材有限公司	PVC、PPR给排水管
19	湖南振云塑胶公司	塑料管道
20	湖南科天新材料有限公司	阻燃材料
21	湖南天一制造技术有限公司	塑料注塑产品、MC尼龙
22	长沙毅华塑料包装有限公司	塑料包装袋
23	湖南四联创业新材料科技有限公司	塑料原料、橡胶原料
24	中国石油西南化工销售湖南分公司	合成树脂、合成橡胶原料
25	湖南金悦降解塑料制品有限公司	塑料包装袋
26	湖南飞博塑胶有限公司	电力管、HDPE通信管等管材
27	湖南映鸿科技有限公司	新型复合陶瓷材料
28	湖南鑫隆模塑科技开发有限公司	汽车塑料制品
29	湖南易达塑业有限公司	PE、PVC管材管件
30	湖南兆恒材料科技有限公司	泡沫材料

2. 湖南路路通塑业股份有限公司

湖南路路通塑业股份有限公司成立于1999年，位于湖南长沙麓谷国家高新技术产业开发区，是一家集塑胶管道开发、生产、销售于一体的高新技术企业，也是国内深具影响力的塑胶制品企业之一。

公司主要产品有氯化聚氯乙烯(PVC-C)高压电

力电缆套管、聚氯乙烯(PVC－U)给排水管材(管件)、PVC－M抗冲改性给水管、建筑用绝缘电工套管、路灯电缆套管、埋地用通信管道、PE给水管、家装及工程用无规共聚聚丙烯(PP－R)冷热水管、地源热泵中央空调专用换热管材(管件)等1000多个规格型号，年生产能力进入同行业全国十强。

公司先后通过ISO9001质量管理体系认证、ISO14001环境管理体系认证、中国环境标志产品认证，获得“中国塑料加工企业信用等级AAA证书”、荣获“中国建材交易信用等级AA＋证书”、“全国工程建设重点推广应用产品”、“全国保障性住房建设用材优秀供应商”和“湖南省消费者信得过单位”、“湖南省民营企业信得过单位”、“湖南省诚信创建企业”、“湖南百家诚信示范单位”和“湖南省信用等级AAA级企业”等荣誉。

“路路通”商标已成为湖南省同行业第一个“中国驰名商标”，还荣获“湖南省著名商标”、“湖南名牌”等称号。PVC－U给水及PE给水系列产品通过了国家水利部节水产品认证，是国家水利部农村饮水安全中心推荐品牌。产品广泛应用于电力、通信、建筑、自来水和农村饮水安全工程等行业和领域，深受广大用户信任和好评。

公司拥有一支强大的研发团队，仅2012年公司就获得发明专利3项(一种塑料管材的成型用挤出模具、一种防漏构件、一种地源热泵空调系统)，实用新型专利6项(一种防漏构件以及一种建筑物用管路系统、一种防漏构件、一种塑料管材的成型用挤出模具、一种排水管、一种地源热泵空调系统、一种水流稳压装置以及一种塑料管水冷定型系统)，同时研发“同层排水防漏集水器”、“防漏直接”等新产品，为公司产品保持竞争力不断注入新的活力。

由公司戴毅明副总经理主导制定的埋地式高压电力电缆用氯化聚氯乙烯(PVC－C)套管国家轻工行业标准(QB/T 2479—2005)已于2006年1月1日在全国范围内推广实施，为提高电网设施的先进性与安全性作出了突出贡献。湖南路路通塑业股份有限公司也成为湖南省本行业唯一负责起草国家行业标准的企业。

公司秉承“诚、信、和”的企业文化理念，以“路通人和，由我传递”为企业责任，勤奋务实、开创未来。

3. 株洲湘瑞塑料建材有限公司

株洲湘瑞塑料建材有限公司是国家为推广化学建材而布点建设的三大塑料建材生产骨干企业之一。公司由中盐湖南株洲化工集团有限公司控股，香港瑞锦投资有限公司合资经营，具有合资企业法人资格。

公司位于株洲国家高新技术产业开发区，首期工程投资一亿二千万元，从奥地利格瑞纳公司，德国克劳斯·玛菲公司引进具有国际一流水平的塑钢门窗生产线，年产优质PVC塑料异型材25kt，并自行组装高级塑钢门窗10万平方米。1997年公司从韩国引进三条芯层发泡管材生产线，年产6000吨芯层发泡管材。2001年，引进PP－R上水管生产线，年产量1000t。其塑料型材，塑钢门窗，发泡管材，PP－R上水管均使用《湘瑞》注册商标。

公司集研究开发、生产、销售于一体，技术力量雄厚，检测手段先进，自主创新能力强，具有独立知识产权，拥有国家专利6项，其中主导产品PVC塑钢异型材、PVC型钢门窗获得国家专利三项，湘瑞公司成功研发出的PP－R上水管和景观型木塑，其技术水平处于全国领先地位。2003年11月湖南省产品质量监督检测所塑钢型材授权站在公司挂牌成立，公司建立了质量内控制度，从设计、开发、生产安装和售后服务全过程都严格按照《质量手册》进行质量管理和过程控制，做到了有文件规定、有记录可查、有监督检查措施，并全面贯彻ISO9001质量管理体系认证，确保了产品质量。

多年来，湘瑞始终致力于营销网络的不断完善和扩大，经过近二十年的不断发展，在国内建立的29个销售办事处，拥有了一支120多人的销售团队，公司产品畅销全国各省、市，还远销荷兰、巴拿马、斯里兰卡、加纳、尼日利亚等国家和地区。

公司成立十多年来，发挥技术优势，采用计算机辅助设计，立足高起点，高质量严格按照国家标准生产各种不同规格的高、中档塑钢门窗、塑钢隔断墙及塑钢幕墙。公司坚持“质量第一，信誉第一，满足用户需求。”的原则，为用户提供设计、咨询、安装、生产一条龙服务；产品实行严格的检验制度自出厂之日起，建立用户档案和用户回访制度，并实行质量跟踪服务。同时公司60平开系列、85欧式推拉窗系列、美式提拉3000、4000、9000系列窗畅销中、南美市场，出口量不断增长。2006年底公司湘瑞牌75系列、60系列、80系列塑钢节能门窗通过了湖南省级成果鉴定，并于2008年荣获“湖南省著名商标”称号。

公司崇尚“诚信天下、永利客户、义利兼顾、共同发展”的经营理念，架构了完整的售后服务体系，在行业内率先承诺“一年包换、三年保修、终身维护，如有需要绝对24小时内出发，最短时间内赶到现场”，让湘瑞产品深入客户心中，烙下“放心、优质、安全”的标志。

【存在问题】

2013年是协会成立十周年，十年来我省塑料制品产量保持快速增长，年均增长率达34.2%，但受国内外经济形势发展变化的影响，省内塑料工业发展可谓喜忧参半，全省塑料行业产业结构不合理、科技创新能力低、生产力成本不断攀升等仍是制约着我省塑料行业发展的重要因素，具体表现在：

1. 科技创新能力偏低、缺乏竞争力

我省塑料工业整体状况相对落后，科技创新的能力有限，缺乏自主知识产权技术，特别是缺乏企业和高等院校、科研院所的有效结合，共同开发产品的技术创新能力偏低，同时我省塑料工业生产装备水平不高，大量高能耗、低产能的加工设备仍在使用，导致企业加工工艺技术相对落后，市场竞争能力弱。

2. 人力成本上涨，劳动力短缺

随着劳动力成本不断增加，使得企业成本增加，用工缺口增大，直接影响到企业的经济效益。用工缺口和用工成本上升，是企业面临的双重压力。用工的缺口特别是高专业技术水平人才的缺乏，对我省塑料行业的发展影响巨大。

3. 中小企业融资困难，资金短缺

中小企业作为我省经济的重要组成部分，在实施中部崛起战略中的作用日益加大。我省塑料企业3000余家，绝大部分是中小型企业，而我省塑料中小企业融资的现状是：融资渠道狭窄，主要靠企业自身内部积累，同时中小企业获得银行贷款的难度很大。目前我省中小企业仍居中下水平，发展速度偏低，效益低下，其进一步发展仍然面临着资金短缺的难题，因此极大地制约中小企业的快速发展和做强做大。

4. 生产成本上升，企业压力加大

原材料价格上涨，劳动力成本上升，企业生产成本逐年加大，我省企业原材料购进与产品出厂价格“高进低出”明显，导致企业压力不断加大。同时我省塑料行业中小企业普遍负税较高，导致企业盈利减少而加剧了企业的资金紧张状况，企业的技术改进受到了更大程度的限制，进而加大了企业的经营风险，甚至对下游行业的产量和质量带来隐患，最终可能陷入恶性循环，使企业缺失竞争力。

5. 政府支持力度有限

我省塑料行业企业数量较多，但大规模、有影响力的塑料集团公司很少，大多数是小微型企业，产业集中度低。在我国沿海及发达省市地区，政府对塑料行业企业给予了重点支持，特别是对中小微型企业的扶持力度逐年增加，而我省塑料行业政府虽然给予了一定的支持，但力度还远远不够，而政府的支持是中小微型企业发展的重要力量，对处于快速发展的湖南塑料行业作用至关重要。

6. 产业结构不够合理

产业结构不够合理也是影响我省塑料行业发展的一个重要因素。我省塑料企业以中小企业为主，小微型企业、家庭作坊式企业数量众多，技术力量薄弱，产品都是以中低档次产品、老产品为主，缺乏高档次、高技术含量的产品，且产品的种类类同、质量良莠不齐，很大程度上制约着我省塑料行业的发展。

五、市场前景

塑料行业是一个朝阳产业，随着我国和我省国民经济的快速发展，一些重点行业、支柱产业的崛起和发展以及对塑料产品的需求，推动了我省塑料行业向绿色生态、节能低碳、多元化、高端化不断发展。根据我省塑料工业发现现状和市场行情，今后我省塑料行业发展的主要趋势表现在以下几个方面：

1. 农村市场

我省是一个农业大省，拥有5750万亩耕地，4200多万农村人口。随着经济的发展，农用塑料制品已成为我省现代农业发展中不可缺少的生产资料，特别是近年来，我省认真贯彻落实中央"三农"工作方针政策，围绕农业增效和农民增收两大目标，以农业结构战略性调整为主线，大力推进农业产业化经营，农业经济运行质量有了明显提高。因此，在发展现代农业、建设社会主义新农村的新形势下，我们要大力推广农用薄膜、农用沼气管、农用塑料节水器材等农用塑料的应用，支持我省自主农用塑料品牌的生产与销售，把提升我省塑料农业技术水平作为研发重点，以推进我省农业的结构调整、农民增收。

2. 汽车工业

中国汽车行业的良好发展给汽车相关产品带来了巨大的市场需求，据有关资料显示，汽车工业大量使用的材料中，塑料占7%～10%，近年来，汽车轻量化的要求使其塑料用量的增长正在快速增长，而且全塑车神是未来汽车的发展方向。随着我省新型工业化进程的不断推进，汽车工业在我省已成为支柱产业并作为重点扶持产业在发展，据统计湖南全省规模以上列入国家汽车生产企业及产业公告的35家，产能已达到约30万辆。预计到2015年，我省汽车产能将达到100余万辆，汽车塑料零部件材料的需求将达到80kt左右，其市场前景是非常巨大的。

3. 家电行业

在家电行业中，产品塑料化已经成为家电行业中重要发展方向发展之一，塑料已成为家电领域应用量增长速度最快的材料，近几年每年平均增长速度达到30%左右。目前塑料在家电中用量已占重量比的40%，并随着新型环保、绿色健康材料的研发生产和应用，国内家电市场必将迎来新一轮消费结构的快速升级，从而带动塑料行业的整体发展。

4. 基础设施类建设

“十二五”期间，湖南省委省政府将“一化三基”战略调整为“两化三基”，即在原来的新型工业化的基础上增加“新型城镇化”提法，而城镇化进程的加快，推动了我省塑料管道行业的快速发展，城市给排水、市政排污管道等基础设施用塑料管道市场需求旺盛，预计“十二五”期间，塑料管道生产量将保持在10%左右的增长速度，塑料管道在全国各类管道中市场占有率超过60%。随着我省高铁、长沙地铁工程的建设，高性能化工程塑料需求量明显增多，如特种结构泡沫材料、塑料轴承、电子电器用塑料元件等，因此，我省塑料企业应加大科研投入，依托技术，实现自主创新，推动我省工程塑料技术发展，为我省支柱产业做好配套服务。

（湖南省塑料行业协会　龙洁）

广东省

【概况】

1. 行业、企业规模

2013年，全省塑料制品制造业汇总规模以上企业2781个，汇总规模以上企业数比2012年减少49个，占全国塑料制品制造业规模企业数的20.3%，比2012年占比减少1.06个百分点。全省汇总规模以上企业从业人员82.87万人，同比增长22.5%。汇总规模以上企业资产总额2493.36亿元，同比增长11.3%。国家统计部门执行《国民经济行业分类》（GB/T 4754—2011）统计办法，2013年仍将原属塑料制品制造业的“塑料鞋制造”列入其他行业统计，“塑料家具制造”也不计入塑料制品行业，加上规模以上企业统计起点标准变化等因素，广东省塑料行业、企业规模数据变化大，规模以上企业数绝对量连续两年减少。未计入的参考数据：2013年全省“塑料鞋制造业”汇总企业数258个，比上一年增加48个；“塑料家居制造业”汇总企业数22个。

2. 主要塑料制品产量

2013年，全省塑料制品产量统计汇总企业数为1177个，仅占全省汇总规模以上企业总数2781个的42.3%。产量数据变化只能反映绝对量的比较，不能评价全省行业规模以上企业产量变化。据统计：全省汇总统计1177个企业，塑料制品产量8580kt，绝对量与上年同比增长4.8%，统计产量占全国产量比重13.87%，比上一年下降2.03个百分比。其中：塑料薄膜制品产量统计企业131个（汇总规模企业303个），产量1479.3kt，同比增长4.86%，占全省塑料制品产量17.25%，占全国同类产品产量比重13.58%，比上年减少7.25个百分点。泡沫塑料制品产量统计企业62个（汇总规模企业171个），产量292.3kt，同比下降16.77%，占全省塑料制品产量3.38%，占全国同类产品产量比重19.95%，比上年低1.83%。塑料人造革合成革制品统计产量企业25个（汇总规模企业58个），产量25.66万吨，同比增长30.31%，占全省塑料制品产量3.15%，占全国同类产品产量比重7.39%，比上年增加1.47个百分点。日用塑料制品产量统计企业188个（汇总规模企业416个），产量107.49万吨，同比增长7.28%，占全省塑料制品产量12.47%，占全国同类产品产量比重22.79%，比上年增加0.76个百分点。其他塑料制品产量统计企业796个（汇总规模企业870个），产量5477.6kt，同比增长4.79%，占全省塑料制品产量63.87%，占全国同类产品产量比重13.26%，比上年低1.91个百分点。

2013年由于广东省塑料制品产量统计企业仅占全部汇总规模企业的42.3%，产量占全国比重降至13.87%，产量增幅低于全国平均增幅3.22个百分点，塑料制品子行业中的塑料薄膜、日用塑料、其他塑料产量增幅均分别低于全国平均增幅2.75、2.18和2.92个百分点，人造革合成革制品产量增幅高出全国平均增幅19.62个百分点，而泡沫塑料制品为负增长。2013年广东省塑料制品产量绝对量和占全国比重仍据全国省份前列，是塑料工业大省。

3. 产、销总值，主营收入

2013年，全省汇总规模以上塑料制品企业2781个，累计完成工业总产值3777.97亿元，同比增长15.5%。主营业务收入3674.12亿元，同比增长14.71%，高于全国平均增幅0.45个百分点，占全国比重19.66%，比上年增加0.46个百分点。其中：塑料薄膜制品企业303个，主营业务收入535.48亿元，同比增长23.25%，高于全国同类产品平均增幅8.95个百分点，占全省塑料制品14.5%，占全国同类产品比重22.14%。塑料板、管、型材制品企业233个，主营业务收入553.78亿元，同比增长13.63%，低于全国同类产品平均增幅2.97个百分点，占全省塑料制品15.07%，占全国同类产品比重11.95%。塑料丝、绳、编织制品企业100个，主营业务收入110.14亿元，同比增长10.96%，低于全国同类产品平均增幅5.74个百分点，占全省塑料制品3%，占全国同类产品比重4.34%。泡沫塑料制品企业171个，主营收入143.74亿元，同比增长持平，低于全国同类产品平均增幅10个百分点，占全省塑料制品3.91%，占全国同类产品比重17.02%。塑料人造革合成革企业58个，主营业务收入119.62亿元，同比增长16.45%，高于全国同类产品平均增幅5.15个百分点，占全省塑料制品3.26%，占全国同类产品比重10.31%。塑料包装箱及容器制品企业236个，主营收入265.56亿元，同比增长13.11%，高于全国同类产品平均增幅0.11个百分点，占全省塑料制品7.28%，占全国同类产品比重16.6%。日用塑料制品企业416个，主营业务收入449.51亿元，同比增长9.77%，低于全国同类产品增幅1.63个百分点，占全省塑料制品12.34%，占全国同类产品比重31.02%。其他塑料制品企业870个，主营收入1013.49亿元，同比增长14.67%，高于全国同类产品增幅0.67个百分点，占全省塑料制品27.58%，占全国同类产品比重38.34%。塑料零件制品企业394个，主营业务收入482.82亿元，同比增长17.73%，高于全国同类产品增幅5.63个百分点，占全省塑料制品13.14%，占全国同类产品比重33.36%。

统计数据绝对量比较，2013年广东省塑料制品工业总产值增幅远高于产量增幅，主营业务收入增幅远大于产量增幅，并高于全国平均增幅，，主营业务收入占全国比重已接近五分之一，9个子行业产品中有3个产品主营业务收入占全国同类产品比重分别达到38.34%、33.26%和31.02%，有2个产品占全国同类产品比重分别为22.14%、18.02%。显现出广东省塑料制品制造业经产业结构调整，产品结构升级效果明显，塑料制品向高端发展，产品附加值和单价提升，全省塑料制品主营业务收入居全国省份前列。

未计入的参考数据：塑料鞋企业258个，主营业务收入297.75亿元，同比增长33.19%。塑料家居企业22个，主营业务收入21.32亿元，同比增幅持平。

4. 经济效益、企业资产

2013年，全省汇总规模以上塑料制品企业2781个，利润总额170.57亿元，同比增长23.8%，高于全国增幅7.36个百分点，占全国比重15.19%，主营业务收入利润率4.64%，低于全国平均主营业务收入利润1.37个百分点。企业盈利面84.75%，亏损企业424个，减少33个，亏损额16.6亿元，增亏1.34亿元。企业资产总计2493.3亿元，同比增长11.33%，低于全国增幅5.17个百分点。规模以上企业平均资产8965万元，平均比上年增加885万元，高于全国平均数。其中：塑料薄膜制品303个企业，资产总额402亿元，同比增长16.8%，利润总额20.98亿元，同比增长26.21%，高于全国平均增幅16.57个百分点，占全省利润总额12.3%，占全国同类产品比重16.7%，企业盈利面84.82%，亏损企业46个，减少4个，亏损额4.25亿元，减亏1100万元。塑料板、管、型材制品企业233个，资产总计423.9亿元，同比增长14.45%，利润总额37.75亿元，同比增长20%，高于全国平均增幅1.16个百分点，占全省利润总额22.13%，占全国同类产品比重11.9%，企业盈利面85.41%，亏损企业34个，减少2个，亏损额1.16亿元，减亏9600万元。塑料丝、绳、及编织制品企业100个，资产总计68.74亿元，同比增长22.86%，利润总额5.81亿元，同比增长9.83%，低于全国增幅10.55个百分点，占全省利润额3.41%，占全国同类产品比重3.47%，企业盈利面89%，亏损企业11个，减少4个，亏损额0.78亿元，增亏6500万元。泡沫塑料制品企业171个，资产总计95.7亿元，同比增长14.95%，利润总额5.97亿元，同比增长18.98%，高于全国平均增幅6.74个百分点，占全省利润总额3.5%，占全国同类产品比重11.26%，企业盈利面90.1%，亏损企业17个，增加1个，亏损额0.21亿元，减亏200万元。塑料人造革合成革制品企业58个，资产总计71.13亿元，同比增长18.97%，利润总额6.95亿元，同比增长14.69%，高于全国平均增幅7.16个百分点，占全省利润总额4.07%，占全国同类产品比重9.59%，企业盈利面89.66%，亏损企业6个，增加3个，亏损额0.13亿元，增亏400万元。塑料包装箱及容器制品企业236个，资产总计269.5亿元，同比增长4.94%，利润总额16.02亿元，同比增长4.29%，低于全国平均增幅17.36个百分点，占全省利润总额9.3%，占全国同类产品比重14.22%，企业盈利面82.63%，亏损企业41个增加9个，亏损额1.46亿元，增亏3600万元。塑料零件制品企业394个，资产总计355.39亿元，同比增长19.45%，利润总额17.45亿元，同比增长36.12%，高于全国平均增幅16.37个百分点，占全省利润总额10.23%，占全国同类产品比重26.48%，企业盈利面78.68%，亏损企业84个，与上年持平，亏损额3.03亿元，减亏6900万元。日用塑料制品企业416

个，资产总计238.3亿元，同比增长9.5%，利润总额16.95亿元，同比增长23.18%，高于全国增幅5.98个百分点，占全省利润总额9.94%，占全国同类产品比重21.53%，企业盈利面86.54%，亏损企业56个，增加8个，亏损额1.57亿元，增亏0.37亿元。其他塑料制品企业870个，资产总计568.68亿元，同比增长2.52%，利润总额42.70亿元，同比增长20.72%，高于全国平均增幅7.48个百分点，占全省利润总额25.03%，占全国同类产品比重32.78%，企业盈利面85.17%，亏损企业129个，增加5个，亏损额4.06亿元，增亏5400万元。

全省规模以上企业资产总计增幅较大，企业平均资产也有较大增加，利润总额占全国比重继续提高，子行业产品同类产品中利润占全国比重高于20%的有3个，分别为其他塑料制品32.78%、塑料零件26.48%、日用塑料制品21.53%。全省塑料制品整体经济效益提高明显。

未计入的数据：塑料鞋制品企业258个，资产总计79.2亿元，同比-3.71%，利润总额6.15亿元，同比增长9.64%，企业盈利面95.35%，亏损企业12个，减少3个，亏损额0.16亿元，减亏0.03亿元。塑料家具企业22个，资产总计15.33亿元，同比增长31.02%，利润总额0.47亿元，同比增长14.63%，企业盈利面77.27%，亏损企业5个，增加2个，亏损额468.6万元，增亏263万元。

5. 主要塑料制品出口交货值

2013年全省塑料制品交货值989.47亿元，同比增长2.9%，高于全国增幅1.8个百分点，同比增幅回落1.47个百分点。2013年广东省塑料制品出口交货值占全国比重45.7%，比上年比重增加2.63个百分点。全省塑料制品出口交货值占产品产值26.19%，比上年减少2.94个百分点。总出口交货值占全国比重继续增大，为全国最大塑料制品出口省份。

【存在问题】

1. 2013年广东省规模企业汇总统计数继续减少，与行业结构调整、部分企业重组、转型以及国家统计部门不再将塑料鞋、塑料家具等列入制品业统计等因素有关。

2. 近两年广东省塑料制品产量绝对量占全国比重下降，除行业统计范围变化等因素外，2013年主要受产量统计企业仅占统计汇总的规模以上企业42.3%有关。全部子行业产品产量统计企业数均不到汇总规模以上企业数50%，最低的是泡沫塑料制品，统计产量的企业仅占规模以上企业36.25%，以至全年广东泡沫塑料制品的产量负增长。

3. 2013年广东省塑料制品主营业务收入保持较大增幅，并高于全国平均增幅，由于总量大，对全国平均增幅拉动明显，子行业产品中，主营业务收入占全国同类产品比重较大的有其他塑料制品、日用塑料制品、塑料零件等，占比分别达到38.34%、33.36%、31.02%，对全国数据影响明显。

4. 2013年广东省塑料制品行业利润绝对量增长幅度也明显提升，企业盈利面增大，亏损企业减少，但由于综合经营成本相对较高，因而全省塑料制品业主营业务利润率提升不大，仍低于全国平均水平。

5. 全省规模以上企业资产增速较大，企业平均资产已超过全国规模以上企业平均数。产业调整和企业调整、聚集效果显现，但与其他行业比较，塑料制品制造企业规模似以中、小、微型为主，平均企业资产不大。

6. 塑料制品行业仍在较困难的形势下运营，面对国内外经济环境影响和国家产业政策、市场需求变化和发展规划调整，塑料行业产业、产品结构调整的任务、压力较大，塑料制品部分子行业面临结构性、阶段性产能过剩，部分产品随生产过程、消费过程出现的环境保护问题、安全问题等同样在广东省塑料行业和企业中存在，产业发展需要国家和行业重视并给予引导。

【主要大事】

1. 五月，中国塑料加工工业协会六届三次理事会在工作召开。本次会议讨论并审议通过"中国塑料加工工业技术进步指导意见(2013-2015年)"，钱桂敬理事长就"指导意见"编制做了详细的说明报告。该指导意见是中国塑料工业近年来制定的重要文件，对指导塑料行业调整、产品结构调整，引导行业、企业技术进步、科学发展具有重要意义。

2. 五月，中国轻工业联合会—中国塑料加工工业协会、广东省塑料工业协会等协办的"27届中国国际橡塑展"在广州举办。本届展览会有38个国家和地区的2969家展商参展，展览面积超22万平方米，参观商、买家超11.5万人，成为该展会历史之最。

3. 广东省塑料工业协会换届后，根据国家塑料行业政策调整，继续引导行业、企业通过技术进步加快行业发展，并于11月继续与中国塑料加工工业协会、佛山市南海区狮山镇人民政府主办"2013年中国塑料工业新技术、新装备、新材料"峰会，500多位企业代表、行业专家参加峰会。至本届峰会的举办，广东省塑料工业协会已连续主办8届"新技术、新装备、新材料"峰会，成为全国塑料行业重要的有影响的专业论坛之一。

4. 塑料行业生产设备节能改造和企业能源管理

体系建设继续展开并呈常态化，广东雄塑科技公司、广东海兴控股集团、佛山顾地塑料公司、广东联塑科技公司等一批骨干企业继续参与注塑机节能改造，佛塑科技公司等81家重点企业参与能源管理体系建设试点，佛塑科技公司等一批企业已通过能源管理体系认证。

5. 全年共有20个企业或产品商标被认定为“广东省著名商标”，18个企业的产品被评为“广东省名牌产品”，名牌产品战略、品牌企业推广建设呈常态化并取得明显效果。

6. 塑料产业聚集和特色区域建设继续展开，9月，吴川市通过中国轻工业联合会、中国塑料加工工业协会复审，继续被授予“中国塑料鞋之乡”称号，12月，高明区通过中国轻工业联合会、中国塑料加工工业协会复审，继续被授予“中国合成革产业基地”称号。

7. 全年广东省塑料工业协会新入会会员52个，增补副会长1个，常务理事3个，理事4个。年内省内各地塑料协会相继完成换届：汕头市塑胶行业商会顺利换届，佘桂锡被选为会长；深圳市塑料行业协会顺利换届，吴宪被选为会长，之后深圳市塑料行业协会更名“深圳市高分子协会”；茂名市塑料行业协会顺利换届，张成玉继续当选为会长；佛山市高明区塑料协会顺利换届，曾铁球继续当选为会长；佛山市顺德区塑料商会顺利换届，张锦标继续当选为会长；顺德区乐从镇塑料协会顺利换届，钟伟驹继续当选为会长。

8. “海西塑料交易中心”2012年12月经汕头市人民政府批准成立，随后在汕头开业并上线交易。该交易中心是粤东地区集电子交易、仓储、培训、信息服务功能为一体的塑料原料大宗商品交易中心，同时为金融机构经营提供服务设施。

(广东省塑料工业协会　符岸)

福建省

【发展情况】

塑料工业是国民经济的重要产业之一。作为塑料工业重要组成部分的塑料制品工业既是消费制品工业，又是材料工业。它是农业、包装业、建筑与装饰业、汽车、机械、家电、电子、军工等相关工业的重要配套材料。从制品的种类和应用领域看与钢材、水泥、木材并列为材料支柱产业，构成现代社会中的“四大”基础材料。在经济发展和社会生活中，具有其重要的地位和作用。

2013年国际经济形势依然复苏乏力，在此大背景下，对福建省塑料制品加工业的发展也产生了较大影响。一方面欧美经济复苏乏力致使塑料制品出口放缓，加上人民币升值、原材料和劳动力等成本上升以及国际贸易摩擦频出，特别是发达国家纷纷出台与塑料有关的安全法律、法律及标准等技术避垒，导致塑料制品出口受阻，从而放缓了行业的发展步伐。另一面，由于部分塑料制品产能阶段性和结构性过剩，低价竞争呈白热化趋势，而生产成本却在不断上升，国内市场内需不振等形势极在地限制了塑料制品行业的发展，从而整个产业进入常态化中速增长阶段。

2013年福建省塑料制品行业发展呈以下特点

1. 总量依然增长，经济地位不变

根据福建省统计局发布的数据，2013年福建省塑料制品总量整体保持上升趋势，但增幅比上年同期略有下降。1～12月全省规模以上塑料制品业累计工业总产值1095亿元，同比增15.6%，与2012年相比，增长幅度回落了6.9个百分点。累计主营业务收入1064亿元，同比增长14.9%，与2012年相比，增长幅度回落5.7个百分点，仍位列全国第五，占全国累计数的5.8% ，排名前四的分别是广东、浙江、山东、辽宁，有18个省市全年主营业务收入增速快于全国塑料制品行业平均增速，福建高于全国平均增速0.64个百分点。出口交货值134.7亿元，同比增长2.1%，与2012年相比，增长幅度回落了4.7个百分点，仍位列全国第五，占全国累计数的6.2%，排名前四的分别是广东、浙江、江苏、上海。有10个省市全年出口交货值累计增速快于全国塑料制品行业增速，福建高于全国塑料制品行业平均增速0.97个百分点。

2013年福建省有以下塑料制品主营业务收入排名在全国前5名：塑料人造革、合成革(378.7亿元)、居全国第一；塑料鞋(21.6亿元)、居全国第二；日用塑料(109亿元)、居全国第四；塑料薄膜(131.3亿元)、居全国第五。

2. 整体效益平稳增长，增幅同比下降较大

2013年，福建省塑料制品加工业业规模以上企业596家、比2012年增加29家，从业人员13.4万人，同比增加0.4万人。利税总额100.29亿元，同比增长9.73%，与2012年相比，增长幅度回落了41.22个百分点。其中，实现利润总额69.46亿元，同比增长8.7%，税金30.83亿元，同比增长12.2%；亏损面13.93%，累计亏损总额2.66亿元，同比下降7%。

3. 产业聚集趋势明显　应用领域不断拓宽

全省塑料制品加工业主要在福州、厦门、宁德、泉州四个设区市，四个设区市塑料制品加工业产值占全省同行业产值81%。其中福州以塑料膜、塑料鞋、塑料管材及配件、日用制品为主，厦门以塑料包装膜、卫生洁具、改性材料、电子电器塑料和日用塑料为主，宁德以合成革材料为主，泉州以塑料鞋、鞋用材料、日用塑料制品、密胺餐具和塑料管材等为主。全省塑料制品已经不再以简单的、初级的消费品为主，而是已成为众多新兴产业离不开的核心配套材料。目前，我省塑料制品有膜、板、管材、管件、保温隔热材料、屋顶隔热材料、电子、汽车零部件、滚塑制品、塑木材料、改性与工程材料、医用材料、绳及编织品、泡沫及合成革、包装箱及容器、日用塑料品等数百个品种。2013年全省塑料制品加工业产值100亿元以上的品种有塑料薄膜、塑料板、管、型材、日用塑料制品、塑料人造革、合成革。截止2013年底，全省塑料制品行业拥有省级企业技术企业7家、占全省省级企业技术中心总数的1.8%；拥有省级行业技术开发基地2家，占全省省级行业技术开发基地总数的5%。

【大事记】

1. 2013年福建省经贸委将高分子材料、合成树脂产业列入2013年企业技术提升辅导工作计划，委托福建省功能材料技术开发基地、福建省改性塑料行业技术开发基地对上述两个领域的企业技术提升进行辅导，对企业技术难题、技术需求、项目对接提供服务和帮助。

2. 福建省塑料行业协会组团参展《第十三届中国塑料交易会》、《中国国际塑料橡胶工业展览会》。

3. 2013年5月31日，福建省经贸委、福建师范大学、福建省塑料行业协会共同举办了“聚合物资源绿色循环利用产学研对接会”。中国工程院院士、清华大学博士生导师金涌教授；原天津市政协副主席、中国环境科学学会副理事长、现任南开大学环境与社会发展研究中心主任朱坦教授；华东理工大学副校长、国家环境保护化工过程环境风险评价与控制重点实验室主任、博士生导师于建国教授；国家环保部科技标准司刘志全副司长；中国物资再生协会陈悦才副会长；中国塑料加工工业协会马占峰秘书长；《塑料》杂志主编杨明锦教授级高工教授等特邀代表参加了会议。

4. 2013年10月30日至11月1日，由福建师范大学、聚合物资源循环利用教育部工程研究中心主办，福建师范大学环境科学与工程学院、福建省改性塑料技术开发基地以及福建省塑料行业协会联合承办了“聚合物资源绿色循环利用创新平台建设高峰论坛”。

（福建省经济和信息化委员会　许榕）

云南省

【大事记】

一、开展2013年云南省塑料行业推荐放心产品活动

这项工作于6月5日开始发通知，11月25日完成，经过5个多月认真、细致的工作，协会严格按照客观、公平、公正的审查条件和程序，对企业自愿申报的放心产品，逐个进行初审；初审名单在《云南工业》网、《云南塑料》网、《云南塑料信息》上公示并接受监督和举报无异议；专家评审组评审等，最终确定20家企业28个产品为云南省塑料行业向社会推荐的2013年放心产品。2013年云南省塑料行业推荐放心产品名单，详见表1。

表1　2013年云南省塑料行业推荐放心产品名单

序号	公司名称	注册商标	产品名称
1	昆明鑫慧新包装材料有限公司	“鑫慧”牌	聚碳酸酯(PC)饮用水罐
2	云南共舟工贸有限公司	“共舟”牌	聚碳酸酯(PC)饮用水罐
3	昆明瑜隆工贸有限公司	“瑜隆”牌	给水用聚乙烯(PE)管材
			冷热水用聚丙烯(PP-R)管材
4	云南云建塑料建材有限公司	“源保”牌	钢带增强聚乙烯(PE)螺旋波纹管
			聚乙烯(PE)塑钢缠绕管
5	昆明傲远管业有限公司	“傲远”牌	钢带增强聚乙烯(PE)螺旋波纹管
			钢丝网骨架(聚乙烯)复合管材
6	楚雄宝丰塑料制品有限责任公司	“润丰”牌	给水用聚乙烯(PE)管材
7	云南新同基塑料工程有限责任公司	“云工塑”牌	钢带增强聚乙烯(PE)螺旋波纹管
8	昆明普尔顿环保科技股份有限公司	“普顿”牌	塑料检查井
			钢带增强聚乙烯(PE)螺旋波纹管

续表

序号	公司名称	注册商标	产品名称
9	澄江恺达塑胶有限公司	“恺德”牌	给水用聚乙烯(PE)管材
			聚乙烯双壁波纹管材
			冷热水用聚丙烯(PP-R)管材
10	云南金恒实业有限公司	“金恒”牌	给水用聚乙烯(PE)管材
			冷热水用聚丙烯(PP-R)管材
			给水用抗冲改性聚氯乙烯(PVC-M)管材
11	曲靖市麒麟金叶塑料有限公司	“金叶”牌	农用薄膜
12	曲靖市寥廓鑫源工贸有限公司	“小康”牌	农用薄膜
13	玉溪市旭日塑料有限责任公司	“旭日”牌	农用薄膜
14	宣威市中博塑料有限公司	“杜鹃花”牌	农用薄膜
15	红河州塑友塑料实业有限公司	“塑友”牌	农用薄膜
16	云南师宗县文昌塑料厂	“文笔”牌	农用薄膜
17	德宏州芒市民族塑料薄膜厂	“勐巴娜西”牌	农用薄膜
18	大理市民族塑料厂有限公司	“苍洱腾飞”牌	农用薄膜
19	曲靖麒麟海绵有限责任公司	“麒麟”牌	软质聚氨酯泡沫塑料
20	昆明民族塑料化工有限公司	“云林”牌	塑料周转箱

二、开展行业性专业活动

1. 通过了云南省塑料行业协会聚碳酸酯(PC)饮用水桶生产和使用的行业自律规定

1月10日下午，云南省塑料行业协会塑料包装专委会饮料类包装材料组在省工信委3楼会议室召开三届二次会议，饮料类包装材料组组长昆明鑫慧新包装材料有限公司总经理杨延忠主持本次会议，省工信委消费品工业处吴荣桃到会指导。昆明珍茗食品有限责任公司李家福经理宣读《云南省塑料行业协会聚碳酸酯(PC)饮用水桶生产和使用的行业自律规定》，与会代表一致通过，并举行了隆重的签字仪式。

2. 开展农膜产品质量行业自律活动，促进产品质量稳定提高

2013年农膜生产年度伊始，云南省塑料行业协会各农膜会员单位就按行业自律要求开展了对本企业质量管理工作自我检查，自我监督、自我整改活动。云南省塑料行业协会农膜行业自律活动的第二阶段抽查农膜样品、送检工作于2013年1月开始，由省塑协派出二人在事先不通知企业，也不通报时间的情况下，按《聚乙烯微膜抽样检验细则》到企业随机抽取微膜样品，送省产品质量监督检测研究院接受检验。抽查监督工作于2月8日前结束，抽查检验结果良好，被抽查检验的17家企业18个样品均符合产品质量标准要求(详见表2)，代表农膜强度的六个物理机械性能指标，代表规格厚度极限偏差、平均厚度偏差、宽度极限偏差和外观质量指标全部达到或超过技术标准要求。协会以《农膜简报》的形式将抽检结果登载《云南塑料信息》、《云南塑料》网、《云南工业》网进行长期展示并印发《农膜简报》发相关部门、公司进行宣传。

表2　2013年春耕年度云南省塑协抽样检验合格的农膜产品名单

产品名称	注册商标	厚度规格/mm	生产企业	备注
聚乙烯微膜	腾飞	0.006	大理市民族塑料厂有限公司	微膜抽检连续六年合格
聚乙烯微膜	新花	0.005	大理兴隆塑料地膜厂	微膜抽检连续六年合格
聚乙烯地膜		0.008		
聚乙烯微膜	五朵金花	0.006	大理博云塑料有限公司	微膜抽检连续三年合格
聚乙烯微膜	勐巴娜西	0.006	芒市民族塑料薄膜厂	微膜抽检连续六年合格
聚乙烯微膜	山茶	0.006	楚雄广利塑料有限公司	微膜抽检连续七年合格
聚乙烯微膜	春叶	0.005	昆明春叶塑料制成品有限公司	微膜抽检连续六年合格
聚乙烯微膜	昆鑫	0.006	昆明新鑫润丰塑料有限公司	微膜抽检连续六年合格
聚乙烯微膜	迎春花	0.005	云南塑料厂	微膜抽检连续六年合格
聚乙烯微膜	杜鹃花	0.006	宣威市中博塑料有限公司	微膜抽检连续六年合格
聚乙烯微膜	金叶	0.006	曲靖市麒麟金叶塑料有限公司	微膜抽检连续七年合格

续表

产品名称	注册商标	厚度规格/mm	生产企业	备注
聚乙烯微膜	小康	0.005	曲靖市寥廓鑫源工贸有限公司	微膜抽检连续四年合格
聚乙烯微膜	文笔	0.006	师宗县文昌塑料厂	微膜抽检连续七年合格
聚乙烯微膜	旭日	0.006	玉溪市旭日塑料有限责任公司	微膜抽检连续六年合格
聚乙烯微膜	塑友	0.006	红河州塑友塑料实业有限公司	微膜抽检连续五年合格
聚乙烯微膜	神膜	0.005	马龙县佳誉塑料制品有限责任公司	微膜抽检连续二年合格
聚乙烯地膜	龍廷	0.008	丽江市古城区金龙塑料有限公司	地膜抽检连续二年合格
聚乙烯微膜	春花	0.006	昆明市宜良薪馨塑料制品有限责任公司	微膜抽检连续二年合格

3. 开展塑料管道行业自律活动工作，表彰2013年塑料管道行业自律抽样检验合格企业和产品名单

为落实好第三届一次塑料管道、塑料门窗、工程塑料专业委员会会议精神，继续认真开展行业自律活动，提高塑料管道质量水平和诚信经营水平，向全省推出好产品，树立云南省塑料管材的良好形象，促进和带动塑料管道市场秩序的良性互动。2013年6月至9月期间协会派出专人对塑料管材生产企业进行抽检，并将检验结果向社会公布表彰（详见表3），相当一些塑管生产企业和产品连续两次抽查检验合格，向市场和用户展示了诚信经营、质量第一的风采，为我省塑料行业的健康发展做出更大的贡献！

表3　2013年云南省塑料行业协会塑料管道抽样检验合格企业及产品名单

企业名称	商标	产品名称	备注
澄江恺达塑胶有限公司	“恺德”牌	给水用聚乙烯(PE)管材	连续两年抽检合格
		冷热水用聚丙烯管材	连续两年抽检合格
		聚乙烯(PE)双壁波纹管	
云南金恒实业有限公司	“金恒”牌	给水用聚乙烯(PE)管材	连续两年抽检合格
		冷热水用聚丙烯管材	连续两年抽检合格
		给水用抗冲改性聚氯乙烯(PVC－M)管材	连续两年抽检合格
玉溪市恒丰工贸有限公司	“鑫科”牌	给水用聚乙烯(PE)管材	连续两年抽检合格
昆明瑜隆工贸有限公司	“瑜隆”牌	给水用聚乙烯(PE)管材	
		冷热水用聚丙烯管材	
昆明普尔顿管业有限公司	“普顿”牌	(HDPE)钢带增强螺旋波纹管材	连续两年抽检合格
		塑料检查井	
云南云建塑料建材有限公司	“源保”牌	(HDPE)钢带增强螺旋波纹管材	
		塑钢缠绕管	
昆明金连山塑胶化工工贸有限责任公司	“云山”牌	给水用聚乙烯(PE)管材	连续两年抽检合格
云南金管子实业有限公司	“金管子”牌	聚乙烯(PE)双壁波纹管	连续两年抽检合格
		给水用聚乙烯(PE)管材	
		聚乙烯(PE)缠绕结构壁管材	
云南新同基塑料工程有限责任公司	“云工塑”牌	(HDPE)钢骨架增强双壁波纹管材	
		聚乙烯(PE)双壁波纹管	
楚雄宝丰塑料制品有限责任公司	“润丰”牌	给水用聚乙烯(PE)管材	连续两年抽检合格
昆明傲远管业有限公司	“傲远”牌	(HDPE)钢骨架增强双壁波纹管材	
		钢丝网骨架塑料聚乙烯复合管	
昆明耀龙塑胶有限公司	“耀龙”牌	埋地式高压电力电缆用(PVC－C)套管	

三、召开三届二次理事会、四届一次会员大会，完成第三届会员大会换届和协会重新登记的相关工作

云南省塑料行业协会于2013年10月17～18日，在昆明市世博耀星温泉度假酒店召开第三届二次理事会暨第四届一次会员大会。会议按照议程和顺序，完成了表决议程、差额推选出理事长候选人。按照《云南省塑料行业协会理事长候选人推荐条件和办法

的决定》，由新成立的监事会成员监票、记票，现场发选票，以无记名投票方式选举第四届理事长(昆明普尔顿环保科技股份有限公司董事长周听昌)、常务副理事长(云南金恒实业有限公司总经理叶峰)、副理事长、秘书长。此次会议到会比例超过协会章程规定2/3以上会员出席的要求，各候选人得票都超过协会章程规定全体会员过半数的要求。所有表决和无记名投票结果符合章程规定，表决有效。到11月27日止，完成了重新登记的所有工作，更换了相关证照。至此，云南省塑料行业协会第四届领导班子合法、有效。

四、进行2013年云南省轻纺行业塑料专业技术职务任职资格评审工作

根据云轻纺职改[2013]2号文件《关于2013年云南省轻纺工程专业和工艺美术专业技术职务任职资格评审工作的通知》要求，于2013年6月12日下发《关于开展云南省轻纺行业塑料专业技术职务评审工作的通知》到各会员企业，经申报、初审及云南省轻纺工程评审委员会评审，对具备轻纺工程中级专业技术职务任职资格和初级专业技术任职资格的工程技术人员的申报资料进行评审、公示，并于2013年9月29日颁发了相应的职称证书。

五、积极组织企业参加展会、交流学习，参加国标委组织的地膜标准修订研讨会

1. 组织了17家塑料企业35名管理人员和技术人员，参加2013年5月20至23日在广州·琶洲·中国进出口商品交易会展馆举行第二十七届中国国际塑料橡胶工业展览会。

2. 举办2013第四届昆明国际给排水水处理展览会。

3. 9月份参加在台州举行的“第十三届中国塑料交易会”和“第二十三届亚洲塑料论坛”，与全国省市级塑料行业协会理事长、秘书长进行交流、沟通，寻求合作机遇。

4. 参加国标委组织的《聚乙烯吹塑农用地面覆盖薄膜》国家标准修订会议。

六、按照章程规定，召开四届一次理事会、四届一次塑料薄膜专委会和理事长办公会议

1. 2013年11月5日，召开四届一次理事会，30位理事同意用协会2013年10月底止的非限定性净资产转增为注册资金，转增后协会的注册资金为30.5万元，以满足省民政厅重新登记注册的资金要求。本次会议表决通过率为100%，符合《云南省塑料行业协会章程》第二十六条规定要求，本次理事会决议为有效决议。

2. 2013年12月14日上午9时，云南省塑料行业协会第四届一次塑料薄膜专委会会议在玉溪市旭日塑料有限责任公司办公楼会议室召开。靳树伟副会长和詹家驹名誉会长详细介绍了2013年11月12日上午国标委和下午中塑协会议情况，并要求云南省塑料行业协会有一定规模实力的企业积极争取参加国标委《聚乙烯吹塑农用地面覆盖薄膜》标准修订制标小组。会议围绕聚乙烯微膜标准、调研建议和安排进行讨论达成了共识。

3. 2013年5月13日，10月18日，11月30日，分别在省工信委综合楼二楼会议室，昆明市世博耀星温泉度假酒店3栋3号会议室，昆明市高新区科华路1号山灞大厦10楼会议室，召开云南省塑料行业协会2013年第一次、第二次、第三次理事长办公会议，研究协会工作。

七、建立云南省塑料行业协会融资信息平台，继续为缺少资金的会员单位进行融资

为帮助会员企业解决资金紧张的问题，协会继续与平安银行昆明分行合作，接受有流动资金贷款需求的会员企业申请，以优惠的条件为九家会员企业取得3300万元贷款，解决了融资难问题。

八、做好行业培训工作

1. 2013年1月10日，在省工信委办公楼三楼会议室进行聚碳酸酯(PC)饮用水安全培训。我省饮用水桶生产、使用企业积极参加。德国拜尔公司中国区技术经理王琪就饮水桶用聚碳酸酯原料的生产加工有关性能作了详细介绍，并对一些企业的问题作了现场解答。

2. 2013年5月组织会员企业参加云南省工业经济联合组织的标准化职称申报培训。

3. 为帮助企业提高质量管理和质量检验水平，及时学习并掌握新的质量检验标准和方法，加强企业质量检验工作，帮助企业建立健全质量检验制度，提高企业质检人员的技术水平和专业能力，协会分别于今年3月、6月组织会员单位质量管理和质量检验员参加中质协在昆明市举办的两期质量检验人员专业技术人员培训。

4. 举办《塑料科技讲座》

1)1月18日下午1:30分开始，在昆明市世博耀星温泉度假酒店2号会议室，广州金发科技股份有限公司项目部经理朱传龙和浙江杭州鑫富药业股份有限公司副总经理林行分别讲解《塑料管材材料、生物降解地膜》和《PBAT基全生物降解地膜的研究》。

2)1月18日下午3:50分，由云南省建筑科学研究院建筑新技术研究所副总工程师、高级工程师李宏雷主讲《塑料在建筑行业中的应用》。

5. 举办《法律知识讲座》

1月18日下午4：30分，由北京盈科（昆明）律师事务所律师侯前锋主讲经济合同与税收，其中包括投资合同、融资合同、采购合同、销售合同、工资薪金、并购重组合同以及这些合同的税收筹划技巧。

九、接受新闻媒体采访，为上级有关单位撰写资料

1. 接受媒体采访：2013年接受昆明电视台、云南电视台都市条形码栏目采访，为食品安全、可持续发展、建立和谐社会尽一份力量。

2. 代表云南省工业和信息委员会起草〈对省政府参事黄兴奇《关于高度重视和防治我省农用地膜污染的建议》的工作建议〉。

3. 为云南省发改委安宁PX大型石油炼化项目提供有关资料。

4. 7月1日，完成《中国塑料工业年鉴》云南篇的供稿资料。

5. 7月5日完成《云南省工业经济大百科》供稿资料。

6. 为中塑协农膜专委会提供我省农膜行业情况和市场使用情况

十、开展行业统计、发布行业信息

云南省塑协每年对全省塑料管材产量进行统计；每月对全省生产的塑料薄膜产量进行行业统计，每个季度对全省塑料制品生产情况进行统计并在《云南塑料信息》内部月刊、《云南塑料》网站塑胶市场栏目发表。每月以定期的《云南塑料信息》开展行业信息交流。

【基本情况】

2013年，云南省生产总值（GDP）完成11720.91亿元，比上年增长12.1%，高于全国4.4个百分点。全省人均生产总值GDP达到25083元（折合4050美元），比上年增长11.4%。非公经济增加值实现5397.48亿元，占全省生产总值的比重达46.1%，比上年提高2个百分点。

2013年，全省塑料行业生产塑料制品382kt，比上年减少9.67%，占全国比例0.62%。其中，塑料薄膜109.5kt，比上年增加12.62%，占全国比例1.01%；农用薄膜71.8kt，比上年增加16.51%，占全国比例3.83%；泡沫塑料14.1kt，比上年增加1.94%，占全国比例0.96%；日用塑料制品1.59kt，比上年增加207.58%，占全国比例0.03%；其他塑料制品257.1kt，比上年增加8.48%，占全国比例0.62%。目前，我省发展速度较快的塑料产品主要是塑料管道及附件，塑料薄膜，塑料丝绳及编织品，塑料包装及容器。

【重点企业】

云南省重点企业详见表4。

表4　2013年云南省塑料制品产量在3000t以上的企业名单

序号	企业名称	产量/t	主要产品
01	玉溪市旭日塑料有限责任公司	39231	塑料薄膜
02	昆明特瑞特塑胶有限公司	19800	管材、管件
03	昆明普尔顿环保科技股份有限公司	12300	塑料水窖、管材、管件
04	云南金恒实业有限公司	10000	管材、管件
05	昆明仙织塑业有限公司	10000	塑料编织袋
06	大理博云塑料有限公司	9466	塑料薄膜
07	昆明创辉塑胶科技有限公司	8000	管材、管件
08	宣威市中博塑料有限公司	7449	塑料薄膜
09	昆明耀龙塑胶有限公司	7000	管材、管件
10	昆明海午塑胶科技有限公司	7000	管材、管件
11	昆明金连山塑胶化工工贸有限责任公司	6000	管材、管件
12	昆明傲远管业有限公司	6000	管材、管件
13	昆明通全球管业有限公司	5000	管材、管件
14	云南森发塑胶制品有限公司	4000	管材、管件
15	云南新同基塑料工程有限责任公司	4000	管材、管件
16	昆明春叶塑料制成品有限公司	3500	农用薄膜、包装材料
17	澄江恺达塑胶有限公司	3000	管材、管件
18	云南师宗县文昌塑料厂	3000	塑料薄膜
19	云南云建塑料建材有限公司	3000	管材、管件
20	云南铭信塑胶有限公司	3000	管材、管件
21	昆明俊兴塑胶科技有限公司	3000	管材、管件
22	云南塑料厂	3000	农用薄膜、管材
23	昆明鑫慧新包装材料有限公司	3000	PC饮水罐
24	曲靖麒麟海绵有限责任公司	3000	聚氨酯泡沫塑料
25	昆明民族塑料化工有限公司	3000	注塑产品
26	昆明瑞业塑料制品有限责任公司	3000	塑料包装及容器
27	昆明东方塑纸包装有限公司	3000	塑料包装袋

【新产品开发】

2013 年，昆明普尔顿环保科技股份有限公司(云南省塑料行业协会会长单位)自主开发了新一代塑料(SMC)化粪池。该产品通过模压工艺成型化粪池，采用 AB 结构胶粘结或螺栓法兰连接方式，有小型整体式和大型组合式。大型组合式塑料(SMC)化粪池可在施工现场按需要组装成任意规格，用于生活污水分格沉淀，及对污泥进行厌氧消化。小型整体式塑料(SMC)化粪池方便使用于农村家庭一家一户使用。塑料(SMC)化粪池成功解决了砖砌结构化粪池的渗漏、使用寿命短、运行状况差、维护困难以及钢筋混凝土化粪池造价高、施工周期长等问题。详见图 1、图 2。

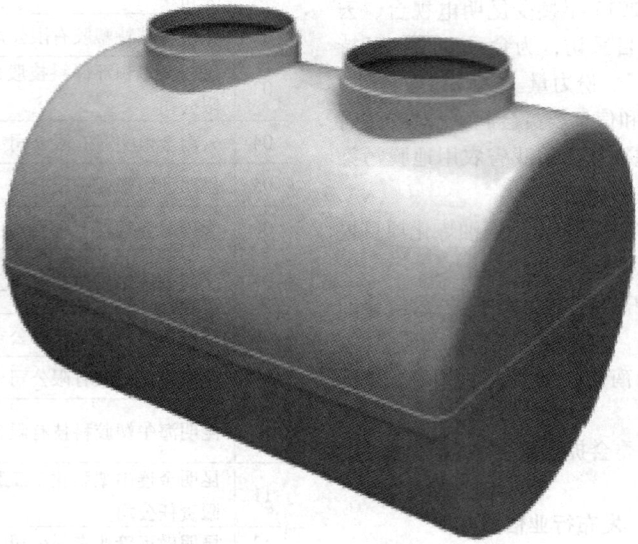

适用于农村家庭一家一户

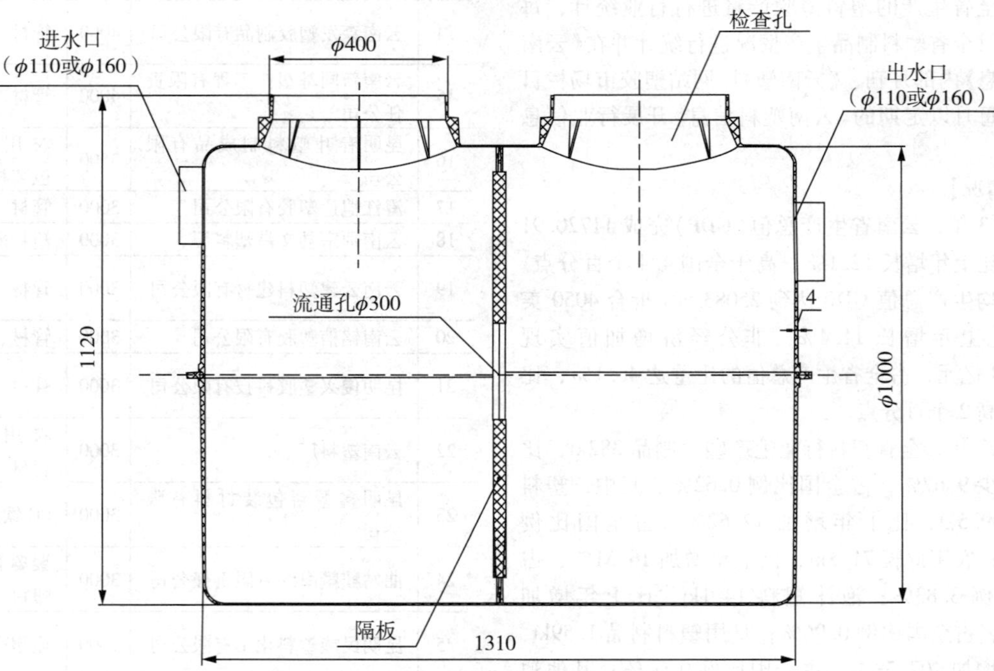

1～2立方化粪池结构示意图

图 1　小型整体式塑料(SMC)化粪池

适用于多户集中处理

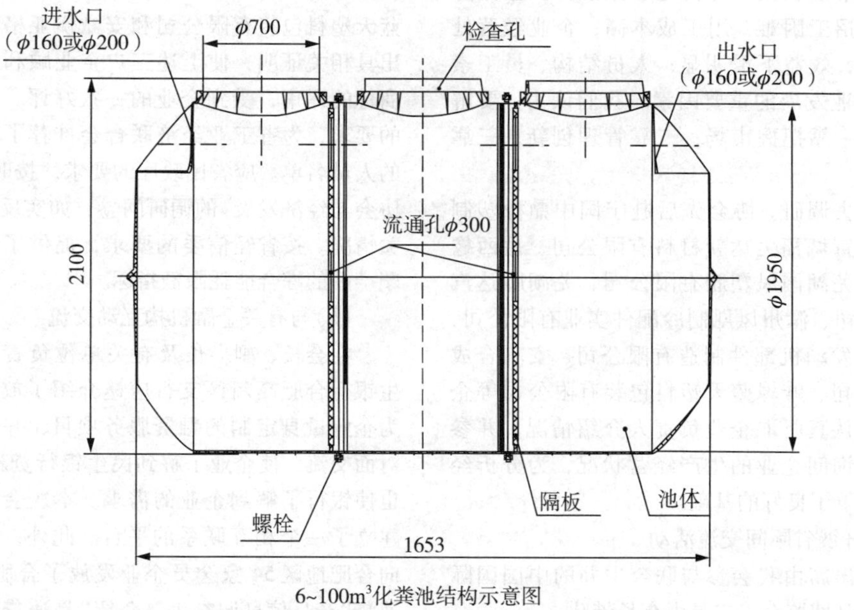

6~100m³化粪池结构示意图

图2　大型组合式塑料（SMC）化粪池

（云南省塑料行业协会　韩简吉）

安徽省

【大事记】

1. 安徽省塑料协会第二届第三次理事会议于2013年7月在合肥市召开。会议通过了韦明会长所做的工作报告；同意、批准2012年度财务决算和2013年财务预算；同意增补副会长、常务理事、理事人选。会上，有关企业及新入会的安徽中鼎橡塑制品有限公司和合肥恒创塑料机械有限公司分别介绍了本企业的运营情况和经营经验。会议取得了圆满成功。

2. 安徽省塑料协会于2013年4月份在合肥召开了会长、副会长及有关单位负责人会议。会议要求各企业一定要认清当形势的严峻性，合理调配资金，谨慎新增投资，把有限的资金用在刀刃上；必须加强管理升级，注重团队建设和人才培养，把技术进步放在重要位置；坚持按标准生产，把产品做成精品，实施名牌战略。会议为坚定信心，理顺发展思路打下了良好的基础。

3. 2013年11月22日，中国塑料加工工业协会理事长钱桂敬在合肥出席有关会议期间，专程看望了安徽省塑料协会的工作人员；参观了合肥普特化轻材料有限公司，并与我会会长、"普特"公司总经理韦明进行了亲切的交谈。

【安徽省塑料协会2013年工作回顾及2014年工作安排意见】

1. 2013年协会所做的主要工作

（1）广泛开展调研活动

一是集中调研。2013年伊始，我省塑料行业形势就不容乐观，为了应对当时的形势，协会召开了约30名企业负责人参加的座谈会，集中开展调研活动。会上，与会企业纷纷介绍了各自的基本状况，提出了存在的困难，研究了如何应对的措施。

二是开展问卷调研。为了解会员企业的生产经营状况，协会秘书处向60多户企业发放了《企业调研表》。从反馈的情况来看，大部分企业的生产经营状况基本良好(略好于上年)或处于亚正常的状态。存在的问题主要是：融资困难且成本高；业务量减少，开工不足；上游原材料处于垄断营销，价格涨跌无序；下游市场收紧，价格竞争激烈，供应链降本压力过大；招工困难，用工成本高；企业经营处于非良性运营，效益下滑明显；人员结构、员工素质成为掣肘企业发展的重要因素。我们认为：要解决上述问题，一靠把握市场；二靠管理创新；三靠结构调整。

三是走出去调研。协会先后赴宁国中鼎橡塑制品有限公司、宣城福美达新材料有限公司、岳西橡塑有限公司、芜湖国风塑胶有限公司、芜湖顺达汽车饰件有限公司、滁州凤凰制冷配件实业有限公司、合肥恒信汽车发动机部件制造有限公司、安利合成革股份有限公司、蚌埠蓝天塑料包装有限公司等企业进行调研。认真听取企业负责人介绍情况，并参观生产现场，询问企业的生产经营状况，为分析经济运行形势打下了良好的基础。

(2)广泛开展省际间交流活动

一是派员出席由我会参与联合主办的中国国际塑胶与化工产品博览会；二是由会长带队

出席由我会参与支持的第二十七届中国国际塑胶工业展览会，并撰写了展会祝贺词和观后感；三是派员参加中国慧聪网第七届塑料行业十佳企业颁奖典礼，并致贺词；四是组团参加全国塑料行业协会联席会议和第十三届中国塑料交易会。值得一提的是：新入会的宁国中鼎橡塑制品有限公司派了三名代表参观了本届交易会。联席会上，韦明会长作了发言，提出了有关企业存在的一些问题，受到与会代表的认同。五是应江苏省塑料行业协会的邀请，首次派员参加第四届昆山(陆家)机械模具塑胶工业展览会暨第三届江苏省模具人才交流会。通过观展参会，广泛开展了交流合作活动，加强了我会与华东及西南地区有关塑料协会之间的联系，同时也提升了本会的影响力。

(3)做好2012年年检工作

年检是协会的一项十分重要的工作，也是主管部门和监督管理机构每年检查协会工作的重要内容。这项工作较为繁杂，涉及具体的资料整理。为此，协会秘书处按照年检质量的要求，认真仔细地做好填报工作，及时、完整、准确、顺利的完成此项工作。

(4)完成年鉴编纂工作，加强网站建设

根据中国塑料协会的要求，按时完成了2012年《中国塑料年鉴》安徽篇的纂稿工作。为使安徽塑料网站的栏目更加合理，版面新增了流动的图片新闻，并与十个部门和企业的网站进行友情链接，丰富了网站的内涵，扩大了网站的影响。

(5)为企业和部门提供服务

应有关部门的要求，及时为定远塑料厂、蚌埠蓝天塑料包装有限公司和安徽伊亚格管业有限公司出具相关证明，使上述三户企业顺利通过了省著名商标的评审，受到企业的一致好评。应省轻工协会的要求，为省工业经济联合会推荐了塑料行业专家的人员名单。应省民政厅的要求，按时填报了《行业协会与经济发展》的调研问卷，如实反映了本会的相关情况。按省经信委的要求，提供了塑料薄膜、注塑产品的综合能耗限额指标。

(6)与有关金融机构互动交流

在会长、副会长及有关单位负责人会议上，民生银行合肥高新区支行应邀介绍了放贷产品，发布为企业量身定制的融资服务项目，并和与会代表面对面交流，使企业了解到民生银行贷款的相关信息，也使银行了解到企业的需求。本次会议为银企对接建立了一个相互联系的平台。此外，协会秘书处还向合肥地区54家会员企业发放了合肥兴业银行“易速贷”产品信息调查表，介绍“易速贷”产品的特点，同时向银行推荐了会员企业名单。协会为银企之间搭建起良好的信息通道和互动平台。

(7)加强协会自身建设

加强财务管理，严格执行国家规定的财务制度，积极控制办公成本和费用支出，遵守财经纪律。收取的会费，遵章有据，从未发生乱收费、乱摊派的问题。

协会工作人员注重政治思想素质的提高，认真学习和执行政府有关协会工作的方针政策，积极为政府和企业做好服务。

2013年，协会虽然做了一些工作，但也存在某些问题，离主管部门及代管单位的要求，还存在较大差距。一是开展调研的广度和深度不够，工作人员的工作作风仍需进一步改进。二是为企业服务的广度和深度不够，工作的领域比较狭窄。三是内部的规章制度，尚未完善到位。

2. 2014年的工作安排意见

基本思路：认真学习执行政府有关经济工作和社团组织的方针政策，增强开拓创新、加强内部建设、不断改善提升，努力开创协会工作的新局面，为促进安徽省塑料工业的平稳健康发展作出积极的贡献。

(1)深入开展调研活动

根据行业经济形势发展的需要，明确调研的总体方向和重点，选好调研课题，提高调研质量。2014年下半年，由会长带队，深入实际，及时摸清行业发展状况，了解有关企业面临的具有共性的问题，寻找并树立标杆企业，学习标杆企业的先进理念和发展模式。

(2)发挥专家的作用

协会集聚了一批科研院所和企业界的专家和业内精英人才。发挥专家和业内精英的作用会进一步提高行业发展的质量和效率，减少走弯路、走老路的概率。在今后的工作中，我们将适时举办专家讲堂，企业家讲堂等活动；推荐或邀请专家参加项目的评审工作；邀请专家对有关企业诊断、指导，帮助有需求的企业解决生产、技术以及发展中遇到的难题。

(3)继续搭建银企对接的服务平台

加强与金融机构的联系，了解有关银行的放贷产品和企业的资金需求，为银企双方搭建平台，帮助企业解决融资方面的困难。

(4)主办第三届中国．合肥塑胶工业展览会

应承办单位的要求，积极组织2014年第三届中国．合肥塑胶工业展览会。展前，配合承办方做好招展工作；展中，加强服务和指导；展后，认真做好总结工作，争取将本次展会推向一个新的高度。

(5)继续组团参加“2014国际橡塑展”和第十四届中国塑料交易会，进一步了解国内塑料工业的发展状况，加强与有关省市塑料协会之间的交流与联系。

(6)加强协会自身建设

一是继续做好服务会员的工作。广泛宣传协会的性质和宗旨，积极组织会员活动，及时研讨企业面临的实际问题，提出解决方案，使协会真正成为会员的“娘家”。二是继续做好发展会员的工作。要在企业自愿的基础上，积极吸收一批新会员。三是根据章程的规定，适时召开二届四次理事会，力求将本次会议开成一个务实高效的会议。四是进一步完善有关规章制度，坚持按章办事，做好各项工作。

(7)及时承办主管部门、监督管理机构、代管单位交办的各项工作

【基本情况】

2013年安徽省塑料行业的经济运行情况

2013年全省塑料行业290户规模以上企业完成产量2273kt，同比增长4.91%。

2013年734户规模以上企业完成主营业务收入812.5亿元，比上年同期720.4亿元，增长12.79%。完成利润总额57亿元，比上年同期54.12亿元，增长5.32%。

从上述的产量、主营业务收入、利润总额来看，产量和销售收入均在增长，但利润率却有所下降。

【面临的形势分析】

1. 面临的挑战

尽管全球经济在缓慢复苏，但仍处于有较大变数的调整中，外需难以根本好转。因而，对我国塑料加工业的发展产生较大的影响。

国内劳动力廉价的时代已经结束，企业面临人工成本升高，人才短缺，传统产业弱化的问题十分突出。

我省多数企业的规模较小，产品以中低档为主，处于产业链的低端。受原料、用户对价格的双重挤压，势微利薄。

2. 发展机遇

塑料作为新材料技术革命的重要领域，是新型战略产业的重要支撑和组成部分。塑料在现代工业、农业、电子信息业、交通运输业以及航空航天等尖端技术领域是不可忽缺的。

塑料加工业既是传统产业，又作为新材料、新工艺、新技术的新兴拓展产业，正处于快速发展的成长期。随着我国经济的持续、快速、稳定的发展，必将推动我国塑料加工业继续稳步增长。

我省塑料加工业已初步形成了材料升级，技术装备升级、人才升级和管理升级的现代产业体系，为加快本行业发展奠定了一定的基础。因此，要进一步增强自主创新能力，从而保障行业发展所需的基本条件。

【重点发展方向】

随着塑料应用领域的不断拓展，目前，塑料加工业正处于装备新老更替，技术水平良莠不齐，人才青黄不接之时。加之客户端在应用领域对品质刚性和产品高端化的进一步要求，必须紧紧依靠技术进步和科技创新，把握行业重点发展方向。

1. 全面提升塑料加工业的整体水平

根据塑料材料“功能化、轻量化、微成型”的发展趋势，要紧跟当代科技最新发展动态，积极组织开展“产、学、研、用”活动。协会的科研院所和重点企业，要进一步加强合作，紧密结合，广泛开展具有前瞻性、先导性的前沿技术研究，并将研究的成果用于实际生产之中，以此提升行业的整体水平。

2. 大力推进科技创新

通过与上下游产业链的联合攻关，力争在关键技术和共性技术上有所突破，逐步解决高端原料、助剂以及装备依赖进口，产品安全保障水平不高的瓶颈问题，以此提升行业的自主创新能力。

3. 加快新产品的开发、推广

加快新产品开发，推广高技术含量、高附加值产品的普及。调整产品结构，推动新材料、新工艺的应用。引用新技术、新设备，淘汰落后的技术工艺和设备。

4. 大力推行清洁生产

加大节能、降耗、减排的工作力度，认真做好清洁生产工作。在节约生产成本的基础上，努力提高企业的经济效益和市场竞争力。

5. 提高“两化”融合水平

加快多元信息化建设，不断提高“两化”融合水平。加强企业生产经济数据的分析和研究，充分调研并收集行业信息资源，利用好协会的信息平台，适时举办行业研讨会、展览会，在行业内真正做到资源共享，让协会真正成为行业资源共享的平台。

6. 积极推广企业安全生产管理体系建设

高度重视塑料制品，特别是与食品、饮料接触的塑料薄膜、容器、管道的卫生和安全问题。加强企业生产过程中的监督及诚信建设，确保产品安全可靠。

7. 加快人才培养

牢固树立科技是第一生产力的思想，把发现人才和培养人才放在首要位置，充分调动科技人员创新的积极性，并在科研、生产实践中凝聚人才。

8. 规范行业行为

发挥协会面向行业、企业和政府的沟通、协调作用，整合各方资源、推动行业标准化体系的贯彻执行。规范正常生产秩序，反对恶性竞争，保护行业健康发展。

【重点企业】

1. 安徽安利合成革股份有限公司

安徽安利合成革股份有限公司成立于1994年，地处国家级安徽省合肥市经济技术开发区，主要生产经营生态功能性聚氨酯合成革，下有一家控股子公司合肥安利聚氨酯新材料有限公司，主要生产经营聚氨酯树脂，所生产的产品是高分子复合材料，属新材料产业。安利主要工艺技术设备从意大利、中国台湾、韩国引进，具有当今国际领先水平，是目前全国专业研发生产生态功能性聚氨酯合成革最大的企业。安利股份是深交所上市企业。

公司现拥有员工2260人，其中硕士、博士38人，技术研发人员257人。公司员工中拥有大专以上学历的人员超过公司员工总数的33%。目前，公司拥有总资产约15.6亿元人民币、净资产约9.2亿元人民币；现拥有办公、厂房建筑面积24万平方米，干湿法合成革生产线32条，具有年产聚氨酯合成革6500万米、聚氨酯树脂55kt/a的生产经营能力。

2013年，在国际政治经济形势动荡、繁杂多变、经济复苏乏力，我国经济仍处于低增速运行状态，进出口下降，制造业景气走低，国内合成革行业面临较大压力和挑战的环境下，公司董事会、经营管理层及全体员工齐心协力、克难奋进，持续加强工艺技术改进创新，积极开拓市场、开发产品，不断强化内部管理，深化降本增效，实现生产经营业绩稳步增长。

2013年，公司实现产值19.3亿元，实现营业收入11.83亿元，较上年同期增长6.49%；实现营业利润6453.32万元，较上年同期增长67.89%，实现利润总额8703.03万元，较上年同期增长51.3%；实现归属于上市公司股东的净利润7378.47万元，较上年同期增长51.19%；实现出口创汇9157万美元，利税1.81亿元。

公司产品品质卓越，广泛应用于男女鞋、时装鞋、工作鞋、劳保鞋、童鞋、运动休闲鞋、沙发家俱、手袋、证件、文具、球类等的加工制作。众多国内外知名品牌或其加工生产企业，如阿迪达斯(adidas)、锐步(REEBOK)、彪马(PUMA)、爱斯克斯(asics)、乐途(LOTTO)、斐乐(FILA)、茵宝(UMBRO)、斯凯捷(SKECHERS)、匡威(Converse)、美津浓(MIZUNO)、蔻驰(COACH)、迪斯尼(DISNEY)、三星(SAMSUNG)、松下(Panasonic)、索尼(Sony)、佳能(Canon)、新秀丽(SAMSONITE)、“D&G”、“Armani”(阿玛尼)、安踏、特步、贵人鸟、匹克、德尔惠、乔丹、双星、巴拉巴拉、牧童、童天、达芙妮、森达、富贵鸟、红蜻蜓、意尔康、奥康、宜家家居(IKEA)、Ashely、CONFORAMA、FLY、BUT、顾家、芝华士(CHEERS)、欧美尔、蒙努、永艺、联邦、欧意美、蒙发利、澳瑞特、皇朝家俬、奇瑞、比亚迪、上汽名爵、厦门金龙、众泰等，与公司建立了良好的合作关系；公司产品深受全球中高端客户青睐，用于北京人民大会堂和上海虹桥机场、韩国首尔机场等公共场所座椅和国家卫星定位系统；产品畅销全国各地，并直接出口到60多个国家和地区，连同制成品出口，可以说“安利合成革，全球都在用”，是国内出口额最大且出口发达国家最多的合成革企业。

公司自主创新能力全球领先。是国家科技部认定的“国家重点高新技术企业”，是国家发改委、科技部、财政部、海关总署、国家税务总局等五部委考核认定的“国家认定企业技术中心”，是全国同行业拥有专利最多、自主创新能力最强的企业，是“中国聚氨酯合成革创新研发基地”、“安徽省创新型企业”、“安徽省百强高新技术企业”、“安徽省产学研联合示范企业”和“安徽省外商投资先进技术型企业”，拥有“国家级博士后科研工作站”和“安徽省聚氨酯合成革与树脂工程技术研究中心”。目前，公司已承担超过24项国家及省市科研和重大产业化项目，其中国家项目5项、省市科研项目19项；16次获得省市科技进步奖，其中，全国工商联科技进步二等奖1项、安徽省科技进步一等奖1项，拥有国家重点新产品4项、安徽省高新技术产品和安徽省新产品47项，拥有专利105项，主持和参与制定的国家和国家行业标准28项，采用国际先进标准3项，是全国同行业主持、参与制定国家和国家行业标准最多的企业。

公司是全球聚氨酯合成革行业的领导品牌。公司是国家工商行政管理总局认定的“中国驰名商标”、国家质量监督检验检疫总局认定的“中国名牌”、国家工信部认定的“国家工业企业品牌培育试点企业”，是安徽省商务厅认定的“安徽省出口名牌”和“安徽省重点进出口企业”，是安徽省经济和信息化委员会认定的“安徽省自主创新品牌示范企业”，品牌效应卓著。

公司品质管理体系健全。是中国大陆同行业内最早同时通过ISO9001国际质量管理体系认证、ISO14001环境管理体系认证、OHSAS18001职业健康安全管理体系认证以及ISO/TS16949汽车行业质量管理体系认证的企业；荣获全国质量奖入围奖、安徽省政府质量奖、合肥市政府质量奖，是全国实施卓越绩效模式先进企业、安徽省质量管理先进单位，管理科学、规范，是全国聚氨酯合成革行业标杆。

公司是国内聚氨酯合成革行业环保水平最高的企业之一。获准授权使用国家商标总局“中国生态合成革”标志，通过ISO14024“中国环境标志产品”认证；是安徽省清洁生产示范企业，近年四次被安徽省政府等表彰为“安徽省节能先进单位”，是“合肥市环保先进单位”和“合肥市安全生产先进单位”。

公司诚实守信，社会关系和谐，信誉优良。公司是安徽省劳动保障诚信示范企业、安徽省诚信建设优秀单位、安徽省税收A类纳税信誉等级单位、合肥海关A级信誉良好企业，是“安徽省银行诚信客户”，主要银行信誉“AAA级”。

2. 黄山永新股份有限公司

(1)企业基本情况

黄山永新股份有限公司成立于1992年5月，主要生产经营塑料彩印复合软包装材料、真空镀铝膜、药品包装材料、多功能薄膜等高新技术产品，是中国包装龙头企业、国家创新型企业、中国创新型企业100强、国家高新技术企业、全国企事业知识产权试点企业、第一批“国家资源节约型、环境友好型试点企业”试点企业。

2004年7月，公司在深圳证券交易所中小企业板发行上市，2007年7月完成公开增发。通过两次融资，实现了公司快速发展，在此期间，公司完成了在珠三角和环渤海两大经济圈的实体投资，扩大了在国内的业务覆盖范围，进一步巩固了公司在行业内的领先地位。

公司现有员工1654人，其中具有中专以上学历的人员占职工总数的80%，科技人员占员工总数的35%，从事高新技术产品研究、开发专职技术人员超过10%。

永新股份老厂区占地150亩，又在黄山市经济开发区购置300亩。公司硬件设备处于国内领先水平。建有10万级、30万级全封闭洁净车间及无菌多功能生产厂房。各生产厂房均依据科学的流程设计，配备恒温、恒湿、高效空气过滤、消毒、灭菌等装置，优良的生产环境从根本保障包装生产全过程的环保、卫生、消防、安全等要求。公司拥有从美国、日本、德国等地引进的具有国际领先水平的十一条彩色凹版印刷生产线、一条彩色柔版印刷生产线、四条无溶剂复合生产线、四条镀膜生产线、十四条多功能薄膜生产线等先进生产设备，具备年产塑料彩印软包装制品42000t(其中：医药包装产品6000t)，真空镀铝膜11000t的生产能力，多功能包装薄膜24000t生产能力。是目前全国最大的塑料软包装生产企业之一，具备强大的年生产能力，能充分满足客户大批量、高质量、及时供货的需求。通过了ISO9001、HACCP、ISO14000等质量、食品安全和环境保护体系认证，同时，公司引进国内领先的气相色谱仪、透湿透氧检测仪等质量检测设备，为产品品质提供可靠的保障。

公司诚信经营，规范管理，围绕主业，不断做大、做优、做强，先后荣获“全国五一劳动奖状”、“全国先进包装企业”、中国“医药包装优秀单位”、“全国守合同重信用企业”等荣誉称号。

公司二十年从事彩印复合软包装材料的研发和生产，有着雄厚的经验和技术积累。公司紧随国际行业发展潮流，重视技术创新，与中国科学技术大学、合肥工业大学等高校建立长期合作关系，设立了国家认定企业技术中心、博士后工作站、国家地方联合工程实验室、安徽省软包装材料工程技术研究中心等研发机构，具有良好的检测、研发、服务、技术推广能力，充分了保障公司持续的研发能力。

产品客户覆盖食品、医药、日化、农化、电子等多个领域的宝洁、雀巢、卡夫、拜耳、亨氏、美赞臣、喜之郎、伊利、百事、三九、洽洽、箭牌、贝因美、旺旺、太太乐、徐福记等50多家跨国公司和200多家国内知名企业、上市公司。2013年共实现营业收入16亿元，利润总额2.1亿，塑料彩印软包装制品42000t，真空镀铝膜11000t，多功能包装薄膜24000t，各项经济指标均居全国同行业前列。计划未来3－4年，形成年产值达到30亿元、年利税超过3.2亿元的生产经营能力，打造世界一流、中国第一的绿色软包装制造业知名品牌公司。

(2)科技成果和新产品开发情况

近几年来，黄山永新股份有限公司通过自主创新获得授权专利73项，共承担各类计划项目近百项，其中国家技术创新计划项目1项，国家火炬计划项目4项，国家重点新产品计划项目4项，安徽省科技攻关计划项目10多项，安徽省861计划项目5项；获得省部级以上科技奖7项，高新技术产品35项，中国包装名牌产品2项，中国包装行业优质产品1项，安徽省名牌产品1项。通过自主创新，企业的整体竞争力大幅提升，近一步巩固了领头羊地位，经济效益和各项经营指标连续三年名列前茅。对我国软包装行业的发展、产品的升级换代起到巨大的推动作用，加快了软包装行业的技术进步。中国包装联合会塑料制品包装委员会作了如此评价：黄山永新股份有限公司是中国包装龙头企业，规模、产能和市场占有率位居塑料复合软包装行业第一，科研投入较大，具有较强的产品创新能力，各项主要经济指标在同行业均名列前茅。

(3)企业财务状况

截至2013年底，永新股份总资产突破19亿元，公司负债率为21%，银行信用等级AAA级。

公司近三年主要经营指标情况表 万元

指标名称	2011年	2012年	2013年
总资产	131373.97	183158.25	189485.56
销售收入	151308.61	152101.32	161845.81
利润总额	17387.60	21222.09	20606.35
上缴税金	9656	11958	11390
固定资产	48406.85	54038.75	64526.19

(4)主要股东概况

截至2013年年底，总股本325758450股，股东总数：22326户，其中前10名股东持股情况如下表所示：

前10名股东持股情况

股东名称	股东性质	持股比例	持股总数
黄山永佳(集团)有限公司	境内非国有法人	28.30%	92197695
美佳粉末涂料有限公司	境外法人	4.53%	14748552
大永真空科技股份有限公司	境外法人	3.88%	12648240
永邦中国投资有限公司	境外法人	3.54%	11537805
招商银行股份有限公司－光大保德信优势配置股票型证券投资基金	其他	3.21%	10449045
全国社保基金五零三组合	其他	3.03%	9870000
中国工商银行－诺安价值增长	其他	2.96%	9642894
重庆中新融泽投资中心(有限合伙)	境内非国有法人	2.05%	667500
中国建设银行－银华富裕主题股票型证券投资基金	其他	1.37%	4455449
国君投资－建行－国泰君安君得增集合资产管理计划	其他	0.88%	2875700

(5)在国内及省内同行业所处地位等

永新股份有限公司是中国包装产品定点生产企业、中国包装龙头企业，在彩印软包装行业排名全国第一。2004年7月“永新股份”成功上市，成为安徽省首家在深圳中小企业板块上市的企业。2007年再次增发成功。永新股份在软包装应用领域的技术研发和创新能力不断加强，拥有很多国内第一家研发的产品、工艺和技术(详见《永新领先的技术/产品/工艺表》，其中“高阻隔真空镀铝膜、镀氧化硅膜和在线一次成型计量农药包装膜”，填补国内空白。高阻隔奶粉包装膜，其阻隔性能较普通奶粉包装提高了10倍以上，解决了长期困扰国内奶粉行业的结块问题，将奶粉产品的保质期延长了一倍以上，促进了奶粉尤其是高档奶粉行业的发展。

经过多年的行业积累和发展，公司经营规模和资产规模不断扩大，与其它同行业企业相比，不论是在企业规模、资金实力、技术水平、管理经验上等方面，均具有明显的优势。进一步巩固了永新在软包装行业领头羊地位，经济效益与各项经营指标均位居同行业前茅。

永新股份部分领先的产品/工艺/技术表

产品	生产高阻隔镀铝膜	国内第一家
	生产透明高阻隔氧化硅蒸镀膜	国内第一家
	高速高阻隔配方奶粉包装膜	国内第一家
	生产站立式液体包装膜	国内第一家
	在线一次成型计量农药包装膜	国内第一家
工艺	合作开发出低浓度有机气体排放回收工艺	国内第一家
	应用高镀铝生产工艺	国内第一家
技术	引进宽幅高速柔版印刷	国内第一家

(6)进出口情况

近三年进出口额

	2011 年	2012 年	2013 年预计	2014 年预计
进口额	1600	2100	2400	2500
出口额	1260	1100	1000	1300
进出口额	2860	3200	3400	3800

(7)企业经营情况

2013 年是艰难的一年，需求存量低迷、市场增量乏力；行业增速放缓、盈利空间收窄。为扭转宏观经济带来的不利局面，公司在董事会带领下，大力拓展市场领域，着力材料类市场拓展，积极调整产品结构，协同推进柔印项目开发，加大工艺创新，提升产品技术附加值，深入开展精益管理，着力挖掘潜力与节能降耗，提升综合竞争力。公司全年实现营业收入 161845.81 万元，同比增长 6.41%，实现归属于上市公司股东净利润 17626.92 万元，同比下降 1.04%。

(8)市场需求

近年来，随着食品、饮料、乳品、化妆品、洗涤用品、调味品消费量的增长，对塑料复合材料的软包装需求越来越大。而塑料包装材料质量的提高和功能性增强，使得其逐步由食品包装为主拓宽到非食品包装领域，其中工业包装、医药包装、农副产品包装、建材包装、航海用品包装等都将获得进一步发展。

(9)存在的问题

目前，我国塑料软包装行业仍呈现持续增长的态势，但市场竞争非常激烈。而随着跨国公司的进入、扩张，市场竞争进一步加剧，市场竞争进一步加剧，激烈的市场竞争可能限制公司的增长速度，并影响公司产品利润水平。针对该风险，公司将继续加强自主创新，开发符合市场需求的软包装产品，提升市场竞争力。

(10)发展趋势

只有把握未来行业的发展方向，才能掌控发展的制高点。从环保意识的提升、电子商务的爆发、消费者消费水平的提高等迹象分析产业的发展，包装的安全、功能化、轻量化、多样化趋势越发明显，行业将呈现新的发展趋势：一是绿色理念的积蓄将导致环保包装不断升温；二是多功能包装提升了经销商和消费者解决问题的能力，具备易于堆砌、更好的存储能力的包装将更受欢迎；三是能显示变质或过期产品的包装能够帮助消费者降低购买变质或过期产品的风险，前景广阔。另外，从国外发展经验看，哑光处理、简约设计的包装也将是倍受青睐的对象。

3. 广东伊之密精密机械股份有限公司

专注于“模压成型”专用机械设备的设计、研发、生产、销售及服务的高新技术企业。始创于 2002 年。位于中国著名的工业之都——顺德(国家级高新技术产业区)，占地面积达 80000m^2。以高精度注射成型机、高性能铝镁合金压铸机、高品质橡胶机为主导产品。

成立至今，伊之密凭借雄厚的资金与规模实力支持，结合业界最优秀的研发、设计、制造、服务、营销团队，秉持“让中国装备技术与世界同步，并为全球客户创造更佳的投资回报及客户体验”的企业宗旨，致力成为一家经营好、管理好、文化好，让员工引以为豪，为社会仰慕及尊敬的企业。

伊之密拥有省级企业技术中心、工程中心并设立了博士后科研工作站，目前已成为中国最具竞争力和发展潜力的大型装备综合服务商、中国最具规模的装备制造企业之一、国家级高新技术企业及国家级火炬计划项目实施企业单位。2009 年以来，公司持续快速增长，2010 ~ 2012 年营业收入年度复合增长率超过 30%。

在国内，伊之密除顺德容桂总部生产基地外，还建有顺德五沙、苏州吴江两大生产基地，全部投产以后，伊之密每年产能将翻倍，成为业内最大厂商之一。

在全球，伊之密建有多个海外办事处和服务点，业务覆盖数十个国家和地区。2011 年 3 月，伊之密成功收购了美国百年企业 HPM 公司的全部知识产权，迈出了伊之密全球化的重要一步。

另外，伊之密计划在三年内在印度、巴西、俄罗斯三个国家之一建立伊之密海外工厂，计划 2014 年底投入使用，通过更多的海外生产基地为海外客户提供更好的产品和服务。我们致力于让中国装备技术与世界同步

宗旨：我们致力于让中国装备技术与世界同步，并为全球客户创造更佳的投资回报及客户体验。

使命：五年内成为中国领先的装备供应商，并

于主要新兴市场建立全球经营系统，成为真正的“全球化”企业。

愿景：成为一家经营好，管理好，文化好，让员工引以为傲，为社会仰慕及尊敬的企业，永续经营。轻合金及高分子复合材料模压成型工艺的广泛应用，改变了近代的工业制造模式，使低成本大批量生产成为可能。今天，以铝、镁、锌为代表的轻合金，及以塑料、橡胶为代表的高分子复合材料，已成为工业制品和消费产品不可或缺的重要组成原料，从而带动相关的模压成型装备的飞速发展。

2002年初，公司在佛山市顺德区容桂镇四基生产出第一台伊之密塑料注射成型机，随后伊之密铝、镁、锌合金压铸机及伊之密橡胶注射机相继推出，得到了越来越多模压成型行业知名客户的认同，伊之密正成长为业内瞩目的领导者。

伊之密高速的发展，源于其特有的成长基因，公司大部分中高层管理者，既是经理人也是伊之密所有人之一，爱厂如爱家，对待客户就像对待家人一样用心体贴，视每一件产品如同自己孩子一样珍惜与爱护，并且这种观念已成为伊之密人的工作常态，深深植根在每一位“伊哥”(即伊之密人)心中！

以顾客为出发点的技术

技术是一个企业最核心的财富，也是企业的生命力。伊之密以顾客的利益为出发点结合业界一流的研发团队，坚持以市场为导向，占据研发的制高点，多年来在多项重大关键项目研发取得的突破，设计制造出行业领先的伊之密注塑机、压铸机、橡胶机品牌。为客户提供高端领先的技术产品，为客户创造更佳的投资回报。

伊之密股份成员机构：

广东伊之密精密注压科技有限公司

公司地址：广东省佛山市顺德区大良五沙居委会顺番公路五沙段17号一车间

占地面积：80000m^2

主营业务：注塑机、压铸机

控股公司：广东伊之密精密机械股份有限公司

伊之密精密机械(苏州)有限公司

公司地址：苏州市吴江经济开发区同津大道南巷路口

主营业务：注塑机、压铸机、橡胶注射机

控股公司：广东伊之密精密机械股份有限公司

佛山伊之密精密橡胶机械有限公司

公司地址：广东省佛山市顺德(容桂)高新区科苑三路22号

主营业务：橡胶注射机

控股公司：广东伊之密精密机械股份有限公司

广东伊之密高速包装系统有限公司

公司地址：广东省佛山市顺德(容桂)高新区科苑三路22号

主营业务：高速包装专用注塑机及周边自动化配套设备

控股公司：广东伊之密精密机械股份有限公司

伊之密精密机械(香港)有限公司公司地址：香港九龙官塘荣业街6号海滨工业大厦9字楼D2-B室

主营业务：进出口、贸易

控股公司：广东伊之密精密机械股份有限公司

佛山市顺德区容桂伊哥体育运动策划有限公司

公司地址：广东省佛山市顺德(容桂)高新区科苑三路24号

主营业务：体育运动策划、体育运动培训、体育用品销售等

控股公司：广东伊之密精密机械股份有限公司

HPM North America Corporation (HPM北美公司)

公司地址：美国·俄亥俄州**主营业务**：注塑机、压铸机**控股公司**：广东伊之密精密机械股份有限公司

公司介绍

伊之密成立时间：2002年7月；

伊之密主要产品：伊之密品牌高性能精密注塑机

公司总部位置：广东-顺德-国家级高新技术产业区；

总部占地面积：80000m^2；

在职员工：1500余人

2013年营业额超15亿元；

广东伊之密精密机械股份有限公司是香港伊之密国际控股有限公司在中国大陆设立的专业精密机械制造基地之一，是一家集研究开发、生产制造和营销服务于一体的国家高新技术企业，伊之密专注于高精密节能型注射成型机和高性能铝镁合金压铸机以及高品质橡胶成型机的研发、制造并提供优质服务。

(1)伊之密核心竞争优势

(2)伊之密采用世界顶级的加工设备

(3)企业发展的荣誉简介：

2004年5月伊之密公司被评为“广东省高新技术企业”；

2005年伊之密产品被评为“广东高新技术产品”；

2005年9月伊之密注塑机被评为广东省名牌产品；

2008年伊之密成立企业博士后科研工作站；

<table>
<tr><th colspan="2">项目</th><th>优势细则</th></tr>
<tr><td colspan="2">技术优势</td><td>拥有100多位行业经验超过20年的资深的技术团队</td></tr>
<tr><td colspan="2" rowspan="3"></td><td>广东省高效节能注塑成型装备工程技术研发中心和博士后科研工作站设在我们伊之密</td></tr>
<tr><td>围绕注塑精密节能技术获得了20多项国家专利</td></tr>
<tr><td>与华南理工等高校合作研发了镁合金半固态注塑成型基于拉伸流变的新型注塑成型技术</td></tr>
<tr><td colspan="2" rowspan="4">品质优势</td><td>核心部件由100%进口设备(日本TOSHIBA/MORI SEIKI/ MAZAK/捷克TOS)全自动精加工。</td></tr>
<tr><td>液压系统由100%原装进口(日本油研、德国力士乐)阀件——保证机器设备质量稳定!</td></tr>
<tr><td>整个车间的按准现场按照日本企业的5S的管理标准,——保证安装过程的高标准</td></tr>
<tr><td>严格要求每一台机经过精细的检验程序——保证机台出品质量达到高标准</td></tr>
<tr><td rowspan="9">服务优势</td><td rowspan="3">售前服务</td><td>投资预算:提供产品分析、注塑装备及其辅助设备预算、人力资源配置预算服务。</td></tr>
<tr><td>厂房规划:提供设备布局、车间通风、排气、运水、布线、起重设备规划设计服务。</td></tr>
<tr><td>设备检修:提供各种注塑专用设备检修服务。</td></tr>
<tr><td rowspan="2">售中服务</td><td>通过指导客户水、电安装,免费新机调试。</td></tr>
<tr><td>对客户技术人员、操作工的培训,使注塑机使用规范化、合理化,并使相关人员能熟练操作本公司的机器、完全掌握注塑机的使用、维护、保养技能。</td></tr>
<tr><td rowspan="4">售后服务</td><td>24小时的服务热线,全天候维修。</td></tr>
<tr><td>由遍布国内之各个客户服务中心,全力保障客户正常生产。</td></tr>
<tr><td>以先进的客户维修需求信息体系,定期跟踪,解决设备故障,指导客户正确使用设备。</td></tr>
<tr><td>专业的注塑工艺及模具工程师协助分析、解决生产中因模具问题产生之产品缺陷。</td></tr>
</table>

2008年伊之密商标被评为“广东省著名商标”;

2009年1月伊之密被批准为“广东省首批国家级高新技术企业”;

2009年伊之密被评为“广东省制造装备50家重点骨干企业”之一;

2010年伊之密被入选“广东省现代产业体系500强”;

2011年伊之密成功完成对美国HPM企业的收购;

2012年5月伊之密获得“中国驰名商标”称号。

2013年伊之密注塑机荣获“中国机械工业优质品牌”

2013年伊之密压铸机被中国铸造协会授予“企业信用评价AAA级信用企业”;

2013年3月伊之密被授予“2012中国塑料注射成型行业10强企业”;

2013年4月伺服节能注塑机UN60SM—UN2200SM、UN60SM2—UN2200SM2被列入工信部《节能机电设备(产品)推荐目录》第四批,并受颁“机械工业节能机电设备(产品)证书”;

2013年伊之密荣膺广东省十大书香企业提名单位;

2013年伊之密被授予广东省智能制造产业联盟副理事长单位;

2013年伊之密被广东省经济和信息化委列为2013年广东省战略性新兴产业培育企业名单;

2013年伊之密大型精密高速二板式注塑成型关键技术研发项目被列为2013年省中小企业发展专项资金(自主创新和转型升级)项目;

2013年10月伊之密首次亮相德国杜塞尔多夫国际橡塑展(K2013);

2013年11月伊之密股份集团旗下的新事业部“广东伊之密高速包装系统有限公司”注册成立;

2013年12月伊之密入选“2013中国塑机制造业综合实力25强企业”及“2013中国塑料注射成型机10强企业”;

(4)伊之密未来发展规划

①创新和完善公司管理体制,成为优秀的上市公司

利用资本市场做大做强,为振兴民族装备业作出贡献。目前伊之密公司正在进行股权重组和股份制改造,完善企业的治理结构和机制,计划于2014年上市。

②兴建华东生产基地和营销服务中心,完善国内产业布局

2010年8月开始,公司已经开始投资兴建华东

生产基地和营销服务中心。位于江苏省苏州市吴江经济技术开发区。现目前已成为面向华东市场，特别是安徽、江苏、上海、浙江区域市场的桥头堡，形成区域的制造营销服务于一体的综合机构，提供给广大客户更周到快捷的服务。

(5)伊之密产品介绍

①成熟的伺服系统技术

伊之密是国内最早做伺服机器的厂家，自2005年开始研发，至目前技术完全成熟。

系列项目	伊之密伺服系统特点
结构	伺服系统匹配yuken双排量柱塞泵
油泵	Yuken双排柱塞
伺服马达功率配置	根据需要可选
高保压时负荷	负荷极小(双排量、无内漏)
高保压是压力稳定状况	很稳定(切换为低排量进行泵油)
容积效率的变化	没有内漏、不受油温的影响
最大保压时转速(175bar)	转速低至20r/min
伺服系统响应时间	40ms
压力稳定性受油温的影响	较小(无内漏)

②针对性的技术解决方案

根据贵司制品的工艺要求，要求注塑机稳定的性能以外，还能解决黑点、收缩、发黄、流纹等工艺难题。伊之密专业的技术团队拥有丰富的成型PC、PMMA的经验，将为贵司设计高性能的专业料管组，严格保证贵司的高良品率。

③高端的零件配置

伊之密选用上乘的进口电气液压品牌，保证机器的精密度和耐用性

(6)伊之密服务理念及措施

优异的产品性能是客户致胜的法宝，良好的服务则是机器顺利使用的保障，伊之密独特构建“金钻”级之“全程无忧“服务，实力深厚的伊之密，汇聚大批专职或兼职的业界资深专家，为您提供专业的售前、售中、售后之投资规划、机台选型、厂房规划设计、注塑机安装调试，技术人员及操作工人培训、生产工艺问题解决等服务，帮助您提高生产效率、降低成本、最终增强您的市场竞争力。

售前服务：

■ 投资预算：提供产品分析、注塑装备及其辅助设备预算、人力资源配置预算服务。

■ 厂房规划：提供设备布局、车间通风、排气、运水、布线、起重设备规划设计服务。

■ 设备检修：提供各种注塑专用设备检修服务。

售中服务：

■ 通过指导客户水、电安装，免费新机调试。

■ 对客户技术人员、操作工的培训，使注塑机使用规范化、合理化，并使相关人员能熟练操作本公司的机器、完全掌握注塑机的使用、维护、保养技能。

售后服务：

■ 从出厂之日起，整机实行免费保修18个月(料管组除外)，哥林柱、电脑主板、全套伺服系统免费保24个月，锁模三大模板免费保修60个月；

■ 通常自接到机器报障，公司承诺4小时内回复，24小时内全天候服务(省内)；

■ 免费提供机台每季度巡检服务(省内)。

■ 机器到贵司后，我司委派专业技术人员驻厂培训指导，贵司机器全部正常顺利生产后方可离厂，全力保障客户正常生产。

■ 探访服务以先进的客户维修需求信息体系，定期跟踪，解决设备故障，指导客户正确使用及维护设备。

■ 专业的注塑工艺及模具工程师协助分析、解决生产中因模具问题产生之产品缺陷，提升客户产品品质合格率。

■ 为客户推荐专业维修人员，保障维修及时，降低维修成本。

■ 提供完善、及时的配件供应服务。

■ 提供贵司目前使用机器专用易损件库存，配件存放贵公司仓库，保证贵司机器在使用过程中无后顾之忧。

客户服务理念：

我们的服务理念：“顾客的满意是我们永远的追求!”

客户的需求是我们生存的空间，是互相合作发展的基础——客户永远是对的；服务没有最好，只有更好，为客户着想，不断地改善和提高我们产品的性能和品质，提高客户满意度，是伊之密永远的追求，也是客户最终的选择；客户的需求是不断变化的，伊之密的服务更是永无止境的，只有做好服务，不断地改善和提高我们产品的性能和品质，才能提高客户满意度，才能真正满足客户的需求，达到我们的目标——让中国的装备技术与世界同步!

4. 安徽东风塑业有限责任公司

本公司是安徽东风机电科技股份有限公司的控股子公司，成立于2008年2月。公司现坐落于合肥桃花工业园拓展区，占地面积1.5万平方米，毗邻合

肥高新技术开发区、经济技术开发区、政务中心，交通便捷，物流方便。

公司主要从事军品塑料包装、塑料材料及其他塑料制品的研发和生产，同时公司还有着丰富的为国内多家知名家电企业、汽车企业配套的经历，具备雄厚的民品塑料配套件的开发、制造和销售服务保障能力。2013 年公司完成 5100 万元销售收入，实现 175 万元销售利润。

公司自 2011 年 7 月搬迁到桃花工业园后，在总公司的大力支持下，重视技术改造，加大技改投入，现拥有各类注塑机 18 台及相关配套辅机，其中 12 台从 160t 到 2100t 海天注塑机为公司成立后陆续投入，使公司拥有较强的注塑生产能力。公司现设综合管理部、制造与安全部、研发与质量部、财务部四个部门负责公司具体日常管理和运行工作。公司现有员工 105 人，其中专业技术人员 9 人，中级以上职称 7 人。

公司军品质量管理体系由东风机电科技股份有限公司覆盖，并按 GJB9001B－2009 国军标建立健全质量管理体系，且处于正常有效运行中；民品汽车塑料件生产已按 TS16949－2009 标准建立了质量管理体系，并于 2012 年 2 月份顺利通过了 AQA 公司的现场审核，7 月份获得了 TS16949 质量管理体系认证证书。

公司坚持“诚实守信、和谐共赢”的经营理念，贯彻“做专做精产品，做优做强企业”的发展观，强化管理，力求在军品塑料包装领域和民品家电、汽车配套领域谋求更大发展。让我们携起手、共创企业美好的明天。

企业目标：务实创新、兴业富民

企业价值观：创造效益、奉献社会

企业精神：自强不息、敢为人先

企业发展观：做专做精产品、做优做强企业

企业经营理念：诚实守信、和谐共赢

企业管理理念：严慎细实

企业质量方针：规范全员行为、持续改进过程、提供优质产品、确保顾客满意。

（安徽省塑料行业协会　宣华荣）

河南省

【大事记】

1. 2013 年 2 月，经河南省有关部门批准，成立河南省中国中部崛起促进会塑料产业工作委员会，从此结束了河南省多年来没有塑料行业管理组织的历史。

2. 2013 年 3 月、河南商丘市民权县被中国轻工业联合会和中国家用电器协会联合授予“中国制冷设备产业基地（民权）”称号。国内知名专业制冷企业进驻民权县开放聚居区，如海尔集团冰箱冷柜、香雪海冰箱冷柜、、华美冷柜项目、万宝集团冰箱冷柜、兆邦电器、松川专用车、奥爱斯冷柜、维雪制冷等制冷设备相关企业 40 多家，冰箱、冰柜年生产能力达到 400 万台。冷藏车年产 1 万辆，在国内市场占有率达到了 40%，稳居全国第一。除企业自身需要生产塑料配件外，也带动了河南省及商丘周边地区的塑料企业的蓬勃发展。

3. 2013 年 4 月，由河南省中国中部崛起促进会塑料产业工作委员会协助支持，郑州博展展览服务有限公司在郑州博览中心成功举办 2013 年郑州中部塑料产业博览会。邀请国内外近百家塑料机械、塑料模具、化工原材料、颜料助剂、塑料制品、塑机配件、塑料辅助设备、塑料包装、化学建材行业、家用电器、汽车行业、电子行业、塑料印刷、航天军工、环保产品等领域的塑料制造加工企业参加。

4. 2013 年郑州格力电器郑州产业园是珠海格力电器股份有限公司在郑州高新区投资建设的空调生产项目，规划年产家用空调 600 万套、是中原地区最大的空调生产基地。带动河南省一批塑料加工企业配套，为发展河南经济，振兴河南省的塑料加工行业发挥了重要作用。

5. 由平顶山圣光集团牵头投资运营，吸纳了大量的社会闲散资金，创新孵化园运作模式，2012 年就已开始批量生产，可累计提供近上万个就业创业岗位。公司产品涉及医疗器械、黑白家电、电子数码、电动车、汽车类及其他日常用品，包装类产品等，随着创新孵化园的规模扩大，将成为河南省乃是中原最大的模塑科技产业生产基地。

【河南省工业基本情况】

1. 河南历史悠久，是中华民族和华夏文明的重要发祥地，是中国姓氏的重要发源地，是全国第一人口大省，全国第一农业大省、第一粮食生产大省、第一粮食转化加工大省。特有历史地理条件原因造成，河南工业经济基础较为落后，造成工业经济发展缓慢，重工业速快于轻工业。近年来随着国家大力发展中部六省中原经济区的建设，河南省工业发展迅速，2013 年工业生产运行总体平稳、稳中向好。2013 年河南省规模以上工业（以下简称“工业”）增加值同比增长 11.8%，总体呈现属稳中向好态势。2013 年，全省工业增幅高出全国平均水平 2.1 个百分点，在全国的位次由一季度的第 19 位、上半年的第20位前移到全年的第15位，在中部六省的位次稳居第3位。

2. 重工业增速快于轻工业。2013年重工业占全省工业增加值的67.1%，同比增长11.9%，增幅高出轻工业0.4个百分点，是带动全省工业增长的重要动力。

3. 重点行业增速分化明显。21个比重超过2.0%的重点行业中，电子信息、电气机械和器材、通用设备、医药、金属制品、酒、饮料和精制茶、汽车制造、橡胶和塑料制品、化学原料与化学制品等9大行业占全省工业的27.6%，均保持了15%以上的增速。

4. 工业增长动力结构渐趋优化。高成长性、高技术产业占比提高。2013年，全省汽车、电子、装备制造、食品、轻工、建材六大高成长性产业增加值增长13.2%。高技术产业增速达到29.1%，占工业的比重上升到6.4%。传统支柱、高载能行业占比下降。化工、有色、钢铁、纺织四大传统支柱产业增加值增长12.1%，占全部工业增加值比重为25.2%。六大高载能行业增长9.7%，占全省工业增加值的比重为37.4%。终端产品、高技术产品产量大幅增加。2013年，汽车产量由2008年的8.2万辆增长到51.2万辆，手机由2008年的空白增长到9270.7万台，金属切削机床产量达9233台，较2008年增长36.5%。

5. 基础性产品市场价格趋稳回升。12月，全省工业品出厂价格指数(PPI)同比下降1.4%；27种能源类、金属类、化工、建材类基础产品中，11种销售价格上扬，2种持平。全省黑色、化工等传统支柱行业增加值分别增长14.8%、16.2%。如果上述基础性产品市场价格趋稳回升的格局不发生大的变化，大部分能源原材料生产企业生产经营形势就有可能会继续向好，增加值总量占全省工业四分之一的传统支柱产业就有望继续保持目前的较高增速。

6. 工业经济效益水平提升，主要指标总体向好。1~11月，全省工业实现主营业务收入53375.74亿元，同比增长13.9%，为2013年以来的最高点。增幅主营业务收入增速居全国第8位，中部六省第4位，利润增速居全国第15位，中部六省第5位。(以上统计数字来源于河南省统计局)

【河南省塑料行业基本情况】

解放后，50年代河南工业经济基础较为落后，造成轻工业发展缓慢，特别是塑料行业，河南省几乎没有一家塑料加工企业。60年代初期，河南省才出现少数塑料加工厂家和塑料机械生产企业。而局现于一些国有、集体企业及郑州、洛阳、许昌、南阳等市地级较大城市，但也寥寥无几。塑料加工企业县级几乎没有。市地级且产品部局很不合理。主要生产一些热固性塑料工业小配件和热塑性部分民用小产品，塑料机械设备生产也仅有轻工业部机械局直属企业驻马店地区塑料设备厂和新乡塑料机械厂，主要生产单一的管材和吹膜设备、人造革设备、墙壁纸设备，小型号注塑设备。70年代计划经济时期，河南省塑料加工行业在全国行业一直排名较后。比沿海地区、珠三角、长三角经济发达地区存在很大差距。改革开放后，企业转轨变形，很多企业在市场激烈中纷纷破产倒闭，留下的小部分企业总结历史教训，求生存，找发展，学习沿海地区的先进经验，引进国外先进技术，购买国内外先进生产设备，自主研发新产品，立足河南，产品出口走向世界，80-90年代对河南省塑料的发展起了承前启后的重要作用。特别近年来，随着国家对中原经济区的建设规模迅速展开，吸引了国内著名的如富士康、格力电器、海尔、海马汽车等著名集团公司来河南投资兴建企业，沿海地区的家电行业、化学建材、电子电器行业纷纷来此投资办厂，国内外已近50多家塑料机械制造企业在河南省内办销售公司建立销售窗口。迅速带动了河南塑料生产企业的产品发展，也同时快速提升河南塑料行业的发展和市场技术进步。

2013年河南省塑料制品有加工规模厂家(具不完全统计)达500余家，从业人员由2012年的约12万多人迅速增加到约15万多人。行业发展迅速，据统计数字表明，2013年1~12月河南省塑料制品累计总产量4265904t，同比增长29.3%。12月当月塑料制品产量409703t，同比增长18.93%。

其中日用塑料制品2013年1~12月河南省累计总产量146935.17t，同比增长24.74%。12月当月日用塑料制品产量17667.17t，同比增长30.59%；

塑料人造革、合成革2013年1~12月河南省累计总产量128712.00t，同比增长42.96%。12月当月塑料人造革、合成革产量12785.00t，同比增长18.527%；

泡沫塑料2013年1~12月份累计总产量260247.10t，同比增长42.4%。12月当月泡沫塑料产量35749.10t，同比增长31.32%；

塑料薄膜2013年1~7月河南省累计总产量373352吨，同比增长33.2%。7月当月塑料薄膜产量55114t，同比增长26.4%；

纤维增强塑料制品2013年1~12月河南省累计总产量1490197t。同比增长1.91%。12月当月纤维增强塑料制品产量138745t，同比增长5.5%。

其他塑料制品产量也有不同程度的提高。河南省现有塑料加工专用设备生产企业中小规模10多家，主要制造中小型生产塑料挤管设备、塑料片材设备、塑料吹膜设备、电线电缆设备、塑料附属配件、塑料模具等。2013年1~12月河南省塑料加工专用设备产量为681台，同比2012年塑料加工专用设备产量增長16.81%。1~12月份通过对比可以看出，塑料制品及塑料加工专用设备产量出现了非常明显的增长。(以上部分统计数字来自中商情报网、产业信息网)

河南省内主要塑料产品品种：日用塑料、塑料人造革、合成革、泡沫塑料、纤维增强塑料、家电及电子产品配件，汽车塑料配件、医用塑料及医疗器械配件、薄膜制品，化学建材塑料，塑料中空容器等。

产品主要分布在省内经济发达地区，郑州市主要生产以日用塑料、化学建材塑料、塑料人造革、合成革、汽车配件等为主，洛阳市主要生产主要以工业配件、塑料中空容器包装等为主。新乡市主要生产以家电及电子产品配件，泡沫塑料、医用塑料及医疗器械配件等为主。焦作市、济源市生产主要生产以化学建材塑料、PET饮料瓶等为主。鹤壁市是中国最大的汽车电器配件集散地，主要生产以汽车电器配件和汽车电子产品为主。商丘市是中国最大的冰箱冷柜家电配件、塑料钢卷尺、塑料打火机集散地。驻马店市、南阳市主要生产日用及农用塑料、电动车配件等为主。平顶山市主要生产纤维增强塑料、医用塑料及医疗器械配件等为主。其它城市及区域大多为生产日用塑料、薄膜制品，农用塑料等。

【重点企业介绍】

1. 郑州市塑料型材厂

郑州市塑料型材厂建于1985年。目前企业拥有国内外先进的挤塑、注塑及焊条等十余条生产线。多年来一直和国内知名院校、科研单位紧密合作。主要生产PVC、PP、PE等各种塑料化工用硬板、软板、各种管材及异型材，并配套生产焊条和各种管件。近年来又开发生产电力护套用MPP管道。本厂年生产能力8000余吨，坚持"保证质量，让利客户，信誉第一，服务至上"的企业理念。河南省建设科技协会副会长单位，总经理曾两次被评为省建设科技推广优秀企业家称号。

该厂多年来拥有一批化工塑料专业技术队伍及工程师和高级工程师。自1992年至2013年，数次获建设部、省建设厅优秀新产品二等奖和三等奖。1993年被评为质量信得过单位，1999年被河南省科技厅认定为"河南省科技企业"，2004年通过ISO9001/2000全面质量管理体系认证。

2. 新乡市美达塑业有限责任公司

新乡市美达塑业有限责任公司位于新乡市辉县孟庄经济开发区，公司成立于1995年。从事家电产品、电子产品、汽车零件的塑料件开发设计和产品加工。公司固定资产5000万，拥有海天、中国台湾联塑、美国辛辛那提等各类注塑机30余台(15~16000g)，年加工能力约5000t。

公司有塑料无尘喷涂生产线4条，线体1.5m宽，光固化生产线两条，年产空调室内机50万套。滚烫机、烫印机、镭射雕刻机，曲面印刷机等后序加工设备。可为客户提供各种颜色的单色或套色喷涂业务(PU、UV及普通漆等)，并能进行表面处理及丝网漏印、烫印、雕刻等多种加工工艺。

塑料中空板(PP/PE)生产线两条，可生产宽幅1.5m以内，厚度2~6mm中空板，年产能1200t。中空板是一种重量轻(空心结构)、耐腐蚀的新型材料，相比于传统的纸板结构产品，中空板的防潮、抗腐蚀优势明显，可使周转次数增多，平均每次的使用成本降低，可减少客户的投资成本。可广泛用于用于电子、包装、机械、轻工、食品、家电等产品行业，可根据客户的需求提供定制服务。

3. 鼎瑞模塑科技有限公司

鼎瑞模塑科技有限公司成立于2011年6月，注册资本5000万元，位于河南省平舆县产业集聚区。主要以模具、塑料产品研发、设计、制造、销售以及模来料加工于一体的综合型企业。产品涉及医疗器械、黑白家电、电子数码、电动车、汽车类及其它日常用品、包装类产品等。2012年12月获得ISO9001，2008标准质量管理体系认证证书；2013年6月已成功申请实用新型5项专利，目前公司正积极申请省级模塑工程研发中心。

公司拥有国内最先进全电动精密注塑成型机、伺服节能精密注塑成型机80台，是河南省较大规模的注塑加工型企业。公司有独立的模具制造和维修车间，拥有大批高尖技术人才，可以为客户提供最优的服务。

公司投资兴建的模塑产业科技园采取产业链招商方式，诚邀业界精英汇集园区，享受产业园的各项优惠政策，针对项目可单独投资、合资、合作等多种投资经营方式，逐步形成中原最大的模塑科技产业生产基地。

4. 洛阳注塑塑料科技有限公司

洛阳注塑塑料科技有限公司成立于1992年，位于洛常路中段，交通便利，风景优美，厂区占地4.6

万平方米，建筑面积1.8万平方米，是一家专著于塑料件的生产企业，公司现拥有各型注塑机12台，最大年生产能力约300万件，产值近3000万元。2010年获得ISO9001/2008质量体系认证，为公司的发展奠定了良好的质量基础。

公司本着以质量体系求生存，以先进技术求发展，以诚信服务求共赢，兢兢业业专著于注塑件的精加工和批生产，可为新老客户提供高质量高品质高服务的注塑件产品。鉴于一贯的品质保证，公司逐步成为北方易初，中国一拖，中航锂电等国家大中型企业的专业供应商，并在上述企业的一系列质量体系评比中获得了广泛的好评。2010年，在中国一拖的供应商客户评比中，由于公司持久的品质保证，荣获中国一拖特殊贡献供应商的光荣称号。

一切成绩来之于公司对人才的求贤若渴，多年来，公司先后引进专业技术人员18名，质量管理体系人员9名，为客户的需求从技术和质量上提供了充分的资源保证，在原料方面，公司坚持使用中石油、中石化的标准产品，并在生产过程中严格工艺规范，使我公司的产品在可靠性和稳定性上得到了充分的保证

5. 鹤壁市盛泰汽车零部件有限公司

鹤壁市盛泰汽车零部件有限公司创立于1999年，前身为鹤壁市天盛电器厂。专业生产研制汽车、摩托车、家用电器、工程车辆、仪器仪表等电器插接器、扎带、保险丝盒、汽车保险片、汽车电线束及相关的粘胶带、波纹管、PVC管等产品。本厂拥有一批专业技术人才和精良的生产设备，有多种型号高精度全自动注塑机，用于模具加工的高精度数控线割机床，数控精密电火花机床，先进的精密检测仪器。在生产过程中，可以根据顾客提供的图纸或样件进行开发生产。提供全自动电脑剪剥机、端子压接机及端子压接模具、气动剥皮机、数字拉力试验机、电子拉力试验机、线束流水线、线束测试台等系列线束加工设备。拥有完善的质量保证体系。河南省科技厅科技企业，鹤壁市重合同，守信用及免检企业。产品率先通过ISO/TS16949: 2002国际质量体系认证，为保证产品质量打下坚实的基础符合QC417.1-417.5-2001国家汽车专业技术标准。

【存在问题】

河南省塑料产业主要以民营、私营中小型企业为主，产品区域分散。除鹤壁市的汽车电器产品市场，商丘的塑料钢卷尺、打火机产品市场、平顶山、新乡市长垣县的医用塑料及医疗器械配件等产品有一定规模产能，在国内外有一定影响外，也没有特别大规模生产的企业。河南省多年来没有塑料行业组织，企业之间缺少沟通联系，各自为战，自成体系，产品品种繁杂，产业整体不能相互配套。塑料原辅材料、模具与配件因物流、资源产能等因素，造成河南省内塑料资源缺乏。多数企业整体技术力量薄弱、部分企业设备陈旧，相当一部分企业一直还在使用70~80年代设备，相比其它内陆省份较为落后，比沿海城市差距较大。随着中原经济区的崛起和河南省经济的快速发展，必将推进河南省塑料行业快速发展和技术先进的提升。将会缩短与国内同行业的差距。

【发展趋势】

河南省是我国中心地带，是中华民族和华夏文明的重要发源地 河南省是人口大省、粮食和农业生产大省、新兴工业大省。中国的塑料产业在“十一五”期间，已进入世界大国行列。随着国家促进中部崛起战略方针政策，河南省提出以河南为主体，建设中原经济区、加快中原崛起和河南振兴的战略构想。给河南省塑料产业带来了迅猛发展的机遇。河南省进入了工业化、城镇化加速推进的新阶段，发展的活力和后劲不断增强，塑料制品的应用领域不断拓展。我国塑料制品主要品种中，塑料日用品和农用塑料占有很大份额，这无疑对河南省人口及农业大省是一个巨大优势。河南省塑料行业的发展前景十分广阔。河南省塑料产业虽然落后与其它部分省份，古人云：“得中原者得天下”。随着中原经济区的快速发展，国内外众多的汽车、电子、家电行业等知名企业逐鹿中原，入驻河南，沿海地区塑料加工企业纷纷也来河南投资办厂，它们带来了先进的设备、先进的技术、新的思想观念，让更多的塑料加工企业与其配套提供零配件，开发塑料品种，扩大生产规模。提升了原企业自身的生产和技术能力，提高河南省塑料加工企业在国内同行业的知名度，必将会给河南省塑料行业呈现一个展新的面貌。

在未来5年内，河南省塑料产业在以郑州市为中心，辐射到周边地区以汽车、家电行业为配套的中原经济区最大的塑料加工基地，豫东地区发展成为发展中国最大规模的“中国制冷设备产业基地”和塑料钢卷尺集散地、塑料打火机零件集散地。豫北地区以鹤壁为中心成为全国最大的汽车电器配件生产基地和新兴的汽车电子产品生产基地。豫南地区驻马店为中心，借助历年召开的“全国乡镇企业东西合作经贸洽谈会”得天独厚的优势，打造中原经济区最大规模的农用塑料、电动车及电动车零部件加工集散地。以平顶山郏县、新乡市长垣县为核心，将成为中原经济区最大的医用塑料及医疗器械配件基

地。河南省其他塑料加工较落后区域也将会带动更大的发展前景。

（河南省中国中部崛起促进会塑料产业工作委员会　段同生）

海南省

【大事记】

1. 银企座谈会

2013 年 2 月 3 日，海南省塑料行业协会与光大银行迎宾支行共同筹备召开了“光大银行迎宾支行与海南塑料行业迎春茶话会”，光大银行海南分行中小企业部一行、迎宾支行吴艺行长一行参会，海南部分塑企老总、海大材料与化工学院代表、媒体代表、律师等参会；会上光大银行重点介绍了对中小企业的支持政策及金融产品，企业代表发言讲述企业对融资贷款的诉求，交流意见，为进一步合作创造条件。

2. 组织观展

2013 年 5 月 19～5 月 22 日，海南省塑料行业协会组织企业约 10 余人参加广州雅式会展—第二十七届中国国际塑料橡胶工业展览会。

3. 组织环保科技考察团赴东莞企业实地考察

5 月 30～31 日，海南省塑料行业协会组织由海南省发改委、海南省国土资源厅、媒体、企业及律师共同组成的 20 余人环保科技考察团，前往东莞考察生物塑料状况，了解企业自主研发能力、生产规模等基础信息，为正在筹备的“海南省木薯淀粉改性—生物基环保塑料产业创新联盟”的工作确立目标。

4. 参加第一届全国低碳日活动

2013 年 6 月 17 日，海南省塑料行业协会组织两家企业，参加了由海南省发改委联合省科技厅等单位在省图书馆举办的首届全国低碳日宣传活动，使低碳理念融于日常生产、生活、行为方式中，展示产品、宣传企业。

5. 参加第十届中国—东盟博览会

2013 年 9 月 3～6 日，海南省塑料行业协会组织企业赴广西参加了由海南省举办的“中国海南－东盟经贸招商会”，参加了海南省产品推介会、海南省引进项目签约仪式，协会组织的两家企业—海南兴伟塑胶科技有限公司、海口琳雄工贸有限公司，代表海南六家企业，与武汉华丽生物科技有限公司签订了“引进国内领先生物塑料技术－筹建海南生物塑料产业园的投资合作协议”。生物塑料项目作为海南省引进项目正式进入人们视线。

6. 参加中国塑协活动

2013 年 9 月 24～27 日，海南省塑料行业协会理事长胡安涛总经理、常务副会长王展伟总经理，赴台州参加第十三届中国中国塑料交易会开幕式、第二十三届亚洲塑料论坛、中国塑协组织的全国塑料行业协会联席会议，学习交流，合作共赢。

7. 与海大材料与化工学院师生活动

2013 年 9 月 28 日，在海大田家炳楼召开了“海南省塑料行业与海大学生交流会暨塑协理事会联席会议”。

平安银行世贸支行代表、工商银行琼山支行代表、中海运物流代表、海大材化学院高分子系师生、全省塑企老总及代表、媒体代表、律师等共 80 余人参会。

会上工行、平安银行、中海运分别发言，介绍金融服务品种；琳雄工贸吴雄总经理介绍了淀粉基生物塑料合作及生产状况；徐鏞博士介绍了海大材料与化工学院与企业合作及申报项目的工作；受到与会嘉宾的关注与赞赏。

会上宣布中海油塑编挂牌“海南省塑料行业协会塑编示范基地”，海南兴伟塑胶科技有限公司挂牌“海南省塑料行业协会管道示范基地”，并授予牌匾。

会议专题安排学生与企业家的交流互动，就创业、就业、薪酬、生活等方面对话，氛围热烈。

8. 生物塑料专题活动

东盟博览会引进生物塑料项目后，受到商务厅及社会关注。

2013 年 10 月，海南日报记者李英挺采访企业与协会，介绍情况，到厂考察。

2013 年 10 月 29 日，海南日报以整版介绍了海南地膜使用状况，简介了对生物地膜的迫切需要；11 月 18 日，央视“聚焦三农”栏目以别让地膜成“地魔”为题，专题报道了海南地膜使用状况与建议，同时介绍了生物地膜对环境的保护作用。

9. 生物塑料专题会议

2013 年 11 月 22 日，在海大邵逸夫学术中心召开“生物塑料项目启动介绍及产业规划研讨会”。

会议按议程进行，形成会议决议：

(1)一致同意生物塑料推广的规划，即设立机构、考察学习、媒体宣传、统一售后几项工作有序进行。

(2)同意“生物塑料推广的辅助架构”

(3)通过了“共同参与、整体运作、循环发展”产业规划。

(4)以生物塑料推广为起点，筹备建立海南生物塑料产业园，集原料仓储与交易、产品展示与交易、物流配送、技术研发、仓储式加工、公共事务服务为一体，规模发展，最终能进入融资平台。

(5)生物塑料膜袋制品的生产推广，符合“限塑令”替代品的要求，取得省发改委、省工商局、省质监局等政府职能部门的政策支持。

10. 设立分支结构

海南省塑料行业协会成立时设立的塑料包装专业委员会、工程塑料专业委员会、塑机专业委员会、研发中心，与海南塑料行业整体发展不适应，决定废止；将申请设立“新产品推广工作委员会”及“技术合作工作委员会”，新产品推广工作委员会就院企项目合作、新产品研发与技术攻关等事宜开展工作；技术合作工作委员会就新产品市场调研、新产品专利与技术保护、新产品推广策略等方面，开展工作。

【存在问题与发展趋势】

1. 工厂用地紧张

国际旅游岛建设上升为国家战略，工业用地划定在几个工业区，工业用地日显紧张。

塑料加工为传统行业，投入少、门槛低、规模小，全省近300家企业，90%左右为租地经营，无环评手续。

企业能否进入工业园区购地建厂或租地生产，就成为能否生存的关键。购地成本由原来的每亩8万元余元，上升到30余万元，上升了3倍多；租地成本也有上升；并且大部分企业在工业区买地、租地困难。在工业区内的塑企，就有了长足发展的机会，海南塑料行业整体调整与整合的趋势已是必然。

2. “限塑令”执行难

海南“限塑令”即《海南经济特区禁止生产销售使用一次性塑料制品规定》，自2008年10月1日实施以来，相应的条款仅有部分得到执行，超薄塑料袋等仍广泛使用于农贸市场、沿街店铺、酒店、医院等场所。执法机制、执法成本、执法程序等诸多问题的不确定、不明晰，就决定了“限塑令”能否完善实施；仅靠宣传、道德规范约束、行政口号、“执法秀”等，无法保证“限塑令”的的执行。

拟列入海南行业发展规划的生物塑料项目，就成为海南“限塑令”的优质替代品；能完全生物分解的生物塑料袋、膜制品、受到政府青睐，在未来的发展中，与此相关的产业－木薯种植、淀粉加工、PVA提取研发与利用等，将会有较大发展，海南有希望成为中国第一个生物塑料示范区。

（海南省塑料行业协会周鸿勋；海南大学材料与化工学院　李志君）

新疆维吾尔自治区

经过近五十年的历程，新疆塑料工业已初步形成了以塑料制品加工业为主体，包括合成树脂(含改性树脂、功能高分子材料)、塑料机械与模具制造等配套关联的工业体系。其中，农用塑料、建筑塑料、包装塑料等是骨干支柱产业。

进入本世纪，尤其是近三年来，新疆塑料制品工业又迎来了一次快速扩容、结构优化的新时代。

【基本情况】

2013年新疆塑料行业累计生产各类塑料制品1866.6kt，比去年同期增长33.36%；实现工业产值(现价)223.99亿元，同比增长24.11%，双双再创历史新纪录，行业继续呈现强劲增长态势。

2013年各类塑料制品产量表

制品类别	产量/t	同比增减/%	占总量比重/%
塑料制品合计	1866580.01	33.36	—
塑料薄膜	253767.10	11.61	13.60
其中：农用薄膜	235189.17	0.59	12.60
塑料板、片	172298.27	154.84	9.23
塑料管子及其附件	729409.92	32.31	39.08
塑料条、棒、型材	321654.85	48.18	17.23
塑料丝、绳及编织品	149664.72	24.02	8.02
泡沫塑料	53783.80	106.47	2.88
日用塑料制品	61101.08	95.72	3.27

注：本表数据来源于自治区统计资料。

2013年，新疆塑料制品行业增速显著，高达33.36%，较上一年提高3.53个百分点，表明行业整体呈现继续扩容态势。以农地膜、滴灌带、农用管材构成的农用塑料节水器材类制品的产量达800kt规模，占全部制品比重43%，再次突显了我区的农用塑料节水器材产业的强劲增长势头。其次是以门窗型材及塑料板、片材、泡沫塑料为主的塑料建材、以塑料丝、绳及编织制品和日用塑料制品为主的包装日用类塑料近年来都表现出20%以上的高增速，这也反映了中央援疆政策对我区地方经济的有效拉动。

从产品结构看，管材及附件类制品占总产量比重为39.08%，位居第一，塑料条、棒、型材类占总产量比重位居第二，塑料薄膜位居第三，所占排名与上一年度一致。

2012～2013年塑料制品大类比重变化表

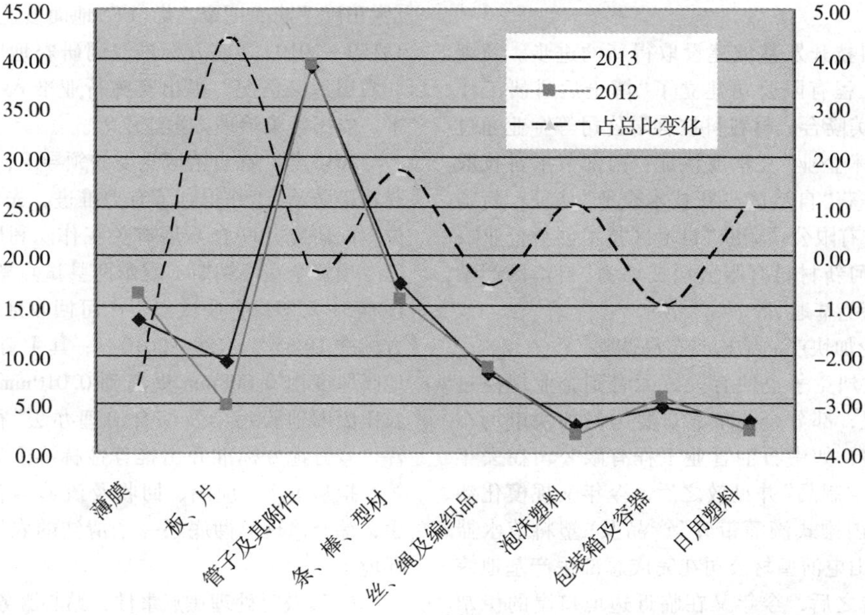

【行业特点】

(一)持续扩容，行业整体实力进一步增强

“十一五”末至“十二五”以来，新疆塑料制品产量呈现高速增长态势：2009年全行业总产值突破100亿元，2010年总产量突破1000kt；到2013年底全行业工业总产值达到224亿元；总产量较2009年翻了一番，接近“十二五”规划目标。其中：规模以上企业数2013年比上一年度增加了9.4%，总产量达到900kt，户均年产量首次突破万吨规模、同比增长47.6%，户均产值1亿元、同比增长33%，这表明新疆塑料制品骨干企业综合实力进一步加强。

(二)节水器材产业方兴未艾

由于国家和自治区的“大力发展节水农业”政策持续引导和“节水农田改造补贴资金”的有效落实，确保了新疆农业节水灌溉面积以每年300多万亩的增幅持续增长，2013年全疆高效节水灌溉面积已超过3700万亩。从而有效拉动了滴灌带(管)及其配件和农地膜等产品的旺盛需求，其产销量持续保持两位数的快速增长。2013年规模以上企业的节水器材产品产量首次突破300kt，同比增长24%。

(三)工程建筑塑料继续走强

近年来，新型城镇化和产业援疆战略的实施，为我区建筑工程用塑料产业的发展创造了前所未有的机遇。

在我区目前较热销的各类建筑塑料产品中，已实现本地化生产的主要产品有：PVC门窗型材，PVC建筑物用管道、HDPE市政工程管道，PE或PP耐热管道(热水管、地暖管)；PVC或HDPE埋地管道、PE或PVC油田管道、煤矿井下管道；EPS、XPS泡沫板材等等。其中主导品种是PVC(门窗)型材，其产量在2012年较上年翻了一番的情况下，今年仍保持了48%的大幅增长。

(四)品牌创建稳步推进

在2013年“新疆名牌产品”评价中，塑料行业有聚乙烯(PE)管材、建筑门窗、土工材料三类产品列入评价目录。经过评审，“志强牌”等3个品牌的PE管材、“中油”牌等3个品牌的建筑门窗、“龙程”牌土工材料，共计6家企业的6个品牌、4个产品通过了“新疆名牌产品”复审。

在由中国建材企业联合会主持的“2013中国建材企业500强、民营企业100强、最具成长力企业100强评选活动”中，新疆中石油管业工程有限公司和新疆蓝山屯河型材有限公司榜上有名。

(五)技术创新成绩斐然

自治区经信委、科技厅、发改委及有关部委的各类科技项目几乎都有塑料行业的项目入选。2013年仅经信委系统的代表性项目有：新疆未来型材有限公司的“型材与共挤技术的研究与开发”等22个列入了自治区的重点技术创新、重点新产品开发等专项，总计投资25643万元，获得财政资助356万元，项目预期产出60954万元，利税6413万元。新疆中石油管业工程有限公司的“高压玻璃钢井下管”、新疆蓝山屯河新材料有限公司的“高倍型可发性聚苯乙烯树脂”，乌鲁木齐华佳成医药包装有限公司的“低压吹制同步焊环聚丙烯输液瓶”等项目分别荣获自治区优秀新产品一、二、三等奖。54人次荣获“2013年度自治区优秀新产品开发有功人员奖”。

2013年科技开发基地建设取得新的进步。新疆中石油管业工程有限公司建立了“博士后科研工作站”；新疆德美隆合成材料科技有限公司等企业通过“国家高新技术企业”复审或认证；西部节水科技股份有限公司等获“自治区高新技术企业”认证；新疆蓝山屯河型材有限公司荣获“自治区技术创新企业”；“新疆蓝山屯河新材料有限公司被评为“自治区产学研联合开发示范基地”等。

(六)企业加快产品结构与布局调整

市场的激烈竞争也使有关方面看到企业规模过小的不利情况，部分企业依靠自身力量加快市场布局或结构调整，如中石油管业工程有限公司在去年开发“大型中空制品”并见效之后，今年又规模化涉足有潜力的“内镶式滴灌带管”产品及“塑料节水器材”产业；蓝山屯河型材公司在完成总部生产基地综合性技术改造之后，今年又在临近边境口岸的伊犁河谷建成其新的型材生产基地。

在南疆农用塑料生产和使用较大的阿克苏地区，滴灌带和地膜企业一度风生水起，而激烈的市场竞争也使其当地行业与市场乱象从生。今年年初开始，在农一师方面的强力推动下，组建了以阿拉尔沙海节水设备有限公司为龙头，若干多年经营平稳、质量较好的企业组成的“塑料骨干企业团队”，政策性优先采购这些企业的产品。初步实施近一年来，已有明显效果。

一、行业热点及协会主要工作

(一)面向社会承诺“质量诚信”

针对当前单翼迷宫式滴灌带产品统检质量较低、行业普遍存在“以低价迎合用户口味”等现象，在自治区质监局、轻工行办的推动下，在全疆塑料行业开展了农膜、滴灌带的打假和质量整顿等，塑料协会向全行业发起了诚信自律倡议，以增强“企业质量主体责任”意识，倡议得到了企业的积极响应，首批有83家企业登报向全社会公开做出了“质量诚信承诺”。同时，还建立起首批由21家企业组成的“质量打假举报信息网络”。配合质监系统开展了“塑料节水器材”质量提升经验交流和优质产品基地建设调研等工作。

(二)关注“废旧农膜污染”治理

农地膜已在新疆推广应用了三十多年，在给农业创造丰收和农民增收的同时，废弃于田间地头的残留地膜也越来越多，已给农业生产和环境造成不可忽视的影响，也日益引起各级各方面的关注。

多年来，自治区农业厅、轻工行办以及塑料协会等部门和机构先后为此做了大量的工作，如编制《大田膜下滴灌用聚乙烯(PE)地面覆盖薄膜》(DB65/T3189—2010)等地方标准、调研农地膜生产、使用和农田污染情况，提出实施行业准入、提升产业水平、农田污染治理方案建议等。

2013年，在自治区党委的领导下，“农田废旧地膜污染防治”工作得到了有力推进，先后召集有关单位专门研究并联合开展有关工作。利用国家和自治区专项资金在玛纳斯、尉犁两县试点整体推进方案，还有31家塑料企业试点生产可回收地膜——执行地方标准DB65/T 3189—2010——其主要特征指标是：地膜厚度由0.008mm提高到0.010mm；起草“新疆农田废旧地膜污染及综合治理办法”行政性法规文件，修订地方标准并由推荐性标准上升为强制标准等。拟从生产、应用、回收及流通等各环节全面入手，综合治理，彻底还一个清洁的农田和农业生产环境。

(三)及时处理焦点事件，贴心服务小微企业

六月份，奇台县境内发生多起滴灌带“阳光灼伤”现象，受当地滴灌带生产企业要求，立即选派专家3次赴奇台县实地考察，向当地质量管理部门和生产企业作了关于滴灌带太阳灼伤事故的分析讲座，阐述了造成滴灌带灼伤的原因、条件以及预防的方式，并出具了专家意见，为奇台县妥善解决此次农资纠纷提供了科学依据。

为避免更大的损失，根据今年雨水较多，时值“头水”浇灌后，在“膜下滴灌”系统中很容易发生“滴灌带阳光灼伤”的现象。协会召开专门会议研究行动方案；再次发专文，向全行业警示当前情况和解决办法；开展专项服务，解决实际问题。特别是对东三县地区的服务方面，多次与专家实地调查情况、解释原理、协调解决方式等，得到了当地企业和政府部门的高度赞许。

二、存在的主要问题

2013年我区塑料工业虽然取得了长足进步，发展形势总体乐观，但同样还存在着许多突出的矛盾和问题。如以地膜、滴灌带、普通管材、编织袋等通用塑料制品领域，一直存在着产能严重过剩、低水平重复建设或同质化竞争激烈，小微企业素质不高、投机成分明显，生产经营一线专业技术人员匮乏等等。其中——单翼迷宫式滴灌带产品质量不高依然是最突出的问题。

据自治区质监局对2013年自治区滴灌带产品质量统一监督检查(简称“统检”)的情况通报，今年共抽取了疆内501家企业生产的503批滴灌带产品，产品质量合格358批次，总体合格率为71.2%。因各

种原因停产的企业54家，另有3家企业拒检。2013年自治区统检企业新增87家，产品质量合格率提高了2.6%。统检不合格的145个批次中，都集中在“单翼迷宫式滴灌带”产品中，且多为个体工商户为主的“小微”企业的产品和以回收废旧滴灌带再生颗粒为基本原料的产品。“内镶式滴灌带（管）”产品都是由实力较强和较大规模企业生产，且使用“全新”树脂为原料的产品，抽检没有不合格产品。

【行业展望】

新疆塑料行业目前仍处于高速发展时期。国家和自治区的城镇化建设、产业援疆等政策的深入；高效节水农业政策支持力度加大、重点工程建设项目实施等，在政策引导和市场空间上为塑料工业打造了良好的上升通道。特别是近年来的一批重点技术改造和创新项目将于年内达产见效；另外，南疆部分合成树脂项目相继建成投产，对南疆塑料工业将形成有力拉动。

2014年塑料制品行业将延续“十二五”以来的高速增长态势。预计2014年行业增长率将保持在20%左右；全疆规模以上企业的塑料制品总产量、工业总产值将突破百万吨和百亿元大关；而全行业全部塑料制品总产量将突破2000kt大关，总产值达到250亿元，再次刷新历史纪录。

从产品门类看，“塑料节水器材”产品、工程建筑用塑料、包装塑料、日用塑料制品、各种复合材料、工矿及特殊性能和大口径管材、大型或异型结构、多层复合或高阻隔性能中空容器、功能性结构材料、通用树脂改性新产品等将是最热门的产品。

从加工制造技术看，以企业为主体、主动性的节能减排、降耗增效、提升品质、创新应用领域等为目的的新产品开发、技术创新和改造升级活动，将继续成为企业经营活动的主要内容。其中以电磁加热技术、智能伺服控制技术等为代表的节能降耗和优化制造为目的“先进适用型”技术将日益受到重视。受此影响，疆内企业的各类出访、参观、参展活动和与各类科研院所的“产学研”联合行动、项目合作会更加频繁；疆外各方面围绕新疆塑料行业的投资融资、产业与技术转移活动也会层出不穷。

从企业方面看，兵团系统的民营化步伐将加快，现有民营企业规模化及特色化进程也将越来越明显。具有一定实力的企业，将加速产品种类品种的丰富，以期改变“季节性”产销状态下的成本高、招工难、风险大等困难。塑料产品也逐步由清一色的“终端制品”改变为“材料型制品”，行业整体上将由“纯加工型”逐步表现为“加工制造型”，产业水平得到进一步提升和优化。

【主要措施和建议】

针对目前塑料行业中存在的突出问题，应着重从以下几个方面寻求突破。

（一）加快出台农用塑料节水器材市场整治力度

滴灌带、农用薄膜（地膜和大棚膜）属重要的农业生产资料，国家对其实行了免增值税政策，目前以节水为主题的各类补贴资金、鼓励政策有很多，而这些政策按目前的执行方式分散在各个部门，其效果没有发挥出“扶优扶强”和“淘汰落后”的作用，市场秩序混乱、产品质量良莠不齐日益突出，如何继续保持新疆节水器材的优势，应当引起高度重视。为此建议：

1. 重视农膜、滴灌带、农用管材在农业生产中的作用，真正赋予其农业生产资料的地位。正确认识地膜在“膜下滴灌”系统中区别于传统栽培模式下的功能特点，将地膜视为“农用塑料节水器材”类中不可或缺的一个产品。

2. 加快“农田残留地膜污染治理”及回收利用步伐，以有利于废旧地膜回收和再生利用为出发点，制修订符合新疆农业生产的强制性地膜产品地方标准、使用技术规程、回收及再生利用技术规范等技术政策；出台行之有效的地方性法规或规范性文件。

3. 以“农田残留地膜污染治理”为契机，加强现有国家和自治区有关地膜、滴灌带等产品、节水农业、环境保护等方面的优惠政策研究。取消目前的“普惠制”，对地膜、滴灌带、农用管材等生产、经销企业实行备案许可制度，并对其从业者设置一定的技术性进入门槛、运营监管和违法打击制度。

4. 建立以“农田土地安全”为核心的“农田废旧塑料残留量递减”中长期规划，将其纳入有关行政管理绩效考核内容。使土地使用者和当地行政官员认真地对土地安全负责，确保农业生产安全和可持续发展。

（二）引导企业整合，提升综合能力

目前我区塑料行业中小微型企业众多、民营资本为主，虽然有较灵活的经营方式，但企业实力弱、无序竞争突出。要引导这些企业通过市场机制，重组整合，形成特色和规模，增强抗风险能力。

（三）鼓励企业技术创新，提升科技素质

当前多数企业不具备自主创新能力，鼓励和引导企业通过“产学研”、产业联合体等多种途径走联合开发、引进吸收的路线，提升创新能力。发挥行业协会的桥梁纽带作用，组织企业走出去、请进来，在创新实践中提升企业的科技素质。

（四）加快企业专业技术人才培育

有效发挥塑料协会及其专家委员会作用，集中行业力量开展一些专业技术活动，在有效解决行业中的技术难题的同时，提升企业专业技术人员的创新能力。发挥协会“国家第38号职业技能鉴定站”和“新疆塑料制品行业生产力促进中心”等社会中介机构的作用，加大面向中小微企业的专业技术岗位培训专项和职业技能鉴定，培养一批立足企业一线的专业技术人员，尤其是生产操作技术能手。

塑料工业既是一个应用广泛的制品加工业，也是一个与其它行业紧密联系和配套的材料工业，与地区经济结构和水平密切相关。在国家、自治区宏观政策的引领下，新疆塑料行业将进一步发展壮大，为自治区经济建设和社会发展做出新的贡献。

（新疆塑料协会）

主要制品行业情况

农用薄膜

【行业现状】

1. 企业状况：

我国现有农膜生产企业约千家，从业人数近7万，总产能4000kt，总产量2400kt，其中棚膜产量接近1100kt，覆盖面积5800多万亩，地膜产量1310kt，覆盖面积3.73亿亩。总产值约300亿元。农膜行业规模以上企业200多家。千家企业中年产量在万吨以上的大型骨干企业42家，他们的产量总和占到全国规模以上农膜企业农膜产量的50%，占到全国农膜总产量的34%，其中产量最高的约50kt/a。年产量在3000～10000t之间的大中型企业近百家，其产量之和占全国产量的29%。年产1000～3000t的中小企业130多家，其产量之和占全国产量的14%。其余730余家为小微型企业，他们的产量之和占全国产量的23%，平均每家农膜产量约700t/a。见图1。

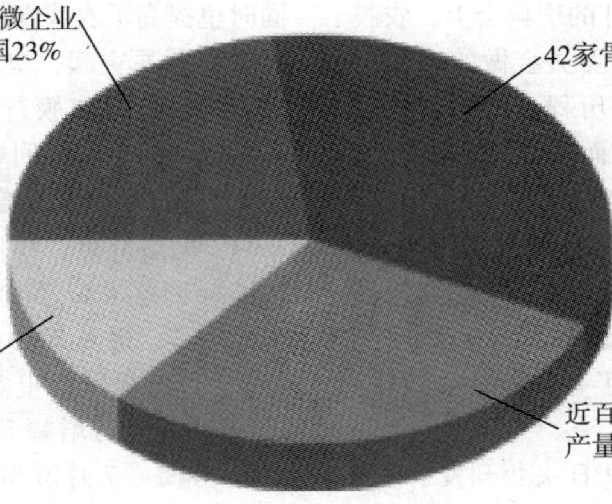

图1　各类型企业农膜产量占全国产量的比例

2. 技术水平：

大型企业、特别是骨干企业在装备、技术水平和新产品开发能力方面已经接近或达到世界先进水平，例如五层共挤复合膜生产线属当今世界一流水平，设备结构、效能、加热方式等不仅技术先进，而且节能效果明显；又如"涂覆型长效流滴消雾功能农用大棚膜"的研发，包括涂覆技术、涂覆液研制和涂覆设备均达到国际先进水平，我国已成为第三个拥有长效流滴消雾剂自主产权的国家，涂覆膜产品实现工业化生产，打破了国外垄断地位；我国自主研发的转光膜等一系列功能性棚膜在生产、应用、检测等方面也进入世界先进水平，某些方面如检测技术甚至跃居世界前列，高性能功能膜的研发，提升了我国农膜在高端市场的竞争力，为参与国际竞争打下坚实基础。然而就农膜行业整体技术水平，高端产品的种类、性能和市场份额等方面，还有待进一步提升，特别是数量占86%的中、小、微企业，在装备、技术、生产工艺、检测手段和企业管理上尚有较大差距，这些是农膜行业今后需加强和完善的重要方面。

3. 产品结构不断优化

功能性农膜产品已占农膜总量的50%，预计"十二五"末，中、高档棚膜的份额将达到60%，比"十一五"末提高廿个百分点，同时农膜的品种也在不断扩大，棚膜方面具有长寿、流滴、保温、消雾、防菌、转光、高透光率等功能的各种单层、多层复合棚膜门类齐全，性能好，且寿命同功能同步。地膜方面，适应不同地域、不同作物的专用膜不断扩大品种，例如具有增温、保温、转光、流滴、除草、防虫等功能的地膜，用于瓜果、蔬菜、花卉、甘蔗、烟草、棉花等专用膜以及各种专色、配色、打孔、微孔等多功能的地膜已相继进入市场，得到广泛应用并取得良好效果。"针孔型多层共挤银黑双色生物降解地面覆盖薄膜"的开发，有效解决了"白色污染"难题，同时满足不同作物对光、湿、热等特殊要求，为绿色经济的快速发展提供了技术和产品支撑。

产品质量稳定合格农膜企业特别是大中型企业重视质量管理，建立了健全的质量保证体系，保障了产品质量的稳定和合格。国家质监总局曾对十几个省市，几十家农膜企业的农膜产品进行质量监督抽查，聚乙烯棚膜合格率达到98.4%，聚乙烯地膜合格率也达到98.4%。各地技术监督局，基本上年年进行农膜质量抽查，从抽查结果看，我国农膜产品的质量总体上是稳定的，其中市场占有率较高的大中型企业的农膜产品质量具有较高水平。

产品质量快速增长从2009年农膜产量一直保持

快速增长，增幅超过10%，尽管2012年规模以上企业农膜产量增速仅为7.74%，但当年规模以上企业产量达到1627kt，若按国家统计局2011年调整前的统一口径计算，2012年规模以上企业产量比2008年提高了1000kt，4年时间产量翻了一番还多。目前全国农膜产品年总购销量超过2400kt。

【行业热点】

1. 25年来农膜行业巨大变化引起各大新闻媒体高度关注

2013年是中国塑料加工工业协会农膜专业委员会成立25周年，在5月25日召开的庆典会上，农膜专业委员会主任曹志强代表专业委员会做的工作报告，首先回顾我国农膜产业发展历程，阐述了农膜产品在促进我国农业增产增收方面所发挥的不可取代的巨大作用，总结了25年来农膜行业在产品产量、品种、性能、覆盖耕地面积和企业上规模上水平等方面发生的翻天覆地的变化，这部分内容包括其中例举的数据，引起与会各大新闻媒体的高度关注，纷纷予以转载和报导，产生了一定的社会效应。例如：

《中国化工报》2013年5月29日头版刊发《中国塑料加工工业协会农膜专业委员会喜迎25周岁》文章，突出介绍25年来农膜行业的巨大变化和发挥的作用。

《农资导报》5月28日在新闻专刊版以头条位置报导《农膜产业为现代农业铺路》；6月28日在产经周刊版以头条位置刊登《农膜助设施农业加速起飞》，宣传农膜行业的快速发展对设施农业的巨大推动作用，文章“编后”中，还特别介绍了农膜专业委员会的诞生、成长及职能。

《中国质量报》6月27日第5版发表《降解地膜产业亟待政策“推一把”》文章，报导了中国塑料加工工业协会农膜专业委员会对推动降解地膜研发及应用的建议。

媒体积极宣传农膜，扩大了农膜行业的影响，同时也提高了农膜专业委员会的知名度和影响力。

2. 异军突起，快速发展的一年

2013年是农膜行业走出低谷，稳中向好，取得不凡成绩的一年。回顾2012年，规模以上农膜行业企业农膜产量同比增速一直下行，11月份曾降至3.04%的最低点，年底小升到7.74%，同比增速比2011年回落了6.75个百分点，这一年农膜企业处境十分困难。进入2013年农膜生产走势呈逐步回升态势，2月份规模以上企业累计产量同比增速上升至10.9%，5月份增幅升到16.69%，上半年达到最高点18.04%，7月份为16.45%，1～7月规模以上农膜企业农膜产量累计已突破百万吨，达到1034kt，9月份同比增速16.35%。全年农膜行业规模以上企业农膜产量达到1874kt，同比增速13.6%. 具体数据及趋势见表1和图2。

表1　2012年至2013年规模以上农膜企业农膜产量及增长率对照表

		2	4	6	8	10	11	12
2012年	本月产量/10kt	11.7	13.5	12.0	12.6	15.2	15.5	16.8
	累计产量/10kt	21.1	51.8	73.5	98.4	130.0	144.1	162.7
	累计同比/%	3.3	20.1	9.32	7.35	5.0	3.04	7.74
2013年	本月产量/10kt		14.8	14.2	15	18.2	18.2	16.6
	累计产量/10kt	23.8	59.3	88.0	117.3	156.2	174.4	187.4
	累计同比/%	10.9	11.9	18.04	16.79	17.4	17.72	13.6%

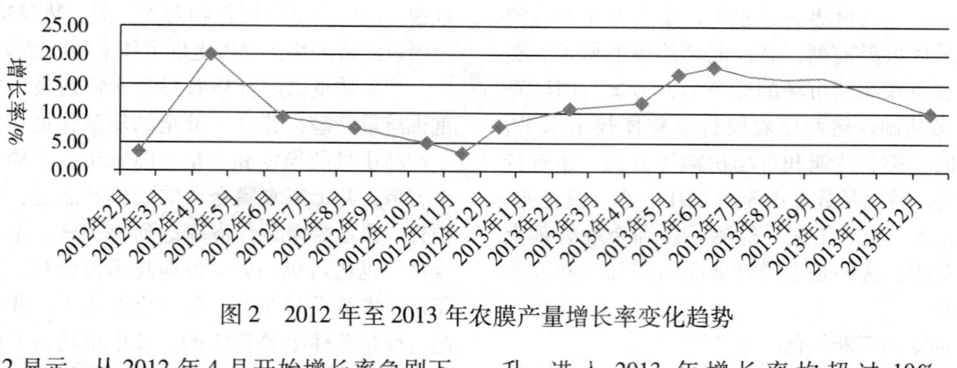

图2　2012年至2013年农膜产量增长率变化趋势

表1和图2显示：从2012年4月开始增长率急剧下降，至2012年11月深度探底到达3%之后开始上升，进入2013年增长率均超过10%，最高达到18%。

当前我国正处于经济增速换档期，结构调整攻坚期，在2013年塑料行业中各子行业普遍存在同比增速放缓甚至下滑的情况下，农膜子行业却异军突起，摆脱2012年不振态势，持续保持两位数的增长速度，凸现旺盛活力。这与国内外经济大环境回暖有关，最重要的是2013年年初中央一号文件的贯彻执行，促进了农村土地流转和适度集中，为种植业规模化经营创造了条件，从而拉升了对农膜的内需，激发了农膜企业生产积极性。党和国家对"三农"的大力支持，出台的对发展新型农业经营主体一系列扶持政策，是农膜产量持续提高的强大推动力，也是农膜行业增速高于其他塑料子行业的重要原因所在。具体情况见表2。

表2 2013年规模以上企业塑料制品及各子行业制品累计产量以及与上年同期比较表

塑料制品类别	累计产量/10kt	累计比同期/%	增幅比同期/%
塑料制品	6188.66	8.02	-0.97
其中：塑料薄膜	1089.35	7.61	-1.72
其中：农用薄膜	187.36	13.6	5.86
泡沫塑料	146.48	8.96	-14.17
人造革、合成革	347.02	10.69	-4.86
日用塑料	471.62	9.46	-4.97
其他塑料	4134.18	7.71	0.45

另外，据初步测算农膜产品结构也有较大变化，高、中、低端产品的比例由2011年的2%：38%：60%转变为5%：45%：50%。提前完成了"十二五"末高、中端产品达到50%的目标。目前高端产品的份额还在不断提升，以PO功能膜为代表的高端农膜，已经由研发、试产，进入工业化生产，并得到广泛应用。到"十二五"末，高端农膜产品的份额将达到10%。

3. 认真分析破棚原因，帮助企业化解纠纷

2013年夏季以来长江下游地区设施西甜瓜出现破棚问题，究竟是什么原因造成破棚，涉及各方利益，说法不一，如果不找出破棚的确切原因，将加剧当事各方之间的矛盾，对今后棚膜的应用也会产生负面影响。中国塑料加工工业协会农膜专业委员会和中国农用塑料应用技术学会农膜分会共同承办召开了专题研讨会，经过认真分析，达成共识：酸性农药的使用是造成棚膜破损的根本原因。会上对事故涉及各方今后工作提出宝贵建议：从而化解了矛盾，对促进西甜瓜等设施园艺产业和功能膜生产企业的发展起到积极的作用，这是面对突发事件，农膜专业委员会帮助企业、服务会员单位应尽的职责。

【专业委员会活动】

1. 召开中国塑料加工工业协会农膜专业委员会25周年庆典暨2013年年会

中国塑料加工工业协会农用薄膜专业委员会25周年庆典暨2013年年会于2013年5月25日在三亚市召开。

应邀出席本次会议的领导有：国家工信部消费品司轻工一处谢立安处长，中国塑料加工工业协会曹俭常务副理事长，全国农业技术推广中心首席专家、中国农用塑料技术学会张真和会长，中国塑料加工工业协会田岩副秘书长。

特邀来宾有中国塑料加工工业协会农膜专业委员会第一、二届理事长崔守信先生，中国塑料加工工业协会农膜专业委员会第三届理事长韩连贵先生，中国塑料加工工业协会农膜专业委员会第三届秘书长金洪波先生。

应邀参加本次会议的还有中石化市场专家、中石油价格信息专家、外商驻中国代理机构和商社代表，以及全国各地的农膜企业及相关的原料、助剂、设备、科研院所、新闻媒体等各方面专家、单位代表共计216位。

在5月24日晚的专业委员会副主任预备会上审议并通过了《关于北京华盾雪花塑料集团有限责任公司加入中国塑料加工工业协会农用薄膜专业委员会常委会并恢复副主任单位的申请》。

上午的会议由中国塑料加工工业协会农膜专业委员会副主任、天津二塑郝福江厂长主持。

国家工业和信息化部消费品司轻工一处谢立安处长首先讲话。他代表工信部消费品司，对本次大会的召开表示祝贺；介绍了代表们最关心的国家促进农业发展及农膜产业的有关政策，国家对农膜行业、地膜回收降解、节能减排等相关政策制定情况；指出应认真贯彻执行《农用薄膜行业准入条件》，对会员企业提出了希望。

中国塑料加工工业协会曹俭常务副理事长讲话。他代表中国塑料加工工业协会对会议的成功召开表示热烈祝贺，就当前中国塑料行业的发展现状以及农膜产品质量等方面做了重要阐述，并对专业委员会今后的工作和发展提出希望和要求。曹俭常务副理事长的讲话对整个行业以及专业委员会工作具有深刻的指导意义。

中国塑料加工工业协会农膜专业委员会曹志强主任做《农膜专业委员会工作报告》。他首先对农膜专业委员会25年的历史做了简要回顾，然后将农膜

行业现状及专业委员会一年来的工作进行了全面的汇报，最后提出今后农膜专业委员会工作计划。

中国塑料加工工业协会田岩副秘书长解读中国塑料加工工业协会有关文件。

农膜专业委员会成立25周年之际，本次大会对为农膜行业做出突出贡献的16家企业进行了表彰，并向白山喜丰塑料(集团)股份有限公司于磊、天津市天塑科技集团有限公司第二塑料制品厂李书、河南省焦作咏春塑胶有限公司王天堂、保定宝理塑研塑料有限公司徐双宏四位同志颁发中国塑料加工工业协会农膜专业委员会兼职副秘书长聘任证书。

大会还向与会代表通报了落实、完善准入监管具体操作方案；农用地膜国家标准修订的相关事宜；《农膜单位产品能源消耗限额》标准制定等三项议题，要求代表会后把相关意见和建议反馈给专业委员会秘书处。

下午的技术交流会上，还举行了农膜原料市场分析研讨、农膜生产及相关技术等方面的论文及讲座交流共17篇，对当前市场状况、产品研发和技术创新进行了精辟分析，使与会代表开拓了视野、丰富了知识，加强了会员单位之间的技术交流、了解与友谊。

本届会员代表大会回顾过去，展望未来，对专业委员会工作提出了意见和建议，体现了同心同德、团结奋进的精神，增强了会员单位间联系、协作和交流。在全体与会代表和朋友们的共同努力和大力支持下完成了大会预定任务，取得圆满成功。

2. 召开长江下游地区设施西甜瓜异常破棚问题研讨会

中国塑料加工工业协会和中国农用塑料应用技术学会联合于2013年9月16日在北京就长江下游地区设施西甜瓜异常破棚问题召开了专题研讨会。全国相关农业气象、园艺及塑料加工专家和相关企业代表计16人参加了会议。会议由中国农用塑料应用技术学会会长张真和主持，中国塑料加工工业协会农膜专业委员会和中国农用塑料应用技术学会农膜分会承办。

会上，企业代表介绍了今夏以来长江下游地区的设施西甜瓜破棚出现的时间、地点、现象、薄膜厚度、防老化助剂体系及用量、同配方薄膜历年应用情况等，专家们就事发地区和时段的气候特征、设施西甜瓜的种植要求、农药的施用等进行详细的质询和交流，对破棚的原因进行了深入分析并达成共识，破棚来自酸性农药的使用。会议建议：在推广应用功能膜过程中，棚膜加工企业增加耐农药型品种，让农户有更多的选择。同时，强化功能膜使用的限定条件；农药科研机构和企业着力研发适用于塑料棚室的非酸性农药；农业部门进一步调研筛选设施瓜菜生产中酸性农药的替代品，宣传普及更科学的农药施用方法，避免酸性农药与膜面的直接接触，防止破棚事故发生。

本次会议帮助农膜生产企业梳理、分析异常破棚原因，研究探讨应对持续高温热害的对策，采取积极措施避免今后类似问题的发生，从而化解农膜企业与用户之间的矛盾纠纷，对促进西甜瓜等设施园艺产业和功能膜加工业的健康发展起到了积极的作用，是面对出现问题帮助企业、服务会员的有益之举。

3. 组织农膜企业参观第27届中国中国国际塑料橡胶工业展览会

2013年5月，亚洲第一、全球第二大橡塑展——第二十七届中国国际、塑料橡胶工业展览会(CHINAPLAS 2013)在广州琶洲中国进出口商品交易会展馆举行。

据数据统计，CHINAPLAS 2013共吸引来自全球38个国家及地区的2900家展商，展示超过3200台机械及最新橡塑化工及原材料，比去年展出的机械增加28%。本届展会吸引11.4万名观众前来参观，其中海外参观人数达到3万名，占26.97%。

农膜专业委员会为帮助会员及时了解行业信息，增进同行及上下游企业的交流，积极组织会员企业参加了第27届广州国际橡塑展，共计27家企业93人，受到展会主办方的赞赏。

4. 落实年会议定事项

①制订、颁发、收集、汇总《农膜吨产品成本分析表》。

为使中国农膜技术、管理再上新台阶，针对农膜物料消耗、技术标准、质量成本、节能减排、售后服务等制定行业标准，专业委员会根据年会精神，集思广益制订出《农膜吨产品分析表》并下发各企业填报，通过收集与汇总，特制订农膜行业先进生产指标和产品标准(草案)，提交2013年会讨论，对提高行业的管理水平起到积极作用。

②起草《农膜行业准入条件实施细则》和《农膜行业准入公告管理办法》。

《农膜行业准入条件》颁布后由于缺乏具体监管手段，没能得到有效执行。为切实贯彻落实《准入条件》，使其具有一定的可操作性，便于具体监管，农膜专业委员会起草了《农膜行业准入条件实施细则》和《农膜行业准入公告管理办法》，为有关职能部门实施《准入条件》提供参考。

③根据年会要求，专业委员会加强内部建设，

牢记服务宗旨，向高效务实、完善服务的方向努力。积极吸收新会员，调整理事单位组成，扩大专业委员会队伍建设。改变作风深入实际，农膜专业委员会主任曹志强和有关人员深入基层，走访企业，了解企业运行状况，征询对行业发展的建议和意见。对企业普遍关心的问题如行业准入、规范市场秩序等进行了交流，并转达政府有关部门的政策信息，起到上下沟通的作用。认真领会并贯彻落实中国塑料加工工业协会《塑料加工业“十二五”发展规划指导意见》和《塑料加工行业技术进步指导意见》，理清充实农膜行业发展思路、向更好、更快发展。

5. 扎实做好基础性工作

①对农膜行业重点骨干企业，进行摸底调查统计，包括产品种类，最近三年产量、产值情况。截止2013年中，农膜年产量超万吨的企业共42家。

②2013年元月对农膜行业2012年经济运行状况进行分析，写成《2012年农膜行业经济形势调研汇报》，之后每个季度对农膜企业运营，开工率、逐月产量、农膜价格波动以及原材料价格、库存、供应等进行小结，并对后期趋势予以分析。上述材料以及2013年版农膜行业年鉴均及时上报中国塑料加工工业协会，以便上级部门掌握农膜行业状况。

③继续按时完成《中国农膜》季刊的编辑、发行。做好农膜专业委员会网站及农膜专业委员会QQ群的运作，加强信息平台建设，强化信息服务交流，为广大会员单位送上希望得到的信息。

④积极宣传农膜，扩大行业影响。

抓住机会，积极主动宣传农膜，扩大农膜行业的影响，让更多人了解农膜、关注农膜，从而支持农膜事业。2013年3月应中国化工报记者要求，先后二次提供农膜行业发展状况，特别是关于2012年农膜产量增速下滑的具体情况、原因分析与今后的趋势。2013年4月按照中国塑料加工工业协会的部署撰写论文阐述农膜行业现状、发展与今后走势等，论文刊登在2013年5月中国塑料加工工业协会六届三次理事会暨塑料加工业技术应用论坛《论文集》122页。

6. 组织修订地膜标准

现在国内地膜执行的《聚乙烯吹塑农用地面覆盖薄膜 GB/T 13735—1992》国家标准已经20年未修订，尽早修订聚乙烯地膜标准成为十分紧迫、刻不容缓的任务。农膜专业委员会积极组织农膜企业参与标准修订工作，成立了以白山喜丰公司牵头的由20家企业组成的标准修订小组。

按照国家标准化管理委员会（SAC）和中国轻工业联合会国家标准制定、修订计划，《聚乙烯吹塑农用地面覆盖薄膜》国家标准修订工作开始启动。2013年11月12日上午国家标准化管理委员会主持召开了《聚乙烯吹塑农用地面覆盖薄膜》国家标准修订启动会。为更好地落实国标委会议精神，搞好此次国内广泛关注的地膜国家标准修订工作，全国塑料制品标准化技术委员会塑料制品分技术委员会（TC48/SC1）秘书处邀请国内报名参加标准修订的农膜企业及有关单位和专家于11月12日下午在北京德胜饭店召开了《聚乙烯吹塑农用地面覆盖薄膜》国家标准修订工作研讨会。

中国塑料加工工业协会、全国塑料制品标准化技术委员会、全国农业技术推广中心的领导以及云南省塑料协会、北京市塑料制品监督检验站、中塑协改性专业委员会及相关企业专家和农膜生产企业代表共57人参加了本次会议。会议由中国塑料加工工业协会副秘书长、TC48/SC1 主任委员田岩和TC48/SC1 秘书长彭永杰主持。

会上，中国塑料加工工业协会常务副理事长、全国塑料制品标准化技术委员会主任委员曹俭介绍了上午国标委召开的《聚乙烯吹塑农用地面覆盖薄膜》国家标准修订启动会的精神，标准修订工作的目的和意义；全国塑料制品标准化技术委员会秘书长王向东具体介绍了国标委标准修订启动会的主要内容，对标准修订工作提出了要求；标准修订企业牵头单位白山市喜丰塑业有限公司董事长曹志强介绍了制标工作计划方案；白山市喜丰塑业有限公司李炳君处长介绍了标准修订思路和经费预算方案；全国农业技术推广中心研究员、首席专家张真和、云南省塑料协会詹家朐理事长、中国塑料加工工业协会改性专业委员会刘英俊副理事长，北京华盾雪花塑料集团有限责任公司秦立洁高工分别从农业应用、有代表性地区以及农膜企业生产、废旧塑料的回收和高值化利用角度出发，对地膜发展、生产、应用、环境保护等方面阐明了自己对地膜标准厚度、分类、技术指标修订的看法和观点，给与会代表以有益启迪，开阔了制标思路。部分参会企业代表介绍了企业地膜生产、区域及应用情况，表达了为地膜标准修订贡献力量的意愿及对地膜标准修订工作的建议。

本次会议为地膜国标修订工作的正式展开，为保证标准制定的科学性、可行性，力求地域具有广泛性和地膜品种具有代表性，使我国农膜的生产与应用走上资源节约、环境友好的健康发展道路起到了积极的作用。修订工作将在2014年进入实质性阶段。

【新产品开发】

2011～2013年获奖新产品主要如下：

1. 涂覆型长效流滴消雾功能农用大棚膜

山东聊城华塑工业有限公司研制，世界先进水平，2013 年 12 月获中国轻工业联合会技术发明一等奖。

2. 涂覆型持久流滴聚烯烃农膜及纳米复合涂液

山东天鹤塑胶股份有限公司研制，国内领先水平，2012 年 11 月获山东省科学技术进步二等奖。

3. 针孔型多层共挤银黑双色生物降解地面覆盖薄膜的开发

河南省银丰塑料有限公司研制，国内先进水平，2012 年获河南省科学技术进步三等奖。

4. 无重金属环保型 PVC 防雾无滴棚膜

吉林省白山市喜丰塑料(集团)股份有限公司开发，2013 年获吉林省发明创造一等奖。

5. “华盾”牌系列农膜产品

北京华盾雪花塑料集团有限责任公司开发，北京市名牌产品并获北京市好产品荣誉。

6. 喷涂型流滴消雾多功能棚膜

云南省玉溪市旭日塑料有限责任公司开发，被评为“国家重点新产品”

7. 玫瑰花栽培用多功能棚膜

云南省玉溪市旭日塑料有限责任公司开发，云南省省级新产品

【存在问题】

1. 制约行业发展的因素

一是农膜生产准入门槛低，从而产生大量规模小，水平低的企业，生产出的农膜产品属低档产品，在市场上的占有份额高达 50% 之多，也是造成产能过剩的主要方面。二是长期以来，农膜被列为“支农”产品，受农民购买力限制，产品定价不能太高，农膜企业一直处于微利水平，抽不出更多资金用于研发与技改，产品更新换代迟缓。三是均衡生产与季节性供货之间矛盾突出。农膜需求旺季主要集中在春播与秋种两个时间段，此时订单多，需抓紧生产，其余时间则为淡季，企业多停工、停产，造成旺季时需多招工，淡季时留不住人，“招工难、用工难、用工成本大”的压力愈来愈突出。人员流动性大，也不利于企业的管理和水平提高。若要实现常年均衡生产，必须加大淡季仓储力度，又受到无政策支持和融资难的困惑。以上问题是农膜企业发展缓慢、自主创新能力薄弱、转型升级受阻的根本原因。

2. 当前农膜行业发展中的突出问题是：

①利润率偏低。主营业务收入利润率相当多企业在 1% 左右，有的大型骨干企业甚至不足 1%。除了争取国家的政策支持外，农膜企业必须抓紧开发高端产品，着力节能降耗，加强科学管理，降低生产成本，不断提高运行的质量和效益。

②一些不良企业偷税漏税，低价冲击市场的现象依然存在。这些企业偷漏税行为之所以得逞，很大程度上是钻了国家给予农膜行业免征增值税优惠政策的空子，他们买进卖出都不开增值税发票，得以以低成本、低价格向正规企业冲击，严重干扰了农膜市场秩序，对正规企业利益造成损害。

③农膜行业产能过剩是造成市场竞争激烈的主要原因之一，产能 4000kt，而销量仅仅 2400kt，且突出表现在低端产品供过于求。农膜企业要生存发展，必须依靠科技进步，提高产品科技含量和附加值，充分利用和发挥现有先进产能的潜力。随着农膜企业转型升级步伐的加快，随着市场需要的高端产品的开发，现有产能过剩的程度可以逐步缩小。

④农膜企业，特别是中、小微企业普遍感到融资难、流动资金不足，在产品开发、技术改造、创新发展方面受到严重制约，希望给予政策支持的呼声一直不断。

⑤生产农膜的国产原料多为普通料，专用料少，不能满足功能农膜的生产；而进口料价格高且波动大，往往供货不足，对农膜生产企业的正常生产影响很大。希望尽快解决原料供给的问题。

尽管当前外部环境不确定因素尚存在，行业本身的不足仍较多，但农膜行业发展的总趋势是更加理性、更加成熟，朝着稳步健康的方向前进。

【发展趋势与规划】

全球经济呈现缓慢复苏，我国经济增速结束下行后，一直稳定在 7.5% 左右，2013 中央一号文件突出强调创新农业生产经营体制，稳步提高农民组织化程度，扶持联户经营、农业大户、家庭农场，支持新型农民合作组织，培育壮大龙头企业。农业规模化经营、势必进一步提升对农膜品质和数量的需求，农膜产业发展的前景十分乐观，考虑到生产要素成本的不断增长，增长率虽然不可能太高，但今后保持 10% 的增长还是可能的。预计到 2015 年全国农膜总产量将达到 2600kt，其中棚膜产量达到 1200kt，覆盖面积 6500 万亩；地膜产量达到 1400kt，覆盖面积 4 亿亩左右。农膜行业要遵循《塑料加工行业技术进步指导意见》中提出的“自主创新、重点跨越、支撑发展、引领未来”的指导方针，依靠科技进步，实施高端化发展战略，坚持绿色、环保、可持续发展，努力缩小与先进国家的差距。

“十二五”期间农膜行业主要规划目标是：

1. 限制、淘汰落后产能：总产能控制在 4000kt/

a以下，企业数量控制在千家以下；

2. 通过兼并重组逐步减少水平低、能耗高的小微企业数量，争取在探索组建产业集团方面有所建树；

3. 调整产品结构，使高、中、低档产品份额由2011年的2%：38%：60%优化为10%：40%：50%，即中高档达到50%，并向60%努力；

4. 狠抓节能降耗，通过技术改造创新，力争使全行业吨能耗五年中降低20%；

5. 实现品牌战略，争创更多中国驰名商标和省著名商标，农膜行业要争取为我国农业现代化做出更大贡献。

【重点企业】

1. 白山市喜丰塑料股份有限公司

白山市喜丰塑料(集团)股份有限公司是全国农膜行业排头兵企业，主要生产农用薄膜、节水器材、汽车零部件、化工制品、纸制品等七大系列200多种产品。公司占地面积30万平方米，现有职工1650人，通过多年的内外招聘，使专业技术人员达到490人，占员工总人数的30%。喜丰公司年产农膜能力120kt，2013年全年完成制品总产量51.5kt，其中农膜41.7kt，PVC农膜23kt，农膜产销量连续多年居全国第一，是目前亚洲最大的农用薄膜生产企业。全年实现工业总产值940亿元，实现销售收入8.46亿元，实现利润745万元，上缴税金578.5万元，实现进出口贸易额1109万美元。曾先后荣获全国“五一劳动奖状”和全国首批“重合同、守信用”企业、全国文明单位等荣誉称号。喜丰农膜荣获中国名牌产品、吉林省名牌产品，“喜丰”牌商标荣获中国驰名商标。喜丰公司始终以振兴民族工业为已任，以“让喜丰产品为亿万农民带来最大收益”为企业宗旨，坚持“一切服从质量、一心为了用户”的质量方针，在全国农膜企业率先通过ISO9001质量体系认证，喜丰农膜已成为广大农民心中的知名品牌。

喜丰节水器材产品自投放市场以来深受广大农民用户欢迎，产品供不应求，并已经出口到美国、西班牙、泰国、洪都拉斯、突尼斯等20多个国家和地区，2012年出口创汇共计200万美元。在吉林省十二五期间新增1000万亩玉米膜下滴灌工程当中，喜丰公司2012年承揽了20万亩的总体安装工程并圆满地完成了工程设计、施工等工作，收到了巨大的社会效益和经济效益，为农民致富做出重要贡献。

2. 天津市天塑集团有限公司第二塑料制品厂

天津市天塑集团有限公司第二塑料制品厂始建于1956年，是国家轻工系统大型农用薄膜专业生产企业，主要产品“兰花”牌农用薄膜，年综合生产能力50kt。企业现拥有专业工程技术人员124人，占全部职工总数24.8%，现有各类专业设备162台(套)，建有省级企业技术中心，固定资产总额3亿元。企业每年按不少于3%销售收入提取递增研发经费，保证科技活动所需资金，坚持“以品质求生存，以创新求发展”，不断研发农膜新产品。企业是中国塑料加工协会理事、农用薄膜专业委员会副理事长单位、中国农用塑料应用技术学会副理事长单位。与国际、国内多家著名公司合作，企业竞争力、综合实力始终保持在国内同行业领先位置。

作为国家定点农用薄膜制造企业，第二塑料制品厂一直是我国农用薄膜产品国家标准制定主要参与单位。经历了计划经济向市场经济变革，作为国内几大农用薄膜制造企业之一，承担着我国农业建设的历史重任，确保粮经作物保障供给发挥了不可替代的作用。“兰花”牌农用薄膜被广泛应用到全国20多个省、市、自治区，产品深受广大用户的好评。相继荣获国家和相关部委颁发多项荣誉：“兰花”牌产品荣获国家银质奖，企业通过了ISO9000质量保证体系国际认证，国家免检产品称号，被国家商务部认定为应急物资供应单位，少数民族用品定点生产企业、并先后被评为亿万农村消费者信得过产品、天津市著名商标、天津市名牌产品、中国名牌、中国驰名商标等荣誉。2008年11月由于市政快速路工程，企业整体搬迁到天津北辰区西堤头塑料工业园区。企业认真研究国外、国内的农膜生产形式，结合自身的硬件和软件水平，提升IE、IT管理、加大技术改造、生产设备改造。2011年企业产销量达55kt，创历史最好水平。2013年产销量超过20kt，产值3.5亿元。

企业下一步发展方向：“十二五”期间企业定位以服务“三农”为主线，以产业政策为导向，加快企业科技进步，努力提高整体水平，加快农膜产品结构调整，通过技术研发、加快产品升级换代，在“十二五”期间高档农膜产销量争取占全国60%达到全国第一，综合能力达到行业龙头地位。

3. 山东清田塑工有限公司

山东清田塑工有限公司隶属山东清源集团有限公司，成立于1998年，是一家集科研开发、产品生产、技术服务于一体的农用塑料薄膜生产企业。现有职工327人，其中大中专毕业生产34人，专业技术人员153人，研发人员86人，注册资本8000万元，拥有吹塑生产设备80余台套，年生产加工能力50kt。现为中国塑料加工工业协会副理事长单位、中国农用塑料应用技术学会副会长单位、中国农用塑料专业委员会副会长单位。2011年被认定为“高新技术企业”，2012年又被国家科技部认定为“国家火炬计划重点高新技术企业”。

主要产品有“清田”牌微地膜和功能膜两大系列。微地膜系列产品包括：普通聚乙烯地面覆盖薄膜、黑色除草地膜、化学除草地膜、无滴地膜、银灰地膜、配色地膜、红外增温地膜。功能膜系列产品包括：长寿膜、耐候流滴膜、多功能膜、转光膜、紫光膜、防雾型三层复合高保温日光温室专用膜、PE缠绕膜、热收缩膜等产品。产品覆盖全国29个省、市、自治区，是国内农用塑料薄膜行业的龙头企业。公司率先在同行业通过了ISO9001质量管理体系、ISO14001环境管理体系和OHSAS18001职业健康安全管理体系三体系认证。“清田”牌农用塑料薄膜为“国家免检产品”、“中国名牌产品”、“山东名牌产品”，“清田牌”商标为“中国驰名商标”。

公司注重科研开发，每年用于研发的资金占全年销售收入的5%以上，2013年研发费用为2308万元，占销售收入的5.8%。“表面涂覆型长效流滴消雾复合膜”于2010年1月通过成果鉴定，研发总体达到“国际先进”水平，并成功上市，取得满意效果。同大专院校、科研院所建立了密切的合作关系，聘请了高级工程师、农艺师为技术顾问，建立了省级企业技术中和省内唯一的功能性塑料薄膜工程技术研究中心。拥有国家发明、实用新型和外观设计专利34项。“表面涂覆型长效流滴复合膜”等三项科研成果通过省级科技成果鉴定。承担了多项“国家重点新产品计划”和“国家火炬计划”。每年都有3—5个新产品的上市，确保企业的可持续发展。

公司一直坚持“清田产品、如同人品；以心血炼精品，以人品铸品牌”的“以质取信”经营理念，不断调整产业结构和经营模式，秉承“品行天下”的发展理念，为农业提供更多更好的优质产品，为“三农”服好务，为发展民族经济作出应有的贡献。

4. 四川省犍为罗城忠烈塑料有限责任公司

四川省犍为罗城忠烈塑料有限责任公司成立于1985年，经过20多年的发展壮大，年生产能力30000t，是国家民委、财政部、中国人民银行指定的“全国少数民族特需用品”定点生产企业、中国塑料加工工业协会副会长单位、中国塑料加工工业协会AAA企业信誉等级，四川省农业生产资料总公司微膜定点生产厂家、乐山市知名中小企业、中国农业银行犍为县支行评为AA级信誉等级、四川省乐山市刑释解教人员安置帮教基地、连续七年被评为市、县明星企业。

企业注册商标“麒麟”牌被四川省工商局评为“四川省著名商标品牌”被四川省人民政府授予第十届四川名牌产品称号，主要产品：农膜、地膜、大棚膜等，其全部采用无毒聚乙烯作为原料，具有透光性能好，韧度高、耐高、低温、防潮特点，通过四川省产品质量监督检验院检验，各项指标均超过部、省标准。产品广泛用于高寒地区牧民及牲畜、农作物保温越冬，为促进农牧区经济发展，农牧产品增产增收提供必要条件，作出重要贡献。

5. 北京华盾雪花塑料集团有限责任公司

北京华盾雪花塑料集团有限责任公司始建于1965年，主要生产农膜、土工防渗材料、容器托盘、包装制品、塑料管材、微喷滴灌等产品，主导产品功能性农膜自1980年起保持产销量国内第一，土工防渗材料、吹塑托盘和中空容器的市场占有率也名列前茅。

集团技术力量雄厚，建立市级“企业技术中心”，拥有国家级专家3人，高级技术职称人员8人，中级技术职称人员30余人，其他专业技术人员120余人，占职工总数20%以上，其中青年技术人员占70%以上。拥有多项自主知识产权，成功研发了从普通棚膜，到长寿棚膜、流滴保温长寿棚膜、高保温流滴长寿棚膜、高保温日光温室膜等第一、二、三代系列产品。经过几代职工的共同努力，企业培育了华盾知名品牌，形成了核心能力，也是今天华盾人共享的财富和荣誉。

集团1999年在业内率先通过ISO9001质量体系认证，2000年建成一流的检测中心，并荣获“北京市质量管理先进单位”和“行业用户满意企业”称号，现为中国塑料加工工业协会副理事长单位和中国农用塑料应用技术学会农用塑料制品分会理事长单位。2009年公司荣获中国轻工业联合会“科学技术进步奖”，并被中国塑料加工工业协会评为“中国塑料行业先进单位”。集团拥有完善的市场信息、市场销售系统，产品销往全国各27个省区、直辖市及俄罗斯、日本、东南亚、美国等国家和地区。在河北固安工业园区投资2.7亿元建设新材料产业基地，项目建成后年产塑料制品40kt以上，实现营收5.6亿元，利润5000万元以上，全员实物劳动率超过150t/人年，达到国内领先，并接近世界先进水平。

6. 山东天鹤塑胶股份有限公司

山东天鹤塑胶股份有限公司是国内大型塑料加工企业，拥有20年薄膜产品的生产开发经验，占地面积100000平方米；现为中国塑料加工工业协会副会长，农膜专业委员会副会长、中国农用塑料应用技术学会农塑制品分会理事、中国土工合成材料工程协会会员，省、市级“重合同、守信用”企业，2005年度外贸出口先进单位，山东省塑料行业综合实力50强企业。2005年“天鹤牌”工业工程膜被评为山东名牌，2006年“齐大牌”农用塑料薄膜被评为“国家免检产品”和“山东名牌”。公司2004年已通过ISO9001质量管理体系认证，2006年通过ISO14000环境管理体系认证。2009年5月评为中国塑料行业先进单位，2010年获国家高新技术企业称号，2012年获轻工系统卓越绩效先进企业，2012年11月被认定为山东省技术中心企业。公司现有员工239人，其中各类专业人员60余人，从事研究开发的技术人员42人，其中包括硕士以上和国家级农膜专家、高级工程师14人。2013年产品产量21kt，产值3.57亿元，年利润1000万元，研发投入占销售收入的4%以上，万元工业产值能耗下降率3.6%。

公司拥有各种塑料加工设备78台套，其中有引进国际先进技术水平意大利道尔奇公司的三层共挤农膜专用生产设备，另有三套国产大型三层共挤设备其关键装置IBC自动控制系统和冷却定型系统是从加拿大引进的，全部装备及试验检测设备技术水平国内领先，年加工能力70000吨。现有三大系列主导产品：一是农用PE、EVA吹塑棚膜系列产品；二是土工合成材料系列产品；三是聚烯烃包装膜系列产品。2010年开始进行“年产20kt涂覆型持久流滴消雾膜项目”的建设，2011年底完成投产，成为国内“涂覆型持久流滴消雾膜”产能最大、产量最高、质量最好、销量第一的企业。2012年11月获山东省科技进步二等奖。

2004年参与了GB 4455—2006“农业用聚乙烯薄膜”、GB/T 20202—2006“农业用乙烯－醋酸乙烯酯共聚物薄膜”两个国家标准的修订、制定项目；2010年参加了GB/T 17643—2010土工合成材料 聚乙烯土工膜标准制定，并于2012年正式发布，主持起草了两个行业标准，“集装箱运输用聚乙烯袋内衬膜”“涂覆持久型聚乙烯棚膜”两个标准的制定，2013年6月专家审定会通过。公司自主研制开发的国内外最大幅宽土工合成材料厚型聚乙烯土工膜、工程施工配套产品土工膜连接锁畅销国内外市场，产品的技术性能达到并超过了美国土工合成材料学会GRI GM13/GM17的标准要求，出口量居行业第一；2005年被中国塑料工业协会授予“土工合成材料生产出口基地”。公司自主开发的聚乙烯热收缩膜专供青岛啤酒集团使用，聚乙烯拉伸缠绕膜和多层复合高阻隔保鲜包装膜远销北美和东南亚市场。2011年“齐大”“天喜”牌农膜的国内市场占有率2%以上，农地膜市场占有率及总量、聚乙烯土工膜市场占有率及总量均名列同行业前茅。

公司坚持以科技求发展，以质量求生存，依靠过硬的产品质量和完善的售后服务体系赢得了广大用户的信赖。随着创新型企业的建设，公司高新产品预计会取得较好的社会效益和经济效益，每年新增产值2~3亿元，新增利税3000万元。

7. 聊城华塑工业有限公司

聊城华塑工业有限公司成立于1996年，现拥有总资产1.1亿元，占地面积7万平方米，年加工多种功能农用大棚膜能力80kt。现已发展成为集科研、生产、贸易和技术服务为一体的国内最大农用薄膜生产企业之一。

公司是中国塑料加工工业协会常务理事单位，山东省文明诚信标兵单位，山东省政府轻工业规划重点支持企业，产品获得山东省名牌称号，并承担了多项山东省科技发展计划项目、创新基金项目。

近年来，公司投入巨额资金开发新技术新产品，对涂覆液体、涂覆装备和涂覆型镜面温室膜产品、工艺配方进行了全面研究与开发，共申报了22项国家专利，已获专利证书13项，其中发明专利9项。

目前，华塑公司涂覆型镜面温室膜技术研发处于国内外领先地位，是第一家集研制涂覆液体、自制涂覆装置、并生产成品的企业。华塑独创专利技术—聚合物基纳米复合材料，是国内外唯一不用电晕就能在线涂覆的液体；华塑在线涂覆装置生产流程最短，可以做到常温固化，最大限度减少皱折和粘连；由于不用电晕，华塑镜面温室膜具有更优异的亲水性、高透明性、更高的强度。产品自2010年投放市场以来深受客户好评，2011年，该系列产品获得科技部国家重点新产品荣誉称号。2013年主要产品销售收入1.5亿元，覆盖全国29个省、市、自治区。

公司还率先将光催化杀菌技术应用到农用薄膜生产，试验出杀菌除臭禽畜养殖专用大棚膜；并最早实施利用大棚膜全面优化自然界光波(含生物防治)，国内第一家采用内添加和表面处理两种工艺试验出生物防害农用大棚膜，为大棚种植绿色蔬菜提供了条件。

追求永无止境，发展没有终点。聊城华塑公司将始终以“抓质量、重科研、树品牌”为发展宗旨，为“三农”服务，为中国农膜赶超世界先进水平作出应有的贡献。

8. 杭州新光塑料有限公司

杭州新光塑料有限公司(前身杭州新光塑料厂)，创建于1964年，是国内塑料行业的骨干企业。公司总资产2.8亿元，占地126亩，建筑面积3.5万平方米，拥有专业生产线60余条，现拥有年生产各类塑料薄膜4万多吨(农用大棚膜20kt)的能力，年销售额达6亿元。

公司大股东—浙江明日控股集团有限公司为国内塑料界知名企业，浙江省塑料贸易龙头企业，年销售各类塑料原料100余万吨，年经营规模100亿元，总资产逾10亿元，为大型综合性企业集团，实力雄厚。

新光凭借近四十年从事塑料加工的经验和二十年成功引进国内外一流的专业设备和技术经验。充分发挥工贸结合的优势，依靠创新的意识、科学的管理造就了品质一流的各类产品，始终以“精益求精、尽善尽美”为质量宗旨，严格执行ISO9001等认证工业体系，被中国质量诚信促进会评为浙江省质量诚信消费者信得过单位，公司是中国塑料加工协会农用薄膜专业委员会副理事长单位，企业资信3A级和纳税信誉3A级企业。公司拥有市级企业技术中心，以雄厚的技术实力不懈致力于新产品的开发，并为用户量身定制各种性能卓越的特种农膜，不断延伸农膜的内涵、功能和应用领域。公司产品荣获轻优、省优称号，省市“科技进步奖”，被评为浙江省著名商号。

现有主要产品：包装材料系列产品如流延CPP蒸煮级、镀铝级、复合级、餐巾纸包装及各特殊要求产品用膜；吹膜的牙膏片材、性能优异的热封膜等；软包装系列产品如食品包装膜、液体包装膜、脱氧剂、干燥剂包装等；农膜产品系列是长寿膜，蔬菜、西瓜、葡萄等瓜果及花卉专用膜，食用菌隔热膜，高保温EVA长寿流滴消雾膜，多功能地膜，黑地膜，反光膜，和宽幅集装箱袋膜和收缩膜等二十多种产品。

9. 山东寿光龙兴农膜有限公司

山东寿光龙兴农膜有限公司是山东寿光健元春有限公司的子公司，公司综合实力强，技术力量雄厚，是五层共挤复合EVA日光温室大棚膜、EVOH/PA复合土壤杀菌消毒熏蒸膜、牧草青储膜、粮食熏蒸膜、水产养殖膜、液体包装膜等高档农用薄膜的大型专业生产企业，是中国塑料加工工业协会农用薄膜专业委员会副主任单位，公司生产的“龙兴”牌大棚膜是山东名牌产品，“龙兴”商标为中国驰名商标。2013年公司被认定为山东省高新技术企业。

公司拥有自营进出口权，获得“出口产品质量许可证”、“出口危险货物包装容器生产企业质量许可证”，通过了ISO9001：2008质量管理体系认证、美国AIB认证、HACCP认证、英国皇冠体系标志认证，成立了潍坊市功能性农用大棚薄膜工程技术研究中心和市级企业技术中心。

公司拥有从意大利引进的具有当今世界先进水平的五层共挤复合膜设备、国产三层共挤复合膜设备和单层农地膜、包装膜生产设备20余台，农地膜年生产能力60kt，其中五层共挤复合膜生产线是目前国内唯一一条可以生产五层共挤宽幅高档农膜的生产设备。

公司注重技术创新，加大先进装备的投入和各类专业技术人才的引进，与中国农科院、山东农业大学等全国多所知名院校、科研院所都建立了长期的产学研联合关系。山东寿光龙兴农膜有限公司近几年发展迅猛，是农膜行业发展潜力较大的企业。

10. 河南省银丰塑料有限公司

河南省银丰塑料有限公司始建于2004年，以生产塑料制品为主导产品，是一家科、工、贸一体的综合型民营企业，企业拥有大中型吹塑膜机制袋生产线，分切生产线，彩印生产线，各种功能型母粒、色母粒生产线、复合膜生产线及完备的塑料制品的化验检测设备。主要生产各种规格的农、地膜，功能膜，长寿无滴膜，缠绕膜，包装彩印膜，管材等几十个品种。构台生物降解地膜已通过省级技术鉴定，正在进行产业化推进。

公司始终坚持“诚信、质优、惠农、利民”的经营理念，优化管理，强练内功，外树形象，扩大市场占有率。自公司成立以来，不断发展壮大，每年一个新台阶，每天都有新变化，先后被授于“河南省优秀民营企业”、“河南省高成长型民营企业”、“河南省百高企业”。公司生产的“增产牌”“华丰牌”塑料薄膜系列产品被评为“河南省优质产品”，“河南省名牌产品”和“河南省著名商标”。被省质量技术监督局评为“质量诚信AAA级企业”；企业还被河南省银行协会评为优良信用客户，被郑州海关评为A类进出口企业。优质的产品和完善的服务得到了全国各地经销商和农民的一致好评，产品畅销全国各地。企业拥有自营进出口权。公司出口产品分三大类四十多个品种，出口到美国、法国、西班牙、澳大利亚，荷兰、日本等几十个国家，广泛应用于建筑、医药、航空等领域。凭借良好的信誉，公司成为世界500强企业“埃克森美孚”在中国的“核心战略合作伙伴”。现在银丰公司已经发展成河南省最大的塑料薄膜生产企业。

11. 安徽华驰塑业有限公司

安徽华驰塑业有限公司成立于2007年，系安徽省2007年度徽商大会工业企业签约项目单位。公司坐落在风景秀丽、交通便捷的安徽省合肥市蜀山新产业园区，占地25.6亩，总投资近亿元。现有员工

160余人，其中大专以上学历占30%。作为中国塑业加工工业协会副会长单位、中国降解塑料专业委员会副会长单位、中国农用薄膜专业委员会副主任单位、行业内首批企业信用评价AAA级信用企业，我公司拥有烟用农地膜50kt、塑料购物袋、连卷袋3万吨的年产能，产品热销四川、江西、河南、湖北、安徽、湖南等地。2011年，我公司因为成绩突出获得合肥市经委及市财政专项资金奖励。至诚守信、追求卓越，我公司将一如既往发挥自身规模优势，致力于打造国内塑料薄膜行业第一品牌。

12. 江苏省农望达塑料厂

江苏省农望达塑料厂成立于1995年，是目前江苏省最大的塑料薄膜生产基地，占地面积13800m^2，建筑面积5800m^2，注册资本660万元。企业位于沛县杨屯镇，紧靠沛龙公路，交通便利，公司现有职工168名，拥有各类技术人员48名。

江苏省农望达塑料厂主要从事各种农用塑料、农膜及包装材料的生产与销售，1995年建成投产，各类生产设备40多台，形成40多条全自动成产流水线，可生产各类规格的农膜、地膜、大棚膜及多功能无滴膜、除草膜等12个系列60多种产品，多年来企业始终坚持“质量第一，用户至上”的宗旨，为广大用户服务，公司生产的“农望达”牌农用塑料薄膜系类产品供不应求，产品覆盖江苏、浙江、山东、安徽、河南、湖北、广东、甘肃、连云港、南京等10多个省份和40多个地区，80多家稳定客户，产品质量赢得客户的一致好评，深受客户的信赖。1996年底企业被农业部评为“全面质量达标”企业，2000年1月被农业部定位塑料农膜定点生产厂家，2005年1月通过了ISO9001：2000质量管理体系的认证，2005年被江苏省人民政府评为“AAA重合同守信用企业”，同年，“农望达”牌被江苏省工商局评为“江苏省著名商标”和“江苏省名牌产品’称号，2007年5月取得了中国国家标准化管理委员会印制的徐州质量技术监督局颁发的”采用国际标准产品标志证书“。

13. 溪市旭日塑料有限责任公司

玉溪市旭日塑料有限责任公司，始建于1976年。主营“旭日”牌农用薄膜，包括棚膜、农膜、地膜、微膜四大系列100多个规格品种。现有资产规模19100万元，其中固定资产8120万元，各种型号农用薄膜生产线54条，年生产能力50kt。是云南省及西南地区目前规模最大的农用薄膜企业，全国年产量过万吨的前十家农用薄膜企业之一。

公司以“诚信、合作、创新、共赢、共荣”为企业精神，追求顾客、员工、股东共同发展。秉持“以技术作支撑，以品质求发展。开发功能薄膜，服务现代农业”这一质量方针，致力于为客户提供适宜的农用薄膜产品、技术与服务。先后研究开发出聚乙烯微膜、黑色除草地膜、银/黑防虫除草地膜、化学除草地膜、西瓜栽培用功能性地膜、辣椒栽培用功能性地膜、叶菜栽培用功能性地膜等地膜新产品，以及聚乙烯长寿棚膜、茂金属聚乙烯高强度多功能棚膜、EVA流滴消雾多功能棚膜、纳米改性多功能温室棚膜、玫瑰花栽培用多功能棚膜、喷涂型流滴消雾多功能棚膜、西瓜栽培用多功能棚膜、三年以上高耐候多功能棚膜等棚膜新产品，这些产品在保持普通农用薄膜保温、保墒、保肥三大基本功能的基础上，具有耐老化、抗农药、调节光质、防雾滴、防病虫、防尘等一种或多种性能，可满足不同植物、不同气候、不同园艺设施的覆盖种植要求。其中玫瑰花栽培用多功能棚膜被评为“云南省省级新产品”，喷涂型流滴消雾多功能棚膜被评为“国家重点新产品”。

公司建立的玉溪市功能性农用薄膜工程技术研究中心，被认定为玉溪市重点工程技术研究中心，配备光谱测定仪、流滴试验仪、耐热试验仪、电子拉力试验机、光电测厚仪、熔融指数测定仪、分析天平等实验测试仪器设备。农用薄膜测试手段完善，仪器设备先进、齐全，具有较强的研究开发能力，可为客户研制具有特殊要求特殊用途的薄膜产品，同时提供园艺技术支持与服务。

公司于2002年通过了ISO9001质量管理体系认证，2008年通过了“云南省商务管理体系（YC）认证”。被认定为“高新技术企业”、“云南省创新型企业”、“云南省科技型中小企业”、“云南省成长型中小企业”、“云南省五一劳动奖状”、国家2010～2011年度“守合同重信用”公示企业，“旭日”牌棚膜连续三届被认定为“云南名牌产品”，“旭日”商标连续二届被认定为“云南省著名商标”、“玉溪市知名商标”。

2013年，公司实现产量29077.6t，销售收入3.87亿元，，较2012年同期分别增长11.81%、18.91%。产品覆盖云南全省范围，并销往贵州、四川、广西、西藏、越南、泰国、缅甸等周边省份、地区市场。

14. 淄博神农塑料有限公司

淄博神农塑料有限公司2013年完成销售20kt，其中功能膜16kt，销售收入2.5亿元。产品主要分布在江浙沪鲁苏皖地区及辽宁内蒙云南湖北等地。新产品开发主要是PO膜，2013年完成销售700t。

主要问题：近年来，人工成本、电费及其他成本大幅度提高，而销售价格不断下降，利润越来越低，，出现旺季亏损局面，经营难度不断加大。

15. 天水天宝塑业有限责任公司

天水天宝塑业有限责任公司(原甘肃天水塑料厂、甘肃天水塑料有限责任公司)(简称天宝塑业公司),1966年建厂,1970年投产,走过了近半个世纪的农用塑料薄膜加工的历史和惠农支农之路,是甘肃省第一家专业农地膜生产企业,国内最大的500家塑料制品加工企业和西北最大农地膜产销企业,是支农产品农地膜产销的大中型骨干企业,西北地区农地膜行业的科研开发领军企业。主导产品“天宝”农地膜产销量位列西北地区第一。2010年底完成破产改制现为民营股份制企业。2000年企业通过IS090002质量体系认证和农地膜产品,2012年6月通过IS014001:2004环境管理体系和OHSAS18001—2001职业健康安全管理体系的认证工作。

1982年“天宝”牌0.008mm超薄地膜在本公司首研成功,填补了国内外空白。1985年,该项技术获国家轻工业部优秀新产品奖。公司被中国轻工业联合会授予2012~2013年“全国轻工业卓越绩效先进企业”。被中国塑料加工工业协会授予2011~2013年度“塑料加工业科技创新型企业”。“天宝”商标2009年被甘肃省工商行政管理局认定为甘肃省著名商标,2013年被国家工商行政管理总局认定为中国驰名商标。2014年4月被甘肃省人民政府授予“甘肃省2013年度推动非公有制经济跨越发展非公企业”,为甘肃省“千户百强”工程优秀企业,“天宝”牌聚乙烯吹塑农用地面覆盖薄膜10多年来为甘肃省名牌产品,“农用聚乙烯吹塑棚膜”2013年被甘肃省质量技术监督局评定为甘肃省名牌产品和2013年甘肃省实施用户满意工程先进单位(产品类)产品质量信用等级AA。天水市“10强50户”企业。

公司占地面积46773m²。现有员工180人,主要生产设备120多台(套)。的甘肃省省级企业技术中心。主导产品有农(棚)膜、地膜、高强度聚烯烃多功能加筋覆盖材料(布/袋)系列产品三大类,近百个品种和规格。目前公司日产地膜能力为100t以上,棚膜90t以上,年综合生产能力50kt以上。公司2013年产销农地膜产品11683t,产品销售收入14861万元,实现利润82.2万元,税收30.2万元(农膜产品销售免增值税)。银行信用等级AAA,企业注册资本2058.3万元,资本总额10039万元,其中固定资产总额4134万元。

近几年公司的农膜产销量逐年上升,销售收入连年增长,主要得益于甘肃省全膜覆盖的政府采购。2013年是我公司农膜产销量建厂以来最大的一年。

(中国塑料加工工业协会农用薄膜专业委员会　刘敏)

改性塑料

创新驱动、提质增效、打造改性塑料升级版,再续行业辉煌

1. 实施创新驱动发展战略是改性塑料行业承前启后再续辉煌的必由之路

党的十八大作出了实施创新驱动发展战略的重大决策,强调科技创新是提高社会生产力和综合国力的战略支撑,必须摆在国家发展全局的核心位置。

习近平总书记最近强调,“当前从全球范围看,科学技术越来越成为推动经济社会发展的主要力量,创新驱动是大势所趋。新一轮科技革命和产业变革正在孕育兴起,一些重要科学问题和关键核心技术已经呈现出革命性突破的先兆,带动了关键技术交叉融合、群体跃进,变革突破的能量正在不断积累。即将出现的新一轮科技革命和产业变革与我国加快转变经济发展方式形成历史性交汇,为我们实施创新驱动发展战略提供了难得的重大机遇。”

李克强总经理在分析当前经济形势和发展趋势时强调,“必须依靠经济转型升级才能持续健康发展,统筹推动稳增长、调结构、促改革十分重要,要坚持依靠科学发展解决前进中的问题,依靠改革开放解决发展中的难题。注重创新驱动,促进提质增效,努力打造中国经济升级版。”

伴随改革开放的脚步,三十多年来我国改性塑料行业从无到有、从小到大,已经发展成为塑料加工行业的重要方面军,成为推动塑料加工行业深化发展,促进多方面材料与加工领域科技进步的重要力量。但是在当前及今后相当长的历史时期内,和国民经济各个行业一样,改性塑料行业也面临着不能再靠无限扩大生产能力和规模,再靠以高能耗、环境污染为代价,再靠劳动力与土地等红利来发展的了。审时度势,我们必须积极响应党和国家的号召,迅速实现经济转型,适应市场需求变化,打造结构优化、技术先进、清洁安全、附加值高的全新现代化改性塑料行业,再造行业新的辉煌。

2. 改性塑料行业发展历程及取得的主要成绩

伴随改革开放三十年的步伐,我国塑料加工产业获得持续快速发展,从20世纪80年代初年产塑料制品百万吨发展到当前年产1亿多吨,已成为名副其实的塑料大国,而且正在向塑料强国的宏伟目标迈进!

塑料制品加工产业的持续快速发展得益于大型石油化工企业提供越来越多数量和品种的合成树脂,也得益于助剂、添加剂行业、机械制造行业提供大

量辅助原料和加工设备，甚至得益于我国对外贸易提供几乎占总需求一半的进口原料，但不可否认的是我国改性塑料产业的崛起和快速扩展，为整个塑料加工产业的发展做出了重要贡献！

塑料改性是一门科学，从广义上来说，凡是能降低塑料制品原材料成本、提高某些方面的性能或赋予塑料材料新的功能的方法、途径都应称之为塑料改性。在塑料加工工业刚刚起步的年代，塑料改性技术仅做为塑料制品及材料加工企业的生产过程中的一部分，一个车间、甚至一个工段、工序，而随着塑料加工整个行业的成长，急需在大型石化企业和塑料制品及材料加工企业之间存在一个以生产过度性专用颗粒料为主打产品的行业，将大型石化企业生产的通用合成树脂加工成不同类别、不同层次塑料制品及材料满足加工企业对多规格品种、多种特点和性能的专用粒料的需要，这就是以塑料改性学术和技术为基础的达到产业化生产规模的改性塑料行业。

根据2010年中国改性塑料行业十佳企业评选活动中各改性塑料企业上报的数据分析，全国已有以改性塑料产品为主营业务的企业近1000家，就业人数达十几万人。此外还有与改性塑料行业密切相关的助剂、添加剂企业和配混加工设备机械制造企业二百多家。一个活跃在大型石油化工企业和塑料制品加工企业之间的，改性塑料及相关配套的一千多家企业形成的改性塑料大军已经形成，完全实现了行业的专业化、规模化和功能化。

改性塑料产品主要分为三大类，一类是以粉体材料为主要原料的填充改性塑料产品，包括活性粉体、填充母料和粉体材料占20% ~30%的改性塑料专用料；另一类是以不同类别的高分子材料经过共混制成的“塑料合金”专用料，ABS/PC合金、ABS/PA合金、PP/PA合金等；第三类是为达到电、光、热、燃烧等方面的功能性，综合使用功能性填料和不同类别的高分子材料，以及适量的相容剂、增韧剂而制成的功能性专用料，如阻燃ABS、无卤阻燃PP、汽车保险杠、仪表板专用料等。

三大类改性塑料产品的年总产量已达到300多万吨，三类产品的所占的比例分别为50%、35%和15%左右，即1600kt、1000kt和600kt左右。

经过三十余年的努力，改性塑料行业已完全实现了行业的专业化、规模化和功能化，成为塑料加工产业领域中的一支战功卓越的方面军，发挥着促进整个塑料加工产业的先锋和骨干作用。

3. 改性塑料行业在国民经济和社会发展中的重要作用

(1)节约大量以石油为基础的合成树脂原料，在降低塑料制品及材料的原料成本方面成效显著

在合成树脂紧缺的20世纪80年代，以碳酸钙为主要原料的填充母料(APP母料、PEP母料、PPM母料等)在塑料打包带、编织制品、管材、型材、片材、板材等众多塑料制品中替代部分合成树脂，在填充塑料制品完全达到使用性能要求的前提下，少用10% ~30%的合成树脂，不仅大大降低了塑料制品的原材料成本，而且对缓解当年树脂稀缺、原料难求的局面起了一定的作用。

随着经济形势发展，合成树脂的国产数量迅速增多，从国外进口树脂也更加容易，价格双轨制取消，做为塑料制品加工企业不但没有减少对改性塑料产品的需求，反而在数量和品种上提出更多、更高的要求，因为改性塑料不仅继续担负着节约石油基树脂的光荣使命，而且成为塑料制品加工企业通过性能价格比提高自己产品市场竞争力的有力手段。

(2)赋予塑料材料新的功能，扩大了塑料材料的应用领域

大型石化企业生产的通用牌号合成树脂往往不能满足用户多样化、特殊性能及功能的需求，如适当的刚性、韧性、强度，在电、热、光、磁等方面的功能性，以及耐候、阻燃、着色等方面的要求，单一牌号的普通树脂不可能满足，而改性塑料加工企业生产的产品恰恰可以以多品种、多规格地，针对性极强地提供相应的产品给下游用户。

(3)为废弃塑料再生利用开辟出全新之路

废弃塑料的种类和数量急骤增加，从环境的角度已引起社会的广泛关注甚至责难。废弃塑料是宝贵的资源，在其材料的性能远未达到生命终点的时候，合理地、多次反复地将其视为资源再生加工利用是必然的，但要注意在再生加工时一是尽量保持塑料材料仍具有的性能，二是尽量避免对环境带来新的负面影响。在过去的十几年中，塑料改性技术的进步为这一目标提供了有力的支撑。例如相容剂的合成及在塑料合金中的应用、不同种类塑料层层混合材料的加工以及对不同老化程度塑料的鉴别与改性等，都取得与传统简单再生工艺完全不同的高值化和环保化再生利用效果。

(4)改性塑料入行投资少、见效快、工艺技术容易掌握，为就业和发展地方经济做出不可小视的贡献

非金属矿物粉末是塑料改性常用的原料，碳酸钙、滑石粉、高岭土、重晶石粉、硅灰石粉等粉体材料的年用量已达到1000多万吨。日益攀升的需求打开了富有资源的贫穷地区的致富之路，东北的海城地区、四川的宝兴、石棉地区、广东的连州地区、广西的桂林、贺州地区、江西永丰地区、湖南的张

家界地区等诸多非金属矿蕴藏丰富的地方都已形成塑料用矿粉的产业，并且都在向矿粉深加工，制造以矿粉为原料的母料和专用料，成为地方经济的支柱产业。同时由于非矿粉体及深加工产品初始投资门槛低、加工技术容易掌握、产品市场容量大，扩大了就业、活跃了地方经济，功不可没。

4. 改性塑料行业在新时期的发展思路和主要任务

当前乃至今后若干年是我国全面建设小康社会的关键时期。创新驱动，提质增效就是要实现思维创新、技术创新和产品创新，按照减量化、再利用和资源化的原则，采取各种有效措施，以尽可能少的资源、能源消耗和尽可能小的环境代价，取得最大的经济产出和最少的废物排放，实现经济、环境和社会效益相统一，建设资源节约型和环境友好型社会。我们必须转变观念，运用先进技术，提高塑料材料及制品的性能价格比，更重要的是要在产品设计时考虑到绿色生产、绿色消费，可重复使用、再生循环、让我们有限的石油资源及衍生的石油化工产品得到物尽其用，最大限度地发挥作用。

(1)在行业整体规模有序扩大的情况下，重点培植具有国际先进水准的骨干改性塑料企业，如金发科技、福建奥峰科技、常州塑金高分子科技、上海心尔新材料、浙江俊尔新材料等产品特色鲜明、技术装备强、市场占有率高的二十余家公司，并向国际市场进军!

(2)大力鼓励研制生产更多的以相对丰富和价廉的非金属矿物粉体材料代替石油基合成树脂的塑料材料，认真对待和解决使用非矿粉体材料带来的密度大“增重”问题，力学性能劣化问题、耐老化性能下降问题等妨碍大规模推广使用的拦路虎，通过提高性能价格比达到节约石油资源、低碳节能的目标。

(3)突出非金属矿粉、木粉其天然植物粉碎物在改性塑料材料中使用产生的环保功效，从理论上到应用实践都证明这一点，同时又要保证使用的安全性和可靠性，消除社会和使用者的疑虑。

(4)加强塑料改性用助剂、添加剂的研制开发，如双亲型偶联剂、多功效相容剂、改善塑料材料耐候性、透光性、耐高低温性、阻燃性、抗静电性等性能的功能材料，并将其妥善地分散到基体塑料中，赋予改性塑料更高的性价比和更高的功能，满足下游领域多方面、多层次的需求。

(5)依靠科技彻底扭转当前废弃塑料再生加工时的陈规陋习，通过塑料改性提升废弃塑料行业整体形象，为资源再生利用保驾护航。

废弃塑料数量与日俱增，除每年进口的8000kt废弃塑料外，我国国内消费后的塑料制品总量也达到15000kt/a以上，二者总量达到23000kt，占合成树脂表观消费量50000kt的将近一半的数量。如果不将这些废弃塑料以合理的应用出路，势必引发所谓“白色污染”、“洋垃圾事件”，遭到社会舆论谴责，为此我们必须加以正视，拿出令人信服的事实，才能杜绝非理性的责难，使废弃塑料这一宝贵的资源得以堂而皇之地再生并发挥应有的作用。

(6)坚持正确舆论导向，努力解除主管部门和社会各方面的疑虑，在和各种危害公共利益的现象进行坚决斗争的同时，也要挺身而出，勇于维护、捍卫行业荣誉，使其沿着健康发展的轨道阔步前进!

5. 改性塑料重点发展的技术与产品

中国塑料加工工业协会2013年6月发布《塑料加工技术进步指导意见》，其中涉及改性塑料的重点技术与产品如下：

1)石墨烯、碳纳米管导电、导热复合材料生产技术

2)无卤阻燃、抑烟PU泡沫、XPS、EPS材料生产技术

3)汽车轻量化、电子行业等领域应用的通用塑料、工程塑料和PEEK、PPS、PI、长链PA等特种工程塑料的改性、合金及制品生产技术

4)用于管材、异型材、板片材等制品的PVC高端改性料技术

5)啤酒、化妆品、医疗、食品包装及农药、汽车油箱油管用高阻隔、抗菌等产品技术

6)高填充改性环保装潢材料、过滤材料产业化技术

7)新型耐老化、易回收地膜生产技术

8)废旧PET/PE或PP共混合金及产品(编织袋、包装膜等)生产技术

9)无机纳米材料改性硬聚氯乙烯管材生产技术

10)长效光生态、光转换农膜生产技术

11)塑筋材料及制品结构研究及成型加工技术

12)废旧地膜、一次性发泡餐盒回收管理体系的建立、完善及高值化利用技术

13)改性无机粉体材料在无交联聚烯烃发泡体系中应用技术

14)食品、饮料用塑料制品高效纳米抗菌功能母料的生产技术

15)PET瓶片免干燥节能挤出加工技术

16)农用功能性覆盖材料的功效延长技术及应用

17)生产车间密闭无尘粉体表面处理系统技术

18)高填充改性环保装潢材料、过滤材料产业化技术

19)节能大容量塑筋挤出注塑成型机研发技术

20）差速锥形螺杆塑炼技术及装备

21）PET瓶片回收及再利用装备研发技术

6. 在科学发展观指引下，实施创新驱动，提质增效战略，通过思维、技术和产品的创新，打造改性塑料升级版，再续行业辉煌。

科学发展观就是要强调全面，协调、可持续发展。创新就是要在国内外商战中占领技术制高点，取得市场竞争主动权和话语权。强调产业转型、结构调整、转变经济增长方式，对我们行业来说既是挑战又是机遇。如今我们的企业物质基础雄厚，经营管理经验丰富，求胜愿望强烈，关键问题是路在何方。我们要坚定信心、把握机会、调整心态、迎难而上，创造改性塑料行业更加辉煌的明天！

7. 改性塑料行业动态

在过去的一年中，依据国内外经济发展动态和趋势，改性塑料专业委员会在中国塑料加工工业协会统一部署下开展各项工作，为会员单位更好地服务，为行业健康发展而不懈努力！

2013年改性塑料行业呈现几大特点：

1. 大力开拓非金属矿物粉体材料在塑料中应用，据粉体行业提供的数字以及我们自行推算的结果，在各种塑料制品中使用碳酸钙、滑石粉等非金属矿物粉体材料的数量有望达到1500万吨以上，占塑料制品总产量的12%左右。

2. 大力强调科学地、合理地使用废旧塑料。做为一种资源再生利用，废旧塑料已不可回避地摆在社会面前，关键问题不在于要不要利用，而是如何在利用过程中实现绿色加工和高值化。

3. 大力研发改性塑料配方及加工艺，实现降低成本、改善性能和增加功能三大目标，不仅增强了产品市场竞争力，而且还能够以高性能价格比和多功能的姿态为各行各业服务。

4. 大力开拓国内外应用市场，为改性塑料和找到更加理想的用武之地。如北京大正伟业塑料助剂有限公司已将母料卖国泰国、南非、印尼、吉尔吉斯斯坦等国。现正在印尼投资建设填充母料厂。这说明做为世界制造基地，我们的企业仍然具备着劳动力以及能源方面的优势，同时也和我们企业科技人员的聪明才智密切相关。

5. 大力争取国家和地方政府对发展改性塑料的支持。资源节约与环境保护领域，每年都有国家的大力支持，其总投资达数百亿元。很多改性塑料企业都努力争取列入国家支持的队伍，不仅企业形象有所提升，而且在国家拨款总投资10%，地方政府全力配套和提供土地、贷款等政策的扶持下，企业可以迈上新的台阶。

6. 加大环保方面的投入，不仅取得良好的经济效益，而且在生产过程中减少或避免对环境的污染，同时注重能源的高效利用、节能减排，努力打造经济效益和社会效益相统一的局面，为建设环境友好型社会做出贡献！

7. 科技成果推广和技术创新成为推动企业及行业发展的强大动力

在过去的一年时在，有很多科技成果得到肯定和推广，有的正在研发之中的科技项目不久将绽放出耀眼光芒。

（1）聚酯（PET）瓶片的高值化利用，从共混合金到薄膜，编织制品和工业零部件的制造，都体现出PET材料的优势。

（2）沉淀硫酸钡的新应用。实际应用结果表明，沉淀硫酸钡较滑石粉、碳酸钙、元明粉等可使塑料薄膜具有更好的透明性与力学性能，其外感和手感也非常理想。

（3）木丝和废塑料制成的复合材料较之木粉有更好的性能，加之使用挤出成型工艺和设备可以制作建筑模板、物流托盘等大面积制品。

（4）无机粉体填充塑料轻量化技术利用可控发泡工艺可使塑料制品在保持良好性能的前提下，密度有较大幅度下降。

（5）免干燥节能型PET挤出加工设备及大面积熔体在线过滤器的研制和应用已将PET瓶片的加工提到新的高度，实现节约干燥所需热能和确保PET分子不发生严重水解和降解。

（6）由辽宁省阜新鑫克机械有限公司独自设计研制的全新环保型粉体混合处理设备打造清洁生产环境，本项技术与装备已在“地球卫士”（石头纸制造企业）公司大面积应用，在辽宁海城美润化工有限公司也已稳定运行一年多了，粉体处理及加工车间粉尘飞扬的现象已不复存在。

由于北京PM2.5问题突出，中央要求河北省大力减轻粉尘等造成的环境污染，河北省各地政府将涉及粉体材料加工的企业断电停业，位于河北省邢台地区平乡县的二十多家填充母料生产企业被迫停产。专业委员会在余姚举办的高端论坛为他们提供了清洁生产设备的信息，参会的“金天塑胶新材料科技有限公司”等五家企业迅速与阜新鑫克机械有限公司签订协议。一个月后，新型环保设备正常运行，达到了控制粉尘外泄的要求。

专业委员会主持或参与多项引导行业发展，为社会做出贡献的工作

国家发改委21号令将争议13年之久的PS发泡餐盒从《淘汰落后生产能力、工艺和产品目录》中删除，

在社会上引发巨大反响。我们坚决拥护和支持这一重要决定。刘英俊秘书长和其他专家连续接受中央电视台多个栏目的采访，不仅有力捍卫了行业的荣誉，也向广大消费者澄清了各种不实之言，为塑料行业的健康发展鸣锣开道，获得领导和社会各界的好评。

积极参与农业部出面组织的关于聚乙烯地膜回收利用政策的研讨会，参加地膜回收再生项目的评审工作和地膜国家标准修订的讨论，提出用全新理念、全新材料制作耐老化易回收地膜的思路，获得农业部的高度重视。

积极参与《塑料加工业技术进步指导意见》的编制工作，提出多项关乎改性塑料发展乃至带动塑料加工全行业发展的项目建议并被采纳。特别是结合当前强调清洁生产，防治环境污染的紧迫形式，提出粉体处理和加工企业治理粉尘的思路，鼓励已取得显著成效的技术及装备走上舞台，加速推广应用。

积极参与改性塑料有关标准的起草和审定工作。由全国塑料技术标准化委员会改性塑料分会(SAC/TC15/SC10)主持制定的七个标准两个已开始实施——GB/T 29645《聚苯乙烯再生改性专用料》，GB/T 29646—2013《吹塑薄膜用改性聚酯类生物降解塑料》，五个送审或报批，不久将正式实施。

协助企业成功举办“沐和粉(硅钙复合粉体)在塑料中应用推广会”。安徽沐和矿业有限公司利用境内独特的共生矿物资源优势，推出新型矿粉——硅钙复合粉体产品。通过其性能特点和应用试验评价，充分肯定了这一种新型粉体的技术经济特性，在行业中推广应用前景广阔。5月23日至25日沐和矿业有限公司在安徽省宿松县召开现场会，来自全国近百个企业的一百多名代表参加，为沐和粉走上应用舞台奠定了坚实基础。

发现优秀科技成果，协助企业做好成果鉴定工作

上海优珀斯材料科技有限公司研制的HDPE强力交叉薄膜(用于屋面防水卷材)达到美国同类品水平，技术含量高、附加值高(售价40kt/a，利润率可达40%以上)。2013年6月27日中国轻工业联合会组织科技成果鉴定，鉴定委员会专家给予此项成果国际先进的高度评价。鉴定委员会由专业委员会刘英俊秘书长做主任委员，中国塑料加工工业协会常务副理事长曹俭、中国塑料加工工业协会综合业务部主任田岩做为专家参加了鉴定会。

对行业的共性问题和科技进步创新的动向进行调研

一年来专业委员会组织各种形式的专家组赴企业就科技创新、新技术推广以及行业存在的共性问题进行调研。先后赴大连环嘉集团、柳州海达、海城北海集团美润化工、营口亿丰环保材料、潍坊玉塑管业、青岛金润佳、青岛宏信、阜新鑫克机械、海尔新材料、广州天保新材料、承德德盛、承德金建、南京创博、苏州兴泰国光、天津玉泉、天津金辉、山西元航集团、宁波宇龙、台州通力、安徽沐和矿业、深圳新彩以及中塑源(北京)新材料等数十个企业，为企业排忧解难，发现亮点，汇集行业发展共性问题，达到为企业服务，引导行业健康发展的效果。

8. 重庆市政府欲在重庆市打造千亿年产值的中国西部塑料生态产业集群，要求与中国塑料加工工业协会签订战略合作协议。刘英俊秘书长做为中国塑料加工工业协会代表团一员参与了调研和洽谈活动，为该宏伟规划谏言献策，特别是在发展改性技术为基础的汽车、家电零部件用改性专用料方面的建议得到重庆方面的高度重视。

加强专业委员会自身建设

根据民政部要求，对专业委员会工作进一步规范化，为争取5A协会创造条件

停止出版会刊《塑料改性通讯》

会员登记同时填报协会会员登记表

严格遵守财务制度

完善工作请示汇报制度

……

积极推进专业委员会组织建设，积极发展会员，并将有经济实力和重大影响力的企业推举为专业委员会常务理事单位及副理事长单位。本届年会上将增补一批常务理事单位和副理事长单位。这些新生力量的加入，不仅壮大了专业委员会队伍，而且有利于将专业委员会建成行业发展的核心力量。

坚决执行有关规定，未经批准谢绝社会上一切与改性塑料专业委员会的合作意向洽谈。

遵照协会领导的指示，积极筹划既将到来的专业委员会换届工作，在多次请示汇报思路与想法后，拟就面向专业委员会会员的“换届工作意见征询表”，截止至2013年年底，已有八十多家会员单位及个人会员以电邮或传真等书面形式表态，为明年正式换届工作奠定了坚实的群众基础。

(中国塑料加工工业协会改性塑料专业委员会　刘英俊)

中空制品

塑料中空制品行业今后三年技术发展方向

中空制品行业作为塑料行业的一个重要子行业，近年来发展迅速，但行业产能严重过剩，企业转型

升级的压力很大，为了鼓励技术创新，特起草《塑料中空制品行业今后三年技术发展方向》，供行业企业参考。

第一章、塑料中空制品材料发展方向

一、中空吹塑成型制品原料

中空成型(吹塑)制品是以 HDPE 和 PET 为主原料制备的产品，包括各种瓶、桶、农业和农业用容器、汽车油箱等工业制品、海洋浮子等。PET 则以小型饮料瓶和食品瓶为主，LDPE、LLDPE 只适于做小型、日用品容器和软包装。大中型吹塑制品一般只用 HDPE 为原料。以塑料工业发达的美国、欧洲和日本三大地区和国家看 HDPE 消费结构中吹塑制品市场，欧洲人 HDPE 吹塑制品占 HDPE 总消费的 38% 左右，美国则 34% 左右，与欧洲一样是 HDPE 消费占有份额最大的市场，日本则以薄膜消费为主，吹塑制品约占 15%。美国 HDPE 吹塑制品消费结构为：液体食品瓶用量最大，占 31.8%，其次为家用、工业、化妆品瓶，占 22.8%，工业桶居第三位，占 7.2%，第四位是摩托车油瓶占 6.4%，其他占 29.1%(工具箱、垃圾箱、工业零配件、汽车油箱等汽车部件)。工业桶则用于化工物品，润滑油、涂料、化妆品等包装，有广口、方口桶等不同种类，盖则采用注塑成型，发展方向为多品种、多样化、专业化、大型化、多层共挤和大中型容器发展相对快。

国产中空成型用 HDPE 树脂牌号少，产量低是制约我国 HDPE 中空容器发展原因之一，1997 年前几乎全为进口树脂，随着市场国际化和竞争加剧，国产吹塑级 HDPE 树脂产量和比例逐年上升，目前市场可供的牌号有 5200B、5300B、6500B、6145、1158。前三个牌号只适合做小型容器、包装洗涤剂、化妆品、医药品、漂白剂、食品等，但由于性能不如进口牌号，如 Phillips 公司的 5502 和 5202，许多用户已习惯用进口牌号，我国引进装置带的大型吹塑牌号有 8200B、1158、6145、6147，实际只生产过 1158 和 6145，均为齐鲁石化产品，均为丁烯共聚牌号，1998 年还仅生产过 1158，占中石化 HDPE 树脂产量的 1.4%。6145 适合做 10~100L 容器，1158 适合做 100~200L 容器。吹塑 100L 以上中空容器要求选用高分子量 HDPE 树脂才能满足挤出吹塑成型坯强度要求，耐熔体重伸，6145 的熔体流动速率(MFR)为 15g/10min(21.6kg 负荷)，115g 为 2g/10min(21.6kg 负荷)，故 1158 生产相对困难，产量也会有所降低，故价格稍高，据称国内吹塑 100L 左右制品也仍选用 1158，不仅型坯强度高，刚性和耐环境开裂性等也优于 6145。优质的原料可以保证高速、稳定的生产和收益，减少废品率，虽然价格稍高，但应综合评估。

二、药用塑料瓶常用塑料原料

1. 聚烯烃

适合于制作药用塑料容器的聚烯烃类塑料原料包括：聚乙烯(PE)、聚丙烯(PP)、聚氯乙烯(PVC)、聚苯乙烯(PS)。其中，聚乙烯又包括：高密度聚乙烯(HDPE)、中密度聚乙烯(MDPE)、低密度聚乙烯(LDPE)、线性低密度聚乙烯(LLDPE)；聚苯乙烯包括高抗冲聚苯乙烯(GPPS - HIPS)。

2. 聚酯

聚酯类塑料原料主要有：聚对苯二甲酸乙二醇酯(PET)、聚碳酸酯(PC)、聚对萘二甲酸丁二醇酯(PEN)。

常用塑料原料的密度性能见表 1。从表 1 可以看出：

固体药物的包装宜选用 HDPE 和 PP，这两种材料具有优良的抗水蒸气渗透性能，可以有效地防止药物因吸潮而变质。但是，对于易氧化变质的药物，应慎用 HDPE 和 PP 材料。HDPE 和 PP 材料通常是采用一步法“注 - 吹”工艺；

LDPE 的阻氧性能极差，不适合用作药用塑料瓶的原料，更不能灌装贮存期较长的药物；

PET 对水和氧气均具有优良的阻透性，且外观透明，是灌装液体药物(糖浆、口服液类)的理想原料，一般采用“注 - 拉 - 吹”工艺。药用 PET 塑料瓶具有良好的气体阻隔性，阻隔水汽、氧气性能最为优良，可完全满足药品包装的特殊存储要求。除此之外，PET 具有优良的耐化学药品性能，能用于除强碱和一部分有机溶剂外的所有物品的包装，PET 树脂的回收利用率高于其他塑料，作为废弃物燃烧处理时，由于它的燃烧热卡值低而易燃，而且不产生有害气体。用 PET 制造的食品包装符合食品卫生要求，因为 PET 树脂不仅是一种无害树脂，而且还是一种没有任何添加剂的纯粹树脂，它通过了包括美国、欧洲和日本在内的相当严格的食品卫生法的检验，被认为是一种合格并安全的药品和食品的包装材料。

表 1 常用塑料原料密度性能比较

种类	密度	透光性	硬度	水蒸气渗透率	透氧率
LDPE	0.91~0.92	半透明	软性	20	40000
HDPE	0.94~0.96	半透明	中等	10	600
PVC(食品级)	1.35~1.45	较透明	硬性	40	150
PP	0.90~0.91	半透明	硬性	11	860
PET	1.4	透明	硬性	27	60
PC	1.2	透明	硬性	80	200

注：水蒸气渗透率单位 g/m^2 24h MPa(0.025mm) JIS -

Z-0208 方法；氧气渗透率单位 $cm^3 \cdot m/m^2$ MPa 24h 20℃ 65% RH(0.025mm)压力法。

3. 着色剂与加工助剂

药瓶的着色剂通常选用二氧化钛 TiO_2(锐钛型或金红石型)，TiO_2 的含量≥98% wt，添加量为 1.0% ~1.5% wt。

常用的加工助剂有润滑剂硬脂酸锌和聚乙烯蜡，它们均为白色粉末，添加量为 0.1% ~1% wt。

近年来，为满足 GMP 及十万级净化的要求，一般将 TiO_2、硬脂酸锌、聚乙烯蜡与 LDPE 混合在一起制成浓缩母粒，可大大减少生产过程中的粉尘污染。

第二章、塑料中空制品加工设备与加工技术发展方向

一、塑料中空容器成型技术的最新进展

近几年，我国塑料中空容器成型技术有了长足的进步，中空吹塑机增长较快，促进了塑料包装容器的发展。吹塑成型技术的进步(包括挤吹、注吹、注拉吹等工艺)特别是大型中空成型设备，多层共挤中空成型工艺设备的发展，带动了其他中空成型技术的发展，包括气体辅助注射成型、半壳注射技术(shell technology)、旋转成型、吸塑成型的技术发展。现简述如下：

1. 挤吹中空成型技术

挤吹中空塑料成型机是中空容器成型的主要设备，世界上 80% 至 90% 的中空容器是采用挤吹成型的。在我国中空塑料成型机的发展历程中，挤吹中空塑料成型机是发展最快最完善的中空塑料成型机。近几年来，挤吹成型工艺技术的发展主要体现在三维(3D)吹塑复杂中空成型容器和大型包装容器。

(1)三维(3D)吹塑成型工艺

三维(3D)吹塑成型也称为少废料或者无飞边的吹塑成型。近年来，市场对复杂、曲折的输送管材制件的需求推动了这一技术的进步。3D 吹塑成型工艺通常是使用 6~8 轴的机械手来运送型坯并将其放置在吹塑模具内进行吹胀。

(2)大型吹塑成型技术

目前，大型吹塑成型的容器主要有 IBC 桶，200L(单)双 L 环全塑桶。IBC 容器已形成 500 ~ 2000L 的系列产品。而 200L(单)双 L 环全塑桶成型技术的发展也很好。

200L(单)双 L 环全塑桶所用原料是平均分子量在 30 万左右的高密度聚乙烯(HMWHDPE)，熔体流动速率 MI(HLMI：190℃、21.6kg)2 ~6g/10min，原料特性及制品工艺特点决定了其成型设备的特点和要求。

大型中空机一般包括：挤出机、机头、合模装置、吹胀装置、制品取出装置、液压站、强弱电控制系统。一般的外辅设备包括：混送料系统、余料粉碎回收系统等。按其挤出型坯的方式，大型中空机可分为储料式和连续挤出式，而按型坯的结构又可分为单层或多层。目前，国内的 200L(单)双 L 环全塑桶绝大多数采用单层储料式中空机吹制。随着技术发展及市场要求提高，此类设备将朝着高效、节能、提高产品质量、功能齐全的方向发展。

挤出机

大型中空机所配置的挤出机，其加工的原料一般主要是 HMWPE，若采用常规设计，则其塑化效率明显不足。国内生产的 ϕ150/25 挤出机在加工 HMWPE 粉料时，其塑化能力仅为 250kg/h。在国外，尤其是在德国，许多大的中空机制造企业早已采用带强迫喂料结构、强制冷却段结构的单螺杆挤出机，被称为 IKV 结构。IKV 结构的挤出机在相同长径比条件下，其塑化量较常规设计提高 50% 以上，且挤出量稳定，加之合理的屏障段和混炼段设计，能获得高的塑化质量。

储料式机头

储料式机头的流道主要有 3 种形式：单层心型包络流道、双层心型包络流道和螺旋流道。

早期的中空机机头较多采用单层心型包络流道，这主要是因为当时对成型制品要求不高。随着用户对容器质量要求不断提高，尤其在大型容器方面，因为熔合缝的强度问题，单层心型包络就显出弱点，转而出现了双层心型包络和螺旋流道设计。如果是单层心型包络流道，挤出的型坯圆周上存在明显的熔合缝区，而在双层心型包络流道挤出的型坯被完整的熔料层所覆盖，因此融合缝区的强度得以提高。双层螺旋流道，内外层分别有两台挤出机供料，并同时储料。由于制品的内层不用着色，在市场上非常有竞争力，有逐步替代单层 200L 全塑桶的趋势。

对储料式中空机机头来讲，衡量其水平的一个重要方面是其换料的速度。对于使用者来讲，希望是更换速度越快越好。但实际上是很难的。一个好的机头设计其换料时间往往仍需几个小时，因此除了在设计流道时充分注意，减少滞留区外，也出现过某些采用辅助动作的方法来解决这个问题，但其带来的问题是机头结构复杂、故障率高和零件寿命降低。近几年，又出现了一种采用液压提升流道，实现外部工人清理，用以加速换料的方法。由于其带来机头结构庞大、制造、装配精度要求高、实际清理时工人的劳动环境差等问题，主要还是采取好的流道设计。

合模装置

大型中空成型机的合模装置，近年来的主要变化是进一步向节能化发展。早期的合模装置大都采用四板液压直动式，能耗较大。以后发展为液压节能型合

模装置，即使在使用较广泛的四拉杆三板联动式。过去十年，市场上的大型中空机的合模装置，无论其外部形状如何，实质上几乎都可归入到三板联动式，它的主要特点是将快速移模缸与增压缸分开，用较小的油缸推动三块范本的联动快移，在较小油泵站的条件下获得更高的移模速度。

近年来，大型中空机的合模装置逐步趋向于采用两板销锁式机构，该装置的移模运动由油缸或伺服电机通过滚珠丝杆来实现，运动付采用了滚柱直线导轨，具有刚性高，运动精度高，运动轻快的特点，实际上是把机床制造技术向塑机制造方面的移植。这种两板式合模装置的合模力是由两对或三对位置可调的销锁缸来实现。

为了方便模具安装，这些销锁缸可以简单地从模板上取下来，并通过沿轴向的调整来适应不同的模具厚度。与此相类似的还有一种被称为“胡氏机构”的锁模装置，它的原理同销锁式机构基本相同，只是可以用在要求锁模力更大的合模机构上。

另外，合模装置液压控制方面，一般都采用比例液压阀，精确地控制合模速度，有利于制品的成型。

型坯壁厚控制

中空机机头的型坯壁厚控制是中空成型的关键技术之一，其作用在全塑桶成型方面尤其显著。型坯壁厚控制分为轴向控制（AWDS）和径向控制（PWDS）两种形式。目前的大型中空机一般都具有轴向型坯控制功能，其控制点由从24点到256点不等。轴向壁厚控制的作用是使得注出的料坯根据制品不同的吹胀比沿轴向获得不同的厚度，从而保证最终制品有比较均匀的壁厚分布，它是通过使芯模根据预设位置作轴向运动而改变模头的开口量来达到改变坯厚的目的。

2. 多层共挤中空成型技术

多层共挤中空成型技术发展前景看好。多层吹塑高阻隔性中空制品必将在中空制品领域内占的比例越来越大。多层吹塑制品不仅在食品包装工业发展很快，而且在化学品、化妆品、医疗卫生及其他工业包装方面也迅速增长。

多层共挤中空塑料成型机在我国是一个薄弱环节。多层共挤中空制品的发展促进了多层共挤出中空塑料成型机的发展。国际上，近年来，多层共挤中空塑料成型机发展的速度很快，同时技术进步也很快。国内也有一些品种推出，但存在一定差距，需要从下列几个方面加强研究开发：研究一定范围的共挤出机头（模头），以满足不同材料、不同层次、机头直径等要求；研究组合包装系统，它能根据不同的原料特制出可能允许的组合数的机头；研究基础机械程序，它可用不同数量的模塑工位和包括生产速度和制品设计的平台尺寸。

二、塑料瓶的常用生产工艺

1. 中空挤出吹塑

中空挤出吹塑是利用挤出机连续地挤出空心管，然后用剪刀（人工）或切割装置（自动）将其切成小段后移到挤吹模具内吹制成型。其优点是：设备简单，投资小，成本价格低；缺点是：瓶口不平，密封性能差。此外，中空挤出吹塑工艺所适用的塑料原料是PE，常用的为LDPE，其阻透性能远远低于HDPE和PP，装药保质期短。

2. 二步法“注－吹”

二步法“注－吹”实际上是指注射、吹塑分别由两台机器进行操作，俗称“二步法”。具体而言，第一步是由一台普通的注塑机注射成型管坯，此时，管坯的瓶头部分（瓶口、螺纹）已经成型；第二步是由人工将管坯放在蜂窝状的加热器或自动循环加热传送带上，经加热调温后，再将其移到吹瓶机内用压缩空气吹制成型。这种方法的优点是：设备比较简单，投资也比较少；瓶口整齐，密封性能良好；产品品种开发速度快，模具费用比较低。其缺点是：注射管坯与吹塑成型分步进行，使制品易被污染，难以保证产品通过菌检；产品的同一性差，不太适应大批量生产。

3. 一步法“注－吹”

一步法“注－吹”是指注射和吹塑在同一台机器上完成。根据不同的机种，通常分为三工位和二工位“注－吹”。

三工位“注－吹”制瓶机的三个工位以120°角成等边三角形分布，其中，第一工位为注射成型工位，第二工位为吹塑成型工位，第三工位为脱瓶工位。这三个工位可同时运行，不仅大大提高了生产效率，而且可与传送带连接，自动计数包装，真正实现了药用塑料瓶生产全过程的“无人手接触”，从而确保了产品的洁净卫生。

二工位“注－吹”制瓶机的两个工位可上下或前后排列，第一工位为注射成型工位，第二工位为吹塑成型工位。由于缺少一个专用的脱瓶及冷却工位，所以难以实现全自动计数包装（一般为散装人工计数）。同三工位制瓶机相比，其生产效率较低，生产周期较长。

一步法“注－吹”工艺的优点是：自动化程度高，机器的产能大；瓶口的平整度高，密封性极好。当选用HDPE/PP作为原料时，瓶子的壁厚比较均匀，阻透性能优良，使药品的保质储存期长。其缺点是：设备投资较大，模具复杂，系统配置要求较高，因此，不适合小品种、小批量的生产。但是，对于大批量生产而言，可得到高品质低成本的产品，经济效益较好。

目前，国内标准化的药用包装企业基本上都是采用一步法“注－吹”工艺设备，并以三工位设备为主。

国际上著名的“注－吹”成型设备制造厂家主要有美国的 Wheaton(威顿)公司、德国的 Battenfeld(巴登菲尔德)公司、日本的 ASB 公司和青木固公司等等，这些公司目前所生产的机型均采用一步法三工位的方式，其中，美国产品采用垂直螺杆结构，德国和意大利的产品采用卧式螺杆结构。

在国内，江苏维达机械有限公司自 1989 年开始，首家研制“三工位”一步法“注－吹”成型机，并于 1991 年将产品投向市场。目前，其生产规模达到每年 100 条生产线，带动了中国药品包装容器(特别是固体药物片剂、胶囊包装)生产技术的提高。

4.“注－拉－吹”工艺

“注－拉－吹”工艺特点类似于”注－吹”工艺，同样也分为一步法“注－拉－吹”和二步法“注－拉－吹”，两种工艺的优缺点与“注－吹”工艺相似。与“注－吹”工艺不同的是增加了对制品的拉伸工序，型坯在特定的温度范围内被强迫双向延伸(纵向的机械拉伸与横向压缩空气拉伸)成型，在成型的同时，制品的壁中产生大分子的定向排列被固定下来，从而大幅度提高料塑料容器的力学性能。与“注－吹”工艺比较，“注－拉－吹”工艺的产品具有以下几个特点：①拉伸吹塑成型具有增韧作用，容器冲击韧性提高；②塑料经拉伸定向后，弹性模量提高，容器刚性提高。冲击性能与刚性的改善提高了容器的使用效果，可以将容器做得更薄，实现节约原材料的效果；③可得到较非拉伸的挤出或“注－吹”法更高透明度与较佳光泽度的制品；④经拉伸后分子定向作用的存在，容器的阻隔性能得到提高，从而改善药品的贮存效果。

在国际上，塑料中空成型机正向着多品种、大型化、高效、高速、节能、环保、智能化方向发展。在国内，塑料中空成型机是位于注塑机、挤出机之后的第 3 大塑料机械主导产品，年产 5000 台套以上，主要包括：①挤吹机，主要用于生产 HDPE、PP、PVC 等低档瓶；②注吹机，主要用于生产 HDPE、PP 等中档瓶；③注拉吹二步法设备(主要以浙江黄岩地区为代表，在瓶坯注塑机上生产瓶坯，然后在拉吹成型机上生产瓶子)，主要用于生产 PET、PC 等中档瓶；④中空注射机，主要用于生产 PS 、PVC 等中空制品。

国内研制生产的挤拉吹、注拉吹一步法设备还没有完全进入产业化，市场主要依赖进口，价格很高。诸如娃哈哈、康师傅、汇源等饮料业，强生、青春宝、新华制药等医药业均投入巨资引进日精、青木固、米拉克龙等国外制造商的设备和模具。因进口设备的投资巨大，很大程度上阻碍了国内企业采用先进技术的进程，减慢了同类包装瓶质量提高的速度。

药用包装塑料瓶的生产：①东部沿海地区采用“一步法注拉吹工艺”或“二步法注拉吹工艺”生产 PET 中高档瓶，采用“注吹工艺”生产 PE 中档瓶；②中西部地区采用“二步法注拉吹工艺”生产 PET 中档瓶，采用“注吹工艺”生产 PE 中档瓶。

在国内，一步法注拉吹工艺设备的研发始于 20 世纪 90 年代末，经过不懈的探索实践，取得了很多成效，也积累了大量经验，但实际上还处于起步阶段，与国外先进技术相比还存在着一些差距，步法注拉吹工艺设备在某些细节上与国外先进技术还有一定的差距，还要进一步完善，特别是热流道模具的设计和制造已经成为制约一步法注拉吹工艺设备国产化的瓶颈，也是注拉吹塑料中空成型机不能完全进入市场的症结所在，应该进行重点攻关，解决好制造工艺方面的问题。并且在温控方面还要进一步研究，力求控制精度更高，控制也更加稳定，能够满足热流道模具制瓶的工艺要求。

三、塑料桶挤出吹塑成型工艺

(一)简介

挤出吹塑成型跟其他的塑料中空成型一样，其主要优点是生产的产品成本低，工艺简单，效益高，但其突出缺点是制品壁厚尺寸及均匀性不易控制。

挤出吹塑成型是将挤出成型的半熔融状态的塑料管坯(型坯)，趁热置于各种形状的模具中，并即时在管坯中通入压缩空气将其吹胀，使其紧贴于模腔壁上成型，经冷却脱模后得到中空制件的热成型过程。它的整个成型过程可以分为：型坯形成、型坯吹胀以及冷却和固化三阶段。

(二)吹塑中空成型机的研发方向

国内挤出吹塑中空成型机经过近 50 年的发展与进步，特别是改革开放以来近 30 年的独立研发与技术交流，其国产一流吹塑设备的技术水平已经基本接近发达国家同类设备的水平；并在国内形成多家具有独立研发能力和较大生产规模的中空成型机设备制造厂家。国产各种规格的中空成型机早已走出国门，销售到海外多个国家与地区。

随着计算机设计、计算机制造、计算机工程技术、计算机测量技术、快速成型技术的迅速发展与应用，国内挤出吹塑中空成型机的独立研制能力快速增强，在构成中空吹塑成型设备的许多重要零部件方面也已经取得重大技术突破与进展，现将这些技术进步的基本情况整理成文，供同行参考。

1. 高性能挤出机的研制与开发

(1)“IKV”螺杆挤出机的主要特点

大中型挤出吹塑中空塑料成型机上配制的挤出机已经广泛采用了带强制喂料强制冷却的“IKV”结构。“IKV”结构，它主要的特点是在机筒加料区的衬套上开有形状不同深而宽的纵向沟槽，同时在加料区设计有强制冷却夹套结构，可提高塑料原料的输送效率，可以由常规的0.3~0.5提高到0.6~0.85，螺杆加上合理的屏障段和混炼段的设计，其塑化能力较常规设计的挤出机的塑化能力可提高到40%以上，而且挤出量稳定，同时可达到降低单位能耗的效果。

近年来，“IKV”螺杆的长径比有加大的趋势，目前采用较多的是30：1或是32：1，螺杆尾部采用了利于混炼的结构。进料段前端多采用了双螺纹结构，可部分改善此处螺杆、机筒磨损较快的状况。同时，螺杆、机筒材料的选择以及热处理均有改进。采用双金属螺杆和双金属机筒可以明显提高耐磨性能1~2倍以上，价格提高仅约为50%，从投入产出比来说是可行的。目前，国内多家螺杆制造公司已经能较好的制作双金属螺杆和双金属机筒，采用高压速(HP/HVOF)全面合金披覆的熔射技术可以使合金层全面覆盖螺杆的所有表面，将机筒的表面合金含钨10%提高到30%及50%，从而能较好的解决“IKV”螺杆进料段前端螺杆机筒磨损较快的缺陷。

(2)普通单螺杆挤出机的改进重点

①适当加大长径比，进料段与均化段采用多螺纹结构。

②设置混炼装置，加强混炼效果。

③机筒进料段设置冷却单元。

(3)挤出机及储料机头加热系统的研发重点

目前挤出机加热系统采用的是电加热圈装置，能源的利用效率较低，正在研究开发的螺筒感应加热技术在中空成型机挤出机与大中型储料机头的加热方面可能在近年内获得较大的技术突破与应用。

2. 高性能塑料成型机头的主要特点

塑料原料从挤出机螺杆的进料段加入，经过过渡段(熔融段)、计量段(均化段)后从螺杆头部进入机头，经过机头的流道挤出型坯。型坯可以是一个，也可以是两个或是多个。根据机头的数量，通常称为单模头机头，双模头机头或是多模头机头。随着机头型坯数量的增加，设计、制作和工艺调整的难度也会增加，近年来，一些高速吹塑设备较多的采用了多模头和多工位的设计形式，以借此提高中空成型机的生产效率和生产能力。

为了满足成型多层塑料制品的需要，到目前为止，有多种形式的多层机头在使用，多层机头与单层机头相比，设计和制作以及工艺调整难度更高。同时，多层机头也有单模头机头、双模头机头与多模头机头的结构形式。

塑料机头是保障成型型坯的重要部件，它的结构形式、参数设计、工艺调整等会直接的影响塑料型坯的质量。

(1)直接挤出式成型机头

这种模头形式多使用于中小型中空成型机的配置。采用直接挤出成型塑料型坯。

(2)储料式塑料成型机头

在间歇式挤出吹塑中主要采用储料式机头，它是把储料腔设置在机头的流道内，挤出机直接向机头挤料，可以保障塑料熔体的“先进先出”，当压料活塞将塑料熔体从储料腔中压下时，先进入储料机头储料腔的塑料熔体先从芯模开口处压出。这样先进入储料腔的塑料熔体有一个较长的松弛时间，压料活塞向下压料时，塑料熔体受到剪切作用的时间较短，因此它的分子取向和膨胀会较小。

储料机头主要包括有：圆环状的机筒、圆环状的压料活塞、可上下移动的圆形芯棒、与压料活塞相连的压料液压缸、与芯棒相连的伺服液压缸、可调节的口模、芯模、电加热器、热电偶、位移传感器、伺服阀等零部件，以及冷却装置。有的储料机头还附加有：顶吹装置、上部预夹装置及上扩坯装置和型坯切断装置等。

高性能储料机头应能实现的主要功能有：①快速顺畅的储料，②快速顺畅的压注塑料型坯，并能有效的按所设定的控制点参数运行，③能快速方便的更换口模、芯模，④余料能顺畅溢出，并方便清理，⑤能快速方便的实现机头的其他附加动作，⑥加温稳定均匀，适合所加工塑料原料的工艺要求，⑦能在较长时间内安全运行。

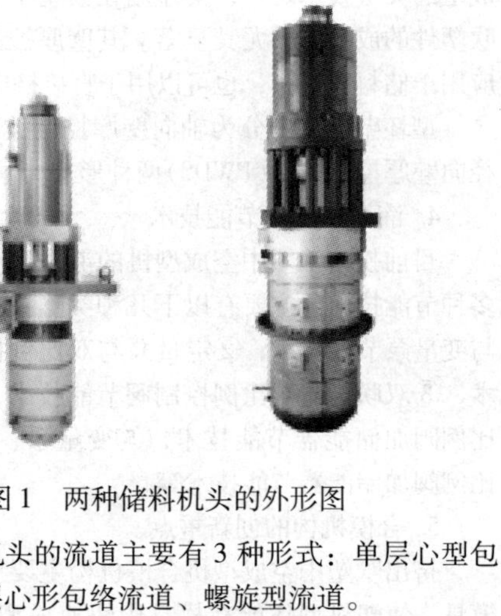

图1　两种储料机头的外形图

储料式机头的流道主要有3种形式：单层心型包络流道、双层心形包络流道、螺旋型流道。

(3)多色成型机头

为了成型多色中空吹塑制品，多色塑料机头的应用已经较多。

多色成型机头的重要指标就是确保两种色彩分界线的明确与清晰。

(4)特种成型储料机头

苏州同大机械有限公司研制成功 TDB－2000L 吹塑托盘高速超大型中空成型机，采用了独立研发的扁平

储料机头，在成型托盘类产品时具有较好的效果。

图2　大型扁平式储料机头组件

3. 塑料型坯的控制技术

型坯壁厚控制系统主要由液压伺服系统、塑料机头的伺服液压缸、电气控制器，电液伺服阀，料位传感器(电子尺)，以及联接的管道等组成，通过对机头芯模或口模开口量的控制来控制塑料型坯的厚薄变化使吹塑制品达到一个较为理想的壁厚控制水平。

中空成型机机头的型坯壁厚控制技术是中空吹塑成型的关键技术之一，其作用在大型工业件或是精密吹塑件的成型方面尤其显著。其壁厚控制技术不只是应用于储料式机头，也可以用于直接挤出式机头。

型坯壁厚控制分为轴向壁厚控制技术(AWDS)和径向壁厚控制技术(PWDS)两种形式。

4. 液压系统的节能技术

目前挤出吹塑中空成型机的液压系统已经采用了多种节能技术，主要有以下几种类型：①变频电动机与变量泵节能技术，②定量泵与双比例控制阀节能技术，③双联泵与双比例控制阀节能技术，④双联泵与比例阀加储能器节能技术，⑤变量泵、变频电动机、比例阀加储能器节能技术等。

5. 合模机构的创新重点

挤出吹塑中空成型机合模机构主要用于固定吹塑模具，使塑料型坯能在模具中快速成型为吹塑制品。配置较为全面的合模机构主要包括：底座、液压油缸、模板、下部吹胀装置、预夹装置、扩坯装置、安全门、模板同步合模装置、以及合模机构移出装置等零部件。合模机构应能实现模具的快速开合模、慢速开合模、四开模的上下开合模、塑料型坯的扩坯、预夹与吹胀、高压锁模、制品低高压吹胀成型、安全门的开合、以及模具的快速更换等功能、动作及过程。合模机构近年来的主要变化是进一步向节能和高效化发展。挤出吹塑中空成型机的合模机构大量采用了以下一些装置：①三板两拉杆合模装置，②两板合模装置，③销锁装置，④滚珠直线导轨与滚珠丝杠的应用等。

6. 电气自动控制技术的创新重点

电气自动控制系统在挤出吹塑中空成型机上主要是控制各个运动部件动作的运行与停止，开与合，上升与下降，以及各个动作前后运动的协调和程序化，在整个设备上起着至关重要的控制作用。随着自动化控制技术的快速发展，中空成型机也出现了多种控制效果优异的电气自动化控制系统。这些电气自动化控制系统近年的主要创新重点体现在：①设备主机与辅机的联控技术，②远程通讯、控制与调整技术，③多机联控技术等方面。

7. 吹塑成型模具的创新重点

中空吹塑模具与塑料挤吹中空成型机配套，能够生产出所要求的塑料吹塑制品，如中小型吹塑制品类有：各种食品、药品、化工产品、日化产品、汽车配件、润滑油等许多产品的包装瓶，包装桶等；以及大量的工业、民用塑料吹塑产品等；大型吹塑制品主要有：200L 系列塑料桶、吹塑托盘、1000L IBC 塑料桶、汽车燃油箱、汽车扰流板、汽车吹塑配件、大型工具箱、大型储水箱、包装箱、大型塑料浮体等许多的大型吹塑制品。目前吹塑模具涉及的容积范围较大，从几毫升的眼药水瓶到 10000L 的大型储油箱，规格品种包含的种类已经十分繁多，它们与中空成型机配套，形成各种不同规格、品种的生产线，生产出种类繁多的各类吹塑制品及产品包装物。

四、国内大型中空成型设备技术发展

随着化学工业的迅猛发展以及化工产品在国际贸易的不断扩大，大型挤吹中空容器的需求增长迅猛。因此国内外不少公司积极开发大型散装容器(IBC)，且已形成 500～2000L 的系列产品，被广泛应用于石油、医药、建筑、化工、食品等行业的液体包装、储存和周转。比如：1000L 的 IBC 桶近几年以更快的速度增长，在欧洲以 8% 速度增长，在美国以 25% 速度增长，并正在取代双 L 环桶。德国 Bekum 公司可提供生产 5000L 容器的成型设备和技术；德国 Mauser 公司可提供生产 2000L 以上容器的吹塑中空成型设备和技术；国内秦川发展公司最大可提供 2000L 容器的中空

成型设备。

中空制品成型加工方法有吹塑成型工艺和滚塑成型工艺。目前国内的大型中空制品主要以吹塑成型为主。而在吹塑成型中还分为挤出吹塑、注射吹塑、拉伸吹塑。此外，还有多层吹塑、压制吹塑、蘸涂吹塑、发泡吹塑、三维吹塑等。但吹塑制品的75%用挤出吹塑成型，24%用注射吹塑成型，1%用其他吹塑成型。而大型中空吹塑成型主要是挤出吹塑成型和共挤出吹塑成型。

挤出吹塑成型工艺主要是原料经过挤出机塑化，输送到储料机头(或连续式机头)，经过机头挤出型坯，型坯置于模具中吹胀成制品，然后冷却，取出制品。目前国内中空制品5～1000L用量最大是挤出吹塑成型工艺。采用的原料主要有HDPE、PP、ABS、PC等。主要的产品为各类化工产品包装桶、汽车油箱、汽车通风管件、桌面板等各种工业制品。

如图3所示，大型中空成型机包括：塑化单元(挤出机)、机头、成型机(合模装置)、液压站、吹胀装置、强弱电控制系统、制品取出装置等。

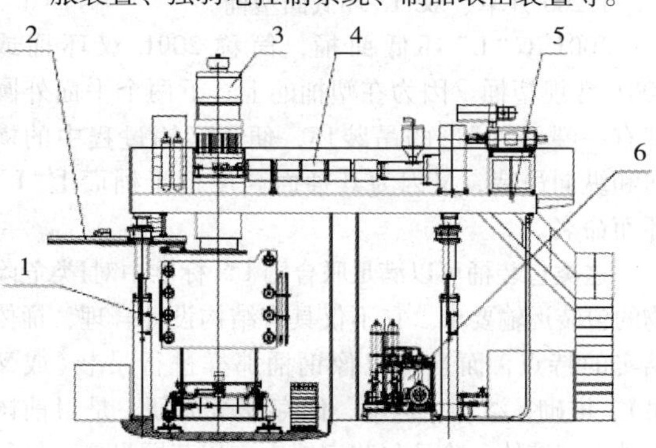

图3　大型中空成型机基本结构

1—成型机；2—机械手；3—机头；4—挤出机；5—上平台；6—液压站

五、滚塑成型加工技术

滚塑成型加工工艺一般有以下几个工序：磨粉、拌色、装料、加热、冷却、产品脱模取出、模具整理准备下一轮的生产；区别于其他塑料成型产品的加热成型和冷却全部在同一个没有压力作用的模具里进行。

此外一些产品形状复杂容易变形，在冷却过程中需采取定型冷却；大家在塑料加工方面是行家，产品的外形美观决定于模具；但产品的质量、壁厚均匀、成本的节省与否决定于滚塑机械。

在成型这部分，因为成型工艺的必需性及限制性，也促使了滚塑成型在成型机械上演化出很多种功能及规格，以下是几滚塑机型的介绍：

1. 明火直烧的摇摆机：机型原理简单造价便宜，我国大部分滚塑厂生产储液罐采用该机型，入门低竞争激烈；可因产品需求量身订做机器，适合制作一些形状简单滚塑容器(目前国内最大100m^3)，考虑生产效益可以增加一个冷却用冷却机座；小产品可一次生产两个产品。

2. 蚌箱式节能环保滚塑摇摆机：其原理与明火直烧摇摆机类似，在摇摆机的基础上增加了一个蚌箱(开合方式类似蚌壳)、PLC自动化装置，可以起到自动控温、自动生产等作用；通常用来生产结构复杂的船艇和长条型产品，质量稳定既节能又环保；我公司一系列的皮划艇就是采用此款机器生产。

3. 双臂穿梭式滚塑机：顾名思义就是两臂(台)滚塑机在穿梭生产工作，主轴和副轴360°旋转，穿梭臂在一个轨道上来回运作；一个进入加热箱，一个在冷却、拆卸、装填及等待加热；穿梭式机器结构合理、设计到位；我公司已生产交货出口的6.0M×5.5M穿梭式滚塑机节能环保，目前属亚洲最大；目前在国外已运转一年多，赢得客户好评。

4. 多臂穿梭式滚塑机：其原理也与双臂穿梭式滚塑机相同，取决于客人对生产效益的要求；通常可做到两条双臂穿梭式的轨道及一个可自动移位的加热烘箱。

5. 多臂塔转式滚塑机：是目前较为节能环保的机型，是目前全球能源节节攀升的最佳选择；旋转臂可以是三臂或是四臂，围绕着一个圆形轨道底盘，采用智能化控制系统，使模具分别处于加热、冷却、拆卸、装填、等待工位；适用于产量较大，品种多要求高的中空塑料制品。

6. 多次加料(多层壁)滚塑机：可以在原有机器设备基础上，添加多次加料装置，使产品侧壁形成多层壁，起到内外壁不同功用的需求。

第三章、塑料中空制品发展方向

一、塑料桶

(一)、中小型塑料桶成型技术发展方向

塑料中空成型制品的用途很广，主要应用于各种包装。如广泛应用于食品、化工、医药工业和处理液体的包装。例如吹塑中空高分子量聚乙烯的大型燃料罐和桶、化妆品和洗涤剂的包装制品、食品包装、啤酒和其他含有二氧化碳气体饮料的包装，以及外观光泽、透明性优良、力学强度好的线型聚酯中空制品等。

中空制品之所以能快速发展，这是由于其成型工艺较为简单，并具有生产效率高、制品质量高等优点。目前，国内外的中空成型方法及其设备的发展速度很快，用此种方法成型制品的塑料原料占总原料的比例也在增加，接近20%左右。

有许多可用于吹塑中空制品的塑料原材料，如聚乙烯、聚氯乙烯、聚丙烯、聚苯乙烯、线型聚酯、聚碳酸酯以及一些工程塑料等。

由于塑料吹塑中空成型的方法很多，因此也有多种分类方法。目前广泛使用的塑料吹塑中空成型方法可分为三个主要方法：挤出吹塑：主要用于未被支撑的型坯加工；注射吹塑：主要用于由金属型芯支撑的型坯加工；拉伸吹塑：包括挤出—拉伸—吹塑、注射—拉伸—吹塑两种方法，可加工双轴取向的制品，极大地降低生产成本和改进制品性能。

此外，还有多层吹塑、压制吹塑、蘸涂吹塑、发泡吹塑、三维吹塑等。但吹塑制品的75%用挤出吹塑成型，24%用注射吹塑成型，1%用其他吹塑成型；在所有的吹塑产品中，75%属于双向拉伸产品。挤出吹塑的优点是生产效率高，设备成本低，模具钢材和机械的选择范围广，缺点是废品率较高，废料的回收、利用差，制品的厚度控制、原料的分散性受限制，成型后必须进行修边操作。注射吹塑的优点是加工过程中没有废料产生，能很好地控制制品的壁厚和物料的分散，细颈产品成型精度高，产品表面光洁，能经济地进行小批量生产。缺点是成型设备成本高，而且在一定程度上仅适合于小的吹塑制品。中空吹塑的具钢材中型坯的压缩空气必须干净。注射吹塑空气压力为 0.55 ~ 1MPa；挤出吹塑压力为 0.21 ~ 0.62MPa，而拉伸吹塑压力经常需要高达4MPa。在塑料凝固中，低压使制品产生的内应力低，应力分散较均匀，且低应力可改进制品的拉伸、冲击、弯曲等性能。在这三种成型方法的基础上发展起来的还有多层吹塑、非对称中空吹塑等成型方法。而多层吹塑则又有共挤出吹塑与共注射吹塑等方法。

(二)、中型闭口(堆码)塑桶的开发和技术创新

1. 产品轻量化

2. 千方百计满足客户的特殊需求

在市场追求产品差异化的时代，客户不能满足于单一品种、单一规格，多品种、多规格、多功能才能满足不同客户的特殊需求：

①开发低成本抗静电塑桶。

②开发透气盖。

③开发非标 62L 塑桶。

3. 大力推广节能技术

吹塑机的使用寿命往往有十多年，而近几年节能技术发展很快，所以对老旧吹塑机进行节能改造是实行低碳经济的有效手段。主要措施如下：

A. 挤出电机由直流调速改为交流变频调速电机，减少无功耗的同时也降低了挤出电机的维护成本。

B. 液压系统主油路的大流量叶片泵改为小流量恒压变量泵，使电机功率从 22kW 降到 11kW。

C. 主油泵电机加装变频器，根据负载大小自动调整油泵转速，蓄能器能量满时降低油泵转速，达到节能的目的。

D. 在主油路中增加蓄能器，小流量时储备液压能量，大流量时释放液压能量，整个过程无溢流能量损失，达到机器的平稳运作与节能。

综合节能效果：以容量为 20L、克重为 1300g 的塑桶为例，改造前主机耗电每只桶是 1.4 度，改造后主机耗电每只桶仅为 1.0 度。以一台设备年产量 30 万只计算，一台设备每年可节省电耗 120000 度。

(三)、大型中空吹塑桶

随着化工工业的发展，10 ~ 200L 化工桶包装的市场每年仍有 10% ~ 20% 的稳步增长。

适用于化工液体、润滑油、涂料、化妆品等工业用桶是近几年发展起来的新型大包装容器，已成为发展热点，其中 200 ~ 1000L 的大桶前景十分广阔。

1. 200 升单、双“L”环低面塑桶。

200L 双“L”环低面桶，简称 200L 双环桶或 200L 常规塑桶。因为在塑桶的上、下两个平面外圆都有一圈呈“L”形的吊装环，便于运输过程中的横向和纵向吊装，又因为其桶面高度低于桶面上“L”环而命名。

这类包装桶可以满足联合国 UN 标准中对I类危险物的包装运输要求。它不仅具有结构设计合理，桶体结实的特点，而且可以像钢桶那样进行吊装(或叉吊)、堆砌、滚动，运输、储存安全方便，是目前国内外大型液体危险品包装容器中应用范围最广、使用最方便的一类包装形式。

200L 双“L”塑桶是随着高分子和超高分子树脂材料的研发应用而在化工液体包装行业中发展起来的一种包装容器，它是用平均分子量在 30 万左右的高密度聚乙烯(HMWHDPE)，经大型挤出吹塑中空成型机吹制而成的，可用于酸类、碱类、脂类等各类液(粘)态存在危险性化工产品的包装。因为其拥有优良的抗腐蚀性、高的强度、数倍于刚桶的周转次数及易回收性，倍受国内外海运界的重视，又因为能完整的满足《国际海上危险品货物运输法则》中相关危险品包装容器的要求，在危险物品运输中被愈广泛地应用。

2. 200 升单、双“L”环高面塑桶

200L 单、双“L”环高面塑料桶是相对于本文前一章节的介绍的常规 200L 塑桶来说的。

200L 高面桶，顾名思义就是塑桶的上平面高度超过四周“L”环的高度的一类 200L 塑桶产品。

3. 200L 双层单、双"L"环复合塑桶

这一类塑桶是专门为食品级的液体包装而开发的一类中空塑桶包装形式。他的外形规格和 200L 塑桶的外形规格几乎是完全一样的，他们之间最大的区别是该类塑桶的桶壁全部具有内外两层的复合结构：他的外层是添加了着色母粒的保护层一般为深色（蓝色），既可抵御紫外线保护塑桶本身也可保护内装的产品免受阳光照射；内层则是全新的食品级聚乙烯原料，在生产过程中不另外添加其他添加剂，这样可以确保内装物的纯净度，使用更安全，可以满足各类食品级液体的罐装要求。

4. 1000L 及以上塑钢复合集装桶

1000L 及以上塑钢复合集装桶简称 IBC 集装桶或吨包装桶，因为其所能灌装的容积是 1000L 或以上的规格而命名。

从外形及名称上来看，吨包装桶是一种复合包装形式。他主要由高密度聚乙烯塑料内胆、塑料护角附件、高精度球阀、钢质托盘底座和护栏钢架等部分组成，是一种可灌装Ⅱ、Ⅲ类危险品液体的新型包装容器。

IBC 集装桶具有质轻、高强、耐腐卫生性好等优点，加上有外部金属框架的保护使用更加安全可靠。广泛用于化工、医药、食品、涂料、油脂等行业的流通灌装，是现代仓储、运输液体产品的必备工具之一。

二、塑料瓶

（一）、塑料饮料瓶新产品

塑料包装容器应用市场广阔，其中，饮料行业有着诱人商机，汽水、果汁、蔬菜、饮料所需的塑料容器需求量与日俱增。

1. 热灌装 85～90℃ PET 瓶成为聚酯瓶增长最快的品种，年增长率超过 50%。

2. 聚丙烯透明包装瓶的开发是近几年国内外塑料包装的一个热点。高透明 PP 可广泛用于注射、吹挤、吹拉、挤压、热型容器、食品、药品瓶等，其价格适宜，是 PS、ABS、PET、PE 瓶的竞争对手，有着广阔的市场前景。

（二）、啤酒塑料包装瓶

啤酒包装业国际上采用的耐热聚酯瓶（PET）的发展迅速，特别是 PET 瓶涂层技术（等离子技术）的应用，内涂 0.21mm 的碳层，它的阻透性几乎与玻璃一样，同时，能承受高温灭菌处理，使其应用范围扩大，适应热灌装茶饮料等包装。

引起包装界注目的聚萘二甲酸乙二醇酯（PEN）新型聚酯瓶，正在步入啤酒业，引起啤酒包装的革命（克服啤酒瓶爆炸事件的良策）。由于 PEN 与 PET 分子结构相似，以萘环代替苯环，使 PEN 比 PET 更具有优异的阻透性、防紫外线性、耐热性、耐高温（非晶态 PEN 热变温度达 100℃而 PET 仅为 70℃）。不久的将来，PEN 将大量进入包装领域，引发继 PET 之后，又一次包装革命。

（三）、PE 乳品包装瓶的性能与生产

PE 乳品包装瓶是指用于乳制品和乳饮料的 PE（聚乙烯树脂）包装瓶。是近几年来在我国迅速发展起来的一个新兴包装行业，随着国民经济的不断发展和人民生活水平的不断提高，对乳制品和乳饮料的需求量越来越大，也促使 PE 乳品包装瓶类制品快速发展起来。PE 乳品包装瓶以其相对成本较低、拿取使用方便、便于存放和运输、回收成本较低、可循环再利用等多方面有利因素得到广泛应用。

（四）、药用塑料瓶的发展

药用塑料瓶已经成为了医药包装行业创新发展的标志，不断有新型材料的药用塑料瓶成功上市。据有关部门的一项最新调查显示，全球药用塑料包装需求稳中有升，其中塑料瓶增长强劲。而且，全球对药用塑料瓶包装的需求量将以每年 4.3% 的速度递增。其中中国由于迅速扩大的药物生产能力，其药用塑料瓶包装增长速度位居榜首。

下列新型包装材料、新型药瓶的研发和投产，有望彻底改变传统药械包装的旧貌，使药械产品的包装跃上一个新的台阶。

1. 防儿童开启式拉盖塑料瓶，该系列塑料拉盖药瓶现已在美国上市。

2. 防潮、防渗氧新材料

某些药品和精密医疗器械在潮湿环境中很容易变质或受损，从而导致药效降低甚至失效，以及精密医疗器械性能改变。这类产品的外包装应采用能完全隔绝潮气和氧气的材料。

目前新型的瓶体材料已经出现，如聚萘二甲酸二乙醇脂（PEN），PEN 是近几年来国内外积极开发的新型聚酯树脂，和 PET 一样，PEN 也有很好的卫生性能，美国 FDA 已允许 PEN 用于食品和药品包装。它强度高，耐紫外线照射，较 PET 具有更佳的二氧化碳气体和氧气阻隔性能，耐化学药品性能好、耐热好，综合性能优于 PET，比 PET 具有更广泛的应用前景。

3. 智能化声控流量药瓶

据报道，位于美国俄亥俄州的 Weatherchem 公司开发出一种新型拉盖药瓶。它能精确地控制药液的倒出量，并且在倒出时使药滴发出清晰可闻的滴答声。老人在服药时只需用大拇指按住瓶盖，将瓶身倾倒，瓶中药液即可呈线状流出。他们只要按说明书上的指

示数出相应的滴答声即可知道流出多少剂量的药液，从而可有效防止过量服药。有关专家预期，这种附有智能化声控药液流出指示装置的药瓶将受到制剂厂商的欢迎，市场前景十分广阔。

4. 防伪药瓶

美国 Alcan 药瓶包装材料公司开发出一种带有植入式电子身份证(RFID)码的新型塑料药瓶。只要用特制扫描仪对准其一扫，即可获得所有有关产品的信息，如生产商、生产日期、产品批号、产品名称等。这种药瓶的瓶身事先被埋入了无线扫描芯片，可供多种医药产品的外包装使用。它的最大优点是难以被仿制。

(五)、化妆品、洗涤用品包装新技术

随着人们消费水平的提高和消费能力的增强，化妆品、洗涤用品的生产和销售得到了空前的发展，市场竞争也越来越激烈，商家在化妆品、洗涤用品的包装上下足工夫，向规格形状多样化，塑料选材多样化方向发展。

普通的化妆品、洗涤用品包装容器，绝大部分采用聚乙烯 PE 制造。由于透明容器能让消费者清楚的看到内容物，因此消费者对透明容器的要求越来越广，而透明聚丙烯 PP 正是满足这一要求的主要材料，与其他透明塑料相比，PP 是一种质优价廉，极具竞争优势的包装用材料。

透明的聚对苯二甲酸乙二醇酯 PET 塑料瓶同样已成为今日化妆品、洗涤用品受欢迎的包装容器，由它制造的产品透明度、光泽度好，化学性能稳定，阻气性好，手感好。

另外，模内标贴技术的应用也提高了化妆品、洗涤用品包装的档次。目前绿色包装材料、纳米材料改性、抗菌材料的开发也正被用于化妆品、洗涤用品包装。

三、汽车用中空吹塑产品

多层吹塑是中空吹塑的高端技术。随着汽车工业技术的发展和各国环保与安全要求的不断提高，各国对塑料燃油箱阻渗性能的要求越来越高。

在汽车用塑料中，PE 占 7% 左右，主要用途是采用吹塑工艺生产的汽车油箱、通风管、导流板及水箱等各类储罐及管件。

(一)、塑料油箱

塑料燃油箱与金属燃油箱相比，具有以下优点：

(1)同规格的塑料燃油箱比金属燃油箱质量轻 40% ~50%；

(2)塑料燃油箱形状自由度大，可最大限度地利用汽车内的有效空间，从而大大提高了汽车燃油箱的储油量；

(3)塑料燃油箱的研制周期比金属燃油箱的研制周期短，费用低，方便了汽车的设计制造与改型。

(4)塑料燃油箱的安全可靠性高，耐冲击，耐腐蚀，不爆炸，是金属燃油箱不可比拟的。

(二)、塑料保险杠

塑料保险杠是由外板、缓冲材料和横梁三部分组成。其中外板和缓冲材料用塑料制成，横梁用厚度为 1.5mm 左右的冷轧薄板冲压而成 U 形槽；外板和缓冲材料附着在横梁上，横梁与车架纵梁螺丝连接，可以随时拆卸下来。这种塑料保险杠使用的塑料，大体上使用聚酯系和聚丙烯系两种材料，采用注射成型法制成。例如标致405 轿车的保险杠，采用了聚酯系材料并用反应注射模成型法做成。而大众的奥迪 100、高尔夫、上海的桑塔纳、天津的夏利等型号轿车的保险杠，采用了聚丙烯系材料用注射成型法制成。国外还有一种称为聚碳酯系的塑料，渗进合金成分，采用合金注射成型的方法，加工出来的保险杠不但具有高强度的刚性，还具有可以焊接的优点，而且涂装性能好，在轿车上的用量越来越多。

塑料保险杠具有强度、刚性和装饰性，从安全上看，汽车发生碰撞事故时能起到缓冲作用，保护前后车体；从外观上看，可以很自然的与车体结合在一块，浑然成一体，具有很好的装饰性，成为装饰轿车外型的重要部件。

四、物流用塑料托盘

塑料托盘按成型方法可分为注塑托盘、吹塑托盘、真空吸塑托盘和组装式托盘。其中注塑托盘的生产量最大，主要是用 PE、PP 来生产；而吹塑托盘主要是用 HWMHDPE 制造，可在 -40℃至 +40℃环境中稳定使用，适用于高强度场合，动载可承受 3t，目前主要用于液体包装物(如大型的塑料桶或吹塑桶)的储运。真空吸塑托盘品种繁多，从电子产品的周转包装，直到汽车零部件的储运等各个行业上都见得到它们的身影。

塑料托盘的主要优点：

(1)采用中空整体成型工艺一次成型，比其他材质托盘轻而且结实；

(2)具有优良的物理机械性能、耐候性及耐化学腐蚀性，洗涤、杀菌容易，不霉变，耐低温；

(3)无钉、不刺，空间转移效能好，具有优良的抗冲击性能；

(4)质量、尺寸、重量稳定性好，使用寿命长；

(5)表面进行特殊的防滑工艺，防止货物滑动；

(6)承载能力大。

今后，塑料托盘的技术方向主要是超大型高强度塑料托盘的研制。

五、太阳能热水器塑料内胆

太阳能热水器塑料内胆是这两年才开始推广应用的，也是中空吹塑成型技术新应用之一。如若能大范围的推广开来，可以预见这是一个极具市场潜力的新领域。

太阳能热水器塑料内胆的优势如下：

(1)成本低：塑料内胆在保证太阳能产品正常工作性能的基础上大大降低了成本价格，增加了太阳能厂家更多的利润空间。

(2)无缝防漏：塑料内胆为一次性成型，无缝、无焊点，防漏、密封性好。

(3)清洁不结垢：聚丙稀塑料特性有效阻止了水垢的形成，内壁均匀光滑，而且自身不产生静电，不容易被侵蚀。

(4)耐高温：塑料内胆材质采用改性聚丙稀，可耐100℃高温。

(5)保温性能好：具有隔热保温性能，大幅度提高了保温效果，延长了热水的使用时间，保温性能更有效。

(6)使用寿命长：塑料内胆所用的专用料具有优越的耐酸碱性，韧性强，适用温度范围大，能有效防止因环境外力而造成的开裂，因而使用寿命更长。

六、大型吹塑塑料罐

1. 大型工业储罐

大型工业液体储罐在国内一般由滚塑旋转浇铸成型，将塑料注入旋转的模具内，离心力迫使熔化的塑料贴在模具内壁上，产品加工周期长，劳动强度大，生产效率低，不适应连续批量生产。科龙塑业经过相当多的努力，与设备厂家共同开发研究，开发出大型中空吹塑成型机，生产的大型工业塑料储罐，采用高分子的聚乙烯原料，一次成型，无焊缝，不渗漏；耐化学性能非常优异，具有内外防腐的特点，可以耐大部分物质溶液，可放置在高腐蚀环境下使用。

正在研发的5000L化工储罐，塑料容器重量达到150 kg，罐体上设计有进料口、出料口、液位计、法兰连接，并安装了钢制镀锌底盘和支撑框架，使用寿命长达15年以上。与传统化工防腐储罐相比，性价比更高，是储存运输化工腐蚀溶液的理想容器。塑料储罐在大规格大容量的产品上优势明显，具有一次成型的特点，抗冲击性能强，拉伸强度高，抗氧化、抗老化性能好，这是其他化工储罐所达不到之处。

2. 农用卧式罐的研发与生产

农村土地正逐渐向集约化的生产方式转变，传统的以家庭为单位的生产方式正被机械化、规模经营的方式所代替，市场迫切期待开发生产适应于农用运输车使用的大型卧式罐来满足农业生产的需要。科龙塑业历经多年的努力，在国内首家研制开发出1000L大型塑料中空卧式储水罐，在罐体上端安装有输液口和呼吸透气孔，下端设计排液口，可安装排液阀门，农业生产过程中可用于调配农药、节水灌溉、喷洒施肥使用。卧式塑料罐与传统的铁罐相比较，优势非常的明显，具有质轻、耐腐蚀、成本低、使用寿命长的优点，再次回收利用率高，适用于绿化防护、果蔬喷药，农田灌溉、道路设施清洗等多种作业使用，运输成本低，市场应用广，利于企业规模化生产。

3. 塑料沼气池

塑料沼气池是一种可广泛应用于西部农村家庭使用的新型环保沼气池。西部地区农村每年约有50万个沼气池建成投入使用，塑料沼气池使用大型中空吹塑设备生产，容积可达到500～3000L，与传统的混凝土沼气池相比具有成本低、抗老化、耐腐蚀、无渗漏点、密封性好、重量轻、运输安装方便，使用寿命可达30年以上，并可承受一定的拉伸强度、弯曲强度、冲击强度、吸水性低，适应各种土质环境下施工安装，符合国家沼气产品及设备的标准要求。目前已有马来西亚、泰国、越南等南亚国家同行到科龙塑业参观学习并在当地组织生产该产品。

七、中空制品中滚塑产品的发展方向

滚塑俗称为"旋塑"或"搪塑"；产品最大的特点是无接缝、无注塑口、壁厚均匀；将磨成粉状的塑料加入模腔中，模具以自转及公转方式，模具受热后使粉料(或塑料糊)熔融，并受离心力影响，均匀的披覆在模腔壁上，然后再经冷却定型为塑料产品，胶厚亦可依加入的塑料份量不同，而形成不同的壁厚。

(一)、滚塑产品有以下几个特点：

1. 适宜模塑大型特大型超厚的产品，可生产100m^3左右储液罐(一般为明火直烧滚塑机)；产品最大的特点是无接缝，无注塑口；目前我公司已成功研发超大型节能加热室滚塑机，内腔直径达6m×5.5m，产品达30m^3储液罐，产品壁厚50mm左右；在加热室滚塑机中属亚洲最大，且质量可靠价格适中；技术国内领先。

2. 适用于多品种，多色样及小批量塑料制品的生产；可在滚塑机模架上同时安装多个大小不同、形状不同的模具同时生产。

3. 极易变换制品颜色，同一模具可满足客户不同颜色的需求，而且更换方便，模具不需清理；不像其他塑机那般还要费力冲洗料管，甚至于拆下料管清洗。

4. 适合成型各种形状复杂、变化各异的中小型船艇，节能又环保且耐碰撞；是取代玻璃钢的首选工艺(玻璃钢是目前国际公认的不环保产品，在西方先进国家被逐步淘汰)；目前我司已研制成功的赛艇可达总长8m、型宽1.2m、型深0.6m。

5. 滚塑可代替衬塑、浸塑工艺；比衬塑、浸塑工艺更加成熟，更能保证工艺质量。其工艺是将管件、钢罐当成是滚塑模具，架设在滚塑成型机的模架上，将塑料粉填入、加热、熔融、冷却后就可以衬在内壁上达到防腐蚀及耐磨等效果；且粘附力强不易脱落解决了衬塑、浸塑粘附力不够、容易脱落及壁厚薄等问题。

6. 滚塑可生产中间层发泡及多层壁和中空填充发泡，使滚塑产品用途更加广泛，以达到客户需求；利用原料不同熔融温度及多次加料方式，来达到中间层发泡壁制造。

7. 滚塑制品的壁厚均匀、无接缝、一次成型，且倒角处稍厚使产品更加优质；同时可随意调整制品厚度使产品更加人性化、更加节能环保。

8. 滚塑成型的优势正可以弥补其他中空成型方法不能生产的大型、特大型、超厚及小批量、形状复杂的中空产品；是一个中空行业扩大规模值得走出行业瓶颈的新机遇。

(二)、滚塑产品的新方向

以下是中空制品中还需滚塑去开发的范畴：

(1)可移动式卫生间、淋浴间、电话亭；

(2)冷藏车、冷藏库、冷藏柜；

(3)汽车外壳、汽车油箱、汽车防撞杆、汽车行李箱；

(4)化工用系列防腐槽罐；

(5)电化学用系列电解槽、电镀槽；

(6)航海灯塔、海上航道浮标；

(7)救生艇、救生筏、救生圈、抛落艇；

(8)地下排水检查井、污水处理井、通讯电缆检查井；

(9)水上乐园、儿童乐园；

(10)农业灌溉喷水车罐、道路洒水车罐、消防车水箱；

(11)水处理设备、储水槽；

(12)化工搅拌槽釜及反应器；

(13)天然气、煤气管道；

(14)船台、船坞；

(15)浮箱、浮筒、浮码头、船舶倾斜试验箱；

(16)建筑蓄水池、化粪池；

(17)体育设施、娱乐设施、小博士、滑梯、玩具；

(18)公园、戏院、海滨用的桌、椅、凳等。

八、塑料软包装容器

塑料软包装容器在我国经过了二十多年的历程，虽然每一个产品都有它的成长期和衰落期，但塑料软包装容器其生命周期仍在成长期，因为(以同容量25L为例)塑料软包装容器可以折叠，运输中可以重叠，减少运输成本，它的运输成本是一般塑料桶的1/3；塑料软包装容器产品重量轻，生产用原料成本低，产品重量是一般的塑料桶的1/3.6；由于塑料软包装容器产品重量轻，装载同容量的物品所废弃的塑料比一般的塑料桶少，减少白色污染。

塑料软包装容器主要用低密度聚乙烯LDPE为原料制造，产品有两种：

1)热压式软塑折叠包装容器——口部与箱体采用热压成型；

2)装配式软塑折叠包装容器——口部与箱体采用装配成型。

(中国塑料加工工业协会中空制品专业委员会　孙冬泉)

大型塑料中空容器生产技术及市场应用

一、前言

近年来，塑料中空制品生产的相关技术得到了快速的发展，特别是大型塑料中空容器生产技术的进步，使产品的应用范围不仅限于包装行业，用途越来越广泛。

二、大型中空吹塑成型技术

随着计算机的设计、制造、测量等技术的迅速发展与应用，国内挤出吹塑中空成型机的研制能力快速增强，在中空吹塑成型设备的许多方面取得重大的技术突破。

1. "IKV"螺杆挤出机：

科龙塑业对大型中空塑料成型机上的机筒和螺杆结构进行了较大的改进。

在机筒上配制有带强制喂料、强制冷却的"IKV"结构。其特点是在机筒加料区的衬套上开有纵向沟槽，同时在加料区设有强制冷却的加套结构，提高了塑料原料的输送效率，机筒的衬套磨损后更容易更换，减少了维修成本。

螺杆长径比设计为30∶1，在螺杆进料段采用双螺纹结构，均化段设有斜槽屏障段和销钉混合段；

螺杆螺槽的深度沿进料方向逐渐变浅。"IKV"螺杆挤出机通过在大型中空设备上的使用，对加工齐鲁的DMDY1158粉料、粒料及独山子的HD5420GA粒料，其塑化效果好，挤出量可达到650kg/h以上，满足了大型塑料中空制品的生产需要。

2. 储料式塑料成型机头：

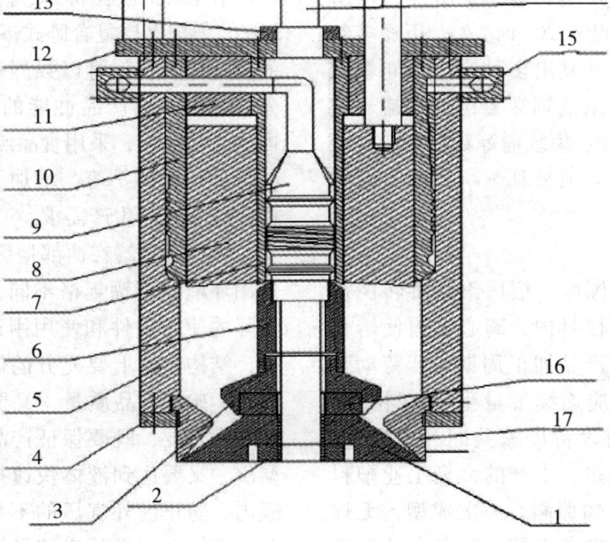

图1　双层储料机头

近几年，科龙塑业自主研发的大型双层储料机头，采用双层心形包络流道形式。内层采用中心进料，外层进料口进入储料机头后，分为从大到小尺寸不等的12个小流道，保证了熔料进入料腔后在圆周方向进料的一致性，为取得制品内、外层壁厚的均匀奠定了基础。同时，双层心形包络流道挤出的型坯被完整的熔料层所覆盖，熔合缝区的强度得到很大的提高。通过控制挤出机的进料转速，可以很好的控制产品内、外层的壁厚，满足制品对内外不同材料、壁厚的特殊要求，实现了制品的高性价比。

近几年，双层储料机头通过在2000L设备上的应用，取得了较好的效果，在制品的外层添加紫外线吸收剂，使制品在户外使用的寿命大大延长，得到了众多用户的青睐。

3. 塑料型坯的控制技术

中空吹塑机头的型坯壁厚控制技术是中空吹塑成型的关键。型坯壁厚控制系统主要由液压伺服系统、伺服液压缸、电气控制器、伺服阀、传感器、以及连接的管路等组成，通过对机头口模或芯模开口量的大小控制，来实现型坯的厚薄变化，使产品壁厚控制达到理想的效果一般设备采用的主要是轴向壁厚控制技术，控制点从64点到100点不等，通过对型坯壁厚的每一点数据调整，来实现产品壁厚轴向的精确控制。

对于壁厚要求较严格的产品，通过口模或芯模修形来调整，实现大型制品壁厚的均匀性，提高制品的性能。

径向壁厚控制系统是提高大型制品质量的较好方法，同时，还可减少物料消耗，节约生产成本，但径

向壁厚控制系统的成本高，影响了技术的推广应用。

4. 液压系统的节能

节能减耗，是目前加工行业创新发展的重要趋势。液压系统的节能是衡量中空吹塑成型设备的一个重要指标。目前，液压节能系统已广泛应用于大型中空吹塑成型设备。

变量泵、变频电机、比例阀加储能器等节能技术是最常用的液压节能技术，其技术成熟，节能效果良好。伺服电机泵节能系统是最前沿的节能系统，输出平稳迅速，重复控制精度高，伺服泵电机只在有动作执行时才高响应运转，无动作时则电机停止运转，流量根据需要进行输出，减少了能量的损耗，节能效果显著。由于系统发热小，油温稳定，延长了油品、密封件的使用寿命，降低了维护成本。

张家港同大机械有限公司的大型吹塑托盘设备在主油路增加大量的储能器，减少了油泵电机的功率，起到很好的节能效果。雅琪集团的IBC吨桶设备采用的伺服电机泵节能系统，有效地减少了能源损耗；秦川塑机的SCJ230B设备采用了卸荷溢流阀和储能器的节能技术，储能器油压达到设定压力时，电机卸荷不带压力，对油路系统的节能也有较好的

提高。随着科学技术的进步，相信会有更多的节能技术应用其中，会有更好的大型中空吹塑机面市。

三、大型塑料中空容器的市场应用

科龙塑业前身为西安市塑料应用研究所，从事塑料中空容器的生产研发已有20年之久。历经多年的探索与研究，成功研制开发出多种应用不同领域的塑料中空包装容器，使用范围涵盖工业储罐、农用卧式罐、塑料沼气池、IBC集装桶等新型工业包装容器，成为西部地区乃至全国最具影响力的大型塑料中空容器生产企业。

1. 大型工业储罐

大型工业液体储罐在国内一般由滚塑旋转浇铸成型，将塑料注入旋转的模具内，离心力迫使熔化的塑料贴在模具内壁上，产品加工周期长，劳动强度大，生产效率低，不适应连续批量生产。科龙塑业经过相当多的努力，与设备厂家共同开发研究，开发出大型中空吹塑成型机，生产的大型工业塑料储罐，采用高分子的聚乙烯原料，一次成型，无焊缝，不渗漏；耐化学性能非常优异，具有内外防腐的特点，可以耐大部分物质溶液，可放置在高腐蚀环境下使用。

正在研发的5000L化工储罐，塑料容器重量达到150 kg，罐体上设计有进料口、出料口、液位计、法兰连接，并安装了钢制镀锌底盘和支撑框架，使用寿命长达15年以上。与传统化工防腐储罐相比，性价比更高，是储存运输化工腐蚀溶液的理想容器。塑料储罐在大规格大容量的产品上优势明显，具有一次成型的特点，抗冲击性能强，拉伸强度高，抗氧化、抗老化性能好，这是其他化工储罐所达不到之处。

2. 农用卧式罐的研发与生产

农村土地正逐渐向集约化的生产方式转变，传统的以家庭为单位的生产方式正被机械化、规模经营的方式所代替，市场迫切期待开发生产适应于农用运输车使用的大型卧式罐来满足农业生产的需要。科龙塑业历经多年的努力，在国内首家研制开发出1000L大型塑料中空卧式储水罐，在罐体上端安装有输液口和呼吸透气孔，下端设计排液口，可安装排液阀门，农业生产过程中可用于调配农药、节水灌溉、喷洒施肥使用。卧式塑料罐与传统的铁罐相比较，优势非常的明显，具有质轻、耐腐蚀、成本低、使用寿命长的优点，再次回收利用率高，适用于绿化防护、果蔬喷药，农田灌溉、道路设施清洗等多种作业使用，运输成本低，市场应用广，利于企业规模化生产。

设施农业是现代农业的一大亮点。西部地区水资源匮乏，设施农业如何更有效利用水资源，建立节约用水的生产方式是西部农业发展突破的关键。科龙塑业在1000L单层卧式罐的基础上研制开发出适应在西部地区特殊气候环境下使用的3000L、2000L大型多层复合卧式罐，外层为抗老化层，其中的紫外线吸收剂可以强烈地吸收阳光中有害的紫外光，削弱其对产品性能的破坏，适应在户外使用；内层为洁净层，采用食品级原料，可贮存生活用水，并可进行联体扩容，增加了储水容量，满足了大规模设施农业的生产需求。

大型卧式罐在西部地区主要用于农业生产使用，使用环境和车辆规格不同，在产品设计上要考虑到实际的使用条件和使用用途，来确定产品的外观尺寸，结构设计上要充分的体现塑料中空制品的性能特点，确保产品质量，又要降低成本。泄压孔的设计非常重要，既要保证产品在动态使用时液体不会漏出，又要达到液体快速排放时空气能够自然进入罐内，防止内外气压的不平衡造成的损坏。科龙塑业在罐体上端设计安装了橡胶呼吸塞来达到这一效果，当排放液体时，罐内产生的负压强迫橡胶呼吸塞中多个处于闭合状态的透气孔开启，平衡了罐体内外的压力，保护了罐体不会变型受损。

科龙塑业研发的大型塑料卧式罐开创了国内外行业的先河，填补了国内行业空白。2012年研发的“大型多功能塑料复合罐”获得了5项国家专利，该产品具有质轻、节能、多功能、多用途、方便耐用的特点，并荣获国家包装行业“高新技术项目”。与宁夏大学进行技术合作，为宁夏回族自治区固原市农牧局研发配套的日光温室大型多功能复合包装容器补水系统获发明专利，节水率达50%以上，在西部干旱地区进行全面推广，惠及农户约1000万，央视农业频道、宁夏、云南、甘肃等媒体曾进行转播报道。

科龙塑业在大型卧式罐的生产过程除了进行必要的检测外，还增加了动载和静载两种状态下的试验，整理积累了一套完善的生产管理经验和检测方法。以科龙塑业为主要起草单位的国内首个《聚乙烯吹塑卧式罐》标准正在受理中，期待大型卧式吹塑罐生产能有一套完善的标准，促进企业规范生产经营和行业健康发展。

3. 塑料沼气池

塑料沼气池是一种可广泛应用于西部农村家庭使用的新型环保沼气池。西部地区农村每年约有50万个沼气池建成投入使用，塑料沼气池使用大型中空吹塑设备生产，容积可达到500～3000L，与传统的混凝土沼气池相比具有成本低、抗老化、耐腐蚀、无渗漏点、密封性好、重量轻、运输安装方便，使用寿命可达 30 年以上，并可承受一定的拉伸强度、弯曲强度、冲击强度、吸水性低，适应各种土质环境下施工安装，符合国家沼气产品及设备的标准要求。目前已有马来西亚、泰国、越南等南亚国家同行到科龙塑业参观学习并在当地组织生产该产品。

4. 大型工业包装容器

大型中空容器是包装材料的一个重要组成部分。随着行业的发展和技术进步，西部地区塑料中空包装容器行业主要是向大型化、轻量化、功能化发展，生产研发 200L 以上的大型包装，从产品的使用功能上进行创新，减少物料消耗。200L 闭口 L 环桶和 IBC 集装桶(复合式中型散装容器)应用于各种危险品与非危险化学品、油田助剂及其他液体的盛装。

200L 环桶上世纪 80 年代由国外引进，目前生产技术已非常成熟，主要分布在华南，江浙和山东等地，在西部地区的生产和应用较晚一些。科龙塑业生产 200L 环桶，经过多年的探索与研究，学习国内外先进的生产技术和管理经验，缩小了与沿海地区的差距。科龙塑业两套大型多层中空吹塑成型机组，内层的洁净层使用食品级原料，不添加任何着色剂，符合出口食品包装的卫生标准，外层为深色避光层，起到避光保护的作用，满足了西部地区浓缩果汁出口包装的要求。目前科龙塑业已拥有 4 套 200L 环桶生产设备，是西部地区大型塑料中空容器行业唯一具有“出口食品、危险品包装容器”质量许可证的企业。

IBC 集装桶是国际公认的新一代工业包装容器，是塑料中空包装容器向大型化发展的趋势。市场需求年增长率达 20% 以上，其所用的塑料和钢材是同等容积塑料桶、铁桶的 60%。由于尺寸符合国际通用货物集装箱的装运要求，可以 4 个方向用叉车直接装卸，使用方便，运输装载体积比塑料包装桶提高 15% 以上，节省储运空间，大大节约了运输成本。产品的贮存保质期 5 年，回收利用率高，在使用过程中钢件或塑料件的损耗，都可经过维修后再次投入使用。

IBC 集装桶在西部地区的市场应用尚待开发。科龙塑业通过考察学习国内外同行产品的优点，有效规避其他企业的专利保护，研发设计出新型的 IBC 容器。在塑料内胆的生产设计中，采用双层储料机头复合工艺生产，延长了产品的使用寿命，适应西部地区果蔬加工、油田开采企业在强紫外线下使用。

科龙塑业在 IBC 的研发上申请了多项专利。在内胆的上端面设计了多点支撑，并改进了四个角的设计结构，增加了斜角加强筋。在同等重量的情况下，提高了四个角的强度，有效克服了一般 IBC 容器上端面不平整形成凹陷，产生积液的现象。在金属框架的制做上，选用龙钢的金属钢材，对焊接点和安装进行特殊的设计和改进，并在四个角设计了钢制包角，上下用高强度止退螺栓固定，提高了金属框架的强度，增强了 IBC 集装桶在使用过程中的抗冲击性。在钢制包角上端开有吊装孔，方便用户进行吊装使用。

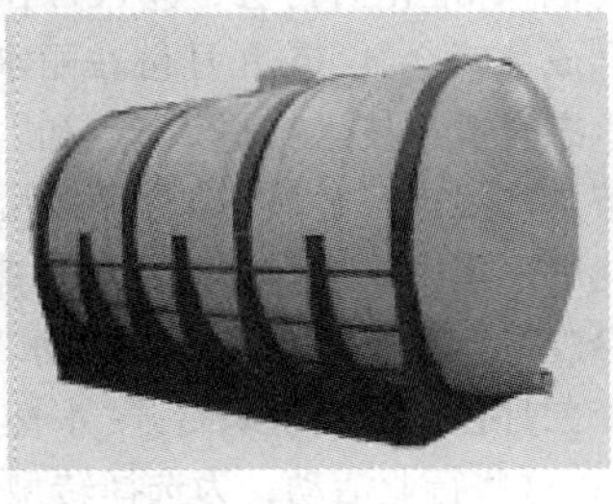

工业储罐

农用卧式罐

塑料沼气池

塑料检查井

四、技术创新与研发

型塑料中空容器的行业前景非常广阔，发展潜力大，但与国外的发展水平仍有较大的差距。很多企业依靠仿制侵犯专利保护来获取市场份额，缺乏自主创新能力。科龙塑业从事大型中空吹塑行业20年来，非常重视企业创新精神的培养，研制开发的黄桂稠酒包装、食用油中包装、农用卧式罐、大型多层复合罐、工业包装在西北地区市场上占有率80%以上。

科龙塑业在国内首家研制开发“农用卧式罐”和“大型多功能塑料复合容器”推动了国内大型塑料中空包装容器行业的发展。2008年以前，众多塑料中空设备和模具制造厂家的技术能力多限于220L以下的包装容器。目前，国内从事大型塑料中空容器生产的企业有100多家，主要分布在中西部地区及东三省等地，年生产加工能力达1000万只以上。

科龙塑业近年来在大型塑料中空容器领域所做的努力，得到了行业专家领导的高度认可，研发的新品两次获得国家包装行业“高新技术项目”，企业荣获“中国包装优秀品牌”、十一·五期间中国塑料中空容器行业“优秀企业”、西安市高新技术开发区“优秀民营科技企业”奖励。

如今，塑料中空行业特别是大型塑料中空容器行业在市场竞争中必须走自主创新品牌经营之路，只有通过不断的自主研发和创新，企业才可以走的更长远。“中国西部大型塑料中空容器技术研发中心”于2012年批准在科龙塑业成立，是国内首家从事大型塑料中空容器生产技术与产品研发的机构，汇聚了行业的专家人才，专业对大型塑料中空制品的生产技术、新材料、新工艺、塑料沼气池、大型塑料中空检查井进行研究和推广，提升西部地区乃至全国大型塑料中空容器行业的发展创新能力。

五、结束语

“西部大型塑料中空容器加工中心”已在筹划中。科龙塑业以大型化、专业化的大型塑料中空容器为发展目标，努力提升产品的科技含量和应用价值，以精细化、规范化的管理理念，增强企业员工的创新力和凝聚力，积累形成科龙塑业独有的核心竞争力，为中国大型塑料中空容器行业的发展做出更多的贡献。

(陕西科龙塑业有限公司　张儒)

人造革、合成革

2013年在中国塑料加工工业协会领导下，特别是在塑协创建5A协会评估工作的带动下，明确了专业委员会建设标准，人造革合成革专业委员会各项管理规范化，进一步提高了为行业、为会员的服务水平。2013年人造革合成革专业委员会针对行业经济形势以及企业发展中的问题，结合专委员自身建设，主要开展了如下几项工作：现将一些主要工作总结汇报如下：

一、结合当前形势发展特点，推进行业转型升级发展

1. 积极推动生态合成革研发与生产发展进程

根据行业经济技术发展中出现的新情况、新特点，专业委员会提出2013年人造革合成革行业产业调整思路，即大力推进环保生产工艺、发展水性生态合成革制品的增长速度。产业调整推进了生态化建设，专业委员会积极配合各大型骨干企业在积极实践水性生态合成革研发与生产，取得积极进展。2013年我国人造革、合成革产量347万吨，同比增长10%，有效的控制了1季度全面恶性下滑负增长39%的局面。人造革合成革出口10.88亿米，同比小幅增长。从以上情况看，合成革行业增速和全国塑料加工业一样保持了平稳增长。

自2002年专业委员会首次提出合成革清洁生产方向以来已经连续十年组织各种形式的推进工作，2013年作为第二个十年推进启动年计划已经逐步展开。一年来组织了9场相关技术推广会议。如：①三月份在北京组织召开“热缩型弹性体聚氨酯项目鉴定验收推广会”；(四月份在丽水市组织召开了“首届中国国际水性生态合成革产业大会”；③五月份在上海市组织召开“第三届中国生态合成革论坛”；④二月份和八月份在温州组织召开“合成革环保工艺与技术规范”标准化研讨会；⑤八月在温州组织“2014中国合成革峰会”，⑥九月份在丽水市组织召开了“水性生态合成革技术推进大会”和“湿法水性聚氨酯合成革生产线现场会”；⑦七月、九月在福鼎、南平组织热电厂集中供热与煤改气项目座谈会；⑧十月“组织参观考察温州苍南工业区污水处理中心座谈会”；⑨十二月在合肥市组织召开“水性合成革标准化工作会”；这些行业活动，为选择转型升级提供了方向性的信息。目前已经形成环保型绿色合成革示范效应，再次为推动合成革生态化进程，引起政府和企业家高度重视，目前已经逐步形成气候，形成一股产业水性生态革命的态势，这必将再次推进行业的转型升级。

二、继续作好行业政策层面的研究服务工作

在中国塑料加工工业协会的领导下，关注政策形势，注重做好人造革合成革行业发展调查研究，掌握发展状态，做好服务工作。根据专业委员会提出的行业转型升级思路，积极通过中国协会向国家综合部门反映情况，上报项目。第一、通过专业委员会组织启动企业积极申报相关项目，2013年初国家工信部公布了“国家鼓励的有毒有害(物质)替代目录”，其中“水性聚氨酯合成革用树脂替代溶剂型聚氨酯树脂”和“合成革用水性色浆替代溶剂型色浆”被列入目录，推动行业采用水性树脂替代溶剂型树脂生产合成革的进程。第二、将工信部发布的《工业转升级五年规划》涉及合成革部分、将中国塑料加工工业协会科技发展规划转发企业，提供政策信息指导服务。第三、积极协助协会先后完成高明和温州市的合成革特色区域的复评工作，启动临海、南平特色区域共建活动，促进合成革行业产业集群稳健的发展。第三、开展了合成革企业在外投资情况调查，并形成上报意见，积极为企业收购国外公司提供信息支持服务工作。第四、为福鼎、南平、高明企业面对煤改气工程提供技术咨询以及政策服务帮助。第五、做好合成革知识产权风险评估的前期策划以及合成革指数研究，并形成已将上报工信部。第六、积极组织、参与和支持地方商协会以及特色区域的省级合成革产业联盟、产业技术服务平台建设，为丽水、高明服务平台建设提供业务服务，多次参加平台与联盟建设专题会议。

三、继续推进人造革合成革行业的标准化工作

积极稳妥推进行业标准化工作，促进并规范行业行业可持续发展。第一、全年先后协助编委会完成8项标准的报批工作。《人造革合成革试验方法 耐黄变性的测定》、《人造革合成革试验方法 耐水解性的测定》、《人造革合成革试验方法 接缝强度的测定》、《人造革合成革试验方法 解封抗疲劳强度的测定》、《人造革合成革试验方法实验室光源暴露法》、《用动手套用超细纤维合成革》、《汽车内装饰用束状超细纤维合成革》和《摩托车用鞍座用聚氯乙烯人造革》等8项行业标准的全部报批工作。并获得QB/T4476－2013《足球用聚氨酯合成革》、QB/T 4477—2013《鞋面用聚氨酯超细纤维合成革》等2项行业标准的发布。第二、积极组织申报2013年行业标准项目11项，已获批行业标准项目11项。第三、时积极协调强制性国家标准的WTO征询意见处理工作，完成《汽车用聚氨酯合成革安全技术》国家强制标准的发布前的全部协调工作。标准作为一项基础的技术制度，能够规范市场秩序，激励自主创新，推动产业升级，支持可持续发展，促进国际贸易，能够在宏观调控中发挥重要的积极作用。专业委员会通过抓标准促进行业规范建设，也作为促进合成革行业产业升级的主要手段，是优秀企业带动行业发展的可行之路。

四、继续为行业搭建好展业服务平台。

1. 上半年的上海合成革展会。今年5月13～15日在上海市光大展览馆成功主办《第三届中国国际人造革合成革工业展览会》，展会面积9000m^2，参展企业200多家。本次展会集中度高、国际化、产品丰富、全面展示了中国合成革世界水平，受到行业内外一致好评。浙江临海、义乌、高明、福鼎、丽水等商协会组团参展，同时国内外知名企业均参加展览，参观人员超过15000人，对宣传行业、协会和企业取得显著效果。本次展览突出国际化，邀请沙欧亚非等9个国家住中国的大使馆和领事馆派员参加，欧洲国际鞋业协会主席、印度商业参加，为参展企业积极开拓国际市场提供有力的支持。

2. 下半年的温州合成展会。8月30日～9月1日在温州国际会展中心成功主办“2013中国国际合成革展览会”，本次展会汇集了“温州合成革之都”和国内外知名企业参展，与鞋机鞋材鞋化工产业联手，开拓下游市场，是本届展会突出特点。吸引了印度等海内外专业贸易商前来参观采购，为参展企业打造集促进贸易与品牌建设功能为一体的商贸盛宴！展会还进行了采购商－温州厂商联谊、深入企业参观洽谈等项活动。

五、启动与上下游市场专业交流活动

1. 与上游新材料开展交流。今年5月14日我会在上海举办“2013年专业委员会年会暨合成用新材料论坛”。本届会议组织上游新材料交流，是一次推动合成革向生态化、环保型方向发展的重要会议。到会人员200多人，来自三井化学、南亚塑胶、德国斯太尔、天祥技术、陕西科技大学等院校专家以及国内6家合成革公司的专家做了主题发言。会议紧扣当前形势，内容丰富，主题突出。推出下一代发展的采用聚烯烃类等新材料生产合成革的新技术。最后对安徽安利合成革股份有限公司等36家企业在开发应用新材料成果进行了表彰。

2. 与下游鞋材市场开展交流。我会在温州信泰皮革皮料市场的召开的“鞋用合成革技术与市场研讨会。专业委员会根据温州制鞋企业多的特点，今年8月30日在温州组织召开了“鞋用合成革技术应用与贸易研讨会”，会议请信泰鞋材市场、温州鞋业协会进行了交流，请科天化工、华泰公司做了专题发言。温州地区的制鞋企业与全国的鞋革供应商200多人集聚一堂，商讨鞋用合成革的发展与应用，起到很好的效果。会议期间中国塑料加工工业协会分别对于获得中轻联、中塑协授予的上海华锋超纤材料股份有限公司等十强企业进行了表彰。

3. 与下游箱包行业开展交流。我会与浙江皮革协会共同在义乌组织“中国箱包用塑料新材料研讨会”。今年10月份的请浙江皮革协会、温州技术学院、四川大学、巨龙公司等单位在会上交流了箱包用塑料新材料，参加会议的有来自义乌以及各地企业100多人。

4. 与下游沙发家具行业开展对接活动。我会在上海与家具协会共同组织了"沙发家具企业与合成革企业对接会"，今年5月的专题会议来自20多个沙发企业以及五个地方家具协会领导，共同参与，为企业开展市场交流提供服务平台。8月份参加在临沂组织企业沙发专业委员会年会交流活动，开展对接与产品展示推介活动。

5. 与国外商业开展交流活动。组织企业与9个国家的商务参赞参加的"各国使节商务座谈会"。参加会议的有保加利亚、尼日利亚、阿尔及利亚等7个国家的商务参赞与国内30多家合成革企业进行市场交流，取得了良好的效果。

6. 与新材料开发企业开展对接交流。在今年10月~11月先后组织了"美国陶氏公司烯烃类人造革生产技术对接会议"和"宁波三博公司聚苯乙烯弹性体交流会"。为企业选择环保、清洁生产工艺提供选择路线。今年通过分别在丽水和合肥市两地组织了全行业近五百多人现场参观环保绿色水性生态合成革生产示范线活动，收到良好的反映和效果。

六、加强自身建设，开好年会，做好对行业重点问题开展工作调研

今年在上海我会组织了2013年合成革行业年会，在丽水组织召开理事会、在温州、义乌召开了理事长办公会。根据大家放映的情况，研究了当前的经济技术发展形势，针对今年重点围绕煤改气工程技术、污水处理技术、聚烯烃新材料在合成革的应用、部分企业和地区限产以及生产能力过剩、下游市场景气度、企业面临的困境情况开展多方面的调查研究，为历次会议信息发布提供依据，应该说摸索了一些经验。

（中国塑料加工工业协会人造革合成革专业委员会　冯庶君）

塑料异型材及门窗制品

【行业现状】

中国塑料加工工业协会2012年发布了《塑料加工业"十二五"发展规划指导意见》，2013年发布了《塑料加工业技术进步指导意见(2013－2015)》。近两年来，专业委员会与会员企业一起认真落实2011年会上钱桂敬会长对我们塑料异型材及门窗行业的稳步发展做出的四点重要指示，贯彻中国塑料行业"十二五"规划和技术进步指导意见，按目标要求落实各项工作。

一、行业基本情况

自2012年第三季度开始，我国GDP增速下滑到7.4%，与2011年同期相比下降两个百分点。今年三月份以后相关政府机构开始采取了一系列的稳增长措施。自今年三季度以来全国总体经济形势逐渐好转，增速下滑趋势开始扭转，预计2013年GDP增速为7.8%。

2012年我国房地产市场因政策调整受资金和贷款难的影响，房地产投资与开发受到较大影响。国家放缓、放稳了经济发展步伐，对房地产的大力调控起到了显著作用。抑制过度炒卖需求，房价过速上涨受到一定的扼制，楼市平稳增长已见成效。2013年新开盘楼市陆续增多，伴随楼市放缓，建材需求总量也必然放缓，增速放缓成为必然，塑料异型材及门窗市场受到波及。今年一、二、三线城市总体市场需求受到上述政策调整的重大影响，但是这种影响由东向西、由沿海向内陆、由经济发达区域向经济欠发达地区逐渐减弱。我国2013年内陆平原地区各县及县级市需求量呈上升态势，西部、西北部、新疆等区域呈上升态势，东北地区需求也较强劲。

我们国家是发展中国家，工业化进程还有很长的路要走，与发达国家相比我们还有很大的差距。从地域上看，经济发展的快慢具有显著差距。就是这种差距大大弥补了原有固定市场总需量的急速削减而造成的影响，使我们塑料异型材门窗市场在经济增速持续下滑的大背景下所受的冲击较温和，仍保持平稳低速增长态势。2013年各类塑料异型材产量据专业委员会不完全统计年产量在5300~5500kt。行业总产能略有增加大约在8500~8800kt。规模以上门窗应用塑料异型材大约在3300~3500kt。拥有各种型号的挤出设备生产线大约在14000条左右。塑料门窗约占市场年需求总量的35%~40%。

目前，塑料异型材门窗更适用于寒冷地区、冬冷夏热地区应用，具有更适易的经济性、保温节能需求的特点，产品基本覆盖了中低端消费市场。在我国的中部、西部城市、农村县乡市场已被广泛应用，目前在欠发达地区的大中小城市、农村的应用势头仍在不断扩展中。今年塑料异型材与去年同期相比增幅2%~3%，是近十几年来的增幅较低的年份。

2012年以来，行业面临市场需求下行的压力，自2013年二季度中期以来，产品销售价格逐渐下行，企业生存压力巨大。我国塑料异型材及门窗行业中小型民营企业占企业总数的70%以上，据我们不完全了解，已经有十数家民营小企业被迫关停并转。目前，行业中小型民营企业除市场压力外，还面临专业技术人员和熟练技术工人严重不足，职业经理人欠缺，雇工难及工资上涨，企业税赋重，贷款难、原辅材料成本上涨等多种内部压力。中小型民营企业或多或少的存在着某些自身的缺陷和不足，与大中型企业相比处于弱势，企业间差距逐渐拉大。

今年以来，塑料异型材应用设备、模具、原辅材料助剂制造企业呈现苦乐不均的明显局面，间接反映了相关生产企业的综合实力和开拓市场能力差距在逐渐拉大。从今年模具企业的供货情况看，高填充模具基本退出市场，四腔室、五腔室新断面模具不断增加，白－白共挤出模具大幅上升，反映了低端市场对劣质材料的判知能力增强和需求水平在逐步提高，反映了行业产品品质正在加速提升。

目前，行业内少部分异型材生产企业正在向非塑料异型材类产品方面进行开发与投资，在向多样化产品方向拓展企业生存与发展空间。在目前形势下仍有部分企业在增扩产能和异地建厂。根据秘书处走访了解，而这些企业的增扩情况更加趋于理性，企业根据自身的优势和市场需求状况稳步进行增扩。进行增扩的企业，其中大、中、小、微型企业都有。无论企业规模大小都有各自的生存发展空间，克服弱势与不足，充分发挥自身优势是实现稳步发展的基础。

二、贯彻落实《塑料加工业技术进步指导意见(2013－2015)》

以信息技术、新能源技术、新材料技术、新型结构设计、复合材料等诸多领域的一场信息控制技术革命即第三次工业革命正在全世界迅速展开。受国际经济局势持续放缓的影响，受国内能源资源紧张、生产成本上行的影响，我国产业结构处在转型升级阶段，原有的许多优势已经产生了重大变化，国民经济实现稳增长并参与国际竞争的压力具有相当的困难与挑战。

为了确保中国经济的持续、稳定、快速发展，国家“十二五”规划制定了国家工业化、信息化、城镇化、市场化、国际化的发展战略，将会带动大规模的基础建设、住宅建设、公用设施建设等大型工程建设，农村城镇化进程的加快、消费结构的升级等均给我们带来了重大发展机遇。我们行业要抓住这一重大历史机遇期，牢牢把握住以下三个战略发展方问：

1. 坚持“自主创新、重点跨越、支撑发展、引领未来”的指导方针。以企业为主体，推进科学发展和结构调整，加快转变发展方式，走科技创新、技术进步的支撑发展之路；对创新理念和创新机制进行深入研究和改进，提升创新的预见性，提升综合创新能力。

2. 坚持“环境友好型、资源节约型、科技创新型”的战略方向。坚持绿色、低碳、循环发展，在提高产品科技含量的同时对塑料异型材门窗进行环保、节能技术改造，抢占未来发展的制高点。

未来的技术研究和发展方向，一是紧紧跟踪当代科学发展趋势及前沿技术，以努力缩小与发达国家的差距为目标，按照“功能化、轻量化、微成型”的要求，把握发展方向。二是紧紧围绕塑料加工业的关链、核心技术，力争实现重点突破并形成产业化。三是紧紧围绕提升产业素质，大力推广新材料、新工艺、新装备。四是紧紧围绕绿色发展、循环发展、清洁生产，使节能减排迈上新台阶。

在促进产业升级方面，我们应该牢牢把握科学发展这个主题，紧紧围绕转变发展方式这条主线，遵循工业化客观规律，适应市场需求变化，根据科技进步新趋势，积极发展结构优化、技术进步、清洁安全、附加值高、吸纳就业能力强的方面进行转变。

我们要努力转变发展观念，从过去依靠量的增加、产能扩大的发展方式转到依靠技术进涉、实现创新驱动发展的路子上来。要大力调整优化结构，大力开发新产品，加快产品高端化进程，努力加快成为高端制造业目标的实现。

3. 积极推进行业技术进步与创新发展

进入“十二五”以后专业委员会与会员企业一起认真落实钱桂敬会长对我们塑料异型材及门窗行业的坚持“环境友好型、资源节约型、科技创新型”的战略方向等四项工作指示并取得了一定的成绩。

(1)异型材门窗新材料的研发和应用将为行业发展带来颠覆性的变革

大连实德与巴斯夫合作，基本成功研制出了替代钢衬的塑料功能材料。该材料可以用共挤出方式牢固的与塑料异型材结合在一起，其力学性能均高于普通钢衬效果，还可根据应用需求只要在断面尺寸上进行改变即可以大幅度提升其力学支撑强度和抗弯曲强度等。该材料还可以与异型材一道进行焊接，焊接后的焊角强度有较大的提升。其废旧料、边角料均可回收再使用，其再生后的材料性能均高于 PVC 新料。

该材料的研制成功预示着传统的塑料异型材很有可能产生一次质的飞跃，形成具有自主知识产权的真正的“中国制造”产品。该材料目前只用在替代钢衬的设计思路上，如果拓展到主受力面换成该材料，“钢衬”是否还需要？与PVC新料混合应用效果？全部应用该材料，是否会诞生“塑料合金门窗”……我们行业应站在促进行业发展的战略高度去认识、去研究、去拓展这种材料！

(2)“型材自洁表面涂料”将提升塑料门窗应用中的洁净度、耐候性，增加使用寿命

塑料异型材组装成窗户以后，经过一段时间的应用后表面不再像初始阶段那么光鲜，必需经过清洁擦洗才能回复原始的洁白与光亮。而我们国家受传统影响基本都是春节前进行擦窗，其他时间较少也不规律，大部分时间窗子的外表被极细微的尘埃所覆盖。

目前，四川大学高分子研究所研究成功了一种“型材自洁表面涂料”。该涂料最大优点是尘埃不易粘附在表面，附着在上面的尘埃极易被水冲刷掉，一场雨水过后洁净如初。该涂料使用普通的喷涂方式，涂覆十分方便快捷，加工成本低廉；该涂料具有非常高的耐候性，除自身光鲜久不变色外还具有很高的遮盖性能，保护基材避免受光、氧侵害；该涂料具有很多种颜色可供选择，在今后的发展中还会诞生更多形式、花色品种供选择，可提升塑料异型材产品的品位和品质，应用前景十分广阔。

(3)加强环保型低铅稳定剂研发和应用，促进行业绿色产品发展

在异型材及门窗专业委员会、助剂专业委员会与企业的共同努力下，新型环保热稳定剂的研制试用工作取得了可喜的进展。目前，已经有很多助剂企业的新型环保热稳定剂被众多型材企业应用或部分应用，为“环境友好型”奠定了基础。

由于铅盐热稳定剂具有非常优异的热稳定性和低廉的价格，从上世纪五十年代至今我国在PVC制品中已经有六十多年普遍应用的历史，从设备、模具、配方等已经形成了牢固的加工体系。新型环保热稳定剂的研制与试用也是一个系统工程，需要上下游各制品间多方面长期密切配合才能达到良好的效果。目前，新型环保热稳定剂的研制与试用还有较长的路要走，为了共同目标上下游各方制品间要持之以衡的坚持下去！可以预言经过努力三至五年间必将取得重大突破，在全行业推进应用新型环保热稳定剂也将成为可能。

(4)加强碳酸钙等添加剂对塑料门窗的增强和填充作用的研究，合理降低成本，促进行业科学发展

近十年来，型材和碳酸钙企业投入了大量的人力、物力研究在型材制品中提高碳酸钙的填加量。早期，型材中一般只填加6~8份碳酸钙，目前，大部分企业的碳酸钙的填加量在20~30份左右。在碳酸钠填加量的问题上我们应该辩证的来看待。在制品中填料填加多少为合理，应共同满足以下四个条件：第一、不降底或提高产品质量；第二、易加工；第三、更加适易的经济性；第四、不产生任何不良后果。如果以上四条无论哪一条没有达到，即可视为其填加量不适易。多年来行业内企业的研究与试用总体来看是技术进步，没有必要谈钙变色。在市场竞争上企业间是竞争对手，为了生存发展也要学会合作。我国的市场经济已经有三十多年了，我们应该认真分折、总结、调整自己的企业行为，我们不只是投身到竞争市场，更应该去培育市场、开发市场和创新市场！

合理填加碳酸钙是行业技术进步的体现！在碳酸钙的填加量上要严格把控填加份数，只有在技术进步的基础上科学合理增加填加份数，才能体现出企业的技术进步能力。

(5)塑料异型材表面装饰技术革新将增强产品美化度，增强市场拓展能力

上海同晋科技公司经过十数年的努力，目前已经把型材表面装饰膜投入了工业化生产。该装饰膜具有极高的耐候性，可以与先进国家最好的产品相媲美，同时具有比较适易的经济价格，它的面市为我们行业的主产品提高品质和装饰后的美观效果提供了最好的选择。

【行业发展】

三、坚定信心，加强调研，提出行业发展技术进步路线图，促进行业稳步健康发展

塑料异型材及门窗在我国有近三十年的发展历程，前十年发展缓慢，自九十年代中期以后，全国各地纷纷引进设备、模具和制造技术，生产先进、高水平的产品。塑料门窗成为当时最时髦的产品，自19 98年以后产销量逐年成倍飞速发展。2003年以后，高填充材料逐步对骨干企业产品的利润空间形成了挤压，产能的飞速扩张激化了竞争的残酷性，我们在各扫门前雪的情况下把握不住产品价格底线，产品的品位、质量逐年下滑，质量纠纷大量涌现，铝合金门窗趁势发展，我们自己把自己给唱衰了。塑料异型材及塑料门窗与铝合金型材及铝合金门窗相比，型材比：大量节省制造能耗；门窗比：应用节能约30%以上。我们要重振雄风，坚定信心，加强调研，提出行业发展技术进步路线图，促进行业稳步健康发展。

1. 加强行业技术协作，开拓市场，推进产业结构转型升级

相同制品间企业在共同发展的道路上未能实现

有效的多方面合作。在市场上是竞争对手，但在维护和培育市场、开发和创新市场、技术进步与技术创新等方面应该成为合作伙伴。我们不应在市场上同质化低水平竞争，我们更应该想到如何合作去拓展现有市场份额，开辟未来市场，通过分析、提升、创新，寻求更广泛应用领域中的市场，要实现产业升级赶超世界先进水平，需要各相关企业一起商讨、共同努力、各自攻关、协同配合。企业间坦诚相待、精诚合作、互利共盈，共同推进产业结构转型升级。

2. 提出行业技术进步路线图，实施技术强国战略

从原辅材料、设备与模具、型材与门窗、五金及其他门窗配件，是一个完整的产业链体系，是一个涉及多方面技术的系统工程。目前，我们只是个别相关企业在一起解决某些生产中现存的一些问题，尚未形成有效的行业协同机制。我们应站在行业利益立场的高度进行顶层商讨，研究产业链存在的不足与缺陷，哪些环节存在短板；商讨、研究各相关产品的发展方向，确定技术攻关的方向，提出行业技术进步路线图，统一布置研究、试验、试制任务。目前实现系统间的战略合作存在很大难度，需要具有技术实力和经济实力的骨干企业来承担，需要有为行业进步与发展勇于奉献的博大胸怀，需要机遇，需要骨干企业和企业家牵头，上下游企业精诚合作提出行业技术进步路线图，实施技术强国战略。

3. 加强行业研发投入和对人才队伍建设，提高产业队伍素质

多年来，多数企业内部普遍重视销售，投入人力物力很大，而技术部门人员待遇与其他科室人员基本相同，鼓励措施一般，试验研究用设备、设施投入很少。专业技术人员的专业知识与技能的提高、职称评定等不同程度被忽视。行业内许多骨干企业在对科技进步与创新方面的重视程度和资金投入不足。这种普遍现与企业生存现状紧密相联，生存状况越不好，这种现象越严重。行业内的骨干企业应该站的更高、看的更远、科技进步与创新的步伐更应抓紧不放松。大力加强行业研发投入和对人才队伍建设，努力提高产业队伍素质

4. 发挥行业骨干企业在行业中排头兵的示范作用，加强行业自律诚信经营

骨干企业是行业的支柱，承担着引领行业发展的示范带头作用，同时承担着一定的社会责任。目前，我们的部分骨干企业在市场竞争方面缺乏敢于向高端铝合金窗门窗制品打拼市场的韧性和坚持。至今，在塑料窗高端产品的进步与提高、研发创新等方面进步较小，与十几年前的产品相比差距不大。正是由于我们自己缺少必胜的信心和勇气，在市场的角斗中缺乏那种“亮剑”精神，使我们逐步失掉了高端应用市场的一片天地。骨干企业在经济实力、技术实力、研发能力等方面均处于领先位置，在促进行业秩序方面的作用效果所占居的比重也较大。今后，应该大力发挥行业骨干企业在行业中排头兵的示范作用，加强行业自律诚信经营

5. 加快行业中小民营企业的战略转型升级，稳固行业发展基础

在我们行业中小民营企业占企业数总数 70% 以上，在这些企业中有许多企业的管理模式或多或少带有家族式企业的管理色彩。在目前我国的经济发展模式已经进入重大转型期，原有的资源和优势大都发生了重大改变或不复存在，我们制造企是国民经济的重要基础之一，中小民营企业是行业发展的基础力量，在国民经济发展中承担着重任，在当前形势下应顺应社会时局的不断变化，适时调整企业的发展战略，企业要实现多方面的战略转型以求稳步发展。目前，众多中小型民营企业中许多带有家族式管理模式的企业，对经营与管理模式的战略转型意识淡薄，企业的长期良性发展存在重大隐患，也间接对行业的发展带来潜在的重大影响。加快行业中小民营企业的战略转型升级，大力稳固行业发展基础。

6. 走产学研相结合的道路，促进行业快速步入世界领先行列

骨干企业应该与大专院校相关专业、与相关研究院所、与相关试验检测机构建立互惠互利的战略合作伙伴关系。把科研理论、研究成果转化到我们的企业中来，使我们走在科技最前沿；与试验检测机构合作促进我们技术进步。促进产品升级、促进产业升级、促进行业快速步入世界领先行列。

7. 骨干企业要加强品牌产品培育工作，发挥品牌效应

在行业发展中期，逐步形成了几个型材制品的全国知名品牌，而门窗却受到销售范围的影响，尚未形成在全国范围内有影响力的品牌。伴随竞争的白炽化，品牌及形象被逐步弱化。专业委员会在品牌培育工作方面做了大量工作，一度争取到评选中国名牌的机遇。虽然中途夭折，但是却促进了部分骨干企业品牌培育工作的进展，增加了其品牌的知名度和影响力。

多年来，型材产品品牌影响力主要是依靠规模大、产量多这两种现实所形成，上游企业的销售方略起到了一定的推动作用。而主产品的品位、品质、科技含量、先进程度被不同程度的忽视。同时，重

视下游加工、跟踪服务、企业诚信等等也被边缘化了。在市场竞争中普遍存在利用品牌影响力去争市场份额，忽视了品牌影响力能带给你更大的利润空间。我们要极力扭转之前的不足与缺失，大力加强品牌培育工作，争创国内、国际公认的大品牌，向品牌要规模、向品牌要效益，通过品牌谋发展。

对于门窗企业的品牌问题，型材企业应有重点的对门窗组装企业给予适当帮助与扶持，探讨与型材品牌挂钩的方式，形成战略合作伙伴关系；在全国范围内形成连锁形式，对所有连锁企业施行标准化、规范化操作；如统一标识、统一名称，对设备进行统一标准配置，统一加工程序和加工工艺规程；规范招投标文件，规定出售价格区间；完善良好的售后服务体系和维修网点的设置；对连锁企业给予技术培训和技术支持，给予一定的涉及经济条件的支持。相信通过型材企业主动牵头和长久的努力和坚持，门窗的某一种品牌会逐渐在全国范围内形成，同时我们的塑料门窗产品形象会得到彻底扭转，市场空面将更加宽大，行业发展会得有效的促进。

四、对未来技术进步与科技创新工作的建议

中国塑料加工工业协会六届三次理事会审议通过的《塑料加工业技术进步指导意见(2013－2015)》(以下简称《意见》)是中国塑料加工工业协会对技术进步与科技创新工作所做的行业顶层规划与设计，我们行业内的企业应认真学习、深刻消化《意见》中的内容，用以指导行业未来技术进步与科技创新工作，推动企业健康快速发展，促进行业升级转型。

在我们今后的数年间，技术进步与科技创新工作的主要目标为①功能化：②轻量化；③制品高端化，还要把符合节能、低碳、环保等产业政策方面作为主攻方向。下面就研发工作目标提出建议。

1. 加工设备逐步向自动化、智能化方向改进

逐步实现型材挤出全过程的全面自动化生产和智能化管理。在实现这一过程中极大的减少粉尘的外泄飞杨，实现洁净化生产；大力减少电能消耗，全面实现节电30%以上。

逐步实现组装设备由机械化向半自动化、自动化方向改进。逐步向标准尺寸、标准窗型集群化生产的大型门窗加工企业方向改进，向设立分销商或专业商铺出售与安装服务的方向转变，建立信息化现代管理体系。

2. 型材材质的机械强度逐步增强，缩小与铝合金的差距

作为承载和受力的结构杆件，目前的塑料异型材在组装过程中在内腔需用钢衬进行补充强度，在机械强度上与铝合金材质还有很大差距。我们应当在保留如可焊性等方面的优势外，逐步利用与其他材料，采用化学交联、复合、共混等多种方式使型材的机械强度接近或达到普通铝合金的水平，使我们的型材逐步演变为“塑料合金型材”。

3. 门、窗的研制方向

(1)门的研制方向

门是起阻隔作用，由于钢性不足，目前的塑料门尚且不适易作为户门应用，一般卫生间应用较多。当我们的材质经过不断的提升，具备了足够的钢性、韧性、抗击打能力以及记忆与自动回复原状功能时，我们的门制品可能成为千家万户的首迭。研制门用高性能材质是主攻方向。

(2)窗的研制方向

1)窗户应用方面的研究方向

适应农村城镇化建设需求方向的研究。要有低廉的经济适用性，还要有较高的应用性能，同时还要有耐久的使用寿命。

适应未来信息化城市的需求方向研究。利用现代化通讯手段或网络，对门窗实现调控和防盗报警等功能。

2)多功能方向的研究。

我们今后的窗户在应用功能上着重研究高效保温、高气密、高隔音、高寿命、红外线由外向内单向通过、防盗、防弹等多种功能；持久的色彩保持效果；多种表面艺术化的彩色装饰效果；透光率可控装置；防尘通风透气装置等。我们今后制造的窗户不但要具有高效的多种功能，还要让整个窗户成为具有一定美化效果的艺术品。

3)窗型与开启方式的研究。

在现有窗型的基础上开发研制出其他型式的开启方式；单一开启方式和复合式开启方式；摇控开启方式；具有防有害气体、烟雾自动开启，防风沙和防雨自动关闭、温度变化及室内含氧量变化自动启闭、防盗自动报警等功能的智能窗。

(3)基础性研究

1)门、窗框扇等主型材、玻璃、中空玻璃的热传导率(导热系数)的测试方法及检测装置。

2)型材外表面QUV紫外光老化试验与氙灯老化试验间的线性关系。

3)门窗用密封条形状(触角形状与数量)、弹性、厚度在不同压力下的空气透过率的计算方法。

4)型材和不同材质、不同厚度、不同层数、不同间隔距离的玻璃，对生活环境中主噪声声波的阻隔率。

【专业委员会工作】

2013年是第六届中塑协异型材及门窗制品专业

委员会最后一年，是我们国家经济逐步进入战略转型发展的关键时期。在中轻联、中塑协的领导与指导下，积极贯彻落实国家相关政策，引导行业健康发展。五年中专业委员会不断壮大，在行业的影响力显著提升，在推动行业技术进步与创新、提升行业综合素质、促进商贸合作与交流、为行业服务、为会员企业服务、贯彻国家政策、发挥桥梁作用等方面取得了一定的成绩。下面是专业委员会五年来的主要工作

五、贯彻国家相关政策，落实中塑协领导对行业健康发展的工作指示

第六届异型材及门窗制品专业委员会认真学习贯彻国家相关政策，力求工作与国家政策保持一致。第六届中塑协领导钱桂敬会长非常关注我们行业的发展，在2011年年会上为了行业的建康发展给出了四条工作指导意见。专业委员会和会员单位在认真学习、吃透国家政策的情况下，认真领会钱桂敬会长对我们行业发展给出的四条建议实质和中心含意，用来指导专业委员会近期工作。专业委员会带领会员企业认真贯彻落实钱会长的指示精神，正是深刻领会了领导具有前瞻性、具有洞观全局所给出建议，使我们行业在落实“塑料加工业‘十二五’规划”工作中抓住了本质，使专业委员会工作迅速见到了成效，行业发展逐步进入更健康状态

1. 认真学习贯彻中央经济会议的精神，确保塑料加工业继续保持平稳快速发展。

认真学习，深刻领会，认真贯彻落实中央经济工作会议精神。深刻认识到“十二五”期间经济工作主基调就是稳中求进。抓住并利用好重要的发展机遇期，在转变发展方式上取得新的进展；在深化改革开放上取得新的突破；要重点处理好速度、结构和物价的关系，强调要把扩大内需作为战略基点，把发展实体经济作为坚实的基础。专业委员会正是抓住了“稳中求进”、把扩大内需作为战略基点，把发展实体经济作为坚实的基础，使得行业认清了方向，把握住发展方式，抓住并利用好重要的发展机遇期，使行业已经开始步入良性发展的轨道。

2，落实中国塑料行业“十二五”规划，调整行业工作重点

在“十二五”承上启下实现跨越式发展的关键时期，是转变发展方式、调整优化产业结构、提升产品质量、向产业的高端化发展的重要阶段，我们认真落实中国塑料行业“十二五”规划，调整行业工作重点。

我们把大力推进技术进步，加快技术创新体系的建设，作为工作重点：在大力提升产业素质：大力实施专利、品牌、标准战略，加大人才、资金等技术创新要素向有条件企业聚集的力度，加快以企业为主体，产、学、研、用紧密结合等方面作为实现目标的支撑。把加快新技术、新工艺、新产品的开发，要紧紧围绕“功能化”这一核心，开发新型材料，新的功能产品作为行业突破瓶颈的重要方法。

在产业布局上紧紧依照“十二五”规划给出的：在充分发挥优势的基础上，实现差异性发展战略，沿海地区要加强品牌建设，加快产业高端化进程，形成新的竞争优势。中部地区要抓住机遇，发挥承东启西的地缘优势，积极主动承接产业转移。西部地区要根据资源禀赋的特点，发挥后发优势，形成具有自身特色的塑料异型材制品加工业。行业在近两年的发展布局方面正是遵照这一规划进行。

在产品发展上遵照规划：要大力开发新材料、新产品，实现产业向高端化发展。

在不断落实“十二五”规划过程中，行业步入了科学发展的健康轨道。

3. 认真落实钱桂敬会长对塑料异型材及门窗行业的四条工作指示

在落实中国塑料行业“十二五”规划的工作基础上，专业委员会会同会员骨干企业认真领会钱桂敬会长对我们塑料异型材及门窗行业的四条工作指示，调整具体工作布置，狠抓落实，很快取得了一定的成效。（指示内容：①坚持“环境友好型、资源节约型、科技创新型”的战略方向，坚持绿色、环保、节能低碳发展。这是异型材及门窗产业的发展方向。②加大结构调整力度，努力提升产业素质，促进产业升级。③加大技术研发力度，进一步提高自主创新能力。④加强诚信建设。）

钱会长的四条工作指示，融汇了国家相关政策精神，站在全中国塑料工业发展的高度，在深入调查研究、认真分析塑料异型材及门窗行业的具体情况下，对塑料异材及门窗行业进行的顶层规划。他以科学发展观的角度，以稳步发展为方式，以实现行业战略转型为方向，以技术进步、科技创新的方式促进产品向功能化、轻量化、高端化、环境友好型方向发展，为产业升级、顺利转型铺设了一条行业顺利、健康、快速发展的高速道路。

专业委员会和会员企业一起，按照钱会长指导的方向调整了具体工作布置和侧重点，经过两年多的努力行业已经出现可喜的局面和效果。

a. 坚持绿色、环保、节能低碳发展。加强环保型低铅稳定剂研发和应用，促进行业绿色产品发展方面，全行业已经全面行动起来，综合效果喜人：

b. 加大结构调整力度，努力提升产业素质，促

进产业升级。大力促进黄石模具群体向中高端转化的产业升级已初见成效。

c. 加强诚信建设。在骨干会员的共同努力下，主产品质量在稳步提升，行业产品信誉、形象在稳步提升，上下游制品之间的纠纷逐渐喊少，拖欠现象逐步缓和，企业内部劳资双方也更和谐，AAA 信誉单位在逐渐增多。

d. 加大技术研发力度，进一步提高自主创新能力。湖北众联科技与大连实德合作，基本成功研制出了替代钢衬的塑料功能材料。

……

六、注重专业委员会秘书处的建设，重点发挥专业委员会秘书处桥梁的职能

专业委员会秘书处是专业委员会的核心机构，承担着专业委员会在闭会期间执行专业委员会决定，落实专业委员会各项工作的职能的任务。专业委员会秘书处工作人员的业务素质、掌握国家政策的水平、落实中塑协工作安排的力度、工作方式、方法和水平、工作的积极性等多方面将直接对行业产生不同的影响。

1. 构建专业委员会秘书处为注重学习型团队

培养专业委员会秘书处的工作人员成为爱学习、不断丰富自我、掌握政策、把握时代脉搏、不断提高专业知识水平，以及不断增强对事物的观察、分折、判断能力，还要根据分工安排具有精湛的业务技能。

2. 加强秘书处工作人员思想道德品质培养

专业委员会秘书处工作人员的思想道德品质代表着行业人员的型象，在行业中起着表率的作用。时刻以“厚德载物”来勉励所有工作人员，制定了相关规定来约束所有秘书处工作人员的言行。以德为先，以技为辅是秘书处所有人员必须恪守的定规。

3. 秘书处工作人员“勤”为行，是做好工作的基础

勤学习、勤思考、勤联系、勤走动。对学习、工作、自我提高等不充许有丝毫的拖拉，只有“勤”才能做好行业工作，才能更好的服务于行业。

4. 发挥桥梁作用反映行业心声

秘书处代表专业委员会承担着政府与企业间的桥梁作用，及时、准确向政府相关部门反映行业现状、存在问题、企业的期盼，为政府相关部门准确、适宜的调整产业政策、修正对行业的扶持方法、措施和力度提供参考。还经常珍对某种专项问题向政府相关部门反映，以求获得支持和帮助。

专业委员会及时把政府的政策、规定、措施等及时传达给企业。

专业委员会根据行业具体情况不定时通过中塑协、中轻联或直接向政府相关部门反映行业情况和期盼，以期在制定政策、规定、措施时得到参照。我们行业现行的出口退税额度，就是秘书处通过中塑协、中轻联共同努力争取的结果

5. 将塑料异型材纳入“建材下乡”支农、惠农政策中。

中央 1 号文件下达后，为了将我们行业的主产品“塑料异型材”纳入“建材下乡”目录中，专业委员会展开了一系列相关工作。专业委员会首先撰写了“塑料异型材及塑料门窗申请纳入国家‘建材下乡’目录的申请”与中塑协一起向中轻联反映情况，申报了相关材料并获得了中轻联的大力支持。专业委员会安排会员企业统计市场情况，秘书处并撰写了“建材下乡具体实施方案”，与申请一道向工信部建材处递交并转财政部。经过努力“塑料建材”被纳入“建材下乡”目录之中。

七、发挥秘书处“服务”功能，服务于行业

1. 做好行业标准化工作，规范产品质量，促进产品质量提升

塑料异型材中需要加入一定量的钛白粉以保证其有持久的抗光老化作用。多年来，钛白粉主要依靠进口解决。国产钛白粉被用于塑料异型材只是尝试性试用，而且国产钛白粉企业的产品相互间差异也比较大，质量批次波动较高。当时钛白粉的标准是延用涂料用钛白粉标准，而型材中应用需求的指标标准中没有体现，出现质量纠纷没有判定依据，严重阻碍了钛白粉应用国产化的进程。专业委员会申报了行业标准并获得了批准，经过几年的艰苦努力，完成了编制工作，目前已经上报待批难。

鉴于相类似的原因，专业委员会又申报了四个助剂标准并获得批准，目前正在编制过程中。

2. 进行年度行业统计调查工作，给国家、给行业发展提供参考数据

秘书处安排专人，于每年第一季度开始对行业上一年度的产能、产量及市场情况进行调查。秘书处人员有计划被安排到部分骨干企业中进行走访，了解企业运营管理情况、产品现状、技术进步与创新动态、近期发展计划、存在困难等等。秘书处在掌握第一手详细情况下，抓住行业存在的普通、重大问题，谋划相应的解决、化解或缓解的办法或措施。为行业发展提供参考依据，为行业发展献计献策，为企业排忧解难。

3. 协助企业申报专利、申报科技项目、申报创新成果等；

为了推动企业技术进步，促进企业科技创新工

作的不断深入，秘书处积极协助企业进行专利申请，协助企业申报创新成果争取获得国家的奖励，对企业实施的重大科技项目督促、协助向国家申报，争取获得国家的支持。每年根据中轻下发文件的要求，督促、协助企业申报。

4. 帮助骨干企业申报“驰名商标”并出具相关证明

在专业委员会的多方努力下，企业培育品牌的意识不断增强。中国名牌评选夭折后，众多骨干企业更加看重“驰名商标”的评选，专业委员会秘书处经常接到企业评选“驰名商标”寻求帮助的意见。专业委员会大力支持企业的意愿，尽可能的提供帮助，根据实际情况出具行业证明，促进企业进步和提升。

5. 编制本行业“十二五”发展计划草案，供企业发展参考

在“十二五”即将到来时，秘书处根据当时的国家政策方向，行业运行的实际情况，在广泛与会员企业交流的基础上撰写了“塑料异型材及门窗行业‘十二五’计划”草案。为广大会员企业在未来五年的发展中提供参考，提供给中塑协，为编制“中国塑料加工业‘十二五’规划”提供参考依据。所编制的“草案”获得了多数骨干企业的认同。

6. 办好技术交流平台，为行业技术进步、科技创新工作提供有力支撑

《塑料异型材》杂志、《技术交流汇编》、专业委员会网站和QQ技术交流群，是专业委员会为促进行业技术进步、科技创新工作搭建的四个平台。多年来，专业委员会克服了多种困难保障了《塑料异型材》杂志定期出刊发送，保障了《技术交流汇编》隔年出刊发送。专业委员会安排专人维护专业委员会网站，工作时间守护QQ技术交流群。

《塑料异型材》杂志和《技术交流汇编》的编辑、印刷、发送工作存在很多实际困难。高质量、高水平、具有一定参考价值的稿源很少，经常需要编辑亲自向多位专家、教授联系，征求意向稿件。《塑料异型材》杂志和《技术交流汇编》最大的困难是经费问题，由于全部是免费向行业内发送，送的越多成本越高，秘书处花费很大精力来筹集印制和发行费用，必要时要动用会费来保证正常出版。《技术交流汇编》编辑工作量巨大，每期《技术交流汇编》要占用两人以上近半年时间的工作量。为保障《塑料异型材》杂志、《技术交流汇编》的定时出刊发行，编辑部工作人员十分辛劳，牺牲了许多节假日。《塑料异型材》杂志、《技术交流汇编》为行业技术进步、科技创新工作提供了有力支撑，获得了行业内技术人员的一致好评！

7. 促进行业内专业技术人员提高专业知识和专业技术水平，打造高素质的专业技术队伍

行业技术进步、科技创新工作必须要紧紧依靠高素质的专业技术人员，目前我国的大专院校没有相关专业设置，不能为我们行业输送对口的专业人材。科研院所基本上也没有相关研究项目和相关机构设置，对我们的行业技术进步、科技创新工作也不能起到较大的帮助。我们行业的专业技术设置在国家层面上被边缘化了。我们行业的技术进步、科技创新工作只能依靠我们自己。专业委员会正是看到了这一不利局面，积极采取行业自身强化的战略，以互相交流、互相学习、不断探索、共同提高的方法，培养一大批行业内高水平的专业技术人员、培育出一批创新型高水平专业技术人才，打造行业高素质的专业技术队伍。以边学习、边提高、边工作、边探索的方式实施行业技术进步、科技创新工作，谋求行业快速发展的步伐。

专业委员会利用四个平台、利用每年定期举行的技术交流和技术讲座，进行大范围普及型的交流、学习和提高。组织出国参观国际设备、门窗展览，了解先进国家现状和发展趋势，并从中得到某些启发或灵感。利用标准编制过程、利用专项专题开发研究、产品评价等方式，把高水平的专业技术人员小范围聚集，展开高深水平的探讨、研究，促进他们向更高水平冲刺，激发他们的创新灵感，以求在技术进步、科技创新工作中不断有突破性成果产生。科技人材的培育需要一个相当长的时间方能见到效果，还要永不间断、持久的坚持下去。

8. 帮扶行业中小企业，夯实行业发展基础

在我们行业中，中小型民营企业占企业总数的70%以上，是我们行业的基础力量，多年以来，中小民营企业处于弱势，生存压力大，他们专业技术人员和技术工人严重不足，职业经理人欠缺，人力资源紧张，企业税赋重，贷款难、成本上涨，行业竞争残酷等，承受着多种内外部压力。由于中小民营企业管理者的文化水平、管理能力存在巨大差距，中小型民营企业自身还存在着某些缺陷和不足，当前正处在我国发展的重要战略机遇期，促进中小民营企业顺利实现战略转型，赶上时代发展的步伐，实现中小民营企业健康发展，行业有责任对他们进行帮扶。

专业委员会在帮扶中小企业方面做了许多工作。

(1)组织高技能人材到中小企业，解决技术与生产中遇到的困难，为中小企业排忧解难；

(2)要求中小企业高管人员要不断加强学习，提高自身综合素质、管理水平、领导艺术；提高自身

的胸襟、胆识、魄力，推荐他们到“清华大学企业经营管理(CEO)总裁班”学习，提高管理知识、管理技巧和管理水平。

(3)要求中小企业加强对员工进行专业技术培训、职业道德培训，提升员工综合素质。

(4)要求中小企业改进、创新管理制度，杜绝管埋漏洞，提升管理水平。

(5)要求中小企业重视、加强“企业文化建设”打造企业软实力。

(6)要求中小企业重视品牌建设，建立品牌培育的长期规划。

(7)要求中小企业重视产品质量，一定要做到诚信经营，不打价格战，尽最大力量实现差异化发展。

(8)要求中小企业重视吸呐各方面人材，充实企业管理团队，改善管理团队结构，促进企业快速发展。

(9)在《塑料异型材》杂志上以较大容量连载刊登“现代领导艺术”以图给予他们帮助。

(10)近几年来，在年会资料中以“参考资料”的形式，编写了大篇幅的管理方面的文章，提供给中小企业领导参考，以期望对他们有所帮助。

9. 行业自律建设

行业自律：自律就是自己约束自己，行业自律包括二个方面，一方面是行业内对国家法律，法规政策的遵守和贯彻，另一方面是行业内的行规行约制约自己的行为。而每一方面都包含对行业内成员的监督和保护的机能。

行业自律的内涵主要包括以下五个方面：

(1)严格执行相关的法律、法规、行业管理办法、合同法、其他相关法律、法规。

(2)制定和认真执行行规行约，“行规和行约”是行业内部自我管理，自我约束的一种措施。行规和行约的制定和执行对会员无疑起到一种自我监督的作用，推动本行业规范健康的发展。

(3)向客户提供优质、规范服务。

(4)行业自律也是维护本行业和企业的利益，避免恶性竞争，维护本行业持续健康的发展。

(5)行业协会是行业自律的当然监督机构之一。

行业自律是市场经济体制的必然产物。只有认真地做好了行业自律的工作，行业才能得以在竞争激烈的市场中生存下去，我们也才能有一个健康有序的市场。

专业委员会大力倡导企业实现质量自律、价格自律、发展自律，加强企业诚信建设，不搞恶性竞争，在加强行业自律工作方面做了许多工作。

10. 做好行业信用评价工作，提高行业诚信水平

根据商务部、国资委联合文件要求，中塑协组织了“行业信用评价工作”。专业委员会积极响应，组织骨干会员参加评价。几年来，评价工作共进行了三批，大部分参评企业通过了AAA信用评级。

11. 解决纠纷化解矛盾，创造和谐发展环境

近年来，市场竞争的白炽化程度越来越高，为了一份市场份额业务员拼尽了全力。在多年的交锋中难免会产生一些积怨，伴随着积怨的积累，会在某一天发生“擦枪走火”；塑料异型材生产加工中所涉及的关键要素众多，型材企业在生产中出现问题就要向上游的模具、原材料进行追询，而这一现象会造成上下游制品企业间的分歧，久之便生隔阂，矛盾随之出现。几年来，专业委员会依据尊重事实、平等互信、包容互鉴、合作共赢的精神，化解企业间矛盾或纠纷。

专业委员会站在公平、公正、尊重事实的基础上向海关、法院提供咨询，为他们解决事件、案件提供准确的判断依据。

12. 组织进行“高气密节能塑料推拉窗”的研制

塑料窗的应用在华北及以南地区塑料推拉窗最为普遍，它以不占用空间，高层应用安全系数高，启闭操作简便灵活，为多数用户喜爱。缺点是滑动部分间隙大，空气透过率高，气密性很差，防尘性能不理想，防盗功能不理想等，其推广应用受到一定限制。

在秘书处工作人员在企业走访中发现，部分企业很重视塑料推拉窗的改进，有的企业已经研究了多年。专业委员会组织了四个骨干企业的技术骨干，在一起共同商讨、研究“高气密节能塑料推拉窗”。经过几年的努力取得了几个设计方案，仍有一些核心技术有待进一步完善。目前，已经有一款产品投放市场，市场效果非常良好。“高气密节能塑料推拉窗”的研制工作还要继续进行，只要突破关键环节，塑料推拉窗产将会大力推动市场应用，其节能效果会大幅度提高。

13. 与中国氯碱工业协会、中国无机盐工业协会钙镁盐分会、助剂专业委员会等上游制品协会建立合作关系

PVC树脂是塑料异型材的主原料，PVC树脂企业归属中国氯碱工业协会。PVC树脂的价格在市场上受中间利益者操控较大，其中有期货市场、中间贸易商、利用价格的季节差异进行囤积倒卖的利益团伙等。PVC树脂的价格经常出现反常规的大起大落，严重影响了我们行业的正常生产经营。专业委员会经常走访PVC树脂企业，与中国氯碱工业协会反映行业的情况与企业的期盼，尽量争取PVC树脂

以较平稳的价格供应。在多年的往来中，与中国氯碱工业协会建立了双方互信、密切往来合作、共促健康发展的良好关系。专业委员会多次建议：以技术创新促进 PVC 树脂产品升级，希望他们通过 PVC 树脂生产过程中的聚合过程，加入热塑性弹性材料与之发生交联，改变 PVC 树脂的特性等建议促进上游产品的创新。

专业委员会与中国无机盐工业协会钙镁盐分会、助剂专业委员会等上游制品协会建立了友好合作关系，经常与两个协会探讨相关产品在应用中的现状、改进与提高的方向，互相参会、交流、互访。

上下游制品间协会的友好往来促进了上下游之间的友好合作，促进了上下游制品间的同步发展，为技术进步、科技创新工作起到了促进作用。

14. 认真关注、研究国际国内经济形势，为行业发展提供参考意见

美国次货危机对全世界经济产生了重创，在全球化一体经济的大背景下，世界经济的动荡必然会波及到我国的经济发展。时刻关注国际经济形势的变化、未来趋势，可以有效的规避外部重大冲击，保证行业少受影响实现稳步发展。

通过相关报刊、新闻、网络查询，专业委员会密切关注国际经济形势和现状。正是在密切的关注中及时发现“第三次工业革命”的重大信息，通过网络搜索、查询、查找相关论述、搜索有关经济论坛、查找著名经济学家的有关文章，对“第三次工业革命”有了较清楚的全面认识和了解。在去年年会的工作报告中对“第三次工业革命”进行了较全面的论述。让我们行业把握时代脉搏，少走弯路，不重复他国之路，以跳跃发展方式步入世界科技领先行列。

八、加强专业委员会今后工作的几个方面

1.《塑料加工业技术进步指导意见（2013－2015）》是行业发展的宏观指导方向

中塑协公布了《塑料加工业技术进步指导意见（2013－2015）》（以下简称《意见》），《意见》是中塑协立足世界面向全国，对中国的塑料制品加工业进行的顶层设计。《意见》的公布标志着中国的塑料加工业从此进入一个崭新的发展时期。《意见》的公布，意在推动塑料加工行业在“十二五”期间转变发展方式、优化产业结构、更快更好地发展，引领塑料加工企业走科技创新、节能减排、品牌效益之路，实现我国塑料加工业由大国向强国的转变。专业委员会和行业内企业，要认真学习《意见》，按照《意见》中的指导方针、基本原则、重点技术研究和发展方向、任务尽快促进企业在今后发展中的做好战略调整，抓住重要战略机遇期，要实现思维创新、制度创新、科技创新、文化创新以及其他各方面创新，变压力为动力，化挑战为机遇，尽快实现企业的战略转型，融入时代发展的洪流之中。

在未来的工作中，专业委员会应紧紧以《意见》为宏观指导方向，以钱会长的四条指示作为近几年行业工作的指南，与行业企业一起紧紧抓住战略机遇期，尽快实现全行业的转型升级。

2. 化解产能过剩，保障行业健康发展

产能过剩会造成社会资源的巨大浪费，降低资源的配置效率，加剧市场恶性竞争，造成行业亏损面扩大，影响企业职工的工作和生活，危及产业健康发展，危及社会和谐、安定、团结。

我们行业主产品加工能力的过剩，已经影响了行业的健康发展。行业出现产能过剩的原因：在加快推动工业化、城镇化的过程中，我国房地产市场飞速发展，整个社会和我们企业都对市场预期乐观，逐步加大投资规模；有些企业增扩是以占地为手段，利用土地升值获取利润为目的；有些原材料企业为了消化已有的上游产品，大踏步以同质化与粗放型进军我们行业；小微企业建厂难度系数小，小微企业的增速很快。经过多年的发展，较大规模的生产企业产生了一些，但在市场上还没有形成真正的优强企业来主导产业发展的局面。行业同质化竞争加剧，重复建设严重。

我国的其他制品行业大部分都存在着产能过剩的现象，有些行业出现产能严重过剩还在不断扩大规模的严重局面。产能严重过剩越来越成为我国经济运行中的突出矛盾和诸多问题的根源。企业经营困难、财政收入下降、金融风险积累等，都与产能过剩密切相联。

我们行业要积极开拓市场需求，消化过剩产能与产业转型升级相结合。培育新的消费增长点，扩大国内应用市场规模，巩固拓展国际市场。强化需求升级导向，培育高端产品市场，促进产能结构优化，带动产业转型升级。

（1）调整优化产业结构

坚持严格控制增量与调整优化存量相结合。遏制盲目扩张和重复建设，推进企业兼并重组，整合压缩过剩产能；实施境外投资和产业重组，转移国内过剩产能；加快淘汰落后产能；统筹区域间协调发展，优化产能区域布局。

（2）扩大国内有效需求

适应我国工业化、城镇化、信息化、农业现代化的需求，改善需求结构，强化需求升级导向，实

施绿色建材工程，发展绿色安全节能建筑，挖掘国内市场潜力，消化部分过剩产能。

(3)发挥骨干企业的表率作用

骨干企业过度集中的产能要根据各个区域的实际情况抓紧进行适度的产能分散，要创新观念，拓展产品种类扩大市场空间，减少释放产能的压力，弱化区域白热化的竞争压力。发挥企业综合技术能力，依托设备模具先进性高、试验测试能力强、经济实力雄厚、销售网络建全等优势，在技术进步、科技创新、产品差异化、产品高端化方面起到引领行业发展的作用。时刻不忘所承担的社会责任和义务。骨干企业在诚信建设上，在行业自律上也要起到表率作用。骨干企业不但要适用市场需求上开发生产适用产品，还要用发展的眼光，不断提高社会先进性的理念，逐步提高产品的先进程度引领消费市场，促进社会进步。

让我们在党中央的正确领导下，在中塑协的指导下，紧紧抓住重要战略机遇期，实现企业的转型升级、行业的转型升级。为实现我国塑料加工业由大国向强国的转变，同心协力、共创美好明天！我们应该紧紧依靠科技创新、推动科技进步、推动产业升级，着力构建现代化产业体系，推动行业内企业走科技创新、节能减排、品牌效益之路，不断缩小与发达国家的差距。努力促进行业上水平、上台阶，全面提升产业素质。坚持调整与发展相结合、坚持近期目标与长远目标相结合；坚持自主创新与引进消化吸收先进技术相结合、坚持创新驱动发展和技术进步相结合，为促进我国的经济发展建设做出更大贡献。

塑料异型材及塑料门窗是制造节能、应用节能、节约资源、绿色环保、无污染、可回收再用的“环境友好型”产品。塑料异型材及塑料门窗有着极强的生命力和巨大的生存和发展空间。我们有信心、有能力努力把这种产品发扬光大。

(中国塑料加工工业协会异型材及门窗专业委员会　王存吉)

注塑制品

【行业现状】

2013年，行业经济运行基本保持低位平稳，一方面仍然受国内外市场需求不足的困难，艰难维持生存；一方面通过技术进步调整产品结构，转方向，求发展，积极开拓新领域，新市场，求的生存发展。根据纳入中国塑料加工工业协会注塑专业委员会统计的25家企业完成工业总产值13.5亿元。其中周转箱产值3.5亿元；汽车配件产值5.1亿元；家电配件产值1.3亿元；日用制品产值0.7亿元；其他制品产值3.6亿元。同比工业总产值增长-5.9%，其中周转箱增长-10.8%；汽车配件增长-6.1%；家电配件增长-4%；日用制品增长-12.5%；其他制品增长22.6%。完成工业总产量61322t。其中周转箱产量21484t；汽车配件产量12544t；家电配件产量1679t；日用制品产量4976t；其他制品产量20635t。同比工业总产量增长1.6%。周转箱产量增长-14%；汽车配件产量增长1.7%；家电配件产量增长9.9%；日用制品产量增长-14.5%；其他制品产量增长30%。工业增加值2.1亿元，同比增长-3%。固定资产净值平均余额5.1亿元，同比增长2.1%。2013年行业完成产品销售收入13.8亿元，实现利润1033万元。同比销售收入增长1.6%，利润增长-82%。行业中7家企业销售收入超5000万元，5家企业销售收入超亿元。12家企业利润超百万元，行业仍有3家企业亏损，亏损额2030万元，明显扩大。行业职工平均人数3436人，同比增长-7.8%，行业职工年平均收入34901元/人，同比增加6417元/人。

【行业重点企业产能】

二0一三年度中国塑料加工工业协会注塑制品行业企业完成技经指标排行榜
(1~10名)

排行名次	销售收入/万元	实现利润/万元	工业总产值/万元	工业总产量/t	
				总产量	其中：周转箱产量
1	浙江远翅控股集团有限公司　53117	广州洛民塑料有限公司　784	浙江远翅控股集团有限公司　52330	广州洛民塑料有限公司　12130	广州洛民塑料有限公司　4003
2	广州洛民塑料有限公司　21426	天津市津英达塑料制品有限公司　603	广州洛民塑料有限公司　18900	浙江远翅控股集团有限公司　10146	苏州富事达塑业有限公司　4000
3	苏州富事达塑业有限公司　12910	哈尔滨哈轻塑胶有限公司　452	苏州富事达塑业有限公司　13517	天津市津英达塑料制品有限公司　9546	顺德大良塑料二厂有限公司　3598

续表

排行名次	销售收入/万元	实现利润/万元	工业总产值/万元	工业总产量/t	
				总产量	其中：周转箱产量
4	天津市津英达塑料制品有限公司 11565	天津丰亿达通用机械有限公司 369	天津市津英达塑料制品有限公司 11732	苏州富事达塑业有限公司 6500	威海市威鹰塑胶有限公司 1950
5	哈尔滨哈轻塑胶有限公司 8535	威海市威鹰塑胶有限公司 231	哈尔滨哈轻塑胶有限公司 9606	顺德大良塑料二厂有限公司 4497	烟台一塑包装制品有限公司 1850
6	顺德大良塑料二厂有限公司 6344	苏州富事达塑业有限公司 169	顺德大良塑料二厂有限公司 6587	威海市威鹰塑胶有限公司 4200	大连天虹塑料有限公司 1828
7	威海市威鹰塑胶有限公司 4602	顺德大良塑料二厂有限公司 107	威海市威鹰塑胶有限公司 4800	哈尔滨哈轻塑胶有限公司 2236	昆明市民族塑料化工有限公司 968
8	无锡市巨龙塑化有限公司 3860	广汉锐星塑胶有限公司 105	无锡市巨龙塑化有限公司 4308	广汉锐星塑胶有限公司 1987	杭州万里塑胶有限公司 959
9	天津丰亿达通用机械有限公司 3000	烟台一塑包装制品有限公司 64	天津丰亿达通用机械有限公司 3620	烟台一塑包装制品有限公司 1850	无锡市巨龙塑化有限公司 930
10	广汉锐星塑胶有限公司 2236	无锡市巨龙塑化有限公司 61	广汉锐星塑胶有限公司 3080	大连天虹塑料有限公司 1828	西安弘涛塑业有限公司 892

【专业委员会活动】

一、为了鼓励在塑料加工业科技创新和技术进步中做出突出贡献的企业和个人，中国塑料加工工业协会组织开展表彰“2011～2013 年度塑料加工业科技创新型企业，优秀科技成果及先进科技工作者”活动，依据评选办法，专业委员会推荐行业浙江远翅控股集团有限公司，哈尔滨哈轻塑胶有限公司和广州洛民塑料有限公司三家公司代表专业委员会参加竟选活动。经中国塑料加工工业协会协会专家评审组评选光荣确定浙江远翅控股集团公司为 2011～2013 年度塑料加工业科技创新型企业；哈尔滨哈轻塑胶有限公司刘忠义为 2011～2013 年度塑料加工业先进科技工作者称号。希望被评为先进单位和个人再接再厉，为行业企业发挥示范作用。

二、专业委员会按照民政部全国协会评估指标认真做好分支机构的规范管理工作。根据协会宁波秘书长会议布置，专业委员会秘书处组织力量，整理汇总 2011～2013 年专业委员会工作资料：(一)行业年度主要企业技术经济指标完成情况汇总；(二)整理行业开年会，理事长会议和技术产业研讨会资料；(三)行业开展国内外人才合作交流，考察和技术咨询服务资料；(四)参与制定行业各级的发展规划资料；(五)行业刊物信息交流等五个方面资料及时上报中国塑料加工工业协会有关部门，与此同时，借机进一步规范专业委员会的各项工作，例如，按新口径会员重新登记，统一呈报中国塑料加工工业协会。会员的收缴使用，原来由专业委员会收取，现改为由协会统一管理等转换工作，规范管理。

三、做好行业技术经济信息交流平台建设。坚持做好一年一度全行业经济技术指标的统计汇总，发行到各成员单位，继续做好【中国塑料加工工业协会注塑专业委员会通讯】出版发行工作，每年组织有关人员编写【中国塑料工业年鉴】注塑制品章节，宣传扩大注塑行业在国内外塑料行业的影响力以及注塑产业在国民经济中的地位和作用。

四、认真做好中国塑料加工工业协会布置的各项工作，协助协会各只能部门开展工作，例如：产品质量标准，产品创优，市场调查咨询等等，支持帮助成员单位申报地方驰名商标，专项创优等项工作提供资料，发挥行业优势，服务企业。

五、组织展开年度注塑专业委员会正、副理事长会议，讨论进一步加强分支机构的领导力量，推荐增添副理事长单位和秘书长人选，加强专业委员会自身建设。

六、接纳天津丰亿达通用机械有限公司为正式会员单位。

【重点企业】

中国塑料加工工业协会注塑制品专业委员会理事长单位

2010 年中国塑料行业先进单位

无锡市巨龙塑化有限公司(原无锡市塑料一厂)，始建于一九五六年，半个世纪以来，公司从小到大，从生产塑料发夹、鞋底等日用小商品，发展形成拥有国内外先进80g至20000g注塑机群、塑料制品年加工能力8000t的专业化公司。2010年公司注塑制品销售收入超亿元，利润超千万元。年生产销售200万只/4922t八个系列，一百多个品种规格塑料周转箱，系列大型塑料托盘和配套生产汽车、家电、电子、电器塑料配件以及高新技术工程塑料制品。获得上海大众、一汽集团、美的、小天鹅、春兰、松下等配套企业的好评。公司现有员工二百余人，其中工程技术人员占17%。有一支文化水平高、技术管理好、团结求实、创新高效的员工队伍。产品荣获国家银奖质量，公司于1998年通过ISO9000质量认证。

公司引进建立注塑模具CAD辅助设计系统和CAD/CAM模具加工中心，模具设计制造能力达到国内模具行业的先进水平。

公司是中国塑料加工行业的骨干单位。1990年被列为中国轻工总会和江苏省重点企业，1994年以来连续被评为江苏省明星企业。1990年以来一直担任中国塑料加工工业协会注塑制品专业委员会理事长和中国包协塑料制品的包装委员会箱包组组长的职务。是两个行业组织的所在驻地，为行业发展作出贡献，评为“中国塑料加工工业协会优秀专业委员会”、“2010年度中国塑料行业先进单位”。

中国塑料加工工业协会注塑制品专业委员会副理事长单位

2010年中国塑料行业先进单位

中国轻工百强企业

浙江远翅控股集团有限公司是国内知名的汽车配件生产企业，总部位于杭州萧山，现有总资产8.6亿元，员工1100人，总占地面积20.30万平方米，建筑面积14.9万平方米。

一、企业基本概况

浙江远翅控股集团公司是国内最早研制、开发、配套生产汽车仪表板、保险杠、方向盘等汽车塑料零部件的企业之一，是“九五”国家重点扶持和发展的300家汽车零部件企业之一。2013年销售产值5.5亿元，共计生产汽车内外饰件3026万件，其中汽车仪表板119.3万套、保险杠83.3万支、门板44.7万块、方向盘21.5万只，总配套产量为135万辆。2014年预计产值6.2亿元，市场占有率同类车型达23.5%。2013年连续三年进入中国机械行业500强。“远翅”产品为杭州名牌产品，“远翅”商标为浙江省著名商标，远翅技术中心为浙江省“省级技术中心”。

公司技术中心从2007年12月份开始被浙江省经济技术委员会授予省级企业技术中心称号。目前技术中心有专业从事汽车塑料制品和模具研发人员50余人，中心人员都具有大专以上学历，拥有丰富相关研发经验，并按项目管理要求成立了完备的职能部门，可以独立完成汽车内外饰件的产品设计造型全过程，并具有与主机厂同步设计开发新产品的能力。中心与浙江工业大学、浙江工程学院等科研机构、院校结成技术合作伙伴/战略同盟，同步吸收消化当前国内最新的塑料及制品开发技术。中心设有实验室一个，正在进行国家认可实验室。技术中心拥有较全的检测仪器设备，为验证产品的尺寸准确性及自主设计一些产品购置有FARO便携式三坐标测量仪及固定式三坐标测量仪各一台。

公司拥有各类专利51项，目前，每年申请专利达10项以上，中心拥有专业的数据造型和产品开发能力。

公司主要配套车型有轿车、微车、轻卡、大客车等。主要客户有上汽通用五菱、长安汽车、昌河铃木、昌河汽车、哈飞汽车、北汽福田、青年莲花、东风裕隆纳智捷、广汽吉奥、西沃等。

随着公司发展战略需要，集团已分别在柳州、重庆、景德镇、九江建立了子公司，构建30分钟配套服务圈，为主机厂提供模块化、准时制供货服务，逐步走上汽车塑料产业化、规模化的发展之路。

二、市场规模

目前，公司已形成以三个整车大客户为主、其他各类新兴客户为辅的客户群。柳州远翅正式成为上汽通用五菱的重点供应商，配套量提升到50万辆的销售；重庆远翅是长安汽车的战略合作伙伴；昌河远翅是唯一北汽昌河汽车的供应商；浙江远翅先后进入杭州整车配套、广汽吉奥、东风裕隆汽车、青年莲花、众泰汽车，成为其的优质供应商，特别是长安福特生产基地15年的量产车型已签订合作配套，第二代车开发项目在签谈当中。公司在转型升级中，紧紧跟踪主机厂，调整产品结构，从单一微车向MPV轿车产品配套，提升产品价格和技术水平。杭州区块整车五年发展目标已定，长安福特25万辆/年，广汽吉奥30万辆/年，东风裕隆15万辆/年，万泰汽车20万辆/年四大基地产能提升，为我们浙江远翅产销增加带来强劲动力。

三、技术改造

退二进三，新厂建设。浙江远翅因退二进三，已选购进化72亩土地，3.5万平方米的厂区，为退二进三做好基础。为了提升装备，改善工艺，满足杭州四个整车配套要求，特别是长安福特2015年1月量产车型产品的生产，结合退二进三需改造进化厂区，共计技改支出需7500万元，改造后，2015年可达产销2亿元。

柳州远翅因上汽通用五菱2015年200万辆目标及CN100平台100万辆的产销，需增加产能技改投入1200万元，3300t大型注塑机2台，可增加产销5000万元，2013年柳州远翅2.3亿元的产销值，通过技改后至2015年可达到3亿产销值。

四、新厂区配套设施

新厂区位于萧山进化镇工业园区，毗邻萧山国际机场，与G60沪杭甬高速公路接壤，厂区以西30m就是浙江03省道，交通十分便利，是杭州“钱江时代”发展战略的重要工业基地，地理、交通、信息和人文环境优越。

厂区内环境优美、设施齐全，厂房、办公楼、宿舍楼充满现代化气息。厂区配备完善的生活娱乐设施，给员工工作之余增添理想休憩之所。

远翅集团坚持与客户双赢、发展企业、造福员工、回报社会的宗旨，积极进取，不断开拓，把最完美的产品和服务奉献给客户。远翅集团愿与社会各界新老朋友携手共进，在新世纪的经济大潮中，共创辉煌的明天！

中国塑料加工工业协会注塑制品专业委员会理事会单位

广州洛民塑料有限公司(前身广州市珠江塑料制品厂)是一间中外合资企业，投资主体为：广州市塑料工业股份有限公司，香港乐民企业有限公司。长期以来，凭着自身雄厚的技术力量，以及先进的现代化管理模式，不竭的创造力和健全的质量监控，成为中南地区乃至整个国内市场最大的注塑产品生产厂家之一。

本企业原址地处珠江南岸(海珠区石岗路10号)，1962年建厂，1995年合资，是一间有着五十余年历史的高知名度的专业塑料生产厂家．因业务发展于2010年整体迁到广州从化经济技术开发区开设新厂区。主要产品有“洛民”牌和“珠江”牌各类工业用的周转箱箩、超市连锁用具，塑料薄膜、汽车物流箱、地台板系列、家具系列、化工桶、罐、管系列、日用塑料系列、塑料板材系列、工程塑料系列等塑料产品。

现时，我公司拥有数十台锁模力从几吨至2500t不同类型的的注塑设备，其中六台为具有国际先进水平的大中型日本三菱机，能为客户加工各类高品质产品。公司拥有强大的产品生产能力，以及与大型电子企业、家电企业长期合作加工、开发产品的能力，可生产加工满足客户特殊要求的各类型规格的工业用、商用及日用塑料制品。公司销售网络遍布全国各地，在广州市、省内外设有多个门市部，主要经营本公司生产的塑料制品及同行业的相关产品。我公司一直依靠科技进步、设备更新和对员工的素质培训，确保企业在塑料行业中的领先地位，并已通过了QS食品级塑料包装容器生产资格，ISO 9001：2000质量管理体系认证。

近年来，公司根据市场要求，逐步由大众化产品向专业化路线转型，研发了BS物流箱系列，多功能周转箱系列和日用保温箱系列等产品，并都很好的运用到市场销售中。针对我司大力开发的塑料保温箱产品，开设专门的生产研发基地。随着国内市场的不断扩大及竞争的日益激烈，我司将加大其技术创新与自主知识产权的保护。公司全体员工将通过不懈努力，创造国内一流水品的产品，走质量效益型企业发展之路。

中国塑料加工工业协会注塑制品专业委员会副理事长单位

2010年中国塑料行业先进单位

苏州工业园区富事达塑业有限责任公司(苏州塑料一厂)专业生产工程注塑制品、波纹管、片板材和改性材料，积累了50年的塑料加工专业技术经验。是江苏省高新技术企业，拥有自营进出口权，名列国家统计局公布的中国塑料加工企业的前列。

公司现有员工250人，各类专业技术人员100多人，工厂占地面积3.7万平方米，建筑面积2.5万平方米，固定资产3900万元。注塑生产基地位于苏州工业园区，挤出生产基地位于相城区。

追求质量零缺陷，满足并超越顾客的期望，是我们孜孜以求的目标，也是公司持续发展的基石之一。目前已通过了TUV公司的ISO9001：2000、DVA6.1、QS9000的质量体系认证，2006年完成TS16949体系的转变。

公司实验室拥有研究分析测试设备近40台(套)，能按ISO、DIN、ASTM、GB等标准进行塑料理化性能测试。目前实验室通过了CMA认证，并被授权为江苏省塑料质量监督检测站苏州分站。

公司注重新品开发能力提升，引进了美国UG公司的CAD/CAM/CAE，实现了设计无纸化，成型过程演示化，制模程序电脑化。同时不断完善创新机制，加入新品开发投入力度。特别是加强特种工程塑料制品的开发。研究所被批准为苏州市工程塑料应用和开发技术中心，是首批市政府批准的10家技术中心之一。

企业将逐步建成在工程塑料行业中规模适度、技术领先、管理先进、装备精良、员工优秀、产品适销，拥有自身核心竞争力众多比较优势的塑料加工企业，办成一个蕴含公司经营哲学及企业文化有相当个性特点的优秀企业。

公司研发部门根据市场需求的变化不断研发新产品，满足不同客户的要求。如各系列的围板箱，欧标 VDA 箱系列，日系 DP 箱系列，物流箱内材系列(用于汽车另部件、电子行业等领域)新产品总计已远远超过老产品。公司注重知识产权的保护，每年对物流箱均有实有新型和外观设计的专利申请，并有专人对专利管理、创造、保护和运用等工作的开展进行责任制，使专利产品进入销售状态，推动了专利新产品向市场的转型，专利新产品的销售动态十分喜人。

中国塑料加工工业协会注塑制品专业委员会副理事长单位

2010 年中国塑料行业先进单位

杭州万里塑胶有限公司是专业生产各种塑料制品的中型企业。现为中国塑料加工工业协会注塑制品专业委员会副理事长单位，浙江省塑料工业协会理事单位。公司地处杭州莫干山路方家塘路，紧邻杭州汽车北站，交通十分便利。公司拥有固定资产原值 2882 万元，土地面积 22582 平方米，建筑面积 13573m^2，职工人数 170 人，其中各类专业技术人员 59 人。公司有从 45g 到 6300g 注塑机和从 Φ45 到 Φ150 的挤出机等塑料加工专用设备 23 台(套)，塑料制品年生产能力 8930 吨。各种塑料烫金、印刷、制版、加工辅助设备 6 台(套)。各种塑料性能检测和产品检测设备 18 台(套)。各种金加工设备 15 台(套)。

2010 年公司工业总产值 3800 万元，塑料制品总产量 3000 吨，产品销售收入 3800 万元，实现利税 300 万元。主要产品有 24 瓶啤酒箱、12 瓶啤酒箱、食品周转箱、饮料周转箱、活塞专用周转箱、扑克专用周转箱、各种规格的通用周转箱和多种规格的异型周转箱、周转筐等；各种规格的高发泡聚乙烯(EPE)片材、复合片材、管材、棒材；各种汽车和工业配套件；高档家电塑料件；中空制品和日用塑料制品等 500 余种。为杭州松下电器公司、可口可乐公司和南京依维柯汽车有限公司指定塑料制品合格供应厂家。

公司质量检测手段齐全，质量管理体系完善，取得由“万泰认证”颁发的 ISO9001：2000《质量管理体系》认证证书和 ISO14001：2004《环境管理体系》认证证书。公司生产的产品在历年国家、省、市质量监督检查中所有指标全部合格，其中塑料饮料周转箱和食品周转箱多次被评为轻工部优质产品和浙江省优质产品。公司的“万里”商标是杭州市著名商标。公司信用等级 AAA 级。

公司十分重视技术进步和产品开发。近年来，公司加快设备更新换代，引进了 6 台全电脑控制的塑料注塑成型机。2006 年公司开发了符合现代商业概念的塑料周转箱和工业专用周转箱 6 只，汽车工业和其他工业新产品 2 只。这些产品进入市场后，深受用户欢迎，并取得了很好的社会效益和经济效益。

公司努力按社会主义市场经济要求完善内部管理，建立灵活、快速、以人为本的反应机制，提高生产效率，降低生产成本，提高产品质量，提供优质服务、增加经济效益。公司将积极努力加强与大专院校和科研单位的联合；重视和完善信息交流工作、完善公司网络平台；积极引进先进技术、加大技术投入、引进各类人才；不断调整产品结构、努力向高科技含量、高附加值、产品深加工和精加工的方向发展；积极寻求与社会各方面、多层次、多方位、多种形式的合作；为用户提供更加优质的多种类型的服务，真正使公司成为用户可信任的朋友。

中国塑料加工工业协会注塑制品专业委员会副理事长单位

2010 年中国塑料行业先进单位

天津市永濠天塑塑料有限公司(原天津市塑料制品模具厂)建于一九六五年一月，是国内著名的注塑机加工专业厂和塑料模具制造专业厂。现任中国模协理事长单位和中国塑料加工工业协会注塑制品专业委员会副理事长单位，中国包协塑料制品包装会箱包组副理事长单位。主要生产经营注塑、挤出、模具制造三大产品系列。

本厂是在七十年代全国最早生产塑料周转箱的厂家，“冰山”牌塑料周转箱系列产品曾多次荣获市级及国家级优质产品称号。

本厂开发的塑料保温箱属于专利产品，这项产品的开发，当时填补了国内空白。多年来为本厂创造了稳定的经济效益，目前我们正致力于将该产品规格化、系列化。

近年来，本厂致力于外向型发展，在站稳内地市场的同时，我们积极拓展国外市场，通过各种渠道，与国外客户接洽，相继开发了晒鱼盘及大型花盆两项产品，在产品开发研制过程中，倾注了全体职工大量心血，使产品顺利进入国外市场，并为本厂争取了长年订单，成为我厂新的经济增长点。

天津市塑料制品模具厂完成改制，更名为天津市永濠天塑塑料制品有限公司。改制后我们计划在原设备基础上重新购置设备 1600t、1100t、650t 注塑机，继续开发汽车配件、电动自行车配件，抓住开发滨海新区的机遇，开发大型捕捞容器。渔业配套设施。

中国塑料加工工业协会注塑制品专业委员会理事会单位

天津市津英达塑料制品有限责任公司是1995年天津钢管公司和汉沽春光塑料厂合资组建的联营企业，是中国塑料加工协会会员单位，2009年中国塑料行业先进单位，主要产品是石油套管、油管用钢塑螺纹保护器。

公司位于天津市汉沽区东风北路，占地面积14869.3 m^2，厂房占地10880.43 m^2，办公楼及附属设施占地459.81 m^2，公司现有员工400多名，科技人员15名。

目前公司总资产6000万元，投入巨资进行基础建设，更新全部生产设备，选用世界先进水平的德国DEMAG和日本全电脑控制系统注塑机，从125～3600T不同型号22台，45～200T液压机9台，CNC数控机床20余台，还拥有模具加工的全套设备，车、铣、刨、磨、钻床、线切割等共计15台，使用的中小型模具完全由企业自行设计制作。有一条金属喷涂生产线，能完成各种金属件的表面涂层处理。

本公司已于2000年通过了ISO9001/2000版国际质量体系认证，2003年公司获取了中华人民共和国进出口企业资格证书。

十几年来，我们自行开发研制了螺纹保护器10大系列300多个品种，填补了多项国内外同类产品的空白，其中有16种产品获得国家发明专利，并有几项产品多次荣获国际大奖。

2013年，完成工业总产值11732万元，年实现利润603万元，被命名为纳税大户，为了促进企业的发展，适应市场的需求，我们确立了以钢管公司为依托，开发自己的产品，开拓广阔的塑料制品市场的经营思路，于是我们在2003年5月份又与天津钢管公司组建了鑫广塑料制品有限责任公司(劳服企业)，投资920万元，主要生产塑料托盘，目前已开发了10种不同规格的托盘，同时还开发了不同规格的卫生垃圾桶以及家电、汽车配件等产品的制造。其中塑料托盘先后开辟了工业、医药、食品等行业的市场。

2006年4月份又组建了广达石油制管有限公司，投资1500万元，主要生产石油套管和油管用接箍，目前正在准备开发二期工程，到今年11月底二期工程正式投入生产，生产产品最大规格为20″，生产能力为60万只/年。

目前，公司塑料制品市场在不断的开拓，产品品种在不断的增加。产品不仅仅局限于螺纹保护器、塑料托盘和垃圾桶，还逐步向家电和汽车配件等产品发展，这就要求我们对新产品、新设备、新技术和新原料有更近一步的了解和学习，尤其是在原料的改性方面我们还有一定的欠缺，所以公司领导决定将以下三个方面作为首要的技术攻关点；一是：新型原材料的使用与改性助剂的选择，二是：新型的注塑工艺，三是：塑模设计、制作及试模结果检验水平的提高。

公司奉行“追求科学管理，坚持质量第一，满足客户需求”的质量方针，视产品质量为生命，不断融合国内外先进的质量方针和技术手段，产品质量的可靠性和稳定性得到充分的保障，公司现有专业质量管理人员20名，从班组操作工开始层层把关，形成立体的质量管理体系，确保产品出厂合格率为100%。

几年来，津英达塑料制品有限责任公司被评为国家级“守合同、重信用”单位，被市政府命名为“优秀企业”“三星级企业”“明星企业”，被市精神文明办命名为“精神文明单位”，被市总工会命名为“十五”立功先进单位，被评为区级“绿色企业”。

中国塑料加工工业协会注塑制品专业委员会副理事会单位

中国塑料加工工业协会注塑行业先进单位

哈尔滨哈轻塑胶有限公司，国有控股企业。黑龙江省从事塑料成型加工的龙头企业，注册资本6252万元，是黑龙江省内最大的汽车塑料零部件系统供应商，是哈飞汽车、东安动力、奇瑞汽车等公司的重要零部件供应商。已从原生产单一的电器附件小厂，发展成为生产多品种，涉及多领域的综合性塑料加工企业。注塑加工制品注塑量从100g到50000g成系列配套，注塑锁模力80t至4000t，年注塑加工能力18000t。

公司员工总数424人，退休职工323人。现有专业技术人员103人(高级专业技术人员10人，中级专业技术人员31人，初级专业技术人员62人)，占在岗员工总数的23%；公司为提高产品研发能力和强化质量保证体系，近年已培养一批能够熟练应用AUTOCAD软件、PRO/ECATIA/UG软件，从事产品三维设计的研发队伍，在研发手段，技术技能，实验检测，经验积累，工作流程方面基本与国外先进国家同步，并拥有专利多项。

近几年获得荣誉及体系认证情况

1. 公司曾荣获哈尔滨市第二十八届、第二十九届、第三十届劳模大会“先进单位”、“先进集体”称号；

2. 2008年公司被评为黑龙江省企业技术中心及哈尔滨市第一批企业技术中心；

3. 荣获2007年黑龙江省和谐劳动关系优秀企业

称号;

4. 荣获2004年哈尔滨市纳税A级企业称号;

5. 企业连续十几年荣获哈尔滨市"守信用、重合同"优秀企业称号;

6. 1999年通过ISO9002:1994版国际质量管理体系认证;

7. 2003年10月又通ISO9001:2000版国际质量管理体系换版认证;

8. 2006年6月通过ISO/TS16949认证;

9. 2006年12月通过3C认证;

10. 2009年9月,企业获得黑龙江省注塑行业唯一一家"高新技术企业"称号。

公司主要产品有八大类:

类别	产品系列	产品名称
第一类	汽车内外饰件装饰件	仪表盘、同色保险杠、门内护板、门槛立柱类
第二类	塑料物流产品	注塑叉车托盘、各种塑料周转箱、环保卫生清洁箱
第三类	塑料防护用品	塑料安全帽、防护箱等
第四类	日用塑料小商品	塑料盆、塑料桶、整理箱
第五类	塑料材料共混改性	聚丙烯、ABS
第六类	挤出成型产品	双壁波纹管、大口径缠绕排水管、异型材
第七类	墙体保温材料	XPS保温板
第八类	电器附件	灯头、开关、排插

企业始终秉承"注入新理念,塑出好品质"的企业文化,即以好的人品,注塑出好的产品、乃至精品。企业始终坚持以发展为宗旨,以经济效益为中心,以市场为导向,以科技为动力,不断推动企业向更高的目标迈进。

中国塑料加工工业协会注塑制品专业委员会副理事会单位

中国塑料加工工业协会注塑行业先进单位

佛山市顺德区大良塑料二厂有限公司的前身是始建于1968年的大良镇民办塑料厂(1972年正名为大良镇塑料二厂)。本公司是一个综合性塑料制品生产企业,主要生产大中型系列塑料周转箱、周转萝、塑料货架,以及生产大中型的中空异型制品、各类中空瓶罐制品并兼生产及出口钢制品。

本公司是国家塑料制品加工协会副理事长单位,已获ISO9001:2000国际质量体系认证,取得中国食品用塑料包装容器QS认证。同时取得多家知名国际品牌的饮料集团的质量认证,并在1984年已注册使用"高山牌"商标。

本公司占地2万平方米,年产塑料制品可达10kt,生产设备先进,技术力量雄厚,能设计和研发具有工艺技术含量高,结构较复杂,质量要求严的模具和塑料制品。

我们热切地期望与客户真诚合作,并为客户提供优质的服务。

中国塑料加工工业协会注塑制品专业委员会理事会单位

四川广汉锐星塑胶有限公司是由四川省广汉塑料厂改制成立的塑胶产品和模具制造的民营股份制企业,是中国塑料加工工业协会成员厂,与四川大学、西南科技大学、西南石油大学建立了《产学研实习基地》。

公司位于古蜀文化三星堆遗址发源地——广汉市,距成都30km,交通运输条件十分便捷。从德国、日本引进的中空容器吹塑生产线,大型注塑机、宽规格塑胶挤出板材和大型热成型机等先进设备,为提供质量稳定优良的塑胶制品奠定了技术装备基础。形成了挤出、吹塑成型、注塑成型和热成型、模具机械制造的产业结构、具有较强竞争能力的综合性塑料加工企业。

公司按照ISO9001:2000《质量管理体系要求》建立的质量保证体系,取得了《食品质量安全许可证》、《危险化学品包装物容器生产许可证》、《出口商品包装质量许可证》,保证了公司产品质量和服务质量的高标准,"鱼跃牌"商标连续多年获得德阳市知名商标称号。

公司产品主要系列有:中空吹塑容器(容积2~200L)、周转箱及日用品、塑料板材(ABS、聚乙烯、聚丙烯)及家电塑料配件等,广泛应用和服务于国民经济各领域。

中国塑料加工工业协会注塑制品专业委员会理事会单位

昆明民族塑料化工有限公司(原昆明民族塑料厂),属省级先进企业,系集体企业改制重组的有限责任公司,是云南最大的注塑专业厂。现有职工160人,注册资本1228万元,资产总值4500万元。主要设备有日本东芝公司的二万克大型注塑机,日本三菱公司的一万克,日本钢制所四千克等各种中、小型注塑机,年生产能力达7500t。公司已通过ISO 9001:2008、GB/T 19001—2008质量体系认证,内部实行微机处理,产品以汽车配件、塑料周转箱、工矿配件为主。微机械制造、农业、啤酒、饮料、烟草、食品、环卫等行业配套服务,公司连续十二年荣获"云南省昆明市重信用、守合同"先进单位,是云南省"放心产品"生产单位,多年被昆明市盘龙区政府授予"纳税先进"单位。随着昆明市现行的城市发展总体规划，为提高城市品质，打造宜居城市，主城区拟实行搬迁改造，进入园区，是企业有条件进行产品结构调整，扩大现有生产规模，加快产业升级换代改造，实现科学发展。为本省经济建设作出了一份贡献。同时公司的知名度也在扩大，品牌效应在强化。

中国塑料加工工业协会注塑制品专业委员会理事会单位

2010年中国塑料行业先进单位

西安泓涛塑业有限公司，2010年中国塑料行业先进单位(原西安市塑料制品四厂)始建于1955年，是由建厂初期的5人刻章小组逐步发展起来的，尤其是近几年来迅速发展，到目前为止，已拥有总资产600万元，2003年产值首次突破1000万元；主要设备已全部更换为先进的电脑控制注射成型机(规格为200吨至850t)。主要产品有各类塑料周转箱、工业配件。民用产品三大类，上百个品种，公司的注册商标"丽丽"，"丽丽"牌塑料周转箱在西北地区有较高的知名度，1985年通用周转箱产品获得陕西省优质产品称号；2000年乳制品周转箱系列产品获西安市优秀新产品奖。

近年来，我们凭借自已雄厚的技术力量和先进的设备，不断的开发出适销对路的新品种，使我厂的产品多样化，系列化，满足广大用户的需求。2003年我厂开发新品种十多个(储物、整理系列箱；各种规格的桶产品等)今年计划增加5～10个新品种(工位器具等)。

随着国家对西部政策的倾斜，西部大开发为西部塑料制品包装、储运业提供了更加广阔的发展前景，但市场竞争也会更为激烈，为了更多的占领市场份额，根据目前我厂现实，计划增添1200～2000t大型注塑机，开发规格较大的周转箱及工业配件。

中国塑料加工工业协会注塑制品专业委员会理事会单位

2010年中国塑料行业先进单位

山西晋特塑料制品有限公司，2010年中国塑料行业先进单位，是在2000年原太原塑料制品三厂和太原塑料模具机械厂合并的基础上成立的塑料制品专业生产企业。现企业占地面积约30亩，其中生产建筑面积10000余平方米。现有职工200余人，其中各类专业技术人员40人。

公司拥有固定资产3000余万元，下设注塑分厂等生产、管理机构，现有主要塑料机械设备20余台，已形成较完善的大型和精密系列注塑产品规模生产线，产品以各类塑料周转箱为主。现已有适用于冷饮、乳制品、禽蛋、蔬菜、水果、肉食、食品及工业专用箱系列和塑料办公用品、酒店餐饮用品和家居用品等系列产品，年综合加工塑料能力达4000余吨。

我公司产品均执行国家标准和企业内控标准，符合国家通用尺度堆码标准，企业采用科学的营销的战略和战术，经过几年的努力，已形成"了一个依托，三个中心"：即以本省为依托，以"环渤海区域的北京为中心，以长江三角洲区域的上海为中心，以珠江三角洲区域的广州为中心"的产品销售网络，产品辐射到全国20余个省、市，在国内同类产品中占有一定的市场份额。

卓越源于品质—作为现代化的企业，我公司愿一如既往的以诚信、卓越的企业理念，追求产品的完美，把产品的品质作为企业的核心竞争力，为社会提供品质更高，服务更好的产品，竭诚欢迎国际、国内客商来人、来电、来函选样订购，并可根据客商的要求，承接各种非标产品的设计加工。

企业地址：山西省太原市大东兴街92号

电话：0351－4421632

传真：0351－4431155

邮编：030013

中国塑料加工工业协会注塑制品专业委员会理事会单位

威海市威鹰塑胶有限公司位于胶东半岛东端威海工业新区苘山镇镇区，是胶东半岛塑料制品种类最全、生产规模较大的生产厂家。始建于1985年，厂区占地100000m^2，建筑面积28000m^2，拥有固定资产4800万元，是一家致力于挤塑、注塑加工的专业企业，产品涉及汽车、电子、农场、化工等众多领域。公司拥有挤塑设备40余台，员工200多人，是一座大型现代化企业。现已成为国内北方地区最大的仓储物流产品制造商。

工厂拥有一支多年从事产品设计与制造的高级工程师组成的专业设计队伍，多年来工厂以客户的需要为导向，依靠先进的物流技术、科学的管理经验和理念，逐步开发出物流容器、工位器具、仓储设施、搬运设备等四大系列的产品。基本上满足了制造企业生产现场对零配件、半成品、成品以及相关的信息流动达到7R的要求(即：正确的产品、正确的质量、正确的条件、正确的客户、正确的地点、正确的时间和正确的成本)。

威海市威鹰塑胶有限公司是中国塑料加工工业

协会注塑制品专业委员会理事单位，连续多年被评为“重合同，守信用”企业，AAA级信誉企业，省级先进企业，全国500家最佳经济效益福利企业，市级文明单位和工业先进企业，并率先在全国同行业获得ISO 9001国际质量体系认证。

我们坚持以“追求卓越，执着创新”为宗旨，几年来，公司从专业生产物流箱、管材的基础上新增了农场使用养殖设备、与国外几大客户建立了长期合作关系，并以一流的质量和服务赢得了客户的认可。公司除发展自己的主导产品外还承接各种模具制造及自身加工业务，公司在精密模具设计加工方面实力雄厚、经验丰富。在公司的发展中，已经和韩国、日本、东南亚以及欧美等多家该类业务的贸易公司进行合作配套，为其提供了优质的产品和超值的服务，在业界赢得了一致的肯定。

我们将兢兢业业，提供更优质的产品和更完善的服务，期待与您真诚合作，共同开创美好未来！

中国塑料加工工业协会注塑制品专业委员会理事会单位

2010年中国塑料行业先进单位

烟台一塑包装制品有限公司其前身为烟台塑料一厂，2010年中国塑料行业先进单位，是主要从事塑料注塑制品生产加工的股份制企业，拥有从原料进厂到产品出厂一整套管理体系和质量检测设备。先进的设备、工艺和丰富的生产经验，使企业具备了相当的规模和实力，在全国同行业中享有很高的声誉。

公司以促进塑料行业的发展和为社会作贡献为己任，努力为客户提供高质量服务。一次性通过ISO9000质量体系认证，并取得美国可口可乐、百事可乐公司的严格质量认证，产品远销外蒙古、俄罗斯、韩国等国家，年产量6000t。公司将依靠设备更新、技术进步，不断提高产品质量，以价格低、质量优、守信用竭诚为广大客户提供优质服务。

电话：0535－6511121 6532310

传真：0535－6532309

网址：Http：//www. ytyisu. com

E－mail：ytyskj@ 163169. net

中国塑料加工工业协会注塑制品专业委员会理事会单位

义乌市一切塑料有限公司是专业生产迪风牌发动机配件企业。主要产品有潍柴、重汽、一汽等主机厂配套用发动机冷却风扇及发动机油气分离器等配套产品。同时生产各类工业用工位器具周转箱和民用各类生产用塑料制品。

本公司有三十余年生产历史。拥有国内最先进200～6000g注塑成型机，并通过ISO9000：2001质量认证及TS16949国际汽车质量管理体系认证。2009年中国塑料行业先进单位。

中国塑料加工工业协会注塑制品专业委员会理事会单位

宁波东海塑料有限公司地处浙江宁波东海之滨，是中国塑料加工工业协会注塑制品专业委员会理事单位，专业生产塑料周转箱和工程塑料制品。产品有：液压动力单元用塑料油箱、工程塑料部件、家用电器配件、外贸塑料件、工业配件、日用塑料制品及各种系列塑料周转箱。

公司拥有大、中、小注塑机及塑料制品模具，配有塑料热转印、丝网印刷、热熔塑料焊接等专用设备，能广泛满足塑料加工的各种特殊要求。

公司宗旨“诚信为本，精益求精”，公司理念：“用户需求高于一切”，公司产品广销国内外市场。

公司网站：http：//www. nbdhsl. com

http：//ccn. mofcom. gov. cn/202379

公司邮箱：dhsl@ nbdhsl. com

中国塑料加工工业协会注塑制品专业委员会理事会单位

新疆珠江塑料有限责任公司是新疆塑料制品行业的综合企业，是新疆区域最具竞争力的塑料制品企业之一。年生产能力23kt。公司注册地址为：乌鲁木齐市珠江路48号，注册资金1000万元。

公司从成立之际，本着“以农为本，服务新疆农业，为新疆人民造福”的原则，积极开发与农业及林果业息息相关的产品，经过多年的发展，公司生产的农用地膜、水果发泡网、塑料周转箱及滴灌节水器材等产品都有了相当大的市场份额。公司的“丑小鸭”注册商标是新疆的著名商标，拥有良好的社会信誉和公众形象。尤其是“丑小鸭”牌农用地膜和塑料周转箱深受用户的信任和好评，产品被评为“用户满意产品”；企业获得“重合同、守信用”称号，并拥有完善的售后服务体系。

公司的主要产品：(1)聚乙烯农用塑料薄膜；(2)10～220L系列中空桶、200L环桶，主要用于盛装各类液态化工原料、防冻液等；(3)各类塑料周转箱，主要用于新疆的香梨、苹果、葡萄、大枣等水果的转运和储存；(4)涂料桶、油品桶及高级乳胶漆桶；(5)节水滴管带；(6)PE发泡网；(7)拟开发的产品有组合托盘。

公司控股的库尔勒珠江塑料有限公司位于库尔勒市经济技术开发区工业园区内，2010年新建一个贮存量为5000t的水果保鲜冷库。当年已投入使用。

【新产品开发】

1. 包装物流仓储产品

新产品名称	开发研究单位
300L 塑料周转箱	昆明民族塑料化工实业总公司
垃圾分类和大型垃圾桶，塑料托盘	
系列塑料托盘、物流箱系列	无锡市巨龙塑化有限公司
Z043 型超强可口可乐箱	杭州万里塑胶有限公司
雪花啤酒 12 瓶箱	
F118 型超市周转箱、梅匾	
酒瓶折叠架	
豆腐干、豆制品货架、海鲜、家禽塑料模板	
塑料保温箱、电力系统电表专用箱、电池箱	天津市永濠天塑制品有限公司
晒鱼箱、大型捕捞容器、建筑配件、方便面、水果等各类专用周转箱	
大型塑料托盘	天津市津英达塑料制品有限公司
系列塑料托盘、军用周转箱、汽车件专用箱系列	苏州富事达塑业有限公司
多用周转箱	四川锐星塑胶有限公司
畜牧专用箱	威鹰塑胶有限公司
叉车托盘、环保清洁箱、食品、鸡蛋箱	哈尔滨哈轻塑胶有限公司
200L 双 L 环桶	新疆珠江塑料有限公司

2. 汽车塑料配套件

新产品名称	开发研究单位
CH7146 外饰件总成(昌河铃木亚纳)	浙江远翅控股集团有限公司
CH7146 仪表板总成(昌河铃木亚纳)	
F202 前后保险杠总成(重庆长安金牛星)	
GP50 前后保险杠蒙皮(通用五菱宝骏 630)	
N109 仪表板总成(新五菱之光)	
A301 前后门内装饰板总成	
A301 前后保险杠总成	
吉奥 GA6440 前后保险杠总成	
吉奥 GA6440 仪表板总成	

续表

新产品名称	开发研究单位
长安 B501 仪表板	哈尔滨哈轻塑胶有限公司
M－201－H 微型客车	
前后保险杠、仪表板	
电动车仪表板	
仪表盘、同色保险杆、门内护板、门槛立柱类	
一汽红塔汽车配件	昆明民族塑料化工实业总公司
二汽云南汽车配件	
汽车发动机冷却风扇、油气分离器	义乌一切塑料制品有限公司

3. 家用电器、日用制品

新产品名称	开发研究单位
药品食品、南天电子配件包装	昆明民族塑料化工实业总公司
出口料理板、小推车、座椅	苏州富事达塑业有限公司
电动自行车塑料配件、新能源配件	无锡市巨龙塑化有限公司
滑雪用具、XPS 保温板	哈尔滨哈轻塑胶有限公司
大型花盆、电动自行车配件	天津市永濠天塑塑料制品公司
螺丝保护器(石油管道)	天津市津英达塑料制品公司

【存在问题】

目前行业注塑制品专业化生产企业，大多数是由上世纪六、七十年代轻工业创办国有集体塑料制品企业经改制成为民营、私营和合资企业，大多数为中小微型企业，主要集中在东部沿海地区。虽然经过改革开放几十年已取得较大发展，但总体水平仍然跟不上国民经济快速发展的要求，与国外先进国家比存在着一定差距，主要存在以下问题：

1. 国内注塑制品企业整体技术装备、工艺技术、生产管理水平、产品标准、质量与国外先进水平比还处于相对落后状态，产品档次处于末端，产品开发、自主创新能力、深度加工跟不上市场需求，中低档长线产品过剩，企业开工率不足，而特种高档产品仍需依赖进口。

2. 我国注塑制品行业企业以配套加工产品为主，行业整体创新能力薄弱，自主开发最终产品品种少；中低档产品偏多，高档配套产品少；通用技术产品多，高技术高附加值产品少；产品标准不能适应商业市场需求，缺少自主知识产权制品和国家知名品牌产品，针对市场需要的产品设计方面总体研发力量较薄弱，企业投入发的经费不足1%，企业依赖寄托老产品市场，维持生产发展。

3. 注塑设备模具产业发展不平衡，总体水平偏低。虽然个别企业的产品已达到相当高的水平，已达到或接近国际水平，但总体看来，与国外先进水平相比尚有差距。由于信息不对称，缺乏对市场需求研究等原因，还存在盲目投资，重复建设现象。

4. 企业营运成本不断上升，阻碍企业生存和发展。近年来金融危机对经济实体冲击、油价、电价、运输价、人工费的不断提高，增加企业的运行成本；能源、原材料等的上游产品价格上涨挤占了企业的大部分效益；同时企业安全生产、低碳、低耗、绿色环境保护费用投入升高；人力资源用工成本提高；给企业生存带来挑战，目前国内注塑加工企业以中小微型企业为主体，再融资发展生产仍存在不少困难，希望能得到国家产业政策上的支持和各地区政府相关部门人力、财力上的支持，调整产业结构，否则只能退出市场，寻求出路。

5. 区域发展不平衡，目前注塑加工企业绝大多数集中珠三角和东部沿海地区，中西部地区虽然近期内有所发展，但规模差距依然很大。

【发展形势】

“十二五”期间，注塑制品行业要围绕加快体制创新，科技创新、产品创新、经营模式创新，推进行业绿色低碳经济发展模式，着力扩大新材料、新技术、新工艺的推广应用，开拓新兴市场，保持行业经济平稳发展。

1. 调整产业结构，发展规模经济，实现规模效益，切实做大做强一批注塑制品产业龙头企业。“十二五”将打造一批年销售超亿元，产量超万吨骨干企业，使优势企业在自主开发，规模性和市场竞争力上再上一个新台阶，培育1~2个国家名牌产品。

2. 遵照中国塑料工业未来重点发展方向要求，企业从过去“三低两高”(低附加值、低质量、低价值和高污染、高耗能)向高质量和高附加值的增长方式转变，走绿色发展道路。鼓励注塑制品企业开发无污染的绿色制品，节能环保组织生产，有条件的企业积极采用国际先进的环保、节能全电动注塑机。行业构建绿色制品评价体系，总体交流、表彰先进、营造绿色环保社会氛围，推动绿色产品的发展。

3. 根据中央“十二五”期间进一步扩大内需，确保经济稳定增长的重要决策，行业重点开拓市场，抓住产业发展信息，跟上形势，做好服务配套工作，服务国内有发展潜力的大企业、行业和朝阳产业，积极采用信息技术、网络技术和电子商务在销售经营管理中的应用。

4. 搭建产学研结合平台，推进知识产业结构转型升级。积极开发新技术产品，保持行业先进生产力持续发展。

5. 加强注塑制品行业与其他行业(上游行业中国塑料模具工业协会、中国塑料机械工业协会和中国石油化工工业协会；下游行业工业汽车行业协会、家电行业协会、建筑建材企业协会、物流包装工业协会)的交流与合作，共同建设一个社会化、网络化、开放式的服务体系，为注塑制品行业的企业技术创新和高新技术产业化的各种需求提供全方位服务，帮助上下游行业企业新产品开发，科技成果产业化提供服务平台。

6. 广泛开展职业培训，努力提高员工素质。当今注塑加工业技术水平体现一个国家塑料现代化的水平。注塑行业新技术、新装备、新材料、新工艺不断推陈出新，需要大量能掌握先进设备和加工工艺技术的员工，才能保证产品的高质量，满足需求，因此广泛开展职工培训，提高员工技术水平，建立行业培训基地，加快产业发展，适应新一轮的发展需要。由条件的企业积极筹建企业技术中心，提高自主创新能力，满足高分子材料，先进成型工艺、高性能的结构设计和市场需求产品设计。

7. 推进创新体制建设，提高注塑中小微企业生存发展能力。目前注塑行业大多数属于中小微企业，抗风险能力差，竞争能力和成长能力弱，急需深化改革创新体制，通过企业兼并重组，依托国内外优势产业链，形成新的生产，技术产品优势，维持发展盈利生存能力。

(中国塑料加工工业协会注塑制品专业委员会　顾大全)

复合膜

【行业现状】

2013年，我国复合膜软包装行业仍呈现继续增长态势，但市场增量乏力，增速放缓，行业经济运行状况与国家宏观经济运营状况基本一致。行业市场竞争进一步加剧，生产用原材料价格低位徘徊，BOPP膜价格低于BOPET，前所未有，企业成本费用特别是人工费用继续上升，虽然行业产量、销售略有增长，但大多被增长的成本费用所抵消，导致企业盈利空间收窄，部分企业利润有所下降。据不完全统计，2013度，全行业完成复合软包装产品产量5000kt左右；同比增长约5%左右，产值约1100亿元左右，同比增长约1.5%左右，整个行业不温不火，企业家们普遍感觉软包装企业越来越难做，员工越来越难招，利润越来越难赚。

国内复合软包装企业规模普遍较小。据不完全统计，销售收入亿元以上的企业占全行业企业数的5%左右，亿元以下的中小微企业占比95%以上。如北京市近40家复合软包装企业中，销售收入亿元以上的企业有3家。天津市50多家复合软包装企业中，销售收入亿元以上的企业也只有4家。河北省复合软包装企业在中国北方地区最多，主要集中在雄县、东光、石家庄、邢台等地区，林林总总有2000多家，但知名的销售收入过亿元的企业也就在10家左右。东北三省复合软包装企业大大小小有200多家，知名的销售收入过亿元的企业也就在5家左右。从地理分布上看，中国复合软包装企业呈南强北弱格局，行业百强企业中80%左右集中在长三角和珠三角地区。我复合膜专业委员会22家复合软包装企业理事单位中北方企业有5家，南方企业多达17家。

行业投资规模差异比较明显。近年来国外包装企业以控股、收购国内企业等方式加快对中国复合软包装市场的布局和发展。继2012年美国毕玛时收购东莞奇妙，安姆科收购成都、北京合资厂中方股份后，2013年安姆科又收购了江苏申达集团软包装业务，同时还有两家收购案在谈。据悉，一家日本大公司也正在酝酿和筹划在中国展开收购行动。外资的大手笔收购行动使内资企业感到压力，意识到了危机与机遇，从另一个意义上推动和鞭策着内资企业也采用各种方式进行扩张和提升。

2013年复合软包装市场需求仍以食品包装为主，约占整个市场需求的60%左右，其次是医药和日化约占30%左右，近几年发展不错的工业包装约占10%左右。复合软包装国内需求增长放缓，出口包装需求下滑。

【行业热点】

2012年12月国家环境保护部、国家发展和改革委员会、财政部联合发布了“十二五”重点区域大气污染防治规划。2013年9月国务院发布大气污染治理行动计划。其中把包装印刷行业列入重点治理行业。国家对行业VOC治理防控力度空前，企业倍感压力。VOC治理防控成为行业第一位的热点问题，引起了全行业的前所未有的高度关注。全行业注重环保、绿色发展意识进一步增强。许多企业把VOC治理放在重要议事日程，纷纷采取行动，制定方案，把VOC治理资金列入预算。江苏彩华、黄山永新、安姆科、上海紫江、顶正集团、旺旺集团、中山天彩、大连大富等大企业率先行动上马VOC治理设施，在行业内发挥了带头带动作用。

复合膜专业委员会于2013年11月在天津举办有200多人参加的《创新、减排、绿色》为主题的年会，聚焦VOC治理防控。会议请国家环保部官员宣讲国家相关政策法规，VOC治理技术专家、VOC治理设备厂家与企业进行技术、设备方面的交流。所有与会者一致反映收获很大。会议极大推动了行业VOC治理防控工作的开展

当前，行业中众多中小微企业对VOC治理防控意识还不强，处于观望等待状态，尚需各方面以各种形式予以推动。

【专业委员会活动】

2013年复合膜制品专业委员会，在中国塑料加工工业协会的领导和支持下，开展了多种有益的工作与活动，服务于行业与会员单位，促进了软包装行业的持续发展与进步。

1. 2013年召开了两次理事会会议。会议保持了90%的出席率。

2. 完成了卫计委关于食品相关产品标准清理工作任务。中华人民共和国卫生部办公厅于2012年10月10号印发了卫办监督函【2012】913号“食品标准清理工作方案通知”。国家食品安全评估中心与食品安全国家标准审评委员会秘书处将牵头组织对食品标准进行清理，并成立了食品标准清理技术组。我专业委员会参加了其中的食品相关产品组的工作。该小组于2013年7月初之前分别召开了4次工作会议，布置了工作计划、任务、填写食品相关产品标准综合评价表、讨论标准清理意见、对清理工作进行总结。专业委员会秘书处经过近半年的辛勤劳动，作了大量的调研工作，本着对行业负责任的精神按时按要求完成了卫计委布置的所有标准的研究、清理和综合评价表填写工作，圆满完成了2013年标准清理任务。

3. 举办了2013《创新、减排、绿色》技术研讨会及年会。为了推动国家正在实施的“大气污染防治行动计划”，促进我国复合软包装行业节能、减排、转升级，我专业委员会于2013年11月6～7日在天津举办中国塑料加工工业协会复合膜专业委员会2013《创新、减排、绿色》技术研讨会及年会。国家环保总局污染防治司大气处朱焰炉同志、解放军防化研究院研究员、中国环保产业协会废气净化委员会栾志强副秘书长等嘉宾出席会议并演讲。会议吸引了来自全国各地从事复合软包装制品及相关企业、科研院所的代表、专家等共计230人。参加本次年会暨技术研讨会的与会代表以从事复合膜软包装制品生产企业为主，相关行业为辅，代表多为企业中从事

技术和管理的骨干力量。本次会议的内容引起了他们极大的兴趣和高度关注。大家反映会议围绕环境保护、节能减排、清洁生产、创新技术以及食品用塑料包装材料的卫生安全进行研讨，针对性极强，尤其在复合软包装行业面临来自国家环保政策极大压力下，会议为企业指出了应对思路及方向，对企业如何创新发展、绿色发展具有很强的指导意义。

4. 积极开展标准化工作，努力满足行业生产需要完成了三项复合膜国家标准的制定任务。专业委员会于2011年承担了国家标准化管理委员会下达的三项复合膜国家标准的制定任务：食品包装用复合塑料盖膜(项目编号：20101065－T－607)、食品包装用塑料与铝箔蒸煮复合膜、袋(项目编号：20101066－T－607)、食品包装用纸、铝、塑复合膜、袋(项目编号：20101067－T－607)。在全体起草工作人员的努力下，该三项标准于2013年12月4~5日，在北京召开的全国食品直接接触材料及标准化技术委员会塑料制品分技术委员会的年会上进行了审查，与会委员一致通过了对三项标准的审查，给予了达到国际一般水平的评价。

5. 完成了“高阻隔多层共挤吹塑薄膜加工贸易单耗审定方法”立项申报，并已列入国家计划。为完善加工贸易生产与管理，专业委员会秘书处根据中国塑料加工工业协会及《海关总署加贸司关于报送2013年度加工贸易单耗标准制定(修订)及课题研究项目的通知》(加贸函[2012]73号)的要求，专业委员会根据行业需要，于2012年底开展了组织“高阻隔多层共挤吹塑薄膜”加工贸易单耗标准制定立项的行业调研工作。秘书处在专业委员会理事长单位江苏彩华集团的大力配合下完成了企业高阻隔多层共挤吹塑薄膜出口及加工贸易单耗情况调查工作及2013年加工贸易单耗标准(制定)项目的申报，上报中国塑料加工工业协会及海关总署，等待获批。根据中华人民共和国海关总署办公厅及中华人民共和国国家发展和改革委员会办公厅关于署办加函【2013】3号文通知“高阻隔多层共挤吹塑薄膜加工贸易单耗审定方法”项目已于2013年4月25号批准为“2013年度加工贸易单耗管理课题项目计划”。按该计划要求应于2014年完成项目的报批资料。

6，不断完善溯源法食品软包装安全管理体系的建设。专业委员会在建设施行的食品软包装材料卫生安全溯源保障体系，是从产业链出发，依据国家相关标准，对产业链上的产品进行安全性评价和管理。2013年重点：构建公共服务平台确保溯源法食品软包装安全体系的正常运行。在专业委员会大力支持下安全督导委员会负责单位北京华腾新材料股份有限公司年初撰写了“食品用塑料包装安全溯源技术开发中心”申请材料，并上报中国塑料加工工业协会及中国轻工联合会。技术开发中心由6个服务平台构成：(1)服务平台：为企业溯源体系的建立提供辅导咨询服务；(2)咨询服务平台：为企业提供标准、检测、体系服务等方面的咨询服务。(3)检测平台：建立相关产品的指纹谱库、提供检测服务等；(4)认证服务平台：提供认证服务。(5)、研发平台：对检测方法的研究；(6)信息交流与培训平台。“开发中心”现已得到中国轻工联合会的批准，列入第二批“轻工行业中小企业公共服务示范平台”名单。目前服务平台已建成140平米的结构表征实验室作为溯源法的技术保障，并与北京市塑料制品质量监督检验站、轻工业塑料加工应用研究所、北京市高分子材料质量监督检验站、广东省医疗器械质量监督检验所包装材料容器检验中心、北京华腾通标检测中心、天津包装测试中心等检验机构达成合作协议，集聚我们行业的资源，提升其平台的服务能力。

【重点企业介绍】

1. 江苏彩华包装集团公司

江苏彩华包装集团公司组建于1993年5月，是江苏省首家包装集团公司，为股份合作制的江苏省高新技术企业。集团下属企业包括：昆山市张浦彩印厂、昆山加浦包装材料有限公司、嘉合实业(苏州)有限公司、昆山嘉力普制版胶粘剂油墨有限公司、四川德阳德昆包装有限责任公司以及世界包装责任有限公司(美国)。

彩华集团的主要产品为软包装材料，包括多层共挤功能性薄膜材料、彩印复合软包装材料以及软包装制造过程中所使用的材料，如印刷版辊、胶粘剂及油墨等。产品主要面向国内外中高端市场。

彩华集团2013年销售收入为114655万元，同比增长3.5%；利润总额16668万元，同比增长2.9%；复合软包装材料产量31621t，同比增长8.9%。

彩华集团技术水平先进，拥有22项专利，其中9项为发明专利。企业技术中心为江苏省认定企业技术中心、江苏省高分子软包装材料工程技术研究中心，企业设有江苏省研究生工作站。

彩华集团曾获中国印刷示范企业、全国百强包装印刷企业、江苏省优秀民营企业、江苏省五星级数字化企业、江苏省供应链管理示范企业、苏州市文化产业示范基地、昆山市十佳内资纳税企业、昆山市最佳内资企业等称号。

2. 黄山永新

黄山永新股份有限公司为股份制企业、上市公司，主要生产经营真空镀铝膜、塑胶彩印复合软包装材料、药品包装材料、多功能高阻隔薄膜等高新技术产品，是中国驰名商标单位、中国创新型企业100强，被科技部列入国家火炬计划黄山软包装新材料特色产业基地。2013年公司实现营业收入161，845.81万元(其中彩印包装收入14.06亿元)，同比增长6.41%；利润总额20，606.35万元，彩印包装制品产量54920t，同比增长5.78%。

3. 上海紫江

上海紫江彩印包装有限公司是紫江企业集团(600210)旗下公司，始于1983年，注册资本26762万元，占地面积近10万平方米，生产销售塑料彩印镀铝复合制品、非复合膜制品、无菌包装用包装材料等各类塑料彩印复合制品、真空喷铝膜、纸版、不干胶商标材料、晶晶彩虹片及包装装潢印刷等业务。2013年公司实现营业收入69356.84万元，同比增长0.18 %。

4. 上海人民塑料塑料印刷厂

上海人民塑料印刷厂创建于1976年，是我国最早从事生产各类彩印软包装复合材料的大型专业生产企业，也是全国最早具有食品和药品包装材料生产许可证的软包装复合材料生产企业之一，是上海包装造纸(集团)有限公司的骨干企业。企业占地面积22900平方米，年销售收入已连续多年超过亿元以上。

5. 安姆科(中国)

安姆科Amcor是全球最顶尖的包装公司之一，150年前，公司成立于澳大利亚。Amcor在食品、药品、化妆品、烟草包装领域居于领先地位。在全球43个国家拥有超过180家工厂，27200名员工，66000个股东。2012年7月1日至2013年6月30日安姆科财政年度，安姆科包装销售640500万澳元，息税前利润74200万澳元。安姆科在发展软包装业务同时，不断收购软包装企业。Amcor在中国设有九个生产基地，分布于江苏江阴、广东惠州、中山、佛山、四川成都以及北京。2012~2013年度，安姆科中国业务增长了18%，其中7%来自并购。

惠州宝柏包装有限公司创建于1992年，位于广东惠州，注册资金1，181.48万美元，占地面积34500平方米，拥有员工600多人。2010年2月成为安姆科全资子公司。公司专业生产、销售可用于食品、日用品、精细化工、个人卫生用品、医药、医疗器械、高性能工业用品、电子等领域用的各类软包装多层复合膜系列产品。

北京德宝商三包装印刷有限公司是安姆科在北京市的企业，注册资本8000万元人民币，年生产能力6000t。2013年完成产品销售收入1.48亿元，同比增长0.36%，净利润同比增长1.68%。

6. 河北天龙彩印有限公司

河北天龙彩印有限公司成立于2002年，是一家集彩色印刷与包装材料生产的综合型股份制企业。公司位于河北省邢台市东方食品工业园区，占地面积约为40亩，拥有现代化的办公区、生产车间和仓储物流中心等，全部实现自动化，是河北省包装印刷行业的排头兵。石家庄天龙环保科技有限公司是河北天龙彩印有限公司投资兴建的子公司，主要从事废气净化和有机溶剂回收等产品的研发、生产、销售等工作，依托河北省大气污染防治重点实验室，深入开展大气污染防治工作。

【存在问题】

主要表现在五个方面，一是市场需求无明显增长，订单不足，产能空放；二是企业成本费用特别是人工费用继续上涨，加重经营成本，且招工越来越难，工人缺口越来越大，直接影响企业正常营运。三是资金不足，应收账款继续加大，大客户强势要求延长账期，中小客户以各种借口和迂回拖欠，造成资金链绷紧，经营风险加大。四是由于行业回报率逐年回落，经营难度日益加重，企业投资热情大幅下滑，不少企业热衷于投资其他行业，由于宏观经济不景气，投资无法及时收回，同时银行对企业的信用审查力度加大，企业担保的信用能力持续降低，导致部分企业资金紧张，影响了行业发展。五是企业家从业信心不足。面对诸多困难和压力，许多企业经营者特别是中小企业经营者忧心忡忡，想转让企业者不少。

【行业发展趋势】

受复合软包装市场进一步深度竞争的影响、近年来包装形式和包装材料的充分发展的影响，以及国家在产业政策、环保政策上的调整和引导的影响，我国的复合软包装行业未来5年或更长一些时间，行业整合重组将是不可避免的趋势，大企业集团化经营将成为行业主导，小企业必须走专、新、特、精的道路，否则将没有生存的空间。整个行业将以减排、创新、绿色为发展主题。在材料和产品将向以下几个方向发展。

1. 绿色环保性材料和生产工艺

限制VOC排放对大气污染的法律法规和标准将陆续出台，进一步倒逼复合软包装产业的绿色化。溶剂型油墨特别是苯酮类溶剂型油墨将退出市场；醇溶性，单一溶剂类、水性油墨将是发展方向。无溶剂粘合剂和水性粘合剂将有很大的发展空间。柔性版印刷、无溶剂复合、挤出复合、预涂工艺等环保的工艺路线也会被更多的采用。

轻薄化、功能化、可降解薄膜将成为未来的市场需求方向。欧洲软包装注重的是包装功能，在保证功能要求的前提下尽可能的轻、薄。近十年来软包装的平均重量降低了30%，每年减少用量1800kt，节省了资源。欧洲包装材料年消费量约66000kt，软包装只占其中的17%，但却包装了欧洲50%的商品。国内部分龙头软包装企业一直在研发各种新的工艺和结构，每年都有新的减薄减轻的包装替代原来的厚重包装，而包装的功能至少是没有减弱有的还有所加强。目前世界各国都十分注重全降解包装材料的研究，人们利用天然高分子材料如蛋白类、天然橡胶等进行改进，或与合成高分子材料共混而制备出可部分降解的包装材料。尽管与传统聚合物相比可降解包装的价格偏高，但相信随着人们环保意识的提高和科技的发展，可降解环保型包装的成本会进一步降低，市场应用会越来越广泛，最终取代传统的包装材料。

2. 功能性包装材料

高性能低成本的包装膜开发是未来市场需求的方向。如PVDC薄膜，高阻隔镀铝膜，低温CPP、各种具有特殊性能的预涂膜等可以对应各种不同的内容物起到保质、保鲜、保香等作用。随着我国功能性薄膜的开发，软包装的应用领域将进一步扩大，金属和玻璃包装的部分市场会被软包装替代。许多特殊功能的新型软性材料将会在软包装领域大放异彩。比如新型复合纸，俗称石头纸，以岩石为主料制成洁白如雪、薄如蝉翼、柔似锦缎，反复折叠仍能完好无损，长期储存不变脆、无发霉、无虫蛀。还有除臭薄膜、抗菌薄膜、低温封口薄膜、高速封口材料、导电性材料等。

3. 安全性食品包装材料和工艺

随着生活节奏的加快，快餐食品和方便食品所占的比例逐渐增加，研究表明，这些方面的食品的确给人们生活带来了方便但同时也带来了不少令人担忧的食品安全问题。

复合软包装的原材料为各种薄膜，为了改善聚乙烯、尼龙、聚酯等树脂的加工性、力学性和其他复合功能，往往要添加各种助剂。加入的这些助剂必须是可直接接触食品的包装材料允许使用物质清单的成员，并且添加量和向食品的迁移量必须符合要求并在安全范围之内。印刷复合过程中使用到的溶剂、油墨、粘合剂等一旦残留超标也会带来相应的食品安全风险。近年来中国十分重视食品安全与卫生，实行了食品安全认证(QS)。国家也发布了一系列针对包装安全的政策以保证消费者安全。

因此在一些新材料新工艺或是新应用在推广的过程中必须严格做好前期试验，避免发生食品安全问题，一旦失误会给人民群众带来不必要的伤害，同时也会给企业带来毁灭性打击。

4. 智能化包装

目前已有智能化概念在包装领域展开应用，例如用光电、温敏、湿敏等功能材料与包装材料复合制成，它可以识别和指示包装空间的温度、湿度、压力及密封程度、时间等重要参数，是一种很有发展前景的智能包装材料。

(中国塑料加工工业协会复合膜专业委员会　李建军)

聚氨酯制品

1. 2013中国聚合MDI市场

1.1　2013年中国聚合MDI整体供需情况

尽管2013年全国乃至全球经济形势严峻，聚氨酯泡沫产量增长趋势放缓，但相对其他传统塑料行业，聚氨酯泡沫塑料产量仍保持10%左右的增速增长。中国大陆地区聚氨酯硬泡主要原料之一聚合MDI市场消费量仍上升。除了传统的家电、汽车领域保持较为稳定增长外，管道、板材和胶粘剂领域也有增长，主要原因是城市化进程加快及国家经济适用房建设带来城市供暖需求增长，同时建筑节能、冷链物流业对保温需求也持续增长。

2013年中国市场共消耗聚合MDI约1092kt，相比2012年增长了16%左右。2012年及2013年聚合MDI消费量见表1。

表1　2012及2013年中国聚合MDI消费领域统计表

10kt

消费领域	2012年聚合MDI消费量	2013年聚合MDI消费量
家用冰箱	23.2	28.7
家用冷柜	11.0	12.8
商用冷柜	1.4	1.6
冷藏集装箱	4.7	3.7
管道	6.2	9.1
板材	4.5	7.1
电热水器	3.2	3.9
太阳能热水器	2.9	2.1
喷涂	6.2	7.2
填充物	4.5	5.3
汽车	7.2	8.7
粘合剂及密封剂	11.8	10.3
仿木	0.9	1.1
弹性体	3.8	4.6
其他	2.7	3
总计	94.2	109.2

1.2　2013 年聚合 MDI 市场情况分析

2013 年中国经济经历了转型时期，国家开始加紧对落后产能淘汰速度、执行货币紧缩政策，造成一大批下游企业纷纷开始转型；大的经济环境下作为 MDI 生产企业不可避免的受到波及，不过可喜的是 MDI 作为技术门槛较高，垄断性很强的行业；生产厂家所受影响有限，通过对市场的调节，依然保持不错的利润率。

同样的，通过此一番洗牌，下游用户更加集中化、规范化；对行业未必不是一个利好因素。通过对各个下游领域的调查，我们可以看到，传统的消费大户：家电、汽车领域依然保持着不错的增长；深受关注的建筑保温市场刚刚经历了行业大幅震荡引发的阵痛。但 PU 保温材料作为一种综合性能优良的保温材，逐步为下游保温行业接受并延伸到更多保温领域。随着建筑节能标准的进一步提高，今后的市场空间依然较大。除此之外管道行业近些年发展迅速，公民对于冬季供暖的呼声越来越高，今后几年暖气管道将由北往南发展的趋势不可避免。胶粘剂行业中 OCF 胶门槛较低，不过填缝剂和人造板用胶拥有较大的提升空间。

未来 5 年内，国内聚合 MDI 市场的消费增速仍能保持在年 10% 左右，2 ~ 3 年内冰箱以及汽车产业仍是带动增长的主力。

2. 2013 年中国 TDI 市场

我国 TDI 产品消费地区分布，基本和下游产业密集地区分布一致；TDI 产品最主要的消费行业集中在软体家具、涂料、汽车等行业。

就软体家具而言，2005 年前广东是全国最大的生产基地，但近几年来部分广东企业开始向浙江、四川、湖北等地区转移，这也使得未来一段时间广东本地的 TDI 消费增长有所放缓，而在浙江、四川、重庆、湖北等地 TDI 消费量增长快于其他区域。

随着中国汽车行业跃居全球最大的产销市场，TDI 在汽车中的使用比例也正逐年提高。在汽车厂或汽配厂相对集中的沈阳、北京、天津、山东、江苏、上海、浙江、安徽、湖北、广东等地区，TDI 在该领域的消费量也逐年攀升。

表 2　2012 及 2013 年中国各下游行业 TDI 消费量统计

10kt

行业	软泡	涂料	胶粘剂、密封剂	弹性体、塑胶跑道	其他	汇总
2012	38.8	9.4	4	3.8	0.9	56.9
2013	41.4	10.7	4.6	4	0.15	60.85

表 3　2013 年中国聚醚多元醇主要生产企业

序号	公司名称	区域	产能/10kt	产量/10kt
1	中海壳牌石油化工有限公司	华南	23	20
2	山东东大化学工业集团有限公司	华东	20	15
3	中石化上海高桥分公司	华东	25	15
4	广州宇田聚氨酯有限公司	华南	15	10
5	河北亚东化工集团有限公司	华北	14	8
6	淄博德信联邦化学工业有限公司	华东	23	16
7	方大锦化化工科技股份有限公司	东北	12	8
8	江苏钟山化工有限公司	华东	20	15
9	绍兴市恒丰聚氨酯实业有限公司	华东	10	8
10	南京金浦锦湖石油化工有限公司	华东	20	15
11	佳化化学股份有限公司	东北	20	10
12	南京红宝丽股份有限公司	华东	15	10
13	中石化天津分公司	华北	8	5
14	广东万华容威聚氨酯有限公司	华南	8	2
15	常熟一统聚氨酯制品有限公司	华东	20	12
16	句容市宁武化工有限公司	华东	6	4
17	福建省东南电化股份有限公司	华南	5	3
18	可利亚多元醇(南京)有限公司	华东	5	3
19	苏州中化国际聚氨酯有限公司	华东	5	3
20	渤海集团天津大沽精细化工股份	华北	5	3
21	合计		334	225

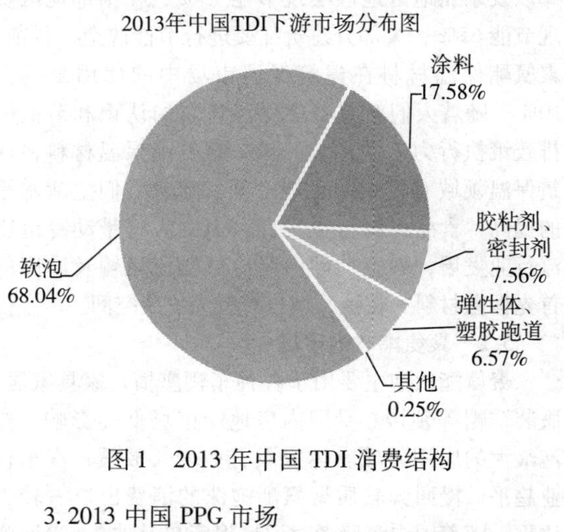

图 1　2013 年中国 TDI 消费结构

3. 2013 中国 PPG 市场

聚醚生产技术含量相对较低，产品同质化严重，现有生产企业 40 多家，年产 100kt 的企业有十几家。2013 年硬泡聚醚增长幅度较大，未来几年增长趋势看好，聚氨酯软泡聚醚占 41%，聚氨酯硬泡聚醚占

46%。2013 年聚醚总产能 3340kt/a，未来 3～5 年预计将可能新增产能约 1250kt。中国 2013 年聚醚总产量 2250kt/a，开工率为 66%，产能已经明显过剩。

表 4　2012 年中国聚醚多元醇消费结构

聚醚多元醇领域	2013 年	比例/%
聚氨酯软泡	90	41
聚氨酯硬泡	105	46
其他	30	13
合计	225	100

4. 与聚氨酯相关的其他原材料己二酸(AA)、1，4 丁二醇(BDO)、环氧丙烷 PO

2013 年 AA 产能 1800kt/a，比 2012 年的 1670kt 增加了 130kt，现在，中国已经成为除美国以外的第二大己二酸生产国家。

2013 年 BDO 总产能达到 700kt/a。目前 20 多家企业总产量在 500kt 左右，占全球总产能的 30% 左右，居美国、德国之上，排名第一。

2013 年中国大陆共有 19 家 PO 生产企业，产能 1935kt，产量 1700kt，进口 515kt。其中 80% 的 PO 用于聚醚生产，在未来几年，将新增产能 2080kt/a(有 3 家采用 HPPO 技术)。

5. 聚氨酯泡沫行业未来发展

5.1　聚氨酯硬泡未来市场仍然看好

我国既有建筑面积 400 亿平方米，每年新增建筑面积 20 亿平方米，到 2020 年新建建筑在北京、天津以及东北地区地区实现节能 75%，在中部地区实现节能 65%，大部分建筑都要进行节能改造。目前，聚氨酯保温材料在建筑保温市场中的使用量约占 10%。随着人们对聚氨酯保温材料的认识和节能减排政策执行力度的加大，未来聚氨酯保温材料在建筑保温领域有较大的发展空间。随着人们生活水平的提高，食品保鲜行业发展潜力巨大将带动冷链物流行业发展，聚氨酯硬泡是冷链物流运输及冷库的首先保温材料，在该领域也有较大发展空间。

5.2　聚氨酯软泡市场

聚氨酯软泡主要用于各种车辆座椅、家具家居、服装鞋帽等领域。受国内房地产市场低迷影响，软泡最大的应用领域软体家具行业增长放缓，汽车行业趋平。慢回弹软质聚氨酯泡沫的消费出口占较大比重。随着国内消费者对记忆棉床垫及枕头(慢回弹泡沫制品)的逐步认识，慢回弹聚氨酯海绵产品将有稳步增长。聚氨酯软泡除上述传统领域的应用也少量用于工业领域包装及减震。通过对聚氨酯软泡行业应用外延的推广，软泡行业也将维持小幅增长。

6. 聚氨酯泡沫行业 HCFC－141b 淘汰工作进展

聚氨酯泡沫行业 HCFC－141b 淘汰工作是中国履行蒙特利尔议定书工作的一部分。中国塑料加工工业协会作为中国“聚氨酯泡沫行业 HCFC－141b 淘汰项目”的国内执行机构，协助环境保护部环境保护对外合作中心对聚氨酯泡沫行业淘汰 HCFC－141b 项目全面管理。中国塑料加工工业协会聚氨酯制品专业委员会从 2009 年开始参与中国聚氨酯泡沫行业 HCFC－141b 使用调查以及后续的“中国聚氨酯泡沫行业 HCFC－141b 淘汰计划”的编制工作。2012 年中国聚氨酯泡沫行业 HCFC－141b 淘汰工作开展。到 2015 年底，使用聚氨酯硬泡保温的冷藏集装箱行业和冰箱冰柜行业、小家电行业将全行业停止使用 HCFC－141b。管道保温行业企业、太阳能行业、板材行业中的规模较大的企业也参与了 HCFC－141b 工作。截止 2014 年 1 月 24 日，聚氨酯泡沫行业共签署淘汰 HCFC－141b 合同 47 个，合同累计淘汰 HCFC－141b 量 12101.37t。

(中国塑料加工工业协会聚氨酯制品专业委员会　刘卫东)

塑料编织制品

一、概况

2013 年在国家一系列宏观经济政策扶持下全国塑编行业努力克服了国内外市场需求不足以及人民币升值、原材料和劳动力成本上升等一系列不利因素的影响，加快了行业转型升级的步伐，使全行业生产取得持续稳定增长的好成绩，工业总产值塑编制品产量、主营业务收入、利润总额、出口交货值都保持两位数增长，特别是主营业务收入增长幅度列九大塑料制品第一位，利润总额增长率列第二位。

据国家统计局统计数据显示，2013 年塑编规模企业主营业务收入为 2535.32 亿元，同比增长 16.71%，占全部塑料制品销售收入 13.57%；其中出口交货值为 105.51 亿元，同比增长 16.71%，占全部塑料制品出口交货值的 6.50%；利润总额为 167.33 亿元，同比增长 20.38%，占全部塑料制品利润总额的 14.9%。由于产品产量从 2011 年开始不再列入国家统计局统计，2013 年全国规模企业塑料制品产量约为 11752.7kt，同比增长 17%，增幅比 2012 年下降 0.6 个百分点，工业总产值约 2560 亿元，同比增长 17%；全社会塑编制品产量约为 15850kt，同比增长 14%，全社会塑编制品产业完成工业总产值约为 3170 亿元，同比增长 15%。据中国轻工业信息中心对2013年11月中轻塑料景气指数分析，中国塑料景气指数为94.34，主要行业景气指数趋势基本稳定，主要行业中塑料丝、绳及编织品行业景气指数为96.46，为行业高值。利润景气指数为98.35为行业高值。其结语中提出，今年前11个月，塑料制品行业指数运行总体平稳，主要行业分期指数表现不一，走势分化。塑料丝、绳及编制品行业表现一枝独秀。

综上所述2013年全国塑编行业在全行业广大职工努力下，生产经营取得持续平稳增长的好成绩，各项主要经济指标高于全塑料行业平均数，多项指标列各大塑料制品分行业前列，但其增长幅度略有下降。

取得成绩的主要因素是通过前几年努力行业内产品结构调整步伐加快，透明编织袋、抗老化编织袋等功能编织袋产量大幅增加，低档次编织袋产量有较大数量减少，其次是通过加大技改投入，不少企业特别是大批龙头企业淘汰了落后设备引进了节能先进设备，使每吨编织袋电耗大幅下降，据调查表反映许多龙头企业每吨编织袋电耗达到800kwh左右，比过去1600kwh，下降将近一半，每吨加工电费下降近500元，故使企业利润总额大幅上升，全国规模企业2013年利润总额增幅达到20.38%，充分说明产品结构调整、节能降耗取得巨大成绩。

但是从今年专业委员会调查表中亦反映出，一些企业的人均产值仅为20多万元，仅为先进企业80多万元三分之一不到，每吨编织袋耗电高达1600kwh，是先进企业的一倍左右，仅电费一项加工成本高出450元左右，必须尽快改变这种落后状态，使全行业素质有一个全面的提高。

二、大事要事：

1. 编织袋在食品包装中比例逐渐增大

近年业，米、面粉等食品包装逐渐采用编织袋包装。常见的有大米编织袋、面粉编织袋、玉米编织袋等，编织袋在食品包装中比例逐渐增大。

2. 全国塑编企业有318家获食品包装生产许可证

从12月19日在京举行的2012年中国食品包装行业交流发布会上获悉，全国塑编企业约有12000家，目前取得食品包装生产许可证的有318家，占全国塑编企业总数的2.65%。我国塑编产业规模和产值在不断扩大，但自国家质检总局2006年7月18日颁布了《食品包装、容器、工具等制品生产许可通则》和《食品用塑料包装、容器、工具等制品生产认可审查细则》7年多来，取得许可的只有318家，且部分企业的产品质量比认证时有所反弹，如生产环境不能保持认证时状态，操作人员进出不更衣消毒，更有甚者，随意添加质低价廉的母料，再生料，各地质管部门，行业协会要加强检查检测，及时制止，纠正。

3. 春节前夕中国塑料加工工业协会塑编专业委员会秘书长孙冬泉考察常州企业

2013年2月3日至6日，中国塑料加工工业协会副秘书长、塑编专业委员会秘书长孙冬泉在常州市塑化商会王绿宝秘书长，郑志程主任陪同下对常州市塑料有关企业进行3天考察调研，先后走访了常州市永明机械制造有限公司、常州蓝箭集团越浩软塑新材料有限公司、常州市塑料厂有限公司、常州市华盛塑料机械有限公司、常州市德正机械有限公司、常州市三星电机有限公司、常州市卫翔机械有限公司、常州市恒成塑料机械有限公司、常州市武进恒发机械有限公司等企业。孙秘书长分别与何敏总经理、施越浩董事长、朱义华董事长、戴德明董事长、刘立红董事长、倪雪铬总经理、马伟国董事长、顺恒董事长、曾华良总经理进行了详细会谈，并就各企业今后的发展作了深讨。各企业领导详细介绍了企业的生产经营情况及未来的发展思路。孙秘书长从全行业角度给予企业更多启发，同时表示：企业有困难，就找专业委员会。孙秘书长一行还参观了各企业的生产车间，考察了企业实际生产经营情况。

孙秘书所到之处，均受到企业的接待，通过这次走访，加强了专业委员会与企业之间的沟通交流，进一步搭建了企业和政府之间的沟通桥梁，增强了专业委员会的凝聚力，为专业委员会今后继续提高服务能力，扎扎实实为企业办实事创造条件。

走访期间，孙秘书长专门与常州市塑化产业商会施越浩会长，王绿宝秘书进行会谈，讨论合作事宜，加强了中国塑料加工工业协会及其下属的专业委员会与常州塑化产业商会的联系，为推进常州塑料工业的发展创造条件。

4. 2013年塑编产业链技术交流与市场对接会在常州召开

由中国塑料加工工业协会塑料编织制品专业委员会主办的“2013塑编产业链技术交流与市场对接会”于2013年8月1日至2日在常州市常州大酒店胜利召开。本次会议得到了江苏省塑料工业协会、常州市塑化产业商会、中国塑料加工工业协会专家委员会、中国塑料加工工业协会改性塑料专业委员会、中国塑料加工工业协会BOPP薄膜专业委员会、沧州市塑料工业协会、温州市塑料行业协会、浙江省平阳县塑料包装协会、浙江省苍南县塑料行业协会、康平县塑编协会、山东兖州市塑编商会、临邑县塑编协会、重庆市包装技术协会的支持。常州永明机械制造有限公司、山东新宇包装有限公司、德州三志塑胶有限公司、常州市德正机械有限公司、常州市华盛塑料机械有限公司、常州腾诚机械制造有限公司、雁峰集团有限公司、常州市卫翔机械有限公司、北京大正伟业塑料助剂有限公司、北京中坤嘉达科技有限公司、常州市润亿机械制造有限公司、天津玉泉工贸有限公司、淄博日月进塑料机械有限公司、潍坊宏源塑编有限公司、博翊精机(嘉善)有限公司、西安聚能塑胶有限公司、北京明顺包装机械有限公司、汕头市欧格包装机械有限公司、浙江兰溪中艺机械厂、芜湖恒一塑料设备制造有限公司、史太林格塑胶机械(太仓)有限公司、等单位提供赞助。来自国内外塑料编织制品产业链的730多名企业代表出席了本次会议。

7月31日晚7点半在常州大酒店良辰轩举行了中国塑料加工工业协会塑料编织制品专业委员会第三届四次理事会，会议由中国塑料加工工业协会副秘书长、塑编专业委员会秘书长孙冬泉主持。参加会议的有中国塑料加工工业协会塑编专业委员会会长姜集康、中国塑料加工工业协会塑料编织制品专业委员会高级顾问宋云鹤、中国塑料加工工业协会塑料编织制品专业委员会常务副会长林增标、中国塑料加工工业协会塑料编织制品专业委员会常务副会长傅广星、中国塑料加工工业协会塑料编织制品专业委员会常务副会长单位——天津华今塑业有限公司总经理助理周秀龙、中国塑料加工工业协会塑料编织制品专业委员会常务副会长单位—山东新宇包装股份有限公司企管部经理许鸿浩、中国塑料加工工业协会塑料编织制品专业委员会副秘书长赵克武、平阳县塑料包装协会会长陈积博、平阳县塑料包装协会秘书长毛芳均、还有塑编专业委员会理事及有关负责人60多人参加会议。会议上通过了专业委员会工作报告；公布了2012年度塑编行业二十强企业名单，对2013年塑编产业链技术交流与市场对接会议议程进行了介绍；讨论了塑编专业委员会2013年工作计划；《再生塑料编织袋》和《农用塑料经编遮阳网》行业标准起草单位对标准制定情况进行了介绍。会上还对中国塑料加工工业协会塑编专业委员会第三届理事及理事以上成员进行了增补；宣布了塑料编织行业技术顾问小组第一批成员名单；探讨了申报制造人造革草坪丝行业标准事宜；探讨了修订蓬布行业标准事宜；重点讨论当前塑编行业面临形势与对策。会上还进行了有关工作的沟通。

8月1日上午8时30分，会议首先举行了隆重的开幕式，开幕式由中国塑料加工工业协会副秘书长、塑编专业委员会秘书长孙冬泉主持。出席本次会议主席台上的领导和嘉宾包括：中国轻工业联合会副会长、中国塑料加工工业协会理事长钱桂敬、常州市常委会、统战部部长张跃、中国塑料加工工业协会名誉理事长廖正品、中国塑料加工工业协会塑编专业委员会会长姜集康、江苏省塑料加工工业协会会长韦华、常州市塑化产业商会会长施越浩、中国塑料加工工业协会副秘书长、塑编专业委员会秘书长孙冬泉、中国塑料加工工业协会塑编专业委员会副会长、常州永明机械制造有限公司总经理何敏、中国塑料加工工业协会塑编专业委员会高级顾问、温州市塑料行业协会名誉会长宋云鹤、中国塑料加工工业协会塑编专业委员会常务副会长、南塑集团有限公司董事长林增标、中国塑料加工工业协会塑料编织制品专业委员会常务副会长、广庆集团有限公司董事长傅广星，中国塑料加工工业协会塑料编织制品专业委员会常务副会长、山东新宇包装股份有限公司常务副总经理张长青，中国塑料加工工业协会塑料编织制品专业委员会常务副会长单位天津华今塑业有限公司总经理助理周秀龙，德州三志塑胶有限公司总经理乔桂广，辽宁康平经济技术开发区管委会副主任葛铁军，中国塑料加工工业协会塑料编织制品专业委员会副会长、江苏中乾塑业有限公司董事长王学保，中国塑料加工工业协会塑编专业委员会副会长、兖州市塑编商会会长、兖州宏泰塑料制品有限公司董事长刘元珍。

开幕式上，首先由中共常州市常委会、统战部部长张跃致辞，张部长代表常州市领导参加本次会议，体现了常州市委、市政府对本次会议和塑编行业工作的的大力支持。接下来，常州市塑化产业商会会长施越浩和江苏省塑料加工工业协会协会会长韦华致辞。中国轻工业会副会长、中国塑料加工工业协会理事长钱桂敬在会上发表重要讲话，介绍了塑料行业2012年发展情况，对塑编行业工作提出四点要求：一、认真贯彻《塑料加工技术进步指导意见》依靠技术进步，支持创新驱动发展，加快转型升级；二、加快产品结构调整和产品升级，努力形成高、中、低档产品比例合理的产品结构；三、化解产能过剩，促进塑编行业健康发展；四、加快塑编行业产业集群的培育和升级。钱理事长讲话高屋建瓴，立意深远，对本次会议也给了高度评价，对协会以后发展寄予厚望。

接下来，会议进行了2012年度塑编行业二十强企业授牌仪式。首先，由孙冬泉秘书长宣读二十强名单。主席台前排就座人员分别给天津华今日集团有限公司、温州晨光集团有限公司、山东新宇包装股份有限公司、江西金沙包装集团有限公司、广庆集团有限公司、南塑集团有限公司、洛阳市强胜实业有限公司、山东寿光健元春有限公司、龙岩市宏祥工业包装有限公司、常州商隆产业用纺织品有限公司、江苏万乐复合材料有限公司、江苏森帝塑业有限公司、浙江华庆集团有限公司、江西亚美达科技有限公司、升阳控股有限公司、兖州市宏泰塑料制品有限公司、淄博新力塑编有限公司、广天集团有限公司、安徽省锦翔塑编包装实业有限公司、沈阳鑫正发塑业有限公司二十家"2012 年度二十强企业"颁发的铜牌。

紧接着，塑编专业委员会秘书长孙冬泉宣布了塑编专业委员会第一批塑编技术顾问名单，希望名位顾问积极发挥作用，为行业技术进步多作贡献。切实解决塑编企业生产中的技术疑难问题。

9 点 30 分，会议进入主题发言阶段，由中国塑料加工工业协会塑编专业委员会秘书长孙冬泉主持，首先，由中国塑料加工工业协会塑编专业委员会会长、浙江华庆集团有限公司董事长姜集康作"2012 年塑编专业委员会工作总结汇报"的报告，并报请大会审议，与会代表一致鼓掌通过。

接着孙冬泉秘书长作"塑编产业 2012 年概况与今后两年发展探讨"的报告。孙秘书长的报告从 2012 年塑编产量走势分析、各种塑编制品所占总量的比例，各省占总量的比例，企业规模增长、塑编机械产量产值增长情况、节能降耗发展情况等方面介绍了塑编行业在 2012 年的全面发展状况。报告中指出，截止 2012 年底，全国有塑料编织专业生产企业 7000 多家，从业人数约 45 万多人，拥有各种塑编机械 30 万多台套，年综合生产能力 1600 万吨；全国规模企业塑编制品产量 10045kt，同比 17.6%，增幅比上年度降低 4.06 个百分点，产值约 1360 亿元。全社会塑编制品产量约 13900kt，同比 14.9%，总产值约 1710 亿元，同比 17.9%。行业发展呈现出口、产量、产值、利润增速放慢的迹象。2012 年塑编行业节能取得得了很大进步，实际节电 50.7 亿度，共有 73% 的企业进行节能改造。报告从国家宏观经济面分析了目前行业面临的困难及应对措施，第一次正式提出关于设置塑编行业准入条件，控制产量过剩的问题。拟考虑从几个方面设置限制：(1)提出不同地区、每种产品每吨耗电标准，对不合格企业限期整改，不允许生产；(2)提出不同产品清洁生产要求，对不合格企业限期整改，不允许生产；(3)提出不同地区、不同产品每年人均产值要求，促进企业减少用工，实现自动化生产，对不合格企业限期整改，迟迟达不到要求的不允许生产；(4)提出不同地区、不同产品每年人均利税要求，促进企业以效益为中心，对不合格企业限期整改，迟迟达不到要求的不允许生产。该方案上报国家有关部门，争取得到支持，同时希望集思广益，提出好的建设性意见。

此次会议上各知名企业负责人也做了精彩的发言，首先是常州永明机械制造有限公司总经理何敏做"管理转型，技术升级，顺势发展"的主题发言，永明公司是国内塑编机械行业的龙头企业，重视技术创新与设备性能稳定性，同时倡导塑编机械企业间开展规范和良性的竞争。然后是山东新宇包装股份有限公司企管部经理许鸿浩作"新形势下企业的发展实践与思考"的主题发言；中国塑料加工工业协会塑编专业委员会高级顾问宋云鹤作"浅谈功能编织袋的生产"，雁峰集团有限公司陈志淡作"节能型微电脑智能圆织机——实行办公室远程管理"主题发言，潍坊宏源塑编有限公司总经理王志源作"改进型高强拉丝机组的实用与推广"的发言，江苏中乾塑业有限公司副总经理、总工程师朱开文作"科技带动了企业和市场"的发言，北京大正伟业塑料助剂有限公司经理王丽丽作"填充改性母料在塑编袋中的应用"发言，辽宁康平经济开发区管委会副主任葛铁军用科技和视野助力"中国塑编示范城"振翅腾飞的发言。

下午，大会继续交流，江苏森常塑业股份有限公司技术顾问、北京石油化工学院材料科学与工程学院教授杨明山、西安聚能塑胶有限公司总经理刘建、温州升华包装有限公司王可旺、嵊州市德利经编网业有限公司副总经理丁云富、史太林格塑胶机械(太仓)有限公司北京代表处首席代表文博、埃克森美孚化工有限公司产品应用工程师刘志祥、汕头市欧格包装机械厂总经理杨玉文、北京加成助剂研究所总工程师孙书适分别作了"废旧 PET 的扩链增粘与共混改性及其在编织袋中的应用"、"增强型功能母料在塑编扁丝生产的应用特点"、"关于《再生塑料编织袋》行业标准制订情况的汇报"、"《塑料遮阳网》行业标准修订的说明"、"产业升级、史太林格伴你同行"、"威达美™丙烯基弹性体在聚丙烯拉丝和聚丙烯编织袋的撤出涂覆/挤出复合中的应用"、"实质性提高塑编生产效率——印刷、制袋工序的整合优化"、"中坤嘉达的变频高效电磁加热节电技术在塑料拉丝机加热系统上的应用"、"以数字化为基础的智能包装机械"、"集装袋防老化技术与老化评价"的重要发言，发言内容精彩纷呈，中外技术充分交流，与会代表高度赞扬。

最后，塑编行业"专家答疑"座谈会召开，由中国塑料加工工业协会塑编专业委员会孙冬泉秘书长主持，塑编技术顾问组成员宋云鹤、朱开文、孙书适、丁云富、杨玉文、乔桂广等七位专家对企业提出的问题进行解答，受到企业的欢迎和好评。

会议期间，江苏省塑料加工工业协会举行了塑编产业委员会成立大会，会议由江苏省塑协秘书长吴勇主持，中国塑料加工工业协会塑料制品专业委员会副会长、江苏中乾塑业有限公司董事长王学保当选江苏省塑编产业委员会会长，吴勇当选秘书长，中国塑料加工工业协会副秘书长、中国塑料加工工业协会塑编专业委员会秘书长孙冬泉被推选为名誉会长，中国塑料加工工业协会塑编专业委员会副秘书长赵克武为顾问。

会议期间，特设立了塑编机械设备和原辅料展区。在展区上，常州永明机械制造有限公司、常州市三里电机有限公司、常州市华盛塑料机械有限公司、北京大正伟业塑料助剂有限公司、常州市德正机械有限公司、雁峰集团有限公司、浙江兰溪市中艺捻织厂、常州市腾诚机械制造有限公司、天津玉泉工贸有限公司、德州三志塑胶有限公司、潍坊宏源塑编有限公司、常州市润亿机械制造有限公司、北京中坤嘉达科技有限公司、西安聚能塑胶有限公司、汕头市欧格包装机械有限公司、史太林格有限公司北京代表处、常州市卫翔机械有限公司、淄博日月进塑料机械有限公司、北京加成助剂研究所、常州市贺丰钢管厂、青县双星缝纫设备有限公司、瑞安市余敏塑机螺杆有限公司、河北友田缝纫机械有限公司、常州市武进江南印刷机械有限公司、常州市双固纺织仪器有限公司、青岛建华包装机械有限公司、常州市兴纶化纤线业有限公司、青岛金三阳纺织机械有限公司、温州恒一塑料机械有限公司、洛阳雅机(东莹)有限公司、河北省青县工业缝纫机配件制造厂、海蓝机械有限公司、河北申工缝纫机械制造有限公司、埃克森美孚化工、江苏省常州市正继机械配件厂、常州市科孚化工有限公司、常州市武进恒发机械有限公司、汕头市光华机械实业公司、苏州市易登机械有限公司、常州市劲普自动化设备有限公司、金妘市金龙纺织器材厂、浙江天风塑料机械厂、温州东坡塑业有限公司、温州亿整机械科技有限公司、常州普莱克红梅色母料有限公司、常州兰吉吉仪器仪表有限公司设立了标展。展示了自己的设备、产品、技术及服务。

雁峰集团有限公司、博翊精机(嘉善)有限公司、芜湖恒一塑料设备制造有限公司、北京明顺包装机械厂、常州云建机械制造有限公司、青县双星缝纫设备有限公司、常州市双固纺织仪器有限公司、河北友田缝纫机有限公司、温州科旺机械有限公司、常州市武进恒发机械有限公司等企业进行了现场实物展示，多数企业还进行了现场实际操作，展示出较高的设备技术水平，得到代表们的好评，获得了很好的收益。

参展企业在三天展出中进行了充分的交流和沟通，增进了解，彼此受益。本次大会加强了行业交流，探讨了塑编行业的未来发展，研讨了下游企业需求情况，促进了我国塑编生产企业更多地采用新技术、新设备、新工艺和性能优良的原辅材料，加强了行业节能降耗工作，鼓励了塑编产业中各个细分产品生产企业间加强业务沟通，倡导了理性竞争的行业氛围，提高了我国塑编生产企业的核心竞争力，促进了我国塑编产业从产能扩张发展方式向质量提升，技术创新发展方式升级，推动了我国塑编企业可持续健康发展，受到了与会企业的一致欢迎。

本次大会是一个盛况空前的会议，是一个成功的大会，是一个继往开来的大会。对于未来促进中国塑编行业走向世界，领导世界产生了深远的影响。本次大会的胜利召开必将推动全国及至全球塑编行业未来的可持续健康发展。本次会议规模宏大，人数众多，会议会场气氛热烈、和谐，大会在祥和的气氛中圆满结束。

5.《塑料编织袋通用技术要求》国家标准批准发布

2013年10月10日，国家质量监督检验检疫总局，国家标准化管理委员会发布中华人民共和国标准公告2013年21号，关于批准发布《纸和纸板、尘埃度的测定》等39项国家标准的公告，其中第16项《塑料通用技术要求》标准编号为GB/T 8946—2013，代替老标准GB/T 8946—1988、GB/T 8947—1988，自2014年6月1日起实施，本标准起草单位：南塑集团有限公司、华正塑料集团有限公司、浙江华庆集团有限公司、广庆集团有限公司、温州晨光集团有限公司、山东健元春有限公司、唐山三友塑料制品有限公司、天脊集团塑料有限公司、沈阳鑫正发包装有限公司、广天集团有限公司。标准起草人：王永仁、林增标、赵伟、宋云鹤、姜集康、博广星、黄日德、刘忠民、郑瑞辉、史途民、陈宗宝、吴美秋、曾焕润。

6. 背靠大树、争取优惠、不断创新——塑编企业成功三招

据中国化工报报导，记者调查发现，70%以上规模以上且经济效益较好的塑料编织企业，都会“傍”上一个可靠的大用户，且绝大多数依附于母公司，如山西丰喜塑业公司是山西阳煤丰喜集团的子公司；宁夏宁化塑业有限公司主要为中石油宁夏石

化两套大化肥装置配套生产编织袋；海南东方编织袋有限公司的最大客户是中海油海南岛富岛化工有限公司；青海盐湖集团劳动服务公司编织袋厂的主要任务 是满足其母公司盐湖集团3000kt氯化钾的包装需求等等。一方面，大企业不仅包装需求量大，且对包装质量及供货的及时性要求很高，他们担心社会采购包装质量、数量、供货的及时性无法保证，影响企业主业的信誉，客观上需要可靠的塑料编织袋企业。另一方面，塑编行业是微利行业，且因产能过剩竞争十分激烈，没有固定的大客户的企业往往很短命，倒逼塑料编织企业千方百计寻找自己的“大树”久而久之，背靠大树的企业所占比例越来越多，成为中国塑料编织行业的一大特色。

陕西一些中小型企业受用于劳动成本持续攀升，产能过剩和出口受阻，企业日子艰难，一些公司利用国家对残疾人的优惠政策，企业不断吸纳残疾人加盟，由于吸纳残疾人超过企业职工总人数25%，使公司获得增值税、所得税减免等诸多优惠政策，使企业境况有了转机，再加上及时推出新产品、新包装材料使企业获得稳妥和发展，西安众力塑料有限公司、西安洁美编织袋厂对此深有体会，近几年来许多塑编企业抓住背靠大树，争取优惠和不断创新三大法宝，使企业在激烈的竞争中获得稳定和发展。

7. 园中国一期项目正式投产

安达市商新化工新材料产业园区内的园中国项目——温州塑业园一期正式投产。温州塑业园一期项目仅用5个月时间充分体现了“安达速度”、“安达魄力”和“安达奇迹”。

温州塑业园项目，由黑龙江省佰润塑业有限公司投资建设，项目共分三期，总投资12.75亿元，年可实现税收1.5亿元，其中，一期项目占地8万平方米，现入驻企业8家，可安置劳动力1600人，实现年产值8亿元，税收5000万元。温州塑业园项目以安瑞佳40万吨改性塑料项目为依托，主要生产塑料旅游制品，塑料购物袋(出口)、塑料垃圾袋(出口)、塑料编织袋(部分出口)以及塑料覆膜、塑料包装、塑料彩印等产品。园区采取BOO模式建设生产和经营，可容纳44家塑料制品企业，生产的塑料制品科技含量高，应用范围广，部分产品远销俄罗斯和东南亚等地。温州塑业园一期项目重点发展塑编制品生产，已在紧张有序进行。该项目的顺利投产有仅填补了安达塑编产业的空白，更延伸了石化产业链条，壮大了感化产业集群，巩固了“一主九强”的感化产业主导地位，成为带动安达感化产业发展的强力引擎，对建设“现代石化之城”具有雨具发重要的战略意义。

8. 中国塑料加工工业协会决定设立三大奖励项目

中国塑料加工工业协会为了奖励在塑料加工科技创新和技术进步中做出突出贡献的企业和个人，充分调动广大科技工作者的积极性和创造性，促进塑料加工业结构调整和转型升级，在“十二五”期间再上新台阶，中国塑料加工工业协会根据中国轻工业联合会有关奖励条例及奖励办法特制订塑料加工业科技创新型企业、优秀科技成果、先进科技工作者评选办法。办法共设三章十七条，自2014年1月起施行。

9. 雁峰集团有限公司通过浙江省高新技术企业复审认定

根据《高新技术企业认定管理办法》(国科发火[2008]172号),《高新技术企业认定管理工作指引》(国科发火[2008]362号)和《关于高新技术企业更名和复审等有关事项的通知》(国科火字[2011]123号)有关规定，2013年12月30日，浙江省科学技术厅、浙江省财政厅、浙江省国家税务局、浙江省地方税务局联合下发《关于浙江省亚通金属陶瓷有限公司等491家企业通过高新技术企业复审的通知》(浙科高发[2013]294号)，通知浙江亚通金属陶瓷有限公司、雁峰集团有限公司等491家企业通过高新技术企业复审，资格有效3年，企业所得税优惠期2013年1月1日至2015年12月31日。其中温州市25家，瑞安市16家、苍南县5家、平阳县6家。

10. 康平县30家塑编企业到高校“求技术抢人才”

康平县30家塑编企业到沈阳化工大学抢抓复合型人才，破解企业发展中的技术难题。

“如何能让塑料编织袋耐老化？透明编织袋加什么材料才能更透明？怎么才能保证塑编涂膜更薄……”。沈阳化工大学校部二楼，康平县委书记王一兵、30家塑编企业主和沈阳化工大学书记白炜及师生们座在一起面对面解决企业发展中的难题。康平经济开发区沈阳德盛塑料包装有限公司于彦峰代表该县开发区企业向沈阳化工大学寻求22个企业急需解决的技术难题。白炜“接题”说化工大学对企业家提出的问题要100%答复和解决，并表示，在双方产学研合作框架协议指导下，对康平经济杆塔我提供更广阔的技术支持的绿色通道。

康平经济开发区塑编协会李阳普秘书长兴奋地说：今天早上5点多，我们在康平集合，6点乘两辆大巴车从康平赶赴沈阳化工大学。我们是为了企业的利益而来，促进企业增利的一个是技术、另一个是人才。今年康平经济开发区将面向高校设置158个

2013 年塑编重点企业主要经济指标

企业名称	产值/万元	主营业务收入/万元	制品产量/t	上缴税金/万元	利润/万元	职工人数/人	出口交货值/万美元	总电耗/万度	吨电耗/(元/吨)	人均产值/(元/人)	销售利润率/%	吨利润/(元/吨)	吨售价/(元/吨)
温州晨光集团有限公司	116359	114339	130542	4745	10073	1416	43	10528	806. 48	82. 17	8. 81	771. 63	8758. 79
南塑集团有限公司	43086	43827	26824	1801. 23	958	517	198	2275	848. 12	83. 34	2. 19	357. 14	16338. 73
浙江华庆集团有限公司	35001	35376	34209	1227	4070	1586	50	2916	852. 41	22. 07	11. 50	1189. 75	10341. 14
浙江中宇节能科技有限公司	24726	24534	15280	620	310	365		1839. 75	1204. 02	67. 74	1. 26	202. 88	16056. 28
华正塑料集团有限公司	22025	20698	17000	980	-932	580	776	1777. 9	1045. 82	37. 97	-4. 50	-548. 24	12175. 29
升阳控股有限公司	21237. 7	19602. 7	15546	500	45. 6	450		1149. 8	739. 61	47. 19	0. 23	29. 33	12609. 48
浙江贤超包装有限公司	18148. 71	18156. 7	16772. 47	447. 22	237. 58	369		1298. 39	774. 12	49. 18	1. 31	141. 65	10825. 3
温州华大塑料包装厂	5600	5810	4395	340	23	215	226	464	1055. 75	26. 05	0. 40	52. 33	13219. 57
温州豪盛塑料有限公司	5300	5135	3500	216	85	152		346	988. 57	34. 87	1. 66	242. 86	14671. 43
温州华发塑料制品有限公司	3179	3210	2567	162	50	120		415	1616. 67	26. 49	1. 56	194. 78	12504. 87
温州市三松包装包装有限公司	2800	2634	2047	121. 43	53	85	456. 6	180. 6	882. 27	32. 94	2. 01	258. 92	12867. 61

应届毕业生等招工计划，优先向沈阳化工大学等高校倾斜。

所介绍，塑编企业是康平县工业发展的一个起点，目前已建起5.5平方公里，200家塑编企业的东北地区规模最大的“中国塑编示范城”，去年实现产值200亿元，目前，受国内外经济形势影响，人才和技术瓶颈影响发展，产业结构急需调整，产品需要升级换代，企业管理型技术人才相对匮乏，对于康平县来说，进一步深化校企合作，将为新兴产业提供强力支撑。据了解，康平县企业与沈阳化工大学有着8年的“战略合作”苑渊源。近两年，在两地产学研合作推动下，康平经济开发区推广沈阳化工大学新技术10项，开发新产品6个，培养生产一线骨干500多名，有力地推进了塑编产品更新换代，企业转型升级，为产业快速发展注入了强劲动力。

塑料管道

【行业现状】

2013年我国塑料管道行业发展整体态势趋于稳定，行业逐步进入优化产业结构、提升质量水平的过渡时期。分析2013年较2012年行业整体的增速保持在10%左右，塑料管道生产量为12100kt，持续成为塑料管道生产和应用的最大国家。2013年我国塑料管材出口527.5kt，比2012年增长了7.83%；出口额为21.45亿美元，比2012年增长了14.91%；出口单价合4067.0美元/吨，比2012年增长了6.58%。

据统计，全国塑料管道总加工能力约为25000kt，在行业发展的同时我们也面临着产能持续供大于求的问题。

目前，聚氯乙烯(PVC)材料、聚乙烯(PE)材料和聚丙烯(PP)这三类材料占据了塑料管道材料的90%以上，同时一些新材料的管道技术也有了较大的进步。

2013年塑料管道行业产业集中度进一步提高，大部分规模大的企业发展仍处于上升期，部分小企业发展较缓慢，甚至有的小企业已经停产或转产。更大规模的企业异地布点、兼并扩张步伐加快，也进一步加剧了行业竞争和洗牌速度；行业加大了新材料、新品种研发力度，加大了高水平技术和装备投入；企业的产品质量水平、品牌意识，以及有的用户行业的质量意识进一步提高；但是在市场增长的同时，资金紧张进一步呈现，一些企业的应收款增加；一段时间内部分品种原料进口缺口较大，价格偏高。

11. 温州晨光年利润实现一亿元

温州晨光集团有限公司2013年实现工业总产值11.6亿元，主营业务收入达11.43亿元，全年塑编产量130.5kt，上缴税金4745万元，利润总额10073万元。

温州晨光集团是塑编专业生产企业，近几年来深入贯彻科学发展观，积极技术创新，努力推进企业产品结构调整步伐，不断企业管理，使企业近几年来在工业总产值、主营业务收入、塑编制品产量、上缴税金及利润总额等均持续大幅增长，2013年产值、主营业务收入超10亿元，产量超100kt，利润超1亿元，是温州市塑编企业最高历史纪录，国内同类企业中亦未见报道。

（中国塑料加工工业协会塑料编织制品专业委员会　宋云鹤）

【专业委员会活动】

1. 塑料管道专业委员会顺利完成第九届换届工作

2013年上半年，中国塑料加工工业协会塑料管道专业委员会顺利完成了第九届的换届工作。3月召开第八届八次理事会议，按照《中国塑料加工工业协会塑料管道专业委员会第九届换届选举工作安排》，根据申请，经过无记名投票，选举产生了专业委员会第九届理事会候选单位，并讨论通过了第九届专家组组成建议及规则，秘书长、秘书处、工作组等组成建议。经中国塑料加工工业协会审批，正式形成了第九届理事会推选单位(人)。并在6月召开的第九届一次会员大会上经过表决，正式完成了第九届理事会的换届工作。

第九届理事会理事长为永高股份有限公司董事长张建均。常务副理事长为中国塑料加工工业协会副秘书长王占杰。副理事长分别为：福建亚通新材料科技股份有限公司董事长王森；河北宝硕管材有限公司总经理姚红彬；南亚塑胶工业(厦门)有限公司总经理林丰钦；湖北凯乐科技股份有限公司监事刘炎发；顾地科技股份有限公司董事长林超群；广东联塑科技实业有限公司总裁左满伦；成都川路塑胶集团有限公司副总经理王兴华；亚大集团公司总裁李宏高；安徽国通高新管业股份有限公司总经理窦万波；山东胜邦塑胶有限公司总经理王友印；上海白蝶管业科技股份有限公司总经理倪锦平；佛山市日丰企业有限公司副总经理李白千；山东环球塑业有限公司总经理于小蛟；金德管业集团有限公司副总裁王士良；枫叶控股集团有限公司总经理张文龙；浙江中财管道科技股份有限公司总经理丁良玉；宁夏青龙塑料管材有限公司总经理范永斌；武汉金牛经济发展有限公司总经理张克多；浙江伟星新型建材股份有限公司董事长金红阳；宏岳塑胶集团有限公司常务副总裁张思良；天津军星管业集团有限公司董事长夏成文；康泰塑胶科技集团有限公司董事长林云青；山东华信塑胶股份有限公司总经理李杰。

第九届专业委员会设立了十个专业工作组，PVC-U给排水管道工作组、PE燃气和给水管道工作组、PP冷热水管道工作组、铝塑复合管和PE-X冷热水管道工作组、通讯护套硅芯管和双壁波纹管工作组、埋地排水用结构壁管，PVC和PE双壁波纹管及缠绕管工作组、塑料管件和检查井工作组、矿用塑料管材工作组、钢塑复合管道工作组、地板辐射采暖塑料管道工作组。

2. 加强行业自律，努力提高产品质量意识和品牌意识

塑料管道产品质量水平参差不齐的现象依然严重影响行业的健康发展，专业委员会已多次通过多种方式呼吁行业企业和行业用户重视产品质量，提高质量意识和品牌意识。

为了提高燃气用PE管道质量水平，规范市场行为，提高行业信誉，经过3年的酝酿，专业委员会在11月27日召开的“燃气用PE管材行业自律工作研讨会暨PE管材混配料交流会”上就燃气用PE管材行业自律工作及组织成立“燃气用PE管道质量保障联盟”相关问题进行讨论，并听取了参会代表意见和建议，下一步将对成立“燃气用PE管道质量保障联盟”的工作进一步落到实处。

专业委员会秘书处还参加了由国家质检总局、全国节约用水办公室召开的“节水产品监督抽查质量分析与推广普及工作”座谈会，交流了关于PP-R管材行业发展状况及行业自律、技术动态等情况。

3. 举办专题研讨会，针对具体产品深入交流

2013年，专业委员会分别于10月和11月举办了PP-R管材和燃气用PE管道专题研讨会，针对具体产品展开了深入的交流。

10月28日，由中国塑料加工工业协会主办，专业委员会和徐州海天石化(集团)有限公司承办的“2013年中国无规共聚聚丙烯(PP-R)管道技术交流会”在徐州召开，127名代表出席了会议。会议安排了关于PP-R管道行业情况、原料、助剂、新技术、标准、设计、应用等方面的专题交流。通过交流，使参会者对PP-R管道原料、加工及应用等情况有了更加深入的了解。PP-R管道具有良好的综合性能，在众多领域值得广泛的推广、应用。随着市场的稳步发展，PP-R管材有着较好的应用前景。同时，行业也要关注产品的适用性，PP-R管道在发展中还存在一些问题和应用局限性，尽管PP-R管材具有很多优点，也应认识到产品的弱点，不应过分夸大其性能，应如实向客户介绍产品的适用范围。行业应共同努力，加快技术创新，解决遗留问题。交流会还提出了PP管材产品新的发展方向，如PP-RCT、PP-B-HM和大口径PP管材等技术进展。

11月27日，在苏州国嘉高分子科技有限公司、中国石化上海石油化工股份有限公司和中国石油天然气股份有限公司独山子石化分公司的支持下，专业委员会在上海召开了“燃气用PE管材行业自律工作研讨会暨PE管材混配料交流会”，90多名代表出席了会议。本次会议的召开将对燃气用PE管材行业技术和产品质量水平的提高，市场行为的规范，企业信誉的提高，合格国产混配料的大量应用、上下游行业相关协调等工作的开展有着积极的意义。

专题研讨会的成功召开引起了较大的反响，参会代表普遍表示认可和支持，并希望今后能够多开展此项活动，具有针对性、切实的解决行业问题，畅通产业链上、下游的信息渠道，有效反映了行业企业发展的诉求。

4. 加强与相关协会间的联系，开展常态化交流活动

专业委员会与北京、上海、天津、重庆等地区的塑料管道相关协会开展常态化交流活动，共同促进塑料管道行业健康发展。

根据2012年重庆联席会议的约定，为进一步沟通塑料管道行业的发展动态，促进行业的健康发展，专业委员会于2013年11月29日组织在上海召开了“塑料管道相关协会联席会议”。北京市建设工程物资协会建筑管道分会、上海市化学建材行业协会及塑料管道分会、天津市建材业协会塑料管道专业委员会、重庆市塑料行业协会代表参加了本次会议。参会代表对塑料管道行业情况、2014年工作计划及行业自律等方面工作进行了交流。

专业委员会还多次参加了有关协会组织的塑料管道相关活动。通过沟通与交流，密切了相关协会间的关系，有助于在今后开展的活动中取长补短，相互借鉴。

5. 加强与上、下游行业的交流，提高塑料管道的加工和应用水平，促进产业结构升级

经济一体化的发展趋势，使产业与整个社会经济发展的关联度不断提高，产业与相关产业之间的联系更加密不可分。为了促进产业结构升级，实现资源的合理配置和生产率全面提高，上、下游行业应加强合作、互助互盈、共同发展。2013年专业委

员会进一步加强了与上、下游行业间的交流与合作，积极组织、参与了上、下游行业的相关工作和交流活动。

专业委员会积极支持原料、助剂、加工装备等行业的技术进步与质量提升工作，在组织召开的燃气用PE管道专题研讨会，围绕国产PE管材混配料的生产及技术状况、市场及供应状况、存在的主要问题及产生原因、解决建议等方面安排了专题交流。同时，在PVC-M、HDPE混配料、非铅盐热稳定剂等产品的研发、应用等技术推广中做好配合工作。

2013年专业委员会还积极参与了水利部农村饮水安全中心主办的“全国农村水利工程材料设备产品信息年报”的相关会议，参加了由住房和城乡建设部科技发展促进中心主办的“第15届全国塑料管道生产和应用技术推广交流会”，中国城市燃气协会主办的“中国城市燃气协会七届二次理事会议”，中国城镇供水排水协会排水专业委员会2013年年会，中国城镇供水排水协会科技委管道技术部2013年年会，还积极参加了中国城镇供水排水协会设备材料委管道部、中国建筑金属结构协会辐射供暖供冷委员会、全国房地产总工之家等相关活动。

专业委员会还参加了自来水行业、水利行业的相关培训工作，并介绍塑料管道的选择与应用情况。参加了中国城镇供水排水协会设备材料委管道部组织的《城镇供水企业检查井盖的选择与应用》编写工作；参与了多项给排水用塑料管道相关产品、应用等行业标准、规程审查工作。

通过与下游相关行业的交流与合作，进一步拓宽了塑料管道行业的发展空间，延伸了塑料管道的应用领域。

6. 加强国际交流，进一步提高中国塑料管道行业的国际影响力

随着与欧洲、亚洲、美国等塑料管道行业协会间的关系进一步密切，专业委员会更加积极的参与了国际间的交流活动，进一步促进中国塑料管道行业与国际接轨。

2013年10月中旬，专业委员会组织国内相关单位20余人赴欧洲参加了在德国杜塞尔多夫举办的K展，并参观了道达尔石化集团比利时费卢依（FELUY）研发中心、威文公司、KIWA检测中心、巴顿菲尔德辛辛那提公司、克劳斯玛菲塑料机械有限公司、百尔罗赫公司等。通过交流和考察，代表们对国际塑料管道行业前沿动态和最新技术的了解更加深入，同时，也充分认识到了中国塑料管道行业与世界先进水平之间的差距，从而具有针对性地改正或完善缺点和不足。

专业委员会参加了2013年12月上旬在美国芝加哥召开的组委会会议，参与PP XVII会议的筹备事宜和论文评选工作。

此外，专业委员会与欧洲PE100+协会、美国塑料管道协会（PPI）、欧洲PVC管材协会、欧洲塑料管材管件协会（TEPPFA）建立了长期稳定的联系。

专业委员会还接待了国际同行、相关协会、机构、企业的来访并进行交流。通过参加国际会议及交流、考察活动，应充分认识到中国塑料管道行业要真正走出国门，应不断加强交流与合作，学习先进的经营及服务理念，加强科技创新，注重细节管理，提高塑料管道行业的生产和应用水平，提高产品质量水平，提高行业整体竞争力。

7. 组织理事会、年会等重要活动，加强行业的凝聚力

2013年2月27日，在苏州国嘉高分子科技有限公司的支持下，专业委员会在江苏吴江召开了第八届七次理事会议，对专业委员会2012年工作进行了总结，审议通过了2013年工作计划，并对第九届理事会换届安排、机构设置等工作计划，顾问、专家组和工作组的设置问题进行了讨论。

3月27日，在浙江双林塑料机械有限公司的支持下，专业委员会在浙江杭州召开了第八届八次理事会议，对专业委员会第八届工作做了总结报告，并根据第八届七次理事会议换届工作安排，选举产生了专业委员会第九届理事会候选单位。

6月6~7日，在四川煌盛管业有限公司、四川金石东方新材料设备股份有限公司、上海邦中高分子材料有限公司的支持下，“中国塑料加工工业协会塑料管道专业委员会第九届一次会员大会暨2013年年会”在成都召开。本次会议主题为：“调整产业结构，提升发展质量”。来自国内外相关单位领导、专家、会员单位、塑料管道生产企业、上下游企业、行业协会、检测机构、认证单位、相关媒体等代表550余人共聚一堂，进行交流，探讨发展，为塑料管道行业的发展献计献策。会议选举产生了专业委员会第九届理事会成员，专业工作组及组长单位，秘书处主要成员；审议通过了第八届工作报告和2013年工作计划，并向承办单位及对第八届专业委员会工作做出贡献的单位进行了表彰。围绕大会的主题，会议还安排了塑料管道原料、设备、新技术、标准化、检测、质量管理、认证、应用、行业发展等多方面共30个专题交流报告和情况汇报。

9月5~6日，由中国塑料加工工业协会塑料管道专业委员会（CPPA）和国际塑料管道会议协会（PPCA）主办，宏岳塑胶集团有限公司、高科建材（威

阳)管道科技有限公司、百尔罗赫集团、Floridinne Chimie、佛山市顺德区科贝隆塑料机械有限公司共同协办的"2013年国际塑料管道交流会"在西安召开。本次会议是2012年9月在西班牙巴塞罗那举办的第16届国际塑料管道会议的延续会议，也是在中国举办的第三届国际塑料管道交流会。会议得到了中国塑料加工工业协会(CPPIA)、PE100+协会(PE100+)、欧洲PVC管道协会(PVC 4 Pipes)、欧洲塑料管道协会(TEPPFA)、美国塑料管道协会(PPI)的大力支持，还得到了承德市金建检测仪器有限公司、沙特基础工业公司的赞助。

本次会议吸引了来自中国、美国、德国、法国、荷兰、西班牙、奥地利、日本、印度、阿联酋、沙特阿拉伯、泰国、新加坡等多个国家的塑料管道加工业；上游原料、助剂、加工设备、检测设备等行业；下游供水、石油、设计等行业；研究机构、检测机构、认证机构、专业院校、行业管理部门等相关单位370多名代表出席会议。会议还免费邀请了相关专业的老师和在校学生，为行业未来发展注入新的力量。

来自世界各地的近30名发言者从PE、PVC及PP等塑料管道的原料、设备、加工、测试、标准、应用等方面做了精彩的报告，并和与会代表就相关问题进行了交流与探讨。

【存在问题】

塑料管道行业虽取得了较大的进步，但还存在一些不足和问题需要进一步解决。行业还存在关注增长速度，忽视综合效益；关注产量增加，忽视质量控制；关注产品生产，忽视工程质量；关注传统应用，忽视技术创新等老问题，尽管其中部分问题不只是塑料管道行业独有的，在一些发达国家也有不同程度的经历。

1. 生产能力已出现较严重的供大于求现象

经统计目前国内塑料管道年生产能力超过25000kt，总体设备利用率较低，已经出现较严重的供大于求现象，更加剧了行业的竞争。

2. 部分企业产品质量低劣，影响行业声誉

市场上产品质量是长期困扰行业的问题。个别企业的质量意识、诚信意识、品牌意识、服务意识不强，导致市场上的产品质量水平参差不齐。有的企业用不合格原料以及过量添加填充料等方式降低成本，损害了消费者的权益，败坏了行业的信誉。

造成产品质量水平参差不齐主要的原因之一是市场不规范。由于相关部门对市场流通的产品质量监督管理力度有限，有的购买者并不是产品的最终使用者，流通领域市场上的塑料管道产品质量水平有很大的差距，价格相差也很大。

3. 原材料制约行业的发展

尽管近年国内树脂行业有较大进步，尤其聚氯乙烯行业更加明显。但一些品种树脂依然存在着规格、数量的不足，有的品种质量尚不十分稳定，有的需大量依靠进口，管道制品进一步提高性能受到制约，一些领域的下游用户也担心国产原料的质量保障的现象。

4. 产品创新方面还有待加强

由于有的小企业科技研发水平不够，有的企业不愿过多科技投入，有的高水平管道受到市场接受价格的制约等原因，相对而言，市场上相类似的通用产品较多，中低档产品占大部分，而高技术、高附加值的产品相对较少。行业应通过不断的自主开发，加快科技创新，开发新产品，进一步提高产品的精度、可靠性、稳定性和配套水平。

5. 工程施工质量应进一步完善

有的企业注重塑料管道生产，忽视应用技术的研究，有的工程技术标准、施工技术不配套。有的用户、设计、施工、监理等部门对塑料管道产品的性能、特点、设计、安装等技术还了解不够，影响了塑料管道合理的设计、使用。

行业应加强技术培训，建立专业培训基地，组织编写教材，有计划的对生产和施工人员开展技术培训，加强标准、规范的学习与宣贯。

6. 标准化工作应进一步加强

标准化工作目前还存在产品标准覆盖不全；有的产品标准水平相对不高；一些标准制定、修订速度过慢；原料、工程技术等相关标准、规程、规范还不配套；标准宣贯工作过慢和宣贯面过小；尤其是标准实施的监督工作不完善等需要进一步解决的问题，限制了行业的更好发展。

7. 理念创新更加重要

我们一段时间以来偏重于技术引进、消化吸收、仿制产品，注重硬件的投入和产品的创新，但往往忽视软件的作用，忽视思想的转变。我们应更加注重理念的创新，学习先进国家的市场竞争、产品创新、质量意识、百年企业的观念。中国塑料管道行业不乏大的企业，但我们应更深层次研究如何把行业和企业做强。

【发展趋势及建议】

国家新型城镇化建设等规划将为塑料管道行业带来巨大市场机会。为加强城市基础设施建设，国务院专门发出了《关于加强城市基础设施建设的意见》(国发[2013]36号)，提出要坚持先地下、后地上，提高建设质量、运营标准和管理水平。并且还明确了当前

加快城市基础设施升级改造的六项重点任务：

——加强城市供水、污水、雨水、燃气、供热、通信等各类地下管网建设和改造。到2015年，建设完成污水管网7.3万公里，完成全国城镇燃气8万公里和北方采暖地区城镇集中供热9.28万公里老旧管网改造任务。

——加强城市排水防涝防洪设施建设，解决城市积水内涝问题。到2015年，重要防洪城市达到国家规定的防洪标准。用10年左右时间建成较完善的城市排水防涝、防洪工程体系。

——加强城市污水和生活垃圾处理设施建设。到2015年，全国所有设市城市实现污水集中处理，城市污水处理率达到85%，生活垃圾无害化处理率达到90%左右，污水处理设施再生水利用率达到20%以上。

——加强城市道路交通基础设施建设。

——加强城市电网建设。

——加强生态园林建设。

而塑料管道在节能、节地、节水、节材等方面优势突出，符合国家相关产业政策。分析今后几年中塑料管道将保持在5% ~10%左右的速度增长，塑料管道在全国各类管道中市场占有率超过50%。

近年塑料管道行业发展迅速，但这种高速增长是基于我国经济高速增长和管网建设相对落后而带来的增长，不可能一直持续高速。我们要正视行业存在的困难和问题，在行业总生产能力较严重供大于求、竞争加剧的情况下，产业结构需要进一步调整、技术水平和产品质量需要进一步提高。建议行业企业应抓住机遇，优化产业结构调整，大力推进科技创新和技术进步，提高产品质量，提升行业发展质量。

1. 发展重点建议

根据我国塑料管道行业的现状与产品特点，仍要进一步加强新产品开发，提高性能水平和高附加值；在以PVC管道、PE管道、PP管道为发展重点的基础上，加大改性、复合以及其他新型塑料管道的研发，尽快完善管道生产和应用配套技术。

——重点开发、生产新材料类塑料管道、改性与复合类塑料管道、环境友好型塑料管道和新型塑料管道系统。注重高性能、高附加值产品的研发，满足不同用途塑料管道产品在环保、节能、防火、防菌、保温、阻氧、增强、抗震、降噪等特殊领域的性能要求。

——充分发挥我国PVC树脂产能的优势，大力推进PVC管道生产的技术进步于与推广应用。加强通过各种改性方式提高PVC管材综合性能的技术研究，如接枝改性复合材料(PVC-M等)、定向改性(取向)材料(PVC-O等)、可熔接(FPVC)材料、无机纳米改性PVC材料、PVC-C材料等，推进完成PVC-U管道中采用环保型热稳定剂替代铅盐稳定剂工作，以进一步扩展PVC管道应用领域，扩大市场份额。

——进一步提高建筑物同层排水塑料管道系统、地板采暖塑料管道系统、地源热泵塑料管道系统、太阳能热水塑料管道系统、中水雨水回收利用塑料管道系统、室内通风塑料管道系统等建筑领域应用产品的技术水平和配套水平。

——积极关注市镇排水、排污管网系统的建设，推进高模量PP双壁波纹管、复合缠绕增强等大口径排水用结构壁塑料和复合管道；雨水回收储存、利用系统；大口径压力塑料管道、城镇集中供热二次管网用复合塑料管道等市政塑料管道系统的研究、生产与应用。

——城市化进程对非开挖施工技术的需求更多，具有可弯曲性，耐腐蚀性，熔接接口整体强度高优点的塑料管道有相当的市场前景。在埋地管道工程建设中应积极推广非开挖施工技术，包括非开挖施工和旧管道修复。促进HDPE、耐应力开裂PE-RC等材料管道品种管道加强研发、更好应用。

——努力扩大工业领域用塑料管道市场，大力开发用于中、高压力石油输送、耐磨、耐腐蚀、耐热等特种介质输送以及矿山用阻燃和抗静电双抗管道，如高压增强热塑性塑料管道(RTP)、分子量超过200万的UHMW-PE、大口径PEX、特种材料、复合管道等工业领域有特殊需求的塑料管道品种。

——完善塑料管道系统的配套技术，在管件、阀门、检查井等产品上加强研发、推广力度，以提高管道系统的安全性和可靠性。

——推进降低塑料管道加工能耗和提高生产效率、加工自动化的工作。

2. 实施措施建议

(1)加强行业科技创新和技术进步，提高塑料管道系统的配套水平

引导企业积极研发新技术、开发新产品，提高产品附加值，走出低价竞争的误区，逐步实现产业升级换代。制定鼓励政策，加强国际交流，促进企业与科研机构合作，加强新材料、改性材料、复合材料、新型管道的研究、生产和配套工作，提高塑料管道整体或某方面性能，以满足特殊领域或特殊环境下应用的塑料管道系统需求，形成多样化的产品市场

(2)完善质量保证体系，引导市场健康发展

要加强行业自律，完善质量保证体系，健全质

量认证和监督制度。对企业的工艺装备、生产规模、检测手段和质量保证体系等提出合理化建议，配合相关单位加强对行业产品质量的监督抽查。企业应加强对用户的服务，协助用户选择最佳的产品。相关产品及工程项目建议实行质量承诺及保证制度。

对于涉及公共安全、人身安全的产品，应逐步建立、健全强制性的管理办法。

生产企业不应采取以低价作为进入市场的手段，要有长期的市场意识，注重产品质量、技术创新和后续服务与改进，为用户提供合格产品与服务。

建议应用领域制定合理的招投标管理办法，完善管理体制，能够通过合理的竞争机制，选用符合标准要求、价格合理的塑料管道产品。

(3)注重与上游行业的协调发展，促进行业发展质量提升

建议原料行业加快塑料管道专用树脂及混配料的研发和稳定生产，促进PE压力管道用混配料的国产化和多样化；开发PVC功能化树脂、接枝改性PVC树脂；推进大口径排水用高模量PP管道专用料的研发，尽快扭转我国专用树脂及混配料生产与供需失衡的局面。

促进助剂行业的技术进步，提高功能化助剂的技术水平，制定相关政策，加速推进PVC管道制品铅盐热稳定剂的替换工作。

促进装备业企业与加工企业间的合作，推进生产装备的技术改造，提高生产效率、自动化水平和塑料管道生产的稳定性。采用先进技术，降低加工能耗。

(4)加强对应用市场的服务，便于用户选好、用好塑料管道产品

行业应组织编制产品应用手册，积极培训工程技术人员，促进用户完善施工技术，提高塑料管道工程质量。要加强与用户行业的交流，普及塑料管道产品相关知识，利于用户选好、用好塑料管道产品。

生产企业还应成为整个管道系统的供应商，提供整体应用方案和全套技术服务。

(5)防止行业过热发展，鼓励形成大型产业集群

塑料管道行业目前的总体产能已经供大于求，因此不应过热发展、盲目扩大产能。

建议企业分析自身优势和市场方向，根据自身资源科学发展。特别是一些中小企业更应择优发展适宜产品，主动淘汰落后产能。鼓励行业企业合理兼并，逐步形成合理的大型产业集群，发挥规模化经营的优势，提高产业集中度，提高综合竞争能力。

(中国塑料加工工业协会塑料管道专业委员会　王占杰)

双向拉伸聚丙烯薄膜

2013年，绝大多数企业都鼓足了干劲冲刺年度的营销任务。但是，不少同行都明显感受到，BOPP行业目前正徘徊在冰谷挣扎向上，国内需求低于预期，销售情况并不乐观。

由于人民币“对内贬值，对外升值”，再加上欧债危机带来的经济震荡，使得生产成本不断攀升、产品销售气氛持续低迷、行业内恶性竞争越演越烈。不论是中小型企业还是大型企业，都难逃被收购、兼并和重组的命运。同样，对于同质化严重的BOPP行业，也面临着内外交困的尴尬局面。

一、对内要抑制盲目扩张，稳定市场。

根据今年行业报告的数据显示，中国BOPP全年的产能利用率只达到60%～70%。换句话说，行业全年有30%～40%的产能是闲置的，对于全国年产接近500万吨的数量来看，储存数量非常惊人，控制产能刻不容缓。

行业内个别企业的“技巧性”投资，直接导致行内其他企业陷入拼产能、拼成本、拼价格的漩涡。加强行业自律，稳定行业市场，对行业今后的稳健发展至关重要。

二、对外要积极开拓市场，另寻新路。

在经济全球化的时代，国外市场不再是可望而不可及。在引进国外先进设备和原材料的同时，我们也具备了开拓海外市场的能力。在内需消费疲软的情况下，寻求更广阔的的市场来消化庞大的剩余产能，短期内可以缓解燃眉之急。

虽然国内传统的BOPP是较低层次的粗放型行业，普遍以高能耗、高成本、高产能的基础型产品来换取市场，但是放眼海外国际市场，部分先进国家已经不再生产基础型的同质产品，而转向生产低能耗、低污染、高标准的功能性BOPP产品。

我曾到德国拜访一个客户，感触良多。一个家族企业，经过三代人的努力，经营了80多年，企业遍布欧洲。他们只做一件事，印刷及印后加工，可以从设计开始到提供包装成品，实现为客户提供全程解决方案的供应商，为奔驰、宝马、LV、香奈儿等品牌服务。在德国这样人工成本奇高的国家，这样的传统产业仍活得很滋润，靠的是做专、做精、不断创新。这启示了我们国内的同行，提升产品性能、转变生产模式是我们BOPP行业未来发展的方向。

备受内外压迫的 BOPP 行业，要在狭缝中求生存，方法其实是有很多的。

一、重视自己行业，尊重其他同行。

再一次呼吁，希望个别投资者能够对资本负责，加强自律，不要通过投线、投产的形式搞行业外的资本投资。当 BOPP 变成了融资的外壳，产品的质量自然不会提高，为了避免滞销，降低价格出售成为了这些企业的首选。对于真正搞实业做生产的同行来说，这是一种赤裸裸的伤害，也是对行业的摧残。

希望投资者在做投资的时候能够更加理性，对资本负责，不要以损害行业利益为代价。

二、淘汰落后产能，行业需要净化。

BOPP 从 20 世纪 80 年代引进第一批设备以来，已经有三十年的历史，旧有的设备已经无法适应现在的产业需求。企业要求发展，硬件设施就得提升。我们要舍得引进国际新设备与技术，要舍得放弃或转移落后产能的生产线。

握着毛笔写信的年代已经过去，3D 打印的时代已经开启，我们要跟上国际的大流就要坐上科技的快车，做高标准、国际化、环保型的 BOPP 功能性产品。

三、“创新”依然是 BOPP 行业转型升级，应对国际挑战的主旋律。

2001 年以来，德冠一直以“规模 . 核心技术 . 差异化博弈”为经营核心战略。这是德冠在 BOPP 行业同质化竞争激烈之时，结合自身核心战略，进行的全方位“创新”，其中包括：管理、体制、文化、商业模式等的创新。在坚持执行并不断深化、丰富其内涵的实践过程中，德冠在一定程度上摆脱了行业景气周期的影响，以德冠的节奏，一步一步走出德冠平稳、健康发展的道路。

在不断构筑德冠“核心技术”的过程，逐步形成具有德冠特色的“创新”综合实施战略，而“技术创新”就是其中的一个关键组成。为不断带动发展技术创新，德冠选择了以知识产权战略作为重要组成部分，这是企业在国内外激烈竞争中，不断提升核心竞争力的企业专利战略。

但创新离不开良好的社会环境，当中包括了良性竞争的行业和市场、鼓励创新的政策、保护创新和知识产权的法治环境等等。目前 BOPP 行业内的竞争已经上升到白热化阶段，为求个人利益，行业内各种挖人、抄袭、侵权频发，这严重损害了研发企业的利益，也扰乱了行业的秩序。

尊重同行的创新投入和创新成果，不抄袭、不侵权、不挖人，靠自身的努力追求企业的良性发展，每一位企业家除了要获取盈利，更应该有社会责任感和振兴行业的使命感，同行间要形成共同尊重和维护知识产权的良好氛围。

德冠经过多年的努力，已拥有八项发明专利，十项实用新型专利，一项在审发明专利，两项 PCT 国际专利申请，已获韩国等多国授权。在这些专利中，一项核心发明专利通过世界知识产权组织（WIPO）和国家知识产权局联合评选，荣获“第十二届中国专利优秀奖”，并获金奖提名，这是专利的最高奖，开创了 BOPP 行业获此奖项的先河。为了鼓励创新，我们打算将一条生产线单独列出来，专门用来做创新研发工作。

德冠稳步向前的事实证明，BOPP 企业实现可持续发展、实现企业盈利和中国 BOPP 行业良性发展的局面是可行的。

四、同行不是敌人，专业委员会是最好的沟通纽带。

“中国塑料加工工业协会 BOPP 薄膜专业委员会”是凝聚我们 BOPP 各企业的纽带，代表了行业的声音。众人拾材火焰高，希望可以通过专业委员会与政府协调，解决我们的一些困难。

1. 希望专业委员会能够帮助行业，发展出口业务。

这主要体现在出口退税方面，现有 5% 的退税实在难以吸引大量同行做出口的决定。要缓解产能积压的压力，出口的瓶颈是短期内较容易突破的，建议争取把出口退税提高到 9%；虽然进料加工是免税，但是对于企业效益来说，原来针对通用产品而定的 5% 海关损耗率已不能适应 BOPP 行业的发展需求，产品结构已经调整，我们应该争取向海关提出调高损耗率。

2. 遇到反倾销，希望得到行业和国家的补贴支持。

遇到国际法律纠纷，如果行业能够有资金方面的支持，或者以行业牵头集体应诉，在企业遇到困难的关键时刻拉企业一把，这有助于保持行业发展的稳定，也体现了行业抱团求发展的决心。

3. 加强联系，将行业数据透明化。

由于缺乏对行业市场的充分了解，盲目投资的情况仍然比较严重。希望专业委员会能够出一份可以充分反映行业产销情况的白皮书，帮助大家了解国内乃至国际 BOPP 行业的真实情况。

薄膜产品引领设备的发展，功能性产品引领行业的发展。各位尊敬的同行，虽然 BOPP 行业的前景是广阔的，但总是沉迷于梦里看花，盲目放大机会带来的效益，总有一天行业会因急剧膨胀的扩张而震碎。把握时代机遇，维护行业稳定，我们每个人都责无旁贷。

（中国塑料加工工业协会双向拉伸聚丙烯薄膜专业委员会　罗维满）

双向拉伸聚酯薄膜

【工作总结】

截止2012年12月底的不完全统计，国内包括在建BOPET生产企业共有77家，已经建成BOPET大小生产线117条，其中：小于8μm超薄膜线8条、8~75μm薄膜线77条、50~75μm中厚膜线23条、150~400μm厚膜和超厚膜线9条；包括在建的产能：10kt以下企业17家，15~50kt企业47家，50kt以上企业13家。

综观2013年，除了受宏观经济政策环境的影响外，行业面临综合成本上升、同质化竞争严重、出口总量占比下降的挑战；国内BOPET产能严重过剩(产能过剩率由27%上升至40%)、普通类产品约有近1000kt/a的供应过剩。从市场的生存背景看，到2013年底国内总生产能力达2256.7kt/a，预计至2014年底将近2900kt/a。普通类产品严重过剩而特种高性能产品短缺，产品结构性的矛盾问题突出。过去的一年，国内企业虽然积极寻求技术突破，期盼满足和扩大市场需求，市场及未来用途也在不断的增长中，但是，由于研发力量长期储备不足的原因，在2012~2013年的产能和需求之间先后出现供需失衡的端倪：库存大量积压——售价下跌不起——开机率逐渐降低的状况，目前已经演续到将通常的行业盈利空间压缩到零或以下，我国BOPET行业当下正处于历史上最低迷的时期。

一、专业委员会和企业的全年工作概况

1. 深度调查，全面掌握行业装备和运行情况

1月18日专业委员会向各薄膜会员单位下发行业、企业生产经营情况调查表，调查内容包括近年来的生产装备、产品变化、产销量、价格与成本，以及市场可以接受的程度等方面，力求达到说明行业发展中存在疾患问题的所在，能给政府和企业提供真实的资讯，以争取得到相关管理部门的政策支持和协助企业完善自行的经营机制。结合问卷调查我们还多次去相关企业实地勘察交流。

3月28日，行情调查的初步结果在杭州工作会议上作专题报告。会后，行情调查分析又作进一步的核实整理，6月19日，调查分析报告正式上报中国塑料加工工业协会。6月27日下巡江苏常州钟楼经济开发区的中央办公厅调查组了解相关调查内容。7月15日，中国塑料加工工业协会拟标题《严重过剩的双向拉伸聚酯薄膜产能亟需调控》(编号：塑料1304信息报送单)上报中国轻工业联合总会等上级部门。

2. 逆流而上，企业奋力挑战严酷的困境

5月、7月、10月，台风暴雨分别侵袭汕尾、苍南和余姚地区，使汕头海洋、浙江强盟和宁波舜塑的部分生产设施浸没水中，影响停产7~15天，直接损害财产在100~500万元。这些企业组织员工积极抗灾，努力恢复生产，把损失尽量减少到最小。

面对普通类产品过剩，特种高性能产品短缺的经营困境，不少企业不仅眼睛向内，挖掘潜力，推进内部的精细化管理，而且在追求技术进步，加强研发投入，开拓产品新市场、新用途方面下足了功夫，万华、紫东、富维、翔宇、双星等企业的产品品种和产品功能都有不同程度的改进和提高；江苏裕兴、杭州大华、四川东材、仪化东丽和杜邦鸿基的经营效益都有不俗的表现，2013年有的企业完成的税利比较2010年还有10%的增长率。

据了解，道康宁的有机硅产品和上海川野的耐高温轴承的市场拓展都有亮点。

3. 积极应对美国对华聚酯薄膜反倾销日落复审

2013年10月，美国商务部国际贸易委员会(简称ITC)按美国法律对我PET薄膜进行反倾销的日落复审，即再次对我国PET薄膜行业作反倾销调查、复审。调查结果将涉及对我国PET薄膜行业是否继续实行5年反倾销制裁的问题。

6月26日，专业委员会在上海富建大酒店召开专题会议，邀请瑞美律师事务所到会介绍相关情况和解释相关疑问。7月1日，向会员企业发放应对反倾销日落复审的征询意见。8月31日，杭州工作会议听取并汇总各方面的意见后，决定撰写报告向商务部和工信部寻求政府支持。8月13日与12月27日，专业委员会代表专程赴北京会晤商务部进出口公平贸易局领导。12月3日，中国政府在相关企业的支持下，针对美国在反倾销调查和复审中，存在不当适用目标倾销方法、拒绝给予企业单独税率、不当适用不利事实推定等一系列与世贸规则不符的做法，错误认定中国产品存在倾销并夸大倾销幅度等问题，在世贸组织正式启动争端解决程序。中方起诉的4起典型案例包括美国对华聚酯薄膜产品的行政复审(其他为油井管、铜版纸、钢制高压气瓶3种中国产品的反倾销调查)。我们正期待通过中国政府向世贸组织起诉的方式，可消除中国出口企业在美国反倾销调查中遭受的这一不公正待遇，降低企

业被认定存在的倾销税率(或被不合理地征收反倾销税)。

4. 开展行业内外的信息交流

行业内外的信息交流主要依靠走访交流、会议交流、内部信息、网站交流和展会交流。

①专业委员会年度工作会议于2013年3月27～28日在杭州天元大厦召开，26家企业的42位代表参加了会议。会议对专业委员会2012年工作进行了总结，并提出2013年工作计划；秘书处向大会报告了行业深度调研的汇总报告，并与企业分享行业相关数据统计；会议还就BOPET市场及原料行情和未来走势、行业相关配套领域的最新动态进行了交流。

2013年7月30～31日，中国塑料加工工业协会BOPET专业委员会2013年上半年工作会议在杭州天元大厦召开。19家行业单位的26位领导参加会议。秘书处向会议报告今年上半年行业的经营情况和下半年已经出现和正开始变化的经济形势，内容包括2013年行业产能规模现状和上半年行业新产能释放、进出口数据分析以及行业经营情况调研(开工率、利润率、库存)等。秘书处还向会议通报美国对华聚酯薄膜反倾销日落复审相关情况。与会代表对当下及未来原料、薄膜市场情况进行了交流和探讨。

②6月3日去宁波金源，11月29日去青岛顺德，12月18日去东营胜通现场走访。与各家掌门人共同分析了市场现状和发展趋势，畅谈技术创新、市场培育和促进行业健康发展的期望。

③专业委员会秘书处和部分企业代表参观了5月20～22日2013第十四届国际橡塑展(广州)，参观了6月4～6日高性能薄膜展览会(上海)和12月4～6日国际标签展览会(上海)。在橡塑展上，行业企业杭州大华塑业有限公司、江苏双星彩塑新材料股份有限公司和青岛顺德塑料机械有限公司的展位受到业内人士的关注。在标签展会上，中山泓溢薄膜科技有限公司和云梦德邦实业有限公司(湖北文邦塑业有限公司)的产品引起用户的兴趣。

④专业委员会领导和秘书处受邀请11月23日和11月27日参与中国塑料包装工业高新技术与绿色包装论坛(厦门)、中节能实业有限责任公司内部的行业研讨会(石狮)，与会发言介绍聚酯薄膜发展的近况、困惑以及专题拓展论述得到会议的好评。10月30～31日在青岛济州参加塑协新材料新技术新成果论坛会和参观中科昊泰科技有限公司交流了关于光学薄膜和隔热保温膜方面的信息。

⑤秘书处在多方搜集资情的基础上撰写了热收缩膜的专题资讯报告；先后撰编内部参考使用的《行业信息》(电子版)6期，撰编文字版内部刊物《聚酯薄膜资讯》(沪K字第0704号)直接反映与聚酯薄膜发展密切相关的资讯。

⑥中国BOPET网开通至今已近五年，2013年1月新版“中国BOPET网”正式上线，重点建设“行业产品导购”“行业新品”“行业配套”等栏目，及时介绍行业内新的产品种类和应用，以及行业配套新产品，为企业提供新产品宣传和展示平台。同时为行业生产企业寻找原料、专业设备、辅助材料、备品备件等提供便利。

5. 完成上级协会布置的相关工作

3月，接受上海商务委公平贸易处关于涉案倾销调查问卷，协助政府管理部门进一步了解和沟通聚酯薄膜经营和深加工方面的信息。

4月，按国家相关管理要求，与中国塑料加工工业协会签署“网络管理责任书”。

6月，按协会秘书处的要求，协助完成5A协会评审的相关资料，特别是整理编写了聚酯薄膜行业参与反倾销方面的内容。

12月，《聚酯薄膜资讯》作为行业交流的内部刊物向上海市新闻出版局办理连续性内部资料出版物准印申请获批准，准印批号为K第0704号。

6. 发展增加新会员2家单位

以生产BOPET薄膜生产线的过滤碟片为主要产品的杭州德轮科技开发有限公司和拟建5条聚酯薄膜生产线+聚酯膜切片的福建百宏高新材料实业有限公司主动提出书面申请加入专业委员会。

二、行业全年经营工作的体会

产品价格由高转低的剧烈变动说明了薄膜供需关系的变化：薄膜曾经出现供不应求时，其售价就上涨到价值以上；当前供过于求时，其售价必然下降到价值以下。这种价值与价格所引起的市场涨跌变化，完全印证了薄膜市场的价值规律，显现出盛衰交替、盛衰相互孕育、盛极生衰、衰极生盛的真相。

水无定势，水无定形。产能过剩，充分说明行业的供给能力尚不能适应和满足市场的需求变化，过剩，既是市场竞争的结果，也可以作为行业从成长期进入成熟期的开始。本来，商品世界里没有最好，只有更好；任何商品的前后替代，都受制于生产成本降低、产品功能提升、外观质感改善和售前售后服务推动等诸多方面的原因。

三、专业委员会工作存在问题和改进方向

思路决定出路，调控行业的供给总量，要从意识和政策方面开始转变。

1. 行业人的意识必须适宜已经变化的行情：

①投资人或经营人需要提高市场的前瞻眼光，

清醒认识到，供给总量快速增长和成本比较优势的发展模式难以为继；②企业在投资前或经营中需要有技术管理方面的准备，要追寻扩大产品的终端应用和引导市场的需求适应面，尽可能地利用和消化过剩产能。不然，一旦行情波峰出现时，大家都不约而同地提高装置运转率，而过度增加市场供应量势必打压价格下行；遇到波谷时，又只能被动地低价倾销或降低开工率来减少损失。长期下去，就会演变成行业的顽症——行情好时盈利不多、行情差时亏损增大。

2. 行业转变亟需政府、银行界的“错位支持”：

① 防止行业产能过剩情况继续恶化，政府部门尽量做好“有保有压”工作。“保”，支持企业研发体系建设，支持整体水平的技术改造。“压”，有力反击低价倾销的行为，适当关停、淘汰部分普通类品种的生产能力，减少严重过剩产品的应市；②政府、银行界扶持重点企业的关键环节可放在专业队伍经营、新技术新工艺研发和培养完整的海内外销售力量上。

【工作计划】

面对当前中国 BOPET 行业的发展困境，我们必须寻觅差距、专攻术业，倡导创新发展、反对同质化产品的无序化竞争，将投资和外贸推动的经济模式尽快向创新驱动和需求拉动的方向转变作为行业未来工作的着力点。正如十八大报告提出的那样“要实施创新驱动发展战略”。

2014 年专业委员会工作将立足行业需求，根据行业特征，结合协会特性，考虑共性兼顾个性，在服务上多下功夫。继续通过文编、网站等形式向企业提供宏观政策、行业动态、新产品新材料新技术新设备等方面的资讯；加强与科研院所等研究机构的技术对接与合作以及上下游产业链的沟通与交流；积极倡导并推动产品创新，鼓励企业以差异化发展走出产能相对过剩的困境；做好新入行企业的服务指导工作，促进行业共同发展。

1. 组织技术研讨会寻求新的生产增长点

为促进行业在激烈变化的市场经济中，抓住转型期机遇、调整产业结构，化解因同质化产品供应过剩而加剧的恶性竞争，努力遏制过剩产能造成的资源浪费，2014 专业委员会将尝试组织相关的技术研讨会，重点探讨行业新材料、新工艺、新设备方面的技术发展趋势以及最新研究成果，以达到拓展思路、共谋发展的目的。

计划在 3 月初，专业委员会的年度会议期间，邀请部分专家介绍行业产品的发展方向和研究热点。7～8 月，组织一次“聚酯薄膜行业的技术合作和纵深发展”的研讨会，主题凸显“规模、专业、层次 + 政策”，包括宏观政经层面、薄膜加工技术层面和薄膜行业配套的层面。研讨会将邀请各会员单位的领导、技术和市场负责人、国内聚酯薄膜行业产业链相关单位(生产装备、备品备件、辅助材料及下游用户等)、大专院校、科研院所等相关人员参加。

2. 组办行业新加入企业专项交流会

计划在 3 月底 4 月初，组织一次新加入企业座谈会。会议内容有行业协会介绍(行业演变历史、职能、服务项目、工作章程等)以及行业产品、行业配套、行业市场现状、进出口情况、行业发展的机遇与挑战等。会议除了介绍之外，还将根据需要组织参观工厂、了解企业业务培训的需求问题。会议将邀请正在上新生产线的以及已计划上线的企业领导参加，同时邀请理事长、副理事长以及部分老企业代表参加。

希望通过交流活动能对新生产线上马可能遇到的困惑，给予适当的业务性指导；让新企业了解各类产品在各区域的售价动态和变化趋势，避免不顾质量信誉、不顾产品成本的低价倾销行为的发生；让新入行企业尽快了解行业产能、市场、技术、产品进出口以及相关呈现的结构性矛盾方面的信息，能够比较平稳地融合到当前普通类产品过剩，特种高性能产品短缺的经营环境。尽可能的组织行业同仁一起去共同适应和推动整个产业的良性发展。

3. 组织上下游企业的协作联谊会

“闻道先后，术业专攻”。聚酯薄膜产业被隐藏分割成很多独立的个体，整个产业链能得到有序分割，是聚酯薄膜稳妥发展的外界保障。我们尝试借用市场的“无形之手”、并辅以企业自身发展的规划来调控整个产业链，力求让其健康有序而无过多约束地发展。

2014 年，专业委员会将完善行业配套企业资料库建设，加强与行业配套企业的对接，同时加强与下游用户的交流与沟通。计划在适当的时候举办上下游企业的协作联谊会，以及组织部分企业去生产装备、备品备件、辅助材料生产企业参观，了解上游生产各环节特点和提出我们的需求；还将组织部分企业到涂覆、镀铝、彩印、模内装饰等下游用户企业参观，切身了解用户对薄膜生产的发展期待。

4. 开展“产学研”对接，推动科技成果转化

技术创新的主体虽然是企业，但目前行业各自企业积累的生产经验和提升产品技术的研发力量相对薄弱，尤其在单独进行颠覆、牵引、持续和追赶形式的新产品研发时更有难度。

专业委员会计划在征询摸底的基础上，尝试开展"产学研结合"对接活动。先对企业需求进行摸底调查收集，同时对各科研院所的相关研究成果进行深入了解，并寻求中国塑料加工工业协会专家委员会、中国塑料加工工业协会改性塑料专业委员会的支持，在条件成熟时举办"产学研结合"洽谈会，加快科技成果转化。

5. 进一步加强行业标准化工作

标准化程度是衡量一个行业进步水平的重要指标，谁掌握了标准的制定权，谁就掌握了市场的主动权和解释权。我们除了进一步加强采集国内外相关聚酯薄膜产品标准，还将积极配合上级协会、联合行业生产企业、结合下游特定的客户群体等，按产品需要理清和建立行业自己的标准体系，首先形成热转印碳带基膜、热封膜，以及亚光膜、复合预涂膜、电容器用膜、激光防伪膜的产品标准的制订。

针对目前行业基础通用标准和产品、方法、管理标准缺失、滞后所带来产品同质化竞争的事实。专业委员会需要制订本行业中长期的标准规划及2015~2016的近期修订计划，形成聚酯薄膜的完善体系，提升产品标准化给行业推行的整体质量效应。

6. 筹备行业协会成立15年庆

中国塑料加工工业协会聚酯薄膜专业委员会于1999年12月自愿申请成立，2004年9月1日被国家民政部准予社会团体分支机构登记(民社登〔2004〕第491号)成立以来，至今已经走过15年的发展历程。为了进一步宣传和展示行业15多年来的工作，扩大行业的社会影响力，提高行业的社会声誉，增强全行业从业人员的责任感和使命感，引导行业同仁勇于进取、不断创新，推动整个行业的健康发展，建议3月启动协会15年庆筹备工作，建立领导小组，明确工作内容和进度。(提交年度会议讨论决定)

(中国塑料加工工业协会BOPET
专业委员会　王德钧)

泡沫塑料 EPS

【行业现状】

2013年是中国EPS产业历经外保温防火问题影响全面复苏的一年。阻燃EPS白板用量因消防局65号文的取消出现反弹，以石墨板、热固性EPS板、EPS模块体系为代表的产品开始在国内广泛应用，为行业发展注入活力。

虽然EPS建筑用量出现一定反弹，总体用量有所增长。但仍有部分负面因素限制了产业更快发展。一是今年各地新建建筑量增速放缓，市场增长速度低于EPS行业扩充速度。二是外保温防火问题的后遗症，特别是EPS今年在彩钢领域的不佳表现给公众和媒体更多的留下了"EPS不防火"的印象，并直接对EPS在外保温方面的应用产生不良舆论导向。三是各种新材料对传统白EPS薄抹灰应用市场产生冲击。

2013年EPS市场特点体现在资源进一步集中到那些注重研发、率先采用新技术、产品具有品牌影响力的企业中，小企业开工率普遍偏低，优胜劣汰推动行业规范化发展，提高了下游企业的生存门槛，对全面提升行业整体产品质量产生积极的作用。

根据EPS专业委员会统计，2013年国内EPS制品用量为2426kt，比去年同期增长14%。2013年EPS树脂产量达到2670kt，出口量260kt，原材料产能达到6625kt，企业数量近万家。全行业呈现平稳快速发展态势。

【专业委员会活动】

一、深入行业调研工作，积极开展地区性座谈会

针对行业发展需求，专业委员会积极组织专家赴各地了解企业生存状况，在EPS企业集中的区域，以召开地区座谈会的形式，同企业近距离沟通交流，为企业发展出谋划策。今年针对行业热议的节能减排问题，专业委员会连续走访辽宁、吉林、山东、河南、天津、黑龙江、广东、新疆等地，组织地区企业座谈，搞培训。

二、积极面对产业政策调整，有效起到纽带作用

专业委员会作为政府和广大企业之间联系的桥梁和纽带，起到上情下达，下情上达的作用。既要把最新的国家政策传达下去，得到广大企业的理解和支持，推进各项工作的顺利开展；又要把企业的呼声反映上来，为政府决策提供依据。

应住建部的要求，专业委员会今年走访天津、上海、江苏、山东、河南等地的原料、板材、外保温系统施工单位，了解EPS石墨料使用情况。为石墨EPS顺利加入国标保驾护航。

三、加强国际合作交流，提升中国EPS产业影响力

作为EPS行业对外交流的窗口之一，专业委员会积极开展形式多样的工作，提升中国EPS产业在全球的影响力。恰逢三年一届的K展在德国召开，专业委员会积极组织行业内企业赴德参展、观展，收到了良好的效果，极大地提升了中国EPS产业在国际上的影响力。

四、强化信息集成，开展形式多样的宣传工作

作为一个时刻为行业服务的团体，EPS 专业委员会通过展会、网站等多种途径，为广大企业发布市场、科技等行业信息，提供交流平台，对 EPS 产业健康发展起到了积极的导向作用。

作为 EPS 行业年会的重要组成部分，EPS 展览会汇集了同时期国内 EPS 原料、制品、设备、应用等方面的最新科研成果和技术。除此之外，专业委员会又组织企业参加“中国橡塑展”，“保温材料与节能技术展览会”，为企业寻求商机提供可靠平台。

五、加强协会自身建设，树立行业典型企业

本届专业委员会换届改选两年多来，我们在服务会员、上听下达、信息共享、活动组织等方面做了一些工作，但在工作的过程中，我们也深感到自身的服务离企业的要求还有一定距离，有很多不尽人意的地方，特别在很多地区，由于缺乏当地企业的支持，导致专业委员会工作开展的捉襟见肘，难有起色。针对这个问题，今年专业委员会连续走访了全国多个地区，将各地会员当中一批热心行业工作、有影响力、有代表性的企业纳入常委会当中来。

为了提高 EPS 行业、企业知名度和整体素质，发挥地方龙头企业示范效应，促进中小企业做大做强，推动行业发展、科技创新和产品质量的全面提高。根据 EPS 行业特点和实际情况，专业委员会今年在会员范围内开展中国 EPS 行业年度“影响力企业”评选工作。根据中国塑料加工工业协会要求，评选全程不收取任何评审费用。对于候选或参评企业，专业委员会基本做到上门了解情况，对于无法登门考察的企业，专业委员会也会委派当地副主任、常委单位代为走访了解，确保当选或获评企业一定是在地方有实力、影响力的规范企业，为行业树立了一批良好的榜样。

【重点企业】

见龙机构始建于 1973 年，1976 年确立核心产品——可发性聚苯乙烯，并在高雄建立年产 40kt EPS 工厂。20 世纪 90 年起，见龙机构陆续在宁波、江阴、东莞、天津、克拉玛依、盘锦建立 EPS 生产基地，至 2012 年底总年产能力将达到 200 万吨，见龙机构也将因此成为全球最大 EPS 制造商。

无锡兴达集团创建于 1992 年，是专业生产可发性聚苯乙烯树脂(EPS)的大型民营塑化企业集团。旗下“锡发牌”商标为中国驰名商标，产品畅销全国 30 多个省、市、自治区，远销欧洲、美洲、大洋洲等 20 多个国家和地区。现在兴达集团总产能已达到年产 EPS 800kt 的规模。生产规模雄居“世界前三、中国前列”。

中国海景控股有限公司专注于为电子信息行业提供包装服务，在青岛、合肥、惠州等地设有主要生产基地。公司主要业务是为国内大型家电集团(海尔集团、美的集团、TCL 集团、长虹集团、澳柯玛集团、海信集团、长虹美菱等)提供包装制品和结构件制品的配套服务，在中国家电缓冲包装行业中具有市场领导地位。

上海大道属新加坡上市公司——大道工业集团在中国的旗舰公司，主要经营业务为包装、隔热、汽车零部件及其他发泡塑料的应用，Apple、HP、松下等国际知名的企业均为大道客户。公司在行业中一直以优质产品及领先技术著称，成功服务于多个领域，诸如建筑保温、工业保温、电子产品、包装、物流和汽车行业等。

【新产品开发】

亚士创能公司研发的真金板是运用高分子技术，结合多学科跨领域创新合作，创造出的特点鲜明、性能稳定的防火保温板。它具有有优异的保温性能，防火性能可达 A 级不燃。其应用了跨领域、跨学科的高分子技术，完全抛弃了原有 EPS 等材料的分子改性，或添加阻燃剂的路径，引入全新的防火概念。有机高分子在受热膨胀过程中带动无机分子向边缘运动，最终形成蜂窝状隔离仓，使每一个有机大分子的颗粒形成相对独立的防火个体，从而有效阻断了热量的传导和火焰的传播，达到了“准不燃”的效果。市场效应良好。

【存在问题】

2013 年的中国 EPS 产业保持了稳定的增长速度，但在发展过程当中的隐患不可忽视。

一、苯板自身由于产品业已成熟，在技术层面改性升级的空间不大，加之新材料、新产品层出不穷，对产业会造成一定影响。

二、彩钢领域面临消防严控，但即便如此，中小火灾仍层出不穷，虽然部分地区的彩钢仍然宣称供不应求，但照此形式发展，EPS 彩钢领域发展并不被看好。

三、EPS 行业在经历防火标准风波之后，社会各界对 EPS 使用安全性疑虑还未完全消除，在这一背景下，任何一起产品质量事故将会对 EPS 行业带来灾难性的后果。因此规范市场秩序，加快诚信体系和行业规范建设，加快行规行约建设，共同抵制伪劣产品充斥市场，坚决抑制以非阻燃板冒充阻燃板的现象，避免造成行业负面影响，是事关 EPS 行业健康发展头等大事。

【发展趋势】

一、大力推动创新驱动发展。

根据中塑协出台的《塑料加工业技术进步指导

意见》，其中功能化、轻量化对 EPS 发泡行业尤为重要。《意见》列出了新产品开发、关键共性技术、新技术、新工艺、新设备、新材料重点项目，涉及 EPS 行业的有无阻燃剂保温、隔热、耐温、阻燃新材料；天然环保高性能阻燃材料体系；无卤阻燃抑烟 EPS 材料；土木工程 EPS；新型建筑节能复合保温材料及节能体系（石墨 EPS 复合模块建筑节能）和材料改性等。由于我行业小企业多，技术力量薄弱，因此应加大上下游产业链，如原料、装备、阻燃材料，生产企业和建筑施工单位联合攻关，协同创新。

二、坚持资源节约型、环境友好型、科技创新型发展战略，大力推进绿色发展、循环发展、低碳发展和清洁生产。

这里重点强调要加强 EPS 产品的回收再利用，减少废弃物排放，在这方面已有成功经验，如利用废弃 EPS 制品生产画框、相框等产品，有效实现了废弃 EPS 高值利用和循环利用。海洋垃圾污染已引起全球关注，海洋垃圾中 EPS 占较大份额。中塑协签署了“全球塑料协会关于海洋垃圾解决方案的联合声明”，承诺与世界同仁一道，联合各国政府和非政府组织、研究机构为解决海洋垃圾等环节问题做出贡献。我行业更应为此作出努力和贡献。

三、围绕 EPS 开发新产品和开拓新的应用领域。

加快完善和推广石墨极 EPS、热固型 EPS、EPS 模块等，组织行业力量解决 EPS 彩钢板阻燃问题，重塑彩钢板市场信誉。加快行业标准的制修订，专业委员会与标委会共同研究，落实制标任务，尽快开展标准制修订。同时组织行业认真落实标准的贯彻和执行。要积极配合质检部门和建设单位在行业开展质量监督，打击伪劣产品。

四、重视物联网在 EPS 产业中的应用

伴随着计算机、互联网等技术的高速发展，信息化已成为企业获取竞争优势不可或缺的途径之一。目前，中国的 EPS 行业信息化总体水平仍处于发展中的初级阶段，部分 EPS 企业采用 ERP、MRP 等系统，实现了信息在企业内部的有效共享，但是在资源利用效率等方面仍与发达国家存在明显差距。

随着国内外对 EPS 需求的不断增减，产业链上下游企业间的互动更加频繁，现有的管理手段将跟不上企业的发展。而物联网技术的融入将对 EPS 行业信息化起到极大的促进作用。智慧工厂、智能设备模式不仅能降低企业生产设备的故障概率、设备维护的时间和成本，降低单个企业信息系统的实施成本，而且通过产业链上下游企业间的数据互动，满足产业链的协作需求，提升产业链的生产效率，增强产业链整体市场竞争力。

（中国塑料加工工业协会泡沫塑料 EPS 专业委员会　王庆圆）

硬质 PVC 发泡制品

【行业现状】

一、行业产能与生产规模

据中国塑料加工工业协会硬质 PVC 发泡制品专业委员会不完全调查显示，2013 年硬质 PVC 发泡制品行业总体处在一个良性发展的态势，去年产量比上一年的 550kt 略增达到 600kt。用户购买新型硬质 PVC 发泡制品生产线的比例在扩大，和其他生产 PVC 制品的设备相比，如 PVC 型材设备、PVC 塑木设备等，用于生产 PVC 发泡制品的设备、模具的销量有明显的增长。许多企业扩大产能，出现了一大批产能和产量超万吨的企业。近两年，我们硬质 PVC 发泡制品行业，产能就增加了 30 多万吨，行业正处在快速发展中。

二、产品市场与开发

前些年国内一些硬质 PVC 发泡制品的生产企业以出口为主，出口量比较稳定，售价也比较高，企业发展较好。近年来国内的市场也在稳步增长，传统的用于广告、装潢业的 PVC 发泡板材等产品，虽然销售价格有所下降，产品利润由暴利转向微利，但销量增加较快。用于建筑模板、家具行业及室内外装修的硬质 PVC 发泡产品，随着行业的技术进步，也有了较大的增长。近两年生产硬质 PVC 发泡制品的企业都积极在研发新产品，利用 PVC 发泡制品本身的性能和成本优势，积极扩大和占领不同的产品应用领域：比如窗台板、各种装饰线条、装饰板等等，为扩大企业的生产和销售规模奠定基础，并取得良好社会和经济效益。

三、运营状态

2013 年 PVC 树脂价格一直在低价位徘徊，2013 年全年 PVC 树脂价格平均低于往年同期水平。其他辅料、助剂等价位与往年基本接近。2013 年行业内绝大部分企业都有了不同的利润空间，企业运营压力减轻了许多。

进入 2013 年下半年以后，房地产业的强劲复苏带动家庭装修行业、家具行业的需求旺盛，给生产硬质 PVC 发泡装饰型材、板材的行业内企业提供了很好的发展机遇，不少企业进入满负荷生产状态，市场销售稳定。

2013 年行业总体综合状况基本良好，市场在稳步回升，2013 年行业总体平均盈利水平超过 2012 年平均盈利水平。产品质量总体上升。伴随 2013 年行业总体平均盈利水平的提高，诸多硬质 PVC 发泡制品生产企业对企业的设备、模具进行更新或扩大产能。行业中的设备厂、模具厂迎来新一轮的热销；重点助剂企业的销量也有一定幅度的提升。

当然，由于房地产行业受国家宏观调控的影响，部分硬质 PVC 发泡产品延续去年市场较为低迷的态势，市场回升速度并不明显。一方面由于国内外的政策因素影响使市场竞争更为激烈，另一方面由于国内劳动力成本不断上升，本身处于微利的一些产品受到了较大影响，部分企业不得不靠减产、减人来减亏。然而，一些符合国家发展政策的产品却并未受到影响，特别是一些新兴的产品还保持了较快的发展速度。

总之，硬质 PVC 发泡制品是节能环保新材料，已得到全世界所公认，它又符合国家鼓励发展的产业政策，可以大量替代木材，并且是目前替代木材性能最好的材料，有很好的发展前景。因此，我们行业内的企业，要大胆创新，要不断扩大我们产品的用途范围，要持续提高产品的工艺技术和质量水平，这样硬质 PVC 发泡制品的市场将会越来越大，受房地产市场的影响也逐步减小，实现稳定发展。

【行业热点】

为了促进 PVC 发泡中空格子板产品健康发展，在行业标准制定计划得到国家有关单位批准后，专业委员会组织了相关企业进行《硬质 PVC 低发泡中空格子板》行业标准的制定，并于 2012 年 12 月通过国家发改委批准正式发布，该标准将于 2013 年 6 月 1 日正式实施。该标准在一定程度上能约束质量差的产品进入市场，规范了该产品的市场行为，为行业的健康发展提供了基本保障。

【专业委员会活动】

一、成功召开 2013 年年会及技术交流会

专业委员会 2013 年年会暨技术交流会于 2013 年 12 月在湖北黄石市政成功举办，参会人员近四百人，并且黄石市刘圣华副市长、中国轻工业联合会常务副会长/中国塑料加工工业协会钱桂敬理事长、住建部科技发展促进中心高立新处长、中国塑料加工工业协会曹俭常务副理事长、硬质 PVC 发泡制品专业委员会徐斌理事长、黄石市经委领导等领导亲临现场，并发表重要讲话。年会还对专业委员会的发展进行了总结，也对专业委员会今后的方向做出了具体指示。会议还邀请了国内知名硬质 PVC 发泡行业专家进行了专题讲座，从硬质 PVC 发泡制品生产的混料设备、挤出设备、加工模具、原料配方、生产工艺等多方面对硬质 PVC 发泡制品生产的关键技术及技术创新进行了分析，为提升行业整体技术水平起到了很大的作用。每位专家讲解后，都对各参会代表提出的问题进行了合理解答，为各企业在生产制造过程中遇到的问题提供了一些解决方法。

二、专业委员会建设

1. 充分利用协会及专业委员会的资源优势，为企业提供全面服务

配合中塑协，根据中国轻工业联合会于下达的《关于 2013 年度中国轻工业联合会科学技术奖励申报工作的通知》，组织会员企业积极参与，征集行业内优秀科技创新项目，参加中轻联科学技术奖励申报。根据中国轻工业联合会“关于组织申报 2013 年度轻工企业管理现代化创新成果的通知”(中轻联科技[2013] 110 号)，组织会员企业申报 2013 年度塑料行业企业现代化创新成果申报。根据商务部、国务院、国资委于 2009 年 5 月发布的《关于行业信用评价工作有关事项的通知》(商秩字[2009]7 号)要求，在中国塑料加工工业协会的指导下，根据企业具体情况推荐企业参与“中国塑料行业企业信用等级评价”，使行业内企业获得“3A 信用等级”评价。根据企业发展需要，指导企业进行研发中心建立的申请材料编制、报批、评审等工作。

为做好塑料行业品牌建设工作，增强企业竞争力，专业委员会配合中塑协，组织相关会员单位进行“轻工企业品牌培育管理体系先进企业业”和“轻工优势品牌产品”的申报。有的企业已被择优推荐上报到中国轻工联合会。积极组织会员企业参加《申报 2014 年度国家级重点新产品计划项目》活动，把符合条件的企业推荐给中塑协，申报重点新产品和战略性创新产品。组织推荐行业内会员企业参加中国工业企业品牌竞争力评价工作，推荐本行业优秀企业填写相关材料，上报中塑协。按照中塑协要求，组织行业会员企业填写申报材料，参加中国轻工业联合会《关于开展 2012—2013 年度全国轻工业卓越绩效先进企业推荐表彰工作》，并根据申报单位和本行业实际情况排序并拟出推荐意见。

2. 完善专业委员会网站，及时更新网站内容，提升行业宣传力度

专业委员会网站可以快捷方便的为行业相关企业服务，也是广大会员交流平台。为了提高网站的服务质量，专业委员会及时对网站的“重点报道”及“行业动态”等项目进行更新，以便会员单位能及时了解到相关信息，同时还利用网站的“产品介绍”、“推荐产品”及“广告宣传”等栏目为会员单位的产品进行宣传。并且，还收集国内外相关技术资料补充

到网站的“技术资料”、“行业标准”等栏目内。

3. 积极发展会员，壮大专业委员会队伍

通过网络宣传、行业走访、提供专业技术支持、提供政策及信息服务等多方面来积极发展会员，为本专业委员会逐渐壮大打下了坚实的基础。

【重点企业】

硬质PVC发泡制品生产企业主要分布在广东、山东等地区，硬质PVC发泡实心板产品生产技术成熟，广东广洋高科技股份公司等公司是该产品的代表企业；PVC发泡中空板是最两年才开始大批量投产，主要分布在上海、江浙一带，规模较大的企业设计产能都在20kt/a，产值可达人民币2亿元/年；PVC发泡建筑模板经过两年发展，2013新增50多条生产线，新增产能约1000kt以上。

1. 山东博拓塑业股份有限公司

山东博拓塑业股份有限公司始建于2006年，2010年9月在原沂源县伟锋橡塑有限公司基础上改制为股份有限公司，公司总占地面积100000m^2，注册资金500万元人民币，固定资产4500万元，是一家集研发、生产、营销为一体的现代化PVC发泡板材的生产企业。

公司生产的PVC微发泡板材，产品规格品种齐全，是以塑代木、以塑代钢的新型绿色环保材料，具有防潮、阻燃、隔音、隔热、吸音、保温、不变型、无毒、美观、抗老化、能力强等优点。并具有同木材一样的加工性能，可锯、可刨、可开孔、可钉、可上螺丝、可粘接，而且具有木材没有的热黏合、塑料焊接等加工方法，是一种符合国际标准的新型装修装饰材料。

公司现有职工230余人，其中大中专毕业生150多人，拥有一支高素质、事业型的管理团队，秉承“敬业、创新、务实、严谨”的企业精神，不断加强内部企业管理，完善全面质量管理体系，推行“5S”管理法。在国外，产品已辐射美国、印度、俄罗斯、欧洲、南美、中亚、非洲等国家和地区；在国内，产品辐射各省区市。未来的山东博拓，将成为集研发、生产、营销、国际贸易为一体的大型专业PVC发泡板材生产基地。

该公司2010年与青岛科技大学开展产学研一体化合作，建立了“教学实践基地”和“工程技术科研中心”，2012年组建“青岛科技大学博拓实验室”，为公司的科研创新提供了人才保障。

该公司2012年成为国家高新技术企业，公司已申报专利35项，其中已授权发明专利2项，实用新型专利22项，11项发明专利全部初审合格进入实审阶段。公司已通过ISO9001：2008质量管理体系认证、GB/T 24001—2004/ISO14001：2004环境管理体系认证和OHSMS18001职业健康安全管理体系认证。

该公司2012年实现产值约10196万，利税1690万，2013实现产值18650万，利税3080万。

2. 宝天高科(广东)有限公司

是外商独资高科技企业。公司投资总额达3000万美元，占地面积61441m^2，专业研发、生产PVC发泡板、PVC发泡型材、改性工程塑料。

宝天高科(广东)有限公司座落于风景优美的国家级开发区——广州经济技术开发区，毗邻广深高速公路。聘请了行业内知名教授和技术专家组成公司专家委员会，与中国塑料加工工业协会、广东省塑料工业协会有着紧密的技术合作关系，确保了产品在行业内的主导地位。

公司引进了国际上最先进的生产设备及加工技术，建成了国内最大的PVC发泡板材生产基地，年产能力达30000t。品种包含自由发泡和塞路卡结皮发泡，厚度范围为1.5～30mm。产品广泛应用于家具、广告、建材、装潢及工业应用等领域。

该公司2012年销售收入22245万，利税1281万，出口1167万，出口占销售收入52.4%。2013年销售收入25972万，利税1561万，出口13438万，出口占销售收入51.7%。

3. 章丘桑园塑料有限公司

章丘市桑园塑胶有限公司(简称“桑园塑胶”)成立于2001年，位于山东省济南市。是一家专业生产销售PVC发泡板、雪弗板的厂家。主要产品有：PVC板、发泡板、塑料板、PVC焊条、PP焊条等。公司目前旗下有员工200人，年产销20000t，年产值2亿元以上。公司一贯坚持“质量第一，用户至上，优质服务，信守合同”的宗旨，凭借着高质量的产品，良好的信誉，优质的服务，产品畅销全国近三十多个省、市、自治区以及远销东南亚、中东及欧美等国家和地区。

4. 济南海富塑胶有限公司

海富塑胶是由海富公司与美国福安投资公司共同投资建立的中美合资企业。本公司现有员工200余人，占地面积17000m^2，主要以生产PVC系列板材为主。目前公司共有6条生产线，全部进口于德国和奥地利。本公司依靠先进的设备，严格的企业管理，先后开发了宽幅PVC发泡板和超厚PVC挤出硬板，PVC挤出硬板厚度可达50mm，并于2011年成功开发生产出了CPVC板，高光亮PVC板材和永久抗静电PVC板材。2013年公司累计生产PVC系列板材12000t，实现产值12300万元，出口创汇1600万美元。产品畅销国内，并远销东南亚、中东、北美、中南美、欧洲等世界各地。

5. 中阳德欣科技有限公司

中阳德欣科技有限公司是中阳建设集团有限公司所属全资子公司，公司成立于2010年，地址位于抚州市高新技术产业园(金凤路与金巢大道交界处)，厂区占地面积222.32亩，注册资本7246万元。公司主要研发和生产三层共挤发泡增强塑料建筑模板、各种节能环保和可再生能源利用的产品。公司预计总投入3亿元，项目全部建成投产后，可实现年销售收入4.8亿元，并为地方提供税收和解决大量劳动就业岗位。

中阳建设集团前身为抚州地区建工局、抚州地区建筑工程公司，2003年改制为江西省抚州建筑工程有限责任公司，2007年组建企业集团更名为江西省抚州建设集团有限公司，又于2010年11月更名为中阳建设集团有限公司。企业资质为房屋建筑工程施工、市政公用工程施工总承包壹级，建筑装饰工程、地基基础工程、土石方工程、消防设施工程、钢结构工程专业承包壹级等。公司技术力量先进，管理力量雄厚，下辖投资有限公司和十多个各专业承包公司及土建分公司，拥有各类专业技术人员352人，拥有固定资产6480万元，具有从事各类型工业与民用房屋建筑工程施工的综合实力，在江西素有建筑之乡的抚州属龙头企业。

本公司首期研发的三层共挤发泡增强塑料建筑模板代表了国内模板业顶尖水平，填补了省内该产品的空白。我公司已拥有该产品实用新型专利权，并获得了《全国建设行业科技成果推广证书》、《江西省建设领域新技术认定技书》、《江西省建设科技成果推广证书》、《江西省优秀新产品二等奖》、《江西省新产品证书》、《江西省建筑节能产品推荐证书》等荣誉证书。

新型塑料建筑模板是以塑代木，以塑代竹，以塑代钢，节约能源，保护森林资源，造福人类的新一代建筑材料。该产品实用性强，反复使用周期长，操作简便，且能回收利用，能为用户节约大量成本，提高工效，创造良好的社会和经济效益。

【新产品的开发】

1. 宽幅PVC发泡板：由山东博拓塑业股份有限公司研究开发，通过对模具、配方及工艺调整，产品宽度可超过2m，能满足国内外宽幅板市场的要求。

2. PVC发泡填充格子板：由黄石鸿达塑料模具有限公司开发，格子板的骨架为硬质PVC材料，在骨架形成的腔内填充满PVC发泡材料。该产品采用双机共挤，一台挤出硬质PVC料，另一台挤出硬质PVC发泡料，通过模具分流成型的板材。PVC发泡填充格子板既解决了单纯PVC发泡板易变形的问题，又解决了普通格子板强度差的问题。

【存在问题】

PVC发泡制品是PVC成员中较为年轻的一员，其发展历史较晚，技术上还有待进一步提高，市场开发也不太成熟，目前总体规模也还较小。

1. 规模化方面的问题

由于PVC发泡制品进入门槛低，初期投资可以很小，使得行业内的几百家企业年产量大多在5000t以下，年产量上万吨的企业仅不到10家。使得企业不具备规模化经济生产，企业的创新能力及市场竞争力也较弱。

2. 技术先进性方面的问题

我国大约是在上世纪六十年代开始PVC发泡制品的研发及试生产，由于成本及环保意识等方面原因，在研发初期，该技术并没有得到足够重视，研发投入也非常有限。随着我国经济不断发展，人们的生活水平不断提高，以及对环境保护的重视，在近十年该技术受到了较大重视，研发的人力物力明显增加了，生产技术及产量都得到了快速提升。尽管如此，同欧美等地区相比，我国的PVC发泡技术仍然存在较大差距。国外研发方向更注重产品质量，我国更注重降低产品成本。

3. 行业标准方面的问题

对于PVC发泡制品中产量最大的实心板，现行行业标准是1999年制定的，限于当时的生产技术水平，部分指标要求较低，导致该行业充斥着大量低档次产品，影响着该类产品健康发展，因此，该标准急需进行修订。

对于近年发展非常迅速的PVC发泡建筑模板，由于是新兴的一个产品，目前还没有相应行业标准或国家标准，虽然目前处于市场开拓阶段，生产企业大多对产品质量有较严要求，但随着进入的企业增加，竞争的加剧，若没有相应标准来约束，容易形成恶性竞争，不利于该产品长期健康稳定的发展。

【发展趋势与规划】

PVC发泡产品不但具有许多与木材相同或相近的性能，还具有木材不具备的防水、防腐、防蛀、阻燃、易于着色的基本优点；因无需油漆保护，在使用过程中不会产生任何有害物质，具备环保的优势；密度低，使用寿命长，可回收利用，具有节约材料和环境友好的优势。众多优良性能决定PVC发泡产品是木材的最佳替代品，因此发展PVC发泡制品在应用木材的众多领域的替代工作将大有作为，重点包括在室内外装饰装修领域的应用等等。从发达国家 PVC 发泡制品发展来看，PVC 发泡配方主要朝着无铅化发展，工艺方式主要朝着共挤及微孔发泡方向发展。结合我国国情及行业发展的实际现状，行业将重点发展无铅化产品及节能微孔发泡产品。如钙锌配方、硬质 PVC 低发泡建筑模板。

总之，我们将充分利用 PVC 发泡制品的保温、隔音、防潮、防水、防蛀、防腐、阻燃、无毒、力学性能优良、可回收利用等等突出优势，不断研发出国内外需求量大的新产品种类，推进行业不断快速发展。

（中国塑料加工工业协会硬质 PVC 发泡制品专业委员会　黄勇）

滚塑

随着滚塑工艺技术的不断发展，我国滚塑制品的种类不断增加，应用范围也不断扩大。目前，国内滚塑制品已被广泛应用于工程机械、汽车、医疗、军工、家电、玩具、环保、物品存储、交通工具、文体娱乐、建筑、家装、畜牧养殖等等 44 个行业。

滚塑工艺特别适合于生产大型、中空、无缝的塑胶制品，全国各地的各种滚塑厂家已近千家，2013 年，我国滚塑生产厂家数量增长率超过 10%。滚塑企业对技术开发的重视程度越来越强，2013 年公开技术专利 169 篇，比 2012 年增加 34%。发表滚塑公开论文 18 篇，涉及到滚塑工艺和制品的论文共 42 篇，比 2012 年增加 28%。

一、国家政策层面首次进行了滚塑行业的规划

2013 年 2 月，国家发改委公布的《产业结构调整指导目录(2013)》的鼓励类中，开始大量出现和滚塑相关的技术和产品。“农村可再生资源综合利用开发工程”、“农林生物质成型燃料加工设备”、“乙烯－四氟乙烯共聚物等高品质氟树脂”、“塑料检查井”和“城市雨水收集利用工程”等项目的指导意见的出台，将积极促进滚塑相关产品的开发和生产。

2013 年 7 月，中国塑料加工工业协会颁布的《塑料加工业技术进步指导意见 2013－2015 年》中，多次提到滚塑技术发展意见，鼓励滚塑技术向超大型化、高效节能的方向发展。在“异型滚塑制品及巨型滚塑制品的设计及成型技术”、“巨型高分子制品旋模滚塑成型装备”、“电加热滚塑设备及技术”、“新型滚塑游艇技术开发及产业化”、“多层复合滚塑产品开发及产业化技术”、“大型、多工位、自动化旋模滚塑成型装备”、“高效节能型烘箱式滚塑成型装备”、“高效多层滚塑成型设备”和“大口径钢塑复合管材及管件的制造技术”等方面均给予有力支持。

二、滚塑制品在管道配套行业开始爆发式增长

为管道行业配套的检查井、化粪池、管道连接扩口等产品开始爆发式增长，2013 年，仅滚塑检查井年新建生产线就超过 20 套，厂家所在地区涵盖辽宁、天津、河北、山东、江苏、河南、云南和安徽等十几个省。云南普尔顿开发了目前全国最大的 1800mm 的污水检查井，廊坊全振在河北新农村建设厕所改造项目中的双瓮化粪池取得实质进展，宁波静和、慈溪威尔和慈溪德顺在大口径波纹管连接扩口项目中取得较大成绩。

三、进入国防领域的滚塑厂家大量增加

中塑协滚塑专业委员会在国防军工领域对滚塑技术进行了重点推广，2013 年 9 月，滚塑专业委员会在杭州举办了国防军工领域的“滚塑制品推荐会”，取得良好效果。并组织、带领国防军工相关领导多次走访各地的滚塑企业，打消了不少滚塑企业对国防军工订单的畏惧心理，同时也加深了军队领导对滚塑工艺的认识。目前全国有近 20 家滚塑企业在承接各类军工订单，厂家遍及吉林、北京、天津、河北、江苏、上海、浙江、河南、湖北、湖南、四川、福建等省市。

四、首辆滚塑全塑车身的电动汽车在浙江永康装配完成

在欧美，滚塑全塑车身较早应用在电动汽车领域，浙江永康市海鹰塑料包装有限公司，携手浙江工业大学和金华技术学院，经过几年的努力，在 2013 年终于完成了全国第一台滚塑全塑车身的电动汽车样车。

五、滚塑厂家积极投入研发新型滚塑制品

福州中园塑胶有限公司研发了滚塑成型的双人滑雪车；东莞谦益宏水处理设备有限公司将玻璃钢工艺和滚塑工艺进行结合设计了一种承压水处理容器；佛山市亚太家私有限公司利用粉粒混合工艺设计了多层次效果的滚塑庭院灯；上海威尔泰仪器仪表有限公司将滚塑工艺引用到大口径电磁流量计中，大幅提高了该仪器的精度和可靠性；太仓顺达磁力泵科技有限公司设计了一种新型的凹坑式结构，大幅提高了磁力泵和内衬层的结合强度；安徽省宁国天亿滚塑有限公司制造了卡车的大型空滤器，这是滚塑工艺第一次在汽车空滤部件上进行使用。大量新型的滚塑制品的出现，拓展了滚塑工艺的应用范围，促进了滚塑行业的创新发展。

六、滚塑行业节能技术改造方兴未艾

2013 年，利用生物质颗粒作为燃料的滚塑设备开始大量出现，在江苏和浙江地区，大量厂家对原

有设备进行了技术改造。利用来源丰富的木粉、竹粉、桔秆等农林废弃物，经过压制成型颗粒作为燃料，生物质燃烧方式可降低滚塑厂家的生产成本40%以上，是一种新型环保的能源利用方式。

在浙江部分滚塑企业开始使用天然气集中供气系统，改变了原有瓶装液化气的燃料供给方式，有效降低成本20%左右，并实现了清洁生产。

七、滚塑工艺和设备方面的创新能力有所加强

无锡市华润环保设备有限公司首次将超声波技术引入到滚塑工艺中，可有效解决滚塑制品内部气泡问题；慈溪市德顺容器有限公司设计了双通气臂滚塑机结构，首次在设备上打通了滚塑制品内部加热的技术通道；肇庆汇龙五金塑料有限公司研究了滚塑 LLDPE 制品表面喷漆和图案处理的技术方案，取得了阶段性成果；无锡新开河储罐有限公司首次将激光测距技术引入到滚塑工艺上，通过计算机控制实现了实时控制制品壁厚的目的；温岭市旭日滚塑科技有限公司生产了世界上最大的 5.5m 直径的烘箱滚塑机；烟台格林滚塑设备有限公司在国内首次实现了热油夹套式滚塑机和模具，打破的国外垄断；

八、滚塑新型原材料不断面世

2013 年 11 月，齐鲁石化开发出茂金属大型车用滚塑柴油箱专用料，命名为 mPER335HL；肇庆汇龙五金塑料有限公司研发出了一次性投料多层成型发泡材料和工艺；浙江瑞堂塑料科技有限公司开发出弯曲模量大于 1000MPa 的高强度检查井专用料和高强度、高耐温、抗划伤的聚丙烯滚塑专用料；佛山金豹科技有限公司开发了一种新型的 PE 和 PP 的合金材料 EPA；江门市国兰模特道具有限公司也首次使用聚氨酯材料制作了滚塑人体模特。

我国滚塑行业间销售竞争已日趋激烈，因此开发新的滚塑产品，消化引进国际新技术已成为滚塑行业的当务之急。我国滚塑行业目前主要还是以中小企业居多，企业开发产品的能力薄弱，对滚塑行业的发展了解不够全面，对滚塑生产的新技术新工艺了解不多。为了突破我国滚塑行业的这一发展瓶颈，需要加大滚塑制品种类的研发工作。

随着我国的滚塑工艺技术水平必将得到不断提升，滚塑制品的应用领域也将不断拓展，整个行业的发展前景极为广阔。未来的滚塑必定会朝着自动化方向发展，滚塑设备、滚塑模具只有通过科学的设计、合理的分析优化，并且应用先进的机械、机电一体化技术，才能提高滚塑设备的工作效率、提高能效利用、降低劳动强度，从而制备高质量、高精度的滚塑制品。我们应当把发展滚塑的重点，放在其他塑料成型工艺不能生产的大型、特大型塑料制件以及批量不大不宜采用其他工艺组织生产的产品上，并利用滚塑工艺研发具有自身特色的、具有市场竞争能力的新产品，从而使滚塑产品从目前的简单民用产品走向更广阔的高端产品，真正成为塑料行业三大支柱行业之一。

(中国塑料加工工业协会滚塑专业委员会　史春才　温原)

塑料技术协作委员会

进入 2013 年，国内外经济下行压力加大，对行业发展也产生较大影响。行业发展需要调整结构，企业发展需要把握市场，两者都必须依靠技术创新。中国塑料加工工业协会塑料技术协作委员会(以下简称“委员会”)积极开展各项活动，推动行业技术进步。2013 年召开了年会、理事会、PVC 稳定剂方法标准制定工作会议，并积极推进各种技术协作工作等。

【行业活动】

1. 年会

(1)年会概况

中国塑料加工工业协会塑料技术协作委员会于 2013 年 8 月 13 日 –14 日在吉林长春物贸大酒店召开了“第八届中国塑料工业高新技术及产业化研讨会暨 2013 中国塑料加工工业协会塑料技术协作委员会年会(7 届 1 次年会)· 技术交流会”，会议开幕式上，钱桂敬理事长重点就中国塑料加工工业协会编制的《塑料加工行业技术进步“十二五”发展指导意见》进行了全面介绍，吉林省工信厅白绪贵副厅长、陈维友副厅长、中国塑料加工工业协会曹俭常务副理事长祝贺大会召开，包建成理事长汇报了 2012 年工作并致辞，吉林省塑料研究院副院长孟立新介绍了吉林省塑料研究院概况。

大会表彰了近年积极支持塑料技术协作委员会各项工作的 6 家先进单位：福州市福塑科学技术研究所有限公司、吉林省塑料研究院、河北精信化工集团有限公司、浙江海普顿新材料股份有限公司、北京理工大学、科倍隆(南京)有限公司和先进个人，以及热心于委员会工作的 8 名先进个人：丁常楷(苏州工业园区富事达塑业有限责任公司/苏州塑料研究所)、彭超(福州市福塑科学技术研究所有限公司)、魏忠良(吉林省塑料研究院)、王兴为(河北精信化工集团有限公司)、高尔金(浙江海普顿新材料股份有限公司)、陈晋南(北京理工大学)、沈君(科倍隆(南京)有限公司)、潘志荣(南京科亚化工成套装备公司)。对先进单位和先进个人由钱桂敬理事长、白绪贵副厅长、曹俭常务副理事长、包建成理事长等领导颁发了荣誉证书。

出席会议开幕式的还有吉林省工信厅运行监测协调办公室主任吕景春、吉林省科技厅火炬办主任王政国。

开幕式后会议进行大会报告，之后按照专业领域进行分会报告和研讨，同时开设了技术交易会场，进行交流和交易。

大会共收到交流论文59篇，其中在大会主会场上报告了7篇、分会报告42篇，还有书面报告10篇(内容简介见下)。

在技术交易会场，吉林省塑料研究院重点介绍了“多层共挤输液用包装膜”、“高压线路绝缘安全防护器”、“LLDPE功能性棚膜”、“汽车保险杠专用料”、“废旧塑料和粉煤灰制建筑模板”、“碳纤维高性能环保型复合材料刹车片”等项目，长春天成高新纳米复合材料有限公司、吉林省中研高性能工程塑料有限公司、吉林市塑料科技有限公司、福建省南安市实达塑料色母有限公司等也介绍了各自公司的产品及技术成果。参会代表对各自感兴趣的项目进行了技术咨询、探讨和交流。

会议还就主题“导热塑料的研发与产业化”以及就组建“塑料导热技术创新联盟”进行了专门讨论，北京工商大学、中科院宁波材料技术与工程研究所、华东理工大学、吉林省塑料研究院、苏州工业园区富事达塑业有限责任公司/苏州塑料研究所、福州市福塑科学技术研究所有限公司、上海心尔新材料科技股份有限公司、四川省宜宾普拉斯3D包装材料有限公司、江阴精良塑胶有限公司、南京协和化学有限公司、西安夏溪电子科技有限公司、盐城瑞泽色母料有限公司、金发科技股份有限公司、西安中财型材有限责任公司等10余家单位表示要加入导热塑料技术创新联盟，并提出联盟秘书处设在北京工商大学，中国塑料加工工业协会塑料技术协作委员会秘书长杨惠娣兼任联盟组长，温变英教授任秘书。会议商定：会后将进一步落实联盟组成、制订并签署联盟协议，尽快积极展开工作。

会议期间代表还参观了长春一汽－大众汽车有限公司、长春一汽轿车股份有限公司、长春一汽红旗轿车展览馆和长春博超汽车零部件股份有限公司，对中国汽车工业从无到有的发展历程有了真切深入的了解。

吉林塑料研究院作为本次会议的承办单位之一，集全院力量，从人财物各方面，给与了会议全方位的大力支持和精心策划安排；魏忠良院长亲力亲为、亲自领导、指挥和谋划，得到了当地政府的支持；招待晚会上的“东北二人转”让来自全国各地的代表近距离领略了东北的特色文化，从一个侧面感受到中国文化的博大精深。

本次会议旧朋新友，汇聚一堂，互通信息，交流技术，各有收获，满载而归，会议开得有声有色、红红火火，受到代表的一致好评！

(2)主要报告和内容

大会主会场上报告主要内容如下：

- 塑料机械技术研究最新进展

华南理工大学聚合物新型成型装备国家工程研究中心瞿金平，何和智

主要内容：根据塑料工业发展低耗、高效、环保型“绿色”加工成型技术的重大需求，随着塑料机械技术不断创新，阐述了塑料塑化输运方法从纯剪切形变加工到振动剪切形变加工再到体积拉伸形变加工的演变、分析了驱动与传动方式从间接驱动到直接驱动再到负载敏感驱动的变化、介绍了过程控制系统从电气控制到数字化控制，再到智能化控制的发展，着重讨论了新技术研究在解决制约塑料加工产业发展的资源、环境、能源三大问题所能发挥的作用。研究结果表明，与传统塑料机械相比较，新型塑料机械加工能耗降低，在多相多组分复合材料、生物质复合材料等物料体系的加工方面具有独特优势，有利于实现塑料加工成型过程节能降耗、废旧塑料循环利用以及塑料可再生资源替代。

- PEEK应用技术开发

吉林大学/长春吉大特塑工程研究有限公司吴忠文，牟建新

主要内容：介绍特种工程塑料(Super engneering plastics)PEEK(聚醚醚酮)的发展概况、主要特性，以及应用领域和技术。

- 聚甲醛树脂改性研究

清华大学化工系高分子研究所于建

主要内容：介绍课题组有关工程塑料聚甲醛的热稳定化改性，以制得高耐热、高强度高模量、高耐蠕变、高耐候、高耐磨自润滑、高耐化学药品和低甲醛型产品的研究工作。

- 串联式磨盘螺杆挤出机的开发与应用

北京化工大学江波，毕超，李翱

主要内容：串联式磨盘螺杆挤出机可用于橡胶、塑料及陶瓷等各类工业材料的连续混炼，制取其他螺杆挤出机无法加工的高分子合金材料和高填充复合材料，如软、硬PVC混合材料、电子复写、传真用调色涂料、陶瓷、塑料和各种有机混合料、磁钢、导电塑料、热熔涂料、高黏度工程塑料、电池的电

极以及粉末涂料等。

• 中国PVC稳定剂行业环保化之路

江苏联盟化学有限公司张红兵

主要内容：介绍了我国现行的环保相关法律法规及标准、欧盟禁铅十五年的发展历程，并阐述了中国实现PVC稳定剂行业环保化的思考。

• 减少塑料工业PM2.5排放的解决方案——布林克®有机烟雾处理系统

杜邦孟莫克化工成套设备(上海)有限公司王卫江

主要内容：塑料工业的有机烟(气)雾是形成PM2.5污染的主要来源之一，本文提出了针对性的解决方案：杜邦布林克®有机烟雾处理系统可以高效地从源头上去除亚微米级的有机烟(气)雾，从根本上解决PM2.5的排放问题，进而改善空气质量水平。

• 国内外塑料材料现状与发展趋势

中国塑料加工工业协会塑料技术协作委员会杨惠娣

主要内容：介绍近年世界和中国塑料材料生产量、消费量变动，以及近年中国发展最快的树脂品种PVC的生产量和消费量变动。

两个分会场报告内容如下：

• 中国塑料工业技术水平评述

中国塑料加工工业协会塑料技术协作委员会丁常楷

主要内容：简介一二典型创新的合成树脂、工程塑料、塑料助剂、塑料机械品种及其技术水平。

• 复合导电塑料在钒电池双极板上的应用进展

苏州工业园区富事达塑业有限责任公司/苏州塑料研究所包建成，丁常楷

主要内容：钒电池是一种新型环保型液流储能电池，双极板则是钒电池中的关键零件。本文简述了双极板的作用、技术要求，并就钒电池所用复合导电塑料常用的高分子材料、导电填料和制备工艺等的研究进展进行了简要综述。

• 导热塑料开发和应用进展

中国塑料加工工业协会塑料技术协作委员会杨惠娣，北京工商大学材料与机械工程学院温变英

主要内容：介绍导热塑料的定义、优点、市场应用、制备方法，以及产业化情况。

• PPR导热塑料的开发

北京工商大学材料与机械工程学院温变英

主要内容：无规共聚聚丙烯(PPR)因共聚单体在聚丙烯链中的无规分布改变了聚丙烯的分子结构，从而以其耐热性好，无毒、使用寿命长、耐各种腐蚀、易安装等优点脱颖而出，在上水管、淡水输送管、加热系统管、化学物质输送管、农林灌溉管等管材的发展中占有举足轻重的地位。PPR管可以应用在工作温度为60～70℃的冷热水供应，工作温度为30～70℃的地板采暖和融雪系统等领域，是适用于现代民用建筑管道(尤其是热水输送管)和工业用管道系统的绿色环保产品。但PPR也存在冲击性能不高，低温脆性等缺点。此外，如果能赋予PPR一定的导热性能，无疑将使其的应用范围进一步扩展。本项目在前期对PPR进行有效增韧改性的基础上，考查了常用无机填料对改性PPR导热性能的影响

• 导热塑料的导热性能测试

耐驰科学仪器商贸(上海)有限公司戴世琨

主要内容：介绍了激光散射法(LFA)测量材料导热系数的方法。

• 热线法技术测量固体导热系数的研究

西安夏溪电子科技有限公司齐海萍

主要内容：采用热线法技术对有机玻璃、硅硼玻璃、不锈钢和3种塑料的导热系数进行了实验研究，实验结果与参考值非常吻合，重复性在2%以内。实验结果表明，自主研发的热线法导热系数仪可以准确测试各种固体材料的导热系数，与其他方法相比，速度更快，对试样的要求更低，能够为材料的研发和改性提供更准确和更便捷的检测手段。

• 玄武岩纤维增强树脂复合材料的研究进展

吉林省塑料研究院魏忠良，刘震宇

主要内容：纤维增强树脂是一种性能优良的复合材料，被广泛应用于许多领域。玄武岩纤维具有良好的力学性能和耐腐蚀性，而且是一种天然的环保型纤维。本文综述了近几年玄武岩纤维增强树脂复合材料的研究进展，并探讨了其未来可能的实用价值和研究方向。

• 阻燃聚烯烃兼顾阻燃与耐候性的研究

艾迪科精细化工(上海)有限公司罗彪

主要内容：膨胀型阻燃剂与耐候助剂一起使用能达更优耐候效果，与只能用于无耐候性要求的溴系相比，兼具阻燃和耐候性能的膨胀型阻燃剂有更广泛的应用。

• 有机磷－氮阻燃剂合成及阻燃性能的研究进展

吉林省塑料研究院魏忠良，吕枭枭，张金龙，冯国辉，屈兵兵，姜文华

主要内容：概述了近年来有机磷系和磷－氮阻燃剂的合成方法及其阻燃特性。着重介绍了以磷酰氯和9，10－二氢－9－氧杂－10－磷杂菲－10－氧化物(DOPO)为反应原料合成的有机磷－氮阻燃剂及

其他含磷氮元素阻燃剂的近期研究动态。

• 无卤阻燃技术在建筑幕墙用防火铝塑复合板中的应用研究

湖南省塑料研究所王小红，湖南科天新材料有限公司廖剑波

主要内容：本研究采用国外中等尺寸多层建筑燃烧试验美国标准（NFPA 285）和新加坡测试英国标准 PSB BS476 - 6/7 火灾蔓延试验等新方法，取代国内的小型难燃级试验（GB/T 8625）和中型 SBI 单体燃烧试验（GB/T 20284）等方法，研究了无卤高阻燃填充芯材制作的 B1 PLUS 阻燃型铝塑复合板防火安全特性差异，并从试验结果参数对其燃烧性能的影响进行了评价分析，因而对阻燃型铝塑板在建筑幕墙装饰领域的应用具有一定的指导意义。

• 磷酸三苯酯和海泡石对 PC/ABS 合金力学及阻燃性能的研究

吉林省塑料研究院魏忠良，张金龙，屈兵兵，冯国辉，姜文华，吕枭枭

主要内容：研究了 ABS - g - MA 对 ABS/PC 合金力学性能的影响，结果表明，加入相容剂 ABS - g - MA 后，与 PC/ABS 共混体系相比，共混物的冲击强度少量下降；当 ABS 含量为 70% 时，共混物的拉伸强度最大。与 PC/ABS 合金相比，PC/ABS - g - MA 合金的冲击强度明显提高，拉伸强度变化不大。同时，采用 γ - 氨丙基三乙氧基硅烷（KH - 550）对海泡石进行改性，研究了磷酸三苯酯（TPP）和改性海泡石对 PC/ABS 合金的阻燃性能的影响，结果表明，TPP 和改性海泡石复合可以提高 ABS/PC 合金的氧指数。

• 积极推进非铅 PVC 热稳定剂的替代，主动赢得行业生存空间

塑料助剂专业委员会热稳定剂分会施珣若

主要内容：从两高院发布《关于办理环境污染刑事案件适用法律若干问题的解释》出发，介绍 PVC 热稳定剂禁铅的必然趋势、进展，以及存在问题。

• 铅类 PVC 热稳定剂的替代方案

北京阿科玛化学有限公司纪光文

主要内容：从世界各地区禁铅法规及执行状况出发，介绍了全球 PVC 稳定剂的使用现状、概述了无铅化 PVC 热稳定剂的技术、无铅化 PVC 热稳定剂的经济性分析，以及无铅化 PVC 热稳定剂的技术发展趋势。

• 用于 PVC 钙锌稳定剂的润滑体系

霍尼韦尔公司亚太技术中心李军

主要内容：介绍用于 PVC 异型材钙锌体系的润滑剂。

• 水滑石与硬脂酸锌配比对 PVC 热稳定性的影响

广州呈和科技有限公司何洁冰，赵文林

主要内容：通过大量试验发现：水滑石在 PVC 稳定剂体系中，要达到最佳的热稳定效果，应适当调整不同厂家生产的水滑石与硬脂酸锌的配方比例，并对其原因进行了简单的探讨。

• HBZ 1053 钡锌液体复合热稳定剂在 PVC 软制品中的应用

浙江海普顿新材料股份有限公司高尔金，王志勇，唐伟，瞿英俊，陈森方，廖永林

主要内容：测试了钡锌复合热稳定剂 HBZ 1053 在 PVC 软制品中的静态、动态热稳定性能以及析出性能。研究结果表明，与国内外同类产品相比，使用 HBZ 1053 的 PVC 体系具有较优的静态、动态热稳定性和析出性能，环保指标测试说明，HBZ 1053 不含有镉、铅等重金属，符合环保要求，是钡镉锌复合热稳定剂很好的升级产品。

• 关于光稳定剂在 Ca - Zn 稳定剂体系的硬质 PVC 中的应用的探讨

北京天罡助剂有限责任公司马劼平，谢琪，于月华，刘罡

主要内容：介绍硬质 PVC 配方中 Ca - Zn 稳定剂体系与光稳定剂并用的试验，结果表明，紫外线吸收剂 UV - 236、HS - 770 和抗氧剂 AO - 1076、AO - 168 协同使用可延长材料光老化进程，但对品种选用要仔细。

• 尿衍生物和 β - 二酮盐对 PVC 的热稳定作用：性能递变规律与机理

广东工业大学吴茂英

主要内容：介绍尿衍生物和 β - 二酮盐对 PVC 的热稳定性能及其递变规律与机理。

• PVC 辅助热稳定剂 β - 二酮的性能及应用

安徽佳先功能助剂股份有限公司李平

主要内容：介绍了安徽佳先功能助剂公司 β - 二酮种类、性能及应用。

• 抗氧剂在塑料高温生产和使用过程的稳定作用与选择

北京加成助剂研究所李杰

主要内容：介绍了塑料抗氧剂的作用功能、类型、高温下的稳定作用，以及选用。

• 巴斯夫公司安全增塑剂 Hexamoll® DINCH® 应用指导

巴斯夫（中国）有限公司桂国球

主要内容：介绍巴斯夫（BASF）公司的 Hexamoll® DINCH®（Hexamoll® 与 DINCH® 均为巴斯夫欧洲

公司的注册商标)增塑剂。其化学全称为环己烷1,2-二甲酸二异壬基酯，是一种全新的非邻苯类安全增塑剂，非常适合用在诸如食品接触、医疗器械、玩具等敏感性应用领域。Hexamoll® DINCH®来源于DINP的苯环氢化。Hexamoll® DINCH®的极性比DOP、DINP和ATBC略低，但是和DOTP相似。因为相对弱极性，所以Hexamoll® DINCH®的加工温度需要比DOP和ATBC高10～15℃，比DINP高5～10℃，但是和DOTP一致。Hexamoll® DINCH®的增塑效率比DOP、DINP和ATBC略低，和DOTP相当。

• 聚合物高压直流电缆绝缘材料应用及发展

哈尔滨理工大学哈尔滨哈普电气技术有限责任公司/电气学院王瑄、赵洪、李迎

主要内容：高压直流电缆是新型柔性直流输电技术的核心部件之一。与传统的交流电缆相比，高压直流电缆绝缘中的电场分布具有新特点，从而要求绝缘材料具有新特性。本文对高压直流电缆聚合物绝缘材料的特性以及生产技术和研究现状进行了综述，分析了我国在该领域内的应用需求，存在问题和面临的机遇。

• 哈克聚合物流变仪应用新进展

赛默飞世尔科技(中国)有限公司张铭

主要内容：介绍了新型哈克聚合物流变仪的设计、应用试验、软件开发、数据处理以及各种工艺条件下的试验稳定性。

• 国产高分子材料测试与成型加工实验设备的发展现状与趋势

广州市普同实验分析仪器有限公司张成耀，江太君

主要内容：高分子材料的应用日新月异，新材料新工艺的科研探索工作在新材料新能源战略性产业发展政策支持下如雨后春笋在各类高等院校及企业中涌现。本文从高分子材料加工流变性能测试、材料混炼及薄膜/片材成型三个角度阐述了目前国内主要应用于高校、高新企业研发机构中的小型精密实验设备的特点、发展现状及趋势。

• 转矩流变实验及其一致性问题

上海思尔达科学仪器有限公司姚汉樑

主要内容：介绍转矩流变仪在实验室中模拟现实加工条件、环境条件，并在相应环节通过嵌入传感器测定设备运转时的转矩、温度、熔体压力来预测加工参数的各种功能，讨论其各部件对试验结果的影响与修正。

• 纤维级PET母粒标准中问题的讨论

浙江七色鹿色母粒有限公司王执中，王仲文，汤志龙，傅琪斌

主要内容：研究了PE-RT管材专用色母粒与市售PE母粒与SK株式会社生产的DX800树脂混配料的常规物性，对在企业管材生产中发现的问题作了分析。验证新的PE-RT色母料的采用能够保证管材生产的稳定与正常，对PE-RT管材的内在物理指标能基本保留，某些指标还略有提高。结果表明混配2%专用色母料的DX800料和管材缺口冲击强度为69 kJ/m^2，200℃氧化诱导期达到120min，熔体强度在0.24N以上，结晶温度为114℃，可满足高速牵引的加工需要，生产的管材内外表面光滑，壁厚均匀，性能满足市场要求。

• 无纺布用碳酸钙填充母料的制造与应用

上海心尔新材料科技股份有限公司王梓刚，王亚楠；石家庄市世洁科技开发有限公司闫万琪

主要内容：纺黏无纺布得以迅速发展的重要原因是它以合成聚合物聚丙烯为原料，利用化纤纺丝原理，经喷丝成连续长丝后成网直接黏合而制成无纺布，方法非常简捷及快速，产品成本低、品质稳定、市场竞争力强；其次，为减少聚丙烯用量，减少二氧化碳排放，添加碳酸钙填充母料使其在价格、加工过程、生产成本、物理指标等方面占据了更多的优势，大大扩展了PP纺黏无纺布的应用领域和持续发展，节能减排是纺黏无纺布行业发展的必然趋势。

• BOPP薄膜珠光母料制造材料及加工技术的研究

上海尚塑实业有限公司陈昌麟

主要内容：由铝酸酯偶联剂进行表面活化处理的重质碳酸钙，改性后与载体聚丙烯粒(粉)料及适量其他添加剂混合，经双螺杆挤出机造粒制成BOPP珠光母粒。结果表明，改性后的重质碳酸钙与聚烯烃相容性提高，改善了其流动性，制成珠光母粒，遮盖率高，分散性好，其他各项指标能满足BOPP珠光膜的制造要求。

• 千吨级聚醚醚酮升级改造项目

吉林省中研高性能工程塑料有限公司高海

主要内容：介绍现有千吨级聚醚醚酮升级改造项目概况。

• PET膜片高阻隔性及耐老化性能研究

吉林省塑料研究院白石，魏忠良，关伟

主要内容：通过添加纳米层状硅酸盐对PET树脂共混改性，同时采用双向拉伸工艺提高PET膜片的高阻隔性能。根据BOPET膜片耐老化机理和实际储存后的力学性能变化，对BOPET膜片的使用寿命进行研究探讨。

• 聚碳酸酯及其再生产品检测方法的研究

福建省产品质量检验研究所张欣涛，黄建智，何芃，赵波；福州市福塑科学技术研究所有限公司彭超，涂思敏

主要内容：主要研究了聚碳酸酯(PC)原料及其多次加工后再生料的力学性能、熔体流动速率(MFR)、相对分子质量及其分布、热失重温度等性能的变化规律。结果表明：随着加工次数的增加，原料和多次加工后的再生料的性能呈现一定的变化规律，如力学强度降低、MFR 增大、相对分子质量变小、分子量分布变宽，热失重温度显著降低等。通过该性能指标的测定，可以准确、有效地鉴别出 PC 原料及其再生料。该方法具有简捷、准确、易推广等特点，在质监系统和实际生产领域中具有较强的实用价值。

• 同向平行双螺杆混炼挤出机延伸使用的特殊性

南京诚盟机械有限公司马宏

主要内容：从同向平行双螺杆混炼挤出机行业发展出发分析了该类挤出机的构成和应用范围，拓展到各特定应用领域各种特殊应用，探讨该类机械适应市场需求而延伸使用的潜力。

• 反应型双螺杆挤出机的开发与应用

天华化工机械及自动化研究设计院张国强

主要内容：研究了双螺杆反应挤出的原理及适用反应类型，结合作者参与设计的反应挤出的典型应用实例进一步分析反应挤出的特点及优势，为聚合物的合成提供新思路、新方法，拓展双螺杆挤出机的应用领域。

• 高效节能的科倍隆挤出配混技术

科倍隆(南京)有限公司沈君，王彦军

主要内容：介绍具有里程碑意义的新型配混挤出机 ZSK Mc[18] 的结构设计、制造特点，以及包括剪切力、功率密度等技术参数。

• 双转子连续混炼机的自耦合混炼特性

华东理工大学化工机械研究所/橡塑机械工程研究中心谢林生

主要内容：介绍了双转子连续混炼机的结构、流动特性、工程上的应用，由于该类型设备在一个循环流动过程中，熔体的运动速度和方向至少会发生 8 次变化；在一个混炼段内，熔体的速度与方向将改变约 5000 次左右，从而促进了分散相的破碎、分散，以及新的相界面形成，所以，能适应在高填充条件下的应用。

• XPS 行业 HCFCs 替代技术发展趋势

北京工商大学材料和机械工程学院/轻工业塑料加工应用研究所王向东

主要内容：介绍 XPS(挤塑聚苯乙烯泡沫)替代 HCFCs 的转换技术超临界 CO_2 发泡技术的理由和实际。

• 基于轻度交联的高熔体强度聚丙烯的制备及性质研究

华东理工大学化工学院辛忠

主要内容：介绍制备高熔体强度聚丙烯的背景、主要技术和实验结果。

• 辐照交联制备聚丙烯高发泡片材

北京化工大学苑会林

主要内容：介绍辐照，包括电子辐照和紫外辐照交联制备聚丙烯高发泡片材的生产技术，讨论了引发剂、辐照剂量对最终产品结构和性能的影响。

• 1000 kg/h 超临界 CO_2 挤出 XPS 制品产业化开发

南京越升挤出装备有限公司陈志强，马宁，张海军

主要内容：介绍了超临界 CO_2 挤出 XPS 制品国内外发展概况、技术特点、产业化条件与市场前景。

• PET 用双螺杆免干燥直接挤出技术

南京越升挤出装备有限公司马宁，陈志强

主要内容：PET 熔融加工易水解，一般采用“预结晶 - 干燥 - 熔融挤出”的加工路线，但能耗较高且系统复杂程度高。相比之下，双螺杆连续免干燥直接排气挤出工艺具有若干显著优点，包括节能效果明显、流程工艺简单、可以实现在线配混等。通过双螺杆专用化改造，可以达到理想的排气效果和有效控制 PET 熔体黏度控制。目前 PET 专用双螺杆直接挤出技术已经完全实现国产化，包括中小型片材挤出用和大型 BOPET 挤出用生产装备。双螺杆免干燥直接挤出技术同样可用于 100% 回收料，允许水分含量可在 6000ppm。数据表明专用双螺杆挤出机的实际黏度下降可以控制在 0.01 ~ 0.03。

• 螺杆结构对单螺杆螺筒挤出机性能影响的正交分析

北京理工大学化工与环境学院王建，柳娟，彭炯

主要内容：考虑螺筒槽深、槽宽、导程和槽数四个因素，根据经验确定相应的因素水平，利用数值模拟和正交分析方法，通过计算分析得出这四个因素对单螺杆螺筒挤出性能的影响，结果表明：螺筒槽深为 0.6mm，槽宽为 4.5mm，导程为 20mm，槽数为 3 时，单螺杆螺筒挤出机的挤出输送和混合性能最好。

• 捏合块元件内炭黑/PE - HD 分散混合的数值研究

北京理工大学化工与环境学院王国环，彭炯，王建

主要内容：使用 Polyflow 软件，数值计算了三种捏合块元件内 PE－HD 熔体的三维拟稳态流场。引入炭黑在聚合物熔体中的分散数学模型，计算了不同捏合块中炭黑聚集体的粒径分布，比较了三种捏合块流道内炭黑在 PE－HD 中的分散混合效果。数值结果表明，捏合盘厚度大的捏合块，剪切拉伸作用较强，分散混合能力较强。

另外，还有书面报告主要内容如下：

• 我国塑料软包装工业的现状、发展趋势与需要特别重视的问题

上海塑料包装工业协会陈昌杰

主要内容：介绍改革开放 30 年来中国软包装工业在绿色化、多功能化和在生产设备、原辅材料、测试仪器升级换代方面的发展，另外，也介绍了包装废弃物的回收再利用的进展。

• 改性工程塑料在国内低压电器领域的应用

北京市化学工业研究院贾义军，周功龙，张涛

主要内容：低压电器是用于交流电压至 1200V，直流电压至 1500V 的电路中起通断 \ 控制或保护等作用的电器，是电器工业重要的组成部分。改性工程塑料作为热塑性工程塑料，低压电器塑件是其重要的应用领域。本文主要介绍了国内低压电器发展以及低压电器中塑壳断路器、交流接触器、接线端子及连接件产品所使用改性工程塑料的应用情况。

• 抗菌塑料应用现状与进展

北京崇高纳米科技有限公司李毕忠

主要内容：中国抗菌产业随着经济与生活水平的不断提高而发展，预防传染病的一个重要方法就是切断传播的途径，抗菌产品是抑制细菌生长、阻止细菌繁殖的一种控制措施，可以减少人体受外来微生物活动的侵害。近年来抗菌功能也成为传统企业向高科技产品转型、提升产品附加值的一个追求目标。

• 环氧甲酯对 PVC 制品性能的影响研究

福州市福塑科学技术研究所有限公司张浙冰

主要内容：介绍了环氧甲酯替代邻苯类增塑剂对 PVC 制品性能的影响。分析了随着环氧甲酯用量的变化，制品的物理力学性能的变化规律。

• 共混阻隔技术在功能性农业棚膜中的应用

北京市化工研究院陈宇

主要内容：介绍共混阻透原理以及在改善塑料农用大棚膜流滴持效性上的应用和实际效果。

• 内排气带加料螺杆的子母结构螺杆挤出机开发进展

沈阳塑料机械研究所金世源

主要内容：介绍了一种新型排气式挤出机研究现状、特性和用途。

• 锥形同向双螺杆超高分子聚乙烯挤出机

舟山市通发机械有限公司吴汉民，吴信聪

主要内容：锥形同向双螺杆超高分子聚乙烯挤出机从结构上进行了重大创新，在整机设计上综合目前国际上两类双螺杆挤出机——锥形异向双螺杆挤出机和平行同向双螺杆挤出机的功能优势，创新研制成功国内首台锥形同向双螺杆挤出机。该产品具有高混炼、高挤出压力、低挤出温度、塑化性能好等特点，挤出力大，塑化性能好，效率高，比功率小等特点，同时针对超高分子量聚乙烯流动性极差、摩擦因数小容易在加料段发生打滑、成型温度范围窄等特点，对机筒、螺杆进行特殊设计，机筒螺杆出料段采用分段压力控制，通过优化螺杆各段结构参数，克服物料打滑，增大了输送能力，提高了挤出压力，并通过对物料挤出实行全流程温度精确控制，实现了超高分子量聚乙烯低温挤出，并达到提高产量、降低能耗的目标。

• EPP 釜压法制备新工艺

合肥利美科技有限公司何顺伦，徐天艺

主要内容：详细讨论了釜压法与挤出法两种发泡聚丙烯材料的制备方法。简述了聚丙烯发泡材料的性能优点，以及闭孔 EPP 材料与开孔 EPP 材料的区别和应用。

• 竹粉/POE/PE－LD 复合泡沫材料的研究

三明共聚塑胶有限公司总经理/高级工程师林增坤

主要内容：采用竹粉植物纤维与 PE－LD、POE 复合改性，研究了竹粉植物纤维粒径、用量、含水率及表面改性处理、化学除水方法对复合泡沫塑料制品性能的影响；研究了 AC 发泡剂、复合发泡剂及其用量对复合泡沫塑料制品性能的影响，确定了较佳的配方组成，制备出综合性能良好的复合泡沫塑料制品。

• Mn 基低温 SCR 脱硝催化剂的研究进展和脱硝功能聚苯硫醚滤料研究

福州大学材料科学与工程学院教授郑玉婴和福州大学化工学院汪谢

厦门三维丝环保股份有限公司蔡伟龙和福州大学数学与计算机学院林锦贤

主要内容：催化剂是选择性催化还原(SCR)脱硝技术的核心，催化剂的低温活性主要受活性成分和载体的影响。Mn 基脱硝催化剂已成为低温烟气脱硝领域的研究热点，其种类繁多，不同元素的掺杂

和催化剂载体的选择对其脱硝活性和抗硫抗水性能影响较大。本文按催化剂载体的类型对 Mn 基低温脱硝催化剂进行综述，并展望了碳纳米管在用作 Mn 基低温脱硝催化剂载体的应用前景。

综上所述，会议发表的论文内容包括新材料、新产品、新工艺、新技术、新设备、检测仪器，以及塑料与环境等。其中，具有自主知识产权的创新产品有：材料方面的聚醚醚酮、复合导电塑料、导热塑料；塑料助剂方面突出绿色环保，介绍了抗氧剂、阻燃剂、稳定剂、增塑剂等；对于聚氯乙烯行业禁用铅稳定剂的热点，就国外的替代历程，以及对替代方案中的钙锌热稳定剂的技术问题进行了集中研讨，特别是与钙锌热稳定剂开发相关的润滑体系、β - 二酮的作用机理和应用实际、水滑石应用中的问题和解决方案等，这将有利于促进热稳定剂的非铅化进程；工艺方面的微发泡技术；机械方面的串联式磨盘螺杆挤出机、超高分子量挤出机；检测仪器方面，配合导热塑料的开发，介绍了导热塑料测试原理、方法和仪器，还有流变仪的新应用技术；对于目前社会关注的环境 PM2.5 问题，从塑料加工行业介绍了其发生和治理措施。

(3)转让项目和难题招标

会议共推出了 27 项转让项目：稀土复合成核剂、聚丙烯发泡挤出片材、耐低温 PPR 管材改性料、超高分子量聚乙烯连续挤出成型技术、可完全生物降解聚合物/植物纤维绿色复合材料、超临界 CO_2 聚合物挤出片材技术与设备、聚丙烯纺粘无纺布与编织袋高填充碳酸钙母料技术、气体辅助挤出成型技术、塑料除水消泡母料制备技术、高效节能塑料机械、超细碳酸钙与滑石粉高填充母料的加工技术、计算机模拟技术在塑料加工中的应用(服务项目)、热塑性透明淀粉母粒的生产技术与设备、高压线路绝缘安全防护器、表面高浓度炭黑填充成型技术、彩虹膜生产技术、汽车保险杠 PP 专用料、多层共挤输液袋用包装膜、聚醚醚酮(PEEK)在轴承保持架等工程部件中的应用、干法 PVA 薄膜生产、碳纤维高性能环保型复合材料刹车片、PE - LLD 多功能农用棚膜、单聚合物复合材料制备技术、电阻渐变聚合物基电磁屏蔽功能膜、反应型无卤有机磷酸酯阻燃剂及其阻燃聚氨酯弹性体、废旧塑料和粉煤灰制建筑模板、新型抗静电发泡材料。

难题招标和需求项目 7 项：绢云母开发、高黏度物料注射成型技术、超临界液体控制系统开发与应用、微发泡注射专用螺杆设计与制造、填充氧化钙时在塑料熔融过程中如何控制其吸水、如何解决无机材料填充聚丙烯成型时的“脱粉问题”、长寿 PVC 盐膜制造技术。

2. 召开了“PVC 热稳定剂国家标准制定小组工作会议”

2013 年 4 月 23 ~ 24 日，在湖北犇星化工有限责任公司的支持下，举办了“PVC 热稳定剂国家标准制定小组工作会议”(第 6 次工作会议)，对小组成员实验室间验证试验结果进行了汇总和分析，并对标准稿文本提出了修改意见。

3. 理事会

经过近半年酝酿、通讯交换意见、投票，在广州中国塑料加工工业协会六届三次理事扩大会正式宣布完成，是为中国塑料加工工业协会塑料技术协作委员会第 7 届理事会。本次新一届理事会开始工作为 7 届 1 次会议，主要内容如下。

(1)介绍换届工作

(2)总结 2012 年和 2013 年上半年工作

(3)重点讨论安排 2013 年下半年和 2014 年工作，要点如下：

①确定 2014 年年会于上半年在福建省召开，具体地点待定。

②继续积极推动铅稳定剂替代工作；聚氯乙烯用热稳定剂订标将重新上报《PVC 热稳定剂热稳定性评价》国家标准；完善制样钳制作；着手开发析出和迁移试验和标准；组织替代工作相关评价试验(利用北京工商大学轻工业塑料加工应用研究所的“国家中小企业公共服务示范平台”(工业和信息化部)筹建 PVC 热稳定剂评价工作和导热塑料研发产业联盟)。

③推动《中国塑料加工业发展史》工作进展：收集、查阅部分资料；提出了初步提纲；上海地区分别于 2013 年 5 月 13 日、9 月 9 日和 12 月 13 日在上海国际印刷包装城召开了“上海地区《中国塑料工业发展史》编辑工作会议”，提交一份初稿；约了部分稿；约组了部分省市、行业书稿。

④对以下项目继续进行了追踪和组织：气体辅助挤出成型、PEEK 在纺织机械锭子轴承中的应用、锥形同向双螺杆的超高分子量聚乙烯连续挤出及其他应用、电磁加热技术在塑料加工机械中的应用、数值模拟技术在配方设计中的应用等。

⑤组织与艾迪科公司的交流，赴日考察。

4. 配合发改委 21 号令(即对《产业结构调整指导目录(2011 年本)》进行局部调整，其中在淘汰类产品目录中删除了一次性发泡塑料餐具)，就技术和科学问题，向媒体和公众做了解释、宣传等工作。

5. 续编《中国塑料行业技术水平调查报告(2013)》

6. 编写出版 6 期电子版刊物

7. 日常工作

【新会员介绍】

(1)

单位名称：桂林电器科学研究院有限公司

地址：广西桂林市七星区东城路8号

邮政编码：541004

电话：0773－5888287

网址：http：//www. glesi. com. cn

负责人：刘亮　**电话**：0773－5888013

传真：0773－5600050

手机：13931991754

电子邮件：liul@ glesi. com. cn

联系人：冯成军

电话：0773－5888403

传真：0773－5888403

手机：13667731752

电子邮件：ctzb－scb@ glesi. com. cn

职工人数：800人　**技术人员**：400人

行政管理人员：120　**注册资本(万元)**：22000

固定资产(万元)：25000　**经济性质**：国有

主要研发、产品名称：双向拉伸BOPP薄膜生产线、双向拉伸BOPET薄膜生产线、双向拉伸BOPA薄膜生产线、双向拉伸BOPE薄膜生产线、双向拉伸BOPS薄膜生产线、单/双向干/湿法电池隔膜生产线、各类定制特种膜生产线

(2)

单位名称：四川省宜宾普什集团3D有限公司

地址：中国四川省宜宾市岷江西路150号

邮政编码：644007

电话：0831－3567955　**传真**：0831－3567955

总经理：周立权　**手机**：13309098671

网址：http：//www. push3d. com

联系人：赵敏

电子邮件：2863146460@ qq. com

手机：13309095551

职工人数：367人　**技术人员**：42人

行政管理人员：21

注册资本(万元)：2213

固定资产(万元)：84662

经济性质：国有

主要研发、产品名称：三维立体影像塑胶版、塑胶文具产品、塑胶包装材料、防伪标识(不含商标)。

(3)

单位名称：安徽国鼎包装有限公司

地址：安徽省桐城市华东塑料城B区15号

邮政编码：231460

电话：0556－6983118

传真：0556－6983119

法人代表：李秀芳

手机：13909660346

联系人：章青松

电子邮件：ahgdbz118@ 163. com

手机：13977644068

职工人数：108人　**技术人员**：27人

行政管理人员：11

注册资本(万元)：1007. 8

固定资产(万元)：508. 5

经济性质：其他

主要研发、产品名称：塑料薄膜制品、PE及POF热收缩膜包装制品、牛津布和棉麻制品、不干胶制品、胶带、纸盒包装制品、农业机械设备生产、销售。

(4)

单位名称：桐城市华猫软膜有限公司

地址：安徽省桐城市新渡镇新城村

邮政编码：231470

电话：0556－6981992

传真：0556－6983138

法人代表：方小梅

手机：13855671768

联系人：吴金明

电子邮件：286427812@ qq. com

手机：13905566325

职工人数：78人　**技术人员**：21人

行政管理人员：10

注册资本(万元)：1000

固定资产(万元)：759

经济性质：其他

主要研发、产品名称：PE热收缩膜、塑料网套、塑料制品、牛津布制品生产、销售。

(5)

单位名称：广东德塑科技有限公司

地址：广东省鹤山市雅瑶镇直水工业区

邮政编码：529724

负责人：冯德富

电话：0750－8283895

传真：0750－8283890

联系人：李婉明

电话：0750－8283895

传真：0750－8283890

手机：13929029939

电子邮件：849344345@ qq. com
职工人数：700 人　**技术人员**：105 人
行政管理人员：25
注册资本(万元)：5000
固定资产(万元)：3768
经济性质：民营
主要研发、产品名称：塑料管道及开关插座等系列产品

(6)
单位名称：浙江俊尔新材料股份有限公司
地址：浙江省温州市高新园区高一路 60 号
邮政编码：325011
负责人/总经理：黄志杰
电话/传真：0577－56818888－8005
E－mail：manager@ juner. cn
联系人/部长：杨丰富
电话：0577－56818888－8017
传真：0577－86581501
手机：13736364662
电子邮件：wzjgk@ juner. cn
职工人数：445 人　**技术人员**：32 人
行政管理人员：28
注册资本(万元)：7500
固定资产(万元)：4056
经济性质：民营
主要研发、产品名称：生产销售高分子材料及制品，改性工程塑料
建议和要求：针对塑料热点问题组织专题技术研讨会

【存在问题】

进一步加强与企业联系，发挥企业在创新技术产业化过程中的主体作用，加速推进新技术的产业化。

（中国塑料加工工业协会塑料技术协作委员会　杨惠娣）

塑料再生利用

一、“十二五”以来促进废旧塑料循环利用的主要措施

为了应对新形势下我国工业体系面临的新问题，解决行业内的突出矛盾，促进行业升级转型乃至废旧塑料循环利用产业的持续健康发展，我国于 2008 年 8 月 29 日经全国第十一届全国人民代表大会常委会第四次会议决议通过了《中华人民共和国循环经济促进法》，并于 2009 年 1 月 1 日起施行。

该法律的事实对我国循环经济产业的发展途径和前景提供了法律基础，为建设可持续性发展型经济指明了方向。

随后，在 2010 年 10 月 18 日举行的中国共产党第十七届中央委员会第五次全体会议上，由中共中央提出的《国民经济和社会发展第十二个五年规划》的建议获得了通过。规划的第六篇系统地、完整地勾画了我国在“十二五”期间构建绿色发展、资源节约型、环境友好型社会的宏伟蓝图，为进一步落实经济体系实现可持续发展的目标提出了具体的要求。

“十二五规划”第六篇中着重提到：要大力发展循环经济。以提高资源产出效率为目标，加强规划指导、财税金融等政策支持，完善法律法规，实行生产者责任延伸制度，推进生产、流通、消费各环节循环经济发展。加快资源循环利用产业发展，加强矿产资源综合利用，鼓励产业废物循环利用，完善再生资源回收体系和垃圾分类回收制度，推进资源再生利用产业化。开发应用源头减量、循环利用、再制造、零排放和产业链接技术，推广循环经济典型模式。

“十二五规划”第六篇还对应对气候变化、节能减排、加强资源的节约和管理、提高资源的综合利用效率、加大环境保护力度、加强生态保护和防灾减灾体系建设等几个方面也提出了具体的要求。

为了贯彻并实现中央提出的“十二五”规划的要求，主管塑料再生利用行业的国务院各部委积极响应，并针对各自部门的管辖范围陆续开展了一系列的推动工作。

国家发展和改革委员会早在 2010 年 5 月份就会同财政部下发了《关于开展城市矿产示范基地建设的通知》，计划在 2010 年之后的 5 年在全国建成 30 个左右技术先进、环保达标、管理规范、利用规模化、辐射作用强的“城市矿产”示范基地。推动报废机电设备、电线电缆、家电、汽车、手机、铅酸电池、塑料、橡胶等重点“城市矿产”资源的循环利用、规模利用和高值利用。开发、示范、推广一批先进适用技术和国际领先技术，提升“城市矿产”资源开发利用技术水平。探索形成适合我国国情的“城市矿产”资源化利用的管理模式和政策机制。

该《通知》中特别提到：根据资源循环利用产业发展现状及循环经济试点成效，首批选择天津子牙循环经济产业区、安徽界首田营循环经济工业区、湖南汨罗循环经济工业园、广东清远华清循环经济园、四川西南再生资源产业园区、宁波金田产业园、青岛新天地静脉产业园 7 家区域性资源循环利用园区开展“城市矿产”示范基地建设。到 2015 年，这 7

家示范基地将形成年加工利用再生铜1900kt、再生铝800kt、再生铅350kt、废塑料1800kt的能力。

国务院正式发布的“十二五”规划纲要中提出了七类循环经济重点工程，其中包括：资源综合利用、废旧商品回收体系示范、“城市矿产”示范基地、再制造产业化、餐厨废弃物资源化、产业园区循环化改造、资源循环利用技术示范推广。其中，明确提出要建设50个技术先进、环保达标、管理规范、利用规模化、辐射作用强的“城市矿产示范基地”，实现废旧金属、废弃电器电子产品、废纸、废塑料等资源再生利用、规模利用和高值利用。

之后，两部委又多次组织国家“城市矿产”示范基地建设工作，前四批已经累计共38家。至2014年5月份，第五批示范基地的组织推荐工作已经正式展开了。通过建设国家“城市矿产”示范基地，吸引大批再生资源经营户和企业入园发展，实行污染物的集中治理、统一监管，实现了基础设施共享，土地集约利用，大大促进了产业集聚发展，提高了再生资源利用的水平，有效解决了分散经营状态下行业二次污染严重的问题，改善了当地的环境状况。

2013年初，国务院印发了《循环经济发展战略及近期行动计划》，这是我国制定的第一部循环经济发展战略规划。该计划提出的循环经济发展的中长期发展目标是：循环型生产方式广泛推行，绿色消费模式普及推广，覆盖全社会的资源循环利用体系初步建立，资源产出率大幅度提高，可持续发展能力显著增强。近期目标(到“十二五”末)是：主要资源产出率提高15%，资源循环利用产业总产值达到1.8万亿元。

在国内的回收体系建设方面，国务院办公厅于2011年10月31日发布了《关于建立完整的先进的废旧商品回收体系的意见》，《意见》提到，到2015年，初步建立现代废旧商品回收体系，各主要品种废旧商品回收率达到70%。要通过财政、土地、税收等方面政策，支持废旧商品回收体系建设，鼓励废旧商品回收企业做大做强，逐步培育形成一批组织规模大、经济效益好、研发能力强、技术装备先进的大型企业。《意见》指出，要抓好重点废旧商品回收。充分发挥市场机制作用，提高废旧商品回收率。加强政策引导和支持力度，进一步明确生产者、销售者、消费者责任，通过垃圾分类回收等途径，切实做好重点废旧商品的有效回收。加强报废汽车回收拆解管理，加快回收拆解企业升级改造，提高回收拆解水平。

商务部自2006年起就开展了两批再生资源回收体系建设试点工作，促进了再生资源回收行业发展，在“十二五”期间，商务部继续组织第三批再生资源回收体系建设试点工作，涵盖了我国大部分的省市地区。在商务部的带领下，各省市地区也都积极响应，制定了适应各自地区实际情况的再生资源回收体系建设的推动工作。例如：辽宁省发文全力建设公共机构废旧商品回收利用体系；江西省也积极推进公共机构废旧商品回收利用体系；南京市开展了再生资源回收站进校园活动；广东省、山东省、安徽省、上海市、宁夏回族自治区和黑龙江省等相继举办了“废旧商品回收利用宣传活动”；青海省建立了废旧商品回收体系建设联席会议制度；北京市推出了“绿色回收进校园活动”；上海市则出台了《上海市再生资源回收管理办法》。

同时，商务部也对陕西省、重庆市、江西省、江苏省等进行了监督检查，实地检查社区回收网点、分拣加工中心、再生资源集散市场以及再生资源回收利用基地等。2013年底，商务部再次发布《再生资源回收站点建设管理规范》和《区域性大型再生资源回收利用基地建设管理规范》，进一步强化了对再生资源回收利用基础设施建设的管理。

在包括废旧塑料在内的固体废物进口方面，环保部、商务部、发改委、海关总署和质检总局五个部门联合于2011年4月8日联合发布了《固体废物进口管理办法》，并制定了相应的配套文件《进口可用作原料的固体废物环境保护管理规定》(环保部第23号公告)。《办法》对我国已有的《固体废物污染环境防治法》中存在的法律空白部分进行了弥补，更加明确了各个主管单位的职责和权力范围，更加适应当前形势下固体废物进口管理工作的特点。

《办法》中还强调国家鼓励限制进口的固体废物在设定的进口废物“圈区管理”园区内加工利用。进口废物“圈区管理”应当符合法律、法规和国家标准要求。进口废物“圈区管理”园区的建设规范和要求由国务院环境保护行政主管部门会同国务院商务主管部门、国务院经济综合宏观调控部门、海关总署、国务院质量监督检验检疫部门制定。

对此，海关鼓励进口固体废物“圈区管理”，对按《办法》进口和经营，并在指定区域内拆解和利用的，海关提供通关便利。

2011年11月21日，财政部、国家税务总局发布了《关于调整完善资源综合利用产品及劳务增值税政策的通知》，其中的第五条规定凡是销售废塑料、废旧聚氯乙烯(PVC)制品、废橡胶制品及废铝塑复合纸包装材料为原料生产的汽油、柴油、废塑料(橡胶)油、石油焦、碳黑、再生纸浆、铝粉、汽车用改性再生专用料、摩托车用改性再生专用料、家电用改性再生专用料、管材用改性再生专用料、化纤用再生聚酯专用料(杂质含量低于0.5mg/g、水份含量低于1%)、瓶用再生聚对苯二甲酸乙二醇酯(PET)树脂(乙醛质量分数小于等于1μg/g)及再生塑料制品。生产原料中上述资源的比重不低于70%(上述废塑料综合利用生产企业必须通过ISO9000、ISO14000认证)的资产货物的企业实行增值税即征即退50%的优惠政策。

二、“十二五”以来废旧塑料循环利用中所存在的问题

我国的塑料再生行业虽然经过了近三十年的发展，已经形成了相当的规模，在世界范围内有着举足轻重的地位。但是，我国塑料再生行业的发展一直伴随着诸多的问题，其中一些问题在“十二五”期间仍旧需要得到更好的解决方案。这些问题主要有：

1. 起点低、门槛低，技术仍较为落后

我国再生塑料加工行业从诞生起就一直伴随着这个问题。在再生塑料的初级加工阶段，技术附加值不高，对设备和人员的要求也非常低。我国的工业体系在一定时期内长期处于劳动密集型产业的状态，劳动力价值严重低估，从业企业从经济角度出发，不愿意、也不重视技术创新和投入，更不注重甚至是漠视人员的培养。从业者最常见的类型是家庭作坊式，部分由少量雇员。对于这类企业而言，设备和原材料是企业的最大经营成本。在很多地区，家庭作坊的经营方式极端粗暴，偷电、偷水、逃税、随意排污、直接燃烧低价值资源、乱占耕地等做法是普遍现象。加工模式大多也仅限于初级加工环节，产品附加值不高，竞争无序。很多地方自然聚集成产业集群，产能发展迅速，但环保问题极其严重。问题最为突出的地区有广东的贵屿、广东南海的大沥、广东佛山的杏坛和河北的文安等。在“十一五”和“十二五”期间，相关部门一直在加大对这些问题的管理力度，对问题比较突出的地区实施了重点的整治，关停了一大批问题企业。环保部门也陆续出台了一些政策提高再生行业的准入标准，这些情况已经有所改观。

2. 发展不均衡的问题，落后产能比重仍较大

近三十年来，我国塑料再生行业发展很快，分化也很快。一些起步较早、发展较快的企业也比较早的遇到了各自的发展瓶颈问题。部分企业成功转型，跻身行业的前列。很多这类型企业已经开始追求产品品质，考虑如何丰富产品线，如何提高产品附加值，如何引进先进技术、提高生产效率，努力转换自己的产业类型，并能够认真面对环保投入，甚至考虑如何在自身做大做强的同时带动行业进步，提高资源的再利用率，以及为管理部门出谋划策，寻求改善行业经营秩序。

但是，有大量未能摆脱发展瓶颈的企业受自身规模和能力的限制，没有更加长期的经营规划，没有更新自身的产业类型，只考虑短期内企业的盈余状况，综合竞争力不足。虽然企业自身已经有了一定的积累，表面上也能够达到(或者说勉强达到)政府主管部门的一定要求，但实际上并没有改变自身落后生产模式的束缚，抗风险能力弱。因此，这类企业仍旧容易随时突破底线。

3. 二次污染

工业污染问题并不单单存在于塑料回收再生行业之中，实际上是我国工业体系的通病。而由于塑料再生行业本身的目的是减少甚至消除一次污染，并达到资源再利用的目的，如果在回收过程中再次产生了污染的话，就造成了二次污染。从全局角度来看，这是得不偿失的。二次污染的主要形式是废水、废气、残渣和噪声等。造成二次污染的主观原因是污染企业未能重视环保问题，环保投入不足或缺失，地方监管也不力，存在不法情况。但是我们也要看到一些客观的原因，一是生产加工模式的落后，污染情况本身就比较严重；二是市场竞争过于激烈，企业的利润率较低，导致企业不愿或无力支撑环保投入；三是企业负担的税负较重，进一步压缩了利润空间。

4. 不法情况依然存在

塑料再生行业中存在比较多的违法情况一般是：偷逃税款；废料进口企业倒卖、伪造许可证件(即批文)；进口不合格的甚至属于危险废物的固体废物，即“洋垃圾”；走私；洗钱等。

2013年，环保部、海关总署联合进行了“绿篱行动”，专项整治废塑料进口过程的种种问题。行动取得了明显的成效：

进口固体废物各项监管措施有效落实。其中，查验14.5万份，查验率83.3%，较去年(2012年)同期提高5个百分点，较全国进口平均查验率高出75.5个百分点；查获2.9万份，查获率20.3%，较去年(2012年)同期大幅提高11.7个百分点，较全国进口平均查获率略低0.7个百分点。其中“补税放行”等实质性查获占70.5%，较去年(2012年)同期提高14.2个百分点。

进口固体废物通关环境得到有力整治。“绿篱”专项行动以来，全国海关缉私部门共侦办走私废物刑事案件127起，查证各类走私废物839kt，对336名犯罪嫌疑人采取了刑事强制措施，打掉走私废物团伙(2人以上)64个；累计查处走私废物行政案件

644 起，查证各类走私废物 298kt。

进口固体废物通关环境得到有力整治。全国海关稽查部门共稽查企业 1678 家，已完成任务的 65.75%。查发问题 333 起，涉及问题企业 314 家，涉及货值 83.93 亿元人民币。其中查获走私洋垃圾情事 5 起；查获擅自转让销售租借许可证情事 87 起；查获擅自销售固体废物情事 94 起；查获低报价格或伪报品名情事 41 起；查获“空壳”企业 61 家，查获其他情事 45 起。对相关的犯罪嫌疑人已经采取了强制措施。

经香港地区进口固体废物的量值出现明显下降。今年以来经香港进口固体废物的量值出现明显下降。1 ~6 月，来自香港地区共进口固体废物 1319kt，价值 14.2 亿美元，同比分别下降 32.6%、40.6%。专项行动开展 5 个月来，每月从香港进口数量和价值同比均下降 40% 至 50% 左右。

从环保部的数据上来看，2013 年我国共有 942 家进口企业和 1428 家加工利用企业核准进口总量为 16472026t 的废塑料(编号 3915 类)。在 2013 年度的 942 家进口单位中，有 364 家企业只作为“进口单位”，所涉及的核定进口量为 6959668t，占量的 42.25%。而 1428 家加工利用单位中有 850 家企业只作为“加工利用单位”，涉及的核定进口量为 6760506t，占总量的 41.04%。

2013 年全年有 466 家企业既作为“进口单位”，又作为“加工利用单位”申请批文，且以“进口单位”和“加工利用单位”申请的核定进口量完全一致，涉及的进口量为 6570027 吨，占申请总量的 39.89%。

另外，2013 年度有 45 家企业既作为“进口单位”，又作为“加工利用单位”申请批文，但是作为“进口单位”申请的核定进口量大于作为“加工利用单位”申请的核定进口量，差额达到 836746 吨。

与之相对有 67 家企业既作为“进口单位”，又作为“加工利用单位”申请批文，但是作为“进口单位”申请的核定进口量小于作为“加工利用单位”申请的核定进口量，差额为 1035908 吨。

从数据可以大致看出，除了正常的委托代理进口废塑料之外，依然有一定的倒卖批文的空间。

5.“劣币逐良币”现象

在对我国塑料再生行业的行业管理仍旧不完善，行业经营仍旧不够规范的前提下，一些“底线”较低的企业给行业带来了不可忽视的负面影响。这类企业用“底线”换取利润空间，粗制滥造，然后同行业正规企业竞争，这就给正规企业的经营上带来了一定的困难，使正规企业没有足够力量从更高层次上追求行业发展，前沿项目不易上马，要么依靠补贴，要么就不得不在较为低端的层面上与有劣迹的企业竞争，甚至被拉下水。如果任由这种情况持续恶化，期待已久的转型升级和蓬勃发展的新局面就将完全落空，回到粗放式发展的状态中继续维持。

另外，我国对于知识产权的保护力度严重不足，技术流失、仿冒盛行致使有创造力的企业无法得到应有的回报，丧失了创造的积极性。这导致我国制造业的技术水平发展缓慢，落后于欧美国家。

6. 国内回收体系仍不完善

虽然国务院，发改委，商务部都一直在不遗余力的推进着国内回收体系建设的工作，各地方政府也都积极响应，提出了针对各自地区的促进工作方案。但是，在具体执行过程中，却遇到了很多问题，致使促进工作效果不明显。

首先，我国虽然已经开始推广垃圾分类，但是尚未形成一个具体的、可以有效运转的制度，也没有对垃圾分类提供技术、政策和基金的支持与保障。

其次，在对公众的宣传方面，各地方目前在校园中推广较多，但是在全社会推广力度仍旧不足。

在媒体方面，由于以前塑料再生产业从业企业普遍较小，掩盖问题的手段不强，曾经暴露的问题较多，给公众造成的负面影响非常大，造成了“先入为主”的印象。媒体方面对再生行业的正面报道很少见，观点多数片面，甚至只谈问题，不谈贡献，更不提出解决方案。

这就导致了公众对塑料回收乃至整个循环经济产业的认知都有明显的偏差与不足，误解颇多，公众缺乏参与回收的意识。

由于公众很少参与回收，既有的使用习惯又不利于资源“减量化”，公众缺乏最基本的知识，基本弄不清塑料制品的代码标识和成分，更不清楚不同品种塑料制品的适宜用途，结果就是有大量塑料制品例如包装袋、餐盒、塑料袋、发泡塑料包装等直接混入了垃圾之中未能分拣出来。较发达城市中即便有垃圾分类的设施，比如区别可回收和不可回收的垃圾桶，但公众并未正确使用。更有甚者，环卫单位在处理垃圾时，甚至将不同垃圾桶内的垃圾倒在一起运走，这让原本就很少的愿意参与垃圾分类的公众发现自己所做的毫无意义。经常有这样的情况，很多愿意参与回收的公众称不知道该怎样妥善处理自己的垃圾。所以，在城市边缘垃圾山上出没的拾荒者成为了分选的主力军。

在这样一种局面下，还有一种情况加剧了问题。那就是在原有计划经济时代需要持有特别行业许可证的社区回收站点被走街串巷的市场化游商所取代，在取代之后这些游商却又回到了一种以社区为单位分割垄断的状态，这在一些大城市尤为突出。一般情况下是一个回收商只负责一个社区，不可以跨越"边界"经营，居民也只可以卖到这一家回收商手中。而所谓的"边界"是这一批回收商之间达成的"默契"，想打破这种"边界"的人将会受到各种排挤，甚至不良势力的恶意报复。回收商通过这种区域垄断掌握着定价权，让自己的利益最大化，后果就是公众认为废弃物不值钱，除非积攒的量比较大，卖给回收商能够换到几块钱，否则不如直接扔进垃圾桶省事。

这个现象就是说，循环产业中最重要的回收环节没有充分的市场化，公众作为回收商的"上游供应商"，利益没有得到足够的保障，回收的参与度自然不会高，整个循环产业的链条没有完整串接起来并运转起来，资源的综合回收率也就难以提高。

7. 主管部门监管

我国政府一直积极致力于引导塑料再生行业健康有序地发展，也出台了一系列的相关政策进行扶持与规范。但是，由于塑料再生行业情况比较复杂，主管单位无法完全了解塑料再生行业的实际情况、诉求和问题，相关的政策既存在滞后性，也不够细化。管理部门在具体管理的时候不容易把握尺度，容易"一刀切"。这样既可能因为过严而伤害到一部分好的企业，也可能力度不足，而放纵了一批不好的企业。

同时，由于尺度不好把握，行业问题长期存在，反复治理，反复发作。主管部门通过加大行政权力的方式希望能够一劳永逸地解决行业中发生的突出问题，而产生的副作用是越来越严重的"权力寻租"，这无形中增加了企业的经营成本。

另外，塑料再生行业的原料回收加工和制品生产的标准仍不完善。工信部在 2013 年公布的 496 项行业标准中，主要涉及节能和资源综合利用，但是涉及塑料再生产业生产过程的仍旧在套用通用的国家标准，这也让再生塑料制品生产的门槛依然比较低。

国务院在"十二五"规划中已经明确提出了要实行"生产者责任延伸制度"，这也标志着我国开始与国际接轨，在制度上兼容欧洲的绿点体系和其他的促进回收的体系。这个制度目前处于起步阶段，我国极少有企业在生产塑料制品之初就考虑回收的问题。这也是我们国家亟待填补的空白。

8. 巨大产能与订单贸易

我国是世界上塑料再生行业产能最大的国家，每年处理着全世界超过半数的可再生塑料。但是如此巨大的产能却并未配套同样巨大的国内消费能力，相反，我国塑料再生行业存在着相当比例的制成品出口。在海外经济体出现低迷的时候，我国再生塑料制成品企业的订单大受影响，国内又没有足够的消化能力，企业面临严重经营压力。

9. 废塑料分类与海关估价

一直以来，废塑料进口企业与海关在废塑料的分类与估价方面不能达成一致。废塑料品种非常多，而海关的 HS－Code 却对废塑料品种的分类规定的很粗糙，海关在对废塑料价格的认定上即参考进口企业的报价，又采纳通过自身途径了解的价格范围，对于废塑料进口企业提供的确凿的交易价格证明也未必能够采信。因而在关税上分歧很大，许多企业认为被高估的关税又是一笔额外的成本。

10. 园区管理和圈区管理的问题

早在"十一五"规划期间，国家已经把循环经济再生产业的"园区管理"和"圈区管理"提上了日程。"十二五"期间，在关停了一大批中小型企业的同时，国家在全国多数地区都建设了循环经济产业园，并组织企业入驻。"园区管理"和"圈区管理"在环保、节能、减排、通关、交通、能源供应等方面上有着很大的优势，必将成为今后我国循环经济产业发展的主要模式。

但是也有一些问题不容忽视，例如：

各地区产业园区集中上马，并非完全从产业实际出发进行建设，产业园入住率并不理想，一些园区的主要目的是地产开发。

对于一些已经形成相当规模的企业由于历史原因未进入产业园区的，如果强行迁入无异于重建，这存在着重复建设的情况。这需要根据实际情况区别对待。

在通过关停原有产业聚集地区的过程中，一些主管部门的方式单一，未能充分考虑当地从业者就业安置的问题，也没有合理地引导当地企业进行产业升级改造，只是一味的关停，导致已有问题反复发作，甚至出现冲突。原来的从业者在运动式整治过后依然重操旧业，落后产能死灰复燃。

三、推进废旧塑料循环利用的若干建议

塑料再生回收产业是确定无疑的朝阳产业，甚至是今后塑料工业的最主要类型之一。塑料的回收再生不是可有可无的问题，而是必须有，也必须要做好的问题。一个理想的塑料资源闭合循环工业体系应该是一个回收率无限趋向于 100% 的产业，即有多少塑料制品的产量，就应当有多少塑料进行回收，其中的差额部分由原生材料补充。当然这个状态目前是不可能达到的，只能尽可能提高塑料回收率和综合利用率。

在全球自然资源危机可预见的前提下，世界

各国都在努力寻求各种办法促进本国的资源回收率。

根据我国现阶段塑料再生产业发展的状况，应当从以下几个方面入手来推进废旧塑料的循环利用：

1. 废旧塑料循环产业的各个利益环节需要进行合理的再分配

国内回收体系建设的障碍之一是回收环节，这个环节中市场化的程度不够，存在严重的区域性垄断，导致公众无法从中获取足够的利益，自然很难有参与的意愿。因此，要打破这种垄断，让市场来决定价格，让公众能够获得更多的实惠。这样才能让最重要的供应环节活跃起来，使整个循环体系能够持续地运行下去。国内的大型回收企业可以自己尝试建立深入社区的回收网络，从而挤掉过多的中间环节，让利给公众。以PET瓶为例，假设有企业能够自己设立回收中心，并且对回收物的品质进行价格区分，比如整瓶价格和已经将瓶盖、瓶体和标签分离开单独回收的价格有所区别，公众手动分选的意愿就会增加。

只有国内回收体系建设成功，才能够逐步减少再生利用企业对海外原料的依赖，增强对冲能力，甚至在更大限度上掌握定价权。

2. 扭转现有对塑料回收再生的社会认知

媒体应当更加积极地参与对回收的报道，要让公众清楚应当如何参与回收，以及这样做的意义有多大。媒体更应该让公众掌握基本的知识，正确、合理地使用塑料制品。媒体还应该引导公众改变现有的使用习惯，突出减量化、再利用、资源化，减量化优先的原则，减少塑料袋的使用。同时，生产性企业也应当重视产品的过度包装问题，反对资源浪费。

3. 政府应起到产业疏导作用

政府应该根据塑料再生产业的特点制定适宜的政策框架，同时监督执行情况，并引导产业在框架内进行充分的市场化运作，减少权力寻租的可能。政府的职责是监督好企业的运作情况，对出离框架的不规范企业要重点进行整治，而对框架内正常经营的企业不进行干预，让企业恢复活力。

政府应该在淘汰落后产能的同时保护好先进产能。对于诚实守信、合法经营的企业，政府要给予必要的税收优惠和政策支持。

政府应组织企业制定详细的行业规范和标准，建立市场准入制度，提高行业的门槛。

在产品设计方面，应当尽快参考海外经验，建立一套完善的生产者责任延伸制度，以利于回收。

政府与加强与塑料行业协会的合作，及时沟通，随时掌握行业动态，解决企业遇到的困难，并根据实际情况调整产业发展的方向。

政府还应与行业协会合作，组织全社会参与的旨在提高塑料制品回收率的促进项目。

（中国塑料加工工业协会塑料再生利用专业委员会　陈岩）

降解塑料

降解塑料现状及其在农业与包装的应用

一、降解塑料的定义与分类

1. 降解塑料

降解塑料根据降解途径可以分为光降解塑料、热氧降解塑料和生物分解塑料。

光降解塑料，由自然日光作用下，经过一段时间和包含一个或更多步骤，导致材料化学结构的显著变化而损失某些性能(如完整性、分子质量、结构或机械强度)和/或发生破碎的塑料。光降解塑料由于其降解需要光的条件，而塑料废弃物废弃后，要么是被搁在封闭的垃圾处理系统(焚烧、填埋、堆肥等)中，要么就是曝露在条件不固定的自然环境中，很难保证光降解塑料所需要的固定条件。因此，在大多数情况下，光降解塑料因为受条件限制无论是在垃圾处理系统中还是在自然环境而不能全部降解。

热氧降解塑料，在热和/或氧化作用下，经过一段时间和包含一个或更多步骤，导致材料化学结构的显著变化而损失某些性能(如完整性、分子质量、结构或机械强度)和/或发生破碎的塑料。热氧降解塑料因为受条件限制，大多数情况下也很难彻底降解。

生物分解塑料，是指在自然界如土壤和/或沙土等条件下，和/或特定条件如堆肥化条件下或厌氧消化条件下或水性培养液中，由自然界存在的微生物作用引起降解，并最终完全降解变成二氧化碳(CO_2)或/和甲烷(CH_4)、水(H_2O)及其所含元素的矿化无机盐以及新的生物质的塑料。生物分解塑料按照其原料来源和合成方式可以分为三大类，即利用石化资源合成得到的生物分解塑料、可再生材料衍生得到生物分解塑料以及以上两类材料共混加工得到的塑料。

生物分解塑料因为在一定条件下可以生物分解，不增加环境负荷，是解决白色污染的有效途径。普通塑料如常用的聚乙烯(如塑料袋)、聚丙烯(如塑料餐具)、聚酯(如饮料瓶)等不能生物分解，在目前常用的垃圾处理方式即卫生填埋条件下，普通塑料将存在上百年以上，而生物分解塑料在堆肥条件下几周内就可以完全分解，回归自然。生物分解塑料可以和有机废弃物(如厨余垃圾)一起堆肥处理，因此和一般塑料垃圾相比，省去了人工分拣的步骤，大大方便了垃圾收集和处理，从而使城市有机垃圾堆肥化和无害出处理变得极为现实。

2. 生物基塑料

生物基塑料是指由生物体(包括动物、植物和微生物)或其他再生资源如二氧化碳直接合成的具有塑料特性的高分子材料，如聚羟基烷酸酯(PHA，包括PHB、PHBV等)，或从天然高分子或生物高分子(淀粉、纤维素、甲壳素、木质素、蛋白质、多肽、多糖、核酸等)出发，或从它们的结构单元或衍生物出发，通过生物学或化学的途径而获得的具有塑料特性的高分子材料，或者以这些高分子材料为主要成分的共混物或复合物，如聚乳酸、聚氨基酸、可热塑型淀粉、淀粉基塑料、植物纤维模塑制品、改性纤维素、改性蛋白质、生物基聚酰胺、二氧化碳共聚物等。

在将一部分生物基高分子材料赋予一些特殊功能时，往往称其为生物质(基)功能高分子材料，它是指由生物体(包括动物、植物和微生物)或其他可再生生物质直接合成的具有特殊功能和用途的高分子材料，或从天然高分子或生物高分子(淀粉、纤维素、甲壳素、木质素、天然橡胶、蛋白质、多肽、多糖、核酸等)或它们的结构单元或衍生物出发，通过生物学或化学的途径而获得的具有特殊功能和用途的高分子材料，尤指这些材料中对外界物理、化学、生物学刺激(如温度、压力、pH、光照、电磁场、化学物质、酶)有响应能力的材料。所述特殊功能和用途，包括药物的担载或靶向输送、缓释或控制释放，农药、化肥、除草剂等的担载、缓释或控制释放，对污染物、毒物的吸附和絮凝，用于人体组织器官修复或功能再生的医用高分子材料、人造血浆或人造血液、血液透析材料等。所述对外界刺激的响应，包括体积和形状的变化、交联程度的变化、化学组成的变化、吸水状态的变化、溶解或凝聚状态的变化等。

由可再生的天然生物质资源，如淀粉、植物秸秆、甲壳素等衍变得到的生物基塑料(biobase polymer)是一类绿色塑料，具有良好的生物分解性，并因原材料丰富易得，其研究开发更是受到各国的重视。开发生物基塑料的根本出发点，是因为目前大量使用的石化资源是有限的，而可再生资源却是可持续发展的。二氧化碳被生物处理器如植物光合作用等而转化成生物质或生物有机物质，生物质或有机物质在一定条件下又被转化成石化资源，而从生物质或有机物质转化成石化资源的过程一般需要 10^6 a 以上时间；石化资源通过化学工业又可变为聚合物、化学物质及燃料等，而聚合物、化学物质及燃料等使用后变为二氧化碳的周期大概仅需要 1 ~ 10 年时间。显然，由化学工业形成的产物形成二氧化碳的速度远远超过了二氧化碳通过生物处理器再转化为石化资源的速度。如此过程反复进行，地球上的二氧化碳将为越来越多，石化资源的量也将越来越少，最终导致石油资源的枯竭。而生物基聚合物，恰恰是从可再生的生物质或生物有机物质直接变为聚合物，缩短了从二氧化碳到聚合物的转化过程，从而使地球上的碳能维持在平衡状态。

可见，从可持续发展的意义上分析，生物基塑料是满足可持续发展要求的。开展生物基塑料研究，对长久的国家安全有重要意义。

3. 降解塑料、生物分解塑料、可堆肥塑料与生物基塑料之间的区别

(1)降解性能的区别

首先是要理解降解塑料和生物分解塑料之间的区别。从第一节的定义上可以看出，降解塑料是一个大类，包括了光降解、热氧降解塑料和生物分解塑料，生物分解塑料只是其中一种，只是它在自然环境、堆肥等条件下可以生物分解成二氧化碳(或甲烷)和水等。因此，降解塑料包括了生物分解塑料，而生物分解塑料是降解塑料中的一种，只是它能在自然条件下能被完全降解。

其次是要理解生物分解塑料和可堆肥塑料的区别。生物分解塑料是指在自然环境或堆肥化条件或土壤条件或高固态等条件下可以生物分解的一类塑料，而可堆肥塑料指在堆肥化条件下可以分解成二氧化碳和水的一类塑料，后者除了材料要求变成二氧化碳和水外，还要求在堆肥周期内塑料能变成小于2mm大小的小块，并要求堆肥产生的堆肥的重金属含量要满足各国的标准要求，并且堆肥与传统堆肥比较不会对植物的生长产生不良影响。国际上生物分解检验方法主要为 ISO 14855.1 与 ISO 14855.2；生物分解性能要求上面，对单一聚合物生物分解率要求在50%以上(180 天内)；对共混物要求成分在1%以上的每种材料生物分解率在60%以上；欧洲的要求直接要求相对生物分解率或绝对生物分解率在90%以上。我国的降解性能要求国家标准为 GB/T 20197。可堆肥塑料要求的标准美国主要为 ASTM D 6400、ASTM D 6868，欧盟的标准为 EN 13432、14995，我国在 GB/T 20197 中也作了类似的规定。

再次，生物基塑料、降解塑料及生物分解塑料

之间的区别。根据降解塑料的定义，在一定条件下具有降解性能的塑料都可以称作降解塑料，而生物基塑料由于其成分中有很大一部分为生物质材料，所以生物基塑料可以称作为降解塑料。但是根据生物分解塑料的定义，生物分解塑料应该是在一定条件下能被降解成二氧化碳或甲烷、水以及生物死体的一类降解塑料，所以生物基塑料就不能简单地称为生物分解塑料，只有当其降解性能满足生物分解性能要求或其所有组分均为生物分解塑料时，才可以称作为生物分解塑料。

最后，要理解生物基和生物分解概念之间的区别。生物分解主要是从塑料废弃后它对环境消纳性能出发提出的概念，而生物基则是从原材料来源角度出发提出的概念。生物分解塑料在使用废弃后在一定条件下可以变成二氧化碳和水，而生物基塑料它的原材料来源主要为可再生资源如淀粉、纤维素等。虽然大多数生物基塑料能够生物分解，但生物基塑料不一定能生物分解，而生物分解塑料也不一定是生物基塑料。换句话说，生物基塑料是降解塑料，但不一定是生物分解塑料；生物分解塑料是降解塑料，但降解塑料不一定是生物分解塑料；生物分解塑料也不一定是生物基塑料。

(2)从原材料来源角度来区别

从生物基塑料的定义可以看出，其成分中应该有很大比例的一部分材料是可再生资源材料，目的是突出其原材料来源的可再生性，重点要解决的问题是资源可持续发展问题。因此，有的生物基塑料可能是生物分解的，但有的生物基塑料也可能是不是生物分解的。

而从生物分解塑料定义可以看出，其制品使用并废弃后，能在自然条件或堆肥等环境下被分解成二氧化碳、水等小分子物质，目的是突出其最终制品对环境无污染性，不会对环境造成额外的负担，重点要解决的问题是原先塑料废弃后不正当处理情况下的白色污染问题。因此，其原材料可能是生物基的，也可能是石化基的。

(3)从使用后废弃处理角度来区别

目前，塑料制品使用完毕并被废弃后，有几种处理途径，第一种处理方式是塑料制品废弃后，对其进行分类回收，这也是首选的一种处理方式。我国国家标准 GB/T 16288—1996《塑料包装制品回收标志》于 2008 年重新修订为 GB/T 16288—2008《塑料制品的标志》，目的就是要对塑料制品进行标识，不仅要标识材质，还需要进行回收标志，目的就是加强塑料制品废弃后的分类回收，增加资源循环使用。第二种处理方式是将其与其他垃圾进行填埋，这是不合理的一种方式，但却是我国目前用的最多的一种处理方式。第三种处理方式是与其他垃圾进行焚烧处理，按照发达国家许多有机垃圾进行焚烧处理，并回收热能进行发电等，但我国多数情况下焚烧也是垃圾处理运用较多的方式且主要目的只是处理垃圾。在这种情况下，由于生物基塑料在焚烧时，其释放的二氧化碳等废气比传统塑料相对说来要少，有利于环境保护。第四种处理方式就是将无法回收的无机垃圾进行填埋而将不易回收利用的有机垃圾进行堆肥化处理，而塑料如果是可以进行堆肥化处理，那么垃圾的包装以及处置将会非常方便且能省去许多人工和麻烦。

如果对垃圾的管理体系很合理情况下，垃圾始终在密封体系进行运输和处理，可以回收利用的塑料制品进行回收再利用，对不能回收的一些一次性塑料制品设计成可以生物分解，那么对降解塑料来说光降解等部分降解塑料的意义就不是特别大的了，因为对包装有机垃圾的垃圾袋可以使用可堆肥塑料袋，其他一些一次性包装可以是生物分解塑料，这样的话原来的白色污染也就不再存在了。

因此，按照以上垃圾处理的方式来区别降解塑料、生物分解塑料、可堆肥塑料和生物基塑料的话，那么可以进行用有机垃圾处理方式来处理的有生物分解塑料、可堆肥塑料，而生物基塑料则有利于焚烧处理。

二、2013 年产业发展情况

2013 年，我国生物基材料总产量约 5000kt 左右，其中再生纤维产品约 3200kt，有机酸、化工醇、氨基酸等化工原料约 1200kt，生物基塑料约 600kt。同比 2012 年增长约 20%。

生物基塑料方面，聚乳酸(PLA)、聚丁二酸丁二酯(PBS)、二元酸二元醇共聚酯(PXT)、聚碳酸亚丙酯(PPC)已形成规模化生产与销售，淀粉基塑料制品销量逐渐上升。

聚乳酸(PLA)国内表观消费总量已达到 20kt 以上，PLA 的产品主要销往海外，其中浙江海正生物材料有限公司的实际生产量在 3000t 左右。国内 PLA 的原料生产企业数量已在 4 家以上，但正常规模化生产的只有浙江海正公司。另外，NatureWorks 公司 PLA 产品价格远远低于国产原料，而且其在泰国开始建设新的 100kt 利用木薯淀粉为原料生产 PLA 的工厂。

聚丁二酸丁二酯(PBS)、聚对苯二甲酸－已二酸丁二酯(PBAT)的总产能已达到 100kt，实际表观消费量约 15kt，虽然最终产品以销往国外为主，但是国内原料的恶性竞争销售已有苗头。德国巴斯夫公司目前已完成有 74kt/a 的 PBAT 生产装置。

二元酸二元醇共聚酯（PXT）包括了 PTT 等聚合物，虽然有中试规模工厂，但在生物基化工原料方面仍缺乏有竞争力的供给商，产品大规模生产成本及其应用性能尚具有不确定性。

聚碳酸亚丙酯（PPC）目前总规模已达到 70kt 左右，产品主要分为高分子量 PPC 和低分子量 PPC 两大类。高分子量 PPC 主要用于膜类制品，低分子量主要用于生物基聚氨酯、合成革的制造。目前表观消费量在 20kt 左右，尤其是在生物基聚氨酯合成革方面，增长速率达到 30% 以上。

淀粉基塑料及其制品开始摆脱 2012 年负增长趋势，2013 年增长率达到 20%，总产能达到 600kt 以上，其中万吨级规模以上企业已在 10 家以上。武汉华丽公司年生产能力已达到 40kt 以上，其产品国内销售体系基本建立，已在 3000 多个超市或卖场上架销售，并正在计划扩建 60kt 生产线。深圳虹彩公司目前规模 20kt，正在计划扩建 60kt 生产线。预计在 2015 年，全球的生物基塑料市场仍以淀粉基塑料制品为主要产品，其总量将在 500kt 左右。

生物基可再生纤维中，预计麻类再生纤维、竹浆纤维、纤维素化学纤维、蛋白纤维等将会有规模突破，预计 2015 年总产量将从目前 3200kt 扩展到 4000kt 左右。

在应用方面，生物降解地膜的示范用量已经在 1000t 以上，已在云南、新疆等省市形成规模化示范应用。在一些省市如吉林、广州，在塑料袋、垃圾袋等方面已初步形成示范应用，尤其是吉林省将在全省范围内禁止非降解塑料购物袋的使用。

三、产业发展面临的主要问题

1. 成本仍偏高，投资跟不上，造成后面市场被垄断风险

到目前为止，尚无法达到规模性成本效益和市场推广力度，形成产品成本过高，在国内推广较难，主要从国外寻求出路进行销售。由于产品成本高，产品销量增加相对缓慢，投资者很难下决心来扩大原料生产规模，由于错过前期最佳规模放大时机，从而面临市场和价格被前面规模企业垄断的风险。

2. 生物基化学原料单体规模生产尚未形成

目前，国内生物基化学原料单体的生产成本仍偏高，技术尚有待突破。

3. 主营产品仍处于低端市场

目前，我国生物基材料原材料生产技术已经处于国际领先地位，但开发的终端产品多数主要在低端市场竞争。

4. 缺乏应用推广方面政策支持

虽然我国有面上鼓励政策，但是没有具体推动材料发展的具体细则出台，也没有专门有关强制推进某一领域发展的政策措施。在进出口方面，除聚乳酸原料，其他原料和制品均没有单独的税则编号，这就很难对这类优先发展材料给予相关政策进行鼓励出口或进口。在应用方面，对生物基材料或产品没有相对可以操作的鼓励政策。

5. 降解地膜推广应用得到重视

2012 年至今，有多位中央领导批示要推进生物降解地膜的推广应用示范，目前已在云南、新疆、内蒙古、湖北、山东等省市逐渐推进生物降解地膜的验证性示范应用，尤其在云南和新疆示范规模已在 10 万亩以上。

6. 多个城市垃圾分类逐渐推进将推动降解垃圾袋的使用。随着广州等发达城市垃圾分类措施的逐步落实，像余姚等中小城市的垃圾袋招标文书中规定政府采购有机垃圾袋要采用降解垃圾袋。

四、2015 年产业发展的基本趋势预测

1. 市场需求仍具旺盛态势

虽然存在一定困难，但整个生物基材料产业仍将显现快速发展态势。预计 2014～2015 年，生物基材料将继续成倍增加，出口也将成倍增加。淀粉基塑料将继续供不应求，聚乳酸原料市场需求将成倍增加。

2. 工艺技术进步，装备水平不断提高，原料生产规模被迫迅速增加

由于市场需求增加，预计 2014～2015 年聚乳酸的产能建设规模有可能增加，50kt 级聚乳酸生产线可能开始建设；丁二酸、丁二醇共聚酯的规模将超过 100kt；淀粉基塑料的产能将超过 800kt；二氧化碳共聚物的建设规模将达到 100kt。

五、政策措施建议

1. 加大专项资金支持力度

a. 确立一批重点支持生产企业，对重点企业的生产和销售实施资金补贴，以解决前期阶段成本较高的问题。

b. 对一些重点项目，以产业化专项资金的方式进行资助。

c. 建立知识产权培育基金。扶持专利发展，鼓励生产企业在国内外申请专利等。

2. 加大推广应用方面政策

可以强制推进一些生物基材料制作一次性包装，如酒店客房用易耗品、民航飞机上使用制品、购物袋、有机生活垃圾袋等示范应用。

继续推进生物降解地膜的 10 万亩以上规模化示范应用。

3. 税收政策

在税收政策上对生物降解塑料进行调整。

(1)调整出口退税和关税率

我国目前尚没有对生物降解塑料给予产品海关编号，从而造成生物降解塑料进出口中没有对应的类别，只能填写其他类。因此设立单独的海关编码，将生物基塑料的出口退税率调整至15%或更高；在3年内零关税。

(2)所得税和增值税

为鼓励和扶持一些企业的发展，可以按照新的企业所得税条例规定减免优惠政策如：一是民族区域自治地方的企业需要照顾和鼓励的，经省级人民政府批准，可以实行定期减免和免税；二是法律、行政法规和国务院有关规定给予减税免税的企业依照规定执行。重点支持的生物降解塑料高新技术企业自投产年度起免征所得税五年，五年后所得税调整至10%；企业利用废气、废水、废渣等废弃物为主要原料进行生产的，可在五年内减征或免征所得税等。

4. 争取将生物基材料作为碳交易的一部分。

5. 完善生物基含量标识体系，能让普通消费者通俗易懂，易于识别，从而加快推广的速度。

六、生物分解塑料在农业中应用

1. 农用地膜

农业上使用的地膜，从很久以前开始，稻叶等植物残渣就被当作地膜的材料使用，而在近代农耕方法中，随着聚乙烯薄膜的发明，这种手法得到了飞跃发展。农业覆盖膜主要包括指棚膜、地膜、畜牧养殖用膜等，在农业增产增收中发挥着不可替代的巨大作用。自20世纪80年代以来，农膜覆盖栽培技术在我国得到了大力推广，目前我国地膜覆盖面积在3.0亿亩以上，用量在1000kt以上。但是以往的聚乙烯地膜，虽然在地温上升、水分保持、防除杂草等方面效果颇佳，但在收割后的去除、回收作业比较烦杂，处理起来费用也较大。残留的传统地膜碎片已经严重污染了土地，影响了农业正常生产，降解地膜逐渐成为研究的热点。

我国从20世纪80年代末开始研究降解地膜应用的可能性，但当时主要集中在传统聚乙烯树脂中添加光敏剂或填充淀粉等来实现降解性能，产品不能完全降解，且使用后地膜部分发生降解，降解残留膜碎块很小，更无法回收。进入本世纪后，降解地膜主要集中在生物分解高分子地膜、植物纤维地膜等可以完全降解地膜的研发和应用。目前，我国能提供生物分解高分子地膜原料的生产企业10家，产能约100kt，已经有生物分解高分子地膜加工经验的地膜加工企业30家左右。

(1)生物分解塑料地膜

地膜使用目的有调节地温、保持水分、防治杂草、防止病虫害等。相应地，薄膜也有白膜、黑膜、透明膜等多种，作为提早耕种、提高单位面积收成的手段和避免使用农药、除草剂等的手段。

生物分解塑料制的地膜，则可通过对生物分解性能的控制，在使用期间维持与聚乙烯制地膜同样的效果，收获后植耕入土中，无须特别处理就可分解。虽然成本较高，价格劣势明显，但综合考虑大规模栽培后残留膜的回收成本时，其经济成本基本和传统聚乙烯地膜相当。使用后的普通地膜在目前主要是残留在田地里，原因是因为其回收困难，且回再利用成本较高，如果对残留膜进行焚烧又会污染环境。作为生物分解地膜价格上虽然要比普通型要贵一些，但是由于收获后直接分解消失，免去了之后的回收作业和处理费用，因此颇受好评。

在日本，由日本农用生物分解资材协会牵头，从2006年开始在日本关东、北海道、九州、四国、东北等地方开始生物分解地膜的示范应用。试验作物包括了玉米、莴苣、马铃薯、萝卜、南瓜、烟草、花生等。通过几年的连续示范应用，目前日本生物分解地膜已经达到2000t/a左右的规模，占日本地膜总量的5%左右。通过示范应用，得出结论，生物分解地膜能够起到传统地膜保墒、保温等同样的作用，如果将残留地膜的处理费用考虑在内，生物分解地膜的成本几乎和传统地膜相当，但其有效地减少了残留传统地膜对土壤和作物的危害。今后，如果能进一步降低成本、提高技能，普及率将进一步提高。

浙江杭州鑫富药业股份有限公司、山东汇盈新材料有限公司、武汉华丽环保科技有限公司、浙江南益生物科技有限公司、广东益德环保科技有限公司、江苏中科金龙化工有限公司、金发科技有限公司等公司的生物分解地膜已在云南、新疆等省市进行试验或示范应用。

(2)水田用纸制黑色地膜

在田野上，可以看到好多地里为了保温和除草覆盖着黑色聚乙烯薄膜。但是在水田里，由于水的存在无法使用聚乙烯薄膜。所以水稻上免不了要使用除草剂，这对消费者来说并不算安全。针对这个问题，采用了稻鸭共作、稻鲤共养、液体地膜等方法，但是并不能完美地得到除草效果。

虽然纸地膜可以完全降解，但施工性和效果是个问题，因为是在水中使用，所以必须具备一定的厚度，出于施工性考虑卷成长条时，重量过重。其次，为了拥有除草性能和保温性能，需要将表面处理成黑色，这个黑色涂料进入土壤后安全性也是个问题。黑色纸地膜，采用纸上涂上植物制活性炭的水田用纸制黑色地膜，从而有效解决了上述问题 。也就是说涂黑纸表面的涂料是新开发的生物分解塑料油墨。由作为粘合剂的改性淀粉和作为着色剂的植物活性炭组成。这种粘合剂还有强化效果，即使是很薄的纸也有望在水中坚持 40 ~ 50 天。而且通过更换颜料，这种油墨几乎可以得到所有的颜色，所以不单单在纸上，在聚乳酸薄膜和其他生物分解塑料上也可以印刷。

2. 生鲜包装薄膜、袋、盒

新鲜的蔬菜水果被摘下后依然是活的，会消耗养分进行呼吸，所以鲜度会慢慢降低。用薄膜等进行包装，可以抑制它们的呼吸，达到保鲜效果。再者，新鲜蔬菜水果中 90% 是水分，这些水分会慢慢蒸发。适度地抑制水分蒸发有助于保鲜，但是抑制过头的话会在袋子内部形成水滴，反而会令蔬果腐烂。所以，新鲜蔬果的包装材料，应该是有一定水蒸气和气体透过性的薄膜。综合考虑强度、美观、价格等方面，一般使用聚丙烯的双向拉伸薄膜制的熔断袋(各种新鲜蔬果)，而且根据蔬果的种类在袋子上开 0 ~ 4 个小孔，或者使用自动包装袋(豆芽、青椒、韭菜、芹菜等)。

生物分解塑料薄膜中的双向拉伸聚乳酸薄膜，在强度和外观上可以跟聚丙烯类薄膜匹美，水蒸气透过性上甚至略胜一筹，还有适度的空气透过性，可以称得上是适合新鲜蔬果包装的薄膜。在生鲜包装领域，聚乳酸(PLA)类双向拉伸薄膜的水蒸气透过性比以往的 OPP 薄膜要高，所以有保持蔬菜鲜度的效果。以大型连锁店为中心，开始大量使用 PLA 热封袋来包装桔子、香蕉、萝卜等。此外，利用 PLA 的热封性，还在将其双向拉伸薄膜用作自动枕式包装机的自动包装袋，用来包装豆芽等蔬菜。适合聚乳酸薄膜的制袋机也已经开发成功。虽然价格要比聚丙烯类薄膜高，但是被评价为不消耗石油资源的环保植物性薄膜，已经开始在有机栽培和无农药栽培的蔬果(西红柿、胡萝卜、油菜、芦笋等)等特殊栽培上使用。有的单位还开发了有一层热封层的双层聚乳酸薄膜，并开始研究自动包装机上的使用。而且，还开发了用于洋葱和大蒜的软性生物分解塑料制网袋。

PLA 的制作的小西红柿等外包装透明盒子、鸡蛋盒等已经在欧洲、日本市场上已有大量使用。

3. 有机垃圾收集袋

用生物分解塑料制造除水袋、购物袋、生活垃圾收集袋时所用的设备跟用聚乙烯制造时的设备是一样的。对生活垃圾、农林废气务实行分类收集、然后进行需氧堆肥化处理，可以减少废弃物及其填埋、焚烧进行各种活动。生物分解塑料制作袋子可以和有机废弃物(如厨余垃圾、农林废弃物)一起堆肥处理，因此和一般塑料垃圾相比，省去了人工分拣的步骤，大大方便了垃圾收集和处理，从而使城市有机垃圾堆肥化和无害出处理变得极为现实。

在堆肥设施比较完善的欧洲，已经实际使用到宠物食品袋、蔬菜水果袋、家犬粪便处理袋等上面。购物袋中使用量最大的是超市用塑料袋，但是由于生物分解树脂的价格较高，所以在国内还没有得到普及。但是，如果有生物分解塑料购物袋，那么就可以部分减少温室效应和二恶英等问题。

4. 育苗钵、植树钵

在园艺中心买的装在软性塑料容器中的幼苗钵，使用废弃后，进行填埋不能降解、焚烧炉处理需要清洗、野外焚烧污染环境，进行回收或焚烧处理对钵上附着的泥土和农药进行清洗时产生的水质污染很难处理，如果建立这类资源循环体系，那么单是清洗设备就要耗费庞大的资金。所以，将来有望用生物分解塑料来制造育苗钵和植树钵等。

实际使用生物分解塑料钵时，还要求按植物种类不同来控制生物分解速度。生物分解速度快的一般用于花和蔬菜等，只使用 1 ~ 3 个月，可用淀粉类生物分解塑料制造。而 1 年以上的可使用聚乳酸等材料制造。

有些生物分解材料制的钵采用废纸等作为原料，但是废纸中往往含有重金属和氯元素，看起来好像是自然的材料，还是有产生土壤污染和环境激素的危险性。相比之下，生物分解塑料钵采用的材料在满足可堆肥塑料中规定的安全性基准，能安全地回归土壤或进行堆肥化。

5. 森林中的熏蒸薄膜(片)、树苗保护用薄膜(片)

在森林中一些象鼻虫等病虫害和鹿、熊之类野生动物对森林的破坏越来越大了。

虽然有许多种防治方法，取得了一些成效，但是人们同时认识到，在这个时代，最重要的是“森林与野生动物的共存”或“森林中的零排放”。近年来，出现了许多应这种需求而生的，利用对环境无负荷的生物分解功能的产品。

熏蒸膜用于防治象鼻虫等病虫害。树苗保护用薄膜(片)，可以防止树苗受到鹿、熊等的伤害，并促进树苗成长。这些产品以前主要是用氯乙烯树脂和聚丙烯等本质上无法生物分解的材料来制造的。这些产品的使用效果十分明显，但是由于无法分解多半是直接曝露在野外，严重影响森林景观，就算使用后进行回收，也由于紫外线的照射已经劣化，只能进行填埋或焚烧处理。这种产品在日本各地实例子正在逐渐增加。

6. 荒地、人工土丘的土壤改良和植被用的多功能管

利用能被微生物分解的特性，生物分解塑料可以农业、土木建筑等领域一展身手，像临时建筑材料、排水通气管等。在难以回收的地方可以就回归自然；在可以进行回收的地方，则既可以进行热回收，又可以利用微生物进行生物回收，是回收性很好的临时材料。

生物分解塑料的结构和种类不同，它的生物分解速度和最佳分解条件也不同，所以理论上可以通过选择原料来确定适合某个用途的生物分解。但实际上制造产品来一一对应不同的使用状况是很困难的。不过，在生物分解塑料中加入天然材料的粘土和植物纤维后可以改变生物分解速度，而且可以在一定程度上提高产品的耐久性和强度。也可以说是一种通过添加植物纤维等天然材料来环保而又简便地进行分解控制的方法。

含有肥料成分的生物分解管不但可以在绿化中用作通气排水管，还可以对表面的分解速度进行控制，成为兼具徐放型肥料功能的多功能管(植被管)，用到荒地、斜坡的土壤改良和植被催生、园艺材料中。在圆筒中充入保水材料和生物材料后，还可以打入地下，进行早期的土壤改良，植被环境恢复以后就回归自然界。通过把需要的肥料定点缓慢放出，还可以降低过量使用肥料对土壤和河流的污染。

7. 护岸工程、沙滩复原的土木材料如沙袋等

泥沙袋，以前用的是麻袋，但是近年来，便宜又牢固的化纤(PE、PP)产品成为了主流。PE、PP等普通塑料先加工成扁平长丝纱，再制成布状，然后加工成袋子。小到手提袋大到集装包都有。这些泥沙袋虽然在灾害时或一般土木施工时使用，但是由于它残留在环境中不分解，在后处理上很成问题。生物分解的泥沙袋，虽然由于价格较高，但可以解决这些问题。

8. 生物分解鱼饵、钓鱼线、水产用绳、渔网、养殖网

鱼饵、钓鱼线等钓鱼用具往往会掉进在水里，所以也有用生物分解塑料制造的需求。尤其是鱼饵中一种用非常软的材料制造的名叫蠕虫的饵，通常是用加入了增塑剂的聚氯乙烯树脂制造的。另外，随着水鸟被钓鱼线缠绕致死被当成一种象征报道，人们认识到在自然环境中的钓鱼线的残留也成为环境问题之一。生物分解蠕虫，是非常柔软的生物分解弹性体和生物分解增塑剂混和后制得的。这种生物分解蠕虫，在水中一般经过两年就可以彻底分解。

以前，在河流和海洋中普遍使用的绳子和网等是用麻等天然纤维制造，由于耐久性和成本的考虑，开始用聚酯、尼龙、PE等化学纤维代替。虽然很方便，但是由此引发了许多环境问题。渔网等物被风浪冲走或者被胡乱丢弃，直接流入了自然界。尤其是渔网中的刺网，流出后危险性很高。而且流出的渔网基本上无法回收。这些渔网可能会卷入航行中的船舶的螺旋桨，或者威胁到水鸟和海狮等海洋生物的安全，破坏海底的生态环境。而且就算能回收，也很难降低强度和清洗，只能进行溶解或焚烧。而如果这些渔网可生物分解的话，上面的问题多多少少会有一些改善。生物分解制作的产品，强度和耐久性已经能够达到这方面的使用要求。

聚乳酸发泡鱼箱被用于替代原先的聚苯乙烯泡沫箱子，聚乳酸发泡性珠子最大的特征就是可以用现有的发泡苯乙烯用的成型设备进行发泡成型。所得到的发泡成型品的物性也跟发泡苯乙烯非常相似。机械物性和缓冲性能都达到同等程度，而且可以反复使用。

七、包装薄膜和片材

生物分解塑料制薄膜和片材，基本上是用与普通合成树脂一样的方法成型的。大部分生物分解塑料是聚酯类的高分子化合物，其最大特征就是在稳定条件下也容易分解，所以比PET的薄膜制造的要求更高，需要对干燥条件、水分控制、加工温度进行管理，以抑制加热加工时的水解。

树脂中含有淀粉等物质时，有些情况下水分是可塑化的必备因素，但要整体在严密的水分管理下进行加工。

1. 生物分解薄膜

(1)生活垃圾收集袋

最终目的是用于堆肥化的生活垃圾袋，也是生物分解性能应用的典型例子。对生活垃圾实行分类收集、然后进行需氧堆肥化处理，为达到减少废弃物及其填埋、焚烧进行各种活动。生活垃圾收集袋，一般采用规模小、生产切换容易的吹膜法。主要成分为兼有强度和热封性的软性脂肪族和脂肪族类芳香族聚酯、PCL、变性淀粉等，可添加成分有PLA、淀粉、无机填充剂等。

(2)透明视窗信封

不需要贴上收信地址也不需要表面印刷的透明视窗信封的使用十分广泛。大多数商用信封是用再生纸做成的，而它的视窗部分由原来的石化来源塑料更换成植物原料PLA制薄膜以后，不管是与一般垃圾一起焚烧，还是与生活垃圾一起堆肥化，都可

以与纸同等处理。就算散逸到自然环境中，经过一段时间后，也会与纸一起回归自然，所以市场热度很高。

(3)生鲜包装薄膜

PLA类双向拉伸薄膜的水蒸气透过性比以往的OPP薄膜要高，所以有保持蔬菜鲜度的效果，可以用PLA热封袋来包装桔子、香蕉、萝卜等。此外，利用PLA的热封性，还在将其双向拉伸薄膜用作自动枕式包装机的自动包装袋，用来包装豆芽等蔬菜。

新鲜的蔬菜水果被摘下后依然是活的，会消耗养分进行呼吸，所以鲜度会慢慢降低。用薄膜等进行包装，可以抑制它们的呼吸，达到保鲜效果。再者，新鲜蔬菜水果中90%是水分，这些水分会慢慢蒸发。适度地抑制水分蒸发有助于保鲜，但是抑制过头的话会在袋子内部形成水滴，反而会令蔬果腐烂。所以，新鲜蔬果的包装材料，应该是有一定水蒸气和气体透过性的薄膜。综合考虑强度、美观、价格等方面，一般使用聚丙烯的双向拉伸薄膜制的熔断袋(各种新鲜蔬果)，而且根据蔬果的种类在袋子上开0~4个小孔，或者使用自动包装袋(豆芽、青椒、韭菜、芹菜等)。生物分解塑料薄膜中的双向拉伸聚乳酸薄膜，在强度和外观上可以跟聚丙烯类薄膜匹美，水蒸气透过性上甚至略胜一筹，还有适度的空气透过性，可以称得上是适合新鲜蔬果包装的薄膜。适合聚乳酸薄膜的制袋机也已经开发成功，可以在最佳条件下加工成熔断袋。虽然价格要比聚丙烯类薄膜高，但是被评价为不消耗石油资源的环保植物性薄膜，已经开始在有机栽培和无农药栽培的蔬果、各地特产(西红柿、胡萝卜、油菜、芦笋等)等特殊栽培的蔬果上使用。还开发了有一层热封层的双层聚乳酸薄膜，并开始研究自动包装机上的使用。而且，还开发了用于洋葱和大蒜的软性生物分解塑料制网袋。我国的四川柯因达公司和东莞银田公司等都有类似的产品。

(4)合成纸、标签用薄膜

PLA类薄膜，也被用于合成纸和标签用薄膜上。双向拉伸薄膜中加入无机填充剂后，隐蔽性得到了提高，并变得容易进行表面处理和印刷，在各种粘贴标签、明信片、名片、POP等合成纸领域得到了广泛的应用。因其使用时的耐久性和使用后处理时的低环境负荷而受到关注。

(5)收缩包装相关领域

PLA薄膜在收缩包装相关领域的商品化也很受注目。PLA具有低温高收缩性，而且在设计性、印刷性、收缩加工性等各种性能上十分平衡，所以逐渐开始步入市场。最早的应用例子，是2003年秋日本上市的味之素产品上用的杯封，由于充分利用了PLA的特性而广受关注。2005年7月，为了配合爱知世博，朝日啤酒饮料(株)在该公司主要产品"十六茶"的500mL与1L装PET瓶的收缩标签上采用了环境友好标签。

2. 成型用片材

(1) 真空成型用片材

PLA的挤出片材，虽然透明性高且具有良好的真空赋形性，但由于PLA耐热性与耐冲击性差，在运输、使用时比PS和PET差，所以普及较慢。但在欧美的生鲜物、色拉、darica食品等的低温运输系统已经大量使用。

真空成型用片材，通过在PLA中加入脂肪族、脂肪族类芳香族类聚酯塑料，改良结晶化速度，生产出耐热性、耐冲击性得到改良的产品。由于改性后的往往无法保持PLA的透明性这个最大的优点，所以有时把改性后的PLA用于不需要透明的食品盘、一次性餐具等。另外还有发泡性产品的开发等。

(2)压制成型用片材

为了在保持原片材的透明性同时，改善真空成型用片材欠缺的耐热性、耐冲击性等缺点，可以巧妙地组合薄膜的特性并进行2次加工，就可以达成预期的目的。

目前利用最多的时干电池的真空包装袋，松下电池工业(株)将其生产的电池的透明包装盒、印刷吊卡都改用PLA系片材，成为了使用单一材料的环保包装袋。

(3)卡用片材和薄膜(挤出、拉伸)

卡用片材，从最初的聚氯乙烯改成PET，后来考虑环保又开始采用生分解塑料制片材，可采用拉伸片材和无拉伸片材。

(4)透明箱

透明箱，多用于化妆品、日杂用品的包装等，需求量十分巨大。PLA片材原本硬而不易裂，很难弯折加工，加入增加柔软性的材料又会损伤透明性，无法投入实际使用。所以在配方及其加工方面尚需进一步完善。

(中国塑料加工工业协会降解塑料专业委员会　翁云宣)

氟塑料加工

我国氟塑料制品业是从20世纪60年代开始随着我国国民经济建设需要而逐步发展起来的。氟塑料制品以其优异的耐高低温、绝缘、防腐蚀、自润滑等优异的性能，主要应用于化工、建筑、半导体、电子、环保、新能源、航空航天、生物医药，服装与家电、农业等领域。十二五期间，国家调整产业结构，重点发展战略新兴产业，在国家转型升级规划中，高性能氟硅材料被列入国家重点发展的新材料领域，给氟塑料制品业的发展带来了机遇与挑战。2013 年是实施“十二五”规划承前启后的关键一年，在国家一系列宏观经济政策扶持下，氟塑料制品业加快了转型升级的步伐，实现了较平稳的增长。

【行业现状】

目前，我国 PTFE 树脂的年生产能力已达 100kt 左右。2013 年我国内资企业 PTFE 的产量大约 71kt，比 2012 年增长 31.4%。据不完全统计，2013 年氟塑料加工企业聚四氟乙烯树脂消耗量比 2012 年上涨 16.9%，聚四氟乙烯制品产量比 2012 年上涨 21.4%。2013 年聚四氟乙烯制品的构成如图 1 所示，与 2012 年相比，模压、等压成型、浸渍和衬里制品变化不大，纤维制品和生料带比例分别增加了 6.3% 和 2.8%，而其他糊膏挤出和柱塞挤出比例分别下降了 5.2% 和 3.3%。值得注意的是，随着环保行业的需求促使纤维市场需求大幅增加的同时，众多竞争者的涌入，使得产品的销售价格大幅下降，该产品已经进入了微利时代。

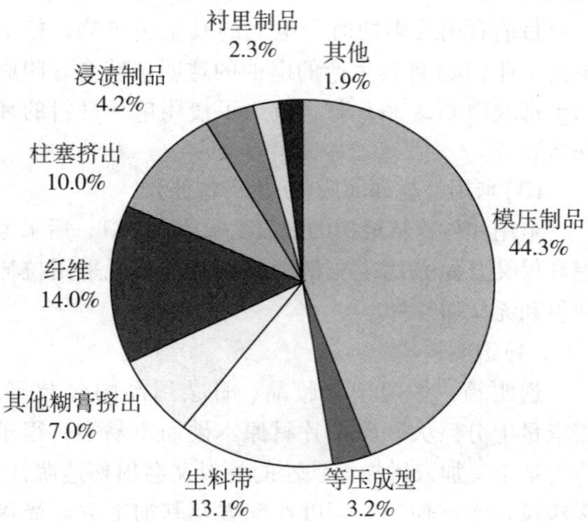

图 1　2013 年聚四氟乙烯制品构成

2013 年专业委员会对江苏、浙江、广东的十余个中外企业进行了走访，企业总体情况运行良好，与环保行业相关的企业上升势头比较明显，机械、化工领域出现了比较大的降幅，制品出口依然成上升趋势。2013 年 PTFE 树脂出口 19468t，进口 6293t；PTFE 制品出口 19825t，同比上涨 8.43%，进口 4350t，同比下降 5.15%。目前，企业运行基本平稳。

【市场需求变化】

随着我国经济的快速发展，各领域对材料的综合性能不断提出更高要求，市场对氟塑料产品的需求领域不断增加，品种逐步趋向多样化。近年来，除传统的应用领域需求增加外，随着我国新能源、电子化学品、环保等新兴产业的快速发展，氟塑料制品获得了新的发展空间，高端产品应用领域的不断拓展，对产品的要求也更加细化。在太阳能领域，国产 PVDF 太阳能背板膜已有部分进入市场，随着国产 PVDF 树脂产能和产量的提高，PVDF 在太阳能、电池、化工、纯水等领域的应用前景广阔。高层建筑的通讯电缆、局域网电缆、智能手机用导线等对 FEP 需求强劲；膨体聚四氟乙烯纤维及覆膜滤料在燃煤电厂、垃圾焚烧、煤电粉尘过滤等环保方面的得到了较为广泛的应用，但由于短期进入市场的企业众多，使得产品的利润急剧下降，且产品质量参差不齐。随着我国雾霾的日益严重，开发相应的防护产品已经成为相关氟塑料制品企业下一步的主要任务之一。尽管市场对氟塑料制品的需求不断增加，但氟树脂的产能和产量的迅速扩大，使得产品同质化严重，导致市场竞争加剧，行业利润下降，另外还有部分氟树脂生产企业准备进入市场，预计未来竞争将更加激烈，开工不足很有可能成为常态。但另一方面，市场对 PFA、ETFE 以及改性 PTFE 树脂的需求呈快速上升趋势。

【与国际先进水平的差距】

中国虽然已成为世界上氟树脂生产与消耗大国，但生产水平和产品质量与国际先进水平相比还有一定的差距。

1. 基础材料

目前，我国氟塑料原料存在底端产品过剩，高端产品不足的问题。国产 PTFE 树脂主要存在批次稳定性不足、电性能较差、分子量和粒径分布不够均匀等缺陷。可熔性氟塑料只能满足一般用品需求，电子、汽车等领域还基本依赖进口树脂，还有多种树脂有待开发。

2. 加工技术水平

PTFE 制品占我国氟塑料生产的 70%，目前加工水平处于世界中等水平，就 PTFE 半成品而言，加工原理基本相同，生产工艺装备相对落后，优质、高效、节能、节材的先进基础制造工艺和自动化、数字化装备的普及程度不高，能源消耗、材料利用率与国际先进水平相比差距较大。产品的力学性能基本可以达到国际同类产品的水平，但由于原料选择、设备、工艺细节的不同，使国产产品的电气性能、稳定性、精度、光洁度、品级、品种等方面与国际先进水平还存在相当的差距。另外，国内初级产品偏多，二次加工能力水平与世界先进水平相比存在一定的差距。

3. 研发能力

中国现有氟塑料加工企业1500家左右，以中小企业为主，企业自主创新能力薄弱。产业研发投入明显不足，专业化程度低，缺乏高水平、高技术的人才队伍。产业技术基础薄弱，共性技术研究体系缺失，行业基础数据的传承、跟踪、积累和共享机制尚不健全。

4. 检测水平

与国外先进企业相比，我国的检测水平相差甚远。国外先进企业具有完备的实验室、齐全的检测设备、高精度的检测仪器以及先进的检测手段，有效地保证了产品质量，而目前国内多数企业还停留在只能检测外观尺寸、拉伸强度及断裂伸长率等力学性能的水平上。

【专业委员会活动】

1. 开展标准化工作

根据工信部《2012年第二批行业标准制修订计划》,《聚四氟乙烯薄膜》、《聚四氟乙烯管材》、《聚四氟乙烯双向拉伸薄膜》和《聚全氟乙丙烯管材》行业标准由北京市塑料研究所、上海市塑料研究所、上海市凌桥环保设备厂有限公司等单位主要负责起草，项目编号分别为2012－1209T－QB、2012－1210T－QB、2012－1211T－QB、2012－1208T－QB。专业委员会负责协调标准的制修订工作，这四项标准中，《聚四氟乙烯薄膜》、《聚四氟乙烯管材》标准属于行业中应用范围极广的大标准，因此，专业委员会首先于2013年4月1日在上海召开了聚四氟乙烯管材编制小组讨论会，集中了各类管材的加工企业代表，大家对如何分类进行了广泛讨论，并达成了较一直的共识，之后，专业委员会秘书处在会员企业中选择了有代表性的企业收集了样品进行测试，此次测试在上海市塑料研究所和北京市塑料研究所同时进行，尽可能的减少仪器和人员因素带来的影响，根据测试结果，并结合国内外相关标准，分别制定了标准的初稿，并在会员单位中广泛征求意见，已完成征求意见稿。《聚四氟乙烯双向拉伸薄膜》、《聚全氟乙丙烯管材》标准正广泛征求意见中，四项标准计划于2014年完成鉴定工作。

2. 关于生产许可证的问题

2011年国家质量监督检验检疫总局颁布“摩擦材料及密封制品产品生产许可证实施细则”，在实施细则(三)(非金属密封制品产品部分)中，“聚四氟乙烯板材、聚四氟乙烯棒材、螺纹密封用生料带”被列入发证范围。由于在细则实施之前，有关部门未征求氟塑料制品生产管理部门的意见，造成密封产品取证范围扩大。近几年，相关企业在进行ISO 9000、ISO 14000产品质量认证和复审时，被要求必须办理非金属密封产品的生产许可证，还有企业因为未办证被属地质监部门处罚。

专业委员会通过多方努力，有关部门同意于近期修改实施细则，新细则将取消聚四氟乙烯板材、棒材的取证要求。但保留螺纹密封用生料带的办证要求，且根据新的生料带行业标准，办证的规格型号中增加了拉伸带。这就意味着在中国境内生产螺纹密封用生料带的企业均需要办理工业产品生产许可证，否则视为违法。生产许可证制度对企业的管理和环境水平都将有一定的要求，没有取得ISO 9000认证和没有环境评估报告的企业，将无法取得生产许可证。生料带市场将得到进一步规范，企业生产不符合标准要求的产品将被吊销生产许可，也就是说如今大量充斥市场的超低密度生料带将失去生存空间。

为了符合生产实际情况，专业委员会已于2013年5月18日在广州召集部分生料带生产企业开会，讨论确定了必备的生产设备、检测设备。为了尽可能的反应多数企业的利益，根据会议精神列出调查表，在有生料带生产的企业进行了调查，根据反馈情况，为有关部门修订《细则》提出了应检测的项目建议。

新的细则将在2014年出台，届时，专业委员会还将在有关生产企业中做进一步的宣传与培训。

3. 赴欧洲考察

应意大利FLONTECH等公司的邀请，中国氟塑料加工企业考察团一行14人于2013年6月30日~7月10日对意大利FLONTECH、Herflon、FLUROSEALS、CUGHER、SOLVAY和德国DORST公司进行了访问考察。通过参观、座谈，对意大利贝加莫地区的聚四氟乙烯悬浮树脂的加工生产现状和发展趋势有了一些了解，代表们普遍感到开阔了眼界，学到的新的管理理念，看到了我们的差距，为今后企业的进一步发展指明了方向，具有指导意义，收获颇丰。

该地区的氟塑料共混料市场也非常发达，有三家颇具规模的混料厂，这些工厂不仅拥有先进的造粒和共混料设备，还配备的完善的检测实验室，并且可以加工PTFE微粉和再生料。每年3000多吨的PTFE共混料和几千吨的造粒料以及PTFE微粉生产，不仅满足的意大利当地的需求，还销往欧美、亚洲等地。与此同时，各个加工厂产生的废品和下脚料在此得到了很好的回收再利用。

考察活动在意大利 FLONTECH 公司的大力协助和周密安排下获得了圆满成功。

4. 召开第五届一次理事长工作会

2013 年 5 月在北京召开了第五届一次理事长工作会议，大家就行业发展展开了讨论，会议讨论了生产许可证问题，最终作出决议，由专业委员会秘书处出面协调有关部门，会议讨论了 2013 年准备论坛的事宜。

5. 召开第五届二次理事会

第五届二次理事会于 2013 年 11 月 6 日在厦门举行。中国塑料加工工业协会常务副理事长曹俭和国家工业和信息化部规划司王建忠处长出席了会议。中国塑料加工工业协会氟塑料加工专业委员会理事会 60 余名代表参加了会议。理事会由理事长庄甦主持。会议审议了陈生秘书长作的 2013 年工作总结和 2014 年工作计划，陈生秘书长主要就行业调研、标准的制修订、关于生产许可证问题、赴欧洲考察和论坛的筹备等工作做了具体的汇报。赴欧洲考察的企业代表们汇报了考察工作和考察心得。曹俭副理事长和王建忠处长对代表们的发言进行了总结。

6. 召开 2013 中国国际氟塑料加工发展论坛

2013 年 11 月 7 ~ 8 日，由中国塑料加工工业协会氟塑料加工专业委员会主办的“2013 中国国际氟塑料加工发展论坛”在福建厦门杏林湾大酒店隆重举行。此次会议规模宏大，吸引了全国各地从事氟塑料研发、生产、加工和应用企业的专家、学者及部分高校资深教授等诸多业内精英，还有来自意大利、韩国、日本等国外氟塑料行业龙头企业代表，与会人数多达 300 余人。中国塑料加工工业协会常务副理事长曹俭和国家工业和信息化部规划司王建忠处长出席本次会议并发表了热情洋溢的讲话。此次论坛主题为“开拓创新，转型升级”，从氟塑料行业的发展现状与发展趋势，分析了如何通过提高基础能力，推动产业转型升级，为行业的发展注入了新的思想和发展思路。

此次论坛有 17 位专家做了精彩的演讲。报告主要包括氟塑料在光伏发电、密封、电子、医疗、运输、环保、新能源等高端领域的应用，内容多样，覆盖领域广泛。

11 月 8 日下午召开了“管理 · 创新 · 发展”专题研讨会，百余名代表参与了专题讨论，代表就氟塑料加工企业的现代化企业管理模式、氟塑料加工行业的人才培养与企业创新和如何提高企业的研发能力和检测水平等方面进行了热烈的讨论和交流。

7. 建立氟塑料专业委员会 QQ 群

为便于行业内及时传递信息，促进相互学习、交流工作、共享资源，同时便于专业委员会及会员单位之间的沟通与交流，专业委员会建立了氟塑料专业委员会 QQ 群。

QQ 群的建立，增进了会员之间的沟通，加强了行业间的交流与合作，也是专业委员会及时传递信息的一个窗口。

【发展建议】

距离“十二五”规划结束不足两年，氟塑料加工行业要继续加快转型升级的步伐，提升基础能力建设，推进行业健康可持续发展。

1. 加强技术改造，加大研发投入，引进上下游专业人才，开发新产品；

2. 提高管理水平，建立适应于本企业制品的标准工艺流程，改进加工工艺；

3. 提高检测水平，加大检测设备的投入和检测人才的培养，增加必检科目，逐步建立规范的检测体系；

4. 完善氟塑料标准体系，用标准化促进产业化发展。

（中国塑料加工工业协会氟塑料加工专业委员会　吕方、刘秋晨）

多功能母料

高分子新材料是我国“十二五”规划中重点扶持和重点鼓励发展的支柱产业，高分子新材料是多功能母料的重要组成部分，多功能母料是应用在塑料各行各业中不可或缺的重要核心材料，也是支撑整个塑料行业产品质量提升、性能提升、功能提升、转型升级和更新换代起着重要的关键作用，塑料工业水平的高低是反映国力强弱的重要因素之一，推动我国塑料工业快速优质发展，将是我国化工现代化进程的重要内容，多功能母料是推动和支撑塑料工业快速优质发展的中坚力量和起着非常关键的作用。

2013 年塑料产业发展状况良好，全年实现五大通用塑料合成树脂国产量 5837 万吨，同比增长 11%。2013 年 1 ~ 11 月，全国塑料制品行业累计完成产量 5814.47 万吨，同比增长 8.26%；分品种产量中，农用薄膜产量增幅最快达到了 17.72%，其他品种增速保持平稳。累计完成主营业务收入 1.67 万亿元，同比增长 13.63%；各子行业增速平稳。累计利润总额 924.72 亿元，同比增长 18.02%；各子行业同比增长均在 10% 以上。塑料制品海关出口额 513.83 亿美元，同比增长 11.01%；海关进口额

171.5 亿美元，同比增长 1.56%。

2013 年，全国合成树脂产量 5837 万吨，进口 3123 万吨，出口 419 万吨；表观消费量 8541 万吨，规模以上企业 1656 家。

1. 母料行业发展态势

2011 年中国色母粒专委会对规模以上色母粒生产企业普查表明，中国色母粒年产量已达 65 万吨/年，至 2013 年，我国色母粒规模以上企业年产量评估已达 75 万吨/年以上，加上数量庞大的中小企业，保守估计中国色母粒年产量现已达 80 万吨/年以上，而多功能母料产业经近十年的发展，从原来单一的功能，已逐步发展到各种各样功能独特或多种功能融合一体等功能种类繁多的多功能母料，其应用领域广阔，变化多样，技术含量高，需求量大，多功能母料比色母料的比例要大得多，保守估计，现已达 90 万吨/年以上，许多原来的色母粒企业，也不断向多功能母料方向发展，多功能母料的特性，是支撑塑料性能提升、功能提升、产业转型升级、产品更新换代的关键性核心材料和中坚力量，市场应用广阔，前景无限。

2.“二胎新政”使需求量增加

2013 年十八届三中全会中《中共中央关于全面深化改革若干重大问题的决定》称，启动实施一方是独生子女的夫妇可生育两个孩子的政策。这一政策的提出势必会引发中国新一轮的生育高峰。根据国家统计局的数据，中国在 2015 ~ 2020 年将经历一波人口高峰期。美银美林估计，这项改革将给中国额外带来约 950 万新生儿。

新生儿的增加无疑是给中国婴儿塑料玩具市场开辟了一番新的田地，市场对婴儿塑料玩具的需求量将增高。据统计，儿童玩具类个股，如星辉车模(300043)、奥飞动漫(002292)等均受“单独”二胎政策影响走高。此外塑料玩具的安全性问题也再次被提上议程。国家质监总局在 2003 年 10 月颁布并在 2014 年 10 月强制执行了《国家玩具安全技术规范》的标准，该标准的实施在最大程度上保证了玩具产品的安全性能，在最大限度上保障了儿童身体健康和安全。但婴儿塑料市场形势仍忧心重重，其安全性问题值得我们更进一步的去维护跟思考。且要形成一个健康的、值得消费者信赖的玩具市场，还有各种婴儿的塑料用品也将有大量需求，因此，生产出符合全球环保指令及安全标准等法律法规要求的优质产品，将会迎来塑料与多功能母料行业的巨幅增长。

3. 包装规模将超越美国

中国作为全球最重要的世界工厂，包装行业发展迅速，2013 年包装行业总产值已达 1.43 万亿，塑料包装质轻、耐油、耐腐蚀性强，在包装产业中的比重越来越大，工业产值占 30% 以上。预计到 2015 年包装产业中，纸包装制品产量将达 3600 万吨，塑料包装制品 946 万吨，金属包装制品 491 万吨，玻璃包装制品 1550 万吨，包装机械 120 万台套，包装工业总体水平有望达到或超过中等以上发达国家水平，甚至超越美国。这给塑料包装行业带来了巨大的发展机遇，也要求我国的塑料包装企业创新技术发展，提升产业集中度，逐步淘汰落后产能。根据终端需求提供更高质量标准的包装产品，提供更优的服务体系，而多功能母料，同时在原材料供应领域提高技术，降低对外依存度。迎接一个新的发展时期和蓬勃商机。

4. 塑料制品行业质优发展前景良好

塑料制品根据其外观形状可分为管材(管件)、板材、片材、型材(异型材)、膜材料、中空材料、塑料纤维、注塑模具等，每个领域都有其高新技术产品，2014 年医用塑料、氟塑料、高功能管材、高性能膜材料、纤维材料等领域将有较好的发展前景。

医用塑料制品用于心血管支架植入手术用可扩张气囊、不含 DEHP 的 PVC 软管，肾透析用特种中空塑料纤维，人造血管、关节、心脏瓣膜等方面，技术高端先进，发展前景广阔。

氟塑料制品可用于发泡、高频、交联等高性能氟塑料电线，高性能聚四氟乙烯纤维及其配套产品以及水处理、渗透等氟塑料膜组件等。

管材技术已经非常成熟，但在高性能管材料方面仍大有可为。高模量聚丙烯双壁波纹管，复合缠绕增强等大口径排水排污管材，矿山用阻燃和抗静电的双抗塑料管材，分子量 >200 万的超高分子量聚乙烯(UHMW - PE)管材等领域发展前景不可估量。

膜材料方面处于转型升级中，普通膜过剩、高端膜不足，目前我国建筑外墙用高性能 ETFE 膜，汽车、飞机表面保护用 TPU 薄膜，汽车用 PVB 玻璃夹层膜，EVA 太阳能电池背板封装膜，电容膜、锂离子电池隔膜、PET 光学膜等高端薄膜制品前景乐观。

塑料纤维朝生态环保方向迈进。超宽超厚消音耐磨型 PVC 人造革地板，高档装修用环保型具有透气功能的聚氨酯壁纸；清洁生产工艺的水性与无溶剂型聚氨酯合成革，抗菌防雾、防紫外线、阻燃、透气防湿、自洁防污、耐刮、耐候性等功能性、环保型、生态型纤维合成革，这些领域仍是蕴含财富的沃土。以上各高、中端领域的塑料制品很多都需要专用料及多功能母料支撑，使制品达到各种性能和功能的要求。

5. 调结构转方式

塑料制品与人民生活密切相关，目前国内每年塑料制品消费量保守估计已经超过6000万吨，新一届政府提出的“充分发挥消费的基础作用”和“不断提高消费对经济增长的拉动力”，对包括塑料加工行业在内的轻工消费品产业发展带来重大机遇。中国塑协在发布塑料加工业“十二五”规划基础上，提出了塑料加工业未来技术进步指导意见，尤其强调了要推动塑料加工业转变发展方式，优化结构调整，全面提高产业素质，实现向产业链和产品高端化发展的战略目标，多功能母料作为支撑塑料产业升级的关键性核心材料和中坚力量，更应配合和支持塑料制品企业，共同抓住转型机会，向轻量化、功能化、标准化、高端化、环保、节能、安全、低碳、高性能、低成本等方向发展，才能在激烈的竞争中永立不败之地。

6. 节能环保倍受重视

2012年我国塑料制品规模以上企业总产量达5781万吨，工业总产值近1.7万亿元，其中塑料制品年产量超过百万吨的省份已达到16个。2013年1－12月国内的塑料制品累计总产量在6188万吨，较2012年同期增长8%。中国塑料制品工业更大的消费市场和应用领域还在开发中，随着塑料工业区域结构优化，塑料工业在我国发展空间巨大。塑料工业发展的重要目标是打造绿色环保的塑料产业。塑料加工业要更加注重生产、应用过程中的环境保护和节能减排。同时加强新型环保材料研发，确保源头材料符合全球环保指令及安全标准等法律法规要求，从源头降低产品消费后废弃率，鼓励、支持塑料循环利用产业发展，以提高废弃塑料回收再加工利用率，减少塑料废弃物对环境的污染。

7. 科技创新

目前的科技创新范围广泛，它涵盖了自主知识产权、配方研发、技术改造与提升、新材料应用、营销模式、管理模式等全方位各层面的创新。如果我们不能真正建立起自己科技创新的完善体系，危机的阴影就有可能与我们的经济如影随形。其结果，可能最终导致低端制造和高端制造优势的双重流失。这将是我国母料行业未来发展最大的隐患！

把自主创新作为产业发展的战略基点和结构调整的主要支撑，大力提高原始创新能力、集成创新能力和引进消化吸收再创新能力。充分发挥科技是第一生产力和人才是第一资源的作用，以产业创新推动科技创新、以科技创新支撑产业创新。在全行业推动创新技术领先、创新载体优良、创新人才富集、创新体系健全的企业创新思维。

营销创新。因为营销创新的核心是要赢得消费者的信赖，只有赢得消费者信赖的产品才是有市场的产品，只有满足消费者需要的技术创新才是能够得到价值回报的创新。市场营销的创新，是推动和促进技术创新与产品创新的根本力量。

母料企业要关注新材料技术发展和应用市场变化，及时调整产品结构，顺应市场，满足客户需求。发挥先进技术，特别是拥有自主知识产权的技术优势，促进科研成果的转化与产品的升级，增强企业综合核心竞争能力。我们推崇办好企业的六字要素：势准、道正、术精。

8. 母料行业的转型与产业升级

自“十二五”以来，中国的发展模式已由投机性向投资性转变，原来倾向于投机性的泡沫经济已逐渐向投资性的实体经济发展，产业结构调整是我国目前重点改变的发展模式之一，把增长模式从出口和房地产相关投资主导型，转变为由消费为核心的内需主导型，内需的发展将会为塑料及母料行业的需求量带来大幅增长，在母料产业发展过程中，其中最突出的特点是：效率与成本已经成为制造业竞争的核心。在现在转型中，提高效率比成本控制更加重要。这次的结构调整和产业升级主要是建立在淘汰落后产能、提高效率的基础上进行的，核心内容就是：科学改革与创新、转型与产业升级。

多功能母料行业普遍存在“量有余而质不足”的缺陷。国内企业多而不大，大而不强，缺乏核心竞争力，特别在经营理念上缺乏战略意识，销售策略上缺乏理论指导，产品技术含量不高，自主品牌缺失、结构失衡、行业集中度差，开工率低、盈利水平差，市场面临着惨烈的价格竞争。因此，在这次产业结构调整的大形势下，迫切要求母料行业各企业必须进行产业升级，竞争中寻求发展，制定一个适合自身实力和环境要求的发展战略，并有效地加以实施，是企业保持竞争优势的关键。

多功能母料行业的发展应坚持解决当前问题与着眼长远发展相结合，标本兼治，坚持低碳经济、清洁生产、绿色发展的概念，发挥科技引领和支撑作用，加快转变增长方式，促进产业升级。以市场需求为导向，注重结构、质量和效益，提高中高档产品比重，促进产品升级换代。提高高端产品自给率以满足国民经济发展需求。加大引进技术的消化吸收力度，推动产业技术进步；强化技术改造，促进产业技术的系统化和集成化；增强自主创新对产业发展的支撑能力，加快转型和产业升级。

塑料母料行业应密切配合各行业塑料制品的升级换代，加强以新技术、新工艺、新材料、功能化、标准化、轻量化、专用化、环保、节能、安全、低碳、高性能、低成本等综合核心技术优势，与各行业的塑料制品企业共同转型、创新和产业升级。

9. 结论

2013年受后经济危机的深远影响下，欧美各国经济逐渐复苏，再加上“十二五”发展期间国家的重点项目投入等有利因素不断增加的大形势下，我国塑料和母料行业市场，必将带来新的挑战与机遇，我国进入了新一轮的高速发展历史时期，母料行业各企业应乘势而上，把握机遇，在新形势下加强自身科技创新能力、转型和产业升级，向功能化、标准化、轻量化、环保、节能、安全、低碳、高性能、低成本等高端核心技术发展，努力发展拥有自主知识产权和高端技术产品，加强上下游产业链互动，以高技术含量、高附加值的高端技术产品支撑塑料及多功能母料行业的可持续性高速发展，随着塑料使用量的大幅增加，多功能母料和色母料的使用量也将大幅增加，塑料及母料行业市场需求潜力巨大，发展前景无限广阔。

（中国塑料加工工业协会多功能母料专业委员会　罗崇远）

医用塑料

浅论一次性使用无菌医疗器械的包装

一、概念

1. 一次性使用无菌医疗器械是指用于无菌、无热原、经检验合格，在有效期内一次性直接使用的医疗器械。也可理解为仅供一次性使用，用后销毁的无菌医疗器械。

2. 一次性使用无菌医疗器械分类：根据产品的用途不同分为：

①一次性使用输液、输血、注射器具。

②一次性卫生敷料。

③各种医用导管以及其他。

3. 一次性使用无菌医疗器包装：用于医疗器械类产品的包装，可对其进行灭菌，可进行无菌操作（如洁净开启），能提供可接受的微生物阻隔性能，灭菌前后能对产品进行保护并且灭后能在一定期限内（标注的有效期）维持系统内部无菌环境的包装系统。也可以理解为：由生产企业生产并灭菌后以无菌状态供应，医疗单位不需要再进行灭菌而直接使用的医疗器械。

4. 初包装：与医疗器械直接接触的包装材料，即医疗器械的单包装或内包装。按接触形式分为两种：一种是直接与使用表面接触；另一种只直接接触产品，但不与使用表面接触。

5. 医疗器械包装的主要作用就是在供应和灭菌过程中提供保护，最终保证器械使用之前处于无菌状态。

二、生产和包装环境要求

1. YY0033－2000标准附录第B5条规定：“与产品的使用表面直接接触、不洗即用的产品初包装，其生产厂房的洁净度级别应与产品生产厂房的洁净度级别相同（尽可能在同一区域），如初包装不与产品使用表面直接接触，优先考虑在不低于30万级洁净室（区）内生产”。

2. 自制或外购的产品单包装袋在30万级洁净区内生产。明确说明用于一次性使用无菌医疗器械的单包装袋即使是外购的产品，其生产环境也应当符合30万级洁净度要求。

三、对包装材料的性能基本要求就是保护产品的外观和功能

1. 无毒、无味。无穿孔、破损、撕裂、褶皱或局部薄厚不均。

2. 可接受的洁净度、微粒污染和落絮水平。

3. 规定条件下没有溶出物。

4. 良好的生物阻隔性。

5. 满足基本的物理需求，不易老化。

6. 满足基本的化学需求，酸碱度、氯化物。

7. 灭菌适应性好，即灭菌前、灭菌中、灭菌后，材料及其图层、印墨等不与器械发生反应，对器械造成污染。

8. 如包装材料含有涂胶层还应满足:? 涂层连续，无空白或间断，涂层质量与标称值一致；当材料与另一个规定材料形成密封时，所规定的最小密封强度应得到证实。

9. 在规定的灭菌前、中、后，材料及组成（涂层、印墨、化学指示物）不应与器械发生反应，对器械产生污染；密封成形时密封宽度和强度（抗张强度和/或耐破度）应满足规定要求；剥开结构应连续、均匀、无影响，无打开和取出的材料分层或撕屑；密封和/或闭合应对微生物提供屏障。

四、一次性使用无菌医疗器械包装预成型包装进货依据

物理化学性能赋予了产品的功能性要求，物理化学性能在EN868中有详细的指标和方法，纸袋参见EN868－4，纸塑袋参见EN868－5，这些指标和方法是医疗器械生产商进行进货确认的依据。医疗器械制造商应索要本批次的产品符合性报告，此报告可以由医疗器械包装材料的生产厂家出具，也可由第三方出具。

五、对常用无菌包装材料具体要求

1. 透析纸材料选择基本要求

1.1. 透析纸：

1.1.1. 10 片纸平均的孔径≤35μm，任何一片不应≥50μm，纸对水有一定的抵抗性，透过时间应≥20s，纸的内撕裂抗力应≥550mN。

1.1.2. 纸的暴破强度≥200kPa，浸泡 10min，纸的湿暴破强度应≥35kPa。

1.2. 塑料膜

1.2.1. 塑料膜应有 2 层或多层复合而成。塑料结合层不发生分离或发白。

1.2.2. 塑料膜和粘合区，都不应有已知足以引起健康危害的有害物质释出。

1.2.3. 塑料膜应无针孔。

1.2.4. 在发射光下用正常视力或矫正视力检验时，塑料膜应无外来物质和/或会对符合性能要求有影响缺陷。

1.2.5. 塑料膜应能在制造商规定条件下与纸热合。

1.3. 与纸应热封合

1.3.1. 整个热封宽度≥6mm，塑料膜暴破点应≥20N/15mm，宽度热封合点在灭菌前后的强度应≥115N/15mm，宽度(干的样品)和≥112N/15mm。

1.3.2. 宽度(湿的样品)化学指示剂的范围≥$100mm^2$，不应受封合过程影响。

六、一次性使用无菌医疗器械包装型式介绍

按结构可分为：平袋；管袋；自封袋；透气窗袋；中封袋；顶头袋；立体袋；吸塑(泡罩)；包裹材料等。

按灭菌方式可分为：ETO 环氧乙烷、高温湿热蒸汽，gamma 钴 60 射线辐照、等离子、甲醛等。

1. 袋类

适用范围最为广泛也是最常用的一类。小到几克缝合线或牙签，大到 kg/套/袋体外循环管路。如：牙签、缝合针、医用手套，医用注射器，止血纱布，手术洞巾，医用导管，气管插管，手术衣，防护服等通用包装以及透析器、医用导管等医疗器械的包装。而对于具有一定厚度或立体面类的产品，则建议优先考虑使用内部容积大的立体袋或者强度高顶头袋。

1.1. 平袋：袋体预留有一个开口，其余在制袋厂完成。

1.1.1. 主要材料构成

1.1.1.1. 透析纸

按产地一般分为国产纸和进口纸；进口纸以瑞典纸、法国纸居多。Tyvek：1059B1073B：其具有良好的阻水、透气能力和优异的抗拉、抗撕和耐戳穿等物理机械性能，并且广泛适应现有的各类常规灭菌方式；克重：60~85g。通常体积小、重量轻的普通器械或售价廉的器械可选用国产或进口透析纸。高档和要求较高则需选用杜邦 Tyvek1059B(64g)或者1073B(75g)。

1.1.1.2. 膜材选用原则

聚乙烯(PE)：因具有熔点低的特点，更容易热封合。因此通常作为复合膜融合层使用。适合用环氧乙烷消毒。

聚丙烯(PP)：可以承受 100℃以上的高温，故主要用于蒸汽消毒的场合。聚丙烯对辐射敏感。

聚酯膜(PET)：机械强度高，其抗张强度是 PE 的 5~10 倍。耐热性、耐寒性好，耐冷冻、耐高温蒸煮。耐油性、耐化学药品性好。耐水性好，吸水率低，组湿性较好，阻气性佳。透明度好，光泽度高但不易热封。

1.1.1.3. 外观要求：内外表面平整，无污染，无异物，穿孔及明显折皱。热封部位压痕平直均匀，无断裂漏封虚封，无明显气泡。印刷字迹标示及图案清晰完整牢固无残缺掉色。剥开密封时密封线内外的表面应无破坏。

1.1.1.4. 印刷：医疗器械包装袋印刷通常选用水性环保型墨水，且应符合 ISO10993 生物兼容性检验标准，重金属含量符合 IEC62321：2008，USEPA3052：1996 要求。而对于一般用途平袋至少留有整个表面积的 50% 无印刷。油墨不应于器械接触。

1.1.2. 平袋常见型式

1.1.2.1. 塑料袋

组成：上下两面均为塑料膜：LDPE/LDPE 或者 HDPE/HDPE。

在此需要说明，全塑材质的包装袋仅能以辐照方式灭菌。这是因为塑料膜孔径较小虽可透过气体，但其透气性远不如医疗级透析纸，因此若以全塑料包装袋装载医疗器械而使用 ETO 灭菌，会产生灭菌不完全或是气体残留于包装袋内状况。

用途：不建议使用。

1.1.2.2. 纸纸袋

组成：纸/纸 PP 或纸/纸 PE 作为包装的主体。一面由医疗级多孔纸构成，它主要为灭菌提供有利的灭菌气体进出的通道。另一面为不涂层或涂层两种。为与上面贴合，通常是以纸与塑料涂塑或复合而成，材质为 PP 或是 PE，此面主要提供粘合的功能与可撕开的效果。纸面材质为：医用级透析纸。

特点：承重小，价廉。内器械不可视。适用范围小。

用途：医用敷料诸如纱布块类的产品。

1.1.2.3. 铝纸复合袋

组成：铜版纸/AL/PE＋铜铝纸/AL/PE

特点：避光、耐腐，阻隔性强。

用途：手术切口保护膜，防粘膜外包装，生物缝合线，可吸收防粘连膜等(灭菌方式为珈玛射线)

1.1.2.4. 纸塑袋(图1、图2)

图1

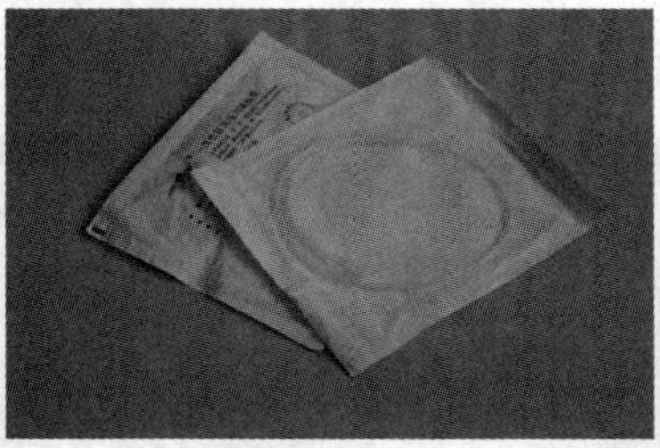

图2

组成：塑料合复膜/纸。对应另一面的纸面可采用不涂层或涂层的方式。

塑料膜选用为 CPP/PET 复合膜或 PE/PET 复合膜。

特点：承载重量较轻。可直视袋内器械。价格稍高。

用途：广泛用于一次性医用耗材诸如手术衣、尿袋、导尿管、注射器、针类等产品。

1.1.2.5. 中封(透气条)袋(图3)

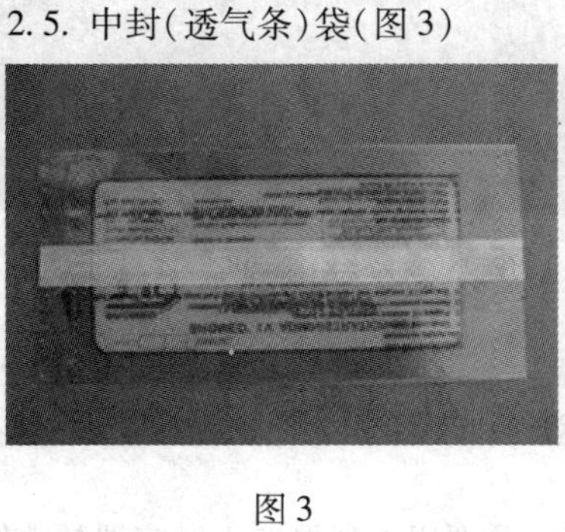

图3

组成：塑料膜/纸。即为两面塑料膜单面的中间加贴合一条透气纸。PET/PE＋特卫强透气条或 PET/CPP＋透气条(国产或进口)纸。

特点：干净剥离、价格适中，且内包装物可视。

用途：手术包：导尿包，止痛泵/输注泵，麻醉穿刺包，妇产包，口腔检查包，急救包等。

1.1.2.6. 透气窗袋(图4、图5)

图4

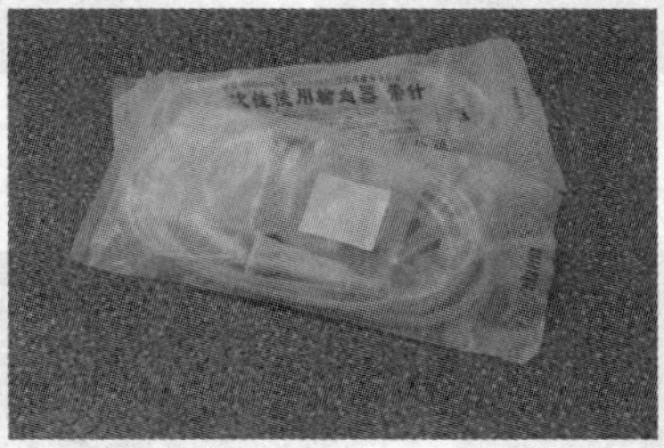

图5

组成：膜/膜。即为一面膜中或上部位置设有圆或方型较小面积的透析纸窗口。PE/PE＋纸或 PET/PE＋纸或 PET/CPP＋纸。

特点：承载较重，透气性一般。价格较低。

用途：导尿包，微量止痛泵，妇产包，眼科手术包，组合包，输血过滤器，产科敷料包，急救包等。

说明：透气窗分为圆形和方形窗口两种形式。

1.1.2.7. 顶头(封)袋(图6)

组成：膜/膜面头部一同包装袋等宽度和较小高度的透析纸。多层共挤 PE＋特卫强或 PET/CPP＋(国产或进口)或 PET/PE＋特卫强

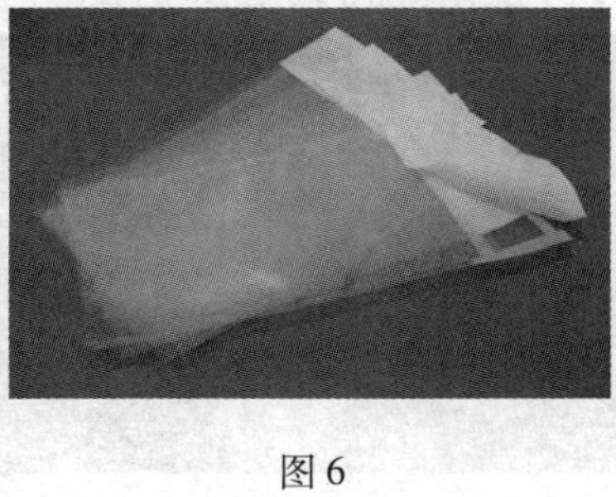

图6

特点：细菌阻隔能力强，透气性良好，干净剥离，强度高。可用于环氧乙烷、伽玛射线、等离子等灭菌。可盛装大体积器械。价格高。

用途：医用导管(血透管路，体外循环管路)麻醉包等。

1.1.2.8. 管袋

塑料合复膜/纸。对应另一面的纸面可采用不涂层或涂层的方式。塑料膜选用为CPP/PET复合膜或PE/PET复合膜。

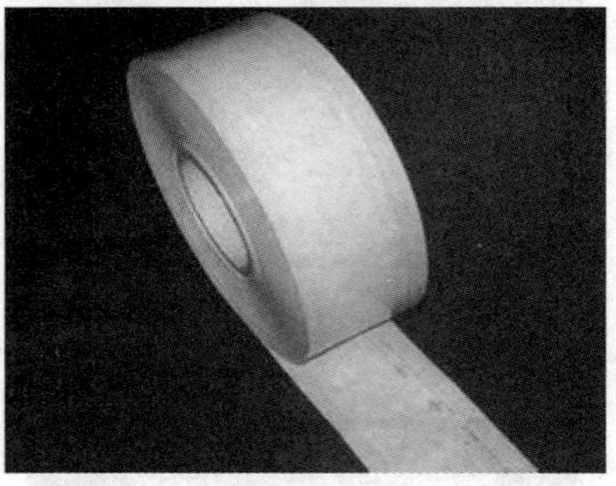

图7

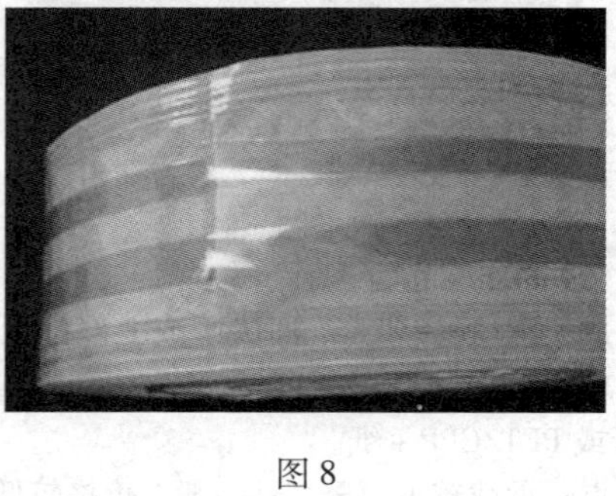

图8

种类：分为平面管袋和立体管袋两种。立体管袋可盛装具有一定形状的器械，如瓶类等器械。

特点：可按照用户需要的长度任意裁切。可直视袋内产品，价格低。

用途：主要用于品种多、批量下的产品。

不足：多数厂家裁切后纸塑袋无人字易撕口。

1.1.2.9. 立体袋(图9、图10)

图9

图10

组成：塑料复合膜/纸。对应另一面的底面可采用不涂层或涂层的方式。塑料膜选用为CPP/PET复合膜或PE/PET复合膜。

特点：承载重量较轻、厚度高，体积不规则的器械。可直视袋内器械。价格稍高。

用途：主要用于尿袋、引流瓶等产品。

说明：对于厚度较大类的产品可选用此包装袋。

1.1.3. 吸塑盒及泡罩类：

1.1.3.1. 吸塑盒类(图11、图12)：

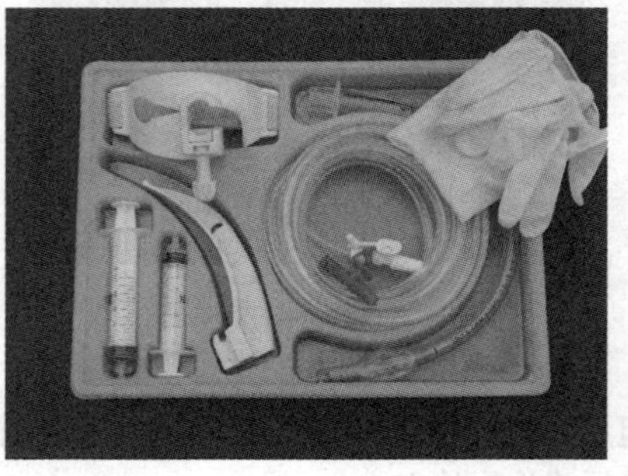

图11

图12

组成：盒材/透析纸。盒材：PET、PS、或者PETG，盖材：医用涂胶纸，目前多为杜邦Tyvek涂胶纸。

用途：主要用于高端植入医疗器械，如骨科产品、心血管介入类产品、外科植入类器械、神经外科引流类装置、血液回收装置、中心静脉导管等产品。

说明：其中吸塑盒最常用所用的材料主要有聚苯乙烯、聚氯乙烯和 PET。国外以及国内较少数高端一次性医疗器械使用 PETG 材料。PETG 也称改性聚酯，它能够提供 PET 所不具有的热合性能和一些其他的加工性能，但价格比较昂贵。

1.1.3.2. 泡罩类(图 13)：

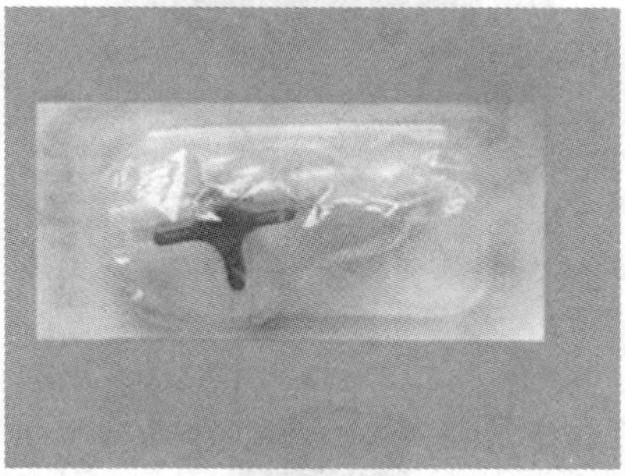

图 13

组成：常用一面为复合膜 PE/PP(适合环氧乙烷灭菌)或 PE/PA(适合于环氧乙烷与辐照灭菌)和另一面为涂层的或不涂层医疗级透析纸也可使用特卫强。常适用于体积较小，结构简单并具有一定厚度的产品。

材料：PP/PE，PA/PE，PP/PA/PE，PA 等。

特点：自动化程度高、效率高、单个包装成本低、投入大，适用于产量高的产品。

用途：如：留置针，三通旋塞、喉罩，电刀笔，肝素帽，球囊，封堵器血管内导管，人工关节等产品。

1.1.4. 中间包裹物(图 14)：

1.1.4.1. 无纺布(非织布)：医疗卫生产品选用的为水刺法也称射流喷网成布法生产的。

特点：手感柔软、蓬松、高吸湿性、有一定的吸油效果。外观比其他非织造材料更接近传统纺织品。强度高、低起毛性。透气性好。悬垂性好。

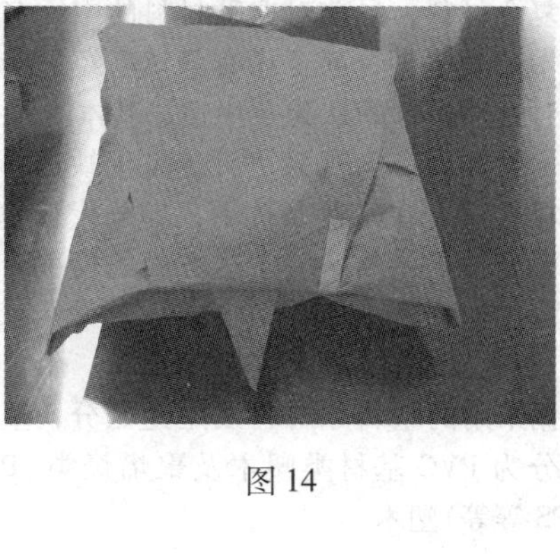

图 14

用途：常用于器械中间包装。以便于传递至手术台上。

1.1.4.2. 皱纹纸(图 15)：

图 15

特点：具有抗水、抗消毒剂、抗静电性能；更长的无菌保存期；更低的脱屑率；更好的舒适性，更加轻便，手感舒爽。

用途：移植、导管、精密和显微等重要器械的包装，以及器械中需要传递至手术台上的器械包包装。

产地：国产或国际著名品牌，法国 Arjowiggins 公司生产皱纹纸。其 60g 规格最为常用。

说明：纸质包装材料的机械性能较差，因此包装时不宜过紧或过松，避免灭菌包沾染液体灭菌时充分干燥。

1.1.5. 组合包装(图 16、图 17)：

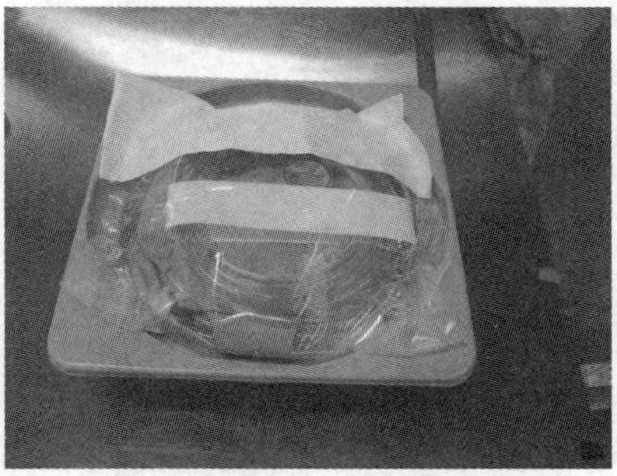

图 16

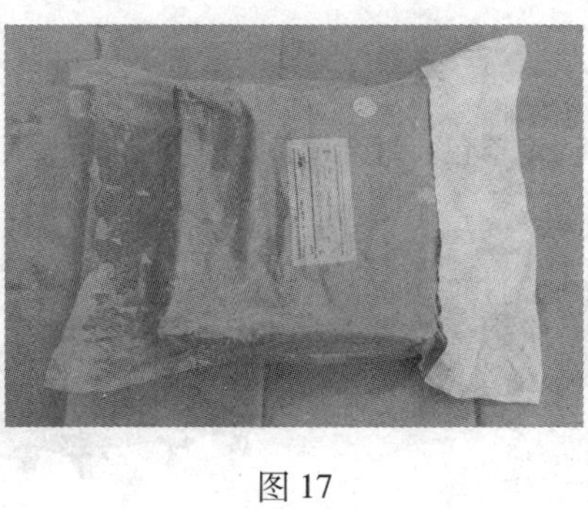

图 17

组成：吸塑盒+皱纹纸+顶头袋

用途：适用于对于多种器械较大体积的组合。如体外循环管路包等。

说明：先将器械置于吸塑盒内，再用皱纹纸包装，最后密封于顶头袋中。

七、一次性使用无菌医疗器械包装封合

1.1. 分类：按照封装方式分为：平袋封合、泡罩封合合吸塑盒封合。

1.2. 平袋热封：可采用间歇式或者连续式封口机。

1.3. 应按 ISO11607 的要求进行封合参数的验证，以确定最佳的封合参数。应验证并确保封合的效果符合 EN868-5 的要求。

1.4. 热封设备

1.4.1. 平袋封合：常见手动或电动间歇式封口机和履带式连续热合机三种。

1.4.2. 选用原则：鉴于工艺确认的需要，选用封口机时应选用具有精密控制和显示时间、温度或压力的设备。因此可选用电动式间歇式封口机和履带式封口机。手动间歇式封口机不宜选用。

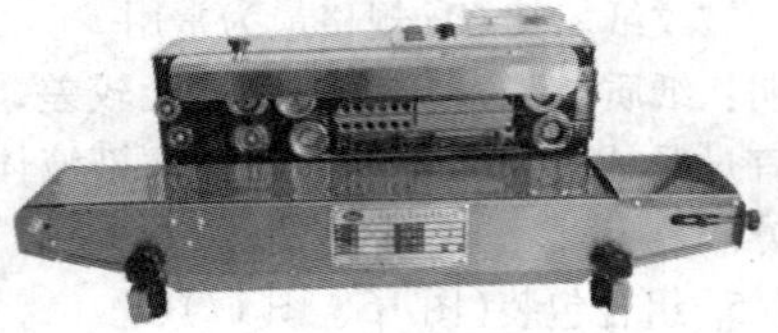

1.5. 泡罩包装封合设备

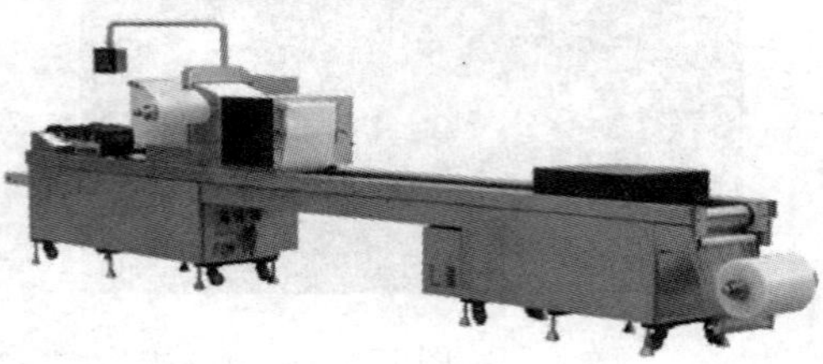

1.6. 吸塑包装封合设备：需配置相应的热封模具。

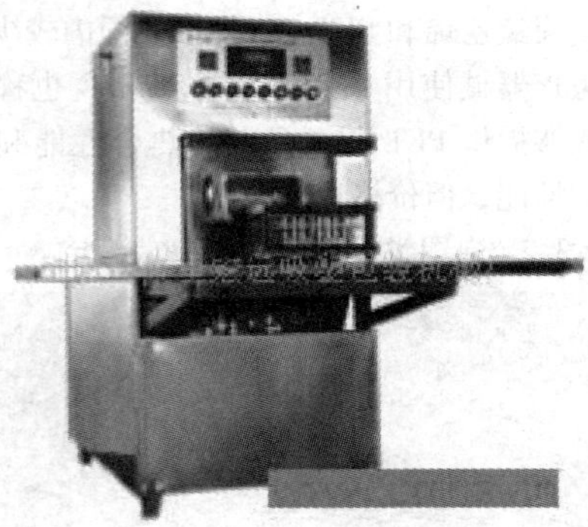

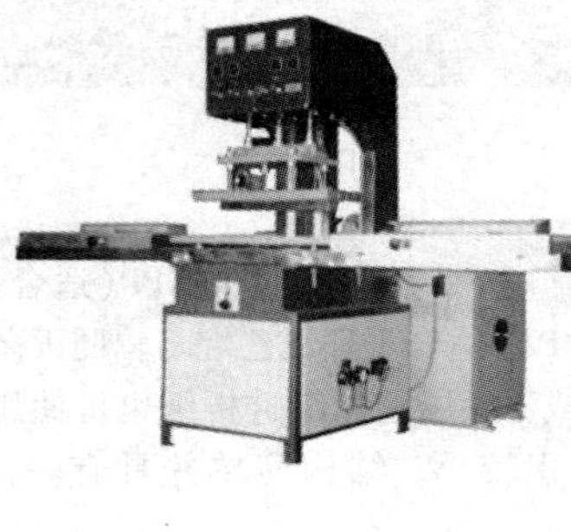

（天津市塑料研究所有限公司　张富强）

塑木制品

塑木复合材料（Wood - Plastic Composites，缩写为 WPC）在美国材料试验协会标准（ASTM）中给出的定义是："一种主要由木材或纤维素为基础材料与塑料（也可以是多种塑料）制成的复合材料"。塑木复合材料兼有塑料和木材的部分性能，在国内，也称之为木塑复合材料，早前对这种材料的中文名称到底该叫塑木还是木塑，甚至还有争议。经过十余年的发展，对这种材料的认识、用途，基本上取得了统一。与木材相比，客观来讲，各有优缺点。因此塑木复合材料适合在某些条件下，部分代替木材，但不可能完全替代木材。关于这方面的情况，国内外已有大量文献论述。

1　塑木复合材料的种类及用途

根据采用的塑料原材料及用途区分，塑木复合材料可分为 PVC 基材类塑木及聚烯烃类（PE、PP、ABS、PS 等等）塑木。

1.1 PVC 基材塑木复合材料

PVC 基材塑木复合材料主要以 PVC 新料为原料，木粉的添加量较少，一般进行一定程度的发泡处理。产品密度小、质量轻、尺寸精度高、外观精致、颜色鲜艳。其生产过程相对较稳定，产品表面可以进行压花、覆膜、上色等处理。缺点是 PVC 的耐侯性、蠕变恢复性相对较差，主要用于室内装饰。近年来还有大量用作建筑模板。

1.2 PE 基塑木复合材料

PE 基塑木复合材料一般以 HDPE 回收料为主要原料，木质纤维素的添加量一般为 52% ~68%，个别情况下可以到 70% 以上，但木质纤维素加入比例不应该是本行业追求的一个单纯目标。其中 HDPE 的性能(力学强度、MI 值、杂质含量)直接影响到产品的性能。数年以前木质纤维素普遍采用 40 目左右的稻谷糠，但产品打磨后表面有明显的白点，影响外观，后来改用磨得更细的谷糠；为了改善产品的力学性能、减少稻谷糠中矿物质对机器的磨损，改用竹粉来替代谷糠；后来又发现未经处理的竹粉制成的产品表面容易发霉，因此现在绝大部分都以木粉作为纤维素。此外还有以麦秸杆、棉杆、甘蔗杆、烟叶杆、椰子壳等等磨粉作为纤维素使用，但这些目前都没有形成批量。塑料原来还有选用 PP、PS、ABS 等等制作特殊性能、特殊用途的产品。PE 基塑木复合材料耐侯性好、木质感强、易二次加工，广泛用作户外装饰性材料。

2 国内塑木复合材料的几个发展阶段

国外的塑木复合材料大约从 20 世纪 90 年代初开始研究并逐步实现生产、销售。以北美为主，形成全球最重要的研究、生产基地之一。

我国木塑复合材料的研发工作始于 20 世纪 90 年代末。一些研究单位、高校，还有以宋维宁博士、景浩博士为代表的归国学者，从国外引入塑木复合材料这一全新概念，开始从原料选用、制作工艺、机器、模具以及产品的设计、使用推广等方面，进行了数年的努力。于 20 世纪初开始在北京市、广东省、江苏省、山东省、辽宁省等地建起一些生产企业。同时，以长三角及山东省为基地，建立起一些相关的生产主机、配套设备企业；以湖北省黄石市为主的模具研发、生产企业也迅速发展起来。

2.1 第一阶段：开发生产塑木托盘

首批进入塑木制品生产的企业以生产木托盘为主，但很快发现塑木托盘因其无法克服的缺陷，基本没有发展前途，加上后续研发没能及时跟上，首批大部分塑木制品厂家在 2006 年左右部分关停、转产。

2.2 第二阶段：塑木景观型材

在此期间，仍有一些有实力的投资者进入塑木制品生产行业，主要产品开始由塑木托盘转为户外装饰材料，同时积极开发国外市场，特别是以欧洲为主的出口市场开始形成。2008 年美国次贷危机影响全球经济，中国政府出台四万亿经济刺激计划，国内基础建设规模扩大，加上通过制品行业、学者们的不懈努力，塑木制品开始得到政府、市政园林部门、建筑设计单位的认识，塑木制品的国内需求量也迅速增长。2008 年至 2010 年下半年是塑木制品发展的第一个黄金时期。在这个阶段，以美新、森泰、格林美为代表的一些塑木制品企业迅速增长壮大起来。

由于塑木制品行业对欧洲市场依赖过大，2010 年下半年受欧洲经济不景气影响，从 2011 年开始，到 2012 年下半年，塑木制品企业的生产销售处于较低迷的一个阶段。

2.3 第三阶段(现在)：走向欧洲，全面复苏

随着美国经济的缓慢复苏、全球经济的逐渐好转，自 2013 年开始，欧洲为主的出口市场开始恢复，亚洲、南美等新兴市场开始形成，对塑木制品的需求快速增长。整个塑木制品行业于 2013 年下半年迎来第二个黄金发展时期。在此期间，一些历史较久的塑木制品企业，比如聚锋、新远见、国风、华龙、赫尔普等企业苦练内功、提高产品质量，企业产销量增长迅速，成为国内 PE 基塑木制品生产的中坚力量。

3 国内塑木行业产业链的分布情况

3.1 塑木制品企业的基本分布情况

经过十多年的发展，国内塑木制品厂目前已超过三百家，而且每年以 20% 的左右在增加，年产量约 1000kt。但分布极不平衡。

塑木制品厂最多的省份是江苏省、广东省、浙江省、安徽省、山东省，这几个省份集中了占全国大约 75% 左右的产能。江苏省和山东省塑木制品企业数量最多，但普遍规模较小。浙江省、广东省和安徽省的塑木制品企业普遍规模相对较大，年出货量万吨左右的企业分别有五家以上。

其次是湖北、福建、四川、河北以及吉林、辽宁等省份有少量塑木企业。

近年来，江西、重庆、云南、贵州、广西、湖南、陕西等省市自治区开始有塑木制品厂陆续上马。

其他省市自治区的塑木制品企业基本上处于空白。

3.2 机械和模具企业的基本分布情况

塑木生产混炼造粒、挤出成型主要生产设备集

中在江苏省、浙江省、上海市及山东省。模具生产企业主要集中在湖北省的黄石市，成为了名符其实的中国挤出模具之都，黄石产的模具在全球的挤出模具市场也占有重要的地位。

3.3 助剂企业的发展及基本分布情况

塑木生产所需要的助剂主要有润滑剂、偶联剂、抗氧剂、紫外光吸收剂(稳定剂)、防霉剂、色粉、无机填充料等等。国内生产塑木制品专用的复合润滑剂、偶联剂、抗氧及紫外吸收剂也得到了迅速发展，其性能完全能满足塑木制品生产的要求，与进口同类产品相比，具有更高的性价比。这部分企业主要集中在上海市、江苏省、浙江省、山东省和广东省。

4 塑木制品的市场分布情况及发展

4.1 国外市场

国外采购商主要分两类，一类是超市采购商，另一类是景观工程用户。供应超市采购商出货量大，但淡旺季明显，一般集中在当年的十月份到次年的四月份，对塑木制品的生产企业产能要求高。景观工程用户采购量相对较小，品种、颜色多，而且交期要求紧，但全年出货量较为平均。在出货旺季，既要保证对超市采购商的出货量，又要兼顾到工程类用户的需求，对塑木制品生产企业是一个较大的挑战。

北美是最早、最成熟的塑木市场，其消费量占到全球的30%左右。质感更厚实、外观粗犷的产品在北美受欢迎。北美市场对产品质量要求高、进入门槛高，比如要求通过ICC论证等等，国内塑木产品一般很难进入。因此北美市场是一个充满希望和挑战的市场，目前还不是国内塑木制品生产企业的主要目标市场。

欧洲市场主要以超市采购商为主，国内年出货量5000t以上的塑木制品生产企业，大约有一半以上的产品是出口到欧洲。

亚洲、中东、南美等地区是塑木制品的新兴市场，近年来发展迅速。主要以工程类用户居多，在东南亚及新西兰、澳大利亚、马来西亚、韩国等国家也开始有部分小型超市供应商来采购。日本、韩国、新加坡及中国台湾地区销售价格较高，但要求产品外观精致，品质检测满足当地标准。印度近年来采购量大，普通是低端产品。

非洲除经济较发达的南非等少数国家外，其他基本上是空白。

4.2 国内市场

塑木制品刚开始在国内生产的时候，国内市场基本上是完全空白，连一些园林设计单位、市政单位、房地产开发商都不知道塑木是何物、有何优点、用于何处。通过艰苦的宣传、特别是北京奥运会、上海世博会等样板工程的示范效应，近年来，国内塑木制品在的应用取得了暴发式的增长。一些中小型塑木制品生产企业，其销售对象主要以国内工程用户为主。

国内塑木制品市场目前还没有形成连锁超市之类的卖场。有塑木制品企业尝试建设自己的连锁卖场，但苦于资金、管理、运输等因素，很难取得成功。

综上所述，国内塑木制品的出货量，总体来看，约45%是国内销售，55%是出口。其中出口总量的70%左右是销往欧洲市场。

5 塑木制品行业存在的主要问题

目前，塑木制品行业处于快速增长期，与其他行业一样，整个产业链无论从原料、工艺技术、配套产业、应用等等环节取有长足的进步。产品的外观、安全性基本上能满足使用要求。但做为一个以出口为主的产品，主要面临如下问题。

5.1 产品的同质化严重，开始比拼价格来抢占市场

塑木制品行业门槛低，尽管面临诸多问题，但普遍看好这个产品的未来发展，大大小小的生产企业一哄而上。整个行业所有厂家的产品结构、目标市场基本上完全一样。鲜有厂家有自己的特色产品，造成了以降价来抢市场这一现状。

5.2 国内市场缺乏成熟、成规模的流通渠道

国外的采购商对塑木制品有着较深刻的认识，相对比较成熟。在压低产品价格的同时，也非常注重产品的质量。因此较大的采购商一般选择国内有一定规模和历史的塑木制品生产厂家，那些新上马的小厂，品质、交期、售后服务都无法保证，无论以怎么样的价格，也吸引不了较大的国外客户。这也是造成塑木制品生产厂家经营情况两极分化严重的主要原因。

国内市场没有成熟、成规模的流通渠道，仍以工程安装采购为主。而且向塑木制品厂采购材料的，往往不是最终的用户，只是工程承包商，他们不太注重产品的质量，只是关心产品能不能给他们带来高利润，只要求在验收期内不出问题就可以。低价买的产品一般意味着低品质，损害的是最终用户的利益，这种模式最终给整个产业带来极大的伤害。

5.3 新产品、新技术仍然落后于世界先进水平

我国的塑木制品行业，对新产品、新技术开发的投入较少，国内对这行业研究的科研院所、大专院校并不多，长期致力于这方面研究的专家、学者、

企业家屈指可数。大部分的生产企业没有能力、也没有志向进行研发投入。只有少数老牌企业对新产品、新技术的研究有较大的投入，并且取得了一定的成果，他们将是最终的胜出者。

5.4　缺乏国家政策的扶持

在国家积极推动节能减排、大力发展低碳经济的大背景下，塑木制品作为一个新兴环保、低碳行业，并没有享受到多少实质性的利好措施。从税收、产品推广、准入门槛等方面，政府相关部门并没有出台多少具有可操作性的政策。传言中的某些厂家获得巨额政府资金，大部分是产业配套，用于新产品、新技术开发的资金所占比例很小。

6　行业的发展方向

整个行业要想健康发展、赶超国际先进水平，除了国家政策的引导、资金的资助以外，主要得依靠整个产业链的从业者、研究机构共同努力，进行新产品、新技术的研究来推动。可以从以下几个方面寻得突破。

6.1　扩大产品的使用范围

塑木复合材料目前主要是做为一个室内、外装饰材料在使用，市场面太窄，不利于进一步推广。如果能大幅度提升制品的强度、改善产品的冷热收缩性、抗儒变性，进一步降低制品的吸水率，提高产品的尺寸稳定性和加工精度等，有利于塑木复合材料向家具、汽车、建筑结构性材料等领域发展。在这方面国外有成功的案例，国内在长三角一带有部分塑木复合材料生产企业在努力研究，并形成一定的批量在向市场推广。

6.2　特殊性能产品的研发

近年来，共挤包覆类产品在美国得到了飞速发展，这种产品进一步改善了产品的耐侯性、耐刮擦性等等。共挤包覆分为聚合物与塑木表面共挤出、塑木与塑木表面共挤出。这类产品毛利率较高，在北美、日韩等市场有较好的应作基础，是我国塑木复合材料寻求在北美市场占有一席之地的一个良好突破口。共挤包覆材料研发投入大、需要取得技术突破点较多，国内有实力的生产企业如广东美新、安徽森泰、宁波禾隆、江苏嘉景等等经过长期的努力，关键技术取得了突破，共挤生产日趋稳定，特别是美新，产品已成功打入美国市场，发展苗头较好。上述其他几家厂也开始形成批量销售，成为行业技术进步的引领者。

材料表面有两种以上颜色、通过不规则渐变所形成一种特殊效果，这种产品在我国华南一带首先兴起，它使材料表面更生动，而且解决了产品批量的色差问题，如珠海康特、广州赫而普等企业早在数年前就批量出口，也有其他厂家在积极跟进。

6.3　降低制造成本

降低塑木复合材料的制造成本需要整个产业链上下游的共同努力，比如塑料的品质、来源稳定，木粉颜色稳定、水份、灰份、细度控制好，挤出机效率提高、易损件更耐用，模具设计合理、高效，复合润滑剂的正确使用，针对塑木复合材料专用的偶联剂、紫外线吸收剂、光稳定剂、抗氧剂、防霉抗菌剂、色粉等等的选用，以及合理的产品结构设计、生产工艺调整、后加工处理布局等等。中塑协塑木制品专业委员会通过举办培训班、组织高峰论坛等形式，将国内外最先进的技术、产品、工艺、市场信息介绍给广大会员企业，促进行业交流，以期带动整个行业的健康发展。

6.4　正确引导用户

正确引导用户往往是一个被忽视的问题，有些塑木复合材料生产厂家缺乏经验，常常被客户牵着鼻子走，对客户提出的一些不科学、不合理的要求照单全收，既给自己的生产带来相当大的麻烦、造成制造成本不必要的上升，也为将来可能出现的质量问题埋下隐患。因此，我们的塑木材料生产企业、销售企业要学会科学地与客户谈判。

6.5　充分利用国家及地方政策

在当今国家重视环保等大环境下，预计会陆续有一些具体政策会出台，塑木行业内的企业要密切与政府部门联系，关注相关政策通知的发布，积极争取产业配套、科技研发资金以及退税等。

7　结束语

总之，塑木行业是一个高尚、利国利民、前景美好、充满希望和挑战的行业，需要政府以及广大的有识之士共同努力，勇于面对困难，积极进取，把我国建设成一个塑木研发、生产的强国。

（中国塑料加工工业协会塑木制品专业委员会　余继春）

专家委员会

中国塑料加工工业协会专家委员会成立于2005年，至今已是第三届了。

一、酝酿过程

2004年6月17日，中国塑料加工工业协会专家委员会筹备组发出“倡议书”，鉴于塑料行业科技飞速发展的现状，拟成立专家委员会。2005年月18日，中国塑料加工工业协会专家委员会筹备组提交了“关于成立中国塑料加工工业协会专家委员会的申请”。

1. 关于成立中国塑料加工工业协会专家委员会倡议书

中国塑料加工工业协会专家委员会(以下简称“专家委员会”)由在塑料加工工业及其相关领域有重要建树、在学术上有较深造诣、在所从事的专业具有权威性的，具备实际工作经验及在塑料加工及其相关领域内有突出成果的专家学者、行业领导者和企业家组成。专家委员会的成立的目的在于进一步拓展中国塑料加工工业协会的职能、充分体现“为行业服务、为企业服务”的宗旨：为领导决策中国橡塑产业发展方向、制定相关政策法规提供咨询；为企业提供技术支持；加强行业内国内外的交流与对话；推动科技优势向产业化优势的转化。

每年国家均投入巨额研发资金，由于科研院所与生产企业间没有足够有效的沟通，致使大部分科研成果闲置，没能在第一时间实现应有的经济效益，对于国家、科研院所和生产企业都造成了较大的损失。专家委员会作为非盈利性机构，致力于建立起业内企业同科研院所的紧密联系，一方面考察和帮助企业提高经济实力和管理水平，另一方面对科技成果的成熟性和产业化的可行性进行专业权威的评估，实现资金优势与技术优势的完美结合，推动科技成果向产业的转化。同时有利于行业内部专业人才的成长，切实提高国家生产力发展水平。

因此，专家委员会的建立，将发挥协会橡塑领域多学科的优势，为企业提供指导性服务，包括：为行业发展规划进行咨询论证，提出具体实施方案和建议；为工程项目和技改项目、技术引进项目等提供咨询、论证和可行性研究；对制、修定具体项目相关技术的国家标准、规范和推荐性标准及行业标准提供参考意见；受委托对工程设计、产品生产和监督管理中急需解决的技术问题进行研究论证，对行业相关设备和产品进行评价，对重大科技成果进行评估与鉴定；积极推动塑料工业科研成果向规模生产应用转化；推进有竞争力的民族工业产品打入国际市场；组织开展相关领域行政法规、设计规范和技术标准的宣传贯彻和培训工作，培训相关行业技术管理人才；组织专业学术论坛、学术研究合作及国际间的学术交流。

2. 关于成立中国塑料加工工业协会专家委员会的申请

中国塑料加工工业协会专家委员会(以下简称“专家委员会”)成立的目的在于充分体现“为行业服务、为企业服务”的宗旨：为决策中国塑料产业发展方向、制定相关政策法规提供咨询；为企业提供技术支持；加强行业内国内外的交流与对话；推动科技优势向产业化优势的转化。

专家委员会由在塑料加工工业及其相关领域有重要建树、在学术上有较深造诣、在所从事的专业具有权威性的，具备实际工作经验及在塑料加工及其相关领域内有突出成果的专家学者、行业领导者和企业家组成。

每年国家均投入巨额研发资金，由于科研院所与生产企业间没有足够有效的沟通，致使大部分科研成果闲置，没能在第一时间实现应有的经济效益，对于国家、科研院所和生产企业都造成了较大的损失。专家委员会作为非盈利性机构，致力于建立起业内企业同科研院所的紧密联系，一方面考察和帮助企业提高经济实力和管理水平，另一方面对科技成果的成熟性和产业化的可行性进行专业权威的评估，实现资金优势与技术优势的完美结合，推动科技成果向产业的转化。同时有利于行业内部专业人才的成长，切实提高国家生产力发展水平。

专家委员会的建立，将发挥协会橡塑领域多学科的优势，为企业提供指导性服务，包括：为行业发展规划进行咨询论证，提出具体实施方案和建议；为工程项目和技改项目、技术引进项目等提供咨询、论证和可行性研究；对制、修定具体项目相关技术的国家标准、规范和推荐性标准及行业标准提供参考意见；受委托对工程设计、产品生产和监督管理中急需解决的技术问题进行研究论证，对行业相关设备和产品进行评价，对重大科技成果进行评估与鉴定；积极推动塑料工业科研成果向规模生产应用转化；推进有竞争力的民族工业产品打入国际市场；组织开展相关领域行政法规、设计规范和技术标准的宣传贯彻和培训工作，培训相关行业技术管理人才；组织专业学术论坛、学术研究合作及国际间的学术交流。

特此申请。

二、成立专家委员会及第一届期间的活动

1. 成立大会

2005 年 10 月，第一届中国塑料加工工业协会专家委员会在宁波成立。中国塑料加工工业协会专家委员会诞生了，这对我国科技界、产业界从事塑料研发和规模生产的专家和企业家们是一件令人兴奋的大事。成立专家委员会是中国塑料加工工业协会为了更好的推进和发挥行业协会的职能，更好的贯彻“为行业服务、为企业服务”的宗旨，促进科技成果转化，在科学家和企业家之间架起金色桥梁的重大举措，获得了国家民政部的批准。中国塑料加工工业协会吸纳了科技界、企业界的优秀专家学者成立专家委员会，是为了能在贯彻产学研、科工贸一体化过程中起到桥梁作用，促进各有关方面发挥各自专长，同心协力，深入国际前沿领域，赶超世界先进水平。

成立大会上通过了“中国塑料加工工业协会专家委员会章程”(后按照民政部要求改称为“中国塑料加工工业协会专家委员会工作条例”)，产生了中国塑料加工工业协会专家委员会第一届领导成员：中国塑料加工工业协会理事长廖正品任主任，中国塑料加工工业协会工程塑料专业委员会原理事长、中国科学院化学所研究员王德禧任常务副主任兼秘书长。决定每两年举行一次全国性的大型塑料新材料、新技术、新成果交流会。

首批应聘专家200人，集聚了塑料行业的精英人才。

会上，廖正品和中国科学院宁波材料研究所所长崔平分别发表讲话，对中国塑料加工工业协会专家委员会的成立表示祝贺。中国科学院院士、四川大学徐僖教授发来贺信，对专家委员会的成立给与高度评价并热烈祝贺。

对首批专家颁发了“中国塑料加工工业协会专家证书”。第一届专家证书为一大一小两个，大证书为白色，小证书为金色。正面为中文，背面为英文，正面上均有专家本人的照片和证书编号。

2. 第二次年会暨2007年塑料精品项目推介会在湖南省宁乡县举行

2007年11月14日，中国塑料加工工业协会专家委员会第二次年会暨2007年塑料精品项目推介会在湖南省宁乡县举行，中国轻工联合会副会长兼秘书长王世成，湖南省人大原副主任高锦屏，湖南省政府顾问陈德铨，湖南省经委副主任卓群，长沙市副市长谢志迪以及湖南省轻工行业管理办公室、湖南省科技厅、宁乡县委县政府领导和全国塑料行业领导、知名学者专家共300余人相聚宁乡。

举行了“中国湖南塑胶工业园”授牌仪式。宁乡县委副书记、县长黎石秋从中国塑料加工工业协会廖正品会长手中接受了“中国湖南塑胶工业园”的牌匾，表示要将宁乡这片热土打造成为全国塑胶产业生根、开花、结果的腾飞之地。随后，全体人员驱车前往建设中的金洲新区开发区。中国轻工联合会副会长兼秘书长王世成宣布：“中国湖南塑胶工业园奠基”，各位领导挥锹铲土，为湖南塑胶工业园奠基。

中国塑料加工工业协会专家委员会第二次年会暨2007年塑料精品项目推介会由中国塑料加工工业协会、湖南省轻工行业管理办公室、中共宁乡县委、宁乡县人民政府、中国塑料加工工业协会专家委员会、湖南省塑协主办。会议分为两个会场。瞿金平等的“汽车塑料及其制品发展现状和趋势”、“我国塑料管道行业现状与发展”、“高分子材料成型加工节能降耗新技术及设备”、“精密挤出技术的开发和应用展望”、“气体辅助注射成型材料的形态研究”、“特殊单立管排水系统的新技术 - AD - JET特殊单立管排水系统”、“Openair常压等离子体，表面处理工艺的突破性革新”、“等离子体绿色化学原理及其应用技术的研究”、“塑料添加剂的发展趋势与技术热点”等论文进行了大会交流，受到大会的热烈欢迎。其中一些科研和产业化成果已经达到了国际先进水平。大会还邀请了世界上一些著名公司如，杜邦公司、德固赛公司、Ticona公司、联邦德国德国等离子处理技术有限公司的代表出席大会并进行交流。

在册的应聘专家已达三百多人，会上对新批准的专家颁发了“中国塑料加工工业协会专家证书”。

三、换届及第二届工作

1. 换届

中国塑料加工工业协会专家委员会成立于2005年，第一届专家任期由2005年至2009年。

中国塑料加工工业协会专家委员会于2009年10月举行了换届大会，选举了新一届领导机构成员，聘任了中国塑料加工工业协会第二届专家，为第二届受聘专家颁发了聘书。

第二届专家任期为2009年10月~2013年9月。第二届专家的证书为金色，一大一小两个，正面为中文，背面为英文，正面上均有专家本人的照片和证书编号，两面均有任期。第一届专家的任期已满，专家资格和专家证书(白色)自行作废。

2. 举办首届中国(包头·九原)塑料产业论坛、中国塑料专家委员会二届一次会议暨2009年塑料新材料、新技术、新成果交流会

2009年10月16~18日，首届中国(包头·九原)塑料产业论坛、中国塑料加工工业协会专家委员会二届一次会议暨2009年塑料新材料、新技术、新成果交流会在包头市举行。

论坛由中国塑料加工工业协会、中国神华煤制油化工有限公司主办，由中国塑料加工工业协会专家委员会承办、九原区人民政府协办。中国轻工业联合会名誉会长陈士能，中国塑料加工工业协会会长廖正品，中共内蒙古自治区党委常委、包头市委书记莫建成，包头市副市长冀学斌等领导以及全国各地行业协会主要领导、各大院校和研究机构专家、塑料行业企业的近300人参加论坛，是近年来中国塑料行业极具高度及广度的一次盛会。这次会议反

映了近年来我国塑料界蓬勃发展的新局面，一些科研和产业化成果已经达到了国际领先水平。内蒙古新闻网、内蒙古日报、联合早报、包头人民广播电台、包头电视台、新华网内蒙古频道、包头新闻网、包头市人民政府、九原区委宣传部、中国塑料加工工业协会网等新闻媒体对论坛进行了全程报道。

会议期间，与会专家学者就我国塑料产业的现状、发展及远景规划展开学术性交流。神华包头煤化工项目总经理助理武兴彬、四川大学高分子研究所教授王琪、华南理工大学瞿金平教授等40位专家作了专题报告，报告分为两个会场进行，分别由人：陈宇、杨鸣波、吴大鸣、于建教授主持，精彩的报告受到了与会者的热烈欢迎。84篇文章收入会议论文集。

为了配合包头市塑料产业的发展，论坛特地安排了“科技成果对接专场”报告会。报告会精选了“PVC－M的研发及其应用”、“卫生级、节能型、高强度的新一代给水用PVC－M管材”、“高速铁路用膨胀型微发泡垫板的制备及应用”、“超细粉体技术在高分子材料制备和回收利用中的应用研究进展”、“HDPE中空壁缠绕管在云南省的应用推广探讨”、“发展循环经济，推动BOPS环保材料的产业化”、“新型热塑性聚酰亚胺特种工程塑料的开发”等多篇适合当地发展的专题项目报告。通过广泛的交流，促进科技成果的转化，为科学家、专家、企业家的联手架设起一座金色的桥梁。包头市九原区政府有关部门联系当地50多家企业，与论坛所提供的新型塑料产业化项目进行了对接。专场对接会上，参会企业杭州汇金化工公司、苏州富事达塑业有限公司、秦皇岛宏岳管业有限公司、河北颐通管材有限公司、天津军星管材有限公司、江苏联冠科技有限公司等多家企业与九原区签署7个塑料产业项目，拟投资10亿元。

会议期间，代表们还实地参观考察了神华集团和九原区工业园区。随着投资195亿元的包头神华煤化工项目的建成，必将带动西部一批下游塑料制品企业的发展。

3. 召开中国塑料加工工业协会专家委员会二届二次会议暨2010年塑料先进制造技术产业论坛

2010年9月10～12日在广东省中山市召开了中国塑料加工工业协会专家委员会二届二次会议暨2010年塑料先进制造技术产业论坛。中国科学院曹镛院士，中国塑料加工工业协会廖正品会长、中山市科技局徐晓莉局长，中国科学院化学研究所王笃金副所长，中山市包装机械股份有限公司郭景松董事长及塑料界一批著名专家学者和企业家共计120余人出席了这次会议。

会议安排了13个专题报告，反映了具有极强产业化开发前景的最近加工技术进展，华南理工大学瞿金平教授的叶片式高效节能挤出机；清华大学于建教授的多元复合导电材料结构设计；四川大学王琪教授的高分子管材旋转挤出成型技术；北京航空航天大学詹茂盛教授的高分子材料微结构成型技术；北京化工大学杨卫民教授的高分子加工的微积分概念；中国科学院化学所王德禧研究员的模内层叠技术发展及应用等，都展示了塑料加工领域最新的实用化技术进展，受到了与会代表的热烈欢迎。

中国塑料加工工业协会专家委员会在会议期间还展开了企业现场咨询活动。为江苏太平橡胶股份有限公司开发清淤管材新产品进行了专家咨询会；为辽宁金石科技集团玄武岩纤维应用开发和抚顺市塑料产业十二五发展规划组织了专题讨论会；为推动我国大型塑料滚塑制品集成化技术发展，酝酿成立了“大型塑料滚塑制品开发专项”，力图通过大型滚塑制件的开发，推动我国滚塑设备，原材料，滚塑工艺等系列集成化技术的进步。

2010年的会议选择在中山市召开，除了其他先进技术的交流外，专家委员会还根据国外塑料膜微层叠技术的发展，适时的把这项先进技术与位于中山市的松德公司的多层阻隔型流延膜产业化开发结合起来，并促成了“松德先进制造技术产业化研发中心”的成立，请了国内一流的专家来到松德公司，为该公司的流延膜产业向更高水平的发展献计献策。专家委员会希望通过这座桥梁，能把科技人员的发明创造、技术成果与企业谋求发展的需求紧密地结合起来。

会上，举行了“松德先进制造技术产业化研发中心”揭牌仪式，中国科学院曹镛院士，中国塑料加工工业协会廖正品会长、中国科学院化学研究所王笃金副所长，中山市包装机械股份有限公司郭景松董事长为松德先进制造技术产业化研发中心揭牌。

4. 召开中国塑料加工工业协会专家委员会二届三次会议

2011年8月22～25日，中国塑料加工工业协会专家委员会二届三次会议暨2011年塑料新材料、新技术、新成果交流会在沈阳市召开。中国轻工业联合会副会长兼中国塑加工工业协会理事长钱桂敬、中国塑料加工工业协会常务副理事长曹俭及中国塑料加工工业协会名誉理事长廖正品、抚顺市副市长杜晓航、抚顺市中小企业厅副厅长周英俊及抚顺市及东周区政府相关部门的领导及200余人出席会议。

首先参观了1350kt大乙烯建设工程，并参加“辽宁抚顺市石化新城塑料产品产业集群座谈会”。钱桂敬理事长与杜晓航副市长为“中国抚顺石化新城新产品生产基地”举行了揭牌仪式。

专家委员会精心选择了北京华盾雪花塑料集团有限责任公司、抚顺市顺联管业制造安装有限公司、张家港市同大机械有限公司、抚顺麦德龙塑料有限公司、慈溪金磊塑机有限公司、江苏联冠环保科技有限公司、抚顺新东方滤料工贸有限公司、爱丽汶森北京科技有限公司、抚顺帆顺包装有限公司等九个塑料产业化项目与抚顺高新技术产业开发区管委会进行了意向签约仪式，使这次抚顺石化新城塑料制品产业集群工作座谈会锦上添花。有“聚合物微纳制造技术及其产业化”、“幅宽 7 米大型吹塑土工膜生产技术”、“中国滚塑加工技术及应用”、“1.6m × 1.6m 超大型塑料吹塑托盘研制”及“新型增强阻燃塑木的研制”等五位中国塑料加工工业协会专家代表做了精彩演讲，对抚顺市塑料产业的发展将起到推动作用。

在沈阳举行了全天科技演讲交流活动中，有 15 位来自科技界、企业家和协会的代表做了报告，北京化工大学杨卫民教授正在申报的 2012 年国家科技进步奖预评项目“注射成型可视化技术的发展及应用”；天津工业大学程博闻教授、康卫民博士获得天津市科技进步一等奖的“驻极聚丙烯熔喷非织造布及过滤性能研究”；清华大学于建教授的“聚甲醛树脂及其改性技术发展”；北京化工大学苑会林教授的“功能塑料薄膜在清洁能源电池（锂电池、钒电池）中的应用等新装备、新技术应用的演讲。

会议安排了两个小型项目的可行性研讨会，一个是“分子量 350 万直径 800mmUHMWPE 钢塑复合清淤管材”项目可行性论证会，另一个是“超大型碱液防腐滚塑制品技术”研讨会。这种会中会的交流形式也是自 2010 年中山会议以来专家委员会传承下来的又一创新的会议形式，可以充分利用专家资源，开展科研与企业的深入交流，专家委员会也将继续这种为企业服务的形式。为促进塑料行业和企业的发展做出应贡献。

会上，颁发了 2011 年授予的专家证书。

5. 召开中国塑料加工工业协会专家委员会二届四次会议暨 2012 年塑料新材料、新技术、新成果交流会

2012 年 10 月 18 ~ 20 日，中国塑料加工工业协会专家委员会二届四次会议暨 2012 年塑料新材料、新技术、新成果交流会在成都召开。中国塑料加工工业协会曹俭副理事长主持了开幕仪式并讲话。中国塑料加工工业协会钱桂敬理事长出席会议并讲话。清华大学于建教授、北京航空航天大学詹茂盛教授和北京理工大学的陈晋南教授分别主持了交流活动。

会议论文集收录论文 57 篇，安排了 24 位专家进行了内容丰富、高水平的演讲，不少内容涉及了当前塑料产业共同关注的关键性、共性技术问题，如四川大学王琪教授的新型无卤阻燃高分子泡沫材料的研究，解决了 XPS 板材的阻燃问题。北京化工大学苑会林教授的酚醛泡沫塑料保温板材在建筑外墙外保温中的应用满足了当今建筑外墙保温材料的性能的要求。瞿金平院士论证了塑料微成型技术在多相多组份复合材料、生物质复合材料等物料体系的加工方面独特优势，有利于实现塑料加工成型过程节能降耗。中科院宁波材料科学与工程研究所的翟文涛研究员的超薄石墨烯高导热膜的制备、北京化工大学吴大鸣教授的聚合物微尺度成型模具设计制造技术、北京化工大学杨卫民教授的熔体静电纺丝微纳米纤维制备技术进展及德国弗劳恩霍夫学会北京技术代表张洪波的柔性材料的真空镀膜技术，都是涉及微纳米材料及微纳米加工技术，是功能高分子复合材料制备的最新技术。

四、换届及第三届工作

1. 召开 2013 塑料新材料、新技术、新成果交流会暨中国塑料加工工业协会专家委员会年会

2013 年 10 月 29 ~ 31 日，由中国塑料加工工业协会主办，中国塑料加工工业协会专家委员会承办，青岛中科昊泰新材料科技有限公司、南京聚隆科技股份有限公司协办的 2013 塑料新材料、新技术、新成果交流会暨中国塑料加工工业协会专家委员会年会在山东青岛胶州召开。

中国轻工业联合会副会长、中国塑料加工工业协会理事长钱桂敬、中国塑料加工工业协会常务副理事长曹俭、中国塑料加工工业协会名誉理事长廖正品、胶州市副市长赵发海、胶州市科协主席孟祥芹、青岛中科昊泰新材料科技有限公司赵西金副总经理等领导及二百余位专家和代表出席会议。

开幕式结束后，举行了中国塑料加工工业协会专家委员会换届议程。

审议并通过了中国塑料加工工业协会专家委员会第二届秘书长王德禧做工作报告。审议并通过了“中国塑料加工工业协会专家委员会财务报告”、“中国塑料加工工业协会专家委员会工作条例修改稿报告”、“廖正品为中国塑料加工工业协会专家委员会名誉主任的报告”、“第三届常委会委员主任、副主任、秘书长候选人推荐名单”。

大会采取等额选举、举手表决的方式进行。在热烈的掌声中，王德禧当选为中国塑料加工工业协

会第三届常委会委员主任，于建、杨为民、陈宇、吴大鸣、王琪、王向东、宁凯军、田亚梅、陈鹊当选为中国塑料加工工业协会第三届常委会委员副主任，王德禧当选为中国塑料加工工业协会第三届常委会委员秘书长。

换届工作结束后，举办了2013 塑料新材料、新技术、新成果交流会。

会议围绕开展塑料新材料、新技术、新成果的举办交流活动。包括：(1)当今塑料产业界广泛关注的热点问题，国内外塑料行业市场概况和发展趋势；(2)塑料节能减排加工生产设备、节能新技术的应用、节能新产品开发；(3)塑料加工新技术与应用：塑料先进制造技术、绿色高效助剂、先进装备技术、制品轻量化技术、功能化技术及微型化技术、纳米石墨烯复合材料制备技术；设备和模具、检测仪器和方法等新技术进展；(4)技术成果、行业信息，新产品、新工艺、新技术的发布和交易，疑难问题解答等。

中国轻工业联合会副会长、中国塑料加工工业协会理事长钱桂敬对会议的召开和专家委员会第三届常委会诞生表示热烈祝贺，并作了题为“中国塑料加工业未来挑战和发展”的报告。

中科院宁波材料与工程研究所郑文革研究员和方省众研究员及瞿文涛副研究员、四川大学王琪教授和卢灿辉教授及吴世见教授、北京化工大学杨为民教授和吴大鸣教授、清华大学于建教授、广东炜林纳新材料科技股份有限公司郑德研究员、北京华腾新材料股份有限公司陈宇研究员、北京航空航天大学詹茂盛教授、中国塑料加工工业协会改性塑料专业委员会刘英俊教授、江苏联冠高新技术有限公司严为群高级工程师、轻工业塑料加工应用研究所辛菲博士、中科昊泰新材料科技有限公司陈丽娜、杨有财、郭金明分别做了题为“超薄石墨烯导热膜研究进展”、“聚乙烯醇热塑加工新技术及工业应用”等报告。

2013 年是中国塑料加工工业协会专家委员会换届之年，专家重新登记注册，聘书经过重新制作，会上向与会专家颁发了第三届专家证书，聘任期为2013 年10 月至2017 年9 月。

2.《中国塑料加工工业协会专家委员会工作条例》(2013 年通过)

第一章　总则

第一条　宗旨

中国塑料加工工业协会专家委员会(以下简称：专家委员会)是中国塑料加工工业协会(以下简称：中国塑料加工工业协会)的内设机构，由全国性的跨行业、跨地区、跨学科的塑料行业相关专业人士组成。专家委员会成立的目的是为行业服务、为企业服务，促进塑料产业技术进步与发展

第二条　任务

专家委员会的任务是充分发挥专家在塑料加工及相关领域多学科的优势，为中国塑料行业的发展提出意见和建议；为企业提供技术指导和推动科技成果产业化；加强国内外行业间的交流与合作。具体事项如下：

1. 接受委托制定行业发展规划；

2. 接受委托为工程项目和技改项目、技术引进项目等提供咨询、论证和可行性研究；

3. 对制修订具体项目相关技术的国家标准、规范和推荐性标准及行业标准提供参考意见；

4. 接受委托对工程设计、产品生产和质量管理中急需解决的生产技术问题进行研究论证，对行业相关设备和产品进行评价，组织对企业科技成果进行评估与鉴定；

5. 组织开展相关领域行政法规、设计规范和技术标准的宣传贯彻和培训工作，培训相关行业技术管理人才；

6. 组织专业学术论坛、学术研究合作及国际间的学术交流，积极推动企业同国内外科研院所和国外相关组织的紧密联系。

第二章　责任、权利与义务

第三条　责任

1. 积极参与中国塑料加工工业协会有关工作，调查、了解行业情况，为塑料行业发展出谋献策、提出建议；

2. 积极参加中国塑料加工工业协会组织的技术交流、技术服务、技术咨询、培训等各项活动；

3. 认真完成中国塑料加工工业协会安排的各项工作；

4. 及时提供本行业领域内的新技术、新成果、新动态等行业所需的各种国内外信息资料；

5. 积极参与国际间行业交流，积极推广先进技术及管理经验。

第四条　权利与义务

1. 专家委员会成员有选举权和被选举权；

2. 对专家委员会的各项工作有建议权、批评权；

3. 有参加专家委员会的相关活动或工作的权利；

4. 对专家委员会组织的各项活动有参加的义务；

5. 按时缴纳会费的义务(500 元/年)。

第三章　会员

第五条　会员条件

专家委员会成员均为中国塑料加工工业协会个人会员，必须具备如下条件方可入会。

1. 热爱祖国、奉公守法，热心于塑料行业发展

与建设，遵守相关管理制度；

2. 在塑料加工及其相关领域有重要建树、在学术上有较深造诣、在所从事的专业具有权威性或贡献，具备一定实际工作经验和突出成果，包括专家学者或有关领导和企业家；

3. 身体健康，能够胜任技术咨询、服务、标准、设计、政策及经营管理等相关方面的工作任务，积极参加专家委员会组织的各种咨询、服务和有关会议活动等。

第六条 入会程序

1. 本人提出申请，由中国塑料加工工业协会及其所属分支机构、地方塑料协会或二名以上现任专家委员会成员共同推荐，并提交《中国塑料加工工业协会个人会员登记表》、《中国塑料加工工业协会专家委员会成员申请表》及相关高级以上职称及获奖证书复印件；企业年产值达5000万元的企业家不要求提供专业职称及获奖证书复印件。

2. 申请人申报资料提交中国塑料加工工业协会审查批准；

3. 通过审查批准的专家委员会成员将由中国塑料加工工业协会发放聘书

第七条 退会和除名

1. 勿需申明理由，只要向中国塑料加工工业协会提出书面退会申请者即为正式退会；

2. 两次不参加专家委员会组织活动者，则自动失去下届专家委员会成员的续聘资格；

3. 不遵守国家相关法律法规和《中国塑料加工工业协会章程》的有关规定，或因未经中国塑料加工工业协会批准以专家身份进行活动等个人行为而出现严重过失或给中国塑料加工工业协会造成恶劣影响者除名。

第八条 行为规范

专家委员会成员在参加本行业相关活动中，应该注意保持谦虚谨慎，不骄不躁工作作风，时时、事事通过自己的言行维护中国塑料加工工业协会及其专家委员会的声誉，为协会增光添彩。严禁以“中国塑料加工工业协会专家”的名义做任何违法乱纪的事情；严禁为谋求个人利益做坑害企业和他人的事情，违者责任自负。

第四章 机构

第九条 机构设置

1. 专家委员会设主任一名、副主任若干名、秘书长一名、副秘书长若干名、顾问一名。秘书处专职工作人员由主任聘任。

2. 专家委员会的领导成员由中国塑料加工工业协会提名，全体专家会议选举产生；主任任期一届四年，可连选连任，任期不得超过两届；主任任期年龄原则上不得超过七十岁。

专家委员会秘书处设在秘书长所在单位。

第五章 管理

第十条 组织管理

1. 受聘专家由中国塑料加工工业协会聘任，聘期四年；

2. 受聘专家聘任期满，经审定合格可续聘；

3. 专家委员会的各项活动或服务工作，由秘书处负责统一安排和管理；

4. 专家委员会成员须经中国塑料加工工业协会批准，方可以“中国塑料加工工业协会专家”身份进行相关活动或工作。

第十一条 活动方式

1. 专家委员会可根据情况聘请有关专家参加中国塑料加工工业协会的技术服务活动；

2. 受聘专家只有受专家委员会的委托或同意，方可代表本专家委员会参与行业技术服务工作。

第十二条 受聘专家的待遇

1. 可获得专家委员会印发的有关资料；

2. 可参加专家委员会组织的有关活动；

3. 参加专家委员会组织的有偿服务可享有相应的报酬。

第六章 附则

第十三条 本办法自通过之日起实行。

第十四条 本办法的解释权归中国塑料加工工业协会。

（中国塑料加工工业协会 许琳）

塑料助剂

1. 2013年行业状况

2013年以来，在极为错综复杂的形势下，坚持稳中求进工作总基调，把握经济大势，扎实做好各方面工作，经济社会发展稳中有进、稳中向好，实现了良好开局，经济运行总体平稳，特别重要的是，党的十八届三中全会为加快转变经济发展方式、培育经济发展新动力、实现经济持续健康发展确定了行动纲领。

一年来，塑料助剂行业绝大部分企业能较好地适应宏观经济的发展趋势，根据市场需求的变化，调整、优化产品结构，重视提高自主创新能力，积极开发新产品、新技术不少企业加大了专用产品及高附加值产品的研发力度；根据产品工艺特点，努力搞好节能减排、推进清洁生产；依靠科技创新和管理创新，降低生产成本；使整个行业在2013年取得了新的进步。2013年国内塑料助剂的消费量为5495kt。2013年塑料助剂各主要品种的消费量见表1。

表1　2013年塑料助剂消费量统计　10kt

品 种	消费量
增塑剂	338
热稳定剂	50.0
阻燃剂	42.0
冲击改性剂与加工改良剂	32.6
着色剂	38.7
润滑剂	13.5
发泡剂	19.0
抗氧剂	10.8
抗静电剂	0.7
光稳定剂	0.9
偶联剂	1.6
其他	1.7
合计	549.5

2. 专业委员会活动

2.1　理事会及换届工作

经过近一年的筹备工作，根据《中国塑料加工工业协会章程》、《中国塑料加工工业协会分支机构管理办法》和《中国塑料加工工业协会塑料助剂专业委员会工作条例》的有关规定，综合考虑专业委员会的状况和今后行业工作需要，完成了塑料助剂专业委员会的换届工作，选举产生了中国塑料加工工业协会塑料助剂专业委员会第二届常委会，选举齐鲁增塑剂股份有限公司李振平董事长为第二届常委会主任，河北精信化工集团有限公司张保发董事长担任常务副主任，秘书处设在《塑料助剂》编辑部，由王玮总编辑担任秘书长。

2.2　举办年会和行业活动

塑料助剂专业委员会于2013年11月3~6日在浙江宁波召开了“2013年塑料助剂生产与应用技术信息交流会”，来自全国各地的塑料助剂生产企业、塑料加工企业、大专院校、科研院所的250多位代表参加了会议。会议期间共发表了49篇论文，宣读19篇。会议分析了当前的经济形势和法规对塑料和塑料助剂行业的影响，认为塑料助剂行业要适应市场的发展变化，调整、优化产品结构；重视技术储备，积极开发新产品、新技术；努力搞好节能减排、推进清洁生产；加强管理，降低生产成本。年会期间还组织了专题讨论与交流，加强了同行间的交流与合作。

为顺应国内国际环保需要，推进我国聚氯乙烯制品的无铅化进程，中国塑料加工工业协会携助剂专业委员会，于2013年1月15日在广州市质量监督检测研究院召开了由部分热稳定剂生产企业、管道生产企业、型材生产企业和研究检测机构参加的“替代含铅热稳定剂生产应用专题研讨会”。来自稳定剂生产企业、管材生产企业、型材生产企业以及中塑协和塑料助剂专业委员会的相关人员共29人参加了此次会议。此次会议旨在了解热稳定剂生产企业及应用企业对禁铅问题的看法，了解生产企业替代含铅热稳定剂的技术储备情况和应用企业在使用无铅化稳定剂过程中遇到的问题，请大家共同讨论现阶段存在的问题，研究解决办法，找出适合中国国情的替代产品、替代办法。

2013年6月18日公布的《最高人民法院、最高人民检察院关于办理环境污染刑事案件适用法律若干问题的解释》引起各企业的广泛关注，中国塑料加工工业协会塑料助剂专业委员会随即召开“推进PVC制品用稳定剂环保化高层研讨会”，倡导塑料加工企业和助剂企业履行好塑料加工行业对国家、对社会的责任和义务，实现中国聚氯乙烯制品生产、加工的可持续发展。

2.3　做好行业技术经济信息交流平台建设

(1)尽力做好行业内信息收集和汇总工作；

(2)继续做好《塑料助剂》杂志的编辑出版和发行工作；为了适应期刊发展的需要，编辑部除了加强编辑业务学习之外，更加重视期刊编排的标准化，并在实际工作中贯彻实施；《塑料助剂》杂志及时为各会员单位刊发关于开发新产品、产品鉴定、技术改造、扩产、节能减排、工业废弃物的回收利用及处置等方面的信息、文章，为会员单位服务；

(3)认真做好中国塑料加工工业协会布置的各项工作，协助中国塑料加工工业协会各职能部门开展工作，协助会员单位申报先进企业、专项创优等工作，提供信息资料，发挥行业优势，提高专业委员会的公信力。

(4)根据会员单位的要求为他们提供了相关资料，包括文献、国内外专利以及有关证明材料等。

2.4　组织和参加展览会、会议

为了更好地为会员单位服务，宣传专业委员会和《塑料助剂》，我们派员参加了“第二十七届中国国际塑料橡胶工业展览会”、“第十四届中国塑料博览会”，通过展览、会议，宣传了塑料助剂专业委员会及《塑料助剂》杂志，也为在《塑料助剂》上做广告的企业进行了宣传。

3. 产品结构调整与技术进步

3.1　增塑剂

2013 年，国内增塑剂的表观消费量继续保持增长。国内增塑剂产能与 2012 年相比持平，达到了 4600kt，进口量继续下降，从 2012 年的进口 200kt 减为 100kt。

2013 年，增塑剂的实际产量仍然以邻苯类为主，大约 1800kt，随着国内外对邻苯类增塑剂的限制使用范围仍在继续扩大，我国增塑剂生产企业加大了环保增塑剂的研发力度，努力扩大非邻苯类增塑剂的产量，环氧类达到 250kt，对苯类为 500kt，偏苯类为 60kt，此外，偏苯三酸酯类、柠檬酸酯类等环保型增塑剂的产量也有所增长。

3.2　热稳定剂

2013 年，我国热稳定剂的生产能力大幅提高，据报道河北精信、江苏联盟、广东若天、山东慧科等新增产能约 300kt，全国总产能约在 1500kt 左右。全国生产的厂家超过 1000 家，消费量和 2012 年基本持平在 500kt 以上。

2013 年，受环境方面的压力，我国稳定剂无铅化已获大家共识，环保型热稳定剂的产能、品种比 2012 年有较大增长，铅盐的比例逐步减少，锌基、有机基热稳定剂研发、生产已见成效。但在消费中，铅/镉类的占比仍超过 80%，非铅盐热稳定剂占比不到 20%，又有很大一部分是用在出口产品中的，国内消费的非铅盐热稳定剂微乎其微。另外，稀土热稳定剂、尿嘧啶、β－二酮、水滑石等辅助热稳定剂品种也得到了生产和应用；新材料、新技术、新工艺的应用继续提升热稳定剂行业的整体水平。2013 年，热稳定剂行业在推动产品无铅镉化方面做了大量工作，促进了热稳定剂的环保化进程。

3.3　阻燃剂

2013 年，新版 RoHS 指令中又对六溴环十二烷做出了新的限定，将在 2014 年 7 月 22 日之前完成整合性评估，不排除列为禁用限用的物质。溴系阻燃剂中又一个成员的列入，迫使一些新型环保、绿色的阻燃剂得到较快发展。近年来，如十溴二苯乙烷、溴化环氧树脂、溴化聚苯乙烯、聚溴代苯乙烯、四溴双酚 A 碳酸酯低聚物、三溴苯氧基氰脲酸酯等，取得了长足的发展。

近几年，有机磷类阻燃剂以较快的速度增长，例如，去年有机磷酸酯阻燃剂产量达到 12.4 万余吨。事实上，《RoHS》指令及《斯德哥尔摩公约》开始强制执行后，阻燃剂无溴化趋势愈发明显。据预测未来五年内，有机磷系阻燃剂市场容量仍将保持 10% 以上的增长率，因此按照 12% 的增长率测算，到 2018 年有机磷系阻燃剂全球消费量将达到 1050kt 左右，占阻燃剂消费总量的比重将达到 30% 左右。图 1 列示了有机磷系阻燃剂全球消费量增长及其占所有阻燃剂消费量比重变化的具体情况：

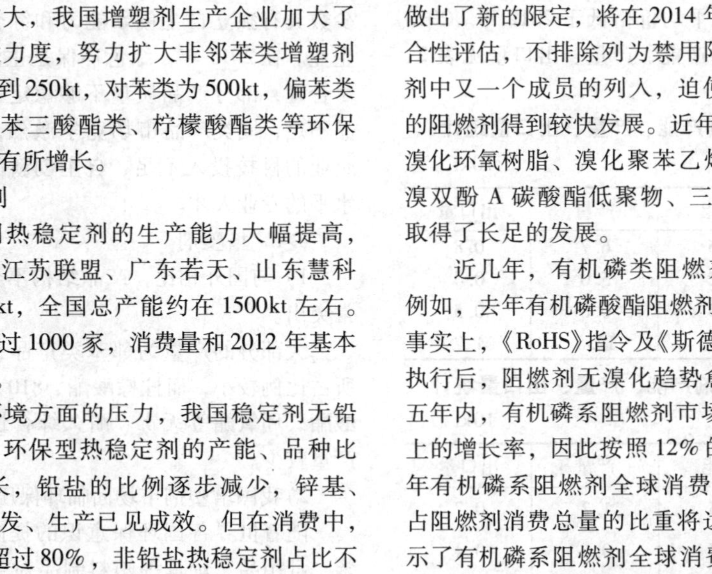

图 1　全球有机磷系阻燃剂消费量变化（单位：10kt）

无机阻燃剂具有稳定性好，低毒或无毒，贮存过程中不挥发，不析出，原料来源丰富，价格低廉，是目前高分子材料中应用最为广泛的阻燃剂之一。2012 年，无机阻燃剂中金属氢氧化物在改进造粒技术，向超细化方向发展，采用偶联剂对其进行表面处理，采用大分子键合的方式对其进行改性等方面都取得了一定进展，2013 年保持了这个势头。另外，阴离子型层状功能材料作为阻燃剂得到了迅速发展。

另外，膨胀型阻燃剂和硅系阻燃剂等继续延展了发展的势头。

2008 年前后，我国阻燃剂的消费量在 320kt 左右，2013 年我国阻燃剂的消费量在 520kt 左右，2019 年我国阻燃剂的消费量在 840kt 左右。

3.4　抗氧剂和光稳定剂

2013 年，由于国内、国际市场需求依然不旺，国内塑料抗氧剂、光稳定剂主要产品的产品价格和原材料价格相对稳定，平均价格低于 2012 年。2013 年抗氧剂和光稳定剂的产能、产量、出口量见表 2、表 3。

表 2　2013 年抗氧剂产能、产量、出口量统计

10kt

品种	产能	产量	出口量
受阻酚类	7.5	6.7	0.8
亚磷酸酯类	5.2	5.0	0.4
含硫类	1.3	0.8	0.5
合计	14	12.5	1.7

表 3　2013 年光稳定剂产能、产量、出口量统计

10kt

品种	产能	产量	出口量
受阻胺类	1.3	1.2	0.7
苯并三唑类	0.7	0.6	0.4
二苯甲酮类	0.7	0.6	0.4
合计	2.7	2.4	1.5

2013 年，抗氧剂行业重点推行复配产品：一方面是无尘化的颗粒，另一方面是产品的配方设计，使得企业产品由单一性能或单一功能产品，向多性能、多功能方向发展。骨干企业继续扩产，比如，临沂三丰新上 6000 吨受阻酚主抗氧剂生产线，并完成试生产，目前已经转入正式生产。

我国光稳定剂行业在 2013 年整体发展良好，骨干企业继续保持了稳定的增长势头，并成功商业化了多个新品种，填补了国内相关产品领域的空白，有效支持了多个下游行业防老化技术进步的需求。同时，我国光稳定剂企业继续大力拓展海外市场，在海外市场中的份额显著上升。而另一方面，受欧美主要经济体经济下滑的影响，光稳定剂市场竞争也更加趋向激烈。

3.5　其他

2013 年，其他塑料助剂，如冲击改性剂与加工改良剂、发泡剂、润滑剂、偶联剂、抗静电剂、抗菌剂、成核剂、扩链剂、防雾剂等在开发新产品和技术进步方面也都取得了不同程度的进展。

4. 存在问题

塑料助剂企业大多数为中小企业，部分产品还存在着高排放、高污染的问题。在目前国际大环境下，环保法规和指令越来越严格，国内的法规和规定也越来越多，处罚力度也逐年加大，企业的环保投入也是逐年增多。为了适应环境，企业的产品结构势必会出现些许变化，新产品的研发和科技的投入在很大程度上已经决定一个企业的未来，形成了少数具有独立自主创新能力和综合技术服务能力的企业。在 2013 年，绿色环保是主流，但产品结构不尽合理，部分产品质量不够稳定依然存在；高端产品不足，同类产品市场竞争激烈，利润点低；部分企业的科技投入不足、自主创新能力不强，缺少高水平的专业人才。

4.1　增塑剂

1）与国外相比，产品结构不合理的矛盾仍然非常突出。

大部分的产量为邻苯类产品，环保类高效品种所占比例较小，而柠檬酸酯、810 酯，聚酯，偏苯三酸酯、环氧酯等无毒、耐久综合性能较好的品种则产量较少。

2）我国增塑剂市场面临环保压力加大

随着世界各国环保意识的提高，医药及食品包装、日用品、玩具等塑料制品对主增塑剂提出了更高的纯度及卫生要求，国际社会对 DOP 等邻苯二甲酸酯类产品的限用范围进一步扩大，而我国增塑剂生产企业对新型环保增塑剂的开发和推广力度还跟不上法规和市场对生产企业的要求。

3）生产工艺参差不齐，总体水平比较低

4.2　热稳定剂

尽管我国热稳定剂生产与开发取得了相当的成绩，但仍存在许多不足。

1）品种少，结构不合理。

PVC 热稳定剂在国外研究应用较多，就品种而言有近万种，仅有机锡类就有近千类，而目前国内规模化生产的只有几十上百种，而且结构不合理，铅盐类稳定剂占绝对主导地位，而非铅盐所占比例偏少，产品技术标准相对落后，产品质量波动较大。

2）生产规模小，产品质量差。

我国热稳定剂质量参差不齐，有许多小作坊式生产企业，规模小，环境污染严重，有的企业产品品质低，低价竞争，冲击、影响热稳定剂的生产和市场。

3）开发力度不够。

随着世界 PVC 工业的发展，国外新型热稳定剂开发层出不穷，但由于种种原因，我国热稳定剂企业的原始创新不足，主要体现在研发经费投入少、高瑞人才严重缺乏、尤其是推扩应用工程技术人才严重短缺和重视不够。新型热稳定剂的生产与应用远远不能满足国内PVC工业的发展和制品的需要。

4.3　阻燃剂

阻燃剂行业存在的主要问题是：

1)产品结构不尽合理，无论生产销售仍以溴系阻燃剂为主，虽然一些无卤阻燃剂产品的发展较为迅速，但是依然没有改变溴系阻燃剂为主的总体格局；

2)生产工艺、产品质量与国外产品有差距，产品质量的稳定性不高；

3)自主研发的力量和投入不够。

4)大部分阻燃剂生产企业的规模不大，竞争力不强。

5)目前阻燃剂在国内的使用仍不普及。

4.4　抗氧剂和光稳定剂

抗氧剂面临的问题：

1)是在抗氧剂应用技术研究方面，设备、设施配套需要加强，是影响市场推广及结构调整的“瓶颈”；

2)是与国际性大公司相比，装备技术水平还有差距，须加大技改力度。

光稳定剂面临的问题：

我国光稳定剂行业存在的重要问题是行业分散度比较高，主要以中小型企业为主，且多数企业在一两个领域甚至一两个产品上处于优势地位，但并不能全面覆盖整个光稳定剂产品线，综合竞争能力有限。同时，部分小企业研发能力不足，产品同质化竞争日趋严重。

5. 发展趋势

(1)我国塑料助剂行业在2013年整体发展良好，在2014年，企业应深挖自身潜力，提升产品质量、降低产品消耗，从而进一步提升产品竞争力。同时加强同行业交流与合作，以求得取长补短，共同提高，促进塑料助剂企业和产品规模化经营，加快提高行业的整体技术和生产水平。

(2)骨干龙头企业通过不断强化技术服务能力，完善技术服务体系，协助下游客户提升产品性能与加强应用的能力，不但在产量上，也应在技术上协调上下游共同进步。

(3)相关的助剂企业应继续大力拓展海外市场，使海外市场中的份额保持稳步增长。

(4)塑料助剂行业今后将以“绿色、环保、无毒、高效”作为永恒的主题，逐步用新品替代对人类健康和环境有害的品种。

(5)要适应不同的市场，让产品满足不同层次用户的需求，特别是扩大专用产品和高端产品和高附加值产品的比重。

(6)要加大生物可降解塑料用的各种助剂产品的研发力度，这将是以后发展的长期趋势。

(7)加大科技投入，根据产品特点，积极开发应用低碳技术，搞好清洁生产，淘汰落后工艺和落后设备。

(中国塑料加工工业协会塑料助剂专业委员会秘书处)

流延薄膜

流延薄膜行业今后两年技术发展方向

第一部分、流延薄膜生产装备发展方向

第一节　流延法简介

流延是一种塑料成型技术：将高分子聚合物的溶液或高分子聚合物的熔体通过刮刀或模头直接在钢带和钢辊上铺展成型成为一定厚度的未取向薄膜，分为溶剂流延和熔融流延。熔融流延法可以用来生产聚烯烃流延薄膜，缠绕膜和PA流延膜等。溶剂流延法可用来生产三醋酸纤维素片基、聚乙烯醇缩丁醛薄膜和聚酰亚胺薄膜(PI)。

T型机头是流延薄膜生产关键设备之一，机头设计应使物料沿整个机唇宽度均匀地流出，机头内部流道内无滞留死角，并且使物料模具有均匀的温度，需考虑包括物料流变行为在内的多方面因素。要采用精密加工机头，常用渐减歧管衣架式机头，冷却辊的表面应经过精加工，表面粗糙度不大于0.15mm，转速应稳定，动力平衡性能应良好，以免产生纵向的厚度波动。采用β射线或红外测厚仪对薄膜厚度进行监测，以达到满意的厚薄公差。要生产合格的流延薄膜，不仅要在原料上调节工艺，而且还要掌握好加工工艺条件。

目前，单层的流延薄膜已经很少，大多是多层共挤流延薄膜，以满足功能性的要求。

第二节　共挤流延法介绍

多层共挤流延膜挤出技术是一种将两种或两种以上的不同塑料利用2台或2台以上挤出机通过一个多流道的T型模头，汇合生产多层结构的复合薄膜，通过急冷辊快速将塑料熔体冷却成型的技术。是一种传统的塑料薄膜的技术生产工艺。采用这种方法可以生产多种材质的薄膜，且有很高的加工精度，尤其是在加工半结晶热塑性塑料时，如聚丙烯(PP)、

聚酯（PET）、聚乙烯（PE）等材料能够充分发挥被加工材料的性能，同时又能保持最佳的精度。由于采用急冷辊可以获得很高的生产速度，并改善薄膜的形态结构，所制得的流延膜具有优良的光学性能和厚薄均匀度。

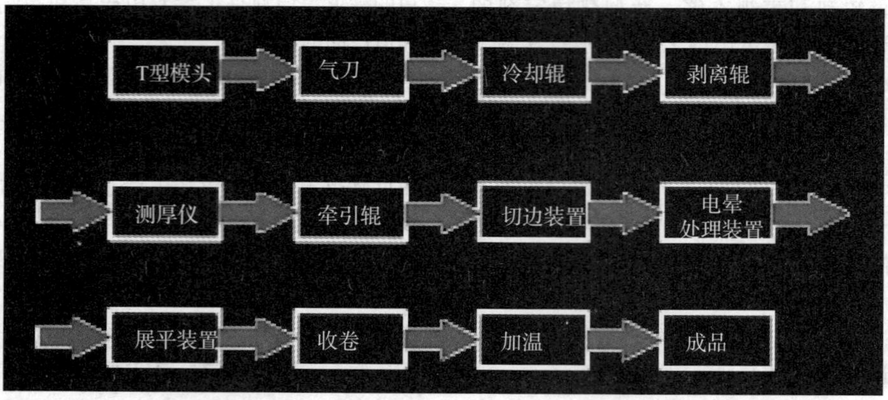

多层共挤流延法的主要技术特点是：

- 通过多台挤出机共挤，可以精确控制多种原料和辅助材料的混配和输送；
- 多层共挤复合模头的设计使各层熔体在模头展开的能均匀地分布，并防止各层物料之间的互窜；
- 共挤熔体经 T 型平模头挤出后，通过一个大直径的急冷辊骤冷后固化成型，定型过程短，时间快，产品质量稳定；
- 既能对整体厚度进行精确监控和调整，又能对某些关键的功能层进行厚度的精确监控和调整；
- 设备的控制系统比完善，能对原料的混配和输送、各部分的温度、速度、共挤出物料的流量和产品厚薄均匀度进行精确的控制；
- 能够提高生产速度，降低生产成本，实现清洁化，安全化生产，产品的卫生可靠性和质量稳定性更佳。

由多层共挤流延法制得的薄膜，能够使多种具有不同特性的物料在挤出过程中彼此复合在一起，因而兼有不同材料的优良特性，具有互补的效应，从而使制品得到特殊要求的性能和外观。如防氧、二氧化碳等气体的阻隔性、阻渗性、保香性、防紫外性、抗污染性、耐化学药品性、高温蒸煮性、低温热封性及强度、刚性、硬度、透明性和柔韧性等物理化学性能。

多层共挤流延法薄膜广泛应用于食品、饮料、茶叶、肉制品、农产品、海产品、纺织品、化工产品、卫生保健品、医药用品、文教用品、化妆品等的包装。

为保证采用多层共挤流延法生产的 CPP 薄膜的产品质量，可采取一些措施来保证生产环境的洁净度。

第三节　生产设备的技术发展方向

机械工业的发展在推动人类社会的进步，随着各个领域的高科技技术不断相互渗透，在流延机械领域的不断深入与应用，未来的流延塑料机械将向高、精、尖方向进展（高：高速度、高产能；精：精细化、专业化；尖：智能化、自动化）。

流延膜生产线新产品可以分为以下两类：

一、原有机型上在新技术、新工艺、新材料方面的不断应用，改进结构、完善工艺，发展方向就是高产能、低能耗、全自动化、连续稳定生产几个方面，使操作工人轻松方便，操作机器就像是欣赏艺术品一样去工作。这样的新产品我们称为改进型新产品。

二、新型塑料原料、特种塑料原料用流延工艺加工，进而开发的新型流延膜生产线。或者是常规塑料原料用特殊的流延工艺生产的流延膜在全新的领域去应用。这样的新产品我们称为开发型新产品。

具体来说流延膜生产线新产品有以下几种：

一、CPP 薄膜的最新生产技术

国际上，全球领先的德国莱芬豪舍公司目前最先进的 CPP 薄膜生产线幅宽 5.5m，线速度 400m/min；德国布鲁克纳最先进的 CPP 薄膜生产线幅宽 6.6m，线速度 350m/min；德国巴顿菲尔最先进的 CPP 薄膜生产线幅宽 5.5m，线速度 350m/min。

国内广东金明正在开发 5.5m 幅宽，线速度 200m/min 的 CPP 薄膜生产设备。

二、高速 PE 流延缠绕膜生产线

现如今国内生产流延缠绕膜生产线的厂家很多，设备性能参差不齐。新乐华宝设计制造的流延缠绕膜生产线一直处于国内领导地位，各项参数达到了欧洲最先进的生产线技术标准，可制造幅宽 4m，线速度 600m/min 的高速缠绕膜生产线。

三、PVC、PE 流延保鲜膜生产线

新乐华宝是中国第一家研究开发用流延法生产 PVC、PE 保鲜膜的设备制造企业，自 2004 年研制出 PVC 保鲜膜生产线以来，两年一个台阶，至今已经开发出第 4 代产品，在设备高产能、低能耗、高速自动化、薄膜品质与环保方面取得了重大的突破和发展，打破了由日本、韩国垄断整个国际市场的局面。

至 2012 年年底，国内保鲜膜市场除了日本理研、郡是、NCI、南亚、三荣仍使用早期进口设备外，其余市场 90% 以上基本是新乐华宝公司客户与设备。

四、多层共挤高阻隔流延薄膜生产线

国际上有德国 W&H 公司、德国莱芬豪舍公司的高阻隔流延薄膜生产线，国内佛山市捷勒塑料机械有限公司已经开发出七层共挤高阻隔流延薄膜生产线。

五、PEVA 功能膜及环保可降解流延膜生产线

华宝塑料机械公司依托华宝集团下属三个膜制品公司先进的塑料流延薄膜加工技术及经验，借“个人护理产品研发基地”、“医疗护理产品研发基地”、“塑料流延机械研发与制造基地”三大平台，延伸 PEVA 流延膜生产线，在 PE 压纹膜、PE/PP 无纺布在线无胶复合、生物基可降解材料薄膜、CPE、EVA3D 压花膜等生产线方面与时俱进，开发制造出适应市场需求的先进机型，设备优势表现在高产低耗、复合产品牢固度可控、无胶环保无挥发、环保可降解等方面。

六、高速 PE 透气薄膜生产线

新乐华宝塑料机械有限公司自 2002 年起开始研发 PE 透气膜生产线，已累计销售二十六条生产线，经过十余年的发展，生产工艺先进，设备动行稳定，产品透气率在线可控，生产线突出特点。

(1)、高产能，幅宽达到 3m，可生产最低克重 16g。正产生产线速达 150m/min。

(2)、采用立式拉伸装置，简化传动系统，引膜、维护非常方便。

(3)、配套在线分切装置，比离线分切可大大节约时间和成本。

七、TPU 膜片及在线复合产品生产线

加工工艺先进成熟，与高精度机械、电器部件完美结合，设备运行稳定，自动化程度高。产品环保可降解，主要应用在鞋材、服装、医用、户外、玻璃夹层、航空、汽车等领域。设备主要特点：

1. 鞋材等透明膜产品在线收卷无水纹，卷体通透，晶点少，雾面消光膜产品表面消光一致，可单面消光、双面消光，适用后续印刷、复合等深加工工序。

2. 在线复合棉布、尼龙布等不同基材，在线无胶复合牢固度好，适用后续服装、帐篷等户外产品深加工。

八、PVDF 等氟材料流延膜及复合产品生产线

新乐华宝塑料机械有限公司根据多年专业制造流延膜设备经验，与氟材专业院校、专家、企业进行强强联合，开发出应用于太阳能背板、离子膜、室外景观、服装、医用等领域的专用氟材料流延膜生产线，产品生产工艺及设备制造技术日趋完善。

九、彩虹膜生产线

彩虹膜是应用 PET、PBT、PMMA 等原料进行多达 100 层以上均匀挤出 0.02 ~ 0.10mm 的薄膜产品，利用于不同材料不同的光折射系数原理，使薄膜在各个角度观看显现出不同的彩虹效果，色彩亮丽，晶莹夺目，目前我公司已完全掌握生产此膜的关键核心技术。

十、PVC 高透明流延包装薄膜、压纹薄膜及复合产品生产线

十一、氟材料流延膜生产线的延伸升级

十二、PBAT、PPC、PLA 等可降解材料流延膜生产线

十三、PO 保鲜膜生产线

十四、PP/PE 合成纸生产线

十五、PE、TPR 等弹性体流延膜生产线

第二部分、流延薄膜产品发展方向

第一节、CPP 产品发展方向

CPP 的当前用途和潜在用途包括：服装、针织品和花卉包装袋；小袋；外包装；文件和相册薄膜；食品包装；及适用于阻隔包装和装饰的金属化薄膜；泡罩包装(代替 PVC)；食品外包装；糖果外包装(扭结膜)；药品等医疗包装(输液袋)；农药等农用包装；易揭易撕膜等；在相册、文件夹和文件等领域代替 PVC；合成纸；不干胶带；报告封面；名片夹；圆环文件夹以及站立袋复合材料。

1. 复合膜用途：按起封温度(条件是 0.18MPa，1s，≥1N/15mm)可分：普通复合膜(＜140℃)、低温热封复合膜(＜115℃)、超低温热封复合膜(＜100℃)。一般与印刷后的 BOPP 膜或 BOPET 膜复合成 BOPP/CPP(或 BOPET/CPP)二层膜，用于衣料、干燥食品、膨化食品的包装。其发展方向是：(1)透明性高、开口性能好、高爽滑(熟化后 COF ＜0.2)、热封合温度低等以适应高速制袋及包装的要求；(2)保持薄膜表面润湿张力 6 个月达 38 达因以上，以延长产品的保质期。

2. 镀铝膜基材用途：以其成本低、经镀铝的产品具有优良的遮光性、装饰性、阻隔性等独特性能，

并在印刷、复合等后加工方面具有良好的适应性,能满足耐热、耐化学、耐磨、抗氧、高阻隔等使用要求,广泛用于食品包装及其他装饰领域。其发展方向是:(1)提高挺度以提高产品的镀铝质量;(2)提高镀后铝层的附着力达2N/15mm以上,适应大包装的需要;(3)提高镀后铝层的耐温性能,适应300℃挤出复合的需要,目前只能达到240℃左右,提高剥离强度达1N/15mm以上;(4)降低热封温度,小于110℃的条件下热封强度≥5N/15mm,以适应高速自动包装的要求;(5)提高开口性及爽滑性适应高速制袋及包装的要求,由于不能添加滑爽剂等,目前一般产品的COF约为0.75;(6)如何保持铝层表面润湿张力6个月达38达因以上,以延长产品的保质期是一个难题;(7)随着镀铝机的大型化,超长超宽镀铝基材成为必然的发展方向,如宽2500mm,长24000m的产品部分企业已经正常化生产。

3. 蒸煮膜用途:按耐温情况可分为:普通蒸煮膜(105~115℃,时间20~30min),中温蒸煮膜(约121℃,30~40min),高温蒸煮膜(135℃,30min);与阻隔性薄膜如PET、PA、铝箔等复合,用来包装需要高温蒸煮消毒的产品,如肉、浆汁、农产品和医疗用品等。CPP蒸煮膜重要的性能指标是热封强度、耐冲击强度、复合强度等,尤其是蒸煮后以上指标的保持。另,薄膜无气味或含极低气味是其发展方向,如板栗袋等对CPP薄膜的气味要求非常严格。

4. 音像产品、相册膜用途:CPP薄膜以其成本低、环保、透明、可热封、耐撕裂等性能广泛应用于音像制品的包装和相册、文件夹、名片夹等制作。高透明、高光泽和耐磨花是其发展方向。

5. 纸巾膜用途:CPP膜由于其挺度、耐磨、透明及印刷性能方面优于PE膜适合高速印刷包装的要求,广泛用于卫生纸巾的方包、小包、条包、纸卷和复印纸等产品的自动包装。提高挺度减少厚度、提高耐磨性和表面张力的保持是其发展方向。

6. 表印单层食品包装膜用途:主要用于面包、饼干等食品的各种小包装;高挺度、高透明、高爽滑、耐磨花、高表面润湿张力和适应高速自动包装是其发展方向。

7. 不干胶膜用途:根据需求可生产透明、白色、纸质或其他颜色的薄膜,主要用于不干胶标签、产品或航空标牌、婴儿纸尿裤标贴等;高挺度、高表面润湿张力、易于模切是其发展方向。

8. 扭结膜用途:CPP薄膜由于其密度比PVC、PET、PS及玻璃纸等小得多,设备投资少,因而单位面积的成本较低;既可以表面印刷、镀铝,也可以直接热封合,加上环保卫生,是作为糖果、巧克力、牛肉干等扭结包装的理想材料。提高扭结性、挺度、透明性和光泽度是其发展方向。

9. 保护膜用途:由于其成本低、透明、高挺度等优势,部分替代PET、BOPP膜作为喷绘广告、冷裱膜等产品的保护膜。

10. 透气保鲜膜用途:CPP薄膜阻湿性能优越,一般氧气透过量约为2000cm^3/m^2·d·bar,通过改性使其达到5000~6000 cm^3/m^2·d·bar,加上其可热封合等性能,单层使用作为蔬菜、水果和各种食用菌类的理想包装材料。根据包装内容物的不同,调整O_2/CO_2透过量和抗菌等是其发展方向。

11. 非透明微孔透气薄膜用途:在CPP薄膜生产时加入适当的致孔添加剂,并在一定的温度下进行拉伸,CPP薄膜就成为具有一定孔径的透气薄膜。目前,不同透气性能的薄膜已经广泛应用于医疗和卫生保健用薄膜(如卫生巾、无菌防护服用薄膜)、微孔过滤薄膜和人造纸等。

12. 防静电膜用途:CPP抗静电膜可分为吸湿型抗静电膜和永久性抗静电膜,表面电阻率达到108~1010Ω,可以适用于各种电子元件的包装。我国电子信息业年销售额2.4万亿元,需要各种防静电膜,这是一个广阔的市场。表面电阻率达到1010~1012Ω,可适合高速粉末自动包装的要求。

13. 防雾膜用途:用于新鲜水果、蔬菜、色拉、食用菌等包装,冷藏时清晰看到内容物,并防止食品变质腐烂。CPP薄要求防雾效果好(冷热状态可防雾)、热封强度高和低温柔软性好等,无气味或非常低气味是其发展方向。

14. 包花膜用途:CPP薄膜经印刷、制袋后可单独用于鲜花等的外包装,根据需要,调整薄膜透明度、抗静电和客户指定摩擦系数等性能。

15. 医疗膜用途:要求生产线被安装在无菌室中以防产品受有任何形式的污染,且不含产生有害物质迁移等卫生性能。镀铝后与BOPP、PET、BOPA等复合作为片剂或粉剂药物的包装;与高阻隔性材料如EVOH等共挤生产输液袋、采血袋等。

16. 农药包膜用途:通过改性使用特殊材料,使CPP膜的耐溶剂性能、热封强度和耐冲击强度大大提高,应用于乳油等农药的包装,通常的软包装结构为CPP//AL//BOPET和CPP//PET镀铝//BOPET。

17. 高阻隔共挤膜用途:使用具有良好的阻水性能的PP与具有阻氧性能的PA、EVOH等材料进行共挤生产的高阻隔薄膜广泛使用于肉类冷冻制品、蒸煮肉类食品包装;其良好的耐油、耐有机溶剂能力,可广泛使用于食用油、方便食品、奶制品、防锈五金制品的包装；其良好的隔水防潮性，可使用于酒类、酱油类等液体包装。

18. 与 PE 共挤膜用途：通过改性生产的 CPP 薄膜可以直接采用 LDPE 与其他薄膜材料进行挤出复合，既保证了挤出复合的牢度，又降低了复合的成本。

19. 高透明柔韧膜用途：通过使用共挤和共混技术，使 CPP 膜具有高透明、高抗冲的性能，具有极其柔软的手感、优良的抗刺穿性能及耐低温性能，主要用于蒸煮后冷冻储存的食品包装，也应用于高级服装、T 恤及内衣等包装，还可用于其他重包装。

20. 直线易撕裂膜用途：通过改性 PP 和特殊的生产工艺生产的 CPP 薄膜具有直线易撕裂性能，与其他材料复合制成各种直线易撕裂袋，方便消费者的使用。

21. 易剥离膜用途：由于通常的 CPP 薄膜具有很高的热封强度，热封好的软包装袋很不容易被打开，一般需要在包装袋的边缘打上缺口才能打开包装。通过对热封层 PP 的改性生产易剥离的 CPP 薄膜，与 BOPP、BOPET、BOPA、铝箔等包装材料复合即可变成易剥离包装，热封后可以直接从热封边拉开，大大方便了消费者的使用，目前在果冻盖、奶制品上已经普遍使用。

22. 亚光膜用途：CPP 消光膜的表面光泽度≤10%，具有磨砂玻璃般的表面光学效果，经过印刷后色泽饱和，手感舒适，外观典雅，可以用于热封，也可以用于复合，适合于包装高级卫生纸巾和食品。

23. 生物降解膜用途：PP 中添加生产降解母料制成的 CPP 降解薄膜，在自然条件下堆埋约 7~12 个月基本上可降解为无机物被土壤吸收。目前，欧洲有的公司已研制成功此类母料，个别国内流延膜厂在测试。

综上所述，虽然 CPP 薄膜的品种繁多，用途广阔，但 CPP 膜在 PP 膜中占的比例较小，但随着 PP 树脂质量的提高、设备性能的改进和加工能力的提高，CPP 和 BOPP 薄膜的性能上的差距在逐渐缩小。这将导致 CPP 从 BOPP 手中抢占更多的市场份额，增加新的应用领域。又由于包装发展向分包化、小袋化、个人用包装、方便性和保鲜方向发展，有利于部分领域 CPP 膜取代 LLDPE 膜和 CPP 镀铝膜取代 PET 镀铝膜，而得到更加广泛应用和发展。

第二节、多层共挤流延阻隔膜

多层共挤流延阻隔阻隔膜的典型应用：

- 真空包装的肉类和奶酪
- 新鲜肉类、加工肉类和奶酪的 MAP＊（气调保鲜包装）
- 鱼肉的 MAP＊（气调保鲜包装）
- 面包的 MAP＊（气调保鲜包装）
- 散装肉类包装
- 禽肉包装
- 各种液体包装
- 牙膏和化妆品的管状包装

第三节、流延缠绕膜

一、高性能缠绕膜具有高拉伸强度、高回缩力、抗穿刺强、透明度高、撕裂强度高等优点。

二、产品最薄做到 0.008mm。

三、在拉伸强度上，鸿雁包装开发的 10μm 超薄缠绕膜与传统的拉伸缠绕膜综合性能相比，可以替代部分市场上厚度为 17μm 的手用膜。

四、最近有企业开发出 12μm 超强预拉伸缠绕膜，已经大批量的用在制罐，电子等行业，替代了传统 20μm 的阻拉伸机用膜。

五、此外还有超强拉伸缠绕膜，用于重型产品之包装；超透明膜，用于自动包装机，进行条码扫描；大倍率预延伸缠绕膜等等。主要应用在电子行业，化纤行业，饮料行业，纸制品业，紧固件行业及物流行业。

第四节、流延保鲜膜

保鲜膜主要用于超市、家庭、菜市场、酒店等场所，是用来包装水果、蔬菜及其他食品或物品的一种包装制品，便于水果、蔬菜等食品的保鲜并起到分类、美化物品等作用，以促进产品的销售。目前市场上使用的保鲜膜主要有三大类：PVC 保鲜膜、PE 保鲜膜、PVDC 保鲜膜，在这三种保鲜膜中，PVC 保鲜膜凭借其特有的优点，如：黏度好、透明度好、记忆性好、透氧性佳、透湿度高，以及包装出的产品美观、价格低廉等特点，深受人们喜欢，因此国际及国内市场上 80% 的食品保鲜包装都采用 PVC 保鲜膜。PE 保鲜膜则主要用于肉食或高温场合使用，而 PVDC 保鲜膜主要用于一些熟食、火腿等产品的包装。

此外还有 PO 保鲜膜等。

第五节、流延卫生用膜

为满足卫生材料产业对高品质塑料薄膜的需求，未来不同功能的高性能卫生薄膜主要包括打孔膜、透气薄膜、透气膜复合无纺布及压纹薄膜无纺布复合膜等。

1. 新型的打孔薄膜，打孔膜除了被用于各种卫生材料的顶膜之外，还被广泛地用于土工排水薄膜、农业绿蓬和需要遮阳的作物栽培等。

2. 15~40g/m^2 的透气膜和 17~40g/m^2 的压纹膜

第六节、玻璃夹层膜和玻璃贴膜

夹层玻璃是一种性能优良的安全玻璃，它是由两片或多片玻璃用透明的胶片牢固粘结而成，具有透明、高机械强度、耐光耐热、耐寒、隔声、控制阳光等性能。夹层玻璃胶片的种类很多，例如：赛璐路、赛纶、聚甲基丙烯酸树脂、有机硅橡胶、聚氨酯、聚乙烯醇缩丁醛(PVB)等。其中以PVB、EVA胶片的应用最为普遍，

高纯度、高洁净度光学级聚乙烯醇/聚乙烯醇缩醛系列薄膜产品(PVA/PVB)生产工艺技术研究与产业化技术开发。EVA薄膜还在光伏组件上用作封装薄膜。

除研制生产一般要求的夹层膜以外，还可以研制其他有特殊性能要求的夹层膜，如遮阳夹层膜、隔热夹层膜，隔音夹层膜，防UV夹层膜，防弹夹层膜等以适应各方面的需求，特别是隔热夹层膜，由于高分子材料是良好的隔热材料，再在其中加入可阻隔红外幅射的特殊添加剂，有望使室内温度下降至一定程度，如各种建筑推广使用有此类隔热作用的夹层玻璃，将节约大量的电能。

用于建筑与汽车外侧玻璃上的另一种薄膜，就是大家熟悉的俗称玻璃贴膜的遮阳膜，此类薄膜的加工工艺一般是在PET薄膜上涂布压敏胶，经烘道加热烘去溶剂，然后再复贴上一层离型膜即可卷取。此类PET薄膜一方面有隔热隔UV的作用，也有一定的安全防护作用。

第七节、TPU薄膜产品发展方向

一、TPU的未来发展趋势

随着TPU应用的拓展，对其要求也愈来愈高，特别是耐黄变、耐老化的性能要求，为此，合成新型聚氨酯材料才能满足日益增加的市场需求。以往的聚氨酯采用异氰酸酯类，由于有不饱和双键的存在，发黄和老化是聚氨酯的一大缺点，新型脂肪族异氰酸酯和脂环族异氰酸酯的发展可以解决这一问题，国外已有该类聚氨酯弹性体，为将来在飞机、汽车、新能源、高端装备等领域的应用奠定了基础。无黄变的热塑性。

聚氨酯弹性体TPU薄膜和TPU复合材料将是TPU弹性体未来的重要发展方向。

由于TPU薄膜具有其他材料无法比拟的优异性能，TPU薄膜产品广泛用于制鞋、服饰辅料、运动用品、休闲用品、汽车用品、水上游乐用品、充气产品、高档建筑材料、医疗用品、国防用品、电子产品、工业用品、儿童用品、高铁、房屋建筑、家纺用品、太阳能覆膜等多个领域。同时，随着TPU材料良好的特性被越来越多的人所认可，其应用领域也在日益增加。

TPU薄膜的主要应用领域如下：

类别	应用范围
制鞋	运动鞋、登山鞋、雪鞋、皮鞋、高尔夫球鞋、野战鞋、溜冰鞋等
服装辅料	雪衣、雨衣、风衣、防寒夹克、野战服、衬衣、T恤、运动服、防水拉链等
运动、休闲用品	水上用品、空气降落伞、充气床、充气睡袋、潜水衣、雪衣、泳装、滑雪板、运动鞋垫、球内胆、商标、气囊、运动衫、瘦身衣、救生筏、救生圈、浮标等
医疗用品类	手术衣(帽、鞋)、医疗用褥垫、冰袋、绷带、血浆袋、保险套、医疗用透气胶带、外科用包扎布条、口罩等
汽车用品	贴膜、轮胎、扶手、保护杆、地板、充气式千斤顶、遮阳板等
国防用品类	武器封存覆膜、野战帐篷、备战冰袋、救生衣、充气艇、安全防弹玻璃夹层膜等
工业用品	防水贴条、防火衣、消防服、防火布、飞机地板、压缩封垫、传动皮带、绝缘板、油袋、管子接合胶带、安全防弹玻璃、水槽内垫等
儿童用品	奶嘴、奶瓶、玩具、婴儿床、围兜等
家纺用品	窗帘、椅套、床单、毛巾、桌巾、浴帘、家具用布、围裙等
建筑	建筑玻璃贴膜、墙纸贴膜(阻燃防火)及地板防水膜等
其他用途	壁纸或装潢用品、特殊食品包装、钢琴(电脑)键盘覆膜、广告汽球、书套、松紧带、可丢弃式手套、安全帽衬垫、马蹄垫圈、踏板、行李箱衬垫、包装袋、烟囱箱、背包、手提包、高铁减震垫片、太阳能覆膜等

二、TPU薄膜下游行业需求特征与需求规模分析

(一)运动鞋

运动鞋以前仅指健身或竞技体育时所穿的鞋，现可理解为健身运动、休闲运动、娱乐运动和专业竞技运动的训练过程及其正式比赛运动所使用的鞋种，一般具有舒适、保护、美观等特性。随着生活水平的提高，人们追求更加自由的穿鞋体验，运动鞋作为运动休闲用品，因其轻便、舒适、大方而备

受现代人的青睐，已广泛渗入大众生活中。

运动鞋按功能或用途可分为非场地运动鞋和场地运动鞋。前者更适合生活中使用，包括跑步鞋、慢步(休闲)鞋、滑板鞋、野外鞋等。后者属于较专业的产品系列，主要有篮球鞋、网球鞋、足球鞋等。鞋材是 TPU 薄膜应用的最主要领域之一。

目前，TPU 薄膜在鞋材上应用有两种趋势：第一是将 TPU 薄膜先网版印刷上色，再以高周波成形并粘合在鞋面上做装饰，以取得特殊的装饰效果；第二是利用防水透湿的 TPU 薄膜与鞋材用布贴合使用，以达到防水透湿之效果。

近年来我国经济总量不断提升，国民生产总值 GDP 快速增长，城镇化率持续增大。据国家统计局的数据显示，近五年来，我国 GDP 已实现成倍增长，城镇化率从 2006 年的 44.34% 增长到 2011 年的 51.30%。伴随着中国经济规模和城镇率的快速增长，我国城镇居民人均可支配收入不断增加，据国家统计局的统计，2011 年中国城镇居民人均可支配收入由 2006 年的 11759 元增长到 21810 元。可支配收入的增长逐渐转变着我国居民的消费模式。80 年代和 90 年代，收入主要用于基本生活必需品，近几年，城市消费开支已转向用于追求提高生活素质的产品及服务，我国城镇居民鞋类消费支出的稳步提高。2011 年，我国城市家庭在鞋类上的人均消费支出 343.76 元。

从全球范围来看，一些顶级体育品牌如耐克、阿迪达斯、彪马等都是以运动鞋起家的，并且至今仍引领着国际运动鞋的发展潮流。20 世纪 80 年代末，这些世界顶级运动鞋的生产基地已经转移到亚洲、拉美等发展中国家地区，目前世界上制鞋大国包括亚洲的中国、印度、越南、印度尼西亚和泰国，欧洲的意大利、西班牙和葡萄牙以及南美洲的巴西等等，其中，中国运动鞋产量占全球运动鞋产量的 50% 左右。近年来，全球运动鞋产量以 10% 左右的增长率稳步增长，2011 年已达 58.56 亿双，预计 2015 年将达到 89.77 亿双。

(二)防水透湿膜

人们在日常生活中，经常要接触水，这样就引起人们对穿着的衣物提出了防水的要求，从而客观上促进了防水织物的产生。防水透湿面料是指水在一定压力下不浸入面料，而人体散发的汗液却能以水蒸气的形式通过面料传导到外界，从而避免汗液积聚冷凝在体表与面料之间以保持服装的舒适性，它是一种高技术、独具特色的功能性面料。目前，防水透视功能性面料分为三类：紧密织物型、涂层型和粘贴薄膜型。

1. 紧密型防水透湿织物

紧密型防水透湿织物是利用改变织物结构而达到防水透湿的目的。此类织物是最早研制成功的防水透湿织物，有较好的垂坠性、手感和透湿性，但耐压性(一般不超过 9.8kPa)和耐磨性较差，并且由于织物密度大，加工起来比较困难。紧密型防水透湿织物主要有早期的文泰尔(Ventile)织物和现在的超细纤维织物。

2. 涂层型防水透湿织物

涂层法是指采用干法直接涂层、转移涂层、泡沫涂层、相位倒置或湿法涂层(凝固涂层)等工艺技术，将各种各样具有防水、透湿功能的涂层剂涂敷在织物的表面上，使织物表面孔隙被涂层剂封闭或减小到一定程度，从而得到防水性；其透湿性则通过涂层上经过特殊方法形成的微孔结构或涂层剂中的亲水基团与水分子作用获得。

目前纺织上应用的涂层剂主要为 PA 和 PU 两类。PA 的原料和中间体供应较多，价格低廉，其合成和聚合技术相对容易掌握。PA 涂层剂粘着力强、透明不泛黄、耐洗、耐老化等优点，也存在多次涂覆发黏、抗渗水性较低、手感不佳、弹性差、耐寒性等缺点，其性能只能满足一般的要求，现已逐渐被 PU 涂层剂代替。PU 防水透湿涂层产品弹性好、强度高、耐低温(-30℃以下)、耐磨、手感柔软、有一定亲水性，防水透湿效果较好。

纺织用的 PU 涂层剂有溶剂型和水分散型两大类。溶剂型的优点是成膜性好、耐水性、粘结性、涂抹平整性优于水分散型，同时溶剂气化潜热大大小于水，所以车速快，生产效率高，其缺点为有一定毒性，污染环境，车间操作条件差。与溶剂型 PU 涂层相比，水分散型涂层剂具有操作情节简便、环保、性能风格变化大等优点，是未来 PU 涂层剂的发展方向。

3. 贴合型防水透湿织物

贴合型防水透湿织物是指通过粘合剂把功能性膜粘贴到织物上，以此达到防水透湿的功效。此类织物按所用的功能性膜可分为三类：微孔膜型、致密亲水膜、微孔亲水结合膜。粘合剂也起到很重要的作用，粘合剂主要有两种：透湿型，可连续涂层；不透湿型，只能以网点式粘合，不至于破坏透湿性。

最常用的功能性膜为 PVC、PE、EVA、TPE、TPU、PTFE 等薄膜。目前，PVC 薄膜价格低廉，用量最大，但由于其物性不佳，污染环境等缺点，现已逐渐被替代；PE、EVA 价格适中，硬度较大，弹性较差，手感不佳；TPE 的物性和价格介于 TPU 与 PE 中间，现阶段作为一种过渡产品使用；TPU 和

PTFE 物性最佳，用此类薄膜贴合面料是贴合型防水透湿织物最具代表性的产品。

TPU 贴合型防水透湿织物 TPU 是热塑型聚氨酯薄膜的简称，属于无孔亲水性薄膜。由于薄膜本身没有孔隙，防水效果很好，同时也使面料防风保暖。透湿主要通过其的亲水特性来实现，依靠衣服内外蒸汽压的差异，将蒸汽从压力高的地方转移到低的地方，从而实现了透湿的功能。相比 PVC、PE、TPE、EVA 等贴合型防水透湿织物，TPU 贴合面料具有优秀的防水性、抗菌性，透气能力优异，耐寒、防绒、易去污整理，绿色环保并且可正常水洗。

作为一种绿色环保薄膜，TPU 贴合型防水透湿织物具有优秀的透气透湿性，防水抗菌，防风耐寒、防绒、滑爽、耐久性、易去污整理并可正常水洗。因其优异的物理性能，TPU 贴合面料适用范围非常广泛，在贴合防水透湿性面料中占比约为 70% ~ 80%，主要使用于以下产品，其中户外和家纺是目前 TPU 贴合型防水透湿织物的主要应用方向。

TPU 贴合面料在目前主要应用下游行业的普及情况

	户外	家纺	婴幼儿用品	西服	保暖内衣
PU 贴合面料使用情况	应用于 60% 的冲锋衣与军用服装中	酒店、医院 30% 的床单和床笠使用	目前仅有 5% 使用，正在逐渐推广中	应用于少数高端西服	正处于开发阶段

根据中国家用纺织品工业协会及面料贴合企业调研，2010 年我国使用 TPU 作为贴合物的面料约为 900 万米，约占全球总面料贴合量的 50% 左右。中国以中低端面料的消费为主，中高档产品大部分出口，约占 60% ~70% 。2006 ~2010 年全世界面料贴合行业年复合增长率约为 15% 左右。2011 年以来受益于全球经济复苏、人均家纺消费支出的增长以及酒店业的快速增长，2011 ~2015 年全球面料贴合行业年均复合增长率将达到 15% ~20% 。

(三) TPU 薄膜在奢侈手袋及小皮具上的应用

根据 Frost & Sullivan 的定义，奢侈手袋主要包括由著名奢侈品牌设计及零售起始价为人民币 3000 元的手提包、手抓包、肩包等手袋；奢侈小皮具主要包括由著名奢侈品牌设计及零售起始价为人民币 1500 元的钱包、化妆包、小袋、卡片夹、钥匙包等小皮具。

世界奢侈手袋市场和全球经济情况息息相关，目前，美国、欧盟、日本及中国是世界四大奢侈手袋及小皮具零售市场。2010 年，全球四大奢侈手袋及小皮具零售市场欧洲、美国、日本和中国分别占奢侈手袋及小皮具的全球总零售开支 41.5%、33.5%、12.6% 和 8.7%，总计 96.3%。

四大奢侈手袋及小皮具零售市场的经济状况对全球奢侈手袋及小皮具零售市场及制造市场有显著的影响。根据国际货币基金组织资料显示及预估，从 2006 年到 2010 年，欧盟的 GDP 由约 146，942 亿元美元增加至约 162，822 亿美元，复合年增长率从为 2.6%；美国的 GDP 由 133，989 亿美元增加至 146，578 亿美元，复合年增长率为 2.3%；日本的美国的 GDP 由 43，626 亿美元增加至 53，909 亿美元，复合年增长率为 5.4%；中国的 GDP 由 27，129 亿美元增加至 58，783 亿美元，复合年增长率为 21.3%。

2006 ~2011 年世界四大地区 GDP 数据

亿美元

地区	2006 年	2007 年	2008 年	2009 年	2010 年
欧盟	146，942	169，893	183，770	164，137	162，822
美国	133，989	140，618	143，691	141，191	146，578
日本	43，626	43，780	48，870	50，689	53，909
中国	27，129	34，942	45，200	49，905	58，783

随着四大世界奢侈手袋市场 GDP 的增长，近五年人均 GDP 也随之上涨。欧盟人均 GDP 从 2006 年的 29，888 美元增长到 2010 年的 32，615 美元；美国近五年来人均 GDP 变化不大，2010 年为 47，284 美元；日本人均 GDP 从 2006 年的 29，888 美元增长到 2010 年的 32，615 美元；而中国人均 GDP 近五年来实现成倍增长，从 2006 年的 2，063.9 美元增长至 2010 年的 4，382.1 美元。人均 GDP 的上升带动了该些地区居民的消费能力，同时有力地推动了全球奢侈手袋及小皮具零售市场的发展。

伴随世界经济发展尤其是四大主要奢侈手袋及小皮具消费市场 GDP 的增长，全球奢侈手袋及小皮具零售市场由 2008 年约 496 亿美元增长至 2010 年约 530 亿美元，2009 年由于世界金融危机出现小幅波动，复合年增长率为 4.4%。据 Frost & Sullivan 资料显示，未来五年复合年增长率将保持在 9%，2015 年全球奢侈手袋及小皮具零售市场规模将增长至 829 亿美元。

同时，经济的增长也推动了全球奢侈手袋及小皮具制造市场的发展。虽然在 2008 ~2009 年期间发生过全球经济危机，增长较慢，但市场仍由 2006 年约 29 亿美元增长至 2010 年约 38 亿美元，复合年增长率为 7.3%。据 Frost & Sullivan 预期，2015 年全球奢侈手袋及小皮具制造市场将达 68 亿美元，年复合增长率为12.1%。

中国是全球最大的奢侈手袋及小皮具制造基地，约占全球份额的一半。除中国制造市场以外，全球奢侈手袋及小皮具制造市场较为分散。在奢侈手袋及小皮具制造市场，中国具有制造成本低，劳动团队经验丰富，制造技术和工艺优良及基建设施较为完善等优势，成为众多全球领先奢侈品牌的制造基地。据 Frost &Sullivan 预测，虽然其他新兴地区如东南亚的竞争力不断增长，中国仍将保持全球奢侈手袋及小皮具品牌制造基地的领先地位，出货量将逐年增加。

（四）TPU 医疗设备

TPU（热塑性聚氨酯弹性体）是由软段（长链的低聚物二醇）及硬段（二异氰酸酯及扩链剂）所组成的线性嵌段聚合物，由于软硬段存在极性差异，这种结构使其与生物体具有良好的相容性。由于 TPU 加工方便，性能优异，早在70年代作为一种医疗材料已受到重视，现已广泛应用于多种医疗用品中，如：

1. 医用软管：热塑性聚氨酯弹性体具有优异的机械强度、柔韧性、耐磨性以及物相容性，可用于各种医用胶管管材，如输液管、导液管、导尿、胃镜软管等。

2. 医用床罩、床罩垫：TPU 薄膜能有效地作为阻隔细菌的屏障，用于医院病床床垫和床罩垫能使病人的汗容易挥发，手感舒适，并方便进行消毒处理。

3. 人造软骨：聚氨酯弹性体具有很好的减震性能，优异的生物相容性及弹性和低的摩擦系数，类似于人类的软骨，所以可用来制作肘部和腿部的人工骨或软骨。

4. 人工心脏辅助装置：80年代初研制成功的聚氨酯弹性囊，经试验，有较好的生物相容性，并且耐曲挠超过5亿次，应用于人工心脏获得成功。

另外，TPU 薄膜具有良好的透气性、耐药品性、耐微生物、耐辐射性能，可用于灼伤覆盖层、伤口包扎材料、退烧的冷敷冰袋、一次性给药软袋、填充液体的义乳、避孕套等。

目前，TPU 薄膜价格较高，在我国的医用合成材料中，所占份额较小，而美国等国家的医用 TPU 薄膜早已商业化。因医疗用品对合成材料的性能有严格的要求，现阶段中国不少单位从事过或正在从事医用聚氨酯弹性体的研究与开发，如山西省化工研究所、中山大学、上海橡胶工业制品研究所、江苏省化工研究所等，但推广应用不够，影响不大，与发达国家水平相比差距较大，部分材料主要依赖进口。由于 TPU 薄膜具有特殊而可靠的性能和极高的附加值，预计未来几年，我国将会加强研究和推广应用。

（五）TPU 膜对汽车车身的保护功能

TPU 对汽车业的发展也发挥了极大的作用。现今的汽车工业正在向高性能、低重量、舒适与安全的方向发展，橡塑合成材料正在逐步取代金属材料，这为聚氨酯弹性体的应用开辟了极为广阔的前景。由于 TPU 良好的物理性质，TPU 汽车用品具有弹性好，耐热性、耐油脂、耐水解性以及良好的压缩率等性能，在汽车配件方面应用广泛。

TPU 薄膜抗紫外线、透明度高、耐刮性能卓越，可以直接抛光且无毒、易降解，目前厚度为0.15～0.5mm 的 TPU 薄膜开始用作汽车车身漆面保护膜和车窗玻璃贴膜，可有效地保护原厂车漆，有效延迟汽车的贬值。

（六）TPU 包装产品

塑料包装材料主要分为薄膜和形塑两大类，是塑料制品应用中的最大领域之一，广泛应用于烟草、食品饮料、日化产品行业。食品和药品是关系国计民生的重要物资，相应的包装需求十分旺盛，中国药用包装的增长速度位居世界八大药物生产国榜首。我国当前包装工业总产值约1万亿，占国民生产总值比重仅2%，远低于7%的世界平均水平。其中，塑料包装占整个包装工业比重约31%，仅次于纸和纸板包装。增速10%以上，TPU 作为一种新型材料在包装方面有着广阔的市场前景。

另外还有其作为工业用的功能膜和 TPU 建筑材料等，在此不一一做介绍。

第八节、流延工程塑料薄膜

工程塑料薄膜主要是指能具有耐高温的工程塑料制作的薄膜，应用于一些特殊行业。如 PA66 薄膜、PET 薄膜、PEN 薄膜、聚苯硫醚（PPS）薄膜、聚酰亚胺（PI）薄膜、PFA 薄膜和聚醚醚酮 PEEK 薄膜等。

一、流延 PET 薄膜

PET 薄膜是一种综合性能优异的工程塑料薄膜。由于它具有较高的耐热温度、较好的耐化学性能、优良的机械性能以及稳定的电气性，被广泛用于电声产品或电气产品。PET 薄膜的用途：①高压电设备：摩托绝缘器、运输工具绝缘器、卷片绝缘器等；②电缆：通讯电线和电缆包装、功能电缆的包装；③印刷线路：灵活的基盘、印刷线路、胶带和电缆；④电压机：云母、无纺纤维、聚氯乙烯、铝片、金属材料等的压层，电容器（SMT、高温、高频率、高可靠性）、易变的电容器、灵活的电路板、键盘膜、绝缘材料、平马达、缆绳、包裹、工业磁带及内部覆盖面材料等。

PET 薄膜也可深加工制成离形膜（离型膜）、PET 硅油膜、PET 雾状高温膜、适用于印刷、铭板、薄膜开关、双面胶带、彩盒、柔性线路、绝缘制品、包装材料、彩印等。

二、聚萘二甲酸乙二醇酯(聚萘酯)PEN 薄膜

近年来，PEN 薄膜主要应用于磁带的基带、柔性印刷电路板、电容器膜、F 级绝缘膜等方面，而 PEN 薄膜新的用途仍然在不断开发中。如数据磁带、数据磁盘的种类有 DDS(数字、数据、储存)，8MM 数据磁带，1/4 英寸磁带，DDS 的需求量较大。根据 DDS 的记忆容量分别为Ⅰ型、Ⅱ型、Ⅲ型。Ⅱ型、Ⅲ型为聚芳酰胺膜，Ⅰ型为 PEN 与 PET 共用型。记忆容量为 2G，90MM 的 PEN 薄膜代替。从记忆容量来考虑，Ⅰ型几乎全部被 PEN 占领。随着手机及小型携带机械的发展，对薄膜电容器的需求也不断增大。另外，由于 PEN 膜的耐热性、薄膜强度较好，用于汽车传感器及绝缘零配件方面也有一定的发展前途。再者，F 级绝缘膜最具有应用前景。一般的 PET 薄膜只可达到 E 级(长期使用温度为 120 度)，如果要达到 B 级(130 度)，则要求黏度提高很多，而且齐聚物含量要很低，否则用于制冷密封型电机的绝缘时，受润滑油和冷媒的浸润容易将齐聚物抽提出来，从而造成电机故障。而 PEN 中齐聚物的质量分数仅为 0.5%，耐水性是 PET 的 4 倍，耐热性好，可达到 F 级(160 度)绝缘膜的要求，具有很好的应用前景。

PEN 的市场是以薄膜为先导奠定了基础，而瓶装用途紧随其后。杜邦、帝人薄膜是世界居领先地位的 PET 和 PEN 聚酯薄膜供应商，生产应用于特种、工业、包装、电器、电子元件、高级磁性材料和高级照相材料等市场的聚酯薄膜产品。该公司开发的 PEN 薄膜应用领域是汽车用柔性印刷电路(FPC)，由于性能突出且成本较低，预计该产品可以用于替代聚酰亚胺薄膜。随着未来混合燃料汽车的发展，该产品的应用前景非常好，主要原因是聚酯薄膜耐热性能不够，而聚酰亚胺薄膜成本又太高。而 PEN 薄膜具有突出的耐热性、尺寸稳定性、长期耐用而且具有气密性，由于各方面性能表现均衡，因而应用起来非常容易。PEN 薄膜可以承受 160℃的高温，大大超过聚酯薄膜 120℃的水平，而气体渗透性和吸水性则低于聚酰亚胺薄膜。

三、PA6/PA66 薄膜

PA6 尼龙膜具有阻隔空气性能强、防氧化、防水、防潮，机械性能强，抗爆破性能高、抗穿刺抗撕裂性能强，耐高温(121℃)、耐低温(-50℃)、耐油、保香性能好的特点。无毒无味，符合食品、药品包装卫生标准。热封性能好、柔软性、高透明度好。适用焊接材料、电子产品、电路板等、精密机械配件等的防氧化、防腐蚀和食品包装：如大米、肉类制品、鱼干、水产品制品、腊味、烤鸭、烧鸡、烤猪、速冻食品、火腿、腌肉制品、香肠、熟肉制品、酱菜、豆沙、调料等的保香、保质、保味。供应真空包装袋，食品包装卷材，彩印复合食品包装袋，铝箔袋，警示带，真空储物袋、压缩收藏袋、尼龙共挤膜，五层共挤输液用膜。

PA66 塑料在聚酰胺材料中有较高的熔点。它是一种半晶体-晶体材料。PA66 在较高温度也能保持较强的强度和刚度。PA66 塑料在成型后仍然具有吸湿性，其程度主要取决于材料的组成、壁厚以及环境条件。在产品设计时，一定要考虑吸湿性对几何稳定性的影响。为了提高 PA66 的机械特性，经常加入各种各样的改性剂。

PA66 塑料热性质熔点即结晶熔解时的温度，对结晶性高分子 PA66 塑料，显示清晰的熔点，根据采用的测试方法，熔点在 259~267℃的范围内波动。通常采用差热分析法测出的 PA66 塑料的熔点为 264℃。PA66 除了有 PA6 薄膜的性能之外，更大的特点是耐热温度高，可用于 200℃以下的工作温度场合。

四、聚酰亚胺薄膜

聚酰亚胺薄膜包括均苯型聚酰亚胺薄膜和联苯型聚酰亚胺薄膜两类。前者为美国杜邦公司产品，商品名 Kapton，由均苯四甲酸二酐与二苯醚二胺制得。后者由日本宇部兴产公司生产，商品名 Upilex，由联苯四甲酸二酐与二苯醚二胺(R 型)或间苯二胺(S 型)制得。薄膜制备方法为：由均苯四甲酸二酐(PMDA)和二氨基二苯醚(ODA)在极强性溶剂二甲基乙酰胺(DMAC)中经缩聚并流涎成膜、拉伸后，再经高温酰亚胺化成膜。薄膜呈黄色透明，相对密度 1.39~1.45，有突出的耐高温、耐辐射、耐化学腐蚀和电绝缘性能，可在 250~280℃空气中长期使用。玻璃化温度分别为 280℃(Upilex R)、385℃(Kapton)和 500℃以上(Upilex S)。20℃时拉伸强度为 200MPa，200℃时大于 100MPa。特别适宜用作柔性印制电路板基材和各种耐高温电机电器绝缘材料。目前已有可熔融挤出的聚酰亚胺，也可以采用挤出流延成膜。

聚酰亚胺薄膜是目前世界上性能最好的薄膜类绝缘材料，具有优良的力学性能、电性能、化学稳定性以及很高的抗辐射性能、耐高温和耐低温性能(-269~+400℃)，现在已广泛应用于航空、航海、宇宙飞船、火箭导弹、原子能、电子电器工业等各个领域。

物理性能表：

性能	测试项目	单位	厚度指数				测试条件	测试方法
机械特性	厚度	μm	12.5	25	50	75	20℃	ASTM D1505
	抗张强度	MPa	150	180	180	160	20℃	JB/T 2726—1996
	延伸率	%	60	70	70	90	20℃	JB/T 2726—1996
电性	击穿电压	MV/m	240	260	210	185	60Hz，20℃	JB/T 2726—1996
	介电系数		3.2	3.2	3.2	3.2	1MHz，20℃	ASTM D150
	体积抗阻	Ω·cm	$>10^{10}$	$>10^{10}$	$>10^{10}$	$>10^{10}$	500V，20℃	ASTM D257
	表面抗阻	Ω	$>10^{13}$	$>10^{13}$	$>10^{13}$	$>10^{13}$	500V，20℃	ASTM D257
热性	热膨胀系数	ppm/℃	<27	<30	<35	<35	100~200℃	ASTM D5213—04
	尺寸安定性	%	<0.03	<0.03	<0.05	<0.05	200℃，2hr	JB/T 2726—1996
物理性质	密度	g/cm^3						

五、聚苯硫醚(PPS)薄膜

PPS薄膜是一种综合性能优异的工程塑料薄膜。由于它具有较高的耐热温度、较好的耐化学性能、优良的机械性能以及稳定的电气性，被广泛用于电声产品或电气产品。PPS薄膜具有以下几个优异的特点：

1. 耐热性：具有较高的耐热性，长期使用温度180℃，热分解温度大于400℃。短时间受热仍能保持较好的机械性能。

2. 耐化学药品性：除浓硫酸、硝酸外对其他化学药品有极好的抵抗性。

3. 电气性：对频率及温度依赖性小，具有稳定的电气特性，其介电常数为3.0。

4. 机械性能：作为工程塑料，具有优良的机械性能。

5. 耐燃性：UL94、VTM-06、可热成形性。

第九节、含氟功能膜材料

含氟功能材料作为太阳能领域、锂离子电池、钒电池、燃料电池、风能等领域的关键材料之一，在近几年得到了迅速发展，对新能源领域的贡献越来越大，强力推进着新能源的发展，使得我国在新能源的开发及利用上更进一步。

1. 太阳能电池膜

在倡导节能环保、低碳经济的全球背景下，太阳能研究开发是全球竞争的焦点。据行业分析数据预测：到2050年，太阳能所发出的电能在电网上所占有的比例将达到50%，形成第一大产业。太阳能作为发展速度最快、潜力最大的新能源，为发展低碳经济找到有利的支撑点。

太阳能电池是通过光电效应或者光化学效应直接把光能转化成电能的装置，以光电效应工作的薄膜式太阳能电池为主流。在太阳能电池组件中封装材料一直是除硅片以外最重要的材料，封装材料包括玻璃、胶膜、背板、铝框和硅胶。其中由于背板的主要材料一直为外国公司所垄断，在2007年、2008年一度供不应求，所以背板也是最为引人关注的封装材料。

太阳能背板位于太阳能电池板的背面，对电池片起保护和支撑作用，具有可靠的绝缘性、阻水性、耐老化性。一般具有三层结构，外层保护层具有良好的抗环境侵蚀能力(防止水气侵蚀、抗紫外线等)，中间层为PET聚酯薄膜(聚对苯二甲酸乙二醇酯)具有良好的绝缘性能和强度，内层薄膜和EVA具有良好的粘接性能。外层保护层，为了有良好的耐候性，一般要求背板外层材料为含氟材料。氟树脂独特的性能源于其特殊的分子结构C—F。C—F键是有机化合物共价键中键能最大的，C—F键能485kJ/mol，太阳光中紫外光波长200~380nm，220nm的光子的能量为544kJ/mol，只有小于220nm的光子才能离解C—F键。在阳光中，小于220nm的光子比例很小(不到5%)，而且这些短波紫外线容易被大气圈外臭氧层吸收，能到达地面的极少，所以太阳光几乎对氟聚合物没有任何影响。其缺点就是价格高昂，同时不易粘接，全球许多大型材料公司做了多年的材料研究，寻找可替代产品，但目前尚未找到理想的替代品。下面介绍应用于背板的含氟功能膜材料种类和特性。

(1)美国杜邦PVF薄膜

PVF薄膜，学名聚氟乙烯(polyvinyl fluoride)，由氟和氟碳分子的共聚体挤压而成。为含氟或氟碳的共聚物，比其他任何聚合物具有更大的化学结合力和结构稳定性，对日照、化学溶剂、酸碱腐蚀、湿气和氧化作用的抵抗力和耐久性效果显著。做PVF薄膜最为出名的为美国杜邦公司，杜邦公司的注册商标TEDLAR就是现光伏行业做背板用的最多PVF薄膜，TPT或TPE等背板中的T层指的就是这里所说的TEDLAR，其有第一代和第二代之分，从实际使用情况而言第一代产品质量更好一些，其厚度在30μm左右，目前较多供应欧美市场。第二代产品成本低一些，厚度为25μm，表面有肉眼可见的针孔，供应亚洲市场较多。第一代含氟膜用的是挤出吹塑法，第二代用的是流延法。

(2)法国阿科玛PVDF薄膜

PVDF聚偏氟乙烯，除具有良好的耐化学腐蚀性、耐高温性、耐氧化性、耐候性、耐射线辐射性能外，还具有压电性、介电性、热电性等特殊性能，是目前含氟材料中产量名列第二位的大产品。做PVDF薄膜最为出名的为法国阿科玛公司，阿科玛公司的注册商标KYNAR就是现光伏行业做背板用的最多PVDF薄膜，KPK或KPE等背板中的K层指的就是这里所说的KYNAR。由于PVDF的密度是PVF的1.3~1.4倍，在分子结构上多一个氟原子，所以比PVF更致密、更耐候、阻隔性更好。纯PVDF薄膜的透水率只有同等厚度的PVF薄膜的1/5左右，所以通常情况下使用PVDF薄膜的厚度可以比PVF薄，但是PVDF成型较困难，一般需要添加丙烯酸类材料，此材料会造成局部老化。日本吴羽公司甚至推出结构为PVDF/PMMA复合膜以替代PVF和PVDF薄膜作为太阳能电池背板的耐候层，其表层PVDF的厚度只有4μm。

(3)美国3M THV薄膜

3M的BBF薄膜也是目前市场上较常用的背板薄膜材料之一，约占25%的份额，结构为EVA/PET/THV复合薄膜，其中THV是一种三元共聚高分子氟塑料，(四氟乙烯，六氟丙稀和偏二氟乙烯)它的特性主要有：①水性聚合较环保；②相比PVF较容易的成膜性能；③氟含量高，渗透指数约为PVF的一半。THV是目前商品化最柔软的氟塑料，与其他材料复合成多层结构时，柔韧性非常突出，并且容易粘结，在一些对背板要求柔软的场合，THV的背板比任何其他材料都更适合。

(4)美国霍尼韦尔ECTFE薄膜

霍尼韦尔PowerShield系列的背板膜采用五层设计，外侧保护层为霍尼韦尔按专利技术生产的乙烯-三氟氯乙烯(ECTFE)含氟阻隔膜，核心层是按照系统工作电压要求选择的聚酯膜PET，中间两层为专用粘合剂赋予层间粘结强度，内侧是与封装材料有良好粘结强度的热塑性反光层。ECTFE薄膜作为聚氟乙烯材料的替代产品，使得背板不仅抗紫外线、防潮、耐风化，还能承受工作电压高达1000伏的组件所产生的电力负载。

(5)日本旭硝子ETFE薄膜

ETFE又名F-40(乙烯-四氟乙烯共聚物)，在氟塑料中拥有最强韧的特性，由ETFE塑料制成的薄膜具有良好水汽与空气的阻隔性，渗透率低的特点，这种透明材料制成的薄膜能够达到0.20mm，长期使用环境为-65℃到150℃之间，可满足各种恶劣环境中对材料的苛刻要求。ETFE膜可以降低电池表面的镜面反射问题，因此能够更加充分的吸收阳光，已被用于在柔性太阳能电池的面板，将起到至关重要的作用。

2. 电池隔膜

任何一种化学电池的结构都包括五个主要部分：正极、负极、电解液(电解质)、隔膜和外壳。隔膜质量的好坏，对电池的性能影响很大。

(1)质子交换膜燃料电池隔膜

质子交换膜燃料电池(PEMFC)因简便、低温、安全可靠、能量效率和能量密度高的特点而受到高度重视，最早使用的质子交换膜材料是聚苯乙烯磺酸膜，因稳定性及导电性很差，已不再应用。

20世纪80年代全氟磺酸质子交换膜用于PEMFC并获得成功，使PEMFC的研制成为热点，目前所研究的非氟质子膜在苛刻的电池工作环境中很快会降解破坏，因此，在燃料电池领域，尤其是在氢能源燃料电池方面，全氟离子交换膜燃料电池的研究开发仍将占据重要的位置。

目前质子交换膜燃料电池所采用的全氟磺酸型质子交换膜已经商业化生产。如美国杜邦公司的Nation膜，它具有较高的质子导电率(>0.1S/cm)和长的使用寿命(约601d)，但这种膜的合成路线长，加工工艺复杂，价格昂贵(单价800美元/m^2)，且由于它亲水性较差，影响膜的含水量，进而使全氟磺酸膜导电性下降。因此，许多研究集中在如何改善Nation膜的改性上。如Dow公司试制出了高电导的全氟磺酸质子交换膜。美国W. L. Gore&Associates公司研制出一种Gore. select膜，它用带有微孔的PTFE膜对全氟磺酸树脂进行微观增强，使全氟磺酸树脂填充在微孔中，使膜的厚度降低到5μm，提高质子导电率。目前国内的研发机构主要有上海交通大学、中科院大连化物所、山东东岳神舟新材料有限公司等单位，国际上主要有美国DuPont公司、3M公司和日本东丽公司等。

(2)锂-亚硫酰氯电池隔膜

锂-亚硫酰氯电池在放电性能和安全性能上的特殊要求，需要一种新型电池隔膜来代替传统的玻璃纤维类锂-亚硫酰氯电池。国外已采用经过特殊表面处理的双向拉伸聚四氟乙烯微孔膜作为 Li - $SOCl_2$ 电池隔膜，它的化学稳定性好，厚度薄，强度高，可抑制锂晶枝生长，安全性较好，但价格昂贵。国内锂电池厂家目前仍使用玻璃纤维隔膜，但由于玻璃纤维隔膜太厚，造成电池内阻太大，影响电池性能。因此，Li - $SOCl_2$ 电池隔膜的国产化亟待实现。

(3)锂离子电池隔膜

锂离子电池是指锂离子在正负极之间穿行，反复充放电，可循环使用的电池。锂离子电池的组成结构包括正极、负极、电解质、隔膜、外壳五大部分。隔膜材料作为电池的重要组成部分，对电池的安全性和成本(约占电池成本的20%以上)有重要影响。它作为电池的正负极之间的隔离板，防止正极、负极活性物质相互接触，产生短路；在电化学反应时，保持必要的电解液，形成离子移动的通道。由于它在电解液中处于浸湿状态，必须具备良好的耐碱性、透气性等。因此电池制造商多选用在较宽的温度范围内(-55~85℃)能保持稳定性，特别是化学稳定性，对电子呈高阻，对离子呈低阻，便于气体扩散的尽量薄的隔离板(隔膜)。

在氟树脂中，PVDF 的综合平衡性较好。它一方面具有含氟树脂的共性，如优异的耐腐蚀、耐化学药品、耐热性、电击穿强度大、机械强度高等特点；一方面又可溶于特定的极性溶剂，还可熔融加工。VDF 与其他单体共聚改性后，在保持原有性质基本不变情况下，还使溶解性、柔韧性和耐低温性能有所改善，因而符合锂离子电池某些部件的要求。根据美国 Bellcore 实验室技术，VDF - HFP 共聚物被用做聚合物锂电池隔膜，把它与电极膜叠压在一起，再把整个电池片放入适当的锂盐溶液(如 LiPF6 - EC/DME)中，进行充分活化。共聚物中 HFP 的作用是降低 PVDF 均聚物的结晶度，从而增加它在液体电解质中的膨胀。目前我国生产液态锂电池的厂家，较多采用的是进口 Kynar - 761 牌号的 PVDF 树脂。

(4)全钒液流电池隔膜

钒电池全称为全钒氧化还原液流电池，是一种基于金属钒元素的氧化还原可再生燃料电池储能系统。钒电池电能以化学能的方式存储在不同价态钒离子的硫酸电解液中，通过外接泵把电解液压入电池堆体内，在机械动力作用下，使其在不同的储液罐和半电池的闭合回路中循环流动，采用全氟质子变换膜作为电池组的隔膜，电解质溶液平行流过电极表面并发生电化学反应，通过双电极板收集和传导电流，从而使得储存在溶液中的化学能转换成电能。这个可逆的反应过程使钒电池顺利完成充电、放电和再充电。

全钒氧化还原液流电池是一种环保的规模化储能电池，由于其电池输出功率与储能容量彼此独立。适用于风能、太阳能等可再生能源发电过程和电网调峰过程，作为规模化储能装置使用，近年来发展很快。目前钒电池的隔膜一般选用杜邦公司生产的全氟磺酸离子交换膜 Nafion117，它具有电阻低、钒离子不能通过的特点，而且具有良好的离子导电性和化学稳定性，有一定的机械强度，但是也存在一些缺点：有部分透水、价格贵，隔膜成本占了整个电堆的60%~70%。具有钒离子透过率低、交叉污染小、H^+ 透过率高、膜电阻小、化学稳定性好的离子交换膜是决定该电池能否实用化的关键因素之一，因此隔膜的国产化和其他隔膜的改性处理是钒电池隔膜的发展方向和解决重点。

3. 风能和核能领域用薄膜

风能的利用主要是以风力作为动力和发电两种形式。风力发电作为当前风能利用的主要形式，其发电部件对材料具有较高的技术要求，风力发电用叶片由于在恶劣的自然环境中，必须能够耐紫外线、风沙、酸雨等对叶片的侵蚀。因此叶片涂层的材料对叶片保护至关重要，要求外层材料具有很强的附着性和耐候、耐磨性，氟改性聚氨酯膜层正是在适应如此苛刻的恶劣气候条件下，开始应用到风力发电叶片保护上。

第十节、保护膜

保护膜分为静电保护膜，防静电保护膜等多种产品。保护膜拥有低晶点，高洁净，高透明的特点，故此部分产品应用范围广泛及需求量大且稳定。主要应用于光学产业中，电子，家居等行业。随着人们生活水平及质量的提高，对电子产品及家居产品的需求量的扩大，刺激着光电行业及其配套行业的发展。同时我们也将目标投向更高端的保护膜及光学膜的产品开发及研究中去。

第十一节、水处理膜

全球海水淡化设备年均市场容量约 40 亿美元，在我国，海水淡化在中国更具有现实价值。目前我国已有的淡水处理项目的平均成本是 5.62 元/立方米，按照规划，“十二五”期间，国内海水淡化膜的市场空间在 12~18 亿，MBR 膜的市场空间在 12 亿元左右，行业的爆发性增长取决于节能环保标准的大幅提高。

在国内，时代沃顿作为国内最大产能和产量的反渗透膜(RO)膜供应商，主要在工业领域对进口 RO 膜进行替代。在 RO 领域的上市公司主要是南方汇通，持有时代沃顿的42%的股权。在膜生物反应器(MBR)领域，上市公司碧水源具备领先的MBR工艺，占国内60%以上的市场份额。

第十二节、非PVC医用包装膜

非PVC医用包装膜主要应用在大输液产品的软袋包装上，其他如无菌粉、原料药及用于出口的食品、精细化工产品和军事上也有少量的应用。目前所知国际上费森尤斯公司和百特公司等有用流延法生产的非PVC医用膜。

第十三节、PVC高透明流延包装薄膜、压纹薄膜

早期PVC薄膜的生产主要是压延和吹塑两种生产工艺，但压延工艺存在厚度限制，最薄只能到0.04mm，且吨制品耗电量在800kW左右，吹塑工艺存在透明度差，不能生产压花膜等缺点．因此新乐华宝着手开发的PVC流延膜生产线，使产品厚度最薄低至0.01mm，吨制品耗电量控制在600kW以下，且可以生产高透明膜、压纹膜、复合膜等不同类型的产品。因此相比压延和吹塑，具有节能、厚度范围大、透明度好、产品范围广等特点。

产品主要用于电线电缆、家具包装，木箱纸箱的防水包装膜、门窗保护膜、钢材、型材，对产品起到防锈、防尘、集束作用，还可用于地板革印花层、耐磨层，字画覆膜，室外广告等等。

第十四节、可降解流延薄膜

目前主要是生物基可降解薄膜，PBAT、PPC、PLA，其中PLA利用玉米淀粉等生物基材料加入流延薄膜原料中混配，可生产出可降解的流延薄膜产品，这方面中国塑料加工工业协会降解塑料专业委员会专门在研究，目前主要推广玉米淀粉材料。

可降解流延薄膜运用在卫生用品、日用品、医疗用品等不同行业。

（中国塑料加工工业协会流延薄膜专业委员会　孙冬泉）

塑料配线器材

【行业状况】

一、2013年塑料配线器材行业基本情况

近几年，由于原油市场的价格飙涨，塑料原料属于石油衍生品，也就随之涨上来了，现在的经济一体化都是相互关联的，一个变动全局变动。再加上目前工人工资大幅上涨，企业利润越来越少，特别是一些中小型企业叫苦不已。

塑料配线器材生产企业在全国范围内有100多家，其中有80%的企业聚集在浙江省乐清市，是一个成熟、多元化的产业。塑料配线器材产品主要包括：尼龙扎带、压线帽、接线端子、线卡、配线槽等产品，其中尼龙扎带为主导产品，其主要原料为尼龙PA66。

现在本行业已形成了专业化分工细、区域规模经济优势明显、技术含量和市场占有率高等产业优势。塑料配线器材已成为电器设备、工程、建筑、汽车行业中不可缺少的重要组成部分，其发展水平和产业兴衰直接关系到我国塑料工业和电器工业的发展。随着国内经济的飞速发展，国内对配线器材市场的需求每年呈现30%以上的增长速度。产品不仅销往全国各地，而且行业中50%以上企业都从事国际贸易，产品销往欧洲、北美洲、南美洲、大洋洲、非洲、亚洲等200多个国家和地区。

塑料配线器材行业经过长足的发展，已经形成完整的工业体系和门类，但与国际发达国家相比，与社会发展和国民经济增长不断变化和升级的要求相比，在质量品种、新产品技术含量、技术开发水平及产品规模布局、人才等多方面与国外的差距还较大，仍有许多不足。

目前都是国内众多中小型企业占据很大一部分市场份额，但从以后竞争将趋向品牌化、规模化来看，中小型企业的生存空间将被压缩。由于塑料配线器材行业市场的开放，国际上的尼龙扎带公司会有更多的机会参与国内的项目建设，国内的尼龙扎带市场的产品销售将会更注重产品质量，市场会更加规范化，现有的一些小生产线无论是在质量上还是在生产水平上，都不能适应市场上对产品高水平的要求，势必要被淘汰。

整体上来说，供需还算平衡，在供给能力增长的同时，需求量也在快速增长，所以在未来几年内供需之间的摩擦不会太激烈。但生产企业在扩大生产规模时也要注意市场供需的变化，在细分市场中的供需变化会随着企业投入的具体产品而变化，所以企业在决定扩大何种产品产量时要尤其关注该类产品的市场动态。

二、2013年塑料配线器材行业特色区域和产业集群发展概况

随着社会经济的飞速发展，形形色色的塑料产品已装点着不同的社会领域，丰富着人们的生产和生活。据不完全统计，浙江省乐清市塑料制品的生产企业有300多家，塑料行业是乐清经济的支柱产业之一，年产值达280多亿元。今年虽然受世界经济持续低迷的影响，但行业内工业总产值仍然与去年持平，据不完全统计2012年塑料配线器材行业生产

总量为：178kt，实现工业总产值53.47亿元，2013年1～7月份生产总量为114kt，实现工业总产值34.1亿元，与去年同比基本持平。

经过30多年的发展，乐清现在形成了专业化分工细、区域规模经济优势明显、技术含量和市场占有率高等产业优势。长虹塑料、可易塑料、新光塑料、亚泰塑料、华达塑料、海泰电子、永达塑料等一批规模龙头企业，不仅年产值过亿，而且不断提升自身产品质量，使产品一次成形合格率达到了98%以上，出厂合格率达到100%，为我市塑料配线器材发展奠定了坚实的基础。在乐清市，塑料配线器材销售网点达100多个，产品不仅销往全国各地，且销往欧洲、北美洲、南美洲、大洋洲、非洲、亚洲等200多个国家和地区。

三、特色区域和产业集群发展特点

乐清市打造塑料配线器材工贸基地，带动了区域经济。与国外厂家相比：我们的产品品种多、规格型号齐全、质量好、价格低，所以产品远销欧洲、北美洲、南美洲、大洋洲、非洲、亚洲等，几乎是遍布全球。

塑料配线器材行业的快速发展，一方面得益于该行业产业链覆盖了整个行业的三个领域，包括塑料原料、塑料加工机械以及塑料制品领域。也得益于这三个领域的协同合作，塑料配线产业不断发展以满足国内及出口市场的需求，为这些产业提供了高品质、低成本的运营环境，给企业带来了更高的利润。

另一方面，塑料配线器材产业市场相对稳定，市场需求量大。例如，面对国际经济危机严峻挑战，塑料配线器材的多数公司对市场进行“两手抓”：国内、国外齐抓共管，在放眼世界的同时也积极开发国内市场，使得订单不减、生产不停。另一方面，狠抓节能减排工作，倡导清洁生产，降低生产成本，增强产品竞争力。以过硬的产品质量和夯实的管理基础和组织建设，与全球性的经济危机打了一次大胜仗。

乐清塑料产业显示了典型产业集群特征，形成了不易为其他地区所比拟的核心竞争力。成立基地有三大优势：一是竞争优势。大量塑料制品生产企业在空间上高度集中，使得竞争更加激烈。有效竞争的结果，促进了企业对市场的快速反应和应对能力，推动了技术改造和管理创新。二是专业化分工优势。企业间处于既竞争又合作的状态，明显降低了制造成本和交易成本，增强了竞争力。三是区域规模经济优势。规模经济是一个大企业生产两种或多种类似产品所具有的生产成本和营销成本优势。乐清众多的塑料制品中小企业，正是通过产业集聚，形成专业化合作网络，获得与大企业同样的规模经济，构成“无形大工厂”式的区域产业规模。乐清塑料配线器材产业坚持走产、学、研之路，充分利用新型材料和先进技术，不断开发市场需求的具有环保生态功能的新产品。

为引导本行业的健康发展，按照国家工信部《聚酰胺扎带行业标准》的计划要求，由长虹塑料集团有限公司首次主笔起草《自锁式聚酰胺扎带行业标准》，标准号为QB/T4494—2013。我会制标小组于2011到2012年按部就班地实施着这项工作：于2012年5月份完成了《聚酰胺扎带》行业标准的征求意见稿的编制工作，并完成了《聚酰胺扎带行业标准编制说明》、《聚酰胺扎带行业标准测试分析报告》；同年8月份顺利通过了行业标准审查会，形成行标报批稿。2013年7月22日，《自锁式聚酰胺扎带行业标准》获国家工业和信息化部批准发布，自2013年12月1日起开始实施。

四、特色区域和产业集群发展中存在的问题

由于大部分塑料配线器材生产企业，都在浙江省乐清市柳市这个工业重镇设立了自己的销售中心，但这些销售机构分布散杂，而且没有行业标准，各企业都使用自己的企业标准，因而难免出现产品良莠不均、品质参差不齐的现象。

为引导本行业的健康发展，按照国家工信部《聚酰胺扎带行业标准》的计划要求，由长虹塑料集团有限公司首次主笔起草《自锁式聚酰胺扎带行业标准》，标准号为QB/T4494—2013。我会制标小组于2011到2012年按部就班地实施着这项工作：于2012年5月份完成了《聚酰胺扎带》行业标准的征求意见稿的编制工作，并完成了《聚酰胺扎带行业标准编制说明》、《聚酰胺扎带行业标准测试分析报告》；同年8月份顺利通过了行业标准审查会，形成行标报批稿。2013年7月22日，《自锁式聚酰胺扎带行业标准》获国家工业和信息化部批准发布，自2013年12月1日起开始实施。

我国塑料配线器材行业在快速发展的同时，长期的积累矛盾和问题逐步显现，一些企业产品质量不高的问题比较突出。自主创新能力不强、产品附加值低，关键技术装备主要依赖进口；产业结构亟待调整，出口市场未形成多元化格局；出口产品以贴牌加工为主，中低端产品多，高质量、高附加值产品少；低水平重复建设和盲目扩张严重，节能减排压力巨大；产品质量保障体系不完善，企业质量安全意识不强。

塑料配线器材产业在未来的两三年内可能面临

以下四大压力：一是原材料价格暴跌暴涨和利润微薄带来的压力；二是融资困难和财务成本上升带来的压力；三是产业升级和结构调整带来的压力；四是国外市场萎缩和产能过剩带来的压力。

五、2014 特色区域和产业集群发展思路和方向

目前，国内塑料配线器材生产企业大部分属于中小企业，生产技术力量较为薄弱，信息交流及科技开发力度差，产品优级品率低、制造成本高，直接影响企业生产效益。故应进一步加强塑料国内配线器材行业的管理，加强行业自律，提高行业的技术创新水平，扩大产品的出口创汇，提升产品质量安全、品牌形象和市场竞争力，满足消费需求。塑料配线器材产品的可靠性、使用寿命要求达到国际同类产品水平。因产品质量安全问题造成的外贸争端、消费者投诉和重大突发事件明显减少。

制定国家标准或行业标准，在尺寸规格、性能指标等核心评价指标上，制定统一标准，通过标准来对整个行业的规范起到推动作用。目前我们已制定尼龙(聚酰胺)扎带标准，通过不断的研究和探讨，下一步将把塑料配线器材全部产品(如接线端子、线帽、线卡等产品)规范化标准化管理，进一步引导行业健康有序发展。另一方面，为配合环保发展的大方向，塑料配线器材行业将在不同时期，从不同方面加大投入，全力推进绿色制造和低碳经济，使行业可持续发展。在当前国家大力发展循环经济、建设节约型社会的政策环境下，塑料配线器材行业的发展趋势为：大力发展多种规格塑料配线器材产品，继续努力自主创新，以技术降低成本，提高产品竞争力，向节材、节能、节水方向发展，提高塑料的再生利用率，实现可持续发展。

乐清未来塑料产业的发展，要以塑料配线器材为核心，带动原料贸易及塑模、塑机研发和贸易，形成完整的产业链，加快塑料配线器材的升级和换代，向专业化、规模化、国际化方向发展。

六、措施与政策建议

乐清塑料配线器材产业坚持走产、学、研之路，充分利用新型材料和先进技术，不断开发市场需求的具有环保生态功能的新产品。维护生态平衡，保护环境是关系到人类生存、社会发展的根本性问题。因而塑料配线器材协会要求各生产企业的绿色制造要从原材料抓起。要求选择原材料时，设计人员要改变传统的选材方法，不能依据传统的制造业思想，需要在满足基本功能的前提下，考虑使用符合标准、良好的环保材料。要求各企业以提高国内产品的环保水平为已任，增强社会责任感，从而使乐清的塑料配线器材制造业提升到新的管理层面。

【四年来专业委员会工作】

中国塑料加工工业协会塑料配线器材专业委员会第一届常委会自2009年9月选举产生以来，现已届满。根据专业委员会《工作条例》规定，于2013年9月29日下午在乐清市柳市镇新聚丰园大酒店召开会员大会进行换届选举并产生新的常委会。

本次会员大会选举产生中国塑料加工工业协会塑料配线器材专业委员会第二届常委会常委26名。二届一次常委会选举产生中国塑料加工工业协会塑料配线器材专业委员会第二届常委会主任1名、常务副主2名、副主任14名、副秘书长2名，常委7名。兼职秘书长郑建诚由新当选主任郑元和提名，经二届一次常委会同意任命。

四年来，塑料配线器材专业委员会在中国塑料加工工业协会、乐清市委、市政府的正确领导下，在市质监局、市民政局等有关部门的关心和支持下，在全体会员的共同努力下，坚持科学发展观为统领，本着“协助政府、联系社会、服务社会”的宗旨，开展了大量细致的工作，充分发挥了专业委员会作为政府与企业之间“桥梁”与“纽带” 的作用。专业委员会根据上级文件精神，不断加强自身建设，认真履行专业委员会职责，积极拓展协会服务领域，为促进我行业经济又好又快发展等方面做了一些有益的工作。今年虽然受世界经济持续低迷的影响，但行业内工业总产值仍然与去年持平，据不完全统计2012年塑料配线器材行业生产总量为：178kt，实现工业总产值53.47亿元，2013年1~7月份生产总量为114kt，实现工业总产值34.1亿元，与去年同比基本持平，充分说明我行业抗风险能力在提高，在实现行业平稳发展的情况下调整产品结构取得了成效，促进了行业健康发展。现将工作简要汇报如下：

一、夯实基础，建设适应时代要求的制度体制

制度建设是加强社团建设的一项基础性工作。为了构建一套适应时代要求、切合本会实际的制度体系。四年来，本会相继改进了专业委员会工作条例、主任办公会议和常委会会议制度、会费收缴和资金使用管理制度、走访会员单位等各项制度。并且对内部职能进行了细化，建立了专业委员会主任、副主任、秘书长工作分工责任制，使专业委员会职责分明，工作有序。

根据专业委员会年度工作计划安排，我们定期召开各类会议和举办各种活动，全局工作朝着制度化、规范化发展。四年来专业委员会共召开会员大会4次，常委会13次，主任办公会议15次，传达上级精神和商讨行业发展方向。每次召开会议，都做到事先通知，提出议题，征求意见，解决问题。

本会在坚持标准的前提下，会员结构也得到进一步优化，激活了会员的向心力，增强了专业委员会凝聚力，提升了专业委员会影响力。同时，坚持积极谨慎发展新会员的原则，我们的会员企业由2009年时的70多家增加到现在的100多家，使专业委员会注入了新的活力，充实了会员队伍。

二、做好行业信息宣传，为行业发展营造良好舆论环境

为了充分展示塑料配线器材专业委员会的良好形象，提升专业委员会会员企业整体素质，增强企业业务交流，专业委员会认真做好宣传舆论导向方面的工作。

1. 利用简讯、网站，汇集会员企业荣誉广泛宣传

为了加强会员之间的联系，便于彼此之间的交流，专业委员会充分利用QQ群和移动E管家信息平台为会员提供更快捷的信息服务。在市、乡镇的经济工作会议和有关部门的表彰会议上，会员企业获得了诸多的荣誉，为了更广泛地宣传先进，激励其他企业学习，专业委员会秘书处将有关表彰内容进行收集汇总，刊登在专业委员会网站和行业资讯上，以增强对会员企业的宣传力度，从而提高会员单位的知名度。专业委员会秘书处还发布最新行业信息，整合力量，定期编印行业资讯或者通过网站及时发布专业委员会工作动态。本会多方位地为会员企业进行宣传和服务，充分展示了会员单位的亮点和风采，提高了企业在行业中的知名度，达到互学互享、共同促进、宣传会员企业的目的。

2. 广纳信息资源，服务会员企业

信息时代的特征就是资源共享。我们整合各类资源，为会员企业提供服务。通过专业委员会网站，将最新的政策法规、市场透视、科技信息、经济分析等内容呈现在会员面前，便于会员企业捕捉商机。为拓展和激发企业家的视野和灵感，专业委员会组织或通知会员企业参加各种学习交流会，为会员企业增长知识、搭建发展平台效力，同时让会员企业家通过沟通和交流，梳理企业症结所在，共解企业面临的困难，探讨企业稳定、发展的新路子。

3. 发动会员单位参加各类评选活动

我会积极组织具有影响力的会员企业参评中国塑料加工工业协会开展的每年年度轻工塑料行业十强企业、轻工百强企业评价工作。发动达标的会员企业申报乐清市经贸局和财政局牵头组织的工业转型升级项目，并为会员企业提供会展信息、市场信息等方面的服务。

此外，专业委员会每年都发动符合条件的会员企业申报乐清市人民政府在全市范围内开展的各项评比活动。今年2月份在乐清市经济工作会议上，我会主任单位：长虹塑料集团有限公司被授予“外贸出口30强企业”、“加工贸易先进企业”称号，长虹塑料集团有限公司还荣获“浙江省第三届绿色低碳经济标兵企业”、“2012年度温州市百佳工业企业”、“2012年度柳市镇五十强企业和出口创汇十佳企业”等称号。副主任单位：温州永丰塑料物资有限公司被授予“商贸服务业先进单位”称号。常委单位：浙江省永兴塑料有限公司被授予“2012年度全市明星企业”，侯连迪常委也被授予“优秀企业家”荣耀称号。

三、关爱服务会员单位，提升专业委员会的整体凝聚力和向心力

1. 开展企业走访活动，倾听企业心声

本会积极收集各类信息及时为会员企业提供服务。为更有效地开展走访、联络会员企业，本会有计划地开展以“访企业、明需求、谋发展”为主题的走访活动，收集企业运营中出现的重点和难点问题。由别旭辉副秘书长带队的常委会成员分别对会员企业进行走访，召开座谈会，了解企业运行情况，倾听企业领导对公司生产经营、发展前景、遇到困难和面临难点问题的汇报，并为多家企业解决了设备、技术等方面的难题，共同为企业出谋划策、排忧解难，取得了显著成绩。

2. 成立联谊会，增强协会凝聚力

为分享会员们红喜事的快乐和分担白喜事的忧愁，本会成立了联谊会，安排专人负责联谊会的资金管理和事情通报、组织工作。会员企业有红白喜事时，本会组织安排领导和会员到现场送上心意和温暖。联谊会活动增进了会员之间的友谊，使会员关系更加密切，成为推动专业委员会工作一股不可或缺的力量。

3. 鼓励企业发展实体经济，坚定信心化解危机

因受欧债危机和国内货币政策影响，温州、乐清出现少数企业资金断裂，企业家跑路情况。本会及时向协会各企业传达各级政府的心声和有关部门的帮扶政策。如：向各企业渗透政府提出发展民营经济、支持中小企业、振兴实体经济的发展新思路。如：乐清市开展的“工业企业服务年”、“千名干部进千企解千难”活动，切实地帮助企业解难题，办事实，做好事，增加企业有效抵押物，逐步破解企业互保联保问题。使各企业及时领会政策要领，解决经营过程中遇到的实际困难，并鼓励各企业大力发展实体经济和实体经济多元化经营。

四、上下联动，积极配合职能部门全面开展我会工作

1. 积极配合中国塑料加工工业协会工作，发挥助手作用

专业委员会秘书处积极传达和完成中国塑料加工工业协会下发的各项通知及任务。中国塑料加工工业协会的每次会议，我会均派代表参加了中国塑料加工工业协会于2010年4月在上海召开的五届五次理事扩大会议；参加2010年7月甘肃兰州召开“2010第五届西部大开发塑料论坛”暨“中国塑料加工工业协会常务理事扩大会议”；参加2011年5月在广州召开第六届会员代表大会及换届选举大会；参加2012年4月在上海召开的第六届理事扩大会议暨塑料加工业应用与发展论坛；今年5月还参加了在广州召开的六届三次理事会。我会郑建诚秘书长也前去分别参加了中国塑料加工工业协会于2011年8月、2011年12月、2013年1月在北京和2013年6月在宁波召开的分支机构秘书长工作会议。今年本会还积极配合中国塑料加工工业协会参加国家民政部5A级评估的有关具体工作。

2012年4月份，按中国塑料加工工业协会要求，上报推荐乐清市为“轻工业先进特色区域和产业集群”，这项工作受到了乐清市政府的极力支持。11月份，在广州中山市召开的“全国轻工业特色区域和产业集群”工作会议上，郑元和主任也被评选为“轻工业特色区域和产业集群先进工作者”；推荐浙江亚泰塑料有限公司、浙江可易塑料有限公司等10余家企业作为塑料配线器材行业的重点企业，上报中国塑料加工工业协会。

我会秘书处还积极完成填写2010年、2011年、2012年中国塑料加工工业协会活动明细，分支机构会员名册报送，中国塑料加工工业协会及各分支机构下半年工作安排明细表，重点产业竞争力评价企业调查问卷等各项工作。

2. 成立行业质量专家库

为了推动我行业产品质量进步，提升质量管理水平，增进质量工作经验交流，切实推进品牌战略和质量强市工作，为政府职能部门科学决策，为产业、企业转型升级提供技术支撑。去年9月，我专业委员会配合乐清市质量协会工作，决定成立为行业为基础单位的专业专家组。我会委派毛维琴、潘逸龙、黄鑫森、周书兰4位专家入选乐清市产品质量专家库。

3. 配合有关部门加强行业监管，规范企业的生产经营行为

为全面配合上级部门准确掌握我市塑料配线器材生产许可证获证企业的生产条件和产品质量状况。根据浙江、温州及乐清三级质监局的有关核查文件及会议精神，去年7月，本会及时传达了市质监局会议精神，集体学习了省质监局文件，并临时成立了以主任为组长，副主任为副组长的核查指导小组。

除此之外，四年来，我们还结合上级有关部门每年开展的“安全生产月”、“质量月”、“消防日”等活动，广泛深入各会员企业进行生产安全、质量安全、消防安全等方面的专项检查，指导各会员企业从自身实际出发，不断加大资金投入，强化教育培训，健全组织机构，完善监管网络，落实人员责任，使之成为会员企业的自觉行动。

五、创新专业委员会服务内容，开展形式多样的交流培训活动

为了加强教育培训工作的力度，提高会员企业的整体水平和实力，四年来，本会努力整合相关培训资源和信息，通知、组织会员单位参加各类培训活动。

为了进一步深入开展节能降耗活动，专委员及时总结和交流各企业在节能降耗活动中的先进经验和先进设备的采用，使会员企业基本上都完成了去年我市下达万元工业产值能耗下降5%的目标任务。本会还积极引导行业中的企业参加乐清市经信局组织的“节能降耗财政专项资金补助项目”，争取政府资金补助，使行业中多家企业享受到了乐清市财政补贴。另一方面，为了加强会员单位内人才培训工作，我会每年的四月份与温州市人事局密切合作，积极组织会员单位有关技术人员参加塑料高级工程师、助理工程师职称评审。

此外，本会还组织会员单位参加各类专题讲座12次；参加乐清市质监局、经贸局、工商局等单位组织的学习论坛6次；还组织会员企业参加乐清市委组织部、市工商联等有关部门的学习培训。

六、组织外出考察，激发会员企业家灵感和智慧

组织会员企业外出考察学习，不但开拓了视野，而且还能激发企业家的灵感和智慧，有利于企业创新发展、积累开拓市场人脉。

为此，本会相继组织了近10次外出考察学习活动。如：本会分别于2010到2013年间，组织会员单位赴上海、广州参加第24、25、26、27届中国国际塑料橡胶工业展览会；2010年8月，本会组织20多家会员企业赴青岛、威海、蓬莱、大连等地进行为期6天的考察；2011年4月，我会接受华峰集团的邀请，组织部分常委单位赴瑞安

华峰集团参加新材料开发研制座谈会；2011 年 6 月，我会受中国神马集团邀请赴河南平顶山神马工程塑料责任有限公司进行为期 4 天的考察交流；2012 年 7 月我会常委会一行赴江苏考察，与江苏华洋尼龙有限公司的相关负责人召开了座谈会，分析了市场的发展前景及同行业的技术交流。另外还参观了我会在江苏的副主任单位——海安永达塑料新材料有限公司；2012 年 8 月，我会 30 多家会员企业一行 52 人，由华峰集团带队赴云南丽江、玉龙雪山和香格里拉一带参观游览等活动；2013 年 10 月，由郑元和主任带队，专业委员会一行 30 人赴香港、泰国考察学习。

外出考察活动开阔了会员企业家的眼界，拓宽了创业思路，促进了观念的转变。同时也有效地促进了会员间的相互交流、相互学习，不断提升和增强了会员间的凝聚力。

七、加强行业自律，制定行业标准，抵制不良竞争

1. 定期召开行业自律会议

由于受市场经济影响，塑料配线器材制品的主要原材料 PA66 价格上下波动比较大，企业员工工资和其他费用的增加，使产品的生产成本也随之提高。产品的质量和销售价格都受到其连带影响，同类产品生产企业之间也会发生价格摩擦。因而会员企业反映强烈，呼声高。为了保证产品质量，抵制不正当竞争，规范企业行为，抓好行业自律。四年以来，专业委员会每年都会多次不定期地召开行业自律会议，有效地促进了行业健康有序发展，达成和谐共处的局面。

2. 制定《聚酰胺扎带行业标准》

为引导本行业的健康发展，按照国家工信部《聚酰胺扎带行业标准》的计划要求，本会制标小组于 2011 到 2012 年按部就班地实施着这项工作：于 2012 年 5 月份完成了《聚酰胺扎带》行业标准的征求意见稿的编制工作，并完成了《聚酰胺扎带行业标准编制说明》、《聚酰胺扎带行业标准测试分析报告》；同年 8 月份顺利通过了行业标准审查会，形成行标报批稿。今年 7 月 22 日，《自锁式聚酰胺扎带行业标准》获国家工业和信息化部批准发布，自 2013 年 12 月 1 日起开始实施。

《自锁式聚酰胺扎带行业标准》标准号为 QB/T4494－2013，是首次制定，主笔起草单位为：长虹塑料集团有限公司，参与起草单位为：平顶山神马工程塑料有限责任公司、长虹塑料集团英派瑞塑料有限公司、浙江亚泰塑料有限公司、乐清市新光塑料有限公司、华峰集团有限公司、乐清市质量技术监督检测院等十一家企业。该标准适用于以聚酰胺树脂为原料，添加(或不添加)助剂，经注塑加工制成，在－20～55℃环境使用的各式扎带。

该标准严格按照国家标准规范性文件的基本要求，在符合国家现行法律、法规以及产业政策，按照产品生命周期，对产品技术规范工作，做出了详细的规定。强调了用户普遍关心的产品使用性能，有较强的市场适应性，通用性较强，覆盖面大，供用户选择或由供需双方协议的项目多，使企业在生产建设中，能科学有效地选用标准，制定内控标准，从而提高企业的现代化综合管理水平与经济效益，有效推动了聚酰胺扎带行业的技术进步。

四年来，我们鼓励会员企业认清形势、坚定信心、迎难而上、促进发展，取得了一定的成绩。这些成绩的取得是前常委会的共同努力和秘书处认真工作的结果。但我们也要清醒地看到行业发展中存在的问题，对这些困难和问题，我们必须要引起高度重视，积极采取针对性措施主动应对，努力在今后的工作中加以克服和解决。

【工作计划】

一、继续发挥专业委员会的桥梁和纽带作用

做好深入调查研究，积极向政府部门反映行业和会员的诉求，提出合理化的建议和意见。同时也要向会员宣传党的方针政策，较好地解释政府部门的相关政策、法规，在会员和行业管理部门之间搭建起高效的对话平台。协调塑料配线器材行业间、塑料配线器材行业与其他行业以及有关部门之间的关系，争取社会各方面的理解和认识，取得全社会的支持和配合，推进全国塑料配线器材产业的社会联动，使企业利益、行业利益、社会利益实现和谐统一。

二、抓好行业自律工作，促进行业健康发展

进一步加强促进塑料配线器材行业健康发展，开展诚信服务，强化行业自律。一方面，广泛推行《自锁式聚酰胺扎带行业标准》，协助质量部门对塑料配线市场的监督和管理，充分发挥专业委员会应有的自律作用；另一方面，大力开展诚信经营教育，提倡公平交易，鼓励合法竞争。积极推动专业委员会成员企业产业转型升级，应对塑料配线器材行业国际化发展需求。推进行业内科技进步和技术创新，提倡节约资源，推行清洁生产，提高企业可持续发展能力。接下来，专业委员会将着手申请制定，塑料配线器材行业其他产品的国家标准或行业标准，实现行业的良性竞争和健康发展，促使企业达到产品品质高端化，地区产业均衡化的发展目标，进一步促进塑料配线器材行业健康发展。

三、维护会员权益，拓宽服务领域

努力通过各种各样的渠道反映会员的要求，协调内部的纠纷，拓宽服务领域，提高服务质量。要认真倾听会员的呼声，主动为会员单位排忧解难，既要认真为会员解决好普遍存在的问题，也要重点为会员解决特殊困难，努力维护好会员正当合法权益，使专业委员会真正成为会员之家。广泛吸纳塑料配线器材上下游企业入会，不断壮大专业委员会的组织机构，拓宽专业委员会的活动渠道与领域，进一步促进塑料原料、机械、塑料配线器材产品三个领域的协同合作，以满足国内及出口市场的需求，为这行业中的企业提供高品质、低成本的运营环境，给行业中的各企业带来更高的利润和发展空间。

四、加强专业委员会内外交流合作

从目前塑料配线器材产业发展的趋势来看，企业仅靠增加资金投入、扩大生产规模的粗放式经营已不能满足形势发展的需要，塑料配线器材生产已进入调整产品结构、提高开发能力、提高产品附加值的新时期。因此我们将积极利用国内外科技资源，帮助企业在引进技术的基础上，加强消化吸收，积极开展合作创新，提高研发水平。今后，我们将会拓宽交流合作的渠道，积极组织会员开展各种学习、交流和考察活动，通过多形式、多渠道加强与国内外行业的合作交流，交流经验，互通信息，取长补短。

五、积极做好人才的交流引进与培训工作

针对市场需求状况，做好人才引进工作。我们要大力组织各种塑料专题人才培训活动和行业职业技能知识竞赛活动，根据塑料配线器材行业的发展形势，采取多种形式进行素质培训教育，不断提高塑料从业人员的素质。同时，我们要开展一次全行业的职业技能知识竞赛活动，通过知识竞赛，在全国塑料配线器材行业中掀起一股爱岗敬业、奉献社会的热潮，充分展示行业风采，树立行业良好形象。

（中国塑料加工工业协会塑料配线器材专业委员会　侯芳放）

镀铝膜

【行业现状】

21世纪以来，随着中国经济的快速发展，中国的塑料薄膜加工行业也迎来了快速发展的黄金机遇，各种薄膜及相关的产业发展欣欣向荣，然而在塑料薄膜的产业链中，镀膜行业也开始崭露头角，一枝独秀，从20世纪90年代的起步发展到今天，产业规模已经扩大了几十倍，年产量达到了近500kt，拥有各种功能型号镀膜设备几百台(套)，从最初的国产设备到世界各国先进设备的不断引进，同时由于世界各国最先进设备及技术的引进，大大促进了中国真空镀膜行业的产品升级换代及技术的快速进步。

从目前中国真空镀膜市场的需求来说产品主要分为：镀铝PET薄膜；镀铝CPP薄膜；镀铝OPP薄膜；镀铝尼龙薄膜；镀铝PE薄膜等产品，其中需求量最大的是镀铝PET薄膜，它的应用领域及范围也是最广阔的；其次是镀铝CPP薄膜，该产品主要应用于食品包装领域；相对于以上两种镀膜产品来说其他各种镀膜产品目前在中国的应用还是非常少的。

【发展趋势】

目前从世界各国食品包装的镀膜产品应用发展趋势来看，随着世界各国生产镀膜设备公司的技术不断进步及生产成本的降低，将来必定会以非金属镀膜产品来替代目前主流的真空镀铝薄膜产品。

真空镀膜目前常见的形态为镀铝薄膜产品，然而随着镀膜产品的应用领域越来越广泛，随着各个国家金属镀膜的设备及技术的不断完善及快速发展，在薄膜基材的表面可以镀各种金属材料如：金、银、铜、锌、铬、铝等，同时也可以镀各种金属氧化物，金属及非金属镀的方式也可以伐分为电阻式蒸发、电子枪蒸发及磁控溅射等各种方法。

20世纪90年代年以来日本、美国、德国、英国、意大利、等发达国家都开始投入大量的人力物力来研究开发新型的高阻隔性包装材料——氧化硅(SiO_x)和其他各种金属氧化物镀膜包装材料。这类材料除了阻隔性能可以与铝箔复合材料相媲美外，同时还具有微波透过性好、耐高温、透明、受环境温度湿度影响小等优点，特别适合食品长期储存，同时又能让顾客清楚的看到食品的状况，因此特别受客户的青睐，由此，也称之为透明镀膜包装材料。该产品广泛应用于食品、药品、化妆品、医疗等包装安全卫生性能要求高、使用时间较长的一类商品包装；尤其适合微波加热技术应用的食品包装材料。因此中国真空镀膜企业必须奋起直追，迎头赶上世界镀膜行业的顶尖技术。

非金属镀膜包装材料的阻隔性能(基材：PET，仅供参考)：

国家	蒸镀材料	阻隔性能指标	
		透氧性($mL/m^2 \cdot d$)	透湿性($g/m^2 \cdot d$)
日本	SiO_x	0.8	1
德国	SiO_x	0.5	1
美国	SiO_x	1	1.5

【行业创新探讨】

1. 技术工艺、设备创新

企业作为创新的主体首先面临的是技术创新，企业是技术创新的投资者、组织者和受益者，同时也是风险的承担者，从一个企业在创新研发的投入程度上可以看出企业是否具有长远的战略眼光。知识产权已经成为企业获得利益分配额的决定性因素，它代表了企业的核心竞争力，也直接体现着产品的开发能力。我觉得中国真空镀铝行业必须始终坚持以“科技为王、创新为本”的科技发展理念，把掌握核心技术作为创新的基石！

设备、技术、行业标准都是固定成本，品牌价值的低下，使得中国制造的很多产品只能凭着低廉的价格赢得市场，但是价格的空间也是相对固定的，因此技术创新对于今天的中国镀铝行业来说至关重要！我们需要把技术创新融入到制造过程的每一个环节，而不是单单集中在产品的环节，对于原材料、装备、制造工艺等等环节的每一个创新，将来都能够给我们中国制造的镀铝产品提供进入任何一个高端市场的机会与动力！

2. 产品应用领域创新

由于金属镀膜产品的环保特性及节约能源的特性，现在已经从最初传统的食品包装的应用逐步扩大到应用于电子、汽车、医药、建筑、能源、航天等各个领域，其应用的范围已经大大超出了很多人的传统思维及范畴，由于世界各个国家对于环保及能源的重视程度越来越高，未来无论是真空镀膜产品还是镀膜设备的研发及应用必然要围绕着环保的需求，围绕着节约能源的需求而发展，这是未来发展的必然趋势！特别是薄膜太阳能的技术及产品必将是将来中国镀膜行业发展的主体。

【共赢发展】

随着我国经济的快速发展，随着新技术、新产品的不断研发及应用，真空镀膜产品必将会在中国包装工业材料应用的舞台上展现它精彩的一页，也会对中国新型包装材料的产品升级换代起到巨大的推动作用。

【行业大事记】

中国塑料加工工业协会镀铝膜专业委员会2013年9月13日在山东青州主办了“2013镀铝膜行业发展峰会”，本次会议得到了青州市宝丰镀膜科技有限公司和青州富翔塑业有限公司的赞助，来自全国镀铝膜产业链的130多名企业负责人出席了本次会议。

13日上午8：00峰会正式开幕，会议由中国塑料加工工业协会副秘书长、中国塑料加工工业协会镀铝膜专业委员会秘书长孙冬泉主持。出席本次研讨会的主席台领导和嘉宾包括中国塑料加工工业协会常务副理事长曹俭，青州市副市长王万信，青州市开发区管委会主任庄新江，青州经信局局长吴金国，中国塑料加工工业协会镀铝膜专业委员会理事长、上海永超真空镀铝有限公司董事长洪晓冬，青州市宝丰镀膜科技有限公司总经理刘佩杰，青州富翔塑业有限公司董事长崔峰，浙江海宁长宇镀铝材料有限公司副总经理吴明忠，潍坊弘润包装材料有限公司总经理王连军，青州金青云新材料有限公司董事长赵光剑，天津市大阳工贸有限公司总经理王荣华，英国Ashe分切复卷设备总监马修·歌特伯德。

中国塑料加工工业协会常务副理事长曹俭在百忙之中专程参加本次会议，并致开幕辞。曹副理事长在致词中希望镀铝膜专业委员会认真组织行业开展各种专题生产技术、经营研讨会，真正解决企业、行业生产中存在的共性问题和技术难点，要组织领军企业走出去与世界更高技术和镀铝膜成型技术与工艺进行技术交流，使我国镀铝膜成型技术达到世界先进水平。今后，从国外引进技术会越来越难，企业要想发展关键还得看自身，自主创新是关键，只有企业自身不断的创新，才能立于不败之地。

随后会议进入了主题发言阶段，中国塑料加工工业协会镀铝膜专业委员会理事长、上海永超真空镀铝有限公司董事长洪晓冬，潍坊弘润包装材料有限公司总经理王连军，青州富翔塑业有限公司总经理周志胜，青州市宝丰镀膜科技有限公司总经理刘佩杰，英国Ashe分切复卷设备总监马修·歌特伯德分别作了“中国真空镀膜行业发展趋势及展望”、“镀铝膜行业现状及发展思路探讨”、“在全国镀膜峰会上的讲话”、“宝丰镀膜设备介绍”、“英国Ashe分切复卷设备介绍”的精彩发言，受到与会代表的一致好评。

接下来是会议讨论阶段，由中国塑制品加工工业协会镀铝膜专业委员会理事长、上海永超真空镀铝有限公司董事长洪晓冬主持，与会代表积极踊跃的发言，天津市大阳工贸有限公司的总经理王荣华介绍企业也面临的巨大的压力和挑战，企业要调整生产结构，加快产品创新，以品牌球发展；潍坊弘润包装材料有限公司的总工程师李忠伟提出了企业发展要多元化，要把科技研究变成科技成果；青州市溢鑫包装材料有限公司的总经理脱丽丽提出企业面临困难，要不断的发现新的市场，寻找企业发展的信契机；东阳公司的厂长吴绍亮提出了镀铝膜印刷过程中的一些难题问题；安徽宁国双津（集团）实业有限公司的总经理唐健指出2013年是寒冬，企业销售不畅、价格下降，近两月有所好转，但价格仍然很低，但低价带来质量降低，上游好的基材厂纷纷倒闭，呼吁大家更理性地看待发展；博斯特（上海）有限公司销售经理顾春生提出了镀氧化铝膜是一个新的领域，售价高，日本市场需求量大，发展潜力巨大，企业要开拓市场，提高发展空间。讨论期间代表们各抒己见，与大家一起探讨企业的技术、设备、管理经验、新产品等，会场气氛十分热烈。

13日下午，全体与会代表乘车参观了青州富翔塑业有限公司、潍坊弘润包装材料有限公司、青州市宝丰镀膜科技有限公司和青州金青云新材料有限公司。现场的气氛异常的热烈，很多代表们三五成群聚集在一起讨论设备的性能，并与其他设备厂的设备进行比较。这次参观让与会代表收货颇丰，为以后改进企业的生产提供了很好的借鉴。

全国镀铝膜的主要大中型企业均参加了本次会议。本次会议的内容非常丰富，既有镀铝膜各行业、代表的企业的发言，还有开机的现场演示；既有技术研讨，也有企业管理经验的交流；既有行业现状分析，又有标准制定的探讨，还有相关配套企业的新产品、新设备介绍。许多代表认为此次会议是历届以来规模最大，专业性最强，参会企业数量最多，内容最丰富，代表收获最多的一次盛会。会议在和谐、轻松的气氛下圆满结束。

本次会议的胜利召开对于促进镀铝膜行业未来的健康发展将起到积极的推动作用。

（中国塑料加工工业协会镀铝膜专业委员会　洪晓冬）

密胺塑料制品

中国塑料加工工业协会密胺塑料制品专业委员成立后，进行密胺塑料制品行业的自律管理，团结广大会员，为行业发展积极开展相关活动，2013年至2014年的主要大事如下：

1. 2013年8月9日~2013年8月11日，组织专业委员会理事单位、部分会员单位参观、考察广东省部分密胺行业龙头企业和机器设备、材料供应企业等单位。2013年8月11日下午召开“2013年密胺餐具行业发展”座谈会，内容包括：①市场与技术交流；②会员代表经验交流。

2. 2014年2月，密胺塑料制品专业委员会秘书处根据行业委员会下发的文件，积极组织密胺会员单位相关负责人，参与《密胺塑料餐饮具标准》修改，并提出若干反映行业发展的需求与建议。

3. 密胺塑料制品专业委员会根据密胺塑料制品（仿瓷餐具）的特点，积极向福建出入境检验检疫局等相关部门反映，要求对出口产品不进行强制法检，为产品通关提供便利。此项要求得到答复，并于2014年6月15日开始施行。

4. 2014年以来，密胺塑料制品（仿瓷餐具）市场份额稳中有升。如1至4月，泉州对欧盟共出口806批、货值3371.4万美元。

5. 目前密胺餐具产品销售呈现出了多元化渠道并存的局面，即各种销售渠道综合运用，各自发挥所长。密胺餐具在国内的销售一般采用直销和间接销售相结合的方式，主要有经销商代理、厂家直销、电子商务等等。尤其是近两年，随着电子商务的发展，由于其便利性和低成本，越来越多的密胺餐具生产厂商开始采用这种销售渠道，不仅减少运营成本，更实现了市场的扩充、提高企业区域品牌影响力。

（中国塑料加工工业协会密胺塑料制品专业委员会　赖汉文）

专利技术

2013 年专利

【名称】 一种带有弹性变形与塑性变形的汽车保险杠

【公开(公告)号】 CN102897122A

【公开(公告)日】 2013.01.30

【申请(专利权)人】 上海第二工业大学;

【地址】 上海市浦东新区金海路2360号

【发明(设计)人】 李健; 文东坡; 郭光银;

【摘要】 本发明涉及一种带有弹性变形与塑性变形的汽车保险杠,包括弹性缓冲结构与塑性缓冲结构,由防撞梁,蜂窝缓冲块,固定板,板弹簧,空心橡胶块和注塑外壳组成,所述蜂窝缓冲块后表面置于防撞梁的外侧,蜂窝缓冲块的前表面置于固定板内测,板弹簧置于固定板的外侧;依次通过螺栓连接;注塑外壳与防撞梁通过设置的单向卡口和卡槽连接;空心橡胶块置于注塑外壳和固定板之间的狭小空间内。所述弹性缓冲结构由板弹簧和蜂窝缓冲块构成,塑性缓冲结构由空心塑料块和防撞梁构成。所述的板弹簧和蜂窝缓冲块在实际操作中根据车型的不同而选择安装不同的数量。本发明结构简单紧凑,能有效保护行人、非机动车、机动车和驾驶者本人的安全。

【名称】 利用废旧塑料生产高品质汽车用再生改性塑料

【公开(公告)号】 CN102898728A

【公开(公告)日】 2013.01.30

【申请(专利权)人】 毕节市金润塑业有限公司

【地址】 贵州省毕节地区毕节试验区中小企业创业孵化园

【发明(设计)人】 王开知

【摘要】 利用废旧塑料生产高品质汽车用再生改性塑料,1)用低分子与高分子复合偶联剂对增强剂进行表面处理;玻璃纤维经偶联剂处理后于105℃下干燥8h以上,浸胶后进行单向缠绕,在100℃/3h + 140℃/3h的条件下固化,脱模后制成100 × 100mm^{2}的样品;2)将松香型成核剂量为PP量的0.5%和分散剂A、B、C量为PP量的0.1%分别添加到到塑料中搅拌,混合均匀后送入双螺杆挤出机中于170 ~ 220e下挤出造粒;3)相容剂又是增韧剂;POE的脆化温度低于76℃;另外商品化的POE本身呈颗粒状,直接加入到PP中进行改性;4)采用的主抗氧剂为非N半受阻酚类。

【名称】 纸基铝塑复合材料及其制备方法

【公开(公告)号】 CN102896857A

【公开(公告)日】 2013.01.30

【申请(专利权)人】 云南创新新材料股份有限公司

【地址】 云南省玉溪市高新技术开发区抚仙路125号

【发明(设计)人】 陈涛; 穆松; 许铭; 李子华; 段海涛; 李明

【摘要】 纸基铝塑复合材料及其制备方法,属于复合纸张生产技术领域,解决了现有纸基铝塑复合材料铝层平滑度差,光泽度低,铝箔上有针孔,影响产品保质期的问题,纸基铝塑复合材料由十二层材料构成,依次为:改性聚乙烯、聚乙烯、油墨层、塑料薄膜、直镀铝层、粘接树脂、纸张、聚乙烯、粘接树脂、铝箔、粘接树脂和改性聚乙烯;本发明还提供了制备上述材料的方法,包括步骤:制备镀铝膜;制备镀铝复合纸;制备半成品纸;将依次叠放的外PE层、半成品纸、夹层、铝箔和内PE层复合成纸基铝塑复合材料。本发明在纸张和油墨层之间复合了直镀铝层和PET膜,赋予材料印刷面金属质感,提高材料对氧气、水汽的阻隔性能。

【名称】 塑料型材线定型台模具快速定位装置

【公开(公告)号】 CN102886847A

【公开(公告)日】 2013.01.23

【申请(专利权)人】 上海海弋机电科技有限公司

【地址】 上海市松江区车墩镇茸华路1150号3幢

【发明(设计)人】 李小兰; 蒋庆飞; 魏晓霞; 张彦敏; 黄思怡

【摘要】 本发明塑料型材线定型台模具快速定位装置,由两组结构相同的调节机构、模具安装架和控制单元构成。调节机构由升降调节单元、水平调节单元和轴向平移单元组成,模具安装架由模具架和定位块组成,控制单元实现对整个装置的电动控制。在塑料型材加工时,当型材挤出主机后即进行在线定型、冷却,因此定型模具的稳定性和定位的精准性,对挤出型材的质量起着至关重要的作用。本发明解决了传统的整机升降带来的模具定位困难,以及在加工时模具振动大的问题。使用过程中定型模具安装快捷方便,定位调节灵活精准,可实现定型模具的在线快速更换,且在生产过程中定型模具稳定,无抖动,保证了型材产品的质量。

【名称】 电磁有机屏蔽聚丙烯材料制作工艺

【公开(公告)号】 CN102888057A

【公开(公告)日】 2013.01.23
【申请(专利权)人】 科创聚合物(苏州)有限公司
【地址】 江苏省苏州市苏州工业园区娄葑分区新升工业小区
【发明(设计)人】 孙平
【摘要】 本发明涉及一种有机高分子复合材料，更具体地说，是涉及一种电磁有机屏蔽聚丙烯材料制作工艺，是由以下成分按重量比组成，聚丙烯：49.5%～90%，碳纤维：5%～35%；导电石墨：2%～30%；抗氧化剂：0.2%～1.0%；偶联剂：0.2%～2.0%；其他助剂：0.3%～5.5%，本发明的一种电磁屏蔽聚丙烯材料能够替代金属原材料生产零配件或外壳，他同时既具有热塑性塑料良好的便于加工性能，同时又具有金属材质的电磁屏蔽功能，从而生产采购方便，相关成本大幅下降，同时还具有耐酸碱腐蚀的特点以及一定的机械强度和耐温性，这样全面提高了竞争力。

【名称】 绿色环保路障塑料材料制作工艺
【公开(公告)号】 CN102898735A
【公开(公告)日】 2013.01.30
【申请(专利权)人】 科创聚合物(苏州)有限公司
【地址】 江苏省苏州市苏州工业园区娄葑分区新升工业小区
【发明(设计)人】 孙平
【摘要】 本发明公开一种绿色环保路障塑料材料制作工艺，是由以下成分按重量比组成，聚苯乙烯：47.5%～96%；苯乙烯耐冲击改性剂：1%～35%；夜光剂：1.0%～5.0%；抗氧剂：0.1%～2.0%；润滑剂：0.1%～2.0%；其他助剂：1.3%～5.5%，本发明绿色环保路障专用耐冲击夜光塑料材料，综合机械性能优良，有较好耐冲击性能，尤其是在夜晚无光线照射情况下，不需外来任何能源支持，可以自动释放白天所吸收的光线能量而自动发光，其光亮易于清晰识别，产品外观美观，并且生产采购方便，同时也符合所有的环保要求，这样全面提高了产品竞争力。

【名称】 电磁聚乙烯材料制作工艺
【公开(公告)号】 CN102898713A
【公开(公告)日】 2013.01.30
【申请(专利权)人】 科创聚合物(苏州)有限公司
【地址】 江苏省苏州市苏州工业园区娄葑分区新升工业小区
【发明(设计)人】 孙平
【摘要】 本发明涉及一种有机高分子复合材料，更具体地说，是涉及一种电磁聚乙烯材料制作工艺，是由以下成分按重量比组成，聚乙烯：49.5%～90%，碳纤维：5%～35%；导电石墨：2%～30%；抗氧化剂：0.2%～1.0%；偶联剂：0.2%～2.0%；其他助剂：0.3%～5.5%，本发明的一种电磁屏蔽聚乙烯材料能够替代金属原材料生产零配件或外壳，他同时既具有热塑性塑料良好的便于加工性能，同时又具有金属材质的电磁屏蔽功能，从而生产采购方便，相关成本大幅下降，同时还具有耐酸碱腐蚀的特点以及一定的机械强度和耐温性，这样全面提高了竞争力。

【名称】 超薄塑料片材的精密冲切模具
【公开(公告)号】 CN102873716A
【公开(公告)日】 2013.01.16
【申请(专利权)人】 天津市中环高科技有限公司
【地址】 天津市西青区微电子工业区微三路6号
【发明(设计)人】 王慧；石海明；李颀；白双喜；王彦生
【摘要】 本发明涉及一种超薄塑料片材的精密冲切模具，在普通冲切模具增加了内导柱的导向，四个内导柱分别插在冲头固定板和卸料板的组成的通孔中且顶端顶在上模板的下端面上，内导柱和冲头的固定方式由原来的过渡配合改为间隙配合，即内导柱和冲头与固定板为间隙配合，内导柱和冲头与卸料板过渡配合，保证了内导柱的导向精度的稳定性，使冲头能够进行高精度冲切，将超薄塑料片材放入专用模具上就可以冲出精度可以达到±0.03mm以内的圆孔、异型孔等形状。本发明的有益效果是，冲切方法操作容易，产品定位准确，可以冲出精度可以达到±0.03mm以内的圆孔、异型孔等形状，合格率可达98%以上，大大的提高了冲切产品的精度和产品的质量，适合大批量规模生产的需要。

【名称】 硬质泡沫塑料尺寸稳定性试验测量用模板
【公开(公告)号】 CN102901427A
【公开(公告)日】 2013.01.30
【申请(专利权)人】 镇江市丹徒区建筑工程质量检测中心
【地址】 江苏省镇江市丹徒新城盛园路18号
【发明(设计)人】 吴晖；乔清理
【摘要】 硬质泡沫塑料尺寸稳定性试验测量用模板。属测量用工具。其特征是长度100毫米、宽度100毫米、厚度0.5～1.5毫米方形板；所述测量用模板上位于两对角线交点处设有中心通孔，位于两对角线上靠近四角、且与邻近的两边等距离10毫米处设有4个四角通孔；所述测量用模板上位于4边中点处、指向两对角线交点方向设有4个中线线型通槽。经试用，与现有技术相比，显示了如下有益效果：检测人员在划线定点时减少了出现误差、造成误判的可能性；大幅度节省了时间：由现有技术的小心翼翼确保画线准确无误的熟练人员75秒左右、一般人员120秒以上，大幅度减少到熟练人员只需10秒之内、一般人员也不会超过15秒，节省了时间85%，明显提高了检验速度。

【名称】 一种新型环保木塑复合地板生产工艺
【公开(公告)号】 CN102886908A
【公开(公告)日】 2013.01.23
【申请(专利权)人】 福建兴灵森林资源开发有限责任公司
【地址】 福建省三明市泰宁县大洋坪工业园区福建兴灵森林资源开发有限责任公司
【发明(设计)人】 邢秋有
【摘要】 本发明一种新型环保木塑复合地板生产工艺，包括如下步骤：木材小角料、秸秆等干燥脱脂处理后粉碎到细度达到80到120目就，然后取细粉原料、聚氯乙烯(PVC)比、轻质碳酸钙、硬脂酸钙、PVC加工助剂、PVC发泡剂、PVC拉冲改性剂、复合稳定剂、塑料填充剂，小苏打、PE腊、硬脂酸、PVC发泡调节剂，经高速混合，混合温度100－120℃，混料的转速为600转/分钟，混合时间15－30分钟，设备的喂料转速100－800转/分钟，得到木塑混合粉后再经双螺杆挤出机和定型模具高温挤出成型，制成基板，再经双端铣设备，铣出四面公母槽后，通过涂装固化工艺印刷为木塑地板成品。本发明旨在提供一种环保、防水耐腐、防虫防霉性、阻燃性好、保湿性能强、安装方便的木塑复合地板。

【名称】 一种低碳免回火全贝氏体组织塑料模具钢及制备方法
【公开(公告)号】 CN102877001A
【公开(公告)日】 2013.01.16
【申请(专利权)人】 北京科技大学
【地址】 北京市海淀区学院路30号
【发明(设计)人】 武会宾；张鹏程；蔡庆伍；赵征志；周洪宝；李旭
【摘要】 本发明属于钢铁技术领域，涉及一种低碳免回火全贝氏体组织塑料模具钢及制备方法。首先按照规定成分冶炼，浇铸成钢锭。然后锻造，锻造开始温度为1150～1200℃，分阶段加热，保温时间为3～6小时，随后进行反复锻造和拉拔工艺，当温度到达950℃时停止锻造。锻造后将模块在0.01～15℃/s冷却速率下冷却至表面300℃时，然后空冷至室温，厚度规格为500～800mm。在如此宽冷速范围内可以获得全贝氏体组织，硬度范围为HRC 36－42。本发明实现了塑料模具钢的非调质处理，且不需要进行冷却后的高温回火处理，减少了工序，降低了成本，缩短生产周期。

【名称】 一种PPO/PA66塑料及其制备方法
【公开(公告)号】 CN102898810A
【公开(公告)日】 2013.01.30
【申请(专利权)人】 虞海香
【地址】 浙江省宁波市鄞州区首南街道新兴工业园
【发明(设计)人】 虞海香
【摘要】 本发明涉及一种PPO/PA66塑料及其制备方法，按重量百分含量包括如下组分：25%～35%的聚苯醚，25%～35%的尼龙66，10%～15%的碳纤维，5%～10%的玻璃纤维，8%～12%的炭黑，5%～10%的相容剂，5%～10%的增韧剂，0.5%～1.5%的助剂。

【名称】 一种超声波塑料管筒成型机及其使用方法
【公开(公告)号】 CN102896772A
【公开(公告)日】 2013.01.30
【申请(专利权)人】 汕头市创新科技电子有限公司
【地址】 广东省汕头市华山路48号龙湖工业区F2幢北座六楼
【发明(设计)人】 王伟
【摘要】 本发明公开了一种超声波塑料管筒成型机及其使用方法，该塑料管筒成型机包括进料装置、连接进料装置的成型装置、切断装置以及设置在成型装置与切断装置之间超声波焊接机，超声波焊接机包括超声波发生器、与超声波发生器电性连接的超声波换能器以及支撑塑料管筒的支撑机构，进料装置将塑料管筒的原材料输送到成型装置中，成型装置将原材料加工成筒状的半成品，超声波换能器接收超声波发生器的电信号后转换成热能对半成品进行焊接，切断装置将塑料管筒切割成固定规格的成品，本发明的超声波塑料管筒成型机可以实现全自动化，提高生产效率；配合支撑机构可以保证生产产品的稳定性，提高产品的质量。

【名称】 弹性金属塑料瓦进油边
【公开(公告)号】 CN102900768A
【公开(公告)日】 2013.01.30
【申请(专利权)人】 大连方圆复合材料轴承有限责任公司
【地址】 辽宁省大连市金州区大魏家街道玉田村
【发明(设计)人】 金成文
【摘要】 本发明公开一种弹性金属塑料瓦进油边，包括钢基体(1)，在钢基体(1)的表面设置有螺旋铜丝层(2)，螺旋铜丝层(2)的上端设置有塑料层(3)，塑料层(3)上设置有进油边(4)，其特征在于：所述进油边(4)的断面为无棱角的圆滑曲线。这是一种结构简单，设计巧妙，能够从根本上杜绝因进油效果差造成烧瓦的弹性金属塑料瓦进油边。

【名称】 一种微孔泡沫塑料发泡剂及其制备方法
【公开(公告)号】 CN102898672A

【公开(公告)日】 2013.01.30
【申请(专利权)人】 常州大学
【地址】 江苏省常州市武进区滆湖路1号
【发明(设计)人】 陈智栋;汤传贵;王雪;王文昌;韶晖;肖春阳
【摘要】 本发明的目的是为了提高偶氮二甲酰胺在凹凸棒土上的负载量,提供一种微孔泡沫塑料发泡剂及其制备方法。所述的微孔泡沫塑料发泡剂组成为:偶氮二甲酰胺,钨酸钠和凹凸棒土。制备上述微孔泡沫塑料发泡剂的方法,是将偶氮二甲酰胺吸附在钨酸钠改性的凹凸棒土上。本发明的有益效果是:一种偶氮二甲酰胺/钨酸钠/纳米凹凸棒土复合物,通过钨酸钠的介入,大大提高了偶氮二甲酰胺在凹凸棒土上的负载量,使其作为发泡剂成为可能。

【名称】 一种抗划伤哑光醇酸树脂的制备方法
【公开(公告)号】 CN102898629A
【公开(公告)日】 2013.01.30
【申请(专利权)人】 合众(佛山)化工有限公司
【地址】 广东省佛山市三水区范湖经济开发区
【发明(设计)人】 许钧强;孙小光;李泽刚;张振东
【摘要】 本发明涉及一种抗划伤哑光醇酸树脂的制备方法,其基本配方是:脂肪酸17%~35%、多元醇16%~30%、有机酸酐18%~40%、酯化催化剂0%~2%、溶剂30%~45%。本发明选用结构对称的对苯二甲酸或间苯二甲酸与新戊二醇、二甘醇和季戊四醇,采用高聚物法合成一种抗划伤哑光醇酸树脂,具有快干、易消光、透明性好等特点。用其配制的PU高档哑光木器漆具有手感柔和、丰满细腻,刚柔相挤,给人一种优雅舒适的感觉,适应现代的美学观,很受市场的青睐和客户的喜爱。广泛应用于木器、金属、塑料等制品的表面,作保护装饰用。

【名称】 双工位全自动塑料编织袋切缝机
【公开(公告)号】 CN102862319A
【公开(公告)日】 2013.01.09
【申请(专利权)人】 江苏万乐复合材料有限公司
【地址】 江苏省镇江市丹阳市芳草经济园(南门外向阳桥南);
【发明(设计)人】 魏成龙;徐卫国
【摘要】 本发明涉及一种双工位全自动塑料编织袋切缝机,包括张力放卷纠偏装置以及切缝收袋装置,所述张力放卷纠偏装置采用气缸的方式安装待编织的布袋并将所述布袋输送至所述切缝收袋装置,所述切缝收袋装置用于对所述布袋进行切割、缝底和收袋,所述切缝收袋装置包括:夹送机构、偏心轮机构、切袋机构、双边推送机构、送袋机构、包底机构、缝底机构、缝线切断机构、以及出袋口。本发明技术方案提供的双工位全自动塑料编织袋切缝机,实现了用一台机器完成原本需要两台机器才能完成的任务,并且与原来两台机器的工作方式相比节省了能耗,同时提高了工效。

【名称】 高抗冲PVC复合树脂HI5硬质聚氯乙烯塑料板材的生产方法
【公开(公告)号】 CN102863727A
【公开(公告)日】 2013.01.09
【申请(专利权)人】 河北盛华化工有限公司
【地址】 河北省张家口市桥东区盛华东大街10号
【发明(设计)人】 王会昌;沈小宁;张玉;贾晓伟;张兰华
【摘要】 本发明涉及聚氯乙烯塑料板材生产技术领域,具体的说是一种高抗冲PVC复合树脂HI5硬质聚氯乙烯塑料板材的生产方法。目前硬质聚氯乙烯塑料板材存在物理力学性能不能达到国家标准。本发明采用高抗冲PVC复合树脂HI5100份、热稳定剂1.4~1.6份、内润滑剂1.0~1.7份、外润滑剂1.1~1.6份、钛白粉0.3~0.6份、填充剂0~30份等;先将复合树脂HI5及热稳定剂加入到高速混合机中低速搅拌混合;当温度升至60℃时,加入内润滑剂,改为高速混合;当温度升至80℃时,加入其它助剂;当温度升至115℃时,停止搅拌混合;将干混合料排入冷混机中进行冷混,冷混至40℃时出料;采用挤出工艺加工成板材。

【名称】 高抗冲PVC复合树脂HI7井盖的生产方法
【公开(公告)号】 CN102863729A
【公开(公告)日】 2013.01.09
【申请(专利权)人】 河北盛华化工有限公司
【地址】 河北省张家口市桥东区盛华东大街10号
【发明(设计)人】 沈小宁;刘文献;王会昌;郭桂花
【摘要】 本发明涉及塑料井盖生产技术领域,具体地说是一种高抗冲PVC复合树脂HI7井盖的生产方法;目前,通用PVC虽然强度较高,价格也较低,但是低温韧性差,熔体流动性差,不能作为塑料井盖产品的原料使用。本发明PVC复合树脂井盖原料配方的重量份数组成如下:高抗冲PVC复合树脂HI7100份、热稳定剂1.5份-4.8份、内润滑剂0.5份-1份、外润滑剂0.5份-1份、抗氧剂0.02份-0.4份、紫外线吸收剂0.1份-0.6份,填充剂5份-100份、着色剂为0.02份-0.04份;通过混配、造粒、一次注塑成型塑料井盖。本发明所提供的井盖耐候性好,承载重量大,强度高,适应在北方低温条件下安装和使用。

【名称】 尼龙66用复合环保阻燃剂及尼龙66阻燃塑料
【公开(公告)号】 CN102876030A
【公开(公告)日】 2013.01.16
【申请(专利权)人】 上海韬鸿化工科技有限公司
【地址】 上海市浦东新区杨高北路528号14幢1F79室
【发明(设计)人】 宋国新
【摘要】 本发明公开了一种尼龙66用复合环保阻燃剂及尼龙66阻燃塑料，所述尼龙66用复合环保阻燃剂，由下述重量份的组分组成：三甲硅基甲基膦酸二甲酯10～20份、氰尿酸三聚氰胺30～50份、三氧化二锑10～20份、钼酸钙10～20份、聚磷酸铵40～60份。所述尼龙66阻燃塑料，由下述组分按重量份组成：尼龙66树脂100份，尼龙66用复合环保阻燃剂10～20份。本发明的尼龙66用复合环保阻燃剂，不含卤素，具有良好的阻燃功能，与尼龙66的相容性好，在尼龙66中不迁移、不析出、不被萃取，易于分散均匀，耐候性好，持久性好，制得的尼龙66阻燃塑料热变形温度、力学温度及电绝缘性能等性能并未受到影响，塑料具有长期阻燃性。

【名称】 POM用复合环保阻燃剂及POM阻燃塑料
【公开(公告)号】 CN102875846A
【公开(公告)日】 2013.01.16
【申请(专利权)人】 上海韬鸿化工科技有限公司
【地址】 上海市浦东新区杨高北路528号14幢1F79室
【发明(设计)人】 宋国新
【摘要】 本发明公开了一种POM用复合环保阻燃剂及POM阻燃塑料，所述POM用复合环保阻燃剂，由下述重量份的组分组成：三甲硅基甲基膦酸二甲酯10－20份、氰尿酸三聚氰胺30－50份、三氧化二锑10－20份、三聚氰胺10－20份、八钼酸铵40－60份。所述POM阻燃塑料，由下述组分按重量份组成：POM树脂100份，POM用复合环保阻燃剂30－40份。本发明的POM用复合环保阻燃剂，不含卤素，具有良好的阻燃功能。本发明的POM阻燃塑料可用于生产减磨耐磨零件、传动零件，以及化工，仪表等零件。

【名称】 PVC用复合环保阻燃剂及PVC阻燃塑料
【公开(公告)号】 CN102875935A
【公开(公告)日】 2013.01.16
【申请(专利权)人】 上海韬鸿化工科技有限公司
【地址】 上海市浦东新区杨高北路528号14幢1F79室
【发明(设计)人】 宋国新
【摘要】 本发明公开了一种PVC用复合环保阻燃剂及PVC阻燃塑料，所述PVC用复合环保阻燃剂，由下述重量份的组分组成：三甲硅基甲基膦酸二甲酯10－20份、氰尿酸三聚氰胺30－50份、三氧化钼10－20份、聚磷酸铵40－60份。所述PVC阻燃塑料，由下述组分按重量份组成：PVC树脂100份，PVC用复合环保阻燃剂10－30份。本发明的PVC用复合环保阻燃剂，不含卤素，具有良好的阻燃功能，本发明的PVC阻燃塑料具有长期阻燃性。

【名称】 HIPS用复合环保阻燃剂及HIPS阻燃塑料
【公开(公告)号】 CN102888024A
【公开(公告)日】 2013.01.23
【申请(专利权)人】 上海韬鸿化工科技有限公司
【地址】 上海市浦东新区杨高北路528号14幢1F79室
【发明(设计)人】 宋国新
【摘要】 本发明公开了一种HIPS用复合环保阻燃剂及HIPS阻燃塑料，所述HIPS用复合环保阻燃剂，由下述重量份的组分组成：三甲硅基甲基膦酸二甲酯10－20份、氰尿酸三聚氰胺30－50份、红磷10－20份、聚磷酸铵40－60份。所述HIPS阻燃塑料，由下述组分按重量份组成：HIPS树脂100份，HIPS用复合环保阻燃剂25－35份。本发明的HIPS用复合环保阻燃剂，不含卤素，具有良好的阻燃功能，本发明的HIPS阻燃塑料具有长期阻燃性，可用于生产电视机、打印机、音响等产品的外壳。

【名称】 一种耐高温塑料离心泵
【公开(公告)号】 CN102889235A
【公开(公告)日】 2013.01.23
【申请(专利权)人】 杭州新安江工业泵有限公司
【地址】 浙江省杭州市建德市下涯镇焦树湾工业功能区88号
【发明(设计)人】 杨晓斌
【摘要】 一种耐高温塑料离心泵，它主要包括泵体、叶轮、泵盖、电机、耐高温机械密封部件以及其它附属部件；所述耐高温机械密封部件由静环、动环、弹簧座、静环压盖、冷却水套、挡酸片组成；所述弹簧座固定在叶轮轴上，弹簧座外表面直接作为密封回转轴，所述弹簧座设置有弹簧及O形密封圈隔离腐蚀介质和金属件；所述冷却水套安装有冷却水嘴和骨架油封，骨架油封与弹簧座配合形成冷却水密封；所述的泵体、叶轮、泵盖构成泵的过流部件，并分别采用耐高温耐腐蚀塑料经模压成型制成，包括全塑和衬塑结构形式；它具有结构合理紧凑，使用安装可靠，能避免塑料受热变形对机械密封的精度的影响，大大延长其使用寿命、能耐高温强腐蚀环境下长期有效运行等特点。

【名称】 聚丙烯用复合环保阻燃剂及聚丙烯阻燃塑料

【公开(公告)号】 CN102888025A

【公开(公告)日】 2013.01.23

【申请(专利权)人】 上海韬鸿化工科技有限公司

【地址】 上海市浦东新区杨高北路528号14幢1F79室

【发明(设计)人】 宋国新

【摘要】 本发明公开了一种聚丙烯用复合环保阻燃剂及聚丙烯阻燃塑料,所述聚丙烯用复合环保阻燃剂,由下述重量份的组分组成:三甲硅基甲基膦酸二甲酯10-20份、氰尿酸三聚氰胺30-50份、氢氧化镁10-20份、氢氧化铝40-60份。所述聚丙烯阻燃塑料,由下述组分按重量份组成:聚丙烯树脂100份,聚丙烯用复合环保阻燃剂20-40份。本发明的聚丙烯用复合环保阻燃剂,不含卤素,具有良好的阻燃功能,制得的聚丙烯阻燃塑料热变形温度、力学温度及电绝缘性能等性能并未受到影响,塑料具有长期阻燃性,可以用注塑工艺轻易加工成各种形状的零件,可用于制成汽车密封件、各种操作手柄和拉手等。

【名称】 塑料管件框架焊接装置

【公开(公告)号】 CN102873864A

【公开(公告)日】 2013.01.16

【申请(专利权)人】 青岛利东机械有限公司

【地址】 山东省平度市香店街道办事处何家楼村

【发明(设计)人】 李向东;李国义;李超;李飞;蒲晓东

【摘要】 本发明公开了一种塑料管件框架焊接装置,它包括机架,和由头部定位模套、头部定位气缸、头部定位总成等组成的头部定位装置,和由V型固定夹块、V型移动夹块和管夹紧气缸组成的管体夹紧装置,和由尾部定位总成、尾部定位模块、尾部定位气缸等组成的尾部定位装置,和由热熔机、热熔机气缸等组成的热熔装置,和焊接尺寸测量装置等组成。头部定位装置的头部定位总成设置在机架上,热熔机与热熔机气缸连接,V型移动夹块与管夹紧气缸连接,V型固定夹块设置在机架的另一侧;尾部定位总成设置在机架上并与尾部定位气缸连接,尾部定位模块设置在尾部定位总成上。本发明可实现塑料管件框架,精准高效焊接,具有,省时、省力的显著特征。

【名称】 一种植物炭塑料复合材料

【公开(公告)号】 CN102888045A

【公开(公告)日】 2013.01.23

【申请(专利权)人】 浙江建中竹业科技有限公司

【地址】 浙江省湖州市安吉县天荒坪镇西鹤村浙江建中竹业科技有限公司

【发明(设计)人】 丁建中

【摘要】 本发明涉及高分子领域,尤其涉及一种植物炭塑料复合材料,其重量和组成为分子量为400万~700万的超高分子量聚乙烯100份,分子量为100万~140万的高密度聚丙烯30~35份,超低密度聚丙烯8~10份,阻燃剂3~12份,增韧剂5~10份,偶联剂2~5份,抗氧剂0.5~1份,植物炭15~20份,该植物炭塑料复合材料具有优异韧性、又具备较高的刚性和硬度以及阻燃性。

【名称】 一种塑料地板的回火设备

【公开(公告)号】 CN102886905A

【公开(公告)日】 2013.01.23

【申请(专利权)人】 张家港市锦明机械有限公司

【地址】 江苏省苏州市张家港市锦丰镇建设村张家港市锦明机械有限公司

【发明(设计)人】 周正华

【摘要】 本发明设计了一种塑料地板的回火设备,该设备包括回火箱。在回火箱两侧内壁安装有上下两层分别由若干个托辊组成的辊道,用于塑料地板在回火箱内的输送;上层辊道的上方通过支架设置有与外界供汽管道连接的蒸汽喷管,上层辊道与下层辊道之间通过支架设置有与外界蒸汽管道连接的下层蒸汽喷管,上层蒸汽喷管上开设有对准上层辊道上的塑料地板的出气孔,下层蒸汽喷管上开设有对准下层辊道上的塑料地板的出气孔。本发明的优点是:蒸汽作为热源从蒸汽喷管出气孔喷射到托辊上的塑料地板可以使塑料地板快速的升温并处在一个恒定的温度中保温来进行回火工序,回火时间可以通过改变辊道的传输速度来满足,操作简便,可控性强。

【名称】 一种植物炭塑料复合材料的制备方法

【公开(公告)号】 CN102888065A

【公开(公告)日】 2013.01.23

【申请(专利权)人】 浙江建中竹业科技有限公司

【地址】 浙江省湖州市安吉县天荒坪镇西鹤村浙江建中竹业科技有限公司

【发明(设计)人】 丁建中

【摘要】 本发明涉及高分子领域,尤其涉及一种植物炭塑料复合材料的制备方法,该方法依次包括以下步骤:将植物原料送入微波真空罐中进行微波处理;将经过前处理所得的植物原料依次经历干燥、预炭化、炭化、煅烧和冷却,控制燃烧以5~15℃/min的速率升温至700~750℃或900~1000℃并保温

40～80min，然后再以5～15℃/min的速率升温至1000～1500℃或1600～1800℃并保温2～8h得到植物炭；采用分子量为300万～500万的高抗冲聚苯乙烯、聚氯乙烯和超低密度聚乙烯为基料共混改性，在加工过程中，添加阻燃剂、增韧剂、偶联剂、抗氧剂和所得植物炭。本发明制备的植物炭塑料具有优异韧性、又具备较高的刚性和硬度以及良好的抗静电性和阻燃性。

【名称】 一种用于灭火子母弹的塑料卷弧尾翼稳定装置

【公开(公告)号】 CN102895751A

【公开(公告)日】 2013.01.30

【申请(专利权)人】 晋西工业集团有限责任公司

【地址】 山西省太原市和平北路北巷5号

【发明(设计)人】 张全秀；王东吉；郝卫红；曹小娴；渠振江；李红卫；闫宏亮

【摘要】 本发明的一种用于灭火子母弹的塑料卷弧尾翼稳定装置，属于民用灭火弹领域。本发明的目的是为了解决传统灭火火箭弹不折叠尾翼稳定装置不适用管式发射的问题。本发明的稳定装置，喷管本体采用塑料材料，喷管本体的前端和后端压制喷管前段金属壳体和喷管后段金属壳体，喷管前段的后端加工有盲孔，喷管后段金属壳体的支撑台上加工有尾翼支耳安装槽和尾翼轴通过孔；尾翼下端的支耳安装在喷管后段的尾翼支耳安装槽内，尾翼轴穿过喷管后段金属壳体的尾翼轴通过孔和尾翼的两个支耳，尾翼轴通过孔后端螺纹套接锁紧环，使尾翼轴向下卡位；尾翼轴上安装有弹簧。本发明适用管式发射，使火箭弹旋转飞行以提高射击精度，灭火准确度高。

【名称】 一种环氧模塑料粉料粒度分选方法

【公开(公告)号】 CN102941140A

【公开(公告)日】 2013.02.27

【申请(专利权)人】 江苏中鹏新材料股份有限公司

【地址】 江苏省连云港市海州区开发区振兴路18号

【发明(设计)人】 刘连兵；朱平彦；张文金

【摘要】 一种环氧模塑料粉料粒度分选方法，通过一级锤片式粉碎机将物料进行粉碎，粉碎后的物料进入到双层分选筛进行分选，细颗粒粉料经过双层分选筛的筛网从其下层出料口进入到收集器中；粗颗粒粉料由双层分选筛选出，进入二级锤片式粉碎机中进行再次粉碎，粉碎后的粉料直接进入到收集器中。本发明粉碎方法合理，可操作性强，物料经过两次粉碎，同时采用不同孔径的粉碎机筛网和分选筛筛网，可以得到不同粒度分布范围的粉料，粉料粒度控制好，生产效率高，生产过程中物料的粉末流动性好，不容易在系统中形成架桥，同时减少大颗粒和粉尘的产生，改善了现场工作环境。

【名称】 一种塑料滚珠及加工方法

【公开(公告)号】 CN102936393A

【公开(公告)日】 2013.02.20

【申请(专利权)人】 中国兵器工业集团第五三研究所

【地址】 山东省济南市天桥区田家庄东路3号

【发明(设计)人】 高志秋；王宝生；章玉斋；郭腾；张泉

【摘要】 本发明属于连接技术领域，涉及滚动连接技术，特别涉及滚珠设计与加工技术。以热塑性均聚甲醛为主体材料，玻璃纤维增强和橡胶增韧，采用注射成型工艺加工。本发明涉及的塑料滚珠含有，均聚甲醛100质量份、增韧剂3～10质量份、玻璃纤维20～30质量份、硅烷偶联剂0.2～0.3质量份；均聚甲醛熔体流动速率介于2g/10min～15g/10min之间。该滚珠，具有优异的耐冲击性能和自润滑性能，耐冲击疲劳性能优异，摩擦系数小，耐磨耗、弹性及尺寸稳定性好、去载回复性优等特点，适用于(－40℃～120℃)温度范围内的高速高频冲击，适用于机械转动连接场合，特别适用于承受冲击载荷的机械转动连接场合。

【名称】 一种固硫灰替代$CaCO_3$填充聚烯烃树脂的制备方法

【公开(公告)号】 CN102942726A

【公开(公告)日】 2013.02.27

【申请(专利权)人】 西南科技大学；四川金和新型建材有限公司

【地址】 四川省绵阳市涪城区青龙大道中段59号；四川省绵阳市涪城区青龙大道中段59号

【发明(设计)人】 张平；姚妮娜；郑蓉；卢忠远；宋丽贤；康明；宋开平

【摘要】 本发明涉及一种固硫灰替代$CaCO_3$填充聚烯烃树脂的制备方法。为固硫灰回收再利用提供新的途径。首先，将经稀释后活性含量为固硫灰总量0.5%～6%的改性剂与固硫灰高速混合，制备改性固硫灰；其次，将增塑剂、抗氧剂和聚烯烃树脂熔融，再将增韧剂、润滑剂和改性固硫灰加入继续熔融共混；最后，采用模压成型，制备改性固硫灰替代$CaCO_3$填充聚烯烃的复合材料。经有机化改性处理的改性固硫灰与聚合物基体的相容性好，用其取代$CaCO_3$填充聚烯烃树脂，完全符合塑料工业填料的技术要求，不仅填充量大，效果良好，而且制备方法简单，生产成本低。

【名称】 一种用于塑料型材在线拆装压花装置
【公开(公告)号】 CN102922739A
【公开(公告)日】 2013.02.13
【申请(专利权)人】 铜陵中发三佳科技股份有限公司
【地址】 安徽省铜陵市铜官山区石城路电子工业区
【发明(设计)人】 朱鈺；吴翠红；纪华
【摘要】 本发明公开了一种用于塑料型材在线拆装压花装置，其特征是它包括支架和活动联接在支架上的压花滚轮(7)，所述的支架上设有与型材模具型板(2)固连的连接装置。本发明的压花通过连接装置连接在塑料型材挤出模具的型板上，可自由拆卸，因此生产压花型材和非压花型材方便，能够快速实现转变，不会出现大量的废料，提高了企业的经济效益。

【名称】 一种可实现塑料型材挤出均匀的全包覆共挤流道结构
【公开(公告)号】 CN102922717A
【公开(公告)日】 2013.02.13
【申请(专利权)人】 铜陵中发三佳科技股份有限公司
【地址】 安徽省铜陵市铜官山区石城路电子工业区
【发明(设计)人】 张文进；吴翠红；余云
【摘要】 本发明公开了一种可实现塑料型材挤出均匀的全包覆共挤流道结构，它包括入料口(1)、共挤流道(2)、共挤缝隙(4)、导料口(5)、U导料槽(6)、蓄料池(7)、共挤平行段(9)和基料(10)，所述共挤流道(2)、共挤缝隙(4)和基料(10)依次连通，共挤流道(2)、导料口(5)、U导料槽(6)、蓄料池(7)、共挤平行段(9)和基料(10)依次连通，所述共挤流道(2)和共挤缝隙(4)之间设有能控制物料流速的V形导料槽(3)，所述蓄料池(7)和共挤平行段(9)之间设有能控制物料流速的阻流岛(8)。本发明的有益效果是在普通共挤流道中设置阻流岛，磨层和V形导料槽以达到共挤层均匀的效果。

【名称】 一种用于塑料挤出成型模具的定位装置
【公开(公告)号】 CN102937129A
【公开(公告)日】 2013.02.20
【申请(专利权)人】 铜陵中发三佳科技股份有限公司
【地址】 安徽省铜陵市铜官山区石城路电子工业区
【发明(设计)人】 刘正发；张金银；赵文坚
【摘要】 本发明公开了一种用于塑料挤出成型模具的定位装置，它为销形或键形，中央设有孔洞(1)，其特征是所述的定位装置外表面覆盖有显眼便于识别的彩色层(2)。用不同的颜色来标识不同的偏置量，并配以偏置量数值和方向，可快速识别，有效的节约了人力资源，也提高了生产效率。

【名称】 塑料勾片粘扣带的制造方法和设备及塑料勾片粘扣带
【公开(公告)号】 CN102940345A
【公开(公告)日】 2013.02.27
【申请(专利权)人】 陈胜华；余福琴；余维平
【地址】 浙江省杭州市瑞安市汀田镇商业街1013号；浙江省杭州市瑞安市汀田镇商业街1013号；浙江省杭州市瑞安市汀田镇商业街1013号
【发明(设计)人】 陈胜华；余福琴；余维平
【摘要】 一种塑料勾片粘扣带的制造方法和设备及其所制造的塑料勾片粘扣带。按照本发明的方法，将增韧尼龙材料在挤出机内熔化，经过平滑的片状模具后成为连续性片材进入牵引机构，通过造齿辊筒在柔软的片材上滚压制造勾齿后进入平压辊筒滚压定型，然后通过去静电机除尘，再将滚压定型后的带勾齿条形片材经分切机分切成粘扣带产品。该方法制造的塑料粘扣带具有高效率、优秀的耐寒性、耐热性和耐用性等性能。

【名称】 用于清洗废旧塑料的清洗装置
【公开(公告)号】 CN102941197A
【公开(公告)日】 2013.02.27
【申请(专利权)人】 天津华庆百胜塑业有限公司
【地址】 天津市宝坻区新开口开发区
【发明(设计)人】 吴进波
【摘要】 一种用于清洗废旧塑料的清洗装置，包括中空的机筒、螺杆、主轴、电机和摩擦扇叶；主轴横向贯穿机筒，电机安装在主轴上，螺杆和摩擦扇叶依次安装在主轴上；机筒一端的上方设置有进料、进水口，机筒的底部一端设置有筒体出料口，机筒底部外壁上设有排污口。本发明结构采用的原理是对废旧塑料进行摩擦清洗，可实现在不使用任何化学试剂的情况下对废旧塑料的清洗，并且清洗效果好、清洗效率高、可降低能耗和成本。

【名称】 一种用于塑料挤出型材的辊轮式水箱
【公开(公告)号】 CN102941668A
【公开(公告)日】 2013.02.27
【申请(专利权)人】 铜陵中发三佳科技股份有限公司
【地址】 安徽省铜陵市铜官山区石城路电子工业区
【发明(设计)人】 伍新安；孙晓峰；杨玉福
【摘要】 本发明公开了一种用于塑料挤出型材的辊轮式水箱，它括用于储水的水箱和位于水箱内活动联接在水箱侧壁上的若干组高度一致的辊轮组，所述的水箱前后壁上开设有供挤出型材通过的进口和出口，水箱前后壁的内侧固定有封水定型块；所述的辊轮组为上下二只活动的辊轮，上下辊轮之间的间隙与挤出型材高度相适配。本发明部件少，结构简单，使用成本低，可以根据型材断面的大小进行分类，对辊轮的大小规格进行标准化设计，同时对水箱前后挡板进行部分标准化，这样可以把型材进行分类，每一类型材有适用的标准，从而能够进一步降低使用成本。

【名称】 截面尺寸周期变化的塑料异型材成型方法及型材成型装置

【公开(公告)号】 CN102941665A

【公开(公告)日】 2013.02.27

【申请(专利权)人】 铜陵中发三佳科技股份有限公司

【地址】 安徽省铜陵市铜官山区石城路电子工业区

【发明(设计)人】 张金银；李朋；程文姣

【摘要】 本发明公开了一种截面尺寸周期变化的塑料异型材成型方法，它包括以下步骤：(1)挤出塑料型材；(2)对挤出的塑料型材进行冷却；它还包括牵引装置对挤出的塑料型材进行牵引，其特征是所述牵引装置的牵引速度是周期性变化，使变化的牵引速度牵引出的型材成型截面尺寸与要求的截面尺寸周期性变化一致。本发明有效果，可以实现在挤出成型过程中截面发生周期性变化的效果，是一种特殊的成型方法。本发明可以实现单腔或多腔挤出成型，生产效率较高。

【名称】 拉丝机用加热板

【公开(公告)号】 CN102941667A

【公开(公告)日】 2013.02.27

【申请(专利权)人】 温州南一塑料机械有限公司

【地址】 浙江省温州市平阳县鳌江镇贵德村104国道268号

【发明(设计)人】 陈轻龙

【摘要】 本发明公开了一种拉丝机用加热板，属于塑料加工机械领域，不使用电能来加热，节省能源，降低生产成本，同时也提高了使用安全性，包括板体，所述板体中设有加热管，所述加热管的进气口设在板体的一端且与加热中的真空螺杆的内腔连通，所述真空螺杆中的热气通到加热管中，所述加热管的出气口设在板体的另一端，用于塑料拉丝机。

【名称】 一种废弃塑料瓶颗粒清洗槽上塑料膜收集装置

【公开(公告)号】 CN202753311U

【公开(公告)日】 2013.02.27

【申请(专利权)人】 安徽环嘉天一再生资源有限公司

【地址】 安徽省阜阳市界首市光武工业园区繁兴二路

【发明(设计)人】 杨传荣

【摘要】 一种废弃塑料瓶颗粒清洗槽上塑料膜收集装置，涉及塑料回收设备技术领域，包括清洗槽，所述清洗槽上部设有推进机构，其特征在于：所述推进机构一侧靠近清洗槽一端设有螺旋杆，所述螺旋杆水平设于清洗槽内，所述的螺旋杆一端连接有传动电机，所述清洗槽上设有螺旋杆的一端设有塑料膜出口。本实用新型设计新颖，通过转轴的旋转带动推进机构旋转运动，将漂浮在清洗槽水面上的塑料膜推向清洗槽一端，再由螺旋杆将塑料膜推向出口处，采用自动化的操作方式，降低了工人的劳动量。

【名称】 对高密度聚乙烯进行改性制备化工容器的方法

【公开(公告)号】 CN102942730A

【公开(公告)日】 2013.02.27

【申请(专利权)人】 贵阳益润塑料包装容器有限公司

【地址】 贵州省贵阳市新寨路114号

【发明(设计)人】 刘明；刘卜益；刘亮

【摘要】 本发明公开了一种对高密度聚乙烯进行改性制备化工容器的方法，属于对高分子材料进行改性的方法；旨在提供一种高密度聚乙烯容器材料进行改性的方法。其方法是质量百分比为70%～80%的高密度聚乙烯、15%～25%的超高分子量聚乙烯、2%～3%的纳米蒙脱土、2%～3%的纳米碳酸钙混匀后送入螺杆长径比>28的挤出机进行塑化处理，模具吹塑成型；保证挤出机的炝筒温度为155～180℃、挤出速率为100kg/cm^2，模具温度为50～60℃、合模力为250N/m^2、吹塑成型时间为50～70s、吹气压力为4.5MPa。本发明制成的塑料容器具有抗化学品渗透能力强、耐低温冲击性能佳，以及容器不易结垢、节约用料等优点。

【名称】 复合塑料及其用途

【公开(公告)号】 CN102942787A

【公开(公告)日】 2013.02.27

【申请(专利权)人】 郑文秀

【地址】 浙江省乐清市柳市新光工业区振兴路8号

【发明(设计)人】 郑文秀

【摘要】 本发明公开了一种复合塑料及其用途，该复合塑料复主要包括以下组分：云母20%～25%；光稳定剂0.5%～5%；阻燃剂2%～4%；氧化镁10%～15%；氯化镁15%～20%；氧化钙3%～5%；其余是尼龙－66；以上所述百分比是重量百分比。

本发明产品通过对尼龙 - 66 进行改性，固化后，强度及韧性较高，不会因磕碰而碎掉。本发明产品与陶瓷或玻璃材料相容性较好，制成的复合产品的结合强度较高。本发明产品固化后，吸水性低，机械性能稳定。本发明产品由于采用云母改性，使得固化后的塑料制品具有优良的电绝缘性能，再加上其比较好的塑性，尤其适合通过注塑成型或灌封成型方式制造高压电器绝缘外壳。

【名称】 弹性金属塑料轴瓦和弹性金属塑料轴瓦测温组件

【公开(公告)号】 CN102943814A

【公开(公告)日】 2013.02.27

【申请(专利权)人】 大连三环复合材料技术开发有限公司

【地址】 辽宁省大连市普湾新区三十里堡临港工业区

【发明(设计)人】 孙成玉；董洁；刘长波；孙頔

【摘要】 本发明提供了一种弹性金属塑料轴瓦和弹性金属塑料轴瓦测温组件。弹性金属塑料轴瓦包括瓦基体(2)和设置于瓦基体(2)上的弹性金属塑料复合材料瓦面(1)，弹性金属塑料轴瓦具有用于安装温度传感装置(3)的安装槽(4)，安装槽(4)设置在弹性金属塑料轴瓦的出油边(E)且具有朝向出油边(E)的开口，安装槽(4)的沿延伸方向的一端位于弹性金属塑料轴瓦的工作面。根据本发明，可以准确地监测到工作面的实际运行温度，根据该温度可以实现及时报警和控制，从而对塑料轴瓦进行有效的安全运行监控，避免烧瓦事故。

【名称】 一种植绒塑料面料

【公开(公告)号】 CN102922846A

【公开(公告)日】 2013.02.13

【申请(专利权)人】 吴江东旭纺织布行

【地址】 江苏省苏州市盛泽东方市场 - 分场东楼 21 号

【发明(设计)人】 钱炳荣

【摘要】 本发明公开了一种植绒塑料面料，包括塑料基层，所述的塑料基层是由多层塑料薄膜叠加在一起所制成的，所述的塑料基层的两侧均涂覆有粘胶层，所述的粘胶层的外表面粘接有绒毛。通过上述方式，本发明提供的植绒塑料面料，保暖性好，手感柔软，通过在塑料基层的两侧进行植绒后，使其正反两面均可使用，同时具有较强的立体感，主要用作服装、家纺或装饰用面料。

【名称】 一种无卤素阻燃改性塑料

【公开(公告)号】 CN102924794A

【公开(公告)日】 2013.02.13

【申请(专利权)人】 杨荣

【地址】 浙江省宁波市余姚市小曹娥镇工业园区

【发明(设计)人】 杨荣

【摘要】 本发明涉及一种无卤素阻燃改性塑料，它是由下述重量配比的物质制成：聚乙烯 20 - 50 份、氰尿酸三聚氰胺 1 - 15 份、硬脂酸锌 0.1 - 3 份、聚对苯二甲酸丁二醇酯 1 - 20 份、和氧化锌 1 - 5 份。本发明所述的无卤素阻燃改性塑料满足阻燃性要求并用于减轻环境负荷。

【名称】 一种无卤素阻燃改性塑料

【公开(公告)号】 CN102924795A

【公开(公告)日】 2013.02.13

【申请(专利权)人】 杨荣

【地址】 浙江省宁波市余姚市小曹娥镇工业园区

【发明(设计)人】 杨荣

【摘要】 本发明涉及一种无卤素阻燃改性塑料，它是由下述重量配比的物质制成：聚乙烯 20 - 50 份、氰尿酸三聚氰胺 1 - 15 份、硬脂酸锌 0.1 - 3 份、聚对苯二甲酸丁二醇酯 1 - 20 份、和氧化钙 1 - 5 份。本发明所述的无卤素阻燃改性塑料满足阻燃性要求并用于减轻环境负荷。

【名称】 一种内加热螺旋推进式废塑料裂解装置

【公开(公告)号】 CN102925189A

【公开(公告)日】 2013.02.13

【申请(专利权)人】 韩玉龙

【地址】 黑龙江省绥化市安达市万宝山镇金山村 1 屯 172 号

【发明(设计)人】 韩玉龙

【摘要】 本发明公开了一种内加热螺旋推进式废塑料裂解装置，其特征在于：包括支架，所述支架上设有液化炉和气化炉，所述液化炉和气化炉内均设有燃烧器或烧嘴，所述液化炉顶部设有螺旋进料器，所述液化炉底部设有螺旋出料泵，螺旋出料泵连接过滤桶，过滤桶连接气化炉，气化炉连接螺旋排渣器。本发明与现有技术相比的优点是：本发明结构简单、设计合理，由 PLC 自动控制，节能环保，换热效率高，裂解后的汽油、柴油、重油纯度高、品质好，且没有三废排放。

【名称】 一种利用聚丙烯回收料共混改性技术生产的编织袋

【公开(公告)号】 CN102936374A

【公开(公告)日】 2013.02.20

【申请(专利权)人】 镇远县中塑包装有限公司

【地址】 贵州省黔东南苗族侗族自治州镇远县羊坪镇田冲组

【发明(设计)人】 葛再军

【摘要】 一种利用聚丙烯回收料共混改性技术生产的编织袋，按重量百分比：55%全新聚丙烯，39%再生聚丙烯，1%聚乙烯、1%硅灰石、1%云母、1%增白剂、1%润滑剂、1%稳定剂。本发明提高了产品的韧性、强度，极大的降低了全新聚丙烯的使用量，降低了生产成本，其生产的塑料编织袋产品具有低成本、高性能、高质量的特点并在一定温度、容积、时间控制，提高产品拉伸强度及抗击强度，制得强度、赖热性、和拉力度均符合塑料编织袋要求的原料，减少原材料费用，生产成本降低25%。

【名称】 一种无卤素阻燃改性塑料

【公开(公告)号】 CN102936365A

【公开(公告)日】 2013.02.20

【申请(专利权)人】 杨荣

【地址】 浙江省宁波市余姚市小曹娥镇工业园区

【发明(设计)人】 杨荣

【摘要】 本发明涉及一种无卤素阻燃改性塑料，它是由下述重量配比的物质制成：聚乙烯20-50份、氰尿酸三聚氰胺1-15份、硬脂酸锌0.1-3份、聚对苯二甲酸丁二醇酯1-20份、和氧化镁1-5份。本发明所述的无卤素阻燃改性塑料满足阻燃性要求并用于减轻环境负荷。

【名称】 塑料火探管及制作方法

【公开(公告)号】 CN102936408A

【公开(公告)日】 2013.02.20

【申请(专利权)人】 湖北工业大学

【地址】 湖北省武汉市洪山区李家墩1村1号

【发明(设计)人】 陈绪煌

【摘要】 本发明公开了一种塑料火探管，塑料火探管包括以下组分及其重量份：尼龙颗粒63~85、弹性体改性剂颗粒10~34、结晶改性剂颗粒2~6、助剂母料颗粒2~3。还公开了一种塑料火探管的制作方法，制作方法如下：将尼龙颗粒、弹性体改性剂颗粒、结晶改性剂母料颗粒和助剂母料颗粒混合均匀，在真空上料装置的保护下，放入单螺杆挤出机中在温度260~270℃条件下挤出成型，再通过水冷至常温成为内径为3.96~4.04cm、壁厚为0.9~1.1cm、密度为0.95~1.15g/cm^3、熔化点为158~162℃的塑料管材。本发明适用于困扰人们已久的对配电板、控制箱、电线电缆发生火患器材的防火，可以广泛应用于塑料管材领域。

【名称】 一种原位聚合制备聚酰胺基导热复合材料的方法

【公开(公告)号】 CN102936410A

【公开(公告)日】 2013.02.20

【申请(专利权)人】 杭州千石科技有限公司

【地址】 浙江省杭州市江干区九环路31-1号4幢308室

【发明(设计)人】 董玉欣；王鑫；蔡伟；王勇杰；乔梁；车声雷；姜力强；郑精武

【摘要】 本发明公开了一种原位聚合制备聚酰胺基导热复合材料的方法，首先将聚合反应单体、引发剂、开环引发剂和偶联剂处理过的纳米氧化铝及纳米碳纤维复合导热填料加入到不锈钢质聚合反应釜中，进行聚合反应，反应结束后冷却、结晶、离心分离、洗涤后过滤得到聚酰胺基的导热塑料颗粒；然后将导热塑料颗粒与抗氧剂、润滑剂、抗紫外光稳定剂一起在双螺杆挤出机内混合挤出制备导热复合材料。本发明制得的聚酰胺基导热复合材料，具有良好的导热性和机械强度，经过注塑成型后可广泛应用于电子电器、手机外壳及LED灯具制品，提高产品在高温时的散热性能，延长使用寿命。

【名称】 用于支撑柄注塑模具的分流板

【公开(公告)号】 CN102941656A

【公开(公告)日】 2013.02.27

【申请(专利权)人】 昆山博爱模具开发有限公司

【地址】 江苏省苏州市昆山市昆嘉路章基路189号1栋103

【发明(设计)人】 王继刚；朱卫娟；范文雄

【摘要】 本发明公开了一种用于支撑柄注塑模具的分流板，包括分流板体(1)，分流板体(1)上表面分布若干个固定卡孔(7)，分流板体(1)的中心设有主浇注口(6)，主浇注口(6)通过浇道(2)向外侧延伸出对称分布的若干个次浇注口(3)，浇道(2)的浇道腔体内在靠近分流板体(1)边缘处还设有挡料板(5)。本发明的支撑柄注塑模具的分流板，安装在浇注口与上模板之间，并设有两种不同直径的浇注口，能够分流注塑料，并缓冲注塑料，且安装方便，提高了注塑后支撑柄的表面光洁度，提高支撑柄的出品质量。

【名称】 陈腐垃圾塑料复合精选机

【公开(公告)号】 CN102941186A

【公开(公告)日】 2013.02.27

【申请(专利权)人】 保定市方正机械厂

【地址】 张文涛；白根云

【发明(设计)人】 河北省保定市新市区建国路地道桥西甲一号

【摘要】 一种陈腐垃圾塑料复合精选机，属于固体废物处理技术，包括第一箱体和主风机，第一箱体左侧上端连接磁选机，磁选机下方设有第一输送机，第一输送机右端和主风机的风嘴分别伸入第一箱体内腔左端，第一箱体内腔左部安装滚抛筒，滚抛筒前、后端垂直于第一箱体前、后面，滚抛筒位于第一输送机下方偏右侧，且位于主风机的风嘴上方偏右侧，第一箱体底面左端设有落料口，落料口位于滚抛筒下方偏右侧，落料口下方设有第二输送机，位于落料口右侧的第一箱体内腔底部沿水平方向安装第三输送机，主风机的风嘴吹向与第三输送机的传送方向平行且位于第三输送机上方。本发明结构简单，可以将不同质地垃圾分开，其占地面积小、省人工、自动化程度高，不污染环境。

【名称】 实验室用塑料片材三辊压光机
【公开(公告)号】 CN102941641A
【公开(公告)日】 2013.02.27
【申请(专利权)人】 张家港市联江机械有限公司
【地址】 江建兵
【发明(设计)人】 江苏省苏州市张家港市锦丰镇华润路88号张家港市联江机械有限公司
【摘要】 本发明涉及一种实验室用塑料片材三辊压光机，包括机架，机架上设置三辊压光装置和双辊输送装置，三辊压光装置和双辊输送装置分别设置在机架两侧，双辊输送装置与机架相垂直设置，三辊压光装置与机架相倾斜设置并且机架之间形成夹角，夹角的大小为0～90°。提供一种实验室用塑料片材三辊压光机，在机架上设置上三辊压光装置和双辊输送装置，便于用户一次完成对塑料片材的成品压制，通过将三辊压光装置与机架之间相倾斜呈一个夹角设置在机架上，便于用户在三辊压光装置上加装塑料片材。

【名称】 塑料成型零件浇口切断装置
【公开(公告)号】 CN102941658A
【公开(公告)日】 2013.02.27
【申请(专利权)人】 大久制作(大连)有限公司
【地址】 辽宁省大连市开发区天云街1号
【发明(设计)人】 马建平；王克；王明臣
【摘要】 塑料成型零件浇口切断装置，切断气缸、导向滑轨、上刀架和上刀顺序连接，并且切断气缸和导向滑轨固定连接于U型板的一端，U型板的另一端连接下刀，上刀和下刀的刀刃相对；U型板与安装于支架上的底板固定连接；支架安装于升降机上，升降机上设置脚踏阀。本装置可以将塑料成型零件的成型浇口自动切除，改变了以往手工切除的难切断、切不齐等诸多问题，简化了浇口切断的繁琐工艺，大大缩短了零件加工工时，提高效率，降低了零件的加工成本。

【名称】 一种焊丝层绕机中塑料轴的固定装置
【公开(公告)号】 CN102923528A
【公开(公告)日】 2013.02.13
【申请(专利权)人】 天津市永昌焊丝有限公司
【地址】 天津市东丽区开发区六经路一号
【发明(设计)人】 刘世伟；李国亮
【摘要】 本发明提供一种焊丝层绕机中塑料轴的固定装置，包括压盘、销子、顶丝，塑料轴通过压盘、销子、顶丝固定在层绕机的主轴上，所述主轴上的主轴销孔内的两侧各开有一个长槽，所述销子与主轴销孔上两侧长槽对应的位置各设有一个立柱，立柱置于长槽内，改变焊丝层绕机销子的固定方式，使得销子在工作时销子上的顶丝卧在主轴的长槽内，达到和主轴刚性固定的目的，完全避免销子飞出层绕机的可能。本发明具有结构简单，实用性强，固定牢靠、安全性强等优点。

【名称】 一种单组份尼龙塑料导电底漆的制备方法
【公开(公告)号】 CN102925016A
【公开(公告)日】 2013.02.13
【申请(专利权)人】 东来涂料技术(上海)有限公司
【地址】 上海市嘉定区嘉定工业区北区新和路1221号
【发明(设计)人】 朱忠敏；叶小明
【摘要】 本发明涉及一种单组份尼龙塑料导电底漆的制备方法，由以下重量份含量的组分混合制备得到：热塑性丙烯酸树脂或聚酯树脂30－60，导电钛白20－30，导电石墨0.2－0.8，导电炭黑0.1－1.0，醋酸丁酸纤维素3－8，溶剂20－40，分散剂2－6，附着力促进剂2－8，防沉蜡浆1－7。与现有技术相比，本发明适应机械喷涂施工，施工方便，附着力良好，另外不用添加固化剂，比双组份产品成本低。

【名称】 用于消失模铸造的泡沫塑料粘结剂及其制备方法
【公开(公告)号】 CN102942887A
【公开(公告)日】 2013.02.27
【申请(专利权)人】 西安工程大学
【地址】 陕西省西安市金花南路19号
【发明(设计)人】 屈银虎；梁涛；王凤；刘新峰
【摘要】 本发明公开的用于消失模铸造的泡沫塑料粘结剂及其制备方法，其中用于消失模铸造的泡沫塑料粘结剂按质量百分比由以下有效组分组成：甲醇或乙醇62.4%～66.4%、聚乙烯醇缩丁醛树脂PVB11.1%～12.5%、酚醛树脂11.1%～12.5%、松香11.1%～12.5%和表面活性剂0.12%～0.44%，以上组分的含量总和为100%。本发明还公开了上述泡沫塑料粘结剂的制备方法，将称取的甲醇或乙醇、聚乙烯醇缩丁醛树脂PVB、酚醛树脂、松香和表面活性剂混合在一起，充分搅拌均匀。本粘结剂粘结速度快，强度高，解决了现有粘结剂的发气量高、燃烧后的残留物多且粘结性低及使用量大的缺点。

【名称】 一种可利用各种塑料袋的垃圾桶

【公开(公告)号】 CN102910398A

【公开(公告)日】 2013.02.06

【申请(专利权)人】 掌庆旺

【地址】 江苏省盐城市滨海县东坎镇三里北区路西190号

【发明(设计)人】 掌庆旺

【摘要】 本发明提供了一种可用各种塑料和方便袋的拉桶。本发明是这样实现的：它是由上桶体、桶的突出边和提把组成的。本发明的优点在于：废物利用，保护环境，减少污染。

【名称】 一种性能优异的塑料合金

【公开(公告)号】 CN102911492A

【公开(公告)日】 2013.02.06

【申请(专利权)人】 张向南；王文广；陈向文

【地址】 广东省深圳市南山区科技园科苑南路武汉大学A403；广东省深圳市南山区科技园科苑南路武汉大学A403；广东省深圳市南山区科技园科苑南路武汉大学A403

【发明(设计)人】 张向南；王文广；陈向文

【摘要】 本发明公开了一种性能优异的塑料合金，由PC(聚碳酸酯)、ABS(丙烯腈/丁二烯/苯乙烯三元共聚物)、PLA(聚乳酸)、相容剂和其它助剂组成，兼具了PC、ABS、PLA各自的特点。本发明根据高分子材料相容基本原理，通过合理选择组分进行匹配，利用其中两种材料特点弥补另一种材料性能上的缺陷，得到低碳环保、易于加工、耐热好、力学性能好、耐溶剂、易于印刷、表面光泽度高等性能。本发明采用常规方法制备，易于实现规模化生产，市场前景广阔，可应用于电子电器壳体、汽车部件等多个领域。

【名称】 专门用于清洗螺杆和螺筒的塑料颗粒及其制备方法

【公开(公告)号】 CN102924791A

【公开(公告)日】 2013.02.13

【申请(专利权)人】 天津百塑行新材料科技开发有限公司

【地址】 天津市南开区鞍山西道信诚大厦303－08

【发明(设计)人】 黄剑锋

【摘要】 本发明提供一种专门用于清洗螺杆和螺筒的塑料颗粒及其制备方法。本发明的塑料颗粒由按如下质量百分比的原料制备而成：20%－40%的熔融指数低于2g/10min的PE，20%－40%的熔融指数低于2g/10min的SBS或SEBS，20%－60%的滑石粉、硅灰石或碳酸钙中的一种或一种以上以及5%－10%的白油。本发明能够有效清除螺杆和螺筒上的积碳以及残留的材料，具有清洗效率高、成本低、适用范围广、安全可靠性好等特点。

【名称】 一种耐电压绝缘阻燃增强尼龙66工程塑料

【公开(公告)号】 CN102924917A

【公开(公告)日】 2013.02.13

【申请(专利权)人】 惠州市华聚塑化科技有限公司

【地址】 广东省惠州市博罗县石湾镇滘吓村滘源路工业区

【发明(设计)人】 冉进成；官炳荣；刘胜；刘典典；官炳桂

【摘要】 本发明涉及一种耐电压绝缘阻燃增强尼龙66工程塑料。该工程塑料按重量百分比由以下组分组成：PA66树脂30%－60%；PPO树脂1.5%－9%；相容剂2%－5%；红磷阻燃剂母粒10%－20%；耐电压绝缘改性填料粒子2%－10%；无碱短切玻璃纤维0.01%－35%；其他助剂1%－2%。所述的耐电压绝缘改性填料为煅烧高岭土、云母、埃洛石碳纳米管三种填料粒子中的至少一种，所述其他助剂包括氨基硅烷偶联剂，所述填料粒子经过占所述填料粒子重量的5%的氨基硅烷偶联剂处理。本发明制备的尼龙66工程塑料具有优异的耐电压绝缘性能，同时也具有良好的机械性能和阻燃性能，可应用于制备有耐电压和阻燃要求的电子电器零部件。

【名称】 一种双组份单涂镀铬塑料件色漆及其制备方法

【公开(公告)号】 CN102942829A

【公开(公告)日】 2013.02.27

【申请(专利权)人】 东来涂料技术(上海)有限公司

【地址】 上海市嘉定区嘉定工业区北区新和路1221号

【发明(设计)人】 朱忠敏；孙百成

【摘要】 本发明涉及一种双组份单涂镀铬塑料件色漆及其制备方法，该油漆由以下重量百分比的组分制成：颜料粉2－20、填料1－5、消光粉1－5、羟基丙烯酸树脂20－35、热塑性丙烯酸树脂15－25、环氧树脂0－3、分散剂1－3、附着力促进剂0.5－3、溶剂15－25、固化剂8－10；将羟基丙烯酸树脂、分散剂、30~50wt%溶剂依次加入到配料釜，搅拌，缓慢加入颜料粉，高速分散后转至砂磨机研磨，得到第一料浆；将热塑性丙烯酸树脂加入到配料釜中，搅拌下将第一料浆、环氧树脂、附着力促进剂、填料、消光粉和10~20wt%溶剂依次加入，高速搅拌得到第二料浆；将固化剂及剩余溶剂加入第二料浆中，充分搅拌，即得本发明油漆。与现有技术相比，本发明油漆能在镀铬塑料件上产生优异的附着力、具有良好的耐水性和耐候性。

【名称】 塑料中空容器挤吹机模头

【公开（公告）号】 CN102941664A

【公开（公告）日】 2013.02.27

【申请（专利权）人】 张家港玖威机械有限公司

【地址】 江苏省苏州市张家港市凤凰镇港口双塘村张家港玖威机械有限公司

【发明（设计）人】 李强；蒋孝丰

【摘要】 本发明公开了一种塑料中空容器挤吹机模头，包括安装在模头机架上的模头支撑件，该模头支撑件上固定有模头，该模头包括模头上盖和模头主体，模头主体内设有储料腔，所述储料腔通过设置在模头上盖上的头颈与料筒连通，储料腔内滑动安装有射料环，该射料环由射料油缸驱动，模头主体的下端连接口模，口模中央设有芯模，芯模与口模之间设有环形的挤出口，所述芯模包括芯模体和芯模杆，所述芯模杆设有轴向中空的孔，所述芯模杆内轴向滑动安装有推拉杆，所述推拉杆的上端与油缸的活塞杆连接，下端与与芯模体固定连接，所述芯模杆和推拉杆之间设有限制推拉杆移动极限位置的限位装置。利用模头生产的产品各部位的厚度合理，成品率高，并且口模和芯模之间的间距调节也合理，避免出现突变的情况。

【名称】 全自动塑料袋封口机

【公开（公告）号】 CN102923352A

【公开（公告）日】 2013.02.13

【申请（专利权）人】 温州亚光机械制造有限公司

【地址】 浙江省温州市经济技术开发区滨海园区滨海三道4525号

【发明（设计）人】 李建设

【摘要】 本发明公开了一种全自动塑料袋封口机，包括机体，所述的机体上装设有两根相向运动的横梁、每根横梁上均连接设有一组驱动其水平直线往返移动的传动机构，所述两横梁相对的侧面上均固装有一片电热封口夹，所述横梁的上方设有用于撑开并张紧塑料袋的撑杆及驱动撑杆摆动的摆动机构，从而可实现全自动完成撑开塑料袋的操作，大大提高封口机的自动化程度，使整个操作流程更连贯更具自动化，可显著提高生产效率。所述的横梁上还装设有固定塑料袋的吸盘和塑料袋锁紧机构，从而使塑料袋更为稳定可靠的固定在横梁上，大大方便了后续产品的装入及对塑料袋的封口操作。

【名称】 一种玻璃纤维增强聚丙烯及其制备方法

【公开（公告）号】 CN102924827A

【公开（公告）日】 2013.02.13

【申请（专利权）人】 张家港市新东玻棉制品厂

【地址】 江苏省苏州市张家港市凤凰镇支山村四组张家港市新东玻棉制品厂

【发明（设计）人】 邓志东

【摘要】 本发明公开了一种玻璃纤维增强聚丙烯，按质量份数计，其组成为：均聚聚丙烯55～60份；玻璃纤维32～35份；乙烯基三（特丁基过氧化）硅烷0.8～1.0份；聚丙烯接枝马来酸酐8～10份；马来酸酐接枝（乙烯－辛烯）共聚物12～15份；润滑剂0.8～1.2份。其制备工艺条件：1）挤出造粒温度180～230℃；螺杆转速320±5r/min；注射成型温度190～210℃。本发明公开的玻璃纤维增强塑料可代替高级工程塑料、金属、铸件、热固性树脂，在耐热、耐水、耐化学剂等方面都具优异的性能。

【名称】 一种用于吹塑料中空容器的吹塑模具

【公开（公告）号】 CN102935715A

【公开（公告）日】 2013.02.20

【申请（专利权）人】 四川科伦药业股份有限公司

【地址】 四川省成都市新都区卫星城工业开发区南二路

【发明（设计）人】 谭顺洪；谭鸿波

【摘要】 本发明公开了一种用于吹塑料中空容器的吹塑模具，包括边模、底模及底模组件导向杆，边摸包括左边摸和右边模，其中，两个边模的模腔对称线处设置有用于向外排气并在模腔内局部形成真空的若干个排气孔。本发明解决了两步法注射拉伸吹塑成型中中空制品壁厚低于0.20mm的前提下成型不饱满，壁厚不均匀的技术难点，同时对改善中空制品壁厚大于0.20mm的成型有较好的成效。

【名称】 一种聚氯乙烯电缆料

【公开（公告）号】 CN102924849A

【公开（公告）日】 2013.02.13

【申请（专利权）人】 江苏鑫峰电缆有限公司

【地址】 江苏省无锡市宜兴市官林镇工业开发区A区

【发明（设计）人】 侯孝政；戴琪

【摘要】 本发明公开了一种聚氯乙烯电缆料，其材料的组分及质量份数如下：PVC树脂粉90－110，碳酸钙粉25－35，优级对苯二甲酸二辛脂50－60，复合稳定剂7－9，润滑剂0.4－0.5，固体石蜡0.3－0.5，硬脂酸钡1.5－2.5，着色剂1.1－2。本发明所述配方采用优级对苯二甲酸二辛脂单独使用，减少配料工艺的复杂程度，可以提高塑料适应环境温度和电缆负荷超温时的抗老化性能，也减少了生产成本。

【名称】 一种高频感应加热式扶手钢管塑料外层滚花机

【公开(公告)号】 CN102922738A
【公开(公告)日】 2013.02.13
【申请(专利权)人】 无锡市宏宇汽车配件制造有限公司
【地址】 江苏省无锡市锡山区东湖塘镇锡沙路
【发明(设计)人】 王宇峰；蒋建忠
【摘要】本发明涉及一种高频感应加热式扶手钢管塑料外层滚花机，用于各种材质、各种截面形状的金属管的包塑，尤其用于公交车、校车、旅游大巴、地铁等交通工具的包塑钢管扶手和公园、商场等环境设施的包塑钢管扶手的塑料外层滚花。本发明由进管工位、变频调速电机驱动的夹送装置、高频感应预热装置、红外温度测量装置、塑料外层滚花装置、流量控制的风冷装置、出管工位和控制系统组成。本发明结构简单、工作可靠，预热温度均匀、调节方便，其显著特点是提高了生产效率、减少了能源消耗、降低了生产成本，还改善了产品质量。

【名称】 塑料油加氢法制备清洁柴油的方法及其装置
【公开(公告)号】 CN102942951A
【公开(公告)日】 2013.02.27
【申请(专利权)人】 台州众至燃料油贸易有限公司；上海晨升石油化工有限公司
【地址】 浙江省台州市君悦大厦A幢1330室
【发明(设计)人】 叶诚；陈利；王义锋
【摘要】 本发明提供塑料油加氢法制备清洁柴油的方法，包括如下步骤：a. 塑料油和氢气混合进入装有加氢保护催化剂的预加氢反应器进行化学反应；b. 预加氢反应器的流出物进入热高压分离器进行分离气提，热高压分离器底部的流出物与冷高压分离器顶部的气体进入主加氢反应器内进行化学反应；c. 主加氢反应器的流出物进入冷高压分离器进行气液分离，冷高压分离器(9)底部流出物进入冷低压分离器与冷高压分离器(4)中部抽出的轻质油混合后进入分馏塔内进行分离，从分馏塔的侧线即可抽出硫含量小于5μg/g，十六烷值高于50的清洁柴油馏分(G)。本发明还提供所述制备清洁柴油方法的制备过程中所用的装置，该装置结构简单，设计合理。

【名称】 耐火可塑料用体积稳定剂
【公开(公告)号】 CN102942373A
【公开(公告)日】 2013.02.27
【申请(专利权)人】 河南省耕生耐火材料有限公司
【地址】 河南省郑州市巩义市大峪沟镇耕生大道88号
【发明(设计)人】 周安宏；张光普；张诚；胡波；徐德亭；原志友
【摘要】 本发明涉及一种耐火可塑料用体积稳定剂。其含有3-环氧丙烷30%~55%、氧化苯乙烯10%~30%、二甲胺溶液35%~50%，所述二甲胺溶液为30%~40wt%的二甲胺水溶液。本发明体积稳定剂通过抑制耐火粘土的吸水膨胀，从而减轻其脱水时的收缩现象，本发明体积稳定剂所含高分子成分，可与粘土颗粒形成强烈的静电引力，从而牢固地吸附在粘土或其它微粒上形成一层保护层，能有效地阻止粘土的水化膨胀作用；同时，本发明体积稳定剂所含高分子具有的适度的链长和链上所带有的特定的功能基，能够同时吸附到多个晶层和微粒上，从而能有效地抑制因粘土颗粒分散和运移而带来的体积收缩。

【名称】 一种塑料共挤型材表面低应力生产方法
【公开(公告)号】 CN102922711A
【公开(公告)日】 2013.02.13
【申请(专利权)人】 张李忠
【地址】 河南省偃师市城关镇太学路13号
【发明(设计)人】 张李忠
【摘要】一种塑料共挤型材表面低应力生产方法，通过降低共挤层表面的厚度、改进共挤层表面使用的材料，使彩色共挤型材表面的热传导效率得到提高，使彩色共挤型材的生产过程中型材共挤表面的冷却速度加快，降低了型材表面生产过程中产生的应力，这样生产的彩色共挤型材表面应力最低，受热后产生的变形也越小。首先，启动共挤机，当共挤料挤出口模时停止共挤机。然后，启动主机，挤出白色PVC料，牵引成型，最后，再次启动共挤机，同时原材材料采用“丙烯晴-苯乙烯-丙烯酸丁酯-聚甲基丙烯酸甲酯”或“聚甲基丙烯酸甲酯-丙烯酸丁酯”或替代以上材料的共挤料。调整共挤机转速，使表面共挤层达到0.12毫米以下。共挤表面的厚度不超过0.12毫米，越薄越好。

【名称】 一种环保材料塑性体及其生产方法和制造过程
【公开(公告)号】 CN102911424A
【公开(公告)日】 2013.02.06
【申请(专利权)人】 张晓；蒋建义
【地址】 中国台湾台北市；中国台湾台北市
【发明(设计)人】 张晓；蒋建义
【摘要】 本发明公开了一种高分子材料领域，特别涉及一种环保材料塑性体及其生产方法和制造过程，该环保材料塑性体可以适用于生产塑料薄膜、纸张、无纺布、建材、管材、板材等。本发明一种环保材料塑性体，其中该塑性体由含量为70%~80%的碳链型无机粉体和含量为30%~20%高分子树脂组成。

本发明提供一种比传统塑料制品更易于降解，可以彻底解决白色污染。无毒无味，使用后废弃经焚烧对空气、水、土壤均无污染，及人体无任何伤害。同时具有韧性好和强度高的特点，还兼具有成本低廉的优点

【名称】 一种注塑式防撞件格挡
【公开(公告)号】 CN102910349A
【公开(公告)日】 2013.02.06
【申请(专利权)人】 苏州征之魂专利技术服务有限公司
【地址】 江苏省苏州市苏州高新区科灵路78号
【发明(设计)人】 征茂德；陈巧云
【摘要】 本发明公开了一种注塑式防撞件格挡，包括格档本体，所述格档本体设置有防撞件圆边、取手位、格挡管位筋组、格挡插槽、边缘加强筋组和弹性卡扣装置，所述防撞件圆边设置有圆边槽口，所述格挡管位筋组还设置有管位喇叭口，所述弹性卡扣装置设置有弹性卡扣凸圆柱、弹性卡扣插入孔和百折增韧筋条。本发明采用塑料颗粒注塑成型，形状和结构细节摆脱了冲压板的限制，性能和寿命有了大幅的提高，制造精密，有效避免装箱撞件，通用性强，使用方便，不弯曲变形，适应面广，大幅降低了格档的使用成本。

【名称】 塑料薄膜封口机
【公开(公告)号】 CN102922777A
【公开(公告)日】 2013.02.13
【申请(专利权)人】 天津市金鸿洋塑料包装制品有限公司
【地址】 天津市蓟县别山镇新苏庄子村
【发明(设计)人】 苏长洋
【摘要】 本发明涉及塑料加工技术领域，尤其涉及一种塑料薄膜封口机，包括工作台、电加热片以及压板，所述电加热片设置在工作台上，压板位于电加热片的上方通过连接杆铰接在固定在工作台上的立板上，所述立板和连接杆之间设有拉簧，所述连接杆下部设有用于下压压板的脚踏板。本发明结构简单，制造方便，成本低廉，适合小型企业的推广，使用时将塑料薄膜放置在压板和电加热片之间，踩下脚踏板就可以完成薄膜的封口工作，工作效率高。

【名称】 塑料中六溴环十二烷测定方法
【公开(公告)号】 CN102944637A
【公开(公告)日】 2013.02.27
【申请(专利权)人】 苏州华碧微科检测技术有限公司
【地址】 江苏省苏州市工业园区港田路99号
【发明(设计)人】 李静学
【摘要】 本发明提供了一种 塑料中六溴环十二烷测定方法，该方法包括以下步骤：A、制备质量浓度为1000mg/L的六溴环十二烷标准储备液；B、用标准储备液分别稀释到质量浓度为10mg/L、20mg/L、50mg/L、100mg/L的六溴环十二烷溶液；C、使用气相色谱/质谱联用仪分别测出步骤B中六溴环十二烷溶液的色谱图；D、根据色谱图绘制标准曲线，得出标准函数关系；E、制备待测塑料样品待测液；F、测出待测液的色谱图；G、根据色谱图计算出待测液六溴环十二烷的浓度，从而计算出塑料样品中六溴环十二烷的含量。本发明方法通过气相色谱质谱联用法对塑料中的六溴环十二烷含量进行检测，其检测限低，灵敏度高，检测速度快。

【名称】 一种覆膜塑料异型材
【公开(公告)号】 CN102922807A
【公开(公告)日】 2013.02.13
【申请(专利权)人】 江苏欧邦塑胶有限公司
【地址】 江苏省苏州市张家港市锦丰镇杨锦公路江苏欧邦塑胶有限公司
【发明(设计)人】 张立平；张惠娟
【摘要】 本发明公开了一种覆膜塑料异型材，包括塑料的异型材本体和覆膜，所述异型材本体的外表面涂抹粘胶，所述覆膜真空吸附于所述异型材本体的外表面。该异型材种外形美观、使用寿命长、制造成本低。所述覆膜可以为单层结构或为多层结构，为多层结构时，该覆膜为PVC/PET复合膜，PVC层通过粘结层粘结于PET层的表面，PVC层粘结在异型材本体的粘胶上。

【名称】 一种高吸湿染色、高弹性尼龙6的制备方法
【公开(公告)号】 CN102911366A
【公开(公告)日】 2013.02.06
【申请(专利权)人】 天津工业大学
【地址】 天津市河东区成林道63号
【发明(设计)人】 尹翠玉；刘思；张宇峰
【摘要】 本发明提供一种高吸湿染色、高弹性尼龙6的制备方法。其特征是在反应容器中加入50－85份己内酰胺、5－8.5份开环剂、0.3－6份二元羧酸封端剂和0.3－6份复合胺类改性剂，在氮气保护下，经开环、常压、减压聚合制得复合胺/聚酰胺预聚体；再加入与二元羧酸封端剂等摩尔的聚醚，在催化剂作用下，经常压、减压聚合制得复合胺/聚醚/聚己内酰胺共聚物；最后，经萃取、干燥后制得高吸湿染色、高弹性尼龙6最终产物。该方法工艺简单，用现有生产设备即可生产，不仅具有优良的物理机械性能，而且具有良好可纺性、光/热稳定性、

弹性和吸湿及染色性，不仅染色深度加强且染色均匀，可应用于化学纤维、工程塑料和膜材料等。

【名称】 聚酯纤维增强木塑复合材料及其制备方法
【公开(公告)号】 CN102911508A
【公开(公告)日】 2013.02.06
【申请(专利权)人】 东北林业大学
【地址】 黑龙江省哈尔滨市香坊区和兴路26号
【发明(设计)人】 王海刚；程然；王清文；王伟宏；黄浪
【摘要】 聚酯纤维增强木塑复合材料及其制备方法，它涉及一种复合材料及其制备方法。本发明为了解决现有的木塑复合材料综合力学性能差的技术问题。本发明复合材料由热塑性塑料、木质纤维、聚酯纤维、润滑剂和偶联剂制成，制备方法如下：将分散后的聚酯纤维与木质纤维、聚酯纤维、润滑剂和偶联剂混合，然后通过双螺杆挤出机造粒，成型，即得。采用本发明方法制备的聚酯纤维增强木塑复合材料的弯曲强度可达71.34±0.73MPa、弹性模量可达5.85±0.17GPa、拉伸强度可达51.96±0.14MPa、无缺口冲击强度可达17.96±0.92kJ/m^2。

【名称】 一种泡沫塑料加工中的余热回收工艺
【公开(公告)号】 CN102909817A
【公开(公告)日】 2013.02.06
【申请(专利权)人】 遵义市剑龙塑料泡沫制品有限公司
【地址】 贵州省遵义市绥阳县风华镇五三二厂区内
【发明(设计)人】 申天玖
【摘要】 本发明涉及一种泡沫塑料加工中的余热回收工艺，该工艺流程为：领料—发泡—换模—成型—热蒸汽回收—包装—入库；由于发泡工序需要大量的热蒸汽，本发明将回收的热蒸汽循回到发泡工序，使产品在生产过程中具有充足的热资源。采用本发明加工工艺，产量和质量都得到大幅度提高，既回收利用了热资源，又大大降低了生产成本。

【名称】 一种塑料注射成型机的注射装置
【公开(公告)号】 CN102909837A
【公开(公告)日】 2013.02.06
【申请(专利权)人】 黄时来
【地址】 广东省佛山市顺德区大良沿江北路金域湾花园倚涛居A302
【发明(设计)人】 黄时来
【摘要】 本发明公开了一种塑料注射成型机的注射装置，包括相配连接的螺杆和机筒、料斗，机筒前端设有射嘴，机筒外设有射嘴移动油缸，机筒后方设有与螺杆连接的油马达，所述机筒外侧设有射胶油缸，射胶油缸中设有射胶活塞和射胶活塞杆，射胶活塞把射胶油缸分为有杆腔和无杆腔，机筒外设有主电磁阀、副电磁阀和压力继电器，主电磁阀分别与有杆腔和无杆腔连通，副电磁阀分别与无杆腔和油马达连通，压力继电器设在有杆腔和主电磁阀之间。本发明的塑料注射成型机的注射装置结构简单、稳定性强且能成型强度高、密实度高的薄壁制品。

【名称】 皮芯结构的玻纤增强树脂复合材料及其制造方法
【公开(公告)号】 CN102911437A
【公开(公告)日】 2013.02.06
【申请(专利权)人】 上海清远管业科技有限公司
【地址】 上海清远管业科技有限公司
【发明(设计)人】 甄万清；王鹏；苏长裕；郑敏；刘天玺；陈燕
【摘要】 一种皮芯结构的玻纤增强树脂复合材料，由连续玻璃纤维丝束、聚丙烯树脂和聚乙烯树脂复合而成，连续玻璃纤维丝束均匀地分散在聚丙烯树脂内并被聚丙烯树脂包裹，聚乙烯树脂包覆在聚丙烯树脂外；连续玻璃纤维丝束由无碱无捻玻璃纤维缠绕纱经偶联剂处理形成；其制造方法是，将经过偶联剂处理过的无碱无捻玻璃纤维缠绕纱通过十字形挤出机头被熔融聚丙烯树脂包覆，经冷却、牵引至下一个十字形挤出机头被熔融聚乙烯树脂包覆，再经冷却、牵引、缠绕成卷。本发明的产品具有类似于热塑性工程塑料的特性，可以代替金属、ABS、尼龙等工程塑料使用，还可作为钢丝缠绕管材中的钢丝替代品，亦可作为钢丝软管中的增强体。

【名称】 一种利用棉花秸秆制备木塑复合材料的方法
【公开(公告)号】 CN102924954A
【公开(公告)日】 2013.02.13
【申请(专利权)人】 盐城工学院
【地址】 江苏省盐城市迎宾大道9号盐城工学院材料工程学院
【发明(设计)人】 代少俊；侯贵华
【摘要】本发明公开了一种利用棉花秸秆制备木塑复合材料的方法。木塑材料采用以下重量配比：100份热塑性塑料，50~150份棉花秸秆粉，5~25份复合偶联剂，0.5~1.5份石蜡，0.1~1份引发剂。将棉花秸秆粉、复合偶联剂、石蜡、引发剂在高速搅拌机中处理后与热塑性塑料混合，置于双螺杆挤出机中挤出得到制品。本发明能大量有效利用农作物秸秆，具有操作简单、所需的设备少，成本低的特点。本发明制得的产品强度高、韧性好、无毒环保、可回收、能满足多种场合的使用需要。

【名称】 现浇罗马柱的塑制模具
【公开(公告)号】 CN102912976A
【公开(公告)日】 2013.02.06
【申请(专利权)人】 吴士传
【地址】 浙江省台州市黄岩区西城江景公寓5幢1104室
【发明(设计)人】 吴士传
【摘要】 现浇罗马柱的塑制模具，主要包括柱脚模板、长柱身模板、短柱身模板、调节模板、柱头模板和锁扣共六个部分，全部由塑料制成。在浇注一根罗马柱时，长柱身模板、短柱身模板和调节模板中的某一级模板需用1级或者2级或者更多级，也可能不用，例如某一罗马柱比较高，在柱脚模板上安装6级长柱身模板、1级短柱身模板，再在上面安装柱头模板。各级模板之间全制有定位榫和定位孔，安装时配合准确，各级模板之间制有连接孔，各连接孔全部由统一的锁扣固定，装配时不用工具，十分方便、省力，同级模板之间同样由锁扣对固定孔进行连接，并有定位装置，装配容易。

【名称】 不饱和聚脂团状模塑料注塑机
【公开(公告)号】 CN102922655A
【公开(公告)日】 2013.02.13
【申请(专利权)人】 韦浪舟；海珉；曾玉龙；韦熊然
【地址】 广西壮族自治区柳州市柳东新区官塘工业园B区(高新区)
【发明(设计)人】 韦浪舟；海珉；曾玉龙；韦熊然
【摘要】 本发明公开了一种不饱和聚脂团状模塑料注塑机，属机械设备制造技术领域，包括有机架，注射座，螺杆，机筒，进料装置以及加热器，所述螺杆连接有螺杆头，所述螺杆头与推力杆的前端连接，该推力杆的前端后部设有一段凸起的挡环部，所述推力杆外套装有止逆环，所述止逆环在所述推力杆的环部至所述螺杆头之间设有2～15毫米的轴向游隙；所述止逆环是后端设有凸起的环部，前端有多个缺口的筒体形状，所述凸起的环部设有与所述推力杆的挡环部接合的接合面，所述止逆环的接合面设有多个连通到所述凸起的环部前方筒壁外的进料通孔。它可以解决塑料制品在注射成型过程中，塑料回流大，制品重量不稳定及密实度欠缺，难成型高表面质量制品的问题。

【名称】 不饱和聚脂团状模塑料注塑机
【公开(公告)号】 CN102922654A
【公开(公告)日】 2013.02.13
【申请(专利权)人】 柳州市欧科塑胶机械成套设备有限公司
【地址】 广西壮族自治区柳州市柳东新区官塘工业园B区(高新区)
【发明(设计)人】 曾玉龙；韦浪舟；海珉；韦熊然
【摘要】 本发明公开了一种不饱和聚脂团状模塑料注塑机，属机械设备制造技术领域，它包括有机架，安装在所述机架上的注射座，安装在所述的注射座上内装有螺杆的机筒，设置在所述机筒进料入口上方的蓄料缸，以及加热装置，在所述蓄料缸上端连通有一个轴线竖立设置的压料缸体，在该压料缸体内有一个与压料驱动油缸的活塞杆连接的压料活塞；所述压料缸体的一侧通过一个喂料口与一个上部设有投料口的所述喂料口的喂料槽连通，在该喂料槽内有一个连接喂料驱动油抽缸的活塞杆的推料板。本发明它可以解决不饱和聚脂团状模塑料注塑机中投料量难以均衡，劳动强度大的问题。

【名称】 塑料注塑机
【公开(公告)号】 CN102922710A
【公开(公告)日】 2013.02.13
【申请(专利权)人】 柳州市欧科塑胶机械成套设备有限公司
【地址】 海珉；曾玉龙；韦浪舟；韦熊然
【发明(设计)人】 广西壮族自治区柳州市柳东新区官塘工业园B区(高新区)
【摘要】 本发明公开了一种塑料注塑机，涉及注塑机制造技术领域，在调模板背面的上部和下部位置铸有二个后连杆座，在调模板背面左右位置各铸出一个横向开口，从上述横向开口外端面与调模板上分别设置有二个用于安装导向柱的纵向水平通孔；在动模板背面上部和下部位置铸有二个与动模板一体的前连杆座；本发明的特点是：在调模板的背面铸出二横向开口取代已有技术中的工字板，将调模板和横向开口上用于安装导向柱的纵向水平通孔一次加工出来，从而确保导向柱安装孔的同轴度，将原来独立安装的前、后连杆座分别直接在动模板、调模板上铸出来；通过实施本发明，使塑料注塑机安装容易、具有良好的互换性。

【名称】 一种增强热塑性塑料管增强带生产用穿线模具
【公开(公告)号】 CN102935712A
【公开(公告)日】 2013.02.20
【申请(专利权)人】 广州励进新技术有限公司
【地址】 广东省广州市花都区新华工业区大布路40号
【发明(设计)人】 李志雄；李桦
【摘要】 本发明公开了一种增强热塑性塑料管增强带生产用穿线模具，包括基体和穿线孔板，所述穿线孔板上并排设置有穿线孔；所述穿线孔呈正方形结构。本发明有效解决了中间层增强带制备过程中丝绳/线绳易磨损断丝的难题，有效提高了丝绳/线绳制成增强带的成品率，不仅保证了生产的稳定持续进行，而且显著提高了生产效率。

【名称】 一种复合塑料编织袋的制备方法
【公开(公告)号】 CN102922776A
【公开(公告)日】 2013.02.13
【申请(专利权)人】 广州新文塑料有限公司
【地址】 广东省广州市经济开发区永和区永盛路18号
【发明(设计)人】 陆伟锠
【摘要】 本发明公开了一种复合塑料编织袋的制备方法，其顺次包括涂膜、电晕、热熔压合、缝底的步骤。与现有技术相比，本发明采用热熔压合的方式对编织基布的接合处进行粘合，使得接合处的厚度与其它部位的厚度接近，从而使得袋子的表面平整，印刷在袋子表面的图案清晰美观，而且，压合后接合处的拉伸负荷达到450N/50mm以上；另外，对涂膜后的编织基布进行电晕处理，改变了其表面能量，增加印刷牢度。

【名称】 一种PVC磁塑共混门封条及其制备方法
【公开(公告)号】 CN102936384A
【公开(公告)日】 2013.02.20
【申请(专利权)人】 安徽万朗磁塑集团有限公司
【地址】 安徽省合肥市经济技术开发区汤口路678号
【发明(设计)人】 时乾中
【摘要】 本发明提供一种PVC磁塑共混门封条及其制备方法，PVC磁塑共混门封条是由PVC等热塑性塑料与磁粉共同挤出成型的，减少了磁条的加工步骤与向门封胶套内穿入磁条的加工步骤；有效缩短了磁性门封条的生产制造流程，节约加工时间，减少了人工与材料成本，并大大提高了生产率；同时提高了门封条的吸附性能。

【名称】 一种磁塑共挤门封条的制备方法
【公开(公告)号】 CN102941661A
【公开(公告)日】 2013.02.27
【申请(专利权)人】 安徽万朗磁塑集团有限公司
【地址】 安徽省合肥市经济技术开发区汤口路678号
【发明(设计)人】时乾中
【摘要】本发明提供一种磁塑共挤门封条的制备方法，用单螺杆挤出机分别将热塑性塑料的原料、磁塑共混物原料熔融挤出后同时通入共挤模具中进行挤出成型，得门封胶套，然后加磁、切割、焊接得磁塑共挤门封条。本发明中由于磁条与门封胶套是同步挤出成型的，节约了材料与成本；减少了向门封胶套内穿入磁条的生产工序，节约了近20%的加工时间，大大提高了生产率；并保证了门封条的质量与使用效果。

【名称】 离心管塑料组合架
【公开(公告)号】 CN102921488A
【公开(公告)日】 2013.02.13
【申请(专利权)人】 无锡耐思生物科技有限公司
【地址】 江苏省无锡市新区梅村工业园锡达路230号
【发明(设计)人】 许东良
【摘要】 本发明提供了离心管塑料组合架，其使得离心管的可以放置在一起、占地面积小，取放方便。其包括上板、底板，所述上板上均布有离心管孔，所述底板上均布有离心管支承孔，其特征在于：所述底板的底部四角位置分别设置有脚垫结构，所述上板通过四角位置的支撑柱支承于所述底板，所述支撑柱的底部插装于所述底板的定位孔内，所述支撑柱的底部贯穿所述上板的安装孔后、其卡扣的下端面扣装于所述上板的上端面。

【名称】 含磷杂环阻燃共聚酯离聚物及其制备方法
【公开(公告)号】 CN102924702A
【公开(公告)日】 2013.02.13
【申请(专利权)人】 四川大学
【地址】四川省成都市武侯区一环路南一段24号
【发明(设计)人】 王玉忠；张怡；陈力；何明昕；赵晶晶；倪延朋；翟筠秋
【摘要】 本发明公开的含磷杂环阻燃共聚酯离聚物是在Ⅰ、Ⅱ表示的聚酯结构单元的基础上，引入了由Ⅲ或Ⅳ表示的结构单元经无规共聚所组成，该含磷杂环共聚酯离聚物的特性粘数[η]为0.2～1.1dL/g。本发明还公开了其制备方法。由于本发明引入的是含磷离子基团，因而无需添加其它阻燃剂就能同时实现对聚酯的阻燃化改性和离子化改性，并能通过含磷离子基团的成炭作用和“离子团聚体”产生的稳定的“物理交联”作用提高聚酯的熔体粘度，从而同时赋予聚酯优异的阻燃、抗熔滴的性能。该离聚物可直接作为制备纤维、工程塑料和薄膜等的原料使用。

【名称】 泡沫塑料发泡倍率的评价模具
【公开(公告)号】 CN102941646A
【公开(公告)日】 2013.02.27
【申请(专利权)人】 航天材料及工艺研究所；中国运载火箭技术研究院
【地址】北京市丰台区南大红门路1号；北京市丰

台区南大红门路1号

【发明(设计)人】 马晓静；杨汝平；丁仁兴；赵建设

【摘要】 本发明涉及泡沫塑料发泡倍率的评价模具，属于泡沫塑料喷涂技术领域。包括底盘、立柱和发泡模筒体；其中，发泡模筒体包括发泡模腔体、进料筒组件和顶部测量组件，发泡模腔体包括筒身和水箱；进料筒组件包括进料筒、堵塞、楔销和漏斗；顶部测量组件包括定位盘和标杆，顶部测量组件还包括砝码，置于标杆底盘上。本发明通过增加发泡腔体的环形设计和底端水箱，使发泡内腔用水管与恒温水槽连接实后，可实现模具发泡内腔温度可控、一致；本发明以侧面增加进料口的方式，避免了顶部倒料使发泡内腔侧壁挂料造成的对泡沫生长方向的扰动；本发明使用标尺和砝码给予泡沫塑料的顶端一定的压力，使泡沫塑料的顶面水平，且高度可直接通过标杆读出。

【名称】 塑料线形型材的双刀气动切割装置

【公开(公告)号】 CN102909735A

【公开(公告)日】 2013.02.06

【申请(专利权)人】 上海海弋机电科技有限公司

【地址】 上海市松江区车墩镇茸华路1150号3幢

【发明(设计)人】 柳敏飞；张彦敏；魏晓霞；王建林

【摘要】 本发明塑料线形型材双刀气动切割装置，在型材持续挤出的过程中，该切割装置根据型材的切割长度要求，控制单元控制双刀切割单元、型材压紧单元、型材同步移动工作台、切刀加温单元做周期性协同在线工作。由于型材同步移动工作台上设有间距调节机构，两组切割单元的间距可调，且两组切割单元可同时动作，不仅使在同一时间、同一切割长度情况下的切割次数增加一倍，而且使型材的可切割长度在设计范围内连续可调。同时，工作平台移动采用伺服电机带动、移动平台的导向采用直线导轨，运动更稳定、精确，从根本上保证了切割精度和切割面质量。

【名称】 注塑机炮筒冷却装置

【公开(公告)号】 CN102922706A

【公开(公告)日】 2013.02.13

【申请(专利权)人】 深圳震业兴科技有限公司

【地址】 广东省惠州市惠阳区淡水镇白云6路443号

【发明(设计)人】 寻尚伦

【摘要】 本发明涉及塑料机械技术领域，特别是指一种注塑机炮筒冷却装置，所述该冷却装置包括冷却环本体，所述冷却环本体为金属环管，所述金属环管内径大于注塑机炮筒外径，金属环管两端头设锁定装置将其套装固定于注塑机炮筒外壁，金属环管两端头连接至冷却水管，且所述金属环管内面为平面型，金属环管内径弧度等同于注塑机炮筒外壁弧度，使金属环管内壁平面贴合于注塑机炮筒外壁上。本发明实现了对注塑机炮筒的快速冷却，可1小时内将300度的炮筒降低至室温，重新换料投入生产，避免了生产资源的浪费，生产效率高，冷却水经过吸收注塑机炮筒热量后，可引入生活使用，变废为宝，具有良好的经济及社会效益。

【名称】 风嘴吹膜装置

【公开(公告)号】 CN102922649A

【公开(公告)日】 2013.02.13

【申请(专利权)人】 浙江福鑫龙机械有限公司

【地址】 浙江省瑞安市飞云镇远东路185号

【发明(设计)人】 张煊；彭利；温正杯；陈万伟

【摘要】 本发明公开了一种风嘴吹膜装置，包括机架(4)、压辊(2)、压辊电机(1)，在所述压辊(2)两端的压辊轴上通过风嘴臂(31)装有相连的轴头(35)与壁筒(36)，该轴头(35)与壁筒(36)的内部设有风道(30)，且壁筒(36)的内壁上装有滤筒(37)；所述壁筒(36)的下部连有风嘴(32)。本发明由压缩空气通过轴头与壁筒内的风道后，再经过滤筒的过滤而从壁筒吹出，再通过风嘴吹向压辊上的流涎状塑料薄膜，使其均匀冷却并使其厚度均匀，从而提高了塑料薄膜的质量。

【名称】 一种长纤维增强塑料的制备方法及其生产模具

【公开(公告)号】 CN102941677A

【公开(公告)日】 2013.02.27

【申请(专利权)人】 天津市飞荣达科技有限公司；深圳市飞荣达科技股份有限公司

【地址】 杨金生；萧怡然；蔡文廷

【发明(设计)人】 天津市武清区自行车王国产业园区祥园道160号；天津市武清区自行车王国产业园区祥园道160号

【摘要】 本发明公开了一种长纤维增强塑料的制备方法及其生产模具，其包括生产模具本体，所述生产模具本体包覆有一用于保证生产模具本体内熔体温度的加热器，其中，所述生产模具本体内设置有用于导入熔体的主流道与至少一个用于穿过纤维的熔腔，所述主流道与对应熔腔之间通过一分支流道相连通，所述生产模具本体上设置有与所述熔腔相对应的出料孔，使纤维穿过对应熔腔包覆上熔体，再从对应出料孔穿出；所述出料孔上设置有用于控制对应熔腔体积的调节螺栓，所述调节螺栓上设置有一通路，所述通路套置在所述出料孔上，所述通路的直径大于对应出料孔的口径。采用主流道、分支流道与熔腔的结构方式，能够使熔体更均匀的包覆在纤维。

【名称】 一种抗拉抗压耐高温改性聚丙烯电力管材的制备方法

【公开(公告)号】 CN102942763A

【公开(公告)日】 2013.02.27

【申请(专利权)人】 宏岳塑胶集团有限公司

【地址】 河北省秦皇岛市经济技术开发区峨眉山北路11号

【发明(设计)人】 马君；张双全；王锡臣；祖国富；孙忠学

【摘要】 一种抗拉抗压耐高温改性聚丙烯电力管材的制备方法，该管材由100份改性聚丙烯、0.5－15份增粘剂、0.1－15份纳米材料、0.1－15份液晶材料、0.5－15份抗冲击改性剂、0.1－15份成核剂、0－30份填充母料、0.1－5份色母料、0.5－30份工程塑料、0.5－15份增容剂、0.05－5份抗氧剂、0.05－5份光稳定剂按重量份配比混合造粒后经模具挤出成型。本发明生产的MPP管材与现有的MPP管材相比，弯曲强度提高30－50%，弯曲弹性模量提高25－60%，焊接拉伸强度达到26－33MPa，70℃环片热压缩力提高30－50%，耐光氧老化时间延长5－15年，维卡软化点提高5－20℃，抗冲击强度与耐腐蚀性能好，能够满足高标准质量电力工程的要求，并降低工程费用。

【名称】 一种改性硅藻土/聚乙烯复合塑料的制备方法

【公开(公告)号】 CN102911421A

【公开(公告)日】 2013.02.06

【申请(专利权)人】 营口东盛实业有限公司；东北大学

【地址】 辽宁省营口市高新技术产业开发区青花大街88号；辽宁省营口市高新技术产业开发区青花大街88号

【发明(设计)人】 文起东；秦高梧；贾迎钢；胡建设；李松；任玉平

【摘要】 本发明属于复合材料领域，具体涉及一种改性硅藻土/聚乙烯复合塑料的制备方法。本发明的制备方法步骤是：将超细硅藻土干燥后与乙醇混合，超声分散，然后加入改性剂，机械搅拌，离心分离，分离得到的固体产物真空干燥1～24h，得到改性硅藻土，或者将改性剂直接与乙醇混合，然后将混合液均匀喷洒在冷却的硅藻土表面，得到改性硅藻土，将改性硅藻土和聚乙烯加入密炼机中共混后，经平板硫化机热压制成硅藻土/聚乙烯复合塑料板材。本发明是通过超细化及表面改性技术，开发环境友好、低碳排放、可替代塑料中碳酸钙填料的新型“低碳环保”型聚乙烯塑料。

【名称】 一种用于塑料管道、设备的堵漏材料及其生产方法

【公开(公告)号】 CN102925104A

【公开(公告)日】 2013.02.13

【申请(专利权)人】 湖北山水化工有限公司

【地址】 湖北省宜昌市枝江市董市镇姚家港沿江路2号

【发明(设计)人】 黄少华

【摘要】 一种用于塑料管道、设备的堵漏材料，其特征在于包括以重量计的以下原料：石棉材料，0.8－1.2份；陶土1.6－1.8份，机油1.25－1.5份；所述堵漏材料的原料还包括桐油0.5－0.7份；所述堵漏材料在常温、常压下为固态，稍微挤压可变形。制备所述堵漏材料的方法，先将陶土和机油混匀，然后将其逐渐加入石棉材料中，边加边搅拌，再缓慢加入桐油混匀得堵漏材料。本法明提供的堵漏材料配制简单，对管道塑料、设备等堵漏效果显著，且成本低廉，易于推广。

【名称】 一种塑料扁(圆)丝收卷装置

【公开(公告)号】 CN102910485A

【公开(公告)日】 2013.02.06

【申请(专利权)人】 陈崇锡；黄美昌；周传对

【地址】 浙江省平阳县敖江镇浦下路93号

【发明(设计)人】 陈崇锡；黄美昌；周传对

【摘要】 本发明公开了一种塑料扁(圆)丝收卷装置，包括有基架1、主传动轴2、电机3、磁主传动盘座4、磁主传动盘5、磁被传动盘6、直线导轨7、筒管轴座8、筒管轴9、筒管10、槽筒11、槽筒轴12、槽筒轴座13和弹簧14，磁主传动盘5与主传动轴2传动，磁主传动盘5与磁被传动盘6磁传动，筒管轴座8与直线轴承紧固联接，直线轴承安装在直线导轨7上，筒管轴座8一端与直线导轨7一端有拉簧相连，筒管10与槽筒11滚动摩擦接触，本发明的有益效果：原有技术是一台塑料扁丝收卷机组需一台主电机及几百锭筒管收卷小电机改为只需一台电机即可带动，节约大量小电机，大幅度节约制造和维修成本，降低电耗。

【名称】 嵌压式塑料封志及其制造使用方法

【公开(公告)号】 CN102915674A

【公开(公告)日】 2013.02.06

【申请(专利权)人】 陈兴华

【地址】 陕西省西安市高新区新型工业园学士路90

号4－B室

【发明(设计)人】 陈兴华

【摘要】 本发明涉及一种嵌压式塑料封志及其制造使用方法，嵌压式塑料封志包括上端的水平端盖、所述水平端盖通过侧壁与卡座连接，所述卡座底部为底封盖；所述水平端盖下端设置有两条卡扣腿，所述卡扣腿底部设置有卡扣倒钩；所述卡座上设置有与两条卡扣腿对应的卡线孔槽，所述卡座的两条卡线孔槽中间设置有纵截面为形的空心凸台，凸台内顶部连接有向下的加强扣，所述卡座上设置有与加强扣对应的加强扣孔。制作时，将水平端盖垂直放置进行制作模具，模具制成后将材料注入，一次成型。使用时，将两根棉蜡绳穿入所述穿线孔槽，使用封志钳子压紧封志，封装完成。本发明封志结构简单，工艺方便，成本低廉，具有良好的防撬性能，并且使用方便可靠。

【名称】 塑料锚栓现场抗拉承载力检测夹具

【公开(公告)号】 CN102998173A

【公开(公告)日】 2013.03.27

【申请(专利权)人】 南通市建筑科学研究院有限公司

【地址】 江苏省南通市唐闸南市街106号

【发明(设计)人】 李戬；施洪亮；梁晓晖；周俊；马明惠；翟小勇；邱雨

【摘要】 本发明公开了塑料锚栓现场抗拉承载力检测夹具，其特征在于：该检测夹具包括不锈钢圆型底座、不锈钢半圆型夹片和不锈钢链条，所述不锈钢圆型底座顶部为圆形结构，所述不锈钢圆型底座底部为半圆形结构，所述不锈钢圆型底座的顶部圆心处设有螺孔，所述螺孔周围开有若干观测圆孔，所述不锈钢圆型底座一侧设有凹槽，所述不锈钢圆型底座底部中心开有半圆孔a，所述不锈钢半圆型夹片顶端焊接有连接件，所述连接件上设有紧固件，所述连接件与不锈钢圆型底座上的凹槽相配合，所述不锈钢半圆型夹片底部中心开有半圆孔b，所述半圆孔a与半圆孔b组成圆孔，所述圆孔与螺孔相对应。本发明的优点是：整个夹具操作简单、方便、安全、稳定性高，受力均匀。

【名称】 塑料瓶输液制剂多种规格同瓶型微孔检查机出口夹瓶机构

【公开(公告)号】 CN102980729A

【公开(公告)日】 2013.03.20

【申请(专利权)人】 中国大冢制药有限公司

【地址】 天津市西青区南河镇津文公路西

【发明(设计)人】 王兆东；赵玉峰

【摘要】 本发明公开了一种塑料瓶输液制剂多种规格同瓶型微孔检查机出口夹瓶机构，包括底座，由连接在底座上的支撑板支撑的传送夹具，传送夹具包括上下对称设置的夹瓶杠、夹瓶带以及设置在夹瓶带端部的夹瓶带轮；夹瓶杠设置在夹瓶带内侧，夹瓶带使用齿形带，夹瓶带轮为齿形带轮。本发明的塑料瓶输液制剂多种规格同瓶型微孔检查机出口夹瓶机构，是应用于输液产品瓶形相同、长度不同、剂量不同的微孔检查机下料结构。通过夹瓶带对瓶颈部的仿形，结合夹瓶杠的支撑对瓶进行夹持，利用不同产品瓶的颈部相同点作为夹持点，从而达到夹持瓶的目的。

【名称】 一种可降解PHA/PBS共混物片材及其制备方法

【公开(公告)号】 CN102977566A

【公开(公告)日】 2013.03.20

【申请(专利权)人】 江苏华信塑业发展有限公司

【地址】 江苏省徐州市新沂市大桥东路189号

【发明(设计)人】 邹学良；李振斌；王光战；张道远

【摘要】 本发明属于可降解材料加工领域，具体涉及PHA/PBS共混物片材及其制备方法。PHA/PBS共混物片材，包括有如下组分作为原料：PHA65～80重量份、PBS20～35重量份、PHA和PBS总重量的5～15%的增韧剂、PHA和PBS总重量的0.5～18%的无机填料、PHA和PBS总重量的0.2～0.8%的抗氧剂、PHA和PBS总重量的0.3～0.5%的季戊四醇硬脂酸酯。制备方法是：S1：将称量好的PHA、PBS、增韧剂、无机填料、抗氧剂、混合均匀；S2：将S1所得混合物通过挤出机挤出、压延机压延，然后经过引离、拉伸、冷却、牵引、卷取、分切，得到PHA/PBS共混物片材。该片材可以完全降解，解决了塑料的回收利用问题，且性能可以满足卡基行业、包装行业、印刷行业等的使用要求，可以通过调节树脂及无机填料配比，调节片材的各种物理性能。

【名称】 一次性塑料药袋拉环助启机械手

【公开(公告)号】 CN102992245A

【公开(公告)日】 2013.03.27

【申请(专利权)人】 丁长青

【地址】 江苏省徐州市丰县凤城镇古丰人民西路1号

【发明(设计)人】 丁长青；李春蕾

【摘要】 本发明涉及一种一次性塑料药袋拉环助启机械手，它有一个表面设有防滑结构的手柄，所述手柄的前端固定安装有一个扁钝的一字形启子头，该一次性塑料药袋拉环助启机械手轻便、易操作，使用时避免了不安全因素，省时省力、工作效率高，使用后便于消毒及放置，手柄防滑效果好，抓握结实，不打滑，用力均匀，连续启盖 20～30 瓶不用换手，且瓶盖易收集清理。

【名称】 一种零排放的再生塑料造粒机
【公开(公告)号】 CN102990798A
【公开(公告)日】 2013.03.27
【申请(专利权)人】 东莞市粤源包装有限公司
【地址】 广东省东莞市洪梅镇洪屋涡工业区东莞市粤源包装有限公司
【发明(设计)人】 林小明
【摘要】 本发明属于造粒机技术领域，尤其涉及一种零排放的再生塑料造粒机，本发明利用烟雾收集箱将废旧塑料熔炼时产生的气体分为两种处理模式，由于CO 密度较小，位于烟雾收集箱的顶部，而CO_2、SO_2 的等密度大的气体会位于烟雾收集箱的底部，所以本发明将烟雾收集箱的顶部连接明火锅炉，CO 作为一种可燃气体可在明火中燃烧掉，将烟雾收集箱的底部连接氢氧化钙反应罐，CO_2、SO_2 可被氢氧化钙吸收生成沉淀，所以本发明可以实现有毒气体的零排放，无环境污染，有利于环境的保护。

【名称】 塑料片材拉伸试验机的片材夹具
【公开(公告)号】 CN102998172A
【公开(公告)日】 2013.03.27
【申请(专利权)人】 蔡荣华
【地址】 广东省汕头市金平区滨厦园 18 栋 703 房
【发明(设计)人】 蔡荣华
【摘要】 一种塑料片材拉伸试验机的片材夹具，包括夹具体和水平夹板，水平夹板固定设于夹具体的内侧，其特征是：所述片材夹具还包括压片杆以及能够驱动压片杆往复摆动的压片杆位置切换气缸，压片杆位置切换气缸安装在夹具体上，压片杆可转动安装在夹具体上，压片杆的转动轴与水平夹板的上表面相互平行，压片杆上部与压片杆位置切换气缸的活塞杆配合；压片杆下端具有止转部，所述止转部的下端面上各点与压片杆的转动轴之间的距离大于压片杆的转动轴与水平夹板的上表面之间的距离，止转部处于水平夹板的上方，并且止转部处于压片杆的转动轴的外侧。本发明结构简单紧凑，并且在拉伸塑料片材的过程中能够将塑料片材边缘可靠夹紧。

【名称】 无缝塑料链一次成型模具结构及该模具的使用方法
【公开(公告)号】 CN102990823A
【公开(公告)日】 2013.03.27
【申请(专利权)人】 揭阳市格润工业设计有限公司
【地址】 广东省揭阳市试验区天福路格润工业设计有限公司
【发明(设计)人】 陈树钦
【摘要】 本发明提供了一种无缝塑料链一次成型模具结构，第一压板和第二压板是限位连接，所述第一压板底部固定连接有铲块，所述所述铲块呈倒梯形，两侧有导向角，在所述铲块的导向角两侧相对设置有第一滑块和第二滑块，所述第一滑块和所述第二滑块可以通过铲块导向角的导向作用结合或者分开；在第二压板和第三压板之间相对设置有第三滑块和第四滑块，第三滑块和第四滑块对称设置有导角，斜顶杆分别固定连接于第三滑块和第四滑块底部，斜顶杆固定设置于顶板上。本发明还提供了该模具的使用方法。此无缝塑料链一次成型模具结构及该模具使用方法简单易懂，产品成型误差小，成型效率高，成型产品美观。

【名称】 一种聚氯乙烯静音排水管
【公开(公告)号】 CN102993607A
【公开(公告)日】 2013.03.27
【申请(专利权)人】 青岛鑫万通塑业发展有限公司
【地址】 山东省青岛市胶州市营海工业园
【发明(设计)人】 高义金
【摘要】 本发明公开了一种聚氯乙烯静音排水管，由以下重量份的成分组成：PVC 树脂 40～70；增塑剂 1～3；纳米碳酸钙 15～20；硫酸钡 15～50；紫外线光稳定剂 1～3；塑料树酯 10～20 氯醋 1～2；石蜡 1～2。静音效果优异：通过高密度的特殊分子结构材料来吸收声波的能量，静音效果明显优于其他管道，常规排水噪声值可低至 45 分贝以下；良好的抗冲击性能：聚丙烯材料具有优越韧性，在受到超强冲击时不会产生裂缝，即使将管材压扁，也不会出现开裂，从而确保管材具有良好的抗冲击性能。

【名称】 一种塑料泡沫切割机
【公开(公告)号】 CN102990719A
【公开(公告)日】 2013.03.27
【申请(专利权)人】 青岛滨海学院
【地址】 山东省青岛市开发区嘉陵江西路 425 号
【发明(设计)人】 韩晶晶
【摘要】 本发明涉及一种工业用机械，尤其是一种塑料泡沫切割机。其包括：变压器、平台、L 形支架、电热丝、弧形标尺、用于调节电热丝切割部与平台之间夹角的手柄和转针，变压器上设有电源开关；支架一端固定于变压器上；电热丝穿装于支架和平台中并由变压器供电加热，其切割部裸露于 L 形支架与平台之间；弧形标尺一端固接于平台上，另一端与支架固接；手柄与弧形标尺滑动连接；转针与设于平台中的减速电动机的转动轴连接。它结构小，便于移动，切割圆锥、圆台时只需根据弧形标尺调好角度既可，不用考虑电热丝长度变换，切割圆锥、圆台等形状时，不需手动旋转塑料泡沫，省时省力，产生了一定的有益效果。

【名称】 一种增韧聚苯乙烯材料
【公开(公告)号】 CN102964711A
【公开(公告)日】 2013.03.13
【申请(专利权)人】 胶州市富田化工有限公司
【地址】 山东省青岛市胶州市海尔大道中部
【发明(设计)人】 郑超
【摘要】 本发明涉及一种增韧聚苯乙烯材料，其包含下列组成部分，聚苯乙烯60－80份，邻苯二甲酸二丁酯3－8份，磷酸三丁基酯4－7份，磷酸三乙基酯5－8份，聚乙酸乙烯酯5－12份，三氧化二锑1－2份。所述聚苯乙烯材料还包括三聚氰胺1－2份，聚磷酸铵0.2－0.8份，季戊四醇0.5－3份。本发明所述为一种增韧聚苯乙烯材料，在聚苯乙烯塑料中添加增韧剂，可以使聚苯乙烯塑料变得柔韧不易断裂，增加聚苯乙烯塑料的机械强度，另外，增塑剂、分散剂可以增加聚苯乙烯塑料的塑性和光泽，胶粘剂可以提高聚苯乙烯塑料的粘性，使之方便与其他产品粘合。

【名称】 一种耐热聚苯乙烯塑料
【公开(公告)号】 CN102977274A
【公开(公告)日】 2013.03.20
【申请(专利权)人】 胶州市富田化工有限公司
【地址】 山东省青岛市胶州市海尔大道中部
【发明(设计)人】 郑超
【摘要】 本发明涉及一种耐热聚苯乙烯塑料，其包含下列组成部分，高密度聚乙烯树脂40－55份，硅烷交联剂5－8份，酒石酸0.2－0.5份，硬脂酸钙0.2－0.7份，聚丙烯纤维素0.1－0.15份，醋酸乙烯2－5份。所述硅烷交联剂为乙烯基三甲氧基硅烷、乙烯基三乙氧基硅烷中的一种或多种。本发明制备的聚苯乙烯聚合物平均使用温度高，生产挤出工工艺成熟、拥有极高的耐应力开裂性能的特点，通过本发明制备的管道，其使用更加安全，由于具有更高的最小要求强度使其拥有更薄的壁厚，成本降低显著。

【名称】 对熔融后流动性差的塑料进行复合的装置及其工艺
【公开(公告)号】 CN102975462A
【公开(公告)日】 2013.03.20
【申请(专利权)人】 陈烈；陈大可
【地址】 浙江省温州市鹿城区南门街道汇车桥底73－4号101室
【发明(设计)人】 陈烈；陈大可
【摘要】 本发明公开了一种对熔融后流动性差的塑料进行复合的装置，其输送收卷机构包括基材输送辊、支撑圆柱和复合成品收卷辊，基材依次绕设在基材输送辊、支撑圆柱和复合成品收卷辊上；其加热机构包括加热器，加热器包括供支撑圆柱放置的加热器容腔和若干沿支撑圆柱外周面均匀分布的加热元件；其张紧机构包括张紧带、张紧带阻尼辊和张紧带收卷辊，张紧带依次绕设在张紧带阻尼辊、支撑圆柱和张紧带收卷辊上；支撑圆柱外周面和加热器内壁之间设有供基材和张紧带缠绕并运动的间隙，张紧带置于基材对应加热器的一侧。上述方案稳定可靠地对基材的张紧度进行调节；基材在绕着支撑圆柱运动的同时就完成了加热熔融以及复合的工艺，高效方便。

【名称】 一种塑料用增塑剂
【公开(公告)号】 CN102964755A
【公开(公告)日】 2013.03.13
【申请(专利权)人】 胶州市富田化工有限公司
【地址】 山东省青岛市胶州市海尔大道中部
【发明(设计)人】 郑超
【摘要】 本发明公开了一种塑料用增塑剂，由以下重量份的成分组成：聚乙烯醇缩丁醛10～20；己二酸1～2；氯乙烯20～30；乙酸乙烯酯1～2；甲基丙烯酸酯1～2；醋酸锰1～3；大豆油1～5。塑化效率高，耐寒、耐热、耐污染、耐抽出，迁移性好，电绝缘性好，对光热稳定。将多种增塑剂复配混合后获得一种新的增塑剂产品，以赋予树脂制品良好的综合性能，达到满意的增塑效果，这种做法已得到越来越多厂家认可。

【名称】 环保型塑料增塑剂
【公开(公告)号】 CN102964626A
【公开(公告)日】 2013.03.13
【申请(专利权)人】 胶州市富田化工有限公司
【地址】 山东省青岛市胶州市海尔大道中部
【发明(设计)人】 郑超
【摘要】 本发明公开了一种环保型塑料增塑剂，由以下重量份的成分组成：二甘醇二苯甲酸酯20～30；对苯二甲酸二(2－乙基己)酯20～60；对苯二酚5～8；三已胺1～5；十二烷基苯1～2；乙二胺1～5；环氧大豆油1～3。塑化效率高，耐寒、耐热、耐污染、耐抽出，迁移性好，电绝缘性好，对光热稳定。将多种增塑剂复配混合后获得一种新的增塑剂产品，以赋予树脂制品良好的综合性能，达到满意的增塑效果，这种做法已得到越来越多厂家认可。

【名称】 塑料增塑剂

【公开(公告)号】 CN102964526A
【公开(公告)日】 2013.03.13
【申请(专利权)人】 胶州市富田化工有限公司
【地址】 山东省青岛市胶州市海尔大道中部
【发明(设计)人】 郑超
【摘要】 本发明公开了一种塑料增塑剂，由以下重量份的成分组成：聚氯乙烯20~30；乙酸1~2；丁二烯5~8；甲基丙烯酸缩水甘油酯1~2；甲基丙烯酸酯1~2；乙二胺1~5；环氧植物油1~3。塑化效率高，耐寒、耐热、耐污染、耐抽出，迁移性好，电绝缘性好，对光热稳定。将多种增塑剂复配混合后获得一种新的增塑剂产品，以赋予树脂制品良好的综合性能，达到满意的增塑效果，这种做法已得到越来越多厂家认可。

【名称】 一种大口径塑料连接法兰的生产装置
【公开(公告)号】 CN102962959A
【公开(公告)日】 2013.03.13
【申请(专利权)人】 江苏江特科技有限公司
【地址】 江苏省无锡市江阴市青阳镇北区工业园
【发明(设计)人】 谭冬华
【摘要】 本发明涉及一种大口径塑料连接法兰的生产装置，它包括壳体、模芯和上盖，上盖设置在壳体上，上盖中间设有一用于进料的注入孔，模芯设置在壳体内部底面上，在模芯的上表面与注入孔对应的位置设有一导流槽，在壳体内设有一冷却水腔；其特征是上盖的内表面设有若干环形凸台，相邻两环形凸台之间的上盖的内表面为凹弧形。本发明具有保证连接法兰的连接环上表面平整和提高连接环上表面密封性的优点。

【名称】 一种高强度聚苯乙烯塑料
【公开(公告)号】 CN102977273A
【公开(公告)日】 2013.03.20
【申请(专利权)人】 胶州市富田化工有限公司
【地址】 山东省青岛市胶州市海尔大道中部
【发明(设计)人】 郑超
【摘要】 本发明涉及一种高强度聚苯乙烯塑料，其包含下列组成部分，苯乙烯50－70份，乙苯15－18份，纳米二氧化硅10－15份，抗氧化剂1－5份，超低密度聚乙烯20－30份。所述纳米二氧化硅的含量为12份。本发明制备的聚苯乙烯聚合物具有高抗冲击的力学性能，而且其耐热性有明显提高；本发明能够利用现有生产设施进行实施，能产生明显的经济效益。

【名称】 一种高阻燃性聚氯乙烯塑料
【公开(公告)号】 CN102977522A
【公开(公告)日】 2013.03.20
【申请(专利权)人】 胶州市富田化工有限公司
【地址】 山东省青岛市胶州市海尔大道中部
【发明(设计)人】 郑超
【摘要】 本发明涉及一种高阻燃性聚氯乙烯塑料，其包含下列组成部分，聚氯乙烯85－98份，硬脂酸钡5－6份，硬脂酸钙2－4份，三氧化二锑1－2份，增塑剂2－3，溴系阻燃剂4－5份。所述溴系阻燃剂为十溴二苯基乙烷。本发明的聚氯乙烯复合材料流动性和阻燃性能好，增加复合材料的黏度，改善复合材料的加工流动性能，耐热、耐候、抗紫外线性能优良，是一种环保的新型聚氯乙烯复合材料。

【名称】 一种内衬玻璃管的真空塑料采血管及其应用
【公开(公告)号】 CN102973281A
【公开(公告)日】 2013.03.20
【申请(专利权)人】 天津市百利康泰生物技术有限公司
【地址】 天津市西青区(环外)海泰发展二路二号D座403A
【发明(设计)人】 朱文娟；刘晨；刘金雪
【摘要】 本发明公开了一种内衬玻璃管的真空塑料采血管，它是由内层玻璃采血管与外层塑料采血管粘合在一起组成；本发明将两者相结合，既能获得不易破损的采血管，又能使玻璃特性发挥出来，最为重要的是能保证重组水蛭素等生物制剂添加到采血管的作为抗凝剂产品获得最大的稳定性，不降低其活性，能够按照产品设计要求达到抗凝效果。能够更大的发挥使用生物抗凝剂的优势，为社会造福。

【名称】 一种纸浆模塑制品与塑料的复合材料及制备方法
【公开(公告)号】 CN102991063A
【公开(公告)日】 2013.03.27
【申请(专利权)人】 北京印刷学院
【地址】 北京市大兴区兴华北路25号
【发明(设计)人】 刘全校；许文才；李东立；付亚波
【摘要】 一种纸浆模塑制品与塑料的复合材料及制备方法，属于包装制品技术领域。至少包含了一层纸浆模塑层及与该纸浆模塑层复合在一起的塑料层；使用时，塑料层作为内层，纸浆模塑层作为外层。制备时采用塑料热成型工艺，在热成型机上，将塑料薄膜或片材放置在热成型机的上模具或下模具上进行加热，塑料受热软化；然后，将嵌有纸浆模塑制品的下模具或上模具与之紧压，塑料与纸浆模塑制品复合在一起；最后，对上下模具进行冷却，形成纸浆模塑制品与塑料的复合材料，且与纸浆模塑制品的形状一致。本发明改善了纸浆模塑制品的阻隔性能，使内包装液态产品的泄漏不至于破坏外包装及污染外包装及环境。

【名称】 一剂多效的油脂基 PVC 热稳定剂及其制备方法
【公开(公告)号】 CN102964748A
【公开(公告)日】 2013.03.13
【申请(专利权)人】 中国林业科学研究院林产化学工业研究所
【地址】 江苏省南京市玄武区锁金五村16号
【发明(设计)人】 夏建陵；李梅；李守海；黄坤；汪梅；唐小东；杨小华；张燕
【摘要】 一剂多效的油脂基 PVC 热稳定剂及其制备方法，稳定剂各组分以质量份计为：多聚脂肪酸酯盐60~90份、抗氧剂2~15份、β-二酮3~30份。本发明所制备的一剂多效的油脂基 PVC 热稳定剂是用于 PVC 塑料加工领域，主要原料采用可再生的天然油脂资源，产品在赋予制品更好热稳定性的同时具有良好的增塑性能，可减少加工过程中 DOP 等增塑剂的用量。

【名称】 一种用于局部塑料包胶的方法
【公开(公告)号】 CN102975308A
【公开(公告)日】 2013.03.20
【申请(专利权)人】 宁波酷奇文具有限公司
【地址】 浙江省宁波市宁海县力洋镇大塘村
【发明(设计)人】 陈震峰
【摘要】 本发明公开了一种用于局部塑料包胶的方法，包括如下步骤：以尼龙或 ABS 材料为原料，通过注塑机加热熔化射入模具中，成型成外框制品；对所述外框制品一侧涂894处理剂，并干燥；再将所述外框制品嵌入包胶模具的型腔中，该型腔在嵌入所述外框制品后还具有预留空间；然后以硅橡胶材料为原料，将其放入所述包胶模具的预留空间中，通过硅橡胶加热硫化成型方法在所述894处理剂外侧形成硅橡胶层，从而实现对所述外框制品进行局部包胶，所述硅橡胶的加热硫化温度为120~170℃。本发明不仅使用方便，而且美观，在密封性能方面也得到极大的提高。

【名称】 一种换向器用酚醛注塑料
【公开(公告)号】 CN102993634A
【公开(公告)日】 2013.03.27
【申请(专利权)人】 浙江嘉民塑胶有限公司
【地址】 浙江省嘉兴市秀洲区王店镇建设龙源路377号
【发明(设计)人】 沈培林；万胜兵；周大鹏；邹沈斌；沈培良；俞立琼；陈建国；许素芹
【摘要】 本发明公开了一种换向器用酚醛注塑料，酚醛注塑料的重量份组成为：酚醛树脂100；DOPO改性环氧树脂10~20；固化剂10~20；耐电弧改性剂5~10；潜伏性固化剂5~10；玻璃纤维140~180；脱模剂3~8。本发明一种换向器用酚醛注塑料，该酚醛注塑料与换向器的铜排之间具有良好的粘结性，同时具备良好的机械强度，耐电弧性能以及阻燃性，并且适用于快速注塑成型工艺。

【名称】 一种环保型耐高温 PVC 硬挺复合布及其生产工艺
【公开(公告)号】 CN102975453A
【公开(公告)日】 2013.03.20
【申请(专利权)人】 上海三川塑料有限公司
【地址】 上海市浦东新区合庆镇跃丰路68号
【发明(设计)人】 王嘉明
【摘要】 本发明涉及 PVC 复合布技术领域，具体地说是一种环保型耐高温 PVC 硬挺复合布及其生产工艺，包括上层布料、下层布料及中层 PVC 塑料，中层 PVC 塑料的主要成分按重量百分比为：聚氯乙烯树脂42-55%、碳酸钙18-28%、聚己二醇0.5-1%、PVC 稳定剂0.6-1.8%、邻苯二甲酸二壬酯(DINP)8-18%、环保增塑剂5-15%及有机锡稳定剂1-2%放入搅拌机中，搅拌成为糊状的浆料，置于20-30℃的常温室中20-30小时，将浆料均匀地涂在上层布料和下层布料之间，放入刮塑机经过150-200℃的高温滚压、烘干，烘干温度为160-180℃，最后得成品；本发明不仅非常环保，具有耐酸碱、极耐高温、高强度、安全性能可靠等优点，且由于上层布料和下层布料均经过添加有草酸的清水清洗，并脱干、烘干、冷却及拉幅定型而成，从而制得的 PVC 硬挺复合布外形轻巧，颜色白皙，非常美观。

【名称】 相分离功能的挤出机螺杆
【公开(公告)号】 CN102975350A
【公开(公告)日】 2013.03.20
【申请(专利权)人】 海龙节能环保科技南通有限公司
【地址】 江苏省南通市海安县海安镇长江西路288号
【发明(设计)人】 曹建礼；曹晓勇
【摘要】 本发明涉及塑料挤出机螺杆技术领域，具体涉及相分离功能的挤出机螺杆，包括带有螺纹的螺杆本体，所述螺杆本体的物料挤出端向内延伸有空腔，所述螺杆上设有与所述空腔相连的通孔，所述螺纹包括主螺纹和副螺纹，所述副螺纹的径向高度略低于所述主螺纹的径向高度，所述主螺纹与所述副螺纹相间形成主螺槽和次螺槽，所述次螺槽内与所述空腔相对应的位置设有所述通孔。本发明采用上述结构，利用空腔将固体相与熔体相进行相分离，从而能大幅度减少熔融破碎和鱼眼晶点；低温高效率塑化挤出。

【名称】 新型热塑定型塑料成核剂
【公开(公告)号】 CN102976930A
【公开(公告)日】 2013. 03. 20
【申请(专利权)人】 李志强
【地址】 河北省保定市定州市杨家庄乡水磨屯村
【发明(设计)人】 李志强
【摘要】 本发明为多种热塑性塑料提供了有很多成核优点的环状四面体化合物。本发明的盐及其衍生物以它特殊的结构在不同热塑性塑料中作为成核剂使用，提供了很高的峰值结晶温度和明显缩短了结晶周期。另外，它和传统成核剂相比显著降低了产品的热变形提高了硬度。本发明也包括含有该成核剂化合物的热塑性塑料组合物以及一系列热塑性塑料添加剂。

【名称】 一种固定不平行面的塑料卡扣
【公开(公告)号】 CN102996591A
【公开(公告)日】 2013. 03. 27
【申请(专利权)人】 安徽江淮汽车股份有限公司
【地址】 安徽省合肥市东流路176号
【发明(设计)人】 宋小宁
【摘要】 本发明提供了一种固定不平行面的塑料卡扣，包括：一个底面是斜面的棱柱状或楔形的卡扣基座，从卡扣基座的斜面上垂直伸出两条对称的卡舌，所述卡扣基座的另一个底面上设有锁紧孔，所述锁紧孔垂直贯穿所述卡扣基座，自攻螺钉穿过所述锁紧孔使两条卡舌张开，以实现对卡扣的固定。本发明提供的塑料卡扣可实现配合面不平行的两个零部件之间连接的作用，本发明的卡扣结构简单、使用方便、成本低、通过一次性注塑成型，成型工艺简单，生产效率高，左、右件通用性强。

【名称】 实现同时抽芯的注塑模具
【公开(公告)号】 CN102975339A
【公开(公告)日】 2013. 03. 20
【申请(专利权)人】 湖南鑫隆模塑科技开发有限公司
【地址】 湖南省长沙市长沙县黄花镇黄龙新村远大三路188号
【发明(设计)人】 王忠；谭赞良；张成林；唐志
【摘要】 实现同时抽芯的注塑模具，包括定模；动模；一个以上位于定模与动模之间的模腔；每一个模腔具有一个螺纹芯子；螺纹芯子具有外螺纹，定模具有供熔融塑料通过的通道，动模从近定模端依次包括第一模座、第二模座、第三模座，它们之间可拆卸地连接在一起，第二模座具有与螺纹芯子数量相同的导向套，螺纹芯子与导向套滑动连接，螺纹芯子远离定模端具有牙芯，第三模座具有与牙芯匹配的牙芯套，螺纹芯子具有从动齿轮，动模还具有与从动齿轮啮合的主动齿轮，主动齿轮与驱动装置连接。该模具具有精度高，体积小，工作平稳的优点，生产的产品质量高，成型后的产品螺牙误差小。

【名称】 一种塑料金属合金复合材料以及用该材料制备型材的方法
【公开(公告)号】 CN102977448A
【公开(公告)日】 2013. 03. 20
【申请(专利权)人】 江苏技术师范学院
【地址】 江苏省常州市钟楼区中吴大道1801号
【发明(设计)人】 李小平；金蔚虹；于赟；孙顺平
【摘要】 本发明公开了一种塑料金属合金复合材料，包括热塑性塑料和金属合金材料组分，其中，热塑性塑料与金属合金的质量比为20：1～1：1。同时还公开了用该塑料金属合金复合材料制备型材的方法，通过搅拌将金属合金粉末与塑料粒子混合均匀，得到混合料，将混合料送入注射机并在塑化过程中加热，使塑料粒子熔化至粘流态，在注塑机上螺杆或柱塞的推动下，使混合料受到一定的注射压力，并填充到模具的型腔内，冷却后得到与模具形状匹配的塑料金属合金复合材料的型材。本发明的方法可以起到提高型材的力学性能、增强耐磨性能、有效阻燃、能导电、具有金属炫彩等目的，并且工艺过程简单，成本较低，生产效率高。

【名称】 分距式塑料吹瓶机
【公开(公告)号】 CN102975354A
【公开(公告)日】 2013. 03. 20
【申请(专利权)人】 浙江东方州强塑模实业有限公司
【地址】 浙江省台州市黄岩区经济开发区西工业园区经四路东
【发明(设计)人】 王自强
【摘要】 分距式塑料吹瓶机，包括机架上安加热灯箱中安输送导轨，输送导轨上安随行夹具上安瓶坯固定座下安自转链轮，自转链轮之间连自转链条，输送导轨出料口设取坯分距机械手，取坯分距机械手包括支撑架上安固定板上安左右移动滑轨和电缸，电缸上安伺服电机，左右移动滑轨上设左右移动滑板一侧安升降气缸和上下移动滑轨，上下移动滑轨上设上下移动滑板上安升降板上安机械手，机械手包括线性导轨一侧安分距气缸，线性导轨上设线性滑板，线性滑板一侧制竖板上安栅栏型连接板经上、中、下销子相连，线性滑板前侧下安平行气爪和取坯手指，拉吹机上设置方形输送轨道上安间隔排列的瓶坯安装座。

【名称】 一种含废旧塑料的粉煤灰免烧砖
【公开(公告)号】 CN102976685A
【公开(公告)日】 2013.03.20
【申请(专利权)人】 河南理工大学
【地址】 河南省焦作市高新区世纪大道2001号
【发明(设计)人】 张海波；管学茂；勾密峰
【摘要】 本发明公开了一种含废旧塑料的粉煤灰免烧砖，其特征由如下重量份数的原料组成：废旧塑料5~10，粉煤灰45~60，水泥5~10，黄砂5~10，氧化钙10~15，石膏3~5，偏铝酸钠2~4，水10~15。用免烧砖机制成毛坯，在45℃左右养护5小时；然后进一步蒸压养护10小时制得。这种含废旧塑料的粉煤灰免烧砖具有优良的抗干燥收缩和抗冻融性，有利于延长粉煤灰免烧砖在恶劣环境下的使用寿命。

【名称】 一种注塑用环保材料的制备方法
【公开(公告)号】 CN102977627A
【公开(公告)日】 2013.03.20
【申请(专利权)人】 青岛鑫万通塑业发展有限公司
【地址】 山东省青岛市胶州市胶州湾工业园三号路西六号路北
【发明(设计)人】 高义金
【摘要】 本发明公开了一种注塑用环保材料的制备方法，包括下列步骤：将废旧木料回收后，清洁干净，放入粉碎机内进行粉碎；将粉碎后的木质颗粒进行高温干燥，干燥温度在38—60摄氏度。本发明采用可循环再生、环保，且对人体无任何伤害的新型木质注塑材料替代了传统以塑料为主的注塑材料，其原料廉价易得，可大幅减少塑料的使用和改变注塑材质的单一性，同时制成的产品稳定性强，无收缩变形，还可反复回收使用；制备工艺简单易操作，成本低廉；生产的木质注塑材料可广泛应用于制造具有木质外观的注塑产品、具有良好透气性的植物栽培器皿以及食品、保健品包装盒等。

【名称】 一种注塑用材料
【公开(公告)号】 CN102977514A
【公开(公告)日】 2013.03.20
【申请(专利权)人】 青岛鑫万通塑业发展有限公司
【地址】 山东省青岛市胶州市胶州湾工业园，三号路西，六号路北
【发明(设计)人】 高义金
【摘要】 本发明公开了一种注塑用材料，包括40-60重量份的树木颗粒粉和60-100重量份的塑料树脂。本发明的注塑用材料含有丁晴橡胶和纳米碳酸钙复合粉末橡胶，用硫化丁晴橡胶粒子改性PVC，具有良好的增韧效果，根据橡塑增韧理论，塑料/橡胶共混体系中，分散的橡胶相粒子越小，橡胶粒子间的距离越小，即PVC基体层的厚度越小，连续相越易发生脆韧转变，从而导致改性塑料的韧性提高。

【名称】 一种环保PVC保护套管
【公开(公告)号】 CN102977513A
【公开(公告)日】 2013.03.20
【申请(专利权)人】 青岛鑫万通塑业发展有限公司
【地址】 山东省青岛市胶州市胶州湾工业园三号路西六号路北
【发明(设计)人】 高义金
【摘要】 本发明公开了一种环保PVC保护套管，包括下列步骤：将回收的塑料原料进行清洗、选料、熔化和粉碎；将下列重量组分的原料进行混合：70份的回收原料颗粒、25-28份的新PVC原料、10份的硬脂酸钙、15份的碳酸钙和0.2份的白油；混合25-60分钟后，进行加热处理，加热温度150-180摄氏度，然后在混合搅拌10分钟；将完成的原料进行冷却处理，冷却后切粒；将冷却后的颗粒放入挤压注塑机，将套管成型。本发明的方法既具有环保、节能、废物再生利用等社会效果，又具有材料成本低、材料来源广、产品市场大等经济效益，适合大面积推广使用。

【名称】 利用废弃塑料制造燃油的方法
【公开(公告)号】 CN102977909A
【公开(公告)日】 2013.03.20
【申请(专利权)人】 河南金土地煤气工程有限公司
【地址】 河南省郑州市二七区京广南路贾砦村98号
【发明(设计)人】 吴得治；武华；武伟；李鲁豫；李保谦；李强；丁亚照；吴奇泽
【摘要】 本发明属于环境保护和能源技术领域，具体公开了一种利用废弃塑料制造燃油的方法。本发明采用矿物油为介质，首先将矿物油预热至310-350℃，再将废弃塑料加入预热后的矿物油中，加热至360-400℃，保持温度，并持续搅拌，物料气化、冷凝得到混合油，对混合油进行分馏精制后，将所得馏分进行活性炭脱色，分别得到汽油、柴油或其它种类燃油。本发明利用废弃塑料制造燃油的方法成本低、工艺简单、效果好、收率高，适合工业化生产，具有显著的经济效益。

【名称】 一种环保的硬质注塑材料生产方法
【公开(公告)号】 CN102977626A
【公开(公告)日】 2013.03.20

【申请(专利权)人】 青岛鑫万通塑业发展有限公司
【地址】 山东省青岛市胶州市胶州湾工业园三号路西六号路北
【发明(设计)人】 高义金
【摘要】 本发明公开了一种环保的硬质注塑材料生产方法，包括下列步骤：将木料清洗、粉碎和干燥后与塑料注塑材料进行混合，重量比为1：1；混合时间为30－45分钟，在混合后，进行低温加热，加热温度120－160摄氏度，本发明采用可循环再生、环保，且对人体无任何伤害的新型木质注塑材料替代了传统以塑料为主的注塑材料，其原料廉价易得(可以是树木，树叶，木屑，工业板材的边角料等)，可大幅减少塑料的使用和改变注塑材质的单一性，同时制成的产品稳定性强，无收缩变形，此外，其制备工艺简单易操作，成本低廉；本发明的木质注塑材料可广泛应用于制造具有木质外观的注塑产品、具有良好透气性的植物栽培器皿以及食品、保健品包装盒等。

【名称】 一种阻燃环保注塑材料制备方法
【公开(公告)号】 CN102977459A
【公开(公告)日】 2013.03.20
【申请(专利权)人】 青岛鑫万通塑业发展有限公司
【地址】 山东省青岛市胶州市胶州湾工业园三号路西六号路北
【发明(设计)人】 高义金
【摘要】 本发明公开了一种阻燃环保注塑材料制备方法，包括下列步骤：将木料进行清洗和干燥，干燥温度为35－60摄氏度；将干燥后的木料放入粉碎机中进行粉碎；将粉碎后的木料颗粒进行二次清洗和干燥；将干燥后的木料颗粒进行二次粉碎，直至木料成为木粉，木粉的粒度为0.3－0.6mm。本发明的方法生产出的注塑材料，解决了现有材料阻燃抑烟效率不高，力学性能会大幅度降低的问题，且在主材中加入木粉，其原料廉价易得(可以是树木，树叶，木屑，工业板材的边角料等)，可大幅减少塑料的使用和改变注塑材质的单一性，同时制成的产品稳定性强，无收缩变形，还可反复回收使用；制备工艺简单易操作，成本低廉。

【名称】 一种四溴双酚A含量的测定方法
【公开(公告)号】 CN102998395A
【公开(公告)日】 2013.03.27
【申请(专利权)人】 深圳市虹彩检测技术有限公司
【地址】 广东省深圳市龙岗区龙平西路鹏利泰工业园D栋三楼
【发明(设计)人】 李佳；王忠；陈桂浩
【摘要】 本发明提供一种四溴双酚A含量的测定方法，其包括步骤：a、提取步骤：用有机溶剂甲苯提取待测样品中的四溴双酚A，得到样品萃取液；b、硅烷化步骤：将四溴双酚A的标准校正溶液及步骤a中提到的样品萃取液与N，O－双三甲基硅基三氟乙酰胺进行硅烷化处理；c、含量测定步骤：通过气质联用仪，并以外标法定量，测定所述b步骤中硅烷化处理后产物的含量，所述测定的结果以四溴双酚A含量计。本发明提供的四溴双酚A含量的测定方法，采用索氏萃取及硅烷化方法将样品中的四溴双酚A进行分离和衍生，有效地降低了样品基材的干扰，提高了检测的灵敏度，特别是适用于塑料、包材等样品中溴系阻燃剂－四溴双酚A的萃取及测定。

【名称】 一种高透明抗紫外光固化聚氨酯－氧化锌纳米复合树脂的制备方法
【公开(公告)号】 CN102993406A
【公开(公告)日】 2013.03.27
【申请(专利权)人】 江南大学
【地址】 江苏省无锡市滨湖区蠡湖大道1800号江南大学化学与材料工程学院
【发明(设计)人】 张胜文；陈子栋；赵杰；郭盟；张燕；袁妍；刘晓亚
【摘要】 一种高透明抗紫外光固化聚氨酯－氧化锌纳米复合树脂的制备方法，属于化学合成技术领域。本发明首先通过低聚物二元醇与异氰酸酯化合物反应，制得NCO封端的预聚物，然后用含羟基的丙烯酸酯单体进行封端，并且在封端过程中引入纳米氧化锌，制得光固化聚氨酯－氧化锌纳米复合树脂。本方法有效克服了纳米氧化锌在聚合物中易团聚及不易分散等问题，提高了纳米氧化锌在复合树脂中的分散性及与聚合物基体树脂的相容性，从而提高了树脂的抗紫外性能。用本方法制备的高透明、抗紫外纳米复合树脂可广泛应用于涂料、胶粘剂、塑料等纳米复合材料中。

【名称】 一种EVA发泡板材及其制备方法
【公开(公告)号】 CN102993551A
【公开(公告)日】 2013.03.27
【申请(专利权)人】 晋江市诚长鞋材有限公司
【地址】 福建省泉州市晋江陈埭第一工业区诚长鞋材有限公司
【发明(设计)人】 丁长钢
【摘要】 一种EVA发泡板材，由如下重量配比的原料制成：软木屑20－25份；EVA 60－70份；合成橡胶TPR 25－30份；聚烯烃弹性体5－10份；碳酸钙35－40份；发泡剂3－4份；交联剂0.7－0.8份；硬脂酸0.5－1.0份；氧化锌1.5－2.0份。与现有技术相比，本发明的一种EVA发泡板材及其制备方法由于把软木屑与EVA相混合，经模压发泡制成具有环保、质轻、透气、吸湿、抗菌、除臭、缓冲、减震等特点的EVA发泡板材，一方面改善了传统的EVA发泡技术、扩大了塑料发泡材料中原材料的选用范围；另一方面与常用的无机填料相比，软木屑具有密度低、资源丰富、可降解、对加工设备磨损小等优点，且所得的发泡材料有良好的木质感。

【名称】 一种新型PVC管制造方法

【公开(公告)号】 CN102993605A

【公开(公告)日】 2013.03.27

【申请(专利权)人】 青岛鑫万通塑业发展有限公司

【地址】 山东省青岛市胶州市胶州湾工业园，三号路西，六号路北

【发明(设计)人】 高义金

【摘要】 本发明公开了一种新型PVC管制造方法，包括下列步骤：将以下原料进行混合：PVC塑胶粒90重量份、纳米钙离子10–12重量份、钛白粉1–5重量份、二甲基酯类物质15–25重量份、润滑剂1–3重量份和稳定剂4–5重量份，混合时间为25–35分钟；将混合好后的原料加入一次塑化机中，进行一次塑化，塑化温度为160–165摄氏度。本发明具有节能、节约、环保、卫生等特点，是代替黑橡胶管的优质产品；浇灌、喷淋使用方便，该管材经久耐用、耐酸耐腐，这些特性是目前市场上其他管材不具备的；可替代目前市场上所用的增强管、塑料软管等管材，且抗压、抗拉伸、抗紫外线、耐腐蚀、耐磨。

【名称】 一种压滤机专用导轨塑料及其加工方法

【公开(公告)号】 CN102977519A

【公开(公告)日】 2013.03.20

【申请(专利权)人】 浙江大学；四川多维过滤设备有限公司

【地址】 浙江省杭州市西湖区浙大路38号

【发明(设计)人】 匡继勇；罗龙聪；陈刚；李镇广

【摘要】 本发明公开了一种压滤机专用导轨塑料，以重量份计，其原料组成为PVC树脂100.0份；填料100~150份；表面处理剂0.3~0.5份；偶联剂2.5~5.0份；热稳定剂0.5~0.8份；抗氧剂0.3~0.5份；颜料0~2份。本发明还公开了所述压滤机专用导轨塑料的加工方法，包括填料活化、造粒及加工成型三个步骤，采用本发明的塑料配方及加工方法，即可获得一种压滤机专用导轨塑料，该压滤机专用导轨塑料的硬度、耐磨性等性能得以大大提高，使塑料导轨在大型压滤机上能够得以应用。

【名称】 用于聚氯乙烯塑料加工的色砂

【公开(公告)号】 CN102977511A

【公开(公告)日】 2013.03.20

【申请(专利权)人】 上海一品颜料有限公司

【地址】 上海市嘉定区嘉松北路4839号

【发明(设计)人】 管文琴；王丹英；沈琴华

【摘要】 本发明提供了一种用于聚氯乙烯塑料加工的色砂，包括重量百分比的组分：载体20~45%，助剂5~10%，颜料50~70%，所述载体为氯醋树脂、氯乙烯–醋酸乙烯–马来酸三元共聚树脂、氯乙烯–醋酸乙烯–羟基丙烯酸三元共聚树脂、氯乙烯、聚氯乙烯或甲基丙烯酸甲酯中的一种或一种以上。本发明使添加剂具有良好的分散状态，保持添加剂的化学稳定性，保持正确稳定的添加量。从加工工艺上来说，粉末状的添加剂和树脂因两者颗粒相差较大，因此常常发生添加量不均匀的现象。而色砂与聚氯乙烯颗粒直径相近，因此添加量可以保持稳定，添加工艺方便，保持环境清洁，有利于生产高品质的聚氯乙烯制品。

【名称】 一种简易的废旧塑料包装袋、方便袋打包装置

【公开(公告)号】 CN102951328A

【公开(公告)日】 2013.03.06

【申请(专利权)人】 王刚

【地址】 辽宁省鞍山市立山区正阳一街27栋2单元6层36号

【发明(设计)人】 王刚

【摘要】 本发明涉及一种简易的废旧塑料包装袋、方便袋打包装置，其特征在于：是由：打孔器和存放器两部分构成，打孔器上的分开式移动盖板设置在上板和下板的中间，在分开式移动盖板、上板和下板上设有位置相对应的打包孔，上板、分开式移动盖板和下板通过螺栓和螺帽临时固定连接。分开式移动盖板与上板及下板有形状大小尺寸相对应的通槽，分开式移动盖板从中间分隔成两部分组成。存放器由存放打包板、圆柱管、外螺纹管和紧固螺帽组成。本发明简易的废旧塑料包装袋、方便袋打包装置，具有结构简单、使用方便、价格低廉的特点，利于废旧塑料包装袋、方便袋家庭回收，并根绝了白色污染。

【名称】 建筑节能塑料复合门窗

【公开(公告)号】 CN102964743A

【公开(公告)日】 2013.03.13

【申请(专利权)人】 常熟建工建设集团有限公司苏州分公司

【地址】 江苏省苏州市工业园区汀兰巷183号

【发明(设计)人】 洪伟

【摘要】 本发明公开了一种建筑节能塑料复合门窗，

所述建筑节能塑料复合门窗是以改性聚氯乙烯树脂为原料，且在每100份改性聚氯乙烯树脂中加入2-6份阻燃剂、1-5份稳定剂、0.5-2份着色剂、1.5-3.5份填充剂、0.1-0.5份紫外线吸收剂，经混炼-压延-挤出成型。通过上述方式，本发明的建筑节能塑料复合门窗具有较高的防火、抗老化、保温隔热和防潮性能，且不易变色和龟裂，绿色环保，无毒无污染。

【名称】 一种用于危化品塑料包装的制造方法
【公开(公告)号】 CN102963596A
【公开(公告)日】 2013.03.13
【申请(专利权)人】 德阳市启明塑料包装有限责任公司
【地址】 四川省德阳市孝泉镇德汉路19公里处
【发明(设计)人】 冉启明；王仁勋；卢文俊
【摘要】 本发明公开了一种用于危化品塑料包装的制造方法，其特征在于：包含如下工艺步骤：原料预处理—配料混料—出丝—收丝—编织—复合—裁剪—缝纫—敷膜—性能检测。本方法能够回收利用废旧塑料包装物作为原料，对降低能耗、缩短加工周期有明显改善，采用本方法所制得的塑料包装的物理性能超出GB/T8947-1998标准的30%以上，保证危化品包装的安全性，满足危化品塑料包装(含出口)的要求。

【名称】 铝酸酯改性分子筛PVC用热稳定剂及其制备方法
【公开(公告)号】 CN102964744A
【公开(公告)日】 2013.03.13
【申请(专利权)人】 山东慧科助剂股份有限公司
【地址】 山东省淄博市沂源经济开发区
【发明(设计)人】 李德刚；唐守余
【摘要】 本发明涉及一种铝酸酯改性分子筛PVC用热稳定剂及其制备方法，属于化工技术领域，由如下质量百分数的原料组成：硬脂酸钙20~40%；硬脂酸锌15~25%；改性分子筛10~30%；润滑剂5~15%；辅助热稳定剂5~15%；以上各原料的质量百分数总和为100%。所制备的新型分子筛效果好，与有机溶剂互溶性好，用作PVC等塑料加工的稳定剂，具有不易析出、稳定效果好的特点。添加本发明制备的新型分子筛提高加工性能，降低成本。通过对添新型改性分子筛复合热稳定剂的PVC进行静态老化实验，结果表明，添加本发明的复合稳定剂可以明显改善PVC的热稳定性。

【名称】 利用废旧聚乙烯塑料直接生产成品输水塑料管的方法
【公开(公告)号】 CN102990892A
【公开(公告)日】 2013.03.27
【申请(专利权)人】 王新民
【地址】 辽宁省铁岭市昌图县八面城镇宏德塑业
【发明(设计)人】 王新民
【摘要】 本发明主要涉及一种利用废旧聚乙烯塑料直接生产成品输水塑料管的方法，将废旧聚乙烯塑料经过清洗粉碎，用半自动续料器，把原料续进第一台挤出机，通过换网器，过滤出热胎料；热胎料通过第二台挤出机生产出成品输水塑料管。本发明使用方便，省时省力，明显地提高了生产效率，适于推广应用。

【名称】 一种用于制备含有尼龙的聚烯烃的组合物及制备工艺
【公开(公告)号】 CN102993543A
【公开(公告)日】 2013.03.27
【申请(专利权)人】 南京聚锋新材料有限公司
【地址】 江苏省南京市浦口区高新技术产业开发区创业路6号
【发明(设计)人】 吴汾；朱方政；吴清林；闫武；丁建生；杨英昌
【摘要】 本发明涉及一种用于制备含有尼龙的聚烯烃的组合物，该组合物由聚烯烃、尼龙和助剂组成，各组分比例按重量计为：聚烯烃60%~90%，尼龙5%~40%，助剂1%~5%。本发明在尼龙加工温度下对尼龙/聚烯烃共混塑料进行拉伸，使尼龙以长纤维的方式分散在聚烯烃基体在后期的塑料加工过程中，聚烯烃的加工温度又不足以使尼龙纤维熔化和重新分散，最终使得尼龙以增强纤维的方式提高了塑料制品的使用性能，增强了塑料制品性能并扩大的该种塑料制品的使用范围；另外，本发明也解决了市场上混合回收尼龙/低密度聚乙烯共混塑料难以利用的问题，既减少资源浪费，又降低了环境污染。

【名称】 简易塑料瓶盖用模具
【公开(公告)号】 CN102950676A
【公开(公告)日】 2013.03.06
【申请(专利权)人】 张家港市天江精密模具制造有限公司
【地址】 江苏省苏州市张家港市塘桥镇天江精密模具制造有限公司
【发明(设计)人】 杨波；陈祝君
【摘要】 本发明涉及一种简易塑料瓶盖用模具，包括公模和与公模相配合的母模，公模上设置有模杆，模杆处于母模内与母模之间形成瓶盖模腔，模杆中心设置有进料孔，进料孔与瓶盖模腔相通，母模上设置有水冷通道。提供一种简易塑料瓶盖用模具，通过将模杆设置在母模中，与母模之间形成瓶盖模腔，依靠进料孔向瓶盖模腔中注入定量的塑料流体，直接成型，并且在母模上设置水冷通道，在通入冷却液后及时降低母模的温度，使瓶盖模腔中的塑料流体固定成型，并且与母模之间脱离开来，得到合格的塑料瓶盖。

【名称】一种点灯显示屏安装用浸塑网格

【公开(公告)号】 CN102982738A

【公开(公告)日】 2013. 03. 20

【申请(专利权)人】 姬志强

【地址】河北省邯郸市邯郸开发区世纪大街 2 号 4 层 408 室

【发明(设计)人】 姬志刚；张林生；梁春增；王伟；赵林；赵阳；姬志强；贾海亮

【摘要】 本发明公开一种点灯显示屏安装用浸塑网格，包括网丝、塑料膜，所述网丝制成由边长 4 ~ 8cm 正方形单个网格组成的，长 1 ~ 4m 宽 1m 的网格状结构，根据所要固定的墙体和窗户的情况，横向网丝保留 1 或 2 根不做处理，其余横向网丝与纵向网丝交叉点保留 1. 2 ~ 2. 6cm，其余部分去除，然后再将其整体进行浸塑处理制成浸塑网格，采用去掉一部分横向网丝的浸塑网格用于固定和安装点灯显示屏，其后面日常采光度更好，固定性也好，施工简易，应用广泛。

【名称】 一种热塑性淀粉 - 海泡石复合材料及其制备方法

【公开(公告)号】 CN102964636A

【公开(公告)日】 2013. 03. 13

【申请(专利权)人】 北京邦明生物技术研究院

【地址】 北京市丰台区星火路 1 号昌宁大厦 Q518 房间

【发明(设计)人】 马骁飞；杨建

【摘要】 本发明提供一种热塑性淀粉 - 海泡石复合材料，其基料是热塑性淀粉，填料是海泡石；其中淀粉的质量百分比为 66. 7% ~ 79. 4%，塑化剂的质量百分比为 19. 8% ~ 26. 6%，海泡石的质量百分比为 0. 8% ~ 6. 7%；所述海泡石的纤维长度不大于 80μm，纤维直径不大于 1μm。本发明还提供相应的制备方法，将淀粉、塑化剂、海泡石混合均匀后密闭放置 8 ~ 12 小时，然后转移至螺杆塑料挤出机，在 110 ~ 135℃温度下挤出成型，最后冷却至常温，获得热塑性淀粉 - 海泡石复合材料。该材料无毒、可降解、成本低、工艺简单，与热塑性淀粉相比，其断裂强度提高、水蒸汽透过率下降。

【名称】 复合塑料船艇体及其模压成型方法

【公开(公告)号】 CN102963493A

【公开(公告)日】 2013. 03. 13

【申请(专利权)人】 山东大学

【地址】 山东省济南市历下区经十路 17923 号/历城区山大南路 27 号/历下区文化西路 44 号

【发明(设计)人】 王威强；李象国

【摘要】 本发明涉及水上交通和生产工具领域，尤其是一种复合塑料船艇体及其模压成型方法。复合塑料船艇体由外层塑料壳、发泡塑料层、内层塑料壳复合构成，外层塑料壳与内层塑料壳匹配结合安装固定在一起，在其结合后构成的空腔内填充或注入发泡塑料。复合塑料船艇体的模压成型方法是采用挤出塑料熔体毛坯转移模压成型工艺制备方法，包括复合塑料船艇体整体制备方法和复合塑料船艇体分段制备方法。本发明结构先进、合理，强度、刚性优于现有结构的塑料船艇体。由于采用了塑料熔体毛坯转移模压成型工艺，为制造结构先进、合理的、厚度变化大、带有加强筋的复合塑料船艇体提供了有利条件，与滚塑工艺相比生产效率提高 5 ~ 10 倍，易于市场推广、应用前景好。

【名称】 大型塑料检查井

【公开(公告)号】 CN102953428A

【公开(公告)日】 2013. 03. 06

【申请(专利权)人】 昆明普尔顿管业有限公司

【地址】 云南省昆明市高新区二环西路 220 号软件园 427 室

【发明(设计)人】周昕昌

【摘要】 本发明涉及给排水设施，具体目的是提供一种性能可靠的大型塑料检查井；包括整体注塑成型的本体，本体上包括用于检修的检查口和连接管体的接管口，检查口和接管口之间的本体内腔相连通；所述的本体外壁整体注塑加工有加强筋，加强筋包括设置在本体中部和上部的竖向筋、在本体下部和底部交错布置的交错筋；所述的竖向筋表面圆滑。本发明的检查井与钢筋混凝土或砖砌的检查井相比，具有耐酸、碱、盐腐蚀，适合多种地质条件使用，抗地震性能强，使用寿命长；并且可以现场组装或者成品直接吊装使用，大大缩短了建设工期，建设成本低、性价比高，经济性好。产品的耐久性更好；解决了塑料材质制作的大型检查井在实践中难以推广应用的难题。

【名称】 MAH - g - CPVC/ PVC 复合材料改性技术及制造方法

【公开(公告)号】 CN103059477A

【公开(公告)日】 2013. 04. 24

【申请(专利权)人】 哈尔滨中大型材科技股份有限公司

【地址】 黑龙江省哈尔滨市开发区迎宾路集中区崂

山路4号

【发明(设计)人】 冯伟刚；张文龙；胡森；韩克伟

【摘要】 本发明涉及聚氯乙烯(PVC)材料的改性技术及塑料型材的制造方法，是一种马来酸酐(MAH)接枝氯化聚氯乙烯(CPVC)与聚氯乙烯(PVC)共混改性塑料型材的制造方法，即马来酸酐接枝氯化聚氯乙烯/聚氯乙烯(MAH-g-CPVC/PVC)改性塑料型材的制造方法。MAH-g-CPVC复合材料热分解温度比普通CPVC树脂高15-20℃以上。MAH-g-CPVC/PVC改性塑料型材维卡软化温度可达到90-125℃，最高使用温度可达110℃，长期使用温度为95℃。

【名称】 ABS塑料工字轮

【公开(公告)号】 CN103058023A

【公开(公告)日】 2013.04.24

【申请(专利权)人】 三角轮胎股份有限公司

【地址】 山东省威海市青岛中路56号

【发明(设计)人】 孙庆江；刘国强；姜立

【摘要】 本发明涉及一种ABS塑料工字轮，属于轮胎成型设备领域。设有左右两个ABS塑料线盘，其特征是，左右两个线盘固定在轴套的两端，轴套的中间加工有方形轴孔，轴套安装在中间套的轴线方向上，中间套两端经连接螺栓固定在线盘的内侧，线盘上加工有垫布固定方孔，线盘的外缘上套装有耐磨橡胶条。本发明特有的线盘结构能够承载一定的强度，尺寸大且自身重量轻便，缠绕量大。搬运时劳动强度低，工作效率显著提高，使用时噪声低，便于现场管理，美观耐用，节约成本等。

【名称】 一种分力型塑料复合板的生产设备

【公开(公告)号】 CN103057181A

【公开(公告)日】 2013.04.24

【申请(专利权)人】 沈路平；陈卫刚

【地址】 浙江省湖州市吴兴区龙泉街道潜庄公寓30幢

【发明(设计)人】 沈路平；陈卫刚

【摘要】 本发明的目的是提出一种分力型塑料复合板的生产设备。本发明的分力型塑料复合板的生产设备包括支架，所述支架上安装有吸塑成型组件和覆膜组件；所述覆膜组件位于吸塑成型组件的输出方向；所述吸塑成型组件由第一从动辊、第一牵引加热辊、吸塑成型辊、加热器组成；所述第一从动辊与第一牵引加热辊配合，以用于输送及加热吸塑材料；所述吸塑成型辊位于第一牵引加热辊的输出方向，所述加热器为与吸塑成型辊形状适配的弧形，并位于吸塑成型辊的旁侧；所述覆膜组件由两个第二牵引加热辊及两个第二从动辊组成，所述两个第二牵引加热辊相对设置且旋转方向相反；所述第二从动辊与对应的第二牵引加热辊配合，以用于输送及加热覆膜材料。

【名称】 用于生产一次性塑料制品的复合材料及制备方法

【公开(公告)号】 CN103059530A

【公开(公告)日】 2013.04.24

【申请(专利权)人】 唐山师范学院

【地址】 河北省唐山市建设北路156号

【发明(设计)人】 李德玲；王丽红；苏桂仙；张青

【摘要】 一种用于生产一次性塑料制品的复合材料，按照重量分数计，配方组成为：聚乳酸100份；淀粉10-50份；纳米SiO_2 0.5-6份；二元或多元醇3-15份；聚乙二醇3-5份；单硬脂酸甘油酯1-3份。本发明因淀粉基纳米二氧化硅母料，聚乳酸/淀粉/SiO_2复合材料具有良好的力学性能和成型加工性能：具有良好的成型加工性能，转矩流变仪挤出机平台，剪切速率为50-900s^{-1}，聚乳酸/淀粉/SiO_2复合材料的熔体剪切粘度为700-3500Pa·s，聚乳酸/淀粉/SiO_2复合材料可以在通用的塑料加工设备上通过挤出吹塑、挤出拉伸制备包装薄膜、大口或小口塑料容器。

【名称】 一种生质塑料组成物

【公开(公告)号】 CN103044873A

【公开(公告)日】 2013.04.17

【申请(专利权)人】 允友成(宿迁)复合新材料有限公司

【地址】 江苏省宿迁市宿迁经济开发区振兴大道168号

【发明(设计)人】 陈志彬；吴中仁；张简邦宏

【摘要】 本发明为一种生质塑料组成物，包含有一塑料混合物、一增塑剂与一无机填充剂，该塑料混合物是由40至98重量份的L型聚乳酸物料、1至30重量份的D型聚乳酸物料及1至30重量份的聚酯类热塑型树脂所组成。本发明兼具耐热性、耐冲击性以及极短成型周期等优点。

【名称】 一种光电缆用中密度聚乙烯护套料及其制作方法

【公开(公告)号】 CN103044738A

【公开(公告)日】 2013.04.17

【申请(专利权)人】 沈群华

【地址】 江苏省苏州市常熟市尚湖镇大河村(28)沈塘湾陶家79号

【发明(设计)人】 沈群华

【摘要】 本发明涉及材料技术领域，尤其一种光电缆用中密度聚乙烯护套料，其特征在于按重量份数计，它包含有以下材料：聚乙烯45—55份、PE塑料瓶回收后的粉碎料20—28份、PE黑色母2.4—2.6份、抗氧化剂0.3—0.5份、碳酸钙8—12份、硬酯酸1.2—1.8份、钛白粉1.2—1.8份、工业用白油0.5—0.7份、工程塑料0.4—0.6份、发泡剂6—10份、抗紫外线稳定剂0.8—1.2份。本发明还揭露了上述护套料的生产方法。本发明具有以下有益效果：降低了原料聚乙烯的用量、降低了中密度聚乙烯护套料的成本、节约了资源并对废弃物进行了合理的利用、产品制作简单、方法易掌握。

【名称】 可盘绕式增强塑料复合管
【公开(公告)号】 CN202901571U
【公开(公告)日】 2013.04.24
【申请(专利权)人】 河北宇通特种胶管有限公司
【地址】 河北省衡水市景县开发区
【发明(设计)人】 张鹏；郝伟；赵聪；陈宝峰
【摘要】 本实用新型属于塑料复合管材技术领域，公开了一种可盘绕式增强塑料复合管。其构成该复合管的技术方案为：由塑料材料制成的内管层，在该内管层外壁上缠绕或编织有由涤纶工业纤维、芳纶纤维、玻璃纤维构成的耐磨纤维层，该纤维层的外表面涂覆有改性高分子聚合物防腐保护层；内管层、纤维层和保护层组合为一体结构。该可盘绕式增强塑料复合管具有弯曲半径小、耐磨耐腐蚀性能强和承压能力高的优点

【名称】 一种可盘绕式钢丝增强塑料复合管
【公开(公告)号】 CN103062527A
【公开(公告)日】 2013.04.24
【申请(专利权)人】 河北宇通特种胶管有限公司
【地址】 河北省衡水市景县开发区
【发明(设计)人】 张鹏；郝伟；赵聪；陈宝峰
【摘要】 本发明属于塑料复合管材技术领域，公开了一种可盘绕式钢丝增强塑料复合管。其构成该复合管的技术方案由高分子聚合物材料制成的内管层和外管层，在内管层外壁与外管层的内壁间缠绕或编织有至少一层拉伸强度大于1700MPa、直径为0.2-2.4mm的钢丝加强层；其中内管层由硅烷交联聚乙烯构成、外管层包括92—97重量份的高密度聚乙烯和5—8重量份的炭黑色母料；上述内管层、纤维层和保护层组合为一体结构。该可盘绕式钢丝增强塑料复合管具有弯曲半径小、承压能力高和耐高温性能的优点。

【名称】 一种可盘绕式增强塑料复合管
【公开(公告)号】 CN103062528A
【公开(公告)日】 2013.04.24
【申请(专利权)人】 河北宇通特种胶管有限公司
【地址】 河北省衡水市景县开发区
【发明(设计)人】 张鹏；郝伟；赵聪；陈宝峰
【摘要】 本发明属于塑料复合管材技术领域，公开了一种可盘绕式增强塑料复合管。其构成该复合管的技术方案为：由高分子聚合物材料制成的内管层，在该内管层外壁上缠绕或编织有由涤纶工业纤维、芳纶纤维、玻璃纤维构成的耐磨纤维层，该纤维层的外表面涂覆有改性高分子聚合物防腐保护层；所述内管层、纤维层和保护层组合为一体结构。该可盘绕式强塑料复合管具有弯曲半径小、耐磨耐腐蚀性能强和承压能力高的优点。

【名称】 一种回收聚乙烯塑料专用母料
【公开(公告)号】 CN103059384A
【公开(公告)日】 2013.04.24
【申请(专利权)人】 山东轻工业学院
【地址】 山东省济南市长清区大学路西部新城大学科技园
【发明(设计)人】 姚金水；乔从德；张献；李梅
【摘要】 本发明提供一种专用于回收聚乙烯塑料包括高密度聚乙烯(HDPE)和低密度聚乙烯(LDPE)增强增韧和稳定化的专用母料，该母料以硫酸钙晶须为主要改性材料，以高密度聚乙烯为载体树脂，并通过偶联处理和稳定化处理等工艺而制得。该母料可以按照传统的塑料母料的使用方法与回收聚乙烯塑料混合造粒后，实现对回收聚乙烯塑料的增强增韧和稳定化改性。

【名称】 一种汽车内饰件用抗冲击改性PP/HDPE塑料及其制备方法
【公开(公告)号】 CN103059416A
【公开(公告)日】 2013.04.24
【申请(专利权)人】 上海瀚氏模具成型有限公司
【地址】 上海市闵行区莘庄镇友东路355号
【发明(设计)人】 赵海应；张荣福；印玲
【摘要】 本发明公开了一种汽车内饰件用抗冲击改性PP/HDPE塑料及其制备方法。所述汽车内饰件用PP/HDPE塑料，包括下述重量份的组分：聚丙烯100份，高密度聚乙烯20-30份，偶联剂1-5份，抗冲击改性剂15-40份，填充改性剂10-35份。按配比称取各原料，混合均匀后，熔融混炼、挤出造粒，即可制得。本发明的汽车内饰件用抗冲击改性PP/HDPE塑料，具有橡胶体外观和性能，具有较高的拉升强度、弯曲强度、弯曲模量和缺口冲击强度，可以用注塑工艺轻易加工成各种形状的汽车内饰件，如手套箱内盖板、手套箱斗、副仪表板本体、储物盒衬垫、面板储物盒。

【名称】 一种北方橡皮树聚苯乙烯泡沫塑料板水浮

高效繁殖技术
【公开(公告)号】 CN103053402A
【公开(公告)日】 2013. 04. 24
【申请(专利权)人】 石河子农业科技开发研究中心
【地址】 新疆维吾尔自治区省石河子市农科中心小区
【发明(设计)人】 吕军；陈惠瑜；鲍健；刘洋；王洪昌等
【摘要】 本发明提供了一种北方橡皮树聚苯乙烯泡沫塑料板水浮高效繁殖技术，包括如下步骤：(1)温室准备；(2)水床准备；(3)插穗选择及准备；(4)扦插；(5)摆放聚苯乙烯泡沫塑料板；(6)扦插时间的选择；(7)催生愈伤组织；(8)生根温度的选择。本发明的北方橡皮树聚苯乙烯泡沫塑料板水浮高效繁殖技术可大大提高北方橡皮树的商品率和成活率。

【名称】 一种汽车内饰件用抗冲击改性 PET 塑料及其制备方法
【公开(公告)号】 CN103059526A
【公开(公告)日】 2013. 04. 24
【申请(专利权)人】 上海瀚氏模具成型有限公司
【地址】 上海市闵行区莘庄镇友东路355 号
【发明(设计)人】 赵海应；张荣福；印玲
【摘要】 本发明公开了一种汽车内饰件用抗冲击改性 PET 塑料及其制备方法。所述汽车内饰件用 PET 塑料，包括下述重量份的组分：PET 塑料 100 份，碳酸钙纳米粒子 10－20 份，偶联剂 1－5 份，抗冲击改性剂 15－40 份，填充改性剂 10－35 份。按配比称取各原料，混合均匀后，熔融混炼、挤出造粒，即可制得。本发明的汽车内饰件用抗冲击改性 PET 塑料，具有橡胶体外观和性能，具有较高的拉升强度、弯曲强度、弯曲模量和缺口冲击强度，可以用注塑工艺轻易加工成各种形状的汽车内饰件，如手套箱内盖板、手套箱斗、副仪表板本体、储物盒衬垫、面板储物盒。

【名称】 聚丙烯树脂组合物及大口径热态缠绕结构壁管生产工艺
【公开(公告)号】 CN103044840A
【公开(公告)日】 2013. 04. 17
【申请(专利权)人】 重庆顾地塑胶电器有限公司；顾地科技股份有限公司
【地址】 重庆市璧山县青杠工贸区顾地工业园
【发明(设计)人】 李贤梅；付志敏；蒋明中
【摘要】 本发明公开了一种聚丙烯树脂组合物，包括如下重量比组分：嵌段共聚聚丙烯：75－85 份；增强改性母料：15－25 份；加工改性剂：1－2 份；抗冲改性材料：3－8 份；色母料：0－2 份。本发明还公开了一种大口径热态缠绕结构壁管生产工艺，包括如下步骤：1)配料、混合；2)干燥预热：利用热风对聚丙烯树脂组合物进行干燥预热；3)塑化挤出并缠绕成型：将步骤2)得到的聚丙烯树脂组合物进行塑化挤出并将挤出的熔融态塑料进行热态缠绕成型为管材；4)冷却成型；5)切削平整；6)脱模：将管材从热态缠绕成型模具上脱模。采用该聚丙烯树脂组合物生产得到的大口径热态缠绕结构壁管材具有更好的机械性能、耐化学腐蚀性能、耐高温和更长的使用寿命。

【名称】 塑料厚膜拉伸生产线铸片用的风冷装置
【公开(公告)号】 CN103057019A
【公开(公告)日】 2013. 04. 24
【申请(专利权)人】 桂林电器科学研究院
【地址】 广西壮族自治区桂林市辰山路1 号
【发明(设计)人】 郑振钦；黄建津；冯勇刚；熊经先；谭海疆
【摘要】 本发明为塑料厚膜拉伸生产线铸片用的风冷装置，冷却风罩内侧面弯成弧形的波形板靠近冷鼓鼓面，横截面为沿圆弧线正列排布的连续波形，各波峰顶端为狭缝式风嘴，各风嘴处于与冷鼓同轴的圆柱母线上。波形板外侧的波谷为回风通道。波形板外侧腔体封闭为进风腔，进风腔接冷风风机。进风腔的左右两端各有对称的回风腔，回风腔一侧与回风通道相通、外侧接抽风机。进风管和回风管上配有温度计压力计及调风阀。冷却风罩的左右两端有槽体和保护板构成的冷鼓保护结构。冷却风罩可分为上下 2 个。冷却风罩连接固定在与机架相连接的调节板上，可调节冷却风罩高度及其与冷鼓的水平距离。本装置对冷鼓上厚片的冷却效果均匀，效率高，保证铸片质量。

【名称】 木工包覆用聚氨酯热熔胶及其制备方法
【公开(公告)号】 CN103045154A
【公开(公告)日】 2013. 04. 17
【申请(专利权)人】 无锡市万力粘合材料有限公司
【地址】 江苏省无锡市新区长江南路17－17 号
【发明(设计)人】 周其平；丛小雨；李洁玲
【摘要】 本发明涉及一种木工包覆用聚氨酯热熔胶及其制备方法，特别是用来木工及建筑行业中包覆的反应性聚氨酯热熔胶，属于聚氨酯热熔胶领域。其将聚亚烷基二醇、烯烃类不饱和单体的聚合物和增粘树脂混合抽真空脱水，再加入异氰酸酯反应并包装后得到产品木工包覆用聚氨酯热熔胶。本发明克服了现有的技术的缺点，不仅具有优异的初期强度，对于高速运转的包覆机保证了其运转的稳定性与连续性，同时对于低表面能塑料的包覆有卓越的粘结效果。

【名称】 汽车塑料件线形激光表面预处理方法

【公开(公告)号】 CN103056094A

【公开(公告)日】 2013.04.24

【申请(专利权)人】 上海理工大学

【地址】 上海市杨浦区军工路516号

【发明(设计)人】 孙福佳；蔡锦达；李军华

【摘要】 本发明涉及一种汽车塑料件线形激光表面预处理方法，采用线形激光器在汽车塑料件喷涂线上对汽车塑料件进行照射，以达到增强塑料件表面能量和工件亲水性能，改善湿润度的效果。线形激光器安装在激光器安装板上，并对准汽车塑料件。本发明利用线形半导体光纤激光器在汽车塑料件喷涂线上对塑料件进行照射，能够增强塑料件表面能量和工件亲水性能，改善湿润度。该方法适用于涂装、发泡搪塑、印刷等表面预处理工艺。本发明丰富了汽车塑料件表面预处理的方法种类，为预处理提供了更加多的方法选择。方法过程简易，原理可靠。

【名称】 一种用于再生塑料成型的吸水母粒及其制备方法

【公开(公告)号】 CN103044752A

【公开(公告)日】 2013.04.17

【申请(专利权)人】 合肥杰事杰新材料股份有限公司

【地址】 安徽省合肥市经济技术开发区莲花路2388号

【发明(设计)人】 杨桂生；康克琪

【摘要】 本发明涉及一种用于再生塑料成型的吸水母粒及其制备方法，吸水母粒是由载体树脂15-35份、硅藻土65-85份、润滑剂2-8份、偶联剂1-3份、分散剂0-3份组成。本发明的吸水母粒在再生塑料成型加工中添加使用，可以去除塑料中所含水分及不明低分子挥发物，从而使塑料制品无水花、无气泡，在提高制品质量的同时还可减去烘干工艺，节省加工时间和加工费用；此外，还可以降低塑料因降解等产生的刺激性气味，在塑料管材、注塑成型、中空吹塑成型等多种塑料成型工艺中被广泛使用。

【名称】 一种塑料型材模具冷却装置

【公开(公告)号】 CN103057096A

【公开(公告)日】 2013.04.24

【申请(专利权)人】 洛阳市建园模具制造有限公司

【地址】 河南省洛阳市偃师市商都西路高速入口西50米

【发明(设计)人】 刘军团；王绍勇

【摘要】 本发明公开了一种塑料型材模具冷却装置，具有一阀座(8)，在阀座(8)的一端设置有冷却介质入口(1)，在阀座(8)上设置有用于控制冷却介质流出量的控制阀(2)，控制阀(2)出口连接耐高温管(3)，耐高温管(3)的一端连接冷却管(4)。本发明可以使用压缩空气和冷却水两种冷却介质，冷却水可以循环使用起到节能效果。其依靠强力磁铁吸附在定型模入口，解决了冷却管的固定，防止了冷却管的掉落问题防止了冷却管的掉落问题。可以提高塑料异型材生产的稳定性、提高合格率，使用方便，稳定可靠。

【名称】 一种抗菌性树脂复合材料及其制备方法

【公开(公告)号】 CN103059549A

【公开(公告)日】 2013.04.24

【申请(专利权)人】 合肥杰事杰新材料股份有限公司

【地址】 安徽省合肥市经济技术开发区莲花路2388号

【发明(设计)人】 杨桂生；计娉婷

【摘要】 本发明提供一种抗菌性树脂复合材料，由100份基体树脂与5-10份的由纳米氧化镁与氯化镧制成的镧/氧化镁抗菌剂制备而成。本发明采用镧(La^{3+})与氧化镁(MgO)的复合材料作为抗菌剂，再与塑料材料以不同比例均匀混合，经常规塑料制备工艺处理，工艺简单，不改变原有工艺，且形成的复合材料具有良好的抑菌性，对各种细菌的抑菌率达到88%以上；且不破坏塑料本身其它的机械性能。

【名称】 一种高性能聚醚醚酮塑料合金及其制备方法

【公开(公告)号】 CN103059507A

【公开(公告)日】 2013.04.24

【申请(专利权)人】 合肥杰事杰新材料股份有限公司

【地址】 安徽省合肥市经济技术开发区莲花路2388号

【发明(设计)人】 杨桂生；俞飞

【摘要】 本发明公开了一种高性能聚醚醚酮塑料合金及其制备方法，聚醚醚酮塑料合金是由100份聚醚醚酮、50~150份聚苯硫醚与5~20份聚苯硫醚接枝甲基丙烯酸缩水甘油酯制备而成。本发明通过制备的聚苯硫醚接枝甲基丙烯酸缩水甘油酯作为相容剂，明显改善聚苯硫醚与聚醚醚酮之间的相容性，使用本发明相容剂的合金综合性能比使用传统相容剂的合金综合性能提高25%以上；最终制得综合性能优异的聚醚醚酮塑料合金，适用于航空航天、武器装备、精密电子电器等领域需求。

【名称】 一种新型塑料基增强发泡复合材料、制备及应用
【公开(公告)号】 CN103059413A
【公开(公告)日】 2013. 04. 24
【申请(专利权)人】 合肥杰事杰新材料股份有限公司
【地址】 安徽省合肥市经济技术开发区莲花路2388号
【发明(设计)人】 杨桂生；俞飞
【摘要】 本发明涉及一种新型塑料基增强发泡复合材料，其由以下重量份的原料制成：热塑性树脂100份，连续纤维20~50份，填料5~10份，发泡剂2~8份，相容剂2~8份，加工助剂0.1~1份；本发明还公开了该新型塑料基增强发泡复合材料的制备方法及在制备台球杆、乒乓球拍中的用途。与现有技术相比较，本发明的新型塑料基增强发泡复合材料可直接注塑成型，所得产品具有较高的强度、模量，韧性好，耐磨性好，成型简单等优点。

【名称】 废塑料连续化油装置及生产方法
【公开(公告)号】 CN103059897A
【公开(公告)日】 2013. 04. 24
【申请(专利权)人】 欧卓木
【地址】 广西壮族自治区柳州市红光二区22栋8楼3号
【发明(设计)人】 欧卓木；欧鹏；秦汉盈；欧增才
【摘要】 本发明是一种废塑料连续化油装置，包括裂化反应釜和出渣缓冲釜，所述裂化反应釜的进料口设置第一液压密封阀，所述裂化反应釜的出渣口设置第二液压密封阀，并且裂化反应釜的出渣口与出渣缓冲釜通过管道连通，所述裂化反应釜上方设置出气口，所述裂化反应釜和出渣缓冲釜的外壁设置环形加热风道，所述环形加热风道的外围设置保温外层，所述裂化反应釜和出渣缓冲釜内设置搅龙，所述出渣缓冲釜的出渣口设置第三液压密封阀。本发明能够在裂解高温、易燃易爆状态下能够安全地连续进料、连续出油、连续排渣，并且达到一定生产规模。

【名称】 塑料资源化连续气化裂解多效炉
【公开(公告)号】 CN103060013A
【公开(公告)日】 2013. 04. 24
【申请(专利权)人】 潍坊金丝达环境工程股份有限公司
【地址】 山东省潍坊市昌邑市奎聚街办金丝达公司
【发明(设计)人】 刘国田；张大鹏；李振衡
【摘要】 本发明公开了一种塑料资源化连续气化裂解多效炉，包括基座、窑筒、尾渣燃烧器及转动设置的筒形炉体；本发明充分利用塑料自身的能量来进行塑料自身的气化裂解。首先，塑料在筒形炉体的上部首先进行裂解，裂解产生气态的原油；其次，裂解产生的高含碳炉渣再在筒形炉体的下部进行气化，进一步提取塑料中包含的能源；最后，将气化产生的炉渣送入尾渣燃烧器中进行充分燃烧，并利用尾渣燃烧产生的热能为塑料裂解提供所需要的能量；本发明经过裂解、气化、燃烧，使塑料处理需要的能量通过内部循环自动进行，将塑料转变为原油和可燃气等产品，处理后的最终残存物变为灰烬；本发明对塑料的处理极为彻底，完全解决了废塑料对环境造成的破坏。

【名称】 废旧塑料再生颗粒的生产方法
【公开(公告)号】 CN103029229A
【公开(公告)日】 2013. 04. 10
【申请(专利权)人】 永善县原生源废旧再生资源利用有限公司
【地址】 云南省昭通市永善县溪洛渡镇明子村正坝三社
【发明(设计)人】 蒲光祥
【摘要】 本发明涉及一种废旧塑料再生颗粒的生产方法，是在废旧塑料洗净水中加入洗涤剂；且所用破碎机筛片上的筛孔为三排，座刀和动刀安装方式为“一”字形；该方法对废旧塑料破碎环节产生的少量粉状料单独制粒，能提高洗净度，改善产品颜色和感观，提升等级，增加销售收入；另外可提高筛选均匀度，加快制粒机挤出速度，降低电力消耗；避免制粒环节热降解，进一步提高了原料出品率。

【名称】 塑料袋自动折叠捆扎机的一种尾部折叠装置
【公开(公告)号】 CN103043243A
【公开(公告)日】 2013. 04. 17
【申请(专利权)人】 王秀来
【地址】 山东省莒县刘官庄镇中沟村
【发明(设计)人】 王秀来
【摘要】 本发明公开了塑料袋自动折叠捆扎机的一种尾部折叠装置，包括：机架；翻折板装置；压杆伸缩装置，由压杆、压杆臂、伸缩驱动机构、直线运行机构构成；压杆升降装置，由升降驱动机构、升降运行机构构成。当塑料袋的尾部平放到翻折板上后，压杆升降装置将压杆抬起，之后压杆伸缩装置将两压杆同时向中间伸出，然后压杆升降装置使压杆落下，压在塑料袋的尾部预定的折叠线位置。之后翻折板翻折，将塑料袋的尾部翻折，在将塑料袋的尾部折叠后两压杆抽出，尾部折叠完成。本发明结构简单，程序简化，占用时间小，折叠整齐，

平整大方。

【名称】 串珠式塑料装饰件的免抽芯成型工艺
【公开（公告）号】 CN103042652A
【公开（公告）日】 2013.04.17
【申请（专利权）人】 黄锦泽
【地址】 浙江省温州市永嘉县瓯北镇东联村
【发明（设计）人】 黄锦泽
【摘要】 一种串珠式塑料装饰件的免抽芯成型工艺，使用安装在注塑机上的模具进行注塑成型，先在模具中的每列塑料装饰件型腔内预放置连贯塑料长丝，然后再合模注塑成型，成型开模后获得成串的塑料装饰件。本发明在注塑成型后无需抽出塑料长丝，这样各塑料装饰件直接成型串接在塑料长丝上，开模后即获得成串的塑料装饰件，无需手工串接，生产效率大大提高，即使生产花样间隔的整串塑料装饰件，也只需在模具内预制好花样间隔的塑料装饰件型腔即可，同样非常方便。而且，塑料长丝的长度可以非常长，直径细，生产的塑料装饰件的串孔直径小，产品精致美观。由于塑料长丝柔软可弯曲，甚至生产的塑料装饰件的串孔也可以为弧形，满足特殊造型要求。

【名称】 塑料造粒振动筛分装置
【公开（公告）号】 CN103056105A
【公开（公告）日】 2013.04.24
【申请（专利权）人】 昆山市胜迈塑料机械有限公司
【地址】 江苏省苏州市昆山市巴城镇申光路505号
【发明（设计）人】 雷培兵
【摘要】 本发明公开了一种塑料造粒振动筛分装置，包括振动筛底座、振动电机，振动筛底架，所述振动筛底架通过弹簧连接在所述振动筛底座上，所述振动电机安装在所述振动筛底架上，支架上设置有旋涡式气泵，其特征在于，所述振动筛底座下均匀设置有四个定向轮。本发明所提供的塑料造粒振动筛分装置，移动方便。

【名称】 塑料造粒振动筛分装置
【公开（公告）号】 CN103041983A
【公开（公告）日】 2013.04.17
【申请（专利权）人】 昆山市胜迈塑料机械有限公司
【地址】 江苏省苏州市昆山市巴城镇申光路505号
【发明（设计）人】 雷培兵
【摘要】 本发明公开了一种塑料造粒振动筛分装置，包括振动筛底座、振动电机，振动筛底架，所述振动筛底架通过弹簧连接在所述振动筛底座上，所述振动电机安装在所述振动筛底架上，其特征在于，所述振动筛底座上设有支架，所述支架上设置有成品料仓。本发明所提供的塑料造粒振动筛分装置，使塑料造粒筛分过程中设备所占的空间减小，提高了空间利用率，且因为成品料仓在塑料造粒振动筛分机构之上，提高了筛分效率。

【名称】 一种新型钢衬塑结构
【公开（公告）号】 CN103057191A
【公开（公告）日】 2013.04.24
【申请（专利权）人】 无锡新开河储罐有限公司
【地址】 江苏省无锡市惠山区洛社双庙工业园枫杨路99号
【发明（设计）人】 安齐放
【摘要】 本发明涉及一种新型钢衬塑结构，包括钢体层及贴合于钢体层的衬塑层，位于钢体层的表面，于钢体层与衬塑层之间均匀布置套脚，套脚与钢体层连接，套脚的外围包裹衬塑层。本发明结构简单，“U”形套脚的布置避免了传统工艺出现材料耗费量大，成本高的问题。与传统钢丝编织网相比，“U”形套脚的高度要低于钢丝编织网的高度，并且高度保持一直，不仅减小了衬塑层的厚度，还有效的节省材料；滚塑过程后衬塑层将“U”形套脚包裹，各“U”形套脚沉没在衬塑层内部，在冷却后保证“U”形套脚拉住塑料，防止出现脱离钢体层的现象；不仅提高工效，还提高经济效益，有效的确保产品质量。

【名称】 一种在底件上注塑热塑型塑胶的工艺
【公开（公告）号】 CN103057036A
【公开（公告）日】 2013.04.24
【申请（专利权）人】 昆山易昌泰塑胶有限公司
【地址】 江苏省苏州市昆山市玉山镇莫家路198号
【发明（设计）人】 周善龙
【摘要】 本发明公开一种在底件上注塑热塑型塑胶的工艺，包括如下步骤：（1）将底件放入点胶机，进行定位；（2）对底件上需要进行注塑硬性热塑型塑胶和软性热塑型塑胶的位置进行点胶；（3）将点胶好的底件静止干燥一段时间；（4）静止干燥完成后，在底件上注塑硬性热塑型塑胶；（5）在底件表面上注塑软性热塑型塑胶，注塑同时进行压缩模腔，使软性塑胶的厚度减薄；本发明既解决了底件结构缺少硬性塑料机构和表面防划伤和生锈问题，又能使产品更加环保，并且能节约能源和节省人力成本等多种优势，满足产品达到轻薄发展的趋势。

【名称】 塑料造粒干燥装置
【公开（公告）号】 CN103042623A
【公开（公告）日】 2013.04.17
【申请（专利权）人】 昆山市胜迈塑料机械有限公司
【地址】 江苏省苏州市昆山市巴城镇申光路505号
【发明（设计）人】 雷培兵
【摘要】 本发明公开了一种塑料造粒干燥装置，包括支架、风机、吹口和导辊，所述风机和所述导辊固定在所述支架上，所述吹口通过通风管与所述风机连接，所述吹口固定在所述导辊上方，所述导辊下方设有存水箱。本发明所提供的塑料造粒干燥装置，能够有效防止干燥装置的锈蚀，提高了使用寿命。

【名称】 塑料造粒切割装置
【公开(公告)号】 CN103042565A
【公开(公告)日】 2013.04.17
【申请(专利权)人】 昆山市胜迈塑料机械有限公司
【地址】 江苏省苏州市昆山市巴城镇申光路505号
【发明(设计)人】 雷培兵
【摘要】 本发明是关于一种塑料造粒切割装置，包括刀座体和刀轴，所述刀座体套在所述刀轴上，所述刀轴上还固定着模板，所述刀轴上远离模板的一端设置有弹簧压盖，在所述刀座体上靠近所述模板处设有刀杆，所述刀杆上设有刀片，所述刀片用于切割从模板中出来的物料条，所述刀杆为两把，沿所述刀轴径向均匀设置在所述刀座体上。本发明所提供的塑料造粒切割装置，提高了刀片的使用寿命。

【名称】 塑料造粒双锥螺杆传动装置
【公开(公告)号】 CN103062335A
【公开(公告)日】 2013.04.24
【申请(专利权)人】 昆山市胜迈塑料机械有限公司
【地址】 江苏省苏州市昆山市巴城镇申光路505号
【发明(设计)人】 雷培兵
【摘要】 本发明是关于一种塑料造粒双锥螺杆传动装置，包括传动箱体、主动轴和从动轴，所述主动轴与所述从动轴的一端各自固定连接着螺杆，所述主动轴和所述从动轴上均设有锥齿轮，所述主动轴与所述从动轴通过滚针轴承固定在所述传动箱体上。本发明所提供的塑料造粒双锥螺杆传动装置，摩擦小，传动效率高。

【名称】 塑料造粒双锥螺杆挤出装置
【公开(公告)号】 CN103057082A
【公开(公告)日】 2013.04.24
【申请(专利权)人】 昆山市胜迈塑料机械有限公司
【地址】 江苏省苏州市昆山市巴城镇申光路505号
【发明(设计)人】 雷培兵
【摘要】 本发明公开了一种塑料造粒双锥螺杆挤出装置，包括箱体、底座和锥形螺杆，所述锥形螺杆设置在所述箱体内，所述箱体设置在所述底座上，在所述底座的底部设有立柱，用于支撑所述箱体，其特征在于，所述立柱上设有调节螺杆，用于调节所述箱体的上下位置。本发明所提供的塑料造粒双锥螺杆挤出装置能够调节放置的高度和放置的角度以适应其他设备高度的变化，具有较强的通用性。

【名称】 塑料造粒切割装置
【公开(公告)号】 CN103056913A
【公开(公告)日】 2013.04.24
【申请(专利权)人】 昆山市胜迈塑料机械有限公司
【地址】 江苏省苏州市昆山市巴城镇申光路505号
【发明(设计)人】 雷培兵
【摘要】 本发明是关于一种塑料造粒切割装置，包括刀座体和刀轴，所述刀座体套在所述刀轴上，所述刀轴上还固定着模板，在所述刀座体上靠近所述模板处设有刀杆，所述刀杆上设有刀片，所述刀片用于切割从模板中出来的物料条，所述刀杆为四把，沿所述刀轴径向均匀设置在所述刀座体上。本发明所提供的塑料造粒切割装置，提高了塑料切割的效率。

【名称】 一种酚醛泡沫塑料及其制备方法以及泡沫炭的制备方法
【公开(公告)号】 CN103059503A
【公开(公告)日】 2013.04.24
【申请(专利权)人】 陕西煤业化工技术研究院有限责任公司
【地址】 陕西省西安市高新区锦业一路2号陕西煤业化工集团公司
【发明(设计)人】 付东升；杨阳；张云；唐应吉；郑化安
【摘要】 本发明公开了一种酚醛泡沫塑料及其制备方法以及泡沫炭的制备方法，酚醛泡沫塑料制备包括：1)将酚醛树脂与改性粉煤灰微珠充分搅拌分散均匀；2)将固化剂和发泡剂、泡沫稳定剂加入混合物体系中；3)将混合物倒进预热的模具中，烘干脱模得到改性粉煤灰填充酚醛泡沫塑料。制备泡沫炭包括：将改性粉煤灰填充酚醛泡沫塑料放入炭化炉中，在N2/Ar气氛保护下进行炭化，炭化后随炉冷却即得到泡沫炭材料。本发明还涉及到改性粉煤灰微珠的制备方法及其原料复合偶联剂的制备方法，通过采用改性粉煤灰对酚醛泡沫塑料进行填充作为刚性骨架，提高酚醛泡沫在炭化过程的尺寸稳定性，制备出轻质隔热的泡沫炭材料，并实现粉煤灰的有效综合利用。

【名称】 塑料瓶传输装置
【公开(公告)号】 CN103057915A
【公开(公告)日】 2013.04.24
【申请(专利权)人】 江苏新美星包装机械股份有限公司
【地址】 江苏省苏州市张家港市经济开发区南区(新泾东路)江苏新美星包装机械股份有限公司

【发明(设计)人】 何德平；路世宜；孟丽

【摘要】 本发明涉及一种塑料瓶传输装置，包括一个可转动的星轮，星轮的外周壁中设置有若干个圆弧形凹槽，圆弧形凹槽的大小与塑料瓶相配合，在星轮的外部设置有护圈，护圈的内周壁与星轮之间的间距与塑料瓶相配合，所述圆弧形凹槽和护圈的内周壁上分别设置有表面光滑的耐磨层。本发明在目前所使用的传输装置上稍作改进，其制作简便、维护方便、成本低廉，能有效避免在塑料瓶片上造成划痕，而且不会影响塑料瓶的传输效果。

【名称】 一种塑料圆织机

【公开(公告)号】 CN103015004A

【公开(公告)日】 2013.04.03

【申请(专利权)人】 常州市武进恒发机械有限公司

【地址】 江苏省常州市武进区前黄镇寨桥工业集中区

【发明(设计)人】 邹洪涛；曾华良

【摘要】 本发明涉及一种塑料圆织机，包括梭子、上跑道、下跑道和扣门，梭子包括梭体、上梭轮和下梭轮，上梭轮与上跑道滚动配合，下梭轮与下跑道滚动配合，所述上、下跑道的斜面上均匀开设有用于导入经丝的凹槽，所述凹槽的宽度 D 为 2 ~ 3mm。本发明的一种塑料圆织机，消除了梭轮对经丝的碾压，减少了劈丝、起毛、断丝现象；对丝的强度要求降低，适合各种高、低强度丝的编织；梭轮的使用寿命也得到了提高。

【名称】 塑料薄膜循环使用设备

【公开(公告)号】 CN103029291A

【公开(公告)日】 2013.04.10

【申请(专利权)人】 厦门亚太创新机器有限公司

【地址】 福建省厦门市留学人员创业园伟业楼南楼S303A室

【发明(设计)人】 陈南太

【摘要】 本发明公开了一种塑料薄膜循环使用设备，它包括依次安装在生产流水线上的吹膜机、印刷主机、储料架、制袋机、折叠机；它还包括存储箱、破碎机、小送料机；所述的存储箱的进料口通过管道与制袋机的废料桶相通，存储箱的出料口通过管道与破碎机进料口相通，破碎机出料口通过管道与小送料机相通，小送料机与吹膜机相通。由于本发明的边角料是通过与制袋机连通的存储箱收集输送到破碎机进行破碎，再送到小送料机上并通过小送料机将边角料送入吹膜机，重新回收利用，生产工艺冲裁成形产生的边角料完全是在一个封闭的系统内完成，边角料与外界完全隔离，保证了边角料的洁净，而且，本发明的无需人工介入，自动化程度高，大大降低了工人的劳动强度。

【名称】 塑料圆织机

【公开(公告)号】 CN103046210A

【公开(公告)日】 2013.04.17

【申请(专利权)人】 常州市武进恒发机械有限公司

【地址】 江苏省常州市武进区前黄镇寨桥工业集中区

【发明(设计)人】 邹洪涛；曾华良

【摘要】 本发明涉及一种塑料圆织机，包括梭子、斜面跑道和扣门，梭子包括梭体、上梭轮和下梭轮，斜面跑道分为上跑道和下跑道，梭体底部均匀设置有梭体永磁体，扣门中部均匀设置有扣门永磁体，梭体永磁体与扣门永磁体相对设置且相对面极性相同，上、下跑道的斜面上均具有限位凸台，上梭轮或下梭轮的轮轴为偏心轮轴。本发明的塑料圆织机，梭体永磁体与扣门永磁体相互间会产生较强的相斥力来抵消一部分梭子的离心力，减小了梭轮与上、下跑道之间的经丝所受到的压力，减少了劈丝、起毛、断丝现象；对丝的强度要求降低，适合各种高、低强度丝的编织；梭轮的使用寿命也得到了提高。

【名称】 一种新型塑料管件结构

【公开(公告)号】 CN103062562A

【公开(公告)日】 2013.04.24

【申请(专利权)人】 飞雕电器集团有限公司

【地址】 上海市松江区大港经济开发区

【发明(设计)人】 徐益忠

【摘要】 本案公开了一种新型塑料管件结构，它包括管件本体，管件本体的端口呈喇叭口状，端口的外壁处形成至少一凹陷部，凹陷部表面设有刻度标尺，凹陷部末端的管件本体外壁设有环形限位筋。具有以下特点：1、管件端口为喇叭口状，有效增加了端口的用料厚度，提高了端口强度；2、管件端口外部的凹陷处可将管材刚好紧贴在此处，凹陷处刻有刻度，可以在管材上按照所需的承插深度作标记；3、凹陷处的尖端附近有限位筋，可将管材顶在限位筋上，以便快速画出管材承插深度的标记；4、三通类主体上有两道互相垂直的筋，在管材、管件的热熔焊接施工时可以作为保持水平或垂直的参照物。本发明技术具有很好的实用性，可应用于各种形式的塑料管件，易于推广应用。

【名称】 一种环氧树脂改性的聚异氰脲酸酯耐高温硬质泡沫塑料及其制备方法

【公开(公告)号】 CN103059242A

【公开(公告)日】 2013.04.24

【申请(专利权)人】 江苏科泰绝热新材料有限公司

【地址】 江苏省常州市金坛市南环二路258号

【发明(设计)人】 黄伟洪；曹晖

【摘要】 本发明公开一种环氧树脂改性的聚异氰脲酸酯耐高温硬质泡沫塑料及其制备方法，该耐高温硬质泡沫塑料包含改性混合物和异氰酸酯，所述改性混合物和异氰酸酯的质量比为1：1.10～1.15；按质量百分含量计，所述的改性混合物包含以下组分：聚醚多元醇：30%～35%、环氧树脂：22%～27%、匀泡剂：0.5%～5%、催化剂：2%～6%和发泡剂：32%～40%。本发明制备的环氧树脂改性聚异氰脲酸酯硬质泡沫塑料用于比较理想的均匀泡孔结构，高温下的热稳定性优异，制品的脆性和绝热性能良好，具有优良的吸隔声性能和阻燃性能。

【名称】 热塑性塑料管材检测用划线器

【公开(公告)号】 CN103029115A

【公开(公告)日】 2013.04.10

【申请(专利权)人】 南通市建筑科学研究院有限公司

【地址】 江苏省南通市唐闸南市街106号

【发明(设计)人】 龚燕华；梁晓晖；施洪亮；沈有忠；卢洋洋；杨陈玲；顾允飞

【摘要】 本发明公开了热塑性塑料管材检测用划线器，包括圆形底座、旋转圆盘、连接杆、立杆和两个划线笔夹具器，圆形底座顶部的圆柱体内设有一轴承，旋转圆盘置于该轴承上，旋转圆盘上两个相互垂直直径方向上开有滑槽，该滑槽内设有定位夹持管材的滑动夹片，圆形底座通过连接杆与立杆连接，连接杆包括一小立柱，立杆上下设有两滑块，每个滑块垂直面串在立杆上，滑块水平面串在划线笔夹具器上，划线笔夹具器包括连杆和夹笔夹具，连杆一端焊接一伸缩装置来连接所述的夹笔夹具。本发明结构简单、使用方便，划线精度高、提高划线工作效率，确保热塑性塑料管材纵向回缩率试验和耐外冲击性能试验的快速化、准确化。

【名称】 一种热塑性聚氨酯弹性体的制备方法

【公开(公告)号】 CN103059554A

【公开(公告)日】 2013.04.24

【申请(专利权)人】 东莞市吉鑫高分子科技有限公司

【地址】 广东省东莞市常平镇九江水村中信路

【发明(设计)人】 何建雄

【摘要】 本发明属于聚合物制备技术领域，特别涉及一种热塑性聚氨酯弹性体的制备方法，包括以下步骤：将1，4－环已烷二异氰酸酯、聚己二酸乙二醇酯、1，4－丁二醇、润滑剂和耐水解剂放在混料器中下充分搅拌后，在高温塑料机或密炼机中充分塑炼，得到热塑性聚氨酯弹性体基体；第二步，将无机纳米填料经过硅烷偶联剂处理后，得到改性后的无机纳米填料；第三步，将热塑性聚氨酯弹性体基体溶解于四氢呋喃中，然后将改性后的无机纳米填料加入其中，机械搅拌后除去四氢呋喃，压膜成型，得到热塑性聚氨酯弹性体。相对于现有技术，本发明可以在保证热塑性聚氨酯弹性体综合性能不下降的前提下，有效地增加聚氨酯弹性体的耐热性能、机械性能及抗老化性能。

【名称】 一种利用废聚苯乙烯塑料改性树脂乳液制备的防水涂料

【公开(公告)号】 CN103059622A

【公开(公告)日】 2013.04.24

【申请(专利权)人】 陈立晓

【地址】 广西壮族自治区玉林市二环东路经济开发区好邦路1号

【发明(设计)人】 陈立晓

【摘要】 本发明属于防水涂料生产技术，尤其是一种利用废聚苯乙烯塑料改性树脂乳液制备的防水涂料。本发明公开了防水涂料的优选原材料组成为(按照重量%计)：废聚苯乙烯塑料：22.6%、混合溶剂：32.7%、水：24.8%、增塑剂：5.8%、乳化剂：3%、改性剂：9.6%、有机硅单体硅烷偶联剂：1.5%。防水涂料的生产流程为：将废聚苯乙烯塑料加入混合溶剂中，搅拌使其完全溶解，再加入增塑剂搅拌制成油相液，加入乳化剂和水搅拌制成乳白色乳状树脂乳液，最后加入有机硅单体硅烷偶联剂和其他改性剂得到成品涂料。本发明减少了有毒溶剂使用量，是一种环保型的水性涂料。

【名称】 一种塑料膜滚筒架

【公开(公告)号】 CN103057990A

【公开(公告)日】 2013.04.24

【申请(专利权)人】 苏州新协力工业控制工程技术研究中心有限公司

【地址】 江苏省苏州市高新区珠江路508－4号

【发明(设计)人】 钱洪海

【摘要】 本发明提供了一种塑料膜滚筒架，包括一螺杆，所述螺杆两端安装两个挡块，所述两个挡块的外侧各安装一个转轮，螺杆两端攻有螺纹，通过锁紧螺母将转轮锁紧。本发明所述塑料膜滚筒架，安装塑料膜时，拧去一边的螺母，拿出转轮、挡块后就可以将塑料膜套上去，安装取用都非常方便，并且转动灵活，可以配合封口机一起使用，极大的减轻了工人的劳动轻度，在很大程度上提高生产效率。

【名称】 一种具有特制阴阳转子型线的双螺杆挤出机

【公开(公告)号】 CN103057089A
【公开(公告)日】 2013.04.24
【申请(专利权)人】 大连理工大学
【地址】 辽宁省大连市凌工路2号
【发明(设计)人】 魏静；梁新龙
【摘要】 本发明一种具有特制阴阳转子型线的双螺杆挤出机，属于双螺杆挤出机领域，特别涉及一种采用特制转子型线的双螺杆挤出机，用于对颗粒原料进行混合挤压的挤压设备。安装在机架上的挤出机主体由机头、机筒、排气口、加热冷却装置、阴转子、阳转子、加料装置、和端盖构成；在排气段对应的机筒处安装有排气口，在熔融段对应的机筒处安装有加料装置，机筒外壁覆盖加热冷却装置。具有加料段、熔融段、排气段和计量段的阴、阳转子由螺纹段、捏合盘元件以及齿形盘元件构成。本发明工作时可以提供较大的混合能力、剪切力以及塑化混炼均匀性等，可以广泛应用于塑料、橡胶、食品及制药等多种物料的加工成型中。

【名称】 一种长保存期磷酸结合高铝质可塑料及制备方法
【公开(公告)号】 CN103058680A
【公开(公告)日】 2013.04.24
【申请(专利权)人】 中钢集团洛阳耐火材料研究院有限公司
【地址】 河南省洛阳市涧西区西苑路43号
【发明(设计)人】 张军；张新；张三华；曹喜营；石会营；惠先磊；王战民
【摘要】 本发明所公开的是一种长保存期磷酸结合高铝质可塑料及制备方法，所采用的原料组成及重量百分比为：粒度为5～0.088mm的烧结矾土颗粒50～60wt%，粒度小于0.088mm烧结矾土细粉15～30wt%，水曲柳粘土2～8wt%，钠基膨润土3～9wt%，活性α－氧化铝微粉2～11wt%，硅石粉3～5wt%，另外加入上述原料总重量8.5～13.0wt%，浓度65%的磷酸作为结合剂；所述高铝质可塑料中加入有添加剂，所述添加剂为缓蚀剂，所述缓蚀剂的加入量为上述原料总重量的1.0～3.0wt%。本发明的耐火可塑料具有保存期长、可塑性好、体积密度大、耐压强度高的特点。

【名称】 抗菌ABS塑料
【公开(公告)号】 CN103044849A
【公开(公告)日】 2013.04.17
【申请(专利权)人】 上海秋橙新材料科技有限公司
【地址】 上海市闵行区曙光路280号第30幢271室
【发明(设计)人】 黄美蓉
【摘要】 本发明公开了一种抗菌ABS塑料，包括下述重量份的组分：ABS100份，复合抗菌剂0.3－0.5份，所述复合抗菌剂，由下述组分按重量份组成：柏木油2－6份、壳聚糖4－8份、纳米二氧化钛10－20份、纳米氧化银15－25份、聚六亚甲基双胍盐酸盐30－50份、N－(三氯甲硫基)邻苯二甲酰亚胺2－4份。本发明的抗菌ABS塑料具有强效抑制细菌、杀灭细菌和防霉的效果，可以用注塑工艺轻易加工成各种形状的汽车内饰件，如手套箱内盖板、手套箱斗、副仪表板本体、储物盒衬垫、面板储物盒。

【名称】 抗菌HDPE塑料
【公开(公告)号】 CN103059380A
【公开(公告)日】 2013.04.24
【申请(专利权)人】 上海秋橙新材料科技有限公司
【地址】 上海市闵行区曙光路280号第30幢271室
【发明(设计)人】 黄美蓉
【摘要】 本发明公开了一种抗菌HDPE塑料，包括下述重量份的组分：HDPE100份，复合抗菌剂0.3－0.5份，所述复合抗菌剂，由下述组分按重量份组成：柏木油2－6份、壳聚糖4－8份、纳米氧化铜10－20份、纳米氧化银15－25份、聚六亚甲基胍磷酸盐30－50份、三氯均二苯脲2－4份。本发明的抗菌HDPE塑料具有强效抑制细菌、杀灭细菌和防霉的效果，可用于包装用途。

【名称】 抗菌PBT塑料
【公开(公告)号】 CN103059524A
【公开(公告)日】 2013.04.24
【申请(专利权)人】 上海秋橙新材料科技有限公司
【地址】 上海市闵行区曙光路280号第30幢271室
【发明(设计)人】 黄美蓉
【摘要】 本发明公开了一种抗菌PBT塑料，包括下述重量份的组分：PBT100份，复合抗菌剂0.3－0.5份，所述复合抗菌剂，由下述组分按重量份组成：柏木油2－6份、壳聚糖4－8份、纳米二氧化钛10－20份、纳米氧化银15－25份、聚六亚甲基胍磷酸盐30－50份、三氯均二苯脲2－4份。本发明的抗菌PBT塑料具有强效抑制细菌、杀灭细菌和防霉的效果，可以用于制备家用器具如食品加工刀片、真空吸尘器元件、电风扇、头发干燥机壳体、咖啡器皿等，电器元件如开关、电机壳、保险丝盒、计算机键盘按键等，汽车工业如散热器格窗、车身嵌板、车轮盖、门窗部件等。

【名称】 抗菌聚丙烯塑料
【公开(公告)号】 CN103059405A
【公开(公告)日】 2013.04.24
【申请(专利权)人】 上海秋橙新材料科技有限公司

【地址】 上海市闵行区曙光路280号第30幢271室
【发明(设计)人】 黄美蓉
【摘要】 本发明公开了一种抗菌聚丙烯塑料，包括下述重量份的组分：聚丙烯100份，复合抗菌剂0.3－0.5份，所述复合抗菌剂，由下述组分按重量份组成：柏木油2－6份、壳聚糖4－8份、纳米二氧化钛10－20份、纳米沸石15－25份、聚六亚甲基胍磷酸盐30－50份、N－(三氯甲硫基)邻苯二甲酰亚胺2－4份。本发明的抗菌聚丙烯塑料具有强效抑制细菌、杀灭细菌和防霉的效果，可以用注塑工艺轻易加工成各种形状的零件，可用于制成汽车密封件、各种操作手柄和拉手等。

【名称】 一种挤塑机功率输出控制电路
【公开(公告)号】 CN103066840A
【公开(公告)日】 2013.04.24
【申请(专利权)人】 富通集团有限公司
【地址】 浙江省杭州市富阳市富春街道馆驿路18号
【发明(设计)人】 赵晓东；王丹
【摘要】 本发明涉及一种挤塑机功率输出控制电路。现有塑料挤出机挤出过程的温度无法控制。该电路电路包括十二个电阻、六个电容、三个二极管、两个MOSFET、两个电热丝、TL494脉冲宽度调制芯片和IR2103半桥驱动芯片。本发明采用的元器件和芯片成熟可靠，成本低廉，来源丰富，有两路独立的功率输出，能够同时对两处不同的地方加热，输出功率可调范围较大，可控性好。本发明具有过压保护部分，有效防止线圈温度过高。

【名称】 城市生活垃圾中分选出的混杂塑料再生制成品的生产工艺
【公开(公告)号】 CN103057026A
【公开(公告)日】 2013.04.24
【申请(专利权)人】 上海帮容环保科技有限公司；汤学忠
【地址】 上海市嘉定区安亭镇墨玉路185号505室
【发明(设计)人】 汤学忠
【摘要】 本发明涉及一种城市生活垃圾中分选出的混杂塑料再生制成品的生产工艺，它包括下列步骤：①将混杂废塑料输入破碎机离心破袋；②根据混杂废塑料与金属的不同物理属性进行磁选分离；③将分离出的混杂废塑料进行破碎；④再经过磁涡流选分离出②未分离出的金属材料；⑤将预处理过的混杂废塑料经高压渗酸法将其膨化，彻底除去细菌和异味；⑥余热干燥；⑦加入干洗剂，经干洗机进行干法除污；⑧除污后加入改性剂对其填充改性；⑨热熔模压成型；⑩包装入库。本发明节能、无污排放，成本低，社会效益高，不损害人身健康，废旧资源再利用更有利于生态环境的良性循环。

【名称】 一种挤塑机机筒的温度检测电路
【公开(公告)号】 CN103057099A
【公开(公告)日】 2013.04.24
【申请(专利权)人】 富通集团有限公司
【地址】 浙江省杭州市富阳市富春街道馆驿路18号
【发明(设计)人】 赵晓东；王丹
【摘要】 本发明公开了一种挤塑机机筒的温度检测电路，现有的挤塑机容易产生气泡、降解甚至烧焦，还会造成挤出过程中挤出压力波动，塑料在机筒内“打滑”，挤出量不稳，使产品外径大小不均；本发明包括一个K型热电偶、第一电阻R1、第二电阻R2、第三电阻R3、第四电阻R4、第五电阻R5、滑动变阻器Rx1、第一运算放大器(OPA2340)U1A、第二运算放大器(OPA2340)U1B、AD590温度传感器、ADS1115A/D转换芯片；本发明采用的元器件成熟可靠，成本低廉，来源丰富。本发明具有冷端补偿部分，避免了K型热电偶冷端温度变化引起的误差。对测试信号隔离放大，为A/D转换提供了良好的信号。

【名称】 抗菌聚碳酸酯塑料
【公开(公告)号】 CN103059541A
【公开(公告)日】 2013.04.24
【申请(专利权)人】 上海秋橙新材料科技有限公司
【地址】 上海市闵行区曙光路280号第30幢271室
【发明(设计)人】 黄美蓉
【摘要】 本发明公开了一种抗菌聚碳酸酯塑料，包括下述重量份的组分：聚碳酸酯100份，复合抗菌剂0.3－0.5份，所述复合抗菌剂，由下述组分按重量份组成：柏木油2－6份、壳聚糖4－8份、纳米二氧化钛10－20份、纳米氧化银15－25份、聚六亚甲基胍磷酸盐30－50份、N－(三氯甲硫基)邻苯二甲酰亚胺2－4份。本发明的抗菌聚碳酸酯塑料具有广谱抗菌效果，具有强效抑制细菌、杀灭细菌和防霉的效果，主要作为工程塑料广泛用于透明材料、电器零部件、医疗器械和机械罩壳等。

【名称】 抗菌ASA塑料
【公开(公告)号】 CN103059494A
【公开(公告)日】 2013.04.24
【申请(专利权)人】 上海秋橙新材料科技有限公司
【地址】 上海市闵行区曙光路280号第30幢271室
【发明(设计)人】 黄美蓉
【摘要】 本发明公开了一种抗菌ASA塑料，包括下述重量份的组分：ASA100份，复合抗菌剂0.3－0.5份，所述复合抗菌剂，由下述组分按重量份组成：柏木油2－6份、壳聚糖4－8份、纳米二氧化钛10

-20份、纳米氧化银15-25份、聚六亚甲基胍磷酸盐30-50份、N-(三氯甲硫基)邻苯二甲酰亚胺2-4份。本发明的抗菌ASA塑料具有强效抑制细菌、杀灭细菌和防霉的效果，可以用注塑工艺轻易加工成各种形状的汽车内饰件，如手套箱内盖板、手套箱斗、仪表板、面板储物盒。

【名称】 嵌压式塑料封志

【公开(公告)号】 CN103021270A

【公开(公告)日】 2013.04.03

【申请(专利权)人】 陈兴华

【地址】 陕西省西安市高新区新型工业园学士路90号4-B室

【发明(设计)人】 陈兴华

【摘要】 本发明涉及一种嵌压式塑料封志，包括上端的水平端盖、卡扣腿和卡扣座，其特征在于所述水平端盖通过两侧的侧壁、以及所述侧壁下端的连接条与卡扣座连接，所述卡扣腿底部水平并设置有上防滑齿，所述卡扣座上设置有与两条所述卡扣腿对应的卡线孔槽，所述卡线孔槽底部水平并设置有下防滑齿；所述卡扣腿中间设置有向下的箭头形加强扣，所述卡扣座上设置有与所述加强扣匹配的箭头形的加强扣孔；所述侧壁的内侧设置有向下的卡扣倒钩，所述卡扣座上设置有和所述卡扣倒钩相匹配的卡扣倒钩腔；所述卡扣腿底部两侧和所述卡扣座之间设置有连接柱。本发明封志结构简单，工艺方便，成本低廉，具有良好的防撬性能，并且使用方便可靠。

【名称】 一种中等流动抗冲聚丙烯组合物及其制备方法

【公开(公告)号】 CN103030918A

【公开(公告)日】 2013.04.10

【申请(专利权)人】 中国石油化工股份有限公司；中国石化扬子石油化工有限公司

【地址】 江苏省南京市六合区大厂新华路777号；江苏省南京市六合区大厂新华路777号

【发明(设计)人】 林龙；徐振明

【摘要】 本发明涉及一种中等流动抗冲聚丙烯组合物及其制备方法；本发明属于新材料领域，所制备的专用料可广泛用于各类大中型抗冲制件的生产，如汽车内外饰件、家具电器塑料部件、薄壁容器等；本发明所述聚丙烯组合物，其组分包括，嵌段共聚聚丙烯、高密度聚乙烯、酚类抗氧剂、卤素吸收剂、成核剂、过氧化物母料；本发明所制备的中等流动抗冲聚丙烯组合物树脂具有刚韧平衡的特点，适用于对刚性和韧性均具有一定要求的大中型注塑制品的生产。

【名称】 五层共挤高保温消雾无滴农用大棚塑料薄膜

【公开(公告)号】 CN103042782A

【公开(公告)日】 2013.04.17

【申请(专利权)人】 山东农业大学

【地址】 山东省泰安市岱宗大街61号

【发明(设计)人】 米庆华；谭业明；韩宾

【摘要】一种五层共挤高保温消雾无滴农用大棚塑料薄膜，由农用聚乙烯树脂(含EVA树脂)、保温剂、消雾剂、流滴剂、防老化剂等原材料组成，原材料按重量百分比计，按分层配方五层共挤吹塑而成的农用大棚膜，可增加膜的保温性能和使用期、节省原材料，延长流滴消雾期。提高了农用大棚膜的性能，覆盖该种膜的越冬大棚栽培蔬菜、果树和花卉等植物能明显提高产量和品质，具有较好地推广应用前景。

【名称】 可降解环保塑料及其制备方法

【公开(公告)号】 CN103044760A

【公开(公告)日】 2013.04.17

【申请(专利权)人】 张东

【地址】 福建省福州市仓山区盖山镇屿宅村仕尾121号

【发明(设计)人】 张东

【摘要】 本发明提供一种可降解环保塑料，包括如下质量份数的各成份：炭粉或活性炭粉：20~80份；粘合剂：20~50份；助剂：2.5~20.85份。本发明环保塑料不仅能生物可降解，还具有透气性好、有吸附有毒气体、净化空气的环保塑料。

【名称】 一种汽车内饰件用耐光照老化聚甲醛塑料及其制备方法

【公开(公告)号】 CN103059500A

【公开(公告)日】 2013.04.24

【申请(专利权)人】 上海瀚氏模具成型有限公司

【地址】 上海市闵行区莘庄镇友东路355号

【发明(设计)人】 赵海应；张荣福；印玲

【摘要】本发明公开了一种汽车内饰件用耐光照老化聚甲醛塑料及其制备方法。所述汽车内饰件用耐光照老化聚甲醛塑料，包括下述重量份的组分：聚甲醛树脂100份，复合光稳定剂0.2-0.8份，所述复合光稳定剂，由下述重量份的组分组成：2-[2-羟基-4-(2，2，6，6-四甲基哌啶-4-氧基)羰基甲氧基苯基]-2H-苯并三唑30-50份、双(1，2，2，6，6-五甲基-4-哌啶基)癸二酸酯20-40份、N，N-二乙酰基己二酰基二酰肼5-15份。本发明耐光照老化性较优异，且制备工艺简单。本发明的汽车内饰件用耐光照老化聚甲醛塑料，可用于制成汽车用车把、电动窗、扬声器格栅、卡扣、紧固和弹簧元件、按钮、安全带的偏转配件和机械部件等零件。

【名称】 玻纤增强中空壁聚乙烯缠绕管及其制造方法

【公开(公告)号】 CN103016858A

【公开(公告)日】 2013.04.03

【申请(专利权)人】 上海清远管业科技有限公司

【地址】 上海市金山区兴塔镇工业区内

【发明(设计)人】 苏长裕；郑敏；王鹏；甄万清；陈燕；刘天玺

【摘要】 一种玻纤增强中空壁聚乙烯缠绕管，由聚乙烯中空矩形塑料管经螺旋缠绕并用热熔胶焊接而成，在螺旋缠绕并用热熔胶焊接的同时，同步缠绕有至少一根PP/PE复合包覆长玻纤束，该PP/PE复合包覆长玻纤束与热熔胶一起粘结在两相邻聚乙烯中空矩形塑料管之间。本发明生产的管材与同规格同类型管材相比，每米单重降低了20%～30%，从而使生产成本得到很大的降低。本发明的生产方法使玻纤更好地镶嵌在聚乙烯管材中，更适用于大口径高环刚度塑料管道(DN1500及其以上、SN可达16kN/m^2以上)的生产，可以生产出更高环刚度规格的管材，适用于飞机跑道、火车轨道等有更高要求的环境，丰富了高环刚度塑料管材的生产方法。

【名称】 一种超低温绝热用聚异氰脲酸酯泡沫塑料及其制备方法

【公开(公告)号】 CN103012730A

【公开(公告)日】 2013.04.03

【申请(专利权)人】 航天材料及工艺研究所；中国运载火箭技术研究院

【地址】 北京市丰台区南大红门路1号

【发明(设计)人】 邱日尧；杨汝平；吴亮；马晓静；李坤远；许小强；丁仁兴；赵一搏

【摘要】 本发明涉及一种超低温绝热用聚异氰脲酸酯泡沫塑料及其制备方法，属于塑料技术领域。1)将多元醇与匀泡剂、发泡剂、催化剂混合搅拌均匀，得到混合物；2)将异氰酸酯溶液加入到步骤1)得到的混合物中，搅拌8～12s，然后在30s内灌注到模具中进行发泡反应，发泡反应在常温中进行2～3min，得到发泡产物；3)将步骤1)得到的发泡产物放进50～80℃烘箱中加热1～3h，得到聚异氰脲酸酯泡沫塑料。本发明的聚异氰脲酸酯泡沫塑料具有较好的耐温性能，泡沫分解温度在200℃以上，在机械性能方面体现为材料模量高，强度大；在提高耐温性能的同时降低了断裂伸长率，尤其在低温环境下表现明显。

【名称】 提高塑料防水板物理性能的生产工艺

【公开(公告)号】 CN103042696A

【公开(公告)日】 2013.04.17

【申请(专利权)人】 常熟市三恒建材有限责任公司

【地址】 江苏省苏州市常熟市沙家浜常昆工业园南新路22号

【发明(设计)人】 吴建明；潘叶明；许健

【摘要】 本发明公开了一种提高塑料防水板物理性能的生产工艺，具体步骤包括：平模头挤出→预冷却→压光机辊冷却→自然冷却→卷取包装，所述预冷却步骤具体为：把刚从平模头流出的温度在195～205℃呈粘流态的制品经过预冷，将制品表面温度迅速冷却至(120±5)℃，然后再进入三辊冷却机作进一步的冷却，使制品表面和内部的结晶速度趋向一致。本发明提高塑料防水板物理性能的生产工艺，技术可靠、设备新颖且操控精度高，所制成的塑料防水板，经检测产品的物理性能有了提高且高于国家标准规定值。

【名称】 带气阀的包装袋

【公开(公告)号】 CN103057810A

【公开(公告)日】 2013.04.24

【申请(专利权)人】 即墨市金龙塑料复合彩印有限公司

【地址】 山东省青岛市即墨市经济开发区泰山三路147号

【发明(设计)人】 金岩军

【摘要】 一种带气阀的包装袋，由两片面构成，其特点是在袋体一侧面的上部装有透气阀，透气阀上侧的两片面之间装有横向的拉锁，拉锁上侧的两边留有易撕口，袋体的底部设有插底结构，它解决了普通塑料包装袋，包装封闭后袋内存留气体排除难的问题，广泛适应各类物品包装使用。

【名称】 一种塑料包装机以及其加工方法

【公开(公告)号】 CN103057755A

【公开(公告)日】 2013.04.24

【申请(专利权)人】 瑞安市诚达机械有限公司

【地址】 浙江省温州市瑞安市上望街道林西村林雅路209号

【发明(设计)人】 谢世晨；陈圣禹；苏宗荣

【摘要】 本发明涉及一种封塑机械组件，尤其是一种塑料包装机以及其加工方法。包括基座、至少两块调节板、调节板的定位机构、模具，基座设置在模具上方，模具上设有模具腔，调节板可调节地设置在基座上，调节板的定位机构设置在基座上，调节板构成与模具适配的定位腔。上述结构通过至少两块调节板的移动调节，来进行定位调节，当模具放入定位腔内，然后再放上纸板等封装件，最后进行封装，通过此项设置的技术方案，就可以随时进行调节，以达到适应不同尺寸的封装件的目的，提高了效率，节省人工和更换成本，而且适用性很广。

【名称】 一种采血针塑料针柄医用聚乙烯材料及其制备方法

【公开(公告)号】 CN103122093A

【公开(公告)日】 2013.05.29

【申请(专利权)人】 长沙达联塑料有限公司

【地址】 湖南省长沙市雨花区高桥办事处五一村嘉银大厦(左岸右岸)2栋2408房

【发明(设计)人】 陈建生

【摘要】 本发明公开了一种采血针塑料针柄医用聚乙烯材料及其制备方法，主要是其按照重量百分比由以下组分配比而成：5%的医用聚丙烯、45%的低密度聚乙烯、35%聚烯烃热塑性弹性体、15%乙烯-丙烯酸乙酯，经过配料、混合、挤出、冷却、切粒的工艺，制备得到一种采血针塑料针柄医用改性聚乙烯材料，其具有良好的韧性，熔点低，硬度低，符合医用标准并且能够和采血针的钢针粘附，在极大降低生产成本的同时其性能指标得以显著提高，以解决采血针的塑胶部分与采血针的钢针粘附力不够而拔掉脱落的问题。

【名称】 高压乙丙绝缘塑料护套电力电缆

【公开(公告)号】 CN103117127A

【公开(公告)日】 2013.05.22

【申请(专利权)人】 天津天缆小猫线缆科技集团有限公司

【地址】 天津市北辰区大张庄镇万发科技园

【发明(设计)人】 刘运来；王趁意；王利年；王新年；姚凤林；王东海

【摘要】 本发明涉及一种高压乙丙绝缘塑料护套电力电缆，包括动力线芯和地线芯，动力线芯均由动力线芯导体、内屏蔽层、绝缘层和非金属屏蔽层、金属屏蔽组成，动力线芯导体外挤包内屏蔽层后再挤包绝缘层，绝缘层外挤包非金属屏蔽层，非金属屏蔽层上绕包金属屏蔽；地线芯由地线芯导体和其外包覆的地线芯半导电层组成；由三根动力线芯和一根地线芯与中心放置的填充物绞合，其外挤包内护套，内护套外绕包钢带铠装层，钢带铠装层外再挤包电缆外护套。本发明绝缘层采用三元乙丙橡胶材料做为绝缘层材料，绝缘层在受热过程中不会发生变形，延长了电缆使用寿命。

【名称】 自重式塑料泡沫分切机

【公开(公告)号】 CN103112050A

【公开(公告)日】 2013.05.22

【申请(专利权)人】 吴忠市嘉信塑料制品制造有限公司

【地址】 宁夏回族自治区吴忠市金滨路

【发明(设计)人】 王学峰

【摘要】 一种自重式塑料泡沫分切机，包括：主体支架、行走机构、热切割机构、控制系统、工件定位机构、热源；行走机构包括：龙门架、底梁、行走轮、紧固轮、轮安装板；导轨平行于工作台，导轨与工作台都不是水平的，导轨与工作台存在一定坡度，行走机构利用自身重力从导轨高处移动到低处从而带动热切割机构对工件进行分切。本发明通过使导轨具有一定坡度，行走机构可利用自身重力由导轨高端移动到底端，免去了惯用的电机传动方式，且不需要设置速度参数，根据工件的薄厚，行走机构自行调整速度，避免了热丝速度不合适而张断的情况。

【名称】 CN201310077224

【公开(公告)号】 CN103122113A

【公开(公告)日】 2013.05.29

【申请(专利权)人】 太仓协乐高分子材料有限公司

【地址】 江苏省苏州市太仓市浮桥镇浏太公路(和平村)；

【发明(设计)人】 石建国

【摘要】 本发明公开了一种具有阻燃功能的塑料制备工艺，它包括如下步骤：首先将阻燃剂、聚氯乙烯粒子和助剂均匀混合；然后将混合物放入注塑机进行加热，并将加热温度保持在180-190摄氏度50-70分钟，得到熔融状态的混合物；再通过注塑机挤出成型得到具有阻燃功能的塑料；最后通过切割机将具有阻燃功能的塑料切割成颗粒状。本发明的有益效果在于：工艺简单，成本低廉，产品具有很好的阻燃性能，另外通过在塑料中添加阻燃剂后使塑料在燃烧过程中不会产生有毒气体污染空气，起到了很好的环保效果。

【名称】 一种改进型的尼龙塑料的生产工艺

【公开(公告)号】 CN103122141A

【公开(公告)日】 2013.05.29

【申请(专利权)人】 太仓协乐高分子材料有限公司

【地址】 江苏省苏州市太仓市浮桥镇浏太公路(和平村)；

【发明(设计)人】 石建国

【摘要】 本发明公开了一种改进型的尼龙塑料的生产工艺，它包括如下步骤：首先在尼龙塑料中按2：1的质量比加入添加剂，并搅拌均匀；然后将得到的混合物放入注塑机中，然后升温至100-120摄氏度，该过程保持30-45分钟，直至混合物呈熔融状态；

接着将注塑机中的混合物以进行拉条得到条状尼龙，并自然冷却30分钟；最后通过切粒机把条状尼龙切成尼龙粒，最后将切好的尼龙粒称重、打包。本发明的有益效果在于：工艺简单，效果显著，通过对传统的尼龙塑料进行改进，使得生产出来的尼龙塑料的纯度更高，同时也提升了表面的亮度。

【名称】 一种用于生产大型挤吹塑料制品的新型模具

【公开(公告)号】 2013.03.11

【公开(公告)日】 2013.05.08

【申请(专利权)人】 上海艾度机器有限公司

【地址】 上海市浦东新区万祥镇宏祥北路83弄1-42号11幢

【发明(设计)人】 胡晓伟

【摘要】 本发明公开了一种用于生产大型挤吹塑料制品的新型模具，包括左模、右模和自锁机构，自锁机构包括多根拉杆、纵向设置于左模右端的长条状的左凸台及设置于右模上的油缸、油缸滑块、第二竖杆、第一竖杆和纵向设置于右模左端的长条状的右凸台，左凸台设置有一列卡槽，拉杆的后半部分卡接于卡槽内，油缸依次通过油缸滑块、第二竖杆驱动第一竖杆向上运动，右凸台从上到下横向设置有多个拉槽，第一竖杆纵向设置有多个长条状的拉孔，第二竖杆的左端面设置有多个纵向的滑槽，合模时，拉杆前端的卡头依次穿过拉槽、拉孔插入到滑槽内，卡头的左端斜面与斜齿配合完成合模拉紧动作。本发明结构合理、成本低、耗电低，能够生产出表面光洁的塑料制品。

【名称】 一种键合改性聚丙烯的冰箱专用料

【公开(公告)号】 CN103113676A

【公开(公告)日】 2013.05.22

【申请(专利权)人】 马鞍山正得塑料科技有限公司

【地址】 安徽省马鞍山市花山区创业园银杏大道717号11栋

【发明(设计)人】 陶传贤；徐国平；孙斌

【摘要】 本发明公开了一种键合改性聚丙烯的冰箱专用料，属于塑料加工领域。其组成及重量百分比为：矿物填料25~40%、相容剂0.5~2%、润滑剂0.8%、抗氧剂0.2%，余量为聚丙烯基料。聚丙烯基料是由均聚聚丙烯粒料和均聚聚丙烯粉料组成；所述的均聚聚丙烯粒料和均聚聚丙烯粉料的重量比为24-55：15。矿物填料为超细滑石粉，平均粒径为2.6-3.5μm，超细滑石粉经过键合改性表面处理。本发明不但具有较高的拉伸强度和冲击强度，该材料的断裂伸长率，弯曲强度，弯曲模量和热变形温度等性能都能满足冰箱应用的要求，尤其是适合冰箱抽屉的使用。

【名称】 泡沫塑料高功率脉冲磁控溅射表面金属化方法

【公开(公告)号】 CN103122452A

【公开(公告)日】 2013.05.29

【申请(专利权)人】 大连理工大学

【地址】 辽宁省大连市高新园区凌工路2号

【发明(设计)人】 雷明凯；朱小鹏；李昱鹏；吴志立；吴彼

【摘要】 一种泡沫塑料高功率脉冲磁控溅射表面金属化方法，属于材料表面工程技术领域。该方法首先对泡沫塑料表面进行表面封闭、清洗和干燥、去应力预处理，而后装样、抽真空、除气；预溅射清洗泡沫塑料工件和溅射靶材；高功率脉冲磁控溅射沉积金属涂层，通过控制脉冲位形、频率、充电电压和溅射/冷却时间实现在泡沫塑料工件表面高离化率、低温沉积金属涂层，制备表面光滑、结构致密、高膜基结合力的金属涂层；最后冷却、取件、检查金属化泡沫塑料表面形貌、硬度和膜基结合力等性能。该方法的优点为：适用于金属化涂层种类广泛；涂层表面光滑致密、膜基结合力强；溅射沉积温度低，塑料泡沫基体不发生变形；安全环保，不使用化学镀工艺所涉及的含 Cr^{6+} 的铬酸试剂。

【名称】 一种红薯淀粉类生物降解塑料的制备方法

【公开(公告)号】 CN103122081A

【公开(公告)日】 2013.05.29

【申请(专利权)人】 太仓协乐高分子材料有限公司

【地址】 江苏省苏州市太仓市浮桥镇浏太公路(和平村)；

【发明(设计)人】 石建国

【摘要】 本发明公开了一种红薯淀粉类生物降解塑料的制备方法，包括步骤为：将红薯淀粉放于反应釜中搅拌并逐渐升温，保温1-2小时后冷却并粉碎，得到颗粒状红薯淀粉熔体；将所述红薯淀粉熔体、水、聚乙二醇、润滑剂和增强剂加入到反应釜中，升温至80-90℃搅拌共混，通过流延机流延并干燥得到红薯淀粉类生物降解塑料。通过上述方式，本发明提供的一种红薯淀粉类生物降解塑料的制备方法，在制备过程中塑料的熔化流动性能增加，得到的塑料具有较好的相容性和拉伸强度，经过室外土壤掩埋能确保所述红薯淀粉类生物降解塑料被土壤中的微生物快速且完全的降解。

【名称】 一种生物降解塑料的生产方法

【公开(公告)号】 CN103122082A

【公开(公告)日】 2013.05.29

【申请(专利权)人】 太仓协乐高分子材料有限公司

【地址】 江苏省苏州市太仓市浮桥镇浏太公路(和平村);

【发明(设计)人】 石建国

【摘要】 本发明公开了一种生物降解塑料的生产方法，包括步骤为：将聚乙二醇、丙三醇和水预混合后，喷洒进已盛有红薯淀粉、聚乙烯醇和硬脂酸锌混合物的高速搅拌混合器中搅拌，得到混合物；将步骤(1)中得到的混合物放入密炼机中密炼0.5－1小时，再用双辊筒炼塑机开炼并压片得到生物降解塑料。通过上述方式，本发明提供的一种生物降解塑料的生产方法，该生产方法能使红薯淀粉和其它助剂有效混合，具有很好的力学性能，用很简单的工艺便能吹塑成膜，在显微镜下几乎不能观察到微晶颗粒，拉伸时不会产生撕裂现象，能很好的制成各种产品应用。

【名称】 一种土豆淀粉类生物降解塑料的制备方法

【公开(公告)号】 CN103122083A

【公开(公告)日】 2013.05.29

【申请(专利权)人】 太仓协乐高分子材料有限公司

【地址】 江苏省苏州市太仓市浮桥镇浏太公路(和平村)

【发明(设计)人】 石建国

【摘要】 本发明公开了一种土豆淀粉类生物降解塑料的制备方法，包括步骤为：将3－氯－2－羟丙基三甲基氯化铵与氢氧化钠水溶液混合搅拌，将混合物喷淋到土豆淀粉上并继续加热搅拌，得到土豆淀粉絮状物；将所述土豆淀粉絮状物、纤维素和邻苯二甲酸酯混合反应，得到的混合溶液通过流延机流延到聚四氟烯方形盘上成膜，烘干得到土豆淀粉类生物降解塑料。通过上述方式，本发明提供的一种土豆淀粉类生物降解塑料的制备方法，该方法制备工艺简单，整个生产过程无毒无害，能使工人在良好的工作环境下工作，得到的土豆淀粉类生物降解塑料在使用后能被微生物降解，有效减少了塑料对环境的污染。

【名称】 纳米粒子增强ABS复合材料及其制备方法

【公开(公告)号】 CN103122121A

【公开(公告)日】 2013.05.29

【申请(专利权)人】 浙江誉隆科技发展有限公司

【地址】 浙江省台州市黄岩新前街道北院大道26号

【发明(设计)人】 周正富

【摘要】 本发明涉及一种纳米粒子增强ABS复合材料的制备方法，属于ABS复合材料的技术领域，所述的方法首先利用表面活性剂包覆纳米粒子，形成表面改性纳米粒子；所述的纳米粒子为有机蒙脱土、纳米二氧化钛和纳米水滑石；然后将表面改性纳米粒子与ABS利用双螺杆挤出机中熔融共混得到ABS复合材料粒料。本发明的方法应用于回收ABS的改性，可以显著提高其力学性能和抗老化性能，性能达到并超过摩托车和电动车用塑料件的标准要求，可以替代新ABS料使用。

【名称】 一种生物可降解塑料的生产方法

【公开(公告)号】 CN103122150A

【公开(公告)日】 2013.05.29

【申请(专利权)人】 太仓协乐高分子材料有限公司

【地址】 江苏省苏州市太仓市浮桥镇浏太公路(和平村);

【发明(设计)人】 石建国

【摘要】 本发明公开了一种生物可降解塑料的生产方法，包括步骤为：将水、甲壳素、氟硅酸钠、明胶、碳酸钙、丙三醇和山梨醇依次加入到反应釜中搅拌并反应1－2小时，用盐酸将反应液pH调节到5.5－6.5，得到分散均匀的蛋白质溶液；将蛋白质溶液浇注到预热的模具中发泡成型，热化处理脱模取下得到生物可降解塑料。通过上述方式，本发明提供的一种生物可降解塑料的生产方法，该方法能保证塑料的耐水性，经过实验测试，塑料在10天内的平均降解度为1.9%，表明塑料具有生物可降解性，但也保证了在一定时期内塑料的性能不会明显下降，满足了使用要求。

【名称】 单螺杆挤出机的螺杆

【公开(公告)号】 CN103101180A

【公开(公告)日】 2013.05.15

【申请(专利权)人】 广东达诚机械有限公司

【地址】 广东省汕头市金平区升平工业区安居路28号

【发明(设计)人】 罗庆青；叶镇波；陈诗煌；李意明

【摘要】 一种单螺杆挤出机的螺杆，自前至后依次包括进料段、压缩分离段和计量段，进料段上设有主螺纹，压缩分离段上设有主螺纹和副螺纹，计量段上设有主螺纹，其特征是：所述压缩分离段与计量段之间设有混合段，混合段上设有主螺纹和副螺纹，混合段自前至后依次包括多个混合小段，其中第奇数个混合小段上主螺纹的底径自前至后逐渐减小、副螺纹的底径自前至后逐渐增大，第偶数个混合小段上主螺纹的底径自前至后逐渐增大、副螺纹的底径自前至后逐渐减小。本发明混合段上主副螺纹底径交替发生变化，实现物料的压缩、放松的交替发生，使物料完全塑化并混合均匀，采用这种螺杆的单螺杆挤出机挤出的塑料物料粘度较高，并且制得的塑料制品晶点和气泡少。

【名称】 一种大型塑料接头挤出成型装置
【公开(公告)号】 CN103112146A
【公开(公告)日】 2013. 05. 22
【申请(专利权)人】 武汉亿美特机械有限公司
【地址】 湖北省鄂州市葛店开发区创业大道(商控华顶工业园第31幢1－2号房)
【发明(设计)人】 武军；程剑；方四明；曹亚敏；张建军
【摘要】 本发明涉及一种大型塑料接头挤出成型装置，包括成型模具本体，成型模具本体包括动模板工作台和定模板工作台，动模板工作台上设有动模板，定模板工作台上设有定模板，动模板和定模板通过动定模板锁紧螺钉连接，所述动模板上对称设有四个锁紧模块，锁紧模块锁紧定模板和动模板，成型模具本体在动、定模板被锁紧的情况下，通过油缸和螺杆对定模板、动模板进行锁紧、挤压，同时挤出机头对接头进行挤出成型，完成产品的生产。本发明的有益效果为：本发明提供了一种大型塑料接头挤出成型装置，本装置结构简单，操作方便，加工效率高，另外具有节能降耗的特点，成型的接头产品连接简单、可靠，广泛应用于工程机械、石油化工以及管件加工技术等领域。

【名称】 塑料袋冲口机的冲切装置
【公开(公告)号】 CN103101224A
【公开(公告)日】 2013. 05. 15
【申请(专利权)人】 王秀来
【地址】 山东省莒县刘官庄镇中沟村
【发明(设计)人】 王秀来
【摘要】 本发明公开了一种塑料袋冲口机的冲切装置，包括：机架；气缸、导杆、砧板、冲刀；冲刀均衡调节装置。冲刀均衡调节装置由调整板、冲刀座板、弹性连接机构、调整螺丝构成。弹性连接机构由滑杆、弹簧、弹簧座构成。弹性连接机构使调整板和冲刀座板之间形成弹性连接，四个调整螺丝设置在调整板上，通过拧紧或松开某一方位的调整螺丝即可改变冲刀与砧板的接触角度，调整冲切的重心。本发明结构简单、稳定可靠，调整便捷。

【名称】 耦合式节能型单螺杆挤出机
【公开(公告)号】 CN103112148A
【公开(公告)日】 2013. 05. 22
【申请(专利权)人】 宁波方力科技股份有限公司
【地址】 浙江省宁波市鄞州区石碶街道横涨村
【发明(设计)人】 王福春
【摘要】 本发明提供一种耦合式节能型单螺杆挤出机，包括螺杆、变速箱、电机和离合器，所述电机输出轴通过所述离合器连接所述变速箱输入轴，所述变速箱输出轴连接所述螺杆。本发明耦合式节能型单螺杆挤出机，相同型号及规格单螺杆挤出机减少驱动功率10%－15%；在不停机的情况下通过离合器耦合驱动，在启动阶段，用低转速高扭矩的档位工作，当机筒塑料塑化后，换成高转速低扭矩的档位工作，不需要原来的大驱动功率，从而以“小马拉大车”的工作方式，减少了功率损耗，降低了电力浪费，减少了生产成本。

【名称】 塑料类低温中空发泡填充隔音材料及其制备方法
【公开(公告)号】 CN103087397A
【公开(公告)日】 2013. 05. 08
【申请(专利权)人】 帕卡机电配件(佛山)有限公司
【地址】 广东省佛山市禅城经济开发区吉利工业园新源二路
【发明(设计)人】 李宗存
【摘要】 本发明公开一种塑料类低温中空发泡填充隔音材料，其特征在于：该隔音材料的各组分与重量百分比为：4，4－氧代双苯磺酰肼：10%～12%；乙烯/乙酸乙烯酯(EVAC)：86%～93%；固化剂：0.2%～0.5%。本发明通过平衡发泡材料，控制发泡的温度敏感性区间，保证材料发泡的稳定性；采用了树脂类发泡剂，通过化学作用，使得树脂的端羧基可以更容易反应完全，从而降低整体反应的活化能，降低反应温度，节约企业的生产成本。

【名称】 一种塑料型材的时效处理工艺
【公开(公告)号】 CN103101201A
【公开(公告)日】 2013. 05. 15
【申请(专利权)人】 张李忠
【地址】 河南省偃师市城关镇太学路13号
【发明(设计)人】 张李忠
【摘要】 一种塑料型材的时效处理工艺，按正常工艺生产塑料门窗型材并贴保护膜打包，然后把打好包的型材放入设置有加热装置的时效处理车间，该车间是用来处理塑料门窗型材的。将车间封闭，在密封的车间内，再把时效处理车间的温度加热至35－50度之间，恒温保持处理时间不低于8小时，甚至可以长达72小时，这样，能消除更多的应力，解决了长期以来困扰本领域技术人员的技术难题。这种比较低的温度在生产实践中非常容易做到，甚至普通的暖气都能达到此温度，时间到以后，打开车间，再把型材转运至仓库存放。所以这种简单的操作能够获得良好的市场效应，推动整个领域的产品有更大的质的提升，从而获得积极的效果并获得与收益。

【名称】 一种酚醛树脂模塑料

【公开(公告)号】 CN103087465A
【公开(公告)日】 2013.05.08
【申请(专利权)人】 无锡创达电子有限公司
【地址】 江苏省无锡市新区城南路 201－1 号
【发明(设计)人】 翁根元
【摘要】 本发明公开了一种酚醛树脂模塑料，其原料组分的配比为：酚醛树脂 100 份、玻璃纤维 110～150 份、氢氧化镁 15～40 份、硼酸锌 15～40 份、一水氧化铝 40～80 份、其他助剂 20～40 份，其中其他助剂包括着色剂、脱模剂和固化剂。本发明的优点在于利用上述酚醛树脂模塑料为原料制作的产品，具有高强度、高耐热性、CTI 等级达到 2 级、耐燃性达 V－O 级等特点，能满足汽车工业和家用电器特殊产品的需要，特别是能达到 CTI2 级以上的电机整流子的封装要求。

【名称】 一种酚醛模塑料及其制备方法
【公开(公告)号】 CN103087466A
【公开(公告)日】 2013.05.08
【申请(专利权)人】 无锡创达电子有限公司
【地址】 江苏省无锡市新区城南路 201－1 号
【发明(设计)人】 卢胤；翁根元
【摘要】 本发明公开了一种酚醛模塑料及其制备方法，其原料组分的配比为：酚醛树脂100 份、乌洛托品 1～3 份、内脱模剂 3～8 份、核壳橡胶粒子 10～20 份、无机填料 30～50 份、增强纤维 20～220 份、助剂 1～4 份；其中所述核壳橡胶粒子的原料组分配比为：橡胶微粒 100 份、乳化剂 1～5 份、甲基丙烯酸甲酯单体 10～50 份、苯乙烯单体 10～80 份、引发剂 1～3 份。本发明的优点在于：利用本发明的酚醛模塑料的制备方法得到的酚醛模塑料，由于主要使用了核壳橡胶作为增韧剂，此增韧剂可以与酚醛树脂混合交联，利用其制得的产品具有较高冲击和弯曲强度，且不会明显降低玻璃化转变温度和体积电阻率。

【名称】 一种塑料建筑模板的制作方法
【公开(公告)号】 CN103112183A
【公开(公告)日】 2013.05.22
【申请(专利权)人】 江苏远见塑胶发展有限公司
【地址】 江苏省宿迁市宿迁经济开发区通达大道 887 号
【发明(设计)人】 赵远见
【摘要】 本发明公开了一种塑料建筑模板的制作方法。该方法包括步骤：将原材料进行筛选，在筛选过的原料内加入化学助剂，将原料和化学助剂进行混合，将混合后的物料进行混炼抽粒并干燥，将干燥后的物料进行混炼挤塑，将挤塑后的模板冷却、切边、检验。本发明具有废旧物品循环再利用、节省成本、环保的效果。

【名称】 一种 PVC 基木塑及其制备方法
【公开(公告)号】 CN103122112A
【公开(公告)日】 2013.05.29
【申请(专利权)人】 山西峰岩新型建材股份有限公司
【地址】 山西省晋中市平遥县岳壁乡黎基村
【发明(设计)人】 高江亮；吴祥；王维
【摘要】 本发明涉及一种 PVC 基木塑及其制备方法，属于塑料复合改性加工技术领域；所要解决的技术问题是提供一种 PVC 基木塑及其制备方法，可以生产出具有良好的力学性能和稳定性的 PVC 基木塑型材；采用的技术方案为：一种 PVC 基木塑，有以下重量份配比的原料：PVC 树脂 40～60 份，木粉 10～20 份，聚乙烯蜡 0.2～1 份，加工助剂 ACR－401 0.3～1 份，改性剂 CPE－135A 2～6 份，PVC 复合热稳定剂 1.5～4.5 份，外润滑剂 0.3～0.7 份，色粉 1～3 份，发泡剂 0.2～1 份，发泡调节剂 2～7 份，碳酸钙 10～18 份，碳酸氢钠 0.1～0.7 份；本发明适用于 PVC 基木塑挤出成型。

【名称】 塑料拉丝机离合变速器
【公开(公告)号】 CN103115135A
【公开(公告)日】 2013.05.22
【申请(专利权)人】 温州职业技术学院
【地址】 浙江省温州市瓯海区茶山高教园区(温州大学城)机械系
【发明(设计)人】 沈永松
【摘要】 本发明提供了绕线性能突出，并且能降低污染和延长使用寿命的塑料拉丝机离合变速器。本发明提供的塑料拉丝机离合变速器采用以下技术方案：包括装有润滑油的密封箱体以及与电机相联系的减速机构，箱体中具有绕线转轴、离合左片、离合右片以及离合操作机构，绕线转轴具有位于箱体之外的配合端以及位于箱体之内的固定端，绕线转轴配合端用于安装绕线盘，绕线转轴固定端与离合左片固定连接，离合右片伸出箱体与减速机构固定连接，离合左片和离合右片离合配合并浸入润滑油，离合左片和离合右片贴合时始终为动摩擦配合，离合操作机构可驱动离合左片与离合右片之间的离合动作以及调整离合左片与离合右片之间的动摩擦力。

【名称】 带盖塑料罐的生产方法及其生产流水线
【公开(公告)号】 CN103085222A
【公开(公告)日】 2013.05.08
【申请(专利权)人】 上海品冠塑胶工业有限公司
【地址】 上海市闵行区金都路 1111 号

【发明(设计)人】 钱嵘；郑和

【摘要】 本发明涉及带盖塑料罐的生产领域，尤其涉及罐盖分离式塑料罐的注塑生产流水线；其特征是：它包括 PLC 控制模块、备料模块、注塑模块、贴标模块及连接所述注塑模块和贴标模块的流水线皮带；备料模块包括塑料粒子烘料机；注塑模块包括带有机械手的注塑机，该机械手在 PLC 控制模块的控制下用于将注塑完成的罐体或瓶体从注塑机内转移至流水线皮带上，所述注塑机与烘料机连接；与注塑机通过流水线皮带连接的贴标模块，该模块包括抱夹式罐体侧面、盖体顶面贴标机。本发明采用上述生产流水线以及生产方法，其明显减少了罐体、盖体的进(出)库次数，同时减少生产流水线所需要的操作人员，从而提高了带盖塑料罐生产效率。

【名称】 复合材料及其由该复合材料制作的锂离子电池塑料外壳

【公开(公告)号】 CN103102594A

【公开(公告)日】 2013. 05. 15

【申请(专利权)人】 东莞市润广电池科技有限公司

【地址】 广东省东莞市凤岗镇官井头村河背岭一路 1 号

【发明(设计)人】 陈演中

【摘要】 本发明公开了复合材料及其由该复合材料制作的锂离子电池塑料外壳，涉及电池制造领域。该复合材料由如下组分按重量百分比混合制备，聚丙烯 PP80% ~90%；高密度聚乙烯 HDPE7% ~15%；润滑剂 3% ~5%。封装复合材料的制备方法：(1)将聚丙烯、高密度聚乙烯和润滑剂混合搅拌至均匀；(2)将搅拌均匀的上述混合物投入至螺杆挤出机进行熔融混合 2 ~4min，螺杆温度为 145℃ ~210℃，螺杆转速为 200 ~300 转/分；经过以上方法制备的复合材料与耐酸碱色母按比例进行共混、烘烤，再通过注塑模具注塑。由本发明的复合材料制作的锂离子电池塑料外壳具有强韧性和抗冲击性能。

【名称】 一种用于降低低压聚乙烯废塑料熔体指数的加工助剂

【公开(公告)号】 CN103113656A

【公开(公告)日】 2013. 05. 22

【申请(专利权)人】 中塑联新材料科技湖北有限公司

【地址】 湖北省武汉市江岸区石桥一路 6 号科技创业中心 7 楼

【发明(设计)人】 邓丽；邓军；邓忠权；陈绪煌

【摘要】 本发明公开了一种用于降低低压聚乙烯废塑料熔体指数的加工助剂，所述的加工助剂包括以下组分及其重量份：低压聚乙烯废塑料粉料 100、双叔丁基过氧化二异丙基苯 10. 55 ~11. 1。本发明具有构思新颖、工艺简单、操作便捷、成本低廉、无污染，降低低压聚乙烯废塑料熔体流动指数的效果极为显著的特点，本发明可广泛用于低压聚乙烯废塑料的改性加工领域。

【名称】 氟塑料基微纳复合滤波材料及其制备方法

【公开(公告)号】 CN103102620A

【公开(公告)日】 2013. 05. 15

【申请(专利权)人】 中国科学院合肥物质科学研究院

【地址】 安徽省合肥市 1110 信箱

【发明(设计)人】 张献；郑康；田兴友；陈洪莲；包超

【摘要】 本发明公开了一种氟塑料基微纳复合滤波材料及其制备方法。材料由氟塑料、碳纳米管和铁氧体按重量比为 100：5 ~60：5 ~60 的比例组成，其中，氟塑料为聚四氟乙烯，或全氟(乙烯丙烯)共聚物，或聚全氟烷氧基树脂，或聚三氟氯乙烯，或乙烯—三氟氯乙烯共聚物，或乙烯—四氟乙烯共聚物，或聚偏二氟乙烯，或聚氟乙烯，碳纳米管的管直径为 20 ~30nm、长度为 10 ~30μm，铁氧体为颗粒状的锰锌铁氧体或镍锌铁氧体，其粒径为 0. 2 ~20μm。方法为先将氟塑料、碳纳米管和铁氧体混合均匀得混合物，再将混合物置于转矩流变仪中，于 200 ~350℃下混炼 5 ~25min，制得目标产物。它可将投射到目标产物表面的电磁波能量有选择性地转化成热能耗散掉。

【名称】 一种塑料及珍珠粉合成装饰陈设艺术瓷器的制造方法

【公开(公告)号】 CN103085577A

【公开(公告)日】 2013. 05. 08

【申请(专利权)人】 广东四通集团股份有限公司

【地址】 广东省潮州市火车站区南片 B11 -4 -1

【发明(设计)人】 蔡镇通；杨伟；蔡怿榕

【摘要】 本发明涉及一种塑料及珍珠粉合成装饰陈设艺术瓷器的制造方法，该方法包括瓷泥的选用、瓷器素坯的加工、塑料的加工处理、用塑料及珍珠粉对瓷器素坯进行装饰等步骤；采用本方法制得的陈设艺术瓷器，具有很好的立体感，更生动，更逼真，产品的外貌既像漆器，又像金属，迎合现代人追求时尚、多变的审美心理，该方法还可以节约能源，降低成本，提高产品的技术附加值。

【名称】 一种塑料表面化学镀铜的方法

【公开(公告)号】 CN103103506A

【公开(公告)日】 2013. 05. 15

【申请(专利权)人】 合肥工业大学

【地址】 安徽省合肥市屯溪路193号

【发明(设计)人】 罗来马；骆皆回；吴玉程；卢泽龙；程继贵

【摘要】 本发明公开了一种塑料表面化学镀铜的方法，包括预处理和化学镀铜各单元过程，所述预处理是将塑料置于预处理液Ⅰ中，40－60℃下超声处理10－20分钟，然后再置于预处理液Ⅱ中，50－80℃下超声处理30－50分钟，处理完成后洗涤并干燥得到预处理塑料，随后采用化学镀方法在预处理塑料表面获得金属铜层。本发明不需要敏化和活化预处理，通过常温超声波辅助进行塑料表面化学沉积金属铜的工艺，操作简便，降低污染，节约资源。本发明所制备的塑料表面金属铜层，涂层致密性良好，组织成分均匀；划痕法测得平均临界载荷值为50－60N，膜基结合良好。

【名称】 一种无卤含玻璃纤维增强塑料挤塑机螺杆制造方法

【公开(公告)号】 CN103101179A

【公开(公告)日】 2013.05.15

【申请(专利权)人】 中国矿业大学

【地址】 江苏省徐州市市大学路1号中国矿业大学科研院

【发明(设计)人】 沈承金；杜万学；闫士良；宋庆雷；姚叶

【摘要】 一种无卤含玻璃纤维增强塑料挤塑机螺杆制造方法，属于塑料挤塑机螺杆制造方法。所述的无卤含玻璃纤维塑料的挤塑机螺杆由内、外两种合金材料复合制造而成，内层材料提供螺杆强度、韧性性能要求，外层材料提供耐腐蚀抗磨损和物料传输功能。挤塑机螺杆由加料段、压缩段和计量段组成的通用型整体螺杆，压缩段的长度介于渐变和突变之间；加料段为细直径等螺距等螺棱槽深度，加料段第一个螺棱槽深与螺棱槽深度最后一个螺棱槽深度之比为3～7；压缩段为等螺距和准渐变螺棱槽深度，计量段为粗直径等螺距和等螺棱槽深度；螺杆出料端锥头锥度为90°；螺杆至少包含一组螺棱；螺杆长度与螺棱直径之比为20～50。优点：具有耐磨损和耐高温腐蚀性能、使用寿命长久。

【名称】 塑料泡沫分切机

【公开(公告)号】 CN103112049A

【公开(公告)日】 2013.05.22

【申请(专利权)人】 吴忠市嘉信塑料制品制造有限公司

【地址】 宁夏回族自治区吴忠市金滨路吴忠市嘉信塑料制品制造有限公司

【发明(设计)人】 王学峰

【摘要】 一种塑料泡沫分切机，包括：主体支架、行走机构、热切割机构、控制系统、工件定位机构、热源；行走机构包括：龙门架、底梁、移动机构；热切割机构包括：一对丝杆、角铁、热丝、拉簧、一对支架；行走机构为框架结构，行走机构通过导轨来移动；热切割机构设置在行走机构上，热切割机构通过行走机构带动来切割工件；工件定位机构固定在垂直于导轨的工作台末端处；本发明采用热丝热切割的方式免除了机械加工产生的大量碎屑，同时本发明设备结构简单，成本低，是理想的塑料泡沫分切机。

【名称】 汽车后鼓式制动器塑料轮缸

【公开(公告)号】 CN103089870A

【公开(公告)日】 2013.05.08

【申请(专利权)人】 浙江亚太机电股份有限公司

【地址】 浙江省杭州市萧山区蜀山街道亚太路1399号

【发明(设计)人】 郑荣；王泳峰；郑东明；高鸣晓；李兰珍；黄伟中

【摘要】 本发明公开了一种汽车后鼓式制动器塑料轮缸。塑料内管和塑料外壳之间内嵌有钢管，并注塑成一体，钢管两端面分别带有向外挤压均布的凸台，保证钢管嵌入塑料中，塑料外壳上设有凸台面，油管座沿塑料外壳的两侧开有多条与塑料外管轴线垂直的相同条数的矩形槽，油管座通过矩形槽镶嵌在塑料外壳的凸台面中；油管座上开有与塑料内管相连通的放气螺孔和进油孔。本发明一次性注塑成型，造型以及加工工艺简单，生产周期短。由于其缸孔内壁为塑料，无需机械加工，且拥有较强的抗腐蚀性，不易被制动液腐蚀；内嵌钢管套保证了其足够的力学性能，不易受压变形；此外，塑料代替金属材料，其轮缸总质量小，还有助于提高顾客满意度。

【名称】 一种塑料注射模模架

【公开(公告)号】 CN103101159A

【公开(公告)日】 2013.05.15

【申请(专利权)人】 昆山科海模具有限公司

【地址】 江苏省苏州市昆山市城北玉山镇玉城北路160号

【发明(设计)人】 蔡子国

【摘要】 本发明的一种塑料注射模模架，其特征在于：包括定模座板、定模板、推件板、动模板、支承板、垫块、第一螺钉、动模座板、第二螺钉、推板、推杆固定板、复位杆、导柱、第一导套、第二导套、第三螺钉，所述动模座板、垫块、支承板和动模板依次排列并由所述第一螺钉固定，所述推板和推杆固定板由第二螺钉固定，所述推杆固定板、支承板和动模板中穿入复位杆，该复位杆用于开合模回程复位，所述定模座板和定模板经由第三螺钉固定，所述动模板、推件板和定模板中穿入导柱，该导柱外依次套设第一导套和第二导套；所述定模板由若干模板组成，这若干模板经由螺丝固定；所述动模板由若干模板组成，这若干模板经由螺丝固定。本方案的塑料注射模模架，通用性好，能够降低塑料产品生产成本，缩短生产周期。

【名称】 一种阻燃导电聚碳酸酯专用料及其制备方法

【公开(公告)号】 CN103073870A

【公开(公告)日】 2013.05.01

【申请(专利权)人】 田敬华

【地址】 江苏省常州市新北区华山中路18号9号楼

【发明(设计)人】 田敬华

【摘要】 本发明涉及一种阻燃导电聚碳酸酯专用料及其制备方法，属于阻燃导电塑料技术领域。该阻燃导电聚碳酸酯专用料的配方包括：聚碳酸酯，61~85重量份；阻燃剂5~15重量份；导电助剂6~20重量份；增韧剂1~15重量份；分散助剂0.1~0.5重量份；偶联剂0.1~0.5重量份；热稳定剂0.1~0.5重量份。该制备方法包括步骤：(1)在混合机里制备混合料；(2)将混合料加入挤出机加热熔融塑化；(3)挤出冷却切粒得到专用料。本发明制备的阻燃导电聚碳酸酯专用料具有较好的阻燃性、导电性和力学性能，能够满足电子元器件包装材料的要求。

【名称】 一种导热导电PC复合材料及其制备方法

【公开(公告)号】 CN103102671A

【公开(公告)日】 2013.05.15

【申请(专利权)人】 合肥杰事杰新材料股份有限公司

【地址】 安徽省合肥市经济技术开发区莲花路2388号

【发明(设计)人】 杨桂生；田恐虎；李术

【摘要】 本发明涉及一种导热导电PC复合材料及制备方法，该复合材料由以下重量份的组分制成：聚碳酸酯树脂400~900份、聚对苯二甲酸乙二醇酯树脂0~350份、碳纤维50~200份、片状石墨30~150份、膨胀石墨30~150份、分散剂3~10份、抗氧剂1~10份、润滑剂1~10份；原料经高速混合及挤出造粒制得导热导电PC复合材料。本发明的导热导电PC复合材料具有加工成型性好、导热性和导电性好等优点；采用多元组合的填充物在塑料基体中形成导热导电网络，碳纤维构成该网络结构的骨架，不同长厚比的石墨填料进行复配后，填补碳纤维形成网络结构中的空隙，从而使得到的复合材料具有较好的导热和导电性能。

【名称】 一种高效无卤阻燃不饱和聚酯模塑料及其制备方法

【公开(公告)号】 CN103102635A

【公开(公告)日】 2013.05.15

【申请(专利权)人】 合肥杰事杰新材料股份有限公司

【地址】 安徽省合肥市经济技术开发区莲花路2388号

【发明(设计)人】 杨桂生；汪丽娟

【摘要】 本发明公开了一种高效无卤阻燃不饱和聚酯模塑料及其制备方法，该不饱和聚酯模塑料由以下重量份数的组份制成：不饱和聚酯树脂60-70份，低收缩添加剂30-40份，无机填料100-120，金属次磷酸盐25-40份，聚磷酸盐10-25份，层状化合物2-8份，增强纤维50-60份，引发剂0.5-2份，增稠剂0.5-1.5份，内脱模剂3-6份。本发明解决了目前制备阻燃不饱和聚酯模塑料采用的卤系阻燃剂毒性大、铝镁等无机阻燃剂效率低并且高添加量下对制备工艺和制品性能影响大的问题，得到了高效阻燃，安全无毒，同时机械性能优异的不饱和聚酯模塑料，可以广泛应用在轨道交通领域。

【名称】 聚乙烯玻璃钢复合成型螺旋波纹管加工装置及其加工方法

【公开(公告)号】 CN103085289A

【公开(公告)日】 2013.05.08

【申请(专利权)人】 安徽省中阳管业有限公司

【地址】 安徽省合肥市长丰双凤经济开发区

【发明(设计)人】 杨柱华；徐径武

【摘要】 本发明涉及一种螺旋波纹管加工装置及其加工方法，具体是涉及一种聚乙烯玻璃钢复合成型螺旋波纹管加工装置及其加工方法。依次具有：用于将玻璃纤维加工成玻璃钢带条的拉挤模具；用于将玻璃钢带条弯曲成玻璃钢螺旋环的滚弯装置；用于将玻璃钢螺旋环推进的缠绕机；用于向玻璃钢螺旋环喷涂胶粘剂的加热喷胶装置；聚乙烯塑料挤出模具，向附着胶粘剂的玻璃钢螺旋环的内外壁挤出聚乙烯，使其形成聚乙烯玻璃钢复合成型螺旋波纹管。本发明把聚乙烯的耐腐蚀性、易加工成型和回收利用的优点与玻璃钢的高耐腐蚀性，高强度、弹性模量高和易成型的特点集合一起，使复合成型的管材具有易加工，耐腐蚀，高强度、低成本、不易变形和回收再利用等优点。

【名称】 用于PET塑料制品的热咀模具

【公开(公告)号】 CN103112129A

【公开(公告)日】 2013.05.22
【申请(专利权)人】 成都市联余精密机械有限公司
【地址】 四川省成都市郫县成都现代工业港北片区二段港大路315号
【发明(设计)人】 王巍；张扬明
【摘要】 本发明涉及用于PET塑料制品的热咀模具，它包括加热座(2)、内咀尖(3)、外咀尖(4)、隔热帽(5)、注腔(6)、咀套(7)和阀针(1)，加热座(2)配合安装有内咀尖(3)，外咀尖(4)外壁与加热座(2)配合，外咀尖(4)的内壁与内咀尖(3)的外壁配合，加热座(2)下部与咀套(7)通过螺纹配合连接，外咀尖(4)的下部配合安装有隔热帽(5)，隔热帽(5)与注腔(6)配合连接；加热座(2)内部还设置有阀针(1)，阀针(1)的下端并与瓶坯浇口(8)配合。本发明的优点在于：结构新颖；拆装方便；模具使用寿命长；通过咀套和隔热帽双重隔热，保证浇口质量，避免产品出现飞边、牵丝、发白及发黄等现象。

【名称】 垂直插塑机
【公开(公告)号】 CN103081763A
【公开(公告)日】 2013.05.08
【申请(专利权)人】 张永忠
【地址】 山东省日照市岚山区轿顶山小区
【发明(设计)人】 张永忠
【摘要】 一种垂直插塑机，振机下端连有插板，插板上端设有塑料薄膜卷，塑料薄膜卷通过支架挂设在插板上端，插板下端设有三棱锥体，三棱锥体通过两根销轴滑销于两个钢套中，销轴上端设有挡帽，钢套通过连接体固定在插板的一侧内侧壁，塑料薄膜卷上的薄膜从插板上端进入插板内，从插板下端出来敷设在三棱锥体上，三棱锥体的塑料薄膜下部设有一块V型铁皮，本发明通过振动插入、振动提出的方式一次性将塑料薄膜置入，省工省时。

【名称】 塑料调节架
【公开(公告)号】 CN103074714A
【公开(公告)日】 2013.05.01
【申请(专利权)人】 山西经纬合力机械制造有限公司二厂
【地址】 山西省晋中市榆次区经纬路129号
【发明(设计)人】 李春玲；贠政端
【摘要】 本发明涉及一种塑料调节架，它包括塑料调节架体(1)，螺母(2)和长圆孔垫片(3)，塑料调节架体(1)上设置有圆柱凸台(4)和半圆凸头(5)两部分，长圆孔垫片(3)设置在塑料调节架体(1)一侧的长圆孔上，螺母(2)设置在塑料调节架体(1)的圆柱凸台(4)一侧的孔中，塑料调节架体(1)与螺母(2)设置成整体。所述塑料调节架体(1)材料为改性增强尼龙。本发明成本降低、外观精美、环保节能、方便产品安装。

【名称】 整体结构塑料调节架
【公开(公告)号】 CN103074712A
【公开(公告)日】 2013.05.01
【申请(专利权)人】 山西经纬合力机械制造有限公司二厂
【地址】 山西省晋中市榆次区经纬路129号
【发明(设计)人】 贠政端；刘文
【摘要】 本发明涉及一种整体结构塑料调节架，它包括塑料调节架和凹槽板(4)，其中塑料调节架包括塑料调节架体(1)，螺母(2)，圆柱凸台(3)和半圆凸头(5)，螺母(2)设置在圆柱凸台(3)一侧的孔中，塑料调节架体(1)与螺母(2)设置为整体，塑料调节架体(1)的左端设置有凹槽板(4)，凹槽板(4)与塑料调节架设置为整体，凹槽深度为6～8毫米。所述塑料调节架体(1)材料为改性增强尼龙。本发明提高了联接处强度，固定可靠，改善了锭带发力的一致性。

【名称】 新型增塑剂及其制备方法
【公开(公告)号】 CN103113617A
【公开(公告)日】 2013.05.22
【申请(专利权)人】 山东万图高分子材料有限公司
【地址】 山东省文登市经济开发区珠海东路东首
【发明(设计)人】 周昌林；王春娥；雷景新；闫建强
【摘要】 本发明涉及一种新型增塑剂及其制备方法，其解决了现有柠檬酸低碳醇酯类增塑剂存在着增塑剂不耐迁移、挥发性高及经济成本高的缺点以及柠檬酸高碳醇酯类增塑剂增塑效率低的缺点，其含有至少两种柠檬酸酯类化合物。本发明可作为增塑剂，广泛用于塑料组合物、粘接剂等领域。

【名称】 一种聚丁烯复合板及生产方法
【公开(公告)号】 CN103073908A
【公开(公告)日】 2013.05.01
【申请(专利权)人】 新乡市新垣防腐保温制品有限公司
【地址】 河南省新乡市长垣县佘家板城
【发明(设计)人】 韩士奇
【摘要】 本发明提供一种聚丁烯复合板及其生产方法。一种聚丁烯复合板的生产方法包括步骤：将废塑料打碎成塑料再生粉，与聚丁烯，钙粉，三氧化二锑，稳定剂和钛白粉在混料机中搅拌均匀，然后压实、加热熔融成粘流态、挤入模具中定型；然后抛光、冷却、裁剪，制成聚丁烯复合板。本发明提供的聚丁烯复合板及生产方法，坚实不易脱落且耐腐蚀、密封严，防静电。

【名称】 一种聚乙烯木塑及其制备方法

【公开(公告)号】 CN103073906A

【公开(公告)日】 2013.05.01

【申请(专利权)人】 山西峰岩新型建材股份有限公司

【地址】 山西省晋中市平遥县岳壁乡黎基村

【发明(设计)人】 高江亮；吴祥；王维

【摘要】 本发明一种聚乙烯木塑及其制备方法，属于塑料复合改性加工技术领域；本发明提供了一种聚乙烯木塑配方及型材制备方法，提高了挤出温度和挤出速度，按照本发明所生产的聚乙烯木塑型材具有优异的耐高温性能；采用的技术方案为：一种聚乙烯木塑，所采用的原料按照以下重量份配制：聚乙烯30－40份、木粉50－70份、马来酸酐接枝聚乙烯0.5－2份、聚乙烯蜡0.8－1.5份、硬脂酸锌1－3份、色粉2－6份、抗氧化剂0.5－1份、抗紫外线吸收剂UV－531 0.4－0.9份、硬脂酸0.5－1.2份；本发明适用于聚乙烯木塑型材的挤出成型。

【名称】 连续检测塑料表面熔化深度的装置与方法

【公开(公告)号】 CN103085272A

【公开(公告)日】 2013.05.08

【申请(专利权)人】 华创天元实业发展有限责任公司

【地址】 河北省廊坊市经济技术开发区六号路六号

【发明(设计)人】 李鹏；陈斌

【摘要】 本发明涉及一种连续检测塑料表面熔化深度的装置与方法，主要解决现有的塑料表面熔深检测时无法实现连续检测、及不能实现对熔化深度的直接测量和控制的问题。其特征在于：所述的划针或压轮(5)与基层(1)表面接触，信息收集系统(4)与数据处理系统(2)相连，数据处理系统(2)连接成型机(6)。该装置结构简单、控制目标准确、操作方便，其实施方法具有连续性好、能够实现生产过程连续检测和自动反馈控制的特点。

【名称】 一种塑料薄膜吸咀

【公开(公告)号】 CN103101781A

【公开(公告)日】 2013.05.15

【申请(专利权)人】 邵宏

【地址】 江苏省无锡市南长区红星南路金星苑24号2063室

【发明(设计)人】 邵宏

【摘要】 一种塑料薄膜吸咀，其特征包括真空连接管、真空室、透气面、微孔板、密封皮；设置成上下结构，上端面设置有真空连接管，真空连接管下设置有真空室，真空室下端面设置有透气面，透气面下端面设置有微孔板、密封皮，微孔板与透气面连接、密封皮与微孔板连接；采用真空连接管下设置的真空室扩大真空吸咀面，采用真空室下设置的透气面支撑微孔板，防止吸取薄膜起皱，采用密封皮与微孔板连接制成防泄框，起到吸取薄膜时的密封作用，防止吸咀面漏气，满足了塑料薄膜取件自动化的要求。

【名称】 一种合成纤维增强全降解淀粉塑料的制备方法

【公开(公告)号】 CN103122080A

【公开(公告)日】 2013.05.29

【申请(专利权)人】 河南省南街村(集团)有限公司

【地址】 河南省漯河市临颍县南街村颍松大道

【发明(设计)人】 李盘欣；郭斌；唐皞；姜海天；黄亚男；史咏华；彭丽；王培英

【摘要】 本发明公开了一种合成纤维增强全降解淀粉塑料的制备方法。主要选择聚乙烯醇(PVA)纤维这种可降解的合成纤维，与可降解的增塑剂结合，通过双螺杆挤出机的塑化过程，制备聚乙烯醇纤维增强的全降解淀粉塑料，具有添加量少，力学性能提高明显，全降解，制备工艺简单等优点。可广泛用于制备各种全降解淀粉塑料制品，如塑料包装制品，一次性快餐盒及农用地膜等领域。

【名称】 一种玻璃纤维增强无卤阻燃尼龙46复合材料及制备方法

【公开(公告)号】 CN103087518A

【公开(公告)日】 2013.05.08

【申请(专利权)人】 惠州市华聚塑化科技有限公司；华南理工大学

【地址】 广东省惠州市博罗县石湾镇滘吓村滘源路工业区

【发明(设计)人】 刘典典；冉进成；林晓丹；曾幸荣；赖学军；官炳桂；官炳荣

【摘要】 本发明涉及一种玻璃纤维增强无卤阻燃尼龙46复合材料及其制备方法。该玻璃纤维增强无卤阻燃尼龙46复合材料按重量百分比计，由以下组分组成：PA46树脂38.9－63.9%；主阻燃剂6－14%；辅助阻燃剂0.01－6%；玻璃纤维15－45%；其他助剂3.1－5.1%；所述的主阻燃剂为微胶囊化红磷母粒；所述的辅助阻燃剂为聚苯醚。本发明制备的尼龙46复合材料阻燃等级高，耐高温性能和机械性能优异，可应用于制备电子电器产品零部件和耐高温要求的汽车塑料零部件等领域。

【名称】 一种提高塑料用碳酸钙疏水性和耐温性的表面改性方法

【公开(公告)号】 CN103087551A
【公开(公告)日】 2013.05.08
【申请(专利权)人】 道奇威(成都)科技有限公司
【地址】 四川省成都市实业街59号新世界商务楼12楼
【发明(设计)人】 彭宗凯；张小兵
【摘要】 本发明是一种提高塑料用碳酸钙的疏水性和耐温性的有机表面改性方法，其特征是使用一种或多种有机硅材料复配物，通过湿法(以去离子水为稀释剂，将有机硅材料与碳酸钙进行混合)和干法(利用球磨机、雷蒙磨或气流粉碎机)等粉碎设备作用于碳酸钙粒子，对碳酸钙进行表面改性处理。能够显著提高碳酸钙的疏水性和耐温性。本发明具有操作简单、制作方便、反应条件温和，无环境污染、成本低的优点。

【名称】 一种用于拆除电镀磨头上屏蔽用塑料薄膜的方法
【公开(公告)号】 CN103111944A
【公开(公告)日】 2013.05.22
【申请(专利权)人】 深圳市常兴技术股份有限公司
【地址】 广东省深圳市宝安区西乡镇银田工业区西发小区9栋常兴楼
【发明(设计)人】 刘志芹；常二霞
【摘要】 本发明公开了一种用于拆除电镀磨头上屏蔽用塑料薄膜的方法，选用有机溶剂为褪胶溶剂，经初浸褪胶、冲洗、水浸泡和再浸褪胶步骤对电镀磨头上的屏蔽用塑料薄膜进行处理。本发明通过使用有机溶剂作为褪胶溶剂浸泡包裹有屏蔽用塑料薄膜的电镀磨头，屏蔽用塑料薄膜在褪胶溶剂中溶胀或溶解从而实现批量、快速拆解屏蔽用塑料薄膜；本发明选用乙酸乙酯为褪胶溶剂，拆解效果好且毒性低，保障生产质量和安全；本发明通过对电镀磨头进行再浸褪胶处理，可彻底去除残留在电镀磨头上的屏蔽用塑料薄膜微粒，从而保证不对下一步加工工序造成影响。

【名称】 再生塑料分选方法及其设备
【公开(公告)号】 CN103113615A
【公开(公告)日】 2013.05.22
【申请(专利权)人】 恽宏伟
【地址】 河北省邢台市桥东区五一桥丽水苑6号楼2单元402
【发明(设计)人】 恽宏伟
【摘要】 本发明公开了一种再生塑料分选方法及其设备，所述方法包括下述步骤：(1)将含有塑料A和B的待分离物料粉碎，并清除物料中的杂质，备用；(2)在物料中加入溶剂使A进行充分溶胀；所述溶剂溶胀A而不溶胀B；(3)将溶胀后的物料打浆，溶胀后的A打碎成浆，得到A的浆料和B的混合物；(4)将A的浆料和B的混合物进行分选，将分选出的塑料B进行干燥，得到塑料B；将A的浆料进行分离，得到塑料A。本发明彻底解决再生塑料分选的技术难题，具有分离纯度高、方法及结构简单、成本低的特点。

【名称】 三甲氧基三丙醇氧基醚化氨基树脂及其制备方法和应用
【公开(公告)号】 CN103113317A
【公开(公告)日】 2013.05.22
【申请(专利权)人】 杨彦威
【地址】 江苏省苏州市张家港市农联花园30幢204室
【发明(设计)人】 杨彦威；张中一
【摘要】 本发明公开了一种三甲氧基三丙醇氧基醚化氨基树脂；其制备方法为：六甲氧基氨基树脂与1，2－丙二醇通过酯交换反应，然后蒸馏出反应生产的甲醇，冷却过滤得成品。本发明公开的三甲氧基三丙醇氧基醚化氨基树脂可与磷酸酯合用，组合成阻燃聚醚组合料，与异氰酸酯MDI混合发泡，制成蜜氨聚氨酯泡沫塑料，所得到的蜜氨聚氨酯硬泡塑料阻燃等级：氧指数可达到30－31%。且无毒，低烟，为环保级聚氨酯泡沫塑料，物理性能同时符合：GB500404－2007标准，达到B1级阻燃密胺聚氨酯泡沫塑料要求。

【名称】 塑料管材涂覆机头及含有塑料管材涂覆机头的塑料管材涂覆装置
【公开(公告)号】 CN103101174A
【公开(公告)日】 2013.05.15
【申请(专利权)人】 浙江曼瑞德舒适系统有限公司
【地址】 浙江省温州市乐清经济开发区纬二十路222号
【发明(设计)人】 陈立楠；于东明
【摘要】 本发明公开了一种塑料管材涂覆机头及含有塑料管材涂覆机头的塑料管材涂覆装置，所述塑料管材涂覆机头包括机头体、管材导筒和导流板，所述导流板为具有中心圆孔的圆盘形，所述导流板的外侧面沿圆周方向设置有环形流道，所述导流板的两个端面上设置有若干由导流板的外侧面向导流板的内侧面延伸的分流道，所述分流道与所述中心圆孔的圆周相切，所述主流道通过环形流道与分流道相通。本发明的塑料管材涂覆机头结构简单、不需另设动力，降低了能量消耗，且不会出现管材旋转的弊端和漏料问题，不仅避免了原料的浪费，更降低了设备的故障率。本发明还提供了一种塑料管材涂覆装置，实现在管材的外表面涂覆多层不同功能的改性层，制备多层结构的塑料管材。

【名称】 一种分子共振的塑料薄膜

【公开(公告)号】 CN103113652A

【公开(公告)日】 2013.05.22

【申请(专利权)人】 江声

【地址】 广东省广州市天河区汇景新城68街棕榈苑H幢2101房

【发明(设计)人】 江声

【摘要】 本发明公开了一种较环保的分子共振的塑料薄膜。该塑料薄膜由塑料薄膜体组成。塑料薄膜体包括聚乙烯、聚丙烯、聚氯乙烯、软化剂和着色剂，其中还包括含量为1.5%的分子共振粉。本发明具有耐用、韧性强、易降解、吸附异味、抗菌和除臭的效果。

【名称】 一种透明耐寒阻燃聚丙烯材料及其制备方法

【公开(公告)号】 CN103113705A

【公开(公告)日】 2013.05.22

【申请(专利权)人】 广东聚石化学股份有限公司

【地址】 广东省清远市高新区雄兴工业园B6

【发明(设计)人】 龚文幸；何燕岭；张翼翔；程瑞良；张秀芹

【摘要】 本发明公开了一种透明耐寒阻燃聚丙烯材料及其制备方法，该材料组分的重量份数配比如下：聚丙烯树脂65~85、白油0.1~0.3、乙烯-辛烯共聚物5~20、线性低密度聚乙烯3~10、含磷氮溴系配阻燃剂1~5、阻燃协效剂0.1~0.4、成核剂0.1~0.4、抗氧剂0.2~0.5、润滑剂0.2~0.5；其中含磷氮溴系复配阻燃剂的组分和组分的重量份数为有机或无机次磷酸盐60~90份、含磷酸类哌嗪氢溴酸盐10~30份、硅烷偶联剂0.5~5份。本发明实现了聚丙烯材料具有高透明度和高耐寒的同时还兼顾了材料的阻燃性，并且该材料还具有良好的相容性和耐析出性，可用于制造具有高透明度高耐寒阻燃要求的塑料制品。

【名称】 一种餐厨垃圾承装塑料袋分瓣割破装置

【公开(公告)号】 CN103072726A

【公开(公告)日】 2013.05.01

【申请(专利权)人】 华南再生资源(中山)有限公司

【地址】 广东省中山市沙溪镇涌边工业园区

【发明(设计)人】 许文姬；李国声；李汉声；李振声

【摘要】 本发明公开一种餐厨垃圾承装塑料袋分瓣割破装置，割破装置包括卧式筒状外壳，外壳一端为出料口，外壳于出料口的一端内壁设有固定一个以上的刀具，外壳另一端内设有能够沿着外壳内腔滑动的活塞，并连接有推动活塞运动的动力工具，活塞上对应于每个刀具位置处开设有一个刀槽，外壳顶部中间位置开有进料口。通过本发明中的餐厨垃圾承装袋分瓣割破装置，是有针对性的餐厨垃圾转化为微生物高蛋白饲料的生产过程，防止塑料碎片混入饲料的必要性，通过本装置可实现塑料袋分瓣割破、拍板打散、气吹脱袋的联合动作，保障在餐厨垃圾的破袋工序中，不产生塑料袋被破成碎片，尤其是做到破袋且不破碎，餐厨垃圾脱袋，且不被垃圾覆盖的显著效果。

【名称】 废塑料碎片的旋流分选清洗装置和方法

【公开(公告)号】 CN103085195A

【公开(公告)日】 2013.05.08

【申请(专利权)人】 冯愚斌

【地址】 广东省广州市滨江东路788号2801

【发明(设计)人】 冯愚斌

【摘要】 本发明涉及废塑料碎片的旋流分选清洗装置，包括：锥形罐、进水管、泥沙隔离网、顶部进料口、顶部出料管和侧壁出料管；锥形罐整体成倒锥形，底部设有排沙口；仅让泥沙和杂质通过的泥沙隔离网位于锥形罐内，形状上宽下窄、上端开口；进水管沿着切线方向接入锥形罐的侧壁并伸入泥沙隔离网内；顶部进料口位于锥形罐的顶部；顶部出料管位于锥形罐的顶部；侧壁出料管沿着锥形罐的切线方向接锥形罐的侧壁且伸入泥沙隔离网内。涉及废塑料碎片的旋流分选清洗方法。具有结构简单，有效提高加工效率，实现操作过程的自动化和连续化，可同步实现废塑料碎片的分选和清洗的优点，属于废塑料的回收和清洗技术。

【名称】 一种废塑料薄膜的回收处理设备及回收处理方法

【公开(公告)号】 CN103085194A

【公开(公告)日】 2013.05.08

【申请(专利权)人】 冯愚斌

【地址】 广东省广州市滨江东路788号2801

【发明(设计)人】 冯愚斌

【摘要】 本发明公开了一种废塑料薄膜的回收处理设备及回收处理方法，其中，回收处理设备包括依次连接的破碎装置、洗涤装置、浮选装置以及脱水装置，其中，所述破碎装置包括破碎机；所述洗涤装置包括旋流刷洗槽，该旋流刷洗槽具有圆形或者椭圆形的循环流道，其上设有转刷；所述沉淀浮选装置包括至少一个浮选槽；所述旋流刷洗槽与浮选槽之间设有将塑料薄膜碎片从旋流刷洗槽转送到浮选槽的物料转送装置；所述脱水装置连接在浮选槽的末端。本发明的废塑料薄膜的回收处理设备具有分离效果好、自动化程度高、节省用水用电、高效率等优点。

【名称】 双层空气无立柱阳光塑料大棚
【公开(公告)号】 CN103098675A
【公开(公告)日】 2013.05.15
【申请(专利权)人】 姚永龙；杨绍泉；段然；姚博
【地址】 北京市昌平区沙河镇路庄桥西万佳钢材市场后院(北京昌北机械综合加工厂)
【发明(设计)人】 姚永龙；杨绍泉；段然；姚博
【摘要】 本发明公开了一种双层空气无立柱阳光塑料大棚，包括：由塑料薄膜形成的大棚本体，所述大棚本体包括侧壁和棚顶，在所述侧壁上设有可开启和关闭的用于充入空气以将所述大棚本体鼓起的第一门。本发明通过第一门充入空气，以将由塑料薄膜形成的大棚本体鼓起，整个大棚在棚内没有任何支撑物的情况下，可安全、可靠的支撑起来。这样的大棚可大面积的建成，建设速度快、投资少，可节省大量的人力、物力、财力，具有良好的社会效益。

【名称】 废塑料清洗用的多功能磨蹭分离装置
【公开(公告)号】 CN103112102A
【公开(公告)日】 2013.05.22
【申请(专利权)人】 冯愚斌
【地址】 广东省广州市滨江东路788号2801
【发明(设计)人】 冯愚斌
【摘要】 本发明公开一种废塑料清洗用的多功能磨蹭分离装置，包括筒体、旋转轴和拍打叶片，筒体两端分别设有进料口和出料口，旋转轴和拍打叶片设于筒体内，拍打叶片分布于旋转轴的外圆柱面上；筒体的侧壁上设有多个通孔。在浮选槽和漂洗槽之间增设本多功能磨蹭分离装置，可有效提高废塑料的清洗质量，使废塑料和杂质之间的分离更彻底，从而提高回收产品的质量；本多功能磨蹭分离装置通过拍打叶片的高速旋转，使拍打叶片搅拌物料的同时对其进行拍打分离，配合筒体内磨蹭段和分离脱水段的设置，其分离效果很好，附着于废塑料表面的标签纸张、油污、来自浮选槽的流体介质等杂质均可被分离，物料进入漂洗槽后，其杂质大大减少，可简化后续的漂洗工艺。

【名称】 一种自动分离不同密度的塑料碎片的成套设备及分离方法
【公开(公告)号】 CN103112100A
【公开(公告)日】 2013.05.22
【申请(专利权)人】 冯愚斌
【地址】 广东省广州市滨江东路788号2801
【发明(设计)人】 冯愚斌
【摘要】 本发明公开了一种自动分离不同密度的塑料碎片的成套设备及分离方法，其中成套设备包括多套浮选设备，每套浮选设备包括浮选槽以及设在浮选槽末端的两个分别用于上浮料脱水的上浮料脱水机和用于沉水料脱水的沉水料脱水机，浮选槽的末端的底部还连接有将沉水料输送到沉水料脱水机上的排料装置；所述多套浮选设备并列在一起组成多级浮选设备，其中，上一级浮选设备的沉水料脱水机的出料口对着下一级浮选设备的浮选槽的进水端；所述各级浮选设备的浮选槽内的流体介质的密度逐级增大。本发明的成套设备可自动地将废塑料碎片中不同密度的塑料碎片自动分离，自动化程度高，大大提高生产效率。

【名称】 塑料型材跟线冲孔机
【公开(公告)号】 CN103112043A
【公开(公告)日】 2013.05.22
【申请(专利权)人】 铜陵格瑞特挤出技术有限公司
【地址】 安徽省铜陵市经济开发区泰山大道951号13-2室
【发明(设计)人】 查安平；敖万路；王秀平；李文东；陆跃；周汉生
【摘要】 本发明涉及一种塑料型材跟线冲孔机，包括：冲孔模，基座，基座上端设有直线导轨，凹模底部固定有与直线导轨配合的滑块；由伺服电机、丝杆、联轴器组成的凹模驱动装置；固定在基座上的控制凹模移动起点和终点位置的行程开关；在线测量型材移动距离的测速装置；以及一个根据型材移动速度控制伺服电机正反转及其转速和驱动气缸动作的PLC控制系统。本发明能自动调节冲孔模的冲切频率、移动速度等，冲孔或槽的间距精度高，冲裁效率高，冲裁稳定性好，产生废料少等优点。

【名称】 废塑料碎片的泥沙分离装置和方法
【公开(公告)号】 CN103111360A
【公开(公告)日】 2013.05.22
【申请(专利权)人】 冯愚斌
【地址】 广东省广州市滨江东路788号2801
【发明(设计)人】 冯愚斌
【摘要】 本发明涉及废塑料碎片的泥沙分离装置，包括锥形罐、进水管、出水口和泥沙隔离网；锥形罐整体成倒锥形，底部设有排沙口；进水管沿着切线方向接入锥形罐的侧壁并伸入泥沙隔离网内；出水口位于锥形罐上；仅让泥沙和杂质通过的泥沙隔离网位于锥形罐内，且形状与锥形罐相应；随进水管进入的流体高速旋流转动的废塑料碎片位于泥沙隔离网内。本发明还涉及废塑料碎片的泥沙分离装置的废塑料碎片的泥沙分离方法。本发明具有结构简单、操作方便，有效实现泥沙和杂质分离过程的机械化和连续化，有效提高泥沙和杂质分离的效率和分离的效果的优点，属于废塑料的回收和清洗技术。

【名称】具有双倒钩类零件的注塑模具

【公开(公告)号】CN103112127A

【公开(公告)日】2013.05.22

【申请(专利权)人】台州市黄岩汉威塑料模具有限公司

【地址】浙江省台州市黄岩西工业区灵岩路28号

【发明(设计)人】王金满

【摘要】本发明提供了一种具有双倒钩类零件的注塑模具，属于作业技术领域。它解决了现有的塑料桶桶口处具有两处向内翻折的倒钩；且两处间距较小，导致滑块结构无法步骤，进而导致该类产品的模具及产品无法制造；迫使客户采用其他结构的塑料桶替换。具有双倒钩类零件的注塑模具，包括静模组件、动模组件和弹簧组件二，动模组件包括动模底板、活动模芯和呈环状的固定模芯；活动模芯内设有能将零件自动从成型部上脱离的脱模结构；动模组件还包括能使活动模芯始终具有远离动模底板方向运动趋势的弹簧一。本具有双倒钩类零件的注塑模具具有结构紧凑、稳定性高及自动化程度高的优点。利用本注塑模具生产零件具有生产效率高的优点。

【名称】用于热切割塑料型材的切割刀

【公开(公告)号】CN103112025A

【公开(公告)日】2013.05.22

【申请(专利权)人】铜陵格瑞特挤出技术有限公司

【地址】安徽省铜陵市铜陵市经济开发区泰山大道951号13-2室

【发明(设计)人】查安平；敖万路；蒋标；朱小燕；叶丽丽；文继晓

【摘要】本发明涉及一种用于热切割塑料型材的切割刀，包括刀片本体及设置在刀片本体下端的倾斜的双面刃口；刃口相对于水平线的倾斜角度α为22o~28o；所述刃口是用磨削器具沿刀片进给方向磨削而成。所述刃口至少包括第一级刃口和第二级刃口，第一级刃口角度B1为21o~23 o，第二级刃口角度B2为8o~10 o。本发明刀片所切割型材端面光滑，不会出现毛刺和丝纹，可以提高型材切割端面质量；并且在切割过程中刀片所受阻力均匀，不易崩刃，不仅可以延长其使用寿命，还可以显著地降低切割噪音，改善生产环境。

【名称】浮选型的废塑料破碎分选清洗系统及方法

【公开(公告)号】CN103112101A

【公开(公告)日】2013.05.22

【申请(专利权)人】冯愚斌

【地址】广东省广州市滨江东路788号2801

【发明(设计)人】冯愚斌

【摘要】本发明公开一种浮选型的废塑料破碎分选清洗系统及方法，按照物料输送方向，其系统包括依次连接的破碎机、浮选槽、多功能磨蹭分离机、漂洗槽和脱水机，浮选槽和漂洗槽并排设置，浮选槽的出料口和漂洗槽的进料口位于浮选槽或漂洗槽的同一端，浮选槽的出料口和漂洗槽的进料口之间通过多功能磨蹭分离机连接。其方法是先将废塑料破碎后再进行多级清洗和分离。采用选型的废塑料破碎分选清洗系统及方法进行废塑料的破碎分选清洗，可有效改善废塑料的清洗效果并提高产品质量。

【名称】一种抗压抗折阻燃塑料发泡材料及其制备工艺

【公开(公告)号】CN103073774A

【公开(公告)日】2013.05.01

【申请(专利权)人】陈姜志

【地址】广东省深圳市罗湖区红宝路蔡屋围金龙大厦C栋3单元19C室

【发明(设计)人】陈姜志

【摘要】本发明公开了一种抗压抗折阻燃塑料发泡材料及其制备工艺。该材料包括如下质量份额的各组分：塑料6~6.5份，铈金属粉1~1.5份，火山灰2~3份，阻燃剂2.5~3.5份，化工助剂0.5~1份。本发明公开的发泡材料通过采用铈金属粉，减少了阻燃剂的使用，在降低成本的同时更加环保高效，同时也增强了该塑料的抗压抗折性能，扩大了产品应用范围。

【名称】钢带增强钢丝网骨架塑料复合管及其制备方法

【公开(公告)号】CN103090121A

【公开(公告)日】2013.05.08

【申请(专利权)人】广东省水利电力勘测设计研究院

【地址】广东省广州市天河区天寿路116号广东水利大厦A座905房

【发明(设计)人】秦晓川

【摘要】本发明提供一种钢带增强钢丝网骨架塑料复合管及其制备方法，所述钢带增强钢丝网骨架塑料复合管包括塑料管管体、钢丝网层以及钢带增强结构；所述钢带增强结构包括钢带；所述塑料管管体以及所述钢丝网层均为中空管状；所述钢丝网层位于所述塑料管管体与所述钢带增强结构之间。本发明还提供一种上述钢带增强钢丝网骨架塑料复合管的制备方法。本钢带增强钢丝网骨架塑料复合管既能承受较大的内压，又能承受较大的外压，且本钢带增强钢丝网骨架塑料复合管的直径较大时，其壁厚较现有技术中的塑料管的壁厚小。

【名称】 一种分力型塑料复合板的生产工艺

【公开(公告)号】 CN103085284A

【公开(公告)日】 2013.05.08

【申请(专利权)人】 沈路平；陈卫刚

【地址】 浙江省湖州市吴兴区龙泉街道潜庄公寓30幢

【发明(设计)人】 沈路平；陈卫刚

【摘要】 本发明的目的是提出一种分力型塑料复合板的生产工艺。本发明的分力型塑料复合板的生产工艺，该分力型塑料复合板由底板、顶板、以及夹设于底板与顶板之间的夹层板构成，所述夹层板设有多个凹坑，所述凹坑的轴向垂直于底板及顶板，关键在于该分力型塑料复合板的生产工艺如下：A：将塑料板利用加热吸塑或机加工的方法成型出预定形状及位置的多个凹坑，以形成夹层板；或者利用注塑的方法生产出具有多个预定形状及位置的凹坑的塑料板以作为夹层板；B：将夹层板与顶板、底板的位置对准，然后利用胶水粘合或者加热熔合的方式将夹层板的顶面与顶板、夹层板的底面与底板固定。本发明的生产工艺简单易实现，生产成本低，具有很好的实用性。

【名称】 一种酚醛泡沫塑料的制备方法

【公开(公告)号】 CN103073740A

【公开(公告)日】 2013.05.01

【申请(专利权)人】 山东圣泉化工股份有限公司

【地址】 山东省济南市章丘市刁镇工业开发区山东圣泉化工股份有限公司

【发明(设计)人】 江成真；李枝芳；彭文杰；秦海洋

【摘要】 本发明提供了一种酚醛泡沫塑料的制备方法，包括以下步骤：将90~100重量份的可发性甲阶酚醛树脂，以所述可发性甲阶酚醛树脂的重量百分比计，3%~5%的泡沫稳定剂，5%~30%的固化剂，10%~20%的发泡剂，3%~20%的改性剂与5%~20%的无机阻燃剂混合，反应后得到混合产物；将所述混合产物在恒温恒湿条件下进行后处理，得到酚醛泡沫塑料。本发明的酚醛泡沫塑料由于引入了固化剂，其不仅具有催化固化的作用，而且参与到泡沫结构中，提高了酚醛泡沫塑料的韧性，减小了脆性，提高了酚醛泡沫塑料板材的强度；通过恒温恒湿的后处理方式，弥补了有机固化剂固化程度低的不足，使酚醛树脂泡沫在短时间内即可达到较高的强度。

【名称】 在圆铁棒上安装塑料件的自动化设备

【公开(公告)号】 CN103085280A

【公开(公告)日】 2013.05.08

【申请(专利权)人】 苏州奔腾塑业有限公司

【地址】 江苏省苏州市工业园区新发路58号

【发明(设计)人】 郑文涌

【摘要】 本发明涉及一种在圆铁棒上安装塑料件的自动化设备，包括支架台面，所述的支架台面上设有水平横向滑轨，水平横向滑轨上设有水平横向滑板，水平横向滑板通过横向驱动气缸驱动，水平横向滑板上设有水平纵向滑轨，在水平纵向滑轨上设有水平纵向滑板，水平纵向滑板通过纵向驱动气缸驱动；所述的水平纵向滑板上固定设有塑料件安装台；在支架台面上设有圆铁棒固定座，圆铁棒固定座上设有圆铁棒放置盒，在圆铁棒固定座上设有圆铁棒固定气缸。采用了上述结构之后，使得在安装塑料件的时候可以自动化生产，并且能够在不同位置安装塑料件，节省了大量的人力，提高的生产效率，进一步提高了企业的竞争力。

【名称】 一种容易洗干净而且制造方便的塑料洗头耙

【公开(公告)号】 CN103120464A

【公开(公告)日】 2013.05.29

【申请(专利权)人】 邱惠民

【地址】 浙江省宁波市江北区新马路草马一村12幢18号110室

【发明(设计)人】 邱惠民

【摘要】 人们在洗头时常用到洗头耙，以前的洗头耙是竹子做的，随着人工费用上涨，所以再也无人做了。现有的二种洗头耙都是用塑料制成的，一种是碗状的，每次用后要正反二面洗，还很难洗干净和凉干。另一种是分上下部份制成后再胶合在一起的，它的空腹部极易进水，进水后很难倒出来。以上几种洗头耙给生活带来不便。本发明的一种容易洗干净而且制造方便的塑料洗头耙就是把以上几种洗头耙的不足之处加以改变。本设计的洗头耙分二圈，外圈与内圈由若干条筋骨相连，其它地方都是空的，外圈与内圈和筋骨的向下一面都注有耙齿，周边耙齿略长一些向中间的慢慢短下去，耙齿总体向内形成一个弧度，这样也符合头形的上弧的需要，洗头时更有舒适感，本洗头耙在洗完头后只需用水一冲就能很干净。本发明的洗头耙在制造时也很方便，用注塑机一次就制成了。

【名称】 一种带内部辅助加热功能的挤出机

【公开(公告)号】 CN103112149A
【公开(公告)日】 2013.05.22
【申请(专利权)人】 孙丽美
【地址】 浙江省宁波市江东区荷花庄73号103室
【发明(设计)人】 孙丽美
【摘要】 本发明公开了一种带内部辅助加热功能的挤出机，包括进料斗、料管、挤出螺杆、减速器、加热器、驱动装置、挤出口模和支架，本发明还包括辅助加热装置，所述辅助加热装置由加热棒和辅助加热器组成，所述加热棒贯穿从动齿轮设置在挤出螺杆内部，所述加热棒连接辅助加热器；通过设置在挤出螺杆内的加热棒，进行辅助加热，使得料管内的温度，迅速达到所需的融化温度，提高了塑料融化的效率，提高了企业的生产力，且本发明还具有结构简单，使用安全方便等特点，适合在各企业中推广使用。

【名称】 一种挤出造粒生产线
【公开(公告)号】 CN103121247A
【公开(公告)日】 2013.05.29
【申请(专利权)人】 钭礼俊
【地址】 浙江省宁波市海曙区国医街75号
【发明(设计)人】 钭礼俊
【摘要】 本发明公开了一种挤出造粒生产线，包括上料破碎机、清洗装置、挤出机和切粒机，所述上料破碎机包括上料斗，及设置在上料破碎机上的破碎电机，及设置在破碎电机下端的推料电机，及与推料电机相连的推料搅龙，及设置在推料搅龙出料端的出料斗，及依次设置在上料破碎机后端的清洗装置，及设置在清洗装置后端的挤出机，及设置在挤出机后端的切粒机；本发明利用结构简单的各个机组，对废弃塑料进行回收利用，在清洗装置上设置波浪状流通管，其在进水后可利用波浪状流通管对挤出塑料进行清洗，加大了清洗长度和冷却时间，更有利于在生产线上进行下一步的操作，且结构简单，制作成本低，适合推广使用。

【名称】 吸塑成型模具
【公开(公告)号】 CN103072259A
【公开(公告)日】 2013.05.01
【申请(专利权)人】 苏州宏远电子有限公司
【地址】 江苏省苏州市吴江区经济开发区浦北分区古塘路418号
【发明(设计)人】 曹杭生；洪文杰；朱国铭
【摘要】 本发明涉及一种吸塑成型模具，尤其是一种用于加工仪表外罩、电子托盘等侧壁具有支撑部的塑料件的真空吸塑成型模具。一种吸塑成型模具，该模具形成的塑料件自下而上完成脱模，所述模具包括：本体，所述本体的侧壁上形成有凹槽，该凹槽用于形成塑料件的支撑部；挡块，该挡块可相对本体转动，所述挡块位于凹槽的上方；在脱模过程中，塑料件带动挡块向上转动后脱离模具。本发明的目的是提供一种吸塑成型模具，其脱模容易且加工出的塑料件不易变形、强度较高，可最大程度地增大同向支撑面积，达到强力正向堆叠。

【名称】 一种可辨识的塑料瓶盖
【公开(公告)号】 CN103072749A
【公开(公告)日】 2013.05.01
【申请(专利权)人】 无锡南理工科技发展有限公司
【地址】 江苏省无锡市锡山区芙蓉三路99号锡山科创园瑞云6座三楼
【发明(设计)人】 姜斌；张福曦；宗天琪
【摘要】 本发明公开了一种可辨识的塑料瓶盖，包括底圈、中圈和瓶盖三部分。底圈套于塑料瓶瓶口上，其内侧有沿径向向内突出的底圈挡圈；底圈外侧均匀排列有2个以上不同的标识符；底圈顶部有一个底圈锯齿突起，其位置介于两个标识符中间。中圈内侧有沿径向向内突出的中圈挡圈；圈底部开有与底圈锯齿突起形状相同、数量相同的中圈锯齿槽，且均匀分布；中圈顶部有一个小半圆形的中圈突起；中圈外侧均匀排列有两个以上标识符，标识符与中圈锯齿槽交错排列。瓶盖外侧均匀排列有两个以上标识符，底部均匀排列两个以上瓶盖底槽，其形状、数量与中圈突起相同。本发明具有结构简单，使用方便且加工容易的优点。

【名称】 一种合金塑料颗粒
【公开(公告)号】 CN103087495A
【公开(公告)日】 2013.05.08
【申请(专利权)人】 李顺平
【地址】 湖南省新宁县紫云林场金竹工区金竹队127号
【发明(设计)人】 李顺平
【摘要】 一种合金塑料颗粒，由PC、ABS、PMMA三种塑胶原料、ABS高胶粉、硅烷偶联剂，白矿油，其特征是ABS高胶粉为增韧剂，有增韧作用；硅烷偶联剂、白矿油为抗氧剂，硅烷偶联剂主要为相溶剂，白矿油主要为润滑剂。

【名称】 防老化塑料管或塑料管接头
【公开(公告)号】 CN103174910A
【公开(公告)日】 2013.06.26
【申请(专利权)人】 王根乐
【地址】 河北省廊坊市文安县大留镇镇韩留镇村
【发明(设计)人】 王根乐
【摘要】 一种防老化塑料管或塑料管接头，包括由塑料成型的一体的管体主体，其特征在于，在所述的管体主体的外侧复合一层混合有一定比例玻璃粉的防紫外线层，在所述的防紫外线层的外侧复合有保护层。本发明的优点是：玻璃粉的黑色防紫外线层能够阻隔任何光线特别是紫外线的射入，避免了紫外光对管体主体的老化，明显降低了老化速度，提高了使用寿命；还具有阻燃的作用，能够抵抗干草引燃的小火，增加了管体的强度。不需要以熔融玻璃的温度加工成型，降低了加工温度，这样就能够采用普通的吹塑工艺加工形成防紫外线层，提高了生产效率。

【名称】 一种塑料建筑砌块

【公开(公告)号】 CN103174253A

【公开(公告)日】 2013.06.26

【申请(专利权)人】 王希锋

【地址】 北京市大兴区黄村镇金星西路康盛园41－2－601

【发明(设计)人】 王希锋

【摘要】 本发明涉及一种建筑构件，尤其是指一种塑料建筑砌块。包括塑料膜吹成的圆筒，所述的圆筒上具有注水封闭口，还包括塑料块，所述塑料块具有容纳注满水的所述圆筒的空腔，所述注满水的圆筒放置在所述塑料块中。由于本发明所涉及的建筑砌块采用塑料制成，所以非常适合抗腐蚀、耐潮湿等环境中，另外，由于可以利用塑料垃圾制成，所以具有很好的环保效果。

【名称】 新型塑料托盘

【公开(公告)号】 CN103158925A

【公开(公告)日】 2013.06.19

【申请(专利权)人】 上海齐兴包装材料有限公司

【地址】 上海市松江区叶榭镇民发路588号1号厂房

【发明(设计)人】 周永忠

【摘要】 本发明公开了仓储物流领域的一种新型塑料托盘。包括条状底板和支撑块，该条状底板和支撑块由塑料材质制成，2块条状底板平行排列，中间通过伸缩链板连接，条状底板下有支撑块，支撑块设置在条状底板下的两端和中间位置，条状底板一侧设有滑槽，伸缩链板一端在滑槽内移动，条状底板两端分别安装有伸缩链板，伸缩链板的一端为固定安装，另一端可在滑槽内移动，通过调节伸缩链板可改变托盘的宽度，以适合各种箱体外型的需求，本发明与现有技术相比具有质量轻占地小、尺寸可变和适合不同物料的装等优点。

【名称】 套装式塑料汽车车库

【公开(公告)号】 CN103174312A

【公开(公告)日】 2013.06.26

【申请(专利权)人】 天津市博安塑胶制品有限公司

【地址】 天津市河西区郁江道17号325－09室

【发明(设计)人】 只云清

【摘要】 本发明涉及一种套装式塑料汽车车库，其特征是：包括框式前车库和框式后车库，所述框式后车库与框式前车库套装，所述框式后车库底部设有滑轮或滑道，所述框式后车库的尾部后壁设有与其铰接的后门。有益效果：与现有技术相比制造成本第，结构简单，占地面积小；产品采用塑料一次成型，内外光滑，无气孔；外观大方，多种颜色。抗紫外线，避风沙，防雨雪，减少露天，减少露天停放对汽车的损坏，避免汽车被划伤或碰撞。适用范围广，适用于各种道路、停车场及住宅小区内是使用。

【名称】 再生料编织袋直接改性扁丝方法

【公开(公告)号】 CN103173891A

【公开(公告)日】 2013.06.26

【申请(专利权)人】 重庆市广博塑料袋有限公司

【地址】 重庆市黔江区正阳工业园区(正阳镇群力居委一组)

【发明(设计)人】 韦春

【摘要】 再生料编织袋直接改性扁丝方法，属于编织袋生产技术领域和化工废旧物质环保技术领域；通过备料、配料、熔融、过滤、挤压出膜、水冷、分丝、拉丝、收卷九大工序完成，其有益效果是将废旧塑料熔融后直接进行扁丝，节省了工序、人力和能耗；在配料时加入了少量母料、改性剂、增白剂和润滑剂，熔融后通过过滤、出膜、水冷和拉伸，合理改善了扁丝材料的拉伸强度和成色，特别是在50℃－60℃温度下进行水冷，然后将拉伸倍数设定为6.5倍，经测试，本发明生产的扁丝径向拉断力和纬向拉断力均大于700N/50mm，大大提高了扁丝的拉伸强度，杜绝了编织过程中的断丝问题；采用废旧塑料为原材料，有效减少了环境污染。

【名称】 一种裂膜丝编织土工布及其制备方法

【公开(公告)号】 CN103174175A

【公开(公告)日】 2013.06.26

【申请(专利权)人】 河北宝源工程橡塑有限公司

【地址】 河北省衡水市景县留智庙镇工业区

【发明(设计)人】 付强

【摘要】 本发明属于防渗水材料技术领域，具体地讲公开了一种大量使用于基础工程上的裂膜丝编织土工布及其制备方法。其主要技术方案：利用聚丙烯材料制备出厚度为0.1—1.0毫米薄膜，再将该薄膜裂割成宽度在2—10毫米的塑料裂膜丝，编织成经纬向的土工布，将聚乙烯或聚氯乙烯由挤出机加热形成淋在土工布上，经过轴辊挤压并降温冷却使得所淋制的聚乙烯或聚氯乙烯与土工布粘合在一起形成单层或多层裂膜丝编织土工布。该结构的裂膜丝编织土工布由于由编织土工布层和所覆于的不透水的塑料膜层构成，因此具有足够大的抗撕裂强度、良好的防渗效果，有利于工程质量的保证。

【名称】 塑铝U形槽啮合式V字形折叠手把

【公开(公告)号】 CN103171720A

【公开(公告)日】 2013.06.26

【申请(专利权)人】 太仓市车中宝休闲用品有限公司；庞明方

【地址】 江苏省苏州市太仓市沙溪松南工业园；江苏省苏州市太仓市沙溪松南工业园

【发明(设计)人】 庞明方

【摘要】 一种塑铝U形槽啮合式V字形折叠手把，包括手把基座、内伸管、闷盖、U形槽塑料衬、左连件、右连件、左手把、右手把、对锁螺栓、左锁接件、右锁接件、带孔圆柱、快拆、保险扣，手把基座圆孔的下部套接一内伸管，手把基座的两槽形中各镶嵌连接一U形槽塑料衬，左连件和右连件固定套接于左手把和右手把的底部，左锁接件和右锁接件分别焊接于左手把下部和右手把下部，左连件和右连件连接于手把基座、和两U形槽塑料衬，保险扣连接于手把基座右边槽的后上部，左锁接件连接带孔圆柱，带孔圆柱连接快拆，快拆锁接于右锁接件上，快拆柄卡入保险扣的U形卡中，内伸管通过吊紧螺栓、配合垫圈和胀塞，将手把基座固定于自行车的前叉管中。

【名称】 多流道共挤窗台板挤出模具

【公开(公告)号】 CN103158242A

【公开(公告)日】 2013.06.19

【申请(专利权)人】 黄石市嘉瑞塑料模具有限公司

【地址】 湖北省黄石市团城山开发区杭州西路(磁湖科技创业服务中心)

【发明(设计)人】 张元祥；陆欢

【摘要】 本发明公开了一种多流道共挤窗台板挤出模具，它包括口模、汇流板、芯棒支架板、分流锥支架板、过渡板一、过渡板二、过渡板三、过渡板四、模体、分流锥和芯棒，所述汇流板上设有分流道和主流道，所述汇流板的分流道上设有若干个较大的分流进料口和若干个较小的分流出料口，所述过渡板一的内孔中设有若干个支撑筋Ⅰ，所述过渡板二的内孔中设有若干个支撑筋Ⅱ，所述过渡板三的内孔中设有楔形支撑筋Ⅰ，所述过渡板四的内孔中设有楔形支撑筋Ⅱ。该发明强度高，塑料流体流动均匀，不糊料，加工出的产品质量好，生产效率高，使用寿命长。

【名称】 PET/PVC废旧塑料的分离回收方法

【公开(公告)号】 CN103159980A

【公开(公告)日】 2013.06.19

【申请(专利权)人】 中南大学

【地址】 湖南省长沙市岳麓区左家垅

【发明(设计)人】 王晖；王重庆；符剑刚；覃丽芝

【摘要】 本发明公开了一种PET/PVC废旧塑料的分离回收方法，包括以下步骤：将PVC/PET混合塑料破碎到4～40mm，加入到溶剂中，塑料与溶剂比为8～20g/ml，所述溶剂为四氢呋喃或者二甲苯；在10～90℃搅拌溶解150～300min；对溶液进行过滤，过滤出的滤渣干燥，得PET塑料；滤液在30～60℃温度下蒸发，将析出的溶质干燥得到PVC塑料。采用本发明方法可简便、高效地实现对PET/PVC废旧塑料的分离回收。PET的回收率可达96.9%，PVC的回收率可达95.2%。

【名称】 ABS/PS废旧塑料的分离回收方法

【公开(公告)号】 CN103159979A

【公开(公告)日】 2013.06.19

【申请(专利权)人】 中南大学

【地址】 湖南省长沙市岳麓区左家垅

【发明(设计)人】 王重庆；王晖；符剑刚；覃丽芝

【摘要】 本发明公开了一种ABS/PS废旧塑料的分离回收方法，包括：将ABS/PS混合塑料破碎到4～40mm，加入到溶剂中，ABS/PS混合塑料与溶剂比为8～20g/ml，其中溶剂为二甲苯或者二硫化碳；在10～90℃搅拌溶解150～280分钟；对溶液进行过滤，过滤出的滤渣干燥，得ABS塑料；滤液在30～60℃温度下蒸发，将析出的溶质干燥得到PS塑料。采用上述方法可以简单高效地分离回收ABS/PS废旧塑料，ABS的回收率为92.7～95.4%，PS的回收率为91.2～95.4%。

【名称】 柔印耐高温食品塑料包装袋的制作方法

【公开(公告)号】 CN103171817A

【公开(公告)日】 2013.06.26

【申请(专利权)人】 赵秀雄

【地址】 湖南省邵阳市武冈市工业园春光路雄杰包装公司

【发明(设计)人】 赵秀雄

【摘要】 柔印耐高温食品塑料包装袋的制作方法，生产工艺是尼龙膜柔版印刷，双膜粘合，烘烤固化，制袋机制袋。先用柔版印刷机和水性油墨在尼龙膜里面印刷图文；再用聚氨酯胶水加乙酯搅拌均匀后上胶至尼龙膜，将尼龙膜与耐高温蒸煮膜粘合复膜；

复合膜经50~75℃恒温烘烤熟化24~55小时，使复合膜通过恒温熟化将胶水固化；最后用三边封制袋机经4Pa高压210℃ - 230℃热封制成食品包装袋。这种食品包装袋安全无毒，具有良好的耐高温蒸煮性和阻隔性及阻湿性等特点，可保证食品包装抽真空耐135℃30min高温杀菌的要求，从而保证食品安全。

【名称】 一种具有电磁屏蔽性能的聚乳酸复合固体树脂及其生产工艺

【公开(公告)号】 CN103146165A

【公开(公告)日】 2013.06.12

【申请(专利权)人】 昆山翔华鲸生物科技有限公司

【地址】 江苏省昆山市开发区中小企业园风琴路108号

【发明(设计)人】 许丹；陈建勇；吴航宗；于阳阳；万蓉蓉

【摘要】 本发明公开了一种具有电磁屏蔽性能的聚乳酸复合固体树脂及其生产工艺，该复合固体树脂的组分包括聚乳酸树脂、界面相容剂、增塑剂和电磁屏蔽粉体。其中，聚乳酸树脂质量含量为20.0% -80.0%，界面相容剂质量含量为0.1% -10.0%，增塑剂质量含量为2.0% -20.0%，电磁屏蔽粉体的质量含量为3.0% -50.0%。添加本发明所描述的复合固体树脂的聚乳酸油墨、塑料和纤维，材料中电磁屏蔽粉体分散均匀，对材料力学性能无负面影响，具有良好的静电屏蔽性能，成本较低，具有广泛的工业应用前景。

【名称】 电动三轮车塑料扶手

【公开(公告)号】 CN103158805A

【公开(公告)日】 2013.06.19

【申请(专利权)人】 禹尔力

【地址】 河南省新乡市牧野区北环李庄

【发明(设计)人】 禹尔力

【摘要】 本发明公开了电动三轮车塑料扶手，在一个门形扶手框的外周表面上设有开口槽，在开口槽的开口上扣合有一个门形盖，在门形扶手框的两端分别设有一个固定螺杆。在门形扶手框的顶部开口槽底面上设有至少两个开口向上的定位孔，在门形盖的顶部内表面上设有与上述定位孔相配合的定位销，在门形扶手框的两侧开口槽内两侧壁和两端壁上分别设有边插孔和底插孔，在门形盖上与各插孔相对应分别设有侧向插销和底部插销。在门形扶手框的开口槽内于顶部对称设有至少两条横向加强筋，在两个拐弯处分别设有至少一条纵向加强筋。本发明具有结构简单、安装方便，成本低、手感舒适又美观的优点。

【名称】 用在塑料制袋机上步进加横送的机构及方法

【公开(公告)号】 CN103159069A

【公开(公告)日】 2013.06.19

【申请(专利权)人】 上海西毕尔包装机械有限公司

【地址】 上海市嘉定区嘉定工业区招贤路1279号

【发明(设计)人】 范为祎

【摘要】 本发明涉及一种用在塑料制袋机上步进加横送的机构及方法。以往塑料制袋机，多圈塑料薄膜都是同向间歇运动，限制了塑料制袋机生产出的袋型变化。本发明包括平送装置、换向装置、横送装置和进料装置。进料装置设置在平送装置的一侧，进料装置将塑料薄膜运送至平送装置，在进料装置与平送装置之间设置有切刀，所述的平送装置分为上平送装置和下平送装置，上平送装置和下平送装置均由换向装置驱动，横送装置设置在平送装置的前方，用于将由切刀切割后的塑料薄膜送至指定位置。本发明在制袋过程中可生产出更多的袋型来满足市场，同时提高塑料制袋机的生产效率，其传动效率高，定位精度高。

【名称】 用在塑料制袋机上同时形成两个菱形翻角的机构及方法

【公开(公告)号】 CN103171170A

【公开(公告)日】 2013.06.26

【申请(专利权)人】 上海西毕尔包装机械有限公司

【地址】 上海市嘉定区嘉定工业区招贤路1279号

【发明(设计)人】 范为祎

【摘要】 本发明涉及一种用在塑料制袋机上同时形成两个菱形翻角的机构及方法。以往塑料制袋机，多圈塑料薄膜都是同向间歇运动，限制了塑料制袋机生产出的袋型变化。本发明包括前置的导辊对、分切刀片、翻角装置和点焊单元。分切刀片设置在前置的导辊对上方，在前置的导辊对与翻角装置之间设置有点焊单元；所述的翻角装置包括一对导辊、一对模板、一对胶辊、上导辊和后导辊，一对导辊与来料方向垂直，该对导辊与上导辊所在的平面与来料方向呈设定角度，在该对导辊与上导辊之间设置有所述的一对模板和一对胶辊，胶辊设置在模板上方。本发明能在在塑料薄膜行走过程中同时形成两个菱形翻角，结构简单，便于操作，同时提高了塑料制袋机的生产效率。

【名称】 高强度滑石粉改性聚丙烯塑料

【公开(公告)号】 CN103146074A

【公开(公告)日】 2013.06.12

【申请(专利权)人】 上海盈致橡塑制品有限公司

【地址】 上海市松江区车墩镇泖亭路908号5幢1号

【发明(设计)人】 黄丽红

【摘要】 本发明公开了一种高强度滑石粉改性聚丙烯塑料，由下述组分按重量份组成：聚丙烯100份，滑石粉20-40份，钛白粉2-4份，PP-g-MAH相容剂10-15份，异丙基三(二辛基磷酸酰氧基)钛酸酯0.1-0.2份、二聚磷酸二异辛酯硬脂酸镁0.1-0.2份，氰尿酸三聚氰胺10-20份，抗氧剂1680.1-0.3份。本发明制备的高强度滑石粉改性聚丙烯塑料，具有较高的力学性能。

【名称】 塑料瓶输液用免消毒直配型组合盖及其使用方法

【公开(公告)号】 CN103169617A

【公开(公告)日】 2013.06.26

【申请(专利权)人】 相静芳

【地址】 山东省淄博市临淄区闻韶路刘家南生活区50号

【发明(设计)人】 相静芳；安秋润；安相润

【摘要】 本发明涉及一种塑料瓶输液用免消毒直配型组合盖及其使用方法，属于医疗器具技术领域，组合盖包括外盖、橡胶帽和内盖组合体，橡胶帽嵌合在外盖的内顶部，内盖组合体整体套接在外盖内部，组合盖设置在输液塑料瓶上，可以与西林瓶或安瓿配合完成加药和输液过程。采用本发明组合盖进行加药和输液操作时，不需要对输液瓶消毒，操作方便，安全可靠；加药过程中药液与西林瓶或安瓿为密闭空间，可有效避免空气中的微粒、细菌等污染，更能保障药品的无菌质量，适于临床应用，更适合战场作战急救需要、野外医疗急救等；加药过程不需要使用注射器及钢针头，有效减少了医疗垃圾的产生，保护了环境；本发明节约了注射器在急救箱中的空间及购买成本。

【名称】 一种塑封膜边料在线回收系统

【公开(公告)号】 CN103171060A

【公开(公告)日】 2013.06.26

【申请(专利权)人】 宜兴市王者塑封有限公司

【地址】 江苏省无锡市宜兴市官林工业集中区

【发明(设计)人】 王军林；胡振

【摘要】 本发明公开了一种塑封膜边料在线回收系统，包括：圆锥形滚刀、边料吸送风机、边料输送管、与边料输送管相连通的引边管道、破碎机、片状边料输送风机、片状边料输送管、单螺杆进料器、挤出机，所述引边管道的进料口位于圆锥形滚刀下方，边料吸送风机的出风口与破碎机的进料口之间通过边料输送管相连，破碎机的出料口经片状边料输送管依次连接片状边料吸送风机及单螺杆进料器，单螺杆进料器的出料口再与挤出机的加料口连接。本发明是一种可将塑料薄膜高速生产过程中产生的边料100%回收、回收过程稳定可靠、不污染环境且成本低的塑封膜边料在线回收系统。

【名称】 高速润滑工程塑料球体

【公开(公告)号】 CN103161823A

【公开(公告)日】 2013.06.19

【申请(专利权)人】 浙江长盛滑动轴承股份有限公司

【地址】 浙江省嘉兴市嘉善县魏塘街道长盛路138号

【发明(设计)人】 孙志华；马赞兵

【摘要】 本发明公开了一种高速润滑工程塑料球体。旨在提供一种润滑性能好、磨损小、结构简单，使用寿命长的高速润滑工程塑料球体。其特征它是用工程塑料制成的球体，过球体中心开有两端贯通的轴孔，在轴孔外圆的球体中开有供储藏润滑脂的空腔，空腔通过导油槽与轴孔连通。该发明在安装时，空腔中注入润滑脂，轴在轴孔中运动时，空腔中的润滑脂不断地为运动副提供润滑，而工程塑料本身是一种很好的耐磨材料。因此，它具有结构简单，润滑可靠，重量轻，不需要经常加注润滑剂，维护方便的优点，实现了高速运动下自润滑与外界润滑脂持续润滑的结合，主要适用于微电机行业和仪器、仪表等领域。

【名称】 酚醛树脂生产废水处理中一种废渣的利用方法

【公开(公告)号】 CN103160074A

【公开(公告)日】 2013.06.19

【申请(专利权)人】 厦门柯依达工贸有限公司；林德洵

【地址】 福建省厦门市翔安区内厝开发区324国道244公里处；福建省厦门市翔安区内厝开发区324国道244公里处

【发明(设计)人】 林德洵；林良菽

【摘要】 酚醛树脂生产废水处理中一种废渣的利用方法，涉及工业废水处理。将酚醛树脂生产废水处理中的废渣多元共缩聚物经过滤收集后，加入反应锅，与热塑性酚醛树脂一起脱水，物料脱水达到软化点88~90℃后，出料于轮式托盘中，冷却后，得改性酚醛树脂；将改性酚醛树脂、热塑性酚醛树脂、固化剂、固化促进剂、有机填料、无机填料、润滑剂、色料和阻燃剂各原料粉碎后混合，加热，加压混炼成胶后出胶冷却，再粉碎筛分，得酚醛模塑料。针对多元共缩聚物的回收利用难题，制造出质量稳定的酚醛模塑料产品，达到全部消化利用废水处理中形成的多元共缩聚物的目的。变废为宝，以资源化方式回收利用固体废渣，不产生环境污染。

【名称】 用于空调上的塑料送风装置

【公开(公告)号】 CN103174673A

【公开(公告)日】 2013.06.26

【申请(专利权)人】 宁波朗迪叶轮机械有限公司

【地址】 浙江省宁波市余姚市朗霞镇余姚工业园经20路188号

【发明(设计)人】 高文铭；韩小红；施建立

【摘要】 本发明涉及通风设备领域。用于空调上的塑料送风装置，包括圆环形叶底板、轮毂、导流圈和多片叶片，圆环形叶底板外径在420mm－480mm之间，导流圈的内径尺寸是圆环形叶底板外径尺寸的75%－85%；叶片进风端至出风端呈扭曲状，上进风角和下进风角角度不同且均不大于10°；上出风角和下出风角角度不同且均在20°－40°之间；叶片上部由连为一体的连接区和非连接区构成，任意相邻叶片之间的进风口面积是对应的出风口面积的66%－75%。该用于空调上的塑料送风装置的优点是结构新颖，风量大且噪音低。

【名称】 一种具有镭射反光效果的塑料包装盒及其制造方法

【公开(公告)号】 CN103171816A

【公开(公告)日】 2013.06.26

【申请(专利权)人】 广州市唯品印刷有限公司

【地址】 广东省广州市番禺区钟村镇胜石工业区

【发明(设计)人】 上官中位

【摘要】 本发明公开了一种具有镭射反光效果的塑料包装盒及其制造方法，其中，包装盒包括盒体，该盒体的壁体为由位于外层的透明塑料层、位于透明塑料层内侧的图案层以及覆盖于图案层上的镭射反光层构成的三层结构。所述包装方法包括以下步骤：(1)利用UV印刷设备和防晒油墨在透明塑料板材上印上图案；(2)在经过步骤(1)加工后的透明塑料板材的图案层上设置镭射反光层；(3)根据包装盒展开后的尺寸，利用裁切设备对经过步骤(3)加工后的透明塑料板材进行裁切，获得包装盒板材，对该包装盒板材按设定的折痕弯折并粘合成所述的塑料包装盒。本发明的塑料包装盒具有镭射效果好、防水、防晒、防变形和使用寿命长的优点。

【名称】 一种隔氧且可降解的塑料薄膜

【公开(公告)号】 CN103160012A

【公开(公告)日】 2013.06.19

【申请(专利权)人】 天津超平新材料科技有限公司

【地址】 天津市西青区华苑产业区华天道2号2100室－E1005(集中办公区)

【发明(设计)人】 朱凤超；赵义平

【摘要】 本发明涉及一种隔氧且可降解的塑料薄膜，其原料组分及重量分别为：低密度聚乙烯100份；PBM母料50～70份；普鲁兰多糖20～40份；抗氧剂2～4份；紫外线吸收剂0.5～1份。本发明利用LDPE的特点，保证薄膜良好的力学性能；利用PBM和Pullulan的可降解性，实现薄膜材料的环境友好性；利用Pullulan的高隔氧性，提高薄膜材料的隔氧性；利用淀粉与Pullulan作为糖类物质在结构上的相似性，提高塑料薄膜材料整体的相容性；通过控制LDPE/PBM/Pullulan体系的共混配比，可实现对隔氧性和可降解性等的调控。

【名称】 一种改性聚乳酸树脂组合物及其制备方法和应用

【公开(公告)号】 CN103146161A

【公开(公告)日】 2013.06.12

【申请(专利权)人】 浙江海正生物材料股份有限公司

【地址】 浙江省台州市椒江区外沙路46号

【发明(设计)人】 刘焱龙；梁伟；冯立栋；项盛；孙彬；边新超；陈志明；宋辉斌；朱荣华

【摘要】 本发明涉及一种改性聚乳酸树脂组合物及其制备方法和应用，属于高分子材料技术领域。解决现有的不能同时实现高韧性、高耐热性和阻燃性的技术问题，提供一种改性聚乳酸树脂组合物包括以下成份的重量份：聚乳酸：50～90；增韧剂：1.0～15；成核剂：0.5～15份；阻燃剂：1.0～25。同时，本发明还提供了该改性聚乳酸树脂组合物的制备方法，包括将聚乳酸、增韧剂、成核剂和阻燃剂按上述比例混合，然后，在熔融状态下进行挤出造粒，得到改性聚乳酸树脂组合物。本发明的产品兼具高韧性、高耐热性和高阻燃性以及良好的加工性能，能够应用于工程塑料；且本发明的工艺过程简化、加工效率高、易于操作和生产成本低。

【名称】 一种聚氯乙烯人造革的制作工艺

【公开(公告)号】 CN103161079A

【公开(公告)日】 2013.06.19

【申请(专利权)人】 田学峰

【地址】 江苏省苏州沧浪区竹辉新村19幢西门403室

【发明(设计)人】 田学峰

【摘要】 一种聚氯乙烯人造革的制作工艺，首先按以下重量份配备原料，聚氯乙烯100份，偏苯三酸三辛酯85份，轻钙10份，钡锌稳定剂2.4份，整泡剂1.6份，发泡剂4份，分子筛8份，微粒胶囊2.7份，颜料适量；原料经高速搅拌，密炼机初塑化，开炼机进一步塑化，过滤机过滤，开炼机再次塑化，四辊最终塑化定型，布基体贴、冷却以及收卷，到最后的发泡定型。本发明用高技术原材料和严格的生产工艺，利用物理原理改善 PVC 人造革不透气、有塑料臭味的缺陷，使其发挥更大的作用。

【名称】 玉米塑料一次性口腔器械盒

【公开(公告)号】 CN103156695A

【公开(公告)日】 2013. 06. 19

【申请(专利权)人】 西北民族大学

【地址】 甘肃省兰州市城关区天水南路222号

【发明(设计)人】 李志强；周建业；胡晓潘；张菊梅；张轩；郭曼丽；吴凌莉

【摘要】 本发明提供一种玉米塑料一次性口腔器械盒，一种玉米塑料一次性口腔器械盒，口腔器械盒的材料为玉米塑料，包括盒体和隔板，盒体为方形，顶面开口底面封闭；隔板将盒体分为多个功能区。隔板的数量为七个，分别为隔板Ⅰ-隔板Ⅶ，隔板Ⅰ-隔板Ⅳ将盒体分为上下左右四个区域；左上区域由隔板Ⅴ和隔板Ⅵ隔成三个区域，分别为干棉球区、酒精棉球区和碘伏棉球区；右上区域为脏棉球区；左下区域由隔板Ⅶ分成两个区域，均为洁净区；右下区域为污染区。玉米塑料易降解，无污染，其质地柔和，在盒体与隔板的共同作用下，使盒体的抗拉、压、弯的强度提高，隔板使器械盒的功能性增强，使用方便又环保。

【名称】 一种缓释型脲醛泡沫塑料除酸剂的制备方法

【公开(公告)号】 CN103170288A

【公开(公告)日】 2013. 06. 26

【申请(专利权)人】 沈阳化工大学

【地址】 辽宁省沈阳市经济技术开发区11号

【发明(设计)人】 张文政；黄丽

【摘要】 一种缓释型脲醛泡沫塑料除酸剂的制备方法，涉及一种除酸剂的制备方法。首先将碱性物质负载到具有微孔结构的载体上；然后使可以发生交联反应的高分子水溶液在载体表面形成包裹层；接着将上述载体投入到交联剂溶液中，使高分子物质发生交联反应形成凝胶，将载体胶囊化；最后经过滤，分离和干燥等步骤，可得到缓释型脲醛泡沫塑料除酸剂。该除酸剂可有效地解决脲醛泡沫塑料中残留酸使脲醛树脂分解以及腐蚀碱性水泥的问题。另外，具有微孔结构的载体还同时具有补强增韧作用，使添加了除酸剂的泡沫塑料强度更高，韧性更好，改善了其硬而脆，易开裂的缺点。

【名称】 用于保温车的带蓄冷板果蔬控温贮运专用塑料周转箱单元

【公开(公告)号】 CN103171828A

【公开(公告)日】 2013. 06. 26

【申请(专利权)人】 浙江大学

【地址】 浙江省杭州市西湖区浙大路38号

【发明(设计)人】 朱冰清；应铁进；戚晓丽

【摘要】 本发明公开了一种用于保温车的带蓄冷板果蔬控温贮运专用塑料周转箱单元。包括多个相同的箱体和一个箱盖；箱盖和每个箱体的两侧同一中心位置分别带垂直凸槽或凹槽，从前后方向连结箱体成堆垛，且箱盖和每个箱体均为塑料镂空网格结构，箱体底面有一层可放入蓄冷板的蓄冷框，箱盖为中空可放入蓄冷板的蓄冷框；上一个箱体底面蓄冷框嵌入到下一个箱体内，从上下方向固定箱体；箱盖盖在最上面一个箱体，堆叠入保温车厢内。本发明以整个保温车为保温单元，蓄冷板在单元内均匀分布，由于周转箱不带保温层，堆垛内空气循环流畅，有利于堆垛内部温度分布均匀，防止局部过冷引起果蔬冷害，且果蔬装载空间大，车厢利用率高，堆垛稳固，控温效果好。

【名称】 聚合物复合材料的配方及其制备方法

【公开(公告)号】 CN103146106A

【公开(公告)日】 2013. 06. 12

【申请(专利权)人】 苏州双象光学材料有限公司

【地址】 江苏省苏州市张家港市扬子江化学工业园东海路18号

【发明(设计)人】 沈斌君；李国芳；沈伟

【摘要】 本发明涉及一种高分子工程塑料的共混，具体涉及一种 PMMA、ABS、PET 复合材料及其制备方法，属于聚合物制备技术领域。其将 PMMA、ABS、PET 颗粒烘干去水，按上述配方称取物料，混合后加入双螺杆挤出机，进行熔融、共混和造粒，即得产品聚合物复合材料。本发明采用 PMMA、ABS、PET 复合，克服了三种材料单独使用的都具有各自不足的弊端，提供了一种有高硬度、耐冲击、耐摩擦、半透明且价格较低的聚合物复合材料。其生产工艺简单方便，易于工业化生产应用，使用范围广，生产成本低。

【名称】 一种塑胶壳体的金属化表面装饰处理方法

【公开(公告)号】 CN103147045A

【公开(公告)日】 2013. 06. 12

【申请(专利权)人】 东莞劲胜精密组件股份有限公司；东莞华清光学科技有限公司

【地址】 广东省东莞市长安镇上角管理区振安路段

【发明(设计)人】 杨建明；王长明

【摘要】 一种塑胶壳体的金属化表面装饰处理方法，包括：真空镀膜，在镀膜机真空腔内的蒸发源上放置膜材，把注塑成型的塑胶壳体放入真空腔室内，对该塑料壳体的表面实施真空蒸镀形成一膜层厚度为20~100nm的金属薄膜；喷涂中漆，将PU油漆注入喷枪内，喷涂至塑胶壳体的镀膜面上，将塑胶壳体放入烤箱内烘烤固化；喷涂面漆，将UV油漆注入喷枪内，喷涂至塑胶壳体的经喷涂中漆的面上，再将塑胶壳体放入UV炉进行固化。本发明使得塑胶壳体表面的装饰图案的立体效果非常清晰，产生优越的视觉效果；通过改变塑胶壳体的材质提高装饰表面的附着性能；省去一道处理工序，使得制造良率大大提升，制造成本大大降低。

【名称】 一种塑料软管生产自动化流水线

【公开(公告)号】 CN103144327A

【公开(公告)日】 2013.06.12

【申请(专利权)人】 广州丽盈塑料有限公司

【地址】 广东省广州市增城市增江街东区高科技工业基地

【发明(设计)人】 戴瑞彬；唐达明；沈晓东；赵宏泽

【摘要】 本发明公开了一种塑料软管生产自动化流水线，包括拉管机、第一注头机、第二注头机、印刷机、分流机构及卸料机构；其中，拉管机、第一注头机、第二注头机和印刷机通过输送带连接，第一注头机、第二注头机的输送带上设置分流机构，卸料机构分别设于第一注头机和第二注头机上。本发明有效解决了现有技术中塑料软管生产效率低、存在安全隐患及人工成本高等问题，具有结构简单、操作简便、作业灵活、节省人工、安全可靠、生产效率高及塑料软管生产自动化等特点。

【名称】 塑料检查井的制作方法

【公开(公告)号】 CN103158222A

【公开(公告)日】 2013.06.19

【申请(专利权)人】 宁夏钻通管道铺设服务有限公司

【地址】 宁夏回族自治区固原市原州区火车站北侧

【发明(设计)人】 席国俊

【摘要】 一种塑料检查井的制作方法包括以下步骤：设备准备，收集塑料原材料，并将塑料原材料通过塑料磨碎机将塑料磨碎；将磨碎的塑料倒入检查井下半模具内，将上半模具与下半模具相扣合在一起，控制机架体，使机架体将检查井模具送入滚塑加热炉内；控制旋转驱动装置，旋转驱动装置带动检查井模具开始旋转，滚塑加热炉内的温度控制在190摄氏度至210摄氏度；停止检查井模具旋转并停止滚塑加热炉的加热设备，将检查井模具取出，采用冷却装置冷却检查井模具，脱模，塑料检查井成型。采用本发明制作的塑料检查井壁厚均匀，且检查井壁上没有气泡，使得塑料检查。

【名称】 一种用于木塑材料加工的单螺杆挤出机超声加料装置

【公开(公告)号】 CN103171111A

【公开(公告)日】 2013.06.26

【申请(专利权)人】 湖南福湘木业有限责任公司

【地址】 湖南省岳阳市湘阴县文星镇瓦窑湾

【发明(设计)人】 刘建新；陈东辉

【摘要】 本发明公开了一种用于木塑材料加工的单螺杆挤出机超声加料装置，包括超声装置和强制加料螺杆(5)，其特征在于：超声装置由电源(1)、换能器(2)和变幅杆(3)组成，变幅杆(3)与强制加料螺杆(5)相连，强制加料螺杆(5)安装在料斗(4)内，强制加料螺杆(5)沿轴线方向旋转并在超声作用下上下振动，料斗(4)安装在壳体(6)上，挤出机螺杆(7)安装在壳体(6)内。本发明有利于塑料基体与填充料充分混合，减少气泡缺陷的产生，提高木塑材料的质量。

【名称】 一种利用超微孔塑料板对硫酸进行脱色的方法

【公开(公告)号】 CN103172032A

【公开(公告)日】 2013.06.26

【申请(专利权)人】 刘立文

【地址】 湖南省长沙市芙蓉中路海东青大厦12楼

【发明(设计)人】 刘立文；刘珍如；宁爱民；宁勇；宁江天；刘勇；鲁纪鸣

【摘要】 一种利用超微孔塑料板对硫酸进行脱色的方法，包括以下步骤：(1)将含有杂质、颜色浑浊的硫酸用蒸馏水稀释至浓度为15-25wt%；(2)将稀释后的硫酸置于装有超微孔塑料板的容器中进行过滤，硫酸中的有色粒子被超微孔塑料板上孔径为10-50微米的微孔吸附，使硫酸脱色至透明澄清；(3)将所得硫酸在140-160℃下恒温加热25-40min，使水分挥发，即成。利用本发明对硫酸进行脱色不影响硫酸成品的使用性能，所得硫酸成品的纯度和透明度高。

【名称】 塑料模具油缸滑块的自锁结构

【公开(公告)号】 CN103171099A

【公开(公告)日】 2013.06.26

【申请(专利权)人】 宁海县现代模具有限公司

【地址】 浙江省宁波市宁海县新兴工业园区新园二路29号

【发明(设计)人】 葛文枝

【摘要】 本发明提供了一种结构简单、制造成本低且安全可靠的塑料模具油缸滑块的自锁结构；它包括定模(2)、第一滑块(3)、油缸(4)和抽芯体(5)，第一滑块(3)分别与抽芯体(5)和定模(2)滑动连接；其特征在于：第一滑块(3)与油缸(4)之间设有挡块(15)，挡块(15)嵌在定模(2)内，挡块(15)下方安装有可将挡块(15)上部顶出定模(2)的弹性部件；第一滑块(3)上设有用于将挡块(15)上部压回定模(2)内的压块部件，压块部件的一端与油缸(4)的活塞杆(7)固定连接；压块部件的另一端与第一滑块(3)滑动连接，第一滑块(3)上设有用于防止压块部件靠近油缸(4)的一端滑出的限位部件，所述的压块部件滑动至限位部件处时可带动第一滑块(3)在定模(2)内滑动。

【名称】 一种乳液型铝塑分离剂及其使用的分离铝塑复合膜的方法

【公开(公告)号】 CN103146019A

【公开(公告)日】 2013.06.12

【申请(专利权)人】 王道德

【地址】 浙江省温州市苍南县龙港镇沿湖路88号

【发明(设计)人】 王道德

【摘要】 本发明涉及一种乳液型铝塑分离剂及其使用的分离铝塑复合膜的方法，属于复合铝塑材料技术领域。该方法是将酸性溶剂与有机溶剂在表面活性剂作用下乳化，形成不易挥发的乳液型铝塑分离剂，同时在一定频率的超声波换能器共同作用，从而可在常温和短时间内有效的使铝塑复合膜分离。使用该分离剂经过浸泡、出槽、离心分离和清洗干燥的方法步骤即完成铝塑分离。采用本发明的铝塑分离剂及铝塑分离方法后，不仅能够在常温、短时间内将铝塑复合包装物中的铝和塑料进行高效地分离，而且对环境的腐蚀性和污染性及使用成本都大大降低，从而真正适合于废弃铝塑复合包装物回收的工业化生产。

【名称】 一种温度可调水解塑料薄膜配方

【公开(公告)号】 CN103172957A

【公开(公告)日】 2013.06.26

【申请(专利权)人】 南通三信塑胶装备科技有限公司

【地址】 江苏省南通市启东市汇龙镇台角工业园区

【发明(设计)人】 陈伟；杨福馨

【摘要】 本发明涉及一种温度可调水解塑料薄膜配方，其特征是粉状固体原料重量占纯净水的重量的20—30%，所述粉状固体原料的质量百分比构成为：PVA：98—99%；对羟基苯甲酸乙酯：0.1—0.3%；水杨酸钠：0.2—0.8%；助剂：0.08—0.2%。本发明由于实现了在常温(25℃)不溶，高于30℃才溶解，从而提高了水解塑料薄膜的应用价值和应用领域。

【名称】 一种温度可调水解塑料薄膜生产工艺

【公开(公告)号】 CN103171073A

【公开(公告)日】 2013.06.26

【申请(专利权)人】 南通三信塑胶装备科技有限公司

【地址】 江苏省南通市启东市汇龙镇台角工业园区

【发明(设计)人】 陈伟；杨福馨

【摘要】 本发明涉及一种温度可调水解塑料薄膜生产工艺，其特征是将粉状固体原料质量百分比为98—99%的PVA、0.1—0.3%的对羟基苯甲酸乙酯、0.2—0.8%的水杨酸钠、0.08—0.2%的助剂混合均匀后，按粉状固体原料重量占纯净水的重量的20—30%比例加入纯净水制成胶液，然后将胶液涂布在流延机上，制取薄膜。本发明由于实现了在常温(25℃)不溶，高于30℃才溶解，从而提高了水解塑料薄膜的应用价值和应用领域。

【名称】 一种塑料管路总成手动装配机

【公开(公告)号】 CN103128533A

【公开(公告)日】 2013.06.05

【申请(专利权)人】 河北亚大汽车塑料制品有限公司

【地址】 河北省保定市涿州市开发区工业园区朝阳路207号

【发明(设计)人】 于水丰；钟建波；陈朝；刘春宁

【摘要】 本发明涉及一种塑料管路总成手动装配机，所述装配机包括装配机本体，在所述装配机本体设有多组夹持待装配物体的夹具体以及与所述夹具体相配合的调节组件，所述调节组件调节所述夹具体的夹持力和装配行程，所述装配机本体上还开设有放置软管的管槽以及固定软管伸出长度并且完成扩口的定位及扩口组件，所述定位及扩口组件设置在所述夹具体的侧部。使用本发明时，可以通过三坐标检测仪将本发明接头的夹块与软管夹块相对角度调整好固定，装配时，只需要将夹块夹持于装配机的夹具体上就能精确的完成装配。而且，本发明体积小巧，底部安有脚轮，可随意推走，而且整体设计没有硬性冲击，在操作过程中也不会产生噪音。

【名称】 一种微孔发泡PP塑料制品的注塑成型工艺

【公开(公告)号】 CN103131087A

【公开(公告)日】 2013.06.05

【申请(专利权)人】 合肥汇邦高分子材料有限责任公司

【地址】 安徽省合肥市肥东新城开发区

【发明(设计)人】 王杰中

【摘要】 本发明公开了一种微孔发泡PP塑料制品的注塑成型工艺，包括如下步骤：PP复合材料配制、PP发泡母料配制、上料溶融发泡、射胶和冷却开模。

本发明通过控制微孔注塑成型加工中配方、注塑压力、温度、模具温度等关键参数，不仅可使加工成型的PP塑料制品的密度最低可降低15%，达到轻量化、节约生产成本的效果，而且微孔发泡PP的孔径均匀，加工成型的PP塑料制品具有良好的拉伸强度、弯曲强度和冲击强度。

【名称】 一种塑料齿轮

【公开(公告)号】 CN103148194A

【公开(公告)日】 2013.06.12

【申请(专利权)人】 江苏保捷锻压有限公司

【地址】 江苏省苏州市太仓市浏河镇北海路258号

【发明(设计)人】 吕景林；赵剑忠

【摘要】 本发明公开一种塑料齿轮，所述塑料齿轮包括齿轮主体，所述齿轮主体的外廓设有外齿，所述外齿为斜齿，所述齿轮主体和所述外齿是由塑料制成，所述齿轮主体中央设有轴孔，所述轴孔四周设有若干槽孔，所述槽孔四周包裹层金属片，本发明提供一种塑料齿轮，具有耐磨性好，传动性能稳定和使用寿命长。

【名称】 混杂塑料热熔挤出的不间断滤渣器

【公开(公告)号】 CN103144277A

【公开(公告)日】 2013.06.12

【申请(专利权)人】 上海帮容环保科技有限公司；汤学忠

【地址】 上海市嘉定区安亭镇墨玉路185号505室

【发明(设计)人】 汤学忠

【摘要】 混杂塑料热熔挤出的不间断滤渣器，它包括过滤系统、过度套、排渣系统，锥形过滤套设在连接套内，过滤套上设有高密度过滤孔，螺旋杆设在锥形过滤套内，其外形与锥形过滤套内腔密配，并与之相对旋转，过渡套一端与过渡套连接法兰连接，一端设在出渣套内并与轴承座固定，出渣套另一端与变速箱法兰固定，轴承座固定在出渣套内，推力轴承安装在螺旋杆上并与轴承座连接，出渣套周壁上对称设有开口，上下口分别与过渡套排气孔和出渣口对应。本发明采用锥形过滤器体和螺旋杆旋转挤刮技术，可连续自动滤渣、排渣，不仅提高了生产效率，降低了制造、生产成本，安装维修简便，而且降耗，符合环保、新颖、创造性，具有极佳的市场前景。

【名称】 一种再生塑料造粒的制备工艺

【公开(公告)号】 CN103144216A

【公开(公告)日】 2013.06.12

【申请(专利权)人】 太仓市佳玲塑料制品有限公司

【地址】 江苏省苏州市太仓市陆渡镇三港村三和路

【发明(设计)人】 陆锋

【摘要】 一种再生塑料造粒的制备工艺，包括以下步骤：a、进料，将回收废旧塑料和有机溶剂放入塑料造粒机内，所述的有机溶液与回收废旧塑料进行催化反应，缓慢软化回收废旧塑料；b、加热，运行塑料造粒机上的加热装置，加热塑料造粒机内的回收废旧塑料和有机溶剂，加快回收废旧塑料的软化速度；c、挤出，运行塑料造粒机上的挤压装置，将软化后的回收废旧塑料挤出得到再生塑料；d、造粒，运行塑料造粒机上的切粒装置，将挤出的再生塑料切成颗粒状。本发明采用有机溶剂先将废旧塑料进行催化反应，再进行物理加热塑化反应，加快了废旧塑料软化的时间，同时有机溶剂保护了塑料内部的分子结构不受改变，保证了再生塑料的品质，且方便再次回收利用。

【名称】 一种改性微晶纤维素增强淀粉塑料的制备方法

【公开(公告)号】 CN103172912A

【公开(公告)日】 2013.06.26

【申请(专利权)人】 南京林业大学

【地址】 江苏省南京市玄武区龙蟠路159号南京林业大学理学院化学与材料系

【发明(设计)人】 郭斌；唐皞；姜海天；薛岚；徐杰

【摘要】 本发明涉及一种改性微晶纤维素增强淀粉塑料的制备方法。属于纤维素资源的高附加值利用和淀粉塑料领域。该方法首先对微晶纤维素进行氧化，进一步与热塑性淀粉共混挤出，从而得到改性微晶纤维素增强的淀粉塑料。氧化微晶纤维素不仅具有增强功能，其中的醛基还能与淀粉发生一定的交联作用。由于天然纤维素和淀粉来源广，价格低且可完全降解，该淀粉塑料有望应用于食品包装领域。

【名称】 一种门用PVC塑料板材及其制备方法

【公开(公告)号】 CN103172949A

【公开(公告)日】 2013.06.26

【申请(专利权)人】 安徽天润塑业有限公司

【地址】 安徽省马鞍山市和县乌江镇黄坝

【发明(设计)人】 李玲

【摘要】 本发明公开了一种门用PVC塑料板材，它是由下述重量份的原料组成的聚氯乙烯94－100、云母粉12－16、硬脂酸钙3－5、柠檬酸三丁酯2－4、二辛脂3－4、邻苯二甲酸酯2－3、聚乙烯蜡4－6、聚丙烯酰胺1－3、二乙醇胺1－2、2，2`－亚甲基双(4－甲基－6－叔丁基苯酚)1－2、三聚磷酸钠2－3、硬脂酸2－3、二甲基二巯基乙酸异辛酯锡2－4、改性助剂13－16；本发明通过合理的搭配原料，使得生产出的塑料异型材表面光洁、物理强度高、抗冲击性强、耐高温性能良好、加入的改性助剂，有效的提高了填料在混料中的润湿性，改善了混合物系统的分散性和流动性，增强了成品的韧性、抗弯曲性等，加入的二乙醇胺、2，2`－亚甲基双（4－甲基－6－叔丁基苯酚）进一步提高了产品的综合性能。

【名称】 一种室内窗边及门边装饰用 PVC 塑料异型材及其制备方法

【公开（公告）号】 CN103172947A

【公开（公告）日】 2013.06.26

【申请（专利权）人】 安徽天润塑业有限公司

【地址】 安徽省马鞍山市和县乌江镇黄坝

【发明（设计）人】 李玲

【摘要】 本发明公开了一种室内窗边及门边装饰用 PVC 塑料异型材，它是由下述重量份的原料组成的：聚氯乙烯 95－100、三氧化二锑 10－20、硬脂酸锌 2－4、脂肪醇聚氧乙烯醚磷酸酯 3－6、乙酰柠檬酸三乙酯 4－6、聚丙烯酸乙酯 2－3、氯化石蜡 4－5、氢氧化铝 5－7、偶氮二甲酰胺 2－4、二盐基亚磷酸铅 1－2、改性助剂 10－20；本发明通过合理的搭配原料，使得生产出的塑料异型材表面光洁、物理强度高、抗冲击性强、耐高温性能良好、加入的改性助剂，有效的提高了填料在混料中的润湿性，改善了混合物系统的分散性和流动性，进一步增强了成品的韧性、抗弯曲性等。

【名称】 塑料挤出机出口成型装置

【公开（公告）号】 CN103144271A

【公开（公告）日】 2013.06.12

【申请（专利权）人】 昆明特瑞特塑胶有限公司

【地址】 云南省昆明市嵩明县杨林工业园区南环路

【发明（设计）人】 苏瑞芳；陈奋强；欧天才；宋宏成

【摘要】 本发明涉及一种塑料管材加工设备领域，具体是一种塑料挤出机出口成型装置；其包括内模及与所述内模匹配设置的外模，所述内模与外模之间设置有第一环形通槽，该第一环形通槽出口端的内模端部与一芯棒可拆卸式连接，第一环形通槽出口端的外模端部与一口模可拆卸式连接，所述芯棒与口模匹配设置形成第二环形通槽，所述芯棒与口模均采用聚四氟乙烯材料制作而成；本发明使加工塑料的流动性更好，有效减小了加工塑料的流动阻力，生成管材内壁及外壁均光滑，更加有效延长了加工产品的使用寿命，同时产品合格率达到 95% 以上。

【名称】 一种用发泡塑料隔开铝衬并全包覆的型材

【公开（公告）号】 CN103147663A

【公开（公告）日】 2013.06.12

【申请（专利权）人】 北京中联建诚建材有限公司

【地址】 北京市海淀区花园路 2 号牡丹科技大厦 A301

【发明（设计）人】 薛明生

【摘要】 本发明涉及一种用发泡塑料隔开铝衬并全包覆的型材，包括铝衬型材，所述铝衬型材的外围包覆一层具有硬皮层的发泡塑料型材，且通过一套共挤模具一次制成；所述铝衬型材包括第一铝衬型材及第二铝衬型材，所述第一铝衬型材及第二铝衬型材之间留有至少 4mm 以上的间隔，且通过连接体相互连接；其中，所述连接体的材质为发泡塑料，所述发泡塑料型材的材质与所述连接体的材质相同。本发明兼容了金属铝的高强度和发泡塑料的高保温性，并且生产流程少，制作方便，型材只由铝和发泡塑料两种材料组成，便于后续的回收处理。

【名称】 一种双层塑料水龙头主体及其制造方法

【公开（公告）号】 CN103161985A

【公开（公告）日】 2013.06.19

【申请（专利权）人】 开平韩洋卫浴有限公司

【地址】 广东省江门市开平市水口镇嘉兴北路 209 号第一幢、211 号第一幢

【发明（设计）人】 宋秉圭

【摘要】 本发明公开了一种双层塑料水龙头主体，由双层结构组成，分为内塑料件和外塑料件，内塑料件由至少两个部件组成，外塑料件为一体式结构，所述的内塑料件包括有一体式结构的主体阀芯座，主体阀芯座内设有进水通道和出水通道，进水通道和出水通道均包括有宽的通道和窄的通道，宽的通道和窄的通道相同导通并形成弯曲或夹角形状，进水通道和出水通道为互不相通的关系。该双层塑料水龙头主体易于生产和安装，加工也方便，该双层塑料水龙的内塑料件不是一体式结构，是需要把几个部件拼合安装才能形成内塑料件；只用采用分拆式的部件拼装成内塑料件时才能制造出上述提及的主体阀芯座结构。

【名称】 一种新型 β－环糊精主客体包合物抗菌淀粉基塑料及其制备方法

【公开（公告）号】 CN103159983A

【公开（公告）日】 2013.06.19

【申请（专利权）人】 同济大学

【地址】 上海市杨浦区四平路 1239 号

【发明（设计）人】 袁华；李浩森

【摘要】 本发明公开了一种新型 β－环糊精主客体包合物抗菌淀粉基塑料及其制备方法，包括按质量百分比组成的下列成分：塑料原料 95－99%，抗菌

母料1－4%，分散剂0.2%～0.5%，抗氧化剂0.5%～1%。其中抗菌母料为β－环糊精主客体包合物，其由β－环糊精通过浓硫酸改性得到硫磺酸化β－环糊精，再与水在高温下反应并包覆抗菌纳米粒子凝胶溶液或有机抗菌剂得到。将上述成分的塑料原料和抗菌母粒混合挤出注塑而成。本发明所述的抗菌塑料制品为可生物降解高分子，环保无毒污染，利用环糊精的两亲性可以进行简单的包覆设计，且制备工艺简单，抗菌效果长久。

【名称】 一种再生利用废弃环氧模塑料的生产工艺
【公开(公告)号】 CN103158207A
【公开(公告)日】 2013.06.19
【申请(专利权)人】 河北联合大学
【地址】 河北省唐山市新华西道46号
【发明(设计)人】 张志明；李婷婷；闫莉；李波
【摘要】 一种再生利用废弃环氧模塑料的生产工艺，包括：①将条状的废弃环氧模塑料放入球磨机内球磨成粉状；②将颗粒状的高密度聚乙烯与球磨成粉状的废弃环氧模塑料按照一定的比例放入转矩流变仪中进行共混；③将共混得到的物料趁热剪切成细小的片状；④将剪切好的细小片状的共混料放入双螺杆挤出机中进行牵引挤出并切粒，即可得到以高密度聚乙烯为基材，废弃环氧模塑料为填料的热塑性加工原料。该工艺操作简单，生产周期短，所制得的热塑性加工原料应用广泛，并可循环利用，具有环保的特点。

【名称】 一种塑胶材料用水性阻燃塑料涂料
【公开(公告)号】 CN103173070A
【公开(公告)日】 2013.06.26
【申请(专利权)人】 惠州市凯辉化工有限公司
【地址】 广东省惠州市仲恺高新区惠环镇西坑工业区园岭下地段
【发明(设计)人】 黄旭辉
【摘要】 本发明涉及涂料技术领域，特别涉及一种水性阻燃塑料涂料。一种塑胶材料用水性阻燃塑料涂料，由如下质量百分比的组分组成：有机氟单体和有机硅单体的共混物改性苯丙乳液20～50%、磷－氮复合膨胀型阻燃剂30～60%、滑石粉1～5%、钛白粉2～10%、去离子水2～8%、其它助剂5～10%。进一步的，所述其它助剂为成膜助剂、分散剂、润湿剂、消泡剂、防霉杀菌剂、增稠剂、流平剂中的至少一种。本发明在塑胶材料上具有极强的附着力，可以用于塑胶材料的涂装，并且具有很强的耐化学及耐热等抗老化作用及优良的阻燃效果和防霉杀菌效果。

【名称】 一种新型的长效抗菌型聚乳酸塑料及其制备方法
【公开(公告)号】 CN103172991A
【公开(公告)日】 2013.06.26
【申请(专利权)人】 同济大学
【地址】 上海市杨浦区四平路1239号
【发明(设计)人】 袁华；李浩淼
【摘要】 本发明涉及了一种新型的长效抗菌型聚乳酸塑料及其制备方法，包括按质量百分比组成的下列成分：塑料原料95－99%，抗菌母料1－4%，分散剂0.2%～0.5%，抗氧化剂0.5－1%。其中抗菌母料是由塑料原料与抗菌剂熔融接枝合成，将上述成分的塑料原料和抗菌母料再次混合挤出注塑而成。本发明的抗菌塑料，安全可靠，耐热性强，抗菌范围广、持续时间长，且具有优良的抗菌功效。

【名称】 塑料泡沫的降解方法
【公开(公告)号】 CN103141445A
【公开(公告)日】 2013.06.12
【申请(专利权)人】 延安大学
【地址】 陕西省延安市圣地路580号
【发明(设计)人】 徐世才；惠小静
【摘要】 本发明公开了一种塑料泡沫的降解方法，将塑料泡沫和麸皮配成饲料，然后利用配成的饲料在恒温光照培养箱中饲养黄粉虫，塑料泡沫和麸皮的质量比为1：2～10。本发明塑料泡沫的降解方法，通过将塑料泡沫和麸皮混合配成饲料来饲养黄粉虫，利用黄粉虫降解塑料泡沫，环保经济，操作方法简单。

【名称】 一种塑料产品的表面修复工艺
【公开(公告)号】 CN103144322A
【公开(公告)日】 2013.06.12
【申请(专利权)人】 太仓协乐高分子材料有限公司
【地址】 江苏省苏州市太仓市浮桥镇浏太公路(和平村)；
【发明(设计)人】 石建国
【摘要】本发明公开了一种塑料产品的表面修复工艺，它包括如下步骤：首先清洗需要修复的塑料产品，去除其表面含有的杂质；然后选取适量的聚氯乙烯粒子，然后将聚氯乙烯粒子放入注塑机中；接着对注塑机中的聚氯乙烯粒子进行加温处理，直至聚氯乙烯粒子整体变为熔融状态；最后通过注塑机将熔融状态的聚氯乙烯粒子填充至塑料产品的表面，然后在塑料产品的表面进行喷漆形成物理保护层。本发明的有益效果在于：通过对现有的塑料表面修复工艺进行改进，操作简单，修复完毕的塑料产品具有物理保护层，从而有效的预防了二次损伤，克服了传统技术中的不足，实现本发明的目的。

【名称】 一种用于发泡塑料的注射成型工艺
【公开(公告)号】 CN103158260A
【公开(公告)日】 2013.06.19
【申请(专利权)人】 太仓协乐高分子材料有限公司
【地址】 江苏省苏州市太仓市浮桥镇浏太公路(和平村);
【发明(设计)人】 石建国
【摘要】 本发明公开了一种用于发泡塑料的注射成型工艺，它包括如下步骤：首先将聚氯乙烯颗粒、发泡剂、稳定剂、染色剂、分散剂按5：1：2：2：1的质量比均匀混合；再将得到的混合物放入注塑机中，并加热至150－180摄氏度，该过程持续20－25分钟，直至混合物变为熔融状态；然后将熔融状态的混合物注射到模具的内腔中；最后对模具进行一次冷却和二次冷却处理得到成品。本发明通过对传统的塑料发泡工艺进行改进，适用于各种塑料制品和塑木复合材料制品的注塑成型，注塑成型的制品具有表面高光洁度，内部高发泡的内空外实效果，可节约大量原材料，降低生产成本。

【名称】 电线用PVC环保透明护套料
【公开(公告)号】 CN103146096A
【公开(公告)日】 2013.06.12
【申请(专利权)人】 远东电缆有限公司；江苏新远东电缆有限公司；远东复合技术有限公司
【地址】 江苏省无锡市宜兴市高塍镇远东大道8号
【发明(设计)人】 田维生；王亮；张会云；李林
【摘要】 本发明涉及一种电线用PVC环保透明护套料，其组成及配比为：PVC树脂100份；透明型钙锌复合稳定剂2～5份；增塑剂45～55份；润滑剂1～2份；增白剂0～0.05份；消黄剂0.002份；抗氧剂0～0.5份。本发明的PVC环保透明护套料能满足视频电线的透明护套使用要求、其环保性能满足ROHS标准要求、常规性能满足标准《电线电缆用软聚氯乙烯塑料》GB/T 8815—2008中H－70型的指标要求。

【名称】 塑料冷棚绿色环控装置和方法
【公开(公告)号】 CN103141344A
【公开(公告)日】 2013.06.12
【申请(专利权)人】 北京农业智能装备技术研究中心
【地址】 北京市海淀区曙光花园中路11号农科大厦A座318b
【发明(设计)人】 赵春江；张馨；郑文刚；申长军；田宏武；吴文彪；李文龙
【摘要】 本发明涉及冷棚环境控制领域，公开了一种塑料冷棚绿色环控装置，采用柔性太阳能电池板利用太阳能发电供电，电路板集成的控制系统根据传感器测量的环境信息发出控制指令，由执行设备执行控制指令进行环境控制，实现无需电源接入的冷棚环境的自动控制，解决中小塑料冷棚无监测设备、控制设备供电及安装困难、环境控制不及时、自动化程度低的问题，以较低成本、零能源消耗实现塑料冷棚环境控制现代化。本发明还提供塑料冷棚绿色环控方法，根据具体安装的设备种类与数量，灵活选择控制逻辑，实现环境调控最优化。

【名称】 一种塑料型材挤出生产线
【公开(公告)号】 CN103144264A
【公开(公告)日】 2013.06.12
【申请(专利权)人】 华之杰塑料建材有限公司
【地址】 浙江省湖州市德清县武康镇中兴北路898号
【发明(设计)人】 田志平；赵红卫；张延平
【摘要】 本发明涉及一种塑料型材挤出生产线，贴膜装置安装在牵引机前面，贴膜装置的上支架与底座通过空心导管和支撑杆相连，所述上支架和底座的后部都设有左支撑架和右支撑架，左支撑架与所述保护膜固定辊左端的传动短轴通过活动销连接，右支撑架与所述保护膜固定辊右端的传动短轴通过蝶形调整螺栓连接；所述空心导管内设有活动槽，下部设有贴合辊装口，保护膜贴合辊两端设有短轴，短轴上设有贴合辊调整支座，调整支座套接在空心导管外侧，所述短轴通过贴合辊装口安装到所述的活动槽内。本发明结构简单，可以提高贴膜的质量，调整灵活方便，不会造成安全事故和设备的损坏。

【名称】 一种生物降解塑料的制备方法
【公开(公告)号】 CN103146030A
【公开(公告)日】 2013.06.12
【申请(专利权)人】 太仓协乐高分子材料有限公司
【地址】 江苏省苏州市太仓市浮桥镇浏太公路(和平村)
【发明(设计)人】 石建国
【摘要】 本发明公开了一种生物降解塑料的制备方法，包括步骤为：将冰醋酸和醋酸酐进行酯化反应，再加入玉米淀粉并滴加浓硫酸，搅拌反应得到黄色沉淀，过滤并洗涤得到热塑性淀粉；将所述热塑性淀粉、丙三醇、尿素和水混合并升温至80－90℃反应，反应结束后流延于聚四氟乙烯方形盘上成膜，得到生物降解塑料。通过上述方式，本发明提供的一种生物降解塑料的制备方法，所述制备过程能使玉米淀粉的球晶尺寸变小，球晶数目增多，使玉米淀粉的结晶度降低，热性能提高，比原玉米淀粉具有更加优良的加工性能，得到的生物降解塑料室外土壤掩埋 40 天能有 50% 的塑料降解，有效保护环境。

【名称】 一种可生物降解塑料的制备方法
【公开(公告)号】 CN103146033A
【公开(公告)日】 2013.06.12
【申请(专利权)人】 太仓协乐高分子材料有限公司
【地址】 江苏省苏州市太仓市浮桥镇浏太公路(和平村)
【发明(设计)人】 石建国
【摘要】 本发明公开了一种可生物降解塑料的制备方法，包括步骤为：将溶于水的高碘酸钾滴加到大米淀粉中并搅拌，在 40 - 50℃ 下反应 8 - 10 小时，反应结束后过滤、干燥并粉碎得到固体颗粒；将所述固体颗粒和甘油在高速混合机中混合，再通过单螺杆挤出机塑化挤出，造粒并通过二次加工得到可生物降解塑料。通过上述方式，本发明提供的一种可生物降解塑料的制备方法，制备过程中高碘酸钠的引入能使大米淀粉的内部得到反应，增加大米淀粉的疏水性，使制得的塑料产品具有良好的力学性能，同时对生物降解速度没有影响，使可生物降解塑料得到广泛的应用。

【名称】 一种大米淀粉类生物降解塑料的制备方法
【公开(公告)号】 CN103146029A
【公开(公告)日】 2013.06.12
【申请(专利权)人】 太仓协乐高分子材料有限公司
【地址】 江苏省苏州市太仓市浮桥镇浏太公路(和平村)
【发明(设计)人】 石建国
【摘要】 本发明公开了一种大米淀粉类生物降解塑料的制备方法，包括步骤为：将大米淀粉放入到搪瓷反应锅中密封搅拌，对所述搪瓷反应锅以每分钟 10 - 15℃的速率加热反应，冷却得到大米淀粉固状物；将所述大米淀粉固状物、酯化聚乙烯醇、水和稳定剂在高速混合机中混合搅拌，再在双螺杆挤出机中塑化挤出，造粒，得到大米淀粉类生物降解塑料。通过上述方式，本发明提供的一种大米淀粉类生物降解塑料的制备方法，生产过程中将大米淀粉与酯化聚乙烯醇共混能达到很好的复配效果，使塑料的拉伸强度能达到 20Mpa 以上。断裂伸长率可达到 100% 以上。同时在保证力学性能的基础上也很好的提高了塑料的耐水性。

【名称】 聚烯烃用的添加剂组合物及其应用和聚烯烃组合物
【公开(公告)号】 CN103146028A
【公开(公告)日】 2013.06.12
【申请(专利权)人】 江西吉祥新材料有限公司
【地址】 江西省吉安市井冈山经济技术开发区
【发明(设计)人】 张春泉
【摘要】 本发明涉及塑料技术领域，提供一种聚烯烃用的添加剂组合物及其应用，该添加剂组合物以 100 重量份聚烯烃计，包含如下重量份数的成分：主抗氧剂 0.001 - 2 份，辅助抗氧剂 0.001 - 2 份，紫外线吸收剂 0.001 - 2 份，光稳定剂 0.001 - 2 份，酸吸收剂 0.001 - 2 份。本发明还提供具有上述聚烯烃用的添加剂组合物的塑料制品。该添加剂组合物通过有效利用各种添加剂组分的协同效应，改善聚烯烃产品的耐抽提性和长效性，延长聚烯烃产品的使用寿命，适用于各种塑料制品中。

【名称】 一种在多层吹塑塑料油箱内部放置炭件的吹塑成型方法
【公开(公告)号】 CN103144281A
【公开(公告)日】 2013.06.12
【申请(专利权)人】 童永洲
【地址】 湖北省武汉市汉阳区燎原村 35 号 5 楼
【发明(设计)人】 童永洲
【摘要】 本发明提供一种在多层吹塑塑料油箱内部放置炭件的吹塑成型方法，其步骤包括：安装扩展杆，把圆形的柔性的型坯扩展成为长方形；安装可调节长度的刚性导柱；然后制作带有炭件的框架，将框架伸入到型坯内部空间；将模具合拢，从带有炭件的框架内吹气，同时插入侧吹管吹气；事后将内置炭件粘接到型坯腔内壁，等固定成型以后停止吹气，左右半模打开，退出框架和扩展杆；然后左右两个半型坯粘接形成油箱，并对油箱内腔进行高压吹使油箱成型。本发明方法所使用的设备结构简单，能够在吹塑容器内安装炭件吹塑，防止产生抽芯孔，冷却效果好，生产效率高。

【名称】 一种塑料基材表面涂料
【公开(公告)号】 CN103173113A
【公开(公告)日】 2013.06.26
【申请(专利权)人】 宁波三力新材料有限公司
【地址】 浙江省宁波市北仑区戚家山街道青峙富山南路 16 号
【发明(设计)人】 吴旭明
【摘要】 本发明公开了一种塑料基材表面涂料，包括由种子乳液工艺法合成的脲基单体改性羟基苯丙乳液，所述脲基单体改性羟基苯丙乳液包括复合乳化剂：2 份 - 3 份、去离子水：50 份、单体预乳化液 I 和单体预乳化液 II；化学稳定性高，反应速速快，不易出现沉淀和凝固现象，各质量指标好，凝胶率高，黏度高，使用时间长，吸水率低；制作方便、成本低、耐水性好。

【名称】 屈氏体预硬型塑料模具钢及其制备方法
【公开(公告)号】 CN103173686A
【公开(公告)日】 2013.06.26
【申请(专利权)人】 上海大学
【地址】 上海市宝山区上大路99号
【发明(设计)人】 闵永安；吴晓春；邓传印；张铮；李娜
【摘要】 本发明涉及一种屈氏体预硬型塑料模具钢及其制备方法，属于塑料模具钢材料制造工艺领域。本发明屈氏体预硬塑料模具材料具有以下化学组成（质量百分比）：C0.48～0.65%，Si0.3～0.8%，Mn1.1～2.0%，Cr0.8～2.2%，P<0.02%，S<0.02%，(Nb+V+Ti)：0.05～0.15%，Fe余量，在此基础成分上同时满足(Cr+Mn)/C质量比为4～5和(Nb+V+Ti)/C质量比为0.2～0.3，分别实现对组织和晶粒度的控制。热加工后根据锻件的规格结合适当的控制冷却工艺，使锻件整体冷速在过冷奥氏体屈氏体转变冷速范围内，实现了厚度在100～500mm间模块的在线预硬化，组织为屈氏体，晶粒度在5～7级，硬度在280～330HB间。与40Cr钢调质后硬度相当，由于采用锻后在线预硬化，其工艺过程大为简化。

【名称】 一种塑料框清洗机喷淋机构
【公开(公告)号】 CN103128071A
【公开(公告)日】 2013.06.05
【申请(专利权)人】 熙可安粮(安徽)食品有限公司
【地址】 安徽省宿州市萧县民治街152号
【发明(设计)人】 杨金龙
【摘要】 一种塑料框清洗机喷淋机构，涉及清洗设备技术领域，设置于清洗机喷淋房内，其特征在于：包括喷淋水管，所述的喷淋水管上连接有喷淋头，所述的喷淋头通过连接卡键卡在喷淋水管上。本发明结构简单，设计合理，通过设置多个喷淋头同时对塑料框进行喷淋清洗，工作效率高，清洗效果好，干净，减少了大量的人工劳动量。

【名称】 塑料瓶盖压盖机
【公开(公告)号】 CN103130158A
【公开(公告)日】 2013.06.05
【申请(专利权)人】 长沙经济技术开发区博雅机械有限公司
【地址】 湖南省长沙市长沙经济技术开发区东六路11号
【发明(设计)人】 潘昊；刘守先
【摘要】 本发明提出了一种塑料瓶盖压盖机，包括：机架、设于所述机架底部的驱动组件；以及设于所述底座架之上且由所述驱动组件带动的瓶盖定位组件；所述瓶盖定位组件包括：用于传送瓶体的传送带；用于定位该瓶体的托瓶回转盘；同轴依次套设于所述托瓶回转盘之上的中心定位盘、瓶盖托盘及拨盖盘；所述拨盖盘上设有压盖回转盘，所述压盖回转盘上设有多个用于按压瓶盖的压盖头装置，所述压盖回转盘的上方还设有单片机控制器及电磁阀组，所述机架顶部设有装有瓶盖的理盖器，所述理盖器通过一滑盖槽连接于瓶盖托盘。本发明的塑料瓶盖压盖机安装操作简单、可靠性高、便于调整力度、使用寿命长且成本较低。

【名称】 一种增韧增强的PP及其制备方法
【公开(公告)号】 CN103146057A
【公开(公告)日】 2013.06.12
【申请(专利权)人】 苏州旭光聚合物有限公司
【地址】 江苏省苏州市高新区创业街36号
【发明(设计)人】 任俊
【摘要】 本发明公开了一种增韧增强的PP，其特征在于，包括以下组分且各组分的重量份数为：聚丙烯100份、EVA15－30份、POE8－20份、碳酸钙5－15份、双马来酰亚胺3－10份、润滑剂1－4份、稳定剂1－3份、抗氧化剂3－6份、阻燃剂0.5－2份、着色剂0－5份。有益之处在于：本发明的增强增韧PP采用聚丙烯作为基体树脂，EVA、POE及碳酸钙作为主要的改性剂，不但解决了聚丙烯强度差的缺点，而且还使材料的耐冲击强度大大提高，适用于汽车领域的工程塑料件。

【名称】 一种塑料框清洗机集水箱过滤机构
【公开(公告)号】 CN103157314A
【公开(公告)日】 2013.06.19
【申请(专利权)人】 熙可安粮(安徽)食品有限公司
【地址】 安徽省宿州市萧县民治街152号
【发明(设计)人】 杨金龙
【摘要】 一种塑料框清洗机集水箱过滤机构，涉及清洗设备技术领域，设置于塑料框清洗机清洗房下方，包括一集水箱，其特征在于：所述的集水箱上部设有固定挡架，所述的固定挡架内设有过滤装置，所述的过滤装置与固定挡架之间滑动连接。本发明结构简单，设计合理，通过两层过滤能够很好的将清洗水中的杂质过滤掉，提高水的利用率，并能够对过滤网上的杂质进行清除，非常的方便。

【名称】 一种纳米材料填充塑料粒子的生产方法
【公开(公告)号】 CN103172877A
【公开(公告)日】 2013.06.26
【申请(专利权)人】 珠海市赛纬电子材料有限公司
【地址】 广东省珠海市富山工业园三村片4号路1号厂房

【发明(设计)人】 吕方龙；戴晓兵

【摘要】 本发明公开了一种纳米材料填充塑料粒子的生产方法，包括以下步骤：将作为被分散相的纳米材料加入到有机溶剂中，配制成纳米材料的重量百分浓度为1% -50%的悬浮液；加入占纳米材料重量1% -5%的分散剂，进行预分散；将预分散悬浮液接微射流机的入口，启动微射流机，在微射流机的出口收集分散好的被分散相悬浮液；将作为分散相的塑料粒子加入到分散相悬浮液中，配制成塑料粒子重量与有机溶剂的重量比为1% ~30%的混合物，对混合物搅拌，加热；塑料粒子完全融化后，减压蒸馏出混合物中的有机溶剂，得到纳米材料均匀分散的熔融物；将熔融物接入造粒机造粒，可以得到纳米材料均匀分散的，无团聚的塑料粒子。

【名称】 保护制冷设备塑料件的方法和制冷设备

【公开(公告)号】 CN103146011A

【公开(公告)日】 2013.06.12

【申请(专利权)人】 合肥美的荣事达电冰箱有限公司

【地址】 安徽省合肥市长江西路669号

【发明(设计)人】 曹家汉；赵士虎；贾丽；项灵芝；任媛媛

【摘要】 本发明公开了一种保护制冷设备塑料件的方法和制冷设备。其中，保护制冷设备塑料件的方法为在塑料件的表面涂覆选自聚氨酯漆、ABS专用漆、水性乳胶漆、环氧漆、聚酯漆、塑料漆、醇酸漆、丙烯酸漆、氨基漆、硝基漆或其组合物的至少一种，以便在塑料件与保温层的发泡剂之间形成防护涂层。本发明的保护制冷设备塑料件的方法可以广泛地应用于多个技术领域，例如制冷领域，能够使塑料件具有良好的抗腐蚀性能，并且防护涂层本身对塑料件也没有腐蚀性，从而可以有效地防止塑料件的强度下降，使塑料件在高温条件下不易变形，并且在低温条件下不易开裂。

【名称】 高增强内肋外波纹型塑料管及其制造方法

【公开(公告)号】 CN103174885A

【公开(公告)日】 2013.06.26

【申请(专利权)人】 潘小雄

【地址】 广东省佛山市禅城区祖庙路33号百花广场1611室

【发明(设计)人】 潘小雄

【摘要】 本发明提供了高增强内肋外波纹型塑料管及其制造方法，主要包括由异型带材螺旋缠绕熔接成型的管材本体，所述管材本体包括圆柱形管壁、螺旋环绕在其上的中空加强筋及位于中空加强筋内的垂直于管壁的增强内肋，该增强内肋将所述中空加强加强筋分成两个并列的中空腔，所述熔接成型的结合面位于该增强内肋处；本发明的主要构思是：其由两侧具有内含中空腔的管状凸起的塑料异型带材以螺旋方式缠绕并经溶胶融合形成，以螺旋方式缠绕的相邻的塑料异型带材之间相互靠近的两个中空腔经熔合后形成中空加强筋，并在中空加强筋中部熔合部位形成直立的增强内肋，本发明的优点是：在保证了良好的环刚度和良好的管土共同作用的同时，具有较高的强度，此外，本发明塑料管的制造方法可以用普通缠绕结构壁管材生产设备配以相适应的模头、定型套及辅助性压轮即可以生产。

【名称】 团状模塑料和片状模塑料的成型模具

【公开(公告)号】 CN103171097A

【公开(公告)日】 2013.06.26

【申请(专利权)人】 张家港倍恩特磁塑科技有限公司

【地址】 江苏省苏州市张家港市凤凰镇西张张家港倍恩特磁塑科技有限公司

【发明(设计)人】 胡必武；张亚超

【摘要】 本发明涉及团状模塑料和片状模塑料的成型模具，包括模座，模座中设置有公模仁和母模仁，公模仁和母模仁形成型腔，模座中设置有用于对型腔进行加热的加热装置及用于对型腔进行保温的保温装置，所述模座中设置有流道板和进料嘴，流道板中设置有流道，进料嘴中设置有进料道，流道通过进料道与型腔相连通，进料道中设置有与进料道相配合的阀针，阀针可沿进料道的轴向移动。本发明采用阀针结构，当材料填充完型腔后，阀针迅速将进料嘴堵住，直至产品固化成型顶出后，模具合模，阀针在顶出油缸退出时打开，又进入下个成型周期，保持在成型固化过程中，进料嘴中无原料，有效保证了在生产过程中不产生浇口料，从而既能节约资源，又节能环保。

【名称】 用于塑料容器制造的分离方法及分离装置

【公开(公告)号】 CN103171142A

【公开(公告)日】 2013.06.26

【申请(专利权)人】 湖南千山制药机械股份有限公司

【地址】 湖南省长沙市经济技术开发区盼盼路9号

【发明(设计)人】 刘燕；周天寿

【摘要】 本发明公开了一种用于塑料容器制造的分离方法及分离装置，适用于对带吊环的塑料容器制造中吊环部分的废料的分离，该分离方法包括以下步骤：对塑料容器的吊环的边框废料进行分离；对塑料容器的吊环的吊环孔废料进行分离。本发明通过将传统的带吊环的塑料容器制造的废料分离划分为两个步骤来进行：第一步，对吊环的边框废料进行分离；第二步，对吊环的吊环孔废料进行分离。本发明解决了聚丙烯材料塑料容器热熔成型后吊环废料立即分离的技术难题，实现了生产过程的连续，提高了塑料容器的加工效率。

【名称】 一种聚丙烯复合材料及其制备方法
【公开(公告)号】 CN103146056A
【公开(公告)日】 2013.06.12
【申请(专利权)人】 宁波万盛实业有限公司
【地址】 浙江省宁波市鄞州区高桥镇联升村
【发明(设计)人】 陈红方
【摘要】 本发明涉及一种聚丙烯复合材料及其制备方法，其组成按重量百分比为，68%－71%的聚丙烯、10%－15%的UHMWPE、6%－7%的钛白粉、8%－10%的填料、1%－2%的润滑剂、0.1%－0.5%的颜料。通过本技术方案，提高塑料类家用电器壳体的强度、耐老化性能及提高壳体的表面光滑度易于清洗。

【名称】 一种废旧塑料的摩擦清洗机
【公开(公告)号】 CN103144218A
【公开(公告)日】 2013.06.12
【申请(专利权)人】 张家港市贝尔机械有限公司
【地址】 江苏省苏州市张家港市港城大道与北二环路交界处东侧(贝尔机械)
【发明(设计)人】 何德方；唐志良
【摘要】一种废旧塑料的摩擦清洗机涉及一种废旧塑料的清洗回收，适用于塑料的瓶类、片材、薄膜经热清洗机处理后进一步清除残留的油污和粘胶的阶段。本发明主要由电动机(16)、旋转接头(1)、筛网(8)、主轴(6)、机筒(9)、机架(18)等组成，结构简单，对物料进行摩擦清洗效果更佳，同时，解决了筛网极易堵塞的问题。当电动机(16)带动主轴(6)高速旋转时，由进料口(5)进入机筒(9)的物料及污垢分离，污垢在强大离心力和主轴(6)上许多孔形成的高压喷水双重作用下穿过筛网(8)并随水流经排水口(20)排出，而物料被挡在筛网(8)内，在按螺旋线排布的拨料板带动下螺旋行进至出料口(14)进入下一个清洗阶段。

【名称】 一种高效的PET瓶片与标签、瓶盖的分离设备
【公开(公告)号】 CN103144220A
【公开(公告)日】 2013.06.12
【申请(专利权)人】 张家港市贝尔机械有限公司
【地址】 江苏省苏州市张家港市港城大道与北二环路交界处东侧(贝尔机械)
【发明(设计)人】 何德方；唐志良
【摘要】 一种高效的PET瓶片与标签、瓶盖的分离设备涉及一种废旧塑料的清洗回收，适用于PET瓶回收中瓶片与标签、瓶盖的分离。本发明由吸料风机(1)、风量调节阀(2)、分离箱(4)及机架(6)等组成，结构简单，PET瓶回收物料在本发明中能实现更加有效的瓶片与标签、瓶盖的分离，分离率高达99%，且因自动化程度很高，可实现连续生产，产量高达3吨/时。在密闭分离箱(4)内，瓶片、标签及瓶盖同时下落，吸料风机(1)从旁抽气形成负压，用风量调节阀(2)调节负压大小，使单位体积内较重的瓶片下落至出料口(7)，而较轻的标签及瓶盖都能抽出瓶盖收而进标签和集袋(5)中，从而达到标签与瓶片、瓶盖的分离目的。

【名称】 无源塑料光纤介质转换器配线架系统及其配线架
【公开(公告)号】 CN103149652A
【公开(公告)日】 2013.06.12
【申请(专利权)人】 深圳市中技源专利城有限公司
【地址】 广东省深圳市宝安区西乡街道桃花源科技创新园A栋孵化楼427－438
【发明(设计)人】 郑强
【摘要】一种无源塑料光纤配线架，其包括框体和若干隔件；框体由两相对的短板和两相对的长板围成，每一长板的前端开设若干沿长度方向间隔排列的固定槽，两长板上的固定槽一一对应；每一隔件包括隔板，固定板和档板，固定板自隔板的底端垂直隔板延伸而成，挡板自隔板的侧端垂直隔板延伸而成；每一隔件的固定板安装于框体的一长板上，每一隔件的隔板延伸连接另一长板，若干隔件沿框体的长度方向排列，若干隔件和框体之间围成若干沿框体长度方向排列的收容腔，每一隔件的挡板位于框体的后端处。上述发明可整齐有序地收容多个塑料光纤介质转换器，方便布线。

【名称】 一种塑料挤出机用搅拌喂料机
【公开(公告)号】 CN103144267A
【公开(公告)日】 2013.06.12
【申请(专利权)人】 张家港市贝尔机械有限公司
【地址】 江苏省苏州市张家港市港城大道与北二环路交界处东侧(贝尔机械)
【发明(设计)人】 何德方；孙伟
【摘要】一种塑料挤出机用搅拌型喂料机。本发明的塑料挤出机用搅拌型喂料机，其主要由料斗、搅拌机构、链轮链条传动机构、喂料筒体、喂料螺杆和喂料电机。此喂料螺杆为新型高效型，喂料电机为摆线针轮变频调速电机，通过变频调速后喂料速度可符合螺杆挤出量的需要。通过链条链轮传动使

得搅拌机构(搅拌桨)搅动粉料，使粉料均匀流畅地送入喂料螺杆，在喂料电机的作用下，通过螺旋形高效喂料螺杆将粉料推入挤出机入料口。本发明搅拌型喂料机具有具有喂料效率高、噪音低、不断料、不结料、输送流畅均匀，提高了挤出机挤出产量的稳定性

【名称】 一种手动调节型塑料管材双牵引机
【公开(公告)号】 CN103144272A
【公开(公告)日】 2013.06.12
【申请(专利权)人】 张家港市贝尔机械有限公司
【地址】 江苏省苏州市张家港市港城大道与北二环路交界处东侧(贝尔机械)
【发明(设计)人】 何德方；孙伟
【摘要】 本发明涉及一种手动调节型塑料管材双牵引机，本发明所采用的技术方案是：该设备安装了两台减速电机，一台减速电机通过链传动的形式带动三个导向轴进行同向旋转，每根导向轴上安装有导向轮，导向轴上侧位装有相应的调节轴，在调节轴及调节轴上的随动轮的自身重力作用下，对管材有一个载压力，通过调节调节轴上的蝶形螺母实行调节轴的上下移动，以适合挤出管材口径大小的距离调节。另一台减速电机同样实现上述原理，实现高产量的双牵引工作。管材壁厚很薄时，管材经过牵引机牵引后其表面完好，可同时对付直径 100mm 以下各种不同的规格管材实现同速或异速牵引，调节方便，并且不必提供供气系统，还可实现管材的定长，成本低。

【名称】 电线电缆加工用组合挤塑模具
【公开(公告)号】 CN103171114A
【公开(公告)日】 2013.06.26
【申请(专利权)人】 福州通尔达电线电缆有限公司
【地址】 福建省福州市长乐市鹤上镇鲤鱼山工业区
【发明(设计)人】 乔德军；陈靖
【摘要】 本发明公开了电线电缆加工用组合挤塑模具，主要由模芯、模套座、模嘴和盖板依次连接组成，模套座内部设有以尾端的第二锥形孔向轴心收缩后过度为圆柱形阶梯凹台孔，模嘴内部设有以尾端的第三锥形孔向轴心收缩后过度为圆柱孔，模套座上的第二椎形孔的内壁与装入其中的模芯的外壁间均匀地形成挤塑通道，模套座中安装有模嘴和盖板，模嘴的第三锥形孔的尾端与模套座的第二锥形孔的首端平滑对接组成一条完整的挤塑通道。其有益效果在于：使用聚四氟乙烯制成的模嘴可以提高挤出的塑料的表面光洁度，改善了电缆的外观；不同规格的模具共用一套模套座和盖板可节省大量的材料和加工时间，显著降低成本；换规格时只需更换模芯和模嘴，拆装方便，生产效率高。

【名称】 一种食品级塑料 PVC 热稳定剂及其制备方法
【公开(公告)号】 CN103224675A
【公开(公告)日】 2013.07.31
【申请(专利权)人】 河南正通化工有限公司
【地址】 河南省郑州市二七区马寨食品工业园区工业路 10 号
【发明(设计)人】 楚喆；楚军政；王青
【摘要】 本发明公开了一种食品级塑料 PVC 热稳定剂及其制备方法，属塑料助剂领域。其结构如下：$[CH_3(CH_2)nCOOCH(CH_3)COO]_2Ca[CH_3(CH_2)nCOOCH(CH_3)COO]_2Zn$ 其中 n = 14 或/和 16。采用植物性原料乳酸和植物油基硬脂酸及钙(锌)的碱式盐通过中和、酯化反应得到。由于其与 PVC 相容性好，能使塑材更加透明，同时达到食品级热稳定性要求。其制备方法便于操作，无副产物，有利于工业化生产。

【名称】 一种复合塑料模板及其制备方法
【公开(公告)号】 CN103213362A
【公开(公告)日】 2013.07.24
【申请(专利权)人】 中阳建设集团有限公司
【地址】 江西省南昌市红谷滩丰和中大道 1368 号正荣现代大厦 A 座十三层
【发明(设计)人】 陈胜德；陈恩斌；温顺帆
【摘要】 一种复合塑料模板是以热塑性塑料——聚氯乙烯为基材，以轻质碳酸钙、稻壳粉为填料，加入各种加工助剂、功能助剂和改性剂，经双锥挤出机共挤并微发泡的成型方法制成，它由上下表面硬质层和中间发泡层组成。它把塑料与稻壳纤维的优点有机地结合在一起，既有 PVC 塑料良好的憎水性和阻燃性，又保留了竹木纤维的高强度和加工多样性，复合塑料模板自重轻，加工性能好，可钉、刨、锯、切；物理力学性能优异，具有高强、高韧、高硬度等特点；模板表面光滑，无需脱模剂，环保无污染，脱模效果好，可以做清水墙面；模板防水、防潮、吸水率低，从根本上解决了木质模板产品吸水后易腐烂、膨胀、变形等问题；模板耐候性佳，阻燃效果好，可达到 B1 级阻燃。

【名称】 一种塑料镀铜
【公开(公告)号】 CN103225092A
【公开(公告)日】 2013.07.31
【申请(专利权)人】 南通鑫平制衣有限公司
【地址】 江苏省南通市海安开发区宁海南路 148 号
【发明(设计)人】 王海宏
【摘要】 一种塑料镀铜，所述的塑料镀铜由下列组

份按照重量份数组成：氢氧化钠1-9份，磷酸三钠9-16份，三氧化二铬2-6份，盐酸6-17份，硝酸银3-11份，硫酸铜6-22份，亚烯酸铜5-8份，硝酸铵2-7份，焦磷酸钾3-13份。本发明用于塑料及其制品的电镀，镀层牢固，不会随着时间的延长而变色，配方毒性小

【名称】 一种用于生产塑料瓶盖的注塑机上的脱模检测装置
【公开(公告)号】 CN103223720A
【公开(公告)日】 2013.07.31
【申请(专利权)人】 海宁王骏橡塑制品有限公司
【地址】 浙江省嘉兴市海宁市袁花镇谈桥村小浜组47号
【发明(设计)人】 吴建华
【摘要】 本发明提供了一种用于生产塑料瓶盖的注塑机上的脱模检测装置，属于模具技术领域。它解决了现有技术中注塑机和模具的使用寿命较低等技术问题。本脱模检测装置包括固定于料筒的筒底的称重传感器，称重传感器能够将料筒内的塑料瓶盖的重量和转变成电信号并输出，称重传感器通过一根数据线电路联接有一个控制器，控制器能够吸收电信号并发出报警指令，控制器电路联接有一个报警器，报警器能够接收报警指令并报警。本发明能够检测塑料瓶盖是否完全从模具中脱落，避免脱模不完全导致注塑机和模具发生损坏，提高注塑机和模具的使用寿命。

【名称】 一种用于生产塑料瓶盖的注塑机上的取件装置
【公开(公告)号】 CN103223717A
【公开(公告)日】 2013.07.31
【申请(专利权)人】 海宁王骏橡塑制品有限公司
【地址】 浙江省嘉兴市海宁市袁花镇谈桥村小浜组47号
【发明(设计)人】 吴建华
【摘要】 本发明提供了一种用于生产塑料瓶盖的注塑机上的取件装置，属于模具技术领域。它解决了现有技术中注塑机的注塑机取件效率低、运行稳定性较差等技术问题。本注塑机包括机座，机座上设置有定模板和动模板，定模板和动模板通过拉杆相连，动模板和定模板闭合构成若干个用于成型塑料瓶盖的模腔，且当塑料瓶盖成型后该塑料瓶盖的开口朝外设置，本取件装置包括一个取件板，取件板上设置有能够固定或松开塑料瓶盖的夹持结构，机架上固设有能够带动该取件板作升降往复运动的升降机构。本发明具有运行稳定性好等优点。

【名称】 一种低耗能塑料地暖管材及制备方法
【公开(公告)号】 CN103224663A
【公开(公告)日】 2013.07.31
【申请(专利权)人】 辽宁康泰塑胶科技有限公司
【地址】 辽宁省盘锦市盘山县经济开发区
【发明(设计)人】 张文霖；李颖
【摘要】 本发明公开了一管道管材，特别是一种低耗能塑料地暖管材，以及该管材的制备方法。一种低耗能塑料地暖管材，它是由质量比为1：50的高分子母料粒料与耐热聚乙烯粒料制备而成，其中高分子母料粒料是由下述原料按所述重量份数制备而成：金属粉末或金属氧化物粉末3-25份、耐热聚乙烯粉料为65-95份、偶联剂KH-550为2份、增塑剂1份。本发明管材具有热稳定性和长期耐静压能力、抗冲击性能好的特点，具有良好柔韧性，易于施工，安装便利，管道热传导系数高，可节约能源，卫生性能优良，节能环保。

【名称】 一种水性环保高速塑料油墨树脂的制备方法
【公开(公告)号】 CN103214614A
【公开(公告)日】 2013.07.24
【申请(专利权)人】 天津滨联科技发展有限公司
【地址】 天津市东丽区李明庄瀛海物流滨联科技院内
【发明(设计)人】 狄震；杨秧
【摘要】 本发明公开了一种干燥速度较快和附着力较好的水性环保高速塑料油墨树脂的制备方法，具体来说，采用丙烯酸及丙烯酸丁酯和醋酸乙烯等多种单体共聚的方法，使得调制出的塑料油墨在光泽度、耐候性、耐热性、耐水性、耐化学性和耐污染性等方面都具有显著的优势，在直接分散溶解或合成高分子乳液时，也具有优良的性能；本发明制备的水性塑料油墨树脂不燃、不爆、无毒、环保无污染，成本又较低，特别适用于在BOPP、PE，PP，PVC，PET等塑料薄膜上印刷，也适用于复合薄膜印刷和凹板以及柔板印刷；干燥速度快，达到苯溶性油墨干燥速度，在大型印刷机上的印刷速度能够达到每分钟150米。

【名称】 废旧聚苯乙烯泡沫塑料回收新工艺方法
【公开(公告)号】 CN103224646A
【公开(公告)日】 2013.07.31
【申请(专利权)人】 遵义鑫巨隆泡沫包装有限公司
【地址】 贵州省遵义市和平工业园区
【发明(设计)人】 官昌强
【摘要】 本发明涉及废旧聚苯乙烯泡沫塑料回收新工艺方法。包括以下步骤：对废旧聚苯乙烯泡沫塑料进行粉碎，形成颗粒；加入溶剂，并对加入了溶

剂的聚苯乙烯泡沫塑料颗粒进行搅拌；过滤：对步骤c中产生的滤液加入沉淀剂；过滤：对步骤d中的所得到的混合物进行过滤，颗粒状物质即为回收后的聚苯乙烯泡沫塑料颗粒；分馏：对步骤e中过滤后所得到的溶液进行分馏，将混合溶剂及沉淀剂中的成分进行分离。本发明利用混合溶剂及沉淀剂的配合使用，操作简单，且可循环使用的混合溶剂及沉淀剂的大大降低了回收废旧聚苯乙烯泡沫塑料的成本，可促进对废旧聚苯乙烯泡沫塑料的回收再利用，具有较高社会及经济效益。

【名称】 塑料容器的密封口结构

【公开(公告)号】 CN103213742A

【公开(公告)日】 2013.07.24

【申请(专利权)人】 山东科技大学

【地址】 山东省青岛市经济技术开发区前湾港路579号山东科技大学

【发明(设计)人】 吕春艳；王进野；唐毅；王帅；王琪瑶

【摘要】 本发明公开了一种塑料容器的密封口结构，它包括瓶身、瓶脖和瓶塞，所述的瓶身是一个单独加工的部件；所述的瓶脖和瓶塞是一个用塑料单独加工的连体式套接部件，瓶脖的顶面和瓶塞接触部位互为一体，在瓶脖顶面设有一圈易拉槽，通过撕开易拉槽使瓶脖和瓶塞分离；连体式套接部件的瓶脖用铝箔环或者铝箔圆片通过电磁感应加热与瓶身口部熔合在一起。本发明制作简单、密封效果好，一次开启后可反复用塞子继续封口。

【名称】 一种低密度轻质塑木复合材料的制备方法

【公开(公告)号】 CN103214872A

【公开(公告)日】 2013.07.24

【申请(专利权)人】 南京荣仕景复合材料有限公司

【地址】 江苏省南京市江宁区秣陵街道高塘村南京荣仕景复合材料有限公司

【发明(设计)人】 陈璟；吴光荣；吕延

【摘要】 本发明是一种低密度轻质塑木复合材料的制备方法，其特征在于制备方法为1)将塑料粒子破碎至直径0.1~0.7cm的粒子和粉碎木纤维至40~120目；2)将20-70份树脂、10-70份木粉、1-5份润滑剂、2-5份偶联剂、1-3份抗老剂、3-5份发泡剂依次加入高速混料机中混合10~30min，待各组分充分混合后，得预混料；3)预混料经双螺杆挤出机成型。优点：采用含有主发泡剂、组发泡剂、稳泡剂和成核剂的发泡剂组合，以及对挤出工艺参数的控制，实现精确控制气泡尺寸和数量，达到使塑木复合材料降低密度轻质化的目的。

【名称】 填充型聚合物基导热塑料及其制备方法

【公开(公告)号】 CN103224692A

【公开(公告)日】 2013.07.31

【申请(专利权)人】 江门市道生工程塑料有限公司

【地址】 广东省江门市篷江区荷塘镇中泰西路128号

【发明(设计)人】 李本立

【摘要】 本发明公开了一种填充型聚合物基导热塑料及其制备方法，其各种原料的质量百分数为：基体树脂60-80%、导热填料3-40%、增韧剂5-10%、偶联剂1-2%、抗氧剂0.1-0.5%、润滑剂0.2-1.5%。其制备方法，利用熔融共混挤出法制备。其导热系数高，加工成型方便，产品设计自由度高。

【名称】 聚乙烯塑料滑梯防尘抗菌耐老化色母粒及制备方法

【公开(公告)号】 CN103214721A

【公开(公告)日】 2013.07.24

【申请(专利权)人】 中山市铁鹰塑胶有限公司；南华大学

【地址】 广东省中山市三乡镇平东新城工业区伟业路1号

【发明(设计)人】 刘芝芳；孙浩曦；王榆元；陈鑫；廖云；范卫国

【摘要】 一种用于聚乙烯(PE)塑料滑梯的防尘抗菌耐老化多功能色母粒，各组分的重量百分比为：防尘剂：12.5~17.5%；抗菌剂：15.0~20.0%；防老化剂：5.0~10.0%；着色剂：17.5~22.5%；分散润滑剂：7.5~12.5%；相容剂：0.5~2.0%载体树脂：25.0~35.0%。其制备方法是：将防尘剂、抗菌剂、防老化剂、着色剂、分散润滑剂和载体树脂加入高速混合器混合10-20分钟，再加入防尘剂和相容剂搅拌5-10分钟，然后将混合料加入双螺杆挤出机140-150℃挤出，经冷却烘干切粒包装成所需母粒。防尘抗菌耐老化多功能色母粒可消除下游PE塑料成型加工工艺由粉尘带来的环境污染，实现了PE塑料的绿色化清洁生产。还具备载体树脂和分散润滑剂用量少、母粒成型能量和抗氧剂消耗低的特征，可广泛适用PE塑料的着色。

【名称】 具有抗菌功能的ABS镭雕塑料及制备方法

【公开(公告)号】 CN103224683A

【公开(公告)日】 2013.07.31

【申请(专利权)人】 南华大学；深圳市华鹰塑胶原料有限公司

【地址】 湖南省衡阳市常胜西路28号南华大学化学化工学院

【发明(设计)人】 刘芝芳；龙泽海；王孟；赵玉宝；

廖云；宋红光

【摘要】 具有抗菌功能的ABS镭雕塑料，其各组分的重量百分比为：透明ABS树脂：75%～85%；PMMA树脂：5%～10%；PEG树脂：3%～8%；多功能色母粒：5%～10%。多功能黑色母粒中的抗菌剂构成抗菌体系，复配抗氧剂与PEG6000共同组成光、热稳定体系，有效地防止ABS的光降解、光氧降解和热氧降解老化，满足ABS镭雕塑料的抗菌性能和镭雕性能要求。其制备方法是：先制备抗菌镭雕多功能黑色母粒，再用该母粒制备具有抗菌功能的ABS镭雕塑料。本发明提供的多功能母粒工艺消除了粉尘的环境污染，实现了ABS树脂及合金的绿色化清洁生产，还具备载体树脂和润滑分散剂用量少、母粒加工能源和加工助剂消耗量低的特征，可广泛适用ABS塑料的成型加工。

【名称】 一种杨木粉的乙酰化改性处理方法

【公开(公告)号】 CN103223687A

【公开(公告)日】 2013.07.31

【申请(专利权)人】 中国林业科学研究院林产化学工业研究所

【地址】 江苏省南京市锁金五村16号

【发明(设计)人】 金立维；储富祥；王春鹏；张明明；谢振华

【摘要】 本发明公开一种杨木粉乙酰化改性方法。按质量比杨木粉：冰醋酸＝1：5～20的比例加入容器中，室温搅拌后置于超声波环境下进行活化处理，超声波功率为200～1000W，时间为2～10min。再按质量比为木粉：乙酸酐：催化剂＝1：2～10：0.05～0.2的比例加入乙酸酐及催化剂，置于微波反应仪中照射5～15min，微波功率100～500W，反应后于室温下搅拌10～90min。以去离子水洗涤抽滤后得到滤饼，105℃干燥处理至恒重，得到乙酰化木粉。优点：与聚乳酸或聚烯烃等塑料共混制备得到的木塑复合材料具有较低的吸水率、良好的尺寸稳定性及耐候性能。操作简便、能耗低、反应时间短，无污染物，冰醋酸可回收利用。

【名称】 加工塑料椅子的互换式多用注塑模具

【公开(公告)号】 CN103223713A

【公开(公告)日】 2013.07.31

【申请(专利权)人】 星威国际家居有限公司

【地址】 浙江省台州市黄岩区南城十院路97号

【发明(设计)人】 叶根林

【摘要】 加工塑料椅子的互换式多用注塑模具，包括定模板和动模板，定模板下安定模，动模板上安动模和导柱，在动模两侧安固定块，动模上设置型腔，型腔与定模之间有注塑成型的塑料椅子，型腔两侧安升降油缸，升降油缸活塞杆与固定块相连接，型腔前面有顶出板，顶出板一侧安顶出杆，顶出板另一侧安顶出支架，顶出支架上安顶出油缸，顶出油缸的活塞杆与型腔相连接，顶出杆由顶出油缸带动，顶出杆的头部与注塑成型的塑料椅子相接触，其特征在于所述动模位于椅背位置安椅背镶块，动模两侧位于椅子扶手位置设置堵块，堵块由堵块油缸的活塞杆带动，堵块与动模扶手处进胶口相配合。

【名称】 新型无结塑料网袋

【公开(公告)号】 CN203078915U

【公开(公告)日】 2013.07.24

【申请(专利权)人】 杨祎

【地址】 江西省樟树市阁山镇芗溪街92号

【发明(设计)人】 杨祎

【摘要】 本实用新型涉及的新型无结塑料网袋，包括袋体，袋体为挤塑成型的且密布有网目的塑料袋体，袋体为两端开口的管状，袋体一端开口热封闭合以形成袋底，袋体另一端开口即为袋口。本实用新型的目的是提供一种结构简单，生产成本低的新型无结塑料网袋。

【名称】 一种组合式中空塑料托盘

【公开(公告)号】 CN103213734A

【公开(公告)日】 2013.07.24

【申请(专利权)人】 上海物豪塑料有限公司

【地址】 上海市青浦区青浦工业区崧春路399弄8号

【发明(设计)人】 刘胜华

【摘要】 本发明公开了一种组合式中空塑料托盘，包括由若干卡扣结构连接为一体的托盘面和托盘底，所述托盘面和托盘底均为通过吹塑工艺加工而成的中空体结构。本发明设计构成塑料托盘的托盘面和托盘底均采用中空结构设计，两者独立加工而后再进行组合连接，不仅可有效提升塑料托盘的抗冲击性能，延长使用寿命，同时各部件的加工模具得到了很大简化，具有生产效率高、能耗低、单位产品耗材少、生产成本经济的特点。

【名称】 低烟无卤尼龙电线

【公开(公告)号】 CN103198890A

【公开(公告)日】 2013.07.10

【申请(专利权)人】 江苏洪昌科技股份有限公司

【地址】 江苏省镇江市丹阳市新桥镇东环路

【发明(设计)人】 杜正清；高菲菲；陈正洪

【摘要】 低烟无卤尼龙电线，其生产方法包括以下步骤：1)机头加温；2)低烟无卤塑料预热；3)放线；4)无卤塑料和尼龙挤出包覆；5)干燥收线。本发明环保型低烟无卤塑料具有良好的阻燃效果，能有效的防止电线自燃，或遇到明火时防止电线延续燃烧、阻止火焰蔓延。电线在明火中无黑烟冒出，产生的有害物质和有毒气体极少。烟密度在无焰状态不大于250，有焰状态不大于100；氧指数不小于30%；卤酸气体释放含量不大于5mg/g；pH值不小于4.3。该电线常规的电性能和物理性能满足国家电线标准的规定，如绝缘电阻、导体电阻、抗拉强度、断裂伸长率等。

【名称】 管线施工放管器布放子管施工方法及塑料子管放管器

【公开(公告)号】 CN103213878A

【公开(公告)日】 2013.07.24

【申请(专利权)人】 中邮建技术有限公司

【地址】 江苏省南京市江宁区天元东路228号莱茵达财富广场1A－103

【发明(设计)人】 殷鹏；苏漪；王亚东；秦翔；吴旌

【摘要】 本发明公开了一种塑料子管放管器，该放管器是由子管转芯、子管叉子、支架和转动轴组成，支架在子管转芯两侧、子管转芯通过转动轴固定在支架上。子管转芯是由转动件、连接杆和叉子组成，转动件的螺栓为正螺纹、叉子的螺栓为反螺纹，子管转芯安装完成后，转动连接杆可以使转动件和叉子之间的距离增加或缩短，以便于适应直径不同大小的子管圈。支架有左右两件，每件支架由两根放管器是由子管转芯、子管叉子、支架和转动轴组成，支架在子管转芯两侧、子管转芯通过转动轴固定在支架上，通过人工转动来布放子管。

【名称】 一种耐腐蚀、耐油、阻燃的塑料油罐

【公开(公告)号】 CN103214806A

【公开(公告)日】 2013.07.24

【申请(专利权)人】 昆明普尔顿环保科技股份有限公司

【地址】 云南省昆明市高新开发区云南软件园427室

【发明(设计)人】 张进；周禹珺

【摘要】 本发明涉及一种增强塑料，也涉及油罐，目的是提供一种具有可靠物理性能，耐腐蚀、耐油、阻燃的增强塑料制成的油罐。技术要点是：团状模塑料的重量份组成：不饱和聚酯34～47份，环烷酸钴0.3～0.4份，过氧化甲乙酮0.3～0.35份，碳酸钙45～47份，抗静电剂0.1～0.3份，抗氧剂0.1～0.15份，五溴苯酚0.1～0.15，微胶囊化三－(2，3－二溴丙基)异氰尿酸酯0.1～0.3份，三聚氰胺0.1～0.2份，纳米二氧化硅0.08～0.1份及适配量的硅烷偶联剂，增强纤维28～31份。塑料可以耐360℃和－64℃的温度，保持物理性能基本不变。并且具有高韧性和高强度的优点，有效地提高了不饱和聚酯纤维增强团状模塑料的耐冲击性。高度耐腐蚀、抗老化、耐油、阻燃的性能，适合油罐制造。

【名称】 一种垃圾袋薄膜添加剂与垃圾袋薄膜及其制备方法

【公开(公告)号】 CN103205050A

【公开(公告)日】 2013.07.17

【申请(专利权)人】 江苏省金肯科技实业股份有限公司

【地址】 江苏省连云港市海州区海州开发区朐凤路3号

【发明(设计)人】 万雄飞；张铁岭；江恒顺；韦新

【摘要】 本发明是一种垃圾袋薄膜添加剂，该添加剂由以下重量配比的原料制成：粒径不大于10微米的超细煤粉100份；硅灰石粉60～100份；钛酸酯偶联剂0.1～1份；铝酸酯偶联剂0.1～1份；分散剂0.1～8份；高密度聚乙烯10～20份；线型低密度聚乙烯10～20份；所述的分散剂选自硬脂酸盐类、硬脂酰胺类、金属皂类、脂肪酸酯类、两性表面活性剂类分散剂。本发明还公开了上述添加剂的制备方法以及以该添加剂为助剂的垃圾袋薄膜。本发明利用垃圾袋薄膜添加剂后可有效地提高塑料垃圾袋薄膜的撕裂强度，并能降低成本，提高经济效益。同时可减少使用炭黑带来的环境污染，添加的煤粉和硅灰石能有效地避免在焚烧时聚乙烯垃圾袋的挂壁现象，确保燃烧完全，节约能源。

【名称】 塑料包柱结构

【公开(公告)号】 CN103216079A

【公开(公告)日】 2013.07.24

【申请(专利权)人】 浙江华夏杰高分子建材有限公司

【地址】 浙江省湖州市德清县武康镇志远北路355号

【发明(设计)人】 童明勇

【摘要】 本发明公开了一种塑料包柱结构，包括有中空的金属圆管，金属圆管外包覆有端面呈正方形的塑料外壳，塑料外壳由两个结构完全相同的U形的塑料套卡接形成，U形的塑料套为一体挤塑成型；U形的塑料套包括有一个长壁以及垂直连接在长壁两端同一侧的两个短壁，一个短壁端部设有插接头，另一个短壁端部设有与所述插接头相配合的插接槽。通过金属圆管以及其外的塑料外壳配合构成本发明的包柱，在具备足够的机械强度基础上，采用了挤塑成型的塑料外壳使包柱的整体成本低廉，且生产加工、安装均非常方便。

【名称】 平肩式塑料挤出平模头

【公开(公告)号】 CN103213266A

【公开(公告)日】 2013. 07. 24

【申请(专利权)人】 广东达诚机械有限公司

【地址】 广东省汕头市金平区升平工业区安居路28号

【发明(设计)人】 叶镇波；罗庆青；李意明；陈诗煌

【摘要】 一种平肩式塑料挤出平模头，涉及一种片材挤出模头。它包括第一模头组件和第二模头组件，第一模头组件内侧面和第二模头组件内侧面之间形成挤出流道，所述挤出流道从上到下依次包括进料区、扩散区、分配区和挤出区，其特征在于：所述扩散区顶边为一条直线段，该扩散区顶边与平肩式塑料挤出平模头底端的模唇平行。平肩式塑料挤出平模头底端的模唇指的是平肩式塑料挤出平模头的底边。本发明对照现有技术的有益效果是，由于对平模头的扩散区、分配区结构进行了改进，因此能够让流动熔体对模头内压在横向上更加均匀，有效的避免了模头出现蚌壳偏差的问题，挤出的成品厚度及物理特性一致性好，成品的分切、收卷效果也很好，废品率大幅降低。

【名称】 户外桌及其聚丙烯蜂窝复合板材

【公开(公告)号】 CN103203901A

【公开(公告)日】 2013. 07. 17

【申请(专利权)人】 杭州华聚复合材料有限公司

【地址】 浙江省杭州市余杭区余杭街道华一路2号1幢

【发明(设计)人】 沈泉锦；潘惠良；王开；董辉；沈宗华

【摘要】 本发明公开了一种户外桌用聚丙烯蜂窝复合板材，包括聚丙烯蜂窝芯材，聚丙烯蜂窝芯材的上下表面各压覆一层PET无纺布，聚丙烯蜂窝芯材的四周是由发泡PVC塑料包边条围成的包边框，上下两块耐火板分别粘接覆合在聚丙烯蜂窝芯材的PET无纺布和包边框上，下面的耐火板与聚丙烯蜂窝芯材的PET无纺布之间埋设有多片金属片，金属片嵌入聚丙烯蜂窝芯材中，PVC封边条封闭覆盖包边框及耐火板的四周。还公开了具有上述板材的户外桌。本技术方案不仅质量轻便易外出携带，而且整体板材不吸潮变形、耐火且不怕热烫，表面耐腐蚀、耐刮擦、耐紫外线、易擦洗。埋设金属片后通过打孔和灯笼铆钉可以安装连接件，结构简单、连接可靠、制造方便。

【名称】 一种热成型模具

【公开(公告)号】 CN103213271A

【公开(公告)日】 2013. 07. 24

【申请(专利权)人】 广东达诚机械有限公司

【地址】 广东省汕头市金平区升平工业区安居路28号

【发明(设计)人】 卢泓斌；林海鑫；罗庆青

【摘要】 本发明涉及一种热成型模具，包括上模和下模；上模包括压料环、拉伸杆、拉伸头和拉伸杆驱动机构，压料环侧壁的下部设有进气通道，拉伸杆处于压料环的内腔中，拉伸杆的上端与拉伸杆驱动机构的动力输出端连接，拉伸杆的下端与拉伸头连接；下模包括成型模，其特征是：还包括密封装置，密封装置安装在拉伸杆的下端并处于压料环的内腔中；当拉伸杆带动拉伸头向下运动时，密封装置、压料环内壁下部、成型模内壁三者构成密闭腔室。当上模、下模合模时，拉伸头、密封装置、塑料片材之间形成密闭的定型气室，压缩空气全部充入到定型气室中，更加环保节能；大幅度减小压缩空气的密闭空间，从而使成型更加稳定，提高了塑料制品的质量。

【名称】 用于塑料挤出系统熔体净化的啮合传动式过滤器

【公开(公告)号】 CN103213268A

【公开(公告)日】 2013. 07. 24

【申请(专利权)人】 浙江精诚模具机械有限公司

【地址】 浙江省台州市黄岩区西城模具城

【发明(设计)人】 梁斌

【摘要】 本发明公开了用于塑料挤出系统熔体净化的啮合传动式过滤器，包括有进料端机体和出料端机体，过滤网板通过旋转中心轴设置在进料端机体和出料端机体之间，过滤网板圆周边缘设置有齿牙，传动齿轮与过滤网板的齿牙啮合，传动齿轮通过传动齿轮轴与单向传动装置连接，单向传动装置通过转动摇臂与气动驱动装置连接，气动驱动装置包括有驱动气缸，驱动气缸带动转动摇臂绕一铰轴点往复运动，在转动摇臂转动的过程中，通过单向传动装置的控制，使转动摇臂始终带动传动齿轮轴绕同一个方向旋转，再通过啮合传动使过滤网板绕自身中心轴始终在进料方向上的逆时针旋转，实现新的滤网通道同旧的滤网通道的交替更换。

【名称】 注塑模具旋转式型芯脱模机构

【公开(公告)号】 CN103223716A

【公开(公告)日】 2013. 07. 31

【申请(专利权)人】 永高股份有限公司

【地址】 浙江省台州市黄岩经济开发区埭西路2号

【发明(设计)人】 张建均；王秋雷；陈志伟

【摘要】 注塑模具旋转式型芯脱模机构，包括上、下复板，上复板中安浇口套，上复板下安定模板，定模板中安定模芯子，下复板上安模脚，模脚上安轴承板，轴承板上安动模板，动模板中安动模芯子，动模芯子、定模芯子、定模板和动模板之间有注塑成型带螺纹的塑料件，塑料件上制止转筋，其特征在于所述上复板下安直齿条，下复板一侧安挡板，挡板和模脚中安齿轮轴，齿轮轴上安传动齿轮和大锥齿轮，直齿条与传动齿轮相啮合，在轴承板中设有主动轴，主动轴上安小锥齿轮和主动齿轮，小锥齿轮和大锥齿轮相啮合，所述动模芯子下制从动轴，从动轴上安有从动齿轮，从动齿轮与主动齿轮相啮合。

【名称】 一种低成本智能防过热塑料平板太阳能集热器

【公开(公告)号】 CN103225898A

【公开(公告)日】 2013.07.31

【申请(专利权)人】 中国科学院上海技术物理研究所

【地址】 上海市虹口区玉田路500号

【发明(设计)人】 陆卫；陈飞良；俞立明；王少伟；刘星星；王晓芳；简明；陈效双

【摘要】 本发明公开了一种低成本智能防过热塑料平板太阳能集热器，其特点在于采用集热板与水管一体化的带管道的耐高温导热塑料基板替代了传统平板集热器使用的金属基板与金属管道，既降低了集热器的成本、减轻了重量，又增大了吸热板芯与工作介质流体的接触面积。同时，塑料伸缩性好，不存在夏天炸管，冬天冻裂等问题，提高了集热器安全系数。更重要的是，本发明的集热器在透明盖板和吸热板芯之间采用了中空设计，可实现智能抽空或充气，抽真空时可以显著降低集热器上表面的热损失，提高集热效率；充气时可以迅速降低集热器温度，防止因突然停水引起集热器空烧造成的损伤甚至损坏，该功能可以通过设置使用温度范围来实现，起到智能调节与自动保护的作用。

【名称】 一种PBT塑料车灯衬框注塑工艺

【公开(公告)号】 CN103192484A

【公开(公告)日】 2013.07.10

【申请(专利权)人】 江苏洪昌科技股份有限公司

【地址】 江苏省镇江市丹阳市新桥镇东环路

【发明(设计)人】 杜正清；高菲菲；陈正洪

【摘要】 一种PBT塑料车灯衬框注塑工艺，包括以下步骤：1)原料干燥处理；2)注塑系统和注塑模具预处理；3)塑化；4)注射；5)保压；6)冷却成型；7)脱模。本发明，降低了车灯衬框成型周期和生产成本，有效的提高了成品的质量。具有简易的可制造性，极高的耐冲击性能，高强度，优良的耐化学性，尺寸稳定性好，制品表面光洁度好。

【名称】 一种POM塑料安装支架注塑工艺

【公开(公告)号】 CN103192482A

【公开(公告)日】 2013.07.10

【申请(专利权)人】 江苏洪昌科技股份有限公司

【地址】 江苏省镇江市丹阳市新桥镇东环路

【发明(设计)人】 杜正清；高菲菲；陈正洪

【摘要】 一种POM塑料安装支架注塑工艺，包括以下步骤：1)原料预处理；2)注塑系统和注塑模具预处理；3)塑化；4)注射；5)保压；6)冷却成型；7)开模。本发明，具有简易的可制造性，极高的耐冲击性能，高强度，优良的耐化学性，尺寸稳定性好，制品表面光洁度好。

【名称】 一种以旧塑料、核桃壳为基料的塑木及其加工方法

【公开(公告)号】 CN103214867A

【公开(公告)日】 2013.07.24

【申请(专利权)人】 楚雄中信塑木新型材料有限公司

【地址】 云南省楚雄彝族自治州南华县龙川镇老高坝工业园区

【发明(设计)人】 李发中

【摘要】 一种以旧塑料、核桃壳为基料的塑木及其加工方法，本发明步骤为，1)原料准备：该塑木材料的重量组成为：回收的旧塑料60－80份；核桃壳：120－200份；偶联剂：2－8份；润滑剂：1－2份；碳酸钙：10－15份；抗氧剂：1－1.5份；聚乙烯醇纤维：5~10份；等等。本发明与现有技术相比，有益效果为：废物利用，将旧塑料和核桃壳这两种垃圾转化成可使用的材料；使用寿命长，可重复使用多次，平均比木材使用时间长五倍以上；制造成本低，为纯木材制造成本的1/3。

【名称】 一种以旧塑料、秸秆为基料的塑木及其加工方法

【公开(公告)号】 CN103214869A

【公开(公告)日】 2013.07.24

【申请(专利权)人】 楚雄中信塑木新型材料有限公司

【地址】 云南省楚雄彝族自治州南华县龙川镇老高坝工业园区

【发明(设计)人】 李发中

【摘要】 一种以旧塑料、秸秆为基料的塑木及其加工方法，本发明步骤为，1)原料准备：该塑木材料的重量组成为：回收的旧塑料60－80份；秸秆：300－400份；偶联剂：2－8份；润滑剂：1－2份；碳

酸钙：10－15份；抗氧剂：1－1.5份；聚丙烯腈纤维：20～25份；等等。本发明与现有技术相比，有益效果为：废物利用，将旧塑料和秸秆这两种垃圾转化成可使用的材料；使用寿命长，可重复使用多次，平均比木材使用时间长五倍以上；制造成本低，为纯木材制造成本的1/3。

【名称】 一种塑料波纹管打孔设备

【公开(公告)号】 CN103192426A

【公开(公告)日】 2013.07.10

【申请(专利权)人】 江苏晟欣防排水材料有限公司

【地址】 江苏省盐城市江苏阜宁阜城工业园A区9号

【发明(设计)人】 王成

【摘要】 本发明公开了一种塑料波纹管打孔设备，包括打孔机，该打孔机包括螺纹带刀转动轮、定位轮、齿轮传动机构和定位孔；螺纹带刀转动轮为圆柱体，其柱面有螺纹，并安装有刀片；定位轮为表面光滑的圆柱体，可沿其轴心转动；螺纹带刀转动轮与齿轮传动机构相连；齿轮传动机构位于打孔机内；定位轮有两个，其大小与所述螺纹带刀转动轮相同；两个定位轮与螺纹带刀转动轮组成正三角结构；定位孔位于螺纹带刀转动轮与定位轮之间。本发明相比于现有的打孔设备，结构简单，自带牵引，而无需要额外的牵引设备，且打孔时不会破化塑料管体。

【名称】 一种可完全生物降解脂肪族共聚酯的制备方法

【公开(公告)号】 CN103214661A

【公开(公告)日】 2013.07.24

【申请(专利权)人】 浙江理工大学

【地址】 浙江省杭州市下沙高教园区西区浙江理工大学

【发明(设计)人】 王秀华；李邵波；钱杨；巫晓华

【摘要】 本发明公开了一种可完全生物降解脂肪族共聚酯的制备方法，包括如下步骤：1)以丁二酸和乙二醇为原料，季戊四醇为改性单体，并加入锑系催化剂，在打浆釜内打成浆料；2)将步骤1)中制得的浆料连续稳定输送至酯化反应釜中进行酯化反应制得酯化物；3)将步骤2)中制得的酯化物采用泵输送到缩聚工段进行缩聚制得可完全生物降解脂肪族共聚酯。本发明具有能满足纤维、非织造布、塑料制品、薄膜等生产的特点，且最终产品可在使用废弃后，被自然界的微生物或酶分解为二氧化碳和水，是一种可完全生物降解的高分子材料。

【名称】 一种塑料粉碎机

【公开(公告)号】 CN103213218A

【公开(公告)日】 2013.07.24

【申请(专利权)人】 天津市杰祥塑业有限公司

【地址】 天津市西青区杨柳青镇前桑园村(检测线西侧)

【发明(设计)人】 姚英杰

【摘要】 本发明涉及塑料回收设备领域，具体涉及一种塑料粉碎机，包括：粉碎箱、粗料筛网、细料粉碎箱、机架、收集盒、滚轮、衬板、细料筛网、进水口，待加工的废弃塑料由粉碎箱进入，粉碎出的粗质塑料进入细料粉碎箱后粉碎成为细颗粒粉碎料。本产品效率高、能耗低、污染低、效率更高。

【名称】 一种废旧塑料回收清洗机

【公开(公告)号】 CN103203337A

【公开(公告)日】 2013.07.17

【申请(专利权)人】 天津市杰祥塑业有限公司

【地址】 天津市西青区杨柳青镇前桑园村(检测线西侧)

【发明(设计)人】 姚英杰

【摘要】 本发明涉及一种废旧塑料回收清洗机包括进料口、出料口，其特征在于还包括清洗桶、搅拌器、隔离板、进水口、污水排出口、输送装置、电机，所述清洗桶上侧固定有进料口和进水口，内部设有搅拌器，所述搅拌器和电机相连，所述搅拌器下侧设有隔离板，所述隔离板和出料口连接，所述隔离板穿过出料口与输送装置连接，所述隔离板下侧设有污水排出口。本发明在清洗桶内增加了带有电机的搅拌器，增强了清洗的力度，可以将废旧塑料上的杂质清洗干净，不影响废旧塑料的回收制造，本发明利用隔离板将废旧塑料和杂质污水等分开，进一步保证了废旧塑料的清洁。

【名称】 一种回收塑料用单螺杆造粒机

【公开(公告)号】 CN103203812A

【公开(公告)日】 2013.07.17

【申请(专利权)人】 天津思迈德高分子科技有限公司

【地址】 天津市西青区杨柳青镇前桑园村西

【发明(设计)人】 李悦莲

【摘要】 本发明提供一种回收塑料用单螺杆造粒机，包括驱动装置、螺杆、料筒和加料口，所述驱动装置与所述螺杆一端连接，所述螺杆位于所述料筒内，所述料筒上设有加料口，其特征在于所述料筒靠近所述加料口一侧的底面为过滤网，所述过滤网下设有收集盒，所述收集盒与所述料筒连接；所述过滤网的长度为所述料筒长度的1/4－1/3；所述过滤网的弧度为所述料筒弧度的1/10－1/6；用过滤网替代料筒的一部分，使得粉末可以通过滤网排出料筒，不会在料筒内产生堆积，提高了本发明的安全性，同时粉末也不会参与后续的过程，使得最终制作出的颗粒具有具有良好的冲击、拉伸等性能，保证了产品的质量。

【名称】 塑料加工流水线料斗

【公开(公告)号】 CN103204332A

【公开(公告)日】 2013.07.17

【申请(专利权)人】 天津思迈德高分子科技有限公司

【地址】 天津市西青区杨柳青镇前桑园村西

【发明(设计)人】 李悦莲

【摘要】 本发明涉及塑料加工流水线料斗，包括本体，所述本体内腔下部为出料口，所述出料口的上方设有搅拌旋转装置，所述搅拌旋转装置固定在本体的内壁上，本发明通过在料斗内部设置搅拌旋转装置，在作业时，电机带动搅拌旋转装置，不停的搅拌本体内的塑料原料，使塑料原料松动，不易积聚堵塞本体下部的出料口，方便使用，且提高工作效率。

【名称】 一种塑料造粒机

【公开(公告)号】 CN103213212A

【公开(公告)日】 2013.07.24

【申请(专利权)人】 天津市杰祥塑业有限公司

【地址】 天津市西青区杨柳青镇前桑园村(检测线西侧)

【发明(设计)人】 姚英杰

【摘要】 本发明涉及塑料回收设备领域，具体涉及一种塑料造粒机，包括：搅拌机构、冷却通道和裁切机构，搅拌机构包括入料口、一次搅拌部件、二次投料部件、二次搅拌部件、加温部件、挤出部件、裁切机构包括裁切部件和收集部件，利用二次投料法降低改良剂的需投量，并使改良剂混合更加均匀提高产品的质量。

【名称】 一种造粒机搅拌机构

【公开(公告)号】 CN103213211A

【公开(公告)日】 2013.07.24

【申请(专利权)人】 天津市杰祥塑业有限公司

【地址】 天津市西青区杨柳青镇前桑园村(检测线西侧)

【发明(设计)人】 姚英杰

【摘要】 本发明涉及塑料回收设备领域，具体涉及一种造粒机搅拌机构，包括：入料口、一次搅拌部件、加温部件、挤出部件、二次投料部件、二次搅拌部件，利用二次投料法原理，改良剂与二次料接触面更大，融合更完好更加的均匀。

【名称】 一种循环式塑料粉碎机

【公开(公告)号】 CN103213217A

【公开(公告)日】 2013.07.24

【申请(专利权)人】 天津思迈德高分子科技有限公司

【地址】 天津市西青区杨柳青镇前桑园村西

【发明(设计)人】 李悦莲

【摘要】 本发明提供一种循环式塑料粉碎机，其特征在于所述主体内设有筛网，所述筛网位于所述刀具下方，并通过减震弹簧与所述主体连接，所述筛网上设有振动电机，所述主体外设有集料盒，所述集料盒与所述主体通过集料口连通，所述集料口贴近所述筛网一侧边，所述集料盒通过所述输料管与所述给料器连通，所述集料盒下方设有吹风机；所述筛网倾斜放置，所述集料口贴近所述筛网水平位置低的侧面。本发明在主体内添加了筛网，可以将较大块的颗粒筛出，再通过集料盒、输料管进入给料器，使得旧的PC、ABS等塑料可以在本发明内循环粉碎，粉碎出的合格颗粒才能通过出料口进入后续的工序，保证了后续工序的正常进行。

【名称】 珍珠棉拌料机

【公开(公告)号】 CN103213208A

【公开(公告)日】 2013.07.24

【申请(专利权)人】 防城港市港口区宏达塑料厂

【地址】 广西壮族自治区防城港市港口区工业园

【发明(设计)人】 张雪云

【摘要】 本发明公开一种珍珠棉拌料机，包括拌料箱、支撑拌料箱的支脚和贯穿拌料箱顶部至底部的搅拌器，拌料箱外设置有电机，电机输出轴上的动力轮和搅拌器上端的皮带轮之间皮带连接，所述搅拌器为螺旋状搅拌绞龙，所述拌料箱的中部为上端大下端小的锥形箱体，上、下部为圆柱形箱体，下部圆柱形箱体和搅拌器的直径适配，下部圆柱形箱体外设置投料斗，锥形箱体位于搅拌器的两侧分别设有出料口和循环落料口，循环落料口位于投料斗之上。本发明结构简单合理，拌料均匀，可提高塑料颗粒的混合质量。

【名称】 一种用于加工电源盖板的导电塑料及电源盖板的制备方法

【公开(公告)号】 CN103214718A

【公开(公告)日】 2013.07.24

【申请(专利权)人】 深圳市飞荣达科技股份有限公司

【地址】 广东省深圳市南山区北环大道高发科技园8号飞荣达大厦

【发明(设计)人】 王美发；张欢

【摘要】 本发明公开一种用于加工电源盖板的导电

塑料及电源盖板的制备方法，按照重量百分比包括有高分子基体材料 50～60%，导电填料 15～25%，阻燃剂 15～20%，增韧剂 1～5%，本发明提供的用于加工电源盖板的导电塑料及其制备方法，所制备的电源盖板比传统铝材盖板轻 40－50%，抗酸碱腐蚀性强，电阻率可调节，在各个频段的屏蔽效能可通过改变导电填料的添加量来调节，且成型加工方便，无需二次加工，与铝材盖板相比，总体成本也显著下降。

【名称】 一种新型聚丙烯组合盖

【公开(公告)号】 CN103211703A

【公开(公告)日】 2013. 07. 24

【申请(专利权)人】 青岛浩恩医药耗材有限公司

【地址】 山东省即墨市普东镇顺联路西侧(青岛浩恩医药耗材有限公司)

【发明(设计)人】 黄克兴；王心长；孙鑫；宋燕；于娜娜；王玉青；袁永春；胡秀芝等

【摘要】 一种新型聚丙烯组合盖，包括外盖，其特点是：外盖内下部装有内盖，内盖的顶部成凹槽形，胶塞直接装在凹槽里，外盖顶部设有拉环。它解决了目前聚丙烯组合盖组盖后产生空气，导致高温灭菌时出现的内盖鼓盖现象以及胶原料的耗用量非常大，成本高的问题，适应于塑料输液容器用。

【名称】 一种适用于海底管道配重的塑料布缠绕装置

【公开(公告)号】 CN103203863A

【公开(公告)日】 2013. 07. 17

【申请(专利权)人】 西南石油大学

【地址】 四川省成都市新都区新都大道 8 号

【发明(设计)人】 黄志强；刘永升；李琴；马亚超；张万福；许传新；李鑫；张福晓

【摘要】 本发明一种适用于海底管道配重的塑料布缠绕装置，它由转角系统、箱体、卷轴旋转系统构成。所述转角系统由万向轮和摆角装置组成，采用两个万向轮与摆角装置按等腰三角形的方式安装于箱体下底板，两个万向轮布置三角形底边两端，摆角装置安置于顶点，实现整个装置绕摆角装置的定轴转动；所述卷轴旋转系统由上支座、下支座、棘轮、转轴、锥形卡环、薄膜卷轴、搭扣组成，圆柱销穿过耳铰孔，将上支座于下支座连接成一体，通过在上、下支座左边的结合处安装 1－3 个搭扣，实现上支座与下支座的锁紧，棘轮安装于支座内部；锥形卡环与转轴的锥形瓶颈部分配合安装，实现薄膜卷轴与转轴同步转动。本发明能实时的角度调整，整体结构简易，便于移动。

【名称】 塑料制品定型装置

【公开(公告)号】 CN103203820A

【公开(公告)日】 2013. 07. 17

【申请(专利权)人】 天津思达瑞工贸有限公司

【地址】 天津市西青区杨柳青镇前桑园村

【发明(设计)人】 纪洪绪

【摘要】 本发明涉及塑料制品定型装置，包括基座和压盖，所述本体和压盖相互压合，且本体和压盖之间设有流体通道，所述本体和压盖之间的压合处设有多个垫块，所述垫块与本体和压盖之间相互紧配，本发明通过在本体和压盖之间的压合处设有多个垫块，在加工不同厚薄程度的塑料制品时，通过增加或者减少垫块的数量来调整流体通道的高度，便于加工，且提高工作效率。

【名称】 塑料颗粒筛选器

【公开(公告)号】 CN103203813A

【公开(公告)日】 2013. 07. 17

【申请(专利权)人】 天津思达瑞工贸有限公司

【地址】 天津市西青区杨柳青镇前桑园村

【发明(设计)人】 纪洪绪

【摘要】 本发明涉及塑料颗粒筛选器，包括筛选槽，所述筛选槽与水平面呈一角度 β，所述角度 β 为 30°－60°，所述筛选槽上设有多个筛选栏，所述筛选栏上设有筛选孔，所述多个筛选栏上的筛选孔的直径大小沿着筛选槽的高度的降低而增大，本发明通过设置筛选槽，筛选槽与水平面呈一角度，且在筛选槽中设有多个筛选栏，所述多个筛选栏上的筛选孔的直径大小沿着筛选槽的高度的降低而增大，工人直接将塑料颗粒倒入筛选槽的最高端的筛选栏，依次向下滚动筛选，不同直径的筛选孔筛选不同大小的塑料颗粒，方便快捷，提高工作效率，节省人力。

【名称】 塑料加工流水线支撑辊

【公开(公告)号】 CN103204411A

【公开(公告)日】 2013. 07. 17

【申请(专利权)人】 天津思达瑞工贸有限公司

【地址】 天津市西青区杨柳青镇前桑园村

【发明(设计)人】 纪洪绪

【摘要】 本发明涉及塑料加工流水线支撑辊，包括支撑辊，所述支撑辊安装在流水线设备上，所述支撑辊上设置旋转架安装在流水线设备上，所述旋转架上设有弹簧，所述弹簧的一端固定在流水线设备上，另一端固定在旋转架的靠近支撑辊处，所述支撑辊上设有多个轮槽，本发明通过将支撑辊上设置多个轮槽，使线料在传动过程中不易搅乱在一起，便于下一道工序的顺利进行，大大提高工作效率，将支撑辊通过旋转架安装在流水线设备上，且通过弹簧支撑，在不同重量的线料的情况下，使线料不易在支撑辊上卡住，便于操作，提高工作效率。

【名称】 塑料颗粒搅拌装置

【公开(公告)号】 CN103203809A

【公开(公告)日】 2013.07.17

【申请(专利权)人】 天津思达瑞工贸有限公司

【地址】 天津市西青区杨柳青镇前桑园村

【发明(设计)人】 纪洪绪

【摘要】 本发明涉及塑料颗粒搅拌装置，包括搅拌箱，所述搅拌箱内设有搅拌器，所述搅拌器设于搅拌箱的内腔中心，所述搅拌器为锥形，锥面上设有向上的螺纹，所述搅拌器的顶端设有转轴，所述转轴延伸至搅拌箱的外界，所述搅拌箱的上方设有电机，所述电机与所述转轴连接，本发明通过设置锥形的搅拌器，且锥面上设有向上的螺纹，在电机带动搅拌器时，塑料颗粒随着搅拌器转动，且沿着螺纹向上移动，从而塑料颗粒堆积在搅拌箱的中心处，由于重力的作用，塑料颗粒从中心向四周滑落，从而保证了塑料颗粒的整体搅拌混合，且搅拌均匀，省时省力，提高工作效率。

【名称】 一种塑料模具

【公开(公告)号】 CN103203814A

【公开(公告)日】 2013.07.17

【申请(专利权)人】 天津思达瑞工贸有限公司

【地址】 天津市西青区杨柳青镇前桑园村

【发明(设计)人】 纪洪绪

【摘要】 本发明涉及一种塑料模具，包括第一模具和第二模具，所述第一模具和第二模具连接在一起，其特征在于，所述第一模具上与第二模具的连接处设有燕尾槽，所述第二模具上与第一模具的连接处，对应所述燕尾槽设有凸起，所述第一模具和第二模具通过所述燕尾槽和凸起的配合连接在一起，本发明通过在所述第一模具上与第二模具的连接处设有燕尾槽，在所述第二模具上与第一模具的连接处，对应所述燕尾槽设有凸起，所述第一模具和第二模具通过所述燕尾槽和凸起的配合连接在一起，在作业时，有效的解决的两模具的定位问题，大大提高了工作效率，且不需要设置定位装置，节约成本。

【名称】 回收塑料改性用造粒机组

【公开(公告)号】 CN103203811A

【公开(公告)日】 2013.07.17

【申请(专利权)人】 天津思迈德高分子科技有限公司

【地址】 天津市西青区杨柳青镇前桑园村西

【发明(设计)人】 李悦莲

【摘要】 本发明提供一种回收塑料改性用造粒机组，其特征在于包括精密粉碎机、振动筛、物料提升机、单螺杆造粒机、搅拌机和双螺杆挤出机，所述精密粉碎机的出料口与所述振动筛的进料口连接，所述振动筛的出料口设置于所述物料提升机的进料端上方，所述物料提升机的出料端设置于所述单螺杆造粒机的进料口上方，所述单螺杆造粒机的出料口与所述搅拌机的进料口连接，所述搅拌机的出料口与所述双螺杆挤出机的进料口连接；物料经过精密粉碎机的处理，并用振动筛过滤，保证了筛选出的物料的尺寸合适，便于后续设备的使用；在常用的双螺杆挤出机前先用单螺杆造粒机和搅拌机对物料进行初次处理，保证了回收塑料改性后的性能，使其稳定性和可靠性大幅提高。

【名称】 平面塑料制品切割装置

【公开(公告)号】 CN103213151A

【公开(公告)日】 2013.07.24

【申请(专利权)人】 天津思迈德高分子科技有限公司

【地址】 天津市西青区杨柳青镇前桑园村西

【发明(设计)人】 李悦莲

【摘要】 本发明涉及平面塑料制品切割装置，包括切割刀，所述切割刀安装在机器控制臂上，所述切割刀与水平面设有一角度β，所述角度β为30°—60°，本发明通过将切割刀设置于水平面形成一角度β，当平面塑料制品设于工作台上时，机器控制臂向下压，带动切割刀，由于角度的作用，切割刀与平面塑料制品的接触面积小，单位面积受力大，从而很容易的切割塑料制品，且不易使塑料制品变形，提高工作效率。

【名称】 塑钢型材一体式生产设备

【公开(公告)号】 CN103213261A

【公开(公告)日】 2013.07.24

【申请(专利权)人】 山西中德塑钢型材有限公司

【地址】 山西省长治市城区机械工业园区

【发明(设计)人】 程田青；史宏义

【摘要】 本发明塑钢型材一体式生产设备，属于建筑材料领域塑钢门窗型材生产制造技术领域；所要解决的技术问题是提供一种同时使用三台共挤机生产塑钢型材的一体式生产设备；采用的技术方案是：主挤出机、ASA 工程塑料共挤机和密封胶条共挤机依次安装在同一水平面上，主挤出机的一端设有模头，ASA 工程塑料共挤机安装在所述模头的出口端，ASA 工程塑料共挤机与密封胶条共挤机之间依次安装有型材定型模和冷却水箱，型材定型模和冷却水箱与牵引机相连接；本发明在一条生产线同时使用三台共挤机，实现塑钢型材的成型、彩色化及胶条化一体式生产，使塑钢型材的节能保温性和高耐候性完美结合，又使塑钢型材生产组装更加方便。

【名称】 一种低气味耐候 PC/ABS 塑料合金

【公开(公告)号】 CN103224698A

【公开(公告)日】 2013.07.31

【申请(专利权)人】 苏州旭光聚合物有限公司

【地址】 江苏省苏州市高新区创业街 36 号

【发明(设计)人】 任俊

【摘要】 本发明涉及一种塑料合金材料，特别涉及一种低气味耐候 PC/ABS 塑料合金，以重量份数计由以下组分组成：聚碳酸酯 50－80 份，丙烯腈－丁二烯－苯乙烯共聚物 10－30 份，相容剂 5－10 份，活性炭－纳米二氧化钛复合物 1－5 份，抗氧剂 0.1－0.5 份。本发明采用活性炭－纳米二氧化钛复合物作为一种添加剂组分，二氧化钛既能反射、散射紫外线，又能吸收紫外线，活性炭能吸附有气味的杂质小分子，二者还存在协同效应，形成良性循环体系，解决了现有技术中 PC/ABS 塑料合金耐候性差、气味难闻的问题。

【名称】 一种超强拉力塑料复合管及其制备方法

【公开(公告)号】 CN103195984A

【公开(公告)日】 2013.07.10

【申请(专利权)人】 孔少云

【地址】 江苏省南京市高淳区漆桥西路 103 号

【发明(设计)人】 陆玉石；舒光明

【摘要】 本发明公开了一种超强拉力塑料复合管及其制备方法，超强拉力塑料复合管从内到外依次由低密度线性聚乙烯层、第一偶联剂层、超高分子量聚乙烯纤维层、第二偶联剂层和高密度聚乙烯层复合而成。本发明超强拉力塑料复合管因超高分子量聚乙烯纤维与内层低密度线性聚乙烯(LLDPE)和外层高密度聚乙烯(HDPE)的复合，产生了意想不到的协同效应，进而使所得复合管具有超强的拉力和超强的耐压能力；内层低密度线性聚乙烯(LLDPE)和外层高密度聚乙烯(HDPE)的内外相铺在大幅度降低了管道原料成本的同时提高了产品的质量；且制备方法简单，生产效率高，生产成本低，劳动强度小。

【名称】 一种喷涂硬泡聚氨酯材料及其制备方法

【公开(公告)号】 CN103214651A

【公开(公告)日】 2013.07.24

【申请(专利权)人】 北京东方雨虹防水技术股份有限公司；上海东方雨虹防水技术有限责任公司；徐州卧牛山新型防水材料有限公司

【地址】 北京市顺义区顺平路沙岭段甲 2 号

【发明(设计)人】 程波；王新锋

【摘要】 本发明公开了一种喷涂硬泡聚氨酯材料，是一种现场喷涂成型的双组分泡沫塑料，由 A 组分和 B 组分构成，其中所述 A 组分包含 30 重量份的甲苯二异氰酸酯、0－30 重量份的二苯基甲烷二异氰酸酯和 70－100 重量份的多苯基多亚甲基多异氰酸酯组成；所述 B 组分包含 50－110 重量份的多元醇、2－7 重量份的催化剂、1.5－2.5 重量份的硅油、1.5－2.5 重量份的水和 15－20 重量份的发泡剂。本发明所使用材料制备泡沫，导热系数较环戊烷泡沫明显低，在异氰酸酯与组合料反应过程中，能提高物料的乳白性能、减少发泡剂的用量、降低反应物料环境条件等参数的敏感性，能够形成具有高强度、高密度、防水、保温、隔热、防腐和耐溶剂等功能的泡沫塑料层。

【名称】 一种塑料吨箱

【公开(公告)号】 CN103193018A

【公开(公告)日】 2013.07.10

【申请(专利权)人】 杭州环申包装新材料有限公司

【地址】 浙江省杭州市临安市青山湖街道朱村村公山弄 18 号

【发明(设计)人】 王彪

【摘要】 本发明公开了一种塑料吨箱，包括底座(8)，底座(8)底部一侧设有搬运插槽(7)，底座(8)靠近搬运插槽(7)一侧设有与其铰接可最先打开的折叠式壁板四(4)，折叠壁板四(4)对面设有其次打开的壁板三(3)，壁板三(3)一侧设有再次打开的壁板二(2)，壁板二(2)对面设有最后打开的壁板一(1)，在壁板一(1)及壁板二(2)与壁板三(3)及壁板四(4)之间设有翻转锁(5)和插锁(6)，底座(8)、壁板一(1)、壁板二(2)、壁板三(3)和壁板四(4)均有塑料制成。本发明的有益效果：由于吨箱采用塑料制成，不生锈，清洁卫生，吨箱质量轻，折叠搬运方便，工作效率高。

【名称】 一种抗老化塑料汽车散热器格栅及其制备方法

【公开(公告)号】 CN103205092A

【公开(公告)日】 2013.07.17

【申请(专利权)人】 上海瀚氏模具成型有限公司

【地址】 上海市闵行区莘庄镇友东路 355 号

【发明(设计)人】 赵海应；张荣福；印玲

【摘要】 本发明公开了一种抗老化塑料汽车散热器格栅及其制备方法。所述所述抗老化塑料汽车散热器格栅包括下述重量份的组分：PBT 塑料 100 份，PC 塑料 30－70 份，玻璃纤维 10－20 份，抗老化剂 0.1－0.5 份，所述抗老化剂由下述组分按重量百分比组成：β－(4′－羟基－3′，5′－二叔丁基苯基)丙酸十八基酯 30－50%、双十八基季戊四醇磷酸酯 20－40%、3，3′－硫代二丙酸十二基酯 20－40%。本发明的抗老化塑料汽车散热器格栅，具有较高的拉升强度、弯曲强度、弯曲模量和缺口冲击强度。

【名称】 一种竹粉/白炭黑复合补强淀粉基可降解塑料的制备方法

【公开(公告)号】 CN103205023A

【公开(公告)日】 2013.07.17

【申请(专利权)人】 陕西理工学院

【地址】 陕西省汉中市汉台区东关正街505号

【发明(设计)人】 杨晓明

【摘要】 本发明提供了一种竹粉/白炭黑复合补强淀粉基可降解塑料的制备方法，包括以下步骤：一、按一定重量份称取淀粉、竹粉、白炭黑、聚乙烯醇、增塑剂、复合助剂和水；二、将称取后的各种原料加入混合机中混合均匀，得到混合料；三、将混合料加入双螺杆挤出机中挤出，得到竹粉/白炭黑复合补强淀粉基可降解塑料。本发明原料来源广泛，制备工艺简单，适合大规模工业化生产。采用本发明制备的竹粉/白炭黑复合补强淀粉基可降解塑料具有良好的机械性能、耐热性能和生物降解性能，在环境保护以及资源开发等方面都具有重要意义。

【名称】 一种抗老化塑料汽车保险杠及其制备方法

【公开(公告)号】 CN103214801A

【公开(公告)日】 2013.07.24

【申请(专利权)人】 上海瀚氏模具成型有限公司

【地址】 上海市闵行区莘庄镇友东路355号

【发明(设计)人】 赵海应；张荣福；印玲

【摘要】 本发明公开了一种抗老化塑料汽车保险杠及其制备方法。所述所述抗老化塑料汽车保险杠包括下述重量份的组分：PBT塑料100份，PC塑料30－70份，玻璃纤维10－20份，抗老化剂0.1－0.5份，所述抗老化剂由下述组分按重量百分比组成：β－(4′－羟基－3′，5′－二叔丁基苯基)丙酸十八基酯30－50%、双十八基季戊四醇磷酸酯20－40%、3，3′－硫代二丙酸十二基酯20－40%。本发明的抗老化塑料汽车保险杠，具有较高的拉升强度、弯曲强度、弯曲模量和缺口冲击强度。

【名称】 一种抗老化塑料汽车仪表板及其制备方法

【公开(公告)号】 CN103214800A

【公开(公告)日】 2013.07.24

【申请(专利权)人】 上海瀚氏模具成型有限公司

【地址】 上海市闵行区莘庄镇友东路355号

【发明(设计)人】 赵海应；张荣福；印玲

【摘要】 本发明公开了一种抗老化塑料汽车仪表板及其制备方法。所述所述抗老化塑料汽车仪表板包括下述重量份的组分：PBT塑料100份，PC塑料30－70份，玻璃纤维10－20份，抗老化剂0.1－0.5份，所述抗老化剂由下述组分按重量百分比组成：β－(4′－羟基－3′，5′－二叔丁基苯基)丙酸十八基酯30－50%、双十八基季戊四醇磷酸酯20－40%、3，3′－硫代二丙酸十二基酯20－40%。本发明的抗老化塑料汽车仪表板，具有较高的拉升强度、弯曲强度、弯曲模量和缺口冲击强度。

【名称】 全自动废旧塑料过滤模头

【公开(公告)号】 CN103192517A

【公开(公告)日】 2013.07.10

【申请(专利权)人】 彭卫

【地址】 湖南省长沙市芙蓉区东屯渡农场一分场杨湾组

【发明(设计)人】 彭卫

【摘要】 一种熔融态塑料过滤杂质的全自动废旧塑料过滤模头。它由弹簧室、压力传递销、高温弹簧、调压螺杆、托板、弹簧室盖物理连接组成压力调节弹簧室；调节孔、传动轴、弹簧室、网衬物理连接组成旋转网衬；上下轴承座组件、模头外壳物理连接限制旋转网衬动作；底部锥体锁紧组合辅助机械自动；调节孔内电气行程开关连杆结合调压螺杆辅助机电互动；隔离条、胶棒、胶棒套管实现进出网口密封。模头工作时，杂质堵满过滤网后旋转网衬上浮，底部锥体锁紧组合保持网衬不下行，调节孔内电气行程开关连杆触发电信号产生旋转动力带动旋转网衬旋转一圈后底部锥体锁紧组合解锁；调压螺杆、电气行程开关连杆下行中断电信号，完成一次全自动更换过滤网操作。

【名称】 利用空气层压力变化的电容式触碰驱动塑料制品

【公开(公告)号】 CN103199843A

【公开(公告)日】 2013.07.10

【申请(专利权)人】 昆山金利表面材料应用科技股份有限公司

【地址】 江苏省苏州市昆山市经济技术开发区昆嘉路1098号

【发明(设计)人】 高谊恬

【摘要】 本发明属于塑料表面装饰技术领域，具体涉及一种利用空气层压力变化的电容式触碰驱动塑料制品，包括塑料壳体，其特征在于：还包括位于塑料壳体表面的指示区域、由导电层和塑料壳体围合而成的空气层。本发明不仅能防止人体电场触碰非指示区域(即塑料制品上除了指示区域、导电层的其它区域)造成感应传导电流，解决了启动电子功能的干扰问题；任何物质(包括导电体和绝缘体)触碰指示区域即能驱动电子功能，不受手套影响且塑料壳体完全密封耐水洗，适用于塑料材质的电容式触碰驱动产品上；塑料壳体表面设有指示区域，以稳定的触碰并驱动电子功能。

【名称】 一种带塑料面板的扫雪机扶手

【公开(公告)号】 CN103195008A

【公开(公告)日】 2013. 07. 10

【申请(专利权)人】 高邮市北方动力机械有限公司

【地址】 江苏省扬州市高邮市城南新区南环路1号

【发明(设计)人】 万青松；朱志霞；侯育俊；钱志祥；吴明书；常胜安

【摘要】 本发明涉及扫雪机领域，特别涉及一种带塑料面板的扫雪机扶手，它包括U形扶手主体，它还包括塑料连接面板和两个V形容器箱，所述塑料连接面板设置在U形扶手主体的左竖杆和右竖杆之间；所述两个V形容器箱分别设置在塑料连接面板前表面左右两侧上；它采用在扫雪机U形扶手的左杆和右杆之间上部设置一塑料连接面板，在该塑料连接面板左右两侧各设置一个V形容器箱，它可以将使用者需补充的水和食物放置在其中之一的V形容器箱，另一V形容器箱存放简易的维修工具，它具有结构简单，操作简单，保证了扫雪机的正常工作，延长了扫雪机的使用寿命，也方便操作者工作时的食物补充，从而提高工作效率。

【名称】 浅色的无卤阻燃聚碳酸酯模塑料的制备方法

【公开(公告)号】 CN103205101A

【公开(公告)日】 2013. 07. 17

【申请(专利权)人】 苏州宇度医疗器械有限责任公司

【地址】 江苏省苏州市常熟市辛庄镇(张桥)镇东

【发明(设计)人】 陶渭清；沈兴元；颜卫峰；陶立强

【摘要】 一种浅色的无卤阻燃的聚碳酸酯模塑料的制备方法，属于高分子材料制备技术领域。将聚碳酸酯树脂60~75份在125℃下干燥140min，投入高速混合机中，再将氢化苯乙烯-丁二烯-苯乙烯树脂12~16份、抗氧剂0.6~1.0份、短切玻璃纤维9~14份、钛白粉5~9份、紫色母粒0.01~0.12份、磷酸盐13~21份和润滑剂0.7~1.3份投入高速混合机中混合，将混合料转移至双螺杆挤出机中塑炼，塑炼温度控制为245℃，螺杆转速控制为280n/min，出双螺杆挤出机后依次经拉条、水冷、切粒和干燥，得到成品。具有强度高和优异的无卤阻燃效果，可以用于生产消费类电子产品的外壳部件；弯曲强度112~125MPa；断裂伸长率25~46%；缺口冲击强度8~12kJ/m^2(-40℃下)；阻燃性达到V-0(UL-94-3.0mm)。

【名称】 电容式触碰驱动的背光塑料面板

【公开(公告)号】 CN103208986A

【公开(公告)日】 2013. 07. 17

【申请(专利权)人】 昆山金利表面材料应用科技股份有限公司

【地址】 江苏省苏州市昆山市经济技术开发区昆嘉路1098号

【发明(设计)人】 高谊恬

【摘要】 本发明属于表面装饰技术领域，具体涉及一种电容式触碰驱动的背光塑料面板，包括按键面板壳体，其特征在于：按键面板壳体表面为电容式触碰驱动的透光按键指示区域；按键指示区域位于印有透明导电油墨与导电线路相连接的薄膜表面。本发明具有的有益效果为：提供一种采用电容式触碰驱动且具背光功能的塑料面板产品，在需要进行背光设计的区域，以透明导电油墨搭配导电线路结构，利用模内注塑加工方式将塑料与薄膜一体成型成一面板，透过触碰塑料面板表面的按键指示区域，传导微电流使其驱动电子功能，驱动点亮面板下方的光源，使面板具背光功能。在塑料层内设置导电接点，防止塑料层降低电容式触碰驱动的灵敏度。

【名称】 浅色的无卤阻燃聚碳酸酯模塑料

【公开(公告)号】 CN103214815A

【公开(公告)日】 2013. 07. 24

【申请(专利权)人】 苏州宇度医疗器械有限责任公司

【地址】 江苏省苏州市常熟市辛庄镇(张桥)镇东

【发明(设计)人】 陶渭清；沈兴元；颜卫峰；陶立强

【摘要】 一种浅色的无卤阻燃的聚碳酸酯模塑料，属于高分子材料技术领域。其是由以下按重量计的原料组成：聚碳酸酯树脂60~75份；氢化苯乙烯-丁二烯-苯乙烯树脂12~16份；抗氧剂0.6~1.0份；短切玻璃纤维9~14份；钛白粉5~9份；紫色母粒0.01~0.12份；磷酸盐13~21份；润滑剂0.7~1.3份。提供的浅色的无卤阻燃的聚碳酸酯模塑料具有强度高，无卤阻燃的长处，并且成型性好，成型效率高，可以用于生产消费类电子产品的外壳部件；弯曲强度112~125MPa；断裂伸长率25~46%；缺口冲击强度8~12kJ/m^2(-40℃下)；阻燃性达到V-0(UL-94-3.0mm)。

【名称】 多功能高弹性塑料软垫及其连续生产工艺及其连续生产设备

【公开(公告)号】 CN103211438A

【公开(公告)日】 2013. 07. 24

【申请(专利权)人】 大连塑料研究所有限公司

【地址】 辽宁省大连市甘井子区周家街11号
【发明(设计)人】 孙成伦；宋春明；王健；郭化超；房文超；安文秀
【摘要】 多功能高弹性塑料软垫，包括由乱丝形成的垫体，在垫体内有相互平行设置的多个中空腔，相邻的中空腔之间有横向间隔。本发明的连续生产工艺，依次由如下工艺步骤组成：原料加热、挤出、成型、冷却、牵引、切边、切断。本发明的连续生产设备，包括挤出机，挤出机的前端接有喷丝头，喷丝头的下方设有冷却定型装置，在冷却定型装置的出口处依次设有牵引装置、切边装置、切断装置、产品托架，喷丝头的下部排列有喷丝孔，喷丝孔与与挤出机的内腔相连通，在喷丝头的底面接有芯模，相邻的芯模之间分布有喷丝孔；在喷丝头下方的水平方向上设有两对相互垂直的用于对成型乱丝进行厚度和宽度限制的限位辊筒。本发明的产品弹性好，强度高，工艺简单，设备简化。

【名称】 一种无烟塑料焊条
【公开(公告)号】 CN103214716A
【公开(公告)日】 2013.07.24
【申请(专利权)人】 李云鹏
【地址】 广东省东莞市石排镇李家坊旧围西91号之三
【发明(设计)人】 李云鹏
【摘要】 本发明属于焊条技术领域，尤其涉及一种无烟塑料焊条，包括塑料、金属粉和脱氧剂，塑料、金属粉和脱氧剂按质量百分比为：塑料30~70%，金属粉15~65%，脱氧剂1.5~5.5%。本发明通过在现有塑料焊条的制备过程中加入一定比例的金属粉和脱氧剂，按照现有工艺制备，制作工艺简单，价格低廉，具有很大的推广市场，且在焊接过程中，脱氧剂减少了焊缝中氧的含量，焊接过程达到无烟的效果，避免氧化后产生老化现象

【名称】 软质PVC楼梯止滑板多层复合共挤模具
【公开(公告)号】 CN103192510A
【公开(公告)日】 2013.07.10
【申请(专利权)人】 黄石市嘉瑞塑料模具有限公司
【地址】 湖北省黄石市团城山开发区杭州西路(磁湖科技创业服务中心)
【发明(设计)人】 段秀军；陆欢
【摘要】 本发明公开了一种软质PVC楼梯止滑板多层复合共挤模具，它包括口模一、口模二、汇流板、过渡板和模体，所述口模二上设有分流道一，所述分流道一上设有分流道一进料口和三个支流道，所述汇流板上设有分流道二，所述分流道二上设有分流道二进料口，所述过渡板上设有过渡板流道I、过渡板流道II和二个对称的过渡板侧流道，所述模体上设有主进料口，所述口模一、口模二、汇流板和过渡板通过螺钉二依次连接，所述过渡板和模体通过螺钉一连接；所述分流道二自上而下逐渐增大；所述过渡板流道II自左至右逐渐减小。该发明结构紧凑，流道合理，可进行多层材料共挤复合，塑料流体流动性好，成本低，使用寿命长。

【名称】 脲醛泡沫塑料保温板及其制备方法
【公开(公告)号】 CN103194042A
【公开(公告)日】 2013.07.10
【申请(专利权)人】 沈阳德汇新型材料有限公司
【地址】 辽宁省沈阳市沈北新区尹家乡尹家村
【发明(设计)人】 安飞；李佩江；方秀针；徐鑫
【摘要】本发明涉及脲醛泡沫塑料保温板，它是由以下组分按下述重量份数比组成的：脲醛树脂：十二烷基硫酸钠：磷酸：尿素：云母粉：膨胀珍珠岩：水=600-700：5-8：8-10：3-6：50-80：50-80：200-300。本发明制品中固体物质分布均匀，制品密度小、可生产出轻质泡沫；以云母粉和膨胀珍珠岩按级配混合作为制品骨料，构成了稳定的体积结构，使制品尺寸收缩减小，同时改善了制品内应力的分布，避免了龟裂、曲翘的发生。解决了干燥过程中曲翘、龟裂等问题，本发明保温板同时还具有导热系数低，保温性能好，燃烧等级为A2级，阻燃性能好的特点。

【名称】 一种多功能聚丙烯母料及其制备方法
【公开(公告)号】 CN103214734A
【公开(公告)日】 2013.07.24
【申请(专利权)人】 安徽双荣电器电缆有限公司
【地址】 安徽省芜湖市无为县新沟工业区
【发明(设计)人】 唐伟；唐世荣；王社兵；肖吕荣；王岳嵩
【摘要】 本发明公开了一种多功能聚丙烯母料及其制备方法，其组成原料的重量份为：纳米碳酸钙粉95-105、聚丙烯树脂T30S 16-18、聚乙烯7042 2-4、半精炼石蜡3-4、硬脂酸1801 0.8-1.2、硅烷偶联剂KH550 0.8-1.2、抗氧剂264 0.3-0.5、柏油0.4-0.6、分散剂L-18 0.4-0.6、增韧剂POE 2.5-3.5；本发明采用纳米碳酸钙粉作为主料，添加多种功能性辅料，制得的聚丙烯母料具有性能稳定、流量好、分散均匀的优点，加入本母料的塑料具有良好的表面滑爽性，磨擦系数极低，具有极佳的开口性。

【名称】 一种新型塑料管接头
【公开(公告)号】 CN103225723A
【公开(公告)日】 2013.07.31

【申请(专利权)人】 安徽省华久管业有限公司
【地址】 安徽省蚌埠市怀远经济开发区
【发明(设计)人】 陈海军；何华丰；吕泽焕；陈江春；唐春
【摘要】 一种新型塑料管接头，涉及塑料制品领域，包括连接腔，所述连接腔上设有密封管，所述密封管上设有密封器，其特征在于：所述密封管垂直连接在连接腔上，所述密封器旋转固定在密封管上，所述密封器为圆形结构，所述密封器上设有弧形凸起条，所述弧形凸起条环绕安装在密封器外侧，所述密封器上端设有凹槽，所述凹槽为半圆形结构，所述凹槽对称放置。本发明结构合理、安装简单、使用方便。

【名称】 具搅拌混合功能的挤出机
【公开(公告)号】 CN203093008U
【公开(公告)日】 2013. 07. 31
【申请(专利权)人】 允友成(宿迁)复合新材料有限公司
【地址】 江苏省宿迁市经济开发区振兴大道 168 号
【发明(设计)人】 王凯弘；吴中仁；张简邦宏
【摘要】 本实用新型是关于一种具有搅拌混合功能的挤出机，其在可熔融塑料腔体上固设进料斗，且于进料斗上方设置送料装置和搅拌装置，送料装置包括承座，承座中具有导孔以及与导孔连通的送料孔，并将送料螺杆枢接在送料孔中，搅拌装置则包括与承座结合的盒体，盒体内枢设搅拌件，以及在盒体中具有与承座的导孔对齐的卸料口，卸料口中设置可在开启位置与关闭位置间移动的阀门，利用搅拌装置的搅拌操作，使不同材质的颗粒状原料能在搅拌后均匀的输入腔体中，而能制造出物理性质稳定的聚合物原料。

【名称】 中空塑料建筑模板的挤塑封边工艺
【公开(公告)号】 CN103195240A
【公开(公告)日】 2013. 07. 10
【申请(专利权)人】 江苏百新塑业有限公司
【地址】 江苏省泰州市姜堰区经济开发区民政工业园区
【发明(设计)人】 张锦
【摘要】 一种中空塑料建筑模板的挤塑封边工艺，所述挤塑封边工艺步骤如下：A、定尺切割；B、加温预热；C、封边；D、压合、冷却成型；E、计数、打包。本发明提供一种中空塑料件组模板的挤塑封边工艺，不仅使中空塑料建筑模板的封边的质量好、粘结强度高，不易脱落，使用寿命长，而且封边速度快，机械化一次性成型，使封边条与中空塑料建筑模板形成一个整体，没有封边接头，产品质量稳定、可靠。

【名称】 安全气囊塑料模具
【公开(公告)号】 CN103203836A
【公开(公告)日】 2013. 07. 17
【申请(专利权)人】 宁海县现代模具有限公司
【地址】 浙江省宁波市宁海县新兴工业园区新园二路 29 号
【发明(设计)人】 葛文枝
【摘要】 本发明提供了一种斜顶与产品和动模仁的结合处不容易产生飞边且产品被顶出时不容易跌落的安全气囊塑料模具；它包括定模仁(1)、动模仁(2)和位于两者之间的产品型腔(3)；产品型腔(3)上分别连接有斜顶(4)、右滑块(6)和左滑块(7)；斜顶(4)同时与动模仁(2)滑动套合，斜顶(4)的上端一侧直接与产品型腔(3)相接，另一侧与动模仁(2)相贴；其特征在于：所述的斜顶(4)的上端与动模仁(2)相贴的一侧设有倒扣(9)，动模仁(2)上设有与倒扣(9)相扣的扣位；所述的产品型腔(3)上还连接有防落针(5)，防落针(5)的侧面与产品型腔(3)的接触处设有锯齿(10)。

【名称】 一种塑料热喷枪
【公开(公告)号】 CN103203301A
【公开(公告)日】 2013. 07. 17
【申请(专利权)人】 张东
【地址】 福建省福州市仓山区盖山镇屿宅村仕尾 121 号
【发明(设计)人】 张东
【摘要】 本发明提供了一种塑料热喷枪，包括进料单元、熔融单元、保温单元、喷嘴以及供气单元，所述进料单元连接熔融单元，所述熔融单元经由第一送料管道连接所述喷嘴，所述保温单元设在所述熔融单元和喷嘴之间用于为第一送料管内的塑料保温，所述供气单元分别连接所述第一送料管道和高压气源。本发明可以将塑料加热熔融后喷射于物件表面的喷枪，这样可以形成特殊的表面效果，可以用来生产仿石头效果的塑料花盆等，以降低生产成本。

【名称】 一种新型抗菌保温塑料盒
【公开(公告)号】 CN103214733A
【公开(公告)日】 2013. 07. 24
【申请(专利权)人】 青岛永卓真塑料制品有限公司
【地址】 山东省青岛市城阳区夏庄街道史家泊子社区
【发明(设计)人】 李耀东
【摘要】 本发明公开了一种新型抗菌保温塑料盒，原料配方由以下成分按重量份组成：PP100 份、贝壳粉 15－20 份、竹纤维 5－6 份、纳米银 2－3 份、氯苯咪唑类高分子化合物 0.5－1 份、K2O0.5－1 粉、抗氧化剂 1－2 份。本发明的塑料盒，保温时间高达 24 小时，温差在 2℃以内，且具有抑菌功能，特别是对葡萄球菌和链球菌抑制率达 95%以上。

【名称】 塑料模具油缸滑块的自锁结构
【公开(公告)号】 CN203092962U
【公开(公告)日】 2013.07.31
【申请(专利权)人】 宁海县现代模具有限公司
【地址】 浙江省宁波市宁海县新兴工业园区新园二路 29 号
【发明(设计)人】 葛文枝
【摘要】 本实用新型提供了一种结构简单、制造成本低且安全可靠的塑料模具油缸滑块的自锁结构；它包括定模(2)、第一滑块(3)、油缸(4)和抽芯体(5)，第一滑块(3)分别与抽芯体(5)和定模(2)滑动连接；其特征在于：第一滑块(3)与油缸(4)之间设有挡块(15)，挡块(15)嵌在定模(2)内，挡块(15)下方安装有可将挡块(15)上部顶出定模(2)的弹性部件；第一滑块(3)上设有用于将挡块(15)上部压回定模(2)内的压块部件，压块部件的一端与油缸(4)的活塞杆(7)固定连接；压块部件的另一端与第一滑块(3)滑动连接，第一滑块(3)上设有用于防止压块部件靠近油缸(4)的一端滑出的限位部件，所述的压块部件滑动至限位部件处时可带动第一滑块(3)在定模(2)内滑动。

【名称】 一种耐低温抗冲型流延聚丙烯耐蒸煮薄膜
【公开(公告)号】 CN103203933A
【公开(公告)日】 2013.07.17
【申请(专利权)人】 湖北慧狮塑业股份有限公司
【地址】 湖北省仙桃市青鱼湖路 28 号
【发明(设计)人】 王焕清；罗建民；武冬瑞；卢长伟；刘兵；倪玉良
【摘要】 一种耐低温抗冲型流延聚丙烯耐蒸煮薄膜，由电晕层、芯层和热封层复合而成，所述芯层位于电晕层、热封层之间；所述电晕层由丙烯嵌段共聚树脂制成，所述芯层由丙烯嵌段共聚树脂 70－90%、热塑性弹性体 10－30%以及芥酰酸胺爽滑剂 0.2%组成；所述热封层材料由聚丙烯嵌段共聚物 89.7%、乙烯－α 烯烃共聚物 10%、合成硅灰石防粘剂 0.15%和芥酰酸胺爽滑剂 0.15%组成。本发明专利具有耐低温性能优良、抗冲击强度大、抗穿刺性能好，同时还具有耐蒸煮的优点，可通过巴氏灭菌或水煮的方式进行灭菌处理。该薄膜主要针对需要冷藏的制品的包装，具有耐寒冷冻、抗穿刺、抗冲击等特性。因此可广泛应用于需要低温冷藏及灭菌处理的塑料软包装。

【名称】 一种带有香味的塑料
【公开(公告)号】 CN103265819A
【公开(公告)日】 2013.08.28
【申请(专利权)人】 苏州新区特氟龙塑料制品厂
【地址】 江苏省苏州市新区枫桥镇旺米村
【发明(设计)人】 陆华平
【摘要】 本发明公开一种带有香味的塑料，所述的带有香味的塑料是由塑料本体、稳定剂和香料组合而成，所述的塑料本体占所述的带有香味的塑料质量百分比的 60%－70%，所述的稳定剂占所述的带有香味的塑料质量百分比的 10%－15%，所述的香料占所述的带有香味的塑料质量百分比的 20%－25%，所述的稳定剂是三盐基硫酸铅。本发明提供一种带有香味的塑料，具有无毒无害和带有檀木香味的优点。

【名称】 一种具有塑料光纤接口的火灾探测装置及其制备方法
【公开(公告)号】 CN103268689A
【公开(公告)日】 2013.08.28
【申请(专利权)人】 天津天科孚生产力促进有限公司
【地址】 天津市西青区凌奥创意产业园一期 5 号楼三层 308
【发明(设计)人】 刘建；柏涛；唐贺增；李力；王少宏；刘宗旭
【摘要】 本发明提供一种具有塑料光纤接口的火灾探测装置，包括温度传感器、可燃气体传感器、烟雾传感器、处理器、声光报警模块、内置光纤收发模块和塑料光纤接口，所述温度传感器、所述可燃气体传感器、所述光学烟雾传感器与所述处理器相连接，所述处理器连接所述声光报警模块和所述内置光纤收发模块，所述内置光纤收发模块连接所述塑料光纤接口。本发明的有益效果是结构简单，安装方便，操作简单，可实时检测，且抗电磁干扰，不但可现场报警，还可向火灾检测中心进行报警。

【名称】 废旧聚丙烯洗衣机塑料再生专用料及其制备方法
【公开(公告)号】 CN103254509A
【公开(公告)日】 2013.08.21
【申请(专利权)人】 四川塑金科技有限公司
【地址】 四川省内江市东兴区天河街 8 号附 10 号
【发明(设计)人】 乔江浩；陈道明
【摘要】 本发明公开了废旧聚丙烯洗衣机塑料再生专用料及其制备方法，解决现有技术中家电 ABS 塑料外壳未得到回收利用，浪费资源的问题。本发明由以下重量份的组分组成：废旧聚丙烯洗衣机回收料100份、POE3～10份、抗氧剂10100.1～0.3份、抗氧剂1680.1～0.6份、硬脂酸钙0.1～1份，还包括≤10份且>0份的活性碳酸钙，≤0.03份且>0份的DCP；其中，所述废旧聚丙烯洗衣机回收料为报废洗衣机的聚丙烯塑料经破碎、清洗、漂洗、干燥、吸标后所得；本发明还提供了上述废旧聚丙烯洗衣机塑料再生专用料的制备方法。本发明可有效的将报废洗衣机的聚丙烯塑料回收再利用，具有节约资源、保护环境、降低成本、简化制备过程等优点。

【名称】 回收ABS家电塑料外壳再生改性鞋跟专用料及其制备方法

【公开(公告)号】 CN103254561A

【公开(公告)日】 2013.08.21

【申请(专利权)人】 四川塑金科技有限公司

【地址】 四川省内江市东兴区天河街8号附10号

【发明(设计)人】 乔江浩；陈道明

【摘要】 本发明公开了回收ABS家电塑料外壳再生改性鞋跟专用料及其制备方法，解决现有技术中家电ABS塑料外壳未得到回收利用，浪费资源的问题。本发明由以下重量份的组分组成：家电ABS塑料外壳破碎料100份、高胶粉5～20份、硬脂酸钙0.1～1份、EBS0.1～1份、色粉0.1～0.5份，所述家电ABS塑料外壳破碎料为回收的家电ABS塑料外壳经破碎、清洗、漂洗、干燥、吸标后所得；本发明还提供了上述回收ABS家电塑料外壳再生改性鞋跟专用料的制备方法。本发明可有效的将家电ABS塑料外壳回收再利用，具有节约资源、保护环境、降低成本、简化制备过程等优点。

【名称】 废旧瓶盖破碎塑料再生改性周转箱专用料及其制备方法

【公开(公告)号】 CN103254491A

【公开(公告)日】 2013.08.21

【申请(专利权)人】 四川塑金科技有限公司

【地址】 四川省内江市东兴区天河街8号附10号

【发明(设计)人】 乔江浩；陈道明

【摘要】 本发明公开了废旧瓶盖破碎塑料再生改性周转箱专用料及其制备方法，解决现有技术中周转箱专用料的生产成本高、生产工艺复杂的问题。本发明由以下重量份的组分组成：废旧瓶盖破碎料100份、EVA2～5份、增韧剂3～8份、活性滑石粉5～10份、分散剂0.1～2份、改性剂0.1～1.5份，所述废旧瓶盖破碎料为回收的废旧瓶盖破碎塑料经破碎、清洗、漂洗、干燥、吸标后所得；本发明还提供了上述废旧瓶盖破碎塑料再生改性周转箱专用料的制备方法。本发明可有效的将废旧瓶盖破碎塑料回收再利用，具有节约资源、保护环境、降低成本、简化制备过程等优点。

【名称】 一种聚氯乙烯硬质改性塑料

【公开(公告)号】 CN103265777A

【公开(公告)日】 2013.08.28

【申请(专利权)人】 苏州新区华士达工程塑胶有限公司

【地址】 江苏省苏州市新区嵩山路185号-13

【发明(设计)人】 徐春华

【摘要】 本发明公开了一种聚氯乙烯硬质改性塑料，其特征在于，采用通用型PVC塑胶原料、稳定剂、润滑剂、着色剂和填料混炼制粒，所述的稳定剂为三碱式硫酸铅、二碱式亚磷酸铅、硬脂酸钡或者硬脂酸镉，所述的润滑剂为硬脂酸、石蜡或矿物油，所述的着色剂为金红石型钛白粉、铬黄、槽发炭黑，所述的填料为碳酸钙、陶土、玻璃纤维。通过上述方式，本发明提供了一种聚氯乙烯硬质改性塑料，具有较好机械性、抗冲击、耐老化、耐热性能良好，特别适合门窗、管道、板材等建筑上的应用及其相关行业。

【名称】 带有滚轮的塑料垃圾桶

【公开(公告)号】 CN103264857A

【公开(公告)日】 2013.08.28

【申请(专利权)人】 苏州新区华士达工程塑胶有限公司

【地址】 江苏省苏州市新区嵩山路185号-13

【发明(设计)人】 徐春华

【摘要】 本发明公开了一种带有滚轮的塑料垃圾桶，包括桶体、桶盖和滚轮，所述桶体为方形，所述桶体的横向截面为正方形，桶体的高度为长度的二倍，所述桶盖固定在所述桶体的顶端，所述桶盖上镶有两个把手，所述滚轮固定在所述桶体的底部的四角，共四个。本发明带有滚轮的塑料垃圾桶，坚固耐用，方便清洁，容量大减少人员工作量，提高工作效率，滚轮方便拖运，减少工作量。

【名称】 耐高温塑料消防门把手

【公开(公告)号】 CN103266809A

【公开(公告)日】 2013.08.28

【申请(专利权)人】 苏州新区华士达工程塑胶有限公司

【地址】 江苏省苏州市新区嵩山路185号-13

【发明(设计)人】 徐春华

【摘要】 本发明公开了一种耐高温塑料消防门把手，包括把体、上把头和下把头，所述把体为长方形，长度为100mm，宽度为20mm，厚度为7mm，所述上把手与所述下把手形状相同，长度与宽度均为

20mm，高度为40mm，所述上把手与所述下把手上均有一个钻孔，所述钻孔为圆柱形，横向截面直径为20mm，所述两个钻孔的中心距为120mm，所述钻孔用于利用螺丝固定所述把手，所述把体、所述上把手与所述下把手的材质为耐高温高密度塑料。本发明耐高温塑料消防门把手，坚固耐用，方便清洁，材质采用耐高温高密度塑料，用于消防门把手可以承受高温，增强实用性。

【名称】 塑料工业漏斗

【公开(公告)号】 CN103264984A

【公开(公告)日】 2013.08.28

【申请(专利权)人】 苏州新区华士达工程塑胶有限公司

【地址】 江苏省苏州市新区嵩山路185号-13

【发明(设计)人】 徐春华

【摘要】 本发明公开了一种塑料工业漏斗，包括漏体和漏嘴，所述漏嘴连接在所述漏体的下端，所述漏体呈半球状，漏体上端的横向截面比漏体下端的横向截面直径大，由上到下依次减小，所述漏体的上端直径为22cm，所述漏嘴呈圆柱状，漏嘴上端的横向截面比漏嘴下端的横向截面的直径大，从上到下依次减小。本发明塑料工业漏斗，坚固耐用，方便清洁，口径超大，增加工作速度，提高生产效率，塑料制品不易被腐蚀，使用长久。

【名称】 一种ABS合金塑料

【公开(公告)号】 CN103265790A

【公开(公告)日】 2013.08.28

【申请(专利权)人】 苏州新区华士达工程塑胶有限公司

【地址】 江苏省苏州市新区嵩山路185号-13

【发明(设计)人】 徐春华

【摘要】 本发明公开了一种ABS合金塑料，由ABS、PC、PVC和添加剂组成，所述的添加剂为相容剂、抗氧剂和增韧剂，所述的相容剂为ABS-g-MMA反应型相容剂，所述的抗氧化剂为抗氧剂1010，所述的增韧剂为三元乙丙橡胶，所述的ABS在ABS合金塑料中质量比例为54%，所述的PC在ABS合金塑料中质量比例为5%~15%，所述的PVC在ABS合金塑料中质量比例为15%~20%。通过上述方式，本发明能够在原有ABS树脂冲击强度好、尺寸稳定性高、耐磨性、抗化学药品性、染色性、成型加工和机械加工较好的基础上，利用共混改性，提供了一种耐高温、抗弯曲、阻燃、抗氧化的ABS合金塑料，扩大了其户外适用范围。

【名称】 一种高密度聚乙烯改性塑料

【公开(公告)号】 CN103265749A

【公开(公告)日】 2013.08.28

【申请(专利权)人】 苏州新区华士达工程塑胶有限公司

【地址】 江苏省苏州市新区嵩山路185号-13

【发明(设计)人】 徐春华

【摘要】 本发明公开了一种高密度聚乙烯改性塑料，其特征在于，包括：高密度聚乙烯、聚丙烯、添加剂3个组成部分按照比例混制，所述的添加剂包含增韧剂、增强剂、抗氧剂和防紫外线助剂4种成分，所述的增韧剂为三元乙丙橡胶，所述的增强剂为玻璃纤维，所述的抗氧剂为抗氧剂BHT，所述的防紫外线助剂为紫外线吸收剂uv-531。本发明提供的一种高密度聚乙烯改性塑料，具有耐老化开裂、抗氧化、冲击强度高、抗拉伸、机械性能好的特点，适合恶劣条件下、露天场所的塑料制品的应用。

【名称】 一种防滴落聚丙烯的配方

【公开(公告)号】 CN103265760A

【公开(公告)日】 2013.08.28

【申请(专利权)人】 苏州新区华士达工程塑胶有限公司

【地址】 江苏省苏州市新区嵩山路185号-13

【发明(设计)人】 徐春华

【摘要】 本发明公开了一种防滴落聚丙烯配方，该工程塑料的组成为：含有聚丙烯、填充剂、相容剂、增塑剂、抗氧化剂和防滴落剂，其中，所述聚丙烯为间规聚丙烯，防滴落剂为聚四氟乙烯，填充剂为炭黑，抗氧化剂为硫代二丙酸，增塑剂为邻苯二甲酸二辛酯，抗氧化剂为硫代二丙酸，相容剂为苯乙烯-马来酸酐共聚物。通过上述方式，本发明能够在原有的聚丙烯塑料中添加定量的聚四氟乙烯，利用相容剂功能，改变了材料的性能，改善了原有的聚丙烯在高速精密塑性时容易滴落的性质。

【名称】 一种聚丙烯改性塑料

【公开(公告)号】 CN103265759A

【公开(公告)日】 2013.08.28

【申请(专利权)人】 苏州新区华士达工程塑胶有限公司

【地址】 江苏省苏州市新区嵩山路185号-13

【发明(设计)人】 徐春华

【摘要】 本发明公开了一种聚丙烯改性塑料，包括聚丙烯以及添加剂，所述的添加剂包括耐候剂、填充剂、增韧剂、抗氧化剂，所述的耐候剂为硫代二丙酸二月桂酯或者氧化锌，所述的填充剂为玻璃纤维、滑石粉或者石棉，所述的增韧剂为三元乙丙橡胶、SBS或者聚烯烃弹性体POE，所述的抗氧化剂为抗氧剂1010、抗氧剂1076或者亚磷酸酯类抗氧化剂。通过上述材料的比例混制，本发明能够提供一种聚丙烯改性塑料，抗弯曲疲劳性加强，机械性能大幅提高，在 -40℃低温下具有较高的冲击强度、150℃高温下不易老化、龟裂，耐腐蚀，适合汽车工业以及其他相关行业中的部分应用，质量轻，抗冲击性能强，一种理想的钢铁替代品。

【名称】 防腐蚀塑料存储桶
【公开(公告)号】 CN103264808A
【公开(公告)日】 2013.08.28
【申请(专利权)人】 苏州新区华士达工程塑胶有限公司
【地址】 江苏省苏州市新区嵩山路185号-13
【发明(设计)人】 徐春华
【摘要】 本发明公开了一种防腐蚀塑料存储桶，包括桶体和桶盖，所述桶体为圆柱体，桶体上端与下端的横向截面为圆形，直径相同，所述桶体的顶部固定有环形把手，所述桶盖为圆形，直径与所述桶体的横向截面直径相同，所述桶体与所述桶盖的材质采用防腐蚀塑料。本发明防腐蚀塑料存储桶，坚固耐用，方便清洁，耐腐蚀，可存放弱碱弱酸工业产品，可长久使用。

【名称】 带有出水口的塑料存储桶
【公开(公告)号】 CN103264828A
【公开(公告)日】 2013.08.28
【申请(专利权)人】 苏州新区华士达工程塑胶有限公司
【地址】 江苏省苏州市新区嵩山路185号-13
【发明(设计)人】 徐春华
【摘要】 本发明公开了一种带有出水口的塑料存储桶，包括桶体、桶盖和出水口，所述桶体为圆柱体，桶体上端与下端的横向截面为圆形，直径相同，所述桶体的顶部固定有环形把手，所述桶盖为圆形，直径与所述桶体的横向截面直径相同，所述桶体与所述桶盖独立，所述出水口位于所述桶体的下端，出水口处有塞子。本发明带有出水口的塑料存储桶，坚固耐用，方便清洁，出水口方便液体的流出，节省人力物力，提高工作效率。

【名称】 一种环保型聚酯树脂及生产工艺
【公开(公告)号】 CN103265690A
【公开(公告)日】 2013.08.28
【申请(专利权)人】 无锡市金辉粉末材料有限公司
【地址】 江苏省无锡市惠山区阳山镇尹城村无锡市金辉粉末材料有限公司
【发明(设计)人】 朱文胜
【摘要】 本发明提供了一种环保型聚酯树脂及生产工艺，其原材料按重量配比如下：精对苯二甲酸1100~2000KG；二乙二醇400~500KG；乙二醇200~300KG；新戊二醇100~200KG；塑料切片废料6000~11000KG；三羟甲基丙烷50~70KG；己二酸100~120KG；催化剂41003~8KG；抗氧剂1~8KG；亚磷酸三苯脂3~6KG；助剂15~18KG。上述环保型聚酯树脂及生产工艺利用塑料切片废料作为主体原料生产聚酯树脂，不仅生产成本低；而且对塑料切片废料进行回收再利用，有利于环保。

【名称】 可降解热塑性淀粉材料及其制备方法
【公开(公告)号】 CN103265731A
【公开(公告)日】 2013.08.28
【申请(专利权)人】 陈峰磊
【地址】 浙江省宁波市江北区慈城镇五湖村上南岙
【发明(设计)人】 陈峰磊
【摘要】 本发明公开了一种可降解热塑性淀粉材料及其制备方法，它也是一种易被生物降解的塑料替代材料，其组成主要包括食品级淀粉、环氧大豆油、山梨醇、单甘酯、甲酰胺和0.2%聚丙烯酸钠水溶液，也可根据实际需要加入滑石粉、硬脂酸钙、柠檬酸三乙酯、十溴二苯乙烷、聚磷酸铵，将这些组分和相关增塑剂按照搅拌混合、高温挤压和切粒烘干等顺序即可制得最终成品。本发明所提供的可降解热塑性淀粉材料及制备方法，它相对其他材料和制备方法而言，还具有材料来源广泛、生产方式简便等优点，不仅降低了生产成本、提高了产品质量，也减少石油等不可再生能源的消耗、减少了环境污染，故可广泛应用于一次性包装物、儿童玩具、电子器械、农业育苗生产用具等材料领域

【名称】 一种中空塑料建筑模板的成型工艺
【公开(公告)号】 CN103264506A
【公开(公告)日】 2013.08.28
【申请(专利权)人】 张浩
【地址】 江苏省宿迁市耿车镇新华居委会7组
【发明(设计)人】 张浩
【摘要】 一种中空塑料建筑模板的成型工艺，通过搅拌、加热、挤出、定型、去应力处理、切割、封边处理。本发明通过对挤出成型后的模板进行急热急冷处理，去除内部的残余应力，增加模板定型效果和使用寿命；通过封边机对模板切口进行打磨、涂胶最后经压成等工艺步骤，将封边条粘结在切边处，使模板在使用过程中可有效避免水泥砂浆经中空部分灌入模板内部，增加其使用寿命，经测试，在相同工作量的条件下，封边后的中空塑料建筑模板的使用寿命比未进行封边的中空塑料建筑模板其强度较原来提高三倍、使用寿命提高五倍，实用效果显著。

【名称】 差动传动的微型注塑机的注射装置及方法

【公开(公告)号】 CN103264492A
【公开(公告)日】 2013.08.28
【申请(专利权)人】 浙江大学；浙江申达机器制造股份有限公司
【地址】 浙江省杭州市西湖区余杭塘路866号
【发明(设计)人】 许忠斌；黄庆达；杨世鹏；苏良瑶；王珏；施优优；周巨栋；张本西；刘国林
【摘要】 本发明公开了一种差动传动的微型注塑机的注射装置及方法。该装置主要包括注射伺服电机、螺纹套、主动螺母、从动螺杆、注射柱塞、计量调节装置、预塑装置等。主动螺母与机架固接在一起，注射伺服电机与螺纹套连接直接驱动螺纹套转动；螺纹套的外螺纹与主动螺母相配合，形成主螺纹副，螺纹套内螺纹与从动螺杆相配合，形成从螺纹副；主、从两副螺纹副串联叠加形成差动螺旋机构，两个螺纹副的螺旋差即为转动螺纹套一圈而产生的差动距离。本发明提供了一种差动传动的微型注塑机的注射装置及方法，解决了微注塑过程中难以控制微小注射量以及控制注射精度的问题。其结构简单，易于制造，控制简便高效，适用于精密的微型塑料制品的注射成型加工。

【名称】 新型家电用高强度塑料及其制备方法
【公开(公告)号】 CN103242620A
【公开(公告)日】 2013.08.14
【申请(专利权)人】 江苏鸿科塑业有限公司
【地址】 江苏省徐州市睢宁县经济开发区前100号江苏鸿科塑业有限公司
【发明(设计)人】 杜超；李耀；夏欢
【摘要】 本发明提供新型家电用高强度塑料及其制备方法，其特征在于，由以下重量份数原料经共混制得：树脂70－90份、抗菌剂2－10份、增塑剂5－15份、表面处理剂2－8份、抗氧化剂0.1－0.5份，合理配制纳米碳酸钙和树脂的等填料的比例，纳米碳酸钙的填充大幅减少了树脂用量，达到节能的目的，有利于提高塑料制品的抗冲击性能，纳米碳酸钙的存在还能提高塑料制品表面的光洁性。

【名称】 废旧塑料回收切粒生产线的恒压切粒装置
【公开(公告)号】 CN103264452A
【公开(公告)日】 2013.08.28
【申请(专利权)人】 张家港市亿利机械有限公司
【地址】 江苏省苏州市张家港市锦丰镇杨锦公路417号张家港市亿利机械有限公司
【发明(设计)人】 陈鹤忠
【摘要】 本发明公开了一种废旧塑料回收切粒生产线的恒压切粒装置，包括模体和切刀组件，该模体固定于机架上，该模体上设有废旧塑料流动通道，该模体在废旧塑料流动通道的末端设有切粒模头，所述模体上有固定有导向杆，所述切刀组件包括刀座、刀杆和刀头，所述刀座滑动安装于导向杆上，所述刀座与模体之间通过固定机构固定，所述刀头安装于刀杆的端部，所述刀杆连接有轴向驱动刀杆移动使刀头与切粒模头配合的轴向驱动装置，所述刀杆转动安装于刀座内且由旋转动力装置驱动旋转，所述旋转动力装置固定于刀座上。该恒压切粒装置可控制錾头与切粒模头之间的贴合力恒定，确保生产出的粒子大小均匀。

【名称】 一种塑料杠铃片及其制备方法
【公开(公告)号】 CN103265748A
【公开(公告)日】 2013.08.28
【申请(专利权)人】 青岛博玉特橡塑制品有限公司
【地址】 山东省青岛市城阳区惜福镇铁骑山路86号
【发明(设计)人】 孙梁博；王岐山
【摘要】 本发明公开了一种塑料杠铃片及其制备方法，包括下列重量份数的组分：高压聚乙烯60－70份，低压聚乙烯15－20份，EVA10－15份，稳定剂5－份，填充剂60－90份，色母5－6份，POE8－15份，四季戊四醇酯12－15份。塑料杠铃片的制备方法，包括下列步骤：将塑料粒子投入搅拌机搅拌混合均匀；按比例称量后投入塑料挤出机挤出，挤出机机身温度190～200℃，机头温度195～215℃；挤出塑料后称量装入模，加压定型，冷却后出模；修整检查包装入库。本发明的塑料杠铃片强度高、抗冲击性强，主要是利用再生资源，成本低。可以替代较小规格杠铃片，比如2.5～5kg。

【名称】 高强度、耐腐蚀塑料合金
【公开(公告)号】 CN103232639A
【公开(公告)日】 2013.08.07
【申请(专利权)人】 滁州市昊宇滑动轴承有限公司
【地址】 安徽省滁州市经济开发区怡亭南路
【发明(设计)人】 江邦寿
【摘要】 本发明涉及高强度、耐腐蚀塑料合金，所述合金由主要成分和辅助成分组成，所述主要成分按照质量百分比由以下组分组成：镁35－40%、锂15－18%、硅0.8－1.2%、锰：1.5－2%、铬：2－5%、钴1－5%、镍15－20%、钒1－5%；辅助成分按照质量百分比由以下组分组成：聚丙烯15%－25%，1－2%润滑剂。本发明的高强度、耐腐蚀塑料合金具有良好的耐腐蚀性和高强度。

【名称】 一种以聚四氟乙烯薄膜为基材的胶带的制造方法
【公开(公告)号】 CN103242764A
【公开(公告)日】 2013.08.14

【申请(专利权)人】 苏州华周胶带有限公司
【地址】 江苏省苏州市太仓市城厢镇新毛电站村
【发明(设计)人】 周志强
【摘要】 本发明公开了一种以聚四氟乙烯薄膜为基材的胶带的制造方法，包括步骤为：将松香用切割机切割成块状物质，倒入到碱性溶液中加热搅拌，将已在碱性溶液中浸泡一定时间的牛皮胶加入到松香溶液中，继续加热得到混合均匀的胶体混合物；将所述胶体混合物涂覆在聚四氟乙烯薄膜上，在160－180℃下进行固化干燥，得到以聚四氟乙烯薄膜为基材的胶带。通过上述方式，本发明提供的一种以聚四氟乙烯薄膜为基材的胶带的制造方法，所述胶带在使用时具有极大的柔韧性和弹性，黏贴时间长，胶接强度高，能达到8.5N/m的胶接强度，对木材、皮革、织物、纸板和塑料等材料均有良好的胶接效果。

【名称】 环保的聚对苯二甲酸乙二醇酯模塑料
【公开(公告)号】 CN103254594A
【公开(公告)日】 2013.08.21
【申请(专利权)人】 常熟市弘基无纺制品有限公司
【地址】 江苏省苏州市常熟市支塘镇工业园任阳老区振弘路
【发明(设计)人】 李梅新
【摘要】 一种环保的聚对苯二甲酸乙二醇酯模塑料，属于高分子材料技术领域。其特征在于其是由以下重量份数的原料组成：聚对苯二甲酸乙二醇酯35～43份；聚丙烯树脂5～10份；增韧剂6～12份；磷酸盐8～14份；抗氧剂0.2～0.6份；增强纤维7.5～15份；润滑剂0.6～1.1份；炭黑0.8～1.4份。提供的环保的聚对苯二甲酸乙二醇酯复合材料经测试具有如下的性能指标：拉伸强度125～147MPa，弯曲强度210～225MPa，缺口冲击强度63～76J/m，阻燃性达到V－0(UL－94－1.5mm)，热变形温度207～223℃，燃烧时无有毒有害气体释放。

【名称】 聚对苯二甲酸乙二醇酯模塑料的制备方法
【公开(公告)号】 CN103254592A
【公开(公告)日】 2013.08.21
【申请(专利权)人】 常熟市弘基无纺制品有限公司
【地址】 江苏省苏州市常熟市支塘镇工业园任阳老区振弘路
【发明(设计)人】 李梅新
【摘要】 一种聚对苯二甲酸乙二醇酯模塑料的制备方法，属于高分子材料制备技术领域。其是先将聚对苯二甲酸乙二醇酯25～31份在125℃下干燥10.5h，干燥后投入高速混合机中，接着向高速混合机中投入非结晶性聚酯树脂5～9份、增韧剂3～7份、阻燃剂6～11份、填料20～29份、抗氧剂0.3～0.7份、增强纤维6～15份和炭黑0.8～1.4份，在高速混合机的转速为550n/min的速度下混合；而后将混合料转入并行双螺杆挤出机中熔融挤出，经冷却、切粒和干燥后得到成品，控制一至十二区的螺杆温度：210℃、215℃、225℃、235℃、245℃、255℃、265℃、265℃、265℃、265℃、265℃、265℃。具有如下的性能指标：拉伸强度135～158MPa，弯曲强度200～220MPa，缺口冲击强度60～80J/m，阻燃性达到V－0(UL－94－3.0mm)；热变形温度为210～230℃，因而收缩小。

【名称】 聚对苯二甲酸乙二醇酯模塑料
【公开(公告)号】 CN103254593A
【公开(公告)日】 2013.08.21
【申请(专利权)人】 常熟市弘基无纺制品有限公司
【地址】 江苏省苏州市常熟市支塘镇工业园任阳老区振弘路
【发明(设计)人】 李梅新
【摘要】 一种聚对苯二甲酸乙二醇酯模塑料，属于高分子材料技术领域。其特征在于其是由以下重量份数的原料组成：聚对苯二甲酸乙二醇酯25～31份；非结晶性聚酯树脂5～9份；增韧剂3～7份；阻燃剂6～11份；填料20～29份；抗氧剂0.3～0.7份；增强纤维6～15份；炭黑0.8～1.4份。提供的聚对苯二甲酸乙二醇酯模塑料经测试具有如下的性能指标：拉伸强度135～158MPa，弯曲强度200～220MPa，缺口冲击强度60～80J/m，阻燃性达到V－0(UL－94－3.0mm)，热变形温度210～230℃；具有低收缩的技术效果。

【名称】 环保的聚对苯二甲酸乙二醇酯模塑料的制备方法
【公开(公告)号】 CN103265794A
【公开(公告)日】 2013.08.28
【申请(专利权)人】 常熟市弘基无纺制品有限公司
【地址】 江苏省苏州市常熟市支塘镇工业园任阳老区振弘路
【发明(设计)人】 李梅新
【摘要】 一种环保的聚对苯二甲酸乙二醇酯模塑料的制备方法，属于高分子材料制备领域。其是先将聚对苯二甲酸乙二醇酯35～43份投入烘燥装置中烘干，得到烘干料并且投入高速混合机中；再将聚丙烯树脂5～10份、增韧剂6～12份、磷酸盐8～14份、抗氧剂0.2～0.6份、增强纤维7.5～15份、润滑剂0.6～1.1份和炭黑0.8～1.4份投入高速混合机中混合；而后将混合料转移至并行双螺杆挤出机中熔融挤出，经冷却、切粒和干燥后得到成品，控制一至十二区的螺杆温度：210℃、225℃、235℃、

235℃、245℃、245℃、255℃、255℃、260℃、260℃、265℃、265℃。具有如下的性能指标：拉伸强度125～147MPa，弯曲强度210～225MPa，缺口冲击强度63～76J/m，阻燃性达到V－0(UL－94－1.5mm)，热变形温度207～223℃；环保效果好。

【名称】 耐腐蚀塑料合金
【公开(公告)号】 CN103266251A
【公开(公告)日】 2013.08.28
【申请(专利权)人】 滁州市昊宇滑动轴承有限公司
【地址】 安徽省滁州市经济开发区怡亭南路
【发明(设计)人】 江邦寿
【摘要】 本发明涉及耐腐蚀塑料合金，所述合金由主要成分和辅助成分组成，所述主要成分按照质量百分比由以下组分组成：钼1－4%、镁31－35%、铬2－5%、锂16－18%、钴1－5%、镍18－25%、钒1－5%；辅助成分按照质量百分比由以下组分组成：聚丙烯15%－25%，1－2%润滑剂；本发明具有良好的耐腐蚀性。

【名称】 耐磨、耐腐蚀塑料合金
【公开(公告)号】 CN103266252A
【公开(公告)日】 2013.08.28
【申请(专利权)人】 滁州市昊宇滑动轴承有限公司
【地址】 安徽省滁州市经济开发区怡亭南路
【发明(设计)人】 江邦寿
【摘要】 本发明涉及耐磨、耐腐蚀塑料合金，所述合金由主要成分和辅助成分组成，所述主要成分按照质量百分比由以下组分组成：碳2－4%、铬：5－20%、钼：5－10%、镍：2－10%、镁30－40%、硅：0－5%、锰：1－8%、硫：0.01－0.02%，辅助成分按照质量百分比由以下组分组成：聚丙烯15%－25%，1－2%润滑剂；本发明的耐磨、耐腐蚀塑料合金具有良好的耐磨性和耐腐蚀性。

【名称】 用于方底阀口袋制作的塑料编织筒布横切和输送装置
【公开(公告)号】 CN103240915A
【公开(公告)日】 2013.08.14
【申请(专利权)人】 常州市恒成塑料机械有限公司
【地址】 江苏省常州市武进区郑陆镇三河口工业开发区
【发明(设计)人】 陆文慧
【摘要】 本发明提供一种适用于方底阀口袋制作的塑料编织筒布横切和输送装置，其包括输送辊轮对、压袋板机构、切刀机构、切刀压袋板座及袋片承托台板；所述输送辊轮对在其上辊轮与下辊轮的对应位置，分别对应布设至少两组凹槽，所述凹槽内固定嵌装有喷气管，形成上、下两层喷气管；筒布从所述输送辊轮对以及上下两层喷气管的之间被输送至切刀压袋板座上，经切刀机构切割后的筒布袋片被上、下两层喷气管喷出的气流吹送至袋片承托台板上。本发明通过在输送辊轮对上设置上下两层喷气管，使筒布袋片的输送可在两层气流的夹持下进行输送，有效克服了袋片前端产生翘角和翻转现象，确保切割后筒布袋片的输送平稳，定位可靠和90度转向的顺利进行。

【名称】 一种基于机器视觉的塑料瓶瓶口余料检测方法及装置
【公开(公告)号】 CN103257144A
【公开(公告)日】 2013.08.21
【申请(专利权)人】 华南理工大学
【地址】 广东省广州市天河区五山路381号
【发明(设计)人】 文生平；李雪烽
【摘要】 本发明公开了一种基于机器视觉的塑料瓶瓶口余料检测方法及装置，检测对象为中空吹塑成型的半透明和不透明塑料瓶制品，检测缺陷类型为瓶口内余料。塑料瓶成型后经传送装置到达检测工位，通过位置传感器点亮光源并触发相机拍照；选择合适的光源、相机、及前两者与塑料瓶之间的距离而建立成像系统，图像的效果只突出瓶口内的细节，屏蔽其他细节的干扰；图像传输到计算机，通过图像处理软件判断瓶子是否存在余料；对于有预料的瓶子剔除并记录。本发明能在线快速、准确检测出塑料瓶瓶口内是否存在余料，特点在于成像方案能突出瓶口内细节，使得后续的图像处理方法简单、运算量少，而且整个检测系统稳定性高。

【名称】 一种塑料管的切片装置
【公开(公告)号】 CN103231405A
【公开(公告)日】 2013.08.07
【申请(专利权)人】 河北亚大汽车塑料制品有限公司
【地址】 河北省保定市涿州市开发区工业园区朝阳路207号
【发明(设计)人】 于水丰；郭松涛；钟建波
【摘要】 本发明公开了一种塑料管的切片装置，通过旋转第一凸台能够带动导向装置沿着立柱(5)向上或向下移动；在固定套管(1)的上端设置第二凸台；第二凸台设置在第一横板(9)的上方，并且与动力装置传动连接；固定套管(1)的外壁与在第一横板(9)上设置的通孔间隙配合；在进行切片时，塑料管的一端与固定套管(1)的下端固定连接，塑料管的外壁与定位套筒(2)间隙配合，动力装置带动固定套管(1)以及塑料管旋转，使用刀片切断塑料管。本发明的塑料管的切片装置，采用在塑料管旋转的状态下进行切片，装置结构简单，使用安全可靠，并能够提高工作效率、节约成本。

【名称】 一种塑料绝缘高压直流电缆终端用应力控制体

【公开(公告)号】 CN103259239A

【公开(公告)日】 2013.08.21

【申请(专利权)人】 哈尔滨理工大学

【地址】 黑龙江省哈尔滨市南岗区学府路52号

【发明(设计)人】 韩宝忠；李忠华；陈宇；李长明

【摘要】 一种塑料绝缘高压直流电缆终端用应力控制体，它涉及一种塑料绝缘高压直流电缆终端用应力控制体。本发明要解决现有设计的塑料绝缘高压直流电缆终端中电场分布不合理、没有合格的160kV以上塑料绝缘高压直流电缆终端的问题，本发明的塑料绝缘高压直流电缆终端用应力控制体是由增强绝缘体和应力锥组成，应力锥设置在增强绝缘体的一侧端口处，应力锥为喇叭状，应力锥的内锥面曲线为三次贝塞尔曲线，增强绝缘体的另一侧端口为梯形；塑料绝缘高压直流电缆终端用应力控制体扩径后安装到电缆端部。本发明应用于电学领域。

【名称】 一种增强AS塑料板

【公开(公告)号】 CN103232647A

【公开(公告)日】 2013.08.07

【申请(专利权)人】 苏州工业园区方圆金属制品有限公司

【地址】 江苏省苏州市工业园区斜塘龚巷村

【发明(设计)人】 顾忠兴

【摘要】 本发明揭示了一种增强AS塑料板，包括铁管本体、铁管本体外表面的锌铝镀层以及铁管本体内表面的锌镍镀层，所述的铁管本体由不锈钢构成，所述的增强AS塑料板两端分别设置有有螺纹，所述的锌铝镀层中锌和铝所占重量百分比分别为54% - 65%和35% -46%，所述的锌镍镀层中锌和镍所占重量百分比分别为88% -94%和6% -12%。该增强AS塑料板外观光滑、呈银白色，外表面的锌铝镀层和内表面的锌镍镀层均具有极好的耐腐蚀性，并且不容易造成磨擦损失，能够有效的保护铁管本体不受侵蚀，使增强AS塑料板使用寿命更长。

【名称】 一种聚对苯二甲酸丁二醇酯塑料板

【公开(公告)号】 CN103232688A

【公开(公告)日】 2013.08.07

【申请(专利权)人】 苏州工业园区方圆金属制品有限公司

【地址】 江苏省苏州市工业园区斜塘龚巷村

【发明(设计)人】 顾忠兴

【摘要】 本发明揭示了一种聚对苯二甲酸丁二醇酯塑料板，包括聚对苯二甲酸丁二醇酯塑料和添加剂，所述的添加剂包括抗静电剂、导电剂、填充剂、阻燃剂、交联剂以及抗氧化剂，所述的抗静电剂为烷基磺酸钠，所述的导电剂为聚苯胺，所述的填充剂为玻璃纤维，所述的阻燃剂为三氧化二锑，所述的交联剂为二甲胺基丙胺，所述的抗氧化剂为N-苯基-α-萘胺。该聚对苯二甲酸丁二醇酯塑料板改性后使得阻燃性、抗静电性、导电性、机械强度等各方面性能都得到明显提升，并且使用过程中不易老化，使用寿命长。

【名称】 一种聚苯乙烯塑料板

【公开(公告)号】 CN103232646A

【公开(公告)日】 2013.08.07

【申请(专利权)人】 苏州工业园区方圆金属制品有限公司

【地址】 江苏省苏州市工业园区斜塘龚巷村

【发明(设计)人】 顾忠兴

【摘要】 本发明揭示了一种聚苯乙烯塑料板，包括聚苯乙烯塑料、增韧剂、填充剂、交联剂、促进剂以及增强剂，所述的各成分所占重量百分比分别为所述的聚苯乙烯塑料占73.8% -79.7%，所述的增韧剂占5.3% -6.5%，所述的填充剂占6.6% -7.3%，所述的交联剂占3.4% -4.7%，所述的促进剂占2.8% -4.1%，所述的增强剂占2.2% -3.6%。通过添加添加剂使得聚苯乙烯塑料板韧性好、抗冲击强度高、机械强度强，增加了使用范围。

【名称】 一种ABS塑料板

【公开(公告)号】 CN103242617A

【公开(公告)日】 2013.08.14

【申请(专利权)人】 苏州工业园区方圆金属制品有限公司

【地址】 江苏省苏州市工业园区斜塘龚巷村

【发明(设计)人】 顾忠兴

【摘要】 本发明揭示了一种ABS塑料板，包括ABS塑料和添加剂，所述的添加剂包括稳定剂、偶联剂、成核剂、增强剂、抗氧化剂以及耐磨剂，所述的稳定剂为五硫醇锑，所述的偶联剂为乙烯基三乙氧基硅烷，所述的成核剂为苯乙烯-丁二烯-苯乙烯嵌段共聚物，所述的增强剂为陶土，所述的抗氧化剂为硫代二丙酸二月硅脂，所述的耐磨剂为增韧氧化锆。该ABS塑料板改性后使得性能稳定性得到提高，机械强度大大增强，抗氧化性能增加，耐磨性、耐腐蚀性均比现有的得到提升，使得ABS塑料板的使用寿命增加，并且增加了ABS塑料板的使用范围。

(涂红梅)

塑料标准化

全国塑料制品标准化技术委员会第六届委员会成立

全国塑料制品标准化技术委员会(SAC/TC48)换届暨第六届委员会于2013年5月14日在北京中土大厦召开。国家标准化管理委员会、工业和信息化部、中国轻工业联合会、北京工商大学的相关领导和新一届TC48及3个分技术委员会委员140余人出席了会议。

第六届全国塑料制品标准化技术委员会(SAC/TC48)由41名委员组成，秘书处设在轻工业塑料加工应用研究所。第六届全国塑料制品标准化技术委员会塑料制品分技术委员会(SAC/TC48/SC1)由45名委员组成，秘书处设在大连塑料研究所有限公司。第六届全国塑料制品标准化技术委员会泡沫塑料分技术委员会(SAC/TC48/SC2)由23名委员组成，秘书处设在轻工业塑料加工应用研究所。第六届塑料管材、管件及阀门分技术委员会(SAC/TC48/SC3)由45名委员组成，秘书处设在轻工业塑料加工应用研究所。

第六届全国塑料制品标准化技术委员会(SAC/TC48)组成名单

序号	本会职务	姓名	工作单位	职务/职称
1	主任委员	曹俭	中国塑料加工工业协会	常务副理事长/高级工程师
2	副主任委员	黄志刚	北京工商大学	院长/教授
3	秘书长兼SC2副主任委员	王向东	轻工业塑料加工应用研究所	副所长/高工
4	副秘书长兼SC1主任委员	田岩	中国塑料加工工业协会	副秘书长/教授级高工
5	委员	谢立安	工业和信息化部消费品工业司	调研员/副研究员
6	委员	王利	中国包装联合会	常务副秘书长/高工
7	委员	张真和	全国农业技术推广服务中心	推广研究员
8	委员	高立新	住房和城乡建设部科技发展促进中心	处长/高工
9	委员	杨建海	中国石油和化学工业联合会	副处长/高工
10	委员	叶盛基	中国汽车工业协会	副秘书长/教授级高工
11	委员	马宁	中华人民共和国北京出入境检验检疫局	主任科员
12	委员	朱蕾	国家食品安全风险评估中心	助理研究员
13	委员	陈家琪	轻工业塑料加工应用研究所	副主任/高工
14	委员	傅强	四川大学高分子科学与工程学院	院长/教授
15	委员	揣成智	天津科技大学材料科学与化学工程学院	教授
16	委员	郭宝华	清华大学化学工程系	副主任/教授
17	委员	杜中杰	北京化工大学	副院长/研究员
18	委员	刘春太	郑州大学材料科学与工程学院	副院长/教授
19	委员	彭响方	华南理工大学机械与汽车工程学院	副院长/教授
20	委员	孙辉	北京工商大学	副教授
21	委员	何芃	福建省产品质量监督检验研究院	总工/教授级高工
22	委员	魏若奇	中国石油化工股份有限公司北京化工研究院	副总工/教授级高工
23	委员	符岸	广东省塑料工业协会	会长/工程师
24	委员	汪建萍	浙江省塑料行业协会	秘书长/高工
25	委员	马占峰	中国塑料加工工业协会塑料再生利用专业委员会	秘书长/高工
26	委员	王存吉	中国塑料加工工业协会异型材及门窗制品专业委员会	秘书长/高工

续表

序号	本会职务	姓名	工作单位	职务/职称
27	委员	王建东	中蓝晨光化工研究设计院有限公司	副总信息师/高工
28	委员	赵咏梅	天津市天塑科技集团有限公司	副主任/高工
29	委员	宋科明	广东联塑科技实业有限公司	总监/助理研究员
30	委员	陈宇	北京华腾新材料股份有限公司	董事长/教授级高工
31	委员	孔瑞芳	烟台万华聚氨酯股份有限公司	质管经理/高工
32	委员兼 SC1 副主任委员	朱吴兰	北京市塑料研究所	副站长/高工
33	委员兼 SC1 副主任委员	孙成伦	大连塑料研究所有限公司	所长/高工
34	委员兼 SC2 主任委员	孟庆君	中国塑料加工工业协会	副秘书长/高工
35	委员兼 SC2 副主任委员	林永飞	江苏绿源新材料有限公司	总经理
36	委员兼 SC2 副主任委员	许铭	无锡兴达泡塑新材料股份有限公司	总工/工程师
37	委员兼 SC3 主任委员	陈鹊	福建亚通新材料科技股份有限公司	常务副总裁
38	委员兼 SC3 副主任委员	王占杰	中国塑料加工工业协会塑料管道专业委员会	秘书长/高工
39	委员兼 SC3 副主任委员	贾立蓉	成都川路塑胶集团有限公司	副总工/工程师
40	委员兼 SC3 副主任委员	孙铁庄	亚大塑料制品有限公司	副总裁/研究员级高工
41	委员兼 SC3 副主任委员	黄剑	永高股份有限公司	总工/工程师

第六届全国塑料制品标准化技术委员会
塑料制品分技术委员会(SAC/TC48/SC1)组成名单

序号	本会职务	姓名	工作单位	职务/职称
1	主任委员	田岩*	中国塑料加工工业协会	副秘书长/教授级高工
2	副主任委员	孙成伦*	大连塑料研究所有限公司	所长/高工
3	副主任委员	朱吴兰*	北京市塑料研究所	质检站副站长/高工
4	秘书长	彭永杰	大连塑料研究所有限公司	室主任/工程师
5	副秘书长	李田华	轻工业塑料加工应用研究所	工程师
6	委员	陈生	中国塑料加工工业协会氟塑料加工专业委员会	秘书长/高工
7	委员	崔海龙	北京华盾雪花塑料集团有限责任公司	副经理/高工
8	委员	曹志强	白山市喜丰塑料(集团)股份有限公司	董事长/高级经济师
9	委员	丁建生	南京聚锋新材料有限公司	副总经理/高工
10	委员	房华江	宁波江南塑胶容器有限公司	总经理/工程师
11	委员	关伟	吉林省塑料研究院	总工/正高级工程师
12	委员	高学文	江苏彩华包装集团公司	总经理/高工
13	委员	郭元生	山东泰峰塑料土工材料有限公司	董事长/高工
14	委员	胡连芹	海南赛诺实业有限公司	总裁助理/工程师
15	委员	洪寅	宁波色母粒有限公司	副总经理/高工
16	委员	洪晓冬	上海永超真空镀铝有限公司	董事长
17	委员	焦瑞芳	江苏常编集成科技有限公司	副总工/工程师
18	委员	孔萍	广东轻工职业技术学院	室主任/副教授

续表

序号	本会职务	姓名	工作单位	职务/职称
19	委员	林东亮	惠东美新塑木型材制品有限公司	董事长
20	委员	刘奇祥	金发科技股份有限公司	副总工/高工
21	委员	李文东	海尔科化工程塑料国家工程研究中心股份有限公司	总经理/高工
22	委员	刘安友	北京深顺通达塑料制品有限公司	总经理/工程师
23	委员	孟永新	天津市塑料研究所	副所长/正高工
24	委员	牛建华	华之杰塑料建材有限公司	总工/高工
25	委员	强萱	天津市质量监督检验站第五站	办公室主任/工程师
26	委员	任月璋	苏州奥美材料科技有限公司	董事长/经济师
27	委员	施亚琤	佛山佛塑科技集团股份有限公司	管理部总助/高工
28	委员	施珣若	中国塑料加工工业协会塑料助剂专业委员会	副理事长/高工
29	委员	宋旭彬	广东海兴塑胶有限公司	总经理
30	委员	田小红	甘肃大禹节水集团股份有限公司	部长/工程师
31	委员	王浩江	广州合成材料研究院有限公司	副所长
32	委员	王晓静	上海华峰超纤材料股份有限公司	质检部经理/工程师
33	委员	王福全	哈尔滨市三维滚塑能源研究所	所长/高工
34	委员	徐文树	广东德冠薄膜新材料股份有限公司	副总工/工程师
35	委员	夏冶	上海紫东薄膜材料股份有限公司	高工
36	委员	张成武	黑龙江省塑料产品质量监督检验站	副站长/研究员级高工
37	委员	钟勤	上海市塑料研究所	主管/工程师
38	委员	周晓安	湖南省塑料研究所	检测中心主任/副研
39	委员	张军	山西中德塑钢型材有限责任公司	技术总监
40	委员	周彩芬	国家轻工业塑料产品质量监督检测武汉站	站长/高工
41	委员	谢立基	博罗县东成塑胶制品有限公司	销售经理
42	委员	张树延	北京凯力华维包装制品有限公司	副总经理
43	委员	贾义松	安徽安利合成革股份有限公司	经理/工程师
44	委员	黄勇	大连创元新材料有限公司	生产总监/高工
45	委员	王国明	宜兴市杰高非织造布有限公司	工程师

第六届全国塑料制品标准化技术委员会
泡沫塑料分技术委员会(SAC/TC48/SC2)组成名单

序号	本会职务	姓名	工作单位	职务/职称
1	主任委员	孟庆君*	中国塑料加工工业协会	副秘书长/高工
2	副主任委员	王向东*	轻工业塑料加工应用研究所	副所长/高工
3	副主任委员	林永飞*	江苏绿源新材料有限公司	总经理
4	副主任委员	许铭*	无锡兴达泡塑新材料股份有限公司	总工/工程师
5	秘书长	陈倩	轻工业塑料加工应用研究所	工程师
6	副秘书长	焦红文	中国塑料加工工业协会	高工

续表

序号	本会职务	姓名	工作单位	职务/职称
7	委员	吴昊	江苏省化工研究所有限公司	站长/研究员级高工
8	委员	刘鸿猛	北京北泡塑料集团公司	副总经理/高工
9	委员	倪黎敏	常州晶雪冷冻设备有限公司	技术副总/工程师
10	委员	钱洪祥	浙江圣诺盟顾家海绵有限公司	总经理、总工
11	委员	郭鑫齐	南京法宁格节能科技有限公司	董事长/高工
12	委员	何顺伦	合肥会通新材料有限公司	总裁助理/高工
13	委员	杨乐恩	常熟东南塑料有限公司	品管部经理/工程师
14	委员	韦华	南京红宝丽股份有限公司	副总经理/工程师、高级经济师
15	委员	徐业峰	山东东大一诺威新材料有限公司	副总经理/高工
16	委员	连钦	甘肃省皮革塑料研究所	常务副站长/高工
17	委员	李洪国	山东联创节能新材料股份有限公司	董事长
18	委员	倪张根	江苏恒康家居科技有限公司	董事长
19	委员	李泉	廊坊开发区梨花包装有限公司	董事长/高工
20	委员	李春亮	天津春合合成材料有限责任公司	副总经理/工程师
21	委员	胡细根	江苏嘉盛新材料有限公司	总经理/工程师
22	委员	刘永城	青岛欧克斯新型建材有限公司	总经理
23	委员	陈建平	武汉太行冶金材料有限公司	技术总监/高工

第六届全国塑料制品标准化技术委员会
塑料管材、管件及阀门分技术委员会(SAC/TC48/SC3)员组成名单

序号	本会职务	姓名	工作单位	职务/职称
1	主任委员	陈鹊*	福建亚通新材料科技股份有限公司	常务副总裁
2	副主任委员	王占杰*	中国塑料加工工业协会塑料管道专业委员会	秘书长/高工
3	副主任委员	贾立蓉*	成都川路塑胶集团有限公司	副总工/工程师
4	副主任委员	孙铁庄*	亚大塑料制品有限公司	副总裁/研究员级高工
5	副主任委员	黄剑*	永高股份有限公司	总工/工程师
6	秘书长	项爱民	轻工业塑料加工应用研究所	教授
7	委员	丁良玉	浙江中财管道科技股份有限公司	总经理/高工
8	委员	李白千	佛山市日丰企业有限公司	总工/副教授
9	委员	李鹏	华创天元实业发展有限责任公司	总工/研究员
10	委员	滕谋勇	山东华信塑胶股份有限公司	技术总监/教授
11	委员	于小蛟	山东环球塑业有限公司	董事长/助理工程师
12	委员	杨科杰	枫叶控股集团有限公司	技术中心副主任/助理工程师
13	委员	赵侠	佛山顾地塑胶有限公司	副总经理/高工
14	委员	匡红卫	江苏星河集团有限公司	总经理/高工
15	委员	柴冈	上海白蝶管业科技股份有限公司	总工
16	委员	扈廷勇	广西梧州五一塑料制品有限公司	副部长/高工

续表

序号	本会职务	姓名	工作单位	职务/职称
17	委员	林漳鸿	福建集友塑料有限公司	总经理
18	委员	李大治	浙江伟星新型建材股份有限公司	副主任/工程师
19	委员	徐水平	康泰塑胶科技集团有限公司	总监/高工
20	委员	王寿永	浙江经纬集团环保工程有限公司	主管/工程师
21	委员	李双全	新疆天业(集团)有限公司	副总经理/高工
22	委员	赵锋	西安塑龙熔接设备有限公司	总经理/高工
23	委员	鲁文耕	山东巨王管业有限公司	总工/高工
24	委员	李治	四川森普管材股份有限公司	副总工/工程师
25	委员	李洪山	天津盛象塑料管业有限公司	副总经理/高工
26	委员	徐振明	扬子石油化工有限公司南京研究院塑料加工应用研究中心	主任/教授级高工
27	委员	赵锂	中国建筑设计研究院	副院长/高工
28	委员	谢建玲	中国石油化工股份有限公司齐鲁分公司研究院	副总工/教授级高工
29	委员	陈宏愿	中国石化北京燕山石油化工有限公司树脂应用研究所	主任/高级工程师
30	委员	高本虎	中国水利水电科学研究院水利研究所	副主任/教授级高工
31	委员	吴晓芬	天津军星管业集团有限公司	总工/高工
32	委员	李伟富	宁波市宇华电器有限公司	技术部主任/工程师
33	委员	高长全	河北建投宝塑管业有限公司	副总经理/高工
34	委员	吴文利	安徽国通高新管业股份有限公司	副主任/工程师
35	委员	涂向群	武汉金牛经济发展有限公司	副总经理/高工
36	委员	王士良	金德管业集团有限公司	副总裁/工程师
37	委员	张双全	宏岳塑胶集团有限公司	总工/高工
38	委员	姚水良	爱康企业集团(上海)有限公司	副总经理/工程师
39	委员	陆光炯	淄博洁林塑料制管有限公司	技术总监/高工
40	委员	陈重	北京市市政工程设计研究总院	副总工/教授级高工
41	委员	朱弟雄	湖北凯乐科技股份有限公司	董事长/高工
42	委员	周佰兴	常州市河马塑胶有限公司	总经理/工程师
43	委员	景发岐	胜邦塑胶管道系统集团有限公司	技术总监/高工
44	委员	徐红越	河北宝路七星塑业有限公司	副总/工程师
45	委员	朱利平	上海天力实业(集团)有限公司	总工/工程师

（中国塑料加工工业协会　田岩）

2013 年发布塑料相关国家标准、行业标准

序号	标准代号	标准名称	代替标准号	实施日期	公告号
1	GB/T 29500—2013	建筑模板用木塑复合板		2013—12—01	2013 国标公告 5 号
2	GB/T 9573—2013	橡胶和塑料软管及软管组合件　软管尺寸和软管组合件长度测量方法	GB/T 9573—2003	2013—12—01	2013 国标公告 10 号
3	GB/T 9575—2013	橡胶和塑料软管　软管规格和最大最小内径及切割长度公差	GB/T 9575—2003	2013—12—01	2013 国标公告 10 号
4	GB/T 9576—2013	橡胶和塑料软管及软管组合件　选择、贮存、使用和维护指南	GB/T 9576—2001	2013—12—01	2013 国标公告 10 号
5	GB/T 13849. 1—2013	聚烯烃绝缘聚烯烃护套市内通信电缆　第 1 部分:总则	GB/T 13849. 1—1993	2013—12—02	2013 国标公告 10 号
6	GB/T 18423—2013	橡胶和塑料软管及非增强软管　液体壁透性测定	GB/T 18423—2001	2013—12—01	2013 国标公告 10 号
7	GB/T 29493. 6—2013	纺织染整助剂中有害物质的测定　第 6 部分:聚氨酯预聚物中异氰酸酯基含量的测定		2013—12—01	2013 国标公告 10 号
8	GB/T 29493. 7—2013	纺织染整助剂中有害物质的测定　第 7 部分:聚氨酯涂层整理剂中二异氰酸酯单体的测定		2013—12—01	2013 国标公告 10 号
9	GB/T 29493. 8—2013	纺织染整助剂中有害物质的测定　第 8 部分:聚丙烯酸酯类产品中残留单体的测定		2013—12—01	2013 国标公告 10 号
10	GB/T 29554—2013	超高分子量聚乙烯纤维		2014—03—01	2013 国标公告 10 号
11	GB/T 29596—2013	压敏胶粘制品分类		2013—12—01	2013 国标公告 10 号
12	GB/T 29616—2013	热塑性弹性体　多环芳烃的测定　气相色谱 - 质谱法		2013—12—01	2013 国标公告 10 号
13	GB/T 2915—2013	聚氯乙烯树脂　水萃取液电导率的测定	GB/T 2915—1999	2014—01—31	2013 国标公告 17 号
14	GB/T 19277. 2—2013	受控堆肥条件下材料最终需氧生物分解能力的测定　采用测定释放的二氧化碳的方法　第 2 部分：用重量分析法测定实验室条件下二氧化碳的释放量		2014—01—31	2013 国标公告 17 号
15	GB/T 29640—2013	塑料　玻璃纤维增强聚对苯二甲酰癸二胺		2014—01—31	2013 国标公告 17 号
16	GB/T 29641—2013	浇铸型聚甲基丙烯酸甲酯声屏板		2014—01—31	2013 国标公告 17 号
17	GB/T 29645—2013	塑料　聚苯乙烯再生改性专用料		2014—01—31	2013 国标公告 17 号
18	GB/T 29646—2013	吹塑薄膜用改性聚酯类生物降解塑料		2014—01—31	2013 国标公告 17 号

续表

序号	标准代号	标准名称	代替标准号	实施日期	公告号
20	GB/T 8946—2013	塑料编织袋通用技术要求	GB/T 8946—1998 GB/T 8947—1998	2014—06—01	2013 国标公告 21 号
21	GB/T 16989—2013	土工合成材料　接头/接缝宽条拉伸试验方法	GB/T 16989—1997	2014—05—01	2013 国标公告 21 号
22	GB/T 3403.2—2013	塑料　粉状脲-甲醛和脲/三聚氰胺-甲醛模塑料(UF-和 UF/MF-PMCs)　第 2 部分:试样制备和性能测定	部分代替: GB 13454—1992	2014—05—01	2013 国标公告 22 号
23	GB/T 3403.3—2013	塑料　粉状脲-甲醛和脲/三聚氰胺-甲醛模塑料(UF-和 UF/MF-PMCs)　第 3 部分:　选定模塑料的要求	部分代替: GB 13454—1992	2014—05—01	2013 国标公告 22 号
24	GB/T 27797.4—2013	纤维增强塑料　试验板制备方法　第 4 部分:预浸料模塑		2014—08—01	2013 国标公告 23 号
25	GB/T 29906—2013	模塑聚苯板薄抹灰外墙外保温系统材料		2014—08—01	2013 国标公告 23 号
26	GB/T 30019—2013	碳纤维　密度的测定		2014—08—01	2013 国标公告 23 号
27	GB/T 30021—2013	经编碳纤维增强材料		2014—08—01	2013 国标公告 23 号
28	GB/T 30022—2013	纤维增强复合材料筋基本力学性能试验方法		2014—08—01	2013 国标公告 23 号
29	GB/T 7351—2013	纤维级聚乙烯醇树脂	GB/T 7351—1997	2014—10—15	2013 国标公告 25 号
30	GB/T 14864—2013	实心聚乙烯绝缘柔软射频电缆	GB/T 14864—1993	2014—05—15	2013 国标公告 25 号
31	GB/T 17932—2013	膜级聚酯切片(PET)	GB/T 17932—1999	2014—10—15	2013 国标公告 25 号
32	GB/T 30086—2013	给水塑料管道轴向线膨胀系数试验方法		2014—03—01	2013 国标公告 25 号
33	GB/T 30101—2013	聚乙烯醇水溶短纤维		2014—11—01	2013 国标公告 25 号
34	GB/T 30102—2013	塑料　塑料废弃物的回收和再循环指南		2014—11—01	2013 国标公告 25 号
35	GB/T 30133—2013	卫生巾用面层通用技术规范		2014—12—01	2013 国标公告 25 号
36	GB/T 12723—2013	单位产品能源消耗限额编制通则	GB/T 12723—2008	2014—07—01	2013 国标公告 26 号
37	GB/T 9103—2013	工业硬脂酸	GB/T 9103—1988	2014—12—01	2013 国标公告 27 号
38	GB/T 9572—2013	橡胶和塑料软管及软管组合件　电阻和导电性的测定	GB/T 9572—2001	2014—09—01	2013 国标公告 27 号
39	GB/T 18422—2013	橡胶和塑料软管及软管组合件　透气性的测定	GB/T 18422—2001	2014—09—01	2013 国标公告 27 号
40	GB/T 30293—2013	生物制造聚羟基烷酸酯		2014—08—01	2013 国标公告 27 号
41	GB/T 30294—2013	聚丁二酸丁二酯		2014—08—01	2013 国标公告 27 号

续表

序号	标准代号	标准名称	代替标准号	实施日期	公告号
42	GB/T 30401—2013	塑料储藏盒		2014—12—01	2013 国标公告 27 号
43	GB/T 30402—2013	塑料毛刷		2014—12—01	2013 国标公告 27 号
44	GB/T 30403—2013	日用塑料提桶		2014—12—01	2013 国标公告 27 号
45	GB/T 30406—2013	植物纤维模塑制品通用技术要求		2014—12—01	2013 国标公告 27 号
46	GB/T 30412—2013	塑料薄膜和薄片水蒸气透过率的测定　湿度传感器法		2014—12—01	2013 国标公告 27 号
47	JC/T 2166—2013	夹层玻璃用聚乙烯醇缩丁醛(PVB)胶片		2013—9—1	2013 行标公告 23 号
48	HB/Z　410—2013	树脂基复合材料制件修补工艺		2013—9—1	2013 行标公告 23 号
49	HB/Z　411—2013	树脂基复合材料制件装配工艺		2013—9—1	2013 行标公告 23 号
50	HB　8402—2013	塑料耐化学介质性能试验方法		2013—9—1	2013 行标公告 23 号
51	HB　8414—2013	硬质塑料压缩性能试验方法		2013—9—1	2013 行标公告 23 号
52	HG/T 2821.1—2013	V 带和多楔带用浸胶聚酯线绳　第 1 部分:硬线绳	HG/T 2821—2008	2013—9—1	2013 行标公告 23 号
53	JC/T 2183—2013	铜塑复合板		2013—9—1	2013 行标公告 23 号
54	JC/T 2184—2013	建筑用透光装饰板		2013—9—1	2013 行标公告 23 号
55	YD/T 1447—2013	通信用塑料光纤	YD/T 1447—2006	2013—6—1	2013 行标公告 23 号
56	QB/T 4474—2013	集装箱液体运输用聚乙烯内衬袋膜		2013—12—01	2013 行标公告 38 号
57	QB/T 4475—2013	涂覆型持久流滴聚乙烯棚膜		2013—12—01	2013 行标公告 38 号
58	QB/T 4476—2013	足球用聚氨酯合成革		2013—12—01	2013 行标公告 38 号
59	QB/T 4477—2013	鞋面用聚氨酯超细纤维合成革		2013—12—01	2013 行标公告 38 号
60	QB/T 4492—2013	建筑装饰用塑木复合墙板		2013—12—01	2013 行标公告 38 号
61	QB/T 4494—2013	自锁式聚酰胺扎带		2013—12—01	2013 行标公告 38 号
62	HG/T 3249.3—2013	塑料工业用重质碳酸钙	HG/T3249.3—2008	2014—03—01	2013 行标公告 52 号
63	HG/T 3820—2013	合成水滑石分析方法	HG/T 3820—2006	2014—03—01	2013 行标公告 52 号
64	HG/T 4495—2013	合成水滑石热稳定剂		2014—03—01	2013 行标公告 52 号

续表

序号	标准代号	标准名称	代替标准号	实施日期	公告号
65	HG/T 4496—2013	合成水滑石阻燃剂		2014—03—01	2013 行标公告 52 号
66	HG/T 4497—2013	合成水滑石农膜保温剂		2014—03—01	2013 行标公告 52 号
67	HG/T 4498—2013	紫外阻隔材料用合成水滑石		2014—03—01	2013 行标公告 52 号
68	HG/T 4526—2013	消光用二氧化硅		2014—03—01	2013 行标公告 52 号
69	HG/T 4530—2013	氢氧化铝阻燃剂		2014—03—01	2013 行标公告 52 号
70	HG/T 4531—2013	阻燃剂用氢氧化镁		2014—03—01	2013 行标公告 52 号
71	QC/T 944—2013	汽车材料中多溴联苯(PBBs)和多溴二苯醚(PBDEs)的检测方法		2014—03—01	2013 行标公告 52 号
72	QB/T 4542—2013	牙刷用聚酰胺丝		2014—03—01	2013 行标公告 52 号
73	JB/T 11344—2013	PVC 塑料配混系统		2014—07—01	2013 行标公告 71 号
74	JB/T 11343—2013	锥形同向双螺杆塑料挤出机		2014—07—01	2013 行标公告 71 号
75	JB/T 11345—2013	可发性聚苯乙烯泡沫塑料　板材成型机		2014—07—01	2013 行标公告 71 号
76	JB/T 11346—2013	可发性聚苯乙烯泡沫塑料　板材切割机		2014—07—01	2013 行标公告 71 号
77	JB/T 11347—2013	可发性聚苯乙烯泡沫塑料　预发机		2014—07—01	2013 行标公告 71 号
78	JB/T 11348—2013	塑料挤出流延薄膜辅机		2014—07—01	2013 行标公告 71 号
79	JB/T 11509—2013	聚氨酯发泡设备通用技术条件		2014—07—01	2013 行标公告 71 号
80	JB/T 8539—2013	塑料挤出吹塑中空成型机	JB/T 8539—1997	2014—07—01	2013 行标公告 71 号
81	JB/T 5293—2013	可发性聚苯乙烯泡沫塑料　自动成型机	JB/T 5293—1991	2014—07—01	2013 行标公告 71 号
82	JB/T 5421—2013	塑料薄膜回收挤出造粒机组	JB/T 5421—1991	2014—07—01	2013 行标公告 71 号
83	JB/T 8560—2013	碳化纤维/聚四氟乙烯编织填料		2014—07—01	2013 行标公告 71 号
84	JB/T 7898—2013	填充聚四氟乙烯导轨软带	JB/T 7898—1999	2014—07—01	2013 行标公告 71 号
85	JB/T 7899—2013	填充聚四氟乙烯软带导轨　通用要求	JB/T 7899—1999	2014—07—01	2013 行标公告 71 号
86	JB/T 6069—2013	水闸橡塑复合密封件覆面用填充聚四氟乙烯软带	JB/T 6069—1992	2014—07—01	2013 行标公告 71 号

（中国塑料加工工业协会田岩、焦洪文、倪国庆）

2013 年国标、行标制修订计划表

总序号	序号	计划编号	项目名称	标准性质	制修订	代替标准号	采用国际标准	完成时间	主管部门	归口单位	起草单位
国标第二批											
1	1	20131216 - T - 469	热塑淀粉塑料通用技术要求	推荐	制定				国家标准化管理委员会	全国生物基材料及降解制品标准化技术委员会	武汉华丽环保科技有限公司、北京工商大学轻工业塑料加工应用研究所、苏州汉丰新材料股份有限公司、国家塑料制品质量监督检验中心(北京)等
2	2	20131217 - T - 469	生物聚酯　聚羟基烷酸酯(PHA)吹塑薄膜	推荐	制定			2015	国家标准化管理委员会	全国生物基材料及降解制品标准化技术委员会	宁波天安生物材料有限公司、北京工商大学、国家塑料制品质量监督检验中心(北京)
3	3	20131218 - T - 469	塑料　在高固体堆肥条件下最终厌氧生物分解和崩解能力的测定　采用分析测定释放生物气体的方法	推荐	制定		ISO 15985:2004	2015	国家标准化管理委员会	全国生物基材料及降解制品标准化技术委员会	北京工商大学、国家塑料制品质量监督检验中心(北京)等
4	4	20131219 - T - 469	塑料　在水性培养液中最终厌氧生物分解能力的测定　通过测量生物气体产物的方法	推荐	制定		ISO 14853:2005	2014	国家标准化管理委员会	全国生物基材料及降解制品标准化技术委员会	北京工商大学、国家塑料制品质量监督检验中心(北京)等

续表

总序号	序号	计划编号	项目名称	标准性质	制修订	代替标准号	采用国际标准	完成时间	主管部门	归口单位	起草单位
5	5	20131382－T－606	光学功能薄膜　聚对苯二甲酸乙二醇酯（PET）薄膜　表面电阻测定方法	推荐	制定			2014	中国石油和化学工业联合会	全国光学功能薄膜材料标准化技术委员会	合肥乐凯科技产业有限公司、中国乐凯集团有限公司
6	6	20131383－T－606	光学功能薄膜　聚对苯二甲酸乙二醇酯（PET）薄膜　厚度测定方法	推荐	制定			2015	中国石油和化学工业联合会	全国光学功能薄膜材料标准化技术委员会	合肥乐凯科技产业有限公司
7	7	20131384－T－606	光学功能薄膜　宽视角膜　配向轴的判定方法	推荐	制定			2015	中国石油和化学工业联合会	全国光学功能薄膜材料标准化技术委员会	深圳市盛波光电科技有限公司
8	8	20131385－T－606	偏光片用光学薄膜抗划伤的测试	推荐	制定			2015	中国石油和化学工业联合会	全国光学功能薄膜材料标准化技术委员会	深圳市盛波光电科技有限公司
9	9	20131419－T－606	胶粘带长度和宽度的试验方法	推荐	制定			2014	中国石油和化学工业联合会	全国胶粘剂标准化技术委员会	上海橡胶制品研究所
10	10	20131420－T－606	胶粘带高温和高湿环境性能的试验方法	推荐	制定			2014	中国石油和化学工业联合会	全国胶粘剂标准化技术委员会	上海橡胶制品研究所
11	11	20131421－T－606	胶粘剂　低溶剂或无溶剂胶粘剂涂敷后释放特性的短期测量方法　第1部分：通用程序	推荐	制定			2014	中国石油和化学工业联合会	全国胶粘剂标准化技术委员会	上海橡胶制品研究所

续表

总序号	序号	计划编号	项目名称	标准性质	制修订	代替标准号	采用国际标准	完成时间	主管部门	归口单位	起草单位
12	12	20131422 - T - 606	胶粘剂　低溶剂或无溶剂胶粘剂涂敷后释放特性的短期测量方法　第2部分:挥发性有机化合物的测定	推荐	制定			2014	中国石油和化学工业联合会	全国胶粘剂标准化技术委员会	上海合成树脂研究所
13	13	20131423 - T - 606	胶粘剂　低溶剂或无溶剂胶粘剂涂敷后释放特性的短期测量方法　第3部分:挥发性醛类化合物的测定	推荐	制定			2014	中国石油和化学工业联合会	全国胶粘剂标准化技术委员会	上海市出入境检验检疫局工业品与原材料检测技术中心、上海橡胶制品研究所
14	14	20131424 - T - 606	胶粘剂　低溶剂或无溶剂胶粘剂涂敷后释放特性的短期测量方法　第4部分:挥发性二异氰酸酯的测定	推荐	制定			2014	中国石油和化学工业联合会	全国胶粘剂标准化技术委员会	上海橡胶制品研究所
15	15	20131462 - T - 606	塑料　砜聚合物模塑和挤出材料　第1部分:命名系统和规范基础	推荐	制定		ISO 25137—1:2009	2015	中国石油和化学工业联合会	全国塑料标准化技术委员会	金发科技股份有限公司
16	16	20131463 - T - 606	塑料　砜聚合物模塑和挤出材料　第2部分:试样制备和性能测定	推荐	制定		ISO 25137—2:2009	2015	中国石油和化学工业联合会	全国塑料标准化技术委员会	金发科技股份有限公司

续表

总序号	序号	计划编号	项目名称	标准性质	制修订	代替标准号	采用国际标准	完成时间	主管部门	归口单位	起草单位
17	17	20131464-T-606	塑料 高应变速率下的拉伸性能测定	推荐	制定		ISO 18872:2007	2015	中国石油和化学工业联合会	全国塑料标准化技术委员会	金发科技股份有限公司
18	18	20131465-T-606	塑料 聚酰胺 试样加速状态调节	推荐	制定		ISO 1110:1995	2015	中国石油和化学工业联合会	全国塑料标准化技术委员会	金发科技股份有限公司
19	19	20131466-T-606	塑料 体积排除色谱法测定聚合物的平均分子量和分子量分布 第2部分:普适校正方法	推荐	制定		ISO 16014—2:2012	2014	中国石油和化学工业联合会	全国塑料标准化技术委员会	中国石油天然气股份有限公司石油化工研究院
20	20	20131467-T-606	塑料 体积排除色谱法测定聚合物的平均分子量和分子量分布 第3部分:低温法	推荐	制定		ISO 16014—3:2012	2014	中国石油和化学工业联合会	全国塑料标准化技术委员会	中国石油天然气股份有限公司石油化工研究院
21	21	20131468-T-606	塑料 体积排除色谱法测定聚合物的平均分子量和分子量分布 第4部分:高温法	推荐	制定		ISO 16014—4:2012	2014	中国石油和化学工业联合会	全国塑料标准化技术委员会	中国石油化工股份有限公司北京燕山分公司树脂应用研究所
22	22	20131469-T-606	塑料 体积排除色谱法测定聚合物的平均分子量和分子量分布 第5部分:光散射法	推荐	制定		ISO 16014—5:2012	2015	中国石油和化学工业联合会	全国塑料标准化技术委员会	中国石油化工股份有限公司北京燕山分公司树脂应用研究所
23	23	20132025-T-609	玻璃纤维耐化学介质分析方法	推荐	制定			2014	中国建筑材料联合会	全国玻璃纤维标准化技术委员会	国家玻璃纤维产品质量监督检验中心

续表

总序号	序号	计划编号	项目名称	标准性质	制修订	代替标准号	采用国际标准	完成时间	主管部门	归口单位	起草单位
24	24	20132026 - T - 609	玻璃纤维耐水性分析方法	推荐	制定			2015	中国建筑材料联合会	全国玻璃纤维标准化技术委员会	南京玻璃纤维研究设计院有限公司
25	25	20132027 - T - 609	碳纤维抗热氧化性能的测定	推荐	制定			2015	中国建筑材料联合会	全国玻璃纤维标准化技术委员会	南京玻璃纤维研究设计院有限公司
26	26	20132070 - T - 606	废橡胶废塑料裂解油化成套生产装备	推荐	制定			2014	中国石油和化学工业联合会	全国橡胶塑料机械标准化技术委员会	济南友邦恒誉科技开发有限公司、北京橡胶工业研究设计院
27	27	20132071 - T - 606	橡胶塑料机械用电磁加热节能系统通用技术条件	推荐	制定			2014	中国石油和化学工业联合会	全国橡胶塑料机械标准化技术委员会	常州兰喆仪器仪表有限公司、北京橡胶工业研究设计院
28	28	20132072 - T - 606	橡胶塑料挤出机能耗检测方法	推荐	制定			2015	中国石油和化学工业联合会	全国橡胶塑料机械标准化技术委员会	大连橡胶塑料机械股份有限公司、中国化学工业桂林工程有限公司、北京橡胶工业研究设计院
29	29	20132501 - T - 608	聚丙烯单丝、薄膜、复丝绳索	推荐	修订	GB/T 8050—2007	ISO 1346:2012	2015	中国纺织工业联合会	全国家用纺织品标准化技术委员会	农业部绳索网具产品质量监督检验测试中心、上海市纺织工业技术监督所、江苏省香川绳缆科技有限公司等

续表

总序号	序号	计划编号	项目名称	标准性质	制修订	代替标准号	采用国际标准	完成时间	主管部门	归口单位	起草单位
30	30	20132502－T－608	聚酯复丝绳索	推荐	修订	GB/T 11787—2007	ISO 1141:2012	2015	中国纺织工业联合会	全国家用纺织品标准化技术委员会	中国水产科学研究院东海水产研究所 、上海市纺织工业技术监督所、中国舟山市汇力绳缆有限公司等
31	31	20132515－T－608	纤维级聚酯切片	推荐	修订	GB/T 14189—2008		2015	中国纺织工业联合会	中国纺织工业联合会	上海市纺织工业技术监督所、中国石化上海石油化工股份有限公司、中国石化仪征化纤股份有限公司等
32	32	20132610－T－607	塑料－聚乙烯（超高分子量聚乙烯、高密度聚乙烯）模塑片材－要求和试验方法	推荐	制定		ISO 15527:2007	2015	中国轻工业联合会	全国塑料制品标准化技术委员会	中国石油化工股份有限公司齐鲁分公司研究院
33	33	20132744－T－421	塑料软包装凹印印制过程控制及质量检验方法	推荐	制定			2016	国家新闻出版广电总局	全国印刷标准化技术委员会	中国印刷技术协会凹版印刷分会、河北天龙彩印有限公司
行标　第一批											
34	1	2013—0078T－QB	超高分子量聚乙烯管材	推荐	修订	QB/T 2668—2004		2013	消费品工业司	全国塑料制品标准化技术委员会（SAC/TC48）	山东科力新材料有限公司
35	2	2013—0079T－QB	地下埋设物行踪标识带	推荐	制定			2013	消费品工业司	全国塑料制品标准化技术委员会（SAC/TC48）	青岛厚科化学有限公司

续表

总序号	序号	计划编号	项目名称	标准性质	制修订	代替标准号	采用国际标准	完成时间	主管部门	归口单位	起草单位
36	3	2013—0080T-QB	聚酰胺波纹管	推荐	制定			2013	消费品工业司	全国塑料制品标准化技术委员会(SAC/TC48)	杭州萧山顺和金属软管有限公司
37	4	2013—0082T-QB	太阳能热水器非承压塑料内胆	推荐	制定			2013	消费品工业司	全国塑料制品标准化技术委员会(SAC/TC48)	青岛联真新能源有限公司
行标　第二批											
38	1	2013—0109T-HG	保温板用硬质聚氨酯泡沫组合聚醚	推荐	制定			2014	原材料工业司	全国塑料标准化技术委员会	黎明化工研究设计院有限责任公司等
39	2	2013—0110T-HG	氯乙烯—纳米碳酸钙　原位聚合悬浮法聚氯乙烯树脂	推荐	修订	HG/T 3791—2005		2014	原材料工业司	全国塑料标准化技术委员会	锦西化工研究院有限公司
40	3	2013—0177T-HG	上光膜压敏胶粘带	推荐	制定			2014	原材料工业司	全国胶粘剂标准化技术委员会	广东省开平市齐裕胶粘制品科技有限公司、上海橡胶制品研究所
41	4	2013—0673T-JB	非阻燃双壁聚烯烃热收缩管	推荐	制定		IEC　60684—3—246:2007,MOD	2014	装备工业司	全国绝缘材料标准化技术委员会	长园集团股份有限公司等
42	5	2013—0674T-JB	阻燃双壁聚烯烃热收缩管	推荐	制定		IEC　60684—3—248:2007,MOD	2014	装备工业司	全国绝材料标准化技术委员会	长园集团股份有限公司等
行标　第三批											
43	1	2013—1192T-HG	模内装饰(IMD)用透明光学聚对苯二甲酸乙二醇酯(PET)硬化薄膜	推荐	制定			2014	原材料工业司	全国光学功能薄膜材料标准化技术委员会	合肥乐凯科技产业有限公司、中国乐凯集团有限公司、深圳甄元庆科技有限公司

续表

总序号	序号	计划编号	项目名称	标准性质	制修订	代替标准号	采用国际标准	完成时间	主管部门	归口单位	起草单位
44	2	2013—1193T - HG	铟锡氧化物（ITO）镀膜用雾面聚对苯二甲酸乙二醇酯（PET）硬化薄膜	推荐	制定			2014	原材料工业司	全国光学功能薄膜材料标准化技术委员会	合肥乐凯科技产业有限公司、中国乐凯集团有限公司、东莞宝的佳实业有限公司
45	3	2013—1194T - HG	光学功能薄膜　高明室对比度功能膜	推荐	制定			2014	原材料工业司	全国光学功能薄膜材料标准化技术委员会	天诺光电材料股份有限公司、四川长虹电器股份有限公司、中国兵器工业集团第五三研究所
46	4	2013—1195T - HG	光学功能薄膜　高明室对比度功能膜对比度测定方法	推荐	制定			2014	原材料工业司	全国光学功能薄膜材料标准化技术委员会	中国兵器工业集团第五三研究所、天诺光电材料股份有限公司、四川长虹电器股份有限公司
47	5	2013—1196T - HG	光学三醋酸纤维素酯（TAC）薄膜用紫外吸收剂含量测定　高效液相色谱法	推荐	制定			2014	原材料工业司	全国光学功能薄膜材料标准化技术委员会	中国乐凯集团有限公司
48	6	2013—1578T - SH	塑料　聚乙烯中甲基（共聚单体）含量的测定　红外光谱法	推荐	制定		ASTM D6645—01（2010），NEQ	2015	原材料工业司	全国塑料标准化技术委员会塑料树脂产品分技术委员会	中国石化齐鲁分公司研究院
49	7	2013—1579T - SH	塑料　瓶用聚对苯二甲酸乙二醇酯（PET）树脂中乙醛含量的测定　顶空气相色谱法	推荐	制定			2015	原材料工业司	全国塑料标准化技术委员会塑料树脂产品分技术委员会	中国石化仪征化纤股份有限公司

续表

总序号	序号	计划编号	项目名称	标准性质	制修订	代替标准号	采用国际标准	完成时间	主管部门	归口单位	起草单位
50	8	2013—1580T - SH	塑料　颗粒外观试验方法	推荐	修订	SH/T 1541—2006		2015	原材料工业司	全国塑料标准化技术委员会塑料树脂产品分技术委员会	中国石油化工股份有限公司北京燕山分公司
51	9	2013—1821T - SH	加油站用钢 - 玻璃纤维增强塑料埋地卧式双层储罐技术规范	推荐	制定			2013	规划司	中国石油化工股份有限公司工程部	镇海石化工程股份有限公司
52	10	2013—1823T - SH	加油站用玻璃纤维增强塑料埋地卧式双层储罐技术规范	推荐	制定			2013	规划司	中国石油化工股份有限公司工程部	镇海石化工程股份有限公司
53	11	2013—1249T - JC	聚苯乙烯泡沫(EPS)复合装饰线	推荐	制定		EN 13163—2001,NEQ	2015	原材料工业司	中国建筑材料联合会	建筑材料工业技术情报研究所
54	12	2013—1313T - JB	内燃机用　塑料进气管　技术条件	推荐	制定			2015	装备工业司	全国内燃机标准化技术委员会	雪龙集团股份有限公司、上海内燃机研究所
55	13	2013—1454T - JB	阻燃聚烯烃热收缩管	推荐	制定		IEC 60684—3—209:2010,MOD	2015	装备工业司	全国绝缘材料标准化技术委员会	长园集团股份有限公司
56	14	2013—1455T - JB	半硬型聚烯烃热收缩管	推荐	制定		IEC 60684—3—211:2007,MOD	2015	装备工业司	全国绝缘材料标准化技术委员会	长园集团股份有限公司
57	15	2013—1456T - JB	柔软型聚烯烃热收缩管	推荐	制定		IEC 60684—3—212:2006,MOD	2015	装备工业司	全国绝缘材料标准化技术委员会	长园集团股份有限公司
58	16	2013—1457T - JB	母线绝缘用聚烯烃热收缩管	推荐	制定		IEC 60684—3—283:2011,MOD	2015	装备工业司	全国绝缘材料标准化技术委员会	长园集团股份有限公司
59	17	2013—1458T - JB	中厚壁聚烯烃热收缩管	推荐	制定		IEC 60684—3—214:2005,MOD	2015	装备工业司	全国绝缘材料标准化技术委员会	长园集团股份有限公司

续表

总序号	序号	计划编号	项目名称	标准性质	制修订	代替标准号	采用国际标准	完成时间	主管部门	归口单位	起草单位
60	18	2013—1551T－SJ	多晶硅用聚乙烯包装材料规范	推荐	制定			2014	电子信息司	全国半导体材料和设备标准化技术委员会(TC203)	江苏中能硅业科技发展有限公司
2013 年第四批行标											
61	1	QBFFZT3052—2013	塑料薄膜耐揉搓性能试验方法	推荐	制定			2014	消费品工业司	全国塑料制品标准化技术委员会(SAC/TC48)	山东天鹤塑胶股份有限公司
62	2	QBFFZT3053—2013	人造革合成革试验方法颜色迁移性的测定	推荐	制定			2014	消费品工业司	全国塑料制品标准化技术委员会(SAC/TC48)	浙江禾欣实业集团股份有限公司
63	3	QBFFZT3054—2013	人造革合成革试验方法二甲基甲酰胺含量的测定	推荐	制定			2014	消费品工业司	全国塑料制品标准化技术委员会(SAC/TC48)	浙江禾欣实业集团股份有限公司
64	4	QBFFZT3055—2013	人造革合成革试验方法 N－甲基吡咯烷酮含量的测定	推荐	制定			2014	消费品工业司	全国塑料制品标准化技术委员会(SAC/TC48)	昆山市安姆特检测技术有限公司
65	5	QBCPZT3056—2013	家具用定岛超细纤维聚氨酯合成革	推荐	制定			2014	消费品工业司	全国塑料制品标准化技术委员会(SAC/TC48)	无锡双象超纤材料股份有限公司
66	6	QBCPZT3057—2013	内墙装饰用超细纤维聚氨酯壁革	推荐	制定			2014	消费品工业司	全国塑料制品标准化技术委员会(SAC/TC48)	上海华峰超纤材料股份有限公司
67	7	QBCPZT3058—2013	水性聚氨酯/聚氯乙烯复合人造革	推荐	制定			2014	消费品工业司	全国塑料制品标准化技术委员会(SAC/TC48)	浙江申腾涂层织物有限公司

续表

总序号	序号	计划编号	项目名称	标准性质	制修订	代替标准号	采用国际标准	完成时间	主管部门	归口单位	起草单位
68	8	QBCPZT3059—2013	建筑排水用硬聚氯乙烯(PVC－U)导流叶片型旋流器	推荐	制定			2014	消费品工业司	全国塑料制品标准化技术委员会(SAC/TC48)	中国建筑装饰装修材料协会
69	9	QBCPZT3060—2013	金属增强聚氯乙烯真空管组件	推荐	制定			2014	消费品工业司	全国塑料制品标准化技术委员会(SAC/TC48)	杭州萧山顺和金属软管有限公司
70	10	QBCPZT3061—2013	建筑排水用无铅硬聚氯乙烯(PVC－U)管材	推荐	制定			2014	消费品工业司	全国塑料制品标准化技术委员会(SAC/TC48)	广东联塑科技实业有限公司
71	11	QBCPZT3062—2013	建筑排水用无铅硬聚氯乙烯(PVC－U)管件	推荐	制定			2014	消费品工业司	全国塑料制品标准化技术委员会(SAC/TC48)	广东联塑科技实业有限公司
72	12	QBCPZT3063—2013	聚氨酯/聚氯乙烯复合人造革	推荐	制定			2014	消费品工业司	全国塑料制品标准化技术委员会(SAC/TC48)	福建宝利特集团有限公司
73	13	QBCPZT3064—2013	手套用聚氨酯合成革	推荐	制定			2014	消费品工业司	全国塑料制品标准化技术委员会(SAC/TC48)	昆山协孚人造皮有限公司
74	14	QBCPZT3065—2013	车用聚氯乙烯夹网膜材	推荐	制定			2014	消费品工业司	全国塑料制品标准化技术委员会(SAC/TC48)	昆山阿基里斯人造皮有限公司
75	15	QBCPZT3066—2013	轨道车辆用聚氯乙烯人造革	推荐	制定			2014	消费品工业司	全国塑料制品标准化技术委员会(SAC/TC48)	昆山阿基里斯人造皮有限公司
76	16	QBFFZT3067—2013	人造革合成革试验方法　颜色的测量方法	推荐	制定			2014	消费品工业司	全国塑料制品标准化技术委员会(SAC/TC48)	昆山阿基里斯人造皮有限公司

（中国塑料加工工业协会 田岩、焦洪文、倪国庆）

重点企业介绍

南京科亚化工成套装备有限公司

科亚：专注制造中国最好的双螺杆挤出机组成套设备

南京科亚化工成套装备有限公司是由获得“国家有特殊贡献专家”称号的刘光知先生和原化工部机械研究院多名资深专家以及原南京科亚实业公司的技术骨干、行业精英共同组建的现代企业。创业发展十余年，硕果累累。南京科亚装备以振兴民族工业为己任，强势出击，它标志着本行业新的龙头企业已经扬帆起航。

铸造高质量产品是一种追求，更是一种责任

江苏科亚化工装备有限公司成立于1993年，是中国第一代挤出机的创业者，其产品连续五年在国内同行中保持产销量第一。1999年《人民日报》刊登了“南京有个小巨人”的科亚专题报道；2003年科亚成长为年销售1.3亿元，利税超千万的中国配混双螺杆挤出机龙头企业；2004年9月，科亚与德国科倍隆（COPERION）集团合作，成立了科倍隆科亚（南京）机械有限公司，在塑料配混挤出行业首次实现了中国和世界第一的强强联合；2010年5月正式成立为南京科亚化工成套设备有限公司。

科亚目前拥有制造双螺杆挤出机完备的现代化加工设备，六台全新加工中心，以及专业的螺纹数控磨床，数控齿轮仿形磨床，其他各类高精度加工机床50多台套，整体装备水平在行业内遥遥领先。先进的设备和生产管理，确保了科亚可自主生产加工新一代双螺杆挤出机的所有核心零部件，同时配有先进的进口检测设备，保证加工零件和整机装配的精准和可靠。

公司建有国内最先进的中心试验室，配备了SK53和AK36机组各一套，并配有德国BRABENDER公司、美国K－tron公司计量秤、德国MAAG公司进口SPHERO水下切粒机，以及各式切粒机，以及全套从原料配混到物料运输和包装成套辅机。其中SK53试验机组配有德国HENSCHEL公司的最新高速（1200r/min）高扭距（$N=12$）传动箱，可以为客户提供各种需求的工艺、设备实验。公司目前生产公称直径22～165mm的多种系列双螺杆挤出机成套装备，生产能力2～6000kg/h，可广泛应用于石油、化工、橡胶、电子、医药等各个行业的配混、挤出、造粒、成型等工艺。

开放式实验中心专注产品研发

新产品的研发，是科亚装备自立、创新与成功的基石。有原化工部化工机械研究院资深专家群、中国同向双螺杆挤出机创业者为基础，有与德国科倍隆集团的成功合作经验，以及和西门子、艾默生等国际品牌成功合作案例，另有一大批行业精英的强势加盟，科亚站在了一个更高的起点，全新推出的AK、SK新一代挤出机再次推动中国塑机行业的发展。

AK和SK系列产品获得欧洲“CE”安全认证，此认证是进入欧洲市场的护照，可采用HMI仿真界面操作，可对新产品、新工艺的混配挤出，进行可行性实验，并能实现远程操作和诊断。

此外，AH、SK设备优良，具有多项革新：

1. 新设计的传动系统，具有更加稳定的输出，标准螺杆速度可达900rpm；

2. 采用双通道往复式筒体冷却系统，同时配置更大功率铸铜加热器，温度控制更加精准；

3. 采用铸造底座，杜绝了焊接应力的不利影响，设备稳定性获得大幅提升；

4. 采用了新研发的多种螺杆元件，适用于高速、高扭矩、高产量；

AK和SK系列产品的新型控制系统则为科亚装备的科技创新、产品研发提供了一个坚实的平台，为工厂生产过程控制的现代化朝着全数字化、智能化和网络化、管控一体化迈进，也为客户走进科亚装备，了解和选择科亚产品打开了一扇美妙而真实的知识愿景。

以实现塑料造粒民族品牌自主、创新、发展为己任

双螺杆挤出机广泛应用于橡塑和工程树脂的填充、共混、增强等改性造粒传统领域，同时应用于电缆用绝缘料、护套料、低烟低卤阻燃型PVC电缆料及各种硅烷交联料造粒，也用于可降解母料、色母料，聚酰胺加聚反应的挤出造粒。近年来，科亚也有大量客户将双螺杆挤出的造粒应用拓展到特种母粒，热固性塑料（酚醛树脂、环氧树脂、粉末涂料），热熔胶、聚氨脂反应挤出造粒，K树脂、SBS脱挥造粒等应用上。

南京科亚化工成套装备有限公司具有三十年的专业经验，在国内外安装调试了超过3000套双螺杆挤出机生产线，涵盖双螺杆挤出机的所有应用领域，在满足造粒需求方面更是拥有一支工艺精湛的专家团队和经验丰富的服务团队，可以为国内外客户提供从工厂规划到产品稳定生产的全套工程服务。

凭借在科亚双螺杆挤出机在造粒领域的设计实践，南京科亚化工成套装备有限公司联合国内外几十家知名品牌作为公司的战略合作伙伴，如德国BRABENDER公司、美国K－tron公司、德国MAAG

公司，德国Automatik公司，国内的上海松耐，常州奥恩等公司，科亚可以为造粒客户提供世界一流的从原料到成品的全套顶尖设备。根据用户的工艺需求和工程投资规模，南京科亚化工成套装备有限公司提供具有针对性，并具有可预期的投资回报的造粒工程全套服务。这彻底改变了过去作为塑料加工厂和一家单纯的挤出机生产商的买卖关系。和科亚公司合作，造粒客户得到的将是"量身订做"的全套设备装置，以及从工程规划，设备安装，原料处理，产品储存的"一条龙"服务。

科亚装备以塑料造粒实现民族品牌自主、创新、发展为己任，伴随中国日益强大和领先的塑料工业和设备工业的洪流，科亚装备必将成为新的"小巨人"，继续引领行业的创新与发展。

第三代SK系列双螺杆挤出系统成功应用在高端配混、改性造粒产业

全球同向双螺杆挤出配混系统领航者科亚装备在Chinaplas'2014展会上推出的第三代SK系列高扭矩、高转速(螺杆转速：900r/min)塑料挤出机已成功应用于各类高分子配混改性产业。随着用户群体的认知度提高，第三代SK系列双螺杆挤出系统已逐步占领国内中高端客户群体，近期将交付第一批国际市场用户。

拥有20多年中国市场的运营经验，科亚装备以中国本土及外商投资企业用户实际需求和应用入手，集近年高分子材料产业及机械加工自动化发展的最新成果，潜心研究与开发完成的第三代SK系列机型，更好地满足了中国市场各类用户需求，能为用户提高约30%产能的同时降低20%能耗。

第三代SK系列产品是集科亚装备在平行双螺杆挤出机领域多年研发、制造经验，整机的高稳定性和高能效可满足更高生产效率，已开始在国内用于塑料改性、配混、造粒等领域。第三代SK系列产品除配备了德国原装进口高扭矩、高转速齿轮箱外，高灵敏度和高可靠性的安全联轴器可确保设备稳定运行。科亚装备和欧洲多家知名材料供应商建立稳定的合作关系，可提供从超耐磨到超耐腐的各类热等静压复合粉末冶金材料应用于挤出机的筒体衬套，螺杆，芯轴等关键元件，帮助用户面对各种复杂工况。第三代SK系列双螺杆挤出系统配合科亚装备自主研发的AKP龙门式切粒系统、AKW水环造粒系统、AKB侧喂料系统等辅机系统，可以更加出色地发挥主机产能。第三代SK系列产品在经过20余台各类高精度数控加工中心、10余项关键零部件检验流程的严酷标准下诞生，同时提供远程控制和作业数据无线网络云传输在内的多种用户可选电气控制系统方案，为各类高分子材料的试验、加工，大型工厂工程控制提供高性能保证。

近期交付浙江A用户SK96水下造粒成套系统，配备600kW主电机，用于PP和PPR生产，产能2万吨，后续2套SK96成套系统，8月份交付投产。江苏B用户SK96水环造粒成套系统，配备630kW主电机，用于硅烷交联生产，年产1万吨。

更多详情请登录科亚装备官方网站、微信微博！www.kymach.com

南京科亚最新挤出机让您在实验室获得极佳用户体验

自今年5月起，南京科亚化工成套装备有限公司(以下简称南京科亚)向市场推出了最新的SK 26实验型挤出机，同时在中国橡塑工业展CHINAPLAS'2013上进行了展示和运行，获得了热烈的市场反响，截止目前已经有多台设备用户交付使用。

南京科亚作为国内最大的挤出机制造商，在广泛了解用户需求的基础上，独立研发了最新的SK 26实验挤出机，目标是让科亚客户能够在实验室使用性能突出，运行稳定，并符合科研试验人员操作习惯的挤出系统，能够让挤出设备不再成为高分子材料性能研究中的瓶颈，让科研人员可以快速，有效地完成材料试验，最终获得技术优势和竞争优势。

挤出机优异的性能是完成实验的基本保证

SK 26实验挤出机具有高扭矩，高速度，较大自由容积的特点，是目前国内转速最高，扭矩最大的实验挤出机。SK26挤出机螺杆直径26.5mm，可以为用户提供900rpm，或是1200rpm螺杆转速，根据客户研究工艺方向可以提供36~56的长径比，完成针对大部分热塑性塑料，弹性体等材料的工艺试验，并可以展开小规模生产。科亚多家SK 26客户已经成功地完成了多种工程塑料，母料，热敏性物料的实验研究应用。

SK 26挤出机采用德国亨舍尔(HENSCHEL)公司最新研发的齿轮箱，该型号齿轮箱针对实验挤出机进行了优化设计。SK26挤出机在900r/min到1200r/min转速范围内，可以配备18.5~30kW的驱动装置提供高扭矩输出，为工艺试验提供充沛的动力保证。作为挤出机核心部件的螺杆和机筒，均针对小型实验挤出机进行了优化设计，并都在南京科亚自己的专用加工中心上独立生产，全程处于严格的质量控制体系管控中，为SK 26挤出机的稳定运行提供了保证。

广泛的工艺适应性给实验带来更多的可操作性

SK 26挤出机整机采用了集成设计，并在出厂前已经进行安装调试，设备运抵客户现场后只要接入水电即可开机，使得设备调试不再浪费客户的时间精力。SK 26 挤出机采用了最新的 PLC 控制技术，所有的开机和运行操作，用户都在设备机身上一个 10 英寸的西门子(SIEMENS)触摸屏上完成，整个工艺操作段可达到 0.5% 的温控精度，同时内置的电脑可以记录客户的全部试验数据，为客户系统分析和整理实验数据提供了方便。对于需要远程控制的客户，SK26 还可以在分别在办公室和实验室对设备实施同步控制和显示，这也给一些多人项目组协同工作的用户带来了方便和乐趣。

国际合作让客户得到最新的挤出前沿技术

南京科亚多年来一直潜心于发展民族品牌的挤出设备，同时关注和应用世界上最新的挤出技术，SK 26 挤出机的配置充分体现了这一理念。除了前文介绍的亨舍尔公司的最新传动箱外，在电机和传动箱之间，SK 26 挤出机还采用了进口的 ROTAFREE 安全联轴器，可以在用户加料波动或意外发生时保护传动箱的安全，并且在排除故障后可以方便地复位。

目前南京科亚已经和国内外的许多供应商结成战略合作伙伴，他们的最新技术都可以第一时间应用到科亚的设备上。在 SK 26 挤出机喂料上游，用户可以根据试验要求，采用预混或是多路计量方式。SK26 可以配置最先进的布拉本达(BRABENDER)失重式电子秤，完成各种配比的多种物料的喂入。对于一些具有腐蚀性，或是高磨损的材料试验研究，SK 26 挤出机可以采用瑞士进口的采用 HIP 技术定制的材料制作的螺杆元件和整体式衬套。对于具有高排气或脱挥型要求的材料试验，SK 26 挤出机可以配备德国普旭(BUSCH)的 DOLPHIN 液体环泵或 MINK 爪式真空泵机组。SK 26 挤出机同时也可配置德国 MAGG 公司的熔体泵进行挤出成型的实验研究。

南京科亚目前已经有超过 5000 套设备在客户处运行，凭借多年的专业技术和丰富经验，为客户提供成套设备的技术解决方案。

常州百佳薄膜科技有限公司

常州百佳薄膜科技有限公司成立于 2007 年，是中国 500 强百兴集团下属子公司，坐落于风景优美的龙城——常州。公司拥有超过二十年对 EVA、BOPET、PC、PP、PET、PVC、ABS 等热塑性高分子材料的生产与改性研发经验，专业生产 EVA 太阳能封装胶膜；BOPET 聚酯薄膜；PC 及 PP 光学级、阻燃级、印刷级薄膜；PVC、PETG、ABS 银行信用卡芯层及面层。

目前，公司 EVA 太阳能电池封装胶膜年产量已达 3000 万平方米；BOPET 太阳能电池背板膜、光学膜年产量 3 万吨；PC 及 PP 薄膜年产量达 5000 吨；PVC、PETG、ABS 卡基材料及面层年产量达 20000 多吨。

公司拥有江苏省省级高分子材料工程技术中心，是江苏省高新技术企业，所生产的产品已取得 UL、TUV 等技术认证。公司与中国科技学院、四川大学、江苏工学院等大批院所高校合作，成立了材料研发实验室，在确保产品质量稳定的同时，不断完善产品性能，保证技术的不断研发和更新。

公司产品：

一、EVA 胶膜

二、BOPET 聚酯薄膜：通用聚酯薄膜、电子材料用膜、珠片用膜、太阳能背材用聚酯薄膜、电气绝缘用膜、光学聚酯薄膜等。

三、PETG 片材

四、PC 薄膜：阻燃环保 PC 薄膜、非阻燃环保 PC 薄膜、透明 PC 薄膜、磨砂 PC 薄膜、PC 芯层和面层等

五、PP 薄膜：非阻燃环保 PP 薄膜

六、PVC 卡基材料：ABS 信用卡、IC 卡、普通卡、非接触卡卡基材料、信用卡面膜、AB 银行卡等。

联系方式：工厂地址：江苏省常州市武进区礼嘉镇工业集中区

邮编：213176

电话：0519－86233888

EVA **胶膜事业部电话**：0519－86231902

BOPET **事业部电话**：0519－83232903

PC、PET **事业部电话**：0519－83862673

PVC **卡基事业部电话**：0519－86236830

广东宝丰塑胶工业有限公司

广东宝丰塑胶工业有限公司是一家创办于 1985 年的外商独资企业，企业占地面积 3.54 万平方米，专业生产塑胶地板、餐垫、贴合夹网遮阳彩条布等塑胶制品，年产能力达到 3.5 万吨，九十年代经国家统计局评定为全国最大 100 家塑胶制品生产企业。现有工程技术人员、熟练工 280 人，拥有自主创办的注册商标“BG”(象牌)“BAO”(宝牌)，公司“BG”、“BAO”商标产品经长期努力及不断培植开拓，赢得了市场信誉，“BG”(象牌)商标 2008 年荣获“广东省著名商标”称号，2010 年 12 月获准续展(广东省著名

商标证书号：2010Y08303)。企业的产品质量控制指标采用国际标准进行生产、常年接受广东省汕头市质量计量监督检验所抽查检测，均达到标准，质量稳定，2009年获广东省质量技术监督局颁发的《采用国际标准产品认可证书》。为适应市场需求，提高产品档次，增强企业持续发展能力，企业不断关注收集市场需求信息，利用自有品牌效应及技术力量研发新品种塑胶地板，以满足市场日益增大的需求，为企业发展充实后劲。产品远销东南亚、中东及非洲地区，在国内占有一定的地位。公司实行董事会领导下的总经理负责制，根据企业运营需要设立总经理辖下的生产部、营业部、管理部、财务部，在实际运作中实行"分类归口管理、部门横向协调、各级分层负责、全体共同努力"的基本准则，使整个运作顺畅、高效，保障了企业的生存、发展。

公司享有自主进出口权，连续多年获评广东省守合同重信用及广东省优秀自主品牌企业称号，被中国塑料加工工业协会评定企业信用等级AAA企业，于2001年已通过IS9001—2000质量管理体系认证、2010年又通过IS9001—2008质量管理体系认证。

企业重视品牌的社会效应及信用责任，由各职能部门负责日常的管理、协调及督查工作，注重对其的培植、拓展，赢得市场信誉，已被国家工业和信息化部列入"2013年工业品牌培育试点企业名单(序号193)"。企业将按照国家工业和信息部《品牌培育管理体系实施指南》和《评价指南》的要求，保持品牌培育管理体系有效运行，促进企业品牌社会效应更上一层楼。

常州晶雪冷冻设备有限公司

常州晶雪冷冻设备有限公司，位于江苏省武进经济开发区丰泽路18号，是国内领先的冷藏库库体和节能厂房围护整体解决方案供应商，也是国内规模居前的节能保温板材生产厂家。经过20多年的发展，公司已经拥有两条国际先进的板材连续生产线，建成了两个生产基地和遍布全国的销售网络，形成了200万平方米各类节能板材、10000扇冷库门和工业门及5000个升降平台的年生产能力，能够为客户提供节能保温围护系统的设计、生产、安装和围护的全方位服务，从而可以优质高效的完成客户订单，一站式地满足不同客户的个性化围护系统建设需求。

晶雪公司参与了超过14项国家及行业标准的起草修订，获得18项专利。2009年参加GB/T21558—2008《建筑绝热用硬质聚氨酯泡沫塑料》项目获得中国轻工业联合会科技进步三等奖。晶雪先后被评为"国家级高新技术企业"、"江苏省科技型中小企业"、"2011~2013年度塑料加工业科技创新型企业"，同年在中国塑料行业十强企业评选活动中，被评为行业第一。在技术研发上，公司不断加强研发基础建设，2012年申请并成立了"江苏省冷链物流设备与材料工程技术研究中心"。2013年公司的各类节能保温板材产品通过了美国FM认证，晶雪成为国内节能板材领域里通过该认证品种规格最多的企业。同时，被国家环保部评定为"2014含氢氯氟烃使用配额许可单位"。在品牌建设上，"晶雪"为江苏省著名商标，2013年荣获年度品牌创建奖，连续八年荣获"全国3.15质量和服务诚信承诺企业"的称号。公司产品为江苏省名牌产品、国家绿色建筑选用产品、中国工程建设推荐产品。

晶雪公司下设上海晶雪节能科技有限公司和江苏晶雪节能环境工程有限公司两家全资子公司，分别专注于销售和安装业务。同时，晶雪拥有较强实力的研发团队和年轻化的后备力量，公司本着"以人为本，增强团队凝聚力"的团队建设思路，进一步完善人才选、育、用、留的机制，践行晶雪团队文化，有针对性的解决目前人才层次、结构问题，打造晶雪团队。

客户群方面，晶雪公司生产的"晶雪""晶诺"品牌的各类PU、PIR、岩棉新型节能板材、各类冷冻冷藏库门、工业门和升降平台，广泛的应用于冷链物流、超市、食品加工、生物医药、餐饮酒店、机场仓储、科研院校、工业厂房和建筑围护等领域，具有较高的市场占有率。公司积累了大量的中高端客户，拥有良好的口碑，并成为众多世界500强和中国500强企业在节能保温围护系统建设中的首选。

晶雪依托丰富的行业经验和强大的研发团队，在项目前期设计阶段采用了国际上最先进的3D动态效果图，能够让客户非常直观的看到各类围护系统建成后的效果，功能区域的分布，以及晶雪是如何实现节能环保的。

川路塑胶集团

成都川路塑胶集团创建于1986年，是一家专业生产新型化学建材的中外合资企业，总部位于中国?成都国家经济技术开发区，是目前国内同行业中成立早、规模大、品种齐、质量优、开发能力强，品牌价值和企业固定资产近十亿元的名牌企业。

公司秉承"有责任？更信任"的企业理念，不断创新，追求卓越，坚持诚信为本，携手共赢，以质取胜，奉献社会。川路塑胶集团是四川省高新技术企业和政府培育型大企业，是中国塑料加工工业协会理事单位及管道分会副理事长单位和全国塑料制品标准化技术委员会委员兼 SC3 副主任委员单位。拥有国家授权的博士后科研工作站及数项国家产品专利，是四川大学高分子材料实验基地。荣获了中国驰名商标、中国环境标志产品荣誉称号，通过了 ISO9001 质量管理体系认证、ISO14001 环境管理体系认证、GB/T 28001—2001 职业健康管理体系等认证，被评为中国市场用户满意第一品牌及中国管材管件业最具影响力品牌称号。

川路塑胶集团在全国拥有分公司、总经销、特约经销 800 余家，组成了较完善的营销与服务网络，并与万科、保利、招商、恒大等著名地产公司形成战略合作。“川路管材”、“川路型材”等系列产品广泛应用于国内(外)城市化建设的建筑给(排)水、建筑门窗、电器穿线、电网改造、市政建设、农网改造、石油化工、新农村建设等众多领域。主要工程包括：毛主席纪念堂改造、小平故里、钓鱼台国宾馆、多国驻我国大使馆、布达拉宫改造、四位机库、二滩水电站、北京 2008 奥运主体育馆、上海世博园、三亚博鳌论坛会址、重庆朝天门广场、成都地铁、5·12 灾后重建工程、喀麦隆议会大厦、赛班国际五星级酒店、巴哈马国家体育馆、非洲农场喷灌给水工程等。

川路人以责任为己任，20 多年来始终坚持一个产品品牌(“川路”唯一品牌)，一个产品质量等级(国家标准等级)服务于市场，高品质的产品与服务获得了众多使用者的认可，川路品牌赢得了广泛的美誉度与忠诚度。川路塑胶集团以国家重大需求为导向，坚持以科学发展与自主创新为主要任务，投身于低碳、节能、环保的绿色建材行业，致力于为人们提供自然、健康的饮用水与温馨、舒适的生活空间。

福建省闽旋科技股份有限公司

福建省闽旋科技股份有限公司是由泉州市玉杰旋转接头金属软管有限公司改制的股份制公司，注册资金 5000 万，公司创立于 1998 年，是一家集研发、生产、销售为一体的综合性多元化发展企业，长期致力于各种精密旋转接头、虹吸器、碳石墨、金属软管及相关配套产品的设计与制造，并从事泵、阀门及流体密封技术推广服务。

公司自创立以来，始终坚持“质量为本，诚信经营”的方针，严格按照 ISO9001 质量管理体系规范产品的开发、制造、服务等业务。生产上配备了数控车床、车铣中心、加工中心等各种先进设备，还根据自身产品的特性和生产要求，自行研制了专业的球面研磨和平面研磨设备，以及高温、高压、高速等技术领域的专业动态模拟检测设备，先后开发出多种新型高温、高压、高速旋转接头，在造纸、包装、橡胶、塑料、纺织、皮革、化纤、钢铁、机床、风电、工程机械等众多领域得到广泛应用，并累计获得 30 余项技术专利。同时，身为全国机械密封标准化技术委员会委员，参与起草制定了新版旋转接头标准(JB/T 8725—2013)，已于 2013 年开始实施。

在过去的发展中，公司以优质的产品，值得信赖的服务赢得了广大客户和同行业的一致认可。

公司名称：福建省闽旋科技股份有限公司

联系地址：福建省南安市丰州镇桃源工业园区莲花路

邮政编码：362333

联系电话：0595－22201044、22201034、22215620

传真：0595－22352233

Email：zhubin@ yujie. cn

旌阳集团

旌阳集团始创于 1968 年，是知名的压延机（胶布机）系列整厂设备制造商，并提供包含市场调研、预算、设计、制造、安装、培训、升级的交钥匙工程全面服务和 OEM 代料加工，并成功进军光电及电子设备制造。

在过去的 40 年中，旌阳集团代领旗下品牌"旌阳"、"泓阳"、"宏轮" "宏技"，秉承一贯宗旨，制造高水平国际性的精良设备。近年来，不断与德国进行技术合作，设备与欧美并驾齐驱。不但拥有多项国内及国际专利，且多次获得国家和上海市颁发的技术类证书和奖状，以专业的技术及丰富的经验为客户创造最大利益。

公司名称：旌阳股份有限公司
EXALT TECHNOLOGY CO. , LTD

联系地址：中国台湾苗栗县竹南镇国泰路 63 路
No. 63, KUOTAI RD, CHUNAN TOWN, MIAO－LI, TAIWAN

TEL：886－37－481886

FAX：886－37－483809

E－mail：exalt. taiwan@ msa. hinet. net

上海泓阳机械有限公司

联系地址：上海市嘉定区徐行镇澄浏路783号
NO. 783, Chengliv Rd, Xuhang Town, Jiading District, Shanghai, China
TEL：86-21-59908899
FAX：86-21-59909139
E-mail：forward_ sale@ exalt. com. tw
URL：http：//www. forwardsh. com

湖北凯乐科技股份有限公司

一、董事长：朱弟雄，全国优秀企业家，第十、第十一届全国人大代表；中国社会科学联合会研究员；湖北省有特殊贡献的中青年专家；被誉为中国塑料行业“塑料博士”；中国塑料加工工业协会副理事长；全国电缆及光缆专家委员会专家委员；在国家级专业刊物共发表论文20余篇；1998年被国务院批准享受政府特殊津贴；他领导凯乐科技走过了艰苦而辉煌的30年；开创“以人品铸产品”的经营管理理念；2000年7月凯乐科技在上海证券交易所挂牌上市；2008年成为第29届奥林匹克运动会荆州火炬手；在董事长的引领下 凯乐科技正迈向更加辉煌的明天。

二、企业文化理念：以人品铸产品，认真做事，严肃做人，不以资历论英雄 而以业绩论成败，一心为公，爱岗敬业，诚实守信，团结自强，拼搏坚强，奉献图强，尊重知识，尊重人才，蓄才养士，招贤纳士，特别能吃苦，特别能忍耐，特别能战斗，信誉是生命，利润是血液的，企业名利观，在追求上讲准则 在做事上讲规则，在负责上讲原则，致力于建设和谐社会和谐凯乐 做有社会责任感的企业。

三、行业座标：湖北省高新技术企业，中国塑料加工工业协会副理事长单位，全国塑料制品技术标准化委员会核心成员，1999年5月通过科技部和中科院的“双高”论证，凯乐以高科技企业的份额，并于2000年7月，公司股票“凯乐科技(600260)”在上海证券交易所挂牌上市，中国信息标准化协会全权会员，全国电缆及光缆专家委员会专家委员单位，湖北凯乐科技股份有限公司是中国综合类高科技龙头企业，获得国家工信部、广电总局、国电中心的入网许可证。

四、凯乐荣誉：“全国文明单位”(两届)，湖北省名牌产品，“全国守合同重信用企业”，全国质量免检产品，“全国消费者满意产品”，“凯乐”被评为湖北省著名商标(三届)，“全国五一劳动奖状”“黄山头”被评为湖北省著名商标(三届)，“全国先进QC质量管理小组”，国家商务部授予黄山头“中华老字号”，获得ISO9001：2008质量体系认证获得ISO14001：2004环境管理体系认证，食品工业科技进步优秀企业，湖北省“首届百佳诚信纳税人”，“全国轻工行业优秀企业”，湖北省“党的建设”十面红旗单位，“中国塑料行业先进单位”，“中国食品工业协会科学技术一等奖”，全国化学建材先进集体全国质量效益型先进企业特别奖”(三届)。

五、资产状况及产业集群：

公司起步于1982年，1993年2月进行股份制改造，2000年7月在上海证券交易所上市，2002年进军通信通信电缆、光缆领域，2005年底进军房地产，2008年跨领域收购黄山头酒业，2011年进一步向光缆产业链上游光纤制造业延伸。经过30年的艰苦创业，凯乐公司从一家仅2万元资产的乡镇企业发展成为总资产达56亿元，净资产达20亿元，占地70万平方，并拥有如下产业集群：

湖北凯乐光电有限公司
湖北黄山头酒业有限公司
四川泸州凯乐名豪酒业有限公司
武汉凯乐宏图房地产开发有限公司
武汉凯乐置业发展有限公司
长沙凯乐房地产有限公司
华大博雅教育发展有限公司
湖北黄山头酒业营销有限公司
武汉凯乐黄山头酒业营销有限公司
长沙黄山头酒类贸易有限公司
荆州黄山头酒业营销有限公司
武汉凯乐海盛顿房地产有限公司
湖南盛长安房地产开发有限公司
武汉武昌、洪山华大凯乐幼儿园

六、产品产能

1. 塑料制品：

PVC管材生产线：24条，硅管生产线：60条，型材生产线：40条，土工材料生产线：10条，全流程检测及其他辅助设备：30台套。

(1)塑料管材分为：给水管、建筑排水管、市政排污管、高压CPVC电力电缆护套管、UPVC电工套管、通信护套管(PVC)实壁管、HDPE硅芯管、PVC(PE)双

壁波纹管(PVC、PE)、多孔梅花管、光壁子管(HDPE)及以上产品的配套件材料及相关的技术咨询服务;

(2)塑料门窗型材、塑料门窗型材分为普通蛋青色和彩色两大类，型号有60、62、75、80、88、95六大系列;

(3)塑料土工合成材料分为：单向拉伸土工格栅、双向拉伸土工格栅、钢塑复合土工格栅、土工格室、土工网、三维土工网垫;

全国塑料工业的一面旗帜，20万吨/年各类塑料管材、型材、土工格栅，2002年成为亚洲硅管生产基地。

2. 电缆产品：

数据电缆
串联生产线4条
高速铜导体拉丝机4条
高速单、双扭电缆成缆生产线6条
高速电缆蜂房式成圈机5条
罗森泰高速轧纹生产线条6条
60万箱/年产

RF射频电缆
对绞生产线：30条
高速退扭对绞生产线30条
高速电缆护套生产线4条
罗森泰物理发泡生产线2条、

5万公里/年产

3. 光缆产品：着色线18条，套塑线 18条，成缆线23条，护套线 21条，全流程检测设备48 台套。

光电通信产品分为：光纤、光缆(普通通信光缆，ADSS、OPGW电力特种光缆、五类、超五类、六类数据电缆、RF电缆、线缆材料、FTTH(光纤入户)解决方案;

中国移动、联通、电信三大营运商主流供应商，印度信实集团通信基础有限公司授予的“五星级工厂”。

4. 光缆产品：1000万芯公里/年产

5. 光纤产能：1000万芯公里/年产

6. 白酒“黄山头”系列 现有白酒：6条全自动包装生产线，两个酿造基地(湖北黄山头酒业藕池酒厂、四川名豪酒业)。

7. 房地产品分为商务住宅区、高档商品房及商务综合楼等;

七、产品应用领域及市场覆盖范围：网络通信、交通、国防工程、电力、水利、堤防建设、农业节水灌溉、城市建设、建筑装饰、化工纺织、教育、食品饮料等多众领域。凯乐产品覆盖全国29个省市、自治区，英国、印度、越南、柬埔寨、尼日利亚、埃塞俄比亚、巴基斯坦等亚非国家和地区。

八、科研队伍：面对全球经济一体化的浪潮，以公司省级技术中心为依托，先后成立了北邮凯乐光通信研究院、凯乐北化塑料工程科技发展中心，蓄才养势，招贤纳士，吸纳荟萃了一大批高级技术人才。目前公司现有员工2000名，大学以上学历员工300人；拥有各类工程技术、管理专业人才420名，占全员总额的23%。在高级工程师、全国电缆及光缆专家委员会专家委员朱弟雄的带领下，不断努力和探索下，形成了生产一代、研制一代、储备一代的良性机制，从而保证了凯乐科技成果不断转化为生产力，为凯乐的多元化产业发展提供了强有力的技术和市场支撑。

九、科研成果：

1. 塑料制品类：

1.1 论文：《PVC－U管材模具设计与改进》、《PVC双壁波纹管的生产及故障处理》、《高性能大口径PVC四元共混改性硬质管材研制与开发》、《塑料土工格栅的生产技术与设备》。以上论文分别发表在《塑料加工》、《山东塑料》、《现代中国塑料加工应用》等专业杂志上。

1.2 专利：“管道复合光缆加工工艺”发明专利；“管道复合光缆”、“水环水封环片定型装置”等实用新型专利。

1.3 申报受理待批专利：“用于PE多孔一体管产品的复合改性材料及其制备方法”发明专利，国家专利局现在处于受理审批之中。

2. 光电缆类专利：“非金属加强带绕包光缆加工工艺”发明专利；“分体式轧纹钢带包覆模具“实用新型专利”、“一种铝带定径模”实用新型专利”、“蝶形光缆用可调节导管式挤出模具“实用新型专利。

3. 申报受理待批专利：干式光纤松套管阻水纱被动绕放填充装置及绕放工艺发明专利，钢铝带自动储带机发明专利，滑石粉填充多光纤带中心管式新型室内光缆”3项发明专利 。

4. 白酒类：

论文：《循环经济技术在酒类生产中的研究与应用——循环经济技术在浓香型白酒生产中的研究与应用》获中国食品工业协会一等奖：作者：朱弟雄、涂向勇、关国瑞等。

专利：1、“浓香型白酒窖泥培养中所需的营养液制备方法”；专利号为ZL 2011 1008 5896.4，2、

"浓香型白酒窖泥培养中所需的酯化液制备方法";专利号为 ZL 2011 1008 5874.8,3、"添加酯化液的浓香型白酒窖泥制备方法";专利号为 ZL 2011 1008 5898.3,4、"添加红曲酯化酶的浓香型白酒窖泥制备方法",专利号为 ZL 2011 1008 5899.8,5、"浓香型白酒生产中防止窖泥脱落的方法";专利号为 ZL 2011 1008 5873.3,6、"浓香型白酒生产中扩培双轮底的制备方法",专利号为 ZL 2011 1008 5897.9。

华亚东营塑胶有限公司

华亚东营塑胶有限公司是中国台湾台塑集团在山东省东营市投资的企业,总投资6000万美元,厂区占地 $165000m^2$。年产管材6万吨,管件1万吨。公司自一九九六年投产以来,经营业绩稳定成长,年销售量已超过4万吨。在诸多重点工程如北京长安街绿化工程、奥运场馆工程、山东鲁北农改水工程、内蒙古引黄入呼工程中已成功使用。产品先后被建设部评为"科技成果重点推广产品"、"国家小康住宅建设推荐产品"、"工程建设重点推广产品",并荣获"中国环境标志产品认证"、"名牌产品"、"著名商标""中国塑料行业二十强"等证书。2008年公司实验室被评为"国家级实验室",使公司技术与检测实力又上升了一个新的台阶。目前公司已成为国内塑料管材、管件最为齐全的专业化生产工厂之一。

公司采用台塑集团60年来积累的优良生产技术与管理经验积极拓展大陆市场,公司生产、管理、及产品主要有以下特点:

1. 原料品质优良,公司主要原料采用中石油、中石化大企业产品,辅料均从国外进口。

2. 设备优良、工艺先进、质量可靠。公司拥有世界上最先进的生产与检验、试验设备,从原料进厂检测,到原料混合,直至管材挤出、成型、喷字、切断、捆包,全部采用自动化工艺流程,排除人为影响,再配合严格的品检控制,确保产品品质优良稳定。

3. 环保配方、国内首创。产品完全按照GB国家标准生产,部分产品更采用ISO国际标准生产。公司为国内第一家采用有机锡配方代替传统铅系配方的塑料管生产企业,避免了重金属析出而带来的水质污染,可完全符合国家饮用水卫生指标及蒸馏水卫生指标,充分体现环保建材的优势。

4. 规格齐全、搭配比例合理、供货迅速。公司可供应管材4大类别600多种规格,管件1100多种规格。公司成品存货量充足,供应准确快速,可充分适合各种配管工程的需要。

5. 从施工、设计入手,注重服务。在营业推广过程中,建立完善的售前、售中、售后服务体系。公司现有一级经销商近200家,遍布全国20多个省(直辖市),凭借健全的经销商网络提高了供货速度及服务品质。公司正努力协助经销商团队开发并健全分销网络,目前山东及周边省份达到了分销商网络县级覆盖,未来几年公司将协助全国经销商建立好县级城市分销网络,做到让市场用户能就近采购到我们的产品,随时、随处都可享受到公司的服务。

6. 管理先进、深获各界好评。采用台塑经营管理模式,不断推动生产销售5S活动,更坚持突破、创新、彻底、圆满的经营理念,对国内员工水平有效促进,火速推动本土经营目标。产品质量、品牌形象经由国家建设部、各省建委建设系统、建设工程行业协议、各层级品质评选单位先后认定与推荐,目前公司已奠立行业前导地位,并于1999年就已通过ISO9001与ISO14001认证。

华亚东营塑胶有限公司产品规格:

管材系列	管材种类	管材规格
PVC管材	PVC-U给水管	Φ20~Φ630
	PVC-U排水管	Φ50~Φ400
	PVC-U实壁(中空)螺旋管	Φ75~Φ160
	PVC-U排水发泡管	Φ110
	PVC-U排水加强型螺旋(AD)管	Φ110
	PVC-U电工套管	Φ16~Φ40
	PVC-U双壁波纹管	Φ110~Φ500
	PVC-U高尔夫专用管	Φ20~Φ630
	PVC-M给水用抗冲改性聚氯乙烯管	Φ20~Φ630
PE管材	PE给水管	Φ20~Φ630
	PE燃气管	Φ20~Φ630
	PP-R管材	Φ20~Φ110
	PP-R冷热水管	
	PE-RT管材	Φ20~Φ40
	PE-RT地暖管	

四、华亚东营塑胶有限公司诚招全国各地经销商,详细合作方式请联系:

电话:0546-8305238 转营业处

传真:0546-8307178

地址:山东省东营市东城东二路251号

邮编:257091

网址：http：//www. hydyplst. com. cn

邮箱：huaya@ hydyplst. com. cn

福建华阳超纤有限公司

经营理念：海纳百川，群策群力，为全球客户提供一流产品，一流服务。质量方针：创新设计，精细制造。价值观：感恩回馈，开拓创新。愿景：超纤科技，华阳制造。

福建华阳超纤有限公司公司坐落于美丽的滨海城市厦门岛后花园——漳州长泰经济开发区。公司地理位置十分优越，交通便利，角美、漳州动车站距离公司仅有15公里，厦漳高速距离公司仅有2公里，公司到厦门本岛只需要35分钟。

公司创立于2009年，注册资本2200万美元，占地面积290亩。公司专业从事海岛超细纤维、生态超纤皮革及中高档合成皮革、中高档牛巴革的开发、生产和销售，也是中国第一家专业从事汽车用生态超纤皮革生产研发的企业。公司拥有包括皮革用PU树脂、海岛纤维纺丝、非织造布、湿法含浸、减量、揉皮以及干法贴面、染色、皮革后处理等所有超纤皮、中高档合成革产品涉及的工艺研发、生产能力。

公司凭借集团公司优势，引进多条德国、法国、意大利生产线，具备完善的配套设施和后整理设备，是目前国内综合实力最强的PU合成革生产厂家之一，产品以高端PU合成革产品为主，尤其汽车生态超纤皮革占据了我国汽车超纤皮革较大的市场份额，稳居行业首位，高端鞋材、箱包与沙发的出口量占据较大市场份额，超纤服装革为国内首创。客户多为一汽、长安、上汽等著名车厂及品牌企业。

华阳超纤以生态低碳为企业的发展理念，重视技术创新，勇于打破传统消费理念，实现天然皮革与生态超纤皮完美替换，从而提高人类生活质量。主导产品华阳生态超纤皮在设计开发上，严格以欧盟环保标准要求，从原材料的选择、生产工艺、成品包装上进行严格管控，塑造出华阳超纤的生态低碳环保形象。同时采用与天然皮革中束状胶原纤维的结构和性能相似的聚酰氨超细海岛纤维，制成具有三维网络结构的针刺非织造布，再填充性能优异具有开式微孔结构的聚氨酯树脂，最大限度的从性能结构及化学成分上达到天然皮革优良的触感和舒适度特点，并在透气透湿、回弹性、强度、防水、防霉变、耐寒耐磨、耐碱耐光、耐化学性等性能上全面超越真皮，同时确保VOC及ELV达到国家标准，完全可以部分替代天然皮革，申获14项国家发明及实用新型专利，参与四项国家及行业标准制定工作。

华阳超纤拥有精干的管理队伍和高效的技术团队。公司致力于标准化的管理体系，崇尚规范、透明、公正及人性化的管理模式，极其注重人才培养、科技研发及市场渠道的建设，专业技术人员多来自北京大学、同济大学、华南理工等著名高校，大专以上人员100多人，目前已经与清华大学、陕西科技大学建立了校企共研联系；2014年"汽车内饰用生态超纤皮革"通过国家科技部门组织的专家鉴定；同时2014年中产协的"中国合成革用超纤新材料研发基地"落户华阳。

公司通过sgs核发的ISO9001质量管理体系，ISO/TS16949汽车质量管理体系等科学管理体系认证，保证生产过程及产品质量的稳定。

华阳超纤将秉承其优势和信誉，时刻把握市场动态，从而可以不断地优化资源。以"质量第一、顾客至上，科技发展、诚信为本"为我们永远的服务的原则。以"创新设计，精细制造，为全球客户提供一流产品，一流服务"为质量方针，不断满足客户和市场需求，实现社会、环境及利益相关者的和谐共生。

公司网址：http：//topsun99. com/cn/

常州嘉仁禾化学有限公司

常州嘉仁禾化学有限公司是中国塑料加工工业协会理事单位、中国塑协助剂专委会理事单位、台塑关系企业合格分供方、江苏省清洁化生产示范单位、省级高新企业、常州市生态园林单位。公司位于美丽富饶的江南水乡天目湖畔，被誉为现代化园林式工厂。

公司秉承德国技术，凭借公司投资创办的有中科院院士、教授、博士等数十位国内外化工专家组建的鸿博（溧阳）新材料技术研究院的技术平台，研发并生产新型材料，包括环保建材、石化产品专业用的相关助剂，适用于PVC等新型塑材，公司研发的具有国际先进水平的环保钙锌、钡锌和高端无酚产品，在近百家台资、大陆工厂的宽幅压延线和大型挤出、浸塑、注塑和吹塑等设备上得到成功使用，被南亚塑胶等高知名度塑胶企业确定为长期供应商。产品广泛适用于环保汽车革、发泡板、地板胶（医院、机场、学校、科研院所、舰艇等用）、水晶透、透明膜、玩具膜、车身贴、PVC手套、PVC医用塑料、百叶窗、电线电缆料、油墨和涂料等。北京化工大学、东南大学、中国林化研究所和常州大学为公司产学研合作单位，是常州大学的实习基地。公司现有“江苏省塑料助剂工程技术研究中心”，承担高科技新产品的开发工作，公司开发的符合欧盟市场标准的无酚产品填补了国内空白，由公司和中国林化所合作研发的无金属生态型稳定剂已被列入“十二五”规划，研发工作已全面启动。

2012 年常州嘉仁禾化学有限公司承担的国家“十二五”科技攻关项目：“生物基 PVC 热稳定剂制备技术”是目前全球新兴的前沿战略性研究课题，我公司通过与中国林化所产学研合作研发生物基 PVC 热稳定剂产品已达国际国内先进水平。

公司董事长沈卫锋先生现为中国青年企业家协会会员，首届长三角年度青商人物“杰出青商”和常州市“831 高层次创新创业人才”，“东南大学聘为校外辅导导师”，“常州市十大大学生创业导师”，公司现为“常州市大学生创业实践基地”。

利时集团简介

利时集团创建于 1993 年，以“创造优质生活”为企业使命。集团涉猎日用品制造，百货、超市连锁，商业地产等产业。集团连续多年位列中国制造业 500 强、中国民企 500 强、浙江省百强企业。2012 年，集团实现销售 113.4 亿元，总资产达到 102.5 亿元，成为销售、资产双百亿企业。

日用品制造：年产能位居亚洲第一。2005 年以来，通过优化升级，利时日用品实现了由低端向中高端、由低附加值向高附加值、由贴牌生产向自主研发的转变。目前领先全球市场的近 500 种自主研发产品，热销欧美、俄罗斯、东南亚、香港等国家和地区，是全国出口创汇先进企业。

商业零售：2005 年利时正式进入商业零售领域，并采取“快速布点、连锁经营”的策略，抢占三四线城市和广大农村市场。如今已完整涵盖包括第三代城市综合体、大型百货商城、连锁超市在内的各种业态。目前，已投入运营和正在建设的城市综合体及大型百货商城有 12 家、连锁超市 55 家，是“全国万村千乡连锁示范企业”、“浙江省城乡连锁超市龙头企业”。

商业地产：利时地产主要开发包括大型百货、超市、星级酒店、写字楼、高级公寓、影院为一体的第三代城市商业综合体——利时广场，集购物、餐饮、文化、娱乐为一体，形成独立的大型商圈。利时拥有自己的商业地产规划设计机构、有专业的商业地产建设团队和商业管理公司，形成了商业地产的完整产业链和企业的核心竞争优势。利时商业地产主攻三四线城市，目前，利时地产已经投用和正在建设的项目有：杭州湾新区城市综合体、湖州南浔城市综合体、湖州长兴城市综合体、镇海新区城市综合体、北仑城市综合体等。

未来目标：在未来三至五年，利时集团将继续推进“优二进三”转型升级战略，优化提升制造业，做大做强商贸流通业，打造城市综合体及大型百货连锁店 25 家、连锁超市 120 家，销售超过 130 亿元，并为社会直接提供就业岗位逾 2 万个。

聊城华塑工业有限公司

聊城华塑历经十余年不懈的科技攻关，打破美、日在温室大棚膜科技领域的垄断，实现整体科技水平国际先进，关键技术国际领先的好成绩。产品列入科技部等四部委国家重点新产品计划；获中国轻工业联合会技术发明一等奖；中国塑料加工协会科技成果一等奖；中塑协农膜专委会科技成果一等奖；涂覆型长效镜面温室膜和缓释型长效流滴消雾膜经省级鉴定为国际先进技术；拥有 10 项国家发明专利和 5 项实用新型专利。

研发的聚合物基纳米复合涂覆液体，不仅打破美、日技术垄断，而且在亲水性能上实现了超越。本技术有效抑制了极性单体和纳米材料团聚；解决了在没有极性的聚烯烃基材涂覆的难题；破解了低表面能基材涂覆高表面能材料附着力和亲水性不相容的矛盾。单组份高固含量透明液体呈现如蓝色丁达尔效应，比美、日低固含量双组分一种不透明的液体明显提高。

研制的纳米级涂层超宽幅在线涂覆装置，比美、日装置的长度精简约 40%；液体消耗量减少 50%；幅宽加大 60% 以上。

新技术生产的温室膜是国内外第一个以镜面为标准的温室膜，使用当天就使温室内水膜流平为镜面效果，持续多年不变；而美、日技术产品要经过 20 余天才能基本流平，遇到干湿交替和 0 ~ 4℃温区仍会出现挂水滴和水鳞片现象。目前农膜涂覆技术仅中、美、日三国拥有知识产权，而在这项农膜的尖端技术上中国实现了领先。

华塑与北京华腾新材料联手研发的缓释型薄型增效功能膜也具有世界先进水平；华塑防尘抗污、杀菌除臭养殖专用膜和光波优化等专利技术都走在国内外最前列。华塑研发队伍已经发展成为一只不断攀登高峰的特别能创新的队伍，正在为我国农膜乃至设施农业的科技进步贡献力量。

公司拥有8万吨/年生产能力，普通产品外有：EVA高端消雾膜；超长耐老化膜；长效双防膜；高屏蔽率黑白膜；青储膜；高保温膜；散射光膜；双压边风口膜；超薄宽幅内层膜等。公司依靠雄厚的技术力量提出对专用产品的量身定做概念，根据用户需要及时调整工艺配方，以适应不同的需要。今后华塑仍会不断实施技术进步，不断投入新产品生产，力争尽快成为世界级的农膜研发和生产企业。

成都市岷江自来水厂双流聚乙烯管材生产车间

成都市岷江自来水厂是一家多产业结合的大型集中式供水企业，供水区域覆盖全县24个乡镇，日最大供水量达20余万吨。其下属企业成都市岷江自来水厂双流聚乙烯管材生产车间是专业从事聚乙烯(PE)给水、燃气管材、管件的生产、销售和管材焊接技术指导服务的国有企业，其生产的产品统一注册商标为“清润”，前国家水利部常务副部长敬正书同志亲笔为“清润管业”题词。

车间荣获了国家质量监督检验检疫总局颁发的“特种设备制造许可证”—A级证书、国家水利部灌排中心、四川省建设厅、四川省农田水利局、中国建筑金属结构协会给水排水设备分会颁发的产品推荐证书、成都市工商行政管理局颁发的《成都市著名商标》证书。目前已通过ISO9001:2000质量管理体系和ISO14001:2004环境管理体系认证。75%以上的车间员工拥有大专以上学历，并聘请四川大学高分子材料系教授吴智华为技术顾问，以四川大学高分子材料系毕业生为技术骨干力量组建了技术部以来，依靠完善的管理，先进的科技，短短几年间取得了飞速的发展。2008年7月30日被成都市委、成都市人民政府评为“抗震救灾过渡安置房建设先进单位”。

清润管材历来坚持以质量为中心，以管理求效益，依靠科技进步求发展的经营方针，建立不断发展具有“清润”特色的技术创新体系、生产管理体系、市场供需体系和服务体系，以“提高质量，保护环境，持续改善，永续经营”为基本理念。

“清润”牌给水管和燃气管是车间两大环保节能型产品，它们符合产业发展政策具有不生锈、质量轻、强度高、韧性好、耐腐蚀、施工维护方便、使用寿命长等优点。清润管材对产品的高要求，对销售人员严格的技术培训，对售后服务的不断完善，成就了清润，其产品得到了广大客户的认可，目前，清润管材已在四川、云南、甘肃、贵州、湖南、西藏、宁夏等省、市、自治区建立了营销服务网络。销售与技术同步，是清润管业永远的主题。

南平市合成革产业协会

南平市合成革产业协会于2011年由郑建华先生发起筹建，2012年2月正式成立，属地级市协会，拥有会员单位50余家。郑建华先生为协会会长。

协会会员以合成革企业为主，涵盖配套的上游化工企业；物流、酒店等行业兼而有之。协会成立后，创办内部刊物《南平合成革产业资讯》，构建协会网站，扩大协会知名度与影响力，为会员提供优质服务。

2011年协会所属16家合成革会员单位实现工业产值9亿元；2012年完成规模以上工业产值32.04亿元；2013年完成规模以上工业产值46.57亿元，同比增长41%；协会所属合成革会员企业现有干、湿法生产线68条，其中干法生产线33条，湿法生产线35条。

随着国家海西开发进程的逐步深入，在不断的探索与追求中，南平市合成革产业协会作为闽北合成革产业一个重要的服务交流平台，为本地合成革产业的发展与壮大起到积极的推动作用。

进入2014年，南平市荣华山产业组团管委会联合南平市合成革产业协会正在全力推进《中国环境友好型合成革产业基地——南平》的授名申报工作。

南雄市金叶包装材料有限公司

一、企业简介

南雄市金叶包装材料有限公司成立于1999年，前身是1992成立的南雄市金叶包装材料厂，位于广东省南雄市湖口镇承平村罗路口；系中国塑料加工工业协会副会长单位、行业内首批获得AAA信用等级证书的单位。公司占地150余亩，员工近500余人，拥有全自动塑料薄膜类生产线九十余条，年产薄膜类近五万余吨，实力雄冠国内同行。公司注册资金：壹仟贰佰万元，完成固定资产投资7500万元，2011年销售1.72亿元人民币，2012年销售2.35亿元人民币，2013年销售更是突破2.56亿元人民币。公司生产的“金叶”牌塑料袋产品、烤烟育苗农地膜、卷烟用PE热收缩膜及其他包装膜系列产品采用优质材料，经过特艺精工细作，从而确保产品的强度韧性、纵横向拉伸度、从而确保为客户提供优质、安全、稳定的塑料薄膜系列产品。本公司一贯坚持“质量第一、用户至上、优质服务、信守合同”的宗旨，凭借着高质量的产品，良好的信誉，优质的服务，PE热收缩膜类产品主要供应江西省烟草公司的：赣州市公司、抚州市公司、吉安市烟草公司、新余市烟草公司、九江市烟草公司、南昌市烟草公司、萍乡市烟草公司、上饶市烟草公司、湖南省、四川、安徽、贵州、重庆、福建、等烟草系统；塑料袋产品热销全国主要大中城市知名连锁超市、商场，主要客户有上海乐购、北京华联、深圳沃尔玛、武汉武商集团、深圳新一佳超市、深圳人人乐超市、山西美特好等。本公司拥有成熟的物流配送系统，固定客户订单保证在3天内送到全国各地指定地点，赢得广大用户的青睐。

至诚守信，追求卓越。我们愿以国内同行业最具性价比竞争力的产品及服务来力争与贵公司的合作机会。

二、生产技术水平

南雄市金叶包装材料有限公司技术力量雄厚，拥有研究员级高级工程师1名，高级工程师9名，工程师36名，这种级别的科研技术人员的配备在国内同行业堪称一流。2008年底，总投资2500万元、建筑面积达4600m^{2}的超过省级标准的研发中心落成并正式投入使用，近50名技术专家利用顶级的设备、设施致力于塑料薄膜类在烟草行业新技术的研发，中国塑协唯一指定塑料薄膜类技术研发及新品分析测试中心。去年9月份，享誉国内外的华南理工大学高分子材料系正式启用我公司研发中心作为实验基地。

本公司一线生产员工400余人，其中90%以上拥有3年以上实际操作经验的熟练技工，60%以上拥有中专级以上学历。稳定及敬业的员工队伍保证了产品质量的优质、稳定。同时每年长达45天的全员淡季脱岗轮训，对员工技能培养及质量控制意识的提高起到了极大的推动作用。每一年，不少于20名新技术力量吸收及5%落后技术力量的末位淘汰有力促进了公司技术力量新陈代谢的良性循环体制。

技术竞争优势是我公司领先同行业的核心竞争力之一。每一年，不少于10名新技术力量的收进及5%落后技术力量的末位淘汰有力地促进了公司技术力量的新陈代谢的良性循环体制。我们追求的不是公司技术力量的一朝领先，我们的目标是塑料薄膜生产领域的以科技领先水平做为核心竞争力的领军企业。

三、月供货能力、运输能力及运输方案

1. 月供货能力

本公司拥有高速全自动数控塑料薄膜类生产线90余条，日生产卷烟包装用热收缩膜产品90吨，月供货能力达2700吨，完全能满足此次招标项目、热收缩膜的供货要求，国内第一流的规模生产优势保证了强大的供货能力，从而确保热收缩膜产品的准时交货。

2. 原料供应保障能力

我公司作为中石化、中石油销售公司行业内首批直供重点VIP客户，中石化月供2300吨，中石油2200吨，系埃克森美孚化工战略合作伙伴，从原材料供应货源及价格稳定性方面提供了同行业无与伦比的有力保障。

3. 运输能力及运输方案

运输方式：我公司自身建立有运输车队，拥有性能稳定的12辆货柜车及三十位专业司机，为了进一步体现企业竞争力，降低运输成本，确保热收缩膜产品运输的安全、准时、可控，公司储运部将根据生产实际情况，发挥本企业地域优势，采用货柜汽车运输方案，安排合适车辆及人员，最快2小时内安全、快捷、方便地直送到需方指定仓库。运输保障由我公司车队自行承担。

4. 每月库存能力

公司有近12000平方米现代化储备仓库，每月至少有300吨以上的应急产品库存。

5. 公司在塑料包装薄膜产品的设计开发方面较国内其他厂家先行了一大步，随着我国高新技术的飞速发展，对各类薄膜产品的需求越来越多。我公司通过近五年的科研投入和努力，已完全掌握了其生产核心技术，关键性技术指标准达到国内最好水平。

6. 公司目前在国内已与广东、江西、湖南、贵州、重庆、福建等省市烟草公司建立良好合作关系，拥有用户近60多家，并在其用户中享有极高的信誉，公司产品在满足国内烟草行业客户需求的同时，近年来逐步开拓国内其他薄膜市场，进一步增强企业的核心竞争。

上海盘创管业科技有限公司

上海盘创管业科技有限公司(以下简称“盘创”)是集自主研发、生产、设计、销售为一体的、专业生产高密度聚乙烯(HDPE)同层排水系统、虹吸屋面雨水排放系统、雨水回收利用系统的生产企业，是国内最早生产、规格最齐全、产品最专业、最早推广 HDPE 排水的企业之一。

盘创拥有十余年的塑料管件生产经验、四条管道生产线，12 台塑料管件注塑机，20 多套配套生产设备，四百多副生产模具，及静液压测试设备、DSC 熔融指数仪等相关检测设备。

盘创拥有 PE 排水管材管件 50 ~ 315mm 全系规格并在国家化学建材检测中心完成了全系产品的测试，过了 ISO9001 质量管理体系认证，质量完全满足国内行业标准及国际标准并通过了相关检测。

盘创一直致力于技改降耗、提升企业品牌竞争力。结合欧洲先进的技术，改进生产工艺，克服了因 HDPE 热收缩引起的“椭圆度”问题，实现技术的突破。同时，“卫斯莱/WHESLE”牌虹吸式反气旋专利雨水斗加强虹吸排水的效率，减小管材尺寸及减少管材及管件用量，降低了系统成本。

盘创专注于 HDPE 排水，凭借其以客户为中心，严格执行承诺，及不断超越自我的产品质量，是的“卫斯莱/WHESLE”跃身 HDPE 排水领先品牌。

盘创凭借其性能卓越的解决方案，已出口至澳大利亚、英国、泰国、菲律宾、阿联酋、科威特、印度等国，获得了客户的一致好评，引领 HDPE 排水产品走向国际市场。

未来前景：开源节流，降本增效，除了不断对原有产品进行更新、优化，盘创响应国家倡导的绿色节能的口号，引进国外新兴雨水收集技术，为改善环境出一份力，承担一份应有的社会责任。

地址：上海市闵行区七莘路 1839 号财富 108 广场南楼 902 - 905

邮编：201101

Website：www. whesle. com

Email：export@ whesle. com

Tel：86 - 21 - 54173251

Fax：86 - 21 - 54173252

富强鑫集团

富强鑫集团创立于 1974 年，为目前中国台湾地区规模最大的注塑机专业制造商，中国台湾地区唯一股票上柜发行的注塑机专业制造商。主要从事各类油压机器及注塑机之研发、生产及销售，包括：双色注塑机、夹层混色注塑机、高速闭回路精密注塑机、油电复合式注塑机、全电式注塑机、PET 瓶胚注塑机、电木注塑机、二板式注塑机、超大型注塑机等。产品锁模力范围从 30 ~ 3700T，射出量从 20 ~ 120000g。富强鑫领先于业界通过 ISO - 9001 及欧洲 CE 认证。为了不断研究创新并提升产品质量，本公司除引进先进之加工设备如弹性制造系统、五面加工机及高精密复合加工机与 CAD/CAM 联机加工外，在产品设计上并采用 Pro/Engineer 及 Pro/Mechanical 等实体模型分析软件，技术实力领先同业；此外富强鑫集团还与中国台湾工业研究院合作进行多项技术开发案，拥有众多专利技术，近几年出口业绩亦为中国台湾业界之冠!

着眼于大陆本土市场的潜能，富强鑫集团相继在中国华南(东莞)及华东(宁波)地区设立生产基地，并建立了完善的营销服务网。富强鑫产品营销海外三十余年，于全球设有 35 个代理商，遍布五大洲，于中国大陆则设有 30 多个办事处，遍及西南、华南、华东、华中及华北地区。

因此，不论您在何处拓展事业或开发市场，富强鑫将永远跟随您并提供最佳的产品质量和最优质的服务。

浙江众成包装材料股份有限公司

浙江众成包装材料股份有限公司坐落于全国首个国家级县域科学发展示范点——浙江嘉善。公司成立于2001 年，是一家集科研、设计、生产、销售及售后服务于一体的全过程制造企业，是全球知名的高品质 POF 热收缩膜制造商和国内优秀的 POF 热收缩膜整体包装解决方案提供商。目前，公司年产能规模达 3. 2 万吨，在职员工 400 人。

公司自成立以来，始终坚持“赢在领先”的企业精神、“诚信拥抱客户，真情温暖员工”的经营理念和“差异化、个性化”市场战略，致力于行业高精尖设备、先进生产工艺以及高端、高附加值产品的自主研发，先后承担“国家火炬计划项目”4 项，累计获得国家授权专利 20 余项。公司先后获得“浙江省著名商标”、“浙江名牌产品”、“浙江省知名商号”、“浙江出口名牌”、“浙江省转型升级引领示范企业”、“浙江省绿色企业”、“中国轻工业塑料行业十强企业”、“国家高新技术企业”、“国家火炬计划重点高新技术企业”等多项荣誉。

经过多年扎实经营，公司自主研发制造的装备处于行业领先水平，生产的产品与国际同步，且大部分为国内首创，积累了超过 1500 家的优质客户，产品远销全球 60 多个国家和地区，成为国内市场占有率排名第一、全球市场占有率排名第二的 POF 热收缩膜行业领军企业。

地址：浙江省嘉善经济技术开发区柳溪路 26 号

网址：www. zjzhongda. com
电话：0573－84188888(总机)
传真：0573－84185237
销售热线：0573－84187777
股票代码：002522

永高股份有限公司

永高股份有限公司创建于1993年，是中国塑料加工工业协会塑料管道专业委员会理事长单位。公司专业从事塑料管道产品的研发、生产和销售。目前，主要产品有PVC－U、PP－R、PE、PE－RT、CPVC等五大系列，计3500余不同规格、品种的管材、管件，拥有年产45万吨的生产能力。

公司位于闻名遐尔的蜜桔之乡——浙江省台州市黄岩区，离台州路桥民航机场20公里，距甬台温铁路台州站3公里，交通便捷、环境优美。

永高股份有限公司是公元集团最大的核心子公司，下辖上海公元建材发展有限公司、深圳永高塑业发展有限公司、广东永高塑业发展有限公司、安徽永高塑业发展有限公司、天津永高塑业发展有限公司、重庆永高塑业发展有限公司、台州市黄岩精杰塑业发展有限公司和浙江金诺铜业有限公司、安徽公元科技发展有限公司、永高(上海)国际贸易有限公司等十家全资子公司，并于2011年12月8日在深圳证券交易所中小版成功上市，股票代码：002641。

公司建有国家级博士后科研工作站、省级高新技术企业研发中心、省级企业技术中心等创新平台。公司秉承“质量第一，用户至上，诚信为本”的经营方针和“诚信、务实、高效、共赢”的经营理念，通过了ISO90001质量管理体系认证、ISO14001环境管理体系认证、OHSMS18001职业健康安全管理体系认证、测量管理体系认证；通过美国国家水暖协会NSF产品认证等国际产品认证、中国环境标志产品认证、中国国家强制性产品CCC认证；系国家AA类出口管理企业。作为全国塑料制品标准化技术委员会(SAC/TC48/SC3)副主任单位，公司主持和参与了十七项国家(行业)标准的制修订，在行业内具有举足轻重的地位。“公元”牌塑料管道、“ERA公元”商标获多项国家级殊荣。凭借产品优异的性能和品牌认知度，“公元”牌塑料管道已广泛应用于国家重点工程项目，如上海F1赛车场、上海浦东国际机场、上海世博园、北京奥体馆、南京奥体中心和广州亚运会场馆等，并出口中东、南美洲、非洲、大洋洲等百余个国家和地区。目前，公司的产销量居全国塑料管道行业第二，出口量位居全国行业第一。

公司先后荣获“中国民营500强”、“中国轻工业百强企业”、“中国轻工业塑料行业十强企业”、“全国最具成长百强企业”、“全国模范职工之家”、“浙江省工业行业龙头骨干企业”、“浙江省文明单位”等多项荣誉称号。

公司将秉承持续创新、永攀新高的精神，提高自主创新能力，努力开发适应市场需求的各类新型塑料管道产品，推进技术进步和产业升级，积极履行社会责任，广泛参与国际竞争，不断提升企业新形象，不断攀登发展新高度！

山东文远建材科技股份有限公司

山东文远建材科技股份有限公司占地面积7万平方米，是一家具备自己研发产权的高新技术企业，专业生产高品质的PE管材、管件、一次成型注塑检查井等塑料产品，可实现从前期设计、制造、运输到后期技术指导的全套服务。是专业的PE管道传输系统整体方案的供应商，目前主要生产三大系列产品。管材六大系列(给水管材，燃气管材，矿用管材，地源热泵管材，电力电信管材，排水管材)管件六大系列(注塑承插，对接管件，电熔管件，焊制管件，地源热泵管件，虹吸管件)。其中，1.4米超大口径生产线更是填补北方市场空白，产品远销欧美、俄罗斯、东南亚、北美、中东、非洲等地；山东文远建材科技股份有限公司不断以雄厚的实力，专业的运营体系为全国战略合作伙伴提供强大的支持，满足着社会发展的不同需求。

山东文远建材科技股份有限公司将让传输更安全作为企业使命，严格按照国家标准生产，全面贯彻实施ISO 9001—2000国际标准质量体系认证、ISO9001—14000环境管理体系认证、ISO18001职业健康体系认证以及德国TUV认证等一系列资格认证；所生产的PE管材、管件等系列产品连续多年通国标及美标、澳标、欧标的国际严苛检测以及CE认证，2012年获得山东省塑料协会评选的“十佳生产企业”荣誉称号。

公司不断加大科技投入力度，提升自主的研发与创新能力，不断取得新的专利成果。形成了完整的生产研发体系，实现了从文远制造到文远创造。着眼于企业的可持续发展，山东文远执行零缺陷的质量管理体系，对产品进行100%全检验。从选材、检验、生产、质检、入库、到运输、应用等诸多环节，专业的工程技术人员提供着一流的服务，同时生产原料均来自中石油、中石化及沙伯基础、雪佛龙菲利普斯等国际知名企业，产品质量得到了有效保证。

公司建有完善的售后养护和维修队伍，产品出现问题时，售后服务队伍可及时赶到现场，按原种规格及时更换、弥补，轻松解决管道传输方面的各种需求，彻底接触客户的后顾之忧，实现更加安全的输送。

科技时代，更先进的PE管道技术悄然改变着我们的生活，在PE应用的诸多领域，山东文远直接为客户提供高质量、高标准、高效率的解决方案，以国际化标准打造PE流体输送的未来。

山东同大海岛新材料股份有限公司

山东同大海岛新材料股份有限公司成立于2002年，全国最大的超纤生产企业之一，是国内最早拥有束状超细纤维人工革发明专利的企业，拥有20多年的无纺布生产经验和技术。公司总资产近7亿元，员工700余人，年产海盗超纤人工革系列产品1000万平方米，被授予"中国超纤产业基地"，产品质量属国内首位。

公司在行业内率先通过ISO9001质量体系认证与ISO14000环境认证并获准使用"中国生态超细纤维合成革"证明商标。拥有7项国家专利并主持参与起草了6项国家及行业标准，是"国家高新技术企业"、"博士后工作站"、"山东省海岛新材料工程技术研究中心"，荣获中国名牌、中国驰名商标、中国科技名牌500强、中国纺织科技型企业、AAA等级信用企业、潍坊市环境友好企业等诸多殊荣。产品获行业最高的国家科学技术进步奖、省部级科技奖数十项、国家重点新产品。

公司十年磨剑，厚积薄发，今年隆重推出多色彩环保型超纤合成革、双镜面超纤革、特色家私超纤革、国内首创专利产品仿头层皮超纤革。欢迎广大客户莅临洽谈。

天津市天塑科技集团有限公司技术中心

国家级企业技术中心天津市科技型中小企业，承担新产品、新技术、新工艺、新材料的研发，科研成果应用、转让及对外技术交流与合作和重大技术决策咨询等。职工282人，其中高级专家16名。

建设有农用膜研发基地、氟塑料研发基地、医用塑料研发基地、包装材料研发基地、改性材料研发基地、产品检测中心等。中心总建筑面积9220平方，拥有各类先进的实验、检测仪器。

天津市天塑科技集团有限公司技术中心

联系地址：津南区南八里台镇泰达科技工业园科达二路11号

电话/传真：022－23395971

邮编：300350

塑料性能检测业务：电话/传真：022－27596913

《塑料技术》编辑部：电话/传真：022－83726206

联系地址：天津市南开区西湖村大街52号

邮编：300073

上海三樱包装材料有限公司

上海三樱包装材料有限公司成立于1992年3月，是由SUN A SH ENTERPRISE CO.，（HK）LIMITED独立控股的台港澳法人独资企业，占地7.2万平方米，注册资本4150万美元，投资总额约11950万美元，资产总额达6.5亿元人民币。

三樱包装主要致力于复合包装材料的生产和销售，产品涵盖食品包装、日化用品包装以及药品包装等领域。在和美国杜邦、美国陶氏、日本三菱、日本三樱化研、日本凸版等公司合作的基础上，通过不断加大技术研发力量，并与中国牙膏同业一起推动了中国牙膏市场由铝管向铝塑复合软管的历史性变革。现拥有知识产权15项，其中包括发明专利3项、实用新型专利8项、软件著作权4项。三樱包装被评为"上海市企业技术中心"、"上海市著名商标"、"高新技术企业"、"上海名牌"等。

三樱包装从2000年进入制管领域，市场占有率从零提升到42%以上。目前拥有年产15亿支以上牙膏用复合管的丰硕产能，成长为中国复合软管包装领域居于领导地位的供应厂商，位列全球第三大制管厂。

三樱包装致力于建立安全、绿色、环保的产品架构以及生产体系。建立了包括吹膜、印刷、复合、裁切、制袋、制管在内的10万级净化车间；所有产品均采用无苯无丁酮油墨印刷使产品更安全，确保了产品品质的卓越。

三樱包装致力于运用环球资源打造全球化的营销及生产网络。与宝洁、强生、欧莱雅、雀巢、联合利华、辉瑞、花王、庄臣、曼秀雷敦、LG、狮王、美乐家、统一、喜之郎、旺旺、日清、蜡笔小新、两面针、冷酸灵、六必治、田七、隆力奇、纳爱斯、开米、马应龙、云南白药等国内外客户展开了紧密合作。

在未来，三樱将始终秉持“至善至美、包装无限”的质量方针，与大家携手共创未来!

公司地址：上海市嘉定区曹安路2611号

公司电话：021－69131888

邮编：201812

传真：021－69131666

网址：www. shsuna. com

邮箱：3in_ qihua@ shsuna. com

广东伊之密精密机械股份有限公司

广东伊之密精密机械股份有限公司是专注于“模压成型”专用机械设备的设计、研发、生产，销售及服务的高新技术企业。始创于2002年，位于中国著名的工业之都——顺德(国家级高新技术产业区)，占地面积达80000平方米。以高精度注射成型机、高性能铝镁合金压铸机、高品质橡胶机为主导产品。

成立至今，伊之密凭借雄厚的资金与规模实力支持，结合业界优秀的研发、设计、制造、服务、营销团队，秉持“让中国装备技术与世界同步，并为全球客户创造更佳的投资回报及客户体验”的企业宗旨，致力成为一家经营好、管理好、文化好，让员工引以为傲，为社会仰慕及尊敬的企业 。

伊之密拥有省级企业技术中心、工程中心并设立了博士后科研工作站，目前已成为中国最具竞争力和发展潜力的大型装备综合服务商、中国最具规模的装备制造企业之一、国家级高新技术企业及国家级火炬计划项目实施企业单位。2009年以来，公司持续快速增长，2010～2012年营业收入年复合增长率超过30%。

在国内，伊之密除顺德容桂生产基地外，还建有顺德五沙、苏州吴江两大生产基地，全面投产以后，伊之密每年产能将翻倍，成为业内最大厂商之一。

在全球，伊之密建有多个海外办事处和服务点，业务覆盖数十个国家和地区。2011年3月，伊之密成功收购了美国百年企业HPM公司的全部知识产权，迈出了伊之密全球化的重要一步。

另外，伊之密计划三年内在印度、巴西、俄罗斯三个国家之一建立海外生产基地，计划2014年底投入使用，通过更多的海外生产基地为全球客户提供更好的产品和服务。

地址：中国广东省佛山市顺德大良五沙工业园顺昌路12号，528300

电话(TEL)：+86－757－2921 9800

网址：www. yizumi－group. com

上海邦中高分子材料有限公司

上海邦中2004年始创于上海，是一家致力于新材料领域的创新型公司。邦中建立了以企业技术研发中心为主体，以清华大学、上海交通大学、华东理工大学、复旦大学等高校为支撑的先进的研发平台。目前公司已申报专利60余项，已申报成果转化项目5项，并已成为上海市科技小巨人企业、国家级高新技术企业。

公司主导产品有能源管道专用粘接树脂、新型建材领域用粘接树脂、阻隔包装领域用粘接树脂、新能源领域用粘接树脂、阻燃抗静电煤矿瓦斯管道专用材料、桥索护套管专用料、无卤阻燃聚烯烃电缆专用料、碳纤维复合材料等。此外，邦中还为管道企业和其他领域客户提供材料和产品的研发和检测等服务。邦中的产品和服务广泛应用于大型基础建设、建筑工程、消费品包装等领域，曾参与北京奥运鸟巢、国内众多机场、西气东输等重大工程项目。

邦中坚持人才是第一生产力，与全球最著名的人力资源Towers Watson公司合作，引入了全球战略人力资源管理体系，组建了顶尖的专业人才团队，包括10多名博士，50多名硕士，其中数名是来自于世界500强外资企业的国际领军人才，还有众多从美国、澳大利亚、法国、德国、英国留学归来及国内名校的专业人才。

邦中每年研发投入超过销售额的8%。2013年，公司与全球最著名的实验室系统服务商合作，在上海漕河泾开发区建立了面积达3000平米的国际一流的科学实验室并配备了世界一流分析检测设备如FEI Inspect S50电子扫描电镜、Agilent GC－MS G5977A MSD安杰伦气相色谱质谱连用、Cary660傅立叶红外光谱仪、Infinity1260高效液相色谱、GC7890B气相色谱、WATERS Alliance e2695凝胶色谱、PerkinElmer NexION & OPTIMA8000 ICP元素分析仪、DSC8000差示扫瞄量热仪、Pyris1热重分析仪、Micromeritics 3FLEX BET表面分析仪、Malvern Matersizer 3000激光粒度分析仪、ZAHNER ZENNIUM电化学工作站、X－rite Color i5 色差仪、MTS E44 万能材料试验机、HAAKE Polylab OS 哈克转矩流变仪、翁开尔 H. J. Unkel QUV 和 CT1100 紫外加速老化试验机和盐雾试验机等验证性设备。

针对公司产品和客户服务技术特点，邦中还建立了一个面积为 2500 平米的开发验证性实验室，配备了单螺杆、双螺杆挤出机、金石东方钢带涂塑线、MA860/260G 注塑机、吹膜机、KY－3220 密炼机、XK－120 开炼机、XLB－D/Q 平板硫化机以及相应的材料检验检测设备，旨在模拟和验证产品的生产、加工和应用环境，开展了材料应用性研究，并与众多行业客户展开了协同开发及专项研究，从而延伸和拓宽了邦中研发团队创新服务领域和范围。

公司在生产制造、质量检测、产品研发及验证性实验基地的基础上，利用上海的区位优势，将建立基于互联网的新材料全球协同创新平台，整合、优化新材料行业人力、硬件、信息、知识、数据资源，极大地降低供给与需求的连接成本，满足并催生更多的个性化需求，为众多行业客户提供研发、检测等各项技术服务。

佛山巴顿菲尔辛辛那提塑料设备有限公司

佛山巴顿菲尔辛辛那提塑料设备有限公司（BCC），是巴顿菲尔辛辛那提集团成员之一，联合巴顿菲尔辛辛那提挤出技术奥地利有限公司（BCA），巴顿菲尔辛辛那提挤出技术德国有限公司（BCG），美国玛普兰挤出技术有限公司（BCU），这四家公司共同组成全球最大的管材、型材、薄膜和片材挤出生产设备供应商：巴顿菲尔辛辛那提挤出技术集团。

“巴顿菲尔－辛辛那提”品牌荟萃了其来自欧洲的最先进技术、最专业知识，和来自挤出行业超过 50 年的经验积累。“巴顿菲尔－辛辛那提”品牌在全球得到用户广泛认同，并因此成为业界公认杰出的挤出机械供应商之一。

佛山巴顿菲尔辛辛那提塑料设备有限公司生产基地位于广东顺德，占地面积 17800 平方米，雇员约 180 人。我们传承欧洲的先进技术和生产理念，在中国制造和组装高性价比的挤出设备并提供优质的服务，为国内外客户提供领先的挤出解决方案并带给他们决定性的竞争优势和技术优势。

佛山巴顿菲尔辛辛那提的主营业务包括：塑料管材挤出生产线，如用于生产燃气管道、饮用水管、排污管、电讯、卫浴以及灌溉用管道；塑料型材挤出生产线，用于生产窗型材、建筑型材、技术型材如密封条、装饰条、线槽等；PVC 造粒生产线；模具和下游设备。

地址：中国广东省佛山市顺德大良凤翔工业区金翔路 2 号

邮编：528300

电话：＋86（757）2238 0110

传真：＋86（757）2997 5631

电邮：China@ battenfeld－cincinnati. com

网址：www. battenfeld－cincinnati. com/China

三斯达（福建）塑胶有限公司

三斯达（福建）塑胶有限公司系外商独资企业，中国台湾证券交易所上市公司，前身为三斯达（福建）鞋业有限公司。公司座落在福建著名侨乡有中国鞋都之称的晋江市，于 1982 创建，从成立至今致力于废旧塑料袋、鞋类边角废料等橡塑废料的回收循环再利用，从回收到改性设备的设计、制造总成独创发明了一系列先进的废品回收技术和生产工艺，拥有发明和实用新型专利 20 多项，专业生产应用于鞋材、箱包衬垫、体育用品、拼图、地垫、汽车及家装建材等广泛领域之各式 EVA 发泡材料，年产超 30 万立方，是福建省乃至全国最具规模的 EVA 发泡专业生产厂商之一。

得益于鞋都和福建、广东两地市场的产业集聚优势和产业链供应优势，公司回收利用的鞋用边角废料和 PE 废旧塑料源源不断，公司 2010～2012 三年的年废塑处理分别达 42000 吨、45000 吨和 50000 吨，不仅有效得降低了原料成本，提升公司经济效益，同时，也极大得减少了废塑对环境的污染和资源的浪费，提升了社会效益，践行节能减碳的社会责任。公司生产的各式发泡材料，可就近销往福建及广东、江浙地区的鞋厂、箱包公司及体育用品、玩具加工公司，下游市场成熟、稳定。

公司在立足本业的同时，也积极推进资本市场运营步伐。通过合理评估和精心的规划布局，于 2011 年 8 月成功登入中国台湾证交所主板挂牌交易，募集新台币 13 亿多（折人民币约 2. 9 亿），资金全部用于返程投资。经过公司的全面规划和布局，福建公司增购土地 137 亩，投建“三斯达废塑循环回收利用产业化基地”（2012～2013 年度泉州市重点项目），现总占地面积达 250 亩，建有标准厂房超 80，000 平方米，拥有专业的研发团队和先进发泡生产设备 32

组，并随着扩厂不断提升产能，预计到2013年底，发泡生产设备可扩充到42组，预计年产各式EVA发泡材料可达三十五万立方，规模在国内同行中首屈一指。

同时，公司于2011年上半年在江苏省句容市经济开发区新成立三斯达(江苏)公司，占地150亩，预计总投资达9000万美金，拟配备发泡生产设备比齐晋江公司，预计至2013年全面投产后，公司产能将在现有基础上再翻一番。江苏公司已经完成土地平整及桩基等基础工作，工程施工陆续开展。

经过三十多年的不懈努力，公司已发展成为全国最具规模的EVA发泡研发中心和制造基地，产品畅销国内市场并远销欧美等地。

“创新，源于涅槃重生”，三斯达人清楚，创新是一个企业不断进步、发展的灵魂。公司逐年加大研发投入的同时，积极寻求同相关科研机构、行业协会的进一步合作。2009年公司当选为中国塑料加工工业协会副会长单位，并被协会命名为“中国EVA循环再利用产业化研发基地”，显示了公司对国内塑胶发泡行业建设的高度重视和责任感，也进一步提高了公司在行业内的地位和影响力。同时公司还计划跟国内高校共同成立研发基地，就阻燃、隔热、抗静电等新型EVA发泡材料的研发进行紧密合作。

公司建立了优秀卓越的企业文化体系和科学、完善的管理制度，通过了ISO9001、ISO14000质量认证体系，多次被评为“AAA级信用企业”、“甲类纳税企业”。公司的“EVA回收循环利用项目”先后被评为“2006年度晋江市第一批科技项目”和“2009年第一批省级循环经济资金项目”，“2009年泉州市6.18项目成功转化资金补助项目”。2012年通过福建省高新技术企业认定，同时积极起草行业国家标准的制定。

三斯达人本着百善信为先，企者人为上的经营理念；坚持以市场为导向，以科技求创新，积极推进循环经济，实现可持续发展的经营方针；并以满足客户需求为宗旨，努力打造成为广大客户可信赖的品牌。不断提升研发能力和核心竞争力，实现企业、员工、客户的和谐共赢，创造美好生活，造福社会。

无锡市佳盛高新改性材料有限公司

无锡市佳盛高新改性材料有限公司建于2002年初，是江苏省高新技术企业和国家火炬计划锡山新材料产业基地的成员企业。公司位于风景秀丽、富饶发达的无锡市锡山区荡口镇鹅湖工业园，紧靠沪宁高速公路，交通十分便利。

公司专业生产“佳盛”牌新型高分子材料改性剂和Pams树脂系列产品，可作挤压和模塑成型加工助剂、改性剂、粘合剂、粘结剂、增粘剂、增强剂、增塑剂、抗氧剂、分散剂、润滑剂、高效燃料及热载体等用途，具体应用于高浓度、高阻燃、高填充塑料色母粒、塑料改性、橡塑鞋材、电线电缆料、热塑性弹性体、橡胶材料、热熔胶、油漆油墨、涂料、颜料、精密铸造等领域(详细应用说明向公司技术开发部索取资料)。

公司坚持务实、创新、求精的企业精神，奉行“市场是天、安全是地、质量是命、管理是根”的宗旨。公司严把生产环节，加强技术改进，实行制度化、规范化内部质量管理，形成较强的科研开发能力、规模生产能力和经营管理能力，已获ISO9001:2000国际质量体系认证和ISO14001:2004环境管理体系认证。产品参照美国阿莫科Amoco Resin 18－210、18－240、18－290系列树脂标准进行生产检测，质量性能相同，同时产品符合欧盟SGS的(ROHS、PHAS)检测标准，是用户的最佳选择。产品销往全球，佳盛公司董事长—潘林根愿意同中外各界新老朋友携手合作、共同发展、再创辉煌。

Add：E－hu Industrial Area，Dangkou Town，Wuxi City，Jiangsu，P. R. China

地址：中国江苏省无锡市锡山区荡口镇鹅湖工业园

邮政编码：214116

电话：0086－510－88520858，88748136

传真：0086－510－88748340，512－65390573

网址：www. wx－jiasheng. com

电子邮件：webmaster@ wx－jiasheng. com

联系人：潘林根　0086－13906202341，13306202341

李晓勇　0086－13338762870，18962121918

普立万 polyone

普立万是全球领先的特种聚合材料、服务和解决方案供应商。总部位于美国俄亥俄州，是一家在北美、南美、欧洲、非洲和亚洲都有业务运营的跨国公司。普立万在全球拥有近七千名员工，分布于80多个工厂和仓库，十余个创新中心和实验室，及位于五大洲的销售和服务网点。普立万在全球范围内的客户数以万计，服务的应用行业包括包装、建材、医疗、运输、电子电气、家电、线缆、消费品、纺织和其他工业应用，为客户提供35000种以上的聚合物解决方案，包括颜色和添加剂、嘉洛斯，寇兰和GSDI、特种工程塑料、吉力士热塑性弹性体、Glasforms高级复合材料、设计结构与解决方案、特种油墨和聚合物系统、Geon高性能材料、特种涂层、生产商服务并向客户提供聚合物分销服务。通过紧密合作，帮助各行各业的客户开发创新产品和服务，改善产品性能并提升其竞争优势。

联系方式：普立万亚洲总部

地址：上海市浦东新区郭守敬路88号

网站：www. polyone. com

微博：www. weibo. com/polyone

四川国丰管业有限公司

四川国丰管业有限公司成立于2009年8月，注册资金5500万，座落于成都市大邑县工业发展区，占地面积60000余平方米，毗邻成温邛高速，交通便捷，并在同行业中首家入驻成都市青羊工业总部基地设立市场运营中心。是一家专注于塑料管道研发、制造、销售、安装于一体的高新技术企业。公司目前有员工300人，其中工程技术人员42人，行政管理人员36人，具有规模庞大的生产车间及完善的生产设备。每年向市场提供8万吨规格聚乙烯(PE)管道及检查井制品，是西南地区规模最大，规格最全的聚乙烯(PE)管道及检查井的专业生产企业。现拥有国内多条一流的生产设备和检测设备，技术力量居国内领先水平。同时还有一支创新务实的管理团队和完善有效的质保体系。专业生产HDPE双壁波纹管、PVC－U双壁波纹管、PE给水管、PE燃气管及PE煤矿用管等与之配套的管件。产品广泛应用于供水、燃气、通讯光缆套管．高速公路排水，各种市政、工业、矿山、养殖、农业排水、排污、通风等领域。

公司现已通过ISO9001质量管理体系认证。产品通过国家级、省级检测和鉴定，因各项技术指标稳定，价格合理，服务周到，受到了广大客户的一致好评，被市场广泛认可。公司通过战略联盟，分别在上海、广州、天津等地建设生产分厂并组建销售公司，以强化“国丰”品牌的市场渗透率和提高产品市场占有率。

公司将秉承锐意进取，不断创新的企业精神。努力实施科技进步及名牌战略；始终坚持“抓科学管理、创行业领先”的经营方针和“执著创业、永恒创新”的发展之道，充分发挥民营企业超前的经营理念．灵活的经营机制等优势，提升核心竞争力把公司做大做强。我们将以质高价廉的产品为桥梁，广交天下朋友，始终秉承务实、精益求精、诚信为本的理念服务广大用户。

西安高科建材科技有限公司

高科建材是西安大型国由西安大型国有企业西安高科(集团)公司投资组建的现代化新型建材企业，是国家火炬计划重点高新技术企业，中国有机锡环保型材创新示范基地。总资产超10亿元，员工2000多人。

经过十余年发展壮大，高科建材已成长为中国塑料型材行业领先企业、西部管道龙头企业。高科建材品牌影响力位列行业三甲。旗下拥有三个生产基地，两个控股公司。产业横跨型材、管道、门窗、楼宇智能及电子元器件五大门类，形成了产业化、规模化、集约化、现代化、高端化、国际化的新型建材产业集群。

高科建材拥有各类专利技术二十多项，是西安市技术中心和陕西省技术中心。先后通过了ISO9001、ISO14001、ISO18001国际质量、环境和安全体系认证，先后获得西安市名牌、陕西省名牌、陕西省著名商标和中国驰名商标，在全国建有100多个销售部、500多家经销商，产品同时出口美国、德国、加拿大、俄罗斯、澳大利亚、巴西、韩国、印度等19个国家和地区。

2013年开始，高科建材着眼于长远和更大的发展，按照“总体规划，分步实施”的原则，规划建设高科集团新型建材产业园，到“十二五”末将形成高科集团新型建材产业集群。

高科建材将本着“创造绿色人居空间”的企业使命，以“领先新型建材业，做最值得信赖的国际品牌”为愿景，坚持“锲而不舍、勇于超越”的企业精神，奉献环保节能建材产品，顺应低碳经济的国际化潮流，积极推动行业进步，引领中国新型建材业走上绿色健康产业之路！

长沙天卓塑胶有限公司

长沙天卓塑胶有限公司座落在湖南省望城经济开发区，占地十四多万平方米，是一家拥有资产数亿元的新型化学建筑材料生产基地，集研发、生产、销售于一体的高科技企业，并拥有一批专业的化学建筑材料研发人才和生产技术队伍，并与高校建立产学研合作平台。

目前公司的主要项目为HDPE给水管、双壁波纹管、钢带增强螺旋波纹管、燃气管、垃圾填埋透水管、煤矿井下用管、非开挖用管的生产销售，年生产能力10万吨。生产项目采用国际先进技术和行业最先进的全自动电脑控制生产设备，产品品种、规格齐全，全系列产品都经过国家权威机构检测，各项力学性能和理化卫生指标均达到相关标准要求。于2009年以来产品两度被评为湖南省名牌，2011年获得湖南省著名商标，2012年通过环境标志产品认证。工厂获得ISO9001质量体系认证、ISO14001环境管理体系认证和OHSAS18001职业健康体系认证，依靠数据科学管理，建立了从原辅材料进厂筛选，工艺配方，在线品质监控到成品出厂全过程的质量保证体系，具有可追溯性，是目前国内最专业的HDPE管道生产厂商之一。产品广泛应用于市政给排水、农村安全饮水工程、建筑给排水、水利、农林排灌、工矿、燃气等几大建设领域当中，产品品质深得用户信赖，服务同样受到用户的好评。

公司坚持以人为本，以质量求生存，创国内一流化学建材企业为宗旨，抓住机遇，与时俱进，积极参与市场竞争，愿与各界朋友竭诚合作，共同绘制美好明天而努力奋斗。

福建亚通新材料科技股份有限公司

福建亚通新材料科技股份有限公司创建于1994年，是一家专业从事塑料管道产品研究和制造的国家级重点高新技术企业。亚通产品主要用于市政建设(道路、通讯、电力、燃气、供水、排水、排污等基础设施建设)、水务投资运营(城市供水、排污、输水管网建设改造)、建筑工程、农业节水排灌系统、现代园艺等各种领域，产品种类及配套之全，位居全国同行业领先地位。

亚通经国家人事部批准设立国家博士后科研工作站，现系建设部全国塑料管道科技产业化基地，全国化学建材骨干企业，中国塑料加工工业协会副理事长单位。亚通拥有福建、北京、内蒙古、黑龙江、河南、重庆、湖北、甘肃、新疆等10多个生产基地和覆盖全国的生产、销售和服务网络。从2004年起，亚通产品陆续销往俄罗斯、马耳他、新加坡、沙特阿拉伯、圭亚那、伊朗、蒙古等国家和地区。

亚通是中国塑料管材及管件市场的知名品牌，是国家工商总局认定的“中国驰名商标”。企业的系列产品荣获了“中国名牌产品”、“国家重点新产品”、“福建名牌产品”等多项荣誉。

公司持续以一流的产品，一流的服务，为中国现代农业、水利、电力、交通、通信、石油、化工、城市建设、环境保护和其它工业事业做出应有贡献，引导中国塑料管道行业向更高、更新水平迈进！

台塑跨国集团

台塑跨国集团创建于1954年，截至2011年止，资产总额达6994亿元人民币，集团营业总额高达3703多亿元人民币，集团首创于中国台湾，初期以石化工业为主，后续投资遍及美国、东南亚，90年代起更积极投入中国市场。

南亚塑胶公司对PVC管材、管件给予国家社会带来的经济效益，有深入体会，为将此经济效益扩展至中国大陆，从1995年起南亚公司陆续投入中国管材市场，现已分别创建南亚厦门公司、重庆公司、广州公司、山东东营公司、安徽芜湖公司、河南郑州公司、辽宁鞍山公司等。目前，PVC-U管材年产能达30万吨，PVC-U管件达1.5万吨，2007年再陆续开发PE、PPR管材、管件。后续并将加快速度在国内各地增建管材厂，未来，将在国内每省份至少投建一个管材厂，年产量目标将达100万吨以上，对国内PVC管材、管件推广与应用，十足体现领头羊的角色。总结中国台湾、美国50余年丰富经验，南亚塑料公司在国内投建的管材厂，充分展现九大特色：

1. 采用奥地利辛西那提挤出机、日本东芝注塑机等最先进生产设备；

2. 原料混合采用美国西门子计算机监控系统；封闭式螺旋供料系统，配方稳定、质量可靠；

3. 从供料、挤出、成型、喷字、切断以至于捆包，全程采用自动工艺流程，人为影响可以完全排除；

4. 产品质量标准，除完全符合GB国家标准外，部分产品更采取ISO国际标准，质量水平媲美国际先进国家。

5. 率先采用有机锡稳定剂(非铅盐稳定剂)，卫生性能完全符合国家饮用水卫生指标及蒸馏水卫生指标，充分体现环保建材的优势；

6. 彻底落实质量检测，确保用户权益，并加上售前、售后服务体系，建立拥护信得过首选品牌；

7. 产品规格齐全，管材口径从 ϕ16mm ~ ϕ630mm，一应俱全；并配套 427 种给水管件，193 种排水管件及 21 种电工管件，可完全满足各类工程设计需要；

8. 各地管材厂年产能达高 3 万吨以上，成品存货量充足，供应灵活快速，可充分搭配各类工程进度；

9. 采用台塑经营管理模式，不断推动生产销售 5S 活动，更坚持突破、创新、彻底、圆满的经营理念，对国内员工水平有效促进，火速推动本土经营目标。产品质量、品牌形象经由国家建设部、各省建委建设系统、建设工程行业协会、各层级质量评选单位，先后认定与推荐，同时获得国家免检证书，并已通过 ISO9001 认证，目前已奠立行业前导地位。

南亚塑料公司本着中国人发展中国的精神，以贡献社会、共建国家经济为长程目标，希望在长远发展过程中，得到相关各界鼎立支持。

南亚塑胶工业股份有限公司南通厂

南亚塑胶工业股份有限公司南通厂区成立于 1996 年，总投资 3.8 亿美元，主要生产线 34 条，生产 PVC 软、硬质胶布、PVC、PU 人造革、PVC、PET 粘合装饰材、PVC、PE 保鲜膜、BOPP 薄膜、珠光纸、40.5KV/20KV/10KV 高低压开关柜等产品，用于车辆内饰、鞋类、家具、皮包箱、球、吹气制品、胶带、文具、吸塑包装、真空成型、折叠成型、装潢建材、包装用膜及配电设备控制系统等。

南通厂区全面导入母公司各项管理制度，大力推动产品别、机台别经营负责制度，依照产品、机台特性成立产品别、机台别经营小组，发挥专业团队优势，提升整体经营绩效。较早推动计算机 ERP 管理，整个经营活动全面纳入电脑管理，提高管理绩效。已通过 ISO9001、ISO14001、OHSAS18001、TS16949 及 3C 认证，

公司秉持“勤劳朴实、止于至善、永续经营、奉献社会”，推行全面质量管理活动，追求永续改善，提供客户完全满意的产品与服务，贡献社会。

地址：中国江苏省南通市通京大道 101 号

电话：0513 - 85291811(总机)

网址：http：www.nypc.com.cn

四川精雄塑料机械有限公司

四川精雄塑料机械有限公司(原成都精雄塑料机械模具有限公司)坐落于西部经济文化中心 - 成都。本公司是专业从事塑料挤出机、挤出成套设备及模具开发、研制的高新技术企业。

公司在多年专业开发研制的基础上，不断的引进和吸收国内外先进技术，塑料挤出成套设备机组在国内多家知名企业广泛使用，并远销东南亚国家和地区。

为了不断提高产品品质，我们努力完善企业的质量管理体系和售后服务体系，并已通过 ISO9001 - 2000 质量体系认证。我们本着锲而不舍、精益求精的精神，不断地开拓创新，在变化中求进步，竞争中求成长，追求客户最及至的满意及企业永续传承的目标。

科技无穷，创新无限。公司将始终信守“优质产品、星级服务”的经营理念，努力服务于客户，忠实于客户，与客户共同发展是我们永远的目标。

随着公司发展壮大，加之原有厂区拆迁。现我公司在中兴兴隆工业园投资 7500 万元，公司地 60 亩，新建 20000 平方厂房，将三条流水生产线，预计产值将达到 1.5 亿元，解决就业岗位 200 个，利税将达到 1000 万元。

展望未来，我们将迎接市场更大的挑战，坚持以高品质的产品回馈广大客户。让我们携手起来，共同创造美好的明天。

汕头市东田转印有限公司

汕头市东田转印有限公司是国家高新技术企业，是国内最早从事热转移印刷技术和产品的研究、开发、生产和销售并提供相关技术服务的专业公司，产品注册商标“東田 DONGTIAN”是广东省著名商标。公司通过 ISO9001 质量管理体系认证和 ISO14001 环境管理体系认证。

公司目前的主要产品是热转印膜，有热烫转移膜、模内转移膜二大类，适用于塑料、玻璃、金属、木材等制品表面的装饰保护。模内转移膜是公司的新产品，它的研发和应用，解决了有弧度的塑料成型制品的表面装饰难题，节能环保。

公司技术力量雄厚，生产设备先进，工艺成熟配套，检测手段完善，产品质量稳定。我们十分重视科技投入和知识产权工作，与国内有关的科研院所、高校院所、信息单位建立了广泛联系，先后承担国家、省、市一批科技项目的研发工作。

公司秉承“诚信经营、质量第一、真诚服务”的宗旨，拥有良好信誉。我们为各界客户提供精益求

精、不懈努力的服务，竭诚欢迎海内外人士真诚合作，实现双赢！

苏州工业园区富事达塑业有限责任公司

苏州工业园区富事达塑业有限责任公司(苏州塑料一厂)，成立于1956年。是一家专业生产工程注塑制品、波纹管、片板材和改性材料，积累了近50年的塑料加工专业技术经验。富事达公司拥有自营进出口权，是江苏省高新技术企业，名列国家统计局公布的中国塑料加工企业的前列。公司现有职工近220人，工厂占地面积37000平方米，注册资金2817万元，固定资产3900万元。生产基地位于苏州工业园区。

公司凭籍先进的设备、雄厚的技术力量和严格的管理，不断加强产品研发和市场开发，并先后从奥地利、德国、意大利、日本、中国香港引进各类双螺杆挤出机、精密注射机、片板材、波纹管生产线等近50多台(套)，年生产能力2万吨以上。已形成了以物流器具、汽车家电配件、汽车用线束波纹管、片板材、工程改性材料系列的四大产品系列发展方向。

公司注重产品开发能力的提升，引进了先进的设计软件和设备，实现了设计无纸化、成型过程演示化、制模程序电脑化。同时不断完善创新机制，新品产值率逐年提高。研究所被批准为苏州市工程塑料应用和开发技术中心，是首批市政府批准的10家技术中心之一。公司实验室拥有研究分析测试设备36台套，能按DIN、ASTM、GB等标准进行塑料理化性能实验及物流容器的承载等测试。目前实验室通过了CMA认证，现被授权为江苏省塑料质量监督检测站苏州分站。

追求质量零缺陷、满足并超越顾客的期望，是我们孜孜以求的目标，也是公司持续发展的基石之一。目前已通过了汉德TUV公司的ISO9001：2000、TS16949的质量体系认证。在信息化管理方面，公司2004年被省科技厅评为制造业信息化示范企业。公司内部管理实现了计算机辅助软件管理。通过管理的不断提升，给客户带去更优质的服务，并长期与上海大众，德尔福电子、延峰江森、派克电器、通用汽车，LG电子，三星电子，江苏烟草，沈阳金杯，柳州五菱，长安福特，奇瑞汽车，西门子电器，佳能，可口可乐，樱花电器，东风本田汽车，有限公司，广州本田汽车有限公司等建立长期合作伙伴关系，年销售额达到1.3亿人民币。

顾地科技股份有限公司

“顾地”品牌创建于1979年，成长于广东，发展于全国，是中国难燃PVC电工管和线槽的发明者和制造者，作为推动中国塑胶管道“以塑代钢”的先行者，顾地自创业以来，秉承“追求卓越品质，尽显顾地精华”的经营理念和“勇于创新、追求更高”的信念，引领了塑胶界一系列改革浪潮，为国家的建设和社会的繁荣做出了巨大贡献。

顾地科技股份有限公司(深交所A股上市企业，股票代码：002694)于2010年整体改制设立，目前在湖北、重庆、佛山、北京、河南、马鞍山、邯郸、甘肃拥有八大生产基地。产品广泛应用于建筑内给排水、市政给水、燃气、建筑采暖、市政排水排污等领域。产品畅销全国31个省(市)，同时远销中亚、东南亚、非洲等国家，是目前国内最具规模和影响力的塑胶建材制造商之一。

公司是中国塑料加工工业协会副理事长单位、中国塑协塑料管道专委会副秘书长单位，同时也是全国塑料制品标准化技术委员会塑料管材、管件及阀门分技术委员会的核心成员单位，在行业内具有较高的知名度和美誉度。

公司拥有一支强大的科研团队，拥有近百名高学历、高水平的专业科研技术人才，拥有多项发明专利及实用新型专利，技术实力雄厚。最近几年，公司先后通过了ISO 9001国际质量体系认证、ISO 14001环境体系认证、ISO 18001职业安全认证、压力管道元件制造许可认证及国家节水产品认证等多种准入制度。

上海金纬机械制造有限公司

上海金纬机械制造有限公司(中国塑料机械工业协会副会长单位)是中国最大的挤出类塑料机械制造厂家之一，现有浙江舟山、上海嘉定、江苏太仓，广东东莞，常州溧阳5个生产基地。总占地面积近千亩。公司总部位于上海嘉定，公司拥有职工2200余人，其中技术管理人员480多名。公司拥有一支高素质的研发队伍和经验丰富的机械、电气调试工程师团队，以及先进的机械加工基地和规范的装配车间，每年生产2000多(台)套高档的塑料挤出生产线。主要产品有：各类塑料管道生产线；各类塑料异型材生产线；各类塑料板材、片材生产线；化纤纺丝工程设计与制造、微电脑自动塑料中空成型机、塑料辅助回收(破碎、清洗、造粒)生产线、各种单螺杆/双螺杆挤出机及螺杆机筒、T型模具、换网器、辊筒、机械手等配套件。

公司先后从韩国、日本等国引进了1000多台国际一流的多工位加工中心及数控车床、数控铣床等一大批先进的高精度加工设备。率先通过了CE认证、ISO9001：2008质量管理体系认证，坚持全面推行"零缺陷"品质管理，加强对采购供应、生产工艺、质量检验、产品销售、资金安排、售后服务等各个环节的高效质控。公司拥有九个大型金加工车间和三个热处理氮化车间，产品机械部件自行加工率达到95%以上，为产品品质及研发新产品奠定了稳固的基础。同时，金纬公司深知品质不仅仅产品或设备的质量，还包括新技术、新工艺，公司已自主开发了多项世界领先的关键核心技术，获得国家专利200余项。更为重要的是整条生产线的成型加工能力，站在客户立场为其所需的塑料制品提供成型加工全套解决方案，落实到塑料制品品质、产量、能效、操作等各个方面。

"jwell"和"金海螺"是中国塑料机械行业的知名品牌。公司凭借领先的技术和卓越的品质，获得了权威部门和市场的高度认可，自主开发了多项世界领先的关键核心技术，多项产品获得了国家有关部门的表彰奖励：国家重点新产品、上海市高新技术企业、上海市重点新产品等。从而确立了公司在挤出领域的领先地位，其市场占有率不仅在国内遥遥领先，还出口到埃及、俄罗斯、波兰、印度、土耳其、巴西、秘鲁、伊朗、罗马尼亚等二十几个国家和地区。深受客户信赖和好评。公司从2008年开始派遣商务代表长驻埃及与印度及土耳其，进一步扩展海外市场。金纬公司永远将客户的利益放在第一位，因为我们深信：客户的成功，才是我们的未来。"用心持久、拼搏创新"是金纬公司的企业精神，"品质卓越，完美如一"是金纬公司的质量方针，是全体员工努力的方向，"诚实待人"是我们铸就"百年金纬"的核心理念，我们本着热情为客户服务的态度，不断追求产品质量的完美如一，保证产品使用的可靠、简便、运用新技术新工艺，不断创新，逐步降低管理成本，走专业化、服务型的企业之路。

康泰塑胶科技集团

康泰塑胶科技集团有限公司创立于1999年，坐落于美丽的中国？崇州，是一家集专业研发、制造、销售为一体的大型塑胶建材集团企业。集团先后组建了成都康泰、浙江康泰、辽宁康泰、河南康翔、辽宁康翔、成都不锈钢管业、河北康辉、安徽康嘉、上海鑫磊、江西康乐10家成员企业。公司拥有具备国际先进水平的全自动电脑数控挤出、注塑、塑钢门窗装配等专用生产设备1000余台(套)，员工4700余名，集团总资产近20亿元，年产能40万吨以上，是建设部发布的中国最具规模的化学建材生产基地之一。主营产品涵盖民建、市政工程用管、精品家装、型材门窗，品种规格达5000多种。康泰集团始终坚持市场机制，秉持"科技、质量、价值、共赢"的市场竞争理念，以市场、客户需求为导向，在全国成立了30余家销售分公司，形成了覆盖全国的营销网络，长期与全国地产50强、中国移动等大型企业保持稳定的战略伙伴合作关系，产品品质和服务深受客户信赖。

康泰品牌获得"中国塑胶建材行业十大品牌"，康泰产品系列先后获得"中国环境标志产品认证"、"新华节水产品认证"、"中国绿色建筑产品认证"等多项认证，康泰集团连年被评为"AAA级信用等级企业"、"全国实施卓越绩效模式先进企业"、"全国实施卓越绩效模式特别奖"，被四川省政府评为"优秀民营企业"，是中国塑料加工工业协会副理事长单位。康泰集团以技术创新为发展基石，先后被认定为"中国塑料管道工程技术研究开发中心、CNAS国家认定的实验室、国家高新技术企业、四川省级企业技术研发中心"。先后与四川大学、南京大学等科研院校紧密合作，获得专利100余项。特别研制引领行业生态升级的核心技术——"稳净"专利配方，实现产品环保节能新突破，充分满足市场、用户需求。

康泰集团始终坚持"围绕全球顾客、不断改善，追求产品零缺陷"的质量方针，贯彻"产品如人品"的质量理念，全面覆盖ISO 9001、ISO 14001、OHSAS18001三体系，实施全员、全面质量管理，以自动化生产线、规范化现场管理、严格把控质检体系确保从原料进厂到产品出厂的优质质量保障。用百分之百的服务，满足百分之一的不足，始终坚持"客户的要求就是我们的标准，客户的需求就是我们要做的"服务理念，全面推行实施"首问责任制"及"一站式服务"管理，建立"产品精心、质量放心、服务用心、态度温心、回访真心"的"五心管家"全程服务系统，当您有服务需求时，1000公里以内12小时到达；1000公里以外24小时到达。实现客户、用户放心合作，全程无忧。

境界决定格局、梦想启动未来。康泰塑胶集团将始终致力于"成为生态建材行业领导者企业"的愿景，以“康泰建材、生态未来”为品牌定位，倡导“生态、关爱、科技”的品牌内涵，肩负“为每个家庭提供安全、环保的建材”的企业使命，践行“市场第一、合作共赢、务实勤俭、以人、以诚、以效”的核心价值观，全面构建康泰实现品牌化、规范化、规模化的现代集团企业。为实现社会、环境及利益相关者的和谐共生不懈努力！为引领中国塑胶建材行业投身生态事业建设，缔造绿色品质生活贡献力量。

青岛三益塑料机械有限公司

青岛三益塑料机械有限公司，地处山东半岛青岛一个美丽的海滨城市，这里铁路、海运、航空十分便捷，是沿海城市中经济快速发展的地区之一。青岛三益塑料机械有限公司，专业制造PVC(木塑)结皮发泡板设备即PVC建筑模板设备、PVC家具板设备、PVC广告板设备等。凭近十年的专业研发与创新，不断的推出新一代的PVC(木塑)结皮发泡板生产线。本着“化繁为简，追求卓越”的企业精神，青岛三益塑机在国际市场取得了不菲的成绩。于2010年3月加入了中国塑料加工工业协会及硬质pvc发泡制品专业委员会，且为2013年PVC发泡板年会第一协办单位、2013年塑木高峰论坛大会第一协办单位。我公司追求创新、精益求精，专一专注专业生产制造PVC(木塑)结皮发泡板设备。在国内市场份额中稳居1/3的领先地位。同时也是青岛重要出口商，已经远销至罗马尼亚、伊朗、印度、朝鲜、科威特等诸多国家。公司通过了ISO9001：2008质量管理体系认证和出口欧洲的CE认证，申请了外观专利和产品及企业文化著作权，曾获青岛电视台诚信315栏目采访。我公司被评为AAA级诚信企业单位，也被“青岛制造”评为优质供应商。

青岛三益塑料机械有限公司始终贯彻“质量第一、信誉至上”的宗旨，在国内外享有良好的声誉。欢迎国内外新老客户莅临考察、指导，携手共创，合作共赢！

中云集团

中云集团是中国一家大型企业集团，有着近50年的历史，集团业务涉及风力发电设备、塑料加工设备、精密铸造、投资等领域。在塑料管材挤出设备领域，中云集团专注于研发、制造系列高性能塑料双壁波纹管生产线、钢带增强PE螺旋波纹管生产线、塑料实壁管生产线、钢丝网骨架聚乙烯塑料复合管生产线。其中，我们尤其要推介的便是全新的高速水冷型PE/PP双壁波纹管生产线，该生产线技术在中国的波纹管设备领域雄居领先地位。

继成功地将系列大口径(100mm至2400mm)PE/PP双壁波纹管生产线推向市场后，针对客户日益严格的质量需求与成本控制需求，通过持续的技术创新，中云集团再次成功地开发出全新系列高性能PE/PP双壁波纹管生产线。通过采用众多的创新技术，带来更高的性能表现。此次开发成功的全新高性能PE/PP双壁波纹管生产线，通过应用全面革新的模块冷却技术，使带有较高压力的冷却水注入密封式的模块内部并进行高速循环，实现了波纹成型模块的快速高效冷却，其直接表现为生产线产量的大幅度提高！以DN/ID400mm规格的PE双壁波纹管为例，其生产速度可达2米/分钟！这意味着，与以往的普通双壁波纹管生产设备相比，产量提高到了原来的3倍！

得益于产量的大幅度提升，直接带来了更低的每米耗电量，耗电量最高可降低约50%。

经过全新优化的成型机结构设计和高度标准化的波纹成型模块设计相结合，实现了大小不同机型之间波纹成型模具的完全互换！克服了以往卧式水冷机型大小型号的生产线模块不能互换的弊端，极大地减少了管材制造商的设备投资，并大幅度提高了客户生产的灵活性，降低了设备的使用成本。并且，这种更加灵活的生产方案极大缩短了客户的交货周期，减轻了原来需要大量囤积库存的交货压力，进一步帮助客户提升市场中的竞争优势。

此外，模块卡式快速装配技术大大降低了更换模具时的劳动强度和操作复杂性，使得更换模具所需的时间大幅缩短。

中国联塑集团控股有限公司

中国联塑集团控股有限公司(简称：中国联塑，香港上市代号：2128)是中国领先的大型建材家居产业集团，产品及服务涵盖管道产品、卫浴产品、整体厨房、型材门窗、装饰板材、消防器材及卫生材料等领域。销售额突破130亿元人民币。

随着联塑全球化、国际化进程步伐的推进，中国联塑已拥有逾30家控股子公司，拥有超过25个生产基地，分布于全国15个省份及加拿大和美国，形成了覆盖全国，辐射全球的生产基地和销售网络，能够及时、高效地为顾客提供产品和服务。

中国联塑建有国际领先，国内一流的研究院，拥有各类科研人员1000多名，设有博士后科研工作站、CNAS国家认可实验室。目前，中国联塑拥有和正在申请的专利有近1000项。科研成果先后入选国家火炬计划项目、国家重点新产品、全国建设行业科技成果推广项目和政府绿色采购清单；先后被国家有关部门授予国家高新技术企业、国家认定企业技术中心、中国建设科技自主创新优势企业、知识产权优势企业、建设部产业化示范基地、广东省政府质量奖等荣誉称号和奖项。

现阶段，中国联塑拥有10000多种产品，是国内建材家居领域产品体系最为齐全的生产商之一。中国联塑的产品被广泛应用于家居装修、民用建筑、市政给水、排水、电力通信、燃气、消防及农业等领域。在2008年北京奥运会、2010年广州亚运会及上海世博会的部分场馆建设中，联塑均被指定为产品供货商。

中国联塑将秉着“为居者构筑轻松生活”的品牌信仰，以全新的姿态，致力于将中国联塑打造成泛家居领域，世界领先的大型建材家居产业集团，为客户提供更多高性价比的产品和服务，缔造舒适、高品质居家生活。

山东英科环保再生资源股份有限公司

山东英科环保再生资源股份有限公司（以下简称“英科环保”）是全球领先的可再生PS塑料解决方案的提供商。在过去10年中，我们致力于将可再生PS塑料进行高效回收、优质再生，并绿色应用于PS环保框条、环保相框、环保画框、环保镜框、踢脚线、顶角线、户外地板及其他室内外装饰材料领域。公司生产的PS框条及其成品框类产品，凭借其表面精湛的仿木处理和低成本优势，已逐渐发展成为传统木制框条和相框类产品最好的替代材料，广泛应用于全球家居装饰和室内外建筑材料等领域，受到海内外众多客户的好评。

自进入中国市场以来，英科环保一直致力于倡导绿色、环保、健康的生活理念，回收加工和利用可再生PS塑料，并运用独创先进的环保再生技术和装备，将可再生PS塑料应用为仿木装饰线条，成功地“以塑代木，变废为宝”。英科环保“降低白色污染，促进资源再生，循环绿色应用”的经营理念和循环经济一体化的经营模式受到了国内各级政府和协会的认可和褒奖。资源有限，循环无限！

地址：山东省淄博市临淄区齐鲁化学工业园清田路18号

邮编：255414

电话：0533-7527018

传真：0533-7527019

网址：www. intco. com. cn

Email：service@ intco. com. cn

珠海富诚科技有限公司

珠海富诚科技有限公司是珠海中富工业集团全资子公司，位于中国珠海，成立于2004年。注册资金1200万美元，占地11万平方米，拥有工艺领先的多层共挤薄膜生产线，制袋生产线，16色印刷线及品控中心。专门生产和销售PVDC、PE、PA热收缩膜/袋，尼龙拉伸膜和真空尼龙袋。富诚科技研发生产的产品已经获得ISO9001质量体系认证及QS认证，企业获得英国BRC认证，是中国肉类协会会员（理事）单位、中国肉类机械加工委员会会员单位、中国罐头协会会员单位、广东省塑料机械包装技术协会会员单位、广东省自主创新标杆企业、中国最受尊重的诚信民营企业、珠海市领先集体企业。

公司主要为牛、羊、猪分割肉提供冷鲜和低温冷冻包装；为家禽、金枪鱼等提供冻品包装；为熟食、熏腊制品提供保鲜包装。为易碎品提供保护缓冲包装。产品大量供应国内市场，同时远销东南亚、韩国、南美、澳洲及欧洲。

公司主要产品有：PVDC热缩膜/袋、PE热缩膜/袋、PA（尼龙）拉伸膜/真空袋、PA（尼龙）热缩膜/袋、缓冲包装。

主打产品：收缩 PVDC

PVDC具有隔氧防腐、隔味保香、隔水防潮、隔油防锈等优异性能，因而能够延长被包装食物的保鲜期。PVDC适合包装冷鲜肉，只需储存在0~4℃的温度下，即能保持肉的营养及水分不流失、色泽鲜艳自然、无需解冻即可延长产品的保鲜期。其良好的收缩性能更能凸显食物线条，立体美观。

新型产品：缓冲包装

以尼龙膜制成气柱缓冲包装袋，不但环保轻便，而且大大降低了包装成本。可根据客户产品定做相应尺寸缓冲袋，有效保护摄像头、灯具，手提电脑，红酒等物品。缓冲包装袋采用多气柱设计，充气后长时间不漏气，即使有单个气室损坏也不影响其他气室的保护功能。

东莞华伟配线器材有限公司

华伟于1976年创立于中国台湾台中，每年束带产量超过100亿条，是全球最大的束带 & 配线器材厂之一。于中国上海、中国东莞、泰国曼谷、中国台湾台中均设有生产工厂。华伟拥有超过百台180~1000吨射出机台，并拥有齐全的不锈钢束带、端子、配线槽、波浪管及各式接头生产线，全球总员工数约1500人。

华伟产品营销全球75国，供应电子电机、通讯、汽车、船舶、轨道车辆、能源、建筑、零售等各产业市场，优异的质量及卓越的服务在美国、欧洲市场备受客户肯定。华伟各厂已取得ISO9001、ISO14001、ISO/TS16949等认证，各项产品通过美国UL、ABS、加拿大CSA、德国GL、欧盟CE、中国CQC等认证，并符合欧盟RoHS环保要求。

除了标准规格产品，华伟提供客户代工生产服务，包括束带、电缆固定夹等配线器材产品，从技术研发、模具开发、生产制造，客制化包装的一贯化作业，提供客户完整的代工生产解决方案。

未来华伟将继续投入更高阶的产品研发，并拓展更广泛的产品应用领域，不断加强产品线的深化与广化，致力于成为客户的最佳事业伙伴。

欲了解更多信息，请登录华伟网站 http://www.hwlok.com

连络电话：0769-87787166

上海永利带业股份有限公司

上海永利带业股份有限公司创建于2002年，坐落于国际大都市上海市，办公地位于上海市虹桥枢纽附近的青浦区徐泾镇徐旺路58号。公司是一家以研发、生产制造、销售各种规格型号轻型输送带产品的专业公司，也是目前国内专业性、配套性最强的新材料类轻型输送带研发生产高科技企业。系国内第一家具备替代进口轻型输送带的民营企业，当前综合实力在行业内的排名前列。公司于2011年6月在深圳证交所创业板上市，股票代码为300230。

公司自成立以来取得了许多荣誉和成绩：国家火炬计划重点高新技术企业、上海市高新技术企业、上海市技术中心、上海文明单位、上海市民营科技综合百强、上海市著名商标、上海名牌产品。多项技术被上海市科委认定为上海市高新技术成果转化项目，其中高粘结强度多功能PVC-TPE输送带材被上海市科委认定为上海市火炬计划项目，高摩擦PVC-TPE花色输送带被认定为上海市重点新产品，高强度精密石材带被认定为国家重点新产品，高剥离PE输送带被认定为青浦区专利新产品。2008年与同济大学共同设立国内第一家“轻型输送带研发中心”。2009年于东华大学共同设立“轻型输送带增强基材研发中心”。

目前，公司共申请国家专利70多项，其中授权的发明专利11项，产品技术经上海科学技术情报研究所查新检索，达到国际先进水平。公司产品被广泛地应用在各种行业，国内市场占有率达到30%。公司在天津、沈阳等地设有8个办事处，拥有接头设备及输送带仓库。2009年，永利在荷兰注册了永利欧洲公司，2010年，在韩国设立了永利韩国，在土耳其和印度分别设定了代理商，专业销售永利产品，产品已出口世界各地。公司始终以完善的服务、创新的思维、卓越的管理，打造世界新材料轻型输送带的生产基地。

中山环宇实业有限公司

中山环宇实业有限公司成立于1993年3月15日，位于广东省中山市东凤镇105国道旁，公司是香港世界五金塑料厂有限公司附属机构，是全球著名塑料管材生产企业Aliaxis集团成员。集团总公司和香港母公司分别始创于1905年和1961年。

目前，Aliaxis集团公司总部位于比利时布鲁塞尔，是全球最大的塑料管道/阀门生产和销售集团，成员遍布全世界，拥有400多个知名品牌及厂家。集团年销售额多达400亿人民币以上。

中山环宇实业有限公司承传集团公司的精湛工艺，及国际化的管理体系，多年来在中国市场不断探索和研究，开发及生产适合工业、民用等各种领域上应用的塑料管材、配件及阀门，提供的产品材质有CPVC、UPVC、PPR，EVA，PP等，生产标准更加多元化，有国标(GB)，英标(BS)、美标(ASTM)、日标(JIS)等，能适合不同国家的要求，配套齐备，使用户能方便快捷的选购合适的产品。

公司拥有强大的技术队伍，坚持自主研发、自主创新战略，拥有多项产品专有技术，并应邀成为国家塑料制品标准化技术委员会——塑料管材、管件及阀门分技术委员会核心成员，参与有关国家标准的制定。在2003年，公司被委任为CPVC管材国家标准的第一起草人，参与有关的主编工作，以我们多年来在塑料制品加工行业的经验与行业内多位专家共同努力，编制有关标准，使国家的塑料行业知识更加完善并有了更科学的发展。

公司拥有高科技先进的塑料模具开发中心，现已自主开发模具数千套，可提供品质高、种类齐全的给水、排水、热水管道和电线电缆套管，也能提供整套以塑胶为主的水处理系统，通过“以塑代钢”配合国家实现未来纯净水优质供应和绿色环保的目标。

中山环宇以社会责任为己任，热衷于社会公益事业，在企业内建立大学生实习基地，并于2012年获批国家级实践教育中心，对大学生作出专业的对口的技能培训，培养他们的实践能力，培育了一批又一批的大学生走向社会。多年来，中山环宇凭借科学的渠道治理结构，稳健的经营团队，强劲的拓展能力，卓越的企业文化，打造了具有全球影响力的行业品牌——锚牌。

地址： 广东省中山市东凤镇兴东路1号，528425
电话： 0760－22619980
传真： 0760－22603813
网址： www. anchorhk. com

实德集团

1992年，中国北方海滨城市大连，一个以实德命名的企业诞生。伴随着中国经济改革开放的大潮，实德在20多年的创业发展历程中留下了一个个坚实的脚步——先后涉足土石方工程、化学建材、家用电器、文化体育、金融保险、医疗、房地产、石油化工等产业，不断成长为一个大型的综合性民营企业集团。

随着中国经济的迅猛发展，新一轮的城市建设浪潮方兴未艾，1992年到1995年，不到3年的时间里，实德人日夜奋战，劈山填海，完成了300万立方米的土石方工程。这是大连的胜利广场，这是大连的星海广场，这是大连的金石高尔夫球场，这些大连标志性建设工程，凝聚着实德人创业初期的智慧和汗水。

1995年，实德集团顺应时代发展，确定了实业报国德以兴家的企业核心理念，为随后的产业快速发展确立了成功的基础。先后与世界上塑料异型材加工技术最先进的德国莱梅特公司，奥地利的格瑞纳公司、辛辛那提公司以及英国的开米森公司进行技术合作，引进了德国最先进的自动化混料系统和高速型材挤出生产线，生产塑料门窗用异型材。实德型材以优越的产品质量得到了市场的认可。

以市场为导向的实德化学建材研究院从事化学建材的前沿科学研究、产品技术和质量管理，国家人事部批准的博士后工作站的科研成果不断应用于新产品，给实德产品赢得了广阔的市场空间。27个系列300多个型号的门窗用塑料异型材产品，拥有60多个营销公司的国内市场营销体系和客户服务体系，在不断扩大的国内市场取得了主导地位的市场份额。同时，实德型材已出口到全球60几个国家和地区，参与国际市场的竞争。2008年，实德商标被认定为中国驰名商标。

以改善人类生存环境、提高人类生活质量为企业宗旨的实德集团，拥有目前全球规模最大的化学建材生产工厂，现代建筑门窗广泛采用的塑料异型材产量当前位居世界前列。大连、成都、嘉兴、银川、漯河、南昌、天津、长春八个工业制造基地，可年产化学建材近70万吨。被国家建设部授予化学建材产业化基地称号。

在家用电器产业，可年产100万台家用和商用热水器的全自动化热水器生产线，于2002年投入生产，同时与国际知名企业建立了战略伙伴关系。

2000年实德集团开始进入金融、保险、证券等投资领域，参股大连商业银行、生命人寿保险公司，太平洋保险公司、景顺长城基金管理公司，在投资领域学习和积累更多的管理经验。

与社会共进步，与客户共增长，与员工共提高，为实德产业的创新发展提供了激情和智慧，产业的发展使实德人有能力将经营成果与社会分享，投入公益事业、服务社会、造福员工。

面对世界经济的新形势和中国经济的纵深发展，以实德人、中国情、世界观为企业核心价值观的实德集团，将以不断创新的精神承担起更为广泛的社会责任，为更多人的健康和幸福奉献力量。

浙江明日控股集团股份有限公司

浙江明日控股集团股份有限公司为浙江省塑料行业协会会长、中国塑料加工工业协会副理事长单位，隶属于浙江省供销社，是浙江农资集团核心成员企业，前身浙江农资石化有限公司成立于1998年，公司注册地杭州滨江区，总股本11600万股，总资产逾15亿元，员工500余人，公司主营塑料原料、化工产品贸易和农用薄膜、包装材料、软包装制品生产业务，汇总经营收入近150亿元，进出口总额1.7

亿美元，多年来年均增速达到30%水平，公司已发展成为中国最大的塑化分销服务商之一。

公司坚持以发展为主线，通过国内贸易与国际贸易相结合、现货业务与期货业务相结合、通用料与专用料相结合、商品经营与资本运作相结合，不断拓展业务领域和品种，成为了全国知名的塑化专业化公司。目前，公司塑化业务年销售量150万吨，其中，聚烯烃业务90万吨，聚氯乙烯业务超40万吨，ABS、PS、EVA、茂金属、弹性体等业务量近10万吨，甲醇、乙二醇、天胶等化工产品业务量近10万吨。目前，公司已成为中石化系统紧密合作伙伴，成为新疆天业浙江省、安徽省核心经销商，成为上海赛科、扬子－巴斯夫LDPE、绍兴三圆PP最大分销商和核心客户，与福建联合、宁波富德、海天石化、中海壳牌、陕西北元、山西榆社、中盐吉兰泰、陕西金泰等单位建立起了紧密合作关系；公司坚持国际化战略，连续多年与美国埃克森美孚化工建立起"浙江省战略合作伙伴"关系，与沙特阿美建立起福建省战略合作关系，并与博禄化工、美国道化学、住友化学、SABIC、美科联合、韩国SK、英利士、三井化学、三菱商事、卡塔尔石油、巴塞尔等单位建立起紧密合作关系，进口塑料原料超10万吨。

公司紧抓塑化分销网络建设，立足华东、面向全国，商品直销率在90%水平，已在浙江省各地市、上海、江苏、福建、安徽、江西、广东、湖北、山东、河北、天津、四川和宁波港、上海港、广州港、天津港等设立分销机构，形成了以华东为核心、面向全国的塑化分销网络体系。公司还在新加坡、香港成立境外离岸公司，开展转口贸易、美金业务。

公司塑化工业，主营农用薄膜、包装材料、软包装制品的生产，拥有加工产能6万吨、产值6亿元，是浙江包装工业50强企业，"星光"农(地)膜被授予国家免检产品，"新光"塑料薄膜被授予"浙江名牌产品"称号，被中塑协授予"促进农膜行业发展突出贡献奖"。

公司始终坚持"开拓、创新、诚信、共赢"的企业精神，树立起了良好的商业信誉和企业形象，公司被国家工商行政管理总局授予了全国"守合同重信用"单位，2008～2013年连续被全国工商业联合会授予"中国民营企业500强企业"，2005年以来连续被浙江省工商局授予"重合同守信用AAA级单位"称号，被浙江省人行、农行评为"信用等级AAA级企业"称号。

公司正以全球化、一体化和信息化的战略眼光，励精图治，艰苦创业，努力成为提供物流支持、技术支持、信息支持的工贸结合的大宗商品分销服务商、全国最具持续竞争力的塑化贸易商之一。

地址(Add)：中国杭州滨江区泰安路199号浙江农资大厦12楼

No. 199Taian Road Binjiang District Hangzhou China

电话(Tel)：0571－87661222

邮编(P. C)：310052

传真(Fax)：0571－87661333

网址：www. zjmr. cn

德科摩橡塑科技(东莞)有限公司

德科摩是国际知名的橡塑科技方案供应商，德科摩为顾客提供整套挤出技术、橡胶技术的交钥匙方案。

德科摩产品秉承欧洲标准，主要部件如挤出单元、螺杆、模具均由德国工程师主导设计，且所有原材料的选用及加工流程都严格遵循德国标准，从而使德科摩挤出机、模具及其下游设备均具极高的性价比和可靠性。

德科摩以卓越的技术及专业的服务，为顾客创造最大价值，并矢志成为世界橡塑设备的领先品牌。

山东通佳机械有限公司

山东通佳机械有限公司地处山东省济宁国家高新技术产业开发区，占地面积28万平方米，是中国塑料机械工业协会副会长单位，中国塑料加工工业协会副理事长单位，国家火炬计划重点高新技术企业，中国专利山东明星企业。通佳品牌已在全球46个国家成功注册，公司产品通过欧盟CE认证，遍及全国各地和世界六十多个国家和地区。

公司设有国家级塑料机械工程技术研究中心，先后研制开发出九大类一百八十多种规格的具有国际先进水平的塑料机械装备，其中有多项产品填补了国内空白，获得多项省部级科技进步奖和国家专利，并分别被列为国家级重点新产品，山东名牌产品、国家级火炬计划项目、国家技术创新基金项目。公司主导产品：

塑料发泡包装机械类：

XPS物理发泡板材生产线

EPE发泡片(膜/管/网/棒/型材)生产线

PLA/PSP降解发泡片材生产线

PE二层－七层复合气垫膜生产线

PE缠绕膜、热收缩膜生产线

POF三层共挤热收缩膜吹膜生产线

★木塑管材网材挤出机械类：

PVC/PE/PP 木塑型材生产线

PVC 木塑复合门板生产线

PVC 木塑复合发泡板材生产线

HDPE 供水(燃气)管材生产线

PE 塑料硬质平网、土工网、警示网生产线

PP/PE 塑料土工格栅(矿用双拉双抗塑料网)生产线

大口径聚乙烯(PE)缠绕结构壁管材(克拉管)生产线

大口径钢带增强聚乙烯(PE)螺旋波纹管材生产线

塑料中空成型机：

系列双工位透明线(复合)自动中空成型机

220L－1000L 大型自动中空成型机

JG－ZKZ 系列精密注吹中空成型机；

塑料注塑成型机：

JG－SZ 系列精密节能注射成型机

通佳机械愿与国内外客户携手共进，共创美好未来！

长虹塑料集团英派瑞塑料有限公司

长虹塑料集团英派瑞塑料有限公司成立于 2010 年 8 月，注册资金 7000 万元，主要生产和销售：尼龙扎带、钢钉线卡、定位片、压线帽、接线端子、号码管、缠绕管、冷压端头”等“CHS”品牌的塑料制品，是长虹塑料集团的六个子公司之一。公司坚持“诚信、高效、创新、共赢”的经营理念，管理上坚持以市场为导向，采用现代企业管理制度，集售前、售中、售后服务于一身的营销服务模式，为广大用户提供最优质的产品。凭藉过硬的产品质量和优质的服务，赢得了国内外广泛客户的厚爱，产品已销往：欧洲、北美洲、南美洲、大洋洲、非洲、亚洲等 100 多个国家和地区。

成立到现在短短几年时间的市场竞争洗礼，已迅速发展成为全国较具规模的配线器材产品生产企业：拥有大型节能注塑机 130 多台；自主研发热流道模具达 150 多台套；新引进 6 条挤出式塑料机流水线入驻；开发 80 多套高端配线槽新产品模具；2013 年内完成二期工程，续建 10 万平方米的标准厂房及配套建筑，届时公司占地面积将达到 20 万平方米，建筑面积将达到 30 万平方米。业务范围涉及电器、电子、建筑、汽车、农业、服装、食品等多个应用领域，已整合形成研、产、销一条龙的庞大的产业群体，产品获得国家专利 10 多项。为了进一步落实国家科教兴国战略，促进科技创新，加快企业经济发展和社会进步，2013 年 7 月 9 日，公司与北京工商大学正式签订了校企合作协议，促进企业进行传统产业改造和高新技术产业发展，研究高新技术项目和攻克企业技术难题，支持企业技术创新。这标志着公司在规范化发展的道路上迈出了重要的一步，为做大企业规模、提高经济效益，实现企业战略化经营格局，进一步奠定了良好的基础。

电话： 0577－62799888

传真： 0577－62793006

网址： www. chs. com. cn

浙江锦宇枫叶管业有限公司

浙江锦宇枫叶管业有限公司是乾宇集团旗下的控股子公司，注册资金 10158 万元。公司位于诸暨市店口镇新型管业园区。距杭州国际机场 40 公里，浙赣铁路 03 省道东复线贯穿其中，杭金衢高速公路紧邻厂区，交通便捷，区位优越。

公司引进国际先进管材、管件生产线，采用进口原料组织生产，并配备了一整套一流的质检设备，是专业生产聚乙烯(DN20－DN1200)PE 给水管材、管件，PP－R 管、铝塑复合管、PE－X 管、PE－RT 管、铝塑料 PP－R 管及铜制管接头、阀、分水器等管道系列产品企业。是国内同行业龙头企业，是国家建设部 CJ/T110—2000《承插式管接头》和 CJ/T111—2000《铝塑复合管用卡套式管接头》两项行业标准独家起草单位。枫叶牌塑料管材、管件荣获“中国名牌”产品，乾宇商标被认定为“中国驰名商标”等荣誉称号。公司遵循“以市场需求为导向，以顾客满意为宗旨”的质量方针，以“一流技术、一流管理、一流服务”为企业追求，以“团结、拼搏、开拓、创新”为企业目标，以“技术是根，创新是魂，人才是本”的经营理念。公司一直将产品质量视为公司生存目标，全面实施 ISO9001 质量管理体系、ISO14001 环境管理体系、OHSAS18001 职业健康安全管理体系，并于 2010 年通过中国环境标志产品认证。绿色、环保、让消费者满意的宗旨贯穿产品生产的全过程，以诚信赢得了消费者的信赖。目前，公司已在全国各地设立三十多个分公司，及时为客户提供优质服务，以满足市场和顾客的需求。公司积极开展产学研相结合，将高新技术融入传统产业，提高产品科技含量，积极开发新产品，大大增强了企业的综合

实力。

张家港市贝尔机械有限公司

张家港市贝尔机械有限公司是一家具自主进出口经营权的省级高新技术企业、省著名商标、省级塑机产品出口基地企业，成立于1998年，集研发、生产与销售塑料机械的科技型企业，坐落于交通便利的江苏省张家港市省级经济技术开发区，是第一家落户市民营科技园的企业。公司目前占地面积108亩，现代化科研楼及标准化车间60000平米，现有员工300余人，大中专以上人员占职工总人数的50%以上。近年来，公司以创新为主导，紧随世界塑机创新的时代潮流，不断自主创新。公司产品以挤出类为主，尤其是高效高速类挤出生产线赶超国际先进技术水平，在国内外很多知名企业的生产过程中被广泛认可及高度评价，产品大部分出口远销亚、非、欧等地区。公司在市内同行业自2006年起，据海关部门及商务局统计，连续七年产品出口销售第一名。2012年公司实现销售1.9亿元，利税2802万元，出口销售1600万美金。

公司建有江苏省级废塑料工程技术研究中心，通过近几年的努力，已申请国家专利50项，其中发明专利20项，实用新型专利30项，授权专利26项，2003年至今先后获省高新技术产品7只，2006、2009、2012三次被被省科技厅认定为江苏省高新技术企业，今年公司还与南京航空航天大学与江苏科技大学共建企业博士后工作站，项目进展迅速，使企业走上了快速、高效、发展道路。

公司在企业内部推行6S现代化、科学化管理，尤其注重人才的引进和培养。公司现有大专以上科技人员100余名，涵盖了塑料加工与成型、机械制造、电气自动化等相关专业，每年投入销售净利润的5%作为培训基金对技术、生产、营销等岗位的工作人员进行科学化培训。公司始终坚持创新为主导，贯切实行“质为本、诚为信、创双赢”的发展方针，注重科技创新，与国内高校(北京化工大学、南京航空航天大学等)、国内外权威机构研究所等保持长期的科研合作关系，每年投入不低于销售额的6%作为科研经费，用于新产品的开发和老产品的技术升级，至今已形成公司成熟的产品系列，具备提供一体化成套设备和承接“交钥匙”工程的能力。

www.beierpm.com
电话：0512-58682198
传真：0512-58682126

四川多联实业有限公司

四川多联实业有限公司(包含以下子、分公司：成都多联建材有限责任公司、成都市多联塑胶实业公司)是一家股份制企业，专业从事新型塑胶管道等建材领域系列产品的研制、生产和销售。公司自1988年以来，一直坚持以市场为导向、用户至上、质量求生存，走自身发展之路，是目前国内同行业中成立早、规模大、品种齐、质量优、开发能力强的知名企业。公司拥有“多联”驰名品牌，市场占有率雄踞西部前三位，名列全国同类企业前茅。

1992年，多联公司以敢为人先的魄力，率先在西南地区开发“难燃PVC电线套管”，填补了市场空白，为内地推广使用新型建材做出了卓越贡献。如今，公司拥有一支技术实力雄厚，管理精明强干的队伍和国内领先的生产线和检测设备，现已形成八大系列产品(包括：难燃PVC电线套管，PVC-U排水管，PP-R冷热水管，PE给水管，PVC双壁波纹管，PE-RT地暖管，PVC-U通信多孔管，PVC-M高性能给水管)，年产十余万吨的生产能力。

公司坚持以质量为本，走品牌兴业之路，企业不断发展壮大。公司拥有稳定的质量管理体系，并通过了ISO9001—2008质量管理体系认证、ISO14001—2004环境管理体系和QHSAS18001—1999职业健康安全管理体系认证，公司每种产品均严格按照标准生产，每批产品均认真按质量标准检测，本着对社会负责，对用户负责的态度，向市场提供质优价廉的产品，得到了社会的广泛认同。

公司产品经国家多次市场监督抽检均质量合格，并被授予“质量合格好产品”的荣誉。1997年，“多联”品牌被四川省政府授予“四川名牌”称号后，又相继获得“国家免检产品”、“中国环境标志产品认证”、“中国驰名商标”、“中国著名品牌”、“质量信誉AAA等级企业”、“中国AAA级信用企业”、“中国人民银行AAA级信用企业”、“科技企业”、“中国建材首选品牌”“全国公认十佳畅销品牌”和“地方名优产品”等荣誉。产品畅销全国二十余个省、市，深受用户好评和信赖。

舟山市通发机械有限公司

舟山市通发机械有限公司座落于“浙江舟山群岛新区”，占地20余亩，成立于1994年，是一家集塑机研发、生产、销售于一体的浙江省高新技术企业，也是目前国内独家生产和销售“锥形同向双螺杆挤出机”的企业，产品填补了国内外空白。

2010年本公司被国家工信部定为“锥形同向双螺杆挤出机”国家行业标准第一起草单位。本公司为中国塑料加工工业协会理事单位，荣获“2009年度中国塑料行业先进单位”，公司法人代表吴汉民荣获“中国塑料行业先进个人。公司先后被评为：“浙江省高新技术企业”、“浙江省级诚信民营企业”、“浙江省AAA级守合同重信用”、“浙江省级AAA级资信企业”等。公司已通过ISO9001：2008国际质量体系认证。

“锥形同向双螺杆挤出机”（国家发明专利号：200510118915.3）是公司自主研发成功并获国家发明专利的产品。2008年被国家科学技术部、商务部、质量监督检验检疫总局、环境保护总局四部委联合认定为“国家重点新产品”。“锥形同向双螺杆挤出机”于2007年12月通过浙江省级产品鉴定：“锥形同向双螺杆挤出机”具有高混炼、高剪切、高挤压力、低挤出温度、塑化性能好等特点。比其他同类产品产量增加一倍以上，省电50%。一台该机器一年节约电费和人工费超过35万元以上。该机主要性能参数达到国际先进水平，产品填补了国内外空白。

“锥形同向双螺杆挤出机”（2根锥形螺杆同方向旋转，螺杆长径比达到48：1），由于全面综合了“锥双”（喂料量大、高压挤出、低速、低剪切等）和“平双”（大长径比、高填充、强混炼等）的各方面优点，因此具有超高产量（10～30吨/天）、超低能耗（1吨制品最低耗电仅80度）、混炼分散效果和塑化性很好、低剪切、可低温加工、可添加高比例碳酸钙（80%以上）和可用100%回收料进行再生产等众多领先优势，该机主要性能达到国际领先水平！

实力保证：比其他同类产品产量增加一倍以上，1天省电600度以上，一年节约电费和人工费超过15万元以上！欢迎广大客户带原料到我公司进行实地测试！

吉林中粮生化包装有限公司

吉林中粮生化包装有限公司创建于1995年末，厂址位于吉林省东丰县工业集中区，占地面积13万平方米，建筑面积3万平方米，现有员工550人。

公司主要产品有塑料编织袋、塑料桶、集装袋等塑料包装制品及阀口纸袋等纸包装制品。年产纸塑包装物1万吨。企业于2004年通过ISO－9001质量管理体系认证；2007年8月，阀口纸袋产品获得两项国家专利权；2008年通过国家QS认证。公司成为东北地区规模较大的食品级包装物生产企业。

公司拥有雄厚的技术力量，生产设备先进，检测手段完备，是食品包装的骨干企业。

公司始终如一地贯彻“以人为本”的经营理念，秉承“诚信、团队、专业、创新”的中粮企业精神，坚持“奉献营养健康的食品，高品质的生活空间及生活服务，使客户、股东、员工价值最大化”的中粮使命，以实现双赢为目的，不断推陈出新，以上乘的品质、良好的信誉，为客户提供优质的服务。

南亚塑胶工业（郑州）有限公司

台湾台塑集团创建于1954年（前身为台湾塑胶公司），初期以石化工业为主。随着规模不断扩大，截至2012年底，台塑集团共有百余家分子企业及关系企业，员工达10.2万多人，资产总额6400亿人民币，资产净值与营业收入均超过4900亿人民币，占台湾生产总值13%，是台湾最大的民营企业。董事长王永庆被称为台湾的“经营之神”，世界“塑胶大王”。

台塑集团经营范围十分广泛，包括炼油、石化原料、塑胶加工、纤维、纺织、电子材料、半导体、汽车、发电、机械、运输、生物科技、教育与医疗事业等。尤其是在石化工业领域，建立起从原油进口、运输、冶炼、裂解、加工制造到成品油零售等一体化的完整产业链，这在台湾是独一无二的企业集团。

台塑集团于2004年再在河南省投资兴建南亚塑胶工业（郑州）有限公司。南亚塑胶工业（郑州）有限公司位于郑州经济技术开发区航海东路与新107国道交叉口处，厂区占地面积120亩，一期投资总额2000万美金，将投入16条生产线，2007年3月正式投产销售。目前已投入12条生产线，可年产南亚牌PVC－U管材3.5万吨，是目前中原地区最大的塑胶管材生产基地之一。

公司产品包括：

PVC－U给水管（ϕ20－ϕ630），

PVC－M给水管（ϕ20－ϕ630），

PVC－U排水管（ϕ50－ϕ500），

PVC－U电工管（ϕ16－ϕ40），

PE100给水管材（ϕ20－ϕ630），

PE100燃气管材（ϕ20－ϕ630），

PP－R给水管材（ϕ20－ϕ110），

PE－RT给水管材（ϕ20－ϕ32）。

广东德塑科技有限公司

广东德塑科技有限公司始创于1989年，是一家专业生产塑料管道及塑料生产设备的大型民营科技企业。公司位于广东省鹤山市，占地面积300多亩，现有员工700多人(其中大、中专以上185人，技术人员95人)，公司拥有80多条先进的挤出生产线和60多台注塑生产设备，并建有配套齐全的综合实验室和模具加工中心，是国内最先采用端面注塑工艺进行配件生产的企业，年生产能力10万吨以上。

公司主要生产"德塑"牌PE给水管、PE燃气管、PE通信子管、PE-RT地暖管、HDPE双壁波纹管、HDPE中空壁缠绕管、PP-R冷热水管、PVC-U给/排水管、PVC难燃线槽/线管、PVC-U通信管、PVC-C高压电力电缆管、PVC-U双壁波纹管以及各类开关、插座和配电箱等系列产品。产品广泛应用于市政排污、乡镇供水、农业排灌、民用建筑、燃气输送和电力通信等领域。

公司已通过ISO9001：2008质量管理体系、ISO14001：2004环境管理体系和OHSAS18001：2001职业健康安全管理体系认证；"德塑"商标被认定为"广东省著名商标"；德塑产品通过并获得"新华节水产品认证"、"中国环境标志产品认证"、"中国国家强制性产品认证"、"标准化良好行为证书"、工程建设新技术新产品证书"、"采用国际标准产品标志证书"、"采用国际标准产品认可证书"和"科学技术成果鉴定证书"，并入选《全国农村饮水安全工程材料设备产品信息年报》；公司荣获"重合同守信用"、"全国质量信用企业"、"民营科技企业"和"计量保证体系合格企业"等称号，并拥有多项产品专利；"德塑"产品质量和品牌知名度得到了广大用户的肯定和赞誉。

山东金达双鹏集团有限公司

山东金达双鹏集团有限公司，位于山东半岛中部，东邻美丽的海滨城市——青岛，西于世界风筝之都——潍坊毗邻，南距济青高速高密出口2公里，交通条件便利。

山东金达双鹏集团有限公司是中国建筑工程金属结构协会、中国塑料加工工业协会、山东建设机械协会会员单位。公司拥有先进的混料系统(均化恒温系统，真空上料系统)、高速双螺杆挤出机60条。主要产品有：60平开系列、65三密封平开系列、80、88推拉系列、高耐候双色共挤、浮雕纹彩、白色高耐候、塑胶共挤、PVC护栏、百叶窗等系列产品。现已形成年产塑料异型材30000吨的规模。公司依靠国际化先进的生产设备、先进的科学生产技术和ISO9001国际质量管理体系，产品经国家化学建筑材料检测中心测试，各项性能指标均达到和超过国家规定的标准，是中国塑料加工工业协会定点生产企业。公司先后获得省级先进单位、农业银行AAA级信用企业、山东省建材行业十强企业、塑料异型材八强企业、山东省建设机械行业名牌产品。2006年金达双鹏塑料异型材被评为"山东名牌"，"双鹏"商标被评为山东著名商标，2011年被认定为"中国驰名商标"。

苯领高分子

苯领是全球领先的苯乙烯系列产品供应商，在不同的行业和区域拥有超过80年的经验。苯领为各种行业提供苯乙烯系列产品，这些行业包括汽车、电气与电子、建筑与建材、家用电器、玩具与休闲、包装和医疗保健与诊断。

苯领只专注于苯乙烯系列产品领域，提供了业内最完善的普通和特种苯乙烯产品组合。这包括：

- 苯乙烯单体(SM)
- 聚苯乙烯(PS)
- 丙烯腈-丁二烯-苯乙烯共聚物(ABS)
- 苯乙烯-丁二烯嵌段共聚物(SBC)
- 其它苯乙烯共聚物(SAN、AMSAN、ASA、MABS)
- 共聚共混物(ABS/PA、ASA/PA、ASA/PC)

苯领致力于为客户提供最佳解决方案。我们了解并始终关注客户需求。

凭借士气高昂的团队、业内领先的生产基地以及无人能及的研发实力，苯领将准确、高效地满足客户的独特需求。

从汽车、建筑建材到电子、医疗保健、包装和休闲，苯领的客户几乎遍及所有行业。在每一个领域，苯领都致力于帮助客户充分利用全球市场趋势带来的机遇。

网址：www. styrolution. com

江苏金材科技有限公司

江苏金材科技有限公司为鸿达兴业股份有限公司下属子公司，坐落于扬州市东郊杭集工业园，是国内规模最大的PVC包装材料生产基地之一。

公司拥有二十多条高科技自动化生产流水线，大多从德国、意大利等国的著名生产厂家引进，年生产能力达八万吨，主要有药品包装用PVC硬片、高阻隔药用PVC/PVDC片材、PVC片板材、PET挤出片板材、PVC软片、智能卡基材、塑料模板、塑料装潢材料等，广泛应用于医药、电子、服装、环保、仪器、建筑、装潢、户外景观等行业。

公司坚持科技兴企的发展道路，坚持“以市场为导向，以客户为核心”的经营理念，以人才开发、产品开发为先导以科学的管理体系和管理机制为手段，注重从经营理念、企业形象、商业信誉、市场竞争力、产品质量等全方位打造产品，以较强的品牌优势、技术研发优势、规模优势和品质优势，保持在国内同行业中的领先地位。

大大科技集团东成公司

“成为中国第一流的高科技再生塑料生产厂家，全力履行对客户、员工、股东和社会的责任，促进环保事业和可持续发展。”

东成公司位于广东省惠州市，系一家专业从事回收塑料、再生处理与加工造粒、高附加值改性塑料研发及销售为一体的塑料再生资源综合利用企业，拥有三个塑料回收产品加工基地，配套有进口、国产10套自动化混合塑料分选处理设备，和20条高产能挤出造粒生长线，生产能力达到5000吨/月。

塑料的再生利用，能大大减少废弃物的填埋和焚化，有效地降低二氧化碳排放，有利于保护环境和促进全球经济可持续发展。

“高超”再生改性塑料是东成塑胶制品有限公司实践环境保护和可持续发展的成果。十多年来，东成公司持续加大对基础设施和先进设备与技术的投入，不断加强对科技和管理人才队伍建设，实现了由“简单回收加工”到“自动化分选和再生”，再到“生产高品质再生改性塑料”的两大技术跨越和产业升级，达到了大规模、高效率、高精度、无公害地处理复杂状态下的废塑料的国际先进水平，引领国内塑料再生工业的发展方向。东成公司的“高超”再生改性塑料，品质优良稳定，在电器、电子、和管道等制造业得到广泛的使用，为客户和社会创造了巨大价值。

公司通过了ISO9001、ISO14001和德国TüV认证，建立了严格的品质管理体系和“三废”处理体系。东成公司拥有强大的研发、技术力量，除了自主发展品牌系列产品外，还能够根据客户技术要求，生产特定产品，更能够为客户提供“废品→再生原料”的循环利用解决方案，协助客户有效地降低生产成本和切实履行环保责任。

惠东美新塑木型材制品有限公司

惠东美新塑木型材制品有限公司以循环废旧塑料和植物纤维废料为原料，生产塑木建材，可在多种场合替代木材，为节约森林资源做出了贡献，为人们创造绿色生活提供了新选择，是实践环保和循环经济理念的典范。公司具备强大的产品开发能力和生产能力，产品以优良品质在市场上独树一贴，在国内外形成知名品牌形象。公司率先推出的全新第二代产品——“美新超越塑木”地板，更以其先进的技术、超卓的性能和品质享誉国内外市场，并成功进驻美国知名建材专营店。公司通过了ISO9001和ISO14001认证，拥有多项国家专利，现为“中国塑协塑木生产示范基地”，四川大学、同济大学等高校的塑木技术研发合作单位，是中国塑协塑木制品专委会会长单位、广东省塑木型材及制品标准化委员会秘书处单位。

公司地址：广东省惠州市惠东县大岭镇新兴亚洲工业园

电话：86－752－8138888?

传真：86－752－8138889?

手机：86－15899770919

邮箱：inquiry@ newtechwood. com

产品网站：www. newtechwood. com

广东正茂精机有限公司

广东正茂精机有限公司(原东莞市步明精机有限公司)是生产全液压精密注塑机的专业厂家，公司创办人黄步明先生是享受国务院特殊津贴专家，中国塑机行业协会资深专家，教授级高工。是我国第一项注塑机发明专利的发明者，也是我国第一个获得美、欧、日等国家注塑机发明专利的发明者。

其专利产品——BM系列内循环二板直压式注塑

机属自主创新、世界首创。BM 系列内循环二板直压式注塑机是在总结 20 余年设计制造全液压注塑机的经验和吸收国外先进技术的基础上研制而成。它既有全液压式注塑机和肘杆式(机铰式)注塑机的优点，又没有两者明显缺点，在结构设计及产品质量上迅速缩短了我国注塑机设计制造技术与世界先进水平之间的差距，整机性能达到或超过国际先进水平。它的面世，填补了我国研发生产内循环二板直压式注塑机的空白，开创了中国研发生产高档、精密二板直压式注塑机的新时代。

BM 系列二板直压式注塑机在锁模结构及其整机技术上有重大突破，为市场提供一种能替代进口高端精密注塑机，可用于医用塑料产品、PET 瓶胚、粉末冶金、微型、精密电子产品及光学产品等的生产。它节能、减耗；高速、高效、精密；洁净、环保、安全、便捷、寿命长。主要体现在(见图 1)开合模最大速度≥800mm/s，比传统直压式注塑机提高 30%，比国内肘杆式注塑机提高 20%；制品重量重复精度≤0.15%，比国内肘杆式注塑提高 4 ~ 5 倍；能耗比传统全液压注塑机配置普通电机配定量泵减少 75%；与国内肘杆式注塑机相比，整机长度短 20%，整机的使用寿命提高 2 倍以上。综上所述，还可以为塑料制品加工企业节省塑料原料消耗，减少废气和废油的排放，保护环境，提高塑料制品的品质，延长模具寿命二倍以上，节省使用空间，使塑料制品企业升级换代。

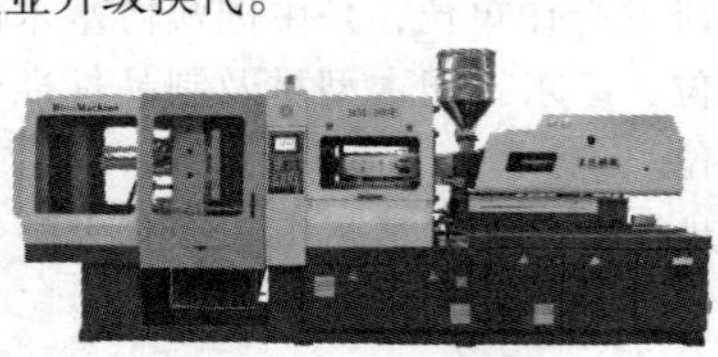

产品主要特点：

省电　节约用电 40% ~80%。

省料　运行稳定、产品重量重复误差小于 0.15%，节省料耗 1% ~4%。

省时　升压时间短，移模速度高达 800mm/s，开、合模时间短，比普通机省时 10% ~35%。

省油　锁模内润滑设计，节省润滑油 100%，洁净环保，符合 GMP 认证标准。

省工　节省润滑工序与人工。

省调模　不需要调模。

省机器　机器损耗极小，机器寿命提高 1 倍以上。

省模具　模具受力均匀、低压护模灵敏可靠，模具寿命提高 1 ~2 倍。

省空间　机身短 20%，占地面积少 20%。

广东正茂精机有限公司

地址：广东省东莞市横沥镇山厦工业区

电话 Telephone：(0086)769 - 38921039，89182111

传真 Fax：(0086)769 - 38921061，38921060

网址：www. bloomachine. com

邮箱：bmsales@ bloomachine. com

四川中装科技有限公司

一、公司简介

四川中装科技有限公司(以下简称“中装科技”)成立于 2010 年，注册资本金 1500 万元，位于世界文化遗产的成都都江堰经济技术开发区，占地 100 亩，规划建筑面积 36000m^2，首期 8000m^2 的厂房和 5000m^2 的科研办公大楼已于 2013 年底落成，2014 年 4 月正式投产，技术源于上世纪 80 年代，专业设计、生产具有“多(高产量)、快(高转速、转产快)、好(高品质、高可靠)、省(低能耗、低成本、低磨损)、长寿命”等绿色性能优势的双螺杆挤出机产品，形成年产高端成套双螺杆挤出机 100 台套的生产能力，可以满足客户的不同专业需求。

二、产品特点

高扭矩：源于中装科技自主知识产权的高扭、高速、高精度齿轮箱。该齿轮箱采用上下对称驱动结构，比扭矩达 14N · m/cm^3。

高转速：高精度、高承载能力、长寿命的齿轮箱是螺杆高转速的保证。NE27 实验机型螺杆最高转速 1500rpm；NE40、NE51、NE62 系列机型的螺杆最高转速为 1200rpm；NE77 机型的螺杆最高转速为 900rpm。

高产量：高扭矩、高转速、大槽深比是高产量的保证。

机型	最高转速/rpm	产量(ABS)/kg/h
NE27	1500	100
NE40	1200	300
NE51	1200	550
NE62	1200	1100
NE77	900	2300

螺杆间隙是产品品质和产量的重要影响因数，小的螺杆间隙的优点：

- 小间隙：有效推送能力强，是产量的保证。
- 小间隙：混炼效果好，是品质的保证。
- 小间隙：自清洁效果好：清机快、省料、劳动强度低
- 小间隙：返流少，停留时间短，品质的保证。

螺杆机筒间隙比较：

	27 机	40 机	51 机	62 机	77 机
中装科技螺杆筒体等间隙/mm	0. 15	0. 18	0. 20	0. 25	0. 315
国内螺杆与筒体间隙	0. 30	0. 30	0. 30	0. 30	0. 40
国内螺杆与螺杆间隙	0. 50	0. 50	0. 50	0. 60	1. 00

小型化：因为高扭、高产量的特点，所以在保证产量一样的前提下，中装科技的设备可以比国内大多数机型小一个规格。小型化带来的优点：

省成本：直接采购成本低；转产清机料少，时间快。

省地：占地更小，节省固定资产投入；

省人工：零部件更轻，清机转产、维护保养时员工劳动强度更低；

三、配套服务

中装科技是专业致力于双螺杆挤出机设计生产制造的高新技术企业，可以为我们的客户提供如下配套服务：

进口齿轮箱的维修、原位替换（重新设计）、定制

机筒的维修、定制

螺纹元件的定制

整机的维修

双螺杆挤出机

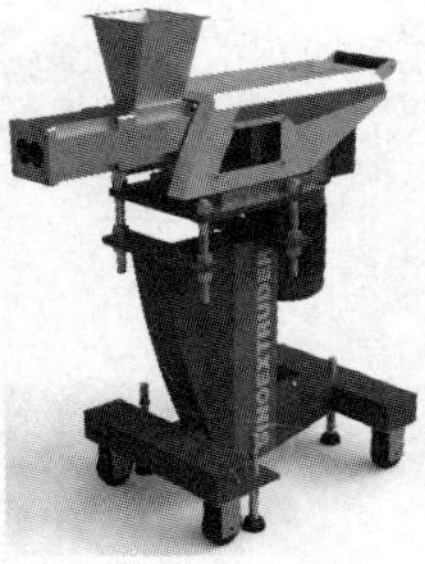

侧向喂料机

（王浩　郭齐）

成革产业协会成立
南平市
合成革产业协会

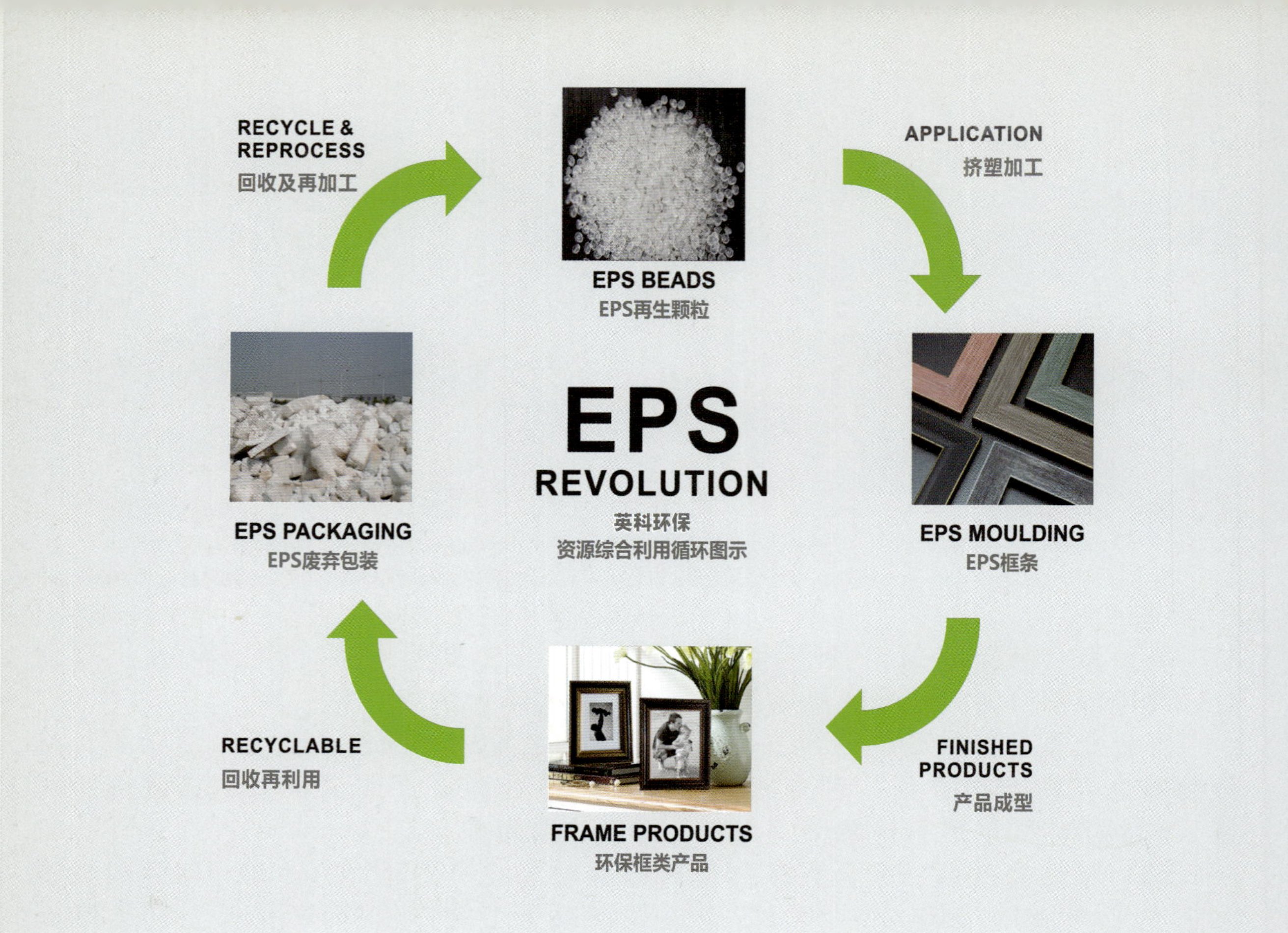
RECYCLE &
REPROCESS
回收及再加工
EPS BEADS
EPS再生颗粒
APPLICATION
挤塑加工
EPS PACKAGING
EPS废弃包装
EPS
REVOLUTION
英科环保
资源综合利用循环图示
EPS MOULDING
EPS框条
RECYCLABLE
回收再利用
FINISHED
PRODUCTS
产品成型
FRAME PRODUCTS
环保框类产品

镜框产品
相框产品
画框产品
大理石建材产品

上海永利带业股份有限公司

上海永利带业股份有限公司创建于2002年，坐落于国际大都市上海市，办公地位于上海市虹桥枢纽附近的青浦区徐泾镇徐旺路58号。公司是一家以研发、生产制造、销售各种规格型号轻型输送带产品的专业公司，也是目前国内专业性、配套性较强的新材料类轻型输送带研发生产高科技企业。系国内具备替代进口轻型输送带的民营企业。公司于2011年6月在深圳证交所创业板上市，股票代码为300230。

公司自成立以来取得了许多荣誉和成绩：国家火炬计划重点高新技术企业、上海市高新技术企业、上海市技术中心、上海文明单位、上海市民营科技综合百强、上海市著名商标、上海名牌产品。多项技术被上海市科委认定为上海市高新技术成果转化项目，其中高粘结强度多功能PVC-TPE输送带材被上海市科委认定为上海市火炬计划项目，高摩擦PVC-TPE花色输送带被认定为上海市重点新产品，高强度精密石材带被认定为国家重点新产品，高剥离PE输送带被认定为青浦区专利新产品。2008年与同济大学共同设立“轻型输送带研发中心”。2009年与东华大学共同设立“轻型输送带增强基材研发中心”。

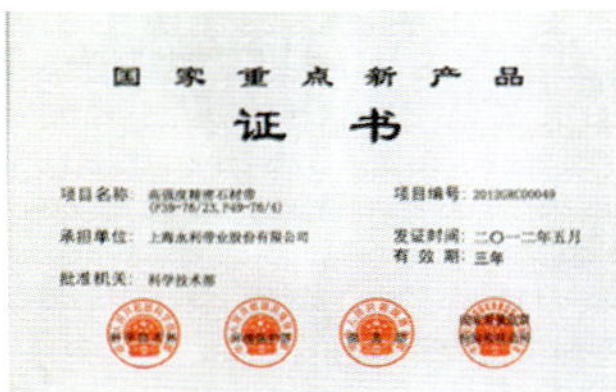

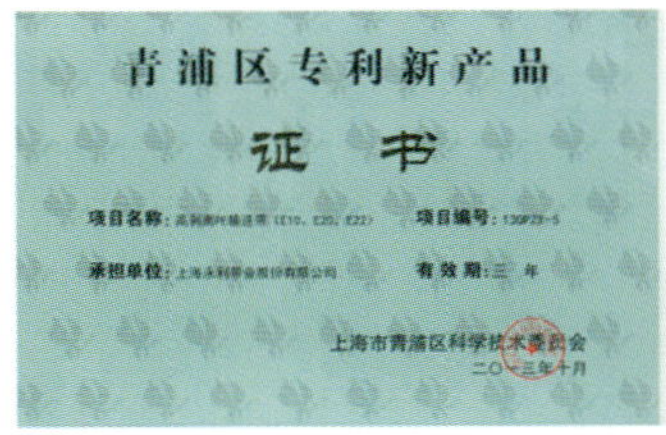

目前，公司共申请国家专利70多项，其中授权的发明专利11项，产品技术经上海科学技术情报研究所查新检索，达到国际先进水平。公司产品被广泛地应用在各种行业，国内市场占有率达到30%。公司在天津、沈阳等地设有8个办事处，拥有接头设备及输送带仓库。 2009年，永利在荷兰注册了永利欧洲公司，2010年，在韩国设立了永利韩国，在土耳其和印度分别设定了代理商，专业销售永利产品，产品已出口世界各地。公司始终以完善的服务、创新的思维、卓越的管理，打造世界轻型输送带生产基地。

www.yonglibelt.com

地址：上海市青浦区徐泾镇徐旺路58号　邮编：201702

YONGLI BELTING

销售部

tel：021-6316 0706
　　021-6313 3884
fax：021-6316 0709

技术部

tel：021-5988 4057-211　fax：021-5988 4157

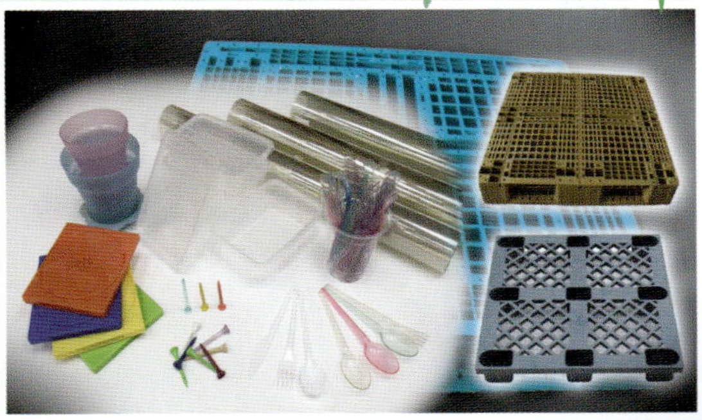

清源集团 QINGYUAN GROUP

清田塑工 QINGTIAN PLASTIC WORK

农业部唯一推广产品

山东清田塑工有限公司成立于1996年，注册资金8000万元。

公司现有员工350余人。公司坐落于历史悠久的齐国故都、蹴鞠发源地——淄博临淄，位于中国齐鲁化学工业园清田路南首，国家重点高新技术企业，是中国生产规模大，技术实力强的农膜生产企业。公司拥有年产10万吨的农膜塑料薄膜生产线和新上的年产5万吨水产、水利用土工合成材料生产线。

公司重视品牌塑造和科研开发，清田农膜是目前国内集“中国驰名商标”、“中国名牌产品”、“国家免检产品”荣誉于一身的农膜品牌，被全国农业技术推广服务中心列为推广产品，被菜篮子消协——寿光市消费者协会连续十年评为“优质农膜推荐产品”。

追求永无止境，发展没有终点。山东清田塑工有限公司将更好的服务三农，为现代农业的发展贡献自己的力量。

企业荣誉 Enterprise Honor

山东清田塑工有限公司
SHANDONG QINGTIAN PLASTIC INDUSTRY CO.,LTD.

地址：山东省淄博市临淄齐鲁化学工业区清田路南首
电话：0533-7480688 7488688　传真：0533-7480388
网址：www.qtgf.cn　邮箱：qingtiansugong@163.com

广东炜林纳新材料科技股份有限公司

炜林纳
WINNER

Guangdong Winner New Materials Technology Co;Ltd

公司简介

广东炜林纳新材料科技股份有限公司是一家新型股份制民营高技术企业，主要从事稀土高分子功能助剂及各种塑料改性专用料的研究开发和生产经营。

公司现注册资金3200万元，总资产超3亿元，占地面积超200亩，各类稀土功能助剂及其改性塑料年产能力3万吨，未来将达10万吨。公司产、学、研结合，设有博士后科研工作站、省院士专家企业工作站、省稀土精细化工新材料企业重点实验室等研究开发机构，拥有雄厚的技术团队和自主创新能力，所开发的稀土功能助剂属无毒、高效、多功能、环保型产品。核心技术已获授权国家发明专利21项，产品技术成果获科技进步一、二等奖。

目前公司产品被广泛应用于通用塑料（PVC、PE、PP等）、橡胶、涂料、无机粉体等多个加工行业和石化产品，获得广大用户的广泛好评，从而建立了稳定的客户群及销售网络，为公司的高速成长奠定了坚实的基础。

公司产品

稀土功能助剂

- WWL系列PVC多功能复合热稳定剂
- WWP系列PVC稀土/钙/锌多功能稳定剂
- WAC系列PVC新型加工改性剂
- WMH系列PVC新型加工剂
- WFL系列UPVC低发泡多功能综合剂
- WFB系列UPVC稀土/钙/锌微发泡多功能综合剂
- BHT系列发泡剂
- WOT系列无机粉体新型表面改性剂
- 加工润滑剂聚乙烯蜡
- W型PVC脂类润滑剂
- 硬脂酸钙【水法/干法】
- 硬脂酸锌【塑料级/涂料级】
- WBG聚丙烯晶型改性剂
- PVC合金粒料

功能改性塑料

- 汽车专用改性塑料
- 家电专用改性塑料
- 电子电器专用改性塑料

主要品种：PP、PE、PA6、PA66、PC、TPE、PVC、PBT等品种的增强、增韧、阻燃、填充、耐候等系列产品。

生产线中央控制室

鸟瞰图

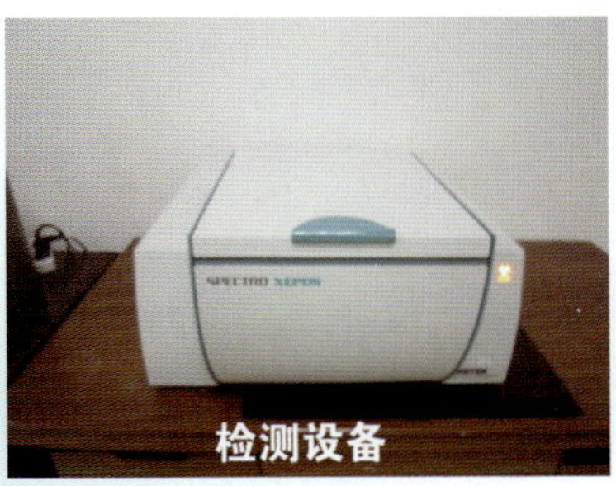

检测设备

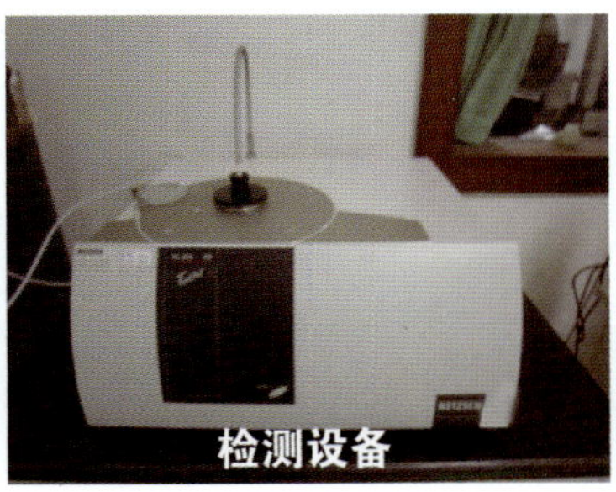

检测设备

化学分析室

公司地址：广东省佛山市高明区沧江工业园西园　　邮　编：528521

联系电话：+86-0757-88892707　88896822　　传　真：+86-0757-88892818

邮　箱：winner-sw@163.com　　网　址：www.cnwinner.cn

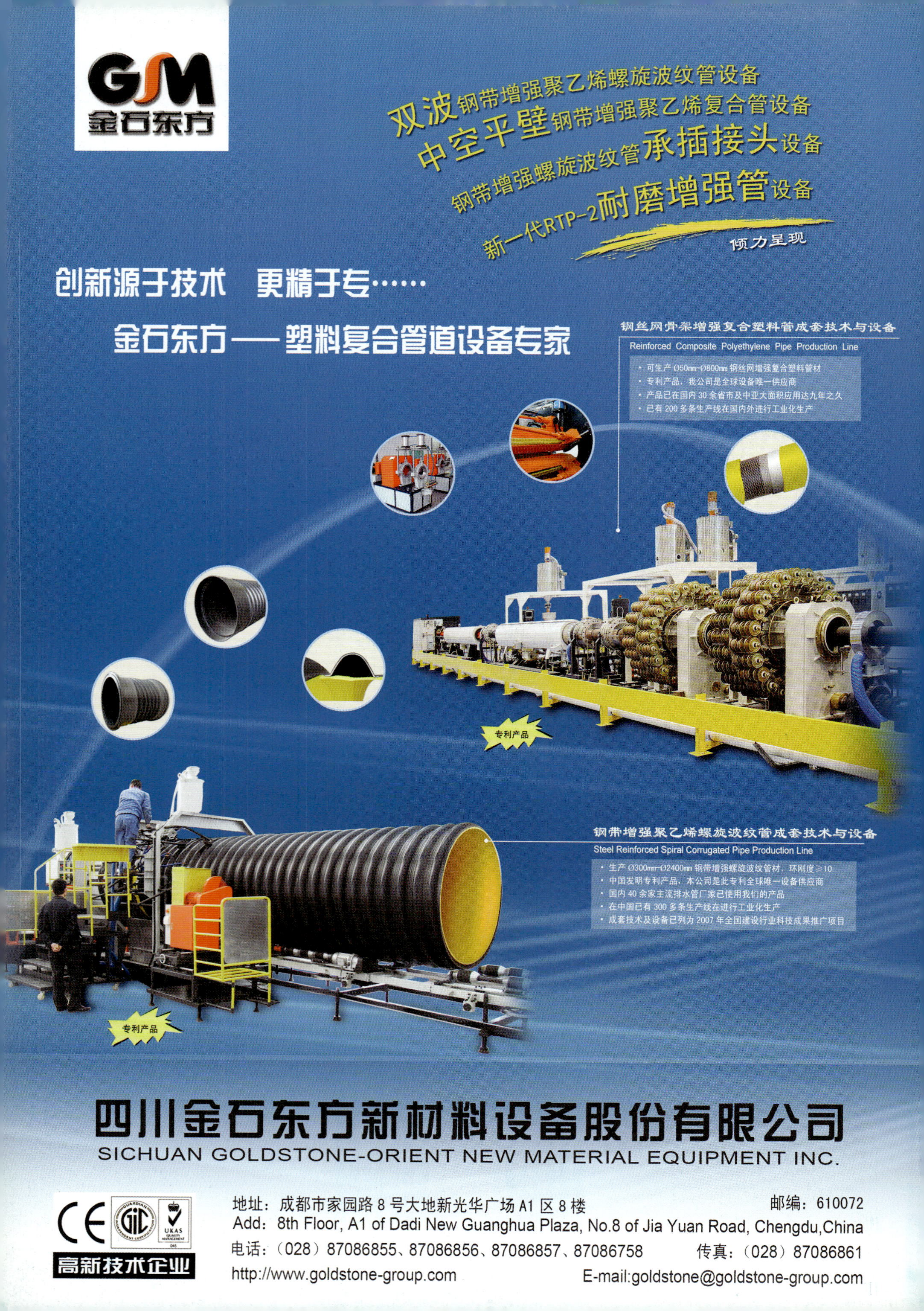
GSM
金石东方
双波钢带增强聚乙烯螺旋波纹管设备
中空平壁钢带增强聚乙烯复合管设备
钢带增强螺旋波纹管承插接头设备
新一代RTP-2耐磨增强管设备
倾力呈现
创新源于技术 更精于专……
金石东方——塑料复合管道设备专家
钢丝网骨架增强复合塑料管成套技术与设备
Reinforced Composite Polyethylene Pipe Production Line
• 可生产 Ø50mm-Ø800mm 钢丝网增强复合塑料管材
• 专利产品，我公司是全球设备唯一供应商
• 产品已在国内 30 余省市及中亚大面积应用达九年之久
• 已有 200 多条生产线在国内外进行工业化生产
专利产品
钢带增强聚乙烯螺旋波纹管成套技术与设备
Steel Reinforced Spiral Corrugated Pipe Production Line
• 生产 Ø300mm-Ø2400mm 钢带增强螺旋波纹管材，环刚度≥10
• 中国发明专利产品，本公司是此专利全球唯一设备供应商
• 国内 40 余家主流排水管厂家已使用我们的产品
• 在中国已有 300 多条生产线在进行工业化生产
• 成套技术及设备已列为 2007 年全国建设行业科技成果推广项目
专利产品
四川金石东方新材料设备股份有限公司
SICHUAN GOLDSTONE-ORIENT NEW MATERIAL EQUIPMENT INC.
CE
高新技术企业
地址：成都市家园路 8 号大地新光华广场 A1 区 8 楼
邮编：610072
Add：8th Floor, A1 of Dadi New Guanghua Plaza, No.8 of Jia Yuan Road, Chengdu,China
电话：（028）87086855、87086856、87086857、87086758
传真：（028）87086861
http://www.goldstone-group.com
E-mail:goldstone@goldstone-group.com

GF·PIPELINE
国丰管业

四川国丰管业有限公司
SICHUAN GUOFENG PIPELINE CO.,LTD.

四川国丰管业有限公司成立于2009年8月，注册资金5500万，座落于成都市大邑县工业发展区，占地面积60000余平方米，毗邻成温邛高速，交通便捷，是一家专注于塑料管道研发、制造、销售、安装于一体的高新技术企业。公司具备年产8万吨聚乙烯管道及检查井制品的生产能力。目前公司能向市场提供Φ300-Φ2400规格的钢带增强聚乙烯（PE）螺旋波纹管、Φ50-Φ800规格的钢丝网骨架塑料（聚乙烯）复合管、Φ225-Φ800规格的聚乙烯双壁波纹管、Φ20-Φ800规格的聚乙烯给水管及Φ315-Φ1500规格的HDPE塑料检查井，是西南地区规模最大、规格最全的PE管道及检查井专业生产企业。

地址：四川省成都市大邑县工业集中发展区

电话：028-8826 1112　8826 1108　传真：028-8826 1098

联系人：许海亮　139 0802 5631

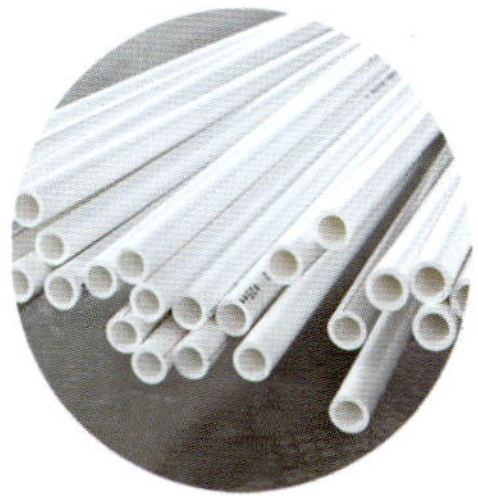

清润® QINGRUN

成都岷江水厂

Chengdu Minjiang Waterworks

双流聚乙烯管材生产车间

四川省著名商标

清润管材50年不变

成都岷江水厂是一家多产业结合的大型集中式供水企业，供水区域覆盖全县24个乡镇，日最大供水量达20余万吨。其下属企业成都市岷江自来水厂双流聚乙烯管材生产车间是专业从事聚乙烯（PE）给水、燃气管材、管件的生产、销售和管材焊接技术指导服务的国有企业，其生产的产品统一注册商标为“清润”。

清润管业拥有PE管材生产线8条，具备dn20～630mm型号管材生产能力，管件生产设备10台，焊接设备200余台，差热分析仪、熔体流动速率仪、碳黑含量测试仪、电子拉力试验机、爆破耐压试验机等各性能检测设备20余台，具备从原材料进厂到dn20～630mm型号管材出厂检测能力，年最大产量17000吨，现固定资产达3000余万元。

清润管业聘请四川大学高分子材料系教授吴智华为技术顾问，以四川大学高分子材料系优秀人才为技术骨干力量。通过ISO9001：2008和ISO14001：2004国际质量环境管理体系认证，取得《涉及饮用水卫生安全产品卫生许可批件》、《特种设备制造许可证》A级、四川建设领域科技成果或应用技术备案等证书，荣获“四川省著名商标”、“成都市著名商标”、成都市AA级守合同重信用企业称号，入选《全国农村饮水安全工程材料设备产品信息年报》、《成都市地方产品配套目录》，信用等级达到AA级。因抗震救灾表现突出，2008年7月30日上级单位成都市岷江自来水厂被评为抗震救灾过渡安置房建设先进单位。2009年至2010年，连续二年荣获双流县“纳税攀登奖”。2010年与四川大学合作成立高分子科学与工程学院科研、人才培养、实习基地。清润管业还是中国塑料加工工业协会塑料管道专业委员会理事和中国工业防腐蚀技术协会、四川燃气协会、四川省村镇供水协会、重庆市燃气行业协会会员。

清润管业在四川、云南、甘肃、贵州、湖南、西藏、宁夏、重庆等省、市、自治区建立了营销服务网络。质量与信誉是清润管业永恒的主题。

通过 ISO9001：2008 ISO14001：2004 国际质量环境管理体系认证

地址：四川省成都市双流县东升镇西安路三段25号

厂址：四川省成都市双流县金桥镇金马村　邮编：610200

电话：028-67085966（销售部）　028-67085981（技术部）　传真：028-67085985

華亞東營塑膠有限公司

台塑集团　华亚东营　HYDY

HUAYA DONGYING PLASTICS CORPORATION

勤劳朴实　止于至善

一、华亚东营塑胶有限公司简介：

华亚东营塑胶有限公司是中国台湾台塑集团在山东省东营市投资的企业，总投资6000万美元，厂区占地165000m²。年产管材6万吨，管件1万吨。公司自1996年投产以来，经营业绩稳定成长，年销售量已超过4万吨。在诸多重点工程如北京长安街绿化工程、奥运场馆工程、山东鲁北农改水工程、内蒙古引黄入呼工程中已成功使用。产品先后被评为“科技成果重点推广产品”、“国家小康住宅建设推荐产品”、“工程建设重点推广产品”，并荣获“中国环境标志产品认证”、“名牌产品”、“著名商标”、“中国塑料行业二十强”等证书。2008年公司实验室被评为“国家实验室”，使公司技术与检测实力又上升了一个新的台阶。目前公司已成为国内塑料管材、管件最为齐全的专业化生产工厂之一。

二、公司采用台塑集团60年来积累的优良生产技术与管理经验积极拓展大陆市场，公司生产、管理、及产品主要有以下特点：

1、原料品质优良，公司主要原料采用中石油、中石化大企业产品，辅料均从国外进口。

2、设备优良、工艺先进、质量可靠。公司拥有世界上先进的生产与检验、试验设备，从原料进厂检测，到原料混合，直至管材挤出、成型、喷字、切断、捆包，全部采用自动化工艺流程，排除人为影响，再配合严格的品检控制，确保产品品质优良稳定。

3、环保配方、国内首创。产品完全按照GB国家标准生产，部分产品更采用ISO国际标准生产。公司为国内第一家采用有机锡配方代替传统铅系配方的塑料管生产企业，避免了重金属析出而带来的水质污染，可完全符合国家饮用水卫生指标及蒸馏水卫生指标，充分体现环保建材的优势。

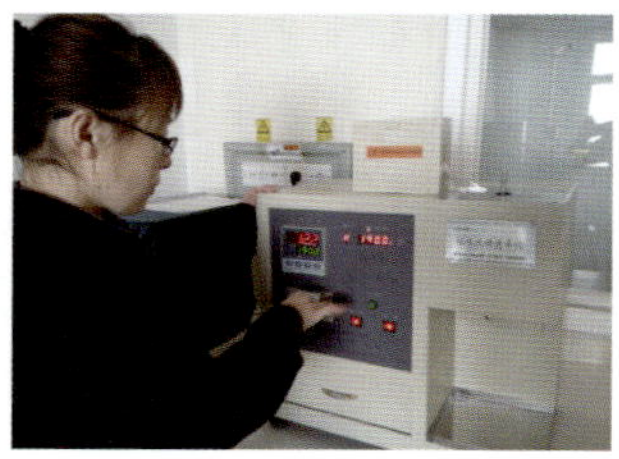

4、规格齐全、搭配比例合理、供货迅速。公司可供应管材4大类别600多种规格，管件1100多种规格。公司成品存货量充足，供应准确快速，可充分适合各种配管工程的需要。

5、从施工、设计入手，注重服务。在营业推广过程中，建立完善的售前、售中、售后服务体系。公司现有一级经销商近200家，遍布全国20多个省（直辖市），凭借健全的经销商网络提高了供货速度及服务品质。公司正努力协助经销商团队开发并健全分销网络，目前山东及周边省份达到了分销商网络县级覆盖，未来几年公司将协助全国经销商建立好县级城市分销网络，做到让市场用户能就近采购到我们的产品，随时、随处都可享受到公司的服务。

6、管理先进、深获各界好评。采用台塑经营管理模式，不断推动生产销售5S活动，更坚持突破、创新、彻底、圆满的经营理念，对国内员工水平有效促进，火速推动本土经营目标。产品质量、品牌形象经由国家建设部、各省建委建设系统、建设工程行业协议、各层级品质评选单位先后认定与推荐，目前公司已奠立行业前导地位，并于1999年就已通过ISO9001与ISO14001认证。

三、华亚东营塑胶有限公司产品规格：

管材系列	管材种类	管材规格
PVC管材	PVC-U给水管	Φ20—Φ630
	PVC-U排水管	Φ50—Φ400
	PVC-U实壁（中空）螺旋管	Φ75—Φ160
	PVC-U排水发泡管	Φ110
	PVC-U排水加强型螺旋（AD）管	Φ110
	PVC-U电工套管	Φ16—Φ40
	PVC-U双壁波纹管	Φ110—Φ500
	PVC-U高尔夫专用管	Φ20—Φ630
	PVC-M给水用抗冲改性聚氯乙烯管	Φ20—Φ630
PE管材	PE给水管	Φ20—Φ630
	PE燃气管	Φ20—Φ630
PP-R管材	PP-R冷热水管	Φ20—Φ110
PE-RT管材	PE-RT地暖管	Φ20—Φ40

四、华亚东营塑胶有限公司诚招全国各地经销商，详细合作方式请联系：

电话：0546-8305238转营业处

传真：0546-8307178

地址：山东省东营市东城东二路251号

邮编：257091

网址：http://www.hydyplst.com.cn

邮箱：huaya@hydyplst.com.cn

安徽华驰塑业有限公司

安徽华驰塑业有限公司成立于2007年，系安徽省2007年度徽商大会工业企业签约项目单位。公司坐落在风景秀丽、交通便捷的安徽省合肥市蜀山新产业园区，占地25.6亩，总投资近亿元。现有员工160余人，其中大专以上学历占30%。作为中国塑业加工工业协会副会长单位、中国降解塑料专委会副会长单位、中国农用薄膜专委会副主任单位，我公司拥有烟用农地膜5万吨、塑料购物袋、连卷袋3万吨的年产能，产品热销四川、江西、河南、湖北、安徽、湖南等地。2011年，我公司因为成绩突出获得合肥市经委及市财政专项资金奖励。至诚守信、追求卓越，我公司将一如既往发挥自身规模优势，致力于打造国内塑料薄膜行业第一品牌。

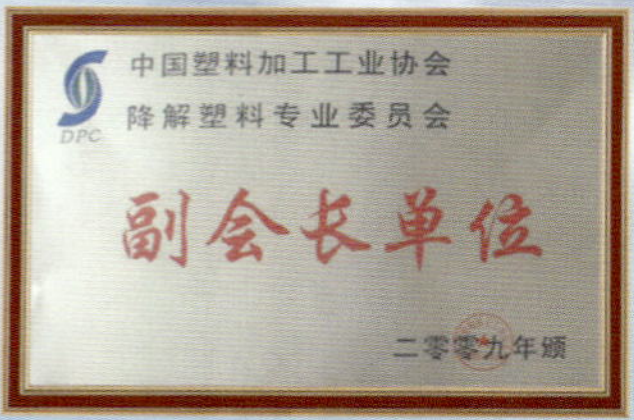

地址：安徽省合肥市蜀山新产业园区湖光东路1169号
邮编：230031　电话：0551-62811555　传真：0551-62810333
Email：huachisy@vip.163.com

WARREN
华伦皮塑（苏州）有限公司
环境友好，绿色环保合成革梦，华伦实现。
无溶剂合成革、tpu合成革
电话：0512-81612558
邮箱：hl_syj@163.com gaojingang.warren@gmail.com
手机：13823506393 13606245625
网址：http://www.warren.cn

白蝶管业
WHITE BUTTERFLY PIPE

网址: www.chinappr.com

全国免费电话
800—820—0166

上海白蝶管业科技股份有限公司是一家从事高科技、高性能、环保型的新型管材、管件的生产和销售的股份制企业。1997年底在国内率先开发生产了“给水用三型聚丙烯（PP—R）管道”产品，广泛应用于工业及民用冷热水给水系统、纯净饮用水系统、采暖及中央空调等系统，是传统金属管道的理想替代产品。

公司建立了三大生产基地，拥有德国进口克劳斯玛菲、奥地利辛辛那提、巴顿菲尔等全自动在线检测管材挤出生产线和众多的注塑设备，并配备有多台进口管件焊制设备及检测试验设备，可生产口径自16mm～450mm多种压力等级的PP—R管、PE管、PE—RT管、PP—R稳态复合管、3S聚丙烯静音排水管、PVC—U排水管、PVC—U电工套管、β.PP—R管材和相配套的管配件，产品广泛应用于市政供水、饮用水、建筑给排水、化工、医疗、采暖等领域，进一步扩大了白蝶产品的应用领域和市场占有率。

公司作为中国塑料管道专业委员会副理事长单位，全国塑料制品标准化技术委员会（TC48/SC3）委员单位，在把产品推向市场的同时，注重了配套的应用技术和相关产品的研究开发，先后完成了“PP—R国家标准”的制订，编制了“PP—R管道设计、施工、验收规范”、“PP—R空调管施工规程”、“PP—R施工图集”等。

公司从投产塑料管道开始就把产品质量放在生产经营工作的首位，从93年开始，已连续多年通过了国家和上海地方的产品质量监督抽查，产品质量稳定、可靠，在用户中有很高的信任度，并以全国的营销网络为基础建立了售后服务体系，开设了800—820—0166的全国服务热线，以保证跟广大用户的直接联系，在用户中有很高的信任度。先后获得上海市著名商标、上海名牌产品称号。

地址: 上海市奉贤区金汇镇明星村799号　邮编: 201405　电话: (021)57586421　传真: (021)61294390　邮箱: shwb@chinappr.com